八閩文庫

文獻集成

211

福建文獻集成

續編 經部 一一

吳格 主編

海峽出版發行集團
THE STRAITS PUBLISHING & DISTRIBUTING GROUP
福建人民出版社

本册目次

詩經四家異文攷補一卷

長汀江瀚撰

詩經四家異文攷補一卷，江瀚撰。瀚（一八五七——一九三五），字叔海，號石翁，室名石翁山房、慎所立齋，長汀人。年十五通六籍，曾任重慶東川書院山長兼致用書院教席、長沙校經堂主持、江蘇高等學堂及師范學堂監督、學部參事、京師大學堂師范館監督兼教務提調、經科教授。民國間歷任京師圖書館館長、參政院碩學通儒參政、禮制館總纂、山西大學毛詩教授、故宫博物院理事長、京師大學代理校長等職。撰有吴門銷夏記三卷、石翁山房札記九卷、論孟卮言一卷、宗孔編二卷、孔學發微三卷、慎所立齋文集四卷、慎所立齋詩集十卷等。

江氏湛深經學，治經原本鄭氏，而以顧亭林、江慎修爲旨歸。黄濬花隨人聖庵摭憶江叔海逸聞云「長汀江叔海先生以經學名海内」，知爲時人推重。是書撰於光緒十九年（一八九三）受黎庶昌之聘，就任重慶東川書院山長期間，爲江氏之早期經學著作。全書一百八十餘條，廣輯群書所引詩經異文，予以考訂，比勘異文，闡明經義，意在補充陳喬樅詩經四家異文考之未備。其書所據，多常見之文獻，如經典釋文、山井鼎毛詩考文、阮元毛詩注疏校勘記、漢書、後漢書及初學記、太平御覽等。至如唐殘本玉篇及慧琳一切經音義諸書，至清末始回傳中土，爲陳氏所未見，故所輯博於陳書。

按江氏撰此書之前，已於前人考定三家詩異文之歸屬多所不滿。光緒十一年撰吴門銷夏記，其班固習齊詩條云：「近代言三家詩者，往往强相比附，不皆有據。若孟子之爲齊詩，本屬夢揣。況漢書雜採博記，白虎通義特臚博士同異，其引詩原不定爲班氏説也。而馬竹吾遂列之所輯齊詩傳中，不其謬乎？」故此書於所録異文，多斷其正俗通借，而不强附爲某家某派，持論通達，不復輯佚家治學之弊。又於范家相三家詩拾遺、馬國翰玉函山房輯佚書、馮登府三家詩異文疏證之弊，有所指陳。惟其成書倉遽，未能臻於邃密，疏失之處往往有之。如據太平御覽所校異文，時與今傳宋本御覽不合。然所得既富，於輯佚方法又多能匡補前人之失，足稱近人治三家詩之典範。書前有教育部學術審定會評一篇，譽爲「辨誣求是，間能補先儒之闕而拾近賢之遺」，不爲無因。

此稿本外，又有清宣統元年（一九〇九）晨風閣叢書本、民國十年（一九二一）四川存古書局刻六譯館叢書本與民國十三年太原刻長汀江先生著書五種本。（馬學良）

詩經四家異文攷補

教育部學術審定會評

是書所引一百八十餘條皆陳喬樅書所未及者專發本玉篇及一切經音義諸書皆後出爲陳氏所未見後人考證往、博於古人者即在於此其中所有引本條駁文爲搔首躊躇誤爲掩手泣涕漣、誤爲波涕使我心痗誤爲心痗言采其蝱誤爲其莔夏屋渠、誤爲厦屋二之日栗烈誤爲㮚烈俾爾戩穀誤爲翦穀假寐永歎誤作永勤潸然出涕誤作淚下若斯之類皆爲訂正不概以異文視之作者吳門銷夏記自序云辨經求是間能補先儒之闕而

拾近賢之遺可移之以評此書

詩經四家異文攷補

長汀江瀚叔海

國風

無使庬也吠　李昉太平御覽六百九十六卷野有死麕曰無感我帨兮無使庬也吠

瀚案周禮牧人鄭注故書尨作庬杜子春云庬當爲尨是尨庬古字通用也阮氏元經籍纂詁引御覽庬作龐恐誤

涕泣如雨　太平御覽四百八十八卷毛詩曰之子于歸

遠送于野瞻望弗及泣涕如雨

瀚案此蓋傳刻涕泣二字非別有據

吹彼棘心　陸德明毛詩釋文棘俗作棘

瀚案洪适隸釋載梁休碑垂棘勤曲棘即棘字碑變

从来與華山廟碑衡方碑韓勑碑勑作勅同又顏元

孫干祿字書棘棘上俗下正

自詒繄阻　唐本玉篇零卷言部毛詩自詒繄阻箋云繄

猶是也今或為繄字在糸部

瀚案今本顧野王玉篇言部繄下雖未引詩而訓繄

為是實本鄭箋繫葚備字耳

采葑采菲　毛詩釋文葑字書作蘴

瀚案錢氏大昕十駕齋養新錄曰方言蘴蕘蕪菁也

陳楚謂之葑是蘴葑同音本非二物

我躬不說　左氏襄二十五年傳詩所謂我躬不說皇恤

我後

瀚案閱說悅古字通歐陽詢藝文類聚三十卷丁廙

蔡伯喈女賦曰歎殊類之非匹傷我躬之無悅亦即

用此詩也

不以我能慉　唐石經作不以我能慉

瀚案鄭箋云君子不能以恩驕樂我石經以字似因此增入以配合下句

既詐我德　太平御覽八百三十五卷韓詩曰既詐我德

瀚案李氏富孫詩經異文釋所見本如此阻與詐聲相近

何其久也必有以也何其處也必有與也　呂氏春秋重言覽故詩曰何其久也必有以也何其處也必有與也

瀚案此與今本毛詩顛到上下兩句無關宏旨

山有蓁隰有蘦　毛詩釋文榛本亦作蓁　孔穎達毛詩

正義苓作蘦

瀚案說文榛木也蓁艸盛皃榛蓁義別同音通用爾

雅釋草蘦大苦也毛傳苓同蓋苓蘦同字

室人交遍讁我　唐本玉篇零卷言部毛詩室人交遍讁

我傳曰讁責也

瀚案遍者徧之俗讁依說文當作謫適備字讁適別體

字

王事讁我　唐本玉篇零卷言部讁蒼頡篇讁也詩云王

事誰我是也野王案毛詩箋云誰擿猶投也今並爲敦字在攴部

渝案廣韻誰音堆擿也落也釋文敦毛如字韓詩云敦迫鄭都回反投擿也

愛如不見掩手躊躇　釋慧琳一切經音義七十三卷韓詩云愛如不見掩手躊躇

渝案而如古今字掩手當是毄文音義七十二卷引韓詩作搔首躊躇踟躕作躊躇與文選李善注引韓詩合

新臺有泚　范家相三家詩拾遺齊詩泚一作玼

瀚案不詳所出據隋書經籍志齊詩魏代已亡衡洲

何由見之

河水瀰瀰　昭明文選沈休文齊安陸昭王碑文李善注

毛詩曰新臺有泚河水瀰瀰

瀚案說文無瀰字釋文引說文云瀰水滿也蓋即水

部瀰今本說解脫水字耳徐鉉新附濔大水也今詩

作瀰又濔之別體張參五經文字曰瀰見詩風然則

今詩作瀰當爲唐後所改

攷補

中心洋、 范家相三家詩拾遺說文養、作洋、

瀚案說文水部洋下第云水出齊臨朐高山東北入鉅定初無別解惟爾雅釋訓曰洋、思也邢昺疏引邶風中心養、謂洋、養、音義同耳

不瑕不害 蜀石经有作不

瀚案馮氏登府蜀石經攷異曰有害亦不害義猶云不顯豈不顯也

慉有蕡 戚國標毛詩證讀說文茨作蕡

瀚案爾雅釋草茨蒺藜釋文云茨本作蕡漢書禮樂

志顔師古注曰薺禮經或作薋又作茨是薺薋茨三字圜可通用肰說文艸部引詩作薺不作薋也薋艸多皃

其之狄也　毛詩攷文古本翟作狄　虞世南北堂書鈔一百二十七卷引詩同

瀚案褘褕闕為三翟皆以雉為飾狄即翟之借周禮内司服褕狄闕狄是也

何以為兄　韓詩外傳九卷詩曰人之無良何以為兄

瀚案馮氏登府三家詩異文疏證補遺所見本如此

並云何字較我字語婉

椅桐梓桼　釋慧琳一切經音義八十一卷毛詩榛栗椅桐梓桼爰伐琴瑟言此六木皆堪為琴瑟也

瀚案說文桼木汁可以髹桼物漆水出右扶風杜陵岐山此經當以桼字為正

掎重較兮　唐本玉篇零卷車部毛詩掎重較兮

瀚案小弁篇伐木掎矣釋文掎寄彼反正義云掎者倚也此引作掎與楊倞荀子注李善文選注引作倚者字異義同

氓之嗤嗤　釋慧琳一切經音義七卷七十八卷韓詩云

嗤志意和悅皃也六十一卷引韓詩外傳同

瀚案嗤與蚩同毛傳蚩蚩者敦厚之皃此云嗤志意

和悅皃也依下鄭箋言民誘己則韓義較優

波涕漣漣　王應麟詩攷引楚辭章句作波涕漣漣

瀚案劉向九歎曰涕流交集兮泣下漣漣王逸注引

詩與今本同且云涕泣交會漣漣而流也無緣作波

伯厚所見本殆誤

無食我椹　釋慧琳一切經音義八十四卷毛詩云吁嗟

攷補　六□□齋

鳩兮無食椹

瀚案慧琳音義凡兩引皆同

無與士耽　釋慧琳一切經音義十八卷詩曰吁嗟女兮

無與士媅

瀚案說文女部媅樂也毛傳訓耽爲樂是耽即湛之

借音義六十六卷引毛詩云女之媅兮又六十八卷

引韓詩云媅樂之甚者也似韓詩乃作媅耳

一葦航之　唐本玉篇殘卷舟部毛詩一葦航之

瀚案杭作航與初學記藝文類聚白帖御覽所引合

葦从艸不从竹隸體竹艸多棍

言植之北　程大昌演繁露詩曰言植之北

瀚案植與樹一義吳語韋昭注云北古之背字

使我心痗　范家相三家詩拾遺薛君章句痗作𤸷

瀚案字書無𤸷字文選寡婦賦注西陵遇風詩注並引韓詩作痗與毛同薛君無訓范說之不足據蓋往往如此

逢此百罹　釋希麟續一切經音義八卷詩云逢此百罹

瀚案毛詩釋文罹本又作離方言七卷羅謂之離史

攷補　七

記五帝紀司馬貞索隱曰離即羅也羅離古通是其

證羅乃徐鉉新附字

毳衣如⿰帛炎 唐本玉篇零卷糸部詩曰毳衣如⿰糸剌韓詩為

⿰帛炎字在帛部今並為菼字在草部

瀹案今本玉篇帛部⿰帛炎青黑縞亦作幩

四介麃麃 北堂書鈔一百十七卷詩曰四介麃麃

瀹案四驖駟古字通駟鐵篇駟驖孔阜說文馬部引

作四驖四牡篇四牡騑騑既夕疏引作駟牡六月篇

比物四驪采芑篇乘其四騏考文古本四並作駟大

邶篇駟騵彭彭干旄疏公羊隱元年傳疏並引異義
作四騵皆已見陳氏書
駟介⿰馬麃⿰馬麃　毛詩攷文古本麃麃作⿰馬麃⿰馬麃
瀚案說文金部鑣馬銜也字彙⿰馬麃同鑣此雖同音从
馬不从金實滋益之俗字
唱予和汝　文選孫子荊爲石仲容與孫皓書李善注毛
詩曰叔兮伯兮唱予和汝
瀚案慧琳音義四十六卷引詩倡亦作唱劉向列女
傳仁智篇引詩女亦作汝倡唱可互通女汝古今字

桃兮達兮　徐鍇說文繫傳辵部詩曰桃兮達兮

瀹案鹿鳴篇視民不恌說文人部引詩恌作佻

維士與女　毛詩攷文古本士與女作維士與女次章同

瀹案當以下文維士與女而增之

士曰既徂　毛詩攷文古本且作徂次章同

瀹案爾雅釋詁邢昺疏云徂且音義同蓋且即徂之渻文故此篇及出其東門篇釋文且並音徂

冠緌雙止　太平御覽六百九十八卷詩曰葛屨五兩冠緌雙止

瀚案綫綏二字禮經多通用綫作綏陳氏書已采

紃紃葛屨　太平御覽六百九十八卷徐乾吉屨儀曰今時所謂屨者自漢以前皆名爲舄詩云紃紃葛屨可以屨霜

瀚案廣韵云糾俗作紃徐氏援經蓋以證古皆名屨爲屨似不當引詩作葛屨也

唯此褊心　三國志魏志何夔傳裴松之注詩云唯此褊心

瀚案維惟唯三字古通此與是同義

攷補

是以爲刺　漢石經魯詩殘碑刺作剌

瀚案爾雅釋草釋文曰刺字又作剌五經文字曰刺作剌譌

彼汾沮澤　唐本玉篇零卷水部澤說文漸溼也野王案毛詩彼汾沮澤是也

瀚案今本玉篇澤下又出洳字云亦澤字也

言采其葛　太平御覽七十一卷詩曰彼汾沮洳言采其葛

瀚案莫作葛疑以字形相近而譌

寘河之漘 許慎說文水部漘水厓也詩曰寘河之漘

瀹案王氏筠句讀云蓋本引王風傳寫譌在為寘說文無寘字也

毋食我黍 漢石經殘碑無作毋黍作黍

瀹案黍隸省變體無作毋陳氏書亦采

弗曳弗婁 韓詩外傳二卷詩曰子有衣裳弗曳弗婁

瀹案李鄦祉所見本如此當係傳寫之譌說文云婁空也摟曳聚也毛傳訓婁為曳是婁即摟之省借字大徐新附字婁空之婁可從俗作廔曳婁之婁不可

攷補

作屬也

繁衍盈升　白居易六帖十八卷詩曰椒聊之實繁衍盈升

瀚案蕃繁同聲古多通用

胡不次焉　呂祖謙呂氏家塾讀詩記董逌引崔靈恩集注本佽作次

瀚案孔沖遠毛詩正義曰佽古次字欲使相推以次第助之亞非訓佽為助也董氏所引崔集注蓋即依正義僞託

廈屋渠、　馬國翰魯詩故引楚辭哀郢章句夏作廈又

招魂章句廈一作夏

瀚案哀郢章句引詩仍作夏不作廈招魂章句所云

廈一作夏者斥冬有穾廈句而言非謂秦風夏屋也

如此讀書未免鹵莽矣

彼美孟姜可與寤言　劉向列女傳賢明篇詩曰彼美孟

姜可與寤言

瀚案梁女士端注云毛詩作淑姬魯黔婁妻傳同此

涉有女同車而誤晤作寤陳氏書已采

攷甫　十一

我心蘊結兮 唐石經初刻蘊作薀

瀚案蘊當作薀說文薀積也蘊乃薀之俗體

懷我好音 劉向說苑善說篇故詩曰誰能亨魚溉之釜鬵孰將西歸懷我好音

瀚案馬竹吾所見本如此

一之日畢發 玉燭寶典十一卷韓詩章句曰一之日畢發夏之十一月也

瀚案毛詩釋文云觱音必說文作畢

二之日篳烈 釋希麟續一切經音義四卷毛詩云一之

日觱發二之日㮚烈

瀚案廣韻將有㮚字當以㮚爲正

三之日于耜　太平御覽八百二十二卷八百二十三卷

詩曰三之日于梠

瀚案說文木部梠臿也徐鍇曰今俗作耜

有鳴鶬鶊　太平御覽二十卷引風俗通作有鳴鶬鶊

瀚案鳥旁俗加

一之日于狢　玉燭寶典十一卷詩豳風一之日于狢

瀚案狢乃貉之或體

六月食鬱及薁　玉燭寶典六卷詩豳風曰六月食鬱及薁

瀚案薁隩隈寒燠字並可作奧則薁與奧亦自得通

勿仕行枚　釋慧琳一切經音義五十卷詩云勿仕行枚

瀚案仕與士同

縍衣繡裳　唐本玉篇零卷糸部韓詩我遘之子縍衣繡裳縍衣纁衣也

瀚案周禮染人鄭注云故書纁作[illegible]又司服注云凡冕服者皆玄衣纁裳此言縍衣與毛字義俱異

小雅

俾爾翦穀　范家相三家詩拾遺閩人滋戩作翦云盡也

瀚案朱子詩集傳引閩人氏曰戩與翦同盡也未嘗作翦

一日三捷　釋元應衆經音義七卷詩云一日三捷

瀚案日與月形近易淆

莫之我哀　桓寬鹽鐵論備胡篇詩曰我心傷悲莫之我哀

瀚案知作之亦有意味似非誤字

檀車幝〻 范家相三家詩拾遺石經幝〻作嘽〻

瀹案不知所據是何石經玉篇云嘽輞也與幝義殊

鱨魦 徐堅初學記二十二卷詩曰魚麗于罶鱨魦太平御覽九百三十七卷引同

瀹案毛詩正義曰草木疏云魦魚吹沙亦作魦文選歸田賦注引毛萇詩傳正作魦陸璣郭璞皆以鯊爲鮀吹沙小魚後漢書馬融傳注引郭義恭廣志曰吹沙魚大如指沙中行說文云魦出樂浪潘國當别是一種海魚非詩之鯊鮀也

蒸然罩罩　范家相三家詩拾遺韓詩烝作蒸

瀚案此亦不詳所出或因外傳八卷引詩天生蒸民

烝作蒸故云然耳

昭允君子　初學記二卷詩曰湛湛露斯在彼杞棘昭允

君子莫不令德

瀚案李氏富孫曰顯昭義同此當是避唐中宗諱而

改

其同其椅　初學記二十八卷韓詩其同其椅其實離離

瀚案李氏富孫曰桐作同或從省或誤脫木

于卅里　唐石經三十作卅

瀚案無羊篇三十維物嘵嘵篇終三十里唐石經並作卅論語三十而立漢石經作卅唐石經即仿熹平石經體段氏玉裁詩經小学曰唐石經詩三十作卅是三字為句不可从也廣韵云卅今直以為二十字卅今直以為三十字蓋唐人仍讀為二十三十不讀入讀趿耳

炮鱉膾鯉　文選枚叔七發李善注毛詩曰炮鱉膾鯉

瀚案大射儀注曰或有炮鼈膾鯉賈公彥疏引詩作

炮鄭注炮字據阮氏元儀禮校勘記曰炮嚴本作缹釋文徐本俱作炮釋文云炮或作炰又云韓奕篇釋文曰炰鄭蒲交反徐甫九反是徐仙民乃讀炰為缹耳故孔疏亦曰六月云炰鱉膾鯉者音皆作缹其實此經炮字當是烰之假借說文烰蒸也與缹訓合炮毛炙肉也孚與包古字通左傳浮來公羊作包來呂氏春秋本味覽高誘注云烰猶庖也是其證炰缹炰皆或體說文所無也鱉者鼈之俗干祿字書膾通鱠

翰飛戾天　後漢書謝該傳今尚父鷹揚方叔翰飛章懷

太子賢注毛詩曰方叔涖止其車三千鴥彼飛隼翰飛戾天

瀚案段氏玉裁詩經小學曰詩本作其飛文選易字麗句耳此說得之章懷注特順釋傳文未必別有據也

矢舍而破　唐本玉篇零卷石部毛詩矢舍而破

瀚案舍矢到作矢舍亦通也而也而如也古多互用

肅肅馬鳴　唐石經初刻蕭蕭作肅肅

瀚案臧氏琳經義雜記曰傳曰言不讙譁也以經本

作肅爲肅肰清靜意故云不讙譁若作蕭爲蕭疏蕭

條則入近人辭氣矣當从石經原刻

以晏父母　說文女部晏安也詩曰以晏父母

瀚案今本毛詩無此文段氏玉裁謂是歸寧父母之

異文殊屬牽强惟嚴氏可均以爲者白文二章天子

之所三章以晏父母四章以御賓客語有倫次詩作

以燕天子涉上文而改說似可从故列於此

鳴鳫于飛　釋慧琳一切經音義九十七卷毛詩云鳴鳫

于飛

瀚案說文隹部鳿下段注引元應曰鳿古文難聲類以為鴻鵠之或字鳿與鴻字形相亂廣雅釋鳥曹憲注云鳫與鴈同

念彼不迹　嚴粲詩緝引釋文作迹云當作蹟、足跡也

瀚案李氏富孫曰說文云迹步處也或作蹟籀文作速蹟迹本一字

言歸思復　朱子詩集傳斯作思

瀚案斯作思聲之誤

惟螝惟蚳　玉燭寶典二卷劉向五行論曰蟄化為元螝

入王後宮殺康蓋血也殺康及元螝似龍蛇之孽詩曰惟螝

惟虵女子之祥

瀚案顏氏家訓勉學篇云莊子螝二首螝即古虺字

廣韻云虵俗蛇字

維帶維蛇　蕭梁經史質疑引詩緯推度災作維帶維蛇

瀚案莊子齊物論篇曰蝍蛆甘帶司馬彪注云帶小蛇也吳語曰為虺弗摧為蛇將奈何韋昭注云虺小蛇大也是帶與虺音近訓同

執國之鈞　隋書律曆志詩曰執國之鈞

瀚案爾雅釋詁曰秉執也二字義本相通均作鈞與

漢志引詩合

胡爲蚖蜴　玉燭寶典二卷劉歆爾雅注螮蝀下云龍蔡化爲元螈引詩胡爲蚖蜴

瀚案說文虫部云虺以注鳴又云蝾蚖蛇醫以注鳴者故王菉友句讀疑虺蚖即是一字郝蘭皋爾雅義疏亦疑蚖即虺之或體併此爲證益曙然矣

曄曄震電　楚辭遠遊王逸章句詩云曄曄震電

瀚案說文曅光也火部引詩與今本同玉篇曰曄曄

震電貌蓋即本叔師此注也

百川騰沸　釋慧琳一切經音義六十七卷毛詩云百川騰沸

瀚案說文水部滕水超涌也經傳沿作騰此又假為騰沸騰別作滕沸與上句俱不入韻亦協

民莫不穀　韓詩外傳七卷詩曰四方有羨我獨居憂民莫不穀我獨不敢休

瀚案逸作穀與小弁四月二篇句同

降喪飢饉　毛詩攷文古本饑作飢

文補

瀹案說文飢餓也穀不熟為饑二字義別此當作饑

漢獻回適　呂氏家塾讀詩記董逌引崔靈恩集注謨作謨

瀹案謨與漢聲近義同

交交桒扈　釋慧琳一切經音義四卷毛詩云交交桒扈

瀹案桒扈之扈依說文當作雇玉篇云雇亦作扈

儵儵周道　王應麟詩攷補遺踧踧作儵儵

瀹案馬氏國翰魯詩故亦采此條蓋本臧氏庸之說

也郝氏懿行爾雅義疏曰釋文云樊本作攸引詩攸

攸我里今詩作悠〻毛傳悠〻憂也是樊光作攸者悠字之省或作儵者攸與儵形相亂儵〻攸音同又俱从攸聲故假借通用釋文儵〻郭徒的反郭蓋以儵爲踧據詩踧〻周道鞫爲茂草而言故云悼王道穢塞今以樊本作攸於義爲長也

我心攸傷　文選陸士衡贈弟士龍李善注詩曰我心攸傷

瀚案李薌沚所見本亦以憂悠音義並同

假寐永勤　釋慧琳一切經音義二十四卷詩曰假寐永

勤
瀚案勤與歎字形相亂

嗚蜩嘒嘒 說苑雜言篇詩云菀彼柳斯鳴蜩嘒嘒
瀚案馬竹吾所見本如此玉篇口部云嚖同嘒

訑訑碩言 唐本玉篇零卷言部孟子苟不好善則人將曰訑訑予既已知之矣劉熙曰訑訑自得皃也[illegible]叅詩云訑訑碩言野王案毛詩訑訑淺言也今為蛇字在它部
瀚案訑今本玉篇作訑馬氏瑞辰毛詩傳箋通釋云

是詩蛇蛇即訑訑之假借其言也信

維暴之云　唐石經誰作維　相臺本攷文古本同

瀚案阮氏毛詩校勘記云誰字誤也

云何盱　唐石經何下無其字旁添之

瀚案錢竹汀十駕齋養新錄曰臧在東云卷耳云何盱矣鄭人士云何盱矣文法與此同即三字為句未始不可箋云於汝亦何病乎既何病連文知中無其字矣此亦當从石刻

仲氏吹𪛗　唐本玉篇零卷龠部毛詩仲氏吹𪛗

瀚棄今本玉篇糸部[illegible]下曰或箎字

縎、續、唐本玉篇零卷糸部野王案韓詩縎、續、

謀欲譖人縎、往來皃也　釋慧琳一切經音義九十

四卷韓詩外傳云續、往來皃也

瀚棄翩續義同

棄余如遺　文選歐陽堅石臨終詩李善注毛詩曰將安

將樂棄余如遺

瀚棄爾雅釋詁云予余我也蓋二字義同臧鏞堂輯

韓詩引外傳棄予作遺陳氏韓詩遺說攷已辨其非

茲不錄

潸然淚下　釋慧琳一切經音義八十一卷毛詩云潸然淚下

瀚案此章涕字誤矣視爲韵作淚下則不協自是駁文

不以其酒或以其漿　唐本玉篇零卷水部野王案毛詩不以其酒或以其漿

瀚案或不二字誤今詩互易於義亦通

或慘以勤勞　王符潛夫論議邊之篇詩痛或不知叫號或

攷補

二十一 [illegible]

慘以勖勞

瀹案年丈鄭叔績先生讀書偶識所見本如此疑慘重文作二因譌作以

濟濟鏘鏘　唐本玉篇零卷糸部毛詩濟濟鏘鏘絜爾牛羊

瀹案禮記曲禮士蹌蹌釋文蹌本又作鶬或作鏘又論語泰伯集解飲濟濟蹌蹌釋文蹌本或作鏘是蹌鏘同音通用然鏘為俗體其正字當作將也

執爨碏碏　唐本玉篇零卷石部碏敬也毛詩執爨碏碏

瀚案說文無碏字徐鼎臣新附有之引廣韻云敬也左傳石碏漢石經公羊殘碑作石踖知古是从足字碏蓋踖之别體

卓彼甫田　唐本玉篇零卷用部毛詩卓彼甫田

瀚案毛傳曰倬明貌廣雅釋詁曰卓明也是卓與倬音義並同

有之有之　韓詩外傳七卷詩曰左之左之君子宜之有之有之君子有之

瀚案此據周氏廷寀校注本有之有之二有字並讀

爲右

萬方之薮　釋慧琳一切經音義二十七卷詩云萬方之

薮

瀚案方邦聲相近毛傳曰屏蔽也作蔽不入韵蓋涉

傳而譌

酌彼㱂爵　唐本玉篇零卷欠部㱂下野王案凡器物空虛亦

曰㱂毛詩酌彼㱂爵是也水空虛爲漮字在水部屋空

虛爲康字在广部

瀚案依此則今詩乃借康爲㱂也范氏家相謂說文

作潒說文水部潒下初未引詩惟爾雅釋詁邢昺疏

云潒即酌彼康爵之康范誤記耳

彼交庶紓　朱彝尊經義攷一百九卷董斯張引韓詩外

傳彼交庶紓

瀚案庶匪音相近

至于己斯亡　唐石經已作己

瀚案此當依唐石經作己毛傳曰爵祿不以相讓故

怨禍及之及之者及己也韓詩外傳四卷說此詩曰

言能知於人而不能自知也蓋亦作己阮氏校勘記

攷補

二十三　鬯室齋

僅以正義證之猶未盡

于何不臻　潛夫論賢難篇詩云彼人之心于何不臻

瀚案不與其皆發聲也義亦可通

俾滂沱矣　史記仲尼弟子列傳詩不云乎月離于畢俾

滂池矣

瀚案古滂沱如池說文無沱字沱即池也徐鉉曰沱

沼之沱通用古字今別作池非是

大雅

緝熙敬止　釋慧琳一切經音義七十二卷一百卷詩云

穆穆文王緝熙敬止

瀚案毛傳未釋於字

無忝爾祖　後漢書劉長卿妻傳詩云無忝爾祖聿修厥德

瀚案無念作無忝義亦通小宛篇曰無忝爾所生

宣照諠問　唐本玉篇東卷言部毛詩宣照諠問

瀚案昭與照古字通說文曰諠人所宣也段氏注云周時作諠漢時作義皆今之仁義字也

生我文王　文選陸士衡贈馮文羆遷斥丘令李善注毛

詩曰有命自天生我文王
瀚案李氏富孫云此當涉次章生此文王句而牽合
之
肆師大商　范家相三家詩拾遺釋文伐作師亦作率
瀚案釋文所云乃斥鄭箋師率之式之率蘅洲仍為
釋經文可謂大謬
率先水滸　桑欽水經溱水酈道元注詩云率先水滸
瀚案陳氏奐詩毛氏傳疏所見本如此先與西古字
通顏師古匡謬正俗云西有先音丁度集韻一先有

迺字

乃慰乃止　唐本玉篇零卷乃部韓詩乃慰乃止乃大也瀚案文選干令升晉紀總論引是詩迺並作乃據說文迺乃異字異義爾雅釋詁雖曰迺乃也亦非一字然經典迺乃通用者不勝僂指故玉篇云迺亦與乃同廣韻則以迺爲古文乃字段若膺墨守許書謂詩書史漢發語之用迺字作迺而流俗多改爲乃未免失之固矣韓詩訓乃爲大其義未詳

捄之陾陾　釋慧琳一切經音義七十五卷毛詩云捄之

濡ˎ

瀚案說文阜部引詩作陾段若膺謂許从耎聲與如
乘切相去甚遠依玉篇手部作捼ˎ陑ˎ則之韻而
聲可轉入蒸韻如耳孫之即仍孫也其說良是濡集
韻ˎ會皆云一音而呈與洏聲同

奉璋峩ˎ

閩本明監本毛本峨ˎ並作峩ˎ

瀚案阮氏校勘記曰峨ˎ是也

鳶飛厲天　潛夫論德化篇曰鳶飛厲天

瀚案厲戾同音

受福不喪　唐本玉篇零卷口部毛詩受福不喪

瀚案福與祿不喪無義並可通

帝赫斯怒　文選陸佐公石闕銘李善注詩曰帝赫斯怒

瀚案李善所見本如此帝王雖同訓爲君然此實

因銘文相涉致誤非有它據也

不長夏以諱　唐本玉篇零卷言部毛詩不長夏以諱傳

曰諱更也字書或作愇字在心部今爲革字在革部

瀚案諱革音義並同

以伐崇庸　後漢書伏湛傳詩曰以伐崇庸

瀹案崧高篇以作爾唐釋文云唐本作墉

執誶連連　毛詩釋文訊音信字又作訙又作誶並同

瀹案作誶非是錢曉徵譏陸氏釋文誶訊不辨此亦

其一也

詒爾孫謀　唐本玉篇零卷言部毛詩詒爾孫謀

瀹案爾詞也厥亦詞也

以就口實　劉賡稽瑞毛詩曰克岐克嶷以就口實

瀹案今作實義亦通李鼎祚周易集解頤自求口實

鄭康成曰頤中有物曰口實

即有台家室　班固白虎通義遷國篇詩曰即有台家室

瀚案陳氏立疏證曰小字本邰作台與王伯厚詩攷所引合盧氏文弨左傳釋文攷證曰案吳越春秋后稷其母台氏之女台乃其本字凡國名邑名偏旁多後人所加

有邰家室　呂氏春秋辯土論高誘注詩云實穎實栗有邰家室

瀚案錢氏養新錄曰宋槧本說文邑部邰字下引詩亦無即字

誕降嘉穀　說文禾部詩曰誕降嘉穀惟秬惟秠天賜后稷之嘉穀也　文選班孟堅典引李善注引毛詩同

瀚案徐楚金繫傳穀仍作種

天降嘉種　初學記一卷孫氏瑞應圖曰舜時后稷播植天降秬秠故詩曰天降嘉種惟秬惟秠　太平御覽三卷引詩同

瀚案毛傳云天降嘉種

以歸肇祀　唐石經肇作肈下章同

瀚案段氏詩經小學曰玉篇支部肇俗肈字五經文

字戈部肈作肇譌廣韻有肈無肇今本說文攴部有
肇字蓋後人妄增入無疑凡古書肇字皆當改肈阮
氏校勘記曰今攷六經正誤云作肇誤是舊本从戈
毛居正始誤改之耳

于豆于登　相臺本豋作登

瀹案說文豆部豋下云禮器也讀若鐙同此經攷爾
雅作登儀禮公食大夫禮作鐙登鐙皆叚借字段注
引劉氏台拱曰釋文書名經作篇韻皆無豋字玉篇有
豋字俗製登字改經非也

慼々兄弟　釋慧琳一切經音義四十六卷詩云慼々兄弟

瀚案小明篇自詒伊戚左氏僖二十四年傳引作慼

隸釋夏承碑君之羣慼々即戚也

永錫胙胤　國語周語詩曰其類維何室家之壼君子萬年永錫胙胤

瀚案此據宋公序國語補音本說文有胙無祚凡祭必受胙々即福也段氏玉裁曰自後人肊造祚字以改經傳由是胙祚錯出矣

天錫百福　後漢書馬融傳章懷太子賢注詩大雅曰天錫百福子孫千億

瀚案千祿作天錫當是記憶之誤

陟彼在巘　唐本玉篇卷山部毛詩陟彼在巘

瀚案則作彼疑涉次章兩彼字而訛釋文云巘本又作巚今考說文無巘字亦無巚字爾雅釋山重巘隒郭璞注云謂山形如累兩甗廣韵巚下亦云山形如甗則字當以巘爲正毛詩或借作巚山旁皆後人所加耳

鞞琫容刀　北宋石經鞞作鞞

瀚案鞞从卑不从畁

乃告其曹　釋慧琳一切經音義四十六卷詩云乃告其曹

瀚案告與造同列子楊朱篇密造鄧析而謀之釋文造本作告是其證

顒顒盎盎　馮登府三家詩異文疏證補遺引韓詩外傳作顒顒盎盎　李富孫詩經異文釋引同

瀚案外傳無此文不知李但藉此何據

多將嗃嗃　說文繫傳口部詩曰多將嗃嗃

瀹案易家人嗃嗃釋文劉作熇熇晁氏易引鄭同爾雅釋訓曰謞謞崇讒慝也邢疏云謞熇音義同楚金引作嗃蓋从言从口古字每通用

喪亂未資　潛夫論敘錄詩刺未資

瀹案小爾雅廣言曰蔑末也是二字義同

天生烝民　韓詩外傳五卷詩曰天生烝民其命匪諶

瀹案周禮占夢鄭注曰杜子春讀萌爲民是民與萌古字通呂氏春秋高義覽比于賓萌高注曰萌民也

史記三王世家加以姦巧邊萌索隱曰萌一作甿然

則愚冥即愚民也

鮮克由終　說苑敬慎篇詩曰靡不有初鮮克由終新序

善謀篇引同

瀹案馬竹吾所見本如此由有亦聲之轉

天降慆德　朱子詩集傳滔作慆

瀹案慆滔音義並同

內奰于中國　淮南子墬形訓高誘注奰讀內奰于中國

之奰

瀚案說文大部㚇下云壯大也从三大三目一曰迫也讀若易處羲氏詩曰不醉而怒謂之㚇是㚇乃正字今詩作奰隸渻耳

在夏后之時　漢書楊胡朱梅云傳贊顏師古注大雅蕩之詩曰殷鑒不遠在夏后之時

瀚案世時義同

敬爾威儀　徐幹中論法象篇詩云敬爾威儀惟民之則

瀚案此蓋涉五章敬爾威儀句而誤

克拱明刑　玉篇手部詩曰克拱明刑拱執也

渝橐拱與共古字通集韻共省文拱

誨亦諄、　釋慧琳一切經音義六十五卷詩云誨亦諄

諄

渝橐亦疑作尒字形相似而譌

國步斯頻言　唐本玉篇零卷言部頻言比也野王案毛詩國

步斯頻言是也今為頻字在頻部

渝橐鄭箋曰頻猶比也廣雅釋詁亦云頻比也今說

文言部頻言匹也不訓比

秉心無倞　唐本玉篇零卷誩部毛詩秉心無競傳曰競

彊也聲類古文為倞字在人部　張參五經文字競作

倞　吳棫韻補同

瀹案說文倞彊也競彊語也此經及抑篇無競維人

俱當以倞為正字

碩碩其鹿　太平御覽九百六卷蕩桑柔曰瞻彼中林碩

碩其鹿

瀹案碩碩與甡甡音義俱遠恐誤甡甡與詵詵侁侁

莘莘字並同陳氏奐詩毛氏傳疏曰五經文字甡色

巾反見詩玉篇甡甡衆多兒是三家詩有作甡甡者

也

靡神不禜　後漢書順帝紀詔曰分禱祈請靡神不禜

瀚案錢氏大昕廿二史攷異曰毛訓宗爲尊漢時三家必有作禜字者祭法雩宗祭水旱也鄭讀宗爲禜是宗與禜通注以靡神不舉釋之似未肰

即不我隤　唐本玉篇零卷阜部韓詩昊天上帝即不我隤隤遺也

瀚案廣雅釋言曰則即也是二字義同文選歎逝賦注引薛君章句曰隤猶遺也慧琳音義一百卷引韓

詩云隤遺也並應屬毋馮雪伯疑谷風屬毋棄予矣遺
韓詩作如隤故薛君云然陳氏書又以為薛君所釋
確是谷風屬毋莫肯下遺異文皆未見此書各以臆決
故不免失之

申伯言邁　太平御覽四百八十九卷毛詩曰申伯言邁
瀚案信作言當是轉寫脫去人旁

吉甫作頌　廣韻三用詩曰吉甫作頌　文選張茂先答
何劭詩曹子建與吳季重書李善注引毛詩並同　太
平御覽五百八十八卷引同

瀚案頌與誦音同義通

以慰我心　相臺本其作我

瀚案鄭箋云仲山甫述職多所思而勞故述其美以

慰安其心作我非是

鉤膺鏤鍚　附證本毛本鍚作錫

瀚案錫字誤

籩豆有且　文選傅武仲舞賦李善注毛詩曰籩豆有且

詩攷引集韻同

瀚案爾雅釋木邊要棗唐石經邊作籩邊說文邊籀文

作遹隸釋校官碑遹亙用徼遹亦作遹

川澤詡詡　唐本玉篇零卷言部毛詩川澤詡詡

瀚案詡與訏音義相同

有苗有虎　毛詩釋文貓如字又武交反本又作苗音同

攷文古本貓作苗

瀚案爾雅釋獸曰虎竊毛謂之虦貓説文虎部説解作虦苗是叔重以苗為貓也貓鼎臣新附字猫又貓之俗體

實畝實藉　相臺本閩本明監本毛本藉並作籍

攷補

瀹案鄭箋云耡税也孔疏云宣十五年公羊傳曰什一而耡是耡為税之義也阮氏校勘云正義本作耡字是也

戓辟四方　釋慧琳一切经音義十六卷四十六卷韓詩戓辟四方辟除也

瀹案戓式音近蕩篇式號式呼釋文式本作戓

省此淮浦　釋慧琳一切經音義七十二卷毛詩云省此淮浦

瀹案此蓋誤以率彼淮浦省此徐土二句牽合為一

王⿰氵旅嘽、 北宋石經旅作⿰氵旅

瀚案字書無⿰氵旅字

嫕厥哲婦 馮登府三家詩異文疏證補遺韓詩懿作嫕

瀚案文選神女賦注引韓詩曰嫕悅也此句未知所屬盧氏文弨謂即懿厥哲婦之懿申伯蓋本其說而宋氏緜初則以爲伊胡爲慝之慝陳氏書从之要皆夢揣殊乖闕疑之旨

惟其漫矣 庸本玉篇宀部毛詩惟其漫矣又曰敷政漫、今並爲優字

瀚案優者瀀之假借說文水部瀀下云澤多也詩曰
既瀀既渥今詩瀀亦作優

頌

對粵在天　唐本玉篇雲卷云部爾雅粵云也粵曰也郭
璞云詩曰對粵在天是也

瀚案吾友王晉卿爾雅郭注佚存補訂曰漢書顏師
古注粵古越字郭既引詩以證粵則玉篇作對粵者
是今本作越者後人據毛詩以改注也郭所引蓋三
家之詩

賀以謐我　唐本玉篇零卷言部野王案韓詩賀以謐我
瀚案說文貝部賀下曰以禮相奉慶也廣雅釋言曰
賀嘉也賀與假誐二字音近義同謐作諡與廣韻引
說文合

載橐弓矢　鹽鐵論〻繇篇詩曰載戢干戈載橐弓矢
瀚案橐與櫜字形相似易淆

威儀板〻　潛夫論巫列篇故詩云降福穰〻降福簡〻
威儀板〻既醉既飽福祿來反
瀚案賓之初筵篇威儀反〻釋文云韓詩作昄〻善

貌疑㒼偏板本作皈緣皈字少見淺人妄改也

莫與甹蜂　李本玉篇宀卷丂部毛詩莫與甹蜂自求辛螫傳曰甹蜂摯曳

瀚案予作與、潛夫論慎微篇引詩令并作甹與爾雅釋訓合

自求辛螫　唐石經初刻作螫後磨改為螫

瀚案阮氏校勘記云螫字是也五經文字云螫式亦反又音釋

載弁綵、　杜佑通典四十四卷五經通義曰靈星為立

尸故云絲衣其紑載弁俅、

瀚案釋文云俅恭慎也說文作絿同今攷說文糸部引詩不競不絿人部引是篇與今詩同蓋五經通義乃作絿元朗誤記耳馬竹吾魯詩故引通義紑作[illegible]載作會不審所據何本

墮山高岳　唐本玉篇零卷山部毛詩墮山高岳

瀚案嶞作墮與釋文云字又作墮合阮氏校勘記以墮字為正也鄭箋云喬高也又云小山及高嶽皆信正義嶽作岳

从車祛祛　唐石經祛作袪　相臺本同

瀹案从衣从示之字古書每相亂阮氏校勘記曰作袪是也六經正誤云作祛誤从示者祛逐也从衣者袪袂也攷此但毛居正凡爲區別其實說文不載祛字無容見於毛氏詩也文達所駁甚允文選南州桓公九井作注引薛君韓詩章句曰袪去也慧琳音義七十二卷九十五卷希麟續音義四卷袪去也字俱从衣不从示

昭格烈祖　文選吳孝山出師頌李善注毛詩曰允文允

干祿　三十七

武昭格烈祖

瀚案烈祖篇鬷假無言釋文云假毛古雅反鄭音格至也下以假以享同此篇毛傳假亦訓至是與鄭音義並同也

穆穆魯侯 白虎通義辟雍篇詩云穆穆魯侯克明其德

瀚案李氏富孫曰此當因與上章相涉故錯引之

俾侯于魯 馮登府三家詩異文疏證補遺漢書宣元六王傳東作魯

瀚案漢書宣元六王傳詩云俾侯于魯為周室輔與

今詩無異申伯以屬俾侯于東句固已大謬且謂作魯字為長不亦歧之又歧乎

皇〻上帝其命不忒　說苑權謀篇詩云皇〻上帝其命不忒

瀚案此蓋享祀不忒皇〻后帝之駁文而又誤到之

設其楅衡　說文角部詩曰設其楅衡

瀚案周禮封人有此文許君誤記為魯頌

魯邦是嘗　唐石經嘗作常　小字本相臺本同

瀚案鄭箋云常守也正義曰魯邦是常言其常守魯

國故以常爲守也然則字不應作嘗矣

朱英綠縢　馮登府三家詩異文疏證韓詩縢作騰

瀚案文選甘泉賦及侍游蒜山作注並引韓詩薛君章句曰騰乘也與十月之交篇百川沸騰本篇不震不騰傳合王伯厚詩攷疑於閟宮引薛章句爲未審以爲縢之異字也馮又云御覽作騰今攷之亦不然

保其鳧嶧　朱彝尊經義攷一百九卷董斯張引水經注作保其鳧嶧

瀚案水經泗水酈道元注詩所謂保有鳧嶧者也仍

作有不作其不審董據何本繹作嶧陳氏董已采

海水有截　詩攷引漢書作海水有截

瀚案李氏富孫曰詩攷當以截爲異字轉寫者誤外爲水後人遂誤以寫水字爲異文矣段氏詩小學亦承其誤

爲下國駿駹　呂氏家塾讀詩記董逌引齊詩庬作駹謂馬也　詩攷同

瀚案陳振孫直齋書錄解題云廣川詩故四十卷董逌撰其說兼取三家不專毛鄭謂魯詩但見取於諸

書其言莫究齊詩尚存可據韓詩雖亡缺猶可參攷
逌藏書志有齊詩六卷今館閣無之逌自言隋唐亦
已亡久矣不知今所傳何所從來或疑後世依託爲
之然則安得以爲齊詩尚存也觀伯玉此跋則彥遠
所稱齊詩其爲明人僞撰之子貢詩傳申培詩說同
一依託無疑矣顧猶有惑其說者輔廣詩童子問云
是詩當從董說謂馬則與上章綴旒相類合古義而
信處辭其於經庶有當乎

攷補

詩經四家異文攷補

周禮補亡六卷（卷一至卷三）

［元］同安丘葵撰

中國國家圖書館藏清抄本

周禮補亡六卷，元丘葵撰。葵（一二四四—一三三三），字吉甫，同安人。家於小嶝嶼，其地有釣磯，因自號釣磯翁。早歲有志朱子之學，初從辛介甫、繼從吴平甫受春秋，親炙吕大圭、洪天錫之門最久。宋末絶意進取，杜門勵學，入元不赴徵聘，隱居以終。所撰易解義、書直解、詩口義、禮記解、春秋通義、四書日講、經世書聲音既濟圖諸書皆佚，今惟周禮補亡及釣磯詩集存世。

周禮在諸經中最爲晚出，漢初河間獻王得自民間，獨闕冬官一篇，購以千金不得，遂取考工記以補之，合成六篇奏上。其書原本殘闕不完，自漢以來未有異説。迨南宋初，洪炎、胡宏、程大昌諸人始持異議。淳熙間俞庭椿撰周禮復古編，以爲周禮建官三百六十，六官所屬皆爲六十，今五官之屬乃有羡餘者，當因秦火之後簡編脱落，司空之屬雜錯於五官，故創議割裂五官以補冬官。嘉熙間王與之引申其説，復作周官補遺，亦删取五官之屬以補冬官。丘氏本於俞、王二家之説，力主冬官未嘗亡缺，重新考訂六官之屬。其書依六官篇次分卷，每官先列原本目録於前，然後依俞氏、王氏之所删補，重定官屬書於其後，移置序官散附各職之前，全録經文，間釋其意。其釋義多本於注疏，或引述先儒，間出己意，大體皆明暢淺近。在丘氏之後，有舊題吴澂周禮考注，明代如方孝孺周禮考次目録、舒芬周禮定本、何喬新周禮集注、柯尚遷周禮全經釋原、王圻續定周禮全經集注等，亦皆尊信「冬官不亡」之説。夷考其實，景，與夫諸學者於周禮内容性質及其經典地位之重新認識，亦不容忽視之。

據卷首自序，是書撰成於元泰定元年甲子（一三二四），丘氏時年八十一。四庫提要謂其書成於泰定丙子，當爲疏誤。書名或稱周禮全書，如國史經籍志、千頃堂書目、授經圖皆著録周禮全書六卷。經義考亦作周禮全書，注云「一曰周禮補亡」。四庫提要謂「此書别無他長，惟補亡是其本志」，故定從周禮補亡之名。今案是書明刻諸本，其卷端皆題「周禮」、「天官冢宰第一」，地官以下至秋官同，卷六則題「冬官補亡」。明弘治十四年（一五〇一）錢俊民刻本，卷首有錢氏序文，亦題作重刊周禮全書序。清道光汲古書室刻釣磯詩集，附有丘氏周禮全書序。又據丘氏自序云：「夫冬官未嘗缺也，雜出於五官之中，漢儒考古不深，遂以考工記補之。至宋淳熙間，臨川俞庭椿始著復古篇，嘉熙間東嘉王次點又作周官補遺，由是周禮之六官始得爲全書矣。」丘氏又云：「余生苦晚，得俞、王二家之説，始知冬官未嘗亡。又參以諸家之説，訂定天官之屬六十，地官之屬五十有七，春官之屬六十，夏官之屬五十有九，秋官之屬五十有七，冬官之屬五十有四，於是六官始爲全書。」是其志正在恢復周禮全書，周禮全書之稱似更契本旨。

是書現存版本有明弘治十四年錢俊民刻本、明李緝刻本、明葛欽刻本及明清抄本數種，今據中國國家圖書館藏清抄本影印。該本卷末跋語云「此始遷祖釣磯公遺書之一也」，知其爲丘氏後裔家藏之本。其上多有朱筆眉批與增删塗乙痕跡，如卷端原題「宋清源吉甫邱葵釣磯氏編集，後學廖化雨澤齋、裔孫圭汝舟仝校」，上有朱筆眉批云「此書爲廖澤齋所妄改，茲依原本復其本來面目」，而其題名塗改作「宋清源邱葵吉甫學，無錫後學顧可久編次，餘干後學李緝重刊，餘姚後學張心校正，裔孫圭汝舟校字，温陵後學楊浚謹録」。則知依據明李緝刻本鈔出者，其校訂蓋出於楊浚之手。（張　文）

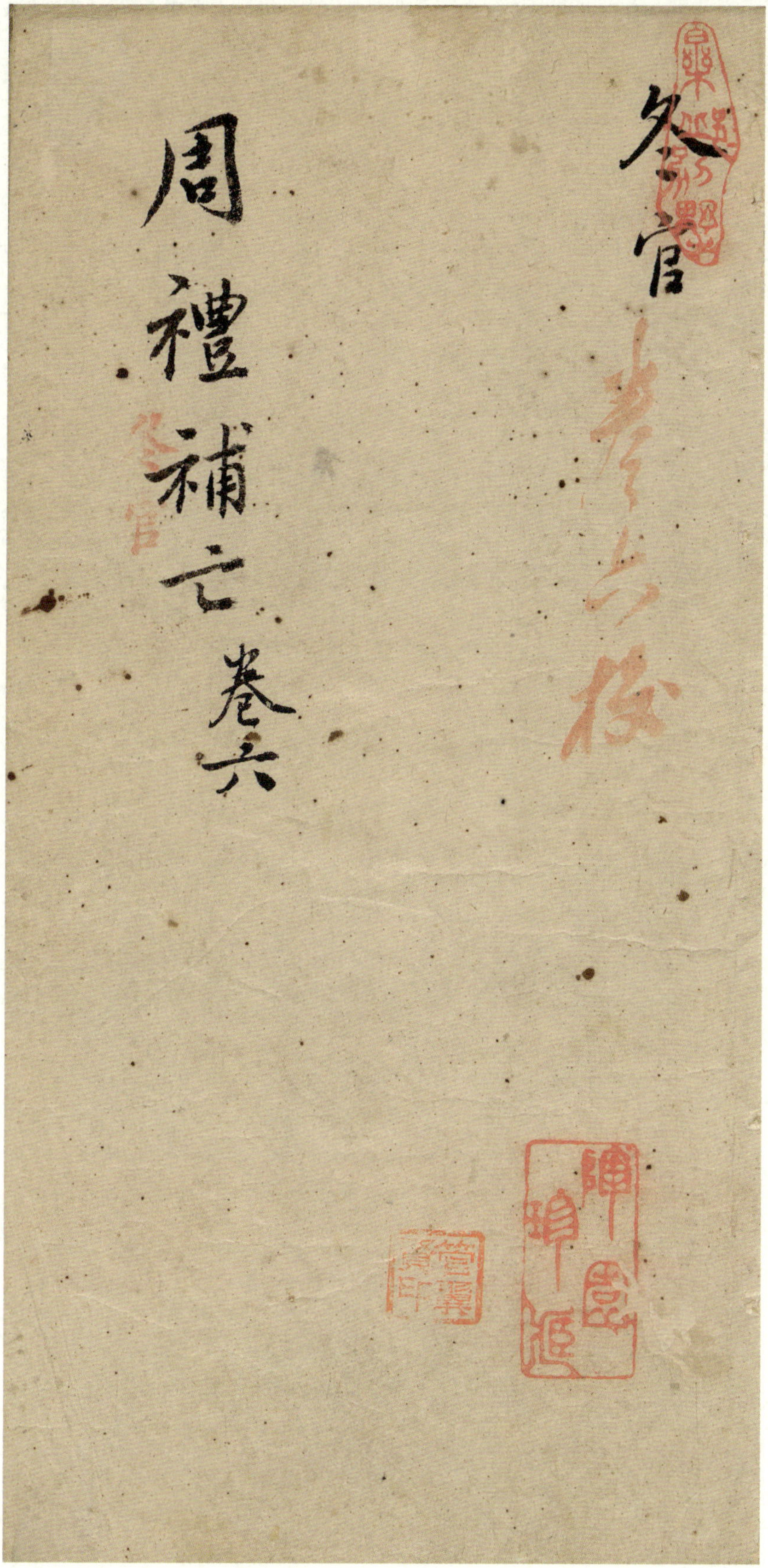

冬官

周禮補亡 卷六

周禮叙

周禮一書周公為天地立心為生民立命為萬世開太平之書也後世之君臣每病於難行也何居葉水心謂周禮晚出而劉歆遽行之大壞矣蘇綽又壞矣王安石又壞矣千四百年更三大壞此後世所以病於難行然則其終不可行乎善乎真先生名德秀謚文忠之言曰有周公之心然後能行周禮無周公之心而行之則悖矣周公之心何心也堯舜禹湯文武之心也以是為書故能為天地立心為生民立命為萬世開太平也歆也綽也安石也無周公之心而欲行之適所以壞之也有能洗滌三壞之腥穢而一以性

照經文考改之

命道德起天下之公也則是書無不可行矣鄭賈諸儒析名物辨制度不為無功而聖人微指終莫之覩惟洛之程氏關中之張氏新安之朱氏其所論説不過數條獨得聖經精微之藴蓋張程朱氏之學周公之學也故能得周公之心而是書亦賴以明矣今聖朝廷新制以六經取士乃置周官於不用使天下之士習周禮者皆棄而習他經毋乃以冬官之闕為不全書耶夫冬官未嘗闕也雜出於五官之中漢儒攷古不深遂以考工記補之至宋淳熙間臨川俞廷椿始著復古篇新安朱氏一見以為冬官不亡考索甚當鄭賈以來皆當斂衽退三舍也嘉熙間永嘉王次

點又作周官補遺由是周禮之六官始得為全書矣葵承二先生討論之後加之參訂的知冬官錯見於五官中實未嘗亡而太平大典渾然無失欲刋之梓木以廣其傳是亦吾夫子存羊愛禮之意萬一有觀民風者轉而上達使此經得入取士之科而周公之心得暴白於天下後世則是區區之願也同志之士其亦思所以贊襄哉泰定甲子年冬葭月朔清源銀同後學釣磯邱葵吉甫書　時年八十有一

治周禮姓氏

漢

杜氏子春有註

鄭氏興字少贛河南人有註

鄭氏衆字仲師為司農有註

鄭氏玄字康成有註

唐

賈氏公彥有註

崔氏靈恩有註

宋

王安石有新義已刊行世并經苑中非全解

李氏 靚字泰伯旴江人 有周禮致太平論

劉氏 敞字原父清江人

程氏 灝字伯淳號明道河南人 有說見語録

張氏 載字子厚號橫渠秦人 有說見語録

程氏 頤字正叔號伊川河南人 有說見語録

劉氏 恕字道原南康人 有說

陸氏 佃字農師 說見禮記解

王氏 安石字介甫臨川人 有全解

方氏 惄字帷夫嚴陵人 說見禮記解

王氏 昭禹字光遠臨川人 有解

陳氏 祥道字用之長樂人 有禮書

劉氏 彝字執中長樂人有 有五官解

楊氏 時字中立號龜山延平人 有辨說見語録

胡氏 安國字康侯建安人 有說見文集

胡氏 宏字仁仲號五峯 有說見語録

史氏 浩字直翁鄞人 有講義

王氏 十朋字龜齡樂清人 有詳說

周氏 必大字子充廬陵人 有講義

朱氏 熹字元晦建安人 有說見文集

呂氏 祖謙字伯恭號東萊婺州人 有說見文集

鄭氏鍔字剛中三山人有全解

鄭氏伯熊字景望永嘉人有說見文集

薛氏季宣字士隆永嘉人有釋疑

陳氏傅良字君舉永嘉人有講義集說

林氏之奇字少穎三山人有全解

項氏安世字平甫括蒼人有數說

易氏祓字彥祥長沙人有總義

黃氏度字文叔山陰人有五官解

葉氏適字正則龍泉人有說見習學記

鄭氏伯謙字節卿永嘉人有太平經國書

曺氏叔遠字器遠永嘉人有講義
楊氏恪字謹仲永嘉人有辨疑
陳氏汲字及之永嘉人有辨疑
林氏椅有綱目
蘇氏衡字平仲金華人有序官考
陳氏用之天台人有考工解
趙氏溥蘭江人有考工解
鄭氏敬仲有説
陳氏汪字藴之永嘉人有小集
李氏叔寶字景齊莆陽人有周禮精意

五

孫氏之宏字偉夫山陰人有小集

魏氏了翁字華甫臨邛人有辨説

俞氏庭椿字壽翁臨川人有周禮復古篇

王氏次點字與之永嘉人有周禮訂義

余生苦晚得俞王二家之説始知冬官未嘗亡又參以諸家之説訂定天官之屬六十地官之屬五十有七春官之屬六十夏官之屬五十有九秋官之屬五十有七冬官之屬五十有四於是六官始為全書

治官之屬元有六十三

大宰　小宰　宰夫　宮正　宮伯　膳夫

庖人　內饔　外饔　亨人　甸師　獸人今入冬官

獻人今入冬官　鼈人今入冬官　腊人　醫師　食醫　疾醫

瘍醫　獸醫今入冬官　酒正　酒人　漿人　凌人

籩人　醢人　醯人　鹽人　冪人　宮人

掌舍　幕人　掌次　大府　玉府　內府

外府　司會　司書　職內　職歲　職幣

司裘今入冬官　掌皮今入冬官　內宰　內小臣　閽人　寺人

內豎　九嬪　世婦　女御　女祝　女史

六

典婦功　典絲（今入冬官）　典枲（今入冬官）　內司服　縫人　染人（今入冬官）
追師（今入冬官）　屨人（今入冬官）　夏采
俞庭椿刪出獸人𩰫人鼈人獸醫司裘掌皮典絲典枲染人追師屨人十一官王次點補以春官天府內宗外宗大史小史內史外史御史八官正合六十之數

今訂定天官之屬六十
大宰　小宰　宰夫　宮正　宮伯　宮人
內宰　九嬪　世婦　女御　內宗（春官補入）　外宗（春官補入）
女祝　女史　內司服　典婦功　縫人　夏采

内小臣　閽人　寺人　内豎　膳夫　庖人
内饔　外饔　亨人　甸師　酒正　酒人
漿人　凌人　籩人　醢人　醯人　鹽人
冪人　腊人　醫師　食醫　疾醫　瘍醫
掌舍　幕人　掌次　天府（春官補入）　大府　玉府
内府　外府　司會　司書　職内　職歲
職幣　大史（春官補入）　小史（春官補入）　内史（春官補入）　外史（春官補入）　御史（春官補入）

唐虞建官惟百夏商官倍而周官至於三百六十今觀成王時周公以公兼太宰召公以公兼宗伯蘇忿生以公兼司寇成王將崩同召太保奭芮伯彤伯畢

公衛侯毛公則是六卿中名公畢公毛公亦上兼三公矣由是推之先王之制其職雖不廢其官未必一一皆有舉其大畧如掌葛徵絺綌掌染草徵染草掌茶徵茶掌炭徵炭角人徵齒角羽人徵毛羽每官掌一事無是事未必有其官也軍司馬行司馬戎僕戎右有軍旅則用之甸祝田僕有田獵則用之有喪紀則用夏采喪祝有盟會則用詛祝建邦國則用土方氏來遠方之民則用懷方氏先王豈能以祿食養無用之官待有事然後用哉亦臨事兼攝耳故周官雖曰三百六十而兼攝相半要亦不能遠過夏商所謂

六十者亦舉大數而言不必皆六十也今天官六十有三地官七十有九春官七十夏官六十有九秋官六十有六冬官全無秦火後經籍多殘缺禮尤甚漢儒以考工記補冬官今據每官其屬六十而天官羨三地官羨十九春官羨十夏官羨九秋官羨六計其所羨者四十七官此豈非司空之屬官雜在五官乎秦火後不無缺殘冬官豈得全無五官豈得有羨夫自伯禹作司空平水土以來至周官之書皆曰司空掌邦土豈得以任土地之職歸之司徒職方氏形方氏山師川師邍師之屬豈得歸之司馬大小行人之

職豈得歸之春官似此之類頗多俞庭椿王次點皆以爲冬官未嘗亡錯見於五官中予細攷之果未嘗亡也真西山趙庸齋皆以爲次點之訂義有先儒之所未發謂冬官未嘗亡諸儒不能辨自漢以來强以考工記補之未有言其非者予今以五官之屬其本文列於前以庭椿次點二先生之所刪補者參訂定爲六官之屬書於後則周官三百六十粲然在目而冬官未嘗亡信然矣

此書為廣澤齋所妄改茲依原本復其本來面目

周禮補亡卷之一

宋清源邱　葵釣磯氏編集

後學廖化雨澤齋

裔孫　圭汝舟　仝校

無錫後學顧可久編次

天官冢宰第一

惟王建國

作洛

辨方正位體國

前朝後市左祖右社

經野

九夫為井四井為邑

設官分職

六官三百六十職

以為民極

極者標準之名

乃立天官冢宰使帥其屬而掌邦治

五官教禮政刑事惟冢宰無所不理故謂之治

以佐王均邦國

均平也

治官之屬

大音泰宰卿一人小宰中大夫二人宰夫下大夫四人上士八人中士十有六人旅下士三十有二人

宰調和之義卿即上大夫冢宰三公之任而命以卿蓋卿爵也冢宰官也古者三公無其人以卿兼師保之位旅衆也自士以上得王之簡策命之則為王臣下文府史胥徒官長自辟除非王臣也

府六人史十有二人胥十有二人徒百有二十人

有藏則置府有書則置史有號令之事則置胥徒

大宰之職掌建邦之六典以佐王治邦國一曰治典以經

邦國以治官府以紀萬民二曰教典以安邦國以教官府
以擾萬民
教治言官府者百官之所聚萬化之所關也
三曰禮典以和邦國以統百官以諧萬民四曰政典以平
邦國以正百官以均萬民五曰刑典以詰邦國以刑百官
以糾萬民六曰事典以富邦國以任百官以生萬民
六官雖分掌而大宰實建之事典乃司空之職居四民
時地利也所謂事者非如考工記止言百工之事
以八灋治官府
府官所居也

一曰官屬以舉邦治二曰官職以辨邦治三曰官聯以會官治

聯非一官也小宰所謂六聯

四曰官常以聽官治

官常卿大夫士府史胥徒之常數也

五曰官成以經邦治

官成官府之品式小宰所謂八成

六曰官灋以正邦治七曰官刑以糾邦治八曰官計以弊邦治弊音蔽

官計小宰所謂六計也官聯官常各致其一官之治故

三

不言邦治
以八則治都鄙
都鄙公卿大夫及王子弟之采邑
一曰祭祀以馭其神二曰灋則以馭其官三曰廢置以馭
其吏
吏上下通稱
四曰祿位以馭其士
自鄉論秀士而升之司徒自司徒升之學曰造士而後
大樂正論造士之秀者升之司馬曰進士所謂士者未
有祿位之稱司馬辨論官材論定然後官之任官然後

爵之位定然後禄之故禄位所以馭士也
五曰賦貢以馭其用
上斂下為賦下奉上為貢
六曰禮俗以馭其民
禮者因其俗而品節之
七曰刑賞以馭其威八曰田役以馭其衆
内諸侯禄也將有進退故八則自上馭之
以八柄詔王馭羣臣
詔告也
一曰爵以馭其貴二曰禄以馭其富三曰予以馭其幸四

四

曰置以馭其行去聲五曰生以馭其福六曰奪以馭其貧七
曰廢以馭其罪八曰誅以馭其過
誅責讓也
以八統詔王馭萬民一曰親親二曰敬故三曰進賢四曰
使能五曰保庸
庸有功者
六曰尊貴
尊其貴者
七曰達吏
察舉勤勞之小吏

八曰禮賓

以九職任萬民

任者因其力之所能勝也

一曰三農生九穀

九穀黍稷秫稻麻大豆小豆大麥小麥

二曰園圃布古反毓草木三曰虞衡作山澤之材

虞衡掌山澤之官

四曰藪牧養蕃鳥獸

澤無水曰藪牧養在遠郊

五曰百工飭化八材

五

八材珠象玉石木金草羽
六曰商賈阜通貨賄七曰嬪婦化治絲枲想里反
八曰臣妾聚斂疏材
疏材利之至微者如荼以供喪事茅以供祭祀芻茭以
飼國馬之類
九曰閒民無常職轉移執事
單丁下户無力者非後世之游手好閒者也
以九賦斂財賄一曰邦中之賦
國中之民即載師圜廛二十而一也
二曰四郊之賦

百里之内民即載師近郊十一遠郊二十而三

三曰邦甸之賦

二百里之内民也

四曰家削所教反之賦

三百里之地

五曰邦縣之賦

四百里之地

六曰邦都之賦

五百里地四賦皆卿大夫采地田税之所出謂之公邑天子使大夫治之公卿大夫王子弟不得有也

天官　六

七曰關市之賦
　即商賈之賦職
八曰山澤之賦
　即虞衡之職
九曰幣餘之賦
　此乃官府都鄙與凡執事者給公用而有餘幣餘財之
　所入也不在常賦之數九賦自一至六平民之賦自七
　至九興作之賦陸佃曰百畝而徹賦皆十一於一中又
　以十分取二為率公卿大夫之受采者自食其八以其
　二賦於國

以九式均節財用

式財用之灋度

一曰祭祀之式二曰賓客之式三曰喪荒之式四曰羞服之式

羞膳羞服衣服

五曰工事之式六曰幣帛之式七曰芻秣之式

草曰芻穀曰秣

八曰匪頒之式

匪分頒賜也

九曰好用之式

天官

人主以身享天下之奉有所好而用之亦必制於冢宰不可得而私也

以九貢致邦國之用一曰祀貢犧牲包茅之屬

二曰嬪貢嬪音頻絲枲之屬

三曰器貢銀鐵石磬丹漆之屬

四曰幣貢玉馬皮帛之屬

杶鈔本作櫄據宋刻本作櫄榦

紵

五曰材貢

杶榦栝柏之屬

六曰貨貢

金玉龜貝之屬

七曰服貢

絺紵玄纁纖纊之屬

八曰斿貢

羽毛之屬可注旗旐之用

九曰物貢

魚鹽橘柚之屬先王授民以田而使之賦授諸侯以國

而使之貢賦者養天子之禮貢者事天子之義

以九兩繫（音計）邦國之民

兩猶耦所以協耦萬民

一曰牧以地得民二曰長（音掌）以貴得民三曰師以賢得民四曰儒以道得民五曰宗以族得民六曰主以利得民

有家者謂之主

七曰吏以治得民八曰友以任得民九曰藪以富得民

揚有具區荆有雲夢豫有圃田青有望諸兗有大野雍有弦蒲幽有貕養冀有楊紆并有招餘祁此藪之大者凡川澤之虞山林之衡皆以富得民而獨言藪者舉其

大者言也民心無常難合易睽非平時眷戀不忍去必非一人名位可得而留惟夫牧以地長以貴主以利吏以治藪以富足以養民之身師以賢儒以道足以繫民之心宗以族使知天屬之親不可離友以任使知人道之交不可間然後相安相養相親相遜雖有變故之死靡他後世九兩既廢人心易離匹夫匹婦不獲所求而樂國樂郊之思發於中而形於言者上之人果何道而服其心邪曾子所謂上失其道民散久矣者此之謂也

正月之吉始和布治於邦國都鄙

正月建寅月也　吉謂朔日

宋刻作從甲

宋刻作于

乃縣音玄治象之灋於象魏使萬民觀治象挾日而斂之

象魏闕也挾日從甲至甲也斂収也

乃施典于邦國而建其牧立其監設其參傅音附其伍陳其殷置其輔

牧州長八命作牧監謂公侯伯子男各監其一國參卿三人伍大夫五人殷謂衆士輔府史胥徒在官者

乃施則于都鄙而建其長立其兩設其伍陳其殷置其輔

長謂公卿大夫王子弟食釆者兩兩卿

乃施灋於官府而建其正立其貳設其攷陳其殷置其輔

正謂冢宰司徒宗伯司馬司寇司空貳謂小宰小司徒

小宗伯小司馬小司寇小司空也致成也成佐其事如
宰夫之類也
凡治以典待邦國之治以則待都鄙之治以灋待官府之
治以官成待萬民之治
官成在八灋治官府中今特出之以其八成待萬民之
在官府者
以禮待賓客之治
如大小行人司儀掌客所掌無非國家之賓客也
大臣惟明典法則之所由出其條目付之有司治來則
應之故皆下一待字

天官　十

祀五帝則掌百官之誓戒與其具脩

誓戒者散齋七日致齋三日

前期十日帥執事而卜日遂戒

此誓戒之事

及執事眡滌濯及納亨普庚反贊王牲事

贊王牲事

納牲以授亨人

及祀之日贊玉幣爵之事

此具脩之事

祀大神示音祇亦如之享先王亦如之贊玉几玉爵

此別言天地不用玉几玉爵也

大朝覲會同贊玉幣　玉獻玉几玉爵

玉幣束帛加璧也　玉獻來獻其琛是也　玉几王所依玉

爵禮諸侯之酢爵

大喪贊贈玉含玉

贈玉既窆所以送先王含玉死者口實

作大事則戒於百官贊王命

大事祀與戎

王眡治朝則贊聽治

治朝在路門外

眡四方之聽朝亦如之

天官　十

天官

宋刻本有之字

聽朝在庫門外臯門内朝士所掌之朝王所以朝諸侯
斷疑獄之地

凡邦之小治則冢宰聽之待四方之賓客之小治
大事決於王小事冢宰專平凡朝諸侯之時資糧之費
饔餐幣帛之奉以至出入往來之期皆小治也

歲終則令百官府各正其治受其會音檜
會大計也歲終十月建亥之月

聽其致事而詔王廢置
聽其所致以告于王

三歲則大計羣吏之治而誅賞之

歲終之考覈方嚴則行以天子之命三歲之考覈既審則守之以一定之灋

或謂論道經邦燮理陰陽一相之任今太宰不過從事於文書灋令之間亦奚以別於五官哉蓋古之論道經邦者未嘗離事物而尚清談文書灋令莫非道也故大宰事任之重體貌之尊特加冢宰以別之冢大之上也山頂曰冢

小宰之職掌建邦之宮刑以治王宮之政令凡宮之糾禁有王宮有后宮后宮則王之北宮王宮則路寢一小寢五

掌邦之六典八灋八則之貳以逆邦國都鄙官府之治

貳副也逆迎受勾考之使知功過之所在

執邦之九貢九賦九式之貳以均財節邦用

冢宰雖制國用小宰實執其灋以貳而均節之

以官府之六叙正羣吏一曰以叙正其位

正王及三公六卿大夫士之位

二曰以叙進其治

進卿大夫士治職功狀文書于王

三曰以叙作其事四曰以叙制其食

餼廩稱事所以勸百工也

五曰以叙受其會

歲終受所進會計文書

六曰以叙聽其情

此爭訟之辭不曰聽其訟而曰聽其情聽訟在於得其情也

以官府之六屬舉邦治一曰天官其屬六十掌邦治大事則從其長小事則專達二曰地官其屬六十掌邦教大事則從其長小事則專達三曰春官其屬六十掌邦禮大事則從其長小事則專達四曰夏官其屬六十掌邦政大事則從其長小事則專達五曰秋官其屬六十掌邦刑大事

則從其長小事則專達六曰冬官其屬六十掌邦事大事
則從其長小事則專達
六官各六十凡三百六十周天之數今治官六十三教
官七十九禮官七十政官六十九刑官六十六則事官
之闕其誤在於五官之中可知○據陳氏君舉曰禮官
之屬七十一而此言七十政官之屬六十六而此言六
十九未知孰是俟更考討
以官府之六職辨邦治一曰治職以平邦國以均萬民以
節財用二曰教職以安邦國以寍萬民以懷賓客三曰禮
職以和邦國以諧萬民以事鬼神四曰政職以服邦國以

正萬民以聚百物五曰刑職以詰邦國以糾萬民以除盜賊六曰事職以富邦國以養萬民以生百物

以官府之六聯合邦治

凡官府之事相關通者聯合之

一曰祭祀之聯事二曰賓客之聯事三曰喪荒之聯事四曰軍旅之聯事五曰田役之聯事

田簡衆役任衆

六曰斂弛之聯事

斂民財弛民力

凡小事皆有聯

十四

以官府之八成經邦治一曰聽政役以比居

上所施謂政下所從謂役比居伍籍也出則有比入則有居

二曰聽師田以簡稽

簡謂閱而選之稽謂攷而計之

三曰聽閭里以版圖

在六鄉則二十五家曰閭在六遂則二十五家曰里版戶籍也圖土地也

四曰聽稱責以傅音附別彼列反

稱舉借責責償傅傅著約束於文書別別為兩兩家各

得一也謂券書
五曰聽祿位以禮命
禮有數命有等
六曰聽取予音與以書契
貸而生息謂之稱責貸而不生息謂之取予
七曰聽賣買以質劑遵為反
質以人而驗劑以書而驗
八曰聽出入以要會
要會簿書也月計曰要歲計曰會八成皆是文書比居
簡稽版圖禮命要會此文書之用於公者也傳別書契

十五

質劑此文書之用於民者也

以聽官府之六計弊音蔽羣吏之治一曰廉善二曰廉能三

曰廉敬四曰廉正五曰廉灋六曰廉辨

聽平治也弊審斷之意廉謂廉問廉察吏以循良為上

故廉善為首能為次敬與正以其能守已也灋與辨以

其能奉灋辨事也康成謂六事以廉為本非也

以灋掌祭祀朝覲會同賓客之戒具軍旅田役喪荒亦如

之

戒具戒官有事者所當共

七事者令百官府共音恭其財用治其施舍聽其治訟

施舍不給役者也七事謂先四如之者三也或引鄉大夫國中貴者賢者能者服公事者老者疾者

凡祭祀贊玉幣爵之事祼古亂反將之事

王酌鬱鬯以祼而小宰將之將送也

凡賓客贊祼凡受爵之事凡受幣之事

贊祼者諸侯來朝有灌酢之禮大行人上公再祼而酢贊贊王受賓客之爵幣也

喪荒受其含襚幣玉之事

喪謂王喪荒謂凶年諸侯諸臣有致含襚幣玉之事也荒則專致幣玉

十六

天官

月終則以官府之敘受群吏之要

月計曰要

賛冢宰受歲會

歲計曰會

歲終則令羣吏致事

小宰先令致事而大宰聽之

正歲帥治官之屬而觀治象之灋徇以木鐸曰不用灋者

國有常刑

周以十一月為歲首則正歲乃建子月歲終乃建亥月

正歲十一月帥官屬觀治象之灋至正月建寅乃懸於

象魏使萬民觀之挾日而斂

宋本作退

乃退以宮刑憲禁于王宮

此小宰所掌憲謂表懸之

令于百官府曰各脩乃職攷乃灋待乃事以聽王命其有

不共則國有大刑

○此王宮中之百官府乃猶汝也

○其有不共則國有大刑

陳氏君舉曰小宰之職蓋貳冢宰以掌邦治而宰夫又所以貳小宰也故冢宰掌其典而小宰率其職冢宰操其柄而小宰治其糾禁凡小宰之所聽所弊所刑雖非冢宰之所自為而百官之所以聳動警飭而不敢不勉

天官

七

者蓋曰嚴冢宰也夫是以君宰尊嚴朝廷清明百工稱
職而不敢易紀律蓋本諸此
宰夫之職掌治朝之灋以正王及三公六卿大夫羣吏之
位掌其禁令
治朝在路門外王眂朝冢宰贊聽治而宰夫掌其灋以
正王及諸臣之位〇三朝宰夫掌治朝師氏司燕朝司
寇聽外朝
叙羣吏之治以待賓客之令諸臣之復萬民之逆
令令戒也上有所令而下有所言謂之復上無所令而
下有所言謂之逆即漢尚書職事今章奏報告是也

掌百官府之徵令辨其八職一曰正掌官灋以治要二曰師掌官成以治凡三曰司掌官灋以治目四曰旅掌官常以治數

正以糾正為義師以教師為義司以司察為義旅以分職為義自要而凡自凡而目自目而數治人者也

五曰府掌官契以治藏才浪反六曰史掌官書以贊治七曰胥掌官叙以治叙八曰徒掌官令以徵令

府史胥徒長貳參佐之執役者治於人者也

掌治灋以攷百官府羣都縣鄙之治

大宰出灋以治之小宰守灋以逆之宰夫循灋以攷之

十六

辟

乘其財用之出入
乘猶計也
凡失財用物辟辟音僻名者以官刑詔冢宰而誅之其足用長
財善物者賞之
此攷司會以詔於冢宰僻名詐為書者於空作見文書
與實不相應也
以式灋掌祭祀之戒具與其薦羞從大宰而眂滌濯
薦脯醢羞庶羞內羞
凡禮事贊小宰比官府之具
比校次也

凡朝覲會同賓客以牢禮之灋掌其牢禮委[于偽反]積[子賜反]膳獻飲[於鴆反]食[音嗣]賓賜之飧[音孫]牽與其陳數

牢禮牛羊豕三牲也委積往來道路閒所給用者米禾薪芻少曰委多曰積出註疏又云十里有廬廬有飲食二十里有宿宿有委五十里有候館候館有積給客道路所用也

凡邦之弔事掌其戒令與其幣器財用凡所共者

幣所用之賻器明器

大喪小喪掌小官之戒令帥執事而治之

大喪王后世子也小喪夫人以下小官士也

十九

三公六卿之喪與職喪帥官有司而治之凡諸大夫之喪
使其旅帥有司而治之
旅宰夫之下士也大夫喪卑故宰夫不自爲
歲終則令羣吏正歲會
使入于大宰
月終則令正月要
使入于小宰
旬終則令正日成而以攷其治治不以時舉者以告而誅
之
日成宰夫受之

治不以時掌者以告而誅之

正歲則以灋警戒群吏令脩宮中之職事書其能者與其良者而以告于上上謂大宰小宰也

凡飲膳酒漿之供幄帟次舍之役非有能者莫勝其任故先書其能者然器質不美則姦邪柔佞之行便嬖側媚之人或濫廁其間亦足以蠱惑人主之心故又必書其良者

宮正上士二人中士四人下士八人府二人史四人胥四人徒四十人

宮正掌王宮之戒令糾禁

戒其怠糾其慢令使之有為禁使之勿為

以時比宮中之官府次舍之衆寡為之版以待夕擊柝而比之國有故則令宿其比亦如之

次諸吏直宿者舍其所居守寺也版籍其人之名柝戒守者所擊故禍災也令宿宿衛王宮也

辨外内而時禁

王宮有内外自雉門内以至燕寢為内自雉門外以至外朝為外

稽其功緒糾其德行

稽之防其怠糾之防其邪

幾其出入均其稍（去聲）食

劵

幾察之於微也均平頒稍食廩禄也稍則稍稍與之非
若今糧料院使士大夫持劵打請也
去其淫怠與其奇音羈衺之民
奇譎詐無常也衺不正也
會其什伍而教之道藝
五人為伍二伍為什道三德藝六藝即師氏以三德教
國子保氏教之六藝是也
月終則會其稍食
以小宰受其月要故也
歲終則會其行事

廿

以大宰受其歲會故也

凡邦之大事令于王宮之官府次舍無去守而聽政令

大事祀與戎也無去守使之皆在次舍不得去部所守而須有所為也　頋其政令

春秋以木鐸脩火禁

若今皇城四時戒火

凡邦之事蹕音畢宮中廟中則執燭

蹕禁諠譁執燭禁昏晦而防不虞

大喪則授廬舍辨其親疏貴賤之居

廬倚廬親貴者居之舍堊舍疏賤者居之辨者禁淆亂

辨其親疏貴賤居之

而別嫌疑也

宫伯中士二人下士四人府一人史二人胥二人徒二十人

宫伯掌王宫之士庶子凡在版者

士謂適子庶子其支庶也

掌其政令行其秩敘作其徒役之事

秩謂依班秩受祿敘如下士中士之類

授八次八舍之職事

次宿衛所在舍休沐之處八者環八方以衛宸居乃子弟分以授之或居四角或處四中各任儆候之事與宫

中次舍不同

若邦有大事作宮衆則令之

事寇戎之事作起也

月終則均秩歲終則均叙

均平頒之宮正尊故主會宮伯卑故主均

以時頒其衣裘掌其誅賞

陳氏君舉曰凡環衛有二等其一是公卿大夫之子弟分置八隅宮伯領之其職云掌王宮之士庶子是也其一是官府凡在宮庭者徒役錯置於士庶子八次八舍之間周列環衛以周王室宮正領之其職云掌王宮之

戒令糾禁比宮中之官府是也二者皆環列之衛至於
人主切身侍御僕從則令掌於大僕故宮伯宮正所掌
是總於冢宰春秋猶存此意如楚潘崇為之師掌環列
之尹至漢則宮伯所掌謂之兵衛屬之衛尉而太僕惟
掌天子輿馬及扈從至於羽林次飛之屬乃肆於光祿
勳為天子私人官職分散矣○原於宮伯之下接以膳
夫庖人各屬官今從訂定條目接以宮人內宰各官下
五官倣此

宮人中士四人下士八人府二人史四人胥八人徒八十
人

廿三

宮人掌王之六寢之脩

六寢者路寢一小寢五路寢以治事小寢以時燕息諸侯三寢路一燕一側室一

為其井匽（於建反）除其不蠲（音涓）去（起呂反）其惡臭

井以停止水備火燭匽以室渠流備洗滌蠲潔也除其不蠲去其惡臭則決匽以滌濯之此之謂脩也

共王之沐浴凡寢中之事掃除執燭共鑪炭凡勞事四方之舍事亦如之

王廵守而適四方必有次舍其所掌亦不外是

內宰下大夫二人上士四人中士八人府四人史八人胥

八人徒八十人

内宰治婦人之事對大宰治百官故稱内宰大宰不稱外兼統乎内也宫中之官有宫正宫伯宿衛之官令之環衛是也宫人掌王寢洒掃次舍之事令之脩内司是也至於内宰凡宫中之奄豎與諸嬪御皆在所統令之入内内侍省都知是也

内宰掌書版圖之灋以治王内之政令

書所以教宫人如女則女訓之類版載宫中百職之名氏圖畫宫寢内外之廬寺

均其稍食分其人民以居之

王内之職惟内小臣奄人為上士其餘皆非命士則知所謂宮者皆人民也

以陰禮教六宮

内事謂之陰六宮一宮居中四宮處四角而正宮在前

以陰禮教九嬪

九嬪九人猶九卿也

以婦職之灋教九御使各有屬以作二事

婦職謂織紝組紃縫線之事九御女御也女御八十一人一嬪之屬九人故謂之九御二事絲枲是也

正其服禁其奇衺展其功緒

后六服夫人揄翟闕翟九嬪則鞠衣世婦則展衣女御則緣衣此所謂正其服奇則怪而不常衺則僻而不正左道之禍常由是生漢武帝后宫為方術所誤有巫蠱之禍正緣不知禁也展其功緒則内無曠職而作淫巧以蕩上心者不容於其中矣展猶録也

大祭祀后祼獻則贊瑤爵亦如之

后無祭天之事大祭祀祭宗廟也后以璋瓚祼瑤爵后酳尸也瑤玉之次也示降玉一等

正后之服位而詔其禮樂之儀

天官

如祭先王則當褘衣祭先公則當揄翟祭群小祀則當闕翟是正其服也如君在阼夫人在房君西酌犧象夫人東酌罍尊是正其位也

贊九嬪之禮事

祭祀九嬪贊后薦徹豆籩其禮必有以贊九嬪所舉應禮則后之所舉得禮矣

凡賓客之祼獻瑤爵皆贊

先王承賓猶承神也故大饗之禮畧如祭祀

致后之賓客之禮

后之賓客公卿大夫之妻外之命婦也

揄

古揺字

揄揺有帙

凡蠶事佐后使治外内命婦正其服位
后使后之所使也内命婦九嬪世婦之類外命婦卿大夫之妻衰麻之服哭泣之位從而正之
凡建國佐后立市設其次置其叙正其肆陳其貨賄出其度量淳(諸允反)制祭之以陰禮
始建國君立朝后立市以建天地之道次次其官叙叙其地肆鋪設也度丈尺量豆區之屬淳幅廣制疋長陰禮婦人之祭
中春詔后帥外内命婦始蠶于北郊以為祭服
郊必有公桑蠶室

廿六

歲終則會內人之稍食稽其功事

既展其功緒歲終則稽之

佐后而受獻功者比其小大與其麤良而賞罰之

獻功女御等獻絲枲之功縷小則良縷大則麤

會內宮之財用

計夫人以下所用之財

正歲均其稍食施其功事憲禁令于王之北宮而糾其守

正歲周以十一月為歲首於一歲之首施一歲之事於是表揭其禁令於北宮又從而糾其所守使無游觀而去其守也

上春詔王后帥六宮之人而生穜直恭反稑音六之種而獻之于王

先種後熟為穜後種先熟為稑古者使后宮藏種以其有蕃孳之祥上春建寅月接正歲之下則正歲為十一月建子明矣

鄭氏鍔曰后之尊與王同體賓客之來則有禮賓之事祭祀之時則有助祭之事建國則立市供祭服則親蠶耕籍則獻種則后不為無職立内宰之官或佐之或贊之或詔之或正之如是其詳然先王之意不止此爾中宮之貴椒房之寵命下大夫為之宰以治宮中之政令

則制以天下之公灋實所以杜驕侈之原也

九嬪

昏義曰古者天子后立六宮三夫人九嬪二十七世婦八十一御妻以聽天下之内治

九嬪掌婦學之灋以教九御婦德婦言婦容婦功各率其屬而以時御敘于王所

九嬪受教於内宰謂之陰禮故能知内學之灋以時進御於君曰敘

凡祭祀贊玉齍音咨贊后薦徹豆籩

玉齍盛黍稷器薦徹豆籩者后之事故九嬪贊之

若有賓客則從后
從后而往
大喪帥敘哭者亦如之
后哭衆之次敘者乃哭
世婦每宮卿二人下大夫四人中士八人女府二人女史
二人奚十有六人
執箕帚以事人謂之婦不言數者不苟於色也有婦德
者充之
世婦掌祭祀賓客喪紀之事帥女宮而濯摡古愛反為齍盛
濯滌也摡拭也

廿六

及祭之日涖陳女宫之具凡内羞之物

内羞房中之羞

掌弔臨于卿大夫之喪

此使致禮物非使往弔也但弔是大名雖致禮亦名為弔

掌女宫之宿戒及祭祀比其具

宿戒豫告之齋戒上是祭日涖陳其具此是將祭祀校比之也

詔王后之禮事

薦徹之節

師六宮之人共齍盛相外內宗之禮事大賓客之饗食亦
如之大喪比外內命婦之朝莫音暮哭不敬者而苛罰之
凡王后有操事於婦人則詔相
大喪有拜謝之禮
凡內事有達於外官者世婦掌之
此以春官之世婦取而比之鄭氏鍔曰先王於六宮既
有小宰有內宰又立九嬪世婦之官掌之如是其嚴蓋
小宰內宰治其政以整齊於內九嬪世婦掌其禮以詔
相於外
女御

昏義所謂御妻御猶進也侍也

女御掌御叙于王之燕寢

叙者以九人長少為叙燕寢之内不使九嬪世婦掌之防上之專妬蓋女御官卑不敢嫉妬自專則内無怨女子孫衆多矣

以歲時獻功事

絲枲成功之事

凡祭祀贊世婦大喪掌沐浴

沐用潘浴用湯男子不死於婦人之手但供給湯物爾

后之喪持翣所甲反

天子八翣后喪亦同女御持之左右各四人
從世婦而弔於卿大夫之喪
從之數如使者之介
內宗凡內女之有爵者
與王同宗
內宗掌宗廟之祭祀薦加豆籩
加於九獻之外
及以樂徹則佐傳豆籩
樂徹豆籩則后傳之內宗內宗傳之外宗外宗傳之有
司

卅

賓客之饗食亦如之王后有事則從大喪序哭者哭諸侯亦如之凡卿大夫之喪掌其弔臨

此言同族者

外宗凡外女之有爵者

王諸姑姊妹之女

外宗掌宗廟之祭祀佐王后薦玉豆眡豆籩及以樂徹亦如之王后以樂羞齍則贊

羞進也

凡王后之獻亦如之王后不與則贊宗伯

宗伯攝贊故也

小祭祀掌事
宮中之祭祀
賔客之事亦如之大喪則叙外内朝莫哭者哭諸侯亦如
之

女祝四人奚八人
奚官女女祝之設所以敬鬼神

女祝掌王后之内祭祀凡内禱祠之事
内祭祀六宫之中竈門戶禱疾求瘳也祠報福也
掌以時招梗禬禳之事以除疾殃
招招取善祥梗禦惡之未至禬以除灾禳以弭變

廿一

女史八人奚十有六人

擇嬪御之賢者為之

女史掌王后之禮職掌内治之貳以詔后治内政逆内宮

書内令

祭祀之禮則有薦徹賓客之禮則有獻酬其職女史掌

之貳貳内宰之所掌也

凡后之事以禮從

太史以書協禮事執書以詔王此女史從后者

榆疑作揄

内司服奄一人女御二人奚八人

宮中裁縫官之長也奄精氣閉藏者民之有是疾先王

因擇而用之如聾聵司火瞽矇脩聲之類

內司服掌王后之六服禕衣揄音遥狄闕狄鞠衣展衣緣吐亂反衣素沙

天子之服九祭服六常服三王后之服六祭服三常服三九六取陰陽之義禕衣畫衣狄當作翟雉也五色皆備曰揄闕狄禮記作屈言屈於禮翟禕揄闕皆衣互舉也鞠衣黃色如鞠塵象桑葉始生展衣白衣緣衣色黑而緣以纁素沙裏衣也沙疏也後世紗名出於此

辨外內命婦之服鞠衣展衣緣衣素沙

內命婦服此三等外命婦其夫孤服鞠衣其夫卿大夫

卅二

服展衣其夫士服緣衣三夫人之服自褘衣而下凡有
一等有時而揄有時而闕
凡祭祀賓客共后之衣服及九嬪世婦
九嬪世婦助后賓祭者
凡命婦共其衣服共喪衰亦如之
王服齊衰九嬪以下於王服斬衰於后服齊衰
后之喪共其衣服凡內具之物
內具生時所用紛帨線纊之屬
典婦功中士二人下士四人府二人史四人工四人賈四
人徒二十人

主婦人絲枲功官之長

典婦功掌婦式之灋以授嬪婦及内人女功之事齎音咨

婦有貴賤職有輕重授有多寡功有麤良故有婦式授

有齎者給其絲枲之物

凡授嬪婦功及秋獻功辨其苦音古良比其小大而賈音稼

之物書而揭其列反之

賈者估其直之低昂楬者榜其物以見凡目

以共王及后之用頒之于内府

縫人奄二人女御八人女工八十人奚三十人

縫人掌王宫之縫線之事以役女御以縫王及后之衣服

廿三

宋刻本正文石經從于亦有從於今改一律正文用于小注用於

喪縫棺飾焉

棺飾帷帝翣柳之類

衣於記反翣柳之材

衣先以衣纆其本翣如方扇以柳木為之柳陰木也

掌凡內之縫事

夏采下士四人史一人徒四人

夏采夏翟羽色染鳥羽象而用之謂之夏采

夏采掌大喪以冕服復于太祖以乘車建綏復于四郊

謂之夏采者其復也以冕服備采色焉人之終也體𩲡降于地𩲡氣無所不之以平時所服之冕服所乘之車

綏呼而復之覬其魂氣之識於物而來格之以附于形體而復生非愛親者能如是乎此非常有之事特設一官以掌之招魂復魂生事盡而死事始也

內小臣奄上士四人史二人徒八人

內小臣掌王后之命正其服位

命謂使令服后之六服位祭祀賓客喪紀之位 后之內小臣與王之大僕同

后出入則前驅

前訶肅衆

若有祭祀賓客喪紀則擯

為擯贊

詔后之禮事相九嬪之禮事正內人之禮事

詔告也相佐助也正正其失也

徹后之俎

即王之胙俎不言胙后亞王也

后有好呼報反事于四方則使往有好令於卿大夫則亦如之

好事則以財問遺於諸侯之親者好令則以言問勞於卿大夫之親者

掌王之陰事陰令

陰事羣妃御見之事陰令王所使為於北宮者

閽人王宮每門四人囿游亦如之

閽人司昏晨以啓閉囿御苑也游離宮也

閽人掌守王宮之中門之禁

王有五門一曰皐門二曰庫門三曰雉門四曰應門五曰路門亦曰畢門外朝在庫門外羣吏衆庶皆在則外二門臣民皆可入若雉門之内非臣民可得而妄入故閽人掌之

喪服凶器不入宮潛服賊器不入宮

潛服若衷甲者賊器無刻識者凡兵物皆有刻識

廿五

奇服怪民不入宫凡内人公器賓客無帥色類反則幾音譏

其出入

内人應役之人公器應用之器賓客公卿大夫之妻應得入見者無帥無將帥引之者非時而出入必幾察之

防其乘間也

以時啓閉凡外内命夫命婦出入則為之闢

辟行人使無干也

掌埽門庭大祭祀喪紀之事設門燎蹕宫門廟門

設燎以致其明蹕止行者以致其肅

凡賓客亦如之

寺人王之正內五人

寺侍也正內路寢

寺人掌王之內人及女宮之戒令相道其出入之事而糾之

戒飭其怠令趣其行糾察也

若有喪紀賓客祭祀之事則帥女宮而致於有司

女宮刑女之在宮者此言男女没入縣官以為奴婢致於有司以供其役使之事

佐世婦治禮事掌內人之禁令凡內人弔臨良鴆反于外則帥而往立于其前而詔相之

廿六

內豎倍寺人之數

豎未冠者之官名

內豎掌內外之通令凡小事

　內后六宮外卿大夫使童豎通王內外之命給小事者

若有祭祀賓客喪紀之事則為于偽反內人蹕

　禁止王內之人

王后之喪遷于宮中則前蹕及葬執褻器以從遣車

喪遷者將葬朝于廟褻器振飾頮沐之器先王之時宮

者不過十人內小臣四人寺人五人內豎倍之閽人每

門四人而已不若後世之多既總於內宰則屬於太宰

上下相傳統得以進退用舍則不賢者自不容於其間
後世不然宮中官則皆奄之既不屬於宰相所以縱橫
而莫制也

膳夫上士二人中士四人下士八人府二人史四人胥十
有二人徒百有二十人

膳夫食官之長自膳夫以下庖人內饔外饔亨人等官
皆以士爲之而屬之冢宰以人君一身六軍萬姓之主
宗廟社稷之所關飲食不可輕也

膳夫掌王之食音嗣飲膳羞以養王及后世子
食飯也飲酒漿也膳牲肉也羞凡有滋味者

天官

凡王之饋食用六穀

稌黍稷粱麥苽彫胡反

膳用六牲

馬牛羊豕犬雞

飲用六清

水漿醴醇醫酏醫同醷

羞用百有二十品

羞出於牲及禽獸以備滋味謂之庶羞

珍用八物

八珍見禮記內則篇

醬用百有二十罋

醬醯醢也醢人共醢六十罋醯人共齏菹醯物六十罋

王日一舉

殺牲盛饌曰舉

鼎十有二物皆有俎

牢鼎九牛一羊二豕三魚四腊五腸胃六膚七鮮魚八鮮腊九陪鼎三膷一臐二膮三　二鼎皆有俎取鼎之物而載於俎也

以樂侑食

侑勸也

天官

卌六

膳夫授祭品嘗食王乃食

王將食必祭膳夫授之品者每物皆嘗也養至尊當謹所防者微矣

卒食以樂徹于造

卒終也食終作樂以徹器造謂作食之處

王齊日三舉

日一舉一大牢也朔日聽政加食一等二大牢也齊日三舉三大牢也

大喪則不舉大荒則不舉大札則不舉

札疫癘也

天地有灾則不舉邦有大故則不舉王燕食則奉膳贊祭

燕食日中及夕奉而贊之祭舉則不贊

凡王祭祀賓客食則徹王之胙俎

王當祭祀以祭之胙肉置之於俎曰胙俎與賓客禮食則飲食之俎亦曰胙俎此俎膳夫當親徹之

凡王之稍事設薦脯醢

稍事是小事而飲酒脯醢俱設其所薦爾不待腊人醢人共之也

王燕飲酒則為獻主

凡王燕諸侯皆於路寢使膳夫為主人王不為主以燕

四一

禮輕故君不酢也

掌后之世子之膳羞凡肉脩之頒賜皆掌之

加薑桂鍛治曰脩無薑桂以鹽乾之曰脯

凡祭祀之致福者受而膳之以贄見者亦如之

致福諸侯祭祀之胙肉

歲終則會唯王及后世子之膳不會

不會非蕩然無以禁止之以制之有冢宰非有司之灋故也

庖人中士四人下士八人府二人史四人賈八人胥四人徒四十人

庖苞也裹肉曰苞苴一說猶今之厨也以市買之事故
置買
庖人掌供六畜許又反六獸
麋鹿狼麕野豕兔
六禽
鴈鶉雉鳩鴿鷃
辨其名物
凡禽皆有名號物色故辨之始養曰畜將用曰牲
凡其死生鱻悉然反薨苦老反之物以供王之膳與其薦羞之
物及后世子之膳羞
四二

凡計數之鱻生肉薨乾肉膳常食薦羞者羞出於牲非常御之物時乎薦進也

共祭祀之好羞

好羞先人之所好也

共喪紀之庶羞賓客之禽獻

喪紀喪之祭謂虞祔也禽獻獻禽於賓客也

凡令禽獻以灋授之其出入亦如之

令獸人也灋有常數

凡用禽獻春行羔豚膳膏香夏行腒其居反鱐所留反膳膏臊素刀反秋行犢麛膳膏腥冬行鱻羽膳膏羶書然反

羔羊豚豕羊豕之小者方春而肥牛脂曰膏香於春膳宜腒乾雉也鱐乾魚也夏物易腐用乾犬脂曰膏臊於夏膳宜犢麛秋肥雞脂曰膏腥於秋膳宜鱻魚潛也羽雁定也飛潛之物冬肥羊脂曰膏羶於冬膳宜各以其物之所便而調和之也

歲終則會唯王及后之膳禽不會

内饔中士四人下士八人府二人史四人胥十人徒百人

饔割亨煎和之稱

内饔掌王及后世子膳羞之割亨煎和之事辨體名肉物辨百品味之物

四三

體名脊脅肩臂臑之屬肉物殽胾燔炙之物

王舉則陳其鼎俎以牲體實之選百羞醬物珍物以俟饋

進物於尊者曰饋

共后及世子之膳羞辨腥臊羶香之不可食者

牛夜鳴則庮音由

庮臭也牛夜鳴則反常其肉必庮

羊泠毛而毳羶泠音零

泠毛毛長毳毛結

犬赤股而躁音竈臊

赤股無毛而肉赤

鳥皫(漂上聲)色而沙鳴貍(音鬱)

皫失色沙澌也皫色氣鬱而不達於毛羽沙鳴氣鬱而不達於聲音

豕盲(音忙)眡而交睫(音接)腥

腥當作星肉成米似星

馬黑脊而般(音班)臂螻

般猶疾之有瘢前脛曰臂螻螻蛄臭蟲也

凡宗廟之祭祀掌割亨之事凡燕飲食亦如之

凡掌共(音具)羞脩刑膴(火姑反)胖(普半反)骨鱐以待共膳

羞庶羞脩鍛脯刑鉶羹膴大臠胖半體骨體之連骨者

四

鱐乾魚也

凡王之好賜肉脩則饔人共之

上言掌共此則別有掌者共之以待王之所好而賜之饔人內饔之屬人也

外饔中士四人下士八人府二人史四人胥十人徒百人

外饔掌外祭祀之割亨共其脯脩刑膴陳其鼎俎實之牲體魚腊凡賓客之飧饔饗食音嗣之事亦如之

外祭祀謂天地四望山川社稷五祀也兼言魚腊以羣小祀不用牲也飧客始至之禮饔既將幣之禮饗以飲酒為主食以飯為主酒雖設而不飲

邦饗耆老孤子則掌其割亨之事饗士庶子亦如之
耆老以六十以上為率孤子死王事者之子士庶子衛
王宮者也
師役則掌共其獻賜脯肉之事凡小喪紀陳其鼎俎而實
之
師役出師征伐及廵守田役也小喪紀一介之士死王
事者
亨人下士四人府一人史二人胥五人徒五十人
主為外內饔煮肉者
亨人掌共鼎鑊皇入聲以給水火之齊才細反

四五

鑊所以亨煑爵所以調味齊水火適均之節

職外内饔之爨亨煑辨膳羞之物祭祀共大羹鉶羹賓客
亦如之

大羹肉湆湆肉汁也鉶羹加鹽菜

甸師下士二人府一人史二人胥三十人徒三百人

王之耕籍在野故以甸名官

甸師掌帥其屬而耕耨王籍以時入之以共齍盛

屬府史胥徒也耨耘耔也公田謂之籍以其借民力治之也王以孟春耕帝籍天子三推三公五推諸侯九推庶人終于千畝即徒三百人也以時入之謂麥夏熟禾

黍秋熟十月穫之送入地官神倉也在穀曰齍在器曰盛

祭祀共蕭茅

蕭香蒿茅包茅取以縮酒

共野果蓏之薦

果桃李之屬蓏羅上聲瓜瓞之屬蔓生曰蓏

喪事代王受眚烖

國有大變毋乃粢盛不蠲鬼神弗享歟夫何使至於斯斯時也新王在疚欲請命于神而身受譴罰有不可得也故使甸師代行焉非謂使甸師受眚烖於己甸師

四六

掌耕王藉共齍盛者也

王之同姓有辠則死刑焉

死與刑為二等重辠則死于甸輕辠則刑于甸

帥其徒以薪蒸役外內饔之事

耕耨之暇則率其徒三百人以採取薪蒸役給也謂給

外內饔之用木大曰薪小曰蒸

酒正中士四人下士八人府二人史八人胥八人徒八十

人

酒官之長

酒正掌酒之政令以式灋授酒材

掌其政令所以謹酒式灋作酒之灋式授酒材授酒人以其材也

凡為公酒者亦如之

公酒以公事作酒

辨五齊之名一曰泛芳劒反齊二曰醴齊三曰盎齊四曰緹音醴齊五曰沈齊

太古以明水為醴其後乃有元酒元酒一變而有泛齊成而泛泛然滓則浮而上泛齊一變而有醴齊成而汁出滓厚而甜醴齊一變而有盎齊成而滃滃然其味得中過此有緹齊其色紅赤味已是酒沈齊則清上澄而

下濁此五者用以祭祀

辨三酒之物一曰事酒二曰昔酒三曰清酒

事者方有事於糟漉昔者熟而可久清則澄之而可飲

辨四飲之物一曰清二曰醫於已反三曰漿四曰酏以支反

清沛醴而為之醫釀粥而為之漿用米以漿之謂之截

漿言米汁相將也酏則稀粥之可飲者

掌其厚薄之齊以共王之四飲三酒之饌及后世子之飲

與其酒

饌陳具設之后世子之飲與其酒共之而已弗為之饌

凡祭祀以灋共五齊三酒以實八尊大祭三貳中祭再貳

小祭一貳皆有酌數唯齊酒不貳皆有器量

五齊五尊三酒三尊故云八尊此除明水玄酒若五齊加明水三酒加玄酒爲十六尊不言者舉正尊也大祭天地一尊三尊爲副貳中祭宗廟用一尊二尊爲副貳小祭五祀用一尊一尊爲副貳酌數若祭大則所酌多祭小則所酌少五齊專用以事神不以飲故器量而不貳

共賓客之禮酒共后之致飲于賓客之禮醫酏糟皆使其士奉之

禮酒謂致享于賓客之酒饗以訓恭儉爵盈而不敢飲

天官 四八

但為禮而已后之賓客公卿之妻燕見　飲醫酏糟而
不沛比王之所用少屈也
凡王之燕飲酒共其計酒正奉之
左傳曰臣侍君燕過三爵非禮也三爵獻酬酢也酒正
奉之察其過也
凡饗士庶子饗耆老孤子皆共其酒無酌數
以醉為度示恩意之厚也比與大饗之嚴不同
掌酒之賜頒皆有灋以行之凡有秩酒者以書契授之
賜頒者時有所與也有秩酒則月給有定數授以書者
使知其所得之數授以契者使執之以取酒也

酒正之出日入其成月入其要小宰聽之

出謂授酒材及用酒之多少

歲終則會唯王及后之飲酒不會以酒式誅賞

違式而酒惡者誅之如式而酒美者賞之

酒人奄十人女酒三十人奚三百人

女酒女奴曉酒者奚官女

酒人掌為五齊三酒祭祀則共奉之以役世婦

世婦掌女宮之宿戒及祭祀者役為之服役猶給也

共賓客之禮酒飲酒而奉之

禮酒饗酒也飲酒燕酒也酒漿籩醢皆內事世婦詔之

四九

非酒正使之也
凡事共酒而入于酒府凡祭祀共酒以往賓客之陳酒亦
如之
入于酒府以數入也往往待其令也陳酒設之於堂東
也
漿人奄五人女漿十有五人奚百有五十人
女漿女奴曉漿者
漿人掌共王之六飲水漿醴涼醫酏入于酒府
水為清泠所以和酒涼為寒粥所以授酒不待辨也唯
入于酒府酒正當共奉之也

共賓客之稍禮共夫人致飲于賓客之禮清醴醫酏糟而
奉之
稍禮常日稍用之非必備六飲也清之為醴濁之為醫
酏糟漿人得而奉之不使士者以夫人降於后也
凡飲共之
非必饋食也
凌人下士二人府二人史二人胥八人徒八十人
凌冰室也詩云納于凌陰周公以此屬于酒漿之末蓋
酒所以奉陽冰之用所以禦陽也一身之血氣常周流
於天地間陰陽節宣之不至則未有不致戾豈足與天

天官 五十

地同流哉
凌人掌冰正歲十有二月令斬冰三其凌
十二月建丑之月冰堅可斬而取之三其凌三伐其冰
也
春始治鑑胡暫反
鑑如甀大口以盛冰置食物於中春正月脩飾盛冰之
器以二月將獻羔而啓冰
凡外內饔之膳羞鑑焉凡酒漿之酒醴亦如之
酒酒人漿漿人膳羞感暑氣易敗酒醴感暑氣易酸皆
須鑑以盛冰

祭祀共冰鑑賓客共冰大喪共夷槃冰
夷之為言尸也實冰於夷槃中置之尸牀之下所以寒
尸

夏頒冰掌事
夏四月掌事主賜冰之多少合得與不合得之事

秋刷
七月始刷除冰室將納新冰

籩人奄一人女籩十人奚二十人
籩人掌四籩之實朝事之籩其實麷方弓反 蕡符文反 白黑形
鹽膴鮑魚鱐

五一

麷熬麥蕡枲實鹽槀爲虎之形魚則膴大臠以爲膴或

（鮑鱐皆乾魚大臠以爲膴）

糗乾以爲鮑或析乾以爲鱐

饋食之籩其實棗㮚（力質反）桃乾䕩（音老）榛（側巾反）實

乾䕩梅也榛似栗而小

加籩之實蔆芡㮚脯蔆芡㮚脯

重言之者以四物爲八籩也蔆芰也芡雞頭也

羞籩之實糗餌粉餈（昨資反）

此二物皆粉稻米黍米所爲也糗者擣粉熬大豆合蒸（与米粉豆屑）

曰餌餅之曰餈

九獻之禮有四節其一節曰祼王以圭瓚酌鬱鬯以獻（獻）

尸此一獻也后以璋瓚酌鬱鬯以獻尸此二獻也其二
節曰薦腥后祼畢王出迎牲于門后薦朝事之籩豆王
迎牲入廟麗于碑親殺取血以告殺取毛以告純王以
玉爵獻醴齊三獻也后以玉爵獻四獻也其三節曰薦
熟朝踐之後體解其牲而亨之后薦饋食之籩豆王以
玉爵獻盎齊五獻也后以玉爵獻六獻也其四節曰酳
自饋食之後薦加籩豆王以玉爵酌醴齊酳七獻也后
以瑶爵盎齊酳八獻也后酳尸畢諸臣以瑶爵酌齊獻
九獻也此之謂正獻九獻之後遂行玉爵為旅酬矣

凡祭祀共其籩薦羞之實

五二

薦羞皆進也薦羞皆可食之物羞籩則致滋味焉
喪事及賓客之事共其薦籩羞籩為王及后世子共其内
羞
内羞房中之羞
凡籩事掌之
先王祭祀凡天地之生產苟可薦者莫不咸在一物不
可遺則一器不可闕籩豆簋俎禮之器也其事各有司
存此籩人醢人之職所以置也
醢人奄一人女醢二十人奚四十人
醢人掌四豆之實朝事之豆其實韭菹莊魚反醓吐□反醢昌

本麋臡乃兮反菁菹鹿臡茆菹麋京倫反臡
有骨曰臡無骨曰醢全物為菹細切為齏凡作醢及臡
者必先膊乾其肉乃莝之雜以粱麴及鹽漬以美酒塗
置甀中百日成矣昌本昌蒲根麋似鹿而大醓醢以肉
汁為醬也
饋食之豆其實葵菹蠃醢脾析蠯蒲佳反醢蜃蚳醢豚拍魚
醢拍音搏
脾析牛百葉蜃大蛤蠃蠯蜃蚳皆蛤屬豚拍豚肩也
加豆之實芹菹兔醢深蒲醓醢箈音台菹鴈醢筍菹魚醢
醓醢肉醬也箈水中魚衣史氏則謂箈與筍皆陸産

羞豆之實酏食糝食
酏粥也内則曰糝取牛羊豕之肉三如一小切之與稻
米稻米二肉一合以為餌煎之謂以肉屑和之也
凡祭祀共薦羞之豆實賓客喪紀亦如之為王及后世子
共其内羞王舉則共醢六十罋以五齊反了西七醢七菹三
臡實之
五齊昌本脾析蜃豚拍深蒲也七醢醓蠃蠯蚳魚兔鴈
七菹韭菁茆葵菭芹筍也三臡麋鹿麇
賓客之禮共醢五十罋凡事共醢
醢人奄二人女醢二十人奚四十人

醢人掌共五齊七菹凡醢物以共祭祀之齊菹凡醢醬之
物賓客亦如之王舉則共齊菹醢物六十甕共后及世子
之醬齊菹賓客之禮共醢五十甕凡事共醢
醢醢一事周人既分為二職至其所實之器在膳夫則
為甕在醢人則為豆甕以備禮數豆則可和齊菹而共
膳醢人雖具齊菹以充豆非醢則齊菹之味不成故醢
醢不嫌為二職又五齊七菹三醬皆謂之醬
鹽人奄二人女鹽二十人奚四十人
鹽人掌鹽之政令以共百事之鹽祭祀共其苦鹽散鹽
苦鹽刮地之鹽取其成於自然散鹽熬波之鹽取其治

鹽

洽四海故以奉先
賓客共其形鹽散鹽
形鹽虎形
王之膳羞共飴鹽后及世子亦如之
飴鹽鹽味之甜者今戎鹽有焉
凡齊才細反事鬻音煑鹽以待戒令
鹽之產不一有刮於地而得者有風其水而成者有熱
其波而出者有汲於井而為者有積於鹵而結者先王
於鹽只以為祭祀賓客膳羞之用初不以為富國之資
故周禮一書理財居半鹽獨無賦自管仲以後寖以為

富國之計遂至官與民爭利豈先王之意哉

冪莫歷反人奄一人女冪十人奚二十人

冪人掌共巾幕

共巾以覆物

祭祀以疏布巾冪八尊以畫布巾冪六彝

六彝者雞彝鳥彝斝彝黃彝虎彝蜼彝此六者皆盛鬱鬯巾畫雲氣以覆之

凡王巾皆黼

黼者繪以斧形而白黑半之堯舜飯土塯啜鉶羹以天地宗廟之奉不過陶匏後世宗廟之器未之有改而王

天官

五五

若之奉金玉文繡無所不至黼巾不用而龍髯火浣進
矣

腊人下士四人府二人史二人徒二十人

腊人掌乾肉凡田獸之脯腊膴胖（音判）之事

脯去骨腊帶骨膴全體胖半體

凡祭祀共豆（當作羞）脯薦脯膴胖凡腊物賓客喪紀共其脯
腊

凡乾肉之事

由獸人入腊人由腊人入內外饔

醫師上士二人下士四人府二人史二人徒二十人

醫師掌醫之政令聚毒藥以共醫事

瘍醫云以五毒攻之以五藥療之毒與藥二物也

凡邦之有疾病者有疕(匹婢反)瘍(音羊)者造(七報反)焉則使醫分而治之歲終則稽其醫事以制其食十全為上十失一次之十失二次之十失三次之十失四為下

全猶愈也計其所失為之殿最

食醫中士二人

食醫掌和王之六食六飲六膳百羞百醬八珍之齊(才細反)

六食以下膳夫所掌食醫主調和而已

凡食齊眡春時

黍稷稌梁之類宜温視春取其生也

羹齊眡夏時

雉兔雞犬之類宜熱視夏取其化也

醬齊眡秋時

醯醢齏菹之類宜涼視秋取其成也

飲齊眡冬時

水漿醴涼之類宜寒視冬取其清也

凡和春多酸夏多苦秋多辛冬多鹹調以滑甘

四時各就五味中使一味勝焉以養其氣而調之以滑甘

凡會膳食之宜牛宜稌羊宜黍豕宜稷犬宜粱鴈宜麥魚宜苽凡君子之食恒放焉

會成也宜陰陽之氣不可以偏勝

疾醫中士八人

疾醫掌養萬民之疾病四時皆有癘疾春時有痟音消首疾

痟酸削也首疾頭痛

夏時有痒疥疾秋時有瘧寒疾冬時有嗽上氣疾

上氣逆喘也

以五味五穀五藥養其病

五味醯之酸酒之苦飴蜜之甘姜桂之辛鹽之鹹之類

五七

也五穀麻麥黍稷豆五藥草木蟲石穀素問曰形不足
溫之以氣精不足補之以味味養精也穀養形也藥療
病也養精為本養形為次療病為末
以五氣五聲五色眡其死生
望其氣聽其聲覩其色則死生可見矣
兩之以九竅苦弔反之變
陽竅七陰竅二以其有通塞之二候故曰兩
參之以九藏之動
神藏五形藏四以其有浮中沉之脉候故曰參
凡民之有疾病者分而治之死終則各書其所以而入於

醫師

少曰死老曰終療不愈之疾書其所以而入於醫師者

使得以制其禄食且為後治之戒

瘍醫下士八人

瘍醫掌腫瘍潰瘍金瘍折瘍之祝藥劀殺之齊祝音注劀音刮齊音祭

瘍瘡也瘍腫氣結不散潰血溢將破金刀傷也折跌而

折骨者祝以藥附之劀去其膿血也殺去其死肌也

凡療瘍以五毒攻之以五氣養之

五毒五藥之有毒者所謂以毒攻毒即上藥師之所聚

五八

是也五氣視貌之氣色而以五穀養之致其和也

以五藥療之以五味節之

五藥見上文節之謂養其中和不使失宜以釀疾也

凡藥以酸養骨以辛養筋以鹹養脉以苦養氣以甘養肉

以滑養竅凡有瘍者受其藥焉

先王仁民之心不及王后世子者何蓋萬民之疾治之於已病王后世子則治之於未病食醫調和病何自生乎

掌舍下士四人府二人史四人徒四十人

掌舍掌王之會同之舍設梐（陛）枑（互）再重

會同有其舍王巡狩則會諸侯于方岳之下王十二歲不巡狩將有征討之事則為壇於國門之外合諸侯以發四方之禁謂之會施四方之政謂之同梐枑行馬以周衛

設車宮轅門

環車以外向仰轅以為門

為壇壝唯季反宮棘門

壇壝築壇於中壝土於外以為宮以棘為門棘矛戟也

為帷宮設旌門

君晝日食息暫展肆焉則張帳以為宮設旌以為門

五九

無宮則共人門

無宮非食息之時王之所在雖暫駐亦必設備故以衛士為門

凡舍事則掌之

王行所舍止也

幕人下士一人府二人史二人徒四十人

幕人即綴衣也掌舍幕人掌次三職相須而成事

幕人掌帷幕幄帟（音亦）綬（音受）之事

在旁曰帷在上曰幕四合曰幄帟幄內之帳綬絛也四物皆以綬連繫之也

凡朝覲會同軍旅田役祭祀共其帷幕幄帟綬大喪共帷幕帟綬

帷以帷堂幕張於庭帟在柩上

三公及卿大夫之喪共其帟

唯士無帟王賜之則有檀弓云君於士有賜帟

掌次下士四人府四人史二人徒八十人

掌次掌王次之灋以待張（音帳）事

次與舍一既有掌舍又有掌次蓋舍者久留之辭次者暫止之義待張事若王出則幕人以帷與幕等送至停所掌次張之也

天官

王大旅上帝則張氈案設皇邸

旅之為言衆也陳也大旅非常之禮也氈案張氈于床以禦寒皇邸設鳳凰羽色于版為屏風以禦風也

朝日祀五帝則張大次小次設重帟重案合諸侯亦如之

朝日春分拜日於東門之外祀五帝於四郊王不宿於外故張大次以候止息小次以候行禮

師田則張幕設重帟重案

師出師也田田獵也

三公九卿 恐有悞

諸侯朝覲會同則張大次小次師田則張幕設案

此謂諸侯相與師田

孤卿有邦事則張幕設案

三孤六卿將受王命出使於四方張幕於庭所以藉幣

設案為位王立於前而授之命焉

凡喪王則張帟三重諸侯再重孤卿大夫不重

張帟柩上承塵

凡祭祀張其旅幕張尸次

旅幕衆助祭者所居尸次祭祀之尸所居更衣帳

射則張耦次

耦齊升射者次在洗東

掌凡邦之張事

天官

六一

先王設掌次之官其意若曰帷幕幄帟所用非一次用罷則徹之而復用其為費亦少矣後世離宫别館竭萬家生養之資為一日廵幸之備嗚呼無怪乎生民息肩之無日也

天府上士一人中士二人府四人史二人胥二人徒二十人

天府掌祖廟之守藏與其禁令

祖廟始祖后稷之廟

凡國之玉鎮大寶器藏焉若有大祭大喪則出而陳之既事藏之

玉鎮如弘璧琬琰天球夷玉夏后氏之璜之類大寶器
如崇鼎大貝鼖鼓兌之戈和之弓垂之竹矢封父之繁
弱之類

凡官府鄉州及都鄙之治中受而藏之以詔王察群吏之
治

治中計治之書如登賢能書民數之類

上春釁寶鎮及寶器

寶物有神司殺牲以釁之以祓不祥

凡吉凶之事祖廟之中沃盥執燭

沃盥以致潔執燭以明祖廟之守藏

季冬陳玉以貞來歲之媺惡
貞問也陳玉以禮神而卜之
若還寶則奉之若祭天之司民司祿而獻民數穀數則受
而藏之
司民軒轅之西角星司祿文昌宮之第六星
大府下大夫二人上士四人下士八人府四人史八人賈
十有六人胥八人徒八十人
大府為王治藏官之長若今之司農
大府掌九貢九賦九功之貳以受其貨賄之入
九功即九職大府斂貨財據成功而言故曰功

頒其貨于受藏才浪反之府頒其賄于受用之府
內府曰受藏外府曰受用
凡官府都鄙之吏及執事者受財用焉
凡合用財物皆受於大府
凡頒財以式灋授之關市之賦以待王之膳服邦中之賦
以待賓客四郊之賦以待稍秣音末家削之賦以待匪頒邦
甸之賦以待工事邦縣之賦以待幣帛邦都之賦以待祭
祀山澤之賦以待喪紀幣餘之賦以待賜予
陳氏君舉曰王之膳服僅取具於關市古者關譏而不
征市廛而不征其歲入視他賦至薄也至不常獲也以

天官

富有四海而一人之奉特居經費之九一又取其至薄者不常獲者如是足矣而司市之禁曰國君至夫人世子命夫婦過市皆有罰何也闗市之征既足以爲天子私養而禁防不立後世將有察察於其間者今也自君夫人世子嚴爲過市之禁則王若后從可知也苟有過用於上則大臣盡規苟有過取於下則有司守瀳而後人主常立於無過之地此又先王之深意

凡邦國之貢以待弔用凡萬民之貢以充府庫

凡式貢之餘財以共玩好之用

玩好非共耳目之玩也宗廟之鎮器天府之守器諸侯

之分器以及食服器用之適吾意者皆取于是故曰玩
好非如後世珍禽奇獸以從耳目之欲

以其可玩好也

凡邦之賦用取具焉歲終則以貨賄之入出會之
取一歲賦用之具數以為之本然後歲終則以受藏受
用之府所入所出會之

玉府上士二人中士四人府二人史二人工八人賈八人
胥四人徒四十有八人

玉府掌王之金玉玩好兵器凡良貨賄之藏
以玉為主玉外有美物亦兼掌之

共王之服玉佩玉珠玉

服玉謂服用之玉器佩玉王之所帶詩傳曰佩玉上有
葱衡下有雙璜衝牙蠙珠以納其閒珠玉則冕旒所飾
十二玉
王齊則共食玉
齊則致一以格神玉乃陽精之純故齊必食玉謂食玉
屑也
大喪共含玉復衣裳角枕角柶戶暗反
復招魂也角枕以枕尸角柶以飯含謂用角匕以楔齒
令可飯含
掌王之燕衣服衽而甚反席牀第側美反凡褻器

燕衣服非禮服旦暮所共不掌於司服衽則以寢席則以坐笫簀也雖褻器亦必尊貴之物鄭司農曰褻器清器虎子之屬

若合諸侯則共珠槃玉敦音對珠槃以盛牛耳玉敦以盛血用以盟歃也

凡王之獻金玉兵器文織音志良貨賄之物受而藏之此諸侯所獻於王者也文織即書所謂厥篚織文也

凡王之好賜共其貨賄

陳氏君舉曰王府內庫掌天子器用財賄燕私之物及受貢獻以備賞賜此皆藏之在宮中者而列於大府之

六五

下與凡治藏之官無異以見王者以天下為家貢賦之
入無彼此之殊漢湯沐邑為私奉養不預經費靈帝作
西園萬金堂聚為私藏皆非先王之法屬於大府則日
有成月有要歲有會司會有廢置誅賞之典夫安得不
節若御府禁錢捐之親幸之手省闥之中外人比校不
及則傷財害民豈細故哉
内府中士二人府一人史二人徒十人
内府掌受九貢九賦九功之貨賄良兵良器以待邦之大
用
此即大府所領者當安平無事之時一歲之入可以支

一歲之出無羨也一方有警而不貲之費將何所給哉

此内府所藏之貨賄所以待邦之大用

凡四方之幣獻之金玉齒革兵器凡良貨賄入焉

四方賓客合幣以獻王謂之幣獻若太宰大朝覲會同贊玉獻是也

凡適四方使者共其所受之物而奉之

四方幣獻既入内府王之所以遺諸侯者亦取足於是焉施報之禮也

凡王及冢宰之好賜予則共之

王有好賜予冢宰亦有者冢宰體國而有所頒賜非一

已之私用也漢以少府掌天子私藏大農掌國家經費
職掌既分官守亦異此後世之所以不能復古也
外府中士二人府一人史二人徒十人
外府掌邦布之入出以共百物而待邦之用凡有灋者
布泉也古者寳龜而貨貝所以交易者唯貝而已至太
公立九府圜法始用錢以代貝此邦布所以掌於外府
謂之泉者取其出之有源謂之布者取其布散不滯也
共王及后世子之衣服之用
外府所以待邦用者皆有灋王及后世子豈可以非灋
而用之王者示民以軌則必自身始非先王之灋服不

敢服也

凡祭祀賓客喪紀會同軍旅共其財用之幣齎咨音賜予之財用

齎義通賜予幣齎者有幣之齎也裹送之雜費也内府凡適四方使者共其所受之物王府内府所共者貨賄之賜予外府所共者幣齎邦布之賜予也

凡邦之小用皆受焉

小用則給之大用則取餘府

歲終則會唯王及后之服不會

周官一書半為理財國本在農國計在桑麻穀粟國用

在金玉布帛則邦布特以權百物之低昂時出以佐國用之不及豈若後世窮山竭治以供鼓鑄也哉

司會中大夫二人下大夫四人上士八人中士十有六人府四人史八人胥五人徒五十人

司會掌邦之六典八灋八則之貳以逆邦國都鄙官府之治

逆受而鉤攷之

以九貢之灋致邦國之財用以九賦之灋令田野之財用以九功之灋令民職之財用以九式之灋均節邦之財用

職在會計雖掌其貳至於生財之術悉稟諸大宰故一

切財用皆用大宰之灋九賦唯關市幣餘邦中非田野
自外四郊以下皆是田野故曰田野之財用
掌國之官府郊野縣都之百物財用凡在書契版圖者之
貳以逆群吏之治而聽其會計
不言邦中而言官府者以官府在邦中舉以表之其實
官府不出賦書謂簿書契最凡也凡書皆掌於司書司
會掌其副以此所掌稽彼所録則財用之多寡羣吏之
實僞昭然矣
以參互攷日成以月要攷月成以歲會攷歲成
天下之事合衆數為目合衆目為凡合衆凡為要合衆

天官　六

要爲會以凡攷目以目攷數以數攷凡是之謂參凡與
數相攷數與目相攷是之謂互
以周知四國之治以詔王及冢宰廢置
司書上士二人中士四人府二人史四人徒八人
司書掌邦之六典八灋八則九職九正音征九事邦中之版
土地之圖以周知入出百物
九正即司會九賦九貢也九事即司會九式也邦中之
版夫家之數也土地之圖山林川澤之數也
以敘其財受其幣使入于職幣
敘比次也受其幣受財幣之簿書也

凡上之用財用必攷于司會

以天子之用財司書紀録用財之數抱其書而往攷於司會防其縻費國計也

三歲則大計羣吏之治以知民之財器械之數以知田野夫家六畜之數以知山林川澤之數以逆羣吏之徵令

大宰於三歲大計羣吏之治而誅賞之此所謂大計羣吏之治者以會計之書而佐大宰也民財之數或有或無器械之數或備或闕田野有開懇之數夫家有衆寡之數六畜之數或有登耗山林川澤之數或有童涸無所不稽焉考其數而知之所以逆羣吏之徵於民者果

天官

六九

當否也

凡稅斂掌事者受灋焉及事成則入要貳焉

大宰以九賦斂財賄而閭師旅師之官無非掌稅斂之事者事之所在灋之所在也故凡稅斂掌其事者俱受灋於此則取民者不敢取於灋之外事畢使之入要貳之書其要將以致諸朝其貳則藏之以為鉤攷之證

凡邦治攷焉

職內上士二人中士四人府二人史四人徒二十人

職內掌邦之賦入辨其財用之物而執其總以貳官府都鄙之財入之數以逆邦國之賦用

職内主會計邦賦之入九貢九職九賦總以賦名此言受於大府而官府都鄙之財入職内掌其副貳文書邦國之所賦所用其數必逆知之總計而執之

凡受財者受其貳令而書之

受財以給公用者職歲之事也貳令者職内爲貳必稟於上蓋職歲式法與府藏給予之數類書之以備考閲

及會以逆職歲與官府財用之出

及歲終會計職歲主出職内主入以已入財之數鉤攷職歲出財之數與夫官府所用之數並鉤攷也

而叙其財以待邦之移用

天官 七十

國有大用内府之所共國有小用外府之所待若夫有
無多寡豐歉盈虚出於天之所為非人力之所及者必
豫備於此緩急相資謂之移用
職歲上士四人中士八人府四人史八人徒二十人
職歲掌邦之賦出以貳官府都鄙之財出賜之數以待會
計而攷之凡官府都鄙群吏之出財用受式灋于職歲
大府以九式之灋授之職歲故凡出財用者于職歲受
之
凡上之賜予以叙與職幣授之
叙受賜者之尊卑也幣餘之賦以待賜予職幣掌幣餘

之官故與職幣授之
及會以式灋贊逆會
此與職内者同贊於司會也凡内外府應干財用皆計
於司會職内職歲又所以贊於司會也漢高帝時獨蕭
相國知此領天下之財以柱下史張蒼為計相此近周
之司會其後諸府各自置官以為管計此官遂廢蓋緣
先王都無毫髮之私豈容得這般議論後世所以不立此
官者只為人主不便己耳
職幣上士二人中士四人府二人史四人賈四人胥二人
徒二十人

君子雖不可以貨取亦不可以虛言拘故必實幣帛于箱篚以將其厚意先王特設一官以掌之

職幣掌式灋以斂官府都鄙與凡用邦財者之幣

幣以行禮斂以聚之

振掌事者之餘財

振舉也先王於入者之中斂所用之餘以當其賦之一則其數自可以共賜予之頒矣

皆辨其物而奠其録以書楬之以詔上之小用賜予

既斂得幣當辨其物知其類之善惡而定其所録書其色别各入一府府各為一牌知善惡價數多寡謂之楬

歲終則會其出凡邦之會事以式灋贊之
人主逸樂常生於有餘節儉多出於不足漢武帝因貫朽索腐故得以放縱生事唐明皇見大盈庫於是賞賜無極成周職幣之官所以覺察餘財辨其物奠其録以書楬之歲終則會正恐人主以餘財妄用也

大史下大夫二人上士四人
史官公道所繫清議所出君相有過直筆而書

大史掌建邦之六典以逆邦國之治掌灋以逆官府之治掌則以逆都鄙之治
典灋則字說見大宰逆字說見小宰

七二

凡辨灋者攷焉不信者刑之
上之制下有法其書藏於大史
凡邦國都鄙及萬民之有約劑者藏焉以貳六官六官二疑
衍文之所登
凡有約者皆有劑六官各有一通太史亦副寫一通以
藏之以為六官之貳乃其副也
若約劑亂則辟灋不信者刑之
辟正也大史掌邦灋若約劑紛亂則以灋正之
正歲年以序事頒之于官府及都鄙頒告朔于邦國
賈氏曰中數曰歲朔數曰年一年之内有二十四氣正

月立春節雨水中至十二月小寒節大寒中皆節氣在前中氣在後節氣有入前月灋中氣無入前月灋中氣匝則為歲朔氣匝則為年中朔大小不齊不置閏則中氣入後月故必正之以閏

閏月詔王居門終月

居門居路寢之門常月有位見月令閏月非常月無位故也

大祭祀與執事卜日

執事大卜之屬

戒及宿之日與羣執事讀禮書而協事

七三

戒謂散齊七日宿致齊三日

祭之日執書以次位常

大史執禮書以辨群執事之位故曰次位常

辯事者攷焉不信者誅之

大會同朝覲以書協禮事及將幣之日執書以詔王

書禮書也

大師抱天時與大師同車

抱秘天時之器筮師大師大史師也

大史知天道者也大出師大史主抱式以知天時審吉

凶

大遷國抱灋以前

瀍司空營國之瀍

大喪執瀍以涖勸防遣之日讀誄凡喪事攷焉小喪賜謚勸防引六紼也卿大夫請謚於君君制謚使大夫往賜之

凡射事飾中舍音釋筭執其禮事中所以盛筭也中則釋之以記其中之數禮事射禮之事

小史中士八人下士十有六人府四人史八人胥四人徒四十人

小史掌邦國之志奠繫世辨昭穆若有事則詔王之忌諱

奠其本繫之所出與世數之遠近如魯出於周公之類
又辨其昭穆若有國事則詔告以王朝之忌諱使無犯
焉
大祭祀讀禮灋史以書叙昭穆之俎簋
大祭祀大史執禮書矣小史則讀禮灋以戒百官昭穆
有尊卑俎簋之數有多寡按書以叙之簋以盛黍稷俎
以載牲體也
大喪大賓客大會同大軍旅佐大史凡國事之用禮灋者
掌其小事卿大夫之喪賜謚讀誄
内史中大夫一人下大夫二人上士四人中士八人下士

十有六人府四人史八人胥四人徒四十人
内史掌王之八枋兵病反之灋以詔王治一曰爵二曰祿三曰廢四曰置五曰殺六曰生七曰予八曰奪

八柄詔於冢宰內史復掌以詔王蓋史官公論之所出權柄一有不公史氏直筆以書之凜乎其可畏也黄氏曰內史掌八柄之灋與冢宰同地愈親任愈重故其爵秩高而置員廣皆先王精意自漢始以尚書總朝事其後離而為中書又離而為門下而朝廷日以卑非成周建官之意

太宰謂之柄取能執之意字從丙丙者嚮明之象也枋

取其刻制之義字從方方者矩之所同也
執國灋及國令之貳以攷政事以逆會計
國灋六典八灋八則
掌叙事之灋受納訪以詔王聽治
灋所以便於民先王不恃法以為便不任己以為明必
納訪於民而使內史受焉其所便者因之其所不便者
革之損益必利於民然後可以治天下故先受納訪然
後詔王聽治如龍之於舜仲山甫之於宣王蓋其職也
今自內出者中書受之自外入者通進銀臺司受之職
久分矣

凡命諸侯及孤卿大夫則策命之
典命四命為大夫加一等出封為子男故命大夫則作
策命士則不作策以其爵卑未可以出封也
凡四方之事書内史讀之
諸侯有事以書奏白於王内史讀之
王制禄則贊為之以方出之賞賜亦如之
贊為之為之辭方以方版書而出之制禄之方司禄受
之賞賜之方職歲受之是皆攷之八枋之灋不可得而
濫也
内史掌書王命遂貳之

七六

貳謂副寫藏之凡有王命既書以出遂藏其貳也

外史上士四人中士八人下士十有六人胥二人徒二十
人

外史掌書外令

上出之為命下稟之為令故内史書内謂之命外史書
外謂之令

掌四方之志

古者諸侯無私史諸侯之國史書國中之事以達於天
子天子又時巡以察之故外史掌四方之志而列國之
史皆藏之周室

掌三皇五帝之書掌達書名于四方

大行人九歲諭書名蓋外史達之九歲之久慮其不一又使行人往諭之

若以書使所吏反于四方則書其令

令猶今言制勑書猶今言制書勑書也內史猶今言內制翰林也外史猶今言外制舍人也凡策命之出皆熙陟予奪大小臣工爵祿之事其與人主圖之者冢宰也而上意之然否師言之協否非有文墨議論之士講求參酌或不當於功罪雖當功罪而褒貶損益之文或作於好惡往往傷正言之體此二史之所以立也

七七

御史中士八人下士十有六人其史百有二十人府四人胥四人徒四十人

御史掌邦國都鄙及萬民之治令以贊冢宰凡治者受灋令焉

治令即六典八則與官成也冢宰以道治之其令則御史掌之所以贊冢宰也

掌贊書凡數從政者

贊書有令則贊而書之自公卿以下至於庶人之在官者皆從政也不可以不知其登下多寡之計故有凡有數御史當糾察之

周禮補亡卷之一終

地官

周禮補亡 卷二

卷之[illegible]

地官

地官之屬元有七十九

大司徒　小司徒　鄉師　鄉老　鄉大夫　州長

黨正　族師　閭胥　比長　封人（令入冬官）　鼓人（令入春官）

舞師（令入春官）　牧人（令入冬官）　牛人（令入冬官）　充人（令入冬官）　載師（令入冬官）　閭師

縣師　遺人　均人（令入冬官）　師氏　保氏　司諫

司救　調人　媒氏　司市　質人　廛人

胥師　賈師　司虣　司稽　胥　肆長

泉府　司門　司關　掌節　遂人　遂師

遂大夫　縣正　鄙師　酇長　里宰　鄰長

旅師　稍人　委人　土均　草人（令入冬官）　稻人（令入□官）

接寫

土訓　誦訓　山虞（今入冬官）　林衡（今入冬官）　川衡（今入冬官）　澤虞（今入冬官）

迹人　丱人（今入冬官）　角人（今入冬官）　羽人（今入冬官）　掌葛（今入冬官）　掌染草（今入冬官）

掌炭　掌荼　掌蜃　圃人（今入冬官）　場人（今入冬官）　廩人

舍人　倉人　司祿　司稼　舂人　饎人

槀人

今訂定地官之屬五十七

大司徒　小司徒　鄉師　鄉老　鄉大夫　州長
黨正　族師　閭胥　比長　遂人　遂師
遂大夫　縣正　鄙師　酇長　里宰　鄰長
師氏　保氏　司諫　司救　調人　媒氏
司市　質人　廛人　胥師　賈師　司虣
司稽　胥　肆長　泉府　司門　司關
掌節　閭師　縣師　稍人　土訓　誦訓
遺人　旅師　委人　迹人　廩人　舍人
倉人　司祿　司稼　舂人　饎人　槀人
掌炭　掌荼　掌蜃

周禮補亡卷之二

宋清源邱　葵吉甫學

後學楊　浚雪滄重校

裔孫　嘉澍筱辯　炳忠伯貞　重刊

二十一世孫　式璲悔初校字

地官司徒第二

惟王建國辨方正位體國經野設官分職以為民極乃立

地官司徒使帥其屬而掌邦教以佐王安擾邦國

舜命契曰汝作司徒敬敷五教在寬孟子亦曰使契為

司徒教以人倫父子有親君臣有義夫婦有別長幼有

序朋友有信王制曰司徒脩六禮以節民性明七教以

周禮補亡卷之二

宋清源吉甫邱　葵釣磯氏編集

後學廖化雨澤齋　仝校

裔孫　圭汝舟

地官司徒第二

惟王建國辨方正位體國經野設官分職以為民極乃立

地官司徒使帥其屬而掌邦教以佐王安擾邦國

舜命契曰汝作司徒敬敷五教在寬孟子亦曰使契為司徒教以人倫父子有親君臣有義夫婦有別長幼有序朋友有信王制曰司徒脩六禮以節民性明七教以

興民德齊八政以防淫一道德以同俗穆王命君牙為
司徒亦曰弘敷五典式和民則未聞以司徒治財賦任
土地也今司徒之屬如鄉大夫州長黨正族師閭胥比
長與師氏保氏司諫司救調人等官無非教民之良瀍
美意故教民為善莫切於財利相交之際是必有以禁
其非而導之於義者故司徒兼焉後人惑於泉府之在
司徒遂以司徒為財賦之任又以地官宜掌土地遂取
司空之事歸之而以司空為闕卒使司徒之本職不明
而所謂掌邦教者殆為虛語矣

教官之屬

大司徒卿一人小司徒中大夫二人鄉師下大夫四人上士八人中士十有六人旅下士三十有二人府六人史十有二人胥十有二人徒百有二十人

大司徒之職掌施十有二教以佐王安擾邦國

施十有二教之上有因此五物者民之常一句觀十有二教之施不繫於五物則知此句為羨文而司徒之安擾邦國者亦不在於土地之圖人民之數其為冬官之錯亂在此無疑擾馴也

一曰以祀禮教敬則民不苟二曰以陽禮教讓則民不爭

陽禮鄉飲酒之類

三曰以陰禮教親則民不怨
陰禮婚姻之類
四曰以樂禮教和則民不乖五曰以儀辨等則民不越
儀五禮之儀
六曰以俗教安則民不愉音倫
俗謂土地所生習染而成也愉謂朝不謀夕
七曰以刑教中則民不虣音暴八曰以誓教恤則民不怠
恤憂也使民憂其事
九曰以度教節則民知足
度宮室車服之制

十曰以世事教能則民不失職
世事世其事士農工商是也
十有一曰以賢制爵則民愼德
賢有大小則爵有尊卑
十有二曰以庸制禄則民興功
庸功也庸有大小則禄有厚薄
鄭氏鍔曰舜之時司徒所施者五教而周則十二者蓋
非五品則十二教無所施非十二教亦無以訓五品視
契之所敬敷者實相表裏也
以荒政十有二聚萬民一曰散利

凶荒之年凡縣都之委積散以予民

二曰薄征三曰緩刑四曰弛力

弛力息徭役也

五曰舍禁

舍開其禁也山澤林麓不以封於諸侯者有虞衡之禁

遇凶荒之年則舍禁之政行焉

六曰去幾上聲

關市之譏去之於市

七曰眚禮

眚與省同省祭祀之禮所以節財用厚賑恤也

八曰殺（所界反）哀

以凶荒有困殍也不能脩禮則殺哀之政行焉

九曰蕃樂

蕃當作藩有閑止之義凶荒則宜止樂而不作

十曰多昏

古者國有凶荒則殺禮而多昏會男女之無夫家者所

以育人民也

十有一曰索鬼神

鬼神能助陰陽以為水旱札瘥者必索而祭之

十有二曰除盜賊

史氏曰傳曰牧民如牧羊當去其敗類者凶荒而除盜賊防其嘯聚為民害也

以保息六養萬民

保養也息生也救荒之政如醫者之攻療保息之政如醫者之調養

一曰慈幼二曰養老

八十九十曰耄百年曰期頤月有所給也

三曰振窮四曰恤貧五曰寬疾六曰安富

富家巨室小民之所依賴也

以本俗六安萬民

本猶舊也俗使里俗知所本而心安不忍去也

居恐作后似誤

一曰嬍美音宮室

此言野廬及邑居之宮室里正以時預飭脩治必使嬍密而不弊

二曰族墳墓

族葬于一處謂考妣祖先族而葬之

三曰聯兄弟四曰聯師儒五曰聯朋友

聯合也

六曰同衣服

同齊也

正月之吉始和
古註以為建子据詩所謂一之日觱發安得謂之始和
此為建寅月無疑
布教于邦國都鄙乃縣教象之灋于象魏使萬民觀教象
挾日而斂之乃施教灋于邦國都鄙使之各以教其所治
民令五家為比使之相保五比為閭使之相受四閭為族
使之相葬五族為黨使之相救五黨為州使之相賙五州
為鄉使之相賓
五家為比其居甚近可察其奇衺故曰保二十五家為
閭里門也平居可以相容有故可以相託故曰受百家

為族百家之中不幸有死若共其葬事故曰葬五百家為黨則大利害大患難可以相救故曰救二千五百家為州則水旱可以相賙故曰賙萬二千五百家為鄉其閒有賢者能者的然可用三歲賓興之時彼有賢能我從而賓之我有賢能彼又賓我故曰相賓此上言施灋於邦國都鄙下文言使之又言令之則不獨王國有之諸侯之國大國三鄉三遂次國二鄉二遂小國一鄉一遂與王國皆同可知

頒職事十有二于邦國都鄙使以登萬民

登進而成之也

一曰稼穡二曰樹藝三曰作材四曰阜蕃五曰飭材六曰
通財七曰化材八曰斂材九曰生材
此即天官之九職任萬民者也其下乃事也
十曰學藝
此民材之所由興也
十有一曰世事
此民志之所由定也
十有二曰服事
為公家服事如府史胥徒庶人在官者
以鄉三物教萬民而賓興之

三物德行藝德不足則取之以行行不足則取之以藝

一曰六德知仁聖義忠和

知知也仁愛也聖無不通也義宜也忠不欺也和無所乖戾也

二曰六行孝友睦婣音因任恤

善事父母曰孝善於兄弟曰友睦親於九族婣親於外族任信友恤振貧者

三曰六藝禮樂射御書數

五禮六樂五射五御六書九數

以鄉八刑糾萬民

一曰不孝之刑二曰不睦之刑三曰不婣之刑四曰不弟
音悌之刑五曰不任之刑六曰不恤之刑七曰造言之刑
訛言惑衆
八曰亂民之刑
亂名改作執左道以亂政也
惑衆
以五禮防萬民之僞而教之中
五禮謂吉凶軍賓嘉
以六樂防萬民之情而教之和
六樂謂雲門咸池大韶大夏大濩大武
凡萬民之不服教而有獄訟者與有地治者聽而斷之其

附于刑者歸于士

有地治者司空也萬民之不服教而有獄訟者司徒與司空聽而斷之其不與於教而麗于刑者歸之士士司寇士師之類

祀五帝奉牛牲羞其肆音剔

肆解牲體而陳之於俎也

享先王亦如之大賓客令野脩道委積

令遂師脩道又令道人委積少曰委多曰積

大喪帥六鄉之衆庶屬其六引而治其政令

引喪車索六鄉主六引

大軍旅大田役以旗致萬民而治其徒庶之政令

旗畫熊虎者軍吏載之所以示威也軍旅用衆也大田簡衆也大役任衆也

若國有大故則致萬民於王門令無節者不行於天下

大故謂王崩及寇兵也致民於王門備不虞也節六節

大荒大札則令邦國移民通財舍禁弛力薄征緩刑歲終則令教官正治而致事

致事上其計簿

正歲令于教官曰各共爾職脩乃事以聽王命其有不正則國有常刑

歲終十月正歲夏之正月令之建寅也

小司徒之職掌建邦之教灋以稽國中及四郊都鄙之夫家九比之數以辨其貴賤老幼癈疾凡征役之施舍

稽攷也國中王畿也四郊畿外也都鄙野外也不言六鄉六遂邦甸者舉上下以見中也夫謂上地中地下地皆一廛家謂上地七人中地六人下地五人九比夫三為屋屋三為井三三比之故曰九比小司徒專掌比灋蓋鄉灋也貴治賤者也賤事貴者也老者在所養幼者在所字癈疾則不可任事在所寬恤也征謂稅之役徑役也施加也或加之或舍之必辨其實所以息幸民之

心也
與其祭祀飲食喪紀之禁令
祭祀謂州祭社黨祭禜族祭酺一說黨祭宗族祭步飲
食若行鄉飲族食之類喪紀謂若四閭為族相葬之等
皆有禁令不使失禮灋
乃頒比灋于六鄉之大夫使各登其鄉之衆寡六畜車輦
辨其物以歲時入其數以施政教行徵令
頒比灋者頒校比之度數也登者上其籍也六畜以備
公家之用車輦以待師田之役辨其可用之物以歲之
四時入其數則其所施之政教以徵索於民莫不有一

定之灋

及三年則大比大比則受邦國之比要

六鄉內也故入其數邦國外也故受其要

古文此處接以乃會萬民之卒伍而用之五人為伍五伍為兩四兩為卒五卒為旅五旅為師五師為軍至下文乃分地域今皆移入冬官小司空一職

凡小祭祀奉牛牲羞其肆小賓客令野脩道委積

小賓客諸侯之使臣

大軍旅帥其衆庶

大司徒以旗致民小司徒帥之

小軍旅廵役治其政令
六鄉不與於司馬之征發有王命起之則小司徒帥而
致之司馬司馬調發郊軍則以吏帥之小司徒廵察之
以治其政令
大衆帥邦役治其政教
衆役正棺引窆復土
凡民訟以地比正之地訟以圖正之
民訟爭是非地訟爭疆界
歲終則考其屬官之治成而誅賞
治成治事之計

令群吏正要會而致事

群吏其屬六十也小司徒致之於大司徒大司徒致之於冢宰

正歲則帥其屬而觀教灋之象徇以木鐸曰不用灋者國有常刑令羣吏憲禁令脩灋糾職以待邦治

憲表揭之也脩灋防虧廢也糾職防緩散也

及大比六鄉四郊之吏平教治正政事攷夫屋及其衆寡六畜兵器以待政令

鄉師之職各掌其所治鄉之教而聽其治

鄉師教官之攷也聽其治者恐鄉官有濫失也

以國比之灋以時稽其夫家衆寡辨其老幼貴賤癈疾馬牛之物辨其可任者與其施舍者掌其戒令糾禁聽其獄訟

先之以戒令次之以糾禁終之以聽獄訟逆折其萌於未爭之前所以為治鄉之教

大役則帥民徒而至治其政令旣役則受州里之役要以攷司空之辟以逆其役事

項氏曰司空掌役州里出役即州里所遣役之本數以攷司空治役之章程則役事可得而鉤攷矣

凡邦事令作秩叙

秩則制其常賜之多寡敘則差其事治之先後作秩敘
者鄉吏也鄉師令之而已
大祭祀羞牛牲共茅蒩音租
羞牛牲贊大司徒也茅以縮酒蒩以藉祭器
大軍旅會同正治其徒役與其輂居玉反輦戮其犯命者輂音
菊大駕車馬也
大軍旅會同稍人作其徒役輦輂帥以至鄉師正治之
而已輦駕馬輂人輓行所以載任器也
大喪用役則帥其民而至遂治之
治謂監督其事

及葬執纛桃報反以與匠師御匶而治役

纛羽葆幢也執以指麾輓柩之役柩在路恐有傾覆故與匠師御正其柩而監督役人

及窆執斧以涖匠師

窆葬下棺也執斧示其威匠師主豐碑之事天子六綍四碑前後兩傍各一碑

凡四時之田前期出田灋于州里簡其鼓鐸旗物兵器脩其卒伍及期以司徒之大旗致衆庶而陳之以旗物辨鄉邑而治其政令刑禁巡其前後之屯而戮其犯命者斷其爭禽之訟

前後屯車徒異部也田獵得禽大獸公之小獸私之

凡四時之徵令有常者以木鐸徇于市朝以歲時巡國及野而賙萬民之囏（古艱字）阨以王命施惠

施惠即遺人鄉里之委積以恤囏阨

歲終則攷六鄉之治以詔廢置正歲稽其鄉器比共吉凶二服閭共祭器族共喪器黨共射器州共賓器鄉共吉凶禮樂之器

鄉器或出於公或出於民使民耳聞而目見之所以知禮樂之意而成粹美之俗也

若國大比則攷教察辭稽器展事以詔誅賞

攷教而察其辭稽器而展其事故凡書要會之類皆辭也名物皆事也

鄉老二鄉則公一人　鄉大夫每鄉卿一人

鄉大夫猶有職掌鄉老惟大比與賢能獻書于王則與焉在朝稱公在鄉稱老上與天子坐而不為偪下與百姓相親而不為褻惟道所在内與王論道中參六官之事外與六鄉之教其要為民是以屬之於鄉也

鄉大夫之職各掌其鄉之政教禁令

鄉大夫非正非貳非攷而獨以職稱者蓋六卿之正六命貳與攷四命惟鄉大夫六人皆六命其爵位實與六

鄉之正同況其上有鄉老又八命之公也

正月之吉受教灋于司徒退而頒之于其鄉吏使各以教其所治以攷其德行察其道藝

鄉吏州長以下

以歲時登其夫家之衆寡辨其可任者國中自七尺以及六十野自六尺以及六十有五皆征之

辨其可任者辨其力强可任以事者自郊門以內通謂之國中

其舍者國中貴者賢者能者服公事者老者疾者皆舍音捨

舍復音福除不任役事也

以歲時入其書入其書言於大司徒也三年則大比攷其德行道藝而興賢者能者周家作成人材之灋何其詳且悉邪五家之比凡有長初未有可書之事不過防其奇衺而已五比之閭則書其敬敏任恤是於六行之中可書者二四閭之族則書其孝悌睦婣是於六行之中可書者四五族之黨書其德行道藝皆全然書之而未能攷之五黨之州又從而攷之攷之而未能賓興之五州之鄉於是而賓興之以見人材之成也

鄉老及鄉大夫帥其吏與其衆寡以禮禮賓之
鄉大夫興賢能而三公與之者樂得英才也賓敬也以
鄉飲酒之禮禮而賓敬之
厥明鄉老及鄉大夫羣吏獻賢能之書于王王再拜受之
登于天府内史貳之
厥明賓興之明日獻進也天府掌祖廟之寶藏者内史
貳之謂副本也王制論鄉秀士升於司徒曰選士司徒
又論士之秀者而升之學曰俊士然後方免其傜役大
樂正又論造士之秀者升諸司馬曰進士司馬政官也
以其可使從政方受以爵禄然猶未也司馬又辨論官

材論其賢者以告于王而定其論論定然後官之任官
然後爵之位定然後祿之其攷之之詳如此見得官爵
皆天位天祿不可輕以授人也
退而以鄉射之禮五物詢衆庶一曰和二曰容三曰主皮
四曰和容五曰興舞
退謂獻賢能之書于王退來鄉內詢謀也問於衆庶復
有賢能否和內志正也容外體直也主皮中也和容中
不驕不中不懾也興舞其節比於樂也古者諸侯貢士
於天子天子試之于射宮大射猶然則鄉射為可知
此謂使民興賢出使長之使民興能入使治之

賢者出於其鄉使長之以任其教也能者入於其鄉使
治之以任其事也
歲終則令六鄉之吏皆會政致事正歲令羣吏攷灋于司
徒以退各憲之於其所治之國二字疑衍
上以贊小司徒下以令群吏自攷
大詢于衆庶則各帥其鄉之衆寡而致於朝
朝謂外朝三槐九棘之所
國有大故則令民各守其閭以待政令
大故災變寇戎之事
以旌節輔令則達之

徵發雖有號令無節不違守灋之嚴如此

州長每州中大夫一人

州長各掌其州之教治政令之灋

教十二教

正月之吉各屬其州之民而讀灋以攷其德行道藝而勸之以糾其過惡而戒之若以歲時祭祀州社則屬其民而讀灋亦如之

歲時春秋二時春祭社以祈穀秋祭社以報功

春秋以禮會民而射于州序

序者州之學孟子曰序者射也蓋射以序進且以别其

賢否也

凡州之大祭祀大喪皆涖其事

大祭祀州社稷也大喪鄉老鄉大夫之喪

若國作民而師田行役之事則帥而致之掌其戒令與其賞罰

師謂征伐田謂田獵行謂巡狩役謂役作稱國者言有天子之命而州長承其命也軍旅致之於小司徒役致之於鄉師

歲終則會其州之政令正歲則讀教灋如初三年大比則大攷州里以贊鄉大夫廢興

不曰誅賞而曰廢興蓋鄉大夫之教民興賢能廢愚不肖而已至於誅賞則大司徒與王之事也

黨正每黨下大夫一人

黨正各掌其黨之政令教治及四時之孟月吉日則屬民而讀邦灋以糾戒之

四時孟月寅申巳亥月也正月在州讀教灋三時之孟月在黨讀邦灋民知教灋則不違乎理義民知邦灋則不麗乎刑辟

春秋祭禜禜敬反亦如之

禜雩祭亦為壇位如祭社稷左氏所謂日月星辰之神

則雪霜風雨之不時於是乎禜之山川之神則水旱癘
疫之不時於是乎禜之

國索鬼神而祭祀則以禮屬民而飲酒于序以正齒位

郊特牲以歲十有二月合聚萬物而索饗之則索鬼神
而祭祀乃萬物之神即蜡祭也稱國命祀也既蜡而飲
酒于序所以休老勞農申之以孝悌之義

一命齒于鄉里再命齒于父族三命而不齒

一命者天子之下士公侯伯之上士子男之大夫而齒
于鄉里者以鄉之老者長者先之再命者天子之中士
公侯伯之大夫子男之卿而齒于父族以家之老者長

者先之三命者天子之上士公侯伯之卿不齒者貴貴之禮席于尊東鄉飲酒鄉射皆酒尊在室户之東房户之西賓主夾之鄉人謂鄉大夫來觀禮為鄉人所遵法故謂之僎（與遵同音）席位在酒尊東

凡其黨之祭祀喪紀昏冠飲酒教其禮事掌其戒禁

凡作民而師田行役則以其灋治其政事於軍因為旅帥以灋治則異乎平日之教以禮事矣

歲終則會其黨政帥其吏而致事帥族師以下之吏致其所掌之事於州長

正歲屬民讀灋而書其德行道藝

德行道藝使之終歲脩習至於歲首則一年所脩必有
可書故會民讀教灋而書之黨正既書則州長得以攷
而勸之鄉大夫得以攷而興之

以歲時涖校比

校比校而比之族師之事黨正往臨之

及大比亦如之

族師每族上士一人

族師各掌其族之戒令政事月吉則屬民而讀邦灋書其

孝弟睦婣有學者

月吉四孟之餘月正月讀教灋謹始也餘月讀邦灋者

人情畏拘檢而樂放逸讀邦灋者所以驅之而使從教
灋也孝弟睦婣人性皆有之學則進德而行成也

春秋祭酺音蒲亦如之

酺為人物災害之神亦為壇位如雩禜然

以邦比之灋帥四閭之吏以時屬民而校登其族之夫家
衆寡辨其貴賤老幼癈疾可任者及其六畜車輦

邦比言比灋者行於邦中非族之所敢專四閭之吏則
閭胥比長也登登其籍也

五家為比十家為聯五人為伍十人為聯四閭為族八閭
為聯使之相保相受刑罰慶賞相及相共以受邦職以役

國事以相葬埋

先王既以伍灋比其居不可無什灋以聯其居若伍而不什則人自為伍家自為伍矣以入閭為聯則二百家相保是見居者則任之相受是新徙者則受之刑罰相及相共則惡者所同惡而無所比慶賞相及相共則善者所同好而無所蔽故聯比其民者所以歡洽其心也

若作民而師田行役則合其卒伍簡其兵器以鼓鐸旗物帥而至掌其治令戒禁刑罰

作起也合其卒伍十人為聯則伍合二伍二百人為聯則卒合二卒掌其治令戒禁刑罰軍灋貴肅也

歲終則會政致事

　會一歲所行之政而致其事於鄉大夫

　閭胥每閭中士一人

閭胥各掌其閭之徵令以歲時各數其閭之衆寡辨其施舍

凡春秋之祭祀役政喪紀之數

　祭祀謂州社黨禜族酺也役田役也政若州射黨飲酒之類喪紀大喪之事也

聚衆庶既比則讀灋書其敬敏任恤者

　閭胥官卑於民為近讀灋無有時節終聚而比則讀之

有任恤敬敏者則記之

凡事掌其比觵（古横反）撻罰之事

凡事聚衆庶而校比之觵罰爵輕者觵酒罰之撻罰扑也書其行則不遺片善罰其過則不容小惡此周家之民所以能遷善而遠罪也

比長五家下士一人

比長閭胥之屬只民間推擇為之可以表率五家者為比長表率二十五家者為閭胥非官司也業鄉官遂官皆不設局無府史胥徒之屬後世論成周設官併鄉遂數之因疑其太多此不攷之故

比長各掌其比之治五家相受相和親有辠奇衺則相及

相受則不相擠排相和親則不相乖離有罪奇衺則相及猶今之連坐也鄭氏鍔曰一比之中如此及合為一伍則懽愛之心足以相死一伍如此軍政定矣

徙于國中及郊則從而授之

或自郊徙國中或自國中徙郊若為進退陞黜之遷為比長者授之行之奉上令而遷也此言六鄉之餘民也

若徙于他則為旌節而行之

當鄉之內遷徙直須伍長送付彼吏若徙于他是出向外鄉則當為旌節乃行之

若無授無節則唯圜土内音納之

居鄉無授出鄉無節此無根著之人故以圜土納之司圜掌圜土之官其曰收教罷民又曰任之以事而收教之則非獄矣

遂人中大夫二人

六鄉有司徒在六遂則為遂人

王氏詳說曰六遂之官卑於六鄉一等六鄉有大司徒在六遂則為遂人六鄉有小司徒在六遂則為遂師六鄉有鄉大夫在六遂則為遂大夫六鄉有州長在六遂則為縣正鄙師即黨正也酇長即族師也里宰即閭胥

也鄰長即比長也然大司徒六命之卿而遂人不過中大夫小司徒中大夫而遂師不過下大夫此六遂之閒長貳也鄉大夫六命之卿而遂大夫不過中大夫州長中大夫而縣正不過下大夫等而下之皆卑一命故六鄉之下士一命而六遂之下士不命此鄉遂之官也

遂人掌邦之野

野謂甸稍縣都也六遂之地自遠郊達於畿中其政令刑禁與稽民授田簡兵教耕令賦起役之事無非本於六鄉之成式特其文互見而言之稍畧耳

以土地之圖經田野造縣鄙形體之灋五家為鄰五鄰為

里四里為酇作管反五酇為鄙五鄙為縣五縣為遂皆有地域溝樹之使各掌其政令刑禁

言縣鄙舉中以見上下有縣鄙之形斯有井邑溝洫之體比則親之至鄰則相鄰近也閭則同門里則同居族則相葬酇則相贊助而已鄙之名卑於黨縣之名小於州凡遂之制皆倣於鄉也鄉以國中民屋接比行保伍之灋易遂之民野處四散保伍之灋難行故必經田野造縣鄙然後可以定民居但制保伍以定民居與制井田以起軍賦不同井邑以四起數民居以五起數井天下之田用丘甸灋比天下之居用保伍灋故曰地不里

居田不井授終苟道也

以時歲稽其人民而授之田野簡其兵器教之稼穡凡治野以下劑致甿音萌

劑約劑所謂要書與甿以征役用下地為卒

以田里安甿

田則百畝之田里則五畝之宅

以樂昏擾甿

擾順也男女人之大欲配以昏姻順民意也

以土宜教甿稼穡以興耡助音利甿

興耡謂興起人民令相佐助

以時器勸甿

時器鑄作耒耜錢鎛之屬如耜以耕銍以穫之類

以彊予任甿

謂民有餘力復予之田若餘夫然

以土均平政

土均掌均平其稅

辨其野之土上地中地下地以頒田里上地夫一廛田百畮萊五十畮餘夫亦如之中地夫一廛田百畮萊百畮餘夫亦如之下地夫一廛田百畮萊二百畮餘夫亦如之

廛城邑之居萊休不耕者里以廛計田以畮計田有污

萊里無上下故里皆一廛而田有多寡遂田雖上地猶有萊所以饒遠也

凡治野夫間有遂遂上有徑十夫有溝溝上有畛(之思反)百夫有洫(況域反)洫上有涂千夫有澮(古外反)澮上有道萬夫有川川上有路以達于畿

自一夫之田至千夫之田為遂溝洫澮所以通水於川自夫間之遂至萬夫之川為徑畛涂道路所以通道於畿廣深各二尺曰遂倍遂曰溝倍溝曰洫廣二尋深二仞曰澮至於川則集衆流而不可計以丈尺可以至於海矣遂上有徑可容牛馬溝上有畛可容大車洫上有

二參作三尺

涂可容乘車一軌澮上有道可容乘車二軌川上有路可容乘車三軌通道至此則車與徒無所不達矣凡此五溝五涂之制自禹以來至周始備九夫為井夫間有遂方一里十井有溝方十里百井為成有洫方百里千井為同有澮方千里萬井為畿有川溝環遂洫環溝澮環洫川環澮至於川則非人力所能為也書曰濬畎澮距川川蓋山澤自然之勢匠人曰凡天下地勢兩山之間必有川此言其大約也

以歲時登其夫家之衆寡及其六畜車輦辨其老幼癈疾與其施舍者

登上其籍也遂人上之於小司徒辨其可施以事者與
其可舍者則病者得所養而壯者不得為游手矣
以頒職作事以令貢賦以令師田以起政役若起野役則
令各帥其所治之民而至
起野役若小司徒起徒役毋過家一人之類此縣正受
遂人之令也
以遂之大旗致之其不用命者誅之凡國祭祀共野牲令
野職
野牲以六牲出於野供而入於牧人野職薪炭之屬凡
疏材木材官令委人以時斂之

凡賓客令脩野道而委積

令遺人也

大喪帥六遂之役而致之掌其政令及葬帥而屬（音燭）六綍（音弗）及窆陳役

致之致於司徒也綍舉棺索遂人帥野役屬六紼及窆陳其野役以供使令

凡事致野役而師田作野民帥而至掌其政治禁令

遂師下大夫四人上士八人中士十有六人旅下士三十有二人府四人史十有二人胥十有二人徒百有二十人

遂大夫各居其遂以施政教遂師則贊遂人居司徒之

職以治六遂之政令猶鄉師贊小司徒居於内以治六
鄉

戒禁亦疑作禁戒

遂師各掌其遂之政令戒禁
遂師所掌如鄉師亦二人共掌三遂
以時登其夫家之衆寡六畜車輦辨其施舍與其可任者
施或讀作弛
經牧其田野辨其可食者周知其數而任之以徵
財征以作役事則聽其治訟
可食可耕也財征賦稅之事
巡其稼穡而移用其民以救其時事
水溢旱乾非一遂之民所能勝故移用他民以救之亦

如五黨相救之法

凡國祭祀審其誓戒共其野牲入野職野賦於玉府

成周之制使民各任其所賦若角人掌以時徵齒角凡骨物於山澤之農羽人掌以時徵羽翮之政于山澤之農掌葛以時徵絺綌之材于山農徵草貢之材于澤農皆當邦賦之政令故野職野賦之得入於玉府者其是歟

賓客則巡其道脩庀匹爾反其委積

道脩行治道路也庀具也

大喪使帥其屬以幄帟先道野役及窆抱磿音歷共丘籠上聲

及蜃車軫反車之役

以幄帟先張神坐也道野役帥以至墓也磿謂適歷蓋執綍者之名遂師抱磿持板巡行而校録之丘籠窆後復土也蜃車柩路也載柳四輪迫地而行若蜃因取名焉

軍旅田獵平野民掌其禁令比叙其事而賞罰

平謂正其行列部伍比叙校比次叙也

遂大夫每遂中大夫一人

遂大夫各主一遂猶鄉大夫各主一鄉但其官皆卑於鄉官命數皆減一等

遂大夫各掌其遂之政令以歲時稽其夫家之衆寡六畜田野辨其可任者與其可施舍者以教稼穡以稽功事掌其政令戒禁聽其治訟令為邑者歲終則會政致事

不言遂之吏而言為邑者自里以上皆謂之邑在邦甸則為公邑在家削則謂之家邑在小都則謂之都邑凡民之所聚皆邑也

正歲簡稼器脩稼政

稼器耒耜錢鎛之類稼政若月令孟春之月皆脩封疆審端經術之類正歲十一月農隙之時則簡之脩之

三歲大比則帥其吏而興甿

小雅云或耘或耔黍稷薿薿攸介攸止烝我髦士此興甿之意

明其有功者屬其地治者

地治縣正以下

凡爲邑者以四達戒其功事而誅賞廢興之

四達謂夫家衆寡也六畜車輦也稼穡耕耨也旗鼓兵草也

縣正每縣下大夫一人

縣正各掌其縣之政令徵比

謂政教號令徵發校比之事

以頒田里以分職事掌其治訟趣（促音）其稼事而賞罰之
頒田里謂一廛百畝之類分職事即九職之功事稼事
方興則趣之使及時也
若將用野民師田行役移執事則帥而至治其政令
移執事若遂師所謂巡其稼穡而移用其民以救其時
事之類
既役則稽功會事而誅賞
鄙師每鄙上士一人
鄙師各掌其鄙之政令祭祀
此野祭也或社或禜皆得祭所以致敬也

凡作民則掌其戒令以時數其衆庶而察其媺惡而誅賞

周官校登稽比之政皆言衆寡而鄙師獨言衆庶蓋至於五百家則利足以同營害足以同禦斯可以言庶矣衆至於庶則有媺有惡鄙師以時而數之又從而察之媺謂成於鄉三物者因民之所好而興之非有心於賞之也惡謂陷於鄉八刑者因民之所惡而去之非有心於誅之也其終至於殺之而不怨利之而不庸民日遷善遠辠而不知為之孰謂遂官果專於耕而非教耶

歲終則會其鄙之政而致事

酇長每酇中士一人

酇長各掌其酇之政令以時校登其夫家比其衆寡以治其喪紀祭祀之事若作其民而用之則以旗鼓兵革帥而至

先王寓兵於農若有師田行役則以旗鼓兵器帥而至所謂不教而殃民者無有也

若歲時簡器與有司數之

簡器簡稼器也而兵器亦存焉有司遂大夫也簡選也

凡歲時之戒令皆聽之

有戒令躬往聽之歸而告戒一酇

趣音促其耕耨稽其女功

鄰長彌親民故趣其耕耨并稽攷女工之事

里宰每里下士一人

里宰掌比其邑之衆寡與其六畜兵器治其政令

邑者衆之所聚里中之邑小邑也

以歲時合耦于耡以治稼穡趣其耕耨行其秩叙

耦謂兩人共耕里宰歲時往即耡室以合其耦秩者廪禄之常叙者遷進之次此農民耳乃力田之賞也

周家以農事開國誠知夫熱耕凍耘霑體塗足人所甚勞激昂振動不可不極其至故教稼穡則有遂人巡稼穡則有遂師簡稼器脩稼政則有遂大夫既教之又巡

之祿器祿政又無不曲致其意則民不敢不勉矣猶未也至於合耦而勸與夫趣其耕耨鄰長里宰復有以盡其職縣正之官又有以趣其稼事而賞罰之以旌其勤而扶其不勉者則知先王設官以為農如此其詳而官與民日周旋乎稼穡耒耜之中其情無間所謂饁彼南畝田畯至喜七月之風亦可想矣後世以勸農為職者足不至田畝口不問菽麥常率一游要不過具文而已

以待有司之政令而徵斂其財賦

財賦之事非里宰所專必待有司之政令見先王取民之有制也

鄰長五家則一人

鄰長掌相糾相受

相糾有所警而不為惡相受有所勸而必為善

凡邑中之政相贊徙于他邑則從而授之

卒伍之設起於五家之鄰一鄰徙則一伍廢鄰不可徙

徙必有故徙于他邑則隨而付之明其人自官而徙非

私遷也

師氏中大夫一人上士二人府二人史二人胥十有二人

徒百有二十人

師氏掌以媺詔王

以媺詔王專以從容和緩養君之德不幸君則過則有
保氏之官在
以三德教國子一曰至德以為道本
至德者心所得於天之理誠意正心以求其至也道則
天人性命之微事物當然之則脩身齊家治國平天下
之方法也
二曰敏德以為行本
敏德云者强志力行蓄德廣業之事行則理之所當為
日可見之跡也
三曰孝德以知逆惡

孝德云者心心念念不忘其所由生之本知逆惡則以得於己者篤實深固有以真知彼之逆惡而自不忍為也

朱子曰此三德者雖各以才品之高下資質之所宜而教之然亦未有專務其一可以為成人者是以別而言之以見其相須為用而不可偏廢蓋不知至德則敏德者散漫而無所統固不免乎篤學力行有不知道之譏然不務敏德而一於至德又無以廣其業而有空虛之弊不知敏德則孝德僅為匹夫之行而不足以通神明然不務孝德而一於敏德則又無以立本而有悖德之

累此先王之教所以本末相資精粗兩盡而不倚於一偏也如此

教三行

朱子曰不本之以德則無所自得而行不能以自脩不實之以行則無所持循而德不能以自進

一曰孝行以親父母二曰友行以尊賢良三曰順行以事師長

朱子曰三行似皆孝德之行而於至德敏德若無與焉蓋三者之行本無常師必協於一然後有以獨見而自得之非教者所得而與言惟孝德則其事可指故又推

其類而兼為友順之目以教之則學者有所持循而可
以進德矣
居虎門之左司王朝
虎門路寢也居左者師左而保右也司察也察王之視
朝有善道可行則當前以詔王
掌國中失之事以教國子弟
中中禮者失失禮者
凡國之貴游子弟學焉
國之貴游子弟皆宿衛者也以其在王宮而於王為近
且寄師氏居虎門左司王朝而以媺詔王則王之所聞

者善言所知者正道固可以格其非心然退而寒之者衆則此心易搖故必教國子以善使之宿衛王宮則在王所者長幼尊卑無非薛居州王誰與為不善古之人臣納君於善而為君者置其身於無過莫急於此

凡祭祀賓客會同喪紀軍旅王舉則從聽治亦如之使其屬帥四夷之隸各以其兵服守王之門外且蹕

屬上士府史胥徒也四夷之隸乃司隸之所掌者門外中門之外蹕止行人也

朝在野外則守內列

非特在國可使之守若出朝在野外則使之守藩盾之

內列大抵詔王以徽使王之德足以服人則雖無城郭
溝池亦足以為國
保氏下大夫一人中士二人府二人史二人胥六人徒六
十人
保氏掌諫王惡
官以諫惡為職必力陳其非以保王之身輔之翼之而
歸諸道
而養國子以道乃教之六藝
一曰五禮
吉凶軍賓嘉

二曰六樂
雲門大咸大韶大夏大濩大武
三曰五射
白矢參連剡注襄尺井儀
四曰五馭
鳴和鸞逐水曲過君表舞交衢逐禽左
五曰六書
象形會意處事轉注假借諧聲
六曰九數
方田粟米差分少廣商功均輸方程旁要贏不足

乃教之六儀

一曰祭祀之容

祭祀之容齊齊皇皇

二曰賔客之容

賔客之容穆穆皇皇

三曰朝廷之容

朝廷之容濟濟翔翔

四曰喪紀之容

喪紀之容纍纍顛顛

五曰軍旅之容

軍旅之容暨暨詻詻

六曰車馬之容

車馬之容匪匪翼翼　六容引註皆出少儀文惟喪紀之容至暨暨詻詻出禮記玉藻

凡祭祀賓客會同喪紀軍旅王舉則從聽治亦如之使其屬守王闈

闈宮中巷門使其屬守之者所以幾其出入從而諫也

司諫中士二人史二人徒二十人

司諫即今之提學官將以扶植正學而維持公論也

司諫掌糾萬民之德而勸之朋友正其行而強之道藝

不正其行則恐流於奇衺不強之道義則恐失之鄙樸巡問而觀察之以時書其德行道藝辨其能而可任於國事者以攷鄉里之治以詔廢置以行赦宥

司救中士二人史二人徒二十人

語曰女弗能救與救者以禮防人之過也

司救掌萬民之衺惡過失而誅讓之以禮防禁而救之

衺與正反惡與善反衺惡在心過失在事

凡民之有衺惡者三讓而罰三罰而士加明刑恥諸嘉石役諸司空

讓者切責之罰者撻擊之士司寇之屬加之明刑則去

其冠飾而書其罪惡之狀著之背以明示諸人嘉石朝士所掌在外朝之門左使坐焉以恥辱之坐日已滿則使司空役以勞辱之事

其有過失者三讓而罰三罰而歸于圜土

過失雖非故為讓之可也至于三讓三罰而不悛則納之圜土圜土獄城也

凡歲時有天患民病則以節巡國中及郊野而以王命施惠

天患災異也民病札瘥也司救以救民為職故凡歲時有天患民病則以王命施惠所以振救之也

調人下士二人史二人徒十人

調和合也凡人之情方其有觸則怒怒則爭爭則咢鑊在前不顧也及其怨隙已成殺傷被執退省其身已無生路追念其父母妻子不可復見未始不悔悟而恨旁人之不我救止也先王灼知人情之隱設調人以諧和於始使不至於此地忠厚之至也

調人掌司萬民之難去聲而諧和之凡過而殺傷人者以民成之

成平也過誤殺傷在此無可讐之理在彼有必報之義調人合鄉里之民立為證佐共明其非本意以平其怨

怒之心亦省刑罰之一端也

鳥獸亦如之

過誤殺傷人之畜產者

凡和難父之讐辟（音避）諸海外兄弟之讐辟諸千里之外從（才用反）父兄弟之讐不同國君之讐眂父師長之讐眂兄弟主友之讐眂從父兄弟

凡和難總言和難之灋也蓋是人已在八議三宥之類灋所不加而孝子仁人復讐之心情所當原故設為避仇之典為讐人者當避復讐之人父讐為子所必報故使避諸海外兄讐為弟所必報故使避諸千里之外從

父兄弟即同祖兄弟較親兄弟不同故但使之不同其國君讐亦避諸海外師長謂見受業者亦避千里之外主大夫君也友朋友也亦不同國

弗辟避則與之瑞節而以執之

弗避謂讐人不肯避復讐者父兄君長之讐爲子臣弟友所必報故不可同處聖人矜過誤而弛重辟之典原人情而立避讐之灋處之精而處之當其有弗避逆王命也啓讐釁也王則以玉節剡圭與調人而執之以治其罪

凡殺人有反殺者使邦國交讐之

反殺謂被殺者之子弟既殺其仇矣而仇之子弟復殺其人是往來報復無已時矣故使邦國交讐之而不容

凡殺人而義者不同國令勿讐讎之則死

如執灋而戮元姦舉義而誅大慝是皆義也若此者避之他境令其子弟勿讐之若讎之是逆王命也則令調人執其人而加之死

凡有鬬怒者成之不可成者則書之先動者誅之

成平也鬬怒平之則不至於爭不受平者為籍以記使其不可以再犯先動者誅則雖有怒者不敢先發以麗于罪此皆息怨息訟之要術也

媒氏下士二人史二人徒十人

媒氏掌萬民之判凡男女自成名以上皆書年月日名焉

令男三十而娶女二十而嫁凡娶判妻入子者皆書之

判妻者夫妻有反目而相休者入子者已無嗣或入同

宗之子以爲嗣不記之則他日之婚姻無别矣

中春之月令會男女於是時也奔者不禁若無故而不用

令者罰之

男女之奔不禁與無故而不用令者罰其父母兄弟與

主婚嫁者也

司男女之無夫家者而會之

司察也無夫家鰥寡者

凡嫁子娶妻入幣純帛無過五兩

婚姻欲致一故用純色之帛五兩十端也富者無過貧者亦可以及禮之中制也

禁遷葬者與嫁殤者

史氏曰男女生為夫婦死則同穴遷葬謂以死者求婦嫁殤者謂以死者求夫皆不經之甚

凡男女之陰訟聽之于勝國之社其附于刑者歸之于士

陰訟不可道之言也勝國之社國亡而社存也陰訟聽于此僻隱而不露也

司市下大夫二人上士四人中士八人下士十有六人府
四人史八人胥十有二人徒百有二十人

司市掌市之治教政刑量度禁令

治以理之教以化之政以正之刑以制之量謂執五量
以定米穀之價度謂建五度以定布帛之制禁謂壞濫
亂俗之物不儥於市令謂宣教立政之事必憲於民此
八者司市之大經也

以次敘分地而經市

次吏所治之舍敘以所居之次為序

以陳肆辨物而平市

陳列也辨物物異肆也

以政令禁物靡而均市

物之侈靡易售民將貴異物而賤用物故必禁之

以商賈阜貨而行布

布謂泉也布所以權百物而通之貨苟不阜則布無所通

以量度成賈（音嫁）而徵儥（音育）

儥買也徵召也猶招也價定則可以召買

以質劑結信而止訟

質以人證劑以書約信止則不欺而無爭訟可止矣

以賈（音古）民禁偽而除詐

賈民胥師賈師之屬

以刑罰禁虣而去盜以泉府同貨而斂賒

同共也貨之滯者以其價買之所以為斂也物揭而書之以待不時之買此所以賒之也

大市日昃（音側）而市百族為主朝市朝時而市商賈為主夕市夕時而市販夫販婦為主凡市入則胥執鞭度守門市之羣吏平肆展成奠（音定）賈上（時掌反）旌于思次以令市市師涖焉而聽大治大訟胥師賈師涖于介次而聽小治小訟

鞭度者無刃之殳繫鞘于上則為鞭因其長刻尺寸則

為度爭鬥者執鞭以威之爭長短者則執度以齊之物一而用二也辟吏自胥師以下平肆正其列肆使有分界展成展省其貨之成否肆定物成乃奠價之高下而揭析羽之旌於思次以令市思次市之候樓也其名曰思使人見利而思義也介次市亭其名曰介義利之間當辨別其分毫不敢妄取予也市師聽治訟之大胥師賈師聽其小此所謂大事從其長小事則專達者也

凡萬民之期于市者辟布者量度者刑戮者各於其地之叙

期于市謂有賣買要約于市也辟灋也布泉也謂攷灋

而用布也量度者米粟布帛之肆刑戮乃刑戮而尸諸
市者叙則所謂以次叙分地而經市者也
凡得貨賄六畜者亦如之三日而舉之
得遺物亦使置其地貨於貨之肆馬於馬之肆則主求
之易也三日而無識認者舉沒入官
凡治市之貨賄六畜珍異亡音無者使有利者使阜害者使
之靡者使微
懋遷有無雖資於商賈而作瀀以低昂實本公上况習
俗所係尤不可以不正
凡通貨賄以璽節出入之

璽節掌於司關故凡貨賄必用璽節出則自市達於門
關入則自門關達於市

國凶荒札喪則市無征而作布

凶荒札喪之際民方困阨苟市有征則物貴而民重困
故市無征當是時民困於財若錢不乏則民蘇故宜鑄
作布泉也

凡市偽飾之禁在民者十有二在商者十有二在賈者十
有二在工者十有二

王制曰有圭璧金璋不粥於市命服命車不粥於市宗
廟之器不粥於市犧牲不粥於市戎器不粥於市用器

不中度不粥於市兵車不中度不粥於市布帛精麤不中數幅廣狹不中量不粥於市姦色亂正色不粥於市錦文珠玉成器不粥於市衣服飲食不粥於市五穀不時果實未熟不粥於市木不中伐不粥於市禽獸魚鼈不中殺不粥於市凡此之數二十有四圭璧一金璋二命服三命車四宗廟之器五戎器六用器七兵車八姦色九錦文十珠十一玉十二凡此在工者不得作也犧牲一布二帛三衣服四飲五食六五穀七果實八木九禽十獸十一魚鼈十二凡此在民者不得畜也商則資此而通之賈則因此而粥之皆在所禁故分而言之皆

有十二
市刑小刑憲罰中刑徇罰大刑扑罰其附於刑者歸于士
小刑已決罰必表憲其所犯之由中刑則行而徇路使
人見鞭笞之狀大刑不決罰於官府往就其地扑以示
之使其知司市而不可犯也三刑之外有犯五刑者則
歸于士師
國君過市則刑人赦夫人過市罰一幕世子過市罰一帟
命夫過市罰一蓋命婦過市罰一帷
先王之立瀍防人欲於未然之前不待其已然而禁之
夫市者不特利之所在天下奇技淫巧之物聚焉一或

正字原文作王所二字似誤

過市則所見異於前奇靡淫侈之物得以蕩其心而所守變矣故以赦市之刑人愧之謂國君好利市人何誅焉所謂刑人亦憲徇扑三者而已至於夫人世子命夫命婦之過市故必罰其幕帟蓋帷正所以責其無以自蔽而見淫侈之物也國君而下尚然況天子何求而不獲乎

凡會同師役市司帥賈師而從治其市政掌其賣儥音育之事

市司即司市也所謂市者非特國市而已遺人五十里有市市有候館則專以待賓客會同師役之事量人營

軍之壘舍量其市朝州涂軍社之所里則道路之與軍社亦有市矣有市則有賣儥之事而當時未嘗有外市之官特以國市總之惟會同師役之時則市司帥賈師而從之是以國市之官而分任其事

質人中士二人下士四人府二人史四人胥二人徒二十人

質人掌成市之貨賄人民牛馬兵器珍異

貨賄財物也人民奴隸之稱兵器弓矢戈戟珍異四時食物與錦文珠玉也

凡賣儥者質劑焉大市以質小市以劑

質謂牙儈劑謂賣買交納

掌稽市之書契同其度量一其淳（音準）制巡而攷之犯禁者舉而罰之

度以齊其長短量以齊其淺深淳以一其布帛之幅制以一其布帛之匹

凡治質劑者國中一旬郊二旬野三旬都三月邦國朞期内聽期外不聽

謂齎契劵來訟也以期内來則治之後期則不治所以絶民之好訟且息文書也郊遠郊野甸稍也都小都大都也

廛人中士二人下士四人府二人史四人胥二人徒二十人

廛民居區域之稱

廛人掌斂市絘音次布總布質布罰布廛布而入于泉府

愚按絘布胥師所取其在次之布也總布肆長總斂在肆之布也質布質人所稅質劑者之布也罰布司市所舉犯市令者之布也方貨入於市其閒有詐僞者罰之以布出於次謂之絘布貨入於肆肆長隨其所貨之物收其稅總而計之其數非一謂之總布質人賣儥之質劑如今田宅牛馬官給券以收稅謂之質布司市於辟

布等有犯於市令舉而罰之謂之罰布廛人正掌市廛之地凡諸物邸舍之税廛人得以斂之然廛人本斂廛布亦兼斂五布者欲使知取以任地者不可取物之税取其物之税者不得取其地之税廛人之斂必入泉府又將斂市之不售與貨之滯於民者雖取之賣與之豈若後世因之以奪民之利哉

凡屠者斂其皮角筋骨入于玉府

屠者以肉為利皮角筋骨則其餘財斂而入于玉府所取非民正利也以是而當地税

凡珎異之有滯者斂而入于膳府

滯者售之不遠官為斂之以供貴者之膳亦使物不臭
腐而商販不絕也
胥師二十肆則一人皆二史　賈師二十肆則一人皆二
史　司虣十肆則一人　司稽五肆則一人　胥二肆則
一人　肆長每肆則一人
劉執中曰市肆設官如此之繁非以為利也市肆之民
日趨於小人之域未必不由乎利故肆立一長五肆一
司稽十肆一司虣二十肆一賈師一胥師而總之以廛
人涖之以司市防乎利之溺斯民於詐偽也
胥師各掌其次之政令

次二十肆之次
而平其貨賄憲刑禁焉
憲表縣之使之知所趨避也
察其詐偽飾行下孟反儥慝他得反者而誅罰之聽其小治小
訟而斷之
鄭氏曰儥賣也慝惡也謂行且賣姦偽惡物者
賈師各掌其次之貨賄之治辨其物而均平之展其成而
奠音定其賈音嫁然後令市
賈之有師賈之所取法也
凡天患禁貴儥者使有恒賈

天患凶荒札瘥養生送死之具貧者不能預備而姦民乘時射利貴價以重吾民之困有以禁之則有恒價而不貳

四時之珍異亦如之凡國之賣儥各帥其屬而嗣掌其月更代直月以均其勞逸

凡師役會同亦如之

司虣掌憲市之禁令禁其鬬嚻者與其虣亂者出入相陵犯者以屬游飲食于市者

古人有牧羊去敗羣之説市者利之所在而凶强之淵藪也周人將安善良保柔弱使市不擾乃於十肆立司

虣一人專以察强暴為事憲禁令於市而禁止之

若不可禁則搏而戮之

司稽掌巡市而察其犯禁者與其不物者而搏之

犯禁則犯市之禁者不物不正之物奇褎淫巧不適於

用者皆是也搏伺而擒之

掌執市之盜賊以徇且刑之

徇於路且刑之使衆知畏而不敢犯也

胥各掌其所治之政執鞭度而巡其前掌其坐作出入之

禁令襲其不正者

胥才智之稱市之有胥肄於胥師後世五百之徒耳執

鞭度以巡其前凡坐作出入各有執掌如有游手行坐
出入不正掩其不備襲而捕之
凡有罪者撻戮而罰之
罰之使出布
肆長各掌其肆之政令陳其貨賄名相近者相遠也實相
近者相爾也而平正之
名相近而實不同者使之相遠實相近而名不同者使
之相邇平其價而正其物
戒禁原作禁令
斂其總布掌其戒禁
斂其總布以輸於廛人

泉府上士四人中士八人下士十有六人府四人史八人
賈八人徒八十人

古人賦錢於市賦粟於野故里布屋粟因所有也

泉府掌以市之征布斂市之不售貨之滯於民用者以其
賈買之物楬而書之以待不時而買者

征布即廛人斂布已下之布並入泉府而藏之斂市之
不售而滯者用貨財以斂也所以使商賈使無滯貨不
為其賤而買之也以待不時而買所以使民無乏用不
為其貴故賣之也

買者各從其抵音帝都鄙從其主國人郊人從其有司然後

予之

柢本也即下文主有司也主者公卿大夫常在王朝其都鄙則遣人治之有司則鄉遂之官宋熙寧間置市易且謂成周之市廛內帑出錢數百萬以為本市易司遣人於嶺南諸處市貨以壓富商之利原其意只為利耳豈泉府之廛哉

凡賒者祭祀無過旬日喪紀無過三月

民之急莫急於喪祭貧者至於號呼乞貸而無所官給其物以應之立期取償而無息

凡民之貸者與其有司辨而授之以國服為之息

賒者濟其闕乏取償而不取息貸者從官借本不可無
息有司其所屬吏也辨與之別其貸民之物定其價以
授之還本之後以服役公家數日為息國服者國中自
七尺以及六十野自六尺以及六十有五皆征之以供
服役所謂國服為息者此也王介甫讀禮不熟以滋青
苗之害是豈先王立灋之意哉

凡國事之財用取具焉歲終則會其出入而納其餘
出謂出府入謂廛人斂取絘布以下納其餘者若國家
來取財不盡而有餘則納與天官職幣

司門下大夫二人上士四人中士八人下士十有六人府

二人史四人胥四人徒四十人每門下士二人府一人史
二人徒四人
賈氏曰知王城有十二門者案匠人云營國九里旁三
門四面各三門是謂十二門
司門掌授管鍵其展反以啓閉國門
管鑰鍵謂牡也入者為牡容者為牝
幾出入不物者正其貨賄凡財物犯禁者舉之
不物有所幾而後書者亡靡者微貨賄有所正而後亡
者有利者阜矣舉之沒入官也
以其財養死政之老與其孤

死政之老死國事之父母孤其子也犯禁者冐利先王以義治之則司門沒其財死政者徇義先王以利養之則遺人養其老幼蓋遺人之委積自司門出也

祭祀之牛牲繫焉監門養之凡歲時之門受其餘

此言門祭不敢用祭祀之牛特受其共牲之餘者而用之

凡四方之賓客造焉則以告

告於王而止之以候迎

司關上士二人中士四人府二人史四人胥八人徒八十人每關下士二人府一人史二人徒四人

關界上門也王畿千里王城在中面五百里各置三關則亦十有二關司關其總簡校者

司關掌國貨之節以聯門市

司關所以達貨賄通賓客者也節通貨賄之璽節也聯通也聯門市自外入者通之門與市自内出者通之門與關

司貨賄之出入者掌其治禁與其征廛

貨賄出入司關皆主之治其爭鬬禁其欺詐征其出入之貨賦其市地之廛

凡貨不出於關者舉其貨罰其人

不出於關由私道避征稅者沒入其貨於官而撻罰其人

凡所達貨賄者則以節傳轉出之國凶札則無關門之征猶幾

達貨賄不犯禁當達之者則節以驗其物傳以書其數而聽之出凶札飢荒喪故也蠲其稅而不廢譏察防姦宄也

凡四方之賓客敂叩關則爲之告有外內之送令則以節傳出內納之

敂至也擊也告於王以爲禮也送令奉令以送迎賓客

二人原無人字

者節符節傳文書以節傳送其來往也

掌節上士二人中士四人府二人史四人胥二人徒二十人

呂氏曰按春秋司城蕩意諸來奔効節於府人即此謂府二人也

掌節掌守邦節而辨其用以輔王命守邦國者用玉節

玉節美在中而暢達於外諸侯之象

守都鄙者用角節

角則致力於内而捍禦於外公卿大夫之象

凡邦國之使節山國用虎節土國用人節澤國用龍節皆

金也以英蕩輔之
此鑄金為節各為虎人龍之象以山國多虎如晉楚澤
國多龍如吳越平土之地則人之如陳鄭之平原曠野
視其所執之節可明其所往之邦蕩竹也以蕩為函畫
為文彩使其英華外著内有不變之剛外有可觀之文
尊王命而重使華也

門關用符節貨賄用璽節道路用旌節皆有期以反節
門關則以符合之貨賄則以璽驗之道路則以旌表之
有期反節不獨民與商門關道路之官亦必有期而反
之反而復予弊則更為邦國都鄙之使節反必有時守

節易世方反

凡通達於天下者必有節以傳輔之

傳者所以書其事與節相依而行故曰輔

無節者有幾則不達

圜土納之也

孫氏曰先王制為之節達之於天下同其瀘則居邦國都鄙守之以為重適郊野四方執之以示信命令假之而行貨賄待之而通故淫朋比德不得以逞其私夫以一物之微所係於人心之操舍國勢之安危若是其切豈非人主馭天下之機要也哉

閭師中士二人史二人徒二十人

以其周知閭巷之情故曰閭師

閭師掌國中及四郊之人民六畜之數以任其力以待其政令以時徵其賦

賦即九賦也邦中園廛不可以井論故二十而征一四郊以下皆以百畝而徹賦民十一近郊於一中十分取一遠郊於一中十分取一分之半甸稍縣都於一中十分取二蓋公卿大夫之受采者自食其八以其二賦於國關市山澤幣餘之賦則口率出泉也閭師之所徵者此也

凡任民任農以耕事貢九穀任圃以樹事貢草木任工以飭材事貢器物任商以市事貢貨賄任牧以畜事貢鳥獸任嬪以女事貢布帛任衡以山事貢其物任虞以澤事貢其物

大宰言任民則任之以其職閭師言任民則任之以其貢惟閭師以貢而論則山澤之職無慮數萬此所以列虞衡而為二蹟材之利毫末而已故不言臣妾九職以虞衡為次此以虞衡為後者山澤之利與民共之貢非所先亦不定其為何物也

凡無職者出夫布

無職者指閑民夫布出夫丁之布口率出泉也
凡庶民不畜者祭無牲不耕者祭無盛不樹者無椁不蠶
者不帛不績者不衰
盛黍稷椁周棺不帛不得衣帛也不衰喪不得衣衰也
罰之所以耻之使自勉也
縣師上士二人中士四人府二人史四人胥八人徒八十
人
自六鄉至邦國縣居中故特置縣師
縣師掌邦國都鄙稍甸郊里之地域而辨其夫家人民田
萊之數及其六畜車輦之稽三年大比則以攷群吏而以

詔廢置
此天下軍籍也其序自外及內著為一灋也謂發多用外兵止及郊里六鄉之軍司馬不得而徵發之也六鄉之軍專衛王大比小司徒已攷四郊之吏縣師亦攷之者小司徒掌教縣師掌斂其賦各行其職必攷察之而後其事嚴整

若將有軍旅會同田役之戒則受灋于司馬以作其衆庶及馬牛車輦會其車人之卒伍使皆備旗鼓兵器以帥而至

司馬主兵其令不得直行於天下必有縣師闕節此先

王之微意兵皆民也發民為兵而主民之官不應全不知故以其屬受司馬之灋作起也起其衆庶馬牛車輦而後會其車人之卒伍人有人之卒伍車有車之卒伍會而聯之則有旗以為之指麾有鼓以為之號令有弓矢殳矛戈戟以為之擊刺使之各備其物然後帥之以至

凡造都邑量其地辨其物而制其域

大司徒言以室數制之即此所謂量其地言以土宜之灋辨其名物即此所謂辨其物造之之法則同所造之地則不同所以各言之

以歲時徵野之賦貢

稍人下士四人史二人徒十有二人

稍人掌令丘乘之政令

丘即四邑為邱乘即四邱為甸之所出總名之曰邱乘軍制之始也世之言軍制者曰五人為伍至萬二千五百人為一軍六鄉六軍凡七萬五千人為千乘王畿十倍其數則七十五萬人為萬乘是每乘當用七十五人今以邱乘推之四邱為甸甸之為井凡六十有四其為夫者凡五百七十有六以五百七十六夫而使之共出革車一乘甲士三人步卒七十二人其軍制亦只用七

十五人何也曰家出一人為正卒此徒役之大數甸出
革車一乘此出軍調發之數每次調發則五百七十六
家共出七十五人并一革車其餘未調發者可以應八
次調發之數所謂萬二千五百人為一軍者非盡發此
六鄉灋也鄉有比閭族黨州鄉之名故萬二千五百人
為一軍有伍兩卒旅師軍之數今合諸乘共為一軍而
亦有伍兩卒旅師軍者何也曰居鄉則有寓兵之制出
軍則有部伍之數古者軍國異容不明言之六遂之間
既以伍兩卒旅師軍為萬二千五百人之聯及其用也
亦以萬二千五百人而統之以伍兩卒旅師軍之灋使

其戰陣行列無異乎平時統率之義此邱乘之制其政令於是乎出

若有會同師田行役之事則以縣師之灋作其同徒輂音菊輦帥而以至治其政令以聽於司馬

同徒同井而耕同里而居也縣師受灋於司馬稍人又受之於縣師以見小大之相維也

大喪帥蜃車與其役以至掌其政令以聽於司徒

蜃車及役遂人共之稍人帥之以聽於司徒

土訓中士二人下士四人史二人徒八人

土訓掌道地圖以詔地事道地慝以辨地物而原其生以

此條原注缺

詔地求

道說也慝惡也如惡風惡水惡氣惡獸惡山惡路惡川皆為地慝辨其所產之物有害於人者及別其所有所無原其生生有時以此告王

王巡守則夾王車

巡守者天子以四海為守也必使士訓夾之者使王知四方土地之利害也

誦訓中士二人下士四人史二人徒八人

誦訓掌道方志以詔觀事

志如宋志鄭志一方之志載一方之事具載於書道其

此條原注缺

方志使王有所觀視而知其始末

掌道方慝以詔辟忌以知地俗

方慝辟忌地俗三者皆於訓說之間而敷陳之則醇厚之風可回而奇衺之俗可易

王巡守則夾王車

王昭禹曰平日土訓於王道地圖誦訓於王道方志王嘗聞之矣巡守夾王車備王或質所聞王且見而知之矣

遺人中士二人下士四人府二人史四人胥四人徒四十人

遺音位人掌邦之委積以待施惠鄉里之委積以恤民之囏阨門闗之委積以養老孤郊里之委積以待賓客野鄙之委積以待羇旅縣都之委積以待凶荒凡賓客會同師役掌其道路之委積凡國野之道十里有廬廬有飲食三十里有宿宿有路室路室有委五十里有市市有候館候館有積

近有廬遠有宿又遠則有市自國野達于天下日無飢渴之憂夜有寢處之便則亦何憚於從王事哉

凡委積之事巡而比之以時頒之

巡而比之則所積常有其物以時頒之則施惠不失其

時

旅師中士四人下士八人府二人史四人胥八人徒八十人

旅師掌聚野之耡粟屋粟閒粟而用之

耡粟合耦于耡而不趨合耦之令罰使出粟屋粟有田不耕載師所罰之粟閒粟閒民無職事者所出一夫之征粟聚此三粟用之以施

以賙劑致民平頒其興積

致猶稽也以治地之約契案民數而稽之頒其積平其興乃頒我所積之粟以平粟價之興司稼掌均萬民之

食而賙其急平其興正是旅師之義

施其惠散其利而均其政令凡用粟春頒而秋斂之

旅師所施惠者皆以新甿之轉徙不一予而不取必長
游惰之習故定斂散之灋與遺人之待覊旅不同

凡新甿之治皆聽之使無征役以地之媺惡為之等

新甿以凶荒補助使無征役久之自不能免媺不易之
上地惡則再易之下地

委去聲人中士二人下士四人府二人史四人徒四十人

委人主斂野賦與遺人在道以供賓客亦與徵斂之官
連類在此

委人掌斂野之賦斂薪芻

薪以給內外饔爨烹之用芻以給牛馬之用委人斂之

甸師

凡疏材木材凡畜聚之物

疏材草木有實者畜聚之物瓜瓠葵芋禦冬之具也

以稍聚待賓客以甸聚待羈旅凡其余聚以待頒賜（余當為餘）

餘聚縣都畜聚之物

以式灋共祭祀之薪蒸木材賓客共其芻薪喪紀共其薪

蒸木材軍旅共其委積薪芻凡疏材共野委兵器與其野

囿財用
薪蒸共炊燎木材共張事疏材可助禾粟以供馬牛古
者師行三十里車徒皆止而宿必有路室之委是謂野
委則有兵器以助其守衛路室必有藩籬之固是謂野
囿則有財用以助其防閑
凡軍旅之賓客館焉
諸侯以軍旅助王征討者謂之軍旅之賓客
迹人中士四人下士八人史二人徒四十人
迹人掌邦田之地政為之厲禁而守之
迹人主迹知禽獸之處有禽獸之處則為苑囿以林木

為藩羅使其地之民遮厲守之

凡田獵者受令焉

受令於迹人則不至罷民力

易氏曰田之義有三大田之時虞人萊所田之野教民以戰陳之事天子乘革路建太常見於司馬是也其次牧畜于囿設囿游之禁以時取其獸而不廢乎祭祀賓客之用天子載斿車之旌見於囿人是也若夫邦田之地政非囿人所禁之地亦非大司馬所萊之野平田之地迹其禽獸之所萃者故謂之迹迹人者掌其地政則為厲禁以守之當邦田之時天子載木路巾車所謂木

路以田者此也

禁麛卵者與其毒矢射者

　禁麛卵有生之以其時禁毒矢者殺之以其禮

稾人下大夫二人上士四人中士八人下士十有六人府

八人史十有六人胥三十人徒三百人

稾人掌九穀之數以待國之匪頒賙賜稍食

　稾藏米處也稾人主藏米之官也九穀即三農所生黍

　稷秫稻麻大豆大麥小豆小麥者

以歲之上下數邦用以知足否以詔穀用以治年之凶豐

　數計也年豐不侈有餘年凶不若不足以有治之之術

凡萬民之食食者人四鬴上也人三鬴中也人二鬴下也若食不能人二鬴則令邦移民就穀詔王殺去聲邦用

鬴釜也六斗四升每人月食穀四鬴年之上也降而三鬴則年之中也降而二鬴則年之下也若不給二鬴是凶年矣則移不足之民就食有餘之穀而告王減其國之常用

凡邦有會同師役之事則治其糧與其食

行道曰糧止居曰食

大祭祀則供其接捋盛

接謂為扱音揷扱以授舂人使舂之

舍人上士二人中士四人府二人史四人胥四人徒四十人

舍人掌平宮中之政

王宮宮正均其稍食后宮内宰均其稍食舍人總主給米之事而掌平宮中之政謂平其給米多少也

分其財守以灋掌其出入

財守米穀之數也分分送宮正内宰使守而頒之以給宿衛之人

凡祭祀共簠簋實之陳之

方曰簠以盛稻粱圓曰簋以盛黍稷

賓客亦如之共其禮車米筥米芻禾
聘禮曰米百筥設於中庭車米三十車陳於門外禾三
十車芻薪倍禾
喪紀共飯米熬穀
飯米飯含之米熬穀錯于棺旁
以歲時縣種稑之種以共王后之舂獻種掌米粟之出入
辨其物歲終則會計其政
鄭康成曰縣之者欲其風氣燥達
倉人中士四人下士八人府二人史四人胥四人徒四十
人

倉人掌粟入之藏辨九穀之物以待邦用

九穀以粟為主

若穀不足則止餘灋用有餘則藏之以待凶而頒之凡國之大事共道路之穀積食飲之具

大事戎祀之類

司禄中士四人下士八人府二人史四人徒四十人

司禄謂文昌第六星禄之為言穀也則以掌天下之穀數謂之司禄文闕

司稼下士八人史四人徒四十人

鄭康成曰種曰稼如嫁女有所生

司稼掌巡邦野之稼而辨穜稑之種周知其名與其所宜地以為灋而縣于邑閭巡野觀稼以年之上下出斂灋

周之井田借民力以耕非復有所斂則司稼所謂以年之上下出斂灋者蓋年之上則為民斂而藏之於年之下則為民出而賑之此即倉人所謂有餘則藏之以待凶而頒之之義也

掌均萬民之食而賙其急而平其興

舂人奄二人女舂抌二人奚五人

抌杼（時女反）臼也詩曰或舂或抌（音由）

舂人掌共米物祭祀共其齍盛之米

器實曰齍供之饎人

賓客共其牢禮之米

以實筐筥供之於掌客

凡饗食共其食米

饗禮兼燕與食

掌凡米事

饎人奄二人女饎八人奚四十人

主炊官特牲饋食禮曰主婦視饎爨

饎人掌凡祭祀共盛共王及后之六食舊書作饎

六穀之食

凡賓客共其簠簋之實饗食亦如之

槀音稿人奄八人女槀每奄二人奚五人

槀人掌共外內朝冗食者之食

冗散也天子有三朝此特言內朝外朝而不及路寢之朝非冗吏治文書之所也

賈氏曰外內朝上直諸吏謂之冗吏以上直不歸家食槀人共之因名冗食者

若饗耆老孤子士庶子共其食

士庶子卿大夫士之子弟宿衛王宮者

掌豢祭祀之犬

養犬豕曰豢不於饎人言者其共至尊雖其潘瀾魯旦反
戔音淺餘不可褻也
李氏曰食之餘者惟利乎古先王不使一物無用
陳君舉曰內外朝冗食者之食見於稾人之職而主之
奄人意者如後世所謂賜食或取之內廚者是也顏考
叔為顏谷封人有獻於莊公而公賜之食以此類推之
亦所以示其隆禮愛賢之意而稾人共冗食者之食其
猶漢世之所謂 主熟食者乎
掌炭下士二人史二人徒二十人
掌炭掌灰物炭物之徵令以時入之以權量受之以共邦

之用凡炭灰之事

鄭康成曰皆山澤之農所出也

掌荼下士二人府一人史一人徒二十人

鄭康成曰荼茅秀也

掌荼掌以時聚荼以共喪事

旣夕禮曰茵著用荼未入壙之時先鋪於棺下縮二於下橫三於上乃下棺於茵上

徵野疏材之物以待邦事凡畜聚之物

〇荼茅莠疏材之類

掌蜃下士二人府一人史一人徒八人

掌蜃掌斂互物蜃物以共闉壙之蜃

互物龜鼈屬蜃物蠯蛤屬

祭祀共蜃器之蜃

蜃可以白器令色白

共白盛之蜃

盛猶成也謂飾牆使白之蜃今東萊用蛤謂之叉灰云

陳及之曰先王之時凡民於田稅之外至有趨末作者

一切徵其物大意欲抑末重本耳

總論司徒官屬

陳君舉曰周禮六官大宗伯治禮司寇治刑司馬治兵

司空治事而天官治典最難攷然其職無非切於王后

焉夫綱紀出治之所猶可說也至於地官掌教則又難曉焉以屬官攷之自鄉老至比長自遂人至鄰長皆鄉遂之官自司市至泉府皆掌市井自司門至掌節皆掌門關自閭師至稍人則掌貢賦邱乘之官自土訓至誦訓則掌王巡狩備顧問之官自遺人至稾人極而至於荼蠶之掌則道路委積田獵稾給米穀斂互物闉壙之官所謂教官者師氏保氏司諫調人司救五六員而已其他則六鄉六遂分掌山澤征斂之賦紀綱市肆管鑰門關當時謂之教典何也說者謂司徒典教止五六人而已其鄉遂道路關市之官蓋分托焉而非專於教事

是以教官為後世治文墨語言誦授者設也殊不思先
王教民自經界始八八為井五五為軍市有奠居里有
聯比無非習民於正而寓之以道德之意俾之分定而
慮不易事同而心臧生厚而德優易直而淳龐以服從
上令是曰教典師保諫救調媒之官則其導媺惡訓禮
刑判合昏冠者也而豈徒謂是也哉豳詩述風化之所
由孟子言王道之本無非田圃之事誠知本者後世政
教殊軌疆理之問不登於廟堂往往大臣自設學置博
士弟子員則曰是有志於教化者何以納民於善也

周禮補亡卷之二終

春官

周禮補亡

卷三

禮官之屬元有六十九

大宗伯　小宗伯　肆師　鬱人　鬯人　雞人入冬官

司尊彝　司几筵　天府　典瑞入冬官　典命　司服入冬官

典祀　守祧　世婦　內宗　外宗　冢人入冬官

墓大夫入冬官　職喪　大司樂　樂師　大胥　小胥

大師　小師　瞽矇　眡瞭　典同入冬官　磬師

鍾師　笙師　鎛師　韎師　旄人　籥師

鞮鞻氏　典庸器　司干　大卜　卜師　卜人

龜人　菙人　占人　簭人　占夢　眡祲

大祝　小祝　喪祝　甸祝　詛祝　司巫

男巫　女巫　大史　小史　馮相氏　保章氏

内史　外史　御史　巾車（入冬官）　典路（入冬官）　車僕（入冬官）

司常（入冬官）　都宗人　家宗人

按俞廷椿復古篇王次點訂義删出十七官添入鼓人舞師二官又添入大行人小行人司儀行夫掌客掌訝掌交七官正合六十之數

今訂定禮官之屬六十

大宗伯　小宗伯　肆師　鬱人　鬯人　司尊彝

司几筵　典命　典祀　守祧　職喪　大司樂

樂師　大胥　小胥　大師　小師　瞽矇

眡瞭　磬師　鐘師　笙師　鎛師　韎師
旄人　籥師　籥章　司干　鼓人　舞師
鞮鞻氏　典庸器　馮相氏　保章氏　大卜　卜師
卜人　龜人　菙人　占人　簭人　占夢
眡祲　大祝　小祝　喪祝　甸祝　詛祝
司巫　男巫　女巫　都宗人　家宗人　大行人
小行人　司儀　行夫　掌客　掌訝　掌交

周禮補亡卷之三

宋清源丘葵釣磯氏編集

後學廖允明澤齋 仝校

裔孫 圭汝舟

春官宗伯第三

惟王建國辨方正位體國經野設官分職以為民極乃立

春官宗伯使帥其屬而掌邦禮以佐王和邦國

舜命伯夷典三禮其官曰秩宗周人因名曰宗伯宗尊

也伯長也天下所宗者惟於禮此禮所以為尊也

禮官之屬

大宗伯卿一人小宗伯中大夫二人肆師下大夫四人上士八人中士十有六人旅下士三十有二人府六人史十有二人胥十有二人徒百有二十人

大宗伯之職掌建邦之天神人鬼地示（音祇）之禮以佐王建保邦國

建立也謂祀之祭之享之禮吉禮也

以吉禮事邦國之鬼神示

祭祀有受福之理故曰吉王氏曰以上下秩之則曰神鬼示以內外秩之則曰鬼神示以尊卑秩之則曰神示鬼此所以為秩宗之官也

以禋祀祀昊天上帝

精意以享曰禋禋程氏曰天與帝一也天言其體也帝言其主也冬至物生之始祭於員丘而配以祖陶匏藁鞂掃地而祭案自此至雨師皆祀天神

以實柴祀日月星辰

日月星辰民所瞻仰祀之者必以氣臭而達之實牛燔柴則氣臭上達矣

以槱燎祀司中司命飌（古風字）師雨師

司中司命文昌宫第四第五星春秋緯云月離乎箕風必揚沙是風師箕也詩云月離于畢俾滂沱矣是雨師

畢也槱積也三祀皆積柴實牲體于上或有玉帛燔燎
而升煙所以報陽也以上祀天神
以血祭祭社稷五祀五嶽
地道有幽陰之義故求之以血社祭五土之示稷祭五
穀之神五祀中霤井門戶竈五嶽東岱宗南衡山西華
山北恒山中嵩山也
以貍音埋沈祭山林川澤
祭山林之牲埋之祭川澤之牲沈之
以疈伯逼反辜祭四方百物
疈肆而磔之辜制而磔之此蜡祭也合聚萬物而索享

之先嗇一神農也司嗇二后稷也農三田畯也郵表畷
四井閒之處也貓虎五坊六水庸七昆蟲八也記云年
不順成八蜡不通以上祭地示
以肆音剔獻祼享先王以饋食享先王以祠春享先王以禴
夏享先王以嘗秋享先王以烝冬享先王
宗廟有祼卷禮既灌而獻有薦腥禮既薦而肆有薦熟
禮既肆而饋有饋食禮自禘及四時祭皆然以上饗人
鬼
以凶禮哀邦國之憂以喪禮哀死亡以荒禮哀凶札
札謂疫癘

以弔禮哀禍烖
謂水火之烖
以禬音會禮哀圍敗
禬謂合財以補其乏
以恤禮哀寇亂
以賓禮親邦國春見曰朝夏見曰宗秋見曰覲冬見曰遇
朝猶朝也欲其來之早宗尊也欲其尊王覲猶勤也欲
其勤王事也遇偶也欲其若不期而俱至也
時見曰會殷見曰同
時見無常期也殷猶衆也十二歲王如不巡狩則六服

盡朝朝禮既畢王乃為壇合諸侯以命政其來必同故
謂之同
時聘曰問殷頫音糶曰視
此王人所以賓於諸侯時聘施於時見之後殷頫施於
殷見之後
以軍禮同邦國大師之禮用衆也
坐作進退以鼓鐸鐲鐃為之節而不可亂
大均之禮恤衆也
因地以令賦因家以起役均之地有肥磽賦有輕重家
有上下役有多寡所以恤之也

大田之禮簡衆也
因田習兵閲其車徒之數
大役之禮任衆也
城郭道塗之脩宫室橋塹之役無過家一人豐年公旬用三日中年公旬用二日無年公旬用一日所以任其力也
大封之禮合衆也
正封疆溝塗之固
以嘉禮親萬民以飲食之禮親宗族兄弟以昏冠之禮親成男女以賓射之禮親故舊朋友

射禮雖王亦立賓主王之故舊朋友為世子時共學者

以饗燕之禮親四方之賓客

諸侯來朝曰賓其臣曰客饗食在朝燕在寢

以脤音腎膰音煩之禮親兄弟之國

祭社稷曰脤祭宗廟曰膰又腥曰脤熟曰膰

以賀慶之禮親異姓之國

異姓王之昏姻甥舅

以九儀之命正邦國之位

春秋傳曰名位不同禮亦異數

壹命受職

公侯伯之士子男之大夫天子之下士皆一命

再命受服

子男之卿公侯伯之大夫天子之中士凡卿大夫服元冕士服爵弁

三命受位

公侯伯之卿王之上士位始有列位於王朝

四命受器

王之大夫公之孤三命以下祭器不備假而用之至是始受祭器

五命賜則

子男之君得用治都鄙之八則

六命賜官

王朝之六卿有都得置官屬治其家邑如諸侯故曰賜官大夫不得具官有地而得置官者設一官耳

七命賜國

子男未足為成國之稱至侯伯然後可以為國

八命作牧

諸侯之長謂之牧

九命作伯

上公有功德者加命為二伯得征五侯九伯者

以玉作六瑞以等邦國
等差等也名曰瑞以為合符之驗覲其所執有以知尊
卑之等
王執鎮圭
鎮以鎮安天下瑑以四鎮之山其長尺有二寸天子守
之
公執桓圭
桓宮室之象雙植謂之桓蓋以桓為瑑飾圭長九寸上
公為二伯者執之有為國柱石之義
侯執信[illegible]圭伯執躬圭

圭形直者為信曲者為躬以伯次於侯而稍屈
子執穀璧男執蒲璧
子以養人為德故琢穀以為飾男以安人為事故琢蒲以為飾圭制下方上員取象天地內有孔謂之好好有玉謂之肉肉倍好為璧好倍肉為環
以禽作六摯以等諸臣
摯猶至也執物以表其至誠之心也
孤執皮帛
孤在三公之下六卿之上特立無朋也有天子之孤有諸侯之孤皮虎豹皮也帛之色孔安國於書之三帛以

為纁元黄也
卿執羔
羔小羊羣而不黨跪乳而有禮欲其恭也
大夫執鴈
鴈來往順時行列有序大夫以道進退欲其知時也
士執雉
雉五色而成章耿介而守死執之欲其守節也
庶人執鶩音木
鶩取其不飛散府史胥徒庶人之在官者與凡民皆執之欲其相須以行不散遷也

工商執雞

欲其守時而動古之工商亦有見君之理如工執藝事以諫鄭商人以乘韋先以牛犒師之類

以玉作六器以禮天地四方以蒼璧禮天以黃琮（徂宗反）禮地以青圭禮東方以赤璋禮南方以白琥（音虎）禮西方以玄璜禮北方

天之色蒼蒼璧以員象天地之色黃黃琮以方象地禮東方以立春為蒼精之帝故青圭以象春物之初生禮南方以立夏為赤精之帝故赤璋以象夏物之明達禮西方以立秋為白精之帝故白琥以象秋氣之嚴肅禮

北方以立冬為黑精之帝故玄璜以象冬物之歸藏
皆有牲幣各放其器之色以天產作陰德以中禮防之以
地產作陽德以和樂防之
汪氏曰以天產作陰德地產作陽德此天地生成之道
也以中禮防之以和樂防之此聖人裁成天地之道也
蓋陽非陰不成陰非陽不生成萬物者地也而獨陰不
能以自成故必有天產以作之天陽也日月星辰風雨
霜露屬乎天者皆天產也有寒有暑有散有濡然後萬
物以生非以天產作陰德乎生萬物者天也而獨陽不
能以自生故必有地產以作之地陰也山川邱陵原隰

田野屬乎地者皆地產也以動以植以飛以潛然後萬物以成非以地產作陽德乎此天地生成之道也然陰陽天地之氣也氣偏勝則為烖為沴而贊天地化育者則有聖人在天產陽也陽動也動之過則流行發達或違乎中是陰反為陽所勝故聖人以中道而防之蓋禮由陰作也禮者有所止則陰陽得其中矣地產陰也陰靜也靜之過則閉固窒塞或愆乎和是陽反為陰所制故聖人以和樂防之蓋樂從陽來也樂有所鼓盪則陰陽得其和矣非聖人裁成天地之道乎下文又云以禮樂合天地之化百物之產則知聖人之制禮樂所以全

造化不及之功而中和一理所以位天地育萬物玉帛
云乎哉鐘鼓云乎哉
以禮樂合天地之化百物之産以事鬼神以諧萬民以致
百物
幽焉以事鬼神則天神地亓人鬼可以感格明焉以諧
萬民則自朝廷以至閭巷無不得其序而和微焉以致
百物則草木茂區萌達羽翼奮角骼生宇宙間無一物
不遂其生矣此感應之深妙者也
凡祀大神享大鬼祭大亓帥執事而卜日宿眡滌濯涖玉
鬯省牲鑊奉玉齍詔大號

寗致齊也涖臨也大號六號之大者詔大祝以為祝辭
治其大禮詔相王之大禮若王不與祭祀則攝位凡大祭
祀王后不與則攝而薦豆籩徹
祭則薦豆籩祭畢則徹此王后之事
大賓客則攝而載果讀為祼
載承之以往也言酌鬱鬯載於璋瓚往而禮賓
朝覲會同則為上相
出接賓曰擯入詔禮曰相
大喪亦如之王哭諸侯亦如之王命諸侯則擯
擯進之也

國有大故則旅上帝及四望
旅非常祭也因變故而合祭也
王大封則先告后土
王封諸侯取大社之土苞之以白茅而授之故大宗伯
先告焉敬其事也
乃頒祀于邦國都家鄉邑
小宗伯之職掌建國之神位右社稷左宗廟
右陰也地道尊右故社稷居之左陽也人道尚左故宗
廟居之廟以棲神事死如事生也
兆五帝於四郊

兆為壇之營域四郊蒼帝東赤帝南白帝西黑帝北黃帝同位於南大生土也

四望四類亦如之

四望四鎮五嶽四瀆凡名山大川之在四方者皆望而祭之日月星辰四類也日出於東月生於西其類宜東西司中司命陽也其類宜於南雨師水也其類宜於北風師亦宜在於東箕東方之宿也

兆山川邱陵墳衍各因其方

山川邱陵墳衍能興雲致雨則因其所在之方而祭之不為兆域也

掌五禮之禁令與其用等

禁其所不當為令其所當為也用等牲器尊卑之差

辨廟祧之昭穆

朱子曰天子之廟七太祖之廟始封之君居之昭之北廟二世之君居之穆之北廟三世之君居之昭之南廟四世之君居之穆之南廟五世之君居之廟皆向南太祖之廟百世不遷自餘四廟每一易世而一遷其遷之也新主祔于班之南廟南廟之主遷於北廟北廟親盡則遷其主於太廟之西夾室而謂之祧二世祧則四世遷昭之北廟六世祔昭之南廟三世祧則五世遷穆之

北廟七世祔穆之南廟昭者祔則穆者不遷穆者祔則
昭者不動父為昭子為穆父親也親者邇則不可不別
祖為昭孫亦為昭祖為穆則孫亦為穆祖尊也尊者遠
則不嫌於無別故孫可以為王父尸子不可為父尸以
昭穆不可亂也武王初有天下之時后稷為太祖而組
紺居昭之北廟太王居穆之北廟王季居昭之南廟文
王居穆之南廟猶為五廟而已至成王時則組紺祧王
季遷而武王祔至康王時則太王祧文王遷而成王祔
至昭王時則王季祧武王遷而康王祔自此以上亦皆
且為五廟而祧者藏於太祖之廟至穆王時則文王親

盡當祧而以有功當宗故別立一廟於西北而謂之文世室於是成王遷昭王祔而為六廟矣至共音恭王時則武王親盡當祧而亦以有功當宗故別立一廟於東北而謂之武世室於是康王遷穆王祔而為七廟矣自是之後則穆之祧者藏於文世室昭之祧者藏於武世室而不復藏於太廟矣廟廳曰堂堂後為室至祫祭則皆就太廟室中太祖神主位於西而東向為最尊之位羣昭位於北而面南羣穆位於南而面北子孫亦依祖宗之昭穆陪位而不失其倫矣

辨吉凶之五服車旗宮室之禁

九章七章五章三章一章此吉服也斬衰齊衰錫衰緦衰疑衰此凶服也

掌三族之別以辨親疏

人生上親父下親子而已與之為三上至高祖下至玄孫傍至緦麻重服為親輕服為疏

其正室皆謂之門子掌其政令

正室適室門子適子以其當室謂之正室以其代父當門謂之門子

毛六牲辨其名物而頒之于五官使共奉之

毛擇其毛色牛馬羊犬豕雞皆有毛色辨則當用黝者

不使用騂當用蒼者不使用黃五官主五方之官
辨六齍之名物與其用使六宮之人共奉之
齍讀為粢六粢黍稷稻梁麥苽
辨六彝之名物以待果音貫將
六彝雞彝鳥彝斝彝黃彝虎彝蜼彝盛鬱鬯蓋將以裸
也名既不同所用亦異
辨六尊之名物以待祭祀賓客
六尊犧尊象尊壺尊著尊大尊山尊
掌衣服車旗宮室之賞賜掌四時祭祀之序事與其禮
序事祭祀之時先後所當行之事

若國大貞則奉玉帛以詔號

大貞謂事之大者卜以貞之凡卜大事必用玉帛以禮

神詔大祝以為名號

大祭祀省牲眡滌濯祭之日逆齍省鑊

逆饎人之所共以入簠簋省視亨人之腥熟

告時于王告備于王凡祭祀賓客以時將瓚果音貫詔相祭

祀之小禮九大禮佐大宗伯賜卿大夫士爵則儐

儐進之也

小祭祀掌事如大宗伯之禮大賓客受其將幣之齎

齎財也奉國之所有以為庭實故齎所有之物以將其

幣

若大師則帥有司而立軍社奉主車

古者大師則先有事於社與廟然後載社主與遷廟之主立於軍中以行賞罰故書云用命賞于祖不用命戮于社帥有司者帥大祝也

若軍將有事則與祭有司將事于四望

主將有事則小宗伯以職當與祭於軍中四望之祭必遣其所屬之有司往行事焉

若大甸則帥有司而饁（音葉）獸于郊遂頒禽

甸讀曰田有司大司馬之屬官饁饋也以禽饋四方之

神於郊既饋獸於神乃頒之於人先神而後民也獻神用其大故曰獸頒人用其小故曰禽

大烖及執事禱祠于上下神示

執事大祝及男女巫求福曰禱得求曰祠

王崩大肆以秬鬯渳渳亡婢反

大肆陳尸而伸之渳浴也以秬鬯浴尸使之香也

及執事涖大斂小斂帥異族而佐縣衰冠之式于路門之外

及執事眂葬獻器遂哭之

將葬獻明器之材則感而哭焉

卜葬兆甫竁(充芮反)亦如之

兆墓塋域甫始也竁讀為毳穿地為壙也

既葬詔相喪祭之禮成葬而祭墓為位

位壇位也

凡王之會同軍旅甸(音田)役之禱祠肄(以志反)儀為位

肄習也

國有禍烖則亦如之凡天地之大烖類社稷宗廟則為位

合聚其神而禱祀之故曰類

凡國之大禮佐大宗伯凡小禮掌事如大宗伯之儀

肆師之職掌立國祀之禮以佐大宗伯

大宗伯言其禮之所當用肆師備陳其物以致用故曰

立

立大祀用玉帛牲牷立次祀用牲幣立小祀用牲

大祀天地次祀日月星辰小祀司命以下玉取陽精之純以禮神帛取人功之勤以交神牲取天產之精以事神牷色之純者下只言牲色不必純也

以歲時序其祭祀及其祈珥當作弭

祭祀所以祈福弭災

大祭祀展犧牲繫于牢頒于職人

展省閱也色純為牷體完為犧職人充人也

凡祭祀之卜日宿為期詔相其禮
宿先卜祭之夕
眡滌濯亦如之祭之日表齍盛告絜展器陳告備及果築
鬻音煮
築香草鬻以為鬯
相治小禮誅其慢怠者掌兆中廟中之禁令
兆壇之塋域神有兆鬼有廟禁其所不得為令其所當
為
凡祭祀禮成則告事畢大賓客涖筵几築鬻贊果將
鬱鬯鬱人共之肆師築鬻以和之祼則小宗伯將之肆

師贊之

大朝覲佐儐共設匪罋之禮

篚以實幣甕以實醯醢

饗食授祭與祝儐讓于畺及郊

儐祈善禳弭烖畿五百里畺百里曰遠郊五十里曰近

郊

大喪大渳以鬯則築鬻令外內命婦序哭禁外內命男女

之哀不中灋者且授之杖

哀各有升數多少及裁制故禁之使依法

凡師甸用牲于社宗則為位

社社之石主宗遷廟之木主示有所受命
類造上帝封于大神祭兵于山川亦如之
類造類其事以告天封或累土或為壇兵之所在有山
川則祭之
凡師不功則助牽主車凡四時之大甸獵祭表貉音百則為
位
貉師祭也於所立表之處為師祭造軍灋者禱其氣勢
之增培也
嘗之日涖卜來歲之芟
嘗嘗新穀也此芟之功也卜者問來歲宜芟不

獮之日涖卜來歲之戒
秋田為獮戒不虞也
社之日涖卜來歲之稼若國有大故則令國人祭
大故水旱凶荒
歲時之祭祀亦如之凡卿大夫之喪相其禮凡國之大事
治其禮儀以佐宗伯凡國之小事治其禮儀而掌其事如
宗伯之禮
鬱人下士二人府二人史一人徒八人
鬱人掌祼器
祼器謂彝及舟與瓚

凡祭祀賔客之祼事和鬱鬯以實彝而陳之

天地至尊不祼此言祭祀謂祭宗廟社稷山川四方也賔客亦有灌事以待神明之道待賔客尊之至也

凡祼玉濯之陳之以贊祼事

祼玉謂圭瓚璋瓚

詔祼將之儀與其節凡祼事沃盥

已上言鬱人周旋祼禮之次序

大喪之渳共其肆器

君設大盤造猶內也冰焉大夫設夷盤造冰焉士併瓦盤無冰設牀襢音但笫有枕此謂肆器

及葬共其祼器遂貍之
遣奠之彝與瓚也貍之於祖廟堦前明奠終於此
大祭祀與量人受舉斝之卒爵而飲之
量人制從獻之膰脯祼祭事之始斝受福之嘏聲之誤
也王酳尸尸嘏王此卒爵也與量人受舉斝之卒爵而
飲之使執事皆得以蒙福也

鬯人下士二人府一人史一人徒八人

鬯人掌共秬鬯而飾之
秬如黑黍一稃二米釀為酒
凡祭祀社壝用大罍

社祭土用瓦罍以出於土而成於人也
禜門用瓢齎
風雨水旱疫癘之災則禜祭於國門秬鬯用瓢齎取其
質也
廟用脩
用脩則飾之以彩色人道尚文
凡山川四方用蜃
蜃灰白
凡祼事用概
概漆尊腹平

凡疈事用散

無飾故謂之散

大喪之大渳設斗共其釁鬯

鬯酒非如三酒可飲故用以沃尸釁尸使之香美

凡王之齊事共其秬鬯

給淬浴也

凡王弔臨共介鬯

天子無摯以鬯為摯介鬯以介致之而已

司尊彝下士二人府四人史二人胥二人徒二十人

司尊彝掌六尊六彝之位詔其酌辨其用與其實春祠夏

禴祼用雞彝鳥彝皆有舟

雞東方之畜故春祠用之鳥朱雀鳯也夏於五行爲火而鳥火屬也故夏禴用之舟以備卺之乏如尊之有罍備齊酒之乏舟如今之酒船也

其朝音潮踐用兩獻本字犧尊其再獻用兩象尊

既祼出迎牲而入殺牲而獻血毛始行朝踐之事用兩獻尊盛醴齊及薦熟之時再獻用兩象尊盛盎齊必用兩尊者王酌其一后酌其一也

皆有罍諸臣之所昨也昨與酢同

此酳尸之時王酳尸酌朝踐之尊醴齊后酳尸酌再獻

之尊盎齊諸侯為賓即酌盎齊外無異尊故不必言
秋嘗冬烝祼用斝彝黄彝皆有舟
康成讀斝為稼謂秋者禾稼西成之時故用斝彝黄彝
者畫為黄目冬者萬物歸根復命之時蟄坏其封故用
黄黄者土色也
其朝獻用兩著尊其饋獻用兩壺尊皆有罍諸臣之所昨
也
春耕必資牛故用犧尊夏假大也萬物豐大故用象形
之尊秋斂華就實故用著地無足之尊冬勞乎坎之時
故用酒壺之尊藏以勞之之意

凡四時之間祀追享朝享祼用虎彝蜼彝皆有舟

時祭之外親遠為遷之廟主追而祭之謂之追享親近為祖為考每月朔朝於廟謂之朝享虎為義獸蜼為知獸取其知義也

其朝踐用兩大尊其再獻用兩山尊皆有罍諸臣之所昨也

大尊太古之瓦尊有反本復始之義山尊畫為山形則以仁而興利致養之意

凡六彝六尊之酌鬱齊獻酌

鬱齊用之於始獻故曰獻酌

醴齊縮酌

醴齊濁用茅泲之故曰縮酌

盎齊涗始銳反酌

記曰凡涗新之也又曰醆酒涗于清以盎其色

以清酒泲之拭勺而涗之也

凡酒脩酌大尊存奠彝大旅亦如之

脩治也存省也旅者國有大故之祭

司几筵下士二人府二人史一人徒八人

司几筵掌五几五席之名物辨其用與其位

五几玉彫彤漆素五席莞藻次蒲熊

繅

凡大朝覲大饗射凡封國命諸侯王位設黼依

爾雅牖戶之間曰扆黼畫白黑為斧形於大版以為皇邸

依前南鄉設莞筵紛音粉純音准加繅席畫純加次席黼純左右玉几

筵鋪於下席加於上莞蒲之細者紛五采織成紛帛純緣也繅音早蒲蒻編以五采畫雲氣以為純次以桃枝竹比列為之黼純席皆重合莞筵為五重

祀先王昨席亦如之

昨讀曰酢受酢之席

諸侯祭祀席蒲筵繢純加莞席紛純右彫几

分布采色為繢

昨席莞筵紛純加繅席畫純

摹成物體為畫

筵國賓于牖前亦如之左彤几

天子設几于左右至尊與神同諸侯陰事尚右陽事尚

左

甸役則設熊席右漆几

謂王田有司祭表貉所設席熊席以熊皮飾席用漆飾

几

凡喪事設葦席右素几其柏席用萑音丸黼純諸侯則紛純

柏廹地之席萑如葦而細

每敦音道一几

敦覆也與燾同棺在殯則椁覆

凡吉事變几凶事仍几

吉事尚文凶事尚質

典命中士二人府二人史二人胥一人徒十人

典命掌諸侯之五儀諸臣之五等之命

五儀公侯伯子男之儀五等謂孤以下四命三命再命

一命不命也

上公九命為伯其國家宮室車旗衣服禮儀皆以九為節

侯伯七命其國家宮室車旗衣服禮儀皆以七為節子男五命其國家宮室車旗衣服禮儀皆以五為節王之三公八命其卿六命其大夫四命

王之上士三命中士再命下士一命不言無出封之理及其出封皆加一等其國家宮室車旗衣服禮儀亦如之不言九命七命五命者擬就封畿外則為加等之褒

凡諸侯之適子誓於天子攝其君則下其君之禮一等未誓則以皮帛繼子男公之孤四命以皮帛眡小國之君其卿三命其大夫再命其士一命其宮室車旗衣服禮儀各眡其命之數侯伯之卿大夫士亦如之子男之卿再命其

大夫一命其士不命其宮室車旗衣服禮儀各眂其命之數

上公至尊得以立孤孤所以相猶漢時所立諸侯王之相

典祀中士二人下士四人府二人史二人胥四人徒四十人

典祀掌外祀之兆守皆有域掌其禁令

外祀國外之祀小宗伯祀五帝於四郊四望四類是也兆謂之壇其兆之外皆有塋域禁令不嚴則人或敢褻慢神不顧享矣

若以時祭祀則帥其屬而脩除徵役于司隸而役之

脩除治其壝域薙其草萊徵召也秋官司隸有徒二百人以給勞辱之事召役于司隸則不至勞民也

及祭帥其屬而守其厲禁而蹕之

將祭帥其屬以脩治而致其潔及祭帥其屬以禁止而致其嚴

守祧奄八人女祧每廟二人奚四人

守祧掌守先王先公之廟祧其遺衣服藏焉

廟謂太祖及三昭三穆之廟祧遷主也先公則祧于后稷之廟遺衣服大斂之餘衣

若將祭祀則各以其服授尸

古人祭祀用尸極有意人之魂氣既散必求其類而依之以此求神宜其享也

其廟則有司脩除之其祧則守祧黝堊之

令其新潔也王氏曰廟則近而親祧則遠而疏曰考廟曰王考廟曰皇考廟曰顯考廟曰祖考廟皆月祭之遠廟為祧享嘗乃止故守祧黝堊之而已

既祭則藏其隋（隳去聲）與其服

隋尸所祭肺脊黍稷之屬埋之於西堦之東服則藏於廟祧

職喪上士二人中士四人下士八人府二人史四人胥四人徒四十人

職喪掌諸侯之喪及卿大夫士凡有爵者之喪以國之喪禮涖其禁令序其事

凶喪之禮下逮萬民有過于中而僭上者有不及于中而遺其親者職喪掌之則五服有制殯殮虞祔含襚賻賵皆有定灋不可過亦不可不及

凡國有司以王命有事焉則詔贊主人

有司以王命往有事謂含襚贈賵之屬詔贊主人以禮拜命

凡其衮祭詔其號治其禮
號祝辭也
凡公有司之所共職衮令之趣音促其事
治衮已見宰夫此則趣其事而已
大司樂中大夫二人樂師下大夫四人上士八人下士十
有六人府四人史八人胥八人徒八十人
大司樂掌成均之灋以治建國之學政而合國之子弟焉
成均國之大學所謂養國老於上庠是也
凡有道者有德者使教焉
古之教十三學樂誦詩舞勺成童舞象蓋聲音以養其

耳目舞蹈以養其血脉所以和平其善心蕩滌其邪志莫急於此此大司樂所以延請有道有德者而使之教國子焉

死則以為樂祖祭於瞽宗

謂之樂祖者謂其通達樂德樂語樂舞之意以教後人如人之祖然後可為瞽矇之所宗於瞽矇之中而祭之使後世知其為明樂之師儒王昭禹曰古人於田則祭田祖於馬則祭先牧於飲食則祭先食於養老則祭先老而況以道德教人者乎死則以為樂祖祭於瞽宗所以示其不忘於所教歟

辟雍天子之學四面四橋四門東學為東序西學為瞽宗南學為成均北學為上庠

以樂德教國子中和祗庸孝友

禮以教中樂以教和禮樂相須而行樂雖主於和而無相奪倫豈不是中祗敬也庸日用常行之謂孝友見於事親從兄之間皆樂之德也中和出於性情樂之本也其間節奏各有條理使之肅然是祗也條暢流通絡繹不斷是庸也易直子諒之心油然而生使人各知事親從兄是孝友也此謂樂之德

以樂語教國子興道 音導 諷誦言語

樂語非特歌詩章凡見於言語之間有感動人處便謂之興託物引類有啓發人處便謂之導從容和緩寓意

微婉便謂之諷有聲節語韻可以傳習便謂之誦忽有所得心中自悅發之於口便謂之言抑揚高下相與酬酢便謂之語國子他時為公卿大夫奉命周旋出入專對自然聲氣和平矣

以樂舞教國子舞雲門大卷音權 大咸大磬音韶 大夏上聲 大濩戶故反 大武

雲門大卷黃帝樂也言德如雲能覆物物由之出如門卷聚也民得以有族類之聚也大咸堯樂也言其德無不施大磬舜樂也言其德能紹堯之治也大夏禹樂也以其治水之功有以安中夏也大濩湯樂也言其救護

萬民也大武武王樂也言一戎衣而有天下也
以六律六同五聲八音六舞大合樂以致鬼神亓以和邦
國以諧萬民以安賓客以說悅音遠人以作動物
六律陽聲黃鍾太簇姑洗蕤賓夷則無射六同即六呂
陰聲大呂應鍾南呂函鍾小呂夾鍾黃鍾子氣十一月
林鍾南呂應鍾大呂夾鍾中呂
建焉而辰在星紀大呂丑氣十二月建焉而辰在玄枵
太簇寅氣正月建焉而辰在娵訾夾鍾卯氣二月建焉
而辰在降婁姑洗辰氣三月建焉而辰在大梁中呂巳
氣四月建焉而辰在實沈蕤賓午氣五月建焉而辰在
鶉首林鍾未氣六月建焉而辰在鶉火夷則申氣七月

建焉而辰在鶉尾南呂酉氣八月建焉而辰在壽星無射戌氣九月建焉而辰在大火應鐘亥氣十月建焉而辰在析木辰與建交錯貿處如表裏然是其合也相生則黄鐘子宫下生林鐘林鐘未宫上生太簇太簇寅宫下生南吕南吕酉宫上生姑洗姑洗辰宫下生應鐘應鐘亥宫上生蕤賓蕤賓午宫上生大吕大吕丑宫下生夷則夷則申宫上生夾鐘夾鐘卯宫下生無射無射戌宫上生仲吕仲吕巳宫上生黄鐘子丑寅卯辰巳六陽爲下生午未申酉戌亥六陰爲上生此隔八相生之説也五聲八音見後

乃分樂而序之以祭以享以祀乃奏黄鐘歌大呂舞雲門以祀天神

庭奏以陽律為調升歌以陰呂為聲黄鐘律之首大呂呂之首子與丑合雲門為舞之首故以祀天神

乃奏太簇歌應鍾舞咸池以祭地示

太簇陽聲之次應鐘雖非陰聲之次然其位在亥寅與亥合也咸池為六舞之次故以祭地示

乃奏姑洗歌南呂舞大磬以祀四望

姑洗辰律南呂在酉辰與酉合舜柴望於方岳故舞大磬以祀四望

乃奏蕤賓歌函鐘舞大夏以祭山川

函鐘一名林鐘蕤賓午律林鐘在未午與未合禹治水奠高山大川故舞大夏以祭山川

乃奏夷則歌小呂舞大濩以享先妣

夷則申律小呂一名中呂其位在巳巳與申合也革命自湯始故舞大濩以享姜嫄姜嫄履大人跡感神靈而生后稷此周之先母也

乃奏無射歌夾鐘舞大武以享先祖

無射戌律夾鐘在卯卯與戌合武王造周偃武而卒其功伐故舞大武以享先祖

凡六樂者文之以五聲播之以八音凡六樂者一變而致羽物及山澤之示再變而致蠃（魯果反）物及山林之示三變而致鱗物及邱陵之示四變而致毛物及墳衍之示五變而致介物及土示六變而致象物及天神

此一節謂四方百物之祭也變一成而更也土示原隰及平地之神象物日月星辰之屬致者使之自至樂作於此物應於彼雖聖人亦安能限其必至哉亦意其來格而已矣

凡樂圜鍾為宮黃鍾為角太蔟為徵姑洗為羽靁鼓靁鼗孤竹之管雲和之琴瑟雲門之舞冬日至於地上之圜丘

奏之若樂六變則天神皆降可得而禮矣
薛氏曰五聲有商而祭無商者鄭康成曰祭尚柔商堅剛趙塡曰商聲金有殺聲周家木德金能尅木故作樂者去之雷鼓雷鼗六面之鼓或曰八面孤竹特生之竹雲和山名鄭鍔曰樂用圜鍾鼓取雷名管取陽聲琴瑟取雲和舞取雲門而卬之體又象天之圜祭之日用冬至一陽始生之日以類求類所謂天神之屬乎陽者安得而不降此其所以可得而禮也
凡樂函鍾為宮太蔟為角姑洗為徵南呂為羽靈鼓靈鼗孫竹之管空桑之琴瑟咸池之舞夏日至於澤中之方丘

奏之若樂八變則地示皆出可得而禮矣

樂用林鐘言地為萬物之君終於南呂象其作成萬物之效鼓鼗言其德之靈管象其生之衆空桑言其道無所不容咸池言其澤無所不徧而丘之體又象地之方祭之日用夏至一陰始生之日以類求類地示安得而不出乎

凡樂黃鐘為宮大呂為角太蔟為徵應鐘為羽路鼓路鼗陰竹之管龍門之琴瑟九德之歌九磬之舞於宗廟之中奏之若樂九變則人鬼可得而禮矣

人道終乎北而本統在乎東北方玄武虛危有宗廟之

象故享人鬼用亥子丑之律黃鐘大呂應鐘是已太蔟為人統故兼取東方之律而以太蔟為徵路四面或曰六面陰竹生於山北龍門山名九德之歌六府三事磬舞次於咸池取其繼紹而盡善盡美也

凡樂事大祭祀宿縣遂以聲展之

宿縣祭前之夕列之於筍簴蓋鐘磬之屬前期之夕扣擊其聲而展省之

王出入則令奏王夏尸出入則令奏肆夏牲出入則令奏昭夏

九夏之名見於鐘師此特言三夏王始祭入廟祭畢出

廟門奏王夏言王德之大也始迎尸而入終送尸而出
奏肆夏肆遂也安也二祼之後王出迎牲入而告牲乃
出而殺之奏昭夏取其昭明也
帥國子而舞
奏夏之時又帥國子而舞以形容之
大饗不入牲其他皆如祭祀
大饗饗來朝之諸侯不迎牲者饗食賓則殺牲於門外[illegible]
而後入故不迎牲不奏昭夏
大射王出入令奏王夏
夏樂章之大者大射謂祭祀擇士射於西郊虞庠

及射令奏騶虞

騶虞召南之卒章王射以騶虞爲節

詔諸侯以弓矢舞

射必執弓挾矢而舞所以爲升降之儀此諸侯來朝將助祭而預王大射之時

王大食三宥皆令奏鐘鼓

宥勸也以樂宥食也大食朔月太宰之食也食飲膳羞所以養氣體宥之以樂所以和其心充其氣

王師大獻則令奏愷樂

大獻獻捷於祖愷喜也南風曰愷風天地之怒氣散焉

大獻奏愷樂入之怒氣釋焉

獻功之樂

凡日月食四鎮五嶽崩大傀(始回反)異烖諸侯薨令去樂

四鎮揚州之會稽青州之沂山幽州之醫無閭冀州之霍山傀怪也

大札大凶大烖大臣死凡國之大憂令弛縣

弛謂釋下之

凡建國禁其淫聲過聲凶聲慢聲

淫聲鄭衛之聲過聲失哀樂之節凶聲亡國之聲慢聲惰慢不恭也

大喪涖廞(許金反)樂器及葬藏樂器亦如之

涖臨也廞興也臨筮師鎛師之屬藏瘞埋之也

樂師掌國學之政以教國子小舞

内則曰十三舞勺成童舞象二十舞大夏

凡舞有帗敷勿反舞有羽舞有皇舞有旄舞有干舞有人舞

帗全羽羽析白羽皇五彩羽爲鳳凰之形旄氂牛之尾

干干楯人舞手舞也社稷以帗宗廟以羽四方以鳳辟

雍以旄兵車以干星辰以人

教樂儀行以肆夏趨以采薺車亦如之

肆夏采薺皆樂名或曰皆逸詩行則緩緩必直遂故奏

肆夏趨則疾疾必整肅故奏采薺

環拜以鐘鼓為節

環拜王拜于中群臣環列而拜于外乃祭天地祖宗朝

日之時

凡射王以騶虞為節

騶虞掌田獵之官召南詩言天子以仁而愛物為主

諸侯以貍音離首為節

貍之為言不來也貍首為不朝之戒其詩曰曾孫侯氏

四正具舉大夫君子凡以庶士小大莫處御于君所以

燕以射則燕則譽

大夫以采蘋為節士以采蘩為節

詩見召南

凡樂掌其序事治其樂政

序事以序用樂之事謂陳列樂器及作樂次第

凡國之小事用樂者令奏鐘鼓凡樂成則告備詔來瞽臯舞

小事小祭祀也詔眡瞭扶瞽者來入也臯緩也舞有節故緩以舞

及徹帥學士而歌徹令相

學士卿大夫諸子學舞者樂滿矣瞽師當退令視瞭者相之與孔子告師冕同意

饗食諸侯序其樂事令奏鐘鼓令相如祭之儀燕射帥射

夫以弓矢舞樂出入令奏鐘鼓凡軍大獻教愷歌遂倡之

凡喪陳樂器則帥樂官

樂器明器也帥樂官以陳之

及序哭亦如之凡樂官掌其政令聽其治訟

大胥中士四人小胥下士八人府二人史四人徒四十人

大胥掌學士之版以待致諸子

父兄有爵於國者曰國子無曰諸子以衆言也書名于

版以待有用則致之

春入學舍音釋采合舞

舍即釋采即菜禮有釋奠有釋菜莫厚於釋奠莫薄於釋菜蓋釋奠有迎牲有酌獻有授舞者器之禮所以致恭於先聖釋菜則不舞不授器不殺牲但以蘋蘩薀藻之類告虔於先聖而已

秋頒學合聲

周建五學其中曰辟雍春令學士始入學所入者辟雍也總會于此以觀其能至於秋則分而處之宜學禮者處之瞽宗宜學書者處之上庠宜學干戈者處之東序宜學言語者處之成均春屬木木曰曲直而主乎貌故合舞以春以順乎陽秋屬金金曰從革而主乎言故合

聲以秋以順乎陰
以六樂之會正舞位以序出入舞者比樂官展樂器凡祭
祀之用樂者以鼓徵學士序宮中之事
序王宮之中國子之宿衛而學道藝者則掌之
小胥掌學士之徵令而比之觵其不敬者
觵與觥同罰爵也
巡舞列而撻其怠慢者
撻猶抶也以荆朴
正樂縣之位王宮縣諸侯軒縣卿大夫判縣士特縣辨其
聲凡縣鐘磬半為堵全為肆

樂縣謂鐘磬之屬縣於筍簴者編鐘八編磬八共十六枚同在一簴名謂之堵堵墻之半也十六編鐘為一簴十六編磬為一簴名謂之肆肆陳列也言其全也宮縣四面象宮室軒縣三面其形曲春秋傳曰曲縣繁纓判縣二面特縣一面

大師下大夫二人小師上士四人瞽矇上瞽四十人中瞽百人下瞽百有六十人眡瞭三百人府四人史八人胥十有二人徒百有二十人

奏歌其樂者瞽矇也所以相瞽而奏歌者眡瞭也

大師掌六律六同以合陰陽之聲陽聲黃鐘太蔟姑洗蕤

賓夷則無射陰聲大呂應鐘南呂函鐘小呂夾鐘皆文之以五聲宮商角徵羽

五聲之本生於黃鐘黃鐘為宮管九寸九之其數八十一三分宮而去一下生徵其數五十四三分徵益一而上生商其數七十二三分商去一而下生羽其數四十八三分羽益一而上生角其數六十四三分角益一而下生變宮其數四十二三分變宮益一而上生變祉其數五十七三分變祉益一則生大呂餘律依此則還相為宮之灋也

皆播之以八音金石土革絲木匏竹

八音實直乎八卦金鐘也屬兑石磬也屬乾土塤也屬坤草鼓鼗也屬坎絲琴瑟也屬離木柷敔也屬巽匏笙簧也屬艮竹簫管也屬震金石以動之絲竹以行之匏以宣之瓦以贊之草木以節之此樂之所以成也

教六詩曰風曰賦曰比曰興曰雅曰頌

風二南及十五國風雅大小雅頌三頌賦比興所以制作風雅頌之體賦者直陳其事比者以彼狀此興者托物興詞合而言之曰六詩以理言之故曰六義

以六德為之本

中和祗庸孝友

以六律爲之音大祭祀帥瞽登歌令奏擊拊
書云擊石拊石此堂上之樂也
下管播樂器令奏鼓朄音胤又讀爲引
歌在上匏竹在下故云下管欲播樂器先擊小鼓乃擊
大鼓朄小鼓也奏小鼓以導引之也
大饗亦如之大射帥瞽而歌射節
射節如歌騶虞貍首之類以爲射節
大師執同律以聽軍聲而詔吉凶
六律陽聲六同陰聲晉師曠曰吾驟歌北風又歌南風
南風不競多死聲楚必無功古之人所以望敵而知吉

凶先事而知勝負者用此術也

大喪帥瞽而廞作匶謚

死則陳儀物於庭序以興𧢵者之欽敬故曰廞以瞽掌

樂知王德之成故帥之以作匶謚

凡國之瞽矇正焉

小師掌教鼓鼗柷敔塤簫管絃歌

鼗如鼓而小持其柄摇之旁耳自擊柷如漆筩中有椎

敔木虎也塤燒土為之大如鴈卵簫長尺四寸頌簫長

尺二寸管如篪六孔絃琴瑟之類

大祭祀登歌擊拊下管擊應鼓徹歌大饗亦如之大喪與

韻廞凡小祭祀小樂事鼓朄掌六樂聲音之節與其和去聲

應聲也徹歌有司徹而歌雍也國語曰聲應相保曰和

瞽矇掌播鼗柷敔塤簫管絃歌

播謂發揚其音

諷誦詩世奠繫鼓瑟琴

諷誦其詩而及於世乃定樂章而係之如商頌作於高宗之世云

掌九德六詩之歌以役大師

九德見大司樂六詩見大師役為之役也

眡瞭掌凡樂事播鼗擊頌磬笙磬

磬之應鏞者曰頌磬磬之益笙者曰笙磬眂瞭之職三
百人皆明目者為之用以扶瞽矇三百人也

掌大師之縣

大師當縣則為之

凡樂事相瞽大喪廞樂器大旅亦如之

大喪廞樂器則陳樂器於庭序也大旅有大故而祭亦
陳樂器而不作故亦如之相瞽眂瞭之職也輿子曰相
師之道同

賓射皆奏其鐘鼓鼜音戚愷獻亦如之

鼜夜戒守之鼓愷獻獻捷凱樂也

磬師中士四人下士八人府四人史二人胥四人徒四十人

磬師掌教擊磬擊編鐘

編與韋編同鐘磬皆編之十六枚在一簴不言編磬從鐘也

教縵平聲樂燕樂之鐘磬

縵如縵錦之縵謂雜聲之和樂者燕樂房中之樂所謂陰聲

凡祭祀奏縵樂

操縵雜弄即今之調詞曲前言教者教眡瞭也

鐘師中士四人下士八人府二人史二人胥六人徒六十
人

鐘師掌金奏

金奏擊金以為奏樂之節金謂鐘及鎛

凡樂事以鐘鼓奏九夏王夏肆夏昭夏納夏章夏齊夏族
夏祴音該夏鶩夏

夏樂章之大者有聲而無辭王出入所奏謂之王夏尸
出入所奏謂之肆夏享諸侯亦用左氏記晉享穆叔金
奏肆夏之三先儒謂肆夏之三繁遏執競也渠思文也
肆夏時邁也牲出入所奏謂之昭夏四方賓來奏納夏

臣有功奏章夏章表之也夫人助祭奏齊夏族人侍燕奏族夏客醉而出奏祴夏戒之也使勿失禮也公出入奏驁夏戒其驕傲也或曰夏頌詩也

凡祭祀饗食奏燕樂凡射王奏騶虞諸侯奏貍首卿大夫奏采蘋士奏采蘩掌鼙鼓縵樂

鼙小鼓縵樂雜弄之樂也

笙師中士二人下士四人府二人史二人胥一人徒十人

笙師掌教歈（音吹）竽笙塤籥簫篪篴（音廸）管舂牘應雅以教祴樂（塤簫見前）

竽三十六管笙十三管竽宮聲在中笙宮聲在左籥三

孔其中則中聲其上下二孔則聲之清濁所由生也篪
七孔管六孔遂笛也笙師皆教以歙之之瀌又舂牘應
雅教瞽矇與眡瞭以作祴樂於客醉而出之時牘以竹
為之長者七尺短者一二尺其端有兩孔舂於地以作
聲其名曰牘賓醉恐有瀆於禮故以牘名之應亦以竹
為之長六尺五寸中有椎亦舂於地其名曰應賓歸恐
不應乎禮欲其行與樂聲相應也雅狀如漆筩而弇音掩
口大二圍是五尺六寸以羊韋鞔之有兩紐亦舂於地
其名曰雅賓出恐其失禮欲其雅正也三器在庭皆舂
於地以為聲故謂之舂以兩手築地舂之也此則鄉飲

酒鄉射之後賓出而奏陔之類也又笙常繼於閒歌之
後觀鄉飲燕禮閒歌之後即笙由庚笙崇丘笙由儀則
笙者繼人聲之後為最貴此所以設官也
凡祭祀饗射共其鐘笙之樂燕樂亦如之大喪廞其樂器
及葬奉而藏之大旅則陳之廞陳設也
鎛師中士二人下士四人府二人史二人胥二人徒二十
人
鎛師掌金奏之鼓
鼓考擊以作之之義鎛小鐘也
凡祭祀鼓其金奏之樂饗食賓射亦如之軍大獻則鼓其

愷樂凡軍之夜三鼜皆鼓之守鼜亦如之

皆使眡瞭擊鎛而鼓之

大喪廞其樂器奉而藏之

韎暮拜反或讀作昧師下士二人府一人史一人舞者十有六人徒四十人

四夷之樂東方曰韎南方曰任西方曰侏離北方曰禁此特設官以掌東夷之樂切疑三方之樂不存於祭祀大饗之時而東夷猶近正孔子之所欲居且為箕子之國則其樂有中國之風可知

韎師掌教韎樂祭祀則帥其屬而舞之大饗亦如之

韎為赤色之韋此舞者所著故因以名祭祀大享皆用之示四夷來王也

旄人下士四人舞者衆寡無數府二人史二人胥二人徒二十人

旄牛尾舞者所持以指麾旄舞非中國之樂因得四夷懽心使鼓舞焉以承祭祀以共燕饗君子所樂也豈拘於數哉（所以來也）

旄人掌教舞散樂舞夷樂

散樂野人之樂

凡四方之以舞仕者屬焉

未足以隸於大司樂

凡祭祀賓客舞其燕樂

籥師中士四人府二人史二人胥二人徒二十人

籥師掌教國子舞羽龡籥

成周樂舞之制有文舞有武舞文舞羽籥籥師掌之武舞干戈司干掌之然文舞未嘗無干故舜舞干羽于兩階武舞未嘗無羽故詩言萬舞有奕執籥秉翟是知文舞干不勝羽武舞羽不勝干此籥師之教國子所以專言舞羽龡籥也

祭祀則鼓羽籥之舞

鼓作之也
賓客饗食則亦如之大喪廞其樂器奉而藏之
籥章中士二人下士四人府一人史一人胥二人徒二十
人
籥章掌土鼓豳籥
土鼓記所謂蒯桴土鼓豳籥豳國之地竹豳人吹之春
人所吹籥
秋迎寒暑為農而祈有年蜡祭而息老物古之詩章無
不可用而專用豳籥此周王之始事也周之先公開國
於豳教民稼穡與夫為寒暑之備事載於七月詩謂之
豳風至於成王王業大備念其祖先務農之勤教民之

悉凡四時所行者皆以豳詩從事故用豳籥而以籥名官所謂籥章者歛籥而用豳詩之章也

中春晝擊土鼓歛豳詩以逆暑

民事之始終實關天時之消長故必先之以逆暑迎寒逆如逆女之義自外而入于内以我為主謂陽常居大夏而主歲功

中秋夜迎寒亦如之

迎如迎賓之義自内而出於外以彼為客謂陰常居大冬時出而佐陽萬物生於土反於土則土者物之終始也逆暑迎寒所以擊土鼓焉

凡國祈年于田祖龡豳雅擊土鼓以樂田畯國祭蜡則龡豳頌擊土鼓以息老物
蜡歲十二月合聚萬物而索享之黄衣黄冠而祭息田夫也

司干下士二人府二人史二人徒二十人

司干掌舞器祭祀舞者既陳則授舞器
舞人綴兆行列已定則授之以干

既舞則受之賔饗亦如之
舞畢則受而藏之

大喪廞舞器及葬奉而藏之

鼓人中士六人府二人史二人徒二十人

鼓人掌教六鼓四金之音聲以節聲樂以和軍旅以正田役教為鼓而辨其聲用

以雷鼓鼓神祀

雷鼓八面鼓也神祀祀天神也

以靈鼓鼓社祭

靈鼓六面鼓也祭地用

以路鼓鼓鬼享

路鼓四面鼓也享宗廟用

以鼖音焚鼓鼓軍事

鼖大也大鼓長八尺宜用以鼓軍

以鼛音高鼓鼓役事（長丈二尺）

鼛鼓長尋有四尺其聲緩宜用以鼓役事

以晉鼓鼓金奏

晉鼓長六尺六寸金奏編鐘也先擊鐘以進之樂之始

作進而未已也

以金錞音惇和鼓

錞錞于也圜如碓頭大上小下與鼓相和國語曰戰以

錞于丁寍儆其民也樂作鳴之

以金鐲直角反節鼓

鐲鉦也形如小鐘軍行鳴之以為鼓節

以金鐃女交反止鼓

鐃如鈴無舌有柄執而鳴之以止擊鼓

以金鐸待洛反通鼓

鐸大鈴也振之以通鼓司馬職曰司馬振鐸

凡祭祀百物之神鼓兵舞帗音弗舞者凡軍旅夜鼓鼜音戚軍動則鼓其衆田役亦如之救日月則詔王鼓大䘮則詔大僕鼓

大䘮謂始崩及窆時

舞師下士二人胥四人舞徒四十人

舞師掌教兵舞帥而舞山川之祭祀教帗舞帥而舞社稷之祭祀教羽舞帥而舞四方之祭祀教皇舞帥而舞旱暵之事

四舞見前或曰帗舞以五采繒為之如帗舞者所執

凡野舞則皆教之

野舞謂野人學舞者教之以待闕人則用之也

凡小祭祀則不興舞

祭社舞祭禜祭酺則不舞

鞮音堤鞻音屨氏下士四人府一人史一人胥二人徒二十人

鞮草也鞻屨也以草為屨夷樂者之所履也

鞮鞻氏掌四夷之樂與其聲歌

　四夷之樂已見韎師

祭祀則龡而歌之燕亦如之

典庸器下士四人府四人史二人胥八人徒八十人

　庸功也鑄器銘其功

典庸器掌藏樂器庸器

　庸器代國所獲之樂器若胤之舞衣密須氏之鼓

及祭祀帥其屬而設筍虡陳庸器饗食賓射亦如之大喪

廞筍虡

馮音憑相氏中士二人下士四人府二人史四人徒八人

古者天子有靈臺諸侯有觀臺觀天者得以憑高而相
視之故曰馮相氏
馮相氏掌十有二歲
天有歲星子曰玄枵丑曰星紀寅曰析木卯曰大火辰
曰壽星巳曰鶉尾午曰鶉火未曰鶉首申曰實沈酉曰
大梁戌曰降婁亥曰娵訾地有太歲寅曰攝提格卯曰
單閼辰曰執徐巳曰大荒落午曰敦牂未曰協洽申曰
涒灘酉曰作噩戌曰閹茂亥曰大淵獻子曰困敦丑曰
赤奮若
十有二月十有二辰十日二十有八星之位

十二辰者月建一辰如子丑寅卯等以定十二月十日

謂甲乙丙丁戊己庚辛壬癸二十八宿之位乃赤道旁

之星昭昭可認者也

辨其序事以會天位

大史正歲年以序事馮相氏於此乎辨之以合歲月日

辰之位

冬夏致日春秋致月

陸佃曰黃道北至東井南至牽牛東至角西至婁夏至

日在東井而北近極則晷短而表景尺有五寸冬至日

在牽牛而南遠極則晷長而表景丈有三尺春分日在

婁秋分日在角而中於極星則晷中而表景七尺三寸
夫日陽也陽用事則日進而北晝進而長陽升故為溫
為暑陰用事則日退而南晝退而短陰勝則為涼為寒
若日失節於南則晷過而長為常寒失節於北則晷退
而短為常燠此四時致日之瀍也月之九行在東西南
北有青白赤黑之道各二而出於黃道之旁立春春分
月循行青道而春分上弦於東井圓於角下弦於牽牛
立夏夏至南從赤道夏至上弦於角圓於牽牛下弦於
婁立秋秋分月循行白道秋分上弦於牽牛圓於婁下
弦於東井立冬冬至北旋黑道冬至上弦於婁圓於東

井下弦於角古之致月不在於二立而常在於二分不在二分之望而常在弦者以月入八日與不盡八日得陰陽之正平故也然日之與月陰陽尊卑之辨若君臣然觀君居中而逸臣旁行而勞臣近君則威損遠君則勢盛威損與君異勢盛與君同月遠日則光盛近日則光損未望則出西既望則出東則日有中道月有九行之說深足信也

以辨四時之叙

辨其晷刻以正閏餘使四時之叙無有差忒

保章氏中士二人下士四人府二人史四人徒八人

保守也章天文也

保章氏掌天星以志星辰日月之變動以觀天下之遷辨其吉凶

觀天者以星為王星謂五星有贏縮圜角天文志云歲星所在其國不可以伐可以伐人起舍如前出為贏贏為客晚出為縮縮為主人圜角者五星更王相休廢其色不同王則光芒相則內實休則無角不動搖廢則少光色辰日月所會日有薄蝕暈珥月有盈虧朓側匿之變盈虧三五而盈三五而缺朓側匿者晦而月見西方謂之朓朔而月見東方謂之側匿

以星土辨九州之地所封封域皆有分星以觀妖祥
須女虛危玄枵也齊青州分野自濟達河其象為天津
絕雲漢之陽而岱宗為十二諸侯受命之府下流得婺
女為九河末流比于星紀與吳越同占南斗牽牛星紀
也吳越揚州分野南斗在雲漢下流當淮海間為吳分
牽牛去南河浸遠自豫章迄會稽南逾嶺徼為越分蠻
貊島夷皆係于徇國尾箕析木津也燕幽州分野當九
河碣石之下流濱于渤海皆北紀之窮也箕與南斗相
近為遼水之陽盡朝鮮三韓之地在吳越東氐房心大
火也宋豫州分野商亳負北河陽氣之所升為心分豐

沛負南河陽氣之所布為房分其下流與尾同占西接
陳鄭為氏分角亢壽星也鄭兖州分野氐涉壽星皆洛
邑衆山東與亳土相接次南直潁水之間曰太昊之墟
為亢分又南涉淮氣連鶉尾在成周之東陽為角分翼
軫鶉尾也楚荊州分野翼與咮張同象當南河之地軫
在天關之外當南河之南其中一星長沙逾嶺徼而南
為東甌青邱之分安南諸州在雲漢上源之東陽宜屬
鶉火而柳七星張皆當中州不得連負海之地故麗于
鶉尾柳七星張鶉火也周三輔分野柳在輿鬼東又接
漢源當商洛之陽接南河上流七星係軒轅得土行正

位中岳象也河南之分張直南陽漢東與鶉尾同占東
井輿鬼鶉首也秦雍州分野東井居兩河之陰自河上
流當地絡之西北輿鬼居兩河之陽自漢中東盡華陽
與鶉火相接當地絡之東南鶉首之外雲漢潛流而未
達故狼星在江河上源之西弧矢天雞皆徼外之備西
羌吐蕃吐谷渾及西南徼外夷人皆占狼星觜觿參伐
實沈也魏益州分野河東及河曲皆東井之分參伐為
戎索當河東盡大夏之墟上黨居下流與趙魏接為觜
觿之分胃昴畢大梁也趙冀州分野自濁漳之北盡代
郡及雲中定襄之地與北方群狄之國表裏山河以蕃

屏中國為畢分循北方河之表西盡塞垣皆旄頭故地為昴分冀之北土馬牧之所蕃庶故天苑之象存焉奎婁降婁也魯徐州分野自岱岳衆山之陽負東海濱泗水東南抵淮水而東盡徐夷之地為奎分鉅野之東至于淮泗婁胃之墟東北負山蓋中國膏腴之地百穀之所阜也胃得馬牧之氣與冀之北土同占營室東壁娵訾也衛并州分野自閣道王良至東壁為河濟之上流河内及鄣鄭之南得山河之會為離宮又循河濟而東接玄枵為營室之分

以十有二歲之相息亮反觀天下之妖祥

歲星之行十二歲而周天色欲其光明潤澤赤而角則其國昌赤黃而沉其野大穰故必占其色相色相變異則天下之妖祥皆可得而知

以五雲之物辨吉凶水旱

以二至二分觀雲色青為蟲白為喪赤為兵荒黑為水黃為豐年

降豐荒之祲象

氣為祲形為象

以十有二風察天地之和命乖別之妖祥

天地六合之氣風之所由生也艮為條風震為明庶風

巽爲清明風離爲景風坤爲凉風兑爲閶闔風乾爲不
周風坎爲廣莫風四維艮爲丑寅巽爲辰巳坤爲未申
乾爲戌亥其風各二故曰十二風萬物一氣人與天地
之氣相爲流通豐荒之祲象言降垂别之妖祥言命此
二者皆非人之所能爲也
凡此五物者以詔救政訪序事
政者國之大本事者有司之常職詔救政於上則人君
知脩省之道訪序事於下則人臣知儆戒之意
大卜下大夫二人卜師上士四人卜人中士八人下士十
有六人府二人史二人胥四人徒四十人

大卜掌三兆之灋一曰玉兆二曰瓦兆三曰原兆

玉兆兆之璺罅如玉瑜瑕不相掩玉陽精兆如玉色則事屬陽瓦兆兆之璺罅如瓦之暴裂瓦生於土兆如瓦則事屬陰原兆兆之璺罅坼裂牽連如原田則陰陽相雜也

其經兆之體皆百有二十其頌皆千有二百掌三易之灋一曰連山二曰歸藏三曰周易其經卦皆八其別皆六十有四

掌三夢之灋一曰致夢二曰觭（居綺反）夢三曰咸陟

觭夢奇怪之夢咸陟無心所感之夢

其經運十其別九十
占夢以歲時日月星辰爲運
以邦事作龜之八命一曰征二曰象三曰與四曰謀五曰
果六曰至七曰雨八曰瘳以八命者贊三兆三易三夢之
占以觀國家之吉凶以詔救政凡國大貞卜立君卜大封
則眡高作龜
作以火灼之
大祭祀則眡高命龜凡小事涖卜國大遷大師則貞龜凡
旅陳龜
水旱兵災之祭曰旅

凡喪事命龜

卜師掌開龜之四兆一曰方兆二曰功兆三曰義兆四曰弓兆

　弓覆射之意

凡卜事眡高

　眡龜骨之高灼之

揚火以作龜致其墨凡卜辨龜之上下左右陰陽以授命龜者而詔相之

龜人中士二人府二人史二人工四人胥四人徒四十人

龜人掌六龜之屬各有名物天龜曰靈屬地龜曰繹屬東

龜曰果屬西龜曰靁力冑反屬南龜曰獵屬北龜曰若屬各以其方之色與其體辨之

行而首俯曰天首仰曰地龜甲長前弇曰果後弇曰靁首之左倪五計反曰南右倪曰北

凡取龜用秋時攻龜用春時各以其物入于龜室上春釁龜

釁者殺牲以血塗之神之也

祭祀先卜若有祭事則奉龜以往旅亦如之喪亦如之

華時髓反氏下士二人史一人徒八人

華氏掌共燋哉約反契以待卜士

燋灼龜之木契開龜之鑿

凡卜以明火爇燋遂歙其焌音俊契以授卜師遂役之

契之鋭頭為焌

占人下士八人府一人史二人徒八人

占人掌占龜以八簭占八頌以八卦占簭之八故以眡吉

凶

頌者命龜之辭故者命筮之辭

凡卜簭君占體大夫占色史占墨卜人占坼凡卜簭旣事

則繫幣以比其命嵗終則計其占之中否

簭人中士二人府一人史二人徒四人

簭人掌三易以辨九簭之名一曰連山二曰歸藏三曰周易九簭之名一曰巫更二曰巫咸三曰巫式四曰巫目五曰巫易六曰巫比七曰巫祠八曰巫參九曰巫環以辨吉凶

巫當作筮更言國事有變更咸欲感動人心式新其瀍式目事目易變易如旱乾水潦則變置社稷諸侯不朝則易置比欲相親比祠祭祀卜牲與日參欲使參乘環卜戰也

凡國之大事先簭而後卜上春相簭

相謂選擇其著

凡國事共簭

占夢中士二人史二人徒四人

占夢掌其歲時觀天地之會辨陰陽之氣以日月星辰占六夢之吉凶一曰正夢二曰噩夢三曰思夢四曰寤夢五曰喜夢六曰懼夢

噩驚愕也

季冬聘王夢獻吉夢于王王拜而受之

聘如聘女之聘當迎新送故之際欲納來歲之福故聘其吉夢欲其來也

乃舍音釋萌于四方以贈惡夢

舍萌取菜之始萌而祭之欲去其萌芽之義乃遣惡夢
而使去也
遂令始難音那敺疫
令令方相氏始儺以迎和氣敺疫以送戾氣
眂祲咨鳩反中士二人史二人徒四人
眂祲掌十煇之灋以觀妖祥辨吉凶一曰祲二曰象三曰
鑴許規反四曰監五曰闇六曰瞢音蒙七曰彌八曰叙九
曰隮子兮反十曰想
祲謂陰陽五色之氣浸淫相侵象陰氣附日而結如赤
烏夾日以飛鑴日旁氣刺日形如鑴監雲氣臨日上闇

陰氣蔽日方晝而闇瞢不光明彌如白虹彌天而貫日敘雲有次敘如山在日上隮陰氣自下而升想謂氣五色有形想青饑赤兵白喪黑憂黃穰有形色可想漢儒談災異悉本諸此故隋史載之

掌安宅敘降

此言有災祥則下安人之所居上敘天之所降

正歲則行事歲終則弊其事

大祝下大夫二人上士四人

大祝掌六祝之辭以事鬼神示祈福祥求永貞一曰順祝二曰年祝三曰吉祝四曰化祝五曰瑞祝六曰筴祝

順三才協順年年穀豐登吉歛福錫民化化被天下瑞
甘露醴泉筴龜簭不違

掌六祈以同鬼神示一曰類二曰造三曰禬四曰禜五曰
攻六曰說

類合其類而祭之造立軍社以祭之禬禳災集福之祭
禜日月星辰山川之祭攻旱乾水溢以辭攻之說以論
說祈求如成湯以六事自責之意又六者皆祭名也造
類禬禜皆有牲攻說用幣而已

作六辭以通上下親疏遠近一曰祠二曰命三曰誥四曰
會五曰禱六曰誄

祠祠享先王嘏于主人之辭命述其意以命神之辭詁古者大誥命必誥於廟作册之辭會會同盟誓之辭禱昭告天地祖宗之辭誄哀死之辭

辨六號一曰神號二曰鬼號三曰示號四曰牲號五曰齍號六曰幣號

神號若昊天上帝鬼號若皇祖烈考示號若后土神祇牲號牛曰一元大武豕曰剛鬣羊曰柔毛雞曰翰音齍號黍曰香合粱曰香萁稻曰嘉蔬幣號玉曰嘉玉幣曰量幣

辨九祭一曰命祭二曰衍祭三曰炮祭四曰周祭五曰振

祭六曰擩（而泉反音乳）祭七曰絶祭八曰繚祭九曰共祭

此言飲食必有祭所以事鬼神也命君命祭之衍尸之餘也炮尸取所炮之豚以祭也周徧也謂徧祭擩祭尸未食之前以俎中肝肺擩于醢祭于豆閒振祭尸將食之時既擩必振之繚祭以手從肺本循之至於末乃絶以祭絶不循其本直絶肺以祭禮多者繚之禮畧者絶之共祭膳夫所共于廟中大祝授王以當祭者

辨九𢷎（音拜）一曰稽首二曰頓首三曰空首四曰振動五曰吉𢷎六曰凶𢷎七曰奇𢷎八曰襃𢷎九曰肅𢷎

稽首拜而頭至於地稽留之久拜之至重者頓首頭雖

叩地頓而便起此拜之次重者空首頭畧至手其中空濶頭手不相接此拜之輕者振動者在吉禮則為舞蹈在凶禮則為擗踊吉摻拜而後稽顙凶摻稽顙而後拜奇摻一拜襃摻旣拜矣又報一拜所謂再拜肅摻推手曰揖引手曰肅肅者不下拜俯下其手而復引之

以享右祭祀

享朝獻饋獻右與侑同侑勸尸食而拜

凡大禋祀肆享祭示則執明水火而號祝

大禋祀祭天員丘肆享宗廟祭示祭地方澤明水火司烜所共日月之氣 以給烝享先號而後祝

隋許規反釁逆牲逆尸令鐘鼓右亦如之

隋謂尸祭之餘釁薦血之事逆牲祼後王出廟門逆牲

逆尸向祭之晨王出廟迎尸右勸尸食

來瞽令皋舞相尸禮既祭令徹大喪始崩以肆鬯渳尸相

飯贊斂徹奠言甸人讀禱

言猶語也甸人喪事代王受眚烖大祝為禱辭語之使

禱於藉田之神

付當作祔練祥掌國事

祔虞祭卒哭後祔祭於祖廟練十三月小祥練祭祥二

十五月大祥除衰杖此三者皆國事大祝掌之

國有大故天烖彌祀社稷禱祠
彌偏也始禱祈終報祠
大師宜于社造于祖設軍社類上帝國將有事于四望及
軍歸獻于社則前祝
大師必載社主與遷廟之主以行故有宜社造祖之祭
及軍之所在必設軍中之社於其地以事類而告上帝
國有事于四望則將戰地之四望與軍有功歸而獻捷
於社則必先告神
大會同造于廟宜於社過大山川則用事焉反行舍（音釋）奠
諸侯時見殷見或在畿內或在畿外皆告廟而行過大

山川必祭以告行釋奠之禮所以告至非時而祭曰奠
建邦國先告后土用牲幣禁督逆祀命者頒祭號于邦國
都鄙
小祝中士八人下士十有六人府二人史四人胥四人徒
四十人
小祝掌小祭祀將事侯禳禱祠之祝號以祈福祥順豐年
逆時雨寍風旱彌烖兵遠辠疾
侯以候福之將至禳以却禍之方來禱以先事而求之
祠以後事而報之恒風恒暘皆反休而為咎故祭以寍
之彌當作弭辠疾人所患故遠之

大祭祀逆齍盛送逆尸沃尸盥贊隋贊徹贊奠

送逆尸送往迎來也沃尸盥大祝相尸禮小祝沃尸盥贊隋尸始入室拜妥尸尸隋祭以韭菹擩于醢以祭於豆間小祝贊尸授之贊徹者大祝既祭命徹諸宰君婦徹時小祝贊之奠奠爵也

凡事佐大祝大喪贊渳設熬置銘

渳浴尸也熬穀於棺旁以惑蚍蜉銘明旌以識之

及葬設道齎之奠分禱五祀

以告王喪之行

大師掌釁祈號祝

行軍斬牲以血釁鼓而祈其成功故曰釁祈
有寇戎之事則保郊祀於社凡外內小祭祀小喪紀小會
同小軍旅掌事焉
保郊以防患祀社以弭兵
喪祝上士二人中士四人下士八人府二人史二人胥四
人徒四十人
喪祝掌大喪勸防之事
勸謂執纛居匶前以勸率六引防謂執披居旁以防傾
彌偶率前引
側
及辟令啓及朝潮御匶乃奠

辟謂除菆塗椁也令啓命役人開之也朝謂將葬朝於廟而後行奠者朝廟之奠也

及祖飾棺乃載遂御及葬御匶出宫乃代

祖既朝而祖於庭飾棺飾帷之屬代喪祝二人更相代也

及壙說脱載除飾小喪亦如之

說載下棺也除飾去棺飾也小喪謂王后及世子以下之喪亦如其殯葬次第

掌喪祭祝號王弔則與巫前掌勝國邑之社稷之祝號以祭祀禱祠焉凡卿大夫之喪掌事而斂飾棺焉

王弔公卿大夫之喪則與巫以桃茢居王前勝國之社
亡國之社立以為戒者斂飾棺斂諸有司以共飾之也
甸祝下士二人府一人史一人徒四人
甸之言田也田狩之祝
甸祝掌四時之田表貉之祝號貉讀為百
或以為禡貉兵祭也詩是類是禡爾雅曰師祭也
舍奠于祖廟禰亦如之舍讀為釋
四時之田必告于祖禰者以人君出入不可不謹重也
禰父廟
師甸致禽于虞中乃屬禽

師甸謂起大衆以田田畢虞人植旌旗於所表之處令獲者各致禽其中甸祝會而屬之以類相從

及郊饁獸舍奠于祖禰乃斂禽

饁饋也以所獲獸饋于郊薦于四方入又以奠于祖禰且告反也乃斂禽以入腊人一爲乾豆二爲賔客三爲充君之庖

禂音禱牲禂馬皆掌其祝號

禂禱也斂禽以祭牲牢之神及馬祖之神詩云吉日維戊既伯既禱者此也

詛莊助反祝下士二人府一人史一人徒四人

盟與詛不同詛謂祝之使沮敗也

詛祝掌盟詛類造攻説禬禜之祝號

八者之分盟詛以要於人類造攻説禬禜以求於鬼神
此民之所不能免也先王與民同患因為典禮置官以
掌之也

作盟詛之載辭以叙國之信用以質邦國之劑信

先王誓告之辭書於質劑傳以為信

易氏曰歃血以詔明神謂之盟渝盟則詔明神以殛之

盟詛之時用六祈則詛祝掌之也

謂之詛王者以信待人故天下不期信而自信先施於
民者信而已然後以盟詛輔之

司巫中士二人府一人史一人胥一人徒十人

司巫掌羣巫之政令若國大旱則帥巫而舞雩國有大烖則帥巫而造巫恒

造巫恒言造為其所恒行之術以祈禳也

祭祀則共匰音丹主及道布及蒩館

主在廟則藏於石室謂之宗祏及合祭於廟則以匰盛而至道布新布三尺為神設巾于中霤蒩扗茅長五寸館所以承蒩若今筐也

凡祭事守瘞

祭而瘞埋祭之終也司巫守之禮畢乃去禮瘞埋於泰

祈祭地也謂埋牲　王者又宗廟之祭亦有瘞繒之類

凡喪事掌巫降之禮

降下也巫神所降

男巫無數

女巫無數其師中士四人府二人史四人胥四人徒四十人

男巫掌望祀望衍授號

望祀四望之類望衍四方百物之類衍言其多也授號以祭之名號授之

旁招以茅

游魂浪祟失位　無依為厲於人者束茅以招　而祭之

冬堂贈無方無筭

冬則贈送不祥與季冬贈惡夢之贈同於堂行贈送之
禮無方或東或西或南或北無筭或千里萬里欲其速
去
春招弭以除疾病
招福弭災
王弔則與祝前
女巫無數其師中士四人府二人史四人胥四人徒四十
人
女巫掌歲時祓除釁浴
歲時祓除如今三月上巳修禊之類釁浴謂以香薰草

藥沐浴

旱暵則舞雩若王后弔則與祝前凡邦之大烖歌哭而請

暵熱氣也歌以致神哭以祈哀

陳藴之曰先王之時安有巫詛之事今特設巫祝一項官周公豈好誣者正是周公通幽明之理所以安鬼神之道與堯命重黎相似重黎雖不是巫亦是此意到漢無此一項官淫祀謟祭無所不至遂有巫蠱之禍若漢如此淆雜方知周公之意思深長

好誣二字原本作好一字

都宗人上士二人中士四人府二人史四人胥四人徒四十人

都宗人掌都祭祀之禮凡都祭祀致福于國

大都小都王畿之内皆王子弟所封及公卿所食邑也其地域有山川及因國無主後者為之長者所當祭也況又立其祖所自出之廟則其祭禮尤嚴太宰八則祭祀以馭其神又專立一官以掌其禮彼安有過差哉必致福于國所以導人心之正王面以全其愛君之念也

正都禮與其服

服謂祭服

若有寇戎之事則保羣神之壝

以其掌都祭祀之禮故使與小祝保神壝之在外者

國有大故則令禱祠既祭反命于國
祭命上所出既祭必反
家宗人如都宗人之數
家大夫所食采邑
家宗人掌家祭祀之禮凡祭祀致福
大夫采地之所祭祀與都同若先王之子孫亦有祖廟
國有大故則令禱祠反命祭亦如之掌家禮與其衣服宮
室車旗之禁令
楊雄曰節莫大於僭僭莫大於祭先王設都家宗人之
官杜僭亂之原别嫌疑之漸其制禮之意深矣

凡以神士者無數以其藝為之貴賤之等

神士者謂明神理而士者周家五禮之制以事鬼神示為先六樂之作亦以事鬼神示為首所謂藝者下文掌三辰之灋以猶鬼神示之居之類

掌三辰之灋以猶鬼神示之居辨其名物

猶圖也居猶坐也鬼神示雖幽深皆麗乎陰陽辨其名所命之名辨其物所求之實也

以冬日至致天神人鬼以夏日至致地示物鬽眉秘反

天人陽也地物陰也陽氣升而祭鬼神陰氣升而祭地示物鬽百物之神曰鬽春秋傳曰螭鬽魍魎

以禬國之凶荒民之札喪
禬除禳也
大行人中大夫二人
司儀掌客當屬春官誤屬秋官今正之
大行人掌大賓之禮及大客之儀以親諸侯
奉一人之命供行李之役者行人也六服羣辟謂之大
賓諸侯之孤卿謂之大客
春朝諸侯而圖天下之事秋覲以比邦國之功夏宗以陳
天下之謨冬遇以協諸侯之慮時會以發四方之禁殷同
以施天下之政時聘以結諸侯之好殷頫以除邦國之慝

間問以諭諸侯之志歸脤以交諸侯之福賀慶以贊諸侯之喜致禬以補諸侯之裁

以九儀辨諸侯之命等諸臣之爵以同邦國之禮而待其賓客上公之禮執桓圭九寸繅藉九寸冕服九章建常九斿樊纓九就貳車九乘介九人禮九牢其朝位賓主之間九十步立當車軹擯者五人廟中將幣三享王禮再祼而酢饗禮九獻食禮九舉出入五積三問三勞

桓如桓楹繅藉織采為繅以藉玉冕服自山龍以下建常者所建之旗日月之常王所建也上公之常交龍也樊纓馬飾五采備為一就以罽飾之貳車副車朝位受

饗於廟之位車軹車轂之末乘車而至及門下車當軹而立擯用命數之半既擯而入廟王受其享必用幣將幣上公將送幣以享王禮成於三王再祼以事神之禮待賓尊之至也九獻亦以事神待之也九舉謂九舉牲體而九飯樂亦九奏也五積謂供其僕從車馬往來之費酢謂賓酢主人報王尊己之誠也

諸侯之禮執信音伸圭七寸繅藉七寸冕服七章建常七斿樊纓七就貳車七乘介七人禮七牢朝位賓主之間七十步立當前疾

三牲為一牢　軾前之曲中名曰前疾比車軹為稍近其

視上公降殺以兩

擯者四人廟中將幣三享王禮一祼而酢饗禮七獻食禮七舉出入四積再問再勞諸伯執躬圭其他皆如諸侯之禮諸子執穀璧五寸繅藉五寸冕服五章建常五斿樊纓五就貳車五乘介五人禮五牢朝位賓主之間五十步立當車衡

其視侯伯降殺以兩衡輈下

擯者三人廟中將幣三享王禮一祼不酢饗禮五獻食禮五舉出入三積一問一勞

不酢小國之君不敢以賓道自居

諸男執蒲璧其他皆如諸子之禮凡大國之孤執皮帛以繼小國之君

此以君命來聘侯伯以下無此

出入三積不問一勞朝位當車前不交擯廟中無相以酒禮之其他皆眡小國之君凡諸侯之卿其禮各下其君二等以下及其大夫士皆如之

此言以君命來聘者

邦畿方千里其外方五百里謂之侯服歲一見其貢祀物又其外方五百里謂之甸服二歲一見其貢嬪物又其外方五百里謂之男服三歲一見其貢器物又其外方五百

里謂之采服四歲一見其貢服物又其外方五百里謂之衛服五歲一見其貢材物又其外方五百里謂之要服六歲一見其貢貨物九州之外謂之蕃國世一見各以其所貴寶為摯

祀者奉祭祀之物包茅之屬嬪則嬪婦所化治之物絲枲之類器則祭祀之器宗廟樽彝之類服則織纊纖縞之類材則珠象金玉之類貨則物之輕而可寶者龜貝之類

唐氏曰夷服鎮服尚在九州之內行人不言者見摯與蕃國同也言蕃雖以面言五百里為率通曰九州之外

無道里之限矣
王之所以撫邦國諸侯者歲徧存三歲徧頫五歲徧省七歲屬象胥諭言語協辭命九歲屬瞽史諭書名聽聲音十有一歲達瑞節同度量成牢禮同數器脩灋則十有二歲王巡守殷國
象胥譯官也通五方之言語協九等之辭命象胥之職瞽史樂官太史小史也達六書之文察五音之和瞽史之職也
凡諸侯之王事辨其位正其等協其禮賓而見之
王事朝王之事也

若有大喪則詔相諸侯之禮若有四方之大事則受其幣聽其辭凡諸侯之邦交歲相問也殷相聘也世相朝也殷在二年五年之中父死子立曰世凡君即位大國朝焉小國聘焉皆所以習禮考義正刑一德以尊天子

小行人下大夫四人

小行人掌邦國賓客之禮籍以待四方之使者令諸侯春入貢秋獻功王親受之各以其國之籍禮之凡諸侯入王則逆勞于畿及郊勞眡館將幣為承而擯

逆勞郊勞眡館將幣皆王遣公卿以示其誠意之厚小行人但為承而擯耳承次擯也

凡四方之使者大客則擯小客則受其幣而聽其辭使適四方協九儀賓客之禮朝覲宗遇會同君之禮也存覜省聘問臣之禮也達天下之六節山國用虎節土國用人節澤國用龍節皆以金為之道路用旌節門關用符節都鄙用管節皆以竹為之成六瑞王用瑱音填圭公用桓圭侯用信圭伯用躬圭子用穀璧男用蒲璧合六幣圭以馬璋以皮璧以帛琮以錦琥音虎以繡璜以黼此六物者以和諸侯之好故

圭者禮東方之玉帝出乎震故有君德者宜享以圭用馬以合之蓋乾為馬馬有行地無疆之材足以配君德之

用也璋者禮南方之玉萬物相見文明著見之地故有文明之德宜享以璋必用皮以合之大人虎變其文炳也君子豹變其文蔚也虎豹之皮有自然之文足以配乎文德之著也璧者禮天之玉故有天德而尚質者斯享以璧必用帛以合之帛者純素之物不假繢繡足以配乎天德之純也琮者禮地之玉故有地德而可宗者斯享以琮必用錦以合之錦者衆美之具能集衆色足以配乎地德之大成也琥者禮西方之玉故有揫斂之功者宜享以琥必用繡以合之繡者人工之巧能施五采足以配乎義之宜也璜者禮北方之玉故有剛毅之

力宜享以璜必用黼以合之黼為斧形取其能斷足以配乎智之貞固也馬皮非幣用之以當幣故總以幣言九儀既正乃達六節以為門關之符乃成六瑞以通朝見之信乃合六幣以致摯享之誠然後禮樂行焉燕享舉焉諸侯之和好出焉

若國札喪則令賻補之若國凶荒則令賙委之若國師役則令槁（苦報反）禬之若國有福事則令慶賀之若國有禍烖則令哀弔之凡此五物者治其事故及其萬民之利害為一書其禮俗政事教治刑禁之逆順為一書其悖逆暴亂作慝猶犯令者為一書其札喪凶荒厄貧為一書其康樂

和親安平為一書凡此五物者每國辨異之以反命于王以周知天下之故

鄭鍔曰職方掌天下之圖以周知其利害其知也以圖此則載之以書案圖所以知其形象按書所以知其事也禮俗也政事也教治也刑禁也諸侯之所行者或有逆順從違不為一書無以知其叛服之事悖逆也暴亂也作慝也犯令也過惡之已著也不為一書無以知罪惡之輕重猶曾也曾犯令矣猶不改而又犯令焉札瘥也凶荒也厄貧也諸侯所遭之故不為一書無以知遠民之憂康樂謂民之樂和親謂鄰國之交歡安平謂其

國之寍静不為一書無以知侯國之治

司儀上士八人中士十有六人

司儀掌九儀之賓客擯相之禮以詔儀容辭令揖讓之節

出接賓曰擯入贊禮曰相

水心曰學者徒謂揖遜周旋之美不知周召經理天下

精神會聚於此參以詩書所紀則唐虞三代之為國家

者豈有毫髮不盡於人心者哉

將合諸侯則令為壇三成宮旁一門

三成即覲禮所謂深四尺者是也蓋從下向上為深發

地一尺上有三成則總四尺矣宮旁一門即覲禮所謂

宮方三百步四門是也蓋壝土為壇壇外為宮每旁一門則四門矣

詔王儀南鄉見諸侯土揖庶姓時揖異姓天揖同姓

土揖者俯而致恭也時揖者四時平分得禮之中也天揖尊而不屈也

及其擯之各以其禮公於上等侯伯於中等子男於下等其將幣亦如之其禮亦如之

既奠玉則拜而獻其國之所有以為幣

王燕則諸侯毛

朝享已畢王燕之以示慈惠擇髮鬚之白者坐乎上所

以明貴老之禮

凡諸公相為賓主國五積音漬三問皆三辭拜受皆旅擯

旅擯者不上下相傳禮兩君相見則交擯此方使卿大

夫致之臣道卑直對之可也

再勞三辭三揖登拜受拜送

三揖入門揖當曲揖當碑揖登登堂也拜受受其勞拜

送送其使還也

主君郊勞交擯三辭車逆拜辱三揖三辭拜受車送三還

再拜

賓至近郊主君出郊而勞於是有交擯之禮上擯傳辭

與承擯承擯傳詞於末擯末擯傳與末介末介傳與承介承介傳與上介上介傳與賓賓又傳與上介上介傳與承介承介傳與末介末介傳與末擯末擯傳與承擯承擯傳與上擯上擯入告謂之交擯擯已傳辭乃三辭其君之勞而不受辭不獲已賓乃乘車出門以逆主君拜主君之辱而臨己三揖以致其恭即聘禮入門當曲當碑三揖也三辭以致其謙然後拜受幣也受勞訖乃出車以送主君三還而辭之乃再拜而别

致館亦如之致飧如致積之禮及將幣交擯三辭車逆拜辱賓車進答拜

將幣幣圭璋也謂賓享主君也及廟中將幣必交擯主君三辭其將幣之禮乃出東而逆之拜其辱賓東進而答拜君之逆已也

三揖三讓每門止一相及廟惟上相入

相謂主君擯者與賓之介

賓三揖三讓登再拜授幣賓拜送幣

三揖三讓不敢登若將於堂下成禮既登主再拜拜賓至賓始授幣主人受賓乃退向西階上北面拜送幣乃

降

每事如初賓音擯亦如之

及出車送三請三進再拜賓三還三辭告辟音避

及朝享畢而出主君以車送賓則三請於賓留而勿行也賓登車已以車送主君進至於三則賓出亦遠矣乃再拜而送之賓見主君一請則一廻車而辭之三辭者有所不敢當則避也

致饔餼還圭饗食致贈郊送皆如將幣之儀

熟食為饔生為餼還圭謂賓享主君用圭以將意畢則還圭於賓致贈謂賓去而贈以財也郊送謂主君送賓至于郊也其逆送揖讓辭受之節皆如將幣之儀

賓之拜禮拜饔餼拜饗食

賓將去則謝此三禮其餘還圭致贈不必謝也

賓繼主君皆如主國之禮

繼當作擯郊送之時主君親至賓為主人主人為賓故

擯之之禮與主國同

諸侯諸伯諸子諸男之相為賓也各以其禮相待也如諸

公之儀諸公之臣相為國客則三積皆三辭拜受及大夫

郊勞旅擯三辭拜辱三讓登聽命下拜登受

大夫郊勞乃聘禮主君不親勞也旅擯謂賓至末介下

對上擯傳本君之命也三辭不敢受勞而拜其辱三讓

而升登堂聽使者傳主君之命畢下堂而拜然後登堂

而受主君之命致敬也

賓音儐使去聲者如初之儀及退拜送

勞用束帛儐用束錦使者退客拜送之

致館如初之儀

按聘禮卿致館其旅儐以至登受如郊勞之禮及將幣旅擯三辭拜逆客辟三揖每門止一相及廟唯君相入三讓客登拜客三辟授幣下出每事如初之儀三辭辭主君以大客禮當己也使者奉君命來不敢當主君拜故逡辟客介不入客臣故也以臣自處嫌與君敵也

及禮私面私獻皆再拜稽首君答拜

賓卒聘事奉束帛請覿所謂私面私獻也

出及中門之外問君客再拜對君拜客辟而對君問大夫客對君勞客客再拜稽首君答拜客趨辟致饔餼如勞之禮饗食還圭如將幣之儀君館客客辟介受命遂送客從拜辱於朝

君館客者客將去就省之以盡慇懃也客從君後至朝而拜謝君之送已

明日客拜禮賜遂行如入之積

禮賜乘禽也謂饔餼饗食之外又有乘禽亦加恩也出

入皆有積薀芻薪米禾之類不可一日缺也

凡侯伯子男之臣以其國之爵相為客而相禮其儀亦如之

凡四方之賓客禮儀辭命餼牢賜獻以二等從其爵而上下之

禮儀見於容貌辭命見於荅問餼牢者禮之常也賜獻者禮之加也以二等從其爵而上下之者視其爵之尊卑而降殺以兩也

凡賓客送逆同禮凡諸侯之交各稱其邦而為之幣以其幣為之禮

以邦之大小而為幣之隆殺以幣之隆殺而為禮之厚
薄
凡行人之儀不朝不夕不正其主面亦不背客
日出於東為朝入於西為夕朝東也夕西也主面南面
也客北面也為行人者不可向東亦不可向西不可向
南亦不可向北常視賓主小前卻隨機旋轉不常厥處
也
行夫下士三十有二人府四人史八人胥八人徒八十人
行夫掌邦國傳遽之小事媺惡而無禮者凡其使也必以
旌節雖道有難去聲而不時必達

傳遽若今乘傳騎驛而使者也嬍福慶也惡喪荒也無禮無擯介而單行也

居於其國則掌行人之勞辱事焉使則介之

凡有使則為之介紹而或先或後亦其職也

掌客上士二人下士四人府一人史二人胥二人徒二十人

掌客掌四方賓客之牢禮餼獻飲食之等數與其政治王合諸侯而饗禮則具十有二牢庶具百物備諸侯長十有再獻王巡守殷國則國君膳以牲犢令百官百牲皆具從者三公眡上公之禮卿眡侯伯之禮大夫眡子男之禮士

眂諸侯之卿禮庶子壹眂其大夫之禮
殷國殷同之國也國君王所過之國之君也
凡諸侯之禮上公五積皆眂飧牽
客始至則致小禮謂之飧飧必有牢則牽而往不殺也
三問皆脩羣介行人宰史皆有牢飧五牢食四十簠十豆
四十鉶四十有二壺四十鼎簋十有二牲三十有六皆陳
夕食曰飧三牲為一牢食者庶羞也簠盛稻粱器也豆
盛菹醢器也鉶盛膷臐膮之器也壺酒器也正鼎九陪
鼎三烹飪之器有十二焉簋黍稷器也牲當作腥謂腥
鼎也

饔餼九牢其死牢如飧之陳牽四牢米百有二十筥醯醢
百有二十罋車皆陳
饔餼既相見致大禮也車行字
車米眡生牢牢十車車秉有五籔素口反車禾眡死牢牢十
車車三秺音妬芻薪倍禾皆陳
十斗為斛十六斗為籔十籔為秉一秉十六斛禾四秉
曰筥筥穧也十筥曰稯十稯曰秺
乘禽日九十雙殷膳大牢以及歸三饗三食三燕若弗酌
則以幣致之
殷中也賓來去之間又更致膳自始至以及歸饗燕食

皆三也若弗酌謂君有故不親饗食燕食則遣大夫以酬
幣致其饗禮以侑幣致其食禮所以將厚意饗食在廟
其禮嚴故用幣以致燕在寢其禮褻不用幣
凡介行人宰史皆有飧饔餼以其爵等為之牢禮之陳數
唯上介有禽獻夫人致禮八壺八豆八籩膳大牢致饗大
牢食大牢
　夫人致禮助君養賓也
卿皆見以羔膳大牢
　亦所以助君養賓也
侯伯四積皆眡飧牽再問皆脩飧四牢食三十有二簋八

豆三十有二鉶二十有八壺三十有二鼎簋十有二腥二
十有七皆陳饔餼七牢其死牢如飧之陳牽三牢米百筥
醯醢百甕皆陳米三十車禾四十車芻薪倍禾皆陳乘禽
日七十雙殷膳大牢三饗再食再燕凡介行人宰史皆有
飧饔餼以其爵等為之禮唯上介有禽獻夫人致禮八壺
八豆八籩膳大牢致饗大牢卿皆見以羔膳特牛子男三
積皆眡飧牽壹問以脩飧三牢食二十有四簋六豆二十
有四鉶十有八壺二十有四鼎簋十有二牲十有八皆陳
饔餼五牢其死牢如飧之陳牽二牢米八十筥醯醢八十
甕皆陳米二十車禾三十車芻薪倍禾皆陳乘禽日五十

雙一饗一食一燕凡介行人宰史皆有飧饔餼以其爵等
為之禮唯上介有禽獻夫人致禮六壺六豆六籩膳眡致
饗親見卿皆膳特牛

大國之卿於子男之君來不皆見之也見之者乃以特
牛膳之不見之者則無膳之禮也

凡諸侯之卿大夫士為國客則如其介之禮以待之

凡禮賓客國新殺禮凶荒殺禮札喪殺禮禍烖殺禮在野
在外殺禮

國新新建國也

凡賓客死致禮以喪用

死則主人爲之具而殯矣喪用者饋奠之物

賓客有喪唯芻稍之受

賓客在主國自聞其親之喪凡主國饔食之禮皆不敢受若芻稍則給人馬日用之須不可以一已之喪而不受也

遭主國之喪不受饗食受牲禮

饗食主人待賓主人有喪自不應受此禮牲當作腥主人有喪不忍煎烹但腥致之也

陳君舉曰邦國之君相爲賓客先王設官有行人行夫掌客掌訝之類問勞贈送物爲之數拜揖辭受事爲之

節觀春秋之時一言不酬一拜不中而兩國為之暴骨
先王慮患豈不預哉

掌訝中士八人府二人史四人胥四人徒四十人

掌訝掌邦國之等籍以待賓客
等籍九儀之差數也訝迎也賓客來則以其籍之差等
而為隆殺之節故迎之者無失禮也

若將有國賓客至則戒官脩委積與士逆賓于疆為前驅
而入及宿則令聚欜及委則致積至于國賓入館次于舍
門外待事于客
待事于賓通其所求索

及將幣為前驅至于朝詔其位入復及退亦如之
復復于王及退亦復于王曰賓不顧矣
凡賓客之治令訝訝治之
賓客之治謂正其貢賦及其國事也訝訝士也訝士為
如朝而治之
凡從者出則使人道之及歸送亦如之凡賓客諸侯有卿
訝卿有大夫訝大夫有士訝士皆有訝
士之訝微者不足言也
凡訝者賓客至而往詔相其事而掌其治令
掌交中士八人府二人史四人徒三十有二人

掌交掌以節與幣巡邦國之諸侯及其萬民之所聚者道
王之德意志慮使咸知王之好惡辟音避行之
節以為信幣以為禮此正是王者固結人心之最切處
王之好惡當與天下為公不可有所私也
使和諸侯之好達萬民之說掌邦國之通事而結其交好
以諭九稅之利九禮之親九牧之維九禁之難乃旦反九戎
之威
九稅即九職也九禮即九儀也九牧即九州也九禁即
九灋也九戎即九伐也利相通也禮相親也牧以養之
禁以治之威以懲之而邦國之事備矣夫自百畝達于

五百里皆有封域為之分守則人有固志封君世其守賢能任其事天下無不治之國矣

周禮補亡卷之三終

八閩文庫

福建文獻集成

續編 經部 一二

吴格 主编

文獻集成 212

海峽出版發行集團
THE STRAITS PUBLISHING & DISTRIBUTING GROUP
福建人民出版社

本册目次

周禮補亡六卷（卷四至卷六）

［元］同安丘葵撰

中國國家圖書館藏清抄本

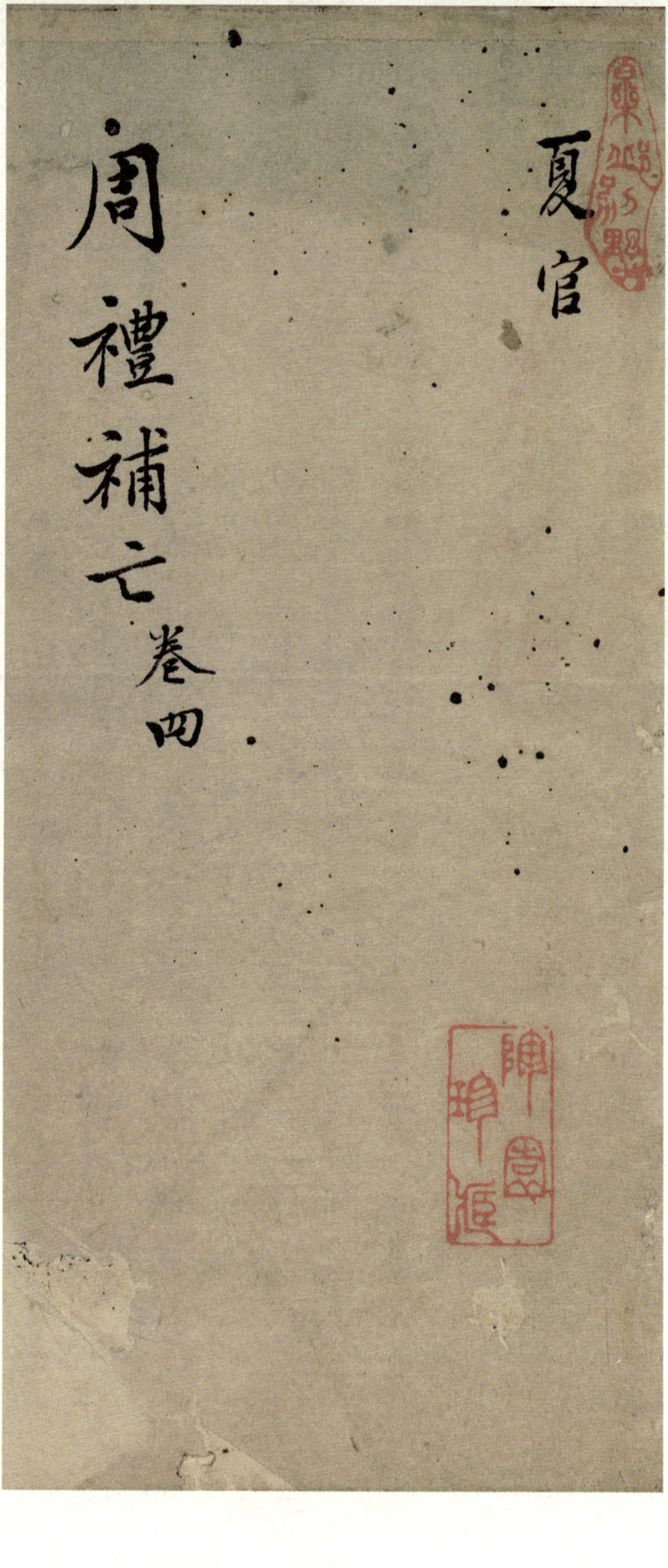
周禮補亡 卷四
夏官

政官之屬元有六十九

大司馬 小司馬 軍司馬 輿司馬 御僕 行司馬

司勳 馬質 量人（冬官） 隸僕 小子 羊人

司爟 掌固 弁師（冬官） 司險 掌疆 候人

環人 司甲 挈壺氏 射人 服不氏 射鳥氏

司兵 羅氏 掌畜 司士 諸子 司戈盾

司右 虎賁氏 旅賁氏 節服氏 司弓矢（冬官） 方相氏

大僕 小臣 祭僕 繕人 稾人（冬官） 戎右

齊右 道右 大馭 戎僕 齊僕 道僕

田僕 馭夫 校人 趣馬 巫馬 牧師

廋人　圉師　職方氏入冬官　土方氏入冬官　懷方氏　合方氏

訓方氏　形方氏入冬官　山師入冬官　川師入冬官　邍師入冬官　匡人

撢人　都司馬　家司馬

俞庭椿謂職方氏土方氏形方氏山師川師邍師之屬乃邦土之佐司空屬官也後漢大司空上輿地圖此其遺制尚有存者舜命禹為司空平水土今禹貢一書司空職事書也周之職方實所取灋則職方氏六官不當屬司馬又謂弁師為冕弁以供王之服用與司弓矢乃弓人為弓之事槀人掌獻素獻成亦宜以工屬司空隸

之司馬傳譌者也王次點謂量人一官司空度
地職也與考工記國人營國之文無異亦宜刪
出

今訂定夏官之屬五十九

大司馬　小司馬　軍司馬　輿司馬　行司馬　都司馬
家司馬　諸子　虎賁氏　旅賁氏　司甲　司兵
司戈盾　繕人　環人　挈壺氏　掌固　司險
掌疆　司右　戎右　齊右　道右　大馭
戎僕　齊僕　道僕　田僕　馭夫　馬質
校人　趣馬　巫馬　牧師　廋人　圉師

射人　司士　司勳　懷方氏　合方氏　訓方氏
匡人　撢人　大僕　小臣　祭僕　御僕
隸僕　服不氏　射鳥氏　羅氏　掌畜　節服氏
小子　羊人　方相氏　司爟　候人

周禮補亡卷之四

宋清源邱葵吉甫著

後學楊 浚雪滄甫校

裔孫 嘉樹校錄 炳忠伯貞 重刊

二十一世孫 武陵悔庵校字

夏官司馬第四

惟王建國辨方正位體國經野設官分職以為民極乃立夏官司馬使帥其屬而掌邦政以佐王平邦國

立司馬掌六軍所以政諸侯違王命之不正政之大者故戎政獨曰邦政所以佐王平邦國也平定也

周禮補

周禮補亡卷之四

宋清源吉甫邱　葵釣磯氏編集

後學廖化雨澤齋

裔孫　圭汝舟　仝校

夏官司馬第四

惟王建國辨方正位體國經野設官分職以為民極乃立

夏官司馬使帥其屬而掌邦政以佐王平邦國

立司馬掌六軍所以政諸侯違王命之不正政之大者

故戎政獨曰邦政所以佐王平邦國也平定也

政官之屬
大司馬卿一人小司馬中大夫二人軍司馬下大夫四人輿司馬上士八人行司馬中士十有六人旅下士三十有二人府六人史十有六人胥三十有二人徒三百有二十人史胥徒與他卿異者以大司馬總六軍軍事尚嚴整之多也

凡制軍萬有二千五百人為軍王六軍大國三軍次國二軍小國一軍軍將皆命卿二千有五百人為師師帥皆中大夫
王六卿故置六軍大國三卿次國二卿小國一卿以卿

為軍將故軍亦如之居則為卿出則為軍將
五百人為旅旅帥皆下大夫百人為卒卒長皆上士二十
五人為兩兩司馬皆中士五人為伍伍皆有長一軍則二
府六史胥十人徒百人
陳君舉曰司馬灋曰四井為邑四邑為丘出馬一疋牛
三頭四邱為甸甸六十四井出長轂一乘馬四疋牛十
二頭甲士三人步卒七十二人戈盾具謂之乘馬且以
民數中家計之一家六人二家十有二人可任用者五
人一井八家四十八人可任用者二十人司馬法謂甸
出七十五人者蓋於一甸六十四井之中五百一十有

二家之内一千二百八十人可任用者擇七十五人備征伐籍於司馬○又曰井十為通通為疋馬三十家士一人徒二人通十為成成百井三百家革車一乘士十人徒二十人與前數差錯者前言總籍民兵今言調發民兵前言四井為邑四邑為邱今言井十為通促零說整以什起數耳田制以八家為井起筭兵制以十人為什起筭各從其宜前四邱為甸為六十四井五百十有二家其籍司馬者七十五人今通十為成加三十六井二百八十八家則一成之中百井八百家調發三十人以中家計之百井八百家約為丁四千八百人堪任使

者二千人籍於司馬者百二十有奇四分當兵之數發
其一分之强故八百家止言三百家番休者常五百家
可見周家優民之至
又曰周制每一車七十五人今甸出長轂一乘而止發
三十人無乃車多而人少乎曰古者軍行凡革車一乘
七十五人之外又有重車一乘載衣糧之屬其卒則有
守衣裝五人廐養五人樵汲五人炊家子十人凡二十
五人與正車為百人又備副車為補闕是車不得不多
愚按五人為伍即五家之比五伍為兩即五比之閭四
兩為卒即四閭之族五卒為旅即五族之黨五旅為師

即五黨之州五師為軍即五州之鄉伍五人兩二十五
人三兩七十五人出車一乘百人為卒三卒三百人出
車四乘五百人為旅二千五百人為師三師七千五百
人出車百乘萬有二千五百人為軍三軍三萬七千五
百人出車五百乘此大國也二軍二萬五千人出車三
百三十三乘此次國也一軍萬有二千五百人出車一
百六十七乘此小國也天子六軍七萬五千人出車千
乘也故天子六鄉六遂二千乘其餘八千乘見之都鄙
稍甸稍人掌之七十五萬人為萬乘大國三鄉三遂為
千乘次國二鄉二遂六百六十乘小國一鄉一遂三百

三十四乘此取之近地每家賦一人以為國家武備所以強本也若其調發則依司馬之灋

大司馬之職掌建邦國之九灋以佐王平邦國制畿封國以正邦國設儀辨位以等邦國進賢興功以作邦國建牧立監以維邦國制軍詰禁以糾邦國施貢分職以任邦國簡稽鄉民以用邦國均守平則以安邦國比小事大以和邦國

此所謂邦政也

以九伐之灋正邦國馮（皮冰反）弱犯寡則眚之賊賢害民則伐之暴內陵外則壇（音善）之野荒民散則削之負固不服則

侵之賊殺其親則正之放弒其君則殘之犯令陵政則杜之外內亂鳥獸行則滅之

眚猶瘦也言四面削其地也壇者出其君置之空墠之地更立其次之賢者削削其地如漢削諸侯王郡是也侵以兵加其境正執而治其罪也殘殺滅之也杜杜絕之使不得與鄰國交通也滅者斷盡其根使不生也

正月之吉始和布政于邦國都鄙乃縣政象之灋于象魏使萬民觀政象挾日而斂之

正月建寅月吉謂朔日也象魏闕也挾日旬日也斂收也政謂九灋九伐之類

易氏曰布于邦國都鄙於萬民何與焉聖人唯能合民之情内外遠近通行無間而後可以言政

乃以九畿之籍施邦國之政職方千里曰國畿其外方五百里曰侯畿又其外方五百里曰甸畿又其外方五百里曰男畿又其外方五百里曰采畿又其外方五百里曰衛畿又其外方五百里曰蠻畿又其外方五百里曰夷畿又其外方五百里曰鎮畿又其外方五百里曰蕃畿

九畿以國畿為本向外每五百里加為一畿侯者侯也為天子伺候非常也甸田也為天子治田以出賦貢男者任也任王者之職事也采者采取美物以供天子衛

者爲天子守衛也蠻者縻也縻繫之以政教也自此以
上六服爲中國之九州自此以外是夷狄之諸侯蠻服
亦謂之要要束以文教也夷夷狄鎮者去中國稍遠鎮
守在四夷也蕃者蕃屏之義

凡令賦以地與民制之上地食者參之二其民可用者家
三人中地食者半其民可用者二家五人下地食者參之
一其民可用者家二人

上地食者參之二即遂人田百畝萊五十畝中地食者
半即田百畝萊百畝下地食者參之一即田百畝萊二
百畝萊休不耕者

中春教振旅司馬以旗致民平列陳直覲反如戰之陳辨鼓鐸鐲直角反鐃之用王執路鼓諸侯執賁扶云反鼓軍將執晉鼓師帥執提鼓旅帥執鼙鼓卒長執鐃兩司馬執鐸公司馬執鐲

提鼓謂馬上鼓有曲木可提持也餘見鼓人公司馬伍長也

以教坐作進退疾徐疏數之節遂以蒐田有司表貉誓民鼓遂圍禁火弊獻禽以祭社

蒐擇也春時鳥獸孳尾擇取其不孕者重傷生物之類所以養其仁心也將田之初有司行表貉之祭司馬以

軍瀛誓民所謂有司者肆師甸祝也鼓而圍之遂蒐田
火弊者春田主用火謂焚萊以田也火止則獻禽
中夏教茇蒲末反舍如振旅之陳羣吏撰息轉反車徒讀書契
辨號名之用帥以門名縣鄙各以其名家以號名鄉以州
名野以邑名百官各象其事以辨軍之夜事
凡言茇者皆草舍也帥六軍之帥也門所居之門公邑
閭田謂之縣小都謂之鄙大夫謂之家鄉謂六鄉野謂
六遂茇舍之教乃下寨瀛事以辨軍之夜事蓋休兵偃
師之時宿火而寢目固無見銜枚而處耳固無聞也將
以鼓鐸而聲之則所聞必亂將以旗物而揮之則所見

必昧於是專以號名為尚而號名又必外假者所以防
姦細及間諜等事

其他皆如振旅遂以苗田如蒐之灋車弊獻禽以享礿

夏田曰苗蓋為苗除禽獸之害也夏田以車為主車弊
者驅獸之車止也礿宗廟之夏祭也

中秋教治兵如振旅之陳

凡兵出曰治入曰振旅

辨旗物之用王載大常諸侯載旂軍吏載旗師都載旜鄉
遂載物郊野載旐百官載旟各書其事與其號焉其他皆
如振旅

日月為常交龍為旂熊虎為旗通帛為旜雜帛為物龜
蛇為旐鳥隼為旟
遂以獮田如蒐之灋羅弊致禽以祀祊祊音方
秋田為獮獮殺也羅弊罔止也秋田主用罔中殺者多
也祊當為方秋田主祭四方報成萬物詩曰以社以方
中冬教大閲
以冬時農隙故大閲軍實之要務
大司馬春教以鐃鼓夏教以號名秋教以旗物至冬農
隙則合三時所教者大習之故名曰大閲不止簡車徒
而已
前期羣吏戒衆庶脩戰灋虞人萊所田之野為表百步則

一為三表又五十步為一表田之日司馬建旗于後表之中羣吏以旗物鼓鐸鐲鐃各帥其民而致質明弊旗誅後至者乃陳車徒如戰之陳皆坐

萊者芟除其草萊令車得驅馳為三表是三表之間相去二百步左右之廣當容三軍若左右兩旁當容六軍又加一表五十步從南頭立表以北頭為後表司馬建旗於後表之中群吏帥民而至質明正明弊仆也仆旗後至者誅車徒皆坐而聽誓士卒北面吏南面

羣吏聽誓于陳前斬牲以左右徇陳曰不用命者斬之中軍以鼙令鼓鼓人皆三鼓司馬振鐸群吏作旗車徒皆作

鼓行鳴鐲車徒皆行及表乃止三鼓摝音弄鐸羣吏弊旗車
徒皆坐
中軍中軍之將鼓人師帥旅帥也司馬兩司馬也振鐸
以作衆公司馬鳴鐲於鼓行之後以節之三鼓摝鐸掩
上振爲摝所以止行息氣也及表自後表至前第二表
又三鼓振鐸作旗車徒皆作鼓進鳴鐲車驟徒趨及表乃
止坐作如初
及表自第二表至前第三表
乃鼓車馳徒走及表乃止
及表自第三表至前四表

鼓戒三闋車三發徒三刺
鼓一闋則車一發而徒一刺三而止是謂節制之兵
乃鼓退鳴鐃且郤及表乃止坐作如初
鐃所以止鼓軍退卒長鳴鐃以和衆鼓人為止之也退自南表回身向北也
遂以狩田以旌為左右和之門羣吏各帥其車徒以叙和出左右陳車徒有司平之旗居卒間以分地前後有屯百步有司巡其前後險野人為主易野車為主
易以豉反狩言守而取之無所擇也軍門曰和立兩旌以為之以叙和出者以次序而出和門也旗軍吏所載調其部曲

執旗以表又百人之中旗分為兩五十人為一隊也有司巡其前後之屯險野人居前易野車居前春秋昭八年蒐于紅穀梁傳曰劃蘭以為防置旜以為轅門以葛覆質以為槷流旁握御轚者不得入左者之左右者之右然後焚而射馬古者戰不出頃田不出防是其事也

既陳乃設驅逆之車有司表貉于陳前

驅謂驅禽獸使趨於圍逆謂逆禽獸使不出圍車者田僕所設也

中軍以鼙令鼓鼓人皆三鼓羣司馬振鐸車徒皆作遂鼓行徒銜枚而進大獸公之小禽私之獲者取左耳及所弊

鼓皆駴音亥車徒皆譟

及所弊者所當止之地疾雷擊鼓曰駴譟讙也

徒乃弊致禽饁獸于郊入獻禽以享烝

致禽饁獸于郊聚所獲禽因以祭四方之神於郊

及師大合軍以行禁令以救無辜伐有罪

及師大合軍謂王命將或王親征之時司馬起師合軍

以從也

若大師則掌其戒令涖大卜帥執事涖釁主及軍器

大師王親征也主社主及遷廟之主釁殺牲以血塗主

及軍器皆神之

及致建大常比軍衆誅後至者
致聚衆也
及戰廵陳眂事而賞罰若師有功則左執律右秉鉞以先
愷樂獻于社
律所以聽軍聲鉞所以為將威也
若師不功則厭而奉主車
厭謂厭冠喪服也於涉反 奉猶送也送主歸於廟與社
王弔勞士庶子則相
師敗王親弔士庶子之死者勞其傷者
大役與慮事屬其植受其要以待攷而賞誅 與音預屬音燭植直吏反

大役築城邑也植楨幹之木可植於地以築者也春秋
傳曰宋城華元為植要簿書也

大會同則帥士庶子而掌其政令若大射則合諸侯之六
耦

大射王將祭射于射宮以選賢也時有諸侯來朝大司
馬則合之為六耦二人為耦

大祭祀饗食羞牲魚授其祭食音嗣

大祭祀授尸祭饗食授賓祭

大喪平士大夫
平一其服也

部曲將吏　故宋城　主進魚牲以授尸祭

零祭奉詔馬牲

遺奠也馬則夏官所掌故零祭奉其牲以詔告乎神

小司馬之職掌

此下有闕文漢興求之不得遂無識其數者

凡小祭祀會同饗射師田零紀掌其事如大司馬之灋

軍司馬

輿司馬

行司馬

王與之曰三代國容不入軍軍容不入國儀禮吉凶軍賓嘉達于天下而軍禮獨藏於大司馬號司馬灋若國

有師田之事縣師始受灋于司馬以作其衆庶小司馬之職掌不悉書而軍司馬輿司馬皆不備官有事斯置其不欲覯兵蓋如此

都司馬每都上士二人中士四人下士八人府二人史八人胥八人徒八十人

家司馬各使其臣以正於公司馬

家卿大夫采地公司馬國司馬也

都司馬掌都之士庶子及其衆庶車馬兵甲之戒令以國灋掌其政學以聽國司馬

古者國之子弟無時不知教無處不有學退在學校受

教於司樂大胥諸子進在王所受教於師保氏入而宿
衛有宮伯按其在板者而教之出而守衛有都司馬掌
其政學以教之出入進退教未嘗不行其間非若後世
之教止於庠序而已又且具文
家司馬亦如之
諸子下大夫二人中士四人府二人史二人胥二人徒二
十人
諸子主公卿大夫士之子或曰庶子
諸子掌國子之倅掌其戒令與其教治辨其等正其位
倅謂副代父即國子為副代父者也
周有庶子官諸子即庶子也國子適庶兼稱倅副貳也

庶子副貳適子故曰國子之倅

國有大事則帥國子而致於太子惟所用之若有兵甲之事則授之車甲合其卒伍置其有司以軍灋治之司馬弗正凡國正弗及大祭祀正六牲之體凡樂事正舞位授舞器大喪正羣子之服位會同賓客作羣子從凡國之政事國子存遊倅使之脩德學道

國子存遊倅謂未仕之庶子當游逸未任事之時必使之脩德學道

春合諸學秋合諸射以攷其藝而進退之

學大學也射射宮也

王昭禹曰先王之時貴而國子賤而萬民其教之也文德武事無所不備況公卿大夫涖職於外者其子弟宿衛於王宮涖職於內者其子弟守固於邉鄙則諸子掌其教治如此不亦宜乎

虎賁氏下大夫二人中士十有二人府二人史八人胥八十人虎士八百人

虎賁奔音氏掌先悉薦反後戶豆反王而趨以卒伍軍旅會同亦如之舍則守王閑

王所止宿之處設梐枑再重以為閑

王在國則守王宮國有大故則守王門大喪亦如之及葬

從遣車而哭適四方使則從士大夫

道車王之魂魄所馮依又王朝遣士大夫使於四方必

從以虎賁

若道路不通有徵事則奉書以使於四方

道路不通謂有兵寇之患徵事奉書徵召諸侯之兵

旅賁氏中士二人下士十有六人史二人徒八人

旅如旅力方剛之旅

旅賁氏掌執戈盾夾王車而趨左八人右八人車止則持

輪凡祭祀會同賓客則服而趨喪紀則衰葛執戈盾軍旅

則介而趨

司甲下大夫二人中士八人府四人史八人胥八人徒八十人

司兵中士四人府二人史四人胥二人徒二十人

司兵掌五兵五盾各辨其物與其等以待軍事

五兵戈殳戟酋矛夷矛五盾干櫓之屬

及授兵從司馬之灋以頒之及其受兵輸亦如之及其用兵亦如之

呂東萊曰古者藏兵於廟大夫家不藏甲必取於廟而後授之兵者國之重事出必告於廟歸必飲至以見其不敢輕舉之意如用命賞于祖不用命戮于社亦此意

祭祀授舞者兵

朱干玉戚之屬

大喪廞五兵軍事建車之五兵會同亦如之

司戈盾下士二人府一人史二人徒四人

司戈盾掌戈盾之物而頒之祭祀授旅賁殳故士戈盾授舞者兵亦如之軍旅會同授貳車戈盾建乘（去聲）車之戈盾授旅賁及虎士戈盾及舍設藩盾行則斂之

繕人上士二人下士四人府一人史二人胥二人徒二十人

繕人掌王之用弓弩矢箙矰弋抉（古穴反）拾掌詔王射贊王

弓矢之事凡乘車充其籠箙載其弓弩既射則斂之無會計古外反

環人中士四人下士六人史四人胥四人徒四十人古本無此說見王東谷今從之

環人掌致師察軍慝環四方之故

師無以環之則變生於外四面並至矣又環送而巡之所以折衝而禦侮也察軍慝者察其在我環四方之故則環其在人

掌送逆邦國之通賓客以路節達諸四方舍則授館令聚擄有任器則令環之

令令野廬氏也
凡門關無幾送逆及疆巡邦國摶諜賊訟敵國揚軍旅降圍邑
訟敵國者環人仗王朝之威往而決兩國之争
此六者非其徒四十人則不可必先箸之而後舉王東巖以秋官環人合而為一令從之致師則環之送逆賓客亦環之何也蓋有疑則環外國之賓客至吾國亦有叵測者如楚人衷甲荀息假道非小故也使不占其吉凶而為之備則失備不虞之道矣故聚擿令環皆以警備之也

挈壺氏下士六人史二人徒十有二人

挈壺氏掌挈壺以令軍井挈轡以令舍挈畚[本音]以令糧

軍之所聚不可無井穿井及水則舉壺以示人乘車者

必執轡止則解焉故軍之所至或當舍止則舉轡示人

盛糧者必用畚或當廩給則舉畚以示人

凡軍事縣壺以序聚檯凡憃縣壺以代哭者皆以水火守

之分以日夜

守之以水以均其晷刻之多少守之以火以燭其漏箭

之遷易

及冬則以火爨鼎水而沸之而沃之

冬水凍漏不下故以火炊水沸以沃之謂沃漏也

掌固上士二人下士八人府二人史四人胥四人徒四十人

掌固掌脩城郭溝池樹渠之固頒其士庶子及其衆庶之守設其飾器分其財用

飾器若今城郭門旁所執矛戟皆有幡飾之等

均其稍食任其萬民用其材器凡守者受灋焉以通守政有移甲與其役財用唯是得通與國有司帥之以贊其不足者

國有司掌固也

晝三巡之夜亦如之夜三鼜戚音以號戒若造都邑則治其
固與其守灋凡國都之竟境音有溝樹之固郊亦如之民皆
有職焉若有山川則因之
司險中士二人下士四人史二人徒四十人
先其國中之固而及諸野外之險則險固可恃而內外
之勢立矣
司險掌九州之圖以周知其山林川澤之阻而達其道路
設國之五溝五涂而樹之林以為阻固皆有守禁而達其
道路
五溝遂溝洫澮川五涂徑畛涂道路樹之林作藩落也

以備不虞
國有故則藩塞阻路而止行者以其屬守之唯有節者達
之
掌疆中士八人史四人胥十有六人徒百有六十人
闕
易氏曰千里王畿畿之境謂之疆載師所言大都之田
任疆地是已而邦國都鄙亦有畿疆之制大司徒所言
制其畿疆而溝封之是已此官雖逸而以司險推之則
掌王國之疆以及邦國都鄙之疆也審矣
司右上士二人下士四人府四人史四人胥八人徒八十

人
司右掌羣右之政令
王之車有五路尊者在左御者在中勇力之士在右三
右見下文戎右兼田路之右齊右兼玉路之右
凡軍旅會同舍其車之卒伍而比其乘屬音燭其右
車亦有卒伍春秋宣十二傳云其君之戎分為二廣廣
有卒卒偏之兩司馬灋曰二十五乘為偏百二十五乘
為伍
凡國之勇力之士能用五兵者屬焉掌其政令
戎右中大夫二人上士二人

戎右掌戎車之兵革使
戎右與君同車在車之右執戈盾備非常春秋傳曰戰於殽晉梁弘御戎萊駒為右戰之明日襄公縛秦囚使萊駒以戈斬之
詔贊王鼓傳王命于陳中會同充革車
軍之進止在鼓傳命者為王大言之會同王乘金路以革車從行充備也
盟則以玉敦音對辟盟遂役之
辟開也欲盟諸侯則先割牛耳以珠盤盛之而以玉敦盛血陳其盟約之辭乃歃之然則辟盟者開辟盟載之

書也
贊牛耳桃茢
尸盟者執牛耳桃鬼所畏也茢苕帚所以掃去不祥也
牛牲至順用牛耳者取其順從以聽命也
齊（側皆反）右下大夫二人
齊右掌祭祀會同賓客前齊車王乘則持馬行則陪乘
齊車金路王自整齊也前者王未乘而執策立於馬前
已乘則參乘而為車右
凡有牲事則前馬
王見牲則拱而式前馬備驚奔也曲禮曰國君下宗廟

式齊牛

道右上士二人

道右掌前道車王出入則持馬陪乘如齊車之儀

道車象路王所常行大道之車

自車上諭命于從車詔王之車儀王式則下前馬王下則

以蓋從

執蓋以從所以表至尊

大馭中大夫二人

大馭掌馭玉路以祀及犯軷（蒲末反）王自左馭馭下祝（之又反）

登受轡犯軷遂驅之

祀行之禮為軷犯者封土為山象以菩音負芻棘柏為神主祭之以車轢之而去喻無險阻也王自左馭大馭下車祝祝畢登受轡以車轢其神主遂驅去謂之犯軷詩云取蕭祭脂取羝以軷祖道祭也

及祭酌僕僕左執轡右祭兩軹音紙祭軓音犯乃飲

及祭乃犯軷之時僕大馭也左執轡右祭兩軹及軓乃飲授王轡而行軹者車之兩轊轊即轂末軓車軾也

凡馭路行以肆夏趨以采薺凡馭路儀以鸞和為節

鸞在衡和在軾皆以金為鈴

戎僕中大夫二人

戎僕掌馭戎車掌王倅車之政正其服
戎車革路倅副也服衆戎車者之衣服
犯軷如玉路之儀凡巡守及兵車之會亦如之掌凡戎車
之儀
齊僕下大夫二人
齊僕掌馭金路以賓朝覲宗遇饗食皆乘金路其灋儀各
以其等為車送逆之節
節謂王乘車送逆賓客相去遠近之數上公九十步侯
伯七十步子男五十步
道僕上士十有二人

道僕掌馭象路以朝夕燕出入其灋儀如齊車

在正朝往來凡在宮中行路皆稱燕

早朝曰朝暮朝曰夕王之朝見羣臣皆乘此路燕遊出入亦乘此路

掌貳車之政令

貳車王之後車也

田僕上士十有二人

田僕掌馭田路以田以鄙

田路木路也田田獵也鄙循行縣鄙王田必乘木路蓋木德盛於東方仁也

掌佐車之政設驅逆之車令獲者植旌及獻比禽凡田王

提馬而走諸侯晉大夫馳
提舉也晉進也馳奔也言其速也三者皆行馬之節尊
者安舒卑者戚速
馭夫中士二十人下士四十人
馭夫掌馭貳車從車使車
貳車副車也從車屬車也使車使者所乘之車
分公馬而駕治之
馬質中士二人府一人史二人賈四人徒八人
馬博士也先王既於歲時稽鄉遂之牛馬以辨其可任
之物馬之在民固無不足之慮而公馬之偷鈌不以責

乎民而取材於公以給之是以有馬質以視其材之高下任之能否賈之多寡由之以别用之緩急由之以定而馬遂各適於用矣

馬質掌質馬

質平也主平馬力及毛色與價直之等

馬量三物一曰戎馬二曰田馬三曰駑馬皆有物賈

此三馬買以給官府之使

綱惡馬

綱以縻索綱維而狎習之蓋制其奔踶也

凡受馬於有司者書其齒毛與其賈馬死則旬之内更旬

之外入馬耳以其物更其外否
更償也句之内死全償其賈也入馬耳防抵僞也以其
物償皮筋骨也其外否者二句外也
馬及行則以任齊其行
以所任載之輕重别識其强弱也
若有馬訟則聽之禁原蠶者
天文房為天駟辰則大火蠶書蠶為龍精月值大火則
浴其種是蠶與馬同氣物莫能兩大禁原蠶者恐傷馬
也原再也
校人中大夫二人上士四人下士十有六人府四人史八

人胥八人徒八十人
用木相交為圈檻以制禽獸之出入謂之校校人乃馬
官之長
呂氏曰自黄帝堯舜觀象立制服牛乘馬於是馬始為
用考三代之制天子萬乘諸侯千乘大夫百乘立國制
賦之灋莫不以馬為本所以乘馬之灋在古今最為精
密然大而天子次而諸侯下而大夫乘馬之數多寡不
同細攷當時之數所謂牧養之馬有養之於官有藏之
於民如邱甸歲取馬一疋之類皆是藏之於民不仰國
家芻秣如有事田獵征伐臨時徵召然而在天子之都

諸侯之國大夫之家未嘗不自畜馬此是養之於官者
舉此一件論之便可見天子十有二閑先儒論數謂不
過三千餘匹衛文公承夷狄所滅之後新造之國末年
亦至騋牝三千若以制度論之衛以諸侯之國又當殘
亂之餘其他國未及論如何便及成周全盛乘馬之數
所謂十有二閑是養之於官者衛文公所謂騋牝三千
舉通數言之又以當時春秋戰國論之如鄭西宮之亂
子國為盜所殺子產以車十七乘出討賊子產當時謂
之百乘之家若是徵求馬於郊野之間盜賊卒至如何
便得集所謂十七乘之馬乃是養之於家者以此數事

論之三代馬政固有在官者亦必有在民者數之多者
在民平時無芻秣之費數之少者在官征伐無不至之
虞當時制度最為詳備到漢家所謂三十苑之馬亦官
司所養之馬若是其他郡國民閒養馬雖多亦是養之
於民如衛青霍去病之徒代匈奴有所謂官馬有所謂
私馬則其制尚存到後周隋唐之閒治兵之制天子閑
廐監牧馬非不盛然府兵未嘗給馬初不過給之以錢
使府兵自買馬若是不過衆人共出錢買馬以此知尚
有古人遺瀼後來府兵之瀼漸壞府兵貧不足以買馬
然後方以監牧之馬給之乃是制度之壞如此

校人掌王馬之政辨六馬之屬種馬一物戎馬一物齊馬一物道馬一物田馬一物駑馬一物

種馬馬之最善育其種類使生生不窮玉路駕種馬戎路駕戎馬金路駕齊馬象路駕道馬田路駕田馬駑馬給宮中之役

王昭禹曰其毛其足其力皆所謂物也司馬法曰宗廟齊毫尚純也田事齊足尚疾也戎事齊力尚強也

凡頒良馬而養乘之乘馬一師四圉三乘為阜阜一趣馬三阜為繫繫一馭夫六繫為廐廐一僕夫六廐成校校有左右

四匹為乘養馬為圉師則教圉以養乘之法也校之左
右各六則為十二閑
駑馬三良馬之數
良馬一種而在二廐者四百三十二匹駑馬三之則為
一千二百九十六匹是六廐而成校也先儒謂乾之策
二百一十有六在易乾為馬故六繫而二百一十六匹
為廐六廐一千二百九十六匹為校
麗馬一圉八麗一師八師一趣馬八趣馬一馭夫
麗耦也此言駑（良）馬八字鄭皆改為六未必然
六字之誤也師十二匹趣馬七十二匹馭夫四百三十二匹
天子十有二閑馬六種邦國六閑馬四種家四閑馬二種

古者天子有國馬有民賦之馬民賦之馬出於井田之賦如所謂提封萬乘馬四萬匹提封千乘馬四千匹是也國馬國所自養牧者為車路之備民賦之馬出於民者民自養之為用兵之防諸侯有齊馬道馬田馬駑馬四種分為六閑大夫田馬駑馬二種分為四閑蓋諸侯半於天子之制而大夫又半諸侯也

凡馬特居四之一

特壯馬也四馬而特居其一蓋三牝則育必多一特則氣必同

春祭馬祖執駒

馬祖天駟星也天駟房星也房為龍馬之精駒始生之馬血氣未定不可通淫故執而維縶之

夏祭先牧頒馬攻特

先牧始教人牧馬者馬火畜也夏火方盛攻其駒之蹄齧者

秋祭馬社臧僕

馬社廄中之土神臧謂簡其善者蓋僕馭也

冬祭馬步獻馬講馭夫

馬步神為災害馬者冬則大閱之時故祭之唐人之頌曰冬祭馬步存神也講者講其馭車之良法以獻于王

也

凡大祭祀朝覲會同毛馬而頒之飾幣馬執扑而從之

天子之於諸侯有以馬為禮而賜之者謂之幣馬執箠扑以馭其奔逸

凡賓客受其幣馬大喪飾遣車之馬及葬埋之

古者以泥塗為車以芻草為人馬

田役則飾驅逆之車凡將事于四海山川則飾黄駒

王巡狩過大山川則用黄駒山川地道也黄地之中色駒有千里之足飾黄駒猶郊用犢之意

凡國之使者共其幣馬凡軍事物馬而頒之

物馬齊其力
等馭夫之禄宮中之稍食
馭夫中士其禄使校人等之養馬於宮苑之中者亦等
其稍食
趣七口反馬下士皁一人徒四人
馬十二匹為皁每皁一趣馬以其近王故周公作立政
以戒成王與任人準人牧夫偕言之大夫剌幽王與司
徒卿士師氏內史連言之
趣馬掌贊正良馬而齊其飲食簡其六節
贊正者贊而正之簡差也差擇王之六馬使合其節

劉執中曰目以知其瞻之不驚口以知其性之不悖耳以知其力之不殫鬣以知其血之有餘毛以知其氣之不暴蹄以知其行之不跆六者簡馬之大節也節同然後信為良馬

掌駕說始銳反之頒

駕行也說止也所以叙勞佚之節而頒之也

辨四時之居治以聽馭夫

居謂牧庌雅音之處謂有庌蔽以蔭馬也治謂執駒攻特之事則春夏治之贓僕獻馬之事則秋冬治之

巫馬下士二人醫四人府一人史二人賈二人徒二十人

巫馬掌養疾馬而乘治之相醫而藥攻馬疾受財于校人

巫馬知馬祖先牧馬社馬步之神者乘治謂驅步以發其疾知所疾處乃治之相助也攻猶瘍醫所謂五毒攻之受財謂共祈馬之費及藥直先王愛物之心與愛人同

馬死則使其賈粥之入其布于校人

賈屬官小吏也粥賣也布泉也

牧師下士四人胥四人徒四十人

牧師掌牧地皆有厲禁而頒之

頒授圉人所牧處蓋可井則井之不可井則爲牧地如

華山之陽牧于坰野皆是

孟春焚牧

焚牧地以除陳根生新草則馬食而充肥

中春通淫

中春陰陽交萬物生之時可以合馬之牝牡也

掌其政令凡田事贊焚萊

焚萊者山澤之虞牧師贊之護牧地也

廋（所求反）人下士閑二人史二人徒二十人

廋取其隱藏也天子十二閑皆馬之所在掌事於閑中其名曰廋

廋人掌十有二閑之政教以阜馬佚特教駣攻駒及祭馬祖祭閑之先牧及執駒散馬耳圉馬

此九者馬之政教也阜盛壯也詩云四牡孔阜特雄也一特三牝安其血氣以時通淫不使甚勞也馬三歲曰駣二歲曰駒馬祖見前閑之先牧先牧造閑者也散但素駣及謂以竹括押其耳頭無令善驚圉者禁而制之使不得近母

正校人員選

選擇可備員者正之校人謂師圉也

馬八尺以上為龍七尺以上為騋六尺以上為馬

圉師乘一人徒二人

圉師掌教圉人養馬春除蓐釁廐始牧夏庌馬冬獻馬

庌廡也所以庇馬凉也

射則充椹質茭牆則翦闔

椹質縛草以代侯也充供也闔苫也翦草爲苫以蓋牆也

圉人良馬匹一人駑馬麗一人

圉人掌養馬芻牧之事以役圉師凡賓客枣紀牽馬而入陳廞馬亦如之

廞馬遣車明器之馬也以圉人養馬故使之牽而陳之

鄭鍔曰此乃成王持盈守成之際用以駕車路錫諸侯華國以為文飾幣以為禮而已至宣王中興南征北伐吉日庚午之詩國馬之盛莫不有所自來其後馬政隨廢秦并海內六萬騎之國盡得而有之漢興天子不能具醇駟而將相或乘牛車厥後發易占之謂神馬當從西北來及得烏孫馬名曰天馬而奉使者爭言大宛有善馬在貳師城遂拜李廣利為貳師將軍期至貳師取善馬至發卒十八萬與天下七科適以征之僅得善馬數十匹中馬以下牝牡三千餘匹更名烏孫馬為西極馬以宛馬為天馬以馬之故天下蕭然耗矣唐興得突

厥馬貳千匹又得隋馬三千於赤岸從之隴右遂立監
牧之制領以大僕其屬有牧監副監監有丞有主簿凡
辟置長一人十五長置尉一人又以尚乘掌天子之御
左右六閑總十二閑為二廐曰祥麟曰鳳苑大僕張萬
歲領羣牧自貞觀至麟德四十年馬七十萬六千置八
坊岐豳涇寧間地廣千里田四千三百三十頃募民耕
之以給芻秣八坊之馬為四十八監馬多地狹又析八
監列布河西荒曠之處凡馬五千為上監三千為中監
餘為下監皆有左右當時天下以一縑易一馬自秦漢
以來唐馬最盛其後卒能弱西北蕃其所立之制髣髴

周家遺灋較於西漢過之遠矣

射人下大夫二人上士四人下士八人府二人史四人胥二人徒二十人

射人掌國之三公孤卿大夫之位三公北面孤東面卿大夫西面其摯三公執璧孤執皮帛卿執羔大夫執鴈諸侯在朝則皆北面詔相其灋相亮反

諸侯來朝未歸王與之射於朝則皆北面從三公位外朝諸侯東面賓之也治朝諸侯北面臣之也法者進退周旋揖讓之儀

若有國事則掌其戒令詔相其事掌其治達

達達於王也諸侯所治之事自外而來慮左右之臣或
壅蔽之使其情不得以上通也
以射灋治射儀王以六耦射（食亦反）三侯
諸侯與王射而合卿大夫以為六耦
陳君舉曰王大射張三侯乃是養人主不爭之德以萬
乘之尊下與諸侯羣臣射射有中否則有勝負使人主
有爭勝負之意則不可故特設三侯於侯道九十弓之
地一侯高一侯其侯又廣其弓又良又有相助之者則
易為中雖以優至尊乃是養其不爭之德諸侯二侯亦
此意

三獲三容

射必有人執旌以告獲每侯用一人故三侯而三獲其名曰獲射必有容其制如屛風一名曰乏盖矢力竭於此告獲容身於此以爲隱蔽也

易氏曰獲即數中之旌服不氏執之以待獲也容即蔽身之乏服不氏待獲而居乏也

樂以騶虞九節五正征音

九節七節五節者奏樂以為射節之差張布謂之侯侯中謂之鵠鵠中謂之正正中謂之槷槷方六寸五正五采也考工梓人職曰張五采之侯則遠國屬

諸侯以四耦射二侯二獲二容樂以貍首七節三正孤卿
大夫以三耦射一侯一獲一容樂以采蘋五節二正士以
三耦射豻五旦反侯一獲一容樂以采蘩五節二正若王大
射則以貍步張三侯
二侯熊豹也三節以聽四節以射其正則去玄黃而用
三色也一侯麋侯也一節以聽四節以射其正則去白
蒼而畫以朱綠也豻胡犬也犬之性善守士以守節事
君故射豻侯貍步謂一舉足為一步於今為半步
王射則令去侯立于後以矢行告卒令取矢
王射則射人令人去侯所而立于後

祭侯則為位與太史數射中
數射者中侯之筭
佐司馬治射正祭祀則贊射牲相孤卿大夫之灋儀會同
朝覲作大夫介凡有爵者
有爵者命士以上不使賤者
大師令有爵者乘王之倅車有大賓客則作卿大夫從
作者選使從王見諸侯倅車戎車之副
戒太史及大夫介
此王使三公命諸侯就館賜之時戒太史及大夫與公
為介

大喪與僕人遷尸作卿大夫掌事比其廬不敬者苛罰之
宮正云親者貴者居廬
司士下大夫二人中士六人下士十有二人府二人史四
人胥四人徒四十人
凡以道藝仕于國不以貴賤總謂之士始附于版者士
也故曰司士
司士掌羣臣之版以治其政令歲登下其損益之數辨其
年歲與其貴賤周知邦國都家縣鄙之數卿大夫士庶子
之數以詔王治
大宰詔王廢置詔之於職事之終也此云詔王治詔之

於論定之始也王制曰司馬辨論官材論進士之賢者以告於王而定其論論定然後官之任官然後爵之位定然後祿之則司士者司馬之屬也

以德詔爵以功詔祿以能詔事以久奠食

食稍食也賢者既試之以爵待其有功乃祿之能者先試之以事待其久而事成乃食之

唯賜無常

賜之多少由於王不如祿食有常品又司勳曰凡賞無常以功為輕重也此曰唯賜無常以君命為多寡也

正朝儀之位辨其貴賤之等王南鄉三公北面東上孤東

面北上卿大夫西面北上王族故士虎士在路門之右南
面東上大僕大右大僕從者在路門之左南面西上司士
擯
位已正則王出視朝司士乃擯王出揖羣臣
孤卿特揖大夫以其等旅揖士旁三揖王還揖門左揖門
右
在王門左右者其位皆南鄉在王之後故王還回而嚮
之乃揖也
大僕前
既揖矣大僕從門左進而前以正視朝之位

王入内朝皆退掌國中之士治凡其戒令掌擯士者膳其摯

擯士謂初得命爲卿大夫士執摯見於王司士擯之使見王也膳者入於王之膳人

告見初爲士者於王也

其摯所執羔雁之摯

易氏曰諸臣之六摯猶諸侯之五端五瑞用以享既受而班之書所謂如五器卒乃復是也六摯不用享三帛二生一死則受之而不復三帛共王之服二生一死共王之膳以示納用其德也

凡祭祀掌士之戒令詔相其灋事及賜爵呼昭穆而進之

賜爵神惠及下也士同姓之士也大夫以上則燕士賤

賜爵而已於祖行為昭者立於昭位於父行為穆者立於穆位旅酬之時呼而賜之

帥其屬而割牲羞俎豆凡會同作士從賓客亦如之作士適四方使為介大喪作士掌事作六軍之士執披方寄反柩車兩旁使人持之天子喪用千人此云六軍者千人出自六軍耳

易氏曰此繼宗廟祭祀而言當在賜爵之前

凡士之有守者令哭無去守音狩國有故則致士而頒其守

凡邦國三歲則稽士任而進退其爵祿

諸侯貢士司士兼其稽攷進退之權

王昭禹曰邦國之士皆命於王其任有勤惰有功過而爵禄有進退者則司士於三歲而稽攷之此黜陟勸沮之灋所以皆本於王朝而國無異政也春秋之時列國之君爵位名號皆自己出或禄或繼皆非王命故孔子譏之

司勳上士二人下士四人府二人史四人胥二人徒二十人

司勳掌六鄉賞地之灋以等其功

功有小大地有美惡頒之之法以功爲差而已此賞田也在遠郊之内屬六鄉焉

王功曰勳國功曰功民功曰庸事功曰勞治功曰力戰功曰多凡有功者銘書於王之大常祭於大烝司勳詔之生則書于王旌以識其人與其功死則於烝先王而祭之詔謂告其神以辭也大常之書司常之職也大烝之祭大宗伯之職也司勳詔之使銘於大常與日月同其久也祭於大烝使與祖宗同享盛祭也可以見其報之之厚

大功司勳藏其貳

貳副也功書藏於天府此則藏其副也以其職主賞也

掌賞地之政令凡賞無常輕重眂功凡頒賞地參之一食

賞地之稅三分計稅王食其一也二全入於臣政令者

謂治其賞地之賦役之法以授之

唯加田無國征

既賞以地又有加賜之田則無國征凡賦役皆免所以

厚報有功也

懷方氏中士八人府四人史四人胥四人徒四十人

懷方氏掌來遠方之民致方貢致遠物而送逆之達之以

節治其委積館舍飲食

鄭鍔曰十里有廬廬有飲食三十里有宿宿有委五十

里有市市有積此遺人所掌懷方氏為之理其事蓋結

之以恩也

合方氏中士八人府四人史四人胥四人徒四十人

合方氏掌達天下之道路通其財利同其數器壹其度量除其怨惡同其好善

易氏曰道路達財利通此合方之事也未及夫政焉同數器而九儀之命皆有定守一度量而五則之制亦有定用此合方之政也未及夫教焉至於除其怨惡同其好善則講信脩睦無有異志合方之為教也大矣

訓方氏中士四人府四人史四人胥四人徒四十人

訓方氏掌道四方之政事與其上下之志誦四方之傳道

正歲則布而訓四方

道猶言也為王言之也四方諸侯也上下諸侯之君臣上下之趨向也正歲歲首十一月布其四方之人口所傳道之善惡而訓之使去惡而從善也

而觀新物

上文云布而訓四方使述其舊美也觀新物察其風俗之變也

匡人中士四人史四人徒八人

匡正也主正諸侯以法則

匡人掌達灋則匡邦國而觀其慝使無敢反側以聽王命

法則八法八則也

劉執中曰如是則諸侯之犯政逆令者暴內陵外者不陷於九伐矣

撢（他南反）人中士四人史四人徒八人

撢探也言探王之志及道王國之政事以語於諸侯及四方之民

撢人掌誦王志道國之政事以巡天下之邦國而語之使萬民和說而正王面

李氏曰天下之情欲上達故訓方氏之職設人主之志欲下通故撢人之職設古者君民一體上下交孚而無

壅遏之患如此
大僕下大夫二人小臣上士四人祭僕中士六人御僕下
士十有二人府二人史四人胥二人徒二十人
大僕掌正王之服位出入王之大命掌諸侯之復逆
僕侍御於尊者之名大僕其長也掌復逆者受羣下書
奏也
王眡朝則前正位而退入亦如之建路鼓于大寢之門外
而掌其政
大寢路寢也其門外則内朝之中
以待達窮者與遽令聞鼓聲則速逆御僕與御庶子

窮寃失職則來擊此鼓急遽號令亦擊此鼓逮逆御僕
御庶子二官入告大僕以達于王蓋御僕御庶子皆直
事鼓所者
祭祀賔客喪紀正王之服位詔灋儀贊王牲事王出入則
自左馭而前驅
周人尚右大僕居左自馭不參乘辟王也尊君也
凡軍旅田役贊王鼓救日月亦如之大喪始崩戒鼓傳達
于四方窆亦如之
戒鼓擊鼓以警衆也軍旅田役王親執路鼓路鼓四面
王擊其一大僕與戎右各擊其一故曰贊王鼓

縣枣首服之灋于宫門
首服之灋謂免髽笄總廣狹長短之數
掌三公孤卿之弔勞王燕飲則相其灋王射則贊弓矢王
眡燕朝則正位掌擯相王不眡朝則辭於三公及孤卿
小臣掌王之小命詔相王之小灋儀掌三公及孤卿之復
逆
諸侯之復逆大僕掌之爲其入朝則有賓道也三公孤
卿日以事聞乎王以其亟也故小臣掌之
正王之燕服位王之燕出入則前驅大祭祀朝覲沃王盥
小祭祀賓客饗食賓射掌事如大僕之灋掌士大夫之弔

勞凡大事佐大僕

燕王之燕居也王自路寢聽朝而退適小寢則正其燕居之服位大僕正於外小臣正於内無適而不正也燕出入遊於觀苑也

祭僕掌受命于王以眂祭祀而警戒祭祀有司糾百官之戒具既祭帥羣有司而反命以王命勞之誅其不敬者大喪復於小廟

小廟高祖以下始祖曰太廟祭僕復于小廟夏采復于太廟隸僕復大寢小寢也

凡祭祀王之所不與與音預則賜之禽都家亦如之凡祭祀

致福者展而受之

王之所不與者山川在畿内地遠王不行公卿百辟有

功德於民者秩卑王不行然皆命祀故賜之禽

御僕掌羣吏之逆及庶民之復與其弔勞大祭祀相盥而

登

登登牲體於俎也相盥若儀禮所謂奉盤授巾是也

李嘉會曰羣吏庶民安有弔勞觀陽門之介夫死而子

産哭之哀漢征民宿衛及其去也天子親享之是羣吏

庶民或有弔勞宜也

大喪持翣掌王之燕令以序守路鼓

序吏也御僕下士十有二人以序吏守路鼓以達窮民與遽令

隸僕下士二人府一人史二人胥四人徒四十人

隸僕掌五寢之埽除糞洒之事祭祀脩寢王行洗乘石五寢夫人以下所居也王后所居謂之正內乘石王所登上車之石

掌蹕宮中之事大喪復于小寢大寢

服不氏下士一人徒四人

鄭鍔曰物之不易服者莫如猛獸設官以服之名服不氏言能服其不服所以示王朝之威無所不能服也

服不氏掌養猛獸而教擾之

服不者服其不服之獸也猛獸虎豹熊羆之屬擾馴也

教之使馴服見王者之教無不服也

凡祭祀共猛獸

猛獸之中膳羞者熊狼也

賓客之事則抗皮

抗舉也賓客以虎豹之皮為庭實服不氏抗舉其皮以

示王朝之威

射則贊張侯以旌居乏而待獲

大射禮唱獲者居乏之中

射鳥氏下士一人徒四人

射鳥氏掌射鳥

鳥謂中膳羞者鳧鴈鴇鴞之屬射鳥氏掌射鳥羅氏掌羅鳥所以備祭祀肴羞之用

祭祀以弓矢敺烏鳶凡賓客會同軍旅亦如之射則取矢矢在侯高則以并夾取之

王射則射鳥氏主取其矢并夾鍼箭具

羅氏下士一人徒八人

以羅網搏鳥者

羅氏掌羅烏鳥

烏謂卑音匹居鵯之屬小弁詩云弁彼鸒斯歸飛提提鸒
卑居也山鵲之類
蜡則作羅襦
襦細密之羅也作猶用也蜡建亥之月此時火伏蟄者
畢矣豺既祭獸可以羅網圍取禽也又大羅氏致鹿與
女戒諸侯曰好田好女者亡其國然以禮屬民而飲酒
存國家之大體豈可真致鹿與女哉以鹿不可致故作
羅以示之女不可致故作襦以示之耳
中春羅春鳥獻鳩以養國老行羽物
羽物小鳥鶉雀之類行頒也

掌畜下士二人史二人胥二人徒二十人

掌畜掌養鳥而蕃阜教擾之祭祀共卵鳥

卵鳥雞鵝鴨鶩之屬凡雁可以為羞鷺之羽可以為翿翟之羽可以為旌旗之飾

歲時貢鳥物共膳獻之鳥

鳥物鶉鴈之屬以四時來膳獻之鳥雉及鶉鴽之屬

鄭鍔曰先王置官欲其簡而不冗自服不氏以下或教猛獸或射飛鳥或羅烏鶅或畜養鳥蓋一官可以兼數職也茲四官其事雖微然所掌者供鬼神之祭祀有之供人君之膳羞有之供賔客之禽獻有之設官以備物

物備而禮舉凡以嚴國體而尊天王也孰謂冗且濫邪

節服氏下士八人徒四人

鄭云世為王節所衣服也

節服氏掌祭祀朝覲衮冕六人維王之太常

維者用縷連綴之也此與顧命一人冕執劉一人冕執

戣粗似

諸侯則四人其服亦如之郊祀裘冕二人執戈送逆尸從

車

裘冕從尸服也送逆之際則從尸車

小子下士二人史一人徒八人

官以小子名或誓師者之所稱如曰予小子之類

小子掌祭祀羞羊肆他歷反羊殽肉豆

羞進也羊肆體薦也羊殽體解也肉豆以羊為醢漿也

而掌珥于社稷祈于五祀

珥當作衈以衈兵災五祀立國之五祀司命中霤國門

公厲國行

凡沈辜侯禳飾其牲

沈祭川辜磔牲以祭侯禳侯四時之惡氣而禳之飾牲

被羊牲以文彩所以歆神也

釁邦器及軍器凡師田斬牲以左右徇陳

徇謂示犯誓者必殺之五器禮樂及祭祀之器軍器五
兵鼓鐸之屬器始成小子掌用羊血以釁也
祭祀贊羞受徹焉
羊人下士二人史一人賈二人徒八人
羊之為性嗜死而不懾人之臨戰亦欲見危而授命
羊人掌羊牲凡祭祀飾羔祭祀割羊牲登其首凡祈珥共
其羊牲賓客共其灋羊凡沈辜侯禳釁積（與漬同）共其羊牲
若牧人無牲則受布于司馬使其賈買牲而共之
誓師之際有司勲以謹戰功之賞人心知勸矣而羊人
共羊小子又斬牲以戒其不用命者羊性至很不用命

者皆很而不率之人故斬羊以示之

方相氏狂夫四人

陽勝則為狂陰慝則為疫因四方而驅疫使之索陰慝之鬼亦厭勝之術

方相氏掌蒙熊皮黃金四目玄衣朱裳執戈揚盾帥百隸而時難乃多反以索室毆疫

時難四時作方相以難卻凶惡也

蒙冒也時儺之事月令季春命國儺仲秋天子乃儺季冬命有司大儺夏則無之蓋季春仲秋之儺有國之禮庶人不得與季冬之儺謂之大儺孔子鄉人儺朝服而立於阼階以安室神謂季冬之儺大儺驅索諸室中而

逐之故朝服以安祖先之神耳

大喪先匶及墓入壙以戈擊四隅敺方良（音罔兩）

木石之怪夔罔兩

司爟（煥反）下士二人徒六人

司爟掌行火之政令四時變國火以救時疾

行猶用也變之之法則鑽燧而改之春取榆柳之火夏取棗杏之火季夏取桑柘之火秋取柞楢之火冬取槐檀之火四時各鑽一木時運而往火變而新資以養生故疾不作

季春出火民咸從之季秋内火民亦如之

東方七宿心為大火出於夏之三月其位在辰伏於夏之九月其位在戌戌為火伏之位辰為火出之方古人之火或出或内皆視天文之火星伏見以為節時則施火令凡祭祀則祭爟凡國失火野焚萊則有刑罰焉

祭爟謂祭先出火之人

候人上士六人下士十有二人史六人徒百有二十人

候人各掌其方之道治與其禁令以設候人若有方治則帥而致于朝及歸送之于竟

候候迎賓客之來者亦所以懷遠人之道候人選士卒

以為之詩曰彼候人兮何戈與祋都外反國語曰候不在竟譏不居其方也

周禮補亡卷之四終

秋官

周禮補亡 卷五

刑官之屬元有六十六

大司寇　小司寇　士師　鄉士　遂士　縣士

方士　訝士　朝士　司民　司刑　司刺

司約　司盟　職金　司厲　犬人入冬官　司圜

掌囚　掌戮　司隸　罪隸　蠻隸　閩隸

夷隸　貉隸　布憲　禁殺戮　禁暴氏　野廬氏

蜡氏　雍氏　萍氏　司寤氏　司烜氏　條狼氏

脩閭氏　冥氏　庶氏　穴氏　翨氏　柞氏

薙氏　硩蔟氏　翦氏　赤犮氏　蟈氏　壺涿氏

庭氏　銜枚氏　伊耆氏　大行人入春官　小行人入春官　司儀入春官

行夫入春官　環人入夏官　象胥　掌客入春官　掌訝入春官　掌交入春官
掌察　掌貨賄　朝大夫　都則　都士　家士
○○○○按俞廷椿以大行人小行人司儀行夫掌客掌訝掌交七者添入春官今從之然則犬人一官當屬冬官環人一官當屬夏官並宜刪出
○○○今訂定秋官之屬五十有七
大司寇　小司寇　士師　鄉士　遂士　縣士
方士　訝士　朝士　司民　司刑　司刺
司約　司盟　職金　司厲　司圜　掌囚
掌戮　司隸　罪隸　蠻隸　閩隸　夷隸

貉隸　布憲　禁殺戮　禁暴氏　野廬氏　蜡氏
雍氏　萍氏　司寤氏　司烜氏　條狼氏　脩閭氏
冥氏　庶氏　穴氏　翨氏　柞氏　薙氏
硩蔟氏　翦氏　赤犮氏　蟈氏　壺涿氏　庭氏
銜枚氏　伊耆氏　象胥　掌察　掌貨賄　朝大夫
都則　都士　家士

周禮補亡卷之五

宋 清源邱 葵吉甫 著

後學楊 俊雪滄甫 校

裔孫 嘉樹敍彝 炳忠伯炎 重刊

二十一世孫 武璲悔亦 校字

秋官司寇第五

惟王建國辨方正位體國經野設官分職以為民極乃立

秋官司寇使帥其屬而掌邦禁以佐王刑邦國

刑官之屬

李嘉會曰寇者害也彖上九曰利禦寇上下順也司寇

周禮補亡卷之五

宋清源吉甫邱　葵釣磯氏編集

後學廖化雨澤齋

裔孫　圭汝舟　仝校

秋官司寇第五

惟王建國辨方正位體國經野設官分職以爲民極乃立

秋官司寇使帥其屬而掌邦禁以佐王刑邦國

刑官之屬

李嘉會曰寇者害也彖上九曰利禦寇上下順也司寇

凡有害而總禁之比秋官體上天肅萬物之意賈氏曰獄官之名有虞曰士夏曰大理周曰司寇天子與諸侯同故魯晉皆有司寇至衰世隨意所命故晉有士榮爲大士楚有司敗是皆所以懲敗類

大司寇卿一人

大司寇之職掌建邦之三典以佐王刑邦國詰起吉反四方典法也詰謹也天下罪惡雖萬狀要不出於隱顯之兩端曰詰曰刑皆有以待之

一曰刑新國用輕典二曰刑平國用中典三曰刑亂國用重典

新國新建之國平國承平之國亂國悖亂之國易氏曰
以聖人之意推之輕典所以進其善重典所以懲其惡
皆所以為中也又陳氏曰中典者一定而不可易所謂
三刺三宥國家之常法也

以五刑糾萬民

糾猶察也刑亦法也此五刑與墨劓剕宫大辟之五刑
不同

一曰野刑上功糾力二曰軍刑上命糾守三曰鄉刑上德
糾孝四曰官刑上能糾職五曰國刑上愿音願糾暴

野刑六遂鄉刑六鄉鄉遂之間官軍所在故軍刑間於

鄉遂之中官刑謂在官者設也國刑王畿之內九十三
國也功言農功力所以致功也命言將命守所以致命
也德言所得於倫理者孝所以致德也能言才能職所
以致其能也愿慤慎也鄭康成云暴當作恭字恭所以
致其愿也又觀此五刑之用而有所上所糾之意是愛
人而不忍刑其或有犯焉又必糾其平日能力能守能
孝能職能恭與否其有能焉者宥之可也
以圜土聚教罷(音皮)民凡害人者寘之圜土而施職事焉以
明刑恥之
圜土獄城鄭鍔曰不能自强於為善者謂之罷民夜納

之圜土而晝則施以職事何以謂之教蓋民有過失者其害人之罪雖匪故爲然其罪已著夜寘於圜土以囚之晝施職事以役之明書其所犯之罪於大方版加諸背而恥之使之猶有人之心焉則變惡爲善殆不旋踵是乃以不教教之也

其能改者反于中國不齒三年

改謂改過也反于中國謂舍之反乎鄉里與其遷善之意不齒者不得以年次齒於平民蓋御惡人者不一而足三年之久而後以倫類序之

其不能改而出圜土者殺

既不能遷善又逃遁而出于圜土不畏遷甚矣如斯人
者殺之而已先王之世凡害人者姑寘之圜土而施之
職事焉所以役使勞苦之使知所自強以明刑恥之書
其罪惡而汙辱之使知所自好彼其能改則釋之可也
其不能改則誅之末晚先王用刑其委曲至此
以兩造七報反禁民訟入束矢於朝然後聽之以兩劑子隨反
禁民獄入鈞金三日乃致于朝然後聽之
造至也訟者兩至於公庭劑今券書也獄者兩齎券書
兩造必有一直使之入矢所以自明其直兩劑必有一
實使之入金所以自明其實束矢百矢也鈞金三十斤

銅也小曰訟大曰獄不直不實則沒金矢於官此亦禁止之一端獄必三日而後致於朝者重致民於獄也案井田之民財入有限儻非理直而詞堅必不肯廢財以好爭聽民獄訟先使入束矢與鈞金此亦禁止之一端至於不可得而禁而甘入於官必其情之大不得已然後上之人不容不聽其情至齊威患無兵器管仲使民之訟者入束矢以為兵始失先王之意

以嘉石平罷民

嘉石文石也樹之外朝門左此等罷民雖無大罪未入圜土平之以嘉石使之思其文理所以抑而耻之

凡萬民之有罪過而未麗於灋而害於州里者桎梏而坐
諸嘉石役諸司空
木在足曰桎在手曰梏坐日已滿而役諸司空使給百
工之役以勞之所以激其為善之心
重罪旬有三日坐朞役其次九日坐九月役其次七日坐
七月役其次五日坐五月役其下罪三日坐三月役使州
里任之則宥而舍之
任之者使州長里宰保任而舍之
以肺石達窮民
肺石赤石也使窮民無告者立於其上寃抑之氣得以

達
凡遠近惸獨老幼之欲有復于上而其長弗達者立於肺
石三日士聽其辭以告于上而罪其長
無兄弟曰惸無子孫曰獨上謂王與六卿長謂諸侯及
鄉遂大夫惸獨老幼欲告愬于上長吏不以上聞其立
也必及三日之久士師聽其辭以告于朝而罪其長吏
蓋君門萬里不有肺石之達則無告之民無由知之必
俟三日者欲得其誠實此先王之世所以無窮民也
大僕建路鼓欲窮民速達甚於遽令此則三日而後聽
者何也為罪其長者設也罪其長必遲以待其辭之定

則下無敢瀆其上
正月之吉始和布刑於邦國都鄙乃懸刑象之灋于象魏使萬民觀刑象挾日而斂之凡邦之大盟約涖其盟書而登之于天府太史内史司會及六官皆受其貳而藏之
先王之法若江河貴乎易避而難犯使民觀象者使之知所避而已斂之使民無覿刑之心盟約二事也約為之信書而已盟則歃血焉太史掌邦之典灋則之貳以待逆者也内史掌八枋之灋以詔王治者也六官六卿之長皆使受盟書之貳重其事故藏之天府與賢能之書民穀之數同也

凡諸侯之獄訟以邦典定之凡卿大夫之獄訟以邦灋斷
之凡庶民之獄訟以邦成弊必世反之
邦典有輕典中典重典三典以定諸侯之罪邦灋八辟
之麗有議親議故議賢之不同所以斷卿大夫之罪邦
成有邦汋邦賊邦諜之不同以此八成弊萬民之罪非
冢宰之六典八灋八成者也蓋大司寇自有邦之三典
以刑邦國小司寇自有八辟以麗邦法士師自有士之
八成先儒誤以為冢宰非是

大祭祀奉犬牲

犬金牲而能守西方之畜也秋官奉之

若禋祀五帝則戒之日涖誓百官戒于百族
太宰祀五帝前期十日而卜日此謂戒之日郊特牲曰卜之日王立于澤宮親聽誓命受教諫之義獻命庫門之内戒百官也太廟之内戒百族也百官者百執事也百族者王之族姓也族姓之與於祭者重於官故戒百官於庫門之内而戒百族於太廟之内正所以辨親踈之義

及納享前王祭之日亦如之
納享將祭之時太宰贊王牲事司寇以刑禁先焉則人知畏敬矣司寇以刑官前王者蓋尊天子之威儀一臣

下之志慮

奉其明水火

以陽燧得火於日謂之明火以陰鑑得水於月謂之明

水陰陽之精義以見聖人精意於鬼神示也

凡朝覲會同前王大喪亦如之

朝覲會同前王尚其肅也大喪前王王嗣王也尚其哀

也

大軍旅涖戮于社

社謂社主在軍者

凡邦之大事使其屬蹕

屬士師以下蹕止行人也

小司寇中大夫二人

小司寇之職掌外朝之政

此外朝即朝士所掌乃在庫門之外

以致萬民而詢焉

詢咨謀也詩曰詢于芻蕘書曰謀及庶人於此詢萬民

亦古總章衢室之遺意

一曰詢國危二曰詢國遷三曰詢立君

國危謂有兵寇之難國遷謂都邑不寍將去故即新問民以遷居之利害立君謂無冢適選於庶也是三者其

利害在君不在民其可否在民不在君如之何不咨詢焉李氏曰以匹夫細民得與公卿並列於王朝之上亦足以見古之盛時公道大明而下情上達

其位王南鄉三公及州長百姓北面羣臣西面羣吏東面

三公北面常也鄉之州長與百姓皆北面者王之所詢者民也羣臣卿大夫也在東而西面羣吏府史胥徒也在西而東面則左右以輔相之爾

小司寇擯以敘進而問焉

擯謂揖之使前

以衆輔志而弊謀

以王志為主而輔之以衆以衆謀為稽而弊之於王蓋
人君虛而後明生焉恭而後賢生焉
以五刑聽萬民之獄訟附于刑用情訊之至于旬乃弊之
讀書則用灋
五刑墨劓宫刖殺也知其罪之所麗可附於某刑猶必
用吾之情以訊之以情度情庶得其真至于旬乃斷之
其斷則先讀鞫問之書使因問之而服而後用灋如今
時讀鞫已乃論之
凡命夫命婦不躬坐獄訟凡王之同族有罪不即市
不躬坐使左右代焉同姓有罪者殺于甸師氏不於市

朝此貴貴親親之義也春秋傳曰衛侯與元咺訟甯武子為輔鍼莊子為坐士榮為大士禮記曰公族有罪刑於隱者不與國人慮兄弟也

以五聲聽獄訟求民情一曰辭聽二曰色聽三曰氣聽四曰耳聽五曰目聽

人心險於山川況獄訟之際詎肯吐其實乎聽以五聲乃求其情之術凡此五者皆以辭為主故皆曰聽心者形之君辭者心之聲聲發於中不能掩於外其辭信則色定氣舒耳目不亂其辭偽則色變氣索耳目皆惑以此聽之人焉廋哉夫强怯柔狠明闇戇慧狡五者之動皆

足以知之以發於聲者參之也
以八辟麗邦灋附刑罰
麗附也以其本罪附於邦灋而議之然後應宥應刺應
輕應重加以刑罰之所當施葢以八辟待八議之人非
常法也
一曰議親之辟
親王之族也有罪可刑矣然刑之則傷親親之恩若今
時宗室有罪先請是也
二曰議故之辟
故王之故舊

三曰議賢之辟
賢有德者亦若今時廉吏有罪先請是也
四曰議能之辟
能有才者賢與能皆鄉大夫所舉者春秋傳曰夫謀而鮮過惠訓不倦者叔向有焉社稷之固也猶將十世宥之以勸能者
五曰議功之辟
有大勲勞立功者即司勲六功之人也刑之則無以報功
六曰議貴之辟

大夫以上凡有爵之人
七曰議勤之辟
勞於王事者
八曰議賓之辟
賓所不盡臣者三恪二代之後
此八者皆教化之所自出不幸而陷於罪戾則讞有所
不可加者是不容不議
以三刺七賜反斷庶民獄訟之中一曰訊羣臣二曰訊羣吏
三曰訊萬民聽民之所刺宥以施上服下服之刑
訊問也三刺之斷不敢自決而訊及於羣臣羣吏萬民

者此必罪大惡極或輕或重關於風教上服下服係於人心雖則已麗於刑必待三訊而後斷也民以為可刺則服上刑無可說者民以為可宥亦非全然宥之特服下刑比上刑為輕爾

及大比（毗志反）登民數自生齒以上登于天府內史司會冢宰貳之以制國用

人生齒而體備男子八月生齒八歲而齔（初覲切音襯毀齒也）女七月生齒七歲而齔故自生齒以上（時掌反）皆書于版欲周知其數民數既登之後冢宰又為之貳而制國用焉蓋古者三年耕必有一年之食九年耕必有三年之食

冢宰以三十年通制國用而大比之制國用實所以為
三十年盈虛斂散之儲內史於此貳之以其所掌者會
計之書司會於此貳之以其所掌者會計之事二官卑
而列於始冢宰尊而繼於後非以統百官之任而統其
成歟

小祭祀奉犬牲凡禋祀五帝實鑊水納亨亦如之
實鑊以滌牲納亨以煑牲大司寇大祭祀奉犬牲小司
寇小祭祀奉犬牲職有尊卑

大賓客前王而辟婢亦反
辟除姦人也

后世子之喪亦如之

小師涖戮凡國之大事使其屬蹕孟冬祀司民獻民數於

王王拜受之以圖國用而進退之

軒轅之角有大民小民之星其神實司民司寇主其祀故孟冬祀之其日獻民數於王王拜受之以圖國用則以民之登耗知斂之豐匱由是而進退所用之物民多賦足則進之而備禮民少賦乏則退而殺禮則所圖者王也

歲終則令羣士計獄弊訟登中于天府

羣士鄉士遂士以下計獄計其多寡也弊訟斷其疑似

也合乎灋謂之中羣士入于小司寇小司寇登于天府
正歲帥其屬而觀刑象令以木鐸曰不用灋者國有常刑
令群士乃宣布于四方憲刑禁乃命其屬入會古外反乃致
事
宣徧也宣布于四方以終歲期之至太宰受會之時乃
命其屬入會乃致事所以紀小司寇一職之終也
士師下大夫四人
自虞舜命皋陶作士由是名刑官為士士察也欲其能
察也
士師之職掌國之五禁之灋以左右刑罰一曰宮禁二曰

官禁三曰國禁四曰野禁五曰軍禁
宫王宫官府國城中野今之田律軍軍中之禁
皆以木鐸徇之于朝而書縣于門閭
爾雅云巷門謂之閎徇于朝示貴者縣于門閭示賤者
巷門曰閎
以五戒先後刑罰毋使罪麗于民
禁則欲其畏戢而不為戒則欲其謹防而知避以刑罰
為正而五禁左右之以刑罰為中而五戒先後之在蠱
曰先甲三日後甲三日在巽曰先庚三日後庚三日夫
五戒者先事戒之使毋麗于刑罰
一曰誓用之于軍旅二曰誥用之于會同三曰禁用諸田

役四曰糾用諸國中五曰憲用諸都鄙
誓者折之以言使斷然必信誥告之以文使知其所以
然禁者禁其殘暴糾者糾其姦貪憲者憲其瀆則
掌鄉合州黨族閭比之聯與其民人之什伍使之相安相
受以比追胥之事以施刑罰慶賞
六鄉之内比其居則有州黨族閭比其民則有什伍合
州黨族閭比者以比合比以閭合閭所以聯其居也合
其人民之什伍者以伍合伍以什合什所以聯其人也
聯比其居什伍其人以待征斂調發之事此鄉官之職
也而士師又掌之者使之相安相受故爾蓋人之有罪

過未麗於灋而害於州里者去之則不善者遠而後善者得以相安上罪朞役以至下罪三月役任於州里者舍之則不善者反焉而後善者得以相受相安相受是與衆同欲與衆同惡也追胥之事以比什伍追襲寇盜也胥偦也相聚夜宿以伺寇盜此其出入相友守望相助也賞一人而同所勸罰一人而同所戒此所以施刑罰慶賞也此士師之掌鄉而弼六鄉之教也以此

掌官中之政令

言秋官之屬所行政令也

察獄訟之辭以詔司寇斷獄弊訟致邦令

察獄訟之辭則刑官之屬若鄉士遂士縣士方士各上
其獄訟之不決者而致其辭於士師士師因其辭而察
之以詔司寇斷獄弊訟獄訟既審合於邦令士師則又
以其邦令而致之於鄉士遂士縣士方士上下聯事精
察如此此獄之所以得其中

掌士之八成一曰邦汋上約反二曰邦賊三曰邦諜音牒四曰
犯邦令五曰橋音矯邦令六曰為邦盜七曰為邦朋八曰為
邦誣

成者條例品式前世所立可為士師以下所依據以為
比者是也小宰八成皆治民之成法故大宰以待萬民

之治此八成則專以治士也汋如斟酌之酌取也陰有
包藏欲為嚮背而未決乃探聽國家機密斟酌其事以
為姦宄是謂邦汋賊如寇賊之賊陰為不仁不義以毒
王民生亂階是謂邦賊諜則反間之人陰為諸侯刺探
國事是謂邦諜上有令而下弗從是為廢格灋令之人
故曰犯邦令上無是令輙出己意矯而為之是有無上
之心故曰矯邦令盜民財國貨以自封殖是謂邦盜相
與交結唱和如漢唐時羣小朋黨共為姦邪是謂邦朋
是者誣以為非曲者誣以為直變亂白黑是謂邦誣凡
茲八者亂之階也八成之灋專以馭士意豈淺哉

若邦凶荒則以荒辯音貶之灋治之令移民通財糾守緩刑

先儒以辯為別蓋別其中年凶年無年也上飢則發上年之粟中飢則發中年之粟下飢則發下年之粟未必不自荒辯之法知之鄭玄謂辯當作貶移民通財糾守緩刑四者荒貶之灋也糾守糾四封之守以防寇警者也

凡以財獄訟者正之以傅別約劑

傅謂地傅以為之保別謂判書以為之合約謂期約劑謂券書四者皆可稽以為决

若祭勝國之社稷則為之尸

勝國國為吾所勝也則無主後矣如周祭亳社之類郊特牲曰喪國之社屋之不受天陽也亳社北牖使陰明也必屋其壇用士師為之尸祭其社稷而威其亡國之妖邪耳

王燕出入則前驅而辟

自治朝而退居於內謂之燕朝自燕朝而退居於寢謂之燕寢此所以謂之燕出入也

祀五帝則沃尸及王盥洎鑊水

沃尸方尸之入門以盤匜盥水則士師沃之王有獻尸之事必就洗以致潔士師亦沃之鑊水本小司寇所實

士師則洎而增之

凡刉（音幾）珥（而志反）則奉犬牲

刉謂封割也珥當作弭弭災也

諸侯為賔則帥其屬而蹕于王宮大喪亦如之大師帥其屬而禁逆軍旅者與犯師禁者而戮之

師行而不從令是謂逆軍旅臨陣而不用命是謂犯師禁故帥其屬而行戮焉

歲終則令正要會正歲帥其屬而憲禁令于國及郊野

小司寇於正歲命其屬入會致事此則歲終所正之要會也至於小司寇憲禁令于四方而此則憲禁令于國

則亦貳與攷之辨焉爾

及郊野者遠與近之不同也

鄉士上士八人中士十有六人旅下士三十有二人府六人史十有二人胥十有二人徒百有二十人

鄉士掌國中

六鄉之民王所自治故其獄在國中

各掌其鄉之民數而糾戒之聽其獄訟察其辭辨其獄訟異其死刑之罪而要之旬而職聽于朝

死刑之罪定而又要之謂得其要寔之詞也仍至十日不翻然後以其職聽于外朝

司寇聽之斷其獄弊其訟于朝羣士司刑皆在各麗其灋

以議獄訟獄訟成士師受中協日刑殺
囚雖服罪司寇猶必聽之而後斷弊於外朝重刑戮也
時衆士司刑咸在外朝各擬囚罪附之灋乃合衆官所
附之灋而參議之不敢持獨見也獄訟成衆議定也中
合灋也協日擇其可殺之日刑期無刑故擇其支干皆
利之日

肆之三日若欲免之則王會其期
肆之陳尸市朝也免之謂有可矜疑者則王於司寇會
聽之日至外朝共議八辟亦不敢以己意廢天討也

大祭祀大喪紀大軍旅大賓客則各掌其鄉之禁令帥其

屬夾道而蹕三公若有邦事則為之前驅而辟其喪亦如
之凡國有大事則戮其犯命者
國之大事在祀與戎及征伐田獵犯命謂干犯王命也
遂士中士十有二人府六人史十有二人胥十有二人徒
百有二十人
遂士掌四郊
五縣為遂遂士六遂之獄官掌四郊之獄者每遂有二
士
各掌其遂之民數而糾其戒令聽其獄訟察其辭辨其獄
訟異其死刑之罪而要之二旬而職聽于朝

六遂去王城稍遠故加至二旬容其反覆也
司寇聽之斷其獄弊其訟于朝羣士司刑皆在各麗其法
以議獄訟獄訟成士師受中協日就郊而刑殺各於其遂
肆之三日若欲免之則王令三公會其期
遂士職聽之時命三公往議之
若邦有大事聚衆庶則各掌其遂之禁令帥其屬而蹕六
卿若有邦事則為之前驅而辟其喪亦如之凡郊有大事
則戮其犯命者
縣士中士三十有二人府八人史十有六人胥十有六人
徒百有六十人

縣士掌野

掌四等公邑之獄

各掌其縣之民數糾其戒令而聽其獄訟察其辭辨其獄訟異其死刑之罪而要之三旬而職聽于朝

去王城又遠故加至三旬

司寇聽之斷其獄弊其訟于朝羣士司刑皆在各麗其灋以議獄訟獄訟成士師受中協日而殺各就其縣肆之三日若欲免之則王命六卿會其期若邦有大役聚衆庶則各掌其縣之禁令若大夫有邦事則為之前驅而辟其喪亦如之凡野有大事則戮其犯命者

方士中士十有六人府八人史十有六人胥十有六人徒百有六十人

方士主四方都家之獄者

方士掌都家聽其獄訟之辭辨其死刑之罪而要之三月而上獄訟于國

都王子弟及公卿之釆地家大夫之釆地大都在畺地小都在縣地家邑在稍地去王城愈遠方士又非鄉士遂士縣士得以職聽于朝故上獄訟于國而已

司寇聽其成于朝羣士司刑皆在各麗其灋以議獄訟獄訟成士師受中書其刑殺之成與其聽獄訟者凡都家之

大事聚衆庶則各掌其方之禁令以時脩其縣灋若歲終則省之而誅賞焉

縣灋司寇所縣象魏之灋

凡都家之士所上治則主之

都士家士所治之獄方士主之以上于國

訝士中士八人府四人史八人胥八人徒八十人

訝迎也訝士獄官而送迎四方賓客蓋與司寇以下分其事賓客自外至則使訝士主之

訝士掌四方之獄訟諭罪刑于邦國

四方諸侯之獄訟也諭其人所坐之罪與王朝行刑之

意于邦國

凡四方之有治於士者造焉四方有亂獄則往而成之邦有賔客則與行人送逆之入于國則為之前驅而辟野亦如之居館則帥其屬而為之蹕

行人掌其禮訝士治其刑刑以肅其禮使人不暴客也誅戮暴客者客出入則道之有治則贊之凡邦之大事聚衆庶則讀其誓禁

客出入謂朝覲於王也春秋傳曰晉侯受策以出出入三覲道引也

朝士中士六人府三人史六人胥六人徒六十人

朝士掌建邦外朝之灋

天子有三朝一曰治朝司士所掌也二曰内朝大僕所掌也三曰外朝朝士掌之主詢衆庶讞疑獄其位有左右有前後不得以相踰越所謂法也又外朝在庫門外左九棘孤卿大夫位焉羣士在其後右九棘公侯伯子男位焉羣吏在其後面三槐三公位焉州長衆庶在其後三孤六卿其數九公侯伯子男其服九故皆植九棘棘之為物其心赤其刺外向其華白欲孤卿諸侯忠赤誠實以事上而以潔白為義又欲其外示威儀使人無敢犯也槐之為物其華黄其實玄其文在中坤大臣之位

以黃裳爲元吉故取其黃論道佐王欲其入道之妙故
取其玄隂雖有美含之以從王事無成而代有終故有
取於文在其中
左嘉石平罷民焉右肺石達窮民焉帥其屬而以鞭呼趨
且辟禁慢朝錯立族談者
以鞭呼趨則呼朝者使趨戒以肅也辟則使人避焉慢
朝謂臨朝不肅敬也錯立族談違其位而傳予反損語也
鄭鍔曰野衆庶羣至於外朝之地則有路塞而不知避
所尊者矣必示以威乃知畏也彼其生長於田野之間
不知有朝儀則慢而不敬矣未嘗有班序之列不知所

當立之地則錯而不定矣未嘗識朝廷之人則就其族類相與私語而談時事矣不有以禁之於未然至其有犯而加誅焉豈忍為之哉此所以帥其屬執鞭以威之又從而辟之又從而禁之也

凡得獲貨賄人民六畜者委于朝告于士旬而舉之大者公之小者庶民私之

凡貨賄人民六畜有常守或至於遺失有得獲者委於聽獄訟之朝告於議訟之士而不敢私焉以待其人而反之至于旬則亦既久矣物不可反亦不可棄於是舉之大者入于公小者歸於庶民之私此朝士之灋制以

義也鄭康成曰俘而取之曰獲左傳曰得器曰得得人曰獲
凡士之治有期日國中一旬郊二旬野三旬都三月邦國朞期内之治聽期外不聽
國中一旬鄉士也郊二旬遂士也野三旬縣士也都三月方士也邦國朞訝士也期内聽期外不聽亦息獄訟之一端如質人之官謂治質劑者國中一旬郊二旬野三旬都三月邦國朞朞外不聽所以省市中之文書息民之好訟先王之治所以措於無事之域者蓋如此
凡有責者有判書以治則聽

責如今之理欠然必有判書以為證驗則聽蓋兩書一
札一書所與之數一書所償之數人各執其半者也小
宰所謂聽稱責以傅別是也
凡民同貨財者令以國灋行之犯令者刑罰之凡屬責者
以其地傅而聽其辭
司關曰凡貨不出於關者舉其貨罰其人所謂國法也
若二人同財共賈一人犯令則并舉貨財而刑罰惟施
於犯令者屬責謂以已之財屬之於人而使責也責必
有傅保傅保必有地著乃為之聽治若今牙保是也
凡盜賊軍鄉邑及家人殺之無罪

盗賊結徒黨已成軍伍屯於鄉邑犯及家人則殺之為無罪蓋去天下之害非可以專殺論也

凡報仇讐者書於士殺之無罪

仇讐之報雖曰私復然已書于士則罪狀明白而士不得其人苟是人後自得而殺之不以罪論原其非私殺也已先告於公也

若邦凶荒札喪寇戎之故則令邦國都家縣鄙慮刑貶

刑之貶而以朝士慮之者蓋凶荒札喪寇戎之際瀍不寛減則民滋不安而盗賊之變起正朝士所當慮而令邦國都家縣鄙各議刑貶也

司民中士六人府三人史六人胥三人徒三十人

司民掌登萬民之數自生齒以上皆書於版辨其國中與其都鄙及其郊野異其男女歲登下其死生

男八月女七月而生齒版今户籍也登上也每歲有死者則下之有生者則登之以知其存歿也

及三年大比以萬民之數詔司寇司寇及孟冬祀司民之日獻其數於王王拜受之登於天府内史司會冢宰貳之以贊王治

天府主祖廟之藏者民數穀數俱藏其中王拜受之者民為邦本故也

司刑中士二人府一人史二人胥二人徒二十人

司刑掌五刑之灋以麗萬民之罪墨罪五百劓罪五百宫罪五百刖罪五百殺罪五百若司寇斷獄弊訟則以五刑之灋詔刑罰而以辨罪之輕重

司刑掌五刑之書五刑之屬二千五百至輕者墨刑也刻其面以墨窒之也劓截其鼻也刑差重矣宫者男子割其勢女子閉於宫中刖斷足也殺死刑也辨其輕重使輕不至於失其罪重不至於濫無辜一以書為斷而已矣掌刑書者如伯州犂之欲上下其手張湯之欲輕重其心胡可得哉

司刺下士二人府一人史二人徒四人

司刺掌三刺三宥三赦之灋以贊司寇聽獄訟既曰訊矣而又曰刺猶三覆五覆而問之訊其果無罪則刺舉於上而行赦宥也鄭鍔曰刺取其實然後殺之無愧矣宥寬也赦舍也贊助也

壹刺曰訊羣臣再刺曰訊羣吏三刺曰訊萬民

訊問也司刺据司寇已成之獄訟問於衆人一則先訊羣臣詢諸公卿大夫之尊者二則訊羣吏詢諸府史之卑者以為左右及諸大夫皆曰可殺未可也三則訊諸萬民萬民皆以為可殺然後殺之故曰國人殺之也

壹宥曰不識再宥曰過失三宥曰遺忘
罪雖可刺又以三宥之灋求以寬之一曰豈其人之所
不知識乎二曰豈其人之過誤乎三曰豈其人之遺失
偶忘之乎
壹赦曰幼弱再赦曰老耄三赦曰惷愚
胡氏曰舜典曰眚災肆赦易解卦曰君子以赦過宥罪
呂刑曰五刑之疑有赦五罰之疑有赦古之所謂赦宥
如斯而已肆大眚始見於春秋大赦漢唐方有之廢天
討虧國典縱有罪虐無辜惡人得以䇿免矣
以此三灋者求民情斷民中而施上服下服之罪然後刑

殺

以此三讞者求民情情盡於内辭孚於外因讞以議罪因罪以施刑上下相承所謂民中者如此曰刑曰殺乃先王不得已之意也

司約下士二人府一人史二人徒四人

司約掌邦國及萬民之約劑

先王之於臣民以為一時之言雖相與以無疑萬世之後或無所質證故為之約而設官以司之約者以言而書其約者以劑劑券書也

治神之約為上

宗廟有位山川有域社稷有壇壝五祀有時節此事神不待約也至於非其所祀而命之祀則書其所以命之者以為約若魯用郊禘之類是也

治民之約次之

易氏曰分鄉以寓軍制邑以授農以旌節而辨遷徙以萃逋逃而為顯戮所以容民者不待約矣至於非其所當有而分以授之則書其所以分之者以為約若分衛以殷民七族分魯以殷民六族分唐叔以懷姓九宗是也

治地之約次之

公侯伯子男所封之土各有定制而封疆所至不可以大而侵小以强而陵弱乃其約也鄭鍔曰若昭九年周甘人與晉閻嘉争閻田王使詹桓伯言吾東西南北之土何邇封之有定四年載衛取於有閻之土以共王職取於相土之東以會王之東蒐之類

治功之約次之

有功則有賞銘於太常祭於大烝自有常典若虢仲虢叔勲在王室藏于盟府乃其約也

治器之約次之

禮樂吉凶車服自有常制若非所用而頒之則書其所

以頒者以為之約若魯得用四代之服器是也

治摯之約次之

如五玉三帛二生一死之贄先王以之叙諸侯分貴賤

莫不以其爵禄高下而為之約

凡大約劑書於宗彝小約劑書於丹圖

大約劑書於宗廟之六彝欲神監焉小約劑著於丹書

今俗語謂鐵券丹書乃其遺言也

若有訟者則珥而辟藏其不信者服墨刑

若因而有訟者當用舊約劑以質證之故為之珥而辟

藏視諸故府也珥當作衈音餌殺雞取血以釁塗其戶乃

開辟其户以出本約劑之書而勘之所以袚其不祥也
見故府之文而尚不信則昏墨甚矣故服墨刑
若大亂則六官辟藏其不信者殺
謂僭禮犯分爲亂已大不可不殺也
司盟下士二人府一人史二人徒四人
司盟掌盟載之灋
載盟辭也盟者書其辭於策殺牲取血加書於上而埋
之謂之載書
凡邦國有疑會同則掌其盟約之載及其禮儀北面詔明
神既盟則貳之

鄭康成曰有疑不協也謂合諸侯而盟未知其心之同
否此所以有疑其正則藏于天府而司盟則藏其貳也
禮其物也儀其容也

盟萬民之犯命者詛其不信者亦如之

盟則託神以結其信使之知敬詛側慮反則託神以禍其
不信使之知畏盟詛雖異禮儀皆北面以詔明神故曰
亦如之

鄭鍔曰此謂合萬民而盟民有犯禁令者既待之以刑
矣又慮有敢效而為之者於是盟其犯分之人蓋與共
盟戒以無或如彼犯命者所為也左傳魯人盟臧紇曰

無或如臧紇犯門斬關以出是其類也萬民有不信者謂向己結言而今背之無復信義則與衆共詛之蓋盟與詛異盟者戒其未然詛者懲其已往左傳鄭伯使卒出豭豚行出雞犬以詛射潁考叔者謂已射之後故追詛之也

凡民之有約劑者其貳在司盟有獄訟者則使之盟詛

賈氏曰此謂司約副寫一通來入司盟有約劑而不信至於獄訟者使之詛盟則中有所愧者不敢聽而獄訟自息矣此亦省刑獄之一術

凡盟詛各以其地域之衆庶共其牲而致焉既盟則為司

盟共祈酒脯
民有盟詛則鄰里共其牲既盟又與司盟共酒脯以祈
明神神之小者用酒脯以祈之竊疑周家之於獄訟先
使之盟詛乃使入金矢既入金矢乃為之受理而聽之
然則刑措之術其本諸此乎
職金上士二人下士四人府二人史四人胥八人徒八十
人
職金掌凡金玉錫石丹青之戒令
丹丹砂青空青荀卿言南海則有曾青丹干注云曾青
銅之精可繪畫及化黄金者亦出蜀山又此數種同出

於山故職金總其戒令然地官𠂆人已主而職金又主之者彼官主取此官主藏也

受其入征者

受其入則取諸地而官所自入者受其征則取諸民而官所税賦者

辨其物之媺惡與其數量楬而璽之

辨其美惡以知精麤辨其數量以知多少楬以表之璽以封之所以謹其藏也璽者印也

入其金錫于為兵器之府入其玉石丹青于守藏之府

𠂆人掌其所產之地此則掌其所入焉

入其要
要凡數也入其會計之要使物之與書各有所司不相
混雜
掌受士之金罰貨罰入于司兵
金罰即入鈞金而理曲遂罰之貨罰司關所謂舉其貨
也陳及之曰齊管仲令有罪者以甲兵贖自此始
旅于上帝則共其金版饗諸侯亦如之
金版蓋皇邸之飾為後版屏風者饗諸侯亦如之承賓
如承祭
凡國有大故而用金石則掌其令

司厲下士二人史一人徒十有二人

司厲察凶惡暴戾之人春秋傳曰鬼有所歸乃不為厲盜賊之厲於人猶鬼之厲也故掌盜賊之任器貨賄謂之司厲

司厲掌盜賊之任器貨賄

非其有而取之曰盜因盜而害人曰賊任器者所用以傷害人之器貨賄者殺越人而劫剽其所有之財物也

辨其物皆有數量賈而楬之入于司兵

以充兵器之用數以知其多少量以知其短長賈以知其貴賤取諸盜賊以為除盜賊之具而已

其奴男子入于罪隸　女子入于舂稾

罪惡之重沒其身未足償也又奴其男女而隸役舂稾

皆有常養以存其生焉舂舂人稾稾人也入於地官使

共舂抌飲食之事也

凡有爵者與七十者與未齔者皆不為奴

男八月生齒八歲毀齒女七月生齒七歲毀齒有爵不

為奴貴貴也七十不為奴老老也未齒不為奴慈幼也

司圜中士六人下士十有二人府三人史六人胥十有六

人徒百有六十人

司圜掌收教罷民

圜謂圜土也圜土獄城也乾為圜則圜者天道之所以仁也又圜者轉也先王欲轉移罷民之害人者於是拘之圜土勞之苦之使其善心自生所以收教之也

凡害人者弗使冠飾而加明刑焉任之以事而收教之能改者上罪三年而舍中罪二年而舍下罪一年而舍其不能改而出圜土者殺雖出三年不齒

害人者謂惡人不能從化為百姓所患苦而未入五刑者弗使冠飾而被辱明書其罪於背夜收之圜土晝任以勞役是收而教之也其能改者必量罪之輕重為久近之期然後舍之其有不能改而竄出圜土者殺之宜

也雖年滿而出猶不齒三年甚辱之也
凡圜土之刑人也不虧體其罰人也不虧財
曰刑言刑則虧其體職金言罰則虧其財若圜土之刑
只加以明刑恥之故不至於虧體圜土之罰只加以職
事勞之故不至於虧財
掌囚下士十有二人府六人史十有二人徒百有二十人
掌囚掌守盜賊凡囚者上罪梏拲拱音而桎中罪桎梏下罪
梏
特言掌守盜賊者以盜賊為難馭又當守之也凡囚者
謂非盜賊自以他罪拘者也梏在脰桎在足拲在手身

居三木掌囚守之
劉氏曰梏者校也在頭曰梏以其在首猶牛馬梏者

王之同族拲有爵者桎以待弊罪
拲兩手共一木桎梏兩手各一木故桎比拲為稍重

及刑殺告刑于王奉而適朝士加明梏以適市而刑殺之
告王而又適朝士蓋以朝士掌外朝又得以審詳焉重人命也適朝士矣以為無可疑則加以明梏於梏上明書其所犯使見者咸知其罪乃適於市而殺之與衆棄之也

凡有爵者與王之同族奉而適甸師氏以待刑殺

蓋以甸師掌耕籍田以事宗廟藏穀之所隱也既適甸師以待刑殺之官來於此行刑殺之事不梏而適市乃所以隱之也有爵者隱之王族亦隱之此尊尊親親之道也

掌戮下士二人史一人徒十有二人

掌戮掌斬殺賊諜而搏普傅反之

諜者與賊窺伺乎國家之隙以圖危社稷其罪不可赦也故大者斬之小者殺之且從而搏之謂磔裂其屍以示人也

凡殺其親者焚之殺王之親者辜之

焚以火者不存其形辜以磔之不全其體

凡殺人者踣（皮北反）諸市肆之三日刑盜于市

凡殺人者今所謂謀故鬪殺者踣僵尸也肆陳也盜則不然一死罪踣之於市或劓或刖或墨亦皆就市刑之

凡罪之麗於灋者亦如之

灋宮刖劓墨也皆刑於市使衆見之故曰亦如之

唯王之同族與有爵者殺之于甸師氏凡軍旅田役斬殺刑戮亦如之墨者使守門劓者使守關宮者使守內刖者使守囿髡者使守積（子賜反）

或謂公家不畜刑人觀此則刑人未嘗不見畜特為君

者不近之而已閽弒吳子春秋譏其近刑人非謂不畜之也鄭康成謂公族無宮刑惡翦其類髡其頭而已

司隸中士二人下士十有二人府五人史十人胥二十人徒二百人

司隸掌五隸之灋辨其物而掌其政令

五隸罪蠻閩夷貉也由漢而後遂置司隸校尉掌刺舉之任武帝使之持節捕巫蠱督大奸猾其重至於專道而行專席而坐秩比二千石蓋祖於此

帥其民而搏盜賊役國中之辱事為百官積任器凡囚執人之事

民五隸之民國中污辱之事則司隸帥其屬而役之百
官所當任持之器物此官主為之積聚也囚執人之事
若今牢城之兵
邦有祭祀賔客喪紀之事則役其煩辱之事掌帥四翟之
隸使之皆服其邦之服執其邦之兵守王宮與野舍之厲
禁
翟與狄同王在宮與出行在野所止之舍使之各服其
邦之服而執其邦之兵以為守衛則其人雖賤而所用
為甚重矣賈氏曰服其邦之服執其邦之兵者若東方
南方衣布帛執刀劍西方北方衣氈裘執弓矢蓋四夷

各有利器宜服齊其政不易其宜脩其教不易其俗也
又四翟之外南方曰象則有象胥以待蕃國之使東夷
之樂曰韎則有韎師以薦宗廟

罪隷百有二十人

罪隷掌役百官府與凡有守者掌使令之小事凡封國若
家牛助為牽徬步浪反
國謂建諸侯家謂立大夫家也牛助以牛助轉徙也車
轅内一牛前亦一牛二隷前者牽前牛徬者御當車之
牛

其守王宫與其厲禁者如蠻隷之事

罪隸乃中國之人因親屬有罪而没入在官者與四夷之人不同不使掌牛馬鳥獸之事但任使令牽傍之冗事而已

蠻隸百有二十人

征南夷所獲者李嘉會曰先王必有蠻閩夷貉之隸想欲知其風俗耳然有無亦存其數云耳無則闕之

蠻隸掌役校人養馬其在王宮者執其國之兵以守王宮在野外則守厲禁

校人其徒八十人役有不足則蠻隸兼爲校人所役使以養馬國有大事則守王門舍則守王閑

閩隸百有二十人

閩南蠻之别

閩隸掌役畜養鳥

役則役於掌畜也

而阜蕃教擾之掌子則取隸焉

子謂鳥所生者閩隸掌阜蕃其物則養之而使取隸於

已以鳥之無知而飲啄鼓舞唯閩隸之是從所謂教擾

之也不言守王宫與厲禁以司隸言掌帥四翟之隸守

王宫與野舍之厲禁則閩隸之有守可知

夷隸百有二十人

征東夷所獲者
夷隷掌役牧人養牛馬
爲牧人所役使牧牛馬
與鳥言
夷狄之人或曉鳥獸之言故春秋傳曰介葛盧聞牛鳴
曰是生三犧皆用矣貉隷掌與獸言本此不爲怪也
其守王宫者與其守厲禁者如蠻隷之事
周之時以南方爲遠如蠻隷之事者貴其來也故掌四
夷之官名象胥而奏樂亦以南詩曰以雅以南記曰胥
鼓南則周人之意可知矣

貉隸百有二十人

征東北夷所獲者

貉隸掌役服不氏而養獸而教擾之掌與獸言其守王宮者與其守厲禁者如蠻隸之事

以鳥獸之無知尚可與言矧夷蠻之民哉此亦先王之微意

布憲中士二人下士四人府二人史四人胥四人徒四十人

布憲掌憲邦之刑禁正月之吉執旌節以宣布于四方而憲邦之刑禁

憲表也謂縣之也大司寇正月之吉布刑于邦國都鄙及縣刑象以示萬民小司寇於正歲十一月帥屬觀刑象及宣布于四方憲刑禁矣布憲復掌之者蓋大司寇布之者舉其綱也小司寇宣之者行於朝也四方萬里或未之知布憲則執旌節適四方而宣布之所至之處又從而表縣之無有不明刑禁之為不可犯也

以詰四方邦國及其都鄙達于四海

爾雅曰九夷八蠻六戎五狄謂之四海詰謹也使四方謹而行之以中士二人下士四人徒四十人而行四方達四海欲正月而必聞其刑禁者未能遠達也書其刑

禁之宜憲于民以達於州伯州伯達於卒正卒正達於連帥連帥達於屬長屬長達於諸侯諸侯以達於其國之都鄙而要服以達於四海布憲則執旌節以巡行於四方詰其違於禁令者庶乎其可及也

凡邦之大事合衆庶則以刑禁號令

大事征伐巡守田獵也謂鄉合州黨族閭比之聯與其民人之什伍以刑禁號令焉

禁殺戮下士二人史一人徒十有二人

鄭鍔曰天下有不逞之人强陵弱衆暴寡善良陰被其禍先王設官以禁擅殺戮為職言非天吏不可以殺人

禁殺戮掌司斬殺戮者凡傷人見血而不以告者攘獄者遏訟者以告而誅之

司專伺候也司察其私相斬相戮者及傷人見血而里閭擁遏不以告于有司者將以罪相證於獄而攘奪其所證之人使不得同至於獄者將以辭訟于官而恃勢力以止遏之使不得以上達者皆以告于有司而誅之

禁暴氏下士六人史三人胥六人徒六十人

王昭禹曰以刑教中則民不䖍者教官之事以刑禁暴者刑官之事教施於未然之前刑施於已然之後

禁暴氏掌禁庶民之亂暴力正者撟誣犯禁者作言語而

不信者以告而誅之
逆理害治為亂恃強虐物為暴唯亂唯暴乃以力而正之猶以力相服也人之力有所不敵者不得已而服焉是之謂武斷憍則稱上之命令誣則誣人以所無之事唯憍唯誣故敢犯士師之五禁造為浮言以相恐動其言不實而能鼓蕩人心凡此者皆禁之使不敢為若敢為者則告於有司而誅之
凡國聚衆庶則戮其犯禁者以徇凡奚隸聚而出入者則司牧之戮其犯禁者
奚女奴隸男奴於其出入必司以察之牧以養之戮其

犯禁者亦所以防其暴也二官所禁大抵暴横足以侮上陵下鄉官未能禁止王朝設官以遏絶之然周公之時安得有此是亦先事為備也

野廬氏下士六人胥十有二人徒百有二十人

野廬氏掌達國道路至于四畿

此則遂人所謂千夫有澮澮上有道萬夫有川川上有路以達于畿是也

王昭禹曰野道之小室謂之廬所以待行旅也公劉之詩始曰于時廬旅終曰于豳斯館則館大而廬小先王設官以比國郊及野之道路宿息之類故命官以野廬

氏

比

比國郊及野之道路宿息井樹

比校其實也自國之郊及郊外之野所通行之路皆有

宿息井樹夜可以寢晝可以憩有井以備飲食有樹以

為藩蔽野廬氏專掌之則行者之至如歸孰不願出於

王之塗乎

易氏曰晉文公之為盟主也司空以時平易道路圬人

以時塓館宮室諸侯賓至隷人牧圉各贍其事百官之

屬各展其物此晉之所以覇若單襄公聘於宋遂假道

於陳以聘於楚道茀不可行候不在疆司空不視塗道

無列樹國無寄寓野無施舍此所以知陳之將亡則野廬氏達國之道路比及野之道路宿息者所以為先王之制

若有賓客則令守涂地之人聚欜音託之

聚欜令其人聚而擊柝所以防暴客也

有相翔者則誅之

有相翔而覰伺者欲習為寇盜之意故誅之所以禦姦也

凡道路之舟車轚音計互者叙而行之

轚者相值而礙也互者交互而不行也推車於陸行舟

於水阻隘之地偶相值而有輦互之阻人有爭先而不
相遜者因其先後之叙以次而行之如貴賤老幼往來
以爲其行之叙而通之故有爵有節者得以辟之而不
滯也
凡有節者及有爵者至則爲之辟禁野之橫行徑踰者凡
國之大事比脩除道路者
比校民夫以爲脩除之人
掌凡道禁邦之有大師則令埽道路且以幾禁行作不時
者不物者
野廬氏所禁者在野之道與脩閭氏所禁者在國之道

異幾察也不當行而行不當作而作失早晚之時謂之不時不物者非所當衣而衣之非所當操而操之皆姦人之為寇盜者也微伺而幾察之以防變也周之制田野之道十里之遠設官以治之有廬舍禁止姦盜如此之嚴則道不拾遺宜哉後世十里有亭亭必有長其法亦出於此惜夫不復脩也

蜡氏蜡清預反氏下士四人徒四十人

蜡氏掌除骴前賜反

月令曰掩骼埋胔骨之尚有肉也此言骴死人骨也又枯骨曰骼肉腐曰骴人獸皆同

凡國之大祭祀令州里除不蠲禁刑者任人及凶服者以及郊野大師大賓客亦如之

蠲潔也詩吉蠲為饎刑者黥劓之屬任人司圜所收教罷民凶服服衰絰者也除而禁之所以致其潔也

若有死於道路者則令埋而置楬焉書其日月焉縣其衣服任器于有地之官以待其人

如是則無腐敗之骴矣任器所執任之器有地之官若比長閭胥里宰之屬

掌凡國之骴禁

禁謂孟春掩骼埋胔之屬

雍（於勇反）氏下士二人徒八人

隄防止水之官其職掌事頗重而命官止下士二人徒八人而已蓋頒格令於民閒使民户知之勸農重穀之意

雍氏掌溝瀆澮池之禁凡害於國稼者春令為阱擭（胡化反）溝瀆之利於民者秋令塞阱杜擭禁山之為苑澤之沈者

阱穿地為塹擭柞鄂也堅地不可得深故設柞鄂於中皆所以取禽獸之害穀者也溝瀆所以通水聚水曰澮止水曰池人君園游固有苑矣民庶為之則僭上況可即山以為苑乎漁人取魚固有餌矣下毒於水則是竭

澤而漁人或食之將有以中其毒矣故設官以禁之賈氏曰柞鄂者或以為豎柞鄂於中向上鄂鄂然所以載禽獸使足不至地不得躍而出黃氏曰苑恐當為宛曲也山泉從而曲之必有私其利者為宛言非其自然也此說亦通

萍氏下士二人徒八人

萍氏掌國之水禁幾酒謹酒

萍之草無根而浮取名於萍言其不沉溺也幾察也萍氏掌水禁而使禁酒酒亦水之害人者也故禁之幾酒者察其不節謹酒者制其無度神農書曰萍能勝酒欲

其制之也

禁川游者

游游浮而行也水雖有灌載潤澤之利然犯之則濡溺之則死與夫不時入水而捕魚鼈者一切禁之乃為仁政之周又漁禁𢾾人掌之此專禁川游

司寤氏下士二人徒八人

寤覺也使掌夜時非覺而不寐者安能定其漏刻之蚤晚故名官曰司寤氏

司寤氏掌夜時以星分夜以詔夜士夜禁

見星則為夜星没則非夜以是詔夜守之士嚴夜禁之

灋

禦晨行者禁宵行者夜游者

日出為旦晨則昧爽之前而日未旦之時中夜謂之宵

通夕謂之夜

司烜（音毀取火於日也）氏下士六人徒十有二人

司烜氏掌以夫遂取明火於日以鑒取明水於月

夫遂陽遂也鑒鏡屬也世謂之方諸取火於日取水於

月言非人力之所能致故皆曰明也

以共祭祀之明齍明燭共明水

共明水火者司烜也執明水火而呼祝者大祝也奉明

水火者大司寇也共而後祝之祝而後奉之其序如此

凡邦之大事共墳燭庭燎

墳大也麻燭也樹於門外曰墳燭於門内曰庭燎所以照衆也

中春以木鐸脩火禁于國中軍旅脩火禁邦若屋誅則為明竁（昌絹反）焉

夫三為屋屋誅合一家而盡誅之也人有罪大無俾遺育若鄭駟定公所斷之獄殺其人壞其室洿其宫者是也罪人夜葬故為明竁言於壙埋之地揭其罪於竁上而屬於司烜氏使人知其罪

誅責三族也

條狼氏下士六人胥六人徒六十人
條狼氏掌執鞭以趨辟王出入則八人夾道公則六人侯伯則四人子男則二人
狼之爲物貪且狼故世有不率教化不遵檢押之人謂之狼戾命官曰條狼言掌執鞭趨以辟道路之穢惡及車馬人物之壅塞而不通者與朝士帥其屬以鞭呼趨且辟同意然朝士主在朝之事條狼氏所掌在道路而已賈氏曰條狼氏下士六人今云天子八人少二人矣蓋取胥徒中兼充也
凡誓執鞭以趨於前且命之誓僕右曰殺誓馭曰車轘誓

大夫曰敢不關鞭五百誓師曰三百誓邦之大史曰殺誓小史曰墨

誓者謂出軍及將祭祀時也國之大事在祀惟戎不得不嚴車莫先於僕右故誓僕右曰殺車猶聽命於馭故誓馭曰車轘謂車裂也誓大夫曰敢不關於君鞭五百或謂刑不上大夫此乃大夫之屬也師與大史小史主禮樂之事謂將祭祀之時而誓也師輕於大夫大史掌秉筆以誌君之過其職最重故誓曰殺小史官卑故誓曰墨

脩閭氏下士二人史一人徒十有二人

王昭禹曰里門謂之閭里有閭所以通往來扞制内外主之者有閭胥脩閭氏蓋又總其脩治之事

脩閭氏掌比國中宿互欜者與其國粥音育而比其追胥者而賞罰之

比謂檢柅夜士之守宿者宿宿衛也互謂行馬禁止人也欜行夜所擊也國粥羡卒也追追寇也謂正卒守閭不可以往則使國粥之人胥讀為偦以賞罰待之則一閭之政無不舉矣

禁徑踰者與以兵革趨行者與馳騁於國中者

徑踰行不由正路者兵革趨行持兵被甲而趨走道路

者馳騁即躍馬馳驅於國中也此數者皆足以惑人故皆禁之

邦有故則令守其閭互惟執節者不幾

邦有兵革寇戎之故則令守閭互以斷出入備不虞也惟執符節者不幾無節者不得行也

冥氏下士二人徒八人

冥氏掌設弧張為阱擭以攻猛獸以靈鼓敺之

闇而無所見曰冥冥氏掌除猛獸之害人者欲其無所見而陷入其中故有取於晦冥之義弧弓也弧張罿罦机弩之屬阱坑坎擭機檻皆以攻陷獸者靈鼓六面鼓

敺之使驚入阱擭
若得其獸則獻其皮革齒須備
須領下之須也皮也齒也須也皆脩獻焉以攻猛獸非
特為人除害且利國家之器用也
庶氏下士一人徒四人
庶氏掌除毒蠱以攻說禬之嘉艸攻之
毒蠱能腐壞人之心腹庶氏主除之攻說祈神之名周
巫醫以呪禁之也祈其神以求去其毒也嘉草攻之用
藥草以燻去之所以勝其毒也
劉執中曰毒蠱之病人非一種而下士一人者掌其方

書治禁之法鄭鍔曰嘗聞南方養蠱毒之家合衆蠱之有毒者共為一處使自相啗食已盡其一存者乃為蠱毒然則蠱者合衆庶之蠱以為之也其毒能殺人殺人有漸隂食其肉久然後死如蛀物之蠹故庶字聲與蛀字同

凡敺蠱則令之比之

敺蠱各隨其方土之所宜用令之謂以國法令之比之

穴氏下士一人徒四人

謂校其技之優劣

穴氏掌攻蟄獸各以其物火之

蟄獸獸所藏也蟄獸熊羆之屬將攻之必先燒其所食之物誘之使出而後可獲黄氏曰冥氏伺出穴氏攻蟄皆為其能害物也與獸人供膳獸不同

以時獻其珍異皮革

珍異如熊掌之珍羞及爪牙可備用者皮革以製裘也

翨翅氏下士二人徒八人

翨氏掌攻猛鳥各以其物為媒而掎之

翨鳥翮也讀為翅猛鳥舊云鷹隼之屬然攻猛鳥至專設一官必擊其翨則非鷹隼而已或其性之鷙害而甚猛能害人者攻之之法各以其物或以鳩鴿誘而襲之

或以其匹類媒而致之掎之羈其足也

以時獻其羽翮

若其羽翮可供器用者以時獻之不常貢也

柞側百反氏下士八人徒二十人

柞氏掌攻草木及林麓

柞除木之名柞氏除木之官也詩云載芟載柞其耕澤澤芟除草也木之有害稼穡者亦除之林木之茂盛者麓山足也皆柞氏之所掌而攻之者也先王於草木設虞衡之官以作之固欲其條暢碩大以備掄材之用然大司徒辨十有二土以相民宅辨十有二壤以知其種

柞氏因司徒之所辨者以攻治之如皇矣之詩作之屏
之云云可見
夏日至令刊陽木而火之冬日至令剝陰木而水之若欲
其化也則春秋變其水火凡攻木者掌其政令
刊剝皆去其皮也山南為陽木山北為陰木刊而火剝
而水則不復生矣化化為土也變謂至春陰木又火之
至秋陽木又水之
陳及之曰所謂仲冬斬陽木仲夏斬陰木頒其格令於
民間使民知禁斧斤以時入山林而已
薙替氏下士二人徒二十人

皆妖鳥之害非獨如鴞鵩之類僅以惡鳴見惡也
以方書十日之號十有二辰之號十有二月之號十有二
（以）歲之號二十有八星之號縣音玄其巢上則去之
方版也以方版書十日十二辰十二月十二歲二十八
星之號自甲至癸十日之號也自子至亥十二辰之號
也正月為陬二月為如三月為病四月為會五月為皐
六月為且七月為相八月為壯九月為元十月為陽十
一月為辜十二月為涂此十二月之號也歲在寅曰攝
提格卯曰單閼辰曰執徐巳曰大荒落午曰敦牂未曰
協洽申曰涒灘酉曰作噩戌曰閹茂亥曰大淵獻子曰

困敦丑曰赤奮若此十二歲之號也自角亢至翼軫二十八星之號也天鳥之避此五者理或有之如鵲忌庚燕避戊己鷰逢申日則過街鵲作巢避太歲類從亦曰燕識戊己不啣泥狐潛上伏不越度阡陌又曰狐狼知虛實虎豹知衝破以此觀之日辰月歲星之神凡有氣形者制焉故書其號可以勝夭

翦氏下士一人徒二人

翦氏掌除蠹物以攻禜攻之以莽草熏之

翦斷滅之言也蠹虫之穿食人器物者攻禜祈名也莽草殺蟲藥名以熏之則死按翦氏除蠹爲害甚輕庶氏

除蠱為害較大
凡庶（章預反）蠱之事
凡庶氏除毒蠱者翦氏有時兼掌之蓋除蠱較難相左
右也
赤犮（音跋）氏下士一人徒二人
蟲豸藏於牆屋之隈當用物以抹（刺）拔而去之故名曰赤（之謂）
犮
赤犮氏掌除牆屋
牆屋隙罅之間有虫有豸能螫人者如蠖螋蝎蠆蜘蛛
蜈蚣之類

以蜃炭攻之以灰洒色買反毒之凡隙屋除其貍莫皆反蟲

貍蟲䗪肌蛷之屬蜃大蛤也擣其炭以坋之則走用大

之毒暴之使出也又以灰汁沃之則死

蟈音馘氏下士一人徒二人

蟈氏掌去鼃音蛙黽莫幸反焚牡蘜以灰洒之則死以其煙被

之則凡水蟲無聲

齊魯之閒謂蛙為蟈故名蟈氏牡蘜菊之不華者能治

鼃黽物有相制者理之所有也黽耿黽也蟈與耿黽尤

怒鳴聒人耳故焚牡蘜為灰以洒之或死或無聲疑此

所去者亦為王宮耳未必盡天下之蟈黽而去之也

壺涿音卓氏下士一人徒二人

壺謂瓦鼓涿擊之也擊瓦鼓以敺水蟲故謂之壺涿氏

壺涿氏掌除水蟲

水蟲狐蜮之屬水蟲之能為人害者如春秋書有蜮之類謂於水中含沙射人影為災故也

以炮土之鼓敺之以焚石投之

炮土之鼓瓦鼓也以火炮之其狀如壺可以涿擊水蟲以濁其水則以土能勝水而制之也敺之不去又以焚石投於水中則以火制水也

若欲殺其神則以牡橭午貫象齒而沈之則其神死淵為

陵

神謂水神龍罔象也若為害之蟲毆之不去意必有神主之樟木名山榆也象齒象牙也取山榆之牡者十字交午貫穿象牙以沈乎水中則可以殺水蟲之神且使水涸而淵塞化為邱陵聖人達萬物之理以為除害之方除蠹物用莽草除貍蟲用炭灰除鼃黽用牡鞠除水蟲用牡樟天地間物皆有用非明哲孰能知之且夫琥珀拾芥磁石引針戎鹽累卵獺膽分盃壞漆以蟹浣錦以魚散血以藕皮毀金以羊角皆出於自然之理先王命官如此豈非知變化之道知神之所為乎

庭氏下士一人徒二人

古有大庭氏其所行之事久遠無傳竊疑致日月之弓矢以射夭鳥自大庭氏始也

庭氏掌射國中之夭鳥若不見其鳥獸則以救日之弓與救月之矢夜射之

鳥獸為夭者夜中聞其聲而不見其形被其害而不見其迹者也則以日食時所造之弓月食時所造之矢射之蓋日月之精秉以陰陽至盛之氣攻暗昧不明之夭則息矣

若神也則以太陰之弓與枉矢射之

若歐陽以下另行

太陰之弓救月之弓枉矢救日之矢

鄭康成曰神謂非鳥獸之聲若或叫於宋太廟譆譆詘詘者鄭鍔曰此言太陰枉矢非救日月之弓矢也司弓矢言枉矢利火射說者曰象天枉矢之星則枉矢屬陽太陰之弓屬陰陰陽之正足以威服百神也昔歐陽脩作鬼車詩云昔者周公夜呼庭氏率屬彎弧逐出九州之外射之三發不中天遣天狗投空嚙之落其一頭清血常流以晝藏夜伏陰黑則飛見火光則驚墮血點污人家其家必破由此言之不設官以射之為害豈小哉陳及之曰古之王者鐘鼓管絃以養其內威儀文物以養其外其禮樂未嘗斯須去身出則有虎賁氏夾道而

趨居則有士庶子之掌守其居止行韋未嘗一日忘武備自書生論之以為無他事矣先王猶謂猛獸之隱伏毒蠱之竊發貍虫之潛隱水蟲之巧伺皆足以害人身夭鳥之聲鼃黽之音亦足以亂人心一物不去於治身養心為有缺則是九官之設非得已而不已也豕突乘輿熊當御座雖當時簡忽所致亦王制有不足爾所謂方書十日十二辰十二月十二歲二十八星之號以去夭鳥攻禜以攻蠹物蜃炭以攻貍虫牡蘜以去鼃黽炮土之鼓以去水虫救月之矢以射夭鳥非明於庶物精義入神不能知也

銜枚氏下士二人徒八人

鄭康成曰銜枚止言語𠺵讙也枚狀如箸横嘀之為之繣結於項

銜枚氏掌司𠺵五羔反

司察也為其聒亂在朝者之言語

國之大祭祀令禁無𠺵

祭祀貴静而肅大祭祀尤致嚴焉故令禁𠺵孔子於宗廟朝廷便便言唯謹爾亦所以戒𠺵楚茨言君婦莫莫以言承祭祀者静而不譁

軍旅田役令銜枚

薙氏掌殺草春始生而萌之夏日至而夷之秋繩孕音而芟之冬日至而耜之

月令季夏之月燒薙行水利以殺草則除草為之薙也春草初生始萌薙而去之根尚在也未能不生夏日至則陽極而熱則夷傷之傷之未已繩繩孕育乃時而芟刈之及冬日至陰極而涷則耜而剗之賈氏曰耜廣五寸謂耒頭金薙氏所掌治地從春至冬亦一年之事後年乃可種

若欲其化也則以水火變之

欲其化而為土則以火燒其所芟夷者又從而加之以

水則陰陽相診而草化為土矣此月令所謂燒薙行水也傳所謂農夫之務去草芟夷而蘊崇之此殺草之法

掌凡殺草之政令

鳥獸昆虫草木之害人者皆務去之此亦制刑之意談苑記云江南主患清暑閣前草生徐鍇令以桂屑布磚縫中宿草盡死則殺草之法不必一年矣

硩（他歷反）蔟（倉獨反）氏下士一人徒二人

硩蔟氏掌覆（音福）夭（音殀）鳥之巢

覆猶毀也夭鳥如韓詩云有鳥夜飛名訓狐唐子西讀聖惠方云有鳥夜飛名無辜小兒衣服遭之輒成疾此

軍旅田役大衆所聚惡譁而喜靜故令啣枚大祭祀止於令禁無嘂者承祭祀者不若軍旅田役之衆

禁嘂（叫音）呼歎鳴於國中者行歌哭於國中之道者

人之樂不能不歌人之哀不能無哭聖人曷嘗抑之使無歌哭哉於所居可也行而歌哭於國中之道為其感動人心故禁之然亦禁其為妖異之聲以惑衆耳

伊耆氏下士一人徒二人

先儒謂其制鼓籥又始為蜡於是以為古王者之號然隸首造數容成造曆蒼頡造書之類豈為王者哉實古王者之號周不宜列於啣枚氏之後而以下士官之蓋

伊耆氏有功於耆老者也先王篤養老之禮為其氣體
已衰年德彌尊設為賜杖之制以優之自七十者杖於
國至八十者杖於朝取伊耆息老之義以名官且取耆
艾之義

伊耆氏掌國之大祭祀共其杖咸
咸讀為函盛杖之器杖之有函猶節之有英蕩老臣雖
杖於朝至於祭祀之時以敬為主雖老而不敢杖伊耆
氏共其函以盛之既事乃授之所以尊神也

軍旅授有爵者杖
有爵者皆有統率在軍見王見帥宜當執杖今三衙兵

官常朝亦執杖也
鄭鍔曰軍中以斧鉞為威將帥所執也其有爵者在軍中則授以杖以表尊也不必皆老然古之杖皆授於君而有等制不可以私作矣

共王之齒杖

國老年齒已高在禮宜杖是之謂齒杖以齒論之雖可以杖必出於王之所賜然後杖伊耆氏之職則共之於王而王用以賜也周家之杖有五十六十七十八十在鄉在家在國在朝之異此所共者其在朝在國乎漢之哀帝賜孔光以靈壽杖其有周舊典歟

王昭禹曰軍旅授有爵者杖貴貴也共王之齒杖老老也

象胥每翟上士一人中士二人下士八人徒二十人

通夷狄之言者曰象胥其有才知者也東方曰寄南方曰象西方曰狄鞮北方曰譯今總曰象胥者周之德先致南方也

象胥掌蠻夷閩貉戎狄之國使掌傳王之言而諭說焉以和親之

國使謂蕃國之臣來頫聘者天子有道守在四夷殊方異俗莫不輸誠歸欵象胥之譯其言又曷可少哉故傳

王之言曉諭王之恩意乃所以和之使勿乖親之使勿
疎也

若以時入賓則協其禮與其辭言傳之凡其出入送逆之
禮節幣帛辭令而賓擯音相息亮反之凡國之大喪詔相國客
之禮儀而正其位凡軍旅會同受國客幣而賓禮之

以時入賓謂四夷之君以時親來也或蕃國之君世一
象胥本主夷狄之使亦兼掌國中之使故下有大事諸侯之等
見象胥掌教以中國之儀用協其禮然後以其辭言於
上又以上之言傳報之也其來至去象胥擯而相之或
入賓遇國之大喪與軍旅會同則亦詔相而賓禮之皆
謂蕃國也

凡作事王之大事諸侯次事卿次事大夫次事上士下事庶子

後鄭云凡作事是擇使也諸侯恐當為諸公春秋天王使宰周公來聘是也下事庶子如武氏子仍叔之子

掌察四方中士八人史四人徒十有六人

此有闕文言掌察諸侯之不率者

掌貨賄下士十有六人史四人徒三十有二人

此有闕文掌所以供交通諸國之幣帛

朝大夫每國上士二人下士四人府一人史二人庶子八人徒二十人

朝大夫掌都家之國治

都家王之子弟公卿及大夫之采地也國治王國之治

都家當奉行者冢宰言以則治都鄙朝大夫掌之也

日朝以聽國事故以告其君長

日朝者朝大夫日日在朝以聽受國事故謂天子之事

當施於都家者也所作謂之事所遭謂之故君謂其國

君三公及王子弟皆得稱國君也長謂卿大夫

國有政令則令其朝大夫

王國六官治教之當行於都家者朝大夫日朝於王以

聽國之事故告都家之君長是以國有政令令朝大夫

凡都家之治於國者必因其朝大夫然後聽之唯大事弗

因

都家之治有當治於王國者必因大夫以上達若夫事

之大者則不可因朝大夫以達之也其君長當自至而

稟王命可也

凡都家之治有不及者則誅其朝大夫

不及謂有稽緩之誅以朝大夫告戒之不蚤故耳

在軍旅則誅其有司

有司謂都司馬家司馬也見軍旅不干朝大夫之事

都則中士一人下士二人府一人史二人庶子四人徒八

十人
闕
都士中士二人下士四人府二人史四人胥四人徒四十
人
闕
家士亦如之
闕

周禮補亡卷之五終

冬官

周禮補亡　卷六

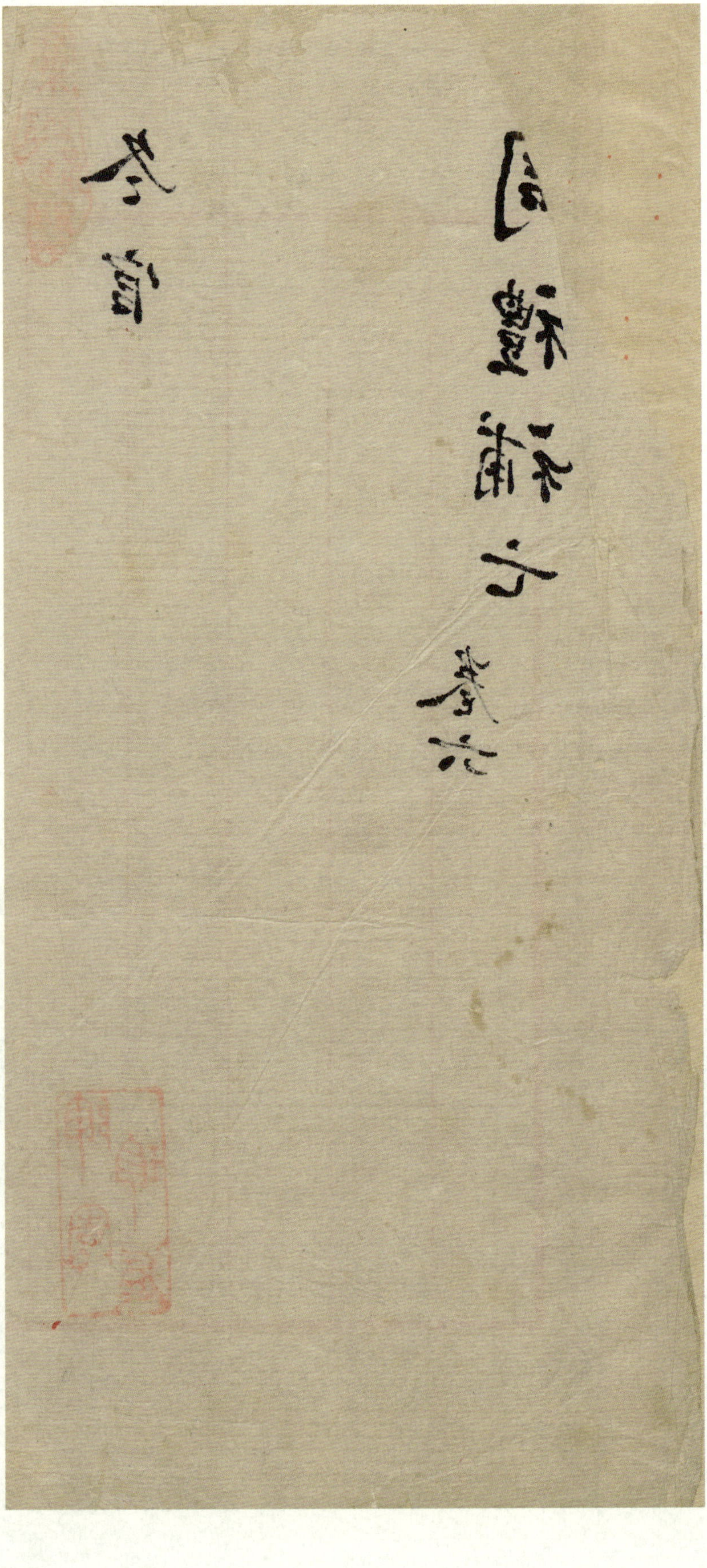

冬官補亡

○○○大司空　小司空

○○書周官曰司空掌邦土居四民時地利則土地之圖人民之數與夫土會土宜土均土圭之灋不宜為司徒之職記王制曰司空度地居民量地遠近興事任力則經土地而井牧其田野與夫起徒役令賦之事不宜為小司徒之職今取而復舊則冬官不亡矣

○○○封人　牧人　牛人　充人　載師　均人

土均　草人　稻人　山虞　林衡　川衡

澤虞　丱人古猛切國上聲金玉函於石未治鍊者也隸作磺俗作礦鑛　角人　羽人

掌葛　掌染草　囿人　場人

封人之封國造邑載師之任地定征均人之均力征土均之平地政草人掌土化之灋稻人掌水利之事是皆度地制邑居民而時其地利若也宜屬之司空牧人牛人充人與天官之獸人𩺰人皆不宜屬天官山虞林衡澤虞川衡之掌山澤丱人角人羽人之蓄山澤之材囿人之牧獸場人之植果蓏掌葛掌染草之時地利稽之於書考之於禮質之六典六職皆隸之司空則為宜

獸人　𩺰人　鼈人　獸醫

月令季春之月命司空曰田獵罝罘羅罔畢翳餧獸之藥毋出九門用是知此四官屬司空無疑況九職三曰虞衡作山澤之材四曰藪牧養蕃鳥獸乃司空之職則此四官不為天官之屬明矣

司裘　染人　追師　屨人　掌皮　典絲　典枲

司空掌百工凡此數者工人之官所以供王之服御而掌皮典絲典枲則備工之用况典治絲枲飭化八材之類屬之司空曰宜

典瑞　典同　巾車　司常　冢人　墓大夫

司服　典路　車僕　雞人　犬人

典瑞典同巾車司常司服皆治其器物以備用則是工之屬也合隸司空成周建六官限於三百六十其不以工人專一官明矣一工一官如今考工所載攻木攻金攻皮設色刮磨摶埴之類皆得命官而佐職将不勝其繁是豈聖人設官之意耶後世傳習之久謂司空主百工而百工居六職之一司空之亡以考工記補之由漢以來莫之察者失於不思聖人設官之意故也冢人墓大夫亦宜以土事屬之司空列之禮官則濫矣巾車既隸冬官則車僕不宜他屬獸人

獻人既隸冬官則雞人犬人隸之無疑

弁師　司弓矢　槀人

弁師為冕弁以供王之服用不當屬司馬司弓矢乃弓人為弓之事故合九合七皆有其制槀人掌獻素獻成宜以工屬司空明甚

職方氏　𢀖氏　形方氏　山師　川師　邍師

量人

職方氏掌天下之地圖此邦土之任司空之職山虞澤虞之屬即其僚爾量人亦司空度地之職與考工記匠人營國文無異

今訂定冬官之屬五十有四

大司空　小司空　載師　封人　量人　均人

土均　草人　稻人　山虞　林衡　川衡

澤虞　卝人　角人　羽人　掌葛　掌染草

囿人　場人　牧人　牛人　充人　獸人

獻人　鼈人　雞人　犬人　獸醫　司裘

掌皮　司服　典絲　典枲　染人　弁師

追師　屨人　典瑞　典同　巾車　典路

車僕　司常　司弓矢　槀人　冢人　墓大夫

職方氏　土方氏　形方氏　山師　川師　邍師

周禮補亡卷之六

宋清源邱葵吉甫學

後學楊浚雪滄重校

裔孫嘉澍筱餅　炳忠伯貞重刊

二十一世孫武璦悔初校字

冬官司空第六

書載伯禹作司空平水土周官曰司空掌邦土居四民時地利禮記王制曰司空執度度地居民山川沮澤時四時量地遠近興事任力此見於經傳者燦然可攷後人以司徒地官為土地之事而以考工記補冬官謂冬

周禮補亡卷六

宋清源吉甫邱　葵釣磯氏編集

後學廖化雨澤齋　全校

裔孫　圭汝舟

冬官司空第六

書載伯禹作司空平水土周官曰司空掌邦土居四民時地利禮記王制曰司空執度度地居民山川沮澤時四時量地遠近興事任力此見於經傳者燦然可攷後人以司徒地官為土地之事而以考工記補冬官謂冬

官主百工殊不知百工之事特司空之屬官以地官司徒為當任土地之事然則天官冢宰其亦當任天文之事邪按周官曰司空掌邦土則凡土地之事列在司徒者皆冬官之誤無疑今以五官之羨而補冬官之闕則冬官不亡矣

惟王建國辨方正位體國經野設官分職以為民極乃立冬官司空使帥其屬而掌邦事以佐王富邦國

事官之屬

大司空卿一人小司空中大夫二人下大夫四人上士八人中士十有六人旅下士三十有二人府六人史十有二

人胥十有二人徒百有二十人
大司空之職掌建邦之土地之圖與其人民之數以佐王
富邦國
鄭康成曰土地之圖若今司空郡國輿地圖司徒掌邦
教土地之圖人民之數非其職也此大司空掌邦土以
掌凡邦之役事錯亂在地官
以天下土地之圖周知九州之地域廣古曠反輪之數
九州揚荆豫青梁雍幽冀并也禹氏云東西為廣南北
為輪王制言東西長而南北短惟其長故謂之廣惟其
短故謂之輪

辨其山林川澤丘陵墳衍原隰之名物
包土石者曰山有竹木者曰林川則流而至於海澤則瀦而不行土高曰丘丘小阜曰陵水厓曰墳下平曰衍高平曰原下濕曰隰合則為五土之名分則為十等之異不辨其名無以别其肥瘠燥濕之殊不辨其物無以知其赤黑黄白之壤

而辨其邦國都鄙之數制其畿疆而溝封之
畿外之地可建邦國畿内之地可建都鄙其數則王制所謂畿内九十三國畿外一州二百一十國也溝穿地封起土為界蓋制其畿以限之制其疆以守之穿池以

為溝高壘以為封民受地以居養生麥死之無憾所謂
先成民也
設其社稷之壝維季反而樹之田主各以其野之所宜木遂
以名其社與其野
社稷后土及田正之神祀社配以句龍祀稷配以棄社
稷不屋而壇壇外累土為壝田主以所宜木而樹之若
以松樹於壝以為社神則名曰松社之野司空以水土
之官辨山林川澤邱陵墳衍原隰之名物制其畿疆而
溝封之此其為職分明屬之司空無可附麗學者宜熟
思而明辨之

朱 名依本
字 徒 文作空

以土會之灋辨五地之物生

會聚也總計天下山林川澤邱陵墳衍原隰定其數然後分其所生此與計土物多寡及計貢稅之法不同

一曰山林其動物宜毛物其植物宜皁物其民毛而方

毛物貂狐貒貉之類縟毛者植物根生者柞栗之屬今俗以作實為皁斗方堅勁貌山林之人習於風霜艱阻宜其內堅勁也

二曰川澤其動物宜鱗物其植物宜膏物其民黑而津

鱗物魚龍之屬膏物桐漆之類或曰蓮芡之實其民水氣所薫故黑而潤澤

三曰邱陵其動物宜羽物其植物宜覈音核物其民專徒丸反
而長羽物翟雉之屬核物李梅之屬專圜也其民得邱陵之
性雖跼而脩直
四曰墳衍其動物宜介物其植物宜莢古協反物其民晳音錫
而瘠介物龜鱉之屬莢物薺莢皂角王棘之屬薺莢即今皂莢
也王棘雖無莢其枝葉與薺相類故并言之其民得墳
行之性雖白而瘦勁晳白也瘠臞也
五曰原隰其動物宜蠃力果反物其植物宜叢才東反物其民

豊肉而庳音婢
羸物蠹蠙之屬叢物萑葦之屬草之叢生者其民生於
原隰雖肥而清悍不能脩長

土會之灋正司空度地以居民者也王制曰凡居民材
必因天地寒煖燥濕廣谷大川異制民生其閒異俗此
辨山林川澤邱陵墳衍原隰之名物而制其畿疆之節
目也與十二教何與其非司徒之任決矣

以土宜之灋辨十有二土之名物以相民宅而知其利害
以阜人民以蕃鳥獸以毓草木以任土事

名所以命其土邱陵墳衍原隰之屬物所以色其土青

黎赤埴黑墳之屬職方氏所載者九州而土宜之灋所辨者十二何邪蓋天有十二次日月之所躔地有十二土王公之所國是故分野之占則星紀為吳越玄枵為齊娵訾為衛降婁為魯大梁為趙實沈為晉鶉首為秦鶉火為周鶉尾為楚壽星為鄭大火為宋析木為燕雖當時未有燕齊秦楚等國而司空之所辨殆亦以分野而言也相視也阜盛也蕃多也毓生也任謂任地所生因民所能也

鄭鍔曰物生於土而土性各有所宜因土所宜立為一定之法則名物皆可得而別土所以居民然民之宅於

此土則有利害之不同所居之安如公劉遷豳民則庶
繁順宣而無永歎所居之害如晉遷新田民則沉溺重
腿而有癘疾辨其名物以相其陰陽知其利使之安土
而勿遷知其害使之違害而就利以之阜人民則處其
地者阜而盛以之蕃鳥獸毓草木則生其地者蕃而茂
以之任土事則土地所任者得其當鄭云地之生物不
同民之事業有異若居水者利其金玉錫石居山者利
其禽獸材木居澤者利其魚鹽居陸者利其田蠶是其
任謂就地所生因民所能而居之也

辨十有二壤之物而知其種以教稼穡樹藝

壤赤土也兗之有黑墳青之有白墳徐之有赤埴揚荆
之有塗泥豫之有墳壚梁之青黎雍之黄壤其土不同
故於稼穡樹藝有宜有不宜故必辨之然後知宜稻宜
麥宜五種宜三種也
以土均之灋辨五物九等制天下之地征以作民職以令
地貢以斂財賦以均齊天下之政
五物見上即山林川澤等墳九等九州之田賦上中下
之不同職即大宰之九職貢即大宰之九貢財賦即大
宰之九賦然遠近多寡之不均先後緩急之不齊非政
之善也故必有以均齊之上土宜乃居四民時地利之

事此土均乃使民興事任力之事實司空之職也則地征之制民職之作與夫令貢而斂財司徒掌之則爲侵官又況土會土宜土均土圭皆土事非掌邦土者誰宜尸之邪

以土圭之灋側土深尺鴆反正日景以求地中日南則景短多暑日北則景長多寒日東則景夕多風日西則景朝多陰日至之景尺有五寸謂之地中

日月之行分同道也至相過也景晷相過則有可候之理故致日必以冬夏令建國測景只於夏至不於冬至以冬至景長三尺過土圭之制未若夏至之日晝漏之

半立八尺之表表北尺有五寸正與土圭等則為地中故於此時植之以表測之以圭假如表北得尺四寸是地於日為近南景短於表南為陽粤地常多暑假如表北得尺六寸是地於日為近北景長於表北為陰胡地常多寒正中時表其景已跌是地於日為近東先夕景也東則近海卑下故多颶風正中時表其景未中是地於日為近西猶朝景也西則近山幽陰故多積雪多者不得夫氣之中而偏勝之謂日南日北蓋假借言之

又氏曰虞以璿璣玉衡齊七政求天之中周以土圭正日景求地之中中於天地者為中國先王之建國所以

致意焉

易氏曰日南日北日東日西特四時測景之瀍如夏至日在南陸躔於東井景長尺有五寸故曰日南則景短多暑冬至日在北陸躔於牽牛景長丈有三尺故曰日北則景長多寒秋分日在東陸躔於角其景常候以夕故曰日東則景夕多風春分日在西陸躔於婁其景常候以朝故曰日西則景朝多陰昔堯以中星驗日景而獨於仲夏言敬致即致日也致日於尺有五寸之景此求中之瀍也

天地之所合也四時之所交也風雨之所會也陰陽之所

和也然則百物阜安乃建王國焉制其畿方千里而封樹
之
此周公記其作洛邑之制以司空掌天下之土地因而
載建國之灋非謂常有建國之事也
凡建邦國以土圭土其地而制其域諸公之地封疆方五
百里其食者半
易氏曰土其地者特依倣王國之法以定東西南北之
勢食者授田者之實數半則二百五十里也
諸侯之地封疆方四百里其食者參之一
百三十里有奇

諸伯之地封疆方三百里其食者參之一

一百里

諸子之地封疆方二百里其食者四之一

五十里

諸男之地封疆方百里其食者四之一

二十五里

陳君舉曰所謂五等諸侯但言其班爵爾若夫分土毋過三等侯百里伯七十里子男五十里自夏商未之有改大司馬之瀍曰大國三軍次國二軍小國一軍由此觀之雖周亦三等也舉四封而言則侯四百里伯三百

里子二百里又益一男之地為公以待加地之賞損一
男之地為男以待削地之罰蓋所謂有功者取於閒田
以祿之削地歸之閒田以傳致之魯錫附庸而鄭嘗失
武公之畧自虎牢以東是也終周之世若公若男往往
設而不封故稱公者一宋而已自齊魯皆侯也虞公虢
公則皆繼三公之後爾稱男者二許宿是也自邾莒皆
子職也驪戎男則夷狄之長爾先儒謂周公斥大九州
更置五等妄也强幹弱枝之道雖聖人不敢廢今天子
之畿方千里謂之萬乘而内諸侯頒食采於其中顧以
方五百里封公可乎職方之制曰凡邦國千里封公則

四公則百男蓋假設之言以是為建國之率假如九州州方千里大之封公不過四國小之封男雖至於百里可也是謂衆建而小其力茍如先儒之言則漢七國唐藩鎮之禍作於周久矣

凡造都鄙制其地域而封溝之以其室數制之不易之地家百畮一易之地家二百畮再易之地家三百畮

造都鄙與建邦國不同建邦國以土圭土其地而知其廣狹以則其域造都鄙直以所當授之民室數制其地邑內之田有肥磽不齊故立不易一易再易之灋此王子弟公卿大夫采地外有封溝樹之國內有城郭市朝

宗廟之別使之朝夕涖事王朝而退食於家其家不出
王城而都鄙乃在三百里四百里五百里之内以吏居
之而受采地之封者不過食其禄爾此尹氏崔氏春秋
所以譏世卿也東巖王與之曰匠人建國匠人營國載
之考工置槷為規皆以測景正朝夕其與土圭之灋相
表裏而土圭之灋乃在司徒是不惟有戾虞朝之官制
與太宰之六典小宰之六職皆如枘鑿矣司空執度度
地量地制邑於王制可以知其職匠人建國營國於考
工可以遡其舊若以司徒考之雖欲强附而曲取於經
傳誠無以為據依也今取大司徒之不應職者歸之司

空故曰司空之篇未嘗亡也

乃分地職奠地守制地貢而頒職事焉以為地灋而待政令

力役之任屬在司空則夫地職地守地貢皆吏役之所當均焉者也取而歸之司空宜也知禹之所以為司空之義則地職地守地貢其可屬之司徒乎地職若三農園圃虞衡藪牧之類地守賦也變賦言地守者守一定之灋也地貢農以耕事貢九穀圃以植事貢草木之類

方千里曰國畿其外方五百里曰侯畿又其外方五百里曰甸畿又其外方五百里曰男畿又其外方五百里曰采

畿又其外方五百里曰衛畿又其外方五百里曰蠻畿又
其外方五百里曰夷畿又其外方五百里曰鎮畿又其外
方五百里曰蕃畿
此言外方五百里則以方言之是
每面二百五十里兩面相方為五百里自侯畿至蕃畿
通為二千二百五十里兩面相距通為四千五百里并
王畿千里通為五千五百里其增於禹者五百里之蕃
服爾然周之蕃服雖不列於禹貢九州之外而禹貢九
州之外咸建五長東漸西被即成周蕃服之域是周之
蕃服其名雖增於禹而地未嘗增也此即職方氏之九

·服王與之曰乃以九畿之籍施邦國之政職者羨文也
知職方氏之宜在司空則此章不當在司馬矣

小司空掌會萬民之卒伍而用之五人為伍五伍為兩四兩為卒五卒為旅五旅為師五師為軍

此即五家為比五比為閭四閭為族五族為黨五黨為州五州為鄉之灋

以起軍旅以作田役以比追胥以令貢賦

作為也役功力之事追逐也胥伺也伍五人兩二十五人卒百人旅五百人師二千五百人軍萬二千五百人此制一定有征伐之時起之以為軍旅四時之閒作之

使趨田役有盜之際比之使追胥閒暇之時令之使出貢賦士不待選皆吾民也將不改置皆吾吏也有事致之行陳無事歸之田里無招收之擾無廩給之費此先王之足兵而未甞有兵也司馬濃曰兵車一乘甲士三人步卒七十二人是則一乘者七十五人也約而言之兵車一乘則三兩之數四乘則三卒之數百乘則三師之所合五百乘則三軍之所合積而至於千乘則六軍聚焉是則六軍之數適足以容千乘乃天子宿衛之兵其餘六遂都鄙之兵悉天子之畿內則為萬乘矣諸侯大國則有千乘而三鄉三軍則僅止於五百乘爾

乃均土地以稽其人民而周知其數上地家七人可任也者家三人中地家六人可任也者二家五人下地家五人可任也者家二人

受田有九等之瀍此以七六五為三等蓋因中以寄明上下之義

鄭康成曰均平也周猶徧也一家男女七人以上則授之上地所養者衆也男女五人以下則授之下地所養者少也止以七人五六人為率者有夫有婦然後為家自二人以至於十為九等七六五者為其中可任謂丁强任力役之事者出老者一人其餘男女强弱相半其

大數
此役灋也其誤在於大司徒者旣取而歸之于大司空
矣則此小司徒因土地之上下而均其任人之數宜爲
小司空鄉師之職旣曰以攷司空之辟以逆役事矣司
寇又曰役諸司空由是觀之此章其屬之司空信而有
據學者當知所適從矣
凡起徒役毋過家一人以其餘爲羨唯田與追胥竭作
竭作不接籍起人其家丁男皆行
凡用衆庶則掌其政教與其戒禁聽其辭訟施其賞罰誅
其犯命者凡國之大事致民大故致餘子

致者使自至也大事田役大故災寇也。餘子羨卒也

凡令賦以地與民制之凡上地食者參之二其民可用者家三人中地食者半其民可用者二家五人下地食者參之一其民可用者家二人

上地食者參之二田百晦萊五十畝中地食者半田百晦萊百晦下地食者參之一田百畝萊二百晦〇賦役一事也役事之屬司空既見於經則令地賦不可他屬矣

乃經土地而井牧其田野

可耕之地為井可畜之地為牧上地百畝中地二百畝

下地三百畝三夫受六夫之地二牧當一井九夫為井四井為邑四邑為邱四邱為甸四甸為縣四縣為都甸方八里旁加一里則方十里為一成積百井其中六十四井為田其三十六井則山川城郭方八十里旁加十里則方百里為一同積萬井其中六千四百井為田而三千六百井為山川城郭以四數之言田之實數司馬灋以十數之兼山川城池而言也邱甸則用之於鄉遂及公邑縣都則用之於采地鄉遂公邑非無縣都也有縣都之制而民之受地者特一夫之田與夫宅田士

田賈田公邑之類未至於縣都也采地之所受亦非無
井邑邱甸井邑邱甸見於縣都之中唯卿大夫之所受
者或四十里或八十里此所以必畫為縣都之制也唯
野外之田不無墽惡肥磽之差豈必盡如指掌之平棊
枰之畫唯有井有牧比折而行乃是井田之活灋周禮
一書皆通率而備言之楚蔿掩所謂書土田度山林鳩
藪澤辨京陵表淳鹵數疆潦規偃豬町原防牧隰皐井
衍沃即成周井牧之遺灋也山林之地九夫為度九度
當一井藪澤之地九夫為鳩八鳩當一井京陵之地九
夫為辨七辨當一井淳鹵之地九夫為表六表當一井

疆潦之地九夫為藪九藪當一井偃豬之地九夫為規
四規當一井原防之地九夫為町三町當一井隰皋之
地九夫為牧二牧當一井衍沃之地九夫為井所謂井
九百畝者非必皆平土皆上地也因地之所遇而為之
計度可以知井田之說矣信南山之詩曰信彼南山維
禹甸之論語稱禹盡力乎溝洫皐陶謨曰畎澮距川孟
子曰夏后氏五十而貢商人七十而助周人百畝而徹
其實皆什一以貢助徹皆天下之什一若非邱甸之瀍
何以能什一之瀍哉故井田之瀍始於唐虞以至夏商
稍稍葺治而大備於周

以任地事而令貢賦凡稅斂之事乃分地域而辨其守施其職而平其政凡建邦國立其社稷正其畿疆之封地事辨其地之宜井宜收及黃白宜禾洿泉宜稻之類凡稅斂之事如納徵之期收掌之人廩藏之所委輸存貯之數皆是也地邑有衝僻收穫有早晚道路輸將有遠近則稅斂之事必隨地而制其宜康成曰分地域謂建邦國造都鄙制鄉遂也政稅也當作征凡此者皆邦之土事故當盡屬司空今載之小司徒非也引而補其闕雖不得其全然其大畧亦足以見古先聖王設官之意

載師上士二人中士四人府二人史四人胥六人徒六十人

載事也冬官謂之事官載師掌任土之事宜為司空之考

載師掌任土之灋以物地事授地職而待其政令

有土斯有物或宜九穀或宜果蓏或宜鳥獸之類凡所謂地事以此物之有事斯有職或職以耕事或職以牧養之事凡所謂地職以此授之待政令待稅賦之政令也

以廛里任國中之地

在市之屋曰廛在里之屋曰里

以場圃任園地

場以登禾黍圃以種果蓏

以宅田士田賈田任近郊之地

宅田即孟子所謂五畝之宅是也士田即孟子所謂圭田也賈田賈人之有事於縣官者也五十里為近郊

以官田牛田賞田牧田任遠郊之地

官田籍田也牛田牛人之田賞田賞賜之田也牧田牧人之田也百里為遠郊

以公邑之田任甸地

公邑謂在官之田未頒與人者郊外曰甸
以家邑之田任稍地
謂天子之大夫各受采地二十五里在三百里之内也
以小都之田任縣地
謂天子之卿各受五十里采地在四百里縣地之内也
以大都之田任畺地
謂三公及親王子母弟各受百里采地在五百里畺地
之中也〇四郊地居四同甸居十二同稍居二十同縣
居二十八同都居三十六同共計百同此王畿所以為
千里

凡任地國宅無征園廛二十而一近郊十一遠郊二十而三甸稍縣都皆無過十二唯其漆林之征二十而五

國中什一使自賦故無征園廛不可以井論故二十而征其一近郊以下皆以百畝而徹賦民十一近郊於一中十分取一遠郊於一中十分取一分之半甸稍縣都於一中十分取二采地之内有漆林焉則於一中十分取二分之半所以抑末也

凡宅不毛者有里布凡田不耕者出屋粟凡民無職事者出夫家之征

里布緦也以供吉凶二服皆里布也屋粟則見於旅師

之所掌也夫家之征十一之外出士徒車輦以給繇役
此言都鄙郊甸之中有不毛之宅不耕之田無職事之
民是上忘其職而怠忽於政也故宅不毛者其長有里
布之罰田不耕者其長有屋粟之罰民無職事則又罰
其長以夫家之征此即孟子所謂入其疆土地荒蕪則
有讓之意也

以時徵其賦

徵之必以時則上不病國下不病民

封人中士四人下士八人府二人史四人胥六人徒六十
人

聚土曰封
封人掌設王之社壝爲畿封而樹之
壇在中外爲壝畿封而樹之植其所宜木以嚴其界限也
凡封國設其社稷之壝封其四疆造都邑之封域者亦如之令社稷之職
乃職事於社稷者也壝設矣令匠人設五方之土以築其壇
凡祭祀飾其牛牲設其楅楅音衡置其絼持忍反共其水槀
飾刷治潔清之也楅設於角衡設於鼻如掇狀絼著牛

鼻繩以牽牛者水以洗牲槀以薦牲
歌舞牲及毛炮之豚
謂君牽牲入時歌舞以言其愽碩肥腯毛炮之豚謂實
棗於豚之腹以炮
凡枣紀賓客軍旅大盟則飾其牛牲
量人下士二人府一人史四人徒八人
量猶度也謂以丈尺度地屬之司空宜也
量人掌建國之灋以分國為九州營國城郭營后宮量市
朝道巷門渠
后君也非王后之宮

造都邑亦如之營軍之壘舍量其市朝州涂軍社之所里軍壁曰壘每軍必有市有朝每州一師二千五百人五師為軍各有涂道而軍社有常居之

邦國之地與天下之涂數皆書而藏之凡祭祀饗賓制其從獻脯燔之數量掌棗祭奠竁（昌絹反）之俎實凡宰祭與鬱人受斝歷而皆飲之

宰祭者冢宰佐王祭亦或攝祭也訖事量人與鬱人受舉斝之餘瀝而飲之所以受神之福

均人

均人中士二人下士四人府二人史四人胥四人徒四十

均人掌均地政均地守均地職均人民牛馬車輦之力政
地政上所以正下地守地職下所以供上山林川澤邱
陵墳衍原隰五地各有所守謂之地守而地職則九職
中自百工以下皆是也力政當作力征人力牛馬車輦
之力征征於地守地職之人也

凡均力政以歲上下豐年則公旬用三日焉中年則公旬
用二日焉無年則公旬用一日焉

鄭鍔曰或謂周禮一經於徒役之事以為用民之力事
之至大故屢言之今觀均人視歲上下為用民之節不
過一日二日三日之差奚為其然余嘗論之是說自前

漢始文帝集諸儒述禮經作王制以為用民之力歲不
過三日於是學者不敢違鄭康成覺其不通遂改旬為
均曰公事均用三日余嘗笑其鑿古者龍見而畢務大
見而致用水昏正而栽日南至而畢故衛文公楚宫之
作仰占定星之中詩人以謂得其時制則知力役興於
農隙之時十月之候營室之中也一旬而三日則一月
而九日計冬之三月則二十七日矣年豐則食有餘多
用其力不為虐也一旬兩日則一月六日計冬之三月
則十八日矣中年食少歉減豐年三分之一也一旬一
日則一月三日計冬之三月則九日矣無年而力役不

作減三分之二也如以為一歲不過三日奚必諄複作
經屢言役事之為大乎
凶札則無力政無財賦不收地守地職不均地政
特言無財賦者國中九職蓋有不受地而出征賦者如
百工商賈閒民夫布皆是凶札無財賦其見於經者闗
市不征是也均人掌均力政凶札舍力政是其職也無
財賦不收地守地職無豫於均人其言此者蓋為均地
政凶年最先舍力政甚則弛財賦又甚則不收山澤及
地稅至此則不均地政可也
三年大比則大均

比年不均特權時之變爾三年不大均則紀綱壞矣
劉氏彛曰謂此方之役事寡而民之力征尚多三年用
民而猶有未役者則大比之三年之外取其未役者通
用之所以能盡公旬三日之法比年不均特權時之變
爾
土均上士二人中士四人下士八人府二人史四人胥四
人徒四十人
土均掌平土地之政以均地守以均地事以均地貢
自農圃至藪牧皆謂之地守自耕植至畜養此謂之地
事自九穀草木鳥獸至山澤之材此謂之地貢均之則

高下媺惡輕重適其平

以和邦國都鄙之政令刑禁與其施舍禮俗喪紀祭祀皆以地媺惡為輕重之灋而行之掌其禁令

以和之如何以地媺惡為輕重之灋而行之政令之緩急刑禁之寛猛施舍之宜否禮俗之沿革喪紀祭祀之豐約宜者令之不宜者禁之使之適於和而已司空以土會之灋總其大綱而斟酌彌縫其閒使萬目不遺者土均之職也

草人下士四人史二人徒十有二人

草人掌土化之灋以物地相其宜而為之種

土化之瀍令民薙草而灰之以和九獸之糞則地可移瘠而肥是之謂化及物地而相其宜則百穀用成矣

凡糞種騂剛用牛赤緹（音低）用羊墳（符粉反）壤用麋（音眉）渴（其列反）澤用鹿鹹潟（音昔）用貆（呼丸反）勃壤用狐埴（時力反）壚（音盧）用豕彊檃（音檻）用蕡（扶云反）輕爂（孚昭反）用犬

地之色有騂赤而性剛者有赤而變縓緹者有墳起而壤解之者有舊為澤而今則渴者有鹹苦而潟鹵者有勃壤則粉解而黏者有埴（土黏曰埴）壚（膠固卑下曰壚）則黏疏而不墳者有彊檃則堅強而不和柔者有輕爂而不厚重者凡此九等物其色知其性或用牛羊或用麋鹿或用貆

狐或用豕犬或用麻蕡皆可以變惡而美易瘠而肥則
地無不可種矣
稻人上士二人中士四人下士八人府二人史四人胥十
人徒十人
稻人掌稼下地
沮洳下濕之地
王氏應電曰中原高地水深土厚宜於黍稷菽麥惟近
水下地乃可教民種稻以其不服習故設官掌之
以瀦畜水以防止水以溝蕩水以遂均水以列舍水以澮
瀉水

由遂而入田之畦畎爲列

豬者畜流水之陂以偹旱也防豬旁隄也溝田首受水大溝遂田首受水小溝列田之畦埒也澮田尾去水大溝其用水也則自防之水門以入于溝自溝以入于遂舍於列而灌溉通焉水過大則以澮瀉之於川而毋害稼

以涉揚其芟作田

開遂舍水於列中因涉之揚去前年所芟之草而治田種稻作猶治也

凡稼澤夏以水殄草而芟夷之

澤者草之所生故以去草爲先盛夏水熱如湯可以殄

草而芟夷之
澤草所生種之芒種
芒種稻之有芒者草既芟夷則可種
旱暵共其雩斂
旱則共雩祭之所斂
棗紀共其葦事
葦以闉壙禦濕之物
山虞每大山中士四人下士八人府二人史四人胥八人
徒八十人中山下士六人史二人胥六人徒六十人小山
下士二人史一人徒二十人

山虞度也
山虞掌山林之政令物爲之厲而爲之守禁
別其地以爲之限然後命其人以守之設其澐以禁之
夫利之出山林川澤者先王與民共之而周禮皆有禁
焉何也蓋利之所在人所競趨官不爲之守禁則分爭
力奪何時而已雖山林川澤各置虞衡之官而有以示
其禁焉則兼并者不得逞而其利可以均及於民矣
山有虞林有衡此兼言掌山林之政令者以林衡受法
於山虞也物爲之厲每物有藩界也山之所産每物須
爲之藩界此職下文專以材木爲言者鳥獸金玉自有

迹人卝人等分職材木於山為多山虞之專職故詳言
之也别其地以為之限
仲冬斬陽木仲夏斬陰木
陽木在山南陰木在山北冬斬陽夏斬陰堅濡調也
凡服耜斬季材以時入之
服牝服即車平較也皆有鑿孔以軫子貫之故謂之牝
服季猶稺也服與耜皆季材少木為之尚柔韌也
令萬民時斬材有期日凡邦工入山林而掄材不禁
邦工朝廷之梓匠
春秋之斬木不入禁

榆柳非不禁春秋之不可斬材自然有禁也

鄭康成曰非冬夏之時不得入所禁之中斬木也斬四野之木可○春秋非時而萬民有斬木者以其有倉卒之急需故也蓋死喪棺槨大水隄堰之類故於禁外稍寬之禁內則終不得而入也苟非急需則春秋固無斬木之事

凡竊木者有刑罰若祭山林則爲主而脩除且蹕

山虞山神之所依也脩除治道路場壇蹕止行人也

若大田獵則萊山田之野及弊田植虞旗于中致禽而珥如志反焉

萊除其草萊弊田田者止也植旗令獲者皆致其禽而

校其耳知獲數也珥當作衈
林衡每大林麓下士十有二人史四人胥十有二人徒百
有二十人中林麓如中山之虞小林麓如小山之虞
衡平也平地生竹木曰林山足曰麓
林衡掌巡林麓之禁令而平其守
山虞掌其政令衡特巡察之而已平其守平其所守林
麓之部也
以時計林麓而賞罰之
會計其繁耗而賞罰守者
若斬木材則受灋于山虞而掌其政令

川衡每大川下士十有二人史四人胥十有二人徒百有二十人中川下士六人史二人胥六人徒六十人小川下士二人史一人徒二十人

賈氏曰官及胥役多者以其川路長遠廵行勞役故也

川衡掌廵川澤之禁令而平其守以時舍其守犯禁者執而誅罰之

獺祭魚之後則舍其守犯禁者數罟不入汚池非時取魚鱉者也

祭祀賓客共川奠

川奠籩豆之實魚鱐蜃蛤之屬

澤虞每大澤大藪中士四人下士八人府二人史四人胥八人徒八十人中澤中藪如中川之衡小澤小藪如小川之衡

有水為澤無水為藪

澤虞掌國澤之政令為之厲禁使其地之人守其財物

澤屬于國懼民因地以致爭令海之沙岸潮之陂渚凡利入之厚無不租摸于官而後漁焉此之謂也

以時入之于玉府頒其餘于萬民

國澤有皮角珠貝非民所得有者以時入于玉府而頒其餘

凡祭祀賔客共澤物之蒖棗紀共其葦蒲之事
葦以闉壙蒲以為席
若大田獵則萊澤野及弊田植虞旌以屬禽
澤虞有旌以其掌澤有鳥羽故得注析羽
丱故猛反人中士二人下士四人府二人史二人胥四人徒
四十人
金玉之函於石者謂之丱取玉則破丱而得取金則煆
丱而成怪石黃金非丱所出總名以丱人者舉其類言
之
丱人掌金玉錫石之地而為之厲禁以守之若以時取之

則物其地圖而授之巡其禁令

物其地視其色以别其所産也利之所在姦弊百出既禁之又令之又從而巡之然後丱人取之而入於職金職金受之而入其金錫于兵器之府入其玉石丹青于受藏之府所以待邦之大用而玉府又所以供王之玩好者也

角人下士二人府一人徒八人

角人掌以時徵齒角凡骨物於山澤之農以當邦賦之政令

所謂山農澤農蓋平時以射田獵取絺綌及染草為業

者非此則不徵曹氏曰有山農有澤農有平地之農平地之田使供什一之稅山澤之利亦各物其土地所産而賦之是謂山澤之農其曰以當邦賦乃以山澤所宜有者以輸于公上以當平地之農輸穀粟什一之租也

以度量受之以共財用

羽人下士二人府一人徒八人

羽人掌以時徵羽翮之政于山澤之農以當邦賦之政令

凡受羽十羽為審百羽為摶十摶為縳（翮羽本也）

掌葛下士二人府一人史一人胥二人徒二十人

掌葛掌以時徵絺綌之材于山農凡葛征徵草貢之材于

澤農以當邦賦之政令
言其物則曰葛言其服治之功則曰絺綌草貢出澤蓢
紵之屬可緝績者絳胡反
以權度受之
掌染草下士二人府一人史二人徒八人
掌染草掌以春秋斂染草之物
藍以染青蒨以染赤皂斗以染黑
以權量受之以待時而頒之
染人春暴曝音練夏纁玄秋染夏之類
囿人中士四人下士八人府二人胥八人徒八十人

囿人掌囿游之獸禁

囿游苑囿游牧之處獸禁者禁芻蕘雉兔者之往不得侵取之也囿人之牧百獸以為死獸生獸之共爾如冬獻狼夏獻麋皆所以備祭祀賓客之須

牧百獸祭祀喪紀賓客共其生獸死獸之物

場人每場下士二人府一人史一人徒二十人

場人掌國之場圃而樹之果蓏珍異之物以時斂而藏之

國之場圃場人掌之民之場圃閭師之所任也方物之生闢場為圃及物之成築圃為場果棗李之屬蓏瓜瓠之屬珍異蒲萄枇杷之屬

凡祭祀賓客共其果蓏享亦如之

牧人下士六人府一人史二人徒六十人

牧人掌牧六牲

六牲牛馬羊豕犬雞

而阜蕃其物以共祭祀之牲牷

牲生也牷純全也

凡陽祀用騂牲毛之陰祀用黝(於糾反)牲毛之

祀分陰陽天陽而地陰日陽而月陰宗廟則昭陽而穆陰騂赤色之盛黝黑色之微毛之取純毛也色以毛別曰騂曰黝而又云毛之者既著其大概矣而尤以純一

無雜者爲上也六牲蓋以牛爲主若羊則未見有赤者
直取其純而已

望祀各以其方之色牲毛之

望祀五嶽四瀆方色東青西白南赤北黑中黄
陳氏祥道曰大宗伯牲幣各放其器之色則天以蒼不以騂地以黄不以黝蓋陽祀以騂爲主不必皆騂陰祀以黝爲主不必皆黝牧人所言亦大率而已詩曰來方禋祀以其騂黑則四方有用騂黑者孔子曰犂牛之子騂且角山川其舍諸則山川有用騂者

凡時祀之牲必用牷物凡外祭毀事用尨可也

時祀謂山川以下至四方百物四時所常祀外祭謂表貉及王行所過山川用事者毀侯禳毀除殃咎之屬庀雜也

凡祭祀共其犧牲以授充人繫之

犧牲毛羽形體完具授之充人當殊養之也

凡牲不繫者共奉之

此言共奉非時之祭祀不待繫於充人者也

牛人中士二人下士四人府二人史四人胥二十人徒二百人

牧人所養者成牲之牛牛人所養者未成牲之牛六畜

之中牛為大天地之牛角繭栗宗廟之牛角握賓客之
牛角尺則牛者無所不用故特設牛人

牛人掌養國之公牛以待國之政令

周制有公家之牛有私家之牛祭祀以為犧牲者公牛
也車輦出於鄉遂者私牛也

凡祭祀共其享牛求牛以授職人而芻之

享獻也獻神之牛求索也祭之明日則索祭之謂之繹
職人充人之屬芻養也

凡賓客之事共其牢禮積膳之牛

牢禮殷膳太宰也積所以給賓客之用生饋之也膳熟

進之也
饗食賓射共其膳羞之牛
享食賓射講禮之時用之也
軍事共其犒牛喪事共其奠牛凡會同軍旅行役共其兵
車之牛與其牽徬蒲浪反以載公任器
牽徬在轅外輓牛也人在前曰牽居其徬曰徬任用也
公用之器也
凡祭祀共其牛牲之互與其盆簝音老以待事
互楅衡之屬盆所以盛血簝受肉籠也
充人下士二人史二人胥四人徒四十人

充猶肥也

充人掌繫祭祀之牲牷祀五帝則繫于牢芻之三月

牢閑也繫于牢者充人所躬親也養牛羊曰芻三月一時節氣成

享先王亦如之凡散祭祀之牲繫于國門使養之

散祭祀謂司中司命山川之屬繫于國門使守門者養之

展牲則告牷

展察視之也告牷告其色之純也

碩牲則贊

碩大也君牽宗人告碩而充人贊之

獸人中士四人下士八人府二人史四人胥四人徒四十
人

獸人掌罟田獸辨其名物
辨其名物則取其所當取無殺胎殀夭之事

冬獻狼夏獻麋春秋獻獸物
狼陽物性濕麋隂物性涼

時田則守罟及弊田令禽注于虞中
時四時守謂備獸觸攫弊仆也春火弊夏車弊秋羅弊
冬徒弊令田衆以行獲置虞旗所植之中謂之注如水

之注于下

凡祭祀賓客共其死獸生獸

四時之田所獲生獸則囿人收之將用獸人取於囿以

供焉其死而未供則入於腊人

凡獸入于腊人皮毛筋角入于玉府凡田獸者掌其政令

䱷漁音人中士二人下士四人府二人史四人胥三十人徒

三百人

䱷人掌以時䱷為梁

春冬二時獺祭魚乃取魚之時夏不取魚梁水堰也中

空以笱承其空

春獻王鮪位軌反

王鮪魚之大者出河南至春入西河上龍門以俟變化

周人取之獻所無也

辨魚物為鱻薨苦老反以共王膳羞凡祭祀賓客喪紀共其

魚之鱻薨凡獻者掌其政令

取魚受政令於獻人則無數罟竭澤之害

凡獻征入于玉府

征之所以抑末也

鼈人下士四人府二人史二人徒十有六人

鼈人掌取互物

互物其物交互若今之魚叉
以時簎（測角反）魚鼈黿蜃凡貍（莫皆反）物
簎以叉刺泥藏伏於泥中謂之貍物
春獻鼈蜃秋獻黿魚祭祀共蠯（薄佳反）蠃（郎戈反）蚳（直其反）以授
醢人
蠯蛤蠃蠡蚳蛾子
掌凡邦之簎事
雞人下士一人史一人徒四人
雞人掌共雞牲辨其物
物謂毛物辨之者陽祀用騂陰祀用黝

大祭祀夜嘑呼音旦以嘂叫音百官
夜漏未盡雞鳴時呼旦以警百官使之夙興
凡國之大賓客會同軍旅喪紀亦如之凡國事為期則告
之時凡祭祀面禳釁共其雞牲
面禳所禳非一方也禳以却災禍釁以除不祥以厭妖
恠
犬人下士二人府一人史二人賈四人徒十有六人
犬人掌犬牲凡祭祀共犬牲用牷物伏瘞亦如之
王行乘車則有犯軷之禮用犬伏於車下以車轢之而
去謂之伏祭地必瘞

凡幾珥沈辜用駹可也
幾祈珥衈沈以祭川辜以磔門
凡相犬牽犬者屬焉掌其政治
獸醫下士四人
獸醫掌療獸病療獸瘍凡療獸病灌而行之以節之以動其
氣觀其所發而養之
灌藥以行之行之不止則其病劇當節以止之先動其
氣脉於其發動處從而養之其病可除矣
凡療獸瘍灌而劀之以發其惡然後藥之養之食嗣音之凡
獸之有病者有瘍者使療之死則計其數以進退之

月令季春之月命司空曰田獵罝罘羅罔畢翳餧獸之
藥毋出九門
司裘中士二人下士四人府二人史四人徒四十人
司裘掌為大裘以共王祀天之服
大裘黑羔裘冬至祭天於圜邱服裘被衮而冕祭天故
言大
中秋獻良裘王乃行羽物
良善也玉藻所謂黼裘也仲秋鳥獸毛毨王乃以羽物
賜羣吏以九月將授衣不可使民之卒歲而無衣褐此
所以廣天地生物之仁

季秋獻功裘以待頒賜

功裘人功微麄謂狐青麛裘之屬卿大夫所服也

王大射則共虎侯熊侯豹侯設其鵠古毒反　諸侯則共熊侯豹侯卿大夫則共麋侯皆設其鵠

侯上中下俱有布一幅夾之以皮飾其兩傍之側而棲皮於其中以為鵠

大喪廞音欽裘飾皮車

廞者像儀也廞裘皮車皆明器中之車裘也

凡邦之皮事掌之歲終則會唯王之裘與其皮事不會

掌皮下士四人府二人史四人徒四十人

掌皮掌秋斂皮冬斂革春獻之
去毛曰革
遂以式灋頒皮革于百工
百工如裘氏韋氏函氏之類
共其毳尺鋭反毛為氈以待邦事
毳毛之細縟者自祭祀至喪紀無不用故曰以待邦事
歲終則會其財齎
司服中士二人府二人史一人胥一人徒十人
司服掌王之吉凶衣服辨其名物與其用事王之吉服祀
昊天上帝則服大裘而冕祀五帝亦如之

大裘見上象天之體玄也冕之制版廣八寸長倍之前員後方前俛後仰飾之以布上玄象天下纁象地名以冕俛以致恭之意

享先王則袞冕

十二章之衣其來遠矣日以象陽德發生萬物月以象陰德養成萬物星辰以象其經緯見四時之運轉龍以象其變化山以象其靜重華虫以象其文采虎蜼以象其義智（虎西方之義獸蜼遇雨則以尾塞其鼻獸之有知者）火以象其光明又能化物藻以象其潔而達於幽潛粉米以象其粒民黼以象其斷制黻兩已相背以象其辯別按公之服自袞冕

以下如王之服則王備十二章可知矣享先王以衮冕
則祀天地之大裘蓋襲以十二章之服也不敢服二辰
之章以祀先王與不敢以衮冕祀先公其義一也衮冕
自龍而下衣五章裳四章王服十二章祭祀則從尸之
服周之先王追王也其尸服衮
享先公饗射則鷩冕
鷩冕自華虫而下其衣三章服四章
祀四望山川則毳冕
自宗彝而下其衣三章裳二章
祭社稷五祀則絺冕

白粉米而下其衣一章其裳二章
祭羣小祀則玄冕
衣無文裳則黻而已
衮冕謂衮衣而冕十二旒鷩冕鷩衣而冕九旒毳冕毳
衣而冕七旒絺冕絺衣而冕五旒玄冕玄衣而冕三旒
凡兵事韋弁服
弁其制畧如冕但無旒爾韋弁服者韋爲弁畫隼亦用
赤色之衣
眡朝則皮弁服
用白鹿皮爲弁服以白布爲之

凡甸冠弁服

冠弁以形言曰委安也以色言曰玄士之玄端大夫之玄冠諸侯之冠弁與天子委貌形制相同緇布衣而素裳

凡凶事服弁服

服弁枲冠也

凡弔事弁經服

如爵弁而素加環經

凡枲爲天王斬衰爲王后齊衰王爲三公六卿錫衰

錫麻之滑易者

為諸侯緦衰為大夫士疑衰
疑擬也擬於吉
其首服皆弁經大札大荒大烖素服公之服自衮冕而下
如王之服侯伯之服自鷩冕而下如公之服子男之服自
毳冕而下如侯伯之服孤之服自絺冕而下如子男之服
卿大夫之服自玄冕而下如孤之服其凶服加以大功小
功士之服自皮弁而下如大夫之服其凶服亦如之其齊
服有玄端素端
吉齊則玄端凶齊則素端端言其幅之正也自公而下
與士之衣袂皆二尺二寸而屬幅廣袤等也子謂公之

服自衮冕而下如王之服始知鄭康成之説非也所謂如王之服者蓋日月星辰之章不同特衮以下如之則王服十二章明矣鄭鍔謂天子之尊國十二門旗十二斿馬十二閑圭尺二寸冕十二旒禮物十二件豈有執尺二寸之圭垂十二旒之玉而服九章之衣以臨之必不然矣

凡大祭祀大賓客共其衣服而奉之大喪共其復衣服斂衣服奠衣服（奠衣服即今坐上魂衣也）廞衣服皆掌其陳序

廞衣服所藏於椁中所陳衣服自有先後之序

典絲下士二人府二人史二人賈四人徒十有二人

典絲掌絲入而辨其物以其賈楬之
絲入如兖州厥貢漆絲青州厥貢絲枲之類以其賈楬
之者將以為獻功授功之程
掌其藏與其出以待興功之時頒絲于外内工皆以物授
之
外内工九嬪世婦及諸侯夫人大夫妻以物授之若縑
帛則授以素絲若文繡則授以綵絲
凡上之賜予亦如之及獻功則受良功而藏之辨其物而
書其數以待有司之政令上之賜予
良功絲之縑帛若功麻之布縷有司若司服弁師也上

王后夫人也

凡祭祀共黼畫組就之物

以給衣服冕旒之類天子繅斿十有二就曰組就者以

組為就也

喪紀共其絲纊組文之物

凡飾邦器者受文織文音志以為織絲組焉

用絲以為線縷用纊以充衣縟用組文以為物之飾

諸茵蓆屏風之屬

歲終則各以其物會之

典枲下士二人府二人史二人徒二十人

典枲掌布緦縷紵之麻草之物以待時頒功而授齎

緦布之細者縷綫也紵苧草之為布者言草則苧葛皆在其中齎計其當用則授麻草使為布緦縷紵史氏曰布重而緦輕

及獻功受苦(古音)功以其賈楬而藏之以待時頒

以賈揭者亦日省月試既廩稱事以勸勵百工之意

頒衣服授之賜予亦如之歲終則各以其物會之

染人下士二人府二人史二人徒二十人

染人掌染絲帛凡染春暴(步卜反)練夏纁玄秋染夏(戶雅反)冬獻功

夏五色

暴練練其素而暴之春時陽氣燥達故暴曬其練纁謂絳也謂夏始可以染此色也元纁者天地之色以為祭服石染當及盛暑熱潤始湛研之三月而後可用染五色謂之夏夏者其色如夏狄禹貢羽畎夏翟是其總名其類有六曰翬曰摇曰鸓曰甾曰希曰蹲其毛羽五色皆脩成章染者擬以為淺深之度是以放而取名焉賈公彥曰秋氣凉可以染五色鄭鍔曰秋氣收而不散五色皆宜故染夏獻功謂至冬功成並獻之也

掌凡染事

凡染事不獨絲帛而已

弁師下士二人工四人史二人徒四人

弁師掌王之五冕皆玄冕朱裏延紐

玄在上朱在下延覆上版也紐綴於冕兩傍以爲固

五采繅十有二就皆五采玉十有二

繅雜文之名也以五采爲繅繩垂於延之前後所謂邃延也就成也就皆五采玉十有二各據一旒而言以五色玉貫於藻繩之上每玉閒相去一寸十二玉則十二寸以一玉爲一成結之使不相并也

玉笄朱紘

玉笄以玉爲笄貫之朱紘以組爲紘仰屬結之也

諸侯之繅斿九就瑉玉三采其餘如王之事繅斿皆就玉
瑱玉笄
三采朱白蒼也斿即旒也瑱（吐鍊反）塞耳者
王之皮弁會五采玉璂（音基）象邸玉笄
詩會弁如星會謂弁之縫中飾之以五采之玉璂以玉
為基象邸下抵也以象骨為之
王之弁經弁而加環經諸侯及孤卿大夫之冕韋弁皮弁
弁經各以其等為之而掌其禁令
追（丁回反）師下士二人府一人史二人工二人徒四人
追治玉石之名

追師掌王后之首服為副編（步典反）次追衡笄
副覆首之飾編者編列其髮以為之次者次第其髮髢
衡帶也笄簪之髻也
為九嬪及外內命婦之首服以待祭祀賓客
衣鞠衣襢衣者服編衣褖衣者服次
枲紀共笄經亦如之
笄經笄與經也儀禮枲服傳有箭笄有惡笄有吉笄惡
笄者櫛笄亦曰榛笄吉笄者象笄也惡笄有有首者吉
笄有折其首者服之重輕以是為差
屨人下士二人府一人史一人工八人徒四人

屨人掌王及后之服屨為赤舄黑舄
重底者名舄單底者名屨王赤舄下有白黑二舄后玄
舄下有赤青二舄但言赤黑特言其尊者爾
赤繶於力反黄繶青句音劬
繶者縫中之紃句者屨頭之拘謂之絇
素屨葛屨
素屨祭祀之屨葛夏屨
辨外内命夫命婦之命屨功屨散屨
命夫命屨纁命婦命屨黑黄功屨以人力為之若功裘
散屨無絇喪屨

凡四時之祭祀以宜服之

夏則葛屨冬則皮屨

典瑞中士二人府二人史二人胥一人徒十人

典瑞掌玉瑞玉器之藏辨其名物與其用事設其服飾

玉瑞者王與諸侯所執之圭璧使者所執之瑞節玉器者祀天祭地祼先王致四時之圭璧璋瓚也○名物謂圭璧之類各有名與物色也用事為事而用圭璧如朝聘朝日祭祀之類服飾服玉之飾謂繅藉

王晉大圭執鎮圭繅藉五采五就以朝日

晉當作搢搢插也謂插於紳帶之間大圭不瑑祀天朝日

用之繅藉繅以藉玉織絲為之必以五采而後成就
公執桓圭侯執信圭伯執躬圭繅皆三采三就子執穀璧
男執蒲璧繅皆二采再就以朝覲宗遇會同于王諸侯相
見亦如之瑑圭璋璧琮繅皆二采一就以頫聘
圭之外加以璋璧之外加以琮此臣子之所執以頫聘
者也

四圭有邸以祀天旅上帝

邸本也四圭邸於璧用一大玉於中央為璧四面各琢
出一圭以四時本一氣五帝本一天也

兩圭有邸以祀地旅四望

兩圭以象地數二也舜而同邸考工記玉人兩圭五寸
有邸又聶氏崇義曰兩圭亦於六寸璧兩邊各琢出一
圭俱長二寸半博厚同四圭又趙氏曰用玉琢成方琮
於琮兩旁琢出兩圭相對各長五寸植於神座前陳氏
祥道曰璧天象也故四圭邸璧以祀天琮地象也則兩
圭當邸琮以象地

祼圭有瓚以肆先王以祼賓客

於圭頭為器可以挹鬯而祼謂之瓚肆陳也

圭璧以祀日月星辰

以圭邸於璧

璋邸射以祀山川以造贈賓客

半圭曰璋射琰而出地半圭之璋邸於琮從下向上琰

出為射

土圭以致四時日月封國則以土地

土圭尺有五寸上可以度天時下可以測地理

珍圭以徵守以恤凶荒

珍有貴重之義諸侯守土王欲徵之凶荒之際王欲恤

之遣使以往故作珍圭

牙璋以起軍旅以治兵守

璋七寸射二寸厚寸瑑為牙齒之形兵象

壁羨以起度

羨不圓之貌本徑九寸傍減一寸以益上下故高一尺横徑八寸夫璧圓九寸好三寸肉倍之羨而長之則十寸而傍減為八寸十寸尺也十尺為丈十丈為引八寸亦尺也八尺曰尋倍尋曰常以九寸而羨之一縱一横皆可以為尺度九天數也可以變通矣

駔圭璋璧琮琥璜之渠眉疏璧琮以斂尸

駔當作組渠眉玉飾之溝瑑也六玉兩頭皆有孔又於兩孔之間為溝渠於渠之兩畔稍高為眉瑑以組穿聯之疏通也斂尸於大斂加之圭在左璋在首琥在右璜

在足璧在背琮在腹孝莫大於嚴父故其斂以禮天地
四方之玉為之
穀
穀圭以和難以聘女
穀善也其飾若粟文然天子使人和諸侯之難及遣人
聘於諸侯皆以穀圭行之取其信實而善也
琬
琬圭以治德以結好
琬圭無鋒芒諸侯有德王命賜之及諸侯使大夫來聘
為壇會之使大夫執以命事焉
琰
琰圭以易行以除慝
琰有鋒芒諸侯有不善使人執此以責誚之使之改易

殷頫之時執此以除邦國之慝
大祭祀大旅凡賓客之事共其玉器而奉之
大旅旅上帝及四望也玉器謂四圭裸圭之屬奉之者
送向所行禮之處也
大喪共飯玉含玉贈玉
飯玉碎玉以雜米也含在口中者贈玉璧也
凡玉器出則共奉之
用則出之不用則藏之
典同中士二人府一人史一人胥二人徒二十人
典同掌六律六同之和以辨天地四方陰陽之聲以為樂

器

大師掌六律則曰以合陰陽之聲而典同則曰以辨天地四方陰陽之聲者蓋典同掌其聲以作樂器欲其度數齊量之不亂故其詳有及於天地四方之位大師用其聲以施於樂故合十有二聲欲其高下清濁之克諧合之也則兩之以陰陽而已

凡聲高聲䃂(音衮)正聲緩下聲肆陂聲散險聲斂達聲贏微聲韽(音諳)回聲衍侈聲筰弇(古含反)聲鬱薄聲甄厚聲石

器莫大於鐘於是言鐘之病鐘小而長則其聲藏衮正而高下平則其聲不速鐘大而短其聲放肆偏則聲散

險則聲不越其形微達則聲有餘其形微小則聲韽小不成其形微圓回則其聲蕃衍侈謂內約則其聲廹筰不定弇謂中寬則其聲鬱勃不出薄則聲綽厚則扣之無聲凡聲與形相搏而成觀其形可知

凡為樂器以十有二律為之數度以十有二聲為之齊量數本起於黃鐘始於一而三之歷十二辰而五數備其長則度之所起其餘律皆自是而生故凡為樂器以十二律為之數度硍聲生於高肆聲生於下甄聲生於薄石聲生於厚高下厚薄之屬所制則有齊矣贏聲生於達衍聲生於回筰聲生於侈鬱聲生於弇達回侈弇之

屬所容則有量矣故凡爲樂器以十有二聲爲齊量
凡和樂亦如之
巾車下大夫二人上士四人中士八人下士十有六人府
四人史八人工百人胥五人徒五十人
巾猶車之衣
巾車掌公車之政令辨其用與其旗物而等叙之以治其
出入
公猶官也用謂祀賔之屬旗物太常以下等叙之以封
同姓異姓之次序掌政令以治其出入凡公車之數與
其新故成毁無不周知之

王之五路一曰玉路錫（音陽）樊（步干反）纓十有再就建太常十有二斿（音留）以祀

玉路以玉為飾玉者陽精之純故祀天必乘玉路錫馬面當盧刻金為之所謂鏤錫樊讀如鞶帶之鞶謂今馬大帶纓當胷以削革為之玉路之樊及纓皆以五采罽（罽音記織毛為之）飾之十二就就成也太常九旗之畫日月者正幅為縿斿則屬焉

二曰金路鉤樊纓九就建大旂以賓同姓以封

金路以金為飾鉤詩云鉤膺鏤錫鉤在膺前其樊及纓以五采罽飾之而九成大旂九旗之畫為交龍者以賓

三以會賓客同姓以封謂王之子弟率以功德出封者也曰象路朱樊纓七就建大赤以朝異姓以封象路以象為飾象路無鉤以朱飾勒而其樊及纓以五采罽飾之而七成大赤九旗之通帛以朝以之視朝異姓王之甥舅

四衛

曰革路龍音尨勒條讀為絛纓五就建大白以即戎以封四衛革路輓以革而漆之龍駹也以白黑飾韋雜色為勒其樊及纓以絛絲飾之而五就不言樊脫也大白殷之旗即戎謂兵事四衛四方諸侯守衛者

五曰木路前(子踐反)樊鵠(戶篤反)纓建大麾以田以封蕃國

木路至質無文以淺黑色飾韋為樊鵠色飾韋為纓不言就實三就也大麾黑色主殺為事王出田則乘之蕃國之君以此封之

王后之五路重(直龍反)翟錫面朱總

以翟雉羽飾兩旁以為之蔽言重者有二重馬面為錫總著馬勒直兩耳與兩鑣以朱為總此從王祀先王先公所乘

厭(於涉反)翟勒面繢總

厭次其翟雉之羽使相迫也勒面如王尨勒以為面飾

續畫文此從王見賓客則乘之

安車彫面鷖烏兮反總

彫面謂刻草為馬面之飾鷖總青黑色以繒為之朝王所乘有安處之義

皆有容蓋翟車貝面組總有握

王志長曰容謂車帷施於旁者蓋謂車蓋施於上者成伯璵曰旁曰帷上曰幄賈疏謂蓋所以禦雨無握乃施之若云有握則無蓋可知矣○翟車不重不厭以翟飾車之側爾貝水物貝面貝飾勒之當面也朱總繢總鷖總皆以繒為之組總則以組條為之有握有帷幕也蓋

椓桑則乘之

輦車組輓晚音有翣所甲反羽蓋

輦車不言飾后居宫中所乘但漆之而已人輓之以行翣以禦風塵羽蓋以蔽日

王之喪車五乘木車蒲蔽犬䄙莫歷反尾櫜疏飾小服皆疏

木車不漆者以蒲爲蔽天子喪服之車犬䄙以犬皮爲覆笭尾櫜以犬尾爲戈戟之韜疏飾以麤布爲緣也小服刀劍短兵之服

素車棼蔽犬䄙素飾小服皆素

素車以白土堊車棼讀爲蕡蕡麻以爲蔽其䄙服皆以

素繒爲緣此卒哭所乘

藻音藻車藻蔽鹿淺幦草飾

藻水草蒼色以蒼土堊車以蒼繒爲蔽鹿淺幦以鹿夏皮爲覆笭又以所治去毛者緣之此既練所乘

駹車雚音丸蔽然幦髹香求反飾

駹雜色車邊側有漆飾雚細葦席然果然獸名也髹赤多黑少之色韋也此大祥所乘

漆車藩蔽豻五旦反幦雀飾

漆車黑車也藩今時小車藩漆席以爲之豻胡犬雀黑多赤少之色韋也

此禫所乘
服車五乘孤乘夏篆卿乘夏縵（莫干反）大夫乘墨車士乘棧
（木產反）車庶人乘役車
服車服事者之車篆或讀為圭瑑之瑑夏篆轂約也以
五采畫轂約縵如縵帛亦畫以五采無瑑爾墨車不畫
也棧車不革鞔而漆之者役車方箱可載任器以供役
庶人賤者特役車而已棧不如墨墨不如縵縵不如篆
此孤卿大夫士之所由以辨也
凡良車散（素旱反）車不在等者其用無常
精作為良麤作為散

凡車之出入歲終則會之
出給官用入用罷歸官
凡賜闕之
賜臣下不會
毀折入齎音咨于職幣
齎與資同財也乘官車毀折者入財以償繕治之直于
職幣
大喪飾遣去声車遂廞之行之及葬執蓋從才用反車持旌
廞陳駕也王平生時車有旌雨則有蓋今蜃車皆無之
惟執而持之以象生時所有也

及墓嘑啓關陳車小喪共匶路與其飾

闗墓門柩路載柩車飾棺飾也

歲時更續共其弊車

物之弊者不有以續之則無以繼而弊車不可盡棄擇其可用者而用之此共之於車人也

大祭祀鳴鈴以應雞人

雞人主呼旦鳴鈴以和之所以聲旦警衆也

典路中士二人下士四人府二人史二人胥二人徒二十人

車人造車訖以授巾車飾以金玉象等其王及后所乘

者入于典路掌之

典路掌王及后之五路辨其名物與其用說音稅

用謂駕車說謂舍車

若有大祭祀則出路贊駕說大賓客亦如之凡會同

軍旅弔于四方以路從才用反

王出於事無常王乘一路典路以其餘從行

車僕中士二人下士四人府二人史二人胥二人徒二十

人

車僕掌戎路之萃七内反 廣古曠反 車之萃闕車之萃苹車之

萃輕遣政反 車之萃

此五者皆兵車所謂五戎萃副也廣車橫陳之車左傳所謂其君之戎分為二廣闕車補闕之車苹車輜車之有屏蔽者輕車馳敵致師之車

凡師共革車各以其萃

師之所用者其車皆以革輓之鄭康成曰五戎者共其一以為王優尊者所乘也而萃各從其元焉巡守及兵車之會則王乘戎路乘車之會王雖乘金路猶共以從不失備也

會同亦如之大喪廞革車大射共三乏

乏一名容射人云三獲三容是也王之大射必張三侯

每候之後必用一乏使持旌告獲之人用此自蔽矢不能及

司常中士二人下士四人府二人史二人胥四人徒四十人

司常掌九旗之物名各有屬以待國事日月為常交龍為旂通帛為旜(之然反)雜帛為物熊虎為旗鳥隼為旟(音餘)龜蛇為旐(音兆)全羽為旞(音遂)析羽為旌

全羽析羽皆五采繫之於旞旌之上所謂注旄於干首也

及國之大閱贊司馬頒旗物王建大常

取常明之義

諸侯建旂

旂之為義取諸斤也斤有斷制之義

孤卿建旝

孤卿中大夫以上旝之為義取諸亶亶誠也

大夫士建物

有物有則

師都建旗

師都六鄉六遂大夫也謂之師都都民所聚也旗者與民相期集也

州里建旟
州鄉之官里遂之官旟之為義相與也
縣鄙建旐
縣鄙采地之官旐之為義取諸始兆者事之所始也
道車載旞
道車象路也巾車職云象路以朝朝所以行道故謂象路為道車在朝建大赤今以朝夕燕出入則建旞旞者直遂之義
斿車載旌
斿車木路也以田以鄙旌者生之義正田獵建大麾小

田獵及巡行縣鄙建旌
皆畫其象焉官府各象其事州里各象其名家各象其號
按鄭鍔謂熊虎鳥隼龜蛇之屬可以畫事與名號何以
畫當從杜子春作書如孤卿同建旜大夫士同建物而
所書則別之曰某司徒之旜某司空之旜大夫某官之
物士某官之物所謂官府各象其事也州里之吏同建
旟則書某州之旟某里之旟所謂州里各象其名也如
魯三家同建旗則書季孫氏之旗孟孫氏之旗所謂家
各象其號也觀大司馬職王載大常諸侯載旂軍吏載
旗師都載旜郊野載旐百官載旟各書其事與號焉文

不更端足以見矣

凡祭祀各建其旗會同賓客亦如之置旌門

易氏祓曰會同賓客在國外及方岳之下故置旌門以

為王者營衛之儀

大喪共銘旌建廞車之旌及葬亦如之凡軍事建旌旗及

致民置旗弊之

置植之也始焉置之以致民使來終焉弊也仆之以誅後

至皆司常所掌

甸亦如之

甸田獵

凡射共獲旌歲時共更旌

獲旌獲者所持旌更換易也

司弓矢下大夫二人中士八人府四人史八人胥八人徒八十人

司弓矢掌六弓四弩八矢之灋辨其名物而掌其守手友反藏與其出入

六弓曰王曰弧曰夾曰庾曰唐曰大四弩夾庾唐大是也八矢即下文枉矢絜矢之類法曲直長短之數也守則有人藏則有府出則頒之入則受之

仲春獻弓弩仲秋獻矢箙及其頒之王弓弧弓以授射甲

草椹張林反質者夾弓庾弓以授射豻侯鳥獸者唐弓大弓以授學射者使者勞者

王弓弧弓至強椹質植椹以為射正夾弓庾弓稍弱豻侯五十步唐大強弱適中之弓或曰王弧彤弓也唐大彤弓也夾庾盧弓也

其矢箙皆從其弓凡弩夾庾利攻守唐大利車戰野戰凡矢枉矢絜若結反矢利火射用諸守城車戰殺矢鍭音侯矢用諸近射田獵矰矢茀矢用諸弋射恒矢庳矢用諸散射

每弓一箙百矢枉矢取名變星絜有結約之義二者皆可結火以射殺矢中人必死鍭矢伺侯其近者而中矰

矢可以結繒繳也茀矢亦結繳之矢可以㓯射飛鳥恒
常也庳下也平等之矢也

天子之弓合九而成規諸侯合七而成規大夫合五而成
規士合三而成規句者謂之弊弓句音鉤曲之甚也

矩主義規主仁於其弓弛而末張則合以取圓合多而
成規者其弓剛合少而成規者其弓柔乾剛君道也坤
柔臣道也天子不當勢屈故其體强諸侯不得不屈故
其體俛大夫與士其勢轉卑則倍屈而俛宜也

凡祭祀共射牲之弓矢澤共射椹質之弓矢
澤宮所以擇材也

大射燕射共弓矢如數并夾
并夾所以取矢之高者
大喪共明弓矢凡師役會同頒弓弩各以其物從授兵甲
之儀田弋充籠箙矢共矰矢
弓矢明器之用器也籠竹箙矰矢不在箙者
凡亡矢者弗用則更
更償也惟不用於射而亡則使之償
槀人古老反中士四人府二人史四人胥二人徒二十人
槀人掌受財于職金以齎其工弓六物為三等弩四物亦
如之矢八物皆三等箙亦如之

强弱中三等也

春獻素秋獻成書其等以饗工乘其事試其弓弩以下上其食而誅賞乃入功于司弓矢及繕人凡齎財與其出入皆在槀人以待會而考之亡者闕之

刑法定為素飾治畢為成闕猶除也弓弩矢箙棄亡者除之只計見在者

冢人下大夫二人中士四人府二人史四人胥十有二人徒百有二十人

冢人掌公墓之地辨其兆域而為之圖先王之葬居中以昭穆為左右

圖謂畫其地形冢封土以為邱隴
凡諸侯居左右以前卿大夫士居後各以其族凡死於兵
者不入兆域凡有功者居前以爵等為封邱之度與其樹
數大𡨧既有日請度甫竁遂為之尸
賈公彥曰此因上而言以王之子孫皆適為天子庶為
諸侯卿大夫士若出封畿外則因彼國葬而為造塋之
主此謂畿内諸侯及王朝卿大夫士也○又按居左右
以前後非左右排列也如文王之子則皆附於左而為
昭武王之子則皆附于右而為穆而於其中分爵等以
相前後以前謂少進而近於墓道之中央以後謂少退

而遠古者以五服之内為族又以祖及孫為三族曰各以其族者繼世之王以昭穆分左右凡一王之子孫皆從葬焉過此則别授之兆亦如國人之有私地域諸侯不敢祖天子而葬則可附親親也死於兵謂罪在大辟及身為不義而見戕者若執干戈衛社稷可絶之於兆域乎居前謂居左右以前既有日既有葬日也甫始也窀穸壙也量度始窀穸之處其始窀穸時祭告后土則冢人為之尸

及窆以度為邱隧共喪之窆器

邱隧度邱與隧道廣袤所至窆器下棺所用之物 窆貶去声

下棺也

及葬言鸞車象人

言猶語也鸞車遣車象人芻靈也語之者告當行若於生存者

及窆執斧以涖遂入藏凶器

凶器明器也

正墓位蹕墓域守墓禁凡祭墓爲尸凡諸侯及諸臣葬於墓者授之兆爲之蹕均其禁

授之兆使之自寘毳均其禁均其地守焉

墓大夫下大夫二人中士八人府二人史四人胥二十人

徒二百人

墓大夫掌凡邦墓之地域為之圖

萬民所葬地

令國民族葬而掌其禁令正其位掌其度數使皆有私地域

古者萬民墓地同處墓大夫分之使各有區域

凡爭墓地者聽其獄訟帥其屬而巡墓厲居其中之室以守之

厲塋限遮列處墓中有室使自守之劉執中曰聖人父母斯民生則富其衣食而教以仁義死則為之地域而

守其卯樹則子孫若其有不忠於君而不服其教者予
職方氏中大夫四人下大夫八人中士十有六人府四人
史十有六人胥十有六人徒百有六十人
職方氏掌天下之圖以掌天下之地辨其邦國都鄙四夷
八蠻七閩九貉孟白反五戎六狄之人民與其財用九穀六
畜之數要周知其利害乃辨九州之國使同貫利
貫謂事之有條者
東南曰揚州其山鎮曰會稽其澤藪曰具區其川三江其
浸五湖其利金錫竹箭其民五男二女其畜宜鳥獸其穀
宜稻

此當時版籍通以一州計之

正南曰荆州其山鎮曰衡山其澤藪曰雲瞢其川江漢其浸潁湛其利丹銀齒革其民一男二女其畜宜鳥獸其穀宜稻

河南曰豫州其山鎮曰華山其澤藪曰圃田其川滎雒其浸波溠其利林漆絲枲其民二男三女其畜宜六擾其穀宜五種

六擾牛馬豕羊犬雞五種黍稷菽麥稻

正東曰青州其山鎮曰沂山其澤藪曰望諸其川淮泗其浸沂沭(述音)其利蒲魚其民二男二女其畜宜雞狗其穀宜

稻麥

河東曰兖州其山鎮曰岱山其澤藪曰大野其川河泲(子禮反)其浸盧(音雷)維(於恭反)其利蒲魚其民二男三女其畜宜六擾其穀宜四種

四種黍稷稻麥

正西曰雍州其山鎮曰嶽山其澤藪曰弦蒲其川涇汭其浸渭洛其利玉石其民三男二女其畜宜牛馬其穀宜黍稷

東北曰幽州其山鎮曰醫無閭其澤藪曰貕養其川河泲其浸菑時其利魚鹽其民一男三女其畜宜四擾其穀宜

三種

四擾馬牛羊豕三種黍稷稻

河内曰冀州其山鎮曰霍山其澤藪曰楊紆其川漳其浸汾潞其利松柏其民五男三女其畜宜牛羊其穀宜黍稷

正北曰并州其山鎮曰恒山其澤藪曰昭餘祁其川虖池徒多反嘔烏侯反夷其浸淶易其利布帛其民二男三女其畜宜五擾其穀宜五種

五擾馬牛羊犬豕五種黍稷菽麥稻

冀兖青徐揚荆豫梁雍此禹貢之九州也冀豫雍幽營揚兖荆徐此爾雅之九州也揚荆豫青兖雍冀幽并此

職方之九州也禹貢九州之名舊矣舜時肇十有二州

分冀為幽并分青為營至夏則復為禹貢之九州矣爾

雅九州商制也不可攷周之九州與禹貢不同周都雍

不可不廣梁山多險阻故合梁雍為一州徐地狹隘故

青兼之堯舜都冀地壤最闊今之虜境各在其內且帝

都所寓人民阜繁至周亦然故冀州分為幽并

乃辨九服之邦國方千里曰王畿其外方五百里曰侯服

又其外方五百里曰甸服又其外方五百里曰男服又其

外方五百里曰采服又其外方五百里曰衛服又其外方

五百里曰蠻服又其外方五百里曰夷服又其外方五百

里曰鎮服又其外方五百里曰藩服
衛服之外聖人雖制之服而不必其來故武成叙諸侯
之助祭洛誥稱諸侯之和會康王之誥陳諸侯之聽命
止言五服而已
凡邦國千里封公以方五百里則四公方四百里則六侯
方三百里則十一伯方二百里則二十五子方百里則百
男以周知天下
薛氏曰千里之方為方百里者百五百里之國為方百
里者二十五四个方百里二十五用千里之方一是方
五百者四公也方四百里則六侯則四百里之國為方

百里者一十六六个方四百一十六為九十六是用百
里之方九十六於千里之方猶餘百里之方四方三百
里則十一伯以十一个方百里之國為方百里者九十
九於千里之方猶餘百里之方一方二百里則二十五
子以二百里之國為方百里四則二十五个方二百里
用千里之方一百里則百里而已此封國之定制也其
餘為附庸山川也黄氏曰封國三等故五百里四百里
為大國不五百里四百里則不能為三軍次國必三百
里不三百里則不能為二軍小國必二百里不二百里
則不能為一軍此其事實而其制参見於司馬也此說

恐未然

凡邦國小大相維王設其牧制其職各以其所能五國為屬屬有長二十五國為連連有率三十國為州州有正二百一十國王設八命之牧統臨而牧理之易氏曰周制九牧即舜十有二牧之遺制也牧下有正率制其貢各以其所有王將巡守則戒於四方曰各脩平乃守攷乃職事無敢不敬戒國有大刑及王之所行先道率其屬而巡戒令王殷國亦如之

鄭康成曰殷猶衆也十二歲王若不巡守則六服盡朝謂之殷國其戒四方諸侯與巡守同○又按殷國或在

王城之外或在侯國皆有之王廵守亦因而舉此禮然
究不可與廵守併作一事也此經上言廵守而下云王
殷國亦如之則廵守與殷國為二事明矣但殷國不必
於十二年王不廵守之期乃舉之蓋朝覲之隆禮非因
不廵守故也詳見大行人職
土方氏上士五人下士十人府二人史五人胥五人徒五
十人
主土而度四方之地
土方氏掌土圭之灋以致日景以土地相宅而建邦國都
鄙以辨土宜土化之灋而授任地者王廵守則樹王舍

土方氏相宅掌舍設梐枑

形方氏中士四人府四人史四人胥四人徒四十人

形方氏掌制邦國之地域而正其封疆無有華（苦蛙反）離之地使小國事大國大國比小國

賈氏曰地有低（音誇）邪離絕遞相侵入不正故正之低者兩頭寬中間狹離者一頭寬一頭狹

山師中士二人下士四人府二人史四人胥四人徒四十人

山師掌山林之名辨其物與其利害而頒之于邦國使致其珍異之物

川師中士二人下士四人府二人史四人胥四人徒四十人

川師掌川澤之名辨其物與其利害而頒之于邦國使致其珍異之物

珍異之物如岱畎絲枲嶧陽孤桐之屬

遼同原師中士四人下士八人府四人史八人胥八人徒八十人

遼師掌四方之地名辨其邱陵墳衍遼隰之名物之可以封邑者

地名謂東原大陸之屬物之謂相其土地可以居民立

邑

周禮補亡卷之六終

跋

此始遷祖釣磯公遺書之一也

考工記述註二卷首一卷圖一卷

[明] 莆田林兆珂撰

南開大學圖書館藏明萬曆間刻本

考工記述註二卷首一卷圖一卷，明林兆珂撰。兆珂字孟鳴，號榕門，莆田人。明萬曆二年（一五七四）進士。授蒙城知縣，改儀封教授，陞國子監助教，轉博士監丞，遷刑部主事。出爲廉州知府，丁内外艱，補衡州、安慶知府。後乞歸，家居廿載，鍵户讀書，丹鉛不輟，著述宏富。撰有毛詩多識編七卷、檀弓述註二卷、宙合編八卷、楚辭述註十卷、李詩鈔述註十六卷、杜詩鈔述註十六卷、選詩約註十二卷、林伯子詩草一卷等。

是書所見僅明萬曆三十一年（一六〇三）刻本一種，内封面鐫「林孟鳴先生述註」、「考工記」、「因因堂藏板」字樣。卷首爲萬曆三十一年癸卯八月湘藩逸史林文豪撰考工記述註題辭。其次爲諸家緒論，引述隋書經籍志、賈公彦序周禮廢興以下先儒論説二十四則，而附以兆珂自序，考辨考工記傳授源流、内容性質及撰作時代等，淵源脉絡，委曲分明。其次爲纂輯諸書，臚列杜氏註、先鄭註、後鄭註、賈氏疏、陸氏音義以下注説解義三十一家，及爾雅、釋名、文獻通考、玉海、許氏説文、杜氏通典等經籍文獻十四种，採掇援據，堪稱該博。又次爲凡例，又次爲目録。正文卷分上下，卷上自總敘至㡆氏，卷下自玉人至弓人，與通行本周禮注分卷無異。記文之旁多加圈點，版框上方綴以評語，下方標注字音。後附林慮齋圖一卷，名物制度之圖凡四十一葉，皆取自宋林希逸慮齋考工記解，惟林氏原圖散於各工職文之中，此則析出，彙成一帙，原圖所附形制尺寸之説解，皆移置版框上方，圖文相配，甚便覽

觀。卷末有考工記述註跋，爲兆珂門人王以霖所撰。

是書體例嚴謹，條理秩然有序。其注解取材漢唐注疏，採輯諸家訓釋，立説多有根柢。兆珂自言「間有古義難通，姑惟墨守成説，不敢馮臆以晳亂真」，蓋即其書名「述註」之意。其中如玉人一章疑有錯簡，吴澂考註乃别爲敘次，且削去「案十有二寸」以下數語；匠人溝洫與遂人章有異，劉彝中義以積數方法之説牽强求合；梟氏、㮚氏、桃氏、鍾氏諸職名，其命官之義失傳，而易芾總義强爲之説，吴澂考註更置其名，諸如此類，皆不信從，頗守闕疑審慎之義。蓋爲童蒙初學而作，故其注釋淺顯明白。而所重尤在文章之法，以爲「即如以文而已，則氣往轢古，辭來切今，勒蒼黄之渾元，開神明之户牖，該覽者獵其華，摛藻者掇其精，劇譚者詡其辯，辟之陸海，罔弗取資焉」，乃依周夢暘批點考工記，仿謝枋得批點檀弓之例，旁用小圈標明章法、句法、字法，楬櫫綱目、起結，其評語亦多取自周氏，參酌諸家而附以己見，分析文辭體勢，探究意藴旨趣，間亦考訂名物形制。

此本據南開大學圖書館藏明萬曆三十一年刻本影印，其原本爲杭世駿舊藏，鈐有「杭世駿印」、「大宗」諸印記。卷上有批校三十餘條，皆爲杭世駿手跡，或勘改訛字，或引證他書，或辨正誤説，或商榷疑義，多有精要之見。是書刻本既已罕覯，此本又爲名家批校，洵足寶貴。然其上方評點之文，多有殘闕不全之處，疑爲刷印字句脱落，或潢工裁割所致，今據日本内閣文庫藏本補配。（張　文）

考工記述註

石經堂藏

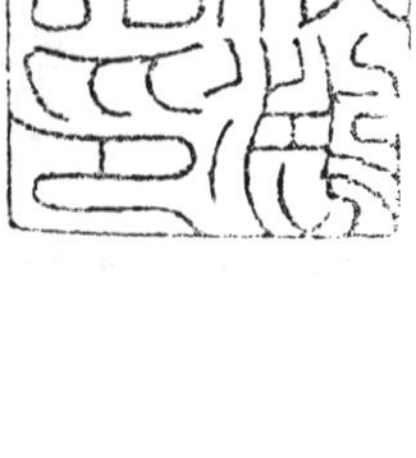

林孟鳴先生述註

考工記

因因堂藏板

考工記述註題辭

湘藩逸史文豪撰

夫世之獵纓執苑奮翼詞場蓋作者如林矣大都談玄虚者高入霄漢繡鞶帨者徒工藻繢於上乘匹當也維是

子鐫

鉅匠名淡壯志述手前脩雄
圖規於遠騁愽古鈎深探幽
剔隱淹貫載籍網羅淵海若
余宗盖嗚使君其人也盖嗚
起家名進士繇漢署為郎
婁歷數大郡號稱良二千石

簿書盈几而鉛槧弗釐所著
挈朋編渢渢唐音它如李杜
巻註超箬騷坛考訂叅同沉
酣偃閑戚已琬琰陸離流膾
縣寓矣尤念周禮考工記一
書貽鑠裕樂邕并陰陽百工

庶府品式備具且其文義古
雅奧眇雋拔多竒異即鄭
玄朱申數君子詮註猶有難
於懸解者孟嶋良工苦心為
之章鏤句析每一披閱恍若
遊周官之庭盡徹其武庫豈

非立言之盛事不朽之大業
乎輯成諸门人命諸剞劂索
余言弁諸首嗟乎丈夫處世
出則畫疏為圖銘洪伐於竹
帛處則雕龍搜玄銜采藻之
蘭芬猗與盂鳴挺秀嶽降秉

心測塞既已赫濯繩祖武宦
轍所至與夫齋居清暇必宣
朗聲律炳蔚章程論者以
為昇時台衡重望豈啻篤龔
黃而千秋雲漢為筆其誰歟
班馬余不辭樗朽序列々俾

好古之士知所斐嚮且令鄭

朱諸公不得擅媺矣

萬曆癸卯八月穀旦書于

醒心亭中

孝經[illegible] 是[illegible] 四

考工記述註

諸家敘論 貳拾肆則

隋經籍志云漢時有李氏得周官周官蓋周公所制官政之法上於河間獻王獨闕冬官一篇獻王購以千金不得遂取考工記以補其闕合成六篇奏之至王莽時劉歆始置博士以行於世河南緱氏及杜子春受業於歆因以教授是後馬融作周官傳以授鄭玄玄作周官注

賈氏周禮敘云馬融傳云秦自孝公以下用商君之法其政酷烈與周官相反故始皇禁挾書搜求焚燒之獨悉孝武始除挾書之律開獻書之路旣出於山巖屋壁復入于秘府孝成時劉歆校理秘書始得列序著于錄畧然亾其冬官一篇以考工記足之時衆儒竝出共排以爲非是惟歆獨識

周禮疏云按漢書藝文志云經禮三百威儀三千及周之衰諸侯將踰法度惡其害巳皆滅去其籍自孔

子時而多不具以此觀之冬官一篇其亡已久有人尊集舊典錄此三十工以爲考工記雖不知其人又不知作在何日要知在於秦前是以得遭秦滅典籍。

帝氏裘氏等闕也。

山齋易氏芾云考工記非周書也。言周人上輿而有梓匠之制。言周人明堂而有世室重屋之制。言溝洫澮川非遂人之制。言斿旗旟旐非大司馬司常巾車之制。眂周典大不類。

夾漈鄭氏樵云周禮一書至武帝時河間獻王得之女子李氏失其冬官以考工記足之獻於武帝時藏之秘府五家之傳莫得見馬

四如黄氏仲元云河間獻王傳所得皆古文先秦舊書周禮則正義謂漢武帝時有李氏獲之上河間獻王獨缺冬官今傳乃不載補考工記一事。藝文志謂孝文時樂人竇公獻其書。則文帝時是書已有傳之者矣。真古書歟否也。

北溪陳氏淳云按藝文志周官經六篇本注云王
莽時歆置博士顔師古曰卽今之周禮也亾其冬官
以考工記足之愚嘗疑周六典與書周官不同周官
司徒掌邦教敷五典擾兆民司空掌邦土居四民時
地利二官各有攸司蓋自唐虞九官禹契所職則已
然矣今地官於教事殊略而田野井牧鄉遂稼穡之
事殆皆司空職耳周官初無邦事之名今所謂事典
者未知定爲何事書闕文而以考工記足之天下之

事止於百工而已耶但此書多古文奇字名物度數可攷不誣其爲先秦古書。似無可疑。

浚儀王氏應麟云胡五峰云周官司徒掌邦教敷五典司空掌邦土居四民世傳周禮闕冬官未嘗闕也乃冬官事屬之地官程泰之云五官各有羡數天官六十三地官七十八春官七十夏官六十九秋官六十六蓋斷簡失次取羡數凡百工之事歸之冬官其數乃周俞庭椿爲復古編亦云司空之篇雜出於五

官之屬蔡九峰云周公方條治事之官而未及師保
之職冬官亦闕首末未備周公未成之書也
考工記或以爲先秦書而禮記正義云孝文時求得
周官不見冬官一篇乃使博士作考工記補之○馬融
云孝武開獻書之路周官出於山巖屋壁漢書謂河
間獻王得之非孝文時也序錄云李氏上五篇失事
官一篇取考工記補之六藝論云壁中得六篇誤矣
齊文惠太子鎮雍州有盜發楚王冢獲竹簡書青絲

編簡廣數分長二尺有得十餘簡以示王僧虔僧虔曰是科斗書考工記周官所闕文也漢時科斗書已廢則記非博士所作也

沙隨程氏迥云五官體制皆同而冬官以考工記補之又自一體有似造物者特亾彼而存此以成是經之妙也

考工記不特爲周禮盡記古百工之事故匠人以世室重屋明堂並言之三代制度皆在此但書不全矣

漢人以金帛購書多是僞作如此文字非漢世以後
鉛槧所及也
廬柄也戈戟之柄專命一人主之古字不通於後世
者何限廬字若非訓詁何以知其爲物柄哉又椁其
漆内而中詘之椁注家訓度看來考工記須是齊人
爲之。又詳於車制而不及舟。其爲西北人之書無疑
也。築氏爲削。削、書刀也。不記綿而記削。其非晩周書
可知。

艾軒林氏光朝云古者百工之事各命官以主之爲甲則有函人之官又有鮑人之官所謂官師相規工執藝事以諫皆此等人也大抵古者制作器物皆是通明義理之人今博古圖所載其他皆不可得見惟古鐘埋没土中不能壞圖尚有之看此一鐘大段精至豈是俗人做得蓋粗而器物自有道德性命之理不離乎日用之間且誰非畫工五代則有一郭忠恕近代則有一李伯時所謂百工技器皆如此人爲之

宜其不俗也

此書文字極好古人制作箋注亦多有不通處若論文字無有與考工記比者

鬳齋林氏希逸云冬官司空掌百工之事舜命共工即此職也並之五官其屬亦六十此記只三十官名以考工者考試百工之事而記之也人生日用飲食百工所爲必備闕一不可宫室舟車等制十三卦所象皆聖人所作也生民之初橧巢營窟而已聖人旣

處之以宮室衣毛之俗又易而衣裘百工之事自此愈多矣先王獨設一官以主之至周尤詳秦以來法度廢壞及宣帝總覈名實至於百工伎巧咸精其能此亦爲國家急務也

此記元無冬官二字乃漢人所增也但文字簡古必戰國以來先秦古書如小戴檀弓一篇公羊穀梁春秋傳亦先秦古書也蓋其文簡當且聱牙非漢文字之比也

此書續出闕畧不全不止常氏裘氏段氏等官而已其先後次序亦自參錯不齊如攻木之工輪輿弓廬匠車梓若以序言當在上篇今梓廬匠車弓皆在下篇而其序亦自不同又畫繢二官而止曰畫繢之事玉人亦然意其全書凡曰之事者皆總言之其列官自别卽車人之事又有車人爲某爲某可知也況一官非止爲一事如輪人梓人匠人車人皆一官之名而分主數事惜乎其不全見也

臨川吳氏澄云考工記豈周書也按書周官始言三公次言三孤次言六卿以及九牧了無一言及百工者考工記之首曰國有六職百工與居一焉說者謂六卿之職百工居其一故工即司空之職也其說始於鄭氏

漢儒欲以考工記補冬官故妄以王公士大夫與工匠同列且曰國有六職是六職者何官之所司若冬官司空掌邦土初未嘗止於六職也亦未嘗止言工

匠也即此知漢儒穿鑿附會之無義理也旣曰考工記又言商旅農夫果有干於考工記哉削之無疑

吳興陳氏深云考工記其邃古之書而周人輯之與何器與名之不近人也

築氏爲削鳧氏爲聲㮚氏爲量鍾氏染羽其義不通於今古音也甗鬳𢧁鬲庾豆皆埴也有虞氏尚陶則河濱之物耳古俗也西北利用車東南利用舟上古東南不闢用車多用舟少舟制不傳也盧何以爲戈

柲宣何以爲人頭古語也以柯量車以庇量耒古度
也字奇而法辭富而鏗不與五官同古文也營國經
野不與五官同古奠泐法也文辭曲折以反爲真大
巧若拙也百籍皆有僞獨此書以技故傲然于秦焰
之間而弗爲避後之儒者亦鄙以技故弗爲名也然
非劉氏之補則天下亦以技而棄之矣
五官記政體大而方考工記器節踈而圓五官如明
堂青陽總章斬馬不紊考工如海蜃隨氣布形樓臺

自在五官郟鄏之咢耳考工則九牧之咢以知神姦

魑魅魍魎之所避匿而成也

五官多奇字字形也考工記亦多奇字字義也考工

之字義奇而妥用之綴文則適五官之字形奇而僻

用之綴文則醜考工之命字體雖沇奥而義則相宜

用之者貴通其義而得其解五官之立字體本平易

而飾以迂險用之者當避其險而從其易說者謂此

書本出於劉歆之家而歆嘗學奇字於楊雄以此竄

入非當時之故文也洪景盧嘗辨之豈以前聖之簡易而有此字形也哉惟考工記尚矣吾無訾也已

河間獻王篤學好古被服飲食必於仁義從民得善書必好寫與之留其本其慎如此則五官爲全經非有闕也乃疑其闕而補以考工記世遂以考工記爲器而補之者爲妄不知太上之神明必於制器得之古文之機緘亦於古書發之而此書則天文之昭回神器之發耀晃盪洞射英精互繞論其世遡自夏殷

天使漢人得之而附于五官之後托以不泯幸也非舛也

考工記一書諸家論者不一其曰非周禮戰國間爲之者此定論也余反覆其書變化從横犂然策士口吻而制又時兼邃古則不可爲姬氏書明矣豈好事者博攗羣籍而排纘之歟抑豈故有是書特鼓舞其詞而巧艷之也姑勿具論要之周家一代制度典籍既多淪亾而考古者猶得察器於書

稍窺作者之天巧其誰之力哉其誰之力哉即如
以文而已則氣往轢古辭來切今勒蒼黄之渾元
開神明之戶牖談覽者獵其華擿藻者掇其精劇
譚者翊其辯碎之陸海罔弗取資焉竊意古今文
家此故是一種不可磨滅焉者不猶遠邁呂覽繁
露諸編也乎吳氏槩以漢儒附會擬削之過矣余
少而躭奇老不曉事山居多暇迺取財漢唐注疏
參以訓故諸家謬爲箋輯間有古義難通姑惟墨

守成說不敢馮臆以沓亂眞命曰述注竊謂又賢於博奕云爾

萬曆歲在昭陽單閼皐月哉生明莆中林兆珂孟鳴父書于澗東之藏書處

考工記述註　卷首　十

考工記述註

纂輯諸書

杜氏註子春　先鄭註司農衆

後鄭註康成玄　賈氏疏公彥

陸氏音義德明　熊氏義疏安生

劉氏中義彝　王氏詳解昭禹

林氏講義之奇　王氏三禮解肅

鄭氏解義鍔　王氏周禮考炎

鄭氏輿論樵　林氏禮解希逸

艾軒林氏光朝　沙隨程氏迥

丘氏葵　于氏寶

于氏有成　王氏次點

王氏應電　葉氏夢得

邵氏淵　熊氏來朋

羅氏頎　吴氏考註澄

何氏集註喬新　徐氏微言

易氏總義芾　陳氏訓雋深

魯齋句解　爾雅

釋名　文獻通考

王海　許氏説文

杜氏通典　九經注疏

周官制度　源流至論

鄭氏經國書伯謙　魏氏古今考了翁

容齋隨筆洪邁　復古編俞庭椿

丹鉛總録

考工記述註

凡例壹拾肆則

一是註採輯諸家訓釋檃栝成章作者姓名不能枚列惟於一二立論處始標曰某氏云

一諸家原註互有異同其二說皆通者兼采之以備參閱

一原註有通章可采者亦時酌入別註其片詞當意間出他書者併爲摘錄

一是註一意發明章旨其古註入玄必不可解者與或不經之譚無益之辯姑置不錄

一古制不合於今尺寸亦異不無可疑今只依經解說其間推算則依本註

一是記頗多逸篇亦多錯簡如玉人一章吴氏別爲敘次又削去案十有二寸數語是或一見今未敢從仍錄原文以附闕疑之義

一是記與周禮非出一人之手豈能合異爲同如

匠人溝洫與遂人章劉氏中義以積數方法之
說牽强求合先輩辯之詳矣諸凡此類亦未敢
從只依本文解之
一古人命官必自有說如凫氏㮚氏桃氏鍾氏義
已失傳易氏强爲之說吴氏更置其名均爲未
當併不敢從
一襄陽周啓明氏依謝疊山批點檀弓傍用小圈
標出章法句法字法以便童習今亦依之更爲

叅訂

一批評株之諸家附以鄙見亦讀至淋漓快意處
拈筆書之不問爲誰氏語也

一註釋之外偶有所得可裨見聞者倂錄之上方
以備考訂

一記中多奇字宜先考音如註疏所稱資讀如冬
資絺之資迤讀爲倚移從風之移掣讀爲紛容
掣篸之掣之類又各證以原書可資博覽第傷

於浩汗且家自爲音不可縷述今依林氏禮解音義而酌之

一註家分章不無異同亦宜考定今以吳氏考註爲準參之諸家章句斷以本文章旨分之

一此記林氏有圖蓋宗三禮圖而祖漢儒鄭康成輩非無據也今亦模刻卷末以便覽觀

考工記述註

目錄

旊人　梓人　廬人　匠人

車人　弓人

许體別似一手纂書者為之也

或謂王公當是三公甚通蓋坐而論道三公之職也

考工記述註

莆林兆珂孟鳴父纂述

考工記上

國有六職百工與居一焉或坐而論道或作而行之或審曲面埶以飭五材以辨民器或通四方之珍異以資之或飭力以長地財或治絲麻以成之坐而論道謂之王公作而行之謂之士大夫審曲面埶以飭五材以辨民器謂之百工通四方之珍異以資之謂

與首預

辨皮蒐反

子瞻

鄭注謂審察五材曲直方面形埶之宜愚謂審曲面勢者審其曲直之埶及向背之勢也

之商旅飭力以長地財謂之農夫治絲麻以成之謂之婦功

此以下至此天時也皆記者之本序也六職者坐而論道以下是也以坐對作作起也尊者坐而論之以次則作而行之論事與任事自古便有分別審曲謂察其文理之曲直面勢謂觀其陰陽之向舊釋當從後鄭注爲是背飭脩也五材即五行也鄭注以爲金木皮土玉者謂有函人爲甲鞸人爲皐陶造鼓鮑人主治皮

盧當作纑

又有玉人等也。然天地間何物不屬五行哉。辨謂辨其所宜以制器也。飭力勤也。地財者財自地而出。稼穡惟寳。亦此財字之意。賈氏疏云商旅農夫婦功三者。皆是出稅之色。故太宰云三農生九穀。商賈阜通貨賄。嬪婦化治絲枲。出稅以當九功也。鄭注以婦功爲婦官。則此治絲麻者婦官所統轄也。考工諸官不及織紝之事。疑有闕。

粤無鎛、燕無函、秦無廬、胡無弓車。（章法。句法。）粤之無鎛也。非無

十二句用十二也字文氣矯健前無古人

鎛字詳詩疏

疏謂欑竹爲柲竹中空而易貫木堅恐小戈矛所宜不如唯佔細木爲安

鎛也夫人而能爲鎛也燕之無函也非無函也夫人而能爲函也秦之無廬也非無廬也夫人而能爲廬也胡之無弓車也非無弓車也夫人而能爲弓車也

粵無鎛燕無函秦無廬胡無弓車蓋當時之諺也鎛田器函鎧也廬戈矛之柄弓車射獵用也車上有弓粵地塗泥多草薉而山出金錫鑄冶之業田器尤多燕近强胡習作甲冑秦多細木善作矜柲胡人在大漠之北居逐水草以射獵爲生以車爲

將言考工之事特出此爍金四句文勢淺深有序此亦法也

總言材美工巧而結以天時地氣下文卻以地氣數件證之而材美天時卻結之於後前後錯綜文法自佳

家如漁人以舟爲家也車上有此弓而人人能之也所謂無者言無人以此專門名家也

知者創物巧者述之守之世謂之工（句法字法）百工之事皆聖人之作也爍金以爲刃凝土以爲器作車以行陸作舟以行水此皆聖人之所作也天有時地有氣材有美工有巧合此四者然後可以爲良材美工巧然而不良則不時不得地氣也（句法章法）

此知者創作者之聖也巧即所謂工巧述繼之也

爍音鑠

守之世猶管子四民之業皆云世者習也兩都賦工用高曾規矩亦以世守之爲精至也吴氏考註云刃之以金爲體者以火爲用故於金言爍器之以土爲體者以水爲用故於土言凝凝聚也合也水行乘舟陸行乘車則木之爲用無往不利此皆五材自然妙用而聖智創之也然舟車之爲用皆大考工言車而不及舟人之事豈攻木之工尚有遺闕耶天時如冬伐木夏伐竹是也地氣如瘦地

首三句換三法多少曲折多少意味

宜栗。陽坡種瓜。是也。材美。如燕角荊幹之類是也。

橘踰淮而北爲枳。鸜鵒不踰濟。貉踰汶則死。此地氣然也。鄭之刀。宋之斤。魯之削。吳粵之劍。遷乎其地而弗能爲良。地氣然也。燕之角。荊之幹。妢胡之笴。吳粵之金錫。此材之美者也。天有時以生。有時以殺。草木有時以生。有時以死。石有時以泐。水有時以凝。有時以澤。此天時也。

（章法）（句法）（字法）

鸜鵒不踰濟水。魯史以來巢書之。紀異也。貉善緣

妢音墳　笴古老反　泐音勒　澤音釋

禹貢荊州貢杶幹栝柏及箘簵楛皆所以爲弓弩之材

木之猿也。或曰狐也。斤，如運斤成風之斤也。削，書刀也。古人未有紙筆，以刀雕字，謂之書刀。吳越之劍，如干將莫邪之類是也。燕地耐寒，故出角。角耐寒、物也。幹，弓弩之材也。妢胡，胡子之國，在楚旁。笴，矢幹也。草木有時以生死，非特春生秋殺也。隨其種性，榮枯各有時也。泐，石解散也。夏盛暑則然。蓋天時有陰陽之異候，地氣有燥濕之異齊，而其物亦有疏稹堅柔之異質。三者備而後工得以施其

綱舉目備事悉文
言此考工一記之
樞管也

巧。

凡攻木之工七、攻金之工六、攻皮之工五、設色之工五、刮摩之工五、摶埴之工二。攻木之工、輪輿弓廬匠車梓、攻金之工、築冶鳧㮚段桃、攻皮之工、函鮑韗韋裘、設色之工、畫繢鍾筐㡛、刮摩之工、玉櫛雕矢磬、摶埴之工、陶旊、

此三十官之總目也。後曰某人者、以其事名官也。

其曰某氏者、官有世功、若族有世業、以氏名官者

也。摶，拍也。埴，黏土也。以手拍黏土以爲培，乃燒之
也。輪，車輪也。輿，車軫也。弓人爲弓。廬人爲柄，兵器
之柄。專命一人主之也。匠，營宮室之人也。車一物
也。又有數人主之，故曰一車而工聚焉。梓爲器用
者。築，書刀也。冶爲戈戟，亦爲箭鏃。鳧爲鍾。㮚爲量。
桃爲劒。段氏闕。函，穿甲之工也。鮑，鞄同，即今消皮
匠也。韗，爲鼓穹者也。韋氏、裘氏闕。畫繢二者，别官
同職，共其事者。畫繢相須故也。鍾氏染鳥羽。㡛氏，

此下爲輪輿諸工總序

主漚絲筐氏闕或是繡作之工玉琢玉人也櫛氏
雕氏闕矢爲箭之箭磬爲石磬者也（鳴球之屬不知作於誰氏）陶旊皆瓦匠
也分作二官必有大小厚薄不同疏云陶爲甗甑
之屬旊爲瓦簋以上三十官而缺其六
有虞氏上陶夏后氏上匠殷人上梓周人上輿
將言車輿之制故先以四代所上發之考註云舜
至質貴陶器如瓶瓦棺是也瓶祭器也禹卑宮室
盡力溝洫故尊匠（此說不知所據想康成必臆斷耳）湯疾禮樂之壞而尊梓武王疾

上與尚同

六等之數批兵車言

上下失其服飾而尊輿

故一器而工聚焉者車爲多車有六等之數車軫四尺謂之一等戈柲六尺有六寸既建而迆崇於軫四尺謂之二等人長八尺崇於戈四尺謂之三等殳長尋有四尺崇於人四尺謂之四等車戟常崇於殳四尺謂之五等酋矛常有四尺崇於戟四尺謂之六等車謂之六等之數

柲筆媚反

車一器也而有輪人輿人輈人等工聚多於餘官

車一器而工聚以其制繁不能專責之一工也蓋以爲本朝所尚故工聚車也

五兵之建惟戈柲邪倚在車上其餘則否

以周所上故也六等之數言高下有六等也自車軫四尺而始隨四尺增之以至六等車軫四尺軫者輿後橫木也輪六尺有六寸軹崇三尺有三寸加軫與轐之七寸爲四尺是軫去地四尺矣此一等也戈柲六尺有六寸柲著輿上本是六尺六寸既建而斜倚向後只有四尺軫本四尺兼戈柄四尺是八尺矣此二等也戈四尺人長八尺立在輿上是崇於戈四尺此三等也殳長尋有四尺人執

殳立於車上。如曰伯也執殳爲王前驅。八尺曰尋。尋有四尺。是丈二也。人長八尺。殳長丈二。又崇於人四尺。此四等也。車戟常倍尋曰常。常丈六也。又崇殳四尺。是五等也。酋矛長二丈。戟長丈六。此矛長二丈。則又崇於戟四尺。是六等也。言六等之數。郤以人長八尺置其閒。蓋上下五者只一人之身。可推其尺寸也。古人律度量衡。互相參攷。亦此意也。鄭註云。戈殳戟矛。皆插車輢。車輢。車箱之傍也。

一百三十字中文法八九變而抑揚頓挫曲盡工巧看首三句便見古文法本意只是察車自輪始先發明一句曰必自載於地者始也又著是故二字多少曲折精神又發得意盡又好讀輪已崇等語真是奇筆林艾軒云使篩退之見之安得不俯首閣筆又提起六尺有六寸之輪一句多少精神

凡察車之道必自載於地者始也是故察車自輪始凡察車之道欲其樸屬而微至不樸屬無以爲完久也不微至無以爲戚速也輪已崇則人不能登也輪已庳則於馬終古登阤也故兵車之輪六尺有六寸田車之輪六尺有三寸乘車之輪六尺有六寸六尺有六寸之輪軹崇三尺有三寸也加軫與轐焉四尺也人長八尺登下以爲節

載於地謂輪也一車之制任重者輪故察車之工

屬音燭　戚音促　庳音卑　阤音雉　軹音只　轐音朴

㧐必自輪始也樸屬猶附著堅固貌微至謂輪至地者少欲其圓甚易轉也戚速謂行疾也輪太高則人不能登若太卑則馬高而輪低雖行平地終年如登坡阤兵車革路也田車木路也乘車玉路金路象路也輪高六尺六寸惟田獵之輪減三寸欲其便於馳逐也輪之心爲轂轂中横截者爲軸軸末謂之軹輿後横木謂之軫軸上伏兔謂之轐軹與轐軫之長四尺得人長之半故升降以此爲

齊人謂帶爲縫
古見方言

節焉、

輪人爲輪、斬三材必以其時、三材既具、巧者和之、轂也者、(句法)以爲利轉也、(字法)輻也者、以爲直指也、(字法)牙也者、以爲固抱也、(字法)輪敝、(句法)(法)(章法)三材不失職、謂之完

造車有三材、轂輻牙是也、斬此三材、必順天時陽木以仲冬斬之、陰木以仲夏斬之、則其材堅緻可用矣、三材既備、必須巧工和之、謂調其鑿柄而合之也、轂中虛而容軸、故取於利轉、利者、活也、順也、

輻實輪而輳轂故取於直指直指者取其直以指上下上則轂下則牙也牙則包轂輻而外輮故取於固抱固抱者如人抱之而堅固也輪舉全體而言雖久而敝故轂輻牙三材各自任職自相支持未嘗動焉是不失職也故云完完全也言其材全也或曰敝蔽同蓋也言一輪而兼得三材之善也故云完

望而眡其輪欲其幎爾而下迆也進而眡之欲其微

（章法句法）

眡音視　幎音覓

形容三材不失職遠近有情極工極似

蔽之訓蓋作實字用則可

故字误

眼讀如字言如人之眼也

輻之為制向轂者大向牙者小揱爾向轂言纖指向牙處言

至也無所取之取諸圜也望其輻欲其揱（字法）爾而纖也

進而眡之欲其肉稱也無所取之取諸易直也望其

轂欲其眼也進而眡之欲其幬之廉也無所取之取

諸急也眡其綆欲其蚤之正也察其菑蚤不齵則輪

雖敝不匡

此下說輪輻轂三者之制輪即牙輪也望者直望

之望進而眡之則迫而細視也幎均致貌迤斜也

揱爾殺之狀也纖小也肉材也肉稱弘殺好也眼

而視之欲其闡精
者内蓋指其向轂
處也謂進眡其輻
之向轂者欲其與
向牙處相稱頗鄭
注以爲弘殺好也

輪之向内隆起處
謂之綆

蚤謂輻入牙中

者突出也幬者縵轂之革也革急則裹木廉隅見
也輪貴於圜眂其輪均致而下斜其著地處微眣
非他有所取惟取其圜也輻貴於平直眂其輻向
（舊注皆謂向轂者宜大向牙者宜小）
轂者纖削向牙者堅壯弘殺相稱非他有所取惟
取其平直也轂貴於急眂其轂外見突出內見其
廉隅非他有所取惟取其急也綆者牙輪之內所
用也蚤與爪同就牙內而視爪之布置必正而不
斜也輻之入轂處爲菑入牙處爲爪人之齒牙參

數句中包含多少
制度且文理婉至
跌蕩不得佳

差謂之齵上下入處整然相當則輪雖敝壞而輻

不乖斜也匡枉也

凡斬轂之道必矩其陰陽也者積理而堅陰也者

䟽理而柔是故以火養其陰而齊諸其陽則轂雖敝

不藃轂小而長則柞大而短則摯

矩謂刻識之也木性有陰陽矩而識之則所用不

失所宜也或曰矩法也隨木之陰陽自有法也陽

木文理縝密而堅陰木文理踈粗而柔若用柔木

稹音軫 藃音耗 柞音乆 摯音臬

不說丈尺只三分其牙圍五分其轂之長而分寸了然矣古文雅調簡便如此

椁其漆內一句巧隱簡而有深思

必以火炙之使堅緻與陽木相等則轂雖敝舊而木不橈減其所幬幔之皮皆不暴起也柞是傾仄之柞摯是杌桯之摯轂小而長則傾仄而不正轂大而短則杌桯而不堅謂大小長短欲得中也

是故六分其輪崇以其一爲之牙圍參分其牙圍而漆其二椁其漆內而中詘之以爲之轂長以其長爲之圍以其圍之阞捎其藪五分其轂之長去一以爲賢去三以爲軹容轂必直陳篆必正施膠必厚施筋

捎音蕭

必數幬必負幹既摩革色青白謂之轂之善

以上文小大不得其所此文制法使得其所也輪崇六尺六寸牙圍一尺一寸是六分輪崇而得其一也三分牙圍而漆其二是漆者七寸三分寸之一不漆者三寸三分寸之二也蓋不漆者其履地者也椁舊註訓度椁者度兩漆之内相距之尺寸也六尺六寸之輪漆内只有六尺四寸就其中詘而爲二則各得三尺二寸也以此爲轂長是轂之

數入聲

林鬳齋云此內穿外穿鄭氏以爲皆金也然亦未可曉恐是軸頭用金束之內穿大外穿小蓋軸頭則金稍厚也

長三尺二寸也伸而量則爲長圜而量則爲圜若圜長三尺則徑一尺也三分之一謂之防捎除也藪孔也衆輻所入之處有三十孔以三尺二寸之轂三分除一以爲三十孔也轂長三尺二寸以其長五分之去一分以爲賢三分以爲軹賢內穿也軹外穿也去一以爲賢是內穿徑四寸一分寸之二也去三以爲軹是外穿徑二寸五分寸之四也轂以受輻不可不直篆以約轂不可不正膠之施

疏謂丸漆之乾而以石摩平之

棣此等句考工創始得到

不厚則易動筋之束不厚則不固幬者以皮鞔之
也負幹者如生木皮也既鞔之矣因而摩之其色
青白則爲精好也
參分其轂長二在外一在内以置其輻凡輻量其鑿（鑿音造）
深以爲輻廣輻廣而鑿淺則是以大扤雖有良工莫（扤音兀）
之能固鑿深而輻小則是固有餘而强不足也故竑（竑音橫）
其輻廣以爲之弱則雖有重任轂不折參分其輻之
長而殺其一則雖有深泥亦弗之溓也參分其股圍（溓音粘）

股圜骹圜取象甚尙足見尤奇

去一以爲骹圜揉輻必齊平沈必均直以指牙牙得骹音敎則無槷而固不得則有槷必足見也槷音臬

此細論輻制之善也轂長三尺二寸三分其轂長者取其伸數言之也二分在外一分在內以置其輻是以藪孔言也其不見處曰內其間可見處曰外凡造車者廣深相應則固若輻廣而鑿淺則大小杌桯雖有良工不能使之堅固鑿深而輻小則是堅固有餘而不勝轂之所任也玆量度也弱卽

菑也今人謂蒲本在水中者爲弱是其類也度其
輻廣以爲之菑使廣與深相稱如此雖有重任而
轂不折矣輻乃入牙與轂者三分其長而末捎一
分殺而小之則雖有深泥亦弗黏帶於輻也股近
轂者近轂處壯故謂之股圜亦如人之股也骹近
牙者近牙處在下殺而小之亦如人脛近足者細
於股謂之骹三分其股圍而去其一分以爲骹圍
卽所謂三分而殺其一也揉輻必齊謂以火熇之

二第三轉五變句法字法後人千巧百弄皆從此中脫出

必使齊固無小大也平沈必均者謂以水試之必須均平無重輕也幅之林貴乎直其指於牙若與牙相得則雖無槷亦固若不與牙相得則雖有槷而入牙處必現露也足者近牙處也近轂處爲股則近牙處當爲足也

六尺有六寸之輪綆參分寸之二謂之輪之固凡爲輪行澤者欲杼行山者欲侔杼以行澤則是刀以割塗也是故塗不附侔以行山則是摶以行石也是故

車人云大車綆寸此乘車綆不必一寸也綆在牙輪外三分其一寸而以其二爲輻爪之孔處

輪雖敝不甐於鑿凡揉牙外不廉而内不挫旁不腫甐音
謂之用火之善

此細論輪制之善也綆未詳鄭註云輪箄則車不椲或是輪外兩邊有一重護牙者故亦名箄三分寸之二爲輪之固牙加以綆則愈固也杼是削薄其踐地者侔上下等也附著也甐動搖意也爲輪之法澤多濕故欲杼言牙輪之外踐地處削去少許而兩邊稍稜則泥塗不附著如刀割去之也山

氣湧詞流只以兩句煞住譬驅車下至莊馗徐[illegible]

[illegible]數行結輪人一章其文最妙六個可字結一句尤妙

多石故欲侔言牙輪之外上下皆同而圓滑如手搏石雖久敝之後其孔鑿之内不動摇也廉有苙刺起處也挫摺折處也腫暴起擁腫處也爲牙之木用火揉熨外無苙刺之起内無摺折之處旁無擁腫之病乃爲精好而善於用火者矣

是故（章法）規之以眡其圜也（句法）萬之以眡其匡也縣之以眡其輻之直也水之（字法）以眡其平沈之均也量其藪以黍以眡其同也權之以眡其輕重之侔也故可規（句法）可萬（萬矩）

可水可縣可量可權也謂之國工

此總結輪人一章爲輪貴乎圜規則爲圓之器也既圓矣又取其方萬則爲方之器也幅分四圜縣而眡之上下皆直是上與下幅皆相直也置輪全體於水中則知其無輕重爲平均也牙轂之藪皆以黍量則知其穿孔皆無大小深淺也以兩輪互秤之則知其輕重相侔也國工者一國所推之良工也猶云國手

輪人爲蓋，達常圍三寸，桯圍倍之六寸，信其桯圍以
爲部廣，部廣六寸，部長二尺，桯長倍之四尺者二，十
分寸之一謂之枚，部尊一枚，弓鑿廣四枚，鑿上二枚，
鑿下四枚，鑿深二寸有半，下直二枚，鑿端一枚。
此記車蓋之制。達常，蓋斗柄也，乃近於蓋斗處，圍
三寸，則其闊徑一寸。桯，蓋之杠也，桯圍倍達常之
三寸，則爲六寸，然後能上承達常也。信其桯圍，則
統其桯圍而言之有六寸，以爲部廣，部者蓋斗也。

桯音盈　信音伸

按此云部尊一枚爲下鑿廣爲上鑿下共一寸照部之厚不止一寸矣

部之廣有六寸部長二尺則連達常而言之乃有

二尺之長桯之長則倍達常之四尺者二是長八（桯字長倍達常之走得四尺又增其四尺得八尺都由倍了四尺者二）

尺也十分寸之一者以一寸爲十分而一分爲一

枚枚者枚數之也部尊一枚蓋斗上高一分也弓

傘骨也傘骨入鑿處廣四分鑿上有二分鑿下有

四分兼鑿處四分則爲一寸則部正厚一寸也鑿

深二寸有半者欲其入深而牢固也下直二枚者

其孔深處比孔又差小只二分也鑿端一枚則孔

之內深處亦減一半故前鑿上二枚而此鑿端一
枚也

弓長六尺謂之庇軹五尺謂之庇輪四尺謂之庇軫
參分弓長而揉其一（句法）參分其股圍去一以爲蚤圍參
分弓長以其一爲之尊上欲尊而宇欲卑上尊而宇
卑則吐水疾而霤遠（句法）蓋已崇則難爲門也蓋已卑是
蔽目也是故蓋崇十尺良蓋弗冒弗紘（字法）殷畝而馳不（字法）
隊謂之國工

形容摹擬之妙罷則奚仲文則工倕

因上宇字字故用霤字文法也

良蓋一句十二字詞事正反無不備且意復聯絡如貫珠

霤音溜

殷音隱

庛覆也輪之廣殺於軹軫之廣殺於輪而弓之隆殺亦以一尺爲差六尺之弓三分而揉其一者弓勢稍彎是揉而成之也股者弓之近部處也蚤則弓之末也蚤之大小比股圍三分減一分也弓下稍平其上則彎處多方可以庛人下二分稍平上一分却高此弓之勢也尊是弓近部處宇是弓之彎處其庛人如屋宇吐水疾者言其勢斗則水去快而溜亦遠庛不濕軹與輪也盖部幷達常二尺

程長八尺是一丈也古者以人爲法人長八尺卑於此則蔽人目高於此則難爲門也冒者蒙以衣也紘者以線穿聯其弓也未紘未冒之時馳而不隊則弓之入鑿固也殷畝者橫馳於畝中也橫畝必有高下車馳其間自有隱處必捝抏捏動而此蓋之弓不隊則爲良蓋可知非國手不能爲也

輿人爲車輪崇車廣衡長參如一謂之參稱參分車稱去聲廣去一以爲隧參分其隧一在前二在後以揉其式

數句發明制作之妙如生如附尤佳

以其廣之半爲之式崇以其隧之半爲之較崇六分其廣以一爲之軫圍參分軫圍去一以爲式圍參分式圍去一以爲較圍參分較圍去一以爲軹圍參分軹圍去一以爲轛圍圜者中規方者中矩立者中縣衡者中水直者如生焉繼者如附焉凡居材大與小無并大倚小則摧引之則絕棧車欲弇飾車欲侈

車者總軫輻輪蓋而言之也處車中以載物者爲輿挾車傍以行地者爲輪橫車前以駕馬者爲衡

轛音對　棧上聲　弇音掩

輪論崇卑輿論廣狹衡論長短尺寸皆同則相稱
也三者皆六尺有六寸故曰參如一隊深也車橫
六尺六寸以其橫三分之去其一則車之深只有
四尺四寸也三分其深一分在前二分在後人立
其中式必近前方可也楺者楺其木使正直而爲
之也式在較下其高三尺三寸得廣之半較在車
箱之前又高於式二尺二寸是得隧之半也六分
車之廣而軫圍得一尺一寸是軫之圍得其廣之

一也式小於軫較又小於式軹又小於較轛又小於軹故皆三分去一以爲殺也車前有式其兩箱立木置式其上立者爲轛橫者爲軹非轂末之軹也制作之法其圜者中於規其方者中於矩立而直者中於繩橫而平者中於水直者如木之生於地繼者如枝之附於榦以人工之爲而類於天性之自然所以爲工之巧也居材謂隨其材之大小而處之得宜也大小各得其所則無弃矣材之大

者其勢强材之小者其勢弱以大倚小則必有推折之慮以小倚大則牽引而動小者力不任必絶斷矣棧車無革輓則不堅而易折故欲其弇弇者斂束不侈也飾車則有結束雖侈不害也

輈人爲輈輈有三度軸有三理國馬之輈深四尺有七寸田馬之輈深四尺駑馬之輈深三尺有三寸軸有三理一者以爲媺也二者以爲久也三者以爲利也軓前十尺而策半之凡任木任正者十分其輈之

媺音美　軓音晩

任木二字文省意言任正衡任兩段從此生去未以無任結又有照應

長以其一爲之圍衡任者五分其長以其一爲之圍小於度（章法）謂之無任五分（句法）其軫間以其一爲之軸圍十分其輈之長以其一爲之當兔之圍參分其兔圍去一以爲頸圍五分其頸圍去一以爲踵圍

此專記輈輈車轅也三度謂淺深之數即國馬田馬駑馬之輈是也三理謂選材之道一車之中而軸爲受重須當擇木而爲之也一則欲其美而無惡二則欲其堅而可久三則欲其滑而易轉也軌

在式前自式以前至於輈末其長十尺而御者之策半之其長五尺適可及馬也任木以木任物也任正者輿下三面之木也輈長一丈四尺四寸以十分之得一尺四寸五分寸之二以爲任正之圍也衡在兩軛之間衡長六尺有六寸以五分之得一尺三寸五分寸之一以爲衡任之圍也若小於制度則木不勝任矣軸謂車軸之貫轂者也輿廣六尺有六寸卽軫之間五分取一以爲軸圍則其

圜一尺三寸五分寸之一與衡任相應矣當兔卽伏兔謂輿下之貫軸者也輈長丈四尺有四寸十分取一以爲當兔之圍則其圍一尺四寸五分寸之二與任正者相應矣頸謂輈前之持衡者也三分兔圍去一以爲頸圍則其圍九寸十五分寸之九矣踵謂輿後之承軫也五分頸圍去一以爲踵圍則其圍七寸七十五分寸之五十一矣

凡揉（字法）輈欲其孫而無弧（句法）深今夫大車之轅摯（字法）其登又

形容摹擬似非人間之句出神入天

進與馬謀以下皆形容和則安句然文氣紆徐字法峭險末又以和字挽照是妙惟樂記有漢以後便皆勦此

難既克其登其覆車也(句法)必易此無故(句法)唯輈直且無橈也是故大車平地既節(字法)軒摯之任及其登阤不伏其輈必縊其牛此無故唯輈直且無橈也故登阤者倍(句)任者(法)也猶能以登及其下阤也不援(句法)其邸必緧其牛後此無故惟輈直且無橈也是故(字法)輈欲頎典輈深則折輈淺則負輈注則利準利準則久和則安輈欲弧而(句法)無折經而無絕進(章法)則與(句法)馬謀退則與人謀終日馳騁左不(字法)楗行數千里馬不契需終歲御衣衽不敝此

勸登馬力三句巧而圓文字中有畫意

唯輈之和也勸登馬力馬力既竭輈猶能一取馬良

輈環灂自伏兔不至軓七寸軓中有灂謂之國輈

孫順也揉木爲輈其揉曲之勢孫順自然若如弧

弓而深則太彎矣摯下也大車之轅其勢直而不

橈曲下至於馬則難登阤雖馬有力可負而登亦

必易覆故於平地之間雖其任高下得節而不可

施之登阤蓋平地易準節登阤則難節也軒高也

伏其轅者牛伏其轅下爲所遏也縊其牛者轅直

而牛不勝如縊縛之也登高而轅直牛之負力倍於平地有力之牛猶可登也及其勢趨下則非援其車之邸必緧絆其牛之後二者皆能覆車援者執引之意緧者轡絡之類此數者皆其勢不孫曲使然也頎典堅忍貌深太彎也太彎則易折淺太直也太直則馬如負然輈注則利準者輈所以駕馬引之而進若水之注然故其行便利而不滯準平而無礙利準則無傾覆之敗所以能久也和則

安謂注與準者和則人乘之而安也輈欲如弓之
形太深則折輈欲順木之理逆理斯絶進而從馬
退而從人車之進退與人馬之意相應也揵猶拘
束也凡乘車尊者居左車旣安則尊者亦安不拘
束也馬不契需謂不傷蹄不怯懦於道路也御者
費力則衣衽損敝若皆順溜則衣衽不敝矣此皆
以輈之和故也勸助也輈和則馬省力如助之也
一取一進也馬力旣竭猶能一進勢順易行也濟

與左傳法同較左婉而勁

漆也良輈回環皆漆所不漆者自伏兔至軏中七寸而已鄭注云伏兔至軏蓋如式深兵車乘車式深尺四寸三分寸之二灂不至軏七寸則是半有灂也輈有筋膠之被用力均者則灂遠國輈通上揉輈而言非以環灂一事卽稱其爲國輈也或曰軏中有灂以下疑有闕文

軫之方也以象地也蓋之圜也以象天也輪輻三十以象日月也蓋弓二十有八以象星也龍旂九斿以

林艾軒云車之初作未有此說既成之後以此比象

象大火也鳥旟七斿以象鶉火也熊旗六斿以象伐也龜蛇四斿以象營室也弧旌枉矢以象弧也

交龍爲旂其斿有九象大火者以九斿象尾之九星也鳥隼爲旟其斿有七象鶉火者以七斿象朱鳥之七星也熊虎爲旗其斿有六象伐者以六斿象伐連參爲六星也龜蛇爲旐其斿有四象營室者以四斿象室與壁爲四星也枉矢妖星也凡旌旗皆有弧又畫枉矢於上以象弧星之有矢飛行

也

攻金之工築氏執下齊冶氏執上齊鳧氏爲聲（字法）㮚氏（齊音劑）

爲量段氏爲鎛器桃氏爲刃金有（綱）六（章法）齊六（目）分其（句法）金而

錫居一謂之鍾鼎之齊五分其金而錫居一謂之斧

斤之齊四分其金而錫居一謂之戈戟之齊三分其

金而錫居一謂之大刃之齊五分其金而錫居二謂

之削殺矢之齊金錫半謂之鑒燧之齊

多錫爲下齊少錫爲上齊以金爲器必濟之以錫

桃氏鳧氏㮚氏名實不相中此不可跳易山齋云桃辟不祥遂爲劒㮚堅也遂爲量而續爲之說者又云鳧入水不溺以名鍾工取其虛浮之義皆近鑿

熊朋來云史記平準書及漢食貨志亟稱銀錫漢武帝造銀錫爲白金可見古者銀與錫通稱白金說文謂錫曰銀鉛之間今世用物銅鐵爲多經文絕少言銅亦罕言銀鐵考工言金者鐵銅在其中言錫者銀鉛在其中合而言之總曰金錫耳不然則今時

然所用之錫各有多寡之不同鍾以擊鼎以亨則用錫爲最少故六分其金而錫居一斧以伐斤以斫則用錫爲差多故五分其金而錫居一戈戟皆用之以刺防其挫折用錫宜多於斧斤故四分其金而錫居一凡此皆上齊者也大刃則戚揚之屬施之斬砍防其易缺故三分其金而錫居一削書刀也殺矢用諸田獵者也皆欲其堅利不脆其用錫又宜多於大刃故五分其金而錫居二鑒燧以

所謂錫者豈堪為斧斤戈戟矢刃哉臬氏改煎鑄量亦豈能聲中黃鍾之宮哉

似此等句可看古人文字下語處

取水火於日月或用之以照皆貴於白且明故用錫為最多而金錫相半焉此所謂下齊也

築氏為削長尺博寸合六而成規欲新而無窮敝盡而無惡

削書刀也古人用竹簡先以火灼後以刀刻而為書長一尺而闊一寸刀勢彎曲以六刀相合其圓如規欲新而無窮者其刃常若新發於硎雖磨削至盡亦無瑕惡也

冶氏爲殺(字法)矢刃長寸圍寸鋌十(句法)之重三垸戈廣二寸
内倍之胡三(句法)之援四之巳倨則不入巳句則不決長
内則折前短内則不疾是故倨句外博重三鋝戟廣
寸有半寸内三之胡四(句法)之援五之倨句中矩與刺重
三鋝

殺矢田獵所用也長一寸圍亦一寸鋌箭足也其
入笴處曰鋌垸量名秤之則重三垸也鄭氏云爲
殺矢以下至重三垸凡十四字脫誤在此戈二刃

刺兵也戈之制其廣二寸內者胡以下接柄者也倍之則其長四寸胡者旁出之一鋒也三之則其長六寸援者刃之直而向上者也四之則其長八寸已倨太直也已句太曲也胡太直可以刺而已以之鉤人則不入也胡太曲可以鉤而已以之斫人則不決也胡以內過長則胡以上之援與胡句相並如磬之折則不可以刺也前即上也胡之上亦曰前故謂之折前言其前磬折不可用也胡以

內過短則胡以上之援必過長過長則胡縮而援
出多下重上輕則用之不快便也故曰不疾倨與
句皆有外廣豐於二寸自然無上四病也鋝說文
曰鍰也與呂刑之鍰同其重六兩戟與戈同而三
刃其廣一寸有半其內長四寸半胡四之則六寸
援五之則七寸半倨句得所則其勢稍方故曰中
矩以兩胡與直刺之刃秤之皆重三鋝也刺即援
也皆爲直刃之名戈二刃戟三刃疑有輕重而皆

三鋝者戟必稍狹於戈亦必稍薄於戈也

桃氏爲劍臘廣二寸有半寸兩從半之以其臘廣爲之莖圍長倍之中其莖設其後參分其臘廣去一以爲首廣而圍之身長五其莖長重九鋝謂之上制上士服之身長四其莖長重七鋝謂之中制中士服之身長三其莖長重五鋝謂之下制下士服之

臘雙刃通劍面之名也兩從自脊而分兩面蓋中高兩旁殺以趨於鍔也劍面通廣二寸半其兩從

中分各一半也莖謂劍夾人所把握處其圍五寸長一尺也中其莖設其後者以一尺之莖中分之下一半稍大也下大則於把易制矣首劍把接刃處其圍得一寸三分寸之二也身者去劍柄而言也莖長一尺上制之劍長五尺重三斤十二兩中制長四尺重二斤十四兩三分兩之二下制長三尺重二斤一兩三分兩之一上中下士者以其人材之長短言之非命士也隨人材之宜而用其長

短要人與器相得也

鳧氏爲鍾兩欒謂之銑銑間謂之于于上謂之鼓鼓上謂之鉦鉦上謂之舞舞上謂之甬甬上謂之衡鍾縣謂之旋旋蟲謂之幹鐘帶謂之篆篆間謂之枚枚謂之景于上之攠謂之隧

欒角也鐘體不圓故有兩角名欒又名銑鐘之所先故謂之銑兩角之間名之曰于者鐘脣之上袪也于上謂之鼓者可擊之處聲所自出也鼓上謂

鉦音征　縣音玄　攠音靡　隧音遂

之鉦者鐘腰之上居鐘體之正也鉦上謂之舞者聲之震動在此其音中於舞節也于鼓鉦舞凡有四名皆鐘之體甬鐘柄也衡乃甬上平處旋者鐘柄上有孔也繫之可以旋轉也旋蟲謂之幹者旋之四環爲蹲熊盤龍辟邪之類也名之曰幹以其獸形故曰蟲鐘有四帶紋如篆籀故謂之篆篆間有乳鐘有兩面每面三十六乳乳謂之枚可枚數也亦謂之景攠受擊處也攠者擊而靡弊也隧者

周旋曲折無限工巧只以數字播弄後来記事之文千變萬化不能出此

其㢘之中稍窪而深如陽燧之形其生光亦似之也故名爲隧

十分其銑去二以爲鉦以其鉦爲之銑間去二分以爲之鼓間以其鼓間爲之舞脩去二分以爲舞廣以其鉦之長爲之甬長以其甬長爲之圜參分其圜去一以爲衡圜參分其甬長二在上一在下以設其旋

凡鐘之制下大而上斂故鉦小於銑十分之二也銑間去兩角之有紋處則與鉦同也去銑間二分

則鼓間只得十分之六也舞脩以横言也與鼓間同舞廣以縱言也只得十分之四也甬之長如其體之鉦長如其圜若甬長一尺則其徑三寸三分以上矣衡小於甬故得其圜三分之二也參分甬之長二分在上一分在下以繫其旋上長而下短者以爲固也

薄厚之所震動清濁之所由出侈弇之所由興有說

鐘已厚則石已薄則播侈則柞弇則鬱長甬則震是

不曰六分其遂之厚而曰爲遂六分其厚者此變文也古人如此作文皆其用意變換處

林鬳齋云凡鐘之擊厚亦震動薄亦震動因其侈弇而聲有清濁故先總提起三句而以有說二字結之自鐘已厚以下乃其說也

故大鐘十分其鉦間以其一爲之厚小鐘十分其鉦間以其一爲之厚鐘大而短則其聲疾而短聞句法鐘小而長則其聲舒而遠聞爲遂六分其厚以其一爲之深而圜之

鐘之所尚者聲聲之所出者形薄厚侈弇者形也清濁者聲也鐘聲之清濁乃出於鐘形之厚薄侈弇此自有說也石聲不發也失之太厚則其聲不發播散也失之太薄則其聲散其形侈者則其聲

咋咋然柞亦散之類也其形弇者則其聲鬱而塞
矣鬱亦不發之類也甬太長則懸之搖兀不安也
震搖也大鐘必十分其鼓間以一分爲之厚小鐘
必十分其鉦間以一分爲之厚盖鉦間鼓間各居
其銑十分之六也鐘大則形長大而失於短故聲
躁疾而短聞鐘小則形短小而失於長故聲舒緩
而遠聞樂記云止如槁木此不欲遠聞之驗也遂
即隧也六分其鐘體之厚取其一以爲隧之深則

古制古銘夏后氏之彞也

不但文字工巧即論物理亦精絕

不傷於鐘體圜者受擊之處其形必圜也

㮚氏爲量改煎金錫（句法）則不耗不耗然後權之權之然後準之準之然後量之量之以爲鬴深尺內方尺而圜其外其實一鬴其臀一寸其實一豆其耳三寸其實一升重一鈞其聲中黄鐘之宮槩而不稅（句法）其銘曰時文思索允臻其極嘉量既成以觀四國永啓厥後玆器維則（章法）凡鑄金之狀金與錫黑濁之氣竭（句法）黄白次之黄白之氣竭青白次之青白之氣竭青氣次之然

後可鑄也

改煎謂重煉也金錫之爲物必煉之使精至無耗折然後可久焉故始而權之以眡其輕重之齊次而准之以眡其高下之平終而量之以眡其多寡之均然後以之爲鬴也鬴之量受六斗四升其深一尺其内四方每方各一尺而外則爲圜形也臀底也覆量之其底深一寸可容一豆也豆四升也其耳在旁可以手舉者覆之可受一升其深有三

寸只言深不言大小卽所受則可准也其重一鈞則權衡之法寓焉其聲中黄鍾之宫則律吕之法寓焉槩平也法也㮚氏鑄此以爲天下法使天下爲鬴者皆於此取平焉而賦入租稅之時實不用之也銘刻其詞於鬴也時文者古之賢王也猶詩曰思文后稷也古有文德之君思索之深信至其極能爲此嘉量也允信也臻至也嘉賛美之也觀者示也以此觀示四國開啓後來之人皆取則於

此也用金爲器必和之以錫初鑄之時火色黑濁
者穢雜尚多也煉去穢雜火色變而黃白亦未淨
潔也鎔煉既久變而青白稍淨而未盡也白色盡
去火色純青則其煉之至精方可入鑄也

段氏闕

函人爲甲犀甲七（字法）屬兕甲六屬合甲五屬犀甲壽百
年兕甲壽二百年合甲壽三百年凡爲甲必先（句法）爲容
然後制革權其上（句法）旅與其下旅而重若一以其長爲

蒼然古色細玩之更有無限精神

之圜凡甲鍛不摯則不堅已敝則橈凡察革之道眡其鑽（字法）空欲其窻也眡其裏欲其易也眡其朕欲其直也橐之欲其約也舉而眡之欲其豐也衣之欲其無齘也眡其鑽空而窻則革堅也眡其裏而易則材更也眡其朕而直則制善也橐之而約則周也舉之而豐則明也衣之無齘則變也

空音孔 窻音宛 齘音蕐

屬者甲之札葉相屬也一葉爲一札犀甲以牛皮爲之七節相續用之可歷百年兕甲以虎皮爲之

六節相屬用之可歷二百年合甲則合犀兕而貫
之以爲甲五節相續最爲耐久可歷三百年容者
人身之大小長短也先觀人身然後制革上旅腰
以上也下旅腰以下也重若一者上下等也長與
圍等者欲其相稱也鍛煉皮也摯至也煉之不熟
則不堅韌也已敝者煉太熟也煉之太熟則橈曲
軟弱也鑽空鑽穿而爲孔也窓孔小貌孔小則堅
而難壞也故曰革堅也裏者皮内面也易如易其

田疇之易皮近肉處則多穢治去淨潔更變其材無復始者之穢惡也故曰材更也朕縫處也直無斜曲也縫路皆直則制作之善也故曰制善也橐藏也卷而藏之易於約束則是制作密緻而周也舉舉起也豐大也卷時小舉時大其札葉相續處皆分明也故曰則明也衣著之於身也齘齵齾不齊也衣之而無齵齾不齊處則於人便利也變便也故曰則變也

文有繁詞不可約急詞不可緩者此段是也約之緩之便覺局促

鮑人之事望而眡之欲其荼白也（字法）進而握之欲其柔而滑也卷而摶之欲其無迆也眡其著欲其淺也察其線欲其藏也革欲其荼白而疾澣之（句法）則堅欲其柔滑而腥（字法）脂之（句法）則需引而信之欲其直也信之而直則取材正也信之而枉則是一方緩一方急也若苟一方緩一方急則及其用之也必自其急者先裂若苟自其急者先裂則是以博（句法）爲帴（字法）也卷而摶之而不迆則厚薄序也眡其著而淺則革信也察其線而藏則

腥音渥
帴音淺　卷上聲

雖敝不甐句○法○字○法○

鮑當作鞄柔革工也不曰鮑人爲某而曰之事其所治之皮不主一用也荼白茅也凡巳柔之革遠而眡之欲其如荼之白也握謂親手煩擱之也近前而握之欲其柔順而滑利也摶卷束之義也卷束而摶之欲其平正而無邪也眡其著欲淺者謂鍛治之舒鋪著之雖厚如薄也察其線欲藏者謂縫革之縷隱而不露也革白如荼必疾澣之不使

久居水中則堅而難壞也革欲柔滑而厚脂以潤之則耎而不硬也卷之無迆展而伸之則欲其直而不橈也伸之而直則其材平正而可用伸之而枉則是不平正必有一處緩一處急纔有緩急不調處則以之而用急處必先裂苟有裂處則革雖博闊乃成淺狹之材故曰以博爲帴謂以廣爲狹也卷之而無斜迆者正以革之厚薄得其序言厚薄停均也眡其著而淺者則以革伸得盡言綳得

緊也亦革之平正可以幔綳也敝舊也察其線而
藏則其革雖敝而線無磨鞔之傷也
韗人爲皐陶長六尺有六寸左右端廣六寸中尺厚
三寸穹者三之一上三正鼓長八尺鼓四尺中圍加
三之一謂之鼖鼓爲皐鼓長尋有四尺鼓四尺倨句
磬折凡冒鼓必以啓蟄之日良鼓瑕如積環鼓大而
短則其聲疾而短聞鼓小而長則其聲舒而遠聞
皐陶鼓木也皐有高義陶有陶穴之狀也左右端

韗音運　[illegible]音桃　聞音問

謂兩頭也兩端廣六寸而中央廣一尺厚則三寸
以二十片板合而爲皐陶兩頭差斂中間却高故
曰穹者三之一言三分其鼓木穹處有一分也三
正者兩頭與中央皆欲其端正也二者一鼓之上
也此不言鼓名必鼓之大者賈待中以爲晉鼓亦
意之也鼖鼓長八尺鼓面徑四尺中圍加於面之
圍三分之一所以鼓軍事者也皐鼓長丈二尺鼓
面亦徑四尺倨直句曲磬折則中高而兩端下所

以鼓役事者也冒鞔也鞔鼓必以啓蟄之日蓋蟄蟲聞雷聲而動鼓所取象也瑕者痕也積環者累積其環圓之物也良鼓其革鞔急則文理累累如環之積也鼓之聲隨其形之大小長短而已大而短則其勢促故聲疾而短聞小而長則其勢展故聲舒而遠聞其義與鐘同也

常氏闕

裘氏闕

雜五色而下有六色巻玄與黑相類也

樸玄與黃相次以上皆爲衣青與赤謂之文以下繡以爲裳者乃把畫續安於首謂之繡安於末頓挫參差文法不可捉模土以黄三句最奇絕之文九字之中而天地四時五方之色俱盡林艾軒云此造化間渾成之文非後世模葉之比也

樸成物體則謂之畫分布五色而會聚之則謂之績所謂青與白相次此之謂績所以山以章類此謂畫

畫繢之事雜五色東方謂之青南方謂之赤西方謂之白北方謂之黑天謂之玄地謂之黃青與白相次也赤與黑相次也玄與黃相次也青與赤謂之文赤與白謂之章白與黑謂之黼黑與青謂之黻五采備謂之繡土以黃其象方天時變火以圜山以章水以龍鳥獸蛇雜四時五色之位以章之謂之巧凡畫繢之事後素功

畫以分布五色也繢則會聚而已天地四方各主

其色以設色之天玄者蒼茫所極自見其色幽玄非黑非赤故謂之玄青與白東西相比也赤與黑西北相比也玄與黃天地相比也考註云巽位乎東南萬物趨於文明之地故青與赤曰文坤位乎西南萬物成於致役之時故赤與白曰章乾位乎西北其道主剛而能斷故白與黑曰黼艮位乎東北陰陽各止其所辨故黑與青曰黻五色皆備則謂之繡書之十二章上言作繪下言絺繡衣則繪

堂則繡亦是一體事故以畫與繡並言之也土之
色黃而其形方火之色赤而其性圜天道無常隨
時而變故畫土者黃以象其色方以象其形也畫
天者隨四時之色而變也畫火者圜如半壁者也
章卽獐也獐山物也龍水物也鄭氏謂以章表山
以龍見水也鳥獸蛇華蟲也蟲之毛鱗之有文采
者首言雜五色此言雜四時者謂五色取象四時
也章明也設色章明必有能者爲之則謂之巧非

易山齋云莫重於鍾莫輕於羽羽之色欲其重故以鍾人染羽考注云皃氏當以鍾氏易之此合改鍾作染林鬳齋云官名出於古人豈可隨揣摩而時必有說今既附誰得而解之

曰雜色以章卽爲巧也素者畫時先爲粉地也先施素地之功而後可畫繪也不言繡繡以絲也

鍾氏染羽以朱湛丹秫三月而熾之淳而漬之三入爲纁五入爲緅七入爲緇

湛音沉

羽之爲物或用以飾旗如全羽析羽之類或用以飾車如重翟厭翟之類必染成其色乃可用也朱朱砂也湛漬也丹秫丹粟也淳沃也熾炊也凡染羽者以朱砂漬丹粟越三月而後熟以炊下湯沃

此章峻潔簡練太上古調林鬳齋云與關尹子相類皆古文之妙者

前水湅四句湅絲後水湅四句湅帛言湅帛與湅絲同也本無深意文法拔眼便走考工奇處

其羽而又浸漬之使其羽與染汁相入而後可染也三染則成赤色而爲纁矣五染則成青赤而爲緅矣七入則成黑色而爲緇矣

筐人闕

㡛氏湅絲以涚水漚其絲七日去地尺暴之晝暴諸日夜宿諸井七日七夜是謂水湅湅帛以欄爲灰渥淳其帛實諸澤器淫之以蜃清其灰而盝之而揮之而沃之而盝之而塗之而宿之明日沃而盝之晝暴

湅音練　涚音稅　漚烏豆反　暴音曝　盝音祿

諸日夜宿諸井七日七夜是謂水湅
治絲帛而熟之謂之慌涚水以灰沛水也漚猶後
世漚麻之漚以灰水浸漬之也漚之七日然後漉
起縣而暴曬之去地尺者絲上帯水不宜縣高也
晝暴諸日以陽氣溫之也夜宿諸井以陰氣寒之
也既漬又暴既暴又漬凡七晝夜方可用也絲未
織者也帛織成者也以欄木爲灰而湅之渥沃也
淳亦沃也既以欄木灰水沃其帛矣乃安諸滑澤

器中又以蛤灰浸之涹者浸涹使滿器冪其帛也盉猶漉也淳之既久其灰既清灰沉而水浮也灰清而後漉起揮者擺洗之也沃之者既揮洗又再浸漬而後漉起也塗者又以藥物塗其上使經宿焉明日又沃以水而後漉起也晝暴夜宿凡經七晝夜亦與湅絲之法同也

考工記述註卷上終

攷工記述註

石經堂藏

玉人之事與典瑞多異同而大宗伯所掌六瑞六器又不具載疑有闕文又疑有錯簡第文勢縱橫若斷若續若合若離似難以意爲之敘次

考工記述註

莆林兆珂孟鳴父纂述

考工記下

玉人之事鎮圭尺有二寸天子守之命圭九寸謂之桓圭公守之命圭七寸謂之信圭侯守之命圭七寸謂之躬圭伯守之天子執冒四寸以朝諸侯天子用全上公用龍侯用瓚伯用將繼子男執皮帛天子圭中必四圭尺有二寸以祀天大圭長三尺杼上終葵

子

首天子服之土圭尺有五寸以致日以土地祼圭尺有二寸有瓚以祀廟琬圭九寸而繅以象德琰圭九寸判規以除慝以易行

鎮圭者取鎮安四方之義天子所守也命圭者朝廷所命猶曰命服也公侯伯朝覲執焉居則守之桓圭猶桓楹之狀也其左右稜道處爲桓楹之形也信圭者純直勢也躬圭者稍彎曲也不言子男之蒲穀者闕文也冒圭長四寸上方正而下稍斜

剡剡其長短廣狹諸侯執玉來朝天子以剡處冒之有不同者則辨其僞也以下言祼器也全者全用玉爲之也其制以玉爲龍形而置一杯於其中以盛酒也龍鼻也瓚其中也將其柄也天子用純全之玉上公以玉爲龍鼻諸侯以玉飾其中伯以玉飾其柄此尊卑之制也一説祼玉有三爲龍首一等玉也必次於全玉爲瓚一等玉也又次於龍首瓚盛酒也爲祼將又一等玉也又次於瓚祼將

陳祥道云古之飾刀室者謂之珌正固弓者謂之韣則約圭之中因以為室命之曰必亦若是耳

正義云聘禮記諸侯及聘使所執圭璋皆有繅藉及絇組以約圭中央恐失墜即中必之類若然中必尊卑皆有不言諸侯圭舉王以明下可知

者酌酒所用也上文言圭此乃論爲圭之玉爲天子之圭則用純全之美玉上公之圭則用爲祼瓚龍之玉諸侯之圭則用爲瓚之玉伯之圭則用爲祼將之玉也子男以上則用玉子男以下則執皮帛郎尚書五玉三帛之等則也必與繅通謂以紐約其中央防失墜也四圭四邸之圭也中央爲璧之形圓也圭著其四面只以一片玉爲之邸猶根柢之柢也大圭王所搢也亦名珽杼䋄也其上兩

畔殺去之故云杼上也終葵椎也爲椎於其杼上
天子祭祀則用之土圭測景之圭也冬夏至則以
致日景建邦國則以度地也祼圭酌奠之圭也有
瓚如盤其柄用圭有流前注祀宗廟則用之琬圭
上下皆圜諸侯有善王有錫命使者執以致命亦
有繅藉謹重之也象德者以玉象德以此致命車
服之類琰圭上剡而下稍圜故曰判規判半也規
圜也諸侯有爲慝惡者王命使者執此以戒勑之

使之去惡而改行也後世則有詔書古者傳言以
此爲信也
璧羨度尺好三寸以爲度圭璧五寸以祀日月星辰
璧琮九寸諸侯以享天子穀圭七寸天子以聘女大
璋中璋九寸邊璋七寸射四寸厚寸黃金勺青金外射音石
朱中鼻寸衡四寸有繅天子以巡守宗祝以前馬大繅音早
璋亦如之諸侯以聘女瑑圭璋八寸璧琮八寸以頫
聘牙璋中璋七寸射二寸厚寸以起軍旅以治兵守

案十有二寸數語緣上言享夫人故併及夫人勞答之者文勢跌宕不可捉模何必擬刪

駔琮五寸宗后以爲權大琮十有二寸射四寸厚寸是謂內鎮宗后守之駔琮七寸鼻寸有半寸天子以爲權兩圭五寸有邸以祀地以旅四望瑑琮八寸諸侯以享夫人案十有二寸棗㮚十有二列諸侯純九大夫純五夫人以勞諸侯璋邸射素功以祀山川以致稍餼

羨延也度者制作之法度也璧之制度不圜而延好孔也璧之中有孔也四面爲肉中間爲孔其孔

之徑三寸也爾雅曰肉倍好謂之璧璧之好三寸則兩邊各有三寸爲六寸是九寸也今網其旁一寸而延之以盈尺則其廣八寸而長一尺矣自此積之則爲仞爲尋爲常皆自是生焉是璧之尺寸可以起度也度卽量物之尺度也以璧爲邸旁有一圭祀日月星辰則用之祀天則四圭此則一圭也圜者爲璧方者爲琮諸侯致享於王則以此爲摯也穀圭飾如粟文天子聘禮所用也三璋之勺

形如圭瓚天子巡守有事于山川則用以灌馬大
山川用大璋加文飾焉次山川用中璋其文飾稍
網小山川用邊璋飾其邊而已射圭頭剡出而銳
也三璋之制以勺承流以射貫勺射出四寸之長
厚則一寸也勺以黃金爲之以青金飾其外朱中
者所盛之鬱鬯詩所謂黃流也流口爲龍鼻之形
其長一寸故曰鼻寸其衡四寸衡與橫同謂勺徑
也有繅者文飾而藉之也天子以此致祭於山川

宗祝執此在馬之前謂之前馬諸侯聘女用大璋與三璋之大璋同名簡編錯亂文不相蒙或曰當繼天子以聘女之下圭璋璧琮四器其長皆八寸璧琮不瑑而圭璋則瑑瑑文飾之也諸侯頫聘則用之衆來曰頫時來曰聘皆朝王也牙璋中璋皆長七寸射二寸是五寸以上射剡出也牙者其剡之側皆剡爲鉏牙之文鄭注云二璋皆有牙出征則以起軍旅守國則以治兵備也駔與組同琮方

魏華父云書同律度量衡即權之衡也此謂璧羨起度之意同度知長短權知輕重古皆以玉爲之則玉堅不可輕磨也王后司立市之事故亦有駔琮之權

形中有孔以組繫之故曰駔琮宗后王后也其重可以起五權之制亦璧羨起度之意大琮宗后所守猶王之鎮圭也謂之内鎮天子駔琮與宗后同后則五寸天子七寸此隆殺之辨也琮上有鼻故可繫以爲權祀天者四圭祀地者兩圭此尊卑之別也旅祭名也四望之旅亦用之皆屬地也瑑琮加以瑑飾諸侯來朝以享天子之夫人案玉案也所以盛棗栗也棗栗十有二列則玉案必有十二

枚皆長一尺二寸也此王朝盛禮所用也諸侯則九列大夫則五列純猶皆也凡諸侯大夫皆然也若夫人以勞答諸侯亦用九列之禮也不及大夫者承上諸侯享夫人而言也半圭爲璋其剡出者射其身乃邸也素功無瑑飾也祀山川則用之賓客在館則以致稟稍與餼也稍禀也餼食物也

椰人闕

雕人闕

磬氏爲磬倨句一矩有半其博爲一股爲二鼓爲三

句古侯反

參分其股博去一以爲鼓博參分其鼓博以其一爲之厚已上則摩其旁已下則摩其耑

耑音端

磬之制必先度一矩爲句一矩爲股而求其弦之兩頭相望一矩有半則磬之倨句也磬之制有大小此假矩以定倨句非用其度耳博謂股之博也股磬之上大者鼓其下小者當擊之處也假如股三寸則鼓只二寸股九寸則鼓只六寸也又三分

其鼓之博而厚得其一如鼓大三寸則厚只一寸也已上已下論厚薄也若鼓三寸厚有一寸以上則摩鑢其旁使薄也若鼓廣三寸而厚不及一寸則爲已下是傷薄矣薄則不可使厚但摩鑢其石之端使短短則不薄矣此謂其長短厚薄欲使其聲清濁得所也

矢人爲矢鍭矢參分茀矢參分一在前二在後兵矢田矢五分二在前三在後殺矢七分三在前四在後

用字如天造敍畢文咏嘆二句鼓舞其詞咏畢又叙豪宕不拘奇哉[illegible]哉

參分（句法）其長而殺其一五分其長而羽其一以（句法）其笴厚爲之羽深水之（字法）以辨其（句法）陰陽夾其陰陽以設其比夾其比以設其羽參分其羽以設其刃則雖有疾風亦弗（句法）之能憚矣刃長寸圍寸鋌十之重三垸前（句法）弱則俛後弱則翔中弱則紆中强則揚羽豐則遲羽殺則趮是故夾而（句法）搖之以眂其豐殺之節也橈之以眂其鴻殺之稱也凡（章法）相笴欲生而摶同摶欲重同重節欲疎同疎欲㮚

趮音躁 摶音團

鍭矢茀矢兵矢田矢殺矢此記中五矢名也鄭氏以周禮司弓矢證之謂茀當爲殺殺當爲茀兵矢者枉矢絜矢也田矢者矰矢也鍭矢下三分二字衍文也鍭矢殺矢皆三分其矢之長以衡平之一分在前二分在後以鏃在笴首差重也兵矢田矢以五分均之二分在前三分在後其鏃小輕故也茀矢以七分均之三分在前四分在後其鏃又差短小故也殺其一者笴長三尺殺其前一尺令趣

鏃也羽其一者羽者六寸也以笴之厚爲羽之深量其力之所受也竹有上下上爲陽下爲隂以水試之浮者爲上沉者爲下也比者笴之兩旁也陽爲左隂爲右夾左右而設其比使輕重適均也夾其比而設其羽者置羽於四角也箭鏃之刃與笴末之羽兩者相並羽有三分刃居一分則刃與羽各得其所雖於疾風之中而射之其箭亦無所動驚也鋌鏃之容笴處刃長一寸則其鏃之圍亦一

寸鏃亦前小而後大其容笴處不應有十寸鄭氏
以爲脫字是已其重三垸則一矢之長通重十二
垸矣前言三分一在前二在後則可見也矢之笴
其强弱欲適中矢之羽其豐殺欲適節倪者射之
則趨下也翔者射之則搓搓然紆者去不直也揚
者激起也遲者去緩也趮者去太急也前弱則矢
行而低後弱則矢行而旋中弱則矢行而曲中强
則矢行而起此强弱之失中者也羽太多則矢行

緌羽太少則矢行疾此豐殺之失節者也以指夾其矢而搓之則知羽之豐殺以手橈其幹而曲之則知笴之强弱故相笴之法欲生而摶生不用枯竹也摶取其體之圓也竹之圓既同則擇其重者用之竹之重既同則擇其節之疎者用之節之疎既同則擇其縝栗者用之如此其材美而其矢善矣

陶人爲甗實二鬴厚半寸脣寸盆實二鬴厚半寸脣

甗音彥 鬴音釜

寸甗實二鬴厚半寸脣寸七穿鬲實五觳厚半寸脣鬲音力
寸庾實二觳厚半寸脣寸
甗無底甑也鬴六斗四升盆用之以盛者也甑用
之以蒸者也有底而七穿所以通火氣也鬲鬲屬
用之以亯者也庾用之以量者也觳與斛同三斗
爲斛上古世質民淳故所用皆瓦器也
旊人爲簋實一觳崇尺厚半寸脣寸豆實三而成觳
崇尺凡陶旊之事髻墾薜暴不入市器中膊豆中縣髻音刮　薜卜革反　暴音剝

膞崇四尺方四寸

簋祭祀之器也方曰簠圓曰簋易曰二簋可用享詩曰于豆于登皆爲祭器三斗爲觳三豆一觳則一豆之實一斗也髻薄也墾有傷處也如鋤墾之傷物也薜破裂也暴有爆起處也古有市官此皆不中用者故不許入市賣也膞猶今陶者之旋盤也凡爲圜器者摶埴而旋轉之器中旋言其圜也豆瘦而長欲其直而中懸也旋盤之高四尺此圜

此一官三章尤稱奇峻與墨子之鳶諸葛武侯之馬莊周之風皆神技也林鬳齋云此一官制作易知其文最奇不可不熟讀之南華文法同而謹嚴莊雅過之

王伯厚云嘉量之銘祭侯之辭皆極文章之妙而梓人筍簴之制文法奇古蓋精於道者兼物物而後能制器莊子所謂梓慶削木爲鐻鐻成見者驚猶鬼神以天合天道與藝俱化豈物物而雕之哉

物謂之方四寸者盖指其柄而言也

梓人爲筍簴天下之大獸五（章法）脂者膏者臝者羽者鱗者宗廟之事脂者膏者以爲牲（句法）臝者羽者鱗者以爲筍簴外骨内骨卻行仄行連行紆行（句法）以脰鳴者以注鳴者以旁鳴者以翼鳴者以股鳴者以胷鳴者謂之小蟲之屬（句法）以爲雕琢

筍簴所以懸樂器者横者爲筍直者爲簴欲言筍簴所刻之獸而並以爲牲者言之文勢也以總入

簴音巨　臝力果反　脰音豆　注音晝

許氏說文蜩蠹詹諸以脰鳴者虺以注鳴又曰榮蚖蛇蟼以注鳴者蟬以旁鳴者蟜蟥以翼鳴者蚣蝑以股鳴者𪛉大龜以胷鳴者𪛉一作蠵與鄭注不同可以參考

而後枚數之也脂者牛馬之屬膏者犬豕之屬臝者淺毛虎豹之屬羽者飛禽也鱗者魚也外骨龜屬內骨鼈屬郤行蚓屬仄行蟹屬連行蟻屬紆行蛇屬脰鳴鼃黽之屬注鳴精列之屬旁鳴蜩蟬之屬翼鳴蟋蟀之屬股鳴蜙斯之屬胷鳴榮原之屬此皆小蟲可雕琢於祭器也鄭氏云脂者膏者以爲牲致美味也臝者鱗者以爲筍簴貴野聲也小蟲之屬以爲雕琢慱㢋物也

曲盡物情物態此考工畫筆也周禮一書本人情為之是記體物如此安得不續周禮哉

如此語調豈晚周秦漢人筆力蹊徑可及

厚脣弇口出目短耳大胸燿後大體短脰若是者謂之臝屬恒有力而不能走其聲大而宏有力而不能走則於任重宜聲大而宏則於鐘宜若是者以爲鐘簴是故擊其所縣而由其簴鳴銳喙決吻數目顅脰小體騫腹若是者謂之羽屬恒無力而輕其聲清陽而遠聞無力而輕則於任輕宜其聲清陽而遠聞則於磬宜若是者以爲磬簴故擊其所縣而由其簴鳴小首而長摶身而鴻若是者謂之鱗屬以爲筍

數音促　顅音堅　陽揚通

出目目之突出者大胸燿後前粗而後細也大體短脰身大而項肥也此爲臝獸有力而聲大故以爲鐘簴鐘大器也非有力者不足以負之簴架也擊其所懸若其聲出於所刻臝屬之口故曰由其簴鳴鋭喙者其喙尖決吻者其吻利數目者其視急顅脰者其脰長小體騫腹其身小而腹縮可以騫舉也此爲禽屬無力而聲清揚揚發也磬小物也故以此爲磬簴頭小而長身圜而大此爲魚屬

形容制作之巧畫工不能到林鬳齋云古人文字其工如此不可謂不留意於文者誰謂三代無文人六經無文法乎

叩其又亦似鳴者

故刻於鐘磬簴之筍上也

凡攫綱援簭之類必深其爪出其目作其鱗之而深其爪出其目作其鱗之而則於眡必撥爾而怒苟撥爾而怒則於任重宜且其匪色必似鳴矣爪不深目不出鱗之而不作則必穨爾如委矣苟穨爾如委則加任焉則必如將廢措其匪色必似不鳴矣

攫綱援簭四字總狀獸之能搏噬者攫以爪足攫物而食也綱者能殺物而食也援者以足握物而

綱音殺 簭音噬 穨通頹

食也簝者以口噬物而食也梓人之雕刻此類其
爪必深其目必突出鱗之而者頰之有髭鬛處也
作起也刻之深突而起則其視如怒撥者怒之狀
也匪與斐同采色也雕刻之工精妙則纔施采色
雖鐘磬未擊其物已似能鳴矣若工刻不精則其
狀積如委伏言其不活也雖以鐘磬加之如將廢
墜然言其不勝也縱施以采色亦似不能鳴者此
結上文形容工匠之巧拙也

只是一飲三觶爲一豆設却撰出一獻三酬何等奇崛

梓人爲飲器勺一升爵一升觚三升獻以爵而酬以觚一獻而三酬則一豆矣食一豆肉飲一豆酒中人之食也凡試梓飲器鄉衡而實不盡梓師罪之

勺爵皆飲器名各受酒一升觚亦飲器也鄭氏云觚當作觶韓詩說禮器制度云觚大二升觶大三升一升曰爵二升曰觚三升曰觶今此三升卽觶也獻以爵則一升矣酬以觶則三升矣一獻三酬則爲一豆矣能食一豆之肉飲一豆之酒則爲中

張皮侯三段三變句法文約意周是豚句之祖

祭辭似商頌語

林文軒云古文天生也設如此簡妙後人爲古文則務爲艱險便有筆墨蹊徑不如此自然矣

人矣鄉衡而實不盡謂平爵向口而酒不盡是梓

人制器之不善也故梓師治其罪

梓人爲侯廣與崇方參分其廣而鵠居一馬上兩个（个音幹）

與其身三下兩个半之上綱與下綱出舌尋縜寸焉（縜音云）

張皮侯而棲鵠則春以功張五采之侯則遠國屬張（春如字）

獸侯則王以息燕祭侯之禮以酒脯醢其辭曰惟若

寧侯毋或若女不寧侯不屬于王所故抗而射女强（女音汝）

飲強食詒女曾孫諸侯百福

侯令之射㙲也方猶等也廣與高等謂侯中也鵠
箭帖也三分其廣而置鵠在其中只得一分不言
尺寸者隨侯之大小以爲準則也兩个謂兩邉也
侯之制上廣而下狹自棲鵠而上以侯爲三分身
居中兩个居兩邉皆小大一同自鵠而下則其身
與上身同而兩邉比其身只得其半蓋下狹也綱
繫侯於植者也舌兩邉之直出者上下皆出舌一
尋方可繫也尋八尺也縜連侯之繩也繩圜有一

寸定其大小也皮侯以皮飾之其皮用熊虎豹櫖
司裘言之也張之而設其鵠此大射之侯也蓋諸
侯於春貢士則張皮侯以射擇其有中的之功者
用之也鄭氏云春讀爲蠢作也出也天子將祭必
與諸侯羣臣射以作其容體出其合於禮樂者與
之事鬼神也釆侯以五釆畫雲氣爲飾此賓射之
侯也遠國服屬而來朝則王張此侯與之射以賓
禮待之也獸侯以白爲質畫獸於其中此燕射之

侯也王於休息燕享之時則張此侯以射鄉射記所謂熊侯白質是也祭侯卽射侯也古者處事以敬故於侯有祭也因祭而寓意以爲諸侯之戒寧安也順理而安於職分者王則享之燕之不寧而爲逆不順王命則伐之如射此侯也若者戒之之意欲其似此而不可似彼也凡爲寧侯則勉其加飲加食以自壽詒其國於女曾孫世世爲諸侯享有百福也

說攻守類常談而調却古句兵利兵一段則大著精神奇絕奇絕

廬人爲廬器戈柲六尺有六寸殳長尋有四尺車戟常酋矛常有四尺夷矛三尋凡兵無過三(句法)其身過三(字法)其身弗能用也(句法)而無已又以害人(章法)故攻國之兵欲短守國之兵欲長攻國之人衆行地遠(句法)食飲飢且涉山林之阻是故兵欲短守國之人寡(句法)食飲飽行地不遠且不涉山林之阻是故兵欲長凡兵(章法)句兵欲無彈刺兵欲無蜎是故(字法)句兵椑刺兵摶轂兵同强舉圍欲細細則校刺兵同强舉圍欲重重欲傳人傳人則密是

故侵之

廬柄也柲亦柄五兵戈一也殳二也戟三也酋矛四也夷矛五也疏曰此經所云柄之長短皆通刃而言尺數也凡兵之長至於三倍人身而止若過此則太長而不可用矣過三其身已不可用若更加長而無已則非惟不可用又有害於人謂其太長能自累也攻守之兵不同攻者遠行食飲不飽則疲跋涉險阻則勞故宜用短兵若在國守禦飽

而有力逸而不勞故宜用長兵短者輕長者重也
句兵引之使來故其柄欲無彈言不可圜如彈丸
也刺兵中之使深故其柄欲無蜎言不可弱如虫
體也惟其無彈故句兵椑言其匾而有力也惟其
無蜎故刺兵摶言其圜而不橈也擊兵之柄上下
皆欲堅勁舉者手執處也柄之執處其圜欲細細
者小而滑也欲其執之便也校疾也執之便則用
之快疾也刺兵之柄本末皆欲强大但執處欲稍

字字有法句句描寫細揣方知制度之精文字之工滋味之永

重重則大於上下矣傳附也埶處重則上下稍輕
用之附人兵旣附人則可以審密而用之以刺人
也侵刺也
凡（章法）爲殳五分其長以其一（句法）爲之（字法）被而圍之參分其圍
去一以爲晉圍五分其晉圍去一以爲首圍凡爲（章法）酋
矛參分其長二在前（句法）一在後而圍之五分其圍去一
以爲晉圍參分其晉圍去一以爲刺圍凡試廬事置
而（句法）搖之以眡其蜎也灸諸牆以眡其橈之均也橫而

梐之以眡其勁也六建既備車(句法)不反覆謂之國工(字法)

被把中也人所把執處也殳長丈有二尺五分取

一以爲把處而圍之晉柄下鐏也得被圍五分之

四首殳上鐏也又得晉圍五分之四酋矛常有四

尺三分其長二在前一在後上稍長下稍短也刺

圍者刺刃之圍也置直植也灸拄也試廬人之事植

而搖之以審其蛸與不蛸拄之兩墻之間以審其

本末之均不均横執而搖之以審其材之勁與不

勁也五兵與人既備建於車而不反側傾覆則是其盧器輕重得所非國工何以及此六建者夷矛建於酋矛之前酋矛建於戟之前戟建於殳之前殳建於戈與人之前也

匠人建國水地以縣置槷以縣眡以景爲規識日出之景與日入之景晝參諸日中之景夜考之極星以正朝夕

縣音玄　槷音臬

建國者通王國侯國而言之也水地者注水以試

之也地有高下則水之流行自有高下鋤掘其地用水以平之也水既平矣又懸槷以定之槷之爲制一縱一横横者在地縱者向上其縱者横木之中就此木之上懸繩以取正卽可定地高下也水地以懸者謂以水平地而後爲置槷之懸也既置槷以定高下矣又以土圭眂日景而定其東西南北也規法也爲眂景之法以識日出入之景求東西之中也然日出入之景雖識在朝夕亦必參考

之日中而始定也極北極星也號曰含樞紐正在天中而天形如倚蓋則此星乃在天之北故曰北極夜考極星相去遠近則知南北之正也南北既定則可以朝夕參日出入之景而正東西也故曰以正朝夕

匠人營國方九里旁三門國中九經九緯經涂九軌

左祖右社面朝後市市朝一夫

前言建國建國之城也此言營國營國之宮室也

鄭氏云九里者上公之國也或曰天子之中城也城之一旁皆爲三門四旁凡十二門也每旁三門每門三涂則九涂也南北之涂爲經東西之涂爲緯軌車行之路也經涂之廣可容九車往來不言緯涂者省文也左右前後據王宫而言王宫居中而祖廟在左社在右朝廷在前市居在後也朝者官吏所會市者商旅所聚必一夫百畝之地然後足以容之也易山齋曰古有三朝内朝治朝外朝

夏商周三代制度
盡記於此

亦有三市大市居中朝市居東夕市居西此特言

其一耳

夏后氏世室堂脩二七廣四脩一五室三四步四三

尺九階四旁兩夾窻白盛門堂三之二室三之一殷

人重屋堂脩七尋堂崇三尺四阿重屋周人明堂度

九尺之筵東西九筵南北七筵堂崇一筵五室凡室

二筵

夏曰世室商曰重屋周曰明堂其名不同其實一

也脩者深也二七者堂深十四步也以十四步分
而爲四每分三步半也廣加於深四分之一是其
堂廣十七步有半也五室者堂上爲五室也三四
步者言室之脩也爲四步者三是十二步也四三
尺者言室之廣也爲三尺者四是十二尺也一堂
四面皆有階南面三階東西北各兩階共爲九也
室之四旁各有户一户各有兩夾窓白盛者以蜃
灰堊其壁也門堂門側之堂也於十七步中得三

分之二室者門堂之側有兩室也於十七步中得
三分之一也重屋之制其堂深五丈六尺乃七尋
也其崇三尺陛高三尺也四阿若今四柱疏云四
霤也今之佛殿皆爲四柱中間屋高四邊皆有簷
也故曰重屋明堂之制以九尺之筵而度其地東
西九筵則其廣八丈一尺南北七筵則其深六丈
三尺堂崇一筵則其高九尺堂上有五室每室二
筵則其深一丈六尺而已室就堂上四隅爲之東

運用七个九字意各有當若重複便不妙

南火西南金西北水東北木中央土以配五行若

祭五帝於明堂則用此室周人爲明堂既有五室

夏后氏亦有五室則殷人亦必有五室也疑有闕

文

室中度以几堂中度以筵宮中度以尋野度以步涂

度以軌廟門容大扃七个闈門容小扃參个路門不

容乘車之五个應門二徹參个内有九室九嬪居之

外有九室九卿朝馬九分其國以爲九分九卿治之

度地之法五尺爲几九尺爲筵八尺爲尋六尺爲步七尺爲軌大扃長三尺小扃長二尺鄭注云大扃牛鼎之扃小扃𦚔鼎之扃扃用以闔鼎者也大扃七箇共長二丈一尺也廟門之廣可容小扃三箇共長六尺也廟門之闈可容五乘車共廣三丈三尺大寢之門不能容之謂不及三丈三尺也應門謂朝門也二徹之内八尺參個八尺則二丈四尺也路門之内有九室九嬪佐后以治内政者居

馬路門之外亦有九室九卿佐天子以治外政者居焉一國之内畫爲九分三公六卿各分治其一也鄭注云分者分職非分地也

王宫門阿之制五雉。宫隅之制七雉。城隅之制九雉。經涂九軌。環涂七軌。野涂五軌。門阿之制以爲都城之制宫隅之制以爲諸侯之城制環涂以爲諸侯經涂野涂以爲都經涂

阿門邉小樓也鄭云角浮罳處也城上小樓爲阿

屋前曰四阿之類皆有簷霤處也雉高一丈廣三
丈阿屋五雉是高五丈長十五丈也隅城角也罘
罳處也角處又高二丈故曰七雉城隅又高四丈
故曰九雉門阿可以論長若宮隅城隅則只論高
不論廣矣蓋宮城甚長非七雉九雉而止也南北
正涂爲經涂環涂則環城外之涂也經則一直環
則有圍繞處也野涂則野外之涂也環涂狹於經
涂野涂又狹於城外之涂矣都城之制以門阿之

制爲之則無過五雉也諸侯之城制以宮隅之制

爲之則無過七雉也以王國之環涂爲諸侯之經

涂則七軌而已以王國之野涂爲都城之經涂則

五軌而已先王封建之制所以示尊卑隆殺之分

如此非特强本而弱末也

匠人爲溝洫耜廣五寸二耜爲耦一耦之伐廣尺深

尺謂之甽田首倍之廣二尺深二尺謂之遂九夫爲

井井間廣四尺深四尺謂之溝方十里爲成成間廣

甽古畎字

八尺深八尺謂之洫。方百里爲同。同閒廣二尋深二仞謂之澮。專達於川各載其名

耜田器也其廣五寸兩耜相合號爲一耦伐發也二人執耜而伐其地則有一尺矣一耦之伐廣一尺深一尺則謂之畎畎乃田閒通水之小圳也田首之圳又倍於畎則廣二尺深二尺而名曰遂矣九夫之田號爲一井其閒有溝以通水其廣深又倍於遂也百夫之田號爲一成其閒有洫以通水

王伯厚云遂人治野乃鄉遂公邑之制匠人溝洫乃采地之制鄭康成云周制畿内用夏之貢法稅夫無公田邦國用殷之助法制公田不稅夫朱文公亦云溝洫以十爲數井田以九爲數井田溝洫決不可合而永嘉諸儒欲混爲一康成注分爲二是也劉氏中義以匠人溝洫求合乎遂人治野之制謂遂人言積數匠人言方法叢周禮考工各爲一書易氏謂匠人前代之制

其廣深又倍於溝也千夫之田號爲一同其間有澮以通水其廣深又倍於洫也畎之水達於遂遂之水達於溝溝之水達於洫洫之水達於澮澮之水則專達於川各載其名者別其水之所自出也

按遂人曰凡治野夫間有遂遂上有徑十夫有溝溝上有畛百夫有洫洫上有涂千夫有澮澮上有道萬夫有川川上有路與此書不同不必强爲之說

數語無奇文法錯綜便成高調

凡行奠水數語多少含蓄多少曲折其文法又自森嚴

凡天下之地埶兩山之間必有川焉大川之上必有涂焉凡溝逆地防謂之不行水屬不理孫謂之不行梢溝三十里而廣倍凡行奠水磬折以參伍欲爲淵則句於矩凡溝必因水埶防必因地埶善溝者水漱之善防者水淫之凡爲防廣與崇方其閷參分去一大防外閷凡溝防必一日先深之以爲式里爲式然後可以傳衆力凡任索約大汲其版謂之無任葺屋參分瓦屋四分囷窌倉城逆牆六分堂涂十有二分

屬音主　注孫音遜　奠音停　傳音附　窌音窖

竇其崇三尺牆厚三尺崇三之

兩山之間衆水所注則會而爲川焉大川之上可通人行則必有道路焉溝通名也澮洫畎遂皆可名爲溝也地防地脉也造溝之法必順地脉若逆地脉則不行矣屬卽注也理亦順之意水之所注若不順理亦不行矣逆脉則甚逆不順則微逆其爲不行均也梢溝溝末也溝遠而不廣則不足以容水故水行三十里之遠則其末之廣必倍於其

首矣奠卽停也積水不流者若欲行之一直而下則易涸也必委蛇紆曲如石磬之形三折五折則其去有漸可以灌溉也淵深也欲爲深溝停注此水則於其句曲如矩折之處開放深也溝以導水不因水勢則其流易壅防以障水不因地勢則其土易崩故爲溝者必因水勢之曲直則其流斯無壅矣爲防者必因地勢之高下則其土斯無崩矣是故善溝者水必漱齧之而無所壅以其因水勢

楊升菴云按說文淫浸淫隨理也徐氏曰隨其脉理而浸漬也此可以補善防水淫之義

故也善防者水必淫液之而無所決以其因地勢故也爲防之法必其廣與高等則堅厚而難壞下闊三分則上殺其一分防之大者以外面觀之必厚其下基而上稍薄則水不能潰也欲造溝者必一日先深之以爲準式造防者亦然方里爲井一井之地先爲之準式則百夫千夫萬井之地皆可推矣有準式則可附集衆力而爲之也築防者必以索約束其版索須得宜若大汲引其所築之版

則其版必撓受土不堅是其索不勝任也故曰無任葺屋以茅覆者瓦屋以瓦覆者三分四分謂各分其脩以其一爲峻也春高而簷低則溜水易瀉也囷窌倉皆所以積穀圜者爲囷方者爲倉穿地爲窌城則在郭内以爲扞蔽者也逆猶却也四者之墻皆六分其高而上殺其一也堂之階以甓甃之十分之中二分稍高則水瀉其兩邊也竇宫中水道也必崇三尺防壅塞也墻之厚三尺則其高

九尺而止不九尺不足以爲防不三尺不足以爲
久也
車人之事半矩謂之宣字法一宣有半謂之欘一欘有半
謂之柯一柯有半謂之磬折
頭髮皓落曰宣半矩者尺三寸三分寸之一如人
頭之長也欘斲斤柄一宣有半則其長二尺也柯
伐木之斧柄一欘有半則其長三尺也磬折者人
立而俛其身也一柯有半則其長四尺五寸也

欘音燭

車人爲耒庛長尺有一寸中直者三尺有三寸上句
者二尺有二寸自其庛緣其外以至於首以弦其内
六尺有六寸與步相中也堅地欲直庛柔地欲句庛
直庛則利推句庛則利發倨句磬折謂之中地

庛音刺

耒耕器也耒耜皆以木爲之庛耒下前曲接耜者
也以金爲之其長尺有一寸耒之制上下皆微曲
中間則直其直長三尺三寸也上句人所執處長
二尺二寸下句則接耜也自耒下之耜緣其外而

上至耒之首自内觀之其勢如弓以繩張之其直如弦其長六尺六寸與人之步大約相當也堅地其性剛故欲直庛柔地其土耎故欲句庛直庛可以用力故利推句庛可以翻起田土故利發倨直處也句曲處也磬折其弦勢處也句直各得其中則宜於地也

車人爲車柯長三尺博三寸厚一寸有半五分其長句法以其一爲之首轂長半柯其圍一柯有半輻長一柯

即柯量車敘次簡妙

此車人所造乃牛車柏車羊車與前言乘車兵車田車其制不同

有半其博三之一渠三柯者三行澤者欲短轂行山者欲長轂短轂則利長轂則安行澤者反輮（輮音柔）行山者反輮反輮則易反輮則完

柯斧柄也造車必以斧因以量物故先論斧柄長短之度也柯之長三尺而闊三寸其厚一寸半五分其長以一分爲之首則其首六寸必斧金也察車以輪爲始察輪以轂輻牙爲備轂之長半柯則一尺五寸也其圍一柯有半則四尺五寸也輻之

長四尺五寸其慱三寸其厚一寸是得慱三之一也渠即牙也車輮也三柯九尺也三其三柯則二丈七尺也此大車之制也車行澤間沮洳之地則其轂欲短轂短則壺中稍狹而無傾側之患也故曰利利者便也車行山中險阻之地則其轂欲長轂長則壺中稍寬可以轉旋而無拘礙也故曰安安者無損動也輮者牙也乃揉木而爲之木之裏則滑木之表近皮則澁澤多泥濘反輮其裏爲輪

之外則滑而不黏泥也故曰易易者去泥易也山多沙石亙轃其木以其表爲輪之外則近皮處堅澁可以不損故曰完也完者全也全無損動也

六分其輪崇以其一爲之牙圍栢車轂長一柯其圍二柯其輻一柯其渠二柯（句法）者三五分其輪崇以其一爲之牙圍大車崇三柯綆寸牝服二柯有參分柯之二羊車二柯有參分柯之一栢車二柯凡爲轅三其（句法）輪崇參分其長二在前一在後以鑿（字法）其鉤徹廣六尺

經音：梗，厭（音），兵。

林艾軒云大車既言三柯而大車崇三柯數句又在於栢車之後其文斷續續自然奇古敘次丈尺分寸自是簡妙有法

鬲高六尺

大車之輪高九尺六分取一則其牙圍有一尺五寸也柏車山行之車也轂長三尺其圍六尺其輻亦三尺其牙二柯者三則一丈八尺也輪崇六尺五分取一則牙圍尺有二寸也大車三柯即長九尺也綆者輪箄也在輪之四面外其闊一寸牝服車箱也人立處也其長二柯三分柯之二則得八尺也羊車善車也其車箱長二柯三分柯之一則

鬲音膈

七尺也栢車之車箱其長六尺則又短於羊車也
大車羊車栢車之輪其崇各異隨其高下以爲之
轅皆三其崇也鉤者轅之鉤心也三分其長二分
在前一分在後就中而鑿之以鉤車箱也徹城門
之軌也一牛所駕故僅廣六尺也兩轅端壓牛領
上者其長亦止六尺也
弓人爲弓取六材必以其時六材既聚巧者和之幹章法
也者以爲遠也角也者以爲疾也筋也者以爲深也

膠也者以爲和也絲也者以爲固也漆也者以爲受霜露也

六材者幹角筋膠絲漆也取幹以冬取角以秋絲漆以夏六材既聚必有巧者然後調適而用之故曰和幹者弓之材也幹善則其射可遠角善則弓去速也筋束縛之則深固也非淺深之深和者欲得其宜也固欲其不壞也受霜露則易壞故漆必欲其盡善也

凡取（章法）幹之道七柘爲上檍次之檿桑次之橘次之木瓜次之荆次之竹爲下凡相幹欲赤黑而陽聲（句法）赤黑則鄉心陽聲則遠根凡析幹射遠者用埶射深者用直居幹之道菑栗不迆（句法字法）則弓不發

檍音億　鄉音向　菑音孜　栗音烈

柘桑柘之木也檍又謂之杻檿桑山桑也凡相幹者其色必欲赤黑其聲必欲清赤黑之色則不嫩鄉心不近皮也陽聲則清近根則老其聲必不清叩之而清必不老也既得美材乃可析之以爲幹

埶者木之形埶有微曲者曲則有力故利於射遠

直則不撓故利於射深居幹猶處幹也菑加功以

治也栗縻密也以鋸折幹加功以治而且致其縻

密行不邪理不絕則弓可久用而不發也發起也

有起發則爲損動也

凡相角秋䌥者厚春䌥者薄稺牛之角直而澤老牛

之角紾而昔疢疾險中瘠牛之角無澤角欲青白而

豐末夫角之本蹙於剒而休於氣是故柔柔故欲其

鼇伏僵疊變幻玲瓏曲盡文章之妙

紾音 腆 昔音錯 剒音 膒 休音 煦

埶也白也者埶之徵也夫角之中恒當弓之畏畏也
畏音猥
者必橈橈故欲其堅也青也者堅之徵也夫角之末
遠於𠚅而不休於氣是故脃脃故欲其柔也豐末也
者柔之徵也角長二尺有五寸三色不失理謂之牛
戴牛
䋄殺也秋時殺牛則其角厚春時殺牛則其角薄
秋氣斂揫角則堅實也牛之少者其角紋直而滋
澤牛之老者其角紋絞而雜亂牛有久病則角之

中必傷動牛瘦瘠則其角必不滋澤其色青白則
角之善者也豐末者角之末豐大不尖小也㓸卽
腦也蹙近也休與煦同角之下本近於腦而生氣
煦之故其角柔和自然有曲埶其角也若白則有
曲埶可知矣故曰徵畏與隈同謂隈曲處也角之
中央其用於弓也常在隈處隈處張時必橈動也
若不堅則易折故欲其色青色青則知其堅固雖
橈而不傷也角之末上去牛腦既遠生氣之煦所

不及則多脆弱若其末尖小則脆而不柔不柔則易折其末既豐大則柔而不脆故可用也三尺有五寸則大牛之角也三色者本必白中必青末必豐不失其常理則此牛所戴之角其直可如一牛

故曰牛戴牛

凡相膠欲朱色而昔句法昔也者深瑕而澤紾而摶廉鹿膠青白馬膠赤白牛膠火赤鼠膠黑魚膠餌犀膠黃

凡昵之類不能方

昔音錯　摶音團　昵女乙反

相膠者欲其色之純赤又欲其文之交錯深瑕而
澤者言表裏有文而其色潤澤也紾而摶廉者言
文理縝密且摶圓而廉利也六膠皆可用鹿馬牛
鼠犀皆以色别之而魚曰餌者其色如餌也或云
餌者香餌之氣也以其腥氣異於諸膠也昵鄭氏
以爲脂膩亦黏也膩雖可以黏然不可以久豈能
如六膠之用耶或云末句不可曉大都謂膠之類
不能一律齊耳

古人擬物曲意模寫下筆自工覺其筆端春蠢欲動

凡相筋欲小簡而長大結而澤小簡而長大結而澤則其爲獸必剽以爲弓則豈異於其獸筋欲敝之敝

凡相筋以條直滋潤爲上筋之小者貴乎成條而長筋之大者貴乎成束而潤筋既如此度其爲獸性必剽疾以之爲弓又豈異於其獸哉敝之敝嚼之欲其熟也謂筋之椎打嚼齧欲得勞敝也敝之又敝則其筋軟而適於用矣

漆欲測絲欲沈得此六材之全然後可以爲良

測猶淸也漆欲其淸絲欲沈如在水之色也全無瑕病也良善也幹角膠筋漆絲六材皆無瑕病然後爲善也

凡爲弓冬析幹而春液角夏治筋秋合三材寒奠體（奠音定 瀞音醮）冰析瀞冬析幹則易春液角則合夏治筋則不煩秋合三材則合寒奠體則張不流冰析瀞則審環春被絃則一年之事

本是製一年始被弦乃倒一句曰春被弦則一年之事氣不健而健文不省而省

材雖美治之必以其時幹欲堅而光滑故於冬析

之則易易平易也冬時堅凝植物性實則易光滑也角欲和而溫柔故於春液之則合合猶洽也春氣融和角潤之時漬液之則浹洽也筋欲散而靜緩故於夏治之則不煩煩猶亂也夏氣熱其筋柔治之則其理不煩亂也膠漆絲三者欲其成就而充實至秋成而合之則其質浹洽而不相離也寒則膠堅納之檠中以定往來之體則張而用之必不流移也大寒冰堅之時析其漆灂雖其乾稍遲

筆勢縱橫矯若游龍倏若飛電說筋角受病處極似極工中間已用厚其液一句結束却突出約不皆約兩語又突出斲摯必中兩語斷耶續耶一段精神如隱如躍非可尋常窺測

而漆愈老則堅固也漆其四邊可以回環而審定之也被弦於春俟一朞之久而後可用矣

析幹必倫析角無邪斲目必荼(荼音舒)斲目不荼則及其大脩也筋代之受病夫目也者必强强者在內而摩其筋夫筋之所由幨(幨音襜)恒由此作故角三液而幹再液厚其帤(帤音袽)則木堅薄其帤則需(需通軟)是故厚其液而節其帤約之不皆約疏數必侔斲摯必中膠之必均斲摯不中膠之不均則及其大脩也角代之受病夫懷膠於內

終紲非弓之利凡再言之林艾軒云如賢哉回也上下兩言之兼此一段言角短者只四句角長者却如此紬繹此作文之妙也

而摩其角夫角之所由挫恒由此作凡居角長者以次需恒角而短是謂逆橈引之則縱釋之則不校恒角而達譬如終紲非弓之利也今夫茭解中有變焉故校於挺臂中有柎焉故剽恒角而達引如終紲非弓之利

需如字恒古鄧反下同紲音屑

析幹必倫欲其順理也析角無邪欲其適正也幹之節目攻之不可太急必舒徐以斲之也斲之不舒徐則其功粗而不精以筋束之雖與幹爲力反

爲節目所摩齧久之而筋必代幹受其病矣幨絕

也謂絕起如車之幨也節目剛强而筋柔弱以剛

摩柔則筋有幨絕之患常於此始也故治角三以

火炙之欲其和也治幹再以火揉之欲其堅也帤

弓中裨也弓幹雖用全木必有裨助之者其裨助

者厚則其幹木愈堅其裨助者薄則幹木易弱也

厚多也其角之液必多也節適也其幹木之帤必

調適得宜也約謂以絲膠横纏之也一弓之中有

纏處亦有不纏處雖約而不皆約也其約亦有疏數隨其宜而約之必使侔等也摯致也致力以脩治也斲其幹必使得中施其膠必有均節斲摯不中施膠不節則及其久也角反代一弓之材而受其病内之不治則病自外發也夫膠在角内若有厚薄則角必爲之摩動角被摩動則必挫折角之傷常始於此也角長二尺五寸爲善則造弓之工必以次需而用之需求也鄭註云長者當弓之隈

短者居簫長短各稱其幹恒與緪同竟也竟角而
短不及兩端則橈其弓而勢必逆校疾也引其弦
則其角縱而不受力舍其弦則其矢去而不疾也
若竟角而達過於兩簫則角既過長引發之時譬
如此弓長在紲中放不去也故曰非弓之利也紲
弓鞑也藏弓之物也茭解者弓隈與弓簫用角接
處也孌異也謂弓簫與臂用力異也引弓則臂用
力放矢則簫用力二者力異而同用則矢去必絞

古文奇字模寫極工驟讀之心驚細讀之神王熟讀之如登曲張之堂親見良工製作

疾也挺直也直臂中乃弓之把處也柎者弓之把處兩畔有側骨也側骨堅强則助弓爲力故發矢剽疾也角長過於簫則人用力而弓遠之引放之則如終年在弓紲之上爲所牽制此非弓之利也

撟幹欲孰於火而無贏撟角欲孰於火而無燀引筋欲盡而無傷其力鬻膠欲孰而水火相得然則居旱亦不動居濕亦不動苟有賤工必因角幹之濕以爲之柔善者在外動者在內雖善於外必動於內雖善

撟音矯　燀音潛　鬻音煮

亦弗可以爲良矣

撟𣑭揉之也䰛過多也燀炙爛也𣑭揉其幹雖欲火之至熟然過熟則脆故欲其無䰛𣑭揉其角亦欲火之至熟然過熟則爛故欲其無燀筋以緩治之則力無損故引之欲盡而不傷其力膠以和濟之則氣相入故煑之欲熟而水火相得幹角筋膠用火盡善如此則弓在燥濕皆不傷動也若使賤工爲之用火未熟因角幹之濕即𣑭揉而用之以

其柔而易橈也則在外雖若善而乾而易損動者在內也雖弓成亦若善而用之必易敗矣故曰弗可以爲良

凡爲弓方其峻而高其柎長其畏而薄其敝宛之無已應下柎之弓末應將興爲柎而發必動於䋄弓而羽䋄末應將發

（章法　句法　字法　句法）

峻謂簫頭也柎側骨也弓之曲處謂之畏人所握處以物蔽之謂之敝宛者引而放之也簫宜方側

柎音附　畏音隈　敝音蔽　處音羽

骨宜高畏宜長敝宜薄有此四善引而放之其應
無已謂其愈射愈好也謂其便利也弓之柎處若
下而不高則簫頭每引而起興者起也弓隈未應
而簫頭先應則用之不便利也綱接中也羽讀爲
扈緩也弓之簫頭爲柎不高而先發則於弓之接
中處必有傷動接中傷動則必有緩弱之病接中
緩弱所以引之則簫頭先應而發也末即簫頭也
發即興也

模擬郗簡如畫惟和氏之弓足以當之

字面文法皆自考工濫觴太史公貨殖傳即彼流矣

弓有六材（章法）焉維幹強之（句法）張如流水維體防之引之中參維角堂之欲宛而無負弦引之如環釋之無失體如環材美工巧爲之時謂之（字法）參均角不勝幹幹不勝筋謂之參均量其力有參均者參謂之九和九和之弓角與（句法）幹（字法）權筋（法）三侔膠三鋝絲三邸漆三斞上工以有餘下工以不足

弓有六材以幹爲本維幹堅強則弓之弛張也如流水然言其順瀏也防愛護也引張也弓之全體

堂音撐　有即又　鋝音劣　斞音宇

納之弓檠之中常爲愛護則弓身完好引而張之
則其弦五尺張之可得丈五故曰引之中參謂一
分之長張之有三倍也党與撐同撐正也宛引也
角既正則引之與弦不相背故曰欲宛而無負弦
也角不負弦故張引其弓則如環然既張而釋亦
如環然無失其故體也弓有六材此獨言角與幹
者以其受重者言之也其材美其工巧而爲之又
得其時三者皆善故曰三均均者相若也不勝者

不相過也角幹筋三者皆善亦曰三均量三材之力各有三均則爲九和和亦均也角與幹權亦角不勝幹之意權亦均也侔等也鋝鍰也郘䵼未詳以意推之亦言其輕重之則耳工有巧拙故曰上下言工之巧者即此數物用之而有餘若拙工爲之則六材雖具但見其不足盖用之不得其宜也

爲天子之弓合九而成規爲諸侯之弓合七而成規大夫之弓合五而成規士之弓合三而成規弓長六

安危兩字甚奇且命辭高古曲盡物情愿中又奇

尺有六寸謂之上制上士服之弓長六尺有三寸謂之中制中士服之弓長六尺謂之下制下士服之

四弓成規不同者材長則句少也上制中制下制隨人身之長短而服此弓也

凡爲（章法）弓各因其君之躬志慮血氣豐肉而短寬緩以荼若是者爲之危弓危弓（句法）爲之安矢骨直以立忿埶以奔若是者爲之安弓安弓爲之危矢其人（句法）安其弓安其矢安則莫能以速中且不深其人危其弓危其

矢危則莫能以愿中

○○○○○字○法○

人之志慮有緩急血氣有彊弱故制弓者必因之也豐肉肥也其身肥而短其性寛以舒如是則危弓爲宜危者發之剽疾者也危弓則用安矢以濟之骨立瘦也直者長之貌也忿勢忿怒而使威勢也奔者性急也其身瘦而長其性剛而急則安弓爲宜安弓發之舒徐者也安弓則用危矢以濟之人與弓矢俱緩則矢行不速其中物亦不深人與

弓矢俱急則矢行太過而不能以必中故爲弓者

必在損其羸以濟不足而已

往體多來體寡謂之夾臾之屬利射侯與弋往體寡臾音庾

來體多謂之王弓之屬利射革與質往體來體若一

謂之唐弓之屬利射深

往者弛放時也來者張開時也夾臾弓名也往體

多者弛時直也來體寡者張時甚曲也此弓必勁

故可射棲鵠之侯而弋鳥雀也往體寡者弛時曲

楅寫濳文種種肖象末以覆至歸之深弓何等結束何等神力

也來體多張時弦也此弓性不勁只可射革與質而已張弛之時其鈎曲之體相似則是不勁不緩得中者其射之中必深故曰利射深

太和無濳其次筋角皆有濳而深其次有濳而疏其次角無濳合濳若背手文角環濳牛筋蕡濳麋筋斥蠖濳和弓轂摩覆之而角至謂之句弓覆之而幹至謂之侯弓覆之而筋至謂之深弓

太和九和之弓弓之最良者其體調適故不用漆

也其次筋角皆有漆但深在中間而兩邊不漆也
其次兩邊皆有漆而間用之不皆有也故曰疏其
次角之在隈者不漆而他處皆漆也漆之合者謂
弓之表裏有漆處也其文皆如人之手背言用漆
之善也角環濟者謂弓之角隈處漆文如環之周
旋亦言漆之盡善也弓用牛筋纏束則筋上之漆
其文如蘇子蕡蘇子也㲉上有細文也弓用麋筋
則筋上之漆其文如斥蠖蠖屈蟲也身上有細縮

文也和弓調和其弓擊者扣擊而試之也摩㩟摩也造弓之時摩之試之欲其調和也覆詳覈也至極善也覆之但有角善而筋幹未善謂之句弓弓之敝也只可爲射革與質之用矣角善矣幹又善矣而筋獨未善謂之侯弓可以射侯即夾臾利射侯者也角善矣幹善矣而筋又善三者皆備謂之深弓言射遠而中深也前所謂唐弓是也

考工記述註卷下終

車上雜名尺寸
輪兵車輪崇六尺六寸乘車同田車減三寸
軹乘車軹崇三尺三寸
軫與轐共崇七寸
軫圍尺一寸
牙圍尺一寸
轂長三尺二寸徑一尺三分寸之二藪徑三寸九分寸之五深三寸十八分寸之一
賢大穿徑六寸五分寸之二除金內實得徑四寸五分寸之二
軹小穿徑四寸十五分寸之四除金內實得徑二寸十五分寸之四圍三寸二十七分寸之七大小穿謂金也

林虞齋圖 附

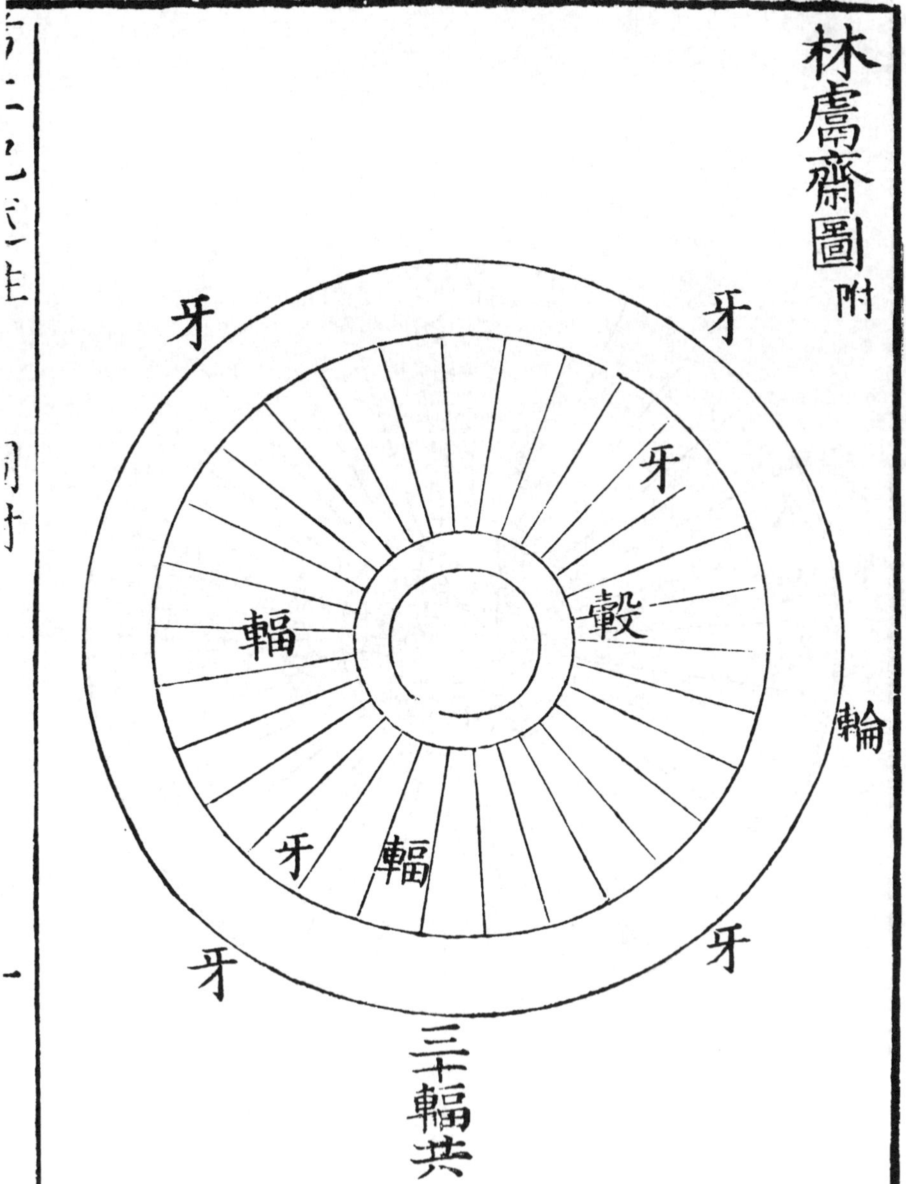

金厚一寸軹名有三轂末爲軹小穿爲軹車箱上木爲軹

綆三分寸之二

輻廣三寸半

下車人尺寸與此别

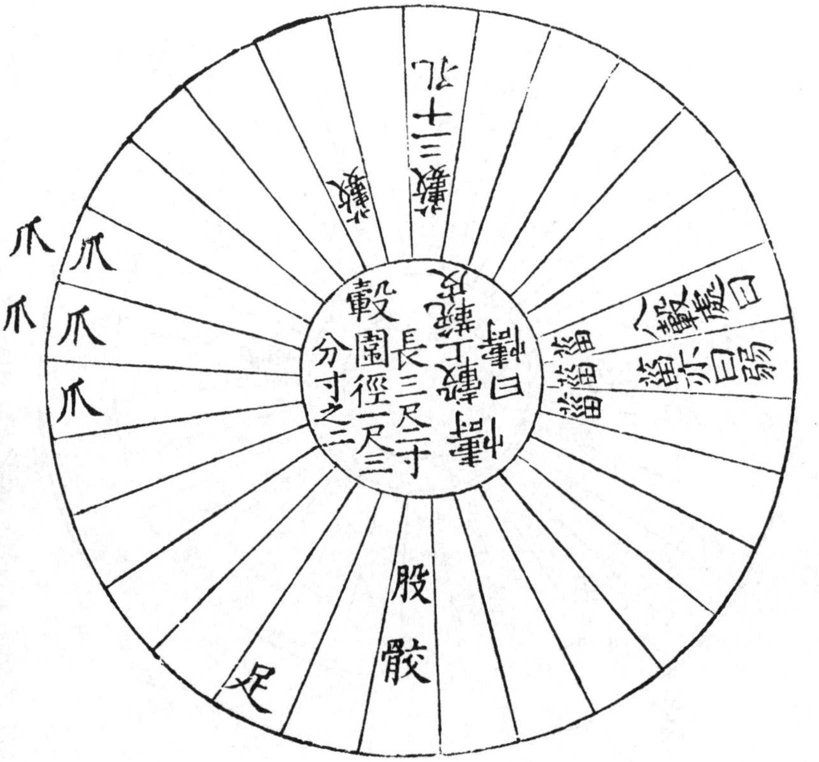

注云股面三尺幾半通二尺為五尺近半倍之加部斗六寸則兩相去不

整丈一尺六寸以幾半只是約言之故曰不整

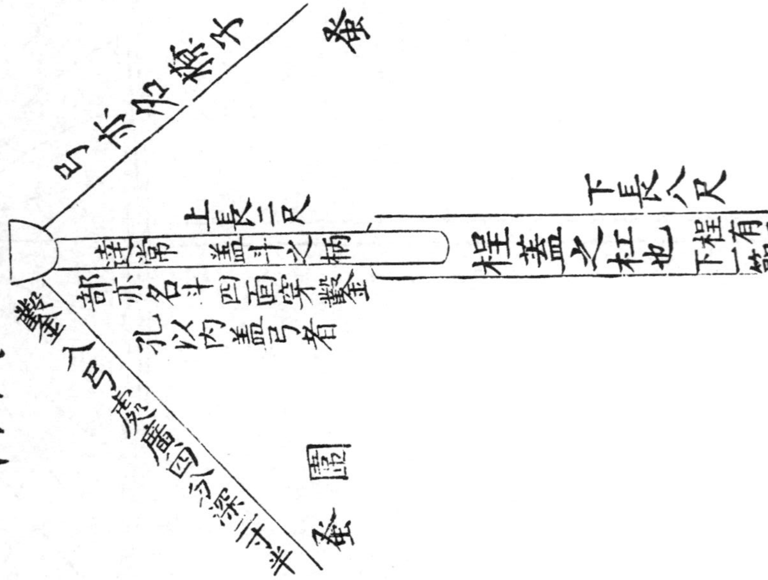

乘車無蓋有蓋者禮所謂潦車也潦車木路也賈疏云此潦車木路為物

車箱横濶濶六尺六寸

較式上横木两輢立木上出式者也呂和叔解淇奥詩猗重較兮曰古者車箱長四尺四寸以三分之前一後二横一木下去車床三尺三寸謂之式又於式上二尺二寸横一木謂之較去車床九五尺五寸古人立乘平常則憑較若應爲敬則落手憑下式而頭得俯詩補傳云較出於式故曰重較較崇者自式之上言之式崇者車床之上言之

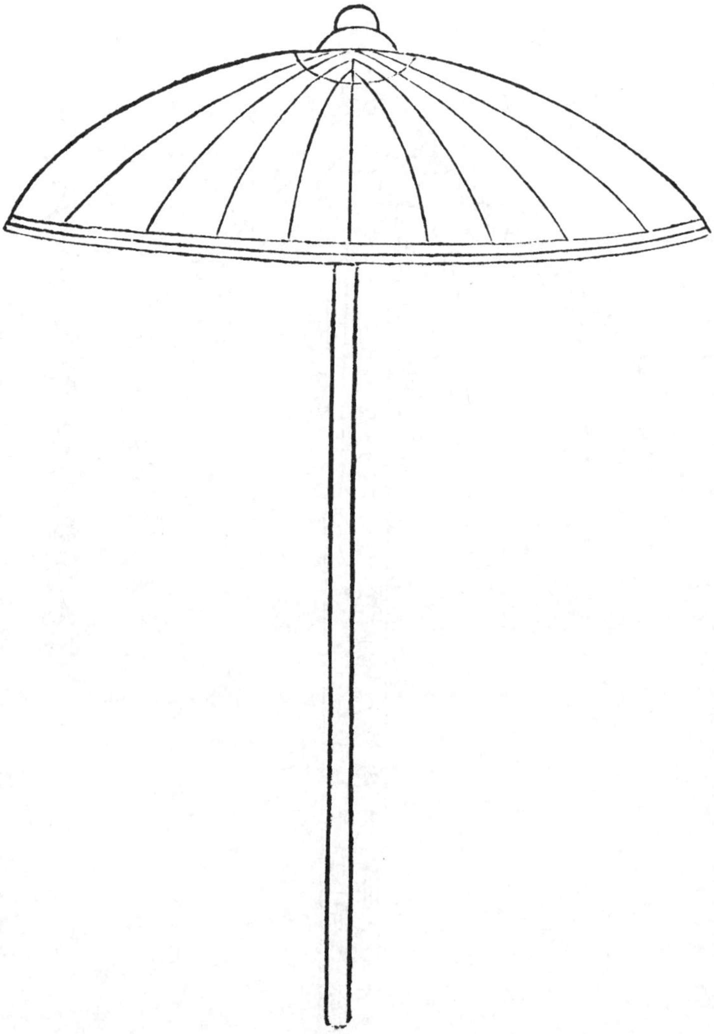

較與式相重通計之則共長五尺五寸式得三尺三寸較得二尺二寸較圍四寸九分寸之八式人所凴依者高三尺三寸圍七寸三分寸之一輢車箱也音倚猶欄干也在兩旁軹輢之横者其旁止於此故曰軹音只轛式旁之直者對人而言故曰轛音對輿横廣六尺六寸圍二寸八十一分寸之十四亦曰邸衡長六尺六寸輈長一丈四尺四寸輈弧深四尺七寸

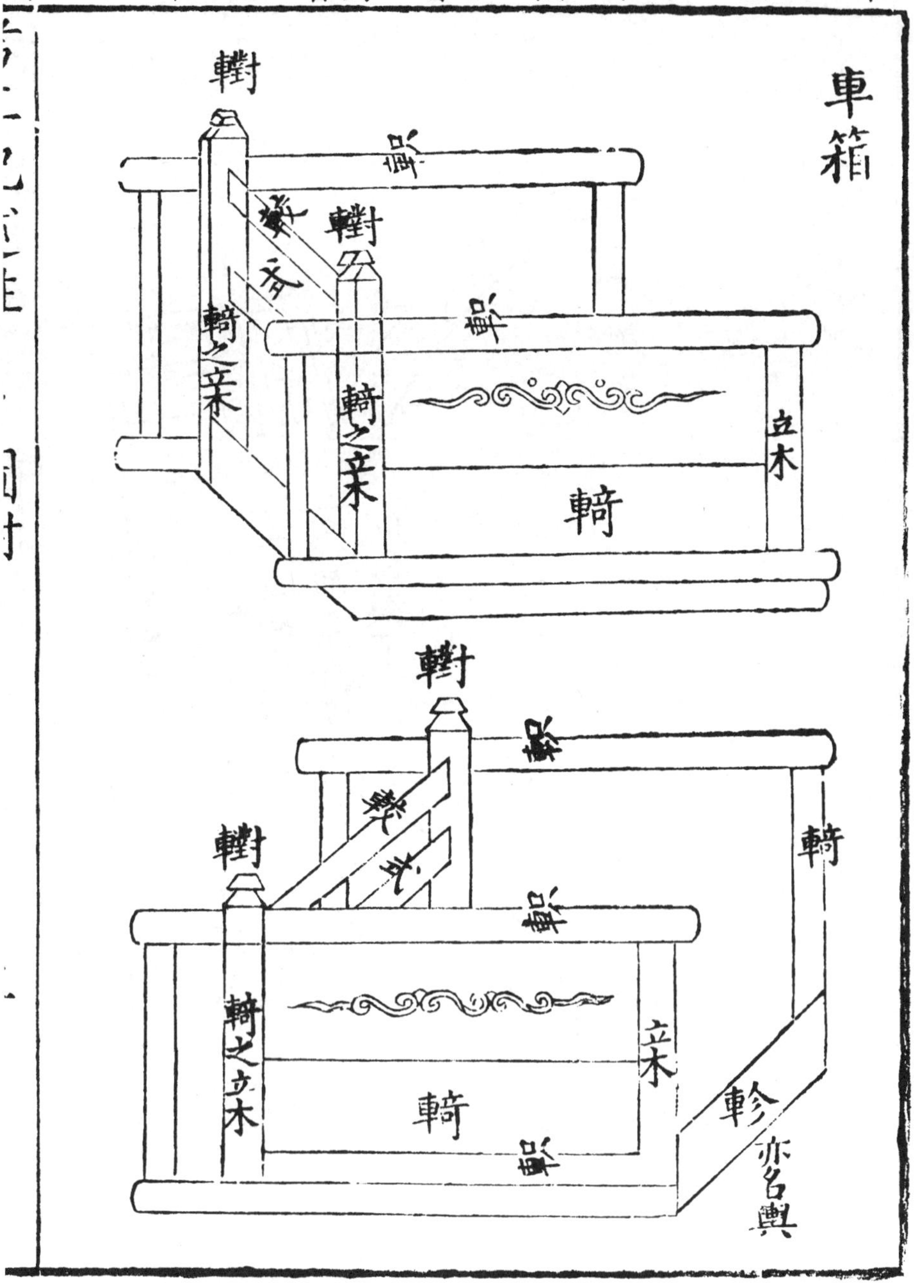

在式前有十尺身在隧下則有四尺四寸身共長一丈四尺四寸當兔圍尺四寸五分寸之二頸圍九寸十五分寸之九踵圍七寸七十五分寸之五十一任正圍一尺四寸五分寸之二衡任圍一尺三寸五分寸之一軸圍一尺三寸五分寸之一軫間即輿之橫廣是也伏兔至軌經無明文鄭云如式深也

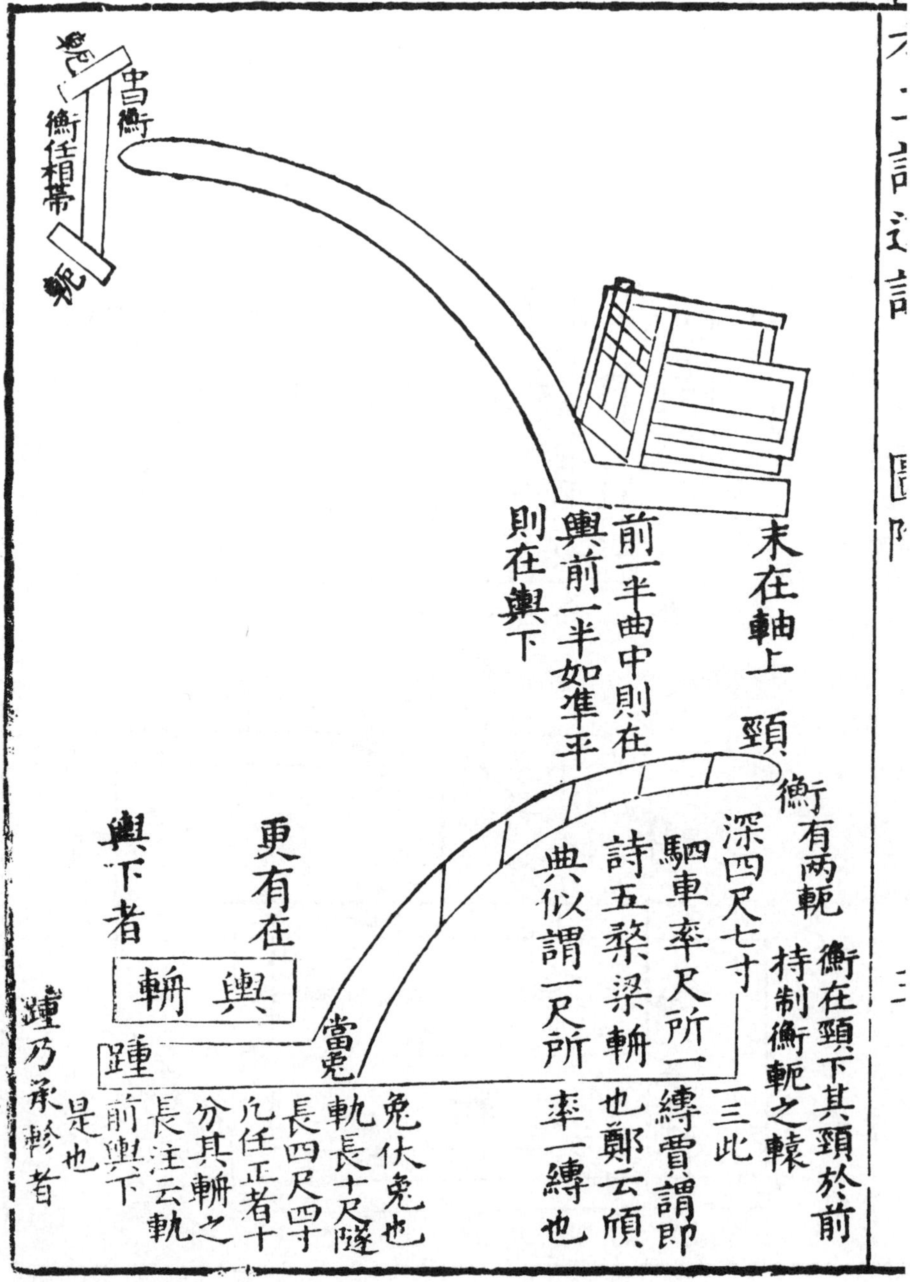

古之龍旂畫東方大火之星鳥旟畫南方鶉火之星熊旗畫西方參代之星龜蛇畫北方營室之星今三禮圖中如此畫實非古制鄭誤之也

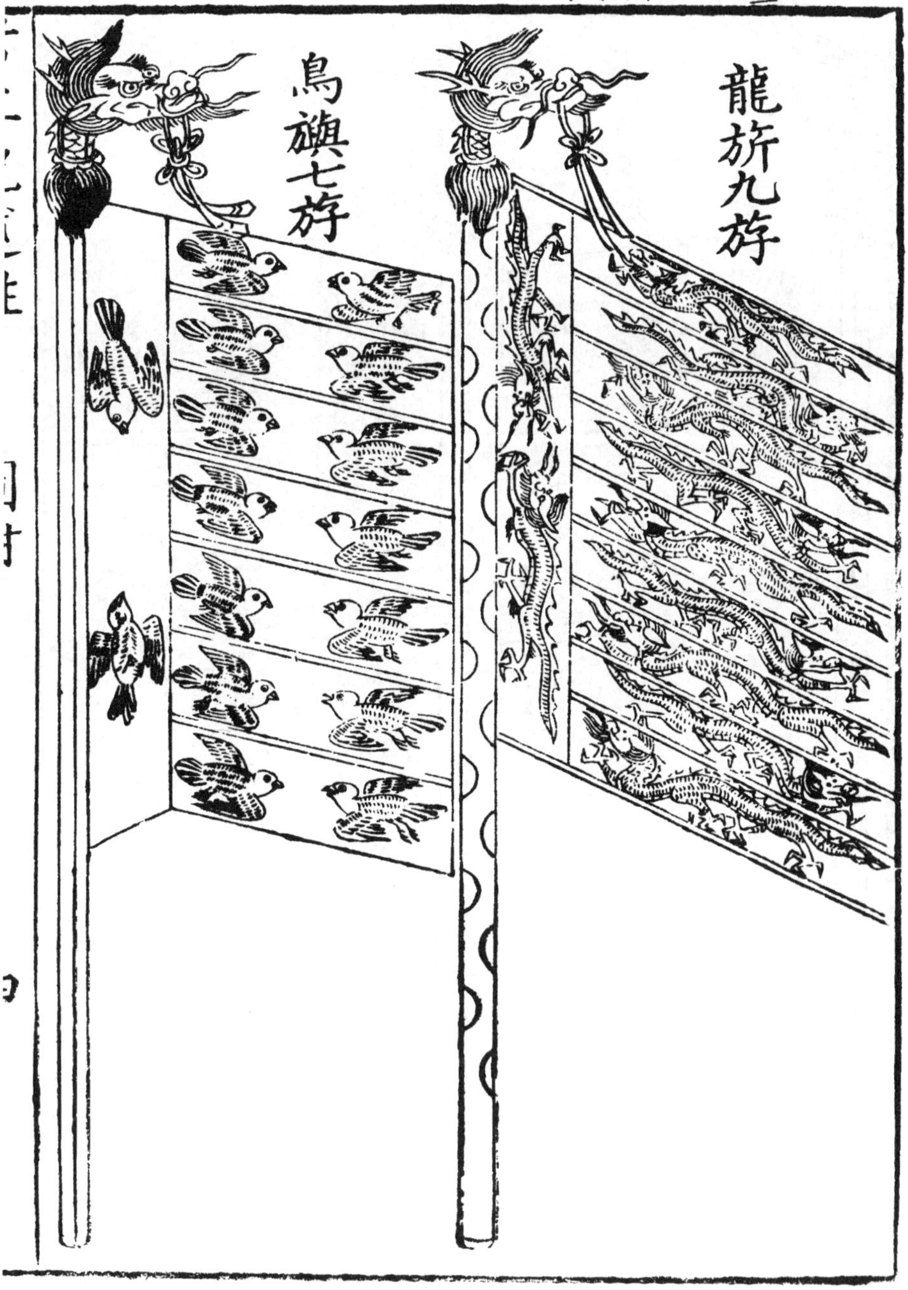

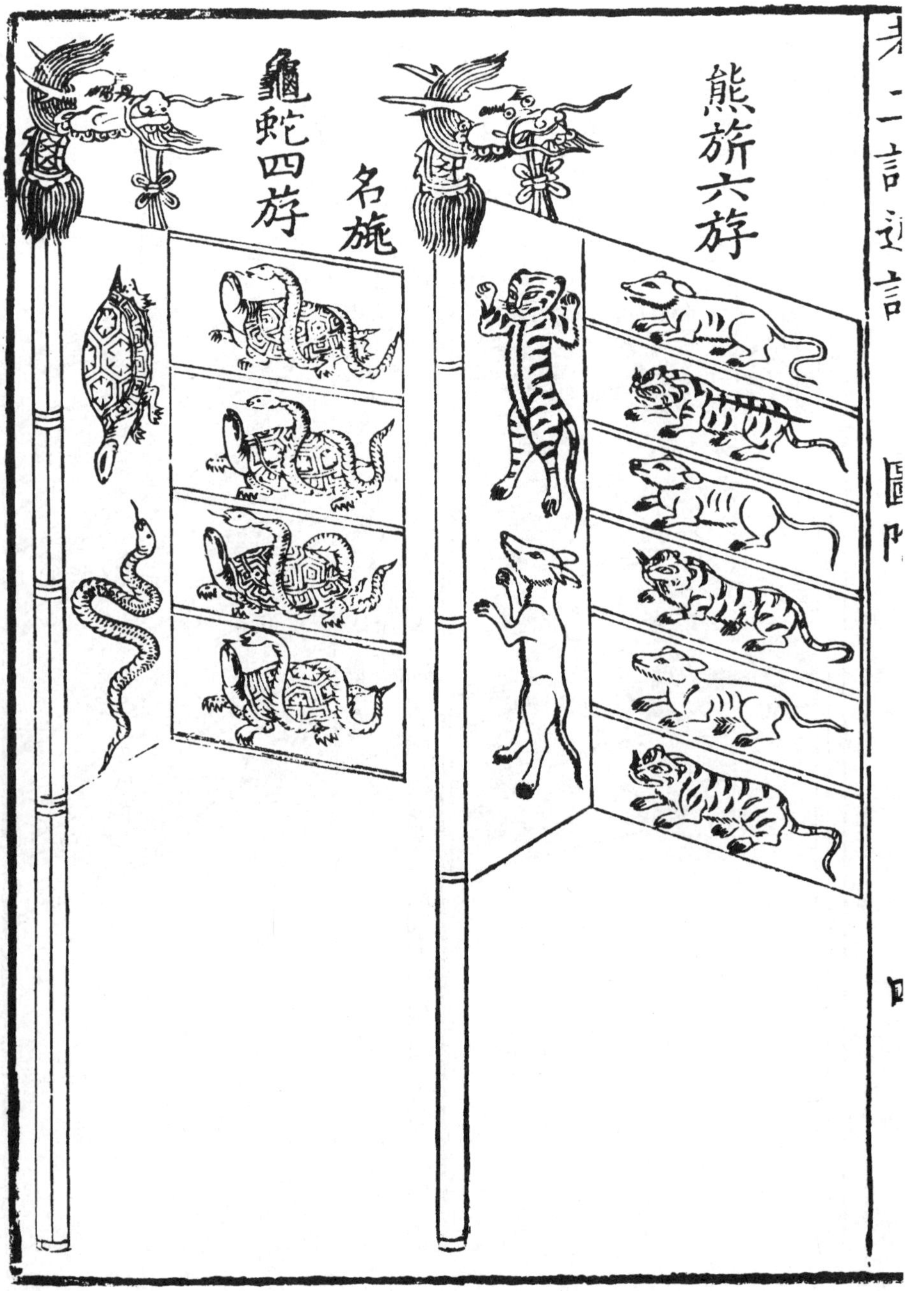
熊斿六斿
龜蛇四斿
名旐

戈廣二寸今句孑戟或謂雞鳴或謂擁頸戈之所用主於胡戈二刃內胡以下接柲者胡下柄入處曰內內長則援短短則胡頭低故曲於磬折內短則援長長則胡頭舒故倨於磬折此胡之取則於磬折也援直刃也最上剌刃也直而向上者胡孑也胡似雞鳴以胡曲故曰擁頸矛之旁出者句倨句爲太曲倨爲太直倨謂胡上句謂胡下倨之外胡之裏謂胡下近本處增使廣句之外胡之表謂胡上近本處增使廣胡

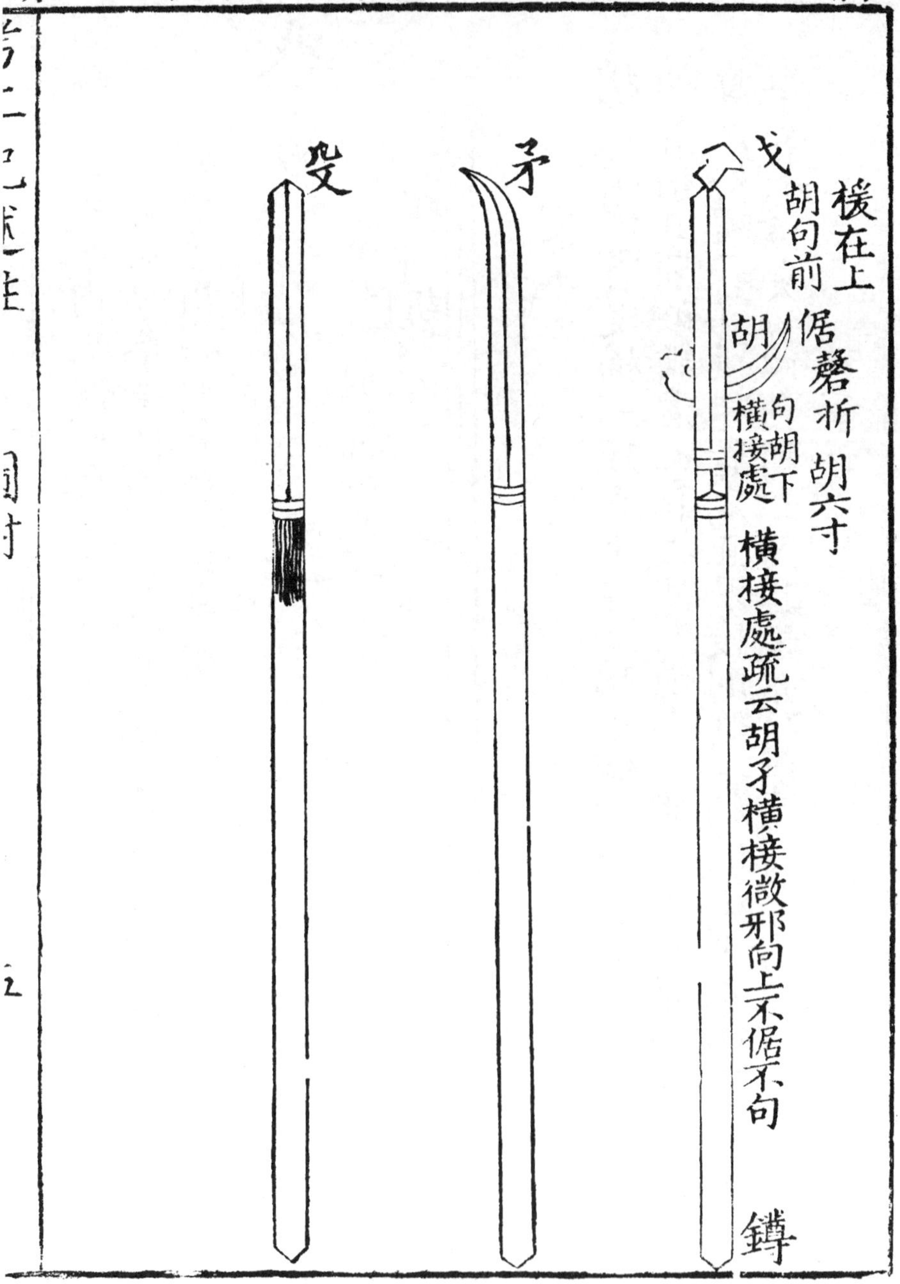

本上下俱寬此兩行乃疏解注中說外博處但上下俱寬四字似拘於磬折而欲其方故有此解今所解似稍平直不必如此費分疏也

戟三刃

戟三鋒戟也内胡援刺凡四名

凡戟而無刃秦晉間謂之孑或謂之鍦吳揚之間曰戈東齊秦晉間大者曰曼胡其曲者曰句孑曼胡

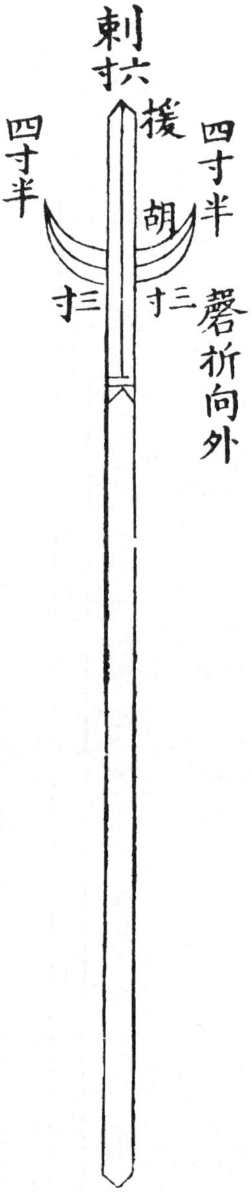

胡戟胡横貫之横三寸直下三寸胡中矩則句倨不中矩矣

刺著柄直前如鐏者也在援胡之横上中使出者司農曰刺即援與鄭氏如鐏二說雖殊皆爲直刃援則近上刺則近下不出一刃之上所爭者亦微矣若以爲刺即援其說亦簡徑

鐘上雜名尺寸銑徑十分徑脩也注云横爲脩從爲廣凡言間者亦爲從鉦徑得八分銑間與鉦之徑同亦八分間從也廣爲從銑外有二間鉦外惟一間

臘通劒面之名

從自脊而分兩面爲兩從蓋中高兩旁殺以趨於鍔也

莖劒夾中人所握處鐔以上也

後莖中以下稍大則易把握也

首劒把棱刃處也

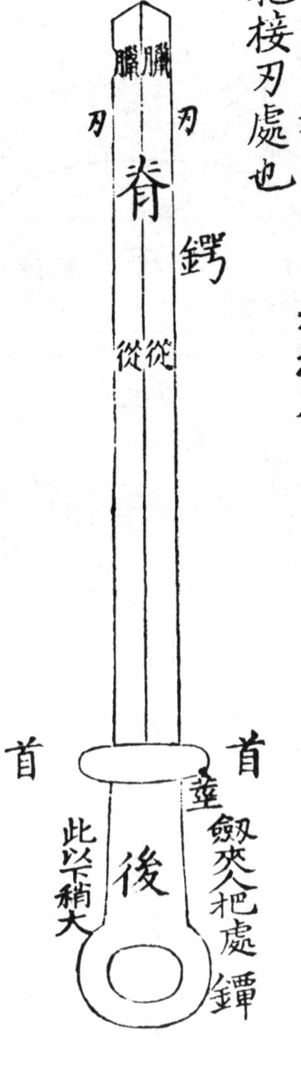

鼓間得銑徑六分
間從也
舞徑與鼓間同徑
横也
舞間得銑徑四分
間廣也從也
舞間四方四也鼓
間六亦方六也經
不言鉦間亦六也
十分以十分分之
看鐘口徑多少皆
作十分分鐘有小
大則口徑有多少
不同
經云鐘之四等尺
寸銑之從横舞之
從横皆具言之唯
鉦言横八而不言
從鼓言從六而不
言横或者互見也
一處皆鐘之中腰
想無隆殺故互言
之二者既無異而

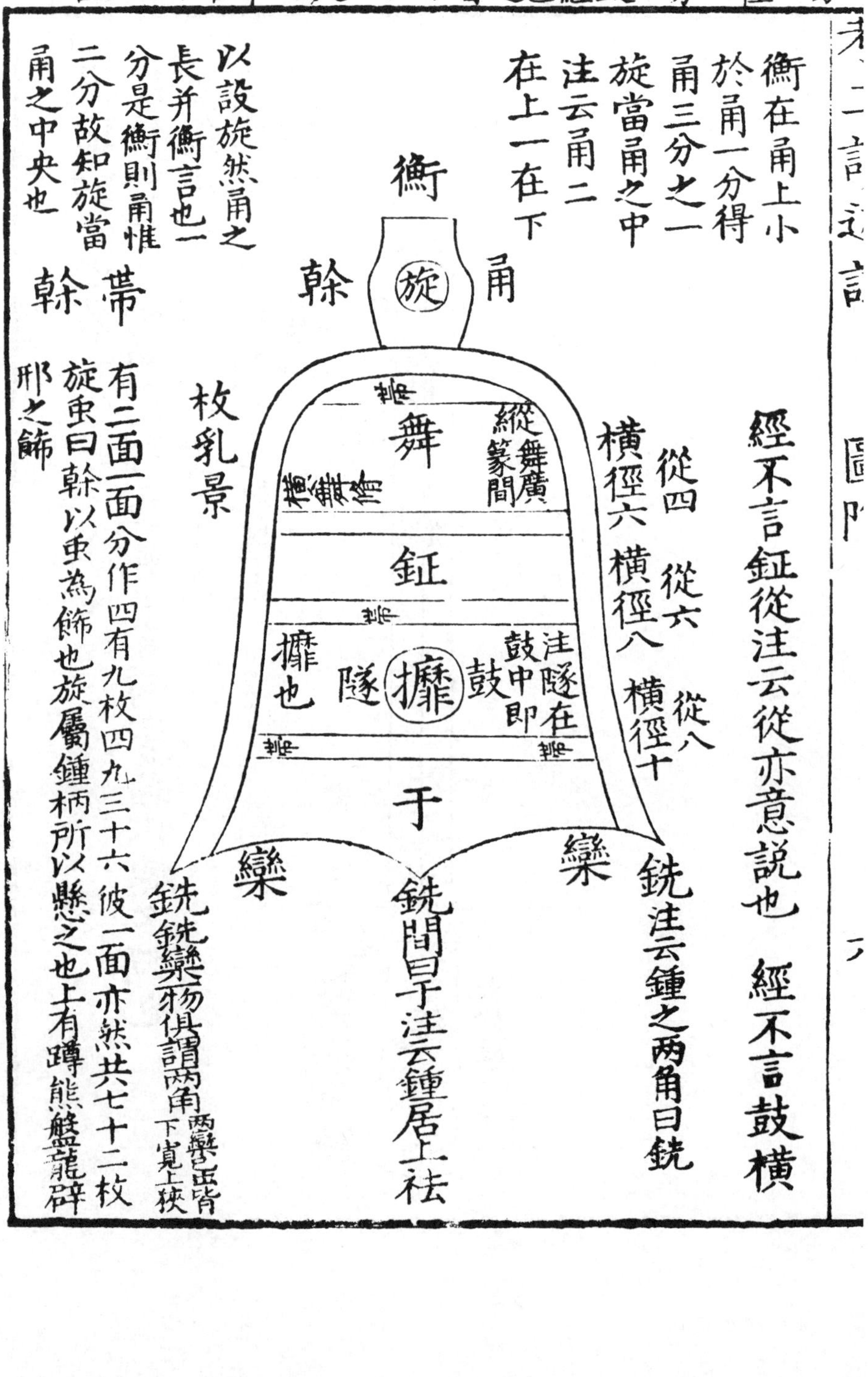

爲別名者以有家鐘帶曰篆介其間也但下言大鐘小鐘之厚尺寸而分別言鼓間鉦間又似其從不同六也注以經云間非也以爲當言鼓外鉦外注識鼓間鉦間曰篆以介之鉦間亦當六則鐘帶在鉦鼓之閒也

鏞

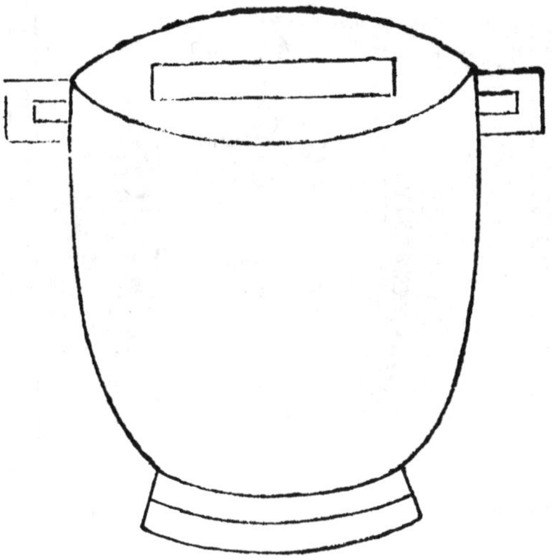

鼖鼓

此圖所畫只據三禮圖如此古人之制未必然如鼎上所鏤獸類皆無全形者斧與亞字尤非古也

鎮圭　信圭　桓圭　躬圭

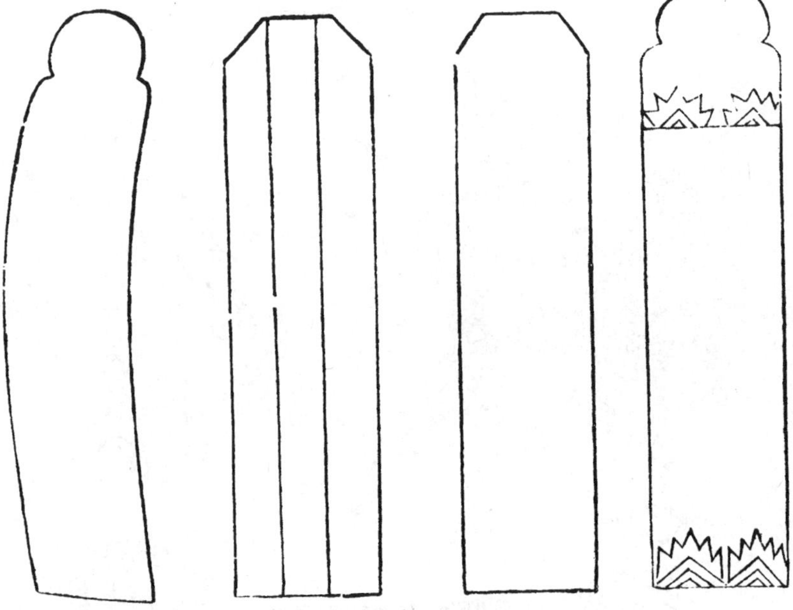

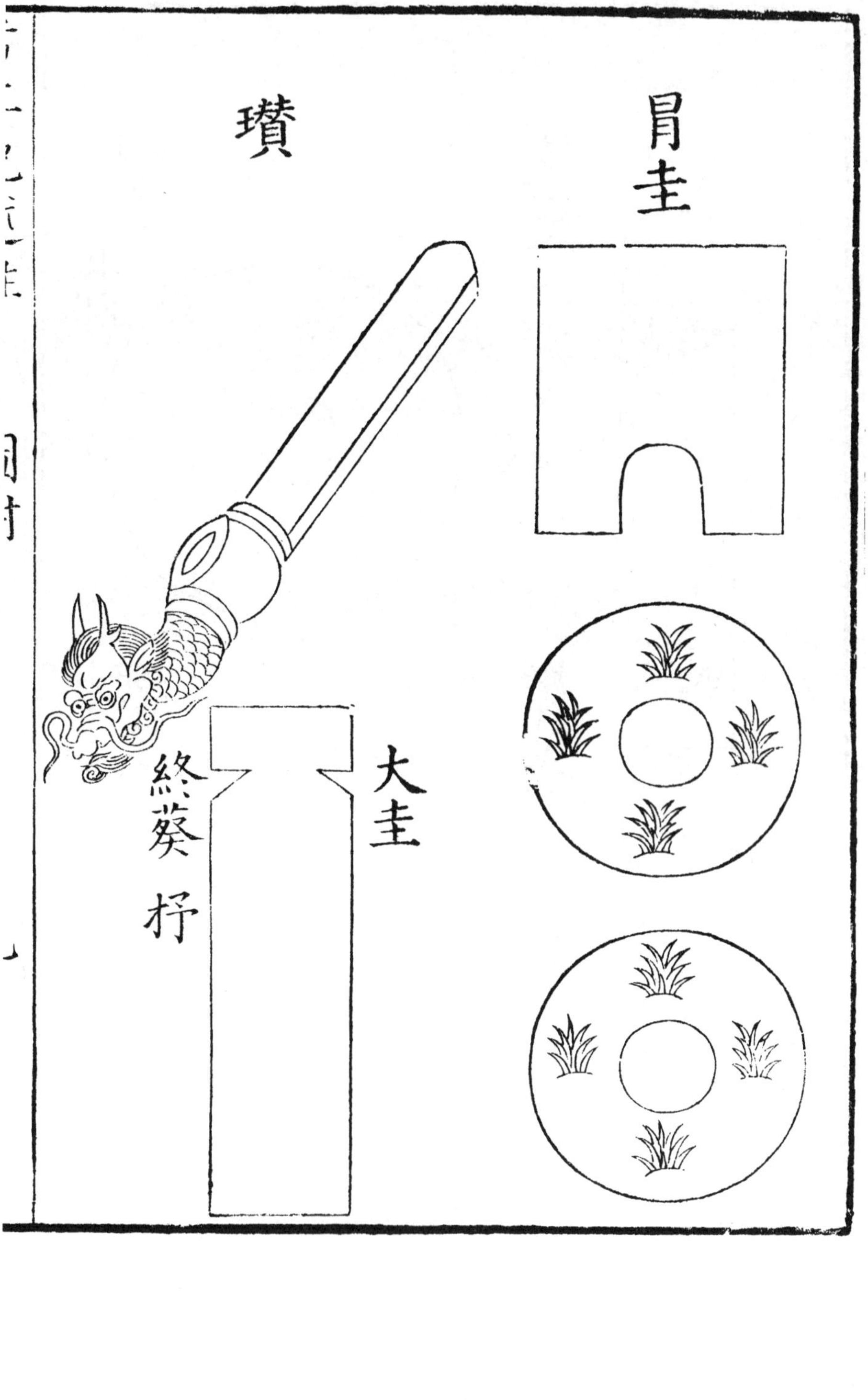
瓚
冒圭
大圭
終葵
杼

土圭闕

祼圭闕

考工記述註　圖附　大

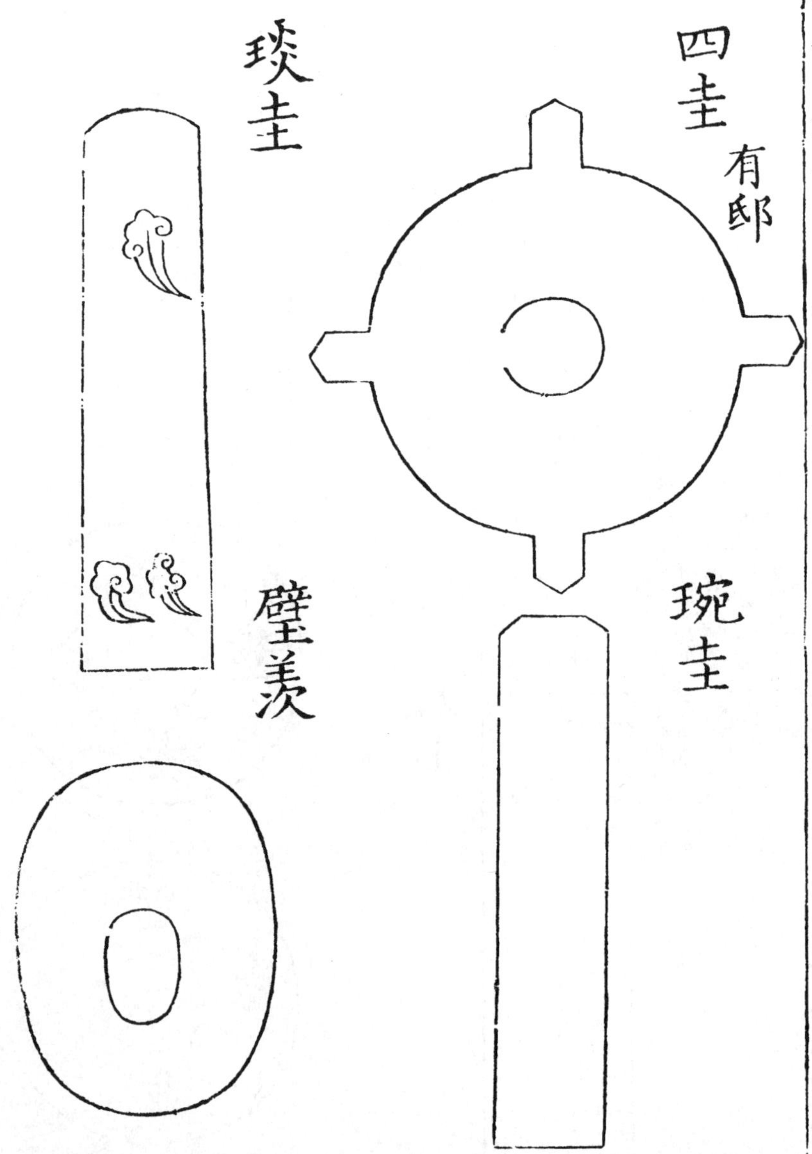

邉璋 闕

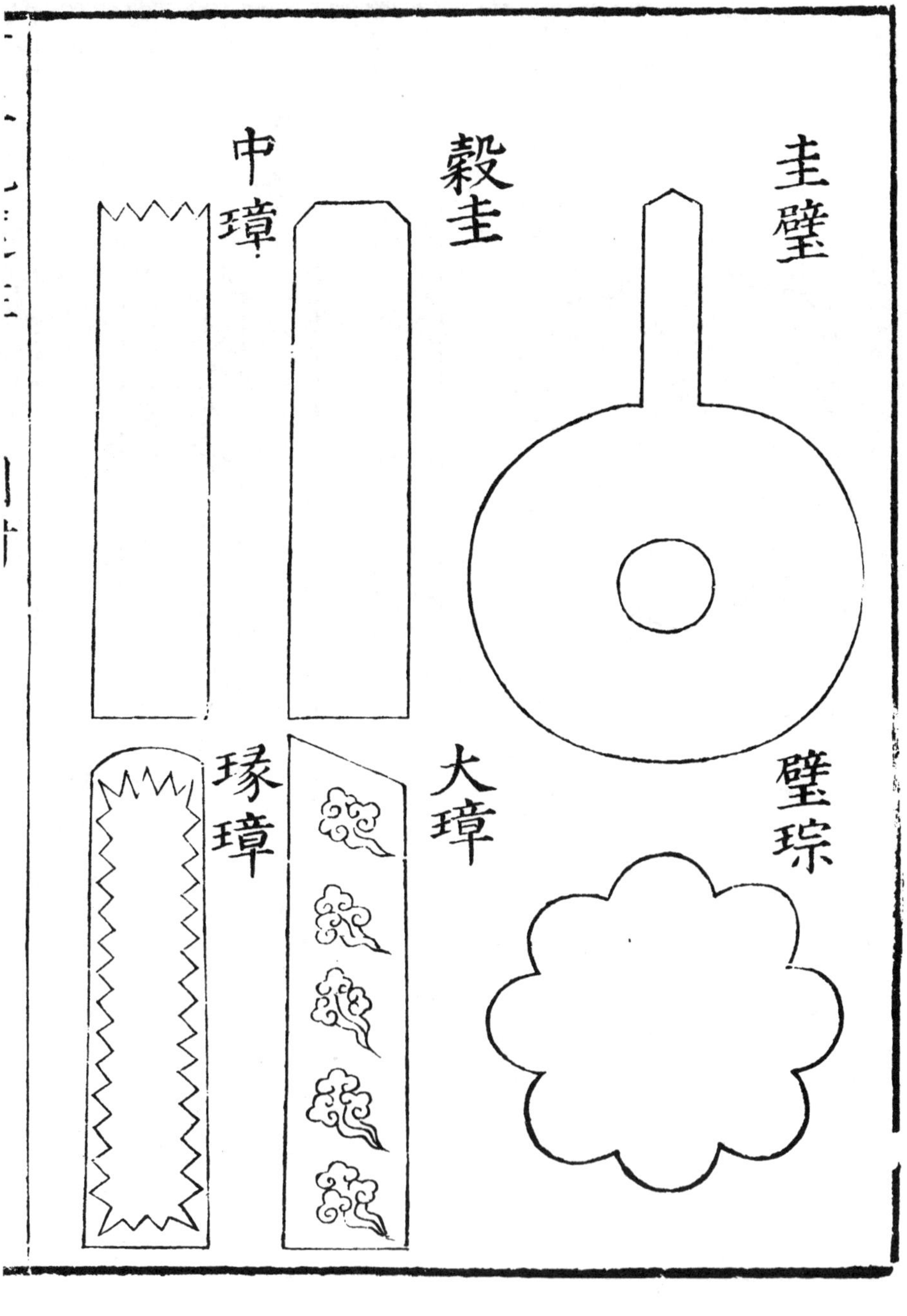

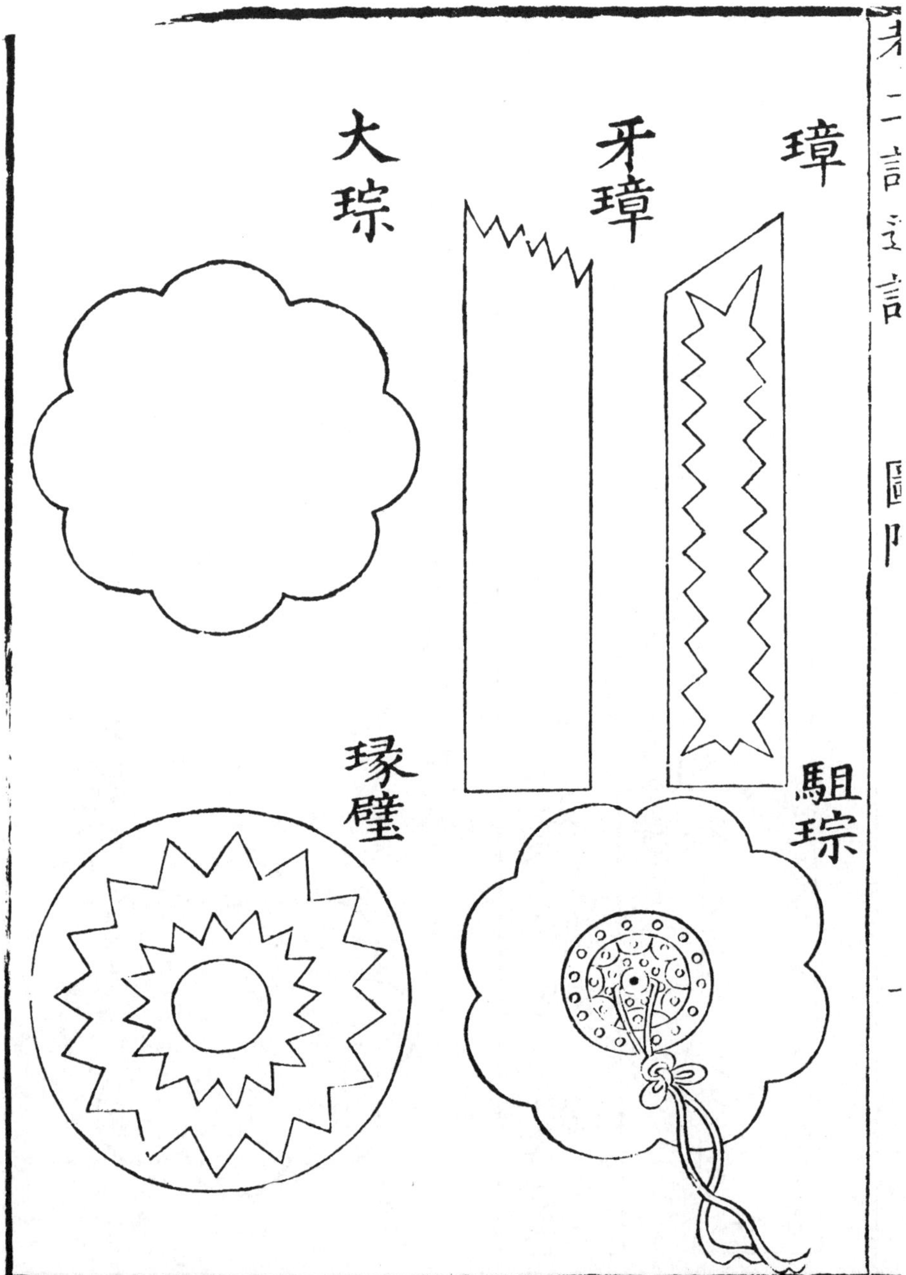
大琮
牙璋
璋
瑑璧
駔琮

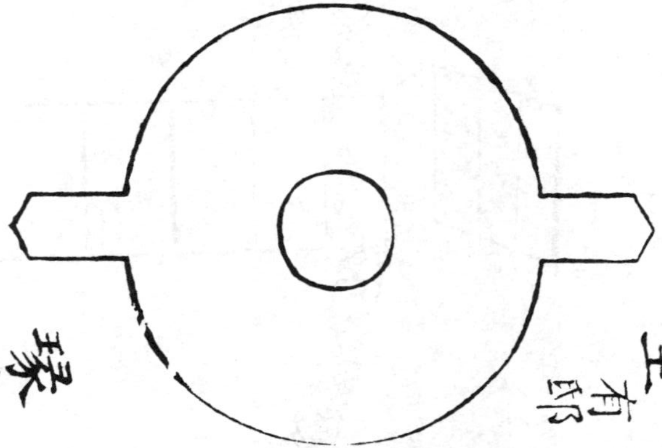

兩圭有邸

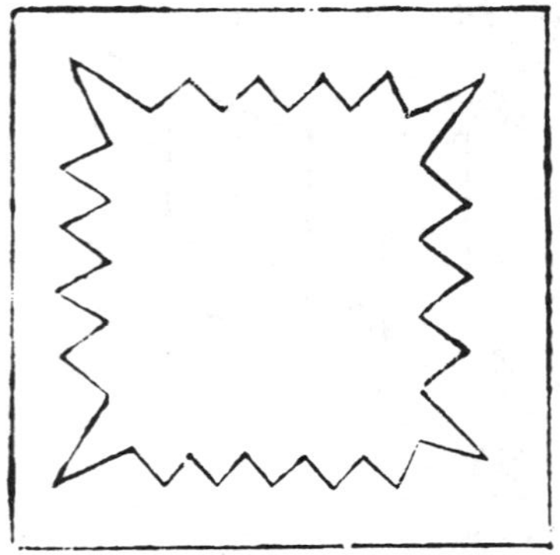

瑑琮

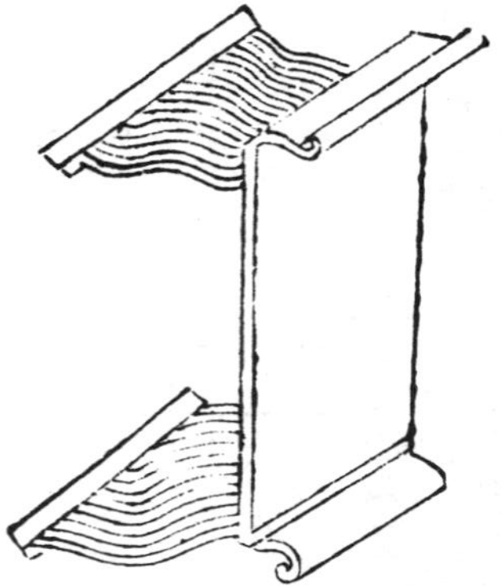

案

繅藉

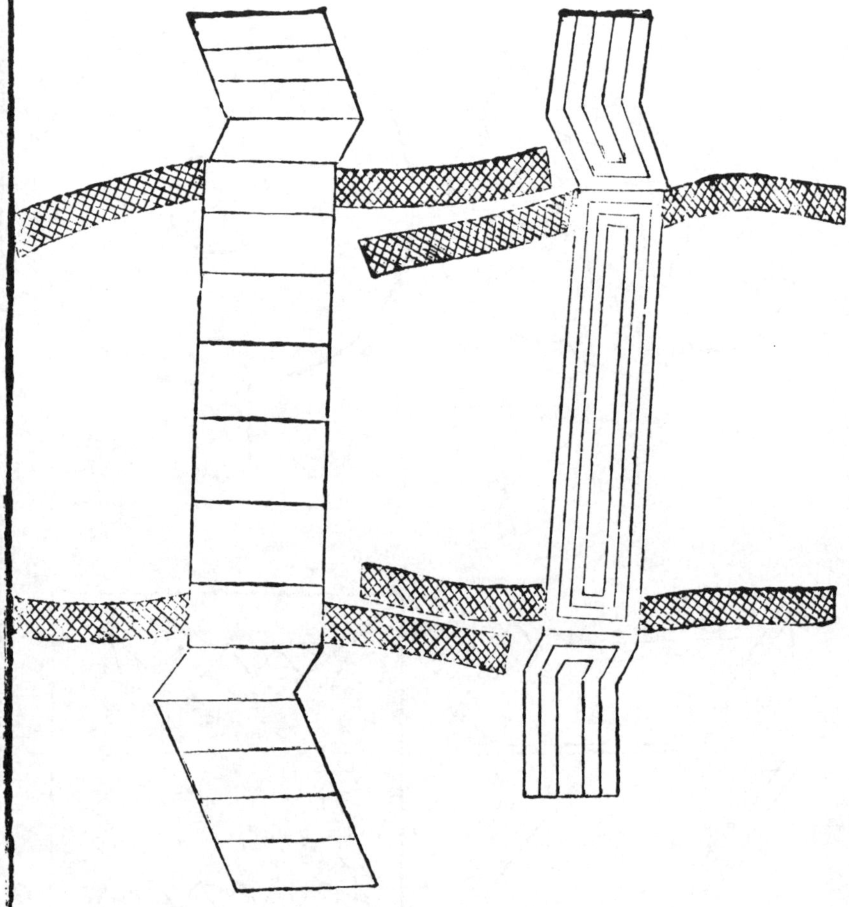

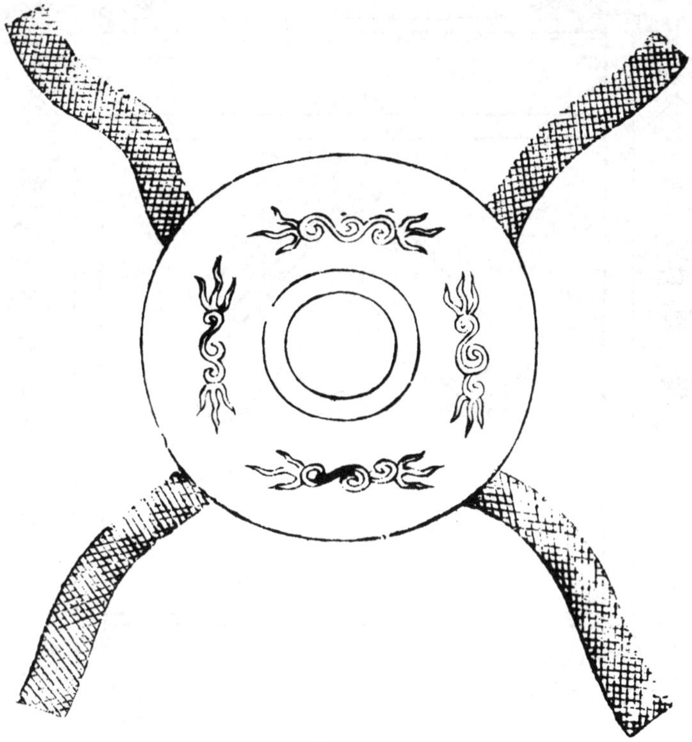

磬長短依律爲之

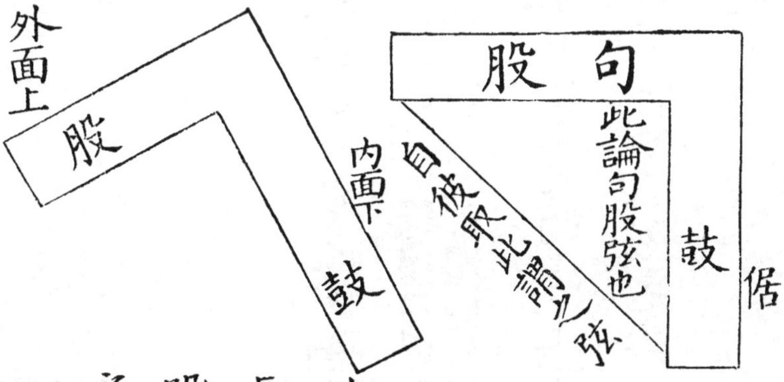

句上曲者一矩

股下直者一矩

弦則一矩有半四尺半也此磬之句

股倨句也此假設言之非實尺寸

股在上曰外面磬之上大者　鼓在下曰内面鼓下小者所當擊者

其博一股為二鼓爲三股之長二鼓之博也鼓之長三鼓之博也假鼓廣四寸半二之則得九寸是股長九寸也三之則得一尺二寸以其半寸又三之則為一寸半是鼓長一尺三寸也三分股廣去一為股博則鼓之廣三寸也

矢

比括也在槀之末羽則設於四角弓弩矢同然

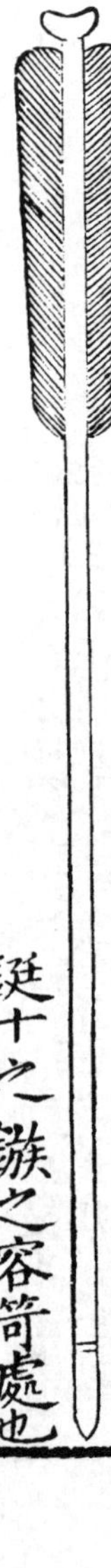

叁分殺

鐵莖重

鋌十之鏃之容笴處也

注中分比之两旁上下者以用時有横豎之别也

弓用時豎則比見其两旁弩用時横則比見其上下此就弦言之也

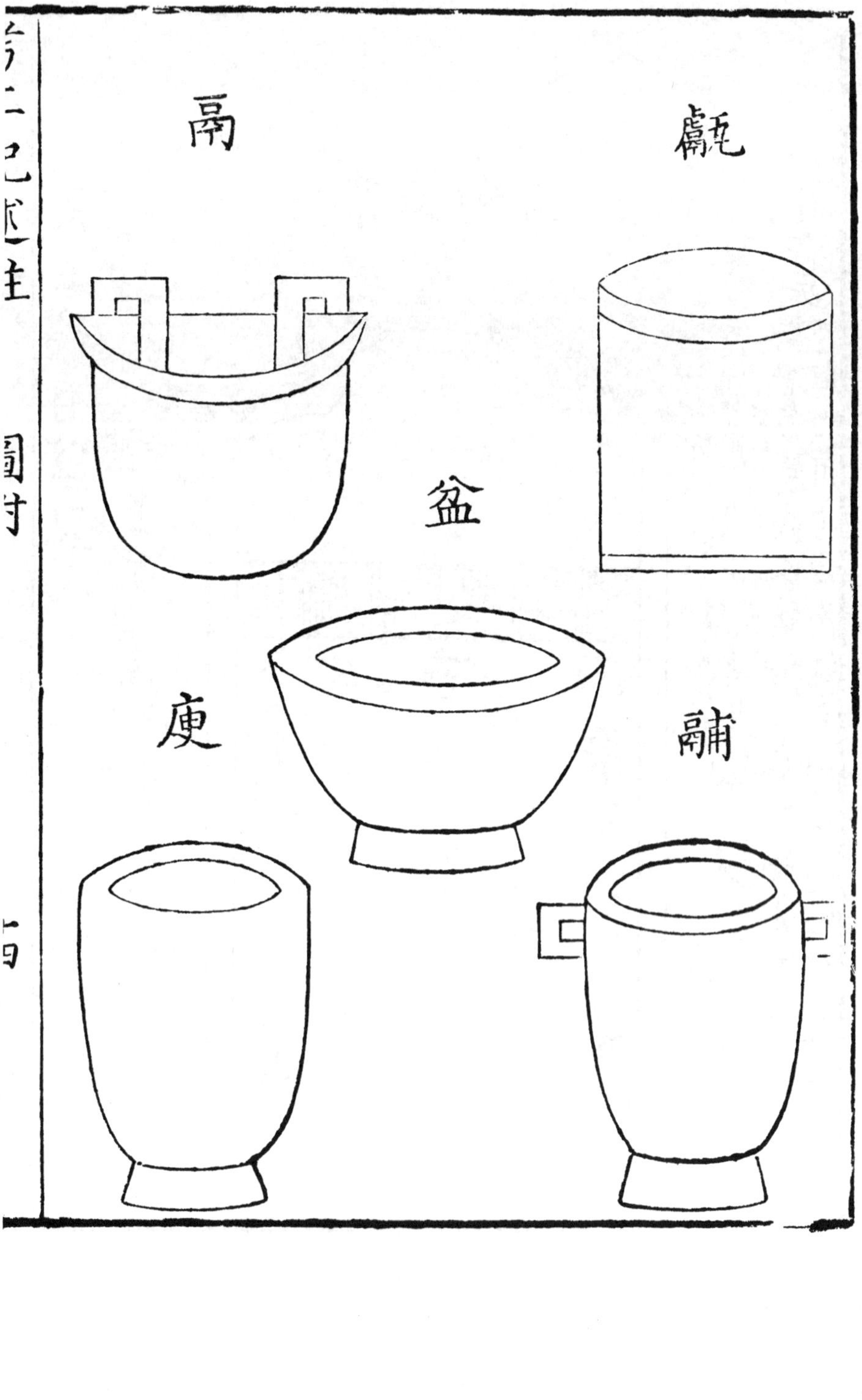
鬲
甗
盆
庾
鬴

羽樹上業

業上端有壁翣

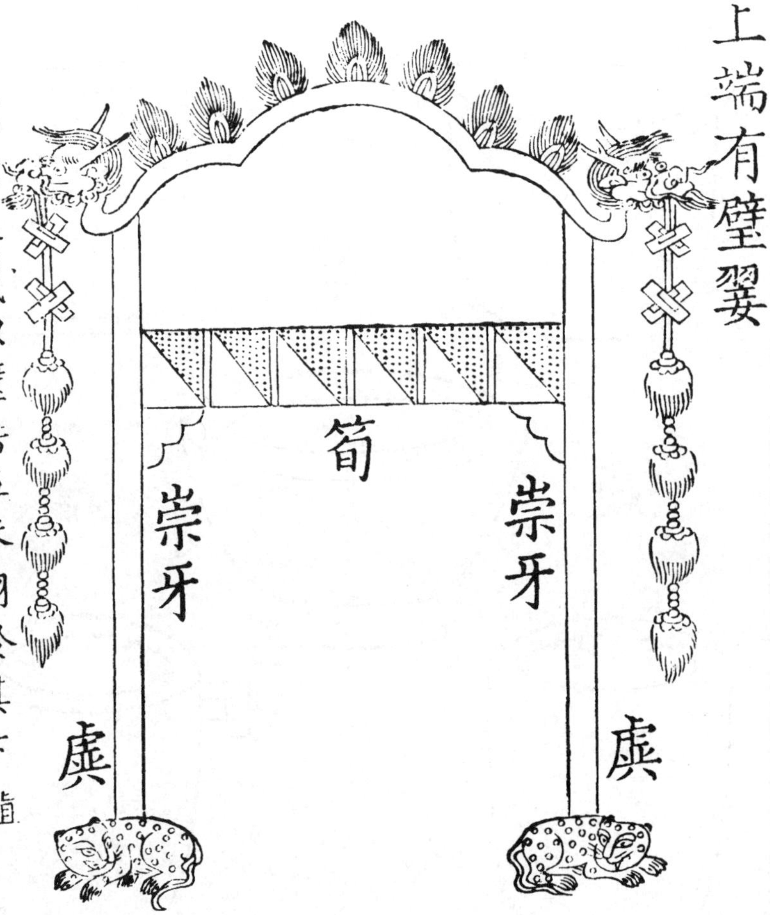

壁翣畫繒為翣戴以壁垂五采羽於其下植於虡之角上以為飾周制也明堂位註

勺

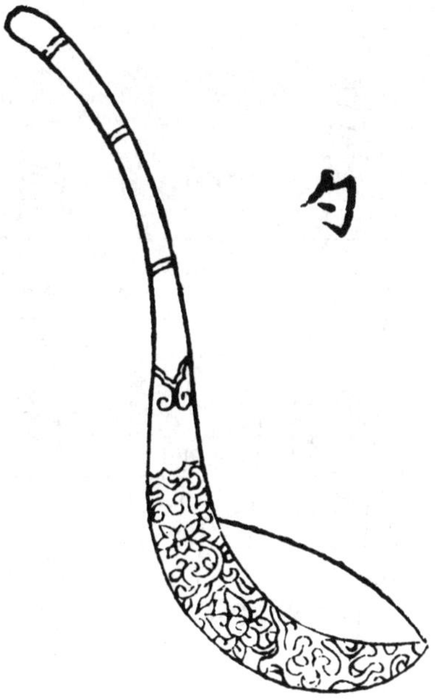

觚

爵

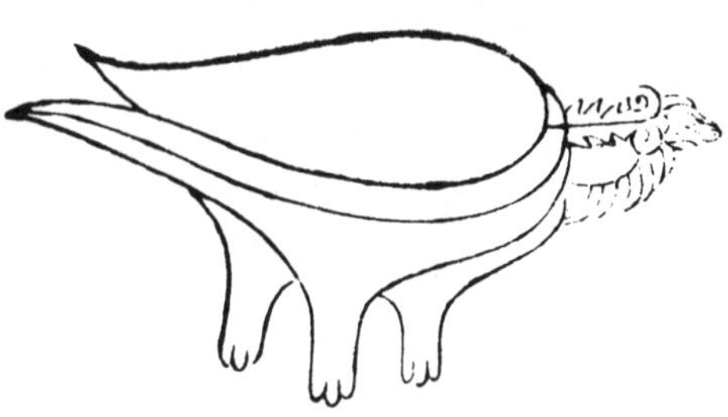

鵠侯中射處綴也於中央似鳥之栖曰棲鵠上下个布所以維持侯者个音幹亦曰上下舌綱所以繫侯於直者蒲籠綱者植兩箱皆斜竪之

侯有中有个有躬三者

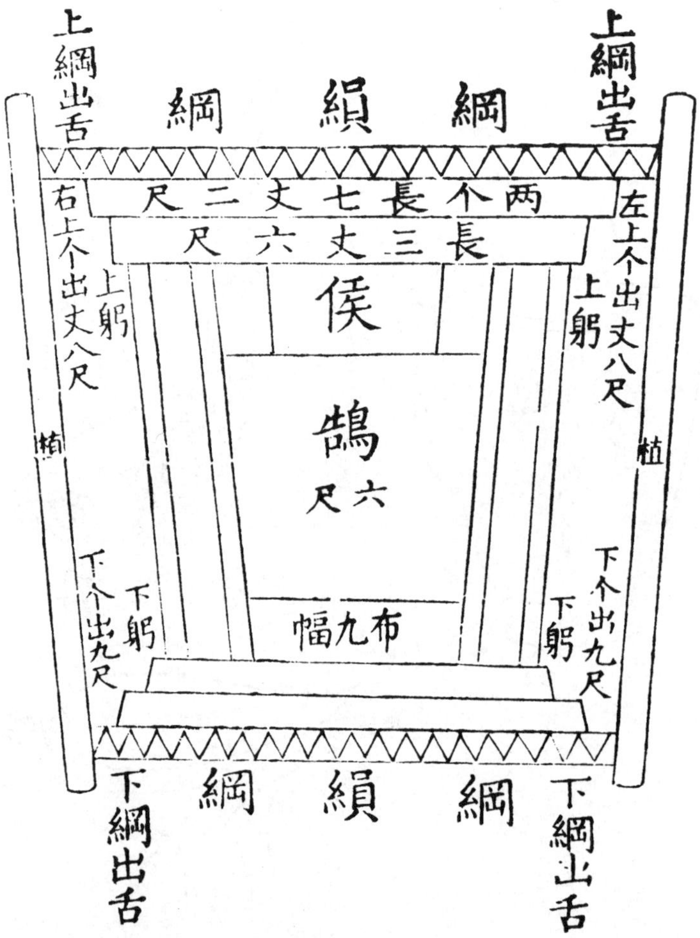

三射大射用皮侯
大射將祭也賓射
用五正侯燕射用
獸侯
五采畫正正方之
外如鵠內二尺五
采者內朱而白次
之蒼次之黃次之
黑次之
正九十弓侯五正
七十弓三正五十
弓二正天子以下
皆五十歩侯無尊
卑之別

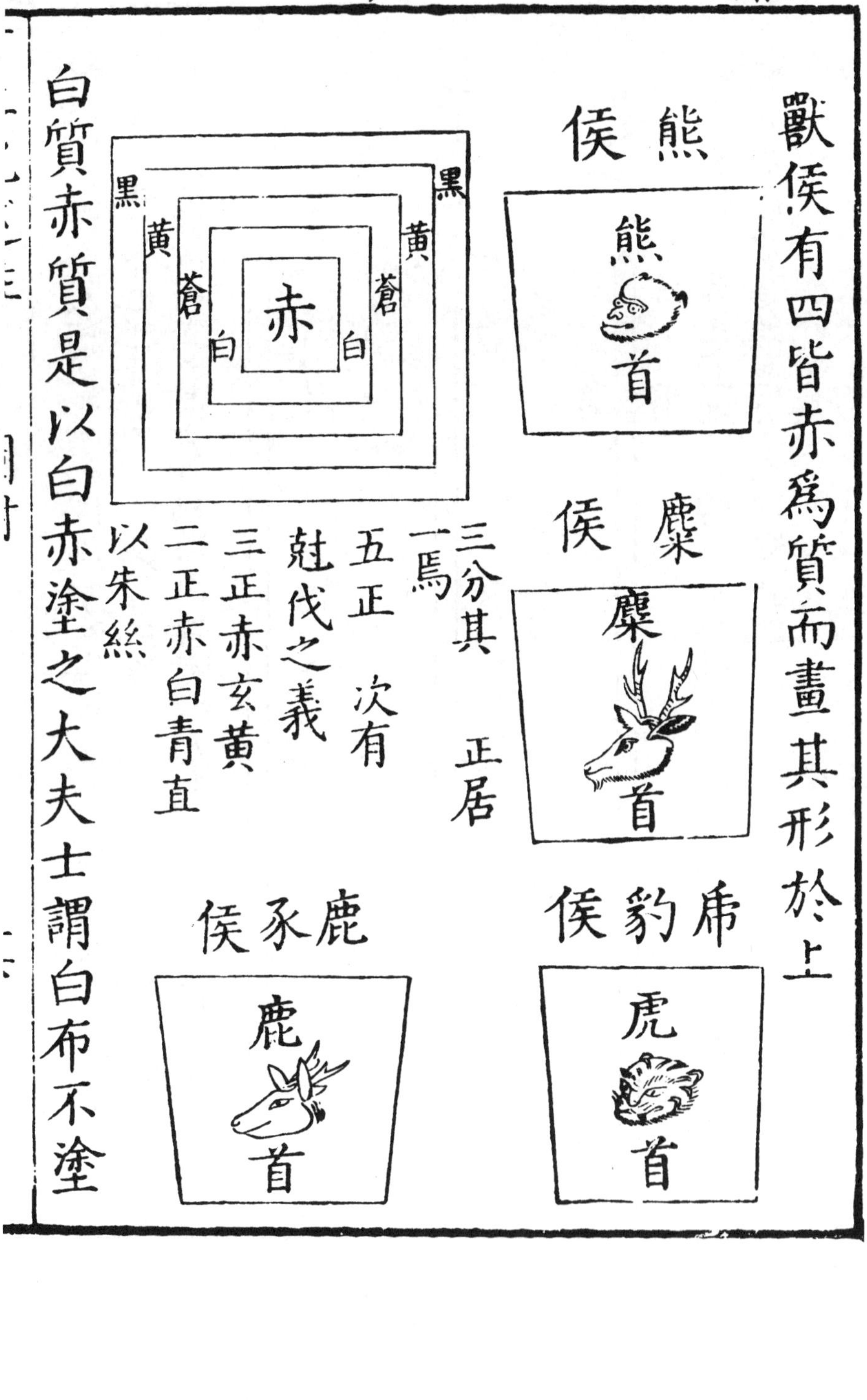

柲柄也　椑齊人謂斧柄爲椑薄兮反與鼙音同其形隋圜也隋他果反此注中字　被把中也把音霸　矜鄭云凢矜皆八觚矜巨巾反即柄也亦注中字

晉柄下欲插地而立之處有銅鐏曰晉與搢大圭之搢同音義搢亦插也

戈　矛　殳

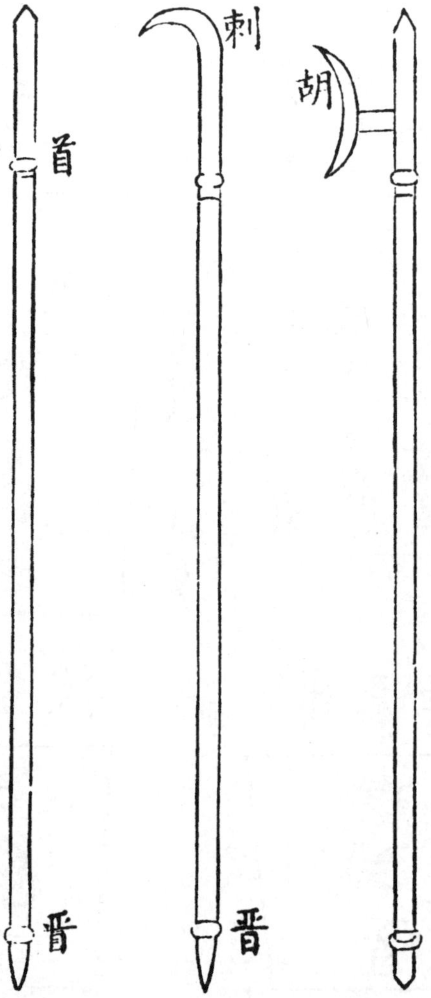

刺矛刃㑹　首殳上鐏　鐏柄下入地處　刺兵矛屬　句兵戈戟屬

毄兵殳也殳長而無刃用以擊打也

九夫爲井

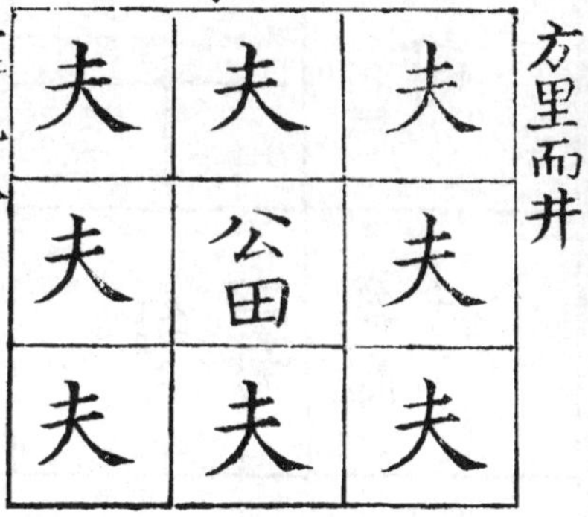

四井爲邑

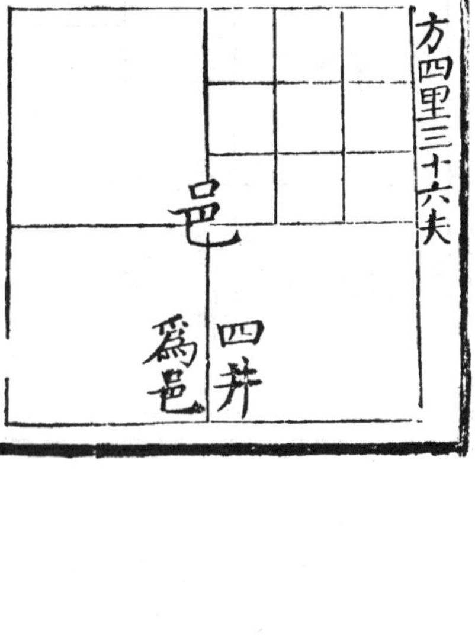

四邑爲丘

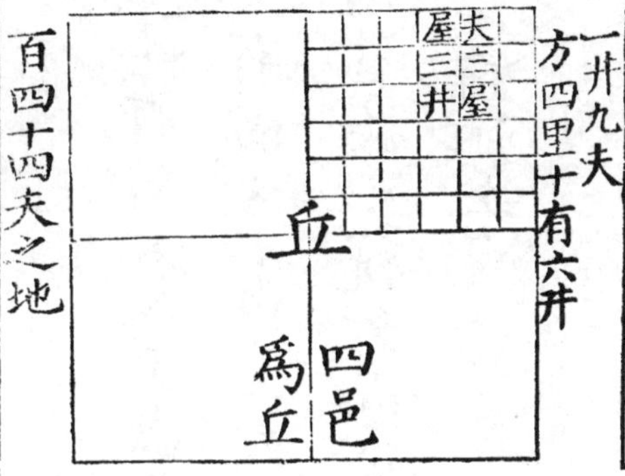

四丘爲甸

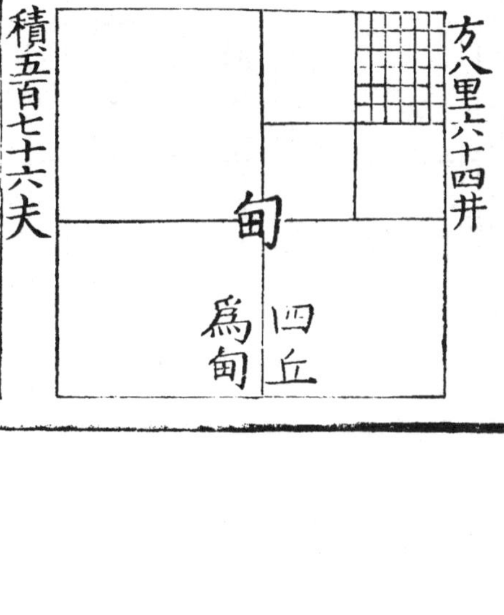

司馬有二法有甸方八里出長轂一乘又有成方千里出長轂一乘言甸者據出稅者而云成者據通治溝洫者

四甸爲縣

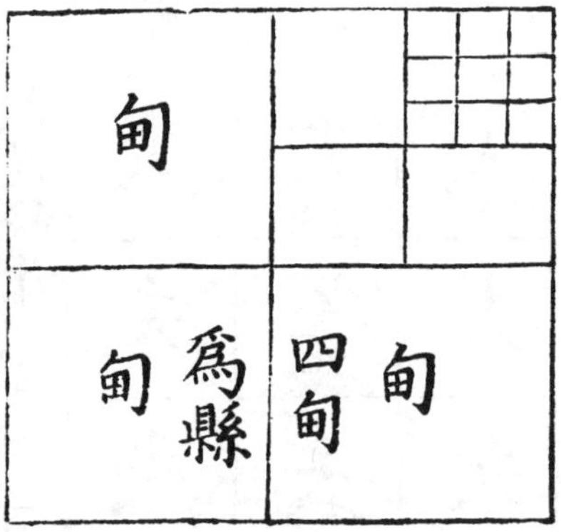

甸旁加一里爲一成 除四角

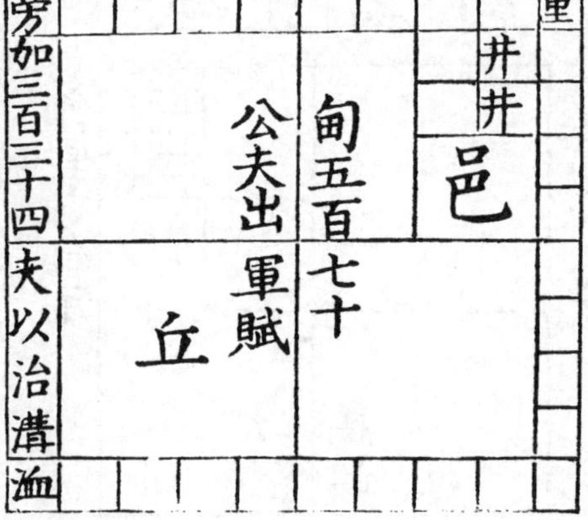

四縣爲都

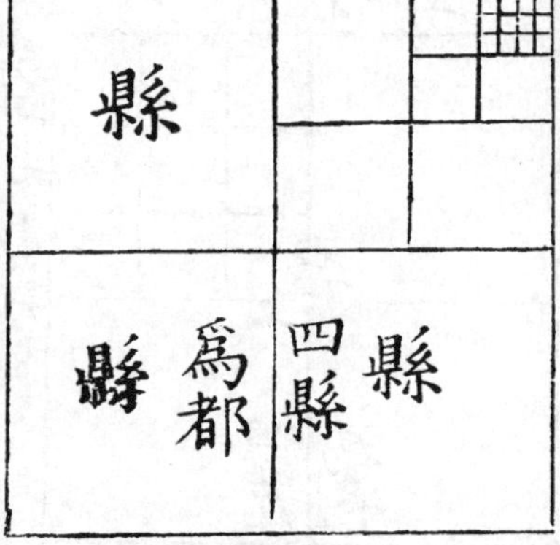

四旁加四里爲都

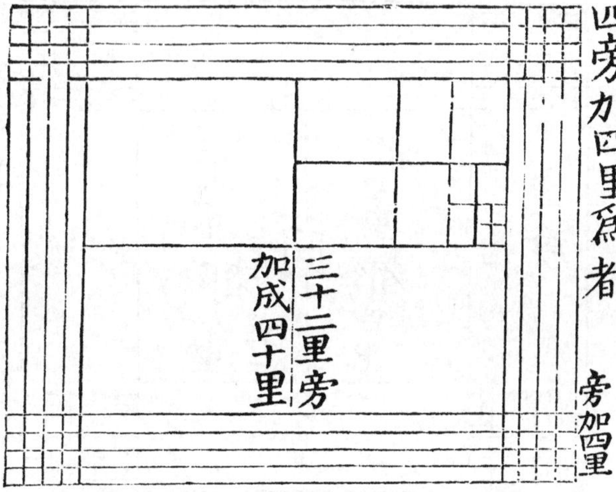

方十里爲成

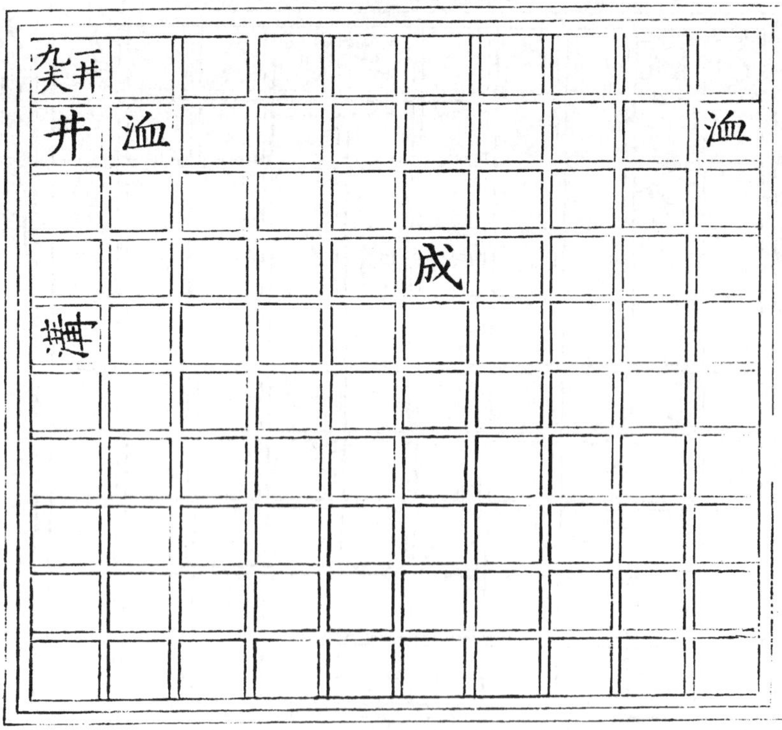

四都爲同

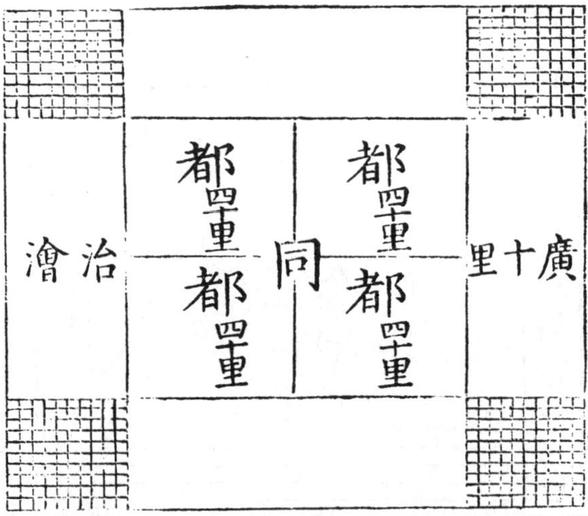

方百里爲同

角在隈處
隈上隈下隈左右
隈皆與隈同在柎
上下兩處弓之淵
淵也以左手橫執
其弓則上隈向右
下隈向左
柎手把也此弓兩
邊抵手曰柎注曰
側骨
側骨角弓於把處

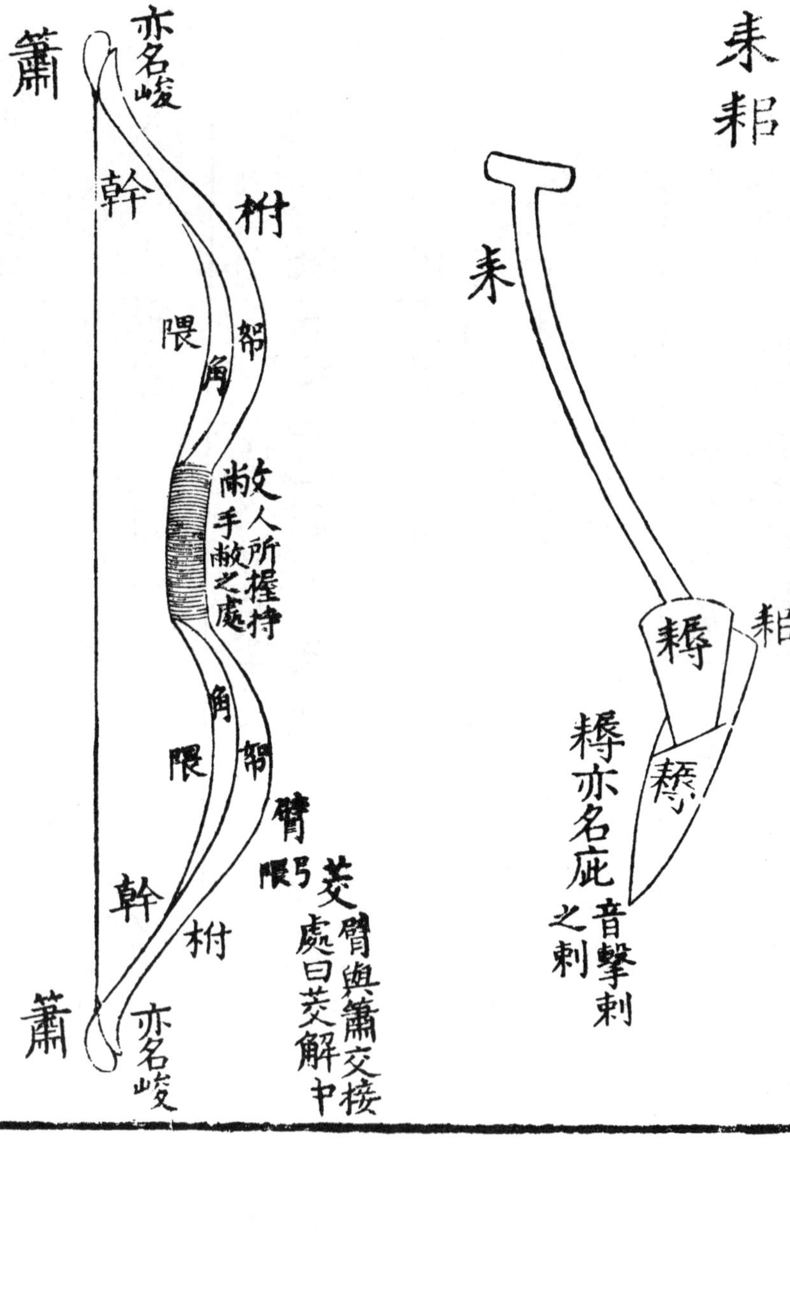

兩畔有側骨骨堅強所以爲弓亦曰柎
峻弓末亦曰簫簫與峻同弓末也挺臂弓之直臂也弣所握手敵之處弣音撫接中也亦曰荄解簫與隈交接處曰荄解也帑弓幹雖用整木仍於幹上裨之故曰帑補弓物如布類紲竹閟緄縢藏弓者別作一片竹向上札以助弓只短在弓隈間不滿兩頭

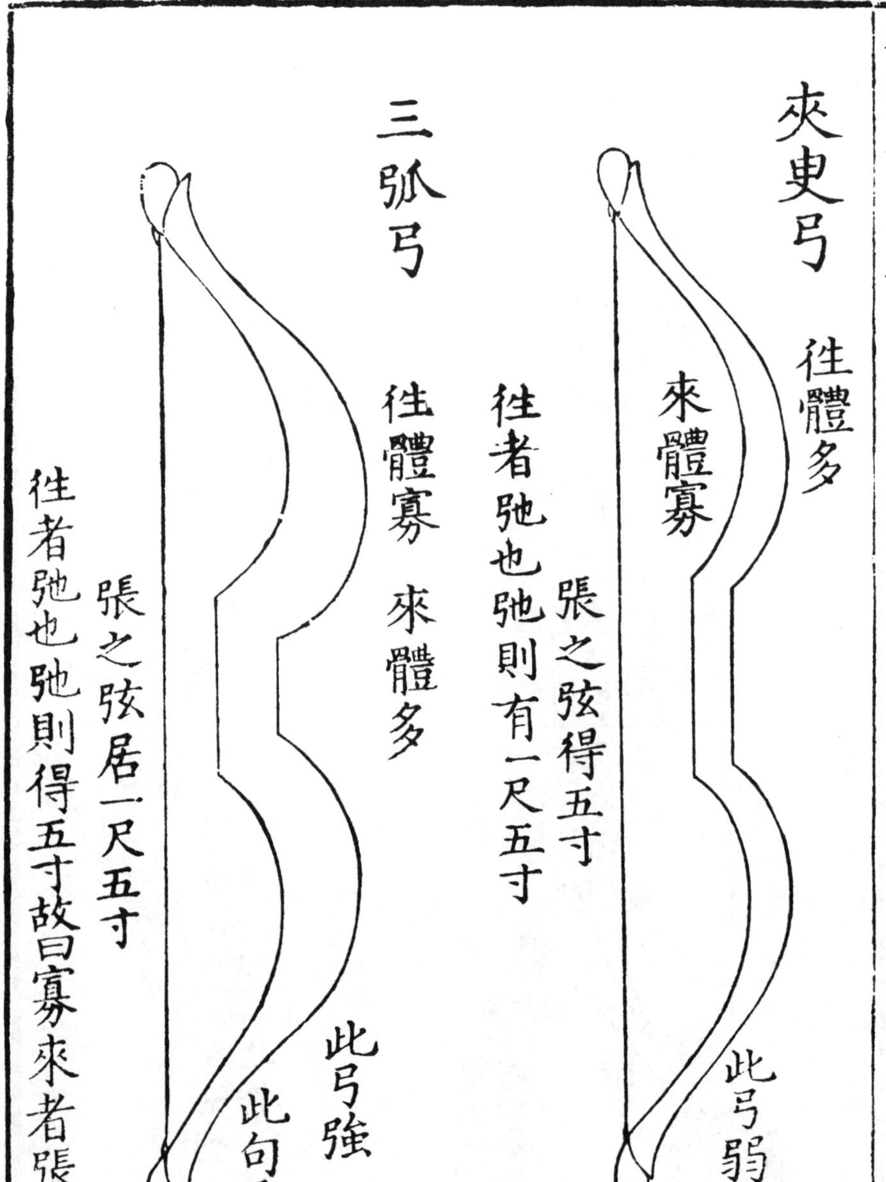

深弓 覆之而筋至

侯弓覆之而幹至

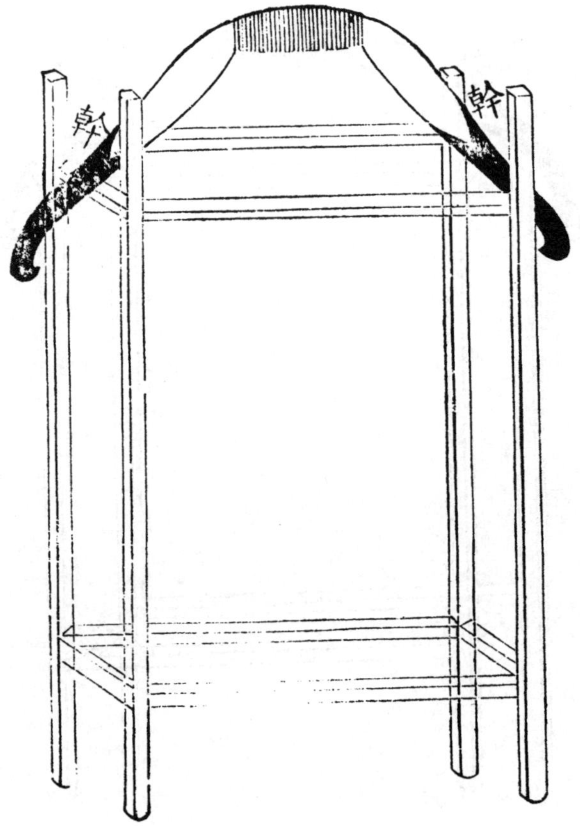

句弓覆之而角至

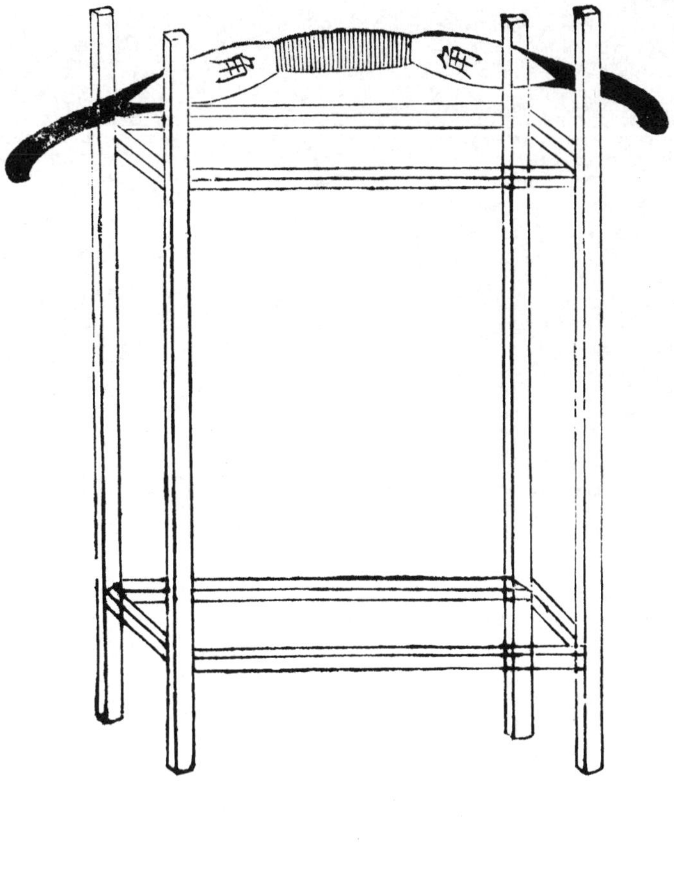

考工記述註跋

昔劉舍人贊書記曰既馳金相亦運木訥噫難哉難哉允臻其極則考工記乎考工記字奇而法文曲而達進而眡之儼游古先而親欵識焉抑

何杓之人玩為運斤之長語
也吾師
林孟鳴先生博極群書世推
㸚𪉖迺取考工記為之標其
法釋其義圖其形法標見工
義釋見法形圖而義法宛然

考工記述註　跋　二

傳神懸諸國門將人人而能
為鎛也能為函也問誰鑒燧
非先生之力耶余受知於先
生家深得先生之教而不敢
私也爰付之梓氏以廣其傳

西粵門人王以霖謹跋

八閩文庫

福建文獻集成

續編 經部 一三

吴格 主編

文獻集成 213

海峽出版發行集團
THE STRAITS PUBLISHING & DISTRIBUTING GROUP
福建人民出版社

本册目次

再作禮記舊音考不分卷

［清］閩縣葉大莊撰

福建師範大學圖書館藏稿本

再作禮記舊音考不分卷，清葉大莊撰。大莊（一八四四—一八九八），字臨恭，號損軒，閩縣人。同治十二年（一八七三）舉人，歷官松江同知、邳州知州。擅詩，兼能考據。撰有喪服經傳補疏二卷、大戴禮記審議二卷、退學録二卷、寫經齋初稿四卷續稿二卷文稿二卷、小玲瓏閣詞一卷，彙爲寫經齋全集。

「音」爲注釋之體，始漢魏，盛於南北朝，主以注音讀字義，又名「音義」。是書題再作禮記舊音考，取禮記舊注四種而詳考之。所列魏孙炎注三十一條、謝氏音義隱十條、南朝宋庾蔚略解一百三條、南朝梁何胤隱義七條，皆自馬國翰玉函山房輯佚書迻録。惟「大理物博，如此則得不以多爲貴乎」謝注一條，馬本失輯，據正義新補；「天子犆礿、祫禘、祫嘗、祫烝」、「諸侯玄端以祭，裨冕以朝」孫注二條，引他書讎正馬本误字，有訂訛砭漏之功。各條之下，别作案語，專申己見。

禮記在漢時爲傳記，非儀禮正經之比，自鄭注行世，始與抗衡，魏晉迄唐，習者尤衆。其時爲之音義者，實繁其徒，惜自唐以降，多佚而不傳。清人校輯古義，於此經捃拾爲富，而專事考訂者尠。大莊此稿，主爲條析異同，凡鄭有注者，布列當條之下，與舊注相參，斷其從鄭與否，用識魏晉六朝禮説，不盡同鄭義，而鄭無注者，亦足補其所闕。其次比勘各説，較其是非。如「子路有姊之喪，可以除之矣，而弗除也」條，駁庾注以子路緣姊妹無主後推己寡兄弟，故得申其本服，不但言無所據，亦擬非其倫。「將徙於諸侯，三日不從政」；自諸侯來徙家，期不從政」條，王肅、庾氏並訓「從政」爲「出仕」，則斥其泥於字義，不知此與上文「八十者，一子不從政」云云，並指征役而言。至以舊解爲未諦，乃更下己意，而多平易近情，雖旁稽博證，要以經文爲準，不尚推演引申。故「天子將出，類乎上帝」，直以上帝屬天，不取鄭氏五德帝之説。「反必親告于祖禰」，鄭注「出入同禮」，注「諸侯相見，必告于禰」又云「道近，或可以不親告祖」，是終以諸侯相見出必告祖爲然，蓋據適天子告祖禰相推也。而大莊以諸侯相見，其出入禮與適天子不同，正所以明禮之隆殺，則謹守經文，不欲違越。

禮學繁而難治，大莊别有大戴、喪服等著，研之雖勤，然亦不能無誤。是書「已雖小功，既卒哭，可以冠、取妻」條，考「冠」爲冠子，非已自冠，以上節「以喪冠者，雖三年之喪可也」爲言已之自冠，鄭注「齊衰以下」，則已包大功、小功，故下節「大功之末」云云，不必重複，皆是冠子。今審原文，「以喪冠者」節明冠月遭喪可以加冠，「大功之末」節述喪末可以冠娶事，絶非自冠、冠子之别。此條「冠」字當屬自冠，顧千里撫本禮記鄭注考異已發其覆。又如樂記「樂，樂其所自生」條，按云「鄭注：『自，由也。』此下别無解義」，又謂孔疏暗用孫説。「而禮，反其所自始」，按云「此句鄭無注」。皆未諗鄭於禮器「禮也者，反其所自生」；樂也者，樂其所自成」先已注之，以樂記在後，不復出注，孫注特因襲鄭注而成。

是書僅見稿本，各條别紙粘貼於喪服經傳補疏紅印本之上，實與補疏無關。首有葉氏題識：「此書須以説文、倉頡諸古音以及廣韻、玉篇互校之。釋文均已引用，無可校也。」書中間有塗改。編次偶誤者，如「夏后氏殯於東階之上」條按語誤鈔於「狄儀行齊衰，今之齊衰，狄儀之問也」條下，而「狄儀」條按語反在「夏后氏」條下；「臨諸侯，畛於鬼神，曰有天王某甫」出曲禮下篇，而誤記爲「檀弓下」。又於馬輯何注，僅録前七條，則未竟之稿也。據書名再作禮記舊音考，似原擬博考唐以上舊注，不局於四家，而終不克成。然考覈故訓，質其同異，以見學術流別，固讀書之塗轍，則此稿於研討禮學實有裨益。昔張説謂孫炎始改禮記舊本，以類相比，炎學出鄭門，而反改易其經本，其書今雖無考，然注經不盡徇鄭，徵之此稿，從可見矣。（莫巽生）

喪服經傳補疏

再作禮記舊音考

此書須以說文、集韻、諧古音以及廣韻、玉篇互校之，繼文增立分用等稿也。

玉屏山莊藏版

喪三年以為極，句　亡則已●之志矣。

釋文：案王肅以極字絕句，亡作忘，句下讀，孫依鄭作亡，而為王肅句，詩采薇正義以炎（？）是鄭氏之徒，失注意，皆如鄭義，今攷此從，則亦無妨不盡從鄭也。

檀上一

華而睆

孫注　睆，漆如　釋文

釋文：睆，注同，以睆為刮，字書目字，或為刮，又衍登義注云漆，讀如朋友切，是漆為切之假字。切刮音義相近，孫以刮訓睆為漆，與鄭同也。

檀上二

一以爲帶小功之經大功之帶也去五分一以爲帶
緦麻之經小功之帶也去五分一以爲帶苴杖竹也
寢有席食疏食水飲朝一哭夕一哭而已既練舍外
寢始食菜果

父

師吾哭諸寢、
疏注
奔喪師哭諸廟門外、是周禮之義禮云云
○○案疏云師友爲重而去爲輕所以哭師於寢、是己之所居師又成就
於己、哭故云在正寢此謂殷禮若周禮則奔喪云師哭諸廟門外故鄭答
趙商問、以爲殷哭是孫所云、以斷義也

宜乎社、
孫注求便宜也
〇〇案釋天起大事動大衆必先有事乎社而後出謂之宜。疏正義引孫云大事兵也
有事祭也。又云宜求見使祐也。書正義引作求見福祐也。郭氏爾雅義疏據禮記作求
便宜也。今阮本作求便宜也。與此同。鄭注數宜造皆祭名。又禮云鄭不發義，然知從
爾雅不必異說。孫云求便宜也，實與鄭同是也

王制、

傳曰爲父何以期也父至尊也
所服之人包爲之服者也正義不違此例以言爲又
臣爲君三者無嫌疑故單舉所爲之人釋之非也然
經有單舉所服之人如下文之妻世叔父世叔母之
等而不言爲者是又一例從未有以所服之人可以

春曰礿，
孫注礿此新菜可(汋)，
王引之
引案，鄭注此蓋夏殷之祭名，周則改之，春曰祠，夏曰礿，而於礿字不著其義，孫云新
菜可礿，可補鄭義之缺。

包爲之服者而又言爲之例也傳言爲者王義以與
母齊衰比例故問何以斬不齊衰亦非此傳爲父何
[illegible]可以期也
記所云當是末世之俶鄭氏亦言大夫與士異者
得備聞止疑麄衰縷在齊斬之閒王肅致疑在喪斂
時素委貌之異然則服或有精麄而喪期則未之有
改也且禮記左傳皆孔氏作疏乃於記力詆王肅於

傳則又是之可見義有所闕今案張氏爾岐以禮記

手判二二

又曰烝、

孫注、烝進也、進品物也、

日案、鄭注云詩小雅曰礿祠烝嘗于公先王、此周四時祭宗廟之名、而烝字不從艸、

義、詩賓之初筵烝衎烈祖篆、豐年烝畀祖妣、載芟烝畀祖妣篆、閟宮烝徒增增、

篆、均云烝進也、今孫云烝進也進品物也、蓋從鄭義、

王之卿大夫士爲天子之服雖同而經不及之者以

此經乃侯國之制也正義云下文君中雖言天子兼

有諸侯及大夫此天子不兼餘君云云不知下條君

亦專指諸侯以下言注兼天子鄭君似欠審察耳

天子犆礿祫禘祫嘗祫烝

王制五

孫注禘如五年一大祭

○○案、禘馬本作祫、云正義引孫炎注爾雅據禘、今考阮本與郝氏爾雅本均作禘、且釋天曰祫字、益證馬本之謬、鄭注云五年而再殷祭、一祫一禘、今孫云禘如五年一大祭、從鄭義也、然孫以注王制從鄭據魯禮云然不得不從、若以注爾雅釋天禘大祭也、係主圜丘之禘而言、則誤甚

月係言庶人爲國君其例上下一貫秩然不混注欠

分別乃有是誤耳正義從注云但士無臣雖有地不

月令一

鳴鳩拂其羽、戴鵀降于桑、

馬國翰案、初学記引蔡邕月令章句、作戴鵀降于桑、是蔡礼本勝作鵀、與義同

孫炎爾雅注亦作戴鵀、知只注礼与蔡本同、並任取補

字案、鄭注云、戴勝織紝之鳥、提時恆在桑、疏云戴勝織紝之鳥、故稱鳥云鵖鴔戴

鵀、鄭注鵀即頭上勝、今亦呼為戴勝、是鵀即勝也、聲近字通、鄭云織紝疑即鵖鴔之假

借字、孫作戴鵀與鄭義相同、

孫注、鶻鵃一名鳴鳩、鳴鳩月令所謂之戴鵀

字案、疏云孫炎云鳴鳩自関而東謂之戴鵀、小也、考孫說本之方言、然鳴鳩巢

戴勝乃其穴處、本不同物、方言失之、孫亦承其謬也、其誤蓋由以鵖鴔為鳴鳩之所致、李

巡云、戴勝一名鳴鳩、亦即鵖鴔之訛也、

四世之說而不知其誣也夫四世之說則必以傳之
繼祖屬長子之父言而不屬之長子言乃得合祖父
身子爲四世若以繼祖屬長子言祇三世矣阮傳文

后王命冢宰　內則一
孫注后王君王謂天子也　王肅曰
案釋文后王鄭云后君謂諸侯也王天子也今孫炎王肅皆云后王君王謂天子也與鄭
小異以記文養食自諸侯以下至於庶人爲等一語證之只云自諸侯以下者知此記本從天
子發義孫王以后王專指天子可言必有據也

體其自傳之繼禰乃將何[illegible]宗[illegible]主其自傳之[illegible]
重乎是鄭亦祇合三世言而賈誤以鄭合四世言也
注又云小記曰不繼祖與禰此但言祖不言禰容祖

內則二

菫荁枌榆

孫注 榆白者名枌

〇案 鄭注 榆白曰枌。

諸侯玄端以祭，裨冕以朝。 玉藻一

孫注 端當為冕。玄冕祭服之下也。之字馬本從以，據大戴禮校云以。其先君亦裨冕矣。

〇案 鄭注云：祭先君也。端亦當為冕，字之誤也。諸侯祭宗廟之服，惟魯與天子同。今孫云端當為冕，與鄭同，其云玄冕祭服之下也，大祭先君亦裨冕矣，與鄭異。盧辯注侯還廟注云：以鄭氏頗貶公侯，使一同玄冕以祭于己，小失差也。且諸侯專國，禮無事服王命，有玄何妨。抑其服異。玉藻曰玄端以祭，裨冕以朝，孫炎●云端當為冕，玄冕祭服之下也，其祭先君亦裨冕矣。孫說為合，是亦朝人舊說，亦不盡從鄭也。

一命緼韍幽衡　玉藻二

孫注：幽讀為黝，黝，青黑。

〇案：鄭注云：幽讀為黝，黑謂之黝，青謂之蔥。此從爾雅義也。說文云：黝，微青黑色。郭注爾雅云：鍾氏云：三入為纁，五入為緅，七入為緇。是從赤入黑，故此云青謂之蔥，黑謂之黝，是從青入黑也。今孫謂黝作青黑色，是又從許不從鄭之證。

禮者別宜，居鬼而從地。　樂記

孫注：居鬼，亦處人鬼之志。馬本與衛湜集解脫居鬼二字，今補。

〇案：鄭注云：別宜，禮尚異也。居鬼，謂居其所為，亦循之也。今孫解居鬼以亦處為訓，與鄭率循之義不同。

廉直勁正莊誠之音作、　樂記二

孫註經法也、

○○案、阮氏校勘記云、史記作經、裴集解引孫炎云、經法也、案阮氏今禮記本作勁、此記鄭氏注釋文亦作勁、以司馬貞所云證之、是作經者亦六朝以前本也、

律小大之稱、　樂記三

孫注作樂器大小稱十二律、

○○案、鄭注云、律六律也、周禮典同、以六律六同辨天地陰陽之聲、以爲樂器、小大謂高聲正聲之類也、今孫云十二律、雖本呂覽與典同之義固無殊也、

可也爲所後者之祖父母妻妻之父母

後之祖父母妻一段是專屬爲父後者言之其爲祖

奮至德之光

孫注：奮，發也。史記樂書集解。天地之道也。司馬貞史記索隱卷八。

〇案：鄭云奮猶動也，動至德之光，謂降天神出地祇假祖考。孫訓奮為發，猶動也。又云天地之道也，亦即降天神出地祇之恉，惟不及假祖考一義，[redacted]異。

畢記四

動四時之和

孫注：四時之和也。史記索隱。

〇案：今本四氣作四時，疑涉索隱本注四時而誤，小孫所見本真如此也。此句鄭無注，孔疏（正義）云動四氣之和，此謂感動四時之氣，序之和平，使陰陽順序也。義與孫同。

畢記五

以著萬物之理

孫注：著猶識也。（同）

○案：鄭注同。識作成。孔疏故經著成萬物之道。孫本作識，疑於誤。

學記六

而禮反其所自始

孫注：制禮者本己所由得民心，殷尚質，周尚文是也。

○案：此句鄭氏注、孔疏無大補義。云而禮反其所自始者，言王者制禮必反其所由始祖。若周由后稷為始祖，即追祭后稷，推因其王業之由，是禮有報也。與孫異，訓始為始祖之義，亦未當，以孫說為長。

禮器八 移下

爲妻似乎此條單言夫與下條單言君可也不知此

外祖父母及舅與內兄弟皆如

樂記四七　　終上　一

樂所自生

孫注作樂者緣民所樂於己之德、若舜之民樂其紹堯也，周之民樂其伐紂，而作韶武也。史記樂書集解

○疏、鄭注自由也、以下多解義。孔疏言王者正樂，歡樂其己之所由生，似若武王民樂其武德，武王由武功而生王業，所以武為樂名，多報反之義也，皆用孫說。

謂但言夫已知為妻服必言妻為夫者以別於妾也

樂九

則樂之道歸焉耳。

孫注樂和陰陽，故歸焉也。

○疏、鄭無注，孔疏人心調和則樂音純善，協律呂之體，調陰陽之氣，二氣既調，故萬物均得所也。皆用孫說。

以妻為至親究不得與君父同論惟是婦人在家天

治亂以相、

孫注、擬其亂則節之以相、音拊

○音實、鄭注相即拊也、亦以節樂、拊者以韋為表、裝之以糠、糠一名相、因以名焉、今齊人或謂糠為相、孫云節之以相、与鄭同、

訊疾以雅、

孫注、趣敵退疾應之以雅、音卆

○音實、鄭注亦樂器名也、狀如漆筩、中有椎、孫注解義与鄭者自為說

衛音趨[illegible]數煩志、

孫注趨數音促速、而數字支改、

曰案、鄭注趨數讀爲促速聲之誤也、趨數本促速之段借、鄭好破字、故云聲之誤、

[illegible]

案十二

天武之備戒之已久則既聞命矣、

孫注、聞命謂言是、

曰案、此句鄭氏注孔疏備但是戒子之問賓牟賈前答其已久之意、孔子所許不得

爲孔、是既聞命矣、皆用孫說、

案十三

……是也　正義又云鄭注妾之言接聞

君也今案流義發王然非經再言下再夭之大旨

也故以在室包之無論許嫁與否均無所降若曾子

故德輝記於內
孫詒德輝所患也、
曰案、鄭德輝顏色潤澤也、孫云所患是主觀於內言、与鄭各自为說、
案十9
女也若有主喪者杖則女子子不杖可知
子嫁反在父之室爲父三年
案十五
孫詒讓言行也並同上
敖案諸外
足案鄭詒讓容貌之進止也、孫何如乃、与進止義同
以後被夫遣歸亦不更服也未練而反則期其者爾期
先遣父母喪於未練之前被夫遣歸亦於未練之前

故禮有報而樂有反

孫注報謂禮尚往來以勸進之，反謂曲終還更始也。史記索隱卷八，王應麟困學紀聞卷五

案報讀曰褒，猶進也。孫云報謂禮尚往來以勸進之義，同樂有反，鄭氏注孔疏云作

樂之道須有自退自止，不如孫云曲終更始訓義之精，可補鄭之闕矣。

案去

朝仁

已雖小功既卒哭可以冠取妻

孫注已大功卒哭可以冠杜佑通典卷五十六

案已雖小功既卒哭可以冠取妻，此冠字而冠子也，非己自冠。何以言之，上節云以喪冠者雖三年

之喪可也，鄭注言雖此則齊衰以下皆可以喪冠也，言齊衰以下大功小功包其中，是上節言己

之自冠，下節言冠子以及嫁子取妻，分別甚明，獨此句只言冠取妻而不言冠子，此偶疏，近文義質，承上

文大功之末而言，此例甚多，故鄭注云小功卒哭而可以取婦，己大功卒哭而不可以

卒哭可以冠，與鄭義同，而孫不加子字耳，亦同。

不菑畬

孫注菑始菑殺其草木，畬舒緩。正義引爾雅釋地田一歲曰菑，二歲曰新田，三歲曰畬，每句下引孫炎，是爾雅注，據補。

坊記

〇案鄭注言必先種之乃得穫，若先菑乃得畬也，安有無事而取利者乎。田一歲曰菑，二歲曰畬，三歲曰新田。孔疏案爾雅釋地云田一歲曰菑，孫炎始菑殺草木，二歲曰新田，孫炎云新成柔田也，三歲曰畬，孫炎云畬舒緩，周頌傳亦云三歲曰畬，此云三歲曰新田者誤也，孔疏是也。

冠者沽功也疏屨者藨蒯之菲也

豈水有芑

表記

孫注謂今枸芑。正義芑枸檵，爾雅釋木文，下引孫炎云云，據補。

〇案鄭注芑枸檵也，即爾雅釋木文。說文檵杞注云枸杞也，是杞正字，鄭作檵，孫作芑，皆段借字也。

年故傳於適母謂之私尊於所生母謂之私親自父言之則有適母妾母之分自子言之則生我者即母妾子之於母與適子之於母同　賈疏謂經云則者欲見父卒三年之内而母卒仍服期要父服除後而母死乃得伸三年今案注云尊得伸也馬氏融云父卒無所復屈故得伸重服三年也義與鄭同䄙記云如三年之喪則既顈其練祥皆行孔疏謂先有父喪而後母死練祥亦然以前文父死爲母三年也故喪服齊衰三年章云父卒則爲母是也據此是父卒即得爲母三年孔與馬鄭無異義也慈母如母傳注云大夫之妾子父在爲母大功則士之妾子爲母期矣

父卒則皆得伸也正義父卒則皆得伸者非父在已
伸矣但大夫妾子父在大功者父卒與士皆得伸三

於前母之子非如慈母之以撫育論也傳以配父釋
之者亦以繼母本路人而來與父胖合故有配父之
義與因母同乃爲之服母服

浣 謝氏 音 義 浣

主人未辭客不虛口
鄭注虛口謂酳也
謝氏音義浣酳飲畢蕩口 孔穎達正義引浣義校宋本疏作音義浣今兩存之
曲礼上
案鄭注虛口謂酳也不言酳何義故謝氏解義孔疏虛口謂食竟飲酒蕩口又云用酒曰酳
酳訓演言食畢以酒演養其氣用謝說也

曲禮下

君使士射不能則辭以疾言曰某有負薪之憂

謝氏注 音義說 天子曰不豫諸侯曰不茲大夫曰犬馬士曰負薪 云云 義

呂案公羊傳作負茲白虎通作負子云負子者諸侯子民今不復子之也孔疏引之 正義 云諸侯之疾所以

名不同者蓋子茲聲相近其字相亂未知孰是陳立疏證云尒疋釋器蓐謂之茲郭注引公羊

傳云屬負茲茲者蓐席也史記周本紀衛康叔封布茲徐廣曰茲者藉席之名諸侯疾曰負茲索隱曰茲𦙍明草豈

取此草以織席釋詁家之說蓋謂有疾者臥於藉席之第惟與席相負字已又云白虎通以為今不復子之

者金縢云若爾三王是有丕子之責于天史記丕作負段玉裁云此文是有負子之責於天言其背子民之

咎中將死也後漢陳寵傳寵為兗州牧勸璽書等曰中命百姓各安其所庶幾負子之責亦謂民安其所則

無背棄子民之咎則白虎通言不復子之者言自今以後背棄子民不復子之也是亦不如子茲之孰是

當從作茲是也負茲謂負席與下句采薪為對文其義■通若謂負子則天子亦有子民外孔諸侯

所得專矣謝用公羊傳注原文不應作子疑校此條上文不誤下不當誤改也

曲禮下

右兄弟宗族猶存則反告於宗後

謝氏音義既雖無列於朝有吉凶猶反告於宗後只都無祿在故國不復來往也義而

日要此指有列有祿者言其無列無祿者若兄弟宗族猶存亦應如此故鄭注云謂無列無祿者也

告亦謂吉凶也謝云只都無祿在故國不復來往也可補鄭義

傳曰何以期也屈也至尊在不敢伸其私尊也父必三年然後娶達子之志也

大莊案妻之喪期開月而禫共十五月亦得占三年故通謂之三年之喪是父在爲母雖十五月亦以三年論也至十五月父服除子服不敢不除何則以至尊在不敢伸其私尊也故謂之屈然父必至三年乃

諸侯見天子曰臣某侯某　　曲禮下

鄭注謂嗇夫承命告天子辭也

謝氏音義說嗇夫主諸侯所齎幣帛皮圭之禮，是舉以白於天子之■義

呂案孔疏釋鄭，據覲禮文，又引鄭注覲禮云，嗇夫蓋司空屬也，爲末擯，承命於■侯氏，末介而上上擯，以告於天子也，據此鄭以嗇夫但承命以告天子，謝云，嗇夫主諸侯所齎幣帛皮圭之禮與鄭義異，覲禮侯氏用束帛乘馬，儐使者，使者再拜，受侯氏再拜，送幣，又云侯入門右■坐奠圭再拜稽首，而不及皮，謝云幣帛皮圭，不知何所本也

雖曰疏趾　　曲禮下

謝氏音義說雖云肥則足疏曰義

王氏云趾間疏也義曰

呂案記疏趾與明視對文，鄭以人所易曉，故不注，孔疏趾足也，雖肥則兩足開張，趾相去疏也。上
謝王兩家云云，謝說在前，疑王本乃附入

旁期自晉已然故段氏但云今之士大夫喪妻往往

男子西鄉婦人東鄉

鄭注夾羨道爲位

謝氏音義阮羨以車道 陸從釋文

𠁥案謝例羨次爲車道、疑不類。儀礼既夕注、夾羨道爲位、賈疏羨道謂入壙道上之負

土爲羨道、賈疏是也、以證経文至於壙陳器於道東西北上之條、此羨次道、疏以[illegible]

小車道可知也

檀弓下

臨諸侯畛於鬼神曰有天王某甫

鄭注某甫且字也

謝氏音義阮且假借此字之義

檀弓下

𠁥案孔疏某是字甫者丈夫美稱、而鄭所以謂爲且字者、舊說云、未辨其人、且以美稱配成其

字、又引謝說云〻、其云舊說者、蓋亦六朝人之舊說也、

檀弓下

生事畢，而鬼事始已。

鄭注謂不復饋食於下室。

謝氏音義說下室之饋，器物几杖如平生。正義引謝說

日：案既夕下室之饋，但言布席，不及尚有陳設何物。又云燕養饋羞湯沐之饌如他日，既云如他

日，則謝云器物几杖如平生，亦想當然耳，經注則無是義也。

月令

薦鮪于寢廟

謝氏音義說大者爲王鮪，小者爲鮛鮪，似鱣，長鼻，體無鱗甲。正義

○○案：謝云大者爲王鮪，小者爲鮛鮪，本爾雅郭注；似鱣而長鼻，體無鱗甲，本山海經郭注。詩疏

引陸璣云：鮪魚形似鱣，頭小而尖，似鐵兜鍪，口亦在頷下，其甲可以摩薑，是鮪故有甲矣。

禮器

大□物博，於此則得不以多爲貴乎。

音義說萬物主人外小亡所有，故以多爲貴也。此條馬本漏，今據正義補。

案：正義云言王者大統理萬物之事，廣博如此，則得不以多爲貴。正義之意，蓋以容爲當也。如謝之言，即有天

下而不與之意，立論甚高。下文記天下之物無可以稱其德者，鄭注云萬物皆天所生，孰可奉薦以稱也，是

以處與物區而謝言云小亦有深合記義，亦補鄭之未備。

適四方乘安車

庾氏注漢世駕一馬而坐乘也 孔穎達正義 曲礼上

案鄭注安車坐乘若今小車也、孔疏安車坐乘若今小車也、古者乘四馬之車立乘此臣既老故乘一馬小車坐乘也 庾本鄭義

堂上接武

庾氏注謂接則足連小半也武跡相接謂每移足半躡之也中人跡一尺二寸半躡之是每進六寸 孔穎達云 曲礼上

義

案鄭注武迹也迹相接謂每移足半躡之、中人之迹足二寸、庾本鄭義、

毋齧骨

庾氏注，為名肉之嫌（孔穎達正義）

○○案、鄭注，為有聲響，為不敬，孔疏引三義為難，謂鄭是一隅也，庾說亦備一義，失之繁矣

曲禮上

水潦降不獻魚鼈

庾氏注，天降下水潦，魚鼈難得（正義引盧植、庾蔚之等）

○○案、鄭注不饒多也。饒有足訓，於言不足多也，不足多，故不獻。庾云難得，與鄭義異，竊意水潦既降，魚鼈豈獨難得，庾說誤矣，孔疏或從。鄭云不饒多者，以為水潦降下，魚鼈豐足不饒，益其多，亦出六朝人之舊說也

曲禮上

祖父母皆至尊之服也所謂至尊者皆有三年之道

也則以適孫有時爲祖三年以代父適曾孫有時爲

逮事父母則諱王父母　曲礼上

庾氏注諱王父母之恩正應由父所以逮言毋妾婦事舅姑同事父母且配夫為體諱故不殊故曲名父所識毋妾則可以諱王父母義正

○案鄭注逮及也謂幼孤不及識父母恩不至於祖考子聞名心瞿諱之由以此謂庶人適士以上廟事祖雖不逮事父母猶諱祖詰義甚確庾以諱王父正應由父而逮言毋妾云云與鄭聞名心瞿之義異

國君綏祀　曲礼下

鄭注綏讀為妥妥視謂視上於祫

庾氏注妥頹下之貌前执器以心為平故以下為妥此祀以面為平故妥下於面則上於祫也正義

○案綏即妥段借字也鄭於曾子問注綏周礼作墮又於儀礼少牢饋食礼注綏或作授讀為墮墮有頹義庾之頹下之貌本礼家之故訓也孔疏當視面下祫上即用庾説

防墓崩　檀弓上

庾氏注防衛墓崩　釋文防守其墓備擬其崩壞義

案鄭注言所以遲者修之而來孔疏駁庾云若庾之言墓實不崩鄭何以言修之而來孔子何以言古不修墓違經背注妄說異同非也記明言孔子既得合葬於防故釋文云防墓防地之墓也不列庾說蓋讀此句作何辭宜孔痛泣之不勝過矣

子路有姊之喪可以除之矣而弗除也　檀弓上

庾氏注子路緣姊妹無主後猶可得反服推之寡兄弟亦有申其本服之理故於降制已遠而猶不除非在室之姊妹欲申服過期也是子路已事仲尼始服姊喪明姊已出嫁非在室也

案子路之姊非無主後如等服姻之例自知其過故云吾寡兄弟而弗忍也此主後謂無主無孫顏孔寡兄弟者比其義甚明庾言不但無據亦擬非其倫矣

夏后氏殯於東階之上則猶在阼也殷人殯於兩楹之間則与賓主夾之也周人殯於西階之上則猶賓之也

檀弓上 九

庾氏注東階西階平生賓主所行禮之處故云猶兩楹之間生無此禮故不云猶義疏

○○案襍記恤由之喪哀公使孺悲之孔子學士喪禮士喪禮於是乎書鄭注云時人轉而僭上士之喪禮已廢矣孔子以教孺悲國人乃復書而存之与此條義不復相成亦即庾之所本說也

九

杖儀則齊衰今之齊衰杖儀之問也

檀弓上 十

庾氏注杖儀之前男人先已行之故不云自杖儀始也義疏

○案禮記明言与賓主夾之此賓主云共得謂生無此禮乎禮疏禮賓主敵者授受於兩楹之間又是南面聽朝之處庾云生無此禮於義疑也駮之是也

十

古者不降上下各以其親　檀弓上　十一

庾氏注上下猶尊卑也正尊周礼猶不降則知所明者旁尊也鄭恐尊名乱於正尊故

変文言遠也疑

案正尊不降古人所知且記明言各以其親矣鄭之変尊言遠非礼家之故訓也孔疏周礼以

貴降賤以適降庶唯不降正耳而殷世以上雖貴不降賤也上下各以其親不降之事也上謂

旁親族曾祖從祖及伯叔之班族下謂從子從孫之流彼雖賤不以尊降之猶各隨本屬

之親輕重而服故云上下各以其親離義甚明之疏説失之正義而於上下文滕伯文為孟

虎齊衰上不降遠下不降卑仍襲鄭誤

緦麻五條卽小功以下無論同異姓亦皆曰兄弟詭

兄弟同其行文實與他經異也昆弟而不發傳者已

見於世父母叔父母條

檀弓上 十二

君不舉

庾氏注舉謂舉饌周礼膳夫王日一舉又王齊日三舉鄭注云殺牲盛饌曰舉也義

8案儀礼少牢饋食礼食舉鄭彼注舉牢肺正脊也特牲饋食礼注有司徹注義并同。

又特牲饋食礼嗣舉奠注舉飲酒也鄉飲酒礼注燕酒曰舉酒饌義亦相同。●國語祀

加於舉韋注舉人君朔望之盛饌即鄭惜也此文舉字自注当以義兑周礼及儀礼諸條孔

疏君不舉者舉謂舉樂也臣之喪三日哭故君亦三日不舉樂也[illegible]舉与鄭異又引或者言

亦舉樂而自於社中哭之社主土故也是訓舉為樂知亦六朝人之舊説

十二

十三 康子立於門內右北面 又旨子內 從同

康立於門右北面 檀弓下

文入門右

庾氏注 鄭注 北面礼経文也疑

00案孔疏礼本多將鄭注北面為經文孔也案古舊本及盧王礼亦無北面字唯鄭云北面耳如庾之

言亦朝人所見本也有誤為経文者故礼記鄭注考異云唐石本初刻右下有北面二字後改

同此是唐石本改刻時始據以订正也

十三

檀弓下　　十四

子游擯由左

庾氏注相主人以禮接賓皆謂之擯亦名當於吉凶鄭以為相侑喪禮據此事而言之大宗伯注出接賓曰擯入詔禮曰相 正義

8案庾引大宗伯注為鄭擯相侑喪禮者一句辭釋而於子游由左之義無之孔疏引少儀云詔辭自右鄭云為君出命也又云若於喪事則惟賓主居右而已目居左而當時禮廢言相喪亦為僑居命詔辭已自居右子游知禮故惟賓居右已居左也可補庾之所未及

檀弓下　　十五

愠哀之變也

庾氏注愠紆粉反積也 釋文引庾皇

8案鄭注悲哀愠恚也是孝子哀情之變也庾皇讀紆粉反是以愠為蘊之段字故訓為積與鄭異又云紆運反怒恚也則仍從本訓惟目之讀愠為蘊與字義不相屬耳

存一說也

天子將出類乎上帝　　王制五

庾注帝謂五德之帝謂大微五帝應於五行五行各有德故謂五德之帝木神仁金神義火神禮水神
知土神信　是五德也　証

〇案孔疏類乎上帝者謂祭告天也天子將出征又引異義夏侯歐陽說以類祭天者以事類祭之古尚書
說非時祭天謂之類許慎謹按周禮非時祭天名言類者知類非常祭從古尚書說鄭氏無駁與許同也
然今尚書及古尚書二說其文雖異其意同也以事類告祭則是非常故孔注尚書亦云以攝位事類告
天鄭又以類雖非常祭亦比類正禮而爲之故小宗伯注云類者依其正禮而爲之是也據此巡狩與征伐
其祭告於天非如常祭之例故稱曰類其恉甚明此上帝之屬天而言更無疑義矣不知鄭何以於此注以
上帝爲五德之帝又祭於南郊爲解蓋以無其小特以例不破注於記則以祭天爲辭於注則又以五德爲說
前後依違莫衷一是其五德之云者謂王者將行各祭所出之帝於南郊猶周人祭靈威仰於南郊、
是亦五帝中之一帝其云祭所出之帝則与祭天不同矣又鄭注月令祈穀於上帝亦爲大微之帝可知鄭於
禮家上帝皆以五德當之特於古尚書之說偶与許同而已庾云木神仁金神義火神禮水神智土神信、
不過依文生義古人剩人誦習鄭注相沿已久更毋怪其不能是正也。

三六

居民山川沮澤

庾氏注沮謂萊沛萊草也釋文

○案周禮大司馬虞人萊所田之野，司農注虞人萊所田之野芟除其草萊令車得馳驅，越絕書吳內傳萊野也，訓萊為野，與沛正為對文，庾云草也，本北山有萊毛傳並毛傳訓萊為草，與臺並稱，臺訓為夫須，此萊字當為說文蔓華之訓，不能作為凡草之稱，以釋此記之萊更為不似，不如何云草所生曰萊，與野同義正相成也。

王制二

十七

將從於諸侯三月不從政自諸侯來從家期不從政

庾氏注據仕者從大夫家出仕諸侯從諸侯退仕大夫正義引王肅及庾氏等

○○案孔疏按旅師云新甿之治皆聽之，使無征役，鄭注引此文以證之，是據民之遷徙，王肅及庾氏等以為據仕者，從大夫家出仕諸侯，從諸侯退仕大夫，非鄭義也，蓋庾王泥於從政必據仕者而言，不知上文八十者一子不從政，九十者其家不從政，廢疾非人不養者一人不從政，記義甚明，正義以諸侯地寬役少，為人所欲歸，故惜三月不從政，大夫役多地狹，欲令人貪之，故期不從政，直臆說也。

王制三

十六

賞公卿諸侯大夫於朝　月令 十九

庾氏注順时氣也春陽氣始著仁澤之时故順其时而賞朝臣及諸侯也至夏陽氣尤盛萬物增長故用是时慶賜轉廣是以其不欣說也秋陰氣始著嚴凝之时故從其时而賞軍師及武人也至冬陰陽氣尤盛萬物衰殺故用是时賞死事者及其妻子也義也

案鄭注引祭統曰古者於禘也發爵賜服順陽義也於嘗也出田邑發秋政順陰義也今庾云順时氣也義即本此大抵封諸侯亦無辨至第賜以萬物增長慶賜封廣為言而以孟春之慶賜遂行毋有不當句義相同謂為陽氣尤盛乃有此政又何以為孟春辭乎其依文敷衍亦可見矣

蟄虫咸動啓户始出　月令 廿

庾氏注謂蓋先時記時候以明應節後言時候以應二分二至所應不同故重記之也義也

案鄭此注云又記時候於仲秋注亦云又記時候兩處所云蓋指日夜分一句仲春兩見仲秋亦兩見庾云先時記時候以明應節者在仲春為日夜分雷乃發聲始電蟄蟲咸動啓户始出是也在仲秋為日夜分雷始收聲蟄蟲坏户是也庾又云後言時候以應者在仲春為日夜分則同度量鈞衡石角斗甬正權概是也在仲秋為日夜分則同度量平權衡正鈞石角斗甬是也庾云二分二至所應不同當指雷電蟄蟲應節而言若謂後言時候以應者則凡同鈞角正記義固各不同也

月令三

其祀中霤

熊氏 庾氏注古者複穴是以名室為霤云

鄭注複謂地上累土謂之穴則穿地也複穴皆開其上取明故雨霤之是以後因名室為中霤也 正義 春秋公羊傳哀六年徐彥疏

案釋名釋宮室中央曰中霤古者寝穴後室之霤當今之棟下直室之中古者霤下之處也此解中霤最為明晰鄭云古者陶穴是以名室為霤庾因此云複穴因名室為中霤殊不知室以霤稱何以名室為霤穴居者特以霤在室之中遂相沿以室中為中霤今吾閩人於室中央上開窗謂之天窗實古中霤之遺制也鄭於此注既云中霤猶中室也又於郊特牲注中霤主堂室居處均非塙解謂室中曰中霤可謂中室是何義歟

廿一

傳所云不敢降其適之義者此也　承重孫婦之服

賀循虞喜庾蔚之之說以主婦爲不必主人之妻今

案爲後者……

……也不貳斬也持重於大宗者降其小宗

也爲人後者孰後後大宗也曷爲後大宗大宗者尊

外奠帛于殯東几上

庾氏注未虞施几筵常於下室然殯宮几筵爲朝夕之奠常在不去今更特設几筵於殯宮東其特異 廿三正

大事以爲世子之生故鄭云設几筵於殯東爲從禮也正義

曾子問

○案孔疏今案既夕禮燕養饋羞如他日則下室所供之物如平常皆用吉物即今之告靈不得有

素几又司几筵云喪事右素几注云喪事謂凡奠也又云凶事仍几注云凶事謂凡奠几朝夕相因喪

禮略以此推之即素几是殯宮朝夕設奠之几不在下室而庾皇等以爲素几設於下室未審何

以知之其義孔安引熊氏云又謂考之家之從熊以爲是皇庾以爲非今案熊氏云然殯宮几筵

爲朝夕之奠常在不去今更特設几於殯東云云此數句全襲庾說一字不改熊又引天子諸

侯有殯宮則有几筵大夫士大斂有席虞始有几與之庾云未虞施几筵於下室者義稍有異大以

殯宮爲有几皇氏與庾同一也謂用天子下室喪事有素几不云殯宮有几而諸侯雖無文當與天子同

云以殯宮爲身几此與庾熊異二也然一如庾熊之說當以殯宮几筵之外又特設几於殯宮之東如皇

說殯宮既無几儀攝於下室之几於殯之東三也孔義謂素几是殯宮朝夕設奠之几不在下室是

為大宗後以世叔父母還稱其父母推之服例宜然

則疏所云抑之者何曰爲後者於所後之父母三年於其父母期傳云不貳斬者非抑之之義乎其次在孫後者明其父母乃私親不可以先大宗之親然服

但與皇氏權移下室之〻几於殯東此不同與庾氏特設之〻几於殯東此亦不同也四也正義之〻意以殯宮之几移之於殯東而用之設庾皇二家几設於下室之說謂下室所供皆用吉物多此案几是也蓋[illegible]次宮朔夕設奠之〻几移之〻殯東不敢謂然循繹文義當以庾氏所云特設者爲是觀注云几筵於殯東明継體也是此几筵專爲継體而設多疑安可以朔夕奠之〻几又移而用之也且下文明云居一哀反位遂朔奠注云奠用朔夕奠之〻几不亦須刻之〻間移來移去乎於禮褻矣且反位云者即朝夕奠之位也若虞備用吉几於反位時亦大有不[illegible]便之處更儒顯然以此節正義指爲殯宮設奠之〻几此亦不可從也

後而猶存其父母之名則父母一也故女子子無報服不得援之以爲例　傳自何以期也至降其小宗

曾子問

反必親告于祖禰
注反必親告祖禰同出入禮
鄭注此謂出入所告禮不容殊而諸侯相見出不云告祖者或道近變其常禮耳故反必親告祖禰以明出入之 廿三
告其祖不殊也正義
案正義云知諸侯不直告祖者下文云反必親告于祖禰出時亦告祖禰為道近惟告禰耳據此正義殆以鄭意
以適天子道遠故告禰亦告祖與諸侯相見道近故告禰不告祖所云同出入禮者蓋謂同適天子之出入禮也然
諸侯相見未必皆道近若苟屬道遠告祖與否鄭亦不能明言況記文諸侯之適天子與諸侯相見禮若不
惟諸侯之適天子出入之禮則皆同故云凡告用牲幣反亦如之惟諸侯相見其出入之禮亦不同故云反必親
告於祖禰乃命祝史告至於前所告者竊意出入不同正以明禮之隆殺如舜典述四時巡狩其出也告周其反
也特書歸格於藝祖用特據此可知古禮不盡出入同有告廣申鄭義以道近變其常禮為解疑非經指

曾子問

三月而廟見稱來婦也
注昏夕擬此即見其存者以行盥饋之禮至三月不須廟見亡者正義
案士昏禮舅姑既沒則婦人三月乃奠菜鄭此注必祭成婦義婦有供菜之禮猶舅姑存時盥饋於
案其士昏禮奠菜一人主叔也賈疏此言舅姑既沒者若舅沒姑存則當時見姑三月亦廟見舅若舅存
姑沒婦人亦廟而見或更有繼姑自然如常禮也今廣云不須廟見亡者不知何所據宜云然也 廿四

曾子問

君之喪服除而后殷祭禮也

今日除君服，明月可小祥，又明月可大祥，猶若久喪不葬者也。若未有君服之前私服已小祥者，除君服，但大祥而可已。有君服之時，已私服或未小祥，是以總謂之殷祭，而不得云再祭。殷，大也。小大二祥，變除之大祭，故謂之殷祭。禘祫者，祭之大，故亦謂之殷祭。○義

○○案此文之殷祭，謂大夫士大小二祥之祭也。下云有殷事則之公所，朝夕否，謂君所朔月、月半薦新之奠也。殷祭、殷事，祀大通，總謂大祭而已。正義亦謂各有所指，不嫌殷名同也，是已。庾釋此文，於君喪既除，身論之，已小祥與未小祥，共小大二祥之祭，皆謂之殷祭。故正義引之以補鄭注所未及君未葬除喪。其庾公禘祫之祭之大，故亦謂之殷祭。正義駁庾云：但此論大夫士，則不私有禘祫，此殷是釋除之祭也。大莊謂庾說當不止此。庾以殷祭例為大，禘祫為祭之最大者，意亦以殷葢之，恐不必加之大夫士之列，不知殷祭祇屬喪事言。禮家記均列為此，凡祭雖大，未聞目為殷者，庾又何所據而言也。

廿五

曾子問

其吉祭特牲

注吉祭通四時常祭。四時之祭。義

曰案鄭注尊宗子，從成人也。凡殤則特豚，自卒哭成事之後為吉祭。今庾不但與鄭立異，其義亦不通。正義云：若如庾意，殤與無後者之祭，不知何時休止，未有明說，是已。

廿六

懸疑於歸宗爲歸大宗何以於昆弟之爲父後者服

期何也注所謂不自絕於其族類之義也何以知無

五色六章十二衣還相爲質也

鄭注考工記以六章爲當時行小古人之象而引之以會此其明六周制也義

案考工記鄭注古人之象爲天地也，而此記其見時有之耳。今庾云六章爲當時行小古人之象，其意在引申鄭注義，因云而引之以會此其明六周制也，其小也。若依鄭說，火以圜，山以章，水以龍，鳥獸蛇四項古人之象已有，何以言亡此四者？即舜典之宗彝、火、龍、山、華蟲是也。天地二項古人未有，故云見時耳，之即所謂周制也。然則庾之所云，誤會鄭旨矣。

禮運　其

協諸義而協則禮雖先王未之有可以義起也

陳澔解：先王制禮雖所未有，而此事亦合於義，則可行之，以義與禮合也。義

案鄭注以其合於義可以義起作，此云合於義者，即謂禮合於義也。故正義申鄭云：禮據其心，義據其事，但表裏之異，意不相違，故禮與義合也。今庾云以義與禮合也，殊庾鄭旨。

禮運　只

禮運

義者藝之分仁之節也

明之斷 義者宜審其分仁者宜得其節皆須義以斷之是義爲藝之分仁之節明義之貴也疏

審其分節而義即正義所云裁斷合宜也今疏云審其分宜得節矣又云皆須義以斷之關於分與節二字

作何解釋尚未了然又云是義爲藝之分仁之節明義之貴也特依文順敘而已正義云人有才能又有仁

施若非義裁斷則過失故用義乃得分與節也最合記意又云此明仁須義也此唯明仁須義而云才者因明一切皆

須義斷正義意謂例重仁字而兼及藝字不知何據下文協於義講於仁亦藝與仁並提至立論

皆承軒輊於其間也若上文本仁以聚之與又下文仁者義之本也則各自爲説不必援被就此更多枝葉

致失記義

禮器

食力無數

庾注食力力作田以得食也三義

案鄭注食力謂工商農也蓋謂庶人之自力其力者以與大夫士爲對文今疏云食力謂力作以得食也食作

得食是專屬田農言與鄭之概指庶人者義異

繼父又以其貨財……

之道妻不敢與者以已絕於夫也如始終不同居不

故君子樂其發也

疏注王功被於物君子樂其外見也

案正義云君子則天子也此君子即高王共用疏說也又引一云君子謂民不識礼道者也此六朝人之舊說

与疏異然观下文故君子慎其独也与此之君子为对文其不属之民下言可知

、祀曾

卅一

匹/⊕士大牢而祭謂之攘

疏注士言其微賤不得特使为介乃行故謂之匹也義

案匹士即匹夫以与大夫对文鄭注君子謂大夫以上 故变文稱士古書多有此例正義引白虎通云庶人稱匹夫者匹耦

也与其妻耦陰陽相成之義也故論语匹夫匹婦今疏乃云为介乃行故謂之匹也非礼家之故训矣

、祀曾

卅二

後或有子亦不僅有大功內親矣皆爲異居也乃服

者具也若女子子繼承繼父撫育不過一己之私非

有築宮立廟之大且築宮立廟三者缺一男子且不

於此相貴以等

郊特牲

疏注擅相封爵也正義

案荀子王制等位不遺楊倞注等位等級之位也正義謂臣下不畏懼於君而擅相尊貴以等列位列義同此

今疏引申為封爵以爵有五等之稱故云此文[illegible]之譏禮因先言大夫強諸侯脅記義甚明若謂諸侯

擅相封爵則有之齊桓公五命曰無有封而不告若謂大夫擅相封爵春秋之世尚無是也疏說非孔

家故訓之

卅二

大莊案凡至尊之服其夫三年其妻皆降而服期通

皆爲之制服知臣妻於小君無服可知

鄉人禓孔子朝服立于阼存室神也

郊特牲

疏注禓是強鬼之名謂鄉人驅逐此強鬼孔子則身著朝服立于阼階之上所以然者於時驅逐強鬼恐己廟室之神

時有驚恐故著朝服立于廟之阼階存安廟室之神使神依己而安也所以朝服者大夫朝服以祭故用祭服以

依神耳

郊特牲

案鄭注神依人也今疏云故用祭服以依神是神依祭服矣夫大夫朝服以祭朝服即祭服也鄉人禓孔子

存廟室神是不舉祭亦在身著祭服何以言之此亦有事於廟時又豈能以常服臨之乎不能以常服臨之乃祭服

召服卑疏曲破鄭義亦已陋矣

姑姊妹女子子適人無主者姑姊妹報

唯社丘乘共粢盛　郊特牲

庾注粢盛所須共出故丘乘共之也義

案正義丘乘者都鄙井田也九夫為井四井為邑四邑為丘四丘為乘唯祭社使丘乘共粢盛也解釋甚明又

謂丘乘共粢盛者所以別於唯為社事單出里唯為社田國人畢作又申其義為報本反始當今庾云粢盛所須

共出故丘乘共之也意謂四丘為乘止出此粢盛之米若以為少然為數雖少然其之共用也不當如此何以謂之為報

本反始歟　庾說[illegible]未合

又各當之所

姑姊妹出適於姪昆弟亦大功今

灌用鬯臭　郊特牲

鬱合鬯　釋文云庾以鬯字絶句正義云庾氏讀句則云臭鬱合鬯

案正義云臭謂鬯氣也未殺牲先酌鬯酒灌地以求神是尚臭也詁義甚塙今庾讀為灌用鬯句臭鬱合鬯句臭鬱讀

陰陽連文誤於臭陰臭陽云然不知此記句例讀為鬯臭則有義讀為臭鬱則無義蓋如下文讀為臭陰臭陽有是讀

為陰臭陽臭之何義哉歟

譬

是女子子之適人者亦有爲父三年之例然反在父

祭祀之相主人自致其敬盡其嘉而無與讓也 卅七

庾氏注賓主之禮相告以揖之儀祭祀之禮則是主人自致其敬盡其嘉故詔侑尸者不告尸以讓是其無所與讓也䟽　郊特牲

案上文相饗食之節注云相謂詔侑也詔侑尸者欲使饜飫也特牲饋食禮曰主拜妥尸尸答拜執奠祝今庾云故詔侑尸者不告尸以讓蓋尸只答拜而已故記云無所與讓也庾本鄭義

衿纓皆佩容臭

庾氏注以臭物可以脩飾形容故謂之容臭以纓佩之故謂纓上有香物也䟽　內則

案鄭注容臭香物以纓佩之爲迫尊者給小使也今庾云故以臭物可以脩飾形容故謂之容臭是容臭本爲自己脩飾而佩非以迫尊者之故也與鄭義異 卅八

舅姑若使介婦毋敢敵耦於冢婦

鄭注雖有勤勞不敢掉磬齊人謂之差行䟽　內

案正義與釋文並引崔氏云北海人謂相激之事爲掉磬隱義云齊人謂相糾訐爲掉磬今庾引爲差行義同此爲謂相激之意也 卅

芝栭蔆椇

庾氏注芝華而生者曰芝栭義正

案鄭注云自牛脩至此三十一物皆人君燕食所加庶羞庾與鄭同正義引之又云則芝栭應是一物也今有㮚生於木可用爲菹者有實不堪食之者莊謂爾雅釋木栵栭郭注樹似槲葉而庳小子如細栗可食今江東亦呼爲栭栗是栭本果屬芝栭當爲二物詩大雅其灌其栵陸璣疏云葉如栭木理堅韌而赤可爲車轅今人謂之芝檽也檽即栭是陸璣又以芝栭果之栭爲芝栭與庾此注之芝栭正義所謂生於木可用爲菹者[illegible]名同而實異不可據之以釋此記惟云今人謂之芝栭似子芝栭連言者原已久然陸釋栵木可爲車轅與芝栭之義漠不相關疑栵栭之訛校此不知何是[illegible]正細繹此記蔆椇棗栗榛柿瓜桃李梅杏楂梨薑桂以類相從不應以芝菹廁其中句例不似正義不肯破注均以庾說爲然觀庾注禮與鄭異此條三十一物與鄭同者云芝華而生者曰芝栭與正義之以芝栭爲芝菹之列又異其意蓋謂爲芝實已無的確據也

卌九

內則

稙棃薑桂

庾注自牛脩至薑桂凡三十一物正義

案說已見前以句例求之芝栭當屬二物無疑鄭庾皆謂爲三十物共[illegible]恐誤

內則

卅

之三年而有三年之道焉與王者實一例矣然傳不

登席不由前為躐席

疏注失節而踐為躐席應從下升若由前升是躐席也義正

案鄭注升必由下也即疏所本

玉蓀

〇十一

大夫以魚須文竹

疏注以鮫魚須飾竹以成文

案鄭注文飾也今疏云飾竹以成文與鄭同其云鮫魚須者不知疏何所本〇釋文引崔云用竹及魚班也班即須是亦以為文竹之義與鄭異

文

玉蓀

〇十二

此五者皆以三年論若忽以非三年者襍出其中於

聽鄉任左

疏氏注聽上及聽鄉任左皆備君教使也鄭注少儀曰襄尚右則坐者尚左也侍君者時君坐故侍者在右是聽鄉皆以左為任也皆謂臣以左耳近於君故云任左

案聽上與秋下對文今疏云聽上及聽鄉其禮記情也上鄉各自為義記言任左任訓為當狀言當其左邊也疏以左耳近君為解誤

玉蓀

又〇十三

凡君召以三節二節以走一節以趨　玉藻

鹿氏注君召以三節者謂君召臣急則以二節緩則以一節急緩不出於三節又謂節尽於二也

案鄭注節所以信輔君命也使之召急則持二緩則持一節鹿所本　四十三

於大夫所有公諱無私諱

鹿氏注謂士与大夫言有名字同己祖禰名字皆不得諱辟敬大夫故不重敬也義　玉藻

案鄭注曲礼君所無私諱云臣言於君前不辟家諱尊無二大夫之所有公諱云辟君諱也正義引王肅云於大夫之所有公諱（謂辟君諱）無私諱但此文上承君所有私諱之下唯云大夫之所有公諱故略之不云無私諱耳是此記与曲礼義同第曲礼有去無私諱二字而已今鹿云敬大夫故不重敬与鄭之不辟家諱尊無二義殊究竟此大夫所亦即国中聴政之所鹿以為大夫私家則無私諱為示敬其誤甚矣　四十四

無緦服聴事不麻

鹿氏注無麻不當室也　玉藻

案鄭注雖不服緦猶免深衣無麻往給事也今鹿云無麻謂不当室也殊不知当室与族人為礼衣服本服之緦当在哭位此言給事小史例也無不為五服哭位之制第以無麻為当室疏矣　四十五

昔殷紂亂天下脯鬼侯以饗諸侯　明堂位

應氏注史記本紀云九侯有女入於紂侯女不好淫紂怒殺之九與鬼聲相近故有不同之義〇十六

案史記殷本紀以西伯昌九侯鄂侯爲三公集解引徐廣曰九侯一作鬼侯又魯仲連鄒陽傳九侯集解曰九一作鬼是九鬼聲同例得通段之證應云有不同非也

皆不云報其適子衆子爲庶母後世則服以有子爲

男子冠而婦人笄男子免而婦人髽其義爲男子則免爲婦人則髽　喪服小記

應注喪服傳之實異以明義或疑免髽亦有此旨故辨之以其義以言於男子則免婦人則髽獨以別男女而已小別有義也〇十七

〇案鄭注別男女也即應所本

男子必使同姓婦主必使異姓　喪服小記

應注喪有男主以接男賓女主以接女賓若父母之喪則適子爲男主適婦爲女主也今或無適子適婦而主遣他人攝男主必使喪家同姓之男若攝婦主必使喪家異姓之女義〇十八

〇案鄭注謂爲無主後者爲主也異姓同宗之婦也婦人外成應本鄭義然僅言其所異云婦主必使喪家異姓之女當云異姓之婦

加父歿則亦不服矣

親親以三為五以五為九上殺下殺旁殺而親畢矣　喪服小記　四九

疏注由祖以親曾高二祖由孫以親曾玄二孫服之所同義由於此也疏

日案鄭注已上親父下親子三也以父親祖以子親孫五也以祖親高祖以孫親玄孫五也而更云由祖以親曾高二祖由

孫以親曾玄二孫是本鄭義也不云曾祖曾孫者以言高祖則包曾祖言玄孫則包曾孫孔則有義也

庶子不為長子斬不繼祖與禰故也　喪服小記　四十

疏注用恩則禰重用義則祖重父之與祖各有一重故至己承二重而為長子斬若不繼祖則不為長子斬也疏

若直云不繼祖恐人謂據庶子長子死其之身不繼祖故更言不繼祖與禰故明父不繼祖與禰孔據其父之

自義

日案此記與喪服各自為義喪服傳云庶子不得為長子三年不繼祖也此不繼祖屬庶子之長子而言者也庶

子且不得繼父何况繼祖人所共知特恐庶子之長子或疑於可以傳重特明之曰不體於上文所得承傳重也此

條為適子之長子言而庶子之長子不能也故曰不繼祖也若此記之文則又是曰庶子不為長子斬不繼祖與

禰也夫庶子之長子不繼祖固矣自繼其禰可也則此記不繼祖與禰一語義不可通矣要知此記不繼祖與禰

當屬為庶子者言以庶子不但祖不能繼祖亦不能繼禰故曰不繼祖與禰故也庶說前條以己承二重言此條

以祖較兄其之身言俱非確詁

庶子不祭殤與無後者殤與無後者從祖祔食

明解此殤與無後者所祭之時亦唯一度四時隨宗子之家而祭也但牲牢不得同於宗子祭享之禮故曾子問注云凡殤特豚之義

袁昭如記

案鄭注曾子問大意祭特牲云者宗子從成人也凡殤則特豚自卒哭成事之後爲吉祭此特牲云云謂宗子爲殤以此凡殤特豚云者謂庶子之殤也此特牲特豚云者指吉祭而言鄭義甚明疏意吉祭通四時常祭與鄭義異在義於彼疏亦較之庚又於此記解云禮唯一度四時隨宗子之家而祭也則似亦有別義而又引鄭注凡殤特豚以別於宗子之特牲不思鄭此注第言其牲物宗子主其禮是第言庶子之殤祔食於祖而宗子爲之祭祀并非以宗子之殤與庶子之殤相提而并論也曾子問注云祭殤不舉無肵俎無玄酒不告利成是謂陰厭凡殤與無後者祭於宗子之家當室之白尊於東房是謂陽厭鄭注陰厭云是宗子而殤祭之於奥之禮也以宗子爲殤其祭禮亦如之所謂祭禮亦如之者即其無肵俎無玄酒不告利成是也其不同者此當室之白尊於東房以異於宗子之殤得祭於成人之處如而其祭享之禮固無異者庚誤不待辨矣

庶子不祭殤與無後者殤與無後者從祖祔食

明解此殤與無後者所祭之時亦唯一度四時隨宗子之家而祭也但牲牢不得同於宗子祭享之禮故曾子問注云凡殤特豚之義

故期而祭禮也期而除喪道也祭不爲除喪也　袁昶也記

祭爲存親出然難知除喪事顯其理易識恐人疑祭之爲除喪而祭故記者特明之云祭不爲除喪

也　正義引庾氏説

案正義云然祭雖不爲除喪除喪與祭同時總而言之練祭祥祭亦名除喪也與庾義異故鄭注云不相爲也以庾

所未至義又云三年而後葬者必再祭其祭之間不同時而除喪又云除服喪其朝服縞冠是練祥之祭總名除喪正

義則又破注而此條疑論檮斵鑿絕不相應何也夫此謂祭爲親之事除喪爲己之事而一判從何以言之知之除喪所謂

男子除首經女子除要帶也謂爲除而祭於義何居故記云祭不爲除喪此庾故記者特明之是矣若正義

固執練祥之祭爲除喪之祭失意以居喪者每遇變除時必有祭誤認爲除喪之祭殊不知除喪

而事祀義必□言之者爲一禮一道安有所當安不容概而論之也

析

希廷

案鄭注此謂練祭也禮有存親親之至今而期期則宜祭期天道一變哀惻之情益衰衰則宜除

不相爲也此即庾之所本惟庾自爲説云祭爲存親出然難知除喪事顯其理易識殊不思

三年之中小祥有祭大祥有祭不得謂爲然難知然以男除首經女除要帶乃爲

理易識使説殊失之曲矣

則爲母又於齊衰不杖期章云女回子適人者爲父

生不及祖父母諸父昆弟而父稅喪已則否 喪服小記

昭辟之謂死者爲昆則謂之爲弟已不能稅昆則昆亦不能稅已昆弟尚不能相稅則餘從者不能可之

知也義

注當其時則服稅讀如禮則稅之稅稅喪者與服不相當之言 案禮論云存服其喪服者死也同上

案鄭注云謂子生於外者也父以他故居異邦而生已已不及此親存時歸見之今其死於喪服年月已

過乃聞之父爲之服已則否者不責非時之恩於人所不能也依鄭之說已及此親存時歸見之則

爲之服一也其死於喪服年月未過則爲之服二也庾云已不能稅昆則昆亦不能稅已以紀例言之

當屬者此正義駁之云此等并非鄭義今所不取微覺其過惟庾引禮論云存服其喪服其非

也所謂存服者即鄭義及此親存時歸見之之謂庾以爲非與鄭悖矣

降其祖也曰不敢降爲已嫁者言之也已嫁者知此

其在室者雖不言可知也

大夫之子爲世父母叔父母子昆弟昆弟之子姑姊妹

大夫命婦者唯子不報

自慈母後者爲庶母可也爲祖庶母可也

鄭注即庶子爲後此皆子也傳重而已不先命之與適妻使爲母子也

疏云鄭注此一經明庶子爲適母後者叔云即庶子爲後謂爲適母後此皆子也此庶子皆適母之子今命之

爲後但命傳重而已若適舊室不須假父命之與適妻使爲母子也

案疏好與鄭異此傳則申鄭義

表姪田記

五十四

降也大夫曷爲不降命婦也夫尊於朝妻貴於室

大莊案世父母叔父母子昆弟昆弟之子此八者本

期以大夫之子降爲大功茲亦仍加等服期姑姊妹

女子子此四者在室本期適人者大功若適士以大

夫之子爲之服當降小功然此姑姊妹女子子所適

又曰不葬者唯主喪者不除其餘以麻終月數者除喪則已　喪服小記

鮮謂者主喪要祀寧服周日居所至夫人妻太子適婦故謂此在不降之例定更思詳以等主十八

得同以卑主尊者緣以卑之未葬實使尊者服衰絰也且前儒説主喪不降為不亂之義是也主喪

不降唯於承重之身為其祖曾若子之為父臣之為君妻之為夫此之不降也不俟言而明也義

寧正義謂有事礙不得依月葬者不三年服身皆不得祥除也古義最當以所謂主喪者未有不三

年庾引前儒説主喪不降為不流之義不知三年之喪以尊服卑者有父為長子一條注云乎

不降之乎傳云正體於上乃又所以傳重也是立子繼祖不得謂之不流未葬不除數然可證不然以

子為父妻為夫臣為君孫為祖四者概此服也正義又引盧植云下子孫比有不降舊典之文云猶未了

皆未善也謂庾言為是此謂庾言為是者當以六朝人舊疏寧不知庾說周其疏也

則爲命婦乃皆爲之服大功者又無主者

大夫之適子爲妻傳云父之所不降子亦不敢降也大

父不主庶子之喪則孫以杖杖即位可也　喪服小記　五十六

略解謂雜記上為長子杖則其子不以杖即位鄭注辟尊者也擬於祖不厭孫而長子之子不以即位者以祖為其父主故辟尊不敢俱以杖即位耳然則庶子之子亦非厭也父不為主故其子以杖即位可也然要之父主長子之喪故長子之子不以杖即位辟尊者之義也辟尊者故不敢俱以杖即位父不主庶子之喪故庶子之子以杖即位祖不厭孫之義也祖不厭孫故雖庶子之子得以杖即位此條亦庚之從鄭非

非養者入主人之喪則不易己之喪服　喪服小記　五十七

略解謂喪主從親族為其喪主者鄭云養者無親於死者不得為主謂親族不在養其病朋友養之者此又云入其親來為主謂親族也前云喪服者及其主喪則與素冠服者同此明既死而往主之則不易己之喪服故鄭又云與素冠服者異也又云書此條庚通唐疏釋鄭義是矣鄭云養者無親謂非親族也而非該其庶度云謂族親養其病朋友養者其看備所懈怕手指朋友言鮮失鄭意

[illegible]善其必易服養卑否

略解前云喪服而養之遂以主喪是必父兄之行也

案此謂養者之君主後也其病也已適有喪服則易服以養及其死也已為之主喪而又為之服且已先喪

自服之人因養此養者而易服如無喪服同今為之服亦如無喪服而新服者同吏依鄭謂父兄之行疏謂親屬不如記云養者指之矣

喪服小記

五十八

贈馬入廟門

略解注以其主於死者禮既祖而後贈馬入設於廟廷而入門者欲以供駕車也故鄭云主於死者也

案此條吏申鄭義

少儀第十七

要查讀禮通考加駕觀車者何 [illegible]時用

投則擁矢

略解擁抱也取其投矢也

案吏釋鄭不敢釋於地也之意

少儀

五十九

凡羞有湆者不以齊　少儀

略解湆汁也若羞有汁則有醯鹽梅齊和若食者更調和之則嫌薄主人味故不以齊也云

案庾云若食者自調和之此食者屬客言如謂主人延客而客自調和之似嫌不慤要知不以齊仍屬主人言

謂進羞時已齊也故鄭只訓齊爲和不爲釋義

案賀瑒云凡湆皆謂大羹大羹不和也今記云凡羞者不必大羹可知

尊者以酌者之左爲上尊　少儀

略解燕禮司宮尊於東楹之西兩方壺左玄酒南上注玉藻云唯君面尊玄酒在南順君之面也下云公席阼階上

西鄉下云執冪者升自西階立於尊南北面東上案左玄酒南上之言是設尊者東鄉酌者西鄉設者之右爲

上之左也云

案鄭注上尊柄爲明此庾引燕禮注以明尊者東鄉酌者西鄉補鄭此注之未及

學記第十八　學記

黨有庠

略解黨有庠謂夏殷禮文云

案注黨屬於鄉正義引鄉飲酒主人拜迎賓於庠門之外注庠鄉學也云州黨曰序此云黨有庠者是鄉

之所居黨爲鄉學之庠不別立序凡六鄉之内州學以下皆爲序此記義也今庾以黨有庠謂夏殷禮

周法正義依違兩詞云義或然也與鄭異

燕朋逆其師燕辟廢其學　學記

略解不褻朋友及師之譬喻自是學者之常理若不為燕朋友燕譬則亦不足以致興言若依注義有此燕朋燕辟

則學廢於日矣

案此二條正義為逆師慢師而言亦即鄭義也庾意歸重於廢學与鄭微異

記曰三王四代唯其師此之謂乎　學記

略解峯四代以兼包三王所以重言者以成其辭耳言人之從師自古而然師善則已善此之謂乎者記者證前言

師不可不慎即此唯其師之謂也義疏

案庾云師善則已善不如正義師善則能教弟子弟子則能為君詁義更確

察於此四者可以有志於本矣　學記

略解四者謂不官為群官之本不器為群器之本不約為群約之本不齊為群齊之本言四者莫不有本

學為本也義疏

案此四項庾申記義是其謂人亦以學為本即鄭所云也

疏袁裳齊牡麻經無字者

公拜寄公國賓於位夫人爲寄公夫人亦拜寄公夫

入於堂上據此所寓之君亦固以客禮待之也

樂記第十九

有心性之欲於物而後動

略解隨其所感而應之是知心性也正義　樂記

案正義引庾申其義云此聲皆據人聲感於物而口為聲知是人聲也故注云言人聲在所見然注又云心有所

也常即性猶言私性也故正義又云此人心隨觸而動故知心性也

是故先王之制禮樂人為之節　樂記

略解人為猶為人也言為人作法節也

案是為字讀於偽反注云為作法度以遏其欲不必改作為人輒失記指庾又云言為人作法節也便合鄭義

樂由中出故靜禮自外作故文　樂記

略解樂成在中是和合正義有反字　自然之靜禮節在貌之前動合文理文猶動也正義

案此條以中外為義鄭於上文云和在心也敬在貌也在心故靜在貌故文鄭又訓文為動与靜為對文文可訓動

則自靜可訓質記别出其文以見義其亦禮家之故訓如此也庾云禮節在貌之前動合文理不辞甚矣

六之七

五帝殊時不相沿樂三王異世不相襲禮　樂記

略解樂興於五帝禮成於三王樂興王者之功禮隨世之質文史記樂書作守節正義

案注有損益也最爲簡當今疏云樂興王者之功禮隨世之質文是別自爲説故此條正義不引　六十八

故治民勞者其舞行綴遠其治民逸者其舞行綴短　樂記

略解此爲虞夏禮也虞狀淳故可隨功賜樂殷周漸澆易恩態不宜狀有優劣是以同制諸侯之佾故與周禮不同也史記樂書作守節正義　六十九

案此條疏謂爲虞夏禮與堂有庠條謂爲夏殷禮皆別自爲説非注義也不但與鄭異故正義不取

下節統言虞夏殷周注以大卷大咸大韶大夏大濩大武釋之是下節即申上節之義本是一段循繹其意正義分爲兩節已失記文本恉矣疏強作解事失從更不待辨

故觀其舞知其德　樂記

婦亦如之義似互異而非互異也前條祖父母爲適孫婦服以尊服卑故孫婦不厭於姑此條丈夫婦人爲宗子之妻服以卑服尊更有其尊者在故宗子之妻厭於宗子之母疏以宗子之妻與祭不與祭定服

故觀其舞而知其德　樂記

略解　觀其舞位人多少去綴近遠，即知其君德薄厚也（史記樂書作節，石戴）

案　孔云而知其君德厚薄，蓋本鄭上文注民勞則德薄、民逸則德厚之意，鄭於上文已釋，故此句無注

七十

奮疾而不拔　樂記

略解　舞者雖奮於疾，亦不失節，謂不大疾也。正義

案　注奮疾謂舞者也，而不出拔義。孔云雖奮於疾而不失節之義，即用其說以補鄭之未及

七十一

獨樂其志　樂記

略解　樂音獄　文釋

案　孔義依皇音洛，云言武王今獨能樂其志意，不厭其仁義之道，理恆以道自持，是已。庚音樂，若讀為獨樂獄（嶽字誤），其志是不詞矣

七十二

不服殊失傳意今案內則舅沒則姑老則姑雖年未

三月也言與民同也君之母妻則小君也

樂也者施也禮也者報也　樂記

略解　樂其所以宣暢四氣導達情性功及物而不知其所報即是出而不反所以謂之施也禮其所以通彼之意故有往必有來所以謂之報也　史記樂書守節正義

案注言樂出而不反而禮有往來也疏即申鄭義正義云言作樂之時衆庶皆聽之而無反報之意但有恩施而已以制禮禮有往來之義其訓釋鄭義尤爲明晰讀疏云樂者所以宣暢四氣導達情性功及物而不知其所報文引自爲說也其謂功及物而不知其所報義未允當即以禮論何嘗功不及物而文言報者何歟

七十三

龍旂九旒天子之旌也　樂記

略解　龍旂九旒上公之旌　史記樂書守節正義

案大輅天子之車也龍旂九旒天子之旌也此車此旌乃諸侯所用之車之旌天子牽以爲贈也天子所自用者之車之旌牽以贈諸侯也并寶龜牛羊而言之曰所以贈諸侯也其義可見注云贈諸侯謂來朝將去既之以禮是也正義以大輅據上公諸侯伯言故知龍旂九旒亦上公也惟以龍旂九旒爲上公之旌其說實自愈嵩之

窮本知變樂之情也　樂記

略解　樂能通知性分使各不失其所是窮自然之本也使人不守其所守是知變通之情也　史記樂書守節正義

案此條鄭無注上文樂也者情之不可變者也鄭亦無注上文言不可變此又言知變義正相反亦人所易曉故鄭無注也疏以不失其所爲窮本不守其所守爲知變是分窮本與知變爲二事正義云此言窮人根本知内外改變惟樂能然是以窮本知變爲一事較疏爲長

胡沙　黃家

同樂之道歸焉耳　樂記

略解一論天地二氣萬物各得其所乃歸於樂耳　史記樂書作

案注於此段但釋訢合煦嫗區萌蟄蘇殰殈諸義而不及天地陰陽萬物者以人所易知也今疏云能

得其所為萬物言之則可若天地陰陽自有其功用何所謂訢合所謂相得与煦嫗覆育而狀未得其義也

朝記

知居欲與詩相摩

雜記上第二十

遂入室適所殯

鄭注下亦僕之於此

略解僕謂在可大今反見之釋

案僕字當依段阮義訓移而當從注云下亦僕之於此皆因殯而知鄭亦訓移其義可尋而見疏訓因

与鄭異

故前條寄公爲所寓言與民同寄公不可以在官例

也爲舊君條言與民同仕焉而已者亦不可以在官

例也

言與民同仕焉而而已

大夫居廬士居堊室

鄭注朝廷之士亦居廬　　補紀

略解以臣為君喪俱服斬衰故知未練之前士亦居廬也然周礼宮正注云親者貴者居廬疏者賤者居堊室引此雜記云大夫居廬士居堊室則是大夫以上定居廬士以下定居堊室此云朝廷之士亦居廬與彼不同者尊鄭之文意若與王親者雖云士賤亦居廬則此云朝廷之士亦居廬是也若與王無親身又是士則居堊室則此經士居堊室是也故鄭與宮正之注引此士居堊室證賤者居堊室也若與王親雖疏但是貴者則亦居廬也正義可疑

案此記士居堊室注以邑宰之士當之又云朝廷之士居廬鄭宮正注云親者貴者居廬疏者賤者居堊室引此度尊鄭意則謂與王親者雖云士賤亦居廬則此云朝廷之士亦居廬是也若與王無親身又是士則居堊室則此經士居堊室是也此證宮正注親者而言又云故鄭於宮正之注引此士居堊室證賤者居堊室也若與王親雖疏但是貴者則亦居廬也此又證宮正注疏者而言疏說支離太多反失記義必欲兩通其說朝廷之士孔親者貴者乃邑宰之孔疏所謂賤者乎可以一語括之

六十

大夫在外其妻長子為舊國君

傳曰何以齊衰三月也妻言與民同也長子言未去

前例以與民同一[illegible]

何以妻舊命婦也命婦本從大夫降一等今大夫在

外乃降同民服故曰與民同長子本服民服無所謂

與民同故曰長子言未去未去云者即注所謂長子

有三年之練冠則以大功之麻易之唯杖屨不易

略解唯降服大功衰得易三年之練其餘七升八升九升之大功則不得易三年之練 正義

案皇氏范宣子以既練衰八升易降服大功衰七升此一說也賀瑒以七升八升九升之布有細於三年之練衰以其麤 雜記

故皆易之此又一說也皇氏云或不易此又一說也正義云今依庾說庾意唯謂降服大功衰得易三年之練其餘七升八升

之大功則不得易三年之練況記云則以大功之麻易之是所易者為麻言之也若七升八升之大功布也七升八升之大功不可

以易三年之練衰庾說最允范宣子與賀瑒而說不亦自明皇氏云或[illegible]不易蓋亦謂七升八升九升之布不易也當如庾說

惟此條大功各家俱據降服而言正義引下文云而祔兄弟之殤雖小功之兄弟而云降服則知此大功之麻易據殤也可

補鄭之未及

有父母之喪尚功衰而附兄弟之殤則練冠附於殤 雜記

鄭注謂大功親以下之殤也

略解此注諸本或誤云大功親之下殤云下殤者傳寫之誤非鄭謬也正義引范宣庾蔚等

案注云謂大功親以下之殤也又云以是時而祔大功親以下之殤又云大功親以下之殤雖是婁言之皆作大功親以下之

殤又云兄十九而死正明年因喪而冠鄭之不作下殤尋文自見義困云諸儒等難鄭又云庾云下殤者傳寫之誤

是六朝人亦有誤之誤本也而諸儒之難鄭者何不釋注義乎

其殯祭亦於正室

略解妾祖姑無廟爲壇祭之正義　襍記

案注祔自爲之者以其祭於祖廟度云妾祖姑無廟爲壇祭之此爲壇祭之謂別自爲壇以祭不但與鄭異亦與崔氏異
正義引鄭云於廟者崔氏云於廟中爲壇祭之此謂攝女君雖申鄭義亦與鄭異以鄭但云以其祭於祖廟不云爲壇不
爲壇也崔又云若不攝女君之妾則不得爲主則別爲壇不在祖廟中而自主之也此爲非主妾之喪而言乃崔別自爲說與
此記文[illegible]究謂女君固祔廟者也正義云若無妾祖姑則祔於女君可也是如[illegible]說有妾祖姑者妾祖姑無廟則爲壇祭之矣
無妾祖姑而有女君者有廟是并女君爲壇祭之矣抑女君自祔廟而妾自爲壇祭之乎如此又何以男子之祔於女君乎[illegible]
已崔亦無義今衡鄭云以其祭於祖廟一語正後可知廟中爲壇與別自爲壇兩者俱不得當妾祖姑雖無廟妾祖姑固有所祔
妾祖姑亦有其昭穆之可從也此義甚明要知此記重在雖主妾之喪其殯祭亦不得於正室[illegible]於其祔別有所抑也

雜記下第二十一

[illegible]母之喪其除諸父母昆弟之喪也皆服其除喪之服卒事反喪服　祖記下

略解蓋以變除事大故也正

案此段度乃依文釋義亦即申明鄭說也無正義所論變除上文有父之喪其除服當在母葬之後此文諸父昆弟之喪其除
服當在父母既葬之後據之服例當然可補鄭義之未及

父母何以有報不知爲人後者於其父母乃服以世

以其月數尚不及於小功觀傳之發問者疑其輒故

釋以小功者兄弟之服也兄弟之服該外姻月數雖

如三年之喪則既歛其練祥皆行

朝記下

訓十

鄭注其先有喪者之服今又喪父母其禮亦然

略解有父母誤也當云今又喪母不得並稱父也正義引庾（鄭氏內）後喪既歛又前喪練祥皆行若後喪既殯得為前喪虞祔宮義引賀云

亦正義引禮文在不得為長子三年則庾駁鄭之誤是也庾云若後喪既殯得既為前喪虞祔正義云未知然否且

且依錄之不加斷語此亦謂六朝人之意改而禮記義也

父母之喪將祭而昆弟死既殯而祭如同宮則雖臣妾葬而后祭

朝記下

許

略解小祥之祭已涉於吉尸柩至凶故不可以相干其虞祔則得為之矣若喪柩即去九則亦祭不待於三月可知矣鄭

案記義指兄弟之異宮也言鄭以此兄弟同體遣父母之喪當在殯宮而為同宮葬而後祭其疾病或歸即為異宮殯

而後祭今度云尸柩至凶故不可以相干其虞祔則得為之矣則大主同宮與言又云喪柩即去其祭亦祭不待於三月可知

然之尸柩而去其究竟葬乎否乎禮家居柩不葬之文且不得於三月然而葬者之禮謂之渴葬度云喪柩即去四字未免

鹵莽甚矣亦其與記義不侔此亦六朝人之意説也

雜記下

功衰弔

略解本又作大功衰弔有大字小釋文引皇氏同正義

案此條經直云緦喪正義謂鄭以姑姊妹在主其殯在族而言故得謂之緦之喪也經義甚精蓋姑姊妹其適者

大功以無主故為之服緦此功衰乃緦喪所受服之功衰故正義又云不得別云大功也度云有大字小目之矣

善

如有服而將往哭之則服其服而往

略解將往哭之乃服其服者謂小功以下之親輕也始聞喪不能為之制服至於往哭之時乃服其服義也

雜記下

實案云以其服定為小功以下之親誤矣若謂小功以下之親輕始聞喪不能為之制服則小功以下之喪疵矣

服其在不聞因其親輕而不為之制服也又云至於往哭之時乃服其服此往哭之時一日究竟聞於聞喪之日教何

大不同其解也

路寢成則考之

雜記下

鄭注考之者設盛食以落之爾

略解落謂與賓客燕會以飲食使落之即歡樂之義也

實鄭注檀弓曰晉獻文子成室大夫發焉是也又云落謂與賓客燕會以飲食落之即其義落也食落之其時

謂之朝人之舊說也

喪大記第二十二

喪大記

食菜以醯醬始食肉者先食乾肉始飲酒者先飲醴酒

間傳曰父母之喪大祥有醯醬禫而飲醴酒二者不同

略解等之記亦聞之異大祥既鼓琴亦可食乾肉矣食菜用醯醬於情為安且既祥食果則食醯醬亦宜

之矣疏

實案大祥既鼓琴亦可食乾肉矣鼓琴亦食乾肉而單不敢謂因可鼓琴即可食乾肉也又云既祥食

果則食醯醬亦宜矣上文陳而食菜果食果明以既祥為受誤食果與醯醬亦皆有以言之

婦人爲宗子宗子之母妻而此條祗言宗子不及母
妻明母妻之不服也傳以不降宗釋之亦謂至於大

長子在國倘嘗爲之服豈待放未去妻與長子在國

大夫之喪大胥侍之衆胥是斂
略解侍與臨檢之也夾大夫言侍則君亦應有侍者未知何人也 喪大記
案上文君之喪大胥是斂衆胥佐之此明君喪之侍可知變云侍臨檢之也以禮言之臨檢而輕執斂而重 鈙了
君喪之二雖大祝猶不敢以臨檢行之於云大胥是斂衆胥佐之記義顯然

妻於夫拘之
略解拘與徵引上衣也
案此拘之與曲禮以袂拘而退之拘義俱無注正義亦不明 喪大記
音物作何義變以徵引解之不稱注疏之 ×
未及即以解袂拘而退之拘義亦可通

乃不爲之服乎而經不言者以此妻子如未嫁爲
之服即前章所云是也如既去則不爲之服故此章

既葬与人立君言王事不言國事大夫士言公事不言私事

鄭注此常礼也

此解曾子問三年之喪練不羣立不旅行此言既葬而与人立得爲常礼者鄭以不經居既葬王政入於國既卒哭而服王事是權礼故以此經不言國事及不言家事大判爲常礼也且曾子問據喪事之時故不羣立不旅行此有事須言故与人立也

喪記義既葬方与人立君惟王事言大夫士惟公事言國事公亦不言家事大夫士亦不言此鄭所謂常礼也疏引曾子問以釋此記曾子問屬既練而言彼云既練不羣立不旅行此云既葬与人立是未葬不与人立矣知者古人葬期以三月爲度練則期年是葬近而練遠此記言既葬曾子問言既練其義適相懸矣疏云曾子問據喪事之時故不羣立不旅行此有事須言故与人立也其説甚通然如疏説未葬之前即有事亦不得与人立而与人言矣

曾祖父母爲士者如衆人
傳曰何以齊衰三月也大夫不敢降其祖也

大莊案此與大夫爲祖父母適孫爲士者一例傳亦
以不降祖擇之明大夫於祖父母[illegible]

既卒哭而服王事　喪大記

略解謂此言君既葬王政便入国侯卒哭乃身服王事前云君言王事謂言答所訪遠而已王政未入於国也疏義

案疏云前云君言王事謂言答所訪遠而已王政未入於国也然則如疏言大夫士言公事亦謂言答所訪遠而已公政

未入於家也○又案此記大夫既葬公政入於家既卒哭不以上文句例尋之疑脱而服公事一句并經帶之事（金革）

皆辟也一句乃包君大夫士統而言之詳繹記義君服王事止為一事大夫士服公事亦止為一事金革皆辟又為一事正義

以王事专指出為王服金革之事而言與記不合若正義之說是上文君言王事亦专指金革之事否乎大夫士言公事

亦专指金革之事否乎均不可通也若第言王事常言公事即所謂常礼而已又夫金革之云記謂服王事云出在國服之也服公

事亦在家服之也此謂尋常之王政尋常之公政入於国入於家者雖卒哭之後亦止能於国於家服之也其在君也不能入

王朝大在大夫士也不能入公室以此為斷至於出而服之則如金革之事皆辟也并經帶亦以即事矣此皆所權礼也其并経帯

云者以别於在国服王事在家服公事衰麻在身其亦政而可知也

大夫畫帷二池

略解兩邊而已說

案鄭注懸池於荒之爪端正義天子生有四注屋四面承溜當柳四池象之諸侯亦四注而柳降一池闕於後故三池大夫疏云大夫二池　喪大記

兩邊而已疏意蓋降於君之前一池正義謂士之一池其惟一池在前也亦既謂天子四池分懸四端是矣諸侯三池闕其後士一池當其前此

正義之說雖以意為之然舍此無易也惟大夫二池疏云在兩邊此不知何所見即謂其在前後不可乎未可據為定說也

以松椁

盧曰以松黄腸為椁若腸松心之誤　　喪大記

案盧曰為說乏依其義因以黄腸為松心非謂其義之本有若謂松椁必松心為之則柏椁雜木椁亦應一概以柏心雜木心為之矣

士雖降於諸侯有松柏雜木之異而同宜黄腸故不降盧之說未之及其何也

祭法第二十三

大夫立三廟一壇曰考廟曰王考廟曰皇考廟享嘗乃止顯考祖考無廟有禱焉為壇祭之去壇為鬼　　祭法

鄭注大夫適士也其顯考當已

略解諸侯之大夫之誤

案正義云適士得立祖禰二廟又立曾祖一壇惟高祖為鬼故云鬼其顯考而已就曾祖之壇而薦顯考諸本或云大夫適士也若大夫鬼其顯考於義不合正義是也疑注大夫二字衍第云庶士以下鬼其考王考官師鬼其皇考適士鬼其顯考而已何義哉其懵且上云之大夫有祖考者亦鬼其百世不禘祫亦於此不必有大夫若如所說謂諸侯之大夫此亦別出諸侯之大夫不但與祀例不類亦決非鄭義可知矣列諸侯之適士庶士又何從子不必為鄭補此解也

必爲大夫之女子子無疑大夫之子得從大夫而降

經之以類相連猶此章例也玫大夫之女子子爲世

叔父母大功適人亦大功適人而嫁於大夫亦大功

明雖貴爲大夫妻無再降之例傳曰嫁者云云亦猶
此章例也大夫之女子子雖許嫁於大夫猶在室也
然則何以處姑姉妹曰姑在室本期也以大夫之女
子子降而大功姉妹在室亦期也以大夫之女子子

中庸第三十一

子路問強

略解 問強中之中庸者義

案庾謂子路問強中之中庸此正與孔子美顏回能擇善中之中庸兩義相對殊爲確詁下云故君子和而不流強哉矯中立而不倚強哉矯國有道不變塞焉強哉矯國無道至死不變強哉矯此與南方北方之強有別將爲中國之強亦可強中之中庸也

中庸

祥

緇衣第三十三

苟有衣必見其敝

略解 敝必世反 況敝之釋文

案注訓敝敗衣也正義因謂初新著時或在內衷衣人不見之其敝破壞時乃始見敝敗嫌迂曲不如庾解爲長釋名凡服上曰衣衣

備衣

祥

明相爲服則大功大夫之庶子爲母妻昆弟條是其

依五入所衣以花實暑也是衣以不蔽體秋冬以載物戢義已明

儒行第四十

其大讓如慢小讓如僞

略解讓大物不受拒於人如似傲慢讓小物之時初讓後受如似僞然義已

儒行

案正義以庶[redacted]說与注意不合小鄭之旨也今䕶鄭義以慢僞別爲愊怛正義因以愊怛爲急切之意以不急切拒人有似於慢於僞惟拒人之坊易不受也是受之大物不受与鄭亦自甚殊惟又以小物之讓爲先讓後受是不但与鄭異即记本亦無小物可受之義也

注十

其行本方立義

略解言其行所本必方正所立必存義也義已

儒行

案釋文行皇音衡又下孟反本方絕句立義絕句此记標題儒行並作下孟反如是本方立義鄭無注如庶之所本必方正所立必存義夫人而知之故正義亦不再爲之雖也

又十

大功布衰裳牡麻經無受者

鄞縣葉大莊學

喪服四制第四十九

凡此八者以權制者也

喪服四制

略解：父存為母一也，扶而起二也，杖而起三也，面垢四也，禿者五也，傴者六也，跛者七也，老病者八也。正義云：此八者，謂應杖不杖、不應杖而杖。一也扶而起云云。庾蔚云：父在為母一之不數，杖与

馬国翰

不杖之例下七

句據正義補

案正義：凡此八者以權制者也，此記者結前權數也。夫喪禮宜備，今有此八條，不可以強逼，故聖人權宜制之。所謂八者，謂應杖不杖、不應杖而杖。一也扶而起二也，杖而起三也，面垢四也，禿者五也，傴者六也，跛者七也，老病者八也。庾蔚云：父存為母一之不數，杖与不杖之制。皇氏、熊氏並取以為從。今案經文，為母期乃屬前經，鄭於期下總注三日而食、三月而沐之事，是為母期之文乃在鄭制之中，不得[blot]屬下。此經權制之例，又此經權制之科，乃載杖与不杖之條。此經來文總云八者，是總此經之八事。今乃不數此經杖條，使是杖文虛設。庾氏之說，恐未為善，今疑其擇焉。庾氏故添父存為母一語，殊[blot]此記矣。案正義駁之，是矣。然正義謂應杖不杖、不應杖而杖一語，義亦未安。喪服記云：杖者何？爵也。三日授子杖，五日授大夫杖，七日授士杖，此所謂杖之制也。或曰擔主，或曰輔病，二句乃解杖之本義。婦人童子不杖，不能病也。此与以下七者皆為權制，共為權制者何？即以杖為輔病，而婦人童子不能病，則不杖，故謂之為權制。[blot]是此八者，應云婦人童子不杖一也，應與下共七事以數，相從。若謂不應杖而杖，按之正義，所云喪禮宜備，凡此不可強逼，故聖人有權宜之制者，其義又何居乎？知不然矣。

何儒

以下何肖阮義

□十九至以日易月爲殤之喪期也注以日易月
謂生一月哭之一日晝夜三月

曲礼上

是以君子恭敬撙節退讓以明礼

阮義 在貌為恭在心為敬 孔穎達 正義

安正義歷引尚書少儀論語孝經以證何說又云通而言之則恭敬是一事引左傳士昏礼孝經以證恭敬連言之義此記撙節退讓皆連言則恭敬自係連言玄疑說文敬肅也恭肅也許君本不分兩義廣雅同說文釋詁恭敬又是不但通言之恭敬為一古字書恭敬之義皆然也何云在貌為恭在心為敬此乃六朝人舊說不能以釋此記之義 姑勿論其通言与否也 正義引申其說所見尚未及此

曲礼上

貧賤而知好礼則志不懾

鄭注 懾猶怯惑

阮義 懾所行而怯迷於事而惑 正義 陸德明釋文引 懾所白

案懾訓多作恐懼說文懾失气也亦主恐懼而言此記注●懾猶怯惑怯狀恐懼之義惑訓殊覺不類正義云貧者之●容好怯惑畏人使心志不遂詁義亦嫌遷曲而於何說所云又謂義惑當盈似又不足以何為然何將行与事強分為兩義尤覺無謂疑注惑字乃恐之之叚但六朝人所見之本已如此正義例不破注無怪其依違而不能決也

曲礼上

式

乙

為人子者父母存衣冠不純素　曲礼上　三

鄭注玉藻曰縞冠玄武子姓之冠也縞冠素紕既祥之冠也

疏義縞冠玄武繒青表素武也素紕謂緣冠兩邊正義鄭於玄武但解素服之義於素紕但解表明之義而不及冠制

案注玉藻曰縞冠玄武子姓之冠也縞冠素紕既祥之冠也

然所以云玄武繒裏表之武也素紕謂緣冠兩邊也可補鄭所未及

負劍辟咡詔之　曲礼上　四

鄭注口耳之間曰咡　釋文

案注口旁曰咡今何云口耳之間曰咡如下文則掩口而對似咡當專指口旁何云口耳之間曰咡未確正義案子弟既食

已循咡覆手謂弟子食訖以手循覆于咡故知咡是口旁也而不引何說知不以鄭說

有未二十而冠者而以冠笄該之謂已冠笄不爲殤
與傳例似是而非不知男子二十而冠此論其常束

子之長殤中殤
其長殤皆九月纓絰其中殤七月不纓絰

大功布衰裳牡麻絰纓布帶三月受以小功衰即葛九

入戶奉扃

疏義扃閂也釋文

案注奉扃敬也而不言扃爲何義正義引禮有關鼏因以扃爲關左氏云木杙何之案訓扃爲關其義較密釋文

引一云門上扃上鐶鈕其義甚矣

曲礼上 2

解屨不敢當階

疏義古者屨頭鼻綦繩相連結之爲升堂解之也不敢當階者謂人之屨并不當階側就階邊而解若當屨置階

道妨後升也疏義正義引

案與屨并不當階側就階邊而解而又云若當屨置階道妨後升也其義是理也

曲礼上 六

主人未辯客不虛口酳

鄭注虛口謂[redacted]也

疏義酳飯畢蕩口也正義引疏義

案注自客歠以上者[redacted]酳不待主人飽主人不先飽也今何云飯畢者即飽之謂也蓋即鄭義

曲礼上

6

也不杖期章昆弟條小功章從祖昆弟條傳不問是

古樂經傳五卷

［清］安溪李光地撰

寧波天一閣博物院藏清雍正間刻本

古樂經傳五卷，清李光地撰。光地（一六四二—一七一八），字晉卿，號厚庵、榕村，安溪人。清康熙朝理學名臣。康熙九年（一六七〇）進士，官至吏部尚書、文淵閣大學士，謚「文貞」。

樂爲六經之一，自漢代已不傳，歷代學者研討不絕，聚訟無已。一説以樂爲古經，特其書不傳；一説以爲本無專書，其綱目、歌辭、鼓舞之節具於他書，可從中輯補。光地主後説，年十七即講究律吕之學，中年曾彙次經傳子史諸書，釐爲八卷，即樂理、樂教、樂章、樂律、樂器、樂聲、樂舞、樂用。書稿康熙四十四年（一七〇五）燬於火，四十七年重訂篇目，已成稿若干篇，而清聖祖頒布御定律吕正義，光地以爲難以超越，遂不復作。雍正四年（一七二六），其孫清植（一六九〇—一七四四）與王蘭生（一六八〇—一七三七，字振聲）重編此書，其中卷一樂經、卷二樂記及卷四附樂記一（即聲律篇），爲光地手定原稿；卷三附樂經、卷五附樂記二（即樂教篇、樂用篇），則爲李清植與王蘭生據光地遺旨編成。嗣由王蘭生、繆沅（號湘芷）出資，陳萬策（字對初）任校讎，於雍正五年刊刻而成。

書分五卷，卷一樂經取自周禮大司樂章，論樂官職掌，光地以爲此即古樂經。卷二樂記取自禮記樂記，而改十一章爲十章，論樂教之理，光地以此爲孔門遺書，「通天地，貫人情，辨政治」。卷三附樂經采引易、書、詩、周禮、儀禮諸經中言樂之文。卷四附樂記則采引禮記、左傳、國語、管子、吕氏春秋、淮南子、史記、漢書、後漢書、通典、文獻通考等書言聲律之文。卷五附樂記則采引孟子、禮記、左傳等書言樂教、樂用之文，末附論分樂合樂、論古今舞、論十二律名等專論三篇。

天一閣博物院藏本爲此刻初印本，存世罕覯。此刻尚有後印本及翻刻本，行款、版式皆同，字體相同或相近，不易分辨。此刻之後印本，目前所見有單行本與叢書本兩種，其卷首兩葉（目録及李清植識語）皆爲翻刻。單行本如中國國家圖書館藏鄭振鐸舊藏本（索書號：一四三九六）；叢書本如天津圖書館藏李文貞公全集本，因中國叢書綜録定李文貞公全集爲清乾隆元年（一七三六）刻本，故此本有被誤作乾隆刻本者。此書之翻刻，約在乾嘉之間，亦有單行本與榕村全書本兩種。因榕村全書被中國叢書綜録著録作清道光九年（一八二九）李維迪刻本，故此本常被誤作道光九年刻本。又因此翻刻本僅有李清植識語，無翻刻序跋，故亦有誤作雍正刻本者（如西北師範大學圖書館藏本），甚至因李清植識語僅有干支，而推算晚一甲子誤作乾隆五十二年（一七八七）刻本（如「學苑汲古」著録北京大學圖書館藏本）。

本書書名有著録作「樂經」者，如前述中國國家圖書館藏鄭振鐸舊藏雍正刻後印本及北京大學圖書館藏古籍善本書目著録雍正刻本。蓋因本書首卷卷端題名作「樂經」，按一般古籍著録原則，書名例取首卷卷端題名。但此書情況特殊，每卷卷端題名爲卷次名，而非全書之名，故現以此書版心上端題名「古樂經傳」爲書名。又本書書根墨筆題名作「李安溪先生註古樂經傳」，亦以「古樂經傳」爲書名。

此本爲朱鼎煦先生別宥齋舊藏，後捐贈入藏天一閣。書中有舊書籤，上題「古樂經傳五卷，清李光地，原刻本，二册」，可知前人已定此本爲雍正原刻本，而非後來之翻刻者。（李開升）

古樂經傳目錄

卷之五

附樂記二 樂教篇 樂用篇

右古樂經傳凡五卷先大父文貞公之遺稾也公年十七卽講律吕之學慨樂書之有關中歲嘗彙次經傳子史諸書釐爲八篇曰樂理樂教樂章樂律樂器樂聲樂舞樂用而各爲之解乙酉春燬於火比戊子秋更訂篇目据依經傳旁羅羣籍先就稾若干帙期於次第賡續以酬夙志恭惟

聖祖皇帝天縱生知好古敏求逮耄齡而愈篤其時
方修明四府以惠敎萬世又綜七畧之精緼道
數兼該歸于一貫律呂則
親授侍臣纂成正義闡制作之秘要於古未之有也
先公頻承
聖訓於黃鐘眞度隔八相應綫體比例不同之理深
有領受於是歎觀海者難爲水輟不復續獨以
爲旣就豪者於古樂書字語之隱奥難明與錯
互不可解者具有詮釋足爲學徒蒐討之助存

在箱篋惟樂經樂記及附記之聲律篇經公手定餘則散而未裒丙午清植與王君振聲搜尋舊帙念先公手澤罔敢失隧乃推本遺指以引經者附之經引史傳子集者附於聲律篇之後別爲一卷王君與繆君湘芷剞清俸鏤之梨棗陳君對初任其校讐丁未長至工旣竣敬紀本末於後覽者知是編之意所以爲古書之解詁而非作也孫清植謹識

樂經　　安溪李光地註

漢書文帝時得魏文侯樂工竇公年一百八十歲出其本經一篇卽今周官大司樂章則知此篇乃古樂經也

大司樂中大夫二人樂師下大夫四人上士八人下士十有六人府四人史八人胥八人徒八十人

大司樂掌成均之法以治建國之學政而合國之子弟焉凡有道者有德者使教焉死則以爲樂祖祭於瞽宗以樂德教國子中和祗庸孝友以樂語教國子

興道諷誦言語。以樂舞教國子。舞雲門大卷大咸大磬大夏大濩大武

成均。五帝之學名也。周人兼立四代之學。其所以教。則皆古者之遺法。故舉成均爲尊。而大司樂掌焉。其法則下文樂德樂語樂舞之類是也。國之子弟。公卿大夫之子弟也。瞽宗。殷學也。立師教之。死而祀之於學。所謂釋菜於先師者也。祗敬也。庸常也。體中達和。所謂至德也。敬業有常。所謂敏德也。仁孝友悌。所謂孝德也。此養士之本。故與師氏之

教同。興者、以物興懷。道者自述其意。所謂詩言志者也。倍文曰諷。以聲節之曰誦。所謂歌永言者也。發端曰言。答述曰語。所謂君子於是語於是道。古者也。雲門以下。黃帝至周列代之樂也。蓋樂德則以理義養其心。樂語則以聲音養其耳。樂舞則以舞蹈養其血脈。古人所謂以樂教者以此。

以六律六同五聲八音六舞。大合樂。以致鬼神示。以和邦國。以諧萬民。以安賓客。以説遠人。以作動物。

大合樂。乃肄習於學之事。以致鬼神示以下。則推言其用之之效。蓋用樂多端。各從類應。非專主一事而言也。六律陽律也。六同陰律也。律以爲聲之和。聲以爲音之綱。音以爲舞之節。作樂本末其序如此。用之祭祀。則鬼神示以致。用之邦國。則邦國以和。用之鄉黨閭巷。則萬民以諧。用之饗燕之屬。則賓客以安。遠人以說。至於凡有血氣能動之物。莫不興起。其序以自尊而卑。自近而遠也。○案大司樂卽尚書典樂之職。國之子弟。卽冑子也。六德卽直溫寬栗之類。異其文耳。興道諷誦言語。于是乎有詩歌。然後以聲依之。以律和之。播之以音。動之以舞。而樂之用廣矣。所謂神人以和者也。然則樂者。蓋先王之所以教。而因推之於宗廟朝廷邦國以和神人。書禮所稱。其致一也。後世不知樂爲教之具。故其職領於有司而已。學士先生。鮮有知者。其精微之旨不傳。而徒索之鏗鏘節奏。以庶幾和神人之治。亦不可得已。

乃分樂而序之。以祭。以享。以祀。

自此以下。皆用樂之事也。祭者地示。享者人鬼。祀者天神。

乃奏黃鐘。歌大呂。舞雲門。以祀天神。

上言祭享祀三事。而此下乃有六樂者。葢有祀日月星辰。不繫於天。祭嶽瀆山川。不繫於地。特祠閟宮。分享羣廟之時也。然其曰祀曰祭曰享。則仍蒙上文。其實三事而已。凡陽律言奏。陰律言歌者。陽律則尚陰。而樂器陰也。陰律則尚陽。而人聲陽也。陰陽和而後樂成也。祀天之樂。以陽律爲重。天主生物之始。故用黃鐘陽生之律。而合以陰之大呂也。

乃奏大簇。歌應鐘。舞咸池。以祭地示。

祭地之樂。以陰律爲重。地主成物之終。故用應鐘陰成之律。而從陽之大簇也。

乃奏姑洗。歌南呂。舞大磬。以祀四望。

四望之義不一。此所指。則日月星辰也。四望以成天之功。故用姑洗陽成之律。而合以陰之南呂也。

乃奏蕤賓。歌函鐘。舞大夏。以祭山川。

山川代地生物。故用函鐘陰生之律。而從陽之蕤賓也。

乃奏夷則。歌小呂。舞大濩。以享先妣。

周特尊祀姜嫄。故妣先於祖。人道陰陽參焉。但以生物終始爲義而已。妣主育養。自巳至申。萬物致養。故用夷則小呂之合律也。

乃奏無射。歌夾鐘。舞大武。以享先祖。

祖主生成。自卯至戌。萬物形就。故用無射夾鐘之合律也。六樂用律與舞。蓋以尊卑爲次。然於陰陽象類各有合者又如此。○又案合辰之說。以斗建交會左右相逢。然天運日行既有歲差。則今不與古合矣。蓋星日有差。而氣候之溫寒晷刻之長短。則不差也。今子月與丑月。寅月與亥月。氣候晷刻。莫不相似。可知合辰之理。萬古不易也。

凡六樂者。文之以五聲。播之以八音。

凡樂之所謂五聲者。有調有音。調則全樂而名之。如曰宮調曰商調者是已。音則逐字而命之。如曰宮音曰商音者是已。前六樂十二律者。皆不言是何調。理應皆爲宮也。至此節云文之以五聲。乃是諧中之五聲爾。凡其律雖爲主以名調。然中閒和應之律。五聲具備。此凡樂之大綱也。

凡六樂者。一變而致羽物及川澤之示。再變而致羸物及山林之示。三變而致鱗物及丘陵之示。四變而致毛物及墳衍之示。五變而致介物及土示。六變而致象物及天神。

變猶更也。樂稍歇則更奏。故曰一成亦曰一變。此一條承上而論爲樂感召之理。以起下六變八變九變之端也。人鬼神示百物。莫不有感召之理焉。

羽物輕清得氣之先。其次則嬴物。爲其近於人也。其次則鱗。次毛。次介。以動靜之性爲别也。川澤之竅大。山林之氣疏。其次丘陵。次墳衍。次土示。以氣之通塞爲敘也。象物卽日月星辰之屬。在天成象者也。天神卽上下文所祀之天神也。六變而致此。故下云天神皆降可得而禮也。由是而八變以興地示。由是而九變以來人鬼。此不究言之者。緣下有其文。則此固可省也。○注家以此六變爲大蜡之樂。特因上下各言鬼神示之祀。中間乃及百物。

緣文生義爲此說爾。無所据也。夫大蜡而用樂。則有之矣。其索物而致之感通之理。當與此同。然考之經。則祭蜡而歈豳頌。擊土鼓以息老物。蓋籥章氏之掌。非大司樂之司也。且經文上當六樂。故知是通言樂理。非指蜡祭。其及于百物者。因此與下節皆論鬼神示之感而邦國萬民賓客遠人之屬。乃是同類感應易曉。故言此以備作動物之意。猶虞書既言神人以和。而必終之以百獸率舞者爾。非自爲一事也。

凡樂圜鐘爲宮當作黃鐘黃鐘爲角大簇爲徵姑洗爲羽靁鼓靁鼗孤竹之管雲和之琴瑟雲門之舞冬日至於地上之圜丘奏之若樂六變則天神皆降可得而禮矣凡樂函鐘爲宮大簇爲角姑洗爲徵南呂爲羽靈鼓靈鼗孫竹之管空桑之琴瑟咸池之舞夏日至於澤中之方丘奏之若樂八變則地示皆出可得而禮矣凡樂黃鐘爲宮當作圜鐘大呂爲角大簇爲徵應鐘爲羽路鼓路鼗陰竹之管龍門之琴瑟九德之歌九磬之舞於宗廟之中奏之若樂九變則人鬼可得而

禮矣。

上六樂者，用以祀祭享，各有二焉。此則合二者而一之。蓋陽生而郊天，配以日月星辰；陰生而祭地，配以嶽瀆山川；大禘大祫，有事太廟，配以羣后之時也。其所分以祀以祭以享之律，則與前文同。但以蕤以黄鐘一律，宫角兩用，或者疑其重複，而以黄鐘圜鐘兩字錯互，諸儒相承，遂不復正。原其所意，易之致誤之根，當緣於此。不知黄鐘爲宫，則黄鐘宫調也；其起調畢曲之律，即以黄鐘。黄鐘爲角，則黃鐘角調也。其起調畢曲之律。則以姑洗。太簇爲徵。則太簇徵調也。其起調畢曲之律。則以南呂。姑洗爲羽。則姑洗羽調也。其起調畢曲之律。則以大呂。此四律者。皆前所祀天神四望之樂。故此大祀則合而用之。至下二樂。莫不皆然。但祭祀之大者廢商。故調止於四。而地樂中有太簇。本黃鐘之商聲。人樂中有無射。乃西方之窮律。緣去商調之義。故此二律。有應爲起調畢曲者。則幷去之。蕤賓與大簇同類。南呂與無射同方。故其樂可以相代也。至於三宮之義，應乎三始。子，天氣之始也。午，地氣之始也。卯，人事之始也。然午者正陽之位，故地始於未。義既如此，氣亦相應。冬至祀天，則黃鍾之月也。夏至祭地，則林鍾之合也。揆以春禘之文，則夾鍾之月也。此三宮所以爲樂之本，不可移易。其餘三調之次，乃各以六律五聲之序求之，則當之者名其調也。音有八，而用止於革絲竹者，鼓鼗以命管，琴瑟以升歌，皆舉其重者言。六代之舞，在天則統以天神之所用，在地則統以地示之所用。

在廟則亦以古爲尊。故舍近而用大磬焉。其三樂之變數多寡不同者。天動而地靜。動者速靜者遲。神示伸而人鬼屈。伸者易求屈者難致也。然上六變者。山林川澤丘陵墳衍土示。皆已畢至。而此謂樂八變地示乃出者。前之所致。山川之類爾。經別地示於山川。而所謂土示者。原隰之稱。非地示也。故以此三樂而通上文之說。則自一至九。樂之每變。所感愈遠。作樂者各以所欲致而求之。則凡在天地之間者。幽明上下。無不以其類至。此樂之成

也

凡樂事

包下祭祀饗射侑食愷獻之類

大祭祀宿縣遂以聲展之王出入則令奏王夏尸出入則令奏肆夏牲出入則令奏昭夏師國子而舞

大祭祀即上天神地示人鬼之祀也宿縣謂前宿而豫縣之展者陳其聲而省聽之也王夏肆夏昭夏樂章之名九夏之三也祭祀用樂既詳前文故此但言豫期展省之事及正樂之外有此三夏以

贊出入而已。樂之諸工。各有所屬。而國子六舞者。

大司樂所以教。故又特言之。

大饗不入牲。其他皆如祭祀。

大饗。饗賓客也。不入牲。則不奏昭夏。但王出入賓出入奏王夏肆夏而已。其宿縣展聲命舞。亦與祭祀同也。○祀祭享各有所用聲律。賓饗不言者。其類至多。因所宜而用之。篇章既異。聲律亦殊。不可槩定也。

大射。王出入。令奏王夏。及射。令奏騶虞。詔諸侯以弓矢舞。

騶虞樂章名。王射以騶虞爲節也。舞謂執弓挾矢

揖讓進退之儀。

王大食三侑。皆令奏鐘鼓。

大食朔月月半也。常日亦以樂侑食。而不奏鐘鼓。

王師大獻。則令奏愷樂。

大獻獻捷於祖也。愷樂。獻功之樂也。趙商問於鄭

康成云。大司馬。師有功。則愷樂獻於社。大司樂注

云。獻捷于祖。未達異意。答曰。司馬以軍之功。故獻

於社。大司樂，宗伯之屬。主於宗廟之禮，故獻于祖也。

凡日月食，四鎮五嶽崩，大傀異烖，諸侯薨，令去樂。大札，大凶，大烖，大臣死，凡國之大憂，令弛縣。

傀猶怪也。大怪異烖，若星辰奔霣，及震裂爲害者。札，疫癘也。凶，凶年也。大烖，水火也。大臣，王朝之大臣也。大憂，敗軍亡將之類也。去樂者，不作樂也。弛縣者，釋下其器也。弛縣亦去樂，而弛縣葢久矣。

凡建國，禁其淫聲、過聲、凶聲、慢聲。

國諸侯之國也政教有得失風俗有邪正則聲音異矣葢太師陳列國之詩以觀民風則大司樂因而禁之也淫者軼於禮之謂樂之蕩也鄭衛之聲是也過謂過其節如憂而至於傷儉而至於嗇唐魏之聲是也凶者惡逆之聲如北鄙殺伐是也慢者暴慢之聲如傲僻喬志是也此四者喜怒哀樂之偏本乎人情流於風俗者也政教善則人得其性情之正而又以和聲感之故風移而俗易矣○又按大司樂所職王朝之樂也鄉三物六藝之敎

畿内民庶之樂也。至於九州列國。習尚者好不同。聲音言語不通。雖王道之行。四達不悖。然大司樂亦禁其淫過凶慢而已。所謂修其教。不易其俗。使之樂其所自生。不忘其所本。葢禮樂之善經也。推此而論。則後世之樂。亦豈必一一合於古哉。就其時俗之所宜。而去其所爲導淫增悲者。固足以與人心之善。成化中之理。殷天地之和。是則孟氏所謂今之樂由古之樂者。舉而措之。存乎其人而已。

大喪涖廞樂器。及葬藏樂器。亦如之。

廞興也。謂作之也。葢以爲明器之用。故葬則藏之穴中。凡言令言師言涖者。其職尊也。

樂師。掌國學之政。以教國子小舞。凡舞。有帗舞。有羽舞。有皇舞。有旄舞。有干舞。有人舞。

樂師。貳大司樂者。大司樂所教六代之舞。成人所舞也。此小舞。謂幼小時所舞者。内則曰。十三舞勺。成童舞象。二十舞大夏。然則自成童以前。皆小舞也。大夏者。前六舞之一。二十而舞此。則其餘以次徧舞之可知。帗。析五采繒。羽者。析羽。皇。雜五采羽

如鳳皇色旄者氂牛之尾干者兵舞人者手舞此包大小舞而言也

教樂儀行以肆夏趨以采薺車亦如之環拜以鐘鼓爲節凡射王以騶虞爲節諸侯以貍首爲節大夫以采蘋爲節士以采蘩爲節

此所教者自王以下非國子也樂儀凡行趨登車環拜及射其節應乎樂者皆是也肆夏采薺皆樂章名爾雅曰堂上謂之行門外謂之趨然則王出至堂而肆夏作出路門而采薺作其反亦如之此

謂步迎賓客如以車出入則亦如之也環旋也周旋拜跪節以鐘鼓也騶虞貍首采蘋采蘩皆樂章名

凡樂掌其序事治其樂政

凡下祭饗射獻之事也序事者陳列之次序樂政者作樂之政令

凡國之小事用樂者令奏鐘鼓

小事小祭祀之事也大祭祀以鐘鼓奏九夏則大司樂令之

凡樂成則告備詔來瞽皐舞

此節先鄭以瞽爲鼓謂呼擊鼓者與舞偕來也後鄭仍字謂詔眡瞭扶瞽者來入也愚謂瞽工升歌樂之初事此言於告備之後則疑先鄭之說爲長皐號告也使鼓來而告當舞者此鼓葢所以節舞也按尚書簫韶九成舜樂之終記言升歌清廟下而管象然後舞作則知凡舞皆在合樂之時故於告備之後言之

及徹帥學士而歌徹

歌徹歌雍也學士主舞瞽人主歌今云帥學士而歌徹則是學士亦歌也疏謂學士自舞瞽者自歌恐非文義

令相

樂之始終皆令相瞽出入也按前言小祭祀者專以令奏鐘鼓言耳及後又言凡樂則大祭祀皆在其中

饗食諸侯序其樂事令奏鐘鼓令相如祭之儀

饗食殺於大饗者也令奏鐘鼓令相而無來鼓皐

舞歌徹之事，則知饗食之禮，比於小祭祀矣。

燕射帥射夫以弓矢舞。

燕射，殺於大射者也。射夫，衆耦也。大司樂詔諸侯。

樂師則帥射夫。

樂出入，令奏鐘鼓。

兼上祭祀饗射而言也。大司樂於王與屍賓及牲出入，令奏夏樂而已。樂出入則無文，故樂師令之。

但言鐘鼓者，皆殺九夏也。

凡軍大獻，教愷歌，遂倡之。

大司樂言王師大獻者王自行也此言凡軍則命將帥皆包之預教愷樂之歌而遂倡其端也

凡喪陳樂器則帥樂官及序哭亦如之

言凡喪亦不止大喪也樂器明器也帥樂官者往陳樂器也序哭謂入壙序哭之時

凡樂官掌其政令聽其治訟

樂官自大胥以下至於司干之屬皆是

大胥中士四人小胥下士八人府二人史四人徒四十人

大胥。掌學士之版。以待致諸子。春入學舍采合舞。秋頒學合聲。以六樂之會正舞位。以序出入舞者。

胥。有才智之稱。大胥小胥。皆與樂師佐大司樂而經紀學政者。學士。卽諸子也。自隸於學。則曰學士。自出於國。則曰諸子。諸子及年。然後入學。故待而致之。而掌其版也。舍采釋菜也。葢祭樂祖於瞽宗因而合舞也。頒學者。頒其所習之業。因而合聲也。合者。齊其綴兆均其節奏之謂。下但言正舞位不言聲者。按月令。仲春命樂正習舞釋菜。季春大合樂故鄭氏以六樂之會爲大合樂之事也葢習之經月又大會而正其位使出而舞者舞罷而入者無不以其序焉然此合樂者教舞而已至大司樂以六律五聲八音六舞大合樂則聲音齊奏歌舞畢陳視此爲備然則大胥必先期序正以待大司樂之陳肄非兩事也

比樂官展樂器

比挍也展省也以上教國子之事此則兼及大師以下之官皆所以待合樂而爲有事之用也

凡祭祀之用樂者，以鼓徵學士。

大胥擊鼓以召之，樂師告當舞者，而大司樂帥以舞焉。

序宮中之事。

兼序宮中之事，其意深矣。商書曰，敢有恒舞于宮，酣歌于室，此所以大爲之坊也。

小胥掌學士之徵令而比之，觵其不敬者，巡舞列而撻其怠慢者。

不敬，謂慢期不時至也，觵，罰爵也。

正樂縣之位。王宮縣，諸侯軒縣，卿諸侯判縣，士特縣。辨其聲。凡縣鐘磬，半爲堵，全爲肆。

樂縣，謂鐘磬之屬縣於筍簴者。宮縣，如宮墻然，四面縣也。軒縣，如軒車然，三面縣也。判縣，東西縣也。特縣，一面縣也。既正其位，又因而辨其聲也。凡鐘磬編縣之，二八十六枚，而在一簴，謂之堵。鐘一堵，磬一堵，謂之肆。此所謂縣者，皆肆也。若諸侯之卿大夫，半天子之卿大夫，西縣鐘，東縣磬。士亦半天子之士，則懸磬而已，所謂堵也。自大司樂、樂師及

大小胥皆以教爲職，而凡樂之政令綱紀掌焉，若
太師以下則無與於國學之政，所司者，聲音之事，
器數之守，所教者，其屬而已，此周官先後之序也
大師，下大夫二人，小師，上士四人，瞽矇上瞽四十人，
中瞽百人，下瞽百有六十人，眡瞭三百人，府四人，史
八人，胥十有二人，徒百有二十人。
大師，掌六律六同，以合陰陽之聲，陽聲，黃鐘大簇姑
洗蕤賓夷則無射，陰聲，大呂應鐘南呂函鐘小呂夾
鐘，皆文之以五聲，宮商角徵羽，皆播之以八音，金石

土革絲木匏竹。

六律五聲八音。大司樂既言之。葢大司樂總其事而序其用。大師則專其職而辨其聲也。凡陽律自子左旋以終於戌。陰律自丑右轉以終於卯。左右相配。謂之合律。其理見大司樂分祀中。十二律皆有五聲。而旋相爲宮。有調有音。調則云某宮調某商調。而盡於六十。音則各用其爲調之律所轉生之聲。加以變宮變徵。而窮於八十四。所謂文之以五聲也。金鐘鎛也。石磬也。土塤也。革鼓鼗也。絲琴瑟也木柷敔也匏笙也竹管簫也金石以紀律樂之綱也琴瑟以應人聲在堂上笙管塤貴人氣在堂下樂之用也鼓鼗柷敔所以節樂而已故序其輕重之次則曰金石絲竹匏土革木國語伶州鳩所言是也此則以成於天地者爲貴故先以金石土成於動物者次之故繼以革絲成於植物者又次之故繼以木匏竹也所謂播之以八音也

敎六詩曰風曰賦曰比曰興曰雅曰頌以六德爲之本以六律爲之音

風雅頌詩之三部也賦比興詩之三體也詩始於風故首風有風而賦比興具矣故次以賦比興而後曰雅曰頌也六德中和祗庸孝友也詩以言志故必以六德爲之本歌以詠之聲以依之故以六律爲之音也虞典先言詩後言聲律者教冑子之事辨志爲要也此先言聲律後言詩者教瞽矇之事審音爲重也○或疑瞽矇賤工不當以六德爲教夫欲使之歌詩奏樂以和神人而乃以其藝賤之使之不知其意不平其心精粗本末判然兩途

此後世禮樂所以崩壞也以是而說三代之制誤矣

大祭祀帥瞽登歌令奏擊拊下管播樂器令奏鼓朄

大饗亦如之

帥瞽登堂而歌將歌之時則令奏擊拊乃歌也下堂下也堂下之樂以管爲主而樂器從之下管之時樂器既播亦令奏鼓朄管乃作也擊拊者或當擊或當拊朄小鼓也按虞書曰戛擊鳴球搏拊琴瑟以詠下管鼗鼓其文政與此合然其下有笙鏞

以閒則閒歌也簫韶九成則合樂也儀禮雖鄉樂亦有升歌笙入閒歌合樂之四節則此大祭祀其備四樂可知然經不言者葢閒則歌管之迭作合則歌管之竝興而已故言登歌下管足以該之也

大射帥瞽而歌射節

大司樂令奏大師則帥瞽而歌之

大師執同律以聽軍聲而詔吉凶

大師大軍旅之事也史記武王伐紂吹律聽聲春秋傳師曠曰南風不競楚必無功此皆以律聽聲

而知吉凶者也。

大喪帥瞽而廞作匶謚。

匶柩也。按王之謚稱天以誄，則非大師所可作也。蓋帥瞽而歌述其平生行迹，以興起其作謚之事耳。

凡國之瞽矇正焉。

明大師之所屬。

小師掌教鼓鼗柷敔塤簫管弦歌

教，教瞽矇也。鼓鼗柷敔所以節樂也。塤簫管，堂下之樂也。弦歌堂上之樂也。教人習業者。自粗而精。故其序如此。其無金石與匏者。以下磬師鐘師笙師鎛師。各有專掌也。

大祭祀登歌擊拊。下管擊應鼓。徹歌。大饗亦如之。

大師令奏擊拊。則小師擊拊。大師令奏鼓朄。則小師擊應鼓也。應朄皆小鼓。徹而歌雍。蓋與學士竝歌之。

大喪與廞。

與於廞作匶謚之事。

凡小祭祀小樂事，鼓𣃘。

小事無登歌之事者，則鼓𣃘而已。

掌六樂聲音之節與其和。

六樂，卽大司樂分序之六樂。節者，六律五聲之節度。和者，六律五聲之諧和也。

瞽矇掌播鼗柷敔塤簫管弦歌。

皆小師之所以教者，而瞽矇衆習焉。

諷誦詩，世奠繫，鼓琴瑟。

奠繫，謂前代一定之譜系也。此謂人君燕居之時則諷誦詩章。又世次歷代之奠繫。以戒勸之。復鼓琴瑟以安樂之也。國語曰。瞍賦矇誦。又曰。教之世。而爲之昭明德而癈幽昏焉。以怵懼其動。

掌九德六詩之歌。以役大師。

九德。大司樂所謂九德之歌者。古樂也。六詩。大師之六詩。今樂也。

眡瞭。掌凡樂事。播鼗。擊頌磬笙磬。

言凡樂事。於樂作之時則播鼗。而又擊其頌磬笙磬也。頌。郎庸也。與歌聲相應者。曰頌磬。頌鐘。與笙聲相應者。曰笙磬笙鐘。皆於樂既作而奏之。故虞書曰。下管鼗鼓。笙鏞以閒也。惟擊磬不擊鐘者。鐘則磬師之屬擊之。

掌大師之縣。

縣之使得其位

凡樂事。相瞽。

扶相樂工出入行坐。

大喪。廞樂器。大旅亦如之。

此所廞者。蓋鼗柷敔塤簫管琴瑟之類。凡瞽矇所掌者皆眂瞭代廞之然眂瞭之職既云擊頌磬笙磬又云掌大師之縣則編鐘編磬亦必眂瞭廞之也故下磬師無廞器之文而此不云廞其樂器但云廞樂器以包之又自笙師以下皆曰奉而藏之此不言者眂瞭非士奉樂器而藏於墓非士不可親也意此之所廞皆笙師奉藏之器故惟此與笙師有大旅之文其器多故也其餘各廞一器者則不復舉大旅旅非常祭故亦於時興造樂器也

賓射皆奏其鐘鼓鼜愷獻亦如之

賓射亦掌其縣也。鼜，戒守鼓也。鼜與愷獻鐘鼓之事，亦皆眂瞭掌之。

典同中士二人，府一人，史一人，胥二人，徒二十人。

典同掌六律六同之和，以辨天地四方陰陽之聲，以爲樂器。

有律有同，獨言典同，律同可互舉也。六律爲陽，六同爲陰，陽者從天，陰者從地，應十二月之氣，以順四時，故能知律同之和，則可以辨天地四方陰陽之聲矣。樂器，金石之類，造樂器必本於律也。

凡聲高聲硍正聲緩下聲肆陂聲散險聲斂達聲贏微聲韽回聲衍侈聲筰弇聲鬱薄聲甄厚聲石

硍其聲鏗然清也韽暗也筰暴疾也弇如弇蓋不舒也甄讀如震掉也高謂聲高也高則鏗鎗正謂聲平正也正則和緩下謂聲下也下則弘肆此三者聲之正也其餘則皆聲之病也然其諸病亦由三者推之陂險皆正之反陂者聲不正也險者聲不平也不正則氣不根於內而散不平則氣不達於外而斂此二者正聲所以失之原也太高而四

達。其過則盈溢。太下而沈微。或紆回。其失則暗昧而衍餘。達之甚而侈放。則暴疾而不蓄。回之甚而弇掩。則鬱抑而不舒。高而薄。則至於掉而不收。下而厚。則至於如石而無韻。二者幾於不成聲矣。此七者皆高下之過。必去其病。然後清濁適均。可與正聲相宣而諧和也。按鄭氏專指鐘之一器而言。其理蓋亦相通。然所謂高下陂險達微之類。皆以鐘形爲說。則字義多有難解。且於下文凡爲樂器與和樂之義爲不合耳。

凡爲樂器，以十有二律爲之數度，以十有二聲爲之齊量。

以十有二律爲之數度，如黄鐘管長九寸，則倍之，又加半，總二尺二寸半，以爲鐘口之徑，十九寸爲九尺半之，以爲琴長之類是也。十有二聲，即上高聲硍之十二聲也。以器寫聲，以聲製器，然後諧和。

凡和樂亦如之。

器既均調矣，至和樂之時，則其擊拊鼓吹輕重疾徐之節，亦必以十二聲劑量之，然後樂乃和也。

磬師，中士四人，下士八人，府四人，史二人，胥四人，徒四十人。

磬師掌教擊磬、擊編鐘。

教者，雜教其屬及眂瞭也。磬亦編，獨於鐘言之，鐘有不編者也。作樂之時，眂瞭擊磬，磬師之屬擊鐘，不編之鐘，則鐘師擊之。

教縵樂、燕樂之鐘磬。

鄭氏曰：縵謂雜聲之和樂者。學記曰：不學操縵，不能安弦是也。燕樂，房中之樂也。○愚案：先王之世自大司樂以下，瞽矇眂瞭以上，所掌者，固無非雅正之音，和神人之樂矣。然於雜弄之謳，燕私之曲，未嘗不兼收存肄，而時出而用之，所以周物理而盡人情。其誘人也易，其入人也深，但皆領之樂官，俾無流放淫僻而已。故班固曰：今漢郊廟詩歌，未有祖宗之事，八音調均，又不協於鐘律，而內有掖庭材人，外有上林樂府，皆以鄭聲施於朝廷。葢言雅樂不興，燕樂雜樂亦不正也。自時厥後，太常教坊，別爲二事，學士恥言俗樂，而姦聲日以轉盛，使其有典領之、官肄習訂正、豈有此失哉。

及祭祀奏縵樂。

燕樂則鐘師奏之也、但縵樂惟用之祭祀、燕樂則祭祀饗食皆用之。

鐘師中士四人、下士八人、府二人、史二人、胥六人、徒六十人。

鐘師掌金奏、凡樂事、以鐘鼓奏九夏、王夏、肆夏、昭夏、納夏、章夏、齊夏、族夏、祴夏、驁夏。

金謂大鐘及鎛、不編者也、鎛比大鐘爲小、比編鐘則大也。金奏，擊此鐘鎛以爲奏樂之節也。鐘師擊鐘鎛，鎛師擊鼓。九夏者，杜子春云，王出入奏王夏，尸出入奏肆夏，牲出入奏昭夏，四方賓來奏納夏，臣有功奏章夏，夫人祭奏齊夏，族人侍奏族夏，客醉而出奏祴夏，公出入奏驁夏。按杜鄭皆以九夏爲詩篇名。愚謂言歌又言奏者，則有詩篇，下騶虞貍首采蘋采蘩是也。言奏不言歌者，則但如笙吹之類，而無詩篇，九夏是也。杜鄭但以春秋傳肆夏文王鹿鳴竝舉，故斷爲詩頌。然既別言金奏工歌，則二樂固有分矣。

凡祭祀饗食奏燕樂。

凡射王奏騶虞諸侯奏貍首卿大夫奏采蘋士奏采蘩。

四樂者大師帥瞽而歌之鐘師則以鐘鼓應之。

掌鼜鼓縵樂。

磬師奏縵樂鐘師則以鼜而鼓之使作。

笙師中士二人下士四人府二人史二人胥一人徒十人。

笙師。掌教歈竽笙塤籥簫篪篴管。

塤簫管者。小師所教。瞽矇所習。眡瞭所廞。今笙師亦教焉。則是與小師雜教之下。所廞樂器。亦是與眡瞭雜廞之也。其奉而藏之者。蓋幷眡瞭所廞而奉藏之。故眡瞭無藏器之文。

舂牘應雅。以教祴樂。

牘應雅三器也。上八器者則吹之。此三器則舂之。

舂謂以築地。舂此三器。專爲祴樂之用。賓醉而出。奏祴夏。築此三器於庭。以爲奏樂之節也。

凡祭祀饗射，共其鐘笙之樂，燕樂亦如之。

鐘笙，笙與鐘聲相應也。言鐘以包磬，言笙以包塤篪簫管之屬。

大喪，廞其樂器，及葬，奉而藏之。大旅，則陳之。

廞其樂器者，廞其所掌之樂器也。眡瞭所掌，笙師則不廞而奉藏之，所以知者，以塤簫管之器同。又大旅則眡瞭廞器，而笙師陳之，知其職相通也。○按旅大祭也，獨於眡瞭笙師見之者，所掌樂器獨多，故於此兩處言廞器陳器，以見凡也。其餘職一

器者則掌大喪之文以從簡省

鎛師中士二人下士四人府二人史二人胥二人徒二十人

鎛師掌金奏之鼓凡祭祀鼓其金奏之樂饗食賓射亦如之

鎛師所擊者鎛至作樂之時則惟擊其鼓而已鼓人職云以晉鼓鼓金奏

軍大獻則鼓其愷樂凡軍之夜三鼜皆鼓之守鼜亦如之

軍夜。謂行軍之夜。三鼜者。初昬夜半旦明也。守鼜備守之鼓。

大喪。廞其樂器。奉而藏之。

此所廞藏。謂鎛鼓幷大鐘也。故鐘師無文。

韎師下士二人。府一人。史一人。舞者十有六人。徒四十人。

韎師掌教韎樂。祭祀則帥其屬而舞之。大饗亦如之。

韎東夷之樂也。東夷之俗。於三方爲美。則其樂亦於諸夷爲優。故其官特稱師。而祭祀大饗皆舞之。

不與諸方同也。

旄人下士四人。舞者衆寡無數。府二人。史二人。胥二人。徒二十人。

旄人掌敎舞散樂。舞夷樂。

散樂列國之樂也。夷樂雜居中國夷狄之樂也。所以知者。以下文掌四方之舞仕者。而又不言四夷。則非遠裔可知。

凡四方之以舞仕者屬焉。凡祭祀賓客舞其燕樂。

不言大饗又但於奏燕樂之時舞之。則殺於韎樂矣。

籥師。中士四人。府二人。史二人。胥二人。徒二十人。

籥師。掌教國子舞羽歈籥。

持羽吹籥。文舞也。按文王世子。小學正教干。大胥贊之。籥師教戈。籥師丞贊之。是籥師未嘗不教戈舞也。此不言者。以文舞統之。重文德也。○又按樂師所教有六舞。而此唯言羽舞。葢皇亦羽之類。而旣兼戈舞。則干帗亦當兼之。樂師總其事。籥師專其職爾。惟旄舞則意是旄人所掌。人舞則意是韎

師所掌。葢皆夷舞也。故司徒舞人四舞。獨無旄舞

人舞者以此與

祭祀則鼓羽籥之舞。賓客饗食。則亦如之

國子舞羽。則籥師鼓之。○按書傳言干戚之舞不

一。此言祭祀。獨鼓羽籥之舞。不及干者。葢朱干玉

戚。惟施於大武之樂而已。其餘諸舞皆不用也。大

武之舞。總干山立。遲而又久。卒以皆坐復綴終焉。

故孔子極言其偃武修文之事。以曉牟賈。則雖干

舞亦以羽舞槩之。此與大祭不用商聲之意正同。

樂記賓牟賈一節聲舞答問可與周官相發明也

大喪廞其樂器奉而藏之

此所廞惟羽籥而已○按聲之後則及於舞故鎛師之次則以韎師旄人籥師繼之然夷舞散舞先於國子之舞者示四方歸化爲文德所懷也

籥章中士二人下士四人府一人史一人胥二人徒二十人

籥章掌土鼓豳籥

土鼓築土爲鼓上古之樂也豳籥吹籥之聲章豳

人之樂也。

中春晝擊土鼓，龡豳詩以逆暑。中秋夜迎寒，亦如之。

豳詩，豳風之七月也。

凡國祈年于田祖，龡豳雅，擊土鼓以樂田畯。國祭蜡，則龡豳頌，擊土鼓以息老物。

田祖，神農也。田畯，古之始耕田者，農夫也。蜡者，歲十二月合聚萬物而索饗之也。萬物助天以成歲事，至此爲其老而勞，乃祀而息養之。於是國亦養老焉。蓋建亥之月，月令孟冬勞農以休息之是也。

豳雅豳頌先儒或破七月之詩當之朱子以爲雅之甫田大田頌之載芟良耜或其類也然不可考矣迎寒暑則先擊鼓尊天氣也故先上古之樂祈年祭蜡則先吹籥重農事也故先豳人之樂也○按豳諸侯之國以其爲受命之基故不可夷於列國之樂而特以籥章掌之其用之必於田事者后稷以來世勤稼穡王業所肇用之歲事不忘本也然宗廟之中列國四夷之樂莫不陳而觀焉豳風王者之本獨不陳之者以其非王者之樂故不可

與韶夏濩武等。若與燕樂縵樂散樂夷樂。混而陳之。又非所以尊祖宗之德。推受命之符也。用之以與上古之樂配。其旨遠矣。

鞮鞻氏下士四人。府一人。史一人。胥二人。徒二十人。

鞮鞻氏掌四夷之樂。與其聲歌。祭祀則龡而歌之。燕亦如之。

曰四夷者。方外四裔之夷也。樂謂其所用之器也。此視旄人所掌之夷。又加遠矣。故其舞容或鄙怪而不足觀。存其樂器聲歌。所以通遠俗。示無外也。

然韎師用之大饗旄人用之賓客此則曰燕而已
以是而推其所用之祭祀亦當有等也

典庸器下士四人府四人史二人胥八人徒八十人
典庸器掌藏樂器庸器

鎛師以上樂器各有所司而典庸器並藏之庸器
伐國所獲之器存以示子孫者官以典庸器爲名
重其器也文以藏樂器爲先蓋大司樂之屬

及祭祀帥其屬而設筍簴陳庸器饗食賓射亦如之
眂瞭將懸樂器則爲設筍簴以待之庸器亦陳之

者，所以告功昭德，惕子孫，示臣下也。

大喪廞筍簴。

不言藏者，筍簴不藏也。記曰，有鐘磬而無筍簴。

司干下士二人，府二人，史二人，徒二十人。

司干掌舞器。

舞器，兼羽籥干戚之類。籥師之教則槩以羽，修文事也；司干所藏，則槩以干，存武備也。文則修之，武則備之，周公名官之意也。

祭祀，舞者既陳，則授舞器；既舞，則受之。賓饗亦如之。

言授舞器則非一器可知。

大喪廞舞器。及葬。奉而藏之。

除羽是籥師所廞。餘舞器皆司干廞之。凡所職應廞一器者。則不言葬。因其少畧之也。應廞多器者。則下必言葬。因其多。詳之也。

右凡樂職二十。自大司樂至小胥。皆以學校之教爲職。而掌樂之政令焉。自大師至眡瞭。則專乎聲樂之事。故次之。典同本律呂審聲音以造樂器。故又次之。樂器之司。自磬師至鎛師。備矣。故又次之。

有聲必有舞故韎師旄人籥師又次之籥章鞮鞻氏或爲上古先世之樂或爲外方遠裔之音故又次之典庸器聲器也司干舞器也皆藏器以待事而已故又次之凡散見書傳如樂正司業父師司成之類乃異代之制而雜出他官若鼓人舞人鬯氏韗人磬人梓人之屬則各執藝事以役於此者也

辯證

圜鐘爲宮以下說異於古何也曰調與聲不同從

來說者皆未別明聲調是以特就經上之律起意而不復以前文參考爾且以黃鐘之五調論則所謂黃鐘宮調者用黃鐘所生之七律而以黃鐘起調黃鐘畢曲也所謂黃鐘商調黃鐘角調黃鐘徵調黃鐘羽調者則亦用黃鐘所生之七律而或以太簇或以姑洗或以林鐘南呂起調畢曲也所以然者黃鐘以太簇爲商以姑洗爲角以林鐘爲徵以南呂爲羽如此節用黃鐘爲角調則必以其所生之角聲起調畢曲自然之理也故如黃鐘之爲

角聲也，則必曰夷則角，而不曰黃鐘角。如太簇之爲徵聲也，則必曰林鐘徵，而不曰太簇徵。如姑洗之爲羽聲也，則必曰林鐘羽，而不曰姑洗羽。漢魏以來，樂部未之有改。然則黃鐘爲角之爲角調而用姑洗，太簇爲徵之爲徵調而用南呂，姑洗爲羽之爲羽調而用大呂，無疑也。攷禮運雖有旋相爲宮之言，然竝未著其例。然則六經中大樂聲調之理，惟周官此文爲可據爾。况其證之前文，又相符合，則聖人之微辭奧義，殆未易以曲說通也。鄭氏而下。爲說頗多。其中亦有推論巧合。如沈氏筆談之云者。然終於聲調之理無當。故不敢從。

其易圜鐘黄鐘也何据。曰。案班氏律志黄鐘爲天統。林鐘爲地統。太簇爲人統。則黄鐘當爲天宫。林鐘當爲地宫。明矣。故前文亦以黄鐘祀天。林鐘祭地也。太簇雖屬人統。然前文既與應鐘合。而爲祭地之樂。則施之宗廟之宫。義有未允。而夾鐘者。前文所用以享于先祖者也。葢天氣始於子。地氣始於午。人事始於卯者。陰陽晝夜之正也。地退一位而始於未，則避南方之正陽也。人進一位而始於寅，則重民事之蚤作也。然則宗廟之祭，以圜鐘爲宫，既合享祖之文，又著人事之始，比於援引星辰，捨經證緯，不亦善乎？漢書郊祀志蓋仍此誤，至唐祖孝孫以黄鐘祀天，林鐘祭地，乃爲能復古者。獨其以太簇享廟，則但據三統之義，而未知周官之有互文爲少失爾。

商調之避，他書亦有足徵者。與曰：孔子謂賓牟賈曰：聲淫及商，何也？曰：非武聲也。有司失其傳也。孔子曰。唯。某之聞諸萇弘。亦若吾子之言是也。鄭康成解此爲有貪商天下之心。揆之文義爲不類。按國語。武王以夷則之上宮畢陳。以黃鐘之下宮布戎。以太簇之下宮布令於殷。以無射之上宮施舍百姓。史記亦云。武王伐紂。吹律聽聲。殺氣相幷。而音尚宮。然則大武之樂。葢尚宮聲。而末流之失其音節。乃有濫入於商者。故曰聲淫及商。猶所謂歲在星紀。淫於元枵者云爾。非貪商天下之謂也。夫大武之樂。以武功著。然於商聲猶不用。況此三祭所奏者，雲門咸池大韶之舞，則其去商調也何疑。其爲緣此之義，於太簇無射二律，有應爲起調畢曲者，則幷去之，又何据也。曰，國語伶州鳩謂太簇所以金奏，注云，正聲爲商，故爲金奏。又景王將鑄無射之鐘，而州鳩以爲不可，是亦必有說矣。蓋黃鐘一律，爲諸聲之本，而太簇爲其商，則是太簇之正聲商也。吕令西方其音商，而無射者又窮秋之律，金氣之盛也。三祭之樂，旣去商調，故於此二律之起調畢曲者，而幷去之，是亦求之聲音之理而可通者。卽以本經之文爲据可矣。
前文奏太簇以祭地示。奏無射以享先祖。何也。曰。前文言歌奏。而不言其所爲之調。則知是共一調也。既兩律共爲一調。則陰陽相宣。高下相濟。可以無嫌矣。此三樂者。各自爲調者也。各自爲調。則其一聲之起調畢曲者。必獨盛而孤行。是以避之也。且大祭與分祭不同。前者大武之樂。用以享祖矣。而此宗廟之中。乃舍武而用韶。聖人於此。必有精意存焉。其前後異同之閒。正可參伍之以求其說爾。

合辰之說。謂氣候晷刻皆同。信乎。曰。此据入氣之一日言耳。故交子月之一日。必與交丑月之一日同也。交寅月之一日。必與交亥月之一日同也。其餘合辰無不皆然。古以斗建合朔爲說者。亦謂至此一日。則斗柄移宮。而日月遷次。故指此以爲標識焉爾。今既天與歲差。而此說不可用。則當明其意焉可也。

十二月之合。氣候晷刻相似。十二律之合。則分寸長短懸殊。何也。曰。十二月之合。其氣候晷刻則同矣。然而陰陽之消長進退。豈可同乎哉。律也者。爲陽氣之消長者也。故亥則陽消於外。而寅則陽息於中。葢相應而相反。雖相反而實相應者也。故比而合之。陰陽之道乃備。發斂之氣乃和。律之有合也。又豈與天地不相似哉。

十二聲之說何如。曰。十二聲者。以聲論而形在其中也。故謂侈弇厚薄之類爲器之形。則可以高下陂險達微之類爲器之形。則不可。惟但以聲言之。

則其制器以合之者自有小大長短厚薄侈弇之法且其於諸器皆有以包之而不獨鐘制爲然矣考工磬人章云已上則摩其旁已下則摩其端已上聲太高也故摩旁以薄之已下聲太下也故摩端以厚之此則不獨鐘器之證而國語云鐘尚羽琴瑟尚宮磬尚角匏竹尚制蓋鐘聲洪大故其器不當過於大而尚羽其擊撞之節則亦不當過於大而尚羽也琴瑟之聲細微故其器不當過於細而尚宮其搏拊之節則亦不當過於細而尚宮也

磬聲和平，而角音爲清濁之中，故磬之制，與夫敲戛之節，貴得其平而尚角也。匏竹者，以人氣吹之者也。人聲之高下清濁，本有裁制，故匏竹之制，與夫吹之之節，一唯以人聲爲之準則而已。此又不獨鍾器爲然，且不獨制器爲然之證矣。夫高下者，聲之所不能無者也，故高聲正聲下聲，非聲之病也。今專指其病，而絶無一聲之得其正者，則亦何所據以爲齊量之準乎。

磬師以下，官名次第如何。曰：典同以聲律造樂器，自磬師至鎛師所掌皆是也故次於典同之後除琴瑟爲升歌之用大師小師之職此外則金石音之綱也故首以磬師鐘師竹匏土音之用也故次以笙師鼓音之節也故終以鎛師也磬師兼教編鐘編磬而官以磬名者葢八音磬最難辨亦惟磬音最中虞書夔之自言惟曰擊石拊石又曰戞擊鳴球搏拊琴瑟以詠那之詩曰既和且平依我磬聲故八音之次金爲先者其聲鏗訇而大猶五聲之先宫也審音之職石爲重者其聲清越而和猶

五聲之中角也。前眡瞭專擊頌磬笙磬。亦此意也。鐘師雖以鐘名官。然所掌者。大鐘而非編鐘。則次於磬師宜矣。金石既調。樂器從之。笙師所掌竹匏土三器。皆堂下之樂也。專以笙名官者。簫管雖重。而笙之用廣。自堂下之樂奏。而與歌相終始。故鐘磬繫之歌。笙非他音之不應鐘磬。以歌與笙爲主也。鎛師主鼓而已。而官以鎛名。蓋必知鐘鎛之節。而後可以命鼓人。避鐘師之名。故但舉鎛也。就數者職掌先後名義輕重之閒。而古樂之意可求。此所以爲聖人之經也。

樂記

安溪李光地註

樂記蓋孔門之遺書。先儒以爲公孫尼子次撰。而曰通天地。貫人情。辨政治。其語精矣。然又謂河間獻王與諸生等。采周官及諸子言樂事者以爲樂記。則似此書爲漢儒編輯。蓋當時禮樂道微。傳說不同故也。又劉向校書時。得樂記二十三篇。與河間所傳於王禹者不同。今樂記斷取纔十一篇。曰樂本。曰樂論。曰樂施。曰樂言。曰樂禮。曰樂情。曰樂化。曰樂象。曰賓牟賈。曰師乙。曰魏文侯。此外尚有十二篇。曰奏樂。曰樂器。曰樂作。曰意始。曰樂穆。曰說律。曰季札。曰樂道。曰樂義。曰昭本。曰昭頌。曰竇公。二十三篇之目。具於劉向別錄。旣與河閒異傳。而前十一篇之文不異。益知記樂者在漢以前。非諸生采集之書矣。但十一篇之說。皇氏以爲事不分明。熊氏亦曰、依別錄十一篇之次。賓牟賈師乙魏文侯。今此記有魏文侯。乃次賓牟賈。師乙爲末。則是今之樂記十一篇之次。與別錄不同。推此而言。其樂本以下亦雜亂矣。愚謂此書章段。正義雖以十一篇分屬，而條理甚疎，則皇氏熊氏之疑是也。然戴氏集禮，司馬遷作史記，皆在劉向之前。自魏文侯以下章句微有先後，而文義無甚差互，則凡正說樂理之處，仍是古人原文，未經後來變亂。其十一篇名目，或者劉向加增耳。皇氏以爲事不分明，則可。熊氏謂古有十一篇之次，而今雜亂，則恐未然也。今定篇第，以別錄爲主，而刪去十一篇之說，案其辭指離合，別爲十章，大抵不離所謂通天地貫人情辨政治者，而其詞達理粹，前後互相

發明。則非洙泗之徒。斷不能及。抑此十一篇。以魏

文侯終後十二篇。又以竇公終。竇公卽文侯樂工。

漢文帝時獻其本經者也。文侯戰國賢君。獨能留

心禮樂之事。意此記卽是子夏竇公諸人之所論

述。故以其篇退而居後者。讓也。

凡音之起。由人心生也。人心之動。物使之然也。感於

物而動。故形於聲。聲相應。故生變。變成方。謂之音。比

音而樂之。及干戚羽旄。謂之樂。

心感物而動。則形於言而有聲矣。所謂詩言志者

也。有言則自相應和。而高下疾徐之變生焉。所謂歌永言者也。其相應之變。合節成調。則謂之音。所謂聲依永者也。於是比合人之聲音。被之樂器。以爲之樂。復爲之舞蹈之器。以動其容焉。而樂成矣。所謂律和聲八音克諧者也。皆所以發明首句音由心生之義。以下數節。則皆申此節之意也。

樂者音之所由生也。其本在人心之感於物也。是故其哀心感者其聲噍以殺。其樂心感者其聲嘽以緩。其喜心感者其聲發以散。其怒心感者其聲粗以厲。

其敬心感者其聲直以廉。其愛心感者其聲和以柔。六者非性也。感於物而後動。是故先王慎所以感之者。故禮以道其志。樂以和其聲。政以一其行。刑以防其姦。禮樂刑政。其極一也。所以同民心而出治道也。

此節言聲也。申感物而動故形於聲之意。首句乃是言音樂以引起之。○此記言樂而每兼禮。又幷及於刑政。蓋四事惟一理。故於此曰禮樂刑政其極一也。本意既明。以後倣此。

凡音者生人心者也。情動於中。故形於聲。聲成文謂

之音。是故、治世之音安以樂。其政和。亂世之音怨以
怒。其政乖。亡國之音哀以思。其民困。聲音之道。與政
通矣。宮爲君。商爲臣。角爲民。徵爲事。羽爲物。五者不
亂。則無怗懘之音矣。宮亂則荒。其君驕。商亂則陂。其
臣壞。角亂則憂。其民怨。徵亂則哀。其事勤。羽亂則危
其財匱。五者皆亂。迭相陵。謂之慢。如此則國之滅亡
無日矣。鄭衛之音。亂世之音也。比於慢矣。桑間濮上
之音。亡國之音也。其政散。其民流。誣上行私而不可
止也。

此節言音也。申變成方謂之音之意。宮商角徵羽之配。皆兼調與聲言之。而以調爲主。宮調洪厚。君之道也。商調激烈。臣之操也。角調和暢。民之理也。徵調疾速。事之宜也。羽調繁細。物之象也。其調中之聲亦然。○案上言聲則推其出於人心。此言音則本其由於政治。其實則一而已矣。蓋政治者所以同民之心而和其聲音也。前後語脈相承。細翫可見。

凡音者生於人心者也。樂者通倫理者也。是故知聲而不知音者禽獸是也知音而不知樂者衆庶是也唯君子爲能知樂是故審聲以知音審音以知樂審樂以知政而治道備矣是故不知聲者不可與言音不知音者不可與言樂知樂則幾於禮矣禮樂皆得謂之有德德者得也

此節言樂也申比音而樂之之意審樂知政所以幾於禮也故曰見其禮而知其政

右第一章○此章論音樂之本生於人心原於政治葢推其始而言之也

是故樂之隆，非極音也。食饗之禮，非致味也。清廟之瑟，朱絃而疏越，壹倡而三歎，有遺音者矣。大饗之禮，尚玄酒而俎腥魚，大羹不和，有遺味者矣。是故先王之制禮樂也，非以極口腹耳目之欲也，將以教民平好惡而反人道之正也。

大樂之音希淡，大饗之禮素質，則是非極音致味以窮口腹耳目之欲也，皆爲民情有好惡焉，而易於失其正，故制爲禮樂，以平其情，以復其性而已矣。葢樂者生於人心，而感乎人心，起於風俗，而移乎風俗，其道相爲終始者也。故此節承上章愼所以感之者，而言作樂之用。以下亦皆申此節之意也。○陳氏曰，朱絃，練朱絲以爲絃。絃不練而聲清，練之則聲濁。越，瑟底之孔也。疏而通之，使其聲遲緩，皆質素之聲，非要眇之音也。初發倡之時，僅有三人從而和之，言和者少也。愚謂詩惟頌多不叶韻，而且深厚簡短，故以琴瑟歌清廟之詩者，常以一人唱之，而使三人應和而贊歎之，所以成其聲響，而足其餘音，是其本章之疎淡而有所遺也。

人生而靜，天之性也；感於物而動，性之欲也。物至知知，然後好惡形焉。好惡無節於內，知誘於外，不能反躬，天理滅矣。夫物之感人無窮，而人之好惡無節，則是物至而人化物也。人化物也者，滅天理而窮人欲者也。於是有悖逆詐僞之心，有淫泆作亂之事。是故强者脅弱，衆者暴寡，知者詐愚，勇者苦怯，疾病不養，老幼孤獨不得其所，此大亂之道也。

此言民之好惡所以不平，而人道所以不正，反申上節之意，以起下文之端也。○人生而靜，古注以人初生未有情欲時言之，非也，乃泛論人之有生，其靜而未發，則天性具焉爾，須以程朱之說爲至。

是故先王之制禮樂，人爲之節，衰麻哭泣，所以節喪紀也，鐘鼓干戚，所以和安樂也，昏姻冠笄，所以別男女也，射鄉食饗，所以正交接也，禮節民心，樂和民聲，政以行之，刑以防之，禮樂刑政四達而不悖，則王道備矣。

此又正申教民平好惡而反人道之正之意，節喪紀，喪也，和安樂，祭也，別男女，冠昏也，正交接，射鄉朝聘也。此節專以禮言，而樂在其中，亦禮先樂後之意也。

樂者爲同，禮者爲異。同則相親，異則相敬。樂勝則流，禮勝則離。合情飾貌者，禮樂之事也。禮義立，則貴賤等矣；樂文同，則上下和矣；好惡著，則賢不肖別矣；刑禁暴，爵舉賢，則政均矣。仁以愛之，義以正之，如此則民治行矣。

相親則不離，故惡平而得其正也；相敬則不流，故好平而得其正也。此節又承節民心、和民聲而言其敎之效也。

樂由中出，禮自外作。樂由中出，故靜；禮自外作，故文。大樂必易，大禮必簡。樂至則無怨，禮至則不爭。揖讓而治天下者，禮樂之謂也。暴民不作，諸侯賓服，兵革不試，五刑不用，百姓無患，天子不怒，如此則樂達矣。合父子之親，明長幼之序，以敬四海之内，天子如此則禮行矣。

樂以心言，和平生於中，故易而靜；禮以身言，中正形於外，故簡而文。至於不怨不爭，則天下化之，而

無有作惡無有作好矣此節又承相親相敬而言其效之極也

右第二章○此章論作樂之用感乎人心成乎政治蓋要其終而言之也然人心感政治成則和樂又興焉故曰其道相爲終始

大樂與天地同和大禮與天地同節和故百物不失節故祀天祭地明則有禮樂幽則有鬼神如此則四海之内合敬同愛矣禮者殊事合敬者也樂者異文合愛者也禮樂之情同故明王以相沿也故事與時

竝名與功偕。故鐘鼓管磬。羽籥干戚。樂之器也。屈伸俯仰。綴兆舒疾。樂之文也。簠簋俎豆。制度文章。禮之器也。升降上下。周還裼襲。禮之文也。故知禮樂之情者能作。識禮樂之文者能述。作者之謂聖。述者之謂明。明聖者述作之謂也。

禮樂之理。原於天地。惟與天地同和。故於天地所生之物。而能使之各得其情也。惟與天地同節。故用以報本反始。而能使之各安其位也。禮樂之道。與天地鬼神同運竝行。此所以能通天下爲一心。

而合敬同愛也。是之謂禮樂之情。而百王不能變者。若夫事則因時而異。名則以功而殊。器數文爲則隨宜而損益。是皆所謂禮樂之文也。必知禮樂之情。而後可以有作。其文則明者述之而已。此節因上二章而極論禮樂之原本。以下亦皆申此節之意。

樂者天地之和也。禮者天地之序也。和故百物皆化。序故羣物皆别。樂由天作。禮以地制。過制則亂。過作則暴。明於天地。然後能興禮樂也。

此申同和同節之意。而言與禮樂者。必先明乎此也。

論倫無患。樂之情也。欣喜歡愛。樂之官也。中正無邪。禮之質也。莊敬恭順。禮之制也。若夫禮樂之施於金石。越於聲音。用於宗廟社稷。事乎山川鬼神。則此所與民同也。

此申禮樂情文之意。論倫無患者。講論人倫。而出於心之所安。無拘苦之意也。四者皆所謂禮樂之情。惟聖人爲能盡之。至於金石聲音之節。享祀鬼

神之事則是以其文措之天下者耳非其本也

王者功成作樂治定制禮其功大者其樂備其治辯者其禮具干戚之舞非備樂也孰亨而祀非達禮也五帝殊時不相沿樂三王異世不相襲禮樂極則憂禮粗則偏矣及夫敦樂而無憂禮備而不偏者其唯大聖乎

此申事與時竝名與功偕之意百王所相沿者禮樂之情爾若禮樂之文則各象其功德而不必相沿襲也所以不相沿襲者蓋文久而偏弊則必因

其時俗而更新之，使之樂而不憂，正而不偏，非達於禮樂之情之聖，能如是乎。

天高地下，萬物散殊，而禮制行矣，流而不息，合同而化，而樂興焉，春作夏長，仁也，秋斂冬藏，義也，仁近於樂，義近於禮，樂者敦和，率神而從天，禮者別宜，居鬼而從地，故聖人作樂以應天，制禮以配地，禮樂明備，天地官矣。

此又復申同和同節之意，至於禮制樂作，則百物不失，而可以祀天祭地，故曰天地官矣，官，猶位也。

天尊地卑，君臣定矣。卑高以陳，貴賤位矣。動靜有常，小大殊矣。方以類聚，物以羣分，則性命不同矣。在天成象，在地成形，如此則禮者天地之别也。地氣上齊，天氣下降，陰陽相摩，天地相盪，鼓之以雷霆，奮之以風雨，動之以四時，煖之以日月，而百化興焉。如此則樂者天地之和也。

申天高地下四句之意。

化不時則不生，男女無辨則亂升，天地之情也。及夫禮樂之極乎天而蟠乎地，行乎陰陽而通乎鬼神，窮

高極遠而測深厚樂著大始而禮居成物著不息者
天也著不動者地也一動一靜者天地之閒也故聖
人曰禮樂云

申天地官馬之意禮樂之理既原於天地則其效
至於格天地可知矣故推其功用以爲窮極乎天
蟠結乎地流行乎陰陽感通乎鬼神蓋所以和同
天人之際使之無間者也極天蟠地則是窮高極
遠而測深厚也行乎陰陽鬼神則是著大始而居
成物也天則不息地則不動陰陽鬼神則一動一

靜於天地之閒。惟禮樂有以幽贊而潛通之。此聖人之教所以禮云樂云者以此也。

右第三章。○此章論作樂之理。本於天地之中和。而其終成於位育之至化。學者必通其情。而不可以徒泥其文也。

昔者舜作五絃之琴以歌南風。夔始制樂以賞諸侯。故天子之爲樂也。以賞諸侯之有德者也。德盛而教尊。五穀時熟。然後賞之以樂。故其治民勞者。其舞行綴遠。其治民逸者。其舞行綴短。故觀其舞知其德。聞其謚。知其行也。

天子既作樂以自象其功德。又於諸侯之有功德者。則作樂以賞之。其舞之行綴。各稱其治民之優劣。故見其舞則知其德。猶聞其謚而知其行也。

大章。章之也。咸池。備矣。韶。繼也。夏。大也。殷周之樂盡矣。

此即大司樂之六舞也。因上言賞樂之舞節。象其德政。故極言德政之盛者。至六代之舞。無以加也。

天地之道。寒暑不時則疾。風雨不節則饑。教者民之寒暑也。教不時則傷世。事者民之風雨也。事不節則無功。然則先王之爲樂也。以法治也。善則行象德矣。寒暑風雨者。天地所以感物之和也。教化政事者。王者所以感民之和也。教化修而德尊。政事舉而功成。則天地之和應之。而樂可作矣。樂以法治。故治善則舞綴之行各象其德也。此總說上兩節之意。

右第四章。○此章申第一章之意。明樂之由於政治。但第一章以音言。此章以舞言也。

夫豢豕爲酒非以爲禍也而獄訟益繁則酒之流生禍也是故先王因爲酒禮壹獻之禮賓主百拜終日飲酒而不得醉焉此先王之所以備酒禍也故酒食者所以合歡也樂者所以象德也禮者所以綴淫也是故先王有大事必有禮以哀之有大福必有禮以樂之哀樂之分皆以禮終樂也者聖人之所樂也而可以善民心其感人深其移風易俗（漢志俗下有易字）故先王著其教焉

窮口腹之欲則酒能生禍矣惟主於合歡而已則

意不在於飲食也。禮樂之作猶是。故禮以節哀樂之情。而樂以感人心之善。皆所謂教民平好惡而反人道之正也。以下亦皆申說此意。

夫民有血氣心知之性。而無哀樂喜怒之常。應感起物而動。然後心術形焉。是故志微噍殺之音作。而民思憂。嘽諧慢易繁文簡節之音作。而民康樂。粗厲猛起奮末廣賁之音作。而民剛毅。廉直勁正莊誠之音作。而民肅敬。寬裕肉好順成和動之音作。而民慈愛。流辟邪散狄成滌濫之音作。而民淫亂。

此節第一章喜怒哀樂愛敬之六事也。然彼言有是情故發是聲，此則言感是聲而動是情，蓋承上節感人深之意，而申第二章人生而靜以下之義也。

是故先王本之情性，稽之度數，制之禮義，合生氣之和，道五常之行，使之陽而不散，陰而不密，剛氣不怒，柔氣不懾，四暢交於中，而發作於外，皆安其位而不相奪也。然後立之學等，廣其節奏，省其文采，以繩德厚，律小大之稱，比終始之序，以象事行，使親疏貴賤長幼男女之理，皆形見於樂，故曰樂觀其深矣。

承上節而言先王所以作樂教人者，其序如此，皆安其位以上，作樂之本也，以下，則皆作樂之用也。本之情性，故有以合生氣之和，稽之度數，故有以道五常之行。四暢者，陰陽剛柔之氣和平而暢達也。簡省文采，專務德厚，亦以本情性者言也。律小大比終始，以象事行，亦以稽度數者言也。

土敝則草木不長，水煩則魚鼈不大，氣衰則生物不遂，世亂則禮慝而樂淫，是故其聲哀而不莊，樂而不安慢易以犯節，流湎以忘本，廣則容姦，狹則思欲，感條暢之氣，滅平和之德，是以君子賤之也。

此節與上節相反，蓋時俗之樂，而非先王之樂也。其哀樂等六聲，亦正與志微噍殺六聲相應。

凡姦聲感人，而逆氣應之，逆氣成象，而淫樂興焉。正聲感人，而順氣應之，順氣成象，而和樂興焉。倡和有應，回邪曲直，各歸其分，而萬物之理，各以類相動也。

竝承上兩節而結其意。

是故，君子反情以和其志，比類以成其行。姦聲亂色不留聰明，淫樂慝禮，不接心術，惰慢邪僻之氣不設於身體，使耳目鼻口心知百體皆由順正以行其義，然後發以聲音，而文以琴瑟，動以干戚，飾以羽旄，從以簫管，奮至德之光，動四氣之和，以著萬物之理。是故清明象天，廣大象地，終始象四時，周還象風雨，五色成文而不亂，八風從律而不姦，百度得數而有常，小大相成，終始相生，倡和清濁，迭相爲經，故樂行而倫清，耳目聰明，血氣和平，移風易俗，天下皆寧。

上言正樂、淫樂，以類相動，故此言學樂之君子，必先謹淫樂之感，然後發以正樂之和，以之治己，則心平而氣順，措之天下，則風移而俗易也。○清明廣大，至德之光也，終始周旋，四氣之和也，五色成文，以下，萬物之理也。

故曰樂者樂也，君子樂得其道，小人樂得其欲，以道制欲，則樂而不亂，以欲忘道，則惑而不樂，是故君子反情以和其志，廣樂以成其教，樂行而民鄉方，可以觀德矣。

申上節修己治人之意，以結首節所謂感人之深移風易俗之易也。

右第五章。○此章申第二章之意，明樂之感乎人心，成乎政治，而其語益加詳矣。

德者性之端也，樂者德之華也，金石絲竹，樂之器也。詩言其志也，歌咏其聲也，舞動其容也，三者本於心，然後樂器從之。是故，情深而文明，氣盛而化神，和順積中，而英華發外，惟樂不可以爲僞。

此卽第三章情文之指，明文之生於情也，以下亦皆申說其意。

樂者心之動也聲者樂之象也文采節奏聲之飾也君子動其本樂其象然後治其飾是故先鼓以警戒三步以見方再始以著往復亂以飭歸奮疾而不拔極幽而不隱獨樂其志不厭其道備舉其道不私其欲是故情見而義立樂終而德尊君子以好善小人以聽過故曰生民之道樂爲大焉

此申第一節之意言君子之厚於情而不輕於著其文者如此也樂將作必先播鼗鼓以警戒舞將動必三舉步以示其方舞者之進而往也必再起

樂節以著其意而不急於往其退而歸也則爲之亂樂以飭之而不緩於歸是故其始也情餘於文從容暇豫雖奮疾而不拔也其既也情見乎文發揚昭宣雖極幽而不隱也情餘於文者獨樂其志不厭其道者也情見乎文者備舉其道不私其欲者也獨樂其志故情見而義立不私其欲故樂終而德尊

樂也者施也禮也者報也樂樂其所自生禮反其所自始樂章德禮報情反始也樂也者情之不可變者

也。禮也者理之不可易者也。樂統同禮辨異。禮樂之說。管乎人情矣。

此復兼禮樂以申第一節之意。至愛從心而出。故曰施。品節稱情而立。故曰報。樂所自生。反所自始。孟子所謂禮樂之實事親從兄者是也。從心而出。故情不可變。而至愛周流。稱情而立。故理不可易。而品節有定。凡此皆禮樂之情也。

窮本知變。樂之情也。著誠去僞。禮之經也。禮樂偩天地之情。達神明之德。降興上下之神。而凝是精粗之體。領父子君臣之節。是故大人舉禮樂。則天地將爲昭焉。天地訢合。陰陽相得。煦嫗覆育萬物。然後草木茂。區萌達。羽翼奮。角觡生。蟄蟲昭蘇。羽者嫗伏。毛者孕鬻。胎生者不殰。而卵生者不殈。則樂之道歸焉耳。

此又推禮樂之情達於天地。卽第三章天地官焉之意。人情之變。不可勝窮。故窮本則知變。人情之僞。尤難於去。故著誠以去僞。本窮誠著。則禮樂之情得矣。故作禮樂以依像天地之情。則神明之德可通。而上下之神可致也。天地之情。神明之德。理

之精者也而不越乎人倫日用之閒故禮樂之道
精粗之體妙合而凝雖微極於天地鬼神之幽而
顯則領乎父子君臣之節也爲昭者言其理察乎
天地也天地訢合以下則是至和之感而萬物育
焉者第三章之極乎天而蟠乎地者是也
樂者非謂黃鍾大呂弦歌干揚也樂之末節也故童
者舞之鋪筵席陳尊俎列籩豆以升降爲禮者禮之
末節也故有司掌之樂師辨乎聲詩故北面而弦宗
祝辨乎宗廟之禮故後尸商祝辨乎喪禮故後主人

是故德成而上，藝成而下，行成而先，事成而後。是故先王有上有下，有先有後，然後可以有制於天下也。

又總結上數節以盡首節之意。

右第六章。○此章申第三章之意，明樂有本原而不在乎聲容之迹，彼以明聖之沿革明之，此以德藝之貴賤證之也。

君子曰：禮樂不可斯須去身。致樂以治心，則易直子諒之心油然生矣。易直子諒之心生則樂，樂則安，安則久，久則天，天則神。天則不言而信，神則不怒而威。

致樂以治心者也。致禮以治躬則莊敬。莊敬則嚴威。心中斯須不和不樂。而鄙詐之心入之矣。外貌斯須不莊不敬。而易慢之心入之矣。

子諒韓詩外傳作慈良。此言禮樂之切於身心者如此。

故樂也者動於內者也。禮也者動於外者也。樂極和。禮極順。內和而外順。則民瞻其顏色而弗與爭也。望其容貌而民不生易慢焉。故德煇動於內。而民莫不承聽。理發諸外。而民莫不承順。故曰致禮樂之道舉而錯之天下無難矣。

此節言以禮樂治身心，則其感於人者如此。顏色發於心，極和故民不與爭；容貌形於身，極順故不生易慢。

樂也者動於内者也，禮也者動於外者也。故禮主其減，樂主其盈。禮減而進，以進爲文；樂盈而反，以反爲文。禮減而不進則銷，樂盈而不反則放。故禮有報而樂有反。禮得其報則樂，樂得其反則安。禮之報，樂之反，其義一也。

此節言禮樂之道相濟治其身心者亦當相濟乃不偏也禮者撙節退讓故曰減樂者欣喜歡愛故曰盈撙節退讓而粲然有文者減而進者也欣喜歡愛而秩然有節者盈而反者也報者往來報答之謂有往來報答則和行乎其中矣有終始節奏則敬存於其内矣

夫樂者樂也人情之所不能免也樂必發於聲音形於動靜人之道也聲音動靜性術之變盡於此矣故人不耐無樂樂不耐無形形而不爲道不耐無亂先

王耻其亂，故制雅頌之聲以道之，使其聲足樂而不流，使其文足論而不息，使其曲直繁瘠廉肉節奏，足以感動人之善心而已矣。不使放心邪氣得接焉，是先王立樂之方也。

上文並論禮樂，此下又專言樂也。此節則言樂之因人心而作者如此。○案其文足論而不息，卽所謂可以語，可以道古者也。蓋古人之爲樂者，必有事實，而非虛詞，故可以講論而知其意，如孔子之說大武其一端也。

是故樂在宗廟之中，君臣上下同聽之，則莫不和敬；在族長鄉里之中，長幼同聽之，則莫不和順；在閨門之內，父子兄弟同聽之，則莫不和親。故樂者，審一以定和，比物以飾節，節奏合以成文，所以合和父子君臣，附親萬民也，是先王立樂之方也。

此節言樂之感乎人心者如此，審其情之一，所以定和，比其物之殊，所以飾節。○案此言先王作樂達乎鄉黨閭巷閨門，此所以風移而俗易也。與後世但議於朝廟之閒，專爲具文者異矣。

故聽其雅頌之聲，志意得廣焉；執其干戚，習其俯仰詘伸，容貌得莊焉；行其綴兆，要其節奏，行列得正焉，進退得齊焉。故樂者天地之命，中和之紀，人情之所不能免也。夫樂者，先王之所以飾喜也；軍旅鈇鉞者，先王之所以飾怒也。故先王之喜怒，皆得其儕焉。喜則天下和之，怒則暴亂者畏之。先王之道，禮樂可謂盛矣。

此節言樂之聲容，皆本於天地中和之理，人情所不能自已者。故習之則得其情，不可徒觀其飾而忘其意也。

右第七章。○此章總論樂之本末功效。蓋通前六章而發明其未盡之意也。章首兼論禮樂。於身心之要最爲深切。其後論樂亦分三節。始於人心之動。中於感人之效。而終於天地之命。中和之紀。故知此章是總論也。

賓牟賈侍坐於孔子。孔子與之言及樂。曰、夫武之備戒之已久何也。對曰、病不得其衆也。

孔子問大武之樂。擊鼓備戒已久。而後興舞何也。

賈對武王憂人心之未得。故欲集衆而後動也。

咏歎之淫液之何也。對曰、恐不逮事也。

咏歎淫液、謂歌者咨嗟留連之聲也。對言武王順天應人。恐不及於事。故其形於聲者如此。○案此非舞者之自歌也。葢堂下自舞。而堂上歌以應之。歌言其志。舞動其容。故合之而當日之事可見。

發揚蹈厲之已蚤何也。對曰、及時事也。

謂初舞時。手足即發揚蹈地而猛厲也。對言及時成功。故其見於容者如此。

武坐致右憲左何也。對曰、非武坐也。

憲舊讀爲軒。言舞者之跪右足至地而左足軒仰也。愚謂以下文分左右觀之、疑是招右列之人、如左法而皆坐耳。賈以武王初得天下、未敢寧居、故疑其非武坐也。

聲淫及商何也。對曰、非武音也。子曰、若非武音則何音也。對曰、有司失其傳也。若非有司失其傳、則武王之志荒矣。子曰、唯、丘之聞諸萇弘、亦若吾子之言是也。

聲淫及商。謂歌奏之聲雜以商調也。案國語引武王牧野之事。音皆尚宮。周官大祭祀之樂無商。故大武之樂。於時有濫入商聲者。而賈以非武音對。云若果是武音。則是殺伐之心動。而武王之志荒矣。賈之對惟此爲得。故夫子亟是之。

賓牟賈起。免席而請曰。夫武之備戒之已久。則既聞命矣。敢問遲之遲而又久何也。子曰。居。吾語汝。夫樂者象成者也。總干而山立。武王之事也。發揚蹈厲。太公之志也。武亂皆坐。周召之治也。

上遲字待也當舞之初備戒已久賈言之而夫子不以爲非故曰既聞命矣又問其終舞者若有所待而立於綴遲而且久是何意也然賈前數對者能知其意而未能指其實又疑左右竝坐之非故夫子復從初告之曰當其備戒之時舞人持干山立不動者敬天之命乃武王之事也及其發揚蹈厲之蚤救民伐暴乃太公之志也至於武樂將終左右皆坐偃武修文乃周召之治也若咏歎淫泆與聲淫及商則聲歌之事非關舞節且賈對亦已

得之故不復告也。

且夫武始而北出，再成而滅商，三成而南，四成而南國是疆，五成而分周公左召公右，六成復綴以崇天子。

欲答賈遲久之問，故又總武樂六成而通說其意其始也，舞者自南而北，以象武之北出，則備戒而總干山立時也，再成而象武之滅商，則發揚蹈厲時也，三成舞者象武返南，四成則象其威服南國而疆理之之事，五成舞者分爲左右，以象周召，則武亂皆坐時也。六成復歸綴位，以象天子尊居，則所謂遲之又久者，卽此時矣。

夾振之而駟伐，盛威於中國也。分夾而進，事蚤濟也。久立於綴，以待諸侯之至也。

其初成、再成、五成，北出滅商，及周召左右之事，前文已言之，故此但言三成、四成、六成之事。南回之後，二人振鐸以夾舞者，而以干戈四外擊刺，乃武既克殷而威服中國也。既伐則分夾而進，不復遲留，乃武功早成，不黷其威也。至復於綴位，久立不

動則武王垂拱以治天下而待諸侯之自歸也此

句已答賈遲久問意下文復推言之

且女獨未聞牧野之語乎武王克殷反商未及下車

而封黄帝之後於薊封帝堯之後於祝封帝舜之後

於陳下車而封夏后氏之後於杞投殷之後於宋封

王子比干之墓釋箕子之囚使之行商容而復其位

庶民弛政庶士倍祿濟河而西馬散之華山之陽而

弗復乘牛散之桃林之野而弗復服車甲釁而藏之

府庫而弗復用倒載干戈包之以虎皮將帥之士使

爲諸侯名之曰建櫜然後天下知武王之不復用兵也散軍而郊射左射貍首右射騶虞而貫革之射息也裨冕搢笏而虎賁之士說劍也祀乎明堂而民知孝朝覲然後諸侯知所以臣耕藉然後諸侯知所以敬五者天下之大教也食三老五更於大學天子袒而割牲執醬而饋執爵而酳冕而總干所以教諸侯之弟也若此則周道四達禮樂交通則夫武之遲久不亦宜乎

此復推久立於綴之意以答賈之問也言武王偃

武功之速而修文德之深漸仁摩義以致太平則非遲而又久不足以形像之也合此章而觀之則其始也備戒之久以見聖人無尚武之心其終也立綴之久以見聖人惟德化之務其閒所謂發揚蹈厲盛威中國者亦皆不俄頃而功成此所以商聲之淫必知其非武聲而左右皆坐正所以爲武坐也○案古舞法之不傳久矣近代又爲五聲五行之說空有俯仰之節而無復功德之象則其失先王之意遠矣幸而此章問答至爲詳明不獨見

古人之曲折，而且可以爲後世之折衷，不獨備雅舞之形容，而且可以知俗樂之變態，有意禮樂之事者，不可不反覆於茲焉。

右第八章。○此章專言樂舞之理。

子贛見師乙而問焉，曰：賜聞聲歌各有宜也，如賜者宜何歌也？師乙曰：乙賤工也，何足以問所宜，請誦其所聞，而吾子自執焉。寬而靜、柔而正者，宜歌頌；廣大而靜、疏達而信者，宜歌大雅；恭儉而好禮者，宜歌小雅；正直而靜、廉而謙者，宜歌風；肆直而慈愛者，宜歌商。溫良而能斷者。宜歌齊。夫歌者直己而陳德也。動己而天地應焉。四時和焉。星辰理焉。萬物育焉。

國風雅頌凡三言靜者。非靜則不能涵濡體味。而得其性情之正也。言寬而靜。又言廣大而靜者。寬則已造於廣大之域而安焉。廣大所以至於寬也。恭儉卽廉謙。然好禮則有學矣。廉謙者資質之美而已。六者各就其德性所近者而歌之。葢取其聲之易入。而因以涵養成就其所未至也。

故商者五帝之遺聲也。商人識之。故謂之商。齊者三代之遺聲也。齊人識之，故謂之齊。明乎商之音者，臨事而屢斷；明乎齊之音者，見利而讓。臨事而屢斷，勇也；見利而讓，義也。有勇有義，非歌孰能保此。

風雅頌之義，世所共知，故獨舉商齊言之。肆直而能慈愛，則斷而不傷物矣；溫良而能斷，則讓而不失已矣。蓋皆因其德而成之，專言濟其偏者非也。

故歌者，上如抗，下如隊，曲如折，止如槀木，倨中矩，句中鉤，纍纍乎端如貫珠。故歌之爲言也，長言之也。說之，故言之；言之不足，故長言之；長言之不足，故嗟嘆

之。嗟嘆之不足故不知手之舞之足之蹈之也。子貢

問樂。

如抗者，其聲斗然而升。如隊者，其聲頓然而落。如折者，轉音之清。如槀木者，收音之靜，葢無餘聲泛詠以夾雜乎其閒，故其高下作止之節分明如此。歌有安置齊整而方者，則其倨中矩。歌有宛轉迴環而圓者，則其句中鉤。葢得乎緩急疾徐之中，故其聲自與規矩合者又如此。總一歌之全體而象之，則其聲氣接續，而句字明潔，所謂纍纍乎端如

貫珠也。末又極言聲由心生之趣，至於手舞足蹈，則舞之理亦具是矣。

右第九章。○此章專言詩歌之理。

魏文侯問於子夏曰：吾端冕而聽古樂，則惟恐臥；聽鄭衛之音，則不知倦。敢問古樂之如彼何也？新樂之如此何也？子夏對曰：今夫古樂，進旅退旅，和正以廣，弦匏笙簧，會守拊鼓，始奏以文，復亂以武，治亂以相，訊疾以雅。君子於是語，於是道古，修身及家，平均天下。此古樂之發也。

旅言其齊也。進退皆齊，則和正而且廣，所謂三步以見方也。琴瑟笙簧，必待拊鼓而動，所謂先鼓以警戒也。始奏則從容而象文，所謂再始以著往也。復亂則謹嚴而象武，所謂復亂以飭歸也。相雅皆樂器名。相以治其雜亂，所謂極幽而不隱也。雅以察其疾速，所謂奮疾而不拔也。凡此皆言古樂和緩中正之美，而且有理義事實以貫乎其中，故可以講論善道，稱說古人，而用之爲修己治人之方也。

今夫新樂，進俯退俯，姦聲以濫，溺而不止，及優侏儒，
獶雜子女，不知父子，樂終不可以語，不可以道古，此
新樂之發也。

進俯退俯，容之陋也；溺而不止，聲之淫也；甚而至
於倡優侏儒之類，子女溷雜，則絶無父子之禮矣；
無義理而不足以講論，無事實而不足以道古。今
之與古不同如此，兩言發者，由其根本異也。

今君之所問者樂也，所好者音也。夫樂者與音相近
而不同。文侯曰：敢問何如？子夏對曰：夫古者天地順

而四時當，民有德，而五穀昌，疾疢不作，而無妖祥，此之謂大當。然後聖人作爲父子君臣，以爲紀綱。紀綱既正，天下大定。天下大定，然後正六律，和五聲，弦歌詩頌，此之謂德音。德音之謂樂。詩云：莫其德音，其德克明。克明克類，克長克君。王此大邦，克順克俾。俾于文王，其德靡悔。既受帝祉，施于孫子。此之謂也。

此言古樂所由作也。引皇矣之詩，本不甚切於樂，必盡其詞者，勉君故也。

今君之所好者，其溺音乎？文侯曰：敢問溺音何從出也。子夏對曰、鄭音好濫淫志。宋音燕女溺志。衛音趨數煩志。齊音敖辟喬志。此四者皆淫於色而害於德。是以祭祀弗用也。

此言新樂所由起也。古者天子祭祀。亦陳列國四夷之樂而觀之。獨此四者不用。是大司樂所謂淫聲過聲凶聲慢聲者與。

詩云、肅雝和鳴。先祖是聽。夫肅肅敬也。雝雝和也。夫敬以和。何事不行。爲人君者。謹其所好惡而已矣。君好之則臣爲之。上行之則民從之。詩云、誘民孔易。此之謂也。

溺音既不用於祭祀，故必和敬之音，然後先祖聽之也。音樂淫正之閒，好惡不可不謹，蓋上行而下化之，乃移風易俗之機也。

然後聖人作爲鞉鼓椌楬壎篪，此六者德音之音也。然後鐘磬竽瑟以和之，干戚旄狄以舞之，此所以祭先王之廟也，所以獻酬酳酢也，所以官序貴賤各得其宜也，所以示後世有尊卑長幼之序也。

此起處然後兩字，發語辭也。椌楬，柷敔也。鐘磬以爲樂之紀綱。琴瑟笙竽以爲樂之音奏。是四者莫重焉。故前文云、正六律、和五聲、弦歌詩頌、是謂德音者此也。鞉鼓椌楬所以節樂而已。塤篪亦竽笙簫管之次。而此乃特表六器以爲德音之音者。蓋先質後文。樂而有節之意。前謂弦匏笙簧、會守拊鼓、治亂以相、訊疾以雅、正此意也。夫樂聲淡則聽心平。樂容正則禮節得。此所以用之祭祀饗燕。而貴賤尊卑長幼各安其位也。

鐘聲鏗。鏗以立號。號以立横。横以立武。君子聽鐘聲。

則思武臣。石聲磬。磬以立辨。辨以致死。君子聽磬聲則思死封疆之臣。絲聲哀。哀以立廉。廉以立志。君子聽琴瑟之聲。則思志義之臣。竹聲濫。濫以立會。會以聚衆。君子聽竽笙簫管之聲。則思畜聚之臣。鼓鼙之聲讙。讙以立動。動以進衆。君子聽鼓鼙之聲。則思將帥之臣。君子之聽音。非聽其鏗鏘而已也。彼亦有所合之也。

鐘聲遠達。故曰號。磬聲堅確。故曰辨。絲聲細窸。故曰廉。竹聲繁雜。故曰聚。鼓聲振作。故曰動。○案是諸器者，皆聖人所以動至和之氣，消殺伐之聲，非如此所云也。子夏對君之言若此者，抑恐其湛於淫樂而忽封疆之憂，惑於聲色而忘文武之士，故言是以惕其心焉，亦賢者告君之術也。抑此五聲者，卽前所謂鐘磬竽瑟之類也，而鞉塤椌楬不與焉。蓋就所謂鏗鏘可聽之音者，而樂不忘憂，則知所以反求其本，而德音在是矣。

右第十章。○此章總論聲舞樂器，今樂古樂之別。

古樂經傳 卷之二 三

附樂經　　　　安溪李光地註

易 風行地上，觀。先王以省方觀民設教。觀大象傳

記云，天子巡狩，命太師陳詩以觀民風，即其事也。

雷出地奮，豫。先王以作樂崇德，殷薦之上帝，以配祖考。豫大象傳

記云，王者功成作樂。夫樂者，象成者也。傳曰，聞其樂而知其德。孝經云，周公郊祀后稷以配天，宗祀文王於明堂以配上帝，皆其事也。○案天地之氣聚而成聲者，風雷是也。風行地上，是生萬籟，然而

有和風，有烈風，有凄風，物之受感者不同，而其聲亦各異，此則聲音發於民心之象也。雷出地奮，陽氣無不達，而正聲無不感，此則作樂以揚功德之象也。風聲出於萬物，而因以散萬物之鬱，聲音出於萬民，而因以導萬民之傷，此風詩所由采，而鄉黨閭巷之樂所由興也。雷動於太和，而因以宣太和之化，樂本於盛德，而因以助盛德之治，此雅頌所由隆，而郊廟朝廷之樂所由作也。此葢樂由天作，自然之理，記所謂流而不息，合同而化，而樂生焉。又曰。鼓之以雷霆。潤之以風雨。而百化興焉。如此則樂者天地之和也。皆謂此也。

書

協時月正日。同律度量衡。

律者自然之聲。自然之氣。其髙下清濁。皆有天機。其長短大小。皆有天則。故可以律萬事而爲之本也。自然之道。既合乎天。故其立法。以天爲準。一管之長九寸。而三分之以上下生。是皆天之數也。天包乎地。一而涵三。三三之衍。不可勝窮。此天之數而律準之。故日月星辰皆紀於天。度量權衡皆紀於律日有度之義晷刻永短與時進退是也律之外分屬陽而度生焉故其法以十爲率十幹之節也終於九十而一氣備矣月有量之義受日爲光有滿有虧是也律之内積屬陰而量生焉故其法一分之冪十三黍有奇月每日退天之分也終於千二百黍而一龠成矣斗有權衡之義隨時低昂斟酌餘分是也長短多寡一以輕重爲斷而權生焉故其法合龠爲二十四銖成兩十六兩成斤三十斤成鈞四鈞成石三十二日而閏一日三十二

月而閏一月，四閏而交食一終之數也。記大人作則，必以天地爲本，以日星爲紀，月以爲量，四時以爲柄。本者律，爲萬事根本也；紀者度也；量者量也；柄者權衡也。故協時月正日，與同律度量衡，其道相爲經緯也。

帝曰：夔，命汝典樂，教胄子，直而溫，寬而栗，剛而無虐，簡而無傲。詩言志，歌永言，聲依永，律和聲，八音克諧，無相奪倫，神人以和。以上舜典

聲者，宮商角徵羽也。之五聲者之於樂也有調焉，

有音焉。調則統一曲而名之，以宮商角徵羽者是已。音則每字而別其爲宮商角徵羽者是已。如唐開元樂譜，鹿鳴三篇、魚麗三篇爲黃鐘宮調，關雎三篇、鵲巢三篇爲無射商調。此統一曲而名之者也。然黃鐘之宮，黃鐘也。無射之商，亦黃鐘也。皆用黃鐘之律以起調畢曲。其閒雜用七律，則皆黃鐘所生之商角徵羽與夫變宮變徵也。此則隨其音之所宜，每字而別。然每字之音，雖亦嘗以五聲之號，大要因其字音之抑揚，叶律高下而已。調之五

聲。則其氣象音節。迥然不侔。若知聲而不知調。則

非知五聲者。

予欲聞六律五聲八音。在治忽。以出納五言。

案漢書引此云、予欲聞六律五聲八音七始。詠以出納五言。据理求之。漢志爲長。蓋七始者。宮徵商羽角變宮變徵也。七音之清濁。皆始於人聲。故曰七始也。詠、卽舜典所謂歌詠言者。而五言。卽所謂詩言志之言也。以其言不離乎五音。故曰五言。雖有七始。究亦五音也。蓋上所謂五聲者。以調言也。

通調而名之以宮名之以商是也下所謂七始者以音言也逐字而名之以宮名之以商是也變宮變徵不爲調故聲止於五若歌奏而有清濁高下之音則七者備焉故始究於七七始之音歌詠言者用之而八音取法焉其音有清濁高下則有開發收閉故曰詠以出納五言也蓋舜典先言志詠言而後及於五聲六律八音者以人聲爲主然後被以五聲節以六律而成以八音循本以及末也此先六律五聲八音而後七始詠以出納五言者

以律呂爲主然後五聲應之八音和之雖人聲亦必受其均節焉制法以存神也舜典言五聲可包七始然彼以調爲重故只舉五聲此以音爲重則非七而音有缺矣蓋二變之不爲調與調之外又有音皆頼此文而可見也

夔曰戛擊鳴球搏拊琴瑟以詠祖考來格虞賓在位羣后德讓下管鼗鼓合止柷敔笙鏞以閒鳥獸蹌蹌簫韶九成鳳皇來儀以上益稷謨

戛擊搏拊古注皆以爲樂器之名惟沈括以屬於

鳴球琴瑟而爲作樂之義於理爲優虞賓一讀在位連羣后讀之蓋祭祀時丹朱無不至諸侯則有在位者有不在位者故言虞賓及在位之羣后皆德讓也据儀禮作樂凡四節升歌一也笙入二也閒歌三也合樂四也蓋堂上之樂工鼓琴瑟而歌堂下之樂或主笙或主管各以所宜故曰歌者在上匏竹在下匏竹卽笙管之謂也上下迭作則謂之閒上下竝作則謂之合準此以求則戞擊鳴球搏拊琴瑟以詠升歌之樂也下管鼗鼓合止柷敔

下管之樂也笙鏞以閒閒歌之樂也簫韶九成合作之樂也葢鐘與笙相應者曰笙鐘與歌相應者曰鏞鐘今曰笙鏞以閒則爲歌笙迭作明矣合樂之時則舞入故春秋傳曰見舞韶箾者然則簫韶九成之爲合樂又明矣此舜享于宗廟之樂也

詩 猗與那與置我鞉鼓奏鼓簡簡衎我烈祖湯孫奏假綏我思成鞉鼓淵淵嘒嘒管聲旣和且平依我磬聲於赫湯孫穆穆厥聲庸鼓有斁萬舞有奕我有嘉客亦不夷懌商頌

朱傳云言鞉鼓管籥作於堂下其聲依堂上之玉磬無相奪倫者至九獻之後鍾鼓交作萬舞陳於庭則祀事畢矣愚謂鍾有頌鍾有笙鍾磬亦有頌磬有笙磬庸即頌也與歌聲相應者也此庸字亦當包鍾磬然乃在懸者與上玉磬别也虞書云笙鏞以閒此直言庸以人聲爲重也以虞周之樂推之庸鼓有斁當爲閒歌萬舞有奕當爲合樂葢未至閒歌則笙庸未舉未至合樂則萬舞未陳而上管聲磬聲之相依者則渾升歌下管而言之實則

兩段也。

有瞽有瞽，在周之庭。設業設虡，崇牙樹羽。應田縣鼓，鞉磬柷圉。既備乃奏，簫管備舉。喤喤厥聲，肅雝和鳴。先祖是聽，我客戾止，永觀厥成。周頌

瞽，矇升歌之工也。虡業崇牙鼓鞉柷圉備，而簫管奏焉，則下管之樂也。朱傳：磬謂石磬者，堂下懸磬，所以別於虞書商頌鳴球依磬之文也。

周禮 膳夫，王日一舉，以樂侑食，卒食，以樂徹于造。天官

注云：殺牲盛饌曰舉。王日一舉，以朝食也。疏云：一

日食有三時。同食一舉。案玉藻云。皮弁以日視朝。遂以食。日中而餕。餕者餕朝之餘。則遂以食之爲朝食明矣。以樂侑食。卽王制云。天子食。日舉以樂。案論語亞飯三飯四飯。鄭云。皆舉食之樂。彼諸侯禮。則天子日有舉食之樂可知。又大司樂云。王大食。皆令奏鐘鼓。彼大食自是朔食。日舉之樂。大司樂或不令奏。故不言之爾。造。謂造食處。卽廚是也。

天子祭祀歌雍以徹。徹食器之時。樂章未聞。

鼓人。掌教六鼓四金之音聲。以節聲樂。以和軍旅。以正田役教爲鼓而辨其聲用。以雷鼓鼓神祀。以靈鼓鼓社祭。以路鼓鼓鬼享。以鼖鼓鼓軍事。以鼛鼓鼓役事。以晉鼓鼓金奏。以金錞和鼓。以金鐲節鼓。以金鐃止鼓。以金鐸通鼓。凡軍旅夜鼓鼜。軍動則鼓其衆。田役亦如之。

注云。雷鼓。八面鼓也。靈鼓。六面鼓也。路鼓。四面鼓也。大鼓謂之鼖。鼖鼓長八尺。鼛鼓長丈二尺。晉鼓長六尺六寸。錞。錞于也。圜如碓頭。大上小下。樂作鳴之。與鼓相和。鐲。鉦也。形如小鐘。軍行鳴之。以爲鼓節。鐃如鈴。無舌有秉。執而鳴之。以止擊鼓。鐸大鈴也。振之以通鼓。鼜夜戒守鼓也。司馬法曰。昏夜四通爲大鼜。夜半三通爲晨戒。旦明立通爲發昫。疏云。言掌教者。必教他官。愚案。眡瞭職雖不云擊鼓。以上下參之。其五鼓是眡瞭擊之。則此所教者。當教眡瞭也。其晉鼓當教鎛師。故其職曰。掌金奏之鼓。云以節聲樂者。雷鼓靈鼓路鼓晉鼓是也。以和軍旅者。鼖鼓是也。以正田役者。鼛鼓是也。田獵所以習戰。則田鼓當與軍事同。

鼓人。凡祭祀百物之神。鼓兵舞帗舞者。

祭祀百物之神。亦謂民閒所祭。其蜡祭之類與。

舞師、掌教兵舞。帥而舞山川之祭祀。教帗舞。帥而舞社稷之祭祀。教羽舞。帥而舞四方之祭祀。教皇舞。帥而舞旱暵之事。以上地官

注云、羽、析白羽爲之。皇析五采羽爲之。形皆如帗。

疏云、掌教謂教野人。案春官樂師六舞。并有旄舞人舞。此無此二者。彼教國子。故有二者。此教野人。故無旄舞人舞。愚按此職屬之地官。則此之山川

社稷四方旱暵，蓋鄉遂之官，帥其民而祭之，非朝
廷所用也。記曰：天子自立社曰王社，爲百姓立社
曰大社。社稷之建，所在有之，及夫山川，民所資財
用也。四方水旱，民之所祈望禱請也。若大司樂所
祭之地示則王社，所謂山川則嶽瀆，又王者祭四
望、大雩帝用盛樂，皆非舞師之事也。

射人，以射法治射儀，王以六耦射三侯，三獲三容，樂
以騶虞，九節五正；諸侯以四耦射二侯，二獲二容，樂
以貍首，七節三正；大夫以三耦射一侯，一獲一容，樂

以采蘋，五節二正，士以三耦射豻侯，一獲一容，樂以采蘩，五節二正。

注云，射法，王射之禮，治射儀，謂肄之也，容者乏也，待獲者所蔽也，三侯者，五正三正二正之侯也，二侯者，三正二正之侯也，一侯者，二正而已，此皆與賓射於朝之禮也，考工梓人職曰，張五采之侯，則遠國屬，遠國，謂諸侯來朝者也，五采之侯，即五正之侯也，正之言正也，射者内志正則能中焉，畫五正之侯，中朱，次白，次蒼，次黃，元居外，三正，損元黃，二正去白蒼而畫以朱綠其外之廣皆居侯中三分之一中二尺大射禮豻作干胡犬也士與士射則以豻皮飾侯下大夫也大夫以上與賓射飾侯以雲氣用采各如其正九節七節五節者奏樂以爲射節之差疏云此言容儀禮大射鄉射言乏之言容者以唱獲者容身於其中據人而言云乏之者矢至此乏極據矢而說也大射云大侯九十糝侯七十豻侯五十二侯謂七十五十弓者也一侯者五十弓而已云皆與賓射於朝之禮者蓋梓人有三

等侯云張皮而棲鵠及司裘云虎侯熊侯豹侯皆大射之侯也其云張五采之侯及此五正之等賓射之侯也又云張獸侯則王以息燕及鄉射記云天子熊侯白質之等皆燕射之侯也畫五正之侯皆以相克爲次九節者五節先以聽七節者三節先以聽五節者一節先以聽尊者先聽多卑者少爲差皆留四節以乘矢拾發也

諸子凡樂事正舞位授舞器

諸子掌國子之戒令教治者而舞乃國子之事故

爲之正位授器焉。其屬諸夏官。則以春合諸學。秋合諸射。兼治其兵甲之事。

儀禮鄉射禮。主人揖讓以賓升。大夫及衆賓皆升就席。席工于西階上。少東笙入。立于縣中。西面。乃合樂。周南關雎葛覃卷耳。召南鵲巢采蘩采蘋。

注云。鄉射者。州長春秋以禮會民而射於州序之禮。謂之鄉者。州鄉之屬。鄉大夫或在焉。不歌不笙不閒。志在射。畧於樂也。不畧合樂者。周南召南之風。鄉樂也。不可畧其正也。六篇風化之原。用之房中。以及朝廷鄉燕鄉射飲酒。合金石絲竹而歌之。

疏云、鄉士大夫行射禮。先行鄉飲酒禮。鄉飲酒與鄉射自爲首尾。天子諸侯射。先行燕禮。燕禮與大射自爲首尾也。

燕禮、工入。升自西階。北面東上。坐。歌鹿鳴四牡皇皇者華。笙入。立於縣中。奏南陔白華華黍。乃閒。歌魚麗。笙由庚。歌南有嘉魚。笙崇丘。歌南山有臺。笙由儀。遂歌鄉樂。周南關雎葛覃卷耳。召南鵲巢采蘩采蘋。旅酬。無算樂。賓醉。奏陔。

注云笙者以笙播此三篇之詩也南陔白華華黍皆小雅篇也今亡閒代也謂一歌則一吹也六者皆小雅篇由庚崇丘由儀今亦亡矣周南召南國風篇也王后國君夫人房中之樂歌也夫婦之道生民之本王政之端此六篇者其教之原也故國君與其臣下及四方之賓燕用之合樂也鄉樂者風也小雅爲諸侯之樂大雅頌爲天子之樂鄉飲酒升歌小雅禮盛者可以進取燕合鄉樂禮輕者可以逮下也春秋傳曰肆夏繁遏渠天子所以享

元侯也。文王大明綿。兩君相見之樂也。然則諸侯之相與燕。升歌大雅。合小雅也。天子與次國小國之君燕。亦如之。與大國之君燕。升歌頌。合大雅。其笙閒之篇未聞。無算樂。升歌合樂無數也。取歡而已。其樂章亦然。陔。陔夏也。賓出奏陔夏以爲行節。若以樂納賓。則賓及庭。奏肆夏。賓拜酒。主人答拜。而樂闋。公拜受爵。而奏肆夏。公卒爵。主人升受爵以下。而樂闋。升歌鹿鳴。下管新宫。笙入三成。遂合鄉樂。若舞則勺。

主人者，宰夫也。凡燕卿大夫則以大夫爲賓，宰夫爲主人。注云：不以所與燕者爲賓者，燕爲序歡心，賓主敬也。公父文伯飲南宫敬叔酒，以路堵父爲客，此之謂也。又案下管新宫者，以管奏新宫之篇也。笙入三成，以笙入閒歌也。遂合鄉樂，卽二南也。此四節之樂，皆與前同，但次節易笙爲管耳。蓋管重於笙，虞書周禮下管，禮記升歌清廟下而管象，皆重樂也。至第三節以笙閒歌，則上下皆同。虞書曰：笙鏞以閒，是也。此言笙入三成，而不言歌言閒者。棠上笙文耳。注疏謂笙入三成。正謂笙奏新宫三終。申說下管之義。恐非文意也。但因疏言新宫三終。可知升歌鹿鳴者。亦升歌鹿鳴之三終也。閒合各三。俱與前文同。或不言者。皆省文耳。

大射儀。樂人宿縣于阼階東。笙磬西面。其南笙鐘。其南鑮。皆南陳。建鼓在阼階西。南鼓。應鼙在其東。南鼓。西階之西。頌磬東面。其南鐘。其南鑮。皆南陳。一建鼓在其南。東鼓。朔鼙在其北。一建鼓在西階之東。南面。簜在建鼓之閒。鼗倚於頌磬。西紘。

注云、大射者、諸侯將有祭祀之事、與其羣臣射以觀其禮。數中者得與於祭、不數中者不得與於祭也。笙、猶生也。東爲陽中、萬物以生。是以東方鐘磬謂之笙。皆編而縣之。鏄如鐘而大。建、猶樹也。以木貫而載之、樹之跗也。南鼓、謂所伐面也。應鼙、應朔鼙也。先擊朔鼙、應鼙應之。鼙、小鼓也。在東、便其先擊小、後擊大也。鼓不在東縣、南爲君也。言成功曰頌。西爲陰中、萬物之所成。是以西方鐘磬謂之頌。朔、始也。奏樂先擊西鼙、樂爲賓所由來也。鐘不言

頌鼙不言東鼓義同省文也一建鼓在西階之東
言面者國君於其羣臣備三面耳無鐘磬有鼓而
已其爲諸侯則軒縣簜竹也謂笙簫之屬紘編磬
繩也疏云云鼓不在東縣南爲君者決下一建鼓
在其南東鼓者爲賓也愚按一建鼓在其東者爲
君一建鼓在其南者爲賓則一建鼓在西階之東
南面其與賓主共之者與

乃席工于西階上少東僕人正徒相大師僕人師相
少師僕人士相上工小樂正從之乃歌鹿鳴三終主

人獻工。乃管新宫三終。

注云徒空手也。正僕人之長師。其佐也。士。其吏也。天子眂瞭相工。諸侯兼管。是以僕人掌之。愚按歌鹿鳴三終者。卽鹿鳴四牡皇皇者華也。注以爲歌鹿鳴而不歌四牡皇華者非是。

附樂記

安溪李光地註

聲律篇

禮記　孟春之月，其音角，律中太簇。仲春之月，其音角，律中夾鐘。季春之月，其音角，律中姑洗。孟夏之月，其音徵，律中仲呂。仲夏之月，其音徵，律中蕤賓。季夏之月，其音徵，律中林鐘。中央土，其音宮，律中黃鐘之宮。孟秋之月，其音商，律中夷則。仲秋之月，其音商，律中南呂。季秋之月，其音商，律中無射。孟冬之月，其音羽，律中應鐘。仲冬之月，其音羽，律中黃鐘。季冬之月，其

音羽。律中大呂。月令

角徵宮商羽者、五音屬五行也。太簇至大呂者、十二律配十二月也。中者、合也應也。以理言之則相合。以氣言之則相應也。然氣之相應。必按時候管。逐月用調。又非也。聲音之道。與天地陰陽自然流通者如此耳。黃鐘之宮、說見呂氏春秋條下。有黃鐘。又有黃鐘之宮。葢別爲一管也。

五聲六律十二管還相爲宮也。禮運

宮者五音之長也。宮生徵。徵生商。商生羽。羽生角。

每一律自爲宮，則以三分損益，上下相生，而爲之商角徵羽。故曰還相爲宮也。還宮之義，施之於用，有聲有調。聲則一字爲宮，一字爲商者是也。調則通一曲而名之爲宮，名之爲商者是也。如黄鍾宮調，則是黄鍾爲宮，其調中之字皆叶以黄鍾所生之五聲，而以黄鍾起調，黄鍾畢曲也。如無射商調，夷則角調，仲呂徵調，夾鍾羽調，則以黄鍾乃無射之商，夷則之角，仲呂之徵，夾鍾之羽，其調中之字，則各叶以無射夷則仲呂夾鍾所生之五聲，而仍以黄鍾起調，黄鍾畢曲也。餘十一律悉可例推。起調畢曲者，曲中每段首尾聲也。○西山蔡氏曰，古人變宫變徵不爲調，後世以二變參爲八十四調者非也。

左傳一氣二體三類四物五聲六律七音八風九歌以相成也。

二體陰陽也，三類三才也，四物四物、四時、四方也，七音見後。

先王之樂，所以節百事也。故有五節，遲速本末以相及中聲以降。五降之後，不容彈矣。

宮聲遲，以漸而速，宮聲爲本，餘者爲末。宮聲、中聲也。宮聲之前，未及乎中，羽聲之後，則過乎中。然則五聲皆中聲，而宮爲中之始，則中之中也。故曰中聲以降。

國語景王將鑄無射而爲之大林。單穆公諫不聽，問之伶州鳩。對曰、臣聞之，琴瑟尚宮，鐘尚羽，石尚角，匏竹利制，大不踰宮，細不過羽。夫宮音之主也，第以及羽。故樂器重者從細，輕者從大。是以金尚羽，石尚角。

瓦絲尚宮匏竹尚議革木一聲夫政象樂樂從和和從平聲以和樂律以平聲金石以動之絲竹以行之詩以道之歌以詠之匏以宣之瓦以贊之革木以節之物得其常曰樂極極之所集曰聲聲應相保曰和細大不踰曰平如是而鑄之金磨之石繫之絲木越之匏竹節之鼓而行之以遂八風於是乎氣無滯陰亦無散陽陰陽序次風雨時至嘉生繁祉人民和利物備而樂成

琴瑟細恐其過於羽故尚宮鐘聲大恐其踰於宮

故尚羽。惟石聲清和。而角在清濁之間。故其音獨相得也。匏竹者。人氣所吹也。歌以人聲。吹以人氣。高下在心。有所取裁。故曰利制。又曰尚議。革木無五聲。爲樂之節而已。故曰一聲。八音之敘。金石爲先。金聲玉振。樂之綱也。其次琴瑟。以叶升歌。諧人聲者也。其次匏竹土。貴人氣也。又其次乃革木。以爲諸音之節。此八音貴賤之等也。

景王將鑄無射。問律於伶州鳩。對曰。律所以立均出度也。古之神瞽。考中聲而量之以制。度律均鐘。百官

軌儀紀之以三平之以六成於十二天之道也
律者法也萬事取法焉均者平也衆聲取平焉自
黃鐘以至應鐘皆中聲也神瞽得中聲於心而量
度之於制度之間故寄其聲於律又寫其聲於鐘
而凡百官之職如所謂度量權衡者皆於是法則
焉此律所由興也度律均鐘卽所謂立均也百官
軌儀卽所謂出度也紀之以三者置一而三之窮
於十七萬七千一百四十七也六者六律也十二
者律與呂也以三紀之以十二成之皆神瞽所爲

量之以制而生者也愚案此條論律最精葢必考中聲而後量之以制不可泥於制而求中聲也後有作者折衷於此可矣

王曰七律者何對曰昔武王伐殷歲在鶉火月在天駟日在析木之津辰在斗柄星在天黿我姬氏出於天黿歲之所在則我有周之分野也月之所在辰馬農祥也我太祖后稷之所經緯也王欲合是五位三所而用之自鶉及駟七列也南北之揆七同也故以七同其數而以律和其聲於是乎有七律王以二月

癸亥夜陳，未畢而雨，以夷則之上宮畢之，當辰。辰在戌上，故長夷則之上宮，名之曰羽，所以藩屏民則也。王以黃鐘之下宮布戎於牧之野，故謂之厲，所以厲六師也。以太簇之下宮布令於商，昭顯文德，底紂之多辠，故謂之宣，所以宣三王之德也。反及嬴內，以無射之上宮布憲施舍於百姓，故謂之嬴亂，所以優柔容民也。

辰，謂日月交會處也。斗柄，星紀之次之斗宿也。天黿，元枵之次也。星注以爲辰星者，周以木王，受之於水。故占辰星也。大辰之次爲天駟。房星晨正而農時起。故曰農祥也。五位者、日月歲星辰也。三所者、天黿天駟鶉火也。案王問七律之義。而鳩以天象對。其末舉夷則之四律。又絶與問意不相應。故此條之說。莫能通曉。今亦不能强爲之解。姑以理之可通者言之。据諸家謂古惟五聲。至周始加二變而七。此王所以疑而問也。又据史記林鐘本位在丑。南吕本位在卯。應鐘本位在巳。以居其衡。故在未酉亥之位也。然則黄鐘下生林鐘。林鐘上生太簇。太簇下生南呂。南呂上生姑洗。姑洗下生應鍾。應鍾上生蕤賓。此七聲者。乃是自子至午之律。陽氣自始生至於極之數也。律紀陽氣而黃鍾一均。尤爲聲氣之元。故其七聲之用。獨與陽氣終始。理旣如此。又伐殷之月。日月星辰之躔。自天黿子位至於鶉火午位。是此七舍者。諸曜所經。復適直周家受命之符。故武王欲以七律應之。其言自鶉至駟七列者。蓋謂若止於五聲。則用不及鶉而止於駟。故言自鶉至駟。尚有七列。必兼而用之。然後子午南北之揆，與律同七聲合也。後言四律不與七律之義應者，案司馬遷云：武王伐紂，吹律聽聲，殺氣相并，而音尚宮。今此所用皆宮聲，與史記合矣。而云以黃鍾之宮布戎，則黃鍾之聲，和平深厚，於殺氣爲不類，且云辰在戌上，而用夷則之宮，則夷則是申非戌，義亦不應，故疑夷則之上宮，黃鍾之下宮，皆無射也。葢以六陽律言之，則無射在夷則之後，黃鍾之前，前者爲下，後者爲上，必兩名之者，互發以見義也。無射爲窮秋之律，戰乾之位，故云殺氣相并，又當夜陣之時，日正加戌，故用其律以應之。及甲子昧爽，會於牧野，則卯與戌合，故亦遂用無射以布戎也。案周官奏無射歌夾鐘舞大武以享先祖，則大武之樂，葢用無射，至下宗廟大祭，則廢商聲而避無射之律。葢武者一時之功，而樂者崇德之事，聖人尚德不尚功，故其取舍如此。及其布令施舍，所謂太簇之下宮，無射之上宮，則皆黃鐘也。克殷之後，偃武修文，故去殺伐之聲，而用中和之樂。然黃鐘一調，卽是自子至午七律，鳩之言此葢亦隱合七律之義而又以諷鑄無射之非也凡聲高急則功近而德微和緩則德厚而功遠若如舊說則布戎之時既以黄鍾施德之日反用無射揆以聲音之理既爲難通且是贊王之鑄無射也益難通之甚矣案十二鍾獨鑄無射之指不可測知意者王以周家用大武之樂輿而其律用無射故欲尊此以立威武傳言蓑弘欲强周室之衰卽此時也然其意既不明言故州鳩亦不顯對但述武王受命之始天象如此人事如此明應

天運。且由修德。言外之意。亦可推見。○又案七律之變。如此章之說。其義亦精。葢自子至辰五位而陽氣畢者。正也。然巳爲純陽。而午爲正陽。故亦必兼而用之者。數之溢也。舜作五弦之琴以歌南風。則是時五聲而已。漢志雖有七始之文。亦未足据。武王周公監於前代。制作彌精。故說者謂七律起於周家。參以此篇問答之語。理或然也。

管子　凡聽徵。如負猪豕覺而駭。凡聽羽。如鳴馬在樹。凡聽宮。如牛鳴窌中。凡聽商。如離羣羊。凡聽角。如雉登木。

牛鳴窌中、言其洪大而深厚也。離羣羊、言其激揚而凄切也。雉登木、言其清和而遠暢也。猪豕覺而駭、言其疾速而喧。鳴馬在樹、朱子曰、當作鳴鳥。言其嘈雜而細也。樂記以屬君臣民事物者以此。此序以徵羽居宮前者。其下文起五音。徵羽率用倍數。故此先發其端也。

凡將起五音。凡首先主一而三之。四開以合九九。以是生黃鐘小素之首以成宮。三分而益之以一。為百有八爲徵。有三分而去其乘。適足以是生商。有三分而復於其所。以是成羽。有三分去其乘。適足以是成角。

自一而加之爲三。再加則三三爲九。三加則三九爲二十七。四加則爲九九八十一矣。故曰四開以合九九也。八十一宮聲之數。亦黄鐘之數。十二律還相爲宮。然黄鐘爲宮正也。故以黄鐘之宮言之。三分八十一而益一。則一百八也。爲徵數。三分一百八而去其一。則七十二也。爲商數。三分七十二而益一。則九十六也。爲羽數。三分九十六而去其一。則六十四也。爲角數。上生言復其所。謂以本數上生也。下生言去其乘。謂以半數上生也。蓋宮商用全。徵羽用半也。如此則五聲皆上生。與諸家之說不同。然其數則一也。

呂氏春秋昔黃帝令伶倫作爲律。伶倫自大夏之西。乃之阮隃之陰。取竹於嶰谿之谷。以生空竅厚鈞者。斷兩節。閒其長三寸九分而吹之。以爲黃鐘之宮。次曰含少。次制十二筩。以之阮隃之下。聽鳳皇之鳴。以別十三律。其雄鳴爲六。雌鳴亦六。以比黃鐘之宮。適合。黃鐘之宮皆可以生之。故曰黃鐘之宮。律呂之本。黃鐘之數八十一分。爲八寸一分也。自黃鐘八寸一分。上下相生。窮於應鐘四寸二分。則其中閒長短相距取用之數。葢三寸九分而已。伶倫先得嶰谿之竹。斷取一均。閒別其三寸九分之內。穴孔而吹之。以備黃鐘之五聲。故總其全體而命之曰黃鐘之宮。而以其所穴之孔。爲黃鐘所含之少聲也。繼乃制十二筩以別律聲。其聲皆與黃鐘之宮合。

而黃鐘之宮皆可以生之則是黃鐘之宮乃律呂之本月令中央土律中黃鐘之宮者此也○案此有三寸九分之文故歷代多生異說不悟呂氏本指謂先得此黃鐘之宮然後制十二筩則十二筩中之黃鐘非黃鐘之宮也蓋古人樂以紀陽律數用九黃鐘九寸以九因之得八寸一分應鐘四寸六分六釐以九因之得四寸一分九釐四毫以此數減黃鐘餘三寸九分零六毫則凡管之長短聲之清濁要不出此三寸九分六毫之内矣此武進

惲遜菴之說，足決千古之疑。然其爲說，又似黃鐘之宮，與黃鐘之律，無甚分別。姑以其數言之爾。故愚謂必穴孔，然後可言間而吹，必備黃鐘一均之聲，然後可命爲黃鐘之宮，而足以生十二律。蓋如漢京房律準之法，然者，在十二律之外，自爲一器也。

黃帝又命伶倫與榮將，鑄十二鐘，以和五音，以施英韶。黃鐘生林鐘，林鐘生太簇，太簇生南呂，南呂生姑洗，姑洗生應鐘，應鐘生蕤賓，蕤賓生大呂，大呂生夷則夷則生夾鐘，夾鐘生無射，無射生仲呂。三分所生，益之一分以上生，三分所生，去其一分以下生。黃鐘大呂太簇夾鐘姑洗仲呂蕤賓爲上，林鐘夷則南呂無射應鐘爲下。

古人造律之後，又鑄鐘以象其聲。國語所謂度律均鐘是也。吳氏曰，黃鐘林鐘以下，皆鐘名也。十二鐘之聲，由律而起。十二律之名，則由鐘而得也。○按此上下生之法，與史漢頗不同，然其得數亦一也。

淮南子黄鐘之律九寸而宫音調，因而九之，九九八十一，故黄鐘之數立焉。律之數六，分爲雌雄，故曰十二鐘，以副十二月。十二各以三成，故置一而十一三之，積分十七萬七千一百四十七，黄鐘大數立焉。

律者，紀陽者也，故以黄鐘之長爲九寸，又因之八十一，爲黄鐘之數，又積之十七萬七千一百四十七，爲黄鐘之大數，其數皆以三因之而得。葢八十一者，所以爲五聲相生之法也；十七萬七千一百四十七者，所以爲十二律相生之法也。聲窮於角，其數六十四。律窮於仲呂。其數一十三萬一千七十二。皆三分損益之所不行。故聲律於是乎窮。所以然者。自一而至八十一。五位。此相生所以窮於五。自一而至十七萬七千一百四十七。十二位。此相生所以窮於十二也。

黃鐘爲宮。太簇爲商。姑洗爲角。林鐘爲徵。南呂爲羽。

徵生宮。（當作宮生徵）宮生商。（當作徵生商）商生羽。羽生角。角生姑洗。（生字當作爲字）姑洗生應鐘。比於正音。故爲和。應鐘生蕤賓。不比正音。故爲繆。

西山蔡氏曰：五聲相去一律，則音節和；相去二律，則音節遠。故角徵之閒，近徵一聲，比徵少下，謂之變徵；羽宮之閒，近宮一聲，比宮爲高，謂之變宮也。角聲之實六十有四，算既不行，宜有以通之；聲之變者二，故置一而兩三之，得九，以九因角聲之實，得五百七十六，三分損益，再生二變，而算又不行矣。此變聲所以止於二也。愚謂和者，合也；繆者，睦也。比者，近也。正音謂黃鍾也，應鍾近於黃鍾，如夫妻之合，故爲和；蕤賓遠於黃鍾，而與黃鍾相對，如朋友之交，故爲繆。
一律而生五音，十二律而爲六十音，因而六之，六六三十六，故三百六十音，以當一歲之日，故律歷之數天地之道也。下生者倍，以三除之，上生者四，以三除之。
旋相爲宮，故有六十音。六十音者六十調也，每調又各含商角徵羽變宮變徵之六聲，故曰三百六十音。京房之六十律，錢樂之之三百六十律，皆根源於此而失之者也。倍黄鐘之九寸，爲一尺八寸。

三除之得六寸。爲林鐘。四林鐘之六寸。爲二尺四寸。三除之得八寸。爲太簇。餘倣此。

史記王者制事立法。物度軌則。一稟於六律。六律爲萬事根本焉。至於兵械尤所重。故曰望敵知吉凶。聞聲效勝負。百王不易之道也。武王伐紂。吹律聽聲。推孟春以至於季冬。殺氣相幷。而音尚宮。同聲相從。物之自然。何足怪哉。

六律爲萬事根本者。禮樂兵刑之事。度量權衡之法。無不由之也。案兵書云。太史吹律聽聲。宮則兵和。士卒同心。音尚宫。故國語稱武王畢陳布戎布令。施舍皆以宫聲者此也。

律數九九八十一以爲宫。三分去一五十四以爲徵。三分益一七十二以爲商。三分去一四十八以爲羽。三分益一六十四以爲角。

朱子曰、沈括疑史記此說。止是黄鐘一均之數。非衆律之通法。今詳通典云、十一辰宫商之法亦如之。蓋若以十一律爲宫。亦用此數以乘本律之分數而損益之。如林鐘爲均。則以八十一爲五十四。

二十七爲十八之類是也。

又曰、黃鐘長八寸十分一。宮　大呂長七寸五分三分二。太簇長七寸十分二。或曰商　或曰角　夾鐘長六寸七分三分一。姑洗長六寸十分四。羽　仲呂長五寸九分三分二。徵　蕤賓長五寸六分三分二。林鐘長五寸十分四。角　夷則長五寸〇〇三分二。商　南呂長四寸十分八　徵　無射長四寸四分三分二。應鐘長四寸二分三分二。羽　〇以上皆依朱子正本

朱子曰、凡律數十誤作七者五皆因本字而誤屈

其下垂之筆。本司馬貞沈括之説。其夾、蕤、夷三律誤字。則今以算得之。愚按史記律數下。又注宮商角徵羽字者八。餘四律無之。其黄鐘下有宮。太簇下有商有角。姑洗下有羽。林鐘下有角。南吕下有徵字。晉志以爲求其理用。罔見通達。仲吕下有徵。夷則下有商。應鐘下有羽字。蔡氏亦謂未詳其義。疑後人誤增也。愚謂此數律所注。皆有關係。蓋其四以别四方之聲。而其五以備黄鐘一均之聲也。月令春月其音角。夏月其音徵。秋月其音商。冬月其音羽。今用春秋書首月之義，以別四方之聲。故於太簇曰角，仲呂曰徵，夷則曰商，應鐘曰羽也。若黃鐘一均之聲，則黃鐘爲宮，太簇爲商，故於太簇之下，商角竝注，班固亦曰，寅木也，爲仁，其聲商也爲義，即此意也。後人不知而疑爲羨其一，故云或曰商或曰角，非本注之舊矣。姑洗當爲角而曰羽，林鐘當爲徵而曰角，南呂當爲羽而曰徵，此三者葢字之誤，所當與寸分譌錯一例改正者爾。○西山蔡氏曰，大要律書用相生分數，相生之法，以黃鐘爲八十一分。今以十爲寸法。故有八寸一分。漢前後志諸家用審度分數。審度之法。以黄鐘之長爲九十分。亦以十爲寸法。故有九十分法。雖不同。其長短則一。故隋志云寸數竝同也。

子一分。丑三分二。寅九分八。卯二十七分十六。辰八十一分六十四。巳二百四十三分一百二十八。午七百二十九分五百一十二。未二千一百八十七分一千〇〇二十四。申六千五百六十一分四千〇〇九十六。酉一萬九千六百八十三分八千一百九十二。

戌五萬九千〇〇四十九分三萬二千七百六十八
亥一十七萬七千一百四十七分六萬五千五百三
十六

西山蔡氏曰此即三分損益上下相生之數其分
字以上者皆黄鍾之全數子律數寅寸數辰分數
午釐數申毫數戌絲數其丑卯巳未酉亥則三分
律寸分釐毫絲之法也其分字以下者諸律所取
於黄鍾長短之數也假令子一分則一爲九寸是
黄鍾之全數丑三分二則一爲三寸三三如九亦

是黃鐘之九寸。三分取其二。故林鐘得六寸。寅九分八。則一爲一寸。亦是黃鐘之九寸。九分取其八。故太簇得八寸也。其上下相生之敘。則晉志所謂在六律爲陽。則當位自得。而下生於陰。六呂爲陰。則得其所衝。而上生於陽者是也。丑爲林鐘。卯爲南呂。巳爲應鐘。未爲大呂。酉爲夾鐘。亥爲仲呂。大呂夾鐘仲呂。止得半聲。必用倍數。乃與天地之氣相應。其寸分毫釐絲。皆積九以爲法。又曰。徑圍之分。以十爲法。而相生之分釐毫絲。以九爲法。何也。

曰，以十爲法者，天地之全數也。以九爲法者，因三分損益而立也。全數者，即十而取九。相生者，約十而爲九，即十而取九者，體之所以立；約十而爲九者，用之所以行。體者所以定中聲，用者所以生十二律也。又曰，自毫絲以下，雖非目力之所能分，然既有其數，而或一算之差，則法於此而遂變，不以約十爲九之法分之，則有終不可得而齊者，故淮南太史公之書，其論此也已詳，特後人有不察耳。

生鍾術曰，以下生者，倍其實，三其法。以上生者，四其實三其法上九商八羽七角六宮五徵九置一而九三之以爲法實如法得長一寸凡得九寸命曰黃鍾之宮故曰音始於宮窮於角數始於一終於十成於三氣始於冬至周而復生

下生上生之術卽淮南所謂倍而以三除之四而以三除之者是也商羽角宮徵者相生之次也上九者言以九爲上也必以九爲上而以徵居之者欲使宮得五爲中數也蓋自五至一爲五聲大小之次自九至五爲五聲相生之次而宮之爲五不

異也置一而九三之得一萬九千六百八十三算
以爲寸法又置十七萬七千一百四十七之實而
以寸法約之則得九寸矣此黃鐘之宮上下相生
之本蓋音之始數之始而亦氣之始也○又案八
知五聲之清濁應洪範五行之敘不知五聲之相
生亦應月令四時之節蓋徵生商者夏而繼以秋
也商生羽者秋而繼以冬也羽生角者冬而繼以
春也惟宮生徵角生宮於相生之義不合然土於
四時實無位故不可以相繼論太史公言上徵而

窮於角。亦此意也。

神生於無形。成於有形。然後數形而成聲。故曰神使氣。氣就形。形理如類有可類。或未形而未類。或同形而同類。類而可班。類而可識。聖人知天地識之別。故從有以至未有。以至細若氣。微若聲。聖人因神而存之。雖微必效。情核其華。道者明矣。非夫聖心以乘聰明。孰能存天地之神。而成形之情哉。神者物受之。而不能知及其去來。故聖人畏而欲存之。唯欲存之。神之亦存。其欲存之者。故莫貴焉。

天地之閒，神則乘於氣，氣則麗於形，神不可知也，至於形之理，則如物類然，有可區別，故未形則未類，同形則同類，皆可別識也。聖人知天地而識其別，故因可見者以得其不可見者，以我之神存天地之神，亦何微渺之不效其情哉。葢形者道之華也，故核其華，則道者明矣。非心思睿聖而耳目聰明，安能存神於形而得形之情乎。夫神者物皆受之，而不能知其去來者也，神之去來，物之休咎禍福存亡死生繫焉，可不畏哉。操則存，舍則亡，故存神者貴矣。律呂者聖人所以存天地之神也。天地之神，形於氣，發於聲，成於數，寓於器。器數非神，而神之所寓也。故以器數而存神則可，不能存神而求之器數則離矣。

漢書數者一十百千萬也。本起於黃鐘之數，始於一而三之，三三積之，歷十二辰之數，十有七萬七千一百四十七，而五數備矣。

數以十，節以九，行九者，數所由以乘除而不窮者也。

聲者宮商角徵羽也。五聲之本生於黃鐘之律。九寸爲宮。或損或益。以定商角徵羽。九六相生。陰陽之應也。律十有二。陽六爲律。陰六爲呂。律以統氣類物。呂以旅陽宣氣。至治之世。天地之氣合以成風。天地之風氣正。十二律定。黃鐘爲天統。律長九寸。林鐘爲地統。律長六寸。太簇爲人統。律長八寸。其於三正也。黃鐘子爲天正。林鐘未之衝丑爲地正。太簇寅爲人正。及黃鐘爲宮。則太簇姑洗林鐘南呂皆以正聲應。無有忽微。不復與他律爲役者。同心一統之義也。非黃鐘而他律。雖當其月自宫者。則其和應之律。有空積忽微。不得其正。此黄鐘至尊無與竝也。黄鐘三分損一。下生林鐘。三分林鐘益一。上生太簇。三分太簇損一。下生南吕。三分南吕益一。上生姑洗。三分姑洗損一。下生應鐘。三分應鐘益一。上生蕤賓。三分蕤賓損一。下生大吕。三分大吕益一。上生夷則。三分夷則損一。下生夾鐘。三分夾鐘益一。上生無射。三分無射損一。下生仲吕。陰陽相生。自黄鐘始而左旋。八八爲伍。

以正聲應者。謂太簇姑洗林鐘南吕。皆用全聲爲黄鐘之應不用半聲也無有忽微者謂林鐘太簇有全寸南呂姑洗有全分無有毫釐絲忽之算若它律爲宫則其和應之律必有空積忽微而非全寸全分且或用半聲變聲而非其全聲不得爲正矣忽微言空積者自毫絲以下非目力所分虚積其算而已○西山蔡氏曰黄鐘爲十二律之首故其正聲不爲他律役其半聲當爲四寸五分而前圖乃云無者以十七萬七千一百四十七之數不可分又損益相生之所不及故亦無所用也至於

大呂之變宮，夾鐘之羽，仲呂之徵，蕤賓之變徵，夷則之角，無射之商，自用變律半聲，非復黃鐘矣。此一節最爲律呂旋宮用聲之綱領，惟杜佑通典再生黃鐘之法爲得之，他人皆不及也。

度者，分、寸、尺、丈、引也，所以度長短也。本起黃鐘之長，以子穀秬黍中者，一黍之廣度之，九十分黃鐘之長，一爲一分，十分爲寸，十寸爲尺，十尺爲丈，十丈爲引，而五度審矣。

西山蔡氏曰：按一黍之廣爲分，故累九十黍爲黃鐘之長積千二百黍爲黃鐘之廣古人蓋參伍以存法也自晉宋以來儒者論律圍徑始有同異至隋因定爲徑三分之說苟徑三分則九十黍之長止容黍八百有奇與千二百黍之廣兩不相通矣房庶不知徑三分之爲誤乃欲增益漢志之文以就其說范蜀公從而信之過矣（劉庶謂一黍之起積一千二百黍八字自謂得古本漢書如此蓋欲先實黍而後定分不以黍爲分也）

量者龠合升斗斛也所以量多少也本起於黃鐘之龠用度數審其容以子穀秬黍中者千有二百實其

龠以井水準其槩合龠爲合十合爲升十升爲斗十斗爲斛而五量嘉矣其法用銅方尺而圜其外旁有庣焉其上爲斛其下爲斗左耳爲升右耳爲合龠其狀如爵其重二鈞聲中黃鐘之宮隋志載斛銘曰律嘉量斛方尺而圜其外庣旁九釐五毫冪百六十二寸深尺積一千六百二十寸容十斗○祖冲之以圜率考之此斛當徑一尺四寸三分六釐一毫九秒二忽庣旁一分九毫有奇劉歆庣旁少一釐四毫有奇

西山蔡氏曰按斛銘文云方尺者所以起數也圓其外者循四角而規圓之其徑當一尺四寸有奇也庣旁九釐五毫者徑一尺四寸有奇之數猶未

足也。冪百六十二寸者，方尺冪百寸。圓其外，每旁約十五寸。合六十寸。庣其旁約二寸也。深尺積一千六百二十者，以十而登也。漢志止言旁有庣焉，不言九釐五毫。祖沖之所算，云少一釐四毫有奇，是也。律之圍徑，古無明文，向非因量之積分，則黃鐘之龠，亦無由可得其實矣。○愚按方圓相函之算，内方冪百者，外圓應得五十七有奇。猶未滿六十。庣其旁得四寸有奇，然後合於百六二之數。蔡氏之算，約略之辭也。

衡權者，衡，平也；權，重也。衡所以任權而均物，平輕重也。本起於黃鍾之重，一龠容千二百黍，重十二銖，兩之爲兩，二十四銖爲兩，十六兩爲斤，三十斤爲鈞，四鈞爲石。五權謹矣。

古者度量權衡，數載則必協而同之，蓋以此物行於民間，至爲廣博，其法協同，則可以平物息爭。而禮樂器法，亦藉以長存而可考焉。固稽古之一助也。歷世既久，聖作湮滅，紛紛於尺度斗斛之間者，誠爲非是。然必師心任智，而不復事搜訪，則亦非好古之心矣。

歴志曰、律容一龠、積八十一寸、則一日之分也。

案此所言積寸者、面冪九分、以九十乘之、則積八十一寸也。蓋謂長寸爾。故與積八百一十分同法。若論方面之寸、止得八寸十之一。論正方之寸、則尚不足一百九十分、而後滿法也。孟康注云、律長九寸、圍九分、以圍乘長、得積。康乃爲徑三圍九之說者、其意是以管圍之分當之、如此則當云律徑三分、或曰圍九分、而所謂容一龠者爲剩語矣。可悟康說非也。○又案西山蔡氏曰。十二律圍徑。自先漢以前。傳記並無明文。惟班志云。黃鐘八百一十分。由此之義。起十二律之周徑。然其說乃是以律之長自乘。而因之以十。蓋配合爲說。爾未可以爲據也。惟審度章云。一黍之廣。度之九十分。黃鐘之長。一爲一分。嘉量章則以千二百黍實其龠。謹衡權章則以千二百黍爲十二銖。則是累九十黍以爲長。積千二百黍以爲廣。可見也。夫長九十黍。容千二百黍。則空圍當有九方分。容十三黍又三分黍之一。以九十因之。則一千二百也。又嘉量之法。一石積一千六百二十寸。爲分者一百六十二萬。以至一合積一寸六分二釐。爲分者一千六百二十。則黄鐘之龠。爲八百一十分明矣。愚謂律志言黄鐘積八百一十分。太簇積六百四十分。林鐘積三百六十分。誠是配合之說。不足爲據。然歷志上言容一龠。而下乃積寸。則其爲斗斛之實積而非虛數甚明。因在論曆之中。前人或未檢到爾。

後漢書京房受學於焦延壽。六十律相生之法。以上生下皆三生二以下生上皆三生四陽下生陰陰上生陽終於中呂而十二律畢矣中呂上生執始執始下生去滅上下相生終於南事六十律畢矣夫十二律之變至於六十猶八卦之變至於六十四也宓羲作易紀陽氣之初以爲律法建日冬至之聲以黄鐘爲宫太簇爲商姑洗爲角林鐘爲徵南呂爲羽應鐘爲變宫蕤賓爲變徵此聲氣之元五音之正也其餘以次運行各自爲宫而商徵以類從焉禮運篇曰五聲六律十二管還相爲宫此之謂也

西山蔡氏曰、三分損益之數、往而不返、仲呂再生黄鍾、止得八寸七分有奇、不成黄鍾正聲、京房覺其如此、故仲呂再生別名執始、轉生四十八律、其三分損益不盡之算、或乘或增、是蓋不知變律之數止於六者、不可復加、雖强加之、而亦無所用也、況律學微妙、其生數立法、正在毫釐秒忽之閒、今乃以不盡之算、不可損益、遂或棄之、或增之、則其畸贏贅虧之積、亦不得爲此律矣、何承天劉焯譏房之病、蓋得其一二、然承天與焯、皆欲增林鍾以

下十一律之分，使至仲呂反生，還得黄鍾之數，如

此則是惟黄鍾一律成律，他皆不應三分損益之

數，其失又甚於房也。

房又曰，竹聲不可以調度，故作準以定數，準之狀如

瑟，長丈而十三弦，隱間九尺，以應黄鍾之律九寸，中

央一弦下，有畫分寸，以爲六十律清濁之節。夫截竹

爲管，吹以考聲，列以物氣，道之本也。術家以其聲微

而體難知，故作準以代之，準之聲明暢易達，分寸又

粗，然弦以緩急清濁，非管無以正也。均其中弦，令與

黃鐘相得。案畫以求諸律。無不如數而應者矣。

愚按古人爲黃鐘之宮。蓋此意也。準之中弦。與黃鐘相得。而不在十二絃之内。則黃鐘之宮與黃鐘相得。而亦不在十二管之内也。

五音生於陰陽。分爲十二律。皆所以紀斗氣。效物類也。天效以景。地效以響。陰陽和則景至。律氣應則灰除。是故天子常以日冬夏至御前殿。合八能之士。陳八音。聽樂均。度晷景。候鐘律。權土灰。倣陰陽。候氣之法。爲室三重。户閉。塗釁必周密。布緹縵室中。以木爲

案每律各一内庳外高從其方位加律其上以葭莩灰抑其内端按曆而候之氣至者灰去其爲氣所動者其灰散人及風所動者其灰聚

趙氏振芳曰月令天氣地氣已於孟冬孟春下降上騰矣如必應葭管則當節候未交氣應未至彼騰降者何物豈氣應者一氣升降者又一氣耶某律幾寸幾分地有高下所在距地面皆幾寸幾分耶陰陽之氣升必有降若如候氣之說是有升無降也應鐘十月去冬至一閒而管長四寸四分六

釐則是陰陽之氣距地面四寸有奇卽已潛消終歲之内二氣不得出地將何以成造化愚謂候氣之法趙氏所疑是也然自蔡伯喈鄭康成皆有此說則恐古人誠有其法獨十二管未必卽是十二律卽是十二律而於長短之閒原無所取故禮記正義云十二律各當其辰斜埋地下入地處卑出地處高黃鐘之管埋於子位上頭向南則是横插以迎諸方之氣法在於方位不存乎長短也如後齊信都芳埋輪扇二十四於地中氣至而扇自動

者。此必亦界其中間。而周圍設輪以迎氣耳。其於長短分數又何與乎。然是法也。亦古人所以驗氣之和不和。如樂記所謂八風從律而不姦者耳。列管候之固有應有不應。而又何可據是以得管也。

蔡邕銅龠銘曰。龠黄鐘之宫長九寸。空圍九分容秬黍一千二百粒。稱重十二銖。兩之爲一合。三分損益轉生十一律。又月令章句曰。律率也。聲之管也。上古聖人本陰陽。别風聲。審清濁。而不可以文載口傳也。於是始鑄金作鐘。以主十二月之聲。然後以倣升降

之氣鐘難分別乃截竹爲管謂之律律者清濁之率
法也聲之清濁以律長短爲制又曰古之爲鐘律者
以耳齊其聲後世不能則假數以正其度度數正則
音亦正矣鐘以斤兩尺寸中所容受升斗之數爲法
律亦以分寸長短爲度故曰黃鐘之管長九寸徑三
分圍九分其餘皆稍短惟大小圍數無增減以度量
者可以文載口傳與衆共知然不如耳決之明也
西山蔡氏曰東都之亂樂律散亡邕之時未亂當
親見之又曉解律呂而月令章句云徑三分何也

孟康韋昭之時。漢斛雖在。而律不存矣。康昭不通律呂。故康以黃鍾林鍾太簇圍徑各異。而昭云黃鍾徑三分。皆無足怪者。愚謂伯喈諸論。惟徑圍爲失之。其餘則皆至當。而可爲後世折衷也。

通典 後魏神龜元年。陳仲孺請依京房立準以調八音。云調聲之體。宮商宜濁。徵羽宜清。若依公孫崇止以十二律而云還相爲宮。清濁悉足。非惟未練五調調器之法。至於五聲次第。自是不足。何者。黃鍾爲聲氣之元。其管最長。故以黃鍾爲宮。太簇爲商。林鍾爲徵，則一往相順。若以應鐘爲宮，大呂爲商，蕤賓爲徵，則徵濁而宮清，雖有其韻，不成音曲。若以無射爲宮，則十二律中惟得取仲呂爲徵，其商角羽並無其韻。若以仲呂爲宮，則十二律内全無所取，何則？仲呂爲十二律之窮，變律之首也。依京房書，仲呂爲宮，乃以去滅爲商，執始爲徵，然後成韻。而崇乃以仲呂爲宮，猶用林鐘爲商，黄鐘爲徵，何由可諧。

西山蔡氏曰：仲孺所以攻公孫崇者當矣。然仲孺所主，是京氏六十律。蓋但知仲呂反生不可爲黄

鐘，而不知變至於六，則數窮而不生，雖或增或棄，

强生餘律，亦無所用也。

隋開皇二年，詔求知音之士，沛國公鄭譯云：考尋樂府鐘石律呂，皆有宮商角徵羽變宮變徵之名，每常求訪，終莫能通。初，周武帝時有龜兹人白蘇祗婆，善胡琵琶，聽其所奏，一均之内間有七聲，因而問之，以其七調勘校七聲，冥若符契。一曰娑陁力，華言平聲，卽宮聲也。二曰雞識，華言長聲，卽南呂聲也。案南呂乃商字之誤，蓋商字稍散則似南呂耳，然自諸書所引皆然，則其誤當已久矣。三曰沙識，華言

質直聲，即角聲也。四曰沙候加濫，華言應聲，即變徵聲也。五曰沙臘，華言應聲，即徵聲也。六曰般贍，華言五聲，即羽聲也。七曰俟利箑，華言斛牛聲，即變宮聲也。譯因習而彈之，始得七聲之正。時有萬寶常者，妙達鐘律，文帝召見，問譯所定音樂可否，寶常極言樂聲哀怨淫放，非雅正之音，請以水尺爲律，以調樂器，其聲率下於譯調二律，幷撰六樂譜十四卷，論八音旋相爲宮之法，改絲移柱之變，爲八十四調，時人以周禮有旋宮之義，自漢魏以來，知音者皆不能通見寶常特創其事，皆哂焉。又其聲雅淡，不爲時所好，太常善聲者多排毀之。

案此見聲音之理，出於自然，不以華夷有間。又見俗樂多淫哀，而雅淡之音，每不爲時所好，蓋審音協律者所當知也。

唐武德九年，始命太常少卿祖孝孫考正雅樂，至貞觀二年，樂成奏之。初，孝孫以梁陳舊業，雜用吳楚之音，周齊舊樂，多涉胡戎之伎，於是斟酌南北，考以古音，而作大唐雅樂。太樂有古鐘十二，近代惟用其七，黄鍾一均，變極七音，則五鍾廢而不擊，反謂之啞鍾。
孝孫始爲旋宫之法，以十二律各順其月旋相爲宫。
制十二和之樂，合四十八曲，八十有四調。祭圜丘以
黄鍾爲宫，方澤以林鍾爲宫，宗廟以太簇爲宫，五郊
朝賀饗宴則隨月用律爲宫。及孝孫卒，張文收復採
三禮，更加釐革。至開元中，又造三和樂，共十五和樂。
夾鍾宫元和一變，黄鍾角元和一變，太簇徵元和一
變，姑洗羽元和一變，右四曲，冬至於圜丘大祭奏之。
以文舞六變降神，替昭夏。若祭五方上帝、日月，則黄

鐘宮奏元和。以文舞三變降神。若其送神。皆奏一變。
林鐘宮順和二變。太簇角順和二變。姑洗徵順和二
變。南呂羽順和二變。右四曲。夏至於皇地示大祭奏
之。以文舞八變降神。替昭夏若祭社稷及神州籍田。
則太簇宮奏順和。以文舞三變降神。若其送神。皆奏
一變。黄鐘宮永和三變。大呂角永和三變。太簇徵永
和二變。應鐘羽永和二變。右四曲。於宗廟大祭奏之。
以文舞九變降神。替昭夏若四時小祭。則無射宮奏
永和。以文舞三變降神。若送神。皆奏一變。

案列代用樂惟此與周禮最相近其以四樂爲四曲及分祭之樂皆用宫調者尤爲得之至祖孝孫以黄鍾郊天特有遠識文妝泥舊文而改之者非也

古之神瞽考律均聲必先立黄鍾之均黄鍾之管以九十爲法故用九自乘爲管絃之數管數多者則下生其數少者則上生相生增減之數皆不出於三所取之數不出於八宫從黄鍾而起宫生徵徵生商商生羽羽生角此五聲大小之次也以下十二辰各有

五聲。其爲宫商之法亦如之。故合爲六十聲。是十二律之正聲也。十二律長短相生。一終於中吕。又制十二鍾。準爲十二律之正聲焉。鳧氏爲鍾以律。計自倍半。半者準正聲之半。以爲十二子律。制爲十二子聲。以子聲比正聲。則正聲爲倍。以正聲比子聲。則子聲爲半。但先儒釋倍半聲自有二義。一云。以十二正律半爲十二子聲爲鍾。二云。從仲吕之管寸數。三分益一。上生黄鍾。以所得管之寸數。然後半之以爲子聲之鍾。其爲半正聲之法者。以黄鍾九寸爲均。子聲則四寸半。復上下損益以生十一律之子聲。此半正聲法。其半相生之法者。以正中呂之管六寸五分有奇上生之黃鐘八寸七分有奇。復以次上下相生。終於中呂。皆以相生所得之律寸數半之。各以爲子聲之律。其正管長者爲均之時。則通自用正聲五音。正管短者爲均之時。則通用子聲爲五音。亦皆三分益減還以宮商角徵羽之聲爲調也。黃鐘大呂太簇之調。皆用正律之聲。夾鐘姑洗之調。四正聲。一子聲。中呂蕤賓林鐘之調。三正聲。二子聲。夷則南呂之調。二正聲。三子聲。無射應鐘之調，一正聲，四子聲。

西山蔡氏曰，案此說，黃鐘九寸生十一律，有十二子聲。所謂正律正半律也。又自仲呂上生黃鐘，得黃鐘八寸五萬九千○○四十九分寸之五萬一千八百九十六，又生十一律，亦有十二子聲。所謂變律變半律也。正變及半，凡四十八聲。上下相生，最得漢志黃鐘不爲他律役之意，與律書五聲大小次第之法。但變律止於應鐘，其餘雖設而無所用，則其實三十六聲而已。其閒陽律不用變聲，而黃鐘又不用正半聲，陰呂不用正半聲，而應鐘又不用變半聲，其實又二十八聲而已。愚謂黃鐘大呂太簇之調皆用正律者，直以五聲言耳。若兼二變，則大呂太簇即有子聲矣。故漢志獨指黃鐘一律和應皆正聲也。○蔡氏又曰：十二律各自爲宫以生五聲二變，其黃鐘林鐘太簇南呂姑洗應鐘則能具足。至蕤賓大呂夷則夾鐘無射仲呂，則取黃鐘林鐘太簇南呂姑洗應鐘之聲，少下不和，故有變律。變律者，其聲近正而少高於正律也。然仲呂之實一十三萬一千〇〇七十二。算既不行。當有以通之。律當變者有六。故置一而六三之。得七百二十九。以七百二十九因仲呂之實。爲九千五百五十五萬一千四百八十八。再生六律。而算又不行矣。此變律之所以止於六也。

文獻通考宋太祖皇帝以雅樂詔有司重加考正。時判太常寺和峴上言。古聖設法。先立尺寸。作爲律呂。三分損益。上下相生。取合其音。謂之形器。但以尺寸長短。非書可傳。故累秬黍。求爲準。則後代試之。或不符會。西京銅望臬可較古法。卽今司天臺影表銅臬下石尺是也。及以王朴所定尺比校短於石尺四分。樂聲之高蓋由於此。況影表測於天地。則管律可以準繩。上乃令依古法。以造新尺黄鐘九寸之管。命工人校其聲。果下於朴管一律。又内出上黨羊頭山秬黍。累尺校律。亦相符合。由是重作十二律管。雅樂和暢。

案此知樂聲嫌於太高也。萬寶常譏鄭譯爲亡國之音。及造樂器。其聲率下於譯調二律。緩急高下之間，雅鄭之始也。

胡安定律呂議曰、按歷代律呂之制，黄鐘之管長九十黍之廣，積九寸，度之所由起也；容千二百黍，積八百一十分，量之所由起也；重十有二銖，權衡之所由起也。既度量權衡皆生於黄鐘之龠，則黄鐘之龠圍徑容受可取四者之法，交相酬驗，使不失其實也。今驗黄鐘律管，每長一分，内實十三黍又三分黍之一，圍中容九方分也。後世儒者執守孤法，多不能貫知權量之法，但制尺求律，便爲堅證，因謂圍九分者，取空圍圓長九分耳以是圍九分之誤遂有徑三分之說若從徑三圍九之法則黄鐘之管止容九百黍積止六百七分半如此則黄鐘之聲無從而正權量之法無從而生周之嘉量漢之銅斛皆不合其數矣

西山蔡氏曰自孟康以律之長十之一爲圍之謬其後韋昭之徒遂皆有徑三分之說而隋志始著以爲定論然累九十黍徑三黍止容黍八百有奇終與千二百黍之法兩不相通而律竟不成唐因聲制樂雖近於古而律亦非是本朝承襲皆不能

覺。獨胡安定以爲九分者九方分也。以破徑三分之法。然不知變律之法。但見仲呂反生不及黃鐘之數。乃遷就林鐘以下諸律圍徑。以就黃鐘清聲。夫律以空圍之同。故其長短之異。可以定聲之高下。今其空圍不同如此。則亦不成律矣。遂使十二律之聲。皆不當位。反不如和峴舊樂之爲條理。亦可惜也。○魯齋彭氏曰。黃鐘律管。有周。有徑。有面冪。有空圍內積。有從長。如史記論從長。漢書律歷志論從長及積。東漢鄭氏注月令論冪。蔡氏月令章句論從長皆不易之論獨圍徑之說漢前俱無明文東漢蔡氏始創爲徑三分之說晉孟氏以後諸儒續爲徑三分圍九分之說宋胡氏蔡氏又爲徑三分四釐六毫圍十分三釐八毫之說然考之古方圍周徑冪積率皆未合如依徑三分之法以九章少廣内祖氏密率乘除止得面冪七分七釐奇積實六百三十六分奇如此則黄鐘之管無乃太狹其言徑三分圍九分者又用徑一圍三之法雖是古率然古人大約以此圓田若以密率推之

假如徑七，則圍當二十有二，若徑三分，則圍長當九分四釐二毫一秒强，不但止於九分也。宋胡氏不主徑三圍九之說，然所言徑三分四釐六毫，圍十分三釐八毫，亦用徑一圍三之率，若依所言三分四釐六毫徑，當得圍長十分八釐七毫六秒二忽强，不止於十分三釐八毫也。蔡氏說徑圍分數與胡氏同，至於算法，用圓田術三分益一，得十有二，開方除之求徑，又以徑相乘，以管長乘之，用三分益一四分退一之法求冪積，但依此徑以密率相乘，則空圍中面冪，不止得九方分，乃得九方分零四十釐六十毫五十七秒十四忽奇，積實乃得八百四十六分五百四十五釐一百四十二秒六百忽奇。如此則黃鐘之管，無乃太大，細攷之，方內之圓，所占者不止四分三，圓外之方，所當退者又不及四分一，以此知三分益一，四分退一，乃算家大約之法，此蔡氏之說，所以又不能盡合也。今欲求黃鐘的實定數者，須依蔡氏多截竹之法，又以祖沖之密率乘除方可，蓋以此管面空圍所容九分以平方冪法推之知一分有百釐釐有百毫毫有百秒秒有百忽積而計之九平方分通有面冪九萬萬忽乃以此九萬萬忽依密率乘除得圓周長十分六釐三毫六秒八忽奇又以圓周求徑計三分三釐八毫四秒四忽奇又以半徑半周相乘仍得九萬萬忽內一忽弱通得面冪九平方分也面冪計九方分則積實當有八百一十分矣算法既成各依其長作九十分乃取九十分之分計三分三釐八毫四秒四忽奇以合孔徑如此則圓長

面冪與夫空圍內積自然諧會特數自入毫以下非可細分而算法積至秒忽不容不然爾彭氏之算庶幾密矣秒忽之下有不盡之分則亦無形之可紀也蓋方體之積十四則內容之圓其積十一故知益一退一之法爲古人疎率以積求周者置積爲實以八十八乘之以七除之平方開之以周求徑者置周爲實以徑法七因之以周法二十二除之以周徑求積者置周折半爲實以徑折半爲法乘之此彭氏之說也若以積求徑則置積爲實以十四乘之以廿一除之平方開之以徑求周則置徑爲實以周法二十二乘之以徑法七除之其所得之數亦皆符會

司馬溫公與范景仁論鐘律書云蒙示房生尺法云生嘗得古本漢書云度起於黃鐘之長以子穀秬黍

中者一黍之起積一千二百黍之廣度之九十分黃

鍾之長一爲一分今文誤脱之起積一千二百黍八

字故自前世以來累黍爲尺縱置之則太長橫置之

則太短今新尺橫置之不能容一千二百黍則大其

空徑四釐六毫是以樂聲太高又嘗得開元中笛及

方響校太常樂下五律教坊樂下三律皆由儒者誤

以一黍爲一分其法非是不若以一千二百黍實管

中隨其短長斷之以爲黃鍾九寸之管九十分其長

一爲一分取三分以度空徑數合則律正矣以上皆房庶說

景仁比來盛稱此論，以爲先儒用意皆不能到。光竊思之，有所未喻者。既云積一千二百黍之廣，何必更云一黍之起？此四字者將安施設？景仁曰，度量權衡，皆生於律者也。今先累黍爲尺而後制律，反生於度與黍，無乃非古人之意乎？光謂不然。向使古之律存，則吹其聲而知聲，度其長而知度，審其容而知量，校其輕重而知權衡。今古律已亡矣，非黍無以見度，非度無以見律，律不生於度與黍，將何從生耶？夫度量衡所以佐律而存法也，古人所爲制四器者，以相參校。以爲三者雖亡。苟有一存。則三者從可推也。又謂後世器或壞亡。故載之於書。形之於物。夫黍者自然之物。有常不變者也。故於此寓法焉。今四器皆亡。不取於黍。將安取之。凡物之度其長短則謂之度。量其多寡則謂之量。稱其輕重則謂之權衡。故量有虛實。衡有低昂。皆易差而難精。等之不若因度求律之爲審也。房生今欲先取容一龠者爲黃鐘之律。是則律生於量也。量與度皆非律也。捨彼用此。將何擇焉。景仁曰。量權衡皆以千二百黍爲法。何得度法獨用一黍。光按黃鐘所生，凡有五法。一曰備數，二曰和聲，三曰審度，四曰嘉量，五曰權衡。量與衡，据其容與其重，非千二百不可，至於度法，止於一黍爲分，無用其餘。若數與聲，則無所事黍矣。安在其必以一千二百爲之定率也。景仁曰：生云今樂太高，太常黃鐘，適當古之仲呂，不知生所謂仲呂者，果后夔之仲呂耶，開元之仲呂耶，安知今之高，非古之下耶。笛與方響，里巷之樂，庸工所爲，豈能盡得律呂之正，乃欲取以爲法，考定雅樂，不亦難乎。

案溫公所以闢房庶者，可謂切中其言度量權衡，參伍存法，不得離黍尺以求律，又不應捨度而求之量者，尤見公之不苟師心而重變古也。〇又案李照用縱黍生尺，胡安定用橫，用縱則尺長，故雖徑三分而分大，其容黍必多；用橫則尺短，故雖徑三分四釐奇而分小，其容黍必少。愚謂古稱秬黍中者，中非獨不大不小之謂，乃不長不短之謂，蓋圓而無縱橫者也。今欲以黍參定律者，須擇圓者爲是。

宋國朝會要曰古者黄鍾爲萬事根本故尺量權衡皆起於黄鍾至晉隋閒累黍爲尺而以制律容受卒不能合及平陳得古樂遂用之唐興因聲以制樂其器雖無法而其聲猶不失於古五代之亂大樂淪散王朴始用尺定律而聲與器皆失之故太祖患其聲高特減一律至是又減半律然太常樂比唐之聲猶高五律比今燕樂高三律帝雖勤勞於制作而未得其當者有司失之於以尺而生律也

案此即范蜀公之說然謂不當以尺生律故右聲

而左尺者是已。及信房庶之言，則欲以積黍定法。
故溫公以爲均非律也。度量奚擇焉。此范馬之論，
當時所以卒於不合也。
程子曰，黃鍾之聲，亦不難定。世自有知音者，將上下聲攷之。既得正，然後以黍實管，視其實幾何，然後推而定法可也。夫以律管定尺者，乃是以天地之氣爲準。非秬黍之比也。秬黍積數在先王時，惟此適與度量合。故可用。今時則不同。
西山蔡氏曰，太史公班固劉昭之書，皆以聲之清

濁氣之先後求黄鐘者也夫律長則聲濁而氣先至極濁則不成聲而氣不應律短則聲清而氣後至極短則不成聲而氣不應此其大凡也今欲求聲氣之中而莫適爲凖則莫若且多截竹以擬黄鐘之管或極其短或極其長長短之内每差一分以爲一管皆卽以其長權爲九寸而度其圍徑如黄鐘之法焉如是而更迭以吹則中聲可得淺深以列則中氣可驗苟聲和氣應則黄鐘之爲黄鐘者信矣黄鐘者信則十一律與度量權衡者得矣

愚案蔡氏此論，蓋其一書之旨要。朱子謂之卓然者是也。然其說一本於程子之意，而程子所謂氣者，乃指聲中之氣，非求之塗屋布緩之閒。觀所云以上下聲攷之者，其言約而盡矣。夫數寸之長短，不足以定地之淺深，其理難信。說具漢書候氣條下。今用蔡氏之法，而惟取其迭吹以求中聲者，庶幾得之。又必如程說，博求世之知音者，使之與學士相參質，然後有以窮理義之精，而究證驗之實也。

朱子聲律辨曰、五聲之序。宮最大而沈濁。羽最細而輕清。商之大次宮。徵之細次羽。而角居四者之中焉。然世之論中聲者。不以角而以宮何也。曰、凡聲、陽也。自下而上。未及其半。則屬於陰而未暢。故不可用。上而及半。然後屬於陽而始和。故卽其始而用之以爲宮。因其每變而益上。則爲商爲角爲變徵爲徵爲羽爲變宮。而皆以爲宮之用焉。是以宮之一聲。在五行爲土。在五常爲信。在五事爲思。蓋以其正當衆聲和與未和、用與未用、陰陽際會之中。所以爲盛。若角則雖當五聲之中。而非衆聲之會。且以七均論之。又有變徵以居焉。亦非五聲之所取正也。然自其聲之始和者推而上之。亦至於變宮而止耳。自是以上。則又過乎輕清。而不可以爲宮。於是就其兩閒而細分之。則其別又十有二。以其最大而沈濁者爲黃鐘。以其極細而輕清者爲應鐘。及其旋相爲宮。而上下相生。以盡五聲二變之用。則宮聲常不越乎十二之中。而四聲者或時出於其外。以取諸律半聲之管。然後七均備而一調成也。黃鐘之與餘律。其所以爲貴賤者亦然若諸半聲以上則又過乎輕清之甚而不可以爲樂矣蓋黃鐘之宮始之始中之中也十律之宮始之次而中少過也應鐘之宮始之終而中已盡也諸律半聲過乎輕清始之外而中之上也半聲之外過乎輕清之甚則又外之外上之上而不可以爲樂者也由是論之則審音之難不在於聲而在於律不在於宮而在於黃鐘蓋不以十二律節之則無以著夫五音之實不得黃鐘之正則十一律者又無所受以爲本律之宮也今有極論宮聲之妙而無曰黃鐘云

者則恐其於聲音法制之間猶有所未盡也夫以聲音法制之粗而猶有所未盡則雖有黃帝大舜之君伶倫后夔之佐亦如之何徒手而可以議大樂之和哉

按十二律爲定名宫商角徵羽爲虛位故朱子謂審音之難不在於聲而在於律也然此且以聲之清濁高下論之爾若論五聲之調則有喜樂哀怒之變根於性情而動乎天地之氣其比審音於律呂者更切尤不可以不知

餘論

天地之間，理也，氣也，聲也，形也，數也。顯微無間者也。葢氣者理之用，形聲者氣之化，而數者形聲之紀也。樂律之道，其數相生，故其氣相生，其氣相生，故其聲亦相生而無不應也。其必紀以九者何數之所以行而不窮，氣之所以運而不息也。其必成以六者何數之衍所以節，而氣之運所以裁也。易卦尊陽而用九，樂律亦尊陽而用九，故窮則變，變則通者用九之妙也。易卦居陰而用六，樂律亦居陰而用六。故先後有序。剛柔有偶。者用六之功也。黄鐘之律。長九寸。冪九分。積其長八十一分。積其冪八百一十分。莫非九九之用。故其道循環而與元氣終始。成於六律。究於十二管。衍於六十調。行於三百六十聲。莫非六六之用。故其道有常而與天地相似。然則數有阻格。則於氣有滯凝。數有差繆。則於氣有乖逆者。亦自然之理矣。

律之以損益相生何也。曰。凡象數皆起於陰陽。象者方圓相變者也。數者奇耦相生者也。故方之内圓。必得外圓之半。皆以積實言。其外圓。必得内圓之倍。圓之内方。亦必得外方之半。其外方。亦必得内方之倍。律之上生爲下生之倍。下生爲上生之半。其理一也。蓋方圓函蓋。奇耦乘負。陰陽變化。天地生生之道也。苟其象之所生同。數之所起同。則上下無不應也。外内無不合也。倍半無不和也。故司馬遷律書謂之同類。今西人算學謂之比例。孔子曰。同聲相應。同氣相求。此之謂也。夫金石之鏗訇。與絲絃之繁細。物性迥然殊矣。而各以其性爲聲律。

則無不相應者，豈非同類比例之說乎。其相生必以隔八何也。曰比位者，陰陽相合之情也。隔七者，陰陽相對之義也。隔八者，陰避陽位，偏正之分，尊卑之等也。夫然後理順情和而相應矣。

律有變律，聲有變聲，何也。曰變猶閏也。十二月有十二閏日，故十二律有十二變律也。五歲有二閏月，故五聲有二變聲也。聲陽也，主氣，律陰也，主月。律備而聲餘，如月備而氣餘。聲備而律餘，如氣備而月餘也。五歲之中有再閏，則時定而歲成矣。五聲之中有二變則聲和而氣應矣蓋次三次五之歲則節氣之相距必隔越一月而病於不相及次三次五之聲則律管之相遠亦必隔越一月而病於不相及也故有閏月則氣朔均齊有變聲則音律停調宋房庶所謂閏宮閏羽亦此意也變律者設以待用而已如閏月之積以待用也

度量權衡皆起於律何也曰先王制度皆以天地之氣爲準律者寫天地之氣者也一氣流行而象數生焉其長短紀於日故律之外分以起度者陽

也。其盈虚紀於月。故律之内積以起量者。陰也。其低昂上下紀於斗柄。故律因度量以起權衡者。陰陽之合也。記曰、大人作法。必以天地爲本。以日星爲紀。月以爲量。四時以爲柄。此之謂也。

五音有聲有調。所謂調者。但以其一聲爲主。用以起調畢曲而命之乎。抑别有以命之乎。曰、如但以其一聲爲主。用以起調畢曲而命之也。則以哀管奏樂音。以急節歌慢調。俱無不可矣。然則調何始也。始於人心者也。宮調深厚。於人爲信之德。而其發則和也。角調明暢，於人爲仁之德，而其發則喜也。商調清厲，於人爲義之德，而其發則威也。徵調繁喧，於人爲禮之德，而其發則樂也。羽調叢聚，於人爲智之德，而其發則思也。是數者生於心，故形於言。言之有發斂輕重長短疾徐，故又寓於歌。書曰，詩言志，歌詠言者，此也。聖人因是制爲五者之調以倣之。是故，聞宫音，使人和厚而忠誠。聞角音，使人歡喜而慈愛。聞商音，使人奮發而好義。聞徵音，使人樂業而興功。聞羽音，使人節約而慮遠。五者之調成矣。又制六律以爲其發斂輕重長短疾徐之節。則調中之五音具焉。書曰、聲依詠、律和聲者此也。然則仁義禮智信者。五音之本也。喜怒哀樂者。五音之動也。調者五音之體製。而聲者五音之句字也。古者先定體製。而以句字從之。後世先設句字。而以體製從之。先設句字而以體製從之者。性情之失也。是故調之變至於六十者。調隨聲而變也。聲之變至於八十有四者。聲隨調而變也。調隨聲而變者。音響高下之間。聲隨調而變則全體之節族異矣。然則不知詠者不可與言聲，不知詩者不可與言詠，不知性情之德者不可與言詩，可與言詩，而樂思過半矣。議音律而不先於此者末也。

五聲定於句字，則今之韻部，亦有足取者。與曰、奚爲其無取。凡人聲之發於喉者宮也，其入於鼻者商也，其轉於舌者角也，其抵於齒者徵也，其收於脣者羽也。喉之聲深以厚，鼻之聲鏗以轟，舌之聲流以暢，齒之聲細以詳，脣之聲閉以藏。人之聲必自喉始。交於舌齒之閒。上於鼻而下於脣。至脣之閉。則又息於喉而復生矣。是故、古之知音者。必辨韻部。未有韻部之不審。句字之不清。而可以言歌者也。然直以脣齒舌喉之聲。定爲宮商角徵羽。則又不可。必也因其謪之抑揚高下而叶之。因其言之緩急輕重而命之。因其情之剛柔吐茹而形之。夫然後口與心相應。而響與籟相追。故韻部者、音樂之助。而猶非音樂之本也。

今之俗樂亦有合於音律者與。曰、吾未之學也。然考之傳曰，大不踰宫，細不過羽。今俗樂之歌曲，皆踰宫而過羽者也。是故矜張而怪怒，淫昵而哀思，古人所爲以中聲節之者，葢坊此也。惟朝廟所謂雅樂者，庶免此矣。然其聲有高下而無疾徐，縱其應律，亦所謂知聲而不知調者也。知調而不知詩者也。夫不知詩，不知調，雖其得律，固已末矣，而况其末也。是故古之太師，必先教詩，教詩者必先以六德爲之本，使其性情之發，無有不得其平，而不由其誠者，則二者之患亡矣。然後以六律爲之音，蓋亦簡易而不難也。

六律爲聲音之準，黄鐘又爲六律之本。此歷代議制作者，所以紛紛於黍尺之多寡短長、律管之徑圍冪積，累千年而未有定論也。然以虞書攷之，則人聲者，尤音樂所自出，而律吕所取裁也。故國語言古之神瞽，考中聲而量之以制。孟子又言不以六律，不能正五音。此則心法相須，不可偏廢。聖人既因神而存之，又托器以傳之，蓋以此也。今欲持聰明不逮之資，而自師其心，滅裂古法，固爲不可。

然當數千有餘年、制度殘闕、器數淪亡之日。而規規於比校分抄。以求必與古合。是猶尋周公之阡陌以制産。摹帝舜之繪畫以作衣也。何可得哉。宋程張朱蔡諸儒。反之德性。而欲以上下聲攷之者。乃爲至論。然蔡氏謂多截竹以求聲之和者。則既盡之矣。又曰列以候氣而必其應。此則蔽於沿襲之說也。元人作曆必曰得明理之儒。專門之裔。精算之士。愚謂不獨曆爾。律呂亦然。蓋儒者明其理。必通於聲氣之元。樂工專其藝。必審於聲音之節。

算士究其術。必極於制度之精。三者備矣。然後參論古法。而取決於心。勿復偏据單詞。而滯泥於迹。樂庶幾其有成乎。抑聞之。後世治者。不井田亦足以養。然必倣其意而行之。則溝洫涂遂之遺。不可不講也。不鄉舉里選亦足以教。然必倣其意而行之。則庠序學校之典。不可不稽也。不必后夔周公然後可以制作。然必倣其意而行之。則衣冠俎豆之文。律呂絃管之制。不可不攷也。近代之言樂者至多。各以其意爲說。而絕無所依據。又豈非所謂持不逮之資，滅裂古法者歟。殊不若漢唐宋之規規於此校分刌者，猶令後之人尋墜緒而有所折衷也。故此編自朱蔡以後無述焉。蓋重春秋變古之戒，遵夫子愛羊之義也。

附樂記　安溪李光地註

樂教篇

孟子 今之樂由古之樂。

子夏對魏文侯分別古樂今樂，而孟子謂今之樂由古之樂。何哉。愚謂必有孟子之意，以爲樂之本然後子夏之說可得而申也。三代以下，禮樂不興，其閒在上之人頗有留意於斯者，又爲儒者迂大繁難其說，以重困之。故禮則必其周公之制，樂則必其伶倫之律。微論其說無一是之歸，縱使得之，亦止於郊廟朝廷之事。而所謂移風易俗。無有議及之者。又豈聖人禮云樂云之意哉。劉向嘗慨今之刑非皋陶之刑。然律令之書。筆則筆。削則削。至禮樂則曰不敢。是因小不備而就大不備也。班固亦謂叔孫通之書。藏於理官。雅樂不行。而民閒鄭衛自若。向與固豈不知綿蕞之所習。上林之所肄。未得其雅正哉。殆以爲且當達之天下。與學士大夫衆庶共之。然後雅正淫慝。可得而論也。嗚呼。此孟子與民同樂之論。所以爲得其本也。後世禮壞已極。樂崩尤甚。雖使有伶州鳩師曠其人。能辨音節於微茫者。無益也。何則、不達於天下焉耳。況其風俗遷流。習尚日非。使五帝三王而在今日。亦不能沿樂襲禮矣。何則、强其所不樂。舉其所不行。則莫之從而不能久。非所謂通其變使民不倦者也。然則今日之樂。就而修之。其亦可以行於民閒乎。曰、何爲其不可。夫能使鬼神降格者。郊廟之樂具是矣。能使上下懽欣者。朝廷之樂具是矣。能使黎庶感動而興起者。鄉黨閭巷之樂具是矣。今日之樂。苟去其淫辭新聲。及其節目之荒誕無實者。而一均之和音。被以雅曲。實之以忠孝廉貞節義之事。亦庶幾乎可以語。可以道古者。未必非風俗之一助也。然今之俗樂。甚冗長而繁衍。雖以忠孝廉貞節義爲之根。而其荒誕無實自若也。愚考古之歌者舞者。蓋非一人。歌則瞽矇之屬。在堂上者也。舞則國子之屬。在堂下者也。舞以動其容。雖貌肖而口不言也。歌以詠其事。雖贊歎之而亦非其自言也。聽其歌。觀其容。而其人可知。此所以爲雅樂也。今能復是，則至善矣。如猶未也，則必當日之有是言事者，使舞者象之，其鋪揚贊頌，播之音律者，則使歌者宣之，舞動歌應，亦庶幾乎一唱三歎之義，又其次也，更須簡其節目，如元人詞曲，皆止四段，猶彷彿乎古者歌笙閒合之遺意，此復古之漸也。

禮記樂正崇四術，立四教，順先王詩書禮樂以造士，春秋教以禮樂，冬夏教以詩書。王制

詩書禮樂，即四術四教也，術以其道言之，故曰崇，

敎以其具言之。故曰立春秋寒燠之中。宜於歌舞。冬夏寒暑之極。可以吟誦而已。

仲春之月。上丁。命樂正習舞釋菜。天子乃帥三公九卿諸侯大夫親往視之。仲丁。又命樂正入學習舞。季春之月。擇吉日。大合樂。天子乃帥三公九卿諸侯大夫親往視之。仲夏之月。命樂師修鞀鞞鼓。均琴瑟管簫。執干戚戈羽。調竽笙箎簧。飭鐘磬柷敔。季秋之月。上丁。命樂正入學習吹。季冬之月。命樂師大合吹而罷。月令此與周官春舍菜合舞。秋頒學合聲。王制春秋教以禮樂。大指皆同。仲夏修飭樂器者。以將盛樂雩祀。故謹備之。嚴陵方氏曰。鞀鞞鼓與鐘磬柷敔其聲質而一。故修飭之而已。琴瑟管簫竽笙箎簧其聲文而雜。則必均調之焉。干戚戈羽。以無聲執持之待用可也。

凡學世子及學士。必時。春夏學干戈。秋冬學羽籥。皆於東序。小樂正學干。大胥贊之。籥師學戈。籥師丞贊之。胥鼓南。

注云士謂司徒所升於學者四時各有所宜學干戈萬舞象武也用動作之時學之羽籥籥舞象文也用安靜之時學之愚按春合舞秋合聲則文武之舞春皆教之矣然羽籥者有聲之舞也故又於秋冬習之周官樂師教國子六舞既有羽舞矣而籥師又教舞羽吹籥則知羽籥之教又在六舞之外也春夏只言干戈省文耳小樂正即樂師也樂師教六舞大胥以六樂之會正舞位周人貴干故言干以統之籥師之職乃教舞羽吹籥上文亦以

干戈羽籥兼稱。此言戈。恐羽字之誤也。胥鼓南者。舞必有鼓以爲之節。舞干羽之時。胥則鼓於南焉。謂鼓於堂下南方。舊說南夷之樂恐非是

春誦夏弦。大師詔之瞽宗。秋學禮。執禮者詔之。冬讀書。典書者詔之。禮在瞽宗。書在上庠。

愚按注云、誦、謂歌樂也。弦、謂以絲播詩。此正王制所謂春秋教以禮樂。冬夏教以詩書者也。注又曰、周立三代之學。學書於有虞氏之學。典謨之教所興也。學舞於夏后氏之學。文武中也。學禮樂於殷

之學功成治定與己同也。

凡祭與養老乞言合語之禮皆小樂正詔之於東序。大樂正學舞干戚語說命乞言皆大樂正授數大司成論說在東序。凡侍坐於大司成者遠近閒三席可以問終則負墻列事未盡不問。

注云、養老乞言養老人之賢者。因從乞善言可行者也。合語、謂鄉射鄉飲酒大射燕射之屬。鄉射記曰、古者於旅也語。小樂正教以三者之威儀。大樂正教以三者之義也語說合語之說也。數篇數也。

論說課其義之淺深才能優劣大司成司徒之屬
師氏也閒猶容也容三席則得指畫相分別席之
制廣三尺三寸三分則是所謂函丈也愚謂鄭氏
所謂三者祭也養老也合語也舞干戚即所以用
於祭大司成知為師氏者以下有父師司成之文
凡三王教世子必以禮樂樂所以修內也禮所以修
外也禮樂交錯於中發形於外是故其成也懌恭敬
而溫文語曰樂正司業父師司成一有元良萬國以
貞世子之謂也以上文王世子

懌、悅懌也。懌而恭敬溫文。卽虞書直溫寬栗無虐無傲之效也。業、樂版也。成、樂一終也。司業司成、皆以樂名官。後世忘其義也久矣。

十有三年學樂誦詩。舞勺。成童舞象。學射御。二十而冠。始學禮。可以衣裘帛。舞大夏。內則

張子曰、古者教童子先以舞者、欲柔其體也。心下則氣和。氣和則體柔。

樂用篇

孟子　召大師曰、爲我作君臣相說之樂。蓋徵招角招

是也。

徵招角招者，葢其調是徵角，而其聲容則倣招樂爲之。如周禮圜丘方丘宗廟之樂，有宫角徵羽四調，而用雲門咸池之舞，與九德之歌九韶之舞，亦此類也。知景公諸侯不可直用韶樂，必是倣其聲容而爲之，則知周禮歌舞，亦是倣古樂聲容而爲之，不是直用其樂。所以此段前有作樂之文，後有所作詩詞可見也。宫商角徵羽，有聲有調，聲則一曲之中無不備，調則隨取其一以命之，不必五者

皆具故周禮只四樂而景公所作惟徵角二者而已

禮記 三年耕必有一年之食九年耕必有三年之食以三十年之通雖有凶旱水溢民無菜色然後天子食日舉以樂 王制

殺牲盛饌曰舉日舉以樂言每日舉而以樂侑食也

仲夏之月大雩帝用盛樂季秋上丁命樂正入學習吹是月也大饗帝 月令

季秋大饗帝。恐卽所謂季秋祀帝於明堂。配之以
考者也。仲夏大雩。注亦言雩五精之帝。配以先帝
凡學。春官釋奠於其先師。秋冬、亦如之。凡始立學者。
必釋奠於先聖先師。及行事。必以幣。凡釋奠者。必有
合也。有國故則否、凡大合樂。必遂養老。適東序。釋奠
於先老。遂設三老五更羣老之席位焉。適饌省醴養
老之珍具。遂發咏焉。退修之。以孝養也。反登歌清廟。
旣歌而語。以成之也。言父子君臣長幼之道。合德音
之致。禮之大者也。下管象。舞大武。大合衆以事。達有

神，與有德也，有司告以樂闋，王乃命公侯伯子男及羣吏曰，反養老幼於東序，終之以仁也。文王世子

春秋釋奠於先師者，歲之常禮也。始立學而釋奠，則其禮尤重，故行事必用幣，有合，謂合樂也。始立學及春秋常奠，皆合樂也。國故，如災異札瘥之類是也。周禮春入學舍菜合舞，秋頒學合聲，蓋於是時。天子則視學焉，而以其明日養老，適東序以下，則養老之文也。先老者，先代之老也。更或以爲叟字之誤，注曰，以鄉飲酒禮言之，三老如賓，五更如

介羣老如衆賓其說近是適饌謂適饌所也省視酒醴及養老之珍具遂歌以迎賓而退修之所以致其孝養也退修之者即修其酒醴珍具酳饋之節在其中矣反謂獻老禮畢反而就席也語談說也歌備而談說所以成其意下文言父子君臣長幼之道合德音之致即謂談說樂義也大合衆者合國子而舞也樂以通神明象功德故言達有神興有德也公矦伯子男者畿内五等之爵羣吏鄉遂之官也使之各歸養老皆如此禮仁之大者也

饗禘有樂，而食嘗無樂，陰陽之義也。凡飲養陽氣也，凡食養陰氣也。故春禘而秋嘗，春饗孤子，秋食耆老，其義一也，而食嘗無樂。

疏云：依禮三代無春禘之文，周則春曰祠。王制夏殷之禮，云春曰禴，今云春曰禘，故知禘當爲禴。熊氏云：此夏殷禮，秋嘗無樂。若周則四時祭皆有樂，故祭統云：内祭則大嘗禘，升歌清廟，下管象，是秋嘗有樂也。案王制、夏后氏養老以饗禮，則夏家養老用春時，有樂，無秋食之禮。殷人養老以食禮，用秋時不作樂無春饗之禮周人修而兼用之則周人養老春夏用饗禮秋冬用食禮四時皆用樂故文王世子云凡大合樂必遂養老注云春合舞秋合聲下云養老之禮遂發咏焉登歌清廟是秋時養老亦用樂也皇氏曰春是生養之時故饗孤子取長養之義秋是成熟之時故食耆老取老成之義

賓入大門而奏肆夏示易以敬也卒爵而樂闋孔子屢歎之奠酬而工升歌發德也歌者在上匏竹在下

貴人聲也。

疏云此論朝聘之賓設燕饗之禮奏樂之節。燕則大門是寢門也。饗則大門是廟門也。案燕禮記賓及庭奏肆夏此入大門卽奏肆夏者。熊氏云燕禮燕己之臣子。此謂朝聘之賓故入卽奏肆夏也。示易以敬者。示主人和易嚴敬於賓也。卒爵而樂闋者。賓至庭樂作。及至主人獻爵賓受爵啐酒拜告旨。而樂止。賓飲訖酢主人。主人受酢畢。主人獻公。而作樂。公飲卒爵。而樂止。此卒爵兼賓及主君也。

依大射禮，主人受酢不作樂，若其饗時，主君親獻賓，賓親酢主君，賓主俱作樂也。屢歎之者，歎美此禮，善其和易恭敬之義也。奠酬而工升歌者，據大射禮，獻卿之後，大夫媵觶於公，所謂酬也。公奠置此酬而未舉，於時工升歌也。或當饗時主君親酬賓，賓初奠酬薦東，於時即工升歌。大射與饗禮異也。發德也者，歌詠其詩，發明賓主之德。

殷人尚聲，臭味未成，滌蕩其聲，樂三闋然後出迎牲，聲音之號，所以詔告於天地之閒也。以上郊特牲按那之詩曰、奏鼓簡簡。衎我烈祖。而後曰湯孫奏假。綏我思成。則是未祭而先樂以降神。蓋商道也。

父有服。宮中子不與於樂。母有服。聲聞焉不舉樂。妻有服。不舉樂於其側。大功將至。辟琴瑟。小功至。不絕樂。雜記

注云、宮中子、與父同宮者也。禮由命士以上。父子異宮。不與於樂。謂出行見之不得觀也。至、來也。愚按此皆輕服耳。若重服則父母妻之服。已亦服焉。自當不與於樂而不舉樂也。大功小功、亦謂大功

小功有服者，於其將至而辟琴瑟，所以助哀，小功則否。

樂以迎來，哀以送往，故禘有樂而嘗無樂。祭義

疏云，春夏陽來，似神之來，故春夏之祭有樂。秋冬陰，象神之去，故秋冬之祭無樂。然周禮四時之祭皆有樂，殷則烝嘗之祭亦有樂，故那詩云，庸鼓有斁，萬舞有奕，下云，顧予烝嘗，則殷秋冬之祭亦有樂也。

昔者周公旦有勳勞於天下，周公既沒，成王康王追

念周公之所以勲勞者，而欲尊魯，故賜之以重祭。外祭則郊社是也，内祭則大嘗禘是也。夫大嘗禘，升歌清廟，下而管象，朱干玉戚以舞大武，八佾以舞大夏。此天子之樂也。康周公，故以賜魯也。子孫纂之，至于今不廢。祭統

注云：清廟，頌文王之詩也。管象，吹管而舞武象之樂也。愚按：管象者，吹管而叶象詩，非舞也。如升歌鹿鳴，下管新宫之類是也。注以有成童舞象之文，故謂象爲舞。然此之象，葢以詩言，未及舞也。象，童

時所舞大武成人所舞也象舞所執不知朱干玉戚與否注連言之亦非

兩君相見揖讓而入門入門而縣興揖讓而升堂升堂而樂闋下管象武夏籥序興陳其薦俎序其禮樂備其百官行中規還中矩和鸞中采齊客出以雍徹以振羽入門而金作示情也升歌清廟示德也下而管象示事也仲尼燕居

注云謂饗諸侯來朝者也縣興金作也下謂堂下象武武舞也夏籥文舞也序更也愚按春秋傳云

文王大明緜，兩君相見之樂也。此云升歌清廟，其文不符，故疏以爲元侯相見也。下管象，句宜絕，武夏籥序輿，大武之舞與夏籥之舞迭作也。蓋升歌而後管，管而後舞，其序如此。注以下管爲句，而於象武每合言之，似非是。

左傳　叔孫豹如晉，晉侯享之，金奏肆夏之三，不拜。工歌文王之三，又不拜。歌鹿鳴之三，三拜。韓獻子使行人子員問之曰：子以君命辱於敝邑，先君之禮，藉之以樂，以辱吾子。吾子舍其大而重拜其細，敢問何禮也。對曰、三夏、天子所以享元侯也。使臣弗敢與聞。文王、兩君相見之樂也。臣不敢及。鹿鳴、君所以嘉寡君也。敢不拜嘉。四牡、君所以勞使臣也。敢不重拜。皇皇者華、君教使臣曰、必諮于周。敢不重拜。

注云、肆夏、樂曲名。周禮以鐘鼓奏九夏。其二曰肆夏。一名樊。三曰韶夏。一名遏。四曰納夏。一名渠。蓋擊鐘而奏此三夏曲。疏云、天子享元侯、歌肆夏。則於餘諸侯不得用。當歌文王。與兩君相見同也。然則兩元侯相見。與天子享之禮同。亦歌肆夏。仲尼燕居、兩君相見、升歌清廟、謂元侯也、不歌肆夏、避天子也、諸侯來朝、乃歌文王、遣臣來聘、必不得同矣、當歌鹿鳴也、此傳言三夏天子所以享元侯、則文王兩君相見之樂、亦謂享也、雖不言燕、燕亦當然、晉侯享穆叔、爲歌鹿鳴、穆叔以己所當得、三拜而受、燕禮工歌鹿鳴、則是享燕同樂矣、若然、肆夏之爲樂章、樂之最尊者、兩君相見尚不得用之、而燕禮者、諸侯燕己羣臣之禮、而記云、若以樂納賓、則賓及庭、奏肆夏、鄭云、卿大夫有王事之勞者、則奏此樂。所以得用之者。彼爲納賓之樂。郊特牲云。賓入大門而奏肆夏。鄭云。賓朝聘者。是朝賓聘客俱得用之。與此升歌異也。愚按疏解亦容。然以肆夏爲升歌則不可。凡九夏皆金奏也。其春秋傳義理所以異者。或燕禮只於入門時用之。而享元侯則獻酬之後。升歌之前。尚有此金奏之樂耳。蓋享元侯惟奏肆夏。然升歌之樂不可廢也。疏於禮記升歌清廟。謂元侯相見則然矣。其云不用肆夏以避天子。非也。

附樂論三篇

論分樂合樂

大司樂前云大合樂者，肄習於學宮之事，而統論其用樂功效之所至，猶虞書所謂聲依永，律和聲，八音克諧，神人以和者，乃總言其理如此也。下文分樂而序及圜丘方丘宗廟之樂，乃正言其用樂之事。周人特祀姜嫄，故以妣先於祖，以分樂享先祖推之，則下宗廟當爲大禘大祫之祭也。六樂分序，固是以尊卑先後爲等，然各有陰陽之分，義類之配焉。蓋樂器陰也。人聲陽也。陽律用以奏。陽合於陰也。陰律用以歌。陰合於陽也。祀以陽律爲主。陽始於子而終於辰。故用子律及其合以祀天。用辰律及其合以祀四望也。陽主始。故以子爲尊。祭以陰律爲主。陰始於未而終於亥。故用亥律及其合以祭地。用未律及其合以祭山川也。陰主終。故以亥爲尊。享則合陰陽而用之。物始生於卯而終於戌。長養於自巳至申之間。故用長養之律以享妣。用終始之律以享祖也。六樂不著宮商角徵羽之調。隨其詩之所宜而用也。考下大禘祫之樂，則無射之律不用。此享先祖用之者，既用大武之舞，而牧野之舉，以無射布戎畢陳，則武功之始，不可去也。時享舞大武用無射，大禘祫舞大韶去無射，武盡美矣，韶則盡善，周公之心，孔子之志也。方丘之樂去太簇，此祭地猶用之，亦此意也。

論古今舞

六代之舞不可詳，惟武舞見於賓牟賈之問者，猶可追想古人遺意。武始而北出，再成而滅商，三成而南。四成而南國是疆。五成而分周公左召公右。六成復綴以崇天子。所謂周有六成之舞者此也。又曰、總干山立。武王之事也。發揚蹈厲。太公之志也。武亂皆坐。周召之治也。又曰、夾振之而四伐。盛威於中國也。分夾而進。事蚤濟也。久立於綴。以待諸侯之至也。是皆以舞之往返進退坐立步伐言之。而當日之武功文德。可以觀容而知。此樂舞之本意也。又如大明之詩。所謂上帝臨汝。無貳爾心者。則與總干山立而相應。維師尚父。時惟鷹揚者。

則與發揚蹈厲而相宣。是故聽其歌。觀其舞。不啻
睹其事。遊其世焉。故虞氏之亡久矣。至孔子在齊
聞韶。三月忘味者。此物此志也。降及後代。古法寖
微。然高帝大風之詩。起舞而歌之。太宗破陣之樂。
有舞以傳之。則象成之意。猶有存者。近世舞乃有
譜。則案五聲之音。製爲五行之象。其俯仰周旋左
右進退。乃不象其事之實。而逐其音之變。然則所
謂盛德之形容者奚有哉。故吾謂俗樂雖淫且鄙。
而歌舞自相應和。猶不似雅樂之無情無理也。後

有作者采此意而折中之用以發祖宗之功德閔臣下之勤勞道述孝友貞順之休聲移易里巷黎庶之風俗所謂君子於是語於是道古者必有取於茲焉

論十二律名

十二律之數以管而得十二律之名以鐘而定蓋鑄鐘以寫律之聲而爲八音之綱紀故即其器以名律也然惟四律以鐘名者案周禮祀天則分祭合祭皆長黃鐘祭地則分祭長應鐘祭地主陰律也合祭

長林鐘享廟則長夾鐘是四律者最尊故特列之
也黃者以中色喻中聲也林者萬物至未而茂盛
如林也夾者在中間之謂時惟中春四仲之首也
應者窮上反下聲與氣無不終始相應也稱呂者
三呂者侶也助也大呂助陽生物者也仲呂助陽
長物者也南呂助陽成物者也鐘懸之列自北而
南三呂之中位獨在南故曰南呂也不稱鐘呂者
五太簇者簇奏也古人金奏所用葢於時則雷出
地奮威德竝行於律則木行商聲仁義竝用故大

奏尚之也。姑洗者，萬物始生，孤穉而洗潔也。蕤賓者，正陽之時，萬物相見，如賓主酬酢，禮容葳蕤也。夷則者，生物既盛，平之以法也。無射者，陽律之終，終則厭怠，故欲其無射也。然惟黄鐘爲宫，則陽氣在内，屬信，居中，德之盛者，故太簇則餘陰尚固，陽氣奮擊而出，屬商，屬義。姑洗則生理畢達，屬角，屬仁。林鐘則萬物嘉美，屬徵，屬禮。南吕則萬物成就，分別，屬羽，屬智。應鐘陽窮復生，與黄鐘同德，爲變宫。蕤賓陰生，致役於陽，與林鐘同德，爲變徵，莫不各有其象類焉。此黄鐘一律之尊也。

八閩文庫

八閩文庫
文獻集成
214

福建文獻集成

續編 經部 一四

吴格 主編

海峽出版發行集團
THE STRAITS PUBLISHING & DISTRIBUTING GROUP
福建人民出版社

本册目次

春秋左傳精義五十卷（卷一至卷一〇）

［清］長樂黄一桂輯　［清］長樂黄見三補輯

福建師範大學圖書館藏稿本

春秋左傳精義五十卷，清黄一桂輯，清黄見三補輯。一桂字國雍，一字薌林，長樂人。郡庠生。少承家學，不屑屑章句。長從同邑陳玉華游，潛心經學，尤嗜左傳，嘗採舊説，傅以心得，輯爲讀左廣義，以推廣丹陽姜上均之讀左補義。事跡具同治長樂縣志卷十六。見三字景知，一字心垣，一桂子。咸豐三年（一八五三）進士。歷知河南杞縣、汜水、内黄、林縣、太康等縣，後知鄭州，升補睢州知州。博極群書，精熟史事，工制義，晚年潛心宋五子之學。撰有學官景仰篇四卷、全史輯要二卷、紅樓夢廣義二卷。年六十四卒。事跡見民國長樂縣志卷二十四。

是書以評注春秋爲主。全書十二公之前，各有列國時事一篇，參諸林堯叟、陳傅良、家鉉翁、李廉、汪克寬、趙汸、馬驌、馮李驊、姜炳璋等人之説而成。各篇分述諸公在位時列國形勢，合而觀之，春秋二百四十餘年間消長隆替之勢，已大概可睹矣。頂格録經傳，雙行小字夾注，多纂録杜預集解、孔氏正義及宋以後説解。其宋人注解如劉敞春秋意林、胡安國春秋傳、陳傅良春秋後傳、林堯叟春秋左傳句讀直解、黄仲炎春秋通説、趙鵬飛春秋經筌、家鉉翁春秋詳説等；元人注解如吴澄春秋纂言、趙汸春秋左氏傳補注等；明清人經説，則甄録明童品春秋經傳辨疑、王道焜、趙如源同編之左傳杜林合注、田藝蘅留青日札、傅遜春秋左傳屬事、顧炎武左傳杜解補正，清姜希轍左傳統箋、朱鶴齡讀左日鈔等，裁取群籍，可稱詳

備。經傳之後，低一格附黄氏父子按語。其語重評論，間而參證後代史事，以抉春秋褒貶之旨，與宋元以來評點之學一脉相承。天頭列歷代評論，多摭拾吕祖謙、真德秀、張岐然、賀仲軾、魏禧、孔之逵、周大璋、姜炳璋諸家説，各附經傳之上，用便稽覽。全書纂輯舊注，頗著勞績，評述史事，亦有見解，爲治春秋者所不可忽。

此係寫定稿，朱格稿紙，每半葉十一行，行二十四字。版心鐫「春秋左傳精義」，單魚尾，白口。天頭分欄，每半葉二十二行。是書於黄氏按語處多圈點，間附籤條改撰按語，其字跡與原書不同，當係後來補加者。（馮先思）

隱公全

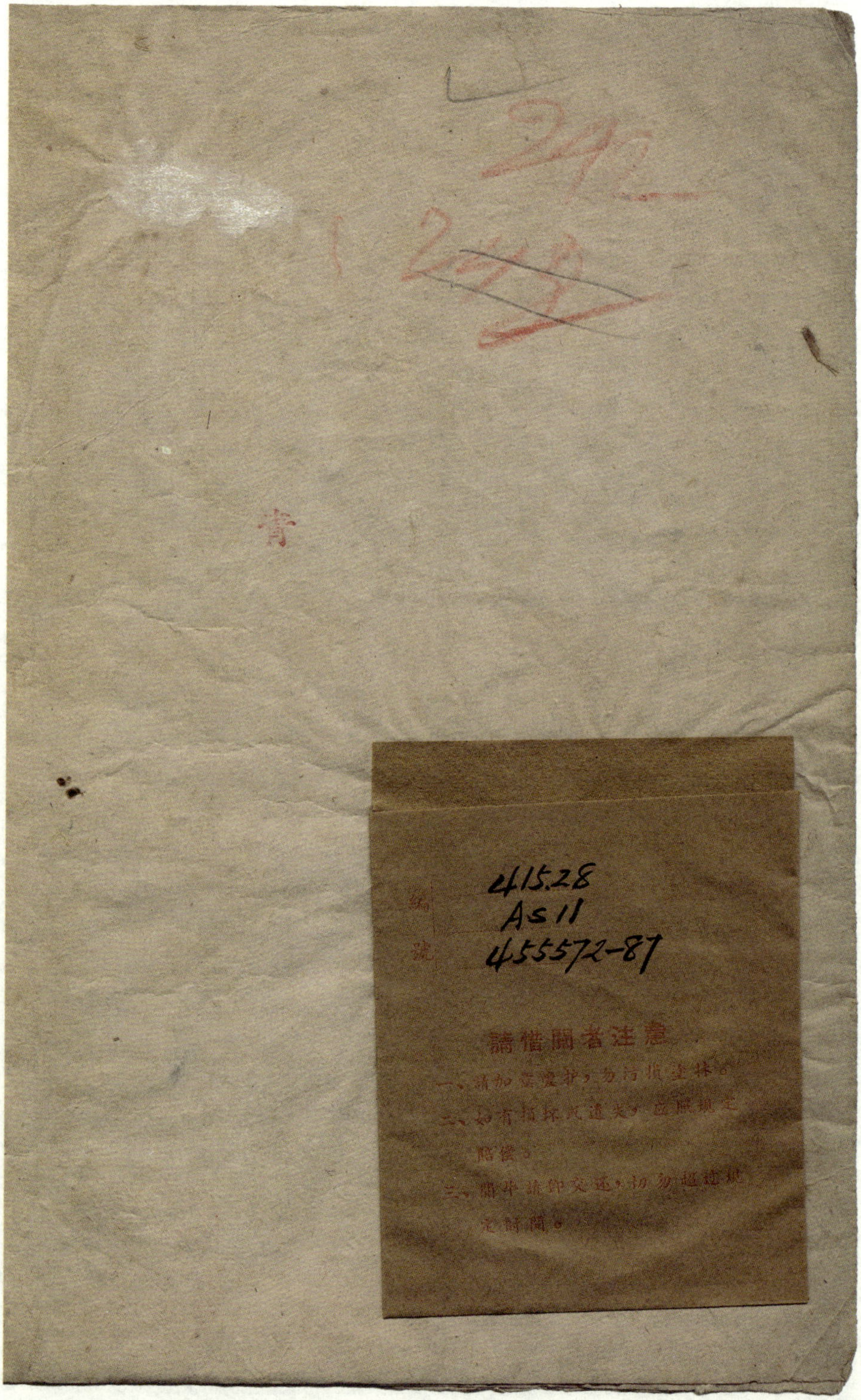
編號
415.28
As11
455572-87
請借閱者注意
一、請加意愛护，勿污損塗抹。
二、如有損坏或遺失，應照規定賠償。
三、閱畢請即交還，切勿超過規定時間。

列國時事

隱公之世鄭最強王師亦為之用小侯皆為之弱而最睦者齊魯最仇者許宋蓋鄭莊梟雄為諸國之冠亦羣罪之魁克鄢城潁內不孝友於家庭取麥取禾外不忠順於王國周之衰鄭為之也故春秋託始於隱而詩以鄭風次王是時宋衛為西黨齊鄭為東黨魯則徘徊於二黨之間而唯利是從經書石門所以誌齊之黨鄭又書盟艾所以誌魯之附齊黨鄭連師宋郊用兵許國東諸侯之黨幾橫行於天下然自東黨分四方未有不伐鄭者五霸未有不爭鄭者春秋之大勢如此　齊僖小霸曲沃椒聊寫得躍躍春秋之事齊晉居多二君固桓文之嚆矢也（叅趙汸陳傅良馮李驊）

春秋左傳精義卷之一

閬中鄉林　黃一桂　輯　男　心垣見三補輯

春秋左氏傳　史記十二諸侯年表序孔子明王道論史記次春秋去其煩重以制義法七十子之徒口受其傳魯君子左卯明懼弟子人人異論各安其志失其真故左氏春秋杜氏經傳集解序春秋者魯史記之名也史之所記必表年以首事年有四時故錯舉以為所記之名也周禮有史官掌邦國四方之事達四方之志諸侯亦各有國史大事書之于策小事簡牘而已孟子曰楚之檮杌晉之乘魯之春秋一也韓宣子適魯見易象與魯春秋曰周禮盡在魯矣吾乃今知周公之德與周之所以王韓子所見蓋周之舊典禮經也周德即衰官失其守上之人不能使春秋昭明赴告策書多違舊章仲尼因魯史策書成文考其真偽志其典禮上以遵周公之典下以明將來之法其教之所存文之所害則刊而正之以示勸戒其餘則皆用舊史史有文質辭有詳畧不必改也左卯明受經于仲尼以為經者不刊之書也故

皇極以易書詩春秋分配春夏秋冬元會運世以斷世數之升降近儒遂以春秋二百四十二年消息於六十四卦中而為之進退盈縮焉然大衍之數五十其用四十有九東遷以後平王亦四十九年入春秋雖曰偶然當亦非偶然也

先經始事事始閨門即刪詩首關雎之義

馮天閑曰此先經以起義也要表隱公讓國之賢須先明桓之不當立令平平叙列絕

傳或先經以始事或後經以終義或依經以辨理或錯經以合異身為國史躬覽載籍必廣記而備言之其文緩其旨遠將令學者原始要終尋其枝葉究其所窮渙然冰釋怡然理順然後為得也鄭漁仲曰昭二年韓起來聘見魯春秋晋語司馬侯對悼公曰羊舌氏習于春秋悼公使之傳其太子楚語申叔時論傳太子之法亦云教以春秋由此觀之周之典禮不存惟魯春秋為列國所重此在夫子之前未經筆削之春秋孟子云詩亡然後春秋作此魯史記東遷以後事已經夫子筆削之春秋也馬貴與曰三傳所載經文左氏為優蓋公羊穀梁直以其所作傳文攙入正經而左氏則經自經而傳自傳至元凱始以左氏傳附經文各年之後是左氏傳中之經文可以言古經矣

隱公一孔疏云名息姑伯禽七世孫惠公弗皇之子母聲子以平王四十九年即位周書謚法隱拂不成曰隱魯侯爵據臣子言之故謂之公 書法

傳

惠公元妃孟子杜解言元妃明始適夫人也子宋姓孔疏元始也長也有始而非適若孟任之類是也亦有適而非始若哀姜之類是也妃匹也○妃芳非反

孟子卒無謚先夫死不得從夫謚呂記志惠公之無適也

繼室以聲子生隱公 書法 聲謚也蓋孟子之姪娣諸侯始娶則同姓之國以姪娣媵元妃死則次妃攝治

不著一低昂只于隱公所生詳為名于桓公所生詳為祥瑞而兩君之是非自激言外太史遷封禪等書純是此段筆意

姜炳璋曰古者諸侯無再娶之禮孟子為適夫人則聲子仲子皆妾也且繼室以聲子攝內政則隱為庶長矣桓母安能貴桓安能以母貴乃宋武以祥瑞之故寵異之而公亦求援大國故宋以夫人歸公以夫人娶觀後歸咱不及聲子知已聞于王也母為夫人子不為太子乎然非禮也惠公志在立桓而不以告廟者以桓尚少耳左氏遂一清出赦罪惠公正亂本也

俞寧世曰諸侯一娶九女元妃沒則立姑姊妹之長者為繼室不得更娶戒瀆亂杜亂源也惠公違禮再娶

內事猶不得稱夫人故謂之繼室。呂記志隱公之為次正也。宋武公生仲子，仲子生而有文在其手，曰為魯夫人，故仲子歸於我。孔疏石經古文虞作欲魯作表手文容有似之者。按仲子手有魯字文，宋武愛之，曰是當為魯夫人。史記索隱謂有魯夫人文，非也。呂記志仲子之歸實後聲子所以貴寵者，惠公非其道也。按宋今河南商邱縣，魯今山東曲阜縣。生桓公而惠公薨，言歸魯而生男，惠公不以桓生之年薨。是以隱公立而奉之。隱公繼室之子當嗣世，以禎祥之故追成父志，為桓尚少，是以立為太子，帥國人奉之。為經元年春不書即位傳。呂記志惠無子，桓之命奉之者，乃在隱公也。

黃鄰林曰：天何言哉，豈有書也。唐叔之生，文在手曰虞；成季之生，文在手曰友；仲子之生，文在手曰為魯夫人。則是凝脾結脂，造物先已起草，腹中為隱地一聲，遂騰淸而指諸掌也，有是理乎？攷之石經，古文虞字作从，魯字作表，手文容得似之。隸書起于秦末，流傳至今，虞之為虞，魯之為

以新間舊，以小淩長，溺愛仲子、桓公，釀成篡弒，倡亂閔以後十公皆桓之子孫，遂飾言仲子有文在手，如嫡子貴，隱公之立特攝位而奉之耳。左氏為人臣子，既难顯言，而書法之間實有不可没者。以元妃曰繼室，是名分之已定也；曰歸于我，是名分之不定也。聲子、仲子之嫡庶定，則隱、桓之當立與否自明矣。文不過六十字，而三公二妃事如鐵案，可以為素王之功臣、列史之鼻祖歟。

魯傳兩人而生，今日造物即欲命之，吾恐其點畫太多，無從着筆也。後世如蕭衍有文在手曰武，楊堅有文在手曰王，和知為古文今文，然知撫祖述此意為符瑞，如長之說。讀書者當詳辨之，毋為古人所欺。見三按，一手掌耳，而有文在其中，無論其荒〔怪〕誕無稽〔不經〕，即寔有之，亦禍水之兆也。前乎仲子為夫人者，不知几幾；後乎仲子為夫人者，不知几幾，皆未有手文，何獨于仲子有之也？文反正為乏，物反常為怪。宋公震于祥瑞，以夫人歸魯；魯亦震于祥瑞，以夫人娶焉。至隱弒桓簒，其子孫專擅國政，而魯卒以不振。左氏先經起義，所以為並后匹敵者戒，即為後世好言符瑞者戒也。

舜典紀元日，商訓稱元祀，春秋書元年。元者，氣之始。元年者，人君之始。元年，魯隱元年也。正月，周正月也。稱王不稱周，春周對夏殷而言，王對列國而言也。春秋，魯史。國所書皆奉天王正朔，公羊所謂大一統也。

段有欺罔其兄之心，莊有以誅其弟之心。兄弟之間如仇敵然。不書奔而書克，不曰弟而曰段，紀其實而誅其心也。

賵仲子則宰不書字，矣成風則王不稱天，所以明嫡庶之分也。

春秋會盟不足信。如盟邾於蔑而後即為宋伐邾，盟宋於宿而後即為鄭伐宋。大抵盛世兵刑統歸文德，衰朝樽俎並伏戎心。朝東牲夕秣馬，盟誓滋甚而殺伐益

經

己未

元年春王正月。（杜解）隱雖不即位，然攝行君事，故以朝廟告朔也。三月，公及邾儀父盟于蔑。孔疏：凡盟必割牛耳，敦以盛血，槃以盛耳，將歃，司盟之官北面讀載書，以告日月山川之神，若有背違，欲令神加殃咎，尊卑以次歃，戎右傳敦槃以授當歃者，令含其血，既歃乃坎其牲，加書於上。此天子會諸侯使聚盟之禮也。按春秋列國私相盟誓始此，蓋盟非所貴，而彼善於此者有之，胡傳言之詳矣。邾，魯附庸國，曹姓，今山東鄒縣。蔑，魯地，今泗水縣東有姑蔑故城。○夏五月，鄭伯克段于鄢。得儁曰克。孔疏云：戰勝其師，得其雄儁者。鄭國，姬姓，宣王母弟友之後。（朱子詩傳）鄭本在西都畿內咸林之地，武公得虢鄶之地，乃徙其封，是為新鄭。按今河南新鄭縣。鄢，鄭地，今鄢陵縣。鄢音偃。○秋七月，天王使宰咺來歸惠公仲子之賵。孔疏：宰，官；咺，名也。仲子，惠公之妾，婦人無謚，當繫夫之謚，以明所屬。衆妾不合繫夫，當以字配姓，其聲子、戴嬀有謚，皆越禮也。咺，吁阮反。賵，撫鳳反。○九月，及宋人盟于宿。凡盟以國地者，國主亦與盟。按此參盟之始。宿，小國，男爵，風姓，今山東東平州東。○冬十有二月，祭伯來。祭伯為王卿士，祭者祭國，伯爵也。按此王臣私交之始。來者，來至魯也。公曰來奔，穀曰來朝，並非。今河南開封府東北有祭伯城。○祭，側界反，傳祭仲同。

張春秋全局如此而已

姜皇嚴曰春秋魯史非天子之史也以魯為主而王朝列國之事因告附見故君稱公國稱我皆本國臣子之辭三代王者特重正朔而無年號春秋大書正朔明天子一統之尊自記元年識本國一君之事魯史月春正月夫子增王字尊王之大義也傳加一周字以發明聖人尊王之義王周二字連讀後世皇唐皇晉皆本此春為周春正為周正子月一陽所生可以為正即可以為春其義甚明何休之黜周王魯及胡氏之夏時蔡氏之改歲不改月皆可以一字正之　穀梁氏曰先君之欲與桓非正也邪也又謂隱之讓為成父之惡黃楚望

〇公子益師卒

一周字可括諸儒春王正月考等書一攝字直括揭隱公十一年心跡

傳

元年春王周正月不書即位攝也杜解假攝君政不修即位之禮故史不書于策補註

蘇氏曰古者君薨而世子生卿大夫奉攝主于西階南面攝主謂娣姪之子次當立者故隱公亦攝主也

黃鄉林曰隱公立不即位死不成喪魯之臣民幾忘其為君知而春秋獨冠隱於魯十一公之上者所以正隱之為君也夫惠公無適子隱與桓皆庶也論年則隱為長論德則隱為賢不立隱為太子而立桓惠之私非禮之正也隱公成父之志攝位以待太子父葬不臨母卒不赴歸仲子之賵考仲子之宮十一年厚自謙抑無往非攝亦無往非讓桓為不道聽羽父之邪言賊天倫之大義不特負兄而且忘父實為千百五十二年亂賊之首魁春秋托始於隱表隱之賢正以甚桓

曰先君之失禮再娶非臣子所當議也公攝位以俟桓長得事之宜或曰非父命也隱即有之亦正也曰非也以仲子為夫人即欲立桓為太子父之志即父之命也隱如自立則必言及乃父之非禮黜仲子而棄桓尚得為人子乎故隱之讓德先儒方諸伯夷其不行即位之禮自居于攝以明終當讓桓乃所以為賢也

成王幼周公負扆蓋嘗攝之矣而魯隱之攝桓則不可以學周公也管蔡亂周公破斧蓋嘗殺之矣而鄭莊之克段則不可以學周公也吾不復夢見周公聖人豈直感一身之衰耶

之惡也

見三按千古之善讓國者莫如泰伯体親之心傳位于弟採藥奔吳而天下無得而稱此讓之不自居于讓也千古之善攝者莫如周公成父兄之德盡職于孤負扆臨朝而天下不得而疑此攝之不自知為攝也讓者不必攝攝者不必讓泰伯超其心于富貴功名之外視天下如敝屣其勢難而易周公渾其心于富貴功名之中視天下如一家其事易而難故太伯不易學周公尤不易學若魯隱者學泰伯周公而兩失之也夫隱長而桓少國固隱之國非桓之國也桓少而隱攝國雖桓之國則位仍隱之位也桓能纂位于十一年之後少時當已桀驁不馴隱既舉國而讓之自當舉國而授之攝胡

為手兩岐之流東西互決狐裘之嘆走望多門讓者未讓攝
者已攝人之求富貴利達者不要結青宫為異日邀榮之地
必謟媚上皇為今日固寵媒之謟媚上皇則不難為趙普豈容
再誤之言要結青宫則不難為李輔國逼遜南内之事故隱
公自視皆攝攝遜之局而豈知左右前後皆干戈之局彼羽
父者蓄毒于肘腋之旁已非一日請弑之言究如其來猶曰
吾將授之吾將老焉蔿氏之禍直自取之耳嗟夫以周公之
至聖輔幼主治天下位極人臣權侔天子可謂千古無兩矣
然而管蔡流言釁生骨肉即同官如吕召亦莫辨其冤苟非
風雷示威金縢啟策且岌岌乎其危矣況隱公乎左氏于隱
之不（書）即位（表其實）書之曰攝也與之歟撫惜（傷）之歎也

賀仲軾曰、先君告終、嗣子繼
立、當先見于王、而受命焉。隱
未聞有事于王、而首與邾人
盟。無論其攝與非攝、而行事
之初、即不知有天子、何可訓也。
春秋以為睦鄰、小而無君之罪
大、故特于元年三月顯著其事。
正謂元年三月非公盟儀父之時
也。儀父稱字、左傳未王命是也。
稱名則疑于賤、稱人則疑于臣、
故稱字以敵公也。然則儀父無
罪乎、曰、惡得無罪、小國從大國
以修常禮、未減焉可也。

三主月、公及邾儀父盟于蔑、邾子克杜解父名儀也按釋詁云及與也穀梁曰內志
也然有非內志而亦曰及者未王命、故不書爵、曰儀父、貴之也其後儀父服事齊桓
以獎王室王命以為邾子公攝位而欲求好于邾、故為蔑之盟。
黃鄭林曰、凡盟內為主稱及、外為主稱會、在魯地、雖外為主
亦稱及、謂彼來而及之也。蔑、魯地也。邾附庸也。慕隱之賢、倚
魯為援、來盟於蔑、邾之意、非隱求之也。稱儀父者、附庸例稱
字、非貴之也。程子謂諸侯交相盟誓、亂世之事、是春秋正音
見三按、按中國附庸稱字、邾儀父、蕭叔、外也。外裔附庸稱名、
郳黎介葛盧是也。附庸之世子例稱人、邾人、牟人、葛人是也。
又董子曰、附庸稱字者三十里、稱名者二十里、稱人者十里。
邾為泗上附庸、至是始強、駸駸乎與魯成勁敵之勢、隱不能

姜皇蕃曰：周禮史官有大史、內史、外史、小史之屬。春秋，魯史也。左氏獲覩十四國史書，而于魯加詳，其有當時記載未登策書者，錯舉識之，以明魯史不書之故。前後事蹟無甚關係者略之。

費郎極地皆無壞城。郎為明年入極張本。

申侯召犬戎陷京師，弒幽王，鄭桓公死焉，申亦鄭之讎也。而平既舅氏，恩深武

修德以睦鄰，徒知修盟以求好，復以守信，不終為宋伐鄭。自隱之七年至哀之年二百餘載，干戈不息，皆此盟為之也。故石門于鹹，特盟之終始；丸屋鄟陵，參盟之始終；于幽平邱，同盟之終始，而總以盟蔑為私盟之始。

夏四月，費伯魯大夫費如字。帥師城郎。魯邑。按今山東魚臺縣東北有郎城，西南有費亭。

不書，非公命也。

見三按師大衆也，城大役也。隱以攝位之故而不出命，臣以君攝位之故而不稟命，皆非也。蔿氏之禍，其所由來也漸矣。

初，鄭武公娶于申，曰武姜。按申國，姜姓，今河南南陽縣北有故申城。生莊公及共叔段。杜解：段奔共，故曰共叔。按共國，今為輝縣。莊公寤生，驚姜氏，故名曰寤生，遂惡之。按寤生之說不一。史記鄭世家云：寤主生之難。疑痛愛共叔段，極昏絕生而驚寤也。正字通：寤同遻，逆也，則改字矣。

亦岳翁情重，戌申戌甫，極突與有力焉。雖傳無此意，而詩云孝子不匱，抱恨豈獨寤生。

魏禧曰：此篇寫姜氏之昏僻，叔段之貪癡，祭仲之深險，公子呂之廹切，莊公之奸狠，潁考叔之敏妙，情狀一一如見。莊公此等作用，若施于正事，為君父報仇，為民除害，則其去石碏者幾何。所謂兵賊同一刃者，此類是也。

王臣曰：潁考叔因獻悟君，全本莊公之悔。然莊公非悔也，蓋已逞其殺弟之志，又深惡有絕母之名，思所以蓋之者不得，考叔微見此意，故其言順投而無郄。田千秋一言悟主，亦因武帝知太子惶懼無他意，故爾。史稱其敦厚有智，大率類此。武帝之悔于其子，與莊

宫記婦人之情不可理詰欲立之，亟請于武公，公弗許。及莊公即位，為之請制。公曰：制，巖邑也，虢叔死焉。他邑惟命。虢叔，東虢君也。恃制巖險而不脩德，鄭滅之。恐段復然，故開以他邑。（附）注：帝王世紀以西虢為仲，羅泌國名記亦謂虢仲封西，虢叔封東。疏乃謂叔為西虢，仲為東虢，誤也。吳仁傑曰：傳稱虢仲者，即仲後；稱虢叔者，即叔後。按西虢後為晉滅，此東虢為鄭滅。制一名虎牢，今河南汜水縣西，東虢國在縣東。請京，使居之，謂之京城大叔。京，鄭邑。按今河南滎陽縣東南有京縣故城。天子諸侯之弟有稱太叔者，如太叔帶、太叔儀之類。曰京城外之也。即此見其失教，或謂故侈其名驕之，之非也。祭仲鄭大夫曰：都城過百雉，國之害也。方丈曰堵，三堵曰雉。一雉之墻長三丈，高一丈。侯伯之城方五里，徑三百雉，故大都不得過百雉。疏云：考工記匠人營國方九里，謂天子之城，則公七里，侯伯五里，子男三里。先王之制，大都不過參國之一，三分國城之一。中五之一，小九之一。今京不度，非制也，君將不堪。公曰：姜氏欲之，焉辟害。按稱姜氏，不以為母也。曰焉辟，若姜推而納諸阱。對曰：姜氏何厭之有？不如早為之所，無使滋蔓。測義：滋，多也；蔓，延也。蔓，難圖

公之悔于其母晚節情事略同

周鵬侯曰克段正傳也置母餘波也要槩尤是餘波莊公而悔則天下無不可改之惡矣莊公而納誨則天下無不可匡之君矣遂為母子如初初者本始也天生烝民靡有恒性毋無不慈子無不孝也如初者復其舊之謂也孔子曰君君臣臣父父子子亦各如其初而已矣莊公何足以語此能改即止不遽求其全不遽要其極也考叔格君忠焉而謂之孝為其能以孝作其忠也皆其孝也三綱淪九法斁而後春秋作撥亂世反之正也不孝者而能使之孝母子之恩不至終絕此即春秋撥亂反正之大義也

姜白巖曰鄭伯克段之獄

也蔓草猶不可除況君之寵弟乎公曰多行不義必自斃子姑待之也（斃踣）既而大叔命西鄙北鄙貳于己（鄙鄭邊邑貳兩屬）公子呂（鄭大夫）曰國不堪貳君將若之何欲與大叔臣請事之若弗與則請除之無生民心公曰無庸將自及大叔又收貳以為己邑至于廩延（鄭邑按今在河南延津縣北）子封（公子呂也）曰可矣（朱解言可除之）厚將得衆（謂厚土地廣大）公曰不義不暱厚將崩（林解不義之人不為衆所親暱）大叔完聚（完城郭聚人民）繕甲兵具卒乘（步曰卒車曰乘）將襲鄭夫人將啓之公聞其期曰可矣命子封帥車二百乘以伐京京叛大叔段段入于鄢公伐諸鄢五月辛丑大叔出奔共（或意兩將字為疑獄不知不義不暱襲鄭之謀必有人發之而子封伐京居然拒戰猶云反狀未形乎）書曰鄭伯克段于鄢（按魯史恒法鄭伯之弟段出奔共今與秦鍼陳黃宋辰不同杜謂夫子改舊文以示義是也）段不弟故不言弟如二君故曰克（補注書弟則疑于倭夫書

六

或以為故予大邑陷之于死未免深文或以為善全兄弟聽其出走未免失出唯左氏罪其失教洵得春秋之義非為段寬也段之叛逆人所共見鄭伯之志隱矣故鄭志二字是主腦首点母子三人不重姜氏釀亂見莊公與段同胞何忍疾視其不義而致之死請制引虢叔為鑒以為生死之机間不容髮利段所以死段也于兄弟之情猶未盡滅姜猶不省為之請京段甫入京凡舉動深中莊之所忌而克段之志已決故二子三諫極張皇而莊三答極冷淡是鄭莊有死其弟之志也及反謀已露曰可矣從前積忿盡入浅後來隱禍俱銷別無他議云公聞其期夫人將啟想見京城內外皆密布私人動靜消息莊必知之穀梁罪其

公子則疑于冠按人臣而如二君用大師勝之見段之叛逆經不言師師言克則有師矣稱鄭伯譏失教也謂之鄭志不言出奔難之也段實出奔而以克為文明鄭伯志在于殺難言其奔按經不言殺則段之奔可見○附注難如字遂寘姜氏于城潁鄭地按今河南臨潁縣西北而誓之曰不及黃泉無相見也既而悔之潁考叔為潁谷封人按今登封縣有潁谷盖段在則全體皆昏段去則天良漸朗悔不特存于心且形于口觀下聞之可見聞之有獻于公公賜之食食舍肉公問之對曰小人有母皆嘗小人之食矣未嘗君之羹補正爾雅云內謂之羹請以遺之公曰爾有母遺繄我獨無繄語助潁考叔曰敢問何謂也公語之故且告之悔對曰君何患焉若闕地及泉隧而相見其誰曰不然隧若今延道○闕其月反公從之公入而賦大隧之中其樂也融融賦賦詩也融融和樂也洩洩舒散也按賦者喜極歌詠不必確指何詩大隧四語左氏極力形容其母子如初也○羊世反姜出而賦大隧之外其樂也洩洩遂為母子

處心積慮朕豈誣之乎子封伐京而莊而以一軍邀其去路難之者難乎其出奔也四面皆兵投生無地段雖困獸猶鬪克之者已無緩追逸敵之心矣段于是日出走莊即于是日逼母出宮而已使諸城潁單車輦至白髮頹然毫不怵心生無相見而莊于是乎如其志或云上一截是克段下一截為寘母總以姜氏始終不知在氏釋經者也經但言克段而已母子如初而段不敢歸母不敢請兄弟已不能如初也試思考叔之于公公之于姜及段孰親而叔能以一言悟主公乃不能積誠以悟母婉轉以訓弟且純孝如考叔其調停母子曲至而公不能使為段傳令多方開悟設法補救以至融融洩洩傳特為教字作一樣子而

如初。毛象來曰春秋盟誓口血未乾而剸刃矣獨於母子之間少黃泉之言是踐何敢於悖義而不敢於悖不義考叔曰吾姑使吾君母子如初而已隧而相見可也蓋納約自牖之道。君子曰潁考叔純孝也愛其母施及莊公詩曰孝子不匱永錫爾類其是之謂乎。純孝子篤于愛親之能以己之孝感人之孝是能錫爾儔類也詩之所謂惟考叔足以當之。杜解傳引詩不皆與今說詩者同後皆皆之做此黃鄭林曰古今兄弟之間唯一誠字足以蒸和氣而弭禍端若唐之太宗鄭之莊公皆偽以濟其忍者也太宗明知建成之惡而故讓之儲位以稔其惡禁門之喋至驚其父莊公明知叔段之奸而故封之大邑以養其奸城潁之寘至破其母故大義滅親惟周公為得天理人情之正缺破斧討罪之詞仍寓愛兄之意唯其仁至是以義盡下此私有不失之殘忍者

鄭伯失教之罪乃無可辭祭仲子封三論以見諸臣皆莊公之類從無失教之言但有翦除之謀皆有愧純孝之封人也爾千公也類兼二子也有一字滲漏乎許止無惡之實而能受惡者也鄭莊有惡之實而能不受惡者也其始有督過於其君親之心其繼也有彌縫於其爲臣子之事夫情少子本婦人之恒情怨而曰夫人將啟之寵異若成亦聖朝之常事恐而日周人將異號公政是皆於風恬浪靜之中而鼓動其滔天懷山之勢母可絕王可抗乃猶闕地及泉隧而相見而曰吾孝也祭足勞王且問左右而曰吾忠也春秋不托始隱公而悉存其實則鄭莊不幾漏誅於千載耶

見三按此篇傳意姜白巖論之詳矣而義猶未盡蓋鄭莊志在殺弟尤志在絕母寤生失愛至請立段母子之間嫌隙已深姜猶不省始而請制繼而請京莊之怨母甚于恨弟久矣特弟之惡易于翦除母之過非有關于宗社者斷難以擯絕于是與段大邑以驕其心稱段太叔以縱其慾祭仲之諫行猶可以全段之愛而莊之志未遂也子呂之諫行猶可以滅斷段之罪而莊之志未慊也迨至太叔完聚襲鄭有期遂生夫人以莫須有之獄曰將啟之言諸何人聞諸何時而公遽曰可矣可者可以酬其志也子封伐京莊隨以一軍截其去路段于是日出奔共母即于是日寘城潁白髮衰頽忽罹大獄黃泉重誓始快初心而鄭莊之志遂矣而鄭莊之志慊矣然妒雄

彭家屏曰黄泉之誓母子道絶人倫之大變也莊公雖無愛母之誠未嘗不顧名義之重所以旋生悔心而特借潁考叔之言以自文其絶母之咎耳但母子天性無待安排莊公既知前事之非即當躬詣城潁迎見姜氏請定省久荒之罪寫哀慕迫切之懷載與俱歸身為執轡庶幾天良復見人道猶存何為闕地及泉隧而相見事同戲劇豈子所宜施於親乎莊公狃於任術既以術馭其弟又以術待其母重誓言而泯天性君子有深憾焉

肆惡亦畏人言母子搆仇難乎人望夫以秦之朱太后穢亂宮闈幾危社稷義與廟絶一時諫而死者共二十七人繼而諫者尚有茅焦一人況姜氏母儀鄭國數十年未聞過知方挾偏愛之嫌遽作終身之錮舉朝臣子如祭仲公子封輩無一言以諫其君同惡相濟亦可見矣潁考叔者封疆小吏異時死之許之役者也意其人必重綱常敦名節能移孝以作忠聞而獻獻而賜食食而舍肉動之以至誠濟之以權術重誓以絶其母叔獨片言以解之此之謂善承君之志嗟夫潁考叔生為孝子死作忠臣可以弁冕春秋無愧色矣若鄭莊者前能聽考叔之諫而全母子後不誅子都之罪以謝忠良不特失刑抑且忘母不仁者可與言哉

仲子生而有文在其手曰為
魯夫人是天命之為夫人矣天
王使宰咺來歸惠公仲子之
賵是帝命之為夫人矣乃
著於礼之無二嫡斷於諸
侯之不再娶而於不許之為
夫人者則儒者萬世之公論
也然則儒者之道天與帝不
得而詘之儒者之權天與帝
不得而亢之矣

秋七月天王使宰咺來歸惠公仲子之賵。緩且子氏未薨。故名。
物旧解惠公葬在春秋前故曰緩子氏仲子也薨在二年賵喪之
公羊曰車馬曰賵按春秋書宰渠伯糾宰周公及宰咺皆冢
宰也疏以為宰夫非是方氏直解咺斥名謂孔子貶之非也使
舊書史如仍叔以行次書宰周公以爵書孔子無從得其名
天子七月而葬。同軌畢至。言同軌以別四夷之國疏謂天子之喪諸侯不得越境而奔先儒非之多
援顧命為據或又疑成王崩於乙丑距癸酉而康王即位僅
九日五服豈能畢至愚謂康王九日即位而幾旬之諸侯集可
知天子葬期七月而同軌畢至也
諸侯五月。同盟至。同在方嶽之盟疏云昭三十年傳諸侯之喪士弔大夫送葬
大夫三月。同位至。士踰月。外姻至。此言赴弔各以遠近為差因為葬節疏有云踰月通死
月亦三月也按同位言同為大夫者外姻謂他國婚姻之好者
故雜記有大夫士赴於他國之君之禮此同位外姻原兼他國
言之若大夫士有官守則大夫遣陪臣士遣士遣僕隷
贈死不及尸。尸未葬之通稱弔生不及哀。
按杜解既葬則緣諒闇終喪司馬公王伯厚皆辨其妄附
注云杜於晉議太子之服應既葬除服援此傳文及鄭伯辭享
景王晏樂為證今考傳弔生不及哀言惠公薨久今來賵不及
哀哭方盛之時耳至如子產為鄭伯辭享直云免喪聽命傳亦

但言葬鄭簡公杜何由知其定爲既葬而除也叔向識景王明言三年之喪雖貴遂服禮也乃譏晏樂而不譏除服可爭益顯其豫凶事非禮也仲子在而來賵補注說者多疑傳妄朱子謬曰吉人不諱凶事如國君即位爲椑之類按椑音闢棺也

黃鄭林曰仲子成風皆諸侯之妾而僭稱夫人者成風之稱爲夫人僖公尊之也尊其所生而反卑其父春秋於成風之甍書夫人罪僖公也所以戒天下後世之爲子也仲子之稱爲夫人惠公寵之也寵其所愛而反卑其身春秋於仲子之賵不稱夫人罪惠公也所以戒天下後世之爲人夫也至以天王之尊而下賵諸侯之妾則無論其爲生前爲死後而皆失其正異日桓之弒隱未始非天王有以啟之也嗚呼王靈替矣

見三按天子所以制天下無他焉禮而已矣天子不自失其禮則天下莫敢不親天子而以禮假人則天下莫敢不敬諸侯覺宜歸賵而遲之則傷諸侯之心諸侯之寵妾不宜賵而賵之則亂嫡庶之分一事而失無以示天下而天子輕矣魯隱讓桓攝位大亂先王之制未有以正其罪而定其位況魯未聞有請命之使周先為隆禮之施可以懲諸侯之不恪者且仲子何人惠公妾也妾而非正嫡也何得以歸賵春秋書此見天王所儼然而加禮焉者諸侯之妾也醜之也咺為冢宰不能救正而承命以行失大臣之道故貶而書名左傳不考乎諸侯不再娶之禮不責其賵魯妾媵獨以豫凶事為譏殊為失之仲子而係之惠公者以見仲子為桓公之妾非夫人也稱仲子而不云夫人者不許其為夫人也仲子

姜皐巖曰據下傳宋人伐夷大無禮也而公亟于求成宜其見侮而以大夫應命也魯人恥之故不書公

不死則賵從何來而後此之宮何以考經書隱夫人子氏薨

仲子卒不書但于歸賵内隱含一卒字此聖人特筆也

八月紀人伐夷黃不告故不書杜解隱十一年傳例曰凡諸侯有命告則書不然則否故夫子亦不書于經傳見其事以明春秋

例也補注陳氏謂左氏所紀其不見于經者皆夫子所削既非經旨亦失傳意按紀國姜姓今山東壽光縣夷妘姓今即墨縣

有蜚不爲災亦不書蜚負蠜也按春秋紀異有不爲災亦書者固知史例不一而聖經之義不係此也

見三按紀與夷皆小國也周室東遷王靈不振衰微如爲絕

亦且憑陵與國夷不告則小國云之無所控告可知矣合下有

蜚觀之經不書所以成信史傳備書之所以補闕文

惠

惠公之季年敗宋師于黃宋邑按今河南杞縣公立而求成焉九月及

宋人盟于宿始通也

黃鄰林曰魯宋合而宿與焉參盟之端兆矣春秋惡參盟故

謹錄其始傳於春秋之末記悼之四年春秋之始記惠之季年見世系之源流亦可以攬一書之顛末蓋全部大照應也

見三按惠公之薨也有宋師葬故有闕是以改葬伐喪古今所諱晉人謂秦不哀吾喪而伐吾同姓是以有殽之師楚以蠻夷猶聞喪止伐而受禮于陳乃宋以婚姻之國不恤魯喪而師旅相加至使吾先君之葬不能如禮所當俟喪畢請于天子告之諸侯聲大義而往問之者乃反先求焉成其謂吾君父何

書曰及宋人盟厭之也

冬十月庚申改葬惠公公弗臨故不書測義衆哭曰臨惠公之薨也有宋師大子少葬故有闕是以改葬孔疏有宋師是報黃之賦伐公將兵禦宋委翽事于大子故有闕按黃氏澤謂傳見惠公在時桓已稱大子非也傳見隱公立奉桓爲大子也

衛侯來會葬不見公

周大章曰喪三日而殯凡附于身者必誠必信勿之有悔焉耳矣喪三月而葬凡附于棺者必誠必信勿之有悔焉耳矣卿大夫且

然而況國君隱既攝位矣儀
然人君雖有宗師太子即少
葬安得苟且以貽後悔耶既
以葬有闕而改葬仍然弗臨
衛侯來會且之不見然則改
葬何為焉知不仍有闕耶此
等大事以太子少而致有闕
則其所攝者何事也此皆桓
之子孫誣公以不孝之罪見
其當弒後遂承誤踵訛以為
實然耳
周大章曰此篇以盟翼為主
因奔衛而伐鄭而伐衛而請
邾而私豫而請往而遂行一
路遞串筆簡而淨總見公為
攝位衆不用命而前此費伯
郎城郎及後此新作南門俱
非公命皆此意也春秋之紀政
尚未在大夫而專擅如此不
待翬帥師而已兆鐘巫之禍此
春秋所以托始于隱歟
姜白巖曰叔段奔共共衛邑閔

亦不書孔疏諸侯會葬非禮也按衛國姬姓文王子康叔封之後今河南淇縣
見三按此以明桓少隱攝之實改葬不臨不自居於為子也
會葬不見不自居於為君也據事直書而隱之賢見既意之失
亦見
鄭共叔之亂公孫滑共叔段之子出奔衛按賤者奔不書彼國亦不告也衛人為之
伐鄭取廩延鄭人以王師補注見鄭為卿士私役王師非王命不書號師也號西號國按今河南陝州補注畿內封國與王師同伐衛南鄙請師于邾按使邀魯邾邾子使私于公子
豫魯大夫私請師豫請往公弗許遂行及邾人鄭人盟于翼邾地按今山東費縣西南
不書非公命也

黃鄴林曰將在外君命有所不受所以壹將權肅軍令非境
內臣子所得口實也軍旅重事私相請托己干越竟外交之

二年，狄入衛。傳云：益之以共、滕
之民，即此。毛氏條貫以為鄭邑，
謬也。段奔于衛，故其子滑亦奔
衛。衛桓遭州吁之亂，幾致奪嫡，
乃入公孫滑之言，為叛兄之段報
讎伐鄭，又何怪他日州吁率數
十乙命入國乎。鄭欲報衛，結邾，
邾欲附鄭，率魯兵，聯禍結，皆
衛桓之請師非禮也。請于公復私
于豫，公不許，而豫遂行，固豫之
逆命，亦公之無刑。

姜皇巖曰：史官載筆，君為重，
故君不臨喪賓，不見公師師
非公命與作不出于公，史皆
不書，非聖人不書也。

賀仲軾曰：天子甚尊，天子
之內夫夫亦尊，唯其尊也，
故不肯輕假于外諸侯，無
敢生玩，亦無不恪共王命。王
命不行，內大夫倚外諸侯

義，況敢違命擅行乎。晉桓温拜表輒行，此其倫端也。

見三按：衛党公孫而伐鄭，鄭役王師而报伐，鄭率邾，邾率衆，
兵連禍結，視干戈如兒戲，世變至此，安得不生桓文乎？邾既請
于公而復私于豫，則豫之跋扈不臣可知。隱公力不能制，任
其擅行，故公子翬效尤而起，而卒兆蔿氏之禍。

新作南門不書，亦非公命也。

見三按：城郎非公命，新作南門非公命，君替臣專，皆攝之一
字誤之也。鍾巫之禍，豈偶然哉？（羽父賊隱，早睨其旁矣。）

十二月，祭伯來，非王命也。

黃薌林曰：春秋內女之外，書來者，並齊高固而也。桓六年寔
來，無歸也。閔元年齊仲孫湫，嘉之也。僖二十九年，兩介葛盧

十二

來襄十八年白狄來狄之也此年祭伯桓八年祭公宣五年
高固書來皆親之也穀梁謂祭伯來朝而弗與其朝執禮似
正而於義未必盡然公羊曰奔尤屬臆說
見三按祭與魯同為周公之後伯爵食采于祭諸姬中唯魯
最親其來也或通嗣君或篤親誼均未可知但非王命而私
來殊為越禮故春秋譏之
見三按祭與魯同為周公之後
眾父卒。公子益師字眾父。眾音終公不與小斂故不書日禮卿佐之喪小斂大斂君皆親臨之崇恩厚也
見三按不與小斂姜氏謂見公恩誼之薄不知惠公之改葬也公且
弗臨衛侯之會葬也公且不見桓必已攝不欲當喪十一年如

為輕外重則內輕輕則王替故末流之弊有王卿爭訟而聽曲直于諸侯者故祭伯來是蟻穴之潰而千丈之隄決于此矣春秋謹微書敗之所以志陵替之漸也

姜白巖曰畿內諸侯不知有王列國所以無王也諸侯無王大夫所以無公也三書非公命而此曰非王命權之下移由來漸矣

姜白巖曰不與小斂見公恩誼之薄按公穀皆以日月為例而左氏僅一見于此比事觀之猶未合也左氏熟知史例間有以臆度舊史之意失之者

會戎於潛春秋之始會吳
黃池春秋之終
莒人入向與勞起向姜齊侯
伐蔡禍由蔡姬陰教不修武
功是逞天下可以日趨於多
事也
無駭帥師入極為大夫專征
之始翬帥師伐鄭為大夫
會戎之始
鄭世子忽逆女世子皆親迎
也王子圍逆於豐氏之祀鄉
大夫亦親迎唯國君迎于其
館例不出境文公不郊迎出
姜於禮不及也莊公郊自納
幣哀姜於禮有過也唯紀裂
繻為君迎得禮之正
于莒內盟之始于密外盟之始
子氏公羊以為隱母杜注以為
桓母皆非也唯穀梁以為隱
妻最得其實夫仲子子氏也聲
子亦子氏也注言子何以知其為

始一田也左氏歷歷書之皆所以表隱之賢也

經　二年春公會戎于潛杜解潛魯地近戎按戎今山東曹縣故戎城此書會之始○夏五月莒人入向孔疏莒國己姓譜云嬴姓少昊之後杜云向小國也將卑師少稱人弗地曰入按將卑者非君親將也師少故不稱師杜又云或稱師或稱人史異辭也按此入國之始莒今山東莒州向今江南懷遠縣西○無駭帥師入極無駭魯卿極附庸國按今山東魚臺縣西有極亭此大夫專兵之始○秋八月庚辰公及戎盟于唐魯地按今山東魚臺縣東○九月紀裂繻來逆女○冬十月伯姬歸于紀伯姬魯女裂繻所逆者按隱公姊妹○紀子帛莒子盟于密按此外相盟之始密莒邑山東昌邑縣○十有二月乙卯夫人子氏薨趙傳子氏仲子也何以知之由三年喪畢者宮告祭也按杜曰桓母也蓋隱以桓為惠之太子其母之薨以夫人告廟赴諸侯也然猶不敢反哭祔姑盡同于嫡何以見不反哭也于不書葬知之何以見不祔姑也于考宮知之魯秉周禮此其徵也○鄭人伐衛凡師有鐘鼓曰伐按此諸侯專征伐之始

桓母且桓未為君其母不應稱夫人經文始終稱仲子則夫人子氏其為隱夫人而非仲子明矣不稱桓母為夫人見桓之不當立也稱隱妻為夫人見隱之當立也

見三按一子氏也公羊以為隱母杜註以為桓母皆非也唯穀梁以為隱妻最得其實夫仲子子氏也聲子亦子氏也泛言子何以知其為桓母且桓未為君其母不應稱夫人經文始終止稱仲子則夫人子氏其為隱夫人而非仲子明矣不稱桓母為夫人見桓之不立當立也稱隱妻為夫人見隱之當立也

傳

二年春公會戎于潛修惠公之好也戎請盟公辭

黄鄭林曰尊周室攘夷狄一部春秋之大旨也其要在辨內外嚴夷夏隱元年祭伯來是外重之始二年公會戎是夷狄彊之始

見三按戎狄是膺荊舒是懲周公所以輔相王業也隱為周

公之裔不能奉王靈以攝服戎狄乃出都而會戎潰內外之
濟啟猾夏之漸自是戎肆于北狄強於西楚且橫行中國主
會盟而朝列辟非一朝一夕之故也書曰公會戎于潛譏之
也
莒子娶于向向姜不安莒而歸夏莒人入向以姜氏還或問桓十六
年冬城向宣四年伐莒取向則向為
魯邑明矣然卒為莒取○還音旋
見三按此春秋入國之始也釁起閨闈禍延宗社女戎之為害禍
烈矣大學平治必本齊家有以也夫
司空無駭入極費庈父庈費伯也○勝之
見三按魯之滅國凡九入極其始禍也極與郎本接壤前年
費伯城郎即為入極之漸經書無駭紀主兵也傳叙庈父紀主謀也書戰者服上刑此傳之特筆歟

姜白巖曰向莒邑也莒子娶於向邑大夫以兵入向取向姜還未嘗有其地也發明書入不書滅之義

姜白巖曰庈父城郎是已窺極者極為莒之與國報其入向之怨歟自此極不見經

戎請盟秋盟于唐復修戎好也

見三按是時戎患最熾隱不能繩祖武以膺之既與之會復
徇其盟戎愈橫而魯弱矣宋代曲意和金乞盟不已至于納
幣納幣不已至于割地而國勢日削卒以滅亡媚戎者其鑒

諸

九月紀裂繻來逆女卿爲君逆也按程子謂迎於其所館有親御授綏之禮豈有委宗廟社
稷稷而遠適他國以逆婦者其說是也哀公問言冕而親迎亦
迎所館耳若文王之親迎爲世子時也韓侯之親迎入覲而至
蹶里也皆不得爲比此卿爲君逆得其常禮何以書國亡君去
而葬於讐國可閔也故其逆其歸皆書之猶七年之書紀季姬
之歸
也

見三按說苑諸侯以母命命父兄師友往將國特命不自主
昏所以養廉遠恥故凡逆女者皆不稱使女在本國稱女在

塗稱婦入國稱夫人女者從父母所稱之辭婦者對姑之辭夫人對臣民之辭裂繻來逆女爲君逆也於名順伯姬歸于紀成其爲夫人於禮安夫婦人倫之本男女人道之始故春秋正其名以謹之

冬紀子帛莒子盟于密魯故也陳編杜云子帛裂繻之字名與字稱豈有鑿空撰此字耶

黃鄰林曰莒魯有怨紀能爲魯平齊紀有怨魯不能爲紀援桓之力不及一小國之卿矣

見三按莒魯之爭終春秋不息而隱桓之世無聞焉則此盟之結好息民其功爲不少也故春秋特稱字以嘉之

鄭人伐衛討公孫滑之亂也杜解治元年取廩延之亂

見三按鄭莊克其弟而不字其子使栖栖于衛以衛因其餘

杜氏曰莒魯有隙紀侯既昏于魯使大夫盟莒以和解之子帛爲魯結好息民故傳曰魯故也史稱字嘉之也愚按紀爲魯平莒故爲密之盟諸儒俱謂大夫不先諸侯杜氏比之内臣似牽合意莒來盟者亦大夫耳當云紀子帛莒人盟于密子字或人字之譌

廩延之取鄭報之伐其南鄙未得志也因牽邾魯之師然邾以小國晉無公命但

孽加兵於鄭。鄭既報其南鄙矣，今又伐之，必欲斬其母弟之肄肆而後已。無王擅伐，漸不可長矣。此春秋書伐之始。

經 辛酉 三年春王二月己巳，日有食之。杜解今釋例以長歷推經傳明此食是二月朔也。不書朔，史失之。○三月庚戌，天王崩。平王崩，太子洩父早卒，孫林立，是為桓王。夏四月辛卯，君氏卒。隱不敢從正君之禮，故亦不備禮于其母。日抄：公穀作尹，不免改經文。○秋，武氏子來求賻。王喪在殯，新王未得行其爵命，故不稱使。魯不共王喪，致令有求，經直書之以示不敬。毛傳：武氏，天子大夫。武氏以名來，而其子行之，猶成之子也。賻，助喪之物。按此來求之始。○音附。○八月庚辰，宋公和卒。元年大夫盟于宿，故來赴以名。經全外諸侯書卒，從赴也。赴曰卒，謙辭也。○冬十有二月，齊侯、鄭伯盟于石門。來告，故書。按此外諸侯特相盟之始。○齊國，姜姓，太公望之後，今山東臨淄縣。石門，齊地，今長清縣。○癸未，葬宋穆公。魯使大夫會葬，故書。

傳 三年春王三月壬戌，平王崩，赴以庚戌，故書之。

為翼之盟而散。至此鄭人聲罪伐之。呂氏曰：于伐國見無王之罪，于討滑見不息之怨。

日為衆陽之宗，人君之表，故經於日食屢書。而例則有四：年月日朔具備者，食正朔也；言日不言朔，食晦日也；言朔不言日，食既朔也；不言日并不言朔，夜食也。至此月日食，唯襄二十一年、二十四年兩見。

書崩，來赴也；不書葬，不往會也。以萬國百靈之共主，崩而未赴者，周聞知不臣之罪大矣。

武氏子，王朝大夫之嗣。先王之喪在殯，嗣王不可行爵命，故稱父族而不稱使。求者，請求之義，責乎禮不尚乎財。凡喪始死而弔而含而襚，將葬而賵。是年則有賻有賵。平王崩，魯不特無賵賻，并弔含襚賵之禮亦闕焉，致令來求，非專在魯。

周太史所記是壬戌，而魯書

見三按平王厚毋薄父反仇爲親弃岐山之舊壤遷都于洛王靈不振諸侯背叛周之衰平爲之也春秋托始于隱實托始于平書天王之崩所以明王迹所由熄也

夏君氏卒聲子也不赴于諸侯不反哭于寢不祔于姑故不曰薨不稱夫人故不言葬杜解夫人喪禮有三薨則赴于同盟之國一也既葬日中自墓反虞于正寢所謂反哭于寢二也卒哭而祔于祖姑三也若此則書曰夫人某氏薨葬我小君某氏此備禮之文也其或不赴不祔則爲不成喪故死不稱夫人薨不言葬我小君某氏反哭則書葬不反哭則不書葬令聲子三禮皆闕按孔疏大意赴於同盟即不祔亦稱夫人薨如子氏是也薨書夫人葬可書小君然不反哭則不書葬我小君故仲子不稱小君反哭書葬而不赴不祔不稱夫人葬亦不稱小君如定姒是也三禮皆闕如君氏與孟子是也祔姑謂適祔於嫡祖姑妾則祔妾祖姑不書姓爲公故曰君氏按言不書其姓而曰君氏爲公故也杜云曰君氏以别凡媵妾

黄鄴林曰魯妾毋見於經者仲子卒在春秋前若成風敬嬴

庚戌史官以赴書於策聖人安得改之不書葬魯不會葬知天下諸侯之不會葬也

趙東山曰仲子再娶称夫人而聲子書子氏卒既無以異於衆娣姪且嫌於適夫人之不成喪者如姒氏孟子而名實亂矣禮妾爲女君之黨服攝女君則不爲女君之黨服此攝女君之明文也女君稱小君攝君女稱君氏姜白巖曰諸侯稱其毋曰君詩刺衛宣姜曰我以爲君君小君也毋也蒯聵稱毋亦曰君毋君氏卒猶云毋氏卒耳不言毋而言君不稱夫人以其攝元妃内政故以君尊之不言子氏元妃爲孟子其娣姪爲子姓

可知也孟子定姒不稱夫人不書薨或葬或不葬所以著季孫脅君之惡君氏不書夫人不書葬所以著隱公讓國之賢

周大章曰不赴不祔則爲不成喪故死不稱夫人薨葬不言葬我小君某氏反哭則書葬不反哭則不書葬此皆公子母不敢偕禮不敢當夫人也隱母繼室桓母再娶同一妾媵隱于己母貶抑而尊宗桓母而桓猶弑之則桓之惡益著

定姒齊婦皆書薨葬書夫人稱小君失禮之甚也唯聲子稱君氏猶曰君夫人氏隱因攝位不成其母爲夫人故不稱薨與葬然見其爲君故稱君氏卒此聖人特筆也左氏親受業於聖人見聞最切非公穀可及

見三按君氏左氏以爲隱公之母聲子而公穀均以爲周大夫尹氏胡傳不信左氏而信公穀文致尹氏之罪遂因立子朝之尹氏并罪平王時之尹氏父子祖孫罪不相及上下二百年合而尤之不亦甚乎疑[illegible]謂尹氏鄭大夫公嘗被囚于其家賂尹氏禱于其主鍾巫遂與尹氏歸至是卒公感其德與小斂故書月[illegible]卒[illegible]此較爲近理究屬改經不如遵左氏爲正

姜白巖曰天王未葬嗣君儇然衰絰而諸侯稱兵肆掠取麥取禾此天下大變中主所必誅者況鄭爲卿士當爲天子治喪而乃悍然伐之乎斯時告喪之使徧天下而齊與鄭盟魯會宋葬曾無一外臣入而唁乎且至挺戈京邑更何有天子諸侯此後便繫接武氏子來求賻王未葬也比事讀之齊桓晉文烏可以不興平王之世中外恬然至桓王嗣立而楚橫于南晉亂于北秦據其西戎狄復竊發魯宋衛篡弒疊見而鄭莊又跋扈于王畿肘腋之間結魯盟齊黨宋聯賊臣爲一氣而陰與王室抗至繻葛之戰而天地傾矣春秋可無作乎陳止齋曰春秋托始于隱公是托始于桓王其說是也蓋前此平

鄭武公莊公爲平王卿士杜解王卿之執政者王貳于虢西虢公王欲分政于虢不復專任鄭伯按今陝西寶雞縣有虢國城鄭伯怨王王曰無之故周鄭交質王子狐平王子質音致爲質于鄭鄭公子忽鄭莊公子爲質于周王崩周人將畀虢公政四月鄭祭足帥師取溫之麥秋又取成周之禾按杜謂取蓋芟踐之一云取以爲牧圉用以傳用周正非麥熟禾成之候也溫今河南溫縣成周今洛陽縣也周鄭交惡君子曰信不由中質無益也明恕而行要之以禮雖無有質誰能間之苟有明信澗谿沼沚之毛谿亦澗也沼池也沚小渚毛草也蘋蘩薀藻之菜蘋大萍也蘩皤蒿薀藻聚藻也薀紆粉反○筐筥錡釜之器方曰筐圓曰筥無足曰釜有足曰錡潢汙行潦之水潢汙停水行潦流潦○潢音黃潦音老可薦于鬼神可羞于王公羞進也而況君子結二國之信行之以禮又焉用質風有采蘩采蘋采蘩采蘋詩國風義取不嫌薄物雅有行葦泂酌詩大雅也行葦義取忠厚也泂酌義取雖行潦可以共祭祀也昭忠信也

王當大有為之勢而知毋忘父兄讐為恩其受病在大本不立頹惰五十餘年以致日朘月削至交質而陵夷極矣桓王從此而不禮鄭而伐鄭寤生從此而伐衰而敗王師周之衰鄭為之桓之不振此篇其於交質為周春秋始詩于桓王之意興頽祭與溫麦周禾对照所慨文不拝黍離三章也

周召共和而宣王以興鄭虢爭政而王室以削君不能馭其臣臣不能和其衆卒以不競禍流無極至於繻葛鄭者遂逞桓王僭不免焉慨矣

俞寧世曰然防賞罰制之天子王於鄭伯用舍惟我陽鄭陰虢不君甚矣怨而質王勢不終日盖周之東遷鄭武死難平王私虢而雖忘鄭勳哉

明有忠信之行雖薄物皆可為用。

黄鄭林曰周召共和而王室以興鄭虢争政而王室以靜君不能馭其下臣不能和其衆徒以虚言相飾始而交質終而交惡終且交兵中肩敗績而號令遂不行於天下固寤生之不忠而周天子之不信有以致之也是以古之帝王開誠布公臣下亦祇承在禀勿欺其主否則爾詐我虞君臣之間如仇敵然欲其相安得乎漢高欲誅韓信偽遊雲夢諸將皆叛宋太祖心如重門洞開使天下皆思而杯酒釋兵權猜疑盡釋則信與不信之效也有天下國家者其審諸

見三按大學平天下之經不外一恕而出之以忠信忠者恕之體信者恕之用明恕而行便是忠信便絜矩文武成康之盛舍是莫由也周室東遷鄭武死難有大功于國緇衣美之

左右其說以至於列王崩之後
周鄭義絕而携公用爲以致交惡
惡之作乎王爲之也左氏深惡綱
紀之不立故譏之曰貳並之曰周
鄭合之曰二國正以罪夫君不君
臣不臣者也小儒不知議之過矣

鄭莊繼父秉政果其無罪王不應貳心于虢如或專擅不法
可怒則怒不可怒則進退黜陟王可自主何難明布其罪使
中外共知乃心懷貳口部說無因不怨而不忠不信遂至無
禮交質交兵毫無上下體統鄭伯不臣王實啓之春秋二百
四十年篡弒頻仍亂賊相繼其弊皆由不恕左氏于隱公之
世引君子者十有一而此及鄭刘爲邪傳均以恕字立訓所
以揭治源也

武氏子來求賻王未葬也

見三按王崩（於魯）有仲子之賵魯竟（於王）至武氏求賻準以朋友報施
之道猶且不可况其在君臣乎其去鄭莊之取麥取禾者（也）（奚）實
幾哉

宋穆公疾，召大司馬孔父而屬殤公焉，曰：先君〔杜解〕穆公兄宣公也舍與夷宣公子即殤公而立寡人，寡人弗敢忘。若以大夫之靈，得保首領以沒，先君若問與夷，其將何辭以對？請子奉之，以主社稷，寡人雖死亦無悔焉。按愷悌之言，出于至性，使人油然生孝弟之心對曰：羣臣願奉馮穆公子莊公○音憑也。公曰：不可。先君以寡人為賢，使主社稷，若棄德不讓，是廢先君之舉也，豈曰能賢？言不讓則不足稱賢光昭先君之令德，可不務乎？吾子其無廢先君之功。先君以舉賢為功，我若不賢，是廢之。按不為一己之名，而為先君之德，尤見至公之心使公子馮出居于鄭。八月庚辰，宋穆公卒，殤公即位。君子曰：宋宣公可謂知人矣，立穆公，其子饗之，命以義夫。商頌曰：殷受命咸宜，百祿是荷。其是之謂乎。殷禮有兄弟相及，宋其後也，故指稱商頌。按引詩言與夷國苟此百祿，而深惜其不然。〔私考〕馮與夷皆非美德，縱使立馮，與夷亦必不靖，失在不知鄭莊奸雄，使馮居其國

周大章曰：讓與夷，賢在穆公，而贊宣者，以穆之讓，宣公啟之也。口口先君，聲淚俱下，讀之肺腑生春。義字是骨，知人二字尤斷得好。若不知人，則德昭之禍早見于與夷矣。公羊謂華督弒逆，禍始宣公。夫讓，盛德也，季子讓而王僚弒，烏得以季子為禍之首哉。

賴章曰：穆公斷于立姪，平時當立為世子，使之親事聽政，則馮知定位之不可干，朝臣知君之久定矣。頻死而屬，故孔父有顧奉馮之說，而馮亦似與夸奪其成位，此則穆公之失也。

姜宸嚴曰：左傳開卷識讓國兩人，一魯隱，一宋穆。隱為桓所弒，恐于心迹未明，或有以致之，故于不書即位、不臨喪、仲子聲子之卒，迹一清出，以著讓國之誠。宣與穆各成其

黃鄰林曰：宋宣宋穆遞相讓位，義氣凜然，並耀千古。觀宋太祖宗太宗之事，使知古人不可及。太祖手定天下，遵母后之遺言傳位其弟，可謂至公無我。太宗惑于趙普，一誤再誤之言，金匱渝盟，以敢（致）德昭不得其死，則無論燭影斧聲為千古疑案也。太祖能為宋宣，太宗不能為宋穆，趙普亦不能為孔父，後人莫不追恨其事。然則宣穆可輕議哉！

見三按：春秋為誅亂賊而作，而隱公之時，亂賊多在兄弟。鄭太叔、衛州吁、宋子馮、魯桓公，或為貴介，或為庶孽，皆亂國之賊也。顧鄭衛之亂也以爭，宋魯之亂也以讓，魯（隱）之亂也猶曰非義之義，宋宣則命以義，而亦致亂。夫兄之與弟，一氣也；弟之與兄之子，一氣也。國家世及為常，後世見利忘義則止，有

讓。而與夷與馮化讓為爭，或穆之讓處稍有依回，則亦有以啟之。故于屬殤公事，寫得極詳明，以著讓國之決。稱宣為知人，非表宣也，正以表穆之賢耳。論者必窮亂本歸獄二公，過矣。孔父受命，明知衆心不屬，生死以之，其忠類荀息，而無斯言之玷者也。

魏禧曰：宣公讓弟，意以弟賢而子不肖也。子之不肖，雖舜禹他姓猶可以讓天下，況同母之弟乎？觀穆公之為君，則宣公之讓不獨愛弟，亦且得賢。若莊公與殤公，則均之不肖。授之不肖之子與還之不肖之姪，則還姪為正，故宣公穆公之讓皆義也。而後世以成敗論，顧歸獄於宣公，公羊以為君子大居正，宋之禍宣公為之，皆深文也。

宋穆公之讓殤公也，逐其子馮

於鄭。由尔為戎子，生無相見，死無相哭，義形於色，其用心可謂直而勇矣。其所以召大司馬孔父而屬殤公者，以孔父之先帝之賢，何能以国讓殤公；孔父為之賢子孫，必能保護全曲護其讓之事耳。其用心又可謂隱而曲矣。

鄭莊挾馮以讐宋，因滑以讐衛，且以交質之故，陰欲抗王也。非黨強齊不足以勝之，故齊僖俟于境内而莊急赴焉。既盟而過大風，車覆于濟水之旁。見鄭伯冒險遠出，幾忘其身而不顧，陳止齊曰：齊鄭合，天下始多故矣。

父子之一氣，而兄之視弟路人矣，弟之視兄之子路人矣，則是千乘不如匹夫，翻得簞豆與共也。嗟夫，一瓢之尊置之通衢，交讓互酌，彼此皆甘，一人有獨踞之色，則環市之人必竭其勇力，詐謀競趨而攫之。讓之風讓而爭之風爭，影乎表而嚮乎聲也。有宣公則有穆公，讓之風讓也；有殤公則有莊公，爭之風爭也。有國有家者，出爾反爾，其慎之哉。

冬，齊鄭盟于石門，尋盧之盟也。杜解：盧盟在春秋前。盧，齊地，按今山東長清縣。庚戌，鄭伯之車僨于濟。禹貢：導沇水東流爲濟。

黃鄰林曰：鄭莊見惡於王，有怨於衛，且欲謀宋。時齊僖有樹党稱雄之志，故冒險而進，特相盟於石門，二國合而天下始多事矣。

見三按此特相盟之始春秋之初齊鄭合而天下多故故書石門以志諸侯之合春秋之末齊鄭合而天下益多故故于鹹以志諸侯之散春秋之始終齊鄭為之也

衛莊公娶于齊東宮得臣（杜解：齊太子也居東宮）之妹曰莊姜（孔疏：莊之立衛在春秋前二十五年齊僖公之立在春秋前八年莊姜是莊公之女僖公姊妹也得臣為太子早死故僖立也）美而無子衛人所為賦碩人也又娶于陳曰厲嬀（孔疏：陳國嬀姓虞舜之後按今河南陳州）生孝伯早死其娣戴嬀生桓公莊姜以為己子（厲戴皆謚桓雖為莊姜子然太子之位未定按先儒謂莊姜地位儘高可方后妃而傳中未盡表章不知莊姜賢行已見于詩綠衣燕燕諸篇故點賦碩人一語昔日其詳已見衛風耳于戴嬀亦然）公子州吁嬖人之子也（嬖親幸也）有寵而好兵公弗禁莊姜惡之石碏（衛大夫七略反）諫曰臣聞愛子教之以義方弗納于邪驕奢淫泆所自邪也四者之來寵祿過也（按自由也四者邪心所由）

孫執升曰桓公立而石碏老先生正謂其善于藏用謂使石碏相桓公早為弭患則君臣父子之間並受其福今國家所倚不既多耆乎古之純臣不憂其身之老而憂其國之危故必其國之無患而後可以老彼石碏者何以老哉

周大章曰此因敘州吁弒君而追敘石碏之諫以見莊公不悟卒成大禍禍字是主從來君父溺愛未有不成篡弒之禍者使早從石碏之諫豈不能消患于未萌既不行乃為避禍之計以圖定禍之幾亦苦矣桓公昏庸不能尊任

忠良以防禍亂老臣血淚欲洒無從十六年中藏蹤閃影不集令州吁疑亦不令石厚覺此皆其深心大力為之也大義滅親三代後一人而已石子可輕議哉

姜皇巖曰此篇明桓公所以立州吁不敢肆惡之故蓋母夫人調護于內賢宰捍衛于外而亂臣賊子竊發無因不然吁之弒何待遲之十六年之久哉上段惡之下段乃老為通篇眉目惡之者不止嫉其人惡其有寵好兵將有篡奪之事也桓公一日不立石碏一日不請老明寫石碏之諫而莊公[illegible]

按史記 [illegible]

老後此死灰復燃碏與姜皆不及料也

起而寵祿之過又為四者所由起也將立州吁乃定之矣按莊公明知吁不可立碏言其邪心勢必立以為君為能安靜是反扶語故急轉正意或譏石碏失言非也欲與大叔子封可以折鄭莊而欲立奚齊里克不以啻晉獻立言因因乎其人若猶未也階之為禍夫寵而不驕驕而能降降而不憾憾而能眕者鮮矣降其身則必恨恨則思亂不能自安自重○眕之忍反重也且夫賤妨貴少陵長遠間親新間舊小加大附注小加大以班位上下言之淫破義所謂六逆也君義臣行父慈子孝兄愛弟敬所謂六順也去順效逆所以速禍也君人者將禍是務去而速之無乃不可乎弗聽其子厚與州吁遊禁之不可按著此四字知石碏未嘗不以義方教其子桓公立乃老致老仕也四年經書州吁弒其君故傳先經以始事

黃鄉林曰千古誨君之道莫如周公千古教子之方亦莫如周公抱法相王三撻示威教子也即以誨君卒之君為令主子亦克家此固處君臣父子之至順者矣然而武庚不靖三叔流言卒難免大義滅親

大義滅親之旨讀鴟鴞東山諸詩諒其忠未嘗不哀其志也石
碏之忠難在君聽之不聰尤在子才之不肖弗納于邪為君陳
之而其子竟先化之喬梓之間忠奸異趣設或依戀祿位泄沓求
全不幸為桓而死智淺術疏猶不失為宋孔父倘令因厚而誅身
敗名裂並不得為霍子孟故其不得不老者為勢也其雖老而如
未老者則其深心之作用也十六年韜光匿影不特呼不由疑即厚亦不
及知家庭之中隱伏圜套以伸國法蓋即周公居東之心而更悔其迹也稱為純臣誰曰不宜
見三按弗納于邪是千古教子之方亦是千古防亂之法碏
既以齊家之道導其君豈不以修身之道教其子乃邪緣所
誘上不能使君從其言下不能使子守其訓為忠臣則說論
已窮為慈父則義方無術不得已而跳出事外別具一副忠
肝蓋其大義滅親早決于請老時矣狄梁公依阿女主反周

杞夏之後在周為三恪莒自入春秋首加兵於杞今又抗杞之弱稱兵而奪其封邑至桓十二年公會杞莒於浮來而後釋憾莒之橫甚矣

周禮冬見曰遇邦交之常禮也又有無期約而適值於途者亦曰遇是役將尋宿之盟非不期也而經書遇直簡其禮耳左氏謂衛亂是以改會為遇蓋合當日情事也

宋殤公於殯留之際毅然反國稱兵一時之大義也公子馮雖懷怨毒然在鄭經年未聞啟禍殤公欲殄滅之致為州吁所誘始則主兵竟賊繼則身罹慘禍皆一念之殘忍為之也可不戒哉

衛又會宋以伐鄭圍諸而行後會鄭以伐宋先期而往隱不早罷其兵

為唐石碏棄婉家庭殺吁及厚權變不同其忠義則一也賢哉石子洵為春秋第一人也

經 壬戌 四年春王二月莒人伐杞取牟婁 杜解書取言易也桓六年淳于公亡國杞似并之遷都淳于僖十四年又遷緣陵襄二十九年晉人城杞之淳湻于杞又遷都淳于經筌牟婁卒為莒有昭五年莒牟夷以牟婁來奔又為魯有也按杞國姒姓夏之後今河南杞縣牟婁杞邑今山東諸城縣有婁鄉城此伐國取邑之始

○戊申衛州吁弒其君完 孔疏不稱公子史文有詳畧毛傳史原有徒名之例按此書弒之始○

夏公及宋公遇于清 遇者草次之期二國各簡其禮若道路相逢遇也清衛邑今山東東阿縣此書遇之始

宋公陳侯蔡人衛人伐鄭 陳國今河南陳州蔡國姬姓叔度之後今上蔡新蔡二縣此諸侯會伐之始亦東諸侯分黨之始

秋翬帥師會宋公陳侯蔡人衛人伐鄭 翬魯大夫本義宋殤居喪而與魯兩伐鄭喪禮廢矣按此大夫會伐之始

九月衛人殺州吁于濮 按州吁兩會諸侯伐鄭則已列于會矣而殺州吁史不書爵蓋此時無霸無所謂一列于會則不討復之例也杜以為未列于會故不稱君誤濮陳地○

權鍾出之禍已肇春秋於此舉帥
師去其公子履霜之戒深矣
姜白巖曰宋聞衛亂即不尋
盟且簡其會禮同入亂賊之地
果何爲耶蓋宋素党于衛
以助吁者要魯也

韓友一曰祖龍既并天下而征
役不休虐用其民所以身死未
幾普天同叛今州吁強不若秦才
不若始皇而即位以後稱兵無
已安得不敗衆仲之論洞見本
原可謂爲千古阻兵者龜鑑
姜白巖曰州吁弑君列國不
聞問罪之師而宋殤首與之
會陳蔡助之爲首爲從罪狀
分明州吁書弑于前不必復斥
于後而衆仲再斥州吁即以斥

音卜
冬十有二月衛人立晉
傳桓王元年四年春衛州吁弑桓公而立公與宋公爲會將尋宿之
盟未及期衛人來告亂陳傳言所以書遇夏公及宋公遇于清
見三掾不期而會曰遇宋魯合交將以謀鄭並即以助衛抒
于無約而遇蓋秘其迹也
宋殤公之即位也公子馮出奔鄭鄭人欲納之及衛州吁立將
修先君之怨于鄭杜解謂二年鄭人伐衛之怨而求寵于諸侯以和其民使
告于宋曰君若伐鄭以除君害謂宋公子馮君爲主敝邑以賦附注兵賦
也與陳蔡從則衛國之願也宋人許之于是陳蔡方睦于衛故
宋公陳侯蔡人衛人伐鄭圍其東門五日而還陳傳言經所以不書圍公
問于衆仲魯大夫衆音終。曰衛州吁其成乎對曰臣聞以德和民不

三國也州吁爲賊便見三國皆黨賊之人公不言賊之當討而但卜其成知清之遇已與宋謀將必乞師于魯故極言其無成以逆折公與成其亂之意兵猶火之喻隱與好戰之宋殤相照見其言不可從也

聞以亂而安忍亂謂阻兵以亂猶治絲而棼之也。絲見棼扶云反緼所益以益亂夫州吁阻兵而安忍阻兵無衆安忍無親衆叛親離難以濟矣特兵則民殘民殘則衆叛安忍則刑過刑過則親離夫兵猶火也弗戢將自焚也夫州吁弒其君而虐用其民于是乎不務令德而欲以亂成必不免矣

黄鄭林曰此諸侯會伐之始亦諸侯分黨之始也弒君之賊天王不討猶敢約會諸侯擅興摟伐而天下從此騷然多事矣經以宋主名而傳言衛者無宋公爲主則衛之禍不成無州吁之告則宋之兵必不出經誅黨惡傳誅首禍難以濟必不免爲州吁斷案即爲宋殤公逆弒伏根傳之足以翼經者此也

見三按有寵好兵是州吁一生禍根其好之是以阻之成弒

賀仲軾曰州吁弑逆神人共憤諸侯以方岳之重則當仲天子之刑以與國之好則當倡同仇之義以及身之慮則當絕亂賊之源柰何不聞有一人起而問州吁之罪者而宋陳蔡且與之連兵而伐與國以至于再翬悍然党逆而隱不能制焉此春秋所以一書再書痛恨于四國之君臣也

姜白巖曰党惡也專兵也強君不義也一疾字該之然書翬帥師而疾之義自見非因疾之而去其公子也與無駭溺挾同

姜白巖曰首云未能和其民

篡者在此不成其為君者亦在此盖阻兵安忍事本相因害自並至求寵修怨之時即為衆叛親離之日治絲而棼猶火自焚名言亦確論也惜不令秦政楊廣輩見之

秋諸侯復伐鄭宋公使來乞師陳傳見外乞師不書惟晉特書之公辭之從衆仲之言羽父公子翬請以師會之公弗許固請而行故書曰翬帥師疾之也諸侯之師敗鄭徒兵取其禾而還時鄭不車戰按宋魯黨吁而督與翬效尤而起見三按前弗許邾人之請偕鄭伐衛以狥壤之憾也此弗許宋人之請偕衛伐鄭以衆仲之言也一則公子豫擅行一則公子翬固請而行隱公優柔不振何以立國然則魯政下逮鎗自文始實隱開其端春秋所由託始歟

州吁未能和其民、厚問定君于石子、石子曰、王覲爲可、曰、何以

二十三

便爲誅吁主胎蓋未和之
故不特踴躍用兵民怨入髓
亦公行弑逆衆憤所歸紿之入
陳碏復以忠義感激使人人有
討賊之志萬一陳不能從併
拒守别立嗣君必不使其宰獳
入此碏之運籌于萬全也吁甫
離衛境使已間道先入陳都云
衛國褊小明示以衛國臣民皆
爲我用又云此二人者明示以
適國仇之必不肯爲其臣子想
衆志成城便足脅制陳人不爲
吁用矣夫子書衛人殺州吁以
表衛國臣民討賊之心以著石碏
至公無私之美曰于濮則陳人
之功亦著矣石厚問定君想見
石子家庭間不露聲色故畫策
而深信不疑王覲爲可晉武得
此四字便已收拾故翼此亂賊
之常法可以使其子之信二月弑
君九月授首一紙誅亂不煩傾
國之師大義滅親獨創人倫之

得覲。曰：陳桓公方有寵于王，林解桓公尚在，未應有謚，蓋左氏追書之。陳衛方睦，若
朝陳使請，必可得也。厚從州吁如陳，石碏使告于陳曰：衛國褊小，
老夫耄矣，無能爲也。此二人者，實弑寡君，敢即圖之。八十曰耄，補正大夫
七十而致事，自稱曰老夫。陳人執之而請涖于衛。請衛人臨謙之。自九月，衛人使右
宰醜涖殺州吁于濮，石碏使其宰獳奴侫反。羊肩涖殺石厚于陳。
君子曰：石碏純臣也，惡州吁而後厚與焉，大義滅親，其是之謂乎。

黄鄉林曰：此春秋第一快事，亦左傳第一至文，讀對厚之言，潸潸欲泣，讀告
陳數語，凜凜如生，懷光有子，石碏有父，皆能伸大義於君國而不變逆。
節於家庭，其不幸豈非天耶。

見三按：大義滅親，前此者周公之于管蔡，是已。審光唯不知
此，遂以蓋世忠勳，卒罹滅族之禍，不學無術，祇緣見義未精

局傳以純臣許之，而孫辭老猶以書于濮為訕遠地責之宜逼論哉。殺州吁州石宰涖而曰衛人使正國法也，殺厚則其宰涖而曰石碏使正家法也。者教純孝，石碏純臣，亦見余史千秋筆衮傳之所以翼經也。

賀仲軾曰，州吁天子不討，而未嘗不不見殺；衛晋天子不立，而未嘗不為君。此二人者，出自天子則為命德討罪，出自衛人則于州吁為縱賊，于衛晋為竊國，而命討兩失之矣。周之所以益見輕者，正謂其不以諸侯之事為吾事也。唐成德節度使李寶臣卒，唯岳請襲，德宗不許。或曰不與必為亂，上曰賊本無資以為乱，皆藉我地，假我位號以聚其衆耳。鄉日因其所欲而命之多矣，而乱益滋，是

耳。石碏本狄仁杰反周之心，而堅以張留侯報韓之志，其忠其知其略，冠絕千古，除大奸，濟大變，不動聲色而措宗社于磐石之安，可謂純臣矣。讀告陳數語，至今凜凜有生氣。懷先有子石厚，有父皆能立大功于君國，而不變逆節于家庭，其不幸豈非天耶。

衛人逆公子晋于邢。冬十二月，宣公即位。書衛人立晋，衆也。

黃鄉林曰，桓公被弒，宗祐幾搖，州吁伏誅，鍾虡無主，衛祀者非晋而何？使能請於天子，迎而立之，豈不名正言順？獨惜石碏知討賊而不尊王，不免有遺議焉。傳曰衆也，一以見晋之應立，一以見衛之擅立，而公穀二傳均可相通。必因典曰新臺之事，而歸咎此日擁立之非，則苛矣。

二十四

見三按此春秋特筆也諸侯不請命于王而擅自置立則無論其爲應立與不（應）立皆衛人立晉例也傳曰泉（衆）也深得春秋之旨

爵命不足以已亂適足以長乱也竟不許而惟岳亦誅所謂禮樂征伐自天子出而威天下不以兵革之利也惜周之君臣不知此

姜宝嚴曰討賊聖人所予也賊討自應立君傳曰衆也明其為衆所欲立然立于衆人而不立于王則悖也衛人既誅州吁當告于王即以請于當立者請而後奉王命立之名正義順矣春秋列國諸侯之立無不告于同盟亦自必告于王然既立而告猶弗告也故賊未討而立君如宋殤之弒馮立晉靈之弒黑臀立是也賊既討而立君如宋閔之弒御說立是也史官悉書于册夫子槩從刪去特書衛人立晉之文以見諸侯放恣擅自置立胥爲固然若曰諸國立君不過如衛人立晉而已

觀社以會祀為貺視兵以縱欲
為訊同一舉動之安而或言如或
不言如者竟內竟外之別也隱公
怠弃政事遠出觀魚為民之禍
其非行古事
桓之言葬師而入郕疑於送終
而急於入國春秋所以無義戰也
凡書夫人在稱號殺稱謚若嫡
曰仲子之賵宮曰仲子之宮以字
配姓明其為妾也且殺不書葬
不反哭也又書考宮不祔姑也
羽數必沿衆仲則謂魯以天
子禮樂者謬也曰初獻又以見
魯平向僭佾如故也

春秋左傳精義卷之二

閩中鄭林　黃一桂　輯　男　心垣見三　補輯

隱公二

經癸亥五年春公矢魚于棠、孔疏使陳捕魚之具觀其取魚以為樂按棠魯地今山東魚臺縣有觀魚
臺夏四月葬衛桓公。秋衛師入郕、杜解將卑師衆但稱師疏云郕國文王子郕叔武之
後今山東寧陽縣。音成。九月考仲子之宮初獻六羽、成仲子之宮安其主而祭之諸侯無
二嫡蓋隱公成父之志別立宮也按舞佾
有干羽婦人無武事獨奏文樂羽翟羽也。邾人鄭人伐宋、邾主兵
鄭上。螟蟲食苗心者為螟災故書。音寘。冬十有二月辛己公子彄卒、大夫書卒不書葬
者臣子之事非公家所及。彄苦侯反。宋人伐鄭圍長葛、按鄭邑今河南長葛縣此書圍之始

周大章曰諫觀魚何以及蒐苗獮狩蓋矢魚如後世打水圍一般孔疏謂陳魚者獸獵之類使捕魚之人陳設取魚之備觀其取魚以為戲樂是也魯之四境不少川澤陂地棠在宋魯之間公欲陳魚為焉樂何必涉遠此必有非常之魚與珍禽奇獸類公聞欲往而親射之故朱子引漢武帝江中射鮫為比僖伯不論常與非常而但以軌物為斷見公之從事游畋非時與地為妄舉動輕此大臣格君正道東遷而後去古未遠大經大法尚存每論一事必詳稱典禮內外傳如此甚多不可枚舉也

姜白巖曰按周禮天官獻人春獻王鮪月令季冬始漁夏之季冬周之仲春可漁之時然有司之事也僖伯將君身看得極重當納民軌物安得

傳五年春公將如棠觀魚者、臧僖伯（公子彄也）諫曰、凡物不足以講大事、（杜解大事祀與戎疏云僖伯字子臧其孫始得以王父字為氏今加臧于僖伯之上傳追言之也凡物廣言諸事物講習也）其材不足以備器用、（軍國之器）則君不舉焉、君將納民於軌物者也、故講事以度軌量謂之軌、取材以章物采謂之物、（按度按度度也軌法度也量猶分限也禮運月以為量言講大事以審法度之分限謂之軌度取材用以章禮之儀采飾謂之儀物）不軌不物、謂之亂政、亂政亟行、所以敗也、故春蒐夏苗秋獮冬狩、（蒐索擇取不孕者苗為苗除害也獮殺也以殺為名順秋氣也狩圍守也冬物畢成獲則取之無所擇也。亟欺冀反獮息淺反）皆於農隙以講事也、三年而治兵、入而振旅、（雖四時講武猶復三年而大習出曰治兵始治其事入曰振旅治兵禮畢整衆而還振整旅衆也）歸而飲至、以數軍實、（飲于廟以數車徒器械及所獲也。數所主反）昭文章、（車服旌旗）明貴賤、辨等列、（等列行伍）順少長、（出則少者在前還則在後）習威儀也、鳥獸之肉、不登於俎、（祭宗廟器）皮革齒牙骨角毛

不以軌物自處，反覆開諭，俱就大概說，末後方實指觀魚。後以皁隸官司與君身對勘，稍知自重當廢然反也。李氏謂民事多端，以未及省耕訊僖伯不知蒐中農隙二字最著眼，當周之春，農功方暇，偶爾遊觀，何至病民，此公之隱衷，然公所謂暇日，即遊風于貉纘武之日也。劉炫氏曰：捕魚獵獸相類，然獵之坐作進退可以教戰，獸之齒牙皮革可充器用，而捕魚則否，故人君可觀獵而不可觀魚，隨手點出農隙，蓋逆折其乘時佚遊之心，而明示以及時當爲之事。公雖遁辭，心實內愧，故後此猶勤沒後之思，數錄此諫，章凡治兵大閱大蒐皆準此

羽，不登於器，謂以飾法度之器則公不射，古之制也。若夫山林川澤之實，器用之資，皁隸之事，官司之守，非君所及也。士臣皁，皁臣輿，輿臣隸，言取此雜猥之物以資器備，是小臣有司之職。○射食亦反公曰：吾將略地焉。略總攝巡行之名遂往陳魚而觀之。大設捕魚之備而觀之僖伯稱疾不從。按想見大臣風度書曰：公矢魚于棠，非禮也，且言遠地也。矢亦陳也，棠實他竟，故曰遠地。按矢，俞氏成引周禮矢其魚鼈而食之，矢直作射解。朱子云：是將弓矢去射之，如漢武帝親射江中鮫之類。【補注】引淮南子時則訓云親射魚，觀君不射句可見

黄鄰林曰：納民軌物，括盡一冊周官；昭德塞違，括盡一部尚書。堯舜禹湯文武唐虞三代治天下本此者也；桀紂幽厲之失天下反此者也。春秋之初，王綱雖墜，治道尚存，讀臧氏子兩諫，犢雍雍乎有古大臣謨誥之風，至霸圖與而廣陵散遂成絕響矣

隱公在位十一年，會戎爲外交之始，盟蔑爲私盟之始，無駭帥師爲大夫專兵之始，羽父帥師爲公子專將之始，南門既

作中邱又城中邱未已城郎又書鍾巫之祭惑于鬼神菟裘之營未能退老春秋始于隱公以見魯失政之所由也至若不朝京師不奔王喪取郜及防入祊易許諸大過胡傳議之詳矣

見三按軌物二字包括甚大凡禮樂征伐爵賞刑政皆是蒐苗獮狩特其一端也考隱公自即位以來于今五年父葬不臨母喪不赴卿卒不與小斂城郎非公命作南門非公命盟翼則公子豫固請而往圍鄭則公子翬固請而行上替下凌幾不知軌物為何不軌不物謂之亂政所以啟羽父之邪謀也公知其忠而違其諫崇在宗魯閒無故輕出蔿氏之禍基焉

姜白岩敘曰：春秋十二王，惟桓王尚有興周之志，思振九伐之威。觀其後以秦師執芮伯，以三國伐鄭，即繻葛敗後，猶與虢公立侯緡，合五國伐沃，晉之臣民爲故君致死，皆王師風之也。成師弒昭侯，其子莊伯弒孝侯，又率二國伐翼，王何至以二大夫助沃意？莊伯不能定翼，使人反諸翼侯于王，王誤聽之。如桓十年詹父訴虢公，王遷伐虢，而出虢公，因命二大夫助沃逐翼侯，命立其子光，主晉祀。莊伯自取之，不奉王命，而并逐其子，使是叛王，于是王怒，命虢公伐沃，取故翼而立哀侯。

姜白岩敘曰：補寫戰事只數十字，而兵法皆具。鄭莊梟雄，善爲攻瑕之法。衛挾燕師伐鄭，曰燕人，則燕自有將，不徒以師屬衛也。覷破燕師頗怯，故令先犯燕師，軍其前者燕師之前也，軍其後者燕師之後也。一明一伏，布置已定，三臣并出，燕先落胆，轉戰至制，伏兵突

曲沃莊伯成師子。杜解以鄭人、邢人伐翼，曲沃，晉別封成師之邑。按今山西聞喜縣。翼，晉舊都，今翼城縣。王使尹氏、武氏周世族大夫。助之。翼侯奔隨。曲沃、翼本末見桓二年。隨，晉地，今介休縣東有古隨城。補注：獻公末年，晉魯告命始通，前此是告命不行，非作經時削之也。

見三。按：曲沃以臣伐君，王法所必討也，王不能討而反助之，短垣自踰于諸侯，又何責焉？宜轉瞬而曲沃即叛也。

夏，葬衛桓公。衛亂，是以緩。杜解：十四月乃葬，明其非慢。呂氏曰：魯會葬，故書。何與賊之不討否？

四月，鄭人侵衛牧，衛邑。按今河南汲縣。以報東門之役。東門役在四年。衛人以燕師伐鄭。按傳見鄭、衛連兵，不告，故不書。燕，南燕國，姞姓，黃帝之後，今汲縣西。鄭祭足、原繁、洩駕以三軍軍其前，使曼伯與子元潛軍軍其後。燕人畏鄭三軍，而不虞制人。北制，鄭邑，一名虎牢。按汜水縣西有虎牢城。○洩，息列反；曼，音萬。六月，鄭二公子曼伯、子元也。以制人敗燕師于北制。按補正：子元疑即厲公字。昭十一年申無字曰：鄭莊公城櫟而寘子元焉，使昭

起出其不意而燕師驚走燕敗
而衛亦走矣

公不立蓋莊公在時即以櫟爲子元之邑故　君子曰不備不虞
出奔之後取之特爲杜以爲别一人非也
不可以師
黄鄰林曰秦始皇知亡秦之在胡重兵戍胡而胡亥在其膝
下而不悟唐太宗知亂唐之在武凡始姓武此盡殺之而武氏
在其宫中而不知天下禍變何窮使盡爲我所可虞者備亦
多事蓋備可不虞則可虞者無不備不虞則可虞者故備爲
不虞設爲不虞者設行師其小焉也
見三按鄭莊諸子突忽皆善戰屡敗戎師繻葛之戰大敗王
卒亦此二公子蓋子元即厲公曼伯即檀伯爲是昭公申無
宇以殺曼伯出子游殺無知出獻公并論三人皆君則曼伯亦然
君子君其爲昭公無疑好勇善鬬致亂之本而不復教之以正

賀仲軾曰州吁弑逆無誅亂討逆之心因之以為利而侵衛為其受師也不亦宜乎宣師雖有名而嗣立不以王命無王之人何以臨戎春秋所誅也不以郕罪藉口矣

姜白巖曰春秋之世禮崩樂壞僭樂者不止于魯傳述衆

是速其禍也故身死而亡公子之禍作

曲沃叛王秋王命虢公伐曲沃按逐莊伯而取翼而立哀侯名光于翼按明年翼侯立于鄂疑哀侯請于王避位虢公伐沃屢奉王命可謂知義矣不書史無文也

見三按曲沃三世濟惡不有于晉何有于王王不能正反助之伐晉是教之叛也因其叛而特命虢公伐之晚矣

衛之亂也郕人侵衛故衛師入郕郕國也疏云史記郕叔武武王弟也歸義州吁弑君而郕伯因之為利無人心矣因侵得入得不償失足為小人不義之戒

見三按衛與郕同祖文王兄弟之國也乘亂為利郕固不仁修怨稱兵衛亦不義詩云不如我同姓此理不明互相侵伐此周之子孫所以同歸于盡歟

九月考仲子之宮將萬焉杜解萬舞也公問羽數於衆仲問執羽人數

之言絶大名分凡肆夏彤弓歌雍八佾皆聖世所必誅也又云節八音而行八風見大樂與天地同和韶之歌鐘齊之康樂鄭之淫樂皆聖世所必絶也十二公所載樂官樂律樂舞皆以是為準　廟無二適故仲子别廟桓未為君故聲子有謚而仲子無謚考宮何以不稱夫人夫人生稱也何以不稱小君其子未為君而無謚不反哭不袝廟猶未全于小君也然公以夫人赴王以夫人賵六佾未為害禮初獻者見羣宮之用八如故也叙衆仲言正經初字之義

對曰天子用八（八八六十四人）諸侯用六（六六三十六人）大夫四（四四十六人）士二（二二四人士有功賜用樂按服虔云天子八八至士二八則每佾八人宋太常傅隆謂以八人為列降殺以兩降其二列爾預以為一列又減二人至士止餘四人豈復成樂王伯厚亦以服說為然又汪氏謂降殺以兩諸侯既降于諸公則伯當降于侯為二子男復何降按天子八佾諸侯六佾五等皆用六先儒謂廟制堂制五等皆同何獨于佾有異傅于諸侯下即言大夫可見矣汪氏據公穀以駁左氏見其謬劉氏又謂士無舞特牲少牢皆士禮無用舞之儀按儀禮多不及舞不獨特牲少牢也士有廟有祭即有樂又何必有功也）夫舞所以節八音而行八風（八方之風也以八音之器播八方之風手之舞之足之蹈之節其制而序其情疏云八音金鐘石磬絲琴瑟竹簫管土塤木柷敔匏笙革鼓也八風東方谷風東南清明風南方凱風西南涼風西方閶闔風西北不周風北方廣莫風東北融風）故自八以下（惟天子得盡物數故以八為列諸侯則不敢用八按此句正對公問言惟不敢用八八以下為六為四擇而用之可也）公從之於是初獻六羽始用六佾也（魯惟文王周公廟得用八而他公遂因仍僭用之惟在仲子廟用六）

黃鄉林曰諸侯無二適仲子不得袝廟即不得考宮又安得

舞佾衆仲能辨上下之分豈不能知嫡庶之別但以事屬已
成言亦無益故特將先王典禮說得如許嚴重見諸侯不能僭
天子諸侯妾亦不能僭夫人語意含蓄雋妙無窮
見三按二年夫人子氏薨左氏以為桓母則今日考宮亦當
稱夫人子氏之宮而經仍稱仲子者可知前此書薨乃隱尤
人非仲子也隱公不敢以仲子並祔惠廟別立宮以高之羣
廟皆用八佾獨於仲子之宮疑不可用問衆仲而獻六羽是亦知仲子之非
夫人矣非夫人而猶之夫人別立宮猶為之獻六羽是猶以夫人禮待之也觀擬褒
仲之論則是魯僭天子禮樂已明知其先特其來有自不敢妄議今因問而發
但說自八以下而不敢經云用六則仲子之不當以夫人禮隱
見言外　問羽數而不及佾者佾總干羽羽文干武婦人無
武事故祇獻羽所謂武事不通女器也

姜皐嚴曰：邾人欲報邾田之役，而以釋憾于宋告鄭，中其欲也。宋使請師，公欲以救宋市德，而飾詞以對，拂其意也。六年傳大書云：鄭伯始朝王，此時未至周也。天子郊遂之民遠寧之以伐國，夫魯為弱國，猶以宋使一言，兵止不發；而王欲禁不能，亦可見王積怒于鄭久矣。傳点王師二字，而鄭之罪不勝誅。

宋人取邾田。邾人告於鄭曰：請君釋憾於宋，敝邑為道。杜解：釋四年再見伐之恨。鄭人以王師會之，王師不書，不以告也。伐宋，入其郛，以報東門之役。郛，郭也。宋人使來告命。公聞其入郛也，將救之，問於使者曰：師何及？對曰：未及國。忿公知而故問。〔補正〕杜說非人情，改云：使者未知公之聞入郛，諱之，不以實告。公怒乃止。辭使者曰：君命寡人同恤社稷之難，今問諸使者，曰師未及國，非寡人之所敢知也。為七年公伐邾傳。

黃鄴林曰：此與南霽雲乞師情節相同。進蘭之不援，知睢陽之不保也；魯隱之不救，知宋殤之無成也。霽雲正言相告，其聲哀；使者反言以激，其聲厲。同一壁上觀戰，而進蘭之罪實浮隱。然宋之救不救，無關大局；睢陽則天下安危所係，而擁兵自衛，坐視十方之灰燼，浮屠猶在，一矢未加南八，其有

衛史魚自傷不能進蘧伯玉之賢退彌子瑕之奸既死猶以尸諫魯隱公不能聽臧子彊之諫也觀魚之行於其死也葬之加一等比之事內觀臣之諫君也以其死君之聽諫也亦於其死矣

宋殤不仁日以殺伐為事報平儲戟伐鄭以有東門之師自是兵連不解宋殤實為禍

遺恨乎

見三按天子失道諸侯擅侵伐浸尋弱植至附庸之國亦主兵而伐人而侯伯從焉則世變不可問矣隱公感衆仲之言思與宋衛絕宋來告命便有不欲救之意適因使者失言一怒而止止者本意怒者餘情也描寫活現如見其狀如聞其聲

冬十二月辛巳臧僖伯卒公曰叔父有憾於寡人恨諫觀魚不聽寡人不敢忘葬之加一等加命服之等

見三按生不能聽死而禮之隱葬僖伯而誄居父祖孫下轍惜哉

宋人伐鄭圍長葛以報入郛之役也

見三按德禮不足而干戈有餘怨兵日尋何時已乎此十年

首也果其城邑絶其祀系曰
國此言國之始
書渝平以志諸侯之合書及
鄭平以志諸侯之散
齊鄭盟于石門今因鄭渝平而
爲此盟未方之國齊爲大自結鄭
魯其黨成矣所以志齊侯小伯之
始也
國城之師經年之役書民其矣
春秋書國於前書取於後可考
其殘民之心一表其隱曲之衷
周大章曰春秋之初齊鄭一黨也
宋魯衛陳蔡一黨也公以狐壤怨
鄭與宋盟宿遇清其交固矣爲
入郛之役公怒宋使失辭不救魯宋
之交始攜鄭乘隙即來渝平尋有
艇辰求釋舊憾公穀作輸平輸
納也謂納款也我無求於彼彼有
所求於我也鄭豈真敬畏魯而欲其去
宿憾哉不過欲離魯宋之交耳諸儒
謂輸者有所輸也乃輸貨也以見公之輕
於去就唯利是視不啗之以利固不從也

十一戰宋殤所以卒底于亡也

經 甲子 六年春鄭人來渝平。杜解和而不盟曰平。夏五月辛酉公會齊侯盟于艾。按春秋前魯與齊不平今棄惡結好艾齊地今山東蒙陰縣西北有艾山此齊魯交好之始。○秋七月。雖無事而書首月具四時以成歲。○冬宋人取長葛。秋取冬爲告也

傳 六年春鄭人來渝平更成也。孔疏渝變也變即更之義成則平之訓言更復狐壤以前之好也。杜云公之為公子戰于狐壤爲鄭所執逃歸怨鄭鄭伐宋公欲救宋宋使者失辭公怒而止鄭因此而來渝平。日抄魯向黨宋長葛既取鄭恐魯從宋而鄭益殆故急于求魯而魯猶未即許也至祊歸而魯鄭合見三。按朱子云渝變也渝平謂變其不平之心以爲平也更成謂更復狐壤以前之好也鄭以入郛之役魯不救宋嫌隙已開遂舍前之怨以修好于魯樹己之黨孤宋之與自是而取郜取防潘爲鄭用而宋始困而鄭益強寤生真梟雄哉

姜白巖曰：九族舊臣，五官之長，及大夫嘉父，皆逆晉侯于隨。想見遺臣故老，不忘君國，一成一旅，有志中興。成則爲少康之靡鬲，敗則爲漢之翟義、劉崇，宋之張、陸。或以爲止嘉父一人，非也。

姜白巖曰：齊鄭一黨，宋伐鄭而齊不得救者，以魯爲之隔。

翼九宗五正頃父之子嘉父逆晉侯于隨，杜解：翼，晉舊都也。疏云：周成王滅唐，始封唐叔，受懷氏一姓九族，五正者五官之長，於殷時爲五行官長，襃寵唐叔，故以其家族賜之，遂世爲晉強家。頃父之子嘉父，晉大夫也。納諸鄂，晉人謂之鄂侯。鄂，晉別邑。前年桓王立翼侯之子于翼，故不得復入翼，別居鄂。按鄂今山西鄉寧縣。

黃鄭林曰：翼之九宗逆晉侯于隨，即唐五王策復中宗之老也；遂之四氏殲齊師于遂，即韓張良謀擊始皇之志也。其幸而濟，或不幸而不濟，皆天也。忠臣義士，亦祗自盡其也而已。見三按逆隨納鄂，特冠一翼字，以見其爲舊臣也。帝昊流離海上，唐王播越閩中，民心一日未去，即死命一日猶存，所關匪淺鮮也。然而舉目河山，不勝感慨係之矣。

夏，盟于艾，始平於齊也。

也。于是鄭使反命，而齊即為艾之盟，因鄭而求好于魯也。隱公時，宋衛為西黨，齊鄭為東黨，魯則徘徊於二黨間，而惟利是從。經書石門，所以志齊之黨鄭；又書盟艾，所以志魯之附鄭黨。齊然自東諸侯黨分而四方無有不代鄭者，五霸亦未有不争鄭者，此春秋大勢也。

黃鄴林曰：齊鄭一黨也，魯宋陳蔡衛一黨也。渝平，而宋魯之黨離；盟艾，而齊鄭之黨合，皆鄭莊為之也。

見三按：魯與于鄭仇，而齊不至；鄭與魯平，而齊受盟。蓋齊鄭一黨，必得魯以為之援。渝平之謀，齊為之；盟于艾，為鄭結魯也。自此三國之交始合，而天下之局于是一變。春秋所以一再書之也。

五月庚申，鄭伯侵陳，大獲。按傳例：無鐘鼓曰侵。往歲，鄭伯請成猶平也于陳，陳侯不許。五父公子佗諫曰：親仁善鄰，國之寶也。君其許鄭。陳侯曰：宋衛實難，按：難謂與争也。鄭何能為？遂不許。義門讀書記：周鄭交惡，而陳桓方有寵於王，故不許鄭成。君子曰：善不可失，惡不可長，其陳桓公之謂乎。長惡不悛，七全反。止也。從隨也自及也。雖欲救之，其將能乎？商書盤庚曰：惡之易

也。如火之燎于原，不可鄉邇。易鄉俱去聲其猶可撲滅？言不可撲滅周任周大夫有言曰：為國家者，見惡如農夫之務去草焉，芟夷蘊崇之，絕其本根，勿使能殖，則善者信矣。芟刈也。夷殺也。蘊積也。崇聚也。蘊紆粉反。信音申

黃鄭林曰：親仁善鄰，是一部春秋無義戰大旨，左氏特為補出，以見興兵構怨，殘民以逞，皆春秋之罪人也。

見三按：春秋之初，鄭最強，弄兵王都，連師小國，惡莫甚焉。陳侯不許請成，或是惡其惡而不與交，無故往侵，惡又在鄭，而不在陳，而左氏乃以長惡不悛責陳者，蓋是時陳政失絕大柄下移，內之不能自強以固圉，外之不能自下以睦鄰，既不能令，又不受命，是取亡之道也。通篇議論，可與孟子樂天畏天相表裏。

糴

姜皇巖曰：定五年輸粟于蔡，有所輸也。此為之告糴，而無所輸也。王不命糴于魯者，以往歲螟災，魯亦困匱也。傳以為禮者，不以無王命寘之也。史不書者，不敢以為己功也。

鄭伯　姜皇巖曰：王卿士也。八年傳云虢公忌父始作卿士于周，則以前皆鄭莊為之。為周室輔，東國之鈞，而三年始朝，可采斯

秋，宋人取長葛。杜解：前年冬圍不克而還，今乘長葛無備而取之。按：或云圍之朞年，是年鄭方侵陳，大獲，豈不救長葛乎？

見三按：宋以兄弟相殘之故，暴兵經年，掠人之邑，罪固不勝誅。鄭坐視不救，以長葛餌宋，外結齊、魯，力激臣民，以為異日報復之地，心尤[illegible]叵測。傳不增而殤之暴、莊之譎，均於言外可見。

冬，京師來告饑。公為之請糴于宋、衛、齊、鄭，禮也。杜解：告饑不以王命，故傳言京師，而不書于經也。已國不足，旁請鄰國，傳見隱之賢。

見三按：王室之饑，普天同患，告饑而不告糴乎魯，恤魯也。魯不能輸而為請糴于宋、衛、齊、鄭，勤王也。魯隱十一年，唯此舉最為合義，非乞糴與臨者比。

鄭伯如周，始朝桓王也。杜解：桓王即位，周、鄭交惡，至是乃朝，故曰始。何記：鄭結怨於陳，又懼王將討，故朝周。王不禮焉。周桓公周公黑肩，周采地，今陝西岐山縣南。按：言於王曰：我周之東

君臣之隙已成，周桓以爲前之晉乃心王室，而今日之晉自救不暇；鄭伯梟雄，東結強齊，爲黨，王欲鋤鄭，勢有大難，不如因而善之，庶不至于決裂也。

遷，晉鄭焉依。幽王爲犬戎所殺，平王東徙，晉文侯、鄭武公左右王室，故曰晉鄭焉依。善鄭以勸來者，猶懼不蔇，蔇，至也，其器反。況不禮焉，鄭不來矣。爲桓五年諸侯從王伐鄭傳

黃鄴林曰：此與富辰之諫伐鄭，皆王室之大關鍵也。富辰出之以大義，其詞正而明；周桓公動之以至情，其言簡而摯。不聽富辰之言而出居於氾，不納周桓公之言而貽柏繻葛之辱，親筆禍前後一轍。讀此兩篇，覺晁錯之議撤七王，齊黃之議削燕藩，處置之未善也。

見三按：鄭伯朝王，非真修天澤之禮也，蓋思假王命以挾諸侯耳。王之不禮，亦是逆燭其奸，但交惡交質，從久已絕迹王廷，得此一來，寒谷之春也，故曰始。又不禮焉，豈非激之生變？李懷光千里赴難，唐德宗不待以殊禮，去而復叛，事與此同。

九

婦人八歲備數，十五從嫡，二十承事君子。叔姬，伯姬之媵也。媵賤，書者，姬有賢行。紀侯為齊所滅，紀季以酅入齊，叔姬歸之，克全婦道，故重錄之。

災異必書，謹天戒也；城築必書，重民力也。

書盟與帥師而稱兄弟者，罪其寵愛之私；書出奔與歸以稱兄弟者，責其友恭之薄。

天王之崩而不奔喪，嗣王立而不入覲，慢之不臣甚矣；不能致討而歸賵，未已，聘問復來，王之不王，抑又甚焉。寓戒狄之生心也。

姜白巖曰：凡諸侯卒，必立嗣君。嗣君之立，必請于天子，曰某侯某卒，當嗣子某立。王立為君，然後請先君之謚于王。謚定先而後葬。其赴也，不可以稱寡君，寡德謙詞，非可以加于先君也。初薨無謚，又不可以稱某公，若但言先君則

【經】乙丑七年春王三月，叔姬歸于紀。杜解：叔姬，伯姬之娣也。至是歸者，待年于父母國，不與嫡俱行。張洽：媵不書，此特書者，後此不忘紀之五廟，歸于酅以奉宗祀，聖人以其賢，將有其末，必錄其本也。葉石林、萬充宗謂叔姬紀季之配，則當如莊二十七年書莒慶來逆叔姬、宣五年書齊高固來逆叔姬，此不然，其說非也。○滕侯卒。按：滕國，姬姓，文王子錯叔繡之後，今山東滕縣有古滕城。○夏，城中丘。中丘，魯地。按：山東沂州有中邱城。此書土功之始。○齊侯使其弟年來聘。按：此列國來聘之始。○秋，公伐邾。○冬，天王使凡伯來聘。戎伐凡伯于楚丘邱以歸。凡伯，周鄉士，伯爵也。戎鳴鐘鼓以伐天子之使，見夷狄強甚。不書凡伯敗，單使無眾，非戰陳也；但言以歸，非執也。凡國，今河南輝縣。楚邱，衛地，今山東曹縣有楚邱亭。此王聘之始，戎患之始。

【傳】七年春，滕侯卒，不書名，未同盟也。凡諸侯同盟，於是稱名，故薨則赴以名，告終稱嗣也。杜解：告亡者之終，稱嗣位之主。以繼好息民，謂之禮經。此言凡例，乃周公所制禮經也。十一年不告之例，又曰不書于策，明禮經皆當書于策。仲尼修春秋，皆承策為經，邱明之傳博采衆記，故始開凡例，特顯此二句，他皆倣此。按：左氏謂薨以名赴為周公禮經耳，而杜以為凡例皆周公之制，則誤也。

祖考以上皆稱之國不可一日無君故赴于列國上言某侯某卒當嗣子某立述其告王之辭故亡者嗣者皆稱名如必天子命下而後赴則恐違五月而葬之期如不待天子之命而直赴列國則無王也故述其所以告天子者若曰侯天子之命耳不敢擅言嗣君之必立也同盟者同方嶽之盟也告之同盟不敢煩遠國之赴也此皆成周有道時之禮經也東遷以後諸侯不守臣節立君則竟不請命輒赴同盟約其辭直曰某侯某卒嗣子某立史官即以其來告赴書于策夫子作春秋于其書某侯某卒謂猶不失古初之意皆存而不削而其云嗣子某立則但存衛人立晉之文而餘皆削之惡天下之無王也

見三按不名史失其名也不葬魯不往會其諡是以不書春秋未同盟者五十二君惟此年滕侯莊三十一年薛伯僖二十三年杞成宣九年滕昭成十六年滕文昭五年秦景定九年秦哀哀三年秦惠八君皆不著名且宿男秦桓皆係同盟卒亦不名則不係同盟與否也左氏所記特當時列國大略不可援以為例

夏城中邱書時也

見三按設險以守國易言之矣然以險輔德則可不務德而恃險雖時亦譏隱以入郛之役宋使告絕齊鄭初平懼宋之乘其隙故城中邱以防之十年與齊鄭討期伐宋會於此地其邊要可知

齊侯使夷仲年來聘結艾之盟也程子曰先儒母弟之說緣禮文有立嫡子同母弟之說若

周大章曰宋人以取邾田致鄭來伐而有入郛之役則曲在宋而不在邾宋來告命因其急而救之猶之可也既已不救而與鄭比又因宋及鄭平畏宋而伐邾欲以悅宋而媒交終睽徒敗元年蔑之盟亦復何謂邾在魯之宇下不能庇蔭而為他人伐之但不知聲罪致討時以何為辭乎此固不待貶絕而義自見也

姜白巖曰隱公拒宋而與鄭平及宋鄭平而懼鄭交未固宋好已離恐合以謀我也故伐邾以媚宋五年邾鄭伐宋宋報鄭而未及邾者以憑

（以同母為加親近於魯道也）

見三。按此齊聘魯之始，亦列國來聘之始。尋盟者恐其忘結盟者恐其散，所以堅魯之與齊也。

秋，宋及鄭平。七月庚申，盟于宿。（按不書以宋鄭終不能平，此盟虛設耳）公伐邾，為宋討也。（邾與魯比，公伐六，大夫伐八，書伐邾一，春秋魯伐國二十有居十五，魯政可知矣。公子稱帥師，公伐不稱帥師者，君行師從故也）

見三。按敗己盟以徇人盟，悖亦甚矣。自此伐後，而邾魯之兵爭，至哀七年乃息，皆隱之無信啟之也。

初，戎朝于周，發幣于公卿。（秩解如今奉使而私覿之禮）凡伯弗賓。冬，王使凡伯來聘。還，戎伐之于楚丘以歸。（杜解傳言凡伯所以見伐）〔提綱〕（伯圖未興，惟魯為尊，自隱七年至桓八年，周人疊五聘之勤，魯君無一介之報。周始悔不自重，自此王臣不下聘者七十四年。）

見三。按凡伯以天子之卿入侯服之邦，不聞有迎遣勞護之

故讐鄭更深也然郯實主兵宋所怒也而力弱于魯公殺然伐之于我無挫衂之憂而于宋有淺忿之德君子不爲也
姜白巖曰二年潛之會戎請之也請盟公不詩唐之盟亦戎求之也戎猶未強倚魯爲重至此忽伐天子之命使蓋列國無王致尤而起而戎遂世爲周患
姜白巖曰佗弑太子在桓五年洩伯知佗之不免良佐知陳之將亂延在十年以前此時陳桓有寵鄭伯求昏國勢全盛而幾已先兆詩刺佗曰夫也不良國人知之先知者固不獨鄭二子

禮夷狄之人敢肆然執之天子弗問罪衛侯弗引罪是可忍孰不可忍自是王靈日輕而兵日微夷狄日橫天子且如之何哉　詩録旄丘以見衛不能供方伯之職經書盟邾以見衛不能救

陳及鄭平【杜解】六年鄭侵陳大獲今乃平十二月陳五父如鄭涖盟【補注】外涖盟不書壬申及鄭伯盟歃如忘志不在歃血洩伯鄭洩駕曰五父必不免不賴盟矣【測義】不以盟爲重也鄭良佐鄭大夫如陳涖盟辛巳及陳侯盟亦知陳之將亂也

見三捘親仁善鄰之言出自五父此番涖盟自應敬以將事而歃乃如忘蓋其中懷異志不在盟矣古來亂臣賊子神魂失措大抵如此陳侯長惡不悛從自及也凡百皆能不善先知不如神者而能斷也覘人覘國決之于理與談術數者自

宋殤嘗從州吁之請伐鄭以衛
焉矣州吁誅宣公立、焉不可不終
衛而未知宣公之從否故遇垂以繫
之鄭十年入鄭蓋垂之謀也不以礼
見而陽若相遇而其近而秘其
蹤詭矣。
日來歸鄭志也曰我入見公之志乎入
也許祊之易二國兩有成言特以渝
平之後魯雖覺齊未嘗備其故
鄭未歸祊不言及許以餌誘魯也
隱墮其術爲之會齊敗宋又從之入
許究不能終保許田書之志鄭莊之
譎魯隱之愚也

別、

鄭公子忽在王所、故陳侯請妻之、杜解以忽有王寵故鄭伯許之乃成昏、見三按忽以國之儲貳羈維王都、故子奚輩得以植黨樹私、闚干君位、忽之不成爲君、正以其在王所也、陳侯勢和其心、以女請妻、亦愚人而已。

經丙寅八年春、宋公衛侯遇于垂、按衛地今山東曹州北。三月、鄭伯使宛來歸祊、杜解宛鄭大夫祊鄭祀太山之邑今山東費縣治即故祊城○必彭反庚寅、我入祊、鄭氏曰受而有之呂氏曰已遣吏治之。夏六月己亥、蔡侯考父卒、桓侯封人立。辛亥、宿男卒、元年宋魯盟于宿宿與盟也今宿赴不以名故不書名。秋七月庚午、宋公齊侯衛侯盟于瓦屋、齊侯尊宋使主會故序齊上周地按河南洧川縣南有瓦屋里。八月、葬蔡宣公、三月而葬速。九月辛卯、公及莒人盟于浮來、莒邑按山東莒州西此魯君特會外大夫

春秋之初未有先與小國大夫之
盟者自魯隱防以溴梁遍
刺天下之大夫而溴梁已見其
端

姜自巖曰宋鄭相讎以公子馮故鄭衛相讎以公孫滑故然鄭仇衛淺而仇宋深故平衛易而平宋難齊僖欲為瓦屋之盟盟有日矣宋公忽邀衛宣相見蓋必以去馮之意因衛以邀于鄭鄭不從故瓦屋之盟不與

周大章曰諸侯于京師有朝宿之邑于泰山有湯沐之邑皆天子所以待勳戚不常有也王不巡守鄭以祊田無益而欲易許田究之王即無方岳之會諸侯豈可廢朝覲之事鄭即欲棄祊魯斷不可以棄許以祊易許是明以無王無加魯也魯而

始。詳說凡公與強國之大夫盟不書公諱強國以無道加公也、與小國之大夫盟則書公以公自欲與之盟也以望國之君而盟小國之臣公替為莒人僭矣【杜解】非也。螟災。冬十有二月無駭卒

【傳】八年春齊侯將平宋衛【杜解】平宋衛于鄭有會期宋公以幣請於衛請先相見宋敬齊命衛侯許之故遇于犬丘垂也地有兩名

見三按宋以子馮故忌鄭之深既不敢違齊命又不能釋鄭怨故請與衛先相見蓋有異議也衛亦怨鄭不欲與平故許宋請乃知瓦屋之盟特勉強應酬耳

鄭伯請釋泰山之祀而祀周公以泰山之祊易許田、三月鄭伯使宛來歸祊、不祀泰山也【杜解】成王營王城有遷都之志故賜周公許田以為魯國朝宿之邑後世因立周公別廟焉鄭桓公周宣王之母弟封鄭有助祭泰山湯沐之邑在祊鄭以天子不復巡狩故欲以祊易許田各從本國所近之宜恐魯以周公別廟為疑故云已廢泰山之祀而欲為魯祀周公遜辭以有求也許田近許之田

入祊則受鄭餌而陷于大惡矣特隱公雖入祊而猶未肯以許田與之故桓元年鄭復有璧假之舉桓以簒立急欲結鄭許田始為鄭有以祊易許鄭明有請隱公不予鄭爲能強之非此時鄭但歸祊無一語及許田也

姜白巖曰前年鄭欲平魯以批宋黨而魯為宋伐邾則党未即離也鄭豔許田而又欲好魯故初以祊易既乃使宛歸祊若曰能絕宋而好鄭則許田姑不必致蓋餌之而後圖也公遂受祊故丸屋之盟鄭人不與而公與齊鄭一局而離宋或謂以兵入祊或以為無許田事或以為公不受受皆非也

黄鄉林曰許祊周之所以厚勲戚也天子不巡守諸侯不朝覲至以其賜邑私相假易爲此可以觀世變矣

見三按祊田近魯為鄭助祭泰山湯沐之邑中祀泰山別有廟以祀桓武許田近鄭為魯覲京師朝宿之邑有廟祀周公田可易而廟不可毀既祀不可廢鄭可不祀泰山魯不可不祀周公鄭猶可代祀周公魯斷不可代祀桓武鄭要魯而與祊魯要鄭而得祊棄先王之封邑而以予人鄭固無王棄先公之廟祀而以易人魯更無祖魯隱之罪浮于鄭莊矣

夏號公忌父始作卿士于周杜解周人于此遂畀之政陳傳中言鄭號之隙

見三按不曰周以號公為卿也而曰始作卿士于周分明爲鄭莊眼中釘而竟儼之泰然非不忍王也志在伐宋衛不敢

姜皇巖曰陳鍼子送女至鄭見忽此時方告于祖廟因知其自周至陳未嘗告廟而往人本于祖本不立則枝葉無所附何以成生育之功蓋忽質于周便違禮而鍼子所言後竟不爽人道之始可不慎歟

復怨王冀爲後挾王命之用竊生眞梟雄也

四月甲辰鄭公子忽如陳逆婦嬀辛亥以嬀氏歸甲寅入于鄭陳鍼子（鍼陳大夫也 鍼其廉反）。送女先配而後祖鍼子曰是不爲夫婦誣其祖矣非禮也何以能育（杜解禮逆婦必先告祖廟而後行故楚公子圍稱告莊共之廟鄭忽先逆婦而後告廟故曰先配而後祖）

見三按禮重親迎所以謹人道之始也人始乎夫婦故必親迎人本乎祖故必告廟鄭忽奉君父命親迎于陳可謂得禮之正但自周如陳逆婦以歸始告于廟與野合何異故鍼子不訕其宗祖而訕其誣祖

齊人卒平宋衛于鄭秋會于溫盟于瓦屋（補注會溫不書以瓦屋之盟爲重併下事書之筆削舉重之義）以釋東門之役禮也

黄鄭林曰春秋成霸安疆必自宋始桓之霸也始于平宋難文之伯也始於釋宋圍悼之伯也始於救宋彭城而總以瓦屋之盟為霸圖之始當時宋衛陳蔡為西黨齊鄭為東黨天下之大勢日相尋於干戈使能受瓦屋之盟右修其好則齊魯不至助鄭以謀宋則宋可免筆督之禍鄭可弭四公子之爭蠢彼荆楚亦不敢乘釁而窺中原故瓦屋一盟實當時天下治亂所關也瓦屋當在温地今温邑西北二十里有瓦屋杜杜注以為在洧川南去温絶遠疑非

見三按卒字有多少勉強在齊僖圖伯欲釋三國之圖以鳩其民故為此汲汲然以經考之遇垂而鄭不同盟瓦屋而鄭不與鄭豈受平者哉州吁既誅衛怨淺于馮猶在宋鄭怨深

姜白巖曰：三國盟於周地，而咫尺不見天子，乃鄭人挾齊以朝，蓋揣知王意而以齊脅之也。前此鄭朝王，王不之禮，今又虢公柄用，于是以齊僖入覲，示強國如齊，吾能左右之，毋得輕言黜鄭矣。諸侯朝王，書曰三接，至榮過也，而傳曰齊人，蓋王知其意，怨之益深，并齊亦漠然處之歟。

宋亟欲去讎而合鄭，鄭必不從瓦屋之盟，絕鄭非平鄭也。

八月丙戌，鄭伯以齊人朝王，禮也。杜解言鄭伯不以虢公得政而背王，故禮之。

見三接以齊人朝，鄭莊非真能尊王也，一則挾齊以震王為虢公故也，一則挾齊以示諸侯為宋公故也，故後此宋公不共王職，即以王命討之，真五伯之作俑也。

公及莒人盟于浮來，以成紀好也。杜解二年紀莒盟于密，為魯故，今公尋之，故曰成紀好。

見三接浮來之盟成紀好也，而莒子不親行，好安在也。屈千乘之尊，下與小國之大夫盟，成亦何益？此好莒之始，特會外大夫之始。

冬，齊侯使來告成三國。公使衆仲對曰：君釋三國之圖，以鳩其民，君之惠也。寡君聞命矣，敢不承受君之明德。

姜白巖曰：瓦屋，齊僖小霸之始也。僖以鄭莊為雄，平陳盟魯，相為一氣，外此惟宋衛自為一黨，皆與鄭仇，故毅然欲平之。

非爲宋衛也欲兼收五國之用而已執其權爲摟伐討也迨鄭終不受平與其失素暱之鄭寧棄新交之宋而卒與宋絶

姜白巖曰公孫之子不得稱公曾孫故禮以王父字爲氏周衰禮廢氏族不明此無駭之卒有待于羽父之請也無駭卒于是年十二月即于是月賜氏猶書無駭卒者史辭畧也翬溺柔挾鄭宛楚椒吳札並準諸此豈因未賜族之故哉傳立此篇見春秋之史例如此而去族示貶者皆後史之謬例也○三十餘字無所不包後世氏族志不能出其範圍

姓生也取相生之義族屬也取連屬之義其旁支則各自立氏如宋之華氏向氏之類又合言之曰族如宋戴族桓族之類舊稱姓則受之天子族則請之國君然有同爲公姓無族者如翬挾柔

見三按瓦屋之盟鄭尚未平而遽遣使告成意在合魯鄭故特借平宋衛以動魯而衆仲之對魯于此時亦有平意矣

無駭卒羽父請謚與族公問族于衆仲對曰天子建德杜解立有德以爲諸侯因生以賜姓因其所由生以賜姓謂若舜由嬀汭故陳爲嬀姓胙之土而命之氏報之以土而命氏曰陳諸侯以字諸侯位卑不得賜姓故其臣因氏其王父字爲謚因以爲族按鄭康成駁許叔重五經異義引此傳文云諸侯以字爲氏今作謚者傳寫誤也朱子曰以字爲氏如鄭之國氏本子國之後駟氏本子駟之後下云公命以字爲展氏是也官有世功則有官族取其舊官之稱以爲族宋解如晉士氏中行氏邑亦如之謂取其舊邑爲族皆稟之時君疏云如晉韓趙魏氏公命以字爲展氏諸侯之子稱公子公子之子稱公孫公孫之子以王父字爲氏無駭公子展之孫故爲展氏

黄鄉林曰於論傳見先王名分之嚴於論族見先王文物之盛魯秉周禮故一時賢士大夫猶得習聞其緒論子貢謂賢

微其後封無閒也若有族舍君賜者如士會之孥處秦為劉氏伍員之子處齊為王孫氏皆以字為氏有以臧氏展氏此以二十加冠之字為氏也魯三桓又以伯仲之字為氏也臧稱孫展不稱孫三桓稱孫叔彌稱叔不稱孫皆其家以意為之非有例也

衆仲論事儘有卓識論冊時則長於兵論佾數則長於樂論族姓則長於禮鄭語虞可比方焉但子產之淵懿衆仲無而質文章氣遜於林鋒筆矣本者以時殊矣

者識其大不賢者識其小莫不有文武之道觀於此益信見三按禮大傳注云始祖為正姓高族為庶姓又曰姓為正姓氏為庶姓周姬齊姜正姓也魯三桓鄭七穆庶姓也正姓百世不易庶姓則或以王父之字為氏或以為謚而即以氏之名為一族以別于上故殷人五世以後可通昏姻周人五世以後別為小宗然非有功德者不得賜未賜者不得稱古之制也謚者易名之義大夫以王父之字為謚不得別謚別於諸侯也無駭卒羽父兼請謚族公從衆仲之言命以字為展氏蓋即以為謚而子孫因以為氏也春秋之初禮尚簡質不輕賜族亦不輕賜謚至桓莊以後世卿皆以族賜皆以謚稱則濫而無別矣

以五年一朝論之則隱當再朝矣乃一不往朝而天王一聘一求一錫傷周也[illegible]也
[illegible]嗚呼初之初齊皆氏屢之盟連兵而伐與國且假王命春秋書此謀始謀也其後伯主挾天子以令諸侯實勝於此
姜皇巖曰杜氏謂經無霖字經誤劉氏敞謂傳不宜改電為霖傳誤然皆不誤也自三日以往為霖今癸酉始至庚辰相距七日其為霖雨可知經不誤也言霖以震則電在其中傳亦不誤也

經　丁卯　九年春天王使季南來聘　释解 南季天子大夫也南氏季字也　。三月癸酉大雨震電庚辰大雨雪。三月今正月　雨子付反　。挾卒　魯大夫　。夏城郎。秋七月。冬公會齊侯于防　魯地按今山東費縣

傳　九年春王三月癸酉大雨霖以震始書也　杜解 書癸酉始雨日　劉義 言自癸酉日始以後雨且震連綿不止也　庚辰大雨雪亦如之　按亦　震電書時失也　夏之正月徽陽始出未可震電既震電又不當大雨雪故皆為時失　凡雨自三日以往為霖平地尺為大雪

見三　按周之三月夏之寅月也故為異雷電之異與日食不同日食天下之所同也雷電則一方爾八日之內天變再作警戒莫嚴于斯隱不能遇災而懼故卒有蔿氏之禍

夏城郎書不時也　經筌 郎邊宋魯將北會齊鄭伐宋恐宋擣虛

見三　按城郎與城中丘同隱公外惑于齊鄭內制于強臣兵

周大章曰前以王貳于虢鄭伯怨王交質周而交惡今此朝王王不以禮虢公始為卿士而處之恬然豈真自悔于心亦欲周旋臺以行矯飾報復之私耳恃已為卿士便可挾天子以令諸侯一則云以王命討之再則云以王命來告伐宋其實王無命皆矯託之辭齊以瓦屋之盟宋衛不與鄭會故棄宋而即鄭魯嘗歸祊之利亦助鄭而謀宋皆仗王命以為名鄭前因魯不救宋始來渝平此又因公絕宋使乃來告伐宋來間抵隙其計甚狡公墮其術而不知此會以公作主見公之反覆無常以利興師非義討也

役交作民勞不堪不啻宋殤之十年十一戰也蔿氏之禍有由然矣

宋公不王、杜解不共王職鄭伯為王左卿士、以王命討之伐宋宋以入郛之役怨公不告命入郛在五年公以七年伐邾欲以說宋而宋猶不和公怒絕宋使秋鄭人以王命來告伐宋遣使致王命也伐宋未得志故復告之冬公會齊侯于防謀伐宋也林解齊鄭一黨故鄭告伐宋而齊僖會魯以謀之

黃鄰林曰、春秋之前兩君有私相會者敵國有私相攻者自瓦屋盟而諸侯參盟矣有私相攻者防之會而連諸侯伐宋矣參盟者主盟之漸連諸侯者摟諸侯以伐諸侯之漸故五霸三王之罪人魯隱齊僖鄭莊則又五伯之罪人也此春秋之大指也

姜白巖曰春秋戎狄大爲中國患故得臣敗狄經叙其功鄭伯敗戎傳著名其烈皆所以攘夷狄也

卯維屏曰此以車兵而懼徒兵侵軼又如李陵岳少保皆以步兵挫敵馬則兵莫如步強也後人每以步兵畏馬如虎蓋不能極盡步兵之長耳至勝不相讓敗不相救後世兵大抵皆戎師矣古人治兵全要千萬人合如左右手治兵不務此即能勝亦倖爲

見三按春秋之初周室雖衰王命尚重狡彼鄭莊遂得假其威。橫行天下故宋公不王則伐之蔡人衛人郕人不會則入之即齊魯之國亦聽其指使爲使其後有大國魏晉之篡禪將先見于春秋豈特荊楚爲中國之患哉如其仁如其仁予所以大管仲之功也

北戎侵鄭鄭伯禦之患戎師曰彼徒我車懼其侵軼我也杜解徒步兵軼突也公子突鄭厲公也曰使勇而無剛者嘗寇而速去之嘗試也勇則能往無剛不退恥君爲三覆伏兵以待之戎輕而不整貪而無親勝不相讓敗不相救先者見獲必務進進而遇覆必速奔後者不救則無繼矣乃可以逞從之戎人之前遇覆者奔祝聃鄭大夫乃甘反。逐之衷戎師前後擊之盡殪孔疏謂戎銳師在三伏之中也按戎人分前後二軍精俱在前敗則前後不相救其常

耳、

隱元年魯與宋盟宿、三年齊與鄭盟石門、至六年盟艾、魯雖宋黨而與齊結、八年齊於新黨而與宋盟、九年齊魯復離宋黨而

也、鄭為三伏、第一伏近、二伏次之、三伏遠、戎人之前師為嘗寇者所誘、已入深處、祝聃帥第三伏兵起、戎駭而奔還、而聃逐其後也、于是第二伏兵起、衝戎師為二截、于後者不得前、後伏擊之、奔於前者方欲出、而前伏又迎擊之、戎師包於三伏之中、所謂衷戎師前後擊之盡殪也、戎師大奔、後駐軍不復繼也、十一月甲寅、鄭人大敗戎

師。【測義】經既不書、故準經為文以總之。

黃鄉林曰、設伏誘敵、兵長技、亦千古兵良法、此獨以簡潔出之、前敘謀、後敘戰、文不過數十字、而包括無遺、覺漢書於鉅鹿昆陽兩大戰、洋洋數百言、未免詞費、見三挨一覆擊其前、二覆擊其後、三覆擊其中、使戎人腹背受敵、奚真晰夷情善談兵、不愧鄭莊之肖子、權謀如此、鄭忽安得而不亡。

經 戊辰 十年春王二月、公會齊侯鄭伯于中丘、魯地 夏、翬帥師會齊

與鄭盟中邱離合無常信義不篤春秋盟不足貴者此也
隱四年伐鄭之役公子翬固請而行疾其專進故於去其族此書先會亦明其固請也每書翬帥師權臣執兵柄則君危矣
宋乘鄭之外勝而為掎虚之計鄭結魯而取宋邑宋召衛而戴鄭郕拔復不已諸侯放肆聖人所以傷之也
周大章曰鄭莊欲納子馮深中殤公之忌州吁搆納以致兵連禍結連年不解隱公輕喜易怒貪祊田以不告絕宋使會齊鄭以伐宋不待師期羽父先會公旋親往獨敗宋師又取宋二邑奉王命討不庭者顧如是乎取郜取防直書不隱見非其有而取之為不義也夫取者不義歸之者可謂正乎鄭莊之隱情左氏固未之知也
姜白巖曰鄭伯之假王命不可

人鄭人伐宋。【陳傳】一役再有事畧補人前目而後凡也春秋無一字褒貶之義六月壬戌公敗宋師于菅宋地。古顔反。辛未取郜辛巳取防鄭得郜防二邑歸功于魯程子曰取二邑有之盗也。郜今山東城武縣防、今金鄉縣。郜音告秋宋人衛人入鄭宋人蔡人衛人伐戴鄭伯伐取之。戴國名今河南考城縣孫氏曰戴鄭之附庸吴氏曰取者敗其兵而悉俘其衆也。冬十月壬午齊人鄭人入郕戴鄭所與也而三國伐之郕衛所與也而齊鄭入之三國伐戴宋志也二國入郕鄭志也

【傳】十年春王正月公會齊侯鄭伯于中卯癸丑盟于鄧為師期【杜解】尋九年會于防謀伐宋也按鄧魯地當在今兖州府境此盟與下老桃之會不書【補注】謂以中卯為重非也蓋重在伐宋而其中枝節不書夏五月羽父先會齊侯鄭伯伐宋六月戊申公會齊侯鄭伯于老桃六月無戊申老桃宋地按今山東濟寧城北有桃鄉城壬戌公敗宋師于菅宋地庚午鄭師入郜辛未歸于我庚辰鄭師入防辛巳歸于我壬戌六月七日庚午十五日庚辰二十五日或曰傳有可疑鄭主兵齊魯同會老桃則齊鄭非後矣何以敗宋獨公入邑獨鄭

以欺五尺，而傳曰王命，又曰以王命討不庭，又曰不會王命，討違王命，若真以寤生爲能尊王者然。蓋周衰極矣，得一人提起王命，則津津乎樂道之。其後齊桓晉文假此以興，托尊王名義，一呼而響應。

齊師竟無著落，公不與入郜，何以庚午入郜，明日歸於公；入郜入防，宋何以曠日不一救，皆不可解也。按上文戒師期，即戒會伐宋之期也，故使翬先往，公後至。二君以公未至，故但以大夫主會，經所以書人也。二君俟公至，復會于老桃，以定方畧。不言伐宋，蒙上文之辭也。蓋鄭伯志取二邑，分三路進師：齊師直向宋都，不明叙者，已該于伐宋内也；鄭以一軍圍郜；令公駐軍于菅以爲援，菅近郜之地也。於是宋聞三國入境，遣師堵截，而鄭已圍郜，急趨至菅，爲公所敗，出其不意也。宋卒不救郜防者，爲齊牽制，不得救也。鄭圍未解，魯師繼攻，而郜防俱不支。觀辛未辛巳即歸郜防，知魯鄭之合師也。傳止言鄭，主兵也；經止書魯，重地也。君子謂鄭莊公於是乎可謂正矣。按此魯人之言也，喜以得地，故以正與之。以王命討不庭，下之事上，皆成禮於庭中。不貪其土，以勞王爵，正之體也。勞者，叙其勤以答之。魯侯爵尊，鄭伯爵卑。按若明言酬功，則有礙於齊。此舉謂奉王命，故以尊爵爲名，使齊不慼而魯可受也。

黃鄰林曰：翬既會伐，公復繼出，乘宋之不意而敗之，詐也。既敗其大師，即取二邑而有之，貪也。爲祊所啗，而同心讎宋；此復爲郜防所啗，而併力助鄭，患也。用兵弗戢，禍成自焚，羽父奸

徒見己加其頸無哀哉

見三 按鄭莊奸人也玩魯隱如嬰兒既以祊要魯復以郜防歸魯魯貪其餌不得不與鄭同心合力鄭非不愛土地宋之土地非鄭所能有也故捐以收魯于鄭無損而宋魯已結不可解之恨厥後入許之役仍用此術讓周以為名取地以為寔用齊魯之力齊魯皆甘心無謗而已爲因以為利而向使鄭莊不死許叔不可得而入許也故曰鄭莊真奸人也

蔡人衛人郕人不會王命 杜解 不伐宋也 質疑 老桃之會蔡衛郕皆不至

秋七月庚寅鄭師入郊 猶在郊 鄭師遂駐兵于遠郊 宋人衛人入鄭 宋衛奇兵乘虛入鄭 蔡人從之伐戴 從宋衛伐戴也 八月壬戌鄭伯圍戴癸亥克之取三師焉 故三國之軍在戴宋衛既入鄭而以伐戴召蔡人 召之伐戴乃

姜皇㢢曰宋以三國退師即鄭連衛以擣鄭之虛時鄭師尚在遠郊也既入鄭又恐鄭師至而無以敵因與蔡共伐戴戴鄭屬國也鄭伯至戴先敗蔡師後攻宋衛于是戴師內擊鄭師外攻三師皆不支末但言蔡人致敗之故而鄭人因此而勝自見公穀

以爲取載胡傳以爲兼取四國皆非也今從程子說

魏禧曰君國皆用奇兵莫多於伐宋之役蓋鄭駐兵於郊郊當別有所謀如入郊之類使人謂其兵已歸国不復防備而忽然臨入宋衛以鄭方勝宋迎還班師而流机怠襞及其入鄭而去則志得意滿以爲鄭必歸國救死扶傷之不暇故安意伐戴不虞鄭之猝至蓋勝之師入居人國帥意兵驕與国不和故鄭羸兼取三師如拾芥之易三師既取蔡衛離心宋已勢成强弩故乘勝入宋鄭並入其與国之郊如破竹然以論兵者必窮其情也

姜皇巖曰齊鄭石門之盟固結不二謀宋齊爲鄭用謀紀鄭爲齊用此則合兵陵弱而以郕不與伐宋即以爲違王命也

蔡人怒故不和而敗言鄭取之易也杜解蔡怒宋衛不同其伐鄭之功故不和以致于敗

見三按伐者聲其罪也曰取之猶難辭也至哀九年宋皇瑗取鄭師于雍丘直書取易也譎而掩其不備則其禍蓋烈矣春秋所以啓爲戰國也

九月戊寅鄭伯入宋補注自宋公欲以諸侯伐鄭去馮運兵至此報復之禍烈矣按宋自夏入秋師徒屢敗至此鄭入不能禦而敗臣生心

見三按宋殤以子馮之故銳意圖鄭連年搆兵十師勞於外民困於內鄭宋來其敝入之而國幾亡自是不能出師而華督之禍興

冬齊人鄭人入郕討違王命也

見三按一年之中鄭合齊魯以伐宋宋合衛以入鄭又偕蔡

周盛時諸侯有歲相問殷相聘世相朝之禮曰相者亦從夏之制非若諸侯之朝天子必以時在天子之事而諸之國不至也來朝又皆非天子所狀見之矣是時伐許入郕小國皆懼滕薛所以來朝也

鄭莊以小利餌魯隱既與之伐宋為鄭根怨又將與之伐許尤為鄭主地鄭許相壤鄭欲取許所以與齊偕與之鄭伯以許餌魯魯之君[illegible]兵力吞併小國以利己甚哉莊之不仁齊魯之不智也

隱十一年書滕薛來朝桓十五年書郕郜牟葛來朝旅朝乃天子之禮魯受之僭也

姜皇嚴曰大行人言邦交世相朝之制漢儒依托春秋竄入周

伐戴鄭又圍戴取三國之師從又入宋又合齊以入郕兵戈擾擾未有若此年之甚者春秋之初齊與鄭合而天下無事王故也春秋之末齊與鄭合而天下多事無霸故也故五霸為三王之罪人而實為東周之功臣

經 己巳十有一年春滕侯薛侯來朝 杜解 諸侯相朝 疏云 薛黃帝之苗裔 按今山東滕縣南有薛城 此諸侯朝魯之始 。夏公會鄭伯于時來 郲也 鄭地 按今河南滎陽縣境 。秋七月壬午公及齊侯鄭伯入許 與謀曰及 按許今河南許州 。冬十有一月壬辰公薨

傳 十一年春滕侯薛侯來朝爭長 按見魯受二國旅見 薛侯曰我先封 杜解 薛祖奚仲夏所封在周之前 滕侯曰我周之卜正也 卜正卜官之長 呂說 成周時卜正一官亦皆諸侯為之 薛庶姓也 非周之同姓 我不可以後之公使羽父請於薛侯曰君

官即云列國相朝而日世則一君之身一行朝禮必非如文襄之令五歲而朝也曰相朝則彼此往還必非偃然受之而不報也公立十一年未聞朝王王遣使者四又不報聘傳借羽父提出周之宗盟異姓為後示王朝親親大典以著公為宗盟之長而不朝王非天子不旅見諸侯而公受旅見所以發明經義也

滕薛爭長魯人空以周之宗盟齊鐵諸侯魯以周班後鄭隐桓之初魯人之違周礼尤著

與滕君、辱在寡人。周諺有之曰、山有木、工則度之、賓有禮、主則擇之（擇所宜而行之）。周之宗盟、異姓為後（盟載書皆先同姓）。寡人若朝于（任姓）不敢與諸任齒（列也）。君若辱貺寡人、則願以滕君為請。薛侯許之、乃長滕侯。（劉傳同日而朝兩君、非獨驕也、志荒矣）

黃鄰林曰、春秋之初、滕薛旅見爭長而天下無王。春秋之季、晉楚會盟爭長而天下無伯。至黃池之會、吳晉爭長、則霸圖銷而王迹益熄矣。羽父雖屬篡弒之徒、而立言卻有典則、魯秉周禮故也。婦人亦得擴拾其緒論以折服人、異日召陵之盟、祝鮀長衛於蔡、亦此法也、强詞奪理、風斯下矣。

見三 按周之宗盟異姓為後、此天子旅見諸侯之禮、非侯國所得藉口也。魯與滕薛爵等班同、皆天子之守臣也。魯不朝

孔尚典曰莊公於二人爭車之際不能和解既爭之後又不能異地處置而同事軍中致有登城之射此莊公之失也莊公於二臣如漢高處酈商田橫禁不許仇可也否則如孫權之於甘寧於他所以避凌統亦一道也

於周而擅受二國之朝且禮不特見而旅見不幾帝制自爲乎薛之爭趨便有不甘之心其曰我先封抑滕即以抑魯也羽父強詞以壓之復權詞以悅之薛雖勉強從命意必悻悻而退深悔於來朝之舉而誓不再到魯庭爭故自是以來滕猶五到薛不一來皆羽父小人有以間之也讀此文想到反譖時不知若何謡啄杜口絕可愛處正其絕可畏處

夏公會鄭伯于郲謀伐許也鄭伯將伐許五月甲辰授兵於大宮（杜解鄭祖廟）公孫閼（鄭大夫○於葛反）與潁考叔爭車潁考叔挾輈（車轅）以走（孔疏廟內授車未有馬駕故手挾以走）子都（子都字閼）拔棘（戟也）以逐之及大逵弗及子都怒（雅達道方九軌爾謂之逵○逵九達之道）秋七月公會齊侯鄭伯伐許庚辰傅于許（傅于許城下○傅音附）潁考叔取鄭伯之旗蝥弧（旗名○蝥古侯反）以先登子都

兵有先聲足以奪人詭詞以鼓衆者如瑕叔盈以蝥弧登周麾而呼曰君登矣鄭師畢登微独瑕叔盈晉淝水之戰朱序在陳後大呼曰秦兵敗矣唐周德威擊梁軍鼓譟而進曰魏滑君走矣又揮其東偏曰梁軍走矣其實未嘗登未嘗敗未嘗走不過壯我軍氣潰敵人心矣魯人辭許鄭伯受之又喋喋曰況能久有許曰況能禋祀許曰吾敢與許爭欺天乎欺人乎不不能明正子都之罪又使詛射潁考叔者奸人詐為愚事曹阿瞞斬馬首以示麥田正學此術

自下射之顛（顛隊而死宝氏桯傳以考叔之純孝而終以爭鬭哀哉）瑕叔盈（鄭大夫）又以蝥弧登周（偏也）麾（招也）而呼曰君登矣鄭師畢登壬午遂入許許莊公奔衛齊侯以許讓公公曰君謂許不共（不共職貢）故從君討之許既伏其罪矣雖君有命寡人弗敢與聞乃與鄭人鄭伯使許大夫百里奉許叔（許莊公弟）以居許東偏（東鄙也經所以書入）〔陳傳〕言曰天禍許國鬼神實不逞于許君而假手於我寡人寡人惟是一二父兄（同姓群臣）不能共億（共給億安也）其敢以許自為功乎寡人有弟（共叔段）不能和協而使餬其口於四方（餬鬻也段出奔在元年）其況能久有許乎吾子其奉許叔以撫柔此民也吾將使獲也（鄭大夫公孫獲）佐吾子若寡人得沒於地（以壽終）天其以禮悔禍於許（言天加禮於許而悔禍之）無寧茲許公復奉其社稷（無寧寧也復扶又反）○惟我鄭國之有請謁（告也）焉如舊昬媾（婦之父曰

桓文既曰春秋小国之君如鄭莊儘有智計能籠絡顛倒人自取威德而以怨與人既用之第又用之衞國其材能在桓文之上而其詭詐則爲桓文之罪人
魏禧曰老奸之言娓娓可聽其文如行雲流水絕無覇祎氣然正

昏重昏日媾其能降以相從也降降心也無滋他族實偪處此以與我鄭國爭此土也吾子孫其覆亡之不暇而況能禋祀許乎寡人之使吾子處此不唯許國之爲亦聊以固吾圉邊陲也乃使公孫獲處許西偏曰凡而器用財賄無寘於許我死乃亟去之按即上文得没於地而明白言之吾先君新邑於此今河南新鄭王室而既卑矣周之子孫日失其序鄭亦周之子孫夫許大岳神農之後堯四岳也之亂也亂繼也疏云武王封其苗裔文叔於許天而既厭周德矣吾其能與許爭乎君子謂鄭莊公於是乎有禮禮經國家定社稷序民人利後嗣者也許無刑法也而伐之服而舍之度德而處之量力而行之相時而動無累後人我死乃亟去之○量音良可謂知禮矣

鄭伯使卒出豭行出犬雞以詛射潁考叔者百人爲卒二十五人爲行行亦卒行

以平定抒寫心腹。遽為奸人檢熟
到家伎倆也。余嘗謂鄭莊公為書據其實傳也
後世奸雄之祖，宋襄公為後世假
道學之祖，王莽其嫡傳也。
彭家屏曰：爭車之事，或謂考叔
位卑而抗子都，是不遜也，非也。鄭
將伐許，授兵車于祖廟，考叔之
車，夫固有所授矣。受之祖廟，効
命疆埸，殺敵之資，報主之具，皆
在于此，其可輕以予人乎？不然者，
叔能以孝感君，豈不能以順事長？
揮旗先登，身且不惜，又何愛一車？
其必不可予者，義也。但子都恃勢
妄爭，考叔即應告之鄭君，聽其
區處。挾輈而走，則太激矣。君子
處小人之間，執義雖高，事忌過
激，激則未有不召禍也。順考叔
其功未盡善者歟。

列。補正：佯為不知，使軍士詛。君子謂鄭莊公失政刑矣。政以治
之。豭音加，詛側慮反。
民，刑以正邪。既無德政，又無威刑，是以及邪。大臣不睦，又不能用刑于邪人。邪
而詛之，將何益矣。

黃鄉林曰：不曰潁考叔與公孫閼爭車，而曰公孫閼與潁考叔爭車，
明係恃寵而驕，欺凌同列。潁考叔自知努不能抗，姑挾輈而走，以減其怨，
而不料狡童之心，存報復也。師之進退，視旗為憑，登城倚事，發號仰旗，
竟於三軍屬目其指之地，毒箭傷人，設非瑕叔盈奮勇繼登，將人心潰亂，
鄭師其敗矣。按諸國法，準以軍令，即寸磔子都於軍前，亦不足
以蔽其辜。鄭莊絕世梟雄，事事殘刻，弟可逐，母可寘，天王可
射，何獨於子都太度，豈容太宮爭車，既貸於前，許城放箭，復寬於後，非
情牽孌童，何以至此？漢文帝不以鄧通而撓廷尉之法，故雖有銅山之賜，無損盛治。鄭莊乃因子都而失一國之刑，故祭仲[illegible]而起，率釀[illegible]

見三按入許之役齊魯皆讓鄭亦讓而遂許叔特使公孫獲處其東偏說者謂齊魯善處無功鄭善處有功故君子以為有禮而正不然夫入許鄭志也鄭許接壤心存吞併已非一十朝時來之會主謀何人鏊弧之塵先登何意鄭之利許路人知之矣宣僖隱二君反不知之齊魯越國勢難得許獨歸于鄭又所不甘故虛為相讓以存太岳之胤即以餌鄭莊之節也鄭莊虎視多年功成唾手不取則前功盡棄取之又恐知二國之歡于是鯨吞之計忽變為蚕食之謀其使許叔居東偏者明以附庸待許也其使公孫獲處西偏者明以監許屬獲也顧大姑伯事貪利以繼以貿名鄙夫營謀患失尤深知患得始為子孫喜得許都繼為子孫憂不得許曰能與許

事曰能禋祀，許曰能久有許處，周于事情，見于詞，其志儉而其心逆貪矣。至于卒出豭，行出雞犬，掩耳盜鈴，蓋即使許叔使公孫獲之故智也。政刑且失，安知有禮，一予都不能毅，安能經國家，定社稷，序民人，利後嗣。左氏一美一刺，筆有陽秋，並非自相矛盾也，善讀者當自會之。

王取鄔、劉（按鄔今河南偃師縣境，劉今屬偃師縣）、蔿、邘之田於鄭（蔿邘鄭二邑。蔿今偃師孟縣之閒。邘今河內縣有邘臺鎮，古邘城也。邘音于），而與鄭人蘇忿生（周武王司寇蘇公也）之田：温（見前）、原（今濟源縣有原鄉）、絺（今河內縣有絺城）、樊（一名陽樊，今濟源縣）、隰郕（今武陟縣有隰城）、攢茅（今修武縣北。攢才官反）、向（今濟源縣有向城）、盟（盟津在孟縣南。音孟）、州（今河內縣東）、陘（今懷慶府西北，一名丹陘。陘音刑）、隤（今修武縣北有故隤城。隤徒回反）、懷（今武陟縣西有懷縣故城。凡十二邑皆蘇忿生之田，俱屬河南者）。君子是以知桓王之失鄭也。恕而行之，德之則也，禮之經也。已弗

金仁山曰：鄭之戰宋，取三師，又入郕，蓋假王命以報怨，非王意也。桓王知其久假多侮，是以有四邑之取；知其長于用兵，是以授之專據之邑，可謂以詐馭詐矣。

周大章曰：平天下之要道在絜矩，無他，恕而已。天命之得失，人心之向背，只争此一字。已弗有而以與人，以少易多，寔以無易有，所以明王之不恕也。傳于交惡及此篇俱標出恕字，見乾綱解紐由不知絜矩之道。一部春秋

皆當作如是觀

周大章曰恤小事大以交鄰國必在懲小忿以違言之故而犯五不

能有而以與人人之不至不亦宜乎、蘇氏叛王十二邑王所不能有

黄鄭林曰、春秋時鄭居南北之中天下要害也而鄭莊梟雄有為之才也使周能擅撫而有之借政以控治天下則東周之勢隆而齊晉秦楚之熖猶未至於熾也故周之失鄭即周之所以失諸侯也然鄭在周肘腋之下不能夾輔王室比續周召乃始則爭政於朝繼遂跋扈於王天下始有趨而圖宗周者矣其罪可勝誅哉

見三按古今亂臣賊子倒行逆施固由其心之不忠亦必君父之不能有以致之也天王明聖正罪當誅此唯文王知之鄭莊何人而能知此義哉左氏屢為王嘆息所以正其本也

鄭息有違言、杜解以言語相違恨息侯伐鄭鄭伯與戰于竟息師大敗而

韙以伐人，焉得不敗。此篇雖斷息之敗，而精神卻注向鄭國。蓋自隱公以來，所紀多鄭伯與鄰構兵事也。

彭家屏曰：言悖而出者，亦悖而入。鄭息以言交惡，是息之言亦有不善者也。息不自咎，而興師伐鄭，只言之違，殘民以逞其悻動，甚矣，不亡何待。

姜宸英曰：息侯大敗而還，鄭伯大敗宋師，宋息之糜爛甚矣。故宋弒于華督，息滅于楚文。

還。按息國名，今河南息縣西南有息城。君子是以知息之將亡也。不度德，所注息侯德薄。不量力，息侯弱。不親親，鄭息同姓之國。不徵辭，不察有罪。言語相恨，當明徵其辭以審曲直，不宜輕闘。犯五不韙，韙，是也。五鬼反。而以伐人，其喪師也，不亦宜乎。

見三。按易之象曰懲忿窒慾。息以違言之故而興兵于鄭，是不能懲忿；後復以弗賓之故而啟釁于蔡，是不能窒慾。蹶率無謀，輕舉妄動，喪師亡國，固其宜矣。

冬十月，鄭伯以虢師伐宋。壬戌，大敗宋師，以報其入鄭也。杜解：入鄭在十年。宋不告命，故不書。按九年鄭伯伐宋不書，併於下年伐宋。此連年入宋敗宋，無可併。傳言十年十一戰則二戰，非妄不書者，以宋不告也。國初史例，必受敗者告入告敗，數乃書。凡諸侯有命，告則書，不然則否。師出臧否，亦如之。臧否，謂善惡得失也。滅而告敗，勝而告克，此皆互言，不須兩告乃書。按杜氏統明以後史例也。雖及滅國，滅不告敗，勝不告克，不書於策。補注顯發史例。

胡安國曰魯在春秋見弒者三君其賊未有不得魯之兵權者公子翬再為主將專會諸侯莊公幼年即位首以慶父主兵仲遂擅兵兩世故翬弒隱公而蔿氏不能明其罪慶父弒子班而成季不能遏其惡公子遂弒惡及視而叔仲惠伯不能免其死夫豈一朝一夕之故哉

金仁山曰惠公繼室聲子生隱公則隱公固當立者然不敢自以為正攝位君國將以子桓而卒遇殺為善罹禍此世道之大變春秋所為託始歟

穆文熙曰子臧盡致曹邑吳札棄室而耕乃免負芻闔廬之難隱公既尊父命又攝君位久處嫌疑讒間乃生宜其不終耳然其志則可悲也

見三按是時西黨孤而東黨盛故鄭得以任意報復既入其國復其師殘若不死其攜黨當何時也怨毒之於人甚矣

羽父請殺桓公將以求大宰孔疏欲令特置此官以榮己耳以後更無大宰盖終不立也公曰為其少故也吾將授之矣杜解授桓公使營菟裘魯邑按今山東泗水縣有菟裘聚。菟兔都反吾將老焉羽父懼反譖公于桓公而請弒之公之為公子也與鄭人戰于狐壤鄭地止焉內諱獲故言止鄭人囚諸尹氏鄭大夫賂尹氏而禱於其主鍾巫主尹氏所主祭遂與尹氏歸而立其主立鍾巫于魯十一月公祭鍾巫齊于社圃園名館于寪氏。魯大夫館舍也寪于委反壬辰羽父使賊弒公于寪氏立桓公而討寪氏有死者測義羽父欲以弒君加寪氏而不得故討寪氏之家僅有死者而已非有名位之人蓋微者耳如司馬昭族成濟之類補正言不書葬不成喪也桓弒隱篡立故喪禮不成測古未有居國十年而就臣位者隱雖早讓亦弒也必如吳太伯而後可按此特為桓

邱維屏曰讀春秋傳隱公一篇不見有一賢臣爲公所倚任者臧僖伯畧骨鯁而已死衆仲知典故知[illegible]勢而未見公與之議及行事也故聞羽父之言隱公當即執而戮之而不能者豈獨畏其執兵之柄亦緣無可倚任之人遂不敢動耳使有平勃則可以誅諸吕使有王允則可以誅董卓夫吕董豈不皆執兵柄者耶

魏禧曰人無故教我以殺弟而漫然應之如此豈但當機不斷其爲不義甚矣何不忍於奸賊而忍於弟也蘇軾曰使隱誅翬而讓桓雖夷齊何以尚茲真千古不易之論

彭家屏曰周禮以八柄馭羣臣謂之柄者如斧斤之有柄所執以起事也觀衆人乞師以伐鄭隱公不許而羽父固請輒行鄭人期約以伐宋隱公未行而羽父帥師先往魯之柄羽父執之矣兵柄下屬太阿倒持故得恣其所逞畧無忌憚既可對隱以謀其弟亦可對桓以謀其兄隱從則桓殺桓從則隱弑而君之命懸

言之如桓爲宋穆公何慮焉

黃鄉林曰攝位不即位又立桓而奉之既不可言如宋宣之傳弟又不可言如周公之輔成從來無此讓法夫以周公之至德不能使管叔諒于三年之内以隱之虛文乃欲使桓安于十一年之後乎是時桓公漸長讒人必有以利孺子之言進者兄弟之間嫌隙已開否則無因至前羽父亦何敢啓齒特羽父何人乃請殺桓公之人也不誅之是不仁也不誅而復與言是不知也既欲以位讓桓而戀戀不舍致貽殺身之禍是不勇也桓固不足責矣隱其猶有遺憾乎

見三揆欲求大寵將假手于隱以弑桓及知營菟裘又假手于桓以弑隱兵莫慘于意而鏌鋣爲下二百四十年之間弑君三十有六未有一時而弑二君如翬者也里克殺奚齊卓

於其手，操縱之間，易如反掌，總由君失其柄，羽父竊而持之，故至此也。易曰：臣弒其君，子殺其父，所由來漸矣。豈不信哉。

姜白巖曰：東萊以當授即授，何謂將授？將之一字，所以起桓之疑，非也。桓立三年而後娶于齊，則年未甚長也。獨怪弒君之言入于吾耳，而不誅之，且翬手握大權，一言而平罪兩眉，分必死而不速之死，則所以求免死者何不至哉。傳著羽父懼一語，深為公惜也。桒不成喪，故不書葬，蓋以為攝主也。弒君之賊，罪在必誅，必不可諱者也。故州吁無知，臣民討之；陳佗徵舒，鄰邦討之。若謬曰考終，是忘君父之讎而為賊諱也，可乎哉？或曰：諱國惡，禮也。魯取同姓，聖人乃云知禮，故君弒書薨，秉禮之魯則然也。曰：非也。君父之過，禮所當隱，故諱不書。公若吾有父兄而賊弒之，而吾為之諱其事，使臣民不知其故，鄰邦莫訊其端，而賊無由

子志在晉文，仲遂殺惡，及視志在魯宣，豈若翬之躬事隱，即加刃于隱，欲弒桓而旋臣事于桓者哉。然其所由來非一朝一夕之故矣。前之伐鄭，固請而行，已冒將卽必誅之戒；後之伐宋，先期而往，又干先時無赦之誅。嗣是鄭之伐，宋之伐，三軍而任以長子，是翬在外而諸侯畏之矣；滕之朝，薛之朝，一言而定其先後，是翬在內而諸侯信之矣。贈蛟龍以雲雨，資虎豹以山嵎，其不遭吞噬者幾希。桓公何人？請殺何事？伐國不聞闕仁人，況敢以悖逆之言嘗試于人骨肉之間？不正其罪，反示以意，菟裘未成，鍾巫被弒，吾為隱惜，尤為隱咎焉。一

誅閲豈聖人之意哉故凡事可諱而君父被弑必不可諱然則春秋何以諱之蓋隱公之弑桓寔主之因以疾卒赴諸侯而已為繼立觀其行即位之禮可見史官書曰公薨于寪氏嗣後循以例而弑逆皆諱矣聖人承策為經既不得于二百餘年後追究其事而又不可没其跡故書公薨循史之文而削去其地以别于十二公之考終者明著其被弑之寔也如弑必當諱則晋董狐齊太史南史皆失諱國惡之義矣子何以謂之良史豈晋齊之史以不諱爲良而魯史以諱為良乎

羽父請殺桓公將以求太宰其罪當誅隱公不之殺而身受其禍圉人犖戲女公子其罪亦當誅莊公知其可殺而不之殺以貽子般之禍二公之養賊反噬其揆一也

魯隱讓桓而桓争之卒致寪氏之禍宋宣讓穆穆讓殤而莊争之卒致華督之禍若吳之諸樊兄弟

及季札而交相讓矣、又子光弒僚、其國大亂。漢人有言曰：吾欲汝爲善則善不可爲，豈春秋之世、上天降割、卽欲爲善而不得耶。戰國之燕噲之相授、六朝君臣遍書禪詔，又不必言矣。

春秋左傳精義卷之二終

書名
版別 冊数 20 紙
定价
編号 字第 号
北京市中国書店定價簽

2

桓公全

222

列國時事

桓公之世鄭稍衰而楚漸强侵隨圍鄖陵鄧伐羅伐絞盟貳軫敗鄖蒲騷勢已橫行然亦由曲沃逼晉鄭莊抗王魯衛陳宋弑奪頻仍而荊蠻之主遂得窺伺中原春秋滅國之多莫如楚滅國之易亦莫如楚蔡鄭盟鄧傳特表之曰始懼楚為全部提頭也至於小芮而敗卒納其君秦亦駸駸乎萌蘖其間矣要之春秋列國以鄭為樞機以其居中而近王也未有霸以前挾王為重桀驁於齊魯宋衛陳蔡之間既有霸以後附此則此重附彼則彼重故齊楚爭之前於前晉楚爭之於後近王故難滅居中故必爭春秋之鄭猶戰國之韓魏其勢畧相等也

桓二年諸侯會於稷成宋亂

潰君臣之分襄二十七年大夫盟於宋橐夷夏之防皆一

部大關節處叅李廉汪克寬馬驌馮克驊

隱不書即位、攝也。莊不書即位、夫人出故也。閔不書即位、亂故也。僖不書即位、公出故也。定不書即位、不正其始也。春秋自隱元六君、惟桓文書即位、亦惟桓文書錫命、請命之禮廢矣。成公以後、書即位而無錫命、王室威諷諸侯之意不復講也。文繼嗣君書即位、桓繼弒君亦書即位、美惡不嫌同辭也。

桓元年書鄭伯假許田、譏予之非義。昭元年書叔弓疆鄆田、譏取之非義。

姜皇嚴曰：桓弒隱而以繼立赴諸侯。于隱之葬、實未成禮。史于桓

春秋左傳精義卷之三

閬中 黃鄴林 輯

男 心垣見三 補輯

桓公一、孔疏：史記名允、世族譜亦名軌、惠公之子、隱公之弟、母仲子。以桓公王九年即位。諡法：辟土服遠曰桓。

經 庚午 元年、春、王正月、公即位、程解：嗣子位定于初喪、而改元必須踰年者、繼父之業、成父之志、不忍有變於中年也。諸侯歲首必禮於廟、諸遭喪繼位者因此而改元正位、百官以序、故國史亦書即位之事。桓公篡立而用常禮、欲自同於遭喪繼位者。疏云：歸罪寪氏、詐言不與賊謀、而用常禮自同於常、亦足見桓之篡也。○三月、公會鄭伯于垂、按：衛地。集傳：桓以篡而修好于鄭也。鄭伯以璧假許田。○夏四月丁未、公及鄭伯盟于越、近垂地名。○秋、大水。書災也。○冬十月。

傳 元年春、公即位、按：繼故不忍行即位之禮、桓欲掩弒君之惡、而儼然即位、不知討賊寪氏、通國皆知為弒

書即位、隱不書葬、紀其實也、其在九伐之法、當伏罪於賊殺其親之科、而魯之臣子勢無能為、斯時強國莫如齊鄭、且與隱最暱、盟會之好久矣、乃鄭以許田邀魯、即以此賄鄭、遂為越之盟、而位定、若齊僖方以愛女事弒君之賊、又安望其聲罪致討哉、然而鄭伯拜盟、早啟渠彌之矢、公子逆女、遂償拉幹之車、吾猶恨不以高伯之轘轘羽父也、

許田之易、出諸鄭志、既先歸祊、又加璧、結盟于越、旋來拜成、何其究轉周至、豈徒結好於魯、以爭長東諸侯哉、蓋隱之三年、周鄭交惡、鄭遂取麦取禾、六年朝王、而王不禮、遂欲易魯朝宿之地、示知天下諸侯不復朝周、而以魯為之鵠也、夫然後挑激天子、俾之不得不興師、而因其術焉、鄭莊於叔段之兵、不速之去、而已不得不去、於天子之兵、不拒之

也

修好于鄭按傳見盟越爲公志鄭人請復祀周公、卒易祊田。杜解事在隱八年。按卒易者、謂終前公許之三月鄭伯以璧假許田、爲周公祊故也。此易祊田之事、魯不宜聽鄭祀周公、又不宜易取祊田、故隱其實、不言祊、稱璧假、言若進璧以假田、非久易也。按爲周公祊、言爲祀周公易祊田故也

黃鄴林曰、魯桓弒兄、歸罪蔿氏、舉國均受其愚、而會垂盟越、不憚委曲以結好於鄭、可見當時名義尚重、其心猶有所顧畏而不安者、使有賢諸侯聲罪致討、請一正而天王之法、為亂臣賊子者、皆知所懼、亂臣賊子可以絕迹於世、而春秋可無作矣、無如鄭莊運忍不仁、弟可逐、母可寘、何有於鄰國之君、以璧假田、鄭既遂其蔑王之計、桓亦藉為固位之謀、而王朝之賜邑、竟為兩人私相授受之物、是魯桓固一時之亂賊、而鄭莊則尤亂賊之魁也、孔子於隱元年特書鄭伯克段於鄢、蓋所以誅二百四十年之首惡也

見三。按隱不書即位、志不在位也、隱之讓即在不書即位也

来来而已不得不來此兵法所謂制人而不制於人也祊田之易胡氏謂其無君親之心前此者誓母黃泉無親尤甚焉後此者矢射王肩無君尤甚焉

桓以篡弑而書即位急欲位也桓之逆即在于書即位也弑君之賊欲托諸侯盟會以定其位而莫知適從唯鄭莊以祊易許未遂其欲可借此以賂之而鄭可得其所欲而與之盟會爲是鄭莊固亂賊之保障祊田雖易桓猶不自安必再盟于越而其交始固而其位乃定穀梁傳謂内爲志言會意在定位也左氏謂結祊成言鄭志在得賂也故並載其盟辭與来拜以貪餌貪賓以惡濟惡逆氣所感水溢平原大水即禍水也文姜之兆見矣

夏四月丁未公及鄭伯盟于越結祊成也杜解結成易二田之事也傳以經不書祊故獨見祊盟曰渝盟無享國渝變也歸義得許田然後盟否則雖爲垂之會不盟也

秋大水凡平原出水爲大水杜解廣平曰原集註陰盛逆惡之氣所感也

滕本侯爵何以稱子、周制諸侯朝聘會盟班貢以列、春秋之時列同地異、貢又無藝、滕慄弗給、故自降爵、沙隨程氏引子產爭承之事為證、朱子從之、信而有據

冬鄭伯拜盟〔陳傳〕終越盟傳言拜貺拜辱拜嘉之類非必君身親之杜註誤

宋華父督（戴公孫）見孔父（孔子六世祖）之妻于路目逆而送之曰美而

豔

見三按美是言其色艷是言其光迎是看其來送是看其去無限深情寫為後世挾邪云祖但此等文字出諸樂府則不傷於雅出諸史傳則其失也誣賀仲軾謂左氏但可以徵事而不可與論義良然

經 辛未 二年春王正月戊申宋督弒其君與夷及其大夫孔父〔衛權〕孔父稱名君前臣名○殤公弒莊公馮立○滕子來朝〔發徵〕滕薛杞三國力既不足禮亦不備或以侯禮朝或以子男會〔經筌〕滕以侯爵降稱子杞以公降稱侯伯子薛以侯降伯皆自降也非時王黜之且以卒葬考之書卒以外赴而葬者之自我會之三國之君書卒皆曰伯子自貶○三月公會齊侯陳而赴于我也書葬曰公知非他人降之

是會也，若宜宋公實立華氏，魯桓弒君之賊，與督同惡，亟成宋亂，非徒為賄。杜亦有利而故三國受宋賂，不書，獨魯之郜鼎，書取書納，見桓覺逆之罪浮於三國也。

郜為文昭，武王克商，須其器于兄弟之國，以為子孫藏，則大器在郜。郜之分器也。郜雖滅而器名不可易，尊王器也。以取非其有而取之，逆也。逆亂賂器，寘於太廟，周公其饗之乎？此伯夷弗受而強致之也。

蔡、鄭、鄧三國皆在楚之北境，而鄧尤近，是時熊通始僭稱王，馮陵江漢，鄧先患之，故為此盟而會蔡鄭，于其國不知蔡桓鄭莊本無遠略，不足與謀，後五年鄧侯吾離來朝，蓋日迫于楚，而轉托於周公之後矣。

姜皇巖曰：或曰宋殤連年黷武，民不聊生，何以不從此敘起？愚謂正賊臣假以為辭者，其無君之心不係乎此也。若先敘此，則似其君自取于賊，臣反寬，故先說督之淫凶，今讀者髮指。

侯、鄭伯于稷，以成宋亂。杜解：稷，宋地。眉見：若曰宋之亂督始之，而成之者四國之君也。方解：開闢來莫大變之。宋之亂成，而天下萬世之亂成矣，故聖人懼而特書。質疑：不曰平而曰成，應從服氏、鄭氏作成就解。傳言州吁欲以亂成，即此成字也。後來亂賊託會與國以免討，皆以成亂為平亂，而公行無忌矣。夏四月，取郜大鼎于宋。戊申，納于大廟。周公廟也。○郜音告。秋七月，杞侯來朝。公即位而來朝。按：十二年曲池之會亦稱杞侯，凡三見，至莊二十七年始稱伯。○蔡侯、鄭伯會于鄧。鄧，蔡邑。疏云：賈、服以鄧為國。鄧國去蔡甚遠，蔡、鄭懼楚，何當反求近楚小國而與之結援，故知非鄧國也。○九月，入杞。弗地曰入。○公及戎盟于唐。冬，公至自唐。釋例：告于廟也。特相會，故致地也。凡公行還不書至者，皆不告廟也。隱不書至，謙不敢自同于正君書勞策勳。

【傳】二年春，宋督攻孔氏，殺孔父而取其妻。公怒，督懼，遂弒殤公。君子以督為有無君之心而後動於惡，故先書弒其君。按：惡字指殺孔父，意在弒君，而及其臣，臣為君死也。張注：所以著其節也。會于稷以成宋亂，為賂故，立華氏。

吳氏謂公羊有義形於色之言，左氏誤認爲女色，叔佐之誣謬甚。孔父生而存，公不可得而弑；孔父死而空無人矣。皆體經義爲之也。本公羊

賀氏曰：宋宣公舍與夷而立其弟宋穆公，不忘其兄之德，復舍其子馮而立殤公。呂東萊謂宋宣一傳穆公，而使之逐其子；再傳殤公，而使之殺其身。引公羊之説，以爲君子大居正，宋之禍宣公爲之也。考其事殊不然，殤公之弑，宋督爲之也。傳曰：殤公立十年十一戰，民不堪命，督因而弑，與繼立之事無涉。其召馮於鄭而立之，蓋既得罪于殤，不得不求親于馮，且因之以媚鄭，乃事理之自然，非爲馮而弑殤公也。以督之無君，加以殤之不仁，雖無馮猶弑。是宋宣即不傳弟，而無所減于殤之禍也。宋宣之傳弟，宋穆之教兄，不可爲嗣位之常法，事固未可厚非也。

也。宋殤公立，十年十一戰（杜解：十一戰皆在隱公世），民不堪命。孔父嘉（孔父字）爲司馬，督爲大宰，故因民之不堪命，先宣言曰：司馬則然（言公之數戰，則司馬使爾）。已殺孔父而弑殤公，召莊公（公子馮）于鄭而立之，以親鄭。（馮入宋不書，不告也。按公親與其事，何待告？説見隱四年。）以郜大鼎賂公（郜國所造器也，故繫名于郜。按僖二十年郜子來朝，不知滅于何時。郜有南北二城，北爲郜國，南爲宋邑，俱在山東城武縣），齊、陳、鄭皆有賂，故遂相宋公（集傳：向也合五國以成州吁，以訖于討；今合四國之君以立督，遂相宋莊，弑君之禍，跡接于天下）。

黃鄴林曰：從來奸雄篡弑，必先剪除君側之重臣。宋華督欲弑殤而先殺孔父，楚王子圍欲弑郏敖而先殺蔿掩，蓋一以孤君之勢，一以樹己之威也。而督之深謀尤爲陰毒，内而本國，外而鄰邦，莫不聯同一氣，即殺即取，即弑即立，即相即會，一時迅發，勢如破竹。蓋合莊親鄭之計，早已籌計萬全，故待

魏叔子曰后羿因民弗忍距太康于河華督因民不堪命弒殤公奸雄亂國未有無所因而能成者然則治奸之道在自謹其因而已

彭家屏曰穆公屬殤公于孔父而不及華督是督此時即以公子馮為奇貨可居焉雖居鄭未嘗一日忘之特俟民不堪命相時而動耳故欲立馮不得不弒殤公欲弒殤公不得不先殺孔父其算須臾已因殤公之虐殺而後弒之哉孔父顧命大臣與國休戚豈有無故攻而殺之而奪其妻尚得曰蓋自己手其必弒殤者勢也蓋先剪其羽翼而後及之耳傳以督有無君之心而後動於惡其旨微矣

按宣公舍其子而立穆公穆公又舍其子而立殤公為殤公者苟感穆公之賢以先君之心為心其

之直晏然無事也左氏曰有無君之心而後動於惡千古亂臣大抵如斯若督其尤甚者也

見三援孔父不幸處國家之難致命遂志大節昭然可與仇牧荀息鼎峙經（二百四十二年中）書曰及其大夫聖人之特筆也若據傳文觀之則是殤公之弒禍由孔父孔父之死釁起其妻冶容誨淫不且為名教之罪人乎知殤與莊參商不相睦也孔與督忠奸不並立也莊能賂鄭以為外援馮能賂督以為內應同惡相濟如市賈然久已知有莊而不知有殤矣則當日之十年十一戰安知非華督交搆其間以為行弒之地乎孔父顧命大臣與國休戚既不能學石碏之忠勇濟之以權唯有抱荀息之忠貞繼之以死其正色立朝必為華督所顧忌督欲立

莊必先弒殤欲弒殤必先殺孔父欲殺孔父必先暴孔父之
短于是因民之不堪命而宣言于衆曰此皆孔父爲之也妬
詔和平時毒發和俄頃孔殺而殤弒殤弒而莊立橫行不軌舉
國被其蠱惑天下受其籠絡晏然相宋以會諸侯州吁之亂
討賊者有石碏而宋則無其人請莅于衛陳人尚知大義令
四國受賂立華而還天昏地黑綱紀淪胥一時史官承順意
旨方且臚列孔氏之惡而汚其閨闈左氏採之後人傳云千
百年幾莫辨其非夫孔父爲孔子六世祖明德之後必有達
人其積累非一世而孔父之大節尤其彰明較著者孔爲忠臣
妻必能爲烈女出必蒙面此宗禮之大者何至爲華督所路
遇且目迎而送之哉左氏擇焉不精及以美艷之淫詞誣父

振兰子嫣而讓之國上也吾則迎
而反之厚以隸驁之恩又其次
也而顧聽州吁之除害之說于日相
尋干戈使民之不堪命奸人乘
之其及於難不亦宜乎
集氏以與夷爲宋之君也孔父爲
宋之臣也君其居於上字其臣於
下然仲爲鄭之臣也忽與突爲鄭
之君也字其臣於上君其君於下天
下有是理春秋有是法哉居為
近古猶多以字行彥喬之字主
然天下稱主然而史亦書主然尉
遲恭之字敬德天下稱敬德而
史亦書敬德況春秋乃上古性
質之時乎後史雖不敢擬春
秋而後後史以訕春秋情理
不相什百矣

識

姜宸英曰納賊賂于太廟其始祖宗怨恫何而哀伯不一之及但言百官義士何也春秋弒君之賊首見于衛而國人未和石碏一書而二豎授首桓所捨之近事也隱之讓德人無不知而秉周禮如衆仲申繻哀伯輩猶有存者羽翼未成桓之憂也故以許田賂鄭鄭盟而一翼振矣然而党未衆也稷之會既得鄭又增一齊一陳更得一宋于是蟠結既固高枕無憂因以賂鼎寘之太廟以示群臣孰敢侮予乎哀伯之諫歷舉聲名文物俱從太廟上設色而寘祖考于不言一則曰臨照百官再則曰明示百官可謂深中其隱以見滅德立違威脅臣僚而百官中有羽父華督其人尤而效之又何誅焉武王克商遷鼎于洛本非弒君也義士猶曰以臣弒君況以

聖人之先也其殆盲于目而並盲于心歟

夏四月、取郜大鼎于宋、戊申、納于大廟、非禮也。臧哀伯（杜解魯大夫僖伯子）諫曰、君人者將昭德塞違、以臨照百官、猶懼或失之、故昭令德以示子孫、是以清廟茅屋、（以茅飾屋著儉也清廟肅然清靜之廟也）大路越席、（大路玉路祀天車也越席結草疏云結蒲為席置于玉路之中以茵藉○越戶括反）大羹不致、（大羹肉汁不致五味）粢食不鑿、（黍稷曰粢不精鑿○鑿子洛反）昭其儉也、（此四者皆示儉）袞冕黻珽、（袞畫衣也冕冠也黻韋韠以蔽膝也珽玉笏也○珽他頂反）帶裳幅舄、（帶韋帶也衣下曰裳疏云幅偪也偪束其脛自足至膝若今行幐舄複履○幅音逼）衡紞紘綖、（衡維持冠者紞冠之垂者紘纓從下而上者綖冠上覆○紞多敢反紘獲耕反綖音延）昭其度也、（尊卑各有制度）藻率鞞鞛、（藻率以韋為之所以藉玉也王五采公侯伯三采子男二采鞞佩刀削上飾鞛下飾○率音律鞞補頂反鞛布孔反削音笑）鞶厲游纓、（鞶紳帶也一名大帶厲大帶之垂者游旌旗之游纓在馬膺前如索帬○鞶音盤游音留帬音羣）昭其數也、（尊卑各有數）火龍黼黻、（火畫

弒君之人受弒君之賂而不謂百官
豈不畏清議乎周內史以違字坐
桓公可謂一字斧鉞
賀氏曰魯隱弒而鄭莊得田宋殤
弒而魯桓得鼎此世風成而湯樊溢
原逆為天子守遂之其笑此飛
世之大法也
周禮注曰周官以六計蔽羣吏
不外一廉字廉者賂之反也今君
御臣吉廉而患貪而於已身反
之何以表率羣臣國家之敗是
千古探源之論亦是魯國積致亂之
由桓以弒君得立又復受賂以章賊
臣納賂太宰恬不知恥而不知將
有百官之象之也前篇含筆
稷用輕叙過所以深著華氏
之惡此事考見晉見桓公與督同惡
相濟於三國後世之桓之無君
皆桓此等有以啓之耳

火也龍畫龍也白與黑謂之黼形若斧黑與青謂之黻兩己相戾昭其文也以文章明貴賤五色比象昭其物也車服器械之有五色皆以比象天地四方以示器物不虛設錫鸞和鈴昭其聲也錫在馬頟鸞在鑣和在衡鈴在旗動皆有鳴聲○錫音揚三辰旂旗昭其明也三辰日月星也畫於旂旗象天之明又周官司常交龍為旂熊虎為旗夫德儉而有度登降有數登降謂上下尊卑文物以紀之聲明以發之以臨照百官百官於是乎戒懼而不敢易紀律今滅德立違附注邪也而寘其賂器於大廟以明示百官百官象之其又何誅焉國家之敗由官邪也官之失德寵賂章也郜鼎在廟章孰甚焉武王克商遷九鼎于雒邑義士猶或非之蓋伯夷之屬而況將昭違亂之賂器於大廟其若之何按雒邑即今河南洛陽縣城內西偏公不聽周內史周大夫官也聞之曰臧孫達其有後於魯乎君違不忘諫之以德僖伯諫隱觀魚其子哀伯諫桓納鼎積善之家必有餘慶

黄鄭林曰宋之亂華督為之立華氏即以成宋亂也經書成宋亂不書立華氏者蓋
華氏特一國之禍事宋亂則天下後世之禍皆由此而成也亂臣賊子將接踵
而出此春秋之大綱紀也四國皆受賂而魯獨得郜鼎寘之大廟大惡也皆
有當事必有端桓弒君後弒君者從其類也始易祊田繼取郜鼎踵其
轍也嗚呼唐太宗時蓋蘇文弒君貢金褚遂良以為此郜鼎之
類其猶有臧哀伯之風歟

見三按四國為稷之會經曰成宋亂傳曰為賂故從傳則桓
公特一貪鄙之人從經則桓公乃一殘忍無忌之人身篡弒
逆天王不討諸侯不誅始以許田賂鄭繼即受郜鼎之賂而
同惡相濟是宋之亂督始之桓公卒成之也是桓公身與乎
魯之亂而復成乎宋之亂也蓋獨善不患無同道之朋獨惡

姜白巖曰杞姒姓夏禹之裔武王克殷求禹後得東樓公而封之九世至成公始見春秋趙東山曰杞國資玉帛之將不能備數又以先代之後咄自貶損偃然以侯伯成禮而遂以是為不敬也遂謀伐之弒君之賊天王不敢問諸侯不能討黨羽既盛得意而驕陵小侮弱遂出于情理之外

唯恐無同類之沮故四國皆有賂而魯獨取郜鼎納之太廟以示百官菊因蔿氏之役非殲嚙也非異事也呦呦相呼蛩蛩相負志氣感召黨為美草哉哀伯渾說滅德立違是人臣諫君之說周內史直指君違是史官誅意之法皆足以攏亂賊之魄 秦朱元成

秋七月杞侯來朝不敬杞侯歸乃謀伐之

見三按桓二年秋七月杞侯來朝九月入杞討不敬也僖二十有七年春杞子來朝秋入杞責無禮也杞夏餘而即東夷進退俯仰之間其為不敬與無禮容或有之然而乞鄰宗國奔命不遑不我能畜反以我為仇亦可哀矣抑以翬用事之時公子遂侵權之日盜弄國靈進退在手恭其君而不及其

姜白巖曰荊楚居國南鄉亂則先動治則後服蠻夷之一種也詩六月之序曰小雅俱廢則四夷交侵中國微矣況平桓之事乾綱解紐諸侯不臣蠢爾荊蠻能熾乎故自此以前之春秋天下無一人知有天子自此以後之春秋天下無一日不患蠻夷楚氛惡而天下雲擾矣傳未著其發一卒滅一國而曰始懼楚也氣燄憑陵使人不寒而慄楚自熊繹始封子男也六世熊渠始僭王號去其號又八世熊儀為若敖十世熊眴為蚡冒歷十一世熊通入春秋侵隨從此圖鄖陵鄧盟貳軫敗鄖發衅伐羅伐絞勢已横行至楚文王伐申執蔡侯伐鄧而其氣益熾此楚之有權輿也

其亦猶之不敬也盛于儀而不足于幣猶之無禮也然則春秋之時所謂敬非真敬禮非真禮不過厭其欲耳不過借之以為兵名耳 秦朱元成

蔡侯鄭伯會于鄧始懼楚也。（杜解）楚武王始僭稱號王欲害中國蔡鄭姬姓近楚故懼而會謀（補傳）史記楚世家熊通弒蚡冒而代立伐隨使隨人請王室尊吾號不聽怒而自立為武王伐隨在桓六年稱王在桓八年按疏楚國芊姓顓頊之後周成王封鬻熊曾孫熊繹於楚今湖廣江陵縣

黃鄴林曰蔡鄭天下之中也楚得蔡則長驅宛陳鄭許之郊得鄭則界絕齊秦晉之路故齊與楚爭蔡扼其藩籬也晉與楚爭鄭絕其要路也時曲沃內亂齊僖無大志而荊蠻遂存窺伺之心傳於鄧之會曰始懼楚為三國懼即為中夏懼也見三按戰國之患在秦春秋之患在楚拒秦在韓魏拒楚

蔡之見經始于会鄧以惧楚之終于遂州來以避楚之見經始於敗蔡終于圍蔡近楚之役楚者獨蔡齊桓盟会自此否外蔡絕不與晉文唯践土載書蔡甲午一見餘皆無之晉悼復霸楚之世不得蔡蔡並從楚最久事楚久而受楚禍最烈齊盟召陵楚之服而不能革蔡晉会召陵合諸侯而不能救蔡吳入中國柏舉之役亦以蔡故即一蔡而中原消長要服盛衰均可見矣

在國陳蔡。是時楚已漸強。蔡實首受其禍。特約鄭鄧而為此會。傳曰始懼楚。問鼎之詞。蓋不止僭號矣。唯三國不能同心合。加以剪燎之數。乃勤無益之虛文。急防禦之實事。自是楚氛燄首及蔡。繼及鄭鄧。則一代再代。卒致滅亡。而中國之禍如河魚決爛。不可底止。可嘆也夫。

九月入杞。討不敬也。按傳公時杞來朝而入杞。傳亦曰杞不共。皆言不能備禮耳。見三。按魯桓纂兄自立。天王不問。友邦不討。乃晏然受人之朝。反以不敬入人之國。其所行何無忌也。大抵亂逆之徒。恐人圖己。故強於我者則結之。以植黨與。齊鄭是也。弱於我者則伐之。以樹威。杞是也。彼杞侯者先代之後。不能自強。徒僕僕於逆賊之朝。適以取伐。亦可哀矣。

姜白巖曰：杞弱則脅以兵，戎強則邀以禮，此事以觀亂賊之行也。凡公行以下，釋史書官至、書會、書地之例。隱因戎再請好，始盟，彼有求而來於此也；桓自與戎盟，此有畏而求於彼也。

姜白巖曰：此一則由沃世家以補經之未備。穆當宣王之世，西周全盛時，而以少匹嫡，積成亂階，師服之諫所包者廣。杜云因名諷諫，而陸粲以

公及戎盟于唐，修舊好也。杜解：惠隱之好。冬，公至自唐，告于廟也。歸義公穀皆言危桓，恐為戎討也。苟戎能討賊，聖人猶幸之。凡公行，告于宗廟；反行，飲至、舍爵、策勳焉，禮也。按：反行，反自行役也。飲至，告至而飲酒于廟也。舍，置也。爵，飲酒器也。既飲置爵，則書勳勞于策，紀有功也。特相會，往來稱地，讓事也。特相會，公與一國會也。會必有主，二人獨會，則莫肯為主，兩讓，會事不成，故但書地。自參以上，則往稱地，來稱會，成事也。成會事。補注：此魯史舊法，陳氏槼以筆削求之，誤。

見三　按：桓不有于兄，何有于兄之盟，乃汲汲而為此盟者，蓋是時齊晉未興，戎橫于北，凡伯天子之命卿，因弗賓而遂執之以歸，桓于此有畏心焉。傳曰修舊好，修戎好，非修隱好也。

初，晉穆侯之夫人姜氏以條之役生太子，命之曰仇。杜解：意取于戰相仇怨。杜解：穆侯七年伐條，以是年生太子文侯。按：條，晉地，今山西安邑縣有中條山。○音求。其弟以千畝之戰

為委巷之談者謬也桓叔受封年已五十有八黨羽既盛欲廢昭立叔久矣而國人不與潘父輩因為叔擇一大都師服深明尾大不掉已知桓叔之必叛也昭以欒賓傅沃留賓之子共叔于晉如為質然此則昭之謀也
彭士望曰左傳每於骨肉愛憎偏至處寫出極大禍害提醒警切無大于齊家所亟儆戒於好惡之偏也

生、命之曰成師、桓叔也意取能成其衆穆侯十年戰于畝有功以其父生子千畝地名今山西介休縣有千畝原師服晉大夫曰、異哉君之名子也、夫名以制義、名之必可言也義以出禮、禮從義出禮以體政、政以禮成政以正民、是以政成而民聽、易則生亂、反易禮義則亂生也嘉耦曰妃、怨耦曰仇、古之命也、自古有此言、。妃芳非反今君命大子曰仇、弟曰成師、始兆亂矣、兄其替乎、師服知桓叔之黨必盛于晉以傾宗國、故因名以諷諫說人君命大子之名、臣下視之為輕重、漢武名鈎弋之門為堯母、江充遂譖殺戾太子、可知命名當慎惠魯惠公之二十四年、晉始亂、故封桓叔于曲沃、晉文侯卒子昭侯元年危不自安封成師為曲沃伯、更記年表曲沃大於國晉亂自曲沃始靖侯之孫欒賓傅之、靖侯桓叔之高祖父言得貴寵公孫為傅相師服曰、吾聞國家之立也、本大而末小、是以能固、故天子建國、立諸侯也諸侯立家、卿大夫稱家卿置側室、衆子也大夫有貳宗、適子為小宗、次者為貳宗、以相輔貳士有隸子弟、士卑自以其子弟為僕隸庶人工商各有

分親皆有等衰。廢人無復尊卑，以親疏為分別也。衰，殺也。○分，扶問反。衰，初危反。是以民服事其上，而下無覬覦。下不冀望上位。○覬音冀，覦羊朱反。今晉，甸侯也，而建國，本既弱矣，其能久乎？諸侯在甸服者。惠之三十年，晉潘父晉大夫弒昭侯，文侯字而納桓叔，不克。晉人立孝侯。昭侯子惠之四十五年，曲沃莊伯桓叔子伐翼，晉國所都弒孝侯。翼人立其弟鄂侯。鄂侯生哀侯。鄂侯以隱五年奔隨，其年秋王立哀侯于翼。按王舍翼侯立其子，而翼侯又立于鄂，當此哀晉，豈容父子分國？據史記，莊伯弒孝侯，晉人立孝侯之子郄為鄂侯，六年卒，立其子光為哀侯，不載王廢立事。蓋王立光在隱五年之秋，而鄂侯之立在六年，則光請于王避位矣，故史遷畧之。傳文有當補者，此類是也。哀侯侵陘庭之田。陘庭，翼南鄙邑。按今山西翼城縣東南有熒庭城，即陘庭也。陘庭南鄙啟曲沃伐翼。陳傅：于此見傳追書之體。按末段結言晉之亂歷世未艾，而師服所言皆不爽。

黃鄰林曰：父母于子，意有左右，即為禍本。鄭武姜名其子曰

寤生曰段，晉穆姜侯名其子曰仇曰成師，祇緣婦人意見之偏，
遂貽子孫數世弒奪之禍。名之不可苟如此。至桓叔之封曲沃，與
叔段之封京同，然京叛而曲沃卒代晉，都昭侯無鄭莊之才，
桓叔又非段可比，樹卿蕃衍，非一日矣。師叔知亂而不能弭
亂。兩段科議，均爲千秋龜鑑。
見三按：二世之名，應乎秦之讖；光武之名，應中興之兆，當時
豈有成心，事後竟成定數，此其中有天焉，非父母所得主也。
若夫穆侯之名其子，一仇一成師，愛惡昭爲愛惡之分，向背之
機，治亂之關也。又況大邑以封之，樹卿之實，蕃衍盈室，欲其
不生亂，得乎？師服前論命名，後論建國，命名是建國之本，建
國以終命名之義。名言釋論，較卜偃、史墨輩莫奮倍蓰過之。

桓先納賂以結鄭，次即已婚以連齊，以討宋督之情，党惡為之濟耶。

隱八年于垂，盟也。書遇，譏其簡亂也。桓三年于蒲，善也。書胥命，美其近正也。

翬為桓弒隱，復為桓逆女以結齊；仲遂為宣弒赤，復為宣納賂逆婦以結齊。援省不待賂，繞以絕所自見。齊侯送女至讙，公往親迎，兼行會禮，意在結齊為援而娶其女，重在會不在婚。

經書夫人至三，文姜、穆姜、齊姜是。

經壬申三年春正月公會齊侯于嬴。按桓之篇正月不書王者十有三。杜氏謂周不頒曆，胡氏駁之而謂以桓之篡弒故不書。趙氏曰：非以一國一人之事，乃以天下之無王也。桓弒隱，督弒宋公，陳佗殺太子，王師敗于鄭，鄭突篡兄，荊楚僭號，無王甚矣，故不書王。竊未敢以為然也。聖人作春秋，正以列國無王，荊楚僭王，故加王于正，治以王法，而反去其王乎？且十二公之春而不書王正月者多矣，豈皆此五國為之也？左氏于經不書即位、不書朔、不書公，無不發明其義，豈無王如此之久而反置之？可知作傳之時，春王正月本為全文，秦火之後簡編漫滅，傳寫者脫之也。嬴，齊邑，今山東泰安州。

○夏齊侯衛侯胥命于蒲。杜解：申約言以相命而不歃血也。按：蒲，衛地，今直隸長垣縣治。

○六月公會杞侯于郕。

○秋七月壬辰朔日有食之既。既，盡也。既，歷家之說謂日光以望時遥奪月光，故月食；日月同會，月奄日，故日食。食有上下者，行有高下，日光輪存而中食者，相奄密，故日光溢出。皆既者，正相當而相奄間疏也。然聖人不言月食日，而以自食為文，闕于所不見。

公子翬如齊逆女。按：禮，使卿逆。

九月齊侯送姜氏于讙。已去齊國，故不言女；未至于魯，故不稱夫人。讙，魯地，按山東肥城縣。

公會齊侯于讙。本義：公之行在齊侯，而不在姜氏也。

夫人姜氏至自齊。告于廟也。不言翬以

也、莊之哀姜不書至、不正其始也、
文之出姜不書至、成礼於齊也、
昭之孟子不書至、恥取同姓也、

至者、齊侯送之、冬齊侯使其弟年來聘、○有年、五穀皆熟書有年劉倬以喜書
公受之于讙、
也、

傳 三年春曲沃武公伐翼、次于陘庭、林解魯隱十年晉哀侯二年曲沃莊伯卒子稱代立是為曲沃武公 韓萬莊伯弟林解 御戎、僕也 梁弘為右、戎車之右 逐翼侯于汾隰、汾水 還驂絓而止、林解驂騑馬驂結于木而止 哀侯夜獲之、及欒共叔、桓叔之傅欒賓之子也身傅翼侯父子各殉所奉之主故并見獲而死、按欒晉地晉大夫欒氏封邑今直隸欒城縣

見三、按曲沃公然興師以伐其君何無忌也其所由來者漸矣觀陘庭南鄙啟曲沃伐翼則人民之不附翼可知逐于汾隰驂絓而止則兵士之不屬翼可知一欒共叔其如之何哉陸秀夫負帝投海張世傑呼天覆舟皆忠臣義士猶盡能無濟可奈何情唯有一死以報主而已

姜白岩敏曰：文姜前欲妻鄭忽，今欲妻魯桓。忽去之惟恐不速，桓成之惟恐不速，蓋盜據君位，故汲汲連姻于齊耳。

仲 賀轍曰：胥命，公羊以古者不盟結言而退，穀梁亦以爲近古，胡傳善胥命之説，蓋本諸此。不知胥命者，相推許之詞也。衛推齊，齊推衛，禮樂征伐二君相許，無復有天子矣。春秋本其實而以胥命書之，見前此未有也。然則胥命可以爲美乎？諸傳但以不盟結言爲説，未盡經意。林堯叟曰：書惟天子稱命，此私相命也。諸侯不以稱命而私相命，于是乎始深得經意。

會于嬴，成昏于齊也。杜解：公不由媒介，自與齊侯會而成昏，非禮也。

見三。按莊之二十三年，公如齊觀社，以求女于齊也。桓三年公會齊侯于嬴，備會以成昏于齊也。父子兩世皆倚齊爲重，一則通于慶父而陵公被弑，一則通于齊襄而桓公不終，皆齊女爲之也。誰謂取妻必齊之姜哉。

夏，齊侯、衛侯胥命于蒲，不盟也。按：胥命，辭命也。謂以言辭相結好也。林注作王命之命，誤矣。

見三。按春秋之始，王迹方熄，霸圖未興，齊僖有其志而無其力。且齊衛不一，党和屋之盟乎？而備背此畨弃怨結好，未便以尸盟自居。彼此信諭，相推爲牧伯。如戰國齊魏會于濁澤以相王，及秦人致帝于齊，共約稱帝之類，是亦主盟之漸也。但不盟而退，猶愈于後世之爭盟爭長者，故公羊美其近正。

穀梁稱爲近古所謂彼善于此也

公會杞侯于郕杞求成也按二年入杞故今來求成郕伯亦以桓昏于齊思避齊難故同爲此會自此會後杞降而伯且子矣

見三按朝會征伐王朝之大典也魯之於杞始受其朝繼入其國終與之會克威可樹直令人進退維谷傳曰杞求成則杞之無所控告可知小役大弱役強五等之封日就滅亡桓文不興東周天下又安能再延數百年之久哉

秋公子翬如齊逆女修先君之好故曰公子杜解昏禮雖奉時君之命其言必稱先君以爲禮辭按稱公子史以爲嘉禮修好于先君故也劉氏謂非修好而稱公子者甚多不知史特别乎翬帥師耳

齊侯送姜氏非禮也穀梁禮送女父不下堂母不出祭門諸母兄弟不出闕門凡公女嫁于敵國姊妹則上卿送之以禮於先君公子則下卿送之於大國

周聘侯曰魯桓弑君求昏於齊以免討不由介紹親至齊境醜惡可知擧與同弑復使逆女以結齊好家人所謂[illegible]昏不以正越境而會會不以正使其私人往逆逆不以正又爲會齊侯而親迎迎不以正是也齊侯覺悪許之結姻送女出境未載又使貴介弟致之醜[illegible]如此家法可知文姜之失

雖公子亦上卿送之。於天子則諸卿皆行。公不自送。於小國則上大夫送之。

冬，齊仲年來聘，致夫人也。古者女出嫁，又使大夫隨加聘問，存謙敬，序殷勤也。在魯而出則曰致女，在他國而來則總曰聘。疏云：其意言不堪事宗廟，則欲以之歸也。

見三棪文姜才色卽絕倫，故齊侯鍾愛之甚，不輕許人。始擇鄭忽，取其英勇，及鄭忽辭而始定昏于魯，固非僖之本願，為桓之堅求而得也。身親送，又使介弟致之，一愛女不勝媵始，此鄭重，僖既視如珍珠，而屬之快壻，桓自必貯以金屋，而望幸奉若阿嬌，閨門不謹，遂淫無度，有自來矣。左氏特就送女一屬，識其非禮，而僖之不父，桓之不夫，均可于言外想見。至若嘉禮野合，在桓公固失承祧之重，在姜氏猶屬第二義

德皆齊侯縱之也。婚姻正始，事之越禮，後豈得令終？左氏詳書不殺，所以著禍源也。

姜皋巖曰：亞人而與昏禮，故翬逆女而彭生乘公；母弟而數膺使命，故年席寵而無知作亂。

姜皇叢曰芮姜其密康公之母耶抑獨孤氏之惡雲昭訓也然逐之而別立君過矣明年王師秦師圍魏執芮伯以歸于是芮伯在秦者八年至桓十年而後納于芮一廢一興國之所傷已多婦人誠不足與謀也

天王經以桓公為適而可立故渠之聘之與賵之隊同聖人經以桓公非適而不當立故渠之名也與咺之名同

芮伯萬之母芮姜惡芮伯之多寵人也故逐之出居于魏（杜解）為明年秦侵芮張本按二國皆姬姓芮今陝西朝邑縣有芮故城魏今山西芮城縣河北故城是也

見三按隋獨孤后見群臣有媵妾者輒師黜之惡其子弟多內寵廢之至死代人行婦真怪事也芮姜惡子之多寵不失為賢母逐居于魏則失之矣甚矣婦人之不諳大體也

經　癸酉四年春正月公狩于郎（杜解）冬獵曰狩。夏天王使宰渠伯糾來

聘　宰官渠氏伯糾名也不書秋冬首月史闕文

傳　四年春正月公狩于郎書時禮也（杜解）郎非狩地故書時合禮（陳編）桓不義得國恐隣

謀己故大閱狩郎旨抄魯之大野田獸之地

郎近宋昭九年築郎囿遂為田獵苑囿之地

見三按狩是也于郎非也國家蒐苗獮狩自有常地逾郊而狩耀兵于外擾民甚矣故書地以識之郎在宋魯之間隱九年

姜寶曰：春秋大國為諸侯患者莫如楚，其次莫如秦。據史記，此秦寧公時也。秦自僖十五年韓原之戰始見經，自穆以前告命未

嘗城之以備宋，迨昭九年築郎囿，遂為田獵苑囿之地，實基於今日之操。

夏，周宰渠伯糾來聘。父在故名

見。三按：魯桓弒兄自立，既不能請命，又不朝王，王不能討，反使糾聘，三綱斁矣。故糾之書法與咺之賵、榮叔之錫命不稱天同譏也。稱天亦譏也，稱名譏也，稱字亦譏也，稱宰譏也，不稱宰亦譏也。必爭褒貶于一字之間，則失之矣。

秋，秦師侵芮，敗焉，小之也。（杜解）秦以芮小輕之，故為芮所敗。按：秦，嬴姓，伯翳之後。周孝王封非子為附庸，邑之秦。今陝西清水縣有故秦城。

冬，王師、秦師圍魏，執芮伯以歸。三年芮伯出居魏，芮更立君。秦為芮所敗，故以芮伯歸，將欲納之。

適于魯而傳紀其事實始于
此蓋駸駸乎萌蘖西方矣

見三按芮姜以一婦人撫弱小之國能敗強大之鄭亦女中
豪杰也夫人城娘子軍所自始矣秦雖小挫猶合王師圍魏執
芮伯歸十年卒納其君可稱義舉穆公納夷吾復納重耳其始
有祖風歟

經甲戌五年春正月甲戌己丑陳侯鮑卒弟佗殺大子免自立○夏齊侯鄭
伯如紀城祀解外相朝皆言如齊欲滅紀紀人懼而來告故書○天王使仍叔之子來聘仍叔
天子大夫稱仍叔之子本于父字○葬陳桓公○城祝丘齊鄭將襲紀故祝丘魯地按山東沂州境
○秋蔡人衛人陳人從王伐鄭王自為伐鄭之主君臣之辭也王師敗不書不以告○大
雩于音○螽蚣蝑之屬為災故書○冬州公如曹不書奔以朝出也爲下實來書也跡云州國名姜姓
按州公嘗為王三公故稱公曹姓姬姓文王子叔振鐸之後州國今山東安邱縣有淳于城曹國今定陶
傳五年春正月甲戌己丑陳侯鮑卒再赴也於是陳亂文公子

晉之朝聘闕然而王頻年致
聘王綱弛王室衰矣仍叔之
子云者以父在而子世其官也
在五年桓王伐鄭不書戰與敗
所以存君臣之分成元年劉
康公敗戎書敗與戰所以大中
外之防
春秋寓公如譚子在莒弦子在
黄邑子在衛皆失國不去號不
自存也若蔡獻舞曹陽邾益之
徒皆名貶其自取也

佗桓公弟五父也殺大子免○音問桓公太子而代之、杜解稱文公子佗非桓公母弟明公疾

病而亂作、國人分散、故再赴、按史記以躍母爲佗母以佗爲厲公躍爲利公皆誤、而其殺鮑卒則曰正月甲戌己丑陳桓公鮑卒、獨與傳合、知傳再赴之言、非無據也、甲戌己丑、相距十有六日、趙氏云此史氏傳疑之法亦所以避不敏也

見三按陳亂是再赴之由再赴是陳亂之證桓公疾病太子

被弑、國亂無主赴告失實如齊桓之卒在十月乙亥其赴也

在十二月己亥、晉惠之卒在僖二十三年九月其赴也在次

年之冬本國且得之傳疑外邦又何從徵信、左氏再赴之說

蓋亦疑以傳疑、固與公穀甲戌之日亡己丑之日死、無異指

也、程子謂是闕文、趙氏謂甲戌下當記陳佗作亂之事全簡

脫之其說最長但無徵難信不如左氏之較有根據也

十四

韓友一曰：知伯襲仇猶，亦以此法。凡大國施于小國，其中必有禍機。何紀人之智而仇猶之愚！

姜白巖曰：齊、鄭忽朝于紀，不待智者而知其譎。紀人卻二國之陰謀，不知費幾許調停，傳不能詳也。

姜白巖曰：此與文質篇相似而不同。彼則天經地義，姑寘不言；此則以陵天子三字作斷，從鄭伯說出，即鄭伯之爰書也。夫九伐之權出自諸侯大夫，春秋所由作也。傳首大書三國從王伐鄭，從未有乾綱之振如此者，乃至一敗不起。先儒謂鄭不朝王，罪止削地貶爵，王置宋魯弒君之賊而親伐鄭，故王不稱天，非也。方望溪曰：幽平之後，欲振既墜之王綱，當先之以征誅，而征誅之行莫急于討鄭。鄭為王室近親，甸服

夏，齊侯、鄭伯朝于紀，欲以襲之，紀人知之。（為明年會成起意。莊：兵莫憯于志）

見三。按春秋之初，霸者未興，齊僖、鄭莊互相為謀，以濟其私。鄭利得許而謀之，齊故齊與之會師以入之；齊利得紀而謀之，鄭故鄭與之同朝以襲紀，以交好之禮為盜賊之謀，事愈奇之詭愈毒矣。誅經書如誅其心，傳言襲揭其謀也。

王奪鄭伯政，鄭伯不朝。（按王但數其不朝之罪，而棄其前愆，明示以易從）秋，王以諸侯伐鄭（宋氏濂曰：伐鄭而克，仲康之師也）。鄭伯禦之（按只此四字，寤生當服上刑）。王為中軍，虢公林父（王卿士）將右軍，蔡人、衛人屬焉；周公黑肩（周桓公）將左軍，陳人屬焉。鄭子元（鄭公子）請為左拒（方陳也）以當蔡人、衛人，為右拒以當陳人，曰：陳亂，民莫有鬭心，若先犯之，必奔。王卒顧之，必亂。蔡、衛不枝，固將先奔（不能相支持也）。既而萃于王卒，可以集事。從之。（萃，聚也；集，成也）曼伯（檀伯）為右拒，祭仲足為左拒，原繁、高渠彌以中軍奉公，為魚

之伯王朝卿士也王崩之次月興師以伐王都其罪乃九伐之法所未有也王亦知力不能勝故繼序十有四年而不敢聲言其惡至魯軌之弒受賂而變之盟宋督之弒復聚會以成其亂此不能正更無以馭邦國矣王師之出蓋其屈于大義而修辭請罪因而撫之以釋前行責後效庶幾王靈少振不料其抗兵而無所忌也且桓王討伐非盡不能行也唯不行于魯宋以鄭莊怙亂而齊為之輔耳莊王黔牟之立鄭齊魯抗王師而納朔使桓王初年還討魯宋則齊助于外而鄭起于內王室之憂及宗社矣故咎桓王之不能修明德政以繼文武可也而謂其不當伐鄭置亂賊于不問非其實也

麗之陳先偏後伍伍承彌縫（司馬法車戰二十五乘為偏以車居前以伍次之承偏之隙而彌縫闕漏也五人為伍此蓋魚麗陣法）戰于繻葛（繻葛鄭地○繻音須）命二拒曰旝動而鼓（旝旃也通帛為之蓋今大將之麾也執以為號令按說文以旝為發石魏作發石車引此為證非也○旝古外反）蔡衛陳皆奔王卒亂鄭師合以攻之王卒大敗祝聃射王中肩王亦能軍（雖軍敗身傷猶殿而不奔故言能軍）祝聃請從之公曰君子不欲多上人況敢陵天子乎苟自救也社稷無隕多矣（鄭收兵自退）夜鄭伯使祭足（祭仲名仲字仲足）勞王且問左右（林解勞王問左右皆恭而無禮之辭）

黃鄰林曰傳敘王伐鄭自應以王為主乃畧于王而獨詳于鄭所以著鄭莊不臣之罪也天兵臨不能衛變請罪反敢列陳拒王父子君臣運籌決勝以待北戎者待天王可知遺王之不死特一間耳既犯大辜而又外修虛文以自塗飾

勞王問左右其事即司馬昭弑曹髦之事其奸則司馬昭哭
曹髦斬成濟之奸也桓文不出不待荆楚憑陵天下已無共
主矣如其仁如其仁管仲之功何可没哉
見三接繻葛之戰或謂不修德政輕師致敗或謂鄭不朝天
罪止貶爵削地王置魯宗弑逆之賊不討而親自伐鄭故王
不稱天此皆誤讀春秋而為亂臣賊子助其鋒也鄭為宣王
之同母弟作周司徒桓武相繼善于其職周人愛之緇衣所
由作也鄭莊襲祖父之遺封正當王室東遷之始霸者未興
天下事尚可為竭其才智輔佐周室桓文之烈匪異人任矣
奈何跋扈自雄首貶王畧始而交惡繼而交質終而取麥取
禾視王室如仇敵藐國法如弁髦王之濡忍已非一日予奪

魏叔子曰鄭〻稱兵與春秋為終始至於犧牲玉帛待於境上亦可慨矣方東遷以来齊晋未盛鄭為最强数馮陵小國而取周禾麥首倡不臣之逆且武公寄孥鄶虢逼其夫人以取其国淫險孰甚焉寔其子孫之受禍無已也豈獨地界南北為中原所必争哉且夫恃强陵人以奸謀濟險忘犯天道之忌者其子孫未有不衰弱削亡者也　鄭莊射王中肩尚以君子自況真老奸可咲處曹操僞献帝弑皇后乃欲為周文王誰謂大奸不忠耶

郤維摩曰司馬懿誅曹爽而促送悵慢大官食具詣行在無時而只誅爽未便無魏帝也司馬昭哭高貴鄉公亦且見成濟非已指使磨有此如此舉動也宿生則引自救二字若為已認罪即為正文愚因而并見已為君子不敢陵天子豈即就犯天子處[illegible]

子鞍書操以不爲天子爲文王情
尤可惡讀左氏克段入鄭繻葛之傳
而竊生影當不是過時出操索知
其竊生人左傳之妙如此
對家屏臥鄭伯滅理任術巧於自文
射肩矢而勞之何因如矣而隱而見之
逐弟矣而修悉怕詞其就殺人復
模之以手諸可告無罪於人也誰其
信之

東周時世官柄政賢才在抑如爵
秦鍼入鋒縣彦入何可勝數至若

唯天子命王奪鄭伯政奪所當奪也征伐自天子出王以諸侯伐鄭所當伐也狡彼竊生不歸死于尉氏敢抗衡于王師魚麗之師忽在擒王王傷師熸祝聃猶請從之是賈亥成濟之流周已先見于春秋知壞亂竟不知君臣大義爲何物竊生之罪上浮于天矣夜使祭足勞王且問左右明以王顧能軍左右雖勤王其奈我何姍笑之意甚于抗拒輕之動馬昭之枕尸而哭更爲無忌憚之尤者也嗟夫君子不欲多上人況敢陵天子斯言也鄭伯豈真顧惜名義哉其主雖衰天下共戴鄭小而偏負犯大逆必爲天下所不容故聊收兵而退耳然而竊生之爰書亦自此而言定矣

仍叔之子弱也〔補注〕來聘在夏釋在秋伐鄭後者由中見其自夏祖童書秋譏也林云久留在魯過冬〔經筌〕王將伐鄭徵

楚一
樣舉申鮮虞于僕賃、晉舉房荊子
庇厲管仲之舉盜晏子之舉因
趙文子舉管庫之士公叔文子舉
家臣特千百中之什一耳夫親親尊
賢並行不悖親而賢則為兩利之
舉親而未必賢則為五叔之累
雖以世卿族之故而槩用之不
至以枘棟撓其勢不止春秋
所以譏武氏子仍叔之子歟

桓五年大雩曰龍見而雩，祈穀
之龍昏見東方小滿節也莊二
十九年城諸及防傳曰龍見而畢
務土功之龍晨見東方寒
露節也

兵也按識世卿識父在子代使識孺子將命
俱于弱也二字見之弱猶云少不更事耳
見三按時王將伐鄭因聘以徵師于魯軍國大事但使孺子
將命久留在魯故經書于伐鄭之前傳釋于伐鄭之後見五
之失禮又失人也胡傳專論世官公穀皆識父在子代均非
經意

秋大雩書不時也凡祀啟蟄而郊社鮭言凡通下三句天地宗廟之事啟蟄夏正建寅之月
祀天龍見而雩龍見建巳之月蒼龍宿之體昏見東方萬物始盛待雨而大故祭天遠為百穀祈膏雨見音現
南郊始殺而嘗建酉之月陰氣始殺嘉穀始熟故薦嘗于宗廟閉蟄而烝建亥之月昆蟲閉戶萬物皆成可薦
者衆故烝祭宗廟過則書卜日有吉否過次節則書以識慢也

黃鄰林曰大雩天子之禮非魯所得用也秋而大雩則失禮
之中又失禮焉書以備僭且以重民事也

見三按雩者祈穀之際故必龍見而雩亦禳旱之祭又可不時而雩祈穀之雩常祀也禳旱之雩非常祀也天子雩於上帝為壇南郊用盛樂諸侯雩於境內山川止用歌舞魯僭雩帝故稱大以譏之

冬淳于公如曹度其國危遂不復杜解淳于州國所都國有危難不能自安故出朝而遂不返

見三按州國雖微不可考然春秋不以爵假人稱之曰公則公而已矣強暴之外迫即亂賊之內歸怨然後去自安流寓其情亦可哀矣淳于州國所都子孫因以為氏戰國淳于髡即其苗裔

經乙亥六年春正月寔來寔實也不言州公者承上五年冬經如曹間無異事省文也○夏四

礼傳曰伯父實來成二年傳曰翬伯實來杜六年書實來蓋承上文

如曹之文言州公雖如曹實來魯
也亡不知其所以來又春秋小國亡
無所控告者也
州吁弑桓公之賊也衛人不能討而
陳人討之陳佗弑太子免之賊也
陳人不能討而蔡人討之陳視諸
殺于衛故書衛人所以明本國之
討也蔡則直日殺之故曰蔡人所
以明外國之討也
庶出之子不書生故桓六年子
同生則書庶出之女不書致與
媵故成九年伯姬歸宋則書

月，公會紀侯于成。案前年齊鄭如紀，故成魯地，今山東寧陽縣境。○秋八月壬午，大閲。

○蔡人殺陳佗。按國人立太子免之長弟躍是為厲公莊之篇傳云陳厲公蔡出也蔡人殺五父而立之襄之篇子産云桓公之亂蔡人欲立其自出我先君莊公奉五父而立之，蔡人殺之，我又與蔡人奉戴厲公，此皆補前傳所未及也。然則佗弑太子，倚鄭為援，厲為桓子，理當有國，蔡人可謂不畏不強禦矣，故經以討賊予之。

○九月丁卯，子同生。桓公子莊公也。○冬，紀侯來朝。

傳六年春，自曹來朝，書曰寔來，不復其國也。杜解亦承五年冬傳淳于公如曹也。言奔則來行朝禮，言朝則遂留不去，故變文言寔來。張注：記禮者曰天子曰非他伯父寔來，成二年王曰所使撫予一人而鞏伯寔來。今書州公曰寔來，以其不復國而畧之也。按承上文言州公雖朝于曹，其實來魯耳，如以實為州公之名，與上文不屬，何由知為州公。

見三按紀侯如曹經用寔筆，州公寔來經用虛筆，小國生于亂世，有土不容自即流寓，假令王法而行，諸侯安得有此此。

姜白巖曰一部春秋不越尊周室攘荊楚而言開端大書曰楚武王侵隨而僭王猾夏二罪並著矣成王封熊繹于楚傳至熊渠僭王于武王之世至厲王時畏而去號厥後東遷熊通殺太子自立復僭為王即楚武王也據史記楚世家桓八年熊通稱王合諸侯于沈鹿終春秋末之改雖其間有子文孫叔敖子西沈諸梁之賢王孫圉觀父子革倚相之淹博無能明大義守臣節則愈有功于其國愈得罪于天王亦何足取哉周封諸侯八百江漢之間

春秋之所甚傷特書之以志亂也公穀胡傳紛紛立論均非經意唯家氏責州公不能以死守社稷為圖存之計而輕去其封守其理最正

楚武王侵隨。按國名姬姓今湖廣隨州有隨城。補注自熊通以上楚未與魯通傳載其志在兼併諸夏見中國不可無霸使薳章〔杜解〕楚大夫。○薳于委反求成焉軍于瑕地以待之隨人使少師隨大夫董成。董正也。鬭伯比楚大夫令尹子文父言於楚子曰吾不得志於漢東也我則使然我張吾三軍而被吾甲兵以武臨之彼則懼而協以謀我故難間也漢東之國隨為大隨張自侈大。○張豬亮反必棄小國小國離楚之利也少師侈請羸師以張之羸弱也熊率且比曰季梁在何益熊率且比楚大夫季梁隨賢臣。○率音律且子余反鬭伯比曰以為後圖少師得其君言季梁之諫不過一見從隨侯卒終當以少師為計故云以為後圖王毀軍而納少師從伯比之

犬牙相錯自熊渠滅陘濕滅揚粵至于鄂入春秋滅國無虚日跡伯比之畫策已駸駸乎有席捲天下之勢大儼然居天子之尊而日肆翦滅我諸姬此亂臣賊子之虎而翼者也故赤狄白狄北戎姜戎陸渾之屬有時竊發而未嘗稱王徐子吴子越子雖稱王于濱海而未嘗殘滅小國如此之多兼之者惟楚矣而郗氏敬毛氏奇齡謂聖人未嘗攘楚不亦謬哉傳著是篇明其僭王猾夏之大旨如此

伯比非不知有季梁也所奉者少師以郗能制止也且此非不知有少師而所憂者季梁以正能勝邪也伯比羸師之謀亦料必為季梁所阻姑為此以僥倖萬一耳以一嘗伸治之而不忌以三豎數之而有餘虞廷牽于上相所以必兼去四凶隨無季梁則速杞之敗早見今日若無少師則

謀少師歸請追楚師隨侯將許之信楚弱也季梁止之曰天方授楚楚之羸其誘我也君何急焉臣聞小之能敵大也小道大淫所謂道忠於民而信於神也上思利民忠也祝史正辭不虛稱君美信也今民餒而君逞快也欲祝史矯舉以祭詐稱功德臣不知其可也公曰吾牲牷肥腯粢盛豐備何則不信牲牛羊豕也牷純色完全也腯亦肥也黍稷曰粢在器曰盛。牷音全腯徒忽反對曰夫民神之主也鬼神之情依民而行是以聖王先成民而後致力於神故奉牲以告曰博碩肥腯博廣也碩大也謂民力之普存也謂其畜之碩大蕃滋也謂其不疾瘯蠡也謂其備腯咸有也雖告神以博碩肥腯其實皆當兼此四謂民力適完則六畜既大而滋也皮毛無疥癬兼備而無有所闕。畜吁又反瘯七木反蠡果力反奉盛以告曰絜粢豐盛謂其三時不害而民和年豐也三時春夏秋奉酒醴以告曰嘉栗旨酒嘉善也謹敬也栗謂其上下皆

楚不敢伐，又何自有速杞之敗哉。某史咨謂季梁議論將識見好，謀略將學術將神情意氣無一不好，良史。

有嘉德而無違心也。所謂馨香無讒慝也。馨香遠聞。之故務其三時，修其五教，父義母慈兄友弟恭子孝。親其九族，以致其禋祀。禋絜敬也。九族謂外祖父外祖母從母子及妻父妻母姑之子姊妹之子女子之子幷己之同族，皆外親有服而異族者也。於是乎民和而神降之福，故動則有成。今民各有心，而鬼神乏主，民饑餒也。君雖獨豐，其何福之有？君姑修政而親兄弟之國，庶免於難。隨侯懼而修政，楚不敢伐。

黃鄭林曰：楚與秦皆主散縱。楚不張而離之，秦張而離之周漢東之國，隨為大，隨張則棄小國；六國之縱，齊為長，齊張則棄三晉。鬬伯比料敵數語，即范雎遠交近取之策所自出也。隨有季梁能破奸謀，田齊君臣燕雀處堂，坐視三晉之灰燼而國亦旋滅，可慨也夫。

見三接隨之有季梁，猶楚之有伯比也。伯比告楚子以羸師

賀仲軾曰紀廹于齊而諮謀于魯情寔可哀但桓非可與共事之人而魯亦終不能庇紀固不如守正不奪勉力自強之為善也

姜白巖曰言諮又言謀齊之禍棘矣紀之情至矣

魏禧曰衰族而取巨室貧士而取富家不為婦女所陵者鮮矣司馬溫公曰嫁女嫁勝己者取婦取不已者此真老于世故之言結

是亦弱季梁勸隨侯以修德是自強漢陽諸國非黃人之無備即蓼六之無援馴致滅亡獨隨納季梁之諫自固吾圉至柏舉之役猶能卻吳師以衛楚子修德之效也誰謂賢者無益於人國哉

夏會于成紀來諮謀齊難也程解齊欲滅紀故來謀之

見三按紀與隨皆弱小國也隨逼於楚紀困於齊其勢亦相同也隨能修政而親兄弟之國故克免於難紀不能自強徒諮謀於纂弑之徒議卒底於亡連書於策哀紀也即以善隨也

北戎伐齊齊侯使乞師于鄭鄭大子忽帥師救齊按傳稱大子明忽為世子序當有國六月大敗戎師獲其二帥大良少良甲首三百以献於齊

昏者不可不知。然連姻強族以自固，亦有時可用者。

姜白巖曰：全神注在鄭忽奔衛。見辭昏非失策，奔衛為失策也。藉昏姻之故，求援大國，君子恥之。安得以此為譏？傳敘齊傳與忽親厚，而別寓惜之之意。蓋齊鄭石門之盟二十餘年，不棄夙好。至此而功爛焉，故始卻文姜，繼辭齊女。齊之暱之如故也。忽之失國，由不奔素所親厚之齊，而奔衛，故傳詳敘以見忽之自失其援。

文姜之事，當未離齊廷，必有微詞於道路者。鄭太子忽身至齊廷，則其辭昏也愈力，豈可以異時顛躓而遂以失援相嘲哉？周班後鄭，於魯無失，而有郎之師，夫魯為齊弱自桓，而以後言之耳。若四國黨且先，亦五國納朔，實乃歸魯。此時之魯，國天下之望，故辭文姜而失齊援，未若怒周班伐鄭。

（杜解）甲首，被甲者首。於是諸侯之大夫戍齊，齊人饋之餼，生曰餼。使魯為其班，後鄭。班，次也。魯親班齊饋，則亦使大夫戍齊矣。經不書，蓋史闕文。（宮說）春秋之初，以周班後鄭，春秋之末，非天子不稽首，可知魯秉周禮。鄭忽以其有功也，怒，故有郎之師。郎師在十年。公之未昏於齊也，按傳提出桓公，見文姜禍魯，忽辭為幸。齊侯欲以文姜妻鄭大子忽。大子忽辭。人問其故，大子曰：「人各有耦，齊大，非吾耦也。（釋義）此可為擇婚之法。詩云：『自求多福。』詩大雅。言求福由己。在我而已，大國何為？」君子曰：「善自為謀。」附注：此亦美鄭忽之辭，非刺其謀不及國也。及其敗戎師也，齊侯又請妻之，欲以他女。固辭。人問其故，大子曰：「無事於齊，吾猶不敢。今以君命奔齊之急，而受室以歸，是以師昏也。民其謂我何？」言必怪于民。遂辭諸鄭伯。為十一年鄭忽出奔衛。（左傳）娶妻，妻必告父母，故告諸鄭伯而辭之。

黃小鄉林曰：鄭忽兩次辭昏，持論甚正。詩序以齊女賢而不娶，刺其失援。不知文姜之淫，方為魯禍，豈為鄭福？齊襄之暴，不有於桓，何有於忽？

而失魯援之為過計也
據後傳忽似以失强援而喪國然
娶妻以德不以色豈貪婦家之力以
為兄弟爭國計耶在彼而已失國何
為實千古正論不然晉桓結援大
國何申胥之醜至不可道及以無顛
其身矣左傳於忽有予詞焉所以
為晉桓羞也
鄭忽兩辭齊昏議論甚正詩序
刺忽之說宜乎朱子棄而不取
也

武不可弛亦不可黷蓋急
戰必危臨事而倉皇春秋
所以識大閱存戰必廢無
名而苟毒春秋所以識

忽辭昏而文姜之禍不及自求多福語足徵矣詩人序以刺忽之狡童
言宜乎朱子棄而不取也
刺之謂其但知自謀慎矣
見三接鄭忽兩次辭昏何等謙讓一怒興師何等剛傲前後
似若兩人不知此皆氣矜為之也祇緣自負其勇見我多福
在我無假攀援即齊亦不看在眼底所以不肯守分循禮一
觸其怒即來戰于郎忽之受病在此忽之致病禍亦在此故自
求多福出自詩人則為見道之言出自鄭忽則為矜情之語
讀者不可不辨

秋大閱簡車馬也杜註鄭忽怒詐齊魯人懼之故以非時簡車馬

見三接大閱與大蒐不同大蒐因田獵以講武常典也大閱
簡車馬以治兵特舉也魯以周班之故啟釁於鄭鄭以敗戎

治兵八

周大章曰：魯十有二公，唯莊僖正嫡，故大書于冊，觀以生之禮舉之，何等鄭重，一命名且不肯苟，而況其他。又胡文定謂書子同生，所以明與子之法，正國之本，防後世並配奪嫡之漸，垂訓之義大矣。或乃舉穀梁同非吾子之說，以為哭稱，何其誕也。聖人刪詩于齊則曰猗嗟，春秋于魯則曰子，豈得以文姜有淫行而絕公于魯乎？天下豈有是非兩違，必去其非而後歸于是。此窮理精義之大端也。

魏禧曰：合成師子同生二篇觀之，知命名不可苟如此。今人子孫之名常取日用器物口語易犯者，不知今日彼為子孫，我可

之役，邀功於齊，齊鄭同心，將以謀魯，魯懼而大閱，蓋以防齊鄭也。王所舉曰大蒐大閱，皆王朝之典，非侯國所得行，書紀僭也。

九月丁卯，子同生。以大子生之禮舉之，接以大牢。〔杜解〕牛羊豕也。〔補正〕傅氏曰：以大牢之，卜士負之，士妻食之。禮世子生三日，卜士負之，士之妻為乳母○食畜嗣及禮接見太子，公與文姜、宗婦命之。世子生三月，君夫人沐浴于外寢，立于阼階西鄉，世婦抱子升自西階，君命之，乃降。蓋同宗之婦。按魯秉周禮，亦其一也。公問名於申繻，魯大夫。對曰：名有五：有信，有義，有象，有假，有類。以名生為信，若唐叔虞、魯公子友，〔朱解〕以生而有文在其手，因命為名。以德命為義，若文王名昌，武王名發。以類命為象，若孔子首象尼邱。取於物為假，若伯魚生，人有饋之魚，因名之曰鯉。取於父為類，若子同生，有與父同者。不以國，國君之子不自以本國為名。疏云：若以他國為名，晉侯周、衛侯鄭、陳侯吳，不須發名。不以官，不以山川，不以隱疾，隱痛疾患，辟不

以隨斥其名，他日彼為祖父，其子
孫何以諱乎？褚先生曰：制定命子
足以觀士信哉
姜氏嚴曰：文姜歸魯三年而子同
生，十有五年而如齊，其時莊公年
十三矣，尚有齊侯之子之嫌哉
乃知同非吾子乃公羊之讕言，即
展我甥兮，亦詩詞之偶及，傳云以
太子之禮舉之，一言盡之矣。啖叔
佐云：居嫡子，生以太子之禮接之
則史必書，其不書者，或非嫡子，或
生於未即位之時也。或曰：文公子惡
出姜所出，何以不書？蓋文公頹惰
婦至不告于廟，子惡之生不以太
子之禮舉之，故惡弑而國為嬖
孽所奪
生國之大事，舊史必備書之
聖人獨存子同者，一以明正嫡之重
一以辨族類之正，其旨甚深。公
羊曰：吾有正也。齊詩曰：展我甥
兮。最合經旨

祥也。不以畜牲（禽六），不以器幣（幣玉帛）。周人以諱事神，名終將諱之（君父）
之名，固非臣子所斥，然禮既卒哭，以木鐸曰舍故而諱新，謂舍
親盡之祖而諱新死者，故言以諱事神，自父至高祖皆不敢斥
言。疏云：殷以往未有諱法，始于周。子生三月
為之立名，終父必將諱之，謂死後乃諱
故以國則廢名（不國）
可易。故
廢名，以官則廢職，以山川則廢主（改其山川之名），以畜牲則廢祀（名豬
則廢豬名，羊則廢羊），以器幣則廢禮。晉以僖侯廢司徒（僖侯名司徒，廢為中軍），宋以
武公廢司空（武公名司空，廢為司城），先君獻武廢二山（具、敖也。魯獻公名具，武公名敖，更以
其鄉名山），是以大物不可以命。公曰：是其生也與吾同物，命之曰同。
（物，類也。謂同日。）
黃鄉林曰：天下安有子而不同父者。申繻曰取于父為類（似）
而微詞為桓公曰：是其生也與吾同物，命之曰同，其亦有疑
心歟？獨怪鄭康成通經之士，其名孫也，曰小同，吾不知其所

姜白巖曰王使屢聘于魯魯非無寵也紀侯屢謀齊難桓非不恤紀也蓋繻葛之戰王靈替矣齊方虎視而王欲以一言令之冰釋必不能也故不得已而為迎后之計

取果何義也

見三按太子之出國之大事史官必備書之所以正名分杜覬覦也魯十二公唯莊為正嫡故其禮特隆其命名特重聖人特筆之於經左氏詳陳之於傳以明正嫡之重而辨族類之正蓋為天下後世慮者至深遠也申繻博學多聞因問數典原原本本可為名命之法亦可為諱名之準韓昌黎諱辨蓋本於此咀華謂說禮文字恰似三禮又無註疏氣得其精矣

冬紀侯來朝請王命以求成于齊公告不能經鋻紀小國抗以侯禮朝其朝齊亦然不及杞滕薛之自貶矣

見三按古今亡國之慘莫如紀謀國之周亦莫如紀始而來朝咨魯以請成于齊也繼復來朝求魯請命以求成于齊也

古人火田去草萊以逐禽獸非
焚山林而焚之也書焚訊取物
之盡也咸邱魯地孟子言入有咸
邱蒙盖以地為氏也
穀鄧皆近楚之国也楚之欲有事
於蔡鄭必先有事於穀鄧前
之会蔡鄭盖欲合蔡鄭以拒
楚之也此之朝魯盖欲援魯
以謀楚之也

迫事勢危逼以鄰與季而大去其國此與太王之去
但周興而紀亡則時勢有不同矣
經 丙子七年春二月己亥焚咸丘杜解焚火田也識盡物按咸邱魯地今山東鉅
夏穀伯綏來朝鄧侯吾離來朝不總稱朝者各自行朝國今湖廣穀城縣鄧國
襄陽府東北有鄧城
傳 七年春穀伯鄧侯來朝名賤之也杜解僻陋小國賤足故書名按諸侯
公穀謂之君失地故名衛冀隆謂越棄強楚遠朝惡人亡故名然失地出奔安得言朝魯桓諱弒安知其惡蓋
自以名通非國君之禮故史例賤之同于介葛盧郳黎然猶行朝禮也若介葛盧則并不能朝矣故沒其爵不
皆舊史之例也經書夏傳言春蓋在三四月之交耳
見三按穀鄧二國皆近于楚者也是時楚氣漸惡漢
皆有蚕食之懼以魯為望國相約來朝以謀楚難蓋

之意也。其如魯桓庸弱，謀紀且不能，又安能謀及僻遠之穀鄧哉。

夏，盟向求成于鄭，既而背之。（杜解：盟向，二邑名。隱十一年王以與鄭，故求與鄭成。）秋，鄭人、齊人、衛人伐盟向。王遷盟向之民于郟。（郟，王城。按今河南洛陽縣西有郟鄏陌。）

見三按：三國能伐盟向之邑，而不能服向之民。文武成康之流澤長矣。與同陽樊之民不服晉文，其殆聞風而起乎。

冬，曲沃伯（武公）誘晉小子侯（哀侯子），殺之。

見三按：哀哉小子侯！其齊巴陵王乎？其周之靜帝乎？梅文不興，五代之亂，幾何不先見于春秋。

姜白巖曰：王以十二邑與鄭，盟向與焉。鄭遽受之者，以為己之兵力足以脅取之也。而盟向不忘蘇氏，終不能服于鄭，是鄭、齊二國之師伐之，盟向之民嬰城固守，寧與俱燼，而必不肯服不義之鄭。王于是徙其民于王城，以其地歸之。

姜白巖曰：曲沃既虜哀侯，殺之矣。國人又立哀侯之子小子侯，宗此又殺之。孺子何辜，乃膏曲沃之刃。

春秋左傳精義卷之三終

桓八年春夏再書烝，昭二十五年七月再書雩，黷祀也。桓十四年八月嘗，志不時也。

王將娶后，命魯主昏，家父來聘，蓋爲此也。婚姻人道之始，王后母儀天下，以天地宗廟之托，使弑逆之人主之，失其正矣。

桓以弑兄之賊，不請命，不朝王，反受滕紀穀鄧之朝，惟邾不忘隱公之好，而有疾惡之心，擯不與桓來朝，故伐之。此以强陵弱爲惡桓矣，不稱公，不予其賊濫以無罪伐人也。

春秋左傳精義卷之四

閬中鄭林　黄一桂　輯　男　心垣　見三　補輯

桓公二

經 丁丑八年春正月己卯，烝。杜解：此夏之仲月，非爲過。而書者，爲下五月復烝，見瀆也。○天王使家父來聘。家父，天子大夫，家氏，父字。經筌：命魯主昏也。○夏五月丁丑，烝。○秋，伐邾。經筌：儀父知義者也。隱有遜千乘之心，則即位三月而來盟。桓有篡逆之惡，則定位六年而不至。今伐之，終不即至也。○冬十月，雨雪。今八月也，書時失。按：今十月雨雪，不得爲異，可正春秋用夏正之謬說。○祭公來，遂逆王后于紀。祭公，諸侯爲天子三公者。王使魯主昏，故祭公來受命而迎也。天子無外，故稱王后。卿不書，舉重略輕。

傳 八年春，滅翼。杜解：曲沃滅之。

見三按曲沃滅翼，春秋之始；三家分晉，戰國之始。出爾反爾特一瞬間耳。後世如丕移漢祚，髦身不終；炎篡魏禪，懷愍被害。周太祖欺太祖，取天下於孤兒寡婦之中，而其子孫失天下勢亦相同。天道好還，可不鑒諸。

隨少師有寵。楚鬬伯比曰：可矣，讎有釁，不可失也。杜解：釁，瑕隙也。無德者寵，國之釁也。夏，楚子合諸侯于沈鹿。楚地。按今湖廣鍾祥縣東有鹿湖池。黄、隨不會。黄國，嬴姓，今河南光州西有黄城。使薳章讓黄。責其不會。楚子伐隨，軍於漢淮之間。季梁請下之，請服。弗許而後戰，所以怒我而怠寇也。少師謂隨侯曰：必速戰，不然將失楚師。隨侯禦之，望楚師。遥見楚師。季梁曰：楚人上左，君楚君。必左，無與王遇，且攻其右，右無良焉，必敗。偏敗，衆乃攜矣。少師曰：不當王，非敵也。弗從。對敵乃不從季梁謀。秝鮮不當楚王，不足言戰于速

姜白巖曰：季梁上策，怒我怠寇，即城濮退三舍之策也。此則楚師本衆兼請下予多驕敵，偏敗衆攜，即難父先敗三國之策也。此則一國而分其堅瑕，更屬分明。隨之敗，有謀不用也。少師寵而仇有釁，少師死而天去疾，小人之死，國祚賴之。鄭伯從之。繻葛之戰，子元所謀，妙在避整趨亂，以分整者之神，整且化而為亂，善于攻整也。速杞之戰，季梁所謀，妙在避堅趨瑕，以分堅者之力，堅且化而為瑕，善于攻瑕也。總之皆善攻瑕而已，非獨用兵妙術。

亦是覘國妙法，開口便說仇有釁，便是有瑕可攻，天去其疾，則瑕者堅，伯比、季梁真是一對國手。

周聘侯曰：國之興衰，視君子小人之進退。季梁在而敵謀沮，少師寵而寇心生。前此非無少師也，用季梁而楚不敢伐；今此非無季梁也，用少師而楚遂喪師。一進一退，關係非輕。故前寫季梁而以少師作陪，此寫少師而以季梁相形，妙都從楚人心目中看出。雖有釁，天去疾不可失，未可克敵人，揣測如燭照、龜卜，彼昏不知，如之何哉。

杞地。隨師敗績，隨侯逸。逃也。鬭丹楚大夫獲其戎車，與其戎右少師。戎車，君所乘兵車也。戎右，車右也。寵之，故以為右。秋，隨及楚平。楚子將不許，鬭伯比曰：天去其疾矣，謂少師見獲而死。隨未可克也。乃盟而還。

黃鄰林曰：黃皓有寵於蜀，司馬昭定計伐之，而蜀亡；江總、孔範有寵於陳，隋高祖遣將討之，而陳滅。小人用事，伐國之斧斤也。為引盜之媒，彼昏不知，視為腹心，而敵國早已燭照於千里之外，舉相慶也。儻有釁可乘，天去疾未可克，隨之不亡，亦賴有季良在矣。有國家者，其可不親君子而遠小人哉。

見三按：楚之伺隙全在少師一人，曰可矣，是萬乘語；曰不可矣，是急切語。王龍驤謂孫皓改過而更用賢良，則不可圖，亦是此意。獨怪少師死期將至，夢夢不知，右無良焉，當面說破。

賀仲軾曰婚姻人道之始王后母儀天地以天地宗廟之托使弑逆之人主之非所以為名也以卿逆公監之禮祭公一人逆之非所以為禮也不選求幹德使紀侯以私求得之非所以為慎也書曰祭公來遂逆王后于紀見事之成于魯而天子以敵體之重與狗侯國之私求為自輕也

姜白巖曰天子使同姓主昏是已命魯矣非逆后時方有是命也以魯為主人則當受主人辭命祭公來者既告于廟受命于魯以逆之也遂者迅速之謂祭公來魯受命遂適紀逆之無所為專也故傳以

猶以不當王非敵為訟最近廣大言絕契丹韓侂胄定議伐金古今無用人偏肯說大話做難事皆師類也向非戎右之獲天去其疾隨其殆哉

冬王命號仲（王卿士號公林父）立晉哀侯之弟緡于晉（補注不告不書）

見三按天王此舉猶見興滅繼絶之風唯前此助曲沃伐翼未免教猱升木至翼滅而始立哀侯之弟亦何益哉

祭公來遂逆王后于紀禮也（天子娶于諸侯使同姓諸侯為之主祭公來受命于魯故曰禮）

見三按上年王使家父來聘命魯主昏魯媒紀女為王后王已報可祭公來命魯主其辭命往迎於紀是一舉而兼二事者與古者納后卿逆公監之禮不合故曰遂譏其簡禮也不稱女而稱王后王命之斯后矣尊王命也

為禮。

桓以篡賊結援，齊鄭為党，滕紀穀鄧諸小國皆畏其鋒，相繼來朝。郕以侍將不至，遂伐之。故曹伯身在危疾，而使其子來代行朝禮。

逆稱王后，主天王言，尊天王也。婦稱季姜，主父母言，重父母也。尊天王以教忠，重父母以教孝，春秋之義也。

經 戊寅 九年春，紀季姜歸于京師。杜解 季姜，桓王后也。季字，姜紀姓也。書字者，伸父母之尊。○夏四月。○秋七月。○冬，曹伯使其世子射姑來朝。曹伯有疾，故使其子來朝。○射音亦

傳 九年春，紀季姜歸于京師。凡諸侯之女行，唯王后書。杜解 為書婦人行例也。適諸侯雖告魯，猶不書。補注 傳例乃魯史舊法，非魯主昏。夫子削之，存魯主昏者，以見義。

見三按 往迎則稱王后，示天下以母儀；來歸則稱季姜，示天下以婦道。婚姻人道之始，萬化之原，雖以天子王后之尊，亦必詳其姓氏，示有別也。

巴子使韓服杜解 巴行人告于楚，請與鄧為好。巴國，姬姓。按今四川巴縣。楚子使道朔楚大夫將巴客韓服以聘于鄧。鄧南鄙鄾人攻而奪之幣。鄾，鄧邑。按湖廣襄陽縣東北有鄾城。○鄾音憂 殺道朔及巴行人。楚子使薳章讓於鄧，鄧人

左繡云此與北戎侵鄭篇同一兵法衷戎師只一字此橫陳夾攻凡用二十餘字詳略之變極矣

因聘候以楚〻以巴人聘鄧〻〻鄙人攻虜〻幣殺楚使及巴行人楚〻人來詠鄧〻偏負固不服以致構兵〻所在鄧不在楚〻巴人明矣鬬廉精於兵法橫陳夾攻詳敵取勝他文多先謀後戰此独詳言戰法不叙謀而謀略也寓〻虛〻實〻兵法〻善〻文法之善

弗受言非鄭人所攻（王氏左翼）鄭人為賊亂在內也鄧弗之治而又曲庇之長姦而儺大國其何能立且楚人垂涎諸國久矣夏楚使鬬廉楚大夫帥師及巴師圍鄾鄧養甥聃甥皆鄧大夫聃乃甘反○帥師救鄾三逐巴師不克（孔疏）鄧師三逐巴師楚巴不勝故鬬廉設權以誘之鬬廉衡橫也陳其師于巴師之中以戰而北走也鄧人逐之背巴師而夾攻之鄧師大敗鄾人宵潰按鬬廉横分巴師為左右軍而巴師楚師居中與鄧搏戰僞敗而走鄧師追之背巴師者直過巴師之前也巴師合攻其後楚師反擊其前腹背夾攻因而大敗也

黃鄰林曰春秋之初楚鄭多精於兵法而鬬廉尤其表表者圍鄾之役以用誘勝伐鄖之師以攻瑕勝其實前後同一兵法蓋鄾之所恃者鄧鄖之所虞者四邑奪其所恃而鄾自潰攻其所虞而四邑自離唯其料敵明是以審勢機決雖知有擾楚生此良將宜其蠶食漢陽而莫之與京也

姜白巖曰哀侯既弒王立侯緡又集五國之師討之蓋其時故晉之忠臣義士呼號奔告而其遺民不忘故主不肯從叛逆之沃是以王命一呼而集五國之師也侯緡支持二十四年皆遺臣之力王師諸侯之功

見三按鄧為近楚小國桓二年與蔡鄭為會同謀懼楚蓋深知思患而豫防者也巴人無故求楚通好其來意固不可測婉言謝之猶恐觸怒況奪其幣殺其行人並及大國之使者其能免于討乎養甥聃甥騅甥有忠謀無智謀觀後此之請殺楚子則知此日鄧人之奪殺皆二人使之也不能弭禍反以速禍其謀國為己左矣

秋號仲芮伯梁伯荀侯賈伯伐曲沃梁荀賈皆國名疏云梁嬴姓西本荀賈姬姓晉大夫有荀氏賈氏蓋晉滅之以賜大夫呂氏曰以後五國皆不見傳盡為大國併吞按芮伯鬱立乃亦命之共征伐耶梁今陝西韓城縣南有古少梁城荀在今山西絳州賈今山西臨汾縣有賈鄉

見三按五國奉命伐曲沃義旗所指天下景仰猶見大司馬九伐之權惜師出無功而逆臣依然跋扈此無衣之詩所由

繼揚水而作歟

冬曹太子來朝賓之以上卿禮也權衡杜云諸侯之適子攝其
文諸侯朝于天子天子老疾者使世子攝己事君則以皮帛繼子男此周禮
而往其見天子位繼子男之後急述職也享曹大子初獻樂奏
而歎獻酒始施父魯大夫曰曹大子其有憂乎非歎所也
見三揆先儒咸謂曹伯病中而道予射姑父病而出疆兩失
之道然自曹至魯為地無多自冬歷春為時尚遠安見道予
之時即為病殆之日哉臨觴而嘆施父斷其有憂始在事未
至而幾先露智者有如神之鑒如受脤不敬臨事如忘之類
耶若父病縈懷聞樂不樂則射姑不失為孝子而施父之言
如嚼蠟矣

周大章曰射姑以父病而憂每飯不忘燕高樂奏即有不甘不樂之意孝子至情蓋有發于不自覺者以視衛獻魯昭何如施父之論乃窺見至隱深奬曹世子非尋常逆料禍[illegible]福比也

姜白巖曰曹小國強大見陵國君寢疾太子不得親侍湯藥而奉命朝聘諸邦至于聞樂而歎其情苦也施父知其有憂而不知其心之悲非知己矣明年正月曹伯卒為太子者果得視含斂否

胡傳曰大位奸之窺也危病邪之伺也世子居之貳也居疾而儲副出焉窺伺之心危者當享而射姑嘆喻月而終生卒其有疾明矣使世子來終生之過也

經 己卯十年春王正月庚申曹伯終生卒子莊公射姑立夏五月葬曹桓

衛與齊黨，而齊以紀故與魯為難，桃丘之會，必魯陰衛侯適齊期戰，故往會之，以間齊也，而衛侯由他道過，故曰弗遇。

姜宸英曰：虢公屢奉王命，帥諸侯伐沃，固明于君臣之大義者，何至譖其大夫于王？傳云詹父有辭，豈飾非文過，足以蠱王之聽耶？又豈沃忌虢公，假手于詹父以逐之耶？以屬大夫而遽興王師，王不綱矣。王自棄其輔，而師不再出，沃益強而翼危。

公。〇秋，公會衛侯于桃丘，弗遇。杜解：衛侯與公為期，中背公，更會與齊、鄭，故公獨往而不相遇也。桃丘，衛地。按：今山東東阿縣西有桃丘。〇冬十有二月丙午，齊侯、衛侯、鄭伯來戰于郎。

傳 十年春，曹桓公卒。杜解：終施父之言。

見三按：施伯有憂之言驗矣。春秋時以威儀省禍福，百不失一。〇非揣摩相法者可及。

虢仲杜解：虢仲，王卿士。譖其大夫詹父于王。詹父，虢屬大夫。疏云：是屬己之大夫，若虢大夫，虢仲自得加罪，無容譖之于王。詹父有辭，以王師伐虢。夏，虢公出奔虞。虞，按：國名，姬姓，今山西解州東有古虞城。

見三按：詹父為虢之屬大夫，無論其孰為曲直，但以上譖下，其罪小；以下伐上，其罪大。王不能察，而遽假之師，是助逆也。嗚

周大章曰既知懷璧其罪獨不知懷斂亦罪乎象齒焚身千古大戒虞叔以賄而伐君虞公以貪而見伐交失之也自此至僖公五年虞貪璧馬亡國之事雖未必即此虞公而黷貨無厭其禍之烈遂至于此旅獒不貴異物楚語不寶白珩即大學不以利為利之要旨也凡為君臣者可不惕然知所戒懼乎
姜白巖曰詹父遂虢公虞叔逐

呼王綱墜矣

秋秦人納芮伯萬于芮、杜解四年圍魏所執按去年僭號伐曲沃者乃國人所立之芮伯也此時或卒或奔、皆不可考、

見三按虢公奔虞王寔致之芮伯居魏秦卒納焉周衰秦盛有由然矣

初虞叔杜解虞公之弟有玉、虞公求旃之也弗獻既而悔之曰周諺有之匹夫無罪懷璧其罪吾焉用此其以賈賈音古害也乃獻之又求其寶劍叔曰是無厭也無厭將及我我將殺遂伐虞公故虞公出奔共池按今山西平陸縣西有共池

富人不可不知　貪人不可不知

黃鄰林曰虞叔蓋明智人亦堅很人也前獻玉非舍玉也懼以玉為身之禍也後不興劍非吝劍也懼以身為劍之續也

虞公虢猶借王師，虞獨出己力，兩毀並叔，曷勝世道之變。尊家屏曰：古者分寶玉於伯叔之國，所以親之也。虞叔有玉有劒，而虞公求之，忘親將貸，其失甚矣。然虞叔既不有玉，何有於劒？既不忍於劒，何忍於玉？雖也獻之，未嘗忘情，知懷璧之可以賈禍，而卒不能自割。玩物喪志，不誠然哉。

周大章曰：齊人饋諸侯，不自為次，而使魯次者，蓋知鄭忽之必怒，欲以魯秉周禮壓服之，使無辭于我也，而遂有郎之師。齊人又從而附之，噫，亦已謬矣。不稱征伐，見師出無名，不以侵伐字之也。書法次第必不以王爵為後先，則魯以周班後鄭，其有辭不亦明乎。

姜白巖曰：軌弑兄篡位十年，天下諸侯從未有伐之者，而齊鄭且與為党，一旦鳴鐘鼓以聲魯軌

利害見明，則欲念重，往往入於大惡而不自知，是以君子當嚴玩物之戒，毋為貫禍之歸。

見三按：虞公、虞叔皆貪人也。虞公之貪，貪而昏；虞叔之貪，貪而忍。貪而昏，故黷冒無厭，其究禍必至于亡國；貪而忍，故奸深謀不測，其究必至于逐君。後世如曹操、司馬懿之徒，始亦潔清自好，迨位高勢盛，懼禍之及身，遂至無所不為。鄙夫患失盟心之論，亦是醒世之言。弑父與君，皆貪心中之烈也矣，故不貪為寶，是名臣

冬，齊、衛、鄭來戰于郎，我有辭也。初，北戎病齊，桓六年解在諸侯救之。鄭公子忽有功焉。齊人饋諸侯，使魯次之。魯以周班後鄭。鄭人怒，請師于齊。齊人以衛師助之，故不稱侵伐。不稱侵伐而以戰為文，明魯直諸侯曲，故言我有辭。以禮自稺，交綏而退，無敗績。先書齊、衛，王爵也。鄭主兵而序齊衛下者，以王爵次之也。春秋所以見魯猶秉周禮。

黃林曰：鄭以周班之故，一怒興師，不特欺魯，直是蔑王。齊弁

之罪，則執將何說之辭？乃齊以謀紀之故，牽鄭衛而來，而桓王右紀季姜初歸，不便顯斥紀事，故但聲言為鄭修舊怨，然而我有辭矣。遵周之制，安得為罪？傳詳叙之，惜其不為討賊之師，而為挾私之舉也。傳以「我有辭」三字釋經，義約而精矣。

書突歸忽出於宋執祭仲之下，見鄭禍之禍，祭仲為之也。突不係鄭，不正也；曰歸，宋人納之也。忽繫之鄭，正也；書忽失國也；曰奔，不與其臣逐之也。祭仲不稱行人，但往省而非衛君命出使也。

齊衛鄭為惡曹之盟，以御我。鄭莊既卒，突歸忽出，宋人責賂於突，因歙于鄭于宋，以植党援，故合陳蔡而為是盟。柔，魯大夫之未賜族者，大夫上抗諸侯，逆為殊臣主盟之始。

賀仲軾曰：衛宣從王伐鄭，鄭得罪于王，王討之不克，衛不能

甥舅之親，衛兄弟之誼，而助鄭為虐，尤屬非義。傳以我有辭也

作斷三國之罪，不貶自見。

見三按魯以援紀之故，與齊不親，自齊為紀之後，與魯不相

通已六年，何由至齊為班？季彭山曰：齊欲吞紀，與鄭衛合，則

嵩意援紀，三國來戰，蓋為此爾。其說較左氏為長。

經

庚辰十有一年春正月，齊人、衛人、鄭人盟于惡曹。杜解地闕。補注：此即上文戰郎諸侯，一事再見稱人。○夏五月癸未，鄭伯寤生卒。世子昭公忽立。秋七月，葬鄭莊公。三月而葬，速。九月，宋人執鄭祭仲。按此書執之始。突歸于鄭。突厲公也。鄭忽出奔衛。忽昭公也。○柔會宋公、陳侯、蔡叔盟于折。柔，魯大夫；蔡叔，蔡大夫，叔名也；折，地闕。呂氏大圭曰：內大夫帥師自無駭始，會諸侯自柔始。公會宋公于夫鍾。郕地，按今山東寧陽縣。冬十有二月，公會宋公於闞。闞魯地。

傳

十一年春，齊、衛、鄭、宋盟于惡曹。按經無宋，傳衍宋字，杜以為經闕，非也。

與王同仇正鄭罪而逸王靈亦已矣曾幾何時而與鄭合為郎之師為曹之盟此見諸侯同心無王久矣射王之惡不獨一鄭為然陳衛雖從王伐鄭而幸其敗其情亦已明矣此春秋所深惡故直書其事非胡傳奪爵之說也

姜炅巖曰三國戰魯何以又盟蓋齊鄭一覺無待于盟此盟以固衛也衛宣從王伐鄭而敗君子憤之而于魯復有桃丘之期於是二國盟衛以固其交將王不能再使魯亦不能再合而惟齊鄭用矣

姜炅巖曰自桓六年侵隨至十三年伐羅無歲不詳叙楚事蓋採之楚書補經未備以著其併吞之漸不聞滅國者蠶食之始未可以逞姑與之盟而徐滅之也至莊傳之世則竟滅之矣桓文之師豈得已乎傳寫戰凡兩國對陣則

見三按去年之冬齊衛鄭三國之君嘗伐魯而勝矣此復為惡曹之盟蓋欲孤魯之勢以為滅紀之地假令鄭莊不死三國將併加以謀魯其禍未有艾也林堯叟謂自有參盟以來莫甚於惡曹洵然經書三國傳增一宋以上下文考之必無宋人與盟之事說不可從

楚屈瑕將盟貳軫按貳國今湖廣應山縣境軫國應城縣西鄖人軍於蒲騷、將與隨絞州蓼伐楚師、鄖國今安陸縣有古鄖城蒲騷鄖邑應城縣北絞國鄖陽府西北州國監利縣有州陵城蓼國今河南唐縣南〇鄖音云、騷音蕭、絞古卯反、蓼音了、莫敖楚官名即屈瑕患之、鬭廉曰、鄖人軍其郊、必不誡、且日虞虞度也四邑之至也杜解四邑隨絞州蓼也邑亦國也君次於郊郢以禦四邑君謂屈瑕郊郢楚地按在湖廣安陸府治我以銳師宵加於鄖鄖有虞心、而恃其城、恃近其城莫有鬭志、若敗鄖師、四邑必離、莫敖曰、盍

善用伏蓋士統一將將主一軍非伏卒不足以摧其堅凡諸國合兵則利攻瑕蓋士各有將將各有黨非攻瑕不足以離其志如鄭之禦戎楚之伐絞皆伏也鄭人于繻葛楚人于鄖皆攻瑕也然鄭人攻瑕分整亂亂者潰整亦離此楚人攻瑕辨主客客者主潰自敗主意同而用兵不相襲大旨同而結陣各出奇

周聘侯曰鬬廉之謀即白起所用以敗趙與韓魏也廉合用之而勝起分用之而亦勝運用之妙存乎一心未可執定本以求之也紂臣億萬惟億萬心周臣三千惟一心秖爭和與不和用兵莫如齊致死齊致死莫如去備只是一心只是和不然苻堅七十萬王匡百萬何難一戰而盡乎師克在和不在衆一語括盡兵符數萬言

請濟也益師于王對曰師克在和不在衆商周之不敵君之所聞也商紂也周武王也成軍以出又何濟焉莫敖曰卜之對曰卜以決疑不疑何卜遂敗鄖師於蒲騷卒盟而還卒盟貳軫

黃鄰林曰莫敖屢疑不決實由將才之短才短者器小器小易盈故未勝則誰惰無能不免倉皇失措既勝則驕慢自是遂至決裂難收不疑何卜廉所以決其疑者反足以堅其信諫者有刑未始非設會鬬廉之言而下此軍令也孺子其可教哉

見三按虞與侍最爲行兵大忌韓信背水陣和鎮惡艤舟皆所以絕虞奪侍也鬬廉料敵如神美無遺策可稱名將師克在和不在衆是千古兵家心法不疑二語尤爲明決兵貴神速此

姜氏巖曰宋公執仲立突亦且執突爲求賂也世道一至此哉折之會宋主之蓋既逐鄭昭而昭奔陳恐陳爲之援也魯與昭讎蔡爲陳黨故與陳侯共事而魯與蔡俱以大夫應命爲定鄭爲取賂地也公懼于郎之戰欲親鄭突故會宋于夫鍾欲宋成之也闞二月、鄭賂魚多、宋鄭成隙故宋又會公于闞欲魯成之也張愔庵曰先是宋穆公出子馮于鄭以避殤公矣鄭莊顧欲納之其後宋華督弒殤公立子馮納之以親鄭則是殤公之所以弒莊公之所以蔡區賊其君子悖其父皆鄭莊爲之也鄭莊爲此自謂有德於馮奉我不二矣豈知伊死之日執仲出忽責賂伐鄭諸子搆亂屢數十年而未已哀師出於我

之謂也

鄭昭公之敗北戎也（杜解在六年）齊人將妻之昭公辭祭仲曰必取之君多內寵子無大援將不立三公子皆君也（子突子亹子儀之母皆有寵）弗從夏莊公卒初祭封人仲足有寵於莊公（封人守封疆者因以所守爲氏祭鄭地按今直隸長垣縣東北有祭城）莊公使爲卿爲公娶鄧曼（鄧姓音萬。）生昭公故祭仲立之宋雍氏女（以女妻人曰女）於鄭莊公曰雍姞生厲公（雍氏姞姓宋大夫也。姞其吉反）雍氏宗有寵于宋莊公（補注傳見凡執皆稱人稱君者經變文）故誘祭仲而執之曰不立突將死亦執厲公而求賂焉祭仲與宋盟以厲公歸而立之（劉傳仲宜效死勿聽即強許爲還至其國執突殺之可也黜其君以立不正春秋之亂臣也）秋九月丁亥昭公奔衛己亥厲公立（目批鄭莊大逆無道身死國亂者二十五年）

黃鄴林曰、鄭莊身受叔段之禍不能早定儲位以安國本乃忽

所立之子馮也禍人之國適以自禍其國長惡不悛從自及左氏嘗以之刺陳桓公矣其殆即以刺鄭莊矣

周聘使曰武善以溺愛叔段而致亂莊公身受其害則嬖子配嫡當防其漸而溺不立忽定無思彼諸子爭之殘危社稷高得諸有人心乎宋莊原以賄故宋莊以亂援亂正欲以賄償賄謀之不臧大啟禍源有國家者所宜反覆於宋反宋之戒也

立昭公者祭仲也立厲公者祭仲也知廢立之權在仲一人故誘而執之使之逐忽立突仲果大節不虧有死無二則宋何能相強乃居然未久非會非聘何爲以饋而至宋叔青其言哉有人盡夫也之意不名稱字重其事權以見祭其所不當廢立其所不當立所以深責之也絕吳於鄭繫鄭於忽而人順逆自見而皆綴于抗仲之後春秋之義例嚴矣

為世子久質王都故奚得肆其外援宋莊內結祭仲而世子遂成孤立之勢鄭風諸篇若蘀兮同車將仲子俱為昭公而作若訕之一若諷之訕之諷之而愛之詐之之意出其間知

見三按鄭莊陰謀與國明叛天王美太岳之裔于掌握之上扼親弟之吭于百雉之中右且以弟為管蔡已為周公以天王為商辛已為文王齊魯宋衛合為一黨百足之蟲至死不僵知于是左顧而有鄧曼右顧而有雍姞樂莫樂兮可以娛老而國事一聽之祭仲莊欲逐段則祭仲曰毋使滋蔓也莊貳于周則祭仲取麥取禾也莊侵衛牧則祭仲攻其前也莊抗王師則祭仲為左拒也莊射王中肩則祭仲勞王且問左右

太子撫軍監國，晉申生伐東山皋落氏，其謀臣眾首吁嘆，謂非所宜。鄭忽而果太子也，不當仗將兵矣。鄭忽既太子而將兵也，則又不當使哭將兵矣。今忽則救齊而有功，果則敗戎而有功，勢已相角，國人有伍分伯分之歎，大臣有三公子皆居之語，則鄭莊指寵客而不立朝，寧能一日相安哉。

杞公殺作紀，魯為紀謀齊難屢會，而兩大國無與同心，奔此會僅能與弱小之莒，僅其無能助紀也可知矣。十年盟宋而具盟陳蔡，所以廣己之援也；於盟宋不兼盟燕，將以斷齊鄭之道也。

魯憾鄭忽而欸宋矣，是以不憚屢會，力為鄭請。二年之閒，兩盟四會，唯宋之故，始則定歡親魯，故為主，故數會。折關夫鍾之會宋。於魯地適虐之會，魯為主，故數會於宋地。

也。且姜氏何厭之有。公子皆君之謫，嘗試于人骨肉之間，莊公以為愛我莫仲若矣。豈知莊日朱瞑而出，外生死已。公子皆杌機上之肉，操縱一聽于祭仲屠人之手。故仲執而昭出，仲怒而厲奔，仲迎而子儀立，仲稱疾而子亹殺，鄭之亨無成源彌之，轢不與傳瑕原繁之殺，溺不之及。公羊善之，以權；左氏許之，以智。權顧如是乎？智顧如是乎？蓋為生而禍人骨肉多矣。天生祭仲以禍之也，于仲又何尤哉。

經 辛巳 十有二年春正月。夏六月壬寅，公會杞侯、莒子盟于曲池。魯地。按今曲阜縣東北。秋七月丁亥，公會宋公、燕人盟于穀丘。燕，今南燕大夫。穀丘，宋地。按山東曹州北。八月壬辰，陳侯躍卒。按此左史互異，今據索隱孔疏正之。厲公名躍，桓公之子，太子免之長弟也。桓公卒，弟佗殺免自立。蔡人誅佗，立躍。躍子之完，即敬仲也，不得立。躍卒，弟林代立，是為莊公。

二年之例魯與宋兩盟四會皆為鄭求平宋必不從故與鄭盟而有鄭丁未之戰

見三按莒入春秋最强隱二年入向四年伐杞取牟婁實為喜爭多事之國魯亦畏其鋒而與盟於密是時齊鄭衛三國合力謀魯故為曲池之盟陽以平杞莒為名實以結莒杞之好而三國也

宋豈專欲為此等事居間以宋莊自鄭入以賂鄭厲自宋亦以賂多責賂加倍取息耳盟句瀆便是為他斟酌多寡成乎可知便多寡斟酌不定會虛會龜僕僕道途宋始辭平則宋多責賂而鄭之不堪可知矣宋既無信便當絕之何為一會再會卒致用師乎屢盟長亂罪難辭矣此篇雖責宋而究以公為主

姜白巖曰郎之戰與惡鄰而惡既出奔魯又與異比因欲平宋鄭之隙恐不能平故與燕人共[illegible]

〇公會宋公于虛（宋地）冬十有一月公會宋公于龜（宋地）丙戌公會鄭伯盟于武父（鄭地按直隸東明縣西南）〇丙戌衛侯晉卒（建言丙戌漢文宣公卒子惠公朔立）〇十有二月及鄭師伐宋丁未戰于宋（杜解隱四年莒人伐杞自是遂不平）

公欲平宋鄭秋公及宋公盟于句瀆之丘（即穀丘也宋以立厲公故多責賂于鄭鄭人不堪故不平按傳不言燕人經文已明〇句古侯反瀆音豆）宋成未可知也故又會于虛冬又會于龜宋公辭平故與鄭伯盟于武父（宋公貪鄭賂故與公三會而卒辭不與鄭平）遂帥師而伐宋戰焉（補注一事再見用衆則稱師不書公蒙上文）宋無信也君子曰苟信不繼盟無益也詩云君子屢盟亂是用長無信也

見三按馮責賂奚負賂以賂更者卒以賂亂有主者作俑不待教而誅也宋桓之母家也兩盟四會壇坫方新不浹旬而

二年之例魯與宋兩盟四会皆為鄭求平宋必不從故與鄭盟而有鄭丁未之戰

周大章曰元年會稷以成宋亂是公為宋平鄭矣今欲為鄭平宋豈專欲為此等事居間之宋莊自鄭入以賂鄭厲自宋亦以賂多責賂加倍取息耳盟晉瀆便是為他斟酌多寡成未可知便多寡斟酌不定會虛會龜僕僕道途宋始辭平則宋多責賂而鄭之不堪可知矣宋既無信便當絕之何為一會再會卒致用師乎屢盟長亂罪難辭矣此篇雖責宋而究以公為主

姜白巖曰郎之戰魯與忽惡既出奔魯又與突比因欲平宋鄭之隙恐不能平故與燕人平

○公會宋公于虛宋地冬十有一月公會宋公于龜宋地丙戌公會鄭伯盟于武父鄭地按直隸東明縣西南○丙戌衛侯晉卒重言丙戌漢文宣公卒子惠公朔立○十有二月及鄭師伐宋丁未戰于宋

傳 十二年夏盟于曲池平杞莒也杜解隱四年莒人伐杞自是遂不平公欲平宋鄭秋公及宋公盟于句瀆之丘即穀丘也宋以立厲公故多責賂于鄭鄭人不堪故不平按傳不言燕人經文已明○句古侯反瀆音豆宋成未可知也故又會于虛冬又會于龜宋公辭平故與鄭伯盟于武父宋公貪鄭賂故與公三會而卒辭不與鄭平遂帥師而伐宋戰焉補注一事再見用衆則稱師不書公蒙上文宋無信也君子曰苟信不繼盟無益也詩云君子屢盟亂是用長無信也

見三按馮責賂奚負賂以賂更者卒以賂亂有主者作俑不待教而誅也宋桓之母家也兩盟四初會壇坫方新不浹旬而

之宋平未可知故又為兩會盍宋有功于奚而取賂不已乎之耆今宋衰矣使鄭益寡而宋必取益鄭難再家于是鄭釁宋罪魯助鄭討廉耻盡矣傳之所為亂也亂之初生宋為之也助奚之篡亂之又生亦宋為之也取奚之賂盖三國皆逆惡其心甚鄙傳云宋無信也而奚之以亂伐亂軌之以亂助亂皆梨然矣

周大章曰莫敖本惟無謀之人怯因蒲騷得手遂以謀敗絞可謂有會心矣奈何狃一時之勝自取敗衂乎盖輕則寡謀未有不敗者莫敖以此勝絞而躬自蹈之謙受益滿招損古人垂戒不可忽也

姜白巖曰輕則寡謀是屈瑕伐羅敗闕而却于自己說出末閒閒出一伯嘉已寓荒谷之縊

背之宋即無信於魯何尤甘助鄭而伐之盖桓以郎之師憾鄭欲早定奚位以拒忽故為此役耳以亂易亂於何止傳曰君子屢盟亂是用長責宋實責魯也

楚伐絞軍其南門莫敖屈瑕曰瑕即十一年敗鄖蒲騷者絞小而輕輕則寡謀請無扞采樵者以誘之綂𨌈行軍之法別有徒役以供采薪之役必使正軍扞衛以往今不使師衛薪採者以誘絞人之出從之絞人獲三十人獲楚人也明日絞人爭出驅楚役徒於山中楚人坐其北門而覆諸山下坐猶守也覆設伏兵而待之按楚軍南門而北門近山絞人率衆驅樵者楚伏兵山下擊之策其必走北門先移軍守之斷其歸路故大敗○覆扶又反大敗之為城下之盟而還城下盟諸侯所深恥伐絞之役楚師分涉于彭水名羅人欲伐之使伯嘉羅大夫諜之三巡數之諜伺也巡徧也羅熊姓國按湖廣宜城縣西有羅城○數色主反

新書：水災者九，而桓居其六，莊居其三。水者陰氣，所感陰盛之徵，蓋文姜長姦之兆也。

黃藕林曰：輕是病根，寡謀是病症。項羽垓下一戰，喪身；苻堅淝水一戰，亡國，皆坐此病。萬數口能言之，而躬自蹈之。偃紋之勝，正厚其毒而驅之荒谷也。雖有鬬廉，其奈之何哉！

見三按：輕則寡謀，是莫敖自己寫照。蒲騷之役，得鬬廉之緒論，亦能設奇制勝，僥倖成名。城下之盟，天益其疾，分涉于彭，自鳴得意，當局者不知，而伯嘉早覷破其伎倆矣。荒谷之縊，宜哉！

經 壬午十有三年，春二月，公會紀侯、鄭伯。己巳，及齊侯、宋公、衛侯、燕人戰，齊師、宋師、衛師、燕師敗績。杜解：大崩曰敗績。或稱人，或稱師，史異辭也。宣公未葬，惠公稱侯以接鄭國，非禮也。○三月，葬衛宣公。劉傳：魯與衛戰，乃會其葬，君子恕不棄義，怒不廢禮，惡不忘親。○夏，大水。○秋七月。○冬十月。

呂東萊曰盜亦有道內有鄧曼之賢外有鬬廉伯比之智所以如此強盛

周大章曰莫敖因人成事驟勝而驕器小易盈狂躁之狀見于顏面不惟伯比深知之即鄧曼亦稔聞之特無如楚子不覺猶以為可倚賴而深任之也伯比之送原以卜此行之吉凶既知必敗不敢明言蓋逆料楚子之不見省且知鄧曼之不能暢所欲言耳伯比發端于前鄧曼詳陳于後莫敖敗徵如燭照數計而追之不及遽自止焉必待大敗後始任其咎喪師辱國豈獨莫敖一人之罪哉

姜白巖曰蒲騷不過偏師伐絞亦非大衆伐羅則傾國而來莫在滅此朝食而全軍俱覆一挫其鋒主將縊衆師囚不敢出閧者八年皆伯嘉之力也傳特著之以為呂陵城濮之先聲

傳 十三年春楚屈瑕伐羅鬬伯比送之還謂其御曰莫敖必敗舉趾高心不固矣（趾足也）遂見楚子曰必濟師（難言屈瑕將敗故以益師諷諫）楚子辭焉（不解其旨故拒之）入告夫人鄧曼（楚武王夫人）鄧曼曰大夫其非衆之謂（言伯比意不在益衆也）其謂君撫小民以信訓諸司以德而威莫敖以刑也（杜解刑非獨刑罰以嚴明之政威莫敖使之恐懼修省也）莫敖狃於蒲騷之役將自用也（狃忕也習也蒲騷在十一年○忕音舌）必小羅君若不鎮撫其不設備乎夫固謂君訓衆而好鎮撫之（撫小民以信也）召諸司而勸之以令德（訓諸司以德也）見莫敖而告諸天之不假易也不然夫豈不知楚師之盡行也楚子使賴人追之不及（賴人仕於楚者按賴國今河南息縣東北）莫敖使徇于師曰諫者有刑（徇宣令也）及鄢亂次以濟（鄢水名）遂無次且不設備及羅羅與盧戎兩軍之（盧戎南蠻按湖廣南漳縣東）大敗之莫敖縊（自經）于荒谷羣帥囚

于治父（荒谷治父皆楚地按荆記荒谷水名治父今荆州府東有治父城）以聽刑楚子曰孤之罪也皆免之

黄鄴林曰凡強勝之執明略之主未有姑息其覆師之將而追其刑誅者伐羅敗而莫敖死城濮敗而子玉死鄢陵敗而子反死楚之所以雄長南服者不在兵強而在法善蓋其立國之制親疏並用賞罰分明賢者上位不賢者寘極刑故人（皆用命而所向無敵所以有挫師即畏罪而自盡終其國無強大夫亦無偪公族齊晉諸邦遠不逮也鄧曼通達治體並曉兵機此等見識直是女中豪傑宮中良佐日後鄧國三甥明決過人想其母亦鄧曼一流人物）見三授趙括長平之敗馬謖街亭之敗皆自用致之也蓋自用之人不能用衆少與之師猶知懼而設備多與之師則敢而無紀小勝則驕小得則滿驕則不虞禍滿則不用人和有

趙東山曰紀先鄭序爵也齊曷為先宋以強大而易周班也會何以不地以戰會也戰何以不地戰于宋也公屢平宋鄭而宋辭平遂舍宋而會鄭伐宋戰爲勝敗相當而主客之憤未已於是鄭連魯紀宋連齊衛及燕相與剋期一戰以決爲不言地蒙上文也

賀仲軾曰魯復與紀為黨齊復與宋衛燕為黨各用怨兵暴骨以逞紀侯畏齊而附魯宋公責賂而仇鄭魯桓為無故之爭燕衛為同聲之附律之以王章皆誅也

不如衷師辱國者鄧曼見微知著而辭意深切精密大有學問可為觀之法亦得選將之方

宋多責賂於鄭（杜解立鄭突賂）鄭不堪命故以紀魯及齊與宋衛燕戰不言所戰後也（公後地期不及其戰故不書所戰之地）

見三（按）是役也左傳以為鄭與宋戰公羊以為宋與魯戰穀梁以為紀與齊戰胡傳謂趙匡考經文內兵則以紀為主而先於鄭外兵則以齊為主而先於宋獨取穀梁之說以為不地於紀也賀若瞻駁之謂去年十二月鄭魯方戰於宋安能旋兵于紀且齊欲滅紀亦何須藉三國之力此是戰宋之役未解宋求助于齊衛燕魯亦援紀以益鄭蓋援兵再戰故內兵主紀而外兵主齊也其不地者仍在宋也此論圓通實能折衷

三傳而得其精春秋之初霸者未興諸侯無所統壹各樹其黨各挾其私以相報復固不能定其主兵何人也天生管仲以匡東周而此風始息至天下國周公後一人也聖人所由深嘉其仁歟

鄭人來請修好。見三按齊與宋合而鄭之勢孤請修好者結魯以防齊宋也故明年有曹之會。

經 癸未十有四年春正月公會鄭伯于曹。紅解修十二年武父之好以曹地曹與會。無冰。書時失按子丑月無冰所以為異若用夏正何異之有。夏五。闕不書月文。鄭伯使其弟語來盟。秋八月壬申御廩災。御廩公親耕以奉粢盛之倉也天火曰災。乙亥嘗。先時亦過也經筌災與嘗自二事災以著天變嘗以著不時。冬十有二月丁巳齊侯祿父卒。子襄公諸兒立。宋人以齊人蔡人衛人陳人伐鄭。凡師能左右之曰以

夏五胡傳曰闕疑也記而不益聖人之慎也予謂只一月字而不可益要左氏進退於時日之間予嘗於居魯之次也或問之斷或寫之訛蓋闕于秦火之後非聖人闕之也推之甲戌己丑申酉脫字決非再赴之云邪公而下空有漏文亦非鄙儒之謂耳

傳　十四年春會于曹曹人致餼禮也杜解熟曰饔生曰餼
夏鄭子人即弟語爲子人氏後來尋盟且修曹之會
見三按君親會而復使弟尋盟魯鄭私結深矣弑兄之桓篡
兄之厲所謂物以類聚者也曹人致餼聊盡地主之禮實畏
二國之強
秋八月壬申御廩災乙亥嘗書不害也孔疏始殺而嘗八月建未未是始殺故爲先時
鄭氏樵曰廟祀必十日戒享越三月而嘗粢已出廩壬申致齋之初乙亥嘗非災餘也按書不害言雖不害亦書謹災也而嘗之不時不待言矣
見三按穀梁以爲未易災之餘而嘗志不敬也鄭氏樵以爲
非災餘故書不害但壬申災而乙亥嘗是無肯躬齋肅之心
以爲故事爲爾故可罪也

姜皇巖曰：自十二年穀丘之盟，公會宋二，盟鄭一，及鄭戰宋二，會鄭一，此則宋人以諸侯伐鄭，而傳皆未明言其故，惟己巳戰四國傳著宋人責賂于鄭一語，乃知宋鄭之怨，魯欲平之，宋不肯平而兩伐之，皆爲此也，一語而前後事皆貫。

凡師能左右之曰以，宋怨鄭皆已而以齊蔡衛伐鄭，魯怨齊侵已而以楚師伐齊，蔡怨袁氏拘已而以吳師伐楚，三役蔡皆列魯哀，而宋則因賂之故併四國伐人，兼之最下者也。

西周之不復，平王爲之也；東周之不振，桓王爲之也。

蔡哭以第蔡兄并使糾以督亲宮，班姬以婦叛夫，遂令仲以臣逐主，皆鄭莊涼德啟之，忽懦而屬哭殘，而忌子亹子儀又碌碌，同人痞生覆

冬，宋人以諸侯伐鄭，報宋之戰也。（杜解在十二年）焚渠門，（鄭城門）入及大逵，伐東郊，（鄭郊）取牛首。（鄭邑。按今河南陳留縣西南有牛首城）以大宮（鄭祖廟）之椽歸爲盧門（宋城門）之椽。（椽，榱也。圓曰椽，方曰桷。杜云：告伐而不告入取，故不書。按：豈取牛首旋失之，故不告耶。○椽，直專反）

按此傳纔數語耳，而焚門毀屋殺戮劫掠之慘莫不畢見。鄭突負恩遺兵構怨，宋馮責賂糾黨復仇，厥罪維鈞。四國以不干己之事輕爲人役，尤屬不義。殘其郊牧，焚其城郭，又復隳其太宮，鄭之不亡幸矣。自是祭仲專，雍糾殺，而突出奔。

經　甲申十有五年，春，二月，天王使家父來求車。三月乙未，天王崩。（杜解：桓王也。）○太子佗立，是爲莊王。○夏四月己巳，葬齊僖公。○五月，鄭伯突出奔蔡。鄭世子忽復歸于鄭。許叔入于許。（許叔，莊公弟也。隱十一年，鄭使許大夫奉

此不敢並列於入許時已料及今紀鄭亂即書許叔入許矣之料事亦核矣鄭莊方強二國扶鄭以為私鄭在既卒二國皆許以為名

晉不奔天王之喪而受三國之朝三國不奔天王之喪而班見於晉皆罪也其皆以稱人者邾牟未奉命牟葛附庸微之也

陳𥯌眉曰五服五路自封同姓以下用之皆有等差諸侯有德有功則車服以庸車服器用天子所不可一日無者諸侯職貢莫至無王不臣之罪昭然諸儒專咎天王責家父非也

周大章曰當貢不貢罪在不當求而求失在上將車服二字析開細寫諸侯且不得貢天子如何可求兩邊夾發非禮二字曲盡

許叔居許東偏鄭莊公既卒乃入居位許人嘉之以字告也公會齊侯于艾地齊。邾人牟人葛人來朝三人皆附庸之世子也疏云曹伯使世子射姑來朝諸侯世子稱名則附庸之世子稱人按牟國今山東濟南府東有牟城葛國嬴姓河南寧陵縣有葛城。秋九月鄭伯突入于櫟未得國直書入櫟鄭別都也按河南禹州。音歷冬十有一月公會宋公衛侯陳侯于袲伐鄭先行會禮而後伐也袲宋地按江南宿州。袲昌氏反

【傳】十五年春天王使家父來求車、非禮也諸侯不貢車服杜解車服上之所以賜下陳傳周官九貢有服貢未必左氏之舊補注周官雖左氏亦未嘗見考傳可知天子不私求財諸侯有常職貢

見三按求車與求賻不同賻是應致之物尚可責人之禮車是不應貢之物直將自處於不義求車不已至於求金則王室益衰而王靈愈替矣周之衰也何可問哉

祭仲專鄭伯患之使其壻雍糾殺之將享諸郊雍姬知之謂其母曰父與夫孰親其母曰人盡夫也父一而已胡可比也遂告祭仲曰雍氏舍其室而將享子於郊吾惑之以告祭仲殺雍糾尸諸周氏（鄭大夫）之汪（汪池也殺而暴其尸以示戮也）公載以出（愍其見殺故載其尸共出國）曰謀及婦人宜其死也夏厲公出奔蔡六月乙亥昭公入（忽突）〔日抄〕爭立不書名何以別〔補正〕曰世子當立之辭也

〔通論〕忽奔突告之也其歸忽自告之故稱世子

黃鄰林曰慶舍之與夫謀其父雍糾之妻告父殺其夫皆以理之不可解者不忠之臣自應有此逆女

見三按殺祭仲而使雍糾是厲公深謀處祭仲詭詐多端又執大權舉朝之人非其腹心即其羽翼謀之不密即有覆亡之禍糾雖仲壻不附權門厲知其可托與之謀使所以使仲

周大章曰忠臣不事二主烈女不更二夫未聞人可盡夫也祭賣主其妻又欲使女賣夫被糾之後姬當抱琵琶而別船以寔母氏之言矣欲其為懷光子豈可得乎

馮天閑曰言出于公之口入于糾之耳則是舉朝之人不得而知也而仲宜死舉國之人不得而知也而仲宜死知雍糾舉家之人亦不得而知而仲又宜死且也近舍其室遠享于郊顯露破綻以仲之智全然不覺似乎天奪之魄助糾成功卒也仲不死而糾竟死糾何以至于死謀及婦人宜其死

賴章曰此等事當論理之曲直父直而夫曲則告父而身死於夫夫直而父曲則告夫而身死於父父夫皆曲吾力止夫而不從則或密遣人告父而已以告父之事告夫使父夫皆得為謀夫父一也夫亦一也

於未爲夫之日則人耳，既爲夫則夫豈有二耶？開後世婦人之二心，淫奔無醜而不以爲恥，其必自姬一言啟之矣。即維處此事，爲雍姬者但當計理之是非，若父或夫以大義見殺，則姬非惟不當同死，并亦不必絕覲。大局之事并可見。今雍糾既有君命，而仲以專見誅，姬非有不與其義，則又何告焉？姬一告而糾殺，夫逆君而殺父爲逆，君之逆臣亦小惡哉。

言出於公之口，入於糾之耳，姬何以得知糾告之也？殺其父而告其妻，於事不密則害成，如此人而謀此事，亦厲公之過也。謀及婦人宜其死，謀及婦人之人其不死也亦幸矣。

姜宸英曰：許叔由東偏入許都，復奉社稷也，寤生在日，不特子

不疑也。不告諸室而告諸鄭，亦恐姬知之，或以告也。然糾雖忠，蓋豈過無翁婿之情，君稱支吾，即微露于閨門之內，使姬爲李懷光之子，則君爲重，父爲輕，而仲當死。使姬爲盧蒲癸之妻，則夫是從，父是叛，而仲當死。乃糾死而仲不死，豈糾之不善謀哉？鄭莊不仁，逐愛弟，寘生母，射天王，其作法于君臣父子兄弟之間者，無非教猱升木，厲既學莊以篡兄，仲即學莊以逐君，姬即學仲以賣夫。仲曰「人盡君也，身一而已」，姬曰「人盡夫也，父一而已」。仲固莊之盡臣，姬即仲之蕩婦。雍糾之殺，非天之禍鄭，國實莊之禍鄭國也。厲公不知反己，猶曰謀及婦人，宜其死，殊非平情之論。

許叔入于許。公會齊侯于艾，謀定許也。胡傳責其不告天子方伯，使當時有天王

方伯可恃則鄭莊何能滅許胡傳非也自此復延太岳之祀者二百餘年皆此一入啟之

見三按忽突出入自顧不暇而許叔安然入許竊生不得而問之矣自是太岳之後復延二百餘年皆此一入啟之也齊僖甫卒公卽與齊襄為好會桓忘僖之婚襄亦忘父之喪雖曰定許必有主之者矣以此觀之則文姜之不正蓋在國之日已然也

秋鄭伯因櫟人殺檀伯鄭守櫟大夫而遂居櫟葉傳以是求復雖曰盜可也

見三按天無二日國無二君鄭忽既已歸國則唯忽得有鄭叨惟忽得稱伯突為不道乘間據櫟直盜賊之所為春秋仍以鄭伯稱之者奚所以著逼處之禍得為晦廟也家氏鉉翁曰魯桓與突同惡相濟出師輔突至於再三魯史崇突卑忽夫子

忽子突人人出色卽祭仲渠彌原繁祝聃輩亦事事稱能竊生死而彼奔此竄爾詐我虞國無人矣此所以自料不能久有許也許叔既入齊會魯以定其位豈非太岳之亂又將復起乎鄭氏曰許叔稱入難辭也

衛有蒲戚而獻公出[illegible]楚有陳蔡不羹而棄疾弒末大必折非獨鄭段之為禍烈也夫子墮三都以張公室於鄭突之復特書入櫟以寓居重馭輕強榦弱枝之義

姜白巖曰：宋莊興鄭突，何又將納突？曰：以賂故也。宋莊喜怒隨賂轉移，傳于十三年戰四國，傳已提清其旨。齊襄不與會，以黨于紀故。

突之與忽，邪正甚明，諸侯會正黨邪，其惡不待貶絕而自見。會則蔡先於衛，伐則衛先於蔡，汪氏曰：蔡後不序，周班有者，視其強弱為進退。故齊世子光序於滕薛之上，許以男而先邢侯、曹伯，皆邾以子而先薛伯、杞伯，皆權輿于此。至于楚先晉，稱吳長黃池，益又甚矣。

困之。賀氏曰：衛宣未葬而朔書衛侯，見諸侯之無父；鄭忽歸鄭而突稱鄭伯，見諸侯之無君，皆單見也。

冬，會于袲，謀伐鄭，將納厲公也，弗克而還。集注：魯、宋、衛皆以不正得國，其為突，乃火就燥、水就濕。按陳莊公林代完之而立，故亦同志。補注：賓不成納。見三。按忽以世子歸鄭，而必欲伐之；突以孽庶篡據櫟，而必欲納之。蓋桓弒隱，莊弒殤，惠殺急、壽，皆篡逆之徒，於突有兔死狐悲之感，所謂物傷其類也。

經　乙酉　十有六年春正月，公會宋公、蔡侯、衛侯于曹。夏四月，公會宋公、衛侯、陳侯、蔡侯伐鄭。杜氏：蔡嘗在衛上，今序陳下，蓋後至。秋七月，公至自伐鄭。○冬，城向。傳曰：書時也。而下有十一月，舊說因謂傳誤。此城向亦俱是十一月，但本事異，各隨本而書之耳。經書夏叔弓如滕，五月葬滕成公，傳云五月叔弓如滕，即知稱時者未必與下月異也。補傳：土功自戒事至畢功，非一月之事，故城

朔之出奔，左氏以為二公子所逐，公穀以為得罪天子，張氏洽兼用之，蓋王室致討而後二子得行其志於構事，甚合，當主其說。

王彥光曰：突之未出也，宋有所責，故嘗伐之；既出也，宋懼無所得，又欲納之。始宋不和鄭，嘗以鄭伐宋；及突既出魯，又與宋伐鄭，皆反覆小人也。

姜白巖曰：始合四國之師，繼合五國之衆，魯桓皆與焉，獨怪朔公居衛四年，依身於朔，及其復國，朔反兩會伐鄭，從前奔衛之計不亦左乎，兩欲納突不克，祭仲有以拒之也，齊光于朔故仍不與。

黃籍林曰：向介魯莒之交，隱二年莒人入向，以向姜故入之，不知何時地屬於魯，魯莒交爭，自城向始，故志之所以紀禍端也。

築皆時而不月。按書時春，言雖時亦書也。十有一月，衛侯朔出奔齊。（愚見：人道已絕，其失國宜哉）

傳　（莊王元年）十六年春正月，會于曹，謀伐鄭也。（杜解：前年冬謀納厲公，不克，故復更謀）

夏，伐鄭。秋七月，公至自伐鄭，以飲至之禮也。（旧抄伊川謂以見勤勞于鄭突）

見三按：春秋亂臣賊子至魯桓而極，弒兄自立，恬不知懼，前則會稷以成宋之亂，此復會鄭以輔突之篡，舉天下之亂賊直以身護翼之，而絕無顧忌，納鼎飲至，可謂極一時之快意。天稔其惡而厚其毒，濼濼之禍且將作矣。

冬，城向，書時也。

見三按：經文當在十月，周之十月即夏之八月也，農功未畢，豈得云時。左氏以為時，亦就桓之所謂時者而言矣。

魏禧曰：急壽孝友出于天授，千載下讀之令人心腸寸裂，而乃為宣公宣姜之子，信乎芝草無根，醴泉無源，天理良心不擇人而付，不擇地而發也。
姜白巖曰：二公子之逐朔，其迹似逆，傳首叙宣公屬以急壽，見二公子奉先君之命，而國非朔之國也。朔討殺二兄，使千載下猶憫急壽之冤，于是立黔牟逐朔，請于天子，復讎討賊之義出于臣民公憤，爲得二公子公忠為國，大義凜然，方見王人之救非無名之舉，而五國之助惡，真不待教而誅者也。
俞寧世曰：急壽各有所爲，明無寵也。急愛父，壽愛兄，極刑争死之歎，祁翔之不類也。夷姜縊，不言縊之故；構急子，不詳構之說，詩所云中冓之言不可道也，詞淡勝人百倍。

初衛宣公烝于夷姜、莊公妾，宣公庶母，上淫曰烝。生急子、屬諸右公子、為之娶于齊而美、公取之、生壽及朔、屬壽于左公子、左右媵之子，因以為號跡。云二公子蓋宣公之兄弟。夷姜縊、失寵而自縊。宣姜宣公所娶急子之妻。與公子朔構急子、構會其過惡。公使諸齊、使盜待諸莘、將殺之、莘，衛地，按今山東莘縣北為莘亭故城。壽子告之使行、去也。不可、曰、棄父之命、惡用子矣、惡，安也。惡音烏。有無父之國則可也、及行、飲以酒、壽子載其旌以先、盜殺之、急子至曰、我之求也、此何罪、請殺我乎、又殺之、二公子故怨惠公、十一月左公子洩右公子職立公子黔牟、羣公子。黔其廉反。惠公奔齊。

黄鄰林曰：兄弟争死，千古痛心，每讀二子乘舟，令我淚下。解宣公以禽獸之行、盜賊之事，日用俱默，天地無光，曾夷狄不如，無安得不肇狄人之禍。

韓友曰：康叔之訓，可以世世守之，無作慝也，而今乃内難忽興，至於兩賢者斷首就害，臣民憤怨，自取夺亡。康叔武公數世治之而不足，宣公一朝敗之而有餘，豈不痛哉。

賀蒼欽曰：急子孝也，然其道有未盡。大杖則走，况欲殺之乎？知其死而不肯逃，於義何居？哀哉。壽子不忍其死，以身先之，無以免兄，而卒不免，可傷也已。

凌稚隆曰：急子於壽告使行時，可以去矣，而曰弃父之命；及壽先被代死，急可以不死矣，而曰我之求。夫父命固不可逃，獨不曰從治命，不從亂命乎？上以揜其父之惡，下以成其弟之志，庶幾爲得於禮，而乃汲汲焉惟死之爲安，非所謂仁而愚者哉。或曰：然則申生之死非歟？曰：申生不欲彼弑父之名以去，急則無此名也，可以去而不死矣。

宣公淫亂，偏有此二子，乃知天地

見三。按後漢王祥、王覽遭父母兄弟之故，孝友並至，而福澤綿延後人，侈爲美報。急之孝過于祥，壽之弟過于覽，而並死非命，幾疑天道之無知，不知此正天之報淫人，而不使急、壽爲之子也。宣公上淫下淫，合隋廣、朱温爲一人，人理已絶矣。不生急、壽，無以表遺種之英；不死急、壽，無以顯淫亂之報。急、壽既死，一傳而惠公奔，再傳而懿公滅，衛之禍歷四十年不休，則皆孤經爲之也，誰謂天道無知哉。（容齋隨筆：宣以魯隱四年立，魯桓十二年卒，凡十九年，姑以即位之始即行烝亂，而急即以次年生，勢須十五年然後娶，既娶而奪之，又生壽、朔，已能同母譖兄，又能代爲使者越境，非十歲以下兒所能辦，此決無之事也。愚謂據史記，宣爲桓弟，乃莊公之庶子，夷姜，莊公之妾也，烝夷生急當在桓公之世，桓在位十六年，及宣即位，有新臺之事，十九年間，復舉二子，急使齊之日，知壽、朔之已長也。或曰：桓公之世，宣爲介弟，安敢奄其父妾，公然生子？謝山全氏亦謂宫政不應至此。按史記迎桓公弟晋於邢而立之，孔疏云：晋去

閔之地也，亦惡至極，即有同至此之剖
極而復之理也。宣姜若同是一念，總在始
惡之時，豈不亦死重於泰山，無隨
文帝陳夫人事類，所謂枉作不
義鬼，無類是也
齊欲納朔，魯欲平紀，故為是盟。
隱元年與儀父即為蔑之盟，至桓
十七年始為是盟，蓋儀父本惡其甚
固而遠之。八年為魯所伐，十五年
乃與牟、葛俱朝，至是始會盟。横
目專蔑其不肖，有所附可知
魯桓自齊信存，時為紀請命，其
好逆絕，及襄之立，繼申前請，衰
之盟信說與盟黃，以安紀之心。五月
即與魯戰奚，二年遂遷紀三邑，立
可以知齊襄之本謀矣
邾宋爭疆，與魯爭，故以說宋之
故皆盟伐之，視隱之七年而棄信
者惡更甚矣
孫戮井以疆場重任，妙在出奇
兵難遥度，專制最為害事
鋒鏑交于原野，而受策九
重機會變於須臾，而定計千

衛居邢，晉何以去衛，蓋以鳥獸之行為桓所黜，故挈姜奔邢耳，衛人立晉，經不書公子，其以此乎。若史記以夷姜為宣公夫人，毛西河主之，南禺豐氏又疑急、壽為同母，皆非也。嗟乎，壽冀免其兄，以身代之，急亦見殺，壽不及料也。壽不冀母弟安知始之不諫其父，又安知朔不忌急并及壽。春秋與急後先媲美者，有晉共世子，而與壽合轍無人，安得輕議論耶

經 丙戌 十有七年，春，正月丙辰，公會齊侯、紀侯盟于黃。齊地。二月丙午，公會邾儀父盟于趡。魯地。趡，翠軌反。夏五月丙午，及齊師戰于奚。魯地，今山東滕縣南奚公山下有奚邑，此齊魯交兵之始。六月丁丑，蔡侯封人卒。哀侯獻舞立。秋八月，蔡季自陳歸于蔡。蔡季，蔡侯弟也。癸巳，葬蔡桓侯。稱侯，蓋謬誤。三月而葬，速。集傳謂文誤也。及宋人、衛人伐邾。冬十月朔，日有食之。甲乙，春歷之紀也；晦朔者，日月之會也。日食不可以不存晦朔，晦朔須甲乙而可推，故日食必以書朔日為例。

傳 十七年春，盟于黃，平齊紀，且謀衛故也。杜解：齊欲滅紀，衛逐其君。

見三援衛朔，固齊所欲納，而紀則齊所欲滅者，不能平而強

與之平，非齊志也。故轉瞬即有奚之師。

及邾儀父盟于趡，尋蔑之盟也。蔑盟在隱元年。

見三按：魯桓不有于兄（兄且可弑），何有兄之盟（於邾蔑且難恃，何况於趡）？宜其甫盟而輒寒也。

夏，及齊師戰于奚，疆事也。杜：疆畧也。於是齊人侵魯疆，疆吏來告，

公曰：疆埸易音之事，慎守其一，而備其不虞。度也，不度猶不意也。疏云：疆埸謂畧畔也，至此易主，故曰埸。姑盡所備焉，事至而戰，又何謁焉。

見三按：桓即位十八年，無一善狀，亦無一嘉言，唯告邊吏數語辭簡意賅，足為馭邊良法。漢代人主若知此意，何至紛紛徼成流血千里。

蔡桓侯卒，蔡人召蔡季于陳。秋，蔡季自陳歸于蔡，蔡人嘉之也。

杜解嘉之故，以字告。何休云：蔡封人無子，季次當立，封人欲立獻舞而疾害季，季避之陳。封人死，歸反奔喪，思慕三年，卒無怨

里唐之將師大功不立，數正坐此。乃知推轂援鉞，古王良有深意。魯公數語可當軍誡三篇。

魏禧曰：數語得馭邊吏之体，凡守邊將帥道無踰此者。後世邊臣小有警，輒請兵請餉，驚擾朝廷，不知平日設鎮置將果何事也。

姜白巖曰：魯欲平紀于齊，故為黃之盟。齊衰盟而背之，因以怨紀者怨魯，故有奚之戰。夫桓欲存紀，一節之善也，謀衛則黨篡而已。

既屬疆埸，責在疆吏，君相不能遙制。事至而戰，決機雖在臨時，而備其不虞，慎守尤在平日。必能守而後能戰，即此便是錦囊。

劉公是曰：道足以興，權而不亂，力足以得國而不居，蔡季是也。胡康侯、張元德、葉石林、陳子徽及朱可亭並云蔡人望之，陳人奉

之而讓而不有且謂賢與季友等又杜氏以獻舞蔡季為一人先儒謂獻舞執于楚不能狥節隷非蔡季或又謂季雖賢不能保其見危授命也愚謂獻舞饗息嬀導楚滅息而虜其妻因以禍蔡固大類者豈獨不能義哉何氏謂封人不欲立弟而愛獻舞為則獻舞為封人之子顯然與公之[illegible]云劉子羣無子單子立其庶子[illegible]則古人所云無子無適子也又無賢子亦云無子叔向云肸又無子知封人非真無子矣且傳不言立季其曰嘉之也與季友同友亦未嘗為君也蓋蔡人以季之賢來告于魯故魯史書之非如負芻篡立不以子臧之入昔也莊十年獻舞為楚執豈季已卒歟

心

見三按紀季入齊而紀不亡成季歸魯而魯始定皆翩翩濁世之佳公子也蔡季達變之才不及紀季定亂之略不如季友而以身負一國之重歟讓位而出奔楚而歸思慕三年卒無（不因一婦人之故）怨心蓋曹子臧吳季札之流者獻舞不賢不能擇國以聽國破身執為世大辱其負慚於季多矣

伐郳宋志也（桓解郳宋爭疆魯從宋志背趡之盟提綱隱七年　志蔑之盟為宋伐郳是年春盟秋伐之自後凡伯）

主齊盟之外不復受盟

于魯者有六十五年

見三按齊與魯正月盟而五月戰魯與郳二月盟而八月伐蓋襄之宣淫不有於妹何有於妹所遂之人桓之篡逆不有于兄何有於兄所盟之國瀆信而好亂不仁而佳兵人理滅人心亡矣故桓旋喪於彭生而襄亦見弒於無知

冬十月朔，日有食之。不書日，官失之也。趙氏曰：此非也。或史官失之，或年深寫誤，何關日官日御。天子有日官，諸侯有日御。杜解：日官日御，典歷數者。日官居卿以底日，禮也。日官，天子掌歷者，不在六卿之數，而位從卿，故言居卿也。底，平也，謂平歷數。日御不失日，以授百官于朝。日官平歷以班諸侯，諸侯奉之不失天時，以授百官。

見三按：日，君象也；日食，天變也。故敬授人時，為帝王第一重大義。和昏迷天象，遂來允侯之誅。日食何事，而官失其日官之不率職，皆魯桓之不敬天也。不貶之貶，義正辭嚴。

初，鄭伯將以高渠彌為卿，昭公惡之，固諫，不聽。昭公立，懼其殺己也。辛卯，弒昭公，而立公子亹。昭公弟。按：魯人讎忽，故弒不書也。君子謂昭公知所惡矣。公子達魯大夫。曰：高伯其為戮乎，復惡已甚矣。復，重也。本為昭公所惡，而復弒君，重為惡也。

賀仲軾曰：傳紀鄭高渠彌弒昭公而立公子亹，經不書，殊不可解。夫春秋所書弒君者，一國之變，天下之通惡也，故特正首惡之名，以懲亂臣賊子。若鄭忽則異于是矣。應立之世子，諸侯必不使之立乎其位，宋挾祭仲逐之于前，魯、衛、陳、蔡再伐之于後，逆突據櫟邑逼之于肘腋之

間是丙而底子宗鄉外而方伯與
國皆甘心党亂以與嗣子為難非一
高渠彌足以死忽也故不書高渠
彌弑君者必欲治鄭之事將有甚
于高渠彌者在若止誅一高渠彌
則吳可分罪而宋魯陳衛諸國之
罪亦俱解免且無以見當日天下
之亂遂至于此也是故齊討子亹
殺高渠彌俱不書非謂殺之不當
正以為非治鄭之本源也
自古人主滅賊其兄弟其禍未
有不及中於子孫者也鄭伯瘳心
積慮以云母之愛子以自為子孫計
而不知天道甚邇身死未寒厲
逆其昆弟篡其兄昆弑其君諸
子自相殘滅者累世吁可畏哉

黃鄰林曰鄭昭公知高渠彌之好惡而不能去為所弑漢質帝知梁冀之跋扈而不能去卒為所毒從古人主之於小人不患其不知患在知之而不能遠或好為苛察以示英明或故為優容以示長厚迨至陰嫌偶開怨積平時毒發俄頃身弑國危為禍最烈大學於仁人之放流稱為能好惡良有以也

見三按鄭昭公之死高渠彌弑之定祭仲主之也祭仲專國舉朝之人皆其羽翼忽奚二焉唯其一人之向背為出入仲不主謀高渠彌必不敢弑昭（彌即弑昭）仲亦必討彌夫昭在儲位時猶知惡彌而固諫及即位何反不誅之以彌為仲之党勢有不可也彌弑昭而肆然無忌同朝不敢發一言以仲為彌之主權有足恃也昭既弑而仲未討賊間即逆鄭子而立之其與趙盾

陽穀以女會父，抗為夫禮，是役以妹從兄，直至亂倫。曰與，如其意也；曰遂，從之之辭也。易曰：夫子制義，從婦凶。桓不能制夫人，而曲從其欲，瀆倫背義，能無敗乎。

公何以薨？文姜弑之也。不言弑，諱國惡也。其地，在外也。畏襄王見魯以彭生告廟，不思復君父之讎也。桓弑於姜，十八年而所以植黨固位者無所不至，究禍生帷簿，不得考終。天道不爽，可不畏哉。

隱閔弑，不討，皆不書葬。桓何以書？家氏曰：自其身而言，固為不幸；自天討而言，與州吁死于濮、陳佗死于蔡無異，非謂彭生死，其賊已討，非謂讐在外，不責人臣之討也。稱我，君臣子之辭也。

俞寧世曰：敘褻嫚處，使人掩口；敘慘烈處，使人寒心。

之不討趙穿而立成公者，奚以異哉。然此亦昭公自致之也。救齊有功，自恃其勇，怒魯後班，即興四國之兵，意其人必血氣用事，性情躁率，而不知敬悔之方，故卒為群小所傷。後世如漢和帝十四而誅竇憲，周武帝自晦而誅宇文護，可以為人君鋤奸之法矣。

經 丁亥 十有八年春王正月，公會齊侯于濼。按：水名，今山東歷城縣西北。○音祿

公與夫人姜氏遂如齊。杜解：公本與夫人俱行，至濼，公與齊侯行會禮，故先書會濼。既會而相隨至齊，故曰遂之。

夏四月丙子，公薨于齊。不言戕，諱之也。管見曰：于齊齊襄與夫人及彭生皆于齊之一字包。

丁酉，公之喪至自齊。啖氏曰：夫人隨喪而歸。管見：見魯人不可須臾忘齊也。○秋七月。

○冬十有二月己丑，葬我君桓公。九月乃葬，緩慢也。

傳 十八年春，公將有行，遂與姜氏如齊。杜解：始議行事。申繻曰：女有家，

周大章曰開口女有家男有室分明中冓之言言之醜也而彼昏不知兵加其頸就之如飴亦天奪之鑑而授之首耳東禮之國而惟溥不修貽笑天下萬世若此申繻之諫可不為之三復乎

姜皇巖曰方戰于奚忽會于濼天奪之魄也生平過饕殺之人必踴躍以定其位乃身死賊手孰過而問之言惡于諸侯猶寓齊制之意否則彭生之殺亦不可得也然亦即所謂討慝氏有死者魯何以知殺彭生齊告也而不書讎不在彭生也自是魯人其忘讎矣

黃泉相見之誓在鄭莊而不在魯莊此可誓而不誓彼不可誓而誓豈識者惜其舌鋒也齊人于哀之殺在哀姜而不在文姜彼可殺而殺此尤可殺而不之殺也識者惜其刃鋒也桓公弒隱天討之加死于非命而已

男有室無相瀆也謂之有禮易此必敗公會齊侯于濼遂及文姜如齊齊侯通焉公讁之讁譴也以告夫人告齊侯夏四月丙子享公齊侯為公設燕之禮使公子彭生乘公公薨于車上車曰乘拉公幹而殺之魯人告于齊曰寡君畏君之威不敢寧居來修舊好禮成而不反無所歸咎惡於諸侯請以彭生除之除恥辱之惡也齊人殺彭生

黃鄭林曰按桓公三年夫人姜氏至自齊十三年公與姜氏如齊春秋特紀其始末即紀其始以著姜氏于歸之由紀其末以著桓公喪身之故其寔中閒不能屢書也至于桓既薨後會禚會防會穀如齊師享祝丘則罪在莊公也蓋齊襄之立雖在桓公十四年文姜則為齊襄之妹綏綏之狐妄求其匹必非朝夕之故此展我甥兮見諷于齊人而同非吾子桓

又多一夫人之淫夫操刃于兄弟是人而禽獸矣故特假手于兄妹爲禽獸行之齊襄爲桓公于蒍氏弑隱公而借蒍氏以謝國人齊襄使彭生殺魯桓而借彭生以謝魯人皆一法也彭生生爲刃士則殺魯桓死爲厲鬼則殺齊襄一人而殺兩禽獸之君壯哉烈烈乎何又死而化豕也一人而殺二君可曰非禽獸乎死而化豕以亂易亂以禽獸食禽獸也夫若假手于忠臣義士則尤恐其污吾刃耳

兄妹爲禽獸之行人類所不齒也詩序齊女賢而不嫁此賢女指文姜公羊疏痛賢君不以時葬此賢君指齊襄嗟夫齊姜而賢女矣齊襄而賢君矣漢唐諸儒豈直擇焉而不精哉

周大章曰弑君之賊必討高渠彌尤當其罪矣祭仲之惡更浮

公亦以爲然嗚呼魯桓殺隱見弑于彭生卒之貝邱之田齊襄又喪魄于大豕天道好還彰彰不爽

見三按春秋之時臣弑其君者有之子弑其父者有之弟弑其兄者有之婦弑其夫則文姜獨也閨門不謹越境宣淫不仁之人天奪其魄不死胡爲總計桓十八年弑隱自立而兄弟之倫亡不朝王不報聘不奔喪不供貢而君臣之倫亡縱其夫人會所私之人又隨其夫人適所私人之國捐棄廉恥而夫婦之倫亡至于成宋亂助鄭惡辱太廟假許田更不誅足矣秉禮之國而蔑倫亂紀至于如此聖人所謂夷狄之有君不如諸夏之亡也春秋安得而不作哉

秋齊侯師于首止杜解陳師首止討鄭弑君也首止衛地按今河南睢州東南有首鄉子亹會之

于高而吞舟漏網天王不問列侯不討失刑甚矣致使小人自多其智世變至此尚忍言乎

姜白巖曰齊襄雄猾之行不啻人類獨首止之師殺子亹雖過而轘高渠彌實爲衆舉魯人黨突故亹忽儀之事史皆無文不然夫子定大書曰齊人殺高渠彌

張悔菴曰周幽以孽長立少之故身被弒國幾亡遷于鄭廓僅而獲濟子孫所首鑒者宜莫先于此而軌受溺私仍世世疊見使失職不逞者得借以爲釁寡豈不悖哉桓王子儀是一幽王也莊王子頹是又一幽王也惠王之子子叔帶是又一幽王也景王之子子朝是亦幽王也傷虎者談虎而色變隸隸而推輪者視平地皆羊腸九折也桓之去幽再世耳是其所見聞也至于莊王親見子儀之釁寡而偏愛子頹以稔毒于惠惠王身遭子

高渠彌相不知齊欲討己七月戊戌齊人殺子亹而轘高渠彌車裂曰轘。轘音患祭仲逆鄭子昭公弟子儀于陳而立之是行也祭仲知之故稱疾不往人曰祭仲以知免仲曰信也

見三按高祭是一流人物而轘與免殊非罪有重輕智愚若耳益知昭公之弒的係祭仲主謀稱疾不往自鳴其狡蓋分明網漏于吞舟也

周公欲弒莊王莊避桓王太子而立王子克莊王弟子儀辛伯周大夫告王遂與王殺周公黑肩王子克奔燕初子儀有寵于桓王桓王屬諸周公辛伯諫曰並后妾如后匹嫡庶如嫡兩政臣擅命耦國都如國亂之本也周公弗從故及及于難也

黃鄭林曰辛伯之諫纔八字耳而漢唐之亂未有不由此者

此與石碏蔿皆古大臣防亂之方彼書之以詳明此書之以簡練有國家者均當書諸蒲座

見三按辛伯不動聲色手戢大難其本領在竝后匹敵數語惟有定議斯有定力前之諫主而燭禍于未然者即後能討賊而滅禍于將然也後世如漢和帝鄭衆之誅竇憲吴王休丁奉之誅孫綝魏莊帝陽城王徽之誅爾朱榮機密而速謀精而斷皆爲除姦之法若漢獻帝與董承衣帶詔圖之不密行之不斷則反中于其君子其身矣

顛之難而又寵嬖子帶以基禍于襄則尤惑矣嗚呼周壞于尊嫡而數世奪嫡漢傾于外戚而連用外戚唐之女寵宦官相繼也宋之守和議而不變以終其世也醉醒以酒滅煬以薪其溺没顛墜不至于亡不止也豈不悲夫

魏僖曰告王中有許多閒諜在與王殺中有許多作用在不然弒王之謀必密辛伯何由知之黑肩世卿大有權力豈易殺哉觀辛伯初諫則知胸中時時慮此一事著著辯此一舉矣古人定大難往往有費心力而史未詳其本末者

姜白巖曰讀前段周公欲弒而立辛伯制于未發或殺或奔大禍消爲無有此焦頭爛額之功也讀後段知桓王貽謀不善早有以立克者授意周公辛伯以竝后匹嫡諫之此曲突徙薪之謀也

莊閔公全
222
3,02432
222

列國時事

莊公之世齊桓創霸而楚亦寖強以楚文承武王列內有鄧曼為母外有鬬祁莫敖等為臣一入喜而息滅一過師而鄧亡伐申入蔡其猾夏也鷙於武王繼嗣成王又善承先志其英銳不可遏也要其大勢全在爭鄭緩告入櫟爭鄭於前子元襲仇爭鄭於後而齊桓前八年盟幽而鄭服後十九年盟幽而鄭成卒無如其屢叛何也無他桓自兩鄄一幽連年為衣裳之會九年以後晏然無事雖以子頹之亂亦置若罔聞越十年而後王請伐衛仍取賂而還失此大義固不足以服其心也當此之時一軍為晉曲沃居然列侯荊人來聘楚成儼然上國御說背北杏於小白初霸之

年請先會於衣裳五會之後亦識時務之俊傑也蓋五霸
各有其基惜茲父不克負荷耳豈真一姓不再興哉　齊
桓霸業始於平宋亂晋文霸業始於釋宋圍晋悼霸業始
於救宋彭城楚成爭霸有宋之圍楚莊圖霸有宋之圍始
則楚爭霸有宋之盟終則楚分霸有宋之盟此皆一部樞
紐處奉李廉家鉉翁馮李驊

不稱姜氏絶之也曰孫內諱奔也桓公見殺齊人歸獄彭生文姜宜與喪同歸魯之臣民內怨群議懟不自安故出而奔齊蓋欲藉齊以脅魯也莊公溺於母子之情不能與絶故姜氏復歸而宣淫益無忌憚

左氏以為逆則單伯王臣也公穀以為送則單伯魯大夫也然魯之單氏不再見而單氏為周之世卿屢見經傳自當以左為正

王姬至齊是魯人第一痛心事

春秋左傳精義卷之五

閩中鄭林　黄一桂　輯　男　心垣見三　補輯

莊公一【疏】魯世家云名同桓公之子母文姜 以莊王四年即位謚法勝敵克壯曰莊

【經】戊子元年春王正月。三月夫人孫于齊。【杜解】夫人莊公母也魯人責之故出奔內諱奔謂之孫猶孫讓而去。夏單伯送王姬。單伯天子卿也單采地伯爵也王將嫁女于齊既命魯為主故單伯送女不稱使也王姬不稱字以王為尊且別于內女也天子嫁女于諸侯使同姓諸侯主之不親昏尊卑不敵【陳傅】惟王人則以內辭書之一如吾大夫。單音善。秋築王姬之館于外。公在諒闇慮齊侯當親迎不忍便以禮接于廟又不敢逆王命故築舍于外。冬十月乙亥陳侯林卒。杵臼立弟宣公。王使榮叔來錫桓公命。榮叔周大夫榮氏叔字錫賜也【經筌】命策命也若書所謂蔡仲之命文侯之命耳衛襄公卒景

仇讎不可交昏姻衰麻不可接弁冕棄於外宜為宜焉差辭審弗主之為正天王錫命亦是魯之忘與六襄十四年書王錫齊桓齊侯則宗公賜齊侯命但桓係篡逆之賊而齊又魯之仇讎云王不能正而以錫命辭釋之王寔替矣昏禮必有第逆者王姬之歸有五人送而無齊人迎非不逆也不忍書也春秋之責魯甚至矣而王之失亦於言外可見郱鄑郚紀之邑也紀王之后家也王姬方歸齊即遷取三邑以逼紀無紀實無王也紀侯安得而不去哉

王使人追命之是也此叔季之事非制也不書天闕文按夫子魯臣亦周臣也魯君弑逆大惡一則曰公再則曰公恐未必舍亂賊而罪其獎亂賊者疏云春秋書天王者二十五○王姬歸稱王者六稱天子者一其義一也此書錫命之始于齊不書逆公不與接經筌秋築館而冬歸于齊僖齊懼魯要其來而為父復讎也遲之冬知魯無復讎之志而後來逆之○齊師遷紀郱鄑郚齊欲滅紀故徙其三邑之民而取其地按郱今山東臨朐縣鄑今昌邑縣郚今安邱縣西南有部城○郱蒲丁反鄑音茲郚音吾

傳

元年春不稱即位文姜出故也

見三按魯遭桓公之變正當即位以示君臣之義獎率臣民枕戈洒涕以復讎為事即位何害於義明皇幸蜀靈武即位徽欽虜金建炎即位修史者特筆以予之蓋復仇人子之心即位人君之禮必即位而後以復讎至於為文姜出而不忍即位更屬非禮莊之感母忘父隱忍事仇於此五字見之矣

姜自嚴曰公薨于車魯臣民請彭生除之文姜定于與喪同歸不書歸于君也觀三月書孫于齊從前之歸可知矣桓之弒由于姜之出而姜實與弒莊公枕戈復讎既制于勢絕姜于廟又牽于情一時難言之隱皆此五字盡之姜何以又孫于齊魯人創鉅痛深通國嘵嘵姜不自安為自全之計不書姜氏人受生于父母則有姓氏以別于禽獸姜氏淫于同氣而賊其夫瀆其姓氏人道絕也猶書夫人魯親之而不能絕之也以絕不為親為禮知親之而不能絕者之非禮矣魯之臣子可以大義曉其君而深惜其不能也公羊史記謂文姜尚在齊杜氏謂文姜當絕齊不當復奔齊皆謬也

三月夫人孫于齊不稱姜氏絕不為親禮也發微正王法也

見三 按胡傳謂孫者順讓之辭使若不為人子所逐以全恩也夫莊亦安能逐姜哉文姜隨喪歸魯眾怒沸騰懟不自安故復奔齊莊公暱於私恩不能絕之而聽其出入自如書曰孫于齊見姜之橫即以著莊之悖也初時文姜身負大逆猶有懼心其後莊公為之主國人無如之何屢會齊侯無復忌憚不稱姜氏齊尚不可謂女魯又安得以為母乎必絕之而不以為親可也黃泉相見之誓在鄭莊而不在魯莊此可誓而黃鄭林曰黃泉相見之誓出諸鄭莊則為背母出諸魯莊則不誓彼不可誓而誓識者惜其舌鋒也齊人于夷之殺在哀為鄭知左氏絕不為親四字實為千古立鐵案五手情礼學而不在文姜彼可殺而殺此尤可殺而不殺識者惜其因知世辟也義故武后不誅而高宗復肆卒有神龍殿之禍

賀仲軾曰：魯雖讎齊，當在桓死之之初告之天子，請之與國，魯之君若臣寢苫枕干，共効同讎之義，則是非當有所歸。召彭生之請除，已逐桓公之錫命已來，上下恬然，安若無事，故王不復以魯措意，安然使魯主婚；魯不復以齊措意，欣然奉承王命；齊亦不以魯措意，坦然成其嘉禮。魯自以為尊天子結大國，而不知齊人掩口笑之矣。左氏曰禮也，與之歟？抑責之歟？

春秋書邑必繫國，此言是伐於餘丘，後方屬邾，不可謂邾邑也。春秋所惡者不在於邾，卻夜伐而在慶父師師。魯弒君三賊皆由主兵而成，敗至慶父者，比之公子翬與仲遂也。孔經本書為王姬服之禮，莊公因齊之告表特為之服，以媚齊也。今日之今矣能禁之，則前日之孫

秋，築王姬之館于外。為外禮也。〔杜解〕喪制未闋，故異其禮，得禮之變。

見三 按魯人告齊，歸罪彭生，其告周也亦必以彭生為辭。故生除而魯之讎雪矣。故天王以齊魯為無讎，而使魯主婚。魯亦安然受之，非畏王命而不敢辭，主婚之事乃畏齊而不肯辭也。築館於外，豈真得變之正哉？外則清議難容，內則天良難昧，故為此非禮之禮，以飾一時之耳目。左氏以為禮，失其實矣。

經 己丑 二年春王二月，葬陳莊公。〔杜解〕魯往會之，故書。○夏，公子慶父帥師伐於餘丘。國名。莊公時年十五，則慶父莊公庶兄。按此時慶父主魯政，安得有之復讐之舉。○秋七月，齊王姬卒。魯為之主，比之內女。疏云疆引齊告王姬之喪，魯莊公為之大功。〔陳傳〕施諸父讎，不可為子。

○冬十有二月，夫人姜氏會齊侯于禚。齊地。音灼。○乙酉，宋公馮

孰能追之故知如齊者姜氏之志而以為孫者春秋之文也善不悔罪狂行于国中魯人尚以彭生藉口乎

賀仲軾曰今日之會莫能禁之則前日之孫孰能追之故知如齊者是姜氏之志而以為孫者春秋之文也姜氏不悔罪狂行於國中魯人尚以彭生藉口乎

姜白巖曰禚齊地涉汶水而會之載驅之詩所由作也不必諱直書

黃[illegible]曰[illegible]不能制其姦既以姦而殺魯莊公不能防其母復以養其而奪[illegible]恥滅也不[illegible]何以自立誠能[illegible]載馳諸詩聖人所以謹而不疑[illegible]以示天下後世者悉慨

悔[illegible]

朔自悉齊[illegible]不執之以歸于京師又與師以納之乎且莊年立正也當從先惡犯正以伐同姓其罪大矣

世[illegible]退不謀累不得已而為存宗祀之計也可見也紀侯安季於齊而立國之志決矣公欲[illegible]紀之難而度其力終不能

卒。子閔公啓立。

傳 二年冬夫人姜氏會齊侯于禚書姦也

見三按文姜武曌皆以淫亂身負大逆舉朝臣予唯唯不敢發一言為之子者亦俯首聽其操縱雖日積威使然其權略亦有大過人者然武則廢子而立姜猶挾子稱雄非其才有不逮其勢有不能也若主威靈論使其載姜廢立必為天下所不容故有所忌憚而不敢否則武后亂唐之事幾何不先見於春秋耶

經 庚寅 三年春王正月溺會齊師伐衛解溺魯大夫。夏四月葬宋莊公。五月葬桓王。秋紀季以酅入于齊季紀侯弟酅紀邑齊欲滅紀故季以邑入齊為附庸先祀不廢按紀人貴之以字。冬公次于滑兵未有所加所告魯酅今山東臨淄縣東有酅亭。酅戶圭反

次則書之滑鄭地按河南睢州有滑亭

傳 三年春溺會齊師伐衛疾之也

見三按襄魯之讎人也朔王之罪人也會讎伐之國納天子之罪人於王爲不忠於親爲不孝不忠不孝其何以立於天地之間傳曰疾之也蓋不以人齒之也

夏五月葬桓王緩也杜解以桓十五年三月崩七年乃葬故曰緩

見三按桓爲天下之主越七年乃葬王室之微諸侯之慢權均可想見桓有錫命莊不會葬匪特不臣抑且不子

秋紀季以酅入于齊紀於是乎始判判分也言分爲附庸始于此

黄鄭林曰紀侯是極有氣節人大去其國即太王去邠之意也紀季是極有性情人以酅入齊即微子奔周之意也太王去

秋故次师于滑將以鄭之不會而謀于紀乎非實欲救紀也彼于父之讎尚忘之而不顧豈真有心存紀哉故書次以譏之

賀仲軾曰左傳疾之也不能讐讐反與讐會師伐天子之所立至此而魯之人心盡亡矣爾於君父何有人亦於爾何有

姜白巖曰溺之會公使之也疾者疾魯之忘讐非疾溺之專命也衛朔奔齊衛已立黔牟朔之母宣姜爲齊襄之女白魯助伐之主之者文姜也

姜白巖曰春秋之緩葬多矣未有遲之七年之久者蓋不克葬也赴喪而諸侯不聞求賻而諸侯不應至莊王僖王之崩經皆不書并不赴矣王室之微至此天下尚知其主乎桓文興而官授方物賵使時至周室以尊管仲之力也

酅不係齊所以嘉紀季之存祀
彭城書宋所以罪魚石之不臣

姜寶巖曰紀季之[illegible]為存宗祀奉紀侯之命故聖人閔之自伯姬歸紀侯魯君臣為紀謀者三世桓不能平紀于僖莊豈能平紀于襄鄭突方自櫟厚結于齊明年為垂之遇矣莊猶次滑待之不亦愚乎

而興紀侯去而亡微子奔周而復封紀季入齊而不振則天也然其人皆足以千古矣

見三接入有三義有自外而入者小白是也有乘隙而入者許叔是也有自他而附者紀季是也迫于強暴不得已而為存宗祀之計故小白許叔之書入幸詞也紀季之書入哀詞也自是而紀侯去國之志決矣

冬公次于滑將會鄭伯謀紀故也鄭伯辭以難杜鮮在櫟故

九師一宿為舍再宿為信過信為次為經書次例也舍宿不書輕也言九師通君臣

見三接謀紀邮小之仁也伐齊報讐之義也君父之仇不量力苟能收紀以為上告天王明正齊罪魯則枕戈而號紀亦同舟共濟豈不仁義兼盡哉徒次焉而莫展一籌是魯而已

婦人享諸侯事奇齊侯越境享
婦人更奇皆非禮之私以文其淫縱
之私此大亂之道也
並備之立經沒不書魯史之舊也
則鄭伯自當以哭為正三國遇垂
蓋謀取紀且以紀侯見难而去
不日滅而曰大去其國蓋稱無道之
臣以存有道之弱若進止在己非
齊所得滅也夫人主殯齊師未加
此惡無長使蓋既不守宗廟國
不敢私妻子其志為可哀也
滅紀者齊也紀有伯姬之喪而滅
之亦齊也使其喪之無所歸而
不我殯者亦齊也書之而齊侯
之罪益著矣
禚即二年姜氏與齊侯所會
之地也於本國非狩地且訊況越
境而與仇人狩于宣注之地蓋以
於是益見良心矣
縱軌此曰不謂於楚得此奇婦
人使王聞言知悟則可無覺於
行而營軍除道皆可為多事
二臣以死王為生而不能令生
王不死吾謂令尹莫敖其智皆
出鄧曼之下

矣

經 辛卯 四年春王二月夫人姜氏享齊侯于祝丘（祝丘魯地 享食也）。三月紀伯姬卒（隱二年裂繻所逆者內女唯諸侯夫人卒葬皆書恩成於敵體）。夏齊侯鄭伯遇于垂（按鄭伯哭也三國遇垂欲滅紀也卓氏謂哭求釋挺紀之怨於齊假陳以為介紹因同遇垂而謀紀也或以鄭伯為子儀則子亹之殺祭仲魄敢奉子儀會耶）紀侯大去其國（以國與季且魯黨矣以哭為鄭君其書鄭伯必哭也 季奉社稷故不言滅 大去者不反之謂）六月乙丑齊侯葬紀伯姬（齊侯師為加禮 附庸以紀國夫人禮）。秋七月。冬公及齊人狩于禚（公羊 齊侯稱人諱與讎狩也 莫重於其與讎狩也按何以不諱公如不書公安知與狩者之非大夫不足以顯人之為齊侯也）

傳 四年春王三月楚武王荊尸授師孑焉以伐隨（荊尸陳也荊亦楚也更為楚陳兵之法楊雄方言孑者戟也然則楚始于此參用戟為陳）將齊入告夫人鄧曼曰余心蕩（將授兵于廟故齊 蕩動散也）鄧曼歎曰王祿盡矣盈而蕩天之道也先君

姜皇叢曰：楚之僭王自熊通始，居尊自大，志氣驕盈，盈而散溢，若鬼神褫其魄，鄧曼之言，庶乎知幾矣。而或謂不滿楚子之窮兵欲諫不能，則伊子滅申滅息，且殄及母家，曼猶在乎？何以不聞懿訓也。

周聘侯曰：勝負兵家常事耳，自夫人言之，師敗重在王，王死非重，師徒而輕王也。兵危戰危，韓之戰晉惠被獲，泓之戰宋襄受傷，升陘之役僖公冑且懸魚門矣。王死于行，尚屬得正，而幾至則師徒有虧，禍且不測。據之一盈最為害事，以蕩王心屬之先君，分明鬼神禍盈與天道虧盈，止此一段左編。謂前論濟師則長於知人，此論心蕩則精于說理，不知莫敖自用即是盈，心不固即是蕩，告諸天之不假易即是盈而蕩天之道，其論莫敖無非

其知之矣。故臨武事，將發大命，而蕩王心焉。楚為小國，僻陋在夷，至此武王始起其衆，僭號稱王，陳兵授師，志意盈滿，臨齊而散，故鄧曼以天地鬼神為徵應之符。若師徒無虧，王薨於行，國之福也。王薨於行，不死於敵。王遂行，卒于樠木之下。○樠木，木名。樠音朗。令尹鬬祁、莫敖屈重除道梁溠，營軍臨隨，按除，治也。梁，橋。溠，水名，今在湖廣隨州東南。營軍，壘也。特秘不發喪，故設為奇兵，更開直道，作橋梁於溠水，築營軍壘以臨隨，示為特久之計，故隨懼而行成。溠，側嫁反。○莫敖以王命入盟隨侯，且請為會於漢汭而還。濟漢而後發喪。附注：詩芮鞫之即，毛傳云：芮，水厓也。及鄭箋乃云：芮之言內也。杜蓋依用其說，謂會在漢西。據傳言漢東之國隨為大，若為會于漢西，則楚師元未涉漢，下文何得云濟漢而後發喪也，與傳戾矣。閔二年渭汭注云：水之隈曲曰汭，是也。按曰臨隨則已渡漢而入其竟矣，曰入盟則楚使入盟隨國矣，濟漢謂楚師濟漢而還也。

黃鄰林曰：盈虧益謙，天道也。楚王之盈，在於稱王。楚自熊繹之陋封外家，其得崇意燄至而蕩天之道，易理也，而鄧曼能書一稱王，後長屬王，隨去王號，至魯桓十八年熊通自立為

諷諫林〻子林〻子不悟還是一
盈為〻也後世林〻室設竜
敬天致有亂亂〻序其王卿陵
中目皆不甚在持盈衰此種
精理名言不但正府家所不
道到六道學家說先生所未闡
也
按此安實敢為聖学之而齊善餘
言之漢由馬皇后之阻封外戚
其賢此意乎至而為天之
道易理也而鄧曼能道之
唐徐惠妃之諫征高麗〻
知此理歟

姜白巖云按穀梁曰大去者不遺
一人之辭也民之從者四年而

曼曰先君其知之矣知王號不可僭今日子孫稱王為僭道之唐徐惠妃之諫征高麗其知此理歟
盈之日耳因其授兵於廟齋祖宗即以此言進也秘喪臨隨
仍用王命遂為後世不易之法
見三按鄧曼一婦人耳前論濟師則長於知人此論心蕩則
精於知天盈而蕩是原其蕩之本蕩王心是指其蕩之極為
得天地之鬼神與吾心之鬼神是二是一此等理學語直作
中庸註疏可也其以師徒無虧王薨于行為福尤得社稷為
重君為輕之意已先孟子道出真絕大見識若令尹莫敖當
伐國之際王薨于軍而能以智盟隨侯全師而返其倉卒濟
變之才亦有足多者秦始皇東游明文皇北征此其摹本也

紀侯不能下齊以與紀季社雖不能降屈事齊以國與季明季不叛盡夏紀侯大去

後畢也公羊曰不言滅為襄公諱也哀公烹于周紀侯譖之襄公能復九世之讎故為賢者諱夫擬以太王國以不倫而復讎之說即襄假之以為兵端者也漢武執此一語遂開西南夷黷武殫良師流血千里然則春秋果可易言哉 紀侯連姻王室倚魯鄭為援桓王崩突復竟齊過重以脅紀故喪棺在殯娶之而行聖人變文書之閔紀也惡齊也傳云違齊難發明經義盡矣

魏禧曰紀侯去國變而不失其正也上不能抗强敵之威下不忍為苟且之計於是委國紀季使之存節於齊得全先人之祀而其身超然遠去不當臣妾之羞春秋亡國之權未有善於紀侯者故聖人大之夫亡國而大之者大其斯不辱國而亡不絕宗也然去而不失其正也

其國違齊難也違避也陳傅傳見紀侯所以不書奔

黄鄭林曰州公不復紀侯大去兩人極是見機而作而書法不同以興季之著安頓更妥也

見三按紀侯去國非若梁之自亡莒之自潰也逼於强齊求全無印姬為魯女女作王妃於是或就魯以諧齊或請王命以求成于齊齊心積慮如此其無亡國之道一也齊偕鄭伯以襲紀則立破其陰謀齊合二國以攻紀則聯師以取勝倉卒應變如此其無亡國之道二也大勢已去一木難支齊師備名復九世之仇而紀侯遷民至四年而畢九世之仇莫須有之辭也四年而畢死勿去之效也其無亡國之道三也裂繻之名首見於經此紀侯之賢大夫也季以鄰入齊之全宗

賴書曰太王之去去而國存紀侯之去去而國亡此則紀侯身死社稷而使季下齊可也不此身爲啓亂以至滅亡及臨事委而去之斋皆籍口矣

師敗也曰如齊師見善從竟宣[illegible]署與羞恥是悍挑詩行人鄧齊子翺翔之義非師旅之師也郳者何小邾也小邾則邑謂之郳未成國謂之郳既成國謂之小邾樂翔得罪于王而齊東會諸侯以內之無王甚矣故皆貶稱人晉莊覺辯內救罪益不可追矣

祀也紀侯之賢兄弟也叔姬待年于始守節于終此紀侯之賢妻妾也其君賢其大夫賢其兄弟賢其妻妾賢其無亡國之道四也春秋亡國之慘莫如紀亡國之烈亦莫如紀無可亡而怨爲亡者聖人之所痛也無可亡而怨爲爲人所亡者聖人所以甚惡夫強暴也泰朱元成

經 壬辰五年春王正月。夏夫人姜氏如齊師穀梁書姦疏云蓋齊侯疆紀之師。秋郳犂來來朝滕附庸國也犂來名按今山東滕縣東有郳城。郳五兮反。冬公會齊人宋人陳人蔡人伐衛

傳 五年秋郳犂來來朝名未王命也杜注其後數從齊桓以尊周室王命以爲小邾子陳傅釋書名有非必貶之者按郳之上世出于邾邾曹姓顓頊之後武王克商求其裔得六終之孫名俠者封爲附庸使居邾儀父俠之十二世孫也小邾亦俠之後其時有夷父顏有功建于周因別封其子友爲附庸國而居郳後邾與小邾俱稱子

見三按附庸三十里者稱字郳儀父是也二十里者稱名郳黎來是也小邾爲郳犂來楚爲荆至僖七年始稱小邾子郳世世系云儀父從桓佐霸有功請于王進爵爲子鄒繹小邾亦然

冬伐衛納惠公也惠公朔也桓十六年出奔齊陳傳不書納以朔入爲義

見三按賀仲軾云春秋歸義齊襄貪獸之行也凡人羞與爲伍在魯尤爲不共之讎宋陳蔡且與連兵結黨犯天下之公惡拒天子之嚴命二百四十二年之中未有亂於此時者也魯莊不尋諸仇讎反合仇讎以納逆賊抗王師無父無君

上年書五國伐衛誅無王之罪也此年書子突救衛明天討之正也書衛朔之入在王人救衛之後五國抗王之罪不勝誅衛朔撞入之罪亦不容逭矣

經

癸巳六年春王正月王人子突救衛按天子之卿大夫皆稱王人不必士也僖二十八年王子虎亦稱王人可見子突王人之字書救始此

夏六月衛侯朔入于衛杜解朔爲諸侯所納不稱

俘，取也。商書序曰：遂伐三朡，俘厥寶玉。逸書世俘解曰若俘殷王寶，又曰若殷俘王士百人，俘人三億萬，則以為齊伐衛所獲寶器，文姜請之，故來歸我。

姜白巖曰：黔牟雖立于二公子，然五國伐衛，納朔，而王使子突救之，則知二公子早以朔之罪告之天王，又知天王必受二公子之請，遂朔而立黔牟矣。夫以天子所立之黔牟，孰敢廢之？而悍然與抗，納朔而即放黔牟于周，五國之皆叛臣也。朔書衛侯，五國以為君，王無如何也。閔周也，莊公抗天子，不忠；黨父雠，不孝；納罪人，不義。其何以立于天地乎？魯黨朔，故黔牟不以奔書也。前篇力表二公子，此忽加貶，而王人之救亦只一語了之，何也？蓋使二公子有固位之心，則必審時度勢，不可則止，為奮不顧身，寧以一死謝急、壽，而不忍苟祿，從惠公，然則二公子之死，雖死猶生，而王人之敗，雖敗非辱。褒二公子

歸而以國逆為文。秋，公至自伐衛，告于廟也。螟，為災。冬，齊人來歸

朔以國逆告也

衛俘。傳言衛寶，胡傳：商書稱遂伐三朡，俘厥寶玉，則俘者正文，寶者釋辭也。

傳 六年春，王人救衛。夏，衛侯入，放公子黔牟于周，放甯跪衛大夫。宥之以遠曰放。于秦，殺左公子洩、右公子職，乃即位。君子以二公子之立黔牟為不度矣。夫能固位者，必度于本末而後立衷焉。不知其本，不謀；知本之不枝，弗強。按度，審度也。衷，正也。即楚辟我衷之衷。立黔牟，義之正也，然必度其時勢本末而後可立。吾正道本，謂周室，末謂諸侯。周室之聲靈不足以及諸侯，是本不足以及枝也。豈可強謀乎？詩云：「本枝百世。」詩大雅。按因引西周之詩，本既盛強，足以率枝，枝亦蕃茂，足以扶本，皆百世爲而謂今其時哉？孔疏謬，劉炫更謬。

黃鄴林曰：春秋之初，王師尚能獨出，一失於伐鄭，敗績，而王法不行；再失於救衛，無功，而王靈益替。自是以來，非假王請

正方表王人也傳有似襃而實貶
者此類是也

師會伐不能獨出五國之罪與鄭莊等傳不責五國而責二
子者二子致命遂志雖屬不度若五國助逆抗王幸逃斧鉞
春義則合
之誅殊失本枝之義引詩作結傷周也哀二子也即以深罪
五國也
見三按稱王人善救衛也春秋二百四十二年王旅之出合
司馬九伐之法者唯此一事而五國助逆抗衛王師使佩韘
之童子賊守正之大臣宇宙間竟不知有王法為何物矣
稱文安得而不書乎左氏於衛朔及諸侯不置一詞而但惜
二公子之不度以為理無可議唯于時勢則未之審耳此言
殆微辭也
冬齊人來歸衛寶文姜請之也杜觧姜請之欲說魯以謝慙按經著一衛字知朔以寶賂齊齊

孫執升曰三甥腹明手辣事後思之鄧侯誠為失策乃坡公有言以鄧之微無故而殺大國之君使楚人舉國而仇之其亡愈速夫鄧不患有楚子而患不能修德以固國使其國不亡國苟不至山雖百楚子向不能害一楚子天下豈遂無楚子乎三甥知勸鄧侯殺楚子而不知勸鄧侯修德固圉以不亡其國則三甥誠失策也

姜白巖曰近楚者莫如申息密莫如陳蔡不剪申息則楚之藩籬不固不朝陳蔡則窺鄭之門戶不通故其首謀在滅申息而圖北方在服陳蔡若鄧若隨皆隣于楚其所必爭者也傳于

以分于四國也

見三揆桓之郜鼎莊之衛寶父子一揆也衛不歸而齊歸之也

齊未歸而姜請之賄賂之來出諸淫婦之情尤爲有醜面首目

楚文王伐申過鄧鄧祁侯曰吾甥也杜祁謚也姊妹之子曰甥杜楚文王鄧曼所生

止而享之騅甥聃甥養甥請殺楚子皆鄧甥仕于舅氏也鄧侯弗許三甥

曰亡鄧國者必此人也若不早圖後君噬齊若齧腹齊喻不可及其及圖

之乎圖之此爲時矣鄧侯曰人將不食吾餘言自害其甥必爲人所賤對曰

若不從三臣抑社稷實不血食而君焉取餘言君無復餘弗從還年

楚子伐鄧伐申還之年十六年楚復伐鄧滅之魯莊公十六年楚終強盛爲經書楚事張

本。呂說楚急于滅鄧見鄧有可乘之釁耳三甥不

是憂而勸殺楚子雖楚子可殺猶有楚國存焉

黄鄰林曰吾甥也是親愛語吾餘也是輕薄語鄧之止享是恭敬意

楚事開端便備載季梁諫隨侯一篇歸結于務三時修五教親兄弟之國以示千古禦戎圭臬故漢陽小國有全然不槩于心者則曰自郢及我九百里焉能害我如黃人無備是也有恃之過急者則曰若不早圖後君噬齊如鄧三甥之勸殺楚子是也此皆不知保國之道而無補于亡者也

楚[illegible]也是親蔡語吾娛也是也執薄語鄧三止言是蔡殺楚蔡之止見是一個衰意天方授楚蔡同姓原鄧亦噬臍特詐力而傳親戚樽俎之間戈矛伏焉可不畏哉

恒星常見之星夜明不現異也夜中眾星之隕如雨見又似又爭隕更是矣如雨言多也此安渠之未當有天下者之憂也災異與天行殺與人民以食為天未可諉為適然之數也

蔡之止見是箇衰意天方授楚蔡同姓原鄧亦噬臍特詐力而包藏禍心樽俎之間戈矛伏焉鄧祁侯國夢之不知也哀哉

見三拔三甥之請殺楚文與子玉之請殺重耳范增之請殺項羽同為梟雄辣手然以宴享之間而行襲殺之計無論天之所興莫能廢即徼倖得行而我不自強人皆思逞夫豈一敵未必不復生一敵也況鄧小而偪為楚所必爭無故而殺其君以楚之強聲鄧之罪其剪滅此而朝食者也必矣三甥但知不殺之為噬臍尤為噬臍其識見遜季良遠矣

經

甲午 七年春，夫人姜氏會齊侯于防。魯地 。夏四月辛卯夜，恒星不見，恒，常也。謂常見之星。辛卯，四月五日，月光尚微，蓋時無雲，日光不以昏沒。夜中星隕如雨。

秋，大水，無麥苗。今五月，周之秋，平地出水，漂殺熟麥及五穀之苗。冬，夫人姜氏會齊侯

于穀齊地按即今山東東阿縣治故穀城

傳

七年春文姜會齊侯于防齊志也

見三按文姜之亂先儒謂莊公不能制其母而可制其僕從侍御之人夫死從子普天皆然況乎國君斯言也可以論常人獨不可以例文姜文姜无恣妒淫生獨稟其智勇人資羽翼久且歸之大權人主不能操縱母后之殯御而母后反能進退人主之輔弼僞周暨誅戮唐子孫殆盡太子賢太子宏皆其親生規正之意稍露幾微不旋踵而捕殺中宗睿宗吡弛斥逐不啻孤豚腐鼠矣子同之生距桓薨時年方十有三年齡耳一抔之土僅報以鼓生之隙六尺之孤且握之文姜之手孫于齊云者固以誌姜之淫又安知不假援立擁戴之名言

春会於防猶魯地也冬会於穀則齊地也一歲再会昭以為常廉耻道喪無而不止者自有解之

後渠崔氏曰春秋志文姜之惡極矣莊公擅一國之命怡然從之古未有也論者失其情而衍于詞蓋欲制其僕從胡得為通論哉淫邪之迷不惜其夫之弑奚有于子之廢蓋襄公之威重矣文姜之術狡矣而何僕從之制夫為子者利害不較其等全其仁者存亡不酌其取如莊公者痛父復讐而已矣無所忌焉

姜白巖曰會防而曰齊志言其有是志而魯從令惟謹也時公年已二十矣猗嗟之詩曰頎而長兮言非昔襄之時幼弱也又曰射則臧兮言有用武之才也胡為不乘此復讐彼不以為讐也曰展我甥兮彼固篤渭陽之誼而視舅最親是以召之無不來而令之無不從誠哉我之甥而

不以我為讎也此詩人之意而傳以齊志括之隱而彰矣

告言歸謀諸鄭氏乎王姬歸齊踰年齊襄入宮則姬淫人也妻又何難以車中已試之事加諸爲父者復加諸兢猶乎姜氏至齊汶水之上其從如雲其從如雨其從如水舉國之人盡為所役侍莊公之側者非姜之私人即姜之弟人政曲毋氏道路以目鰥魚雄狐之刺齊人長言之不足遍魯國中無可字齒及者豈真為尊親諱哉積威所劫勢使然也自是一會再會豈第翱翔靡所顧忌浸假而高祝丘則與嘉賓之禮如齊師請衛寶則與軍旅之事甚至小白繼興八年絕問姜氏再一至齊次年即有幽之盟姜之權略亦可見矣雄狐豈滅艾豭之醜而魯莊不為蒯聵之奔南山未遇新臺之禍而魯莊不乘二子之舟嗚呼魯莊何不幸而有莊之官亦何幸而

竹書記天再旦左氏以為夜明夜明者陰之極而勝陽也再旦者陽之極而勝陰也文武成康去世已久世時不應有再旦之慶齊桓晉文漸且主盟時亦不應有夜明之殃春秋書曰恒星不現豈不甚異祥兩際其反常為異固已怪之可畏

漢末星隕多化為石春秋于莊七年書星隕如雨而不言隕而為石此言其始事也僖十六年書隕石于宋五而不言星隕此言其終事也蓋兩兩記而得其全焉

有其昏庸耶 蔡未元成

夏恒星不見夜明也星隕如雨與雨偕也按恒星常見之星夜無日光故星見夜明者夜有日光故星隱而不見也偕同也與雨同言如雨之殞也此天變之大也乃釋氏之熾反以恒星不見為證是猶新莽之釁以沙麓崩為祥也豈其然哉

見三按夜明星雨陰積極勝陽異變之大者或以為釋氏之熾非是王伯厚曰齊桓之將興也恒星不見星隕如雨晉文之將興也沙鹿崩自是諸侯無王矣晉三大夫之命為侯也九鼎震自是大夫無君矣人事之感天地為之變動故董子曰天人相與之際甚可畏也

秋無麥苗不害嘉穀也黍稷尚可更種故曰不害嘉穀補注宣十年秋大水冬饑此年秋大水但言無麥苗而不言饑者以黍稷可更種也劉氏疑之蓋不考書大水復書饑之義

春秋之世用師多矣未有所書如之詳者[illegible]上既不用天王之命無故而興師自正月出師次于郎以俟陳蔡而陳蔡不至可謂無名矣甲午治兵可謂黷武矣夏師及齊師圍郕郕又降於齊可謂無義矣歷三時而師還可謂害民矣夫逆天道親仇讐圍同姓窮兵力與国不信伐国不服故聖人備書之

姜白巖曰八年以來公與齊狩公會伐衛夫人屢如齊幾不知為父矣然公固不等衛朔之庸庸也或者包羞養晦如石碏之于州吁不辱者然一旦出人不意此亦凡為人子之常理也至是忽書曰師次于郎全軍俱出也以俟陳人蔡人群率與國也又大書曰甲

見三按周之七月夏之五月也麥未全刈苗已發生水至而一時俱盡災之大者也何得謂不害嘉穀此必當時有司粉飾太平揑報不害魯史因之左氏承其誤而不及改耳

經 乙未八年春王正月師次于郎以俟陳人蔡人杜解期其伐郕陳蔡不至故駐師于郎以待之甲午治兵夏師及齊師圍郕郕降于齊師二國同討而齊獨納郕秋師還。冬十有一月癸未齊無知弒其君諸兒

傳 八年春治兵于廟禮也測義凡師行必告于大廟而奉祧廟之主以行故云治兵于廟俟陳蔡不至衆心不一故申明約束以訓齊之何休曰陳兵習戰饗士卒夏師及齊師圍郕郕降于齊師仲慶父請伐齊師杜解齊不與魯共其功故欲伐之公曰不可我實不德齊師何罪罪我之由夏書曰皋陶邁種德德乃降夏書逸書也稱皋陶能勉種德邁勉也有德為人降服姑務脩德以待時乎秋師還君子是以善魯

補正今書大禹謨

午治兵蒐乘饗士欲背城一戰也三月駐師積年呼搶將于是伸而無如意在得郕竟忘國恥仲慶父後來之賊臣也詎知大義乃于齊之獨受郕降也勃然請伐齊師斯一請也五廟之靈爽所憑俠而桓公飲泣而默啟之者公乃以脩德待時謝之大書師還嗚呼無復望矣越四月而諸兒死安所得讎人報之哉連篇俱削不書公傷之也然則傳何以善之春秋于本國皆曰我此云魯莊公蓋述他國評論之詞此君子如猗嗟詩之類也

莊公

黃鄰林曰修德待時此魯莊欺人之語亦即欺之語殺父之仇天不共戴焉能待時乃靦顏偷安於今八年會狩會伐而夫人之為會為享且接踵鄰郊吾不知其所修北者果何德乎治兵次郎自春徂秋不以之報父仇反與仇伐同姓陳蔡不至盍深鄙忘父之人不與同列也郕降齊師盍深絕忘父之人不足托也慶父請伐而公遽引師還無父子情安得兄弟誼此所以孽庶生心而卒貽子般之禍歟

見三接魯桓為齊所殺舉國無人言齊可伐者而夫人之言會不絕于書圍郕之役唯仲慶父請伐齊師慶父雖非討罪之人而伐齊一言足以動天地而泣鬼神彼魯莊者且靦然以

姜白巖曰、通篇以無知為主、入手先叙賊党而無知來歷却用另敘只因之作亂四字而外賊通矣、以連稱妹為內諜曰以女為夫人連管之言得達於從妹、從妹之諜得致于無知而游獵、而歸宮而伏賊互譏交搆內外之賊適與此無知布置于事前也、公田貝邱歸宮之後已將遇賊又得徒人費一番賺賊伏公多少急智于門于階于牀多少替身而諸兒之足已見此必欲急為無知之夫人者為賊指得之也一路並不提起無知處處暗藏以發明誅罪無知之義然公為人君弒之何以甚易中間插貝邱一段見天倫滅絕無路可生魏東隊車如同一轍于是助我者舍生

不自退。梁徐悱對武陵王曰生兒如殿下何益莊之謂也

齊侯使連稱、管至父（杜解皆齊大夫稱尺證反）戍（守也）葵邱（齊地按今山東臨淄縣西）瓜時而往、曰、及瓜而代。期戍、公問不至、（問命也）請代弗許、故謀作亂。僖公之母弟曰夷仲年、生公孫無知、有寵於僖公、衣服禮秩如適、（太子）襄公絀之。二人（連稱管至父）因之以作亂。連稱有從妹在公宮、無寵、使間公、（伺公之間隙）曰、捷、吾以女為夫人。（捷克也宣無知之言）冬十一月、齊侯游於姑棼、遂田於貝邱。（姑棼貝邱皆齊地田獵也姑棼按山東博興縣東有薄姑城縣南有貝中聚即貝邱）見大豕、從者曰、公子彭生也。（公見大豕而從者見彭生皆妖鬼）公怒曰、彭生敢見。射之、豕人立而啼。（按立者作人立狀啼者作人啼聲）公懼、隊於車、傷足喪屨。反、誅屨於徒人費、（誅責也杜解徒役之人名費）弗得、鞭之、見血。走出、遇賊於門、劫而束之。費曰、我奚御哉。（杜解我何嘗禦汝）袒而示之背、信

無益謀我者啗手成功而無知儼然立也末點出無常二字將此段意收入以示失國喪身之由後以二公子出奔拓開又以無知虐于雍廩折轉為殺無知張本結全篇主腦
鍾伯敬曰齊桓無政我其兄實文姜前之擅通於齊襄而亂生夷齊襄無政殺人而又朝死無知之手先期彭生見結文姿一段公於寬對相亂巧哉
魏禧曰徒人費請入見危授命可謂忠矣而春秋不書汪克寬以為此皆嬖幸之臣平日從君於昏而任其禍故未可以死節許之然賤職伏居居牀代死倉卒濟變皆可為法
又曰齊桓公為亂之將作而先奔莒衛文公為衛之多憂而先適齊古今有為之君每有此見亦父子不同舟之義晉元宗高不沒於難經得與復正賴

之費請先入伏公而出鬭死於門中石之紛如齊小臣死於階下

亦死鬭遂入殺孟陽亦小臣於牀代公居牀曰非君也不類見公之足於

戶下遂弒之而立無知傳三人者為臣死忠故特著之不書微不告也初襄公立無

常政令無常紀綱常滅也鮑叔牙傳小白曰君使民慢亂將作矣奉公子小

白傳公子廢出奔莒亂作管夷吾召忽皆子糾傳奉公子糾來奔陳傳奔

雖接我亦不書杜云非鄉也示書初公孫無知虐於雍廩齊大夫非其罪殺無知傳

非是經書公子不少皆鄉

黄鄉林曰人臣苟能死君難何論其君有道無道與其臣也

又小吾讀齊傳得襄公莊公之諸小臣為襄公躬禽獸之行

肆淫無度有狐綏綏齊人醜之載馳薄薄魯人痛之禍開于戍

卒寃報于彭生一時死君難者有徒人費石之紛如孟陽三或伏公而死或代公而死或死於階下或死於牀中大夫略

人視死如歸從君恐後奇矣莊公之驟如棠姜何遽襄公之

有此凡人處亂世不可無此識
力
孔之達曰寡公不能委任賢儁
諸賢而狎暱群小雖徒人費諸
人之死無救於其弒然則小人雖
忠專任之則反以召禍而無濟于
國況未必忠者乎蓋君子而忠則
有深識遠見所以為君國計者
防患於未萌定變於將發使
其君享泰山之安而無時不及救
之患若君子而用群小彼雖忠愛
不過順君之欲禍机所伏明有所
不及察謀有所不能施事之前
委其身殉之已矣嗚呼人君亦
何樂乎臣之徒以身殉吾死也
孔穎曰予讀魏禧父子不同冊之
說如重有感於崇禎甲申之事當
闖賊犯北京急督師李建泰奏
之駕南遷願保太子先行於是
平羣臣對出建泰奏疏示群臣
言國君死社稷朕將安往其勸
太子先行一議斷勿詳奏字相

宣淫倚楹歌而甲興踰墻射而股中是又一貝邸之田人以
之家也賢如宴〔晏〕子不過伏股而哭其時死君難者有賈舉州
綽邴師公孫敖封具鐸父襄伊僂堙八人甚而復命之佗父
不脫弁而死監漁者之蒯申并其宰偕〔死〕兩君無道畧相似猶
小臣為君死難亦固也雖平日嬖倖使然然較之居高位食
厚祿視其君若路人者反愧之也昔童汪錡死于郎之戰魯
人欲勿殤問于仲尼仲尼曰能執干戈以衛社稷雖勿殤可
也徒人費賈舉諸人能從君取義勿謂之嬖臣可也
見三接此敘諸兇之弒而以無常二字斷之無常云者非特
政令之紛亂乃綱常澌滅之謂也兄妹宣淫恬不知恥天理
亡人心死矣於是用人行政無不顛倒連管之奸而久戍不

范景文都御史李邦華亟言太子監國金陵最是根本之計結事光時亨大聲沮曰諸臣奉太子往南意欲何爲將效唐肅宗靈武故事乎景文等遂不敢再語夫時亨無識小人城破即降賊不足深責獨惜景文爲居于其時能關係利害以死力爭則時亨亦何能沮撓大計記曰教大臣則不疑亦見懿帝無重臣親臣故小人得而撓之也

殺無知者雍廩也經書齊人明討賊之義非一人之私所以尊君父處忠孝而誅惡逆也

盟以納糾內則釋怨親讐外則輔少抗長如倫理何人莫甚于父母之讐國莫大於少長之序糾不係齊明糾不宜有齊小白係齊明小白宜有齊

唯二百四十二年之內從無內敗之文此書敗績蓋聖人之特筆所以結正莊公之罪而深疾其視讐忘

代管鮑之賢而閑散不用啻其無常之實訴者雖有從人責石之紛如孟陽諸人能爲之死究不能印救於死前叙瓜代是也非後叙豕人是鬼責至從誅屢忽然轉合遇賊便將人非歸併在鬼責中見爲禽獸行者必無生理插旅大豕寃對昭然所以深惡諸兒而爲之掀髯稱快也

經 丙申 九年春，齊人殺無知。公及齊大夫盟于蔇。蔇齊亂無君，故大夫得敵。子公蓋欲逆子糾也。來者非一人，故不稱名。蔇魯地，按山東嶧縣東。其器反 夏，公伐齊納糾。張注正義云今定本糾之上有子字，則知左氏古本無子字。按公穀今本無子字，與左氏古本合，宜從之。齊小白入于齊。秋七月丁酉，葬齊襄公。九月乃葬，亂故。按魯會葬忘讐也 八月庚申，及齊師戰于乾時，我師敗績。乾時齊地，按山東博興縣北。九月，齊人取子糾殺之。胡傳殺之不仁甚矣。後世取國者必殺其主以防後患，流毒豈不遠哉。冬，浚洙。洙水在魯城北，下合泗。浚深之，爲齊

父也、黃氏正憲曰、魯此行有四罪、忘讐從怨一也、輔篡廢正二也、喪師覆衂三、既仍負殺四

姜氏寶曰、齊人殺無知、而傳云雍廩殺之、明聖人以討賊之義予雍廩也、雍廩挾私怨、非能聲大義、而書法不異衛人殺州吁者、蓋無知世席其寵、弑君有國、其黨盛矣、而廩以一大夫殺之、故聖人重其討賊之事、而恕其有為而為之心。九年之夏、公赫然震怒、大舉伐齊、此魯國臣民枕戈俟者也、詎知讐人已死、轉欲為讐定亂、斯時將士隳心、三軍負痛、不待交鋒、而知其必敗矣、卒之辱國殘民、身幾不免、如移乾時之戰、為復讐之師、則雖死猶生、況未必死、今為納糾、雖勝猶敗、況于敗績。

彭家屏曰、晏子有言、君為社稷死則死、臣為社稷亡則亡、子

傅。

傳　九年春、雍廩殺無知、公及齊大夫盟于蔇、齊無君也、夏公伐齊納子糾、桓公自莒先入、注、桓公小白、疏云、子糾之黨來迎子糾、小白之黨猶自向莒迎小白、各自有黨、須伐乃得入、吳氏曰、小白之立、蓋齊國之公議、為社稷計也、秋師及齊師戰于乾時、我師敗績、公喪戎路、傳乘而歸、戎路兵車、傳乘、乘他車、秦子梁子、二子公御及戎右、以公旗辟於下道、以誤齊師、是以皆止、獲也、鮑叔帥師來言曰、子糾親也、請君討之、按傳見書子糾親也、親之、罪桓公也、管召讎也、請受而甘心焉、管仲射桓公、故曰讎、甘心言欲快意戮殺之、乃殺子糾於生竇、魯地、按今山東曹州北、書取、取於魯也、病莊公也、傳見、召忽死之、管仲請囚、董遇仲固欲生其身以為天下也、鮑叔受之、及堂阜而稅之、堂阜齊地、按山東蒙陰縣西北有夷吾亭、或曰鮑叔解夷吾縛於此、因以為名、○稅土活反、歸而以告曰、管夷吾治於高傒、齊卿高敬仲也、言管仲治理政事之才、多於敬仲、○音兮、使相可也、公從之、呂說

糾既未為君，無社稷之寄，又非世子，無次立之義，管仲既受命齊主以為糾傅，初未嘗委質以為其臣，而有君臣之分也。君臣之分未定，若遽為死，則晰義不精，又荀息之弗若矣。此聖人所以不責仲以死也。唐王魏傳太子建成，太宗殺建成而王魏不死，且事太宗，後儒譏其事仇，幾至聚訟。尹氏起莘辯之最為精當，謂王魏奉高祖之命輔太子，則高祖其君也，太子其長也。食高祖之祿，非食太子之祿也。萬一高祖遷王魏為秦府官屬，其可違命而盡節太子乎。萬一太子得罪高祖而被誅，其可讐高祖乎。是王魏之于建成，義可不死，義可不死，即可以臣太宗矣。況子糾為齊之諸公子，非建成已立為儲君者比，而顧以死事責仲乎。大抵為諸王之傅及為之官屬者，與人臣事

高國嘗為齊上卿而無憤然不平之心，專以推賢讓能，但欲成國事而已。

黄鄰林曰：秦子梁子以公旗辟闢紀信韓成一派氣節，鮑叔舉管仲相開蕭何司馬德操一派眼孔，召忽之死實為古孝孺鐵鉉先聲，管仲請囚遂為王珪魏徵藉口，至小白前則見幾而作，後則乘間而入，中興圖伯，較之晉元帝宋高宗尤為杰出，文不過百餘字，而二十二史之事實悉左，倫公敘有史者。

見三按：范蔚宗修漢書，尚以附操之文若為殺身成仁，況卿糾之召忽，更奴視文若；司馬温君作通鑑，尚以事周之仁傑於卒而書死，則視相齊之管仲，亦猶與傑雁行然。二人之一相一死，實並貽天壤，管仲為一時建大功，則死不如生。召忽

君不同即以漢初論之申公事楚王戊而戊以叛死亦可責申公不死節乎枚乘事吳王濞而濞以反誅乘轉臣漢亦可責枚乘爲事讐乎如此類者不一而足相比互觀其義至明哉程子謂桓公兄也子糾弟也以管仲相桓公爲從義故聖人不責其死而稱其功毛氏奇齡駁之謂子糾爲兄桓公爲弟引據極其確核然糾無論爲弟爲兄管仲特爲之傅非謂之臣所謂傅者傅之德義有師道焉原無必死之義也仲唯可以不死故夫子許其功若應死而不死則大節已虧大本已蹶雖有相桓之功聖人烏得而許之是如其仁如其仁之言幾爲口過矣春秋于召忽之死不書不與其死也召忽之死不足與則管仲之不死不必非矣論管仲者必深求聖人之意未可爲孟浪之說也

爲千古明若節則生不如死管仲和風甘雨也天地之仁氣也召忽嚴霜寒雪也天地之義氣也否之上九日傾否乾之陽也管仲有焉剝之上九日剝果艮之陽也召忽有焉鮑叔之知不及管仲鮑叔之識賢勝管仲十倍當國亂之未形即奉小白出奔結莒以爲外援結高國以爲内援深夜成謀已操必入之勢而仲殊懵懵也及亂之既作始奉子糾奔魯糾之于魯情未洽也春及齊大夫盟於蔇夏又伐齊納糾當其盟必與之者半不與之者半當其伐則併其半與之者而亦不與之矣乾時敗績射鉤無成而小白得以從容入國仲在行間何竟莫展一籌迫至可旅前來乘勝脅魯殺者殺死者死受而甘心者忽稅而使相管子天下才不且在叔掌握

鮑叔薦仲直請使於蕭何薦信使請祭壇蓋非爲以重任則不足以展其才而不足以服人望也巨眼卓識直使千古英雄有拜首洞天之退

長勺之役徼倖勝齊復奪無名之兵侵無罪之國莊之寡恩於民甚矣還有延迹之詞天子不能有其建國強凌弱衆暴寡小國相率以淪於亡可勝誅哉宿自是不復見則亦亡矣

齊之忌魯始於子糾之纔宋之怨魯始於公之侵而其實則齊桓扶宋以爲伯也

之時齊桓方謀魯以爲伯於東世之亡執蔡以爭強於南敵扼居滅國之禍皆始于此

齊桓不足惡譚無禮直窺其微矣取之以資富強遂啟後世呑併之鑰經詳書之惡作俑也故譚子不名

姜白巖曰莊公事讎言以齊與魯勢不能敵妄動而蹶社稷以殉是以忍辱待時而苦無可乘之時也豈知長勺之役齊桓立國仲父行師較之諸兒何止百倍乃一朝不坐斃不與之

之日中而薦其操縱予奪我者鮑子宜吾順首而拱拜下風也

經 丁酉十年春王正月公敗齊師于長勺（魯地）。二月公侵宋（按此書侵之始）。三月宋人遷宿（宋強遷之而取其地故文異于遷邢按此遷國之始）。夏六月齊師宋師次于郎。公敗宋師于乘丘（魯地按山東滋陽縣西）。秋九月荆敗蔡師于莘（荆楚本號後改為楚僻陋在夷于此始通中國告命之辭猶未合典禮故不稱將帥莘蔡地按河南汝陽縣境）以蔡侯獻舞歸。冬十月齊師滅譚（譚國名今山東歷城縣東南有譚城）譚子奔莒（不言出奔國滅無所出按此滅國之始）。

傳 十年春齊師伐我公將戰曹劌（魯人 古衛反）請見其鄉人曰肉食者謀之又何間焉（肉食在位者 間猶與也）劌曰肉食者鄙未能遠謀乃入見問何以戰公曰衣食所安弗敢專也必以分人對曰小惠

曹劌以一從而轍亂旗靡望風而奔使當諸兒之時為莊公者枕戈社于以大義激臣民之心絕文姜而復戴車之讐用曹劌為師帥義旗所指一鼓而擒諸兒之魄矣不此之務今日待時明日曰脩德迨貝卯田而時不再來豈非莊公終天之恨歟劌曰肉食者鄙未能遠謀蓋深惜肉食者之誤公而使公不得為孝子也

魏禧曰由前言之可以知用兵之本由後言之可以知用兵之謀魯不仇齊趣謂力不相敵然以桓公之雄仲父之才一曹劌得而敗之設以此雪如漆之恥豈不甚善貝卯田而終天飲恨皆肉食者貽之戚也後乘丘之役公子偃亦中敗宋軍丑則肉食者非無人公不自振故耳

未徧民弗從也（分公衣食所惠不過左右故曰未徧）公曰犧牲玉帛弗敢加也必以信（祝辭不敢以小為大以惡為美）對曰小信未孚神弗福也（孚大信也）公曰小大之獄雖不能察必以情（必盡己情察審也）對曰忠之屬也可以一戰（上思利民忠也杜解民感其忠思欲報上故可用以一戰也）戰則請從公與之乘（共乘兵車）戰於長勺公將鼓之劌曰未可齊人三鼓劌曰可矣齊師敗績公將馳之劌曰未可下視其轍（視車迹）登軾而望之（杜解車前橫木為軾）曰可矣遂逐齊師既克公問其故對曰夫戰勇氣也一鼓作氣再而衰三而竭彼竭我盈故克之夫大國難測也懼有伏焉（恐詐）吾視其轍亂望其旗靡故逐之

黄鄰林曰曹劌胸中具有成算覷破肉食一流人故奮然請見使問何以戰也小惠小信以其小故鄙之所謂未能遠謀

也至曰忠之屬也而後曰可以一戰未戰之前有一成算也
遂謀一將鼓之曰未可齊人三鼓而後曰可將戰之時有成
算也遠謀二齊敗公逐之而曰未可視其轍望其旗而後曰
可既戰之後有成算也遠謀三凡此皆非肉食所知公亦在
曹劌疑陣中況肉食者乎前有曹劌後有毛遂均以自薦見
奇稱廿九人之碌碌大抵皆肉食等矣毋怪遠謀者之不皆
記肉食譏曰肉食者鄙公然不足以數直將古今庸才
一譏肉食也
見三捷乾時之敗舉國倉皇鮑叔帥師前來殺者殺死者死
因者因以千乘之國竟無一人識破詭計肉食者鄙貽笑千
古矣此次齊師伐我明明欺肉食無謀可以氣奪且以衆師新敗
必不能戰雖戰亦必不能勝試觀大師壓境將戰者僅有一

姜白巖曰齊宋兩大國師次于郎以禦衆衰魯管仲為之謀南宮長萬效其力猶強弩穿魯縞矣而公子偃者羞為肉食之鄙且以長勺之捷知魯人之大可用也雖違命竊出不可為訓而皐比先犯已挫宋師宋師既奔

公肉食安在莫出一言不幾成強弩之末乎曹劌草茅下士朝不班祿不與急君之難突然來見不問軍情先究君德落落數言有非淺夫所能窺及者方戰之時從容不迫既戰之後敬慎自持蓋其臨事而懼濟以好謀而成不特肉食者流為所鄙夷即以管子節制之師亦非其敵手劌真名將哉國語有曹沫劫盟事或謂沫即劌夫沫特荊軻聶政之流儕于一試其不可與劌同年語也明矣

夏六月齊師宋師次于郎公子偃魯大夫曰宋師不整可敗也宋敗齊必還請擊之公弗許自雩門竊出蒙皐比而先犯之雩門魯南城門皐比虎皮○比音毗公從之大敗宋師于乘邱王氏左翼乘邱之役魯擅弓以為敗左氏以為勝蓋先敗後勝也齊師乃還

齊師亦退、隱桓以來未有克
捷如斯者、假以禦戎之師為偕
儺之擊、大義凜然、戰無不勝
然則肉食中未嘗無人、而無
如公之不用何也

韓友曰、蔡禍始于息媯、息媯
亦隨之、一婦人耳、亡蔡滅息、而
又殺一子元、夏姬之外、又一不祥
人也
姜皇薇曰、楚人八年蓄精養銳
至此函熖益張、敗蔡而執其君
以歸、前此之楚所未有也
黄鄭林曰、息為楚門、无勢在必

黄鄭林曰、齊人不得志於長勺、隨有次郎之師、公子偃雩門竊出去、蒙皋比而先犯之、宋敗齊還、蓋即城濮胥臣之先聲也

明年鄑之役、復乘宋師未陳薄之、大敗宋師、蓋即司馬子魚戰泓之摹本也、可見肉食者亦有遠謀、特無如公之畏齊如虎耳

見三捷、長勺之勝、是待其竭、乘邱之勝、是犯其先、兵法無常唯在隨機應變、孫臏減灶、虞詡增灶、其權畧一也

蔡哀侯娶于陳、息侯亦娶焉、息媯將歸、過蔡、蔡侯曰、吾姨也、(杜解：妻之姊妹曰姨)止而見之、弗賓、(不禮敬也)息侯聞之怒、使謂楚文王曰、伐我、吾求救于蔡而伐之、楚子從之、秋九月、楚敗蔡師于莘、以蔡侯獻舞歸、(按史記獻舞留楚九年客死)

争，即修德以懲，蔡獨懼其不保，況以一婦人之故，伐小國構大釁，夫容詰淫，古明戒，不知自反，乃學楚以伐國，即救於蔡以佈禁，引虎入室，禍成自蔑其前，安人而已矣。

姜白巖曰：楚入蔡，齊滅譚，彼此對舉，儼然夷夏爭衡之勢。

宋以私怨侵鄭，魯以積怨召侮，皆昧也。僥倖于一勝，非所貴也。時齊方商霸，宋魯又修德義自強，乃爲不義之戰，而兩歸其利於齊，是何愚也。書戰之以示相闕之意，若莊在春秋有古意，可謂推廣是心，則甚鄰相逼，不至但不相捐也。

鄑

見三按楚之猾夏自伐蔡始，其禍發于息嬀，自此河決魚爛，不可底止，豈特蔡息兩國受其害哉。乃知褒姒不笑、息嬀不言，皆千古之尤物也。

齊侯之出也，過譚，譚不禮焉。及其入也，諸侯皆賀，譚又不至。杜註：以九年入。冬，齊師滅譚，譚無禮也。按：譚無禮，乃齊人藉口之辭。譚子奔莒，同盟故也。補注：齊桓圖伯，恐諸侯不服，故滅小國以示威。

見三按始既不禮，繼又不朝，譚固失事大之道，而遽滅其國，桓亦失字小之仁。創伯如此，何況晉文之侵曹伐衛而紛紛報怨也。司馬子魚曰：桓公存三亡國，義士猶曰薄德。即此之謂。

經

戊戌　十有一年春王正月。夏五月戊寅，公敗宋師于鄑。按：魯地。當

亦何異帚之致遠孰若之成王昏而歸之也何以不書公不可主齊而可主桓齊不以辟書也

姜白巖曰宋為報復之憤兵公以未陣而先薄自長勺後魯師凡三勝矣

姜白巖曰方敗宋子鄑而使弔焉以弔災之禮為脩好之誠公庶幾有息民之心後述御說恤民隱與弔災相照

在今兖州府境。秋宋大水。冬王姬歸于齊。

傳十一年夏宋為乘丘之役故侵我公禦之宋師未陳而薄之敗諸鄑凡師敵未陳曰敗某師杜解通謂設權譎變詐以勝敵彼我不得成列而不得用故以未陳獨敗為文。補注凡例蓋魯史舊法左氏有所據皆陳曰戰堅而有備各得其所成敗決于志力者也大崩曰敗績師徒撓敗若沮岸崩山喪其功績故曰敗績釋文岸崩謂沮得儁曰克克而勝之覆而敗之曰取某師覆謂威力兼備若羅網所掩覆一軍皆見禽制京師敗曰王師敗績于某以自敗為文明天下莫之得校

見三捷長勺之後連獲三勝前是乘其無備此是出其不意皆兵法之善也肉食者鄙殆因曹劌一激而競奮其遠謀歟

秋宋大水公使弔焉陳傅傳言外災所以得書曰天作淫雨害于粢盛若之何不弔附注言如何不使人弔恤也對曰孤實不敬天降之災又以為君憂

韓友曰：言可以動人，可以動天。罪己一詔而諸州感泣，動人也；景公三語而熒惑退舍，動天也。御說恤民而為君，天人相應矣。

周聃侯曰：一言之善，耳於國，則決其興；於御說，則斷其宜君。甚矣，言辭之不可苟也。言懼而君孔說外面，有恤民之心，狀出本原，左氏於此發其知言學術。

魏禧曰：興國在罪己，為君在恤民，千古本計。人君當置之通。

拜命之辱。杜解：謝臧文仲。魯大夫。曰：宋其興乎！禹湯罪己，其興也悖焉；悖，盛貌。桀紂罪人，其亡也忽焉。忽，速貌。且列國有凶，稱孤，禮也。列國諸侯無凶，則常稱寡人。言懼而名禮，罪己。稱孤。其庶乎！庶幾於興。既而聞之曰：公子御說o音悅。之辭也。宋莊公子。臧孫達曰：是宜為君，有恤民之心。達，哀伯也。

黃鄭林曰：漢武帝輪臺之詔，唐德宗興元之詔，皆能悔過罪己，卒收已去之民心。嗚呼！恤民者宜為君，彼草菅民命者，豈容一日立民上者乎！

見三接弔災之後，閔即被弒，宋興公之言，似乎不驗，然言出御說，即應在御說，是宜為君，以見宋之當興也。臧氏父子言固並行不悖。

姜白巖曰齊仇讎之國不可
以主昏然元年已然矣元年
襄之昏也是年桓之昏也襄
經之中猶與吉禮况無事之
時有王命為故經傳俱從略
然則齊侯之相見共盟柯之
胚胎乎、

魏禧曰宋閔公戲南宮長萬
陳靈公戲夏徵舒皆以見殺
晉武帝戲一婦人卒致蒙被
之禍戲言召禍不可不戒蓋
之人不可與戲語忸慙則成
恨也故宋閔以靳南宮萬被
弒凶悍之人不可加輕刑致怨
則思報也故子般以鞭圉人犖
見賊

冬齊侯來逆共姬杜註齊桓公也陳傳九諸侯親迎合禮不書
見三按經言歸而傳言逆言逆而歸自見省文也襄為魯讎
桓非魯讎莊能為王姬主昏於襄自可為共姬主昏於桓至自
是而長勺之怨釋矣而柯盟之平基矣
乘邱之役杜註十年公以金僕姑矢名射南宮長萬宋大夫公右歂孫
生搏之搏取也不書獲萬時未為卿。歂市專反宋人請之宋公靳之戲而相愧曰靳魯聽其得
遂曰始吾敬子今子魯囚也吾弗敬子矣病之萬不以為戲而以為己病為宋
萬弒君傳黃鄭林曰、宋公一靳其虜即殺其身人主之一嚬一笑可不戒哉
見三按萬固多力人也不幸為顓孫生所翁乃其生平所深
恥心事君臣無戲言况取其瑕以相病乎萬固不臣閔亦不君
不君不臣焉得不亂

紀亡矣紀侯亡矣叔姬不安於
父母之邦歸于酅以祀宗廟
苦節貞心足風千古故紀已亡仍
繫之紀志其心于紀也

姜白巖曰宋王者之後故有大
宰華督為之仇牧大夫也督與
牧並死史宜書督于前即其苦
節無舍督而專言仇牧者然
督有弒君之惡故以全節予牧
而督則削而不書傳並敘之以
明聖人筆削之義也御說奔亳
賊圍之以人望所屬亟欲除
之也大心兵力未盡或而聲罪致
討兩月閒或殺或奔立君以治
其功不在石碏下若夫陳始
則受賂繼為受賂故傳敘石

經 己亥 十有二年春王三月紀叔姬歸于酅杜解紀侯去國而死叔姬歸魯紀季自定于齊而後歸之全守節義以終婦道故繫之紀賢之也按至此始歸者以齊桓求霸少不虐此無告之嫠也公羊以國亡徒歸乎叔為隱隱痛之也非責其失于自防諸解多誤○夏四月。○莊王崩太子胡齊立是為僖王○秋八月甲午宋萬弒其君捷及其大夫仇牧捷閔公○莊公子御說立冬十月宋萬出奔陳

傳 十二年秋宋萬弒閔公於蒙澤陳傅隱桓莊之春秋凡賊皆名之補注弒不書地為連書及其大夫省文也按蒙澤宋地今河南商邱縣北有蒙澤遇仇牧於門批而殺之杜解手批之也杜解萬多力故遇太宰督於東宮之西又殺之立子游宋公子羣公子奔蕭公子御說奔亳蕭宋邑按江南蕭縣北有蕭城亳亦宋邑今河南商邱縣北南宮牛長萬之子猛獲萬之黨帥師圍亳冬十月蕭叔大心孔疏卿大夫采邑之長謂之宰公邑之長曰大夫此是宋蕭邑大夫也以此年有功宋人以蕭邑別封為附庸二十三年經書蕭叔朝公按附庸之君例稱字如郳儀父之類則叔

石祁子告衛人之言，正以著聖人罪陳之義，然受賂在陳，而不以討賊予宋，故曰惡宋之行賂也。夫宋不行賂，安得所罪誅之，豈爲宋罪哉？時宋魯方惡，不書殺萬，宋不告也。何以知其方惡？魯不會葬，故知之也。

南宮萬一勇之夫，非足藏禍心者，比一言相戲，變起須臾，宋君不及防，衆臣不及救，賊黨所至，奔者奔，圍者圍，戮有莫之救，五族及曹師……叔大心率國人伐之，誅之戮萬與散卒，無所逃於天壤之間。左氏備之寫其狀，正備之寫……春秋闕之，之亦之小人自取殺身，亦不言外可見。

宋閔公與南宮萬博，婦人在側，公……萬爲虜，公蓋過罪，萬遂弒。東遁，宋人請之，陳人使婦人飲之酒，而以犀革裹歸，遂醢焉哉。一君乃因一言之戲，其被禍亦遠。

其字，大心其名也。大心率蕭邑之衆及戴武宣穆莊五族討賊，則大心非戴氏矣。蕭爲楚滅後，復爲宋有，仍爲公邑，故定十一年經書樂大心入于蕭，此大心爲宋戴公後，大心名偶同耳。新唐書表誤記樂大心爲蕭叔大心，以爲戴公之裔，封于蕭，謬矣。又毛氏謂宋有附庸之蕭，又有蕭邑，亦誤。及戴武宣穆莊之族，宋五公之子孫。以曹師伐之，殺南宮牛於師，殺子游於宋，立桓公，御說。猛獲奔衛，南宮萬奔陳，以乘車輦其母，一日而至。乘車非兵車，駕人曰輦。宋去陳一百六十里，言萬之多力。宋人請猛獲於衛，衛人欲勿與，石祁子衛大夫。曰：不可。天下之惡一也，惡於宋而保於我，保之何補？王伯厚曰：名臣之言，可訓萬世。得一夫而失一國，與惡而棄好，非謀也。宋衛本同好國。衛人歸之。亦請南宮萬於陳，以賂。陳人使婦人飲之酒，而以犀革裹之，比及宋，手足皆見。宋人皆醢之。醢，肉醬。并醢猛獲，故言皆。○醢音海。

黃鄰林曰：石祁子，石碏之後也，名論侃侃，一以誅天下之惡

不戒也博奕飲酒始終皆近
婦人萬雖多力去亦泥子
識 宋萬為宋殤後身宋萬是華督
高冠三十年以其子及其
身[illegible]
石祁子之言誅宋萬[illegible]
莊以諸侯會諸侯也前有孔
父後有仇牧前以賂立華氏
後以賂請宋萬尤其天網[illegible]
全[illegible]

北杏之会魯與遂均不與会遂
則見滅魯後與盟齊小國易
[illegible]借以立威望固難免結以
為助有近取遠攻之術實無
柔遠能邇之心桓之霸盡如
此
桓在邢衛則封之於江黃則
撫之於譚遂則滅之卽遂
亦近攻之智功利之趣道德之
賊也

一以勸本國之也足為從來納叛者戒其猶有純臣之風歟
見三按宋亂始于南宮萬猛獲其黨篇中詳載石祁子之論
以見弑君之賊普天同惡獲且不可容萬安又能免深責陳
之與賊為党受賂而後歸之也華督之死假手於萬可稱快
事宋萬多力以婦人柔之犀角之裹尤勝金姑僕之射天網
恢恢為亂臣者斷未有得漏也

經 庚子十有三年春齊侯宋人陳人蔡人邾人會于北杏。林解衣裳之會
一按北杏齊地當在。夏六月齊人滅遂。穀梁遂國也林解舜
今山東東阿縣境之後今山東寧陽縣
西有。秋七月。冬公會齊侯盟于柯。此柯齊之阿邑今東阿縣
遂鄉

傳 僖王元年十三年春會于北杏以平宋亂杜解宋有弑君之亂齊桓欲脩霸業遂人
不至夏齊人滅遂而戍守也之補注見齊桓急于合諸侯而不務德

見三按北杏之會本以平宋反因滅遂立威不始德此宋所以既平而後復叛也蓋霸者以力服人吾力所不能兼則挾之以為名宋魯諸大國是也彼力所不能抗則滅之以為私譚遂諸小國是也

冬盟於柯始及齊平也柯盟始與齊桓通好按公羊載曹子劫盟事甚詳史漢俱稱之然不見左國未可信也

見三按公羊載曹子劫盟齊桓氣懾而劍之任勝於萬歸田之係於國豈輕也哉然柯盟之論終不及長勺之正必以曹沫為曹劌似屬臆斷

宋人背北杏之會

見三按春秋之初諸侯猶知有王齊桓圖伯事出創起人懷

姜白巖曰宋之亂賊既討矣君既立矣而桓為閔莱群公子未之嫌也齊桓率諸國以平之師不臨其境大夫一列于壇坫而覬覦諸國本立是其大義夫豈列國之所敢望故桓之圖霸自此始而桓之有功于中國亦自此始

姜白巖曰當襄之世而不能讎舍襄而讎桓則傎也傳曰始及齊平尊伯主勤王室恤中國雖平可也

左氏曰始及齊平也按是盟之後齊侯伐宋會鄭伐郳伐鄭公曾不與雖與之役暫同盟於十九年齊又來伐直至二十二年始盟高傒而猶納幣則平如未平也孫氏復曰公不及北杏之会桓既滅遂懼其見討故盟于此

姜白巖曰齊有平宋之功而宋背之何也荊楚方橫鄭人懷貳宋恐桓之未必有成因以挑楚釁故觀望而未即服從

伐宋所同陳曹皆宋之鄰不動遠國忠以便之規模也齊桓創伯諸侯尚未相孚特請王卿伐宋假大順以收人心至伯後至不言会伐春秋尊王以單伯主是伐也

此主人會諸侯之始桓請王師伐宋宋服而歸功天子故以單伯主是会也

姜白巖曰前此鄭莊嘗以王師伐宋又以王命伐宋曰以者權在下也而桓之伐宋傳曰請師于周請者得不得未可知其辭權在上也於是而知桓之尊天子也

觀望故北杏之會宋平復叛

經 辛丑　十有四年春齊人陳人曹人伐宋（杜解：背北杏會故）夏單伯會伐宋（既伐宋單伯乃至故曰會　會伐宋單伯周大夫）。秋七月荊入蔡。冬單伯會齊侯宋公衛侯鄭伯于鄄（杜解：衣裳之會二　按鄄衛地今山東濮州東。音絹）

傳 十四年春諸侯伐宋齊請師于周（杜解：齊欲崇天子故請師假王命以示大順經書人傳言諸侯總衆國之辭）夏單伯會之取成於宋而還（戴岷隱曰挾天子以令諸侯威公之本謀也）

見三 按宋成復叛齊必請師于周取成而還此伯者之挾天子以令諸侯也是時霸圖初興人心未洽王苟能假以方伯俾之共明大義東周事業必有可觀計不出此遽以單伯應伯臣之請日後晉屬伐鄭伐秦屢用王師而王朝之禁旅幾同

姜白巖曰：子儀于莊元年即位，四年中齊脅紀，五國抗王，納朔，皆不與其謀，善勝爲文矣。然北杏之會，桓方銳意求霸，鄭乃高枕不前，孤立無與，故傅瑕弑之易也。突殺瑕而不得謂之討賊者，突亦篡兄之賊，且瑕之弑，突使之也。左氏遇一類事，必有理義經當之言以爲主臬。春秋納君臣多矣，原繁所云，實爲千古人臣之法，故西山讀書記、王氏困學紀聞皆取之。

焉天閑曰：原繁值忽、亹、儀、突四亂，中立依回，無伏節死難之義，又叢與高渠彌同以中軍敗王師，高既伏誅，原其能免乎？死不爲屈矣。

孔尚典曰：厲公一入，即殺傅瑕並原繁，懲於祭仲之專也。祭仲逐昭

伯者之爪牙，皆由此啟之也，可慨也夫！

鄭厲公自櫟侵鄭，杜：厲公以桓十五年入櫟，遂居之。及大陵，獲傅瑕。鄭大夫。大陵，鄭地。按：今河南臨潁縣北有大陵城。傅瑕曰：「苟舍我，吾請納君。」與之盟而赦之。六月甲子，傅瑕殺鄭子及其二子而納厲公。初，內蛇與外蛇鬭於鄭南門中，內蛇死。六年而厲公入。公聞之，問於申繻曰：「猶有妖乎？」孔疏：古由、猶二字通用。按：公之問已在厲公既入之後。對曰：「人之所忌，其氣燄以取之，按：或謂子儀之忌致妖，固非；即云厲志奪國、子儀忌厲，皆蛇也，亦非。突之篡兄賺瑕，外蛇也；瑕殺子儀及其二子，內蛇也。始則相鬭，終則相比，而蛇外之毒燄足以取內蛇，故瑕伏誅而及原繁也。妖由人興也。人無釁焉，妖不自作。人棄常則妖興，故有妖。」附注：人棄其常德則致妖。按：突被詐，是無常德也。厲公入，遂殺傅瑕。使謂原繁曰：「傅瑕貳，補正：雖納我，仍有二心。周有常刑，既伏其罪矣。納我而無二心者，吾皆許之上大夫之事，卿也。吾願與伯父謂原

然厲公豈不免雍糾之難傅瑕又焉效其轍愚矣從古權姦之擅大權罕有得其終者

蛇鬬于鄭曰妖由人興又石言於晉曰咎由怨作語怪而不失其常方得聖人不語之旨

繁圖之疑原繁有二心且寡人出伯父無裏言無納我之言入又不念寡人不親附己寡人憾焉對曰先君桓公命我先人典司宗祏宗廟中藏主石室言已世為宗廟守臣。○音石社稷有主而外其心其何貳如之苟主社稷國內之民其誰不為臣臣無貳心天之制也子儀也鄭子在位十四年矣而謀召君者庸非貳乎莊公之子猶有八人若皆以官爵行賂勸貳而可以濟事君其若之何臣聞命矣乃縊而死孔疏莊公子傳唯見四人子忽子亹子儀並死獨厲公在八人名字記傳無聞補正桓十四年弟語來盟傳稱其字曰子人亦其一也

黃鄉林曰厲公之君妖也傅瑕臣之妖也妖由人興實由人也貳心生無貳則無釁無釁則無妖讀申繻之論可以闢後世讖怪之書讀原繁之言可括以後世貳臣之傳

見三按厲公殺傅瑕律以漢高斬丁公之例亦不為過甚曰

唐錫周曰欲得息嬀遂滅息欲悅息嬀遂伐蔡誰使楚子欲得

納吾而無二心者皆許之以上大夫之事獨不思納我之人即貳心于子儀之人乎況納我之人又可以納人我有爵人亦有爵既殺傅瑕又以爵許納我者是賞貳也原繁依違四朝絕無可否豈是長樂老一流人物不些之罪而戮其不納己不親己宜繁之振振有詞也最可怪者祭仲有寵于莊公既立忽矣又立突既出突矣又立忽與亹亹殺矣又立儀儀殺矣又突入傅瑕未殺以前不與渠彌同禍傅瑕既殺以後不與原繁同死雍糾之忍既迴強鉏之刖者及何其幸歟人曰祭仲以知免仲亦曰信也嗚呼知耶奸耶而公穀美其名曰權權者固如是乎

蔡哀侯為莘故繩息嬀以語楚子（杜解莘役在十年繩譽也）楚子如息以食

息嬀者蔡侯也使楚子欲慨誰息嬀者蔡侯也然則誰使楚子入蔡者亦蔡侯也遂滅息遂伐蔡兩相對妙不可言

姜皇叢曰熊貲過鄧入享三甥請殺之祁侯不許此尚有人心者也如息亦入享乃滅其國殺其君虜其夫人此絕無人心者也兩傳直敘其事善深咎鄧蔡兩侯者其實天右授楚九鄧侯蔡侯息侯皆聽顛倒於未肯厭亂之天而並受豺狼搏噬之毒天綱不振無如何也是以不能無望於桓文

魏禧曰蔡息婉轉相害小人陰詐本色如是卒皆以自害誰謂害人者爲或其以二国論則首禍在息夫止宜以国爲有過何爲遠讎人以伐国且蔡以救息之故而國破身虜尤天道人情所不順故息獨當滅亡之禍

入享遂滅息偽設享食之具以息嬀歸生堵敖及成王焉未言未與王言左翼使不備楚子問之對曰吾一婦人而事二夫縱弗能死其又奚言楚子以蔡侯滅息遂伐蔡欲以說息嬀秋七月楚入蔡按史記哀侯留楚此年穆侯居守也穆會于北杏楚御之故聞婦言而起自此而蔡服于楚矣至十九年哀侯死穆即位齊桓侵蔡正在穆侯之世哀穆卒葬不見經不敢赴也至僖十四年書蔡侯肸卒肸穆侯名始赴也君子曰商書所謂惡之易也如火之燎於原不可鄉邇其猶可撲滅者其如蔡哀侯乎商書盤庚言惡易長而難滅

黃鄴林曰此楚猾夏之漸也但舉其婦人禍延中國哀侯之罪大矣若息嬀者国亡夫死使能以不受子元之蠱者吊聲絕於楚楚子何以止不烈烈可風乃生二子既生一言猶吝將以不言謝息侯乎抑以不言激楚子乎其三吾不知其身床第之間所存果何心耶

見三按息侯以蔡侯慢其妻而導楚伐蔡蔡侯以息侯執其

檀

周聘侯曰逆之為言速也易也滅息速矣伐蔡亦不屠滅息焉矣伐蔡亦不難寬之相報如影隨形不爽分毫非秋天道將晷末爾反齊亦人事必至之數左傳特於此篇不言天道而詞高書端之人事有味哉

杜氏曰齊桓脩霸業平宋亂宋人服從欲歸功于天子故赴以單伯會諸侯為文然則桓公之尊周室蓋欲天下共由之也

此傳前年之好也單伯不会則非晉鄉可知

文姜淫悪不與哀姜桓能殺哀姜而不能絶文姜特以霸業未成而晉不至於假是以求魯不知天下之悪一也致為伯而先此於悪不正矣矣故特書以累桓也

為宋伐郳明以義也謂齊侯宋伐私怨也皆之郳之会而擅自與師不道甚矣明年宋伐貢自取也

賀仲軾曰王臣主會而來同之義蓄諸侯會伯而伯主之

身而誘楚滅息息嬀又為息侯恨蔡而激楚入蔡蔡息以婦人覆國楚子以婦人伐國女戎之為禍烈矣要皆天為之也天授荊蠻生一鄧曼以為謀主天禍中夏生一息嬀以為厲階彼蔡息兩侯婉轉相害固自作之孽於天亦何尤哉（周皆顛倒于天而為荊楚作俍也桓文安得而不出乎）

冬，會于鄄，宋服故也。

見三按此諸侯會王臣之始宋服而齊伯始定所謂挾天子以令諸侯也曹操得以壓服羣雄橫行天下即用此法

經 壬寅十有五年春，齊侯、宋公、陳侯、衛侯、鄭伯會于鄄。林鮮衣裳會三

○夏，夫人姜氏如齊。杜鮮夫人文姜齊桓公姊妹父母在則禮有歸寧没則使卿寧按此行欲成齊好也

○秋，宋人、齊人、邾人伐郳。宋主兵故序齊上 鄭人侵宋。○冬十月。

傳 十五年，復會焉，齊始霸也。始為諸侯長

體成
姜白巖曰北杏之會諸侯以齊主尊桓而宋背之則桓猶未霸也復會鄄宋衛鄭畏威而來則諸侯奉命矣故云齊始霸桓之先陳子衞不徒以其備三恪也蓋陳蔡尤逼于楚舍陳而爭鄭是爭堂奥而去門户也故與會則重禮之其後晉之世伯陳蔡入楚爭鄭較難方知管仲智謀在知武子之上

姜白巖曰為宋伐也桓之于諸侯勤矣下不叛上上不陵下諸侯之所以安也　鄭突簒見乃父驕驕乎有爭霸之勢今相率以盟主奉桓故從而間之於是而知桓霸之難也其侵宋何也在櫟時宋莊欲納之而閔公桓公無間焉

見三接桓文成伯安疆皆自宋始然文服宋易桓之服宋難報蓋文之時宋急在外患一戰勝楚猶解倒懸故宋心畏其威而懷其德桓之時宋雖有內難禍亂已粗定桓特為之正其名分而其功不顯故必王師再會然後信始孚而心始服也傳曰齊始霸蓋齊之伯業驟驟向定而諸侯之心猶未一也至幽之會則一伯業成矣諸侯同盟推戴一尊而一伯業成矣

秋諸侯為宋伐郳（附庸屬宋而叛故齊桓為之伐郳）鄭人間之而侵宋

見三接宋背北杏之會則請王師伐之既服而郳叛宋則合諸侯伐之傳曰宋志為宋伐郳正陰收宋使附己也收宋所以收諸侯之和服也鄭宋搆兵歷年既久鄭厲反國不知釋

積怨故也

伐鄭不止爲宋蓋鄭不服則諸侯之心未一也楚十四年入蔡十六年伐鄭楚之氣愈盛中國之患愈急齊桓思制之而力未能也故是年有幽之盟春秋之初王之有已後霸之鑰未啟齊桓經營五年始有北杏默魯人不至又爲柯之盟以要之諸文姜之歸以結之宋人既服爲伐郕以張復爲伐鄭以說之至也之會功方大集南伯之難如此不特王道理近功也

姜寶曰宋故也釋宋主兵叙于齊先之義伐鄭而宋鄭俱安二國則霸成所以安天下也

賀仲軾曰入蔡不已禍又中於鄭荊之勢蓋火燎于原矣荊

怨修好乃背兩鄄之會復尋兵以修小隙以見其心之曾

於怡亂而初伯之經營不易爲力

經 癸卯 十有六年春王正月。夏宋人齊人衛人伐鄭冠鮮宋主兵也班序上下以國大小爲次征伐則以主兵爲先春秋之常也他皆倣此南北爭鄭于是始。秋荊伐鄭。冬十有二月會齊侯宋公陳侯衛侯鄭伯許男滑伯滕子同盟于幽滑國都費姬姓按今河南偃師縣南爲古滑。幽宋地今考城縣境秝鮮衣裳之會四。邾子克卒克、克儀父名稱子者蓋齊桓請王命以爲諸侯。子瑣立

傳 十六年夏諸侯伐鄭宋故也鄭侵宋故見三按鄭人背會侵宋實以侵齊齊桓聲罪致討猶以宋主兵此收宋猶卿志也傳之釋經精矣

鄭伯自櫟入在十四年緩告於楚補注傳見鄭嘗附楚秋楚伐鄭及櫟爲不禮

懲又安可已也

姜宸曰鄭之向背為伯之盛衰始于齊楚之爭鄭而晉楚爭鄭繼之緩告者以此為名也自此而鄭無寧歲矣

周大章曰為共叔立後以釋先君之憾固盛德事也但以先世比較包則莊公實為共叔也已為篡弑故謂共叔不可無後此求惡人讒護之意也強鉏定叔情本一例奔者獲全留者刖足只爭能潔身與否耳不能衛足者尚爾咨嗟嘆息則首領不保者更可知也易曰介于石不終日貞吉去亂可不蚤哉

故也

見三按桓之二年蔡鄭會鄧而謀懼楚是時楚氛已甚熾矣然其為患猶在江漢之間未及中土也至莊之十四年入蔡而窺中國之門户十六年伐鄭而爭中國之要害獨夏之舉蓋已日進一日假令楚文不死勢必至騷然蠢動與齊桓逐鹿中原並不止狄之為邢衛患也然鄭亦自是無寧宇矣

鄭伯治與於雍糾之亂者杜解在桓十五年九月殺公子閼刖強鉏二子祭仲黨斷足曰刖。仕魚反公父定叔共叔段之孫定謚也出奔衛三年而復之曰不可使其叔無後於鄭使以十月入曰良月也就盈數焉杜解數始于一盈于十故以盈數為良月君子謂強鉏不能衛其足言其不能早辟害

見三按此以見鄭厲之狡也是時傅瑕已殺原繁又死餘党

必紛紛逃散二年之閒安靜無事若毫不爲餘黨計者俟其
歸而治之則可以無漏網矣傳謂鉏不能衛其足蓋必奔而
復還者獨是雍糾之亂仲爲戎首雍姬其同謀也祭仲老奸
生既漏網死不斵棺其奸亦不及于難信乎其以智免也
冬同盟于幽鄭成也
見三桉鄭在春秋最爲多事霸者未興挾王爲重霸者既出
藉霸以安有霸則從服無伯則先叛蓋其地處天下之中列
國所爲安危即伯者所視爲強弱故齊晉之得鄭最急服鄭
最難鄭服而天下諸侯莫敢不服矣齊桓經營數年北杏兩
鄄惟鄭乍服乍叛反覆無常三國伐之猶存首鼠因緩告之
故爲迫楚所伐始俯首而受盟於幽張氏洽謂鄄之會爲霸

姜白巖曰天下有極兇狠人却作一件最慘毒事如齊襄之類高渠彌是也有極殘忍人却作一件最盛德事如鄭厲之復公父定叔是也

賀仲軾曰北杏之役會而不盟鄄之會亦然其時齊桓始得諸侯未知諸侯與之否也至此則諸侯漸已懾服大合諸侯而同盟爲同盟者諸侯同心以尊伯主也于是伯勢始張肇天下之公侯稟成于伯主而王靈愈以不振矣

馮天閑曰此是晉開手第一節
事有受王命以一軍為侯使爾
肆伐王臣以致卿士出奔禍及
王室此雖子國為禍階末小人
之尤而晉武之罪可勝誅哉惠
王立而不能討讀無衣之詩
吾固不暇責晉人而深為王之
名器惜也已
姜宸英曰曲沃于晉受恩反噬
成師弒二君鱓弒一君稱弒三
君惟鄂侯令終其餘六世皆不
得其死自古亂臣賊子之禍未
有如斯之烈也王朝屢世命將
討賊至僖忽受賊賂命為諸侯
此桓莊所必不為者可哀也侯
緡立二十四年晉武弒之自立
而必藉虢請命于周者一則
翼民不服慮生他變一則齊
桓創霸王靈頗振故借王命
以服本國之心以拒盟主之討此

之始幽之盟為伯之成蓋指服鄭而言也

王使虢公命曲沃伯以一軍為晉侯[按史記莊十五年曲沃武公伐翼弒侯緡盡以其寶玉賂王請命十六年冬命為晉侯武公盡有晉地更號曰晉始居晉都]初晉武公伐夷執夷詭諸[杜解周大夫夷采地名]蔿國[周大夫]請而免之既而弗報[詭諸不報施於蔿國]故子國作亂謂晉人曰與我伐夷而取其地[使晉取夷地]遂以晉師伐夷殺夷詭諸周公忌父[王卿士]出奔虢[避子國之難]惠王立而復之[魯桓十五年經書桓王崩魯莊三年經書葬桓王自此以來周有莊王又有僖王崩不葬皆不見于經傳王室微弱不能復自通於諸侯故傳因周公忌父之事而見惠王]

黃鄴林曰唐部將殺節度使師命為節度使姑息養亂終唐之世威令不行於藩鎮與此同是時周王力不能討寧可使之自侯而不命猶我受其禮之意受其實玉命之為侯貪賂

其心志也至而忠義之士盡矣史是
記晉世家云自桓叔初封曲沃
以至武公滅晉也凡六十七歲而
卒代晉爲諸侯蓋傷之也惜
魯史不載聖筆不書而傳補
之甚詳翼經之功大矣

驕逆莫此爲甚毋怪曲沃之肆無忌憚而稱兵於晉也
見三按涑水通鑑托始于周威烈王二十三年書初命晉大
夫魏斯趙籍韓虔爲諸侯而論周天子自弃其名分而不守
然是時列國分爭天下之无名分久矣周天子豈復能以此
制天下諸侯哉當夫僖王之特天子雖微天下之名分固在
也而周天子乃弃以與人而不惜此東周之所以不可以復
興也夫子何不書於春秋而存其義於無衣之詩若使后之
書史者以涑水紫陽之法書之庶乎得春秋未發之意矣

殲

稱人以執惡桓也詹不氏未命也桓於上年十二月與鄭伯同盟於幽而春執鄭詹安用同盟不稱行人者会未歸而見執也不言以歸者秋鄭詹自齊逃來以歸可知也

殲蓋盡殺之也不言遂人殲齊戍而書其自殲所以伸遂復讐之志而著桓公不仁以柔自殲其衆也

詹被執而逃也非義也自齊來而昔交之非義也書之交譏之也

麋陰獸陰盛陰感惡氣之應故至於多所以記異也

姜氏巖曰桓公以尊周為己任當首復周制行朝禮于天王乃終身不見天子而且以不朝討鄭與周意淺圖伯意深此首止之會鄭伯所以逃歸也傳曰鄭不朝也以著

春秋左傳精義卷之六

閬中鄭林　黄一桂　輯　男　心垣見三補輯

莊公二

經　甲辰十有七年春齊人執鄭詹（解齊桓始霸鄭既伐宋又不朝詹為鄭執政大臣詣齊見執不稱行人罪之也）。夏齊人殲于遂（殲子廉反）。殲子。秋鄭詹自齊逃來（詹不能伏節守死以解國患而遁逃苟免書逃以賤之）。冬多麋（麋多則害五稼故以災書）。釐王崩太子閬立是為惠王。晉侯緡卒子獻公佹諸立

傳　十七年春齊人執鄭詹鄭不朝也

見三按鄭突負弑逆之罪舍之而不討發怒於不朝是舍其大而誅其細故曰齊人執鄭詹病其失之於始也（日後首止之會鄭伯逃歸雖曰惑於王命要亦鄭詹之執有以啟其心也）

桓為徵朝罪魁
姜寶巖曰齊以兵力滅遂而
齊人卒殲于此傳並書四族
予其能復君父之讎也然桓未
聞以兵力滅此四族猶見桓之寬
大桓自此不敢滅人之國亦見桓
之能改過也

春秋書追者二追戎於濟西記
其在境也不能防追齊師至酅
譏其出境也弗敢及

麋魯之所有多則為災蜮
魯之所無有則為異麋爲近
也蜮爲蜮也莊公不能防閑
其母俾其淫乎至哀姜孝有
成蜮蜮之祠物類之感不
可忽也

夏遂因氏頜氏工婁氏須遂氏饗齊戍醉而殺之齊人殲焉杜解饗酒食也四族遂之彊宗齊滅滅遂戍之在十三年○頜烏納反

見三接壯哉四族其海島之義士歟其闕陰之義民歟自此一殲而桓即不敢滅人之國殆亦有鑒於遂乎

經 乙巳十有八年春王三月日有食之杜解不書日官失之○夏公追戎于濟西○秋有蜮短弧也蓋以含沙射人為災釋文弧又作狐疏云一名射景如鼈三足在江淮水中人在岸上投人景則殺之或謂含沙射人入皮肌其瘡如疥又云生子南越淫女惑亂之氣所生

傳 惠王元年十八年春虢公晉侯朝王王饗醴命之宥杜解王之觀羣后始則行饗禮先置醴酒示不忘古飲宴則命以幣物宥助也所以助歡敬之意言備設林解時惠王新即位皆賜玉五瑴馬三匹非禮也○雙玉為瑴瑴音角王命諸侯名位不同禮亦異數不以禮假人侯而與公同賜是借人禮按傳屢書朝王為周室幸亦以見霸國既興而此禮遂熄

韓友一曰七命之衣尚許武出何
有於婚焉是猶決江河之防
而惧蟻穴之漏左氏以為非禮
亦已過矣

姜白巖曰虢公党弑君之賊
挾之以朝王逆后聖人不取
也

見三按名位王者御世之大權一部周官之辨得名位二字
一部春秋亦祇嚴此名位名位定而禮明周素守此禮安有
下堂之事
虢公晉侯鄭伯使原莊公逆王后于陳陳嬀歸于京師杜解晉朝王號
鄭伯又以齊執其卿故求王為援皆在周陳嬀後虢惠
倡義為王定昏陳人敬從得同姓宗國之禮實惠后后寵愛少子
亂周室東傳為
王子帶起其傳
見三按是時惠王尚少中宮未定子頹恃寵大有圖度天位
之心虢公倡議為王定昏適值晉鄭同朝贊成其事尚合同
姓主婚之禮左氏據事書之令人自會於意言之表
夏公追戎于濟西不言其來諱之也戎來侵魯人不知去
乃追之按諱其無備
見三按隱桓之世會戎者一盟戎者二故戎得乘其無備潛

師深入邊臣不戒敵至不知以為國禍書曰公追戎病公也可為和戎者戒亦可為無備者戒

秋有有蜮為災也按南越產此物魯中國忽有之故記之曰為災則人之受患者衆

見三按乖氣致異未有無因而至者蜮產南越而忽有於魯淫氣之所感也故特書之以示戒

初楚武王克權使鬬緡楚大夫尹之按權國名今屬湖廣當陽縣尹治也以叛圍而殺之緡以權叛遷權于那處楚地按荊門州東南○那乃多反使閻敖楚大夫尹之及文王即位與巴人伐申而驚其師驚巴師巴人叛楚而伐那處取之遂門于楚攻楚城門閻敖游涌而逸閻敖不能守城又游涌水而走○涌音勇楚子殺之其族為亂冬巴人因之以伐楚

見三按是時楚之猾夏有駸駸乎不可遏抑之勢幸巴人之

姜皇巖曰申息俱滅于楚而傳未及滅申於六年及此年帶叙伐申又于莊十七年補叙蓋申侯召戎亡周連姻鄭武天子為之下戍而卒不能免其西周九廟之靈假手于熊貲手傳于息詳叙以見息滅最慘而申則因事遞過見其見滅于人者之已後也

黃蔴林曰楚子於覆師之餘遁城之後皆以誅而無赦法嚴哉

其強如此其盡因之盡野氣也

鄄，衛地。齊桓再会於鄄，今又同宋
柜在彼深議伐魯，結以媵女至
鄄，假君命而與盟。曰陳人之婦，陳
貴大夫也。衛之貴有宗女於陳，
結與同姓，故往媵之。結至於鄄，
就齊侯送女於衛大夫，私事不書，
以有遂事書，以著其失耳。

前此文姜如齊，齊不能討，至
肆然用意，滿於及莒，非惟魯之
辱，亦齊之辱也。

齊伐魯雖由結之不共，然晉交
鄄莒，亦皆盟出之信已濟非
於齊，但結又重其怨爾。是年
子頹作亂，衛燕保衛王室，傾
危諸侯，放恣極不思君臣，義取賊
以安王室，乃以小嫌私怨合宋陳而
致難於魯，非義甚矣。

周大章曰：鬻拳是一個有血性
不讀書人。一次強諫自刖，再
次弗納自殺。人人如此諫諍，則
諂面諛之人無有矣。文王能納，
可謂是君。是臣，生為大閽，死葬
經皇，生死相依，孤衷可表。

亂稍挫其鋒，能貸旋乎？齊桓得以從容展布，以成召陵之功。否則無變中原，未知鹿死誰手也。

經 丙午 十有九年春王正月。夏四月。秋，公子結媵陳人之婦于鄄，遂及齊侯、宋公盟。社解：公子結，魯大夫。公羊、穀梁皆以為魯女媵陳侯之婦，其稱陳人之婦，未入國，畧言也。大夫出竟，有可以安社稷利國家者，則專之可也。結在鄄，聞齊、宋有會，權事之宜，去其本職，遂與二君為盟，故備書之。本非魯公意，而又失媵陳之好，故冬各來伐。夫人姜氏如莒。非父母國而往，書姦。冬，齊人、宋人、陳人伐我西鄙。邊邑。經荃結之盟齊宋，不曰媵陳也；結之而至陳，不曰盟齊宋也。兩設詭辭，及一敗而二事皆詐，故三國均疾於魯。

傳 十九年春，楚子禦之，大敗于津。社解：禦巴人，為巴人所敗。按：津，楚地，今湖廣枝江縣。還，鬻拳閽。楚大夫弗納，遂伐黃。黃，嬴姓國。敗黃師于踖陵。黃地。按：河南光州西南境。踖，在亦反。遂及湫，有疾。湫，今湖廣宜城縣。湫，子小反。夏六月庚申，卒。補注：時楚人子魯好

姜白巖曰君無攻門不納君死自殺以鉤諫君不從臨之以兵君從之自刖以謝是一個從未讀書之人只是一腔實心任情激發而楚臣不以為疑楚君不以為罪君臣相與何得也左氏以為愛君蓋棺之定論也范甯譏其劫君方遂志以為啟後世篡弒之禍則就其一事言之也

韓友一曰鬻拳一生兩為强事自古無此事君法此以操諸之迹行龍比之心用權為經借逆作順者也

命不通赴弔之禮未行鬻拳葬諸夕室地名亦自殺也而葬于經皇冢前闕生守門故死不失職○經田結反初鬻拳强諫楚子楚子弗從臨之以兵懼而從之鬻拳曰吾懼君以兵罪莫大焉遂自刖也楚人以為大閽謂之太伯若今城門校尉官使其後掌之使其子孫常主此官君子曰鬻拳可謂愛君矣諫以自納于刑刑猶不忘納君于善言愛君明非臣法也楚能盡其忠愛所以興

黃鄉林曰鬻拳之懼君以兵非君以不納爲忠而懷者也申無宇之斷令尹旌執人王宮忠而直者也後世學申無宇者如張嘉貞之國辱節通董宣之執公主蒼頭劫不失為忠臣若鄧洞平時宏劇到渥無道乎將徐温諫不聽露刃直入數逐所親信盡殺之自謂兵諫與諸葛館等則大逆不道矣讀者無論慕古人之風而不精其審擇性之入情大惡而不自知此大學所以貴格致也

見三披朱雲折檻董宣擊楹非已人臣盛事況始則臨以兵强諫繼復閉門不納縱自刖自殺心本無他事不可法左氏以為楚子不以

姜宸英曰：讀十六年殺夷詭諸傳，蔿國一大夫耳，何肆橫至此？及讀此，乃知子頹之傅也。頹有寵于莊，至僖益橫，故其傅公然召外兵殺大夫，遂宰輔，僖王拱手聽之，蓋子頹主之也。惠王立，復周公之位，已拂子頹、蔿國之心，況奪其圃，子頹作亂，不克而奔，見衰周尚有禦侮之臣，而蔿子又以桓王奪田之故，衛朔以莊王立黔牟之故，遂要南燕敗周，而子頹立矣。傳叙數亂之由，五大夫明曲蔿衛周瞞焉，而主亂、助亂、成亂之人，無不曲折傳出。

（為陵知其愛己而從之與王資）愛君，亦就蠻夷之俗而言耳，諫臣此所以日就强大歟。

初，王姚（杜：鮮，莊王妾，姚姓也）嬖於莊王，生子頹。子頹有寵，蔿國為之師。及惠王（莊王孫）即位，取蔿國之圃以為囿（園也，苑）。邊伯（周大夫）之宮近於王宮，王取之。王奪子禽祝跪與詹父田（三子，周大夫），而收膳夫之秩（禄也，石速也）。故蔿國、邊伯、石速、詹父、子禽祝跪作亂，因蘇氏（周大夫，桓王奪其十二邑以與鄭，自此以來遂不和）。秋，五大夫奉子頹以伐王（石速士也，故不在五大夫數），不克，出奔溫（蘇氏邑）。蘇子奉子頹以奔衛。衛師、燕師（南燕）伐周。冬，立子頹。

按：非衛燕之助，則賊立就擒。

黃鄰林曰：「」君臣敵而政耦國，莊王曾親受其禍，幸辛伯先幾撲滅，未受大戮，曾幾何時，復蹈故轍，以貽禍其子。大學平治天下，必本絜矩，而上下前後左右以所惡推，蓋言恕也。

春秋

文姜比年如莒莊公累年若罔聞不子甚矣諱書不已爲萬世戒也

外災不書此其書未詳也

戎在徐州最近齊魯伐之固爲急務然子頹之亂坐視不救去年伐晉今年伐戎六年皆通利而自私於王室何有

姜白巖曰或謂齊霸方盛而天子蒙塵不能削平禍亂輸晉文一籌矣呂東萊曰周室東遷虢鄭東周政

見三按蔿國不過嬖子之傅耳輒敢陰通大國擅殺王臣則其專橫不臣可知王取其圃亦是寓裁抑之意其邊伯子禽諸人大抵皆黨於子頹者故或取其宮或奪其田或收其秩皆所以孤子頹之黨也唯操之太蹙以致五大夫得奉子頹爲亂此則惠王不得辭其責焉漢鼂錯之言而激成七國之變明聽齊黃之計而激成燕王之師皆處置失宜致之也有國家者當引以爲戒

經 丁未二十年春王二月夫人姜氏如莒。夏齊大災杜解來告以大故書天火曰災。秋七月。冬齊人伐戎

傳 二十年春鄭伯和王室不克杜解能也按子頹不肯避位執燕仲父南燕伯爲伐周故按先敗燕師夏鄭伯遂以王歸王處於櫟秋王及鄭伯

仲父之執除燕一路

與周最親凡有患難二國首先任為己責齊桓雖圖霸終退然讓之知當時尚不以甲兵強弱為事諸侯尚稟王命據此則王室之亂和不告命諸侯而獨與二國謀觀魯史不書其事則齊桓未可辱責也

入於鄔、王所取鄭邑遂入成周、取其寶器而還、冬王子頹享五大夫、樂及徧舞、徧舞黃帝堯舜夏商周六代之樂鄭伯聞之、見虢叔虢公字曰寡人聞之、哀樂失時、殃咎必至、今王子頹歌舞不倦、樂禍也、夫司寇刑官行戮、君為之不舉、去盛饌而況敢樂禍乎、奸王之位、禍孰大焉、臨禍忘憂、憂必及之、盍納王乎、虢公即虢叔曰、寡人之願也

黃鄰林曰、鄭厲平王、其得手全在以王師歸、蓋是時五臣作亂、燕衛助逆、王室之危、幾如累卵、奉之以歸、既可杜權奸之窺伺、復可壯一己之聲威、曹操所以勝袁紹、朱溫所以勝李克用、皆用此術、鄭厲真權變也

見三接晉文納襄王而霸業以成、漢高為義帝發喪而王業以定、皆正其名分、而急所當務也、子頹之禍、天子蒙塵、齊桓

鄭突之入于櫟春秋蓋絶之矣及惠王以子頹之亂出居於櫟諸侯勤王者獨鄭與虢雖有篡國之罪亦有勤王之功是以春秋於其卒與葬而復録之功罪不相掩也文姜之行惡矣而卒以國君之母寵榮終身一用小君之禮世衰善之禍亦何極難而已也姜白巖曰鄭伯勤王先奉命執燕伯遂入王城得子頹五大夫殺之定天王之位誅逆君之賊當理盡情絶大奇勳也奈當時大義不明周不告命鄭伯既卒虢

安在竟以勤王之師讓之鄭虢先此一着所以馳驅三十載而始有召陵之役唯齊桓忠心王室攜王奸位太子未定尚且會于首止以為未雨之綢繆何至置子頹于不問考莊公二十年冬伐戎二十一年夏鄭虢同伐王城納惠王而殺頹是年齊無事可紀一年皆在戎故不得勤王耶

經 戊申 二十有一年春王正月。夏五月辛酉鄭伯突卒【詳說】雖有篡兄之罪亦有勤王之功。子文公捷立。秋七月戊戌夫人姜氏薨【杜解】薨寢祔姑赴于諸侯故具書小君之禮。冬十有二月葬鄭厲公八月乃葬緩慢也

傳 二十一年春胥命于弭夏同伐王城【杜解】鄭虢相命弭鄭地按今河南密縣境弭面爾反鄭伯將王自圉門入虢叔自北門入殺王子頹及五大夫鄭伯享王于闕西辟樂備闕象魏也樂備備六代之樂疏云西辟西偏也王與之武公之

亦隨亾魯史不記聖人當
筆之於經傳特詳之以不沒
其功而諸儒曲求不書之故
非鑿則迂矣

畧界也自虎牢以東鄭武公傅平王王錫之自虎牢以東後失其地故惠王今復與之按河南汜水縣西有虎
牢城原伯原莊公曰鄭伯效尤其亦將有咎言效子頹舞編樂五月鄭厲公
卒王巡虢守巡守於虢國也天子省方謂之巡守補注惠襄巡守非省方之比令不及諸侯故不書虢公
為王宮于玤虢地按河南澠池縣界○蒲項反王與之酒泉周邑按陜西同州有甘泉造酒尤美
名泉酒鄭伯之享王也王以后之鞶鑑予之鞶帶而以鑑為飾也今西方羌胡猶然
古之遺服虢公請器王予之爵飲酒器鄭伯孔疏厲公卒文公由是始惡於王
為僖二十四年鄭執王使張本冬王歸自虢傳言王之編也
黃鄰林曰鄭伯納王○起于貪心初入成周遂取寶器○繼以鞶
無非仗義純是
蓋其心欲王子頹之心特假大義以濟其私矣耳
爵厚薄挾隙于王○貪始之心萌而禍不旋踵宜其死也原伯
以其效尤謂將有咎其鏡禍猶淺
見三按晉命納王○鄭國首功虢亦義舉○虎牢之賜○優于酒泉○

肆赦也眚災也眚災肆赦為小過者言非為大惡者言也罪在五刑上天所誅今取大罪極惡而例之于眚災以肆赦之例恬於得志良善瘠昏失政刑矣

君殺則稱世子衆殺則稱公子君在而世子為人所殺君之大政世子之失道可知張氏曰不稱世子未誓于天子也未誓則稱公子重王命也

魯莊忘君父之大讎請昏於齊齊侯高傒要魯以盟其傲魯也甚矣春秋書之責齊尤責魯也

莊公失禮者三娶讎女一也喪未畢二也親往納幣三也

王之行賞悉得其平乃舉帶之予偶不如虢遂至有惡于王蓋鄭伯之納王本係私心鄄之會方罷而侵宋之師復興及鄭詹以不朝見執而力小無如齊何故自合虢以靖王室蓋欲以是抗齊非真能為王也功成志滿王享樂備效尤樂禍其家同也其死宜哉

經 己酉 二十有二年春王正月、肆大眚、孔疏肆緩也緩縱大過皆原免也張注取大罪極惡而例之于眚災以赦之蓋用虞書眚災肆赦之名而不察其實也。癸丑葬我小君文姜、杜解反哭成喪故稱小君。陳人殺其公子御寇、宣公太子也按此書專殺之始。夏五月、孔疏年之四時雖或無事必空書首月以紀時變以明歷數莊公獨稱夏五月及經四時有不具者即明無文皆闕謬也。秋七月、丙申及齊高傒盟于防、劉氏敞曰卿不可會公侯故沒公爵而杜謂高傒齊之貴卿與魯之微者盟非也。冬、公如齊納幣、公不使卿而親納幣非禮也母喪未再期而圖昏尤為失禮

姜白巖曰：敬仲奔齊，為陳氏始祖，而左氏作傳之時，正陳氏專齊之日也。故綜其二百餘年事實作統冒，而以昭三年晏子之言、哀十四年簡公之弒作大結。然敬仲奔齊之日，桓伯方盛，一匡九合，氣焰赫然，豈知箕伯直柄虞遂伯戲相胡公太姬而在齊也，如卦之姤一陰始生，如時之夏秋氣已伏。傳于桓公有餘慨焉。

張秀芷曰：春秋之局變為戰國，由六卿分晉，而田氏篡齊也。晉文未興之時，而代晉者已兆；齊桓方盛之日，而代齊者已至。亦可以見天命無常，創業守成者，俱宜猛省矣。○上截說人事，下截說天數。仁義二字作骨子。其子孫以不仁不義取之，而其祖父以仁義得之，便是代興於齊本領。天數已在人事中打定矣。

傳 二十二年春，陳人殺其大子御寇。杜解：傳稱大子，以實言。按傳見陳人告以不實。史記：陳宣有嬖姬生子，欲立之，乃殺大子。陳公子完與顓孫皆御寇之黨。奔齊。史記：御寇素愛完，恐禍及，故來奔。按敬仲奔齊，遂有韶樂，知敬仲之賢，則知御寇之非罪。顓孫自齊來奔。不書，非卿。齊侯使敬仲為卿。辭曰：羇寄也旅客也之臣，幸若獲宥，赦也及於寬政，赦其不閑於教訓，而免於罪戾，弛弛去離也於負擔，君之惠也，所獲多矣，敢辱高位以速官謗，請以死告。以死自誓。詩云：翹翹車乘，招我以弓，豈不欲往，畏我友朋。逸詩也。古者聘士以弓。言雖貪顯命，懼為朋友所譏責。傳氏曰：翹翹，高貌。使為工正。掌百工之官。飲桓公酒，樂。齊桓賢之，故就其家會。據主人之辭，故言飲桓公酒。公曰：以火繼之。辭曰：臣卜其晝，未卜其夜，不敢。君子曰：酒以成禮，不繼以淫，義也。夜飲為淫樂。以君成禮，弗納於淫，仁也。史記：桓公賢之，使食采于田，為田氏。初，懿氏陳大夫卜妻敬仲，龜曰卜。其妻懿氏妻占之，曰：吉。是謂鳳凰于飛，和

識緯家何曾識得此理

鳴鏘鏘，（雄曰鳳，雌曰凰，雄雌俱飛，相和而鳴鏘鏘然，猶敬仲夫妻相隨適齊，有聲譽。）有媯（陳姓）之後，將

育于姜。（齊姓）五世其昌，竝于正卿。八世之後，莫之與京。（大也）陳厲公，

蔡出也，（姊妹之子曰出）故蔡人殺五父（陳佗）而立之。（殺陳佗在桓六年）生敬仲。其

少也，周史（周大夫）有以周易見陳侯者，陳侯筮之，（蓍曰筮）遇觀☷☴

（坤下巽上。○古亂反）之否☰☷（坤下乾上，否。觀六四爻變而為否）曰：是謂觀國之光，利

用賓于王。（此周易觀卦六四爻辭。易之為書，六爻皆有變象，又有互體，聖人隨其義而論之。秝難六四近六五之君，

是謂觀國家之光華，利用作賓于王家。）此其代陳有國乎？不在此，其在異國；非此

其身，在其子孫。光，遠而自他有耀者也。（孔疏：言光在此處遠照于他物，從他物之上而有明

耀者也。按數語總提代陳有國之全旨，下乃逐節申明之。）坤，土也；巽，風也；（乾天也）風為天於土上，山

也。（巽變為乾，故曰風為天；自二至四有艮象，艮為山。按：坤，土也，謂觀下卦；巽，風也，謂觀上卦。觀六四變為乾，乾上坤下為否

卦。遇卦三四五為艮，之卦二三四亦為艮，艮，山也，謂互卦也。）有山之材，而照之以天光，於是

乎居土上故曰觀國之光利用賓于王山則材之所生上有乾下有坤故言居土上照
之以天光四為諸侯變而之乾有國朝王之象疏云照之以天光言天子臨照之也既當矣而被天照又復居有土地國君之
象也易位四為諸侯變而為乾乾為天子是有國朝王之象按此兼明二句之義庭實旅百奉之以王
帛天地之美具焉故曰利用賓于王艮為門庭乾為金玉坤為布帛諸侯朝王陳贄幣之
象旅陳也百言物備按此專明賓王之義猶有觀焉故曰其在後乎孔疏卦名觀觀者視他之辭此
卦猶有觀非在已之言故知其子孫按猶有觀之道為仰觀乎天其光甚遠否卦天地不交又否為之卦自他之耀其耀甚遲
故不于其身于其子孫也風行而著於土故曰其在異國乎孔疏一曰巽為風為木風吹木
實落去更生他土而長育是為在異國按巽坤遇卦也風行而之乾已著于之卦之土非復本卦之土矣故在異國所謂自他
有耀也若在異國必姜姓也姜大嶽之後也姜姓之先為堯四嶽山嶽則配
天物莫能兩大陳衰此其昌乎按觀否互體皆艮艮是重艮也山之高大者峻極于天綿亘于地
莫如大嶽興雲降雨功與天配姜姓之先主四嶽之祀故知必在姜姓之國然陳國尚盛敬仲又盛是兩大也物莫能兩大必

陳衰而敬仲興也及陳之初亡也昭八年楚滅陳陳桓子敬仲五世孫陳無宇始大于齊
其後亡也哀十七年楚復滅陳成子陳常得政
黃鄴林曰[illegible]也傳志其辭卿位辭夜飲以
見完有敬德敬能有國況育姜賓王數已前定乎齊子孫氏
務修德陳氏厚施均祿收拾人心其勢日昌以迫崔慶欒
高披姜氏之祚遂拱手而受諸嫣有當是時齊桓伯業方始乃八
世後代齊之人已入其國如唐太宗貞觀十二年間爲極盛
時而亂唐武氏已入宮中自非知幾烏能燭微哉
見三接敬仲是極有學問有見識人孟子所謂孤臣孽子操
心危而慮患深也蓋羈旅之臣驟躋高位貴寵必爲之側目
且以亡臣托身大國如孤鳥依人多冀轉以苟容久之而君

書至吉於廟也。莊公忘父讎而娶其女，月母喪而往納幣，弃宗社之事，踰年始歸。書至危之也，亦醜之也。

祭叔為周公之裔，王朝大夫，假聘禮私行，故不稱使。叔，字也。或是伯字之誤。

昏議尚疑，故以觀社為名，再往請議，後一年方迎姜。齊雖之宗廟社稷，禮有常度，祭有常時，常日以齊女之故，廢魯社而觀齊社，何以守先而治民，何以告廟？

荊僭先中於蔡，荊聘先通於魯。書荊人來聘，進之也，抑[illegible]交之也。

為昏姻而齊難之，故會於穀，結齊好兼請昏也。然以書莊公之不子，而齊桓待人之不以義也。

不曰來朝而曰朝公，朝于穀也。嘉禮不野合，蕭之朝魯，公之受皆非也。叔，字也。

宗廟之飾，固有彝典，而妄肆奢麗，加於禰宮，亂王制，瀆先君，不恭莫大焉，況因讎女將甫見而故飾以誇示，尤覺無人心。

越禮無厭，遠至鄭地而不恥者，促婚期也。

輕以厭。敬仲初辭為卿，善安其身；繼辭夜飲，善重其身。始合君子守身之道。能守身則能裕後，不必玩占辭而知其後嗣之必昌也。

【經】庚戌二十有三年春，公至自齊。祭叔來聘。杜[illegible]天子內臣不得外交，故不言使。不與其得使聘。王氏曰：祭采地，叔字，天子大夫也。但曰來聘，假王命而私交也。夏，公如齊觀社。杜：齊因祭社蒐軍實，故公往觀之。公至自齊。荊人來聘。不書荊子使某來聘，君臣同辭者，蓋楚之始通，未成其禮。按史記成王熊惲弒其君堵敖而自立，楚交中國始此。公及齊侯遇于穀。蕭叔朝公。蕭附庸國，叔就穀朝公，故不言來。凡在外朝則禮不得具，嘉禮不野合。杜註此借朝於方嶽之禮。按杜云叔名，胡傳以為字。成二年傳有蕭同叔，杜云同叔，蕭君之字，不得以先君之諱為字，宜從胡傳。秋，丹桓宮楹。杜：桓公廟也。冬十有一月，曹伯射姑卒。子僖公夷立。十有二月甲寅，公會齊侯盟于扈。按扈鄭地，今河南原武縣西北有扈亭。音户。

周大章曰此即晏子告景公無非事者意會朝征伐國家大典禮所在諸侯與王非此不舉何等嚴正曹子善談兵又善言禮豈一斂之士乎

姜白巖曰前年冬往齊納幣今夏又如齊觀社程子謂議昏尚疑故以觀社為名再往請議為得其情而其所以疑者或曰公初立孟任為夫人生子般孟任之前成風生僖公公於納幣時年三十有六齊女尚少既以公年過長為嫌又以既立孟任為說此其所以疑也愚以為不然蓋桓莊主也襄魯讐也殺其父而為之子者不能枕戈復讐反娶讐人之女以為宗廟社稷主有人心者必不肯為彼即肯為桓忍聽之乎然桓方圖伯有意交驩於魯不便明言故再四留難以為魯國君臣稍知廉恥自

傳 二十三年夏公如齊觀社非禮也曹劌諫曰不可夫禮所以整民也故會以訓上下之則制財用之節（杜：賦多少）朝以正班爵之義帥長幼之序征伐以討其不然（不用命）諸侯有王（事從王）王有巡守（省方）以大習之（大習會朝之禮）非是君不舉矣君舉必書（書于策）書而不法後嗣何觀

黃鄒林曰君舉必書四字竦然見史之有權三代以上所以多會主者此也後世史官類以潤色為能而於君之過知多忌諱而不敢書則史失其職矣

見三揆劌論兵是名將論禮是名相時公年三十六矣受制于母氏必娶于母家而齊女待年未及二十一年文姜薨二十二年纔納幣時尚未迎也謂文姜為莒伯之母則制其娶

必中止而無如辭之益女請之益堅高傒齊大夫也身與之盟而不以為辱以致納幣之命也納幣使大夫身親至齊勉強委曲使之必受也於是又托觀社以行穀梁子曰尸女也尸主也主於請除意不在社也然齊終以為疑於是又過於穀又盟于扈齊侯不得已而後議然又恐其中變也於是親至逆女爲自古請昏許昏未有若斯之难也蓋齊襄被弒桓公有國撫襄之女以嫁而莊欲締姻于齊倚桓為重屢以文姜遺命為辭必得後已豈知齊桓之意有難以顯言者哉　曹劌諫草想見三代盛時禮度莊之僕僕於齊者非朝會征伐之事乃欲昏仇女且托為觀社盛服而行何可為後嗣見也言後嗣已隱含先君不

妾不宜制其娶妻謂文姜為漢惠之母則制之生前不能制之死後乃前冬納幣公既親行後春來歸公又親迎中間相隔一年復有觀社之行想見齊女驕蹇必有所不滿於莊而為是遲回抑齊桓英明或有所深鄙于莊而為此留難齊自緩魯自急齊自慢魯自恭廉耻心亡扳援情重僕僕齊庭不憚至再至三無以對先君又何以法後嗣自是丹楹刻桷侈宗廟之觀覿贊用幣亂男女之別帷薄不謹共仲作奸有由來矣君舉必書書而不法曹劌言外有微詞為其奈此項趦蹌者何哉

晉桓莊之族偪杜解桓叔莊伯之子孫強盛偪迫公室獻公患之士蔿晉大夫曰去富子二族之富強者則羣公子可謀也已公曰爾試其事士蔿與群公

宫

明白提出有所不忍也長句
立功後又關銳論豈非挺挺
者乎

黄鄭林曰凡得国不以正者其
後必有猜殺之禍蓋己厚
人人將遏己其疑畏不待啟
而自生也曲沃厚晉而其子孫
遭殺戮之慘亦其理則然
非盡由黑振之譖若士蔿
乃教其君殺宗枝族及其
先世可為慎德以固其本支
乃教之慘殺以盡前先世之
子孫及驪姬之難作而獻公
之子孫皆將救死奔亡之不
暇乃復汲汲太息而責其君
未修德以固宗子而前後戕之左
與夫先君之子孫與吾君之子孫
一也此其有殺君盡棄先君之子孫
而吾君之子孫有得安全者
耶

莊公忘父之讎而徇母之欲娶讎女
為夫人知有母而不知有父既又
丹桓之楹而刻其桷以盖其無
父之耻悖礼亦悖父也

子譖富子而去之以罪狀誣之陳傳為殺太子申生起

見三按曲沃以臣篡君全耤公族之力一旦得國人人有圖度大位之心士蔿之計雖屬殘刻亦勢事所值不得不如此司馬見弟齊宗室殺戮殆盡皆由此也偶國家之患不失之內重即失之外重晉自獻公作法於凉驪姬踵而行之詛無畜群公子而晉于是無公族遷流所極遂成三家分國絶諸不得辭其責矣

秋丹桓宮之楹

見三按夏公如齊尸如齊許之成昏喜之不勝故歸而丹楹以為廟見之飾莊公豈尚有人心哉

經辛亥二十有四年春王三月刻桓宮桷杜解刻鏤也桷椽也將逆夫人故為盛飾。

親迎常事不書公納幣三年而後娶親迎以非常而書故致之以示非也若公親迎於齊當與夫人偕至乃公先至而夫人後至妻者齊也於義何居蓋以見公之卑夫人之亢也夫人至大夫見於宗廟婦見於內禮也今並覿同贄失男女之別公之於夫人也媚之備至而夫人愈亢不顧父讎而從之以徇其欲所以釀異日淫縱逆亂之禍也莊娶讎而忘親大水唐高宗立太宗才人武氏為昭儀而萬年宮夜大雨水幾溺其身天人相感之理甚可畏也

此與鄭突忽出入書法相似但突恃強援而入篡畏強敵而出入之先書畏之至也

郭公蓋郭亡之誤也說文亡字從人從亡與公字相似故誤亡為公也

姜白巖曰、天子之楹黝諸侯之楹堊其桷則天子斲之諸侯礱之今丹刻之踰制矣何休云娶齊女以奢示之胡傳誇示讎女也然於先君無與而御孫以為納先君於大惡者何也蓋先君凶德醜於國人共知而

葬曹莊公。夏公如齊逆女秋公至自齊八月丁丑夫人姜氏入。哀姜也丁丑入明日乃朝廟戊寅大夫宗婦覿用幣、大水。何休曰夫人不制陰氣盛故明年復大水。冬戎侵曹曹羈出奔陳羈蓋曹世子也穷鮮不稱世子舊史承赤告而書也羈奔而赤告不肯以世子稱明矣按遺畏逾年稱爵而赤篡立猶以未適年之例名其兄故同于鄭忽疏云賈逵以為羈是曹君赤是戎之外孫故戎侵曹逐羈而立赤也赤歸于曹。赤曹僖公也蓋為戎所納故曰歸郭公。蓋經闕誤或曰郭亡也管子也齊桓公之郭問父老曰郭何故亡曰以其善善而惡惡也公曰若子之言乃賢君也曰郭君善善不能用惡惡不能去所以亡也

【傳】二十四年春、刻其桷、皆非禮也。御孫魯大夫諫曰、臣聞之儉德之共也、侈惡之大也。先君有共德、而君納諸大惡、無乃不可乎。以不丹楹刻桷為共

黃鄴林曰、前既丹楹。今又刻桷。侈死父之飾以美讐女之觀適

以彰死父之惡御孫言下大有掉喝之意特無如巧趨蹈者
不悟耳
見三按魯莊公與唐中宗遭際相同其昏愚亦相等中宗受
制於武后而復寵任韋后以致三思之亂莊公受制于文姜
而復寵任哀姜以釀慶父之奸皆人理之不可解者

秋哀姜至公使宗婦覿用幣非禮也杜解傳不言大夫唯舉非常御孫曰男
贄大者玉帛公侯伯子男執玉諸侯世子附庸孤卿執帛小者禽鳥卿執羔大夫執雁士執雉以
章物也章所執之物別貴賤女贄不過榛栗棗脩以告慶〔虔〕也榛小栗脩脯虔敬也皆取
其名以示敬今男女同贄是無別也按禮夫人至大夫郊迎明日大夫見于廟宗婦見于內不同地
大夫用羔雁宗婦用榛栗棗脩不同贄幣者元纁束帛儷皮大夫用之已非禮而宗婦同之無別矣男女之別國
之大節也而由夫人亂之無乃不可乎

而其人已亡衆怒亦釋今
韋宮黯淡桓廟輝煌刺林
心者將曰何為有此非常之
崇奉也拜其下者即讐人
之女將假手以報也是先君
大惡已消而今復標識之猶
納之也

姜白巖曰秋公至而八月丁
丑哀姜入者難辭也張
氏曰見後公而至之日多
也又逆辭也穀梁曰宗廟
弗受也蓋公自夏徂秋不
能久待姜倚強作勢分外
從容公之不能制姜兆乎此
矣傳但云哀姜至寫莊公無
限得意從前納幣觀社經
書十事皆取償于此一則寫
臣民無限哀悼從前夢重孫
嫡如齊十餘年以通國積憤竟

結局于此傳只三字而兩併
赴濼之行申繻以為男女相
瀆知其必敗哀姜之覿御孫
以為男女無別知其必亂二姜
淫毒竟如一轍可不畏哉

姜白巖曰盡殺羣公子蓋有
見于桓莊之於故晉也後遂殺
申生欲殺重耳夷吾狠心辣手
至此漸熟然諸富子得士蔿之
譖出奔他國終其天年未嘗
非幸也

黃鄴林曰唐高宗以百官命婦同宴於麟德殿而致武后淫
毒遂移唐祚嫌疑之言可不慎哉御孫之言足為天下萬世
金鑑

見三接莊公制于文姜其甘娶仇女丹楹刻桷亂廟制而以不
義予父納幣觀社亂王章而以不義予己覿廟用幣亂男女
而以不義予妻無人心矣御孫知之曰大惡指之曰無別而
忘彭生之仇啟慶父之奸俱于詞外可見極隱極嚴

晉士蔿又與羣公子謀使殺游氏之二子亦桓莊之族士蔿告晉侯
曰可矣不過二年君必無患

見三接天下事能除已然而不能除未然羣公子去而六
卿來矣作法於涼何以示後蓋士蔿用而二五效尤矣後世
如魏文帝禁錮諸王而子孫孤弱為司馬氏所併魏用華歆以逼漢禪晉即用

賈充以逾魏禪去前後一轍事功亦何益哉

魯自十九年公子結媵女來陳之好逆與齊宋來伐女叔與季友有舊故來聘以結好雖其君使之實出其臣之私交也

賴公公見得國又記天子命不書

蒙所以示討

社陰神日食陰侵陽也鼓有聲於八音以伐之以責陰氣且示責也天子尊可以責神故不用幣而鼓於社諸侯卑可自責故用幣于社伐鼓於朝而設社祭為非禮況不日常而用牲其史失之焉

古未聞大水而用牲況伐鼓于門乎非唯大礼亦見其不勝於政事而惑於淫巫瞽史之說也

姜白巖曰十九年齊合陳宋之師伐魯季友懼甚至是連姻于齊諸侯輯睦時原仲秉政于陳遂使女叔來聘從前之陳未嘗有也謂原仲篤于交情嘉之令史官以字書魯遂以上卿報聘明年如陳葬原仲亦不名皆魯君臣之私意也

姜白巖曰日食天變人君當有恐懼脩省之實而伐鼓用幣其文也春秋之世并文亦廢之十二公書鼓用牲者僅三其行于正陽之月者則文十五年六月

經 壬子 二十有五年春陳侯使女叔來聘 杜鮮 女叔陳卿女氏叔字 按此諸侯交聘之始

女音汝 ○夏五月癸丑衛侯朔卒 ○子懿公赤立 ○六月辛未朔日有食之鼓用牲于社 ○伯姬歸于杞 不書逆女 伯姬公女 逆者微 按逆女歸杞成公 ○秋大水鼓用牲于社于門 ○冬公子友如陳 報女叔之聘

傳 二十五年春陳女叔來聘始結陳好也嘉之故不名 杜鮮 季友相魯原仲相陳二人有舊故女叔來聘季友冬亦報聘嘉好接備卿以字為嘉則稱名其常也 見三 按此為陳通魯之始時原仲與季友有舊二人私交因成兩國和好傳曰嘉之亦季友嘉之也

夏六月辛未朔日有食之鼓用牲于社非常也 杜鮮 長歷推之辛未實七月朔置閏失所故致月錯 唯正月之朔慝未作日有食之 正月夏之四月周之六月謂正陽之月今書六月而傳云唯者明此月非正陽月也慝陰氣 按非常制猶云非禮 按已月純陽陰氣當伏反起而掩陽此大變者之于

朔是也其非正陽之月亦行之者如此年之六月朔實為七月朔及三十年之九月朔是也餘皆廢即純陽之月如昭十七年六月朔者昭子反太史告之而猶廢也豈知廢之者固為不敬即鼓用牲者亦非常禮禮諸侯用幣于社伐鼓于朝謂之常制乃不鼓于朝而于社僭也不用幣而用牲瀆也傳既引古語又曰凡天災有幣無牲雖餘月日食以及大水皆當用幣也非日月之眚不鼓凡日月食皆當鼓而特不哥大水亦用之也傳以古語而補叙如此杜氏但據古語而忘其末而言遂致謬誤

姜氏廣曰獻公殘忍皆士蔿成之其子孫至吉射而亡無

是乎用幣于社伐鼓于朝諸侯用幣于社請救于上公伐鼓于朝退而自責按傳言惟已月救之尤當急耳非謂餘月可不救也詩小雅云十月之交朔日辛卯不必正陽為變也周官鼓人救日月則詔王鼓太僕救日月贊王鼓救月猶鼓況救日乎

秋大水鼓用牲于社于門亦非常也禮失常凡天災有幣無牲天災日月食大水也祈請而已不用牲也非日月之眚不鼓眚猶災也月侵日為眚陰陽逆順之事賢聖所重故特鼓之

見三按此以見莊公不能遇災而懼也不於朝而於社不用幣而用牲均有瀆神之意魏明帝太和初太史奏日當食請于靈星神禳帝詔曰天之於人猶父之於子未有父欲責子而可獻饌求免也令其神禳于古未聞羣臣其各修厥職輔朕不逮其賢於魯莊遠矣

晉士蔿使羣公子盡殺游氏之族乃城聚而處之聚晉邑冬晉侯

後于晉宜哉

黃氏鄉林曰辣筆寫辣事字句皆帶辣氣士蔿晉獻是君是臣真是一对辣手

報濟西之怨也泄桓之忿戎盟戎不足結之徒自貽也莊之追戎伐戎不足威之徒黷武也

大夫國體也諸侯不得專殺赤欲殄青蔿之黨肯好專殺之禁大夫不名義繫於

人也

徐乃今之臨淮蓋介於魯宋之間爲二國患今公紀宋之牧圍救宋伐之然齊實主而以宋主兵何也蓋宋爲所敗屢以宋主之戎曰伐徐所以通江黃之路翊取舒之威伐楚之謀以宋主兵托於爲宋除患盡秘其心也

宋

圍聚盡殺羣公子卒如士蔿之計

見三按羣着着使羣公子即着着殺羣公子以無攻虜一網打盡妙極毒極用心何至禍勢蔓延

經 癸丑二十有六年春公伐戎夏公至自伐戎。曹殺其大夫詳説 曹赤挾戎援以篡兄之國又挾戎威以去兄之黨所殺者必皆無罪而又不止一人按此專殺大夫之始。秋公會宋人齊人伐徐宋序齊上主兵按徐嬴姓子爵與秦同祖伯翳穆王時徐偃僭稱王周滅之別封其子以祀伯翳今江南泗州北有徐城。冬十有二月癸亥朔日有食之

傳 二十六年春晉士蔿為大司空杜解卿官補注傳見晉變周制僭王官夏士蔿城絳以深其宮絳晉所都也史記是年晉始都絳按今為山西絳縣

見三按既滅公族又興大役一將功成萬骨枯司空斯何以為心哉

杞伯不閑有家，伯姬不守婦道，莊公不循典禮，書之參譏之也。

魯與曹爲書，不陳蔡心服而不叛，同以尊周爲心，不復撲式盟齊桓，伯業之始盛也，故書同盟以美之。

大夫不越境，越境會葬非禮也。書之戒私交也。

春方會公，而冬又來。蓋洮之會，姬請於公，公爲之請於莒，莒許其歸寧。讓莒夫猶未也。

諸侯嫁女於大夫，使同姓大夫主之，禮也。叔姬之嫁，以自爲主，卑也。公自主而莒慶不能禮讓，皆非也。書之以譏也。

致伯姬也。杞侯稱伯，自降其班也。相會於衛地，後復伐衛，則爲謀伐衛可知。晉不興伐衛，蓋齊辭之也。

賀仲軾曰：屬詞謂伯姬以前二年歸杞，至此會公於洮，冬乃歸杞，皆爲杞伯來朝之地也。杞魯新婚，何至於不

秋，虢人侵晉。冬，虢人又侵晉。杜解為傳明年晉將伐虢張本。此年經傳各自言其事者，或經是直文，或策書雖存而簡牘散落，不復申解，但言傳事而已。見三按晉之以一單為侯也，虢公奉命而來，既又同朝周王，國之初原式相好，此忽一年兩侵，無故啟釁，遂為晉人口實。

經 ○二十有七年春，公會杞伯姬于洮。杜解魯地。按今山東濮州南有洮城。○音叨。

甲寅

夏六月，公會齊侯、宋公、陳侯、鄭伯同盟于幽。宋地。杜解衣裳之會五。○

秋，公子友如陳，葬原仲。陳大夫。原氏，仲字也。○冬，杞伯姬來。傳例曰歸寧。○莒慶來逆叔姬。慶莒大夫。叔姬莊公女。○杞伯來朝。○公會齊侯于城濮。衛地。將討衛也。按將討衛而會于衛地，指衛也。○音卜。

傳 二十七年春，公會杞伯姬于洮，非事也。杜解非諸侯之事。天子非展義不巡守，天子巡守所以宣布德義。諸侯非民事不舉，卿非君命不越竟，

得朝而煩婦人，采繇之婦人無外交，有事於洮，魯杞胥失，不足深論也。

姜白巖曰：此于陳鄭之服，徵霸烈之盛。穀梁子曰：齊侯得衆也。

姜白巖曰：使上卿出境會大夫葬，非禮也。然友賢大夫，為非禮之行者，以原仲為友之舊于陳，最睦，欲有所謀也。誠本公穀。葉石林曰：莊未有嫡子，子般長庶而得立者也。慶父適乎夫人，欲舍般自立，季子懼不能正，託葬原仲以

見三按：女子有歸寧之禮，無為會之禮。伯姬既至魯地，何以不入國門，請莊出會？卑者病。謂哀姜方挾寵適，不以予女相待。伯姬未敢遽來，而與及父謀之，其說為是。追莊許之，姬即於是冬歸寧，而杞伯亦來朝。

夏，同盟于幽，陳鄭服也。按：衛侯不至。

見三按：陳蔡為楚所必爭。陳鄭服，則楚之門戶塞，而要害絕。故再舉同盟之禮，以堅諸侯之心，蓋已為伐楚計也。

秋，公子友如陳，葬原仲。非禮也。原仲，季友之舊也。

見三按：以左氏則譏也，以公穀則有所托而行也。季子賢者，未應違禮。經書公子，絕無貶疾之意。然曰如陳葬原仲，所謂以徵罪行也。

為之圖也

周大章曰王者以善服人唯恐人弃其民伯者以力服人唯恐人不弃其民晋人恐江南更立令主正此意也只一驕字便看出弃民無衆根原來全是陰將作用禮樂慈愛為戰所畜與曹劌忠之屬也可以一戰相似此為有本之言亟戰將饑武侯猶[illegible]犯此病况姜維乎佳兵不祥黷武者所宜三復此言

冬杞伯姬來歸寧也杜註寧問父母安否凡諸侯之女歸寧曰來出曰來歸歸不反之辭補注傳見列國史例父母不在而假歸寧之禮以來者亦以歸寧之例書之非謂其當來趙氏陳氏駁之皆過夫人歸寧曰如某出曰歸于某見三按伯姬父母在歸寧禮也既有歸寧之禮非有不得伸之慈愛胡為乎有洮之會乎書曰杞伯姬來所以正洮之失也

晋侯將伐虢士蔿曰不可虢公驕若驟得勝于我必棄其民無衆而後伐之欲禦我誰與夫禮樂慈愛戰所畜也夫民讓事樂和愛親哀喪而後可用也虢弗畜也亟戰將饑補義畜養也言以禮樂慈愛教其民所以預養戰勝之具也虢于四者咸無所畜而以數戰為事則好奪農時將有饑餒之患

黄鄴林曰善戰者必曰精畜兵畜利器畜糗糧蔿曰禮樂慈

程

姜白巖曰讓事樂和愛親哀喪而後可用括城濮之戰示信示禮一篇春秋去古未遠雖出策士之口猶與聖人不教每民之言暗合晉文之霸不可謂無家法也

韓友一曰小國勝大國危道也無文德而有武功賢者懼之正為此爾鄢陵之役敗楚擊走羊舌逆盖驕肆以至于亡盈必毀是天道禍福明封事謂不勝則變速而禍小勝則變遲而禍大也

子頹之亂齊桓不能執義勤王已失人望今承王命討其立子頹又以義始而以利終未滿甚矣經書之惡齊桓也

齊桓伯主晉望周宋王者之後三国同心而天下大勢屬之矣此一般

愛戰所畜也得戰之後此抓便住王柏渴之時拈出禮義信本三矣屬丕基於此皆假之也

見三按士蔿謀去公族殘刻不仁此忽講道學說王道唯將禮樂看作權術作用以濟其不仁之事俾一毀群公子之機械也讀者勿為所欺

王使召伯廖賜齊侯命 注賜命為侯伯稱且請伐衛以其立子頹也 立子頹在十九年

見三按晉文勤王而後錫命齊桓錫命而後伐衛此等處真覺後來居上

經 乙卯二十有八年春王三月甲寅齊人伐衛衛人及齊人戰衛人敗績 按杜謂齊侯稱人諱取賂不以親將也諸說皆未安不書地史失之○夏四月丁未邾

節荆荆之始。郿者何？内之邑也。築之者何？始作邑也。何以書？非常也。麥熟於夏，禾成於秋，而書於冬者，所以著費用之無從備焉之不謹。有司於此秋今不知夫麥禾之在倉廩者皆竭也，曷計耗而已羅求矣。

賀仲軾曰：伐書日，重王命也。戰書及，志衛惡也。奉王命以討有罪，衛不悔過，悍然迎戰，強侯無君，又不獨一射王之鄭莊已也。戰而敗之，折逆侯之氣，伸天子之威，桓于是有功于王室矣。前此隱桓以來，後此文襄繼作，二百四十二年之間所未有也。然書齊人而不以爵舉者，何也？衛之罪重，當執之歸命于天子，以聽斧鉞，非止薄伐而已。視古者六卿移之之職，有所未盡焉耳。此春秋責備賢者之義也。左氏以為取賂而還，齊桓君臣當不至此。

子瑣卒。○子（邊繇文）文公。○秋，荆伐鄭，公會齊人、宋人救鄭。○冬，築郿。杜解：傳例曰：邑曰築。郿，魯下邑。按山東東平州西。○大無麥禾。臧孫辰告糴于齊。魯大夫臧文仲

傳二十八年春，齊侯伐衛，戰，敗衛師，數之以王命，取賂而還。呂議：齊侯不以王命為重而受賂，則桓公所為，管仲有不能盡致力者，于此事可見。見三按：數之以王命，何等光明；取賂而還，何等曖昧。桓公莫知管仲郎臣異至如此貪黷，其殆衛姬請之歟？

晉獻公娶于賈，杜解：姬姓國。姬無子。烝于齊姜，武公妾。生秦穆夫人及大子申生。又娶二女於戎，大戎狐姬生重耳，大戎，唐叔子孫別在戎狄者。按今陝西定安府竟。小戎子生夷吾。附注：杜云允姓之戎，時未入中土。據傳，小戎對大戎而言，子乃其姓耳。按陝西肅州衛西。晉伐驪戎，驪戎男其君姬姓，其爵男。女以驪姬。納女于人曰女。今陝西臨潼縣東有驪戎。

王戒庵曰獻公一世奸雄何至為一婦人自戕其骨肉自毀其國家及觀左氏所叙乃知獻公入其彀中雖死不悟者則以姬之机深而用微假手於人而幾微不自露其迹也夫生申既孝且早為東宮為人心所屬重耳夷吾俱長又賢而得士姬欲奪之而立其子不亦難乎將欲譏之必先疏之將欲疏之必先親之乃托為威民懼戎之謀既可以安國家而重三子又加以廣莫啟土之說又所以中其其欲而說其心乃使二五進之于外不但公不知為姬之謀即三子羣臣亦不知為姬之謀也無迹無形無聲無色得不茫然入其彀中手弄獻公如嬰兒除三子如草芥婦人之奸至驪姬而極有國家者可不辨之於其早乎

城、歸生奚齊其娣生卓子驪姬嬖欲立其子賂外嬖梁五與東關嬖五（姓梁名五在閨闥之外者東關嬖五别在關塞者亦名五皆大夫為獻公所嬖幸視聽外事）使言于公曰曲沃君之宗也（桓叔所封先君宗廟所在）蒲與二屈君之疆也（蒲今山西隰州東北有蒲子故城二屈今吉州東北有北屈廢縣或云二當為北）不可以無主宗邑無主則民不威疆埸無主則啟戎心戎之生心民慢其政國之患也若使大子主曲沃而重耳夷吾主蒲與屈則可以威民而懼戎且旌君伐（〔統箋〕旌章伐功也廣莫謂曠絕即曲沃與蒲屈也言章君之功伐庶使晉國之人皆曰狄人曠絕之地今皆為晉都不可以大啟土宇乎乎）使俱曰狄之廣莫於晉為都晉之啟土不亦宜乎晉侯說之夏使大子居曲沃重耳居蒲城夷吾居屈羣公子皆鄙（邊邑）唯二姬之子在絳二五卒與驪姬譖羣公子而立奚齊晉人謂之二五耦（按耦比耦也言二人相為比耦以傷太子及二公子也）

黄鄭林曰國家禍亂未有不由于內外交搆者晉獻嬖驪姬以
有外嬖東關嬖之二五此交搆之由也內嬖無外嬖奸不行
外嬖無內嬖謀不固至內外之嬖合而君心蠱國本搖矣君子傳中
柏詢獻宗李林甫深徐世勣之流謂其罪在武曌之上蓋深
前則使言于後則使太子居曲沃重耳居蒲夷吾居屈以
病其佞諛而釀禍者也晉之二五可以鑒矣
使之而實驪使之二五使之也嗚呼二五為耦群公子去國
以大亂為人君者戒呼嬖爲目
見三按驪姬層層布置全為其子謀安全而不知轉為其子
貽禍害大都耦國寶與並居也西嫡相等三子既主曲沃蒲
屈則可以威民可以懼戎即可以得人三子之勢盛而奚齊
之黨反孤異日獻公死里克因怨三之徒殺奚齊復殺卓子皆
姬氏此舉為之然後知小人之害人未有不自害其身者也究

其端則開于献公献公為申生去冨子殺游氏又盡殺羣公
子不有於公族何有於諸子天下未有不孝不弟而能悳者
啓明皇長枕大被諸子尚且冤死況献公乎使其壽命延長毋
生孽孽則奚齊卓子又不保矣嗚呼為子孫而殺兄弟必臣
為子孫而殺子孫不仁之禍一至於此可不戒哉

楚令尹子元杜解文王弟欲蠱惑以淫文夫人息嬀也為館於其宮側而
振萬焉振動也萬舞也夫人聞之泣曰先君以是舞也習戎備也今令
尹不尋用也諸仇讎而於未亡人之側不亦異乎婦人既寡自稱未亡人御
人夫人侍人以告子元子元曰婦人不忘襲讎我反忘之秋子元以
車六百乘伐鄭入於桔柣之門鄭遠郊之門也。桔戶結反柣待結反子元鬭御
彊鬭梧耿之不比為旆子元自與三子特建旆以居前緇廣充幅長尋曰旐繼旐曰旆鬭班王

周大章曰振萬習戎不過以
此絕子元耳非真欲其尋諸
仇讎也子元誤認猶欲逢其
所欲以悅之伐鄭之舉乘興
而來興盡而返草草了局可
知子元心頭原有一蠱障塞
也以泰山壓卵之勢竟成畫
戲兵之形描寫鄭人全為子
元兒漆毫直是寫生神手
美惡嚴日春秋凡救皆善此荊
伐鄭而諸侯救至小國以全尤
救之善者也傳寫子元草草興

師似諸侯不救楚師亦退所不知非也子元振萬欲蠱息嬀嬀導之伐國即伐鄭以媚嬀可見野子狼心感而即動迅速而馳實出鄭人不意初入郊門繼入郭門及于逵市勢如破竹若內城再入則社稷墟矣斯時諸侯之救未至鄭君臣議奔桐丘又恐欲奔無及故用疑敵之計如李廣之解鞍臥馬以疑匈奴唐太宗之開門捲旆以誤突厥於是子元果不敢進幸幾須臾將率臣民啟行而忽報楚師宵遁則以諸侯之救至也諸侯救鄭只一語點睛而鄭國不亡全在乎此讀者徒知上段閒暇幾于主客游戲傳補將奔桐丘則上面閒暇處正是無限倉皇也楚幕有烏不特形容夜遁光景乃見救兵方至敵兵隨遁城中居人全然不曉齊桓救患

孫游王孫喜殿三子在後為友樂衆車入自純門鄭外郭門及逵市郭內道上市縣門不發楚言而出子元曰鄭有人焉按襄十年疏云縣門編版廣長如門施關機以縣門上有機則發機而下之也今不發機閉門出兵而效楚言蓋示楚以閒暇故子元畏之不敢進○縣同懸諸侯救鄭楚師夜遁鄭人將奔桐丘邑名按河南許州東北諜告曰楚幕有烏乃止諜閒也幕帳也○諜音牒幕音莫

黄鄴林曰息嬀一言而蔡國入獻舞執一泣而鄭國伐子元殺辱身報仇亦女中之豪傑所欠者息侯一死耳嗟夫士君子抗懷千古自許夔龍共節一時甘為臣妾若李陵之降匈奴揚雄之仕新莽其視息嬀又奚如耶

見三按于文皿蟲為蠱物必先腐而後蠱生此蠱之字義也在周易山風謂之蠱女惑男風落山此蠱之卦義也息嬀知亡

寔為功首矣、

姜白巖曰經書大無麥禾於冬周之冬夏正之八九十月也詩七月篇曰八月其穫禾之早熟者十月納禾稼禾之遲熟者盖麥既濟收至冬告盡而禾不登民無以食故曰大無麥禾而傳直曰饑也諸儒責魯君臣不能務

予幼身為秀才、今如果持身端正無隙可乘元即狼子野心如何敢突如前來作傲象之想聞聲不怒而泣蓋即三年不訖之故態也其曰今尹不尋讎仇讎蓋即激楚子伐蔡之故智也御人以告可見王宮左右無非子元私人消息早通倘令鬭般不殺桃花命薄又將隨波而逐流矣楚訖而出其殆以三軍之威桑中之喜嘲子元乎左氏摹寫盡學神情如畫的是寫生妙手

冬饑臧孫辰告糴于齊禮也

見三按一無麥禾即忽忽告糴此以見魯儲積之空亦以見賑卹之善葵邱之會曰無遏糴於此足窺一斑

築郿非都也凡邑有宗廟先君之主曰都、無曰邑邑曰築都曰城、

農重穀，以告糴為末務，是也。

姜寶曰：經書冬築郿，于前無麥禾，告糴于後，明年又書新延廄，右曰工役繁興，正大無麥禾，告糴于齊之時也。胡氏以為費用，故倉廩竭。若因築郿而致無麥禾者。按魯語臧孫告糴之辭云：天災流行，戾于敝邑。知是年必有水旱螽蝗之災，不書者，史文闕也。

延，長也。廄謂之延，猶庫藏謂之長府，就其有餘也。新者，撤其舊而新之也。

許叛世讐也。然許自盟幽之後，不與于齊桓之會，鄭人侵之。或者受命於齊歟？自是許始治中國。

姜寶曰：延廄，名。經曰新，脩舊之謂；傳曰新作，傳寫之誤也。日中，春秋之分也。周正改時月，不能分至，故至在

社鮮 周禮四縣為都，四井為邑。然宗廟所在，則雖邑曰都，尊之也。毛傳：先君之廟。宗邑，廟也。凡易二君，其君之弟立為大宗，必祭所自出，立一先君之廟于其邑，謂之宗邑，亦謂之宗廟，如鄭友立厲王、季氏立桓公廟之類。按對舉則城築有別，專用則兩字相通。

見三。按郿，微子所封之地，後為魯邑。築郿于冬時，何以書？然傳言告糴于前，經書大無麥禾於後，則莊之輕用民力，不恤民困可知，故書以惡之。

經 丙辰 二十有九年春，新延廄。夏，鄭人侵許。秋，有蜚。冬十有二月，紀叔姬卒。社鮮 紀國雖滅，叔姬執節守義，故繫之紀，賢而録之。按孫氏、黃氏疑經一歸字，謂叔姬再嫁子季，則失身之婦，夫子何為卒之、葬之乎？諸儒立說，可怪也。城諸及防。諸、防皆魯邑。

傳 二十九年春，新作延廄，書不時也。凡馬，日中而出，日中而入。社鮮 日中，春秋分也。治廄當以秋，因馬向入而脩之。今以春作，故曰不時。

春秋分在夏冬，春分出馬者牧馬于郊外也秋分入馬春入于國中以避霜雪也脩廐當在秋分周之秋在冬今新於春故云不時

莘白巖曰許為鄭併穆公新邑秉鄭亂復國至此已三十三年中興之令主也齊桓創霸而不與于會故鄭文侵之蓋受命于桓也于是僖四年同會于召陵

見三按禮凶年馬不食穀馳道不修所以卹民生節國用也去年大無麥禾至乞糴於齊今春忽新延廐廐有肥馬盜有餓莩矣告糴之文仲何曾無一言而諫主恥

夏鄭人侵許凡師有鐘鼓曰伐其罪粗鮮聲無曰侵鐘鼓無聲輕曰襲掩其不備陸氏攻傳以為行師安得無鐘鼓愚謂鳴鐘鼓曰伐不鳴其曰侵晉語趙宣子曰伐備鐘鼓聲其罪也襲侵無聲為蹔事也

見三按鄭在春秋每間霸主有事則侵伐小國以自益蓋鼠竊之類也時齊桓方議伐山戎故有許之侵

秋有蜚為災也凡物不為災不書劉向曰蜚南越盛暑男女同川淫風所生為蟲臭惡公娶淫女故蜚生啖氏曰春秋紀異多矣何必為災傳失之羅欐氏曰負蠜今謂之蜚盤蟲食稻花使不蓄又其氣臭惡能爆稻又劉原父曰蜚若來白首一日蛇尾行水則竭行草則死見則國大疫

見三按蜮與蜚皆南方之物也天下將亂地氣自南而北洛

周大章曰築城以捍牧圉與臺觀不同農畢興事故左氏以爲時穀梁亦謂可城此特拘於常例農隙之時耳魯連年饑饉莊公輕用民力前年冬築郿今年春新延廄此又連城二邑雖興築以時而究與非時等楊氏以爲失土功之時者責之深得土功之節者責之淺凡城之志皆譏是也

姜白巖曰大無麥禾之後有蜚爲災又城築諸及防雖時亦書爲玩災厲民者戒

陽橋聞杜鵑邵康節猶且戒之况其爲災乎春秋於莊公間前書有蜚後書有蜚所以誌魯亂也

冬十二月城諸及防書時也按雖時亦書凡土功龍見而畢務戒事也杜謂今九月周十一月龍星角亢晨見東方三務始畢戒民以土功事火見而致用大火心星次角亢見者致築作之物水昏正而栽謂今十月定星昏而中于是樹板幹而興作。才代反日至而畢日南至微陽始動故土功息補注此成周遺制也周室盛時史記土功但見時興不時而已春秋之世或備難興功或改作創制時興不時豈足復議而左氏但以舊例釋之故說者得議其非

見三按前年告糴今縱有秋民力尚困莊公輕用民加不惟一城一邑又並城二邑故雖時而必書所以譏也左氏以爲時穀梁以爲可城均失經旨

樊皮周大夫樊其采地皮名叛王

次成，諸儒皆謂欲救鄣而不能進。趙氏謂欲会齊圍鄣，後說為長。飢饉之餘，輕用其衆以悅强鄰，非守國之道也。

元年齊師遷紀郱鄑郚，遷者徙其民而取其地，所以逼紀也。此復降鄣，脅其君而有其地，所以絕紀也。自是而紀之土地人民悉[illegible]

復予並錄

叔姬以國亡，又以國葬，美之也，以叔姬存紀也。

救日用牲既失之矣，非正陽之月而伐鼓，尤為非禮。

齊桓前此與公會盟，而後伐衛[illegible]與公會魯濟，而後伐山戎[illegible]不書此會何也？[illegible]齊桓之功也。

姜白巖曰：奉命討叛，執罪人而歸京師，公醜處置遠過齊桓之伐衛取賂矣。傳特表之，補魯史之闕。

姜白巖曰：結處點出穀於菟為令尹，傳君曰此人得志諸夏。

經 丁巳三十年春王正月。夏次于成。按公穀有師字，此疑脫誤。趙氏屈曰：欲會齊圍鄣，至成待命，聞鄣已降而不復行也。秋七月，齊人降鄣。杜解：紀附庸小國，孤危不能自固，蓋齊逼以兵威，脅使降附。按今山東東平州東有鄣城。集八月癸亥，葬紀叔姬。以賢錄也，無臣子故不作謚。九月庚午朔，日有食之，鼓用牲于社。冬，公及齊侯遇于魯濟。濟水歷齊魯界，在齊界為齊濟，在魯界為魯濟，蓋魯地。齊人伐山戎。北狄

傳 三十年春，王命虢公討樊皮。夏四月丙辰，虢公入樊，執樊仲皮，歸于京師。補注：不告不書。

見三 按虢公奉命討叛，執歸之於京師，啓王靈而明王法，二百四十年所僅見也。後此如晉文之執衛成，晉厲之執曹負芻，視此遠不遠矣。

楚公子元歸自伐鄭，而處王宮。杜解：欲遂蠱文夫人。鬭射師諫，鬭廉。則執而

君臣其犴食乎

戎以書人為貶非也伐楚而徵貢包茅伐山戎而燕

梏之足曰桎手曰梏秋申公鬬班殺子元申楚縣楚僭號縣尹皆稱公鬬穀

於菟子文。穀奴走反於菟音烏徒反為令尹自毀其家以紓楚國之難毀滅紓緩也(補)

法見楚所以強

黃鄰林曰子元不殺楚必內亂齊桓乘勢伐之召陵之師當

較柏舉為加烈矣乃館宮振蓄者死而毀家紓難者相天方

授楚有生亂之人即有戡亂之人此所以驟駸日盛與中夏

抗衡而莫之制也

見三接前猶館于宮側此則直處王宮狼子野心匪特通后並

欲篡王矣射師之諫鬬般之殺皆子元使之也毀家紓難易

危為安名臣出乎便即可覘楚之強盛有由然矣

冬遇于魯濟謀山戎也以其病燕故也齊桓行伯故欲為燕謀難

脩職貢皆桓公尊攘之烈安見伐楚可予伐山戎獨加貶乎宰孔識桓勤遠畧原兼伐戎伐楚及蔡卯之會今但以伐山戎當之豈伐楚非遠乎稱人君不親將也不書救山戎去燕而齊伐之故書伐不書救也

彙節書無麦禾新延廄書秋有蜚築臺于郎于薛于秦書冬不雨土木過度原是其災之歎而夏瘦於役尤見魯不恤民命之至

諸侯不相遺俘齊桓侍功而不知禮魯不當納而枉受之皆罪也

姜宸巖曰戎狄散處江淮齊魯之間而與中國為難則相與一氣觀十一年同伐王城可見也去年冬齊人伐戎今年夏獻捷親行亦以威近魯之戎也及傳謂四夷之功當

見三按魏絳先和諸戎而後南圖中夏孔明先定蠻方而後北伐中原皆急其所先者時齊桓將謀伐楚恐山戎之議其後故伐之以示威此管仲之善謀也而春秋故顧書人以示貶者王者之於戎威之而已不窮兵也齊桓勞師襲遠歸途迷失問知于老馬不已甚乎

經

戊午三十有一年春築臺於郎杜解刺奢且非土功之時〇夏四月薛伯卒〇築臺于薛按魯地今山東滕縣東南有薛城〇六月齊侯來獻戎捷〇秋築臺于秦另解一歲三臺豈務悅齊女而示以後與秣解迸秦魯地今山東范縣南冬不雨不書旱不為災

傳

三十一年夏六月齊侯來獻戎捷非禮也凡諸侯有四夷之功則獻于王王以警于夷夷狄以警懼中國則否諸侯不相遺俘雖夷狄俘猶不以相遺按此西周舊法

獻于王諸侯不相遺俘桓何以親至魯是則已注到明年齊侯爲楚伐鄭與傳有語似書無意實未了者此類是也

昭十一年傳曰齊桓城穀而置管仲焉穀固仲之邑也莊以仲止齊伐魯成而賜邑故名小穀毋實歸也

梁丘之遇蓋所謀所以捍楚而救鄭者伯主能權已以求人宋公能逸力以輔伯故春秋特以爵序

季友酖牙而不暴其罪故史仍書卒聖人因之善其合于義也

子惡之禍由文姜之淫敬嬴書卒爲文諱也子般之禍由哀姜之淫[illegible]書卒爲[illegible]

[illegible]

狄此[illegible]前此未見經自伐邢而滅衛三年之間達于兩國首以伐書著其强也

見三按齊桓前執鄭詹勢何其亢此獻戎捷禮何其卑乎蓋創伯之始立威不得不嚴故執鄭詹者所以懾天下之人而伯成之後持已不嫌少降故獻戎捷者所以敦會盟之同好且魯濟之會魯實與謀獻戎所以報魯親魯益以威戎以視文襄之僭蔑諸侯而陵天子奚啻天淵

經　己未　三十有二年春城小穀（杜解齊邑濟北穀城縣城中有管仲井大都以名通者則不繫國）

○夏宋公齊侯遇于梁丘（齊善宋之請見故進其班　張注梁丘近宋按今山東城武縣東北有梁丘山山南有梁丘城）

○秋七月癸巳公子牙卒（牙慶父同母弟僖叔也飲酖而死不以罪告故得書）

八月癸亥公薨于路寢（正寢也公薨皆書其所詳內變）冬十月己未子般卒（莊公大子）

公子慶父如齊（慶父既殺子般季友出奔國人不與故懼而適齊欲以求援時無君假赴告之禮而行）

○狄伐邢

姜白巖曰齊伐山戎以其病魯魯未得以師從而桓親獻捷公受其殊禮而有歉也適齊有城小穀之事穀近于魯故魯以師助之猶申侯賜邑而齊為之城耳

姜白巖曰齊侯連年用師戎在魯西南伐戎以其病魯也徐介宋魯之間伐徐以其病宋也山戎在燕南伐山戎以其病燕也此桓公之勤諸侯也然桓之意則不僅此桓欲伐楚久矣惟恐伐楚之師出而諸戎或擣其虛宋魯之師會而諸戎或議其後故以兵威之觀徐為齊取舒可知諸戎皆服從獻捷親至魯庭梁邱遠臨宋境蓋恤其患斯有以得其心而洽其歡斯有以致其力傳于

傳 三十二年春城小穀為管仲也公感齊桓之德故為管仲城私邑按以小穀為齊邑傳據申無宇之言范甯以為魯邑無據

見三按輔仲納糾者莊也殺糾因管者莊也媚仲城穀者莊也一之身忍親忍怨修倨倏恭千乘之國為齊大夫役春秋其如莊何哉小穀不書齊醜之也

齊侯為楚伐鄭之故請會于諸侯楚伐鄭在二十八年謀為鄭報楚宋公請先見于齊侯夏遇于梁邱

見三按左傳曰齊侯為楚伐鄭之故請會于諸侯宋公請先見故遇於梁邱但當時謀何事會何地經傳不見明文此蓋桓之深機也時齊之力未能及楚而諸侯之志未能協從故托遇宋為名以況其機若曰宋志云爾語云守若處如桓公

敘事俱作不了之辭而此篇特提出齊侯爲楚伐鄭之故始知從前僕僕于魯宋之國者皆爲此也

姜白巖曰春秋每一種事傳必類聚經之義録一篇至理之文二百四十二年其間說神說怪而括之以監德觀惡四字使人凜然可畏傳之所以輔經也

有爲蓋自是而齊不忘楚矣春秋善桓之心故書之

秋七月有神降于莘（莘虢地有神聲以接人）惠王問諸内史過（周大夫）曰是何故也對曰國之將興明神降之監其德也將亡神又降之觀其惡也故有得神以興亦有以亡虞夏商周皆有之（亦有神異）王曰若之何對曰以其物享焉（祭也）其至之日亦其物也（若以甲乙日至祭先脾玉用蒼服尚青以此類祭之 按過立論不刋然多此一享又何責于虢）王從之内史過往聞虢請命（聞虢請于神求賜土田之命）反曰虢必亡矣虐而聽於神神居莘六月虢公使祝應宗區史嚚享焉神賜之土田（祝大祝宗宗人史大史應區嚚皆名）史嚚曰虢其亡乎吾聞之國將興聽于民（政順民心）將亡聽於神（求福於神）神聰明正直而壹者也依人而行（惟德是與歸 遙此信道之言）虢多涼德其何土之能得（涼薄也爲僖二年晋滅下陽傳）

黃鄴林曰：聽于神，虞據于神而居之，愚相顧而亡國亦同出此。
賜土田以儆當貪也，故之也。號其亡矣，虞不臘知亦出此。
臨神宣身以必待，淳觀知其德，悉聽明正直安在？史過之
言若謂無稽，虛而聽神為道亡方，為古史再之遺。蛇鬬于鄭中，續
見妖由人興，神降于莘，史嚚曰神依人行。而論深與深得聖人不
語之旨。

見三接不測之謂神，神無有知亦無不監，聽明正直而壹，神
之體也；依人而行，神之用也。後世人主如秦皇、漢武窮極以
求神仙，了無證驗；蕭衍佞佛，餓死臺城；宋徽信道，受辱漢北，
皆虛而聽命於神也。史過之言，可為萬世金鑑。

初，公築臺臨黨氏，莊解：魯大夫。黨音掌。見孟任，黨氏女。從之。閟，公不從。而以
夫人言許之，稱正夫人言。公語立為夫人也。許之，孟任許公也。割臂盟公。生子般焉。般音班。
雩，祭天。講，肄也。於梁氏，魯大夫。女公子子般妹。觀之。圉人犖掌養馬者。公羊作鄧。

姜白巖曰：此為子般卒傳。般，杜
云莊公太子，母為夫人，子亦為
太子。爭自哀姜至而孟任黜，
哀姜無子，般未嘗黜也。觀圉

人與其女弟戲則知般年已長矣上兩段寫出公昏媾不正閨門無禮御下無法釀成弒逆之禍而般之宜立已在言外然則公意立般托孤可矣何以問後或曰叔姜有子未知齊人之意也則謀之慶父可矣何以問叔牙蓋仲叔同母相比而慶父兵權在手出入宮闈早疑有異志問後於牙將以嘗之也而悍然以慶父則慶之殺般牙之黨慶情見乎辭矣㦤㦤餘息其如之何既而問友友以死奉般是忠於般也知其忠而不敢顯示以討賊恐哀姜為之洩也因將叔牙之對述之而討賊之命已陰授於意豢閒矣故謂友酖之太早者謬也不討慶父力未能也然而慶父卒弒般般弒而友奔矣於是慶父以兄弟相及之說請

邑樂。自墻外與之戲以慢言戲之子般怒，使鞭之。公曰：不如殺之，音洛是不可鞭。犖有力焉，能投蓋于稷門。補正車蓋輕而杭風投重物易高投輕物而能使之高其人為有力人矣稷門魯南城門公疾，問後於叔牙。對曰：慶父材。蓋欲進其同母兄問於季友。莊公母弟對曰：臣以死奉般。欲立般公曰：鄉者牙曰慶父材。成季季友也使以君命命僖叔待于鍼巫氏，魯大夫鍼其廉反。使鍼季酖之，酖鳥名其有羽毒以畫酒飲之則死曰：飲此則有後于魯國，不然，死且無後。飲之，歸，及逵泉而卒。立叔孫氏。不以罪誅故得立後世其祿經釜聖人以其酖兄為義之正按出牙於外而誅之使慶父不及覺也逵泉魯地今山東曲阜縣南逵泉是也八月癸亥，公薨于路寢。子般即位，次于黨氏。即喪位次舍也正蓋逵母家也補冬十月己未，共仲慶父使圉人犖賊子般于黨氏。補正傳言諱不言殺羊言歸獄于鄧扈樂公成季奔陳。陳傳奔非其罪雖吾公子為命大夫亦不書立閔公。莊公庶子於是年八歲

於桓而桓乃拒之也何以知桓之拒也下傳云閔公叔姜之子故齊人立之桓欲立閔則不欲立慶父而獨惜桓不於此時執慶父而誅之也

黄鄉林曰叔牙之罪即慶父材三字便應肆諸市朝國家世及為常子般雖非世敵以序當立若則若閔若僖皆公之子也舍此不言而慶父之恩保其同惡相濟陰謀不軌已可概見使當彌留之際明必聲其罪勢必内結哀姜外援共仲不特弒般並且弒莊而魯國大亂矣惟乘君未斃以君命殺之叔牙固無如何即慶父哀姜亦有所顧忌而未敢動稍遲則無及此季友之第一功也雖然國人舉在焉莊公不殺以貽慶父慶父卒使賊子般子般以淫党氏生以次党氏死成季雖以死奉般亦奈之何

見三按國家之制有嫡立嫡無嫡立長莊無嫡嗣般長當立何必問後於牙蓋哀姜驕横不以般為子臣民亦幾忘之矣且慶父與夫人為亂久蓄異志而牙實為之党其問後於叔牙試之也而牙果以慶父對則其党惡助逆顯然可見此公

所以轉而問季也以死奉般深中母之隱情告以鄉者牙曰
慶父材蓋隱以討賊之命屬之季也成季奉命討罪不動聲
色而羽翼剪除與智深沉而勇沈者牙殺而慶父孤乎般始可
以正位顧不居于朝廷而次于党氏蓋孟任非聘般位未定
此間便有成季危疑處母所以般弒而成季亦奔也自是閔
弒僖立而慶父抱頭鼠竄卒不敢闇奸大位者則以牙死而
慶父所與謀者特圉人犖及卜齮爲奴隸則有餘爲悉謀則
不足與之作弒君之賊則勝其任以之成佐命之勳則斷斷
其難故鍼季之酖實魯國治亂所關即成季智勇所寓最爲
有功社稷讀者不可不知

列國時事

閔僖之世乃霸業極盛之時也僖十六年以前齊桓服楚於召陵二十五年以後晉文勝楚於城濮以楚成雄桀之姿僅能憑陵小國而前則屈完來盟於齊後則鬭章請平於晉雖其度德量力善於操縱而兩君勳業固自彪炳千秋已顧霸功莫盛於攘楚而霸業莫先於勤王子頹之亂齊桓失之東隅故馳驅三十載而後為召陵之師子帶之亂晉文占以先手故迅掃五年而即有城濮之捷秦穆徘徊河上讓第一等事與晉文宜其僅僅雄長西戎宋襄值桓文之中勉強支吾適供楚成操切迹其顛末執滕用鄫戾虐可誅不鼓不禽迂腐可笑蓋亦外彊中乾非行仁義之過

也然桓没楚張鄭先朝之齊孝晉惠又拱手讓之與之戰
者賴有一宋襄耳齊宋晉創霸不同而伐楚則同桓文之
霸霸以功宋襄之霸霸以志五霸之列厠名不朽彼無志
者豈反得而訾之哉是時霸功極盛亦人才輩出管仲天
下才妙在不動聲色孟明不免鹵莽賴其堅忍子文無大
才局而善於有守目夷才識自足相當惜不見用說禮樂
而敦詩書郤縠為千古儒將而謀猷未展遽隕軍中良可
悼也狐趙不過贊襄原軫較有謀畧重耳固五霸中第一
人其所得於艱苦多矣　齊霸方興有嬀代齊之機已兆
晉業方盛三家分晉之基已伏左傳鋪陳敬仲畢萬事固
春秋末年之提頭也　奉姜炳璋　馮李驊

閔不書即位，雖是亂不成禮，畢竟以嚴畏弒君不忍即位之義為正。朱子謂君不行即位之禮，故不書即位，其意與穀梁相發明。

凡救未有不善者，況據狄乎？不得以稱人為貶。

閔僅童昏，何緣得盟齊侯而請復季子？陳氏傅良謂國人為之是也。吳氏澂謂魯之世臣為之，何氏休謂季子先自陳告亂於齊，齊侯主之。魯人不得存公室，慶姬遂召季子於陳，如季子在稠，奇陳之合，以霸主之事來歸于魯，魯人喜之，故書法如此。

閔公可取者，齊侯未必侯其自覺者，仲孫之策來，亦何益？然紀曰請寧魯，難而親之，然吳於傾危，來與為者之所為，故雖賤而不名。

春秋左傳卷之七

閬中鄭林　黄一桂　輯　男　心垣見三補輯

閔公（孔疏：魯世家云，名開，莊公之子，以惠王十六年即位。世族譜名啟方，漢景帝名啟，因是而亂。母叔姜。謚法：在國逢難曰閔。）

經　（庚申）元年春王正月。○齊人救邢。○夏六月辛酉，葬我君莊公。○秋八月，公及齊侯盟于落姑。（齊地，按在山東平陰縣界。）季子來歸。（孔疏：季是友之字，子者男子美稱。國人賢而思之，得其還，魯喜而呼曰季子來歸，史因其言而書之。）○冬，齊仲孫來。（按：來歸者，魯難故，魯人嘉而書字。）

傳　元年春，不書即位，亂故也。（杜：辟國亂，不得成禮。）

姜白巖曰管子一生尊攘大義聖人所謂一匡九合民到于今受其賜者其主腦皆在此

見三按嗣君繼立必行即位之禮所以承先君之統重宗廟之托非變故所得苟簡也閔以髫齡遭亂正當行即位以定人心乃不道其變而以國亂為辭若有正言不順毋怪慶父之得行其誅也

狄人伐邢（杜註狄伐邢在上年冬）管敬仲（夷吾）言於齊侯曰戎狄豺狼不可厭也諸夏親暱不可棄也宴安酖毒不可懷也詩云豈不懷歸畏此簡書（詩小雅美文王為西伯勞來諸侯之詩簡書同惡相恤之謂也同恤所惡）請救邢以從簡書齊人救邢

黃鄰林曰齊桓勤怠平分純疵參半一生功業全賴管仲為之于田完思卜夜之飲于蔡姬有蕩舟之戲桓志荒矣宴安酖毒仲蓋寓意于救邢云

姜白巖曰慶父歸魯傳無明文說者謂落姑之盟乘慶父在齊爲之不知桓既立閔慶父留齊無益歸魯當在莊公葬之日也

吳澄曰此時慶父秉外權哀姜爲内主唯恐季子之歸誰

見三按諸夏親暱數語招携懷遠而言是管仲極大本領即其極大牢籠而宴安酖毒尤見聖賢學問簡嚴渾穆有三代謨誥之風

夏六月葬莊公亂故是以緩十一月乃葬

見三按魯君之葬皆不越五月之期隱公閔公不書葬不討賊也子般子野不書葬不成君也桓公九月而葬見戕於齊也昭公八月而葬客死于外也雖莊公之葬何遲至十有一月而始克葬蓋國亂子弒嗣君幼弱且哀姜與慶父宣淫於國知有慶父幾忘有莊公其緩葬莊公即爲行弒閔公之漸也傳曰乱故是以緩猶未深察當時情事

秋八月公及齊侯盟于落姑請復季友也齊侯許之使召諸陳

能奉幼君出會霸主蓋必有魯之世臣如衛之石碏深謀祕計告于霸主請復季友故桓公約閔公至齊地而與之盟以要其信而使魯復之既盟之後桓公使召諸陳而閔公次郎以待之若不敢背霸主之盟而使季友得以歸魯者季友以霸主之重則慶父不能去之矣春秋書之所以著魯臣之有謀也

姜白巖曰齊桓立閔公慶父跋踏而歸彼固無望于齊矣然出入宮闈恐生他變魯之老臣以為必得季友而後國可安也遣使至齊請桓召之為落姑之盟遂復季友杜氏曰友自陳請之蓋使陳侯請于桓未可知也然則慶父何以不從行斯時慶父可惴惴懼桓討已尚敢與公俱[illegible]

姜東溟曰閔公齊所立也季友齊所復也共仲欲動于惡

公次于郎以待之、非師旅之事故不書次季子來歸嘉之也、

見三按請復季友何等懇切、次郎以待何等盼望季子來歸何等欣幸讀此傳見公不負友而武闈之弒友實負公美閔公所以深罪季友也、

冬齊仲孫湫杜氏仲孫名○子小反來省難、書曰仲孫、亦嘉之也、仲孫歸曰不去慶父、魯難未已、按時慶父在魯公曰若之何而去之、對曰難不已、將自斃君其待之、公曰魯可取乎、對曰不可猶秉周禮周禮所以本也、臣聞之國將亡、本必先顛而後枝葉從之魯不棄周禮、未可動也、君其務寧魯難而親之親有禮、因重固、能重能固則當成就之間攜貳、離而相疑者則當因而間之覆昏亂、覆敗也霸王之器也、

黃鄰林曰仲孫湫之來名為省難實以窺魯時季友已歸慶

如齊何當仲孫之來慶父懼不免為季友者略出其酖叔牙手跡與仲孫謀逆慶父一史足矣無如般之立友之心閔之立非友之心蓋心乎僖者也仲孫早經親見其苦桓曰不去慶父魯難未已固知慶父之再弒君也曰難不已將自斃知友之才必足以制之也然後曰君其務寧魯難而親之侯閔弒僖立而後寧之也固重固暗指僖公季為援則僖固重也閒提式暗指閔公季攜貳則閔淼立也覆宗亂暗指哀姜慶父故慶父緇而哀姜殺也湫固備見乎辭矣謂能急魯之患耶于是慶父曉然知季之無心于閔且知齊之無心于閔毫無顧忌而武闈之禍作矣傳云季子來歸嘉之也書仲孫亦嘉之也言嘉季子猶之嘉仲孫

父方心存顧忌桓苟有心靖魯馳一紙書聲罪討逆慶父授首久矣奚敢弒君故閔公之弒友縱之而實桓啟之也以知魯可取可間係桓公本心非有仲孫湫正言規諷未必不秉亂取魯司馬子魚曰桓公存三亡國義士猶曰薄德職此之故

見三揆魯之難在慶父欲去慶父唯季友是賴友果有心公室出其酖叔牙之計去一慶父如一腐鼠則魯難卷乎党氏之禍可以不作又何有于武闈之弒無如友固心在僖公也以死奉般言何切實乃公薨而般死使召諸陳禮何隆重乃友歸而閔復弒蓋其愛成風之托私謀援立以弱國柄不特立閔非其本心即立般亦非其本心不去慶父魯難未已不立

也嘉之而無救于魯難則皆有負于魯人之望罪仲孫正以深責季友也故立般者友之忠立僖者友之功而唯閔被弒友不得無罪

周大章曰曲沃之城獻公明露本謀寵之實以卑之也賜耿賜魏優待趙夙畢萬正以恵申生與諸臣等耳獻公此舉原非無心部署不知欲薄其子反以厚其臣此中有天道在使乖用術究竟何益後世人主翦除骨肉徒為奸雄憑藉而已士蔿知幾猶是人意中語卜偃知與非具深識遠慮者不能也左氏于此特為鑒戒隻眼千古

姜白巖曰此與陳敬仲奔齊篇都為全部世家之冒而實有不同彼青深惜桓無賢嗣國將陳有而歸之于天眷舜德桓無如何也此則極寫獻

僖公魯難未已仲孫湫早窺見其隱矣乃知閒于兩社為公室輔皆季氏子孫附會之說讀傳者不可不知

晉侯作二軍（解晉本一軍見莊十六年補注外改制不告）公將上軍大子申生將下軍趙夙（趙衰兄）御戎畢萬（魏犨祖父）為右（為公御右）以滅耿滅霍滅魏（三國皆姬姓補注晉楚告命皆未通于魯按今山西河津縣東南有古耿城霍州西有霍城）還為大子城曲沃賜趙夙耿賜畢萬魏以為大夫士蔿曰大子不得立矣分之都城而位以卿先為之極又焉得立（位以卿謂將下軍）不如逃之無使罪至為吳大伯不亦可乎（大伯周大王之適子知其父欲立季歷故讓位而適吳）猶有令名與其及也（言雖去猶有令名且勝于留而及禍）諺曰心苟無瑕何恤乎無家天若祚大子其無晉乎（為晉殺申生傳）卜偃（晉掌卜大夫）曰畢萬之後必大萬盈數也魏大名也（孔疏魏為高大之名）以是始賞天啟之矣天子曰兆民（衆解十萬為兆）

公畢威所及三國之亡天道好還不仁之人詎能裕後其蕃昌者轉在他人也傳之所以扶世教也下兩截又以大子為主公與大子分將二軍與趙畢同滅諸國兩人之功未必過于大子乃畢萬得衆利其子孫萬盈數也而大子先為之極魏大名也而大子將冒不韙之名足居之兄長之母覆之衆歸之而大子母讒其子弟間其兄骨肉乖離衆叛不附頹然孤處而無以托足于晉寫畢萬處無非反托太子也只士蔿說到與其及也竟似後語蓋哽咽欲絕不忍多綴一字欲大子出亡而申生不答一語吾知其早拚一死也

立則為君不立則罪至古今此等事每每中立之勢此漢東海唐淮陽所以為仁且智

諸侯曰萬民今名之大、以從盈數、其必有衆、以魏從萬有衆象初畢萬筮仕於晉遇䷂震下坎上屯之比䷇坤下坎上比屯初九變而為比辛廖晉大夫占之曰吉、屯固比入、吉孰大焉、其必蕃昌、屯險難所以為堅固比親密所以得入震為土、震變為坤車從馬、震為車坤為馬足居之、震為足兄長之、震為長男母覆之、坤為母衆歸之、坤為衆六體不易、初一爻變有此六義不可易也合而能固、安而能殺、補正國語曰車有震武也震有威武之象故曰殺按震驚百里使人畏懼有神武義殺之象公侯之卦也、比合屯固坤安震殺故曰公侯之卦按有此合固安殺之四德非公侯不足當此專以卦德為說也公侯之子孫、必復其始、集解畢萬畢公高之子孫言其子孫必復為公侯也傳為魏之子孫衆多張本

黃鄴林曰、孔明教劉琦學重耳、是示以保身之方、士蔿欲申生學太伯、是諷以全名之法、申生所以不得稱純孝者、祇爭此一着耳、然使申生即學太伯、亦不能如太伯、蓋太伯遇賢父、

也若吳太伯自是申生上策乃祇
以貪位不能為恐亦莊為虜賊
而能窺見莊不去不祇如禮而已

故得行其志申生遇暴父實無所容其身論古者不可不辨

也

見三按晋献奸謀巧詐是後世晋司馬魏宇文一派人物除

公族滅與國以立子孫不拔之基而豈知緣子姻晋之禍即

伏于此此傳以申生與畢萬兩兩相對申生以逃有名畢萬

以魏有大名欲申生之天祚幾卒于彼然畢萬之天啟直決于

現在寫畢萬正以反形申生也公侯之子必復其始而太子竟

不得立旁觀着急而當局者殊夢夢也一世梟雄究何益哉

於不可取者封殖之以示名於可
取者吞并之以規利霸者之
作用也陽天子所封之国徂次
尊王為名而遂天子所封之国
其所以為尊王者假之而已
禘非礼也衆終喪而即吉衣奔而
吉奔喪尤為非礼世蓋出于家爲
慶父樂哀謀更秦而為之又非他
日嬙礼之所詹比矣
先書禘先僭書孫鄭奔莒則知

經

辛酉　二年春王二月齊人遷陽註鮮蓋齊人偪徙之按今山東沂水縣南有陽都城即陽国

○夏六月乙酉吉禘于莊公三年喪畢致新死者之主于廟廟之遠主當遷入祧因是大祭以審

昭穆謂之禘莊公喪制未闋時別立廟廟○秋八月辛丑公薨

成而吉祭又不於太廟故詳書以示譏

姜氏共舛實弑君晏人●筆削
同他二所以游夏不能贊一詞也
不曰齊侯使高子來盟而曰齊高
子來盟者齊侯之使高子來也意在
收魯非志在盟魯高子能深維忠臣
之義既其君子霸立僖公而盟之魯
國遂安權在高子而功在高子故不
以齊侯使高子也
狄雖入衛衛桓已立戴公于曹齊桓使
無虧戍之時狄人已去故書入傳云滅
者懸公死也
鄭文惡其臣而不能退使將兵於外絕
不召之河致日久潰道遂全師潰散
不道其臣兵敗無高克之奔而以棄
師責鄭治其本也

姜白巖曰：虢公勤王敗戎，與桓声勢相倚，存周室之翰也，為晉所併，惜哉。

姜白巖曰：喪畢即吉，在二十七月，今距莊薨止二十二月，故傳以速譏之。望溪曰：此淫逆之人所忌者，群臣百姓有先君之思，故早用吉以變人耳目。其所謂禘，趙氏曰蓋用

實弑，書薨又不地，者皆史策諱之。九月，夫人姜氏孫于邾。纂言：哀姜有淫行，與弑謀，身負二惡，畏齊桓，故不敢歸齊。公子慶父出奔莒。弑閔公故。冬，齊高子來盟。蓋高傒也。魯人貴之，故不書名。子，男子美稱。○十有二月，狄入衛。書入，不能有其地。○鄭棄其師。

傳

二年春，虢公敗犬戎于渭汭。鮮犬戎，西戎別在中國者。渭水出隴西。水之隈曲曰汭。舟之僑虢大夫曰：無德而祿，殃也。殃將至矣。遂奔晉。

見三按：虢舟之僑、虞百里奚，恰似一流人。亡國未嘗無才，奈天奪其鑒何。獨是舟之僑者，燭禍未形，見幾而作，可稱明哲，而城濮之役，竟以先歸被殺，則猶未識保身之義也。

夏，吉禘于莊公，速也。

見三按：禘，吉禮，故言吉禘。禘他日禘不言吉，而此言吉者，對喪言之也。穀梁曰：喪事未畢而舉吉祭，故非之，是也。胡傳并譏

及用禘則鑿矣未畢三年之喪而舉重祭用盛樂故曰吉禘
屈太祖群廟之主而就孫食故曰于莊公一事而兩失之矣
初公傅奪卜齮。杜解魯大夫魚綺氏田。公不禁。公即位年八歲知愛其傅而遂成其意以奪齮
田齮忿其傅并及公故慶父因之秋八月辛丑共仲使卜齮賊公于武闈。宮中小門
謂之闈成季以僖公閔公庶兄適邾。補注傳見季友不書奔按書友奔則疑與慶父同共仲奔
莒、乃入立之案解成季乃以僖公入魯立以為君以賂求共仲于莒、莒人歸之及
密、魯也使公子魚奚斯也請、不許哭而往共仲曰奚斯之聲也乃縊
慶父之罪季子欲同之叔牙存孟氏之族故畧其罪不書殺補注不書卒罪重於叔牙不以卿禮成喪也宏逸刑莫俟於弒逆
淫莫醜于姦上慶父再弒而又通君之室以希得國、魯有司畏將辟誰為孟叔同立叔實恥之閔公哀姜之娣、
叔姜之子也故齊人立之共仲通於哀姜、哀姜欲立之閔公之
死也哀姜與知之故孫于邾、齊人取而殺之于夷、以其尸歸、為僖

禘祭禮物耳不追配文王也此慶父欲僭尊先公僭禮物張大之至僖公禘于太廟則真禘矣故僭郊禘皆自僖公始詳見僖八年

姜白嚴曰閔弒慶父得而有國哀姜方幸之而倏然抱頭各竄此何為也杜亦以為友自邾告之非也時齊桓有討賊寧魯之心南陽之甲高子將至聲息直達於魯於是各自逃死其遯其奔皆為高子著齊桓之功也不云伐魯賊已出奔無所為伐也若云齊侯使之來盟則討賊之義反不著魯史欣幸之辭曰高子來盟一盟之後君定國安而無事而夫子因之也哀姜通于慶父叔姜則否大歸于齊豈不許之桓而益其怒乎故州吁石厚之執戴媯與有功爲哀姜慶父之死叔姜與有

力爲

元年齊人殺哀姜傳、夷魯地。按高氏謂當即其死所。僖公請之然夷為魯地當出魯境葬之耳留之達啟魯之請也

而葬之

黃鄰林曰子牙弑械已成而受鍼季之酖則飲慶父握兵已久而聞奚斯之聲則縊見季友才力威望實足以制權奸而遂逃不決至于連弑兩君社稷臣固如是乎、

見三按共仲雖掌兵權恃內援弑閔之後哀姜遜邾內援絕己奚奔莒而歸直一挺胯耳天討不待僅令自縊原季友之意不過以叔牙待之為立後地也夫以慶父弑二君通國母負滔天之惡斷斷宜絕其屬籍不討其罪反立其後魯之威柄倒地根本之失寔基于此胡傳以共仲巨慝卒難誅戮比之祿產又何迂與雖然共仲籍非奔莒盤踞內地召卜齮為助

姜白巖曰春秋人物表表者傳皆不載其降生之兆卜筮占夢之祥而獨於齊之陳氏晉之魏氏魯之季孫津津樂道說者謂左氏之誣而非也蓋春秋始於隱桓而作春秋實始於定哀亂極之世也聖人之憂懼滋而極左氏之悲憤亦自此而深即以魯言之周公之裔魯公之後其間賢卿大夫輩出前有鄉下後有孔子篤生其地何至纂弑疊見國為權奸所踞而君如寄生無所歸皆則天實為之也盛世之天理與數合亂世之天數與理睽成季之生先有異兆與魯終始而其占卒驗曰同復於父敬如君所已將魯國二百四十二年專政奪君盡揭于此齊陳氏晉魏氏亦猶是也傳為鋪張艷美之詞寓扼腕悲愴之意豈為亂

情哀姜為援魯事未可知也

成季之將生也桓公使卜楚丘社解魯掌卜大夫之父卜之曰男也其名曰友在公之右在右言用事罧鮮凡人皆右手用事閒于兩社為公室輔周社毫社兩社之閒朝廷執政所在季氏亡則魯不昌又筮之遇大有三三乾下離上大有之乾三三乾下乾上乾六五變而為乾大有曰同復于父敬如君所筮者之辭也乾為君父離變為乾故云同復于父見敬與君同疏云離是乾子還變為乾故云同復于父國人敬之其敬如君之處所言其貴與君同也按此內乾君父也外離三文三家也而五變為陽與之合正如三桓鼎足而內三陽覺被壓無勢故有專國奪君之應然內卦始終不變而離為臣子雖己逼君猶未離其類且上下皆及生東陽德難惑以邪諫正如魯秉周禮而季終不敢纂也

有文在其手曰友遂以命之傳遂以為名補注起季氏事

見三按仲子魯桓之母也有文在其手曰為魯夫人成季魯桓之子也有文在其手曰友天何愛於亂賊竟於其母予獨著

臣長其聲價哉

周大章曰：衛自康叔以來，享國長久，公族繁盛，人民衆多，今一敗塗地，遺民僅七百三十人，先公子孫僅餘戴公兄弟，狄人荼毒之慘，千古罕有，靖康之禍不烈於此矣。君虐民叛，君同歸于盡，養士數百年，竟無有以伐節死義聞者，尚忍言乎？諸姬環列，亦無有興一旅之師以相救援者，而迎立遺戍及在宣姜數子婿也，周之子孫日失其序，于此益見吾于泰穆夫人及齊子三人惓惓宗國，患難不忘，令人發生男不如生女之嘆也。

手文之異此，蓋桓公弒隱，季氏專政，假此惑衆，非必實有其事。既或有之，亦禍魯之兆，非嘉祥也。凡舉萬之筆故傳之辭物作是觀。

冬十二月，狄人伐衛。衛懿公好鶴，鶴有乘軒者。（軒，大夫車）將戰，國人受甲者皆曰：使鶴，鶴實有祿位，余焉能戰。公與石祁子玦（玉玦），與甯莊子矢（甯速），使守，曰：以此贊國（贊，助也），擇利而為之。（玦示以當決斷，矢示以禦難）與夫人繡衣，曰：聽於二子。（取其文章順序）渠孔禦戎，子伯為右，黃夷前驅，孔嬰齊殿。及狄人戰於熒澤，衛師敗績，（史記懿公死為）遂滅衛。（君死國散，經不書滅者，齊桓為之告諸侯，言狄已去，言衛國尚存，故但以入為文。此熒澤當在河北，按與鄭州之熒澤不同）衛侯不去其旗，是以甚敗。狄人囚史華龍滑與禮孔以逐衛人。二人曰：我大史也，實掌其祭，不先，國不可得也。（夷狄畏鬼，故恐言當先白神）乃先之。至則告守（石甯二大夫）曰：不可待也。夜與國人出。狄入衛，遂從

之。又敗諸河。衛將東走渡河狄復逐而敗之初惠公之即位也少。蓋年十五六齊人使昭伯惠公庶兄宣公子頑也烝於宣姜。不可。昭伯不可強之。生齊子、按謂女於齊者疑即衛姬也戴公、文公、宋桓夫人、許穆夫人。文公為衛之多患也、先適齊。及敗。宋桓公逆諸河、迎衛敗諸宵濟。夜渡畏狄衛之遺民男女七百三十人。益之以共滕之民。為五千人。共及滕衛別邑立戴公以廬舍也于曹。衛下邑戴公名申、立期年卒而立文公。〇詩作漕許穆夫人賦載馳。詩衛風也許穆夫人痛衛之亡思歸唁之不可故作詩以言志齊侯使公子無虧、齊桓公子武孟衛姬所出帥車三百乘甲士三千人以戍曹、車甲之賦異于嘗故傳別見之歸公乘馬、祭服五稱、牛羊豕雞狗皆三百、與門材、歸遺也四馬曰乘衣單複具曰稱門材使先立門戶歸夫人魚軒、夫人車以魚皮為飾重錦三十兩、重錦錦之熟細者以二丈雙行故曰兩、三十兩三十匹也

黃薌林曰、衛懿好鶴乘軒、為千古第一韻事、而竟以亡國、其

姜白巖曰此分兩大段上段說滅衛君死國亡曰滅則全軍皆覆懿公與渠孔子伯諸人皆盡矣二守與國人將渡河東走狄又敗諸河則宮中府中以散亡殆盡矣遺民僅男女七百三十人及共滕二邑之民合之五千人耳奔竄死亡之慘未有甚于衛者後段為衛中興提出子女五人而皆賢或曰芝草無根醴泉無源非也康叔武公之德之盛何至不祀忽諸時當大刼不可無此會驗故有文公而後衛中興有戴公而後廬漕有齊子而後公子無虧戍漕有宋桓夫人而後宋師迎于河有許穆夫人而後控于大邦與齊桓同謀興衛可知一敗塗地死灰復然當其穢德殘行之時而亨屯傾否之人亦并生焉此祖德宗功之源遠

根蓄而數尺之朽壽丈之污皆不足以蝕之者也　宣王之世王師敗績于姜戎馴致驪山之禍東遷以來戎狄遍中國春秋之初狄最強滅黎滅衛滅邢伐晉戎且伐周執凡伯未有能正其罪桓文疊興諸侯聽命于是淮泗伊雒之間諸戎狄皆惴惴不敢肆且北戎敗于鄭又敗于齊狄屢敗于晉長狄亡于宋魯西戎取于秦及白狄赤狄潞氏甲氏留吁陸渾蠻氏與終之屬皆敗滅于霸主終春秋之世戎狄少安者盟主之有以制其命也

實皆不稱鶴也鶴和幸適意其然耳唐明皇能收鬬鷄當時即有詞人頌鬬鷄兒為鳥紀之官徽宗能振舊京當時即有詞人獻艮嶽鳥聲為鳴皋之瑞甲士不用命猶以鶴為尤如冠來纍觸之類尚可留作笑柄若鶴將軍孫供奉從來鳥獸堪官者甚多於乘軒又何尤焉中間叙出宣姜一層以見鶉奔鵲疆致禍已久鶴不幸遭逢其厄耳

見三接新台納婦鶉奔燕婉衛狄久矣而外狄乃乘之所異者懿公雖好鶴觀其臨戰處分授二子曰以此贊國授夫人曰聽于二子尚井井有法傳者舉此以見狄之滅衛非由懿公有前乎此者矣二子潰圍夜出渡河七百三十人不至盡殲于狄而共滕之民得以復集者非其力歟夫百足之蟲至死

不僭言之貴有輔也南山之竹不揉自直言人之貴自立
地宣姜淫亂國人羞以為君及荊棘之叢偏生芝草汙潦之
地竟出醴泉戴公盧曹安輯流亡文公繼之外虛望楚丘吉
命倌允稱賢君且也讀載馳之詩見許穆夫人為克家之女
讀河廣之詩見宋桓夫人為畏義之婦而公子武孟成曹文
又即衛姬所即出婦人濁亂而衛亡女子才能而衛興豈偶
然哉康叔武公之遺澤長矣

鄭人惡高克杜解鄭大夫使帥師次於河上久而弗召師潰而歸高
克奔陳鄭人為之賦清人詩鄭風也刺文公退臣不以道危國亡師之本

黃鄰林曰文公既惡高克不削其兵權反使之揚兵境外萬
一結連鄰國禍將莫測師潰而歸猶為幸矣鄭文真昏主也

姜白巖曰杜註高克好利而不顧其君他無所據以殺申侯傳知好利為鄭文所惡因懸擬克之見惡亦以此耳夫鄭文殘忍過人如執王臣殺二子皆優為之使克專利何難數而誅之而反授之以兵

耶故孔疏以為無罪可告諸侯是也且文公非忌虎而假之翼也清邑之兵非其素將翱翔河上人心自離及師潰而歸則欲止不能欲歸不可不得不舍鄭而奔經變文曰鄭棄其師不書高克出奔歸獄鄭文而是非定

周大章曰人必有間也而後讒言得入獻公之間狐突所謂亂本是也自古未有母愛子抱而嫡不奪者申生被驪姬二五離間出外獻公為其迷惑而不知六年之中日遠日疎讒搆益深公乃真有廢立之志矣前此分之都城而位以卿士蔿雖窺見至隱然公未有形迹里克諸人猶不之信也今此皋落氏之伐期以盡敵而反出此難題意欲何為欲太子為懿公耶為高克耶必盡敵則死于敵不

見三按後世以邉鄙為斥遠大臣之地如盧杞之出張鎰王欽若之出寇準祇以快一人之私而不顧國家之重寄皆鄭文類也讀清人之詩君子知其闇而忍矣

晉侯使大子申生伐東山皋落氏赤狄別種也皋落其氏族里克晉大夫諫曰大子奉冢冢大也祀社稷之粢盛以朝夕視君膳膳廚者也故曰冢子君行則守有守則從從曰撫軍守曰監國古之制也夫帥師專行謀帥師者必專謀軍事誓軍旅宣號令也君與國政正卿之所圖也非大子之事也師在制命而已命將所制稟命則不威專命則不孝故君之嗣適不可以帥師君失其官帥師不威將焉用之大子統師是失其官也專命則不孝是為帥必不威也且臣聞皋落氏將戰君其舍之公曰寡人有子未知其誰立焉不對而退見大子大子曰吾其廢乎對曰告

之也以臨民謂居曲沃教之以軍旅謂將下軍不共是懼何故廢乎且子懼懼不孝無懼弗得立脩己而不責人則免于難大子帥師公衣之偏衣左右異色其半似公服衣之偏半衣太子知其半似公服公以身佩之金玦以金為玦狐突御戎先友為右狐突伯氏重耳外祖父也申生御申生以大子將上軍為梁餘子養御罕夷先丹木為右罕夷晉下軍卿也梁餘子養為罕夷御羊舌大夫叔向祖父為尉軍尉先友曰衣身之偏半也握兵之要為佩金玦將上軍在此行也子其勉之偏躬無慝分身衣之半非惡意也兵要遠災威權在己可以遠害親以無災又何患焉狐突嘆曰時事之徵也歎先友為不知君心衣身之章也章貴賤佩衷之旗也旗表也所以表明其中心故敬其事則命以始賣以春夏服其身則衣之純必以純色為服用其衷則佩之度衷中也佩玉者士君子常度補正佩之合法度也記云世子佩瑜玉而綦組綬今命以時卒閟其事也冬十二月閟盡之時衣之尨服遠其躬也尨雜色○

盡敵則死於法，即盡敵亦死于讒。申生于此不死則逃而已。太王欲立季王，而太伯則逃；孤竹欲立叔齊，而伯夷則逃。孔子且以至德仁人稱之。而謂申生必以死為孝，恐非大杖則走之義。申生之死，只是戀戀一國，冀幸其不廢，不肯逃耳。若早從士蔿之言，識曲沃而飄然高蹈，思義兩全，身名俱泰，策之上者也。帥師而逃，已為下策，然猶不致乃父有殺嫡立庶之名。狐突諸人紛紛議論，未為不是。至羊舌大夫之論出，而申生之死決矣。死字、逃字，一篇眼目。獻公此時亦未有必殺申生之意，使其逃去他國，奚齊得立便也罷休。只看伐蒲、伐屈，二公子出走，再不追尋，便見。惟不肯逃避，勢必至不殺不休耳。申生之孝，史遷所謂遭變事而

不知其權者西銘謂無所逃而待烹申生之恭亦微含不足之意謂此傳必以羊舌之論為正恐亦考之不精也卽維屬罕里克命兩語盡使子將兵之禁雖肅宗靈武之立亦未免由此不正故凡當[illegible]而欲使子無存嗣之日只有傳以大位而已餘日則必不可使將豈惟太子不可即諸子皆不可也若唐之高祖太宗方事取天下則使之專命可也

魏叔子曰里克執義於父子間可謂盡矣然其後聽優施之歌而中立者何哉克前之兩盡天理也後之中立人欲也蓋前者克之身無利害惟見有獻公父子而已其心公公則明故能執義後則身入利害之中懼難而求免其心私私則昏故依違以苟全然中立免身而卒不免惠公之殺為人臣者惟有執義

尨（莫江反）佩以金玦、棄其衷也、服以遠之、時以閟之、尨涼冬殺、金寒玦離、胡可恃也、（寒涼殺離言無溫潤玦如環而缺不連林解衣之尨雜則有涼薄之意命以窮冬則有肅殺之意金屬秋方其性剛而寒玦如環而缺離不相連屬）雖欲勉之、狄可盡乎、梁餘子養曰、帥師者受命於廟、受脤於社、（脤宜社之肉盛以脤器○脤市軫反）有常服矣、（韋弁服）不獲而尨、（偏衣）命可知也、（果解今大子不得常服而衣雜色之衣君命可知矣）死而不孝、不如逃之、罕夷曰、尨奇無常、（雜色奇怪非常之服）金玦不復、（補正人臣賜玦則去故曰不復）雖復何為、君有心矣、（按君有心使大子行也）先丹木曰、是服也、狂夫阻（疑也）之、（言雖狂夫猶知有疑）曰盡敵而反、（日公辭）敵可盡乎、雖盡敵、猶有內讒、不如違（去也）之、狐突欲行、羊舌大夫曰、不可、違命不孝、棄事不忠、雖知其寒、惡不可取、子其死之、（寒薄也果解雖知君心寒薄然去之是取不忠不孝之惡名）大子將戰、狐突諫曰、不可、昔辛伯諗（告也音審）○周桓公云、（事在桓十八年）內寵竝

而已乎？況有甚於生哉？又曰梁餘子養教太子以逃，是矣。然受命而出，棄命而逃，豈臣子之義乎？若戰之不捷而死於敵，則可謂之死事，而獻公亦無殺子之名，申生何爲其不當戰也？為申生謀者，必奉命而戰之而捷，復諸大夫致成功於君父而已，逃之則庶乎其可也。

后、外寵二政，嬖子配適，大都耦國，亂之本也。周公弗從，故及於難。今亂本成矣，（補正：驪姬嬖，奚齊寵，為亂之本。）立可必乎？孝而安民，子其圖之。奉身為孝，不與其危身以速罪也。有功益見善，故言戰為安民。

里克與父言慈，與子言孝，孰與危身以召罪。

黃鄴林曰：漢黥布反，上欲使太子將，四皓曰：不可。太子將……而申生之死者，則誤於後世。……中立，其同行諸人以狐突……事危矣，有功則位不益，無功必受禍。下軍將皋落而伐，而申……言為危，故立申生，既不能逃，而有書其孝，謂為死而後已。……之城，倖千古一例。然廣平將而卒嗣其位，亦賴李泌彌縫其缺耳，之伏脈也。

見三。按：嘗讀此篇及國語，而知申生之殺，里克殺之也。當獻公使申生伐東山皋落氏時，雖有廢立之心，其謀未露。幸語里克曰：寡人有子，未知誰立。是公之心猶憚里克，隱以此言試之也。為里克者，所當爭之以大義，動之以至誠，否則以死

繼之顧乃不對而退蓋其心固已自貳矣至申生敗翟自稷桑還驪姬告優施曰君許我殺申生矣吾難里克奈何是姬之心亦憚有里克也迨里克聞優施菀枯之歌不飧而寢意必有深謀秘計保全太子乃夜半召優施曰曩而言戲乎施曰君許驪姬殺太子謀成矣里克曰中立其免乎遂稱疾不朝越三旬而難作嗚呼人臣當國臨大節固如是乎上之不能為張留侯消禍于未形次之不能為李鄴侯弭禍於將作而委蛇觀變置儲嗣于不問是太子之廢廢于里克中立之一言太子之殺即殺于里克中立之一言然則里克者洵申生之罪人而亦獻公之罪人也至獻公卒三子之難作弒奚齊殺卓子於事奚濟而已卒卒不免於夷吾之手伏劍之時

姜白巖曰閔弒僖立總歸根于此數語足定季友之罪案

其亦追恨中立之印誤也夫 里克含蓄不露確是當面隱諷先友諸人左思右想確是背後商量如聚哭一堂千載之下猶有餘慟魏叔子曰讀微子之書見亡國之象讀伐柰落氏之傳見亂國之象二三大臣彼此嘆息彼此疑猜悽涼悲惻令人讀之不忍卒篇為人君者可以鑒矣

成風狂解莊公聞成季之繇乃事之繇卦兆之占辭楚望妾僖公母事如孟子事之以皮幣之事後敬嬴私事襄仲義同而屬僖公為故成季立之通說人臣竊交宮闈受援立之詐以求得志于他時國之巨奸也

見三接前叙成季討賊定亂幾以為功在社稷此忽表書成風私事一屬見其牆交宮掖豫謀援立雖有撥亂反正之功卻是植黨樹私之計皮裏春秋一字不苟

詩
姜白巖曰：此與定之方中，相表裏，美衛文中興之功也。傳附綴於此，有微意焉。蓋邢衛並為狄滅，而衛尤甚，皆賴齊桓之力以復國。不二十年，邢復滅於衛，不能發憤自強如衛文也。故於邢遷如歸，衛國忘亡之後，附綴此段，為衛文幸，正為邢侯惜。

僖之元年，齊桓公遷邢于夷儀，二年封衛于楚邱，邢遷如歸，衛國忘亡。忘其滅亡之困

衛文公大布之衣，大帛之冠，杜解：大布，麤布，大帛，厚繒。附注：言其儉樸耳，杜云諒闇之服，非務財，訓農，通商，惠工，敬教，勸學，授方，任能，方百事之宜也元年革車三十乘，季年乃三百乘。

見三援齊桓伯業，民受其賜，而救邢封衛，尤其有功於諸夏之大者。如歸忘亡，邢衛立國，固賴有齊，然衛能復興，邢終被滅，則以文公節儉富教所致，蓋深惜邢之[illegible]不盡由於齊也。忘亡之後，即詳叙文公立國規模，左氏有微意焉，能如衛也。

4.

僖公上

桓

不言氏，從義同例云。

救書次者，春秋凡三見。次聶北救邢，次匡救徐，皆譏其怠於赴兵，以救患之不亟。救晉次雍榆，則譏其怯于赴敵，以救患之不勇。

自遷不書，有遷之者而後書。伐邢之遷於夷儀，存邢也。秋衛之遷於帝丘，避狄也。晉文也

邢已遷而更城之，鄭之情實矣。再書三師，見桓義之篤，而子孝報之後，高欲篤厚，不待師還而再請，深美齊桓也。

齊桓始襄姜于郢，至書而奔之，以其戶絕于魯。書薨于夷者，諱國惡也。

此荆楚之始，稱楚人之始，楚其自改也。人則春秋人之也。

桓合諸侯，將以救鄭，楚師已去，為會而謀之也。若楚師在鄭，謀救救之，鄭伯豈能與會。

檉之會，未戰而出，以詐敗邾，肯敗邾于會檉之後，非待著言傳無保鄭之意，亦以見僖公伐國之不道也。

春秋左傳精義卷之八

閬中鄭林 黄一桂 輯 男 心垣 見三 補輯

僖公 一 名申，莊公之子，閔公庶兄，母成風。以惠王十八年即位。謚法：小心畏忌曰僖。

經

壬戌 元年春王正月，齊師、宋師、曹伯次于聶北，救邢。杜解：次于聶北者，按兵觀釁以待事也。聶北，邢地。按：今山東聊城縣東北有聶城。○夏六月，邢遷于夷儀。邢地。按：直隸邢臺縣西有夷儀城。齊師、宋師、曹師城邢。○秋七月戊辰，夫人姜氏薨于夷，齊人以歸。傳在閔二年。不言齊人殺，諱之。胡氏以為歸魯，齊魯接壤，不應十二月喪始至。會通：歸于齊也。○楚人伐鄭。荊始改號曰楚。張洽：令尹子文為政。○八月，公會齊侯、宋公、鄭伯、曹伯、邾人于檉。宋地。按：河南陳州境。衣裳之會九。○檉，敕星反。杜解○九月，公敗邾師于偃。邾地。當在山東費縣南。○冬十月壬午，公子友帥師敗莒師于酈，獲莒挐。莒子之弟

季友有立僖之功而請葬之君，逆桓魯國之權而主其廟數善，有功季氏專制之所始也。不稱姓，嘉其善也，不貶在喪歸。春罪止桑子，由子無歸，世之又也。不貶于薨者，伯主之法既辨，則義可以止也。不貶於葬者，既請其喪，不容以不葬。首一貶，不再貶也。故于喪至貶之。

酈，魯地。酈，力知反。挈，女居反。十有二月丁巳，夫人氏之喪至自齊。

【傳】元年春，不稱即位，公出故也。公出復入，不書，諱之也。諱國惡，禮也。按史官之禮，見三按改元即位，所以正人君之始也。僖以國亂出奔，復入，不行即位之禮。《左傳》云"公出復入不書，諱之也，諱國惡，禮也"。然則僖之入與小白同，是乘隙竊國而不禀王命者，皆法之所不得原也。小白書入而僖不書，則君親與他國不同，故左傳有諱國惡之說，有補于聖經矣。

姜白岩曰：非為公出而不稱即位也，公為閔弒而出，君弒則嗣君不忍行即位之禮也。僖嗣閔位，亦嗣君也。劉氏不體會傳文，妄加非議，誤矣。

諸侯救邢。狄鮮虞實大夫而曰諸侯，總衆國之鮮陳。傳經文已序，則傳皆稱諸侯。邢人潰，出奔師。奔聶北之師也。邢潰，師遂逐狄人，具邢器用而遷之，師無私焉。具遷。不書，不告也。皆撰。傳之無所私取。補注：傳見以自遷為文。夏，邢遷于夷儀。諸侯城之，救患也。凡侯伯救患

姜白巖曰：閔元年狄師在邢，齊師出而邢圍解，然未嘗大創狄也。狄既入衛，衆潰散，而齊不及救。桓公有鑒于此，次于聶北，知其必伐邢而預待之也。桓公用兵持重，師于聶

北，以為聲援，狄懼而遁，則師不勞而救有功也。狄不畏而邢即不支，狄終不敢入邢，亦遂之易也。乘其未犯，其難此桓之慎也。傳于救邢之下云邢潰奔師，則不與狄戰而奔赴諸侯之師也。云師遂逐狄人，欲偪邢而諸侯逐之去也。唉叔佐猶云書次為不速赴，邢未被狄而先次以待，猶云不速。本正月逐狄，六閱月城畢始還，猶云失救道。本書次書救書城，皆予之也。傳曰分災討罪，發明經義盡矣。

姜白巖曰：自子元之亂，楚師不出者五年，子文為政，國勢益強，此第一次猶易也。桓會檉謀之，不同宋襄之浪戰矣。

姜白巖曰：公窮則依邾，得志則伐之矣。會檉同盟，盟

分災（孔疏：有災害者，分之財物）討罪，禮也。

見三按：如歸忘亡，桓之厚澤，幾於浹人骨髓。救之，遷之，城之，又為備衣食具器用，非特有伯者蓋世之功，而實有王者無外之心。視晉文私許復曹衛，而陽執宛春以怒楚，其心事何（相去遠矣）啻什佰。

秋，楚人伐鄭，鄭即齊故也。盟于犖，（補注：經言會，傳言盟，傳誤）謀救鄭也。（杜注：犖即檉也，地有二名。）（經箋：謀伐楚而未圖城衛也。）

見三按：此齊桓管仲之善謀也。楚再伐鄭，然後會諸侯以謀之。楚日以逼，諸侯日以懼，而心漸同矣。召陵之盟，蓋以漸而進也。

九月，公敗邾師于偃，虛丘之戍將歸者也。（杜注：邾人既送哀姜還，齊人殺之，因戍虛

後則敗之矣。

來元成曰：哀姜孫于邾，邾者魯罪人之逋逃主也；慶父出奔莒，莒者魯罪人之逋逃主也。僖公元年九月，公敗邾師于偃；十月，季友敗莒師于酈。公不可加罪哀姜，而致討哀姜所孫之地；季友不可加罪慶父，而致討慶父所奔之地。盖所隱匿與盜同罪，庶幾不傷恩不骫法已。

姜白巖曰：莒人以慶父歸魯，因以責賂，深入魯邊，友以全師詐敗獲之，較來卯長句之疑。

邱，欲以侵魯，公求于齊，齊送姜氏喪之，邾人懼，乃歸，故要而敗之。虛邱，邾地，按當在今山東費縣界。

見三按：僖嘗避亂遷邾，則邾於魯有恩義，不宜伐也。夫人姜氏如邾，邾何人而受之？此義不可不討也。魯之於邾，實有難于顯言者。傳曰「虛邱之戍將歸」，蓋有憤于中而意在於克之，故以我為主。

冬，莒人來求賂。杜解：求遂慶父之賂。公子友敗諸酈，獲莒子之弟挐，非卿也，嘉獲之也。公賜季友汶陽之田及費。汶陽田，汶水北地，按今山東寧陽縣境。

黃鄰林曰：僖元年，公子友帥師敗莒師于酈，賜汶陽田及費，季氏之強始此。然猶曰賞有功也。至叔牙弒械已成，慶父連弒兩君，罪在不赦，即籍而除，乃牙之子茲帥師于前，慶父之子敖帥師于後，弒逆之子皆世為將，三家之勢成矣。

遼東逸耳為曹劌予偃不聞上賞而友公然受邑受田報功耶毋命耶不知二君之刃血未寒賊臣之蔭謚如故國勢粗寧遽謀封殖遂成私門數十世不可拔之根株安社稷之臣顧如是乎傳云非卿言所獲之足重也嘉獲之也言公嘉其擒故賜以汶陽及費也

姜氏嚴■齊桓英主也有鑒于文姜之失故以鄰國之君明施天討取哀姜殺之吳草廬曰自此諸侯無敢有弒君者霸者之有功於世道也書齊人予討罪也或杜云魯地書以歸姜得于魯生不得受魯之養死不得安魯之土皆所以絕姜也不稱姜並絕之於齊也書夫人書至僖以夫人至禮迎之也

前年衛戴卒于曹此年衛文現下云祥更遷楚邱桓会諸侯助城云魯人後会故不書諸侯杜言魯事而曰城楚邱皆以美桓功也

見三按季友恃靖難而攘魯柄秉莒求賂出其不意敗其徒獲其使遂以為絕大功榮賜田及費公子之蓋成風請之也左傳曰非卿也嘉獲之也皮稟正有春秋在

夫人氏之喪至自齊君子以齊人之殺哀姜也為已甚矣女子從人者也杜解言女子有三從之義在夫家有罪非父母家所宜討也按蓋當時魯人有是言故傳述之見三按哀姜淫亂與弒二君罪大惡極法所不宥魯不能討而齊桓殺之復從魯人之請而歸之公義私情仁義兼盡不稱氏罪重義絕不得為魯人母並不得為齊人女也左氏疑為太甚殊失春秋之旨此議伊毋怪武韋之禍接踵於後世而莫之討也

經

癸亥二年春王正月城楚丘杜解衛邑不言城衛衛未遷按今直隸滑縣東有古楚邱城 ○

晉納賂于虞、特假道耳、初不合虞同伐虢也。虞以利誘之，遂從晉更補則伐虢為晉滅虢責虞也故序虞爲首、以正其罪齊桓謹楚先盟此二國皆迫近楚之境者所以重之而強楚之勢也桓公盛楚之視猿也特楚之顧忌畏楚子元用子文為政兵勢復強至是三年侵鄭矣齊師不出讓之也姜白巖氏曰桓有全衛之功而未嘗有封衛之事舍其功而刻求其過為善者懼矣予曰非也凡諸侯封國王命大臣往營其城黍苗之詩曰肅肅謝功召伯成之蓋申伯出封于謝而召伯城之也烝民之詩曰王命仲山甫城彼東方毛公以為古者諸侯之居逼隘則王者遷其邑而定其居蓋去薄姑而遷于臨淄也齊桓之為功于衛大矣城楚丘而不請命于王固曰城也非封也然與封國之事何以異哉或曰城邢何以經之曰非恕城邢也桓公率宋師曹師

夏五月辛巳、葬我小君哀姜。（反哭成喪故稱小君）虞師晉師滅下陽、（虢邑晉始赴見經按山西平陸縣東北為故下陽城）。秋九月齊侯宋公江人黃人盟于貫、（汜國名按河南息縣貫宋地今山東曹縣西南）。冬十月不雨（傳在三年）。楚人侵鄭。

傳 二年春諸侯城楚丘而封衛焉、（杜鮮君死國滅滅故傳言封）不書所會後也、

見三按先儒謂齊桓城楚丘于衛為德故詩以木瓜序其績於周為專故經以城楚丘略其功然桓之功究不可沒時周室衰微狄氛猖獗始滅衛繼圍邢中夏諸侯均有惴惴危懼之勢自楚丘城而衛安即諸侯亦賴以安狄雖乘（閒）竊發不得大肆其毒皆桓之力也必以專擅為桓罪恐非聖人與人為善之意。

救邢，邢奔于師，而從于夷儀，即以救邢之師助其播遷，亦猶齊城小穀而魯助之耳。若狄之入衛，時桓公命城楚丘而遷之，或同盟諸侯受役，或魯獨受役，皆可無辨，而其規模較呂伯仲山甫之城齊、謝則更過之矣，而無赫赫之王命，不謂之專封得乎。曰城楚，畧之也，傳以魯不及期，蓋失之。衛遷在前，當書城衛，即遷在後，當書衛遷于楚丘。或曰朝歌已失，亦廬于漕耳，當書衛自漕遷于楚丘，而皆不然，畧之也。後城緣陵不書遷杞，亦猶是也。

賀仲軾曰：以虞首惡，著其勇於奉晉之意，深惡之也。剪兄弟之國以媚強鄰，雖有利，爲仁人不爲也，至於卒以自滅，未暇論矣。春秋無義戰，虞其最甚者。下陽不書虢，而强侯

晉荀息（杜解：荀叔也）請以屈產之乘與垂棘之璧假道於虞以伐虢。（屈地生良馬，垂棘出美玉，故以爲名。四馬曰乘。自晉適虢，途出于虞，故借道。按今山西石樓縣東南有屈產泉。）公曰：是吾寶也。對曰：若得道於虞，猶外府也。（按：府，庫也。）公曰：宮之奇（虞忠臣）存焉。對曰：宮之奇之爲人也，懦（弱也）而不能強諫，且少長於君，（杜解：宮之奇自少長養於公宮。）君暱之，雖諫將不聽。（親而狎之，必輕其言。）乃使荀息假道於虞，曰：冀爲不道，入自顛軨，伐鄍三門。（冀，國名。鄍，虞邑。杜解：言冀伐虞至鄍，而攻其三門。冀在今山西河津縣東北。又今平陸縣東北七十里有顛軨坂，二十五里有故鄍城。軨音零，鄍亡丁反。）冀之既病，則亦唯君故。（言虞報伐冀，使病，將欲假道，故稱虞強以悅其心。）今虢爲不道，保於逆旅，（客舍也。虢遣人分依客舍，以聚眾抄晉邊邑。）以侵敝邑之南鄙。（杜解：逆旅，近晉南鄙之客舍，出則侵，退則保。）敢請假道以請罪于虢。（問虢伐己以何罪。）虞公許之，且請先伐虢。宮之奇諫，不聽，遂起師。夏，晉里克、荀息帥師會虞師伐虢，滅下陽。賄故

擅合兵剪天子之封國其大罪在無玉而虢不足道矣
周大章曰憑空起意欲滅虢取虞爲一箭雙雕之計料其臣並料其昏洞若觀火既造假道之謀又工假道之詞晉室謀臣士蔫而外不多覯也故獻公倚爲心膂而以之傳奚齊而不知適以速之斃耳傾危人包藏禍心夷人宗社定無好結果一部二十一史中如此類甚多
姜曰巖曰按莊二十六年秋虢人侵晉冬又侵晉荀息云保於逆旅以侵南鄙非誣也是晉爲報復之師猶情之常而虞與虢從無過惡忽爲晉先驅是晉之陰謀罪猶小而虞之貪賄罪更大也

也虞非倡兵之首而先書之惡貪賄也

黃鄭林曰亡國非無一二賢人本國不能用而敵國反知重之或忌其謀之行或料其謀之不行以爲用兵之得失宋書生之料虞少保亦此意也曷勝三太息

見三按借冀以形虢又言虞能病虢以張虞蒙古之假道于宋其誘宋亦如此虢亡虞隨之金亡宋隨之前後一轍可慨也夫　鄭不能保險虎牢所以書城虢不能保險下陽所以書滅

秋盟于貫服江黃也杜江黃楚與國也始來服齊故爲合諸侯

見三按於江黃於楚爲近國近國攜則楚人之勢孤於齊爲遠國遠國來則齊侯之威著謀楚數十年至此始定南伐此

姜白巖曰：傳于齊霸赫奕事蹟，空著此一語，直從根本上發明，寺人漏師，桓不加罪，尸蟲出戶，外其機已伏此。

張岐然曰：細玩「始」字，非特孔齊之始，實漢唐末造明英熹武熹四朝亂天下之始，作者之所慮遠矣。柳州守原議以左寺于政歸罪守原之詞，不知作俑者桓公，晉文祇是傳其衣鉢耳。

姜白巖曰：傳于虢公節節寫其必亡，而于虞則不下一語。

桓公啻仲之計出萬全也，然江黃之滅亦胎於此。

齊寺人貂（內奄官。豎貂。）始漏師于多魚。（地名。闕。傳言貂始擅貴寵，漏洩桓公軍事，為齊亂張本。）

黃鄴林曰：齊桓公漏師于寺人貂，晉文公問原守于寺人勃鞮（寅為內豎于政之始，然勃鞮與貂皆難），即寺人披也。晉文猶念前此之忠，而寺人貂即豎刁也。齊桓徒貽後日之禍（反覆致亂），斯又兩事之不同歸者耳。

見三按：計民數曰料民，簡車徒曰漏師。寺人漏師，與唐北司弄兵、明東廠內操相似，但彼自為政，此則上使之，然耳。貂何人也，使之掌兵至於漏師，唐魚朝恩亦不過此，大抵女寵相外，閹奄擅權，內嬖擅寵，勢必此。此一隙之始也，而五公子爭立之禍實肇于此。

虢公敗戎于桑田。（桑田，虢地。按：今河南靈寶縣。）晉卜偃曰：虢必亡矣。亡下陽

不記一事，蓋深為號惜，而虞則不足惜也

不懼，而又有功，是天奪之鑒，（所以自照）而益其疾也，（驕則生疾）必易晉而不撫其民矣，不可以五稔。（稔熟也，為下五年晉滅號張本）

見三按：宣六年赤狄伐晉，中行桓子以為盈其貫；莊僖二年號公敗戎，卜偃以為益其疾。從來蹉跌失足，未有不從得意來者。燕雀處堂，當局恬嬉，旁觀者早知大廈之將傾矣，可哀也夫。

冬，楚人伐鄭，鬬章囚鄭聃伯。

見三按：楚之謀鄭愈逼，則齊之謀楚愈急，故明年即有陽穀之盟。

經 甲子 三年春王正月不雨。杜解：一時不雨則書首月。傳例曰：不曰旱，不為災。徐人取舒。勝國而不用大師亦曰取。杜解：舒，楚之與國，會通取舒，為齊人通伐楚之徑也。按：徐今江南泗州北有古徐城，舒今廬江

舒為楚之党，徐人取舒，為齊桓通伐楚之徑，春秋以其致順于大国，故書人書取

齊桓之霸業全在伐楚，伐楚之功，極紀全在江黃。五年盟此一之其今之會申伐楚之約也。齊之計伐楚之深，其謀故不廣諸侯而使大夫會之，盟正張会之迹，不陽先後致，但書暴卿。三年之內，楚之伐鄭者屢，楚横甚矣，召陵之師其可緩乎。

穀梁氏曰：不雨者，閔雨也；雨云者，喜雨也。有志于民者也。若文公則變例，兩書自正月不雨至于秋七月，文從省減，著其無志于民也。李廉氏曰：經書雨，此為特筆。

又自嚴氏前云江黃也不遽以謀告之，此曰謀伐楚，則江黃交固以伐楚告之矣。蓋江黃偪近楚之東南，今其為犄角之勢，召陵之役楚師不出，亦恐江黃之乘其後也。

縣西觧縣古城是。六月雨。示旱不竟夏。秋，齊侯、宋公、江人、黃人會于陽穀。觧衣裳之會不在九合之數。陽穀，齊地。按山東陽穀縣東北陽穀故城是。冬，公子友如齊涖盟。涖，臨也。○楚人伐鄭。

傳 三年春，不雨。夏六月，雨。自十月不雨至于五月，不曰旱，不為災也。杜觧：周六月，夏四月，于播種五稼無損。

見三按：僖公有志于民，故冬不雨而書夏不書，所以著其勤。若文則無志於民，故統書自十有二月不雨至於秋七月，所以志其惰。

秋，會于陽穀，謀伐楚也。二年楚侵鄭故。

見三按：諸侯唯宋最大，唯江黃最遠。貫之盟特定其交，未必遽以伐楚告之也。陽穀之會愈堅其信，則必以伐楚之謀告之

黃東發曰自元年至今楚兵三加于鄭矣【汪】氏曰齊桓不能救而孔叔云齊方勤我知于檉于貫于陽穀之會皆伐楚救鄭之謀也愚謂非與陽穀之會而齊侯遣人

矣江黃在楚東南日後召陵之役楚不敢戰亦懼二國之襲其後也然務服遠之名而無恤小之實齊之背於此戰江黃之亡於此基君子深爲桓病焉

齊侯爲陽穀之會來尋盟冬公子友如齊涖盟【杜解】公時不會陽穀故齊侯自陽穀遣人詣魯求尋盟魯使上卿詣齊受盟謙也

見三接齊桓定計伐楚恐謀洩故不煩諸使而使大夫受盟爲託於尋盟而以泯其迹即以訂其期也經書涖盟者四維此年季友之盟佐齊桓謀伐楚有輔伯之善

楚人伐鄭【釋義】書人大夫將也鄭伯欲成孔叔【杜解】鄭大夫不可曰齊方勤我勤恤鄭難棄德不祥善

見三接鄭最反覆之國唯利是從唯強是與獨於齊桓有弃

請尋盟，知桓于他國亦如是也，此桓之勤也。

姜白巖曰：蔡人嫁之，恃楚也。蔡服于楚，故以此為侵蔡之兵端，即為伐楚之過筏。

此齊桓慎重之舉，亦管仲節制之師。伐楚其本謀，侵蔡其先聲，次陘則其觀釁也。聖人知其志不在侵蔡而在服楚，不在以力服楚而在使楚自服，度德也，審時也。故書遂以見其起義之勇，書次以明其臨事之慎，皆與之也。

許在潁川，蔡近召陵，移兵而歸之而卒，故不書師，書會。

德不祥之語，則其感澤亦深矣。而非惠王召之從楚，何至有甯母之會。

齊侯與蔡姬（杜解：齊侯夫人。）乘舟于囿，蕩公。（蕩，搖也。囿，苑也。蓋魚池在苑中。）公懼變色，禁之不可。公怒歸之，未絕之也。蔡人嫁之。（為明年齊侵蔡傳。補注：當時適有是事，假此為名，欲出楚人不意。見三按：桓方圖伯中原，所宜不親女色，乃挾姬乘舟，何怪乎蕩蕩而懼，懼而禁之，不可而歸之，嫁之。可見齊桓之威能匡天下，不能施于婦人。）

經 乙丑四年春王正月，公會齊侯、宋公、陳侯、衛侯、鄭伯、許男、曹伯侵蔡。蔡潰，遂伐楚，次于陘。（杜解：民逃其上曰潰。遂，兩事之辭。楚強，齊欲綏之以德，故不速進而次陘。陘，楚地。按今河南郾城縣東為召陵故城。）

夏，許男新臣卒。（按新臣即許叔，在位四十二年卒，子僖公業立。）

楚屈

屈完楚使也不言使盟非前定曰來内桓師也曰來盟于師己盟于師也曰盟于召陵退舍而盟也己盟也許之不道而伐之順之舍之顯功也大義也故揚子曰春秋美召陵濤塗之言雖私其國然不聽則已何至執其身再伐其國並陳蔡近楚豈有武今不歎師反而由己齊人以為叛齊即楚之漸故因諸師以威之觀再侵而陳乃成則陳和未肯服也必再興師浮其成而後已非專為濤塗也

董次公曰管子平王尊室討諸戎伐楚不敢與周為難暨楚衰秦盛虎狼之國蠶食六王一東周君而不敢遽革命焉則春秋以降之周誠管子手延之歷即戰國以來之周亦管子神祚之基而伐楚併以懲秦寧不功高一伐哉孔子之刪詩也檜之卒篇傷天下之無王曹之卒篇傷天下之霸天下無王不得不思貢康之周公天下無霸而亦安能不思創霸之管子故孔子所謂如其仁者殆深有意

完來盟于師，盟于召陵。屈完，楚大夫。齊人執陳轅濤塗。陳大夫。秋，及江人、黄人伐陳。與謀曰及，受齊命討陳之罪而以與謀為文者，時齊不行，使魯為主。八月，公至自伐楚。告于廟。○葬許穆公。○冬十有二月，公孫玆帥師會齊人、宋人、衛人、鄭人、許人、曹人侵陳。公孫玆，叔牙子叔孫戴伯。按霸國大夫會諸大夫侵與國自此始。

傳　四年春，齊侯以諸侯之師侵蔡。蔡潰。𪧐鮮　蔡自北杏一會而甘心即楚，故齊桓先事侵蔡，披楚之黨也。陳傳　見霸主徵師，諸侯皆不書。遂伐楚。楚子使與師言曰：君處北海，寡人處南海，唯是風馬牛不相及也。𪧐鮮　楚界猶未至南海，因齊處北海，遂稱所近。服虔云：風，放也，牝牡相誘曰風。附注　言齊楚甚遠，雖牛馬之風者猶不相及。不虞君之涉吾地也，何故？管仲對曰：昔召康公周太保召公奭。命我先君大公曰：五侯九伯，女實征之，以夾輔周室。五等諸侯，九州之伯，皆得征討其罪。齊桓因此命以夸楚。賜我先君履，東至於海，西至於河，南至於穆陵，北至於無棣。附注　司馬貞史記注曰：今淮南

七

焉
姜皇巖曰桓二年鄧之盟傳曰始懼楚也是時楚為中國巨患儼然王號自尊漢陽諸國幾以為東南天子數十年來惟有事楚貳楚求成于楚否即為叛楚孰有統八國之師以伐之者管仲提出命我先君天子命之也賜我先君天子賜之也包茅責供侃侃而談曰是徵曰是問彷彿大司馬張九伐之威聲罪致討楚使曰寡君之罪也彷彿賊臣俯首伏罪二百四十二年列國猶知周室管仲之力也然不能明斥其僭王猾夏之罪蓋此時齊手為令尹子文兵練勢強無暇可攻非如子玉子反可以計取故舉其小過支吾遠引明使易以為詞耳或曰齊桓伐楚千里齎糧以烏合之衆當全勝之敵只得草草結

有故穆陵門是楚之竟無棣乃遼西孤竹服虔以為大公受封竟界不然也蓋言征伐所至之域杜解楚方問涉其地之故不應歷言受封竟界以自狹司馬之說近是以上答他涉吾地爾貢包茅不入王祭不共無以縮酒寡人是徵包裹束也茅菁茅也束茅而灌之以酒為縮酒尚書荊州包匭菁茅疏云縮去滓也昭王成王之孫南征而不復寡人是問昭王南巡守涉漢船壞而溺周人諱而不赴諸侯疏云舊說漢濱人以膠膠船故得水而壞昭王溺焉不知本出何書補正齊侯以為楚罪而問之以上答他何故對曰貢之不入寡君之罪也敢不共給昭王之不復君其問諸水濱孔疏昭王時漢非楚竟故不受罪師進次于陘楚不服罪故復進師接次陘者據其險也夏楚子使屈完如師如陘之師觀強弱蘇氏曰來求盟師退次于召陵完請盟故齊侯陳諸侯之師與屈完乘而觀之乘共載齊侯曰豈不穀是為先君之好是繼與不穀同好如何言諸侯之附從非為己乃尋先君之好謙而自廣因求與楚同好孤寡不穀諸侯謙稱對曰君惠徼福於敝邑之社稷辱收寡君寡君之願也齊侯曰以此衆戰

只得草率結局亦未盡然
夫桓公以春正月棄蔡潰之勢
伐楚斯時師未老也然計出萬
全以為戰而屈人不若不戰而服
故據其險要以示欲戰及楚使
有謝罪之言輒麾軍退舍頓兵
四閱月未嘗旁掠一邑俘馘
一人亦未嘗超距投石以示勇
取威定霸以示謀按兵不動但
嚴部伍晝夜巡警堂堂正正純
以德禮相招此楚人所以感之
而心服也云君若以德綏諸侯
誰敢不服蓋感之者深也不待
八國之民不忍傷殘即僭王猾
夏之楚亦不忍戕賊於全軍而
遏敵人自服聖人所極予也所
可惜者仲以掀天揭地之大題
目而偏走狹路以扶危定傾之大
經綸而僅得小成本領不優規
模有限夫子所以謂為器小也或曰
未見楚君但盟其大夫何功可
敘亦非也古者以城下之盟為恥師

誰能禦之以此攻城何城不克對曰君若以德綏諸侯誰敢不服若以力楚國方城以為城漢水以為池方城山名漢水名言其險固以當城池按言我只當關拒守雖衆無所用之屈完及諸侯盟大兵安能至我城下耶

黃鄭林曰伐蔡為社席私忿耳何必以諸侯之師若曰為伐楚故是秉其無備而襲之安在其正而不譎也唯楚自荊尸授師以來漢陽諸姬半為翦滅齊桓伏義執言不入不復是徵是問以尊周之心成攘楚之功師雖強以律用之而不暴楚曰服以禮下之而不驕干戈森列中不失樽俎雍容氣象正所四二百年所僅有也如其仁如其仁子所以大管仲之功歟

見三按齊桓召陵之合兵八國而不用晉文城濮之戰避楚三舍而後師皆假之者也然以律將兵以禮馭下楚桓尤得王

至楚地歟兵不戰使其大夫來盟則勝在齊矣夫秦師渡河晉兵不出即以爲霸況如是乞盟乎故先儒以爲楚服也嗣後惟晉悼蕭魚之役差堪媲美然良霄之執終不如屈完之盟

管仲之對楚人也曰昔召康公命我先君太公曰五侯九伯女實征之以夾輔王室隨季之對楚人也曰昔平王命我先君文侯曰與鄭夾輔周室無廢王命二人所述王言其體裁大略相似但管仲所引者成王時之故實也隨季所引者平王時之故實也百年以前以西京之初爲盛事百年以後復以東京之初年爲盛事矣

者風爲江黃在楚東南自盟於貫而楚失其右臂召陵之役楚不出者亦恐江黃乘其後也或者謂荊楚僭王爲害最甚桓公執詞釋此不問包茅細事也昭王不復莫須有之詞也毋乃桓意在不戰姑援楚以辦難之嘆抑子文當國未易犯歟不知召陵之師不如城濮者四重兵深入楚可逸待一也八國併將久恐變生二也楚方負固而我坐老三也楚據全師非僅如廣東宮之甲從之四也且叢林密箐之區舟楫檣帆之用天意亦有南北之限爲曹操用兵如神所向無敵而赤壁一炬不免見困於三吳豈真周郎之妙計勝阿瞞哉抑亦樓櫓相接之中國非北方武士所得展其長也齊桓舉事好持大體管仲用兵善窺大勢盟會則及小國之江黃餌其

近楚都以楚間侵伐則及小國之陳蔡翦其輔楚者以孤楚
是徵是問辭命森嚴進師退師部伍整肅使東諸侯凜凜
頓有生氣真盛事也日後城濮戰勝楚而踐土請平
就若召陵不戰勝服楚而屈完受盟其居心行事較
為光明磊落哉聖人曰齊桓公正而不譎雖不專為召
陵言也而召陵已見其一端矣

昔平王命先君文侯曰與鄭夾輔周室無廢王命二人所述
王言其體裁大畧相似但僖仲所引者成王時之故實也隨
武所引者平王時之故實也百年以前以西京之初年為
盛事矣百年以後復以東京之初年為盛事矣

陳轅濤塗謂鄭申侯（杜解鄭大夫）曰師出於陳鄭之間國必甚病當有

馮天閑曰申侯與濤塗語妙在全然相反尤妙在全然相類

共給之費故。若出於東方、觀兵於東夷、循海而歸，其可也。東夷，郯、莒、徐夷也。觀兵示威。申侯曰善。濤塗以告，齊侯許之。許出東方。申侯見曰：師老矣，若出於東方而遇敵，懼不可用也。若出於陳鄭之間，共其資糧屝屨，其可也。屝，草屨。按：申侯雖忠于齊，其實賣國。○屝，符費反。齊侯說，與之虎牢。還以鄭邑賜之。執轅濤塗。愚：濤塗不忠于齊，實忠于陳，不從其謀，何必執。

黃鄰林曰：轅濤塗之言，實為當時良策。觀兵東夷，循海而歸，既可省二國之供億，復可壯霸主之聲威。桓苟納其言，則淮夷可以震懾，異時無煩東略之師矣。顧不遽白諸齊桓，而先商諸申侯，蓋逆料其必有後言，故先與謀，明以杜其口。塗之謀事不可謂不忠，慮患不可謂不密，孰料小人如申侯者，乃面入陽善其言而使之告，陰則直反其言而傾之，執真媚人

相反則獨覺已說之為良，相類則愈形彼說之可憎，而開口師老矣三字更覺傾聽，直奸人之尤。

姜白巖曰：或謂傳于申侯語中點出師老矣三字，以明師不可用，而召陵之盟為僥倖。細按之亦謬也。招攜以禮，懷遠以德，是管子一生大主腦，故北杏以後每事動出萬全，而楚之子文亦動出萬全，正如奕者對局，兩兩敵手，自著著照應，决無德禮而以強暴反者。況包茅之責業已伏罪，自春徂夏未見致師，召陵之盟仲自在掌握中矣。如真欲用師，何待師老；師老仲豈不知，何待侯言。執濤塗者，蓋觀兵

東夷甚合桓心然此時楚人已服軍心已懈不比次歷之時諸國俱有禦楚之志也申侯一為指破又加供其資糧屝屨一語隱然見濤塗主意在此觀兵之說不過借以遏齊耳桓以申侯為忠以濤塗為詐而執之左氏點出師老正形容管子料敵之審修禮之至也夫内政軍令齊師久練楚即不服何至八國之師為楚所敗不然自當危道使進退無據即庸懦如趙文子猶不肯為而謂天下才為之哉

姜白巖曰王者之師若望雲霓即後世名將餓死不擄掠不拆屋有取民間一草一木立斬以狥何至師

之尤者唐之李林甫盧杞宋之丁謂呂惠卿其皆奉此為衣

鉢歟

見三揆轅濤塗仕於陳而忠于謀陳申侯仕于鄭而不忠于

謀鄭桓苟英明所當嘉轅濤塗之忠下恤小之令正申侯之罪

不特陳鄭二君感德入骨即與會諸侯亦慕義無窮此招徠

人心之大機軸也惜不知出此顧執轅濤塗而賞申侯是教

人貳也此曰不能識申侯之奸與時又安能辨三豎之詐

秋伐陳討不忠也以濤塗為誤軍道

見三揆轅濤雖獻策不善罪止其身乃既執其臣又伐其國

不仁甚矣齊桓此舉大為召陵減色

許穆公卒于師葬之以侯禮也[illegible]鮮男而以侯禮加一等凡諸侯薨于朝會

過而陳病公羊氏以師不正
也是也
姜白巖曰卒於師桓公葬
之以侯禮而經但書卒趙
趙氏曰過疾而歸卒于國
故不言卒于師也按成十
三年伐秦曹伯盧卒于師
襄十八年圍齊曹伯負芻
卒于師皆上書伐國其下
更無餘文明
師似終於國矣若召陵之
役許男與七國諸侯同次
于陘下書屈完來盟于師
則上下俱言師許男之卒
不于師而何哉說本呂氏趙氏故不
别似之以卒于師而義自見
明
賀仲軾曰伯者以義服天下莫
先於綏懷小國轅濤塗之言
於齊雖不利而謀其本國則
未有失也何怒之暴也且齊
以侵蔡之故徵諸侯從之國力

加一等、諸侯命有三等公為上等侯伯中等子男為下等死王事加二等謂以死勤事於是有以衮斂、衮衣公服也謂加二等按傳泛言周制子男葬禮非謂許男以衮斂也

見三按此朝會也故加一等而以侯禮葬之由朝會而推之死王事由加一等而推之加二等由侯葬而推之衮斂後世優䘏邊臣勤死王事皆由此推

冬、叔孫戴伯帥師會諸侯之師侵陳陳成歸轅濤塗陳服罪故歸其大夫戴謚也

見三按濤塗殆齊國雖有罪然濤既見執足以蔽辜伐之而復侵之於義何居陳大士曰桓公之兵凡三變盟幽以前一桓公也次陘之時一桓公也召陵之後一桓公也蓋自是而桓之志荒矣

已不支而况陳鄭復有供給大國之勞乎既聞轅濤塗之言正當猛省而矜恤之乃執之不已而又伐之伐之不已復大會諸侯之師以侵之何其甚也其侵陳者蓋明以恐諸侯也桓於是為暴於中國矣

呂圭叔曰董仲舒云有國者不可以不知春秋前有讒而不見後有賊而不知為人臣者不可以不通春秋守經事而不知其宜遭變事而不知其權[illegible]獻公者前有讒而不見故蒙首惡之名申生者遭變故而不知權故陷父于不義

真西山曰驪姬之殺申生也其機變甚巧矣獻公者喜功貪得之人以闢地啟土中其情安得不悅而從之三子既出則圖之易矣既又于優

初晉獻公欲以驪姬為夫人卜之不吉筮之吉公曰從筮卜人曰筮短龜長不如從長附廷楊用脩曰筮之辭理短龜之辭理長蓋就立驪姬一事言之而非謂筮龜有長短也杜言象長數短謬說也且其繇曰專之渝攘公之羭杜解繇卜兆辭渝變也攘除也羭美也杜解言專寵之變必將奪公之美。音俞一薰香草一蕕臭草十年尚猶有臭言善易消惡難除必不可弗聽立之生奚齊其娣生卓子及將立奚齊既與中大夫里克成謀按國語里克見丕鄭曰優施告我君將立奚齊吾對以中立鄭曰惜也不如曰不信以疏之亦固太子以攜之多為之故以變其志志少踈乃可間也今子曰中立固其謀也稱疾不朝三旬難乃成傳以成謀加克克不得辭矣姬謂太子曰君夢齊姜大子母必速祭之言求食大子祭於曲沃歸胙於公公田姬寘諸宮六日公至毒而獻之毒酒經宿輒敗而經六日明公之惑公祭之地地墳林解姬謂公酒食自外至不可不試故令公祭地毒酒至地地為墳起。扶粉反與犬犬斃與小臣小臣亦斃姬泣曰賊由大子大子奔新城官說當時

施謀作難之先後，優施知之，可嘔也。其言曰精潔易辱，又曰甚精必愚。蓋精潔之人惜名矜行，惟恐點汙，故曰易辱；以節自勵，不智自全，故曰必愚。可以術激之而使死，名顯之陷，蕭望之亦猶是也。然猶恐獻公之未果于殺也，則又夜半而泣，謂申生有將為逆之意，自請先公死。公懼而謀之，又勸授之以政而避禍焉。夫獻公剛猛人也，肯為其子屈乎？懷怒必殺之心，自此啟矣。然猶患無隙以加之罪也，則使將兵而伐翟焉。勝則加以得衆之名，敗則繩以覆軍之罪，申生至此無逃死之所矣。然猶慮大臣守正力爭，則公之意未可知也，又使優施以杯酒從容歌舞，微詞以諷里克。大臣也許以忠立，則無復事矣。申生死，二子奔，無不如優施所料者。然奚齊卓子

姬殺申生之謀，獻公已許之，今特造此一段為罪名而已。按奔新城猶冀父之諒己而免之也，或責其不即死，謬甚。新城即曲沃，今山西聞喜縣。公殺其傅杜原款。按公穀皆以里克為太子傅，檀弓以狐突為太子傅，記載互異。或謂太子：「子辭，君必辯焉。」以六日之狀自理。大子曰：「君非姬氏，居不安，食不能。我辭，姬必有罪。君老矣，吾又不樂。」吾自理則姬死，姬死則君必不樂。按君老矣，吾又使之不樂。曰：「子其行乎！」大子曰：「君實不察其罪，被此名也以出，人誰納我？」十二月戊申，縊于新城。按公未嘗命討大子，此時猶可避去。姬遂譖二公子曰：「皆知之。」重耳奔蒲，夷吾奔屈。二子時在朝，為明年晉殺申生傳。

黃鄴林曰：申生之事，與漢戾太子不同。彼無以自明，此則尚可以自明也。脯納公宮已閱六日，傳受有人，收貯有所，使申生痛哭流涕，層層致辯，何難水落石出？而申生顧不辯者，則以君安驪氏，不欲傷親之心也。觀其告狐突之言，至誠惻怛，死

立而里克弑之，夷吾不終，迫重耳立而後
定晉國之亂，至二十年。故女子小人，秦襄交
締，危國亡家之本也。
賀仲軾曰：晉獻公惡群公子之偪，用士蔿之
計盡殺之，所以為子孫慮者至深遠矣。卒
之殺其子孫者，不在所惡之群公子，乃在
所愛之驪姬。不特殺其所惡之子，乃併殺其
所愛之子。心力徒勞，天道不昧。假令各安
其所，群公子有維城之固，世子有繼体之
美，奚齊、卓子即不為君，猶不失為晉國之
貴公子，以視飽刃人手者何如邪？歷觀自古刻薄之
君，多以猜忌殘骨肉，未有不反受其殃者。
嗟乎！驪姬之于人甚矣哉！申生之事，是人
春秋以来女禍之始，嗣是魯赤殺于敬嬴，
宋痤死于妾棄，齊光廢于戎子，而齊桓，劇
伯之英主也，亦溺于偏愛，委國命于宋襄，
手皆其彰明較著者。而大夫士庶之家，更不知凡
幾。賊父子之恩，絕兄弟之愛，禍乱横作，莫可
收拾，悲夫！傷哉！
魏禧曰：申生出奔，則獻公死後反國而群
情服，不至骨肉相殘，禍延數世矣。希公子之
禍何由發乎？故知申生之孝，天為之也。天欲禍
敗人家國，以償其祖父之惡，有生不育子孫
以報之者，有生賢子以報之者。徐勣附和高
宗，廢皇后而立武氏，滅其族。使勣不生敬業
之忠，徐氏豈得滅哉？嗚呼！身為惡逆，覆宗
絕祀，而徒成子孫之令名，亦足悲矣。為人祖
父者，其亦慎所貽謀哉！

不忘君，其心至苦，其道曲盡。西銘謂無所逃而待烹，申生其
恭也，斯言括之矣。
見三接驪姬，亦謂接受齊姜，顯而易見。夫婦毋當以禮閑裁，奈己
屬非禮，况君昏有蔓，奶不自命，而以待婦言之尤其姣謀
疏經處此，正且見婦之横醜之皆太叔之處此，蓋自傳施教
流以来，倦諸之在膺中，唯婦言是聽，忠貞若苟息，而為奄
傳權勢，孟里克而與驪姬深謀，暨獲浴沸之遍，唯優施布親譖，而心脾尚
有私恩一人耳，於惡一日不容傾印大子，一日不得生，有毒胙固殺無冤
毒胙之殺，試之地，地以大樹之小官，特以此等關人之口，非以此
備德之儀也。子辞君以办，在旁觀者不能無是言，於驪姬必有
罪，為人子者不可無是心。其實申生所有辭，君未必能办，婦未必有
罪也。新城自縊，抱恨以終，殺之冤誰以處，而首國未盡以禍仁
視為寶者，而尤有道學後人不必奈何以恩享，即之嗚呼，世天下
之所以鮮君人也，此天下之所以無孝子也。

申生自縊，春秋正其為世子，而目君以殺者，正本清源之義也。
時杞惠公有疾，伯姬攜扶其子來朝于魯，而攝父以行朝禮。父在而朝其子，非所以教孝；夫在而婦為主，非所以明[illegible]順。以待人父之道待人子，非所以為之礼。春秋書[illegible]譏之
大夫如他國聘也，戴伯因聘而娶，經不書者，不許其假君命以行私也
此二百四十二年[illegible]一義[illegible]二百四十二年一[illegible]一持筆也[illegible]國本[illegible]王室[illegible]不動[illegible]而王室以安，嘉績[illegible]心其可格天。盟日春秋殊會王世子，所以尊世子，即以大桓功也
既會以定世子之位，又盟以固諸侯之心。會以示義，盟以示信，所以尊周之義著矣。復舉諸侯，殊尊世子也
鄭奉王命而書逃，齊桓之尊義以惠王之命私也，以違義者罪不以淫命為志，春秋王教也
往子不名，以其不服于齊也。不日國也，無赴告者，失其日也
前不言取下陽而言滅，見二國之所由滅也。此滅不言執虞公而不言滅，見其滅之已成也。[illegible]不言滅，以[illegible]滅于虞，非滅于晉也。曰執，執夫之辭，惡其自取也

姜炳璋曰：申生為驪姬之譖，本伯業之上也。至帥師弃軍而逃不已，如命唐曲沃時矣。若獲罪之後遁

經　丙寅　五年春，晉侯殺其世子申生。杜解　書春，從告。杞伯姬來朝其子。伯姬來寧，寧成風也。按朝其子者，禮諸侯世子有相朝之義，此以子尚幼，故母率而行之。張氏曰：杞伯姬來白絕。夏，公孫茲如牟。叔孫戴伯娶于牟，卿非君命不越竟，故奉公命聘于牟，因自為逆。公及齊侯、宋公、陳侯、衛侯、鄭伯、許男、曹伯會王世子于首止。惠王太子鄭也。不名而殊會，尊之也。首止，衛地。林解衣裳之會也。秋八月，諸侯盟于首止。鄭伯逃歸不盟。復稱諸侯者，王世子不盟故也。王之世子尊與王同，齊桓行霸翼戴天子，尊崇王室，故殊貴世子。楚人滅弦，弦子奔黃。弦國名，按今河南光州西南有弦城。九月戊申朔，日有食之。冬，晉人執虞公。

傳　五年春王正月辛亥朔，日南至。杜解　周正月，今十一月。冬至之日，日南極。公既視朔，遂登觀臺以望，而書，禮也。視朔，親告朔也。觀臺，臺上構屋，可以遠觀者也。朔旦冬至，歷數之所始。治歷者因此則可以明其術數，審別陰陽，敘事訓民。魯君不能常修此禮，故善公之得禮。凡分至啟閉，必書雲物，分，春秋分也。至，冬夏至也。啟，立春立夏。閉，立秋立冬。雲物，氣色災變也。傳重申周典，不言公者，日官掌其職。疏云：鄭眾云

海濱而雲猶不至盡彰父過而
惟以一死謝父不亦悲乎
姜白巖曰以冬至為春可見時月並改而夏時冠周月之說義
不可通

姜白巖曰殺申生傳已見前
年此只寫二公子出亡之始
閔元年晉為太子城曲沃
築蒲與屈當在此時此就伐
蒲上追想士蔿城蒲屈時已
逆知有今日也然士蔿於裒
時如何實說讎字因尋出
無戎而城一段道理他日必為保
仇保其於時事絕不提起而
風刺顯然一國三公杜指城

以分至觀雲色青為蟲白為喪赤為兵荒黑為水黃為豊為備
蓋出占候之書計雲氣之占不啻畫此而已
故也逆素察妖祥為之備
見三按國之有臺所以審災祥雲物非僅為登臨遊覽之計古人
君一舉一動無非敬天勤民於此所可見魯秉周禮亦於此
可見至文之世則告朔廢而此禮亦不舉矣此傳其有碩果
之思歟

晉侯使以殺太子申生之故來告杜解須告乃書釋經必初晉侯使士蔿
為二公子築蒲與屈不慎寘薪焉不謹夷吾訴之公使讓之譴讓
之士蔿稽首而對曰稽首頭至地也拜臣聞之無喪而感憂必讎焉
補正讎應也詩云無言不讎無戎而城讎必保焉保而守之寇讎之保又何慎焉
守官廢命不敬固讎之保不忠失忠與敬何以事君詩云懷德

蒲屈事固是然爲之意謂公與奚齊爲一黨二公子又各有私人尨茸謂亂正不知其何所終極及難作公使寺人伐蒲爲之言字字左券而重耳翻曰校者吾讎將前四讎字冰釋瓦解蓋父讎其子子必不可以讎其父說得仁孝藹然後此仁親爲寶之言即本諸此也

華申農曰
士蔿計殲公族爲申生之而無救於申生之死荀息計滅虞虢爲奚齊之而無救於奚齊之死大臣謀國不以仁義匡其君而惟以功利譎詐爲事或剪除宗室以消危亡之患或矜滅小國以爲傾覆之計遂使趙蕭牆而成自斃而之累萬遠慮而竟至束手斃衆徒作何外之謀謬若士蔿荀息之自劉矣

惟寧宗子惟城詩大雅君其修德而固宗子何城如之言固宗子城不如三年將尋師焉焉用慎也尋用退而賦曰狐裘尨茸一國三公吾誰適從士蔿自作詩也尨茸亂貌公與二公子爲三言城不堅則爲公子所訴爲公所讓壁之則爲固讎不忠吾以事君故不知所從○尨莫江反茸音戎適丁歷反及難公使寺人披伐蒲重耳曰君父之命不校乃徇曰校者吾讎也踰垣而走披斬其袪袪袂也遂出奔翟朱子曰驪姬之亂詛無畜群公子自是晉無公族後以卿之子爲公族大夫便是六卿分晉之漸

黃鄉林曰同一不慎也夷吾訴而重耳不訟同一來伐也夷吾盟監而重耳不校一龍一豬判然天壤且君與二子有讎重耳不惟不敢讎君父更以校者爲讎伯主之規模其大端存已見於此哉

見三按此傳以重耳爲主而必追敘士蔿之言爲正以著重

姜白巖曰惠王將廢太子而立王子帶齊桓欲救正之伐楚之後復為首止之會請世子下臨以增重于是王遣世子來穀梁謂世子奉王命會齊桓是也或謂世子私會者謬也當是時桓未嘗明告于世子世子亦未嘗明告于諸侯及至會桓率諸侯旅見使天下曉然知世子之為鄭

一耳出奔之由也既殺太子即伐重耳以其得人異於夷吾踰垣而遂斬其父子之幾若寇讎使其早悟如蒍之言修德而固宗子則申生可以不死即重耳可以不去又何患其得人而校哉三年尋師一語道破執迷不悟老成血淚真欷歔欲絕矣

夏公孫茲如牟娶焉

見三按内大夫出竟必書以示人臣不敢自專之意也

會於首止、會王太子鄭、謀寧周也惠王以惠后故將廢太子鄭而立王子帶故齊桓帥諸侯會王太子以定其位探微此虞舜不告而娶之權故聖人許之以視四皓之願為太子死不可與同論也

黃鄭林曰周惠王欲易太子鄭齊桓為之合諸侯而儲位以定漢高祖欲易太子盈張良教之召四皓而國本以安桓出之以正良出之以委曲皆大臣不動聲色計安社稷權而

而世子之為位定于是諸侯同盟而皆默喻乎桓之心一腔忠悃藉以濟之先儒謂晉須寧王室於已亂之後不若齊桓能已患于未亂之先傳曰謀寧周也足以發明經予齊桓之義矣

不失其為正也

見三按太子天下之本也而以寵后欲廢之此天王之亂命不可從也惠王雖畜此意而事未形亦不敢以非義干諸侯桓為之萃列辟而請見王世子成父子之親定宗社之計不動聲色而王室寧徙薪曲突較之焦頭爛額者功加什佰後此晉文河上勤王卜之又筮請隧賜田幾干大物其忠偽為何如耶

陳轅宣仲杜解轅濤塗怨鄭申侯之反已於召陵故勸之城其賜邑齊桓所賜虎牢曰美城之大名也子孫不忘吾助子請乃為之請於諸侯而城之美樓櫓之備設按諸侯為鄭臣城私邑乃見大名遂譖諸鄭伯曰美城其賜邑將以叛也申侯由是得罪為七年鄭殺申侯傳

黃薌林曰轅濤塗之被執緣申侯之譖申侯之得罪緣轅濤

十五

賀仲軾曰：桓與諸侯為我者也，而惠以私寵憾之；楚僭王叛我者也，而欲輔鄭以從之。是不但不知惡楚，且甘心與楚分諸侯矣。鄭伯一逃，益見當日人心之無君，不可以大義動，而首止事勢之難也。非桓以威力懾之，王世子之定尚未可知也。

姜白巖曰：王許世子出會，則無疑于桓矣。而宰孔老奸，素党叔帶，覘破桓志，為王告之，故王使之召鄭，以未晉列會。鄭有離心，蓋欲拒齊以遂其立帶之私也。齊桓尊周攘楚，而惠王乃驅以

塗之譖讒人報復，其險如是，所謂笑談之中有荊棘也。見三。按：美城大名，子孫不忘，固中侯之所欲也。美城賜邑，將以叛正鄭伯之所惡也。投以所欲，中以所惡，而其讒自入。利口之可畏如此，出乎反爾之可畏如此。

秋，諸侯盟。王使周公杜解：宰孔也。召鄭伯，曰：「吾撫女以從楚，輔之以晉，可以少安。」王恨齊桓定太子位，故召鄭伯使叛齊也。何記：輔之以晉者，以晉侯前年方殺其世子。宋解言：鄭有輔晉楚之援，可以少安無事。鄭伯喜於王命而懼其不朝於齊也，故逃歸不盟。孔叔止之曰：「國君不可以輕，輕則失親黨援也。輕，遣正反。○失親，患必至。病而乞盟，所喪多矣，君必悔之。」弗聽，逃其師而歸。孔疏：禮，君行師從。鄭伯棄其師衆，輕身逃歸。

見三。按：輕字是鄭文一生病根，亦是鄭國二百四十年大局議

從衰、周德之衰至此

賀仲軾曰召陵之盟猶在而楚敢滅國不但楚氛未戢蓋亦有以窺中國之隙矣

姜白巖曰子文作此等事不仁實甚鄭逃則已奉王命而服于楚矣故楚乘間而滅弦弦黃之滅寔孔致之

牲王帛待於二竟唯強是從唯利是視朝晉暮楚靡有定所雖時勢使然亦輕於去就之為害也孔叔此言不特為鄭文對症下藥並為全鄭對症下藥鄭伯尊王命而先歸曷可罪與曰伯者未興鄭先叛王伯者既興鄭反尊王非尊王也中原無伯而叛王中原有伯而復叛伯逃歸乞盟首鼠兩端終春秋之世晉楚兩強之時始終不外此術孔子曰放鄭聲遠佞人佞又莫佞於鄭也

楚鬭穀於菟滅弦、弦日趙誤楚近弦滅之旦夕耳豈齊救所能及若黃而受伐歷三時不救此齊之罪也

弦黃子奔黃、於是江黃道柏方睦於齊、皆弦姻也姻外親也按道國今河南確山縣東北柏國今河南西平縣西有柏亭

弦子恃之而不事楚又不設備故亡

見三按所恃者姻所恃之姻又僅恃齊之睦而于已一無所

姜白巖曰、傳以一易字釋經義、而虞之惡、晉之謟、皆見、節節逼出易字、至末方點明。宮之奇首提虢亡虞必從之、滅虢自滅也、已為易字伏根。因引卜偃九月十月之文、其即虞亡之月乎、丙子之晨、其即虞亡之日乎、虢之童謠、虞之童謠也、虢公其奔、虞公其執也、語語寫虢、正語語寫虞。館於虞、遂執之、自古亡國未有如虞公之易者、故言易也。虞公而秦滕矣、吾宗也乎哉、虞祀而晉脩矣、我據也乎哉。

恃寫盡天下妄人以米山為泰山者

晉侯復假道於虞以伐虢、宮之奇諫曰、虢、虞之表也、虢亡虞必從之、晉不可啓、寇不可翫、〔杜解〕習也一之謂甚、其可再乎、為二年假晉道滅下陽諺所謂輔車相依、脣亡齒寒者、其虞虢之謂也、輔頰輔車牙車〔林解〕言虞如牙車如齒在裏虢如輔頰如脣在表二者相須以生去一不可○車尺奢反公曰、晉吾宗也、豈害我哉、對曰、大伯虞仲、大王之昭也、大伯不從、是以不嗣、〔補正〕不從謂大伯不在太王之側後儒據以証太王翦商之志誤矣按史記以亡去為不從其義甚明杜氏誤以不從父命為解虢仲虢叔、王季之穆也、王季者太伯虞仲之母弟也虢仲虢叔王季之子文王之母弟也仲叔皆虢君字疏云鄭滅一虢晉滅一虢詳見鄭伯克段篇注為文王卿士、勳在王室、藏於盟府、司盟之官將虢是滅、何愛於虞、且虞能親於桓莊乎、其愛之也、桓莊之族何罪、而以為戮、不唯偪乎、桓叔莊伯之族晉獻公之從祖昆弟獻公患其偪盡殺之事在莊二

十五年親以寵偪猶尚害之況以國乎公曰吾享祀豐潔神必據我據猶安也對曰臣聞之鬼神非人實親惟德是依故周書曰皇天無親惟德是輔疏蔡仲之命文也杜不見古文故以為逸書又曰黍稷非馨明德惟馨馨香之遠聞疏云君陳文也又曰民不易物惟德繄物黍稷牲玉無德則不見饗有德則見饗言物一而異用疏云旅獒文也○繄烏兮反如是則非德民不和神不享矣神所憑依將在德矣若晉取虞而明德以薦馨香神其吐之乎弗聽許晉使宮之奇以其族行去也曰虞不臘矣臘歲終祭眾神之名疏云月令孟冬臘門閭及先祖五祀臘之見於傳記者惟月令與此文而已補注周時臘與大蜡各為一祭秦漢改曰臘不蜡而為臘矣今案蔡邕月令章句夏曰嘉平殷曰清祀周曰大蜡總為之臘史記秦惠文王初臘正義云始效中國為之亦明臘不自秦始或疑傳作於秦誤矣○臘力盍反在此行也晉不更舉矣不更舉兵八月甲午晉侯圍上陽虢國都問於卜偃曰吾其濟乎對曰克之公曰何時對曰童謠云

丙之晨、龍尾伏辰、龍尾尾星也日月之會曰辰日在尾故尾星伏不見均服振振取虢之

旂戎事上下同服振振盛貌旂軍之旌旗鶉之賁賁天策焞焞火中成軍虢公其

奔鶉鶉火星也賁賁鳥體星之體也天策傅說星時近日星微焞焞無光耀也言丙子平旦鶉火中軍事有成功也此已上

童謡言也。鶉述春反焞他門反其九月十月之交乎以星驗推之知九月十月之交謂夏之九月十月

也交晦朔交會見三正通於民俗[補注]傳丙子旦日在尾月在策是夜日月合朔於尾月行疾故

至旦而過在策鶉火中、必是時也、冬十二月丙子朔補注傳見赴告策書惟用周正與童

謡異晉滅虢虢公醜奔京師不書不告也周十二月夏之十月師還館于虞遂襲

虞滅之、執虞公及其大夫井伯、以媵秦穆姬、晉獻公女送女曰媵以屈辱之

而脩虞祀虞所命祀且歸其職貢于王故書曰晉人執虞公罪虞且

言易也、[闕義]虞公貪賂自取滅亡書執如執一夫然

黄鄰林曰虞之有宫之奇○猶晉之有荀息也荀息之奸譎奇

能燭之宮之奇之諫不聽息竟以料之以唇齒喻虢以桓莊喻晉利害輕重瞭然在目而虞公顧遁詞於神蓋亦知奇之言是但不欲忤晉人之意故委命于神以冀晉不我欺耳下愚不移忠臣哲士痛哭流涕將如之何迨至璧馬依然宗社不腊晉人何詐而愚虞公何愚蓋貪之為禍烈矣誰謂宮之奇不能強諫哉

見三按虞之亡亡于虞公之貪見璧馬而不見異日之禍患貪而愚愛璧馬而與滅同姓之國貪而忍宮之奇反覆于輔車唇齒原本之於太伯虞仲虢仲虢叔震惕之以皇天鬼神不可謂非強諫者委贄自矢明良純臣何樂以諫顯覆巢必無完卵孤臣又何敢以諫名桓莊之族何罪而以為戮斯言

鄭文逃盟而楚、桓会諸侯伐之、義之正也；伐而不服則圍之以六國之力，圍而不拔，蓋志在不為甚也，而鄭之罪益著。圍許之役，蓋攻其所救以解新城之圍，釋鄭而救許，所以抑暴而救患，世見桓公之急於義也。書曰遂，善之也。不叙救許而叙伐鄭，大伐鄭也。

姜白巖曰：鄭逃首止之盟而即楚，桓會六國之師，不直抵鄭都，而圍其旁邑，自夏徂秋，但以兵圍恐之，蓋招携以禮，懷遠以德，尊王攘楚，無自利之私也。

也凛於秋霜。宮之奇豈不欲罄南山之竹，傳復仇之檄乎？骨之血泪無從可洒，挈族奔曹，蓋亦屈平澤畔行吟之志，庶幾君之一悟，俗之一路也。故舟之僑奔晉而仕于晉，百里溪奔秦而顯于秦，獨宮之奇奔曹之後没設無聞，其志亦可見矣，其情大可悲已。

經 丁卯 六年春王正月。夏，公會齊侯、宋公、陳侯、衛侯、曹伯伐鄭，圍新城。【杜解】新城，鄭新密。按今河南密縣東南有故密城。○秋，楚人圍許，楚子親圍，不諸侯。遂救許。皆伐鄭之諸侯，故不復更敘。冬，公至自伐鄭。

傳 六年春，晉侯使賈華【杜解】大夫。伐屈，夷吾不能守，盟而行。非不欲校，力不能守。言不如重耳之賢。將奔狄，郤芮曰：「後出同走，罪也。嫌與重耳同謀而相隨。【補正】史記述冀芮之言曰：重耳已在矣，今往，晉必移兵伐翟，翟不如之，畏晉禍且及。左氏文簡，得此語更明。○郤，逆去反。

梁。梁近秦而幸焉，乃之梁。以梁為秦所親幸，秦既大國，且穆姬在焉，故欲因以求入。

見三按二子同逐，乃在期年之後，可見夷吾庸碌，無能早為姬氏所輕視，至賈華來伐，乃盟而行，非不欲校實，不能守其不才，更可想知，後出同趨，恐涉嫌疑，亦以賢不如重耳共處一方，不免相形見絀，故奔梁近秦，以為入國之計，雖屬先鞭是着，然較之仁親為寶者，自有天淵之別。

夏，諸侯伐鄭，以其逃首止之盟故也。首止盟在五年。圍新密，鄭所以不時城也。補正：實密而經云新城，故傳釋之，以為鄭懼齊而築城，因謂之新城也。杜註誤。

見三案鄭伯之逃王命也，必以首止之事為詠鄭，必有所藉口，故但圍新密，以聲其不時勞民之罪，自是而楚師復動矣。召陵以來，楚氣已奪，鄭復開之隙，使之再與中國爭鄭，實亂

姜白巖曰秋楚子圍許救鄭未嘗圍許也諸侯救許乃還則楚師已還未聞及冬又至許也武城楚地豈有圍許不降而師在楚境反從其降者乎且師未入許又何用面縛銜璧之儀也以上傳證之可知必無之事以證微子則更謬矣

黃鄴林曰史家此等事類誤無疑司馬氏乃列之宋微子世家中甚矣作史之難也學而不知道與採擇何以易精也

鄭不服則諸侯之心搖而首止之盟有所不固非徒首止之盟寒之實秩之人亦有以議我矣故急於服鄭

小邾即郳郳齊桓白王命進之曰其後乃為其能以爵通

華之首也

秋楚子圍許以救鄭諸侯救許乃還

冬蔡穆侯將許僖公以見楚子於武城杜解楚子退舍武城猶有怨志而諸侯各罷兵故蔡將許君歸楚武城楚地許男面縛銜璧大夫衰經士輿櫬縛手于後唯見其面以璧為贄手縛故銜之櫬棺也將受死故衰經楚子問諸逢伯楚大夫對曰昔武王克殷微子啟紂庶兄宋之祖也如是武王親釋其縛受其璧而祓之禮祓除凶之禮○祓芳弗反焚其櫬禮而命之使復其所楚子從之

見三按微子行遯在殷未亡之前而謂其面縛銜璧此必無之事也逢伯假此語以阿楚子遂為椒舉口實

經

戊辰七年春齊人伐鄭○夏小邾子來朝杜解郳黎來始得王命而來朝也邾之別封故曰小邾按今山東滕縣嶧縣並有郳城鄭殺其大夫申侯鄭卿專利而不厭○

申侯[illegible]楚[illegible]之[illegible]鄭[illegible]齊[illegible]又受濤塗之誣故暴其罪以告齊此會所以禮諸侯以共王室之貢甚盛舉也陳鄭皆新被侵伐[illegible]願忘故君不行[illegible]止[illegible]來[illegible]命子華内臣之請亦許其盟皆[illegible]懷之[illegible]者故鄭伯子元[illegible]當盟甯母而又使季友修聘所以勤大國之好也

凌稚隆曰按申侯本由楚而仕鄭其于鄭之從楚蓋必與有謀焉以故鄭伯用濤塗之譖遂暴其罪以告齊此亦理之有宜若鄭伯但以濤塗譖之之故則申侯蓋嘗忠于齊者鄭即駕言以殺適以激齊之怒耳何得為說

魏禧曰楚文知申侯之貪而不能裁其欲但教以適大國是速其死也豈為君之道哉然猶愈于後世之不知其臣者若唐明皇之于李林甫德宗之盧杞則其禍烈矣

姜白巖曰虎牢一名制即襄十年晉悼所城以偪鄭者也申侯貴國媚齊而奄有之其偪已甚況為之美城以鄭文之忌刻不必濤塗

秋七月公會齊侯宋公陳世子款鄭世子華盟于甯母(林解)衣裳之會甯母魯地按山東魚臺縣東曹伯班卒。子共公襄立公子友如齊罷盟而聘謝不敏也。冬葬曹昭公

傳 七年春齊人伐鄭孔叔言于鄭伯曰諺有之曰心則不競何憚于病(林解)言既不能自强何畏難于卑弱之病既不能强又不能弱所以斃也國危矣請下齊以救國公曰吾知其所由來矣姑少待我(杜解)欲以申侯說對曰朝不及夕何以待君夏鄭殺申侯以說于齊且用陳轅濤塗之譖也濤塗譖在五年初申侯申出也姊妹之子為出有寵於楚文王文王將死與之璧使行曰唯我知女女專利而不厭予取予求不女疵瑕也後之人將求多於女謂嗣君也求多以禮義大望責之女必不免我死女必先行無適小國將不女容焉政狹法峻既葬出奔鄭又有寵

之譖况譖者適中其隱說于齊言趚
齊從楚者以誤聽申侯之故以侯為帶
悮因以之楚者告之齊也結出子文
聞其死謂以貪故而刑不當罪之義
顯然

於厲公子文聞其死也曰古人有言曰知臣莫若君弗可改也
已〔測義〕言古人之語不可改易

黃鄉林曰專利不厭是申侯殺身之本專利則必貪人之所有專利而不厭則必讒人之所有予取予求之日即人怨人怨之時楚文英主彌留惓戀與之璧使行明示以匹夫無罪懷璧其罪曰無適小國將不女容明示四海之內無所容身可謂知之深而愛之切矣彼昏不知仍肆貪心很毒如鄭厲英明如齊桓亦為所惑虎牢君邑鄭所視為强弱者美城大名迹同叛逆遂敗類自隨術中固不得專咎於轅濤塗之報復也

見三按貪與譖相因也觀衆口甘言傷不覺明貪人之必譖

魏禧曰桓公辭子華于會晉文使
子蘭待命于東皆伯主義略雲
合子華子蘭觀之真所謂君子學
得為君子小人枉費作小人矣朱
齡石不肯攻桓氏徐氏世勳不負李家
徐晦不負楊臨賀每每為怨家
所賢而世之反覆小人必欲殺故
主蔑舊恩以求新寵者接踵于
世禍福別自有在徒欲遺臭萬
年耳謂之下愚豈不信哉

貝錦成文美而可市明讒人之必貪申侯在楚始以貪寵及
奔於鄭又以譖顯虎牢之賜齊桓且為所愚虎牢之城諸侯
皆為之用幾幾乎名震中外而澤留子孫矣然而貪人不終
讒人自斃譖轅濤塗者卒為轅濤塗所傷悦齊媚者反因齊
侯而死得志之地即為得罪之由禍福倚伏報復不爽貪讒
者盍思之

秋盟于甯毋謀鄭故也管仲言于齊侯曰臣聞之招攜以禮懷
遠以德杜解攜離也德禮不易無人不懷按德禮二字真則為王道假則為霸功管仲相齊絕
大經綸不出此數語齊侯脩禮於諸侯諸侯官受方物諸侯官司各于齊受其方所當貢天
子之物疏云周禮大行人侯服貢祀物甸服貢嬪物男服貢器物采服貢服物衛服貢材物要服貢貨物盛明之時每國貢有
常職天子衰諸侯惰慢故伯主總帥諸侯量其國之大小號令所出之物以貢天子也按官受方物想見盛時王室氣象使衰

姜白巖曰謀鄭是一篇之主蓋鄭逃首止之盟王轉以貳楚緩則相為觀望急則楚文蓋固故前伐鄭以兵威之此謀鄭以禮服之皆管仲之籌畫也中敘脩禮諸侯見德禮為霸者絕大主腦非徒服鄭也乃鄭世子忽起一波利心頓起而德禮名目都違故桓非仲父王恐假亦不能或疑仲謂會而列奸何以示後不應復列子華于會不知齊侯辭焉但謝其謀用耳其於仲言只聽得一半也

（周天子肅然繫于人心功正不小諸儒必謂桓受諸侯之貢物恐非）鄭伯使大子華聽命于會言於齊侯曰洩氏孔氏子人氏三族（皆鄭大夫）實達君命若君去之以為成我以鄭為內臣君亦無所不利焉（以鄭事齊如封內臣）齊侯將許之管仲曰君以禮與信屬諸侯而以姦終之無乃不可乎子父不奸之謂禮守命共時之謂信（守君命共時事）違此二者姦莫大焉公曰諸侯有討于鄭未捷今苟有釁從之不亦可乎（子華犯父命是其釁隙）對曰君若綏之以德加之以訓辭而帥諸侯以討鄭鄭將覆亡之不暇豈敢不懼若總其罪人以臨之（總將領也子華奸父命即罪人）鄭有辭矣何懼（以大義為辭）且夫合諸侯以崇德也會而列姦何以示後嗣（列姦用子華）夫諸侯之會其德刑禮義無國不記記姦之位（位會位也子華）為姦人而列在會位將為諸侯所記）君盟替矣（替廢也）作而不記非盛德也（君舉必書雖後

齊史隱諱亦損威德若其勿許，鄭必受盟。夫子華既為大子，而求介因也於大國以弱其國，亦必不免。鄭有叔詹、堵叔、師叔三良為政，未可間也。齊侯辭焉。子華由是得罪於鄭。陳傅傳起鄭殺子華事冬，鄭伯使請盟于齊。以齊侯不聽子華故

黃鄉林曰：管仲文章，經濟冠絕春秋，唯子產可與頡頏。但管仲之言簡而嚴，有三代謨訓之風；子產之言詳而辨，已開策士縱橫之習。文章隨氣運為轉移矣，者亦因時異矣。

見三按伐鄭謀楚，尊攘兩大事也；招攜懷遠，匡合兩大端也。唯將德禮辨得真，乃能成尊攘之烈而著匡合之功。辨得禮，自不妨父命。始崇德，自辭子華始；服鄭在此，服諸侯亦在此。管仲霸略尚近王道，但其源心術源頭微有不同耳。

閏月，惠王崩。襄王杜解惠王大子鄭惡大叔帶之難，大叔帶，襄王弟，惠后之子也。惠后欲

立之未及而卒懼不立不發喪而告難于齊為八年盟洮傳陳傳為二十四年王出居鄭傳遂

見三按不發喪而告難此從權以濟其經也後[illegible]為秘喪纂

位者摹本

是盟所以終首止之事，百世之功也。王人與盟，重其事也。鄭伯乞盟，服於義也。詳書之，示美桓也。前此所以誅鄭伯，今書乞，所以賤鄭伯，賤其不明大義而輕於去就也。傷齊霸之不能攘狄也，責齊也。晉不能與霸者合，故狄得侮之，亦以責晉也。禘，大禘也。夫人，哀姜也。致于廟以廟以配食也。用天子之大禘，致淫亂之人于周公之廟，也本而三失焉，詳書之所以罪僖公而戒萬世也。

春秋左傳精義卷之九

閩中鄭林　黃一桂　輯

男　心垣見三　補輯

僖公二

經　己巳八年春王正月，公會王人、齊侯、宋公、衛侯、許男、曹伯、陳世子款盟于洮。杜解：曹地。按今山東濮州西南有洮城。林解：兵車之會。○鄭伯乞盟。○夏，狄伐晉。○秋七月，禘于大廟，用致夫人。禘，三年大祭之名。太廟，周公廟。致者，致新死之主于廟，而列之昭穆。夫人淫而與弒，不薨於寢，于禮不應致。故僖公疑其禮，歷三禘，今果行之，嫌異常，故書之。○冬十有二月丁未，天王崩。實以前年閏月崩，以今年十二月丁未告。萬氏隨筆：先儒多據經文，謂王崩實八年。考外傳襄王三年立晉侯，乃僖之十年也；八年殞于韓，僖十五年也。周語云：襄王十三年鄭人入滑，僖之二十年也；十七年王降狄師以伐鄭，僖之二十四年也。皆與春秋經合。從諸所見之年逆溯襄王之元年，當在僖之八年。嗣君必踰年改元，然則惠王崩實在

卅三

善白巖曰

桓公盟於首止而世子之位定今惠王崩太子未即位叔帶復國爭立列國諸侯必有與之為應者故太子不敢發喪而告難于齊也正月盟諸侯於洮誓戴嗣王諸侯聽命即素與惠王合謀之鄭伯亦心服而乞盟焉而叔帶覬覦之心沮矣觀後帶亂僅召戎狄可見

周大章曰呂陵不戰而楚張城濮一敗而楚懾秦毅殽而不復東狄懲其而不敢肆從之為利不從為害示之以弱其將再來將復至不獨狄為然也故狄武不可黷亦不可縱此中大有權衡在

黃蕭林曰契丹澶淵之盟也

七年傳不誤。世子鄭立是為襄王。

傳 八年春盟于洮謀王室也鄭伯乞盟請服也襄王定位而後發喪 杜解王人會洮還而後王位定

見三按首止之會鄭伯逃歸洮之盟鄭伯請服蓋周之子帶鄭之子華其奸位一也齊桓明於父子之大義不使王以愛易嫡不使鄭以姦干禮則携王不得有異志而鄭伯亦於是心服此皆齊桓之義舉也

晉里克帥師梁由靡御虢射為右以敗狄於采桑 杜解傳言前年事也按今山西寧鄉縣西有采桑津。射音石 梁由靡曰狄無恥從之必大克 不恥走故可逐 里克曰懼之而已無速狄狄求 恐怨深而羣黨來報 虢射曰期年狄必至示之弱矣夏狄伐晉報采桑之役也復期月 明期年之言驗

人不能一夫懲創之而又使之得賂以歸趙氏所以世有狄禍也示之弱矣號射此言古今同慨

姜白巖曰前云吉禘於莊公慶父假禘之禮器偶一為之耳此則儼然行禘禮于周公之廟矣後此卜禘卜郊春秋遂不絕書望溪詩經補正謂僭禮自僖公始誠然也用致夫人公羊以為僖娉楚女齊之媵女先至齊公使之為夫人故致其朝廟之禮其說固謬穀梁云立妾之辭劉氏向以為致成風于廟立以為夫人啖趙及胡氏

見三按里克郤顧不前是也言人也氣號射剛斷不疑是辣也
和人也氣里克似首事而反生事號射似生事而實首事也
後原軫定計賂楚城濮敗秦殽亞者號射之見也若里克者
首鼠兩端黔驢無技此也不能從號射之言而決利害果也安
能不惑於優施之敵而計莬枯左氏寥寥數語蓋已中立釀
禍此都畫出全身矣

秋禘而致哀姜焉非禮也凡夫人不薨於寢不殯於廟不赴於同
不祔於姑則弗致也杜解寢小寢同同盟將葬又不以殯過廟據經哀姜薨葬之文則為殯廟赴同祔姑
今當以不薨于寢不得致也疏云殯過廟者將葬之時從殯宮出告廟乃葬非是殯尸於廟中也
見三按哀姜淫亂與弑而君義與廟絕況不薨於寢尤當不
祔于姑僖公前則請其喪以歸今復致其主於廟何以推崇

孫氏劉氏張氏並用其說謂使成風與同也然以禮證之有必不可從者此條當從左氏致哀姜為是蓋子喪畢何以不致有所疑而未敢也蓋禮無廟祔不當致而卒致之非禮也禘必合羣廟之主故致哀姜之主以配莊公也

姜白巖曰諸儒多疑盟洮之会即發喪何遲至冬十二月乎謂皆齊桓致之也桓於于會洮之時率諸侯哭臨朝見新天子為即位發喪又何待葵邱之尋盟乎計不出此一盟而散帶雖不敢肆橫而睥睨之心未已也故遲之久而行即位之禮告喪于諸侯及葵邱之會夏尋前盟前盟者翊戴天子之盟也於是襄王安帶無所用其覬覦矣然桓終身未嘗朝王以致重耳有温之召皆倡始之不善也

姜白巖曰襄公致讓說者皆以為

若此蓋哀姜不淫則般閔不弑即僖不得立而季友亦不得擅權於魯是姜於魯為亂階而於僖與友則為恩人也故僖公猶疑之繼竟致之經曰禘於太廟用致夫人禘本非禮禘而致夫人則失禮之中又失禮焉據事直書其失自見

冬主人來告喪難故也是以緩有大叔帶之難

見三按襄王即位而後告喪楚武濟歸漢而後發喪皆為變禮之始亦為後世秘喪之祖獨怪祖龍焚書欲愚黔首而不能愚宦官沙邱之崩趙高襲古人之故智匿喪不發矯詔殺太子立二世而胡遂亡秦矣噫吾不知當時所愚者果何人也

宋公疾大子茲父襄公固請曰目夷茲父庶兄子魚長且仁君其立之公

僞而傳曰固請、何哉、說苑云宋襄公茲父爲太子、桓公有後妻子曰目夷、公愛之、茲父請立目夷、公問其故、對曰臣之舅在衛、愛臣、臣若終立、則不可以往、絕迹於衛、是背母也、且臣自知不可以處目夷之上、後目夷逃之衛、茲父從之、桓公疾、使人召之、茲父乃反、茲父立、夫人在衛、思義不可往、乃賦河廣詩、然則襄公之不肯立、爲母出於衛、而欲時時見其母也、托言舅而不言母、恐傷父之心也、所記與傳略同、且與詩合、曰固請、殆深知襄公之心矣、傳特著茲父之讓、而衛詩猶存河廣之篇、

齊桓既定襄王、又合諸侯以尊明王業、尊王之功大矣、宰孔不殊會王、直也、宋襄孫子在喪也、葉大士曰、桓有大功三、無召陵楚無周也、無首止無王無周也、無葵邱諸侯無周也、春秋所以予桓也、洮之會、序王人於諸侯之上、而同盟重王事也、葵邱則序宰

命子魚、子魚辭曰、能以國讓、仁孰大焉、臣不及也、且又不順、立庶不順禮、遂走而退、

黃鄰林曰、目夷之賢、實倍茲父、固茲父即位、後名雖爲霸、毫無善狀、敗泓傷股、一蹶而隕、夫讓國美德也、吾獨惜目夷見此一讓矣、

見三按宋襄之讓、特僞以邀名耳、後世王莽之衣鉢也、若子魚不辭、便當發殺機矣、公羊載楚執襄公時情事益見、

經

庚午九年春王三月丁丑、宋公御說卒、子襄公茲父立、○說音悅、○夏公會宰周公、齊侯、宋子、衛侯、許男、曹伯于葵丘、杜解 周公宰孔也、宰官、周采地、天子三公不字、宋子襄公也、傳例曰、在喪、公侯曰子、林解 衣裳之會九、

經史問

答 葵邱有三、一在齊、一在陳留之外黃、一在汾陰、杜預以此葵邱爲外黃、然愚以爲宰孔明言西畧、而以爲陳留、是仍東畧也、則宜在汾陰、當時晉不服、桓公特爲會于晉地以致之、亦霸者

周公於諸侯三上而不敢與同
明尊王臣也
春秋內女許嫁稱卒者二伯姬子叔姬是也不稱國未嫁也
甲子九月十一日戊辰十五日也晉侯若以甲子日卒不當書在盟後從公羊甲戌為得
奚齊言殺不言弒未成君也已葬稱君未葬稱子不稱子而稱君之子明其[illegible]
姜白嚴曰桓之勤王室也始於首止繼于洮終於葵丘定襄王之位而大本立明天子之禁實法垂厥功大矣乃前此鄭厲勤王虎牢有錫後此晉文勤王遂啟南陽齊則[illegible]其未有[illegible]推賜胙以尊之無下拜以寵之非貴薄也齊侯矢心王室磊落光明無有曖昧舉凡侵大經猷未嘗厚自表暴故王無割地之賞桓無分外之求五霸桓公為盛於此見之閔宰孔賜胙之言即趣下

之用心也至晉侯赴會以孔言而反是戕獻公亦卒桓為之討
乱置君孔以為不復西畧者其虛言矣然則葵邱為汾陰之葵
卯方合按在外黃者宋地今河南考城。秋七月乙酉伯姬卒
縣東在汾陰者晉地故今山西榮河縣
公羊穀梁曰未適人不稱國已許嫁則以成人之禮書
不復殤也婦人許嫁而笄猶丈夫之冠按伯姬僖公妹 九月戊
辰諸侯盟于葵丘。甲子晉侯佹諸卒佹九委反 子奚齊立 冬晉里克殺
其君之子奚齊 獻公未葬奚齊未成君故稱君按 是年里克殺卓子惠公夷吾立

傳 襄王元年 九年春宋桓公卒未葬而襄公會諸侯故曰子凡在喪
王曰小童公侯曰子 按謂三年喪 杜解子者繼父之辭公侯位 尊上連王者下絕伯子男周康王在喪稱
予一人釗禮稱亦不言小童 傳通取舊典之文以事相接
見三按御說當大亂之後安集人民勤事伯主凡安內攘外
之事無不從也滅小降弱之[illegible]未嘗興也固宋君中之表表者襄
公父未葬而會諸侯便是嫡大音功不顧名義輔伯功小蔑

拜，正其心誠恪處，而說者反以為僞謬也。宰孔止之，發揮一段天經地義，在當時真得未曾有。遂使乾坤晦而復明，冠履倒而再整。聖王復起，不能點竄其一字。非惟實利無所冀，并虛文亦不敢當，以視鄭厲求爵、晉文請隧，相去何止霄壤哉！孔孟交與，云非偶然也。

親罪大。春秋於宋桓不書葬，于宋襄之會葵邱稱子，其旨深矣。

夏，會于葵邱，尋盟，且脩好，禮也。王使宰孔賜齊侯胙，【杜解】胙，祭肉。尊之，比三王後。【補注】王朝公卿大夫，史皆不名，傳每詳之。曰：「天子有事于文、武，有祭事也。使孔賜伯舅胙。」天子謂異姓諸侯曰伯舅。齊侯將下拜。孔曰：「且有後命。天子使孔曰：以伯舅耋老，加勞，賜一級，無下拜。」七十曰耋。級，等也。對曰：「天威不違顏咫尺，言天鑒察不遠，威嚴常在顏面之前。八寸曰咫。小白余敢貪天子之命無下拜？小白，齊侯名。余，身也。恐隕越於下，隕越，顛墜也。據天王居上，故言恐顛墜於下。以遺天子羞。敢不下拜？」下拜，登受。拜堂下，受胙於堂上。

黃鄭林曰：齊桓脩下拜之禮，仲受下卿之享，君臣謙抑，皆具絕大見識。正而不譎，此其大端。

廿七

姜白巖曰晉獻滅國屢見而桓不
之較恐兵力不敵待其自至至是
齊霸正熾壹明天子之禁晉侯服礼
歸化將與葵丘之盟其攘荊楚邑
非諸夏之幸哉宰孔路遇遽沮其
行孔為天子宰不能定天子位
明天子之法已足內愧乃覥面
未聞以德相規而退有後言阻
從義者之心安能謂之宰乎意
襄王雖立而叔帶旁睨孔固貳於帶
者也吾觀其從王乱命召鄭從
楚叔帶堅奪嫡之謀王室生肘
腋之變是周之罪人公旦之不肖裔
也去後不見經傳明年與齊言晉

見三按葵邱之會天子優禮霸主盡禮使臣從容將禮諸侯布列天冠地履之義一時秩然彷彿三代氣象伯功於斯為盛晉之文悼邈乎遠矣孟子於五伯特稱桓公於桓公之霸功特舉葵邱之會蓋亦表其極盛耳

秋齊侯盟諸侯于葵丘曰凡我同盟之人既盟之後言歸于好

補注此即孟子所述五命之末句惜五命之辭傳不能舉（葉傳）襄王之立非惠王意而惠后猶存此伯主所當憂故無易樹子載之為命

宰孔先歸（陳傳）傳言宰孔不與盟遇晉侯曰可無會也（杜解）晉侯欲來會葵丘齊侯不務德而勤遠略故北伐山戎在莊三十一年南伐楚在四年西為此會也東略之不知西則否矣言或向東必不能復西略其在亂乎君務請亂無勤於行按孔謂東略之時必齊內亂之時是東略不終何能復西君請其身後之亂可也十六年傳云且東略又云齊有亂正與此應杜指晉亂非也桓卒請晉亂獻安能請齊亂也孔言全謬然晉侯乃還（陳傳）傳言齊桓

之霸晉侯不至

鋟者爲忌父想歸卽就本耳

黃鄰林曰齊桓自北杏至葵丘衣裳之會凡九次而盟貫服

江黃陽穀謀伐楚不興焉不務德勤遠略被宰孔一語斷盡

逆料其亂續局桑榆東略之必不能內亂將作嘆其不務德以請

亂徒襲外攘虛名而宰孔從王亂命召鄭從楚其爲王室謀

不知內治之故評

也則左其論斷齊桓之全局不可謂非智由借齊桓以警晉

獻尤爲獨具隻眼者觀齊桓一生事業仲父爲之桓無足取

借齊晉兩公皆夢夢不知也

也乘共仲之亂便欲覆魯聽子華之奸幾至替盟卜夜之歡

見辭于敬仲陳師之言不直於屈完於柯見其理屈陽穀見

其志荒而況豎牙漏多魚之師雍巫預定儲之策寵姬蕩舟

而尊樹黨身死爭立稽殯六旬嗚呼霸主之氣固如是乎

見三按五霸桓公爲盛桓公霸業葵丘爲盛下拜登受宰孔

司馬光曰立嫡以長正也獻公溺于嬖寵廢長立少荀息為國正卿不能明白礼義以格君心之非而遽以死許之是則荀息之言玷于獻公未殁之前而不可救于已殁之後也賀仲軾曰申生死重耳夷吾逃亡天下之共恨也去奚齊卓子而立重耳夷吾天下人心之共快也李論情理則然而非法也法者國家之典人君之權也晉立奚齊獻實昏悖人臣苟為社稷而以死請于獻公使之立重耳返夷吾則順矣然亡公子必不可得之數也獻公既不可強奚齊又不可黜則嗣獻者非

親見其事何以突遇晉侯遂有許多不足議論讀國策始知葵邱之會桓有驕矜之色叛者九國蓋為此也此傳為齊霸盛衰關頭即為齊晉治亂轉關齊桓以內亂終晉文以內亂始寫齊亂以形晉亂寫晉亂即以起晉霸也讀者當詳玩之

九月晉獻公卒里克平鄭杜解晉大夫欲納文公故以三公子申生重耳夷吾之徒作亂初獻公使荀息傅奚齊公疾召之曰以是藐諸孤辱在大夫其若之何稽首而對曰臣竭其股肱之力加附注藐小也弱也之以忠貞其濟君之靈也不濟則以死繼之公曰何謂忠貞對曰公家之利知無不為忠也送往事居耦俱無猜貞也往死者居生者耦兩也送死事生兩無疑恨所謂正也及里克將殺奚齊先告荀息曰三怨將作三公子之徒秦晉輔之子將何如荀息曰將死之里克曰無益也荀

奚齊而誰乎、雖為三公子抱憾、乃
父實有子而殺之逐之、以付之無可
奈何而已、不義其事、不食其祿可矣、
若以申生之心推之、夫且不敢受其死
以怨父者、則人之殺其弟以快心乎、里
克連弑二君、將安歸乎、歸申生、申生不受、
歸重耳耶、父死之謂何、而因之以為利、
天下豈有無父之國哉、故春秋營
人心之安、而衛是非之變、嚴亂臣亂
國之罪、以存君臣父子之防、亂有可
愛于奚齊卓子也、骨肉之禍、甚人
所傷、雖有不可行而事又不可訓者、
此類是也、故君子雖入、有慙德矣、
苟不殺里克、雖謂君子無弑其君可
也、荀息雖從君于昏、以亡君之命
輔奚之孤、大節不虧、其義自正、議
者乃謂息不當輔奚齊、亡之於獻公
未歿之前、是欲亡晉之臣盡歸命
于亡公子也、獻固不德、臣豈有此理乎、
假令荀息能輔奚齊為嗣晉之主矣、
主雖為晉之社稷臣可也、故知書及
其大夫荀息者、成其為君之大夫、

叔荀息曰、吾與先君言矣、不可以貳、能欲復言、而愛身乎、雖無益也、將焉辟之、且人之欲善、誰不如我、我欲無貳、而能謂人已乎、按此數語息代里克言之、里克謂我欲不貳於申生、而謂人能已於奚齊乎、我指里克、人自指、申明無益不避意、若杜註解、是荀息導之弒矣、冬十月、里克殺奚齊於次、次喪寢、書曰、殺其君之子、未葬也、荀息將死之、人曰、不如立卓子而輔之、荀息立公子卓以葬、閑鈔息以為奚齊死、公意必在卓子、是君死而猶逢其惡也、為息討齊死、迎重耳立之、僇里克而正其罪、然後一死諫公、則信義兩立、十一月、里克殺公子卓於朝、荀息死之、柳子厚曰、進荀息、非聖人之情也、進荀息以甚里克之惡也、君子曰、詩所謂白圭之玷、尚可磨也、斯言之玷、不可為也、詩大雅、荀息有焉、

黃都林曰、晉獻托孤、不屬諸里克而特屬諸荀息、蓋固逆知里克之為異志、而
子之莫保爾、鄙數語、公之託餘、而心悽矣、為荀息者、苟能痛陳大義、繼以利
害、使卓重耳而立之、所鎮如泗、獨而所及全之股肱之謂、莫能知、於是計不
出、如而以忠貞自命、國家之利、知無不為、私莫執、神於重耳忠計之乱、送往

嘉之也所以厲人臣之節也獨怪荀息秉晉之政三怨將作里克明告之而恬不爲備里克弑二君不啻孤雛腐鼠初不見有戰鬭之難則所謂送往事居者豈束手坐聽誅夷而徒以死謝先君乎是息于存孤之道蓋未盡也

彭家屏曰晉獻殺太子立奚齊所以爲辟子謀者至矣而所愛之子均不免於殺何也太子國之根本國本既易窺伺者衆故其亂三世國幾危矣後世晉廢太子遹而亂中原隋廢太子勇而亡天下骨肉之間愛憎之際可弗慎歟

姜白巖曰里克欲立重耳正也而經書弑者晉獻之殺太子據晉語則荀息成之而與其全節同於孔父仇牧者何哉傳體經義以立言其數里克曰欲納文公曰作亂而里克之罪案定矣蓋殺嫡立庶獻之罪也然獻之罪天王罪之方伯罪之而非晉之臣子得而罪之也臣子不得罪其君父雖申生不敢爲父罪况里克乎以

事唐耦俱無猜送往莫大於喪葬事居莫大於保調護先君而葬而奚齊被弑先君而葬而卓子又弑耦俱無猜息殆之矣三怨將作克告之矣不爲沈倫徒以死殉一死果足以塞責乎嗚呼挈缾之智受人付托而欲國家而死爲君

挈缾者鼎之我我不能以身捍衛之使免于難安在其爲竭股肱之力乎又不即死曰先君未殯也葬而後此身可以死殉六尺乎殉先君乎嗚呼荀息食言矣

見三按驪姬毒手千古無雙譖太子太子死譖二子二子奔可謂脂粉中之梟雄者何以獻公死後寂寂無聞任聽奚齊卓子屠戮如机上肉曾不能稍展一籌可知姬之所長特夜泣以丑譖耳別無伎倆也若武曌之於唐高宗生前猶未猖獗死後遂移唐祚篡位二十餘年舉天下之奇才異能莫敢誰何斯真女梟雄之尤者後人多以則天況驪姬非其倫矣

君父之命為尊而欲悖之是作乱也當申生之未死也驪姬曰吾難里克而既與先君成謀是吾君也已而殺之乎未成君曰殺已君曰弒一也因叙荀息之死追述獻公托孤之重息忠貞自許卒不食其言正與里克相反是其死可謂無玷矣而傳又引詩云斯言之玷何也獻公臨没屬也藐孤息能明言三怨將作秦晉輔之立奚齊殺奚齊也導以迎重耳則二子全而禍息矣計不出此而僅以死自任温公所謂荀息之言玷于獻公未没之前而不可救於已没之後非死之有玷也經之所以全節許之聖經賢傳每事立一標準為萬世法獻公托孤荀息受托即此一端可為孤存與存孤亡與亡之法

姜白巖曰獻公卒奚齊立齊桓苟能請諸天王正其奪嫡之罪而驪姬奚齊誅之然後迎立重耳吾知里克丕鄭祁舉及七輿大夫必有與之為應者晉國數世之

齊侯以諸侯之師伐晉及高梁而還討晉亂也高梁晉地按今山西臨汾縣東有高梁都地名梁墟令不及魯故不書

見三按以諸侯之師伐晉何等雄壯及高梁而還何等衰颯令不及魯何等草率傳不着貶一字而齊霸之衰已於言外可見

晉郤芮杜解郤克祖父從夷吾者使夷吾重賂秦以求入按傳連言賂而賂秦之地至戰韓點明曰人實有國我何愛焉言國非己之有何愛而不賂秦入而能民土於何有

從之齊隰朋齊大夫帥師會秦師納晉惠公夷吾按齊方伐晉至高梁聞秦師納惠公故齊侯還以隰朋一軍共納之

秦伯謂郤芮曰公子誰恃對曰臣聞亡人無黨有黨必有讎杜解無黨故往前易出無讎故此時易入以微勸秦納之夷吾弱不好弄戲也能鬬不過有節計長亦不改不識其他公謂公孫枝秦大夫子桑曰夷吾其

消于王曰賢于甯母之拒子華快于首止之定世子也乃桓既倦勤仲亦無志何所聞而來何所見而去傳曰討晉亂蓋深惜其不能討也姜白巖曰傳敘夷吾之立而深罪秦人也據檀弓重耳之在翟也穆使人弔之曰時不可失孺子其圖之圖之者求賂也而重耳以仁親為寶哭而起起而不私孟子犯以賢君待秦穆而不知穆非其人也其曰起而不私則遠利也彼遠利已安得近利乎郤芮早窺見其心許秦重賂河外列城五將割授秦于是秦伯色動而始納惠公及子桑以為不能定國反為己利是包藏禍心卒災貪乱晉數十年糜爛其民使失其君而悼喪其親者皆秦穆貽之也郤芮智人也而其對秦穆殊不可曉蓋外內無親賂中大夫許其入國故穆雖納之猶以為憂言將何所倚恃為內主也芮乃不能推

定乎對曰臣聞之唯則定國詩曰不識不知順帝之則文王之謂也詩大雅帝天也則法也言文王闇行自然合天之法又曰不僭不賊鮮不為則僭過差也賊傷害也皆忌克也不然則可為人法則能無好無惡不忌不克之謂也今其言多忌克既僭而賊難哉按言難以定難公曰忌則多怨又焉能克是吾利也適足自害焉能勝人

黄鄴林曰忌克二字是夷吾一生病根卽其不能定國之由秦伯明知之而故納之則以河外列城之地中其所欲也以重賂起以吾利入刺夷吾咱以深罪秦穆也

見三按唯則定國千古名言君義臣忠父慈子孝兄友弟恭所謂則也卽所以定國也夷吾父死不感又因以為利不可為子不可為弟又安可以為君觀郤芮謀賂四語純是僭賊

心畏腹而飾辭以對言前既無黨今亦無讎秦一納之無事矣壹似秦穆全不知賂里丕之事者諱心之言也丕言自幼老成十分持重始終不渝以見所賂秦者必能踐言壹似秦穆全為己賂而有此一問者此負心之言也故子桑以為忌克忌者忌秦而不使知其猜克者好勝而不肯示其瑕也

人論頭須吾之忌克背郤芮教之也重賂求入視何親為寶都何如若犯老成豈真輸郤芮一着錯之愈固得之愈堅郤芮之先一着乃為敗着子犯之輸一着即為勝着也子桑未見夷吾而遽以忌克斷之以郤芮為之謀主知其臣可以信其君於忌克而決其不能定國則背施等事不待言而可知矣君因問答早結韓戰之貽胎

姜白巖曰宋襄崛起爭霸幾不知其何恃觀宋治二字則知國中又安四境饒足而當齊桓已歿重耳未興遂毅然乘隙而起然宋之始用目夷也用目夷雖繼桓之業可矣不用其言襄之所以敗也犹用其人襄之所以不亡也

宋襄公即位以公子目夷為仁使為左師以聽政於是宋治故魚氏世為左師

見三按子臧季札自守之士耳能讓人以國而復相人之國者子魚其人也存三亡國之論用其言可以霸伐崇固壘之論用其言可以王襄公始猶以國讓之立於其位而不能以

莊公嘗數如齊，或納幣，或觀社，皆非朝也。朝齊始此。宗國如此，其他可知。威以見諸侯之譏伯主之肆，王室之微也。

溫在王畿之內，其非所衛可比。狄滅之，諸侯不能攘，實王之所以病，齊桓也。

矣。齊書殺奚齊、卓，未成君也。卓書弒，獻公既葬，已成君也。荀息以死殉言，固勝于[illegible]難，荀息然從君於昏，則大非孔父仇牧之比。

是時患有大於戎者，秋使晉滅溫狄之滅，往圖許桓，均置而不圖，而惟戎之是伐，所謂不務德而勤遠略也。況許一方患，楚西啟以伐戎非極小之道。

里克先剷中立，取容後又貪賂，弒君，厥罪應正，而書法同於專殺大夫之文，無刑不當罪也。

周之孟西戌夫月，即夏之九、十月也。陰結未凝，常寒大雪，故以為異，其時不書。凡書一者，皆大雪也。

國聽自取敗亡，其又誰悔矣。

經 辛未 十年春王正月，公如齊。張注 此魯朝齊始，霸體漸肆矣。狄滅溫，溫子奔衛。杜解 蓋中國之狄，滅而居其土地。晉里克弒其君卓及其大夫荀息。事在前年，書以今春，從赴也。按獻公已葬，卓子故稱君。夏，齊侯、許男伐北戎。山戎也。呂氏曰：茅戎、西戎也。盧戎、南戎也。其類實繁。晉殺其大夫里克。秋七月。冬，大雨雪。平地尺為大雪。

傳 十年春，狄滅溫，蘇子無信也。蘇子叛王即狄，又不能於狄，狄人伐之，王不救，故滅。蘇子奔衛。杜解 蘇子，周司寇蘇公之後也，國於溫，故曰溫子。叛王事在莊十九年。

見三按傳雖責溫子之無信，而狄氛之惡，霸圖之闕，王綱之不振，皆在其中。張氏洽曰：畿內諸侯，狄得滅之，此天王出居於鄭之權輿也。其所見遠矣。

賀仲軾曰：君子言必慮其所終，行必稽其所敝。若苟以快一時之人情，為不可為之事，居不可居之功，以自附于豪傑，鮮不噬臍。若里克者，可鑒也。書殺其大夫者，晉惠利克之弒而受其入，以之為大夫矣，特以忌殺克，不服罪，惠不得為討賊也。唐錫周曰：惠殺里克有愧色，里克臨死有恨色，一一如畫。

夏四月，周公忌父、杜解：周卿士 王子黨周大夫 會齊隰朋立晉侯。按前言齊會秦師，則秦師不待言。晉侯殺里克以說。自解說 將殺里克，公使謂之曰：「微子則不及此。雖然，子弒二君與一大夫，為子君者不亦難乎？」對曰：「不有廢也，君何以興？欲加之罪，其無辭乎？言欲加己罪，不患無辭 臣聞命矣。」伏劍而死。於是丕鄭聘於秦，且謝緩賂，故不及。丕鄭，里克黨，以在秦故不及與里克俱死。

黃節林曰：晉惠謂里克曰「微子則不及此」，是慙惕語；齊悼謂陳乞曰「微子則不及此」，是忠厚語。語雖同，意而同要皆非盜劫之罵也。里克弒奚齊卓子，為而動即惠為晉君而殺里克，殺其志在重耳，非殺郤芮為之辭者亦不難乎？跟悉克之情現於辭矣。里克臨刑數語有悔心，至今如聞其聲。

見。三按漢高斬丁公而臣道明，天下皆服其公。劾里克連殺二君，明正其罪，屏之市朝，夫復何言？顧里克有可殺之罪

謝文游曰此當是顛狐突以術卜知有敗韓之事遂托言以怨惠公耳而實有其事亦所謂國家將亡必有妖孽也若上帝為鬼報私怨是其明不及狐突而又可以改請則上帝之禍福人一唯鬼是從矣且共世子素忍違父而就死死豈肯覆宗社以求祀于秦乎秦伯曰唯晉之妖夢是踐凡此等事皆一斷歸于妖妖由人興有道之世又焉有此

魏禧曰外傳云夷吾以大子之禮改葬申生而臭達於外是則改葬者夷吾之厚意而臭達於外其不幸耳大子乃曰夷吾無禮是知得不足以償失也故曰葬者藏也藏也者使人之不得見也世之以棺衾簡陋而易殮以風水希利而遷葬者可以鑒矣

姜白巖曰改葬易名在夷吾為有

而惠公非可殺克之人使讒數語隱然寒心和盤托出此皆呂郤之謀也與日殺文公見殺於秦亦理勢所必至矣

晉侯改葬共大子【杜解】申生也秋狐突適下國曲沃新城遇大子大子使登僕按此夢而相見狐突本為申生御故復使登車為僕而告之曰夷吾無禮按夷吾無禮馬融以為改葬是章父之過賈逵以為烝於賈君孔疏云鬼神之意難知夷吾無禮或非一事不可指言余得請於帝矣請罰夷吾將以晉畀秦秦將祀余對曰臣聞之神不歆非類民不祀非族君祀無乃殄乎歆饗也殄絕也且民何罪失刑乏祀君其圖之君曰諾吾將復請七日新城西偏將有巫者而見我焉新城曲沃也將因巫而見許之遂不見狐突許其言申生之象亦沒及期而往告之曰帝許我罰有罪矣敝於韓敝敗也韓晉地按今陝西韓城縣南地名韓原

黃鄉林曰從來鬼神之禍夢寐之因實與人心相感由心正

禮事、且以要結人心、郤芮之謀也、然郤引出一段鬼神事來、此狐突夢境、而未嘗點明是夢、至戰韓傳云妖夢是踐、竟若為此篇點睛、且以見晉侯歸國、秦伯賂未入手、日刺陰事、幽暗如烝于賈君、恍惚如申生請帝、遠在千里、無微不知、正大有深心也、

則神守其舍，而夢不生；心邪則鬼瞰其室，而夢如見。夷吾入國，烝賈君，則不孝；不納群公子，則不友；背秦施，殺里克、丕鄭，則不君。逆天之罪，不嘗種種，神其厭之，鬼思侵之矣。狐突之遇太子，似夢非夢，似鬼非鬼，非真太子之能為厲，其精神意氣有以召之也。知此，而凡晉景之夢大厲、晉平之夢黃熊，俱作是觀。

見三按：此一篇鬼論也。妙在不提一鬼字，而滿紙無非鬼氣。太子鬼也，遇太子，使登僕，便是遇鬼。二人問答，皆是說鬼，不是說人。帝鬼也，余亦鬼也，神鬼也，君亦鬼也，吾鬼也，巫亦鬼也。相對如人，而所言無一非鬼。末以人言傳鬼語，實以鬼語詒人言，尤覺活靈活現。坡公解此，當不作無鬼論也。

周大章曰：一面殺里克，一面即謝緩賂，背大主，忌小怨，一齊俱行。秦伯前聽丕鄭呂三子尚欲得賂，後則以其殺丕鄭而不聽丕豹之言，則怪恨愈深而禍机不測，智勇深沈，正可想見。較之忌克者，天懸地絕矣。

黃鄉林曰：聖人甚祠無故之利，故亡臣澤人臣之以其國爲詞者，不可輕信。秦穆於此有見哉。

丕鄭之如秦也，言於秦伯曰：呂甥、郤稱、冀芮【杜解】晉大夫實爲不從，若重問以召之，不從不與秦賂。問聘問之幣。臣出晉君，君納重耳，蔑不濟矣。【補注】爲秦納重耳張本。冬，秦伯使泠至泠至秦大夫。泠力丁反。報問，且召三子。郤芮曰：幣重而言甘，誘我也。遂殺丕鄭、祁舉晉大夫及七輿大夫，侯伯七命，副車七乘。疏云：每車以大夫主之。左行共華、右行賈華、叔堅、騅歂、纍虎、特宮、山祁，皆里丕之黨也。七子七輿大夫。○騅音錐。歂市專反。丕豹丕鄭子奔秦，言於秦伯曰：晉侯背大主秦也而忌小怨，里丕民弗與也，伐之必出。公曰：失衆焉能殺？謂殺里丕之黨違禍誰能出君？謂豹避禍也。爲明年晉殺丕鄭傳

見三按：里丕一黨也，克之權大於鄭，鄭之智實過於克，故欲殺里克必先使鄭聘於秦以去克之謀；里鄭去而里克可殺矣。克既殺而鄭在所必除，雖無使秦召三子之謀，呂郤亦必殺

之義勢不兩立也

經　壬申十有一年春晉殺其大夫丕鄭父。夏公及夫人姜氏會齊侯于陽穀（糾解　婦人送迎不出門見兄弟不踰閾與公俱會　齊侯非禮按此聲姜也齊桓公女高氏曰兩君為會而婦女厠其間非禮也）秋八月大雩過時故書。冬楚人伐黃

傳　十一年春晉侯使以丕鄭之亂來告（杜解　釋經書在今年　補　傳見書國殺大夫從告）天王（襄王）使召武公（周卿）内史過（周大夫）賜晉侯命（諸侯即位天子賜之命圭為瑞）受玉惰過歸告王曰晉侯其無後乎王賜之命而惰於受瑞先自棄也已其何繼之有禮國之幹也敬禮之輿也不敬則禮不行禮不行則上下昏何以長世（為惠公不終張本）晉未入覲而王遽錫命王命褻矣晉之惰王自致之也

見三按晉惠入國終兩年耳背施則捐人怨改葬則犯鬼責

丕鄭父為里克之黨也志以私意殺里克故其黨皆懼謀召重耳是稱武心以事君也鄭之死雖可傷亦可罪也

婦人送迎不出小見兄弟不踰閾以莊公會杞伯姬齊桓会声姜皆以證姜氏非禮

諸侯是而雩祀也大雩祀及上帝非礼也

楚屢服黃凡近楚之國皆貢之以納貢如事天子之礼黃既從齊伯故不歸楚之貢而楚伐之至猝亡也

周大章曰内而諸臣外而鄰國無一在他心服禮今乃並天王亦且藐視矣所謂心死也礼在外敬在心由礼推出敬來而歸本于心之昏精理明言非經生家所有

姜白巖曰晉未入覲而王遽錫命王命褻矣晉之惰王自致之也

黃蔚林曰威儀所以定命左氏敘載列國時事每以此定其禍福成敗君子觀之亦可以自鑒矣

至煌煌天語惻怛受玉貺兮弁王命人理亡人忘死矣安能
有後上與齊桓下拜登受周一龍一豬下與晉文出入三覲
亦一鼠一虎

夏揚拒泉皋伊雒之戎同伐京師入王城焚東門（杜解：揚拒泉皋皆戎邑及諸雜戎居伊水雒水之間者）王子帶召之也（召戎欲因以篡位）秦晉伐戎以救周秋

晉侯平戎於王（為二十四年天王出居鄭傳）

黃人不歸楚貢冬楚人伐黃（黃人恃齊故）

見三按子帶召戎伐周入王城焚東門去驪山之禍情一間
耳齊桓安在置若罔聞不能治戎安能攘楚又安能尊王嗚
呼齊伯衰矣

黃（人不歸楚貢冬楚人伐黃　黃人恃齊故）

見三按不共楚貢恃齊也楚方耽耽黃殊夢夢自取滅亡夫

滅

黃人恃齊不共楚貢被兵三月齊救不至坐致滅亡是貫之盟陽穀之会徒以捉其国春秋書伐於前書滅於後所以閔黃惡楚而深責齊桓也

姜白巖曰齊桓勤衛之至故德無倦也文公慎守其國故請之豫也

役不及魯史不書

呂東萊曰附中國者未有禍（福）忤蠻夷者立有禍是驅天下之人而歸蠻夷也

復何怨

經 癸酉十有二年春王三月庚午日有食之（杜解不書朔官失之）。夏楚人滅黃（自抄滅不言奔上下一心以死社稷）。秋七月。冬十有二月丁丑陳侯杵臼卒。（公子穆公款立）

傳 十二年春諸侯城衛楚邱之郛懼狄難也（杜解楚邱衛國都郛郭也為明年春狄侵衛傳）

見三按前則城其城此復城其郛桓之於衛可謂施惠不倦消衛姬之力也

黃人恃諸侯之睦於齊也不共楚職曰自郢及我九百里焉能害我夏楚滅黃（郢楚都 補注穀梁傳貫之盟管仲曰江黃遠齊而近楚楚若伐而不救無以宗諸侯矣桓公不聽）

亦可見桓公於管仲猶有未盡其謀者

姜白巖曰左氏習聞聖人禮讓之訓故凡辭氣謙沖受爵能讓必多方推許以扶世教可決其為聖人之徒晉惠公受玉惰而知其不長世管仲受下卿之禮而知其世祀于齊

蔡秀卿曰爲天下以齊桓一生事業全靠管仲提調然傳於管仲卻不甚鋪張只一寫其救邢一寫其服楚一寫其受下卿以見潤書之法賜復之征是標外招携懷遠是安內讓不忘上是尊王只此四端足以賅括平生勳略內政軍令概從刪受此何等眼界筆力

見三按是時戎伐京師齊桓尚不能救安能數千里之外為
黄作保障黄人不量時勢分明時齊偏說楚不能害末句一
點而黄之跡楚之狄齊伯之哀均於言外可見
王以戎難故討王子帶杜解子帶前年召戎伐周秋王子帶奔齊按傳見齊不應受
冬齊侯使管夷吾平戎于王使隰朋平戎於晉平和也前年晉救周伐戎故戎晉不和
與周晉王以上卿之禮饗管仲管仲辭曰臣賤有司也有天子
之二守國高在國子高子天子所命為齊守臣皆上卿也莊二十二年高傒始見經僖二十八年國歸父乃見
傳歸父之父曰懿仲高傒之子曰莊子若節也時春秋來承王命何以禮焉陪臣敢
辭諸侯之臣曰陪臣呂說此見當時周室典法尚在又見齊霸與晉不同晉文舉郤穀原軫上卿元帥不請命於天子仲得
君如此之專退然班次之下王曰舅氏伯舅之使故曰舅氏余嘉乃勳應乃懿德謂督
不忘往踐乃職無逆朕命不言位而言職者管仲位卑而執齊政故欲以職尊之按應猶報也督與

黃、鄭林曰叔帶召戎伐周王
朝可以謙而霸主所不容
管仲相桓不能抗帶歸周
仲乃為平戎於周戎可與周
平乎大義不明雖祖武受
下卿亦虛文矣

前年狄滅溫溫子奔衛今狄侵衛
以衛納溫子也伯主豈容坐視而不
討乎楚滅黃畏其大而不敢狄滅
溫復侵衛忽其小而不恤則霸俟
安用夫伯主也
戎入王城楚人滅黃狄侵衛鄭
淮夷病杞皆由桓失伯職也鹹
之會亦成强弩之末耳
陽穀之盟後友如齊而伐楚寧

篤通厚也謂功德厚而不可忘宜受此禮管仲受下卿之禮而還卒受本位之禮君子曰管氏之世祀也宜哉讓不忘其上詩曰愷悌君子神所勞矣詩大雅孔疏世族譜管氏出自周穆王哀十六年楚白公殺齊管脩注云管脩楚賢大夫管仲之後【補正】史記索隱云世本管氏自莊仲山生敬仲夷吾夷吾生武子鳴鳴生桓子啓方啟生成子孺孺生莊子廬廬生悼子其夷其夷生襄子武武生景子耐步耐步生微耐步以上皆有謚是亦世祀之驗但無功業可見耳

見三按管仲功在王室禮受下卿謙謙君子與下拜登受同一舉動桓與仲真所謂是君是臣者論語稱其樹屏反坫殆暮年功成而志滿歟

經甲戌十有三年春狄侵衛【杜解】傳在前年春【經筌】以衛納溫子也其君通竄猶欲得而甘心焉橫甚矣。夏四月葬陳宣公公會齊侯宋公陳侯衛侯鄭伯許男曹伯于鹹林解兵車之會二鹹衛地按在直隸開州東南。秋九月大雩書過。冬公子友

如齊

傳 十三年春齊侯使仲孫湫聘於周且言王子帶 杜解 前年王子帶奔齊

言欲復之 事畢不與王言 不言子帶事 歸復命曰未可王怒未怠其十年乎不十年王弗召也

見三按定太子者桓也謀王室者桓也叔帶之奸知之稔矣召戎伐周罪大惡極秉其在齊執而歸之京師數而殺之則携王不至奸佞天子不至蒙塵桓之功豈不萬代瞻仰哉乃既不能討反為之求復于王豈叔帶之巧佞有以惑桓之聽歟抑齊桓庶孽多無以折叔帶之心歟管仲于子華能拒其請于叔帶不發一言不有仲孫湫托辭隱諷則狄梟之禍又何待遲至十年之外耶

毋之後友如齊而盟洮纔之後友如齊而城緣陵是以見友專政也

魏禧曰仲孫湫言大臣也使之覘魯而曰未可取使言子帶而終事不言盡因亂取國不為天子誅亂人而再三請復背桓公極損伯業之事皆仲孫湫所不肯為之事又妙不肯取魯却托辭于魯秉周禮不言子帶却托辭于王怒未息持之有故而言之可從所謂納約自牖曲引其君於当道者也

姜曰嚴是桓公定襄王之位復貽後患子帶卒召戎伐周盟主不問王自討之齊又受帶之奔又使仲孫為之請意知桓何愛于帶而保護如此戎應帶召連兵以伐天子入王城而焚吾和戎于王又和戎于晋吾不知桓何畏于戎而周旋如此力量未優凡事苟且小補之無當于王道也

朱受谷曰子桑之言欲取姑與百里之言作善降祥秦伯之言濟人利物然俱有沽名在内
姜白巖曰明年閉糴即晉人無不怨咨
唐錫周曰子桑狡猾令人掩耳百里平和令人首肯秦伯是人主之言讀之起敬與十五年五
愛其君而矜其民遂之呼應

夏會于鹹淮夷病杞故且謀王室也

秋為戎難故諸侯戍周齊仲孫湫致之（杜解 戍守也致諸侯戍卒於周）

見三按淮夷病杞厲病之疾耳戎伐京師乃腹心之患也桓不能治戎以清其源僅為戍周以固其圉已非攘夷之計明年城緣陵而遷杞更覺羽之以弱一戎可淮夷且不能治又何論強大之荊楚也嗚呼桓志荒矣

冬晉荐饑（杜解 麥禾皆不熟疏云連歲不熟曰荐 補注 外饑不告不書）使乞糴於秦秦伯謂子桑與諸乎對曰重施而報君將何求（言不損秦）重施而不報其民必攜攜而討焉無衆必敗（不義民離）故謂百里（秦大夫）與諸乎對曰天災流行國家代有救災恤鄰道也行道有福平鄭之子豹在秦請伐晉（欲為父報怨）秦伯曰其君是惡其民何罪（閻伯詩曰秦穆公曰其君是惡其民

元年齊以救邢之師諸侯救邢城邢因在一年諸侯既且再叙着齊桓之志方數而諸侯之心離一也今以會城之諸侯城緣陵各在一年而不重叙着齊桓之志也意以諸侯之心散也不曰杞緣陵發杞未遷季姬之序魯寧以遇焉也於防嘴其來朝也鄫子既來朝魯歸之於明年歸于鄫仍見歸鄫也

何罪、楚共王曰其自為謀也則過矣其為君謀也則忠大哉二君之言可為萬世法先秦於是乎輸粟於晉自雍及絳相繼雍秦國都絳晉國都按今陝西鳳翔縣南有古雍城命之曰汎舟之役從渭水運入河汾

黃鄰林曰百里奚相秦功業昭著寰區左傳僅記其勸糴一節而畏天憫人之心作善降祥之理莫不悉見於相勳經獻窺見一斑令人輒思全豹見三按子桑責晉以重報施是第十二之言百里奚主以行道是純臣之語秦伯不記前怨慨然輸粟彷彿有王者無外之量其君是惡其民何罪每讀此語令人肺腑生春

經

乙亥十有四年春諸侯城緣陵杜解杞邑辟淮夷遷都於緣陵○按今山東樂昌縣東南

夏六月季姬及鄫子遇于防使鄫子來朝服注季姬魯女鄫夫人也鄫國禹後姒姓

山崩川溢灾異之大者成五年梁山崩梁山之大者故志在天下此年沙鹿崩沙鹿山之小者故志在一國鄭為天下之中楚之南至秋北至南交横而不一救益見桓之志怠矣

賀仲軾曰淮夷不能制何以示楚人狄滅邢則城狄滅衛則城淮夷病杞則城夷狄之患無窮而城之力有限赫赫霸主號令如此竊伺者生心矣況爲之不力乎故削而不序諸侯所以總責諸侯也總責諸侯者薄桓也

姜白巖曰鄫季姬來寧公怒鄫子不朝止姬將以絕昏姬因爲防邑之遇強使來朝俾之請已還鄫罪在僖公也書及鄫子又書使鄫子則姬爲鄫子夫人明矣不言鄫季姬者文也

今山東嶧縣東有鄫城。秋八月辛卯，沙鹿崩。灾害繫於所災所害，故不繫國。沙鹿山名，在晉地，按直隸元城縣東。狄侵鄭。冬，蔡侯肸卒。穆侯卒，子莊公申午立。

傳十四年春，諸侯城緣陵而遷杞焉。不書其人，有闕也。

見三按：諸侯即會鹹之諸侯也。緣陵，杞邑。淮夷病杞，桓會七國之君謀之，歸而各遣徒役往城其邑，故不再序。邢遷於未城之先，故書遷復書城；衛杞遷於既城之後，故書城不書遷。

鄫季姬來寧。補注傳見季姬歸鄫，來寧皆常事不書。公怒，止之，以鄫子之不朝也。

夏，遇于防，而使來朝。杜解來寧不書，而後年書歸鄫，更嫁之文也。明公絕鄫昏，來朝而還。張論鄫子以分則卑，以情則戚，闕焉不朝，無禮哉。其遇其使其朝，皆姬志也。姬歸而鄫安，鄫於是賢季姬。

見三按：此必鄫子有事於他國，道出于防，僖公怒其略己，姬因俟于防以待之，而諭意焉。蓋不期而相見，故曰遇。鄫小國

也。苦于王帛文馳，故以姬歸寧，庶幾姻親之可恃，而不諒信

之不諒也。

秋八月辛卯，沙鹿崩。晉卜偃曰：「期年將有大咎，幾亡國。」[杜解]國主山川，山崩川竭，亡國之徵。

見三按：梁山之崩也，伯宗聞於輦者，以六事告而行之，論者猶議其無修省之真意，若沙鹿之崩，併此六事之虛文而亦不聞焉。其視恐天變更可概見。卜偃其殆有感於心，托之占數以示儆歟。

冬，秦饑，使乞糴於晉，晉人弗與。慶鄭[杜解]晉大夫曰：「背施無親，幸災不仁，貪愛不祥，怒鄰不義。四德皆失，何以守國？」虢射曰：「皮之不存，毛將安傅？」虢射，惠公舅也。皮以喻所許秦城，毛以喻糴。言既背秦施，為怨已深，雖與之糴，猶無皮而施毛。[附注]

賀仲軾曰：公羊「為天下記異」是也。春秋以公天下為心，故記外異，以警天下萬世之為君者。傳卜偃之言，則就其封內而測之矣。

姜白巖曰：妖夢見，禍也；山崩，天怒也；閉糴，人怨也。

諸侯稱異姓大夫曰舅通稱耳言小戎子生夷吾虢射非戎人傳慶鄭曰棄信背鄰患孰恤之無信患作失援必斃是則然矣虢射曰無損於怨而厚於寇不如勿與言與秦粟不足解怨適足使秦強慶鄭曰背施幸災民所棄也近猶讎之況怨敵乎按言以若所為雖親近之人猶為讎乎況素有深怨之敵乎弗聽退曰君其悔是哉呂說慶鄭之言不能和緩適激成之

黄鄒林曰虢射極無理人倫說極有理話也之不存巴悔焉附出諸君子救災恤鄰為務本出諸小人負恩之事則為佑過矣吾背施皆虢射等之也何無忌醜似其舅信哉

見三按慶鄭之言一節痛切一節虢射之言一節背謬一節一忌克之惠公已足招怨僨事況加虢射之讒橫格于中其啓釁辱國必矣特不識子金安在竟嘿嘿不置一辞殆亦虢

公子手朝香此又朝齊，結用五年一
朝之制同於事天子之禮矣
楚之滅黃，齊不救，遂揚兵伐徐，向
之從齊以病楚者，楚志攻之者
以祁桓之意而不能救也
癸卯之盟，諸侯既聽命矣，無
為楚人伐徐，而合諸侯，即師之
討楚以救徐可也，又從而盟之，
諸侯不敢也，救不言次，言次
無志於救也
公孫敖吾大夫之三命者也，以救主
兵內辭也，大夫何以不序，無功不
足序也，楚遂敗徐，齊自是不
復救人矣
兵法攻所必救，厲在徐楚之
間，攻楚必救，以解徐也，然若
為救徐而實避楚之至，齊師移
而諸侯之大夫無固志，則楚益
無忌矣，無功而歸，欲至何辭
季姬見上，於魯為鄫子不朝，故
鄫子既來朝，歸而以季姬請，故
夏以季姬歸鄫，明前此非逆
絕而為啓也
同盟始自相攻，桓之衰，襄之横，皆可
見矣
書以見楚之独勝，而救徐之威
不立，伐厲之謀無補也

之見歟

經 丙子 十有五年春王正月，公如齊。杜解 諸侯五年再相朝。楚人伐徐。
三月，公會齊侯、宋公、陳侯、衛侯、鄭伯、許男、曹伯盟於牡丘。地名闕 按今山東聊城縣東北有牡丘 林解 兵車之會 遂次于匡。衛地，按直隸長垣縣西南。公孫敖帥師及
諸侯之大夫救徐。公孫敖，慶父之子。夏五月，日有食之。秋七月，齊
師、曹師伐厲。楚與國，按湖廣隨州北有厲鄉。八月，螽。為災。九月，公至自會。
季姬歸于鄫。鄫來寧不書，此書者以明中絕。按若書鄫季姬歸于鄫，則為常事，不見中絕之意，故若初嫁者，志過也。
杜解 本明，而諸儒凡遇婦人之歸，即以為于歸，故紀姬之歸鄫以為再醮，季姬之歸鄫以為淫奔，是誣之也。己卯
晦，震夷伯之廟。夷伯，魯大夫，展氏之祖父，夷諡，伯字。大夫既卒書諡若字，與生卒稱。方解 震者，雷電擊之。禮大夫殁，雖言於君所稱名，無可疑者。冬，宋人伐曹。楚人敗徐于婁林。徐地，按江南虹縣東
北。○十有一月壬戌，晉侯及秦伯戰于韓，獲晉侯。林解 韓，晉地。

書晉及秦以主及客也不言師敗績師敗我也不言以歸及國也蓋自齊伯衰而宗世春晉之變遷遷見其五伯迭興之萌歟

賀仲軾曰召陵之役有伐楚之名而實未嘗戰救徐之役遣諸大夫以為先声諸侯次于匡以待其後桓於此時亦幾成强弩之末矣

姜白岩曰徐即諸夏而為齊滅舒楚所深怨者伐徐在正月而三月齊始合諸侯已不如救邢救許之速況諸侯皆次于匡而遣大夫往救乎桓之志益怠矣

傳　十五年春楚人伐徐徐即諸夏故也三月盟于牡丘尋葵丘之盟且救徐也（杜解葵丘盟在九年）孟穆伯帥師及諸侯之師救徐諸侯次于匡以待之

見三按徐在淮北地近於齊僖三年時特從齊而取舒楚欲毋心久矣上年楚滅黄齊不救遂揚兵伐徐蓋齊也亦輕齊也以齊之强帥列國之衆何畏於楚曰盟見諸侯之不一也曰次見救徐之不力也且諸侯在而使大夫專兵啓王家亢卿之禍桓之志怠矣桓之業衰矣先儒謂救徐無功而王命不行救徐無功而伯令亦不行蓋自是而齊不復救人矣

夏五月日有食之不書朔與日官失之也

見三按日食何事而朔與日不書官之失職皆君之不勤政

張主一曰厲在徐楚之間攻楚之必救以解徐也

周大章曰從來天道與人事相輔而行而人事為主雉狐之獲見於臨戰之占而妖夢先之史蘇之占又先之雖穆姬亦以為上天降災矣而使惠公惕然知儆不作如許負心事未必不可轉凶為吉吉凶係在人唯天降災祥在德鄭侯謂君桐不可言命者正為此耳起段詳敘秦伯伐晉緣由中間慶鄭辯簡兩條句句為孽自已作匪降自天伏脉末就論史蘇之占作結議論精鑿令讀者通身汗下又曰惠公歸國諸臣救護之力居多前則反首茇舍后土皇天哀詞以

也◎僖志荒矣

秋伐厲以救徐也 附解 大夫救徐楚師不退故二師伐厲以救徐

見三按救徐之師未解伐厲之師又興殆所謂多方以誤之

者◎然而桓力殫矣

晉侯之入也 附解 九年在秦穆姬申生姊秦穆夫人屬賈君焉 附註 傳言晉獻公娶於賈無子則是正妃杜云次妃誤按穆姬申生皆齊姜出而姜早卒意者育於賈君歟故臨行屬之且曰盡納群公子晉武獻之族宣二年傳曰驪姬之亂詛無畜群公子張百斯曰晉能世守穆姬之言何至六卿分晉晉侯烝於賈君又不納群公子是以穆姬怨之晉侯許賂中大夫國內執政里丕既而皆背

等按晉語夷吾對秦使曰里克與我矣吾命以汾陽之田百萬丕鄭與我矣吾命以負蔡之田七十萬之賂秦伯以河外列城五東盡虢略南及華山內及解梁城既而不與 河外河南也東盡虢略從河南而東盡虢界按華山今陝西華陰縣西南解梁城今山西臨晉縣東南有解城

感秦伯之心後則爰田州兵征繕輔孺激衆以寒秦伯之膽君雖不道而救敗有人所以雖獲得歸也然呂甥雖循謀國奇才而試問在國數年何無一言匡救臨行決戰何以叔無一言郤乞與諸大夫在軍見韓簡慶鄭忠言說論何無一人勸君採納者可知惠公平時旨施章災等項皆若輩有以逢長之耳不為曲突徙薪之計雖焦頭爛額亦何益之有

姜白巖曰此之謂憤兵不書伐晉

韓氏韓晉地於韓則伐晉可知者文也不書以歸實之於外也傳釋經義未嘗不兼罪秦伯而失德召寇其曲在晉覺秦伯之猶為秋善也蓋人君土地受之先君尺寸不可假人河東之地一時盡棄傳曰西鄰責言不可償也晉雖負約秦實非義而惠公種種種種非復人類秦伯遂籍之為声罪口實是伐晉者之由晉侯也晉

呂說惠公許秦者皆是不可還之賂不得不背。○解音蟹晉饑秦輸之粟在十三年秦饑晉閉之糴在十四年故秦伯伐晉卜徒父秦之掌龜卜者筮之吉補正周禮大卜掌三兆三易三夢之法是古之筮皆兼掌于卜人也涉河侯車敗詰之秦伯之軍涉河則晉侯車敗也秦伯不解謂敗在己故詰之對曰乃大吉也三敗必獲晉君其卦遇蠱䷑巽下艮上蠱按秦必涉河乃至晉境徒父以蠱卦有利涉大川之語故云然几以二陽為河二陰為河者皆謬也涉河侯車敗乃初得蠱卦驚喜之辭下千乘三語自為繇詞以申明之也曰千乘三去三去之餘獲其雄狐夫狐蠱必其君也按三五互震為諸侯為東故曰侯車據互卦三爻而以三百三十三三倍成之連艮之上一爻則為千乘左觿云去猶算法謂除也一除則三百三十三二除則六百六十六三除則九百九十九所剩惟一非君而何按虞氏易云艮為狐狼狐善蠱人故云狐蠱陽文故云雄狐所餘止艮之狐陽高踞其上獲之一夫之力耳蠱之貞風也其悔山也內卦為貞外卦為悔歲云秋矣我落其實而取其材所以克也周九月夏之七月孟秋也艮為少山有木今歲已秋風吹落山木之實則材為人所取實落材亡不敗何待按此秦占

之強何至遇秦即敗怨之所聚眾叛親離韓簡我息秦奮之言蓋之此時勸之謝過猶可及止乃諸臣或以為君實深之或以為幸而得因知其必敗絕無救敗之方輾轉相誤而君執矣是獲晉侯者之由晉侯也然惠雖不君晉尚有人晉侯於事窮勢盡時猶然想起平日同心贅之瑕呂飴甥遂使子金出一頭地征繕輔圉絕大救時良策秦安得不許平傳前路寫來都是土崩瓦解氣象至此人心國勢勃焉振起其尤得力在爰田一賞轉怨為恩可見晉未嘗無人由於敗德者自階之厲崇段補敘嫁姬之事點出敗德兩字以收拾全篇先君敗德已及於君隱然見君之敗德將又及于後嗣然則卜也筮也妖夢也其實由人致之耳而顧云天降之禍此深責晉惠之義也然則秦其無罪乎鄭國有弒君之禍同盟者討賊立君

代晉、內卦為主、內卦巽也、為秦、巽為風、至秋而厲、風自西來、爾雅云、西風謂之泰風、引詩泰風有隧、有空大谷、而外卦與我為敵者艮也、為晉、艮為山、風厲山頹、木實可取、有秦勝晉敗、取賂必得之象、三敗及韓。[附注]三敗謂晉師與秦戰而敗也、杜謂車壞◎隨矣、晉侯謂慶鄭曰、寇深矣、若之何、對曰、君實深之、可若何、公曰不孫、卜右慶鄭曰吉、弗使、惡其不孫、不以為車右、此夷吾之多忌、[呂說]慶鄭狼戾不能自用其木、步揚郤犨之父御戎、家僕徒為右、按選御請戰應在初戰之時、何以至三敗之後、蓋三敗者秦師經歷之處、各有守將、三克其都邑、而及于韓也、晉之全軍至韓始出、乘小駟、鄭入也、鄭所献馬名小駟、慶鄭曰、古者大事必乘其產、生其水土而知其人心、安其教訓而服習其道、唯所納之、無不如志、今乘異產以從戎事、及懼而變、將與人易、變易人意、乱氣狡憤、陰血周作、張脈憤興、外彊內乾、狡戾也、僨動也、氣狡憤於外、則血脈必周身而作、隨氣張動、外雖有彊形、而內實乾竭、進退不可、周旋不能、君必悔之、[呂說]慶鄭論小駟、曲折可以議戎政、弗聽、九月、[杜解]應歲云秋矣之占、晉侯逆秦

師使韓簡（晉大夫韓萬之孫）視師，復曰：師少於我，鬭士倍我。公曰：何故？對曰：出因其資（謂奔梁求秦），入用其寵（為秦所納），饑食其粟，三施而無報，是以來也。今又擊之，我怠秦奮，倍猶未也。公曰：一夫不可狃，況國乎？（林解：言匹夫尚不可狃，況晉秦敵國，其可以師狃我乎）遂使請戰，曰：寡人不佞，能合其衆而不能離也，君若不還，無所逃命。秦伯使公孫枝對曰：君之未入，寡人懼之；入而未定列（位也），猶吾憂也。苟列定矣，敢不承命。韓簡退曰：吾幸而得囚。壬戌，戰于韓原（九月十三日）。晉戎馬還濘而止（濘，泥也。還，便旋也。小駟不調，故墮泥中。濘，乃定反）。公號慶鄭，慶鄭曰：愎諫違卜（愎，戾）也，固敗是求，又何逃焉？遂去之。梁由靡御韓簡，虢射為右，輅秦伯，將止之（輅，迎也。止，獲也。輅，濘乃定反）。鄭以救公誤之（林解：不知其將獲秦伯，呼使救惠公，遂誤其師），遂失秦伯。秦獲晉侯以歸（經書十一月壬戌，十四日，經從赴）。晉大夫反首

理之正也。何逕彼以賂行，此以賂納，則失信之罪小，輔篡之罪大。秦伯前番是討取，此番興師而來，直是虐取。故傳於賂地界至點出，以明伐晉之由，一直貫至秦征河東，言為此而來，得此而去也。公孫之對極婉極工，言外便見奄有夵伊誰之力，而負心如是乎？故穆姬有登臺之請，公曰以厚歸也，直是探囊取物。禁有請殺之語，子桑質其大子，猶恐過水拔橋，何一非貪賂致之矣。當其輻脫旗焚，肝腦塗地，惠見縛于靈臺，穆亦危于韓簡，姑姪相從，惟晉之殃，棄家責醜，亦秦之恥。然而傳不責秦穆者，蓋惠公篡兄入國，總無一事一言之當，此師曲在晉，直在秦，故以敗德結之，所以深惡晉侯也。

拔舍從之反首乱頭髮下垂也拔草舍止壞形毀服按晉惠被獲時光景只從大夫上用反首拔舍四字映照自題蓋惠為人君立言固自有體故敗況亦即于史籍之占上補寫其秦伯使辭焉曰二三子何其慼也寡人之從君而西也亦晉之妖夢是踐豈敢以至林解豈敢至於已甚晉大夫三拜稽首曰君履后土而戴皇天皇天后土實聞君之言羣臣敢在下風穆姬聞晉侯將至林解史記秦將以惠公祀上帝以大子罃康公名弘康母弟與女簡璧罃弘姊妹登臺而履薪焉古之宮閉者皆居之臺以抗絕之穆姬欲自罪故登臺而薦之以薪左右上下者皆履柴乃得通使以免服衰絰逆且告免衰絰遵喪之服令行人服此服逆秦伯且告將以恥辱自殺。免音問曰上天降災使我兩君不以玉帛相見而以興戎若晉君朝以入則婢子夕以死夕以入則朝以死唯君裁之乃舍諸靈臺周之故臺亦所以抗絕令不得通外內自曰上天降災凡四十七字撿古本皆無是後人加也按繫鈴是姬解鈴亦是姬故以嫁姬作結靈臺今在陝西鄠縣東大夫請以入公

曰獲晉侯以厚歸也既而喪歸焉用之 若將晉侯入則夫人或自殺 大夫其何有焉 何有猶何得 且晉人慼憂以重我 謂反首拔舍 天地以要我不圖晉憂重其怒也我食吾言背天地也 附注 謂言而不行若自食之耳 重怒難任背天不祥必歸晉君 任當也 公子縶 秦大夫 曰不如殺之無聚慝焉 恐夷吾歸復相聚為惡 子桑曰歸之而質其大子必得其大成 按子桑質其大子一言瘖為取賂起見郤乞引出懷嬴一段公案。 晉未可滅而殺其君祇以成惡 祇適也 且史佚 周武王時太史名佚 有言曰無始禍無怙亂 恃人亂為己利 無重怒重怒難任陵人不祥乃許晉平晉侯使郤乞 晉大夫 告瑕呂飴甥 即呂甥字子金 補正 呂氏也瑕邑名蓋兼食瑕陰二邑非姓 且召之子金教之言曰朝國人而以君命賞 恐國人不從故先賞之于朝 且告之曰孤雖歸辱社稷矣其卜貳 代也 圉 惠公太子懷公 也眾皆哭 哀君不還國 晉於是乎作爰田 孔疏 爰易也謂舊入公者改易與所賞之

衆呂甥曰君亡之不恤而群臣是憂惠之至也將若君何衆曰

何為而可對曰征賦也繕治也以輔孺子太子圉諸侯聞之喪君有君

群臣輯睦甲兵益多好我者勸惡我者懼庶有益乎衆說晉於

是乎作州兵五黨為州州二千五百家也因此又使州長各繕甲兵呂說惠公無道何以得此於民緣被秦虜得

深故能感民心反國後側身修行接續民心定霸在惠矣一歸便殺慶鄭以快私怨民心自此都渙散初晉獻公

筮嫁伯姬於秦遇歸妹䷵兌下震上歸妹之睽䷥兌下離上睽歸妹上六變而為

睽。睽苦圭反史蘇占之曰不吉史蘇晉卜筮之史其繇曰士刲羊亦無衁也

女承筐亦無貺也按震為長男兌為少女故取長兄嫁妹之象而變而為睽當兼兩卦並言之此筮例也上

六爻變上九陽爻有女承筐于士之象承奉也震為竹為萑葦有筐象然震變為離離中虛則虛筐耳無實貺也上九以睽

孤之性不受無實之禮雖兌為羊離為刃坎為血而坎離相互不能遽用欲其刲羊告廟以成婚媾有悍然不顧耳無衁血也無

血未嘗刲也此取歸妹上六爻以為兩卦之繇下文乃申明之辭西鄰責言不可償也歸妹之

睽猶無相也按兑居西秦在晉西兩國接壤故秦為晉之西鄰兑為口舌兩卦皆見多口責言之象也言者承筐之言責其口惠而無實也震筐變離離為大腹以大利啗之西鄰始以為實亦嘗助我後灼見其虛遂至絕好孑然無助也此逆知有晉賂秦秦責賂之事○附注責賂字震之離亦離之震按之往也震變為離是為震之離而物極必反離亦復歸于震是為離之震此二句統冒下文為雷為火為嬴敗姬車說其輹火焚其旗不利行師敗于宗丘按震木生雷火則木為火母而離反以火而轉焚其木害其母家是為嬴敗姬之象震為車輹杜云車下縛也車之下為輹震之一陽與二三互離離為戈兵是車為離敗而脫其輹矣車脫之上為旗以震之上九為離之上六是火焚其旗矣以是行師知其不利宗丘宗邑也蓋逆知有韓之敗○說吐活反

歸妹睽孤寇張之弧按此睽上九爻辭處睽之極故曰睽孤睽而至于孤絕不獨無助我也且為寇而張之弧矣三五互坎為弓有弧象坎為盜有寇象雖至脫弧其傷已多此逆知有秦獲晉侯復歸晉侯之事姪其從姑按姪兄之子也或謂離從兄妹故云從姑然離為中女安得謂姪不知睽三五互坎必震變而後互坎則坎亦震兄之子也坎之初五兑妹之三牽連不舍有姪其從姑之象然離為中女坎為中男相為配合而坎互于離有館甥之象蓋逆知有子圉之

事已上言之離之義震六年其逋逃歸其國而棄其家按自睽之五至初歷五位而復于上九為六年則離火得勢向之互坎者亦互離以助其焰火炎水涸物極必反則坎離不文矣有棄其家室之象棄其鄰國必逃歸本國又將變而為震變者逋也此以下皆言亦離之震之義明年其死于高梁之虛按逋於本卦歷震二陰柔順安尊而明年當睽之四知其必死者何也蓋離以焚木亦以涸水震變為離兩卦二四皆互離是為重離以坎而當重離之四位火炎極矣所謂突如其來如死如焚如[illegible]棄如也一陽突起而橫亘故知其為高梁在二陰之間故知其為高梁之虛也其者揣度之詞蓋逆知子圉所死之地或謂左氏事後附會果爾不應白露破綻必當時奇驗傳為美談故史志之耳或又以高梁因此得名亦非也今山西臨汾縣有高梁墟。音袪及惠公在秦曰先君若從史蘇之占吾不及此夫韓簡侍曰龜象也筮數也物生而後有象象而後有滋滋而後有數先君之敗德及可數乎史蘇是占勿從何益言龜以象示筮以數告象數相因而生然後有占占所以知吉凶不能變吉凶補正言先君之敗德及今言之其可悉數乎史蘇之言從不從皆無益也抑考國語獻公勝國得妃史蘇告以不吉然則史蘇固能以卜筮諫者與詩曰

下民之孽匪降自天僔沓背憎職競由人詩小雅言民之有邪惡非天所降僔沓面語背相憎疾主于競逐為惡者由人耳因以諷諫惠公有以召此禍也。僔尊本反沓徒合反

黃鄰林曰此秦事見經之始亦秦晉爭戰之始而天下所此愈多故矣夫秦與晉婚姻之國也惠于穆又患難相依也晉之亂穆定之惠之歸穆納之苟有人心斷無不感恩圖報者惠胡不量背施不仁幸災不義不仁不義而爭戰之事興覆亡之禍見矣御卜慶鄭吉不用而小駟是乘聞鬬士倍我不懼而請戰是亟救公反失秦伯脫秦竟獲晉君奇奇幻幻顛倒其間豈真共世子之靈請命于帝耶抑晉之君事敗德臨事失謀孽由自造耶論者乃以伯姬嫁秦為不吉夫無秦伯之援惠何能入無穆姬之請惠何能歸史蘇之占亦不幸而

章都也

見三按此與明英宗土木之變情節相似而微有不同英宗誤聽王振之言以萬乘之尊臨不測之地敵至師潰身困頟森然猶曰勞師襲遠主客之勢異也若秦晉匹敵韓又晉地且師少於我即使小挫其鋒亦可整師再戰奈何兵陣甫交不傷一卒不喪一車而君遽被執披堅執鋭之士皆為反首拔舍之謀較之土木尤為奇變明之不亡在景泰晉之不亡在日貳閣內以鎮撫人心外以摧壓強敵君有君國與于少保賴社稷之靈國有君矣即權變也但于謙死而子金得全者子金虛擁其名故惠公入而子金相安于謙實定其位故英宗歸而兄弟相賊大抵名分之間嫌疑所由生即讒間所由起也郕王可以監國而不可以貪位使能於英宗反國之時退守藩服實不公私兩盡乃奉迎之旨既闕於前朝請之禮復闕於後而為易儲之事顯存篡國之心謙不爭則無以对英宗去

則無以對景泰、辛至變起奪門上皇復位天順改元而
社稷臣亦以意欲二字殺身其夫子卸為何如乎然其人當足以自奠

震夷伯之廟罪之也於是展氏有隱慝焉〔杜解〕隱惡非法所得尊貴罪所不加是以聖人因天地之變自然之妖以感動之〔劉傳〕紀異也張注君子知天之日監而畏其威所以事天也

見三按晦者冥也震之者何雷電擊之也不曰夷伯之廟震曰震夷伯之廟所以志隱慝即以彰天討也

冬宋人伐曹、討舊怨也〔杜解〕莊十四年曹與諸侯伐宋

見三按曹宋從齊會師會城會伐會盟不一而足且楚方跳梁救徐伐厲未有成績此亦諸侯之辱奈何未罷役而即有曹之伐宋衆少年喜事是時已有輕齊桓之心故桓歿而求霸紛紛不靖卒斃于泓於伐曹見其一端矣

楚敗徐于婁林、徐恃救也恃齊救

姜白巖曰傳發明經罪諸侯救徐
不加為楚所敗也不能禦楚而分

四十五

兵伐厲欲楚移師救厲以解徐圍也乃楚師不救而厲卒不克至九月而公歸知諸侯之皆歸矣諸侯歸而徐不支遂爲所敗觀宋襄之伐曹此救徐之所以無功也

貌禮回怨語歸之小人以宗威厚語歸之君子以乘情如此辭令真無一字不妙無一語不圓此不特千古辭令之祖亦千古濟難處變之師也子金才略不在衰趙下特所遇非主耳吾嘗疑惠公返國之後種種背謬以至敗執子金等何在竟不聞一言諫諍意惠公忌克可與共患難不可共安樂復國之後弃子金等不用故子金之策前後止見患難之時耶抑豈子金智略之長優于處變而於制治保邦之大略顧未之知耶

周大章曰無小人之言不能令秦伯懼無君子之言不能令秦伯喜急予急奪誰賓誰主辭令之妙千古無俟要惟有征繕一着立定脚根絕能明目張膽開手露出耳可智晉

見三按齊桓始而救徐繼而伐厲無損於趙祇以益徐之敗不知當日諸侯之師何顏罷歸也

十月晉陰貽甥（飴即呂甥食采於陰按陰今山西霍州）會秦伯盟于王城（秦地今陝西朝邑縣東）秦伯曰晉國和乎對曰不和小人恥失其君而悼喪其親（痛其親為秦所殺）不憚征繕以立圉也曰必報讎寧事戎狄（林解不以賦車馬治兵甲為難言於致死於秦）君子愛其君而知其罪不憚征繕以待秦命曰必報德有死無二以此不和秦伯曰國謂君何對曰小人慼謂之不免君子恕以為必歸小人曰我毒秦秦豈歸君（毒為三施不報）君子曰我知罪矣秦必歸君貳而執之服而舍之德莫厚焉刑莫威焉服者懷德貳者畏刑此一役也秦可以霸（閒注服虔曰一役謂戰韓之役）納而不定廢而不立以德為怨秦不其然秦伯曰是吾心也改館

未嘗無才而惠公不善用之所以卒致敗亡也若使入國而賞慶鄭痛自懲艾寧不能收功于末路哉
姜白巖曰秦伯啓口不問國謂君待而云晉國和乎的是從關州兵既作來蓋胸中已有成竹不過看其若何置對耳而分外討好也餼粟報德總不離征繕二字可謂直中其隱而以脅制之辭歸諸小人以知罪歸之君子以後極力推尊一正反皆中窾要而秦伯更添一番興會矣必報德有死無二七字是對證藥隱然見前許重賂必不敢再負而純以仁義之名動秦伯若再加語使中所忌故只此七字已足斯時秦伯更加老到一面晉侯歸國一面秦官布置河東不肯再放縣債乃知秦伯伐晉全是為此以統結兩篇
謝文游曰收人心立儲式益甲兵先固根本使敵國知我不可動且沈然有可戰之據然後許平可決此呂甥實之經濟不徒恭辭令之妙人

晉侯饋七牢焉。牛羊豕各一為一牢。蛾析晉大夫。蛾，魚綺反。謂慶鄭曰：「盍行乎？」對曰：「陷君於敗，謂呼不往，誤晉師失秦伯。敗而不死，又使失刑，非人臣也。臣而不臣，行將焉入？」十一月，晉侯歸。丁丑，殺慶鄭而後入。是歲，晉又饑，秦伯又餼之粟，曰：「吾怨其君而矜其民。且吾聞唐叔晉始封之君，武王之子。之封也，箕子紂庶兄。曰：『其後必大。』晉其庸可冀乎！姑樹德焉，以待能者。」以著惠公為人所棄，以見文公為天所啓。於是秦始征晉河東，置官司焉。征賦也。

黃薌林曰唐明皇幸蜀遣祭張九齡是其悔心之萌故能復興晉惠公歸國先殺慶鄭是其怙惡不悛故亂無後從來惟英主能於患難時賞忠智之士若狠愎之君未有不殺忠臣智士以釋從者考蓋慶鄭即有不遜之罪而以救君失秦伯但其言戇直無不洞中使恕其罪而用其人未始不收晚蓋之功乃在秦之時歸咎先君不從

魏犢里慶鄭洪君李陵降
匈奴皆是千古狂人最傷之事
而鄭執多陵之一死豈以為君
父者於有罪之臣子皆不可
不曲諒情事以全去而為
臣子者尤當抑情思義不
可逞一時之客氣墮其身之
忠孝敗君國之大事貽萬古
之惡名並身家之戮辱也

史稱之占返國之際不知歸罪於己反殺慶鄭後又補亥如此得保其
身亦云幸矣高梁之死能不加于其躬哉
見三　按秦穆之歸晉惠雖有感于子金之言要亦自料如不歸晉與其留
之秦以結晉之釁孰若歸之晉以結晉之歡怨其君是蓄怨語施其民是
市恩語晉其庸可冀乎是量力語姑樹德焉以待能者是度德語此傳為
東晉結案即為重耳伏脈其後必大眼光直注到春秋全局

星隕為石，不祥也；鷁退飛，不順也。宋襄欲圖伯而無其德，致天之災異以警懼之。卒之五年被執，六年見敗，天之示人顯矣。

大夫卒而書名，正也。季友立僖，仲遂立宣，二君重其勞，寵而字之，史因加字以卒。夫子存之，著其不正也。

不書葬，為魯不會也。僖五年鄫子之不朝，而止季姬；及來朝，而始聽其歸。蓋鄫尚未穆，故魯不往會也。

孫茲，叔牙之子也。世秉魯政，在春秋之終而猶未終，書其卒，所以著其歷也。

淮夷小醜，亦須桓公之會，隨病杞。

春秋左傳精義卷之十

閩中鄉林　黄一桂　輯　男　心垣見三補輯

僖公三

經丁丑十有六年、春王正月、戊申朔、隕石于宋五。[杜解]隕落也。聞其隕，視之石，數之五。各隨其聞見先後而記之。是月六鷁退飛過宋都。是月，隕石之月。重言是月，嫌同日。鷁，水鳥，高飛遇風而退。宋人以為災，告於諸侯，故書。○鷁，五歷反。○三月壬申、公子季友卒、按杜云稱字者貴之。疏云如仲遂、叔肸皆名字，復舉其說是也。[馬駢]曰：書之見季氏專魯之由生也。而劉炫謂三家生而賜氏者，季友之孫為季孫行父，牙之孫為叔孫得臣，肸之孫為叔老，慶父之孫為穀與難為孟孫氏，並以王父字為氏。蓋三家以行次為字，在季友之世即命立後，為生而賜氏也。○夏四月丙申、鄫季姬卒。○秋七月甲子、公孫茲卒。○冬十有二月、公會齊侯、宋公、陳侯、衛侯、鄭伯、許男、邢侯、曹

未已又病鄫為大國城鄫役病
不果霸業之衰甚矣許以淮而
先刑書以侯而後節許周班
之義亦極非也聖人因之著其非道
周大章曰吉凶不借在人唯天降災祥
在德是陰陽吉凶未嘗不相為表裏
然天道遠人道邇古之聖君賢相多以
人事挽回天道不以陰陽定吉凶也叔
與以宋公失德多端不自省悟而專取
必於災祥故特譏之
姜白巖曰星隕而為石風送而倒飛記
異也傳只五字而公羊記聞記見穀梁
君耳治談之矣叔興对不以实而其言竟
驗可知術士欺人其所以前知並不係乎此
傳特識之以例其餘

伯于淮【解】臨淮郡左右【林】兵車之會四

傳十六年春隕石于宋五隕星也【杜解】但言星則嫌星使石隕故重言隕星【補注】經言隕石不言隕星猶言日有食之不言食之者皆闕於所不見【童】氏辨疑星在天猶活火隕於地成石猶火焰滅而成炭也故邵子曰星在地則為石六鷁退飛過宋都風也六鷁遇迅風而退飛風高不為物害故不記風之異周内史叔興聘於宋宋襄公問焉曰是何祥也吉凶焉在祥吉凶之先見者對曰今茲魯多大喪明年齊有亂君將得諸侯而不終魯喪齊亂宋襄公不終別以政刑吉凶他占知之退而告人曰君失問是陰陽之事非吉凶所生也吉凶由人叔興自以對非其實恐為有識所譏故退而告人【傳】氏曰言陰陽順逆為吉凶之兆而非吉凶所由生吉凶由於人之善惡為感必先有以感之而後見於兆譏襄公不脩人事而徒問物變吾不敢逆君故也按不敢逆君者不敢直言其不脩德致此故假他占以對也

黄鄰林曰陰陽天道也吉凶人事也一部易經抑陰而扶陽

姜白巖曰伐厲救徐俱是前年事未聞今年楚又伐徐也此採之他書未經見者

所以教人順天道也吉少而凶多所以勉人盡人事也叔興明於陰陽之理以人事定吉凶不以天道定吉凶其卓識非術士可及知此則陰陽術數諸書盡可付之咸陽一炬

見三按惠迪吉從逆凶此吉凶之準百世莫能易也叔興術士乃能洞明此理歸之由人較魯梓慎鄭裨竈見識遠矣時宋襄鋭意圖霸見此星隕鷁飛方且震以為祥叔興權詞以警之使正言以規之有多少提醒意宋襄不悟星隕石而圖伯不終雀生鸇而稱王以滅祖孫一轍可嘆也夫

夏齊伐厲不克救徐而還

秋狄侵晉取狐厨受鐸涉汾及昆都因晉敗也【杜解】狐厨受鐸昆都晉三邑陳傅遜為傳三十三年晉敗狄傳按狐厨今山西襄陵縣也平陽府南有昆都聚

姜白巖曰：十二年管夷吾平戎於王，則已知戎矣。十四年會于鹹，謀戍王室。至此又告戎難，又徵戍王室。雖亦見桓之勤，而養癰憚割，貽患將來。霸者之於王事，顧如是乎。

周大章曰：國家將亡，必有妖孽。況齊桓中國盟主，生死關係尤大。而五公子爭立，尸虫出戶，其禍之烈更屬非常。城鄫原為可已之事，登丘夜呼，神其告之矣。

姜白巖曰：以淮夷病鄫，合九國之師于淮上，威之盛也。使不戰而讋服，所謂東略也。乃城，小國役人呼不克卒役而

見三按：是時狄患最熾。滅衛滅邢，繼而滅溫伐鄭，甚且侵晉伐王。終齊桓之世，不能稍挫其鋒。至晉敗箕，而狄始衰；晉景滅潞，而狄始絕。晉之治狄，功高齊桓遠矣。

王以戎難告於齊。齊徵諸侯而戍周。十一年戎伐京師以來，遂為王室難。

見三按：尊攘，霸主之大事也。欲尊王必先攘夷。時戎為王室患，較之荆楚尤猶為腹心之疾。桓不能治，徒沾沾於王室之是戍，大為霸功減色。

冬十一月乙卯，鄭殺子華。（杜解）終管仲之言。事在七年。按不書，不告也。○十二月，會于淮，謀鄫，且東略也。鄫為淮夷所病故。（林解）略，巡行也。終九年宰孔之言。城鄫，役人病。有夜登丘而呼曰：「齊有亂！」不果城而還。役人遇厲氣，不堪久駐，故作妖言。○呼，火故反。

見三按：時管仲已死，三豎擅權，孽子爭立，齊之亂端，路人知

散此時管仲已死桓公耄及志昏而
敗氣乘之矣然言東略則已略定
淮夷雖非心服亦自震叠魯頌
淮夷率服作頌豈盡影響之談乎
以國為聲援小二國致師不能以一
夫遺楚之從戕其微弱之與
國桓氣餒矣
接之在淮者忽及項是主命而
滅小國齊將執之以歸左伯討也夫
人潤諸侯各歸之獨見止要齊侯
而會之高氏說所謂於情則可
於理則不可也
齊桓雖能用管仲有一匡天下之功
然仲無正心誠意之學徒急於一
時之功利卒致五子之亂其所以有
始無終者本不立也管仲且有
三歸之失豈能正其君哉
其自占曰強楚肆惡與國受兵
於霸業適增其恥

姜曰蔽曰河東即秦取賂於晉之地也秦以
愛女妻圉為秦餌令其夫婦食邑於此
以後圉欲挾嬴氏以逃則知不在秦宮矣一則
歸布外規取東[illegible]一則何歸圉有飾其
貪私

之矣、役人久頓于外、欲歸無從、特為妖言以惑人心、蓋即篝火狐鳴之類也、妖由人興、信然。

經 戊寅 十有七年、春、齊人、徐人伐英氏。杜解楚與國。按今江南六安州西有英氏城。夏、滅項、公在會別遣師滅項。項國名。秋、夫人姜氏會齊侯于卞、按魯邑、今山東泗水縣東有故卞城。九月、公至自會。冬十有二月乙亥、齊侯小白卒、明年子孝公立。

傳 十七年春、齊人為徐伐英氏、以報婁林之役也。婁林役在十五年。

見三按、一英氏曷足為楚重輕、不能挫楚、僅伐其與國、齊不脩德畜威、徐亦忽兵侮弱、胥失之矣、故春秋皆貶而稱人。

夏、晉太子圉為質於秦、秦歸河東而妻之。杜解秦征河東置官司在十五年。惠公之在梁也、杜解惠公以六年奔梁。梁伯妻之、梁嬴孕過期、過十月不產、懷子曰孕。卜招父梁大卜。招上遙反。與其子卜之、其子曰、將生一男一女、招曰、然、

賀仲軾曰、內諱滅言取、此何以不諱取
者、易詞、滅有威加之意焉、故取經於望
胡傳必以季氏專兵擅權為悉、故不與
之諱、姑無論傳稱賢君、友稱賢臣、未
季譽季以何能擅取、況友以去年三月
卒、此擅權稱兵者誰也耶、且滅項之役
果公果夫人之時、伯業已衰、威令猶在
苟事果出季氏、齊侯必無專罪魯
公、舍臣不問之理、即傳公亦必無甘心代臣
受辱、舍季孫不問之理、在事之可理
推者、
姜白巖曰、公穀以為齊滅之、非也、齊自

男為人臣、女為人妾、故名男曰圉、女曰妾、圉養馬者、不聘曰妾、及子圉西質、妾為宦女焉、宦事秦為妾、陳傳 為晉懷公杞傳、

見三按郭令公斥其子為奴才、奴才者奴僕之才不堪造就也。臣曰奚將以厭勝、反以御名圉之不終、天定之矣。必試子卜為郎康節父子先聲

師滅項、杜解師魯師、按經不書師言滅則師可知也、淮之會、公有諸侯之事、淮會在前年冬諸侯之事會同講禮之事、未歸而取項、齊人以為討而止公、秋聲姜僖公夫夫齊女、以公故、會齊侯于卞、杜解會齊以請僖公、宋鈔桓公声姜父女也、鄫子季姬夫婦也、遇防會卞各有所為非得已也、九月公至、書曰至自會、猶有諸侯之事焉、且諱之也、恥見執故託會以告廟

見三按公方在淮、兵忽及項、不特無王、並且無公、桓声魯罪

遂滅之後未嘗有所滅也存三亡國今又謀鄫設移師滅項前功盡棄桓德雖衰尚至於此或曰項淮夷與國也故滅之此更不然桓方事東略滅項不足威淮夷而適以堅滅鄫之心況項近於魯齊不能有滅國而鄫傳謂魯滅之是也蓋公早有成謀公既出會陰令魯師掩取之是時桓方以救災郎小加惠諸侯而公忽以滅國聞故留於齊師以示霸討桓適累淮夷道經於卞夫人遂於途以請遂釋之也是業業以管仲卒齊之霸業便衰一則仲不能為齊求人二乃孝公無志不能繼桓之業又曰葵丘業會之先猶自稱至望之月也既會之後猶自望至晦之月也未滿有增滿則招損使威公所期者不於霸皆至霸而滿哉

傳明齊之亂管仲為之也桓公好內如夫人者六人各有子無嫡為長須閹寺桓公命無虧帥師伐漕如其長於諸子立子以貴貴鈞以年年鈞以德無虧當立明矣孝公之母班在三其子又少於無虧且無虧未見失德而孝公未嘗差勝桓無

而討之正也執公以歸非正也齊姜聞公被執要齊侯於路而會之論情則可論禮則不可傳曰以公故時其權宜以廢禮也魯之諸夫人聲姜頗為賢婦詩人以令妻頌之而猶有外會之失蓋陽穀之役閫範已踰犯而行之而不知其非耳

齊侯之夫人三王姬徐嬴蔡姬皆無子齊侯好內多內寵內嬖如夫人者六人長衛姬生武孟[公子無虧]少衛姬生惠公[公子元]鄭姬生孝公[公子昭]葛嬴生昭公[公子潘]密姬生懿公[公子商人]宋華子生公子雍[華氏之女子姓]公與管仲屬孝公於宋襄公以為大子雍巫有寵於衛共姬因寺人貂以薦羞於公[孔疏周禮掌食之官有內饔外饔此人為饔官名巫而字易牙也]亦有寵公許之立武孟管仲卒五公子皆求立[補注傳見]

[齊桓內寵無制貴賤不明致諸子相篡奪禍延數世]冬十月乙亥齊桓公卒[乙亥十月八日]易牙

外於長而立孝公非義也桓自知其非義故雍巫之言易入而更立無虧善未補過也使仲能將順君美請於王告於諸侯以無虧承國宋襄安得以前此一言輔孝爭國哉仲以為更立無虧則立孝之命自寢桓自能慮之豈知身死而二豎諂定策之功宋襄市恤孤之德而爭以亂也傳歎君亂不官仲卒罪仲也歟

入、與寺人貂因内寵、內官之有權寵者。以殺羣吏而立公子無虧。孝公奔宋、十二月乙亥赴、辛巳夜殯。六十七日乃殯。

黃鄉林曰桓惑于内寵無責也所責者管仲耳大臣當國大事莫如定儲桓公既無正嫡即當早立東宮請諸天王告之鄰封桓能定王之位王豈不能定桓之嗣孝公之立宋襄之屬已爲失策況既立孝公矣復因寺人貂之請許立武孟管仲安在嘿嘿不置一辭坐視羣小之釀禍傳曰管仲卒五公子皆求立見齊之亂皆管仲縱之也蘇老泉曰若管仲者何以死哉言外有多少隱憯在

見三投立庶嫡無嫡立長古之制也桓無正嫡武孟以長當立且年方弱冠即能帥師戍漕以衛母家布置井井其知略

宋伐齊以納昭、昭立則齊從宋、天下孰敢不從、是挽齊而行於求伯也春秋推見至隱不書納而書伐以為宋志直伐其亂齊而已

必有過人者桓公英主管仲天下才斷無舍武孟而立屬孝公于宋襄之理惟情牽床第不能早正東宮五子皆存爭立之心以致身死而國亂此則桓之失策管仲亦與有責焉宋襄少年喜事葵丘以後親見齊伯將衰陰有代齊之心顧欲代齊必先亂齊立武孟則英勇難制必至與我爭雄立孝公則闇弱易欺不至與我梗霸于是乘孝公之奔宋視為奇貨曰此桓公與管仲所屬於我也以此告諸侯以此欺齊人即以此殺武孟而孝公立矣而四公子之禍亟矣故齊國之亂歷三四傳不息桓釀之而皆襄成之也戰泓傷股貽笑華夷稱之為霸能勿羞顏

經

己卯　十有八年春王正月宋公、曹伯、衛人、邾人伐齊、杜解納孝公、夏

書救，與魯也。書宋及，以兵主兵，留在宋也。奉少以序長，乘亂以伐喪，其罪大矣。齊師敗績，書敗者，齊出也。書師救齊於伐齊之後，則救者救無虧也。書狄救齊於齊師敗績之後，無虧已死，亦救四公子之徒耳，雖無功，亦予之功，善志也。邢光秋以伐衛非同志之道，然論其曲直，則衛之忘恩背義，以伐喪奪長，宜得罪致討之師，故人狄以進之，見罪衛之深也。

周大章曰：忽逃盟，忽乞盟，齊桓方歿，即便朝楚，鄭反覆不測如此，楚安得不棄之？但臨國叛服，視德之修不修，不在兵之利不利也。賜之金而不許鑄兵，其要

夏師救齊。五月戊寅，宋師及齊師戰于甗，齊師敗績。無虧既死，曹衛邾先去，魯亦罷歸，故宋師獨與齊戰。甗，齊地，按山東歷城縣界。○甗，魚免反。狄救齊。救四公子之徒。秋八月丁亥，葬齊桓公。十一月而葬，亂故。冬，邢人狄人伐衛。【經筌】狄書人，便文爾。如襄五年戚之會書吳人、鄫人，蓋不可曰吳鄫人也，故十四年向之會復書吳而已。

【傳】十八年春，宋襄公以諸侯伐齊。三月，齊人殺無虧。【杜解】以說宋。陳傳：外納不書，必不克納而後書。呂氏：左異衛與於伐齊。昔戴公廬於漕，微無虧三百乘之戍，可以為衛乎？無虧不得良死，衛文之罪大矣。

見三按：武孟之殺，四公子殺之也。武孟不殺，則四公子不得立。陽以說宋為名，陰以爭位為事，故其後復有甗之戰。

鄭伯始朝於楚。【杜解】中國無霸故。楚子賜之金，既而悔之，與之盟曰：無以鑄兵。楚金利，故故以鑄三鍾。

之盟楚成之無能為亦可見矣
姜白巖曰始朝良桓也為天下衰之也

見三按祖龍銷天下之兵聚之咸陽鑄為金人十二防患可謂周矣而張良之椎高漸離之筑陳涉之斬竿揭旗卒不賴乎金也德之不修而惟金是恃亦何益哉乃知楚人鑄兵之盟秦人銷兵之議同一愚耳

齊人將立孝公不勝四公子之徒遂與宋人戰無虧已死故曰四公子

見三按此宋襄生平極得意事亦是極負恩事外市恤孤之名內肆亂齊之毒其殺武孟非惡武孟也忌其英勇難制也其立孝公非愛孝公也喜其庸碌無能也其餘四公子半皆豚犬輩以之爭位則有餘以之圖霸則不足不如姑留之使自相屠戮此宋襄亂齊之私智也不知桓何負於襄而很毒若此真小人之尤也

姜白巖曰：桓以孝公屬襄，無論其事果誣也，事即非誣，亦猶晉以奚齊屬荀息耳。然荀息不食言為是，而襄公則非也。蓋荀息晉臣也，以君命為尊；宋襄鄰邦也，奚介名義為重？況桓自知非義而易之，更立無虧，已萬無立孝之理，襄欲藉以求霸，且以孝公闇弱可制，陽以踐言為名，而陰遂其亂齊之實，故經傳以全節予荀息，不以納孝與襄公。

夏五月，宋敗齊師于甗，立孝公而還。

秋八月，葬齊桓公。孝公立而後得葬。

見三按：儲貳，國家之本，治亂之機。桓必因之溺於嬖寵，繼嗣不立，未有不啟骨肉之禍者。晉獻、齊桓，皆春秋強諸侯，一則偏愛而儲位輕更，禍延三世；一則多愛而儲位不定，禍歷五君。葵邱之會曰無易樹子，桓并樹子不立，而聽廢置於人，生則九合稱雄，死則六旬未殯。有國有家者，可不引以為鑒哉！

春秋盛衰凡三變：王臣下聘而不報，王師出伐而無功，戎患于北，荊熾于南，紀并于齊，邢偪于翟，山戎齊桓未興也。王禁明而王臣不下聘者六十年，盟會同而諸侯無私爭者三十載，盟召陵而荊服，次聶北而戎退，此齊桓主霸也。天王出居而

不問衞滅懿親而無討，楚書子而主會，狄書人而參盟，此齊桓既沒也。然桓公一身亦有三變：滅遂、降鄣、遇穀、盟扈屬事未久，則設施外閑理未熟，則防檢弛，此齊桓初年也。自貫澤至葵邱，衣裳不歃血，兵車無大戰，此齊桓威晦也。惜也矜張鄭盟而繩墨廢，城杞不若城邢，救徐緩于救許，伐黃則外憂起，會卞則家法亂，此齊桓晚歲也。識春秋三變而知桓之主霸為有功，識威公三變而知桓之立功為不遠。至桓公甫沒，首伐齊者宋，首盟齊者楚，益見功利之在人淺矣。

姜白巖曰：衞忘齊桓之德，偕宋伐喪，以納孝公，書邢狄伐衞，殆以此尤，致齊罪聲討之師也，夫狄，邢之屬也。黨仇讎以構怨於兄弟，可謂知類矣。衞文對衆自名，再三讓國，以激父兄子弟之怒，的是中興手段。狄師還。

冬，邢人狄人伐衞，圍菟圃。衞侯以國讓其父兄子弟及朝衆曰：苟能治之，燬請從焉。程解：燬，衞文公名。衆不可，而後師於訾婁。陳師訾婁。訾婁，衞邑，按今直隸滑縣西南有訾婁城。狄師還。

而邢從之，進退由狄也。杜以為邢師尚留，非也。

宋襄圖伯，四方全未歸者忘首惟齊，表以立不正，又陵弱國，悖執其君，不道甚矣，其不克成宜哉。

曹雖與盟而猶未服，不肯致餼，地主之禮，故不以國地而曰曹南，所以見圍。曹南之盟，鄫子後至，諸侯既服。齊謂宋之盟，宋以國及邾之境，會而請盟也。邾用宋命，執用鄫子。春秋既栄而目邾者，言宋則邾助虐之罪不見。

見三按：邢與衛皆狄所滅也，即皆桓所封也。不能修同姓之好，矢同仇之義，與衛戮力共雪狄恥，顧秉伯主方殁之始，合狄伐衛，此豈復有人心哉！衛文朝衆興師，悅慎之兆，足令懦夫生色，此其人不在句踐下也，卒能立國而報有以也夫。

梁伯益其國而不能實也（杜解：多築城邑而無民以實之），命曰新里，秦取之。

見三按：梁與秦共祖栢翳，梁、岐二山相去咫尺，秦之垂涎久矣。梁伯不能修德自強，反多築城邑以資敵，秦人不費一弓，不勞一卒，坐享其成。新里取而秦逼愈甚，梁亡愈亟矣。

經

庚辰十有九年，春王三月，宋人執滕子嬰齊（杜解：稱人以執，宋以罪及民告，書名；及不書名，皆從赴。林解：表公圖霸）。夏六月，宋公、曹人、邾人盟于曹南（曹雖與盟，而猶不服，所以及而見圍）。秋，鄫子會盟于邾（纂言：鄫子如會，適宋公歸國，及邾之境，故言會盟于邾）。己酉，邾

做

言知則宋襄之獄益彰也襄公志在山林惜不能成大功雖小判六來盟益僅一盟曹而曹不服再盟鹿上会孟而來手就擒于楚矣然不自省其沒宋伐曹之邢而以報復為事邢之也左氏師與而加之說不可從齊桓未沒天下習而患之及宋襄起[illegible]

[illegible]秦取梁而以自亡為文所以惡梁[illegible]秦也

姜白巖曰：傳不能詳其事，子魚曰「一會虐二國之君」，則知來會而執矣。

蓋滕自盟幽後，不與盟會者幾四十年，齊桓恕之而無責，桓之所以極盛也；宋執之以立威，襄之所以無成也。

姜白巖曰：上書宋公盟曹人、邾人，今書鄫子會盟于邾，而邾人執鄫子。

人執鄫子用之。鄫雖失大國會盟之信，然宋用之為罰已虐，故直書用之，言若用畜產也。不書宋使邾，而以邾自用為文，南面之君，善惡自專，不得託之於他命。秋，宋人圍曹。衛人伐邢。伐邢在圍曹前，經書在後，從赴。冬，會陳人、蔡人、楚人、鄭人盟于齊。地于齊，齊亦與盟。梁亡。以自亡為文，所以惡梁。

傳 十九年春，遂城而居之。〔杜解〕承前年傳取新里，故不復言秦也。為此冬梁亡傳。

宋人執滕宣公。〔意林〕書名，見其不反矣。〔補注〕傳見滕子謚，諸侯卒於經無所明，而獨舉謚者，做此。

見三按春秋時諸侯見執者多矣，或歸之京師，或不歸之京師，雖罪有輕重，心有公私，要皆遣之歸國。唯滕宣未見下落，大抵執而殺之耳，故子魚有一會虐二君之言。狂暴不仁，性如瘈狗，尚令戰泓不死，諸小侯其無噍類乎。

夏，宋公使邾文公用鄫子於次睢之社，欲以屬東夷。〔杜解〕睢水有妖

則受命於宋顯然矣經書鄫人蓋宋襄以邾附己故張大其威以告諸侯見從我者之可以制人之命也傳述子魚之諫以發明歸罪於宋之義所謂錯經以合異也　宋襄公嗣立乎僖齋桓經略淮夷霸圖極盛因仿然有繼桓而起歸附東夷之心焉東夷信鬼故執鄫用社以求福立威子魚之曆意上言用人之謬下言圖霸之難提出桓公是直揭其隱　左氏謂用之爲犧牲公穀云叩其鼻以衈社謂其取鼻血以衅祭器皆非人之所爲也蓋邾鄫世讎藉宋以肆虐而何休謂禍由季姬然則宣六年邾人戕鄫子亦由季姬矣

神東夷皆社稷之蓋殺人而祭〔疏〕云屬聚也按聯屬東夷使畏而歸己也次睢之社今山東沂州境。睢音雖司馬子魚曰古者六畜不相為用謂若祭馬先不用馬〔林解〕六畜牛馬羊犬豕雞也。畜許又反小事不用大牲〔孔疏〕雜記言釁廟用羊門夾室用雞及傳稱鄭伯使卒出豭行出犬雞皆不用大牲也而況敢用人乎祭祀以為人也民神之主也用人其誰饗之齊桓公存三亡國魯衛邢以屬諸侯〔林解〕以存亡繼絕之義聯屬諸侯義士猶曰薄德今一會而虐二國之君又用諸淫昏之鬼將以求霸不亦難乎得死為幸〔補正〕得死猶云考終

黃薌林曰楚靈王用蔡太子於岡山以求王也而無宇決其不祥宋襄公用鄫子於次睢之社以求霸也而子魚斷其得死為幸蓋人神之主也用人以祭人類殘人心絕神其吐之矣執滕用鄫殘忍不仁與楚靈等其所謂不重傷不擒二毛

姜白巖曰甯莊事藝而亡事文盈用與不用故也然大旱興師衆心惶惑故以此愚其衆即謀國於父兄子弟之故智也援古不倫適逢其會亦幸耳篇中著諸侯無伯一語是前後篇關鍵齊桓尚在邢衛小國敢自相吞噬哉

者特敗後自解之辭非其本心也

見三按梁武帝信佛戒殺宗廟犧牲必以麵代郁行如此而無仁政猶圖霸壞夷也用人以祭夷俗也用夷俗以圖霸是壞

難也……之祀

夷而反效夷也而況鄫雖小國亦列會盟雖為妖神何關祀

典茲父此舉不特卜其霸業無成祿命不永亦可知也

秋衛人伐邢以報菟圃之役於是衛大旱卜有事于山川不吉

有事 甯莊子曰昔周饑克殷而年豐今邢方無道諸侯無伯長

祭也

天其或者欲使衛討邢乎從之師興而雨

黃鄰林曰王者之師以義動非以利興克殷年豐特後人歸

美之辭與赤烏流屋白魚躍舟等耳非實有其事也甯莊子

身執國政不能力遏惡氛適當大旱人心皇皇借此以激大

衆其幸而得雨亦會逢其適免如謂伐邢之役師興而天雨

以為天之助衛也滅邢之役師還而燬卒得無天之誅衛乎
蒼蒼者天當其不然
見三桉兵猶火也弗戢自焚致災之見非召雨之徵乃叨克
殷而年豐是誣先聖以自誣而且誣後人也今以師為肥
蟻彼且以師為黑蜧今以師為畢魃彼且以師為商羊不
待智者而知其矯誣矣莊子賢大夫胡竟創此不經之論蓋
陰陽和則雨澤降邢為不道合狄伐衛衛民之怨邢極矣怨
之應為亢陽師興而雨和以致和或亦理之當然乎抑靈雨
零而星言駕衛文中興呼吸帝座所由致雨者不止伐邢一
事伐邢致雨特適逢其會耳是故師興而天雨左氏之質言也
京宏筆天乃雨太史公之快論也

姜白巖曰：齊桓功業，幾以爲更無高出其上者，而子魚獨以爲薄德。伐叛討貳，正齊桓之事，而子魚獨舉文王，隱然有貴王賤霸之意。是言者，德無闕而後可伐人，其本領誠非管仲、狐、趙輩所及也。惜茲又負此賢佐。

姜白巖曰：齊桓既沒，宋襄起而會諸侯，曹、衛、邾、滕從之，楚頗以爲大不利於己，曰：諸侯能助宋之強者惟齊，而宋實有德於齊，然可得而間也。陳、蔡、鄭，楚之與國也，因使陳侯倡爲脩齊桓盟屈完之好，就明於齊。

宋人圍曹，討不服也。〔補注〕曹伯使其大夫與盟而不親會宋公，此謂不服，杜謂由不致餼，非也。子魚言於宋公曰：「文王聞崇德亂而伐之，軍三旬而不降，〔杜解〕崇，崇侯虎。退脩教而復伐之，因壘而降。〔杜解〕因舊軍壘，言不增兵。詩曰大雅：『刑于寡妻，至于兄弟，以御于家邦。』今君德無乃猶有所闕，而以伐人，若之何？盍姑內省德乎？無闕而後動。」

見三按：宋襄心慕霸功，郤又口談王道，故子魚前引齊桓而譏其薄德，此復引文王而勸以省德，皆宋襄之針砭也。宋襄知其仁而不聽其言，安危利菑，自取覆敗，不仁者可與言哉！

陳穆公請修好於諸侯，以無忘齊桓之德。冬，盟于齊，脩桓公之好也。〔程解〕宋襄暴虐，故思齊桓。

見三按：以中國之大，楚雖强，未必敢遽窺上國也。中國自畀

國陽以婿齊陰以間宋於齊而宋之勞孫矣後此齊之盟薄戟泓横行於中國者皆此盟為之地齊孝負德忌功謬以楚為暱已而不望其術中也書人大夫會也楚後于陳蔡明為二國倡是盟也先於鄭鄭尤暱楚尊楚也

美白巖氏命曰新里秦取之已足為前車之鑒而梁即以秦將襲我恐其民而秦遂取梁如影隨形不爽錙黍傳著彼自送去而秦得之所謂自取之也以釋經變文書梁亡之義

傳公在位三十年並無城築土功之事而惟此南門之作非特不時而且僭禮南門改名高門高門即皋門僭也新作南門之皐門僭制也故書以郜文王之子聘季之弟也入春秋來朝為南北極二年取郜之為其制郜也此年來朝之郜南郜也皆附庸于宋時朝無道

而楚始尊矣此一會也名為脩桓公之好實以助楚人之氣陳倡之蔡鄭成之與齊亦附和而從之決黄夏之陶長豺狼之性楚自是執中耳爭諸侯矣春秋深惡之人諸侯而没魯不書蓋以狄待之也

梁亡不書其主自取之也［杜解］不書取梁者主名［補注］不由走告故初梁伯好土功亟城而弗處民罷而弗堪則曰某寇將至乃溝公宮溝塹。罷音皮曰秦將襲我民懼而潰秦遂取梁

見三按天下無不亡之國亦未有不滅而亡之國不滅而亡者虞與梁而已一貪璧馬一好土功昏悖之君自取覆亡於人乎何尤

經

辛巳二十年春新作南門［杜解］魯城南門也本名稷門僖公更高大之改名高門言新以易舊言作

荆楚日强，郜以宋為難恃，而魯為同姓望國，故來朝以求援已。鄭與滑同為諸侯，滑服于衛，遂興師而入其國，以滑為己屬也。記天王出居之[illegible]。秋與齊同狄人盟，皆為宋之伐齊喪。秋救之，今衛欲滅邢，而狄能謀之，故以以退之人，杜則邢衛之志明矣。

桓公以前，隨楚之與國矣，經皆不書，此書者，來告也，自是隨服屬於楚矣。

姜白巖曰：周之正月，夏十一月，土功自此而畢，無日至於動役也。且書春則土工役繁而遲至二三月矣。

以興事更造之文。夏，郜子來朝。郜姬姓國。疏云：二十四年傳富辰所以云郜之初封文王之子聃季之弟，以後更無所聞，唯此年一見而已。隱十年取郜，魯别封為附庸，今來朝。[闕疑]

五月乙巳，西宮災。西宮，公别宮也。天火曰災。

鄭人入滑。秋，齊人、狄人盟于邢。冬，楚人伐隨。

傳　二十年春，新作南門。書不時也。[杜解]失土功之時。凡啓塞從時。門戶道橋謂之啓，城郭墻塹謂之塞，皆官民之開閉，不可一日而闕，故特隨壞時而治之。今僖公脩飾城門，非開閉之急，故以土功之制譏之。

見三按：伯主方殁，諸侯復散，宋襄肆為狂暴，楚亦窺伺中原，故魯懼而作南門。

滑人叛鄭而服於衛。夏，鄭公子士、[杜解]鄭文公子。洩堵寇、鄭大夫。帥師入滑。[張洽]記天王居鄭之始釁。

見三按：齊桓既殁，諸侯横恣，小國不得安處，或用人之君，或

姜白巖曰季梁以一言存隨楚不敢伐者四十年觀隨能以漢東諸侯叛楚則知世守明訓而親兄弟之國也僭王之賊人人得而誅之況當量力而行妄動則非耳後更入郢卒賴其力以存昭徽隨則楚不顧矣方知子文之識遠遜季梁

圍人之都或入人之國凡此皆書之都以見天下無伯也且

以見諸侯皆人役也下泉之嘆豈得已哉

秋齊狄盟于邢為邢謀衛難也於是衛方病邢〔林解〕衛自前年伐邢至今常為

邢疾

見三按齊欲謀邢亦平邢衛可也何至與狄人盟桓公征楚而服之已乃與之盟于國桓公攘狄而卻之已乃與之盟于邢者公負勝矣也

隨以漢東諸侯叛楚冬楚鬭穀於菟帥師伐隨取成而還君子曰隨之見伐不量力也量力而動其過鮮矣善敗由己而由人乎哉詩曰豈不夙夜謂行多露〔胡解〕詩召南以喻違禮而行必有汙辱張洽隨欲復漢東諸侯於中國而德不足以勝之此罪其不量力不若孟子師文王之論按善敗由己已該師文王意

姜白巖曰襄公求諸侯亡一欲字子魚曰君欲已甚正與文仲之言暗合以欲從人是霸者大本領蓋不能無欲而屈已之欲從人之欲其欲乃濟如齊桓之尊周攘楚存三亡國皆因人心所欲而從之者也

見三按隨以漢東諸侯連衡抗楚是楚之力尚未能綏定南方也茍有賢諸侯收之以為用中國拒之於內漢東諸國撓之於外互為声援楚不支矣無如宋襄狂暴歐諸侯以從楚楚無中國之憂得併力以陵江漢江漢小國不如盡折入於楚楚無外患勢益强横專意與中國從事而爭長矣左氏謂隨之見伐為不量力吾謂其不度時

宋襄公欲合諸侯臧文仲聞之曰以欲從人則可（杜解屈已之欲從衆之善）以人從欲鮮濟（為明年鹿上盟傳）

見三按欲字是宋襄一生定案以欲從人兩句是千古成敗關頭臧文仲不仁者三不知者三雖得罪于名教其立言卻自不朽

為邢也邢衛邢祖也書以責邢伐外援殘同姓而終自殘也
伯天下者宋之欲也亂天下者楚之欲也欲伯天下而求之於楚與之同盟此春秋所以列序而人之以著襄公之自取敗辱也
宋襄所恃者有恩於齊也鹿上之盟幸脫虎口齊以齊在也今齊懼楚而不去陳蔡鄭許皆楚之黨也曹又宋之仇也見拒國無疑須內成風毋寧也亦滅之故伐邾
楚者所宗捷也不言宋不與楚之捷于宋盟之盟齊而又会孟故未與諸侯求於楚釋義也不曰宋公歸自楚而曰釋義以不以釋義之權予楚也諸侯不序沒楚子也
姜白巖曰四國就盟於齊宋公以為楚暱於齊矣而且謂已之有德於齊也因要齊以盟楚求諸侯於楚者非借其力也蓋齊桓召陵之役盟屈完而霸故邀明神以怵其心楚不與我敵而霸成矣齊抗與盟者以立已之故勉強從之也經書人以大夫會也讓宋先歃以齊宋兩大國在會也
黃仲炎曰創伯由已非由人也況

經

壬午二十有一年春狄侵衛［杜解］為邢故。宋人齊人楚人盟于鹿上宋為盟主故在齊人上鹿上宋地按今江南太和縣西。夏大旱雩不獲雨故書旱。秋宋公楚子陳侯蔡侯鄭伯許男曹伯會于盂楚始與中國行會禮盂宋地按河南睢州有盂亭。執宋公以伐宋。冬公伐邾為邾滅須句故。楚人使宜申來獻捷獻宋捷也十有二月癸丑公會諸侯盟于薄。釋宋公公本無會期聞盟而往故書公會諸侯［林解］書諸侯不序楚之專執專釋也按薄宋地今河南歸德府治西北有亳城即薄也

傳

二十一年春宋人為鹿上之盟以求諸侯于楚［宮說］齊晉擯楚尊中國所以為霸襄欲霸反求于楚便不識霸者題目楚人許之公子目夷曰小國爭盟禍也宋其亡乎幸而後敗［謂軍敗］

見三按鹿上之盟齊楚相約以誑宋也齊孝念立已之故不欲顯與宋抗故為是盟以驕其志驅之以斃使之不疑為楚

求諸妻宋〻楚〻乎自尋敗爾

妄甚迂甚

姜白巖曰文仲之言使知無益自此省卻多少無罪殺人莊誣殺豫為補救民牧之職故先示旱備雖於周禮十二政未克詳明而救時濟患已勝於縣子之徙市矣饑而不害有備故也此臧氏功也臧孫氏世有達人文仲名言得之家學歟

所執子魚所謂禍也幸而後敗已結泓戰之胎

夏大旱公欲焚巫尫按杜解巫尫女巫也主祈禱請雨者春秋傳說在女曰巫在男曰覡檀弓穆公欲暴尫又欲暴巫則巫尫非一類巫主禱神尫為瘠病覡天哀之而雨也鄭注禮記謂尫面仰天杜引或謂瘠病之人天恐雨入其鼻故旱則附會矣○烏黃反臧文仲曰非旱備也脩城郭貶食省用務穡勸分林解務穡以稼穡為先務杜解勸分有無相濟此其務也巫尫何為天欲殺之則如勿生若能為旱焚之滋甚公從之是歲也饑而不害不傷害民

黃鄭林曰齊景公欲誅祝史聞晏子之言薄斂省征而疾遂瘳魯僖公欲焚巫尫從文仲之言務穡勸分而饑不害一念之微直帝謂一言之善可挽天心天人之感應微矣

見三按大旱天災也因旱而焚巫尫是愈干天怒也僖公賢主何至作此殘虐不仁必其時有術士倡為邪說以示厭災

姜白巖曰：盂之會，假如楚仍以宋主盟，則宋霸成矣。齊孝非所樂也，於是臨期不至。至者惟諸小國，又多暱楚而賴之，膽肆矣。章子魚當國，猶不可伐，否則幾何而不為犧乎。蓋宋公方扶齊為重，而不知孝公之不至；齊侯方媚宋之主盟，而不知其被執；諸侯以為宋楚之戍，而不知楚人之厚藏其毒也。不書楚執，不與楚人之執也。禍猶未也，以襄既釋歸，猶銳意伐楚也。

黃鄭林氏：宋襄一生只是僥羨齊桓，而不求所以霸之本末，妄作生事，以希成伯，一覆之不知懲，以至於殺身而後已。嗟乎，古今欲速者多矣，未有如宋襄之愚者也。

之意，公亦不免為所惑。文仲先言旱備之當務，後言巫尪之不可焚，莊論而以危言出之，即聾聵者亦當改容動色矣。饑而不害，其利溥哉。

秋，諸侯會宋公于盂。子魚曰：「禍其在此乎！君欲已甚，其何以堪之？」於是楚執宋公以伐宋。冬，會于薄以釋之。〔宋鈞〕齊晉諸大國坐視宋公之屈辱，而公獨不畏強楚，曲為之諱，意良厚矣，而傳者乃為魯罪，謬也。子魚曰：「禍猶未也，未足以懲君。」〔杜解〕為二十二年戰泓傳。

見三按：齊晉前中國以攘楚，宋襄求諸侯以盟楚，定霸而霸之旨已失。倏而執，倏而釋，操縱由人，不知戒懼，猶貪諸侯，卒致敗泓，傷斃而禍始已。要皆欲之為害也。文仲、子魚言若一轍，而婉切殊致，踈戚之異耳。

公羊傳：盂之執，子魚歸宋絕

宋公以拒楚。楚不能克，薄之，釋宋公。未，衛子魚迎而復之。宋
襄以無知狂妄，辱身禍國，微子魚幾至于亡。賢人之於國家
豈輕哉。然宋襄能不怨其舍己，則優于鄭成公之殺叔申矣。
宋襄假仁義，獨於此事最得加。

任、宿、須句、顓臾，風姓也。實司大皞與有濟之祀，〔杜解〕司，主也。大皞，伏羲。四國，伏羲之後，故主其祀。〔權衡〕顓臾受王命為魯附庸，自不得見經。須句司大皞、有濟之祀，則非魯私屬矣，亦不得稱附庸。凡經傳稱來奔者，皆列國也。按四國封近於濟，故世祀濟水之神。孟子時猶有任人，則任國未滅也。隱八年書宿男卒，則宿為男爵。此傳云須句子，則為子爵。皆不屬魯。杜謂顓臾之祀，非也。任，今山東濟寧州。又東平州東南有須句故城，費縣西北有顓臾城。○句，其俱反。以服事諸夏。與諸夏同服王事。邾人滅須句，須句子來奔，因成風也。須句，成風家。成風為之言於公曰：崇明祀，保小寡，周禮也。明祀，大皞、有濟之祀。保，安也。蠻夷猾夏，周禍也。此邾滅須句，而曰蠻夷。邾雖曹姓之國，迫近諸戎，雜用夷禮，故極言之。猾

善白巖曰：代邾復須句而反其君，此興滅繼絕，善之尤者，而經書取，以其實自有之也。須句為成風家，父母家，故失國來奔，而成風即以為利，是惰祀紓禍者其名，利其有而取之者其實，故不意中露一封字。封者，我取其地以封其君，因以其國為我附庸，此成風之教也。然則僖公是役，何異鄭莊之於許叔，齊襄之於紀季，安在其為興滅繼絕者，亦取之而已矣。

伐

邾滅須句，非義也。公伐邾而取須句，而反其君，高義也。然何以書取？蓋歸其君，使爲我附庸，就我取之也。宋以和服虎口，不能發憤復德，以函桑榆之補，怨鄭即楚，遂合三國兵而戰之，愚而悖矣。旌踐呂禍，實自取也。

夏亂諸夏，若封須句，是崇皞濟而脩祀紓禍也。紓解也，為明年伐邾傳。紓音舒。

黃𡾰林曰：周禮周禍，絕大議論，竟出諸婦人之口，乃知成風的是女中英，故能私事成季，援立僖公，而成中興之烈。見三接普天之下，莫非王土，侯甸要荒托周宇下者，皆周也。故蠻夷猾夏，即爲周禍，以其不知有周也。須句爲周須句，邾如何可滅？魯如何不救？但須句來奔，係因成風，求免涉於私情，成風以公義出之，正論煌煌，簡嚴肅穆。周禮在魯，齊仲孫、晉韓起皆能言之，成風更推及周禍，識又加人一等。

經 癸未 二十有二年，春，公伐邾，取須句。夏，宋公、衛侯、許男、滕子伐鄭。秋八月丁未，及邾人戰于升陘。〔杜解〕魯地。恥之，不言公，又不言師敗績。冬十有一月己巳朔，宋公及楚人戰于泓，宋師敗績。宋伐鄭，楚救之，故戰。

書及公戰也，不言敗，諱恥也。觀此則知春取須句非有存亡繼絕之公心審矣。宋襄復諫求欵於勝君，用鄫子，圍曹，伐鄭，窮極兵殘，乃於傷敗之餘，欲以不重傷、不禽二毛自解，此君子所以不齊之自以於孔子也，愚甚妄甚。

也。楚告命不以主帥人數，故畧稱人。〔方解〕宋公身傷，而書法與鄢陵異，蓋宋人諱之，而楚則未得其詳，鄢陵則晉人特張其事也。按泓水名，今在河南柘城縣北。

傳　二十二年春，伐邾，取須句，反其君焉，禮也。〔杜解〕得邮寡小之禮。〔陳傳〕傳言經不書邾滅，蔽罪於魯。呂氏曰：周禮之說，如齊仲孫、晉韓宣子皆言之，至周禍知之者，成風一人而已。

黃薌林曰：須句主皞濟之祀，非邾所得滅，猶顓臾主東蒙之祭，非季氏所可伐也。成風之請不為私，僖公之伐見其義。僖公嘗從齊桓會盟，此亦得其城邢封衛之意。至文七年取須句，寘邾文公子為大夫，絕皞濟之祀以與叛臣，何其謬也。

三月，鄭伯如楚。夏，宋公伐鄭。〔補注〕經敘諸侯，傳每畧之，他倣此。子魚曰：所謂禍在此矣。〔杜解〕怨鄭至楚，故伐之，為下泓戰起。

見三按：鄭之朝楚，自應討罪，宋之伐鄭，實不量力，故子魚前

金履祥曰：伊洛王畿，天地之中，雖曰曠土，豈宜遷戎居之？秦晉之罪不惟華偪周甚矣，有是伊洛之戎，世為周患。

魏傳曰：人無禮則與禽獸無別。凡風俗之端，禍亂之始也，故君子慎之。後世風俗之壞，必先於士夫，而齊民效之，浸至亡國喪君子孫，屠戮者不一而足矣。

周大章曰：以一人之被髮野祭，而決其地之必戎，如響斯應，毫髮不爽，識氣機祇在明義理耳。有禮無禮，不別甚微，關係絕大。左氏判人休咎，多在此上決斷，讀者當為留心。

猶懸揣其禍，此則直決其禍。言者諄諄，聽者藐藐，卒致有泓之敗。老臣血涕，真覺欲洒無從也。

初平王之東還也，（杜解）周幽王為犬戎所滅，平王嗣立，故東還洛邑。辛有，周大夫。適伊川，周地，伊水也。見被髮而祭於野者，曰：「不及百年，此其戎乎！其禮先亡矣。」被髮而祭，有象夷狄。秋，秦晉遷陸渾之戎於伊川。允姓之戎居陸渾，在秦晉西北，二國誘而徙之伊川。疏云：十一年傳稱伊雒之戎同伐京師，則伊洛先有戎矣。而以今始遷戎為辛有言驗者，蓋今始居被髮祭野之處耳。

黃鄉林曰：東晉士大夫好任達，喜清談，弃禮法，始桎梏，以袒禓為風流，遂召五戎之禍。辛有此論，可為千古龜鑑。

見三按：戎兆於被髮，而禮亡於東還。王迹熄，斯戎患隨之。微管仲，恐被髮左衽者不止一伊川也。首尾兩還字，特特相映。

司隸威儀千古同嘆耳

晉太子圉為質於秦、將逃歸、謂嬴氏曰、與子歸乎、〔杜解嬴氏秦所妻子圉懷嬴也〕對曰子晉太子、而辱於秦子之欲歸、不亦宜乎、寡君之使婢子、侍執巾櫛、〔婢子婦人之卑稱也〕以固子也、從子而歸、棄君命也、不敢從亦不敢言、遂逃歸、〔傳終史蘇之占、說嬴氏當子圉之謀歸而沮其行、則子圉憚嬴之告、必不敢逃、而父子夫婦兩全情之疎義之薄也〕

黃鄭林曰懷公一無用孺子質秦數年碌碌因人嬴氏知之稔矣友也不良與其覇之在秦永作終身之誤何如縱之歸晉或有後會之期不敢從亦不敢言處置得宜亦脂粉之英雄惜乎初心不固竟至捧匜沃盥又抱琵琶過別船矣

見三按逃歸而謀及婦人設被漏言其將能乎子圉負如木

趙東山曰齊侯之請已失之富辰之言亦非也舜封象于有庳未嘗留之京都子帶召寇作亂與象不同宥之列國可矣乃還京師以起後患謂之協其兄弟豈不謬哉

也不敢從明己之不當去亦不敢諱並不欲其留與圍即內外無親何至數年伉儷而亦如此淡薄與時捧匜沃盥英雄兒女克稱心懷始信天下自有丈夫耳

富辰杜解周大夫言于王曰請召大叔杜解王子帶十二年奔齊詩小雅曰協比其鄰昏姻孔云言王者為政先和協近親則昏姻甚相歸附也鄰猶近也孔甚也云旋也吾兄弟之不協焉能怨諸侯之不睦王說王子帶自齊復歸于京師王召之也傳終仲孫湫之言也為二十四年天王出居於鄭起

見三按子帶之惡更甚子頹召戎代京較犬戎之禍特一間耳王不能討復聽富辰之言召之歸京卒成大亂致煩晉侯勤王之師殺之於隰城其於協比何有焉帶固罪惡王亦未能執義乃知無使朕殺叔父名的非與奪之言

姜白巖曰須句之役義利兼收故得志而驕豈意魚門之縣胄求辛螫傳首提出須句人以爲是邾人與師之故不知卫公敗績之由也

邾人以須句故出師公卑〈杜解小也〉邾不設備而禦之臧文仲曰國無小不可易也無備雖衆不可恃也詩曰戰戰兢兢如臨深淵如履薄冰〈詩小雅言常戒懼〉又曰敬之敬之天維顯思〈顯明也思辭也〉命不易哉〈周頌言有國宜敬戒天明臨下奉承其命甚難〉先王之明德猶無不難也無不懼也況我小國乎君其無謂邾小蠭蠆有毒〈孔疏俗文云蠆長尾謂之蠍○蠆勅邁反〉而況國乎弗聽八月丁未公及邾師戰於升陘我師敗績〈按傳見不〉

書敗績諱之也邾人獲公冑〈兜鍪〉縣諸魚門〈邾城門〉

黃薌林曰居暇之伐羅也不設備而有荒谷之縊魯僖之禦邾也不設備而有魚門之懸兵凶戰危輕心掉之未有不敗者也文伯立言不朽得之家學者多此篇說道理似宋五子僖之役雖得報於訾婁魚門之懸已取笑於列國臨說利害似宋三蘇而[illegible]觀魚納[illegible][illegible]相[illegible][illegible]讀者不以人商者戒之廢言可也

姜白岩曰荆楚之強幾無與敵子文為政忠而有謀楚頗言聽計從觀召陵之師雖桓公管仲劇費周章而宋襄乃欲犄然駕之乎當是時襄果見執而三國旋且弃楚和宋陳亦離心誠以楚人以詐不足庇而思中國之有霸也苟能脩政布德以禮綏諸侯未嘗不可自強威楚乃急于爭鄭牽三國伐之楚師來救宋独與戰不待智者而知其必敗矣子魚援出天命不宥使之惕然罷兵

見三拕臨事而懼孔門之心法即千古之兵法也趙括長平之坑馬謖街亭之敗皆以輕敵不備覆亡相繼魏夏侯尚乘江水淺狹作浮橋渡江董昭曰武皇智略過人未嘗輕入如此之甚後尚幾不免故敵無弱弱不可狃敵無寡寡不可狎蠭蠆有毒而况國乎臧文仲之言可為萬世永戒

楚人伐宋以救鄭宋公將戰大司馬固諫曰天之棄商久矣君將興之弗可赦也已〔附注〕此稱大司馬下言司馬又言子魚實一人也史記世家亦以此為子魚之言固諫猶云固請固辭耳〔補正〕隱三年召大司馬孔父而屬殤公焉桓二年言孔父嘉為司馬知大司馬即司馬也定十年公若藐固諫知固諫之為堅辭以諫也杜以固為名謂莊公之孫公孫固非也弗可赦言違天天必不宥也弗聽冬十一月己巳朔宋公及楚人戰于泓宋人既成列楚人未既濟〔杜解〕未盡渡泓水司馬曰彼衆我寡及其未既濟也請擊之公曰不可既濟

狀可自保，今以寡敵衆，即使阻隘鼓之，或未能勝，况待其成列也耶？有懼焉一層，正指此以下節節与此反應。宋襄平日執滕用鄫，無一不爲至迂，戰時偏學起仁義來，彼見齊桓伐楚以德禮爲主，楚之人遂服，故欲以堂堂之陣威服蠻夷。及至敗後，自明其心，原非飾說，而豈知仁義非一時所能襲取哉？子魚從重傷二毛上儘力批駁，以見公之所爲仁義乃賊己害民之仁義也。○呂東萊曰：公羊子以宋襄之戰文王不是過。嗚呼，宋襄何足以知文王，若子魚真知文王者也。其諫伐曹謂文王因壘而降，妙得文王之本心；至于泓之戰，其諫發揚激烈，奮起勁悍，驟與前日異，若與文王不相似，此真學文王者也，則知宋襄之不善學文王矣。

而未成列，又以告。公曰：未可。既陳而後擊之，宋師敗績。公傷股，門官殲焉。（門官守門者，師行則在君左右。殲，盡也。）國人皆咎公。公曰：君子不重傷，不禽二毛。（頭白有二色。○重，直用反。）古之爲軍也，不以阻隘也。（不因阻隘以求勝。）寡人雖亡國之餘，（宋，商紂之後。）不鼓不成列。（恥以詐勝。）子魚曰：君未知戰。勍敵之人，隘而不列，天贊我也。（勍，強也。言楚在險隘，不得陳列，天所以佐宋。○勍，其京反。）阻而鼓之，不亦可乎？猶有懼焉。（雖因阻擊之，猶恐不勝。）且今之勍者，皆吾敵也，雖及胡耇，獲則取之，何有於二毛？（今之勍者，謂與吾競者。胡耇，元老之稱。）明恥教戰，求殺敵也。（明設刑戮，以恥不果。）傷未及死，如何勿重？（言尚能害已。）若愛重傷，則如勿傷；愛其二毛，則如服焉。（言苟不欲傷殺敵人，則本可不須鬬。）三軍以利用也，（按：利猶易利有攸往之利，杜解云爲利興，是也。言乘其利而進也。補正規杜，非是。）金鼓以聲氣也，（附注）劉用熙曰：聲，宣也，宣揚士卒之勇氣。孔疏：周禮鼓人掌六鼓四金，而金錞、金鐲、金鐃、金鐸皆助鼓以聲氣，故曰金鼓。聲氣惟止鼓則

鳴金鐃〔林注〕以此利而用之阻隘可也聲盛致志鼓儳可也〔朱解〕
金為收兵者誤也
鼓聲之盛以致三軍勇戰之志按儳儳互不齊也
即未整意言當鼓其未整之陣也○儳仕銜反

黃鄉林曰宋襄志滿望奢乘齊桓之初殁不特圖霸並欲興
商故子魚有天棄商之諫使其戰泓獲勝偃然稱王未必不
先見於春秋也夫宋小國也安能敵楚不戰自是勝策即不
得已而戰兵不厭詐用間出奇如晉臣先軫之謀欒枝輿臣
之計何不可者既不量力又不慮勝至戰敗而以君子自慰
是妄人也亦愚人也列之五霸不亦偉乎
見三按叩梟宋襄叩梟此祀小國是殘重傷二毛強敵猶恤開後
世假道學一輩王莽其敵嫡商也王莽兵敗而自比於孔子宋
襄師敗而自解以君子其安同其詐亦同子魚有德有札使

襄從其言王道可興何況霸業惜乎以規為瑣責諸良佐負
下愚也。齊桓晉文未有獨與楚挑戰者次陘八國城濮亦
亦四國也齊桓晉文未有無權術以與楚決鬬者次陘扼險
城濮亦用奇也吳獨克吳強也晉以後亦多獨克晉甲兵日
以加亦强也宋亡國之餘又見執之後也有一子魚而不能
用獨鬬而不阻隘兵敗身傷固宜然謂宋襄之仁義為偽未
足以服其心也齊桓之霸也召陵之役可以勝矣而弗之勝
也宋襄褊狹其事而欲矯其所為以虐滕君犧牲鄫子齊君
臣數十年經營而不足而欲以一旦圖之將折服強悍之楚
繫其頸而笞其背迨身自見執而後知計之疎齊桓之未可
非也然後始轉而效之摹焉而為已甚噫若宋襄者其亦愚

姜白巖曰謝楚救也芊氏出勞又加姜氏視楚子真是至親又入享九献旅百又加籩豆視楚子真是嘉客於是母女送賓遠郊夜出忽地變顏摟二女以去乃悟勞非禮近俘非禮送非禮夜出非禮所以致其無禮也

黃鄭林曰楚蠻夷也使夫人勞之傍礼以饗之越礼以送之無怪其大肆無礼取二姬以歸也當時未有子產太叔之臣無能以義抗所以之者中國之辱甚矣雖為楚所料何益乎

人而已矣

丙子晨鄭文夫人芊氏姜氏勞楚子於柯澤【杜解】鄭地楚子還過鄭鄭文公夫人芊氏楚女姜氏齊女也【陳傳】傳言楚子在師○芊彌爾反楚子使師縉○楚樂師音晉示之俘馘所俘得因馘所截耳君子曰非禮也婦人送迎不出門見兄弟不踰閾門限戎事不邇近也女器物也【附注】郭定襄曰戎事尚嚴不近女子所御之物況使婦人至軍中又示以俘馘乎

丁丑楚子入饗於鄭為鄭所饗九獻用上公之禮九献酒而禮畢庭實旅百庭中所陳品數百也加籩豆六品食物六品加於籩豆籩豆禮食器饗畢夜出文芊送於軍取鄭二姬文芊女以歸叔詹曰楚王其不沒乎不以壽終為禮卒於無別無別不可謂禮將何以沒諸侯是以知其不遂霸也言楚子所以師敗城濮終為商臣所弑

見三按芊氏勞送已屬不可況加之以姜氏又重之以二姬鄭

若相何在竟以勞送之禮属之婦人中冓之醜可勝道哉此

宜責鄭而傳單咎楚者齊桓甫歿鄭即朝楚紊華夷之別文

安知男女之別責楚成即以外鄭文也

八閩文庫

八閩文庫
文獻集成
215

福建文獻集成

續編 經部 一五

吴格 主編

海峽出版發行集團
THE STRAITS PUBLISHING & DISTRIBUTING GROUP
福建人民出版社

本册目次

春秋左傳精義五十卷（卷一一至卷二三）

[清] 長樂黄一桂輯　[清] 長樂黄見三補輯

福建師範大學圖書館藏稿本

5

僖公下

22

齊之役，五國盟楚，宋獨不與，於義為正，不可以此譏之。役宋，齊師孝方得立，於恩為重，不當伐也。況前年敗泓，宋方傷敗，伐而圍之，更背於義。卒[illegible]不奔喪，魯畏楚耳，宋不往會也。陳不與盟，書南不從役，伐鄭而盟齊，則與會孟，則從，惟見其服於楚，不見其[illegible]在楚也，小者或伐之，取其二邑，其不道甚矣。杞成稱子，再自降班，必不名史佚之[illegible]。

姜白巖曰：齊已與鹿上之盟矣，今以宋不與盟于齊為討，非其本意也。楚勝故媚之，宋敗故侮之，是勢利之徒，以怨報德，亦是背義之徒。

見三按：宋襄、齊莊是一流人。襄以為太子而與伯主之會，莊亦以為太子而與伯主之[illegible]。襄乘齊桓之殁而興師伐齊，莊乘晉悼之殁而興師[illegible]。[illegible]師伐鄭，狂吠，出不能噬人，適以速斃。然襄傷股而[illegible]，莊傷兄而[illegible]。[illegible]

春秋左傳精義卷十一

閩中鄉林　黃一桂　輯　男　心垣見三補輯

僖公四

經 二十有三年(甲申)春，齊侯伐宋，圍緡。(宋邑。按今山東金鄉縣東北。音民。)夏五月庚寅，宋公茲父卒。(成公。襄公子。王臣立。)秋，楚人伐陳。冬十有一月，杞子卒。(成公。桓公姑容立。)

傳 二十三年春，齊侯伐宋，圍緡，以討其不與盟于齊也。(在十九年)

見三按：已則媚楚，而反責人之不與盟，不特負恩，抑且背父[illegible]終子魚之言，得死為幸。曰書葬諸侯，畏楚無會葬者。

齊之役，五國盟楚，宋独不與，存義焉，正不可戕也。泓之役，宋敗，楚[illegible]師，楚方得志於恩，當重不當伐也。況前手敗泓，宋方傷敗，伐而圍之，[illegible]義[illegible]，[illegible]晉畏楚，宋不往會也。[illegible]

姜白巖曰：齊已與鹿上之盟矣，忽以宋不與盟于齊爲討，非其本意也。楚勝故媚之，宋敗故侮之，是勢利之徒，以怨報德，亦是背義之徒。

賀中軾曰：宋襄固讓君位，雖季札之賢，何以加此。及其嗣位，狂暴

春秋左傳精義卷十一

閩中鄉林　黄一桂　輯　男　心垣見三補輯

僖公四

經 甲申 二十有三年春，齊侯伐宋，圍緡。宋邑，按今山東金鄉縣東北。音民。夏五月庚寅，宋公茲父卒。襄公。成公王臣立。秋，楚人伐陳。冬十有一月，杞子卒。桓公。成公姑容立。

傳 二十三年春，齊侯伐宋，圍緡，以討其不與盟于齊也。在十九年。

見三按：已則媚楚而反責人之不與盟，不特負恩，抑且背父，齊孝真靦顏也。

夏五月，宋襄公卒，傷於泓故也。［杜解］終子魚之言，得死爲幸。［日抄］不書葬，諸侯畏楚，無會葬者。

顛倒無一善狀卒致喪師殺身前後若兩人然何也蓋宋襄非能賢者也實禎而慕賢人之事者也徒慕讓國之為美而不知太子非讓位之人徒慕合諸侯之為霸而不知尊攘為霸之机權徒慕不禽重傷不禽二毛之為仁義而不知明恥教戰殺敵為軍旅之禮凡宋襄之所為者皆所謂非禮之禮非義之義故其讓其霸其仁其義緢成一宋襄非兩人亦非兩事列于五伯殊不可解

姜白巖曰或曰以宋襄之悟德而許之為霸何也曰此圣經之義也齊桓既沒鄭伯先朝于楚小侯蟻附楚遂與中國之盟齊孝晉惠生攜大國恭然無志也而襄公乃毅然欵繼齊桓之業以攘楚為心伐從楚之鄭此其志非聖人所節取者哉楚有僭王猾夏之罪譬如人之悍奴竊主人之田宅而又妻戮主人之族屬為之子孫者莫不俯首聽命轉為之

秋楚成得臣〔杜解〕子玉師師伐陳討其貳於宋也遂取焦夷〔按〕皆陳邑今江南江南亳州城頓而還頓國名今河南項城縣北有南頓故城〔陳傳〕傳為二十五年納頓子張本子文以為之功使為令尹叔伯〔楚大夫蒍呂臣〕曰子若國何〔以子玉不任令尹〕對曰吾以以靖國也夫有大功而無貴仕〔貴位〕其人能靖者與有幾〔言必矜功為亂〕

不可不賞〔呂鑑〕此例句也若曰其有幾人能靖者與〔呂說〕子文靖國之語何其悖也自非賊盜小人未必皆有是心子文何槩以此待天下耶自斯言出人君懼其不靖反加屠戮孰敢以功名自奮耶

見三〔按〕有大功者必膺貴仕漢高若知此理可無菹醢功臣之禍但子文之授政子玉原取其才可鄙華偏說吾以靖國是欺人語亦是瞞心語楚人多詐子文且然何況其他

九月晉惠公卒〔杜解〕經在明年從赴懷公〔子圉〕命無從亡人〔重耳〕期期字。〔上如字下音基〕而不至無赦狐突之子毛及偃從重耳在秦弗召冬懷公執

狐突曰子來則免（未期而執突以不召子故）對曰子之能仕父教之忠古之制也策名委質貳乃辟也（名書於所臣之策屈膝而君事之則不可以貳辟罪也補正讀贄同）今臣之子名在重耳有年數矣若又召之教之貳也父教子貳何以事君刑之不濫君之明也臣之願也淫刑以逞誰則無罪臣聞命矣乃殺之卜偃稱疾不出曰周書（康誥）有之乃大明服（君能大明）則民服已則不明而殺人以逞不亦難乎民不見德而唯戮是聞其何後之有（言懷公必無後於晉為二十四年殺懷公張本）

黃鄉林曰重耳君父不校奚犯仁親為寶是君是臣沆瀣一氣直堪弁冕春秋而其淵源則由於狐突子之能仕父教之忠義方訓必有熟聞於過庭下者伏劍而死侃侃不屈卒致其子贊成大業狐偃有父王陵有母皆古今非常人也

役而有一人焉視為不共戴天而與之鬭事雖無成不可謂非烈丈夫也故齊桓宋襄晉文其霸不同伐楚則一也伐楚之利鈍不同討亂賊則一也桓文之霸以其功也宋襄之霸以其志也故戰國之世能言距楊墨者聖人之徒也春秋之世能言伐楚者桓文之徒也

吳草廬曰考之經唯見陳之服於楚不見陳之貳于宋蓋以伐宋之後鄭畏而朝楚陳未朝楚即誣貳宋之罪其勢不至于滅陳不已也頃小國也迫陳而服於楚陳嘗病頃故為城三而邑城頃亦非大功酬之為太厚矣朱子謂趙汝愚曰當厚賞侂胄而不使預政天理之公也子文已知子玉敗闕君用其人猶當諫止而使為令尹（主國政）

周大章曰畏其不清而使為令尹使非舉賢此駕馭英雄之法所以致喪師辱國為賈之前先有叔伯可知楚廷具藻鑑之識者未嘗無人特君相不悟耳嗚呼安石執拗賊檜

陰險當國，諸君子多述不悟，有識之言，衰衰如也耳。讀史至此，令人反覆嘆息也。

魏禧曰：齊之正論，後世君王陵越甚，三母共形，義實親，亲共叔，則知爲子之道，親於冥，則知爲父之道，父子君臣之壹而不失其正，可爲萬世法也。

見三按：吏吾蔡慶鄭之屬，殘刻然，猶曰誤君有罪也，抑寡何罪，乃因二子從亡之故，淫刑以逞忌之愈甚，非輒之黨，高梁之刑，自速之耳。父教子貳，何以事君，與縮高不從攻管之命曰：父教子倍，亦非君之所喜，意正相同。猶冥見殺，縮高自殺，有同觀哉。

十一月，杞成公卒。書曰「子」，杞夷也。不書名，未同盟也。凡諸侯同盟，死則赴以名，禮也。赴以名，則亦書之。〔杜解〕謂未同盟。不然，則否。謂同盟而不以名告，辟不敏也。敏猶審也。〔解〕伯姬在杞，而杞子之卒不名，知舊史記事有詳略，而不可以義法求矣。

見三按：朱子述程氏，迺謂春秋時小國朝聘貢賦之多寡，視其爵之崇卑，可謂深中當日事情。蓋國小民貧，庭實多闕，因託言地處僻陋，不能如禮，以子男之會、公侯者相見禮者，交鄰之器幣也。當時霸國小國來朝，用伯禮者以伯書，用子男

周大章曰春秋時憑陵諸夏者莫如楚服制楚者莫如晉要自城濮戰始故五伯雖始齊桓要歸究是晉文十九年崎嶇列國患難備嘗情僞盡知動忍增益所以能做出此掀天揭地事業傳特為敘次一番為文公寫一生甘苦即為晉國立累世基業并春秋南北升降之機亦槩繫於此讀者正須大著眼孔

姜白巖曰按外傳晉既殺奚齊卓子里克平鄭使屠岸夷迎公子重耳於狄舅犯不可曰因喪得國何以導民遂謝里克人莫不仁公子而吾以為舅犯之言非計也是時奚齊卓

禮者以子書春秋夷狄之君皆稱子魯以其自貶於夷故謂其自同於夷且謂其用夷禮又謂其不敬不共蓋以斃之隆殺別華夷亦以物之厚薄為敬肆衰世之邦交也

晉公子重耳之及于難也晉人伐諸蒲城（杜解事在五年）蒲城人欲戰重耳不可曰保（猶恃也）君父之命而享（受也）其生祿（孔疏人以生故曰生祿）於是乎得人（以祿致衆）有人而校（報也音教）罪莫大焉吾其奔也遂奔狄從者狐偃趙衰（趙夙弟）顛頡魏武子（魏犨）司空季子（胥臣臼季也時晉臣）狐毛賈佗皆從而獨舉此五人賢而有大功（疏云胥臣名臼食采臼邑字季子而為司空故名氏互見也）狄人伐廧咎如（赤狄別種隗姓○廧在良反咎古刀反隗五罪反）獲其二女叔隗季隗納諸公子公子取季隗生伯儵叔劉以叔隗妻趙衰生盾（趙宣子○儵直由反）將適齊謂季隗曰待我二十五年不來而後嫁對曰我二十五年矣又如是

此亦孫伯符周公瑾之二喬也

三

俱弒矣，主晉祀者非重耳而誰也。他日文公謂寺人披曰：女為惠公來殺予，汝中宿至，則狄之於晉二日可入其都。斯時里克、狐突與大夫下及奄豎莫不延頸以待公子之入，使五臣者能如鮑叔牙以莒師從役，閒道疾行，則有國如反掌，即惠公展轉行賂，以西師來而吾已擐甲御秦人於河上矣，若之何守匹夫之硜硜者耶。或曰：里克弒君之賊，賊可與共？子犯之所以謝絕也。曰：非也。豎牛立叔孫昭子而卒逐豎牛，丁公貳於漢高而卒斬丁公，大義所在，可以並行不悖也。然則公子之辭秦使，子犯仁親為寶之言，其亦非歟？曰：據檀弓，秦穆之使弔也，在奚齊未弒之前，公子因以為利，是反父命而稱亂也。里丕之迎公子也，在奚卓均弒之後，是以身屯傾否者為仁其親，秦越其親則忘親之甚者也。

而嫁，則就木焉。言將死入木，不復成嫁。請待子。貞女 處狄十二年而行。以五年奔狄，至十六年而去。按九年獻公卒，十五年秦伯納惠公，此時已無望於秦，齊桓霸業方隆，因有適齊之志。公子過衛，衛文公不禮焉。〔陳傳〕為二十八年晉伐衛傳。出於五鹿，衛地。按屬直隸開州。乞食於野人，野人與之塊。公子怒，欲鞭之。子犯曰：天賜也。得土，有國之祥，故以為天賜。稽首受而載之。及齊，齊桓公妻之，有馬二十乘。四馬為乘，八十匹也。公子安英雄惟女色可豢，周瑜所由以孫夫人豢昭烈也之。從者以為不可。將行，謀於桑下。齊桓既卒，孝公不可恃故。蠶妾在其上，以告姜氏。重耳妻。姜氏殺之。恐孝公怒其去，而殺妾以滅口。而謂公子曰：子有四方之志，其聞之者，吾殺之矣。公子曰：無之。姜曰：行也。懷與安，實敗名。〔林解〕懷人之寵與安己之居，實足以敗壞功名。公子不可。姜與子犯謀，醉而遣之。醒，以戈逐子犯。無去志，故怒。〔疏〕云晉語：逐子犯，曰：若無所濟，吾食舅氏肉，其知厭乎。及曹，曹共公聞其駢脅，欲觀其裸。浴，薄而觀之。薄，迫也。駢脅，合幹。〔疏〕云腋下謂之脅，其骨謂之幹，駢，比也。

萬國虛無人他人襲而有之祖
宗不血食仁親者固如是耶至
後惠公得國晉有君矣公子崎
嶇齊宋曹衛偃偃無稅駕之鄉
爭塊之辱作而天賜何始則仁
而卒以利也且五臣斯時為公子
之計獨不適昏姻之秦而投虎
狼之楚公子復以大言勉過幾
責子玉之怒是五臣之知在鴻
門謝楚之下公子之知又在閬霤
失箸之下也嗟呼始則請囚謝
罪繼而絕惠殄懷於其親親
之誼為何如者寓花人傑也乃
舍仁義之師而為爭奪之計哉

晏安酖毒管仲以戒桓公而齊
伯懷安敗名姜氏以戒文公而
晉興從未成大事人未有不憂
勤惕厲者故曰生於憂患而
死於安樂

沛公鴻門之宴是假項[illegible]
昭烈失箸之對是真英雄

骨相比迫若一骨然陳傳為後侵曹傳駢薄賢反裸力果反薄音博僖負羈之妻曰吾觀晉公異人焉哉
子之從者皆足以相國若以相夫子必反其國按若若人也言以若人相夫子
必反其國附註謂在夫子句絕是也反其國必得志於諸侯得志於諸侯而誅無
禮曹其首也子盍蚤自貳焉自貳自別異於曹乃饋盤飧寘璧焉臣無竟外
之交故用盤藏璧飧中不欲令人見說文飧餔也公子受飧反璧及宋宋襄公贈送也之
以馬二十乘按天下可與圖晉者齊楚為大宋次之自曹入宋投贈亦殷然納之入國衷非其人及鄭鄭
文公亦不禮焉按為三十年圍鄭傳叔詹諫曰臣聞天之所啓開也人弗及
也晉公子有三焉天其或者將建諸君其禮焉男女同姓其生
不蕃息也晉公子姬出也而至於今一也大戎狐姬之子故曰姬出離外之患
出奔在外而天不靖晉國殆將啓之二也有三士足以上人而從之
三也國語狐偃趙衰賈佗三人皆卿才疏云宋公孫固言晉公子父事狐偃師事趙衰長事賈佗按先點五人又說三人見

然沛公亦云由數項羽昭烈亦云由此許汜英雄之氣自有桂倘不任處往以陳餘敖赴官張陳優劣成敗之端也吾子促之楚庭正是講服楚子處故楚子亦決其必興而送諸秦與則有促其歸不得不直子玉之私以將謀晉而安渡假其吾許事畢也

彭士望曰：以宋襄之患暴而能知重耳，以衛文之亡明而不加禮，何哉？曲伯之君甚知處經營，多主遠大，屬故於過客近人每每留心，不肯忽略；自守之君經營只在四境之內，苟知節儉立國而已足矣。衛文布衣帛冠，無遠大之視，而宋襄有度外之舉也。

楚成一生險譎，獨於重耳長厚，知其豈不容於楚而送諸秦，蓋子玉欲殺之而恐有不及防之禍也。唐伯元云

人材之多。晉鄭同儕也，其過子弟固將禮焉，況天之所啓乎？弗聽。及楚，楚子饗之，曰：「公子若反晉國，則何以報不穀？」對曰：「子女玉帛，則君有之；羽毛齒革，則君地生焉。其波及晉國者，君之餘也。其何以報君？」曰：「雖然，何以報我？」對曰：「若以君之靈，得反晉國，晉楚治兵，遇於中原，其辟君三舍。若不獲命，三退不得楚止命也。其左執鞭弭，右屬櫜鞬，以與君周旋。」弭弓末無緣者。櫜以受箭，鞬以受弓。屬者也。周旋，相追逐也。疏云：弭，弓末也。孫炎曰：緣繳束而髹之，弭不以繳束，骨飾兩頭者也。○弭，莫爾反。屬，音燭。櫜，古刀反。鞬，九言反。緣，悅絹反。子玉請殺之。畏其志大。楚子曰：「晉公子廣而儉，志廣而體儉。文而有禮。其從者肅而寬，肅，敬也。忠而能力。晉侯惠公。無親，外內惡之。吾聞姬姓唐叔之後，其後衰者也，其將由晉公子乎！天將興之，誰能廢之？違天必有大咎。」乃送諸秦。按：公子欲南遊楚，而鄭睦於楚，乃適鄭，不禮；直造郢都，遂爲子玉所忌，安能納之？秦既絶望齊、宋、楚

李如浚如泗如遐元載如洞知愈但格如見徹如傍宗是數禍其用不同故言之昏明亦別耳一時氣象便是城濮張子時子玉欲來又公他時又公閒楚宗子玉而後喜曰莫予毒也可見子玉亦自不凡親雅屬案對楚成何其亢降服請囚屬懷嬴何其卑英雄之氣見於廣廷宮掖之間而深宮曲房積生波瀾波瀾以成雅趣所謂閨房婉孌有甚於畫眉者兒女情多所以公子反國而享年不永也

又無能為則山窮水盡矣適子圉自秦逃歸秦伯有招致公子之志楚子遂送之秦送者彼招而此送之所謂天啓之也秦伯納女五人懷嬴子圉妻子圉謚懷公故號為懷嬴與焉奉匜沃盥既而揮之［孔疏］匜盛水器也盥洗手也沃澆水也懷嬴奉匜澆水令公子洗手授揮之公子揮嬴使去也杜解誤。盥緩古反怒曰秦晉匹也何以卑我公子懼降服而囚去上服自拘囚以謝之［經史問答］辰嬴無論曾配懷公即其未配乃穆公之女便是文公之甥他日公饗之子犯曰吾不如衰之文也有文辭也請使衰從公子賦河水逸詩義取河水朝宗於海海喻秦公賦六月小雅道尹吉甫佐宣王征伐喻公子還晉必能匡王國［陳傳］賦詩始于此趙衰曰重耳拜賜公子降拜稽首公降一級而辭焉下階一級辭公子稽首衰曰君稱所以佐天子者命重耳重耳敢不拜

楚成王則謂宜服之以英挺秦穆高朗宜服之以正大若晉穆以英雄推服烈烈丈夫若之對又是一法

黄鄉林曰此篇為左氏第一絢爛文字以不枝之命起以命佐太子結特將忠孝大題目作大排場敘英雄則如齊桓始

宋襄如秦穆霸主柙還於一時即楚成之不殺亦大豪傑也敘見一如則如季隗如齊姜賢媛相親于一室即僖負覊妻之觀貳亦女丈夫也中間或與塊或觀浴或饋飧或贈馬忽而受饗忽而請殺忽而納如忽而降因悲歡離合無一不足重耳國以霸第一人閱人多而觀變稔一戰而霸數世因之固其宜哉

見三按國語載重耳在狄十二年無行期狐偃曰吾在此非以狄為榮可以成事也盍速行乎及行在齊又安之曰民生安樂誰知其他從者以為不可而未動重耳似一懷安無大志人也不知此正重耳之所以大有為也當時夷吾行賂子圉逃歸其心汲汲然無非急圖富貴如衣錦夜行者之所為

重耳心竊鄙之所以人功故拙人急故违陽歷十九年老謀
而有壯事虎之將搏也必伏鷹之將擊也必戢英雄遵養豈
容人測其淺深哉齊桓年暮知繼霸者必重耳宗女之妻盖
深觀之矣宋楚二君一贈一饗居然上賓唯英雄識英雄豈
其然乎而若衛若曹若鄭均以不禮聞詩言不如我同姓何
春秋之不古若耶至若人臣各為其主以義衛之子玉之請
殺賢于僖負覊之饋飧若謂有天命者人不能殺是使於人
臣有外心樹德於敵以自固也劉季謝羽鴻門范增使項莊
舞劍項伯身為羽族反以身翼蔽焉千載之下終以范增之
擊為正項伯之市恩為不忠之尤也負覊身為人臣欲卑自
貳其自為謀則可矣其為曹國謀也不亦慎乎秦伯納女喜

得佳壻而懷嬴之與既亂叔姪之倫復滅甥舅之誼秦晉之
揮始忿尚明降服之囚英氣忽餒文如趙衰不聞出一言救
正遜于魏犨遠矣。執鞭屬櫜對楚成何其亢降服請囚處
懷嬴又何其卑英雄之氣見於廣廷晉接之間而深宮曲房
横生波瀾以成雅趣所謂閨房媟褻有甚於畫眉者

經　乙酉二十有四年春王正月。夏狄伐鄭。秋七月。冬天王
出居于鄭〔杜解〕襄王也譏王蔽於匹夫之孝不顧天下之重。晉侯夷吾卒。文公位定而後告按
史記惠公之卒在去年九月子懷公圉立今年二月文公立殺懷公

傳　二十四年春王正月、秦伯納之、〔杜解〕納重耳也不書不告入也〔補註〕入國
不告、則何得獨告惠公卒、不知文公為惠發喪以掩殺圉之迹自同於兄弟繼位而不告以秦納也。及河子犯以
璧授公子曰臣負羈絏從君巡於天下、〔說文〕羈馬絡頭也〔杜解〕絏馬韁。絏息列反

王請滑而鄭執其使、固有可伐之罪、但以狄伐之不正也、致汲王不書而以狄伐為文譏禍始也。曲礼天子不言出書出獨言之謂僞哲謂其自取也、惟臨川吳氏曰敬王不言出翟泉在畿內地也此則越在諸侯之國矣故書出說最精當

張岸彊曰、披非不能殺重耳、不欲殺之也、不欲殺之而故斬其袪耳、披固有心於重耳者也、何以故斬其袪、蓋不斬袪、安知晉不更使他人、而從狄君田渭濱之時不遭毒手乎、郤

焚宮之謀，其能與知乎？披固有心於重耳者也。

魏禧曰：以呂郤之才，而孤趙諸人不薦以共事，以介推之功而無有代之白者，吾於此知文公諸臣不過功名之士，非有器識度越，以人才國體為心者也。大凡已當權位而有宿憾之人，懷危疑之心，便須急急安頓，如張良勸漢高封雍齒，郭子儀入軍中便召光弼痛哭不敍怨，反側者不為光弼之欲遁，即為呂郤之行逆，豈特沙中聚語而已哉！

周大章曰：二隗歸而冷煖異狀，非文公忘舊，而子餘有前情也。其厚薄在文嬴、趙姬母子耳。趙姬賢淑，而叔隗與盾獲其所歸。文公之淡落季隗、嬴氏為之也。事二夫者猶得寵焉，而何舊之多忘？讀姬氏之言，不唯文公汗下，五斗子餘其亦

臣之罪甚多矣，臣猶知之，而況君乎？請由此亡。公子曰：所不與舅氏同心者，有如白水。（諸言有如日有如河之類，皆謂其神臨之，必降之罰也。）[illegible]投其璧於河。（質信於河）濟河，圍令狐，入桑泉，取臼衰。二月甲午，晉師軍於廬柳。（懷公遣軍距重耳）秦伯使公子縶如晉師，師退，軍於郇。（按今山西猗氏縣西有令狐城，其西北為廬柳，臨晉縣東有桑泉城，其東北為郇城，臼衰今在解州西北）辛丑，狐偃及秦晉之大夫盟於郇。壬寅，公入於晉師。丙午，入於曲沃。丁未，朝於武宮。（文公之祖武公廟）戊申，使殺懷公於高梁。不書，亦不告也。（言外諸侯入及見殺，亦皆須告乃書。按高梁，九年、十五年及此，杜三注稍異，其實一地也）呂郤畏偪，（呂甥郤芮惠公舊臣，故畏為文公所偪害）將焚公宮而弑晉侯。（按晉侯得罷亡舊，子犯尚欲去之，呂郤仇也，文不能開誠布公，使反側自安，方知漢高封雍齒是王者氣象）寺人披請見。公使讓之，且辭焉，（辭不見）曰：蒲城之役，（在五年）君命一宿，女即至。（即日至）其後余從狄君以田渭濱，

有醜西目哉又曰新主入國人人皆思樹立從龍諸臣尤志得意滿此獨賞功不必起然高舉蓋公之薄倖早有以窺深之矣扃舟五湖必待功成名遂而後去猶非見幾之早高處總在不言祿上若利祿得而絆之亦何殊鳳皇鴻飛不可得而物色哉

彭士望曰平心觀晉文反國天予人乎孫植諸子豈貪天功為己力乎人君新立盛稱符瑞頗欲籠壓功臣介之推忿懟指天字暗透晉文左臘抹煞狐趙苦辛閒後世趙[illegible]竟藏之譽此伎刻之尤者也

姜白巖曰此篇叙晉侯得國後事以君臣夫婦兩意閒寫明寫暗寫総以趙姬序于餘得寵而忘舊句為主首節統冒子犯與齊姜謀醉重耳遣之及醒乃以戈逐子犯此可與共安樂乎子犯急流勇退蓋亦知其必忘舊

田獵，女為惠公來求殺余，命女三宿，女中宿至。雖有君命，何其速也。夫袪猶在，披所斬文公衣袂也女其行乎。對曰：臣謂君之入也，其知之矣，知若人之道若猶未也，又將及難。君命無二，古之制也。除君之惡，唯力是視。蒲人狄人，余何有焉。當二君世，君為蒲狄之人，於我有何義今君即位，其無蒲狄乎。齊桓公置射鉤，而使管仲相。乾時之役，管仲射桓公中帶鉤君若易之，何辱命焉。言若反齊桓，已將自去，不須辱君命行者甚眾，豈惟刑臣。披，奄人，故稱刑臣。公見之，以難告。告呂郤欲焚公宮三月，晉侯潛會秦伯于王城。己丑晦，公宮火，瑕甥、郤芮不獲公，乃如河上，秦伯誘而殺之。按呂郤二子大義不明，為夷吾謀篡國，然惠懷皆滅，而身殉不悔，亦忠於所事者晉侯逆夫人嬴氏以歸。秦穆公女文嬴秦伯送衛於晉三千人，實紀綱之僕。新有呂郤之難，國未輯睦，故以兵衛文公，諸門戶僕隸之事，皆秦卒共之。按綱是大綱，紀是細縷，僕者使用之人也。言大小事皆僕代理之。晉侯會秦伯於王城，殺呂郤內難

既平陳從王城至秦迎夫人以歸初晉侯之豎左右小史頭須一日里鳧須守藏者也其
出也竊藏以逃文公出時盡用以求納之求納文公及入求見公辭焉以
沐謂僕人曰沐則心覆心覆則圖反韋昭云沐則低頭故心反覆按心覆謂此心豎立不
起故所謀反常宜吾不得見也居者為社稷之守行者為羈絏之僕其
亦可也何必罪居者國君而讎匹夫懼者甚衆矣僕人以告公
遽見之言棄小怨所以能安衆按求納重耳不一其人惠懷無親於此驗之狄人歸季隗於晉而
請其二子伯儵叔劉文公妻趙衰生原同屏括樓嬰原屏樓三子之邑趙姬
文公女請逆盾叔隗子與其母子餘衰字辭姬曰得寵而忘舊何以使
人必逆之固請許之來以盾為才固請於公以為嫡子而使其
三子下之以叔隗為內子而已下之卿之嫡妻為內子皆非此年事蓋因狄人歸季隗遂
終言叔隗晉侯賞從亡者介之推文公微臣之語助不言祿祿亦弗及推曰

矣及朝武宮殺子圉正得寵之
日也因以助我者為功害我者
為讎從亡者為德從惠懷者
為怨方欲遠迓夫人大施報復
狀國勢新立秦師既歸固不能
無虩虩也呂郤焚宮又賴寺人
削平內患故親逆新昏分外加禮
而郤以寺人頭須兩當危厲之
言敘在前後以見怨不必報而
深慨晉文之不然也復國之功秦
嬴第一披則錄其告难之德寵
其斬袪豎則予其求納之功而
忘其竊藏公欲報施可謂明著
狄人之季隗為公元妃請終待
子固有德無怨者也乃聽其自
歸而以視夫人嬴氏失涼過別
因借趙姬之斥子餘者以得寵
而忘舊遂為晉文之斷案末
節述介之推事暗照齊姜姜
殺蠶妾警怀安與子犯謀遣
公子高出季隗一等其肯甯得
寵忘舊者享一日之庸福耶

桓公既卒孝又不材齊不見歸晉不之迷而姜終老齊宮明人詩云糟糠之妻尚如此貧賤之交可知矣䏻不襃介推之心耶蓋上節專言夫婦已照起君臣節專言君臣已激射夫婦推言復國由于天命於貪天為己力者一番痛斥又云且出怨言不食其食語語為齊姜吐氣然晉侯賞功凡寺人豎子並樂自獻而負䌈物表者一介之推晉侯歸國凡君臣患難綜轄相締者無不漸至而員然不屑者一齊姜篇中並不明點姜氏但將其事之子犯入手一寫今人想見與謀者何人末節詳述推事悅然筆墨中有一無字之齊姜也總歸到得寵忘舊本旨綿上志過之言恰與白水之誓相應而終寂然於姜所謂忘舊也。晉文一生苦於德怨上太明使曹伐衛修怨也請隧圍陽樊侍德也

獻公之子九人，唯君在矣。惠、懷無親，外內棄之。天未絕晉，必將有主。主晉祀者，非君而誰？天實置之，而二三子以為己力，不亦誣乎？竊人之財，猶謂之盜，況貪天之功以為己力乎？下義其罪，上賞其姦，上下相蒙，難與處矣。」其母曰：「盍亦求之？以死誰懟？」對曰：「尤而效之，罪又甚焉。且出怨言，不食其食。怨言謂上下相蒙難與處」其母曰：「亦使知之，若何？既不求之，且欲令推達言於文公」對曰：「言，身之文也。身將隱，焉用文之？是求顯也。」其母曰：「能如是乎？與女偕隱。」遂隱而死。晉侯求之不獲，以緜上今山西沁源縣有綿上城為之田，曰：「以志吾過，且旌表也善人。」

黃鄭林曰：漢高封雍齒，晉文見寺人披，皆英主善於應變處。若遇惠懷之流，鮮不為慶鄭、狐突之續矣。狐偃授玉，是有識

而不知皆陷于不義寺人披引桓公相管仲則仇可忘也頭須國君仇匹夫一語更為千秋龜鑑趙姬則又進一層怨有不仇而德不可不報介之推則更進一層臣之為君本不可以為德有求報之心便是貪天功為己力俱為晉文針砭

重耳乘懷公之弱而歸晉猶劉先主乘劉璋之危而取蜀皆英雄末路情急無奈之處內顧一身飄零道無依漸產外顧天下紛爭不息而梟雄如秦穆張魯皆時存窺伺之心晉國不歸必為秦穆所有成都不取必為張魯所併識時務者為俊傑正不妨捷足先得矣但古人行一不義殺一不辜去幸而得天下有所不為晉懷劉璋均屬至親且無甚大罪乘危取之規利則得矣其如大義何功利惑人賢如孔明且未能免此況狐偃趙衰

見人介之推不言祿是有氣節人士名有志無容柙強釣臺亮節正不讓雲臺諸大功臣也所惜者以呂郤之才而遇非其主不得與狐趙比烈是以良臣貴擇君而事也

見三按重耳返國晉亂止矣諸人皆思自全之策故狐偃請亡於前豎人求見于後即斬袪之寺人亦思反面以求容雖心有公私語有詳略要皆晉文之針砭也秦嬴親迎何等奕熱季隗自歸何等冷落且賢如姜氏終老齊宮忠如介推偕隱綿上富易交貴易妻固末俗之見何晉文竟蹈其轍耶得寵忘舊趙姬其殆借趙衰以刺其父乎然而懷與安實敗名姜之名言固千古矣身將隱焉用文推之高節亦千秋矣齊桓之女齊姜殺蠶妾以勸重耳無懷安晉文之女趙姬迎

九

華子

姜白巖曰：鄭不從王命，又執天子之使臣，其罪大矣。然何至使頽叔、桃子出狄師伐鄭？二子者，叔帶之私臣也。請滑、伐鄭二事，皆叔帶使二子為之。朱氏睦㮮曰：二子將欲叛王，皆為叔帶謀也。若果出王意，豈伐鄭而復出居於鄭邪？其說是也。蓋滑久服於鄭，屢為衛文所誘，反覆不常，為衛請滑，知貪戾之鄭文必不許也。伐之而鄭交離矣。因伐鄭以立隗，又替隗以怒狄，而叔帶於此坐受其燼。襄王仁孝性成，其於叔帶嫌怨悉捐，委以心腹，故富辰兩次進規，皆所不納。辰諄諄於兄弟之國，曰外禦其侮，又曰民未忘禍，已陰知其謀而未敢顯斥，故危言刺之，而王不能喻也。

叔隗以勸趙衰之無忘舊，皆女中之賢者，不愧乃义矣。

鄭之入滑也，滑人聽命。莊解入滑在二十年。師還，又即衛。鄭公子士、洩堵俞彌鄭大夫帥師伐滑。王使伯服、游孫伯二子周大夫如鄭請滑。鄭伯怨惠王之入而不與厲公爵也，事在莊二十一年。按從此叙起，以著鄭罪，亦以見子頽之亂，屬公討平，為叔帶之黨忌鄭之故。又怨襄王之與衛滑也，怨王助衛為滑請。故不聽王命，而執二子。補註：傳見中國無覇，則諸侯無王。王怒，將以狄伐鄭。富辰諫曰：「不可。臣聞之，大上以德撫民，按民胞物與。其次親親以相及也。按次序也，其推行之序，則由親親以及仁民愛物。昔周公弔二叔之不咸，故封建親戚以蕃屏周。弔傷也。咸同也。周公傷夏殷之叔世疏其親戚以致滅亡，故廣封其兄弟也。補解：下文方列文昭，或以二叔為管蔡者，非。管、蔡、郕、霍、魯、衛、毛、聃、郜、雍、曹、滕、畢、原、酆、郇，文之昭也。十六國皆文王子也。按管今河南鄭州治廢管城是也。毛今宜陽縣界。雍今脩武縣西有雍城。畢今陝西咸陽縣北有畢原。酆今在鄠縣。邘、晉、應、韓

武之穆也四國皆武王子今河南寶豐魯山二縣界有應城○邘音于凡蔣邢茅胙祭周公
之亂也亂嗣也蔣今河南尉氏縣西有蔣城茅今山東金鄉縣西北胙今河南胙城縣召穆公周卿士名虎召
采地思周德之不類善也故糾收也合宗族於成周而作詩周厲王之時周德衰
微兄弟道缺召穆公於東都收會宗族特此作周公之樂歌常棣詩屬小雅曰常棣棣也之華鄂不韡
韡華外發不韡韡言韡韡以喻兄弟和睦則強盛而有光輝韡韡然○韋鬼反凡今之人莫如兄弟
言致韡韡之盛莫如親兄弟其四章曰兄弟鬩鬩訟貌○呼歷反于墻外禦其侮言內
雖不和猶宜外扞異族之侵侮如是則兄弟雖有小忿不廢懿美也親今天子不
忍小忿以棄鄭親其若之何庸用也勳親親暱親也近尊賢德之大
者也即聾從昧與頑用嚚姦之大者也棄德崇姦禍之大者也
〔附註〕崇尊也書泰誓崇信姦回鄭有平惠之勳平王東遷晉鄭是依惠王出奔虢鄭納之是其勳也又有
厲宣之親鄭始封之祖桓公友周厲王之子宣王之母弟棄嬖寵而用三良七年殺嬖臣申侯十

十

叔帶之罪浮于象其漂搖王
室甚于管叔兵已犯闕御士
欲禦抗曰先后其謂我何童而
周公忌父原伯毛伯富辰譚伯捐
軀赴敵王可適鄭不然其將貽
以衛桓之及鄭貽之矢矣而曰
上慰先后手傳書敗獲於王
出之上為王危之也孝友至
舜而極然於其象也封之有
庳未聞長處宮禁也源源而
來未聞詭浪庭內也襄王篤於
友愛而不能制之以禮卒使奸宮
禍國匪曰愛之其實害之此非孝友
之過孝友而不知道則不得為
孝友也
張岐然曰王后母儀天下非望族
德選不可以娶諸狄誕妄不
經甚矣漢以公主嫁單于遂
為故事唐以冥雅厥平洄回
紇負而京終一代不振絕其禍
晉以契丹基唐失山後十六州中
華況淪三百餘年卒滅於契

毋若周之蘇暴外而以諸私也、夏與之後說得毋近於是乎一文字寫王樂禍一文字寫王猶上加饑老識寫文蒼健無匹

六年殺寵子子華也三良叔詹堵叔師叔疏云能用三良則是鄭伯之賢王當尊於諸姬為近道近

之當暱四國德具矣耳不聽五聲之和為聾目不別五色之章為昧

心不則德義之經為頑口不道忠信之言為嚚狄皆則之四姦

具矣周之有懿德也猶曰莫如兄弟故封建之當周公時故言周之有懿德

其懷柔天下也猶懼有外侮扞禦侮者莫如親親故以親屏周

召穆公亦云周公作詩召公歌之故言亦云今周德既衰于是乎又渝周召以

從諸姦無乃不可乎變周召親兄弟之道民未忘禍王又興之前有子頹之亂中有

叔帶召狄故曰民未忘禍其若文武何言將廢文武之功業王弗聽使頹叔桃子皆周大夫

出狄師夏狄伐鄭取櫟猱徵何以不書王不以天王之九伐而用狄師也王德狄人將

以其女為后富辰諫曰不可臣聞之曰報者倦矣施者未厭八字悚然使人不敢輕於受恩施功

勞也有勞則望報過甚狄固貪惏王又啓之女德無極婦怨無終冗疏殺人取財八字說盡古今婦人情形

曰淋附註言婦女放蕩之德無所止極忿怒之心無有終已○淋力南反狄必為患王又弗聽初甘
昭公有寵於惠后甘昭公王子帶也食邑於甘按今河南洛陽縣西南有甘城甘水帶自齊召歸仍食采於甘
作亂被誅猶立後子議想見天王孝友惠后將立之未及而卒昭公奔齊奔齊在十二年
王復之在二十二年又通於隗氏王所立狄后王替廢也隗氏頹叔桃子曰
我實使狄狄其怨我遂奉大叔以狄師攻王王御士周禮王之御士十二
衰世多有此似是而非之理明惠宗于燕王亦如是
人將禦之王曰先后惠后其謂我何寧使諸侯圖之王遂出及坎
欿周地按今河南鞏縣東○大感反國人納之秋頹叔桃子奉大叔以狄師伐
周大敗周師獲周公忌父原伯毛伯富辰原毛皆采邑【補註】夷狄犯京師獲大臣史
皆不書為王室諱按周語翟人殺譚伯富辰以其屬死之則五子皆死節之士王出適鄭處於氾鄭南氾也
按在河南襄城縣南○音汎大叔以隗氏居於溫
黃鄰林曰富辰勸王召帶是其錯處諫王伐鄭是其善處前引

小雅作諺丗亦引小雅作諺二詩皆忠厚之氣也而得失互
（者）見時勢不同酌古（中庸之道）尤必通今若狗指畫生之見未有不偷誤
家國者是以博學必繼以（審）慎問慎思明辨乃可篤行也

見三按曹風思子蕃極思治也幽風思周變而失正也傳於
王伐鄭特引周召二公見封建合族皆為親親而設周德雖
衰王章可考有周召者出要荒候甸皆我屏藩況其在畿輔
之鄭也且小怨固不廢親大義亦可滅親常則行權洞酌變
則破斧缺斨東山之詩實與常棣之詩並行不悖特王之所
患不在鄭而在帶耳召戎伐周罪浮管蔡王復隱忍召之歸
京內通宮闈外結聯士閱墻之禍不旋踵矣不殺其勢反起
其端以狄伐鄭既進虎以拒狼選后立隗復引雞而亂雉追

至狄后通狄師出傲象之風管叔之行全備一身猶曰先后其謂我何何惡闇若斯也異日重耳勤王南陽遂啓大寶雖賴不失而王室固已自卑矣讀當辰前後之詠安禁掩卷三太息哉

呂東萊曰鄭伯之怒不在冠也特遇冠而發已萌於子華賣國之時矣

周大章曰子臧子華弟也罪子華并及子臧父子之間至不相容以一冠之故惡而殺之情可悲矣然子臧實有取禍之道一衣冠也而好為詭異其他可知崎嶇患難猶且如此平時可知左氏責鄭伯獨反覆歎息於子臧者所以示人好惡當謹而孤臣孽子操心慮患尤不可不危且深自貽伊戚毋徒歸咎於君

鄭子華之弟子臧出奔宋〔杜解十六年殺子華故〕好聚鷸冠聚鷸羽以為冠非法之服〔疏云鷸翠鳥漢書尉陀献文帝翠鳥毛。鷸尹橘反〕鄭伯聞而惡之惡其服非法使盜誘之八月盜殺之於陳宋之間君子曰服之不衷猶適也身之災也詩曰彼己之子不稱其服詩曹風刺小人在位言彼人之德不稱其服子臧之服不稱也夫詩曰自詒伊慼其子臧之謂矣詩小雅詒遺也慼憂也謂其自遺憂夏書曰地平天成稱也夏書逸書地平其化天成其施上下相稱為宜疏云此書大禹謨文按子華既誅子臧出走當敬懼韜晦而異服自豪便與所處地位絕不相稱宜鄭伯之惡也引書天地喻父子即管仲子父不奸之說

十二

黄鄉林曰衛宣之殺伋壽也以盜鄭文之殺子臧也亦以盜父子天性直寇賊之不如盜亦有道恐亦笑其愚也若唐之李輔國罪大惡極代宗不能明正典刑使盜謀殺之以大君而行刺擊之計更不可解

見三按天地之道不外一常常則稱稱則平成使地失其常則山崩川竭為災而地不稱不稱斯不平矣天失其常則日食星變為災而天不稱不稱斯不成矣衣服不衷古人以為服妖禍與日食星變山崩地竭同故以小人而服君子之服以丈夫而服女子之服皆謂之反常皆謂之不稱況其為鷸冠也禮經於袺襘之微謹其治忽曹風于常弁之一以見淑人有以也夫

父也
孔之違曰子臧以子華故惧誅出奔鄭伯不知其所在及聞宋有聚鷸冠之人而臧之迹顯矣於是遣盜誘殺之夫臧既逃罪即當深自斂藏不示人以異使人得識而乃好聚鷸冠亦五月羊裘教人以蹤跡之也左氏只以服之不衷身之災也反覆詠嘆其意自見

姜白巖曰：宋成公賢君也，何至忘不共戴天之讎而輕身朝楚，蓋齊桓既沒，晉霸未興，新敗之後，不得已為安宗社之計。其如楚也，不知若何吞聲飲泣而強顏將事也。迨晉文初立，翻然歸晉，而楚遂為締之圍。

宋及楚平，宋成公如楚，還入於鄭，鄭伯將享之，問禮於皇武子。鄭鄉對曰：宋先代之後也，於周為客，天子有事膰焉，有事，祭宗廟也。膰，祭肉。尊之，故賜以祭胙。有喪拜焉，宋弔周喪，王特拜謝之。豐厚可也。鄭伯從之，享宋公有加，禮也。禮物事事加厚。善鄭能尊先代。

黃鄉林曰：有事膰，有喪拜，直以客邦相待，讀白馬之詩，周之待勝國也特厚，故其舊國最久。後人有發其陵而殺戮其子孫者，不旋踵間而後裔之屠夷更甚前朝，天道將還，可不鑒哉！

見三按：此宋朝楚之始也，而天下之局於是一變矣。作賓王家，天子待之且不與諸侯等，況可朝荊楚乎？令人不勝世變之感。

姜白巖曰春秋於天王事尤極恭謹後此天王居於皇居翟泉在畿內故不書出襄王鄙在鄭地雖與畿內不同然天子天下爲家有事則曰退曰狩而不言出所謂天子無出是也今何以書出居蓋避母弟之難素服降稱不穀自同於諸侯之出奔以待列國勤王之師史官因其來告而書之耳出者避也因難避而居於鄭也聖人存之以著天王凶服降名之實表其遇難脩省之心非有所貶也公羊以爲不能於母林氏謂自絕於周常山劉氏謂才出畿內即非王有皆非也

冬王使來告難曰不穀不德得罪於母弟之寵子帶（按言母弟之有寵者）鄙在鄭地汜〔杜解〕汜野也敢告叔父（天子謂同姓諸侯曰叔父）臧文仲對曰天子蒙塵於外敢不奔問官守（官守王之羣臣）王使簡師父告於晉使左鄢父告於秦（二子周大夫）天子無出書曰天王出居于鄭辟母弟之難也天子凶服降名禮也〔林解〕凶服素服降名稱不穀得恐懼脩省之禮

見三按秦天罪己而河北皆爲感激以其情眞而言切也告難四語簡括中饒有悱惻之意非後世可及天子蒙塵奔問官守魯有其言而無其事此欺王也又足定文仲罪案

鄭伯與孔將鉏石甲父侯宣多省視官具于汜（三子鄭大夫）〔補〕官司官具器具而後聽其私政禮也（得先君後己之禮）

見三按自夏徂冬始來省視想是聞王遍告秦晉之故爲此

陳

天子蒙塵不能奔問官守勤王反
正而以私怨謀滅同姓之國衛
文之罪固不勝誅矣然春秋滅同姓
者多矣未嘗書名此獨名衛蓋
衛與邢同姓也邢與魯同宗也同宗
之去能於祖而親之也是以書之痛
而斥其名
姑自逆婦公不使大夫主之皆非
禮也而記之
既專而也大夫不名義不繫乎
人也
頓介陳蔡之間陳欲并之楚無悉
故圖而納之保全微國以示恩黄義
於此以示春秋強國諸侯舉動
大率如此
楚以鄰之役怨魯衛文將平之未
及而卒成公追成父志故為是盟
杜子衛文爲喪一年不可有二君也
書于喪紀之中蓋不忘之務爱以
小國之臣而上抗宗國之君皆非禮也
姜白岩曰諸侯滅同姓多矣而
獨名衛文其義云何蓋深惡

掩耳盜鈴魯有奔問官守之詞而無其事鄭有省視官具之
事特襲其文皆王朝之罪人也

衛人將伐邢禮至（衛大夫）曰不得其守國不可得也（守謂邢正卿國子）我
請昆弟仕焉乃往得仕（為明年滅邢傳）

見三按此張儀仕楚之衣鉢也禮至實開僞端

經　丙戌　二十有五年春王正月丙午衛侯燬滅邢。夏四月癸酉
衛侯燬卒。（子成公鄭立）○宋蕩伯姬來逆婦（杜解伯姬魯女為宋大夫蕩氏妻也自為其子
來逆稱婦姑存之辭婦人越竟迎婦非禮故書）○宋殺其大夫（其事未聞）○秋楚人圍陳
納頓子于頓（頓迫于陳而出奔楚故楚圍陳以納頓子）○葬衛文公。○冬十有二月
癸亥公會衛子莒慶盟于洮（孔疏曹地按喪未踰年故衛成公降名稱子）

傳　二十五年春衛人伐邢二禮從國子巡城掖以赴外殺之正

痛絶之也。邢周公之裔，且與衛同為狄滅，賴齊桓並存，今以嬀姓謀以滅之，刘氏敞所謂詭計險謀，使臣反其君，下畔其上，雖有道之國不知所備，不得與他滅國者等。傳備載禮至銘辭，卽是好人供狀，以發明書名之義。齊桓之卒，晉文未與諸侯相率朝楚，楚人竟主夏盟，宋執鄫子而祭社，楚執宋公以伐宋，自宋襄公卒，齊宋大國無不南向者。且陸渾偪於王畿，王使执於侯國。魯封須句，衛屋邢社，戎稍戢息，狄更鴟張，天子出居，岌岌乎不能守其社稷，苟非晉文繼霸，則宗周一綫，以及泗上小侯，其能終春秋之世乎。

賀仲軾曰：晉文譎而不正，秦穆楚成皆以英主而失其謀，真梟雄之傑出者。天王出居于鄭，秦伯師于河上，將納王，此亦取威定霸之大机會，不知當時何以為晉

月丙午，衛侯燬滅邢，同姓也，故名。按此史官之例。禮至為銘曰：余掖殺國子，莫余敢止。惡其不知恥。〔呂說〕春秋有禮至，人固已指為異物，孰知後世為禮至者千百未已耶。

見三按：為舊君弑新君，豫讓猶且羞之，況敢銘其功以欺人乎。不能留芳通適以遺臭，傳不着賊一字，而燬之罪、至之惡均于言外可見。

秦伯師於河上，將納王。〔經史問答〕穆公生平之事，惟此舉足傳。狐偃言於晉侯曰：求諸侯莫如勤王，諸侯信之，且大義也。繼文之業，而信宣於諸侯，今為可矣。〔杜解〕晉文侯仇為平王侯伯，匡輔周室。使卜偃卜之，曰：吉。遇黃帝戰于阪泉之兆。黃帝與神農之後姜氏戰于阪泉之野，勝之，今得其兆，故以為吉。公曰：吾不堪也。文公自以為已（雖）當此兆，故曰不堪。對曰：周禮未改，今之王，古之帝也。言周德雖衰，其命未改，今之周王自當帝兆，不謂晉公。曰：筮之。筮之，遇大有三三乾下離上，大有之睽三三

兑

所欺而還師遂以失伯晉獨取之
伯業定焉故能大有為于天下者
必具天下之大識而執天下之大机
漢獻播遷袁本初以小不便失大
事會為曹孟德所先成敗從古
今一轍也
魏禧曰倉葛呼而陽樊不殘舍
晁而外黃兒死晉文圍伯首以勤
王倡義故倉葛以義折之項王
志在立威（文）下諸城故小兒以利動
之皆各切時勢而机同正同文以
声望赫然文有定王之功而樊原
俱不肯服必待於圍此以知周先
王之德在人深而晉文假力無以
服人如此
周大章曰棄豐鎬而遷郟鄏周
所以弱惠王既以虎牢等邑與鄭虢
今又使晉啓南陽日朘月削將
何以堪不以名器假人如何可以土
地予人此是襄王失處既是王章
如何可請既是王姻親如何侵此是
晉文失處乃出其民而必取其

兑下離上睽九三變而為睽大有曰吉遇公用享於天子之卦附註此直舉本文九三爻辭未
及於變卦也其下至天為澤以當日乃說變卦義耳戰克而王饗吉孰大焉言卜筮協吉且是
卦也方更總言二卦之義不繫於一爻天為澤以當日天子降心以逆公不亦
可乎乾為天兑為澤乾變為兑而上當離離為日日之在天垂曜在澤天子在上說心在下是降心逆公之象
大有去睽而復亦其所也言去睽卦還論大有亦有天子降心之象乾尊離卑降尊下卑亦其義也
晉侯辭秦師而下辭讓秦師使還順流故曰下三月甲辰次于陽樊右師圍
溫大叔在溫故左師逆王夏四月丁巳王入於王城取大叔於溫殺
之於隰城戊午晉侯朝王王饗醴命之宥既行饗禮而設醴酒又加之以幣帛以助
勸也宥助也請隧弗許闕地通路曰隧王之葬禮也諸侯皆縣柩而下曰王章也附註猶云王制
未有代德而有二王亦叔父之所惡也與之陽樊溫原攢茅之
田晉於是始啓南陽在晉西南河北故曰南陽〔呂說〕平捐豐鎬予秦惠割虎牢予鄭又以酒泉郡予虢襄

十五

土司中尚有王乎、始啟南陽、有感喟意在

姜白岩曰、晉侯納王且行朝禮、此春秋所未經一見者、而聖人毀而不書、或曰以其請隧圖邑也、然罪晉功兩不相掩、豈因罪而並沒其功、崔氏、趙氏、黄氏因為王之居踐土、晉侯既克楚於城濮、而後王歸成周、則三傳皆妄、夫經略而傳詳者多矣、安得遽斥為誣也、望溪謂魯史以魯不與事、故略而不書、疑之者曰、晉侯欲示諸侯、以其功告魯、安敢不書、予曰望溪之言是也、此時晉文初起、仲遂猶怨於齊、方乞師於楚、以伐之、夫安知晉之霸也、故天王出居、以魯奔問官守而書也、納王朝周、以魯不與事而不書也、聖人不得而增、然又以為忌晉之功則不然、蓋魯與晉無怨、直謂他人之功於己無與耳、何忌之有、若勤王大義也、而先之以示諸侯、則伯者之心也、狃子犯之謀、猶是公私兼擧

以溫原等予晉、歲晚月耗、而周益衰、仲叔于奚有功於衛、賞之繁纓、夫子以不如多予之邑、于奚內臣也、多與之邑、猶衛地也、晉文外臣也、朝受陽樊、不服、圍之、倉葛、陽樊人、呼曰、德以柔中國、圖而夕設服矣、刑以威四夷、宜吾不敢服也、此誰非王之親姻、其俘之也、乃出其民、取其土而已、呂說盟向不忍服鄭、陽樊不忍服晉、民不輕棄周如此

黄鄰林曰、勤王為晉文第一大功、辭秦師、獨以晉師也、為晉文第一要着、與王潛趙石頭、渾達人要與論事、報曰風利不得泊、相似而實不同、彼是知節功、此是争大勝也、秦晉[illegible]、秦晉强[illegible]、[illegible]、西漢東周之天下、獨為[illegible]、力也、梟雄出手便便是辣手作、勿吾忌克可也

見三、按晉文請隧、論者以為侵竊大物之漸、似覺太過、但其心以為納王一節、身有殊功、當受異賞、如周公得用天子禮樂之例、時年又逾六十有二、故不請當身之榮、而請身後之

而公則一於私。阪泉之兆，以黃帝為周王，其所戰者乃叔帶也，非吉而何？公忽以帝自疑哉！夫周天子已然請圍陽之根，早雖之後，因而朝遂王，亦大義也，不必河陽之狩朝於王所矣。乃仍然請隧，王拒之，傳揚啟南陽於後，知南陽之田非天子所棄予也。拒其請隧，不得已賜之田之邑，不服，公然稱兵於天子之畿內。倉葛一呼，足褫晉人之魄。以義始而以不義終，其後事多類此，傳以魯史未備，故功罪並著之。

姜白岩曰：傳大書秦伯師于河上，將納王，讀者以為當秦伯當不知若何作為，而深惜晉侯辭之不令一展其才。及讀至過析圍商密，机詐橫生，遂虜子儀、子邊，夫乃知秦伯為之，有其過之，不及也。雖然，以赴王室之難，不以囚楚臣去，尊周攘楚，能世守之，豈非霸者之羽翼哉！

寵，不知先王封建本為屏藩王室，請王室之難，非異人任，不特隧不當請，即地亦不當受也。王章一喝，無可躲避，千載而下，讀者猶有生氣。為晉文者，苟能悔悟，把所賜邑加辭還周，斯為善改過矣。乃兵圍天子之邑而出其民，倉葛之呼，直使晉侯膽一落于王章，氣再挫于俘虜。勤王大義也，藉是求諸侯，是誠何心？且曰筮之疑也，辭秦師忌也，請隧圍樊原恃也，雜而不純，所謂譎者此也。

秋，秦、晉伐鄀。杜解：鄀本在商密，秦楚界上小國。按：今在河南淅川縣西。陳傳為文五年秦入鄀傳。○音若。楚鬭克申公子儀、屈禦寇息公子邊以申、息之師戍守也商密。鄀別邑，二子屯兵於析，以為商密援。秦人過析隈，入而係輿人，以圍商密，昏而傳焉。析，楚邑，一名白羽。隈，隱蔽之處。係縛輿人，詐為克析得其囚俘者，昏而傳城冢，欲令商密知囚非析人。析，今河南鄧州南有析隈山。宵，坎血加

書、偽與子儀子邊盟者掘地為坎以埋盟之餘血加盟書其上商密人懼曰秦取
析矣戍人反矣林解見縛囚故疑取析見盟徵故疑二子已與衆叛乃降秦師秦師囚申
公子儀息公子邊以歸商密既降析戍亦敗故得囚二子楚令尹子玉追秦師、
弗及不復言晉者秦為兵主遂圍陳、為頓圍陳納頓子于頓張注頓子迫于陳而不能有其國故
楚圍陳然後能納頓子蓋中國虐小夷狄反借之為義舉也
見三按秦穆逍遥河上讓第一等事與別人而沾沾鄀之是
伐未免失策不知此正秦穆之狡也蓋秦穆遍中國一由函閔
東出一由武関南出河上辭秦以師獨進穆之心不無鞅鞅
時特以晉文梟雄決不能覬覦桃林一步與晉爭強乃偕晉師
伐鄀以為不得于東或可經營商雒圖武関以為南出之門
戶故二國偕伐而秦師獨詳至鄀而終不能有由是屏仇西

周大章曰甫圍原而即下三日糧之令非欲窮極兵力正欲因其不降而示之以信也因倉葛一番戀創而欲柔之以德王道規模全以詐諼出之溫原二家皆仕之服心處見謠而不正作周

陘二百餘年不敢出則以地形四塞而函關武關俱為他人
有也當日之形勢如此讀者不可不知
冬晉侯圍原命三日之糧原不降命去之諜【杜解】間也○諜音牒出曰原
將降矣軍吏曰請待之公曰信國之寶也民之所庇也得原失
信何以庇之所亡滋多退一舍而原降遷原伯貫周守原大夫於冀
趙衰為原大夫狐溱狐毛子為溫大夫
見三按虞廷格苗尚須七旬西伯降崇猶待三旬伐原而以
三日為期誕矣後世節鉞亦用此法遂為晉人衣鉢
衛人平莒于我十二月盟于洮脩衛文公之好且及莒平也【杜解】
莒以元年酈之役怨魯衛文公將平之未及而卒成公追成父志降名以行事故曰脩文公之好
見三按文公欲平莒於魯未及而終衛成承父之志巳免喪猶從

柳宗元曰：守原，政之大者也，所以承天子，樹霸功，致命諸侯，不宜謀及媟近，以忝王命。雖或衰之賢足以守，國之政不為敗，而賊賢失政之端由是滋矣。況當其時不乏言議之臣乎。

真西山曰：衰賢者也，舉而得賢，則寺人亦賢也，後之議者猶以為譏，蓋中臣之職，承奉左右，從容納忠可也，而薦引人才，則非其職矣。

馮天閑曰：此事柳州駁之不遺餘力，然重耳英雄，豈全昧此，當是患難中別有感傷處，吾家豆粥麥飯，竟下光武之淚，豈樹無他哉，意可想已。

周大章曰：守原重任也，而以酬壺飧之小惠，且出自勃鞮之口，在晉侯偶一為之，於趙衰則有相信處，若援此以為例，則害不小矣，柳州之論未為苛也。

在喪稱名之例，如武王伐紂稱太子是也。

晉侯問原守於寺人勃鞮，披也。丁兮反。對曰：昔趙衰以壺飧從，徑餒而弗食，言其廉且仁，不忘君也。徑猶行也。故使處原。從披言也。

黃鄉林曰：齊霸正盛，多魚漏師；晉霸方新，勃鞮預政，此以見小人之難遠，即英主亦不免為其所惑也。漢唐以下，弊不可勝言矣。柳州之論，並非專為晉文發也。

見三按：趙衰以從亡功臣為晉文之愛壻，豈不知其賢而待寺人披之稱？且不問諸廷臣而專問寺人披之理。蓋文久屬意於衰，而以翁壻為嫌，知披之必舉衰，故問之也。披窺其意而以衰對，不舉其功，特稱其廉。蓋從亡之功，諸臣所同；壺飧弗食，則衰所獨。此以見披之巧，亦以見文之譎。不然，溫原二守

均關緊要。何以獨問原守哉。

春秋左傳精義卷之十一終

六

衛本敵乎魯，莒之怨洮盟，莒子不親至，僖公必欲與莒子盟，故負為此會也。

曰齊人侵我，惡其無君也。曰公追至酅，危其深入也。曰不及，志其窘負也。曰以師，侵自宜言人，追自宜言師也。

衛爭莒，魯何與焉？洮向之二盟，雖壞其追在魯，非齊人之所得當詞也。既成兵西鄙之師復來，杜鄶之伐非義甚矣，其致衛之伐與魯之伐自取之也。

先年鬪于墻外，據其傲，信以不恭者，人侵伐之怨，使遂乞師于楚，是貢

春秋左傳精義卷十二

閬中鄭林　黃一桂　輯　男　心垣見三補輯

僖公五

經　丁亥二十有六年春王正月己未公會莒子衛甯速盟于向【杜解】甯速，衛大夫莊子也。向，莒地，按今山東莒州。○齊人侵我西鄙公追齊師至酅弗及【杜解】公逐齊師遠至齊地，故書之。酅，齊地，按山東東阿縣西南有酅下聚。○夏齊人伐我北鄙【林解】此齊侯也。其稱人何？自隱以來，以兵加我，君大夫將皆書人；君將書君，自文十五年齊懿公始。按如以書人為貶，安見齊懿之可褻而書爵？可知書人書君，史文詳畧不同。大夫將書大夫，自襄十七年齊高厚始，迄春秋，惟邾莒稱人。衛人伐齊○公子遂如楚乞師遂，魯卿也。疏云：用師必有死傷，不可必全得歸，本不可謂之假借，故皆以乞為名。按書乞歸師

毒於心腹也，其言義醜，禍孰大焉。
臧孫辰不書，介也。
夔子不名，尋常也。夔滅則通
於巴蜀，楚之益强，大春秋所甚懼也。
不祀之罪，特楚之借口耳。
魯所怨者齊，楚所怨者宋，故魯以
乞師求言，有宋楚人致師，先宋後齊。
書圍書取，兩罪之。

姜白巖曰：宋納孝而公拒之，又興楚為薄之會，未嘗遣一使于齊，故齊孝來伐，以此二盟為辭。

姜白巖曰：傳著衛人伐齊於伐北鄙之下，蓋衛以偏師伐齊，雖

始此。○秋，楚人滅夔，以夔子歸。夔，楚同姓國，湖廣歸州有夔子城。○冬，楚人伐宋圍緡。○公以楚師伐齊，取穀。公至自伐齊。

傳　二十六年春王正月，公會莒茲丕公、甯莊子盟（杜鮮）莒夷無謚，以號為稱。于向，尋洮之盟也。洮盟在前年。

見三按　莒魯之不親二十有五年矣。衛為平之。洮之盟莒子不至，其心猶未孚也。魯欲成衛之意，故親屈于莒地，莒知魯可平，故莒子親來會盟。衛知莒魯可平，故在喪不再行，而使甯速往結其事。

齊師侵我西鄙，討是二盟也。（會通）魯助無虧，齊人怨之。

見三按　已不能主盟，而反討人之盟，討得無理，討得無志。

夏，齊孝公伐我北鄙，衛人伐齊，洮之盟故也。（詳說）衛之强大不及魯，猶能為魯出

不足以寒齊侯之膽然國已被兵而君猶在道未免鼪鼯聖覷定此意使展喜乘其未入魯境以大義折之可以立時歸前衛人伐齊二語正全篇眼目也何恃不恐提出先王之命盟府之言又述乃父桓公扶災恤小一段功業今當嗣位當繼桓之業使先人功烈不墜於地方為象賢之子乃以霸業讓人盟狄盟楚事事反乃父所為而彫敝之隣稱兵搆怨無已豈非忝命廢職其若先公何五字直令愧死無地隨以君必不然掉轉所謂和而介也孝公如有血性定當發憤自雄為齊國繼霸之主矣仁人之言其利甚溥非僅解魯難亦以訓齊侯尼山鍾大聖東魯先有至人此夫子所以痛恨於蔽賢之臧文仲也

文仲蔽展禽故三傳罕記其

師而魯君臣畏縮良由三家用事賢者無以進也

公使展喜犒師杜解勞齊師疏云犒者酒食餉師之名魯語以膏沐犒師韋昭云以膏沐為禮以義服齊明不以賂免○犒苦報反

欲使受命於展禽孔疏展氏名獲字禽食邑柳下謚惠

齊侯未入竟展喜從之曰寡君聞君親舉玉趾將辱於敝邑使下臣犒執事言執事不敢斥尊

齊侯曰魯人恐乎對曰小人恐矣君子則否齊侯曰室如縣罄野無青草何恃而不恐如而也時夏四月今之二月野物未成故言居室而資糧縣盡在野則無蔬食之物附注王氏學林謂如當訓似是也罄國語作磬韋昭注府藏空虛但有榱梁如縣磬也磬罄古字通借

對曰恃先王之命昔周公大公股肱周室夾輔成王成王勞之而賜之盟曰世世子孫無相害也載載書也在盟府大師職主也之太公為太師兼主司盟之官

桓公是以糾合諸侯而謀其不協彌縫其闕而匡救其災昭舊職也及君即位諸侯之望曰其率循也桓之功我敝邑用不敢保聚用此舊盟故不聚眾保守曰豈其

事非左氏犒齊師仲使展
喜受命国語紀爰居仲使
書為三笑詆刺其位孰某
詆汲其言皆文仲知之矣竊位
之擬

嗣世九年而棄命廢職其若先君何君必不然恃此以不恐齊
侯乃還

黄氏鄰林曰齊孝公委靡無志內不能睦諸昆外不能結與國嗣世九
年而忘桓公之遺烈猖獗無狀盡劉景孙之勝犬也棄命廢職王
其如先王何故抑觀者和堅觀硬此意言諸之嘗試語之獻説之意未當適一
步曰其若先君何係之自點又稍轉一步曰君必不然使之自反所謂
行人之言其和而潰也然亦幸當時高厚之義知使齊之君為知
趣之君即不好君者曰余雖醜然人面猶余盡獸也則晉曰
君必不然齊曰何為不然則奈之何

見三按當時臧文仲以立言不朽稱辭令乃其專屬犒師之
辭不為命而使命於惠者蓋齊師兩次壓境人心惶惶窮如
懸磬野無青草自係當日真情立言太亢既恐失大國之歡
太卑又恐損我國之體唯惠也和而介和則婉而多同不失

姜白巖曰荊舒是懲奚斯作頌於前今誘荊伐齊是引封豕豺狼而噬我姻親也齊亦援盟府之言復之和聖不深恨乎蓋退師則受命乞師不與知即此便是文仲蔽賢之處前不親謀柳下而使展喜是與君子臭味不親今乃身隨襄仲而獨見子玉是與小人氣類相合

之充介則嚴而得體不失之單騎一介使勝十萬師此皆仲之深謀也傳於柳下惠獨載此篇以見仲非不知惠知而不與立非竊位而何展喜受命犒師卻能克述聖言不負重任足見學有淵源而聖人之智益覺過人遠矣

東門襄仲臧文仲如楚乞師、杜解襄仲居東門故以為氏臧孫臧文仲為襄仲副使故不書見子玉而道之伐齊宋以其不臣也言其不臣事周室可以此罪責而伐之

黃鄴林曰李唐資突厥之兵以滅隋而世受其禍石晉藉契丹之力以篡唐而卒受其禍千古轍皆不慎始而功利是急也不謂文仲實開俑端

見三按齊霸衰而楚氣盛中夏均受其禍魯亦駸駸有將及我之慎文仲輔政反乞其師且道之以伐齊宋引虎噬人不

姜白巖曰楚得夔其地直通巴蜀勢益强大不祀之讓特借名以為起兵端耳呂東萊責夔子忽言速禍以楚之貪善言亦無益也

姜白巖曰宋被圍六越月嬰城死守內外接應必不肯與楚平也觀

特周公之蟊賊且為曾仲之罪人也覺不仁者三循不足以蔽其辜

夔子不祀祝融與鬻熊【杜解】祝融高辛氏之火正楚之遠祖也鬻熊祝融之十二世孫夔楚之別封故亦世紹其祀楚人讓之對曰我先王熊摯有疾鬼神弗赦而自竄于夔熊摯楚嫡子有疾不得嗣位故別封為夔子孫云摯熊繹元孫有疾楚人廢之而立其弟熊延吾是以失楚又何祀焉秋楚成得臣子玉鬬宜申子西帥師滅夔以夔子歸

見三按魯不祀公劉衛不祀后稷也夔子何不以大義辭不祀祝融與鬻熊楚人曰諸侯不得祀遠祖禮有明文夔祖熊摯祀熊摯國其宜耳何責焉以有憾於遠祖為詞雖楚人之貪亦夔子之忽言有以速禍歟

熊正是守禮乃不以此大義辭楚人反

宋以其善於晉侯也【杜解】重耳之出也宋襄公贈馬二十乘宋叛楚即晉【林鮮】宋自二十四年

先軫曰：使宋舍我而賂齊秦，想見此時玉帛皮幣輦載入晉，而於秦於齊又不知凡幾也。蓋穀父之釁創鉅痛深，宗社之外皆非所計。至城濮戰後，頹不敢出閫，卒死於棫而襄公瞑矣。

賀仲軾曰：楚方爭霸，肆惡於宋曹，又為之內主，導之伐齊（並以雍援齊，使之自相吞噬），楚因以穀叔魯有土之君，不視天下之大計，徒利己私，不顧奚禍，假令晉文不起，申之會不待楚虔矣。

周大章曰：桓公伐楚何等氣燄，而其子竟有七人為楚大夫，可知內寵之多，貽謀不臧，而孝公之不能撫公族。

朝楚為平，至是叛楚即晉。按先儒謂傳凡言叛楚，當云棄楚背楚，其說是也。

冬，楚令尹子玉、司馬子西帥師伐宋，圍緡。

見三按：此春秋一變局也。楚氣之焰至泓戰而極，近如陳蔡鄭，遠如曹魯衛，皆俯首聽從，亢威所懾，直欲蹴倒宋城，而剪滅唯命。宋成始廹於勢，反顏事仇，繼動以義，背逆反正，嬰城固守，卒能合晉之力，以抑中國之威，亦可謂失之東隅，收之桑榆者矣。

公以楚師伐齊，取穀。凡師能左右之曰以。（杜解：左右，謂進退在己。）寘桓公子雍於穀，易牙奉之以為魯援。（雍本與孝公爭立，故使居穀以逼齊。）楚申公叔侯戍之。桓公之子七人，為七大夫於楚。（言孝公不能撫公族。）

見三按：先王之命依然盟府，而魯則自食其言，齊則安受其

又其餘也。然則非魯能以楚伐齊，乃齊自貽伊戚耳。

杞雖用夷禮，以致卑辱，事或有之，然其莊齊僖因不堪貢賦，必曰夫子貶之，何哉。孝公卒，弟潘殺其子而自立，國亂，故不備禮而速葬。杞不能當周班貢賦，而以子禮來朝，不得已也。魯不以伯姬之故，若其貢踰乃卑其君，又入其國，不義甚矣。傳曰書見無禮，欺加之罪，其無辭乎。楚之暴至是極矣。執宋於孟，敗宋於泓，伐陳圍陳，而陳屈；圍許取襄又將以正齊宋也。明年敗楚於城濮，它独崇類云天下賴之也。侯公德楚之又畏其強，故阿風楚卦以盟圍宋之諸侯，公貿未會楚子也，必曰諱公會楚，何不于之師取穀諱之乎。

燼讀懲荆之詩，僖公能無汗顏。

經　戊子二十有七年，春，杞子來朝。○夏六月庚寅，齊侯昭卒。○昭公弟潘立。秋七月乙未，葬齊孝公。杜解：三月而葬，速。○乙巳，公子遂帥師入杞。弗地曰入。○冬，楚人、陳侯、蔡侯、鄭伯、許男圍宋。孔疏：傳云楚子及諸侯圍宋，是楚子親來也。明年執曾伯之下始云楚子入居於申，使子玉去宋，是楚子去後，子玉獨留圍宋耳。按此則圍宋者君臣遞更，無所主名，故書人，主兵故序於首。十有二月甲戌，公會諸侯盟於宋。諸侯伐宋，公與楚有好而往會之。疏云：總稱諸侯，一事而再見者，前目後凡，常例也。

傳　杞二十三不見，共七年也。杞桓公來朝，用夷禮，故曰子。說見二十三年杞子卒。公卑。

按春秋之世，有禮則尊，無禮則卑，雖尚強力，猶貴文儀，蓋有三代之遺風焉。尉佗箕踞見責，瞿然而起，此風至漢尚未泯也。至晉唐以後，中國轉事夷狄，則專以無禮為強矣。世變之衰，可勝言哉。

姜白岩曰僖公前趨於齊今趨於楚其于杞則春來朝而秋殘其國媚強侮弱何以安伯姬之心乎公于夫倫薄矣

周大章曰剛而無禮窺破底裡古之大將以此敗事者

傳 二十七年春杞桓公來朝用夷禮故曰子（說見二十三年杞子卒）公卑杞杞不共也

（夏齊孝公卒有齊怨〔杜解〕前年齊再伐魯不廢喪紀禮也弔贈之數不有廢）

見三按魯與宋襄同盟也與齊孝積怨也葬弔之禮廢于宋襄而不廢于齊孝豈真不以怨廢禮哉在宋則以畏楚之故而廢之在齊則以伯國之餘而媚之魯之所謂禮如是而已

夏齊孝公卒有齊怨〔杜解〕前年齊再伐魯不廢喪紀禮也（弔贈之數不有廢）

秋入杞責無禮也（責不共也）

見三按杞以先代之後幾淪于淮夷幸齊桓城緣陵而遷之得延一綫豈有資財可以為禮且杞魯甥舅之國伯姬在焉不能托庇其國反伐其國魯之不義甚矣

楚子將圍宋使子文治兵於睽〔杜解〕子文時不為令尹故云使治兵習號令也睽楚邑終

甚衆此祭征虜雅歌投壺羊叔子輕裘緩帶所以独擅千古也

朝而畢不戮一人終朝自旦及食時也子文欲委重於子玉故畧其事子玉復治兵於蔿、子玉為令尹故蔿楚邑終日而畢鞭七人貫三人耳、[林解]以矢穿其耳國老皆賀子文[孔疏]國老卿大夫致仕者賀子玉堪其事子文飲之酒蔿賈伯嬴孫叔敖之父尚幼後至不賀子文問之對曰不知所賀子之傳政於子玉曰以靖國也[孔疏]事在二十三年此舉其前言以非之靖諸内而敗諸外所獲幾何子玉之敗子之舉也舉以敗國將何賀焉子玉剛而無禮不可以治民過三百乘其不能以入矣苟入而賀何後之有三百乘二萬二千五百人按入者戰勝而歸也[左逸]泓之役以狡勝又掩人二息夫子不諫而今又誘楚以快子玉夫子實敗楚而欲他誘也

黃鄉林曰子文誤用子玉而敗於城濮孔明誤用馬謖而敗於街亭此以見知人之難而命將爲尤難也但孔明是不知而誤用子文是明知而故用叔伯疑之於前蔿賈言之於後

智如子文（欲圖伸不得不服宋）豈其見反出二人下特以宋成叛楚即晉實有五
相犄角之勢欲服宋不得不與晉戰而重耳梟雄非玆父可
比當日楚庭燕饗早已俯視一切而般般請殺者獨有子玉
一人有此（英）吳鋒必能挫大敵而霸中原故剛而無禮蔿賈所
深信（疑）者正子文所深信而沾沾自喜也賀者在門飲者在室
適所以長子玉之驕心而速其斃（之斃）矣城濮之敗子文豈能辭
其咎哉

見三按子玉強毅有（為）如當時楚臣如子上子西輩皆無能出
其右鞭七貫三號令嚴明儼然有細柳營難犯氣象子文之
舉未為失但其病根在無禮耳蔿賈少年老成並非輕議
人短危言苦口指出病根即是進其良藥使能聞言知儆出

周大章曰齊桓時荊楚雖强憑陵諸夏猶未至于猖獗桓公少年舉事可以從容有為師召陵盟葵邱所以遲之數十年之後晉文入國既已暮而荊楚橫暴戍穀圍宋伯國且受其蹂躪他可知矣若不迅速有為以推其鋒何以取威何以定霸入國以來君臣憂慮早朝晏罷無非為此故于宋人告急大蒐示禮時將前此謀一一追敘出來見文公爰國取威定霸一腔心事勃勃不能自遏而意慮之周規模之密哉哉此管子治齊相等他非宋襄齊莽妄動者可比

姜白岩曰城濮之役晉侯第一偉畧也夫子雖病其譎未

以小心加以好謀未必不轉敗為勝也彼驕而矜且疑為讒慝之口自取敗亡其又誰怨

冬楚子及諸侯圍宋宋公孫固（杜解宋莊公孫）如晉告急先軫（原軫）曰報施救患取威定伯於是乎在矣（報宋贈馬之施）狐偃曰楚始得曹而新昏於衛（補註傳見曹衛皆已附楚）若伐曹衛楚必救之則齊宋免矣（前年楚使申叔侯戍穀以偪齊）於是乎蒐於被廬（晉地晉常以蒐禮政令敬其始也）作三軍（閔元年晉獻公作二軍今復大國之禮）謀元帥（中軍帥）趙衰曰郤縠可臣亟聞其言矣說禮樂而敦詩書詩書義之府也禮樂德之則也德義利之本也夏書曰賦納以言明試以功車服以庸（尚書虞夏書也賦猶取也庸功也疏云此虞書益稷篇）君其試之乃使郤縠將中軍郤溱佐之使狐偃將上軍讓於狐毛（偃兄）而佐之命趙衰為卿讓於欒枝（貞子也欒賓之孫）先軫使欒枝

嘗不大其功傳体經義力為是役鋪張而此一篇以臨時選帥平日教民二意為主子玉剛而無礼卻穀說礼敦詩想見匹夫按劍不敵儒服臨戎莊二十七年晉伐虢士蒍礼樂慈愛數語已為子犯先声此更推出義礼信三層具見臨時決勝先軫之功未事練兵狐偃之力於前議戰之勝胥由乎師于後又議帥之成敗視乎民也楚欲執宋于孟敗宋于泓襄以傷斃其子成公不肯從于事雠豈非全子哉楚前此猶憂我自出師至此則率師陳蔡鄭許圍宋而魯且走会于圍城之下又得曹衛更服齊宋則中原大勢去矣觀其將圍宋即選帥帥定即至宋雷厲風速使中原人人自危豈独宋哉然後逼出求救方見[illegible]薪止沸如解倒懸後子玉死晉侯曰莫予毒也已說

將下軍，先軫佐之。荀林父（中行桓子）御戎，魏犨為右。（呂說：晉國人材之盛，俱出於狐趙。二子皆能讓，及先軫死，又讓於先且居。後季白見冀缺而薦之，為下軍大夫。是田野之間莫不皆然。至景公時范宣子能讓，其下皆讓，皆狐趙倡之也。）晉侯始入而教其民，二年欲用之。（二十四年入）子犯曰：「民未知義，未安其居。」（無義則苟生）於是乎出定襄王（二十五年定襄王，以示事君之義），入務利民，民懷生矣。將用之，子犯曰：「民未知信，未宣（明也）其用。」（未明於見用之信）於是乎伐原以示之信（伐原在二十五年）。民易資者不求豐焉（不詐以求多），明徵其辭（重言信）。公曰：「可矣乎？」子犯曰：「民未知禮，未生其共。」於是乎大蒐以示之禮（蒐順少長，明貴賤），作執秩（主爵秩之官）以正其官。民聽不惑而後用之。出穀戍，釋宋圍（楚子使申叔去穀，子玉去宋），一戰而伯，文之教也。（謂明年戰城濮。〔林解〕由晉侯以文德教民故也。）

黃薌林曰：勤王示義，伐原示信，大蒐示禮，文公圖伯本領盡（是子犯絕大……昭矣）

者謂有喜声出不知此一結作
者早自傳其喜声矣

楚之成争霸有宋之圍楚莊
再后六有宋之圍始則楚争霸
有宋之盟終則楚分霸六
有宋之盟然則春秋樞紐
鄭衛之外無宋其一也

齊桓于楚之意在服之故侵蔡以張
我先聲也晉文于楚之意在勝之
故侵曹伐衛以致其必救奇兵也
蓋文之時勢大異於桓楚之暴
横更甚于昔文能勝之必不能

絶大勳猷智略救世霸業實著於世
於此而已傳者摹寫文公急於畜伸一日欲用之又曰將用
之終曰可矣乎遲暮之年迫不及待顧桑榆拊髀肉悔思乎
辭矣

見三按此篇合上治兵傳爲晉楚勝敗關頭師中之吉全在
知人楚庭授政振振有辭晉庭命將謙謙相讓敦詩說禮視
剛而無禮者何如不得鋒刃交接而兩國之勝敗早已分矣所
以子蒍治兵鞭七貫三徒事竝威被盧大蒐執秩正官期於
示禮兩兩相對即兩兩相反無非爲城濮結一大胚胎也秦
苻堅投鞭斷流本無大志謝太傅圍棋賭墅自有遠謀乃知
八公山草木皆兵淝水之戰並非偉勝偉威也

曹

經

己丑二十有八年春，晉侯侵曹，晉侯伐衛。公子買戍衛，不卒

服之故用兵而不用戈時務其正、也而言晉侯本欲侵曹衛不假道因其衛南而侵伐並舉其人書救非善之也所以著衛附楚之之罪而城濮之戰為不可已也楚之既救衛則又移師而曹入其國而執其君又以曹君畀宋多方以激楚之怒則楚不得不與晉戰矣所謂譎也[illegible]

成、刺之[杜解]公子買魯大夫子叢也內殺大夫皆書刺言用周禮三刺之法示不枉濫也[疏]云刺訊也訊而有罪則殺之。楚人救衛高氏曰非善之也著衛國附楚之罪。三月丙午晉侯入曹執曹伯畀宋人畀與也執諸侯當以歸京師晉侯怒楚使戰故以與宋所謂譎而不正。夏四月己巳晉侯、齊師、宋師、秦師及楚人戰于城濮。楚師敗績[杜解]城濮衛地濮音卜。楚殺其大夫得臣楚以違命告楚始書大夫按。衛侯出奔楚。五月癸丑公會晉侯、齊侯、宋公、蔡侯、鄭伯、衛子、莒子盟于踐土王子虎臨盟不同歃故不書衛侯出奔其弟叔武攝位受盟非王命所加從未成君之禮故稱子而序鄭伯之下踐土鄭地按今河南滎澤縣西北有踐土臺。陳侯如會陳本與楚楚敗懼而屬晉來不及盟故曰如會。公朝于王所王在踐土非京師故曰王所。六月衛侯鄭自楚復歸于衛復其位曰復歸晉人感叔武之賢而復衛侯衛侯之入由於叔武故以國逆為文。衛元咺出奔晉元咺衛大夫。陳侯款卒。穆公卒子共公朔立。秋杞伯姬來許氏曰莊公女來寧成風志入杞之怨釋也。公子遂如齊聘也。冬公

衛未叔武許不政衛事晉故為與會以討之陳共公稱子在喪也賤之曰鄭秦至此則陳風曾至矣春秋以來天王與會之事晉文欲合諸侯故喻王出狩合諸侯而朝之人臣之大惡也春秋以示諸侯使朝王之年晉文欲尊天王故喻王出狩合諸侯而朝之人臣之大惡也聖人原其心諱其過夫書天王之狩于會溫之後功罪並見褒貶不偏仁之至義之盡也踐土之役王意也故書朝而不書狩存君體也溫之役非王意也故書狩而後書朝存臣禮也執臣之訴而執其君於天子之側逆節也先自定其君罪然後請王治之尊命也不曰王所而曰京師者歸也元咺待伯主之重罪君足顯罪也[illegible]之衛[illegible]書歸伯主歸之也所以甚文之悖且以著咺之橫也

[illegible]遂者從事之辭從之役討衛許也執衛侯歸于京師而合諸侯圍許故曰遂圍也書伯者君失國也遂會諸侯國許挽辱亂久而得釋起而赴功之忽後喜之至畏之甚故曰遂也晉文合四國之兵能勝強楚今十一國之力不能服弱許執田單能以即墨之殘卒破燕不能以全齊之勝兵下翟也

會晉侯、齊侯、宋公、蔡侯、鄭伯、陳子、莒子、邾人、秦人于溫。陳共公稱子，先君未葬。宋襄公稱子，自在本班。陳共公稱子，降在鄭下。陳懷公稱子而在鄭上，蓋主會所次，非褒貶也。疏云：宋襄稱子在九年葵丘會，陳懷稱子在定四年召陵會也。天王狩于河陽。晉實召王，為其辭逆而意順，故經以王狩為辭。河陽，晉地。按河南河陽縣西為古河陽城。壬申，公朝于王所。有日而無月，史闕文。○晉人執衛侯，歸之于京師。諸侯不得相治，故歸之京師。衛元咺自晉復歸于衛。元咺與衛侯訟，勝而歸。從國逆例者，明國人與元咺。諸侯遂圍許。會溫諸侯也。許比再會不至。曹伯襄復歸于曹，遂會諸侯圍許。言遂得復而行，不歸國也。

傳

二十八年春，晉侯將伐曹，假道於衛。〔杜解〕曹在衛東，故。衛人弗許。還自南河濟，從汲郡南渡，出衛南而東。按汲郡，今河南衛輝府。侵曹伐衛。〔宋鈔〕兩書晉侯，喜之也。〔分解〕本以二事出，不得書侵曹遂伐衛。正月戊申，取五鹿。衛地。二月，晉郤縠卒。原軫將中軍，胥臣佐下軍，上德也。先軫以下軍佐超將中軍，故曰上德。胥臣，司空季子。晉侯、齊侯盟

姜白岩曰：據經則未買全為媚楚，蓋晉人取五鹿，公子玉宋郊，楚命移師戍衛，公遣買戍之。買以為衛君既出，國人惡楚，則楚之不足與也，故不卒戍而還。公以新造之晉，童敵久橫之楚，怒其違命，殺之。故經書于救衛之上，此實事。

於斂盂（衛地。按直隸開州東南有斂盂聚。○斂音廉）。衛侯請盟，晉人弗許。衛侯欲與楚，國人不欲，故出其君以說於晉。衛侯出居於襄牛。（衛地。按屬河南睢州）

出居襄牛，觀望晉楚之勝敗耳。出居不過悅晉之辭。

見三。按齊桓、晉文皆假之者也。召陵之役，篇末補出德字；城濮之戰，篇首提出德字。足見春秋之初，雖尚霸功，尚近王道；至定、襄之世，吳越兵爭，專尚詐力，則德字竟成絕響，而世運遂流為戰國矣。

公子買戍衛。（杜解：晉伐衛，衛楚之昏姻，魯欲與楚，故戍衛。）楚人救衛，不克。公懼於晉，殺子叢以說焉。（召子叢而殺之，以謝晉。）謂楚人曰：不卒戍也。

見三。按古人行一不義，殺一不辜，而得天下，尚且不為，況殺人以媚人乎？公子買奉命戍衛，知難而退，準諸大夫越境有

可以安國家利社稷者安在可以從權乃始則殺之以說於楚曰戍衛不加是以殺之繼即借之以說於晉曰買擅戍衛今已殺之一人伏法兩國討好買如有知當必呼天無辜也

晉侯圍曹門焉多死〔杜解〕攻曹城門曹人尸諸城上磔晉死人於城上。磔音摘晉侯患之聽輿衆也人之謀曰稱舉也舍於墓舍墓為發將塚師遷焉曹人兇懼遷至曹人墓兇兇恐懼声為其所得者棺而出之因其兇也而攻之〔林解〕為其所得之晉人棺斂其尸而出之於外欲加禮晉師以免發塚三月丙午入曹數之以其不用僖負羈而乘軒者三百人也且曰獻狀軒大夫車言其無德居位者多故責其功狀令無入僖負羈之宮而免其族報施也報飡壁之施魏犨顛頡怒曰勞之不圖報於何有二子各有從亡之勞爇燒也僖負羈氏按三百人不過用詩赤芾三百語非謂曹大夫如此之多亦非詩為共公作也先軫能說詩書矣此事甚做得風致即其無入僖負羈之宮亦以為保護賢人

也方殺子叢即聞救衛不克復懼晉子是告晉曰戍衛由買之故今召歸來之其告楚則曰買不終戍事是以來之兩借其辭皆以來人媚人也此傳所以書殺子叢于救衛之下也

王或庵曰齊桓既沒楚勢益橫若無晉文天下皆為楚矣而晉文所以取威定伯者全在城濮一戰有此一戰而中夏之勢稍振即荊楚之勢稍衰自此晉為諸侯盟主者百有餘年與南北相持而楚終不能得志及晉之衰而楚亦弱則此一戰之功亦豈閑宣少哉

周大夫曰齊桓服楚在不戰晉文服楚在戰本領不同時勢亦異然晉文君臣志在一戰又怕此戰蓋不戰則楚求宋而去未經懲創將來掃地興師勢必再來我數年經營締造之功亦無所送淺即能捍拒救患豈能取

臧宦晉但楚與我有舊恩彼來伐宋而我出師以救之則兵端自我不至彼退舍之言謂何而急諸侯故宋來告急不即救宋而伐曹衛以致楚師之救使此戰得以有辭而無奈楚之不出此也夫楚子豈不欲爭衛上國者況曹衛皆其與國何難出一旅而相救特深知晉文之為人智深勇沉諸臣謀畧又必得臣之致彼伐曹衛我自圍宋絕不相攖正所以避其鋒也至于執曹衛君而分曹衛之田其勢漸逼遂入中以避之而命其臣去穀去宋不與爭衛大丈夫光明磊落見可而進知難而退何等爽快若果如此則晉文終不能一戰而伯業難成矣幸有子玉剛愎自用不聽王命恃其衛封曹之謀且以制晉君臣使之不得不俯首從者而先軫一策奇幻更深神機妙美直美子玉子股掌楚雖欲不戰豈可得哉特

而報施二字在魏顛意中看出耳曰無入賈羈之宮則晉師有入人室矣曰免其族則他族不免矣惡在為仁義之師左氏言外皆有微意魏犨傷於胸公欲殺之而愛其材材力使問且視之病將殺之【林解】使人責問魏犨且視其病將待其復命殺之魏犨束胸見使者曰以君之靈不有寧也言不以病故自安寧距躍三百曲踊三百距躍超越也曲踊跳踊也百猶勵也【林解】凡三次勉勵而為之【左繡】距躍直跳曲踊橫跳者必先直而旋故不曰橫而曰曲百音陌猶阡陌之陌三陌蓋踊躍之度大約有此乃舍之殺顛頡以殉於師按霸主難以情動而可以利奪束胸踴躍以示可用否則與顛頡懸首軍門矣據晉語羈亦嘗詳告曹君不失為賢二子何以不服也立舟之僑故虢臣閔二年奔晉以為戎右代魏犨宋人使門尹般宋大夫如晉師告急按前年冬圍宋至此兩番告急而晉師不急救者所以老楚師亦待援師之集也公曰宋人告急舍之則絕與晉絕告楚不許我欲戰矣齊秦未可若之何未肯戰先軫曰使宋舍我而賂齊秦求救於齊秦藉之告楚假借齊秦使為宋請我執曹君而分曹衛之田以賜宋

是晉文只能激齊楚而使之助戰又能激楚而使之必戰舊德難忘恐背惠食言貽人口實而兵凶戰危子玉多才恐不克勝以貽後羞故退舍後猶且疑且懼臨事而懼好謀而成晉文其庶幾矣故未戰之先許多謀畧既戰之後許多兵機包一刪而無礼者所能測識哉篇中段段寫欲战却段段寫不战非左氏故作閃爍幻此見出沒之筆為文章推波助瀾乃其當日情事寔有如此逶迤曲折者挺事直書本末自見而文章之妙因之詩者所以反覆致思也善乎呂曰斯時楚氣益急周室及列國諸侯岌岌矣又不比齊桓之世止爭一鄭也城濮之战楚師大劇而二百餘年不受其并吞者皆一战之力傳中語歸重先軫軫為元帥晉文尊攘之功所從立也召陵之役做得不甚滿意以敵手是子文城濮之役做得盡善矣

人楚愛曹衛必不許也不許齊秦之請喜賂怒頑能無戰乎言齊秦喜得宋賂而怒楚之頑必自戰也公說執曹伯分曹衛之田以畀宋人按至此晉師已越曹衛而逼近楚師赴宋援矣楚子入居於申申在方城內故曰入使申叔去穀二十六年申叔戍穀使子玉去宋曰無從晉師晉侯在外十九年矣而果得晉國晉侯生十七年而亡亡十九年而反質疑此見昭十三年叔向語及外傳而史記云四十三出亡六十二反國夫當文公奔蒲正獻公滅虢秦穆姬之歲姬係申生姊如長于文公如文公年四十三豈穆姬及艾始嫁而穆公致書公子不宜稱為孺子矣故左氏較近情或疑從左則重耳居蒲止六歲夷吾更少考莊二十八年夏太子居曲沃至二子之居蒲屈則其後日事也傳統敘於是年爾觀士蔿築蒲云三年將尋師可見險阻艱難備嘗之矣民之情偽盡知之矣天假之年獻公之子九人惟文公在故曰天假之年而除其害除惠懷呂郤天之所置其可廢乎軍志兵書曰允當則歸無求過分又曰知難而退又曰有德不可敵此三志者晉之謂矣謂今與晉遇當用此三志子玉使伯棼子越椒也鬬伯比之孫

是子玉爽吾先軫，正譎不同，而有功王室則同。晉文侵曹伐衛以致楚救，復曹衛以攜楚，執宛春以怒楚，遂三舍以誘楚，皆譎謀而不正也。當時陳蔡鄭許皆從楚圍宋，文不遠攻四國而獨及於無罪之曹衛。人謂晉文報曹衛之不禮，其實楚將得曹而新昏於衛，知楚必救曹衛也。意不在曹衛而在楚又請在矣。齊桓之霸先稱人稱師而後爵之。若晉文侵曹伐衛執曹伯，即以爵書，三国稱師而晉稱侯，何也？桓文同一服楚，而文則用以五年霸以一戰，方之齊桓，績尤偉焉。第齊桓但服楚之心，晉文必挫楚之鋒，又其譎孫而厚薄由此分也。

請戰，曰：非敢必有功也，願以間執讒慝之口。間執，猶塞也。讒慝若蔿賈之言，謂子玉不能以三百乘入。按子玉不從王召，因自師中使伯棼赴申以請，兼請濟師，宋圍依然未撤也。王怒，少與之師，唯西廣、東宮與若敖之六卒實從之。楚子還申，遣此兵以就前圍宋之衆。楚有左右廣，又太子有宮甲，分取以給之。若敖，楚武王之祖父，葬若敖者，子玉之祖也。六卒，子玉宗人之兵六百人，言不悉師以益之。子玉使宛春告於晉師曰：請復衛侯而封曹，臣亦釋宋之圍。子犯曰：子玉無禮哉！君取一，臣取二。君取一，以釋宋圍惠晉侯；臣取二，復曹衛為已功。不可失矣。言可伐。先軫曰：子與之。定人之謂禮，楚一言而定三國，我一言而亡之，我則無禮，何以戰乎？按與，稱許也。言子玉之言有禮，子當稱許也。定三國，謂復衛封曹而釋宋。不許楚言，是棄宋也。救而棄之，謂諸侯何？言將為諸侯所怪。楚有三施，我有三怨，怨讎已多，將何以戰？按子犯之謀，先軫一筆掃却，從亡元舅皆聽節制，知晉文任用之專。不如私許復曹衛以攜之，私許二國，使告絕於楚而後復之。攜，離也。執宛

春以怒楚既戰而後圖之按言既戰決勝負而衛之復不復再作區處今則不妨私許之所謂譎也
公說乃拘宛春於衛且私許復曹衛曹衛告絕於楚子玉怒從
晉師按至此宋圍方撤呂氏謂伐衛之時已撤非也其云界宋人蓋以田界宋人之在會者晉師退軍吏
曰以君辟臣辱也且楚師老矣何故退子犯曰師直為壯曲為
老豈在久乎微楚之惠不及此重耳過楚楚成王有贈送之恩退三舍辟之所
以報也一舍三十里初楚子云若反國何以報我故以退三舍為報背惠食言以亢其讎附註
亢蔽也其讎為宋宋者楚之讎傳所謂楚惠未報而亢宋者也外我曲楚直其衆素飽按言其衆直氣
盈飽有素也不可謂老我退而楚還我將何求若其不還君退臣犯
曲在彼矣退三舍楚衆欲止子玉不可夏四月戊辰晉侯宋公
齊國歸父崔夭皆齊大夫秦小子憖穆公子次於城濮衛地按宋君親將而經叙於齊
下以此舉為救宋也然大夫終不可以先諸侯故畧之而書師猶圍宋之役子玉不可以先諸侯故畧而書人也傳見諸侯位

晋文夢楚子搏似凶而吉，子玉夢河神福似吉而凶，成敗由人，豈因夢境也。

次皆霸者更定，非復常制。楚師背酅而舍。酅，邱陵險阻名。[林解]此所謂君退臣犯也。晋侯患之。聽輿人之誦，恐衆畏險，故聽歌誦。曰：原田每每，舍其舊而新是謀。高平曰原。喻晋君美盛，若原田之草每每然，可以謀立新功，不足念舊惠。○每，亡回反。公疑焉。疑衆謂己背舊謀新。子犯曰：戰也。戰而捷，必得諸侯。若其不捷，表裏山河，必無害也。晋國外河而內山。公曰：若楚惠何？欒貞子欒枝。曰：漢陽諸姬，楚實盡之。水北曰陽。姬姓之國在漢北者，楚盡滅之。思小惠而忘大恥，不如戰也。按欒貞數語，可謂極明大義，惜楚惠難忘，不得以其僭王之罪痛斥之。晋侯夢與楚子搏，手搏。楚子伏己而盬其腦。盬，嗟也。服虔云：如俗語相罵云嗟汝腦矣。○盬音古，嗟子答反。是以懼。子犯曰：吉。我得天，楚伏其罪，吾且柔之矣。晋侯上向，故得天；楚子下向地，故伏其罪。腦所以柔物，子犯審見事宜，故權言以答夢。子玉使鬬勃請戰，楚大夫。曰：請與君之士戲，君馮軾而觀之，得臣與寓子玉名。目焉。寄也。晋侯使欒枝對曰：寡君聞命矣。楚君之惠，未之敢忘，是

楚用中国攻中国王旅偃不罹鋒鏑觀城濮中軍獨全可見陳蔡與申息俱為楚役云申息之庄者申息滅於楚乃楚有之陳蔡服于楚尚未為楚有也

以在此為大夫退其敢當君乎既不獲命矣不獲止命敢煩大夫謂二三子煩鬬勃令戒勅子玉子西之屬戒爾車乘敬爾君事詰朝平旦將見晉車七百乘韅靷鞅靽五萬二千五百人在背曰韅在胸曰靷在腹曰鞅在後曰靽言駕乘脩備。韅許見反靷以刃反鞅於杖反靽音半晉侯登有莘之虛以觀師曰少長有禮其可用也有莘故國名按今河南陳留縣有莘城其地又接山東曹縣界遂伐其木以益其兵伐木以益攻戰之具輿曳柴亦是己巳晉師陳於莘北胥臣以下軍之佐當陳蔡子玉以若敖之六卒將中軍曰今日必無晉矣子西鬬宜申將左子上鬬勃將右胥臣蒙馬以虎皮先犯陳蔡陳蔡奔楚右師潰陳蔡屬楚右師狐毛設二旆而退之旆大旗也又建二旆而退使若大將稍郤欒枝使輿曳柴而偽遁曳柴起塵詐為衆走楚師馳之原軫郤溱以中軍公族橫擊之公族公所率之軍狐毛狐偃以上軍夾攻子西按狐毛以二旆退忽又與偃夾攻子西可見晉國調度如臂使指楚

踐土不書天王下勞晉君禮
此会温特書天王出狩存臣
禮也

軍止黜陳蔡晉止寫本國之軍知諸國皆有所屬明寫陳蔡使是暗寫三國楚左師潰，楚師敗績。子玉收其卒而止，故不敗。三軍唯中軍完是大崩晉師三日館穀，館舍也食楚軍穀三日及癸酉而還。甲午，至于衡雍，鄭地作王宮于踐土。襄王聞晉戰勝自往勞之故為作宮按王在踐土親勞晉侯而傳但云作王宮沒去親勞之文是立言肯體處衡雍今河南原武縣西北有衡雍城鄉役之三月，城濮役之前三月鄭伯如楚致其師，[孔疏]致其鄭國之師以佐楚為楚師既敗而懼，使子人九行成于晉。子人氏九名[疏]云鄭伯弟語之後晉欒枝入盟鄭伯。五月丙午，晉侯及鄭伯盟于衡雍。丁未，獻楚俘于王。[補注]外獻捷不告駟介百乘，徒兵千。駟介四馬被甲徒兵步卒鄭伯傅王，用平禮也。傅相也以周平王享晉文侯仇之禮享晉侯己酉，王享醴，命晉侯宥。既享又命晉侯助以束帛以將厚意王命尹氏及王子虎、內史叔興父策命晉侯為侯伯，以策書命晉侯為伯也周禮九命作伯尹氏王子虎皆王卿士也叔興父大夫也三官命之以寵晉[疏]云一命受職再命受服三命受位四命受器

五命賜則六命賜官七命賜國八命作牧九命作伯賜之大輅之服戎輅之服大輅金輅戎輅戎車二輅各有服林解祭祀所乘其服鷩冕兵事所乘其服韋弁彤弓一彤矢百玈弓矢千彤赤弓玈黑弓弓一矢百則矢千弓十矣諸侯賜弓矢然後專征伐。玈音盧秬鬯一卣秬黑黍鬯香酒所以降神卣爾雅中尊也。卣音酉。虎賁三百人曰王謂叔父敬服王命以綏四國糾逖王慝逖遠也有惡於王者糾而遠之。逖勑歷反晉侯三辭從命曰重耳敢再拜稽首首至地奉揚天子之丕丕大也顯休休美也命受策以出出入三覲出入猶去來也從來至去凡三見王衛侯聞楚師敗懼出奔楚遂適陳自襄牛出使元咺奉叔武以受盟奉使攝君事按傳見元咺奉君命以叔武受盟癸亥王子虎盟諸侯于王庭踐土王宮之庭踐土別於京師書要言曰皆獎獎助也王室無相害也有渝渝變也此盟明神殛之殛殊也俾俾使也隊隊隕也其師無克祚國及其玄孫無有老幼君子謂是盟也信合義信謂晉於是役也能以德攻以文德教民而後用之

黃鄰林曰滅此而朝食齊所以敗也今日必無晉楚所以敗也兵為凶事而驕躁乘之未有不覆軍者故子玉城濮之敗驕兵也馬謖之街亭似之秦穆殽之敗貪兵也苻堅之淝水似之

見三按孔子於桓文之霸而定之曰正曰譎此治術純駁所由分即世運升降所由判也余謂就治術而論則文之譎固異於桓之正即桓亦異於王之正就世運而言則桓之正必流為文之譎文之譎正所以學桓之正夫晉文時之楚非齊桓時之楚也泓

戰一勝而宋求成頓子既納而陳聽命穀邑是戍而魯乞師騷騷乎橫行天下而莫之敢禦故齊桓之時即遠齊近楚號為弱小之江黃尚敢背楚即齊晉文之時即遠楚近晉猶可

自立之曹衛反致背晉即楚大勢所在𠜇于楚之威耳召陵之師江黃披兵八國並舉雷動飈馳軍容甚盛城濮之役寥寥所從者齊宋秦耳秦晉四世戰韓之後彼此生心觀後日崤之舉燭之武片言秦先解散則此日之觀望可知已齊屢盟于楚所好在楚而不在晉也宋屢挫于楚所畏在楚而不晉也以二十年喪亂之餘挾此觀望之三國求以勝楚不亦難乎況楚自文子治兵繼以子玉終日而鞭七人貫三人耳所謂殺士卒之半而天下無敵者唯文也急與楚戰而又不急與戰始則輕兵侵曹以示楚之緩繼則重兵伐衛以聲楚之急終則執曹畀宋以激楚之怒然後退師三舍陽以報楚之德陰以激子玉之怒而鬬勃之請戰必矣而楚師之敗

周大東曰賞罰明而後可以立國、故喪師辱國之臣法所不誅城濮敗而誅子玉泜水退而誅子上鄢陵敗而誅子反屬國叛而誅子辛、

績必矣報施救患取威定霸先軫之謀雖猶而其計未嘗不善如必效齊桓之陳師以觀受盟而退吾恐未得齊桓之正先得宋襄之敗宋襄效齊桓之正而敗者也晉文鑒宋襄之敗而譎者也王之道蕩蕩平平人人得而由之霸者之正不可有一不可有二是則齊桓之正固異乎王者之正而後世如雄之譎亦異乎晉文之譎矣抑齊桓暮年楚人伐江滅黃而敗徐伺間即動晉文戰勝而楚之安職者十餘年不幾譎之功反多於正乎是可以觀世變矣聖人不計功而第為定兩霸之畧曰正曰譎云爾

初楚子玉自為瓊弁玉纓、未之服也、（杜解弁以鹿子皮為之瓊玉之別名次之以飾弁及纓詩云會弁如星。瓊營求反）先戰夢河神謂己曰畀余、余賜女孟諸（宋藪之澤）

麋水草之交曰麋按孟諸今河南歸德府治東北有孟諸澤此為宋澤豈楚所有見楚君臣志在滅宋故積而成夢也○通作湄弗致也大心子玉之子孫伯與子西使榮黃榮季諫子玉剛愎故因榮黃弗聽榮季曰死而利國猶或為之況瓊玉乎是糞土也而可以濟師將何愛焉弗聽出告二子曰非神敗令尹令尹其不勤民實自敗也〔經史問荅〕師行所過原有祀其山川之禮安得示夢索幣故子玉之不與猶滅明之不以璧與蛟也而謂其慢神以取敗則淫祀之說誤之既敗王使謂之曰大夫若入其若申息之老何申息二邑子弟皆從子玉而死言何以見其父老〔何記〕楚用中國攻中國而楚人不以當敵如是役陳蔡為右申息為左皆潰子玉即收其卒而止中軍皆王族未嘗肯使其慢〔罹〕於鋒鏑也及成王罪子玉曰若申息之老何申息久為楚地猶所惜也陳蔡之人熸焉則不問矣子西孫伯曰得臣將死二臣止之曰君其將以為戮二子以此答王使言欲令子玉往就君戮及連穀而死至連穀王無赦命故自殺也按文十年傳云王使子玉無死不及故不敘晉侯聞之而後喜可知也喜見於顏色〔補正〕知猶見也曰莫余毒也已蒍

荊楚之法之嚴足於他國此所以雄長南服爭衡諸夏也或以楚之成之殺子玉不如秦穆之復孟明不知楚成豁達大度能容晉文豈不能赦子玉而責其後効征伐人君之大柄威權不能下移使之未來而少欲與晉戰專權自恣与晉軍固請而行等無君之心既萌將來豈可復制況有大功而無貴仗早已憂其不請剛而無禮己但不可以治民哉因其敗而殺之以杜強臣之患此或楚成之微意矣善占者曰春秋多淫祀子玉可謂持正而榮黃輩謂之以濟師而畏則自敗濟師者益兵之謂也蓋晉避三舍楚衆欲止不可者独一子玉耳其子大心亦知其必敗也榮黃以國人信鬼命之況玉謂有神助以鼓其奮往之氣秋之為兵也又既示以楚衆不可用以過子玉之驕而子玉自恃其才孟諸之麋如探囊神道設教要為求故請

戰則曰戲，將戰則曰必無晉，此天奪其魄而自敗也。楚國以張橫要詐工於獵夏者為功，而聖人之意，正以守已奉法為賢也。譬如為盜者，在彼夥中以善殺人掠取財物多者為能，而自王法視之，則免其能自投首者，至則守，華不出罪抌，未減，春秋于楚臣當如是觀。

呂臣實爲令尹，奉已而已，不在民矣。言其自守，無大志。按言不能用民使之戰，非謂其不在民瘼也。

黃鄰林曰：子玉瓊弁玉纓之夢，禪竈瓘斝玉瓚之請，若應若不應，豈上古之神好是正直，春秋（叔世）之臣（神）亦犯貪婪乎？然子玉勿與，則戰血隕身；子產勿與，而鄭亦不復有火。神而貪，或反畏夫正直之人矣。

見三按：子玉剛而無禮，蔿賈孺子尚知之，子文老成，豈反不知之？其授政也，蓋以子玉剛很，郤為可以爭霸中原，正如劉先主聞川之必用馬孟起也。終日治兵，鞭七人，貫三人耳，想見閫令森嚴，人不可犯，即以狐原諸賢多方設計，而城濮之敗，中軍獨全，知子玉本自能兵，並非若贏季之剛愎無用也。

姜白岩曰：衛侯之殺叔武，假手獻犬，殺之也。枕尸而哭，即誅獻犬，似殺武非其本心，而抑知不然。或訴元咺之武，哭如其來，即信之，殺角。未見武故殺角，殺角即殺武也。斯時獻犬早捻知其欲殺武矣。咺不廢命，武不出奔，亦以心本無他，久當自白耳。至晉人及衛侯，武子與元咺以殺子故有異心，故爲宛濮之盟，倒重居者，見此番入國必不追復前嫌。武子忠誠，既信于平日

向使楚顧憐才，恕其罪而再用其身，憤兵報復，又非徒孟明濟河封尸已也。故楚兵敗而晉文有憂色，得臣死而晉文有喜，曰「莫予毒也已」，爲晉國喜，爲天下喜。子玉亦梟雄哉！末以子上作結，見楚庭真才實少，舍此別無可用，子文正非浪舉也。

或訴元咺於衛侯曰：「立叔武矣。」其子角〔杜解〕元咺子。從公，公使殺之。咺不廢命，奉夷叔〔孔疏〕謚法安民好靖曰夷。以入守。六月，晉人復衛侯，以叔武受盟於踐土，故聽衛侯歸。甯武子甯俞。與衛人盟於宛濮衛地。曰：「天禍衛國，君臣不協，以及此憂也。衛侯欲與楚，國人不欲，故不和也。今天誘其衷，中也。使皆降心以相從也。不有居者，誰守社稷？不有行者，誰扞牧圉？牛曰牧，馬曰圉。不協之故，用昭乞盟於爾大神，以誘天衷。〔林解〕以誘披中心之天理。自今日以

又動于臨時而群疑洒然君安枕而治矣乃衛侯不俟期而入致子以身先之牂而之乘畧緩須臾君車疾馳竟出武子之先而叔武就殛于是元咺出奔國人再貳矣讓宛濮一盟知安人心之難讀末一段知失人心之易然則君之先期入者疑叔武也寗子先者逆知君之忌武恐有他變也公疾驅而行者歆東叔武之不备也叔武既死歸獄歂犬則君殺叔武傳明言之無待公羊之直指為忌殺也武以叔武儼然與盟為罪不知元咺奉叔以會衛侯之命也晉處衛侯直書以武為君武辭之不敢為君自同于世子来盟之礼晉人感其誠遂以衛子告諸侯望溪曰使如鄭突之志篡則天子臨之方伯命之可泰然立乎其位而書衛侯矣故舊史以子書而夫子再之著其不安于位之實也若叔武所處而字瑕異之瑕者元咺可固拒也

往既盟之後，行者無保其力，居者無懼其罪。有渝此盟，以相及也。以惡相及。明神先君，是糾是殛。國人聞此盟也，而後不貳。傳言叔武之賢。寗俞之忠，衛侯所以復歸。衛侯先期入，不信叔武。寗子先，長牂衛大夫。子郎反。守門以為使也，與之乘而入。寗子先入，欲安諭國人，患公之欲速故。公子歂犬、華仲前驅。衛侯遂驅，奄寗子未備。二子衛大夫。歂，市専反。叔武將沐，聞君至，喜，捉髮走出，前驅射而殺之。公知其無罪也，枕之股而哭之。公以叔武尸枕其股。歂犬走出，手射叔武故。公使殺之。元咺出奔晉。元咺以衛侯驅入殺叔武故，至晉愬之。

黃薌林曰：元咺之輔叔武，即明于謙之輔景泰也。但景泰之立，出於太后之權宜；叔武之立，則出於衛成之治命。景泰尚有據位之嫌，叔武並無儞國之意。觀於踐土之盟，經書衛子，其未嘗正位可知；受盟之後，成即復歸，其為兄請命可知。乃

云方伯命之武固辭則他人之矣
公羊謂惡他人之立衛侯之不得蓋
此為得其情實自盟之後晉即
歸衛侯則元咺武有君之情可知也
晉惠執于秦征繕以輔孺子宋襄
執于楚守國以立目夷宋閔殺其子
若弟也國事危疑社稷為重可
避嫌遠悪不肯以身弑子故賤之
盟不可以責叔武於髀泄之事奇
以疑子西也

以先期之入遽遭前驅之殺歂犬何人敢以一矢相加此日
之殺當出於君臣之成謀則前日之詐必由於歂犬之擅舉
歂犬之罪浮於石徐衛成之毒甚於英宗矣元咺有至性而
昧大義殺子不顧初念尚明訟晉復歸大亂復起憤兄弟之
相残而不知君臣之無獄雖韋免士鍼之刑卒難逃周治之
手其質懸君國多矣不謂之弑逆得乎
見三按甯俞之忠人但知其職納饘薄酏周旋患難不知宛濮
一盟最為要領前此襄牛之盟國人出之而君民已貳後此
聽信訴訟即殺元角而君臣亦貳今賴武子盟辭真摯以協
上下蓋元咺不貳國人皆不貳矣乃國無貳志而君有忌心
先期之入何其無信前驅之殺何其不仁骨肉摧残遂令君

臣構訟同君孽之自作豈天禍之未兆耶叔武奉命守國同
於拒楚之罪夷捉髮迎君異於攫兒之影泰不聞受賞遜爾
亡軀枕股之哭適以形其偽烏足以服人心哉元咺社稷為
重奉叔武入守殺其子不顧卒之國安君復功不在甯俞下
使能於叔武之殺一死相隨於地下於忠肅之大節不得專
美於後矣乃奔晉訟主卒致殺身生不能為忠因死竟甘為
厲鬼於國何益於身究何益哉若晉文堂堂伯主御不禮之
小忿伐未已又討之討未已又執之甚至使醫行酖必殺其
身而始快及其釋也不過十穀之玉何其無伯主之度也嗚
呼為人君者無得罪於羣臣百姓讀是傳其亦有鑒於襄牛
之轍矣

周大章曰此爲城濮一戰補遺德治民之本而刑亦不可廢三罪而民服德而不失之姑息示義示信示禮德也殉師殉諸侯殉國刑也而之正复相配文有赫必有依章法乃不散漁埜殺子玉治兵圍宋之結案也晉殺三罪大蒐被廬之結案也姜白岩曰文刑三罪顛頡何以獨裁前篇甚顛遺命在入曹時則首段違命之誅正映照後段無人不用命也若晉楚文鋒方寫兵力之盛何處插入此模奸命之事故另作一篇而從前未到者俱收拾于此引詩以綏四方正照下篇文恒之訟相對殺士榮刖鍼莊子刑及無辜擅作威福四方所以不服也覺晉自城濮之戰獻俘授馘受賞策勳衛自城濮之後死生罪獄流離顛沛兩篇並列功首罪魁一覽可見

城濮之戰，晉中軍風于澤，杜解牛馬因風而走皆失之亡大旆之左旃。大旆旗名繫旐曰旆通帛曰旃祁瞞奸命，掌此二事而不脩為奸軍令司馬殺之，以徇於諸侯，使茅茷代之。師還。壬午，濟河。舟之僑先歸，士會攝右。權代舟之僑也士會隨武子士蔿之孫○茷廢扶反秋七月丙申，振旅，愷以入於晉。愷樂也孔疏兵樂曰愷○愷開在反獻俘授馘，飲至大賞，授數也獻楚俘于廟徵會討貳。徵召諸侯將冬會於溫殺舟之僑以徇於國，民於是大服。君子謂文公其能刑矣，三罪而民服。三罪顛頡祁瞞舟之僑詳說舟之僑有功以先歸殺之三人當在議勳議能之科周家忠厚之氣齊桓猶未替至晉文則所存鮮矣按傳云民服者猶服其殺有罪若下篇則為臣執君倫常舛矣詩云：「惠此中國，以綏四方。」不失賞刑之謂也。詩大雅

見三按古者行師，馬逸旗亡，罪及主事，軍令之嚴如此。後世棄師喪地，因循不罪，甚至聞儆張皇，先去以為民望者，不知

姜白岩曰此討衛也本元咺訟衛侯而曰衛侯與元咺訟猶天王狩于河陽之義先叔為輔為坐為大士復叔殺士榮刖鍼莊免

凡幾也抑知賞信則可勸罰嚴則有威祁瞞舟之僑之事督師者所宜法也

冬會于溫討不服也按此為下文討衛許作冒

見三按諸侯服楚而同圍宋者陳蔡鄭許也楚既敗蔡鄭即從晉陳雖後盟亦來如會獨許未敗（改）者衛則歸國殺乾故徵召諸侯共討其罪且召王以臨之使之不得不服名為尊王實以耀威踐土同盟者有七國此則大為（如）秦小為（如）邾亦與於會蓋一震於伯主之烈一震於天王之猶也論而不正此其一端

衛侯與元咺訟杜解：爭殺叔武事甯武子為輔鍼莊子為坐士榮為大士治獄官周禮命夫命婦不躬坐獄訟元咺又不宜與其君對坐故使鍼莊子為主又使衛之忠臣及其獄官質正蓋今長

十九

甯俞執衛侯一以天子之庭大司寇獄決不待六聽八議而生者生死者死忽挿歸之于京師一語方知決此獄者為强國之諸侯也窮生殺之權紊君臣之位其惡而同鄙子同其罪在圍陽樊之上

史有罪先驗吏辭之義衛侯不勝三子辭屈殺士榮刖鍼莊子謂甯俞忠而免

之執衛侯歸之于京師寘諸深室別為囚室甯子職納槖饘焉槖衣囊饘

麋也〔疏〕云槖以感衣亦可感食〔附注〕槖以感饘故曰槖饘甯子慮防酖毒故以饋食為已職元咺歸于衛立

公子瑕衛公子適

黃鄰林曰以吏始之而鬭而不殺其武以伐宗之猜忌而不加

疑郭令以忠誠之感人深矣士鍼裂而甯俞免倘主諒之焉

元咺諒之也此之謂愚不可及

見三按是會也名為討不服其實為衛侯也訟者訟殺者殺

刖者刖免者免執者執皆晉侯為之也襄王曰君臣無獄君

臣而獄父子將獄為臣弒君將安用刑蓋亦有所不堪於心

而以是抑强侯之氣耳晉侯所以終囁嚅而不敢肆醫衍之

姜白岩曰：河陽去京師不過百里，諸侯駐師于溫，至洛朝王，邑非周盛事。齊桓翊霸，秦人未嘗與衣裳之會，今既在列，同詣京師，使西鄰雄長知天澤之嚴，何至臨周東北門超乘而過乎。乃重耳不明大義，輕僵不能以道事君，徒知牽諸侯見天子為尊王，而不知令天子為不臣，故魯史直謂晉侯召王也。夫子以天子自狩為文，一則天子之尊非諸侯所得令，一則

諜雖毒而天子之法寬，于河陽之行不至委靡而制命於強侯者，賴有此也。衛元咺與其君庭訟，出公輒與其父爭國，豈新臺播穢，狄人覆之，其夷狄禽獸之風不可洗濯耶？臣與君訟而人猶聽其曲直，子與父爭而人猶疑其是非，春秋不作，宇宙漫漫長夜矣。

是會也，晉侯召王，以諸侯見，且使王狩。［杜解］晉侯大合諸侯，欲尊事天子，喻王出狩，因得盡羣臣之禮。按補正云：狩猶幸也，非也。傳加一且字，則此狩自是田獵之謂。冬獵曰狩，使王行冬獵之典而諸侯朝之。仲尼曰：以臣召君，不可以訓。按穀梁曰：諱會天子也，全天子之行也。[illegible]予不可以訓四字該之。故書曰天王狩于河陽，言非其地也。河陽實晉屬，非王狩地。按天子狩獵有常所，故河陽非當狩之地；若云巡守，則不得言非地矣。且明德也。隱其召君之闕，欲以明晉之功德。按明德者，明其尊周之德也。壬申，公朝于王所。

諒其尊王之志而深諱其召王之名傳之釋經精矣溫晉之賜邑溫原還周乃後日事若此時則狐溱方為溫大夫蓋河陽之地有賜晉者有未賜者泛舉河陽亦諱言溫也揔冡地曰河陽指一地曰溫

吳楚之君自稱王而春秋貶之曰子踐土之會召天子而春秋諱之曰狩

宣王狩于東都車攻詩曰會同有繹尚因狩而行會禮至平王時于巡狩盟方岳祇命諸侯自相盟誓之左傳曰王賜彝尾之盟此其證也自東遷後天子曠不出狩惟襄王狩于河陽亦由晉文召之則巡狩典久闕不講春秋特書曰天王狩於河陽非為晉諱實為二百四十年明曠典也

見三按河陽之役左氏以為晉侯召王而春秋諱之為天王諱乎為晉侯諱乎天王出居于鄭春秋未嘗為天王諱也會王人于翟泉春秋未嘗為晉侯諱也納王入朝享禮命宥踐土王宮出入三覲晉侯非悖朝之主也請隧則拒之以王章其詞嚴執元咺則責之以君臣無獄其義正襄王亦非可召之王也設如左氏所記仲尼之記以臣召君不可以訓則亦微詞以寓諱之意而大書曰天王狩于河陽脫無左氏作傳後人將何所據以讀經乎攷五載一巡狩載在虞典十二年王乃時巡識于周官東遷以還廢墜不舉今踐土之役駟介徒兵親獻楚俘煌煌盛舉天王之所快心也大輅戎輅彤弓旅矢煌煌盛舉諸侯之所快心也晉侯於是而合諸侯欲為

姜白岩曰此討許也以圍許為主天王下狩陳蔡及鄭之服于楚者畢執許復不至宜伯主之問罪矣乃合十一國之師許終從楚先儒責諸侯之不用亦非也伯主服諸侯禮刑信耳三者無足觀許以為一且從晉不為弦黃之亡則為曹衛之

朝王之事天王於是再見諸侯兼舉巡狩之儀蓋天地於是乎一交矣狩有狩之時焉而又則時適相合也狩有狩之地焉而河陽則地適相合也故他處天王之出不言狩而此獨言狩踐土之行不過下勞下勞細事也削而不書則書曰公朝于王所而已足見乘輿之駕矣河陽之行天王親狩大典也則書曰天王狩于河陽又書曰公朝于王所而夫子夢想西方不僭然十二年王乃時巡諸侯各朝于方岳之令甲哉

丁丑諸侯圍許。晉侯有疾曹伯之豎侯獳貨筮史豎掌通內外者史晉史使曰以曹為解按使之告晉侯曰當復曹以自解免則疾自已也下乃詳言復曹以解免之故齊桓公為會而封異姓封邢衛今君為會而滅同姓曹叔振鐸文之昭也叔振鐸曹始封君文王之子先君唐叔武之穆也且合諸侯而滅兄弟非禮

辱耳是以不服也中段詳叙曹事以釋經不予圍許之義或謂衛侯歸國經以殺叔武名之曹伯歸國以行賂名之意知鄭世子忽衛侯衎其復歸豈亦以殺弟名乎衛成之歸亦以賂何獨曹也夫不責受賂之晉而專責之命之曹以臣子不得已之苦衷而適貽君父以辱名義之辱恐未必然毛西河謂出奔歸國例當書名至河以例稱名竟未之及愚按出奔歸國危疑之際所當慎也故特書名宋真宗初之時宰相呂端平身殿下請捲簾升殿審視然後降堦率群臣拜即此意也否則衛太子至闕下成帝子在民間謠傳曷勝言哉

也與衛偕命私許復曹衛而不與偕復非信也同罪異罰非刑也衛已復故禮以行義信以守禮刑以正邪舍此三者君將若之何按隱然見觸怒曹之先君為崇者然公說復曹伯遂會諸侯圍許

嘖黃薌林曰甯俞賂醫衛侯不死侯孺貨史曹伯以歸賄郤不可以後世徒為美官之計賄賂無錢公文行則慎矣

見三按豎小臣也而功且復國較之頭須竊藏以求納用心尤摯侯孺但曰以曹為解不過令筮史因事進規非必沾沾從疾上索解也

晉侯作三行以禦狄荀林父將中行屠擊將右行先蔑將左行〔杜解〕晉置上中下三軍今復增置三行以辟天子六軍之名三行無佐疑大夫帥○擊一音計

見三按是作三行是其本意禦狄其借端也河陽錫命以後周

然帝制自為較天威咫尺者奚啻霄壤

來朝也，不言朝，不能行朝禮也。雖不見公，國賓禮之，故書。
公會於溫，朝于王所，今以同也。乃以圍許至，志其實也。至自會則若無功，至自京師則實不至，故以圍許至也。
以列國之大夫盟王子及望國之君于王城之內，劉氏所謂上下陵上替也。上替則無君，下陵則啟大夫專政之漸。況踐土之盟未寒而復尋盟，鄭無可伐之罪而謀伐鄭，故沒其人，手戒所以罪之者深矣。
經書大雨雹者三，皆著陰勝陽之罰，為世卿專政戒也。僖公賓禮其臣，命一之再至，善為侵蕭諱也。

春秋左傳精義卷十三

閩中鄭林　黃一桂　輯　男　心垣見三補輯

僖公六

【經】庚寅二十有九年春，介葛盧來。[杜解]介，東夷國也。葛盧，介君名也。不稱朝，不見公，且不能行朝禮。按介國今今山東膠州西南。○公至自圍許。○夏六月，會王人、晉人、宋人、齊人、陳人、蔡人、秦人盟于翟泉。今洛陽城內大倉西南池水也。魯侯諱盟天子大夫，故不言公會。[日抄]翟泉，周地。會者既非諸侯，不書人而何書？未必陰為譏訊，如凡例之云。按翟泉今古城在河南洛陽縣東北。○秋，大雨雹。○冬，介葛盧來。

【傳】二十九年春，介葛盧來朝，舍于昌衍之上。[杜解]魯縣東南。按今山東曲阜縣東

善白名曰天子之卿大夫皆書王人杜以為書王人為貶虎非也或謂周制天子十二年一巡狩盟諸侯于方嶽之下故秋官有司盟之職殊盟威耳玉敦盛血壇壝主日月方明祀山川皆舊典也是天子猶與諸侯盟況王子乎則翟泉之盟難言犯上矣予謂不然凡不協而盟盟者相與歃血告於明神誓無虞詐渝盟則神禍之也天子盟諸侯於方嶽之下命諸侯自相盟誓耳即平王東遷七姓從王王賜以騂旄之盟亦猶是非謂天子亦與諸侯歃血也凡世子王子天子之卿大夫士皆不與盟尊王朝也今列國大夫奉伯主之命上盟王臣此春秋所未見故諱公以正晋文

南公在會，饋之芻米，禮也。嫌公行不當致饋，故曰禮也

見三按介葛盧以公在會而舍于昌衍，魯以公在會而饋之芻米，主賓之間各盡其道，故曰禮也

夏，公會王子虎、晋狐偃、宋公孫固、齊國歸父、陳轅濤塗、秦小子憖盟于翟泉。按經書蔡人，傳無名氏。杜以為微者，非也。蓋偶闕耳。[補注]秦伯爵，其大夫應班蔡大夫下。杜以為後至。非尋踐土之盟，且謀伐鄭也。[孔疏]鄭無叛晋之狀，此會鄭人不至，故謀伐之卿不書，罪之也。在禮，卿不會公侯，會伯子男可也。[杜解]大國之卿當小國之君，故可以會伯子男。諸卿之見貶，亦兼有此闕，故傳重發之。按杜所引昭二十三年叔孫婼折邾人之言，蓋周衰禮廢，晋卿創為卿不會公侯而可以會伯子男，以遂其凌虐之私，其實非先王之制也。傳所云者，魯史例耳。

見三按列國大夫會盟王臣自翟泉始，而大夫之勢始張矣，世局一大變也。魯僖盟楚子于齊，而中外之防，晋文盟王

之罪、義在責晉，其餘皆非所及，以書人為貶者非也。自成以前列國之大夫皆不以名見，大夫猶未張也。姜岳呂曰：胡傳雹者戾氣也。僖公即位日久，公子遂專權，此為陰脅陽臣侵君之象。

臣于翟泉，滅上下之分。

秋，大雨雹，為災也。

見三按：此大臣任政，一姓專權之所致也。時僖公即位日久，季氏世卿，仲遂專權，政在大夫，萌於此矣。書之所以垂戒也。

冬，介葛盧來，以未見公，故復來朝，禮之，加燕好。【杜解】燕，燕禮也。好，好貨也。一歲再來，故加之。

介葛盧聞牛鳴，曰：是生三犧，皆用之矣。其音云。問之而信。傳言人聽或通鳥獸之情。【疏】云：周禮夷隸掌與鳥言，貉隸掌與獸言。鄭元云：夷隸征東夷所獲，貉隸征北夷所獲。今介是東夷國，其土俗有知者。

黃鄰林曰：介一歲兩朝，而次年遂侵蕭，蓋亦擬於魯也。燕好有加，魯已鑒其來意矣。聞牛鳴而知其生三犧，並非志異。古人聞完山之鳥，聽於鐸之音，皆能知其所以然，仰能通物情，乃能通物理，故學究之家莫以格物為易事。

伺

[illegible]

周大章曰僻陋而動外夷常態之戰而楚有屬之師平陰之役而楚有純門之役楚且然何況于狄晉之宋討但牽兵圍鄭豈志在报怨無暇及此耶抑畏其兗盛而莫之敢攖也耶然必聞晉而後動則狄之畏晉已甚矣

見三按公冶長能通鳥語介葛盧能識牛鳴周禮夷隸貉隸所掌春秋時尚未盡失其傳而介在東夷其土俗必有知者慧心一語使人怵然不敢妄殺不必慈悲佛子登壇說法也

經 辛卯 三十年春王正月。夏狄侵齊。秋衛殺其大夫元咺及公子瑕。杜解 瑕立經年未會諸侯故不稱君 衛侯鄭歸于衛。晉人秦人圍鄭。按 圍鄭無功不以親將告 介人侵蕭。冬天王使宰周公來聘。周公天子三公兼冢宰也 公子遂如京師遂如晉。如京師報宰周公 會通 內大夫如京師七如晉二十八皆始於此

傳 三十年春晉人侵鄭以觀其可攻與否狄聞晉之有鄭虞也夏狄侵齊杜解 齊晉與國

見三按狄與晉為隣晉有動靜狄必知之故晉觀鄭釁狄即聞晉虞如鼠伺猫乘隙而動是時晉之霸烈震天下而狄敢

姜白岩曰：齊桓創霸三十七年，未聞誅一將戮一侯。晉三罪尚在議能議勳之列，而文殺之，忠厚之氣蔑如矣。然猶服其刑，有罪也。至元咺之訟，生者生，死者死，但曰歸之京師，其惡與用鄫子同。其罪在圍陽樊上梭于周，酖衛侯歸咎于王也；又從魯釋衛侯，市恩于魯也；皆譎而不正者也。襄王請隧不許，而釋衛許之，一以折不臣之心，一以杜殺同列之漸也。

犯其與國，可見以力服人者力有不及，人即貳焉，不可恃也。

晉侯使醫衍[杜解]醫名。酖衛侯。晉侯實怨衛侯，欲殺而罪不及死，故使醫因治疾而加酖毒。寗俞貨醫，使薄其酖，不死。寗俞視衛侯衣食，故得知之。公為之請，納玉于王與晉侯，皆十瑴。王許之。雙玉曰瑴。公本與衛同好，故為之請。○瑴音角。秋，乃釋衛侯。衛侯使賂周歂、冶廑，曰：「苟能納我，吾使爾為卿。」恐元咺拒己，故賂周冶。○廑音覲。周冶殺元咺及子適、子儀。瑕母弟。不書殺，賤也。[補注]傳見雖得請于王，非殺咺及瑕則不得入，經所以不書歸自京師。[穿解]志在求入而非以討罪，則為殺其大夫而已。瑕之死在衛侯未入之先，猶稱國殺以罪衛侯，知殺叔武舊史所無，孔子不能益也。○適丁歷反。公入祀先君。周冶既服將命，服卿服，將入廟受命。周歂先入，及門，遇疾而死。冶廑辭卿。見周歂死而懼。[呂說]傳見武子忠誠到懇切深厚處，雖霸主之怒、一國之怨，皆可消釋。國有忠臣，何事不成。

黃鄉林曰：其不死也以賂，其釋也以賂，其復國也以賂，財可

通神直覺天下事非賂不行矣乃衛侯以賂而得不死鄭歟以得賂而死治屢以辭賂而幸免於死豈賂亦有道歟抑陰間尚重王章非若陽世之講事財神歟可為貪黷者作項門針

見三按元咺衛之忠臣也殺子角不顧卒奉叔武以入守公不悟竟殺叔武而咺之心傷遂變而訟君嗟夫咺能忍孔子而不能忍于叔武以陷大逆可哀也叔武之死固宜然君有臣而殺之其謂之何為咺計者委身而去為太叔儀可也乃不勝憤恨之心將以求直君臣之際直可求乎王殺聃李懷光初皆忠臣也求忠不獲變而為逆天下亦孰能說之後之為人君者不可不念三臣為人臣者不可不鑒于三臣便歸

姜白岩曰：秦穆溺愛文嬴，喜得快壻，故納晉侯，平晉亂，戰城濮，會踐土，于溫，于翟泉，無役不從。晉侯自衛，雍，宋命，後威福由己，其寵遇秦于得志於諸侯，穆皆親見之，忌心已不可遏。晉侯伐鄭，獨與秦偕，其寔昏姻之好已離也。燭之武覘破秦伯之意，言亡鄭于秦無益有害，其最得力處在行李往來數語。蓋秦伯有志東畧，主盟中夏，東道主三字正中府肺，又以前日之晉一證，既啓其雄心，又動其忿怨。秦伯聞之，覺從前無役不從，大非為己之策，固與之盟，結鄭好也，且為之戍，圍中原也。自此秦晉交兵七十餘年，晉失秦援，反增一敵，秦師暴骨，喪過生靈，非均失策哉。

咎於王也。從魯侯之請，欲市恩於魯也。襄王於請隧不許，折其不臣之心；釋衛遽許之，杜其殺同列之[illegible]

九月甲午，晉侯、秦伯圍鄭，以其無禮於晉，[杜解]文公亡過鄭，鄭不禮之。且貳於楚也。晉軍函陵，按今河南新鄭縣北。秦軍氾南。此東氾也，按中牟縣南。○氾音凡。佚之狐言於鄭伯曰：國危矣，若使燭之武見秦君，師必退。狐、武皆鄭大夫。公從之。辭曰：臣之壯也，猶不如人；今老矣，無能為也已。公曰：吾不能早用子，今急而求子，是寡人之過也。然鄭亡，子亦有不利焉。許之。夜縋而出，縋，縣城而下。○縋，丈偽反。見秦伯曰：秦、晉圍鄭，鄭既知亡矣。若亡鄭而有益於君，敢以煩執事。謂秦。越國以鄙遠，君知其難也。設得鄭以為秦邊邑，則越晉而難保。焉用亡鄭以倍鄰？倍，益也。鄰之厚，君之薄也。若舍鄭以為東道主，行李之往來，共其乏困，行李，使人。[疏]云：昭十三年傳「行理之命」，周

末叙鄭公子蘭事不忍与圍宗國晉人不奪其志使之待命于東皆有古人之風焉鄭人逆蘭為太子而求成于晉可知鄭本服晉此行殊可不必此歸結全篇以發明聖經罪晉之義

語行理以節逆之賈逵云理吏也小行人也理與李本通用君亦無所害、且君嘗為晉君謂惠

公、賜矣、許君焦瑕、朝濟而夕設版焉、君之所知也。焦瑕晉河外五城之二邑

朝濟河而夕設版築以距秦言背秦之速按焦瑕今河南陝州南夫晉何厭之有、既東封疆也鄭、

又欲肆中也其西封、若不闕補正損也秦、將焉取之。闕秦以利晉、唯君

圖之。秦伯說、與鄭人盟、使杞子、逢孫、楊孫戍之、乃還。三子秦大夫反為鄭

守。子犯請擊之、公曰不可、微夫人謂秦穆之力不及此、因人之

力而敝之不仁、失其所與不知、以亂易整不武。秦晉和整而還相攻更為亂

吾其還也、亦去之。初鄭公子蘭鄭穆公出奔晉、從於晉侯伐鄭、請

無與鄭、許之、使待命于東、晉東界鄭石甲父、侯宣多、逆以為大子、

以求成于晉、晉人許之。二子鄭大夫言穆公所以立

黃鄉林曰、鄭亡子亦有利文持借之以激武武即挾之以說

秦自此說行而鄭國之圍雖解晉秦之釁遂開燭之武眞傾危之士也漸近戰國策士氣習

見三按秦穆有爲之主也東擴于晉動見掣肘兩平晉亂三置晉君無非結晉以謀東出之師重耳梟雄甫受其恩即思其加河上勤王辭晉獨進穆公已有鞅鞅不平之心城濮之戰小子慭雖在軍中名爲助力實已離心一勝而霸名震華夏晉之和秦之患也適值晉人圍鄭約與同行勢必有滅鄭分地之謀晉之邀秦餌以利也秦之助晉貪其利也一軍氾南一軍函陵幾欲蹴倒鄭城而瓜分其地特秦在晉東鄭在晉西秦雖得鄭必不能越晉而有其地以鄭地予晉必有所不甘以鄭地易晉地又恐蹈焦瑕故事函陵駐節當必觀望

不前為鄭人所識破者於是使之狐偃為反間之謀獨之武
逆其反間之說偽以利曉以害而圍鄭之師遂反為戍鄭之
師秦豈一日忘東道哉蓋欲待晉文卒以行襲取之計也獨
怪晉文身為盟主挾小忿之嫌興無名之旅揖盜入門以致
秦人心存窺伺每飯不忘雖殺戰幸獲勝師而兵連禍結終
春秋不息夫非自貽感哉

冬王使周公閱來聘饗有昌歜白黑形鹽昌歜昌蒲菹白熬稻黑黍熬形鹽鹽形象
虎○歜上聲辭曰國君文足昭也武可畏也則有備物之饗以象其嘉穀熬稻黍也以象其文鹽虎形以象武也按象德
德薦五味羞嘉穀鹽虎形以獻其功獻功分書之者〔疏〕云文也獻謂旌表之也吾何以堪之
見三按體薦折俎有宴享之分白黑形鹽有文武之象周禮

姜白岩曰天子享諸侯之禮而魯用之享賓此與歌湛露彤弓同故周公言己不當而魯之失禮自見昌歜而醢人所謂昌本是也嘉穀形鹽即籩人所謂白黑形鹽是也王者祭祀賓客皆用之諸侯不得僭也諸侯但覲王所王遂使三公蕭冢宰者下聘晉王兼及與覲之列侯周室陵夷極矣周公為天子大臣銜命至魯亦自

知其非禮乎齊桓之霸王禁明至
臣天下聘者二十年晉霸之不如桓也
豈一二數哉
姜白岩曰隱桓以來王臣聘魯者凡
六皆不報聘也周公至而襄仲往見
尊周有人諸侯不敢肆也公不親
行非礼也聘周聘晉皆初事也
襄仲兩事並出傳著一初字于聘
晉而周言將不言初晉重于周也
傳蓋体經遂字之義
濟西田不係曹我故田也我故田而曰取非曹所欲與歸諸魯除之辭不曰[illegible]
春秋卜郊者四書一從[illegible]天何僭哉
卜至于四卜者矣三望者泰山河海也郊后
以望祭若不郊則不當書猶非礼也
山望
杞伯姬因惠公疾于五年秋其夏子來
朝後因長子成公來次子桓公朝于魯[illegible]
因又見入于二十八年又來求婦僕[illegible]
僕注未足非反嫁不論[illegible]之禮[illegible]
之誠莫全[illegible]小其情亦可恨也
吾文[illegible]衛之心始終未化狄說之而
致难焉衛不能保德自強輕徙
其都帝邱之患罪晉亦罪衛也
姜白岩曰莊十八年公追戎至濟西
則濟西不魯田而為曹侵得者
傳曰盡曹田言盡所侵魯田歸
之豈盡以曹國之田與魯哉晉

而魯試試可觀其借禮處亦可見

東門襄仲將聘于周遂初聘于晉

見三按胡傳夷周室於列國大不共也秉禮之國蔑王若此

何況其他

經 壬辰 三十有一年春取濟西田公子遂如晉○夏四月四卜郊

不從乃免牲 杜解卜郊不吉故免牲免猶縱也 猶三望 猶者可止之辭 ○秋七月○冬

杞伯姬來求婦 自為其子成昏按前五年伯姬朝其子勢必六七歲至此閱二十七年則桓已三十餘歲猶魯

莊之娶哀姜也 ○狄圍衛十有二月衛遷于帝丘 辟狄難也帝邱故帝顓頊之虛故曰帝邱

按今直隸開州有顓頊城

傳 三十一年春取濟西田分曹地也 杜解二十八年晉文討曹分其地竟界未定至是乃

以賜諸侯 使臧文仲往宿於重館 按重館地名 重館人告曰晉新得諸侯必

侯主盟諸侯正小國疆界非以報
怨之故齊鑿有功于晉也或曰城
濮之後曹田畀宋矣不知前此
特激楚之怒耳及曹衛復而田
亦俱復歸其君而奪其田無
是理也

親其共不速行將無及也從之分曹地自洮以南東傅於濟盡
曹地也文仲不書請田而已非聘享會同也濟水自滎陽東過魯之西襄仲如晉拜曹田也
見三按晉文執曹伯班其所侵地於諸侯不過快一時之欲
以雪觀脅之恥濟西本魯舊地見侵於曹者普天之下莫非
王土晉不請命於王而擅歸於魯魯不稟命於王而禮聘於
晉皆罪也襄仲小人固不足道文仲素稱智者何亦惑於細
人之訂知有霸而不知有王知有利而不知有義所得之地拜而沾沾自喜
春秋於濟西田書取以其與取非其有爭也以著魯之貪即
以刺晉之殘也
夏四月四卜郊不從乃免牲非禮也【杜解】諸侯不得郊天晉魯以周公故得用天子禮樂故
郊為魯常祀猶三望亦非禮也禮不卜常祀必其而卜其牲日卜牲與日
知吉凶【孔疏】將祭必十日之前豫卜四卜郊蓋三月每旬一卜
至四月上旬更一卜乃成為四卜啖氏助云郊皆用辛日二月

善白者曰郊者王者祭天之名
祀行於郊故曰郊郊有二薦
冬至祭天于圜丘郊特牲云迎長
日之至又云周之始郊日以至鄭
祭天於圜丘郊皆夏之十月周之正
月也一為祈穀之祭在寅月孟獻子

郊祀后稷以祈農事。桓六年傳云啓蟄而郊，月令孟春祈穀於上帝是也。蓋春者夏之正月，啓蟄則正月之中氣。朱子謂漢太初以前啓蟄為正月中氣，故二月初亦即寅月中氣之時，乃周之冐也。禮惟報反之郊為大，記謂郊社之禮所以事上帝也。祈穀亦謂郊者，以祈於郊耳，其重非報反之郊比。董子曰魯郊不于日之至，避王室也，故魯但僭祈穀之郊而未嘗僭報反之郊，啖氏已言之，朱子閟宮詩亦舉其說。望，祭名，望而祭之也。春秋云三望，周禮云四望，鄭司農以日月星海為四望，杜預釋左氏以分野之星及封內山川為三望。按書曰望于山川，又曰望秩于山川，則望祭自主山川，無所謂天神也。但天子望祭謂之方望，五嶽四鎮四瀆無所不遍，不拘以四，四望之說僅見周禮，先儒以為四類之誤，是也。公羊謂祭泰山河海，其說可據。

卜三月上辛，不吉，則卜中辛；又不吉，則卜下辛；卜三辛皆不吉，則不郊。卜至四，非禮也。卜郊，卜郊日也。傳云常祀，指郊言。魯之僭郊已久，而為常祀矣，不必卜其宜郊與否，而但卜其郊之牲與郊之日也。牛卜日曰牲，既得吉卜，則牛改名曰牲。牲成而卜郊，上怠慢也。怠慢於古典，瀆龜策。望，郊之細也。不郊亦無望，可也。見三按四月非時也，卜郊非禮也。禮不卜常祀，違時而卜，卜之不從而至於四，亦何益焉？乃者，難不獲已之辭也；猶者，可以已之辭也。望雖郊之細，魯人不得於此，冀得於彼，則是猶三望，仍未忘乎郊之辭也。僖三十一年猶望，宣八年猶繹，著其可已而不已也；文六年不告朔，猶朝，幸其將已而未已也。

秋，晉蒐于清原，作五軍以禦狄。【杜解】二十八年晉作三行，今罷之，更為上下新軍。按清原今山

汪氏曰三望者泰山在魯西海在魯東河在魯北也或謂海岱及淮徐州是魯地有取鄭康成祭海岱淮之說不知河非魯境內故經以僭書以為可已而不已也若但祭封內山川何庸書

姜白岩曰曲沃武公受一軍為晉侯至獻公為二軍文公城濮之戰作三軍是年冬又增置三行儼然天子六軍矣至此又廢三行作五軍靈公元年又廢二軍復三軍

姜白岩曰衛遷帝邱避狄難也晉文居狄十二年有昏姻之好故于狄聽之而小國遂不勝其殘古今唯有定識者乃不為鬼神所惑武子忠貞其輔成公卒為金遷于帝邱不減文公中興至戰國

西縣西稷山北趙衰為卿二十七年命趙衰為卿讓於欒枝今始從原大夫為新軍帥見三按前作三行此又罷三行作五軍名為禦狄實為僭王聖人所以斥其不正也

冬狄圍衛衛遷于帝邱卜曰三百年〔孔疏〕案史記衛世家及年表衛從此年以後歷十九君積四百二十年衛元君乃從于野王子角代立秦廢為庶人衛成公夢康叔曰相奪予享〔杜解〕相夏后啟之孫居帝邱享祭也公命祀相甯武子不可曰鬼神非其族類不歆其祀歆猶饗也杞鄫何事言杞鄫夏後自當祀相相之不享於此久矣非衛之罪也言帝邱久不祀相非衛所絕不可以間成王周公之命祀諸侯受命各有常祀請改祀命改祀相之命

黄薌林曰此與來聘傳皆以表甯武子之知也不拜彤弓是知祖歸於孫故曰不思親祖不歸相為夏祖于衛何樂祀祀帝相是知祀衛多君子俞其表之者與齊武帝夢太祖謂宋諸帝從吾求食可別為祀遂四時致

時嗣君更號爲君，猶守濮陽。濮陽者，帝邱也。至秦始皇徙封元君於野王縣，而帝邱始失。何止三百年乎！此卜爲不驗矣。有以左氏爲秦時人者，可據此正之。

衛三十年間國凡再遷，邢亦微弱矣。一旦狄有内亂，從而侵之，因

祭於清溪，用家人禮。惜乎無以武子之說正之也。

見三按：成公立未終喪，即遭晉伐，其失策在即楚、叛兩端。康叔之祀其不餒者幾希，自賴甯、饋之從，宏濟大難，爰及反正。卜遷避狄，克定三百年遠謨。相奪予享，康叔其殆危詞以示儆乎？不知修德，遽命祀相。幸得甯武子守正不阿，始免非鬼之譏。宰相須用讀書人，信哉！

鄭洩駕（杜解：鄭大夫。隱五年洩駕，距此九十年，疑非一人。）惡公子瑕（子瑕，文公子。），鄭伯亦惡之，故公子瑕出奔楚。

見三按：此表蘭之當立也。子華、子臧既殺，瑕又出奔，主鄭祀者，非蘭而何？

經

癸巳三十有二年，春，王正月。○夏四月己丑，鄭伯捷卒。（○文公卒，子穆）

其請平而盟之、自是北鄙不復可謂能自強矣。書衛人言侵之盟之、皆刺于衛也。

桓文正譎、聖人論其作為、並未定其功罪、要皆應變而生、桓與文固春秋不可缺一者也。

姜白岩曰、春秋楚與晉皆為中國患、然秦可乎、而楚必不可乎、乎秦足以禦楚乎、楚則無王矣、文公志驕而怠、致有此失、後之搆怨于秦而置楚不問、使楚得援秦以敝晉、皆此年基之也。

姜白岩曰、此為滅滑敗殺張本、當連下二篇讀、皆力寫蹇叔也。春秋凡講信修睦、不忍殘民構怨者、聖人予之、蹇叔之言、聖人之所予也。

公蘭立○衛人侵狄【杜解】報前年狄圍衛。秋衛人及狄盟。不地者就狄廬帳盟。○冬十有二月己卯、晉侯重耳卒。子襄公驩立○

傳三十二年春、楚鬭章請平於晉、晉陽處父【杜解】晉大夫報之、晉楚始通。晉楚自春秋以來始交使命為和同。

見三按霸者以攘夷為事也○晉楚始通、而天下之局又一變。

此宋號之漸也。

夏、狄有亂、衛人侵狄、狄請平焉。秋、衛人及狄盟。

見三按衛成承文之業○不能張皇義旅、剪小醜以報深仇、但乘狄亂而侵之○遂與之盟○無志甚矣。

冬、晉文公卒、庚辰、將殯於曲沃【杜解】殯窆棺也。曲沃有舊宮焉。【疏】云殯于西序、亦下棺于地、故為窆棺。禮諸侯五日而殯、據經文公以己卯卒、而明日即殯者、以曲沃路遠、故早行耳○窆、彼驗反。出絳、柩有聲

穆公不用兵、連禍結、夫子錄秦誓、一則為悔過用人之法、一則為悔諫棄師之戒、左氏体此義、故靈靈歸注蹇叔、而此一篇首段秦師啟東、其謀甚閟、而柩已有聲、偃已先覺、諸大夫已共知、而杞子乃曰潛師而來也、秦欲伐鄭、鄭尚不知、而蹇叔提出晉人禦師、必于殽、明見千里之外、而秦伯則曰爾何知也、南陵北陵說得鑿鑿可據、感動秦伯、使上之行、一則明告三帥侵鄭不利或可斂兵而歸也、秦師遂東、在三帥自是與会踴躍在塞、知心中已注殽尸。柩有聲而拜命、動以義也、蓋有不而愴懷、喻以理也、不謂潛師方戒、超乘踈輕、見出不見入、左成必窮、危亡無禮能無敗、孺子智先料、入商人南以牛往、吾子取其處、作客館謀空國、以氣喪矣、消夫墨縗入與素服迎郊、非復新之

如牛、（如牛呴聲。呴呼口反）卜偃使大夫拜曰、君命大事、將有西師過軼我、擊之必大捷焉。（偃聞秦密謀、故因柩聲以正衆心。聲自柩出、故曰君命。大事、戎事也）杞子自鄭使告于秦（三十年秦使大夫杞子戍鄭）曰、鄭人使我掌其北門之管、（管、籥也）若潛師以來、國可得也。（按傳見釁自秦起、曲不在晉）穆公訪諸蹇叔、（秦大夫）蹇叔曰、勞師以襲遠、非所聞也。師勞力竭、遠主備之、無乃不可乎。（按遠主指鄭）師之所為、鄭必知之、勤而無所、必有悖心。（呂說勞師千里、既無所成、必不肯空手而歸、所以滅滑。此兩句料得精審。按心悖謂一時悖謬之心也）且行千里、其誰不知。（不特鄭備、晉亦知之）公辭焉。（不受其言）召孟明、（視）西乞、（術）白乙、（丙）使出師於東門之外。（世族譜以孟明為百里奚之子、則姓百里、名視、字孟明也）蹇叔哭之曰、孟子、吾見師之出而不見其入也。公使謂之曰、爾何知。中壽、爾墓之木拱矣。（合手曰拱。言其過老悖、不可用。《疏》云上壽百二十、中壽百、下壽八十。按補正、淮南子以中壽為七十、與此文義合）蹇叔之子與

婢女髽鬟堂前俾豐鼓之棗臣倉皇河上縱歎者自憂數世拜賜者還待三年此哭子之悲又為哭師之慘也卒之秦貪東道之通恒北門風雨晉襲兩師之釁遂啟南服鯀鯢收胥翳誰封尸焉用罪不在冠婚婧而在長仇讎也

晉文與齊並稱而論雅易則文勝於桓論和正則文非桓正桓歷二十餘年始問罪于楚文則一駕而有城濮之功桓屢為盟會始會宰周公文則再合而有溫之事所謂勝于桓者類是桓得江黃而不用以伐楚文則致秦以與楚爭桓于洮以諸侯會王人文則于翟泉以大夫抗王臣桓不納子華以得鄭文則從元咺以執衛所謂非桓正者類是卒之事本相因文之功多于桓即罪多于桓事迹者義无壞名威者實益衰也然桓甫踐而

師哭而送之曰晉人禦師必於殽林解殽即今之函谷関按殽今河南永寧縣北有殽山殽有二陵焉大阜曰陵其南陵夏后皐之墓也皐夏桀之祖父其北陵文王之所辟風雨也此道在二殽之間南谷中谷深委曲兩山相嶔故可以辟風雨古道由此魏武帝西討巴漢惡其險而更開北山高道踩云何休云其處險隘一人可要百文王過之驅馳常若辟風雨必死是間以其深險故余收爾骨焉秦師遂東

黃薌林曰秦穆在霸中亦莫一英雄扼扣晉文莫展一步不無生瑜又生亮之憾乘晉文之殁潛師東出長驅中原直思代晉而興蹇叔之諫所以不從也秦將堅淝水之戰亦欺晉朝無人可得大志一遇謝家子姪風聲鶴唳草木皆兵踉蹌敗績國隨滅亡雖人謀之不臧亦地利之不宜也穆違蹇叔堅違陽平公融前後一轍均當為鑒

五子並爭文雖甍而數世更
霸則文桓所不能與文爭者

見三按秦穆為晉文所扼不能規取中原河上之師讓晉成
功城濮之戰助晉定霸艷心生此忌心起圍鄭之役背晉竊
盟二國之釁已開特以晉力尚強未可得志且殽函之地久
為晉據不得不覬釁而動及乘晉文之初歿杞子來告數十
年圖度東南之心不覺勃勃難抑蹇叔苦諫置若罔聞豈真
利令智昏毫無智識哉亦因秦報其施晉必不忍死君而伐
其師且有文嬴為之內應是以欺蔑襄公而僥倖出此此亦
英雄末路情急無奈乃出絳柩聲已兆西師消息扼之生前
者并且敗之死後死諸葛走生仲達此語真不誣也柩有聲
而拜命動以幾也墓有木而愴懷喻以理也不謂潛師方戒
超師彌輕見出不見入老成心竊危之無禮能無敗孺子智

喪

殽之師同於城濮也

秦人入滑、輕晉也，蔑周也，所以窺伺東諸侯也。滑近王畿，為中夏之要路，秦乘晉喪，越周滅晉同姓之諸侯，晉若不挫其鋒，彼將以滑為窟穴，不特中國受害，東周亦危，殽戰非得已也。

逆聘已四年矣，何復來？蓋晉文卒，齊欺魯而爾，作詐假聘以覘魯也。

制楚者文之功，制秦者襄之力也。

[illegible]

狄來晉喪侵齊，又從而伐晉，[illegible]

先料入商人甫以牛往吾子取其庶行客館謀空國門氣喪

矣洎夫墨縗入壘素服迎郊非履薪之婢女髽鬄臺前俾釁

鼓之纍臣倉皇河上縱敵者自憂數世拜賜者還待三年此

哭子之悲又為哭師之慘也卒之秦貪東道之周恤北門風

雨晉啓西師之釁適啟南服鯨鯢收骨翳誰封尸焉用罪不

在寇婚媾而在長仇讐也

經

甲午 三十有三年春王二月、秦人入滑、[杜解滅而書入、不能有其地。] ○齊侯使國歸父來聘。○夏四月辛巳晉人及姜戎敗秦師于殽、[補正及者踈夷狄之辭。按以大夫將告故書人。] 癸巳葬晉文公。○狄侵齊。○公伐邾取訾婁。[按邾地當在濟寧州界。] 秋公子遂帥師伐邾。○晉人敗狄于箕。[今山西太谷縣東南有箕城。] ○冬十月公如齊。十有二月公至自齊、乙巳公薨于小寢。[内寢

公本事齊，逮晉文伯而交盟焉，然終其身未嘗朝晉也。至是晉文卒，有〔□〕侯一使卿來聘，而公遂往朝之，蓋畏國晉喪，伐鄭，故懼晉而改事晉也。小寢者，燕寢也。男子不絕于婦人之手，婦人不絕于男子之手，以齊終也。薨于小寢，非正也。

[illegible]

也。乙巳十一月十二日。經書十二月，誤。〔萬氏隨筆〕經傳所書月日，杜以為長歷推校，言經誤、傳誤，甚不然。之獨此經言誤，不可謂非。文元年書二月癸亥日有食之，此二日也。從癸亥逆推正月朔，月分大小，非壬辰則癸巳。乙巳距壬辰、癸巳四十八九日，則在十一月明矣。此以經證經也。○隕霜不殺草，李梅實。書時失也。周十一月，今九月。〔補正〕九月十月之交，草木黃落之日，而隕霜不殺草，李梅實，此洪範所謂恆燠者也。○晉人、陳人、鄭人伐許。

【傳】三十三年春，秦師過周北門，〔杜解〕王城北門。左右免冑而下，兜鍪。兵車非大將，御者在中，故左右下，御不下。疏云：大將居中，御者在左；無大將則射者左，御在中也。超乘者三百乘。王孫滿尚幼，觀之，言於王曰：「秦師輕而無禮，必敗。謂過天子門不卷甲束兵，超乘示勇。○輕，遣政反。輕則寡謀，無禮則脫。易也。入險而脫，又不能謀，能無敗乎？」及滑，鄭商人弦高將市於周，遇之，以乘韋先，牛十二犒師，商行賈也。乘，四韋。先韋乃入牛。古者將獻遺於人，必有以先之。〔林解〕以輕先重，故獻牛而以四韋先。曰：「寡君聞吾子將步師出於敝邑，步，猶行也。敢犒從者。不腆敝邑，腆，厚也。為從者之淹，久也。

居則具一日之積芻米菜薪行則備一夕之衛且使遽傳車告於鄭鄭
穆公使視客館視秦三大夫之舍則束載厲兵秣馬矣嚴兵待秦師使皇武
子辭焉曰吾子淹久於敝邑唯是脯資餼牽竭矣資糧也生曰餼牽謂牛羊
豕為吾子之將行也示知其情鄭之有原圃猶秦之有具囿也原圃具囿
皆囿名吾子取其麋鹿以閒敝邑若何使秦戍自取麋鹿以為行資令敝邑得閒暇若何猶
如何杞子奔齊逢孫楊孫奔宋孟明曰鄭有備矣不可冀也攻之
不克圍之不繼吾其還也滅滑而還
黃鄉林曰弦高犒師皇武辭客於倉皇之際談笑而卻戎兵
鄭國辭令擅長已肇於此
見三按春秋商人多賢如弦高之克全鄭國賈人之謀出荀
瑩一則建莫大之功一則具莫大之德有士君子之所不及

詳 周大章曰國有人焉未可與爭不在於力而在禮禮之可以服人賢於十萬師矣魯秉禮而齊不敢動齊有禮而魯且來朝人君可不知所務乎

周大章曰殽之役先儒謂晉襄背殯興師忘親背惠結怨召寇兵連不解者數十年故稱人以貶之然晉文初喪秦穆即肆志陵轢襲鄭滅滑志吞中國不加以懲創則山東諸侯皆有不能安枕之患楚氛未熄秦釁復張害及生

者而皆出自鄭祝陽翟大賈之居奇貨以易秦者奚啻天淵

子産曰昔我先君桓公與商人皆出自周世有盟誓以相信

也則知鄭之商賈異於大國之商賈矣

齊國莊子來聘自郊勞至於贈賄禮成而加之以敏〔杜解〕迎來曰郊勞送去曰贈賄敏審當於事臧文仲言於公曰國子為政齊猶有禮君其朝焉臣聞之服於有禮社稷之衛也為公如齊傳

見三按高國世卿而管仲不聞世祀桓既無肖子仲亦無佳兒惜哉

晉原軫曰秦違蹇叔而以貪勤民天奉我也〔杜解〕奉與也按見先軫華事事防備故謀得最真秦不可失敵不可縱縱敵患生違天不祥必伐秦師欒枝曰未報秦施而伐其師其為死君乎言以君死故忘秦施先軫曰秦不哀

民所係、豈淺鮮乎、得此一戰、而秦之禍力不得逞、雖霸西戎、而東征無聞焉。殽師之烈、不亞城濮、寔得以墨衰即戎、豈之為忘親乎、至于改過不吝、聖賢所許。素服郊次、責己自訟、夫子列之尚書之末、惓惓致意焉、瑕瑜不相掩、分別觀之可也

善自省曰、秦伯有爭霸之心、杞子戍鄭、為規取中原之計、撫楚申叔戍穀之謀、並東距于晉、動見掣肘、至晉文已卒、謂襄公在喪、握中一軍、取鄭東諸侯、皆可長驅、蹇叔之謀、所以不用也、孟明特勇貪功之徒、過周超乘、見其無王、無故滅滑、見其不義、三年拜賜、見秦穆構怨殃民、皆由此輩慫恿秦之所謂良臣、聖賢之所謂民賊、苟非殽之敗、將觀兵問鼎、何獨楚旅哉。故文之霸在城濮、襄之繼霸在殽

吾喪而伐吾同姓、〔補正〕滑、晉之同姓。秦則無禮、何施之為、言秦以無禮加己施不足顧、吾聞之一日縱敵數世之患也、謀及子孫、可謂死君乎、言不可謂背君。遂發命遽興姜戎、子墨衰絰、晉文公未葬、故襄公稱子。以凶服從戎、故墨之。梁弘御戎、萊駒為右、夏四月辛巳、敗秦師于殽、獲百里孟明視、西乞術、白乙丙以歸、遂墨以葬文公、晉於是始墨、後遂常以為俗、記禮所由變。文嬴晉文公始適秦、秦穆所妻夫人、襄公嫡母。請三帥、孟明等。曰、彼實搆吾二君、寡君若得而食之不厭、君何辱討焉、使歸就戮于秦、以逞寡君之志、若何、公許之、先軫朝、問秦囚、公曰、夫人請之、吾舍之矣、先軫怒曰、武夫力而拘諸原、婦人暫猶卒也而免諸國、墮毀也○許規反軍實而長寇讎、亡無日矣、不顧而唾、公使陽處父追之、及諸河、則在舟中矣、釋左驂以公命贈孟明、欲使還拜謝因而執之。孟明稽首曰、君之惠不

以纍（也因纍）臣釁鼓（殺人以血塗鼓謂之釁鼓）使歸就戮于秦寡君之以爲戮

死且不朽若從君惠而免之三年將拜君賜（意欲報晉伐）秦伯素服

郊次（待之于郊）鄉師而哭曰孤違蹇叔以辱二三子孤之罪也不替

孟明孤之過也大夫何罪（按爾雅替止也言不止孟明之師也）且吾不以一眚（過也）

掩大德

黃鄴林曰戰殽敗秦爲晉襄繼霸第一功[illegible]

見三按當秦納燭之武之言背晉盟鄭使杞子三人戍之名

為解鄭之圍實為襲鄭之計客人之館而謀其主獨坐空山假虎自衛北門之鑰以兵授人宜秦人每飯不忘也不然越國鄙遠晉納燭之武之言於前竟違蹇叔之言任好英雄何至顛倒若斯晉襄善承父志喪服臨戎卒擒三帥秦自是知晉之難犯不敢越函谷而窺東諸侯生子當如李亞子唐莊宗夾塞之戰而朱三喪胆晉襄公殽之捷而秦稍寒心其事異同其功同也所可議者墨衰變禮遂成國俗未免狄道耶春秋不書晉子晉春秋亦略之而以賤者書其

見三按晉伯之興未嘗畜狄狄以為不足數故前則間鄭侵齊此復因晉喪侵齊自箕之敗而狄師不敢輕出者三役

為三強者如此也

春秋若非如何成中國

二年

鄭人不設備秋襄仲

復伐邾魯亦因晉喪以陵小國

見三按齊桓楚之歿宋楚爭兵魯乘間伐邾歲至於再今晉文

為解鄭之圍實為襲鄭之計客人之館而謀其主獨坐空山假虎自衛北門之鑰以兵授人宜秦人每飯不忘也不然越國鄙遠所納燭之武之言於前而蹇叔之言任好英雄何至顛倒若斯晉襄善承父志喪服臨戎卒擒三帥秦自是知晉之難犯不敢越函谷而窺東諸侯生子當如李亞子唐莊宗夾塞之戰而朱三喪胆晉殽之捷而秦穆寒心其英勇同其功同也所可議者墨衰變禮遂成國俗未免狄道耶春秋不書晉子而書晉人蓋晉諱之而以賤者告春秋亦略之而以賤者書其功雖可嘉其事不足取也

狄侵齊因晉喪也[呂說]文公死來侵春秋若非伯主時復整頓如何成中國

公伐邾取訾婁以報升陘之役[杜解]在二十二年。邾人不設備秋襄仲

復伐邾。魯亦因晉喪以陵小國

見三 按齊桓楚之歿宋楚爭兵魯東閒伐邾歲至於再今晉文

安定君曰因晉喪也一語為兩傳主脈傳若曰魯犹狂也

姜白岩曰先軫怒不顧而唾殊歒之患未除無君之漸已伏入狄死之萌[illegible]有常刑一若炯知後此六卿專政霸杜其漸也故殽之役先軫定議而叔世之霸基立箕之役先軫捐軀而肩世之臣道明文襄之用郤缺有齊桓舍射鉤之風焉然鮑叔於管仲信之平生而胥臣於郤缺得於俄頃較勝一籌矣當是時勳舊才望之臣衆矣而中軍之將獨使且居襲職非有薦剡出自心裁後生新進躐居犯子餘之上而子餘且為其佐是狐趙之公爾忘私正與高國同

初殽秦晉交兵又乘間伐鄭歲至於再蹈魚門之恥誠不可忘而封陘之取究為非義以暴易暴去鄭幾何

狄伐晉及箕八月戊子晉侯敗狄于箕郤缺獲白狄子〔杜解狄別種也〕先軫曰匹夫逞志於君謂不顧而唾而無討敢不自討乎免胄入狄師死焉狄人歸其元元首面如生言其有異於人初白季晉臣使過冀晉邑今按山西河津縣東有冀亭見冀缺耨鉏也其妻饁野饋曰饁之敬相待如賓與之歸言諸文公曰敬德之聚也能敬必有德德以治民君請用之臣聞之出門如賓如見大賓承事如祭常謹敬也仁之則也公曰其父有罪可乎缺父冀芮欲弑文公在二十四年對曰舜之罪也殛鯀其舉也興禹鯀子管敬仲桓之賊也實相以濟康誥曰父不慈子不祇兄不友弟不共不相及也康誥周書祇敬也詩曰采葑采菲無以下體君取節焉可

也詩國風也文公以為下軍大夫反自箕襄公以三命命先且居將中軍且居先軫之子其父死敵故進之以再命命先茅之縣賞胥臣曰舉郤缺子之功也先茅絕後故取其縣以賞胥臣以一命命郤缺為卿復與之冀還其父故邑亦未有軍行雖登卿位未有軍列

黃薌林曰先軫烈大夫也不顧而唾誠為有罪然迫國家之公義動一時之浮氣事後心明正當囚服入朝伏鑕請死君臣之分明國家之法彰不誠善於處死哉乃見不見及此徒悻悻然為免胄之入任寄長子三軍安危所係兵帥陷陣士卒寒心萬一狄人乘機攻擊喪師辱國則軫之死不有餘辜乎不學無術諒同匹夫俠節則有之不知道則未也

見三按先軫所謂逞志于君以其顧而唾也有此壯烈千載

善曰君曰僖公魯之賢君而功過相半其善之大者莫如脩閟宮興學校整軍伍備馬政重農務本而輔霸主次之不善之大者莫如僭郊禘乞師荊楚導之以伐齊宋而殘虐國基三家之禍次之乃不善之者經悉書於策而善不之載是但紀先君之過而盡沒先君之善豈聖人之義法哉孟子曰詩亡然後春秋作春秋者繼雅頌而起者也聖人刪詩存魯頌僖公諸善政無不識悉畢載有其過之無不及也故諸事皆不必書即僭郊禘亦未嘗書始郊始禘也其書者因其事變而紀之耳然則先君之過未嘗不諱而先君之善夫豈忍沒之

賀仲軾曰

姜曰寶曰諸侯会盟而許不至諸侯

可以風後世之折衝禦侮者

下猶有生氣錡父郤芮曾與焚宮之難人各為其主耳文公舉仇卒收敗狄之功晉臣存賢得膺再命之賞與漢高之封陳平而賞魏無知同為破格曠典使晉君臣世守良法何至霸

冬

公如齊朝且弔有狄師也反薨于外寢即安也小寢夫人寢也譏公就所安不終于路寢

見三按僖歷年最久齊桓晉文皆以身終始之以周公之子孫聽命奔走于伯主而不厭其煩往朝仰息于大國命之至而不以為恥顧得稱賢君者三十年之內國家無大兵革之隱宮復泮宮牧坰野猶有禮樂修明之意焉若事不書于春秋則其所為賢者猶非聖人所期于僖公者也

晉陳鄭伐許討其貳於楚也

十五

朝王而許不至許之叛華即夷可
不治晉襄繼伯業而首治之是矣
然書人何也凡所責于許者爲其
叛王非叛晉也晉之所以伐許者非爲
王也許雖有罪晉襄不足以治之書
曰晉人治許并治晉也
善白吉曰襄公繼霸敗秦敗狄復伐
許以威楚許自是不貳晉文可謂有
子矣書人君不親將也
善白君曰瑕以楚師求入國令尹乘
勝至鄭不难唾手得也乃博得一
坏乾土可爲千古炯鑒以視不忍伐
宋國之子蘭相去霄壤瑕貪而蘭
高國于此見之

見三按許從楚最堅雖晉文霸業方盛而溫之會翟泉之盟許皆不至即以諸侯圍之猶然弗服蓋其服楚久故其擬於楚難也襄於敗秦敗翟之後即合陳鄭圍之許自是服晉數十年雖急功利亦張國威視齊桓諸子不啻虎犬鳳雞其能嗣霸宜哉

楚令尹子上侵陳蔡陳蔡成遂伐鄭將納公子瑕杜解三十一年瑕奔楚門于桔柣之門瑕覆于周氏之汪車覆傾池水中外僕髡屯禽之以獻殺瑕以獻鄭伯文夫人斂而葬之鄶城之下鄭文公夫人也傳言穆公所以遂有國鄶城古鄶國按今河南密縣東北○鄶古外反

見三按蘭不忍從晉師伐鄭而卒得鄭國瑕挾楚師伐鄭而空葬檜城惠迪吉從逆凶惠逆之間吉凶之所由分也人亦

善曰名曰夾泜而軍彼此各不敢渡師老財匱皆非所利處父寔畏楚師故與之相要而楚不敢竟渡駕以待者亦以欲薄之形使其必出於待我一策已知楚師竟退即硬坐以遁之名此舁頭之計令人賤惡軫偃所不為也侵蔡之役經何以不書蓋晋既無功楚未得志未嘗來告魯史不得而詳也

何苦不為君子而甘為小人哉
晋陽處父侵蔡楚子上救之與晋師夾泜（水名，音雉）而軍陽子患之使謂子上曰吾聞之文不犯順武不違敵子若欲戰則吾退舍子濟而陳（欲辟楚使渡成陳而後戰）遲速唯命不然紓（緩也）我老師費財亦無益也（師久為老）乃駕以待子上欲涉大孫伯曰不可晋人無信半涉而薄我悔敗何及不如紓之乃退舍（楚退欲使晋渡）陽子宣言曰楚師遁矣遂歸楚師亦歸大子商臣譖子上曰受晋賂而辟之楚之恥也罪莫大焉王殺子上（商臣怨子上止王立己故譖之）
見三
按已本欲遁欲（卻）以遁之名予敵宣言于衆卽寓徇陽之謀（和猶一云）君費一矢而上將之頭已懸帝曹此小人齷齪之計耳狐原二人遠矣華而不實於此見其一端

十六

周大章曰依礼作主易之耳奕
而祔祔而作主魯之君臣豈不知之何
以遲之又久蓋文公原有欲躋其父
之心只為於礼不順難以曉告於衆
故誰議未決耳既葬祔廟若仍列閔
公之下則後此無締而躋殊為不倫
故緩作主俟有夏父弗忌者為之
倡議而後斷然行之庶可免衆多之
口呈既作矣俟大事遂祀而後祔之于
廟公與文仲視藏頭露尾而以其事
屬之於夏父弗忌則魯多異議
而公之再四躊躇不安於心亦可知矣
諸儒唯家氏鉉翁逆祀有前議論
未定為得其情寔其餘或訊其後
或詰其異祇以一緩字蔽之其亦未
窺至阮歟
姜白岩曰公羊云虞主用桑練主用
栗栗主藏主也何休謂期年練祭
埋虞主於兩階之間易用栗也蓋惟
虞主在廟故埋之於廟中之兩階練
主亦在廟故祭畢而藏於廟之西壁
皆廟中也非寢也故未葬有反哭於

葬僖公緩[杜解]公實今年十一月薨文元年四月書葬僖公並閏七月乃葬故曰緩作主非禮也劉原父曰當以緩作主為句此傳文二年二月作僖公主之義卒哭而祔祔而作主過祔之期故曰緩[隨筆]葬僖之緩無人不知惟作主當於葬後而遲至明年則尤緩矣當從劉讀凡君薨卒哭而祔祔而作主特祀於主[附注]父母之喪哭無時既虞乃卒哭謂卒此無時之哭惟存朝夕之哭而已杜云免喪故曰卒哭非也劉炫云諸侯五月而葬葬後即虞間月一虞七虞之後明日為卒哭之祭卒哭之明日以主祔廟烝嘗禘于廟冬祭曰烝秋祭曰嘗三年禮畢又大禘乃皆同於吉[讀禮通考]祔後練祥禪之祭特祀死者於主至除喪之後乃始還主於新廟而行烝嘗禘於廟爾其所謂喪畢還主之新廟也按此術[述]魯史相傳之例其實禮不王不禘乃王者禘其祖之所自出以其祖配之非三年喪畢之祭也且禘於太祖之廟非禘於新廟也左氏以經有吉禘莊公之文據魯禘言之耳

見三按文在位十八年閏不告朔不視無雨不閱會同不興廟壞不修婚娶不以禮迹其所謂[為]無非怠情自安於心不知求者也而葬親[illegible]不時作主不時尤其不敬之大者左氏緩

寢之禮祔廟無反主於寢之事以
皆以經釋經也然謂當祔練時即
遷廟亦未盡合孫氏曰祔者附也言
祔祭於祖也士虞記曰隮祔爾於爾
皇祖某甫明日以其班祔又有兩告
之文是祔主時祖主未遷之明證也
則廟祧祖廟而非就死者之廟新
主既不可與祖並居又不可旁列以
失其尊當別為一室以奉祔主期
年易以練主皆在廟中若後世之
同堂異室者其自故處而遷于新
廟則既禫之後也遷廟必於既
禫之後者祔祭之後有大小祥禫
三祭小祥不旅酬大祥無無算爵
冠服雖趨於吉而未純乎吉禫後
則純乎吉也故賈逵服虔范甯呂
與叔謂三年喪畢而後遷廟也是
杜氏三年遷廟皆同於吉其說之
可從者也

之一字足以蔽之矣

6.

文公全

列國時事

文公之世晉衰楚盛之關也六年以前晉襄名為繼霸而彭衙拜賜不能禁秦之不強先僕𨽍師不能救江之不滅八年以後晉靈因以失霸新城之盟陳鄭服而蔡不來郤缺之二軍何益而扈之討齊宋賂而鄭走險輩朔之行成可憐無他趙盾才既平平又牽於公壻趙穿之寵楚穆欲既遂遂復佐以秦康報復之師晉之不競固不得專咎其君之少而侈也顧其機全開於范山北方可圖之一言蓋鄭蘭成晉而歸十年徵事君盟垂隴臣會彭衙重歸匡戚之田睦歌方當未艾自狼淵師出厖樂見囚因之陳懼請平蔡亦偕次而厥貉之會宋遽逆降楚勢浸昌燎原在目矣所

幸天誘其衷穆王隕命莊王身坐鐘鼓之間未克長驅而黎麋誅亂庸蠻旋夷乳虎食牛吾於晉殊懼其卒也然是時晉不能制楚者猶幸有以制秦令狐之釁晉挑之為盾第一大罪桃林之塞晉戍之又為盾第一大功蓋秦晉接壤東即晉境西盡秦疆內潼關一路與周為內外往來要衝秦之入寇始但聘列國以離盟主交繼且圖諸侯以肆東畧使其東道得通其為中國患者且十倍於楚自桃林之塞而秦不得直搗澗瀍并不得旁通巴蜀微特利晉亦通利列侯微特利一時亦終春秋并受其益則制秦之功又未可盡沒者也奉姜炳璋 馮李驊

晉自隱至文、惟文公承國於先君、得書即位、遣使[illegible]
僖公未嘗会王、王之葬、內襄王遣使会僖公之葬、魯不臣王失政矣、此事以観、得失自見。
錫命者、命為諸侯也。諸侯在喪稱子、踰年即位、然後受命王也。未見喪未朝王而錫之、非正也。文公在喪、不能躬往拜命[illegible]也。使臣可也、僖喪不朝、使以陪臣拜受了事、不可也。魯之慢王之[illegible]也。
伐衛書晉侯、得之也、美其繼伯也。伐晉稱衛人、絕之也、斥其叛伯也。晉侯朝王不書、爲伐衛而行、不爲朝王、故不書朝王。
敖會晉、復聘齊、魯在是兩事齊晉、且尚婚於齊故也。一界之于得晉於会而盡元、自此專矣。

春秋左傳精義卷十四

閩中薌林　黃一桂　輯　男　心垣見三補輯

文公一　孔疏　名興、僖公之子、夫人聲姜所生、以襄王二十六年即位。謚法、慈惠愛民曰文。

經

乙未　元年、春王正月、公即位。杜解　先君未葬、而公即位、不可曠年無君。二月癸亥、日有食之。天王使叔服來會葬。叔服　叔氏、服字、諸侯喪、天子使大夫會葬、禮也。夏四月丁巳、葬我君僖公。七月而葬、緩。天王使毛伯來錫公命。毛、國、伯、爵、諸侯為王卿士者。晉侯伐衛。叔孫得臣如京師。得臣、叔牙之孫。衛人伐晉。秋、公孫敖會晉侯于戚。衛邑。按今直隸開州北有古戚城。此大夫專會諸侯之始。冬十月、丁未、楚世子商臣弒其君頵。商臣、成王子、穆王。頵、憂倫反。公孫敖如齊。

移在閏三月傳

周大章曰食子養生收子送死、予寄兩人決斷詫異食字尋常、笑世曰收豈為異日取殯識耶即以皮相論人亦非近世談水鏡論麻衣者所及、

孫鑛曰與奧質勁似以錯見為佳氏易林仔實靈識諸家之祖

善白岩曰一歲三百六十日常數也日與天會而多五日有奇是為氣盈、月與日會而少五日有奇是為朔虛、以氣盈朔虛之餘日積而成閏、所以消其盈而息其虛也、三歲一閏、五歲再閏、十有九歲七閏則氣朔分齊、是為一章、閏月有節氣無中氣、閏月之前中氣在晦、閏月之後中氣在朔、王肅云斗之所建是為中氣、日月所在斗指兩辰之間、無中氣、故以為閏、然則隨斗所指兩辰之間即以為閏、月不必定歸於十有二月也、春秋時歷法尚疎、不論中氣有無、但積其餘日至二年強半之後、輒歸之於歲終十有二月置閏、故凡經傳之

傳 元年春、王使內史叔服來會葬、公孫敖[杜解]魯大夫慶父之子聞其能相人也、見其二子焉、叔服曰、穀文伯也食子、難惠叔也收子、食子奉祭祀供養者也、收子葬子身也、穀也豐下、面方必有後於魯國、為八年敖奔莒傳於是閏三○子難乃多反

黃鄉林曰此春秋第一神相也、食以奉養言、敖幾幾乎作若敖矣、以主殯葬言、敖幾幾乎不得即首矣、相二子直相出公孫敖、究竟叔服言下大有提醒意、彼竟不知、卒以淫亂亡身、卑兔辜負婆心也

見三按、從來不善之徒最相信星相、亦最愛子孫、敖以濟惡不知、唯恐殃及後人、致抱忽諸之嘆、而子之見有足心焉、食子收子、斷盡二子全局、可謂龜鑑矣、特不識如淫如敖竟生哲嗣、相法安在、惜叔服不及詳耳、

於是閏三月、非禮也、先生之正時也、履端於始、舉正於中、歸餘於終、[杜解]步歷

文言閏不言月者言閏則歲之終
可知也今置閏在三月或者在雷辰
之間乎然非當時歷法故史以為非禮

姜白岩曰在喪非錫命之時未朝
無錫命之禮然則公將奈何遣
得臣往拜辭服闋以吉服見受命
而歸

姜白岩曰在喪非錫命之時未
朝無錫命之禮然則公將奈何
遣得臣往拜辭服闋王以吉服
見受命而歸

之始以為術之端首朞之日三百六十有六日日月之行又有遲速而必分為十二月舉中氣以正月有餘日則歸之於終積而為閏故言歸餘於終履端於始序則不愆四時無愆過舉正於中民則不惑斗建不失其次寒暑不失其常故無疑惑歸餘於終事則不悖四時得所則事無悖亂

見三按置閏之法後儒聚訟不休文不滿五十字而天官律歷諸書無所不包班馬有此詳明無此簡括

夏四月丁巳葬僖公〔杜解〕傳皆不虛載經文而此經孤見知僖公末年傳宜在此下

王使毛伯衛來錫公命〔杜解〕衛毛伯字命以策也〔經纂〕莊元年錫桓公命是沒而追命之此年則諸侯繼世必命之天子喪畢以士服見天子錫命之黻冕圭璧以歸是也叔孫得臣如周拜謝賜命

見三按禮有受命無來錫命錫命非正也僖公前會齊桓于首止以定王位後會晉文于踐土以尊王室襄德之故其存也則使宰周來歸其德朝其歿也則使叔服來會其葬而且

周大章曰：伐衛則書晉侯，嘉其伐叛討貳也；伐晉則書衛人，罪其以小謀大也。朝王不書，志不在朝王也；告陳不書，罪亦不在告陳也。古者越國而謀，謀義也。盟主致討，乃謀畔命侵小，義乎否乎？其於古也何居？

姜白岩曰：天下諸侯無朝王者，晉一行之，欲以此服諸侯，當來告，而經削之，何也？傳曰晉侯祥，則三年之喪未終，非介圭入覲之時。晉侯新立，王欲結歡於晉，聞其至南陽而欲親勞之，故臨其賜邑也。襄踵乃父之故習，不朝王於京師，而朝於溫，不得為朝王矣。君子以為古，蓋發明聖人交罪晉衛之義。

錫命文公，寵及其子，賜葬成風，榮及其親，天恩高厚，足令臣子感激隕涕。文公安受不報，不往朝，不奔喪，不會葬，致毛伯有求金之文，其負義不亦甚乎！

晉文公之季年，諸侯朝晉，衛成公不朝，使孔達［杜解］衛大夫侵鄭，伐緜、訾及匡。按今河南扶溝縣西有匡城。晉襄公既祥，［孔疏］禮期而小祥。使告於諸侯而伐衛。按傳見書晉侯從告。及南陽，先且居曰：「效尤，禍也。尤衛不朝故伐，今不朝王是效衛致禍。時王在溫，故請君朝王，臣從師。」晉侯朝王於溫。先且居、胥臣伐衛。五月辛酉朔，晉師圍戚。六月戊戌，取之，獲孫昭子。衛大夫，食戚邑。衛人使告於陳。陳共公曰：「更伐之，我辭之。」見伐求和，不競大甚，故使報伐，示已力足以距晉。［林解］辭之，謂我為衛謝晉求和。衛孔達帥師伐晉，君子以為古。古者越國而謀。按古者事機未明，則往謀於人，若今日時勢惟權力相尚，何待於謀？但言衛成遠謀之不必，而陳共畫策

周初盛時諸侯行朝禮於天子晉衛皆侯爵無相朝者今則盟主是崇矣驕時不朝伐其與國取禍之道乎一則訊晉襄全昧古道而剗以求人一則訊衛成不識時宜而遽欲反古也

褒（?）復曰按楚成在位四十餘年未嘗有大過舉其不殺晉文及使子玉去宋等語頗有人君之度而遽遭祿山之禍何哉蓋廢立不定必生大亂古今一轍故雖以宋文帝之恭儉隋文帝之勵精而不免于子禍

之不臧可見

黃薌林曰：狐偃勸文納王，先且居勸襄朝王，皆假之者。而且居之言尤覺正大，其殆有父風歟。

見三按：衛以不禮亡公子之故，顛沛流離，幾至亡國，報復可謂憯矣。襄公文繼文之業，不能彌縫其缺，乃以不朝為辭，伐其國，復疆其田，效尤禍也。且居與之比，辭以求諒乎？顧挾王滋……昧事大之道，皆戾乎古。

……有虛無經緯間

秋，晉侯疆戚田，故公孫敖會之。晉取衛田，正其疆界。

初，楚子將以商臣為大子，訪諸令尹子上。子上曰：「君之齒未也，

〔杜解〕齒，年也。言尚少，而又多愛，黜乃亂也。楚國之舉，恒在少者。且是人

見三按：晉修不禮之怨，於會則分其田，於衛則割疆其田，皆不仁之甚也。况晉有喪而以大夫會伯主，晉居喪而以伯主下會大夫，尤為非禮……甚以為大夫等會論僕……

周初盛時諸侯行覲礼於天子晉衛皆侯爵無相朝者今則盟主是崇矣踰時不朝伐其與國取（非）禍之道乎一則訊晉襄全昧古道而剥以求人一則訊衛成不識時宜而遽欲反古也

魏禧曰按楚成在位四十餘年未嘗有大過舉其不殺晉文及使子玉去宋等語頗有人君之度而遽遭祿山（朱温）之禍何哉蓋廢立不定必生大乱古今一轍故雖以宋文帝之恭儉隋文帝之勵精而不免于子禍

之不臧可見

黄薌林曰狐偃勸文納王先且居勸襄朝王皆假之者而且居之言尤覺正大其殆有父（先軫之）風歟見三按衛以不禮亡公子之故顛沛流離幾至亡國報復可謂慘矣襄文（公）繼文之業不能彌縫其缺乃以不朝為辭伐其國復疆其田效尤禍也且居其殆託辭以彌諷乎顧挾王滋暴晉固失字小之仁越國為謀衛亦昧事大之道皆戾乎古也君子以為古結局在虛無縹緲間

秋晉侯疆戚田故公孫敖會之晉取衛田正其疆界

初楚子將以鬬臣為大子訪諸令尹子上子上曰君之齒未也〔杜解〕齒年也言尚少而又多愛黜乃亂也楚國之舉立也恒在少者且是人

三

也商臣忌同楊廣潘崇好過楊素不必論矣楚々武敢甚不甚犯周史諱誅々戒又使商臣得聞江芊得知蹈大易机事不密々殃宮甲之变雖曰天数豈非人事哉
周大章曰知子莫若父商臣之忍令尹知之王豈不知也春宗社大計而欲付之忍人失一又听忠言失二不听其言而並洩其言致使忠臣被誅以死失三既立之又欲廢之多愛釀禍失四以申生之共望之忍人失五謀及婦人使江芊得以而聞失六以潘崇為太子師失七傳特層層叙出非第一概乱臣之醜亦足為人君父者前有讒而不見後有賊而不知遺笑於天下萬世也
善白名曰忍人二字一篇主腦蠭目豺声描寫忍人刻酷子上為令尹商臣雖忍猶不敢動於悪因先譖殺之殺子上之故於此補出後此滅江之故於此伏根商臣弒父自之而史官直以名告諸侯想見当时史筆之直望後

也。蠭目而豺聲，忍人也，能忍行不義。不可立也。」弗聽。既又欲立王子職商臣庶弟。而黜大子商臣。商臣聞之而未察，告其師潘崇曰：「若之何而察之？」潘崇曰：「享江芊成王妹嫁於江。○芊亡氏反。而勿敬也。」從之。江芊怒曰：「呼！發聲也。○好賀反。役夫！賤者稱。宜君王之欲殺女而立職也。」告潘崇曰：「信矣。」潘崇曰：「能事諸乎？」問能事職不。曰：「不能。」「能行乎？」曰：「不能。」「能行大事乎？」謂弒君。曰：「能。」冬十月，以宮甲圍成王。太子宮甲。僖二十八年王以東宮卒從子玉，蓋取此宮甲。王請食熊蹯而死，熊掌難熟，冀久將有外救。○蹯音煩。弗聽。丁未，王縊。謚之曰靈，不瞑；曰成，乃瞑。言其忍甚，未斂而加惡謚。[疏]云：禮，葬乃加謚。桓譚以為自縊而死，其目未合，尸冷乃瞑，非由謚之善惡也。亂而不損曰靈，安民立政曰成。穆王立，以其為大子之室與潘崇，[孔疏]以所居室內財物僕妾與之。使為大師，且掌環列之尹。宮衛之官，列兵而環王宮。

黃鄉林曰：從來簒弒之賊，鮮得令終，而濟惡之徒亦多不得

以爲史官得之傳聞而書，非也。書
人書國，豈必無傳聞。兇惡如齊崔
杼弒二太史，卒以名告，不可謂楚無良
史也。且商臣以宮甲圍父，衆目皆見，
何嘗知諱？若子圍之弒麇，竟以疾
卒赴矣。

按楚成有致弒之道六：廢愛
一也；建儲不慎二也；不爲之擇
賢師傅三也；輕易廢黜四也；
謀及婦人五也；太子有宮甲
六也。胡氏論此甚詳，皆足爲
萬世之炯鑒也。
楚成王死而與其臣爭謚，
目瞑。蓋衆共王生而與其臣議成
臣商謚，益跟盡字畢役
雖備其（王不甘靈）一字，其實也
得成共王甘居靈之一字，其
究也得共執諸之辱，受宗
忽難祀大福，不再生不能爲
共議之辭，死不能强教之免，
君子以無靈之所以爲重也

其死。蓋人心不順，即天道不容也。獨商臣弒父自立，臣民不
誅，鄰國不討，晏坐大位，以沒其身，子莊王復能定霸中原，天
下莫敵；即潘崇亦富貴壽考，免於誅戮之禍。此真天道之未
可解者。豈成頁弒兄之罪，償之於其子乎？抑獨頁之罪不勝
誅，特報之於其臣乎？讀至此無覺掩卷不平。

見三　按楚成襲成（武）文之業，任用子文，勵精圖治，幾有席捲中原之勢，不有
桓文遞興，召陵之師，將不得志於楚矣。在位四十餘年，唯攫取鄭二姬，最爲失
德。至不殺重耳，寬其過人之處，使子玉去宋讓晉師，尤其過人之識，亦寬宥之令主也。
乃以立嗣不定，處邊遭子禍。前以定太子之事訪子上，後即聽太子之言殺子上；前欲
立商臣，後即黜。商臣忌刻猜疑，成王豐無主，然皆雖可知恥，此宮甲之所以不爲王用而爲太子
用也。生不能加制太子，死乃與太子爭一字之謚。然商臣者死，潘崇連誅，天道茫茫，大
逆漏網，恐成王之目終不能瞑也。

穆伯（杜解：公孫敖）如齊，始聘焉，禮也。凡君即位，卿出並聘，踐也，猶復脩

四

姜白岩曰穆師而哭叙其言曰孤之過孤之罪以見其受過之勇此則曰是貪故又曰孤實貪直自抉其受病之根已有悔過之意而卒不能自克致有彭衙之師則孟明之不能將順其美而兵敗報恩也

舊好要結外援好事鄰國以衛社稷忠信卑讓之道也忠德之正也信德之固也卑讓德之基也補注傳言凡君亦指當時之事耳非謂周制則然以左氏合周禮邦交乃康成之失謂傳例為周公之法自杜氏之謬古者吉凶不相干故三年之喪不祭何聘問之有見三按列國聘問往來不以干戈猶勝於殘民以逞者故左氏以為禮特毛伯以來錫命而得臣始報聘京師此則齊未來聘而教乃先往高氏以為圖婚于齊似得其隱情

殽之役杜解在僖三十三年晉人既歸秦師秦大夫及左右皆言於秦伯曰是敗也孟明之罪也必殺之秦伯曰是孤之罪也周芮良夫之詩大雅曰大風有隧蹊徑貪人敗類芮伯刺厲王言貪人之敗善類若大風之行毀壞衆物所在成蹊徑聽言則對誦言如醉言昏亂之君不好典誦之言聞之之若醉得道聽塗說之言則喜而答對匪用其良覆反也俾使也我悖不用良臣之言反使我為悖亂是貪故也孤之謂矣

秦穆數刑以自取敗不自悔責而事振復又取敗績其罪著矣晉襄視身爲陳產雅敵氣分不畫悼繼伯同元責其不吉天子方伯歷然具師旦說以盟攻殺未免洞迂論

孔既葬作主於墓不終日而虞祭不忍一日無視也時蓋祀廢禮論未定故緩於作主

魯喪未除晉責之以朝當以禮拒之今以喪以朝所以愈受欺于大國春秋去處父族非特為魯諱之責晉也

晉襄席伯蹈勝而驕狂蔑諸侯而賓陪大夫專權之風自士縠以後凡後多言大夫大夫張也不兩名數凡而文公不一念及其

孤實貪以禍夫子，夫子何罪，復使為政。為明年秦晉戰彭衙傳

黃鄉林曰：古來唯英主能改過，亦唯英主能認過。語語自責，絕不推諉臣下，可作一篇秦誓讀。

見三按：貪字是秦穆一生病根，亦是古今人主通病。如漢武輪臺之詔，秦穆哭師之言，自怨自艾，毫不推諉，的是英主識量。而不廢孟明，尤不可及處，此其所以卒霸西戎也。

經 丙申 二年春王二月甲子，晉侯及秦師戰于彭衙，秦師敗績。范甯曰：彭衙，秦地。按今陝西白水縣東北。[方解]書人者，大夫將也。若赴告稱師而不及主兵者，則莫辨其為君為大夫，故第稱師也。

○丁丑，作僖公主。[杜解]主者，殷人以柏，周人以栗。三年喪終，則遷入於廟。○三月乙巳，及晉處父盟。不地者，盟晉都。因朝而盟，始此。○夏六月，公孫敖會宋公、陳侯、鄭伯、晉士縠盟于垂隴。鄭地，今河南榮澤縣東北。[俞抄]內大夫專盟自敖始，外大夫列諸侯會自士縠始。○

五

克寬其心急矣

大廟周公之廟大祖東鄉昭南鄉穆北鄉其餘孫從王父父曰昭子曰穆閔僖不得父子同為穆今升僖先閔此位次之逆非昭穆亂也晉武時景文同廟雖六代其實七主元帝明帝皆于室宗禮官亦謂兄弟相及同為一代[illegible]及皆當神位非之閔僖之比秦以贖取此晉百世已矣而推是[illegible]以是啟貽孫人[illegible]有六曰納采曰問名曰[illegible]曰納徵曰請期曰親迎[illegible]

姜白岩曰此傳蓋深罪秦穆也于拜賜之師下忽插入戰於殽追叙囚呼一段見死者暴骨於二陵生者手刃於狼瞫穆之棄民其罪难逭至此又敗其死亡猶之殽也合千萬生靈之命僅以供一拜賜舊鬼煩冤新鬼哭何秦民之不幸乎末述趙成子善保其民正是反形殘民之秦穆

馬杞楨家曰懲忿窒慾秦穆

自十有二月不雨至于秋七月周七月今五月也不雨是為災不書旱五穀猶有收○八月丁卯大事于大廟躋僖公大事禘也躋升也僖閔之庶兄繼閔而立今升在閔上故書而譏之[毛傳]大事吉禘也三年喪畢則致新死之主於太廟合群主而祭之本謂之禘其又名禘者以禘視昭穆故也但禘須禪後一月在二十七月之後今僖喪至此祇二十二月而遽行大事非禮也冬晉人宋人陳人鄭人伐秦○公子遂如齊納幣傳曰禮也僖公喪終此年十一月則納幣在十二月也士昏六禮其一納采納徵始有元纁束帛諸侯則謂之納幣其禮與士禮不同蓋公為太子時已行昏禮也

傳　二年春秦孟明視帥師伐晉以報殽之役二月晉侯禦之先且居將中軍趙衰佐之[杜解]代郤溱[呂説]衰不以元勳自居甘處其下此見趙衰一意為國王官無地御戎代梁宏狐鞫居續簡伯為右甲子及秦師戰于彭衙秦師敗績晉人謂秦拜賜之師以孟明言三年將拜君賜故嗤之戰於殽也晉梁弘御戎萊駒為右戰之明日晉襄公縛秦囚使萊駒以戈斬之囚

不能窒慾救穀之師為貪兵不能懲忿救衛之師為憤兵

呼、萊駒失戈、狼瞫取戈以斬囚、禽之以從公乘遂以為右箕之役、在僖三十三年呼火故反瞫音審。先軫黜之而立續簡伯狼瞫怒其友曰盍死之瞫曰吾未獲死所其友曰吾與女為難欲其殺先軫瞫曰周志有之勇則害上不登於明堂周志周書也明堂祖廟也所以策功序德故不義之士不得升疏云鄭氏謂明堂在國之陽與祖廟別處杜不從[附注]周志今見逸周書大匡解死而不義非勇也共用之謂勇共用死國用吾以勇求右無勇而黜亦其所也按黜謂黜於先軫謂上不我知黜而宜乃知我矣言今見黜而合宜則吾不得復言上不我知按七字可平千古不自量之氣子姑待之及彭衙既陳以其屬屬已兵馳秦師死焉晉師從之大敗秦師按既陳二實則秦已列陣或謂晉師以詐掩取者謬矣君子謂狼瞫於是乎君子詩小雅曰君子如怒亂庶遄沮言君子之怒必以止亂遄疾也沮止也又大雅曰王赫斯怒爰整其旅言文王赫然奮怒則整師旅以討亂怒不作亂而以從師可

謂君子矣、秦伯猶用孟明、孟明增脩國政、重施於民、趙成子趙衰
言於諸大夫曰秦師又至、將必辟之懼而增德不可當也詩大雅
曰毋念念也爾祖、聿脩厥德、言念其祖孝則宜述脩其德以顯之孟明念之矣、念德
不怠、其可敵乎、為明年秦人伐晉傳

黄鄰林曰狼瞫之言嘗列於識得師政於生死功名之際洒然於中斯之謂勇敢之忠軍人自昌由詩者為尚右秦穆一孟明晉喪二良將秦霸西戎晉不復振死此判矣嗚呼

見三按殽之敗猶曰扼於地也出其不意也至彭衙則經軍整武而來實操必勝之勢乃拜賜之師復為敗績之師百里孟明氏不幾一籌莫展乎讀後幅乃知兩軍對壘旗鼓相當忽以狼瞫死義出人意表晉為倖勝而秦之敗並非孟明之

虞主用桑，桑者喪也，孝子之心也。
練主用栗，栗者敬也，致敬之意也。
虞主三代同，練則夏以松，殷以柏，
周以栗。松容也，想見其容貌事
之。柏迫也，不遠其親也。栗戰栗也，
言人正地正天正之義。

方望溪曰：處父之盟，諸侯以為
功，則書其氏；處父之盟，魯人
以為恥，則削其氏。以此知為舊史
之文，不可以義求之也。或云，若不
書人，不足以顯大夫之專，必去族
以見處父之惡。不知傳云晉使
陽處父盟公，則君主之也，獨罪
處父乎？晉人不顧公之喪而

過也。故秦伯猶用其人，而趙衰聞之而懼，一因其脩德不可
當，一以先軫、狼瞫相繼死亡，奮勇無人，必不足以敵秦之銳
氣。此固兩國之實情形也。知此，則秦穆之用人固非孟浪，
而趙衰避敵之言亦非退縮矣。

丁丑，作僖公主。書，不時也。過葬十月，故曰不時。
見三。按此遂祀之根也。時以按意於臧文仲，文仲按意於夏
父弗忌，躋僖之議已成，故過十月而始作主。
晉人以公不朝來討。【林解】討公即位不朝。公如晉。夏四月己巳，晉人使陽
處父盟公以恥之。【胡解】使大夫盟公，欲以恥辱魯。經書三月乙巳，經傳必有誤。書曰：及晉處
父盟，以厭之也。公厭猶損也。按晉以非禮盟公，魯人恥之，故不書
公，以損其恥。【發微】不書公，不與處父敵公也。
厭，于涉反。適晉不書，諱之也。按公出不書，反不告致，恥之，故諱之。

魯之使朝以朝子産釋服以往又以處父盟公辱之宜魯人深以為恥也

萬白岩曰公未歸而內大夫出会是大夫無諸侯也以大夫主盟諸侯是晉主長諸侯也

黃鄰林曰書士穀不書晉以大夫敵諸侯也左氏以為堪其事誤矣

見三按陽處父何人而抗諸侯及晉陽處父盟者何人而偪陪隸匹夫不可序而況千乘之國乎子産曰國不競陵亦鄭尚不受人陵魯奈何甘為人陵也然則非處父敢盟魯亦魯自甘與處父盟可嘆也夫

公未至六月穆伯會諸侯及晉司空士穀〔杜解〕士蔿子盟于垂隴晉討衛故也討元年衛人伐晉書士穀堪其事也晉司空非卿也〔補注〕士穀非卿見成二年受一命之服按堪其事者杜謂出盟諸侯受成衛故貴而書名氏非聖人以為堪其事也於陳侯為衛請成于晉執孔達以說陳始與衛謀謂可以強得免今晉不聽故更執孔達以苟免也

見三按翟泉以大夫盟王臣見諸侯之輕天子垂隴以大夫盟諸侯見霸主之輕諸侯公孫敖與士穀並書內大夫專盟始此外大夫列會亦始此至七年扈之盟直書大夫而霸國

熄矣、襄公十六年溴梁統書大夫盟而諸侯益微矣

秋八月丁卯、大事於大廟、躋僖公、逆祀也（「杜解」僖應在下今居閔上故曰逆祀）於是夏父弗忌為宗伯、（掌宗廟昭穆之禮）尊僖公、且明見曰吾見新鬼大故鬼小、（新鬼僖公既為兄死時年又長故鬼小閔公死時年少弗忌明言其所見）先大後小順也躋聖賢明也（又以僖公為賢聖）明順禮也君子以為失禮禮無不順祀國之大事也而逆之可謂禮乎子雖齊聖不先父食久矣（齊肅也）故禹不先鯀（禹父）湯不先契（湯十三世祖）文武不先不窋（后稷子○窋知律反）宋祖帝乙（微子父）鄭祖厲王（鄭桓公父）猶上祖也（二國不以帝乙厲王不肖猶尊尚之按此破其躋聖）賢是以魯頌曰春秋匪解享祀不忒（差也）皇皇（美也）后帝（天也）皇祖后稷（詩頌僖公郊祭上天配以后稷）君子曰禮謂其后稷親而先帝也（先稱帝也）詩曰問我諸姑遂及伯姊（詩邶風也衛女思歸而不得故願致問於姑姊）君子曰禮謂其姊

周大章曰躋僖公而必大事于大廟者以大事帝必之主咸在乃得黜閔以崇僖也此時位次一定需逆主入廟昭穆乃可易位矣議何以必出于弗忌以弗忌為宗伯也宗伯掌邦礼宗伯不尊則君與相不得而為也弗忌為宗伯始此矣始以也前此非無宗伯不尊僖者弗忌尊僖而不為宗伯僖公不得曾尊弗忌以尊僖公而得為宗伯僖公亦以弗忌為宗伯而得尊公與文仲不知幾許案求而始得弗忌弗忌不知幾許逢迎而後得為宗伯于是言者甚賤之也明見云云隱見季国街談巷议特為此說箝制之耳但云先大後小人猶議之加以躋聖賢則人不敢復置一詞矣此無忌憚之尤張璁桂萼不足道也然尊僖之論雖出弗忌卻是功於文仲則發蹤指委罪更浮于弗忌安得謂之局外而不責賢者備乎

姜白岩曰魯東礼之國忽為逆祀父子祖孫之大倫澌滅矣傳引禹湯文武引頌引詩三引君子層層批駁而結以仲尼之斷皆發明經文躋字之义也然躋僖之祀有縱之使躋者孰縱之文仲縱之也斯時執政者為公子遂為季孫行父主其事者為夏父弗忌而獨罪文仲何也文仲為立言不朽之君子篇中引證此故夫豈肆業而忘之而竟為小人惑則餘子何誅焉通篇而未嘗提出文仲至夫子斥為縱逆祀竟字字刺著文仲且將文仲一生罪案托出于載下使竊位者無可容身弗忌意在媚合時君而文仲以為新鬼大而舊鬼小也故與居蔡祀爰居同一可鄙若謂仲亦弗忌之心宜不至此故夫子不以為不仁而譏其不知也

左氏責文仲作虛器而論語則曰居蔡以守龜出蔡故也山節藻梲天子之廟飾仲以媚祭之故遂違制為之一事而失焉後其孫武仲奔邾使臧賈以蔡請後旋為賈弟臧為自請而立為之子昭伯如晉其弟会竊龜以卜立昭伯從之孫齊季平子印立会為臧氏後會曰僂句不

親而先姑也信親文公父夏父弗忌欲阿時君先其所親故傳以此二詩深責其意按此破其先大後小仲尼曰臧文仲其不仁者三不知者三下展禽柳下惠也文仲知柳下惠之賢而使在下位廢六關塞關陽關之屬凡六關謂以禁絕末遊而廢之故〔補正〕家語作置六關謂文仲置關以稅行者故為不行妾織蒲三不仁也家人販席言其與民爭利作虛器謂居蔡山節藻梲也有其器而無其位故曰虛縱逆祀聽夏父躋僖公祀爰居三不知也海鳥曰爰居止於魯東門外文仲以為神命國人祀之

黃鄉林曰魯人但知兄大于弟不知君尊於臣僖先臣於閔也此為古今變禮之始故曰逆祀魯躋僖公於閔公之上已昧君臣之義唐躋睿宗於中宗之上並失兄弟之分孫平子力非之以為兄臣于弟尚不可躋況弟臣于兄乎卒遭貶斥至明世宗以旁支入承大統尊其父興獻王為皇考又以考宗為皇伯武宗為皇兄躋興獻王于武宗之上張桂以議禮得幸羣臣諫者廷杖相繼則宗祀紊而名分淆皆夏父弗忌為之倡也

見三按穀梁云僖公逆祀去者三人定公順祀叛者五人

余欺也臧氏兩世弟奪兄位皆以
色故誰謂蔡有靈哉

擊
蓋白岩曰彭衙秦地也前年秦師
列伐晉晉侵[illegible]與戰大敗之今年
晉伐秦至彭衙設侵秦師既擊
何至二邑見取而堅壁不出惡其
遲欲蓋由激士卒以必勇死之志
昂[illegible]晉人以公避之勢頗為王官
封尸地也

舉出於三家雖心知其非而不敢言也後舉出於陽貨雖心知其是而不敢信也夫子於順祀不予陽貨逆祀獨罪臧孫蓋其下展禽故至於縱逆祀也乃知知柳下惠之賢而不與立臧文仲之竊位甚於陽貨之竊寶玉大弓

冬晉先且居宋公子成陳轅選鄭公子歸生伐秦取汪及彭衙而還以報彭衙之役卿不書為穆公故尊秦也謂之崇德

見三按趙衰既有避秦之議何以秦師未出伐秦取汪秦師既還伐秦取祁不幾與前言背謬乎不知此正趙衰之老謀也秦未來而先伐之所以豫為避秦之地秦既出而更伐之所以文其避秦之舉以示王官之役吾非不能敵不與敵也以避敵之心轉而修德皆老成謀國精密處

姜氏曰昏、[illegible]不當使公族、是姨也、然
第速[illegible]在夏納幣以娶、[illegible]逆、
婦則以微齊由敬嬴內寵惑君
同惡必有和洗以蓋其君心故于
此春秋[illegible]傳言娶元妃奉粢盛
為禮之始正明後此之非禮也

沈與蔡同為楚之門戶蔡潰遂伐[illegible]
楚之師[illegible]所以滅也沈潰不伐
楚而[illegible]以[illegible]也會[illegible]
私兄雖取沈何益
夫子不泰移録[illegible]過之辭於
書以為法若其窮兵之禍於
春秋以為戒書秦人取之也
晉襄嗣位修伯業治襄楚已
南侮必矣近又與秦為敵無暇
畜楚商臣逆(?)[illegible]圖[illegible]威江淮
[illegible]以國非專振伐沈之役也
畜生則害五穀況如雨之多害
物甚矣異莫甚矣

襄仲如齊納幣禮也凡君即位好舅甥脩昏姻娶元妃以奉粢盛孝也孝禮之始也〔杜解〕諒闇既終嘉好之事通於外內外內之禮始備此除凶之即位也於是遣卿申好舅甥之國脩禮以昏姻也元妃嫡夫人奉粢盛共祭祀

見三按是時敬嬴恃寵私事仲遂駸駸乎有圖度中宮之勢而後此之婚不以禮皆敬嬴與仲遂爲之禮也二字望之也非予之也

經 丁酉三年春王正月叔孫得臣會晉人宋人陳人衛人鄭人伐沈沈潰按霸國大夫會諸大夫伐國自此始沈國今河南汝陽縣東南○沈音審○夏五月王子虎卒〔林解〕不書爵者天王赴也王卿不卒惟王子虎劉卷書〔林解〕○秦人伐晉按晉人恥不出以大夫告○秋楚人圍江〔程義〕自城濮後楚不敢侵伐晉襄不能討楚人弒逆故楚輕中國而圍江以試之○雨螽于宋自上而隨有似於雨來告故書○冬公如晉十有二月己巳公及晉侯盟

晉與秦而事大國四不肸於親鄰以害數之於晉雖有君臣處之以戈相向一盟而釋怨就為知自反意也故春秋直文無諱江與黃皆受齊桓之盟也楚之滅黃齊不能救楚伐江晉就往救既遠先僕于前又請王師于後而江國遂亡不可謂非晉之力故晉之失在於不能存江而伐楚以救江則未見其失也

按此書公如晉之始。晉陽處父帥師伐楚以救江［林解］晉大夫書帥師於是始［私考］書救江

見伐非討賊

傳三年春莊叔會諸侯之師伐沈以其服於楚也沈潰凡民逃其上曰潰在上曰逃［杜解］潰衆散流移若積水之潰自壞之象也國君輕走與匹夫逃竄無異是以在衆曰潰在上曰逃［通說］商臣弒父晉不討滔天之罪舍其大而議其細何益于成敗

見三按商臣弒君父自立晉不能聲罪致討僅伐其服楚之沈雖勝不武潰亦何為

衛侯如陳拜晉成也二年陳侯為衛請成於晉

見三按自是衛服于晉而兵禍始息實賴陳侯之功如陳所以報也

夏四月乙亥王叔文公卒來赴弔如同盟禮也［補注］傳言同盟指當時諸侯會盟

姜宸英曰史記稱穆公作誓在取王官封殽尸之後蓋其叙見殽尸露骸暴骨之慘不勝悲痛封掩之而作誓言自是遂不復東征誓言信能踐矣若敗殽作誓而後有彭衙以後等役殘民不已不應自食其言至此

周大事曰殽之役秦人匹馬隻輪無返痛入骨髓一伐再伐雖日雪恥空暴骨原野天昏日黯慘目傷心耳殽尸封則哭望天涯者悲稍慰矣秦人濟河焚舟爲此晉人

盟而言王子虎踐土翟泉實盟諸侯及赴弔用諸侯同盟例〔杜解〕經書五月又不書日從赴鄭夾漈曰襄王有叔帶之難輯諸侯寧王室文公之略也

見三按翟泉之役王人下盟諸侯王子虎實爲之而經顧録其卒者踐土之盟有王之功大也此以知聖人嘉予有功之臣不以眚掩大德所以爲人臣外交者戒

秦伯伐晉濟河焚舟〔杜解〕示必死也取王官及郊〔按王官晉地今山西臨晉縣東南有古王官城郊當爲臨晉平陽間小邑〕晉人不出遂自茅津濟封殽尸而還〔按茅津今山西平陸縣南〕封埋藏之遂霸西戎用孟明也君子是以知秦穆公之爲君也舉人之周也〔周備也不偏以一惡棄其善〕與人之壹也〔壹無二心〕孟明之臣也其不解也能懼思也子桑之忠也其知人也能舉善也〔子桑公孫枝舉孟明者〕詩曰于以采蘩于沼于沚于以用之公侯之事秦穆有焉〔詩國風言沼沚

閉門不出亦為此讀史至十六國
而見燕垂參合谷之痛為之淚
下五斗李華弔古戰場文所
以欷歔欲絕哉
善由君曰秦穆知己非晉敵孟明
非先且居敵欲息肩久矣因以
汪及彭衙予晉不與較也濟河焚
舟脅晉以必死之心取王官及郊
適符前予示晉以易從之勢晉
兵不出秦凱西旋連年伐晉之爭
遂於此結局傳云遂霸西戎據
其後日且以見其無心東略也於是
從前殽師之哭破涕為笑炫耀
張皇若已敗晉師者然蓋深有
感乎蹇叔而有釋兵保民之心焉
其歸功孟明并歸功子桑者乃
穆公告國人及誇西戎鄰國則全神
則在求賢保國不在佗佗之勇夫
也自此晉侯伐秦而不禦不報斯
真能改過矣書錄秦誓大其
改過也傳体聖人厭兵之義霸而
嘆淫泆亦以其能改過也全謝

之蘩至薄猶采以共公侯以諭秦穆不遺小善夙夜匪解以事一人孟明有焉詩大雅美仲山甫也一人天子也詒厥孫謀以燕翼子子桑有焉詒遺也燕安也翼成也詩大雅美武王能遺其子孫善謀以安成子孫言子桑有舉善之謀

黃鄰林曰孔明七擒孟獲而卒安南服秦穆三用孟明而終霸西戎均為千古佳話但孔明是服其心秦穆是激其志此中有誠偽之分

見三按秦穆濟河焚舟示士卒以必死之心即脅晉人以必死之勢項羽鉅鹿之戰沉舟破釜卒獲大勝亦此法也晉人不出懼敗尤懼勝敗則前功盡棄勝則後患無窮唯閉門自守讓其濟茅津封殽尸以了此局秦既見可而進亦當知難而退後此伐邧之役不襲不掠克踐誓言未始非鑒于晉人

當宜從史記秦誓作于封殽尸之後聖人取之正以其閔閔息民不而晋較也

姜白巖曰公羊云何以書記異也正與左合杜註隊而死不為災也故不書宋災穀梁曰茅茨盡矣徐邈曰未稼盡矣又食屋之茅茨甚之也

姜白岩曰先儒謂救江遣大夫明年伐秦則君親將之事以覘責衰重于非怨而經救患衰不能辭也若胡傳罪衰不能合諸侯以救江不知江

十

之不易敵也向非令狐誘敗其師何至兵連禍結數十年不息趙盾之罪直上通於天矣

秋雨螽于宋隊而死也螽飛至宋隊地而死若雨

見三按太戊(戌)修德祥桑自枯宋均為政猛虎渡河物類相感以誠天人相應者理則螽之隊而死亦事之常無足異者獨是宋成中主上之未聞德政足以及人次之未聞善言足以回天螽之叢生至於如雨其不恒(恤)民瘼已可概見左氏曰隊而死殆因宋史之附會而未及改正耳公羊以為記異不如穀梁言實(災)甚為得其實

楚師圍江晋先僕伐楚以救江陳傳併下文書入冬晋以江故告于周

杜解欲假天子之威以伐楚

王叔桓公晋陽處父伐楚以救江桓公周卿士王叔文公之

偏于楚非鄭宋之比安能曠日待諸侯之集又云秦甲出武關時秦方與晉為敵其能遠出耶孫氏責其不急救江而先伐楚不知伐楚正救江也不然子朱安能解圍江之師耶趙氏謂江滅于明年秋則江之圍期歲矣不知楚之伐江正如泰山壓卵江能守之一歲耶吳氏謂揚言伐楚救江而無其實經書伐楚以救江知其有救江之實矣非楚之滅黃帝桓不能救而褒能致討攻其方城子朱旋師自救江圍之巳解也安得謂無功于江耶至明年楚復滅江而晉不能救斯則其罪安能以明年之不救謂今年之非救耶

子桓公不書示威名不親伐疏云王叔文公不知何王之子字叔遂以叔為氏猶衛之公叔氏也王叔陳生是其後

門于方城遇息公子朱楚大夫伐江之帥而還聞晉師起而江兵解故晉亦還

見三按夾泜之役處父懼楚而遁以楚兵法律之早應明正典刑此等逃將祇堪盟會安能救江一遇息公即自退師畏楚極矣告周會伐不過假天威以恐愒之耳甯臣不知有君父安知有天子適以速江之亡而已

晉人懼其無禮於公也請改盟〔杜解〕改處父之盟二年公如晉及晉侯盟

晉侯饗公賦菁菁者莪詩小雅取其既見君子樂且有儀莊叔以公降拜謝其以公比君子也曰小國受命於大國敢不慎儀君貺之以大禮何樂如之抑小國之樂大國之惠也晉侯降辭登成拜按禮君燕臣臣降階再拜君辭之乃升成拜公謙降階將拜而晉侯亦降階辭公乃俱升成拜公賦嘉樂詩大雅義取其顯顯令德

十二

納幣於齊則逆婦必非微者甚文公自行也聖人惡其成礼於齊故沒公不書穀梁得之左氏非是狄自莒之敗至是始復侵齊以晉襄無攘治之緒而齊伯不紹故也

此甯俞執衛政之時也上年從晉伐沈勝事但主和安無事今春晉歸孔達夏衛朝晉至秋而來聘魯事大權鄭以安社稷夫子稱其邦有道則知者也

哀姜以罪誅不得逆其喪齊姜之於誼不可以入宗廟故僖公尊此尊成風為夫人以亂嫡庶非所以正名分尊君父也

姜白岩曰傳亦嘉晉襄之能改過也不告故不書垂隴之盟魯衛受成魯既受盟衛亦釋憾孔達既歸衛侯拜嘉與魯之賦詩燕好相照

見三按懼字是二國之轉機晉惟懼失小國之好故請改盟魯惟懼失大國之歡故復如晉菁莪之賦有悔心焉嘉樂之荅有韋心焉向之無禮者今且有儀矣向之無恥者今以為樂矣主賓辭讓情文備至傳蓋大晉襄之改過故能紹承大業而諸侯景從

經　戊戌四年春公至自晉。夏逆婦姜于齊〔杜解〕稱婦有姑之辭。狄侵齊。楚人滅江。晉侯伐秦。衛侯使甯俞來聘。冬十有一月、壬寅夫人風氏薨僖公母風姓也赴同祔姑故稱夫人〔穷解〕薨稱夫人葬稱小君仍舊史之文而不革可解先儒貶爵稱人之蔽

傳　四年春晉人歸孔達于衛以為衛之良也故免之〔杜解〕二年衛執孔達以說晉陳傳元年伐晉傳終　夏衛侯如晉拜謝歸孔達

姜白岩曰周官宰夫職歲終令群吏正歲會月終令正月要註云正定也會正者一歲會簿以為貢賦自有桓官受方物使自貢于天子晉文伯霸則致于列國而代之貢故諸侯于歲終皆朝晉會正章貢者見小國皆於會獨于春有他故也

姜白岩曰春秋逆夫人惟此年最略胡傳謂譏同于喪昏公羊以不稱夫人為娶大夫女穀梁以書婦姜似成婦而歸謂以成礼于齊故諱公細按之當以左氏為正蓋不以卿逆自卑其配故不書夫人也何以不書逆女書逆女則當書婦姜至矣不叙逆于館不告廟不可以書至也故于其始逆之時即擧其至之稱曰逆婦姜于齊以明其簡禮之甚也婦者對姑而言如杞伯姬來求婦

見三按甯俞以忠而免孔達以良而免可見衰亂之世猶有直道君子固樂得為君子也晉能盡禮衛亦拜嘉而禍端息矣

曹伯如晉會正〔杜解〕會受貢賦之政也傳言襄公能繼文之業而諸侯服從

見三按魯既改盟衛亦釋憾魯衛和睦斯小國莫敢不共舉一曹而凡為曹者可知此襄之所以繼霸也

送婦姜于齊卿不行非禮也〔杜解〕禮諸侯有故則使卿逆君子是以知出姜之不允信也於魯也始來不見尊貴故終不為國人所敬信也文公薨而見出故曰出姜曰貴聘而賤逆之公子遂納幣是貴聘也君小君也而卑之立而廢之不以夫人禮逆是卑廢之棄信而壞其主內主也壞音怪○在國必亂在家必亡不允宜哉詩曰畏天之威于時保之敬主之謂也詩頌言畏天威于是保福祿

見三按文公情知權落襄仲敬嬴緣以為姻納幣二年始行

十三

之類，非既婚而後謂之歸。姑在稱婦，文宣成三公皆奉母命行之，故皆云婦姜也。文公凡事諉于襄仲，而仲與嬴氏比。時宣公長矣，故卑其小君，使之不免于魯。殺惡及視，兆於此矣。

同盟之心，一若晉不伐秦，秦或救之也者；一若晉不能救而後致秦不能救也者。皆歸罪晉侯之義。

見三按：商臣弑君，晉不能討，往役於王官之耻，秦報復無已，致亂臣賊子得以乘秦晉之釁，夷滅弱小，蓋其亮誅其為恥實甚。況救江則遣大夫，伐秦則君親將，尤見其傳小怨而不知大體。經書滅江於伐秦之前，見其不救江而伐秦也；傳書伐秦於滅江之後，見晉不救江而伐秦，秦不能救江也。皆所以罪晉襄也。

昏禮，又不使卿迎之，而當日之不親迎于館、不告廟，均可槪見矣。出姜正以尊敬嬴也。襄仲小人，固不足責，獨怪行父忠于公室，乃容忍不……而庶孽釀禍，三思果何……

〔註解〕王官役在前年。祁新城，秦邑也，按在今陝西。

伯為之降服、出次、不舉、過數。降服，素服也。出次，辟正寢。不舉，去盛饌。禮有數，今秦伯過之。疏云：鄭國之亡，蓋三日哭。大夫諫，公曰：「同盟滅，雖不能救，敢不矜乎？吾自懼也。」秦江同盟，告故不書。君子曰：「詩云：『惟彼小國，其政不獲；惟此四國，爰究爰度。』其秦穆之謂矣。」詩大雅。按詩義言上帝鑒觀夏商二國，政既失道，又究度於四方之國，以求民莫。引詩正重秦伯之能究度耳。

黃鄰林曰：晉方伐秦，楚已滅江，秦知自懼，晉寘罔聞，嘉秦伯

之類非既婚而後謂之婦姑在
稱婦文宣成三公皆奉母命行之
故皆云婦姜也文公凡事諉于襄仲
而仲與嬴氏比時宣公長矣故舁
其君使之不免于魯殺惡及視此
於此矣

晏白志曰晉伐秦楚滅江一時事也經
書滅江于伐秦之前見晉襄坐視江
滅不為救患之師而爲報怨之師
也傳移滅江于伐秦之後而備記降服
出次是秦不邀擊晉師且有哀矜
同盟之心一若晉不伐秦秦或救之
也者一若晉不能救而後致秦不
能救也者皆發傳深罪晉侯之義

昏禮又不使卿迎之而當日之不親迎于館不告廟均可概見朞出姜正以尊敬嬴也襄仲小人固不足責獨怪行父忠于公室乃容隱不言坐令昏禮不明而庶孽釀禍三思果何益哉

秋晉侯伐秦圍祁新城以報王官之役（註解王官役在前年新城秦邑也按今陝西澄城縣東北有古新城祁亦當在澄城境。祁音元）楚人滅江秦伯為之降服出次不舉過數（降服素服也出次辟正寢不舉去盛饌鄰國之禮有數今秦伯過之疏云鄰國之亡蓋三日哭）大夫諫公曰同盟滅雖不能救敢不矜乎吾自懼也（秦江同盟告。故不書）君子曰詩云惟彼小國其政不獲惟此四國爰究爰度其秦穆之謂矣（詩大雅按詩義言上帝鑒觀夏商二國政既失道又究度於四方之國以求民莫引詩正重秦伯之能究度耳）

黄鄉林曰晉方伐秦楚已滅江秦知自懼晉置罔闓嘉秦伯

周大事曰隱殺彤弓來歷武子知之魯廷臣無知之者只為僭用已久視為固然若一披根尋源則天子禮樂便用不得矣相維辟公天子穆穆奚取於三家之堂又寧有取於魯公之堂耶得此一番提喝當頭着棒魄悖心驚要緊尤是王與諸侯等字所以着眼

蓋自君以魯自僖公僭郊禘用天子禮樂之公之世習為固然甯子來聘大業以貺嘉賓而一經評薄天經地義截然云敢干大禮以自取戾一切郊禘大畤皆喝破賦詩之

之寃度即以罪晉政之不競也霸業之衰言外三太息焉見三按商臣挾江芊之隙圍之經年不滅其國不止江雖小國實中夏之助今楚滅江晉伯哀矜秦穆此舉蓋儼然以伯自居云也

衛甯武子來聘公與之宴為賦湛露及彤弓[杜解]非禮之常公特命樂人以示意故言為賦湛露彤弓詩小雅不辭又不答賦使行人私焉私問之對曰臣以為肄業及之也肄習也魯人失所賦甯武子佯不知昔諸侯朝正於王朝而受政教也王宴樂之於是乎賦湛露則天子當陽[補正]嚮明而治猶當也諸侯用命也諸侯敵王所愾愾恨怒也苦愛反○而獻其功於是乎賜之彤弓一彤矢百玈弓矢千以覺報宴覺明也謂諸侯有四夷之功王賜之弓矢又為歌彤弓以明報功宴樂○玈音盧今陪臣來繼舊好方論天子之樂故自稱陪臣君辱貺之賜也其敢干犯也大禮

不辭不答一似渠上对客妹業全不為已設者並及行人之私並後說出不辭不答之故湛露彤弓之鄭意在主不當用而詞則客不敢當可謂嚴而婉

以自取戾罪也

黃鄉林曰魯秉禮之國也彤弓湛露何昧昧焉不有武子幾不知其非矣其後穆叔來聘歌拜鹿鳴不拜肆夏倘亦聞甯俞之風歟

見三按武子仕衛之年正成公多難之日釁開于五鹿禍發于襄牛毒延于獄大以兄弟之不容遂至君臣之搆訟流離顛沛幾至覆亡不保自賴饘饘之從克濟大難爰及反正享祚三十餘年外平晉魯內反感匡臣易無道為有道皆武子斡旋之力也僖公三十一年帝邱之遷公命祀相武子不可文四年來聘湛露彤弓之辭魯人以為知禮夫子所謂邦有道則知者即此然以不祀非鬼為知則如柳下惠之諫爰居子

魯弑君始桓，僭嫡始成風。王不能正而又成之，故歸含賵會葬。王皆不稱天，以爲此王之私恩，非天之常經也。含賵會葬，王寵晉加晉君，無一介之使以謝王賜，猶夜夜於事晉，此因不待貶而惡自見也。鄀蓋微國，爲秦南出之路，秦入之不能有，後遂爲楚所併。復遷都於此，蓋秦楚之所必爭也。蓼、六，皋陶之後，先王所封

產之不用璀斝玉瓚皆能之，以不荅湛露彤弓爲知，則如管仲之辭饗，穆叔之不拜文王肆夏，皆知之，故曰可及。至於運知於愚，濟險以貞，易無道爲有道，則武子所獨。蓋武子固先處無道而後有道也。合氏左前後觀之，便知源委。

冬，成風薨。爲明年王使來含賵傳

見三按：成風之薨，經稱夫人而傳不書夫人者，蓋成風僖公母也，稱夫人所以示天下之爲子；亦莊公母之妾也，不書夫人所以示天下之爲庶。傳之足以翼經者此也。

經

巳亥五年春王正月，王使榮叔歸含且賵。[杜解]珠玉曰含，含口實；車馬曰賵。○含，戶暗反

三月辛亥，葬我小君成風。反哭成喪，故曰葬我小君王使召伯來會葬。召伯，天子卿也；召，采地；伯，爵也○夏，公孫敖如齊。○秦人入鄀。音若○秋，楚人滅

十五

三代鄀疾弗癈至卅同時而滅吾為盟主未聞提一旅以援之見楚之強亦以見晉之弱

姜白巖曰定六年傳楚令尹子期遷郢于鄀則鄀終併于楚矣秦不滅之者亦以鄀鄀于楚楚不能越而鄀也

姜白巖曰定六年傳楚令尹遷郢于鄀則鄀終併於楚矣是時秦不滅之者亦以鄀鄀於楚楚不能越國而鄙鄀

六國名、按今江南六安州北〇冬十月甲申許男業卒。昭公錫我立

傳

五年春王使榮叔來含且賵、召昭公來會葬、禮也、按史謂二事皆王朝之殊禮也然施于成風王失甚矣跡云稱王稱天王稱天子一也

見三按天子之於諸侯、有歸含賵之儀、有會葬之禮、非所施之妾母也、僖公尊成風為夫人、為以妾亂嫡之始、王不能正而又成之、榮叔既來、召伯復會、名分淆、倫常紊矣、自是宣母敬嬴、襄母定姒、昭母齊歸、哀母弋氏、皆援例以立、襄王豈能辭其責哉、

初鄀叛楚即秦、又貳於楚、夏秦人入鄀、

見三按鄀為秦楚險要之地、楚得之則足以制秦、秦得之則足以圖楚、故地卒滅于楚、最後遷鄀以實之、所以扼秦南出

王或庵曰以忽諸哀哉兩字句頓挫作章法促响哀音神傷十古只此二字抵哀江南賦一篇

姜白岩曰六蓼偪近荊楚至今尚存一則其君猶能立國一則桓文促晉楚不敢肆迫楚人滅江襄不能救商臣窺破自秋及冬連滅二國文仲蓋嘆二國無賢君而晉襄無霸志也

之路也

六人叛楚即東夷秋楚成大心仲歸［杜解］子家帥師滅六冬楚公子燮滅蓼國名按今在河南固始縣東北○音了臧文仲聞六與蓼滅曰皋陶庭堅不祀忽諸德之不建民之無援哀哉蓼與六皆皋陶後也傷二國之君不能建德結援大國忽然而亡［附注疏］云庭堅皋陶字馬永卿曰若庭堅即皋陶則文仲不應連言之［焦氏易林］謂庭堅為皋陶之子孫必有據

［補注］傳于文五年錄臧文仲語成七年錄季文子語昭十六年錄叔孫昭子語皆見中國無伯識者憂之

黃鄉林曰楚滅蓼六臧文仲曰無援吳伐郯季文子曰無恤齊伐徐叔孫昭子曰無霸皆匪風下泉微意而蓼六之嘆尤極悲愴自秋徂冬相去幾時而皋陶之祀於是而斬為蓼六哀即為中原諸侯哀也

見三按虞廷五臣皋陶獨稱邁種乃三代遞王益至秦亦有

姜白岩曰一以剛之正直猶恐聚怨處父陽竊剛之名而無其實則以剛濟慾豈偽君子也安得不敗

俞寧世曰剛則待人道華則自治疏兩揭病源道德經不過也

黃蘇林曰張茂先晋室君流秕華而不實身攖大戮況陽子以剛傷之心復佐以浮華之習其能免於禍乎甯嬴臨察其人備傳

天下而臯陶竟抱忽諸之嘆豈刑官不宜有後乎抑小國之滅亡固所控告乎德之不建而亦一責蓼六一責盟主中原其旰食矣

晋陽處父聘于衛反過甯甯嬴（「杜解」逆旅大夫）從之（甯晋邑按今河南獲嘉縣西北）及溫而還其妻問之嬴曰以剛商書曰沈漸剛克高明柔克（言各當以剛柔勝己本性乃能成全也此在洪範今謂之周書「附注」漸書作潛言深沈而潛退當剛克也）夫子壹之其不沒乎（陽子性純剛）天為剛德猶不干時（寒暑相順）況在人乎且華而不實怨之所聚也（「林解」華而不結實猶草木有華而不結實）犯而聚怨（剛則犯人）不可以定身（按不能使身安而無危）余懼不獲其利而離其難是以去之（為六年晋殺處父傳）

見三按剛為天德聖人重之若陽子則純是慾純是感氣陵人焉得剛況而犯寇尤為取怨之府魏晋諸名士大致不外

[illegible]

季友與陳原仲有旧，如陳葬原[illegible]
今行父之徃蓋因其祖[illegible]好
假此室之聘而爲昏也
行父專執國柄，不能以禮佐其君，
乃與[illegible]相從[illegible]結[illegible]援故
既書如陳，又書如晉，所以著其
私交樹黨，為三家[illegible]之漸
先書晉殺[illegible]，繼書射姑出奔，
則權[illegible]屬[illegible]之罪自[illegible]是時
襄公已卒，而書國殺[illegible]
父今日之死實[illegible]之也
不告朔而月書[illegible]月之初吉
日則積日而成也以閏月而不告
月[illegible]之政[illegible]不[illegible]
而[illegible]有朔[illegible]之禮[illegible]者[illegible]
[illegible]之[illegible]聖人[illegible]之心也[illegible]
[illegible]不同

此兩弊，怙氣者召殃，清流者買禍，覆轍相踵，如出一途，卓哉

甯子之言，誠千古龜鑑也

晉趙成子〔杜解：趙衰，新上軍帥，中軍佐也〕欒貞子〔欒枝，下軍帥也〕霍伯〔先且居，中軍帥也〕白季〔胥臣，下軍佐也。皆卒，為六年蒐於夷傳〕

見三按：此以傷晉之衰也。老成凋謝，新進爭權，自此朝臣互相傾援，互相殺戮，而霸業遂衰，北方可圖，固不在晉君之少也

經　庚子六年春，葬許僖公。○夏，季孫行父如陳。〔杜解：行父，季友孫〕○秋，季孫行父如晉。○八月乙亥，晉侯驩卒。〔○明年子靈公夷皋立〕冬十月，公子遂如晉，葬晉襄公。〔卿共葬事，文襄之制也。三月而葬，速〕○晉殺其大夫陽處父。晉狐射姑出奔狄。〔射姑，狐偃子賈季也〕○閏月不告月，猶朝于廟。〔諸侯每月必告朔聽政，因朝宗廟。文公以閏非常月，故闕不告朔，怠慢政事，雖朝于廟則如勿朝。杜氏謂曰猶朝于廟，幸其禮不盡廢也。○告音梏〕

呂東萊曰晉之中軍帥秉國政如後世兼將相者初蒐以欲使士穀將中軍謀既定先克曰狐趙之勳不可廢也乃使狐射姑及處父至又以趙盾衰之子無所主頃刻間三次改易大權何有馴致六卿分晉公室之衰始於此矣

周天章曰宣子一為國政即制許多法則以為晉國常法其餘自非賈季可及但趙衰有從亡之勳使之為卿猶再四謙讓未年始使佐中軍宣子一出即代父位竟陽處父上狐射姑而執國政操柄在手事事更張其鋒鋩不太露乎他日桃園之禍於此已露一班賈季夏日之評固適肖其勢焰薰炙如火烈烈不可嚮邇也處父改蒐而易宣子宣子定法而授處父更相表裏毫無顧忌安知處父所為非宣子示之意乎讀者且勿被他瞞過

姜白岩曰射姑為偃之子其襲

傳　六年春晉蒐于夷（「杜解」晉地）舍二軍（僖三十一年晉蒐清原作五軍今舍二軍復三軍之制前年四卿卒故蒐以謀軍帥）使狐射姑將中軍（代先且居）趙盾（衰子）佐之（代趙衰也）陽處父至自溫（往年聘衛溫今始至）過改蒐于董（晉地按今山西聞喜縣東北有董澤）易中軍（易以趙盾為帥射姑佐之）陽子成季之屬也（處父嘗為趙衰屬大夫）故黨於趙氏且謂趙盾能曰使能國之利也是以上之宣子於是乎始為國政（宣趙盾諡）制事典（常也）正法罪（輕重當）辟（猶理也）獄刑（疏云上句為將來之法此句斷當時之罪）董（督也）逋逃由（用也）質要（券契也）治舊洿（治理洿穢○音烏）本秩禮（貴賤不失其本）續常職（脩廢也）出滯淹（拔賢能也）既成以授大傅陽子與大師賈佗使行諸晉國以為常法（賈佗以公族從文公而不在五人之數）

黃鄭林曰無欲曰剛○處父以成季屬大夫○黨于趙氏○何剛之有●且目無專制○盾佐中軍○唯軍君所命○處父奪賈季之元帥○以

職中軍，援且居襲彰之例，觀辰羸
辭子二君之語，則材材必至誤國。陽
子家太傅之位，請於公而黜之，可也。
然以盾爲能，由黨于趙氏之故，則
不足以服射姑之心矣。制事典，正下
長言盾才大，抵嚴刻之意多乎？文
娼之風少，祇以威制同官，何嘗恤
民隱。授之陽子，私其黨也。又擇太
師賈佗，文公以長事佗，未有賢
名，使法行而人服也。夏之日乎？見
之。

趙衰舉郤縠，文公援先軫，皆不
限資格者也。至夷之蒐，陽處父
徇私年，趙盾其操柄故者六卿
[illegible]晉者[illegible]家皆晉之近，盾甚之[illegible]
陽子[illegible]也，其實陽子之黨，乃至
盾授之。夫趙盾，趙衰之子，在秋時西
生也，非趙姬之夫因請其母歸，則盾
終身一秋人耳；又非趙姬之夫[illegible]其
子下之，則盾終身一庶子耳，乃急欲
駕射姑而上之，非因處父之剛很
者爲之黨異，而主持室易之哉。故
蒐於董，易中軍，與盾之意，而授之
處父者，非晉侯防之，處父而使之
者也。大權未得，則與處父爲黨而
以使統；既得大權，既得則黜
處父之去，而以役官播於諸侯，盾
之內直狗彘之不食矣。

與盾無君之罪，人人得而誅之。傳平平敘過，絕無貶辭，而處父之專、趙盾之奸、晉侯之懦，均可概見。

見三。按被廬之蒐，狐、趙讓帥，晉所以盛；夷之蒐，狐、趙爭帥，晉所以衰。晉襄難免豚犬之譏。射姑之趙盾，亦皆狐鼠之輩。欲其興，遂自貽聲者，爭霸不亦難乎。

臧文仲以陳、衛之睦也，欲求好於陳。夏，季文子聘於陳，且娶焉。[杜解]臣非君命不越竟，故因聘而自爲娶。

見三。按求好本以爲公，反因以爲私。三思妙用，如是如是。

秦伯任好[杜解]穆公名。卒。[補註]傳見秦卒葬，猶未見於經。以子車秦大夫氏也。氏之三子奄息、仲行、鍼虎爲殉，以人從葬爲殉。[林解]秦穆公卒，葬雍，從死者百七十七人，子車氏三子與焉。○車音居。行音杭。鍼其廉反。殉似俊反。皆秦之良也。國人哀之，爲之賦《黃鳥》。詩秦風。義取黃鳥止

姜白岩曰慶父聘衛之臨於晉但詰濟好可矣何必陳其行父興陳舊好謀娶於陳故也

姜白岩曰以者穆公以之也蓋遺命使殉康公從其亂命耶詩及左氏史記專罪秦穆風俗通謂任好因是謚曰繆非求減康公以康之罪不待言也孫明復罪康而恕穆誤矣又應氏蘊氏責三良輕於一死詩黃鳥云臨其穴惴惴其慄三良本不肯死而穆命於前康迫於後惴惴恐懼真如納生驅中者然夫三良非懼死惧死不得其所也秦穆有賢名而臨殁乃為此桀紂不為之事故傳從王者治法身後高一層說而秦穆之罪不可[illegible]年桓文之間曠八年無霸無霸而有霸則秦穆為之也輸粟恤民而西疆啟收良以死

于棘桑往來得其所傷三良不然君子曰秦穆之不為盟主也宜哉死而棄民先王違世猶詔之法而況奪之善人乎詩曰人之云亡邦國殄瘁詩大雅言善人亡則國瘁病無善人之謂若之何奪之古之王者知命之不長是以並建聖哲建立聖知以司牧民樹之風聲附注樹立風化聲教其分之采物旌旗衣服各有分制著之話言話善言也為作善言遺戒為之律度鐘律度量所以治歷明時陳之藝極藝準也極中也貢獻多少之法傳曰貢之無藝又曰貢獻無極引道也之表儀儀猶威儀予之法制告之訓典先王之書教之防利防惡興利委任也之常秩官司之常職道之以禮則按導民以禮法使毋失其土宜按王制五方之民各有性齊其政不易其宜言不失其風土之所宜也眾隸賴之隸謂隸于士而為民者而後即命馮氏曰猶言即世聖王同之今縱無法以遺後世而又收其良以死難以在上矣君子是以知秦之不復東征也不能復征討東方諸侯為霸主

而盟主哀此秦穆一生顛末也其間貪賂亂晉見利不見義焉以嬴嫁晉蔑禮复蔑倫焉二陵暴骨貪也三良爲殉忍也故趙東山以爲中國之罪人是也而棄瑕取瑜則有大功二大義二焉文之霸秦納之城濮之戰秦亦助之大功也納王師河上朝王與踐土大義也五霸列秦穆以此

讀詩而見魯僖爲聖賢之君也讀春秋而魯僖不過中人之君焉讀書而見秦穆爲聖賢之君也讀春秋而秦穆又不過中人之君焉是知春秋者是非之定衆諸經皆當取衷非若詩載史克之頌君不妨溢美書載秦穆之自誓亦鋪飾耳

黄鄰林曰秦伯穆器識儀有作爲又援刑勝之國其所以不能東征爲盟主和雖由僻處殽函之地爲晉所扼而其時無大臣有學術者以爲之佐自百里奚叔相繼凋謝所用者不過孟明諱之自好之徒非有深謀遠略爲長治久安計其君又不能養育人材往秋殿刑峻法陵之驕識相與至廢康傀然後不傳霸爲物外備神之及其時事可知矣豈獨棄三良之過哉

見三按秦穆生能容有罪之孟明死竟殺無辜之良士非臨死而真心變乃臨死而真性見也夫古之好賢千里神交九原可作愛其人則祝之壽考求賢哲則俾輔後嗣蓋棺論定斷無用賢以殉葬之理乃知秦穆之用孟明非愛孟明也激之以必死之心驅之以必死之地以遂其圖霸之願濟河而慄慄與臨穴而惴惴同一殘忍之念而其心均不在民也大

周大章曰：行父相魯，君若臣僕僕晉廷，知有晉主，不知有王朝，阿信強援以植私黨，意可見矣。備豫不虞，雖曰處事周到，而過于疑慮利害之心勝，則是非之見反昏矣。子訊其三思，正以此耳。

魏禧曰：凡君死主幼，大臣易于爭權，爭權必始於持異議，況廢立未定，尤禍本所伏，當國者宜十分着意。

抵秦法苛峻，自商鞅定之，實由秦穆開之。臨終亂命不良，不敢逃，康公不敢違，則平時之言出法隨可知矣。異日焚書坑儒，禍不旋踵，呂秦特學嬴秦而甚耳，能不罪作俑哉。

秋，季文子父行將聘於晉，使求遭喪之禮以行。聞晉侯疾故。其人從者曰：將焉用之？文子曰：備豫不虞，古之善教也。求而無之，實難。難卒得。過求何害？所謂文子三思。

見三按：晉平之薨，子皮請以見新君之幣行，子產以為焉用。文豫吉且不可，況吉豫凶乎？曰寔難，曰何害，寫出三思過計，神情如畫。

八月乙亥，晉襄公卒。靈公少，晉人以難故，欲立長君。補正謂連年秦狄之師楚伐。趙孟盾也。鮮。趙曰：立公子雍，文公子，襄公庶弟，杜祁之子。好善而長，先與國。

周大章曰：襄公肉死未寒，兩卿各逐其所欲立，專橫自恣，目中全無君上，而宣子尤甚。欲立者娓娓言其長，不欲立者津津道其短，咬牙切齒，不肯一語讓人。左氏敘次聲音面目，活現紙上。

姜白岩曰：古之賢君，宰輔得人，托孤寄命，委裘而天下治。盾弃先君顧命，而舍嫡立庶，求君遠國，固孔父、荀息之所称羞也。自此殺樂拒雍，挑釁強國，走士會、先蔑，後日開君臣之隙，種種禍胎，皆伏於此。射姑之言，童子羞之。然一得此一難，將從前文公傳未盡之事敘出，皆以後事補前事。此晉文閨門多賢婦，齊姜、杜祁，尤人所难，不比齊桓之如夫人者六人也。儲位早定，雖以文嬴之寵，不為少動，可謂知本矣。而不置公子樂于秦者，以秦之強扶其，自出保無如宋莊之於

君愛之，且近於秦。秦舊好也。置善則固，事長則順，立愛則孝，結舊則安。為難故，故欲立長君。有此四德者，難必抒矣。（補注：抒，緩也。服虔作紓。○抒，直呂反。）賈季（狐射姑）曰：不如立公子樂。（文公子。）辰嬴（懷嬴）嬖於二君，（懷公、文公。）立其子，民必安之。趙孟曰：辰嬴賤，班（位也）在九人，其子何震（威也）之有？且為二嬖，淫也。為先君子，不能求大而出在小國，辟也。母淫子辟，無威；陳小而遠，無援。將何安焉？杜祁（杜伯之後，祁姓）以君故，讓偪姞而上之，（偪姞，姞姓之女，生襄公為世子，故杜祁讓使在己上。疏云：譜以偪為國名，地闕。）以狄故，讓季隗而己次之，故班在四。（以季隗是文公託狄時妻，故復讓之。然則杜祁本班在二。）先君是以愛其子，而仕諸秦，為亞卿焉。（言其賢，故位尊。）秦大而近，足以為援；母義子愛，足以威民。立之，不亦可乎？使先蔑（士伯）、士會（隨季）如秦逆公子雍。賈季亦使召公子樂于陳。趙孟使殺諸郫。（晉地。按：今河南濟源縣西有郫。）

实乎其頂杜禍机事之與齊
桓相反使能如齊桓之壽考
則秦楚無由乘釁趙盾無由
攬權而江淮六蓼諸國至今
存可也奚天不永年惜哉

亭與山西垣曲縣
接界。婢支反

黃鄉林曰漢董卓欲廢太子辯袁紹一校尉武臣尚能以去
就爭況賈季以勲戚之後職佐中軍如果正色立朝分陳大
義趙盾亦何能獨斷獨行乃思立其所私反以辰嬴嬖二君
為辭議等小兒詞同戲土以致趙盾層層駁詰愈肆鴟張迎
公子雍於秦即殺公子雍〔樂〕於郫雖趙盾之跋扈亦賈季之庸
碍有以成之也曹操稱劉景升之子如豚犬吾於賈季亦然
見三按晉襄公卒君臣各思置君則靈公與公子雍公子樂
皆君也舍嫡嗣而外求君趙盾肯甘心乎靈公乎賈季召公
子樂則趙盾殺諸郫與令狐潛師不有秦康公多與徒衛雍
亦不免死於鋒鏑之下矣故一時而三公子皆在盾之術中

姜白岩曰：襄公已卒，靈公未立，當國者趙盾也。當君幼聽於冢宰之日，而射姑公然殺一大臣，盾僅討操刃之鞫居，而於發縱指使之元兇，縱之使逃，又送其帑於所奔之國，將使亂臣賊子，授意於人，事敗而已無與焉，此大亂之道也。處父剛而好犯，盾未得志，倚之以為一時之黨援，權既入手，除之以息將來之顧忌，故殺鞫居而其事已畢。傳下無援二字，已灼見盾之隱衷矣。侵官者，盾之所以告諸侯，謂以國法討之，而史以國殺書之也。賈季將中軍，處父一言而易，盾將中軍，保無有指執政之過而不利于盾者，故于賈季殺處父以侵官告，為後來者鑒，使無敢發吾私也。

周大章曰：夷之蒐，宣子欲駕賈季

奚待桃園之弒而始知為千古之大逆也。

賈季怨陽子之易其班也，【杜解】本中軍帥，易以為佐。而知其無援於晉也。少族多怨。

九月，賈季使續鞫居殺陽處父。書曰：晉殺其大夫，侵官也。君已命帥，處父易之，故曰侵官。

見三按：易班是賈季刺骨處，無援是賈季傷心處，此邦之人不可與居，蓋早辦一出奔之心矣。從亡五臣，狐趙為最，趙昌而狐亡，亦天道人情之不可解者。

冬十月，襄仲如晉葬襄公。

十一月丙寅，晉殺續簡伯。【杜解】續鞫居。按：非卿，不告。賈季奔狄，宣子使臾駢送其帑。妻子也。宣子以賈季中軍之佐同官故。疏云：帑者細弱之號。夷之蒐，賈季戮臾駢，臾駢之人欲殺盡賈氏以報焉。臾駢曰：不可。吾聞前志有之曰：敵

而上之，假手處父，而故為離異，以掩其迹，不援處父，則賈季可以遂志于處父，而因此以出賈季。出奔，送帑不使他人而使臾駢，陽篤同官之好，實欲致毒以洩其怨，婦險百出，真可畏也。臾駢知之，而以德報怨，曰歸美夫子，將順其美，而轉易其蛇心，曲盡待發人之道。讀者毋以臾駢之言，遂謂宣子待賈季不為厚也。

姜白巖曰：或謂盾知臾駢怨于賈季，有意使之，令殺其帑，因而殺臾駢，非也。夫不正其罪於在國之日，而誅其帑於出奔之時，盾必不為。然亦足以見盾之疏矣。臾駢不失為忠，一則曰夫子之寵，再則曰事夫子，又以見駢不負盾，緣此盾實負駢也。

惠敵怨不在後嗣，忠之道也。敵猶對也，若及子孫，則為非對，非對則為遷怒。疏云：謂有惠於彼，不可望彼人之子孫報；有怨於彼，不可讎彼人之子孫。夫人子禮於賈季，我以其寵報私怨，無乃不可乎。林解：宣子使我送帑，是寵任我也，豈可因其寵任以報私怨。介人之寵，非勇也。介，因也。損怨益仇，非知也。殺季家欲以除怨宣，子將復怨已是益仇。以私害公，非忠也。釋此三者，何以事夫子？盡具其帑與其器用財賄，親帥扞之，扞，衛也。送致諸竟。

黃薌林曰：賈季奔狄，趙盾盡送其帑與器用，說者謂盾之德（厚）歸於厚，不知拓去眼中之釘，掃空去後之迹，其意更狠。是故秦送士會之帑于晉，士會，晉人也，所以歸之也；晉送賈（季）狄之帑于狄，賈季非狄人也，所以絕之也。

見三按：宣子為同官送帑，卻使臾駢，有意無意，俱不可知，然

周大章曰一歲有一歲之事一月有一月之事如何一日廢弛得看出君臣怠緩意議論警切抵漢人奏疏數許

自旁人看來豈非天禍假手臾駢郤正惟以宣子所使不當介寵報怨親扞以送與冠萊公謂之過竟而使家人綴博同一厚遇而用意尤深後此河曲之戰拔佐上軍宣子殆亦深鑒其忠知其忠而不聽其說惜哉

閏月不告朔非禮也【杜解】經稱告月傳稱告朔明告月必以朔閏以正時四時漸差則致閏以正之時以作事順時命事事以厚生事不失時則年豐生民之道於是乎在矣不告閏朔棄時政也何以為民【孔疏】論語子貢欲去告朔之餼羊是用特羊告廟謂之告朔人君即以此日聽視此朔之政謂之視朔文十六年傳曰公四不視朔僖五年傳曰公既視朔是也視朔亦謂之聽朔玉藻云天子聽朔於南門之外是也其日又以禮祭於宗廟謂之朝廟周禮謂之朝享歲首為之是謂之朝正襄二十九年公在楚傳曰釋不朝正於廟是也二禮各有三名同日為之按公穀以為閏月原可不告朔如喪事不數閏類非也程積齋曰玉藻閏月闔門左扉立於其中明堂之制左右前後具四時各分為三以具十二月閏既無定月自然闔左扉而居其所闔之處非謂獨於是

月不視民事也天子以閏月頒之諸侯諸侯安得不以閏月告之祖廟哉趙氏曰文公以閏月非正不行告朔之禮而以其朔日至廟拜謁而已按二傳皆以閏月不告朔為是而左氏獨以為非可見左氏合於聖人

見三按王藻天子元端聽朔於南門之外閏月則闔門左扉立於其中周禮太史頒告朔於邦國閏月詔王居門終月是天子於閏月聽朔猶如此其且（勤）敬也文於天子所須十二月之朔既受而藏之祖廟矣乃以閏月無中氣之故謂天無是月且謂天子不告朔但朝廟而不告朔其廢禮忽政所失非小後世四不視朔皆由此肇之也然云猶朝於廟猶者幸之之辭所謂禮雖廢制存猶可復也

傳

僖公蓋嘗伐邾取須句矣，雖曰私其母家，然有崇明祀保小寡之義。文公乘伯國之喪，會王而[illegible]直道之，既伐邾以報邾之怨，復城郚以備邾之兵，是一舉而三失也。直書之，其罪自見。

[illegible]嗣內外，求君晋人之候莫甚於此。太子既立，以情辭秦人可也。潛師以襲之，棄信背鄰，[illegible]兵構怨，而尤加焉。秦不能以義哉。晋人[illegible]先蔑之[illegible]。庶逆不取辱，亦不能立，亦咎先蔑會立君之罷，遂逆同官之言，負先君太子，死有餘誅，亦於何有。

魯間晋難而伐邾，[illegible]間晋難而侵魯，聖人書此，罪魯之不自正也，亦以見晋伯之衰。

[illegible]既立，從嗣已定，如謂君幼[illegible]不立。

蓋會諸侯，既會諸侯，[illegible]以大夫臨之。晋趙盾假君命以號諸侯，而諸侯[illegible]已之尊，書曰諸侯、晋大夫，所以右盾之僭，而以見諸侯之辱也。

魯伐邾，[illegible]則徐亦起而伐莒，伯主不能禁，將為中國之[illegible]之，[illegible]協謀以備徐也。

春秋左傳精義卷十五

閩中 薌林黄一桂 輯 男 心垣見三 補輯

文公二

經 辛巳七年。春，公伐邾。三月甲戌，取須句。[杜解]僖公反其君之後，邾復滅之，書取易也。

遂城郚。因伐邾師以城郚，備邾難。郚，魯邑。按今山東泗水縣東南有郚城。○音吾。○夏四月，宋公王臣卒。成公子。昭公杵臼立。宋人殺其大夫。宋人攻昭公，并殺二大夫，故以非罪書。○戊子，晋人及秦人戰于令狐。晋諱背先蔑而夜薄秦師，以戰告。[林解]令狐，秦地。按及者自此及彼，大夫將書

人。晋先蔑奔秦。不言出，在外奔。○狄侵我西鄙。○秋八月，公會諸侯、晋大夫盟于扈。鄭地。按今河南原武縣西北。○冬，徐伐莒。[方解]魯方親莒，故公徐以號舉，史文也。

孫敖如涖莒盟。魯臣無故娶婦，必請於君，行聘會之禮，假公事以遂其私，君之失政，臣之無禮也。况敖代弟逆婦，尤不正乎，以淫奔會獻之行也。

姜白岩曰僖二十二年邾滅須句僖取之而反其君使為己附庸今又為邾滅文直取其地而不反其君且以邾叛臣居之是僖猶務其名文并不愛名矣霸國一有間隙而小國即乘之以起傳曰閒晉難也道出文公不隱言之隱故春秋不可無霸

姜白岩曰公族理不當去而勢亦不能去也昭公諒闇未欲如晉之無畜羣公子是速之亂也樂豫言以德則皆股肱也誰敢攜貳去之則皆讎仇也何但攜貳乃攜貳之公族未嘗去得一人而親厚之公孫先已尋斧兩人矣六卿和公室是非名分皆置不言但求嗣君無事而已成公宋之賢君身死未幾而嗣子不得仔肩傳有餘慨矣

張西厓曰秦不封同姓公子十

〔傳〕七年春公伐邾閒晉難也〔杜解〕公因霸國有難而侵小 三月甲戌取須句寘文公子焉非禮也 邾文公子叛在魯故公使為守須句夫夫也絕大皞之禮以與鄰國叛臣故曰非禮〔左衍〕寘其子使仇其父〔宋鈔〕此必仲遂之謀也

見三桉成風既殁皞祀遂絕不唯非禮直不孝矣寘其子使仇其父尤為犯順僖公乎俟能無憾然

夏四月宋成公卒於是公子成〔杜解〕莊公子為右師公孫友目夷子為左師樂豫戴公玄孫為司馬鱗矔桓公孫。古亂反為司徒公子蕩桓公子為司城以武公名廢司空為司城華御事華元父為司寇傳言六卿皆公族昭公不親信之所以致亂

昭公將去羣公子〔張註〕國之亂由父始死而亟改其道也樂豫曰不可公族公室之枝葉也若去之則本根無所庇廕矣葛藟猶能庇其本根〔閒註〕傳以葛藟喻宗族本根喻公室故君子以為比謂詩人取喻九族兄弟況國君乎此諺所

九人同日棄咸陽市獨立無
衛六國之復也左氏吸洞至
於親晉以來其錮骨肉有
似仇讐中国祚亦以不永蓋
不明親親之道故耳左氏紀
世之文每一事無不情理曲
盡讀之沁人心脾

謂庇焉而縱尋斧焉者也〔謂縱放也林解八尺曰尋所以量木謂藉木之庇而縱放尋以量之斧以謗伐之者也〕必不可君其圖之親之以德皆股肱也誰敢攜貳若之何去之不聽穆襄之族率國人以攻公〔穆公昭公所欲去之羣公子〕孫殺公孫固公孫鄭于公宮〔二子在公宮為亂兵所殺故〕六卿和公室樂豫舍司馬以讓公子卬〔昭公弟〕昭公即位而葬書曰宋人殺其大夫不稱名衆也且言非其罪也〔按史官有人衆不名無罪不名之例非聖人褒貶〕

黃薌林曰政有九經親親為先而親親亦有殺焉常則酒醴變則斧斨用恩用威皆親也所謂刑賞皆忠厚之至也後世此理不明有失之厚者如漢文帝之於淮南王〔晉惠帝〕如宋之於魏王恭是也有失之薄者如魏文帝之於諸王宋明帝之於宗室是也厚固養奸薄尤釀禍其失在不能親之以德耳樂

豫此論可與曹子建求問親親表並照千古

見三按成公甫卒嗣主方在哀絰中何至有欲去希公子之議蓋是時公子鮑散財下士六卿屬之扶公子亦歸之幾有一國兩君之勢昭所欲去者自以鮑為首措而牽以及其統辭也特調停骨肉豈翳無術何必去此去亦有道何必盡去無故生釁徒以孤身樹多敵損威重而增怨讎何益之有從來骨肉相殘未有不成禍亂者漢削諸王而激七國之變猶幸得以撲滅明撤諸藩而召燕王之師遂至不可收拾皆強幹弱枝之說誤之也樂豫此論可為萬世金鑑

姜白岩曰此篇責重處處趙盾先提出秦送公子雍兵衛加威而盾之反恩為仇不待言敘出言猶在耳者却一大篇晉襄托

秦康公送公子雍于晉、曰、文公之入也無衛故有呂郤之難、杜解僖二十四年文公入乃多與之徒衛按納雍不書晉不告穆嬴襄公夫人靈公母日抱大子

孤文字而盾之負心不待言於傳不責盾於立靈公之時而責盾於迎雍之日叙荀林父之言正以見盾誤國怒鄰而且及先蔑士會也傳蓋無一不刺盾而尤着眼在畏偪二字穆嬴之啼豈足感動其心所惧雖怨甚多大義見討通國皆敵矣或以盾有悔過之心者誤也夫秦以昏姻之國文公所藉以伐楚者自殽之後兵連禍結至此秦人已閉關矣而盾忽爾挑釁並不告以立君而潛師敗之遂令讎晉益深楚人反得援秦以敵晉終春秋不解皆盾貽禍之烈也或曰安知晉不以立君告秦而康公不聽歟傳曰乃背先蔑立靈公以禦秦師知盾之立意戰秦然則秦無過歟秦晉相去千出而葬有常期今雍遠襄公喪豈有求君于外八月遣使九閱月至晉猶保其無他變乎十月葬襄諸侯會葬秦豈

以啼于朝、曰、先君何罪、其嗣亦何罪、舍適嗣不立而外求君、將焉寘此、出朝則抱以適趙氏、頓首于宣子曰、先君奉此子也而屬諸子、曰、此子也才、吾受子之賜、不才吾唯子之怨、（欲使宣子教訓之）今君雖終、言猶在耳、而棄之若何、宣子與諸大夫皆患穆嬴、且畏偪、（畏國人以大義來偪己）乃背先蔑而立靈公以禦秦師、箕鄭居守、趙盾將中軍、先克（且居子）佐之、（代狐射姑）荀林父佐上軍、（箕鄭將上軍居守故佐獨行）先蔑將下軍、先都佐之、步招御戎、戎津為右、及堇陰、（晉地疏云御戎為右是君之御右凡師雖君不行君之戎車亦行故御戎在職也按箕鄭先蔑俱不在軍而云先蔑將下軍何也曰明寫先蔑即暗寫箕鄭也觀林父亦但言佐上軍可見此時三軍將佐林父而外皆足為盾梗幼君新立如秦師外至先族內變箕鄭應之則盾危矣故仍其舊職而以佐攝之如今之不開缺者所以固諸將佐之心也）宣子曰、我若受秦、秦則賓也、不受寇也、既不受矣、而復緩師、秦將生心、先人有奪人之心、

不聞之蓋庫本喜事之主蔑貪立君之城故因其不告立君遂挾雍而來欲然則盾之坐待其來而不豫為之所尤不容誅孰謂可以咎于秦哉

奪敵之戰心也軍之善謀也逐寇如追逃軍之善政也訓卒利兵秣馬蓐食早食於寢蓐潛師夜起秣餵潛師使銜枚無聲夜起掩秦不備戊子敗秦師于令狐至於刳首已丑先蔑奔秦士會從之從刳首去也令狐在河東當與刳首相接先蔑士會宜得罪於秦而反奔秦可見納不正者人之謀令狐今山西猗氏縣地○刳苦胡反秦先蔑之使也荀林父止之曰夫人大子猶在而外求君此必不行子以疾辭若何不然將及禍將及也攝卿以往可也何必子同官為寮吾嘗同寮敢不盡心乎弗聽為賦板之三章板詩大雅其三章義取芻蕘之言猶不可忽又弗聽及亡荀伯盡送其帑及其器用財賄於秦曰為同寮故也荀伯林父士會在秦三年不見士伯士伯先蔑其人曰能亡人於國言能與人俱亡于晉國不能見於此焉用之何用如此士季曰吾與之同罪俱有迎公子雍之罪非義之也將何見焉言已非慕先蔑之義而從之及歸遂不見責先蔑為正卿而不匡諫

且俱出奔，惡有黨也。

士會歸在十三年。

黄薌林曰：所貴乎顧命大臣者，謂其托六尺之孤，寄百里之命，臨大節而不可奪也。靈公雖幼，國之冢嗣，苟得一二老臣輔相其間，安在不可委裘而治？乃一時惑于國有長君之說，而趙盾、賈季乃各欲立其所私，舍襄公子立文公子，舍在國之君立在外之君，無論其出之貴賤，即此便是無君。準以人臣無君之義，皆可殺也。林父既知其不可，何不昌言於朝？但言之先蔑，足見其有識無知，而以見趙盾剛愎自用，非同官所得規諫也。傳曰宣子患穆嬴，且畏偪，乃背先蔑而立靈公。夫穆嬴直則己不直，國人偪己以大義，則己不義，而迎雍之舉忽變為逆雍之師。然則今日之立，豈非宣孟本意，異日之弑，卑乃真宣孟本意也夫。

四

見三按：爲難故欲立長君，此亦晉諸臣之老謀沉算，而未可盡議其非也。上有襄文之業，外有秦楚之敵，靈公既壯，而有

童心必其少而無徇齊敦敏之足觀且秦自濟河封尸之後漸已釋憾立公子雍則可以結援于秦即可併力于楚孔明和孫權拒曹操亦此意也但廢立何事穆嬴何人即國家多難未有不與君夫人定議而能和成廢立者迨穆嬴以大義相責即當婉言以謝秦師靈秦所自出康又晉所自出動之以至誠告之以大義和必不奉兵而退乃首鼠兩端黔驢無技始背穆嬴而廢太子繼背先蔑而敗秦師棄信欺鄰兵爭不息皆趙盾致之也襄公托孤從穆嬴口中補出以見輔幼主紹霸業皆盾之責不得以才不才為解更何得以別立長君為辭也傳者和盤托出此日擅立之謀罪無可逃異日弒君之罪更難逃蓋隱隱為桃園定案也

文嬴之請三帥婉而多

周大章曰孰賢一問鄷舒早折宣子夏日何等剛烈可知此人原不是易與的彼既來問不是容易急慢不得彼既來謀必有主張輕忽不得語〻對伐魯說為是亦欲鄷舒退抑一步存中國大体若泛〻說他可畏使不見當日答言深心

姜白岩曰趙衰以元勳父執佐且居卽此便見春容可愛盾則烈〻其烈正未有艾也賈季立公子樂之言糞土也論趙盾之言月旦也公私之異也

馮天閑曰此等月旦極奇極雋又妙在極簡止換一字而身分全別

姜白岩曰晉侯立故也便見靈公在抱無能出令不比乘隴之士穀猶奉晉襄之命也盾當辭諸侯而公然盟扈是大夫主盟諸侯之始此書盟晉大夫之義也公後至程子以為文公怠政

風穆嬴之責宣子嚴而有則皆闡關之善於辭令者其有得於穆姬登臺之風多矣

狄侵我西鄙公使告于晉趙宣子使因賈季問鄷舒〔杜解〕狄相且讓之讓其伐魯〔林解〕時賈季奔在狄問問勞也鄷舒問於賈季曰趙衰趙盾孰賢對曰趙衰冬日之日也趙盾夏日之日也冬日可愛夏日可畏

見三按趙夙以來保世滋大衰之冬日為之也桃園之弒首蒙惡名下宮之誅幾覆趙宗盾之夏日何如冬日可愛哉

秋八月齊侯宋公衛侯陳侯鄭伯許男曹伯會晉趙盾盟于扈晉侯立故也公後至故不書所會凡會諸侯不書所會後也〔杜解〕不書所會謂不具列公侯及卿大夫後至不書其國辟不敏也趙氏曰公不得與之盟也而曰會諸侯盟者言公後至附于載書也〔補正〕公既不及于會則不知班位之次序故不書諸國以辟不敏李氏曰所以辟公之不敏也

事多廢緩既約晉盟而後丕悉謂觀明年使仲遂再往可知矣

周大章曰本是自娶因莒人辭遂以襄仲為名既為聘襄仲聘則不可自取之矣一念迷惑遂致于犯名義而不顧色之迷人如此豈可鄉逆乎惠伯平二子草之了結豈能令穆伯心死通篇叙襄仲穆伯二人以穆伯為主蓋失兄弟之道皆穆伯尸之也

姜白石曰敖遂鄭子皙子南之先聲也子産銖并罪之鄭所以治季文子方以事權假之魯所以亂

見三按晉自襄公以來紹統繼序皆不會諸侯此獨以晉侯立而會諸侯于扈蓋靈公幼立趙盾當國特為主盟以示威自此以後數盟皆盾專之與靈公無與也書曰諸侯晉大夫特筆也

穆伯（杜解公孫敖）娶于莒曰戴已生文伯（穀也）其娣聲已生惠叔戴已卒又聘于莒莒人以聲已辭則為襄仲（敖從父昆弟）聘焉冬徐伐莒莒人來請盟（見伐故欲結援）穆伯如涖莒盟且為仲逆及鄢陵（莒邑）登城見之美自為娶之仲請攻之公將許之叔仲惠伯（叔牙孫）諫曰臣聞之兵作於內為亂於外為寇寇猶及人亂自及也今臣作亂而君不禁以啟寇讎若之何公止之惠伯成之（平二子）使仲舍之（舍娶）不公孫敖反之（還莒女）復為兄弟如初從之（為明年公孫敖奔莒傳）

黃廓林曰魯政不綱，大臣乘間，兄弟爲難，微叔仲惠伯之諫，其亂未有已也。見三按此著敖之淫也。戴己雖死，聲己猶存。律以諸侯不再娶之禮，安能再聘于莒？蓋敖爲莒娶，必稔聞己氏有殊色，故始而有聘，繼而爲襄仲聘，終且爲襄仲迎，層層設局，純是一片淫心。登城之見，其設辭耳。特不識當日如何用情，便令己氏心死，舍仲而從敖，此中機關費盡。較之衛宣納伋妻、楚平娶建婦，尤覺出奇。獨笑襄仲老奸，私敬嬴而抑小君，迎昏告廟，絕不循禮，而己之聘妻被郤公孫敖佔奪，天道好還，可爲人臣不忠者戒。

晉郤缺言于趙宣子曰：日衛不睦，故取其地。【杜解】日，往日。取衛地在元年。今已睦矣，可以歸之。叛而不討，何以示威？服而不柔，何以示懷？柔安。非威非懷，何以示德？無德，何以主盟？子爲正卿，以主諸侯，而

姜白岩曰：郤缺有德之人也，引書字字分析，未作歆動之詞，盾能無從？缺不能用其人也，胥臣死而缺無知己矣。呂東萊曰：趙宣子于他人之言皆不從，郤缺請復衛田，又請歸士會，皆從之。春秋修身齊家之學不講

故言語無方，缺耕于田野，妻饁之，敬相待如賓，工夫皆自裡面做出，故言語有力也。

不務德將若之何？夏書曰（逸書。今大禹謨。疏云）：戒之用休，董之用威，勸之以九歌，勿使壞。九功之德，皆可歌也，謂之九歌。六府、三事，謂之九功。水、火、金、木、土、穀，謂之六府。正德、利用、厚生，謂之三事。義而行之，謂之德、禮。（德，正德也。禮以制財用之節，又以厚生民之命。）無禮不樂，所由叛也。若吾子之德，莫可歌也，其誰來之？（來猶歸也。）盍使睦者歌吾子乎？宣子說之。（為明年晉歸鄭衛田張本。）

黃薌林曰：郤缺語語和婉，郤語語嚴正，春溫秋肅，兼而有之，的是有德之言。

見三按：吾子之德，莫可歌也，所謂夏日之日也。衛于晉自授塊，不假道以來，至今始睦。歸田故封，庶幾釋怨睦鄰之道，然非敬德如郤缺，誰能敢發此偉論？

衡雍晉文以來諸侯朝王之處
天王崩諸侯不奔喪盾遂皆國之
正卿乃相會盟于王畿之內日中
定以尚有天子哉大夫專盟始於此
一公子遂耳相去四日之間以行
二事君臣之分淪中外之防潰
還之事又之暮皆以見晉之衰也
公孫敖如京師弔喪也不至而復
因戍奔莒棄命廢王命貪淫犯
義又以不能誅教淸以自怠乎
公之愚亦可見矣
大夫者皆也司馬司城者官也
言宋其殺大夫宋之司馬而大夫
中之司城來奔其書以甚之也
姜曰宋目以匡戚還衛復以申虎牢
迋鄭能從諫矣蓋盾初政整立規制
盟邑以為親諸侯歸田以為睦衛鄭
盟衛雍以為親魯然心術不端爭
除異己使強家大族胝不可帖席而
戎狄文訌未聞問罪此范山以為北
方可圖也

經 壬寅八年春王正月。夏四月。秋八月戊申天王崩。襄王子

臣立是為頃王。冬十月壬午，公子遂會晉趙盾盟于衡雍。〔杜解〕壬午月五日。〔程〕

義 天子崩，諸侯不奔喪，而盾遂皆國之正卿，盟于王畿之內，惡大莫焉。○盾徒本反。雍於用反。乙酉，公子遂會

雒戎盟于暴。乙酉月八日。暴，鄭地。○公孫敖如京師，不至而復。丙午，奔

莒。不言出，自外行。○螽。為災故書。○宋人殺其大夫司馬。宋司城來奔。

傳 八年春，晉侯使解揚歸匡戚之田于衛。〔杜解〕匡本衛邑，中屬鄭。孔達伐不能克，今

晉令鄭還衛，及取戚田，皆見元年。○解音蟹。且復致公壻池之封，自申至於虎牢之竟。〔補註〕

申至虎牢皆鄭地。劉炫從服虔說，以為致之于鄭，是杜誤。按晉使鄭以匡戚之田還衛，自當以晉取鄭地封公壻池者還鄭，理

固然也。申當在河南汜水縣界。

見三按：趙盾當國，唯此舉最為合義，要亦郤缺之謀耶。悅其

言而不用其人，德禮不明，威懷無自，以致霸業日衰，吁可惜也。

夏秦人伐晉取武城以報令狐之役令狐役在七年自此秦晉再交兵陳傅

見三按令狐敗後至此始來報復可見秦康尚急母家非若

彭衙之為忿兵也向非趙盾棄信背鄰何至兵連禍結歷數

傳弗息

秋襄王崩為公孫敖如周弔傳

晉人以扈之盟來討杜解前年盟扈公後至冬襄仲會晉趙孟盟于衡雍

報扈之盟也遂會伊雒之戎書曰公子遂珍之也按珍貴也魯君不知其人

而珍之兩事並在故史兩書公

子遂非聖人之書法珍之也

見三按中國有中國之體夷狄有夷狄之體正中國之體在

君臣嚴夷狄之體在中外扈之會晉以大夫主盟諸侯不以為非魯

公後至晉人反以為討於是大夫盟夷狄亦盟盟于衡雍而伯

姜白岩曰扈之盟以公之後至疑魯之貳也因又與遂盟是不信其君而信其臣也壬午距乙酉凡四日耳公以盟趙盾命遂又嘗與戎約復使遂會戎于暴而盟之蓋無二事也文公委靡不振盟晉盟戎悉委仲遂遂何人斯即乃敖爭室而欲作亂者也於是大權在握而弒逆之禍萌矣

姜白岩曰不至不至周也而復中道反也猶未歸魯即奔莒焉蓋即以弔周之金帛奔莒而魯亦未嘗遣他卿弔喪至明年毛伯求金而得臣始往教不足言文公不臣矣

周大章曰大夫者何六卿統詞也司馬司城皆大夫也宋何以殺其大夫以其為昭公之党也殺之者誰宋襄夫人及戴氏之族也昭公不礼襄夫人夫人欲出昭公先去其党故因戴氏以殺之也司馬者何公子卬也邛而司城蕩意諸皆党昭公者也司馬殺司城奔則主撈孫矣昭公以弑也殺而奔何以異官以不愧其官也不愧其官奈何以其握節以死而效節以出也人臣党君可乎君者人臣之股心臣則其手足也而君

主之事畢矣盟于暴而而夷狄之事畢矣何主不以禮自處

乃即於狄而不自覺也

穆伯如周弔喪不至以幣奔莒從巳氏焉巳氏莒女

見三按子晳爭室巫臣竊妻穆伯蓋以一人兼之如京師奔

王喪棄命即淫教不懼討魯亦不見討可謂是君是臣矣

宋襄夫人襄王之姊也昭公不禮焉〔杜解〕昭公適祖母夫人因戴氏之族華樂皇皆戴族以殺襄公之孫孔叔公孫鍾離及大司馬公子卬皆昭公之黨也司馬握節以死故書以官節國之符信也握之以死示不廢命司城蕩意諸來奔效節於府人而出效猶致也意諸公子蕩之孫按周官王節有五典瑞云牙璋以起軍旅蓋戴族攻孔叔等昭公司馬司城持節發卒與之相持不勝而被殺耳故握節效節尊君命也疏謂守都鄙之管節非也公以其官逆之皆復之亦書以官皆貴之也卿違從大夫公賢其效節

為党是忠於所事者也不党君則党賊矣司馬者主兵之官司城則任扞禦者也不絲其官而至於見殺此奔烏得以無罪乎君弱政亂禍所由生襄夫人寔尸之罪不在三子故皆貴之而各書其官也
姜白岩曰此為十六年宋弒襄公張本襄夫人為昭公適祖母暮年將棄位而通其孫是春秋所未見者且一老嫗耳何至輙聚衆殺三大夫遂司城無人敢問此中大有人主之主之者賊也夫人為賊之腹心欲弒昭公而不去昭之羽翼不可得弒也司馬于卬手執兵柄乃心公室孔叔鍾離與卬同心事主意諸亦忠而有謀皆賊之所深忌者假手于夫人去之公不從將以無禮廢之昭本柔懦而夫人主乎內群臣附于外傳曰三人皆昭公之党也君臣何可言党況皆昭公之弟以見昭公親厚唯此三人餘皆賊党也此三人可貴夫乃知十六年弒君時之六卿皆可誅矣宋人即後此弒

故以本官逆之請宋而復之
司城官屬悉來奔故言皆復

黄薌林曰不曰無禮而曰不禮見夫人實有失禮之處故昭公不禮之也不曰黨於昭公而曰昭公之黨見滿朝莫非賊黨故以公之黨目三人也司馬主兵之官司城職任扞禦一握節而死一致節而出則公黨孤而孟諸之禍與傳不明叙公子鮑而公子鮑之陰謀一一如見

見三按襄夫人為昭公之嫡祖母昭公何故不禮其祖母夫人何至欲去其孫蓋皆公子鮑為之也公子鮑以美艷之姿偽為謙恭之貌舉朝皆其羽翼所未附者特孔叔公孫鍾離公子卬及蕩意諸耳不去四人則公之黨莫孤不借襄夫人以去四人則公之勢莫遏鮑也謀之於外夫人主之於內於

君之人也其告諸侯也必云昭公無道殺卬遂意諸而深責其握節效節故併以官告史亦以官書夫子因舊史之文以見通國皆賊唯此二大夫就是昭之司馬司城也凡攻左者皆誤又黃氏責二子仕于亂邦不能其官濫膺戰辱舍殺人之盜而責被殺之人豈其然哉通篇以夫人為主殺之遂云指麾自由隱然有一公子鮑在

姜白岩曰城濮之役謀元帥趙衰獨舉郤縠以其說礼樂而敦詩書也箕之役胥臣舉郤缺為下軍知其能敬必有德也從未有以從亡之勲為言者故向所有功至夷之蒐先克始舉狐趙之勲以狐射姑將中軍及陽處父易以趙盾而大權遂歸趙氏其後六卿次第秉政馴致剖分晉國所謂一言而喪邦也

是加昭以不禮之罪誣孔叔等以助惡之名殺者殺奔者奔昭至此直成孤注矣何物老嫗以拱木之年眷戀艾豭佀此大禍尤而效之又奚怪乎唐武曌之廢其子為廬陵王而欲立武承嗣也公子卬握節以死生氣凛然何無忌厲聲耶蕪武節督戰而死事與此同蕩意諸效節以出節雖稍遜要皆六卿之錚錚也嗚呼昭公危矣

夷之蒐晉侯將登箕鄭父先都〔杜解登之于上軍也夷蒐在六年、〕而使士穀本司空梁益耳將中軍先克曰狐趙之勳不可廢也從之狐偃趙衰有從亡之勲先克佐中軍奪蒯得田於堇陰七年晉禦秦師于堇陰以軍事奪其田也故箕鄭父先都士穀梁益耳蒯得作亂為明年殺先克張本

見三按進賢退不肖國家大典處父舉趙盾而抑狐射姑先

克舉狐趙而抑先郤等意不必盡公而所舉實正乃射姑倡亂戕殺處父先都等因之遂殺先克禍始於襄公之欲樹私人而漏言失機成於靈公之主少國疑賊不能討國內如此諸侯可知此范山所以有北方可圖之言歟

經

癸卯九年春毛伯來求金[杜解]求金以共葬事雖踰年而未葬故不稱王使○夫人姜氏如齊歸寧按出姜昭公女[經筌]嬴寵而倭將貴夫人謀于父母其歸寧蓋有故焉○二月叔孫得臣如京師辛丑葬襄王卿共葬事○晉人殺其大夫先都○三月夫人姜氏至自齊[崔解]夫人幾乎出乎故喜其反○晉人殺其大夫士穀及箕鄭父與先都同罪也○楚人伐鄭楚子師於狼淵不親伐公子遂會晉人宋人衛人許人救鄭○夏狄侵齊○秋八月曹伯襄卒○子文公壽立○九月癸酉地震地道安靜以動爲異故書疏云周語伯陽父曰陽伏而不能出陰迫而不能烝孔晁云陽伏於陰下見迫於陰

僅

公孫敖既不至京師，奔莒，遂不共天子之喪，故毛伯作(?)且(?)來求金也。家宰秉周之鈞，豈可以用度之闕而下求於諸侯？自是以後，晉日雖不修，齊周無政(?)矣，則王室益衰也。

文公並妃，正嫡夫人出姜生惡及視，文嬴(?)於敬嬴，生倭，嬴寵而倭將貴，故出姜如齊謀于父母也，爲十八年歸齊張本。夫人歸寧書至，惟此年書之，亦危之也。

此楚之强、晉弱之始也。自是而靡然(?)而後(?)陳、鄭、蔡、衛遂無盟中夏矣。書伐鄭所以著楚之强也，書救鄭所以傷晉之弱也。無及於鄭而書(?)救，亦以(?)有(?)之(?)爲晉宗諸侯也。無不御(?)於楚(?)齊

僅僅自保，亦力不支。秋夫狄不侵齊五年矣，今復肆其强，則桓文之緒衰矣，何論於楚？

地以靜爲常，動則爲異，此陰迫不順之象。

晉文襄之盛，秦楚未嘗遣使通晉，至是秋秦聘秦歸襚

荃按晉以襚晉也、成風以妾母僭稱夫人書襚書葬矣 結
皆因夫人之禮於是秦人歸襚
襚暨人正其法曰隋之成風襚
曰成風之所以為夫人以僖公之
失禮也
姜白巖曰箕鄭父等之殺先克
猶射姑之殺處父也盾不討射
姑宜箕鄭效尤而起

姜白巖曰公不親往而遣使共葬事非臣道矣杜以為禮非也
定貢稱州求貢金究貢
滕無呂陵不貢楚之貢金而
毛伯來求金於魯春秋因
不可以為貢例歟
姜白巖曰公不親往而遣使共葬事非臣道矣杜以為禮非也

故不能升以○冬楚子使椒來聘○秦人來歸僖公成風之襚
至於地動
衣服○葬曹共公
曰襚

傳

頃王元年

九年春王正月己酉使賊殺先克杜解箕鄭等所使也亂殺先克不赴故不書

見三按此狐射姑之故智也自此習以成風其後靈公亦使
鉏麑賊宣子矣可懼也夫

乙丑晉人殺先都梁益耳乙丑正月十九日經書二月從告

毛伯衛來求金非禮也天子不私求財故曰非禮不書王命未葬也葉氏曰以年為
辯雖已葬未踰年不得稱君子赤卒不稱公薨是也以葬
為辯雖踰年未葬亦不能稱君頃王求金不稱天王是也

二月、莊叔如周葬襄王

見三按王崩大事也魯僅一遣公孫敖又不至而逃既不治

姜白巖曰人者衆辞據傳箕鄭父為首惡而經書及其義云何蓋先都士穀相繼就戮後始知箕鄭父并誅之則知鞫獄非一人定獄非一時而盾之黨威矣蓋靈公方幼盾威福由已無以駕馭人林而立功有用之器变為驕蹇逆命之徒自是三軍將佐皆盾所置而晉霸益衰

黃御林曰是時晉主少多難楚之逆乘閒憑陵上國自范山有北方可圖之一言鄭受首禍亂此日争中夏之主霊遂成矣春秋安可一日而無伯哉

其罪亦不復再遣使求金之意殆以諷魯乎然猶不親自會葬乃使得臣往會魯之葬王亦甚矣

三月甲戌晉人殺箕鄭父士穀蒯得（杜解梁益耳蒯得不書皆非卿）

見三按君幼臣橫亂者亂殺者殺奔者奔威福不自上操故經皆書人箕鄭父言及者罪均罰同非累而及之也傳不明言趙盾而盾之橫自見

范山（杜解楚大夫）言於楚子曰晉君少不在諸侯北方可圖也楚子師于狼淵以伐鄭（陳師狼淵為伐鄭援也按狼淵今河南許州）囚公子堅公子尨及樂耳（三子鄭大夫）鄭及楚平

見三按軍中有范韓敵人聞之心膽寒中國相司馬敵人戒勿生事趙盾當國如果舉賢自輔政刑修而威德著楚將聞

周大章曰滅江滅六窺伺猶在江淮之間至伐鄭伐陳則駸駸乎欲而北矣宣子合諸侯以救鄭而緩不及事以致楚人愈橫由鄭及陳鄭人被囚陳人獲俘皆不敢西楚挑一則云鄭及楚平再則云陳及楚平北方可畏乃真可畏矣明歲厥貉之次蔡宋且從風而靡晉之不競不罪趙盾將誰罪哉

姜白岩曰連篇寫晉寫秦寫宋幾忘遠目射声之楚至此忽插一筆使人驚悍城濮後楚不敢窺北方者十五年於是而知文襄之功晉君少執政無志而啟戎心乎

風納欵之不暇何敢怠安坐窺伺無如大權自盜植黨樹私僚友之間互相傾軋互相摧殘一國且不能治安能顧及諸侯北方可圖自泌山敗之實由趙盾致之不在諸侯便爲敵侮不在乎君之少不少也

公子遂會晉趙盾宋華耦（督曾孫）衛孔達許大夫救鄭不及楚師卿不書緩也以懲不恪（方解陽處父救江獨伐故以名見若會師雖伯國之卿亦稱人按卿不名成公以前皆同）

夏楚侵陳克壺丘（陳邑按在今河南陳州南境）以其服於晉也秋楚公子朱息公自東夷伐陳陳人敗之獲公子茷陳懼乃及楚平（以小勝大故懼而請平也傳言晉君少楚陵中國明年所以有厥貉之會按不告不書○茷扶廢反）

黃鄉林曰鄭以見囚而平陳又以獲敵而平見勝敗皆不敢

是而知趙盾之罪、

與楚抗也中原無霸蠻夷猾夏北方可圖范山固不專指鄭
而言耳、
見三按楚自城濮以來不敢窺諸夏者十有五年今因靈公
少而趙盾擅權北方可圖范山獻計狼淵之師輕晉也而滅試
晉也趙盾專爲執政既不能於楚師未出之先既克洧與隊復
不能於楚師既出之後力遏其鋒陳鄭二國相繼請平明年
厥貉之次而宋且聽命焉兩世之霸業原軫諸人謀之而不
足者趙盾一朝敗之而有餘其罪可勝誅哉、

冬楚子越椒文子從子越椒子來聘執幣傲敬不叔仲惠伯曰是必滅若
敖氏之宗傲其先君神弗福也臣十二年傳曰先君之幣器使下致諸執事明奉使皆告廟故
言傲其先君也爲宣四年楚滅若敖氏張本

姜白巖曰商臣罪大惡極覆載
不容至是倍使來聘魯畏其强
而以聘戒爲書故同於列国聘問
之典書之非聖人褒之也
黄鄉林曰商臣手弒君父貝
覆載不容之惡晉不能討任

其鴟張。江漢之間，岌然不靖，然其患尚未至中國也。迨襄卒，霍姬范山獻謀，師及於東郛，聘加於魯，春秋亦旌之，齊書聘，復有堅冰之戒深矣。

胡安国曰：仲子，惠公妾也；成風，莊公妾也。經係仲子于惠而不係成風之襚于莊者，以妾為夫人者惠也，故書惠公仲子以正萬世之為夫者；以妾母為夫人者僖也，故書僖公成風以正萬世之為子者。

衣服曰襚，是助死者礼；車馬曰賵，貨財曰賻，是助生者礼。知生者賵賻，知死者贈襚。

晉自令狐之戰，不出師者三年，其厭戰之心亦可見也。而秦不顧人命，見利而動，又起此役，故曰秦伐晉以點之。秋後樂諸侯，獲宋平，被自安亂之後，秋既侵晉，次一般，繼又將來伐，則因成也矣。

見三按：君則豺，群臣為狼矣。一班君臣豺狼成性，肆其荼毒，中原將盡遭吞噬矣，焉得不儆。

秦人來歸僖公成風之襚，禮也。【杜解】秦慕諸夏，欲通敬於魯，因有翟泉之盟，故追贈僖公，并及成風。諸侯相弔賀也，雖不當事，苟有禮焉，書也，以無忘舊好。【朱鉉】僖公之薨九年，成風六年矣，秦人何物不可以將情，而假以事以問遺。意亂世鬼神崇信，必有如後世中元焚衣贈鬼之陋俗，故美其名曰襚。為邦文之享，且僖公之躋，成風之祔，當時人心未盡服。秦人致詞必曰：先君僖公、夫人成風，祀典攸隆，聊供不腆之襚，以佐如在之孝思云爾。魯人之感甚於百朋之錫矣。

見三按：晉霸衰，而秦楚均有窺伺中原之心，來聘來歸，懼之也，非幸之也。

【經】甲辰 十年，春，王三月，辛卯，臧孫辰卒。夏，秦伐晉。楚殺其大夫宜申。【杜解】子西也。自正月不雨，至于秋七月。【義與二年同】及蘇子

序楚子於蔡侯之上，疾其交制於楚之為楚作倀者，愧乎侯服也。蓋役也，宋陳鄭蔡皆從楚，陳鄭須會不須次，須會為晉從也，頓次同惡也，麇子逃楚不書為恥，為楚之役齊無歸國義從非此也。

姜白岩曰：秦援楚以敵晉，敵晉也罪也；趙盾不能制楚而與秦厤，自敵也，亦罪也。經獨書秦伐晉者，以晉猶有求成之意，而秦初無悔好之心，稔于為惡也。

盟于女栗。音汝。○冬，狄侵宋。○楚子、蔡侯次于厥貉。地名闕。將伐宋而未行，故書次。按楚子商臣也，魯史爵而先蔡，楚益强也。

傳 十年春，晉人伐秦，取少梁。夏，秦伯伐晉，取北徵。郣少梁，按今陝西韓城縣南有少梁城，澄城縣西南有北徵古城。

見三 按春秋之世，足以制楚者唯晉，足以助楚者唯秦。秦晉之釁深，而晉人力敝於西陲；秦楚之交合，而楚人逞志於南服。以致陳蔡鄭許震慴相從，江蓼庸蕭滅亡相繼，晉衰楚强，秦為之，實則盾致之。少梁之取，晉開其端；北徵之師，秦踵其後。互相攻取，於晉弱益，而天下之大勢已日趨於荊楚。傳備書之，蓋以補經之闕也。

初，楚范巫矞似杜解：矞似，范邑之巫。○矞，尹必反。謂成王與子玉、子西曰：三君

皆將強死（孔疏強健也無病而死謂被殺）城濮之役王思之故使止子玉曰毋死不及止子西子西縊而縣絕（在僖二十八年）王使適至遂止之使為商公（商楚邑按今為陝西商州）沿漢泝江將入郢（沿順流泝逆流按不敢奉命就職。沿悅專反）王在渚宮（小洲曰渚）下見之懼而辭曰臣免於死又有讒言謂臣將逃臣歸死于司敗也（陳楚名司寇為司敗子西畏縊言不敢之商縣）王使為工尹（掌百工之官）又與子家謀弒穆王（按又字承上遂止之來言縊而縣絕得不死又以謀弒商臣而死也以明巫言不爽或謂既欲弒成又欲弒穆者謬也）穆王聞之五月殺鬬宜申及仲歸（子家不書非卿）

黃鄉林曰畜似一巫耶而判斷君相一一不爽無論無此神鑿即有之亦何敢如此直言蓋商臣殺父自立朝野之間必嘖有煩言楚人尚鬼故托為巫言以示數有前定非已弒之也其必殺子西者所以示威於國也其并及子玉者所以徵

信於人也此蓋楚史舊文左氏因而採之耳及改正無玉何
以强死穆弒之也弒者之賊人人得而誅之宜申臣事十年
即不得詐為討賊而必不使亂臣賊子反加以叛逆之名恕
其無將之罪仍為專殺之詞此左氏之深意所以表春秋之特
筆也

見三按春秋時巫醫盛行醫如秦之和緩賢乎尚已巫如晉
之桑田巫決景公之不食新而景公果不食新死楚之范巫
矞似決成王子玉子西之强死而三人果皆强死豈真能文
於鬼神乎抑或別有前知之術乎大抵巫之所言者數也其
不可通者理也理可憑數則可憑而不可憑若楚成之無禮
叔詹早決其不歿子玉之無禮蔿賈早料其必敗又何待矞

姜白岩曰、蘇子叛王即狄、狄又不能於狄、狄伐而奔、頃王新立、復之、乃奉命而盟于魯

姜白岩曰、商臣駐師厥貉、声言伐宋而不即伐者、俟晉致也、久之而晉致寂然、華御事不得已、獻開門揖盜之策、不為所滅、猶恐晉來其後耳、夫宋鄭之君為左右盂、與其左右司馬為班、儼然王矣、故無畏逞惡敢辱上公、入春秋以來、陵夷未有如此之甚者、乃麋子者國小于鄭、而義憤所激、飄然竟去、明知力不能敵、而不能臣事弑逆之賊、礼義廉恥之所以未盡消亡也、嗚呼趙盾東國而使文襄之業掃地、罪可勝誅哉、華氏自督以來久

似之論斷詁

秋七月及蘇子盟于女栗頃王立故也【杜解】僖十年狄滅溫蘇子奔衛今復見蓋王復之、

見三按新王初立諸侯宜朝今不朝而盟卿士不共可知矣（襄王喪華文晉不往會頃 文公又 乃與王朝為此盟）

故沒公不書為魯存王也若蘇子之無信殊不足論

陳侯鄭伯會楚子于息冬遂及蔡侯次于厥貉將以伐宋按陳鄭會楚、矯情紓患、與宋同爾、故會息削而不書、惟蔡一意附楚、故厥貉書蔡侯宋華御事【杜解】華元父曰楚欲弱我也、先為之弱乎、何必使誘我、時楚欲誘宋戰我實不能民何罪乃逆楚子、勞且聽命、遂道以田孟諸、宋大藪宋公為右孟、鄭伯為左孟、孟田獵陳名期思公復遂為右司馬、復遂楚期思邑公、按期思今在河南固始縣西北子朱及文之無畏為左司馬、將獵張兩甄故置二左司馬、然則右司馬一人當中央命夙駕

不見傳至御事首獻送楚之謀傳
書麇子之有德正形容御事之無恥

載燧火燧取火者宋公違命載燧不風駕無畏抶乙反恥其僕以徇或謂子舟

無宇畏曰國君不可戮也子舟曰當官而行何疆之有詩曰剛亦

不吐柔亦不茹詩大雅美仲山甫不辟彊禦毋縱詭隨以謹罔極詩大雅詭人隨人無

正心眷謹猶慎也罔無也極中也也是亦非辟彊也敢愛死以亂官乎呂說無畏借楚之威

以為已名使如是而無後憂則君子不如小人矣厥貉之會麇子逃歸為明年楚子伐麇傳

黃鄉林曰楚氛之熾自厥貉始宋鄭二君甘受役焉彼許蔡

之君乘楚子車尚為失位況左右孟爭無畏不敢愛死以亂

官宋公竟至聽命以辱國華御事負先策也

見三按以蠻夷之主田于中夏之地親候上公親為孟鄸不

儼然帝制自為爭諸侯不足責晉為伯主而甘心唯伏任其

鴟張誰秉國成不競至此夏日之威果安在哉

經

乙巳　十有一年春楚子伐麇〔杜解〕討前年逃厥貉會。楚始書君將。按俱倫反。○夏叔仲彭生會晉郤缺于承筐宋地。按今河南睢州西有故承筐城。此大夫特會之始。○秋曹伯來朝。○公子遂如宋。○狄侵齊。○冬十月甲午叔孫得臣敗

……師于防渚〔杜解〕成大心，子玉之子大孫伯。

……公　麇地，今為湖廣鄖陽府治。錫音羊。

夏叔仲惠伯會晉郤缺于承筐，謀諸侯之從於楚者九年陳鄭及楚平。十年宋聽楚命。

見三。按厥貉之會，任楚肆威，趙盾亦無顏以見諸侯，故特使郤缺會魯，以作亡羊之補。其實宋陳鄭之屈辱於楚，不能問也。麇之窘迫於楚，不能恤也。霸風業已掃地，一郤缺其如之

十五

按

見三。按厥貉之役，陳鄭二國以王朝之公俯受盟於楚乃之司馬，覥顏順受，不以為恥。彼麇子地並在楚，而小於二國，獨能不顧利害，毅然逃歸。楚子親伐之，又使親臣伐之，取[illegible]於不聞與楚成，其強毅不屈，視華御事之[illegible]楚者，偶乎遠矣。春秋以是非為榮辱，不以成敗為功罪。不書陳鄭之與會，而無恥也；不書麇子之逃歸，嘉有[illegible]也。麇雖受伐，有餘榮矣。

以會諸侯之從於楚為非義矣……大夫交為會也，以某國事諸侯之政，大夫擅之矣。時列國大夫未有列……[illegible]

諸侯若曰魯不忘諸侯，魯不忘盟主，其意足嘉也。

援

以會謀諸侯之從楚者，未為非義，然大夫交為會，以謀國事，諸侯之政大夫擅之矣。時列國大夫未有剸者，獨魯以彭生從會之，何為？宋本服宋，自晉討伐不得已而從晉，是盡其中衷，遂不與諸侯之事，專意從晉。魯稱宋者八，始於此年。十餘年狄四分齊，其強可知。得臣敗之于鹹，春秋嘉之，故晉之由無自強之志，求援於晉，甚自折節于狄，以一二敗臣猶足出奇制勝。亦未見言強敵而威外侮，如長勺之戰、鹹之師是也。

姜白岩曰：麋近楚小國，伐麋而商臣親至，知麋之善守其國，楚不敢易視也。兩敗不服，知麋子之能自強不為楚辱也。

姜白岩曰：魯不忘諸侯，魯不忘盟主，其意至善也。

經　乙巳十有一年春，楚子伐麋。（杜解：楚始書君將。討前年逃厥貉會。○俱倫反。按）○夏，叔仲彭生會晉郤缺于承筐。（宋地。按今河南睢州西有故承筐城。此大夫特會之始。○）秋，曹伯來朝。○公子遂如宋。○狄侵齊。○冬十月甲午，叔孫得臣敗狄于鹹。（魯地）

傳　十一年春，楚子伐麋，成大心敗麋師于防渚。（杜解：成大心，子玉之子大孫伯也。防渚，麋地。按今為湖廣房縣。）潘崇復伐麋，至于錫穴。（麋地。今為湖廣鄖陽府治。○錫音羊）

夏，叔仲惠伯會晉郤缺于承筐，謀諸侯之從於楚者。（九年陳鄭及楚平，十年宋聽楚命）

見三　按：厥貉之會，任楚肆威，趙盾亦無顏以見諸侯，故特使郤缺會魯，以作亡羊之補。其實宋、陳、鄭之屈辱於楚，不能問也；麋之窘迫於楚，不能恤也。霸風掃地，一郤缺其如之

十五

姜白岩曰諸侯之卿出奔反國者皆書歸如宋華元衛孫林父之類是也此何以不書蓋意諸之奔官屬皆未避宋亂也使意諸有靖亂之才即為司馬已為司城當鎮惠于未然何至即死已奔明知無益于國而假魯之請再居其位戀棧而無見幾之明者也故不言其歸削之也昭公弒意諸與其難此則孔文仇牧之節也削其歸與其節可以并行而不悖何以不書既不以告也

周大章曰長狄也自春秋前以至文宣幾及百年而齊晉宋魯皆受

何哉

秋曹文公來朝即位而來見也〔補注〕傳見諸侯喪畢不朝京師而朝大國

見三按曹雖小國與魯同為諸侯然即位不敢不來見況魯為臣子獨不修朝覲天子之禮其能無愧乎

襄仲聘于宋且言司城蕩意諸而復之因賀楚師之不害也往年楚次厥貉將以伐宋

見三按承筐之會以諸侯之從楚為謀則宋其首也襄仲如宋特以撫宋之虛是賀楚師其借端復蕩意諸尤其餘波也意諸效節以出大節昭昭魯請之宋復之殊為人臣嘉語自是而意諸之死決矣

鄋瞞侵齊〔杜解〕鄋瞞狄國名防風之後漆姓疏云狄是北夷狄號鄋瞞是其國名魯語吳伐越墮會稽獲骨節專車

其害不啻萬馬千軍跳梁紙上
其室自緣斯以下祇五六人耳自
負其形之異而以勇力加人不旋踵
而遂亡一結有多少歎息意在

問于仲尼仲尼曰昔禹致羣臣于會稽之山防風氏後至戮之其骨節專車此為大矣客曰防風氏何守也曰汪芒氏之君守
封隅之山者也在虞夏商為汪芒氏於周為長狄今曰大人○鄋求所反遂伐我公卜使叔孫得臣
追之吉侯叔夏御莊叔得臣緜房甥為右富父終甥駟乘四人共車冬
十月甲午敗狄于鹹獲長狄僑如蓋長三丈不書賤夷狄也補注鄋瞞狄國名而長狄自為
一種服屬于鄋瞞是時為鄋瞞驅以侵齊魯為得臣所獲杜氏誤以鄋瞞為長狄國名僑如為鄋瞞之君說者因以不書長狄
排左氏矣按惟鄋瞞長狄洛為一種故敗狄之下獲僑如緣斯均別以長狄傳義自明僑如長狄之君也富父終甥
椿猶衝也舒容反○其喉以戈殺之埋其首於子駒魯郭門之門骨節非常恐後
世怪之故詳其處以命宣伯得臣待事而名其三子因名宣伯曰僑如以旌其功疏云襄三十年傳云莊叔獲僑
如及虺也豹也皆以名其子初宋武公之世鄋瞞伐宋在春秋前司徒皇父帥師
禦之耏○音而班御皇父充石皇父戴公子充石皇父名公子穀甥為右司寇
牛父駟乘以敗狄于長丘宋地齊今河南封丘縣東有長丘亭獲長狄緣斯僑如

先之、皇父之二子死焉、皇父與穀甥及牛父皆死故耏班獨受賞宋公於是以門賞耏班、使食其征、門關門征稅也謂之耏門、晉之滅潞也、在宣十五年獲僑如之弟焚如、齊襄公之二年、魯桓十六年按顧氏補正引史記作齊惠公二年即魯宣之二年也鄋瞞伐齊、齊王子成父、齊大夫獲其弟榮如、焚如之弟焚如後死而先說之者欲其兄弟伯季相次、焚如以魯桓十六年死至宣十五年里年一百三歲其兄猶在傳言既長且壽有異於人埋其首於周首之北門、周首齊邑按今在山東東阿縣東北衛人獲其季弟簡如、伐齊退走至衛見獲鄋瞞由是遂亡、長狄之種絕疏云蘇氏曰迸居四裔不在中國史記秦時大人見於臨洮是絕也按狄中鄋瞞一國長狄之助而亡非狄亡也

黃鄴林曰、狄雜處中國。東偪齊。南隣鄭。東南界衛。西南界晉。一患於莊閔之世、齊救邢衛以攘之。再患於僖文之世、晉敗箕。以遏之、至晉襄歿而狄復逞。八年之間。三侵齊魯宋各一

杞伯之來朝為絶叔姬也經書其卒不書其絶春秋[illegible]叔姬之志不許杞之絶也

得臣敗之於鹹自是以後僅一侵衛不敢窺齊魯也則鹹之役有功於中國不小迄宣之世狄勢亦分平狄之中赤為強赤狄之中潞為大晉景盡殲其類而狄患永絶厥功偉矣見三按敗狄名子東坡引為嘉話則當日鹹之功實為不小因伐我而及伐宋滅潞伐齊因獲僑如而及緣如焚如榮如簡如見其強橫將百年騷擾非一地以孱弱之魯竟建莫大之功故可嘉也

郕大子朱儒自安處也于夫鍾郕邑國人弗徇順也為明年郕伯來奔傳

見三按大子居外則奸人得以窺伺其閒扶蘇死而胡亥篡職此之故

經 丙午十有二年春王正月郕伯來奔○杞伯來朝○二月庚子

巢古諸侯也。書曰巢伯來朝。其受封久矣。前日楚伐舒蓼，國不能救，于是圍巢。巢與舒接壤，圍巢則巢服而舒服矣。

滕自宣公見於經，宣注云為子，六年服公喪，位夏朝魯，宗亂故也。

秦自殽至河曲，與晉凡六交兵矣，晉迫戰而秦之伯矣。

魯有二鄆，成四年城鄆，蓋近晉之邑，故杜曰以偪晉也。此年之鄆，蓋近莒之邑，故杜曰莒魯之所爭者。

善白若曰：安于夫鍾，則非郕君遂之。先儒云：太子朝夕視膳，郕人以其失人子之道，不足以主社稷，故別立君，蓋為大臣所廢也。郕人以其既廢，故稱太子而來奔，以君稱者，魯以諸侯逆之，故稱郕伯。史氏舊文，而非聖人之義法，但直書其事，而魯之失自見。非禮者，以利其地而尊之也。

子叔姬卒。[杜解]既嫁成人，雖見出棄，猶以恩録其卒。○夏，楚人圍巢。吴楚間小國。按今江南廬州府巢城巢湖西。○秋，滕子來朝。○秦伯使術來聘。○冬十有二月戊午，晉人秦人戰于河曲。今山西蒲州城外東南隅。季孫行父帥師城諸及鄆。鄆，莒魯所爭者，以其遠偪外國，故帥師城之。按鄆今山東沂水縣北鄆城是此，為東鄆；成四年城鄆，為西鄆，乃今東平州；九年楚人入鄆，則又莒之別邑。○音運。

傳 十二年春，郕伯卒，郕人立君。[杜解]太子自安于外邑，故按立君，遂大子而將別立君也。大子以夫鍾與郕邽亦邑。音圭。○來奔。公以諸侯逆之，非禮也。非公寵叛人。故書曰：郕伯來奔。不書地，尊諸侯也。既尊以為諸侯，故不復見其竊邑之罪。[陳傅]傳釋書法，與郕庶其三叛人異。[補注]此史文也。見三。按此傳疑有錯誤。既曰太子，則知其未成君可知，魯曷為以諸侯迎之？如曰至重地故，則郕庶其黑肱之流，亦嘗以地奔。

姜白巖曰此叔姬為伯姬所求之歸不繫杞者既絕也杞桓請絕叔姬而無絕昏公許之成五年來歸之叔姬九年杞伯逆其喪以歸者即桓所請繼昏者也諸儒謂兩叔姬不應前後皆出公不應兩從杞命由非傳妄不知左氏據魯史記載安見前者出而後不必出耶公從其前安見不從其後耶

胡乃登之三叛之列且諸侯嗣位未踰年稱子如鄭忽曹羈莒展皆已即位及其出奔猶且稱名況未即位乎意先郕伯以上年卒太子即位而不能自安遂出奔魯閔其窮以諸侯迎之史故以郕伯書之也賀若瞻曰書郕伯所以正郕國之無君臣也似得其實

杞桓公來朝始朝公也〔杜解〕公即位始來朝且請絕叔姬而無絕昏公許之不絕昏立其娣以為夫人不書來歸未歸而卒疏云傳言請無絕昏成五年有杞叔姬來歸故其知娣為夫人釋例曰杞桓公以僖二十三年即位襄六年卒凡在位七十一年文成之世經書叔姬二人一人出一人卒皆桓夫人也

二月叔姬卒不言杞絕也既許其絕故不言杞書叔姬言非女也女未嫁而卒不書〔補注〕叔姬不安于杞假歸寧以反故杞伯來請諸而後絕經不書始嫁與來寧法與鄫季姬同卒不繫杞者既絕也經稱子叔姬者孔氏曰周人字法稱叔故或加子以自異者也傳不稱子亦省其可省〔詳說〕稱子別異之辭非公之同母姊妹公之女矣

姜白岩曰一令尹新除而小國遣其毒者三

楚令尹大孫伯卒、成嘉為令尹杜解若敖曾孫子孔羣舒叛楚羣舒偃姓舒庸舒鳩之屬按今江南舒城廬江二縣境夏子孔執舒子平及宗子遂圍巢平舒君名宗巢二國羣舒之屬疏云世本偃姓舒庸舒蓼舒鳩舒龍舒鮑舒龔非一

見三按趙盾為政立威國也成嘉為政立威國外晉楚強弱已判於此

秋滕昭公來朝亦始朝公也

見三按滕昭公來朝經書曰子非貶也春秋時小國聘魯用侯禮者以侯書用伯禮者以伯書用子男禮者以子男書故

見三按叔姬如有可出之眾當出則出何待於請請為卑詞以商和於魯如不可出尚在未定之辭會亦拒其請曉以大義動以至情則姬可不絕於魯可不死乃感其來歸而閔其去歸五月絕而六月來則姬之無所告恕責從以然國可見矣經書月書日書子書來歸義深矣子叔姬則以罪如如也

韓友一曰兩國交好行人之選至
重故言而有文敵國猶服宋世通
好于遼不問其人何如但官主制誥
者帥為之此眉山所以為憂也
姜息君曰以伐晉告魯欲魯不為
晉役而剪其羽翼也西乞歷聘諸
侯以散晉之與國不独魯矣
文九年椒聘書楚子十二年
術聘書秦伯諸侯畏王天下
無霸故也

黄鄭林曰九年秦将伐晉則来帰僖公成風之襚今将[illegible]為可由
之戰則使術来聘蓋欲與魯交而取之詞也其後[illegible]雖[illegible]
卒滅六國有君子知其能因秦服先直注到戰國之末

忽侯忽伯忽子男升降不一皆就其自處而言之也
秦伯使西乞術來聘且言將伐晉襄仲辭玉曰君不忘先君之
好照臨魯國鎮撫其社稷重之以大器圭璋寡君敢辭玉不欲與秦
為好故辭玉按聘義云已聘而還圭璋今始聘而辭玉者蓋辭其聘也杜不誤對曰不腆敝器不足辭
也腆厚也腆他典反主人三辭賓荅曰寡君願徼福于周公魯公以事
君不腆先君之敝器使下臣致諸執事以為瑞節節信也出聘必告廟故稱
先君之諸要結好命所以藉薦寡君之命結二國之好是以敢致之
[illegible]無陋矣厚賄贈送之也
[illegible]將伐晉者為令狐之役也魯為
望國何不明告以令狐之役臣各為主雖晉不謝秦潛師以
禦曲固在晉然夷臯既立國釁宜消穆嬴秦所出夷臯穆嬴

韓友一曰兩國交好行人之選至重故言而有文敝國稱服宋世通好于邊不問其人何如但官主制誥秦帥為之此眉山所以為憂也

姜皐君曰以伐晉告魯欲魯不為晉役而翦其羽翼也西乞歷聘諸侯以散晉之與國不獨魯矣

文九年椒聘書椒子十二年術聘書術秦傳諸侯與王天下更霸政也

忽侯忽伯忽子男升降不一皆就其自處而言之也

秦伯使西乞術來聘且言將伐晉襄仲辭玉曰君不忘先君之好照臨魯國鎮撫其社稷重之以大器圭璋也寡君敢辭玉不欲與秦為好故辭玉按聘義云已聘而還圭璋今始聘而辭玉者蓋辭其聘也杜不誤對曰不腆敝器不足辭也腆厚也腆他典反主人三辭賓答曰寡君願徼福于周公魯公以事君不腆先君之敝器使下臣致諸執事以為瑞節節信也出聘必告廟故稱先君之器要結好命所以藉薦也寡君之命結二國之好是以敢致之襄仲曰不有君子其能國乎國無陋矣厚賄贈也送之

見三 按此秦聘魯之始且言將伐晉者為令狐之役也魯為望國何不明告以令狐之役臣各為主雖晉不謝秦潛師以禦曲固在晉然夷皋既立國釁宜消穆嬴秦所出夷皋穆嬴

陸粲曰僕稱隨武子之德其感於士會奔秦避罪而已軍旅之事辭勿與知可也遽以國情輸之而為賈畫馬此其所見視公山不狃尚遠不逮仁者固如是乎

周大章曰趙穿之狂躁似先穀惡臾駢之佐上軍又似二憾以赫二矣之豈子而仕其專行無忌其不躋于林父之未能行令者幾何宜晋人狃于積習以致有邲之敗也前半是當待不待後半是當薄不薄究之臾駢之深壘固軍正以將待其將適而薄之也士会在秦軍且知之穿豈不知分明惡駢而不欲成其謀耳忌心一生誤賊

所出請念婚姻之訶仍修和好之文未始不與秦來告之意暗合也乃仲竟嘿無一言唯王之是靡窺仲之意不過以秦晋皆大國從秦既恐失晋之歡舍從秦恐觸秦之怒順逆兩難進退失據他日直從壁上觀耳安在其為望國也

秦為令狐之役故冬秦伯伐晋取羈馬[杜解]晋邑令狐役在七年按今山西蒲州南有羈馬城晋人禦之趙盾將中軍荀林父佐之林父代先克郤缺將上軍代箕鄭臾駢佐之代林父欒盾將下軍欒枝子代先蔑胥甲佐之胥臣子代先都范無恤御戎代步招以從秦師於河曲臾駢曰秦不能久請深壘固軍以待之從之[孔疏]壘壁也軍營所處築土自衛謂之壘深高也秦人欲戰秦伯謂士會曰若何而戰晋士會七年奔秦對曰趙氏新出其屬曰臾駢趙盾屬大夫新出佐上軍必實為此謀將以老我師也趙有側室支子曰穿趙夙庶孫晋君

隨之、古今來忠臣智士、披肝瀝血而不能為國家建立功勳者、大率坐此、結末於秦師夜遁、後復綴侵晉入瑕、見秦人未經敗衄、所以仍肆侵凌、致煩詹嘉守塞、君相為之旰食也、穿之罪可勝誅乎、

姜白岩曰、傅蓋為杜園張本也、河曲之役、盾將中軍、三軍將佐無趙穿名、以盾之威重、何有于穿、乃元帥定深壘之謀、而穿違其節制、以其屬出、授之軍法、可誅也、盾遽從穿、幸而交綏、否則喪師辱國皆所不計、是穿為重、而三軍之命為輕也、及臾駢有薄河之策、主帥定議、而穿挾胥甲一呼而止、夏呈日炎威安在、無他、盾而穿之心倚之也、

虞錫周曰、趙穿之橫、臾駢之智、俱受士会牢籠、蓋不惟能用趙穿、并用趙穿制臾駢、真妙人也、此為下晉復士会地、

之壻也、有寵而弱、婞不在軍事、（又未嘗涉知軍事、按在麾也）好勇而狂、且惡臾駢之佐上軍也、若使輕者肆（暫往而退）焉、其可、秦伯以璧祈戰于河、（禱求勝）十二月戊午、秦軍掩晉上軍、趙穿追之不及、（上軍不動、趙穿獨追）之反、怒曰、裹糧坐甲、（孔疏、甲所以制禦非常、臨敵則被之于身、未戰且坐之于地）固敵是求、敵至不擊、將何俟焉、軍吏曰、將有待也、（待可擊）穿曰、我不知謀、將獨出、乃以其屬出、宣子曰、秦獲穿也、獲一卿矣、（僖三十三年、晉侯以一命命郤缺為卿、不在軍帥之數、然則晉自有散位從卿者）秦以勝歸、我何以報、乃皆出戰、交綏、（按交綏、兩退也、疏云、綏是退軍之名）秦行人夜戒晉師曰、兩君之士皆未憖（缺也、○魚覲反）也、明日請相見也、臾駢曰、使者目動而言肆、懼我也、（目動心不安、言肆聲放失常節）將遁矣、薄（迫也）諸河、必敗之、胥甲趙穿當軍門呼曰、死傷未收而棄之、不惠也、（按凡軍非大敗、則載其死傷之尸而還、如孤駘之役、國人逆喪者皆髽是也、穿率師）

出未嘗無死傷今欲薄秦於河則不及收尸故曰棄之也不待期而薄人於險無勇也乃止晉師上為宣元年放胥甲傳秦師夜遁復侵晉入瑕按入瑕者欲據桃林之塞故明年晉使詹嘉以一軍守之

黃蘅林曰士會與駢真是一時敵手會能料駢駢亦能料會勝負此中機關祕爭俄頃即趙盾身為元帥亦不能不拱手而聽臾駢之指揮也彼趙穿者雖在卿位不列軍行當待不待當薄不薄穿即挾駢御不畏盾乃兩次違犯不能禁之而反隨之蓋其同惡相濟已非一日已御其從之斯佛跋扈以欺同列即藉其跋扈以脅同朝令河曲之戰撓三軍之令如叚當異日桃園之攻弒一國之君如摧枯取當謀深其積成漸也何待反不討賊而後斷其弒君哉

見三按此傳以待字為骨秦不能久亦不易退深軍固壘所以老秦師所以挫秦師也使前從臾駢固壘之言秦將退退之維谷後從臾駢薄河之議秦亦欲退而不能乃秦之軍

可知矣……

狄自殲之外鮮復頻擾今夏侵衛者衛遠於狄成公之會秋乘虛而侵之狄之窺伺其奇忽乎沓棐之會乃衛鄭不忘晉伯而介魯以求通觀鴻雁截疆之域其情可見矣故明年即有新城之盟

姜白岩曰趙盾于晉功小罪大而惟此以著為晉百年來絕大之功想亦史駢之謀也秦晉接壤東南當晉境惟潼關一路得與周通使命往

見三按此季氏封殖之始亦莒魯兵爭之始二邑近費而介於莒為莒所必爭即為季所必得前此莒與魯無爭且未嘗有事於魯鄆自行父帥師城諸及鄆而與莒相仍迨其子宿伐莒取鄆叔弓疆其田而費始益大

慊馳能料之晉之軍令盾並不能盡之老師之謀以趙盾主之而不足軍門之呼以胥甲輔之而有餘小人負氣恃能以……禍亟矣

壬午陳侯朔卒○共公卒子靈公平國立○邾子蘧蒢卒○文公卒子定公貜且立○自正月不雨至于秋七月栢解義與年同二○大室屋壞穀梁云大室猶世室也周公曰大廟伯禽曰大室羣公曰宮○冬公如晉衛侯會公于沓地闕徒荅反○狄侵衛○十有二月己丑公及晉侯盟公還自晉鄭伯會公于棐鄭地按今河南新鄭縣東芳味反

傳

十三年春晉侯使詹嘉處瑕以守桃林之塞杜解詹嘉晉大夫賜其瑕邑令帥衆守桃林以備秦桃林在弘農華陰縣東闅鄉按今陝西華陰縣以東河南靈寶縣以西皆是疏云塞在南河之南乃從秦

文公丙申遺元界並未關有所滿
之事其所以務民事奉天時者
可知矣
狄自獻之外殊鮮頑強今夏侵
衛者衛遷於狄成公生令秋衆
虐而侵之秋之親卻其奇忽恃
沓棐之會乃衛鄭不忘晉伯
而介魯以求通觀鴻雁載驅
之賦其情可見矣故明年即
有新城之盟

姜白岩曰趙盾于晉功小罪大而惟
此以著為晉百年來絕大之功想
史駢之謀也秦晉接壤東南皆晉
境惟潼關一路得與周通使命往

慎馳能料之晉之軍令肅並不能壹之老師之謀以趙肅主之而不足軍門之呼以晉甲輔之而有餘小人負氣恃能以悞國事大率如此自是而桃園之禍亟矣

城諸及鄆書時也

經 丁未十有三年春王正月○夏五月壬午陳侯朔卒○共公卒子靈公平國立○邾子蘧蒢卒○文公卒子定公貜且立○自正月不雨至于秋七月解柤義與年同二○大室屋壞穀梁云大室猶世室也周公曰大廟伯禽曰大室群公曰宮○冬公如晉衛侯會公于沓地闕○徒荅反○狄侵衛○十有二月己丑公及晉侯盟公還自晉鄭伯會公于棐鄭地按今河南新鄭縣東○芳味反

傳 十三年春晉侯使詹嘉處瑕以守桃林之塞詹嘉晉大夫賜其瑕邑令帥衆守桃林以備秦桃林在弘農華陰縣東闅潼按今陝西華陰縣以東河南靈寶縣以西皆是疏云塞在南河之南乃從秦

来之所經必秦。三入寇始但聘列国以離盟主之交後且啇諸侯以肆東封之畧大為中国患瑕即桃林营邑其塞險要可守自有此戍秦使不能直擣澗瀍轉從巴蜀道楚而東諸侯不受其毒趙盾一生功不抵罪而此一役非独利晋亦通利天下非独利一時而終春秋之世並受其福

周大章曰棄賢資敵千古大患河曲之战士會輕々道破晋人机関遂以一趙穿制史駢而有餘晋竟不能得志于秦設若秦大用會而盡展其謀畧其為晋害豈止如伯州犂輩之在楚已哉所采復則幸朝揚息既還則通国欢騰而晋主夏盟大于此人是賴乃使云々想見六卿宵衣旰食設計施謀不知費幾許心思設絨朝之謀得行將如之何

姜白岩曰或謂秦伯明知故縱之使其臣代言之康公似無此人君之度

適周之路備秦者因西乞術聘魯亦應更交餘國故守此以斷其來往也見三按是時楚氛甚熾秦亦萌媒糵其間始歸魯繼聘魯騷騷乎將與楚並駕中原自桃林設守而東道不通關隘不出者二百年東諸侯得免秦禍皆此一戍之力也

晋人患秦之用士會也夏六卿相見於諸浮杜解晋地趙宣子曰隨會在秦賈季在狄難日至矣若之何六年賈季奔狄中行桓子荀林父僖二十年始將中行故以為氏曰請復賈季能外事孔疏賈季狐突之孫狐偃之子本是狄人能知狄情得以豫備也且由舊勳有狐偃之舊勳郤成子郤缺曰賈季亂且罪大殺陽處父故不如隨會能賤而有恥柔而不犯不可犯以不義其知足使也且無罪乃使魏壽餘畢萬之後偽以魏叛者以誘士會執其帑壽餘子○音奴於晋使夜逸請自歸於秦秦伯許之許受其邑履士會之足於朝躡士會足欲使行

然繞朝何以不告于君觀其言曰吾謀適不用知朝已告于秦伯公方利令智昏士會明白言之猶不為動況其臣乎然盾之歸士會非愚者之舉動也使繞朝之謀行將累及士會而終不得歸不如苟首之請智營遠矣自此晉人之言秦益不信而楚文益固

前三帥雎舟中慶晉人服睜之者他回去與番士会既濟河秦人亦服睜之看他噪丞俱是河上天然妙景前是一幅追丞圖尚有翕皇之状此是一幅送行圖如傳戲書之者

[illegible]秦之先自柴康生季勝以下五世至造父别居趙趙衰其後也則是趙也者秦之支裔而宦顯于晉者也而趙之後有天下于宋晉士会逃于秦晉遣魏壽餘誘士會以还秦人歸其帑其處者為劉氏則是劉也者晉之臣虞而流寓于秦者也而劉氏之後有天下于漢

秦伯師於河西、魏將取魏人在東今河北縣為在河之東於秦壽餘曰請東人之能與夫二三有司言者吾與之先、欲與晉人在秦者共先告諭魏有司使士會士會辭曰晉人虎狼也若背其言臣死妻子為戮無益於君不可悔也辭行示已無去心秦伯曰若背其言所不歸爾帑者有如河言必歸其妻子明白如河乃行繞朝秦大夫贈之以策馬楇臨別授之楇張瓜反曰子無謂秦無人吾謀適不用也示已覺其情既濟魏人譟而還喜得士會秦人歸其帑其處者為劉氏士會堯後劉累之裔別族復累之姓〔孔疏〕士會之帑在秦不顯於會之身無所辟傳說處秦為劉氏、未知何意、討尋上下、其文不類、漢初左氏不顯於世、旋立旋廢、先儒無以自申、劉氏從秦從魏、其源本出劉累插注此辭以求道通、明帝時賈逵上疏云圖讖明劉氏為堯後者、而左氏獨有明文、得不廢、然則傳文為漢儒增入者不一矣

黃鄉林曰繞朝贈策為千古第一韻人第一韻事蓋士會在秦晉思召之秦豈願歸之壽餘來誘冷眼覷破密告於君謀

秦晉于春秋爲最强晉分三國
秦併六合猶雄視一世三代而後
莫盛于漢唐宋而漢宋又皆分
秦晉之餘焰焉

周大章曰天者命之原也天爲民
而立君則君即以民爲命民利

不見用若不說破所任其免脫勢必謂秦無人而輕視之忠
也故當臨別贈言微示其意使之去後深思不爲秦患不曰吳含章云
吾謀而曰吾謀蓋爲君謀留士會并留壽餘而潛師以襲魏
也贈之以策乃是將所謀書之於策以示之耳看得最妙
見三按壽餘僞降士會知之繞朝知之豈秦伯獨不知之蓋
曹阿瞞不能留關聖秦伯豈能留士會河曲之役報效已畢
而無憾焉辭秦數語要秦伯以必歸帑也誓河而言告士會
以必歸帑也心心相印只已不言爲喻特借繞朝贈策一點
破耳士會歸晉而其族仍自處秦亦見受恩深處便可爲家
秦伯既歸其帑又容其處者其光明磊落更可想見
邾文公卜遷於繹陳傳邾邑按今山東鄒縣有繹山史曰利於民而

即為君利而命之長即在是焉
非見道明者不能知也前半不利
彼是渾言後[illegible]言命分明說破
而邾文斷然不惑設不遷繹能
不死乎知命一斷破盡千古愚蒙
姜白岩曰文公在位凡五十二年當
衰暮時而循理守正更難能也春秋
得二君焉邾文公命在養民楚
昭王祀不越望傳一以為知命一以為
知道深與其不以死生亂也
黃節齋曰邾文公頗有帝王之量而深[illegible]人心理後世如秦
始皇求仙而死於沙丘梁武帝
佞佛而餓死於臺城宋徽宗信
道而死於沙漠皆不知命之
故也此傳可為今古金鑑
張西崖曰春秋之君知得君
民一體者難矣知立命之
学不在死生上着眼為尤
難也邾文公見到處堪與
孟子相表裏

不利於君邾子曰苟利於民孤之利也天生民而樹之君以利
之也民既利矣孤必與焉左右曰命可長也君何弗為邾子曰
命在養民死之短長時也民苟利矣遷也吉莫如之遂遷於繹
〔杜解〕左右以一人之命為言文公以百姓之命為主一人之命各有短長不可如何百姓之命乃傳世無窮故徙之疏云邾既遷都於此境內別有繹邑宣十年歸父取繹是也不是取邾國都
五月邾文公卒君子曰知命
見三按此即用鄭子之邾文公也而洞達若此前言民利即
是君利後言民利即是命長蓋深知君以民為命者豈晚年
悔過而見理明與抑將死而其言善與唐憲宗曰煩一州之
力而能為人主致長生臣子何愛焉天道無私安有損人自
為而可以長生者卒之藥不效而君促民病視邾文公不啻
愧死乎

廿三

見三按左穀作大室公羊作世室世大通用世室即大室也魯公之廟也周公稱大廟魯公稱世室謂其世世不毀如大廟也文公情怠禮荒慢宗廟使至傾壞宗廟之祀權落東門則至殺嫡立庶政出於後政在大夫魯公威始寄其神其世之天其雨之矣處明望將棄東都而大廟屋壞宰相宗臻請羅東郊仲德以答至謹世而春秋書大室屋壞之義也

但公往而為衛請平於勢甚便還而復往未免煩難始以四月答鴻雁繼以采薇答載馳亦因其情詞肫摯義不容辭耳

姜白巖曰公朝晉而衛鄭之君皆因公以成于晉始知厥貉之役迫于強命世有桓文何為至此觀鄭伯賦詩文子答賦斯時之諸侯亦可哀矣春秋所以責趙盾也

黄鄭林曰是時楚之氛甚熾晉又主少國疑日以不競諸夏無知小侯𢘊敢不賦載馳之詩情見乎辭一鄭如此皆亦可為鄭者可知矣哀哉

見廟臣使子至不傾共顛

會公於沓請平於晉公

見諸侯晉之志公皆成之鄭衛貳於

楚畏晉故因公請平權衡一舉衡世舉而三國附諸侯之義也鄭伯與公宴於棐子家賦鴻雁

鄭大夫公子歸生詩小雅義取侯伯哀恤鰥寡有征行之勞言鄭國寡弱欲使魯侯還晉恤之季文子曰寡君

未免於此言亦同有微弱之憂文子賦四月詩小雅義取行役踰時思歸祭祀不欲為還晉子家

賦載馳之四章載馳詩鄘風四章以下義取小國有急欲引大國以救助文子賦采薇之四

章采薇詩小雅取其豈敢定居一月三捷許為鄭還不敢安居鄭伯拜謝公為行公答拜按不見公再如

晉蓋遣大夫告成耳

見三按承筐之會晉魯同謀必有成議公之如晉所以謀諸

侯之不協也故鄭衛皆因而請平公羊註云公一出三為諸

周大章曰衛鄭從楚以强弱之勢不敵計非得已今因厥貉會後伐麋圍巢楚氣愈熾恐其憑陵請成于晉介魯求通公皆成之二國之难以紓明年新城之盟從楚者皆服公之此舉於晉亦不為無助但公往而為衛請平於勢甚便還而復往未免煩難始以四月荅鴻鴈繼以采薇荅載馳亦因其情詞肫摯義不容辭耳

姜白巖曰公朝晉而衛鄭之君皆因公以成于晉始知厥貉之次迫于强命世有桓文何為至此觀鄭伯賦詩文子荅賦斯時之諸侯亦可哀矣春秋所以責趙盾也

黃鄰林曰是時楚之氛甚熾晉主少国疑日以不競諸夏無主小侯楚故不勝載馳之□情見乎辭一鄭如此他可知為鄭者可以知矣哀哉

秋七月大室之屋壞書不共也簡慢宗廟使至傾頽故書以見臣子不共

冬公如晉朝且尋盟【林解】尋八年衛雍之盟衛侯會公於沓請平於晉公還鄭伯會公於棐亦請平於晉【陳傳】傳見諸侯猶有尊晉之志公皆成之鄭衛貳於楚畏晉故因公請平【權衡】一舉而三國附諸侯之義也鄭伯與公宴於棐子家賦鴻鴈鄭大夫公子歸生詩小雅義取侯伯哀恤鰥寡有征行之勞言鄭國寡弱欲使魯侯還晉恤之季文子曰寡君未免於此言亦同有微弱之憂文子賦四月詩小雅義取行役踰時思歸祭祀不欲為還晉子家賦載馳之四章載馳詩鄘風四章以下義取小國有急欲引大國以救助文子賦采薇之四章采薇詩小雅取其豈敢定居一月三捷許為鄭還不敢安居鄭伯拜謝公為行公答拜按不見公再如晉蓋遣大夫告成耳

見三按承筐之會晉魯同謀必有成議公之如晉所以諧諸侯之不協也故鄭衛當因而請平公羊註云公一出三為諸

侯所縈。皆深善之。中間挿出寡君未免一語。見同病相憐。厥貉之從。原非得已。楚氛之惡。晉伯之衰。均於言外可見。

公自去冬初如晉，始與衛會，既盟晉而還，經又與鄭會，亦成于晉。文於道諸而不朝正，書至以著其實也。

邾于七年須句之役，畜怨未平，此年乘晉文不暇，因來報伐，因不量力。魯不自反，夏與振旅之師，構難不已，故交訊之，仲字悅。

由之同盟，諸侯擅命之始；新城之同盟，大夫擅命之始。自世道之大升降也。

日在盟上，會盟異日也。

孛，彗也。彗氣所生，芒偏指曰彗，四出曰孛。北斗貴星，人君之象，孛入其魁斗柄，北不爲上之兆，日星光見如星也。

弗克納者，譏之也。書人，賤之也。大夫與兵以爭置諸侯，寿不正以尊亦殊，問義而退，不得無罪。

既許其賢，故從大夫例書卒，特書卒於齊，見其備仰純作，無可容於天地之間，死而無所容其身也。

舍未踰年稱君，商人子之心則未踰年而稱子，國人弑之則未踰年而稱君。春秋所以加商人弑君之罪也。

宗居不能居，亂其作矣。子哀善不去其位，潔身而逃，出就之可也。既爲卿矣，而難自免，為臣不忠，罪。

春秋左傳精義卷十六

閬中　蕣林黄一桂　輯　男　心垣見三　補輯

文公三

經　戊申十有四年春王正月，公至自晉。【杜】告于廟。○邾人伐我南鄙，叔彭生帥師伐邾。○夏五月乙亥，齊侯潘卒。乙亥，四月二十九日，書五月，從赴【日】。【鈔】孝公名昭，而潘又諡昭，非禮也。子舍立。○六月，公會宋公、陳侯、衛侯、鄭伯、許男、曹伯、晉趙盾，癸酉，同盟于新城。宋地，按今在河南商邱縣西南。○秋七月，有星孛入于北斗。孛，彗也，既見而移入北斗，非常所有，故書之。○孛音佩。○公至自會。○晉人納捷菑于邾，弗克納。○九月甲申，公孫敖卒于齊。○齊公子商人弑其君舍。○宋子哀來奔。貴之，故書字。○冬，單伯如齊。單伯，周卿士，為魯如齊故。

莫大焉謂春秋貴而不君豈聖人立法之旨哉
叔姬齊舍之母齊舍被弒叔姬無依魯請于王使單伯如齊請姬因而被執此實録也書曰齊人商人不足責責國人之黨惡助子惡弒而衆善去齊舍弒而叔姬執情事顯然再書齊人深惡齊人也

姜白岩曰商人與宋鮑行同一轍其驟施聚士原為弑謀起見耳

書。音善○單齊人執單伯諸侯無執王使之義故不依行人例齊人執子叔姬叔姬魯女齊侯舍之母不稱夫人自魯録之父母辭

傳十四年春頃王崩周公閱與王孫蘇爭政故不赴凡崩薨不赴則不書禍福不告亦不書「杜解」奔亡也歸福也禍懲不敬也

見三按大臣爭政王崩不赴戮綱亂紀莫此為甚豈特不敬而已哉

邾文公之卒也年在前公使弔焉不敬邾人來討伐我南鄙故惠伯伐邾

見三按魯于七年伐邾取須句二國之好已絕斷無往弔之事既往弔何至不敬即不敬亦何至興師蓋須句之怨蓄至十年弱不能報至是晉伯中衰文公以鄭衛請盟之故淹留於晉故乘釁而來南鄙之師其曰不敬者或因其弔而加之以不敬耶邾不量力魯不責己互相報復皆為有罪而以見晉伯之不振也

子叔姬妃齊昭公生舍叔姬無寵舍無威公子商人子桓公驟施

昭公早卒得保首領、觀下元咺不求之久矣、其篡謀已非一日、齊昭殊屬夢夢、

姜白岩曰從楚者服為晉幸為列國幸若曰可以同拒楚矣書會晉趙盾是時靈公差長而盾不使主盟諸侯盾之專也欲納捷菑盾之悖也

項安世曰此之同同役諸侯於諸

於國、驟數也【附注】驟施而多聚士盡其家貸於公有司以繼之家財盡從公及國之有司富者貸

夏五月昭公卒舍即位

見三按驟施聚士古今奸人往往如此商人開之而其後陳氏傳為衣鉢遂至篡齊

邾文公元妃齊姜生定公二妃晉姬生捷菑文公卒邾人立定公、捷菑奔晉○菑側其反

見三按元妃二妃嫡庶秩然見邾人之立君本順而晉之納捷菑為不順也

六月同盟于新城從於楚者服從楚者陳鄭宋且謀邾也謀納捷菑

見三按諸侯服從大國未嘗不以得禮為榮、垂隴處父之盟晉輕諸侯、故陳宋諸國叛而從楚、孟諸之役、宋鄭之君受役

侯在諸侯之新城之同盟則檢
諸侯于大夫也
萬白岩曰此與僖九年殺奚齊異
蓋里克之弒二君乃本國臣民
告之列國者故先君未葬稱子
已葬稱君若商人七月弒舍秘
至九月始告魯蓋以他故赴而不
敢明言已弒觀叔姬未嘗大歸于
魯可見而單伯之請叔姬直曰
殺且以子頸暴其惡故怒而執之
也豈知叔姬魯女舍為魯甥者
魯接壤其于弒舍年月日時緣
毫不爽夫未踰年稱子緣孝
子之心而為之稱也若以鄰國之
史臣書現在之亂賊無論已葬
未葬已踰年未踰年直書
曰齊公子商人弒其君舍而已此
所以與晉奚齊異也

于司馬由舟又復凌辱諸侯故楚穆死而隨復即晉則新城
之盟固人心向背之機也惜晉之君臣狃於一盟不足以係且以謀納捷菑為事
人心於是楚莊又爭霸矣
秋七月乙卯夜齊商人弒舍而讓元商人兄齊惠公也書九月從告元曰爾求
之久矣我能事爾爾不可使多蓄憾將免我乎不為君則憾多將復殺我按將
免我謂將免我爾為之按爾可自
謂不能免我也黃林曰商人之讓元愚元也而弒之也故稱其心以破之復如其心以安之窮殺詭勝計械取道
見三按舍商人兄子也元商人兄也殺其兄之子而讓其兄
虛文欺衆元知之矣執其陰謀償其本願帶辭帶勸半沒半
嚴不順神情畢已活現眉頰
有星孛入于北斗周內史叔服曰不出七年宋齊晉之君皆將
死亂後三年宋弒昭公五年齊弒懿公七年晉弒靈公史服但言事徵而不論其占固非末學所得詳言

姜白岩曰書師師以納惡其初志也弗克納予其改過也或曰邾人以五字敵晉八百乘之師若可與在邾抑知盾以六萬衆而自屈于五字乃見其可褒也

黄六鄗林曰是時楚方憑陵中國趙盾為政不能安輯諸侯而區區納人之子於邾卒至城下辰於不義而返率動若此何以為盟主哉

見三按孛者惡氣文十四年入北斗而兆宋齊晉之禍昭十年犯大辰而兆王子朝之禍哀十三年見東方而兆越滅吳之禍始列國繼王朝終夷狄天變愈甚世變愈亟矣

晉趙盾以諸侯之師八百乘納捷菑于邾八百乘六萬人言力有餘邾人辭曰齊出貜且定公○俱縛反貜長宣子曰辭順而弗從不祥乃還以立長適

故曰辭順

見三按七國之師掀天揭地而來幾欲踢倒邾城邾人祇以五字折之遂令八百乘無從著手義絀于小國氣餒於貜且輕舉損減為諸侯笑耶盾曰辭順則晉之不順可知人謂其善改過吾謂其不知恥

周公將與王孫蘇訟于晉王〔杜解〕匡王叛王孫蘇叛不與按王始與蘇暱而復昵周公

姜白岩曰：楚每一君新立，一令尹新除，必有附近數小國，遭其毒螫。舒之師方出，而內變已作，為舒稍緩須臾耳。嗚呼！潘崇何如人，乃為楚世臣乎。

故曰叛然選辭不慎適為後人口實而使尹氏周卿士與晌啓周大夫訟周公于晉訟理之趙宣子平王室而復之使復和親

見三按王朝公卿訟于霸國已屬失體王復使卿大夫助之訟是以阿柄授人也天王之威令不及霸主一陪臣周之衰也何可哀問哉

楚莊王立子穆王也子孔潘崇將襲羣舒使公子燮與子儀守而伐舒蓼即羣舒○音了二子作亂城郢而以使賊殺子孔不克而還八月二子以楚子出將如商密國語曰楚莊王幼弱、子儀為師王子燮為傅廬戢黎盧大夫及叔麇戢黎之佐誘之遂殺鬬克子儀及公子燮補注楚殺大夫或不告與中國異後儆此盧楚邑按今湖廣襄陽府城南初鬬克囚于秦在僖二十五年秦有殽之敗在僖三十三年而使歸求成成而不得志無賞報也按殽師之後秦與楚結於此補出公子燮求令尹而不

姜白岩曰：敖以己氏及二子俱來，復盡室以適莒。此時父子訣別，兄弟分離，仁人孝子欲養無由。文伯之疾未嘗不由此致之。臨終請立難，緒以獻子少不更事，蓋隱以生事委付惠叔也。驟讀之為眷念之思，細按之為蓼莪之痛。千載下猶見其目未瞑矣。傳一以見敖之罪禍其身並累其子也，以所見遂之專，忽招之來，麾之去也。

穆伯淫奔以終其身。李若

得。故二子作亂。傳言楚莊幼弱，國內亂，所以不能與晉競。

見三按：挾君而出，討賊最難。激則生變，緩則難圖。後世郭汜、李傕之劫漢獻帝，田令孜之劫唐僖宗，播遷數年莫定，雖大室幸賴不失，而國事已不可言矣。戢黎、叔麇奸在用誘，不費一弓，不勞一卒，而兩奸同時授首，定變之功，高漢唐遠矣。

穆伯之從己氏也，在八年。魯人立文伯。穆伯之子穀也。穆伯生二子於莒而求復。文伯以為請。襄仲使無朝聽命。復而不出，不得使與聽政事，終寢于家，故出入不書。三年而盡室以復適莒。文伯疾而請曰：「穀之子弱，孟獻子年尚少。請立難穀弟也。」許之。文伯卒，立惠叔。穆伯請重賂以求復，惠叔以為請，許之。將來，九月卒于齊。告喪，請葬，弗許。請以卿禮葬。

黃鄉林曰：敖雖淫人，而穀與難皆賢，其孫茂亦賢，有此孝子

死於齊其後二子夏於晉皆以非命死淫之流毒也遠矣

勿慈孫豈非天倫樂事其無朝聘命尤足傷養天年而深晚蓋乃以己氏之故既復旋出帑至客死他鄉幾難歸葬不似者真別有肺腸也

見三按公孫敖負罪出奔得歸故國亦云幸矣何至家居三年復晝室以行蓋淫亂之人自貽口實外見拒於襄仲內見讁於聲己即與己氏朝夕相對亦覺無以為歡無聊之極故態復萌文伯之疾原因父致惠叔之請亦為父屈孝子悌弟相聚一堂卒不能幹淫奔之蠱天奪其魄使之不得考終父母之邦可慨也夫

善白嵒曰此予子哀不黨賊也封人小使東遠於君者以為卿孰使之鮑之黨使之也子哀不入其黨視宋卿如敝屣飄然來奔君子居亂

宋高哀為蕭封人以為卿蕭宋附庸仕附庸還升為卿不義宋公而出遂來

奔出而待放從放所來故曰遂放書曰宋子哀來奔貴之也按宋人貴之以字告

四

世不可有畏死心，亦不必有求死心。如子哀者，聖人所謂見幾而作也。不義宋公而出，乃鮑之黨。書于諸侯者，言昭公無道，賢如子哀不食其祿，弃官而去，故貴之，而以字告魯史，因書于策，自此而昭之無道益著矣。然後知聖人于魯，不以女樂行而以膰肉去，其用心為甚周摯也。

姜白岩曰：告難者，告舍卒之由，而不言已弒之也。夫已氏，稍謂奇創元，嘗曰我能事爾，爾事之則君之矣，而旦不順其為政，是知元

黃薌林曰：子哀蓋潔身之流也。是時公子鮑厚施樹黨，昭已危如纍卵，既不可臣，昭而貽殺身之禍，復不能附鮑而受黨賊之名，唯有見幾而作，不與其難，其曰不義者，托辭也。見三按高子哀一封人耳，於宋非有公族之誼也，非有故舊之雅也。昭公獨能於疏逖之中擢以卿位，蓋既以討鮑之事屬之也。女為悅己者容，士為知己者死。哀即不能消禍未形，學辛伯之忠，勇亦當臨難不避，效荀息之忠貞，乃遽然遠引，加君以不義之名，而一般賊臣愈覺肆無忌憚，雖曰明哲保身，其如大義何？遜蕩意茲遠矣。

齊人定懿公，使來告，故書以九月。齊人不服，故三月而後定，書以九月，從赴。齊公子元不順懿公之為政也，終不曰公，曰夫已氏。猶言某甲。○夫音扶。

之有異志也

姜曰岩曰請受而罪之夫昭姬何罪知舍弑甚閔而自昭姬發之致國人之不服也弑君之賊天王不能誅魯人不能討執單伯無王也又執昭姬無國母也公羊乃誣單伯道淫以蠛叔姬道聽塗說其謬至此

見三按元既讓位不居則商人即君也乃不曰公而曰夫已氏輕薄之詞即寓圖謀之意可見申池之弒皆元主之

襄仲使告于王請以王寵求昭姬叔姬（杜解子）于齊曰殺其子焉用其母請受而罪之（按此襄仲于王之辭）請冬單伯如齊請子叔姬齊人執之（恨魯恃王以求女故）勢又執子叔姬（欲以恥辱魯詳說王不能命諸侯正商人之戮乃為魯遣使不書王）使（為王諱亦譏王召商人之逆也）

見三按商人驟施蓄士陰謀篡位自以為中外莫之知也方且讓位以為名追單伯首發其端而臣民不順不免歸咎於叔姬之洩其謀於是執單伯又執叔姬可謂無忌憚之甚矣周弱不能問魯與齊勢敵力均乘其人心未附聲其罪而伐之儘可得志乃容既不能討以致鴟張益甚頻年加兵誰秉

魯不能明政刑以義討齊而反因晉以求之，行父為大夫不能請討弒君之賊，晉為盟主不能奉天討于商人，皆罪也

春秋四來盟不稱使者三：高子、屈完、華孫也。高子不稱使，嘉其定難也；屈完不稱使，嘉其服義也；華孫不稱使，責其不恤國難私自結于魯以免討也。書司馬，明其有官守也；書華孫，明其非善類也

曹伯于十一年來朝，至是又來朝，畏齊而求托於魯也。不能以禮自守而求悅於人，以冀免齊人之伐，直自取也

公孫敖廢命出奔，罪在不赦，既歸其卒。[illegible]子孝而救父愆，所以致公族之恩，又受其喪，非法之正。夫子從而削之焉，居臣之義也

日食鼓社用牲，亦[illegible]神之位，[illegible]非禮猶[illegible]行之，是致尤也。後世人君有奉行先朝故事，不顧義之可否，皆因陋承誤，不知春秋之義也

單伯不言自周，來魯自周竟至齊也。不言執，王使明書其辱，義自見也。言至晉而不言歸京師，周大夫之至魯曰歸，未有書歸也

蔡專心從楚，上年不與新城之盟，[illegible]年不服，郤缺之伐，受晉師入國，始為城下之盟，春秋書之，非之也

齊人兩次侵伐，國[illegible]不道[illegible]，[illegible]之盟不討而[illegible]責其[illegible]也。不自強而恃人，未有能濟者也

商人弒君，諸侯致討，[illegible]。晉侯受賂不行，晉國有罪，諸侯亦有[illegible]矣。既略而不序，魯不與盟，由晉也。不責子叔姬[illegible]，而書齊人來歸，責晉並以痛魯也

言盡禮于晉而見侵陵于曹，何禮于晉而[illegible]之大伯也

國成偷安至此。

經 配十有五年春，季孫行父如晉。三月，宋司馬華孫來盟。夏，曹伯來朝。齊人歸公孫敖之喪。六月辛丑朔，日有食之，鼓用牲于社（社解傳例曰非禮也）。單伯至自齊。晉郤缺帥師伐蔡，戊申入蔡（傳例曰大城曰入）。秋，齊人侵我西鄙。季孫行父如晉。冬十有一月，諸侯盟于扈（將伐齊，晉侯受賂而止，故總曰諸侯，言不足序列）。十有二月，齊人來歸子叔姬。齊侯侵我西鄙，遂伐曹，入其郛（郛，郭也）。

傳 十五年春，季文子如晉，為單伯與子叔姬故也（因晉請齊）。是

（匡王元年　年蔡莊侯卒，子文侯申立）

見三桉已不能自强，而徒仰息于人。晉方內顧不遑，其如魯何哉。

姜白岩曰：八年宋人殺其大夫司馬，華孫即代為司馬，春既不能如子哀之奔，復不能如意諸之死，手握兵柄，不能以一旅加鮑，并不能正帥甸手刃其君之罪，非賊党而何？襄夫人使司城去，君而不使華孫去，不必去也。公與司城謀見，而不與華孫謀，亦以耦為鮑党，無可諫也。此之來盟，稱述先德，魯見君能成宋亂，郜鼎猶在，蓋陰與魯成之也。襄仲華心相照矣。夫子因史之文，言彼司馬被殺，此司馬任用也；又言華氏名在諸侯，而此復肆其惡也，皆正其党賊之罪。

三月，宋華耦來盟，其官皆從之。按其官皆從，以誇耀魯人。書曰宋司馬華孫，貴之也。按魯人貴之，非聖人貴之也。公與之宴。辭曰：君之先臣督，得罪於宋殤公，名在諸侯之策。臣承其祀，其敢辱君？杜解：耦，督曾孫也。自以罪人子孫，故不敢屈辱魯君，對共宴會。請承命於亞旅。上大夫也。魯人以為敏。無故揚其先祖之罪，是不敏，明君子所不與也。宋鮑苟有人心，決不如此。蓋盟以自託于魯，為私計耳。

黃薌林曰：司馬掌兵之官也。同一司馬，前之司馬握節以死，此之司馬與官而來，無論其修舊好與否，要必為鮑之黨也。天不藏奸，奸於即已口中提出先臣督一紙供狀，即一篇爰書。故不曰華耦而曰華孫，明其為華督之孫，誅濟惡也。

見三。按穆襄之族連歲為亂，前君之羽翼幾盡，昭公僅擁而虛位而已。華耦蓋公子鮑之黨，豫自結于諸侯以免討，其不稱

劉公是曰尚書周官六年五服一朝則諸侯于天子五年一朝不謂于諸侯亦五年一朝也傳曰古之制東遷後之制非西周也

周大章曰惠叔孝子也期年猶毀豈不能歸其父而必待齊人爲之誅者觀莫視共仲則朝議可知聲己不視帷堂而哭與襄仲欲勿哭則門内可知文伯不能調停于生前惠叔豈能維持于死

使都言不以君命至也書司馬者手握兵柄國之安危係焉不能誅賊反以黨賊雖貴何爲其自稱先臣督者蓋隱以公子馮視鮑以成宋亂望魯人以爲敏襄仲等稱之也若責其無故揚先世之惡直是隔膜之談

夏曹伯來朝禮也諸侯五年再相朝以脩王命古之制也〔杜解〕十一年曹伯來朝雖至此乃來亦五年傳爲冬齊侯伐曹張本

見三按諸侯私相朝非禮也況五年一朝乎左氏以爲禮蓋玉帛之交終勝兵戎亦春秋無義戰之意也

齊人或爲孟氏謀〔杜解〕孟氏公孫敖家慶父爲長庶故或稱孟氏曰魯爾親也飾棺寘諸堂阜堂阜齊魯境上地飾棺不殯示無所歸〔孔疏〕鄭氏曰飾棺者以華道路及壙中不欲使衆惡其親也士布帷布荒荒蒙也君夫人加文章焉魯必取之從之卞人魯卞邑大夫以告惠叔猶毀以

後若非惠伯兩畨正議則能始善終而無可望傳所以著淫禍也
姜白岩曰敖義與國絕不許歸葬非過也傳特書声已不視葬視共仲又云喪歸為孟氏且國故皆所以正敖之罪然與敖爭室幾欲稱兵者遂也敖固不才遂豈善類乃敖則三年不出遂則獨秉國鈞始不許迎繼不許哭假大義以郣私怨而操縱由已無君甚矣譖二子或譖遂譖之非也遂使人譖之也使人譖之然後可以動獻子之聽蓋仇敖因仇已氏并仇已氏所出之子遂之惡實居穆伯之上

為請敖卒則惠叔請之至今期年而猶未已毀過喪禮立於朝以待命許之取而殯之殯於孟氏之寢終叔服之言齊人送之書曰齊人歸公孫敖之喪為孟氏且國故也為惠叔毀請且國之公族故聽其歸殯而書之葬視共仲制如慶父皆以罪降張洽趙鞅之誓師曰棺桐三寸不設屬辟素車樸馬無入于兆此敖之葬禮孝子慈孫所不能改者與聲已惠叔母不視帷堂而哭怨敖從莒女故帷堂疏云檀弓云尸未毀飾故帷堂小斂而徹帷至大斂之節又帷堂以至於殯雜記朝夕哭則不帷今聲已恨穆伯故朝夕哭仍帷堂襄仲欲勿哭怨敖取其妻惠伯叔彭生曰喪親之終也雖不能始善終可也史佚有言曰兄弟致美各盡其美義乃終救乏賀善弔災祭敬喪哀情雖不同毋絕其愛親之道也孔疏祭敬謂助祭于兄弟之家盡其敬也情雖不同謂內相怨恨不能和同當無絕其愛是相親之道也子無失道何怨於人襄仲說帥兄弟以哭之他年其二子來敖在莒所生孟獻子穀之子仲孫蔑愛之聞於國或譖之曰將殺子獻子以告季文子二子曰夫子以

愛我鬬我以將殺子鬬不亦遠於禮乎遠禮不如死一人門於句鼆一人門於戾丘皆死句鼆戾丘魯邑有寇攻門二子禦之而死○句七侯反鼆莫幸反

黃鄉林曰三家之先孟最賢共仲穆伯相繼爲妬幾抱忽諸之痛乃文伯惠叔考友雍雍莒生二子忠勇烈烈其後獻子莊子僖子世篤忠貞爲國家倚重至南宮敬叔子服景伯卒能從學聖門上沐洙泗之化下開鄒嶧之傳豈天佑奸人生此賢子孫乎蓋周公之流澤長矣

見三按孟氏之喪何與齊事而齊人顧如此用情想見道路行人同仲公憤或哀惠叔之孝顧旅櫬而生悲或疾襄仲之殘吊游魂而隕涕飾棺以寘要魯人以必取即激襄仲以必從也然非惠叔之毀哀待命則魯君亦爲襄仲所持非惠伯

姜白岩曰按亂征及周禮大僕所載凡救日月皆鼓傳述天子諸侯之礼於此者以鼓社用牲之非礼故泛舉常礼以正之非謂此月當鼓而餘月日食即可安然置之也否則食有常度聖人但言正陽之月以示人而不必有三十六矣自杜氏謂月淂常鼓之序是致孫氏劉氏攻傳不休不知傳自不誤亦杜誤耳蓋礼者先王之常制非常制即非礼也魯不伐鼓于朝而于社不用幣而用牲失其常制為非礼耳豈謂餘月非常鼓之月耶

之忠讜進言則兄弟皆為襄仲所奪葬視共仲草草結局而餘波未平搆害其二子很毒之心甚於蛇蝎矣然東門再世而亡孟氏克昌厥後陰險者果何益哉

六月辛丑朔日有食之鼓用牲於社非禮也按于社用鼓日有用牲皆非禮

食之天子不舉去盛饌伐鼓於社責羣陰猶擊也諸侯用幣於社社尊于諸侯故請救而不敢責之伐鼓於朝退而自責以昭事神訓民事君天子不舉諸侯用幣所以事神尊卑異制所以訓民示有等威古之道也等威威儀之等差

見三按莊二十五年及三十年均以日食鼓社用牲其非禮妄作義已備著文公情主閏不告疾不視舉尊王敬祖之大典皆弃之如遺偏於此事固仍弗改不能補前人之愆反以成前人之失是猶無意而變常故曰非常此則有心而僭

陳止齋曰春秋書周大夫如吾大夫然内之也萬充宗曰春秋内魯先内周單伯以天子之使而執春秋之所慎也吾大夫不至必見執而後至春秋書周大夫如吾大夫故單伯書至

姜白岩曰蔡悖盟主罪也先儒謂晉不遑人之伐之不服而後人之猶有礼焉

黄薢林曰是時晉之諸卿皆無素略志在諸侯如郤成子一人而已

禮故曰非禮

齊人許單伯請而赦之使來致命以單伯執節不移且畏晉故許之書曰單伯至自齊貴之也單伯為魯拘執既免而不廢禮終來致命故貴而告廟按為王故歸之而魯之怨未嘗解故又雨侵西部

見三按單伯奉命而求叔姬于齊未成所事反遭拘執辱王命矣至亦何顏傳曰貴之也反言以刺之也

新城之盟在前年蔡人不與不會盟晉郤缺以上軍下軍伐蔡兼帥二軍曰君弱不可以怠戊申入蔡以城下之盟而還凡勝國曰滅之勝國絕其社稷有其土地獲大城焉曰入之得大都而不有

見三按厥貉之次蔡人引狼入室新城之盟蔡人藉虎負嵎此伐郤不可少君弱不可以怠即晉君少不在諸侯之救藥

趙木納曰盟扈而公不與者行父如晉求治齊晉既諾矣使魯合諸侯而會之則齊怨必深故魯知晉之会而不與焉若權出于晉而魯不知也

姜白石曰晉受賂而八國俱還魯人大失所望深疾此盟故史氏從公不爲盟之例書曰諸侯盟于扈蓋以其無能為故略而不序非夫子略之也傳之釋經精矣

黃𥡴林曰晉霸之失霸於茲決矣無能為五家不勝下泉之誠

也郤鈌能敬故有此振作盾荀引與共政使之匡君必能導主修德以服楚而城下之盟可不必矣惜乎其僅用之以入蔡也

秋齊人侵我西鄙故季文子告于晉。冬十一月晉侯宋公衛侯蔡侯陳侯鄭伯許男曹伯盟于扈尋新城之盟且謀伐齊也齊執王使且數伐魯齊人賂晉侯故不克而還於是有齊難是以公不會明年不序諸侯不以公不會故書曰諸侯盟于扈無能為故也惡其受賂不能討齊凡諸侯會公不與不書諱君惡也謂國無難不會義事故為惡不書謂不國別序諸侯與而不書後也謂後期也今貶諸侯似為公諱故傳發例以明之

見三按是役也晉侯主盟諸侯皆在會蔡亦新服以此聲大義于齊也明正商人之罪王法明而霸圖振不難比方桓文矣

姜白岩曰、諸侯不能討賊、而賊遂所不為、文字從礼字轉出天迹、其言便見覇不可恃、悍鄰咸偪、百計難免、惟有向之昭昭之天而已、北面誦孝經、知其計窮也、如早任柳下惠以振衰魯、豈至甚乎、

乃執義而來者、受賂而還、不特魯人大失所望、即諸侯亦皆失望、其無能為可知、盾蓋網賊以為自己解免之地也、

齊人來歸子叔姬、王故也、單伯雖見執、能守節不移、終達王命、使叔姬得歸、

見三按歸子叔姬在盟扈之後、見商人操縱自如、天子覇主諸侯舉不入其心、可羞也、嗚呼、周公不可作、此時有一管仲、商人亦何能為、夫子所謂一匡天下、民到于今受其賜、其思之也切矣、

齊侯侵我西鄙、謂諸侯之不能也、不能討己、遂伐曹入其郛、討其來朝也、此年夏朝、季文子曰、齊侯其不免乎、己則無禮、執王使而伐無罪、而討於禮、有者曰、女何故行禮、禮以順天、天之道也、己則反天、而又以討人、難以免矣、詩曰、胡不相畏、不畏於天、詩小雅、君子之不虐

黄氏鄭林曰礼者理也天人之理即天之理[illegible]有礼則安[illegible]礼則危[illegible]漢高素[illegible]人[illegible]和[illegible]表[illegible]礼[illegible]子[illegible]宗[illegible]祖[illegible]大[illegible]用[illegible]通[illegible]言[illegible]祖[illegible]以安天下[illegible]之弑父末溫之[illegible]即[illegible]得位以後[illegible]守[illegible]詩[illegible]天經[illegible]多行無礼弗能在矣[illegible]之言常有見[illegible]

齊侯出至陽穀欲会文也又托疾而使叔父会之非其意矣請盟不可盖不信公疾故書齊侯弗及盟汪氏所謂遷詞也

謂上曰告煩下曰視朔不告月而宗廟也四不視朔棄朝政也

此盟晉有晏而強與欲與之盟也齊興晉皆千乘之國齊[illegible]晉弗能伐晉晉亦不援於齊乃乞盟不得已納賂求盟晉之君臣有

幼賤、畏于天也有周頌曰畏天之威于時保之詩周頌言畏天之威是保福祿

不畏於天、將何能保、以亂取國奉禮以守猶懼不終多行無禮

弗能在矣為十八年齊弑商人傳

見三按行父黨于仲遂擅作威福安知所謂禮又安知所謂

天特以商人不道狂如瘈狗盟主既無能為諸侯亦末如之

何唯有搔首問天誣其不免庶幾可以少安此亦無聊之詞

而不料其言之偉中也大抵凶逆之人終以取敗千古一轍

不獨一商人也

經 庚戌十有六年春季孫行父會齊侯于陽穀齊侯弗及盟杜解及與也

○夏五月公四不視朔諸侯每月必告朔聽政因朝于廟今公以疾闕不得視二月三月四月五月朔也

○六月戊辰公子遂及齊侯盟于郪丘文信郪丘齊地按今在信公疾且以賂故

悅甚矣
臧文仲祀爰居而文公毀泉臺
皆違民以怪者也蛇出而聲姜
薨毀而文公六年其義何
居
庸介於楚秦巴三國之間楚患
饑之也冬天於庸亟林之飢又有
戎狄之難乎羣蠻叛之此正楚
困有可乘之機無如趙盾貪
果甚不立諸侯安能問楚以
致楚合秦巴之眾去奇滅之
庸滅而楚之勢益張矣
昭兵而弒代之誠不自弒者襄夫人
主之以要道告國人樂之也為宕請
死節不書石吉名

山東東阿縣境○郪音西○秋八月辛未夫人姜氏薨僖公夫人文公母也毀泉臺臺名毀壞之也○楚人秦人巴人滅庸○冬十有一月宋人弒其君杵臼［權衡］弒君以氏通者稱氏以名通者稱名若名氏不通者稱人賤者稱盜昭公弒弟文公鮑立

傳十六年春王正月及齊平［杜解］齊前年再伐魯魯為受弱故平公有疾使季文子會齊侯於陽穀請盟齊侯不肯請俟君間間疾瘳間如字

見三按會者我往會也弗及盟者彼弗與盟也同一千乘之國俯首求盟而不得請俟君間分明以君為奇貨公之病將愈劇矣季文子賢大夫也而無能若是若是乎賢者之無益於國也

夏五月公四不視朔疾也公使襄仲納賂於齊侯故盟于郪邱

見三按公非真疾也特托於視疾以實行父之言即以動商人

十一

姜白岩曰國無礼義則信妖信鬼躋僖公鬼也毀泉臺妖也

之信耳告祖何事乃以畏鄰之故舉尊王敬祖之典竝之如遺其後遂習以為常餼羊徒具良可嘆也納賂請盟尤覺貽笑中外魯之為國苟免而已矣

有蛇自泉宮出入於國如先君之數史記魯世家魯公子伯禽子考公酋弟煬公熙子幽公宰弟魏公費子厲公擢弟獻公具子真公濞真音順弟武公敖子懿公戲弟孝公稱子惠公弗皇子隱公息姑弟桓公允子莊公同子閔公開兄僖公申十七君秋八月辛未聲姜薨毀泉臺【杜解】魯人以為蛇妖所出而聲姜薨故壞之

見三按蛇實不指其數而曰如先君之數亦係約略之詞一二庶術士倡為機祥之說以惑人心故聲姜薨而泉臺毀其實仲遂外蛇也敬嬴內蛇也兩蛇聚毒穢亂宮闈擁竊軌政卽是殺惡視立宣公政逮大夫而十七君之澤斬矣災異之來

周大章曰以危如朝露之楚、忽然安若泰山、則國有謀臣之效也、蒍賈定計伐庸、師叔又于伐庸出奇制勝、蓋不示之以强、則麇與百濮之師不罷、不示之以弱、則無以怒我而忽寇、不能一舉而滅之、洞悉兵机如指諸掌、所以愈勢愈急、謀愈紓、忽示有餘、忽示不足、美敵于股掌、而莫之知也、盤根錯節、所以别利器、不際此景象、二子之才不顯、國之成敗廢興、豈不以人哉

按因人曰楚莊初霸業開於伐庸敵國外患天之所以相英主也

豈偶然哉

楚大饑、戎伐其西南、至於阜山、師於大林、又伐其東南、至於陽丘、以侵訾枝、杜解戎山夷也大林陽丘訾枝皆楚邑按阜山今湖廣房縣南大林今在荆門州西北訾枝莊子云堯伐叢枝即訾枝也庸人帥羣蠻以叛楚、庸楚屬之小國麇人率百濮聚於選、將伐楚、百濮夷也選楚地按當在枝江縣南境於是申息之北門不啓、備中國楚人謀徙於阪高、楚險地按當在襄陽府西境蒍賈曰、不可、我能往、寇亦能往、不如伐庸、夫麇與百濮、謂我饑、不能師、故伐我也、若我出師、必懼而歸、百濮離居、將各走其邑、誰暇謀人、乃出師、旬有五日、百濮乃罷、濮夷無屯聚見難則散歸自廬以往、往伐庸振廩同食、振發也廩倉也同次食上下無異餼也次於句澨、楚西界地按當在均州西使廬戢黎侵庸、廬大夫及庸方城、庸地按竹山縣東有方城庸人逐之、囚子揚窻、戢黎官屬三宿而逸、曰、庸師衆、羣蠻聚焉、不

如復大師、遥還師復句且起王卒合而後進、師叔楚大夫潘尪曰不可姑
又與之遇以驕之彼驕我怒而後可克先君蚡冒楚武王父所以服
陘隰也陘隰地名、疏云楚世家云蚡冒卒弟熊達殺蚡冒子而代立是為楚武王與杜異也○蚡音粉
又與之遇、七遇皆北軍走曰北唯裨鯈魚人實逐之裨鯈魚庸三邑輕楚故但使三
邑○人逐之、按魚今四川奉節縣○裨婢支反鯈直留反庸人曰楚不足與戰矣遂不設備、
按不用羣蠻也楚子乘馹傳車會師於臨品地名當在湖廣均州界○馹音日分為二隊
部也兩道攻之子越鬬椒自石溪、子貝自仞以伐庸、石溪仞入庸道、今俱在均州界按秦
人巴人從楚師、羣蠻從楚子盟、蠻見楚强故遂滅庸傳言楚有謀臣所以興

黃鄰林曰春秋之世足以制楚者唯晉足以助楚抗晉者唯
秦庸介在秦楚巴之間巴合者秦楚所由通往來也二師歸合而庸滅庸滅而秦楚
之消息通天下一大變也故春秋謹書之、

姜白岩曰這篇寫昭公事從未說起公子鮑至此忽首點出明公之所以失人心者皆此人陰主之蓋賊首也礼于國人以下連用四句學見其收買人心費盡机關而弒昭之心通國同之矣傳特捧襄夫人欲通句以見夫人帷薄不脩故出力爲賊用凡鮑所爲皆夫人爲之公子鮑其主謀夫人則其下刃者也故其罪總在列卿華元石

見三按是時楚蓋岌岌矣爲賈一言楚賴以安謀人家國不深維事勢動以苟免爲偉其不誤天下事者幾希宋代澶淵之役苟非寇準力主過河將爲王欽若陳堯叟所誤而北狩之禍不待徽欽矣乃知蒍賈師叔實具絕大兵機前之出師不足而示以有餘虞詡之增灶也後之七北有餘而示以不足孫臏之減灶也有臣如此楚莊安得不霸

宋公子鮑〔注〕昭公庶弟文公禮於國人宋饑竭其粟而貸之〔林〕〔解〕言鮑之恤民年自七十以上無不饋詒也時加羞珍異羞進也疏云謂四時初出珍異之物加而進也〔林〕鮑之養老〔解〕言無日不數於六卿之門〔疏〕數不國之材人無不事也有賢材者〔林〕〔解〕言鮑尊賢親自桓以下無不恤也桓鮑之曾祖〔解〕言鮑親親〔林〕公子鮑美而豔襄夫人欲通之鮑適祖母而不可以禮防閑自乃助之施

十三

師也而受鮑之餌華耦司馬掌兵柄也而與鮑為黨意諸而外夆朝皆賊也公孫壽以死義命其子可謂鐵中錚錚夫人將使公田而殺之公何以知意諸洩之也公與意諸自分一死矣將田孟諸驅而納諸死地身方及郊刃已加首試思夫人之使使者何人帥甸之攻帥甸誰氏有王者起一班卿佐駢首市曹以謝昭公地下孰從而宥之哉亂臣賊子多以厚施篡國陳氏用之數世後得志而鮑乘飢施惠不過七八年間遂使通國之人如趨慕父母若弒而犹吉于諸侯曰君無道也君受不韙之名而賊若置身事外傳盡情敘出以發明聖人討賊之義

宋襄夫人之惡與漢呂后唐武后北魏胡太后相似在春秋惟文姜哀姜之流亞也乃論者前不重毋之死後不受妻之[illegible]能是

昭公無道（按忽接此四實相形難堪）國人奉公子鮑以因夫人於是華元為右師（元華督曾孫代公子成疏云世本督生世子家家生華孫華孫生御事御事生華元）公孫友為左師（[林解]友目夷子）華耦為司馬（代公子卬）鱗矔為司徒（[林解]矔桓公孫）蕩意諸為司城公子朝為司寇（代華御事）初司城蕩卒公孫壽（蕩之子）辭司城（按壽辭司城事在意諸來奔前）之請使意諸（壽之子）為之既而告人曰君無道吾官近懼及焉巳禍及棄官則族無所庇子身之貳也姑紓死焉（始且紓緩也）雖亡子猶不亡族（已在故也既事也）[林解]辛夫人將使公田孟諸而殺之公知之盡以寶行蕩意諸曰盍適諸侯公曰不能其大夫至於君祖母以及國人之（君祖母諸侯祖母稱謂襄夫人）諸侯誰納我且既為人君而又為人臣不如死盡以其寶賜左右而使行也去夫人使謂司城去公對曰臣之而逃其難若後君何（言無以事後君按班六卿愧死無地）一冬十一月

天幸

甲寅，宋昭公將田孟諸，未至，夫人王姬使帥甸攻而殺之。襄夫人，周襄王姊，故稱王姬。帥甸，郊甸之帥。按篇中皆書襄夫人至殺昭公，指名王姬，傳慎之也。蕩意諸死之。【旁解】鮑欲自掩其迹，以眾亂告，意諸之死，無以為辭，故隱而不宣，聖筆不得而增也。書曰「宋人弒其君杵臼」，君無道也。按【劉氏】謂如傳所說，則鮑為不臣，夫人為不母，而公未有無道之實，獨于見弒加以無道，與序事自相反，非也。蓋鮑以君無道國人弒之告諸侯，故魯史不能正其弒名耳。文公即位，使母弟須為司城。代意諸。華耦卒，而使蕩虺意諸之弟。為司馬。【補注】傳見惟殺意諸左師以下皆在位，蕩虺為司馬，則華氏之族庇，終公孫壽之言。

黃鄉林曰：美色，尤物也。美而加以豔，其為尤可知。宋前有美而豔之婦人，而殤公弒；後有美而豔之公子，而昭公弒。至公子朝亦以美通南子，亂衛國。美男破老，美女破舌，然則其美也，其豔也，不皆成其為尤哉！

十四

見三按公子鮑假謙恭以篡位蓋後世丑莽一流人物也王莽得新室文母為援而漢祚移公子鮑得襄公夫人為主而昭公弒皆千古奸雄之尤者而鮑為甚厚施貸粟夫人助之已受其名帥甸弒君夫人尸之已泯其迹然則欲通之而不可將講聘取武則天以古稀之年而猶綢繆小子襄夫人以拱木之年而忽眷戀童孫天生淫人作此淫孽真人理之不可解者昭公即位數年無甚失德祇以強幹弱枝之謀發自衷經中加不能勝反以速禍兩年之內公孫大臣相繼戕賊都子未去而公之黨已孤公子鮑者遂得窺伺其間有禮於施國人因之內有夫人為之主外有諸大夫為之助蓋諸之由殺一君如去孤雛播于諸侯曰君無道也兄受惡名已居大

位昭之弑非鮑而何先儒罪昭公罪國人罪襄夫人不獨罪
罪公子鮑其亦綱漏吞舟也歟

經　辛亥十有七年春晉人衛人陳人鄭人伐宋【杜解】自閔僖以下終于春秋陳侯常在衛侯上今大夫會在衛下傳不言陳公孫寧後至則寧位非上卿故也○夏四月癸亥葬我小君聲姜。○齊侯伐我西鄙西當為北蓋經誤六月癸未公及齊侯盟于穀。諸侯會于扈文公以弑君受討故林父伐宋以失所稱人晉侯平宋以無功不序○秋公至自穀。

○冬公子遂如齊。

傳　十七年春晉荀林父衛孔達陳公孫寧鄭石楚伐宋討曰何故弑君猶立文公而還卿不書失其所也【杜解】卿不書謂稱人按此史例也失所言失其所討之人也

見三按四國之卿全師而來聲以鐘鼓戰以錞于曰何故弑

然與商人立異而情同法皆宜討晉合諸侯伐宋大義也乃為所賊及立罪人左氏所謂失其所也春秋因之鄭皆宋不參所以責晉之嚴矣

郤缺之役公畏商人之伐大夫個賄盟之致期年之平齊侯遂狼假往盟齊之萬商人之無安之乎也

十五年扈之盟受齊賂而釋商人之誅此年扈之会受宋賂宋之宋然之位自後一無秋按此史不絕書而畫一表於趙盾之手矣哀哉因危厚而吉盾去年之之亡魏之也

公已與齊侯盟而遂夏往魯政在遂故也

姜白岩曰：時靈公既長，君臣嫌隙已開，前扈之盟失之於齊矣。今伐宋之役，未嘗不欲親蒞也，盾實抑之，委之林父，兵臨宋都，曰何故弒君。春秋討賊之師，未有大聲疾呼如斯者也。故大書曰伐宋，正其賊之爲鮑，而非赴告之所能掩也。書人，討賊之辭也。而盾已授意林父，以討賊來，以受賂去。明年靈公会諸侯于黄父，猶欲伸其前討，而盾乃定賊而還，于是靈之惡盾益深。

君，可謂明討賊之義矣。乃師方入境，輒以賂成逆臣賊子之相黨援，以成其亂，而桃園之禍亟矣。

夏四月癸亥，葬聲姜。有齊難，是以緩。過五月之例

見三按：左傳有齊難是以緩，以傳文考之，一年之內無齊人侵伐之事，何難之有？蓋郪邱之盟，公方托疾以規苟免，皆誠之禮廢而不親，故聲姜之葬亦改而從緩。親喪如此，其他可知。經與傳不貶一字，而不孝之罪不可掩矣。

齊侯伐我北鄙。襄仲請盟。六月，盟于穀。晉不能救，魯故請服

見三按：郪邱之役，以賂求盟，既盟而猶不免于伐，宋朝屈意事金，納幣通使，幾無虛日，亦無寧歲，嘗和之一字，諱之也。求苟免者，盍鑒諸。

姜白岩曰：鮑已立矣，晉既賂矣，猶恐其君未列于會，而四國之外、本國之中或起問罪之師也。故于伐宋納賂之日，預訂盟扈之期，皆林父一力承當，而趙盾主之。于是四國大夫皆曉然知盾之党賊而無能為也。鄭子家後此之弒君者，賊臣膽肆而抗讓其貳楚，子家笑之矣，宜其振振有辭也。

晉侯蒐于黃父，杜：一名黑壤，晉地。遂復合諸侯于扈，平宋也。傳不列諸國而言復合，則如上十五年會扈之諸侯可知也。公不與會，齊難故也。書曰諸侯，無功也。刺欲平宋而復不能。於是晉侯不見鄭伯，以為貳于楚也。鄭子家使執訊而與之書，執訊，通訊問之官，為書與宣子。以告趙宣子，曰：寡君即位三年，魯文二年。召蔡侯而與之事君。九月，蔡侯入於敝邑以行。朝晉也。敝邑以侯宣多之難，寡君是以不得與蔡侯偕。宣多既立穆公，恃寵專權。十一月，克減侯宣多，而隨蔡侯以朝于執事。減損也。難未盡而行，言汲汲于朝晉。十二年六月，歸生子家名。佐寡君之嫡夷，太子名。以請陳侯於楚而朝諸君。請陳于楚，與俱朝晉。十四年七月，寡君又朝，以蕆陳事。蕆，勑也。勑成前好。○蕆，梃上聲。十五年五月，陳侯自敝邑往朝於君。往年正月，燭之武往朝夷也。將夷往朝晉。八月，寡君又往朝。以陳蔡之密邇於楚，而不敢貳焉，則敝邑之故

也密邇近也比雖敝邑之事君何以不免免也罪在位之中一朝於襄
襄公而再見於君靈公也夷與孤之二三臣謂燭之武歸生自謂相及於絳晉國
都按歸生對晉當云寡君之二三臣此言孫者若代其君言之辭氣益急矣雖我小國則蔑以過
之矣今大國曰爾未逞吾志敝邑有亡無以加焉古人有言曰
畏首畏尾身其餘幾言首尾有畏則身中不畏者少又曰鹿死不擇音音所茠蔭之處
古字聲同皆相假借附注莊子鹿死不擇音郭象注云野獸蹴之窮地意急情盡則和聲不至詳子家此書未有從楚之意下
文待僞如鹿走險欲一鬬而死不暇擇音而鳴惡耳按子家以其言過厲故以鹿不擇音為喻之小國之事大
國也德則其人也以德加己則以人道相事不德則其鹿也鋌而走險急何
能擇鋌疾走貌鋌他頂反○命之罔極亦知亡矣言晉無極命將悉敝賦以待
於儵唯執事命之儵晉鄭之竟言欲以兵距晉按此正急何能擇之言文公二年六月壬
申朝于齊鄭文二年魯莊二十三年四年二月壬戌為齊侵蔡魯莊二十五年亦獲

成於楚。鄭與楚成。居大國之間而從於彊令，豈其罪也？令，號令也。大國若弗圖，無所逃命。晉鞏朔行成於鄭，趙穿、公壻池爲質焉。按穿與池皆晉侯壻。【陳傳】傳言晉之不競。

黃鄉林曰：子家之書雖屬激烈，然亦晉人有以致之。弒君之賊不討，反以貳楚爲辭，蓋納賂乎宋，趙盾亦無辭以對諸侯，故特起一波，以示黃父之會，非專爲宋，狡彼鄭人，肯受其挫辱哉！晉不足與，君若臣蓋早有成謀矣，行成爲質，虎頭蛇尾，貽笑諸侯。看來趙盾老奸，才與本屬庸庸，只會取賂而已。

見三按：此篇爲鄭國辭令權輿，子產徵朝獻捷之對、太叔盟宋弔晉之對，皆祖此也。但其劍拔弩張，溫文之意少，節制之意多，有乖事大體裁。其邦日蹙，處不得已，可概見。

姜白岩曰中原無霸而甘氏能敗戎師亦衰周所難可知戎之横由也齊晉之怨視王室矣

韓友一曰項羽篇上之戰軍殺漢兵五十萬亦乘其飲酒高會而敗之故軍中不可一日弛備

黃東鄉林曰兩国交質安用霸主晉其替矣

黃蕭林曰兩晉人物無一偷字壞事文仲之言真可示朽

基下師泉臺之地也蛇出而公薨於此怪異驗矣幾亦何益秦自九年以後始與魯通至是遂出其[illegible]而[illegible]有之甚也

秋周甘歜（周大夫）敗戎於邥垂（周地按今為河南洛陽縣○邥音審）乘其飲酒也（陳傅）

見三按遂戎貪孟後又見此凶酒之為害烈矣

為（成元年王師敗起傳）

冬十月鄭大子夷石楚為質於晉

見三按春秋初年周鄭交質而王迹息春秋中年晉鄭交質

而霸圖替思王之詩繼以思霸（曹）朝檜詩人豈得已哉

襄仲如齊拜穀之盟復曰臣聞齊人將食魯之麥以臣觀之將

不能齊君之語偷（猶苟）且臧文仲有言曰民主偷必死

見三按求盟不已繼以納賂納賂不免繼以親盟又遣卿拜

盟魯之事齊可謂恭矣至拜盟而又欲食魯之麥胔人訶不

死魯禍猶未息也

商人弒君之賊、齊人所當討也、不稱討而稱弒其君、所以罪齊人之失刑、使之得成爲君也、書如齊、使公子卒二人扶强援弒君也、凡使不書介、得臣預逆謀、故書之也、惡未入之不當稱子、稱子成其爲喪之君也、所以成惡之君、不當書卒書卒、明其爲弒也、新生不書卒、罪仲遂也、齊人弒舍而歸叔姬、魯人弒惡而歸姜於齊、有弒君者無所後一轍、王綱紊亂、若罪聖人所重、莫有其罪而討之者、國若罪墨哀也、遂與得臣如齊、亦子叔弒子惡弒而行父又如齊、亦二之弒主並逆主之齊成之、二人實與聞之也、其能究於三反乎、莒僕有寵、弒其父之心與與弒其君之謀、傳責莒僕、溯禍始也、經書莒以弒告、舊錄也

周大章曰、齊侯之死、襄仲以語斷之、醫以疾斷之、楚邱以卜斷之、皆不及期而究之、不死于疾而死于弒、似以語偷爲主、公以死卜齊侯、而公亦死、且較不及期者而先死、而主卜者亦死、談理論數、確有可據

經 壬子 十有八年春王二月、丁丑、公薨于臺下。秦伯罃卒。康公卒子共公稻立 ○夏五月戊戌、齊人弒其君商人。懿公弒兄公元立 ○六月癸酉、葬我君文公。○秋、公子遂、叔孫得臣如齊。[杜解]書二卿以兩事行、非相爲介、冬十月、子卒。子在喪之稱 夫人姜氏歸于齊。按子卒而母大歸、其弒顯然 季孫行父如齊。按夫人歸而行父如齊、其與弒顯然 ○莒弒其君庶其。

傳 十八年春、齊侯戒師期、[杜解]以伐魯 將而有疾、醫曰、不及春（秋）將死。公聞之、卜曰、尚無及期。尚庶幾也、欲令先師期死 惠伯令龜、以卜事告龜 卜楚丘占之曰、齊侯不及期、非疾也。君亦不聞。言君先齊侯終 令龜有咎。言令龜者亦有凶咎見於卜兆、爲惠伯死張本 二月丁丑、公薨。

黃鄉林曰、死兆而齊侯申池之變、魯公臺下之薨、惠伯於馬矢之埋、刻期不爽、唯其理明、是以數精、古卜筮之所以利民用也

家則堂曰：胡氏謂公卿事皆有黨賊之罪可也，謂國人皆在不赦，無乃非春秋之用法乎。漢人每當諸侯王有反謀，根連株逮，徧及國中，此借經義以殺人，不可不辨。姜白岩曰：君子于齊商人之弒而不得不於元，是問也。商人弒君之賊，国人不服，三月而後定。元起問罪之師而殺之，則元之国也，即受商人之國，而誅之亦討罪之義也。今事之至五年，亦既君之矣，豈能討之，或曰邴歜閻職弒之，元不與聞也，亞正不然，讓國不受，取賢名也。齊人以為子臧之節，吳巳氏顯其惡也。

自太卜廢而此道遂解嗣音矣。見三按齊侯之死，醫者斷其不及秋，卜者斷其不及期，且知魯之君之臣皆有咎，可謂神於術者。但卜猶有卦兆可參，醫者憑何方書，而精斷若此，較之和緩不更進一籌歟。

齊懿公之為公子也，與邴歜之父爭田，弗勝。及即位，乃掘而刖之，【杜解】斷其尸足。○邴音丙。歜昌欲反。掘其勿反。刖音月。而使歜僕。僕御。納閻職之妻，而使職驂乘。驂乘陪乘。夏五月，公游於申池。齊南城西門名申門，齊城無池，唯此門左右有池，疑此即是。按今在山東臨淄縣西。二人浴于池，歜以扑抶職。扑，箠也。抶，擊也。欲以相感激。○扑普卜反。抶敕乙反。職怒。歜曰：「人奪女妻而不怒，一抶女，庸何傷。」職曰：「與刖其父而弗能病者何如？」言不以父刖為病恨。乃謀弒懿公，納諸竹中。【林解】納懿公子申池之竹中。傳焚申池之竹木是也。歸，舍爵而行。飲酒訖乃去。言齊人惡懿公，二人無所畏。齊人立公子

齊人以為獨夫可誅其心即宋鮑篡昭之心而鮑以陰傾之元則明暴之也且魯仲遂欲弒太子請于元元非弒君何以欲親魯以為援元非弒君何以使人弒君而主庶姜為齊女懸視為元甥元非弒君誰敢弒其二甥而不之忌元何忍弒其二甥而不之顧此皆元與于弒之證也況申城在齊城之南輪蹄輻輳士女聚會之地非如太康之田于洛汭鄭傳之遠出于鄭也有大臣侍從有軍士護衛稠人環視而僕隸小臣安敢取而殺之即或殺之必如鱄諸刺僚而鈹已當胸刷殺萃中而身已授首胡然君既死而人不之問納之竹中而人不知覺舍爵而行從容自在而不虞齊之討夫國有主之者也主之者元也而元遂自立為君絕不問懿死何故出之竹中何時二賊之奔何地元固以為國人之討賊也而左氏則以為元之弒君也

憑天閑曰歜語必在人字若不知專妻高為何如人職語

元、桓公子、惠公

黃鄉林曰天下快最快心事莫如如祿山叛唐而弒於其子慶緒朱溫篡唐而弒於其子友珪天網恢恢亂賊之人斷未有得漏者商人竊位三年天王不問伯主不討自以為人莫如我何天厚其毒闇職二人談笑殺之而有餘申池齊地平陰之役晉伐齊焚申池之竹其竹林茂盛可知懿公之尸納諸其中猶為得其所哉死而有知當曰何可一日無此君

見三按春秋于文十四年書齊商人弒其君舍文十八年齊人弒其君商人三年之間日月幾何乃出於商人之手還中於商人之身往復循環昭昭不爽豈天道確可信而人心果不足憑耶善商人之厚施聚如其偽也而爭田刖屍納人妻

十九

少在其字并不知見刪者
為詐之父矣謾以毒
韓友曰二人者有叛志故
相挑以成謀司馬子長之
論伍子胥也曰怨毒之於
人甚矣哉洵不誣也

貪於財、漁於色、酷於刑、罰及愛闔、戮及枯骨、此其身心之遍露而無容掩也。驟施則盡家以貸公有求而何至爭人之田。弒君則挈國以讓公子元而何至奪人之妻。廣衆可與、鉅夢難偽、千乘可輕、豈美見色。方其修飾名行之時，便已釀無窮之殺機。不然則其父而僕其子，納其妻而驂乘其夫，雖至愚不為，以商人之盜名攘國，自矜智巧，何至為此顛倒。蓋天既假手於二人，故禍發於所忽，昏昏而不之覺也。嗟夫，厚施竊國，商人特以快一時之欲，而齊之亂賊遂爲良法，陳氏遂至於篡齊，奸雄作俑，流毒無窮，可不可畏哉。

六月葬文公。○秋襄仲莊叔如齊惠公立故且拜葬也　襄仲賀惠公立，莊叔謝齊來會葬

見三按二卿如齊名為拜葬實謀弒適行父者奸陽卸其事陰贊其成原情定罪不應減行父于仲遂之下

文公二妃敬嬴生宣公敬嬴嬖而私事襄仲宣公長而屬諸襄仲襄仲欲立之叔仲（惠伯）不可仲見於齊侯而請之齊侯新立而欲親魯許之冬十月仲殺惡及視而立宣公（惡太子視其母弟殺視不書賤之）書曰子卒諱之也（按不書弒諱之非以書子為諱杜謬）仲以君命召惠伯（諱以子惡命）其宰公冉務人止之曰入必死叔仲曰死君命可也公冉務人（惠伯）曰若君命可死非君命何聽弗聽乃入殺而埋之馬矢之中死不書者史畏襄仲不敢書殺惠伯公冉務人奉其帑以奔蔡既而復叔仲氏（不絕）其後夫人姜氏歸於齊大歸也（惡視之母出姜也與有罪出者異）將行哭而過市曰天乎仲為不道殺適立庶市人皆哭魯人謂之哀姜（所謂出姜不允

移下 唐錫周曰：質言之只一哭字可了，着眼在一市字，使生出無數花色，無數神情。曰過市則涕泗滂沱非一時，曰皆哭則涕零如雨非一人，更妙在哀姜口中十字，自佳（哽咽）定然光景，蓋十字少一字不得，亦更無字可說也。

移上 賀仲軾曰：魯君最弱，然自隱以來未有如文之甚者，非弱也，直闇耳。不知天王加礼之為寵，不知處父盟己之為辱，不知齊人執女之為恥，緩作僖主則輕父，緩葬聲姜則輕母，大室屋壞則不敬宗廟，四不視朔則不尊天子，縱逆祀則亂君臣，嬖敬嬴則亂嫡庶，賂齊求盟則辱侯服，雖在諸侯之列，幾不比數于人，恬然安之，魯之衰自文始也。

姜白岩曰：諸侯必踰年改元正位，既正位而書公，若非踰年，一年無二君，不得

稱公，此惡之弒，夫子不改書公薨也。不名，先君已葬也。不地，弒也。母弟視與其難，史狗仲遂之意，畧而不書也。叔仲彭生疾風勁草，盡節死也。史畏仲遂，亦不敢書，而亭林可亭俱謂畏聖人責其不能討賊，非也。国人稱曰哀姜，覺夫人一哭，市人皆哭，而嬴與仲與杵父之惡附以不磨。魯人以哀字名姜，勝于國之謚法矣。夫人初無失德，遂之大歸，生絕其尊，死復擯不祔廟，此又成風僖公所不為也。

于魯

黃薌林曰：晋穆嬴、魯哀姜俱以哭聞。穆嬴之哭在靈公尚在之時，故舉朝負氣，宣孟加爲回心。哀姜之哭在惡視既殺之後，雖市人嗚咽，而襄仲絕不動念。穆嬴之言嚴而正，哀含刀鋸；哀姜之呼哀以悲，泪帶滂沱。天乎七字，千載而下讀之，猶覺酸鼻。杵父老奸，置若罔聞，魯史稱之爲社稷臣，社稷亦奚頼有是臣乎。

見三棲以前嬖寵奪嫡，未有不內結大臣、外援強藩而能成其計者。敬嬴早事文公，權震內宮。姜氏雖嫡，後來無寵，惡視二子幼而無能，敬嬴之圖度久矣。私事襄仲，蓋有成議。內與季叔皆與其謀，外而強齊亦受其賂，羽翼已成，不可動搖矣。此時惡視二子如几上肉，剸而殺之，如一孤雛。所以忍者，以惠伯一人耳。必并止其主，固忠惠伯之

而能殉國亦忠。過市一呼，声有餘哀。殺適立庶，罪布通國，權加足以懾朝野，不能禁一婦人。天乎七字，勝于討檄百道矣。

姜白岩曰此篇為文子自已供狀見有礼于君者事如父母何以惠伯之死埋之馬矢之中未聞一言惡無礼于君者如鷹鸇逐鳥雀若襄仲之殺惡視出哀姜何不聞以不德討之既以納賂縱莒旋以納賂會齊何矛盾若斯也而況言出而敷意傲而專傳于季氏柄魯特詳此篇具見宿卑公室意如逐君皆自行父之操蹤始此誠季氏之不才子世濟其凶有王者起何止如四凶之投而四免于戾其誰信之

嗚呼文十八年惡視見殺宣十八年東門被逐一瞬間耳且惠伯死而後弑立歸父奪而家遂亡誰謂天道無知哉

莒紀公生太子僕又生季佗愛季佗而黜僕且多行無禮於國紀號也莒夷無謚故有别號僕因國人以弑紀公以其寶玉來奔納諸宣公公命與之邑曰今日必授季文子使司寇出諸竟曰今日必達未見公而文子出之故來不書公問其故季文子使大史克對曰先大夫臧文仲教行事君之禮行父奉以周旋弗敢失隊曰見於禮於其君者事之如孝子之養父母也見無禮於其君者誅之如鷹鸇之逐鳥雀也先君周公制周禮曰則以觀德則法也合法則為吉德德以處事處猶制也事以度功度量也功以食民食養也作誓命曰毀則為賊誓要信也毀則壞法也掩賊為藏掩匿也竊賄為盜賄財也盜器為姦器國主用也

藏之名、（以掩則為名）賴姦之用（用姦器也）為大凶德有常無赦（刑有常）在九刑不忘（誓命以下皆九刑之書今亡、疏服虔以為正刑一議刑八即引小司寇八議議親故賢能功貴勤賓之辟）行父還觀莒僕莫可則也孝敬忠信為吉德盜賊藏姦為凶德夫莒僕則其孝敬則弒君父矣則其忠信則竊寶玉矣其人則盜賊也其器則姦兆也（附注姦兆者姦姦之徵兆也）保而利之則主藏也以訓則昏、民無則焉、不度於善（度居也）而皆在於凶德、是以去之昔高陽氏（帝顓頊之號）有才子八人（八人苗裔）其蒼舒隤敳檮戭大臨尨降庭堅仲容、叔達（此即垂益禹皋陶之倫庭堅即皋陶字○隤音頹敳五才反音瑰檮音桃戭音寅尨莫江反降音杭）齊聖廣淵、明允篤誠、天下之民、謂之八愷（齊中也淵深也允信也篤厚也愷和也）高辛氏（帝嚳之號）有才子八人（八人苗裔）其伯奮仲堪叔獻季仲伯虎仲熊、叔豹、季貍、（此即稷契朱虎熊羆之倫）忠肅共懿宣慈惠和天下之民、謂之

八元肅敬也懿美也宣徧也元善也此十六族也世濟其美不隕其名濟成也隕隊也
以至于堯堯不能舉舜臣堯舉八愷使主后土地官禹作司空平水土即土地
之官以揆百事莫不時序地平天成揆度也成亦平也舉八元使布五教
于四方契作司徒五教在寬故知契在八元之中父義母慈兄友弟共子孝內平外
成內諸夏外夷狄王伯厚曰古者以德為木十六才子是也昔帝鴻氏黃帝有不才子掩義隱
賊疏云陰為賊害好行凶德醜亦惡也類惡物頑嚚不友是與比周比近也周
密疏云不友謂惡人不可親友而可親友而不才子與之附近親密天下之民謂之渾敦不開通之貌謂
驩兜○敦徒本反少皞氏金天氏之號次黃帝有不才子毀信廢忠崇飾惡言靖
譖庸回服讒蒐慝以誣盛德崇聚也靖安也庸用也回邪也服行也盛德賢人也林解蒐慝隱人
隱慝也天下之民謂之窮奇謂共工其行窮其好奇顓頊氏有不才子不可
教訓不知話言話善也告之則頑德義不入心舍之則嚚不道忠信傲很明

二十二

德以亂天常天下之民謂之檮杌謂鯀頑凶儔匹之貌無此三族也世濟其凶增其惡名以至于堯堯不能去方以宣公比堯行父比舜故言堯亦不能去須賢臣而除之縉雲氏有不才子縉雲黃帝時官名貪於飲食冒於貨賄侵欲崇侈不可盈厭聚斂積實不知紀極不分孤寡不恤窮匱冒亦貪也盈滿也實財也疏云金玉曰貨布帛曰賄天下之民以比三凶非帝王子孫故別以比三凶謂之饕餮貪財為饕貪食為餮疏云是三苗○饕他刀反餮他結反舜臣堯為堯臣賓於四門闢四門達四聽以賓禮眾賢流四凶族案四凶罪狀而流放之渾敦窮奇檮杌饕餮投棄也諸四裔遠也以禦螭魅使當螭魅之災螭魅山林異氣所生為人害者[附注]戴章甫曰據山海經神異經呂氏春秋所記則渾敦等俱獸名蓋四凶之號皆取象於惡獸杜氏以義理釋之非也[說文]裔衣裾也徐錯曰裾衣邊也故謂之四裔傳中裔夷裔子之類皆倣此○螭赦知反魅亡備反是以堯崩而天下如一同心戴舜以為天子以其舉十六相去四凶也故虞書數舜之功曰慎徽美也五

典（常也）五典克從無違教也（此八元之功）曰納于百揆百揆時序無廢

事也（此八愷之功）賓于西門四門穆穆無凶人也（流四凶）舜有大功二

十而為天子（舉十六相去四凶也）今行父雖未獲一吉人去一凶矣於舜

之功二十之一也庶幾免於戾乎（宮說克內則深中宣公之隱外則盛稱文子之功一脅一誣真季氏徒也）

黃薌林曰此季擅權之始亦行父逐歸父之根也仲遂殺嫡

立庶行父或畏其權或阿其意均未可知但身為正卿此等

大事斷無不謀之理觀仲遂欲立而叔仲不可行父竟不出

一言其為與謀可知陰與其謀以國祿位陽卸其迹以謝人

言此則行父之功也宣公初立人情未定過市一呼罪有通

國公與仲遂不無慄慄危懼之心故乘莒僕之來自比鷹鸇

二十三

逐在莒之僕、即以爲在魯之僕、今而書事在所必達、斯興曰
之政、在所以專語、語錄稜實語、語挾制、顧不自對而使太史
克對者、史爲記事之官、直筆不諱、是其專職、言之今日、即可
証之異時、故宣甫殘而殺適立庶、竟敢聲言于朝、東門之逐
亦不煩言而定、此則行父之奸也、讀者切勿爲所欺、
見三按、莒僕弑父來奔、竊玉納賂、行父逐之、宜矣、顧魯有東
門遂者、通敬嬴、殺惡視、立宣公、豈直無禮之云、舍在魯之莒
僕弗去、區區於一來奔之莒僕而去之、何行父之見其外而
不見其內也、且太史克之所對、儼然比行父于虞舜、夫漢臣
于董賢、大司馬册文、引允執厥中之言、長老見之、皆以爲堯
禪舜故事、莫不心驚、奈何行父竟竊比于虞舜而不疑耶、蓋

呂東萊曰昭公果無道其子孫豈有廁足之地武氏道昭公子為亂雖不克成數年而後已使宋果憾昭公安能至此

姜白巖曰宋文公純以仁義寵絡國人及得國則不仁不義殺母弟忌殺尤也及昭公子斬其嗣也滅武氏出穆族前不附己也然後知礼于國人者之為賊也

行父假手于仲遂以弒君者也故乘宣公之篡立備吾僕以制宣公即借虞舜以抬高自己見舜有大功而為天子季即不敢比于虞舜獨不可專執國政乎罪同仲遂而奸過之然則文子之無禮于其君又不待予若孫而始著姜白巖謂此篇為行父供狀誠然

宋武氏之族道昭公子將奉司城須文公弟以作亂文公弒昭公故武族欲因其子作亂以十二月宋公殺母弟須及昭公子使戴莊桓之族攻武氏於司馬子伯之館戴族華樂也莊族公孫師也桓族向魚鱗蕩也司馬子伯華耦也遂出武穆之族穆族黨於武氏故使公孫師莊公之孫為司城卒公子朝卒使樂呂為司寇以靖國人樂呂戴公曾孫為宣三年宋師圍曹傳疏云世本戴公生術術生澤澤生須須生大司寇呂今云曾孫誤也

見三按觀宋太宗之薄待其弟與姪則知當日之燭影斧聲原非疑案況即位未幾即殺母弟誅先君子波及武穆之族殘忍若此非篡賊而何先用閹人驟施之謀以收人心繼行詭諸除偪之計以杜後患真奸雄之尤哉

7.

宣公全

列國時事

宣公之世楚莊獨霸自元年侵陳遂侵宋三年伐鄭至十一年蹊田奪牛徵舒討而陳服而鄭宋皆可兼致矣然鄭猶激事晉也十二年肉袒牽羊邲戰勝而鄭成而西諸侯皆可致矣然宋猶救蕭也十五年析骸易子華元質而宋平而東諸侯皆可致矣問周鼎盟吳越較延道之請山戎之伐有過之無不及焉而晉孜孜於攢函方伢口於文王之勤悻悻於斷道且逞志於婦人之笑滅狄雖矜千室之臣圍宋莫解三旬之困不唯晉儒非楚旅之匹即郤荀輩又烏足以敵申叔蔿敖也其世失霸不亦失乎顧自有霸以來齊桓只爭一鄭晉文兼爭一宋楚莊則並爭一陳蓋陳蔡

近楚為中國之障故蔡從厥貉而楚穆以强陳討少西而楚莊以覇至宋為王者之後又重以茲父之殃故搶攘者自北杏而後少息於弭兵鄭居天下之中又加以虎牢之險故紛爭者自盟鄧而後稍告寗於三駕二百四十二年間大勢不出於此自是吴通上國越横江淮而春秋以終傳於八年曰盟吴越而還蓋又為下半部之提頭也 李奉馮康

李騂

繼弑而書即位，坐首惡也。受位於戮臣，以為恩而莫之討，是君
之罪，是所以故書即位，以討之[illegible]
宣公之立，雖有貢成之，然出之
既婦懼生他變，故急迎女以固
齊好，在喪逆為一時之良謀，在宣
成千古之大惡。逆不稱族者，致
同姓之為臣于齊，義不稱族。婦
者有姑之辭也。善後魯君
臣即尊敬，寵為國母，稱婦如其
意也。即以着嬴之僭也。
傳謂納賂請會，趙謂拜成，胥蓋
以拜婚之礼行，納賂之事，其適謝
其謀深，世行父之所以
甲父討而穿倶是以謀亂蓋
急明年逆有桃園之弑。
公志在宣位，齊志得賂，不書及齊
書会，外為志也，所以治党賊之罪
前則行父如齊納賂，此則仲遂如齊
拜成，魯君齊侯会婦之位之謀于
茲遂矣，濟西田不稱我，求援納賂
甘於棄擲，非魯也。書取者，会貢利
成，其甚於侵伐，非齊也
郑自此女之世，常與魯抗，今寧為
立而反朝之，異齊也。
書楚伐楚，言志不在宋也。書
遂侵宋，言志不在宋也，書救陳不
言救宋，不許其救也。五国會師

春秋左傳精義卷十七

閩中　鄭林黄一桂　輯

男心垣見三　補輯

宣公　[孔疏]史記名倭、或作接、又作委。文公之子，母敬嬴。以匡王五年即位。謚法，善問周達曰宣。

經　癸丑元年春王正月，公即位。[劉傳]書即位，如其意也。○公子遂如齊逆女。[杜解]不譏喪娶者，不待貶責而自明也。三月，遂以夫人婦姜至自齊。稱婦，有姑之辭。不書氏，史之闕文。夏，季孫行父如齊。○晉放其大夫胥甲父于衛。放者，受罪黜免，宥之以遠。○公會齊侯于平州。齊地。按今山東萊蕪縣西有平州城。公子遂如齊。六月，齊人取濟西田。魯以賂齊，齊人不用師徒，故曰取。○秋，邾子來朝。○楚子、鄭人侵陳，遂侵宋。晉趙盾帥師救陳。宋公、陳侯、衛侯、曹伯會晉師于棐林，伐鄭。晉師救陳，宋四國君往會之，共伐鄭也。不言會趙盾，取于兵會，非好會也。棐林，鄭地，按今河南新鄭縣東。○冬

不能服鄭斬擒及作其國伐之何益不書趙盾不以大夫用諸侯也
求成非吉也侯人與國以求成更悖而無謀甚矣在於伐崇以專兵也
姜白岩曰出姜既歸恐如戴嬀之怨而陳侯爲濮之執也恐如叔姜之歸而齊侯爲夷之戮也如齊逆女而壻于齊姜雖善哭可以哀感路人必不可以義動齊惠篡逆之謀其罪大於喪娶

黃節林曰翬與桓謀弒隱如齊即爲桓逆女於齊遂爲宣謀弒子赤而亦爲宣逆女於齊同惡相濟如出一轍合前後觀之便知春秋書法而以翬遂爲黨惡也

黃節林曰襄仲弒君行父不能討可謂忝厥祖矣又爲之使齊納賂以請其

晉趙穿帥師伐侵崇、。晉人宋人伐鄭、鄭人即楚之罪小宋人弑君之罪大爲宋而合兵伐鄭非義也

傳 元年春王正月、公子遂如齊逆女、尊君命也三月遂以夫人婦姜至自齊、尊夫人也[補注]公羊曰遂何以不稱公子、一事而再見者卒名也按此魯史成法成十四年僑如襄二十七年豹並同[陳傳]傳言逆稱女以君爲尊、至稱夫人以夫人爲尊、成十四年傳曰稱族尊君命、舍族尊夫人後人妾加之也傳無以公子爲族之義

見三按宣公弑逆之惡、襄仲弑逆之臣、而結姻于助逆之鄰、同惡相濟、不分皂白、經與傳均無貶辭者、蓋春秋治人道之大法、就事論事、禮固宜然、若以喪娶爲罪、則大逆極惡、於喪娶何有哉。

夏季文子如齊納賂以請會、[杜解]宣公篡立未列于會、故以賂請之

見三按文子秉國之鈞、志不在君父、幸宣以爲私恩、故陰相

篡四立所謂鷹鸇之系安在哉

方望溪曰：軍門之呼，趙穿實為罪首，疑靈公陰謀除盾，欲剪其羽翼，命治舊獄，意本在穿，而盾乃釋穿而放甲，故公之惡盾益深，而穿之謀亂益急，明年遂有桃園之弑。

賀仲軾曰：行父國之世臣也，濟西田魯之守土也，先公遺土，一旦舉而畀之齊，賂強鄰，黨弑賊，行父之罪不可勝誅矣。若宣者，得國已侈，何有

挾而曲相就，益知莒僕之逐，的是劫制宣公，而子赤之禍罪不容末減。忽翻舊案，想係靈公之意

晉人討不用命者，放胥甲父于衛，胥甲，下軍佐，文十二年戰河曲，不肯薄秦于險。而立胥克。胥克，甲之子。先辛甲之屬大夫。奔齊。

見三按：河曲之戰，撓軍令者趙穿也，胥甲父次之。今既明正其罪，乃舍穿而獨坐甲父，又不放他國而于衛，且為之立其子，是俳欲庇甲父，而不能姑以此掩飾耳。即此趙盾久執朝權，外黨齊宋，內庇罪臣，不臣之漸，即此可想。春秋書之，所以著強臣撓法，行私之罪，不為一胥甲父也。

會于平州，以定公位。篡立者諸侯既與之會，則不得復討。東門襄仲如齊拜成。謝得會也。

六月，齊人取濟西之田，為立公故，以賂齊也。濟西，故曹地，僖三十一年晉文

于濟西田齊以貪賂助以逆犯天下之公義皆王章所必誅也
姜白岩曰會齊拜成而魯人墓弑之位定齊取濟西而齊人党弑之功成傳曰定公位又曰為立公故而聖人誅賊之義躍然
姜白岩曰傳以晉不足與為主以兩舉皆受賂而還也自後彼伐此救兩者相當而爭鄭不淨解揚見囚則晉霸衰矣然霸雖衰猶救陳則善之特不許其救弑逆之宋故略之救惡善也特不許楚救背晉之鄭故亦略之出二叙出則聖人之情見矣

魯以分

黄鄉林曰割地何以得國亂臣賊子何愛焉晉霸何事竟置不問蓋盾之處心已知為已累日兒討之地不欲問之也見三按納賂唯文子拜成則此自行此襄仲之狡也亦大寒心

在

宋人之弑昭公也在文十六年晉荀林父以諸侯之師伐宋宋及晉平宋文公受盟於晉又會諸侯于扈將為魯討齊皆取賂而還文十五年十七年二扈之盟皆受賂鄭穆公曰晉不足與也遂受盟于楚韓傳春秋初部

貲哉都也不愧名蘭

鼎裄田賂以公行譬之盜賊知賄而已寧知法令之所不許也耶所謂亂法法在也桓公起而此華革面矣文襄之後晉德雖衰諸侯猶未敢以為不足與也故郤缺一出于承匡而衛鄭求平夫何有趙盾者以敗之而合諸侯討賊皆以賂還此猶士師將治人罪而求請潛入拘考不竟兩解散所謂侮法法亡其害深於盜賊俱陳共公之卒楚人不禮焉

黄鄖林曰晉以兩受亂賊之賂遂失諸侯趙盾非唯縱賊實以濟惡其有誑械之萌乎

十三年卒在文陳靈公受盟於晉按陳靈反正似能從義然不能自強而致株林之變何足數乎秋楚子侵陳遂侵宋晉趙盾帥師救陳宋會于棐林以伐鄭也楚蒍賈救鄭遇於北林與晉師相遇按楚莊侵掠陳境遂侵宋晉聞其侵陳也救之而楚已在宋境矣遇晉遂救宋楚師還楚又道聞晉將伐鄭因還將救鄭與晉師遇傳文自明而或謂晉實未救宋非也北林鄭地今屬河南滎陽中牟二縣境囚晉解揚晉大夫解音蟹。晉人乃還

見三按晉之不競不在靈之後而在盾之專令狐之師突開秦釁河曲之役莫遏秦氛晉勞西顧斯楚熾南方此晉楚彊弱關頭亦趙盾一生罪案也盾猶不悛擅作威福賢如郤缺士會而僅參末議不肖如趙穿胥甲父而莫攖顯誅內之不能修治其政刑外之安能招懷以德禮齊宋弒賊取賂而還怨歸于君私歸于己四方諸侯痛心疾首皆以晉爲不足與

姜白岩曰：秦怨晉愈深，則楚交益固。和秦抗楚，文公所以得志于城濮也。晉欲者趙盾欲之也，乃穿以一言止之，謀卒不驗，而盾未有以罪之也，俱隱伏桃園之事。

姜白岩曰：上皆言晉之不競于楚，此明白點出，以見盾之草草了事者，意別有在也。數語前後皆貫。

而鄭蘭首倡其端，飛晉即楚，南北交争，卒兆邲戰之敗，關係非淺鮮也。宋陳盟晉而楚争之，鄭盟楚而晉伐之。陳之背楚以不禮故，義私而小；鄭之背晉以取賂，義公而大，即此便見不競于楚所以。楚莊一出而滅陳平鄭，敗晉圍宋，天下莫之抗。解揚之囚，特其小創耳。

晉欲求成於秦。趙穿曰：我侵崇，秦急崇，必救之。崇，秦之與國。吾以求成焉。冬，趙穿侵崇，秦弗與成。

見三按：河曲之役，趙穿實撓軍令，不正其罪，反聽其謀，見趙盾縱之，漸漸出手做事，爲桃園之履霜也。

晉人伐鄭，以報北林之役。報囚解揚。於是晉侯侈，趙宣子爲政，驟諫而不入，故不競於楚。競，强也。爲明年鄭伐宋張本。

黄藤林曰此南北興衰机關至飲馬於河而中国之氣蕭然矣

鄭附楚侵陳宋晉為宋故再伐鄭而無功又受楚命一戰宋而[illegible]大勝楚之主盟益張矣秦自河曲之戰七年不與晉争合取穿無故侵崇無獲於秦以犯秦怨秦伐晉而報復之師書[illegible]是時盾專國內亂托于伐國[illegible]

姜白岩曰宋鮑弒昭公自立晉合諸侯伐宋受賂而還而歸生帥師討之聖人所亟予也然而鄭無是心也不過助楚為虐耳傳著受命于楚一語而聖人不書伐宋之義見矣顧鄭無討賊之心而宋有負瑕之實華元宋之右師坐視昭公之弒賂盾而立文公者也不能馭將

見三按此趙盾歸咎于穿以為行弒之地左氏誤採晉乘入傳讀者勿為所惑

經 甲寅二年春王二月壬子宋華元帥師及鄭公子歸生帥師戰于大棘宋師敗績獲宋華元【杜解】得大夫生死皆曰獲范甯曰大棘宋邑按今河南睢州西有棘城戰皆書大夫帥師始此○秦師伐晉○夏晉人宋人衛人陳人侵鄭鄭為楚伐宋獲其大夫晉趙盾帥諸侯之師將為宋報恥畏楚而還失霸者之義○秋九月乙丑晉趙盾弒其君夷皋○靈公弒成公黑臀立○冬十月乙亥天王崩匡王崩弟瑜立○是為定王

傳 二年春鄭公子歸生受命於楚伐宋【杜解】受楚命也宋華元樂呂御之二月壬子戰于大棘宋師敗績囚華元獲樂呂司寇獲不及書非元帥甲車四百六十乘俘二百五十人馘百人按車中甲士步卒死亡殆盡不止俘馘也見其殘民狂狡輅鄭人鄭人入于井狂狡宋大夫輅迎也○輅五嫁反倒戟而出之

輕用其民，殺然決戰，喪師辱國，皆將安歸？狂狡，大夫也，失禮違命；羊斟，御也，私憾敗國，均謂之殘民以逞。夫二子之殘民，主帥殘之也。及既敗而入，其君不閽，鄉師之哭，其目不闔，降服之囚，抱頭竄竄，立門告歸，豈知滿城父老痛入心坎，非馬也，其人也。正以深刺元帥之殘民也。閽城者之謳，自當急為謝過，乃自謂功多，敗可不論。嗟呼！生靈何罪而為牛皮犀兕之擲，不亦謬乎？復于元語中點出「口衆我寡」，以見國法可宥，清議難容，是合宋國之人而交口唾之也。傳蓋體經義而為之，諸儒未嘗細讀，而肆意攻傳，適見其謬。

獲狂狡。馮氏曰：援之出井，反為所殺。君子曰：失禮違命，宜其為禽也。戎昭果毅，以聽之之謂禮。殺敵為果，致果為毅。【孔疏】兵戎之事，明此果毅以聽之之謂禮，能殺敵人是名為果，致此果敢乃名為毅。聽，邵氏曰：猶聽政之聽。易之，戮也。易反。將戰，華元殺羊食士，其御羊斟不與。及戰，曰：疇昔之羊，子為政；今日之事，我為政。與入鄭師，故敗。君子謂羊斟非人也，以其私憾，敗國殄也盡民。於是刑孰大焉。詩所謂人之無良者，詩小雅，義取不良之人相怨以亡。其羊斟之謂乎！殘民以逞。宋人以兵車百乘、文馬百駟，畫馬為文四百匹。【附注】邱光庭曰：馬之毛色自有文采，重其難得。以贖華元于鄭。半入，華元逃歸，立於門外，告而入。告宋城門而後入。見叔牂，羊斟。曰：子之馬然也。卑賤得先歸，華元見而慰之。○牂，子郎反。對曰：非馬也，其人也。叔牂知前言已顯，故不敢讓罪。既合猶荅也。而來奔。叔牂言畢，遂奔魯。賤者奔，雖接我史，不書。【補注】宋城，華元為植，巡功。【孔疏】植，將領主帥監作者。巡功，巡城。

（旁批：羊為故。當以其始羊故。滑稽之言，甚為深。何不曰今日之子。責羊斟即是責華元。語帶蓋憤。言外不苟，冷刺。）

撿作功也。城者謳曰：睅其目（出目），皤其腹（大腹），棄甲而復（謂亡師）。于（上下諧叶）

思于思（植，直吏反。載如見。典軍之將多鬢貌。○鬚貌，惡才反。釋文：多），棄甲復來。使其驂乘謂之曰：牛則有皮，

犀兕尚多，棄甲則那（猶何也。按承棄甲來，言牛與犀兕之皮俱可為甲，即棄之何傷，蓋示以己之功多，一敗不為辱）。（平日軍全可祁）

役人曰：從其有皮，丹漆若何（麻解。縱使有皮可以為甲，何如丹而漆之，使益堅固若何）。

（按元雖有功，能不敗則更美也。）華元曰：去之，夫其口眾我寡（傳言華元不吝其咎，寬而容眾）。（善自解嘲）

（儲同人也曰夫語／敗作如字讀者非）

黃鄉林曰：春秋時魯之臧武仲、宋之華元，皆名大夫也。一以朱儒而敗績于狐駘，一以于思而敗績于大棘。國人之誦、城者之謳，僨將面取，千載如見，所謂嬉笑甚于怒罵也。

見三按：街亭之敗，武侯自貶；富平之潰，浚罷魏公。軍法應爾，亦國法宜然也。華元身為元帥，如果紀律森嚴，信賞必罰，狂

五

善戲謔兮不為虐兮　嘲其目嘲其腹又嘲其頭

狄何能違命羊斟亦何能殄民夫馬逸不能止卻克以此成
功御入不使知張骼為之超乘華元帥四百六十乘入鄭軍
和事不聞出一謀臨事不聞決一戰于思于思竟以全軍之
衆付諸羊斟之一擲斟之殘民以逞實主帥先殘之也城者
一謳難逃清議而以大度目之貽譏甚

姜白岩曰前此宋不從晉可無敗也晉救宋亦無有敗也于是盾因救焦之役移師侵鄭以雪大棘之恥以悅宋而不虞楚椒之早待于鄭也乃以四國之衆避其偏師蓋盾有心事此行原不得已也楚雖救而鄭已服于晉故明年楚人侵鄭

秦師伐晉以報崇也（伐崇在元年）遂圍焦（晉河外邑按今河南陝州城內）夏晉趙盾救焦遂自陰地及諸侯之師侵鄭（陰地晉河南山北自上洛以東至陸渾補注三國大夫傳失其名孔氏謂微者非也按上洛今陝西洛南縣陸渾今河南嵩縣）以報大棘之役楚鬭椒救鄭（趙氏亦不）曰能欲諸侯而惡其難乎遂次於鄭以待晉師趙盾曰彼宗競（弱）於楚殆將斃矣（競強也鬭椒若敖之族自子文以來世為令尹）姑益其疾乃去之（欲示弱以驕之傳為四年楚滅若敖氏張本杜氏謂曰鄭受楚命大敗宋師獲其二卿此晉之不競也盾畏越椒之彊託辭班師失宋之

俞寧世曰：篇首不君三事，特少年狂狡者所為，忠臣左右匡之，未必不悛。然盾正不欲其悛也。靈公之立非盾本心，彼將援立庶孽，尚擅其國，方欲甚靈公之惡而戕之也。觀其假手刑穿市德於己，實司馬昭、蕭道成一流，非凡弒君比。據事直書，而罪狀昭然，比于燃犀。

周大章曰：靈公無道，不惟厚斂彫牆等事，非人君之道；而飾非拒諫，賊殺大臣，尤不君之甚者。此自是靈公實蹟，非宣子無端訕謗，以為行弒名色也。左氏云：凡弒君稱君，君無道也；稱臣，臣之罪也。大凡亂賊弒逆，固由主弱臣强，亦必人君失德，有以致之。靈公不

心孤諸侯之望。

見三。按：是時晉靈不君，趙盾將有異志，憂不在楚，故引師去之。襄二十五年齊崔杼之伐魯速歸，前五代時劉裕之平秦速歸，皆此意也。

晉靈公不君，厚斂以彫牆，彫，畫也。從臺上彈人，而觀其辟丸也。宰夫胹熊蹯不熟，殺之，寘諸畚，以草索為之，筥屬。○畚音本。使婦人載以過朝。趙盾、士季見其手，問其故而患之。將諫，士季曰：「諫而不入，則莫之繼也。會請先，不入則子繼之。」三進及溜，而後視之。三進三伏，公知欲諫，故佯不視。疏云：溜，簷下水溜之處，言近于公之前。○溜，力救反。曰：「吾知所過矣，將改之。」稽首而對曰：「人誰無過，過而能改，善莫大焉。《詩》曰：『靡不有初，鮮克有終。』大雅也。夫如是，則能補過者鮮矣。君能有終，則社

（批：盾加之以文其弒君之罪。歷寫其不君不過如此，則不君二字乃趙……　尚知畏趙盾。　士季見弒。　尚知認過，可見三伏無甚不君處。）

君自不待言特君即宋令旦不可以
不共且君有目而殺之亦誰敢與之
抗者盾惟畏死之心勝是以陷于大惡
而不知耳蓋靈公之立非盾本謀靈
公早已忌盾盾又驟諫益犯其所忌
不殺之不止使鉏麑賊之不得公謀愈
急而盾爲身之計出矣飲酒伏甲並嗾
神獒賴提彌明靈輒倖脫其禍雖
欲不亡其可得乎侍宴君側率傾
死士格鬬而出目中豈尚有君乎曹
瞞朱五驕蹇跋扈不是過矣桃園之
攻即云穿自爲之盾未必與而試問
攻桃園之甲盾之甲衆果不在内乎
不待反不討賊而知其罪無可逃也
安得因其與士季同諫又得諸侯爲
之效死遂借爲法受惡一語爲之末減
乎詳審顛末而盾之罪自定固不必
有心出脫亦不待深文羅織也
姜白岩曰盾未嘗弑君何以弑歸之
傳蓋言盾不弑君而實弑其君之故
以發明經義也靈公不君盾身受托
孤之重如前後左右罔非正人靈雖不

稷之固也豈惟羣臣賴之又曰袞職有闕惟仲山甫補之能補
過也詩大雅也言服袞者有過則仲山甫能補之君能補過袞不廢矣猶不改宣子已注到趙盾有多小
驟諫跋扈在内公患之使鉏麑晋力士賊之晨往寢門闢矣盛服麑既死則世事孰見之孰聞
之將朝尚早坐而假寐不解衣冠而麑退歎而言曰不忘恭敬民鉏音仕麑音倪盛音成秋君之賊稱爲恭
之主也賊民之主不忠棄君之命不信有一於此不如死也觸敬盾特文致其辭左氏亦鋪張其事而罪自見分明
盾殺之也槐而死補正麑既退則秋九月晋侯飲趙盾酒伏甲將攻之其
盾豈不知分明槐非趙氏庭樹稽有提彌明車右
右提彌明知之趨登曰臣侍君宴過三爵非禮也遂扶以
下公嗾夫獒焉明搏而殺之獒猛犬也爾雅狗四尺爲獒邢氏疏引公羊靈公有周狗言指揮如庵不堪
大廷之上全無人臣體統非賊而何
意之狗也。盾曰棄人用犬雖猛何爲鬬且出提彌明死之初靈輒之爲
嗾口素反
宣子田於首山舍於翳桑翳桑之多陰翳者按首山在山西蒲州東南見靈輒晋人
公介亦是盾所畜養死士以爲防身之地君則不告遂亡不知其居居又安知人世
餓問其病曰不食三日矣食之舍其半問之曰宦學三年矣未

肯何為至此傳寫靈無道數事知盾之失(于)國救也進其惡已成急而挽之君臣遂成雖隙先述士會之諫從容婉轉正為盾一驟字反照前年伐鄭傳曰驟諫此又曰驟諫驟者急而且數之謂以致靈不能堪不然士會亦諫靈何不殺會而殺盾也鉏麑徒刺臧稱其恭敬或謂表盾之忠為弒君出脫非也此正坐實盾弒君耳使盾與靈初無怨惡穿之弒靈變生倉猝盾或不與聞乎弒乃鉏麑求殺于前盾密密防護已如讎敵及飲酒將攻提彌明知之甲起而靈輒免之試問明何以知輒何能免知公徒皆盾私人而靈為孤立故公極多遠盾徒從容公方摩厲殺盾而盾已命駕出國門百忙中敘靈輒受恩輒以私恩廢公義不告自亡尚有廉恥正以反照宣子不出山而復也桃園之弒雖出于穿而消息相通早有成算弒者穿命之弒者盾也太史責以越竟討賊二事公羊專重討賊左氏專重越竟夫

段情節

知母之存否，今近焉，近去家請以遺之。使盡之，而為之簞笥也食與肉，寘諸橐以與之。既而與為公介，靈輒為公甲士倒戟以禦公徒而免之。問何故。對曰：「翳桑之餓人也。」尚有恥心，正以深責趙盾之偽也問其名居，［附注］問其名及所居也不告而退，不望報也遂自亡也。輒亦去。按或云盾亡，謬也乙丑，趙穿盾之從昆弟攻靈公於桃園。分明勾通一氣宣子未出山而復。晉竟之山也。盾出奔，聞公弒而還大史書曰：「趙盾弒其君。」千古直筆以示於朝。［補注］弒其君，乃錄外之辭。穀梁云弒公，是矣八字鐵案宣子曰：「不然。」對曰：「子為正卿，亡不越竟，反不討賊，［胡傳］是盾偽出而與聞乎故也非子而誰？」宣子曰：「嗚呼！似認罪我之懷矣，自詒伊慼，其我之謂矣。」似不認罪，去奸声音，千載如聞逸詩也。［附注］邶風雄雉篇其以阻為慼，蓋傳讀之異。按盾言我之懷戀晉國，致此慘慼，撤去反不討賊一層，而又托為老臣愛國之義，正善于飾非孔子曰：「董狐，古之良史也，決非孔子之言書法不隱。不隱盾之罪趙宣子，古之良大夫也，為法受惡。善其為法受屈惜也，越竟乃免。」宣子使趙穿逆公子黑臀于周而立之。黑臀，晉文

即越竟亦邴歜閻職之舍爵而行也
即討賊亦司馬師之誅成濟朱全忠
之誅蔣元暉柳璨也何辭于弒而況不
越竟而反是偽遁也不討賊而且用
賊逆君使他人不敢討是同為賊也盾
為正卿非首惡而何引仲尼之言一以
見趙盾之惡所由著凡賊無主名者
因國無良史故也一以見盾良心未死
為法受惡無辭凡書國書人以疾卒
者由賊臣矯飾以赴也而諸弒君皆
準諸此

士会諫君極明白亦極委婉
最為得體後世人臣連章累
牘或羣衆伏闕君一不聽者
則無從是以天聽於不可
回也

公子疏云周語成公生其母夢神規其臀以黑曰使有晉國故命之曰黑臀晉世家成公母周女也壬申朝於武宮、

黃薌林曰晉靈公之獄說者謂盾之得罪皆由於以義匡君為社稷之故情不得已夫君臣無獄何論是非勢嗾甲興之頃盾不伏地請死而殿階之間以刃相向盾出而君弒此尚容解說乎況亡不越境反不討賊太史已明告之矣宣子也受惡名而趙穿竟置不問又使之逆成公于周以固其寵盾之心路人知之矣傳者歷敘靈公之欲殺盾以見怨毒之深又歷舉盾之多死士以見黨與之盛趙盾弒其君太史非失入也

見三按世之治趙盾者僉曰河曲之戰不誅趙穿是縱之於

前矣。桃園之攻，不討趙穿，是與聞其故於後矣。此猜度之詞，非定案也。夫靈公非大無道之君也，雕牆彈人，特少年喜事者之所爲；殺宰夫，置諸畚，使婦人載以過朝，則其心固有所忌憚而不敢肆也。士季進諫，尚有悔心；趙盾驟諫，直同刺背，不殺之而不快，欲殺之而不得，如漢獻帝之於曹瞞，魏高貴鄉公之於司馬昭，則其箝制左右，凌轢殿廷，爲何如耶？是故鉏麑之刺，刺趙盾也；伏甲之攻，攻趙盾也；周狗之嗾，嗾趙盾也，于趙穿何與？趙穿特爲趙盾轉移耳，特成濟、張衡之流耳。鉏麑何以不得其死？分明盾殺之，而文致其辭。提彌明、靈輒何以不呼而應？分明盾之畜養私士，布滿朝廷，以爲敵公之用。闕後自出，跳出事外，一則恐事不成，害及其身，一則恐事

成身受惡名定計而出聞信而還者始謀心千載如見豈特亡而越竟絕不聞枕屍之哭反不討賊且遣為新君之迎而後路人盡知其情哉

姜白岩曰晉自士蔿殺羣公子驪姬之亂詛無畜羣公子惠公不納羣公子文襄以來雍在秦樂在陳成與惇迎於周伯儵叔劉居狄晉無公族久矣盾立公族大夫亦扶公室之大機也無如賊臣謀國止知利己未反公族一人而但立公族之官以卿之子為之於是有公族之名而公族永廢

初驪姬之亂詛無畜羣公子詛盟誓自是晉無公族無公子故廢公族之官疏云公族之官掌教公之子弟也及成公即位乃宦仕也卿之適子而為之田以為公族為置田邑以為公族大夫又宦其餘子亦為餘子適子之母弟也亦治餘子之政疏云主教卿大夫適妻之次子其庶子妾子為公行掌率公戎行疏云公行不教庶子卿大夫之妾子亦是餘子之官教之晉於是有公族餘子公行皆官名疏云三官不見周禮趙盾請以括為公族括趙盾異母弟趙姬之中子屏季也曰君姬氏文公女成公姊之愛子也微君姬氏則臣狄人也公許之盾狄外孫也姬氏逆之以為適事見僖二十四年冬趙盾為旄車之族旄車公行之官盾本卿適其子當為公族辟屏季故更掌旄車疏云主車公行列謂之公行車皆建旄謂之旄車之族盾

自以其身為妾子，故使其子為妾子之官，也源同長，而使括以括為姬氏愛子也。使屏季以其故族為公族大夫。盾以其故官屬與屏季，使為衰之適。

名為公族，實為私家樹黨，盾之罪不可勝誅。

見三按：晉自驪姬詛無畜群公子，而公族廢。自趙盾立公族大夫，而公族亡。公族何官？趙括何人？使膺斯職，亦以君姬氏之德刻骨難忘，此番乃克酬所願也。因迎立定策之功，市私恩而酬舊德，專擅之罪愈彰，弒逆之心亦愈顯矣。讀此能無慨然！（私家益盛）

郊天之年，晉宣除喪出郊，而天示之譴也。傷一死又異，非常不祀，宥杞三望為政，詳書以示戒。戒在伊川，逼近王畿，楚莊之伐非疾法渾，蓋窺周也。闕與之罪小，觀兵之罪大，王孫滿獨折其詞，鳴不言觀兵於[illegible]，仲不[illegible]，衛王而詢包茅，使其可受也。徒伐戎而伐鄭，楚之勢益張，視中夏直若無人，屢書之，所以著楚之猾夏之罪，即以傷晉伯之衰也。赤狄即長狄，謂之赤狄，狄俗[illegible]。諡

經

（卯乙）三年春王正月，郊牛之口傷，改卜牛，牛死，乃不郊，猶三望。

○葬匡王。〔杜解〕而葬速。四月○楚子伐陸渾之戎。○夏，楚人侵鄭。○秋，赤狄侵齊。余氏光曰：赤狄隗姓，別為一種，在山西潞州以北而東界黎城，即古黎國也。其種有潞氏、甲氏、留吁，壤地相連。赤狄距齊甚遠，今其侵齊，始見于經。○宋師圍曹。○冬十月丙戌，鄭伯蘭卒。子靈

尚赤所以別於白狄也
武氏之亂非衆人所致也宗範
不知自反內睦九族而與五六以國
人之國其之盛六以見晉之衰也
胡氏云禮爲王服斬衰周人告喪
而未葬也祀帝於郊夫豈其時
其說是也杜謂不以王事廢天事考
王制喪三年不祭惟祭天地社稷
則越紼而行又豈魯之所得僭乎
又東萊云僖公僭郊而天不從今宣
欲僭而天又不從可畏也非也蓋僭
郊不書有故而後書也僭郊不書者
一則無以示訓一則爲君諱惡

公夷葵鄭穆公
五定王元年三年春不郊而望皆非禮也望郊之屬也不郊亦無望
傳可也
黃䕫林曰天王在殯晉天臣尹方哀慼之不遑不有于郊何
有于望牛口之傷天其厭之矣神其吐之矣猶者譏其可已
而不已也
見三按凡郊必養二牲一爲帝牲以祀上帝一爲稷牲以祀
后稷帝牲角繭栗在滌三月稷牲唯具是視帝牲有變則改
卜稷牲代之別以他牛爲稷牛若卜稷牲不吉或稷牲又死
則不郊禮也今牛傷而改卜改卜又死而不郊非失也何以
書譏其志也謂其雖不郊而猶望也蓋諸侯聞天子之喪當

姜白岩曰：陸渾之戎，秦晉遷于伊川，逼近王都，然未聞為中國患，蓋戎之弱小者，而楚以遠國忽其君自將舉大衆伐之，蓋窺周也。至雒耀武周境，其未入周咫尺耳，問鼎輕重，示欲取之。東萊以為傲然有篡逆無君之心是也。傳于楚莊盟列國之先，特著是篇，以見其平陳服鄭，皆聖人所深惡也。或云禹鼎所載，必九州風土貢賦

斬衰（弁義）起，凡有祭祀舉廢不行，魯之不郊是因牲之傷，有災傷而不郊，非因天王之喪而不郊也，況三望不廢，其不郊猶之郊也。不曰牲而曰牛，全者曰牲，傷者曰牛。

晉侯伐鄭，及郔。（郔音延，鄭地。）鄭及晉平，士會入盟。（為夏楚侵鄭傳）見三按晉不足與鄭已即夷，此時成公初立，故復棄楚而與晉。晉亦喜於得鄭，特遣正卿入盟。鄭穆公真識時務也。

楚子伐陸渾之戎，遂至於雒，（水名）觀兵於周疆。（北何地也而可觀兵耶）（陳傳楚窺周室。葉石林曰：楚欲觀兵，不懷好意，竟思染指矣。）（周疆假伐戎以過之）定王使王孫滿勞楚子。（周大夫）楚子問鼎之大小輕重焉。（示欲逼周取天下）對曰：「在德不在鼎。（一喝三日聾）（可見有德而後有鼎）昔夏之方有德也，（禹之世）遠方圖物，（圖畫山川奇異之物而獻之）（暗斥杜莊[?]）貢金九牧，（使九州之牧貢金）鑄鼎象物，（象所圖物著之于鼎）百物而為之備，使民知神姦。（圖鬼神百物之形，使民逆備之）【附注】鑄鼎事不經見，墨子云夏后開世命

有関天下後世之故而王孫泛引神姦不若何也曰陰斥楚旅也三代受命皆由明德明德者由仁義行其言皆從躬行中流出其得天下天實命之心事如青天白日無人不見楚旅遂戢目射蹄之子也曰為仁義之事躬亂賊之事睥睨周鼎欲取卒不敢遽取觀兵卒不敢用兵而其欲遂〻萬难措辞周鼎一間心其曖昧正螭魅罔兩之伎倆也提出天字明僭竊不臣必不為天之所容後段示以卜世三十確實可徵而衰周昏暴自取滅亡已足落螭魅之胆衰周氣象得此一二臣亦足生色

吳楚材曰提出德字已足以破癡人之夢揭出天字更足以寒奸雄之胆

大廉鑄鼎于昆吾灼龜得逢白雲之兆此說未知其審故民入川澤山林不逢不若逢遇若順也螭魅罔兩螭山神獸形魅怪物罔兩水神莫能逢之用能協於上下以承天一提天休民無災害則上下和而受天祐帶指楚莊桀有昏德鼎遷於商載祀六百釋文唐虞曰載夏曰歲商曰祀周曰年商紂暴虐鼎遷於周德之休明雖小重也不可遷其姦回昏亂雖大輕也言可移天祚明德有所底止底致也底音旨再提天○成王定鼎於郟鄏郟鄏今河南也武王遷之成王定之○郟古洽反鄏音辱卜世三十卜年七百天所三提天命也周德雖衰天命未改鼎之輕重未可問也四提天不曰不可問而曰未可問四復得又決絕又委[孔疏]律歷志周三十六王八百六十七年過卜數也按通體不提起楚若一比較便非立言之體

黃鄉林曰楚莊假伐戎為名觀兵周疆問鼎輕重直是睥睨神器儼然曹孟德司馬懿一流人物顧即斂兵而退者豈賴王孫滿大言之耳亦封建之維繫深也封建未改即天命未

姜白岩曰胡傳春秋大改過許遷
善書楚人侵鄭與鄭伯之能
反正也故獨著楚人侵掠諸夏之
罪毛氏奇齡駁之曰何以朝從晉
則朝褒暮從楚則暮貶當應
之曰朝尊王則朝褒暮從賊則暮
貶
知霸矣
姜白岩曰宋鮑殺母弟須逐武
穆之族前於文十八年已叙明慈

改誰謂不如郡縣哉
見三按此以見春秋之不可一日無霸也是時晉霸雖衰尚為
中夏盟主蠢彼荆蠻竟敢借伐戎為名窺伺神器周疆何地觀
兵何為問鼎大小輕重何意其事即王敦稱兵犯闕之事其心
即王莽偏奪玉璽之心向非召陵城濮遺烈猶存而東周之献
地又何待遲至赧王之世哉天祚明德有所底止靡特文武周
公為天所篤生之人以宏周京即桓文管仲亦皆天所特生之
人以延周祚凡僭王猾夏者舉在螭魅罔兩之列周王法所必
誅亦霸功所必討也後儒斷識乃以楚莊與桓文並稱不知王
並不知霸矣

夏楚人侵鄭鄭即晉故也
見三按宋齊弒君盟主受賂故鄭穆以為不足與晉成初立
改圖從晉致召楚兵晉𨚗終庇之則不至有肉袒牽羊之迎
歟
宋文公即位三年殺母弟須及昭公子武氏之謀也〔杜解武氏謀奉母弟

複叙之大書曰武氏之謀志討賊之首功也蓋武穆之族以曹師伐宋声其弒君之罪不可謂非義舉而悍然圍曹報伐此亂臣賊子肆行無忌也或疑伐宋經不書蓋曹以無功宋以被伐皆不告也

馬驌曰文公之子六人唯穆存焉穆公之生也有夢蘭之祥有姞甥之吉是以子孫孔多七穆蕃庶石癸之言卒驗矣焉或謂鄭之將興在得燕姞不知桓公受封国人愛之入為司徒周民和集而犬戎作難竟死王室武公繼之爰定東周是鄭之先世嘗有功于周有遺於民殆有

須及昭公子以作亂事在文十八年使戴桓之族攻武氏於司馬子伯之館盡逐武穆之族武穆之族以曹師代宋秋宋師圍曹報武氏之亂也

見三按漢翟義起兵討莽唐徐敬業起兵討武事雖不成修史者猶大書特書深嘉其志謂其明討賊之義也宋鮑弒兄自立臣民附之霸主成之天壤間幾不知天澤之分武穆之族獨能奉曹師以伐宋不可謂非義舉也興師報伐呰以黨武氏之罪蓋自盟扈取賂鮑愈肆無忌憚矣可慨也夫

忽天忽祖的是

冬鄭穆公卒初鄭文公有賤妾曰燕姞燕姞南燕姓夢天使與己蘭曰千

夢中境

余為伯鯈余而祖也伯鯈南燕祖鯈直留反以是為而子宋解以是蘭為汝子以蘭

古韻事佳話可為幽谷佳人生色

有國香人服媚之如是宋解服佩也古人以香草為佩媚愛也言使人尊愛汝子如服媚此蘭也既

慧

而文公見之與之蘭而御之辭曰妾不才幸而有子將不信敢

必興之理即無燕姞穆公固將生也

姜白岩曰文公當晉霸之時棄楚即晉穆公初立賴襄以霸晉靈初年依然未貳也及趙盾以賂定賊始以為不足與然卒與晉卒不遠而復蓋鄭之賢君也夢蘭言天又言祖或曰是夢中境然燕祖貽福子鄭若天使之然被三娶所出或死或不材卒立子蘭皆天也中段補述文公不德以見穆公修德有以幹蠱子士朝楚毒以見穆公穆晉有以禦強子瑕本非寃姞塲實為元寵結穴以與晉平四字蓋初終之志在從晉著其實之實也

徵蘭乎（懼將不見信故欲計所賜蘭為懷子月數）公曰諾生穆公名之曰蘭文公報鄭子之妃曰陳嬀（鄭子文公叔父子儀也漢律淫季父之妻曰報）生子華子臧子臧得罪而出（出奔宋）誘子華而殺之南里（鄭地在僖十六年）使盜殺子臧於陳宋之間（在僖二十四年）又娶於江生公子士朝於楚楚人酖之及葉而死（楚地按今江南葉縣南有古葉城）又娶於蘇生子瑕子俞彌俞彌早卒洩駕（鄭大夫）惡瑕文公亦惡之故不立也公逐羣公子公子蘭奔晉從晉文公伐鄭（在僖三十年）石癸曰吾聞姬姞耦其子孫必蕃（姞姓宜為姬配耦）姞吉人也后稷之元妃也（姞姓之女為后稷配周是以興故曰吉人）今公子蘭姞甥也天或啓之必將為君其後必蕃先納之可以亢寵與孔將鉏侯宣多納之盟於大宮（鄭祖廟）而立之以與晉平穆公有疾曰蘭死吾其死乎吾所以生也刈蘭而卒（傳言穆氏所以大興於鄭天所啟也）

辟

書公及齊侯[illegible]明扶齊之威也曰平莒及郯明為郯作主也與齊同平背齊独伐又取其邑是明以[illegible]公之田責[illegible]于莒也春秋蓋深責之子家之[illegible]因必有不獲於新君者教子公歸以逆謀相告且又書之否則子公方恨罪之不皇將以何事諉之乎春秋書[illegible]非嚴宋也蓋歸重于歸生耳以示之[illegible]所侵則惠之無政可知矣公[illegible]臣[illegible]公子遂季孫行父正而三聘齊至是正朝于齊威其邑[illegible]其討也鄭弒其君諸侯不問而[illegible]伐之雖非為討罪而來要以扶世為名聖人亦因其辭而權輿之非[illegible]子楚也末見吾重矣

黃薌林曰穆公請無與圍鄭即此一念便能子孫蕃衍蘭夢之徵特以表其異耳

見三按燕姞一賤妾耳未嘗君寵先兆天祥不知神何異於姞入夢而與之蘭文何愛於姞一見而與之蘭天緣適合一索得男以想其幽蘭貞靜不與衆妾爭妍亦猶蘭之生於幽谷不與凡草為伍有此芳操固宜其誕生寧馨見為人所服媚也七穆蕃昌豈偶然哉

經

丙辰四年春王正月公及齊侯平莒及郯莒人不肯公伐莒取向【杜解】莒邑按郯國名今山東郯城縣西南○郯音談○秦伯稻卒○共公卒子桓公立○夏六月乙酉鄭公子歸生弑其君夷○靈公弑弟襄公堅立○赤狄侵齊○秋公如齊○公至自齊告廟○冬楚子伐鄭

周大章曰：莒郯交惡，魯及齊平之，可謂義舉，而莒不肯者，以郯為魯姻親，而有所左右于其間，且挾齊以臨之，宜莒人之不心服也。不知自反，而以兵伐之，亦已甚矣。又取向焉，心既不公，復因之以為利，春秋所以深惡之也。

姜白巖曰：歸生，鄭之正卿，秉國鈞者也，豈公子宋所能脅之以從亂。由其一飲食必告，一嚬笑必知，相為一氣故也。手握大權，彼不言弒，誰敢弒之，而與之同謀，為之裁決，首惡之誅，其何能逭？此史官特書國人共見無可疑者。獨是靈公于二子相倚為姦之日，以細故挑之，公方

傳 四年春，公及齊侯平莒及郯，莒人不肯。公伐莒，取向，非禮也。

平國以禮，不以亂。伐而不治，亂也。〔杜解〕責公不先以禮治之，而用伐，以亂平亂。

以亂，何治之有？無治，何以行禮？〔通說〕此負販小人之所羞為者也。平莒與郯

見三按：齊魯以兩大國，如果悉得其平，莒何至不肯？即或稍有偏袒，莒亦不敢不肯。此必魯為郯主，藉齊為重，以要必成。莒有大不甘於心者，伐之且不可，況取其邑乎？一片私心，特强凌弱，覺取向乃其本懷，平郯特其藉名耳。

楚人獻黿於鄭靈公。穆公大子夷也。公子宋子公與子家歸生將見。子公之食指動，第二指也。疏云：五指，巨指、食指、將指、無名指、小指也。足以大指為將指，手以中指為將指。食指者，食所偏用。服虔云：俗所謂嘘鹽指也。以示子家曰：他日我如此，必嘗異味。及入，宰夫將解黿，相視而笑。公問之，問所笑。子家以告。及食大夫黿，召子公而

祖根

見其同惡相濟已非一日

可見其相視莫逆處

十三

萌欲殺之心彼遂有謀先之事由
公之權不足也宋之弒公必請命于
歸生以權在歸生權在歸生故弒
君有餘權不在公故制亂不足仁柔
不武安能有為所以為公惜也

食指桐柳也君以指之故而戲
其臣臣以指之故而循其君因
戲生怨因怨生弒故人君
之嚬笑不可不嚴而飲食
賓呂謟飛尤不可不謹也
韓友一曰畜老猶憚殺之殺
老牛莫之敢尸當日臣子可
以目其君為如此信是天地
推行時也

而怒字皆以飲食動殺机世聖人案記相須之

弗與也欲使指動無效子公怒染指於鼎嘗之而出公怒欲殺子公靈按
欲殺子公子公已知之乃濡忍不發此正權不足以禦亂處亦即其不武處子公與子家謀先子家
是何言也 況 憚奈則同可案矣然君以言直助之唐月再屬以須
曰畜老猶憚殺之而況君乎畜六畜呂說伐國不問仁人宋敢與歸生謀則歸生可知按弒君何事而
以畜老憚殺對極看得輕歸生不許即不敢行可知其權全在歸生生反譖子家子家懼而從之
夏弒靈公按宋能反譖歸生於公知公已親暱之矣反譖者謂歸生有逆謀故公欲誅歸生而歸生懼也然則其事
全賴歸生歸生朝許而暮弒也歸生不從則終不敢弒也主是弒者非歸生而何書曰鄭公子歸生弒
其君夷權不足也按言公以權授歸生而已之權微故歸生欲弒即弒之也君子曰仁而不
武無能達也按有優柔之而無剛斷之武故威令不行于臣下凡弒君稱君君無道也
稱臣臣之罪也按明經蔽罪歸生鄭人立子良穆公庶子辭曰以賢則去疾
不足以順則公子堅長乃立襄公襄公堅按裂冠毀冕時不可無此臣節襄公將說得軒
去穆氏逐羣兄弟按史記穆氏子公之族而舍子良以其讓也子良不可曰穆氏宜

存則固願也若將亡之則亦皆亡去疾何爲獨留乃舍之皆爲大夫。載此方是仁此方是武

黃鄉林曰歸生弑君左氏責其權不足此權字當作權度看非權勢之權也蓋物有權心亦有權物有權然後知輕重心有權然後知是非決大疑定大計加鋸加之而不驚鼎鑊臨之而不懼唯其義明是以仁至仁而不武祇緣心無權衡是非判斷不下一庸惡陋劣之鄙夫耶小則吮癰舐痔大則弑父與君無兩人也故天下柔媚無骨人率陷于大惡者何可勝數若子良者千乘之國可辭一本之親可保祇是知是非耶可與權矣

見三按春秋中弑君者多矣獨趙盾歸生俱是他人推刃蔽

此傳以子良觀之便足定歸生罪案矣夫日歸生與子良皆公族也子良言以君字受歸生告以弒君而守從子良能全七穆歸生不能保一君子公與歸生謀弒不敢與子良謀於此歸生謀可見其同惡相濟已非一日染指于鼎絕無顧忌情有歸生之手握大權可以[illegible]故卒陷于[illegible]大惡子良與其權而以權歸子襄公故得子享其人君寫子良之矣與[illegible]反刑歸生之據也傳有借賓以定主看此類是也

罪于此二人而歸生情節尤似可原不知歸生之罪同於趙
盾公子宋特趙穿之流耳蓋公子宋有趙盾之心而無其權
無其權而以歸生之權為權權之所在弒君之罪之所歸也
君子同道為脈是何食指動而歡相謔乎伐國不問仁人是
何大不道而容相告乎味畜老憚殺之心而知公子宋之恨
其君者不過解黿一事子家之鄙夷輕蔑其君者且萬端矣
趙盾以趙穿為爪牙無趙穿而趙盾自可以弒君公子宋以
歸生為羽翼無歸生而公子宋必不能以弒君觀宣十年鄭人
斵歸生之棺而不及子宋則弒君之獄有歸並非春秋之故
出人罪也堵父怒黿文伯見逐羊斟無羡華元被囚子公染
指靈公致弒曰腹之累人甚矣子良辭立大節卓然

姜白岩曰此叙越椒作乱以子文爲主首段統籠全局聚族人告之眷以無一端人易惑非義鬼猶求食數語声涙與俱斯時族人以爲迂且怪中段越椒既殺蔿賈又欲攻王狼子野心子文之言驗矣族猶不悟而反助賊宜其舉若敖而滅之也然若敖滅則子文不祀末段因推原子文生時之異云是爲令尹子文見方城漢水無不習聞包舉一生事蹟在内何可無後其孫二字拍轉復命自拘的是衆賢正與越椒之弗類相反從楚子語中點出勸善不善則滅爲善則昌理本如是也楚國僭王猾夏傳每寓嗛然未足之意熊虎之狀豺狼之声正與泣謨目豺声同符一則其鬼猶餒一則其子克昌天道茫茫何爲遽據子文于楚實爲巨擘然棄諸夢中來路不正安望其能郤翼小邦共奬王室不過虎爪狼牙共爲搏噬而已嗚呼皆天之降孽

駴人語

初楚司馬子良生子越椒。子文子良兄曰：必殺之。是子也，熊虎之狀而豺狼之聲，弗殺，必滅若敖氏矣。諺曰：狼子野心。是乃狼也，其可畜乎？子良不可。子文以爲大慼。及將死，聚其族，曰：椒也知政，乃速行矣，無及於難。【宋】解言椒若秉楚政，吾族當先出奔。且泣曰：鬼猶求食，若敖氏之鬼不其餒而？語助，言必餒。及令尹子文卒，鬭般子文子爲令尹，子越爲司馬。蔿賈爲工正，譖子揚而殺之，子越爲令尹，己爲司馬。賈爲椒譖子揚而已得椒處。子越又惡之，【林】解惡賈偪己。乃以若敖氏之族圄因也。魚呂反伯嬴蔿賈於轑陽楚邑。轑音潦而殺之，遂處烝野，楚邑將攻王。王以三王文、成、穆之子爲質焉，弗受，師於漳澨。漳水邊秋七月戊戌，楚子與若敖氏戰于皋滸。楚地伯棼越椒射王，汏輈，及鼓跗，著於丁寧。以輈車轅汏過也，箭過車轅上，丁寧鉦也，鄭元云軍行鳴之以爲鼓節。疏云車上不得置簨簴以懸鼓，故爲作跗，按跗

奇語　見哉語　声泪俱下言有餘痛　乳臭兒直料得到底奇識　非賈譖之乃越謫之也　惡其勝己非惡其偪己　其來　如矣　兩射甚奇一在王上一在王下

十五

於宗周也
韓反一曰楚子權詞以安三軍而鼓其銳蓋深知行師進退之要者漢高捫足亦此意也

子文虎乳越椒狼心虎狼兩能衛主狼竟噬主若敖氏前不聽子文之說而幾致餒其鬼後卒賴子文之力而克延其宗皇湖之役克黃以使齊獨存天善巧於報施善人也獨怪蔦賈幼而能識子玉之必敗及其服官獨不能料越椒之必亡黨亂速譖良善而已亦不免於見殺豈所謂少時了了大時不了了耶

足也。汏他來反跗芳扶反著直畧反又射汏輈以貫笠轂兵車無蓋尊者則邊人執笠依轂而立以禦寒暑名曰笠轂此言箭過車轅及王之蓋師懼退王使巡師曰吾先君文王克息獲三矢焉伯棼竊其二盡於是矣疏云以此軍人之心彊鼓而進之遂滅若敖氏初若敖娶於䢵國名按今湖廣安陸縣有鄖城古鄖國也生鬬伯比若敖卒從其母畜養也於䢵淫於䢵子之女生子文焉䢵夫人使棄諸夢中夢澤名按今湖廣雲夢縣治䢵子田見之懼而歸夫人以告告女私通所生遂使收之楚人謂乳穀謂虎於菟故命之曰鬬穀於菟以其女妻伯比伯比所淫者。穀奴口反於菟音烏徒實為令尹子文鬬氏始自子文為令尹其孫箴尹官名克黃子揚子使於齊還及宋聞亂其人曰不可以入矣箴尹曰棄君之命獨誰受之君天也天可逃乎遂歸復命而自拘於司敗王思子文之治楚國也曰子文無後何以勸善使

絶妙權術

生初命名當於死後補叙絶妙剪裁

果及於難

令尹後可無餒矣

復其所、改命曰生。易其名也

黄鄴林曰：此以著楚之強，即以形晉之衰也。若敖之族盛于趙氏，舉滸之禍大於桃園，乃楚平而晉亂者，則以楚莊有應變之才，而晉靈無鋤奸之術也。大越椒豺狼也，趙盾蛇蝎也。豺狼易制，蛇蝎难沉。越椒有勇無謀，故雖汰輈貫笠，而其族卒殲；趙盾奸謀莫測，故當伏甲嗾獒，而其黨已伏田宄。黄及宗而歸，自拘司敗；趙盾未出山而復，不討趙穿。尤二國之窺竊闕鍵處。天方擾楚，以多难而興邦；天將敗晉，以賢謀而弑主。豈已為必戰伏師矣。

見三按：蔿賈，叔敖之父也。始決子玉之必敗，繼料庸人之可伐，具此卓見，必不肯與亂臣同事。予揚之譖，乃越椒嫁禍於覬，誣其事而興問罪之師，即乘其勢而為攻王之舉，迅雷驟雨，突如其來，此則蔿賈不及料，即楚子亦不及防也。厥後蔿

十六

姜曰岩曰鄭未服者明其意在爭鄭非討賊也夫聖人不輕予人以討

教舉諸刑餘卒為賢相固楚子之特識亦蔿賈之餘慶善人有後信哉若子文者毀家於前靖國於後三仕三已喜怒不形舊尹新尹物我無間不可謂非賢大夫也但楚虎狼之國也自熊通僭號荐食漢陽已成負嵎之勢及子文柄國遂席中原騷然不靖更如生翼之威傳者於若敖之滅首叙越椒始生之異末補出子文始生之奇若以彼雖靦然人面固皆禽獸之徒也越椒反噬其主故卒滅其族子文為主噬人故克保其家餒若敖之族固為狼子之野心滅漢陽諸姬實由虎子之肆惡夢中之棄於菟之乳正以著其非我族類固不得以牛羊腓字為比也

冬楚子伐鄭鄭未服也【杜解】前年楚侵鄭不獲成故曰未服

賊之名上書鄭歸生弒君此書伐鄭非討賊而何不知鄭三年三被楚兵至肉袒牽羊而後已其為猾夏顯然不待別嫌而明其故也比歲屢朝齊奠齊之戒庇也不反為所止至而告廟何以為辭固自逆也叔姬不稱女而稱字別於君夫人也固以齊卿不承君命挾婦私來見固之專恣以見惠叔替也經書楚伐而不書晉伐蓋起晉歸生同惡相保削其救亦不書為其不討賊也胡安國曰鄭小而弱楚貴而驕子產能卻之館于外宣以周魯之裔逼於高固何也始則倚齊取國繼而賂會請會終則諂齊求安計自逆女迄奔喪公之趨走無虛歲皆取辱之道也姜曰岩曰宣公倚齊篡國受制于齊齊惠恃强陵魯請昏其臣皆過之大者也

救

見三按楚之爭鄭漸急鄭之服楚轉緩可見鄭本堅於從晉

而肉袒牽羊實出於無可奈何固不得歸咎於鄭也

經 丁巳五年春公至（如）齊、夏公至自齊。○秋九月齊高固來逆叔姬。［杜解］高固齊大夫不書歸女降於諸侯○叔孫得臣卒、○冬齊高固及子叔姬來。叔姬寧固反馬○楚人伐鄭按書人鄭以大夫將告也若以為貶則前書爵者為褒也義不可行

傳 五年春公如齊高固使齊侯止公齊（請）叔姬焉留公強成昏夏公至自齊書過也［杜解］公既見止連昏於鄰國之臣厭尊毀列累其先君而於廟行飲至之禮故書以示過

見三按宣以倚齊得國納賂求昏當日其言厚賄以要結齊之左右者必無所不至高固其首者也平州之會許其昏而兼定其位濟西之取報其君而不及其臣高固卑心御之矣

故當宣之如齊止宣而請叔姬亡於禮纖於欲而不知宣之不得而辭也

秋九月齊高固來逆女自爲也故書曰逆叔姬卿自逆也杜氏謂書曰爲新例按不言凡者或聖人變文特特書或史官隨時更定非皆聖人之新例也冬來反馬也孔疏禮送女適于夫氏留其所送之馬謙不敢自安于夫若被出則將乘之以歸至三月廟見則夫家遣使反其所留之馬以示偕老不復歸也法當遣使不合親行高固因叔姬歸寧遂親自反馬故經傳具見其事以示譏也

見三按胡傳留車婦道也反馬壻道也僅於齊高固一見是固固行古之禮也然大夫非公事與妻出境非禮也且反馬不躬至歸寧無並行高固列國之卿前日以臣挹君心猶未足更挾婦以要魯宣館甥之禮其跋扈不臣更可概見魯宣安受其侮而不知恥無怪三家之效尤而起也

姜白岩曰討賊聖人所予楚猶夏故不欲其討賊也救患聖人所予晉救弒君之賊故不書救也

楚伐陳則救之、陳即楚則討之、義也但陳以有不討弒君之賊而即楚故鄭以盾受宵宋之賂而叛晉惜以不義致之經書二國侵陳交致其賂也

螽蝗也貪得取民則大灾經書螽者十有六而宣之世有四焉身為不義而貪暴於民是以致天災之數數也

姜白岩曰盾見于經見晉不能討盾也盾秉政如故而弒君之賊皆不能討獨爭此服楚之陳末矣

楚子伐鄭、陳及楚平、晉荀林父救鄭伐陳。為明年晉衛侵陳傳

見三按伐鄭平陳楚氛日熾救鄭伐陳晉勢漸衰後此必戰之敗林父尸之實趙盾致之也

經 戊午 六年春晉趙盾衛孫免侵陳。夏四月。秋八月螽。冬十月

傳 六年春晉衛侵陳陳即楚故也

見三按前既救鄭伐陳此復會衛侵陳兵黷則玩玩則無威晉於此時已成強弩之末矣

夏定王使子服周大夫求后於齊

見三按天王娶后、尚且遣使以求、高固請姬、竟至此公以索弒逆之賊自取卑辱於齊乎奚尤

周大章曰寬下網慢收鉤待小人與戎狄之道當如此而鄭莊以之施于叔段則謬矣晉侯能膺桓子卒收後效若遇王者則寬洪惻怛又不爲苴詐之行也

姜白岩傳云厲之役鄭伯逃歸蓋楚取成于鄭欲盟鄭伯而逃歸不盟故明年鄭與晉有黑壤之會而九年楚復伐鄭也

秋赤狄伐晉圍懷及邢丘按今在河南河內縣東南晉侯欲伐之中行桓子曰使疾其民驕則數戰爲民所疾以盈其貫將可殪也[附注]劉炫曰書云商罪貫盈以繩穿物爲之貫言紂之爲惡如物之滿于貫也殪殺也杜非周書曰殪戎殷周書康誥也[附注]爾雅訓戎爲大戎殷猶詩言大商耳書蔡傳以爲殪滅大殷是也此類之謂也爲十五年晉滅狄傳

見三按此者爲論伐號之故也然縱狄猶可縱楚則不可蓋狄祇竄竊楚則狼吞也林父斗筲之徒能任小而不能任大故伐狄則勝戰楚則敗

冬召桓公逆王后於齊召桓公王卿士事不關魯故不書

見三按迎后不書魯不主昏也

楚人伐鄭取成而還九年十一年傳所稱厲之役蓋在此按當云取成于厲而還

見三按楚旅連年三伐鄭卒取成而還然鄭猶依違兩可也

十八

周大章曰子皮使尹何為邑子產以為傷子路使子羔宰費夫子謂之賊蓋不勝其位而使之居其位所可虞舉世營營盡懷顯赫而折足覆餗敗轍相尋迷而不悟絕可憐也如曼滿者豈少斯人哉

至邲戰敗則堅心從楚矣（欲字便伏殺机）

鄭公子曼滿與王子伯廖語欲為卿（程解二子鄭大夫）伯廖告人曰無（不引文辞使人自思）德而貪其在周易豐（三三離下震上豐）之離（三三）（豐上六變而為純離也豐上六曰豐其屋蔀其家闚其戶闃其無人三歲不覿）（以義取無德而大其屋不過三歲必滅亡）弗過之矣（不過三年）間一歲鄭人殺之

黃薌林曰無德而貪殃即及之可見春秋之世尚重官常但不知末世之爵果皆有德否姑存此止人妄想見三按爛羊頭關內侯爛羊胃關都尉後世亦有無德而膺高位者然朝膺袍笏暮入彈章小人富貴特蟪蛄春秋耳要其通病則在乎貪貪則躁躁則妄膝可屈竇可由糞可嘗癰可吮夫亦何所不至哉得過三歲猶其幸矣

十九

宣三七年來通齊好衛欲為晉致魯晉故於衛結吾故先約言又使孫良夫來盟以定之不言其人以與之盟也
萊與齊近齊欲併之而魯助之役於強以陵弱小何以哲康何以善爾
書旱不書雩為宋也書時不書月以其久也
晉人久失諸侯今復會而盟之臨之以王叔文公而不同歃宣其霸烈再振矣故鄭既與會魯以賂免此會終不能以服楚不旋踵而滅舒蓼伐陳矣

經 己未七年春衛侯使孫良夫來盟○夏公會齊侯伐萊按萊國今山東黃縣東南有萊子城秋公至自伐萊○大旱杜解書旱而不書雩無功或不雩○冬公會晉侯宋公衛侯鄭伯曹伯于黑壤按黑壤今在山東沁水縣西北

傳 七年春衛孫桓子來盟始通且謀會晉也杜解公即位衛始脩好

見三按宣以簒弑得國迄今七年壹意事齊於列國皆無通問衛侯委曲以通之又為之謀于晉而黑壤之盟遂得列會其于世何好則得矣如公惡何

夏公會齊侯伐萊不與謀也凡師出與謀曰及不與謀曰會與謀者謂同志治之國相與講議利害計成而行之故以相連及為文若不得已應命而出則以外合為文皆據魯而言

見三按萊與齊同姓也齊與魯特與國耳不愛于萊何有於魯結强鄰以殘小國宣之罪浮于惠矣豈得與謀為解也

賀仲軾曰黑壤之會以鄭平也鄭之請平公子宋之謀也公子宋弑君懼大國之討遂以其君爲餌晉之資彼省以服晉爲功晉亦以得鄭爲利于是宋之鮑魯之宣亦皆乘隙而列于會而伯主之會遂爲乱賊藏身之所矣非晉能合諸侯乃諸侯之用晉也魯以賂免而鄭可知矣自此諸侯解体楚莊市義少西氏之討中國之恥楚與晉懦以合之者散之也

赤狄侵晉取向陰之禾此無秋字蓋闕文晉用桓子謀故縱狄

見三按林父之謀晉已下餌以待向陰之取狄猶貪餌而前其横愈甚其亡愈速後此赤狄之滅實屬自殲其類於晉國無尤也

鄭及晉平公子宋之謀也故相鄭伯以會【林解】子公弑靈公故謀從晉以求媚

冬盟於黑壤王叔桓公周卿士臨之以謀不睦銜天子之命以監臨諸侯不同歃者以尊卑之別也

晉侯之立也在二年公不朝焉又不使大夫聘晉人止公於會盟于黃父即黑壤公不與盟以賂免故黑壤之盟不書諱之也

【補傳】說者多以沙隨平邱駁此傳爲妄今知非妄者宣公事齊而不事晉見止而以賂免恥在內史故諱之按沙隨平邱以季孫之執不敢諱也

見三按魯宣倚齊簒位事齊如父晉成苟能聲治其罪請於

天王簡立賢者貽王法明而公子宋等皆將俯首斧鉞之下即趙盾亦畏罪而伏辜何至手不謀之是謀哉乃計不出此於弑逆則置之於不朝聘則治之卒至于般賊臣互相盤結魯以賂免者鄭亦以賂盟而王臣之臨會通為賊黨所藏身奚怪楚莊之出以主盟中夏莫之與攖也

春秋左傳精義卷十八

閬中　鄉林黃一桂　輯

男　心垣見三　補輯

宣公二

經　八年春公至自會。○夏六月公子遂如齊至黃乃復[杜解]蓋有疾而還大夫受命而出雖死以尸將事遂以疾還非禮也辛巳有事于大廟仲遂卒于垂有事祭也仲遂卒與祭同日不言公子因上行還間無異事省文也稱字時君所嘉垂齊地非魯竟故書地按當在山東平陰縣境壬午猶繹萬入去籥繹又祭陳昨日之禮所以賓尸萬舞也籥管也猶者可止之辭魯人知卿佐之喪不宜作樂而不知廢繹故內舞去籥惡其聲聞何休曰籥吹以節舞也[呂說]萬舞文武二舞之總名文舞謂之籥舞又謂之羽舞蓋文舞吹籥秉翟羽也萬入去籥者文武二舞俱入于二舞中去羽舞吹籥者○戊子夫人嬴氏薨宣公

鄢陵篇疏云諜者軍中伺候閒隙今謂細作之人也秦晉兵爭彼此交詗所以和好之難傳非徒志怪也

周大章曰此等事似难猝信然奇奇怪怪事古今何所不有固不必搜奇抉異專信齊諧亦不得因夫子不語概以為荒誕而屏之見聞之外也

蓋白巖曰仲氏非字也叔君之賊乃與季友叔肸同卒傷魯之失刑也

母也○晉師白狄伐秦按白狄始見經○楚人滅舒蓼○秋七月甲子日有食之既日食三十月○冬十月己丑葬我小君敬嬴敬謚嬴姓也雨不克葬克成也○庚寅日中而克葬○城平陽按今山東新泰縣西北有平陽故城○楚師伐陳

傳　八年春白狄及晉平夏會晉伐秦杜解經在仲遂卒下從赴晉人獲秦諜殺諸絳市六日而蘇蓋記異也見三按此真怪事晉乘竟成齊諧矣以理揆之人有死而復生者未聞有殺而復蘇者兩國交兵唯諜是賴時晉方伐秦諜在晉市偵探軍情為衆所獲拷鷩于市六日而蘇如戰國之范雎棄厠中而逃理或有之非誌怪也

有事於大廟襄仲卒而繹非禮也按有事與有大事皆指禘祭也仲卒于垂無死即赴至之

理喪尚未聞何至廢祀况禮卿卒祀本無廢但既聞其卒而明日猶繹則非也檀弓云卿卒不繹

見三按仲遂魯之正卿也亦魯之賊臣也以王法治之則弑逆之臣理應追戮何有於繹以典禮言之則股肱之誼理宜軫恤何為猶繹據事直書而仲之漏網魯之失刑又失禮均可想見

楚為衆舒叛故伐舒蓼滅之【經筌】舒蓼一國也杜云二國非舒同宗而異國舒蓼舒鳩舒庸皆舒也希舒逼近中國舒滅中國失南門矣按舒蓼今江南廬江縣西有故舒城楚子疆之正其界反及滑汭滑水名按當在今江南廬州府東境盟吳越而還傳言楚疆吳越服從按吳國姬姓今江南蘇州府越國姒姓今浙江紹興府

見三按滅舒蓼盟吳越是楚極盛之勢而入郢之禍即伏於此宋代始患遼繼患金迫遼金亡而滅宋者乃在蒙古禍患

之來其可測哉
晉胥克有蠱疾惑以傷志以郤缺為政代趙盾
秋廢胥克使趙朔佐下軍朔盾之子代胥克為成十七年胥童怨郤氏張本
見三按郤缺敬德之君子也使晉早授以權何至有桃園之
弒使天稍假之年亦不至有邲戰之敗傳曰郤缺為政望之
也亦惜之也廢胥克用趙朔是新政大公處而後竟此以賈
禍晉之時事可知矣
冬葬敬嬴旱無麻始用葛茀記禮變之所由茀所以引柩殯則有之以備火葬則以下柩○方勿
反
雨不克葬禮也禮卜葬先遠日辟不懷也懷思也疏云曲禮凡卜筮日旬之外
曰遠某日旬之內曰近某日喪事先遠日吉事先近日吉事先
卜上旬不吉卜次旬又不吉卜下旬喪事則先卜下旬卜葬先
卜遠日避不思念其親似欲汲汲而葬之也今若冒雨而葬亦
是不思其親欲得早葬故舉卜葬先遠日為證為雨而止禮也

姜炳璋曰敬嬴彷彿成風然哀姜
有罪而齊殺之非成風殺之也嬴逼
仲遂弒其二子而遂之又絶其廟
祔仲遂道死嬴不克葬是同年
事天譴之也而說者曰是公雨不克
葬聲伯卒於貍脤皆亦天譴耶
不知彼則數之適然者也此則理之定
者也君子論其理茲三人者即擬諸

慶父誅而哀姜殺，無不可也。然則傳曰：禮者以雨不葬也，又曰：不懷者以不能懷其親而亟葬也。公昧喪事，先卜遠日之義矣。

王制庶人葬不為雨止者禮儀少也

見三按叔嬴嬖妾私事襄仲殺嫡立庶罪莫大焉襄仲結齊為援生而賜氏究以使齊而道卒敬嬴事仲為奸僭位夫人亦於仲卒後八日而報薨所謂以此始以此終不得云天盡無意矣況有事太廟而仲遂卒於垂是祖宗絕之也己丑葬我小君敬嬴雨不克葬庚寅日中而克葬是天絕之也雖然遂卒而猶繹意者宣公不以遂為卿乎葬夫人而無潦車蕢笠之備意者宣公不以嬴為母乎宣公耶敬嬴耶仲遂耶同事而一體者也又何誅焉

城

平陽書時也 高注 方舉大役又城平陽重困民力

見三按敬嬴甫葬即城平陽畏晉故也宣之心歉矣魯之力

李氏廉曰：曩環既歸魯，仍事齊，故城邑以備晉。按傳云水昏正而栽，水昏正夏之十月也，役在此時，故曰書時。

周大章曰公僕僕齊廷而於周不往仲孫蔑之聘且必待徵設使王不來

疲矣

陳及晉平楚師伐陳取成而還 言晉楚争疆

見三按於鄭於陳兩書取成而楚覇成矣

經辛酉九年春王正月公如齊公至自齊。夏仲孫蔑如京師。

齊侯伐萊。秋取根牟 根牟東夷國也按今在山東沂水縣南 。八月滕子卒 昭公卒子文公壽立 。九月晉侯宋公衛侯鄭伯曹伯會於扈。晉荀林父帥師伐陳。辛酉晉侯黑臀卒於扈 卒於竟外故書地。成公卒子景公獳立 。冬十月癸酉衛侯鄭卒 成公卒子穆公遬立 。宋人圍滕。楚子伐鄭晉郤缺帥師救鄭。陳殺其大夫泄冶 按泄冶言用而陳可存身死而君弒忠賢之有係乎君國也杜氏以書名之故謂不貴於春秋謬矣

傳九年春王使來徵聘 名也 夏孟獻子聘於周王以為有禮厚賄

徵則必無此行其無王亦甚矣乃王猶厚賄郰子踰年即來報聘豈真以此聘為空谷足音而是然以喜乎周雖微弱不應不競至此書徵聘並書厚賄左氏蓋深譏之

姜白巖曰魯每乘霸衰便肆惡取國又何責於楚

姜白巖曰以楚莊之雄鷙又得良佐輔之非晉與之相持則泗上大河諸國席捲

之

見三按不聘則微辭以動之來聘則厚賄以懷之國家忠厚開基其末流乃至於此獻子年少嗣位初膺聘使即以有禮稱孟氏之世澤基於此矣

秋取根牟言易也經筌齊右之

見三按根牟蓋東方之小國也內諱滅曰取與鄟鄣同昭八年蒐於紅自根牟至於商衛即其地取不言公非公命也自宣而下政在大夫矣

滕昭公卒為宋圍滕傳

見三按自隱七年書滕侯卒至此始書滕子魯往吊也

會於扈討不睦也謀齊陳陳侯不會前年與楚成故晉荀林父以諸侯之

四

而周室危矣今者甚〔〕成客死宮輩尚著
輿櫬歸可哀也

師伐陳〔不書諸侯師林父帥之無將帥〕晉侯卒於扈乃還

見三按會扈以討不睦為名陳不與會伐之宜矣然是時楚

政方脩非陳所能抗晉為伯主而不務所以服楚唯小國是

求成公道卒伐亦無成晉愈弱楚愈熾矣

冬宋人圍滕因其喪也〔陸子靜曰或者事晉之故而有闕於宋〕

見三按宋鮑虐小不仁伐喪不義背盟不祥弒逆之賊晉不

能討故跋扈至此

陳靈公與孔寧儀行父〔杜解二子陳卿〕通於夏姬〔鄭穆公女陳大夫御叔妻〕皆衷〔懷也〕

其祖服〔祖服近身衣祖女乙反〕以戲於朝洩冶諫曰公卿宣淫民無效焉

〔宣示也〕且聞不令君其納之公曰吾能改矣公告二子二子請殺

之公弗禁遂殺洩冶孔子曰詩云民之多辟〔邪也○匹亦反〕無自立辟

姜炳璋曰納之謂當納其諫故公從

納字換出改字來杜云納藏祖服非也

引詩言上下邪辟，人臣無由立法，蓋傷之也。昭三年傳云伯石之汰也，一爲禮於晉，猶荷其祿。詩曰人而無禮，胡不遄死。其是之謂乎。或謂傳以立辟貶洩冶之諫，則將以遄死貶伯石之禮乎。

姜炳璋曰：敗固就滅，勝更可危。蓋以晉霸之衰，中夏無可倚也。春秋楚真令人眠不帖席。

法也。辟，婢亦反。其洩冶之謂乎。詩大雅，言邪辟之世不可立法。

黃薌林曰：株林之適，月出之歌，國人危之久矣。彼昏不知，猶衷其衵服以戲於朝，廉恥道喪，幾不知世間有羞惡事，則淫愈宣而亡愈速矣。洩冶之諫雖屬苦口，卻非逆鱗，一言而刃及，君國隨之，不仁者可與言哉。

見三按：洩冶生於昏濁之世，公卿宣淫，目不忍睹而口不忍不言，庶幾君之一悟，俗之一改。胡爲株林從夏南，國人爲之欲哭欲歌，況食其祿而立其朝者乎。言出禍隨，龍逄比干相從地下，抑亦慊於心而無憾己。民之多辟，無自立辟，蓋深傷之也。

楚子爲厲之役故伐鄭。杜解：六年楚伐鄭，取成於厲，既成，鄭伯逃歸，事見十一年。晉郤缺救鄭。鄭伯敗楚師於柳棼。鄭地。國人皆喜，唯子良憂曰：是國之災也，吾死無日矣。自是晉楚交兵伐鄭，十二年卒有楚子入鄭之禍。

黃薌林曰：鄭前有子良，後有子產，一以敗楚而憂，一以勝蔡而懼，皆七穆中之翹楚也。子產以幼年而具特識，尤爲人所不及。

見三按：晉救鄭而鄭獨敗楚師，不但楚怨，亦晉所不樂也。況在己又無持勝之策乎。子良之憂所見者遠矣。

〔經〕壬戌 十年春公如齊。公至自齊。齊人歸我濟西田。〔杜解〕賂齊也。元年以來公如齊，不言因受之。夏四月丙辰日有食之。不書朔，官失之。己巳齊侯元卒。惠公子，頃公無野立。齊崔氏出奔衛。公如齊。五月公至自齊。癸巳陳夏徵舒弒其君平國。徵舒陳大夫也，子成公午立。六月宋師伐滕。公孫歸父如齊葬齊惠公。歸父襄仲之子。晉人宋人衛人曹人伐鄭。鄭及楚平故。秋天王使王季子來聘。王季子者，公羊以為天王之母弟，然則字季子，天子大夫稱字。按周聘止此。公孫歸父帥師伐邾取繹。繹邾邑，按今在山東鄒縣東南。大水。季孫行父如齊。冬公孫歸父如齊。齊侯使國佐來聘。饑。有水災，嘉穀不成。楚子伐鄭。

〔傳〕十年春公如齊，齊侯以我服故，歸濟西之田。王貫道曰：十年四朝，移此事周，君子猶以為過，六年一朝之期也，況朝於隣國。

賀仲軾曰：濟西我之田也，歸我濟西田者，歸其所當歸也。取不稱我，諱也。歸稱我，不以我之世土終為賞齊君之賄，資強隣之寵藉也。胡傳不取此說。

而以人欲之私為言然則濟西田可終不歸乎
姜白巖曰凡史書某出奔某國者則告以名不告以族以其罪告也書某氏出奔者則告以族不告以名不以其罪告也蓋罪止一人而放者通族安得以罪告非謂杼本無罪也杼後族歸齊不書不告也

見三按濟西本魯故地受之天子守之先君非宣所得與土非惠所得取也曰歸非善齊也正以著其取之之罪曰我非予魯也正以著其賂之之非

夏齊惠公卒崔杼杼音佇。有寵於惠公高國齊正卿二家【杜解】畏其偪也公卒而逐之奔衛書曰崔氏非其罪也且告以族不以名凡諸侯之大夫違也奔放告於諸侯曰某氏之守臣某上某氏者姓下某名失守宗廟敢告所有玉帛之使者則告玉帛之使謂聘不然則否恩好不接故亦不告

按家氏謂自是至杼弒君蓋五十二年使杼得年七十此時方且弱冠不應權勢已盛因譏傳妄不知崔杼便佞性生弱冠已擅寵也質疑云或高國與崔氏祖父有怨乘此逐之其說亦是又據成十七年杼始為大夫其時曰仕不知彼就反國言之未有寵知已為大夫也

見三按崔氏之奔持恨其不奔耳稱崔氏譏世卿也杼以嬖

姜炳璋曰、公之趨走齊惠、自褻以至於死、

寵得幸、家世又强、勢足以偪高國、旋逐旋歸、卒爲國禍、傳曰非其罪、見齊之失刑、非爲杼寬也

公如齊奔喪、公親奔喪、非禮也、公出朝會奔喪會葬皆書、如不言其事、史之常也

見三按宣公倚齊得國、事惠如父、薄王喪而奔齊喪、不特無禮、真無恥矣、有靦面目、何以居於臣民之上、

陳靈公與孔寧儀行父飲酒於夏氏、公謂行父曰、徵舒似女、對曰亦似君、徵舒病之、蓋以夏姬淫放、故謂其子多似而爲戲、公出自其廄射而殺之、二子奔楚

黃薌林曰、君臣戲謔、至於此極、雖木石人亦爲氣憤、況夏徵舒乎、靈公之殺、固其自取、而孔寧儀行父之罪、浮於徵舒矣、楚莊誅徵舒、而納二子、真無人理也、

姜炳璋曰蕞爾小國乘圍而又伐之宋鮑惡貫盈矣

見三按宋萬之弑君起於君臣之偶相謔也邴歇閭職之弑君起於二人之私相謔也夏徵舒之弑君起於君臣之顯相謔也古人作字謔字從虐雖諧聲實會意矣

滕人恃晉而不事宋六月宋師伐滕

見三按桓文之世中國無敢與伯主爭諸侯者非獨威力之疆亦葵邱踐土之盟有以挾諸侯而懾衆志者晉伯中衰諸侯携貳簒逆如宋鮑亦敢竊發其間圍滕不已而又伐之得滕而後已奚怪乎楚旅之爭陳鄭紛紛多事耶

鄭及楚平前年敗楚師恐楚深怨故與之平諸侯之師伐鄭取成而還

見三按滕之恃晉尚且被伐何足以庇鄭宋之伐滕且與同會又何足以服鄭取成而還我歸彼出兵勞師頓適以速邲

姜炳璋曰天王母弟敵一侯國大夫衰周陵夷至此（僅）

之敗而已

秋劉康公來報聘（報孟獻子之聘即王季子也其後食采於劉【經筌】此自百餘年無聘魯之使）

見三按天子以正天下為禮而報聘修好非所事也故聘禮用之不當則禮褻而長玩與無禮於諸侯者其失相等

師伐邾取繹（為子家如齊傳）

見三按王者不作兼併成習侵伐取滅何國蔑有書曰取見非其有而取者皆盜也非為魯諱也

季文子初聘於齊（齊侯初即位）

見三按行父自元年如齊納賂請會以後於今十年自襄仲殁而行父乃始如齊此以見仲之專也亦以見行父之狡蓋豫為異日逐東門氏地步也

姜炳璋曰：滕人事晉，竟為宋虐；魯人虐邾，專向齊告，皆晉霸之衰也。

賀仲軾曰：歸父如齊，為伐邾故，申此言之。凡不仁之人為不義之事，其心未嘗不畏人討，特以無人問罪，故相率而肆行。公孫歸父其可鑒已。

周大章曰：弒君者子公，而歸生當家首惡之名。生前不討賊，而死後斲棺，置子公不問，而漏網吞舟，政刑無章，何以立國？人謂子公之狡黠，吾直謂鄭君相之昏亂而已。

姜炳璋曰：會將兵過棫林，盍是時景公新立，郤缺為政，急宜率師入陳，得徵舒誅之，則霸討彰，而文襄之業可繼。乃舍王法不去，舍之陳而爭鄭，且鄭亦弒君也，斲棺改葬，鄭人自討，晉無聞焉。是以討賊之師反為黨惡之師，傳敘討幽公之亂於救鄭之下，見既死而斲其棺，何如

冬，子家如齊，伐邾故也。魯侵小，恐為齊所討，故往謝。【經筌】胡傳責以不討陳之弒，不知宋鮑、魯宣皆賊也。

國武子來報聘。報文子也

見三按：行父既往，歸父復行，蓋為取繹故，行賂於齊也。國佐來聘，蓋允歸父之請，而以報聘為名也。晉為盟主，坐視二國之私相授受而概置不問，毋怪楚之主盟中夏也。

楚子伐鄭，晉士會救鄭，逐楚師於潁北。按：潁水之北。諸侯之師戍鄭。【何記】宋本無此六字。鄭子家卒，鄭人討幽公之亂，斲子家之棺，而逐其族。以四年弒君故也。斲薄其棺，不使從卿禮。改葬幽公，謚之曰靈。謚法：動靜亂常曰幽。

見三按：此皆子公之謀也。前未得晉平，則以相會者免弒君之討，今既得晉平，則以斲棺者謝弒君之名，改幽為靈，已蓋前愆。君仍惡謚，子公之智勝歸生遠矣。左氏責歸生權不足

未免而正其罪非襄公之能討罪國人歸惡於歸生宋亦宣其罪以自解免也

姜白巖曰陳侯成公也辰陵陳地十年五月徵舒弑平國即成公亦因弑而必與會盟其位乃定是冬楚伐鄭鄭既與平明年正月徵舒奉陳侯要楚子鄭伯為辰陵之盟則是盟所以服鄭伯亦以定陳侯也徵舒儼然周旋壇坫之間何嘗有討賊之意哉聖人書之以見黨賊而後之討賊非其意以見定陳而後入陳為叛盟也

誠定許也

經　癸丑　十有一年春王正月。夏楚子陳侯鄭伯盟於辰陵　杜解　辰陵陳地按今河南陳州西南有辰陵亭。公孫歸父會齊人伐莒。秋晉侯會狄於欑函　晉侯往會之故以狄為會主欑函狄地　林解　楚方倡義於天下而晉孜孜於羣狄至往會焉晉卑甚矣。冬十月楚人殺陳夏徵舒　不言楚子而稱人討賊辭也　丁亥楚子入陳　不有其地書入　納公孫寧儀行父於陳

傳　十一年春楚子伐鄭及櫟子良曰晉楚不務德而兵爭與其來者可也晉楚無信我焉得有信乃從楚夏楚盟於辰陵陳鄭服也　傳言楚與晉狎主盟

見三按鄭首鼠兩端之國也晉來則從晉楚來則從楚自子良倡其謀而其後子駟子展傳為衣鉢致煩三駕之師至子

呂東萊曰左氏載版築用兵救焚之事纖悉備具亦足以見當時風氣近於三代此皆著實做工夫為有用之學周人章句為救楚莊所賴以成伯功者亦不板築而秩然有條如此其他設施可以例見宜乎隨季之極口推贊也謝玄淝水之捷郗超料其必能辦賊而決之於小物之位置即是此意

産相鄭以義折晉以禮維楚而二境始免玉帛之使其謀猷遠矣

楚左尹子重（杜解 公子嬰齊莊王弟）侵宋王待諸郔（楚地按當在河南項城縣境）令尹蔿艾獵（孫叔敖）城沂（楚地當在河南真陽縣境）使封人慮事（封人其時主築城者疏云慮事謀慮城築之事）以授司徒（司徒掌役）量功（按量用功之多寡）命日（按度其日數多少）分財用（築作具 呂說 謂分看四隅所費多少而分配撥料之）平板榦（孔疏 榦牆之兩頭立木板在兩旁郭土者 呂說 平是商量平其高低厚薄）稱畚（音本）築（孔疏 畚盛土器築築土之杵量其輕重均負土與築者之力也）程土物（呂說 程是料度用得多少土是泥物是材木）議遠邇（均勞逸）略基址（趾城足略行也 呂說 先巡略基趾高下曲直）具餱糧（餱乾食也 呂說 先辨役夫糧食）度有司（謀監主 呂說 審度有司各稱其材）事三旬而成（十日為旬）不愆於素（呂說 今日用事與前日所料條目一般並無增損 杜云傳言叔敖之能使民）

見三按三國志稱諸葛武侯用兵所至營壘井竈圊溷藩籬

白巖

姜[illegible]曰明明求成而不勤苦是美其詞也赤狄潞氏之滅機在此然討賊大義讓之楚人可謂枉尋直尺

障塞皆應繩墨雖數萬之衆而所興造若數十萬之功唯其小心謹慎故能為入為名臣出為名將也蔿敖為宰擇楚國之令典隨季嘗極口稱之其本領唯在不怠於素四字略舉一斑令人思窺全豹

晉郤成子求成於衆狄衆狄疾赤狄之役遂服於晉赤狄潞氏最强故服役衆狄秋會於欑函衆狄服也是行也諸大夫欲召狄郤成子曰吾聞之非德莫如勤非勤何以求人能勤有繼其從之也勤則功繼詩曰文王既勤止詩頌文王勤以創業文王猶勤況寡德乎【陳傅】之【補正】言往而會狄見晉不在諸侯而從事夷狄楚於是主盟

見三按勤者敬之基怠之反郤缺以敬稱敬故能勤勤故不怠非德莫如勤即君弱不可以怠之意也上篇不怠於素是

名臣經濟此篇能勤有繼是名臣學問假令邲戰之役郤缺尚在兩軍對壘陸羊遺酒求藥之韻事不難先見於春秋天不假年老臣遽隕豎子無謀以致師敗國辱傳者彙敘於此寄慨深矣

冬楚子為陳夏氏亂故伐陳經十年夏徵舒弒君謂陳人無動將討於少西氏少西徵舒之祖子夏之名疏云氏猶言家也補注傳見經先書討賊然後書入陳遂入陳殺夏徵舒轘車裂諸栗門陳城門因縣陳滅陳以為楚縣按傳書殺徵舒於入陳之下而經書於入陳之上者李氏曰造其國都曰入株林野鄙去國都遠楚子就其私邑執而殺之耳然則傳言遂入陳者入陳之竟也因縣陳以下乃釋經書楚子入陳之義陳侯在晉靈公子成公午申叔時使於齊反復命而退王使讓之曰夏徵舒為不道弒其君寡人以諸侯討而戮之諸侯縣公皆慶寡人楚縣大夫皆僭稱公疏云經無諸侯而云以諸侯討之為楚私屬不以告耳女獨不

姜氏曰是冬子為辰陵之盟陳侯鄭伯與焉陳侯即徵舒所立者也弒君已逾年矣楚子欲合諸侯徵舒欲定陳侯之位孔寧儀行父又為之締合遂為此盟則楚之黨賊可知也豈知陳鄭二君復朝於晉乎傳於殺徵舒後亟插陳侯在晉在晉者往朝盟也非其貳晉明矣而陳卸罪於徵舒且請以補于是莊色動遂誅徵舒而入陳然則討賊者其名討貳者其實也而因以利之耳聖人書楚人殺陳夏徵舒者何其斯時弒君者見於無一問罪之師有能取賊臣者報之則不必問其為何人其人為何心亂臣賊子人人得而誅之雖楚人亦得而殺之也夫何去其賊納其賊挾楚以制其國之命使其君拱手聽命於

淫昏之賊臣而陳之從楚者五十有八年討賊之功豈足償納賊之罪哉二克不陳以其爲楚之屬邑非陳所得有也劉公是之謂陳賴二克而存豈不謬哉

慶寡人何故對曰猶可辭乎林解言尚可有辭以自解乎王曰可哉曰夏徵舒弑其君其罪大矣討而戮之君之義也抑人亦有言曰牽牛以蹊人之田抑辭也蹊徑也而奪之牛牽牛以蹊者信有罪矣而奪之牛罰已重矣諸侯之從也曰討有罪也今縣陳貪其富也以討名諸侯而以貪歸之無乃不可乎按牛有人牽之而蹊過人田罪之至微者也舊解以喻弑君不倫矣不知此正陳侯在晉之喻言彼之朝晉過錯走路遂即取其國是猶蹊田而奪之牛也諸侯暗指陳晉言諸侯之服從我者以我能討賊也名諸侯謂以討賊之名號名諸侯若以貪歸己恐陳非我有鄭亦將去也諸儒俱謂同會之諸侯則辰陵之盟徵舒方相陳侯在會豈以徵舒討徵舒乎王曰善哉吾未之聞也反之可也林解吾未之聞可見前此本無討賊之心對曰可哉吾儕小人所謂取諸其懷而與之也乃復封陳鄉取一人焉以歸謂之夏州按周官百家之内曰鄉疏曰討夏氏每鄉取一人歸楚而成一州故謂之夏州今湖廣江夏縣故書曰楚子入陳納公孫寧儀行父

於陳書有禮也（没其縣陳本意全以討亂陳國為文善其得禮）

黄薌林曰楚莊借伐叛之名為討貳之舉縣陳者其本懷轘夏徵舒特其餘波耳經先書楚人殺夏徵舒次書楚子入陳又書納公孫寧儀行父於陳所以著楚之罪一節深一節也然則為楚莊者宜何如瀦徵舒之宫封洩冶之墓斬夏姬之頭尸孔寧儀行父於朝謀於陳衆定其君而後去則庶幾乎王者之師矣

見三按誘其君以淫於夏姬者公孫寧儀行父也勸以其君以殺洩冶者公孫寧儀行父也戲謔為虐而激令夏徵舒之弑其君者亦此二人二人之罪浮於夏徵舒矣乃於徵舒則轘之於二人則納之豈以二人先奔於楚而憐其窮乎抑以二

人尊楚之師一鼓入陳而賞其功乎洩冶不顧與公孫寧儀行父同生是陳之昏德公孫寧儀行父不遂與徵舒同死是楚之佚罰陳人乘適株之馬而楚人奪蹊田之牛以亂易亂伯風其何有乎抑尤有說焉夏姬淫亂千古無雙乃楚旅欲娶之子反欲娶之巫臣欲娶而卒謀娶之君貪臣迷猶之陳靈公也猶之公孫寧儀行父也鄉取一人焉以歸名之曰夏州猶念念不忘夏姬也同病相憐亦同惡相濟奚怪乎公孫寧儀行父為罪而反納之耶然而陳亂從此平楚患自此興矣

厲之役鄭伯逃歸（蓋在六年林闓傳所謂楚子伐鄭取成而還也）自是楚未得志焉鄭既受盟於辰陵又徼事於晉（為明年楚圍鄭傳）

周大夫卓見鄭不及晉楚多變之國也事急而求哀悔文詞雖工又何足道楚莊於鄭貳則伐之服則舍之較前封陳更覺光明正大以能下人而知其能用民二語尤具卓識

見三按辰陵之盟陳鄭在會陳既朝晉鄭亦叛盟傳特補此數語為明年伐鄭根由且以見楚之入陳並非討賊也

經甲子十有二年春葬陳靈公 杜解賊討國復二十二月然後得 隨筆凡弑君不成喪者必賊臣當國而嗣位者非其子也成公靈公子葬親乃其急務遲之兩年之久使楚不討徵舒將靈終不葬矣用見成公之無能為也 ○楚子圍鄭 前年盟辰陵又徼事晉故 夏六月乙卯晉荀林父帥師及楚子戰於邲晉師敗績 邲鄭地按河南鄭州東有邲城○邲音弼 秋七月○冬十有二月戊寅楚子滅蕭 宋附庸國 ○晉人宋人衛人曹人同盟於清丘 衛地按今直隸開州東南大夫同盟之始 ○宋師伐陳衛人救陳 背清丘之盟

傳十二年春楚子圍鄭旬有七日鄭人卜行成不吉卜臨 杜解臨哭也 於大宮 鄭祖廟 且巷出車吉 出車於巷示將見遷不得安居 國人大臨守陴 城上僻倪○音皮 者皆哭 所以告楚窮也疏云僻倪看視之名釋名云城上垣曰陴於孔中僻倪非常也 楚子退

十二

師鄭人修城進復圍之三月克之（哀其窮哭故為退師而猶不服故復圍之九十日按晉師獨出救鄭何至三月猶不及事已見林父遷延）入自皇門至於逵路（塗方九軌曰逵）鄭伯肉袒牽羊以逆。（示服為臣僕袒徒旱反）曰孤不天（不為天所祐）不能事君使君懷怒以及敝邑孤之罪也敢不唯命是聽其俘諸江南以實海濱亦唯命其翦（削也）以賜諸侯使臣妾之亦唯命若惠顧前好（楚鄭世有盟誓之好）徼福於厲宣桓武不泯（滅也）其社稷（周厲王宣王鄭之所自出也鄭桓公武公始封之賢君也願楚徼福於此四君使社稷不滅）使改事君夷於九縣（【附注】楊用脩曰書傳凡稱九者皆極言之後漢書曰九縣飆回正用此語按楚已滅十一國鄭伯於倉皇中偶指為辭耳）君之惠也孤之願也非所敢望也敢布腹心君實圖之左右曰不可許也得國無赦王曰其君能下人必能信用其民矣庸可幾乎退三十里而許之平（退以舍以禮鄭。幾音冀）潘尫（楚大夫。烏黃反）入盟子良（鄭伯弟）出質

武林黄氏春秋精義曰欒書猶直至莊爲極南爭戍鄭以爲先齊秦今晉楚匹也晉僅既晉秦於秦後晉雖失霸尚與楚爭敢後乎此役彼援楚凡晉鄭而有勝之戰晉何以敗荀林父敗之也楚何以勝孫叔敖勝之也其故在主師之得與不得而實是由軍政之專與不專荀之敗伍參料之孫之勝欒隨等亦料之晉軍嘵嘵紛訟桓子無一言楚師屆首屆尾布置孫叔無一言芳孫則着着得手荀則處處受愚甚至今晉軍自進之何等栽決鼓中軍自濟之何等倉皇此主師之得與不得也至楚自伍參以外若屈蕩養由基輩絕不參一議晉自先縠以下若趙括趙同輩均各逞己私楚不特諸師奉令即楚莊自戎亦惟孫叔爲進退晉

見三按辰陵之盟載書未改鄭又邀事強齊晉宜楚師之踵至也桓武之烈赫赫猶昨爲子孫者至肉袒牽牛而逆楚使人益思不可下齊之紀侯也

夏六月晉師救鄭按晉侯命救自是義舉然楚莊無役不親將而晉景以傾國之師委之新將之林父勤惰之分勝敗之本荀林父將中軍代郤缺先縠佐之彘季代林父疏云服虔云食菜於彘士會將上軍河曲之役郤缺將上軍宣八年代趙盾爲政將中軍士會代將上軍郤克佐之郤缺之子代臾駢趙朔將下軍代欒盾欒書佐之欒盾之子代趙朔趙括趙嬰齊皆盾異母弟爲中軍大夫鞏朔韓穿爲上軍大夫荀首林父弟趙同趙嬰兄爲下軍大夫韓厥爲司馬韓萬元孫旁說四大戰無書三軍之大夫者惟此特書以先縠剛愎而趙括趙同佐之鞏朔韓穿有設七覆事荀首有獲襄老縠臣事趙嬰齊有具舟于河事不可不先書其職而趙旃求親未得魏錡求公族未得亦可知其以卿族在軍行而無職司矣按此處叙晉官極盛而總無宗室一人可見公族之孤及河聞鄭既及

楚平，桓子林父欲還，曰：無及於鄭而勦民，勞也。焉用之？楚歸而動不後。動兵。伐鄭。隨武子士會曰：善。會聞用師，觀釁而動。釁，罪也。服云：間也。疏云：今人謂瓦裂龜裂皆為釁，既有間隙，故得為罪也。德刑政事典禮不易，不可敵也，不為是征。不可因其有禮而征之，六者行之不變，是無隙也。陳鄭楚子楚軍討鄭，怒其貳而哀其卑，叛而伐之，服而舍之，德刑成矣。伐叛，刑也；柔服，德也。二者立矣。昔歲入陳，討徵舒。今茲入鄭，民不罷勞，君無怨讟。按：民不怨謗其君。○徒木反。政有經矣。常也。荊尸而舉，荊，楚也；尸，陳也。楚武王始更為此陳法，遂以為名。商農工賈不敗其業，而卒乘輯睦，步曰卒，車曰乘。事不奸矣。犯也。蔿敖為宰，孫叔敖。令尹。擇楚國之令典，按：令典，謂軍法之善者。軍行，右轅，左追蓐，在車之右者挾轅為戰備；在左者追求草蓐為宿衛。傳曰：令尹南轅。又曰：改乘轅。楚陳以轅為主。前茅慮無，慮無，如今軍行前有斥候蹹伏，皆持絳白幡，見騎賊舉白幡，見步賊舉絳幡，備慮有無也。茅，明也。或曰：時楚以茅為旌識。按：茅明，釋言文。舍人云：茅，昧之明也。言前途敵兵易於蒙

不特藏事守命，即知莊蔣廢，亦成功少而議論多，所謂節制多門，號令不行者也。獨是中軍先濟，執繼之；趙括更對，執從之。挑戰未成，孰信之盟有日矣，四字顯自楚人之口，即言晉人之坐，今宵風夜月，草木皆兵，四壁呼號，一軍偷渡，網解紐弛，誰可之楚？輿說者乃謂救鄭雖敗無傷，以是評晉侯則可，西至所論林父其次者。秦不替孟明，養食士氣也；晉戮林父，隨會軍宜是也。顛頡斬而史乃霸，桓子復而景益衰，可以識軍政矣。

姜白巖曰：城濮之役，先軫利於戰而偏說不戰，以使之不得不戰，然後戰勝之。此孫叔主於戰，餌之以不必戰，使之俱不欲戰，然後以驟戰勝之。先軫步步矣，孫叔奇謀，蚤具出臨陣卻步詳審。四面步罩，孫叔步步閒暇，不動聲色，臨陣則疾舉鷹擊，迅速不停，兩人似不相上下。然先軫雖譎，退則明告以退，戰則明告以戰，且曰戒爾車乘，敬爾君事，猶是宿者之師；若孫叔聲聲說

盟息鼓發戈而忽然擒其不備如鬼如蜮蓋僭王之盜賊又先軫之所羞稱者也篇中關鍵在盟有日矣句楚人早用此四字晉人早知此四字而楚勝晉敗全在此不築京觀似為賢君正以明林父之當殺也楚以武王為法猶曹孟德之以周文王為法耳彼亦思二國暴骨其誰暴之何不各守其國民皆盡忠以死君命其誰死之何不各予其民觀兵以威諸侯其誰威之何不奉盟主以獎王室且城濮之戰楚軍既敗子玉收其六卒未聞先軫又驅四國之師而卒於子玉也邲之戰晉軍動未動楚子拍唐侯之肩令其鼓勇而復佐潘黨游闕四十乘合攻晉會是一卒不盡殺不肯休設心更毒矣晉軍已覆積屍遍野速斬林父懸之國門猶不足謝三軍之命反聽其黨渥濁耶説稱為社稷之衛石制賣國而及及其頸鄭何其明林父喪師而

昧。今使之明也。又楚貴菁茅以為旌旗表識，或説亦自可通。中權後勁，中軍制謀，後以精兵為殿。[補正]傅氏曰：言楚分其三軍為五部，而使各專其職。百官象物而動，[孔疏]物類也。謂旌旗畫物類。尊卑各有其物，象其所建之物而行。軍政不戒勅令。而備，能用典矣。其君之舉也，內姓選於親，外姓選於舊，言親疏並用。舉不失德，賞不失勞，老有加惠，按賜老則加惠。旅有施舍，旅客來者施之以惠，舍不勞役。君子小人物有服章，尊卑別也。貴有常尊，賤有等威，威儀有等差。禮不逆矣。德立刑行，政成事時，典從禮順，若之何敵之？見可而進，知難而退，軍之善政也。兼弱攻昧，昏亂。武之善經法也。也。子姑且也。整軍而經武乎！猶有弱而昧者，何必楚？[補注]晉人釋楚而甘心羣狄以此。仲虺湯左相，薛之祖。○虺，許鬼反。有言曰：取亂侮亡，兼弱也。汋詩頌篇。○汋音酌。曰：於鑠美也。王師，遵養時晦。美武王能遵天道，須暗昧者惡積而後取之。耆昧也。耆，致也。致討於昧。○耆音旨。武詩頌篇名。曰：無競惟烈。業也。言武王兼弱取昧，故成無疆之業。撫弱耆

使復其位晉何以謀其傳引詩斷以怙亂收拾全局所以激射晉侯之庇林父也

昧按撫弱即兼弱言兼并而撫有之也以務烈所可也言當務從武王之功業附注烈所者功烈之處所也彘子先縠曰不可晉所以霸師武臣力也今失諸侯不可謂力有敵而不從不可謂武由我失霸不如死且成師以出聞敵彊而退非夫也非丈夫命為軍帥而卒以非夫唯群子能我弗為也以中軍佐濟渡河［圖說］後來賞鞏之功方分六軍然此時已有六軍部分所以彘子獨能以中軍佐濟知莊子荀首曰此師殆哉周易有之在師䷆坎下坤上師之臨䷒兌下坤上臨初六變而之臨曰師出以律否臧凶此即卦初六爻辭律法否不也執事［林解］凡執事之人順成為臧逆為否今彘子逆命不順成故應否臧之凶衆散為弱坎為衆今變為兌兌柔弱川壅為澤坎為川今變為兌兌為澤是川見壅有律以如己也故曰律否臧且律竭也［刪註］當讀有律為句以如己也故曰律又自為句言師行有律以為帥者能使其下從己也故謂之律如從也從帥為臧否臧猶不臧也不臧則律且竭而敗矣杜非盈而以竭夭且不整所以凶也水遇夭塞不得整流

則竭涸也。不行之謂臨，水變為澤乃成臨卦，澤不行之物。有師而不從，臨孰甚焉。譬彘子之違命，亦不可行。此之謂矣。果遇，必敗，遇敵。彘子尸之，主此禍。雖免而歸，必有大咎。為明年晉殺先穀傳。韓獻子韓厥。謂桓子曰：彘子以偏師陷，子罪大矣。子為元帥，師不用命，誰之罪也？失屬亡師，為罪已重，不如進也。令鄭屬楚，故曰失屬；彘子以偏師陷，故曰亡師。事之不捷，惡有所分，捷，成也。與其專罪，六人同之，不猶愈乎？三軍皆敗，則六卿同罪，不得獨責元帥。朱子曰：左傳分謗事，近世士大夫多如此。按韓厥可謂一言誤國。師遂濟。楚子北，師次於郔，郔，鄭北地。沈尹將中軍，沈或作寢，寢縣也。子重將左，子反公子側。將右，將飲馬於河而歸。聞楚〔晉〕師既濟，王欲還，嬖人伍參伍奢祖父。欲戰。令尹孫叔敖弗欲，曰：昔歲入陳，今茲入鄭，不無事矣。戰而不捷，參之肉其足食乎？參曰：若事之捷，孫叔為無謀矣。不捷，參之肉將在晉軍，可得食乎？令尹南轅反

旆按回車南鄉而反軍前之大旗欲遂歸也伍參言於王曰晉之從政者新未能行
令其佐先穀剛愎很也皮逼反不仁未肯用命其三師者專行不獲
欲專其所行而不得聽而無上眾誰適從聽彘子趙同趙括則軍無上令眾不知從所為此行也
晉師必敗且君而逃臣若社稷何王病之告令尹改乘轅而北
之次於管以待之按王使孫叔改車北向將戰晉房說楚軍政專制於孫叔人莫敢參即王必告焉而使自
改其前命管今河南鄭州北有故管城晉師在敖鄗之間敖鄗二山按今在河南滎澤縣西北○鄗苦交
反鄭皇戌使於晉師曰鄭之從楚社稷之故也未有貳心楚師
驟勝而驕其師老矣而不設備子擊之鄭師為承繼也○戌雖律反楚
師必敗彘子曰敗楚服鄭於此在矣必許之欒武子欒書曰楚自
克庸以來在文十六年其君無日不討治也國人而訓之于曰也民生之
不易禍至之無日戒懼之不可以怠在軍無日不討軍實軍器而

申儆之于勝之不可以保紂之百克而卒無後訓之以若敖蚡冒皆楚先君。蚡扶粉反篳路藍縷以啟山林篳路柴車。藍縷敝衣。言此二者勤儉以啟土箴之曰民生在勤勤則不匱呂說楚君臣自相警戒強國之根本不可謂驕先大夫子犯有言曰師直為壯曲為老我則不德而徼怨於楚我曲楚直不可謂老不德謂以力爭諸侯徼要也其君之戎分為二廣君之親兵補正傅氏曰廣楚乘車君以其親兵分左右二部故名二廣戎戎車也廣有一卒卒偏之兩十五乘為一廣司馬法百人為卒二十五人為兩車十五乘為大偏今廣十五乘亦用舊偏法復以二十五人為承副按周官少司徒五人為伍五伍為兩五兩為卒卒百人也為一乘乘甲士三人步卒七十二人又二十五人將重車在後是為一卒此古軍制也春秋時以十五乘為一偏偏另有二十五人為兩從之劉炫云兩是偏家之殺此偏兩之法也楚廣之制於一偏外別有一卒百人其卒附於偏之兩以共為承副蓋一百二十五人以從一偏此廣法也又疏云此之大偏對成九年九乘為小偏此之為大偏桓五年二十五乘為偏戰時臨陳所用不同不可與此相對為大小也右廣初駕數及日中左則受之以至

於昏內官（內宮）序（次也）當其夜（疏云若今宿直遞持更也）以待不虞不可謂無備

子良鄭之良也師叔（潘尫）楚之崇也（為楚人所崇貴）師叔入盟子良在楚

楚鄭親矣來勸我戰我克則來不克遂往以我卜也鄭不可從

（補注記士會纂書之言見晉大夫自知非楚敵）趙括趙同曰率師以來唯敵是求克敵

得屬（服鄭）又何俟必從彘子知季（莊子疏云荀首後為知氏）曰原（趙同）屏（趙括）咎之

徒（黨也）也趙莊子（趙朔）曰欒伯（武子）善哉寔其言必長晉國（按寔其言謂用其言）

（滋長晉國謂與晉也）楚少宰（官名）如晉師曰寡君少遭閔（憂）凶不能文聞二

先君（成王穆王）之出入此行也（孔疏言往來於鄭按行道路也）將鄭是訓定豈敢求

罪於晉二三子無淹（留也）久隨季對曰昔平王命我先君文侯曰

與鄭夾輔周室毋廢王命今鄭不率（遵也）寡君使羣臣問諸鄭豈

敢辱候人（謂伺候望敵者）敢拜君命之辱彘子以為諂使趙括從而更

之曰行人失辭言誤對寡君使羣臣遷大國之迹於鄭按遷徙也猶云逐楚渾不得在鄭境曰無辟敵羣臣無所逃命楚子又使求成於晉晉人許之盟有日矣有期日楚許伯御樂伯攝叔為右以致晉師單車挑戰又示不欲崇和以疑晉之羣臣疏云周禮環人掌致師盖致己欲戰之意於敵人故單車揚威武以挑之也許伯曰吾聞致師者御靡旌驅疾也摩近也壘而還樂伯曰吾聞致師者左車左射以菆矢之善者。側留反代御執轡御下兩馬掉鞅而還左鏞兩馬掉鞅掉兩馬之鞅也掉振也搖也驂馬折旋則其鞅須掉之而示閒暇之意亦在其中攝叔曰吾聞致師者右入壘折馘斷耳執俘而還皆行其所聞而復晉人逐之左右角之張兩角從旁夾攻之樂伯左射馬而右射人角不能進矢一而已麋興於前射麋麗龜麗著也龜背之隆高當心者樂伯射盡僅存一矢麋起於前射麋著其心晉鮑癸當其後使攝叔奉麋獻焉曰以歲之非時獻禽之未至敢膳諸從者

鮑癸止之曰其左善射其右有辭君子也既免止不復逐晉魏錡魏犨
子求公族欲為公族大夫未得而怒欲敗晉師請致師弗許請使許之
遂往請戰而還楚潘黨逐之及熒澤見六麋射一麋以顧獻按是
魏錡射曰子有軍事獸人無乃不給於鮮敢獻於從者新殺為鮮見六得一
言其不如楚叔黨潘黨潘尫子命去之按錡於是日已歸趙旃趙穿子求卿未得且
怒於失楚之致師者請挑戰弗許請名盟許之與魏錡皆命而
往闕魏趙以不得官職欲敗晉師人皆知其不可用乃一請往誅之郤獻子郤克曰二憾往矣弗
備必敗彘子曰鄭人勸戰弗敢從也楚人請成弗敢好也師無
成命多備何為士季曰備之善若二子怒楚楚人乘猶登也我喪
師無日矣不如備之楚之無惡除備而盟何損於好若以惡來
有備不敗且雖諸侯相見軍衛不徹去也警也彘子不可不肯設備士

季使鞏朔韓穿帥七覆於敖前為伏兵七處故上軍不敗趙嬰齊使其徒先具舟於河故敗而先濟補正傳因士季語竟言之潘黨既逐魏錡言魏錡見逐而退趙旃夜至於楚軍二人雖具受命而行不相隨趙旃在後至方云魏錡事已備見而趙旃之事未終故又叙旃事席於軍門之外使其徒入之布席坐示無所畏也楚子為乘廣三十乘分為左右按軍法車十二乘為偏今用舊法而少變之右廣雞鳴而駕日中而說說舍也。舒銳反左則受之日入而說許偃御右廣養由基為右彭名御左廣屈蕩為右楚王更迭載之故各有御名乙卯王乘左廣以逐趙旃趙旃棄車而走林屈蕩搏之得其甲裳下曰裳晉人懼二子之怒楚師也使軘車兵車名服虔云屯守之車。軘徒溫反逆之潘黨望其塵按軘車之塵使騁而告曰晉師至矣楚人亦懼王之入晉軍也遂入陳按欲寫孫叔出令而緊抱王一語以見孫叔之權王不能分孫叔無令三軍雖陳而不敢驅師權歸下孫叔曰進之寧

我薄迫也人無人薄我詩云元戎戎車在前也十乘以啟先行先人也詩小雅言王者軍行必有戎車十乘在前開道先人為備軍志曰先人有奪人之心薄之也奪敵戰心遂疾進師車馳卒奔乘晉軍桓子不知所為鼓於軍中曰先濟者有賞中軍下軍爭舟舟中之指可掬也兩手曰掬晉師右移上軍未動【孔疏】晉三軍上軍在左中軍在中下軍在右今中軍下軍在上軍之右者皆移惟上軍在也【補注】上軍亦未出陳杜以上軍未動得書戰則言戰為虛文矣盖晉恥未陳見敗告諸侯因下軍從荀首獲襄老穀臣故以戰告也工尹齊楚大夫將右拒陳名卒以逐下軍楚子使唐狡與蔡鳩居告唐惠侯二子楚大夫【陳傳】唐久屬楚不復見於諸夏故定四年蔡以唐侯伐楚不書明年楚滅唐不書曰不穀不德而貪以遇大敵不穀之罪也然楚不克君之羞也敢藉猶假借也君靈以濟楚師使潘黨率游闕四十乘游車補闕者從唐侯以為楚拒以從上軍駒伯曰待諸乎駒伯郤克上軍佐也隨季曰楚師方壯若萃

集也於我吾師必盡不如收而去之分謗生民不亦可乎同奔為分謗不戰為生民殿其卒而退不敗以其所將之卒為軍後殿王見右廣將從之乘屈蕩戶之曰君以此始亦必以終户止軍中易乘則恐軍人惑【補正】古人以守户之人謂之户者取其能止人也漢書樊紳傳詔户者無得入羣臣王嘉傳坐户殿殿門失闌免唐書二噲傳擊大毬户官道二馬不敢前皆是自是楚之乘廣先左以乘左得勝故疏云桓八年傳曰楚人尚左謂置車尚左故君在左觀上文云右廣初駕日中乃授左廣則舊法先乘右廣今楚人乘左車以逐趙旃得勝自後二廣之車先乘左廣也晉人或以廣隊不能進廣兵車按隊謂隊於坑也疏云軍行則旃在軍前不是車皆有旃此蓋是晉軍前載旃之車。隊其類反楚人惎之脫扃惎教也按西京賦人惎之謀注云惎教也或謂杜誤者非疏云扃車上兵闌蓋橫木車前以約車上之兵器慮其落也隊坑則橫木有礙故脫之而後進。惎其器反少進馬還又惎之拔旆投衡乃出還馬便旋不進旆大旗也疏云旆易扇風故馬便旋不能進衡馬頸上橫木拔取旗竿投於衡上卧之使不帆風則車差輕故得出坑也顧曰吾不如大國之數奔也【林解】晉師既出險乃顧楚人而慢之按兩

楚人惎之及前華元傳倒戟出井人俱是春秋近古猶見人情之厚趙旃以其良馬二濟其兄與叔父以他馬反遇敵不能去棄車而走林按趙旃早已棄車此則乘逆己之軘車也兄與叔父敗走失車故脫驂令乘之以救死此乘馬之始在左師展使昭公乘馬而歸之前逢大夫逢氏。逢音龐與其二子乘謂其二子無顧不欲見趙旃顧曰趙傁。老稱也音叟在後怒之使下指木曰尸女於是授趙旃綏以免明日以表尸之表所指木取其尸皆重獲在木下兄弟累尸而死按春秋重世卿凡在服屬皆致死焉逢大夫以趙傁在後令二子無顧故托為不知二子當面說破寧推二子而引趙傁也此世卿氣餒使人頓割父子之情而不顧林以棟曰逢大夫忍尸無罪之二子而授逆臣以綏哉必不得已以旃附載可也按賈獲舍母載君而陳君猶欲同載其母獲以為不祥卒兩全之旃既兩失車乃聽其推下二子安然無一言逆臣忍心如此楚熊負羈楚大夫囚知罃莊子之子知莊子以其族家兵反還戰之厨武子魏錡御下軍之士多從之知莊子下軍大夫故每射抽矢菆好箭納諸厨子之房箭舍厨子怒曰非子之求而蒲之愛蒲楊

柳可以為箭。董澤澤名之蒲，可勝既盡也乎？孔疏言用之不可盡。按董澤今山西聞喜縣東北有董池陂。知季曰：不以人子，吾子豈可得乎？吾不可以苟射故也。射連尹襄老，獲之，遂載其尸；射公子穀臣，楚王子囚之。以二者還。知季為下軍之殿，是保全下軍潰卒。及昏，楚師軍於邲。晉之餘師不能軍，不能成營也宵濟，亦終夜有聲。言兵眾，將不能用。丙辰，楚重至於邲。孔疏：重，輜重也。輜重載器物糧食，常在軍後，故乙卯日戰，丙辰始至於邲也。遂次於衡雍。潘黨曰：君盍築武軍，築軍營以彰武功而收晉尸以為京觀？積尸封土其上，謂之京觀。臣聞克敵必示子孫，以無忘武功。楚子曰：非爾所知也。夫文，字也止戈為武。武王克商，作頌曰：載戢藏也干戈，載櫜韜也弓矢。我求懿德，肆遂也于時夏，大也允王保之。孔疏言武王以天下既定，又求美德之士任用之，功業遂大。附注：信哉，武王能保此大美。又作武，頌篇名其卒章曰：耆致也定爾功。言武王誅紂致定其功。其三三篇曰：鋪時繹思，我徂惟求

定、鋪布也、繹陳也、時是也、思辭也、頌美武王能布政陳教、使天下歸往求安定。○鋪音敷其六六篇曰綏萬邦、屢豐年、此三六之數與今詩頌篇次不同、蓋楚樂歌之次第、夫武禁暴戢兵、保大定功、安民和衆豐財者也、此武七德故使子孫無忘其章附注典章也、今我使二國暴骨、暴矣、觀兵以威諸侯、兵不戢矣、暴而不戢、安能保大、猶有晉在、焉得定功、所違民欲猶多、民何安焉、無德而强諸侯、何以和衆、利人之幾、幾危也。○暴骨蒲卜反而安人之亂、以為己榮、何以豐財、兵動則年荒武有七德、我無一焉、何以示子孫、其為先君宮、告成事而已、祀先君告戰、武非吾功也、古者明王伐不敬、取其鯨鯢大魚名、喻不義之人、吞食小國犯也而封之以為大戮、於是乎有京觀以懲淫慝、今罪無所、晉罪無所犯也而民皆盡心以死君命、又何以為京觀乎、祀於河、作先君宮、告成事而還、傳言楚莊有禮所以遂興是役也、鄭石制寔入楚

師將以分鄭而立公子魚臣。辛未，鄭殺僕叔（魚臣）及子服。（石制。孔疏入楚師言入楚師於鄭國，分鄭國以半予楚，以半立魚臣而已，擅其寵也。）君子曰：史佚所謂毋怙亂者，謂是類也。（言恃人之亂以要利。）詩曰：亂離（憂也）瘼（病也）矣，爰（於也）其適歸。（詩小雅。言禍亂憂病，于何所歸乎。）歸於怙亂者也夫。（恃亂則禍歸之。）鄭伯、許男如楚。（為十四年晉伐鄭傳。）

（〔文說〕此詳經所不書，而二國朝楚、南北盛衰分界，不可不志。）

秋，晉師歸，桓子請死，晉侯欲許之。士貞子（士渥濁）諫曰：不可。城濮之役，晉師三日穀，（在僖二十八年。）文公猶有憂色。左右曰：有喜而憂，如有憂而喜乎？（言憂喜失時。）公曰：得臣猶在，憂未歇（盡也）也。困獸猶鬭，況國相乎？及楚殺子玉，（得臣。）公喜而後可知也。（喜見於顏色。）曰：莫余毒也已。是晉再克而楚再敗也。楚是以再世不競。（成王至穆王。）今天或者大警晉也，而又殺林父以重楚師，其無乃久不競乎。（〔春秋鐫〕楚再世不競，晉君明而中國無釁故也。殺一驕蹇臣，能損其强耶？林父復用，卒

未有以難楚不殺何為秦不棄孟明與晉類乎類乎曰不類秦穆貪利而棄其師非將之罪也林文之事君也
進思盡忠，退思補過，社稷之衛也。若之何殺之？夫其敗也，如日
月之食焉，何損於明？晉侯使復其位。
黃𦵔林曰：邲之役，楚孫叔敖不欲戰；鄢陵之役，范文子不欲
戰。之二人者，豈其好鈍喜退，深於老氏之學乎？蓋老成持重，殷
憂郤顧，出於恒情之外。若提戈躍馬，賈勇示雄，露布稱觴，爭
先奏捷，少年喜事，鮮未有不僨事者也。楚子不築京觀，在春
秋似為賢君，然伐鄭入陳，皆借討罪之辭，為猾夏之舉。至其
以武王為法，猶曹操之自居為文王，僭逆之罪，尤覺難逭。
見三按：師克在和不在衆，此千古之兵法也。其大要則在擇帥，
元帥得人，則閫令嚴而士心服，指揮唯我，捺縱自如，偏裨何

敢撓其令、欒武子救鄭、不徇八人之欲戰而速還、知武子下偪陽不從二將之請旋而必克定於一也、荀林父恇怯無能、非本大將之才又新將中軍威令未孚於衆加以先縠剛愎不仁多方掣肘聽而無上衆誰適從晉師之敗不唯楚人知之即隨知欒三子亦逆料之矣所異者隨欒二子盛稱楚德、知其不敵不能令全軍而歸徒為多言以激羣小之怒而墮三軍之心彼韓厥者且倡為六人分謗之言勸其濟師又豈賢者所為乎況隨會知設備以自固胡不力陳於元師之前、知莊能師屬以射人胡不早奮於交戰之始師無成命雖多奚為傳曰晉之餘師不能軍所以著將令之不一也夫街亭之敗武侯自貶富平之潰蔽罪魏公況掃境內而屬將軍全

姜白巖曰、傳著楚旅之殘暴也、蕭為宋附庸、宋以蔡救故、戰勝而因之、蕭人何敢殺楚臣、宋殺之也、師人多寒、相覓積雪沒脛、列膚墮指、光景只寫楚軍一面、而蕭人之城守、宋蔡之駐軍、無不如此、拊而勉之、軍如挾纊、寒者使之煖、病者使之起、直道俱進、三國遂不能支、蕭潰後、丕言滅蕭、但叙還無社事、叔展欲救殺於不死、甚是費力、可知蕭之臣民或殺或奔已盡、即無社之室家亦且離散死亡、甚矣可訝也、河魚腹疾、性命如懸、不以鋒鏑死、便以凍餒死、而國滅君殉、城為之洗、是楚莊之言、而楚之三軍有生氣、蕭之三軍皆死氣、兩軍對照、殘暴不仁、益於楮墨。

師而出拇指而歸、按諸軍法、懸荀林父先縠之首於軍前、庶有瘳乎、乃林父免死、先縠亦未擐顯誅、不有清之役、逆臣將漏網矣、嗚乎、此晉霸所以日衰也、

冬、楚子伐蕭、宋華椒以蔡人救蕭、蕭人囚熊相宜僚及公子丙、王曰、勿殺、吾退、蕭人殺之、王怒、遂圍蕭、蕭潰、（〔補正〕二字衍）申公巫臣曰、師人多寒、王巡三軍、拊而免之、（拊撫慰勉之、）三軍之士皆如挾纊、（纊綿也、言說以忘寒。苦謗反）遂傅於蕭、還無社（蕭大夫）與司馬卯言、號申叔展、（司馬卯申叔展皆楚大夫也、無社素識叔展、故因卯呼之、）叔展曰、有麥麴乎、曰、無、有山鞠窮乎、曰、無、（麥麴鞠窮所以禦濕、欲使無社逃泥水中、無社不解、故曰無、軍中不敢正言、故為謬語。疏云、麥麴作酒之物、芎藭藥草之名。麴去六反、鞠起弓反）河魚腹疾奈何、（孔疏叔展言必入水、故如河中之魚久在水則生腹疾、無禦濕藥奈何、）曰、目於眢井而拯之、（無社意解、欲入井、故使叔展視虛廢井、而求拯己、出溺為拯。）

眢烏丸反

若為茅絰哭井則已、叔展又教結茅以表井，須哭乃應以為信 明日蕭潰、申叔視其井則茅結存焉、號而出之、號，哭也。傳言蕭人無守心

黃薌林曰、龍人殺齊之盧蒲魁、就而滅於齊、蕭人殺楚之熊相宜僚及公子丙、必而滅於楚、小國不量時勢、而故殺大國之人以求逞、未有不速其亡者、傳不明寫屠戮之慘、特叙還無社問答一層、則人民之無所逃死可知、麥麴山鞠河魚皆隱語、猶魯有山氏呼庚癸、唐許欽明呼美醬米墨云爾、見三按楚自泌勝以後、氣吞天下、藐爾蕭竟以斗大之城殺其因虜、必至不滅不休、巡軍拊勉、楚之士固如纊之温、蕭之人安免絰之哭、寫楚軍正以反形蕭人也、麥麴山鞠固是隱語、不能猝曉、亦可想見倉皇昏亂之狀、故必待河魚之呼而

姜白巖曰、宋人不能伐陳於弑君之日、而伐陳於既定之後、蓋以蕭滅於楚、而移禍於楚與國之陳也、亦以陳鄭既服楚、必謀宋、而自結於晉也、宋救蕭不書、以蕭恃宋救、而殺三臣、致為楚滅、是宋無功於蕭、而罪於蕭也、衛救陳則書、以衛師至而陳國解、宋不得逞志於陳也、孔達明知背清之盟、必為晉討、而晉守華龍之信、早辦一死、雖計未盡善、而其救誠切、其志誠可哀矣、書同盟者、兵敗之餘、晉諸侯之式、而同盟以一之也、

始悟也、曹𤜵雞肋、濫觴於此。

晉原縠宋華椒衛孔達曹人同盟於清邱。孔疏、先軫或稱原軫、縠蓋軫之後、原亦其上世所食、於時趙氏有原同、蓋分原邑而共食之、曰、恤病討貳、於是卿不書、不寔其言也、宋伐陳、衛救之、不討貳也、楚伐宋、晉不救、不恤病也、按左氏明史官之例如此、其寔大夫書人、其常也、趙氏以書人為晉罪、亦非也、又左氏於明年楚人伐宋傳云、惟宋可免、則此兼罪三國、說不可行、蓋臆揣史例而失之、宋為盟故、伐陳、討貳於楚故、衛人救之、孔達曰、先君有約言焉、若大國討我、則死之、衛成公與陳共公有舊好、故孔達欲背盟救陳、而以死謝晉、為十四年衛殺孔達傳、見三、按清邱同盟、拒楚唯宋行之甚力、蕭為楚滅伐、宿蔡拒兵救蕭、陳為楚滅、舉兵伐陳、仗義執言、差為猛毅、孔達不以今日之新盟、忘數十年之舊好、明知獲罪於晉、不以利害離交、不以生死亂志、其謀雖拙、其義則正、書宋師伐陳、即書衛人救陳、

皆所以責晉也。

春秋左傳精義卷十九

閬中　薌林黃一桂　輯　　男　心垣見三　補輯

宣公三

經　乙丑　十有三年春齊師伐莒。夏楚子伐宋。秋螽為災故書。冬晉殺其大夫先縠

傳　十三年春齊師伐莒、莒恃晉而不事齊故也、

見三按滕恃晉而宋圍之、莒恃晉而齊伐之、當時小國直以事盟主為啟釁之端、不有悼公繼霸鄟陵之盟、又何待春秋之末哉、

姜炳璋曰、蕭同叔子、齊頃公之母也、蕭為楚滅、頃未聞發一旅以救母族之難、乃統大衆以凌弱小之莒、有愧於魯僖矣、

周大章曰邲之戰、先縠剛愎不用命、以致喪師辱國、罪已重矣、國討未及、尚不悛懲、而復名赤狄以逞之、甕豈非自作之孽乎、但縠雖當死、而其族何罪、并盡滅之、刑毋乃濫甚乎、晉之巨室、彼此傾軋、各懷吞噬之心、欒郤胥原狐續慶伯降在皁隸、職此之由、晉國萃於三族、此固有其幾矣、

姜炳璋曰舍林父之罪不問、而咎先縠、即林父亦咎之也、適赤狄伐晉、乃歸罪殺之、其云先縠名之、即歸罪之詞、夫先軫有大功于國、當十世宥之、而使之不祀、以視楚之報子文相去懸絕、

夏楚子伐宋、以其救蕭也、杜解救蕭在前年、按又以宋為晉伐陳也、而晉衛俱不顧盟以恤宋、

見三按宋能踐盟以救蕭、晉不能踐盟以救宋、唯宋可免責晉也、非責諸侯也、

君子曰、清丘之盟、唯宋可以免焉、傳見晉不救宋、已背清丘之盟、安得獨以背盟責衛、

秋赤狄伐晉及清、先縠名之也、邲戰不得志、故名狄欲為變、清一名清原、按今山西稷山縣西北有清源城、

冬晉人討邲之敗、與清之師師、歸罪於先縠而殺之、盡滅其族、君子曰、惡之來也、已則取之、其先縠之謂乎、盡滅其族、為誅已甚、故曰惡之來也、通說退師者衆人所欲、進師者衆人所忌、故逗撓畏怯者得無事、而忠憤激壯者反受戮、按己則取之者、言己之任事取之、自此而晉人委靡之習成矣、傳蓋傷之也、

見三按先縠剛愎不仁、必至殺身、邲之敗固有可誅、狄之名寔無其事、歸罪先縠、誰歸之、荀林父歸之也、殺其身復滅其

姜白巖曰、晉人歸孔達、時先且居為政、以為衛之良也、故免之、乃晉不救

族、先軫有靈、豈特不顧而唾、清丘之盟、晉以衛之救陳也討焉、（尋清丘之盟以責衛）使人弗去曰、罪無所歸、將加而師、孔達曰、苟利社稷、請以我說、罪我之由、我則為政、而亢（禦也）大國之討、（按宋為晉討陳而已禦之）將以誰任、我則死之、（為明年殺孔達）傳、

見三按孔達守先君之約、勝踐清丘之盟、以身殉國、與趙氏之董安于同一義烈、

經（丙寅）十有四年春、衛殺其大夫孔達。夏五月壬申曹伯壽卒。（子宣公盧立）。晉侯伐鄭。秋九月楚子圍宋。葬曹文公。冬公孫歸父會齊侯於穀

傳十四年春、孔達縊而死、衛人以說於晉而免、（杜解以殺告故免於伐、）遂

宋而討衛之救陳使臣弗去省今年之秋至明年之春以待賢大夫之死酷矣林父棄師不能死事偏能殺以死任事之臣

姜宝巖曰晉景公欲繼文襄之業銳意伐鄭四同盟皆君親之非無志于復霸也然敗邲之後仍以逃將為元帥何以作三軍之氣耶鄭不能來宋亦將去林父不敢妄希勝楚並不敢遽言服鄭示之以整而已

告於諸侯曰寡君有不令之臣達構我敝邑於大國既伏其罪矣敢告諸殺大夫亦皆告衛人以為成勞復室其子以有平國之功故以女妻之使復其位襄父祿位

見三按衛人不能以義折晉而輕殺其良臣其何以勸任事之人同一孔達也同一救陳也晉前則赦而歸之後則逼而殺之可以觀霸業之盛衰矣

夏晉侯伐鄭為邲故也晉敗於邲鄭遂屬楚告於諸侯蒐焉而還簡閱車馬中行桓子之謀也曰示之以整使謀而來鄭人懼使子張穆公孫代子良於楚十二年子良質於楚鄭伯如楚謀晉故也鄭以子良為有禮故名之有讓國之禮

見三按孟明歸國尚有拜賜之師林父復位徒為簡兵之舉

二

畏楚如虎，一籌莫展，安望其能補過乎。使謀而來，晉國示之以整；如楚謀晉，鄭亦示之以暇。敗軍之將，不可言勇，林父之謂也。

楚子使申舟聘於齊，無畏曰：無假道於宋。亦使公子馮聘於晉，不假道於鄭。補注：聘晉非為好也，以急晉之救宋耳。申舟以孟諸之役惡宋，文十年，楚子田孟諸，無畏抶宋公僕。按：惡宋，見惡於宋也。曰：鄭昭宋聾，昭，明也。聾，闇也。晉使不害，我則必死。王曰：殺女，我伐之。見犀而行。犀，申舟子。以子託王，示必死。及宋，宋人止之。華元曰：過我而不假道，鄙我也。以我比其邊鄙，是與亡國同。鄙我，亡也。殺其使者，必伐我。伐我，亦亡也。亡一也。乃殺之。方解：楚儼然行王使過賓之禮，殺之足伸大義。楚子聞之，投袂而起，投，振也。袂，袖也。屨及於窒皇，窒皇，寢門闕。窒，直結反。劍及於寢門之外，車及於蒲胥之市。秋九月，楚子圍宋。宏鑄：屨人進屨，追而及於窒皇，前此未及

姜白巖曰：莊欲威行天下，陳、蔡、鄭、衛已服，而宋猶服晉，救蕭伐陳，積怨久矣，故挑其怒，以為兵端。若鄭則已服，道何待假？與馮並使，而俱誡以無假道，乃不見以舟為餌之迹。莊之譎，每如此，桓文所不為也。凡出師須簡車乘，選將帥，而楚子部署早定，只待殺舟信至，身出而三軍從之，蓋一怒以作三軍之氣也。傳極寫圍宋之勢，見宋人死守之難，以著晉人不救之罪。

屨也、側人進劍、追而及於寢門之外、前此未及劍也、車人駕車、追而及於蒲胥之市、前此未及車也、蓋興師之速如此、通說宋公抗夷即夏、代其與國、戮其使人、即易子析骸、猶不肯為城下之盟、有襄之風焉、

黃薌林曰、過宋而不假道、分明欺宋、且以試宋、華元執國之政、一味模稜、獨於此處頗有識力、今日能殺申舟、故異日能刼子反、此可為臨變應事之法、

見三按楚方横行中原、於宋有必不相容之勢、遣使過宋而特命之無假道、且不遣他人、而必遣孟諸辱宋之申舟、是縱宋殺之以為名耳、一聞申舟之殺、投袂而起、屨及於窒皇、劍及於寢門之外、車及於蒲胥之市、人謂其怒之盛、而發之甚速、不知其謀之陰、而備之已豫也、設宋不殺申舟、楚肯須臾忘宋、而不借他名以加兵哉、與其鄙我而亡貽笑諸侯、奚如伐

我而亡、猶仲大義、華元之言、氣直而壯、故其後能登子反之床、而卒免於城下之盟、

冬、公孫歸父會齊侯於穀、嚴氏曰、楚使申舟聘齊、齊楚之有交久矣、歸父會齊、所以謀事楚也、見晏桓子、與之言魯樂、附注、言魯國風土可樂也、疏誤、據晏今山東濟河縣西北有晏城、寰宇記謂之晏嬰城、桓子晏嬰父告高宣子高固曰、子家歸父字其亡乎、懷思也於魯矣、懷必貪、按人懷土則嗜利貪必謀人、謀人人亦謀己、一國謀之、何以不亡、為十八年歸父奔齊傳、

黃薌林曰、時子家欲去三桓、專國政、所以懷魯言魯樂也、虎得人而甘之、不知黃罷在樹巔、己躡其後、子家自矜得寵、能勝舉朝之側目乎、謀人人亦謀己、恃寵者宜猛省、

見三按、樂不可極、懷必敗名、名言也、即至理也、子家襄乃父

周大章曰、子家魯人也、言魯曾而樂、適得其常、何遽斷之以亡、蓋伊父襄仲殺子赤、立宣公、國威福在其掌握、歸父又寵于公、且有謀去三桓之意、一樂字中、有多少驕橫自恣氣象、桓子於此窺破底裡、懷貪自謀人之迹、一推出其亡也、直可翹足而待、知言知人、足見卓識巨眼、

四

周大章曰、楚自勝邲以後、滅蕭圍宋、駸駸有憑陵諸夏之惧、魯即不能興一旅之師以救宋、亦當慎其守備、固其疆場、以為自完計、楚人雖强、未遽外攘、而欲謀其不免、薦賄於楚、抑釋宋而侵魯也、獻子不勸君內修、何無計之甚耶、

姜白巖曰、中原諸侯不為楚滅者、恃晉耳、邲之役、晉已大創、楚人乘勝滅蕭、盛怒圍宋、烽火遂及於齊魯曹衛之間、此時諸侯、社稷岌岌、故孟獻有薦賄之義、歸父有會楚之舉、雖云過急、亦小國之不得已者也、

之餘威、為宣所寵、事事專擅、舉朝側目久矣、又欲去三桓以自利同室之戈、怡堂之燕、豈久安之道邪、旁觀睊睊、而當局者猶嬉嬉也、吁可慨夫、

孟獻子言於公曰、臣聞小國之免於大國也、聘而獻物、杜解物玉帛皮幣於是有庭實旅百、附注劉炫曰聘而獻物陳百品於庭朝而獻功、獻其征伐之功於牧伯也、於是有容貌采章嘉淑、而有加貨、附注劉炫曰容貌采章謂物之可以衣服旌旗之飾者嘉淑謂美善之物加貨言賄賂之多皆賓所獻亦庭實也杜註誤謀其不免也、誅而薦賄、則無及也、薦進也見責而往則不足解罪今楚在宋、君其圖之、公說、為明年歸父會楚子傳、

見三按孟獻子年少嗣卿、執政數十年、謹慎有餘、而謀畧不足、其所言者、大抵憂君憂國之計、而未必深明事勢、如會楚之謀、屬鄫之請、其防患處皆其貽患處、此亦謹慎之過、不能

賀仲軾曰：楚子不宜會，胡傳責之，是已。然此非宣之所能為也。宣以襄仲劫國，遂以其父子為私，結齊結楚，非其父子則不可使也。不知已為大奸所切齒，乘機伺釁，擁政爭權，非一日之積矣。宣公死而歸父遂，又安在其可長相保也。
姜白巖曰：宋既被圍，與城死守。

為賢者諱也。然較之行父奸宄，超然遠矣。

經丁卯十有五年春，公孫歸父會楚子於宋。夏五月，宋人及楚人平。按及者，自此及彼也。疏云書及為宋人所欲，非也。穀梁曰衆欲之，是也。○六月癸卯，晉師滅赤狄潞氏，以潞子嬰兒歸。（杜解）潞，赤狄之別種。潞氏國，故稱氏。子，爵也。按今山西潞城縣東北有古潞城。○秦人伐晉。○王札子殺召伯、毛伯。王札子，王子札也。蓋經文倒札字。○秋，螽。○仲孫蔑會齊高固于無婁。杞邑。初稅畝。公田之法，十取其一。今又履其餘畝，復十收其一，遂以為常，故曰初。○冬，蝝生。螽子以冬生，遇寒而死，故不成螽。蝝，悦全反。饑。風雨不和，五稼不豐。

傳十五年春，公孫歸父會楚子於宋。終前年傳。

見三按：楚氛雖惡，今未及魯，孟獻子賢大夫，何至行此薦賄下策。正由宣公篡立十有五年，天下未有討之者，今見楚殺夏徵舒，人情洶洶，懼禍之及，獻子之請，出於舉朝之意，亦宣

正諸侯併力救患之日、乃未及魯、
而望風納賄、家臣以為宣公會盟
竟見楚義徵舒而惧也、
周大章曰、前此楚子圍鄭、三月始克
者以鄭待晉救、不與楚平也、此番解揚
至言宋人固守、及九月而楚不能下、
其望晉救可知、晉不能救、而使解揚
致命、使無降楚、致宋有易子析骸
之慘、是尚得為盟主乎、宋既以
病告、而楚子猶急於退師、蓋以
晉之出師緩、不及期、安知晉師悉
起、不于九月之後、如邲之六月救鄭
故事乎、師老於外、而敵寇方張、固
不如稍得藉手、全軍而歸之
為得計也、胸中有解揚數語、覓
胎在內、遂令火炮性急人忽然冰
冷、人以解揚使為晉罪、吾正以
致宋數言為解揚功也、
姜白巖曰、華元登申舟以報田孟諸
之辱、壯哉、何大義之激發也、楚子
圍之、經歷三時、師老而糧匱矣、晉

公之心、故往會不遺他人、而獨使歸父、則以所關係者大、非信任者不足當此重任也、宣公之膽寒矣、

宋人使樂嬰齊告急於晉、晉侯欲救之、伯宗（晉大夫）曰不可、古人有言曰、雖鞭之長、不及馬腹、（言非所擊）天方授楚、未可與爭、雖晉之彊、能違天乎、諺曰、高下在心、（度時制宜、）川澤納汙、（受汙濁、）山藪藏疾、（王氏左翼、山藪藏毒物、）瑾瑜匿瑕、（匿、亦藏也、雖美玉之質、亦或居藏瑕穢、）國君含垢、（忍垢恥、）天之道也、（晉侯恥不救宋、故伯宗為說小惡不損大德之喻、）君其待之、（待楚衰、）乃止、使解揚如宋、使無降楚、曰、晉師悉起、將至矣、鄭人囚而獻諸楚、楚子厚賂之、使反其言、（反言晉不救、）不許、三而許之、登諸樓車、使呼宋人而告之、（樓車、車上望櫓、）遂致其君命、楚子將殺之、使與之言曰、爾既許不穀而反之、何故、非我無信、女則棄之、速即爾刑、對曰、臣聞之、君能

晉景此時，大有繼霸之心，使執政者有人，則晉攻其外，宋擊其內，宋圍解而晉霸振。乃聽伯宗之邪說，含垢納汙，甘居人下，並無林父使之也。顧不救宋，而明告於宋，早與楚平，猶免生靈之塗炭，而曰晉師悉起，欲其固守，退敵因困益，以為己功也。中段寫解揚，隨寫其忠義，可以薄青日叟而貫金石。揚不敢反其言，致其君命，晉顧反其言以欺與國，易子析骸，晉實是使之。寫解揚所以斥晉侯也。春秋晉國人物，如伯宗、師曠、女齊、史趙之屬，皆當時所謂君子也。逆其居心忠恪，時進讜言，而伯宗乃為荀林父言不救宋，師曠為荀偃言不討衛，女齊為韓起言必事楚，蓋為權臣所脅，忤其意則赤族。是賢如叔向，猶委曲迎合趙武，謬云楚為晉細，況其他乎。雖不可謂非諸人之玷，然此日之時勢，已兆分晉之局矣。

制命為義，臣能承命為信，信載義而行之為利，謀不失利，以衛社稷，民之主也。義無二信，欲為義者不行兩信。信無二命，欲行信者不受二命。君之賂臣，不知命也。受命以出，有死無霣，霣，廢隊也。于敏反。又可賂乎？臣之許君，以成命也。成其君命。按：偽許楚君，以致晉君之命。死而成命，臣之祿也。寡君有信臣，己不廢命。下臣獲考，成也。死又何求？葉氏曰：古人審乎性命而定乎吉凶，一事之曲折而數德可名舉也。楚子舍之以歸。按：楚莊此舉，見寬大之度。夏五月，楚師將去宋。在宋積九月，不能服宋故。申犀稽首於王之馬前曰：無畏知死，而不敢廢王命，王棄言焉。王不能答。未服宋而去，故曰棄言。申叔時僕，御也。曰：築室反耕者，宋必聽命。從之。築室於宋，分兵歸田，示無去志。王從其言。宋人懼，使華元夜入楚師，登子反之牀，起之，曰：寡君使元以病告，兵法：因其鄉人而用之，必先知其守將、左右、謁者、門者、舍人之姓名，因而利道之。華元蓋用此術，得以自通。曰：敝邑易子而食，析骸以爨。炊也。七

亂反雖然城下之盟有以國斃不能從也寧以國斃不從城下盟去我三十里唯命是聽子反懼與之盟而告王朱解子反夜為華元所劫懼其殺己私與元盟而以事告王退三十里宋及楚平華元為質盟曰我無爾詐爾無我虞補注平則不書盟兵交禍結以平為重孔疏是兩國平後共盟而楚人為此辭

黃薌林曰納污含垢之說唯少康之於過澆勾踐之於夫差則可若晉元帝宋高宗皆不能藉為口實也林父挫於邲之役畏楚如虎一蹶不能復振特使伯宗作此邪說以惑晉侯堂堂霸者既以大義讓荊蠻復以虛言欺與國坐令堅守九月而救不至易子析骸較之肉袒牽羊者尤為慘目荀林父之罪不可勝誅矣

見三按宋之不競於楚久矣剏自大棘喪師十年不振而楚

趙木訥、外不能制楚、而內滅狄、雖若緦小功之察、然猶勝于緦小功之俱廢也、終春秋之世、不復有狄患者、晉之力也

莊又當入陳平鄭敗晉滅蕭之餘、雷動風行、宋將覆亡之不暇、晉為盟主、僅使解揚致辭、曾為宗邦、亦使子家薦賄、獨華元以三寸舌、當十萬師、而易子析骸之宋、反能令築室反耕之楚、退舍三十里、免於城下之盟、宋君不為鄭伯之郊迎、而華元僅同子良之出質、厥功亦甚偉哉、蕭之潰也、還無社號申叔展、不能全其國、僅全其身、宋之圍也、華元登子反床、不愛其身、卒能全其國、比事而觀、華元為不可及矣、

潞子嬰兒之夫人、晉景公之姊也、酆舒杜解潞相為政而殺之、又傷潞子之目、晉侯將伐之、諸大夫皆曰不可、酆舒有三儁才、儁絕異也言有才藝勝人者三、不如待後之人、伯宗曰必伐之、按亦林父使之言也狄有五罪、儁才雖多何補焉、不祀一也、嗜酒二也、棄仲章而奪黎氏地三

也。仲章，潞賢人也。黎氏，黎侯國。按今山西長治縣西有黎侯亭。虐我伯姬，四也。傷其君目，五也。怙其儁才，而不以茂德，茲益罪也。後之人或者將敬奉德義以事神人，而申固其命，審其政令。若之何待之？不討有罪，曰將待後，後有辭而討焉，無乃不可乎？宮説林父養人之惡，惟恐其不盈，伯宗幸人之亂，惟恐其或政，事是而心非也。夫恃才與衆，亡之道也。商紂由之，故滅。由，用也。天反時為災，寒暑易節。地反物為妖，羣物失性。民反德為亂，亂則妖災生。故文反正為乏。宋解篆文背書正字則為乏字。盡在狄矣。晉侯從之。六月癸卯，晉荀林父敗赤狄於曲梁。辛亥，滅潞。書癸卯，從赴。按書師不以主將，告也。今直隸永年縣有曲梁故城。

酆舒奔衛，衛人歸諸晉，晉人殺之。

黃薌林曰：才非能名殺，恃才殺之也。商辛材辯過人，尚難免鹿臺之焚，況酆舒乎？往正其罪可也，并潞滅之則非矣。伯宗

之數罪、固為定評、林父之冒功、豈為義舉、

見三按伯宗前阻救宋、何其懦、此勸伐狄、何其勇、盖皆林父使之也、前是畏其强而歸之於天、此是知其亂而斷之於德、前知楚之不可勝、讓之以藏拙、此知狄之必當滅、攬以之盖愆伯宗君子、胡亦阿附庸臣、但言之有物、故能亹亹動聽、左氏稱其好直言、則未也、

王孫蘇與召氏毛氏爭政、三人皆王卿士使王子捷殺召戴公及毛伯衛、王子捷即王札子、葉石林曰、矯王命而殺二卿也、卒立召襄、召戴公之子也、按謂周人卒立戴公之子、不從蘇與札之亂、

見三按因爭政而連殺大臣、無論矯與不矯、皆法無可貸、國亂至此、法不懾於左右、況能馭諸侯乎、

秋七月秦桓公伐晉次於輔氏（杜解）按晉地今山西朝邑縣西北有輔氏城 壬午晉侯治兵於稷以略狄土略取也稷晉地晉時新破狄土地未安權秦師之弱故別遣魏顆距秦而東行定狄地稷按今山西聞喜縣南有稷神山山下有稷亭即晉侯治兵處 立黎侯而還狄奪其地故晉復立之 及雒魏顆敗秦師於輔氏晉侯還及雒也雒晉地○顆苦果反 獲杜回秦之力人也初魏武子魏顆之父有嬖妾無子武子疾命顆曰必嫁是疾病則曰必以為殉及卒顆嫁之曰疾病則亂吾從其治也按治謂病未昏亂時 及輔氏之役顆見老人結草以亢杜回亢禦也 杜回躓而顛故獲之夜夢之曰余而所嫁婦人之父也而汝也○躓陟使反 爾用先人之治命余是以報傳舉此以示教

黃薌林曰從治不從亂此亦人子之常而竟以此獲報非誣也作俑無後聖有明訓象人不可而況用人老人結草較之

周大章曰不示之以形則其報不顯不形之於夢則其故不明事本詼奇而理自平正治命亂命可為人子之事親法則

姜白巖曰秦自二年伐晉晉不報伐越十四年秦桓乘晉嚐之不振修先人之憾豈知子之於父如其道意于子為賢如其非道當先幹蠱先君伐晉自睦楚以弱周室不道之大者也故傳于魏顆從父治命不從亂命詳焉而聖經深罪秦桓之義自見

姜白巖曰、滅潞亦據夷狄之事、然在林父不足償喪師之罪、而渥濡儼然居免敗將之功、迹其君臣喜得狄土、津津欣躍過望、一膣嗜利俗腸何嘗為伸大義除中國之患起見、而羊舌職稱其明德、比之文王造周、不亦

黃雀啣環、事尤近理、不必讀佛氏果報書、而後知冥冥之不爽也、

見三按義正者能勝人、顆用武子之命、其義甚正、便可亢杜回有餘、老人結草、左氏特借神道以勸人、所異者武子英雄、爇宮時、且曰勞之不圖、報於何有、況束胸見使、距踴曲踴、何等壯烈、區區一嬖妾、欲嫁欲殉、拳拳不置、何無丈夫氣耶、嗚兒女惜長、英雄氣短、此項重瞳有虞兮之慟、曹阿瞞分香賣履、刺刺不休也、

晉侯賞桓子狄臣於室、（杜解于家）亦賞士伯（士貞子）以瓜衍之縣、曰、吾獲狄土、子之功也、微子吾喪伯氏矣、（伯桓子字）羊舌職（叔向父）說是賞也、（說音悅）曰、周書（康誥）所謂庸庸祗祗者、謂此物也夫、（庸用也、祗敬也、物事也、）言

可恥也夫至周獻捷亦尊周室之端而原叔將事不敬不出康公之料傳並識之明晉伯之衰也

文王能用可用敬可敬士伯庸中行伯、君信之、亦庸士伯、此之謂明德矣、文王所以造周、不是過也、故詩曰、陳錫載周、能施也、錫賜也詩大雅言文王布陳大利以賜天下、故能載行周道福流子孫率是道也、其何不濟、晉侯使趙同獻狄俘於周、不敬、劉康公王季子曰、不及十年、原叔趙同必有大咎、天奪之魄矣、心之精爽、是為魂魄、為成八年晉殺趙同傳

黃薌林曰、邲敗不戮林父、勝狄並賞士伯、晉於此時、志在啟疆、並不在諸侯矣、趙同殺於成八年、而精魄早喪、原屏咎之徒也、前於邲戰傳斷定、此復補足責趙括、即以深罪林父也、見三按邲之役林父不但辱晉且辱中國、此不洗之辱也、以孟明之意推之、無日可以忘楚、奈何望楚畏縮、圍宋九月、喋不敢出絳都、而姑于狄取償焉、受賞於國、獻俘於周、不慎為

諸侯所鄙乎嗚呼孟明其不可及也夫吾是以知秦穆之君臣也

初稅畝非禮也按什而取二穀出不過藉周法民耕百畝公田十畝得民力而治之稅不過此以豐財也按四字包有若百稅姓足四語大意

見三按稅畝因財不足也不過藉乃所以豐財宣以賂齊得國僕僕齊庭國用已竭近因楚氛甚偪謀國者憂其不免觀仲孫蔑之言歸父之會汲汲乎薦賄是圖宜國用之不足而思取償於民也後世除阡陌毀井田奚怪其然乎　獻羽曰初誌復古也幸之也稅畝曰初誌變古也傷之也

冬蝝生饑幸之也蝝未為災幸其冬生不為物害時歲雖饑猶喜而書之

見三按何休云饑寒並至雖堯舜不能使野無盜寇此至言

姜白巖曰蝝未成蟲尚不為災必書者謹畏也中間插一飢覺民情皇皇下幸之更醒

周大章曰幸民二字最妙小人行險以徼幸苟免無恥皆有幸心也善人在上賞不僭而刑不濫雖欲幸免其將能乎戰戰兢兢臨深履薄則無幸心矣不善所以遠也正本清源之論可與離賞之不竊同看

也、君人者但務取民、而不顧民窮、彼民飢而能晏然已乎、以困之術取之、及其困又不能散之、病民即病國矣、春秋書飢於稅畝之下、所以見天變不虛生、傳曰幸之也、寔危之也、

經 戊辰十有六年春王正月晉人滅赤狄甲氏及留吁、甲氏留吁赤狄別種、晉既滅潞氏、今又并盡其餘黨、按留吁今山西屯留縣南。夏成周宣榭火、成周洛陽宣榭在洛陽者、爾雅曰、無室曰榭、謂屋歇前、疏云歇前者、無壁也、如今之廳(公羊)宣王之宮、則宣王之講武室也。秋郯伯姬來歸音談。冬大有年

傳 十六年春晉士會帥師滅赤狄甲氏及留吁鐸辰、(杜解)鐸辰不書、留吁之屬、按鐸辰當在山西潞安府境 三月獻狄俘、獻于王也 晉侯請於王、戊申以黻冕命士會將中軍、且為大傅、代林父將中軍、且加以太傅之官、黻冕命卿之服、太傅孤卿(補傳)傳見列國之卿猶有請命者 於是晉國之盜逃奔於秦、羊舌職曰、吾聞之禹稱善舉也

人、不善人遠、此之謂也。夫詩曰、戰戰兢兢、如臨深淵、如履薄冰。善人在上也。言善人居位則無不戒懼善人在上、則國無幸民。諺曰、民之多幸、國之不幸、是無善人之謂也。

黄薌林曰、晉盜奔秦、雖感於士會之賢、亦震爭於王命之重。此春秋之曠典、亦晉國之佳話也。善人在上、則固無幸民想見孔明治蜀。

見三按士會光輔五君、以為諸侯盟主、其大本在於家事治。觀其庾辭對客而杖其子、請老讓政而戒其子、家法可謂嚴矣。利其君不忘其身、謀其身不遺其友、九京可作、猶生興起之心、況其在當時乎。晉盜奔秦、國無幸民、豈偶然哉。

晉成周宣榭火、人火之也。凡火、人火曰火、天火曰災。

張悔弇曰、前此王孫蘇與周公爭政、王不能正、訟周公于晉、而晉人平之、直周公而不右王孫、而不討、至是再與召毛爭政、殺天子之三卿、而王子捷為之使、出奔晉、晉國而晉人為之復、倖倖懷必勝之心、施施無咎爭之息、王室不能制、大臣以令諸侯、而大臣倚大國以要天子、長亂于臣、稔惡于定、王室信不能矣、而晉宜是有罪焉、

見三按榭者講武之所、宣王中興之君也、宣榭火、周不復振矣、蓋痛之也、

秋、鄭伯姬來歸、出也、

見三按前則杞叔姬出、此則鄭伯姬歸、魯之女誠疏矣、安在其為秉禮之國乎、

為毛名之難故、王室復亂、毛名難在前年、王孫蘇奔晉、晉人復之、毛名之黨欲討蘇氏、故出奔、

見三按王孫蘇王朝一卿士耳、前則與周公爭政、此復與毛名爭政、甚至擅殺王臣、王不能討、皆晉主之也、晉盜奔秦、而職稱之、國固無幸民矣、周卿奔晉、而會平之、朝不有逆臣乎、士會老成、未免袒護亂賊、

周大章曰、王朝典禮既如此嚴肅、而何以王孫蘇而驕蹇橫暴之不能制乎、亦王室陵夷積漸使然耳、因武子私問而詳告之、儀制尚截然不可亂、而況君臣上下之大體乎、而弗聞乎等語、口角冷峻、武子歸但知講求典禮、以修晉國之法、而于王孫蘇始終袒護、抑何明于小而暗于大耶、

冬、晉侯使士會平王室、定王享之、原襄公周大夫相佐也禮、殽烝、升也升殽於俎、疏云、鄭詩箋云、凡非穀而食之曰殽、切肉為殽、乃升於俎、武子私問其故、享當體薦、而殽烝、故怪問之、武、士會謚、季其字、疏云、薦其半體、謂之房烝、武子謂己被王享亦當房烝、今乃殽烝、故問之、王聞之、名武子曰、季氏、而弗聞乎、王享有體薦、享則半解其體而薦之、所以示其儉、宴有折俎、體解節折、升之於俎、物皆可食、所以示慈惠也、公當享、卿當宴、王室之禮也、公謂諸侯秩解言士會卿也、雖享亦當用宴禮、武子歸而講求典禮、以修晉國之法、傳言典禮之廢久、

黃薌林曰、襄王折請隧、定王辨殽烝、周室雖衰、典禮尚有可觀、他日景王彝器之索、雖不得體、典籍之徵、能使藉談語塞、亦自彬彬、士會歸而講禮修法、古人留心典故如此、

見三按、王室多難、王不能平、徒沾沾於享與宴之辨、與魯昭之習儀以亟奚異、

姜曰：斷道之盟，本以外楚，反至謀齊，蓋謀齊即所以外楚也。楚至莊強甚，服鄭陳蔡而西諸侯在宇下矣；服宋而東諸侯歸疆索矣。又西結秦，繞出周晉之後，北聯齊，牽制周晉之東，天下大勢皆歸於楚。齊不思桓公召陵之勳，聘使南行，幾為間晉，故晉景翻然為斷道之盟。非欲齊侯親至，共獎王室，乃僅留大夫，寧不責而至之者，三子是以外楚始，而以謀齊終，此固天下之大機，而晉君之大關鍵也。故經直書曰同盟。

經　己巳十有七年春王正月庚子，許男錫我卒。（子靈公寧立）丁未，蔡侯申卒。（子景公固立）夏，葬許昭公。葬蔡文公。六月癸卯，日有食之。（不書朔，官失之）己未，公會晉侯、衛侯、曹伯、邾子同盟于斷道。（晉地。按今山西沁州東有斷梁城。斷音短）秋，公至自會。冬十有一月壬午，公弟叔肸卒。（傳例曰：公母弟）

傳　十七年春，晉侯使郤克徵會於齊。（杜解：徵，名也，欲為斷道會）齊頃公帷婦人使觀之。郤子登，婦人笑於房。（跛而登階，故笑之。林解：穀梁謂婦人乃蕭同叔子，頃公之母）獻子怒，出而誓曰：所不此報，無能涉河。（不復渡河而東）獻子先歸，使欒京廬（克之介）待命於齊，曰：不得齊事，無復命矣。（使得齊之罪，乃復命）郤子至，請伐齊，晉侯弗許；請以其私屬，（家衆也）又弗許。（為成二年戰於鞌傳）齊侯使高固、晏弱、（桓子）蔡朝、南郭偃會。及斂盂，高固逃歸。（聞郤克怒故。斂盂音廉于）

夏會於斷道，討貳也。盟於卷楚，即斷道。卷音權，又音捲。辭齊人。晉人執晏弱於野王，執蔡朝於原，執南郭偃於溫。執三子不書，非卿。按野王今為河南懷慶府治。苗賁皇使見晏桓子。賁皇，楚鬬椒之子。楚滅鬬氏，而奔晉，食邑於苗地。晏弱時在野王，故因使而見之。賁，扶云反。歸言於晉侯曰：「夫晏子何罪？昔者諸侯事吾先君，皆如不逮，言汲汲也。舉言羣臣不信，諸侯皆有貳志。舉，皆也。齊侯恐不得禮，不見禮待。故不出，而使四子來。左右或沮之，沮，止也。曰：『君不出，必執吾使。』故高子及斂盂而逃。夫三子曰：『若絕君好，寧歸死焉。』為是犯難而來，吾若善逆彼，彼，齊三人。以懷來者，吾又執之，以信齊沮，孔疏：使沮者之言信也。吾不既過矣乎？過而不改，而又久之，以成其悔，何利之有焉？附注：言三子見執，齊人必有悔遣使之心。今又久執不歸，必將背晉，是成其悔心也。使反者得辭，宋解：使高固中道而反者得以有辭。而害來者，宋解：而三子反受害。以懼諸侯，將焉用之？」

晉人緩之逸、緩不搶執、使得逃去也、傳言晉不能修禮、諸侯所以貳。按晏弱逸於此時、蔡朝南郭偃之逸在明年

晉伐齊盟繒後、

黃薌林曰、大庭何地、燕客何事、而帷婦人使觀、便非敬客之禮、便是取禍之端。穀梁傳載季孫行父禿、晉郤克眇、衛孫良夫跛、曹公子首僂、同時聘於齊、齊侯使禿者御禿者、跛者御跛者、眇者御眇者、僂者御僂者。蕭同叔子處臺上而笑之、聞於客、客不悅而去。據此則齊頃有意姍笑以辱四國之卿、其罪為曳更大矣。左氏畧諸卿不言、獨寫一郤克、而盛怒難遏己勃勃不可當、盟斷道、彼後未嘗提一郤克、而無不有郤克之怒在其中、賁皇之言委曲和婉、亦無非解其怒也、怨毒之於人甚矣哉、

姜炅巖曰，以郤獻子為政，為主兩
請師不許，不特晉侯畏事，即諸卿
亦逡巡，武子謂此舉雖屬憤
兵，其實是所以已亂，懼其益之，正示
以必當將順其美之意，或云慎克
為亂，豈有為亂者而能奏功
於國哉。

見三按輩笑名禍，自古有之，唐盧杞貌醜色如藍，嘗侯郭令公疾，令公悉屏侍女，或問其故，曰杞貌陋而心險，婦人輩見之必笑，他日得志，吾族無噍類矣，名臣卓識，可為萬世師法，夫帷薄觀脅，尚名伐曹之甲，臨樓行汲，卒斬笑躄之頭，堂堂晉使，帷婦人觀之，已屬不可，況笑聞於外乎，鞌戰之敗，直自取耳。

秋八月，晉師還，范武子將老，（杜解）老致仕，初受隨，故曰隨武子，後更受范，故曰范武子。召文子曰：燮乎，士會之子，燮其名。吾聞之，喜怒以類者鮮，易遷怒者寔多，詩曰：君子如怒，亂庶遄沮，君子如祉，亂庶遄已，詩小雅，遄速也，沮止也，祉福也，朱子曰祉猶喜也。祉音恥。○君子之喜怒，以已亂也，弗已者必益之，郤子其或者欲已亂於齊乎，不然，余懼其益之也，不使之代齊，吾懼其怒益甚，將不利於同列，而或至

還也反
怒
余將老、使郤子逞其志、庶有豸乎、（豸解也。欲使郤子從政、快志以解亂。○豸直是）
爾從二三子（晉諸大夫）唯敬、乃請老、郤獻子為政、
黄薌林曰：士會深得老子退一步法、蓋既不敢以國家之士馬狥同寅喜怒之私、又不能禁同寅之喜怒、以孤身受潰決之禍、避而去之、亦善息之道、世人貪戀祿位、苦與異己者敵、互為黨援、不顧國事、卒之朋黨之禍與國運相終始、方之武子不亦遠乎、

見三按：士會亦深知齊之當伐、晉之必勝、特不欲以身與鞌之戰、與郤氏競雄心、豫先請老、正其深謀遠慮處、以敬訓子、尤覺義方可風、厥後鄢陵之役、文子不欲戰、其有得於庭訓多多矣、

姜白巖曰、穀梁子云、其曰公弟叔肸、賢之也、其賢之何也、宣弒而非之也、非之則胡為不去也、曰兄弟也、何去而之、與之財、則曰我足矣、織屨而食、終身不食宣公之食、君子以為通恩也、以取貴乎春秋、穀梁之說可補傳所未及、

冬、公弟叔肸卒、公母弟也、凡太子之母弟、公在曰公子、不在曰弟、[杜解]以兄為尊、凡稱弟、皆母弟也、此策書之通例也、庶弟不得稱公弟而母弟或稱公子、若嘉好之事、則仍舊史之文、惟相殺害、然後據例以示義、所以篤親親之恩、崇友于之好、見三按後世如晉之司馬孚、晉後之朱全昱、均能不阿同氣、大義相規、然孚終封王爵、昱亦終附賊黨、蓋濁世特立之難也、肸以公弟不食亂君之粟、且不去以全兄弟之好、雖寄跡污朝、實鴻冥世外、春秋第一流人物也、書公弟見公之有弟、肸能為弟、公愧矣、愧於子赤也、

經 庚午 十有八年、春、晉侯衛世子臧伐齊。公伐杞、[林解]自是內不書君將、政在大夫也。夏四月。秋七月、邾人戕鄫子於鄫。甲戌、楚子旅卒、[杜解]吳楚之葬、僭而不典、故絕而不書、同之夷蠻、以懲求名之偽、按楚君自此書卒。子共王審立。公孫歸父

姜嚴曰、無婁之後、公既不朝、卿不往聘、齊頃有嫌隙未定之心、至斷道之盟、公至晉境與謀伐齊、于是頃公負乃父助逆之恩、得魚而忘筌也、遂欲興師伐魯、魯懼齊之甚、此乞師於楚之故也、楚師不出、以楚莊之卒

如晉。冬十月壬戌、公薨於路寢。歸父還自晉、至笙、遂奔齊大夫還不書、春秋之常也、今書歸父還奔、善其能以禮[illegible]筆魯竟也、故不言出。

傳十八年春、晉侯衛太子臧伐齊、至於陽穀、齊侯會晉侯盟於繒、以公子彊為質於晉、晉師還、蔡朝南郭偃逃歸。（杜解）晉既與齊盟、守者解緩、故得逃。

見三按此討貳之師也、齊頃受盟、公子入質、前事可已矣、而蔡朝南郭偃猶不以禮遣還、至於逃歸、隱隱含一郤克之怒在、

夏、晉公使如楚乞師、欲以伐齊。公不事齊、齊與晉盟、故懼而乞師於楚、不書、微者行。

見三按楚氛甚惡、齊魯皆有將及我之漸、不修齊好、反乞楚師、是何異前拒狼而後進虎也、幸而莊王卒、楚師未出、否則

且與齊好也、
姜氏嚴、曰、凡微者、當書盜殺鄫子、或曰邾君、當書邾人、鄫、先儒謂邾大夫之在鄫者、乘其無備、猝然而戕之、蓋皆晉伯之衰、故小國恣行無忌、

姜氏嚴、曰、楚莊以梟雄之才、有并周室朝列國之志、大約與後世魏武相類、毒害忠靈、窺伺神器、其心術同也、臨機應變、仗義之言、譎如飾、為大度謙讓之容、可掬、其作用同也、善治其國、明於用舉、孫叔敖以為相、用潘黨養由基以為將、與孫之用天下之智力、以道御之者同也、舍解揚以歸、猶魏武之禮壯繆、不殺陳琳也、滅庸滅蕭、及舒蓼、無遺類也、則與魏武之滅袁呂劉同、

東諸侯其殆矣、

秋、邾人戕鄫子於鄫、凡自虐其君曰弒、自外曰戕、弒者積微而起、戕者卒暴之名、〔發微〕書于鄫、責鄫臣子不能拒難、見三按齊霸衰、而邾人用鄫子於社、晉霸衰、而邾人戕鄫子於鄫、則知春秋之小國得以茍延不滅者、皆霸主存之也、讀下泉之詩、寄慨深矣、

楚莊王卒、楚師不出、按蒙上文如楚亡師以伐齊、既而用晉師、成二年戰於鞌、是、楚於是乎有蜀之役、在成二年冬、蜀魯地、按楚盟諸侯大夫於蜀、見三按楚旅即位、首滅庸、遂伐陸渾、問鼎於周、滅舒城、沂入陳服鄭、敗晉屠蕭圍宋、幾有天下莫敵之勢、莊若不死、必用師於齊、而東諸侯皆受其禍、將大勢盡去、即晉悼復興、亦不

壇帷復命於介

觀兵周疆，而不敢動於惡，陳鄭宋而不敢，則與楚武之不取漢陽，非同。皇漢謂旅在楚為勤政之賢君，在春秋為犯作亂之大盜，吉哉斯言，宣是獲我心。

賀仲軾曰：魯宣十八年，弑國，天子不問，伯主不討，鄰封不罪，獲保首領以沒，不亦幸乎。以其事言之，則以齊惠為奧援，傾心媚結，終惠之世，不敢有異志。懷襄仲援立之私，以其父子為私人，終身托命焉。雖云●位，振國亦理屈神悸，于是為友邦而不敢會，黑壤之役，強顏以從，遂為晉侯所辱，若甘僕之事，喪氣於季孫，君臣之体掃地，政權拱手授之三桓矣。甚至身出於齊廷，女奪於高固，為魯國不洗之辱，終其身無一善可紀，而自是日衰矣。

孔尚典曰：欲去三桓而洩其謀，內無心腹輔佐君側，輕身聘晉，即令君不薨，亦將有內亂，嘗疑宣公之死或亦季文子弒之。觀公薨而即言於朝，以逐東門氏，是其處心積慮久矣。

張悔菴曰：人知魯自季武子始專

能成三駕之功。春秋於楚旅始書卒，為晉幸，為中夏幸也。

公孫歸父（杜解：襄仲子。）以襄仲之文（立）公也，有寵，欲去三桓以張公室。（時三桓強，公室弱，故欲去之以張大公室。）與公謀而聘於晉，欲以晉人去之。冬，公薨。季文子言於朝曰：使我殺適立庶以失大援者，仲也夫。（適謂子惡，襄仲殺之而立宣公。南通於楚，既不能固，又不能堅事齊晉，故云失大援。）臧宣叔怒曰：當其時不能治也，後之人何罪？子欲去之，許請去之。（宣叔，文仲子，武仲父。許其名。時為司寇，主行刑。按當其時二語，乃怒心所形，辭氣抗厲，足褫權奸之魄。既而思之，太阿在伊，孰敢與忤，于是隨口折轉，想見宣叔前倨後恭，蓋逆揣其私也。）遂逐東門氏。（襄仲居東門。子家，歸父字。）還及笙，（壇帷復命於介）（笙，除地為壇而張帷。介，副也。將去，使介反命於君。）既復命，袒括髮。（以麻約髮。）即位哭，三踊而出。（依在國喪禮設哭位，公薨故。）遂奔齊。書曰歸父還自晉，善之也。

黃薌林曰：東門遂應逐也。行父當國，若能於惡視未殺之前，

國政而不知自季文子始又季文子
與孟獻子皆號社稷之臣而歸父
已欲去三桓而張公室則三家之勢日
已炎炎非一日矣然則歸父去之是亦
且是時季孟為國人所賢歸父又
係賊臣之子也驟去三桓誰其與之且
歸父此舉未必盡出公心不過以宣公
既卒權勢下逮季氏故忌之而相圖
耳歸父既欲張公室去三桓則季氏
自以殺嫡立庶罪仲氏而晏桓子謀人亦
謀己一語得其情矣後儒以其復命
為禮許之太過以為非志仁者不能
恐歸父未必敢當耳
姜白巖曰宣公賴齊篡國因而媚齊
遂與晉絕此時幸會郤克之忌於親魯宣歸
父即以宣是違君命者歸罪三桓猶鄭
子華之欲去三良也乃方入晉都宣公
即世左右與聞其事行父陰刺得之
盖仲聞其事憤極而驟出之也口中切齒
於仲意中宣是切齒於宣使已與乎弒
君而轉欲逐己使已失晉援而轉援
晉以全己負心全在得我二字自鳴其

發其奸而誅之或於惡視既殺之後聲其罪而討之當萬代
瞻仰迨至宣公薨而後宣言於朝晚矣君在殯逐臣室忍矣
不誅其身而誅其後慎矣事宣十八年方薨而揭其過又不
忠之大者也況其胸中本非為國不過因歸父謀去三桓先
發制人為自全計宣叔之責行父片言破的子家之哭宣公
聲有餘哀但覺行父老奸無一善狀
見三按行父於宣之初立逐莒僕於宣之初薨逐歸父皆
陰挾其君之短假公義以竊大權真巨奸也而歸父之逐尤
覺陰險不測其始貪於富貴有不得不與襄仲共事之心其
後擅於威權有不得復容歸父並居之勢故乘宣公初薨歸
父在晉先發制子人宣言於衆朝何地殺嫡立庶何事十八

功、似搽及者之為行文、傳述其情極之辭、亦以顯行文之與聞乎弒也

年所事者何人、目前所立者何人之子、而言之絕無顧忌、曰使我憤彼之負其謀、曰失之大援、憤彼之奪其柄、討仲之言、即以供己之狀、老奸之聲音肺腸、不千載如見哉、聲罪由季氏、而逐罪必待臧孫者、司寇刑官、國典所由出也、足見當時大權初落、司寇尚可秉公、過此以往、則權盡歸季氏、而臧孫紇且以犯門斬關逐矣、可慨也夫、

8,

成公全

列國時事

成公之世又楚衰晉盛之交也莊王既沒楚共才不及晉景子重子反知亦不逮欒范未幾而許田之爭不決皇戌之執成仇鄭偃請成蟲牢輸服以至鍾儀被獲申驪亦禽雖復重賂以求會鄧作好而銅鞮之辱伯蠲之殺楚卒不能救也幸而軍府見歸羅茷報聘西門交贄華元合成無如金奏食言汝陰空賂相遺一矢識在鄢陵而沙隨柯陵相繼討鄭楚縱觀兵首止鄭徒入質髡頑而長陵邲戰之風斬馬顧楚雖漸老晉亦倖强戰韋乃郤子之憤兵鄢陵亦州蒲之蠱疾長魚作難匠麗興戎惟命不如常吾不能不服范文子卓識矣苟非十四歲兒奮然有為其能使城濮踐

土之勳復有成霸安彊之一日矣哉且夫晉與齊秦皆敵國也然齊晉交兵少而晉秦交兵多者一則僻處東海故商人賂邑而後二十餘年而一見於鞌之師蕭同爲質先侮人而後爲人侮一則偪近西河故輔氏力禽以來十餘年而又見麻隧之戰呂相多誣先欺人而後爲人欺藉令帷房無笑客之聲涉河成會所之信三國同心攘楚固自易易何待虛朾之會台谷之救而後爲悼公之新政乎特是晉之難於制楚也秦爲之楚之難於敵晉也則又吳爲之夷考宣之八年楚滅舒蓼盟及吳越而還亦當時極得意事不知楚以盟吳爲盛吳即以敝楚而彊伐徐伐巢繼入州來楚疲於吳因不得逞志於中夏通吳者晉而巫臣啟

之罷楚者巫臣而夏姬致之天方授楚生一鄧曼天將弱
楚生一夏姬又冥冥中善假其手者也蓋嘗攷之楚人禦
吳以江利用舟師吳人撓楚以淮利用車戰始自徐伐巢
淮以西也旋入州來淮以北也至雞父之敗淮西北皆為
吳有駸駸乎勢將入郢晉遏一楚即張一吳此驅虎而進
狼者傳於鄧之盟曰始懼楚鄭之伐曰亡無日豈異指哉
春秋至此為晉盛楚衰關鍵亦即為晉弱吳強胚胎最後
於越入吳層層依伏其魯史半部綱領乎　子重奔命伏
柏舉之機華元合成作弭兵之引成霸安強又直為三駕
提頭此卷直是一部大轉關處不可不知　叅林堯叟趙汸 姜炳璋馮李驊

丑月無氷恆燠也
宣公稅畝厚斂也成公作邱甲益兵也

魯以歸父在齊且伐齊將出師
師故求好於晉而依接也其以
大夫而盟君主禮益衰矣
為萬不言敗王自將也徐吾言
敗績則庸不將也不言戰王師
所至不可有敵故諱戰而以自
敗為文不書敗地而書茅戎
明為茅戎所敗也

春秋左傳精義卷二十

閬中　鄉林黄一桂　輯　男　心垣見三　補輯

成公一

經 辛未 元年春王正月、公即位、二月辛酉葬我君宣公、○無氷、杜解 周二月、今之十二月、而無氷、書冬溫、○三月作丘甲、胡傳 益兵也、古者九夫為井、四井為邑、四邑為邱、四邱為甸、甸方八里、旁加一里為成、出長轂一乘、此司馬法一成之賦也、唐李靖曰、周制一乘步卒七十二人、甲士三人、以一十五人為一甲、凡三甲、共七十五人、然則一邱所出十有八人、積四邱而共一乘、今作邱甲者、邱出一甲、則是一甸之中共百人為兵矣、每乘而增一甲、增三之一耳、曰作者不宜作也、○夏臧孫許及晉侯盟于赤棘、晉地、○秋王師敗績于茅戎、戎別種、按當在山西平陸縣界、穀梁 不言戰、莫之敢敵也、○冬十月

白巖

姜炳璋曰晉侯趨王事似有禮王與戎平又伐之似失信然皆霸主之罪也茅戎擾王室當率諸侯正其罪何可言平平者和解之謂自桓文以來皆言平戎于王而不知其非也

傳元年春晉侯使瑕嘉平戎于王、杜解平文十七年邾垂之役、詹嘉處瑕故謂之瑕嘉單襄公王卿士如晉拜成、謝晉為平戎劉康公王季子、徼戎將遂伐之、疏云單使來平不足伐也欲伐其國耳以既平戎心無備叔服周內史曰背盟而欺大國此必敗、背盟不祥欺大國不義神人弗助將何以勝、不聽遂伐茅戎、陳傳傳見言王師不亦劉子諱之三月癸未敗績于徐吾氏、茅戎之別也通說不以信義將夷狄成功猶不足貴況敗乎

見三按晉為盟主不能為王伐戎乃至平戎于王劉康公徼戎殆亦有不平于心者乎惟是天下理祇一端事無兩可以戎為不可平則當辭晉人既屈于晉人而許之平則始宜信以俟晚乃不度而徼倖于一擲其失愈遠故可恨也

為齊難故作邱甲、林解前年魯乞師于楚欲以伐齊楚師不出故懼而作邱甲、

姜白巖曰前年魯乞師于楚以伐齊楚師不出也則事楚無

益、而齊有怨，且歸父連年使晉會楚，與齊楚相結，今逐之奔齊，恐為魯禍，於是作邱甲以備之，皆行父謀國之不臧也。成公新政不振而殃及於民也如此。

姜白巖曰：道路傳聞，詗謀絡繹，幾令城門晝閉，處處戒嚴，而晉侯亦急于得魯也，乃出郭而與臧孫盟，然則行父何以不會晉侯？望溪曰：與僑如不協，不敢自出，深心而善自為謀也。

周大章曰：最可慮者齊楚結好，二國同心，必致毒于我，此老

見三棲始而稅畝，繼而作邱甲，又繼而四卿並將，皆相因之事也。蓋稅而後可益兵，益兵而後可益將。然益稅益兵，則將亡其民；益將則並亡其君矣。

聞齊將出師、夏盟于赤棘。與晉盟懼齊楚。

見三棲懼齊則乞楚師，懼楚則盟晉侯，弈者舉棋不定，不勝其耦，況與人無信乎？更可異者，堂堂晉國，前與歸父謀去三桓，此又與宣叔同盟赤棘，大國無一定之義，無怪三桓之恣也。

秋，王人來告敗。解經所以秋乃書

冬，臧宣叔令脩賦、繕完、治完城郭具守備。曰：齊楚結好，我新與晉盟，晉楚爭盟、齊師必至。雖晉人伐齊，楚必救之，是齊楚同我也。知

成

憂國所以悄解而嘆也不識三思後行之行父何以絶不置念耶

宣公倚晉得國事晉唯謹齊亦詩之秋僖至末年歸父如晉已有叛齊之志然其亦未形也及宣公成公立臧孫許與晉盟於赤棘僑如謀齊故有北鄙之伐

齊方伐魯而衛師將侵齊而出相遇而戰兩垂曲直以衛主之為新築在衛也郤之役荀林父不能制先縠而戰邲新築之役孫良夫不能遏石稷而敗中軍之帥懦而遂權興順而自用皆僨事也

齊自此患以來不興晉會盟者四十餘年頃又伐魯致衛辭行無忌憚而滿矣兵出戰危矣言滅此朝食敗而獲免幸也晉書四卿各自為帥也書及主乎戰也內辭也

召陵之師不戰服楚退師而禮與之盟鞌之役一戰勝齊進師而強與之盟退而盟之之以其禮也進而盟

難而有備乃可以逞解也為二年齊侯伐我傳見三按是時齊貳於晉結楚為援共謀魯衛傳聞海幾有入公山風聲鶴唳草木皆兵之勢幸宣伯聞警而懼內修戰備外結伯主鞌戰一勝齊勢挫而楚勢亦孤故陽橋之役草竊盟未肆荼毒其功為不小也此傳為戰鞌張本並為盟蜀伏脈

經 壬申 二年春齊侯伐我北鄙。夏四月丙戌，衛孫良夫帥師及齊師戰于新築，衛師敗績。社解 皆陳曰戰，大崩曰敗績。新築衛地。按今直隸魏縣南有新築衛地 六月癸酉，季孫行父、臧孫許、叔孫僑如、公孫嬰齊帥師會晉郤克、衛孫良夫、曹公子首及齊侯戰于鞌，齊師敗績。鞌齊地 秋七月齊侯使國佐如師。己酉，及國佐盟于袁婁。穀梁曰：鞌去齊五百里，袁婁去齊五十里

盟之以其力也春秋書來盟及盟二字厥貶深切著明矣
汶陽田者田也復我田而曰取因晉之力非齊之願且民不樂歸也書法與取濟西田同
楚世伐魯鄭之患甚矣楚之氛之熾鄭尚之也
楚自城濮之役天下莫強晉衛偪於北鄙新築之役附晉伐齊其從宋去不過楚也衛既受侵郎文至蜀故亟從而請会以用其之齊偪侯之盟而不與楚大夫会尊甚矣去公子嬰齊所以為楚之張晉之替也
前書公子嬰齊與十國之大夫皆没而不書見王盟主非楚之子等而人之也蔡許不書偪植不忍序列也蔡許不書其屬於楚之同於其匿也不諱其前已與嬰齊為会不能諱也齊序鄭下非掃也

○八月壬午，宋公鮑卒。子共公固立。○庚寅，衛侯速卒。子定公臧立。○取汶陽田。○冬，楚師、鄭師侵衛。○十有一月，公會楚公子嬰齊于蜀。【林詳】楚書公子自嬰齊始。丙申，公及楚人、秦人、宋人、陳人、衛人、鄭人、齊人、曹人、邾人、薛人、鄫人盟于蜀。

【傳】二年春，齊侯伐我北鄙，圍龍。【杜詳】魯邑。頃公之嬖人盧蒲就魁門焉，攻龍門也。龍人囚之。齊侯曰：「勿殺，吾與而盟，無入而封。」封竟。弗聽，殺而膊磔也，普各反。諸城上。齊侯親鼓，士陵城，三日，取龍。【補傳】傳見外取邑雖取諸我不書。遂南侵及巢丘。【詳說】皆著齊頃陵暴小國之罪。

見三按：鄭人敗楚師，子良猶以為憂，況殺其人以觸其怒乎？熊相宜僚、公子丙殺而蕭滅，嬖人盧蒲就魁殺而龍亡，小人特圖目前，逞志不顧後患，有國家者當引以為鑒。

衛侯使孫良夫孫林父之父石稷石碏四世孫甯相甯俞子向禽將侵齊與
齊師遇杜鮮齊伐魯還相遇于衛地石子欲還孫子曰不可以師伐人遇其
師而還將謂君何言無以答君若知不能則如無出今既遇矣不如
戰也夏有闕文失新築戰事石成子曰師敗矣子不少須衆懼盡衛師已敗
而孫良夫復欲戰故成子欲使須戰子喪師徒何以復命皆不對孔疏子者指斥孫子其言并告
甯相向禽故皆不對又曰子國卿也隕子辱矣隕見禽獲子以衆退我乃此止
林鮮我止于此以禦齊師按此以下有闕文且告車來甚衆新築人救孫桓子故並告軍中齊師乃
止次于鞫居衛地林鮮齊師知衛救至乃止不敢追新築人仲叔于奚新築大夫救孫
桓子桓子是以免既衛人賞之以邑賞于奚辭請曲縣周禮天子樂宮縣四
面諸侯軒縣闕南方疏云鄭氏曰樂縣謂鐘磬之屬懸於笥簴者王肅云軒縣曲一面故謂之曲縣○同懸繁纓以
朝許之繁纓馬飾皆諸侯之服○繁步干反仲尼聞之曰惜也不如多與之邑唯

黃齋林曰：此即正名之意也。衛人若知此理，何至國亂君孤？扭於終春秋禍亂也。

器與名不可以假人（器，車服；名，爵號），君之所司也（主也）。名以出信（名位不愆，為民所信），信以守器（動不失信，則車服可保），器以藏禮（車服所以表尊卑），禮以行義（尊卑有禮，各得其宜），義以生利（得其宜，則利生），利以平民，政之大節也。若以假人，與人政也。政亡則國家從之，弗可止也已。

見三按：唯名與器不可以假人，此一部春秋大義也。人君知此則不致於下替，人臣知此則不致於上陵，而其迹可以不熾矣。司馬君予夏言之，給劑痛極力諫爭，作通鑑特以命晉三卿冠篇，皆為此也。

孫桓子還于新築，不入（不入國），遂如晉乞師。臧宣叔亦如晉乞師。皆主郤獻子（宣十七年，郤克至齊，為婦人所笑，遂怒。故魯衛因之。孫桓子、臧宣叔皆不以國命，各自詣郤克，故不書）。晉侯許之七百乘（五萬二千五百人）。郤子曰：此城濮之賦也。有先君

之明、與先大夫之肅、故捷、克于先大夫無能為役。按言不足以供其役使

請八百乘、許之、六萬人郤克將中軍、士燮將上軍、范文子代荀庚欒書將

下軍、代趙朔韓厥為司馬、以救魯衛、臧宣叔逆晉師、且道之。林解宣叔

之師先歸故往逆晉師且為向導季文子帥師會之、及衛地、韓獻子將斬人、郤

獻子馳將救之、至則既斬之矣、郤子使速以狥、告其僕曰、吾以分

謗也、不欲使韓氏獨受殺人之謗韓非子曰郤子非分謗也益謗也且使韓子不知其過也師從齊師於

莘、齊地六月壬申、師至於靡笄之下、靡笄山名按今名千佛山在山東濟南府南十里○靡如

字又音摩笄音雞齊侯使請戰、曰、子以君師辱於敝邑、不腆敝賦、詰朝

平旦請見、對曰、晉與魯衛兄弟也、來告曰、大國謂齊朝夕釋憾於敝

邑之地、寡君不忍、使羣臣請於大國、無令輿衆也師淹久也於君地、

能進不能退、君無所辱命、言自欲戰不復須君命齊侯曰、大夫之許、寡人

之頤也、若其不許、亦將見也。齊高固入晉師、桀（擔也）石以投人、禽之而乘其車（既獲其人、因釋己車而載所獲者車）、繫桑本焉、以狗齊壘（將至齊壘、以桑樹繫車而走、欲自異）、曰、欲勇者賈余餘勇（賈、賣也。言己勇有餘、欲賣之。○賈音古）。癸酉、師陳于鞌。邴夏御齊侯、逢丑父為右。晉解張御郤克、鄭邱緩為右。齊侯曰、余姑（且也）翦（盡也）滅此而後朝食、不介（甲也）馬而馳之（林解：馬不披甲而馳晉師）。郤克傷於矢、流血及屨、未絕鼓音（中軍將自執旗鼓、故雖傷而擊鼓不息）、曰、余病矣。張侯（解張）曰、自始合、而矢貫余手及肘、余折以御、左輪朱殷、豈敢言病。吾子忍之（朱、血色。血色久則殷。今人謂赤黑為殷色。言血多汙車輪、御猶不敢息。林解：解張也。中兩矢、折其矢以御兵事。○折之設反。殷於閒反）。緩曰、自始合、苟有險、余必下推車、子豈識之。然子病矣（以其不識己推車。○推他回反）。張侯曰、師之耳目、在吾旗鼓、進退從之。此車一人殿之、可以集事（殿、鎮也。集、成也。統箋：言此中軍戎車、一人鎮壓之、可以成

勝齊之事。殿多練反

若之何其以病句絕敗君之大事也擐甲執兵固即

死也擐貫也即就也【林鮮】身披甲而手執兵器固將決戰而死歟○擐音患病未及死吾子勉之

【析義】未絕鼓音四字直貫下文問答一面說話一面擊鼓氣力雖微音猶未斷也不然語畢再鼓豈能及乎

左并轡右援枹而鼓馬逸不能止師從之晉師從郤克車【孔疏】枹擊鼓杖也按馬郤

克駕車之馬也張侯右手鼓左手御車縱送無力故克之馬逸不能止直入齊軍晉師誰敢後○枹音浮齊師敗績。

逐之三周華不注山名按在山東濟南府城北【留青日札】此不字讀入聲若誤也惟伏琛齊記引虞摯作柎

讀如趺言此山孤秀如華柎之注於水也韓厥夢子輿韓厥父謂己曰且辟左右故中

御而從齊侯居中代御者自非元帥御者皆在中將在左邴夏曰射其御者君子也

公曰謂之君子而射之非禮也齊侯不知戎禮射其左越隊也於車下射

其右斃於車中綦毋張晉大夫○綦毋音其無喪車從韓厥曰請寓寄也乘

從左右皆肘之使立於後以左右皆死不欲使立其處疏云韓以臂肘排退之使立於厥之後

厥俛定其右。俛俯也。右被射仆車中，故俯安隱之。疏云：言此者，為下丑父與公易位，由厥之俛。張又助厥定右，故並不見之。○俛音勉。逢丑父與君易位。居公處。將及華泉，驂絓於木而止。驂馬絓也。○絓戶卦反。丑父寢於轏中，【孔疏】周禮士乘棧車，考工記棧車欲弇，弇者上狹下潤。○轏、棧音義同。蛇出於其下，以肱擊之，傷而匿之，故不能推車而及。【補正】軍中不敢言病，故匿其傷。按驂為木絓，須下推車乃得脫。邴夏執御，既不可下，而丑父為蛇傷，不能推車，為韓厥追及。韓厥執縶馬前，縶馬絆也。執之，示脩臣僕之職。○縶張立反。再拜稽首，奉觴加璧以進，以示敬。曰：「寡君使羣臣為魯、衛請，曰：無令輿師陷入君地。本但為二國救請，不欲過入君地，謙辭。下臣不幸，屬適也。○屬音燭。當戎行，無所逃隱。且懼奔辟而忝兩君。若奔辟，則為辱晉君，并為齊侯羞，故言二君。○辟音避。臣辱戎士，敢告不敏，攝官承乏。」言欲以已不敏，攝承空乏，與君俱還。丑父使公下，如華泉取飲。鄭周父御佐車，宛茷為右，載齊侯以免。【統箋】韓厥不知易位，故執縶再拜，皆向丑父，而以為此齊侯也。丑父見其如是，乃使

公下車取飲如君之使其臣然而君乃得逸佐車副車。宛平聲茷扶廢反韓厥獻丑父郤獻子將戮之呼曰自今無有代其君任患者有一于此將為戮乎郤子曰人不難以死免其君我戮之不祥赦之以勸事君者乃免之齊侯免求丑父三入三出重其代己故三入晉軍求之按知丑父獲免故三入求之每出齊師以帥按猶警厲也。音率退入於狄卒齊師大敗皆有退心故齊侯每出其衆以警帥厲退者遂進入狄卒狄卒者狄人從晉討齊者狄卒皆抽戈楯冒之以入於衛師衛師免之狄衛畏齊之強故不敢害齊侯皆共免衛之測義冒護也。楯食準反遂自徐關入齊侯見保者曰勉之齊師敗矣所過城邑皆勉其守者按今山東淄川縣有古徐關辟女子使辟君也齊侯單還故婦人不避之。辟音避女子曰君免乎曰免矣曰銳司徒主銳兵者免乎曰免矣曰苟君與吾父免矣可若何言餘人不可復如何乃奔走辟君齊侯以為有禮先問君後問父故也既而問之辟司徒之妻也辟司徒主壘者。辟音璧壁予之石窌

來之成曰辟司徒之妻問君與父之免否豈出嫁從夫之義乎又豈人盡夫也父一而已祭仲之妻之言尚流傳至此日乎非也蓋其父為銳司徒主戰者也故兵敗而疑其或不免其夫為

辟司徒主守者也又何問焉美白晝曰此力表郤克之功也克于鞌之戰佐上軍從容應敵全師以還非林父輩所能望其項背魯衛乞師皆主郤克已一身任之矣曰以救魯衛霸討也提出城濮繼霸也欲為分謗和衆也勝齊已基於此是役也晉為勝師而寫晉處元帥傷于矢張侯貫于肘既勝而後猶述其左趨車下右毙車下備極狼狽齊為敗師而寫齊處君不介馬且能槩名三出三入不遺之禽五父國佐正論挺挺說者並謂郤克使倖成功齊頃到底倔強而抑知傳固大筆之戰也以一晉敵一齊加以魯衛曹狄之師傾國而從且奎於鼓聲欲絶幾瀕于危力病忽死而後得勝倘失此機會魯衛必亡楚得收拾齊秦宋鄭及東南諸侯之衆以敵一晉晉其能支乎此戰救魯衛服齊更謀撻楚

邑名、按今在長清縣東南。力救反晉師從齊師入自丘輿擊馬陘丘輿馬陘皆齊邑、按俱在益都縣界齊侯使賓媚人國佐賂以紀甗玉磬與地甗玉甑、皆滅紀所得。甗魚輦反不可則聽客之所為、賓媚人致賂晉人不可曰必以蕭同叔子為質、同叔蕭君之字齊侯外祖父、子女也、難斥言其母、故遠言之而使齊之封內盡東其畝、使壟畝東西行對曰蕭同叔子非他寡君之母也若以匹敵則亦晉君之母也、吾子布大命於諸侯而曰必質其母以為信、其若王命何、言違王命且是以不孝令也詩曰孝子不匱、永錫爾類、詩大雅若以不孝令於諸侯其無乃非德類也乎不以孝德賜同類先王疆理天下、物土之宜、而布其利、疆界也、理正也、物土之宜、播植之物、各從土宜故詩曰我疆我理、南東其畝、詩小雅、或南或東、從其土宜今吾子疆理諸侯而曰盡東其畝而已、唯吾子戎車是利、晉之伐齊、循壟東行易、朱子曰、井田之法、縱橫為溝洫、川澮其中阡陌、一東一南十

漸次圖成霸功以之故愈寫勝齊之難益見戰功之大

宇相交所以寓設險之意而非戎車之利也若盡東其畝則無縱橫相衝但一直向東可以長驅而來矣知無顧土宜

其無乃非先王之命也乎反先王則不義何以為盟主其晉實

有闕。闕失四王之王也禹湯文武樹德而濟同欲焉樹立也濟成也五伯之

霸也勤而撫之以役王命夏伯昆吾商伯大彭豕韋周伯齊桓晉文役事也按趙岐註孟子以齊桓

晉文宋襄秦穆楚莊為五伯先儒疑桓文尊周攘楚豈為所攘

者亦稱霸時楚莊卒甫二年豈遂見稱于時秦穆與莊皆滅國

自封安能勤撫小國供役王命宋襄求霸傷股齊孝伐之豈得

為齊人所稱故先儒多從杜解補注云伯者長也言為諸侯之

長也霸者把也言把持王者之政教故其字或作伯或作霸也

傳以五霸對四王則通三代霸者言之是也顧亭林云五伯有

二國佐所稱通指三代國語云祝融能昭顯天地之光明其後

八姓昆吾為夏伯大彭豕韋為商伯則夏商之伯有明據者孟

子所謂五霸以桓公為盛則就東周以後言之凡以力雄長諸

侯者皆謂之霸如趙岐之說也按史記越王句踐春秋大屆正五霸

日逸宋襄荀卿以桓文然秦穆宋襄西戎與闔廬句踐為五霸

言霸能尊攘能尊周攘楚小霸子之知管仲相桓小霸諸侯是也

徵宋襄即襄晉悼以下凡有志攘楚者皆可稱伯其孔子曰管仲相桓公霸諸侯未嘗有無功於尊

攘獨楚莊即秦穆不過西陲雄長而非霸也此春秋

也日目義也今吾子求合諸侯以逞無彊之欲詩曰布政優優百祿

是遒詩頌殷湯遒聚也子實不優而棄百祿諸侯何害焉不然不見許寡
君之命使臣則有辭矣曰子以君師辱於敝邑不腆敝賦以犒
從者戰而曰犒為孫辭畏君之震威也師徒撓曲也敗吾子惠徼齊國之福
不泯其社稷使繼舊好惟是先君之敝器土地不敢愛子又不
許請收合餘燼火餘木背城借一欲于城下復借一戰敝邑之幸亦云從也
況其不幸敢不唯命是從附注言幸而戰勝亦當從晉命況其不幸而敗魯衛諫曰齊
疾我矣諫卻克也其死亡者皆親暱也子若不許讎我必甚唯子則
又何求子得其國寶謂甗我亦得地齊歸所侵而紓緩也音紓於難其榮
多矣齊晉亦惟天所授豈必晉晉人許之對曰羣臣帥賦輿賦輿
猶兵車以為魯衛請若苟有以藉口而復於寡君藉薦復白也綴箋無物則空口
以為報少有所得則可薦之為口語而報命于晉君君之惠也敢不唯命是聽禽鄭魯大夫

自師逆公會晉師歸逆公秋七月晉師及齊國佐盟于袁婁使齊人歸我汶陽之田公會晉師于上鄍地闕當在山東陽穀縣境傳言四卿要公勞師故不書上鄍會（傳）之賜三帥先路三命之服三帥各先士燮欒書已當受王先路之賜今改而易新并此車所建司馬司空輿師侯正亞旅皆所服之物疏云先路或革路或木路也所建謂旌旗所服謂衣服受一命之服晉司馬司空皆大夫輿師主兵車侯正主斥侯亞旅亦大夫也皆魯侯賜

黃薌林曰齊侯之獲免韓厥放之也蓋齊晉世好本無大釁特以一笑之故連兵齊頃已屬師出無名若敗其師而復執其君以齊之大國賢君輔之以楚必有一番報復是未過楚氛又興齊患非晉之利也唯佯為不知而聽之則出既不犯軍令又不貽後患齊固霸主之后而婦人致賂晉亦伸盟主之義而割地結成異日齊侯朝晉厥獨舉爵而言曰臣之

不敢愛死為兩君之在此堂一腔剌惆可以想見也
見三按此齊晉勝負之分即晉楚強弱所關也齊自孝公以還事晉唯謹晉亦待之特優二國交好幾如膠漆之相投林父挫師霸業中衰齊始有輕晉之心楚即有聯齊之意蓋楚聯齊則晉孤而中原可知斷道之會名為謀楚實以謀齊正卿徵會晉之待齊不為不恭頃胡不量大廷之上帷房觀客笑真博婦人一笑之歡哉亦以晉師新敗強楚之盛無能為故為嬉笑以取辱克何人斯肯受不報義樽俎也所干戈伏之知崛強如頃方辱晉使宣同晉盟郤克之譬置若罔聞四子之來聊以應命高固則半路而歸晏弱蔡朝南郭偃則相繼而逸雖陽穀之伐受盟於繒而怒于室者色於市曷嘗須臾忘

九

魯衛哉士會老臣知幾告退蓋深見齊之當伐特假手於克
以逞其志耳克以積怒多年適值魯衛告難請師於晉曰城
濮之賦曰先君之明先大夫之肅固明明以文公待衆公而
以狐趙諸人自任因成師以出同行軍佐相契無言獨於司
馬之斬人始則馳救繼則速徇身爲元帥胡汲汲以分謗自
明亦有鑒于邲戰之敗道謀債事爲此委曲周旋一以表軍
令之嚴一以見將帥之睦故始合而傷矢流血幾幾乎有鼓
音將絕之勢而並轡援枹卒能聽張侯之勉勵挫敵鋒于方
張彼齊頃者輕躁無謀君不介馬臣則桀石以賈勇始以敗
績終不有逢丑父乘危易位華泉之下其能逃俘執之辱哉
國佐致賂袁婁來盟齊自是不敢叛晉者二十餘年楚亦稍

姜白巖曰：諸侯皆用厚葬者，宋始為之。中原從無用人殉者，宋始殉之。文不足責，華元樂舉何為者？文盡禮於國，華元以下無不以為有道，故弒昭之。及其即位，至于如此，固累宋也，豈直聾已哉？華元與聞乎弒，種種不義，皆元成之，所謂縱其惑者也。

戰其鋒，上洗邲戰之羞，下開鄢陵之捷，晉之世霸，賴以不墜，郤子之功亦安可少哉？

八月，宋文公卒。始厚葬，用蜃炭，益車馬，始用殉。（杜解：燒蛤為炭，以瘞壙。多埋車馬，用人從葬。疏云：以蜃禦濕。多瘞車馬。檀弓謂塗車芻靈，當是泥為車，束茅為人馬。益，多于常。鄭元云：殺人以衛死者曰殉。○蜃，市忍反。）重器備，（重猶多也。）椁有四阿，（四注椁也。）棺有翰檜。（翰旁飾，檜上飾，皆王禮。疏云：言椁棺有是，是本不當有。周禮匠人注云：阿，棟也。四角設棟。釋注云：翰，幹也。檜即詩「會弁如星」之會，弁之縫中際會之處。棺有四注，物明是其飾，皆王之禮也。○檜，古外反。）君子謂華元、樂舉於是乎不臣。臣，治煩去惑者也，是以伏死而爭。今二子者，君生則縱其惑，（謂文十八年殺母弟須。）死又益其侈，是棄君於惡也，何臣之為？（若言何用為臣。）

見三。按此宋鮑之結案也。弒君之賊，幸保首領，誰秉國成也？難逃黨賊之誅，乃阿之於生前者，復徇之於死後，縱惑益侈。

見其自始至終，罪惡萬端，凡鮑之所為，莫非凡等有以成之

也。傳不責宋鮑，而鮑之罪自不勝誅。

九月，衛穆公卒，晉三子自役弔焉，哭於大門之外。〔杜解〕師還過衛，故因弔之。未復命，故不敢成禮。衛人逆之，逆於門外設喪位。婦人哭於門內。喪位夫人哭於堂，賓在門外故。移在門內。送亦如之。遂常以葬。至葬行此禮。〔補正〕以喪禮有進無退故。

見三接戰輦，是聲國威；而衛國是盡臣禮。前之姻帶有英雄氣，

此之哭幾同兒女情，知卻尚有如剛，非純任血氣者可比。

楚之討陳夏氏也，〔杜解〕宣十一年。莊王欲納夏姬。申公巫臣曰：「不可。君

召諸侯，以討罪也；今納夏姬，貪其色也。貪色為淫，淫為大罰。周

書〔康誥〕曰：『明德慎罰』，文王所以造周也。明德，務崇之之謂也；慎罰，

務去之之謂也。若興諸侯以取大利，非慎之也。君其圖之！」王乃

止子反欲取之巫臣曰不可是不祥人也是夭子蠻鄭靈公夏姬之兄殺死無後殺御叔夏姬之夫亦早死弑靈侯陳靈公戮夏南夏姬子徵舒出孔儀孔寧儀行父喪陳國楚滅陳何不祥如是人生實難其有不獲死乎言易得死無為取夏姬以速之天下多美婦人何必是子反乃止王以予連尹襄老襄老死於邲不獲其尸邲戰在宣十二年其子黑要烝焉巫臣使道焉曰歸吾聘女道夏姬使歸鄭又使自鄭召之曰尸可得也襄老尸必來逆之姬以告王王問諸屈巫巫臣對曰其信知罃之父荀首成公之嬖也而中行伯荀林父之季弟也新佐中軍而善鄭皇戍甚愛此子愛知罃也邲之戰楚人囚知罃其必因鄭而歸王子楚公子穀臣邲之戰荀首囚之與襄老之尸以求之鄭人懼於邲之役而欲求媚於晉其必許之王遣夏姬歸將行謂送者曰不得尸吾不返矣巫臣聘諸鄭聘夏姬鄭伯

賀耆。故曰：以此法聽言，天下豈有不盡之情哉！如不問其

許之。及共王即位，將為陽橋之役，（楚伐魯至陽橋，在此年冬。陽橋，魯地，按今在山東泰安州西北。）使屈巫聘於齊，且告師期。巫臣盡室以行。（室家盡去。）申叔跪（申叔時之子。○其委反。）從其父將適郢，遇之，曰：異哉！夫子有三軍之懼，而又有桑中（衛風淫奔之詩。）之喜，宜將竊妻以逃者也。及鄭，使介（副也。）反幣（聘物。）而以夏姬行，將奔齊。齊師新敗，曰：吾不處不勝之國。遂奔晉，而因郤至（郤克族子。）以臣於晉。晉人使為邢（晉邑。）大夫。子反請以重幣錮之。王曰：止。（勿令仕。）其自為謀也則過矣，其為吾先君謀也則忠。忠，社稷之固也，所蓋（覆也。）多矣。且彼若能利國家，雖重幣，晉將可乎？（言不許。）若無益於晉，晉將棄之，何勞錮焉。（為七年楚滅巫臣族、晉南適吳張本。陳傳傳因陽橋之役，備載巫臣事。）

黃鄉林曰：婦人以淫行冠絕古今者，莫如夏姬。其不祥而古○

言之是非而先求其立言之心事刻意捜求將箝口結舌而國事壞矣

周大章曰世傳巫臣取夏姬與少伯載西施同一佳話而巫臣實難止莊王止子反已是萬難中闢開一條活路矣以與襄老阻當不得襄老死必即用襄老之尸作良媒不知如何使道使令夏姬心肯竟令黑要而去也中此中機關費盡幾許心血不止相如使侍者通殷勤于卓文君也得于在自鄭名之一着卑得夏姬離楚乃可為所欲為王問王使都有造作未必盡是札縱湊合至盡室以行楚之君臣仍然不覺其老謀深算一何巧也講義理居然道學先生講利害雖蘇張之舌無以過之看來巫臣不取夏姬子反輩必不積怨蓄怨而盡殺其族巫臣亦不通吳于晉教吳叛楚使諸臣奔命

今無兩。申公巫臣之言曰：天子蠻，殺御叔。子蠻者，鄭靈公是為夏姬之兄，豈亦有齊襄雄狐之行以色賊所？御叔者，於子夏之子，是為夏姬之夫，豈亦有夫差鰥魴之醜以奸戕耶？服之戲鷄奔者，君臣異之；孤處聚者，父子宣淫，無則君自底亡，戲謔成仇，子以車裂。賢若楚莊，既昧佳人之傾國；啓娛子反，安知尤物之禍人。迨司馬被竊妻之隙，分室怨遷；巫臣鄭赤族之讎，通吳毒肆。兵連禍結，數十年不息，女戎之禍，深可畏也。其後子靈死，邢侯娶，叔向娶其女，又生食我，而滅羊舌氏之族。有甚美必有甚惡，不能不服叔向母卓識矣。嗟夫！此太公所以必誅妲己，高頻所以必斬麗華也夫。

見三接巫臣夏姬，天生一對淫人，所以禍楚。申叔跪能知其

命以死致後有入郢鞭尸之事則所謂不祥人者流毒孔長豈止如所云云已哉是以古之滅國者不留其庶孽美女而君子清心寡欲亦遠之而不敢近蓋誠知色之迷人而淫之為禍烈也　姜白巖曰楚之縱橫極矣天下之積憤日益甚中國之人日謀勝楚揔無以逞匹夫匹婦之怒于是將假手于吳吳荊蠻之國非能為討罪勤王之舉也以吳攻楚猶以楚攻楚君子不肯為天乃生一小人而極工心計者以鼓弄于其間于是晉與吳通而吳楚之難成夫乃知巫臣為春秋所不可少之人此篇言其于瑣屑事如此豈漫無關係作此閒情好色之篇哉討陳弑君欲納夏姬桓文所不為然莊以仁義愚人故巫臣即以仁義之說止之君不納夏姬臣欲納之狐趙所不為然子反常懼禍患之及故巫臣即以禍患之說止之正議宏論及至敗露而嗣

謀不發其姤而以此第淫人留在楚國終為禍本聽其遠颺嘗卻多叨勵波即楚共之不錮亦謂巫臣有智可用嚴以絕之必為楚害寬以待之或不為晉用此固君臣謀國之盡善也乃其後坐視子反之徒屠戮其族名敵生患則致入郢之禍豈其前智而後愚歟抑天加厲楚冥冥之中有主之者歟主亦無如之何歟

晉師歸范文子後入武子杜士會文子父曰無為吾望爾也乎對曰師有功國人喜以逆之先入必屬耳目焉是代帥受名也故不敢武子曰吾知免矣知其不益己禍郤伯郤克見公曰子之力也夫對曰君之訓也二三子之力也臣何力之有焉范叔見勞之如郤伯對曰庚所命也克之制也燮何力之有焉荀庚將上軍時不出范文子上軍佐代行

君稱以爲忠，猶蓋理足以勝之也。

姜白巖曰：鞌之戰，寫郤克洩憤之言，幾是莽男子，此補前傳所未及，以見郤克之勝齊，非昧剛憤也。

黃鄉林曰：范文子與孟之反[illegible]

俞寧世曰：晉及魯衛不勝小怨，深踐齊地，棄盟要盟，楚人窺其罷老，大舉入寇，當此之時，晉人當戰勝之餘，豈肯再添蛇足，而魯衛值師還之後，何能復假虎威，于是魯衛勉爲非好，而晉則佯爲不知，此中國之大辱，而春秋所深惡也。雖與楚盟而猶畏晉，故謂之匱盟。使晉能用伐齊之威以與楚抗，蔡許能從楚，魯衛獨不能從晉乎？奈何避楚而畏其衆，致東諸侯一折而盡服于

故稱帥以讓。欒伯見，公亦如之。對曰：「燮之詔也，士用命也，書何力之有焉？」詔，告也。欒書下軍帥，故推功上軍。傳言晉將帥克讓，所以能勝齊。

見三揆三帥讓功，各有情禮，各得分位，而士燮後入，尤見不伐之風，其有得於杖擊之訓多矣。鞌之戰，諸卿皆讓，見晉霸復振；鐵之役，諸臣皆諉，見晉霸終衰。

宣公使求好於楚。莊王卒，宣公薨，不克作好。〔杜解〕十八年在宣公即位，受盟於晉，元年盟赤棘。會晉伐齊，衛人不行使於楚，不聘楚。而亦受盟於晉，從於伐齊。故楚令尹子重爲陽橋之役以救齊。〔林解〕楚侵魯及陽橋，故曰爲陽橋之役以救齊。將起師，子重曰：「君弱，傳曰寡人生十年而喪先君。共王即位至是三年，蓋年十二三矣。羣臣不如先大夫，師衆而後可。詩曰：『濟濟多士，文王以寧。』詩大雅，言文王以衆士安。夫文王猶用衆，況吾儕乎？儕，等。且先君莊王屬之曰：

楚晉之不競亦甚矣引書言商兆民離周十人同可知晉之衆非不如楚也彼善為用而此乃不能善用之也姜白嶽曰此會嬰齊盟蜀令傳從宣公非好叙起及成公之特齊結楚以謀魯衛魯盟晉以敗齊茲歸境而來晉猶畏衆不出况魯乎師至于蜀深入陽橋使臧宣叔求成畏不敢往孟獻子自請如師賂楚復以公衡為質請盟者獻子請之嬰齊也楚人許平退師次于蜀蜀為魯地以蔡許二公為辭必欲得公為主人故公不得已遂會嬰齊于蜀以侯諸國大夫之至夫望國之君會楚大夫其辱甚矣然當宗社之危勉強興會其與盟荀庚孫良夫在無事時者有間豈得與失位之蔡許同日語哉此發明經書會之義也或曰輔氏之役秦鋒已挫鞍之戰齊堅已摧皆足以退襁楚人之膽何难戟楚使服此不識時務之言也鞍之戰至此甫三月楚人逆料晉

無德以及遠方莫如惠恤其民而善用之乃大戶（閱民戶口）已責（棄逋責）逮鰥（施及老鰥）救乏赦罪悉師王卒盡行彭名御戎蔡景公為左許靈公為右（王卒盡行故王戎車亦行雖無楚王令二君當左右之位疏云君親在軍君當車中使御者在左勇力之士在右此王車雖行故不立戎右使御者在中蔡許二君當左右之位若夾衛王然）二君弱皆彊冠之冬楚師侵衛遂侵我師于蜀（公賂之而退故不書侵）使臧孫（宣叔）往辭曰楚遠而久固將退矣無功而受名臣不敢（不敢虛受退楚名）楚侵及陽橋孟孫（獻子）請往賂之（楚侵遂深故孟孫請以賂往）以執斲（匠人）執鍼（女工○之林父）織紝（織繒布者○女金父）皆百人公衡（成公子）為質以請盟楚人許平十一月公及楚公子嬰齊蔡侯許男秦右大夫說宋華元陳公孫寧衛孫良夫鄭公子去疾及齊國之大夫盟于蜀（齊大夫不書其名非卿也）卿不書匱盟也於是乎畏晉而竊與楚盟故曰匱盟（匱之也按十二國共盟晉豈不知而云竊）

師已疲、而三月中厚施於民、使民致其死、力傾國而來、且以救齊為名、俾齊不為晉用、而秦人助怨、先諸侯而首從于楚、此其勢豈易挫哉、時巫臣新奔晉、如可獲楚必為晉告、蓋以晉之力不足以制之也、然晉之無以制楚、由于不能惠恤其民之故、使能行仁政而善用其衆、同心同德、周之十人可敵商之億兆、而況强大之晉夫復何畏哉、此發明聖人歸責于晉之義也

（盟者、不敢告而私與之盟也）蔡侯許男不書、乘楚車也、謂之失位、（乘楚王車為左右、則失位也、朱可亭曰、失其君之位、甘心為楚人也）君子曰、位其不可不慎也乎、蔡許之君、一失其位、不得列於諸侯、況其下乎、詩（大雅）曰、不解于位、民之攸塈、（息也、言在上者勤正其位、則國安而民息也）其是之謂矣、楚師及宋、公衡逃歸、臧宣叔曰、衡父不忍數年之不宴、（樂也）以棄魯國、國將若之何、誰居、（辭也）（○音基）後之人必有任是夫、國棄矣、（言後人必有當此患）是行也、晉辟楚畏其衆也、君子曰、衆之不可以已也、大夫為政、猶以衆克、況明君而善用其衆乎、大誓（周書）所謂商兆民離、周十人同者、衆也、（萬億曰兆）（民離則弱、合則成衆、言殷以散亡、周以衆興）

黄鄉林曰、是役也、天下盡屬楚矣、南方諸侯、則有陳蔡鄭許、北方諸侯、則有魯宋曹衛、大國則有齊秦、小國則有鄫邾也

十四

三國之君公若而人卿大夫若而人悉靡然而從於蜀雖成之盟、澶穆之厳、路莊之夜陵於斯爲烈焉幸楚旅既死而晉新立威于鞍得稍留中夏之一綫不然其不胥而為楚者幾希

見三按楚之得志於中國諸侯未有如盟蜀之役者也方楚莊之時晉不討弒君之賊而楚能討之是晉委諸侯於楚也頃而晉雖委之猶未也自邲之役而楚且攫諸侯於晉矣然而楚雖攫之猶未也一經戰鞌舍楚不圖而圖齊（南北之諸侯）于是晉且委而楚重攫之矣魯以宗國先會而齊秦之大國皆從盍成之元年王師敗績於茅戎而天下不復知有宗周次年諸侯會楚盟於蜀而天下不復知有伯主矣

劉繼莊曰：周自東遷，王綱不振，一切典禮徒存空名，弁髦視之亦已久矣。而齊桓、晉文假王命以合諸侯，間一行之，以聳動天下。如城濮之捷，晉文獻楚俘于王，猶有可觀。後世子孫習聞其事，而不能詳究。章僥倖于鞌之一戰，自以為不世之功，而思效顰于城濮，卻遣一大夫草草入周獻捷。周雖不能行令于天下，而先王之典禮猶世守之，不可奸也。王不見而使辭焉。單襄公舉舊典以示鞏伯，如重雲蔽天、湖海黯然之時，而一線雷光爍于空際，文武成康之盛猶彷彿見之。

姜白巖曰：前年定王邀擊茅戎，反為所敗，使大夫告难于晉，而晉方謀齊，不暇兼及。此番獻齊捷于周，王心不能慊也。故首言勝夷狄則當獻捷，而中國則不必用此禮。兩王命伐之，隱然見命之伐戎，而不赴；不命伐齊，而伐之自以為

晉侯使鞏朔獻齊捷於周。王弗見，使單襄公辭焉，曰：蠻夷戎狄，不式（杜解：用也）王命，淫湎（林解：淫於色，湎於酒。○而善反）毀常，王命伐之，則有獻捷。王親受而勞之，所以懲不敬，勸有功也。兄弟（同姓國）甥舅（異姓國）侵敗王略（經略法度），王命伐之，告事而已，不獻其功，所以敬親暱（告伐事而不獻俘囚）、禁淫慝（謂虣掠百姓，取囚俘也。○虣，薄報反）也。今叔父克（能也）遂有功於齊，而不使命卿鎮撫王室，所使來撫余一人，而鞏伯實來，未有職司於王室（鞏朔上軍大夫，非命卿，名位不達于王室。大國三卿，二卿命于天子。天子自稱曰余一人）。（林解）又奸先王之禮（謂獻齊捷），余雖欲於鞏伯（欲受其辭），其敢廢舊典以忝叔父？夫齊，甥舅之國也，而大師之後也（齊世與周昏，故曰甥舅），寧不亦淫從（亦作縱）其欲以怒叔父，抑豈不可諫誨？士莊伯（鞏伯）不能對。王使委於三吏（三公也），禮之如侯伯克敵使大夫告慶之禮，降於卿禮一等。王以

不世出之功獻捷于王又不使上卿是失禮之中又失禮矣齊為太公之後以怨而伐之戎敗王師獨不然而置之耶語注到告難不赴而却不明白說出覺風刺之旨嚴于斧鉞傳于楚盟中國之後特著此篇見周室聲靈未替霸國受責惟謹荊南僞天子無從厠足也

四国盟楚于蜀不得已拜帥既退故復会晉伐鄭所以自明也四也

鞏伯宴而私賄之使相告之曰非禮也勿籍（相禮者 書也 王畏晉以故私宴私賄）

頭註 鞏伯

黄鄉林曰齊非有大無道可伐之罪而遇于莘致晉勇爰斐（晉非奉命伐罪之人）之盟特以逞忿可捷之有宜王之不受也嗚呼宋鮑……賂而還鞏戰獻捷遂形其醜晉伯其替矣夫見三揆王朝武功不足立訶却有可觀如襄王之折請隧王孫之折問鼎均有謨訓之遺東周天下尚能綿延數百年者空文之力也此篇義正辭嚴見周室雖衰王命未替不特獻捷非禮使鞏伯亦非禮且未奉命而伐齊尤為非禮鞏伯雖能說不能不屈服於煌煌之大典也但不知士會當日所講求者何在而竟昧昧行之哉

經 癸酉三年春王正月公會晉侯宋公衛侯曹伯伐鄭杜解宋衛未葬而稱爵以援隣國非禮也按稱子稱爵皆本其援隣國之辭○辛亥葬衛穆公高氏曰見衛侯不臨先君之葬○二月公至自伐鄭○甲子新宮災三日哭三年喪畢宣公神主新入廟謂之新宮書三日哭善得禮宗廟親之神靈所憑依而遇災故哀而哭之按杜說是也黃若晦謂如晉之虎祁則何至于三日哭哉○乙亥葬宋文公七月而葬緩高氏曰以葬月考之知其僭禮○夏公如晉○鄭公子去疾帥師伐許○公至自晉○秋叔孫僑如帥師圍棘汶陽之田邑按今當為直隸肥鄉縣地○大雩以過時書○晉郤克衛孫良夫伐廧咎如赤狄別種咎音羔○冬十有一月晉侯使荀庚來聘衛侯使孫良夫來聘丙午及荀庚盟丁未及孫良夫盟先晉後衛尊霸主○鄭伐許不書將帥告辭畧呂本中曰先儒以不稱人者皆狄之恐未必然記事有遠近有詳畧不可以一概論褒貶實不在是

傳 三年春諸侯伐鄭次于伯牛杜解鄭地討邲之役也邲役在宣十二年朱鈔魯

同盟序晉為首存晉伯也宋衛未葬稱爵著其忘親也晉不能聲罪致討反為所敗而鄭益無忌憚矣

雖未逾時伐鄭無功亦危之而致也

宣公弒君適篡立生不能討死方立廟遽遇火災春秋志此以示有天道

鄭背晉從楚故楚之方受晉師即伐從楚之許蓋伯牛之役勝晉而驕亦晉無已恃楚之皇戍子國之執事以亟民

僑如取濟西田使公子遂如晉拜賜己非正矣況以汶陽之田而弱子晉景命齊歸汶陽魯之故田也而為伯國之私恩而賂之朝之見魯之不振也至而告廟何若辭

棘者汶陽田之一也負故固而民不服魯所以弱之春秋因而書圍者七治於此者圍十五年圍貴二十六年圍成公六年圍鄆十年圍郕圍貴十二年圍成

廧咎如者赤狄之別種也先與良夫得志於晉不知自戢夏秋之遺種而盡絕之春秋書之誅善戰也況不能制其徒和職狄史覓貪小利而據其面

此晉聘魯之始亦聘而逆盟之始是時衛與晉最睦同伐廧咎如曾盟之盟晉首先在命本無刑罪于晉荀孫之聘相約而來殺于聘以探魯之其盟以堅魯也先荀庚而後

良夫等盟主也，魯事晉念舊齊，晉待魯亦念舊齊，故明年公如晉而晉侯不敬。鄭為盛內之國，以鄭之盛敗而救晉從楚，既伐衛又一歲而伐許，故春秋惡之，不稱爵，稱將帥賤之也。

宋衛方與謀于蜀，旋即悔而從晉，聖人所與也。私者可見，遂東侵中國諸侯，不忘晉國之本心矣，以德撫之，孰不改圖北向。

鄭晉潛軍深入，鄭公子偃子穆公帥師禦之，使東鄙覆伏兵，諸鄙○音莫又反于敗諸郎與軍鄭郎與皆鄭地，晉偏軍為鄭所敗，故不書。皇戍如楚獻捷

見三披郎之敗，至是已十年，知律以孟明拜賜之師，不知若師報復，乃伯牛之役，潛師以入，猶不敢聲其罪，以致為鄭所敗，獻捷於楚，鄭之罪固莫逃，而晉之辱抑又甚矣。魯與宋衛方盟於蜀，而其君猶知從晉，雖屬反覆無常，尚有尊中國存晉霸之心，春秋書爵蓋褒之云。

夏公如晉，拜汶陽之田。前年晉使齊歸魯汶陽田，故

見三披汶陽之田雖歸於魯，實為季氏之私田，如晉拜田，徒為私室役耳。異日韓穿之來，田復歸齊，公能毋悔此一拜乎

許恃楚而不事鄭，鄭子良伐許。〔經筌〕鄭自撤藩蔽以開楚寇，許近于楚，楚越許而後至鄭。見三披鄭與許皆恃楚者也。許恃楚而鄭伐之，楚不敢救；鄭恃楚而晉伐之，鄭敢於敗。堂堂大國不及一弱小之邦，則邲戰蜀盟之盟為不可洩矣。

晉人歸楚公子穀臣與連尹襄老之尸于楚，以求知罃。〔杜解〕邲之戰，楚獲知罃。於是荀首知罃父佐中軍矣，故楚人許之。王送知罃，曰：「子其怨我乎？」對曰：「二國治戎，臣不才，不勝其任，以為俘馘。〇獲古反執事不以釁鼓，以血塗鼓為釁鼓。使歸即戮，君之惠也。臣實不才，又誰敢怨？」王曰：「然則德我乎？」對曰：「二國圖其社稷，而求紓紓緩也其民，各懲其忿以相宥也，宥赦兩釋纍囚，纍繫也〇力追反以成其好。二國有好，臣不與及，其誰敢德？」怨德也言二國本不為己王曰：「子歸何以報我？」對曰：「臣不任受怨，君

姜白巖曰：鄭恃楚，許亦恃楚，乃以不事鄭而伐之，不虞楚討者，以伯牛之役敗晉偏師，楚文益固矣。

周大章曰：知罃以纍囚羈楚十年不得歸，至與鄭賈人謀欲寘褚中以出，晉爵處此可知矣。苟非伊父佐中軍，以穀臣襄老相易，楚亦未必許也。怨乎一問，楚王蓋惧之也。晉自邲戰以後，君臣憂惧，日夜謀楚，共王欲息爭紓民，故因荀首之求而兩釋纍囚，以成其好，特恐知罃歸國追念舊怨，好不能成耳。竭力致死，是共王意中極害怕語，屢屢逼問，而不知竭力致死是人臣供職常事，箕不得報德，那裡又是報怨。前此念羞不容

十七

原非渫險後此坦白直說來並非唐哭樸樸寔寔磊磊落落光明是英雄語却是道學語文如九曲之珠一線穿成婆娑愛玩不忍釋手如遇佳山水峰迴路轉柳暗花明遊覽不盡也

亦不任受德無怨無德不知所報王曰雖然必告不穀對曰以君之靈纍臣得歸骨於晉寡君之以為戮死且不朽（戮其不勝任）若不從君之惠而免之以賜君之外臣首（稱于異國君曰外臣）首其請於寡君而以戮於宗亦死且不朽若不獲命（君不許戮）而使嗣宗職（嗣其宗社之位職）次及於事而帥偏師以脩封疆雖遇執事（遇楚將帥）其弗敢違（辟也）其竭力致死無有二心以盡臣禮所以報也王曰晉未可與爭重為之禮而歸之

黃鄰林曰此與重耳答楚辭意略同然重耳出亡公子自應養晦韜光以濟其事楚庭之對雖露英雄未免大言賈禍若非楚成大度公子其為釜中魚矣知罃俘囚之即自應委節植義以壯國威以昭臣道不任受德不任受怨磊磊落落直

令英主心服楚共禮而歸之見共之賢益以見罃之賢也厥
後知罃相悼三駕服鄭不特助楚並能鈕楚其亦有感恩知
己之報歟闗壯繆華容放操未可謂盡屬後人之附會也
見三按前罃為後來三駕服楚第一流人因楚十年其器識
畀己不凡楚子知之稔矣故因其歸而殷殷垂問蓋欲籠絡其
心而不為楚患也怨我一層楚子所懼對以誰敢怨尚在楚
子意中德我一層楚子所冀對以誰敢德己出楚子意外至
無怨無德不知所報磊磊落落無一語回護直令楚子心折
神驚而必詰其究竟也罃復將報字說得正知覺人臣義無私
交兵事有進無退竭力致死盡禮於晉即以報德於楚有此
氣概故能壯國威而昭臣節晉和可與爭善已為蕭魚之會

作先聲矣知鞏真英雄也

秋叔孫僑如叔孫得臣子圍棘取汶陽之田棘不服故圍之汶陽之棘〔日抄〕邑本魯故邑今還魯不服畏稅畝邱甲之苛政也

見三按陽樊賜晉而不服晉見周之澤深汶陽歸魯而不服魯見魯之政虐蓋是時初稅畝作邱甲賦斂日重民困不堪故雖復故國而不願為之詎致煩大兵以取碩羅之誚不當為魯咏哉

晉郤克衛孫良夫伐廧咎如討赤狄之餘焉宣十五年晉滅赤狄潞氏其餘民散入廧咎如故討之

見三按狄人橫行中國無國不受其害晉人乘時剪除之使中國安枕亦一快事所恨者治狄不以其道執其君滅其國

今又窮其種類而徙己其所為有甚于狄者故可罪耳

冬十一月晉侯使荀庚〔杜解〕林父之子來聘且尋盟尋元年赤棘盟衛侯使孫良夫來聘且尋盟尋宣七年盟公問諸臧宣叔曰中行伯之於晉也其位在三下卿疏云於時郤克將中軍荀首佐之荀庚將上軍是其位在三也將佐有六第三猶為下卿則餘皆下卿孫子之於衛也位為上卿將誰先對曰次國之上卿當大國之中中當其下下當其上大夫降一等小國之上卿當大國之下卿中當其上大夫下當其下大夫降二等大國上下如是古之制也古制公為大國侯伯為次國子男為小國衛在晉不得為次國春秋時以強弱為大小故衛雖是侯爵猶為小國晉為盟主其將先之計等則二人以盟主故先之丙午盟晉丁未盟衛禮也〔陳傳〕聘而遂盟之於是始〔發微〕二子要公以盟不言公二子伉也

見三按鞌之戰三國同心勝齊而魯四卿並出尤為得加時

姜白巖曰：邲之敗，先縠旃括皆僨事之人，而旃與魏錡欲敗晉尤晉之逆臣也。即鞍之功，亦在張侯郤缓之下，乃縠滅其族，而旃括為卿，何刑賞之頗乎。

蜀之役，受盟於楚，不免各懷疑忌，茲之來聘，且尋盟修好也。即以結信也。春秋時衛服于晉，衛之上卿僅敵晉之下卿，計班爵則可予伉，[illegible]論盟主則猶非敵也。臧氏世有達人，熟於典故，酌古準今，獨具權衡，所謂禮以義起也。

十二月甲戌，晉作六軍。晉王也萬二千五百人為軍。韓厥、趙括、鞏朔、韓穿、荀騅、趙旃皆為卿，賞鞌之功也。韓厥為新中軍，趙括佐之；鞏朔為新上軍，韓穿佐之；荀騅為新下軍，趙旃佐之。晉舊自有三軍，今增此，故為六軍。統紀晉文蒐于被廬，作三軍，僖二十八年，增置三行以禦狄，今則顯稱六軍。陳傳已兆六卿之禍。

見三按：晉不以蜀盟為辱，而以鞌勝為榮，獻捷於王，又作六軍，想見君臣訑訑自喜，亦無遠圖，故霸業卒以不振，而郤氏再世，即有滅族之禍。

周大章曰：鞌之战，横戈躍馬，此則樽俎揖讓矣。郤克趨進一笑之辱，尚形齒頰，齊侯不問，獨視韓厥者，以其不愛死也。苟非易位，戎幾見禽，苟非中御，卻亦不免。今在此堂，痛定思痛，在一視中，知厥服改，問答間各有機鋒。如天之福，兩君相見，皆此不愛死致之。滿天冰雪，一語盡變陽和，韓厥之雍容，呼以異乎郤克之粗厲也。

周大章曰：只此一節，足覘古風之醇。當時小人不敢厚誣君子，今則君子往往厚誣小人也，可慨也夫。

姜白巖曰：在楚似吝于報恩，歸晉又勤于報德，賈人無功不

齊侯朝於晉，將授玉。行朝禮。郤克趨進曰：此行也，君為婦人之笑辱也，寡君未之敢任。言齊侯之來，以謝婦人之笑，非為修好，故云晉君不任當此惠。晉侯享齊侯，齊侯視韓厥，韓厥曰：君知厥也乎？齊侯曰：服改矣。戎朝異服，言服改也。明識其人。韓厥登舉爵曰：臣之不敢愛死，為兩君之在此堂也。

黃薌林曰：郤克粗莽，苦無涵養；韓厥温文，極有丰度。兩下比相形，而二子之優劣见，二國之興亡亦於此判。

見三接，郤克猶有餘怒，齊侯尚有餘羞，韓厥獨有餘韻。寥寥數語，風致和古。

荀罃之在楚也，鄭賈人有將寘諸褚中以出。林云：褚，絮也。既謀之，未行，而楚人歸之。賈人如晉，荀罃善視之，如實出己。賈人曰：吾無其功，敢有其實乎？吾小人，不可以厚誣君子。遂適齊。傳言知罃之賢。

敢有其實，勝于楚子無功轉
欲望其報。

黄鄰林曰：一賈人也，能識荊璧於璞，因之也可稱千古巨眼。
而無其功者，有其實者，為士君子之所難，世有斯人，當買
絲繡之。
見三。按此表荊璧之賢也，而以見賈人之介，翟人大賈若知此
義，何至居奇貨以亂秦。

春秋左傳精義卷二十一

閬中　鄰林黄一桂　輯　男心垣見三　補輯

成公二

經 甲戌 四年春，宋公使華元來聘。○三月壬申，鄭伯堅卒。○子悼公費立 ○杞伯來朝。○夏四月甲寅，臧孫許卒。○公如晉。○葬鄭襄公。○秋，公至自晉。○冬，城鄆。公欲叛晉，故城而為備 ○鄭伯伐許。胡傳 悼公稱爵，喪未踰年，以吉禮從兵車之事。日抄 鄭三加兵於許矣。繁露 父伐人喪，子以喪伐人，父不義于人，子失恩於親。

王氏樵曰：宋入春秋未嘗聘魯，文十年公子遂往，而宋不報也。華元之來，其為共謀咨張本乎。

傳 四年春，宋華元來聘，通嗣君也。宋共公即位

見三按：宋魯世好，申以婚姻，百餘年來未嘗聘魯，此番華元特來，左氏以為通嗣君，則嗣君不止一共，何以至共始通王

周大章曰命在諸侯猶之天子以四海為家見盟主當敬諸侯不可戲豫非寄生木母兼人為生苦計也在彼無道雖不能免而

氏以為謀婚則共姬之聘尚在數年之後不應豫有成謀前後考之是時楚氛正惡宋之圍晉不能救蜀之盟晉不敢出諸侯皆有輕晉之心宋亦陰萌貳志華元之來名為聘魯實以察魯之向背觀蟲牢之會以子靈之難辭使知宋當日隱情

杞伯來朝歸叔姬故也（將出叔姬先脩禮朝魯言其故）見三挾內女嫁於諸侯往往見出至再至三而魯恬不為意可怪也夫

夏公如晉【程義】（一歲一朝諸侯於天子所未有也）晉侯見公不敬季文子曰晉侯必不免也【私鮮】（言將不能壽終後十年陷廁而死）詩曰敬之敬之天惟顯思命不易哉（詩頌言天道顯明受其命甚難不可不敬以奉之）夫晉侯之命在諸侯矣可不敬乎

在我，卻未可以叛。說到非我族類，其心必異，則背華即夷。斷乎其不可矣。行父既明此義，何以宣公在時尚欲求成于楚，以致公衡之質，貽後世無窮口實乎？
姜白巖曰：晉連年不振，一勝齊而驕，公連年如晉，一不敬而叛中國，所以日替也。文子直言諫止，謀國之忠。

敬諸侯，則得天命。

秋，公至自晉，欲求成於楚而叛晉。【陳傳】傳責晉失諸侯之故。季文子曰：不可。晉雖無道，未可叛也。國大臣睦而邇（近也）於我，諸侯聽（服也）焉，未可以貳。史佚（周文王太史）之志有之，曰：非我族類，其心必異。楚雖大，非吾族也。【補正】（彙考）言其肯字（愛也）我乎。公乃止。

黃薌林曰：晉雖失霸，服鄭則不足，制魯則有餘。其不敬也，怨魯之貳於楚也。因其不敬而求成於楚，是益觸其怒也。脈之僨，豈能當牛之瘠乎？行父相魯，罪大功小，獨於背晉從楚之利害，見得到，說得到，蓋有鑒於盟蜀之險，一誤不容再誤，稱為社稷臣，殆以此夫。

見三按：行父三思後行，故遇事多模稜。（而論人卻有見解。）如料齊侯之不免，因

其無禮而斷之於天決晉侯之不免因其不敬而歸之於命

辭明而達理精而奧竟似後世道學一流人物而非我族類

其心必異二語尤具絕識後晉知此何至臣事契丹而卒召

亂華之禍

冬十一月鄭公孫申帥師疆許田（前年鄭伐許侵其田今正其界）許人敗諸展陂（許地）鄭伯伐許取鉏任泠敦之田（按展陂鉏任泠敦俱在許州境）晉欒書將中軍（伐鄭克）荀首佐之士燮將上軍以救許伐鄭取氾祭（鄭地○氾音凡）楚子反救鄭鄭伯與許男訟焉（于子反前爭曲直）皇戌攝鄭伯之辭（代之對）子反不能決也曰君若辱在寡君寡君與其二三臣共聽兩君之所欲成（平也）其可知也（欲使自屈於楚子前決之）不然側（子反名）不足以知二國之成（為明年許愬鄭于楚張本）

黄鄉林曰：伐鄭是其本懷，救鄭特其虛文耳。不能直許，豈能直鄭？既來救鄭，又不使曲鄭，隱隱有箇曲直在。一時變臉不下，必俟質訊王前，大為剖斷，寫得俗吏徇情，聲音面目千載如見。

見三按：鄭與許皆服事於楚者。鄭之伐許，是與楚爭許也。楚不伐而晉伐之，而楚反救之，曲先在楚，安能決鄭許之曲直？太宰問囚，上下其手；范宣斷獄，左右其言。春秋聽訟，大抵皆偏頗也，于子良亦何責焉。

晉趙嬰（趙盾弟）通於趙莊姬（趙朔妻。朔，盾之子）

見三按：桃園之弒，盾得壽終，幾疑天道無知，特筆書此，以示弒逆之報。

姜白巖曰原屏以嬰內亂不顧其親而放之義之公也又不聽嬰護己之言心之正也或曰原屏自放之罪原屏之事非也嬰豈甘就放者必請于晉侯行之

經 乙亥 五年春王正月杞叔姬來歸 杜解 出也傳在前年按文十二年子叔姬卒此叔姬乃其繼昏者 ○仲孫蔑如宋○夏叔孫僑如會晉荀首于穀○梁山崩 記異也按梁山今在陝西韓城縣 ○秋大水○冬十有一月己酉天王崩 定王崩大子夷立是為簡王 十有二月己丑公會晉侯齊侯宋公衛侯鄭伯曹伯邾子杞伯同盟於蟲牢 鄭地按今河南封邱縣北有桐牢亭

傳 五年春原屏放諸齊 杜解 放趙嬰也原同屏季嬰之兄 嬰曰我在故欒氏不作我亡吾二昆其憂哉 林解 作作亂也言我若出亡原屏必為欒氏所害 且人各有能有不能 言己雖淫而能令莊姬護趙氏 舍我何害弗聽嬰夢天使謂己祭余余福女使問諸士貞伯 貞伯 曰不能識也既而告其人 貞伯既答趙嬰使者而自告其從人 曰神福仁而禍淫淫而無罰福也祭其得亡乎 以得放遣為福 祭之明日而亡 為八年晉殺趙同趙括傳

姜白巖曰趙嬰淫人求福于神宣伯淫人求福于人似人靈于神然而先後俱亡

黄鄭林曰天與人一理也福仁禍淫天之理也廸吉逆凶人之理也趙嬰以叔父而通於姪婦人倫絶人理亡矣二兄且不能宥蒼蒼又豈可倖邀乎乃原屛因此殺身而趙嬰獲全首領天之報趙盾者固別有在淫亂猶其小者耳

見三按天道無私福善禍淫嬰何人斯敢託夢以邀福於天是不昭昭視天而以夢夢視天也然以趙姬之賢而子竟滅族宣孟之逆而武得反田吾猶疑天心之夢夢矣

孟獻子如宋報華元也前年宋華元來聘

夏晋荀首如齊逆女故宣伯餫諸穀野饋曰餫運糧饋之敬大國也○餫音鄆

見三按仲幾報聘脩舊好也僑如餫穀結私交也大夫無私交餫且不可況無君命越境而往乎時僑如通於國母與季

周大章曰梁山晉梁山也不書晉梁山崩而書梁山崩家氏謂為天下記異是也晉為天下盟主轉王擾楚周賴以存比歲以來君庸臣貪坐隨伯業以致山崩之異憂在天下不以一國也重人所言降服乘縵等事胡氏以為特禮之文而未及恐懼脩省之實何足以弭災變識之誠是但晉多君子伯宗又稱博雅并此禮文亦不之知而待重人發之則舉朝皆削色矣伯宗請見不可而遂懷善以告其不全終也宜哉

孟有隙故甚善晉大夫以為行怨之地連類書之而忠奸顯

判

梁山崩〔經荃〕天地示變以警人君聖人志之以示後世〔纂言〕自此六十年弒君七滅國九晉侯以傳傳驛召伯宗伯宗辟重曰辟傳重載之車。辟重匹赤反曰辟音避重人曰待我不如捷邪出之速也問其所曰絳人也問絳事焉伯宗問曰梁山崩將召伯宗謀之重人對問將若之何伯宗問曰山有朽壤而崩可若何國主山川主謂所主祭故山崩川竭君為之不舉去盛饌降服損盛服乘縵車無文。武旦反徹樂息八音出次舍于郊祝幣陳玉帛史辭自責罪以禮焉禮山川其如此而已雖伯宗若之何伯宗請見之見之于晉君不可不肯見遂以告而從之從重人言〔補傳〕傳見晉無修省之實

黃鄉林曰重人是個有心人山崩之異舉朝不知必待傳名

伯宗重人曰笑久矣待我不如捷之速語有針刺蓋以此等典禮爛熟胸中惜無人顧問竟於數百里之外遠求伯宗腹笥便便無可發洩故塗中哭遇故意留難待其詰問而後盡數說出雖伯宗如之何當面奚落直使便甘拜下風不告姓名尤其高節重人其殆晉之隱君子歟

見三按晉多君子如絳縣之老人及重人皆賢而辱於泥塗者趙孟猶能謝之伯宗並不能薦之遜趙孟多矣六事以告而于修省之道重人不之及伯宗亦不知問也禮失而求諸野重人不愧為遺黎見賢而不能舉伯宗難逃乎攘善

許靈公愬鄭伯於楚前兩年鄭伐許故六月鄭悼公如楚訟不勝楚人執皇戌及子國以鄭伯不直故也子國鄭穆公子故鄭伯歸使公子偃請成於

周大章曰鄭人反覆晉人爲其顛倒急合諸侯以鄭服爲幸一會再會宋以國難辭遂趍兵端皆謀之不臧者也天王訃至霸主宜帥以哭臨且覲新君使曉然知尊親王之義而僭王

晉秋八月鄭伯及晉趙同盟于垂棘晉地陳傅外君臣時相盟亦皆不書他放此

見三按許田之疆鄭在必討楚不能討而反救之鄭有辭矣故訟不勝而即請成于晉

宋公子圍龜文公子爲質於楚而歸華元享之請鼓譟以出鼓譟以復入出入擊鼓輙曰習攻華氏宋公殺之蓋宣十五年宋楚平後華元使圍龜代己爲質故怨而欲攻華氏

見三按華元質楚爲國事也圍龜伐之奉君命也元享圍龜感私恩也圍龜攻元滅公義也此妄人也不死奚爲

冬同盟於蟲牢鄭服也諸侯謀復會宋公使向爲人辭以子靈圍龜之難宋公不欲會以新誅子靈爲辭明爲年侵宋傳

黄薌林曰鄭在春秋朝晉暮楚唯強是從亦惟利是視服楚

者不與也乃不戚不奔相與為此盟無王不臣何責于鄭故既得鄭復失之

周大章曰視流行速見其輕佻躁率之狀而死即于是乎决○禍福將至見于動靜威儀之間以卜休咎百不失一左氏議論正為當輅諸人乎不及

則楚重服晉則晉重故乖棘甫成即為蟲牢之同盟一鄭也幾同奇貨

十一月己酉定王崩經在蟲牢盟上傳在下月倒錯傳欲見王諡非行文【張注】魯不會葬【補注】

【經】六年春王正月公至自會○二月辛巳立武宮【杜解】魯人自鞌之功至今無患故作先君武公宮○取鄟附庸國也音專○衛孫良夫帥師侵宋○夏六月邾子來朝○公孫嬰齊如晉嬰齊叔肸子○壬申鄭伯費卒悼公弟成公踰立○秋孫蔑叔孫僑如帥師侵宋○楚公子嬰齊帥師伐鄭按楚始書大夫將○冬季孫行父如晉○晉欒書帥師救鄭

【傳】簡王元年六年春鄭伯如晉拜成謝前年再盟子游公子偃相授玉于東楹之東禮授玉于兩楹之間鄭伯行疾故東過士貞伯曰鄭伯其死乎自棄也已視流而行速不安其位宜不能久視流不端諦

萬曆元宗曰公羊武宮武公之宮也據昭十一年有事于武宮即此武宮也蓋鞍战時禱于武公而得勝故立其廟魯人不知其非禮且儗之于魯公之廟而為武世室明堂位遂侈言之夫乎謂世室者如周文武魯伯禽自其崩薨之後其廟世世不毀故曰世室也武公之廟至閔公親盡而毀矣至今幾八十年中斷者三世忽然更立違例背制而猶稱世室于世字之義何居甚矣魯人之陋而記禮者之踈也未可專咎季氏自多其伐齊取汶田之功立武廟以示武功之崇重也

見三按鄭之朝晉非誠服也逼於楚也視流則其心不專行速則其心不固異日受楚賂背晉盟已于此驗之矣士貞子料其將死猶非知心之論

二月季文子以鞌之功立武宮非禮也按立武宮言建立武公之宮也杜氏錯會下文立武乃增立武軍非也聽于人以救其難不可以立武立武由己非由人也按立如立德立功之立言武廟之立欲立已之威武耳傳立武二字與經字同而義異

黃鄉林曰是時行父恣意極矣初為卿時猶壓于仲遂遂死其子歸父專權十年之間凡八見經伐邾伐莒則歸父掌兵權會晉會楚則歸父專盟會而行父僅一如齊至是仇讎已去方悟威權之不可去手適幸成公之弱乃遂恣意攬權一愁而空舉國之師役滿朝之將功成志得立廟銘功四分公

姜白巖曰恃霸者之睦而胥附庸以自肥

室之勢實肇於此

見三按立武宮傳皆以為武公之廟林季文子以鞍之戰立武宮亦是楚莊之意但欲告功則先君皆當告何獨武公且為之宮於義殊未安竊謂武宮即武軍之類特築之以為功以侈武事非武公之宮故傳曰聽于人以救其難不可謂武立武由己非由人也是明譏其不成武耳未嘗以為武公也

取鄟言易也

見三按取汶陽田立武宮取邾鄟魯之武止此矣

三月晉伯宗夏陽說（晉大夫）衛孫良夫甯相鄭人伊雒之戎陸渾蠻氏（戎別種）侵宋（經惟書衛孫良夫獨衛告也）以其辭會也（辭會在前年）師于鍼衛人不保（不守備）說欲襲衛曰雖不可入多俘而歸有罪不及死伯宗

曰不可。衛惟信晉。故師在其郊而不設備。若襲之。是棄信也。雖多衛俘而晉無信。何以求諸侯。乃止。師還。衛人登陴。聞說謀故見三按宋以子靈之難託辭辭會晉之伐宋討無信也。齊魯皆不與而衛獨使正卿會伐守信也。方且討宋以無信。豈可棄信以襲衛。衛惟深信乎晉。故不設備。晉若失信於衛。何以主盟。伯宗為晉持大體。即為衛戢禍端。辭達而利溥。允為仁人之言。春秋時棄信不講。無地不啟戎心。秦為鄭戍而潛師而來。楚與晉盟而衷甲以淩。列邦唯利是視。如夏陽說者實繁有徒。故預備不虞。善之大。為國家者均當佩服斯言。

晉人謀去故絳。晉復命新田為絳故謂此故絳諸大夫皆曰。必居郇瑕古國名氏之地。沃饒而近盬。盬也孫云說文云監河東鹽池袤五十一里廣七里周總一百一十六里○音古國利

君樂不可失也韓獻子將新中軍且為僕大夫兼大僕〔補正〕為僕大夫則居之親臣故獨令之從公而入寢庭也公揖而入獻子從公立於寢庭路寢之庭謂獻子曰何如問諸大夫言是非對曰不可郇瑕氏土薄水淺土薄地下其惡易覯易覯則民愁民愁則墊隘按惡下文杜解云穢惡也覯爾雅云遇也言穢惡之積水無以流之與人相觸遇也墊隘杜云羸困也襄九年傳夫婦辛苦墊隘杜云委頓也然則墊隘是借用字為困頓之名不以地言附注駁之非是後錄改之墊隘則民愁更非○墊丁念反於是乎有沉溺重膇之疾沉溺濕疾重膇足腫○膇治偽反不如新田今平陽絳邑縣是土厚水深居之不疾高燥故有汾澮以流其惡汾水出太原入河澮水出平陽入汾惡垢穢且民從教無災患十世之利也疏云十者數之小成夫山澤林鹽國之寶也國饒則民驕佚財易致則民驕侈近寶公室乃貧不可謂樂近寶則民不務本疏云居民近寶則廢農為商貧富兼併則貧多富少貧者無財以供官富者不可以倍稅賦稅少則公室貧也公說從之夏四月丁丑晉遷於新田為季孫如

晋傳陳傳凡自遷其國都不書

黄𦤎林曰晋自曲沃滅翼建都于絳百餘年來生齒繁庶甲兵之强冠於天下匪特地利抑亦地靈也自遷新田而君昏於上臣僭於下霸圖日替數傳而後國分為三就堪輿家言之不免歸咎于遷都之失策然聖賢亦論其理而已故絳既不可容自當另謀遷都諸大夫以沃饒為樂利祇計目前韓獻子以土厚水深為樂利遠及十世周之衰不得追咎周公之營洛晋之亡又安得追咎韓厥之遷新田哉

見三按古者遷都必謀及卿士謀及庶人謀及卜筮故盤庚遷殷數籲大衆周公定洛幾費經營而韓厥獨能力排衆議數言而定可謂社稷之臣

姜白巖曰：戰危事也，受大國之命而構怨強鄰，可乎？幸孟獻子主其事，不敢深入，與之言事晉之利而已。于是宋益服晉。

六月，鄭悼公卒。終士貞伯之言

見三按：視流行速，士貞伯之言驗矣。以威儀斷禍福，非後世談星相者可比。

子叔聲伯如晉，命伐宋。晉人命聲伯秋，孟獻子、叔孫宣伯侵宋，晉命也。

【經箋】前命衛伐宋，又命魯侵之。

見三按：申舟之殺，宋雖不堪，楚悔亦恃有伯主，是以庇我自解揚誑宋，棄宋于楚，而宋人傷心矣。蟲牢之會，宋人託辭，蓋心實厭之，雖魯衛交侵，其如宋不服何哉。

楚子重伐鄭，鄭從晉故也。前年與晉盟

見三按：楚狄也，鄭甘心從楚，亦狄也。茲以與許爭訟，不直於楚，恚而從晉，猶是狄也。經書楚伐鄭，稱大夫師，師蓋狄道治

姜白巖曰楚伐鄭喪而晉救之楚師還無亡矢遺鏃之費而收救鄭之功可謂勝算矣而又侵蔡是遷怒也聖人以救患為德不以遷怒為功武子知難而息故不書侵蔡之師蔡人從叛故不與楚人之救

之也

冬季文子如晉賀遷也

見三按霸主遷都正卿往賀天王之喪吊使無聞猶秉周禮

特虛名耳

晉欒書救鄭與楚師遇於繞角鄭地楚師還晉師遂侵蔡楚公子申公子成以申息之師救蔡禦諸桑隧地名 補注 杜氏曰楚三軍二廣不常出大抵用申息之師為經營中國之本僖二十五年以申息之師戍商密文九年息公子朱伐陳此年以申息之師救蔡而後此囊瓦敗其敗于城濮楚子曰如申息之老何二十六年申公叔侯戍齊申息之師于桑隧昔周宣王之世申侯以王舅為南國之屏翰秦漢之際南陽為要地故楚有圖北方之意其君多居于申合諸侯亦在焉 趙同趙括欲戰請於武子欒書武子將許之知莊子荀首中軍佐范文子士燮上軍佐韓獻子韓厥新中軍將諫曰不可吾來救鄭楚師去我吾遂至於此此蔡是遷戮也

戮而不已，又怒楚師，戰必不克，還怒不義，怒敵難當，故不克。雖克不令。幸而勝楚，亦負不善之名。朱鮮

成師以出，而敗楚之二縣，何榮之有焉？六軍悉出，故曰成師。以大勝小，不足為榮。若不能敗，為辱已甚，不如還也。」乃遂還。於是軍師之欲戰者衆，或謂欒武子曰：「聖人與衆同欲，是以濟事。子盍從衆？子為大政，中軍元帥。將酌於民者也。子之佐十一人，六軍之卿佐。其不欲戰者三人而已。知、范、韓也。欲戰者可謂衆矣。《商書》洪範。曰：『三人占，從二人。』衆故也。」武子曰：「善鈞從衆。夫善，衆之主也。三卿為主，可謂衆矣。三卿皆晉之賢大夫。從之不亦可乎？」傳善欒書得從衆之義，且為八年晉侵欒傳。按欒書之意，戰楚三卿一言而止，可為聽謀還善之法。

黃鄉林曰：欒書既能從善，何以弒君？所謂善者，亦特謀利計功之見，非真知聖賢之大義也。故趨避術工，身家念重，而不

免有匠麗氏之禍弑。見三按郤之戮一由荀林父庸懦不能聽從善言一由先縠剛愎不肯聽納善言而趙同趙括等又從而阻撓之欒書身列行間親鑒其獘故此次力從范知韓之言整旅而還卒受其益而以善為衆之主尤其絕大見識書雖欄奸頗知服善前猶偽託於君子後則甘屑於小人晚節滋縱身犯大逆無范知諸人以䞃之也書亦不幸而不早死矣

經 丁丑 七年春王正月鼷鼠食郊牛角改卜牛鼷鼠又食其角乃免牛。杜解 稱牛未卜日免放也免牛可也不郊非禮也○鼷音兮 ○吳伐郯吳始見經○郯音談 ○夏五月曹伯來朝○不郊猶三望書不郊閒有事三望非禮 ○秋楚公子嬰齊帥師伐鄭公會晉侯齊侯宋公衛侯曹伯莒子邾子杞伯救鄭

姜白巖曰：通吳於上國，因吳以敎楚之，非聖人所欲也。吳僭號淫名，聞於天下，猶之楚也。中國既有增一楚，復增一吳，文子所以懼也。

八月戊辰，同盟于馬陵。衛地。按今直隸大名府治東南有馬陵城。公至自會。○吳入州來。楚邑。按今在江南壽州北。嚴氏曰：得州來，吳以窺楚；楚以禦吳。吳楚之扼吭也。○冬，大雩。書過。○衛孫林父出奔晉。

傳 七年春，吳伐郯，郯成。詳說 郯國雖小，尚有典刑，郯子來朝，聖人訪以官名。書吳伐郯，貴郯賤吳也。

季文子曰：中國不振旅，蠻夷入伐，而莫之或恤也。杜解 振整旅眾也。無弔者也夫！言中國不能相恤，恤故夷狄內侵。詩曰：不弔昊天，亂靡有定。其此之謂乎！詩小雅。刺在上者不能弔恤下民，故號天告亂。君子曰：知懼如是，斯不亡矣。陳傅 傳見吳入中國，而識者懼。

黃鄉林曰：吳子伐郯之役，始見春秋，繼即入州來，皆巫臣通吳以後事也。楚氛未斂，吳患先張，驅虎進狼，終春秋之世，吳楚並駕中原，兵連禍結，靡有寧居，文子早已逆睹之矣。

見三按比吳壽夢之二年也蓋自成公二年、楚之申公巫臣奔晉求通吳以罷楚教之射御教之乘車教之戰陳而吳害于是始及中國矣上半部之春秋祇患一楚後半部之春秋再復患一吳文子三思憂深慮長曰無弔、曰吾亡無日眼光直射到黃池之會為魯懼為天下憂蓋深為晉責也

鄭子良相成公以如晉見且拜師

見三按如晉拜師鄭非有禮蓋以一國付之于晉使之不得不救鄭真狡哉

夏曹宣公來朝

見三按春秋時曹偪于宋望魯為援亦藉霸以安其名與鄭衛同故大國之會盟必與其實與邾杞比故朝魯不息至霸

姜白巖曰：晉霸振矣。合九國之師以救鄭，而君親行，急于恤患矣。鄭恃諸侯之救，其臣亦有以自奮，遂攻楚師而囚鍾儀，楚不敢肆，不可謂非晉之功。然合九國以禦楚之偏師，不能毫末加于楚，反不如鄭之有功，又以見晉之怯也。

義菴曰：楚之弱，吳為之也；吳弱楚，晉為之也；晉通吳，巫臣為之也；巫臣通吳于晉，子重、子反為之也。二子非楚罪之魁？采篇中書子重者七，子反者五，或分或合，有實有虛，罪案昭昭，故雖為入州來

圖替，曹為宋役，遂與魯絕，而其國卒滅於宋。

秋，楚子重伐鄭，師於氾。（鄭地。音凡。）○諸侯救鄭。鄭共仲、侯羽軍楚師，（二子，鄭大夫。）囚鄭公鍾儀，獻諸晉。八月，同盟于馬陵，尋蟲牢之盟，且莒服故也。（蟲牢盟在五年，莒本屬齊，齊服，故莒從之。）晉人以鍾儀歸，囚諸軍府。（軍藏府也。）

為九年晉侯見鍾儀張本。

見三捷，楚以一大夫帥師伐鄭，至勤九國之師，倉皇勞擾，不能有損於楚，其軍楚師囚鍾儀者，乃出於被伐之鄭，晉之無能鄭知之，蠻夷笑之矣。故楚用重賂以求鄭，而鄭遂復成於楚。

楚圍宋之役，（杜解：在宣十四年。）師還，子重請取於申、呂以為賞田，王許之。（分申、呂之田以自賞。）申公巫臣曰：「不可。此申、呂所以邑也，是以為賦以御北方。若取之，是無申、呂也。（言申、呂賴此田邑耳，不得此田則無以出兵賦，而二邑壞也。）晉

作傳而實為吳楚張本可謂甚大不特區區一州來而已姜白巖曰怨毒之于人甚矣哉二臣以私怨殄人之宗分人之室異日入郢有由然也州來者楚人與國吳得之足以窺楚然楚衰晉強由于此吳強晉弱興吳亡越霸皆由于此末段寔為春秋下半部之綱

鄭必至於漢王乃止子重是以怨巫臣子反欲取夏姬巫臣止之遂取以行子反亦怨之及共王即位（楚共王以魯成公元年即位）子重子反殺巫臣之族子閻子蕩及清尹弗忌（皆巫臣之族）及襄老之子黑要（以夏姬故并怨黑要）而分其室子重取子閻之室使沈尹與王子罷分子蕩之室子反取黑要與清尹之室巫臣自晉遺二子書（子重子反）曰爾以讒慝貪惏（○力含反）事君而多殺不辜余必使爾罷（○音皮）於奔命以死巫臣請使於吳晉侯許之吳子壽夢說之乃通吳於晉（壽夢季札父○夢莫公反）以兩之一卒適吳舍偏兩之一焉（按出師之制一乘甲士三人步卒七十二人又二十五人將重車在後所謂四兩為卒也春秋則以十五乘為大偏九乘為小偏又別有二十五人為兩從之所謂偏法也今欲教吳車戰每乘各有專司惟從偏二十五人之兩猶可移動故于晉千乘中擇兩之可遣者共得百人為卒以適吳故云兩之一卒既至吳又選其與吳人相習勤于督教者得二十五人蓋以偏之一兩之一留于吳所謂舍偏兩

之一也偏之下小偏九乘之下蓋一乘也兩之一百人四兩之一蓋二十五人也杜說未明顧氏以一車為一兩異說更不足

據與其射御教吳乘車教之戰陳教之叛楚前是吳常屬楚責其子狐庸為行人於吳吳始伐楚伐巢伐徐巢徐楚屬國陳傳傳見吳楚始交兵

皆畧不書子重奔命救巢徐馬陵之會吳入州來子重自鄭奔命因伐鄭而行子重子反於是乎一歲七奔命蠻夷屬於楚者吳盡取之是以始大通吳於上國諸夏也補注林氏曰楚人禦吳以江故用舟師吳入撓楚以淮故用車戰吳自徐伐巢淮西也入州來淮北也吳楚爭淮自此始自雞父之敗淮西北為吳有為亡郢之漸

黃鄉林曰吳處東南初不知戰陳之法地僻民安服事於楚與中國不相往來天下之福亦吳之福也自巫臣挾仇報怨教之戰陳教之叛楚不特楚困於吳天下亦困於吳吳由是佳兵黷武幾無虛日而國卒為越所滅一夫發難兵連禍結女戎之害亦烈矣哉

姜白巖曰林父世專衛政而倚晉卿為援定公思逐之以戚奔晉公之如晉惡其挾晉卿為重而以先其惡訴之也晉不能討林父正其竊邑叛君之罪但反戚以結衛之歡徐圖林父之復盖晉卿之謀也

見三捘吳與楚共守長江之險而楚居上游故水戰則楚常勝而吳常敗百餘年服事於楚不敢生事自巫臣通吳與之乘車教之射御而吳于是始知車戰始敢叛楚其大要在争州來始自徐伐巢繼入州來而楚始病至昭之二十三年州來入吳以淮為囿撤楚之藩籬而據其要害而入郢之禍兆矣巫臣之報怨誠毒矣哉

衛定公惡孫林父冬孫林父良夫之子出奔晉衛侯如晉晉反戚焉

戚林父邑林父出奔戚隨屬晉林鮮晉因衛來朝而反其戚邑陳傅傅見不書以戚叛

見三捘孫氏專政自良夫始良夫見經六專盟者三專兵者四會盟征伐既一出其手延及其子定公不忍其横不能無憾于心乃未加譴而林父遽訴于大國以抗其君其後卒自晉入

衛、並逐其君入于戚以叛聖人始終著之其罪固無可逃矣
而晉佐叛臣以亂人國春秋尤責晉也
〔經〕戊寅八年春晉侯使韓穿來言汶陽之田歸之于齊〔杜解〕齊服事晉故晉來語魯使還二年所取田○晉欒書帥師侵蔡○公孫嬰齊如莒○宋公使
華元來聘昏聘不使卿今華元將命故特書夏宋公使公孫壽來納幣宋公無主婚者
自命之故稱使也公孫壽蕩意諸之父葉石林曰何以書以宋公使壽為得禮也昏禮無父母命之無母已命之壽言使無母
之辭也禮國君有求昏之辭曰請君之玉女與寡人共有宗廟之事未嘗不親命之公羊之不當親命非也○晉殺
其大夫趙同趙括○秋七月天子使召伯來賜公命諸侯即位天子賜以
命圭與之合瑞八年乃來緩也天子天王王者之通稱按此與文二年同趙氏謂加命則公即位天子初未嘗錫命何加之有
○冬十月癸卯杞叔姬卒前五年來歸者女既適人雖見出棄猶以成人禮書之終為杞伯所葬故
稱杞叔姬晉侯使士燮來聘○叔孫僑如會晉士燮齊人邾人伐郯

姜白巖曰只有責晉無信義一層意而處處以諸侯解體夬寫蓋晉結齊好故以汶陽歸齊豈知以此固交正恐以此解體直刺晉人之隱

○衛人來媵

傳八年春晉侯使韓穿來言汶陽之田歸之于齊公羊鞌之戰齊侯歸罪死視疾七年不飲酒食肉晉侯聞之反其所取侵地王氏謂恐無是事但說苑載之吏詳或有之也然魯地為齊侵得之本非齊有還魯是也復歸齊非也季文子餞之杜解送行飲酒私焉私與之言曰大國制義以為盟主是以諸侯懷德畏討無有貳心謂汶陽之田敝邑之舊也而用師於齊使歸諸敝邑用師之戰鞌今有二命曰歸諸齊信以行義義以成命小國所望而懷也信不可知義無所立四方諸侯其誰不解體言不復敬于晉詩曰女也不爽差也士貳其行士也罔極中也二三其德詩衛風七年之中一與一奪二三孰甚焉士之二三猶喪妃配音耦而況霸主霸主將德是以用也而二三之其何以用也長有諸侯乎詩大雅曰猶圖也之未遠是用大簡諫也行父懼晉之不

遠猶、而失諸侯也，是以敢私言之。

黄鄉林曰：汶陽本魯田，為齊所侵，自會師戰鞌，晉使齊人歸魯纔七年耳，又欲歸齊，晉不信矣。不知魯自取也。當公即位受盟于晉，乃歸田之惠未拜，而陽橋之役竊與楚盟，朝晉所以不敬也。不思自反，遽欲叛晉，雖不果，輙造於晉，疑汶陽之來索有以也夫。

見三按：汶陽之田，魯田也，自魯君賜友，季氏日強，則非魯之田，而為季之私田矣。以其為季氏之私田，則季氏視為可以有，不可以無之物，故其取之也必力；以其為季氏之私田，則伯主視為可以予亦可以奪之物，故其失之也恒易。昔也四卿並將而得之，今也一使來言而失之，昔也介馬爭之而不足

今也談笑道之而有餘豈真晉之二三其德哉汶陽歸魯而
不為魯有何若歸齊而尚為齊有故行父不敢正言而出諸私
言明其為私而非公也
晉欒書侵蔡杜解六年未得志故遂侵楚獲申驪楚大夫楚師之還也謂六年遇
于繞角時晉侵沈獲沈子揖初從知范韓也繞角之役欒書從知莊子范文子韓獻子之言
不與楚戰自是常從其謀師出有功故傳善之沈國名揖其君也君子曰從善如流宜哉宜有功也
如流喻速詩大雅曰愷悌君子遐遠也不作用也人求善也夫作人斯有功
績矣是行也鄭伯將會晉師會伐蔡之師門於許東門大獲焉過許見其
無備因攻之
黃一桂曰一欒書也前從范知韓謀則身建大功後與荀偃
比則身負大逆此以見擇交之宜慎而賢人君子之有益於

姜白巖曰蔡通於楚自翟泉與盟之後不從諸侯者四十八年晉人侵蔡遂侵楚繞角之役又侵其與國之沈欒書用三子之謀也傳以其鋤強楚之勢故與之而經以不能舉楚之罪徒虐小國故于侵楚略焉

人國也假令匠麗之役士燮不死書必有所顧忌而不敢為獨
恨韓厥坐視不救且以老牛為比談笑道之其所謂善者安
在
聲伯如莒逆也自為逆婦而書者因聘而逆
見三按娶必親迎而人臣非君命不越境因聘而迎得禮之
正
宋華元來聘聘共姬也穆姜之女成公姊妹為宋共公夫人聘不應使卿故傳發其事而已
夏宋公使公孫壽來納幣禮也納幣應使卿詳說宋三世内娶故卿權伉於君今而後結昏於魯共公有意於正家也
見三按宋三世内娶妃黨最盛輒為國患至是共公有鑒前
車特昏於魯始以華元聘繼以公孫壽納幣慎重其事也昏

姜白巖曰四年冬傳大書欒書將中軍則書國之鈞也趙嬰曰我在故欒氏不作則書之欲逐趙宗久矣嬰通莊姬姬在公宮苦無下手處書乘同括之逐嬰逐與逐嬰又乘姬之怨同括讒首句則所謂原屏為亂明是冤獄韓厥之辭主賴前哲以免以辟字暗加同括身上倘為同括訟冤正犯書之所忌蓋意主立後是非不必甚明又引書不敢侮鰥寡以孤兒寡婦動之嗚呼趙氏滅有一武欒郤亡靡有孑遺

十六

禮不稱主人宋公無主昏者自命之故稱使也

晉趙莊姬為趙嬰之亡故譖之于晉侯（杜解：趙嬰亡在五年）曰原屏將為亂欒郤為徵（欒氏郤氏亦徵其為亂）六月晉討趙同趙括武（莊姬子）從姬氏（晉成公女）畜於公宮（畜養也）以其田與祁奚韓厥言於晉侯曰成季（趙衰）之勳宣孟（趙盾）之忠而無後為善者其懼矣三代之令王皆數百年保天之祿夫豈無辟王賴前哲以免也（言三代亦有邪辟之君但賴其先人以免禍耳）（○辟匹亦反）周書（康誥）曰不敢侮鰥寡所以明德也（言文王不侮鰥寡而德益明欲使晉侯之法文王）乃立武而反其田焉

黃鄉林曰同一姬氏也前之趙姬賢能屈己以大其宗後之趙姬淫復肆讒以覆其宗後世門楣之說亦無據也同括之讒史記謂討趙盾弑君之案左傳謂莊姬為亂之譖總之有前姬

之賢、則能屈同括以伸盾；有後姬之淫、則能追盾而累同括、
婦人之可畏如此
見三按趙氏之禍、左氏謂趙姬之行讒、釁端起于趙嬰、史記
謂討趙盾弒君之獄、禍發于屠岸賈。由左氏觀之、則莊姬淫
而讒覆趙宗者莊姬也。由史記觀之、則莊姬賢而智、延趙宗
者莊姬也。一人之身、或貞或淫、千載而下、何從何信。不知姬
之淫、盾之報、趙之強、武之遺也。趙盾在晉國為逆臣、在趙氏
實為功德之祖。莊姬在當日為淫婦、在異日實為瓜瓞所繇。
況趙氏既有國、則趙盾之弒、莊姬之淫、皆在所諱。諱趙盾之
弒、則黜染于鉏麑之觸槐、提彌明之鬭獒、靈輒之倒戟、而左
氏好奇、則引而存之。諱莊姬之淫、則黜染于韓厥之豫計存

姜炳璋曰：巫臣之為莒慮深，莒也；懼莒之折而入於楚也，正是怨楚之深。

孤、公孫杵臼之死于十五年前，程嬰之死于十五年後，而史遷好奇，則引而存之，未必其據實而傳信千古也。趙朔死，莊姬淫，同括剛愎，罪不至族，故武得從畜于公宮。韓厥一言得以立武，亦因此回當日之情事也。

秋，召桓公來賜公命。召桓公，周卿士。

見三按：錫者常典，賜者特恩。魯不請而王儼然賜之，王有命而魯居然受之，皆失禮也。

晉侯使申公巫臣如吳，假道於莒。與渠丘公莒子朱立於池上，池，城池也。渠丘，邑名。按：今屬山東安丘縣。曰：城已惡。莒子曰：辟陋在夷，其孰以我為虞？度也。對曰：夫狡焉思啟封疆以利社稷者，何國蔑有？唯然，故多大國矣。唯或思或縱也。【附注】有思開封疆者，有縱弛而不設備者，故多兼并以成大國。勇夫重閉

周大章曰：晉人通吴，以謀楚也。伐郯，則憑陵中國矣，季孫所以懼也。伐郯不救服，則伐之，郯何罪乎？魯請緩師，為郯請命耳。此正前日嘆息無吊意也。因士燮欲與魯絕，不得已而出師，意亦良苦矣。或反以坐受亂為魯罪，是不知前日知懼與今日懼之情也。

況國乎。為明年莒潰傳

黄鄭林曰：設險固國，戰世且然，況當大小相役之秋，即先事豫防，猶懼不免，乃以辟陋自安，同於處堂之燕雀，三都之潰早在眉睫間耳。

見三按：莒在吴魯之間，晉欲通吴，必假道於莒，楚欲絕吴晉之道，自必從事於莒，狡然思啟封疆，巫臣蓋明指楚言也，惜莒子不悟耳。

冬，杞叔姬卒，來歸自杞，故書。愍其見出來歸，故書卒也。若更適大夫，則不復書卒。

晉士燮來聘，言伐郯也，以其事吴故，七年郯與吴成。公賂之，請緩師，文子士燮不可，曰：君命無貳，失信不立，禮無加貨，事無二成，公私不兩成。不君後諸侯，是寡君不得事君也。欲與魯絕。燮將復之，季孫懼，使宣伯

十八

第不當賂之、以貽文子口寔耳、姜白岩曰季孫不能理折文子而行賂文子豈受賂者不知人矣然吳伐鄭而晉不之救鄭服吳而晉謀伐何以服小國之心文子不失事君之忠而語之[illegible]剴傳特為此篇見小國受役於大國為寃抑無告者如此

顧亭林曰十二公之世獨宋伯姬書三國來媵蓋宣公元妃所生庶出之子不書生故子同生特書庶出之女不書致不書媵故伯姬歸於宋特書古人嫡庶之分不獨子也女亦然矣萬充宗曰媵必與適偕行必先期至嫡媵相習並致于歸兩無扞格伯姬明年歸宋而衛媵以今年冬至此為得禮得禮而書以見齊晉後期之失也

師

師會伐鄭

見三按此時吳晉未通、故鄭與吳成、而晉伐之此為爭強之始、明年即謀會吳十五年鍾離遂率諸侯往會之、吳晉為一家、不復爭鄭、迨後楚患息而吳日強橫遂爭長黃池此時晉政在六卿即微有吳、晉亦不能伯、可慨也夫、

衛人來媵共姬、禮也、凡諸侯嫁女、同姓媵之、異姓則否、杜解必以同姓者參骨肉至親所以息陰訟補注說者謂嬴姒己曹祁嬀弋同姓國必疑此禮難行蓋自大國吞滅後言之不可語成周盛時如衛晉來媵苟非先王之制晉循習已久安肯如此按齊人之媵蓋齊魯方睦而齊久事晉因晉人來媵又以宋為王者後得備天子十二女之制故也考宋之六卿同於王朝則女備十二非過制矣禮王后歸於京師以姪娣從本國三人三國媵之亦以姪娣從各三人故為十二諸侯二國媵之故一娶九女顧姪娣行次不同共適一夫聖人制禮宜無是事姑闕之

見三按伯姬之嫁、媵者諸國、或謂伯姬賢行、遠聞四國信其

無姤忌之行、故爭來媵、夫伯姬不避烈火抱真而死、其賢始聞於諸侯、若未字之女、寂寂深閨、何緣而便咏樛木哉、大抵義士貞女正氣所鍾、載筆者喜而誌之、始末備詳、夫子修之亦喜而弗删焉、若紀叔姬宋伯姬是也、

〔經〕己卯九年、春王正月、杞伯來逆叔姬之喪以歸。○公會晉侯齊侯宋公衛侯鄭伯曹伯莒子杞伯同盟於蒲〔杜解〕衛地 公至自會。○二月、伯姬歸於宋宋不使卿逆非禮 夏、季孫行父如宋致女女嫁三月又使大夫隨加聘問謂之致女所以致成婦禮篤婚姻之好 ○晉人來媵媵伯姬也 ○秋七月丙子、齊侯無野卒。○子靈公環文 ○晉人執鄭伯鄭伯既受盟於蒲又受楚賂會於鄧故晉執之稱人者晉以無道於民告諸侯 晉欒書帥師伐鄭。○冬十有一月、葬齊頃公。○楚公子嬰齊帥師伐莒。庚申、莒潰民逃其上曰潰 楚人入鄆莒別邑也書人書入〔補注〕伐一事

十九

再見略之秦人白狄伐晉○鄭人圍許○城中城魯邑也此閏月城在十一月之後十二月之前故傳曰書時

傳九年春杞桓公來逆叔姬之喪請之也杞叔姬卒為杞故也還為杞婦故卒稱杞逆叔姬為我也

見三按人道莫先父子夫婦杞無故而出其妻是無夫婦魯無故而聽其歸是無父子書歸書卒書逆皆繫之以杞哀叔姬即以責魯也

姜炳璋曰經凡書來者彼自然而來非有所強也如來盟來歸來賵來襚來媵之類今曰來逆則杞伯自來逆也叔姬卒以訃至杞杞伯請之於我而後來逆也意者叔姬之出非其罪杞伯久而知其枉故於其卒請喪耳為杞故言不得與廟絕生為杞夫人沒當祔於姑也為我者恐魯以無罪見棄責杞因躬自逆之也

為歸汶陽之田故諸侯貳於晉歸田在前年晉人懼會於蒲以尋馬陵之盟馬陵在七年季文子謂范文子曰德則不競強也尋盟何為范文子曰勤以撫之寬以待之堅疆以御之明神以要之柔服而伐貳德之次也是行也將始會吳吳人不至陳傳傳于是年記吳人不至為厲公

姜白巖曰行父之言本非無意文子之對亦是有心然晉不能自強徒為大勢所晉無心服人何以主盟乎

會鍾離傳于襄三年再記吳人不至為悼公會戚傳皆以見吳初不敢自列於諸侯而晉求之急

見三按汶陽歸田懼失諸侯行父曾向韓穿喋喋私言至是諸侯果貳因而盟蒲若深咎晉之失策而自幸其言之中也德則不競尋盟何為言外有多少憤懣意有多少鄙薄意故士燮大言以折之是行也尋盟者其名謀會者其實此為晉謀吳之始

二月伯姬歸於宋為致女復命起

楚人以重賂求鄭鄭伯會楚公子成成於鄧為晉人執鄭伯傳

見三按馬陵之盟晉合九國之師不能挫楚僅因一鍾儀以歸楚知晉之不能有為而鄭之尚崛强也故啗之以利使之甘心從楚卒至鄢陵之役王夷師熸皆此賂為之也楚亦拙

周大章曰嫁女得所喜不自勝父母常情在婦人尤甚出房再拜賦詩而入口口勤勞摹寫愛女神情栩栩欲活

矣愚矣

夏季文子如宋致女復命公享之賦韓奕之五章（韓奕詩大雅篇名）穆姜（伯姬母）出於房再拜曰大夫勤辱不忘先君以及嗣君施及未亡人（聞文子言宋樂喜而出謝其行勞婦人夫死自稱未亡人）先君猶有望也（言先君亦望文子之若此）敢拜大夫之重勤又賦綠衣之卒章而入（詩邶風也取其我思古人實獲我心）

黃薌林曰魯十二公唯莊公為嫡出故於其生也備詳其禮魯女嫁諸侯者唯共姬為正出故於其歸特盛其儀所以嚴嫡庶之分也

見三按穆姜論易則洞明元理賦詩則通達樂章亦千古才女也乃以淫亂之故幽禁東宮信乎婦人之所重在德不在才出房拜辱寫出愛女婦人有一段至性在內然未免輕矣（桃）

姜白巖曰前此蜀之盟楚合十一國之大夫晉何能盡執十一國之君蓋不救魯衛自覺無顏魯衛受盟併為不知也至此霸威稍振鄭伯悔過來朝不以禮接而執其君殺其使伐其國皆欒書為之傳此斷其後一著以執君非禮無待言也

姜白巖曰晉之所以為霸主以其尊周攘夷為小國所依也乃忽為平晉楚之說十二年宋西門之盟遂與楚成其後向戌為宋

晉人來媵禮也同姓

見三按共姬已嫁而晉媵始來雖合於禮究屬後時其與齊之異姓而媵者皆為失之

秋鄭伯如晉晉人討其貳於楚也執諸銅鞮晉別縣。丁兮反欒書伐鄭鄭人使伯蠲行成晉人殺之非禮也兵交使在其間可也明殺行人例。蠲古元反楚子重侵陳以救鄭陳與晉故

見三按鄭雖貳楚猶朝於晉則其心尚有顧忌也執其君伐其國而復殺其使是為淵敺魚為叢敺雀也自此鄭堅心事楚至以一矢之故重煩三駕之師誰秉國鈞以至於此

晉侯觀於軍府見鍾儀問之曰南冠楚冠而縶拘摯。中立反者誰也有司對曰鄭人所獻楚囚也使稅之鄭獻鍾儀在七年。稅解也。稅吐活反召而

之盟寔托基於此此春秋一變局世道升降一大關鍵也

鄉之再拜稽首問其族對曰泠人也樂官力丁反泠公曰能樂乎對曰先父之職官也敢有二事言不敢學他事使與之琴操南音楚聲公曰君王何如對曰非小人之所得知也固問之對曰其為大子也師保奉之以朝於嬰齊子重而夕於側也子反言其尊卿敬老不知其他公語范文子文子曰楚囚君子也言稱先職不背本也樂操土風不忘舊也稱太子抑無私也舍其近事而遠稱少小以示性所自然明至誠名其二卿尊君也尊晉君也不背本仁也不忘舊信也無私忠也尊君敏也敏達也仁以接事信以守之忠以成之敏以行之事雖大必濟言有此四德必能成大事君盍歸之使合晉楚之成公從之重為之禮使歸求成為下十二月晉楚結成張本

黃鄉林曰楚共釋苟罃禮而歸之是慎其報怨晉景釋鍾儀

禮而歸之是望其求成荀罃英雄故其言豪爽鍾儀風雅故其言温柔皆知禮之士也

見三按晉德不競諸侯多貳尸居餘氣自謂不能與楚爭鄭也欲與楚成而無經可通因思鄭人所執楚囚在晉多年軍府之觀南冠之問蓋早屬意其人而俯以相就故稅而召召而弔弔而問固明明以晉楚一家耦俱無猜待之矣迨一聞其言喜得稱心不語欒書而語士燮者以士燮志在恤民必能贊成其事也士燮默喻其故將楚囚極力擡高稱之為君子許之以仁信忠敏而鍾儀於是得歸而晉楚之成於是得合在晉景雖免苟安在士燮亦未免附和德之不競傳於晉之君臣有餘慨焉

姜白巖曰七年莒同盟於馬陵今年盟於蒲其無備也恃晉故也而晉方將結成于楚不敢救莒傳深責莒之無備而與上篇連敘以見克其三都無地不為蹂躪天下無伯則列國皆莒也方知鍾儀之還羅茷之使其策甚謬

冬十一月楚子重自陳伐莒圍渠丘渠丘城惡衆潰奔莒戊申楚入渠丘【杜解】月六日莒人因楚公子平楚人曰勿殺吾歸而俘莒人殺之楚師圍莒莒城亦惡庚申莒潰月十八日楚遂入鄆莒無備故也終巫臣之言【經筌】楚居荊州道遠于莒莒在吳魯之間伐莒寔有輕中國之心乃齊晉不敢闘其前魯不敢議其後莒小國安得不潰君子曰恃陋而不備罪之大者也備豫不虞善之大者也莒恃其陋而不修城郭浹辰之間而楚克其三都無備也夫浹辰十二日也疏云浹周匝也從甲至癸為十日從子至亥為十二日詩曰雖有絲麻無棄菅蒯雖有姬姜無棄蕉萃凡百君子莫不代匱言備之不可以已也逸詩也姬姜大國之女蕉萃陋賤之人【集解】在位之人亦有匱乏之時須得人承代○菅古顏反蒯苦怪反蕉在遙反

黃鄴林曰吳伐郯而文子嘆其無援楚入莒而君子責其無備天下無伯吳楚肆強即僻陋在夷者亦有滅亡之懼而中

姜白巖曰鄭貳則執莒患不救為人窺破故秦摟白狄伐之楚使之也亦晉自致之也

原可知矣此下半部春秋之樞紐也

見三按莒在吳魯之間去楚甚遠前此從未加兵此次何以冥如其來蓋聞巫臣通吳之謀勞師耀武而所以試晉兼以威吳且自陳而來師出不意尤恐得其地而守之以絶吳晉之交而鞭長莫及入而不取非其本心也莒曾同盟馬陵今年又盟於蒲城惡不修雖曰恃陋實由恃晉晉坐視其危亡而不之恤固其勢有不及亦欲以踐鍾儀求成之約傳者引詩一以慨莒之恃晉不如恃己之有備一以慨晉之求成不如合中國以備楚其垂戒深矣

秦人白狄伐晉諸侯貳故也

見三按夷狄觀釁而動中國强弱未嘗不知傳曰諸侯貳故

晉其無如諸侯何其如秦何

鄭人圍許示晉不急君也［此秋晉執鄭伯］是則公孫申謀之曰我出師以圍許［示不畏晉］為將改立君者而紓晉使［紓緩也勿亟遣使請晉示欲更立君］晉必歸君［為明年晉侯歸鄭伯張本 劉傳 鄭之亂晉為之也］

見三按叔申之謀雖聖賢無以易此既不急立君又不真立君可以紓晉訹即可以速君歸前此宋子魚晉子金嘗行之矣乃二人謀之而言令名叔申竟攖顯戮榮辱禍福此淵彼天人各有幸有不幸也明武宗北狩于少保定議立景泰拒也先而武宗得還迨武宗復辟少保亦被讒而死夫覆巢之下必無完卵君既執矣乙哀不已繼之納幣納幣不已繼之割土然後文武道盡君臣淪胥人臣處此能使身與國俱全

者策之上也國苟可存遑恤其身此亦忠臣之萬不得已者也天心悔而未明社稷無恙其君從而殺之臣心之所甘也公論久而後定社稷無恙作史者從而短之臣心之所不甘也左氏忠為令德之言有餘慨焉讀傳者當善會之

城中城書時也

見三按中城魯邑在東海廪邱縣西南時當閏月在十一月之後十二月之前農事既畢以時設險亦王政所不廢魯有鑒于莒城之陋浹辰而楚入其三都故及時而城胡傳必以為譏則過矣

十二月楚子使公子辰如晉報鍾儀之使請修好結成鍾儀奉晉命歸故楚報之

見三按鍾儀一歸而公子辰即來報使晉固厭兵楚亦欲紓

禍苟非秦媒孽其間何至有鄢陵之戰

經 庚辰 十年春衛侯之弟黑背帥師侵鄭 胡傳黑背生公孫剽從孫林父出衍而立剽剽之立蓋蒙父寵也按篤於愛弟非失也亦視其弟何如耳如謂寧用他人則周公康叔非武王之弟哉 ○夏四月

五卜郊不從乃不郊 四解卜常祀不郊皆非禮故書按書卜郊者四唯此年五卜疏云當是三月三卜四月又二卜皆不吉乃止也 五月公會晉侯齊侯宋公衛侯曹伯伐鄭 晉侯杜謂州蒲非也

齊人來媵 伯姬也異姓來媵非禮也 ○丙午晉侯獳卒 ○景公卒子州蒲立獳乃侯反

秋七月公如晉○冬十月

傳 十年春晉侯使糴茷 晉大夫○糴徒弔反茷扶廢反 如楚報太宰子商 楚公子辰

之使也 使在前年

見三按僖三十二年晉陽處父如楚報聘是霸業之全盛成

十年晉羅茷如楚報使是霸業之始衰至昭公時韓起如楚送女則霸風掃地而夷夏委矣世道升降之故能無慨然
衛子叔黑背侵鄭晉命也晉命使侵
鄭公子班聞叔申之謀〔附解〕欲立君之謀三月子如公子班立公子繻。夏四月鄭人殺繻立髡頑鄭成公太子子如奔許。欒武子曰鄭人立君我執一人焉何益不如伐鄭而歸其君以求成焉晉侯有疾五月晉立太子州蒲以為君而會諸侯伐鄭孔疏應邵云晉厲公名州滿或悞州蒲按太子攝行君事以終會耳非生立為君也傳失之鄭子罕穆公子賂以襄鍾鄭襄公之廟鍾子然盟於修澤修澤地名按今在河南原武縣北子駟皆穆公子為質辛巳鄭伯歸不書鄭不告入

黃薌林曰叔申為將二子字原非真欲立君特以示其意耳。卻

賀仲軾曰軍旅大事不擇賢否、付之介弟以曲狗大國之命亦不愛其國矣胡傳推之立剽以為有寵愛之私不亦遠乎

姜白巖曰晉人舉動一不善而立君殺君小國費幾許荼毒執君歸君晉亦費幾許周旋皆欒書謀國之不臧也　晉侯有疾立太子為君而會諸侯伐鄭杜氏謂生代父位或曰直書晉侯著其惡也或曰州蒲以世子主會序諸侯之下則失列乃亂景公始謀徵會之稱而書晉侯竊以為皆不然如果州蒲主盟何妨書諸侯會晉太子州蒲伐鄭伐鄭在五月周五月夏三月也杜註景公卒於六月七日周六月夏四月也正旬人献麥之時非疾亟月卒亦在五月也想景公未會之前

早已得疾而期不可免故令太子從棄
至鄭會諸侯疾甚不能終事乃先
歸晉使太子攝行君事終代耳然則
此行寔景公主之且景公此時未卒何
為而不稱晉侯故晉以親會告叓
書之也

被聞者當真實做遂以貽累蓋繻為成公庶兄與晉之卜貳
圍不同違制擅立干名犯分莫此為甚特不知立繻時叔申
何在而竟聽子如之所為也身非大臣倡謀取禍易曰臣不
密則害身機事不密則害成其叔申之謂歟
見三按賴社稷之靈國有君矣此于少保安天下之至計即
復英宗之權略也乃南內復辟竟以意欲二字亡身千載而
下嘉其忠未嘗不憫其寃大抵名位之際即父子亦難忘情若
唐明皇之于靈武宋徽宗之于欽宗苟非李泌李綱居中調
護當已早生嫌隙況其在君臣兄弟之間乎人臣不幸處多
事之秋決大疑定大計以社稷為重尤當以義理為權成則
為宋子魚敗則為鄭叔申賢則為于忠肅不肖則為衛元咺

張悔庵曰：立武反田，有悔心矣，猶不免於大厲為祟。二豎是夢，良醫無所措其手，必死矣，又不使之死於病而死於廁，悔不贖謀，死不償冤，其可畏也哉。

周大章曰：大鬼在屋內，小鬼在腹內。屋內者不可避，腹內者尤難除也。至於廁，張而陷，則腹內屋內一齊發作矣。此雖說夢，而證之以巫醫，却似有許多鬼祟。公行左氏描寫，無非為天下好殺者儆，若但說怪傳奇，以供好事者談笑之助，夫何取。

姜白巖曰：君子修德立命，其於死生之際，如陰陽寒暑之自然，理有定也。景公悞聽婦人讒言，殺其世臣趙氏，其心必怵然不安，者故常有懼心，而人窮反本，天理益明，懼心益甚，心之靈爽，夢見大厲，及聞巫言，貪生畏

時勢不同，要亦各行其是。唯漢高祖分我杯羹之言，不免得罪名教。

晉侯夢大厲，被髮及地，搏膺而踊，曰：殺余孫不義，（厲，鬼也。趙氏之先祖也。八年晉侯殺趙同、趙括，故怒。）余得請於帝矣。壞大門及寢門而入。公懼，入於室。又壞戶。公覺，召桑田巫。（桑田，晉邑。[illegible]有神巫，故召而問之。○壞音怪。覺，古孝反。）巫言如夢。（巫云鬼怒，如公所夢。）公曰：何如？曰：不食新矣。（言公不得及食新麥。）公疾病，求醫於秦。秦伯使醫緩為之。（醫名。為猶治也。）未至，公夢疾為二豎子，曰：彼良醫也，懼傷我，焉逃之？其一曰：居肓之上，膏之下，若我何？（肓，鬲也。心下為膏。○肓音荒。）醫至，曰：疾不可為也。在肓之上，膏之下，攻之不可，達之不及，藥不至焉，不可為也。（達，鍼。）公曰：良醫也。厚為之禮而歸之。六月丙午，晉侯欲麥，（周六月，今四月，麥始熟。）使甸人（主為公田者。）獻麥，饋人為之，召桑田

二十六

死憧憧往來迨其疾也人常有倖心元神益衰倖心益甚欲于百死中求一生路不得尸居餘氣復夢二豎巫交鬼神醫知生死其言甚隨吾夢而無異傳述其殺桑巫稔惡於終殺小臣遺禍於殺而殉葬一事與秦穆宋文而三皆人心所不容即皆天帝所不容者也雖有服齊之功已萌成楚之志氣昏力惰鬼神乘之上隳文襄之業下貽莫赦之禍雖有良醫其如病入膏肓何哉

巫示而殺之將食張也（腹滿）如厠陷而卒小臣有晨夢負公以登天及日中負晉侯出諸厠遂以為殉（傳言巫以明術見殺小臣以言夢自禍）

黄鄭林曰厲鬼者厲公之兆也二豎者荀偃（書）之（被弑君）兆也景不能傳教世子剪除賊臣身死（未殺）匠麗禍作神其明示之矣其如景之夢夢何哉

見三按（晉）景自郯戰敗績以後一籌莫展尸居餘氣病入膏肓久矣而悞聽讒言妄殺同括尤其一生之憾事日久事明年衰氣餒必有懺悔於心者被髮擗膺非趙氏之厲鬼乃景公之魔障也一巫一醫亦非言其機之神乃証其理之合始以殺致夢旋以夢行殺心已死矣欲不死得乎即此例推凡伯有之來實貽之祟事近誕而理實乎均不得以誕字蔽之

魏僖曰戰敗君執力屈勢阻如宋子魚之于襄公晉子金之於惠公衛元咺之於成公鄭公孫申之於成公皆陽棄其君而反之真濟變之畧似奇著寔穩着也其後廝養卒得此意以歸趙王漢高祖得此意以歸太公明于忠肅行此法以復英宗然執其權者有幸有不幸子金廝養卒幸也子魚見疑賴襄公復國而察之其免于叔武之禍者亦幸也元咺以殺其子公孫申主意肅以殺其身君子謂固有為其事不顧其身不恤其名者有為其事而必安其身必全其名者亦顧其所處為何如耳

周大章曰晉既通楚結成兵何為又疑魯貳止公蓋諸侯之貳晉以歸汶陽之故田而秦人白狄來伐亦因此晉人所以惧而求成於楚也為此忌魯故雖會蒲尋盟猶不免疑魯公親弔借留送葬以止之必使羅茷歸以驗其虛寔德則不競而專責於小國其誰不解體乎公以親弔受辱亦恭

鄭伯討立君者戊申殺叔申叔禽（叔申弟）君子曰忠為令德非其人猶不可况不令乎（言叔申為忠不得其人反害身）

見三按此蓋子駟之謀也忠為令德非其人猶不可言非賢君不可為此謀况不善之人乎于忠肅聞之當亦感泣九原

秋公如晉（親弔非禮）晉人止公使送葬於是羅茷未反（是春晉使羅茷至楚結成晉謂魯貳於楚故留公須羅茷還驗其虛實）

冬葬晉景公公送葬諸侯莫在魯人辱之故不書諱之也（葉石林曰不書葬以公親會為恥也）

見三按方執鄭伯又止魯君是將敺天下之諸侯而從楚也欒書為政荒謬至此

不近禮耳、寥寥短篇、而晉之横、魯人
之儒、曲曲傳出、而羅筏未反、與諸侯莫
在二語點睛、則通篇精神之所注也、

春秋左傳精義卷二十二

閩中　鄭林黄一桂　輯　男　心垣見三　補輯

成公三

經辛巳十有一年春王三月公至自晉（杜解）公在晉正月晉侯使郤犨來聘己丑及郤犨盟犨，錡克從父兄弟。○犨，尺由反夏季孫行父如晉○秋叔孫僑如如齊○冬十月

傳十一年春王三月，公至自晉。晉人以公為貳於楚，故止公。公請受盟而後使歸。（杜解）前年七月公如晉，至是乃得歸。（方解）魯人辱之，故不書。胡氏謂孔子諱之，非也。以天子之禮事大國與小國，以天子之禮事魯，而魯受之，其惡同也。郯子、滕子來奔喪，魯人以為榮而書，則孔子不削矣。見三按此蓋郤犨之譖也。送葬後猶留五月，雖待羈茷之反，

姜白巖曰：公送葬後猶留五月，蓋待羈茷之反也。幸茷反而知魯無貳於楚，不然，其所以虐魯當何如？已則求成而禁人之貳，可恥也。彭山謂久留以致殷勤，豈其然。

姜白巖曰：惡郤犨也。三郤之勢，何求不得，欲此已醮之婦，蓋來聘而聞其美，故使聲伯奪之也。穆姜奪聲伯之母而嫁之齊，聲伯又奪施氏之婦而嫁之郤，鳥獸猶不失儷，語將諸人，欲盡。然声伯于魯表表有聞，豈奪人婦以與人者？孝叔于魯傳載其卜宰一事，未有違德。蓋郤犨之勢力足以震魯邑，死亡立覩，此聲伯、孝叔無可控訴之苦衷，而不得不醜顏應命，二子之沈，亦由懟毒甚深，令而從得反之繳歟。此可作郤氏小傳一則讀。

亦犨之求貸未得，故為此留難，苕卯之釁已開於此。

郤犨來聘，且涖盟。（高氏曰：公留九月，晉侯不與盟，故反公於國，而使大夫盟之，無禮甚矣。）聲伯之母不聘，（聲伯之母，叔肸之妻，不聘無媒禮。）穆姜曰：吾不以妾為姒。（昆弟之妻相謂為姒，穆姜宣公夫人，宣公叔肸同母昆弟，疏云：娣姒之名，其夫之尊卑同，則從身之長幼，娣弟也，姒長也，止言婦之長幼，不言夫之大小。）生聲伯而出之，嫁於齊管于奚，生二子而寡，（按：男女並謂之子，即下外弟外妹也。）以歸聲伯。聲伯以其外弟（管于奚子）為大夫，（為魯大夫）而嫁其外妹於施孝叔。（魯惠公五世孫）郤犨來聘，求婦於聲伯，聲伯奪施氏婦以與之。婦人（郤外妹）曰：鳥獸猶不失儷，（偶也）子將若何？曰：吾不能死亡。（言不與郤犨婦懼禍致）婦人遂行，生二子於郤氏，郤氏亡，晉人歸之施，施氏逆諸河，沈其二子。（沈之于河）婦人怒曰：已不能庇其伉儷而亡之，（伉敵也）又不能字人之孤而殺之，（字愛也）將何以終？遂誓施氏。（約誓不復為之婦。傳言郤

犨淫縱，所以亡。

黃鄉林曰：聲伯在魯，錚錚有聲。觀其折郤犨之請，表季孟之賢，能令范文子稱為善人而許之，平固不愧名父之子也。即其外妹前訣施氏，從誓施氏，頗明大義，亦非隨波逐流者。聲伯何至奪其外妹以與人，其外妹亦何至甘為所奪而再醮。蓋成公如晉，受郤犨之譖，止留九月，舉國皇皇，莫知所措。此番郤犨來盟，挾大國以陵人，直有順我生、逆我死之勢，素聞施氏婦美，知為聲伯外妹，脅聲伯以必從。聲伯以宗社為重，不得已而為此舉。施氏不得已而棄其婦，婦亦不得已而別其夫。晉卿薰天炙地之時，正魯人哭地呼天之際，淚枯腸斷，控訴無從。寫孝叔夫婦之羞忍，焉正以疾郤犨之驕淫也。曾

幾何時而身殺族滅，奪諸施氏者復歸之施氏；已奪人之妻者，人即沉其子。天道好還，人心稱快，讀至郤氏亡，令人不禁擊節浮一大白。

見三按：穆姜逐姒，是淫婦之忍心；郤犨求妻，是奸人之虐令；聲伯前則嫁妹，後則奪婦，是華士之畏勢易操；孝叔前則棄妻，後則沉孤，是懦夫之反顏洩憤。婦人前訣施氏，聲有餘哀，是棄婦酸心語；後誓施氏，聲有餘怒，是怨婦斷腸語。使能以誓施氏者早施於郤氏，豈不烈甚？乃馬頭未覆，尚冀重圓，情雖辭無存，遽為永絕，未免戀後夫而薄前夫，于婦行亦無足取焉。

夏，季文子如晉報聘，且涖盟也。

方望溪曰：晉侯在喪，義不得盟諸侯。傳載晉平公之喪，子皮請見

新君、晉人辭子產相鄭伯如晉、晉以魯喪不見則晉侯之不盟公非故卑魯也、然留之九月則已僨（頗）矣、

或曰、魯受晉辱、而改事齊、或曰、恐齊修、怨故求免焉、夫齊方睦於晉、豈再伐魯衛、魯即事齊、亦不足以抗晉也、蓋行父率盟於晉、則晉已睦矣、

見三按、郤犨來盟、要盟也、魯之大恥也、行父身為正卿、不能卧薪嘗胆以雪此恥、而僕僕晉庭、唯報聘之恐後、社稷之臣果如是乎、

周公楚惡惠襄之偪也、惠王襄王之族。且與伯與周卿士。○與音餘。爭政、不勝、怒而出、及陽樊、晉地。王使劉子復之、盟於鄄周邑。而入、三日復出、奔晉、王既復之、而復出、所以自絕於周、為明年周公出奔傳。

見三按、楚周公之後也、食采於周、為王世臣、當此王室日衰、不能同寅和衷、共濟時艱、乃以爭政之故、怒而出、出而入、入而復出、在王所者皆此等人、周室安得不卑、

秋、宣伯聘於齊、以修前好。葦以前之好。

見三按、季方聘晉、叔又聘齊、不事晉、既惧晉討、專事晉、又惧

齊怒、畏首畏尾、身其餘幾、魯之得稱為望國、若賴虛文耳、

晉郤至與周爭鄇田、鄇温別邑、按河南武陟縣。○鄇音侯王命劉康公單襄公訟諸晉、按王欲治鄇田、而晉不奉命、乃使兩大臣訟於晉、傳蓋著晉霸之橫、周室之衰、郤至曰温吾故也、故不敢失、言温郤氏舊邑、劉子單子曰昔周克商、使諸侯撫封、各撫有其封内之地、蘇忿生以温為司寇、與檀伯達封於河、蘇忿生、周武王司寇蘇公也、與檀伯達俱封於河内、檀、周邑、今河南懷慶府、蘇氏即狄、又不能於狄、而奔衛、事在僖十年、襄王勞文公而賜之温、在僖二十五年、狐氏陽氏先處之、狐溱陽處父先食温地、而後及子、若治其故、則王官之邑也、子安得之、晉侯使郤至勿敢爭、傳言郤至貪所以亡、

黃鄰林曰、温本王畿之邑、襄王之賜、晉文之受、皆非也、温其〔且〕〔不〕應受、況鄇田乎、晉且不可爭、況郤至乎、晉不能戮至以謝王

晉睦而兼及與晉相睦之齊、聘問往來禮也、

周大章曰、周者天王也、不言與周何人爭、而云與周爭、是欲爭天王之田也、以陪臣而與天王爭田、貪暴已極、故王命劉單訟諸晉也、周不封晉、晉何緣有田、周不賜晉、晉何得有温、温不屬晉、郤氏何緣有温、温即屬晉、郤氏亦非先有温、因他一故字、故言在周之故、與晉之故、以破其寔、鄇田與温田各有界限、田屬周不屬晉、郤氏不得與爭也、周既以温賜晉、豈以郤氏得田在狐陽後、而欲復奪以為王官之守乎、詞鋒凌厲、犀利莫當、與詹桓伯篇異曲同工、

姜白巖曰、襄王以温賜晉文、狐溱陽處父皆食邑於此、後晉侯以賜郤氏、鄇温之旁邑、鄇田與温相連、因欲并有之、故至云温吾故也、劉子不屑屑論温與鄇田之疆界不同、即以温論、襄王可賜、今王可與、不得為郤氏之故物、況鄇本周之境内乎、非并欲爭温也、

姜白巖曰，秦每援楚以困晉，聞晉楚既成，因有為成之志，其運

朝僅以弗敢爭了事，亂法縱奸，莫此為甚，周失其政，權在諸侯，晉失其政，權歸大夫，讀此傳而知履霜之漸焉

見三按普天之下，莫非王土，無論為温為御，皆周土也，晉侯且不可爭，何況於至，至在郤氏最良，唯驕奢成習，不免貪冒無厭，此其所以同歸於亡也

宋華元善於令尹子重，又善於欒武子，聞楚人既許晉糴茷成而使歸復命矣（在往年），冬華元如楚，遂如晉，合晉楚之成（為明年盟宋西門外張本）

見三按霸者以尊攘為事也，晉楚合成，則夷夏紊而留圖息矣，晉景固桓文之罪人，華元則向戍之作俑也

秦晉為成，將會於令狐，晉侯先至焉，秦伯不肯涉河，次於王城

疑不決者以晉楚之交可得而間也於是歸而謀所以間晉於楚

使史顆（秦大夫）盟晉侯於河東晉郤犨盟秦伯於河西（就盟王城）范文子曰是盟也何益齊盟所以質信也（齊一心質成也）會所信之始也始之不從其可質乎（杜解 所地也約會之所乃二國質信之始）秦伯歸而背晉成（為十三年伐秦傳）

黃鄭林曰楚不可成秦不可不成成秦則晉得致力於南服而霸圖振成楚則楚得肆志於中原而霸圖息（但）俱以數十（年）之積釁一子車何足以弭之秦固失信晉亦輕信麻隧之戰有由然矣

見三按秦楚勾通一氣與晉為敵晉楚合成非秦之利也故亦為然成然楚非真與晉成也特以弄晉耳秦知其謀故歸而背成

姜白巖曰、瑣澤之會、諸儒以經不書宋鄭、傳不志魯衛、遂以西門之盟爲妄、非也、春秋狄楚、爲其僭王猾夏也、晉楚之盟、聖人所惡、況盟而叛乎、不書者、爲其不成盟也、瑣澤不書宋華元、西門之盟、華元與焉、未嘗至瑣

【經】壬午十有二年春、周公出奔晉○夏、公會晉侯衛侯於瑣澤【杜解】地闕 秋、晉人敗狄於交剛【地闕】冬十月

【傳】十二年春、王使以周公之難來告、【杜解】周公奔在前年、書曰周公出奔晉、凡自周無出、周公自出故也、黃氏曰、政出一人、豈容私競、復由王命、何可再奸、周公之罪大矣、【經筌】晉爲逋逃主、匿此罪人、以抗天子、罪可勝誅哉、

見三按周公之難、王朝事耳、與列國何與、奚必來告、蓋恐其挾晉以求復、如王孫蘇故事、先發制人、此不錮之錮也、天王此舉頗有權畧、

宋華元克合晉楚之成、終前年事、夏五月、晉士燮會楚公子罷許偃、二子楚大夫○罷音皮 癸亥、盟於宋西門之外、【陳傳】傳見晉楚嘗同盟、不書、至襄二十七年始書之、曰凡晉楚無相加戎、好惡同之、同恤菑危、備救凶患、若有害楚、

五

澤也、不書鄭、受成於晉、自晉歸國也、瑣澤遠于晉而近狄、時晉侯欲侵狄、以報九年秦狄伐晉之怨、故師師至瑣澤、會魯衛、以受成為名、使狄不及覺也、狄聞晉方盟楚、諸侯受成、遂乘机侵晉、甫至交剛、而潛師驟起、猝不能備、大敗而還、蓋會者晉侯、敗狄者遣將也、云會于瑣澤、則不必復言魯衛也、

則晉伐之、在晉楚亦如之、交贄幣也往來、道路無壅、謀其不協、而討不庭、討背叛不來在王庭者、有渝此盟、明神殛之、俾隊其師、無克胙國。隊、失也。【林解】胙、報也。隊失其衆、無能享國家之報。

鄭伯如晉聽成、聽猶受也、晉楚既成、鄭往受命、會於瑣澤、成故也。晉既與楚成、合諸侯以申成好、【私考】公羊作沙澤、蓋沙鹿近水之地、北當狄境、而西連衛墟者也、與交剛相近。

狄人間宋之盟以侵晉、而不欲設備、秋、晉人敗狄於交剛、【戴義】敗狄備書、幸中國之猶能自強也。

黃鄰林曰、是會也、為晉楚之成也、盟宋西門、存中國、懲無信也、鄭伯聽成、會於瑣澤、而亦不書、以其叛服不常、削之也、俾隊其師、無克祚國、盟辭赫赫、故為重誓以堅楚之成、迨後無禮、食言、卒釀鄢陵之敗、明神其可欺乎、篇中用一克字、見華元煞費苦心、非表其功、正以見其勉強耳、

姜白巖曰：郤至夙擅風雅，兼明君臣大義，吾於聘楚而知之。西門之盟，楚方有意弭兵，而秦桓播弄其間，子反輩復萌北方可圖之意，此番燕客，不過譎作周旋，而戲侮挑釁，幾與齊庭笑客者同。郤至之折子反，從他一矢加遺語，以禍字代他福字，分出治亂兩段，治世以禮，國之福也；衰世以爭，國之禍也。提出天子，見周室之聲靈；轉出諸侯，見溥天皆臣妾。干城其民，武夫可貴；屠戮其民，武夫可斥。其貪冒侵欲，而以腹心股肱爪牙，禍人寔以自禍也。明目張膽，盡情指斥，可使賊臣奪氣。

見三按狄之侵晉，秦景使之也。陽與晉成，而陰背之，故乘晉楚會盟間，狄侵晉，晉潛師以敗之，秦於是失一助臂，而間楚益切。異日呂相絶秦，即以此為詰柄。

晉郤至如楚聘，且涖盟。補註：外涖盟不書。楚子享之，子反相，為地室而縣焉。縣鐘鼓也。郤至將登，登堂。金奏作於下，擊鐘而奏樂。疏云：禮仲尼燕居云：兩君相見，入門而縣興，升堂而樂闋。郊特牲曰：賓入大門而奏肆夏，示易以敬也。大抵朝賓入門而奏樂，聘客則至庭乃奏樂。又縣當在庭，今地室而縣，將登乃奏，欲以驚賓矣。驚而走出。子反曰：日云暮矣，寡君須矣，吾子其入也。賓曰：君不忘先君之好，施及下臣，貺之以大禮，重之以備樂。貺，賜也。疏云：餙辭，樂匿其驚走之意。如天之福，兩君相見，何以代此？下臣不敢。言此兩君相見之禮。子反曰：如天之福，兩君相見，無亦唯是一矢以相加遺，焉用樂？言兩君戰乃相見，無用此樂。寡君須矣，吾子其入也。賓曰：若讓

六

之以一矢禍之大者其何福之為世之治也諸侯間於天子之事則相朝也王事間缺則修私好於是乎有享宴之禮以訓共儉享有體薦設几而不倚爵盈而不飲肴乾而不食所以訓共儉宴以示慈惠宴則折俎相與共食共儉以行禮而慈惠以布政政以禮成民是以息百官承事朝而不夕不夕言無事疏云旦見君謂之朝暮見君謂之夕百官承事皆朝朝而暮不夕此公侯之所以扞城其民也扞蔽也言享宴結好鄰國所以蔽扞其民故詩曰赳赳武貌武夫公侯干扞也城詩周南言公侯之與武夫止于扞難而已○干戶旦反及其亂也諸侯貪冒侵欲不忌爭尋常以盡其民八尺曰尋倍尋曰常言爭尺丈之地以相攻伐畧其武夫以為己腹心股肱爪牙畧取也故詩曰赳赳武夫公侯腹心舉詩之正以駮亂義詩言治世則武夫能合德公侯外為扞城內制其腹心天下有道則公侯能為民干城而制其腹心林云自制其腹心之欲非以縱欲亂則反之畧其武夫以為己腹心爪牙今吾子之言亂之道也不

可以為法然吾子主也按傳於郤至言賓而子反不言主於郤至語中補點自足明是主不可以獻嘉賓也至敢不從遂入卒事歸以語范文子文子曰無禮必食言吾死無日矣夫言晉楚不能久和必復相代為十六年鄢陵戰張本呂說文子見識高明不特憂楚食言最憂晉之速禍厲公所為自有一篇覆古纂殺在後面冬楚公子罷如晉聘且涖盟十二月晉侯及楚公子罷盟於赤棘

黃鄭林曰金奏驚客楚庭之戲幾同齊庭之笑乃克怒而至不怒較之乃父實勝一籌胥童作難一時駢首至亦冤矣哉見三按子反之言一片殺機郤至之言一篇禮意異日鄢陵之戰郤至免冑趨進子反帶醉宵遁已判於此

經癸未十有三年春晉侯使郤錡來乞師杜解將伐秦也三月公如京師伐秦道過京師因朝王夏五月公自京師遂會晉侯齊侯宋公衛侯鄭伯

周大章曰若成叔之亡甯子決之僅憂其家溫季之亡单子決之僅憂其身獨獻子于駒伯盧及郤氏一族著以其為先君之嗣卿而受命求師將社稷是衛也無基則不能充身焉能充宗棄君命則出於兩國必害於兩家其禍較兩人更烈不然儆與伐皆不敬也皆足以亡若非駒伯郤氏之鬼豈遂餒而乎

曹伯郕人滕人伐秦曹伯盧卒於師按宣公卒公子負芻殺太子自立即成公也○

秋七月公至自伐秦○冬曹宣公

傳十三年春晉侯使郤錡來乞師將事杜解致君命不敬孟獻子曰

郤氏其亡乎禮身之幹也敬身之基也郤子無基孔疏幹以樹木為喻基以牆屋為喻郤子無基則亦無幹但言有所局不復得言幹耳且先君之嗣卿也受命以求師

將社稷是衛而惰棄君命也不亡何為郤錡郤克子故為嗣卿為十七年晉殺郤錡傳

見三按相敬如賓郤缺持身之道即郤氏保世之基郤錡嗣卿不能敬慎以繩祖武乃至惰慢而壞身基君命棄家法蕩矣不亡何待孟獻子是極有學問人言多中肯而禮身之幹敬身之基二語尤與聖經賢傳相表裏孟子之家學其淵源蓋肇於此云

姜白巖曰、晉厲公尚知尊周之義、意欲請二卿會伐、以王命服秦、故率諸侯朝王、傳曰公及諸侯、則晉侯與朝矣、故二卿率之以宜於周社也、而聖人畧之、以其意不在朝王也、春秋百數十年、桓霸而天下朝齊、文霸而天下朝晉、從無有率諸侯入京師、行朝禮者、今一遇之、又以他故兼及、安在其為尊周室哉、此不敬之甚、惰之大者也、傳述成子受脤而惰、而決其棄命不反、成子卒於師、是惰之小者、動而獲咎、惰之大者、未見其殃、是養神守業之言、未為盡驗、不知不敬其君、必有謀上之臣、齊移於陳氏、晉踣於六卿、篡弒相仍、取禍可勝言歟、故傳錄是篇、發明聖人不書朝王、以深責伯主之義、

三月、公如京師、宣伯欲賜、欲王賜己。請先使、王以行人之禮禮焉、不如厚、按周語載僑如至京師、王孫說見其人而賤之、而言於王、孟獻子從王以為介而重賄之、介、輔相威儀者、獻子相公以禮、故王重賜之、補注凡大夫從公行、史不書公及諸侯朝王、遂從劉康公成肅公會晉侯伐秦、劉康公王季子補注公不書、譏不在王室、成子受脤於社、不敬、脤、宜社之肉也、盛以脤器、故曰脤、宜出兵祭社之名、按服虔云、祭社之肉、盛以蜃器、故謂之脤、蜃、大蛤也、以飾祭器、脤市軫反劉子曰、吾聞之、民受天地之中以生、所謂命也、按中謂正理也、是以有動作禮義威儀之則、以定命也、按天之生民、有物有則、順其則而天之命我者、斯固所謂定命也、能者養之以福、養威儀以致福、不能者敗以取禍、是故君子勤禮、小人盡力、林解君子小人以位而言、勤禮莫如致敬、盡力莫如敦篤、敬在養神、篤在守業、林解致敬之道、在養其神明之舍、敦篤之道、在守其本然之業、國之大事在祀與戎、祀有執膰、祭肉戎有受脤、神之大節也、交神之大節、今成子惰棄其

命矣（惰則失中和之氣）其不反乎（為成肅公卒于瑕張本）

黄鄉林曰左氏習聞聖人之緒論故其說理最精如禮身之幹敬身之基均可羽翼聖言而民受天地之中以生一段尤為純粹在中庸為天命之性在大易是各正性命一以貫之要言不煩正與宋儒性理之旨叅看

見三按敬身之基禮人之命郤子無基終亡其族成子棄命遂卒於師以此驗人一毫不爽是聖賢道理不是曲士術數至宣伯先使而王待以行人孟獻子從公而王重以為介一則欲賜而不得賜一則不求賄而反得賄亦與（於）禮與敬辨之人可不居敬以行禮哉

有禮則可以相君獻子是也不敬則難以事神成子且然宣伯貪夫宜為簡王窺破矣

八

姜白巖曰：傳寫戰諸篇，俱兩国細敘。麻隧之師，亦秦晉大戰也，何以專寫晉一邊，至晉之若何用謀、決勝，俱置不論，但載絶秦一篇辭命，而秦師之敗一語已足，蓋傳休經義為之也。秦與晉為令狐之盟，寢兵息民，復申舊好，共獎王室，豈非寡人之幸哉。秦桓巨測，召狄與楚，再謀伐晉，必欲流毒天下而後已，於是晉興問罪之師，予以文告，冀其尋盟，未嘗遽以兵加之，乃捍然拒戰，卒至敗績，故不敘其所以敗，而但載呂相絶之之詞，覺敗釁之後，惟河曲交綏，差得植適，其餘俱是轍亂旗靡，雖敗有大小，而無役不敗，是他国所最不幸者，獨秦以為常，彼視民命為兒戲，此視戰勝為等閒，故經不書敗績，而傳亦不敘其所以敗也。

夏四月戊午，晉侯使呂相（魏錡子）絶秦，（蓋口宣己命）曰：昔逮我獻公及穆公相好，（晉獻公、秦穆公）戮力同心，申之以盟誓，重之以婚姻。（穆公夫人，獻公之女。疏云：孔安國以戮力為陳力，猶言勉力努力耳。）天禍晉國，文公如齊，惠公如秦。（辟驪姬也。不言狄，梁舉所恃大國。）無祿，獻公即世。（林解：即世，卒世也。在僖九年。）穆公不忘舊德，俾我惠公用能奉祀於晉。（僖十年，秦納惠公。）又不能成大勳，而為韓之師。（僖十五年，秦伐晉，獲惠公。）亦悔於厥心，用集我文公，是穆之成也。（成功於晉。）文公躬擐甲冑，跋履山川，（草行為跋。○擐音患。）踰越險阻，征東之諸侯，虞夏商周之胤而朝諸秦，則亦既報舊德矣。鄭人怒君之疆場，我文公帥諸侯及秦圍鄭。（晉既以鄭貳於楚，故圍之，鄭非侵秦也。晉以此誣秦，事在僖二十年。○場音亦。）秦大夫不詢於我寡君，擅及鄭盟。（詢，謀也。盟者秦伯，謙言大夫。）諸侯疾之，將致命於秦。（時無諸侯，蓋諸侯進致此意。）文公恐懼，綏靜諸侯，秦師克還無害，則是我

有大造於西也。造成也，言晉有成功於秦。無祿，文公即世。林解：在僖三十二年。穆為不弔，蔑死我君，寡我襄公，迭我殽地，奸絕我好，伐我保城，殄滅我費滑，伐保城誣之。費滑，滑國都於費，按今河南偃師縣南。散離我兄弟，撓亂我同盟，滑晉同姓。傾覆我國家。我襄公未忘君之舊勳，納文公之勳。而懼社稷之隕，是以有殽之師。在僖三十三年。猶願赦罪於穆公，晉欲求解於秦。穆公弗聽，而即楚謀我。天誘其衷，成王隕命，秦使鬬克歸楚求成，事見文十四年。文元年楚弒成王。穆公是以不克逞志於我。逞，快也。穆、襄即世，康、靈即位。文六年晉襄、秦穆皆卒。康公，我之自出，晉外甥。又欲闕翦我公室，傾覆我社稷，帥我蝥賊以來蕩搖我邊疆，蝥賊，食禾稼蟲名，謂秦納公子雍。○闕，其月反。蝥，莫侯反。我是以有令狐之役。在文七年。康猶不悛，改也。○七全反。入我河曲，林解：黃河千里而一曲。河曲，晉地。伐我涑川，俘我王官，涑水出河東，今山西蒲州東北有涑水城。○涑，息錄反。翦我羈馬，我是以

有河曲之戰(在文十二年)東道之不通則是康公絶我好也(言康公自絶故不復通東晉)及君(秦桓公)之嗣也我君景公引領西望曰庶撫我乎(望秦撫恤晉)君亦不惠稱盟(不肯稱晉望而共盟)利吾有狄難(謂晉滅潞氏時)入我河縣焚我箕郜芟夷我農功(夷傷也。芟所銜反)虔劉我邊陲(皆殺也)我是以有輔氏之聚(衆也。在宣十五年。疏云聚衆以拒秦也)君亦悔禍之延(長也)而欲徼福於先君獻穆(晉獻秦穆)使伯車(秦桓公子)來命我景公曰吾與女同好棄惡復修舊德以追念前勳言誓未就景公即世我寡君是以有令狐之會(在十一年)君又不祥(善也)背棄盟誓白狄及(與也)君同州君之仇讎而我之婚姻也(季隗廧咎如赤狄之女也白狄伐而獲之納諸文公)君來賜命曰吾與女伐狄寡君不敢顧昏姻畏君之威而受命於吏君有二心於狄曰晉將伐女狄應且憎是用告我(言狄雖應答秦而心寔憎秦無信)楚人惡

君之二三其德也亦來告我曰秦背令狐之盟而來求盟於我
昭告昊天上帝秦三公楚三王（三公穆康共 三王成穆莊）曰余雖與晉出入（猶往來）
余唯利是視不穀惡其無成德是用宣之以懲不壹諸侯
備聞此言斯是用痛心疾首暱就寡人（疾亦痛也 暱親也）寡人帥以聽
命唯好是求君若惠顧諸侯矜哀寡人而賜之盟則寡人之願
也其承寧諸侯以退（承君之意以寧靜諸侯）豈敢徼亂君若不施大惠寡
人不佞（佞口才也 不佞謙詞）其不能以諸侯退矣敢盡布之執事俾（俾使也）執
事實圖利之秦桓公既與晉厲公為令狐之盟而又召狄與楚
欲道以伐晉諸侯是以睦於晉（晉辭多誣秦故傳據此三事以正秦罪）晉欒書將
中軍荀庚佐之（代荀首）士燮將上軍（代荀庚）郤錡佐之（代士燮）韓厥將
下軍（代郤錡）荀罃佐之（代趙同）趙旃將新軍（代韓厥）郤至佐之（代趙括）郤

穀（郤至弟）御戎，欒鍼（欒書子）為右。孟獻子曰：晉帥乘和，師必有大功。（帥，軍帥。乘，車士。）五月丁亥，晉師以諸侯之師及秦師戰於麻隧，（秦地，今在陝西涇陽縣西南。）秦師敗績，獲秦成差及不更女父。（不更，秦爵。[補注]秦爵二十等，四不更，十左庶長，十一右庶長，見漢書。孔氏云：此傳有不更女父，襄十一年有庶長鮑、庶長武，春秋之世已有此名，蓋後以漸增之，商君定為十二，非盡新作也。○差，初佳反。更音庚。）曹宣公卒於師。師遂濟涇，（水名，在今陝西平涼府西南。）及侯麗（秦地，在涇縣境。○力馳反）而還。迓晉侯於新楚。（迓，迎也。既戰，晉侯止新楚，故師還過迎之。新楚，秦地，當在陝西朝邑縣境。[補注]傳言經書晉侯。○迓，五嫁反。）成肅公卒於瑕。（晉地。終劉子之言。）

黃鄉林曰：絕秦多誣詞，只背戎召狄實錄耳。秦晉世好，不以玉帛相見，而以兵戎，數十年交爭不息，非晉之利，亦非秦之利。傳逐層敘出，為戰殽以來作小收束，至遷延之役，伐秦無功，晉不復西顧，秦亦不謀東出，以耕以牧，坐待中國之變，入

姜白巖曰、班以紓難而立其所私、不特禍己、兼以禍繻、而又以求入作亂、益悖矣、歃于大宮者、意在盟國人、子駟焚市、雖羣賊盡誅、而被焚者不勝數也、

戰國而天下莫强、蓋已基於此也、見三按合縱擯秦之説、原不始於蘇秦、自晉侯使呂相絕秦而十六國之師敗於棫林、已是戰國六雄之具體、而呂相則縱人之蒿矢也、春秋之時、唯晉當秦一面、不得與諸國爭、及戰國之世、亦惟三晉足與之抗、拒地相近、力相敵也、此篇詞雖多誣、然不曰責秦而曰絕秦、以秦助楚抗霸、欲流毒中國天下所必絕、即終春秋之世所必絕也、麻隧之捷、功同鄢陵厲公初政亦甚有為、獨惜其怙侈亡身耳、

六月丁亥（卯）、夜、鄭公子班自訾（鄭地）求入於大宮（鄭祖廟）、不能、殺子印子羽、（皆穆公子、十年班出奔許、今欲還為亂、陳傳、兩下相殺不書、）反、軍於市、（林解）還屯軍於鄭國之市、己巳、子駟（穆公子）帥國人盟於大宮、遂從而盡焚（燒也）之、（林解）子駟既盟國人、遂從

（公子班之師于市、而盡焚燒其市、）殺子如、子駹（班弟。武邦反。）孫叔（子如）孫知、見三按子班懷私擅立罪已難逭俱得逃出奔亦云幸矣乃自訾求入反軍於市非亂賊而何子駟率國人盡焚之殺其身並誅其一家殊快人心想前此殺繻殺叔申皆子駟為之也、駟氏之强有由來矣、

曹人使公子負芻守使公子欣時逆曹伯之喪（二子皆曹宣公庶子、）秋負芻殺其大子（宣公太子）而自立也諸侯乃請討之晉人以其役之勞請俟他年冬葬曹宣公既葬子臧（公子欣時）將亡國人皆將從之（不義負芻故）成公（負芻）乃懼告罪且請焉（請留子臧）乃反而致其邑（還邑於成公、為十五年執曹伯傳、）

十二

黄鄭林曰負芻弒立内外共棄師伐秦得勝之師聲罪致討

如泰山壓卵，何至以其役之勞，請俟他年，盖郤犫主其事，以為索賂之地也。觀其疆納林父，取貨僑如，則知當日東諸侯均受其害。

見三按負芻居守，欣時迎喪，讀曹人使三字，必有賊臣主其事者。太子孤立，猝遭簒弑，可哀也哉。諸侯請討，義出公憤，晋苟奉行天討，執負芻，數其罪而戮之，告於天王，特立欣時，役既不勞，名又甚正，豈非曹國所深幸，諸侯所共仰哉。乃濡延不決，請俟他年，以致亂賊竊位，國人忘仇，王法不明，天下失望，何怪鄭之甫成而復叛也。

經 甲申十有四年春王正月，莒子朱卒。楊氏曰：葬須稱謚，莒無謚，故不書葬。○渠卯，公卒，子黎比公密州立。○夏，衛孫林父自晋歸於衛。（杜解）晋納之，故曰歸。○秋，叔孫僑如

姜白巖曰：傳蓋惡郤犫也。上截寫林父之歸、下寫郤犫之富、若不相蒙。不知下截即上一截之斷語也。林父奔晉、獲交郤犫、觀定姜夫婦喁喁、吞聲忍辱、俯首從郤犫之惡乃遍及於魯衛矣。及其受富而傲、斷其必亡、惟傲故脅魯而奪已醮之婦、脅衛而納不令之臣。林父叛君之臣、不可一日容於国、而惡跡未著、定公惡之、知所惡者也。晉侯強見而不可、能堅所惡者也。郤犫挾之來、此時晉厲頗勤諸侯、郤至祖知大義、明告權奸當去、則理順辭直。郤犫雖貪、不能脅魯而去季孟、安能強衛而納林父。定姜徒知不許將亡、而不知賊臣得志、貽禍子孫者幾四十年、其不亡幸耳。婦人誠不足與大事也。

如齊逆女（成公逆夫人、最為得禮。經無納幣者、文闕絶也。）○鄭公子喜帥師伐許。○九月、僑如以夫人婦姜氏至自齊。（【張注】稱婦、宣公夫人穆姜尚存。）○冬十月庚寅、衛侯臧卒。（子獻公衎立。）○秦伯卒。（此秦桓公卒、史失其名。子景公立。）

傳十四年春、衛侯如晉。晉侯強見孫林父焉、（【杜解】林父以七年奔晉。強見、欲歸之。）衛侯欲定公不可。夏、衛侯既歸、晉侯使郤犫送孫林父而見之。衛侯欲辭、定姜（定公夫人）曰：不可。是先君宗卿之嗣也、（同姓之卿、孫氏由於衛武公。【孔疏】世本、至林父八世。）大國又以為請、不許、將亡。雖惡之、不猶愈於亡乎。君其忍之。（違大國必見伐、故亡。）安民而宥宗卿、不亦可乎。衛侯見而復之。（林父復位。【陳傳】復宜不書、傳言非衛侯志、所以書歸。）

衛侯饗苦成叔、（成叔、郤犫。）甯惠子相。（佐禮。惠子、甯殖。）苦成叔傲。甯子曰：苦成家其亡乎。古之為享食也、以觀威儀、省禍福也。故詩曰：兕觵其觩、旨酒思柔。（詩小雅。言君子好禮、飲酒皆思柔德、雖設兕觵、觩然不用、以兕

角為觵所以罰不敬觩陳設之貌食音嗣兕辟姊反觵古橫反觩音虯○彼交匪傲萬福來求彼之交于事而不惰傲乃萬福之所求今夫子傲取禍之道也為十七年郤氏亡傳

黃鄉林曰稱孫林父之惡郤犨主之也郤犨之惡晉侯縱之也郤犨受賂挾君以凌衛侯不可即親送之彼能假君威而黨賊臣必能藉晉勢以亡衛國定姜之不可與定公之不可相及反而適以相成也三郤中犨為最橫晉侯且不在眼中矧在衛侯受饗而傲國圖其勢所必至也通篇以郤犨為主

見三按孫林父懼討出奔得罪於衛與得罪於晉一也皆為盟主所當推同惡之義執歸諸衛戮之而王法始明乃始而疆見繼而疆納黨賊臣而害於與國皆郤犨主之也定公不可頗知執義定姜不可然有見幾彼郤犨者方且挾炙地薰

十三

黄東發曰：鄭自成三年再伐許，四年伐許，九年圍許，今又伐之，晉不能救也。

周大章曰：舍族何以為尊夫人？對夫人不敢稱姓也。於一事中發明春秋全義，聖人筆削游夏不能贊者，和盤托出，彼斤斤為断爛朝報者，直無忌憚之甚。

天之勢，盛氣而來，不許則必肆毒於衛，許之則驕横自恣，適以自亡其家。得意之時，即為取禍之道。孫氏得復，苦成其亡。當局揚揚而旁觀者早晲晲也，可鑒也夫。

秋，宣伯如齊逆女。稱族，尊君命也。詳說：僑如惡聲聞于外，今逆君夫人，而以僑如往，耶？

八月，鄭子罕伐許，敗焉。為許所敗。戊戌，鄭伯復伐許。庚子，入其郛。郛，郭也。許人平以叔申之封。四年鄭公孫申疆許田，許人敗之，不得定其封疆。今許以是所封田求和於鄭。見三。按鄭許接壤，勢在吞併，鄭人虎視非一日矣。特以晉楚之故，不敢加兵。茲乘晉楚合成，始則卿伐，繼則君復伐之，卒入其俘，封田求和。鄭愈逼，許愈困矣。故逾年即請遷於楚。

九月，僑如以夫人婦姜氏至自齊。舍族，尊夫人也。故君子曰：春秋之稱，微而顯，辭微而義顯。志而晦，志，記也。晦亦微也。謂約言以記事，事敘而文微。婉而成

者也、
姜白巖曰、春秋自有權衡、故曰春秋之稱、稱量度也、量度於史例、而或從其文、或從其例、或存其例、明著其失、或變其文、直示其義、皆聖人之權衡也、故有五者之美、傳示全經之大旨、豈一舍族即足以見之、故知非左氏本文也、

周大章曰、此不哀不是尋常不哀、乃易簀時事、以姜氏既哭而息知之、蝕也、矣、盱賜寸裂之時、而漠然無情若此、夫人即素惡其人、亦不料竟爾出頑、所以仰天搥心、悲不自勝也、立太子大事、謀及卿士、有賢子不立、而立此人、公真憒憒者矣、吾不獲鱄也、使主社稷、想夫人苦口爭無如不聽何耳、吽一聲、是夫一恨、呼一聲天一慟、直有求生不得、欲死不能情形、故能使舉国寒心、滿朝惕息、左氏真善傳神也、

章、婉、曲也、謂曲屈其辭、有所辟諱、以示大順、而成篇章。盡而不汙、謂直言其事、盡其其事寔、無所汙曲。憂于反懲惡而勸善、善名必書、惡名不滅、所以為懲勸。非聖人誰能脩之、脩此史策成此五者見三揆僑如淫亂之人、乃使之逆夫人、想係穆姜主之也、特書之以誌禍端、

衛侯有疾、使孔成子孔達之孫甯惠子立敬姒定公之妾之子衎、獻公以為太子、冬十月、衛定公卒、夫人姜氏既哭而息、見太子之不哀也、不內酌飲、歎曰、是夫也、林解、夫賤者之稱、將不唯衛國之敗、其必始於未亡人、定姜言、獻公行無禮、必從己始。下言暴妾使余是也。○內音納。嗚呼、天禍衛國也夫、吾不獲鱄也、使主社稷、鱄、衎之母弟。市𤔡反、一音專。○鱄大夫聞之、無不聳懼、孫文子自是不敢舍其重器寶器。舍音赦。○於衛、盡寘諸戚、孫氏邑而甚善晉大夫、備亂起、欲以為援、為襄十四年衛侯出奔傳、

黄鄭林曰：衛衎初立，未見設施，只不良二字，而夫人嘆，大夫懼，孫林父貳心。蓋孝為人之本，父死不良，則人心亡矣。當易簀時不良，尤為天良喪盡，不有於父，何有於母？不有於母，何有於臣民？此夫人所以深慟，國人所以同懼也。隋陽廣乘父病危，調姦父妾，馴至殺父與兄，而覆亂天下，不仁者真別有心腸也。

見三按：定姜見太子不良，而知其必禍衛國，可謂先見之明。但獻公既非嫡長子，亦素負賢名，胡不早請於公，立為儲嗣？迨彌留誤立，勢已難挽，不加訓誨，遽為此訣絶之詞，以亂人心。雖曰英明，究於母儀未善。輔立嗣君，特命孔甯而不及林父，亦是豫絶禍根。惜衎不賢，辜負重任，以致奸臣先發制人。

春秋左傳精義

十五

狡兔覔窟，猛虎負嵎，而逐君之勢成矣。

經乙酉十有五年春王二月，葬衛定公。三月己巳，仲嬰齊卒。杜解襄仲子，公孫歸父弟。歸義云：魯有兩嬰齊，一為叔肸子，一為遂子，皆公孫也。叔嬰齊稱公孫嬰齊，此稱仲嬰齊，別夫公孫嬰齊也。薛魯叔曰：公羊有嬰齊後歸父之說，蓋泥孫以王父字為氏之文也。命氏至春秋而紊極矣。豐施之為豐，以公子豐；孫仲之為孫，以公子惠孫，則以王父名為氏者也。慶封之為慶，以慶父；鱗矔之為鱗，以公子鱗；施伯之為施，以公子施父，是以父之字為氏者也。胥申父之為胥，以胥臣，是又以父之名為氏也。氏不必王父，嬰齊何必後歸父乃得以仲為氏也。云仲嬰齊正以後仲，非為後歸父。且歸父自有後，子家其字也。子家羈，歸父之孫，此正以王父字為氏也。若後嬰齊，安得復有子家？益知仲嬰齊之後，遂不後歸父也。○癸丑，公會晉侯、衛侯、鄭伯、曹伯、宋世子成、齊國佐、邾人同盟於戚。晉侯執曹伯，歸於京師。公至自會。○夏六月，宋公固卒。子平公成立。楚子伐鄭。○秋八月庚辰，葬宋共公。三月而葬，速。宋華元出奔晉。宋華元自晉歸於宋。華元欲挾晉以自重，故以外納告。宋殺其

姜白巖曰：張元德謂晉侯不執負芻於宋會，先使曹人得以藉口，是也。愚謂晉侯此舉有三懈焉：負芻弒立，親離衆叛，晉執之一將之力耳，而必待大集諸侯，一誤也；遲之又久，使國人忘讎，服從者三年，又不明聲其罪，而又以好會召之，二誤也；復與歃血同盟，晉無虞詐，而忽執之，三誤也。曰歸於京師，儼然猶討之正，予之也。不言執曹負芻而言曹伯，惜之也。天下無弒君篡位而可以保其首領者，執歸諸京師，徵上聞於天王，付之司寇，立正典型，庶幾為天下亂臣賊子之鑒，晉人安得奉末議耶？且曹既無君，子臧自當繼立，是大有造於曹也。達節守節，何從置喙？乃御至御田出力爭此小利，負芻大憝，濡滯听於晉人，夫子又書曹伯歸自京師，蓋傷之也。

大夫山（不書氏，明背其族。）宋魚石出奔楚（公子目夷之曾孫。）冬十有一月，叔孫僑如會晉士燮、齊高無咎、宋華元、衛孫林父、鄭公子鰌、邾人會吳於鍾離（楚邑。按今江南鳳陽縣。○鰌音秋。）○許遷於葉（許畏鄭，南依楚，故以自遷為文。）

傳　十五年春，會於戚，討曹成公也。〔杜解〕討其殺太子而自立，事在十三年。執而歸諸京師。書曰晉侯執曹伯，不及其民也。（按為弒太子之故而執，不同於私意執之以惡及其民，告者故予之。劉氏謂傳譏晉妄執，失其旨矣。）凡君不道於其民，諸侯討而執之，則曰某人執某侯（稱人，示衆所欲執。）不然則否（謂身犯不義者。）〔補注〕凡稱人執，史策之恒辭，此書君執，經變文予伯主以討罪之義。諸侯將見子臧於王而立之，子臧辭曰：前志有之曰：聖達節（聖人應天命，不拘常理。）次守節（謂賢者。）下失節（愚者妄動。）為君非吾節也。雖不能聖，敢失守乎？遂逃奔宋。〔陳傳〕奔者無罪不書。

黃薌林曰：弒君之賊不能明正其罪，使之列於會盟，則負芻

猶曹伯也。故經曰執曹伯，傳曰討曹成公，蓋深咎晉之失計，

而亂臣賊子得以成乎為君也。負芻既以為君（安得有國達節之言），子臧竟成名

論，自古及今莫能外之矣。

見三按：子臧，曹之賢公子，國人屬之，諸侯重之，當與國家同

其休戚，使請於諸侯，聲大義以正弑君之賊，則國法明，人心

順，已縱不欲在[立]昭宣文共之後，豈無可嗣者？乃矯一己守節

之虛名，忘社稷安危之大計，及晉執負芻，謂子臧反，吾歸而

君，臧遂反曹，伯亦歸，是負芻之[歸]子臧之力也。弑君之賊，而反

事之，抑何為哉？然而晉亦失刑矣。

夏六月，宋共公卒。

楚將北師（侵鄭、衛），子囊（莊王子公子貞）曰：新與晉盟而背之，無乃不可乎。

姜白巖曰此体聖經之義而以討乱與華元也於奔晉下播叙三族尤為戴族僅與莊族司城爲黨觀下討擇即命司城率師可見桓族過六官爲一黨而司馬主兵柄族横而

子反曰敵利則進何盟之有（晉楚盟在十二年）申叔時老矣在申（老歸本邑）聞之曰子反必不免信以守禮禮以庇身信禮之亡欲免得乎（言不得免）楚子侵鄭及暴隧遂侵衛及首止鄭子罕侵楚取新石（楚邑）（按今河南葉縣境）欒武子欲報楚韓獻子曰無庸（用也）使重其罪民將叛之戰（背盟數戰罪也）無民孰戰（為明年晉敗楚于鄢陵傳）見三按子反背晉子囊以為不可欒書報楚韓厥以為無庸相比而觀四人之心術見識量亦見卒之子反殺身欒氏滅族而子囊韓厥身高令名為晉楚望族佳兵者不詳好戰者無後觀於此益信

秋八月葬宋共公於是華元為右師魚石為左師蕩澤（公孫壽孫 林解）（蕩意諸子）為司馬華喜（華督之元孫）為司徒公孫師為司城（莊公孫）向為人

偪久矣，然三族雖分，皆宋之公族也。山弱公室而擅殺子肥，是無君也。元爲右師，討賊者正也，即出奔而約晉爲援，猶正也。山爲司馬，手握兵權而束身待討者，以華元倚晉爲援，而國人助之耳。當是時元解宋圍，會晉楚，國人歸心，且甚睦於欒武，故桓族不敢助，魚石不敢謀，一舉而誅之也。華元兩止之，五人不可，必有邀于華元之事，至決雎登陴，元之止不過世故之周旋，而非如魚石止華元之寔意。盡逐之而立私昵，之向戌與子産之於伯有、子晳異矣。然五人投楚入宋以禍宗邦，則同惡相濟，必非善類，故君子不責華元固黨之私，而但與其討賊之正。

為大司寇，鱗朱為少司寇，鱗矔孫。向帶為太宰，魚府為少宰。蕩澤弱公室，殺公子肥。輕公室以為弱，故殺其枝黨。肥，文公子。華元曰：「我為右師，君臣之訓，師所司也。今公室卑而不能正，不能討蕩澤。吾罪大矣。不能治官，敢賴寵乎？」乃出奔晉。二華，戴族也；華元、華喜。司城，莊族也；六官者皆桓族也。魚石、蕩澤、向為人、鱗朱、向帶、魚府，皆出桓公。魚石將止華元，魚府曰：「右師反，必討，是無桓氏也。」恐華元還討蕩澤，并及六族。魚石曰：「右師苟獲反，雖許之討，必不敢。言畏桓族強。且多大功，國人與之，不反，懼桓氏之無祀於宋也。華元大功，克合晉楚之成，刼子反以免宋圍。〔林解〕恐國人怨桓氏，逐華元，遂滅其族也。右師討，猶有戌在，向戌，桓公曾孫，言其賢，華元必不討。○戌音恤。桓氏雖亡，必偏。」不盡。魚石自止華元於河上，請討，〔林解〕華元請討蕩澤。許之，乃反。〔補註〕經書奔晉，自晉歸，傳言至河上乃反者，始出國以奔晉告，故歸亦書自晉，見其出入皆扶晉為重，不復詳所至者，畧外也。杜以外納告，非也。言自，不必外納。劉氏謂華元不待

挾晉亦非也魚石止華元寔畏晉耳使華喜公孫師帥國人攻蕩氏殺子山喜師非桓
族故使攻之〔秝解〕子山即蕩澤書曰宋殺其大夫山言背其族也蕩氏宋公族還害公室故
去族以示其罪按叛君之罪大叛族之罪小史官但罪其叛族非聖人之意也魚石向為人鱗朱向帶
魚府出舍於睢上睢水名五大夫畏同族罪及將出奔華元使止之不可冬十月
華元自止之不可乃反五子不止華元還魚府曰今不從不得入矣不得
復入宋右師視速而言疾有異志焉若不我納今將馳矣登邱而
望之則馳騁而從之五子亦馳逐之則馳絶句則決睢澨水涯決壞也閉門登
陴矣左師二司寇二宰遂出奔楚〔補注〕族同罪同獨魚石書舉重〔秝解〕為十八年魚石復入
彭城傳華元使向戌為左師老佐為司馬樂裔為司寇以靖國人
老佐戴公五世孫〔王梅溪叢談〕子魚之勲意諸之忠而無後乎且桓氏可亡也而魚石不可罪也大義滅親石與有庸焉
黄鄉林曰華元相宋大抵和光之意多剛決之風少唯此事

郤有肝胆有氣骨較之向戌之討華臣實分霄壤故華元猶是偽君子向戌直是真小人

見三按蕩澤何以殺公子肥恃桓族也華元何以不敢討蕩澤畏桓族也不討蕩澤何以出奔晉欲借晉以討桓族也魚石為桓族何以止華元懼其挾晉而並討桓族也魚府曰右師反必討是無桓氏也魚石曰右師苟獲反雖許之討或可免全桓氏也乃華元反而蕩澤殺矣蕩澤殺而魚石諸人奔矣魚石諸人何以奔知華元之有異志也華元止之何以不反懼其以蕩澤視我也君子曰蕩澤之惡魚石諸人主之也魚石諸人之奔華元逐之也華元因亂除逼私也今日之魚石魚府卽異日之華亥華登也異日之華亥華登反不如今

用大章曰：三郤何以害伯宗？害其善。害其直也。邦道無危行言孫，斯為保身之道。日與盜處而以直賈禍，彼固不足責也。伯宗其亦自取之哉。姜白巖曰：弗忌晉賢大夫，為欒書之族，三郤安能殺之？必有甚不便於書者，故書使三郤譖殺伯宗、弗忌，然後并除三郤。於是晉君孤立，而唯書所為。盜憎主人，書其盜首歟。

日之魚石魚府也，莫謂天道無知也。

晉三郤害伯宗，（林解）三郤，郤錡、郤至、郤犨。害，嫉也。譖而殺之，及欒弗忌，晉賢大夫。伯州犂奔楚。伯宗子。韓獻子曰：郤氏其不免乎！善人，天地之紀也，而驟絕之，不亡何待？既殺伯宗，又及弗忌，故曰驟也。為十七年晉殺三郤傳。初，伯宗每朝，其妻必戒之曰：盜憎主人，民惡其上，子好直言，必及於難。傳見難婦人之言不可廢。

見三按：伯宗妻數語，將默足以容、無道免於刑戮、危行言孫等（許多）道理注腳得明白痛憾（快），直是閱歷人情世事，愈老愈平，乃得有此，而出自閨房之口，可謂明達。伯宗愧此安（妻）多矣。

十一月，會吳於鍾離，始通吳也。

見三按：此吳通中國之始。會而不修王覲之禮，吳自是不知

有王矣吴之無王晋誨之也王之不共晋於何有故其後遂

至於黄池争長

許靈公畏偪於鄭請遷於楚辛丑楚公子申遷許於葉〔補注〕傳見許以畏鄭故假外援以遷故經不言遷之者他倣此

見三按許逼於鄭不能修德自強徒以遷徙依人為計一遷

再遷卒滅於鄭後世之議遷都者其鑒諸

春秋左傳精義卷二十三

閩中　薌林黃一桂　輯

男心垣見三　補輯

成公四

經丙戌十有六年春王正月雨木氷杜解記寒過節氷封著樹、公羊傳云雨而木氷也。○夏四月辛未滕子卒。文公卒子成公原立、子罕也。○六月丙寅朔日有食之。○晉侯使欒黶來乞師將代鄭、黶欒書。甲午晦晉侯及楚子鄭伯戰於鄢陵楚子鄭伯師敗績、楚師未大崩、楚子傷目而退、故曰楚子敗績、鄢陵鄭地。鄢音偃楚殺其大夫公子側。○秋公會晉侯齊侯衛侯宋華元邾人於沙隨宋地、按今河南寧陵縣西有沙隨城不見公公至自會

○公會尹子、晉侯、齊國佐、邾人伐鄭。（尹子，王卿士。子，爵。）○曹伯歸自京師。（為晉侯所赦，故書歸。諸侯歸國，或書名，或不書者，故言歸自某，或言自某歸，無義例，從告辭。[發微] 天子赦之之辭也。）九月，晉人執季孫行父，舍之於苕丘。（晉地。苕音條。）冬十月乙亥，叔孫僑如出奔齊。（公未歸，命國人逐之。）十有二月乙丑，季孫行父及晉郤犫盟於扈。（晉許魯平，故盟。）公至自會。（伐而以會致，史異文。）乙酉，刺公子偃。（魯殺大夫皆言刺，義取於周禮三刺之法。按，刺，訊決也。○刺，七賜反。）

傳：十六年春，楚子自武城使公子成以汝陰之田求成於鄭。（杜解：汝陰，汝水之南，近鄭地。）鄭叛晉，子駟從楚子盟於武城。（為晉伐鄭起。）

見三按：楚以賂餌鄭，鄭因賂從楚，棄信如土，趨利如鶩，瑣澤之盟，明神之誓，置之不論，卒致鄢陵之戰，楚子傷目，鄭亦敗師，神其可欺乎。

夏四月、滕文公卒、

見三按此滕文公也、而孟子時又有滕文公、祖孫同謚、蔡侯

申祖孫同名、皆所未喻、

鄭子罕伐宋、宋將鉏樂懼敗諸汋陂、敗鄭師也、樂懼戴公六世孫、將鉏樂氏族、○鉏仕魚反、汋七藥反、一音酌、陂彼宜反、退舍於夫渠、不儆、宋師不儆備、鄭人覆之、敗諸汋陵、

獲將鉏樂懼、宋恃勝也、汋陂夫渠汋陵皆宋地、按今河南寧陵縣南有汋陵城、

見三按合晉楚之成者宋也、而首受叛盟之伐者亦宋、卑中

國而親夷狄者可以戒矣、春秋時宋鄭交兵、鄭常勝而宋常

敗、鄭有謀而宋無謀也、此番倖勝、復以恃勝致敗、不備不虞、

不可以師、行兵者所當三復斯言、

衛侯伐鄭、至於鳴雁、按今河南杞縣北、為晉故也、

彭家屏曰人臣義無外交況當軍旅之際哉郤至受楚子之遺弓而三肅其使是自取戾也不得專咎欒氏矣若子重飲欒鍼之酒與陸抗餌羊祜之藥其事略同義有別裁未可與是同日語也

周大章曰城濮鄢戰晉楚互有勝負而城濮之役楚子不在軍鄢之戰晉君亦不在軍其撓敗者不過師徒耳至若還濘被獲如泉取飲則禍專在君矣今則呂錡一矢僕若檇李之傷郤至三遇又同速杞之逸較之韓原韋戰不啻焉經書敗績特言楚子蓋以君為重也又況韓厥郤至皆從鄭伯向令從兩御之言一齊下手則秦凱而還左世充右建德秦王豈得獨美古哉是役也子反死子重亦幾不獲免焉晉之大勝未有若此者惜乎厲

見三按宋既恃勝而敗衛亦聞風而懼至於鳴雁虛張聲勢以悅晉而已不成其為伐也故經不書

晉侯將伐鄭范文子曰若逞吾願諸侯背〔皆〕叛晉可以逞（快也晉厲公無道三郤驕故欲使諸侯叛冀其懼而思德）若唯鄭叛晉國之憂可立俟也欒武子曰不可以當吾世而失諸侯必伐鄭乃興師欒書將中軍士燮佐之（代荀庚）郤錡將上軍（代士燮）荀偃佐之（代郤錡偃荀庚子）韓厥將下軍郤至佐新軍荀罃居守（荀罃下軍佐於是郤犨代趙旃將新軍新上下軍罷矣疏云三年作六軍其新三軍將佐死亡不復存惟韓厥在耳郤至佐新軍不言上下是新軍惟一餘皆罷）郤犨如衛遂如齊皆乞師欒黶來乞師孟獻子曰有勝矣（卑讓有禮故知其將勝楚）戊寅晉師起鄭人聞有晉師使告於楚姚句耳（鄭大夫句古侯反）與往（與往非使也為先歸張本）楚子救鄭司馬將中軍（子反）令尹將左（子重）右尹子辛將右（公子王父）

公以修致亂，不能為世民之興，而竟踏存勗之亡，此范文子所以憂懼嘆息也。天下事無獨必有對，孟獻子說晉勝，申叔諸人即說楚敗，晉有范文子，楚即有申叔時，皆深識明理人也。此以公卒告，彼以王卒告，而一勝一敗，用不用殊耳。呂錡射王，由基射錡，方纔敵，而叔山冉譖厄之寃，又可與欒鍼爭雄。楚中軍竟有王卒，晉以欒范之族夾公行，韓厥從鄭伯，郤至亦從鄭伯，御至遇楚子免冑趨風，欒鍼見子重奉執榼承飲，以至公之筮、史之占，杜溷羅、茀翰胡、唐苟、石首諸人，無不色色相配。戰後子反申命，責皇狗列，欒書郤至議論參差在前，子反子重情事傾軋在後，逐一點綴，無不入妙。

姜東溟曰：城濮之後，惟鄢陵之戰功為第一，否則楚挾鄭以窺東諸侯，其流毒可勝言哉。故以晉主是戰，所以予伯討也。欒書將中軍伐鄭戰楚，似功在書，然此時晉侯在軍，書為固壘待退之計，迂而無當，御至策敵甚明，步步促戰，則是功晉侯主之。

過申，子反入見申叔時。叔時老在申。曰：「師其何如？」對曰：「德、刑、詳、義、禮、信，戰之器也。器猶用也。洞義。詳，祥也，古字同。德以施惠，刑以正邪，詳以事神，義以建利，禮以順時，信以守物。民生厚而德正，財足則思無邪。用利而事節，動不失禮則事得其節。時順而物成，群生得所。上下和睦，周旋不逆，動順理。求無不具，下應上。各知其極。無二心。故《詩》曰：『立我烝民，莫匪爾極。』極，中也。詩頌。言先王立其眾民，無不得中正。是以神降之福，時無災害，民生敦厚也厖，大也○莫降反。和同以聽，莫不盡力以從上命，致死以補其闕，闕，戰死者。此戰之所由克也。今楚內棄其民，不施惠。而外絕其好，義不建利。瀆齊盟，不祥事神。而食話言，信不守物。奸時以動，禮不順時。周四月，今二月，妨農業。而疲民以逞。刑不正邪，而苟快意。民不知信，進退罪也。按上既無信，從前言則違後令，其進與退皆得罪也。人恤所底，至也。○音旨。其誰致死？孔疏：人各憂其身，不知性命所致，誰肯致死戰也。子其勉之，吾不復見子

御至成之故萃節出色寫御至然自戰後君臣侈汰書以是役思至并怨公之不用其言遂至喋血宮門又不得不寫范文子而結穴在戎馬之前數語見御至爲捷楚之功范文子爲居功之道也夫晉何以勝整暇故勝也楚何以敗輕寵故敗也蓋子反子重覩見楚莊敗晉於邲輕視晉人久矣晨壓晉壘窄其無備鼓而殲之此其志也晉人乃結陳車中極整不可猝入登巢車一望信知紀律森嚴楚子亦爲之魄震晉君臣方從容謀議全不爲動郤至力開一連戰之局六間可乘如數計燭照公用其言已掃過欒書賁皇又爲献計而晉軍遂嵩欒書有子規以三子罪楚君有臣射穿七札甚暇輕寵吏是分明及三遇楚子知三軍之盡萃於王卒也呂錡射其元王中厥目楚人于是廪廪自救不暇而晉人趣風肅使何等雍容釋鄭不追何等謹恪於戎馬雜沓之場做出一種礼度文明氣象來幾疑左氏寫戰過於從容忽接楚師薄於險一語遂令通体皆震可知晉軍鼓

三

矣、（言其必敗不反）姚句耳先歸、子駟問焉、對曰、其行速、過險而不整、速則失志、（不思慮也）不整喪列、志失列喪、將何以戰、楚懼不可用也、五月晉師濟河、聞楚師將至、范文子欲反、曰、我僞逃楚、可以紓（緩也）憂、夫合諸侯、非吾所能也、以遺能者、我若羣臣輯睦以事君、多矣、武子曰、不可、六月晉楚遇於鄢陵、范文子不欲戰、郤至曰、韓之戰、惠公不振旅、（衆散敗也、在僖十五年）箕之役、先軫不反命、（死於狄也、在僖三十三年）邲之師、荀伯不復從、（荀林父奔走不復故道、在宣十二年）皆晉之恥也、子亦見先君之事矣、（見先君成敗之事）今我辟楚、又益恥也、文子曰、吾先君之亟（數也）戰也有故、秦狄齊楚皆强（彊）、不盡力、子孫將弱、今三强（彊）服矣、（齊狄秦）敵楚而已、唯聖人能外內無患、自非聖人、外寧必有內憂、（驕亢則憂患生也）盡釋楚以爲外懼乎、甲午晦、楚晨壓晉軍而陳、（壓窄其未備）

（統）

勇、人人致死、鄭既不支、楚復危急、阨於險而無路可奔、或殺或囚、有士卒立盡之虞、子重子反幾不知所為矣、維時養由基奮再發之技、叔山冉逞搏人之能、矯武健兇、一時致死、晉師乃止、止者止而不敢追也、於是欒鍼乃見子重之旌、蓋指麾軍、復為接戰、而鍼復執榼承飲、依然肅使之風焉、點出楚服二字、晉之所以勝楚者、全在乎此、子重見星未已、子反命察夷傷、收合餘燼、詰朝將戰、晉人患之者、恐我軍既勝而怠也、夫何醉不能見、楚師宵遁、王何以遁、子重因子反醉、與王俱遁、而幸其潰師也、此非天敗楚、本人為乃爾、二卿相惡、果不出郤至所料哉、然郤至有功、則文子之言似乎迂闊、不知後日禍基全伏於此、歸結到立於戎馬之前數語、以唯命不于常、收拾許多天字、以有德之謂、收拾許多患字憂懼字、作憂盛危明之訓、而郤至之功、文子之識、兩不相妨、方知前之節節寫文子者、節節為晉君臣作針砭也、使從其言、何至此戰為禍胎、此全

〔箋〕時晉兵未備、楚人乃廹晉兵而布陣焉。壓於甲反 軍吏患之、范匄士燮子。古害反 趨進曰、塞井夷竈、陳於軍中、而疏行首、疏行首者、當陳前決開營壘為戰道、〔林解〕軍中必鑿井結竈以自給、今為楚所壓、戰地迫狹、故自塞其井、自夷其竈、以為戰地、楚壓晉軍、不可出陳、故結陳於軍中。晉楚唯天所授、何患焉、文子執戈逐之、曰、國之存亡、天也、童子何知焉、欒書曰、楚師輕佻、勑彫反 固壘而待之、三日必退、退而擊之、必獲勝焉、郤至曰、楚有六間、不可失也、其二卿子重子反相惡、王卒以舊、罷老不代 鄭陳而不整、蠻夷從楚者不結陳 陳不違晦、〔孔疏〕兵尚殺、陰道也、行兵貴月盛之時、故以晦為忌、不用晦日陳兵、按晉楚結陳、俱是甲午晦、楚師先陳、故謂其不違晦、上五句為五間、下四句為第六間。在陳而囂、喧嘩也 合而加囂、陳合宜靜而益有聲 各顧其後、莫有鬭心、舊不必良、〔林解〕卒以舊、非精兵、以犯天忌、我必克之、楚子登巢車以望晉軍、巢車、車上為櫓、〔疏〕云兵車高如巢、以望敵、子重使太宰伯州犁晉伯宗子、前年奔楚、侍於王後、王曰、騁走也 而左

篇之結束也

右何也曰召軍吏也皆聚於中軍矣曰合謀也張幕矣曰虔敬也

卜於先君矣也徹幕矣曰將發命也甚囂且塵上矣曰將塞井

夷竈而為行也皆乘矣左右執兵而下矣曰聽誓也左將帥右軍右戰

乎曰未可知也乘而左右皆下矣曰戰禱請於鬼神也伯州犁以公

卒告王楚公晉侯按楚壓晉軍而陳相去不遠故登巢車可望苗賁皇在晉侯之側亦以王

卒告賁皇楚鬬椒子宣四年奔晉。賁扶云反皆曰國士在且厚不可當也晉侯左右皆以

伯州犁在楚知晉之情且謂楚衆多故憚合戰與苗賁皇意異苗賁皇言於晉侯曰楚之良在

其中軍王族而已請分良以擊其左右而三軍萃集也於王卒必

大敗之公筮之史曰吉其卦遇復☷☳震下坤上復無变曰南國蹙射

其元王中厥目此卜者辭也復陽長之卦陽氣起子南行推陰故曰南國蹙也南國勢蹙則離受其咎離為

諸侯又為目陽氣激南飛矢之象故曰射其元王中厥目〔補正〕易以外卦為南明夷之九三曰明夷于南狩是也復一陽浸長

而至於乾、有南國蹴之象、按離受其咎者、坎離為卦位、南國離位、陽生於子、為坎位、震為諸侯、坤為國、晉居北、楚居南、坎為弓輪、離為戈甲、一陽橫注、而木土相尅、水火交戰、有激而為飛矢之象、上六爻辭、迷復凶、有災眚、離既為目、眚為目疾、行師大敗。非射其元王中厥目乎。蹴子六反國蹴王傷不敗何待公從之從其言而戰有淖於前、淖泥也按在晉軍之前。淖乃孝反乃皆左右相違辟也於淖林解晉師乃皆左右行相避於淖、步毅郤毅御御晉厲公欒鍼為右彭名御楚共王潘黨為右石首御鄭成公唐苟為右欒范以其族夾公行二族強故在公左右陷於淖欒書將載晉侯林解晉侯之車陷於淖、故書欲載以行、鍼曰書退國有大任焉得專之、在君前故子名其父大任、謂元帥之職、且侵官冒也、載公為侵官、失官慢也、去將而御、慢失官也、離局姦也、遠其部曲為離局。離力志反有三罪焉不可犯也乃掀公以出於淖、掀舉也、按晉方出陣未及交鋒、偶然陷淖、不比惠公之騂慶鄭也、元帥職司旗鼓、勝敗由之、是謂大任、詎可自同戎御。掀許言反、癸巳潘尫之黨與養由基蹲甲而射之徹七札焉黨潘尫之

子蹲聚也、一發達七札、言其能陷堅、按癸巳甲午前一日、傳追叙之。○蹲在尊反、札側八反、以示王曰、君有二臣如此、何憂於戰。二子以射夸王 王怒曰、大辱國。賤其不尚知謀 詰朝爾射死藝。言汝以射自多、必當以藝死也、詰朝猶明朝、是戰日 呂錡魏錡 夢射月、中之、退入於泥、占之曰、姬姓日也。周世姬姓尊 異姓月也。異姓卑 必楚王也、射而中之、退入於泥、亦必死矣。錡自入泥亦死象 及戰、射共王中目、王召養由箕、與之兩矢、使射呂錡、中項、伏弢。弓衣林解錡伏於弢而死。○弢他刀反 以一矢復命。言一發而中 郤至三遇楚子之卒、見楚子必下、免冑而趨風。疾如風 楚子使工尹襄問之以弓、問遺也 曰、方事之殷也、殷盛也 有韎韋之跗注、君子也、韎赤色、跗注戎服、若袴而屬於跗、與袴連林解韋熟皮也。○韎音妹、跗音夫、袴苦故反 識見不穀而趨、無乃傷乎。恐其傷 郤至見客、免冑承命曰、君之外臣至從寡君之戎事、以君之靈、間蒙甲冑、間猶近也 不敢拜命、介者不拜 敢告

不寧君命之辱、以君辱賜命、故不敢自安。為事之故、敢肅使者。言君辱命來問、以有軍事、

不得答、故肅使者。肅、拜手至地。若今撎。疏云、撎若今揖。三肅使者而退。晉韓厥從鄭伯、從、逐

也。其御杜溷羅曰、速從之。其御屢顧、不在馬、可及也。韓厥曰、不

可以再辱國君。乃止。二年鞌戰韓厥已辱齊侯。○溷、尹昏反。郤至從鄭伯、其右茀

翰胡曰、諜輅之、余從之乘而俘以下。欲遣輕兵單進以距鄭伯、車前而自後登其車以執

之。按哀元年使女艾諜澆。杜云、諜、候也。此言輕兵急進、遶出鄭伯車前、候其來而拒之。已則從後執之也。孔疏謬。○翰、音韓。輅、

五嫁反。郤至曰、傷國君有刑。亦止。石首曰、衛懿公唯不去其旗、是

以敗於熒。熒戰在閔二年。乃內旌於弢中。唐苟謂石首曰、子在君側、敗

者壹大。我不如子。子以君免、我請止。乃死。補正敗者壹大、恐君之不免也。我不如子、

子之才能以君免也。楚師薄於險、迫也。何記鄭敗而其君先遁、楚人觀之、遂莫有鬭心而退、故薄於險而為晉所

乘也。叔山冉謂養由基曰、雖君有命、為國故、子必射。王有死藝命乃射。

再發盡殪。叔山冉搏人以投，中車折軾。晉師乃止。言二子皆有過人之能。囚楚公子茷。為卻至見譖張本。欒鍼見子重之旌，請曰：楚人謂夫旌子重之麾也。彼其子重也。日臣之使於楚也，子重問晉國之勇。臣對曰：好以衆整。曰：又何如。又問其餘。臣對曰：好以暇。閒暇。今兩國治戎，行人不使，不可謂整。臨事而食言，不可謂暇。食好之言。請攝飲焉。攝，持也。持飲往飲子重。公許之。使行人執榼承飲，造於子重。承，奉也。榼，苦臘反。曰：寡君乏使，使鍼御持矛。御，侍也。是以不得犒從者，使某攝飲。〔林解〕某，行人名。子重曰：夫子嘗與吾言於楚，必是故也。不亦識乎。〔補正〕識，記也。謂其能記往日好整好暇之言。受而飲之。免使者而復鼓。免，脫也。旦而戰，見星未已。子反命軍吏察夷傷，夷亦傷也。服虔云：金傷為夷。補卒乘，補死亡。繕甲兵，繕，治也。展車馬，展，陳也。雞鳴而食，唯命是聽。復欲戰。晉人患之。苗賁皇徇曰：蒐閱也

乘補卒秣馬（穀馬也）利兵修陳固（堅也）列蓐食申（重也）禱明日復戰乃逸（縱也）楚囚王聞之召子反謀穀陽豎獻飲於子反子反醉而不能見（穀陽子反內豎）王曰天敗楚也夫余不可以待乃宵遁晉入楚軍三日穀（食楚粟三日也）范文子立於戎馬之前曰君幼諸臣不佞（才也）何以及此君其戒之（戒勿驕）周書曰惟命不于常有德之謂（周書康誥言勝無常命惟德是與）楚師還及瑕（楚地按今江南蒙城縣北西）王使謂子反曰先大夫之覆師徒者君不在（謂子玉敗城濮時王不在軍）子無以為過不穀之罪也子反再拜稽首曰君賜臣死死且不朽（王引過亦所以責子反也）臣之卒實奔臣之罪也子重使謂子反曰初隕師徒者而亦聞之矣盍圖之（聞子玉自殺終二卿相惡）對曰雖微先大夫有之大夫命側側敢不義（言以義命已不敢不受）側亡君師敢忘其死王使止之弗及而卒

黄鄉林曰、吳亡而晉武荒、陳滅而楊廣亂、自非聖人、外寧必有內憂、此閱世之言、亦見道之語也、時晉政乖亂、君驕臣橫、匠麗之禍、即在目前、苟能釋楚為憂、猶可稍紓須臾、欒郤諸人、汲汲以勝楚為務、勤遠畧而昧近憂、范文子所以未戰而憂、既憂而復、一篇血戰文字、而以文子名論經緯其間、識見學問俱係聖賢一路、春秋諸賢無有與之頡頏者、不特欒書輩不能望其項背而已也、

見三按晉楚交兵、唯城濮邲鄢陵三戰為大、城濮則晉有兵謀楚無兵謀、晉所以勝、邲則楚有軍令、晉無軍兵令、楚所以勝、鄢陵均不詳勝負實跡、而楚之必敗、但於申叔時口中料之、晉之有勝、偏於孟獻子望中信之、其他賁皇之占、史氏之

告魏錡之夢子反之醉莫非四圍烘托運實於虛至於晉方濟而師至晉未濟而軍壓非曰神勇只還得欒書輕窕二字始則免胄而以趨繼則攝飲以犒非曰雍容正寫足欒鍼整暇二字此豈州蒲之才遠過楚共實由嬰側之智不逮欒郤若范文子者始欲反繼不欲戰子趨進則執戈逐之晉師捷則曰何以至此反自鄢陵衆人方奏凱歌文子獨使祝宗祈死何其憂之深而慮之遠哉蓋賢者不憂其敵之縱而憂其主之驕晉咸寧問司馬決計伐吳山濤曰自非聖人外寧必有內憂釋吳以為外懼豈非算乎甚矣文子之言為百世師非欒郤諸人所可及也孟子曰入無法家拂士出無敵國外患者國恒亡有國家者當三復斯言

晉文得天柔之而楚伏

其罪、呂錡射中月之、而退入於泥、晉君臣之勝楚、皆夢與天游也、

又按高氏曰、春秋之世、楚實强於天下、其所以能强者、兵强也、兵所以能强者、將帥之力也、將帥之所以力者、賞罰行也、二百四十年之間、敗績十有六、而楚居三焉、城濮之敗、殺得臣、鄢陵之敗、殺子反、栢舉之敗、囊瓦逃刑、而奔鄭、至於中國之敗績、凡有十三、不聞加兵法於主將者、國勢浸弱、遂成姑息、漢魏以下、悉皆踵之、端可為鑒、高氏此言、乃國家興亡之所係、百世不易之道也、

戰之日、齊國佐、高無咎（高固子）至於師、衛侯出於衛、公出於壞隤、（魯邑、齊衛皆後、非獨魯、明晉以僑如故不見公、○壞戶怪反○隤徒回反）宣伯通於穆姜（成公母）欲去

周大章曰、鄢陵之戰、魯侯後至、正以宣伯作慝、申宮儆備、設守後行、其待壞隤、蓋亦不得已耳、乃郤犫取貨、宣伯即以待勝誣魯、君獨不思

齊衛皆從，至何畧不之問耶。晉政不綱，郤氏之橫暴已極，讀此為之髮指。

姜白巖曰：郤犨與欒氏交通，犨之所為，書寔主之，觀下范文子獨告欒武可見。僑如以强晉壓魯，何求不得，公子家難時，能任用孟獻子、子叔聲伯，委以心腹，可謂知人之明，用人之當。

季孟而取其室。（季文子、孟獻子）將行，穆姜送公，而使逐二子。公以晉難告，（晉會伐鄭）曰：請反而聽命。姜怒，公子偃、公子鉏趨過，（二子公庶弟。補注：傳言趨過，見偃鉏不知謀。）指之曰：女不可，是皆君也。（言欲廢公更立君。按姜不過脅公從己，非真有廢立之心可知。後此姜之幽為逆，而偃之刺為寃。）公待於壞隤，申宮儆備，（申勑宮備）設守而後行，是以後。（後晉楚戰期）使孟獻子守於公宮。秋，會於沙隨，謀伐鄭也。（鄭猶未服）宣伯使告郤犨曰：魯侯待於壞隤以待勝者。（觀晉楚之勝負）郤犨將新軍，且為公族大夫，以主東諸侯。（主齊魯之屬）取貨於宣伯而訴（譖也）公於晉侯，晉侯不見公。

黃鄴林曰：僑如一倭大夫耳，子偃一痴公子耳，非若羽父、仲遂之手握大權也。故獻子居守，即不敢發難；文子反國，僑如即奔，子偃亦正國法。可見僑如輩非有材能，不過恃穆姜耳。

九

文子獻子於申宮守倫時、即當遣使告晉密謀誅之、如去腐鼠、不此之圖、一則申宮儆倫而後行、再則申宮儆倫而後行、使僑如得肆其讒於晉、公與季孟為無謀矣、見三按慶父連弑二君、哀姜猶是暗中作祟、穆姜則肆言無忌、直有武曌廢帝之風、孟獻子居宮設守、不動聲色、而穆姜與僑如自不敢肆其惡、老臣靜鎮、功過季友多矣、行父從公而使獻子居守、亦是行父狡處、乃行者見執、而居者無恙、三思後行、亦何益哉、

周大章曰、曹人之請、重在子臧、晉侯之許、亦重在子臧、子臧反而曹伯歸、曹伯歸而子臧不出、其節亦何堅也、請辭亦如亦吐、蓋理終有虧、不得暢所欲言、讀去一似斷斷續續者、然神理之妙、正在於此、

曹人請於晉曰、自我先君宣公即世、在三十年國人曰、若之何憂猶未弭、息也。〔補正〕謂君甕太子殺。而又討我寡君、前年晉侯執曹伯。以亡曹國社稷之鎮公子、謂子臧逃奔宋。是大泯滅也曹也、先君無乃有罪乎、言今君無罪而見討、得無

姜白巖曰須看上文郤犨主東諸侯
取貨於魯斯想斯時曹伯之貨已入
於晉有放鷹出籠之意故其黨敢
向晉臣言之此篇純用虛筆君薨太子
弒只點憂猶未弭四字討曹伯反側重
在鎮公子以子臧高誼列國素聞不
云負芻有罪而云先君有罪若有罪
三字藏過寡君君已列諸會是君
不以為罪而復討之非德刑也收到伯
者必不失其德刑字字便佞傳敘此篇
所以深罪晉人也

姜白巖曰晉厲一戰勝楚能如范文
子所戒何憂鄭乃侯國而役天子之卿
率諸侯伐之遂使魯君臣罔顧家難
不敢過鄭四日不食皆晉貽之戚也鄭
人哭出三周失軍此日諸侯尚堪用乎

以先君故若有罪則君列諸會矣諸侯雖有篡弒之罪侯伯已與之會則不復討前年會於戚曹伯在列盟畢乃執之故曹人以為無罪君唯不遺失也德刑以伯諸侯豈獨遺諸敝邑敢私布之為曹伯歸不以名告傳

見三按此與共公事曹人竟再見矣共公非有大過筮史為請其理直故其辭壯負芻實犯大憝曹人為請其理曲故其辭遁其動聽在君列諸會一語蓋有罪即不應列會既列會即不宜討賊此固晉侯示人以破綻處而奸如郤犨即得以售其奸也嗚呼晉侯不足責矣天王其失刑乎

七月公會尹武公及諸侯伐鄭將行姜又命公如初復欲使公逐季孟公公又申守而行諸侯之師次於鄭西我師次於督揚鄭東地不敢過鄭子叔聲伯使叔孫豹請逆於晉師豹僑如弟僑如於是遂作亂豹因奔齊疏

姜白巖曰、晉侯已入卻犨之言、負芻之貨、而藉口子臧、竟歸曹伯、天王聽

云。下云食使者、不言食豹、豹因請逆、遂不還、還者豹之介耳。於時魯師在鄭、從鄭向齊、塗由於魯、豹必過魯乃去、故宿於庚宗也。為食於鄭郊。師逆以至。聲伯戒叔孫以必須所逆晉師至、乃食。聲伯四日不食以待之、食使者使者豹之弟介而後食。言其忠也。諸侯遷於制田。熒陽東有制澤、按今河南新鄭縣東北。知武子佐下軍、武子荀罃。以諸侯之師侵陳、至於鳴鹿。陳邑、按今河南鹿邑縣西南。遂侵蔡、未反、侵陳蔡不書、公不與。諸侯遷於潁上。戊午、鄭子罕宵軍之。秣解夜攻諸侯之軍。宋齊衛皆失軍。將主與軍相失、宋衛不書、後也。

見三。按申包胥七日哭、子叔嬰齊四日餓、皆春秋奇男子也。哭至七日、則餓而不餓矣、餓至四日、則不哭猶哭矣、而不食以食使者、尤為愚不可及、天喪善人、嬰齊道卒、宜魯人有不平之憾歟。

曹人復請於晉、晉侯謂子臧、反吾歸而君。以曹人重子臧故。子臧反、曹

之也。先儒以不能君國討賊責子臧，夫負芻已列於會，天王未黜其爵，欣時安得而有國？惟潔身已耳。

伯歸。（子臧自宋還。）子臧盡致其邑與卿而不出。（不出仕。）

見三按：此曹人當即使負芻居守、欣時迎喪之曹人，蓋與負芻聯為一氣者也。故既請復請，不憚再三之瀆。負芻歸京師逾年，天王不討，晉侯亦無如之何，故以子臧為辭。子臧歸而負芻始歸，是子臧固負芻之功臣、太子之奸賊也。雖致邑與卿，亦何益哉。

姜白巖曰：負芻弒君，得以反國；魯卿無罪，乃肆執辱。比事以觀，經罪晉人之義見矣。僑如譖語，字字聳動；聲伯喝破僑如，止用一情字，使人自會。猗嗟之詩，不堪為人再誦也。辭邑一節，尤令郤犫內愧。傳力表聲伯，見此番轉危為安，皆其力也。出僑如而盟之，共定其罪，斯時文子怨穆姜而及僑，成公拱手聽於權臣，魯弱而季益强。

宣伯使告郤犫曰：魯之有季孟，猶晉之有欒范也，政令於是乎成。今其謀曰：晉政多門，不可從也。（政不由君。）寧事齊楚，有亡而已，蔑（無也）從晉矣。若欲得志於魯，請止行父（季文子）而殺之，我斃蔑也，（孟獻子，時留守公宮。）而事晉，蔑有貳矣。魯不貳，小國必睦；不然，歸必叛矣。

九月，晉人執季文子於苕丘。公還，待於鄆。（魯西邑。按：今山東鄆城縣。）使子叔

聲伯請季孫於晉、郤犨曰、苟去仲孫蔑而止季孫行父、吾與子國親於公室、（親魯甚於晉公室）對曰、僑如之情、子必聞之矣、（聞其淫慝）若去蔑與行父、是大棄魯國而罪寡君也、若猶不棄、而惠徼周公之福、使寡君得事晉君、則夫二人者、魯國社稷之臣也、若朝亡之、魯必夕亡、以魯之密邇仇讎、（讎謂齊楚）亡而為讎、治之何及、（言魯屬齊楚、則晉還為讎）郤犨曰、吾為子請邑、對曰、嬰齊魯之常隸也、（隸賤官）敢介（介因也）大國以求厚焉、承寡君之命以請、若得所請、吾子之賜多矣、又何求、范文子謂欒武子曰、季孫於魯、相二君矣、（宣成）妾不衣帛、馬不食粟、可不謂忠乎、信讒慝而棄忠良、若諸侯何、子叔嬰齊奉君命無私、（不受郤犨請邑）謀國家不貳、（謂四日不食以堅事晉）圖其身不忘其君、（辭邑不食皆先君而後身）若虛其請、是棄善人也、子其圖之、乃許魯平、赦

季孫。冬十月，出叔孫僑如而盟之。僑如奔齊。諸大夫共盟，以僑如為戒。〔疏〕解經舍字，左傳作赦，宋元諸儒讀去聲作置，惟行父九月釋，故僑如以十月奔，若執而置之苕丘，則僑如方妄意季孟可除，何故速奔。其義當以左為正也。十二月，季孫及郤犫盟于扈。歸，刺公子偃。偃與鉏俱為姜所指。〔補注〕不殺鉏者，鉏幼，公不忌，杜說非。〔疑問〕公宜修身齊家，感化其母，母怒而殺其弟可乎。程氏曰：僑如免而偃刺焉，魯刑之陂也。召叔孫豹于齊而立之。此年七月，聲伯使豹請逆於晉，聞魯人將討僑如，豹乃辟其難，先奔齊，生二子，而魯乃召之，故襄二年豹始見經，傳於此因言其終。

黄鄉林曰：僑如宣淫，罪惡滔天，又欲去行父，殺仲蔑，行譖於郤犫。沙隨之會，魯君臣見拒，苕丘之役，行父見執，僑如淫人，郤犫貪夫，氣類自合，毋怪其讒慝之易入也。行父心懷奸詐，外示謙恭，内外均受其愚，故聲伯稱為社稷臣，范文子亦許為忠良。僑如以惡貫滿盈之身，欲扼其吭而搤其腦，不惟亡

身且以禍國卒之奔者奔出者出刺者刺魯之魁柄一出季氏矣哀哉

見三按魯之有季孟猶晉之有欒范是僑如蜚語亦是當日實情欒似季范似孟郤犨一僑如而嬰齊則其亭亭特立也不借欒范以形季孟則季孫莫執不有嬰齊以折郤犨則欒范莫信卽季孫莫歸任他萋菲肆行只開口僑如之情子必聞之一語便令奸人語塞而狐假之威轉為狐媚之性為子請邑使倆已窮終讓欒范出一頭地從來邪不勝正僞不敵誠以此一事觀之猶信

齊聲孟子（齊靈公母宋女）通僑如使立於高國之閒（位比二卿）僑如曰不可以再罪奔衛亦閒於卿（傳亦終言僑如之佞）

姜吉庚曰。鄢陵之役。已為欒書所忌。惟絕口不言功。語語推功主帥。庶幾銷其猜忌。據周語。欲求晉國之政。是直掩欒書而覬其位。單襄公所謂兵在其頸者此也。郤至粗知君臣大義。而以驕汰死。此傳所以深惜之也。

見三按聲孟子通慶克。又通僑如。有武曌之風。僑如通穆姜。又通聲孟子。有武三思之風。慶克殺身。而僑如幸保首領。亦賴此臨崖勒馬耳。天道惡淫。不加悔罪之人。僑如且有然矣。獨惜齊魯二君。皆有淫婦人。作慝靈不靈矣。成又豈成哉。

晉侯使郤至獻楚捷於周。與單襄公語。驟稱其伐。功也。疏云數數自伐其功。單子語諸大夫曰。溫季其亡乎。位於七人之下。孔疏此時欒書將中軍。士燮佐之。郤錡將上軍。荀偃佐之。韓厥將下軍。荀罃佐之。郤犨將新軍。郤至佐之。是位在七人之下。而求掩其上。稱已之伐掩上功。怨之所聚。亂之本也。多怨而階亂。何以在位。怨為亂階。夏書曰。怨豈在明。不見是圖。逸書也。不見細微也。疏云。夏書五子之歌。將慎其細也。今而明之。其可乎。陳傳言郤至所以見殺。

見三按鄢陵之役。自以至功為最。但身為偏裨。越分出謀。已

為主帥所忌避謗且不遑況敢數稱其伐乎曲端大將才也祇與張浚意見不合讒言交搆遂為所殺識者憐其寃未嘗不傷其戇若至者小有才未聞君子之大道適以自殺其身而已

經丁亥十有七年春衛北宮括帥師侵鄭（杜解括成公曾孫）。夏公會君子單子晉侯齊侯宋公衛侯曹伯邾人伐鄭（晉未能服鄭故假天子威周使二卿會之晉為兵主而先尹單尊王命也單伯稱子蓋降爵）六月乙酉同盟於柯陵（鄭西地）。秋公至自會。齊高無咎出奔莒。九月辛丑用郊（通說九月用郊非時也蓋諂神求福耳如秦苻堅為王猛病親祈南北郊之類按九月非郊之時而用郊之禮非禮也劉敞以為用人謬甚）。晉侯使荀罃來乞師（將伐鄭）冬公會單子晉侯宋公衛侯曹伯齊人邾人伐鄭（鄭猶未服也）十有一月公至自伐鄭。壬申公孫嬰齊卒于貍

脤地闕。劉炫杜云，十一月無壬申，此壬申卒之，何？春秋故史也，有所不革。○十有二月丁巳朔日有食之。○邾子貜且卒。定公卒，宣公貜立。貜俱縛反。○晉殺其大夫郤錡、郤犨、郤至。○楚人滅舒庸

傳十七年春王正月，鄭子駟侵晉虛滑，杜解：晉二邑。滑，故滑國，為秦所滅，時屬晉，後屬周。衛北宮括救晉，侵鄭，至於高氏。按今河南禹州。夏五月，鄭太子髡頑、侯獳鄭大夫為質於楚，楚公子成、公子寅戍鄭。公會尹武公、單襄公及諸侯伐鄭，自戲童至於曲洧。按戲童今河南杞水縣，曲洧城臨洧水，今洧川縣。○戲許宜反

見三按鄢陵敗後，鄭猶敢奉楚命侵晉，已伏三駕之根。晉厲無道，獨能數合諸侯，力捍強氛，晉悼復霸，實基於此。

晉范文子反自鄢陵，前年鄢陵戰還。使其祝宗祈死，祝宗主祭祀祈禱者。林解：祝，太祝；宗，

來元成曰：晉士燮反自鄢陵，使祝宗祈死，果死矣，不見三郤之難、厲公之

弑死而心安者也、魯叔孫婼自鑄歸、知季孫有異志、使祝宗祈死、卒死矣、然見君之出也、不見君之入也、其有貴恨於九京者乎、

周大章曰、以士燮之賢、三郤之禍、自然不及、書偃之謀、斷然不為、不死可也、然君弑而賊不能討、與之同朝可乎、文子祈死、益恨為韓厥等所為耳、人固有生不如死者、此其是矣、

彭家屏曰、主闇臣奸、同亂將作、即不勝楚、為憂方大、況重之以鄢陵之功、愈滋其驕橫之氣哉、文子深慮遠識、未戰則欲休兵、既戰則使祈死、良臣心苦、最是感人、後世如晉武平吳、山濤安默、其亦有見於茲事也夫、

宗人、曰、君驕侈而克敵、是天益其疾也、難將作矣、愛我者、唯祝我使我速死、無及於難、范氏之福也、六月戊辰士燮卒、傳言厲公無道、故賢臣憂懼、因禱自裁、疏云、何休膏肓、以為人生有三命、有壽命以保度、有隨命以督行、有遭命以摘暴、未聞死可祈也、故杜以為因禱自裁。祝之又反、

黃鄴林曰、范武子之請老、辟郤克之怒也、范文子之祈死、辟厲公之侈也、武子出之以從容、文子出之以激烈、要不失嫡傳家法、然為武子易、為文子難、蓋郤克所怒在齊、勝齊則怒平、而禍解、厲公之侈在欲去諸大夫、橫如三郤、奸如欒荀、既理諭之不能、復勢禁之不可、坐視君父之急、而袖手不救、如若韓厥士匄之所為、如大義何、若必與欒荀為敵、不勝則君亡而范氏亡、勝則君驕而范氏亦亡、故不曰晉國之福、而曰范

氏之福此則文子之苦衷不堪為外人道者愛我者唯祝我而文子竟死矣而范氏得全矣

見三按春秋祈死者前有范文子後有叔孫昭子皆千古血性人也而所以處死者不同昭子內為家臣所持外為季氏所責處不得不死之勢不死則無以對君無以對國且無以對天下後世死猶恨其晚矣文子當國難將形所當從容補救以弭殷憂上消三郤之禍下戢書偃之奸而匠麗氏之亂可以不作即或事變猝乘亦何難如孔父仇牧所為從厲公於地下豈非大義昭著哉嗟夫人誰不死死或重於泰山或輕於鴻毛若文子之死其猶未聞道也歟

乙酉同盟於柯陵尋戚之盟也戚盟在十五年

賀仲軾曰：一婦人內亂，大臣不安其位，殺戮相尋，故為國者不可不謹於閨門之內也。孔之達曰：君子處無道之國，每以正言賈禍，蓋君子既出一言，久而忘之，小人欲報其恨，則凝神注目，如貓伺鼠，見机即擒，若聲孟子惡鮑牽，因索客閉門，即行其譖是也。漢唐從黨人坐此正多，不可為法。

姜白巖曰：此為齊高無咎出奔傳，却阬阬歸咎國武子。是時齊靈年非幼矣，國武為政，聞悟悉，豈不懷中冓之恥，去慶克一吏之力耳，乃遽召責之，遂使夫人與君與我為讎，是鮑莊之刖、無咎之奔、高弱之叛，皆國子貽之戚也。傳引聖言譏鮑莊不知，攻人陰事，必度其人而後言之，若國武

楚子重救鄭，師於首止，諸侯還。畏楚強

見三按，以天子之命卿，合六國之諸侯，而不能服一鄭，無貴乎同盟矣。不能服鄭，且遇楚師而還，又無貴乎同盟矣。王靈之替，王替之也，抑晉替之也。

齊慶克慶封子通於聲孟子，與婦人蒙衣亦為婦人服，與婦人相冒乘輦而入於閎。巷門。疏云：《釋宮》云：宮中衖謂之壼，衖門謂之閎。鮑牽鮑叔牙曾孫見之，以告國武子。武子召慶克而謂之。慶克久不出，慚卧於家，夫人所以怪之。而告夫人曰：「國子讁我。」讁，責也。夫人怒。國子相靈公以會，會伐鄭。高、鮑處守。高無咎、鮑牽。及還，將至，閉門而索客。（統箋）公未入，高鮑閉門蒐索姦人。索，所百反。孟子訴之曰：「高、鮑將不納君，而立公子角。」頃公子。國子知之。秋七月壬寅，刖鮑牽而逐高無咎。無咎奔莒，高弱無咎子以盧叛。盧，高氏邑。齊人來召鮑國

子者、不能除奸、適以賈禍、責鮑莊深責國武也、

而立之、國牽之弟文子初鮑國去鮑氏而來、為施孝叔臣、施氏卜宰、匡句須吉、卜立家宰。句其俱反施氏之宰有百室之邑、與匡句須邑、使為宰、以讓鮑國而致邑焉、施孝叔曰、子實吉、對曰、能與忠良、吉孰大焉、（左）㬇吉在薦賢、而不在自為之、鮑國相施氏忠、故齊人取以為鮑氏後、仲尼曰、鮑莊子之知不如葵、葵猶能衛其足、葵傾葉向日以蔽其根、言鮑牽居乱不能危行言孫、

黃鄉林曰、袁婁之盟、國佐以三寸舌、抵十萬師、亦春秋名大夫也、乃忠勇足以折強鄰之怒、不足以戢宵小之奸、直言招過、後人多議之、意其人必尚氣概、好議論、疾惡太嚴、而治奸無術、戇直之心、出以粗疏、鮮未有不賈禍者、若漢之清議、明之東林、其黨其可鑒者也、

十六

賀仲軾曰：十六年秋，尹子會伐鄭矣；夏，尹子、單子會伐鄭矣；此則單子又會伐鄭矣。三勤王卿，不能治一小國，安以王爲？所以然者，王非能討有罪，爲晉役耳；晉非能奉王命，假之以挾鄭耳。晉不顧褻王靈，避楚而還，王亦以不褻威爲恥。此一役也，王室陵替，鄭之罪不可勝誅，而諸侯皆不能辭咎。不有晉悼三駕之師，中夏其肝食乎。

見三按：宋廣平因二張亦因其僭踰而責之，故武后憚其剛方而陰戒二張不得犯其法。若發其陰私，身且不保，安能鋤奸？士君子處國家危疑之際，當學宋文貞之權變，慎勿輕躁僨事，如國佐之身敗名裂，且累及無辜也。魯桓公責文姜，國武子責慶克，皆以取殺。凡此等事，決無中立之勢，必須胸有定局，然後可發，否則姑隱忍以待之耳。

冬，諸侯伐鄭。前夏末得志故。十月庚午，圍鄭。楚公子申救鄭，師於汝上。

十一月，諸侯還。不書圍，畏楚救，不成圍而還。

見三按：晉三假王命伐鄭，春秋屢書，辭繁而不殺，何也？楚勢甚强，且挾鄭爲援，睥睨列國，不有晉厲假王靈以薄伐，其憑陵當何如者？雖伐楚不服，不猶愈縱彼肆行而莫之忌耶？春

秋但書晉之伐，不書楚之救，其與晉可知矣。

初，聲伯夢涉洹，（按：水名。今河南林縣西北林慮山，洹水所出也。○音桓）或與己瓊瑰，食之，（瓊，玉也；瑰，珠也。食珠玉，有含象。○瑰，古回反；含，戶暗反）泣而為瓊瑰，盈其懷。（淚下化為珠玉，滿其懷）從而歌之曰：「濟河之水，贈我以瓊瑰。歸乎歸乎，瓊瑰盈吾懷乎。」（從，就也。夢中為此歌）懼不敢占也。還自鄭，壬申，至於貍脤，（貍，力之反；脤，市脤反）而占之，曰：「余恐死，故不敢占也。今衆繁（猶多也）而從余三年矣，無傷也。」言之，之莫而卒。（○莫音暮）

見三按：聲伯，魯之賢公族也。父叔肸不義宣公，終身不仕，春秋賢之。聲伯奉使，四日不食以待晉師，三年不歸以保魯國，折郤犨之佞，表季孟之賢，卒令范文子稱為善人而從其請，可謂鐵中錚錚。瓊瑰之夢，幻入非非，始而食，繼而泣，終而歌，

姜由巖曰，慶克罪不容誅，而佐擅殺之，則非也；以穀叛，非也。靈昏已甚，而聲孟之昵信深，徐關之盟，其可恃乎。

忠臣憂國，泣有懷，歌有思，即寢食亦有難安者。瓊瑰殆其血淚之所化歟？抑或珠玉在前，使人形穢。美聲伯即以刺僑如、行父諸人歟？貍脤道卒，經備書之，以見聲伯不避艱險，為國亡軀。彼季孫者，儌倖歸國，幽國母，刺君弟，倒行逆施，反得老死牖下，非天道之無知，正魯國之不幸也。然而聲伯不死矣。

齊侯使崔杼為大夫，使慶克佐之，帥師圍盧。討高弱國佐從諸侯圍鄭，以難請而歸。請於諸侯遂如盧師，殺慶克。疾克淫亂故以穀叛，齊侯與之盟於徐關而復之。霜注傳見所以不告叛十二月，盧降。使國勝國佐子告難於晉，待命於清。使以高氏難告晉，齊欲討國佐，故留其子於外，為明年殺國佐傳。按山東唐邑縣東南有清城。

黃鄉林曰：是時齊魯皆有淫婦人作慝，僑如之奸尤勝慶克

十倍乃僑如出奔而慶克反得行其譖者穆姜僑如宣淫不禁公察其情又得孟獻子居中參贊故計無所施孟子慶克暗地勾通蒙衣入閎靈殊夢夢國子不能痛哭流涕密陳君聽名而譎之既發人之陰私閉門索客又授人以口實如盧擅殺據穀以叛尤犯無將之戒故靈始終不悟卒用崔慶以禍國皆國子謀國之不臧也讀此傳而知孟獻子之守居聲色不動潛弭奸謀其識見遠矣

見三按國佐擅殺慶克復據穀以叛種種跋扈情同悖逆不特聲孟子怨之靈公亦忌之矣內宮之難其能免乎後世如魏元忠之奏二張燕欽融之劾二客皆以危言取禍況佐之剛愎而復出之以躁率乎士君子居無道之邦當知危行言孫慎

姜白巖曰：此叙三郤及弒厲之由，以欒書為主。三郤肆横，勢出書上，而至才遠過於書，皆書所深忌也。公欲去羣大夫，立左右，書偃弒君已决於此。而羣嬖怨三郤，書因結羣嬖圖之。三郤去，則羣嬖與公在其掌握，此書之本謀也。先使公子茷誣郤至，而已從旁證之，又使公自覘之。茷之言達於公，羣嬖達之也；往覘之，羣嬖覘之也。而三郤危矣。胥童、長魚輩知書偃亦怨三郤，出力為書除之，因而并除書偃，此胥童等之本謀也。然書偃之謀，胥童等已了然，而胥童之并謀書偃者，書偃不及知也。及三郤既尸，君羣嬖以甲劫書偃於朝，迅雷不及掩耳。二子自分必死，而公乃云不忍，則人將忌君矣。獨是郤至之不出奔也，固皆可得志，而從容就義，守信待命，觀其正色以拒郤錡，君臣之義，懔若冰霜，傳極為郤至出色。正深惡欒書、韓厥、士匄疾視君死，舉朝更無明大義者，如郤至不死，必能討賊，此欒書之所以必去三郤也。

勿自頁其直而以身冒不避也。

晉厲公侈，多外嬖。（杜解）愛幸大夫。反自鄢陵，欲盡去羣大夫而立其左右。終如士燮言。胥童以胥克之廢也，怨郤氏，童，胥克之子。宣八年郤缺廢胥克。而嬖於厲公。郤錡奪夷陽五田，五亦嬖於厲公。郤犨與長魚矯爭田，執而桔之，桔械也。與其父母妻子同一轅。繫之車轅。既，矯亦嬖於厲公。欒書怨郤至，以其不從己而敗楚師也，欲廢之。鄢陵戰，欒書欲固壘，郤至言楚有六間以取勝也。使楚公子茷告公曰：此戰也，郤至實召寡君，鄢陵戰，晉囚公子茷以歸。（杜解）郤至嘗使楚，故言至召楚君。以東師之未至也，齊魯衛之師。與軍帥之不具也，荀罃佐下軍居守，郤犨將新軍乞師，故言不具。曰：此必敗，吾因奉孫周以事君。按孫周，晉襄公曾孫惠伯談之子，悼公也。君，楚王。公告欒書，書曰：其有焉。不然，豈其死之不恤而受敵使乎？謂鄢陵戰時，楚子問郤至以弓。君盍嘗試也使諸周而察之。郤

至聘於周、欒書使孫周見之、公使覘之（伺也）信、遂怨郤至、厲公田、與婦人先殺而飲酒、後使大夫殺、（傳言厲公無道先婦人而後卿佐林解田獵之禮尊者先殺）郤至奉豕、（進之於公）寺人（奄士）孟張奪之、郤至射而殺之、公曰季子（郤至）欺余、（厲公反以為郤至奪孟張豕）厲公將作亂、胥童曰必先三郤、族大多怨、去大族不偪、（不偪公室）敵多怨有庸、（討多怨者易有功）公曰然、郤氏聞之、郤錡欲攻公曰雖死、君必危、郤至曰人所以立信知勇也、信不叛君、知不害民、勇不作亂、失茲三者、其誰與我、死而多怨、將安用之、（言俱死無用多其怨咎）君實有臣而殺之、其謂君何、（林解言不可謂君何）我之有罪、吾死後矣、若殺不辜、將失其民、欲安得乎、（言不得安君位）待命而已、受君之祿、是以聚黨、有黨而爭命、（爭死命也）罪孰大焉、（傳言郤至無反心）壬午、胥童夷羊五帥甲八百、將攻郤氏、（八百人也）長魚矯請無用衆、公

使清沸魋嬖人助之、抽戈結衽裳際而僞訟者、僞與清沸魋訟厤解僞若二人將訟曲直於郤氏者三郤將謀於榭、講武堂矯以戈殺駒伯郤錡苦成叔郤犨於其位、所坐處也溫季曰、逃威也、遂趨、郤至本意欲稟君命而死、今矯等不以君命而來、故欲逃、出賊為害、故曰威言可畏也、矯及諸其車、以戈殺之、皆尸諸朝、陳其尸於朝胥童以甲劫欒書中行偃於朝、矯曰、不殺二子、憂必及君、公曰、一朝而尸三卿、余不忍益也、對曰、人將忍君、人謂書與偃臣聞亂在外為奸、在內為軌、御姦以德、德綏遠御軌以刑、刑治近不施而殺、厤解不施德於三郤而遽殺之、不可謂德、臣偪而不討、不可謂刑、德刑不立、姦軌竝至、臣請行、去也遂出奔狄、公使辭於二子、辭謝書與偃曰、寡人有討於郤氏、郤氏既伏其辜矣、大夫無辱、其復職位、胥童劫而執之、故云辱皆再拜稽首曰、君討有罪、而免臣於死、君之惠也、二臣雖死、敢忘君德、乃皆歸、

公使胥童為卿。公遊於匠麗氏。嬖大夫家欒書中行偃遂執公焉。召士匄。士匄辭。不往召韓厥。韓厥辭曰。昔吾畜養也於趙氏。孟姬之讒。吾能違也。去兵。韓厥少為趙盾所待養。及孟姬之亂。晉將討趙氏。而厥去其兵無所助。孟姬乱在八年。按去兵謂不持刀共討也。古人有言曰殺老牛莫之敢尸。主也而況君乎。二三子不能事君。焉用厥也。按厥之言與歸生無異見厥句皆賊黨而與聞乎故也。

黃鄉林曰。郤氏席寵三世。三卿三窟。其家屬可敵國之半。設使謀之不臧。三郤併力搀戈入室。不獨童五矯為李訓鄭注之流。勢成奇貨。屬必見劫。此時塗炭。尚忍言哉。故非欒書為主。必不能殺三郤。既去三郤。即不能不弒君。與三嬖長魚矯識禍機先。藉其謀以殺三郤。即乘其隙以劫書偃。姦軌數語直褫欒書之魄。請行奔狄。不與胥童之難。亦奇哉。

見三按三郤權貴也欒書權奸也權貴得志必至於滅族權
奸肆志必至於弒君此古今之大畧也郤氏自冀缺為卿敬
慎自持素孚人望克繼為政戰鞍勝齊歸功於僚佐亦保家
之主也其子三人並列正卿犨貪而錡傲同朝多忌之至少
最賢而有才畧唯不能深自韜斂驕泰則有之其於悖逆不
法之事則無也欒書貌為謙恭心存殘刻初殺同括欒首為
黴黨淫人而滅世族其陰賊尚可問哉鄢陵獲勝功成志滿
既忌三郤之勢居於其上尤忌郤至之才出於其右乘厲公
之汰侈內結胥童外聯荀偃造作蜚言搆成大獄其譖郤至
也即滅三郤之漸也其滅三郤也即弒厲公之兆也長魚矯
梟雄陽與同謀出其不意遂刼書偃先發制人可為千古鋤

高柳崇曰、楚既摧敗、而餘烈猶足以滅國、使得志於鄢陵、則毒被華夏、可勝言哉、厲公有宏才而無令德、是以威震於外、而亂生於內、其身雖不終、功亦足錄也、

姜白巖曰、童以甲劫書偃、故以怨殺之、若夷羊五、清沸魋、六七人、皆書素與謀者、不然何

奸之良法、厲胡不忍、放虎為患、不施而殺、既失於前、偏而不討、又誤於後、德刑不立、姦軌並至、長魚矯去而公孫矣、匠麗被執、遷延三月、曾莫之救、雖有韓獻子持論侃侃、究不能明大義以聲天討、書偃之氣燄固可知矣、悼公新立、誅不臣者七人、亦足以寒權奸之胆而弒逆之賊竟置不問、非其才有未逮、亦其勢有不能也、嗚呼、士燮之智過人遠矣、

舒庸東夷國人以楚師之敗也、道吳人圍巢、伐駕、圍釐虺、巢、駕、釐、虺、楚四邑、按今俱江南廬州府境、遂恃吳而不設備、楚公子橐師襲舒庸、滅之、

見三按無備必亡、況小國乎、欺其新敗、導吳伐楚、尤其取亡之道、

閏月乙卯晦、欒書中行偃殺胥童、以其劫己故、民不與郤氏、胥童道

待悼公之逮哉、

君為亂、故皆書曰、晉殺其大夫、按晉以郤氏失民、胥童道乱告、補注胥童不以兩下相殺書者、見三按厲公之禍、半由外嬖釀成、胥童其首惡也、厲既被執、童亦安能獨全、乃知長魚矯奔狄、真是小人之尤書偃當国以國討告耳、

經戊子十有八年春王正月、晉殺其大夫胥童傳在前年、經在今春、從告、。庚申晉弑其君州蒲按晉人立襄公少子捷之孫周、是為悼公、齊殺其大夫國佐國武子也。公如晉。夏楚子鄭伯伐宋宋魚石復入於彭城宋邑、按今江南徐州、。公至自晉。晉侯使士匄來聘。秋杞伯來朝。八月邾子來朝。築鹿囿築墻為鹿苑。己丑公薨於路寢。冬楚人鄭人侵宋。晉侯使士魴來乞師。魴音房十有二月仲孫蔑會晉侯宋公衛侯邾子齊崔杼同盟於虛朾地闕、陳傳崔氏奔衛、書齊崔杼者何、齊納以為大夫也、而杼當

賀仲軾曰：弒州蒲者，欒書、中行偃，經書曰晉弒其君，何也？罪晉人也。州蒲之執在去年十二月，歷時不為不久，而為之臣者無及於難也。當時晉之世臣，如韓厥等，與欒書、中行偃皆勢均力敵，足以相制，乃坐視莫救，雖曰州蒲無道，然既食其祿，又安得老牛視之，乃終無一人起而問之者，則是利書、偃之為，而人有同心，然後二人知衆意之所在，而安意行之。使當日有臣如范文子，厲決不死，即死，亦必如有孔父、仇牧以身殉之者，則又安得獨罪二人耶。嗚呼！晉厲，伯國之君也，一旦身弒，至比之屠一老牛，而弒之者安然無恙，舉世不以為異，則君臣之道喪也極矣。

周大章曰：弒舊君，立新君，人人有定策邀功之想，悼說到始願不及此，而歸之於天，則絕大功勞都成雪淡矣。抑令求君以下，使有大權獨攬，不肯下移之意，又嚴勁，又和婉，強臣悍族對之，無不削色，十四歲人而能如此，真復霸令主也。最是用我今日否

國，齊之禍，靈為之。○他丁反。○丁未，葬我君成公。

傳 十八年春王正月庚申，晉欒書、中行偃使程滑（杜解）晉大夫弒厲公。（補傳）弒君者當國赴，不言賊主名，故書國以弒。葬之於翼東門之外，以車一乘。言不以君禮。葬諸侯車七乘，疏云：周禮大行人上公貳車九乘，侯伯七乘，子男五乘，謂生時副貳之車也。其送葬亦當如之，按傳明不書葬厲公之故。使荀罃、士魴逆周子於京師而立之，悼公周。生十四年矣。大夫逆於清原，周子曰：孤始願不及此，雖及此，豈非天乎。言有命。抑人之求君，使出命也，立而不從，將安用君？二三子用我今日，否亦則今日，共而從君，神之所福也。對曰：羣臣之願也，敢不唯命是聽。（呂說）晉自靈之弒，權柄下移，到得厲弒之後，最是難為，悼公逆於清原，便與惠公相反，惠公賂中大夫，惟恐不得入，悼公先與要約而後肯入，天下事須是初做得是，若大阿倒轉，如何得伯業之興。庚午，盟而入，與諸大夫盟。館於伯子同氏，晉大夫家，館舍也。辛巳，朝于武宮，曲沃始命君。逐不臣者七

非今日西語、英氣逼人、未立即逐不臣者之人、眼明手辣、定廢雄略、千古第一。數行文字勃勃如生。

人。夷羊五之屬。周子有兄而無慧、不能辨菽麥、故不可立。菽、大豆也。麥殊形易別、故以為癡者之號。不慧、蓋世所謂自癡。

黃鄉林曰、悼公至清原、稱天者一、稱君者二。漢文帝至長安、西向讓三、南向讓再。英主潤達、氣象大約相同。然漢文以親藩入承大統、內有平勃為援、外有宋昌為輔、渭橋數語、昌可代明。文特虛讓而已。悼公作覊三世、又年方童穉、其在周也、未聞有人為之先容。其入晉也、未聞有人為之左右。而書偃輩又皆挾震主之威、恃援立之德、最難駕馭。乃下車侃侃、提出天字、直將權奸一齊壓倒。內無所援、外無所輔、以孤身而履危疑、定大業、古今來一人而已。漢文尚非其匹也。

見三按、新主初立、揮（懾）服羣臣、貴有驚人之語。夷吾謂里克曰、

周大章曰：國佐欲為君正家法，激於義憤，遂爾專殺，據穀以叛，誠不能無罪，然原其本心，卻自無他。靈公不能防閑其母，以淫亂著聞，既通慶克，又狎僑如，義渠繆毒，交接宮闈，曾舒徵之不如也。又受母譖而戮高鮑，致國佐無所發憤，起而殺之，為報仇，殺其父子，而於慶克則二子並封，何愛於淫人、彰恤春惡之若此！國佐可憫，齊靈不深可恥乎。

姜白巖曰：國子不能誅亂，而父子俱殉，謀之不臧，可為浩歎。禮也二字，幸之也，憫

微子則不及此。陽生語陳乞曰，微子則不及此。何其無君人之度。甚者如曹丕之語辛毗曰：君知我喜否？不待其作為，何如一出口，斷其為庸主矣。悼公曰：及此，豈非天乎？歸之於天，使賈充、褚淵輩無所措辭，求君出令數語，詞嚴義正，較之漢文帝代來時，尤為得體，真英主也。

齊為慶氏之亂難（杜解）前年，國佐殺慶克。故甲申晦（林解）故字當屬上句。齊侯使士華免（齊大夫）以戈殺國佐於內宮（夫人宮）之朝，（孔疏）士，官也。官掌刑政，故使殺國佐。蓋齊侯召（入與語）而殺之。師逃於夫人之宮（伏兵內宮，恐不勝）。書曰：齊殺其大夫國佐，棄命（林解）棄會伐鄭之命而先歸。專殺以穀叛故也。使清人殺國勝（國佐子，前年待命於清者）。國弱（勝弟）來奔。國〔王〕湫（國佐黨）奔萊。慶封為大夫，慶佐為司寇（封、佐皆慶克子）。既，齊侯反國弱，使嗣國氏，禮也（佐之罪不及不祀。韓子曰：國武子不能得善人而好

朱子曰晉悼公是甚次第才甚高只十四歲說話便有撩有縱纔歸晉做得便對當時晉室大段費力悼公便做得恁地好如久雨積陰忽遇天晴光景為之一新問勝桓文否曰儘勝但桓文是自己做起來悼公是現成基地某嘗謂晉悼公宇文周武帝周世宗三人之才一般都做得事都一做便成

姜白巖曰晉厲執負芻而歸師京師三代鄭而請王命頗知尊王者也若其功烈則自敗交剛而狄服戰鄢陵而楚替會鍾儀而吳通非碌碌矣乃以沐後

之也、

進言於乱同、是以見殺、

見三按齊靈祖護慶克何其昏瞶誘殺國佐何其陰殘蓋皆聲孟子為之也國佐殺而復反國弱尚合議故之條慶克死而並用佐封直是賞奸之典傳首為慶氏之故六字係左公書法見靈之殺佐為失刑而佐之被殺不稱其罪也

二月乙酉朔晉悼公即位於朝朝廟五日而即位也厲公殺絶故悼公不以嗣子居喪按疏云喪服小記與諸侯為兄弟者服斬鄭康成云謂卿大夫以下也與尊者為親不敢以輕服服之厲公是文公之曾孫悼是文公元孫有緦麻之親法當服斬則悼公不謂無服也夫義帝異姓漢王親為發喪而況入承其統禮當為其後乎然解葬行服當在討賊之後悼公不能討賊故槩乎未有聞焉始命百官始為政施舍已責施恩惠舍勞役止逋責逮鰥寡惠及微振廢滯起舊德匡乏困救災患匡亦救也禁淫慝薄賦斂宥寬也罪戾節省也器用時用民使民以時欲無犯時不縱私欲使魏相魏錡子

彌身予以惡謚，而悼公漫無設施。魏相、士魴輩，俱以先人之功任用，而曾不為公故君一叙其勤勞，夫豈大功至正之心哉。

士魴（士會子）、魏頡（魏顆子）、趙武（趙朔子）為卿（此四人其父祖皆有勞於晉國）。荀家、荀會、欒黶、韓無忌（韓厥子）為公族大夫，使訓卿之子弟共儉孝弟。使士渥濁（士貞子）為太傅，使修范武子之法（武子為景公太傅）。右行辛為司空，使修士蔿之法（辛將右行，因以為氏。士蔿為獻公司空也）。弁糾（欒糾）御戎，校正（主馬官）屬焉，使訓諸戎御知義（戎士尚節義。疏云：諸御謂諸御車之人）。荀賓為右，司士屬焉（孔疏：此司士蓋周礼司右若之類，為車右屬官），使訓勇力之士時使（勇力皆車右也。勇力多不順命，故訓之以共時之使。疏云：如國有千乘，乘有一右，皆令此官訓之）。卿無共御，立軍尉以攝之（省卿戎御，令軍尉攝御而已）。祁奚為中軍尉，羊舌職佐之。魏絳（魏犨子）為司馬，張老為候奄（林解：中軍主斥堠之官）。鐸遏寇為上軍尉，籍偃為之司馬（籍偃，籍談父，為上軍司馬），使訓卒乘親以聽命（相親以聽上命）。程鄭（荀氏別族）為乘馬御（乘車之僕也），六騶屬焉，使訓群騶知禮（六騶，六閑之騶。周礼諸侯有六閑馬。乘車尚礼容，故訓羣騶使知禮。疏云：每廄

為一閑閑有二百二十六匹騶掌駕之官邦国六閑之騶有一百八人皆程鄭總理之凡六官之長皆民譽也大国三卿晉時置六卿為軍帥故總舉六官則知羣官無非其人也舉不失職官不易方官守爵不踰德其業無相踰易疏云若文人為武武人為文則違方易務不能守其職矣爵不踰德量德授爵師不陵正旅不偪師平軍將命卿也師二千五百人之帥也旅五百人之帥也言上下有禮不相陵偪民無謗言所以復霸也此以上通言悼公所行未必皆在即位之年

黄薌林曰晉悼三駕功並晉文文之霸在訓民悼之霸在命官而命官之中即寓訓民之法知義知禮時使聽命盖較之示禮示義示信而直覺事半功倍文之傳曰一戰而霸開創氣象也悼之傳曰所以復霸中興氣象也

見三按晉悼之霸功與文公埒其入國較文公難文以佳公子而久孚衆望國人歸𠔏之大國送之又有三士為之輔弼

濟河以後事半功倍不勞而治悼則作覊三世內無與主外無雄藩孑然一身空所依傍時舊君被弒巨室擅權軟媚滋奸躁率激禍惟悼下車伊始持論侃侃足以褫權奸之胆而安反側之心不解十四歲之人竟有此雄畧也即位以後任賢使能朝局一新真有晦而復明之象文之傳曰一戰而覇悼之傳曰所以復覇蓋深許之也

公如晉朝嗣君也

見三按晉悼初立公即如晉以覘新政故小侯蟻附而邾杞先後來朝

夏六月鄭伯侵宋及曹門外（宋城門）遂會楚子伐宋取朝郟楚子辛鄭皇辰侵城郜取幽邱同伐彭城（朝郟城郜幽邱皆宋邑）納宋魚石向

洞燭楚人之情矣。末又進一層，即為宋憂晉必恤我，亦無足患也。可謂深知悼公之心矣。傳蓋發明經書復入之義，故于楚惡患者甚詳。

為人、鱗朱、向帶、魚府焉。五子以十五年出奔楚，獨書魚石，為帥告。以三百乘戍之而還。書曰復入，惡其依附大国，以兵威還，故書復入。凡去其國，國逆而立之曰入，謂本無位，紹繼而立。復其位曰復歸，亦國逆。諸侯納之曰歸，謂諸侯以言語告請而納之，有位無位，皆曰歸。以惡曰復入。謂身為戎首，稱兵入伐，害國殄民者也。此四條所以明外內之援，辨逆順之辭，通君臣取國有家之大例。劉氏曰：事與例合者少，與例違者多。陳說傳言楚人代宋以納魚石，故書入，難辭也。衛人弒其君以逆術，故書歸，易辭也。作例者殊失傳意。〔屬辭〕曰：入曰歸，曰復歸，或名或不名，皆從主人之辭。宋人患之。西鉏吾曰：宋大夫。○鉏，仕居反；吾音魚。何也？言何患也。若楚人與吾同惡，以德與〔於〕我，吾固事之也，不敢貳矣。惡謂魚石。大國無厭，鄙我猶憾。言已事之，則以我為鄙邑，猶恨不足，此吾患也。不然，而收吾讎，使贊其政，謂不同惡魚石，而用之使佐政。以間吾釁，亦吾患也。按楚如逐魚石五人，有德於我，因而鄙我，固可患可患也；倘不逐，逐而反用之，伺吾間，亦可患也。以起下文之意。今將崇諸侯之姦而披其地，崇，長也。謂楚令取彭城以封魚石。披，猶分也。以塞夷庚。吳晉往來

之要道也楚封魚石於彭城欲以絕吳晉之道逞姦而携服毒諸侯而懼吳晉携離也吾庸多矣非吾憂也且事晉何為晉必恤之

黃鄰林曰楚莊之納孔寧二人於陳也非愛二人也用陳之賊臣以毒陳也楚共之納魚石六人於彭城也非助六人也用宋之逆臣以毒天下也毒陳禍小毒天下禍大故西鉏吾以為非吾憂蓋逆知晉之必恤也

見三按晉謀通吳敝楚楚即謀絕吳困晉納叛臣戍彭城塞吳晉往來之路較楚莊納孔寧儀行父於陳尤為毒手成霸安彊必自宋始韓厥真善謀悼公真善斷也

公至自晉晉范宣子來聘且拜朝也拜謝公朝君子謂晉於是乎有禮有礼讓之禮

見三按晉悼修禮於諸侯，不以大國凌人，諸侯是以睦於晉，

而再霸之業成。

秋，杞桓公來朝，勞公，且問晉故，公以晉君語之。（語其德政）杞伯於是

驟朝於晉而請為昏。（為平公不徹樂張本。疏云：詩載驟駸駸，驟，疾行之名。）

見三按杞桓公來朝，雖曰勞公，寔震於晉悼之風聲，公語以

故，驟朝請昏，女得門楣，公固有作伐之功焉，日從杞田之罪（治）。

悼夫人不免忘本。

七月，宋老佐、華喜圍彭城，老佐卒焉。（言所以不克彭城）

見三按當時楚氛正惡，宋敢直圍彭城，以示無恐，此皆西鉏

吾之謀，所以激晉也。

八月，邾宣公來朝，即位而來見也。

見三按邾宣公之朝雖係即位來見亦因霸主新政規模可觀故東方小侯和睦皆思結魯以通晉

築鹿囿書不時也（非土功時（方解）晉楚爭衡勞役日駭強臣擅國毋幽名辱而自娛於苑圃可謂失其本心）

見三按許氏曰大夫擅國威權日去而公務自娛於鳥獸草木是謂冥豫在上何可長也

己丑公薨於路寢言道也（在路寢得君薨之道）

見三按築囿所以娛老也鹿囿未成宮車宴駕魂魄有知得無戀戀是鄉歟

冬十一月楚子重救彭城伐宋（使偏師與鄭人侵宋子重為後鎮）宋華元如晉告急韓獻子為政（於是欒書卒韓厥代為中軍）曰欲求得人必先勤之（勤恤其急）成霸安彊自宋始矣晉侯師於台谷（地闕）以救宋遇楚師於靡角

之谷、(宋地)楚師還、(畏晉強也)

見三按晉文之世先軫倡議救宋而霸業以成、晉悼之時韓厥定議救宋而霸業復盛、報施救患於是乎在成霸安彊、(彊)自宋而始老臣謀國直覺先後同揆、

晉士魴來乞師、(將救宋)季文子問師數於臧武仲、(宣叔之子)對曰伐鄭之役知伯實來、(荀罃)下軍之佐也、今彘季(士魴。直例反)亦佐下軍如伐鄭可也、(伐鄭在十七年)事大國無失班爵而加敬焉禮也、從之、(從武仲言)

見三按晉悼少年初立威信未孚而修禮於諸侯、是為能用諸侯、季(文)武子問師數臧武仲請加敬、均有善事大國之意望國如此而諸侯之和睦可知、霸業安得不成、

十二月孟獻子會於虛朾、謀救宋也、宋人辭諸侯、而請師以圍

彭城、（不敢煩諸侯、故但請其師、為襄元年圍彭城傳。）孟獻子請於諸侯而先歸會葬、丁未葬我君成公、書時也、（薨於路寢、五月而葬、國家安靜、世適承嗣、故曰書順。）見三按晉悼初立、即能為此會、以同恤患難、大義所發、先聲奪人、三駕之功、基於此矣、宋辭諸侯而請師圍彭城、魯請於諸侯而先歸會葬、想見霸主英明、一時諸侯均能盡禮、此楚所以卒莫能與爭也、

六

八閩文庫

文獻集成

216

福建文獻集成

續編 經部 一六

吴格 主編

海峽出版發行集團
THE STRAITS PUBLISHING & DISTRIBUTING GROUP
福建人民出版社

本册目次

春秋左傳精義五十卷（卷二四至卷三五）

［清］長樂黃一桂輯　［清］長樂黃見三補輯

福建師範大學圖書館藏稿本

9

襄公上

列國時事

襄公之世悼平復覇之秋也然十六年以前晉悼之服鄭也息民三駕而有餘十七年以後晉平之服齊也諸侯七合而不足蓋虎牢城而諸侯戍勝算在我鄭成而楚莫敢爭故蕭魚之赦徧告諸侯假寵且通於周室溴梁會而大夫張乾綱下移齊貳而楚益肆故弭兵之盟讓楚先歃失霸遂訖乎春秋要之得失之數都由自取如楚共之不能爭鄭以其奔命於吳而其釁皆原於鄧廖之簡組甲趙武之不免讓楚以其不能於齊而其端實始於范宣之假羽毛蓋自綿上大蒐以後偃匄二賊朋比為奸政以賄成置衛不討師無成命伐秦無成平陰雖走齊靈之駕純門已來子午

之師而商任沙隨至以一適臣之故重煩列國之君曲沃
之入茍非樂王鮒從容畫策將盈亂於內齊攻於外晉其
危矣豈特朝歌之伐已哉趙武繼政不思修德以懷諸侯
惟知弭兵以混華夏晉貪弭兵之名以求一時之利楚即
借弭兵之說以收天下之霸權南北分霸小國共屬是直
以諸夏之權授之荊楚而令諸侯奔走於夷狄之邦此又
春秋一大變也　襄三年簡練之師為吳楚爭强之始十
四年遷延之役為秦晉交兵之終二十八年弭兵之盟為
南北分霸之始又一部大關鍵處本馮李驊

春秋左傳精義卷二十四

閩中　薌林黃一桂　輯　男心垣見三　補輯

襄公一孔疏魯世家名午成公之子定姒所生以簡王十四年即位謚法因事有功曰襄

經己丑元年春王正月公即位杜解於是公年四歲○仲孫蔑會晉欒黶宋華元衛甯殖曹人莒人邾人滕人薛人圍宋彭城○夏晉韓厥帥師伐鄭仲孫蔑會齊崔杼曹人邾人杞人次于鄫鄭地書次兵不加鄭次鄫以待晉師○秋楚公子壬夫帥師侵宋○九月辛酉天王崩辛酉九月十五日○太子泄心立是為靈王○邾子來朝○冬衛侯使公孫剽來聘剽黑背子○剽匹妙反○晉侯使荀罃來聘冬者十月初也王崩赴未至皆未聞喪故各得行朝聘之禮而傳善之○楊氏曰禮諸侯為天子斬衰天子以九月崩當月即邾子來朝冬初即晉衛來聘知訃未至猶二十九年吳子餘祭五月弒

周大章曰彭城宋地楚爲得而取魚石叛楚爲得而封追書宋地所以正疆城不登叛人所以正君臣此春秋書法之意也

訃未至魯故季札以六月至魯仍行聘事亦此類也

傳元年春己亥圍宋彭城非宋地追書也〔杜解〕成十八年楚取彭城以封魚石故曰非宋地夫子治春秋追書繫之宋按望溪謂上無伐某國之文安得不言宋彭城以傳為誤非也晉師虞師滅夏陽不繫以號齊國夏衛石曼多圍戚不繫以衛其上並無伐號伐衛況此彭城已非宋有可知史本無宋字而夫子增之也之文於是為宋討魚石故稱宋且不登叛人也登成也不與其專邑叛君故使彭城還繫宋謂之宋志稱宋亦以成宋志彭城降晉〔補注〕晉降彭城而歸諸宋見後二十六年傳邑不言降與郕鄟小國異晉人以宋五大夫在彭城者歸寘諸瓠邱五大夫魚石向為人鱗朱向帶魚府〔發微〕所以抑強夷而黜叛臣也〔意林〕取而不貪怒而不暴瓠邱晉地按今在山西恆曲縣東南齊人不會彭城晉人以為討二月齊大子光靈公太子為質於晉〔補注〕傳為三年書先會起

黃鄭林曰彭城降晉即赦不罪取而不貪怒而不暴庶幾人仁義之師後此三會九合儆楚而不與楚戰皆此心也但叛國

之賊、莫正典刑、馴至末年孫甯逐君而不能討、仁厚之過、網
漏吞舟不能不為悼咎焉。
見三按此晉悼復霸之首也。彭城淪沒、吳晉不通、不特病宋、
並以病晉、且為諸侯病焉。虛打一會、諸侯協從、北杏者桓霸
之始、救宋者文霸之始、圍宋彭城者悼霸之始、成霸安疆、必
自宋始、功紹桓文、威振夷夏、韓獻子之謀遠矣、惜五臣大逆
僅寘郲卯、亂賊不誅、用長奸究、是亦晉人之失刑爾。
夏五月、晉韓厥荀偃帥諸侯之師伐鄭、入其郛、敗其徒兵步兵於
洧上。洧、水名、按今在河南西華縣境。於是東諸侯之師次于鄫、以待晉師。齊魯曹邾
杞【陳傳】言諸侯之師所以不書會晉師、晉師自鄭以鄫之師侵楚焦夷及陳。於是孟獻
子自鄫先歸、不與侵陳楚、故不書、晉侯衛侯次於戚、以為之援。為韓厥援【陳傳】傳言經所以不

姜曰嚴曰、楚納叛人、而鄭為之鷹
犬、諸姬之恥也、不聲其罪、無貴盟主
矣、乃二將帥師、敗徒兵於洧上、而諸侯
次鄫、以為之援、又移師侵楚焦夷及
陳、而晉衛次戚、以為之援、先儒以其
不盡人之力、為有制之師、吾以為示
兵力之有餘、而不取必於鄭之服、
無欲速之心、尤足嘉也、

書二秋楚子辛救鄭、侵宋呂留、（按二縣今俱在江南徐州境、）鄭子然侵宋、取
君、
犬邱、（今河南永城縣北有犬邱集、）
見三按圍彭城是伐叛、移兵伐鄭是討貳、一兵分為兩路、一
從伐鄭、一則次鄭借諸侯以為援、即示楚鄭以有餘、此皆兵
法之善者、楚師侵宋本以救鄭、而經不書者、以鄭背華即夷罪
有可伐、不予楚以能救之名也、
九月、邾子來朝、禮也、（邾宣公）冬衛子叔晉知武子來聘禮也、凡諸
侯即位、小國朝之、大國聘焉、以繼好結信謀事補闕、禮之大者
也、（闕猶過也、禮以安國家利民人為大、）
見三按胡傳責諸侯不奔王喪、而行朝聘之禮、如越人視秦
人肥瘠然、詞義甚正、蓋是時簡王新崩、赴即未至、斷無不聞

姜白巖曰、晉伯甫興、列國有邦交之禮、講信脩睦、藹然可觀、葉氏引周官以詆之、亦未考當日時勢耳、

喪之理、自當徹樂變禮、以待王使、三國無哀戚痛君父之心、
而朝聘於魯、魯不能裁三國以禮、而受其朝聘、皆非禮之甚
也、左氏以爲禮、特言其常、而未知其變矣、

經庚寅二年春王正月葬簡王〔杜解〕五月而葬速鄭師伐宋書伐從告○夏五
月庚寅夫人姜氏薨襄公嫡母也○六月庚辰鄭伯睔卒○成公卒、子僖公髡
頑立、睔古困反○晉師宋師衛甯殖侵鄭○秋七月仲孫蔑會晉荀罃
宋華元衛孫林父曹人邾人于戚○己丑葬我小君齊姜齊諡也三
月而葬速○叔孫豹如宋豹子此始自齊還爲御○冬仲孫蔑會晉荀罃齊崔
杼宋華元衛孫林父曹人邾人滕人薛人小邾人于戚遂成虎
牢以逼鄭○楚殺其大夫公子申
傳靈王元年二年春、鄭師侵宋、楚令也、〔杜解〕以彭城故

周大章曰：師何為而出境，以賂衛而還，一乃字見夙沙衛之線索通神，靈公在其掌握，比皆百匹等字亦妙，如許馬牛，有目共睹，而公全然不知，真土木偶人矣。不謂之昏而謂之靈，冷儁可味，耐人尋思。

周大章曰：穆姜弃位而姣，美檟之擇，都屬浪舉，季孫御之失矣。取其美檟以葬齊姜，既使齊姜逆姑，又使襄公忘祖，逆理之大者。左氏責其不哲，猶屬寬假之辭。

見三按鄭僖甘心從楚，奉命侵宋，直蠻夷之鷹犬耳，不死何為。

齊侯伐萊。萊人使正輿子賂夙沙衛（齊寺人）以索馬牛皆百匹（簡擇好者。索，所白反）。○齊師乃還。君子是以知齊靈公之為靈也（謚法：亂而不損曰靈。言謚應其行）。

見三按豎刁漏師，沙衛受賂，春秋已然，至後世而奄人監軍、賄賂公行，貽禍烈矣。此齊靈之所以為靈也。

夏，齊姜薨。初，穆姜使擇美檟（梓之屬）以自為櫬（棺也）與頌琴（琴名，猶言雅琴。皆欲以送終）。季文子取以葬。君子曰：非禮也。禮無所逆，婦養姑者也。虧姑以成婦，逆莫大焉（穆姜，成公母。齊姜，成公婦）。詩（大雅）曰：其惟哲（知也）人，告之話（善也）言，順德之行（言知者行事無不順）。季孫於是為不哲矣（言逆德道）。且姜

氏，君之妣也（襄公嫡母，曰君之妣）。故詩曰：為酒為醴，烝畀祖妣，以洽百禮，降福孔偕（詩周頌。烝，進也。畀，與也。偕，偏也。言敬事祖妣，則鬼神降福。季孫葬姜氏不以禮，是不敬祖妣）。

見三按：行父相魯，事事懷私，一逆字盡之矣。而於齊姜之薨，取穆姜之美櫝以葬，尤為逆莫大焉。卿怨滅倫，居己於不義，一也；戲姑成婦，陷姜於不義，二也；順妣逆祖，致君於不義，三也。左氏於行父多怨辭，獨於此傳下一逆字，而其事為心術均可類推。

齊侯使諸姜宗婦來送葬（宗婦，同姓大夫之婦。人越疆送葬，非禮），召萊子（孔疏：使其送諸姜宗婦來魯者）。萊子不會，故晏弱城東陽以逼之（為六年滅萊傳。東陽，齊境上邑。按今山東臨朐縣東有東陽城）。

見三按：夔子之不祀祝融鬻熊，萊子之不送宗婦會葬，皆守

姜白巖曰、鄭成以集矢之恩、至死不回、故晉厲三伐、從楚如故、此悼公所以不急於得鄭也、然新君即位而朝楚、則楚交益固、師入其境、不以伐而以侵、遂示以服我而已、

禮之國也、而均以取禍、王伯不興、小國滅亡、無所控告、匪風下泉之嘆、豈獨曹鄶已哉

鄭成公疾、子駟請息肩於晉、欲辟楚役以負擔喩公曰、楚君以鄭故、親集矢於其目、謂鄢陵戰晉射楚王目非異人任、寡人也、若背之、是棄力與言盟誓之言其誰暱我、免寡人唯二三子、秋七月庚辰、鄭伯睔卒、於是子罕當國、攝君事、子駟為政、為正卿、疏云、子駟為政、已是正卿、此令子罕當國者、鄭間于晉楚、國家多難、成公顧命使之當國、非常法也、子國為司馬、晉師侵鄭、晉伐喪非禮（經筌）要其速從中國、非伐喪也、諸大夫欲從晉、子駟曰、官命未改、不欲違先君意（補正）官命猶言公命、按公羊傳無失官命

黃鄰林曰、虎牢之城、不能挽鄭之從晉、鄢陵之敗、反以堅鄭之從楚、成之偏佐以駟之狡、其甘為楚役、真是牢不可破、向

周大章曰：本是謀鄭，因以懾齊，能用良謀，又能獨杼偉論，操縱有法，所以諸侯咸服，一言之功賢於甲兵十萬，武子洵閎不可及。姜白巖曰：崔杼意不服晉，而滕薛小邾皆不至，則失齊，何以服鄭，更何以制楚也。蓋隱以招齊者屬之獻子矣。

非悼公九合三駕，親扳鄭於衽席之上，鄭其夷於九縣哉。見三捘子駟阿比僖公甘心從楚，其請息肩於晉，特假顧命以壓服諸大夫耳。司馬懿與諸葛亮（武侯）兵相持數月不敢戰，故上表請戰以服軍士，與此略同，皆奸雄之尤者。

會於戚，謀鄭故也。鄭久叛晉，謀討之。王氏源曰：悼公力不足以討書偪，然彭城之役，凡會盟聘伐，皆用韓厥、荀罃、士魴、士匄，而釁偃不與，此謹於操柄而得馭姦錯萌之道也。衛孫林父甫歸自晉，而獨操國事，所以卒釀逐君叛國之禍。孟獻子曰：請城虎牢以逼鄭。虎牢舊鄭邑，今屬于晉。知武子曰：善。鄫之會，吾子聞崔子之言，今不來矣。元年孟獻子與齊崔杼次于鄫，崔杼有不服晉之言，獻子以告知武子。滕薛小邾之不至，皆齊故也。三國齊之屬。寡君之憂不唯鄭。言復憂齊。罃將復於寡君，而請於齊。以城事白晉君，而請會之，欲以觀齊志。得請而告，吾（君）子之功也。得請謂齊人應命，告諸侯會築虎牢。若不得請，事將在齊。齊將伐。吾（君）子

方望溪曰、先儒謂虎牢不繫鄭、責鄭不能守險、非也、城楚丘緣陵皆不繫國、職方具在、書某地則知為某國也、若書城鄭虎牢、則似鄭已服而諸侯為之城以偪楚矣、

之請、諸侯之福也、城虎牢、足以服鄭、息征伐、豈惟寡君賴之、傳言荀罃能用善謀、

見三按本謀鄭也、兼謀齊、即借虎牢一役卜齊之順逆、真善於謀國者、齊順而鄭乃可圖、鄭服而楚失所恃、諸侯息肩、故城虎牢為天下之大計、

穆叔聘于宋通嗣君也、

見三按此叔孫豹見經之始、時襄方即位、宋平亦新立、故傳曰通嗣君、但齊姜甫薨、公在苫塊中而遣使通聘、誰東國成、季孫於是為不哲矣、

冬復會于戚、齊崔武子及滕薛小邾之大夫皆會、知武子之言故也、武子言事將在齊、人懼、帥小國而會之、齊遂城虎牢、鄭人乃成、如孟獻子之謀、

見三按虎牢鄭地、舊稱制邑、漢為成皐、今為汜水縣、岩險聞

姜白巖曰、賊吏伏法、以儆有位、楚所以終弱也、

於天下、猶虞之下陽、趙之上黨、魏之安邑、燕之榆關、吳之西陵、蜀之漢樂、地有所必據、城有所必守、故不戰而屈人之兵者、莫若據險而以勢偪之、献子善謀、知罃善斷、師不勞而楚自徹、鄭自服、則虎牢之所係豈淺鮮哉。

楚公子申為右司馬、多受小國之賂、以偪子重子辛、偪奪其權勢楚人殺之、故書曰楚殺其大夫公子申、言所以致國討之文傳見楚自公子申嬰齊壬陳傳夫為政、故不競于晉

見三按子申之殺、殺於貪也、子重子辛殺之也、蓋子重子辛子申皆貪也、貪與貪有相偪之形、貪與貪無相全之勢、故以伯夷遇盜跖、蕨薇猶可同歌、以盜跖遇盜跖、劍弩必將並發、金戈為錢、貝戎為賊、古人會意作字、垂戒深矣、彼昏不知貪

以敗類衆焚於口中之有齒，亹殞於臍中之有香。沉舟側畔千帆競張，僨車之塗萬馬迸發。子申之死直自取耳，夫何而子重見敗於吳，遂遘心疾；壬夫侵欲於陳，亦蹈顯刑。鏡以炤物而迷於反炤，帚以除穢而穢集厥躬。豈旁觀之盡哲，而當局則昏。雖天道之好還，亦人事所感。世之貪者盍鑒諸。

經辛卯三年春，楚公子嬰齊帥師伐吳。按吳楚爭彊自此始。○公如晉。夏四月壬戌，公及晉侯盟於長樗。孔疏近城之地。（杜鮮）晉侯出其國都，與公盟于外。公至自晉。○六月，公會單子、晉侯、宋公、衛侯、鄭伯、莒子、邾子、齊世子光，已未同盟于雞澤。周靈王新即位，使王官伯出與諸侯盟，以安王室，故無譏。（胡傳）上與王目要言，大與之道也。兩說互異。按王雖有命，晉自當辭。外楚功也。王曰亂與焉罪也。（林鮮）雞澤衛地。按今直隸廣平府東北。陳侯使袁僑如會。陳疾楚政，而來屬晉，本非名會，而自來，故曰如會。戊寅，叔孫豹及諸侯之大夫

賀仲軾曰吳楚之禍晉自為之晉自之禍嬰齊為之吳張而楚病楚病而嬰齊止貪利妬能而害人者〔通〕適足以自亡而已矣春秋書之所以為執政大臣狥私病國之戒也

姜白巖曰飲既至承克鳩茲來越三日而獲廖取駕之報至飲至之時正是師失將之日覺賀者在室弔者在門

及陳袁僑盟諸侯既盟袁僑乃至故使大夫別與之盟言諸侯之大夫則在雞澤之諸侯也殊袁僑者明諸侯大夫所以盟袁僑也秋公至自會○冬晉荀罃帥師伐許

傳三年春楚子重伐吳為簡〔杜鮮〕選練之師克鳩茲吳邑按今江南蕪湖縣東有鳩茲港至於衡山山則名使鄧廖帥組甲漆甲成組文三百被練練色三千皆戰備也以侵吳吳人要而擊之獲鄧廖其能免者組甲八十被練三百而已子重歸按子重自克鳩茲歸故不知鄧廖之敗既飲至三日吳人伐楚〔陳傅〕吳伐楚自此至二十五年始書之取駕駕良邑也鄧廖亦楚之良也君子謂子重於是役也所獲不如所亡楚人以是咎子重子重病之遂遇心疾而卒憂患故成心疾〔經筌〕終春秋之世楚無一日安枕者以吳犄其東也吳楚相攻中國之福也

黃薌林曰韓侂冑定議伐金而金愈強楚子重定計伐吳而吳愈熾古今無事人偏肯做難事兵敗國辱至於不可拾收

何義門曰：仲孫不能守周公之典以尊其君，而稽首於大國，又不能以禮拒大國之求而請屬鄫以供命，其不逮鄭子產遠矣。姜白巖曰：「天子在」三字，試問秦楚之君能知此否？晉順楚逆於是而分。然天子親踐祚，何以不稽首於天子之庭也？君臣之義

韓侂胄函首金庭，貽羞千古。若子重者，得遇心疾而卒，猶其幸焉耳。

見三按：朝嬰夕側，楚共之輔弼也，挾私怨殺無辜，以致巫臣啣恨報復，通吴敝楚，追原禍始，二人早應駢首市曹。子反已於鄢陵伏誅，子重猶擁高位，不思晚蓋以贖前愆，反思邀功以挑新釁，克鳩茲，至衡山，方欣飲至，旋報覆師，從此吴勢益張，不可制禦，皆子重之罪也。得遇心疾而卒，亦云幸矣。

公如晉，始朝也。夏，盟於長樗。公即位而朝。高氏曰：童子侯不朝王，不接以成人之禮也，豈可朝同列乎？按：行父屈君媚晉而已，安坐于國，可誅也。晉悼勤于用禮，故不以如忽之。孟獻子相，相儀。公稽首，頭至地。知武子曰：天子在，而君辱稽首，寡君懼矣。孔疏：周禮九拜，一曰稽首，諸侯事天子之禮也。孟獻子曰：以敝邑介在東表，密邇仇讎，謂齊楚與晉爭。寡君將君

不明、賢於如三大夫俱未見及、

周大章曰、鄭已服矣、吴又好矣、誰為不協、不協者齊也、既合諸侯以謀不協、本是謀齊、而不直言齊為不協、且請齊君臨之以謀不協、則齊雖寔不協、自難為不協

是望、敢不稽首、【陳傳】傳言諸侯事霸王如天子、

黄鄉林曰、禮童子侯不朝王、王且不朝、況列國乎、襄以五齡即位、於今纔三年耳、不朝天子而朝晋、至於稽首、此相者之過也、然晋不以童子侯而忽之、由國都與之盟、可謂盡霸主之道矣、魯前此湛露彤弓之賦、見鄙於甯俞、禮何其僭、今茲稽首之失、反詰於知罃、又何其卑、孟獻子素稱知禮、此舉未免貽笑大方、

見三按、稽首非禮也、蒙之盟且以不稽首見責、則世變愈極、而名分益淆矣、此時武子尚知有天子、

晋為鄭服故、且欲修吴好、鄭服在前年將合諸侯、使士匄告于齊曰、寡君使匄、以歲之不易、多難也不虞之不戒、寡君願與一二兄弟

也。一面恐喝，一面籠絡，詞令極妙。姜白岩曰：此會悼公有三意：一是鄭已服，不可不會鄭伯；一是欲修吳好，故待吳子；一是恐齊貳心，故會齊士匄，告齊，提出以謀不協，已射着齊侯。

魏世傚曰：小人以舉仇為難，君子以舉子為尤難。仇而不，不但存大公之心者能之，稍能克己者即能之。子則有自譽之嫌，而攖上下之疑，來讒慝之口，使非奚之德而無我，悼公之賢而不猜，安能如此。

彭家屏曰：人臣之道，莫大於以人事君。祁大夫內舉不失親，外舉不弃仇，其風尚矣。非公忠體國、心無私累，能如是乎。後世如蕭何之舉曹參，謝安之舉謝玄，曹彬之舉曹瑋，皆由是道歟。美闕於先

相見，以謀不協，請君臨之，使匄乞盟。齊侯欲勿許，而難為不協，乃盟于耏外。（與士匄盟。耏，水名。）

見三按：晉景服齊，輒勞大衆；晉悼服齊，只遣一卿，德禮不易，則攜貳自消也。漢南粵王趙佗驕蹇不法，文帝賜書以諭之，佗遂謝罪不遑。此可為後世駕馭強藩之法。

祁奚請老，晉侯問嗣焉。（嗣，續其職。）稱解狐，其讎也。將立之而卒。（解狐卒。○解音蟹。）又問焉。對曰：午也可。（午，奚子。）於是羊舌職死矣，晉侯曰：孰可以代之？對曰：赤也可。（職之子伯華。）於是使祁午為中軍尉，羊舌赤佐之。（各代其父。）君子謂祁奚於是能舉善矣。稱其讎不為諂，（媚也。）立其子不為比，舉其偏不為黨。（偏，屬也。孔疏：祁奚為軍尉，羊舌職佐之，職屬祁奚，是舉其屬也。）商書（洪範）曰：無偏無黨，王道蕩蕩，（平正無私。）其祁奚之謂矣。解狐得舉，祁午得位，

風動于後、故可行其意而不疑也、

伯華得官、建一官尉畢而三物成事也、能舉善也、夫唯善、故能舉其類、詩小雅云、惟其有之、是以似之、祁奚有焉、言唯有德之人能舉似己者也、

黄鄉林曰、舉仇疑於不直、舉子疑於不公、舉偏疑於不廣、故傳者先叙之、而即斷之曰不為謟、不為比、不為黨、總歸之唯善能舉、斯為探本之論、蓋古之休休有容者、未有本身不善者也、不然、薰蕕不同器、其能舉者有幾、

見三按、伯鯀殛而大禹可興、何有於仇、朱均黜而夏啟竟繼、各視其子、唯其公也、自春秋以世及為常、資格限人、英才抛腕、無論仇不得舉、即子之賢否、亦拘於嫡長之常、無所容其區別、當時佳話、如鮑叔之於管仲、可稱舉仇、魏舒之於魏戊、可稱舉子、趙文子之於管庫士、可稱舉偏、其他則未之前聞

姜皐若曰和組父告諸侯使諸侯之大夫來會袁僑也不以諸侯敵大夫以大夫自為盟悼公處置得宜之至而吳氏謂大夫强悲也陳自辰陵之

焉至後世若盧杞之於顔真卿秦檜之於洪皓則托之舉仇以償其怨王安石之於王雱秦檜之於秦熺則托之舉子以營其私斯皆祁奚之罪人也

六月公會單頃公及諸侯已未同盟于雞澤單頃公王卿士晉侯使荀會逆吳子於淮上吳子不至道遠多難

見三按此晉悼即位之三年始謀通吳以制楚也成九年於蒲會吳不至此年復不至吳恃强大未易役使也而悼公能自强不專恃吳吳卒聽命不然徒卑屈以求之其不為王黼童貫者幾希

楚子辛為令尹侵欲于小國陳成公使袁僑如會求成患楚侵欲袁僑濤塗四世孫

晉侯使和組父告於諸侯告服陳

秋叔孫豹及諸侯之大

盟。從楚者二十八年。皆孔甯儀行父之力。楚莊之狡謀遠矣。至此故子來歸。貳二克已死。故陳與于從義歟。

魏禧曰。謝罪之言柔而勁。悔過之言切而婉。如此君臣可歌可泣。

魏世儼曰。趙奢殺平原君用事者九人。如絳之為。而行之過峻。未免策士之習。若平原君始欲殺奢。終以為賢薦用之。不愧悼公矣。

姜白君曰。晉侯甫十有七歲。其弟更少。偶一乱行。僕即見戮

夫。及陳袁僑盟。陳請服也。

見三按陳遠於晉。而舊從楚。自辰陵服楚後。不與中國盟者二十八年。自是以侵欲之故。遣使求成。則非慕晉之威德而來。實苦楚之朘削而來也。晉為霸主。既不能拒其來盟。又不可親與之盟。故告於諸侯。使大夫盟之。此日之盟。陳為有名。異日之弃陳。亦非無謂。招徠反側。深得其道。

晉侯之弟揚干亂行於曲梁。（行，陳次。）魏絳戮其僕。（御也。疏云以車之亂行。是僕者之罪。）晉侯怒。謂羊舌赤曰。合諸侯以為榮也。揚干為戮。何辱如之。必殺魏絳。無失也。對曰。絳無貳志。事君不辟難。有罪不逃刑。其將來辭。何辱命焉。言終。魏絳至。授僕人書。（晉侯御僕。）將伏劍。（孔疏謂仰劍刃、身服其上而取死也。）士魴張老止之。公讀其書曰。日君乏使。使臣斯司馬。

魏絳執法如山，真司馬也。僕人之書甫上，公即謝過不遑，君臣具有一段勵精圖治之意。羊舌赤絶口不諫，而寫出魏絳全身，正善於諫者，可謂不負祁大夫之舉。國之先務，莫如刑賞。得祁奚而無不舉之善，得魏絳而無或爽之刑。兩篇並列，正霸主之基。

斯此也。臣聞師衆以順為武，順莫敢違。軍事有死無犯為敬，守官行法雖死不敢有違。君合諸侯，臣敢不敬？君師不武，執事不敬，罪莫大焉。臣懼其死，以及揚干，無所逃罪。不能致訓，至於用鉞，斬干之僕。臣之罪重，敢有不從，以怒君心？請歸死於司寇。公跣先典反。而出，曰：寡人之言，親愛也；吾子之討，軍禮也。寡人有弟，弗能教訓，使干大命，寡人之過也。子無重寡人之過，敢以為請。請使無死。晉侯以魏絳為能以刑佐民矣。反役，與之禮食，使佐新軍。孔疏：禮食者，若公食大夫禮，以大夫為賓，公親為之，特設禮食。世族譜：魏顆、魏絳俱魏犨之子，顆別為令狐氏。顆長而庶，絳幼而適也。【呂説】初，疾之如讎，後乃委以心腹，見悼公天姿易曉。張老為中軍司馬，代魏絳。士富士會別族。為侯奄。代張老。

黄鄰林曰：魏絳不庇君弟，悼公亦不自庇其弟，有是君有是臣也。然為魏絳難，為悼公尤難。以唐太宗之英明，且不免以

魏王泰之故，詰責羣臣，苟非魏徵正色直言，又將釀建元之禍矣。史稱唐太宗從諫如流，予於悼公亦然。

見三按，親愛是悼公應盡之道，軍禮是魏絳應守之職，驕縱太過，以致亂行，則於軍禮有碍，即於親愛有虧，絳戮其僕，以正軍行，以裁君過，法令森嚴，權貴莫犯，八年之中，九合諸侯，諸侯無慝，皆由此基之也。公讀書未竟，即跣而出，從諫如流，刻印銷印，不是過矣。然非羊舌職之對，士魴張老之止，則上下之情莫通，不免悞殺賢臣，嘗念明仁宗於李時勉之事，羅汝敬楊夏諸大臣，進不強諫，退不補牘，令聖主成此大過，真可恨惜。讀此傳想見君明臣其忠良之盛焉。　魏絳戮揚干，何其威武！及主和戎之論，又何仁柔！且戮僕和戎，皆武人之事，而

姜白岩曰、許為鄭所逼、其削弱甚、未聞中國諸侯之卹其患也、賴楚之力、遷國以存、偪近楚地、朝事晉夕滅于楚矣、悼公明主、知犖老臣、自當置許于度外、興大衆伐之、雖曰背正即偽、此為有名、然君子惡其不仁、

戮僕則上書百餘言、和戎則陳辭數百言、皆援據古今、波瀾斐亹為從來文人之所不能及、餘其不可測哉、

楚司馬公子何忌侵陳、陳叛故也、

見三按袁僑甫來、何忌即伐、楚之伐陳、陳地近而力易、晉之得陳、地遠而勢難、故韓獻子以有陳為患、而陳侯卒逃歸、

許靈公事楚、不會于雞澤、冬晉知武子帥師伐許、

見三按許為鄭虞、遷葉以避、逼近於楚、不能背楚以從晉、此亦事勢之無可如何者、晉以陳鄭皆服、並欲得許、不來則移師伐之、皆警此舉、未免得隴望蜀、

經壬辰四年春王三月己酉、陳侯午卒、○子哀公弱立○夏叔孫豹如晉

○秋七月戊子、夫人姒氏薨、【杜解】成公妾、襄公母、姒杞姓○葬陳成公【經筌】陳成

姜白岩曰：戰國之拒秦，其大勢在韓魏；春秋之拒楚，其大勢在陳蔡。晉人但知爭鄭而不加意于陳蔡，猶爭堂奧而不爭門戶也。使楚師得長驅中原者，鄭為之；得長驅入鄭者，陳蔡為之。乃陳侯歸順，而韓獻子以為時未可為，臧武仲以為小國必有咎。夫以悼公之世，楚人所謂服事之而後可者，不于此時抗楚，陳更待何時？傳曰陳無禮故言侵陳之故，為其無禮，非云歸晉為無禮也。楚聞喪而止，有古人之風焉。

歸而卒，中夏諸侯會葬，賢於鄭成遠矣。○八月辛亥，葬我小君定姒。定謚。○冬，公如晉。○陳人圍頓。

傳四年春，楚師為陳叛故，猶在繁陽。前年何忌之師侵陳，今猶未還。繁陽，楚地，按今河南新蔡縣北有繁陽。韓獻子患之，言於朝曰：「文王帥殷之叛國以事紂，唯知時也。知時未可爭。今我易之，難哉。」晉力未能服楚，受陳為非時。三月，陳成公卒。楚人將伐陳，聞喪乃止。軍禮不伐喪。陳人不聽命。不聽楚命。臧武仲聞之曰：「陳不服于楚，必亡。大國行禮焉而不服，在大猶有咎，而況小乎？」夏，楚彭名侵陳，陳無禮故也。為下陳圍頓傳。

見三。按成霸安疆，必自宋始。韓厥老謀勝算，寔為復霸功魁。此獨以得陳為不知時，蓋宋近於晉，陳近於楚，晉力足以庇宋，不足以庇陳。是時楚氛正惡，鄭叛未平，謀鄭不暇，焉能顧

姜白岩曰、當時諸侯、皆不知有天王、故提出天子、見天子禮樂、非諸侯所得干。當時大夫並不知有諸侯、故提出兩君相見、見諸侯禮樂、非大夫所得僭。此等文有世道人心之係、故傳存甯武子、穆叔兩篇、雖衰世魯衛之賢大夫、猶有能知禮、辨雅樂者。

陳、勢未可爭、即時未可為、末提出臧武仲之言、見當時英雄所見略同、不得以後此之弃陳、盡為失策也。

穆叔如晉、報知武子之聘也、[杜解] 聘在元年。武子 晉侯享之、金奏肆夏之三、不拜、肆夏、樂曲名。周禮以鍾鼓奏九夏、其二曰肆夏、一名樊、三曰韶夏、一名遏、四曰納夏、一名渠、蓋擊鍾而奏此三夏曲。工 樂人 歌文王之三、又不拜、文王之三、大雅之首、文王、大明、緜。歌鹿鳴之三、三拜、小雅之首、鹿鳴、四牡、皇皇者華。韓獻子使行人子員 通使之官。○員音云 問之曰、子以君命辱于敝邑、先君之禮、藉薦也之以樂、以辱吾子、吾子舍其大而重拜其細、敢問何禮也。對曰、三夏、天子所以享元侯也、使臣弗敢與聞、元侯、牧伯。[孔疏] 元、長也。周禮大宗伯八命作牧、九命作伯、牧是州長、伯是二伯、俱是諸侯之長也。文王、兩君相見之樂也、臣不敢及、與也 鹿鳴、君所以嘉寡君也、敢不拜嘉、取其我有嘉賓、叔孫奉君命而來、嘉叔孫、乃所以嘉魯君。四牡、君所以勞使臣也、敢不

固大章曰、前書夫人姜氏薨矣、此乃襄公生母、非正

重拜、皇皇者華、君敎使臣曰必諮于周、忠信為周臣聞之、訪問於善
為咨、問善道咨親為詢、問親戚之義咨禮為度、問禮宜咨事為諏、問政事咨
難為謀、問患難臣獲五善、敢不重拜、
黃薌林曰、當時詩學不明、樂章失所、魯號秉禮、尚不知湛露
彤弓之非、晉有士會講求典禮、尚不知三夏文王之僭、甯俞
叔孫豹能本經學而正其失、所謂不賢者識其小者、此吾子
正樂、必自衛反魯之後、考訂精詳、始得其所也、
見三按此與甯俞來聘同為春秋佳話、甯俞典而雅、穆叔典
而切、皆通經之名卿也、而甯俞肄業之對、尤為含蓄不露、春
秋去古未遠、士大夫猶能湛深經術、至戰國則此風絕響矣、
秋、定姒薨、不殯于廟、無櫬、不虞、櫬、親身棺、季孫以定姒本賤、既無器備、議其喪制、欲殯不過廟、

嫡也、禮無二嫡、季孫之議似不為過、然魯自仲子以來、君母俱以小君禮喪矣、定姒寧獨異乎、莫謂是簡、今日不言、匠慶其有懼歟、○掠責子女謂之畧、畧與掠通、杜氏謂不以道取是也、

又不反哭、按哎叔佐疑定夫人稱定姒、此當從公羊作定弋、補囯定夫人直從夫謚、此乃妾母、謚定、不嫌相同、疏云、親身之棺、初死即當有之、將葬以殯過廟、非殯尸于廟中也、葬記、日中反、虞于正寢、謂之反哭、匠慶魯大匠謂季文子曰、子為正卿、而小君之喪不成、謂如季孫所議、為夫人禮不成、則不終君也、慢其母、是不終事君之道、君長誰受其咎、言襄公長、將責季孫、初季孫為已樹六檟於蒲圃、塲圃名、樹檟欲自為櫬、東門之外、匠慶請木、為定姒作櫬、季孫曰、畧、不以道取為畧、匠慶用蒲圃之檟、季孫不御、止也、傳言遂得成禮、故經無異文、呂説至理所在、雖微末之巨、所守既正、貴卿不能屈、君子曰、志所謂多行無禮、必自及也、其是之謂乎、

黄鄉林曰、畧字定豈大臣所宜出諸口、始畧即無禮、無禮即自及、殆所謂出乎爾反乎爾者也、左氏於齊姜傳責其逆、此傳責其無禮、唯逆故無禮、皆行父一生寔録也、

見三按行父身執國柄、而小君之喪慢不成禮、卑定姒、即以

欺襄公也、同朝僚佐、默無一言、相忍為國、可以概見、匠慶不過一匠人耳、而能因事納忠、始則守正、繼則行權、奸如行父、亦不能不為理屈、覺呂夷簡於李宸妃之喪、猶是襲其餘智也、古者工執藝事以諫、如匠慶之諫季孫、安民之不阿蔡京、均有特識、可以風天下後世之有位者、

冬、公如晉聽政、受貢賦多少之政晉侯享公、公請屬鄫、鄫小國也、欲得使屬魯、如須句顓臾之比、使助魯出貢賦、公時年七歲、蓋相者為之言、晉侯不許、孟獻子曰、以寡君之密邇于仇讎、而願固事君、無失官命、晉官徵發之命鄫無賦于司馬、晉司馬又掌諸侯之賦為執事朝夕之命敝邑、敝邑褊小、闕而為罪、闕不共也寡君是以願借助焉、借鄫以自助晉侯許之、為明年叔孫豹、鄫世子巫如晉傳

見三按、鄫雖小國、而猶得不亡者、恃有霸主也、屬於魯、則為

賀仲軾曰、襄公生于會沙隨之歲、于此纔七齡耳、如晉會盟、及是三矣、可以不往而必往、此季文子之奸也、公不往、則有行將在文子、文子恐去國之日、有如僑如其人者、乘其後也、故不念其君之幼弱、而必使親之、外以托夫順事大國之名、內以自為磐石之固、孟獻子以避嫌防猜、相其幼君以行、而不敢出一語、子叔嬰齊曰、天者、魯國社稷之臣也、社稷之臣、

托六尺之孤者、其道果如此乎、

姜白岩曰、說者謂陳人圍頓以怒楚、非也、楚人挑釁屏以端兵端、圍頓伐、不圍頓亦伐也、陳人之圍頓、恃晉也、而不知晉臣已立志棄陳矣、春秋小國之困類如此、

魯之附庸、霸主不過而問焉、邾莒卽得而争之、異時滅於莒、討於晉、未受其利、先受其害、獻子賢大夫、此舉未免憒憒、

楚人使頓間陳、而侵伐之、故陳人圍頓、間伺間缺

見三按陳病楚非能外楚、頓間陳非能病陳、既無損於陳、則何必圍之以激楚怒、所謂小不忍則亂大謀、

無終子嘉父使孟樂如晉、杜解孟樂其使臣、無終山戎國名、按今直隸玉田縣西、有古無終城、因魏莊子魏絳納虎豹之皮、以請和諸戎、戎欲與晉和、晉侯曰、戎狄無親而貪、不如伐之、魏絳曰、諸侯新服、陳新來和、將觀于我、我德則睦、否則攜貳、勞師于戎、而楚伐陳、必弗能救、是棄陳也、諸華必叛、戎禽獸也、獲戎失華、無乃不可乎、夏訓夏書有之曰、有窮國名、按今英山縣境、后羿、后君也、羿有窮君之號、公曰、后羿何如、怪其言不次、故問之、對曰、昔有夏

之方衰也、后羿自鉏遷於窮石、因夏民以代夏政、禹孫太康、淫放失國、夏人立其弟仲康、亦微弱、仲康卒、子相立、羿遂代相、號曰有窮、鉏羿本國名、按今直隸滑縣東有鉏城、恃其射也、不脩民事、而淫於原獸、淫放原野、棄武羅伯因熊髠尨圉、四子皆羿之賢臣、而用寒浞、寒浞伯明氏之讒子弟也、寒國、伯明其君名、按寒國今山東濰縣東北、○浞仕角反伯明后寒棄之、孔疏伯明居此寒國之時、棄不收采、夷羿收之、夷氏信而使之、以為己相、浞行媚於內、內宮人而施賂於外、愚弄其民、欺罔之而虞羿於田、樂之遊田以樹之詐慝、以取其國家、樹立也外內咸服、信浞詐羿猶不悛、改也○七全反將歸自田、羿獵還家眾殺而亨之、以食其子、食羿子、疏云家眾羿之家眾人、反羿從浞、孟子云逢蒙、○亨普彭反其子不忍食諸、死於窮門、殺之於國門靡奔有鬲氏、國名、按今山東德平縣東有故鬲城、補正杜曰、靡夏遺臣事羿者、金仁山遂以為左氏之誤、今按此文亦未見靡之事羿、蓋后相之將亡、而靡乃出奔爾、浞因羿室、就其妃妾生澆及豷、恃其讒慝詐偽、

何義門曰、晉方有事中原、而無終遠在東北、若用師焉、楚爭陳鄭、鞭長莫及也、故姑事羈縻、蓋時之權計、而後王冥懦、乃用為口寔、何也、況戎先納賂以請和、亦與屈中國以事外夷者異矣、

魏禧曰、靡以夏臣事羿、優游歷年之久、必有陰圖復國、而不能者、其奔有鬲、亦必知鬲之有為也、故終滅浞而立少康、但浞已全得有夏土、篡王四十年、勢大根深、而靡收二國之燼、何以滅浞、惜其因時濟變、妙用不傳、此古今事仇第一惡臣第一能人、後世奈何以管魏藉口哉、至若狄梁公以口舌反唐祚、呂好問以蠟事通國情、用心畧同、而事之難易、功之大小、相去什百矣、

周大章曰、聖賢仁民愛物、只是

女字獸之有茂草，猶民之有寢廟也。説到各有攸處，德用不擾，則蕩蕩平平、皥皥熙熙，思同覆載矣。獸且不擾，而況于民。界于中國，以獸畜窮，以民綫之纍，靡勿絶，無非不擾其攸處而已。而增于羽深得御戎之道。若後世不是納幣送女，即是掃穴犁庭，皆非策之善者也。

姜白巖曰：前後是和戎論，民字一篇樞紐，微特好戰所以殘民，即好田亦以擾民，總在師徒不勤，德用不擾，愛惜民力，然後可以救陳服楚，威行中夏，首竪言和戎，則全力注於陳，而鄭自服。斯時執政為韓厥，年已遲暮，立意弃陳，絳因論和戎而極言陳弃則諸華必叛，是後此得鄭之難已若洞見。蓋鄭在必争，諸臣皆知之，而服陳即所以得鄭，諸臣不知也。

而不德於民，使澆用師，滅斟灌及斟尋氏。二國，夏同姓諸侯，仲康之子后相所依。按斟灌今山東壽光縣東北，斟尋今青州府濰縣西南。○澆，五弔反。殪，許器反。處澆於過，處殪於戈。過、戈皆國名，過今為萊州府治。○過，古禾反。靡自有鬲氏，收二國之燼，遺民。疏云：燼燭既燒之餘曰燼。以滅浞而立少康。夏后相之子。少康滅澆於過，后杼少康子。滅殪於戈。有窮由是遂亡，失人故也。（補正）此承死於窮門而言，以結所引夏訓之文爾。（孔疏）孔安國云：羿廢太康而立其弟仲康，則仲康羿之所立，但羿握其權。哀元年傳稱有過澆殺斟灌以滅后相，相依斟灌，故澆滅之，是相立為天子乃出依斟灌，則相之立也，蓋亦羿立之矣。此傳言羿代夏政，云不脩民事，寒浞殺羿，言取其國家，則羿必自立為天子也。當是逐相自立，相依斟灌、斟尋，夏祚尚未滅，蓋與羿並稱王也。及寒浞殺羿，生澆，澆長，始用師滅相。相死之後，生少康，少康生杼，杼又長，始能誘殪滅浞而立少康。計太康失國及少康紹國，有百載乃滅有窮。據此傳，夏乱極矣，而夏本紀云仲康崩，子相立，相崩，子少康立，都不言羿浞之事，是馬遷之疏也。昔周辛甲武王太史。之為大史也，命百官官箴王闕。使百官各為箴辭戒王過。於虞人掌田獵。之箴曰：芒芒禹迹，畫為九

中段極言淫獵之害、引羿浞愚弄其民、總歸到失人、貪賢人也、斯時荀偃元帥、猶居卿位、范匄欒黶輿參軍國、朝局尚不可知、故處處以弃賢用民任用小人俠寫、而悼公卒用偃誤國、則後此敗闕、又若洞見、公直以和戎為利、則好田一層已心警矣、段極言和戎為利、將上息民服陳、得鄭用賢、諫獵點滴歸結、君其圖之、言要在君心獨斷、不可為浮議所惑也、傳以使盟戎脩民事田以時並收、而不提起陳者、悼公不能盡納其言、卒至弃陳也、絳係後進、難以强諫、豈非晉之失策哉、

齊桓之伐戎在召陵之後、晉襄之伐狄在城濮之後、蓋春秋之世楚為大患、故不以戎狄為先務也、晉霸之盛

州、經啓九道、(啓開九州之道)民有寢廟、獸有茂草、各有攸處、德用不擾、人神各有所歸、故德不亂、在帝夷羿、(羿跡史記於夏貪殷諸王皆稱帝冒也)於原獸、亡其國恤、而思其麀牡、(言但念獵)武不可重、(重猶數也)用不恢於夏家、(羿以好武雖有夏家而不能恢大也、)獸臣司原、敢告僕夫、(獸臣虞人、告僕夫、不敢斥尊、)虞箴如是、可不懲乎、於是晉侯好田、故魏絳及之、(及后羿事)公曰、然則莫如和戎乎、對曰、和戎有五利焉、戎狄荐居、(荐聚也)貴貨易土、(易猶輕也)土可賈焉、一也、(國語云、與之貨而易其土、土謂土產也、)邊鄙不聳、(聳懼也)民狎其野、(狎習也)穡人成功、二也、(林鮮耕曰農、斂曰穡、)戎狄事晉、四鄰振動、諸侯威懷、三也、以德綏戎、師徒不勤、甲兵不頓、(頓壞也)四也、鑒於后羿、而用德度、(以后羿為鑒戒按所用者皆德度之人、)遠至邇安、五也、君其圖之、公說、使魏絳盟諸戎、脩民事、田以時、(傳言晉侯能用善謀、)

【陳說】傳言景公以滅戎而失諸侯、悼公以和戎而復伯、

也併力與楚爭、楚弱而晉霸振、其及衰也、舍楚而專事戎狄、是置腹心之毒、而癬疥是亟也、可謂知類乎、魏絳旣定服陳、威楚、而主于和戎、使兵力有餘、此三駕之所托始也、

黃鄉林曰、此第一篇和戎文字也、意在和戎、卻似諫獵、蓋好田與好兵相因、漢武帝好獵、窮兵沙漠、遂至國内虛耗、魏絳慮其然、故極陳后羿淫獸亡國之禍、而歸結之武不可重、公默會其意曰、然則莫如和戎乎、而議遂定、是君是臣、足以冠冕春秋、

見三按、悼公和戎以服諸侯、及諸侯服、而戎愈不敢叛、此即孔明先服南蠻、後圖中原之謀也、大抵羣雄並立、必擇小弱者與之和好、而後并力以摧强大、强大旣服、則小弱自歸、孔明攻魏而和吳、非忘吳也、蓋以魏旣滅、取吳如囊中物耳、明太祖當陳友諒張士誠並起之際、遣使通好士誠、亦此意、和戎有五利、似趙充國上方畧、然必須本領强而後可為、若漢

唐和親，直是苟且卑陋，宋則奄奄無氣矣。

冬十月，邾人莒人伐鄫。臧紇（武仲○恨發反）救鄫，侵邾，（鄫屬魯，故救之）敗于狐駘。（邾地，按今山東滕縣東南。○徒來反）國人逆喪者皆髽。魯於是乎始髽。（麻髮合結也。遭喪者多，故不能備凶服，髽而已。○側爪反，結音計，本義作髻）國人誦之曰：臧之狐裘，敗我於狐駘。（臧紇時服狐裘）我君小子，朱儒是使。朱儒朱儒，使我敗於邾。（公幼弱，故曰小子。臧紇短小，故曰朱儒。敗不書，魯人諱之。）

黃薌林曰：魯既屬鄫，救鄫可已，侵邾何為？覬覦貪功，喪師禍國。小子之呼，以辱其君；朱儒之稱，以辱其身。臧之狐裘，恐成一片罵聲矣。華元於思，武仲朱儒，春秋絕對。城者之謳在事後，故其言謔；國人之誦在當境，故其音哀。情雖各別，而敗將面目，皆千載如見。

周大章曰：朱儒與優倡並稱，乃輕佻嫚戲之謂，非僅譏其形之矮小也。唯其輕佻嫚戲，故臨事不懼，服狐裘以致敗。此國人之所深恨也。曰朱儒儒，事可見。不云詛而云誦，其殆嬉笑甚於怒罵乎。狐裘輕貴之服，因人而異。小雅狐裘黃黃，是贊嘆；檜風狐裘以朝，是譏刺。不意狐裘二字，可作華衮用，又可作斧鉞用。此文國人誦臧孫，臧之狐裘四字，開口便妙。姜白巖曰：只逆喪者皆髽一句，而母哭其子，婦哭其夫者，通國也。寫敗況極慘。

見三按諸葛公羽扇綸巾、是名臣丰度、羊叔子輕裘緩帶、是名將風流、臧武仲帥師救鄫、不服戎服而服狐裘、想亦抱負韜鈐、翩翩自飾、如後世儒將一流人物、無其才而戲冠、一人狐裘、而舉國皆髽矣、如此人而使之將兵、非邾之能敗我、臧敗我耳、我豈為邾敗、臧使我敗耳、我君小子、誰秉國成、而朱儒是使、刺臧孫、正以深責行父也、

經（癸巳）五年春公至自晉○夏鄭伯使公子發來聘（杜鮮發子產父）○叔孫豹鄫世子巫如晉（比魯大夫、故書巫如晉）○仲孫蔑衛孫林父會吳于善道（魯衛俱受命于晉、故不言及、吳先在善道、二大夫往會之、故曰會吳善道、地闕、按阮勝之南兗州記云、盱眙本吳善道地、今為江南盱眙縣）○秋大雩○楚殺其大夫公子壬夫（按楚以貪告）○公會晉侯宋公陳侯衛侯鄭伯曹伯莒子邾子滕子薛伯齊世子

光吳人鄫人于戚不復殊吳者吳來會于戚公至自會○冬戍陳諸侯受命于戚各還國遺戍故獨書魯戍楚公子貞帥師伐陳公會晉侯宋公衛侯鄭伯曹伯齊世子光救陳十有二月公至自救陳○辛未季孫行父卒

傳五年春公至自晉杜鮮公在晉既聽屬鄫聞其見伐遂命臧紇出救故傳稱經公至以明之王使王叔陳生周卿士愬戎於晉告戎陵蔑周室故愬於盟主晉人執之士魴如京師言王叔之貳於戎也王叔反有二心於戎失奉使之義故晉執之陳說傳釋經不書晉執且為十年王叔出奔起

見三按和戎是晉悼圖霸最得力處戎既求和必不敢背晉而啟釁王室悼方新政斷不敢袒戎而歸罪王臣此必王叔勾戎作難如叔帶故事戎洩其謀晉知其情故執之而使人言之此係當日寔情否則為戎故而執王使霸風掃地矣安

何義門曰晉新和諸戎將與楚爭陳鄭又無以謝王之愬故以式戎誣使人使王愍而自止理或然也但陳生却非善類觀後爭政可見

能成三駕之功、

夏鄭子國來聘、通嗣君也、鄭僖公初即位

見三按鄭自輸平以來子來語盟以後、未嘗有聘問之使、終春秋僅見於此、則以悼公之盛、諸侯之睦、有以致之也、

穆叔覿鄫大子于晉、以成屬鄫、書曰叔孫豹鄫大子巫如晉、言比諸魯大夫也、

見三按巫為曾子之高祖、自莒人滅鄫、巫奔魯、去邑為曾、數傳之後、即生大賢、禹之遺澤長矣、

吳子使壽越吳大夫如晉、辭不會于雞澤之故、三年會雞澤、吳不至、今來謝之、且請聽諸侯之好、更會 請晉人將為之合諸侯、使魯衛先會吳、且告會期、以其道遠、故使魯衛先告期、故孟獻子孫文子會吳于善道、二子皆受晉命而行、

姜白巖曰、于鄫為替、于魯為驕、晉不請命於王而聽從之、皆非禮也

周大章曰、吳晉通好、而期會不至、恐生嫌隙、故遣使辭以不會之故、且請後會、晉恐吳又不至、難以對諸侯、故使魯衛先往叮嚀、無使失信、設再失信、魯衛尸之、非我咎也、請

聽者隨便也、尚屬游移遷就之詞、告期者約定也、乃屬一定不移之論、總是為他合諸侯、原是極煩難事、屢約屢與、徒使之僕僕道途、不虞其退有後言耶、讀此知後世借援外藩者之無益有損矣、

姜白巖曰、子辛之貪、殺之非妄、而傳云楚共不刑者、蓋伐宋而封魚石、背盟而敗鄢陵、失信諸侯、陳人背之、非盡由壬夫也、不能自責、八年之中、殺三卿、以逞、是昧其失信、而專罪壬夫、非用刑之

于晉也、

經筌 謀出、

見三按、衰僑求成、恐其反覆、故使諸侯之大夫會之、以察其情、壽越聽好、恐其游移、故使魯衛之大夫會之、以察其勢、一以安遠國之心、一以存中國之體、皆晉悼君臣善於操縱處、

秋、大雩、旱也、雩夏祭、所以祈甘雨、若旱則又修其禮、故雖秋雩、非書過也、然經與過雩同文、是以傳每釋之曰旱也、雩而獲雨、故書雩而不書旱、

見三按、龍見而雩、此常禮也、若旱則為民祈禱、其過時可訊、其勤民尚可取、故經書之、而傳釋之、

楚人討治也陳叛故、曰由令尹子辛實侵欲焉、乃殺之、書曰楚殺其大夫公子壬夫、貪也、君子謂楚共王於是不刑、子辛之貪、足以取死、然雖共王用刑、為失其節、詩曰、周道挺挺、正直也、我心扃扃、明察也、王迥反 ○講事不令、

九

公也、劉氏攻傳非也、

集人來定、逸詩也、講謀也、言謀事善、當聚致賢人以定之、不已則無信而殺人以逞、不亦難乎、夏書曰成允成功、亦逸書也、允信也、言信成然後有成功、疏云書大禹謨見三按楚共自鄢陵集矢以後八年之中連尸三卿雖咎有應得吾竊以為太過也疆場之地任事為難長於邊情而老於師旅者問代而指不多屈故使貪者有之使過者有之非愛其貪與過也責望者大而貪與過俱不足論也芳餌之下必有嘉魚興師十萬日費千金偶一不當而全軀保妻子之臣隨而媒孽其短此千古之至痛又安知子申之受外國賂毋夫之侵欲於陳非當事者之偶有拂意而坐以莫須有之獄哉楚之所以克剪諸姬者以嚴刑峻法之故乃其大夫逃死於四方而為之謀主以害楚國如析公雍子巫臣苗賁皇

輦、甚至磨尚駢死、伍員奔吳、五戰及郢、處王宮、鞭王尸、俱絕無宗國之念者、又寧非嚴刑峻法之所致哉、左氏於子胥傳譏其失刑、非無見也、

九月丙午、盟于戚、會吳、且命戍陳也、公及其會而不書盟、非公後會、蓋不以盟告廟、經箋說者疑戍陳、魯戍之、魯安敢以寸兵抗楚哉、諸侯同戍也、

見三按晉合十四國為此會、吳以強大而居於末座、僅先屬魯之鄫人耳、且受戍陳之命、如屬吏然、晉悼具有降龍伏虎手段、故曰後會於向、吳告敗於晉、士匄即能數吳之不德也、以退吳人、蓋用吳而不為吳用也、後世有受屬夷之款附、反為之興師捍患、勞民傷財、兵連禍結而不可解、殆未聞此道也夫、

姜白巖曰：陳為北方之衝要，陳不守則鄭不固。晉悼爭鄭之艱，皆由失陳之故，陳失而楚得長驅中原。然悼公始則合諸侯以戍陳，及子囊伐陳，即合諸侯以救之，固已灼見其故。而韓厥昏耄，士匄失策，云無陳而後可，是明與魏絳之言相忤也。不知霸者之勤諸侯，非求自安也。有陳非吾事，將無鄭不更無事乎。

穆叔以屬鄫為不利，使鄫大夫聽命于晉。鄫近魯竟，故欲以為屬國。既而與莒有怨，魯不能救，恐致譴責，故復乞還之。傳言鄫人所以見于戚會。

見三按晉為大國，且不能庇陳，弱小如魯，安能庇鄫？以屬鄫為不利，使之聽命於會，穆叔遠謀勝於仲孫蔑十倍。但既屬之而又棄之，魯不庇鄫，鄫猶恃魯，晉亦置之不問，而鄫之亡愈速。

楚子囊為令尹。公子貞。范宣子曰：我喪陳矣。楚人討貳而立子囊，必改行，改子辛所行。而疾討陳。疾，急也。陳近于楚，民朝夕急，能無往乎？有陳非吾事也，無之而後可。言晉力不能及陳，故七年陳侯逃歸。【陳說】傳見楚用公子貞而晉人懼。【通說】同室有鬬，被髮纓冠，豈曰非吾事哉。

冬，諸侯戍陳。備楚。子囊伐陳。十一月甲午，會于城棣以救之。公及救陳而不及會，故不書。城棣，鄭地，按今在河南陽武縣北。

壬言悞國句是也、

姜白巖曰、行父於魯、罪大功小、其罪皆黨逆專君之事、其功則小廉曲謹之善、說者遂謂妾不衣帛、馬不食粟、為傳諛言、非也、文宣及襄之初、傳每直書其惡、豈至死諛之哉、然則富於周公、自季孫宿始、

見三按陳在鄭之東、地近於楚、而遠於晉、晉不得鄭、不能過
而問陳、即有陳亦不能保、韓獻子之患范宣子之議、寔屬當
時情形、未可盡以為非也、

季文子卒、大夫入斂、公在位、在阼階西鄉宰庀具也○匹婢反家器為葬備、
無衣帛之妾、無食粟之馬、無藏金玉、無重器備、謂珍寶甲兵之物君子
是以知季文子之忠於公室也、相三君矣、而無私積、可謂不忠
乎、【孔疏】行父以文六年見經、至今為相三君也、【補注】行父殺適立庶、世專國政、傳舍大惡、錄小長、流俗之情也、【日抄】小廉者
乃其大不忠之飾歟、向使侈溪如齊慶封、適以殺身、烏能成其私、○積子賜反

黃薌林曰、大臣臨歿、當為社稷計、家資之有無、抑末也、當時行父
柄國政數十年、上之不能以道匡君、次之不能以義教子、其
魯日不振、君幼國弱、狐駘一敗、鄫事可虞、善道尋盟、吳氛勃
所為大抵弱公室而强私家、為其子導先路、身死未幾、而三
熾、況邾怨未釋、楚吻正張、又密邇仇讎、勢同於鄭、文子善後

軍作、公室分、宿之[illegible]皆行父詒謀之不臧也

之謀概不聞焉傳者但舉其家無私積以爲忠於公室亦薄乎云爾雖然較之籯金窖粟遺所不知誰何之人不既賢乎哉、

見三按陳無宇厚施於民、而竊齊國、季孫行父恭儉其身而得魯政、皆奸雄之尤也、漢王莽少要譽折節恭儉、朝士皆稱其賢、而漢祚卒爲所移、可知小忠小信即大奸大佞之媒、所貴用人者、合其心術事爲、而統觀之、必如孔明之一生謹慎、乃可信其家無餘財、否則公孫宏之布被、亦適形其作僞而已、

經甲午六年春王三月壬午杞伯姑容卒〇子孝公匄立〇夏宋華弱來奔杜解華椒孫〇秋葬杞桓公〇滕子來朝〇莒人滅鄫〇冬叔孫

豹如邾。○季孫宿如晉。行父之子。○十有二月，齊侯滅萊。書十二月，從告。

傳六年春，杞桓公卒，始赴以名，同盟故也。杜解 杞入春秋，未嘗書名。杞桓公三與成同盟，故赴以名。

見三按 杞桓公在位七十年，忽侯忽伯忽子，升降無定，委曲求全，克保其國，亦識時務之豪杰也。

宋華弱與樂轡少相狎，親習。長相優，調戲。又相謗也。子蕩樂轡怒，以弓梏華弱於朝。張弓以貫其頸，若械之在手，故曰梏。平公見之，曰：「司武而梏於朝，難以勝矣。」何記 勝字當讀平聲，以為不勝任而逐之也。遂逐之。夏，宋華弱來奔。司城子罕曰：「同罪異罰，非刑也。專戮於朝，罪孰大焉？」亦逐子蕩。子蕩射子罕之門，曰：「幾日而不我從！」按射門，恨之也。朱解 不幾日間，汝亦從我俱行。子罕善之如初。補正 傳氏曰：子蕩已出，子罕不復追其射門之怨，若趙盾之于賈季也。

姜白巖曰：樂轡梏華弱于朝，乃遂其見梏者，赦其梏之者，子罕所謂同罪異罰也。子罕善之如初，正與弱轡之始終者相反。

見三按華弱於樂轡始相狎、繼相優、終相謗、均非善類可知。但公朝何地、司武何官、弓梏何事、在華弱難免庸懦失職、在樂轡尤為跋扈無君、宋君專逐華弱、殊屬失刑、子罕並逐樂轡、猶屬寬典、射其門而善之如初、亦趙盾送賈季孥之意、非畏其強也。

秋、滕成公來朝、始朝公也。

見三按小國之朝魯、猶魯之朝晉也、故襄雖幼齡、而滕亦來朝。

莒人滅鄫、鄫恃賂也。補注 魯以往年屬鄫、秋使聽命于會、安得遂有貢賦於魯、蓋魯人受其財賄、杜說誤。

見三按悼方圖霸、莒敢擅滅、不特無王、而且無霸、魯屬焉而不能庇、晉伯焉而不能存、皆無所辭其責矣、左氏恃賂二字、

姜白巖曰、公穀謂立異姓以莅祭祀、故書滅、胡氏本此作傳、說者知其謬矣、乃趙氏謂莒以兵破鄫、而立其子、方氏謂鄫惑於莒、欲立其出、後迨于公羨辛立世子巫、故莒人憾而滅之、皆非足據也、按經書齊人滅遂、秦人滅滑者多矣、何獨於莒而疑之乎

筆有陽秋、胡傳取穀梁異姓為後之說、殊屬穿鑿、

冬穆叔如邾聘、且脩平、平四年狐駘戰

見三揆救鄫敗績、即使正卿脩平、足見邾勢之强、而狐駘之役、震驚不小、臧孫何在、胡不服狐裘以往乎、

晉人以鄫故來討、曰何故亡鄫、季武子如晉見、且聽命、始代父為卿、見大國、且謝亡鄫、聽命受罪。匡氏左翼、鄫為夷病、齊桓會于淮以謀之、親帥諸侯而城之、諸侯懷焉、晉若脩桓之績、而蒞問鄫故於莒、則魯敢不以賦從、

見三揆魯不庇鄫、其罪小、莒之滅國、其罪大、晉不能討莒以存鄫、反至討魯以償鄫、是不能鋤强扶弱也、何以服天下、

十一月齊侯滅萊、萊恃謀也、按恃守欒之謀、杜謂恃夙沙衛之賂、非也、於鄭子國之來聘也、四月晏弱城東陽、而遂圍萊、子國聘在五年、二年晏弱城東陽、至五年四月、復託

姜白岩曰、魯懲狐駘之敗、不能庇鄫、使鄫自輸賦於晉、故戚之會、鄫人與焉、則莒之滅鄫、豈魯罪哉、晉不正莒滅鄫之罪、而乃以罪魯乎、視荀林父之攘狄土、立黎侯而還、殆不及也、

周大章曰、開首即註萊恃謀、而不言所恃者何謀、春秋列國用兵圍其國都、不一而足、遠或數月、近或旬日、非潰即降、獨萊被圍

已酉年、曠日持久、非有謀何以來潰、不恃謀何以不降、故不必詳彼何以攻、此何以守、而應變防禦之策、正可想像而得之也、于某年某月某日圍起、及某年某月某日始入、某月某日而後滅、於一而字、正見萊不易滅、齊人所以必欲滅之、而萊人恃謀、已隱隱傳出、此點睛傳神之妙也、

姜白岩曰、楚莊之圍宋也、至九月而易子析骸、楚靈之圍蔡也、閱月而君犧國滅、萊小於宋、而弱同於蔡、齊築長圍、自四月以望明年二月、閱十有一月、而王湫正輿子棠人尚堪一戰、勝於宋蔡遠矣、戰敗猶相持十二日而始破、棠大夫又奉共公奔其邑守至八閱月而滅、共公及棠人皆為齊殺矣、遷萊于郳、遺民不服、恐如前戍之殲於遂也、故徙其民、共公之謚、遺民為之也、夫圍

治城、因遂圍萊、甲寅、堙之、環城傅于堞、女墻也、堙、土山也、周城為土山及女墻。○堙音因、傅音附

杞桓公卒之月、此年三月乙未、王湫故齊人、成十八年奔萊、帥師及正輿子萊大夫棠人軍齊師、棠、萊邑也、三人帥別邑兵來解圍、按今山東即墨縣南有甘棠社齊師大敗之、敗湫等丁未入萊、萊共公浮柔奔棠、正輿子王湫奔莒、莒人殺之、四月陳無宇桓子完元孫獻萊宗器于襄宮、齊襄公廟晏弱圍棠、十一月丙辰而滅之、遷萊于郳、〔孔疏〕郳、小邾也、附屬于齊高厚高固子崔杼定其田、定其疆界、按遷其民而田歸於齊、故定其界、不言萊君、君已死也、

黃鄭林曰、鄫恃賂而滅于莒、萊恃謀而滅於齊、煢煢弱小、恃人不可、恃已又不可、伯主尚存、並無顧忌、故至末年而莒即伐魯、齊即叛盟、堅冰之漸、由來久矣、此功業所以不及桓文也歟、

之如是久民不叛君不辱雖亡而不肯為其臣妾自古中國之國亡國之正未有如萊者舊史氏既筆于策書復于記載詳之凡圍萊入萊獻萊器滅萊遷萊無一不書故假魯史國子來聘杞伯來赴之事標其年月以寔之欲其信而有其徵也

見三按齊之謀萊鶩矣釁生於送葬而禍起於圍棠惜哉小國不造容邇强鄰環城逾歲而莫之救是時晉悼初興全力謀楚極意和齊故雞澤以後凡厥會盟惟使世子從之靈皆不預至伐萊之役獨親行焉彼固雄長一方其輕晉久矣既輕晉寧恤萊哉數年之後究竟叛晉嗚呼有自來矣

春秋左傳精義卷二十五

閩中　薌林黃一桂　輯　男　心垣見三　補輯

襄公二

經乙未七年春郯子來朝○夏四月三卜郊不從乃免牲【杜解】稱牲既卜日也。卜郊又非禮也。○小邾子來朝○城費南遺假事難而城之、【林解】費季氏邑、自城費而季氏始强、○秋季孫宿如衛○八月螽為災故書○冬十月衛侯使孫林父來聘壬戌及孫林父盟○楚公子貞帥師圍陳○十有二月公會晉侯宋公陳侯衛侯曹伯莒子邾子于鄬謀救陳。陳侯逃歸不成救。故不書救也、鄬鄭地。○于軌反鄭伯髡頑如會未見諸侯丙戌卒于鄵寔為子駟所弒。以瘧疾赴。故不

書弑，如會會于鄬也。未見諸侯，未至會所而死，不欲再稱鄭伯，故約文書其名於會上。鄵，鄭地。○僖公弑，簡公嘉立。七報反。

陳侯逃歸。畏楚逃晉而歸。【林解】自是凡會同無陳。

傳七年春，郯子來朝，始朝公也。【經筌】郯嘗昏于魯而出絕，用是不通于魯，今而來朝。見三按郯自絕昏以後，歷數十年不通朝聘，今因晉霸方新，思藉魯以求通，故復修好而來。

夏四月，三卜郊不從，乃免牲。孟獻子曰：吾乃今而後知其有卜筮。夫郊祀后稷，以祈農事也。【杜解】郊祀后稷以配天。后稷周始祖，能播殖者。是故啟蟄而郊，郊而後耕。今既耕而卜郊，宜其不從也。啟蟄，夏正建寅之月。耕謂春分。疏云：月令孟春之月，天子乃以元日祈穀于上帝，即是郊天之祭也。其下即云乃擇元辰，天子親載耒耜，躬耕帝籍，是郊而後耕也。獻子此言正與禮合。據此，郊天之禮必用周之三月。而雜記孟獻子云：正月日至，可以有事于上帝；七月日至，可以有事于祖。七月而禘，獻子為之也。此與禮記俱稱獻子，二文必有一謬。禘過亦宜書，何以獻子之時不書七月禘也。知禮記後人所録，左傳當

周大章曰：事神以誠，不以偽。既耕而郊，其無敬天勤民之寔可知。三卜不從，鬼神其可欺乎。然此亦既灌而往，吾不欲觀之意。究之郊祀原已非禮，惜獻子之識不足以及此也。

姜白巖曰、叔仲惠伯不附襄仲、身死馬矢之中、昭伯乃求媚季氏、固非繩武之孫、行父相三君無私積、宿乃首城其私邑、又豈象賢之子、

得其真、

見三按魯之僭郊自惠公始、相沿已久、習以為常、遂至失時慢神、時襄公幼齡、政由季氏、既耕而郊、不敬天、即不敬君之大也、献子言外有諷刺意、

南遺為費季氏邑宰、叔仲昭伯叔仲惠伯之孫為隧正、主役徒、疏云、五縣為隧、則隧正當周禮之遂人也、掌諸遂之政令、徒役出諸遂之民、欲善季氏、而求媚于南遺、謂遺請城費、使遺請城吾多與而役、故季氏城費、傳言祿去公室、季氏所以强、

黃鄉林曰、費邑自僖元年公子友獲莒拏之時所賜也、行父相三君而仍其故、行父卒、昭伯欲善季氏、隱竊武子無君、倡此强私弱公之計、真小人之無所忌憚者、

見三按此私邑強橫之始、即陪臣專擅之基、書之所以誌禍

姜白岩曰、宣子未立、無事可見、與田蘇游、而曰好仁、則稱許于君子、即是宣子之事寔、人徒知卿大夫重士、不知士之能重卿大夫如此、其後韓起適魯、猶知易象春秋、或得力

變也

小邾穆公來朝、亦始朝公也、

見三按小邾與邾同為附庸之國、邾與魯常爭、小邾事魯唯謹、而穆公尤始終不懈、蓋亦小國之賢君也、

秋季武子如衛、報子叔之聘、且辭緩報、非貳也、子叔聘在元年、言國家多難故、不時報、

見三按魯衛兄弟之國、最相親睦、入春秋以來有聘問而無侵伐、子叔來聘、迄今七年、魯未往報、恐其生疑、故聘以謝之、

冬十月晉韓獻子告老、公族穆子韓厥長子、成十八年為公族大夫、有廢疾、將立之、代厥為卿、辭曰、詩曰、豈不夙夜、謂行多露、詩言雖欲早夜而行、懼多露之濡己、義取非禮不可以妄行、疏云、詩國風、穆子引之、言非其才、不可以妄居官位、又曰、弗躬弗親、庶民弗信、

詩小雅、譏在位者、不躬親政事、則庶民不奉信其命、言已有疾、不能躬親政事、無忌穆子名不才、讓其可乎、請立起無忌弟宣子也、與田蘇晉賢人游、而曰好仁、蘇言起好仁詩小雅曰、靖共爾位、好是正直、神之聽之、介爾景福、靖安也、介助也、景大也、恤民為德、靖共其位、所以恤民、正直為正、正己心、正曲為直、正人曲、參和為仁、德正直三者備、乃仁為如是則神聽之、介福降之、立之不亦可乎、言起有此三德故可立庚戌使宣子朝、遂老、韓厥致仕晉侯謂韓無忌仁、使掌公族大夫、為之師長

黃薌林曰、穆子讓起、寔之以田蘇之游、信友所以獲上、聖言足徵矣、

見三按晉國之衰至起而甚、韓氏之強由起而基、起於國為庸臣、於家為喆嗣、無忌讓起、稱其好仁、而斷以介福、明為家計、而非為國計也、起為卿、無忌為公族大夫、一讓而弟兄均

於田蘇歟、

躋貴顯私室安得不強公室安得不卑、

衛孫文子來聘且拜武子之言、緩報非貳之言而尋孫桓子之盟、盟在成三年公登亦登、禮登階臣後君一等疏云聘禮公迎賓于大門內及廟門公揖入立于中庭納賓賓又三揖至于堦三讓公升二等鄭云君先升二等然後臣始升一等也叔孫穆子相趨進曰諸侯之會寡君未嘗後衛君、敵體並登今吾子不後寡君寡君未知所過、孫解寡君未知何所過失而致有此不遜吾子其少安、徐也孫子無辭、亦無悛容、悛改也穆叔曰孫子必亡為臣而君過而不悛、亡之本也詩曰退食自公、委蛇委蛇、順貌詩召南言人臣自公門入私門無不順禮謂從者也、從順行衡而委蛇必折、衡橫也橫不順道必毀折、為十四年林父逐君起本。按鄭箋云、委蛇自得之意。

黃薌林曰魯以吊使不敬尚來郲人之討、況孫林父奉命報聘、兼以尋盟公登亦登、尤不敬之大者魯不能折之以禮、安

受其侮其何以杜齊晉之侮乎時襄公方十一齡政在季宿跋扈不臣與林父埒豹趨言而宿不問適見其同惡相濟而已

見三按孫林父悖逆不臣不有其君何有於鄭國之君剡襄方幼齡尤其所藐視者公登亦登非其昧於禮正其橫於心也穆子微詞以折之復正詞以斷之而後此之據邑逐君早在洞鑒之中引詩斷章取義尤覺匪夷可思

楚子囊圍陳會于鄬以救之晉會諸侯

見三按晉之於陳始命吳戍之繼復令諸侯戍之可謂不遺餘力矣乃戍而終至被伐伐之而難免往救雖鞭之長不及馬腹此陳侯所以逃歸而晉卒棄陳也

姜白岩曰、屢師伐陳圍陳而不加兵於鄭者、楚共、君臣何嘗一日忘鄭、陳為之梗、鄭不可得而圖也、故圍陳者伐鄭之地、失陳者鄭貳之基、晉人欲救而終棄之、此之謂不知務、

姜宝岩曰：三傳皆言弒，而經書卒，蓋以瘧疾赴諸侯也。斯時楚方圍陳，則救陳當急，乃濡滯不進，遂至失陳。鄭僖奔命，竟為所弒。聖人變文書曰鄭伯髡頑如會，未見諸侯，卒于鄵。蓋欲見諸侯其志可矜也。未出境而卒，其卒有故也。穀梁曰：諸侯不生名，此之名，卒之名也；卒之名何為加之如會之上？以如會卒也。而晉受其偽赴，弒逆者不見討，勤事者不見恤，又何怪鄭之叛乎。此韓厥授意偃匄，贊襄荀罃惑焉，而初政遂不足觀。

鄭僖公之為大子也，於成之十六年，（魯成公）與子罕適晉，不禮焉。又與子豐（子豐，穆公子）適楚，亦不禮焉。及其元年，朝于晉（鄭僖元年，魯襄三年）。子豐欲愬諸晉而廢之，子罕止之。及將會于鄬，子駟相，又不禮焉。侍者諫，不聽；又諫，殺之。及鄵，子駟使賊夜弒僖公，而以瘧疾赴于諸侯。（傳言經所以不書弒。呂說：悼公方圖霸業，何故受偽赴？大抵伯者本心只在強國，初無誠心為天下賞善罰惡也。）簡公生五年，奉而立之。（僖公子）

見三按：鄭僖嗣立，正當晉楚交争之時，諸臣柄國，從晉從楚，唯其向背。而子駟尤其跋扈者也。想僖心惡其專而苦于力之不逮，此次如會，必將僭偪之罪告於霸主，以除其患。機事不密，反為所弒，以疾偽赴，晉置不問，以故鄭卿益横，重煩三駕之師，良可嘆也。悼公為書偃所擁立，不能為厲討賊，故於

姜白岩曰、楚十月圍陳、至十二月陳侯于圍城中出而告急于晉、晉不卹救也、徒留陳侯會鄬以待諸侯之師、以楚之強、圍弱小之陳、豈能遷延時日、無怪陳侯之逃也、陳蔡為楚偪鄭之要路、楚所必爭、而二國服楚者、彼豈不知尊王之為美哉、以密邇于楚、中原大國、不足以蔽之也、自蔡哀虜于楚、穆侯而後為楚屬國、齊桓創霸、侵蔡伐楚、蔡潰、九合諸侯、陳在而蔡不至也、晉文溫及翟泉、陳蔡皆與、稱極盛焉、襄靈而還、蔡多從楚、而陳則屬晉、追徵舒弒君、晉不能討、楚莊遂納二兇、而陳之從楚者垂二十八年、是失蔡又失陳矣、悼公繼霸、陳侯來歸、正服陳招蔡之機也、蔡既不至、陳又逃

列國之賊臣、均不能討、此雖時勢使然、究不免為盛德累焉。

陳人患楚、（楚圍陳故）慶虎慶寅、（陳執政大夫）謂楚人曰、吾使公子黃（哀公弟）往、而執之、（孔疏、於時楚師圍陳、使公子黃入楚軍也）楚人從之、（為執黃）二慶使告陳侯于會、（鄬之會）曰、楚人執公子黃矣、君若不來、羣臣不忍社稷宗廟、懼有二圖、（背君屬楚）陳侯逃歸、（鄬會所以不書救、陳傳言公子黃所以奔楚、二慶所以見殺）

黃薌林曰、二慶當強鄰壓境之時、君方在會、正當激厲人心、登陴固守、以待外援、乃敢勾通敵國、脅君弟以脅君歸、其罪大矣、然陳自叛楚以來、無歲不有楚師、從中國則我無如楚何、從楚則中國無如我何、是以陳之人不得慕即正之虛名、受叛夷之寔禍、而計要其君以逃也。

見三按、首止之會、鄭伯逃歸、是有所挾而逃、鄬之會陳侯逃

歸自是陳蔡皆為楚用此
霸功之歷世遞降者也。

歸是有所逼而逃陳之叛晉寔由於二慶之叛主晉不能以救陳之師為討叛之舉七國之君避一强楚之大夫汶汶而歸故會不書救陳侯書逃蓋深醜之也

經丙申八年春王正月公如晉○夏葬鄭僖公○鄭人侵蔡獲蔡公子燮（杜解）蔡莊公子○季孫宿會晉侯鄭伯齊人宋人衛人邾人于邢丘時公在晉晉悼難勞諸侯唯使大夫聽命故季孫在會而公先歸○公至自晉○莒人伐我東鄙○秋九月大雩○冬楚公子貞帥師伐鄭○晉侯使士匄來聘

傳八年春公如晉朝且聽朝聘之數（杜解）晉悼復脩霸業故朝而稟其多少

見三按鄬之會在去年十二月公之如晉蓋未歸國而自會來也十齡幼主奔走道塗朝會必親夫非當國大臣之罪哉

姜白岩曰，僖公行事，未見於傳，初不禮於子豐，復不禮於騑，騑遂弒之，雖以瘧赴，而國之人無不知其為弒也。斯時知武子根究暴卒之故，必有發之者，騑誅而鄭服矣。又何待三駕之師乃晉人不明大義，視弒逆為等閑，而鄭之諸卿亦皆疾視其君，父之死也，羣公子方起意討賊，賊臣先發而忠義誅夷，哀哉。

姜白岩曰，騑立幼君以當國，威福由己。其侵蔡也，内懼於心，欲以媚晉耳。早為子產窺破，子國云國有正卿，顯指子駟，以止子產直言賈禍。斯時楚已得陳，將次圖鄭，靜以待之，猶懼不免，而遽興無名之師，伐其與國，以起兵端，聖人

案

鄭辟公子以僖公之死也，謀子駟，子駟先之。夏四月庚辰，辟殺子狐、子熙、子侯、子丁。（辟罪也，加罪以戮之。不告不書。○辟，婢亦反）補注 孫擊、孫惡（侯子狐之子）出奔衛。

見三披子駟，是七穆中最有權變人，亦最為跋扈人。君弒以瘧赴，盟主不誅，國人不討，恐人誅己，先發制人，忠義之徒一網打盡，其後世操懿之衣鉢歟。

庚寅，鄭子國、子耳（子良之子）侵蔡，獲蔡司馬公子燮。（不言敗，以獲告唯）鄭人皆喜，唯子產（子國之子）不順，（不順而喜）曰：小國無文德而有武功，禍莫大焉。楚人來討，能勿從乎？從之，晉師必至。晉楚伐鄭，自今鄭國不四五年弗得寧矣。子國怒之曰：爾何知？國有大命，而有正卿，

之所惡也傳叙子産之言而
義自見

童子言焉將為戮矣大命起師行軍之命

黄鄉林曰凡少年聰敏出語驚人為父兄者愛其智慧不加檢束才華淺露非為造物所忌即招人世之尤若揚烏之夭殤王雱之短折猶是不幸之幸至後漢楊修東吴諸葛恪輩狂妄不羈大則滅族小亦殺身皆父兄失教致之也子産之識固不可及子國之怒尤不可少讀者須平心玩之

見三按子國之怒與士燮執戈之逐語各不同士燮與欒書異趣怒其子逞智以忝兵謀其辭厲子國與子駟同心怒其子直言以撓國計其辭危然義方之教均不可没宋王半山與程明道論新法其子雱携婦人冠囚首跣足而出曰梟韓琦富弼之頭於市則新法行矣子國數語正是半山對症之

賀養敬督、齊桓官受方物、亦是朝聘天子之數、非自利之也、晉强力换諸侯、使職貢歸於己、不知始自何年、而諸侯有二王矣、觀於子產爭承、及女叔侯所謂職貢不乏、玩好時至者、其爲諸侯病久矣、悼公辭諸侯而使大夫聽命、當有不安於心者、康侯方責諸侯之不親會、是明以諸侯屬晉、宜庭實享也、豈可爲訓耶

藥

五月甲辰、會于邢丘、以命朝聘之數、使諸侯之大夫聽命、季孫宿、齊高厚、宋向戌、衛甯殖、邾大夫會之、晉難重煩諸侯、故使大夫聽命、卓氏謂正悼公之謹嚴馭衆也、按當并舍鄭伯、獨以晉侯會之、今鄭伯與會、是大夫得以會諸侯也、鄭伯獻捷于會、故親聽命、獻蔡捷也、大夫不書、尊晉侯也、

見三按、邢丘之會、晉悼重煩諸侯、使列國之大夫聽命、可謂得霸主之道、而政逮大夫、寔基於此、不必溴梁之盟、而大夫始張也、

莒人伐我東鄙、以疆鄫田、莒既滅鄫、魯侵其西界、故伐魯東鄙以正其封疆、曰此則莒以兵滅鄫明矣、孰謂其以子繼鄫耶、

見三按、孟獻子請屬鄫、是魯之最失策處、既不能制莒、又不

姜白岩曰：邢丘之役，鄭奉五歲幼君朝晉獻捷，以為大功，晉必待以殊禮，而晉人處之漠然也。夫其君無禮於鄭，猶手刃之，何有於隣國。即楚叛晉，豈顧問哉。襄二十二年子產云：悼公九年，我寡君於是即位，此即鄭弒僖而簡公立也。又云：我先大夫子駟從寡君以朝於執事，執事不禮於寡君，寡君懼。我二年六月朝於楚，晉於是有戲之役，所謂無禮寡君者，即無禮於鄭也，此即邢丘獻捷之時，皆補此傳所未備也。夫是以決于從楚。子展云：親我無成，鄙我是欲，蓋與其意相忤。蓋怨晉者深，思援楚以拒晉，而辭氣亢厲，身任其咎

能庇鄭以致兵連禍結，晉亦不之問，謀國大臣，貪小利而貽大害，皆此類也。

秋，九月，大雩，旱也。

冬，楚子囊伐鄭，討其侵蔡也。子駟、子國、子耳欲從楚，子孔（穆公子）、子蟜（子游子。○音矯）、子展（子罕子）欲待晉（待晉來救）。子駟曰：周詩有之曰：俟河之清，人壽幾何。（逸詩也。言人壽促而河清遲，喻晉之不可待。【林解】黃河水濁，千年一清。）兆（卜也）云詢多，職（主也）競作羅。（言既卜且謀，多則競作羅網之難，無成功。）謀之多族，民之多違。【林解】鄭之主謀多有族類，民各有心，多相違戾。事滋（益也）無成，民急矣，姑從楚以紓吾民，晉師至，吾又從之，敬共幣帛以待來者，小國之道也。犧牲玉帛待於二竟，（晉楚界上。【林解】犧牲以為盟，玉帛以講會。）以待強者而庇民焉。寇不為害，民不罷病，不亦可乎？子展曰：小所以事大，信也。小國無信，兵亂日

而不辭。末復提出獲蔡獻捷以告晉，見晉不為功，楚宜是為怨。歷敘已之愁痛窮困無所控告，筆筆歸過於晉。舍從楚之外，更無他策，皆邢卯之不禮有以激之然也。不然，楚師遼遠，必將速歸，騑豈不曉然，而待子展之諄復哉。

至亡無日矣。五會之信，謂三年會雞澤，五年會戚，又會城棣，七年會鄬，八年會邢丘。今將背之，雖楚救我，將安用之。言失楚得楚不足貴。親我無成，晉親鄭。鄙我是欲，楚欲以鄭為鄙邑，而反欲與成。不可從也。言子駟不可從。不如待晉。晉君方明，四軍無闕，八卿和睦，必不棄鄭。四軍謂上中下新軍也，軍有二卿。疏云八卿者，據九年傳荀罃將中軍，士匄佐之，荀偃將上軍，韓起佐之，欒黶將下軍，士魴佐之，趙武將新軍，魏絳佐之。楚師遼遠，糧食將盡，必將速歸，何患焉。舍之子展名。聞之，杖莫如信。完守以老楚，杖信以待晉，不亦可乎。子駟曰：詩小雅。云：謀夫孔多，甚也。是用不集。就也。言人欲為政，是非相亂而不成。發言盈庭，誰敢執其咎。言謀者多，若有不善，無適受其咎。如匪行邁謀，是用不得于道。匪，彼也。行邁謀，謀于路人也。不得於道，眾無適從。〔補正〕古人有以匪字作彼字者，二十七年引詩「彼交匪敖」作「匪交匪敖」是也。請從楚，騑騑，子駟名，芳非反。也受其咎。乃及楚平。使王子伯駢鄭大夫。告于晉曰：君命敝邑：脩而車賦，儆而師徒，以討亂略。

蔡人不從，杜鮮特楚不從晉令敝邑之人，不敢寧處，悉索敝賦、附注索取也言盡取以也行，以討于蔡，獲司馬燮，獻于邢丘，今楚來討曰：女何故稱舉也兵于蔡，焚我郊郭外曰郊保守也馮迫也陵我城郭，敝邑之衆，夫婦男女，不遑暇也啟處，以相救也。啟，跪也。疏云：李巡曰：啟，小跪也。翦盡也焉傾覆，無所控引也告。民死亡者，非其父兄，即其子弟，夫人猶人人也愁痛，不知所庇，民知窮困，而受盟于楚，孤鄭伯也與其二三臣，不能禁止，不敢不告。知武子使行人子員對之曰：君有楚命，見討之命亦不使一介獨使也行李行人也告于寡君，而即安于楚。君之所欲也，誰敢違君？寡君將帥諸侯以見於城下，唯君圖之。為明年晉伐鄭傳

黃薌林曰：完守老楚，杖信待晉，子展自是正論。子駟待強庇民，亦非無見。蓋深知得罪於晉必不至滅，得罪於楚便生不

測、故力掃庭言、而獨執其咎、從楚偏又告晉、正所以激晉之怒、而使之不能不爭也。俞寧世謂駟偏而展正、然兩段議論各有精采、鄭曲而晉直、然兩段詞令、各有風致、良然。

見三按、子駟弑君、晉不能討、自是益肆鴟張、挾朝晉不禮之憾、甘心從楚、力排衆議、獨執其咎、可謂跋扈將軍、子國子耳不阻其謀、反從其欲、尉止之禍亟矣。子展完守老楚、杖信待晉之言、最為老成練達、使從其言、則晉可不煩三駕之師、鄭亦何至為二境之徒、而屈於子駟、卒不能用、豈天心之未厭禍乎、抑弑君之賊、天將厚其毒、假手於尉止以討之歟。

晉范宣子來聘、且拜公之辱、謝公此春朝告將用師于鄭。公享之、宣子賦摽有梅、詩召南、摽、落也、梅盛極則落、詩人以興女色盛則有衰、衆士求之、宜及其時、宣子欲魯及時共討鄭、

取其汲汲相赴。季武子曰、誰敢哉、言誰敢不從命。今譬於草木、寡君在君、君之

臭味也、言類同。歡以承命、何時之有、遲速無時。武子賦角弓、詩小雅、取其兄弟婚姻、無相遠矣。

賓將出、武子賦彤弓、天子賜有功諸侯之詩、欲使晉君繼文之業、復受彤弓于王。

宣子曰、城濮之役、在僖三十八年。我先君文公獻功于衡雍、受彤弓于

襄王、以為子孫藏、藏之以示子孫。匄也、先君守官之嗣也、敢不承命、言已

嗣其祖父、為先君守官、不敢廢命、欲匡晉君。君子以為知禮、彤弓之義、義在晉君、故范匄受之、所謂知禮。

黃薌林曰、季宿固非行父象賢、士匄亦非范燮肖子、一值霸

主英明、均知自奮、此欲彼及時相助、彼欲此繼先立功、樽俎

雍容、賦詩生情、各言其志、亦親切、亦風雅、此三篤所以成功

也。

見三按今春公如晉、即使卿來拜辱、且告用師、以示同仇、悼

魏禧曰：于火政，知古大臣之遇灾不苟；于君問，知古人君之遇事好學；于士弱之對，知近臣掩過之可惡；于國亂無象之對，知亂世灾祥之無憑。

公有禮，故使臣亦知大體。始賦摽梅，遜順可風；繼荅彤弓，忠勇自奮，此復霸之氣象也。至鞅徼十一牢，則庸陋而惡直，夷狄之不如矣。

經　丁酉九年春，宋災。天火曰災，來告故書。○夏，季孫宿如晉。○五月辛酉，夫人姜氏薨。成公母。秋八月癸未，葬我小君穆姜。四月而葬，速。○冬，公會晉侯、宋公、衛侯、曹伯、莒子、邾子、滕子、薛伯、杞伯、小邾子、齊世子光伐鄭。十有二月己亥，同盟于戲。伐鄭而書同盟，則鄭受盟可知。戲，鄭地。○許宜反。楚子伐鄭。

傳　九年春，宋災。樂喜子罕為司城以為政。杜解：知將有火災，素戒為備火之政。使伯氏宋大夫司里。孔疏：使伯氏司城內諸里之號令，各率里內之民救火也。火所未至，徹小屋，塗大屋。大屋難徹，就塗之。陳畚挶，具綆缶，畚，簣籠。挶，土轝。綆，汲索。缶，汲器。○畚音本。挶，九錄反。綆，古杏

姜白岩曰、樂善〔喜〕以司城當國、預知火災、占得之也、其占法不傳、救火之政、分作三段、皆未火之前、號令官屬以為備火之用、此鄭裨竈、魯梓慎所不載、自信而來人行之、無疑故晉侯謂之知天道、非既火而後謀此數者也、左氏叙火三、魯鄭救之于臨時、而此則備之于先、事尤足異也、

反

備水器、盆罌之屬〇罌戶暫反量輕重、計人力所在蓄水潦、積土塗、巡行也丈度也城、繕治也守備、行度守備之處、恐因災作亂、表火道、火起則從其所趣標表之使華臣華元子為司徒具正徒、役徒也、司徒之所主也、疏云、司里所使、遂正所納、皆臨時調役、若今之夫役也、司徒所具正徒者、常供官役、若今之正丁也、令隧正、官名納郊保、奔火所、孔疏此遂正當天子之遂人、夫五鄙為縣、五縣為遂、郊內屬鄉、郊外屬遂、郊保之民既遠、故使隨火所起、奔往救之、使華閱亦華元子、代元為右師討治也右官、官庀其司、庀具也、使具其官屬、向戌討左、亦如之、向戌左師使樂遄司寇庀刑器、亦如之、刑器刑書、疏云、刑書必載于器物、鄭晉鑄刑鼎、此言刑器、不必在鼎、或書之于版、號為器耳、使皇鄖皇父充石之後命校正出馬、工正出車、備甲兵、庀武守、孔疏校正主馬、工正主車、國有災、恐致姦寇、使司馬命此二官、出車馬、備甲兵、以防非常也、甲兵器械藏于武庫、使具其守、守此武庫也、使西鉏吾太宰庀府守、府六官之典、疏云、周禮太宰掌建邦之六典、以佐王治邦國、治典、教典、禮典、政典、刑典、事典、蓋其事載之于書、使具官守、故令司宮奄臣巷伯寺人儆宮、皆掌宮內之事二師左右師也令四鄉

正（卿大夫）敬享（祀也。疏云：五州為鄉，鄉大夫每鄉卿一人，天子六鄉，即以卿為之長。此四鄉正則別立鄉正，非卿典之。賈逵云：魯人三郊三遂，則魯立三鄉，此命四鄉正，則宋立四鄉也。蓋偏祀羣神。）祝宗用馬于四墉，祀盤庚于西門之外。（祝，大祝；宗，宗人。墉，城也。用馬祭于西城，以禳火。盤庚，殷王，宋之遠祖。疏云：禳，卻也。祀盤庚不別言牲，亦用馬也。城以積土為之，土積則為陰，積陰之氣或能制火，故祭城。凡天災有幣無牲，用馬祀盤庚皆非禮。此祭非鄉正所為，文承二師令下，亦是二師命之，不言命者，省文也。）晉侯問于士弱（士渥濁之子莊子）曰：吾聞之，宋災於是乎知有天道，何故？（按：知，先知也。）對曰：古之火正，或食於心，或食於咮，以出內火。是故咮為鶉火，心為大火。（古之火正，掌火有功，封為上公，祀為貴神。心，大火，東方星也。咮，鶉火，南方柳星也。或以火正配食于大火之心星，或以火正配食于鶉火之柳星。季春建辰之月，鶉火星昏在南方，則令民放火，是謂出火。季秋建戌之月，大火星伏在日下，夜不得見，則禁民放火，是謂內火。○咮，竹又反。出，尺遂反。內，音納。）陶唐氏之火正閼伯（○高辛氏之子。閼，音遏。）居商丘（傳曰：遷閼伯于商丘，主辰。辰，大火也。今為宋星，然則商丘在宋地。）祀大火，而火紀時焉。（謂出納火時）相土因

之故商主大火相土契孫商祖也始代閼伯之後居商邱祀大火商人閱其禍敗之釁

必始於火是以日知其有天道也〔補正〕相土契之曾孫代閼伯主火星宋其後也世司其占故先知火災按杜云閱猶數也疏云釁謂間隙也禍敗即指火災言商人歷數火災之間隙必始于火火謂大火鶉火也心為大火柳為鶉火蓋以心星有變必有火災是以日知天道之有憑也日知者每星變之日即知之也

公曰可必乎對曰在道國亂無象不可知也言國無道則災變亦殊故不可必知

黃鄰林曰子罕有絕大見識絕大經濟其見諸救火特其緒餘耳而先事豫防次第續密先後不紊寔開後人無數神智獨惜平公不能用之為政僅以火政見矣

見三按此與子產之火政同為絕大經濟子產救患於既至子罕防患於未然子產不言天道唯盡人事以回天其道正而奇子罕預知天道故順天道以救人其道奇而正子產是

有學問人、子罕是有閱歷人、皆可為後世法

夏季武子如晉、報宣子之聘也。宣子聘在八年

見三按晉來拜辱、魯即報聘、兄弟之國、親密無間、真是復覇氣象、

穆姜薨於東宮、太子宮也。穆姜淫僑如、欲廢成公、故徙居東宮、事在成十六年。始往而筮之、遇艮之八、☶☶艮下艮上。周禮大卜掌三易、然則雜用連山歸藏周易、二易皆以七八為占、故言遇艮之八。疏云、七為少陽、八為少陰、其爻不變也。九為老陽、六為老陰、其爻皆變也。周易以變為占、占九六之爻、二易以不變為占、占七八之爻。此筮遇八、謂艮之第二爻不變者、是八也。按八不變之爻也、云艮之八者、史見艮五爻皆變、謂當占其不變者。杜氏雜用三易、先儒多以為謬。今據疏云周禮大卜雜三易之法、此下文穆姜云、是于周易、晉語公子重耳筮得貞屯悔豫皆八、其下司空季子云、是在周易、並于遇八之下、別言周易、知此遇八、非周易也。史曰、是謂艮之隨、☱☳震下兌上隨、史疑占易遇八為不利、故更以周易占變爻、得隨卦論之。隨其出也、史謂隨非閉固之卦、君必速出。

姜白岩曰、傳著眼在始往而筮之一語。始往者、初幽東宮時也。其言曰、我婦人而與于亂、四事自責、固已創艾交深、夫母有悔過之心、而子無迎母之意、人子之禮缺然、其忍之乎。然于此有疑焉。成十六年行父歸魯、傳但云殺子偃、而未嘗云幽穆姜、或曰為成公諱也。不知宣伯通于穆姜、傳言之無所為諱也、蓋刺偃之時、公不忍幽其母、故行父不敢逞志、越二年公薨、襄公僅四歲、于是惟所欲為、而姜幽矣。前此齊姜用其美檟定姒幾不成喪、權臣目何有幼君、故死則尊夫人之名、而生絕其養、死則祔宣公之廟、而生擯于宮、夫然後使知從前之欲

殺我者，適以自斃也，此行文之志也。

彭士望曰：聰明人溺于情欲，先事能明，後事能悔，但當事把持不住。

巫目穆姜，滔滔皆是。

姜曰：亡。（無也）是於周易曰：隨，元亨利貞，无咎。【孔疏】易筮皆以變者為占，若一爻獨變，則得指論此爻；若二爻三爻皆變，則每爻義異，不知所從，則當總論彖辭。故姜亦以彖為占，史據周易，故姜指言周易以折之。元，體之長也；亨，嘉之會也；利，義之和也；貞，事之幹也。體仁足以長人，嘉德足以合禮，利物足以和義，貞固足以幹事，然故不可誣也。是以雖隨無咎。（言不誣四德，乃遇隨無咎，明無四德者則為淫而相隨，非吉事。）今我婦人而與於亂，固在下位，（婦人卑於丈夫）而有不仁，不可謂元；不靖國家，不可謂亨；作而害身，不可謂利；棄位而姣，（○淫之別名，戶交反）不可謂貞。有四德者，隨而無咎，我皆無之，豈隨也哉。我則取惡，能無咎乎？必死於此，弗得出矣。

黃薌林曰：穆姜論占，深明易理，何以淫於僑如，致羅幽閉，一時失身，萬事瓦裂，若漢之呂雉、唐之武曌，幾於易姓受命，要

周大章曰、此晉悼一朝宦錄也、妙于楚子囊口中說出、是時楚君臣厲精啚治、力能猾夏、而屈於晉悼、此復霸之功、所以不可沒也、可知三駕而楚不能爭、非徒兵力之強、亦其根本固耳、外攘必本內修、諒哉、

皆淫之一念為之也穆姜胥公去季孟之言殊乖人理豈得以論占為聰明哉、

見三按此穆姜一篇供狀也語語論占語語悔過玩其辭意有學有識何至如此淫亂當必季氏附會其言托之於姜以見東宮之幽咎由自作數已前定非渠為已甚也觀美櫝之取季氏於穆姜絕之生前並絕之死後其狠毒可想

秦景公使士雃○苦田反乞師于楚將以伐晉楚子許之子囊曰不可當今吾不能與晉爭晉君類能而使之隨所能舉不失選得所選官不易方猶宜也其卿讓於善讓勝己者其大夫不失守各在其職其士競于教奉上命其庶人力於農穡種曰農收曰穡商工皁隸不知遷業四民不雜韓厥老矣知罃禀焉以為政代將中軍范匄少於中行偃而上之使

佐中軍、（使匄佐中軍、偃將上軍、）韓起少于欒黶、而欒黶士魴上之、使佐上軍、（黶、魴讓起、起佐上軍、黶將下軍、魴佐之、）魏絳多功、以趙武為賢、而為之佐、（武新軍將）君明臣忠、上讓下競、（尊官相讓、勞職力競、）當是時也、晉不可敵、事之而後可、居其圖之、（[呂說]子囊不立晉之朝、晉國之德政本末、無不備知、此當與邲之戰參看、欒武等能歷數楚之刑政軍旅、蓋各有腹心之臣、互觀兩國之政、所以二強國兩立百有餘年、）王曰、吾既許之矣、雖不及晉、必將出師、秋楚子師于武城、以為秦援、秦人侵晉、（[陳傳]不書、至十一年始書）之、晉饑、弗能報也、（為十年晉伐秦傳、）

黃薌林曰、子囊論晉不可伐、而歸重於將帥之讓賢、尤為出人之見、且曰事之而後可、亦欲激楚子令諸臣各得其使然、後再與爭衡、惜楚子不悟、所以終悼公之世、而楚不能與爭也、

姜白岩曰傳予知武子之善謀也三駕服鄭之旨此篇挈其要領其主腦有二一則三分四軍已不勞而楚自斃一則修德息民感以誠而鄭自服三篇總不出此說者謂楚莊有道氣夫莊狙獪之雄有何道氣其唯晉悼公乎不急于服鄭而積誠感之也其唯知武魏莊乎不忍暴骨以逞并不忍使人

見三按齊桓召陵之役屈完來盟晉文城濮之戰鬬章請平要皆虛文相縻未必其誠服也唯悼三駕之師絕不與楚戰而楚自屈此篇從子囊口中盛稱君明臣忠上讓下競一則曰吾不能與晉爭再則曰晉不可敵且事之而後可舉桓文所不能得於楚者悼以修德致之功邁前賢遠矣獨恨秦景梗覇致晉分心西顧不能併力中原僕僕爭鄭而陳蔡之間均不能問皆秦之為害也此傳美晉悼即以深罪秦景也

冬十月諸侯伐鄭鄭從楚也庚午季武子齊崔杼宋皇鄖從荀罃士匄門于鄟門鄭城門也三國從中軍衛北宮括曹人邾人從荀偃韓起門于師之梁亦鄭城門三國從上軍滕人薛人從欒黶士魴門于北門二國從下軍杞人郳人從趙武魏絳斬行栗二國從新軍行栗表道樹疏云行道也甲戌師

暴骨、而有志脩德也。楚莊勝晉之後、曰三國暴骨、曰民何安焉、語語都是飾說欺人。知武子未戰之前、曰暴骨以逞、曰我實不德、語語都從心坎流出、一偽一真、當從本來處辨之。

于汜、眾軍還聚汜、汜鄭地、東汜。令於諸侯曰、脩器備、兵器戰備盛餱糧、餱乾食歸老幼、示將久師居疾于虎牢、諸侯已取鄭虎牢、故使諸軍疾病息其中。肆眚圍鄭、肆緩也、眚過也、不書圍。鄭逆服、不成圍。鄭人恐、乃行成、中行獻子荀偃曰、遂圍之、以待楚人之救也、而與之戰、不然無成。恐楚救鄭、鄭復屬之。知武子曰、許之盟、而還師、以敝罷也楚人。吾三分四軍、分四軍為三部。與諸侯之銳、以逆來者、楚也於我未病、楚不能矣。晉各一動、而楚三來、故曰不能。猶愈於戰、暴骨以逞、不可以爭。言爭當以謀、不可以暴骨。大勞未艾。息也君子勞心、小人勞力、先王之制也。言當從勞心之勞諸侯皆不欲戰、乃許鄭成。十一月己亥、同盟于戲、鄭服也。鄭服故言同盟將盟、鄭六卿、公子騑子駟公子發子國公子嘉子孔公孫輒子耳公孫蠆子蟜公孫舍之子展及其大夫門子卿之適子皆從鄭伯。晉士莊子士弱為載書、盟書曰、自今日既盟之後、鄭國而不唯晉命是

聽、而或有異志者、有如此盟。（如違盟之罰）公子騑趨進曰、天禍鄭國、使介（猶間也）居二大國之間、大國不加德音、而亂以要之、（謂以兵亂之力強要鄭）使其鬼神不獲歆其禋祀、其民人不獲享其土利、夫婦辛苦墊隘、（猶委頓）無所底（至也音旨）告。自今日既盟之後、鄭國而不唯有禮與彊可以庇民者是從、而敢有異志者、亦如之。（亦如此盟）荀偃曰、改載書。（子駟亦以所言載于策故欲改之）公孫舍之曰、昭大神要言焉。（要誓以告神）若可改也、大國亦可叛也。知武子謂獻子曰、我實不德、而要人以盟、豈禮也哉。非禮何以主盟。姑盟而退、脩德息師而來、終必獲鄭、何必今日。我之不德、民將棄我、豈唯鄭。若能休和、遠人將至、何恃于鄭。乃盟而還。（遂兩用載書）

黃獅林曰、知罃三駕以敝楚、即伍員多方以誤楚也。後周王

姜白岩曰此傳可疑之甚十一月師還至十二月五日復合諸侯伐鄭四方責鄭之叛盟豈口血未乾而晉自寒之二也前伐行成七盟六卿相鄭伯並至此番行成之使寂然若非子展則子孔且帥師拒戰反致前恭後倨三也是年十二月後無閏月是月無戊寅罡遇謂門其三閘即是前篇三門事晉原未嘗再伐此傳得之傳聞或採之他書欲刪去未及者杜氏

樸祖其意為擊東撓西之策以儆江南疊戰更休兵法之善莫逾於此

見三按招攜以禮懷遠以德是霸者極大本領即其極大牢籠管仲用之於前以收九合之功荀罃用之於後以成三駕之烈雖遲速不齊廣狹或異要其積誠相感罃固較勝於仲也至三分四軍不戰儆楚尤其獨具勝算荀罃亦人杰哉

晉人不得志於鄭以諸侯復伐之十二月癸亥門其三門閏月戊寅濟于陰阪洧津侵鄭以長歷參校上下此年不得有閏月戊寅戊寅是十二月二十日疑閏月當為門五日五字上與門合為閏則後學者自然轉日為月次于陰口鄭地名而還子孔曰晉師可擊也師老而勞且有歸志必大克之子展曰不可

見三按既盟而還又以諸侯伐之皆不得志後無聊之事師

不能指出以閏月為五日，祇見其鑿也。

姜白岩曰：時公年十有二，已如晉者三，如會者五，悼公銳志圖霸，魯則事晉最殷，故宴于河上，感其勤勞，相為慰藉，閒談致問，遂趣冠具，蓋兄弟親親，彼此關切，亦示同屬英年，可以協力功名，此悼公之厚意也。武子設出國君冠禮，因冠于衛成之廟，想見魯衛兄弟並睦于晉，此中便有衛君晏好一層，總因霸主得志，同姓輯睦，藹然行葦，杕杜之仁，豈如楚子重之強冠蔡許二君哉。

老而勞正在於此。

公送晉侯，晉侯以公宴于河上。【補注】公有適祖母之喪，晉侯不當與宴，季武子不能以公固辭，皆非也。問公年。季武子對曰：會于沙隨之歲，寡君以生。在成十六年。晉侯曰：十二年矣，是謂一終，一星終也。歲星十二歲而一周天。疏云：直言一星終，知是歲星者，五星金、水日行一度，土三百七十七日行星十二度，火七百八十日行星一百四十五度，四者皆不得十二年而一終，惟木三百九十八日行星三十三度，十二年而彊一周，舉其大數，十二年而一終，故知是歲星。國君十五而生子，冠而生子，禮也。冠成人之服，故必冠而後生子。君可以冠矣。大夫盍為冠具？武子對曰：君冠必以祼享之禮行之，祼謂灌鬯酒也。享，祭先君也。以金石之樂節之，以鐘磬為節。以先君之祧處之。諸侯以始祖廟為祧。今寡君在行，未可具也。請及兄弟之國而假備焉。晉侯曰：諾。公還，及衛，冠于成公之廟，成公，今衛獻公之曾祖。從衛所處。假鐘磬焉，禮也。

姜白岩曰、當陳之服晉也、楚不敢爭鄭、迨陳既朝楚、楚思得鄭、而晉復不禮於騑也、於是決意從楚、然騑弑君之賊也、舍之能取騑誅、則內賊除而

黄藹林曰、考之冠義、古者童冠、行之于廟、未聞道而冠也、魯衛雖兄弟之國、然各祖其祖、成公、衛獻公之祖、何居乎冠於其廟、且夫冠昏喪祭為四大禮、冠而於道、浸假婚祭皆可於道行之乎、假鐘磬焉、禮也、刺之也、非美之也、

見三按、童子侯不朝王、不接以成人之禮也、朝王且不可、况同列乎、計襄公五齡即位、於今七年、如晉者三、如會者五、誰秉國鈞、使幼主僕僕道塗、晉悼殆深憫焉、公年之問、微詞也、盍為冠具、冷語也、季宿不悞（悟）其非、反誤會其意、假衛行冠、失禮之中又失禮焉、可慨也夫、

楚子伐鄭、與晉成故、子駟將及楚平、子孔、子蟜曰、與大國盟、口血未乾而背之、可乎、子駟、子展曰、吾盟固云、唯强是從、今楚師至、晉

外惡鄰矣、乃以軍國之事、委之賤臣、聽其主張、玉帛待於二竟、何國之能為、

不救我、則楚彊矣、盟誓之言、豈敢背之、且要盟無質、神弗臨也、質主也所臨唯信、信者言之瑞也符也、善之主也、是故臨之、神臨明之神不蠲潔也、要盟背之可也、乃及楚平、公子罷戎楚大夫入盟、同盟於中分鄭城中里名、楚莊夫人卒共王母、王未能定鄭而歸、

黄鄰林曰、將及楚平、明係子駟主謀、而子展亦與之同聲者、蓋戲之盟、所謂有禮與彊者、是從子駟之遁詞、寔子展之本意、自戲至於蕭魚、始終無貳心、但非從楚、不足以激晉、即不足以儆楚、故二人之背盟同、而用心不同、見三按前、則子展猶與子駟異議、此則子展亦與子駟同聲、反覆無常、總見力服之難、而修德息民、悼之商覇、為不可及也、

張恠菴曰、外分四軍以禦楚、内輸積聚以息民、全是以逸待勞、固本而後動、楚莊謂武有七德、禁暴戢兵保大定功安民和衆豐財、晉悼君臣之制楚、其庶幾近之乎、姜白岩曰、晉侯謀息民、知罃之謀也、魏絳是罃絕好幫手、罃知絳不盡業、能竟其底裏、而絳之于罃則深知之、故彼以此謀、此即以是請、總見修德息民不徒托之空言也、傳于七年楚子圍宋傳云、一戰而霸、文之教也、此云三駕而楚不能與爭、皆金提二公一樣事業作結、因以見悼公繼文公之霸、而襄公以下、靈成景厲皆不足言、彭家屏曰、外攘必本内安、晉欲抗楚、而謀所以息民、得本計矣、然國有經費、務施舍則用不給、而國病矣、故晉悼之崇儉、又惠民之本也、史載息民之主、無如漢文、然惜百金之臺、衣皂綈之服、後宮無文繡、霸陵用瓦器、躬行節儉、以求國有儲蓄、卒得除民田租、十年不賦、可知可知欲行愛人之政者、其必以節用爲

晉侯歸、謀所以息民、魏絳請施舍（施恩惠、舍勞役）、輸積聚以貸（輸盡也）自公以下、苟有積者盡出之、國無滯積（散在民）、亦無困人（不匱乏）、公無禁利（與民共）、亦無貪民（禮讓行）、祈以幣更（不用牲）、賓以特牲（務崇省）、器用不作（因舊）、車服從給（足給事也）、行之期年、國乃有節、三駕而楚不能與爭、（三駕、三興師、謂十年師于牛首、十一年師于向、其秋觀兵于鄭東門、自是鄭遂服）（陳說）言悼公復伯、

黄鄉林曰、魏絳真是謀國寔際、前請和戎、是安外、此請施舍、是固内、有此作用、而和戎乃非苟安、其才識在管仲上、惜苟罃不能薦賢自代、悼亦不能破格用賢、罃歿而偃匄用、霸業遂衰、未免負茲良佐、

見三按、奸人私施、權臣私積、皆禍端也、一舉而出（積）、是第一難事、晉能行之、宗戚都無怨言、的是君明臣忠氣象、使後人世

先資乎。

守其法，何至有三家分國之禍。

經 戊戌 十年春，公會晉侯、宋公、衛侯、曹伯、莒子、邾子、滕子、薛伯、杞伯、小邾子、齊世子光會吳于柤。〔杜解〕吳子在柤，晉以諸侯往會之，故曰會吳。疏云：吳未聞諸夏之禮，不知以爵告衆，故從所稱書吳也。柤，楚地。按今山東嶧縣泇口。○柤，莊加反。 夏五月甲午，遂滅偪陽。高氏曰：楚與國。 公至自會。○楚公子貞、鄭公孫輒帥師伐宋。○晉師伐秦。○秋，莒人伐我東鄙。○公會晉侯、宋公、衛侯、曹伯、莒子、邾子、齊世子光、滕子、薛伯、杞伯、小邾子伐鄭。齊世子光先至于師，為盟主所尊，故在滕上。霖辟此三駕之一。○冬，盜殺鄭公子騑、公子發、公孫輒。非國討，當兩稱名氏，殺者非卿，故稱盜，以盜為文，故不得言其大夫。○戍鄭虎牢。伐鄭諸侯各受晉命戍虎牢，不復為告命，故獨書魯戍，而不叙諸侯。○楚公子貞帥師救鄭。○公至自伐鄭。

傳 十年春，會于柤，會吳子壽夢也。〔杜解〕壽夢，吳子乘。服虔云：吳蠻夷，言多發聲，數語共成一

姜白岩曰：傳云會吳子壽夢也，見吳軍盡出，其君親臨，神注在滅偪

陽、

言、此壽夢乃乘字發聲、【補正】夢古莫騰反、一言為乘、二言為壽夢三月癸丑、齊高厚高固子相太子光、以先會諸侯于鍾離、不敬、吳子未至、光從東道與諸侯會遇、非本期地、故不書會。士莊子曰、高子相大子以會諸侯、將社稷是衛、而皆不敬、厚與光俱不敬棄社稷也、其將不免乎、為十九年齊殺高厚、二十五年弒其君光傳、夏四月戊午會于柤、經書春、書始行也、戊午、月一日

見三桉張氏溥曰、荊楚地大人悍、專與霸爭、能敵之者齊晉秦三國而已、齊自孝公以後、國亂君弱、秦以殽讐晉、反與楚合、獨吳居肘腋之下、威氣方厲、晉一通吳、吳益致銳於楚、師不出則撓其旁、出則議其後、楚畏吳迫、無暇與晉校爭、晉始得從容收宋陳、伐秦鄭、坐言霸功、是故晉三會吳、專以楚故、非得已也、三駕絶不用吳師、而楚師自屈、此晉悼之知權也

張悔庵曰：偪陽何罪而伐，向戌何功而賞，滅先王之建國，以與諸侯之大夫，不義甚矣。事雖始於偃、匄，然荀罃不能舉大義以折之，又遂武而滅之，罪與二子等耳。

周大章曰：此役罪偃、匄，罪荀罃，猶是就臣下說，小疵。若論大義，强吳入為中國害，因會滅國，滋為吳虐，故春秋書遂以著其罪。夫子之刪詩也，存邶、鄘於國風之首，而繫檜、曹於末，錄小國也。春秋尤錄小國也，遷其族嗣，納諸霍人，謂為有禮，則無故滅國之非禮可知。然則悼公之罪，豈待於絕而後見哉。

來元成曰：晉主會，不知殺蔡悔而歸，學者乃以桑林為可鄢陵之戰志變，不欲勝而匄乃無故請伐偪陽，殊愧祖父矣。

俞寧世曰：知伯責二子，極透徹，極嚴挺。

繼此滅偪陽通吳晉往來之路，為犄角之勢，亦是要着。特封向戌則私矣。

晉荀偃、士匄請伐偪陽，而封宋向戌焉。以宋嘗事晉，而向戌有賢行，故欲封之為附庸。荀罃曰：「城小而固，勝之不武，弗勝為笑。」固請。丙寅，四月九日。圍之，弗克。孟氏之臣秦堇父獻子家臣。○堇音謹。輦重如役。步挽重車以從師。偪陽人啟門，諸侯之士門焉。見門開，故攻之。縣門發，林鮮：發之以閉攻門之士。郰人紇郰邑大夫，仲尼父叔梁紇也。疏云：名紇，字叔梁。抉之以出門者。門者，諸侯之士在門內者也。言紇多力，抉舉縣門，出在內者。狄虒彌魯人。建大車之輪，而蒙覆也。之以甲以為櫓，大楯。林鮮：益以大車輪蒙甲代大楯之用，以示有力。○虒音斯。左執之，右拔戟，以成一隊。孔疏：考工記車人為車，柯長三尺，大車轂長半柯，輪崇三柯，是輪高九尺。殳長尋有四尺，車戟常，崇於殳四尺。八尺曰尋，倍尋曰常，則戟長一丈六尺。百人為隊，言其當百人也。孟獻子曰：「詩所謂『有力如虎』者也。」詩邶風也。主人縣布，偪陽人縣布以

九

林父知此，則救鄭不至敗北；荀偃知此，則伐秦不至遷延。但此役悼公在軍，伐國滅國何竟不聞一言，聽臣下專制，大柄下移，不待平公以後也。
姜白岩曰：此滅偪陽傳經于是役罪之，而未嘗不原之。俘人之君殄之國，罪之可誅者也。因吳人犄角之勢，通吳晉往來之路，取偪陽歸宋，以援彭城，而晉不自有，則情之可原者也。經書滅而曰遂，傳曰書自會也，蓋蒙上會吳之文也。偪陽之國聚列國之勇力，久于城下攻之不克，使楚以軍救之，偃匄雖冒矢石，亦無能為，而楚所以按兵不動者，以吳人之駐師為晉援也。傳處處明偪陽之固，著見楚人畏吳而不敢救，其發明遂字之義精矣。

試外勇者。董父登之，及堞而絕之，隊，則又縣之，蘇（疏：死而更生）而復上者三。主人辭焉，乃退（主人嘉其勇，故辭謝，不復縣布），帶其斷以狥于軍三日（帶其斷布，以示勇）。諸侯之師久于偪陽，荀偃、士匄請於荀罃曰：水潦將降，懼不能歸（向夏恐有久雨，從丙寅至庚寅二十五日，故日久），請班（還也）師。知伯（荀罃）怒，投之以机，出於其間（出偃匄之間。机，几同），曰：女成二事而後告余（二事：伐偪陽，封向戌），恐亂命以不女違（既成，改之為辭命）。女既勤君而興諸侯，牽帥老夫以至于此，既無武守（無武功可執守），而又欲易余罪，曰是實班師，不然克矣（謂偃匄將言爾）。余羸老也，可重任乎（未任受女此責。○羸，劣危反）！七日不克，必爾乎取之（言當取女以謝不克之罪）。五月庚寅（月四日），荀偃、士匄帥卒攻偪陽，親受矢石（躬在矢石間），甲午滅之（月八日）。書曰遂滅偪陽，言自會也。以與向戌，向戌辭曰：君若猶辱鎮撫宋國，而以偪陽光啟寡君，群臣

安矣、其何貺如之、言見賜之厚無過此若專賜臣、是臣與諸侯以自封也、其何罪大焉、敢以死請、乃予宋公、按向戌自少飾為賢行、華元早為標榜、故樂喜東政、荀罃主盟、皆相許可宋公享晉侯於楚丘、請以桑林、殷天子之樂名、疏云皇甫謐以桑林為大濩別名、或云湯禱桑林得雨、遂以名樂也、荀罃辭、辭讓之荀偃士匄曰、諸侯宋魯於是觀禮、宋王者後、魯以周公故、皆用天子禮樂、故可觀、魯有禘樂、賓祭用之、禘、三年大祭、則作四代之樂、別祭羣公、則用諸侯樂、疏云魯為季札舞四代之樂、敬鄭國之賓、故得用大祭之樂、劉炫云、禘是大禮、賓得與同者、當時之失用之已久、以為常、遂宋以桑林享君、不亦可乎、林解魯得以禘樂待賓客、則宋可以桑林享晉君、舞師題以旌夏、師、樂師也、旌夏、大旌也、題、識也、以大旌表識其行列、晉侯懼而退入於房、林解更衣之舍去旌、卒享而還、及著雍晉地疾、晉侯疾也卜、桑林見、祟見于卜兆荀偃士匄欲奔請禱焉、奔走還宋禱謝荀罃不可、曰、我辭禮矣、彼則以之、以用也猶有鬼神、於彼加之、言自當加罪于宋晉侯有間、間、疾差也以偪陽子

歸、獻于武宮、謂之夷俘、諱俘中國、故謂之夷、偪陽妘姓也、使周內史選其族嗣、納諸霍人、晉邑禮也、內史掌爵祿廢置者、使選偪陽宗族賢者、令居於霍、奉妘姓之祀、善不滅姓、故曰禮也、使周史者、示有王命、疏云、偪陽妘姓、祝融之孫陸終第四子求言之後、虞夏以來、世祀不絕、今復繼之、呂說知中國自相屠戮之恥、故掩蓋其名曰夷俘、按使周內史者、蓋避其專封、處處以王命服眾、亦衰世之禮、非謂其合義也、

師歸、孟獻子以秦堇父為右、嘉其勇力生秦丕茲、事仲尼、言堇父以力相尚、子事于仲尼以德相尚、

黃薌林曰、孔門以禮傳家、聖父獨以勇著、偪陽之攻、扶縣門、圍桃之役、宵犯齊師、戎馬倥傯之下、饒有從容不迫之風、表其有勇、正以表其有禮也、合狄虎彌秦堇父二人觀之、便見聖父颯颯英姿、仍是恂恂儒雅、聖人之生、豈偶然哉、

見三按楚滅彭城、封魚石、所以塞吳晉往來之路、晉滅偪陽、

封向戍，所以通吳晉往來之路。蓋在會時與吳子有成謀，故自會移師伐之。書曰遂，繼辭也。封向戍其托辭耳。

六月，楚子囊、鄭子耳伐宋，師于訾毋。宋地。○訾，子斯反；毋，音無。庚午，圍宋，門于桐門。不成圍而攻其城門。

見三接楚挾鄭伐宋，以貳晉。鄭勉力侵衛，以圍宋。楚之橫皆鄭為之也。乃知三駕服鄭，知武子煞費深謀。

晉荀罃伐秦，報其侵也。侵在九年。

見三接兵數動則不威，事失序則滋擾。荀罃此師雖以示暇，未免吃力，故其後士魴卒挫于秦。

衛侯救宋，師于襄牛。鄭子展曰：「必伐衛，不然，是不與楚也。得罪於晉，又得罪於楚，國將若之何？」子駟曰：「國病矣。」師數出，疲病也。子展曰：

姜白岩曰：吳師方退，楚便伐宋，以其受偪陽也。可知不救偪陽，全是懼矣。

姜白岩曰：雖決意從楚，即反覆受盟，亦不過藉以令國人堅從楚之心耳。況伐衛之師，楚已命之，至受以為國病，而逡巡不前者，何也？蓋

明如楚令難違故作退縮不前使諸大夫國人皆以為伐衛必不可緩而後從楚之志通國同之矣末述定姜言見鄭帥之謀國不如衛之婦人也

得罪于二大國必亡病不猶愈于亡乎諸大夫皆以為然故鄭皇耳皇戌子帥師侵衛楚令也按是時楚人已命鄭伐衛楚令也三字找足上文杜云兼受楚命兼字殊未妥孫文子卜追之獻兆於定姜姜氏問繇繇兆辭曰兆如山陵有夫出征而喪其雄孔疏古人讀雄與陵為韻詩無羊正月皆以雄韻蒸陵是也姜氏曰征者喪雄禦寇之利也大夫圖之衛人追之孫蒯子林父獲鄭皇耳于犬丘

黃鄉林曰衛侯救宋晉令也鄭人侵衛楚令也子展之謀是激晉以儆楚子駟之言是激諸大夫以從楚二人之見始終不同

見三按此以見子駟之狡也甘心從楚為中國病唯恐子展異議國人不服故為觀望以激子展之言以堅諸大夫之心

又姜白岩楚得陳又得鄭踩躪中原烽火及於魯衛

可謂奸雄之尤定姜斷繇獨有見解不特知易而且知兵亦其女中丈夫也

秋七月楚子囊鄭子耳伐我西鄙還圍蕭宋邑八月丙寅克之

補注 伐我無不書之法陳氏槩謂不悉書非也楚鄭志在圍蕭以退為進非寔伐魯故史不書九月子耳侵宋北鄙孟獻子曰鄭其有災乎師競爭競已甚周猶不堪競況鄭乎周謂天王有災其執政之三士乎鄭簡公幼少子駟子國子耳秉政故知三士任其禍也為下盜殺三大夫傳

黄鄰林曰始伐魯繼圍蕭終侵宋克蝺四出幾於天下無敵而不知其競者正所以不競也孟獻子斷其有災亦以鄭之助虐其罪為尤大矣

見三按子駟弑君之賊不膺顯誅反參大計助楚作虐旋盟

主

姜皇岩曰：成公九年，莒已爲楚所滅，至此滅鄫之後，又復伐魯，豈僻陋在夷，楚人棄而不取耶，然晉不能討，殊失盟主之道。

旋背，既犯天和，又干人怒，子駟一日不死，則鄭一日不服，即鄭一日不安，尉止之殺，天所以保全鄭國也。孟獻子師競之言，可爲窮兵者金鑑。

莒人間諸侯之有事也，故伐我東鄙。諸侯有討鄭之事

見三按：時晉悼方修霸業，莒屢與會，乃敢叛盟侵鄰，霸主之威信安在。莒人伐國之事小，而無忌憚之罪多，晉人不問，雖伐鄭伐秦，不足威矣。

諸侯伐鄭，齊崔杼使大子光先至于師，故長於滕。太子宜賓之以上卿，而晉悼以一時之宜，令在滕侯上。【補】己酉，師于牛首。鄭地【注】言序諸侯不同，皆出伯者意。

黄鄰林曰：此三駕之一也。觀兵牛首，令其量度，微特不與楚戰，並不與鄭戰，庶幾王者之師。

姜自言騑立意從楚，宜討父兵尉止等欲報私讎，潛通子孔，揭竿而起，遂誅子駟，而并及發與輒，然傳不云因子孔，而云因公子之徒者，蓋以討賊為名也。騑寔弑僖公，孫子熙輩思討之，為騑所殺，其徒猶有存者，故挾之以討騑，暴其弑君之惡，名正言順。一朝而尸三卿也，經何為不以討賊予之？蓋子孔主其謀，欲當國也；五族與其事，為私讎也，安得謂之討賊哉？但因其告命，蔽罪于無名位之人，以為盜殺而已。子產豈報父讎，不勸焚書，乘衆怒以討子孔，固易。然晉楚爭鄭之會，不堪再誤，故寧置私讎于緩討，而焚書安衆，連子孔亦挈置于衽席之上，為國紓患，如見其心。

初，子駟與尉止有爭，將禦諸侯之師，而黜其車。〔杜解〕禦牛首師也。黜，減損。尉止獲，獲俘。又與之爭。子駟抑尉止曰：「爾車非禮也。」言女車猶多過制。遂弗使獻。不使獻所獲。初，子駟為田洫，司氏、堵氏、侯氏、子師氏皆喪田焉。洫，田畔溝也。子駟為田洫，以正封疆，而侵四族田。〔呂說〕周之井田廢壞，至此可見，若不曾壞，商君亦不能一時盡掃。○洫，況域反。故五族聚群不逞之人，因公子之徒以作亂。八年子駟所殺公子熙等之黨。於是子駟當國，攝君事也。子國為司馬，子耳為司空，子孔為司徒。冬十月戊辰，尉止、司臣、侯晉、堵女父、子師僕帥賊以入，晨攻執政于西宮之朝，公宮。殺子駟、子國、子耳，劫鄭伯以如北宮。子孔公子嘉。知之，故不死。知難不告，利得其處也。為十九年殺公子嘉傳。書曰盜，言無大夫焉。尉止等五人皆士也。大夫謂卿。〔陳說〕傳釋書盜例。子西公孫夏，子駟子。聞盜，不儆而出，尸而追盜，先臨尸而追盜。盜入於北宮，乃歸授甲，臣妾多逃，器用多喪。子產聞盜，

子國子為門者。置守門庀羣司。具眾官閉府庫。慎閉藏。完守備。成列而後出。兵車十七乘。千二百七十五人尸而攻盜于北宮。子蟜帥國人助之。殺尉止子師僕。盜眾盡死。侯晉奔晉。堵女父司臣。尉翩尉止子司齊司臣子奔宋。子孔當國。代子駟為載書以位序聽政辟。孔迺子孔好專權為盟載之書。曰自羣卿諸司以下皆以位之次序。一聽執政之法。大夫諸司門子弗順將誅之。子孔欲誅不順者子產止之。請為之焚書。既止子孔又勸令燒除載書。子孔不可。曰為書以定國。眾怒而焚之。是眾為政也。國不亦難乎。難以至治子產曰。眾怒難犯。專欲難成。合二難以安國。危之道也。不如焚書以安眾。子得所欲。欲為政也眾亦得安。不亦可乎。專欲無成。犯眾興禍。子必從之。乃焚書于倉門之外。眾而後定。不于朝內燒。欲使遠近見所燒。

黃薌林曰。子產不以父仇為急。而以國事為重。戒備討賊焚

書安衆將相之器、卓然不羣、

見三按倉猝難起、再有錯亂大事去而家國危矣、况當晉楚交争、人情惶惶、尤恐奸人乘釁而起、子產聞亂、一切安置、何等嚴密、何等机緊、焚載書一節、又何等明決、何等周詳、蓋觀其臨變不亂、持論不阿、而尉止等及子孔之頭、均懸於子產之手、魏叔子謂其庇(庀)群司、閉府庫、慎閉藏、完守備、為泰此固春秋責倫賢者之意、而以繩子產、則苛矣、

諸侯之師、城虎牢而戍之、晉師城梧及制、欲以偪鄭也、不書城、魯不與也、梧制皆鄭舊地、士魴魏絳戍之、書曰戍鄭虎牢、非鄭地也、言將歸焉、二年晉城虎牢而居之、今鄭復叛、故脩其城而置戍、鄭服則鄭及晉平、【疑問】其險要扼欲以還鄭、故夫子追書繫之于鄭、以見晉志、以間絕其黨援、是伐鄭一大繫關、

楚子囊救鄭、

【陳傳】楚數救鄭不書、于是始書、

【經筌】晉勤天下諸侯、而楚得以

姜白岩曰、晉師伐鄭、師于牛首、適鄭有盜殺三卿之難、而悼公按兵不動、城虎牢而戍之、使之來盟、豈非弔災恤難之意哉、夫子繫虎牢于鄭、若曰此鄭之虎牢、而諸侯代為之戍也、取于鄭之時、即將歸于鄭也、經深予之、而傳曰將歸焉、可謂曲盡經義

偏師直犯其鋒救之為晉之累。十一月，諸侯之師還繞也與環同〔補正〕鄭而南，至于陽陵，鄭地按河南許州西北楚師不退。知武子荀罃欲退，曰：「今我逃楚，楚必驕，則可與戰矣。」欒黶曰：「逃楚，晉之恥也。合諸侯以益恥，不如死。我將獨進。」師遂進。己亥，與楚師夾潁水名而軍。子蟜曰：「諸侯既有成行，必不戰矣。言有成去之志從之將退，不從亦退。從猶服也退，楚必圍我，猶將退也。按退字指晉師言晉師退楚必圍我晉必不能救而猶將退也承上既有成行四字來不如從楚，亦以退之。」退楚宵涉潁，與楚人盟。夜渡畏晉知之欒黶欲伐鄭師，伐涉潁者荀罃不可，曰：「我實不能禦楚，又不能庇鄭，鄭何罪？不如致怨焉而還。致怨為後伐之資今伐其師，楚必救之，戰而不克，為諸侯笑。克不可命，勝負難要不可命以必克不如還也。」丁未，諸侯之師還，侵鄭北鄙而歸。欲以致怨楚人亦還。鄭服故也

矣。追楚師至，欒黶將獨進師，而子蟜料其不戰，隱然與下知武子言相應。黶又請戰，知武乃明白言之。其曰「我實不能禦，又不能庇鄭，鄭何罪」，此十四字都從鄭臣民心坎中流出，與子蟜所言更為曉暢。文襄繼霸，從未有恤小國至此者，傳大書特書，以見晉君臣卓然如是也。

黄鄰林曰楚來爭鄭徐合諸侯以救之無及於鄭而勤民戍則退可守進可戰鄭服則保鄭以拒楚鄭貳則我扼其要而制其肩背南向足以禦楚而反向足以臨鄭真善謀也知武立意不戰屈人不曰伐楚而曰禦楚不曰服鄭而曰庇鄭深得王者懷柔之道此鄭所以卒與晉成即子囊亦以為晉不可敵也

見三按荀罃立意修德絶不示威純是責己並不咎人庶幾仁義之師欒黶獨進顯違軍令罃不能誅養成跋扈以致棫林之師阻撓大計罃不能辭其過焉　戍與圍不同圍勞而戍逸也戍虎牢與戍陳又不同戍陳以兵衛戍虎牢以兵也也虎牢扼鄭之險即斷楚之路南向禦楚反向臨鄭悼公主

張悔庵曰：二人爭政，王不過右伯輿耳。陳生遽怒而出奔，又復之而殺人以悅之，成何舉動？且襄公五年，陳生貳心於戎，為晉所執，久當加罪，不能罪之，而仍使之居位。東國爭政，內鬨驕不可制，誰戕其咎？甚矣靈王之孱也。

俞寧世曰：王叔本宗室，故欲陵人。伯輿又勳舊，不肯貶已，總屬世卿之禍，故虢公、鄭伯必爭於前，陳生、伯輿復爭於後，而周之不君亦可知矣。

姜白岩曰：此以王右伯輿為主。陳生、伯輿爭政，王何以右伯輿？蓋陳生之惡，史狡發之也。按周官內史掌王八枋之法，凡生殺予奪，皆得察其中否。陳生之貪

擾鄭而使之服，故進無偪之心之心亦主於肆楚而使之疲，故

遇無勝之之意。

王叔陳生與伯輿爭政。（二子王卿士。）王右（助也）伯輿，王叔陳生怒而出奔。及河，王復之，（欲奔晉。）殺史狡以說焉。（說王叔也。）不入，遂處之。（處叔河上。）晉侯使士匄平王室，王叔與伯輿訟焉。（爭曲直。）王叔之宰（宰家臣）與伯輿之大夫瑕禽（伯輿屬大夫）坐獄於王庭。（獄訟也。周禮命夫命婦不躬坐訟獄，故使宰與屬大夫對爭曲直。）士匄聽之。王叔之宰曰：篳門閨竇之人而皆陵其上，其難為上矣。（篳門，柴門。閨竇，小戶，穿壁為戶，上銳下方，狀如圭也。言伯輿微賤之家。）瑕禽曰：昔平王東遷，吾七姓從王，牲用備具，王賴之，而賜之騂旄之盟。（平王徙時大臣從者有七姓，伯輿之祖在其中，主為王備犧牲，共祭祀。王特其用，故與之盟，使世守其職。騂旄，赤牛也。舉騂旄者，言得重盟，不以犬雞。疏云：檀弓云周人尚赤，牲用騂。旄尾也，其旌旗之用。）曰：世世無失職。若篳門閨竇，其

墨。政刑皆姧，狡為史官言於王，故王惡陳生而右伯輿也。陳生怒，非怒伯輿，怒王也，乃殺執法之士，媚貪橫之臣，政不綱矣。而陳生急欲奔晉者，何也？前此王孫蘇與毛洎召伯爭政，遂殺二卿。士蘇奔晉，士會復之，定王拱手以聽。王恐晉人是非不明，又將復之，故以陳生之罪告於晉。晉使士匄平王室，而瑕禽所言政以賄成，刑放於寵者，與王言不爽。故曰天子所右，寡君亦右之。不然，王右伯輿，士匄何由知之哉？及陳生奔晉，而晉終不能復使歸周，蓋稔知陳生之惡，而王怒未可平也。若咎王之不能自制陳生及士匄之僭妄，則衰周景象由來已舊也

能來東底（音旨，至也）。○乎且王何賴焉。（言我若貪賤，何能來東使王特其用而與之盟邪。）今自王叔之相政也，以賄成，（隨財制政）而刑放於寵。（按，放，專主也，謂寵臣專刑。）官之師旅，不勝其富，（師旅之長皆受賂）吾能無篳門閨竇乎。（言王叔之屬富，故使吾貧。）唯大國圖之。（圖，猶議也）下而無直，則何謂正矣。（正者不失下之直）范宣子曰：天子所右，寡君亦右之；所左，亦左之。（宣子知伯輿直，不欲自專，故推之于王。疏云：人有左右，右便而左不便，故以所助者為右，不助者為左。）使王叔氏與伯輿合要，（合要辭）王叔氏不能舉其契。（要契之辭。疏云：要辭是辭之要約，如今辨答也。合要者，使各為要約言語，兩相辨答。伯輿辭直，王叔無以應之，故不能舉其要契之辭也。）王叔奔晉。不書，不告也。單靖公為卿士，以相王室。（代王叔）

黃鄉林曰：陳生貳心於戎，為晉所執，乃敢爭政，又欲奔晉，明係要結晉卿，以為復歸之地。政以賄成一語，道破王叔之氣

挫、范宣之膽落矣、宜其左右其辭也
見三按一伯輿也、而周公爭之於前、陳生爭之於後、以先王
辭尾之盟、而至於篳門閨竇、王朝如此、更無論欒郤胥原之
降在皂隸也、范宣左右其言、與太宰上下其手、可稱絕對、然
范宣雖佞、不失為尊、王州犂則當場教供、手指口授、糍成一
副花臉、真令人齒冷、

春秋左傳精義卷二十六

閩中　薌林黃一桂　輯　男　心垣見三　補輯

襄公三

經己亥十有一年春王正月作三軍[杜解]增立中軍，萬二千五百人為軍。○夏四月四卜郊不從乃不郊○鄭公孫舍之帥師侵宋○公會晉侯宋公衛侯曹伯齊世子光莒子邾子滕子薛伯杞伯小邾子伐鄭世子光至，復在莒子之先，故晉悼亦進之。[林解]此悼公三駕之二。秋七月己未同盟于亳城北鄭地。伐鄭而書同盟，鄭與盟可知。公至自伐鄭○楚子鄭伯伐宋○公會晉侯宋公衛侯曹伯齊世子光莒子邾子滕子薛伯杞伯小邾子伐

家則堂曰：析二軍以為三，而三家各有其一，為國君者僅擁虛器於上，國非其國，乾侯之禍權輿於此。春秋書城費於前，作三軍於後，所以垂人臣負固跋扈之戒。

賀養餘曰：伯主不以為討，蓋各國之強臣，寔陰便之也。孟獻子魯賢大夫也，畜馬乘之戒，聖門寔採焉，然而公室之分，身親為之，則社稷臣蓋難言哉。

周大章曰：季氏專魯，原欲乘襄公弱幼，三分公室以為後日擇二之漸。穆子恐其今日攘公，後將奪己，故不欲作三軍以開其端。政將及子，子必不能，言子既秉政，將來豈肯以三分終，勢必毀之以為兼并之計，不能云者。

鄭。晉遂尊光。悼公三駕之三。〔林解〕此會于蕭魚。鄭地。鄭服而諸侯會。〔陳傳〕序續也。公至自會。以會至者。觀兵而不[illegible]侵伐。○楚人執鄭行人良霄。公孫輒子伯有也。○冬，秦人伐晉。

傳十一年春，季武子將作三軍。〔杜解〕魯本無中軍，唯上下二軍，皆屬于公，有事，三卿更帥以征伐。季氏欲專其民人，故假立中軍，因以改作。〔通說〕或謂公徒三萬。鄭注萬二千五百人為軍，則三軍魯有之，何以謂作。不知凡舉成數，皆舉所近者，若魯三軍是三萬七千五百人，大數當為四萬，此可見頌僖公曰公徒三萬，止謂二軍矣。告叔孫穆子曰：請為三軍，各征其軍。征賦稅也。三家各征其軍之家屬。疏云：往前民皆屬公，公稅其民，以分賜羣臣。今武子欲令民即屬己，已所應得自稅取之，言軍之家屬者，丁壯從軍者，官無所稅，其家屬不入軍者，乃稅之耳。穆子曰：政將及子，子必不能。按此時孟獻子尚在，故云將及。周聘侯曰，勢必毀之為兼并之計。不能者，不能如此遂已也，故要以明神。曉告於衆，此自為之意多，豈為公室謀哉。武子固請之。穆子曰：然則盟諸。穆子知武氏將復變易，故盟之。乃盟諸僖閎，僖宮之門。詛諸五父之衢。道名。在魯國東南。詛以禍福之言相要。正月，作三軍，三分公室而各有其一。三分國民衆

不能如此遂已也固請不已知其必然改作故要以神惕以禍福曉告於衆使之不得變易此自為之意居多非為國謀又豈為季氏計也當日情事甚明其意亦顯然可見諸說何未之深攷耶

姜白岩曰經書作中軍誅三家也傳分一首二從詳細區別以釋經義三分公室孔疏最明其云丁壯從軍者官無所稅其家屬不入軍者乃稅之即所謂父子兄弟也凡車一乘甲士三人步卒七十二人馬牛兵甲皆歸于三家而父兄子弟從役之人則孟叔兩家以其五與公蓋公自征于民也自此車馬士卒所謂軍者公不得與焉矣有事則三家帥師以從是亂先王之軍制也奪君之兵權也三家有軍而魯君無軍也罪可勝誅哉傳又曰入者無征不入者倍征夫有

三子各毀其乘。孔疏往前民皆屬公國家自有二軍若非征伐不屬三子故三子自以采邑之民為私乘如子產出兵車十七乘之類今既三分公室所分得者即是已有不須更立私乘故各自毀壞舊時車乘部伍分以足成三軍也季氏使其乘之人以其役邑入者無征使軍乘之人率其役邑入季氏者無公征疏云役謂其官力役今之丁也邑謂賦稅若今之租調也不入者倍征不入季氏者則使公家倍征之設利病欲驅使入已孟氏使半為臣若子若弟。取其子弟之半也四分其乘之人以三歸公而取其一疏云叔孫氏臣其子弟不臣父兄謂取二分而二歸公孟氏取其半如叔孫所取又以半歸公是取一分而三歸公也叔孫氏使盡為臣。盡取子弟以其父兄歸公不然不舍。制軍分民不如是則三家不舍其故而改作也此蓋三家盟詛之本言

黃薌林曰陳氏厚施得國猶是假行仁義季宿三分公室民盡入私猶恐民心戀君而以不入倍征者迫之歸己較之陳氏尤覺肆無忌憚獨恨以孟獻子之賢叔孫穆子之忠受制

地有乘、即有民、一軍中無入與不入之異、民各有井里廬舍、即懷季恩、豈能舍之而就居于季、如公及二家不倍征、季氏安得强使之哉、蓋魯自宣公稅畝、又取私畝之一、則什取二矣、所謂倍征也、季氏使其乘之入以其役邑入者無征、作一句讀、役謂力役、邑謂賦稅、言季氏之乘以役邑入者、無稅畝之征、何也、季氏地腴人衆、無俟多取而用足也、其不入季氏、而入公之五股、及孟叔二氏之三、則有稅畝之征、謂之公征、即倍征也、何也、公之用繁、二氏乘寡、不用稅畝之制、則財不足、此皆季氏迫之以不得不然之勢、故曰季氏使之也、魯國之民視入季為樂土、區德怨而收人心、一旦舉事、可以呼而集、後此昭公欲伐季氏、民皆執冰而踞、其所由來者漸矣、

於季、而坐視公室之分、相忍為國、良可慨也、

見三按自古奸雄竊國、必先收拾人心、尤必擅改兵制、魯為大國、舊有三軍、有事則卿率師出、事畢將歸朝、車復甸、甲散邱卒、還邑臣下、無私焉、頌稱公車公徒是也、季宿廢公室之三軍、而三家各有其一、自是公無軍、而三家有軍、且使不入倍征、驅公之民盡歸于己、自是公無民、而三家有民、穆子但憂季之改作、而不言三軍之不可作、為詛為盟、全是私計、雖取之稍輕、全無公忠體國之意、公室之衰、豈獨季氏罪哉、

鄭人患晉楚之故、諸大夫曰、不從晉、國幾（近也）亡、楚弱于晉、晉不吾疾（急也）也、晉疾、楚將辟之、何為而使晉師致死于我、（言當作何計）楚弗敢敵、而後可固與也、（固與晉也）子展曰、與宋為惡、諸侯必至、吾從

姜白岩曰、諸大夫立意服晉、然晉伐鄭不疾、則楚不能避、無以拒楚、于是謀若何致晉之急伐也、蓋為見悼公伐鄭之心非有所虐其城虎牢之心非有所利、夫不以伐為可憂、而轉以不急伐為可憂、悼公駸駸乎仁義之師矣、子展兩次之謀、傳並書之、以見鄭之服晉、再三籌之、而出于此也、又以見晉侯深体其心、屢盟屢叛、不以為怨也

之盟、楚師至、吾又從之、則晉怒甚矣、晉能驟來、楚將不能、吾乃固與晉、大夫説之、使疆場之司惡于宋、使守疆場之吏侵犯宋、宋向戌侵鄭、大獲、子展曰、師而伐宋可矣、謂可以伐宋若我伐宋、諸侯之伐我必疾、吾乃聽命焉、且告於楚、楚師至、吾又與之盟、而重賂晉師、乃免矣、言如此乃免于晉楚之難、夏、鄭子展侵宋、欲以致諸侯

黄鄉林曰、鄭之反覆皆子駟一人為之、自子駟死而公道明、晉之德禮已孚、故諸大夫得與子展聯為一氣、晉能驟來即諸大夫之所謂疾也、楚將不能、即諸大夫之所謂避也、晉楚都在子展顛倒之中、子展却在知武包容之内、

見三按鄭自侵蔡以還、無年不致晉楚之師、子展忽思與宋為惡四字劈空生出活計、無故侵宋、而致諸侯之師、行成焉、

姜白巖曰、范宣子云不慎必失諸侯、蓋有鑒於邢丘獻捷不禮於鄭之失、遂成不解之怨、況當諸侯道敝時、若不加禮保無貳心如鄭者、傳述之正是遠照邢丘也、盟辭詳而且厲、歸併于獎王室、而鄭無一言不比戲之盟、反逼出其一番痛憤也、

使楚師至、復逆之、隨告焉、使諸侯又來、然後出盟、重賂諸侯、晉覺宋楚各諸侯、皆入其彀中矣、奇謀殊慘淡經營哉、

四月諸侯伐鄭、已亥齊大子光宋向戍先至于鄭門於東門、傳釋齊大子光所以序昔上也、向戍不書宋公在會故、其莫晉荀罃至於西郊、東侵舊許、許之舊國鄭新邑疏云蓋許南遷而鄭得之、衛孫林父侵其北鄙、六月諸侯會於北林、師於向、按河南尉氏縣西南有向城右還次於瑣、北行而西為右還瑣今在新鄭縣北圍鄭觀示也兵於南門、西濟於濟隧、水名鄭人懼、乃行成、秋七月同盟于亳、范宣子曰、不慎、必失諸侯、慎敬威儀謹辭令諸侯道敝而無成、能無貳乎、數伐鄭皆罷于道路乃盟、載書曰、凡我同盟、毋蘊年、蘊積年穀而不分災毋壅利、專山澤之利、毋保姦、藏罪人毋留慝、速去惡救災患、恤禍亂、同好惡、獎助也王室、或間茲命、司慎司盟、名山名川、二司天神疏云名山謂五嶽四鎮名川謂四瀆羣

神羣祀、在祀典者先王先公、先王諸侯之太祖、宋祖帝乙鄭祖厲王之比也、先公始封君、七姓十二國之祖、七姓晉魯衛鄭曹滕姬姓、邾小邾曹姓、宋子姓、齊姜姓、莒己姓、杞姒姓、薛任姓、寔十三國、言十二誤也、明神殛之、殛誅也俾失其民、隊命亡氏、踣斃也○蒲北反其國家、

黃薌林曰、此三駕之二也、前之盟辭猶脅之以威、故子駟得而置辨此之盟辭、則懷之以德、故子展並無異間言、後此蕭魚之會、不著盟辭、蓋即此盟為定也、

見三按、慎字是晉悼圖霸全副精神、亦是知罃一生經濟、至蕭魚會則始勤終怠、霸業遂偷、皆不慎為之也、范匄小人、本不足稱、而此言卻可為天下後世法、

姜白岩曰、乞旅于秦、知楚已不敵晉矣、二國之師方至、鄭伯出逆、與之伐宋、更無躊躇、所謂楚至吾又從之、從楚愈易、正服晉愈深、

楚子囊乞旅于秦、乞師旅于秦秦右大夫詹帥師從楚子、將以伐鄭、

陳傅 見秦附楚之寔

鄭伯逆之、丙子伐宋、鄭逆服、故更伐宋也、秦師不書、不與伐宋而還、

四

姜白岩曰、此告將服于晉、告絶于楚也、又開出兩路、玉帛綏晉、文德懷之、威武攝晉、武功震之、而楚人計窮、

見三按楚入春秋、不下百戰、從未有乞師者、獨蕭魚之會乞旅于秦、柏舉之敗、乞師于秦、以天下莫敵之楚、而勢成强弩之末、皆三分四軍之法誤之也、荀罃伍子胥真人杰哉、

九月、諸侯悉師以復伐鄭、此夏諸侯皆復來、故曰悉師、鄭人使良霄大宰石㚟勑略反、如楚、告將服于晉、曰孤以社稷之故、不能懷君、君若能以玉帛綏晉、不然則武震以攝威之、孤之願也、楚人執之、書曰行人、言使人也、書行人、言非使人之罪、古者兵交、使在其間、所以通命示整、或執殺之、皆以爲譏也、既成而後告、故書在蕭魚下、石㚟爲介、故不書、

黄鄭林曰、此三駕之三也、晉能驟來、楚將不能、子展之言、於是始驗、良霄之告、提出兩層、既示以度德量力、不必强爭、其情譎、其語毒、告之正所以絶之也、

見三按：晉得一國，楚得一介，祇以見其不廣耳。

諸侯之師觀兵于鄭東門，鄭人使王子伯駢行成。甲戌，晉趙武入盟鄭伯。冬十月丁亥，鄭子展出盟晉侯。[補注]外治盟雖伯主，史不書。十二月戊寅，會于蕭魚。庚辰，赦鄭囚，皆禮而歸之，納斥候，不相備也。禁侵掠。晉侯使叔肸叔向也告于諸侯。告諸侯亦使赦鄭囚。公使臧孫紇對曰：「凡我同盟，小國有罪，大國致討，苟有以藉手，鮮不赦宥，寡君聞命矣。」言晉討小國，有藉手之功，則赦其罪人，德義如是，不敢不承命。

黃鄉林曰：鄭自此不復背晉者二十四年，非服以力，實服以心，雖召陵之績，不越是矣。

見三按：楚力竭矣，晉威亦殫，鄭幾亡矣，諸侯亦道敝，故蕭魚為晉霸極盛之時，亦為晉伯始衰之日。後此伐秦之師，遷延

俞寧世曰：楚曰亡師，晉曰憊師；晉禮鄭囚，楚執鄭使，極寫晉楚強弱。晉能驟來二句，方叙得亮。

姜白岩曰：聖人之所惡于楚者，為其窺伺周室，而猾名以逞也；為其憑陵小國，而塗炭吾民也。使無城濮之戰，大創楚師，則觀兵問鼎，不待旅矣。然而聖人不以城濮之功高于召陵者，以晉文戰而勝楚，不如齊桓不戰而服楚，聖人之仁也。晉悼之強，八卿之睦，楚子囊所謂事之而後可者，與楚決戰，豈不有以勝之？而悼以誠感，未嘗戰楚，并未嘗戰鄭。初師于牛首，繼觀兵于向，卒觀兵于東門，合十三國之師，未折一矢，不戕一人，而楚斂兵不敢爭鄭，鄭之服晉不貳者二十四年，則其功偉矣。蓋以戰勝為功，非春秋之義也。

姜白石曰、魏莊之才識在知武之上。知武此謀鄭、費盡心力，而莊子志在得陳、附鄭不威自服，觀楚之急于陳而緩于鄭，亦可見矣。知武得鄭後，亦遂無事，且未聞請命于周，其尊周之志，較桓文更微。此番三駕服鄭，絳識之，以有備進之以義禮信，而以殿邦來遠為究竟，推其意，不特服陳蔡服鄭，且諸小國盡欲厝諸衽席，而不受屠戮于楚。夫然後對揚天子而無媿。迄今弃陳歸楚，遠方小國，皆受楚氣，則君以為安樂，吾以為憂危，其病在不思，思則有備，備則無患。莊子灼見病根，極力規諫，而無如舉朝之泄泄也。嗟乎以悼與鞏之明，而知絳不盡，遂使英雄展布，得半而止。君子之所以悼歎其屈于知己也。迨知武卒、荀偃擅莊子益孤、絕口不談國事，以為說言無

不進、雖欒黶之違令、亦强弩之末、勢所必至也、武其可黷乎哉、

鄭人賂晉侯以師悝師觸師蠲、[皆樂師名] 廣車軘車淳十五乘、甲兵備、[廣車軘車皆兵車名。淳耦也。廣軘相耦凡十五乘。○軘徒溫反] 凡兵車百乘、[他兵車及廣軘共百乘] 歌鍾二肆、[肆列也。縣鍾十六為一肆。二肆三十二枚。疏云、周禮小胥云、凡縣鍾磬半為堵、全為肆、鄭氏云、鍾磬者編縣之二八十六枚而在一簴謂之堵、鍾一堵磬一堵謂之肆、傳言歌鍾二肆、則有磬矣、無磬不得成肆、杜以傳惟云歌鍾、故但觧鍾數、云三十二枚、其磬數亦同矣、皆為編縣、下及其鎛磬者、鎛是大鍾、磬是大磬、皆特縣之、非編縣也、] 及其鎛磬、[○鎛音博] 女樂二八、[十六人] 晉侯以樂之半賜魏絳曰、子教寡人和諸戎狄以正諸華、[在四年] 八年之中九合諸侯、如樂之和無所不諧、請與子樂之、辭曰、夫和戎狄國之福也、八年之中九合諸侯、諸侯無慝、君之靈也、二三子之勞也、臣何力之有焉、抑臣願君安

盈，賈禍有餘，明哲之道也。

其樂而思其終也。詩曰：樂旨君子，殿天子之邦。詩小雅。謂諸侯有樂美之德，可以鎮撫天子之邦。殿，鎮也。○殿，都遍反。樂旨君子，福祿攸同。攸，所也。便蕃左右，亦是帥從。便蕃，數也。言遠人相帥來服從，便蕃然在左右。夫樂以安德，和其心也。義以處之，處位以義。禮以行之，行教令。信以守之，守所行。仁以厲之，厲風俗。而後可以殿邦國，同福祿，來遠人，所謂樂也。言五德皆備，乃為樂，非但金石。書曰：居安思危。逸書。思則有備，有備無患，敢以此規。規正公。公曰：子之教，敢不承命。抑微子，寡人無以待戎，不能濟河。渡河南服鄭。夫賞，國之典也，藏在盟府，孔疏：僖五年傳，虢仲、虢叔勳在王室，藏于盟府。是司盟之府，掌藏功勳典策也。不可廢也，子其受之。魏絳於是乎始有金石之樂，禮也。禮，大夫有功則賜樂。

黃鄉林曰：魏絳因和戎而及游畋，是大臣防微杜漸，意因賜樂而計安危，是大臣持盈保泰，意使悼納其言，舉而加諸上

姜白岩曰：前傳乞旅于秦，不言乞師，知秦兵之少矣。然秦能善用其鮑

位，勵精内治，併力外攘，乘三駕之餘威，成一匡之大烈，霸業之隆，不難駕桓文而上。乃聲色是娛，始勤終怠，庇衛不討，伐秦無功，傴句美權，郑齊貳志，蕭魚以後之悼，非復蕭魚以前之悼，絳亦自是不敢議國事矣。

見三按：女，尤物也，女而能樂，則其尤益甚。鄭，淫聲也，鄭而有女樂，則其淫益深。蕭魚之會，鄭既心服於晉，無仇何忍以女樂為惑人之計，蓋是時荀罃已老，傴句擅權，憚悼之英明，授意於鄭，賂此女樂，以娛其心，以荒其志。悼公不悟，荀罃不知，魏絳知而不敢諫强諫，自此功成志滿，聲色娛而政事荒，霸業遂衰，壽亦不永。讀魏絳安樂思終之言，曷禁掩卷三歎息哉。

秦庶長鮑、庶長武帥師伐晉以救鄭。庶長，秦爵也。不書救，鄭已屬晉，無所救。陳傅：秦不加

先與魴戰、出其不意、與之夾攻、而兵敗、士魴精于用兵者、易而弗备、自取敗衄、絳曰思則有備、無患、此即不思而無备有患之一端也、

兵於鄫。二鮑先入晉地、士魴御之、少秦師而弗設備、壬午、武濟十年矣、自輔氏、從輔氏渡河與鮑交伐晉師、己丑、秦晉戰于櫟、晉地。力的反。晉師敗績、易秦故也、不書敗績、晉恥易秦而敗、故不告、

見三按晉悼能攘楚、而力獨挫於秦、雖士魴之疏虞、亦由三駕之後、兵力已殫、馬驌謂文公親秦以戰楚、故力倍而功高、悼公爭楚以伐秦、故力疲而志情、數語最合時勢、

經 庚子 十有二年春王三月、莒人伐我東鄙、圍台、按山東費縣南。勑才反 季孫宿帥師救台、遂入鄆、莒邑、按文十二年城諸及鄆、即此也、蓋季孫城鄆時、鄆方屬魯、復入于莒、是年雖入鄆、而未能有之、昭元年、季孫宿伐鄆、而取之、又屬魯、○夏、晉侯使士魴來聘。○秋九月、吳子乘卒。子諸樊立 ○冬、楚公子貞帥師侵宋。○公如晉

傳 十二年春、莒人伐我東鄙、圍台、季武子救台、遂入鄆、杜解 乘勝入鄆

姜白岩曰、或謂經書遂者、與其能繼事也、古者命將得專制閫外之事、凡

可以利國家安社稷者，則專之可也。台在邦域之中，而專行之，非有無君之心，不敢為也。

家則堂曰：楚方盛，而吳能與之為敵，有功于中國甚大。嗣子諸樊讓國于季弟札，兄弟交讓，有泰伯之遺化焉。而壽夢之所以齊其家者可見矣。

報見　取其鐘以為公盤。刪解食器也。按季氏歸地于己，而以小物結君。

伐　見三按救台，遂入鄆，蹊田而奪牛也。取鐘為公盤，乞鄭而與

醢也。歸地於己，而以小物與君。季氏僭竊，此其一端。

夏晉士魴來聘，且拜師。謝前年伐鄭師

見三按來聘拜師，待魯如此，而列國可知。此諸侯所以樂好為

之用。而三駕莫能與爭也。

秋吳子壽夢卒，臨於周廟，禮也。周廟，文王廟也。周公出自文王，故魯立其廟。吳始通，故曰禮。刪

解臨哭也。始赴。○臨，力蔭反陳傳見吳　凡諸侯之喪，異姓臨于外，於城外向其國同姓于

宗廟，所出王之廟同宗于祖廟，始封君之廟同族于禰廟。父廟也。同族謂高祖以下。是

故魯為諸姬臨于周廟，諸姬同姓國為邢、凡、蔣、茅、胙、祭臨于周公之

廟。即祖廟也。六國皆周公之支子，別封為國，共祖周公。

見三按吳自壽夢始通中國，助晉抗楚，成三駕之功，固方外大豪杰也。子諸樊能終三年喪，輕千乘之位，守傳國之約，父子兄弟爱讓，數十年無間言。季子札復能守節不渝，深明大義。蓋壽夢之貽謀遠矣。夫子於其卒特書焉，蓋存之也。

冬，楚子囊、秦庶長無地伐宋，師于楊梁，以報晉之取鄭也。（取鄭在前年。按楊梁地名，今在歸德府城東南。）

見三按楚此時已成强弩之末，即帥秦伐宋，亦屬無益，適見其不知量耳。

靈王求后于齊。齊侯問對于晏桓子，桓子對曰：先王之禮辭有之，天子求后于諸侯，諸侯對曰：夫婦所生若而人。（不敢譽，亦不敢毀，故曰若如人。）妾婦之子若而人。（言非適也。）無女而有姊妹及姑姊妹。（孔疏：樊光曰，古人謂）

姜白岩曰：王靈雖替，諸侯猶知盡禮，皆霸主之力也。

姜白岩曰、秦嬴嫁楚有年、而傳不書昏、齊景與吳昏而涕泣、秦景與楚昏而

姑謂姑姊妹、若父之姊為姑姊、父之妹為姑妹、則曰先守某公之遺女若而人。齊侯許昏、王使陰里周大夫結成也之。為十五年劉夏逆王后傳、

按齊自邑姜以後締昏王室久矣、何至於王之求后、而問對於晏桓子、想見執政謭陋、即眼前事亦數典不來、宰相須用讀書人、信哉。桓子平仲之父也、於斷道之執見其節、於求后之對見其學、平仲為齊名臣、其有得於家學多矣、

公如晉朝、且拜士魴之辱、禮也。士魴聘在此年夏、按公如晉、亦衰世之所謂禮也、

按晉於夏間來聘、公即於是冬往朝、雖云拜辱、亦以賀三駕之功、故晉亦歸功於公、觀明年書勞於廟、孟獻子並非遵循故事、

秦嬴歸于楚。秦景公妹、為楚共王夫人、楚司馬子庚莊王子午聘于秦、為夫人寧

得意是秦不如齊矣、失其羞惡、無足蓋也、而必書其歸寧者、秦穆世與晉姻、城濮踐土、共獎王室、秦景棄晉即楚、締為姻好、伐鄭伐宋無役不從、是景不如穆矣、党惡之罪、所當誅也、傳叙瑣事、而前後秦師之由皆攝其中、

姜自告、公朝晉屢矣、何獨此書勞于廟、想見晉人誇蕭魚之功、且歸功諸侯、故公亦反魯書勞、

禮也、諸侯夫人、父母既沒、歸寧使卿、故曰禮、[陳傅]言秦楚合見三按孫權贅妹於劉、餌劉以索荊州也、秦景嫁妹於楚、媚楚以敝晉國也、然周郎妙計且賠夫人、秦景雖奸空送阿妹作寡夫人、三湘七澤之間、其亦望秦宮而隕涕否、

經辛丑十有三年春公至自晉○夏取邿[杜解]小國也、傳例曰書取、言易也○音詩○秋九月庚辰楚子審卒成二年大夫盟于蜀○共王卒、子康王昭立○○冬城防臧氏邑

傳十三年春公至自晉、孟獻子書勞於廟、禮也、[杜解]書勳勞于策也、疏云周禮王功曰勳、事功曰勞、公朝于晉、而獻子書勞、知策勳非惟討伐之功、雖武常行、有以定國安民、亦書功于廟也、趙伯循謂非有軍伐、何勞之有、按當時諸侯以善事伯主、内外無虞為勞、見三按公於舊冬如晉、今春始歸、則朝正之缺可知、魯自是遂以不朝正為常、尊伯國而忘君親、非小失也、是役當是孟

賀仲軾曰：救人而因之以為利，此以見分災救患絕無真心，若晉景之於潞子嬰兒，則又甚矣。

姜白岩曰：郜，晉魯間小國，乘其亂託為救之，因而有之。書取，傳曰易者，乘乱而取之，不勞而得也。

姜白岩曰：悼公用知罃而伯，盛用荀偃而伯衰。偃、匄附罃而事事有功，偃、匄自為而種種皆謬，此晉事之轉局也。新軍無帥不立，想見慎重，然知魏絳之賢，不擢中軍之師，則悼公之用人可知。故罃死而偃、匄皆橫，明年向之役，匄擅執人於會矣；又明年伐秦，偃言惟余馬首是

獻子同行，書勞於廟，左氏稱之為禮，不免狃於流俗之見。

夏，郜亂，分為三。國分為三部，志力各異。按郜城今濟寧州東南。師救郜，遂取之。魯師也。經不稱師，不滿二千五百人，傳通言之。凡書取，言易也。不用師徒，及用師徒而不勞，雖國亦曰取。補注根牟、鄟、郜皆不絕其祀，趙氏曰：凡得國而不言滅者，不絕其祀也。用大師焉曰滅，敵人距戰，斬獲俘馘，用力難重，雖邑亦曰滅。弗地曰入。謂勝其國邑，不有其地。

見三按：取非其有曰盜，凡乘亂圖利，恃強滅國，皆是。書曰取，所以刺魯之暴，即以譏魯之貪，非為魯諱也。

荀罃、士魴卒。晉侯蒐于緜上以治兵。為將命軍帥也。必蒐而命之，所以與眾共。使士匄將中軍，辭曰：伯游荀偃長，昔臣習于知伯，是以佐之，非能賢也。七年，韓厥老，知罃代將中軍，士匄佐之。匄今將讓，故謂爾時之舉不以己賢，事見九年。請從伯游。荀偃將中軍，代罃。荀士匄佐之。位如故。使韓起將上軍，辭以趙武。又使欒黶

聽矣。甚而偃助衛以逐君，匄且逐盈以構亂矣。所謂數世賴之者安在哉？而其弊總由於不讓而爭。傳述君子之言，撤過宣子，申明人臣刑善之儆，又言人君刑善之美，一讓一爭，懸殊法戒，蓋於晉事轉關處兩兩對舉，以見自此以前為尊王攘楚之晉，自此以後則為求盟薦女之晉也，傳有餘慨已。仁山謂魏絳之能，不以為帥，諸卿讓善，亦不之及，擬諸馬謖善謀，使為將而卒敗，晉悼庶幾無孔明之失。愚以為不然。荀偃弒君之賊也，悼公善政不終，由于悼用此。若魏絳為司馬，斬楊干之僕，上諫獵之書，獻和戎之議，脩德息民，救陳服鄭，悼能盡用其言，功業豈止于是？蓋匄素比偃，首倡棄陳，正與絳忤。絳位卑而賞厚，早為諸臣所忌。且服鄭之後，君臣宴樂，賄賂公行，而絳方規以遂大休，以憂危為諸臣所惡聞，亦非悼公所樂聞也。此匄所以不舉絳，而諸臣俱未之及。

以武位卑，故不聽，更命黶。辭曰：「臣不如韓起。韓起願上趙武，君其聽之。」使趙武將上軍，武自新軍超四等代荀偃。韓起佐之，位如故。欒黶將下軍，魏絳佐之。黶亦如故，絳自新軍佐超一等代士魴。新軍無帥，將佐皆遷。晉侯難其人，使其什吏率其卒乘官屬，以從於下軍，禮也。得慎舉之禮。疏云：什吏，十人長也。從車曰卒，在車曰乘。周禮五人為伍，伍皆有長，而此言什吏。司馬法謂十人之師執鈴，百人之師執鐸，千人之師執鼓，萬人之將執大鼓，是也。晉國之民是以大和，諸侯遂睦。君子曰：讓，禮之主也。范宣子讓，其下皆讓，欒黶為汰，弗敢違也。按已上就宣子說。晉國以平，數世賴之，刑善也夫！刑，法也。按承上文言宣子能讓，雖欒黶弗敢違，可見讓為善德，人之所法也。苟能法善，則晉國以平，數世賴之，此倒裝文法，就大槩說。一人刑善，百姓休和，可不務乎？按一人謂君也。書曰：「一人有慶，兆民賴之，其寧惟永。」其是之謂乎！周書呂刑也。寧，安也；永，長也。周之興也，其詩曰：「儀刑文王，萬邦作孚。」詩大雅。言文王善用法，故能為萬國所信。孚，信也。言刑善

歟？偃匄之後，繼以趙武、韓起，而分晉之局已成，故晉之亡，不亡于三卿分晉之日，而亡于偃匄用事之時，此興亡之大機也。

也。及其衰也，其詩曰，大夫不均，我從事獨賢。（詩小雅）言不讓也。世之治也，君子尚能而讓其下，（能者在下位，則貴尚而讓之）小人農力以事其上，是以上下有禮，而讒慝黜遠，由不爭也，謂之懿德。及其亂也，君子（在位者）稱其功以加（陵也）小人，小人伐其技以馮君子，（馮亦陵也，自稱其能為伐）是以上下無禮，亂虐並生，由爭善也，（爭自善也）謂之昏德。國家之敝，恒必由之。

黃鄉林曰：夷之蒐，趙賈易帥，而伯業衰。縣上之蒐，荀范讓位，而霸圖替。二公皆少年即位，志鋭初年，氣衰末路，遂至大權旁落，趙盾弑君，三卿分晉，皆由此啟之也。聖人論政，必以無倦為主，有以也。

見三按：士匄之讓，非真讓也。偃匄比周，政之在偃，猶在匄也。

周大章曰、亡師于鄢、是請謚靈若厲之故、能知其過、是請謚為共之由、在楚子自說不好處、在子囊視之、都是極好處、蓋聖賢重改過、祇一知過、便具無限好處、非子囊巧于掩君之過、亦非左氏好為翻案文字也、

姜白岩曰、楚共承莊之餘烈、蜀之盟、其欲逐逐、逖求鄭、而以賂與田、南風不競矣、晉悼之興、非子囊持重相特、則其辱社稷而為大夫憂者、豈獨鄢陵哉、傳言子囊之善、非徒以其謀謚之忠也、

陽為讓以收其名、寔陰相黨以固其寵、當時羣臣之賢、莫過於絳悼、不能破格以用賢、諸臣不能秉公以讓位、虛文相尚、朋黨相私、從此世卿柄政、晉霸日衰、較之改蒐易帥、尤覺今不如昔、悼公英明、末路乃至於此、可嘆也夫、

楚子疾、告大夫曰、不穀不德、少主社稷、生十年而喪先君、未及習師保之教訓、而應受多福、謂為君是以不德而亡師于鄢、在成十六年以辱社稷、為大夫憂、其弘大也多矣、若以大夫之靈、獲保首領以沒于地、唯是春秋謂祭祀窀穸之事、附注王若虛曰、窀穸、益塚壙之稱、毛晃曰、墓穴也、杜訓為長夜、謬矣。窀張倫反、穸音夕所以從先君于禰廟者、從先君代為禰廟請為靈若厲、欲受惡謚以歸先君也、亂而不損曰靈、戮殺不辜曰厲、大夫擇焉、莫對、及五命乃許、秋

楚共王卒、子囊謀謚、大夫曰、君有命矣、子囊曰、君命以共、若之

何毀之、[林解]言君臨終之命、其辭甚恭、若之何以惡謚而毀滅之、赫赫楚國、而君臨之、撫有蠻夷、奄征南海、以屬諸夏、而知其過、可不謂共乎、請謚之共、大夫從之、傳言子囊之善、

黃薌林曰、從來安樂者死、憂患者生、生死者氣為之、皆心為之也、晉悼狃於蕭魚之役、謂其臣曰、與大夫樂、楚共鑒於鄢陵之敗、告其臣曰、為大夫憂、一憂一樂、寔為晉衰楚盛關鍵、其後宋號兩盟、楚克（争）歃、晉讓尸盟、皆基於此、

見三按漢昭年十四、能辨上官桀之詐、後世謂其明過成王、楚共十歲即逆折二卿、不錮巫臣、恨無賢輔以致功業不彰、臨終知過、有自怨自艾之心、真南蠻之賢君也、子囊改謚、尤為忠義、是君是臣、均可為法、

姜白岩曰：吳人敵楚，無不得志，而伐喪之役，獨為楚敗。

吳侵楚，養由基奔命，子庚（楚司馬）以師繼之。養叔（養由基）曰：吳乘我喪，謂我不能師也，必易我而不戒，（備也）子為三覆（伏兵）以待我，我請誘之。子庚從之，戰于庸浦，（楚地）大敗吳師，獲公子黨。（陳傳 傳見吳楚搆兵，交相獲畧，不書）君子以吳為不弔，（不用天道相弔恤）詩曰：不弔昊天，亂靡有定。（言不為昊天所恤，則致罪也。為明年會向傳）

見三按：養由基勇士也，郤善知兵，其有得於鄢陵之戰也深矣。

姜白巖曰：防，武仲私邑，請畢農事，大異宿之城費，亦宿之所不樂也。

冬，城防，書事時也。（土功雖有常節，通以事間為時。疏云：此城防當在火見致用之前，當時農收差早，雖天象未至，而民事已聞，故言書事時）於是將早城，臧武仲請俟畢農事，禮也。

見三按：城防與城費不同，而一例書之者，蓋城皆國事也。歸重於國，則凡臣子私其土以耦國者，罪自無容逭矣。武仲請

姜白岩曰，良霄在楚三年，荒謬之性，早為子囊窺破，羈于楚，適為鄭除害耳，不止疾楚以固于晉也。石臭除其偪三字，正中其隱。

侯畢農，是明知人作用。

鄭良霄、大宰石臭猶在楚，（十一年楚人執之至今。）石臭言于子囊曰：先王卜征五年，（先征五年而卜吉凶也。征謂巡守征行。）而歲習其祥，祥習則行。（卜五年五卜皆同吉，乃巡狩。）不習，（謂卜不吉。）則增脩德而改卜。今楚寔不競，行人何罪？（不能脩德與晉競。）止鄭一卿，（謂良霄。）以除其偪，使睦而疾楚，以固於晉，焉用之？（位不偪則大臣睦，怨疾楚則事晉固。）使歸而廢其使，（按：放良霄歸國，則廢鄭見使本謀。）怨其君以疾其大夫，而相牽引也，（林鮮：使相牽引，令鄭國不和，而事晉不固。）不猶愈乎？楚人歸之。（補正：良霄果亂鄭。）

見三按：石臭此言為已謀，為霄謀，而即為楚謀。後來金人放秦檜歸宋以誤宋，寔祖此法。

經（壬寅）十有四年春王正月，季孫宿、叔老會晉士匄、齊人、宋人、衛

張悔庵曰：駒支之對，文辭古雅乃爾。迫近中國，漸習風氣，所謂予能言、淳烏變音者歟。余謂五經而外，六合之表，原自有人，不足異也。

人、鄭公孫蠆、曹人、莒人、邾人、滕人、薛人、杞人、小邾人會吳于向。杜解 叔老，聲伯子也。魯使二卿會晉，敬事霸國。晉人自是輕魯幣而益敬其使，故叔老雖介，亦列于會也。齊崔杼、宋華閱、衛北宮括在會惰慢不攝，故稱人，蓋欲以督率諸侯，奬成霸功也。吳來在向，諸侯會之，故曰會吳。向，鄭地。疏云：叔老，叔肸孫，故以叔為氏也。○二月乙未朔，日有食之。○夏四月，叔孫豹會晉荀偃、齊人、宋人、衛北宮括、鄭公孫蠆、曹人、莒人、邾人、滕人、薛人、杞人、小邾人伐秦。齊宋大夫不書，義與向同。林解 晉秦兵爭，始于韓，而終于十三國之伐。○己未，衛侯出奔齊。不書名，從告。林解 獻公出，衛人立公孫剽。○莒人侵我東鄙。報入鄆。○秋，楚公子貞帥師伐吳。○冬，季孫宿會晉士匄、宋華閱、衛孫林父、鄭公孫蠆、莒人、邾人于戚。林解 孫氏邑。

傳 十四年春，吳告敗于晉。杜解 前年為楚所敗。會于向，為吳謀楚故也。謀為吳伐楚。范宣子數吳之不德也，以退吳人。吳伐楚喪，故以為不德。數而遣之，卒不為伐楚。

姜白巖曰、傳志悼公之息也、知武為師、而魏絳受賞、君子之交不相疑貳也、荀偃為師、而士匄有權、小人之黨彼此引重也、故此會以匄主之、斯時鄭方服晉、楚不與爭、無可乘之釁隙、吳昔何人、吳人告而輕言謀楚哉、特以通吳敝楚、特為犄角之勢、滅偪陽而楚不敢救、服鄭而楚不敢爭、吳有庸焉、吳豈敢晉無所事、吳將據此為辭、故會向之舉、名為謀楚、豈若不知其為伐喪而敗者、既會而即此以婉謝吳人、傳云數吳之不德、乃晉人告諸侯之辭、句固不敢直斥其非、而麾之去也、當會執莒公子、不言滅鄫侵魯、而曰通楚使之故、亦以媢吳也、末詳駒支之言、正以發明此會之故、蓋恐吳人之為口實、故以謀楚為名、其實定成愷悌相和樂、豈真為伐楚之謀哉、自此吳人絕好、不相盟會、夫差之世、竟至黃池爭長、是戎之愷悌依然、而吳之愠怫無聞矣、四字直注春秋之末、

補傳晉人方釋楚而從事于秦、勢豈能為吳謀楚、匄蓋設辭以拒其伐楚之謀、或疑傳妄、非也、執莒公子務婁、在會不書、非卿、○務莫侯反、婁力侯反、以其通楚使也、莒貳于楚、比年伐魯、故將執戎子駒支、戎子名、范宣子親數諸朝、行之所在、亦設朝位、曰、來、姜戎氏、昔秦人迫逐乃祖吾離于瓜州、四嶽之後、皆姜姓、又別為允姓、瓜州地在今甘肅肅州、乃祖吾離被苫蓋、蓋苫之別名、○被普未反、苫式占反、蓋戶獵反、蒙冒也荊棘、以來歸我先君、我先君惠公、有不腆厚也之田、與女剖分而食之、中分為剖、今諸侯之事我寡君不如昔者、蓋言語漏洩、則職女之由、職主也、詰朝明旦之事、爾無與焉、不使復得與會事、與將執女、對曰、昔秦人負恃其衆、貪于土地、逐我諸戎、惠公蠲明也其大德、謂我諸戎、是四嶽之裔胄也、四嶽堯時方伯姜姓也、裔遠、冑後也、毋是翦削也棄、賜我南鄙之田、狐狸所居、豺狼所嘷、我諸戎除翦其荊棘、驅其狐狸豺狼、以為先君不侵不叛之臣、至于

今不貳、（不內侵、不外叛。按此答其與女剖分一段。○嚊，戶羔反）昔文公與秦伐鄭、秦人竊與鄭盟而舍戍焉、（在僖三十年）於是乎有殽之師、（在僖三十三年）晉禦其上、戎亢其下、（亢猶當也）秦師不復、我諸戎實然、譬如捕鹿、晉人角之、諸戎掎之、（掎其足也。○掎，居綺反）與晉踣之、（踣，僵也。○踣，蒲北反）戎何以不免、自是以來、晉之百役、與我諸戎相繼于時、（言給晉役不曠時）以從執政、猶殽志也、（意常如殽，無有貳也）豈敢離逷、（按此歷敘己功）今官之師旅、無乃實有所闕、以攜諸侯、而罪我諸戎、我諸戎飲食衣服、不與華同、贄幣不通、言語不達、何惡之能為、（按此答其言語漏洩）不與于會、亦無瞢焉、（瞢，悶也。按此答其爾無與焉。○瞢，莫贈反）賦青蠅而退、（詩小雅。取其愷悌君子，無信讒言。按見今日之怒，有讒言中之。蠻夷君長，有此辭令，國不陋矣）宣子辭焉、（辭謝）使即事于會、成愷悌也、（成愷悌，不信讒也。不書戎者，戎為晉屬，不得特達）於是子叔齊子為季武子介以會、自是晉人輕魯幣而益敬其

使、言晉敬魯使、經所以並書二卿、【補正】齊子、叔老謚也、杜云字誤、按魯以非禮媚晉、而尊使輕幣、則于他國之慢使重幣可知矣、然則戎子不能厚其幣、故讒言乘之與、

黃薌林曰、吳伐楚喪、數之宜也、莒貳於楚、執之亦可、戎子無罪、黜其與會、宣子惑矣、無怪乎反見屈於戎子、此合伐秦傳讀之、見荀罃一死、偃句侵權、霸業遂衰、國之興廢係於一人信哉、

見三按、通吳儆楚、為巫臣第一奇謀、即晉悼第一權術、自蕭魚服鄭、楚不敢爭、吳可無庸、因其伐喪、執此為罪、以退吳人、蓋能用之、亦能退之、用吳而不為吳用、最得制馭外夷之道、後來魯哀卑事強吳、責百牢、徵師伐齊、如同縣鄙、故開門延盜、宜責魯而不宜責晉、晉通吳以制楚、此以毒攻毒、出於

周大璋曰、曹君不義、子臧尚爾弗為、況君寔義嗣乎、守節無失節、是一篇關鍵、而義與不義尤為吃緊、姜白巖曰、觀後此之爭、則知季札合之讓、有由然也、功利擾攘之世、而子臧季札、獨以讓國稱、亮節高風千

不得已、且楚之患去、而仍能退吳之毒、所謂無病安用藥、元氣一毫無損也、魯通吳以求媚、未能獲福、反以速禍、此如服毒自斃耳、范匄辭吳謀、卻不錯、惟不絕之於告敗之日、輕為徵會謀楚、既會之而復絕之、未免損中國之威、留異時之釁、且執莒子、數姜戎、皆范匄主之、而公不與、無怪駒支之反詰也、稱為愷悌、豈其然乎、青蠅一賦、如譏如刺、不得不回過臉來作收束、范匄小人、色厲內荏、初次蒞事、伎倆如此、其餘不足觀矣、

吳子諸樊吳子乘之長子既除喪、乘卒至此春十七月、既葬而除喪、附註杜每以既葬為除服之限、故有是說、將立季札。諸樊少弟季札辭曰、曹宣公之卒也、諸侯與曹人不義曹君、公子負芻也、殺太子自立、事在成十三年、將立子臧、林解事在成十五年、子臧去之、遂弗

秋抑正恐為之吹毛求疵、則儒者之過也

為也、以成曹君、君子曰、能守節、君義嗣也、諸樊適子、故曰義嗣、王肅曰、適子嗣國、禮之宜也、誰敢奸君、有國非君吾節也、札雖不才、願附於子臧、以無失節、固立之、讓其室而耕、乃舍之、言季札之讓、且明吳兄弟相傳、

黄鄉林曰、吳兄弟相傳以及札、非也、札辭之是也、卒之啟吳祚者、仍在諸樊之子、天寔為之、烏可強哉、

見三按、子臧固讓、弑嫡之賊、守其小節、昧乎大義、負蜀之功臣、太子之罪人也、若季札守世及之常、不奸君位、不特守節、並能知道、翩翩濁世、札其有焉、迨其後諸樊一誤、餘祭再誤、夷昧三誤、卒啟僚光之爭、究於季子無尤、後儒謂其讓國厲階、殊屬夢夢、

夏、諸侯之大夫、從晉侯伐秦、以報櫟之役也、櫟役在十一年、晉侯待于

姜宸英曰、尊周攘楚、是霸者主腦、若但以報櫟之役、再煩適敝之諸侯、則已

僨也。乃必欲報伐，則晉侯先濟，諸侯之大夫安敢不濟，而已安坐于竟，是遷延之役。悼宣偪之，荀偃弑君之賊，其將中軍不協人望。濟涇而次，師人多死，鄭子蟜先進，而諸軍勉強從之，便見師師之將無不逡巡，所賴元帥加意撫循，猶可振其情氣。而一言債事，欒黶遽歸，偃隨其後。按以軍法，皆可斬也。夫文公之審顛頡，以違命被戮，舟之僑以先歸受刑，況於誤君之大事乎。傳大書欒鍼之言，以為晉國之恥，而能恥者唯鍼一人，歸者竟歸，死者徒死。公無一言，方且聽黶逐鞅，是偃與黶之弁髦其君，君亦自處于弁髦也。合十三國之師，遷延無功，職此之故。末述秦伯一段，所以反形晉師也。師入秦，竟使秦以軍擊其情，歸則晉師將敗于棫林，觀荀偃多遺秦禽句，可見。而秦景閑閑謝晉，不與交鋒。明年亦不報伐，正與報欒之役者大相逕庭也。因以請復士鞅作結。見晉自勞擾，秦自安閒，彼此相

竟。使六卿帥諸侯之師以進。（言經所以不稱晉侯）及涇，不濟。（諸侯之師不肯渡也。按涇水名。）叔向見叔孫穆子，穆子賦匏有苦葉。（詩邶風也。義取于深則厲，淺則揭，言已志在于必濟。）叔向退而具舟。魯人、莒人先濟。鄭子蟜見衛北宮懿子曰：與人而不固，取惡莫甚焉，若社稷何？懿子說。二子見諸侯之師而勸之濟。濟涇而次。（傳言北宮括所以書于伐秦。按蠆卒，士匄以此先濟之功，使晉侯請于天子，賜之大路，可知其告命諸侯，寔有褒勤警惰之例。）秦人毒涇上流，師人多死。（飲毒水故）鄭司馬子蟜帥鄭師以進，師皆從之。至于棫林，（秦地。按即舊鄭咸林也。今為陝西華州。○棫位逼反）不獲成焉。（秦不服）荀偃令曰：雞鳴而駕，塞井夷竈，（示不反）唯余馬首是瞻。（言進退從己）欒黶曰：晉國之命，未是有也。余馬首欲東。乃歸。（黶惡偃自專，故棄之歸。）下軍從之。左史（晉大夫）謂魏莊子曰：不待中行伯（荀偃）乎？莊子曰：夫子（謂偃句）命從帥。欒伯，吾帥也，吾將從之。從帥所以待夫

形、得失昭然矣、

子也、（以從命為待也、欒黶下軍帥、莊子為佐、故曰吾帥、按絳何以歸、瑣瑣偪句、政令以出、何從異議、）伯游曰、吾令實過、悔之何及、多遺秦禽、（軍帥不和、恐多為秦所禽獲、）乃命大還、晉人謂之遷延（卻退）之役、欒鍼（黶弟）曰、此役也、報櫟之敗也、役又無功、晉之恥也、吾有二位於戎路、（謂黶將下軍、鍼為戎右、）敢不恥乎、與士鞅（士匄子）馳秦師死焉、士鞅反、欒黶謂士匄曰、余弟不欲往、而子召之、余弟死、而子來、是而子殺余之弟也、弗逐、余亦將殺之、士鞅奔秦、（欒黶汰後誣逐士鞅也、而女也、）于是齊崔杼、宋華閱、仲江（公孫師之子）會伐秦、不書、情也、（臨事情慢不脩也、）向之會亦如之、[林鮮]（向之會、書齊人宋人、亦如此義、）衛北宮括不書于向、（亦情、）書於伐秦、攝也、（能自攝整、從鄭子蟜、俱濟涇、按當時諸侯大夫或書人、或書名、位次之、或前或後、皆以勢之強弱、事之勤情、至之先後、由霸者意向為之、因晉之告命、魯史書于策、）秦伯問於士鞅曰、晉大夫其誰先亡、對曰、其欒氏乎、秦伯曰、以其汰乎、對曰、然、欒黶汰

虐已甚、猶可以免、其在盈子黶之乎、秦伯曰、何故、對曰、武子欒書黶之
父之德在民、如周人之思召公焉、愛其甘棠、況其子乎、撫鞅以弒君之
賊為召公全不知有大義人謂此段為欒盈出奔伏根而不知鞅他日為政謬戾皆昉於此、欒黶死、盈之善
未能及人、武子所施沒矣、而黶之怨寔章、將于是乎在、秦伯以
為知言、為之請於晉而復之、為傳二十一年晉滅欒氏張本、
黃鄉林曰、欒黶汰侈、伐鄭之役、已干軍令、然目中猶知有荀
罃也、此則夜郎自大、故態復萌、非荀偃所能制矣、馬首欲東、
既背荀偃、逐殺士鞅、又叛宣子、三軍之帥、一正一副、均莫他
何其汰愈甚、其亡愈速、欒祁之禍、不旋踵矣、欒鍼鄢陵之戰、
掀公於淖、遷延之役、馳死秦軍、壯哉烈哉、欒氏不祚、鍼死黶
存、天滅之也、抑人為之也、若謂武子有甘棠之澤、則誣甚、

見三按此深慨晉悼之偷也秦景黨楚抗衡中夏王法所必誅即天下所共憤以此聲大義於諸侯有不裹糧而從者乎乃以入櫟之私釁重煩十二國之同盟已屬師出無名君又畏難待於境上使六卿帥諸侯之師以進則全軍之無所統率可知矣及涇不濟則列國之各存覬望又可知矣荀偃身為元帥既不能如孟明之濟河焚舟存必死之心又不能如郤克之並轡援枹操必勝之勢師無成命致敵人得以毒涇上流不有鄭子蟜帥師前進三軍之士其盡無生還矣安望秦人之能成乎又安望軍士之能馬首是瞻乎欒黶汰侈固不足言魏絳英明何亦相從而歸蓋深慨將帥之不和號令之不一與其輕進以僨事孰若大還以全師荀偃之無能絳知

姜白巖曰傳于衛定公卒大書林父善交晉大夫則與偃句為黨早為是傳張本曰旰不名不釋皮冠事過之小者不聞進規之言而勃然遽怒斯時尚有君臣之誼哉公復有意激之而二子謀先矣然天經地義不可沒也故以伯玉之言折轉而林父之罪定公使結盟連及四公子君庶二人頗識師生固知天澤非丁公一矢之遺公幾及矣淫刑痛毒無所不為然衆自取誰敢奸之而公之罪非衛國臣民所敢言故以母夫人之言折轉而公

之鍼且恥之矣用荀偃而不用魏絳晉伯所以衰死欒鍼而不死欒黶欒氏所以滅末從士鞅口中提出武子之德以見書偃皆弒君之賊書猶能樹德於民偃並不能立功於國美欒書正以深罪荀偃贊士鞅之知言即以深惜悼公之不知人也傳之垂戒深矣

衛獻公戒孫文子甯惠子食勅戒二子欲共宴食皆服而朝服朝服待命于朝日旰晏也古旦反不名而射鴻於囿二子從之從公于囿不釋皮冠而與之言皮冠田獵之冠也既不釋冠又不與食疏云昭十二年傳楚王見子革去皮冠是敬大臣宜釋皮冠二子怒孫文子如戚孫文子邑孫蒯文子之子入使公飲之酒使大師掌樂大夫歌巧言之卒章巧言詩小雅其卒章曰彼何人斯居河之麋無拳無勇職為亂階大師辭辭以為不可師曹樂人請為之初公有嬖妾使師曹誨之琴師曹鞭之公怒鞭師曹

十七

之罪亦定。甯殖謂其子曰：吾名在諸侯之策，曰孫林父、甯殖出其君。又魯叔孫昭子謂意如曰：子以出君成名。則史策所書，必曰出君，而夫子易爲自奔自遜之詞，蓋審其致此之由，以爲君當修德，以禮馭下，毋使太阿倒持以自及也，豈恕賊臣哉？蓋賊之當討，無待言也。太叔居守，子展、子鮮從公，隣國大夫私議，而俱以不討賊之辠望之晉者，何也？知今日之晉，非復圍彭城討魚石之舊，乃偃息得志之晉也。林父早有以餌之矣，不然，晉人何遽如充耳哉？傳極力寫伯玉、太叔儀、子展、子鮮，見衛尚有人，奈何目覩其出君立君，而無人過問，皆晉人陰護之也。

三百故，師曹欲歌之，以怒孫子，以報公。公使歌之，遂誦之。（恐孫蒯不鮮〔林鮮〕更，誦言之也。）蒯懼，告文子。文子曰：君忌我矣，弗先，必死。（欲先公作亂。）并帑（子也）於戚，而入見蘧伯玉（蘧瑗），曰：君之暴虐，子所知也。大懼社稷之傾覆，將若之何？對曰：君制其國，臣敢奸（犯也）之？雖奸之，庸知愈乎？（附注）愈，勝也。言逐君更立，未知能勝于今日否。遂行，從近關出。（懼難作，欲速出竟。）公使子蟜、子伯、子皮（衛羣公子）與孫子盟于丘宮，孫子皆殺之。（疑孫子，故盟之丘宮，近戚地。）○蟜，居表反。四月己未，子展（衛獻公弟）奔齊。公如鄄（衛地），使子行（羣公子）於孫子，孫子又殺之。（使往請和也。）公出奔齊，孫氏追之，敗公徒於阿澤。鄄人執之。（劉用熙曰：公雖居鄄，鄄人反執公徒，言公失民。）初，尹公佗學射于庾公差，庾公差學射於公孫丁。二子追公。（佗與差爲孫氏逐公。○佗，徒河反。差，初佳反。）公孫丁御公。（爲公御也。）子魚（庾公差）曰：射爲背師，不射爲戮，射爲禮乎？（禮射不求中。）射兩

軥而還。（軥，車軛卷者。〔說文〕軥，車軛下曲者。○軥，其俱反）尹公佗曰：子為師，我則遠矣。乃反之。（佗不從丁學，故曰遠。始與公差俱退，悔而獨還射丁）公孫丁授公轡而射之，貫臂。（貫佗臂）子鮮（公母弟）從公，及竟，（按：及竟，齊竟）公使祝宗告亡，且告無罪。（告宗廟也）定姜（公母）曰：無神何告？若有，不可誣也。（欺也）有罪，若何告無？舍大臣而與小臣謀，一罪也。先君有冢卿以為師保，而蔑之，二罪也。（謂不釋皮冠之比）余以巾櫛事先君，而暴妾使余，三罪也。（按：謂以暴戾之氣加於妾者加余也。〔補正〕謂使之加虐，非也）告亡而已，無告無罪。（〔補注〕傳于此記定姜及臧孫之言，後二十六年記右宰穀之言，見衎不子不君，宜失位。按：當時諸侯出奔，宮眷皆行。觀敬姒之命子鮮，及出公不得入國，辱其夫人可見。蓋定姜敬姒與獻皆亡，公使祝宗歸國告廟，故姜數其罪，使之脩省。○○痛艾。此懲毋訓誡之言，非黨賊罪君之辭也。杜云時姜在國，謬甚）公使厚成叔弔于衛，曰：寡君使瘠，（厚成叔名）聞君不撫社稷，而越（遠也）在他竟，若之何不弔？以同盟之故，使瘠敢私於執事。（衛諸大夫）曰：

九

有君不弔（按恤也謂不恤羣臣）有臣不敏（達也按謂不奉君命）君不赦宥臣亦不帥職增淫發洩（林解為逐君之事）其若之何衛人使大叔儀（衛大夫）對曰羣臣不佞得罪于寡君寡君不以即刑而悼棄之以為君憂君不忘先君之好辱弔羣臣又重恤之（重恤謂慰其不達也）敢拜君命之辱重拜大貺（謝重恤之賜）厚孫歸復命語臧武仲曰衛君其必歸乎有大叔儀以守（守于國）有母弟鱄以出或撫其內或營其外能無歸乎齊人以郲寄衛侯（郲齊所滅郲國○郲音來）及其復也以郲糧歸（言其貪）右宰穀（衛大夫）從而逃歸衛人將殺之（以其從君故欲殺之）辭曰余不說初矣（附注言已初從君出今自悔焉不復以曩事為悅）余狐裘而羔袖（言一身盡善唯少有惡喻已雖從君出其罪不多）乃赦之衛人立公孫剽（穆公孫○匹妙反）孫林父甯殖相之以聽命于諸侯（聽盟會之命）衛侯在郲臧紇如齊唁衛侯衛侯與之言虐退

而告其人曰衛侯其不得入矣其言糞土也亡而不變何以復
國武仲不書未為卿○唁魚變反子展子鮮聞之見臧紇與之言道順道理臧孫
說謂其人曰衛君必入夫二子者或輓之或推之欲無入得乎為二十六年衛侯歸傳林鮮前牽為輓後送曰推○輓音晩推他回反
黃䆉林曰孫林父之逐衛獻與季孫意如之逐魯昭其罪同
也特意如猶婉為恭順林父則毫無忌憚世掌國權恣睢無
上始則懷私邑以出奔繼又挾大國以求復長惡菀君蓋自
定公之世而已極矣獻公嗣立居喪不戚林父不聞諫諍之
言而竟置其重器於戚射鴻小失用搆釁端巧言偶歌輒謀
廢立殺公子而敗公徒原野交鋒有若敵國告於諸侯曰君
無道也國人出之也通國不疑盟主不討賢如師曠猶曰其

君寔甚則晉卿之皆為羽翼也固已久矣然魯昭卒死乾侯而衛得以復國自是子展子鮮左右之力甯殖將死而悔甯喜守父命而不違亦適逢其會耳

見三接皮冠不釋細事也歌巧言亦諷詞耳而遽爾出君為之君者不亦難乎哉曰君無道也夫獻誠無道矣父死不哀不可為子焉能為君然有罪不可誣出諸定姜之口則可存諸林父之心則不可人臣無私財并帑於戚胡為乎人臣無外交甚善晉大夫胡為乎蓋自挾晉求復以後內而甯殖外而匄偃早已聯為一氣不有於定何有於獻獻猶不悟皮冠不釋以激其怒巧言是歌以發其私奸臣肆毒先發制人殺者殺執者執射者射其未遭鋒鏑之慘者特幾希耳雖有太

姜白岩曰、晉初一軍、後為二軍、文公之世為三軍、後忽為六軍、儼然天子矣、傳但零星敘去、不置一辭、至此舍新軍、而復三軍之舊、然後點出天子之制、極稱其有禮、而從前之非禮可見、然晉之舍新軍、非以僭天子之制故也、以新軍無帥耳、上斷下敘、無限感慨、

叔儀以守、毋弟鱄以出、或撫其內、或營其外、得以徼倖入國、而淹留在外、已十六年矣、嗟夫、天澤之誼、亘古為昭、君制其國、臣敢奸之、國內之清議也、君不赦宥、臣不帥職、外臣之徼詞也、故傳言逐、而經以自奔為文、明乎國為君之國、非臣所能逐也、且以示為人君者無得罪於羣臣百姓、以蹈覆亡之轍、其垂戒深矣、

師歸自伐秦、晉侯舍新軍、禮也、成國大國不過半天子之軍、周為六軍、諸侯之大者、三軍可也、孔疏夏官序云、大國三軍、次國二軍、小國一軍、然春秋之世、鄭伯次國而置六卿、未必不為三軍也、於是知朔罃長子生盈朔弟而死、盈生而朔死盈生六年而武子卒、彘裘士魴子亦幼、皆未可立也、新軍無帥、故舍之、十三年荀罃士魴卒、其子皆幼、未任為卿、故新軍無帥、遂舍之、

姜白巖曰：悼公以出君爲甚，固將爲討賊之師也。師曠素有賢名，故以此相訪，而不意受荀偃之屬也。然爲人君言之，實足爲座右之銘。

見三按晉文之世，原軫以上德而起，拔中軍，其後且居亦以新進而將中軍。一時狐趙老成，均拱手而讓之，此用人不拘資格，晉所以盛也。悼公繼霸，人才蔚起，如士渥濁、祁奚、羊舌赤、羊舌肸、張老輩，均屬卿才，破格擢用，較勝荀范萬萬。乃因無帥而舍新軍，雖復舊制，究不知人。故前之作六軍爲六卿專政之兆，此之復三軍，即三家分晉之基。

師曠晉樂大師子野侍於晉侯。晉侯曰：「衛人出其君，不亦甚乎？」對曰：「或者其君實甚。良君將賞善而刑淫，養民如子，蓋之如天，容之如地，民奉其君，愛之如父母，仰之如日月，敬之如神明，畏之如雷霆，其可出乎？夫君，神之主而民之望也。若困民之主，匱神之祀，百姓絕望，社稷無主，將安用之？弗去何爲？」【輯傳】信如其言，則君可出矣。【補注】二語太甚。樂

師職兼風刺、非卿大夫比、故危言無忌、天生民而立之君、使司牧之、勿使失性、有君而為之貳、卿佐使師保之、勿使過度、是故天子有公、諸侯有卿、卿置側室、支子之官大夫有貳宗、宗子之副貳者士有朋友、庶人工商皂隸牧圉、皆有親暱、以相輔佐也、善則賞謂宣揚之、過則匡正也之、患則救之、救其難也失則革之、自王以下、各有父兄子弟、【補正】所謂貴戚之卿以補察其政、補其愆過、察其得失、史為書、太史君舉則書瞽為詩、盲者為詩以風刺工誦箴諫、工樂人也、誦箴諫之辭、疏云、詩必播之于樂、餘或直誦其言、大夫規誨、規正諫誨其君士傳言、士卑不得徑達、聞君過失、傳告大夫、庶人謗、庶人不與政、聞君過則誹謗、商旅于市、旅陳也、陳其貨物、以示時所貴尚、疏云、如齊鬻踊之比、百工獻藝、獻其技藝以喻政事故夏書曰、遒人以木鐸徇于路、逸書、遒人、行人之官也、木鐸木舌金鈴、徇于路、求歌謠之言、【林解】今夏書胤征篇、○遒在由反官師相規、【附注】胤征孔傳云、官師衆官自相規正、工執藝事以諫、所謂獻藝正月孟春、於是乎有之、諫

失常也、有遒人狥路之事天之愛民甚矣、豈其使一人肆放也于民上以

從其淫、而棄天地之性、必不然矣、傳善師曠能因問盡言、（闡義）師曠此論、足以懲懼君心、與

孟子紂為獨夫君為寇讎同意、○從子用反本或作縱

黃薌林曰、晉人弑厲公、里克曰君之過也、齊人弑莊君、師悝

曰其身死自取之、衛人逐獻公、師曠曰其君寔甚、抑君助臣、

直是衆口一辭、不約而同、無怪篡弑之禍終春秋不息也、

見三按林父逐君、法在必討、悼公何以待問、且不曰林父而

曰衛人、尤屬有因、蓋林父自聞定姜之言、寘帑于戚、而甚善

晉大夫、則荀偃范匄之徒、皆其羽翼、此次赴晉、自必以君無

道、國人出之為辭、偃匄輩亦必深諱其逐君之罪、以國人出

之為辭、舉朝朋比、衆口同辭、悼公殆深疑焉、師曠一伶官耳、

姜白巖曰、庸浦之役、養食督吳乘我喪、謂我不能師也、必易我而不戒、故以三覆敗吳、棠之役、吳人不出、子囊又以吳為不能而弗儆也、故要擊而敗楚、敗關正是一轍、

姜白巖曰、齊靈是特、方欲抗晉爭霸、如狗齋意、當以桓公答

既不能歸咎獻公、有棄天澤之分、又不敢深罪林父、致犯同朝之忌、故只泛談君道、而於衛事絕不提及、語語陳戒、語語納忠、可為晉侯之藥石、即可為人主之座銘、古者瞽為詩、工誦箴諫、矇其有焉、

秋、楚子為庸浦之役故、前年在子囊師于棠以伐吳、吳不出而還、子囊殿、後軍以吳為不能而弗儆、吳人自皋舟之隘、吳險阨之道要而擊之、楚人不能相救、吳人敗之、獲楚公子宜穀、傳言不備不可以師（經筌）楚深儆吳者、以吳為中國援、而楚不能逞也、則康之謀、尤出共之上、可畏哉、見三捷以子囊之賢、猶以輕吳而敗、足見吳之善謀、而不備不虞、尤行兵者所當深戒也、

王使劉公定劉夏、傳稱諡、舉其終、賜齊侯命、將昏于齊故也曰、昔伯舅太公、右我

先王、股肱周室、師保萬民、世胙太師、以表東海、[附注]胙、猶無克胙國之胙、謂世胙太師之業、以表正東海也、王室之不壞、緊伯舅是賴、今余命女環、齊靈公名茲率舅氏之典、纂編也乃祖考、無忝乃舊、敬之哉、無廢朕命、因昏而加褒顯

見三按、是時王將昏於齊、故有是命、文辭古雅、猶見西京風範、

晉侯問衛故于中行獻子、問衛逐君當討否、獻子荀偃、對曰、不如因而定之、衛有君矣、謂剽已立伐之未可以得志、而勤諸侯、史佚有言曰、因重而撫之、重不可移就撫安之、仲虺湯左相有言曰、亡者侮之、亂者取之、推亡固存、國之道也、君其定衛以待時乎、待其昏亂之時冬會於戚、謀定衛也、王貫道曰、合列國于林父私邑、抑君而臣是助、[目抄]春會于向者、大半不至、可見人心以為不義矣、自此剽弒衎歸、衛有

之勲相屬、乃不勉以創霸之穉公、而但曷以始封之太公、隱然見盟主有人、守太公侯服、敬承王命、則可以無過、何嘗一字過分、傳詳書其文、亦以見周辭命、猶見天朝典則、

姜白巖曰、荀偃弒君之賊、國人未討、不無隱痛於心、況悼公英主、尚齡即位、能逐不臣者七人、何有于偃、故此言討賊、即為寒心、觀後首隊之夢、可見、其于衛事、先使聽言之、而已定其策、所以堅公之信、聽以理言、此以勞言、傳並列此兩篇、以著荀偃之惡、悼公之闇、

姜白巖曰、羽毛微物、而此年宣子假于齊、定四年晉人假于鄭、疏謂制作巧異、故聞而借觀、非也、蓋藉此為名而索賂耳、遂至失與國之好、為平陰之師、士匄之罪、可勝誅乎、匄舉荀偃、不及魏絳、絳之賢直、不與己比、而偃之慾寔與己同、可知會戚定衛、孫氏之賂並入於匄矣、

二君者十年、見三按悼公此時霸業衰矣、聽賊臣荀偃之言、不討衛罪、反定其難、且會於叛逆之地、名分倒置莫此為甚、豈特假羽毛之失、齊人始貳哉、偃匄之罪、上通於天矣、

范宣子假羽毛于齊而弗歸、齊人始貳、析羽為旌、王者游車之所建、齊私有之、因謂之羽毛、宣子聞而借觀之、疏云周禮司常、掌九旗之物名、全羽為旞、析羽為旌、道車載旞、游車載旌、鄭注道車象路也、王以朝夕燕出入、游車木路也、王以田以鄙。陳

傳言晉執政之貪、齊于是加兵于魯、見三按林父所以敢於逐君者、晉庇之也、晉悼所以不能討衛者、偃敵之也、荀偃弒君之賊、不加顯誅、輒敢黨惡、悼苟奮發有為、討荀偃之罪、戮林父、納衛獻、則衛定而諸侯服、霸業賴以不衰、乃聽賊臣之言、不能討衛而反定之、亂臣列會、私

邑菹盟、偃主其謀、句瀆其惡、甚則假羽毛於齊、以為索賂之地、則孫林父之捆載而入賂於偃句之門者、更不知凡幾、無怪諸侯之不至、而齊有貳心也、

楚子囊還自伐吴、卒。將死、遺言謂子庚、林鮮 代子囊為令尹、司馬公子午、必城郢、楚徙都郢、未有城郭、公子燮公子儀因築城為亂、事未得訖、子囊欲訖而未暇、故遺言見意。君子謂子囊忠、君薨不忘增其名、謂前年謚君謂共、將死不忘衛社稷、可不謂忠乎、忠民之望也。詩曰、行歸于周、萬民所望、忠也。詩小雅、忠信為周、言德行歸于忠信、即為萬民所瞻望、

黄鄉林曰、子囊遺言城郢、全不及私、荀偃遺言立吴、絶不及晉卿、公子囊忠其君而改謚曰共、荀偃弑其君而特加以厲、兩人不如考楚、之優絀奚啻天壤、淵、即王國之盛衰已通消息

周大章曰、同一城郢也、囊瓦城郢則譏之、子囊城郢則美之、設險守國、王公不廢、初遷無城、自應城之、建立已久、而不能守在四境、以犯吴而城、故決其必亡、所爭只在衛社稷與否耳、左氏褒訊正非妄下、姜自嚴曰、吾于楚得知幾之士二焉、一為子文、一為子囊、子文召陵受盟、而成齊桓九合之功、子囊衰不與爭鄭、而成晉悼三駕之烈、皆知彼知此、憂國息民、故傳並以為忠、然子文猶夏自肥、囊唯少稚字、吴、觀其以知過為共、則痛惜于鄢陵之殘民也、以城郢告子庚、不欲其爭中國也、殆高出子文一籌、其君將死以為厚社稷、其臣將死不忘衛社

稷、安得不强、

見三按子囊與子庚公忠相勗、楚所以終强、荀偃與士匄朋比爲奸、晉所以終弱、比類而觀、曷勝夷夏盛衰之感、

10.

襄公中

春秋左傳精義卷二十七

閬中　薌林黄一桂　輯　男　心垣見三　補輯

襄公四

經　癸卯十有五年春宋公使向戌來聘二月己亥及向戌盟于劉（孔疏）出國與盟，故書其盟地，猶晉侯與公盟于長樗也。劉，魯城外之近地。許氏曰：盟不在國，崇向戌故。公弱甚矣。○劉

夏逆王后于齊（杜解）劉采地。夏，名也。天子卿書字，劉夏非卿，故書名。疏云：天子無外，所命則已成后矣，故不書逆女。劉，王季子采地。夏，康公子。○夏齊侯伐我北鄙圍成公救成至遇魯地，書至遇，公畏齊不敢至成。○季孫宿叔孫豹帥師城成郛備○秋八月丁巳日有食之○邾人伐我南鄙○冬十有一月癸亥晉侯周卒○子平公彪立

周大章曰、晏嬰更宅毁之勿恤、孟獻蠆、毁之重勞、盖君臣相合以義、可據理以爭、兄弟相合以恩、難直行自遂、說到不敢閒、真無一刻不体貼兄弟、

姜白巖曰、朋友之切偲、兄弟之怡怡、皆溢于楮墨之閒、或謂獻子當引過歸己、是友以誠規、而吾以偽應也、何以為獻子。

彭士望曰、賢者遇目、輒思盖人、責善肫摯、無一毫閒隔、百世後誦之猶有餘感、獻子不恥其室、並非歸咎于兄、正以敦友于之義、

傳十有五年春、宋向戌來聘、且尋盟、（杜解：尋十一年亳之盟）報二年豹之聘、見孟獻子、尤（責過也）其室、曰子有令聞、而美其室、非所望也、對曰、我在晉、吾兄為之、毁之重勞、且不敢閒、（非也。傳言獻子友于兄、且不隱其寔）

黃鄰林曰、向戌面規其友、有忠告之風、獻子不閒其兄、得友於（于）之道、賢哉二大夫、見三接、孟獻子與晏子、皆當時之賢大夫也、一則成於兄而不敢毁、一則成於君而反毁之、豈君之尊不及兄之親哉、蓋獻子不察鷄豚、不畜牛羊、不畜聚斂之臣、雖不務奢華、而好持大體、晏子狐裘三十年、豚肩不掩豆、雖致君通顯、而確守大節、此亦各行其性所近、豈以兄而故篤友於（于）、豈以君而專尚骨鯁哉、

周大章曰、晉勤三駕、而楚不能争、其君明臣忠、上讓下競也、荀罃士魴卒、而新軍無帥、因而廢之、則晉國人才之衰可知矣、此篇盛稱楚之能官人、所覺晉之不能也、能官人則民無覦心、的屬見道之言、後世選舉不公、官不稱職、所以人多覬覦、一結道理尤大、想見天下名不稱實、一派尸素人、無處立脚、
姜白巖曰、楚人之所謂賢能者、大率皆攻城掠地、剪滅小國者也、公子午于楚、無赫赫之功、而傳謂楚于是能官人、盖

官師劉夏從單靖公、逆王后于齊、卿不行、非禮也、天子官師非卿也、劉夏獨過魯告昏、故不書單靖公、天子不親昏、使上卿逆而公監之、故曰卿不行非禮、【胡傳】官師士也、見三揆天子所以治天下者禮也、禮莫重於大婚、公監卿逆、禮重斯后重、而天子重、今卿不行、而使官師從單靖公逆、則后輕、而天子亦輕、其何以儀天下、

楚公子午為令尹、代子囊、公子罷戎為右尹、蔿子馮為大司馬、【孔疏】案世本蔿艾獵、孫叔敖兄、馮艾獵之子、是叔敖兄子也、杜以艾獵叔敖為一人、馮是叔敖之子、世本傳寫多誤、○罷音皮、公子橐師為右司馬、公子成為左司馬、屈到子屈蕩為莫敖、公子追舒莊王子為箴尹、屈蕩為連尹、養由基為宮廄尹、以靖國人、君子謂楚於是乎能官人、【陳說】傳言楚復彊、官人國之急也、能官人則民無覦心、無覬覦以求幸、疏云、服虔以連尹為射官、若是主射、當使由基、而反使為廄尹、豈得為官人乎、官名臨時所作、

聖人于楚臣不以善戰殘民者為勇，而以寢兵息民者為賢。子庚奉教于子囊，而置鄭不爭，諸侯無事，傳之所深予也。故特書曰以靖國，所予在靖民，則所貶者在殘民，皆体經義為之。楚子能官人，而子囊為令尹，楚國以靖。晉侯不能官人，而荀偃將中軍，亂賊公行，此與綿上之蒐相對，而晉為楚役之幾已伏。

鍾惺曰：師慧，師曠之流亞也。鄭人以為貨而充賂，遺宋人受之而不知用，惜哉。觀師慧舉止言笑，善以滑稽寓其憤者也。無人焉三字，笑盡叔世君臣，偏是無目人目中無人。

周大章曰：天下之惡也，鄭之群盜其可庇乎？必以賂易，師慧所以胡盧也。極乎之論，而以失出之極，債適之忘，而以詼諧

莫敖之徒並不可解。詩云：嗟我懷人，寘彼周行，能官人也。詩周南也。寘，置也。行，列也。周，徧也。詩人嗟嘆言我思得賢人，置之徧于列位，是后妃之志以官人為急。王及公侯伯子男甸采衛大夫各居其列，所謂周行也。言自王以下諸侯大夫各任其職，則是詩人周行之志也。甸采衛五服之名，天子所居千里曰圻，其外曰侯服，次曰甸服，次曰男服，次曰采服，次曰衛服，五百里為一服，不言侯男，畧舉也。

見三按：春秋諸國唯楚英賢最多，而為令尹執國政者皆其公族，少有僨事，旋即誅戮，所以殭大累世，而威柄畧無下移，固其君之彊明，亦其傳國用人之制獨善也。

鄭尉氏、司氏之亂，其餘盜在宋。亂在十年。鄭人以子西、伯有、子産之故，納賂于宋，三子之父皆為尉氏所殺故。以馬四十乘百六十匹與師茷、師慧。樂師也。茷、慧其名。三月，公孫黑子皙為質焉。司城子罕以堵女父、尉翩、司齊與之。良司臣而逸之，賢而放之。託諸季武子，武子寘諸卞。子罕以司臣托季氏。

出之言之無罪，聞者足戒，滑稽之雄。姜白岩曰：三人也，想見三卿復仇而猶飲恨于侯晉之逸于晉，司臣之逸于魯也。然猶與子孔共事，子孔亦危矣哉。千乘之相輕于淫樂之矇，一語直令討賊受賂者容身無地。

彭士望曰：大道理等閒發出，堂堂宋鼎。却被一俗官借小便數落，痛快無此，與前雖無王不同。

鄭人醢之，三人也。三人，堵女父、尉翩、司齊。師慧過宋朝，將私焉。私，小便。其相相，師者。曰：朝也。慧曰：無人焉。相曰：朝也，何故無人？慧曰：必無人焉。若猶有人，豈其以千乘之相謂子產等易淫樂之矇？必無人焉故也。言不為子產殺三盜，得賂而歸之，是重淫樂而輕相國。子罕聞之，固請而歸之。言子罕能改過。陳傳

終十年盜殺三卿傳。

黃鄉林曰：慧蓋師曠之流也，寓諫於諷，謔而不虐，東方朔有此滑稽，無此痛快。

見三接盜之在宋與在鄭，其惡一也。子罕不貪為寶，王且不受，何有於賂？蓋宋鄭接壤，累世兵爭，宋既不甘歸盜於鄭，鄭亦不敢求盜於宋，故啗以厚賂，並以人為質焉。鄭意非宋意也，但以千乘之相易淫樂之矇，於名不正，於理不順，固宜有

姜白岩曰、荀偃為政、諸侯多貳、故莒先伐魯、齊復圍成、邾又伐魯南鄙、經屢書之、著晉霸之衰也、

此揶揄子罕大度色容、尤能改過、的是賢相襟期、

夏齊侯圍成、貳于晉故也、不畏霸主、故敢伐魯、按貳字有兩義、如王貳于虢、鄭貳于楚、則言親暱也、此貳于晉、則言離逖也、於是乎城成郛、郭也

見三按齊侯伐魯、邾亦構難、蓋駸駸乎不有晉矣、不獨秦楚之橫也、是時衛献在齊、戚之會、齊人不與而稱兵肆伐、邾隨其後、毋亦盟主有以示之輕歟、魯以被伐之故、特命二卿城成郛、未免臨渴掘井、

秋邾人伐我南鄙、亦貳于晉故、王氏曰、邾屬于齊而黨于莒、齊莒交伐、故邾亦效尤、使告于晉、

晉將為會以討邾莒、十二年、十四年、莒入伐魯、未之討也、晉侯有疾、乃止、冬晉悼

公卒、遂不克會、為明年會溴梁傳

見三按晉悼在位凡十八年、內靖國難、外雄諸侯、能不戰以

屈楚，懷柔以服鄭。使仇國之大夫如子囊者，亦曰晉不可敵。事之而後可，幾於王者之中心悅而誠服。蓋功烈如桓文而德量過之。然春秋之末，列國權移於大夫，寔基於此。蓋日中必昃，泰極而否，自是世運當然，非特晉悼一人之過也。至其晚年，容孫林父之奸，而反為之合諸侯以助其聲勢，則為賊臣荀偃所惧，悼公不得辭其責矣。

鄭公孫夏（子西）如晉奔喪，子蟜送葬。（言諸侯畏晉，故卿共葬。）

見三揆吊喪送葬，皆使卿行。此以見鄭感晉之深，而悼之功德及人遠矣。一鄭如此，列邦可知。特筆書此，所以概其餘也。

宋人或得玉，獻諸子罕，子罕弗受。獻玉者曰：以示玉人（玉人，能治玉者），玉人以為寶也，故敢獻之。子罕曰：我以不貪為寶，爾以玉為寶。

俞寧世曰、子罕無寶而寶常盈。或人得寶不知所措。可見廉吏最樂。守錢虜最苦。故而使復寶。既得所。人亦得生。此宰相知人安民之畧也。

四

姜白巖曰、著子罕之賢也、傳以之子罕不貪為寶、為諸侯君臣標準、正為後半部晉臣黷貨失儒反照、彭家屏曰、匹夫無罪、懷璧其罪、象有齒以焚其身、賄也、人惟不寶金玉、則胸次浩然、無入而不自得、固知不貪為寶之言、真至論也、

若以與我、皆喪寶也、不若人有其寶、【孔疏】我女二人各有其寶 稽首而告曰、小人懷璧、不可以越鄉、言必為盜所害 納此以請死也、請免死 子罕寘諸其里、使玉人為之攻之、攻治也 富而後使復其所、賣玉得富

黃薌林曰、戎人請免死、是有識見人、子罕不受寶、是有學問人、不貪為寶忠也、人有其寶恕也、忠且恕、平治天下不外是矣、玉其一端也、

見三接無故重獻於卿相、必有求也、一弗受、省卻多少事、子罕其殆有鑒於師慧之侮乎、人有其寶、是大臣持己語、攻而使復、是相臣仁民處、覺楊關西四知之言、猶是沾沾自守、

姜白巖曰、此時荀偃當國、范匄比偃、易惑以非、故鄭執政以此絕亂本、

十二月、鄭人奪堵狗堵女父之族之妻、而歸諸范氏、狗娶于晉范氏、鄭人既誅女父、畏狗因范氏而作亂、故奪其妻歸范氏、先絕之、傳言鄭之有謀、

周大章曰，高厚異志，雖啟于通齊楚之使，一語，寔因晉侯之違禮而生。踰月

見三按斬草固貴除根，而投鼠亦妨忌器，鄭人此舉，可謂屬事精密，當是子産之謀。

經甲辰十有六年春王正月葬晉悼公杜解踰月而葬，速也。○三月公會晉侯宋公衛侯鄭伯曹伯莒子邾子薛伯杞伯小邾子于溴梁不書高厚逃歸故也。按溴水名，爾雅梁莫大于溴梁，溴梁水隄也，今濟源縣西北原山有白澗水，即溴梁也。戊寅大夫盟諸大夫本欲盟高厚，高厚逃歸，故遂自共盟，雞澤會重序諸侯，今此間無異事，即上諸侯大夫可知。晉人執莒子邾子以歸二國數侵魯○齊侯伐我北鄙齊貳晉故○夏公至自會。○五月甲子地震。○叔老會鄭伯晉荀偃衛寗殖宋人伐許按大夫不得先諸侯，故不先書主兵之荀偃。○秋齊侯伐我北鄙圍郕。○大雩書過○冬叔孫豹如晉

傳十六年春，葬晉悼公。平公杜解悼公子彪即位，羊舌肸叔向為傅，代士渥濁。

張君臣張老子為中軍司馬、代其父祁奚韓襄無忌子欒盈士鞅為公族大夫、祁奚去中軍尉、為公族大夫、去劇職、就閒官、虞丘書為乘馬御、代程鄭改服脩官、烝于曲沃、既葬改喪服、脩官選賢能、曲沃、晉祖廟、烝、冬祭也、諸侯五月而葬、既葬卒哭作主、今晉踰月葬、作主而烝祭、傳言晉將有溴梁之會、故速葬、警守而下、會于溴梁、順河東行故曰下、葉石林曰、荀偃之為也、春秋惡大夫、莫甚于溴梁、命歸侵田、諸侯相侵取之田以我故、執邾宣公、莒犂比公、犂比莒子號、晉為魯討之、方解其返國不書、以魯故見執、則歸不以告明矣、且曰通齊楚之使、邾莒在齊楚往來道中、故并以此責之、私考平公命歸侵田、一正疆界、物得其平、兵爭可息、善政也、然侵田之利、多入强家、故偃旬以討邾莒為務、而公令不使行、卒晉侯與諸侯宴于溫、使諸大夫舞、曰歌詩必類、歌古詩當使各從義類齊高厚之詩不類、齊有貳心、故疏云、歌古詩、各從其恩好之義類、高厚所歌之詩、獨不取恩好之義類、故曰齊有貳心、荀偃怒、且曰、諸侯有異志矣、使諸大夫盟高厚、高厚逃歸、齊為大國、高厚若此、知小國必當有從者、陳傳為齊晉交惡起本、於是叔孫豹晉荀偃、

而葬、改服而烝、忘親已極、以在喪稱子之日、宴諸侯、使諸大夫歌舞、歡樂適于平時、蔑禮更甚、高厚逃歸、尚是有氣節有廉恥人

姜白巖曰、晉平欲繼乃父之業、則當仍其善而改其不善、悼公之善者莫如圍彭城、討魚石、三駕服鄭、而薄賦遠饟、尤伯之基也、其不善者莫如定衛剽、獎賊臣、而任用荀偃、其亂之本也、伐秦之役、齊人在焉、自衛衎奔齊、至戚之會、而齊不至、蓋受衎之愬、而義憤于出君之林父也、豈獨羽毛之假哉、然剽猶未列于會也、平公嗣位、改服脩官、未聞善政、而溴梁十國、竟列衛侯、是不繼父之善、而成父之惡也、試思剽之簒國、以視邾莒之擾鄰、孰為輕重哉、齊使覘會、而棄君賊、自擅執小國、宜其不服而逃歸也、起處大書葬晉悼公、是新喪僅五月耳、而大宴樂賓、酒酣起舞、聞樂不樂之謂何、意高厚見及此、而以詩諷之、故與宴樂之意不類、

宋向戌、衛甯殖、鄭公孫蠆、小邾之大夫盟，曰同討不庭。自曹以下大夫不書，故傳舉小邾以包之。呂圭叔曰：大夫盟，諸侯失政，大夫皆不臣也。按平公命大夫盟高厚，猶悼公使大夫盟袁僑也，然有盟高厚之命，而無自為盟之命，厚逃歸，可以不盟，而自為盟，故曰大夫皆不臣也。

黃薌林曰：溴梁之會，大夫專政，又是一番局面。晉霸極盛於悼公，亦始衰於悼公。邢邱之會，大夫聽命，雖曰體恤諸侯，寔為政在大夫之始。至溴梁之盟，則諸侯雖在，而大夫主盟矣。繼此盟於宋，盟於虢，晉楚大夫狎主齊盟，而諸侯不復在矣。此春秋將為戰國之兆也。

見三按：晉人速墊其君而貪諸侯，止知合諸侯之為霸，而不知謹禮守信，為合諸侯之本，雖暫合諸侯，而攜貳益甚，至君在而大夫盟，霸業壞，公室卑，大夫張，豈必待高厚逃盟而後

周大章曰。君臣之分不明。則天下何以為治。溴梁會。大夫主盟。太阿已屬倒持。鄭伯怨許。親行。而男于大夫。則冠履無別。書會鄭伯于荀偃之上。所以見鄭伯之下替也。此聖志獨斷之妙。故撣敘在中。前後位置亦老潔不支。

姜白巖曰。許為鄭偪。請于楚而遷葉。晉平即位。執邾莒。紓魯患。許之君因又求遷于晉。而許大夫灼見晉霸之衰。終不如楚之足以庇己。故晉為許名諸侯。而許反却之也。然荀偃伐許。傳兩言次之。待許之成。不欲許猶見慎重之意。其伐楚也。敗其偏師。晉未有不以告諸侯。而夫子削之何也。前四年楚一侵宋。晉不敢救。而是時楚不侵鄭。復不救許。忽報其侵宋之役。夫弒君與猾夏。義孰為重。以中國

見哉。執莒執邾。足稱伯討。乃不歸之天子。晉不知有天子。人誰知有晉。春秋書人者。强力之詞耳。

許男請遷於晉。（許欲叛楚。）諸侯遂遷許。許大夫不可。（[陳編]斯時大抵臣强而君不可）（以有為也。）晉人歸諸侯。（唯以其師討許之不肯遷。[經箋]悼公置許不聞。以得許無益。而徒犯楚怒。為宋鄭之患也。）（今平公投鄭伯之護摟四國以疾許。失之矣。）鄭子蟜聞將伐許。遂相鄭伯以從諸侯之師。（鄭與許有宿怨。故其君親行。）穆叔從公。（從公歸）齊子帥師會晉荀偃。書曰會鄭伯。為夷故也。（夷平也。[補正]傅氏曰。不使鄭伯夷于大夫也。按夷等夷也。傅說甚得傳意。）（杜註可刪。）夏六月。次于棫林。庚寅。伐許。次于函氏。（棫林函氏皆許地。）晉荀偃欒黶帥師伐楚。以報宋揚梁之役。（晉師獨進。揚梁役在十二年。）楚公子格帥師及晉師戰于湛阪。（湛水東入汝。○湛而林反）楚師敗績。晉師遂侵方城之外。復伐許而還。（許未遷故。[補注]傳著經所以但書伐許。[秋考]自是晉亦不復爭許。知伐許非晉意也。猶人以虐

之手，乃其君者帥諸侯師而問鄉惠之得戛，可乎哉？經所以削之也。宋襄伐楚，欲繼齊桓之畧，雖敗而聖人諒其志；偃伐楚，不得為問罪之師，雖少勝而聖人畧其功。此經之權衡也。

周大章曰：以圍郕之衆，一人獨出以徼之，其勇可知。然亦一夫之勇耳。而遂去之以為之名，則齊侯之無勇又可知。末句寫得赫爽，至今凜然有生氣。

姜白巖敬曰：觀塞海陘，知所云徼之者在海陘之地矣。扼隘拒齊，齊無能為，故去之。

姜白巖曰：齊二年之間三伐魯，且欲撓晉。晉之問罪宜何如忽也。夫溴梁之會，諸侯兵力憊于伐許，晉力復憊于楚。晉人言民力未息，自是實情。未禘其托

小國。晉志荒矣。

見三捘許男請遷，固為嚮義；大夫不可，亦屬識時。晉不能服齊，安能庇許？不量德力而帥師伐之，晉貪遠畧而昧近圖，鄭假公義以報私怨，皆非也。雖湛阪勝楚，適見其為貪兵而已。經不書，削之也。

秋，齊侯圍郕（魯孟氏邑。貳晉故伐魯），孟孺子速（獻子之子莊子速）徼之。齊侯曰：是好勇，去之以為之名。速遂塞海陘（魯隘道）而還。

見三捘分明知難而退。偏說去之以為名，是外強中乾，人口氣。

冬，穆叔如晉聘，且言齊故（言齊再伐魯）。晉人曰：以寡君之未禘祀（三年喪畢之吉禘）與民之未息（新伐許及楚），不然不敢忘。穆叔曰：以齊人之朝

辭也、夫楚與許俱不為害、無故興師、雖欲問齊之罪而不能、此偃之悖也、偃曰偃敢不從執事、匄曰匄在此、從前晉臣對鄭國之使、無提出寡君、無自以為功者、至此風又一變、而大夫顯然無君矣、

夕、釋憾於敝邑之地、是以大請、敝邑之急、朝不及夕、引領西望曰、庶幾乎、（庶幾來救）晉比執事之間、恐無及也、見中行獻子賦圻父、（詩小雅周司馬掌封畿之兵甲、故謂之圻父、詩人責圻父為王爪牙、不脩其職、）獻子曰、偃知罪矣、敢不從執事以同恤社稷、而使魯及此、（及此憂）見范宣子賦鴻雁之卒章、（詩小雅卒章曰、鴻雁于飛、哀鳴嗸嗸、）宣子曰、匄在此、敢使魯無鳩乎、（鳩集也、〔林〕〔鮮〕豈敢使魯無所鳩集、如鴻雁卒章所云乎、）

黃鄉林曰、平公之時、權在執政、故穆叔唯哀求二子、不復請於晉君、偃匄亦岸然自命、不俟請於寡君矣、此霸權旁落之漸也、

見三按、魯自急、晉自緩、前賦圻父、後賦鴻雁、俯首求人、直有須臾難忍之勢、魯且如此、而小國之傷匪風嘆下泉者更不

美白巖曰、伐陳為晉也、卑宋恃楚也、

知凡幾也、偃句之言、一謙一傲、皆未能急人之難者、晉霸其遂衰矣、

經乙巳十有七年春王二月庚午邾子䄻卒、（杜解）宣公也、（發微）前年晉人執以歸、此書卒、晉人赦之也、○子悼公華立、䄻苦耕反、○宋人伐陳○夏衛石買帥師伐曹、買石稷子、○秋齊侯伐我北鄙圍桃、高厚帥師伐我北鄙圍防、桃魯邑、（附辭）伐我大夫將書大夫始此、○九月大雩、書過、○宋華臣出奔陳、暴亂宗室、懼而出奔、○冬邾人伐我南鄙

傳十七年春、宋莊朝伐陳、獲司徒卬、○（杜解）陳大夫、卬五郎反、卑宋也、卑宋不設備、（詳說）宋自襄公以來、與楚為讎、楚忌之、宋亦不為之下、伐陳挑楚也、

見三按、陳楚黨也、能制楚、剪陳可也、不能制楚、而挑陳釁、亦何為乎、此之謂見小利則大事不成、

周大章曰、逐君之惡、天下共憤、國人不敢言、伯主不敢討、無端惹禍、被一沒要緊人痛罵、不惡氣得啞口無言、負之斧鉞以狗于軍、無此爽快也、敘此以為孫林父出君結案、痛斥當時君相、意深矣。

姜白巖曰、臧孫紇於鮐敗績、侏儒胎訊、未知齊侯何以必欲獲之、豈以聖人名重耶、秉禮之國、率甲宵犯、使之氣奪、何勇士之多、走臧紇、得臧堅以刑人一言而死、卓哉、後世党奄、呼師呼父、讀此愧死無地。

衛孫蒯林父之子田於曹隧、越竟而獵飲馬於重丘、曹邑毀其瓶、重丘人閉門而詢罵也○呼豆反之、曰、親逐而君、爾父為厲、惡鬼。林父逐君在十四年是之不憂、而何以田為。夏、衛石買、孫蒯伐曹、取重丘。孫蒯不書、非卿。按詢之者其遭毒手曹人愬於晉。為明年晉人執石買傳。

見三按陽樊之呼、重丘之詢、當面搶白、勝於討檄、三代直道猶在斯民、於此可見。

齊人以其未得志於我故、前年圍郕、辟孟孺獻子秋、齊侯伐我北鄙、圍桃、高厚圍臧紇于防。臧紇邑、疑問君臣分師圍二邑、雕之深暴之甚也、故異日犯衆怒、同圍其國、幾亡師自陽關泰山東。按今山東寧陽縣東北有陽關故城逆臧孫、至于旅松。近防地、魯師畏齊、不敢至防郰叔紇叔梁紇、臧疇、臧賈臧紇之昆弟帥甲三百、宵犯齊師、送之而復。三子與臧紇共在防、故夜送臧紇于旅松、而復還守防齊師去之。失臧紇故齊人獲臧堅。臧紇之族

齊侯使夙沙衛唁之，且曰無死，（使無自殺）堅稽首曰：拜命之辱，抑君賜不終，姑又使其刑臣禮於士，以杙抉其傷而死。（言使賤人來唁已，是惠賜不終也。衛奄人，故謂之刑臣。林）（鮮）（杙，小木也，椽屬。○杙音弋）

黃、鄭林曰：刑餘之人，漢唐人主所倚為心腹，尊為尚父，而倨傲於公卿之上者也，豈知一介之士，尚以其加禮，寧死而不受者乎？一瞑而千古，堅亦人杰哉！

見三按：欲獲臧孫，僅得臧堅，圍者失而獲者死，未得志而來者依然未得志而歸。叔紇雖老，猶有抉門餘勇，帥甲宵犯，來往自如，覺前之氣奪於孟孺子者，此復氣挫於叔梁紇。臧堅痛斥刑餘，誓死不屈，尤令齊侯心折，獨怪秉禮之邦，勇士倍出，竟弃而不用，俯首求人，良可歎也。

姜白巖曰：傳敘華臣出奔，罪向戌也。臣
祇賊六人殺華吳于左師宅後，討賊甚
易，乃始則向賊丐命，繼則曲法庇奸，飾
說以愚其君，陽慝以文其短，卒之不
逐于左師，而逐之于瘈狗，彼此相勝
于詬詈。向戌傳華元衣鉢，合晉楚之
成，使晉霸掃地，天下無王，傳以為忍術
矇昧，自昔然矣。

冬，邾人伐我南鄙，為齊故也。齊未得志于魯，故邾助之。
見三按：溴梁之盟，邾既同莒被執，復敢為齊伐魯，此以見邾
齊之固結，而平陰之役，不能不有事於齊也。
宋華閱卒。華臣閱之弟弱侵易之皋比閱之子之室，使賊殺其宰華吳。
賊六人以鈹○普皮反殺諸盧門宋城門合左師之後。合，向戌邑。後，屋後。
懼曰：老夫無罪。賊曰：皋比私有討於吳。遂幽其妻吳妻，曰：畀余與也
而大璧。宋公聞之，曰：臣也不唯其宗室是暴，大亂宋國之政，必
逐之。左師曰：臣也亦卿也，大臣不順，國之恥也，不如蓋之。乃舍
之。【孔疏】服虔云：蓋，覆蓋。左師無鷹鸇之志。左師為己短策，苟過華臣之門，必騁。【孔疏】
服云：策，馬捶也。自為短策，過華臣之門，助御者擊馬而馳，惡之甚也。十一月甲午，國人逐瘈狗，瘈
狗入于華臣氏，國人從之。華臣懼，遂奔陳。華臣心不自安，見逐狗而驚走。【補注】經書

華臣奔在秋，而傳記其事在冬，且詳其日月，杜謂以始作亂來告，非也。由左氏所據載籍，或追録舊事，日月外譌，不與經合，傳始仍之，以寓傳疑之義，不得以從赴爲辭。其傳記在前，而經書在後者，乃可言從赴耳，他倣此。○瘈，居世反。

黄鄉林曰：春秋時鄭如鼷鼠，宋如猘犬。鼠之嚙物也以漸，犬之噬人也以狂。如殤公之亟戰，襄公之圖霸，顛狂四出，莫可嚮邇，卒至斃身。其叛臣若魚石、魚府、華定、華亥、桓魋等，率以出奔爲禍始，或楚或曹，皆宋讎也。挾讎宋以敵宋，勝則入，敗則出，終平公之世，幾無虚歲，眞所謂國狗之瘈者也。而莫惡於向戌倡爲弭兵之名，以愚諸侯，一吠百應，坐令中國之權盡移於荆楚，是直天下之瘈狗也。左氏於華臣傳託之瘈狗，蓋早防其狂噬也，惜宋公不知逐之矣。

見三按：華臣欺其姪，弱其室，殺其宰，并幽其宰之妻以要賂，

周大章曰：妨農興役，雖出國父，寔平
公也。祝者在己，則詛者不獨在同僚。
是及居矣，息自已出，怨將誰歸。說
到禍之本，令人悚然而懼。與人家國
事，其以子罕為龜鑑哉。
姜白岩曰：傳著子罕之賢也，區區
宋國，妨農瘦民，祝詛並作，皆不堪
也。東萊以為不必分謗，是也。子罕所
言，乃士大夫處亂世之方。

亂法蔑親。蓋人身而獸行者，向戌身為大臣，不寘諸刑，反為
之蓋意，其遇賊時必為所刼制，或與之誓盟，或與之要約，為
賊所賣，不得不曲為保全。過門必騁，非惡其人而望之若浼，
寘觸於心而慚不自安。堂堂左師反借瘈狗以伸國法，可慨
也夫！向戌合晉楚之成，紊華夏之防，世局為之一變，春秋一瘈
狗也。傳之命意深矣。

宋皇國父為大宰，為平公築臺，妨於農收。周十一月，今九月收斂時。子罕請
俟農功之畢，公弗許。築者謳曰：澤門宋東城南門。之晳實興我役，皇國
父白晳而居近澤門。○晳，星歷反。邑中之黔實慰我心。子罕黑色而居邑中。○黔，音琴。子罕聞
之，親執扑，扑，杖。以行築者，而抶其不勉者，曰：吾儕小人皆有闔廬
以辟燥溼寒暑。闔，謂門戶閉塞。疏云：月令仲春脩闔扇。鄭註：用木曰闔，用竹葦曰扇。是闔為門扇，所以閉塞廬

舍之門戶也。○扶恥乚反今君為一臺而不速成，何以為役。事也謳者乃止。或
問其故，子罕曰：宋國區區，而有詛有祝，禍之本也。傳善子罕分謗。【呂說】要與人分謗，便非大公至正之道。○詛莊盧反，祝之又反。

黄薌林曰：宋人善謳，幾成風俗。城者之謳，刺華元也；而華元詰之，卒致當場取笑。築者之謳，美子罕也，而子罕撲之，猶令後世傳稱。即此觀之，君子小人之判，奚啻天淵。

見三按：長令以清節自喜，同官皆惡其相形，故清畏人知，最是善世善身之道。閧與（譽）言而喜，即是沽名掠美之私。子罕大公為心，前之請俟，是恤民力，並非市恩；後之扑抶，是顧國體，並非分謗。

齊晏桓子卒。晏嬰父晏嬰麤縗斬，不緝之也。縗在胷前，麤三升布苴絰帶杖菅屨，

姜白巖曰：父母之喪，天下之通喪也。唯嬰盡禮，故傳特書以表其賢。至遂

詞答其家老，聖人則不然，入太廟每
事問，謝或人曰是禮也。

苴麻之有子者，取其麤也。杖，竹杖。菅屨，草屨。按孔疏，麻在首在要皆曰經，首經要經俱以苴為之。帶，絞帶也，在要經之下。杖以竹為之。○苴，七徐反。菅，古顏反。食鬻，居倚廬，寢苫枕草。此禮與士喪禮略同，其異唯枕草耳。然枕甴亦非喪服正文。王儉云：夏枕甴，冬枕草。疏云：枕甴是禮記及喪服傳耳，非正文。○甴，苦對反。其老曰：非大夫之禮也。時之所行，士及大夫縗服各有不同。晏子為大夫而行士禮，其家臣不解，故譏之。晏子曰：唯卿為大夫。晏子惡直已以斥時失禮，故孫辭畧荅家老。〔林解〕諸侯之制，降于天子一等，故唯卿然後得用大夫之禮。晏子自言已乃大夫也，視士，故不當用大夫之禮。〔補正〕卲氏曰：王制，諸侯之上大夫卿。

見三按：春秋時喪禮不明久矣，有一行古禮者，則疑而怪之。晏子遜詞以荅，足以守已，不足以明禮。故三年之喪為天下之通喪，夫子特借宰予發之，而喪禮始明。

經丙午十有八年，春，白狄來。〔杜解〕不言朝，不能行朝禮。○夏，晉人執衛行人石買。石買即是伐曹者，宜即懲治本罪，而晉因其為行人之使執之，故書行人以罪晉。○秋，齊師伐我北

鄙（不書齊侯，齊侯不入竟。）○冬十月，公會晉侯、宋公、衛侯、鄭伯、曹伯、莒子、邾子、滕子、薛伯、杞伯、小邾子同圍齊。（齊數行不義，諸侯同心俱圍之。）曹伯負芻卒于師。（禮當與許男同。）○子武公勝立。○楚公子午帥師伐鄭。

傳十八年春，白狄（【杜解】狄之別名）始來。（未嘗與魯接，故始來。）夏，晉人執衛行人石買於長子，執孫蒯於純留。（蒯不書，非卿。按：二邑俱屬山西路安府。）為曹故也。（前年衛伐曹。【劉傳】晉能知石買之伐曹為惡，未能知孫蒯之逐君為惡也。）見三按：孫林父伐曹之罪小，逐君之罪大，且伐曹之釁寔由逐君之言而起。晉人討其伐曹而不究其逐君，愧重卯人遠矣。

秋，齊侯伐我北鄙。中行獻子將伐齊，夢與厲公訟，弗勝。（厲公，獻子所弑者。）公以戈擊之，首隊於前，跪而戴之，奉之以走，見梗陽（晉邑。按：今山西

姜白岩曰、自古無弑君之惡、而可以功蓋者。偃以厲公挫秦敗楚、武功最著。故欲以伐齊救魯之功、慰故君之心、實弑逆之惡。此用師之意也。通篇以畧字爲主、而對面却是無勇之齊侯。否則連畧亦不可得也。善畫偃弑君未攖顯誅、窮而反本、妖夢見告、如後世沈約夢齊明帝斷舌之類。着隊于前、無足異也。此時正值魯使請師、而死期將至、詎能久待。利在速疾、成功以慊平生。觀其沈玉于河、以死自誓、早爲畧字伏根。使齊知其速疾、以堅壁固壘應之、可以不戰而却。乃未遇大敵、聞十二國之師、便已落胆、作塹防門、爲敵窺破、故士匄詭辭愚敵、齊侯望師輒驚、三僭喜色相告、下是寫晉臣之明、見齊固畏晉、晉亦畏齊。合之適由靈之無勇致之也。七日克京茲、者一日克邿、圍盧不克、頓兵即當克之。而偃不及待、遽撤師而圍齊、三日開雉門、焚郭焚申池、徧及東西南北、極寫師速而疾。又恐人窺破、因以伐萩殺

清源縣有梗陽故城。隊直位反。奉芳勇反。○之巫皋、巫名。并見之。夢他日見諸道、與之言同。巫亦夢見獻子與厲公訟、巫曰、今茲主必死、若有事于東方則可以逞。巫知獻子有死徵、故勸使快意伐齊。獻子許諾。晉侯伐齊、將濟河、獻子以朱絲係玉二瑴。雙玉曰瑴。○古學反。而禱曰、齊環靈公名。怙恃其險、負依也。其衆庶、棄好背盟、陵虐神主、神主民也。謂數伐魯殘民人。曾臣彪平公名。將率諸侯以討焉、曾臣猶末臣。【附注】曾本訓重、諸侯于○○天子、不得言重臣、蓋謙辭以媚神耳。其官臣守官之臣。偃獻子名。實先後之、苟捷有功、無作神羞、官臣偃無敢復濟、偃信巫言、故以死自誓。唯爾有神裁之。沈玉而濟。按此時晉侯親將、國統于尊、既言曾臣彪、復兩言官臣偃、儼然並主之尊、此代國誓師之變也。冬十月、會於魯濟、尋湨梁之盟、同伐齊。湨梁在十六年、盟曰同討不庭。齊侯禦諸平陰、按今屬東平州。塹防門而守之廣里。平陰城南有防、防有門、于門外作塹、橫行廣一里。【補注】此言齊人守平陰之險。按此圍齊平陰、末段圍齊於國都也。夙沙衛曰、不能戰、莫如

大軒梢數闔，示以從容，而不知早為太子及郭榮識出伎倆也。點出畧字，覺自出師至終，總不出此，結二語見兵威迅速，而晉氣已盡。明年督揚傳云晉侯先歸，又云未卒事于齊，皆補結此篇畧字意也。齊侯之虐，嘗四年間四伐都，六圍邑，有可伐之罪，而荀偃欲乘此邀功，要諸侯之不盡同者同圍齊，而齊終不服也，徒為暴而已，安得有尺寸之功哉。

守險。（謂防門不足為險。）弗聽。諸侯之士門焉，齊人多死。范宣子告析文子（齊大夫子家）曰：吾知子，敢匿情乎？魯人、莒人皆請以車千乘自其鄉入，〔林解〕千乘，十萬五千人。魯、莒在齊之東，言自其鄉入，蓋自東道以齊入。既許之矣。若入，君必失國。子盍圖之？子家以告公，公恐。晏嬰聞之，曰：君固無勇，而又聞是，弗能久矣。（不能久敵晉。）齊侯登巫山以望晉師。（按：巫山，東肥城縣西北有孝堂山，即齊侯望晉師處。）晉人使司馬斥山澤之險，雖所不至，必旆而疏陳之。〔附注〕斥，開也。將疏建旌旗以為陳，故開斥山澤之險。使乘車者左實右偽，以旆先，（偽以衣服為人形也。建旆以先驅。）輿曳柴而從之。（以揚塵。）齊侯見之，畏其衆也，乃脫（不張旗幟）歸。丙寅晦，齊師夜遁。師曠告晉侯曰：鳥烏之聲樂，齊師其遁。（烏烏得空營，故樂也。）邢伯（晉大夫邢侯）告中行伯（獻子）曰：有班馬之聲，齊師其遁。（夜遁，馬不相見，故鳴。班，別也。）叔向告晉侯曰：城上有烏，齊師其遁。（按：齊師夜遁，曰烏烏之聲

樂、則清晨時也、曰班馬之聲、溯其宵時也、城上有烏則防門之城、當時所見也十一月丁卯朔、入平陰、遂從齊師、夙沙衛連大車以塞隧而殿、此衛所欲守險殖綽郭最曰子殿國師、齊之辱也、奄人殿師故以為辱、[傳]夙沙衛齊之寵臣、然嗜國士而臧堅以為恥、殿齊師而綽殖以為辱、士之自重也如此、子姑先乎、乃代之殿、衛殺馬于隘以塞道、恨二子故塞其道、欲使晉得之、按寺人不可用如此、晉州綽及之、射殖綽中肩、兩矢夾脰、頸也曰止將為三軍獲、不止將取其衷、不止、復欲射兩矢中央、顧曰、為私誓、州綽曰、有如日、言必不殺女、明如日、乃弛弓而自後縛之、反縛也、疏云、下云其右具丙亦舍兵、則此是州綽弛弓也、其右具丙、州綽之右亦舍兵而縛郭最、皆衿甲不解甲面縛、坐於中軍之鼓下、晉人欲逐歸者、魯衛請攻險、險固城守者、已卯、荀偃士匄以中軍克京茲、在平陰城東南乙酉、魏絳欒盈欒黶死其子盈佐下軍以下軍克邿、平陰西有邿山趙武韓起以上軍圍盧、弗克、十二月戊戌、及秦周

（魯大夫）伐雍門之萩、（趙武及之共伐萩也。雍門齊城門。○音秋）范鞅門於雍門、其御追喜以戈殺犬於門中、（殺犬示閑暇）孟莊子（孺子速）斬其檔、（木名。○勑倫反）以為公琴、己亥、焚雍門及西郭南郭、劉難士弱（二子晉大夫）率諸侯之師、焚申池之竹木、壬寅、焚東郭北郭、范鞅門于揚門、（齊西門）州綽門於東閭、（齊東門）左驂迫、還於東門中、以枚（馬檛）數闔、（門扇也數其板示不恐）齊侯駕將走郵棠、（齊邑今即墨縣南有甘棠社即古棠鄉）大子與郭榮（齊大夫）扣馬曰、師速而疾、略也、（言欲略行其地、無久攻意）將退矣、君何懼焉、且社稷之主、不可以輕、輕則失眾、君必待之、將犯之、（【林解】齊侯將犯圍而行）大子抽劍斷鞅、乃止、（斷音短）甲辰、東侵及濰、南及沂、（濰沂二水名。【陳說】傳狀晉師之暴）

黃䣊林曰、兵家多外示弱以誘敵、此獨外示強以懼敵、實者虛虛者實、孫臏減竈、虞詡添竈、其用也、山澤之險、旆而疏陳、

乘車者左寔右僞、以旆先虛張聲勢、嚇以必遁、淝水之戰、白
公山草木皆兵、即祖此、兵法、不能戰莫如守險、知彼知己、最
為上策、使靈從其謀、諸侯之兵、將無所用武、衛雖奄人、尚知
兵法、勝後世魚朝恩童貫等遠矣、殿國師且以為辱、況可以
為監軍總督乎、足令後世寵奄人主讀之汗下、
見三按荀偃黨於欒書、躬同弑君、科以首從之罪、欒書其主
謀、荀偃其助逆也、桑榆晚景、進窮志短、懼心漸生、妖夢忽起、
戈擊首隊、固其精神所感召、而冥冥之中、理自有不可誣者、
齊靈恃險棄盟、法在必討、身為元帥、既不能置諸不問、死期
將及、又不能不急於奏功、沈玉而濟、誓神之語、即是悔罪之
辭、胆怯心寒、苟且從事、畧之情形、從敵人口中說破、已於敵

姜白巖曰：前篇同圍齊，諸侯師師在齊，楚困鄭，晉之不及救鄭，而鄭伯之不在國也，外患內变，一時伺間並起，子展、子西之功良不為小。觀篇中插子蟜、伯有、子張從鄭伯伐齊句可見。末用師曠等三層作結，與前篇師曠之善

人目中識破。齊大國也，使從夙沙衛之謀，整軍嚴守，晉必不能深入。遷延之役，當復為荀偃刺也。乃黔驢無技，見聲勢之虛張，即棄險而遁。都門四面，焚掠蹂踐，無所不至，不唯齊桓以來所未有，並為春秋百餘年來所未聞。使非太子叩馬力止，再一逃遁，而齊之宗社墟矣。傳備寫齊侯之怯，正極形晉師之畧，即以深著荀偃之罪。嗟夫，平生作偽，死見真性，奸雄末路，倒行逆施，如荀偃者何可勝道，而古今來有險不守，輕去以遺通都大邑禍者，又豈獨一齊靈哉。

鄭子孔欲去諸大夫，欲專權。將叛晉而起楚師以去之，使告子庚。楚令尹公子午子庚弗許。【詳說】使子孔卯謀得逞，則鄭簡不為僖者幾希。正由晉人不討鄬會之賊，致有今日。

楚子聞之，使揚豚尹宜【杜解】揚豚邑大夫名宜告子庚曰：國人謂不穀主社

一律者。想見荀偃此時齊事未終。楚師又告未能恤魯。又將失鄭。極其倉皇。故師曠等解之以安其心。且以安鄭伯之心也。方知前篇圍齊一段伐萩盤大故示從容。正如吳子黃池之會聞越師入國。乃外佯張其中實驚遽之甚也。說者謂圍齊一篇當與後督揚並讀。則儒公一梦倍見有勢子謂讀此篇當覆讀圍齊一篇。總知荀偃分身無術。倍極驚擾。傳有前篇不言之。況讀後篇而倍見分明者。此類是也。

稷。而不出師。死不從禮。不能承先君之業，死將不得從先君之禮。不穀即位。於今五年。師徒不出。人其以不穀為自逸。而忘先君之業矣。大夫圖之。其若之何。呂說 楚自來成尚武風俗。按楚君以息民為忘先君。是其猾夏主意。子庚歎曰。君王其謂午懷安乎。吾以利社稷也。見使者稽首而對曰。諸侯方睦於晉。臣請嘗之。嘗試其難易也。若可。君而繼之。不可。收師而退。可以無害。君亦無辱。子庚帥師治兵於汾。襄城縣東北有汾丘城。按今屬河南開封府。於是子蟜伯有子張公孫黑肱從鄭伯伐齊。子孔子展子西守。二子子展子西知子孔之謀。完守入保。完城郭，內保守。子孔不敢會楚師。楚師伐鄭。次於魚陵。鄭地。今在汝州。右師城上棘。遂涉潁。次于旃然。將涉潁，故于水邊權築小城以為進退之備。按上棘今在禹州南。旃然水名。蔿子馮公子格率銳師侵費滑胥靡獻於雍梁。胥靡獻于雍梁。皆鄭邑。右回梅山。在滎陽東北。今鄭州西南有梅山。侵鄭東北至於

蟲牢而反。子庚門於純門，信於城下而還。再宿也。涉於魚齒之下。魚齒山之下有滍水，故言涉。○滍音雉。甚雨及之。孔疏：楚師南行，有大雨，從北而南，遂及楚師。楚師多凍，役徒幾盡。呂說：子庚上不至沮君，下亦不大敗楚師，亦見盡忠體國處。晉人聞有楚師，按：在圍齊時聞之。師曠曰：不害。吾驟歌北風，又歌南風。南風不競，歌者吹律以詠八風，南風音微，故曰不競也。師曠唯歌南北風者，聽晉楚之強弱。多死聲。服解：多肅殺之聲。楚必無功。董叔曰：天道多在西北，歲在豕韋，月又建亥，故曰多在西北。疏云：此年歲在豕韋，一名娵訾，亥之次也。其月又建亥，故曰多在西北。南師不時，必無功。不時，謂觸歲月。叔向曰：在其君之德也。言天時地利不如人和。按：傳言楚子貪暴，是以無功。

黄薌林曰：楚自蕭魚以後，閉門不出者數年，子孔乃以專欲之故，引盜入室，國其岌岌殆哉。子展、子西完守入保，外患內憂均不得逞，可稱濟變之才。段秀寔不為肆小擾亂，靜以鎮

之四更而嚮然後誅反者其殆師此遺智歟
見三撥此與平陰之役同時事也鄭伯方從晉伐齊子孔乘
虛勾引楚師與為內應設或疏防變起須臾即移伐齊之師
來援亦恐鞭長不及子展子西不動聲色完守入保而子孔
即不敢會楚師轉危為安其功為不小也鄭之被伐純從晉
處傳寫想見晉君臣一時倉皇直有風聲鶴唳草木皆兵之
勢而荀偃嘿無一言尤見其束手無策中間言音律言天道
神奇莫測在其君之德也一句折倒叔向其殆微詞以托諷
乎而荀偃自是瘍生目出矣

經丁未十有九年春王正月諸侯盟于祝柯（伊解）前年圍齊之諸侯也疏云周武王封黃帝之後于祝即祝柯今山東長清縣豐齊鎮北有故祝柯城晉人執邾子公至自伐齊取邾

賀仲軾曰、督揚即祝柯也、晉平凡十三次主會盟、唯溴梁祝柯二盟、總攬群侯、誅討強暴、矜恤弱小、猶有悼公之餘烈、過此以往、商任沙隨、則范氏專以報私怨、政權全移于大夫、而晉亦自是不競、襄二十五年澶淵以後、則與楚成二霸、晉亦不復為盟主矣、

田自漷水（取邾田以漷水為界也）季孫宿如晉。葬曹成公。夏衛孫林父帥師伐齊。秋七月辛卯齊侯環卒。（子莊公光立）。晉士匄帥師侵齊至穀聞齊侯卒乃還（詳錄所至及還者、善得禮）。八月丙辰仲孫蔑卒。齊殺其大夫高厚。鄭殺其大夫公子嘉。冬葬齊靈公。城西郛（魯西郭）。叔孫豹會晉士匄于柯（地名）。城武城（泰山南）

傳十九年春、諸侯還自沂上、盟于督揚、（杜解 即祝柯也）曰大毋侵小、執邾悼公、以其伐我故、（伐魯在十七年、方解 不書以歸、旋釋之也、既披其田以釋魯憾、則無辭以久之矣、）遂次於泗上、疆我田、（正邾魯之界也、泗水名、）取邾田、自漷水歸之於我、（邾田在漷水北、今更以漷為界、故曰取邾田、）晉侯先歸、公享晉六卿於蒲圃、（六卿過魯）賜之三命之服、軍尉司馬司空輿尉候奄皆受一命之服、（如鞌戰還之賜、唯無先輅、）賄荀偃束錦加璧、乘馬、先吳壽夢之鼎、（荀偃中軍元帥、故特賄之、五匹為束、四馬

七

為乘。壽夢吳子乘也。獻鼎於魯，因以為名。古之獻物，必有以先，今以璧馬為鼎之先。荀偃癉疽，惡創。○癉，丁但反。生瘍○音羊於頭。濟河，及著雍，病，目出。大夫先歸者皆反。士匄請見，弗內。請後，曰：「鄭甥荀吳，其母鄭女。可。」士匄中軍佐，故問後也。○著，張慮反。二月甲寅，卒。而視，不可含。目開口噤。宣子盥○音管而撫之，曰：「事吳，敢不如事主！」猶視。大夫稱主。欒懷子欒盈曰：「其為未卒事於齊故也乎！」乃復撫之，曰：「主苟終，所不嗣事於齊者，有如河！」乃瞑，受含。嗣，續也。釋文桓譚以為荀偃病而目出，初死其目未合，尸冷乃合，非其有所知也。傳因其異而記之耳。宣子出，曰：「吾淺之為丈夫也。」自恨以私待人。

黃鏘林曰：晉自荀偃為政，霸業遂衰。然平陰之役，猶能有事於齊也。至范匄則賄賂充斥，讒慝並興，聽欒祁錮欒氏，而商任、沙隨，復啟齊釁，霸風將掃地矣。傳於荀、范交闗處，特載其

言論識見見生范匄還不如死荀偃一經欒盈指點慚與忌
并異日城著之迹雖曰信讒未始非妬能也覺淺之為丈夫
猶是自已寬假之辭
見三按此篇補足上文深誅荀偃之惡即深慨晉霸之衰也
平陰之伐無成督揚之盟奚益執邾子彊邾田草草了事以
釋魯憾即上篇所謂畧也君既先歸臣猶受高六卿皆賜而
偃賂特隆晉政下逮諸侯知有執政而不知有晉君大夫之
張圖霸之替皆由偃始也著雍得疾瘍生目出及卒猶視而
含豈偶然哉弑逆之徒幸保首領猶得以沒於王事留身後
之榮幾疑天道無知不知首已隊於夢中罪不容於地下冥
冥之中難逃陰律理有固然無足怪者士匄朋比為奸請後

姜白巖曰、淺之為大夫、一語已盡供生平、此可為晉國之執政乎、傳大書范宣子為政、見晉政所由衰也、享季孫公然賦黍苗、自誇其功、是小丈夫行徑、而季武下常字、箴之以善終、又云豈唯敝邑、箴之以恤天下、藥石之言、自應拜賜、

請事吳如事主、一片私心、全不及國、淺之為大夫、其識且在欒盈下、安望其嗣事於齊哉、復撫乃瞑、非偃之有靈、正以見匄之無識也、嗚呼晉霸衰矣、

晉欒魴帥師從衛孫文子伐齊（為懷子之言故也、欒魴欒氏族、經書夏從告、）

見三按晉為盟主、自應主兵討齊、何以獨書林父、蓋是時獻公在齊、林父怒其受奔、誘晉伐之、以為洩忿之地、傳用一從字、明明是林父主是師、以著林父之惡、而欒魴不足書也、釋經精矣、（說本姚氏）

季武子如晉拜師、（謝討齊）晉侯享之、范宣子為政、（代荀偃將中軍）賦黍苗、（詩小雅、喻晉君憂勞魯國、猶名伯、）季武子興、再拜稽首曰、小國之仰大國也、如百穀之仰膏雨焉、若常膏之、其天下輯睦、豈唯敝邑、賦六月、（尹吉

姜炳璋曰春秋之季强臣莫不樹功于國爲專政要君之地宿專魯政銘魯功著寔自表其有功于魯也武仲直置之下等前用三層疊寫後又抽出借人救死而矜勝怒鄰非特無禮抑且致亡非特銘之可恥抑且銘之可危後此宿之逐臧孫正以謗惡之論積憾于平日也

甫佐天子征伐之詩
見三捘范匄於襄之八年乞師來聘賦摽梅猶知遜順此賦
黍苗殊屬矜夸一經爲政便有夜郎自大之意季宿即詩陳
義似頌似箴淺之爲丈夫直季孫之不如矣

季武子以所得於齊之兵作林鐘而銘魯功焉林鐘律名鑄鐘聲應林鐘因以爲名經筌晉勤天下之兵爲魯而已空魯國之半未足以爲報也尚以爲己功哉臧武仲謂季孫曰非禮也夫銘天子令德天子銘德不銘功諸侯言時計功舉得時動有功則可銘也大夫稱伐銘其功伐之勞今稱伐則下等也從大夫故計功則借人也借晉力也言時則妨民多矣何以爲銘且夫大伐小取其所得以作彝器彝常也謂鐘鼎爲宗廟之常器銘其功烈以示子孫昭明德而懲無禮也今將借人之力以救其死若之何銘之小國幸於大國以勝大國爲幸而昭所

獲焉以怒之、亡之道也、為城西郭武城傳

黄薌林曰、季孫宿作林鍾、竊人之功以為功、納漆閭邱、嬰人之邑以為邑、皆奸雄無忌憚之尤者、同朝如叔孫穆子孟莊子、均不敢言其非、而武仲獨侃侃而談、直抉其短、不免招季孫之忌、而反為季孫所愛者、美疢之內、其毒滋多、愛之即所以逐之也、武仲始識其奸、繼助其惡、勢利熏心、聰明妄作、雖有智慧、適以速其亡而已、故作不順而施不恕、為武仲定評、即為後世之恃智者永戒、

見三按、武子之作林鍾、猶行父之立武宮、蓋權臣家法也、甫求免伐、即思銘功、銘人功乎、抑銘己功乎、宋理宗時、同蒙古滅金、欲旌己功、洪咨夔曰、豈可侈因人之獲、使邊將論功、朝

姜白巖曰：仲子持論甚正，其料事甚明。靈公能用其言，足以全戎子，全牙，全光，而崔杼無專政弒君之禍。春秋賢婦多矣，不欲立其子者，僅見此。今傳特表仲子以罪高厚。

臣頌德，獨不念端門受師之崇寧乎？古今妄人，前後一轍，適以貽笑後世耳。

齊侯娶于魯，曰顏懿姬，無子。其姪鬷聲姬生光，以為大子。兄子曰姪。顏、鬷皆二姬母姓，因以為號；懿、聲皆謚。○鬷，子公反。諸子仲子、戎子。戎子嬖。附注 管子云：中婦諸子。房元齡註：諸子，內官之號。哀五年傳諸子鬻姒，與此同。戎子蓋戎女姓子者。仲子生牙，屬諸戎子。屬，託之。戎子請以為大子，許之。齊侯許之。仲子曰：不可。廢常不祥，廢立嫡之常。間諸侯難。孫氏曰：間，間厠之間。間諸侯之列，事難成也。光之立也，列于諸侯矣。列諸侯之會。今無故而廢之，是專黜諸侯，謂光已有諸侯之尊。而以難犯不祥也。君必悔之。公曰：在我而已。遂東大子光。廢而徙之東鄙。使高厚傅牙，以為大子，夙沙衛為少傅。按平陰之役，衛以私憾悞軍，忽為宮傅，此又後世宦官加師傅之始。高厚以國卿而不知其不可，智出婦人下。齊侯疾，崔杼微逆光。林鮮 微服迎太子光也。疾病而立之。光殺

戎子、終言之尸諸朝、非禮也、婦人無刑、（孔疏）婦人犯死不得不殺、五刑之中、無墨劓刖也、雖有刑、不在朝市、謂犯死刑者、猶不暴尸、夏五月壬辰晦、齊靈公卒、經書七月辛卯、光定位而後赴、莊公即位、太子光也、執公子牙於句瀆之丘、地名。句古侯反、瀆音豆、以夙沙衛易己、衛奔高唐以叛、光謂衛教公易己、挾戎子請立、公輒許之、皆衛成之也、此其補筆、（測義）光間父疾而自立、殺其所愛、為惡已甚、因疑環之死、未必非光為之、今山東禹城縣北有古高唐城、

黃鄉林曰、此齊亂之始也、齊靈之闇、甚於晉獻、戎子之寵、不及驪姬、而高厚夙沙衛之流、又非荀息忠貞所可比也、況光殘暴不仁、且數與會盟、身習外事、欲其為申生之恭、其可得乎、廢常不祥、仲子女流、且以為不可、而靈顧悍然行之、卒之崔杼擅定策之勳、棠姜遂勾淫之計、靈身未死、即尸戎子於朝、執子牙、殺高厚、醢沙衛、光亦不免死於權奸之手、崔慶雖

除、陳氏滋大、姜其危矣、皆靈公貽謀不善致之也、獨怪仲子見理甚明、乃以子牙屬諸戎子、致啟廢立之禍、其猶未離婦人之見也歟、

見三按因寵愛易太子、鮮不起弒逆之禍、仲子廢常不祥一語、可為千古金鑑、光雖未顯弒、而父病自立、即殺其愛妃、且尸之於朝、環之死、未必非光為之也、其與隋廣奚異、崔杼微迎光、私藏其家、以為要寵之地、孰知要寵之地、即為藏姦之地、嗣後姜通於莊、莊弒於崔、皆由此基之也、禍福倚伏、報施不爽、可畏也夫、

晋士匄侵齊及穀、聞喪而還、禮也、禮之常不必待君命

見三按士匄伐齊、非出本心、不過欲踐嗣事之言耳、及穀聞

姜白巖曰：伐秦之役，子蟜有先濟之功，荀偃有遷延之罪，不問罪而賞功，非義之公也。伐秦報櫟，何嘗請命王朝？賞功追賜，乃遽以勤天子，皆非禮也。予以見荀專晉，晉平拘匄，而天王下替甚矣。

喪、借此還師，此匄之巧也。春秋無義戰，苟可以息民安民、皆經所深予、匄豈真知禮哉。

於四月丁未。於此年四月鄭公孫蠆卒，赴於晉大夫。范宣子言於晉侯、以其善於伐秦也。十四年晉伐秦，子蟜見諸侯師而勸之濟涇。六月晉侯請於王、王追賜之大路、使以行禮也。大路，天子所賜車之總名，以行葬禮。傳言大夫有功則賜服路。陳傳

終十四年書蠆傳。

見三按欒氏之滅由於欒祁之淫、而寔基於欒黶之汏、伐秦先歸、又逐士鞅、翁壻釁開、荀范勢合、録子蟜之功、正以彰欒黶之惡也、於是士匄將逐盈矣、

秋八月齊崔杼殺高厚于灑藍。齊地。灑，色買反。而兼其室。書曰齊殺其大夫、從君於昏也。傳解經不言崔杼殺，而為國討文。

賀仲軾曰：據左氏殺高厚者崔杼，經書國書大夫何也？上卿無專殺之理也。齊侯于是以杼為私人矣。卒之弒齊侯者，即所私之崔杼也。彼齊侯特懷崔杼援立之私而

不（崔杼）智能為義也、居奇貨以富貴富耳、
姜白巖曰、從君于昏者、傅牙為太子也、牙既誅、則高厚及此光之志也、故雖杼殺厚、而以國討告、

姜白巖曰、子孔縱殺三卿、子西子產皆父仇也、當復仇之日、子產若置身局外者何哉、君子之行事光明磊落、不容有曖昧之私、若覬其位而利其財、則亂也、安得謂之討賊、子展鄭賢大夫、世有功于國、人望所歸、故乘國人弗忍子西、遂因子展兩罪並發、而子孔誅、則誅子孔者子展之力也、昔之鄭伯明數其罪、如子產之于子皙、豈罪強家之禍鑒哉、乃專制自為、并無罪之子革子良逐之而分其室、不特惡其專、抑且艷其富、而謂子產為之乎、子展儼然當國、春秋責備賢者、其罪大矣、傳以子產為卿作結、蓋為鄭國得人之慶、

見三按高厚齊之世臣也、崔杼齊之亂臣也、從君於昏、厚固為有罪、然逐之則可、殺之則已甚、況兼其室乎、莊公徒知傅牙之厚為逆黨、而不知立己之崔尤為克人、今日能殺厚之人、即異日能殺莊之人、棠姜之禍在眉睫間耳、

鄭子孔之為政也專、（專權）國人患之、乃討西宮之難、（十年尉止等作難西宮、子孔知而不言、）與純門之師、（前年子孔召楚師至純門、）子孔當罪、以其甲及子革子良氏之甲守、（以自守也、）甲辰、子展子西率國人伐之、殺子孔而分其室、書曰鄭殺其大夫專也、（亦以國討為文、）子然、（子革父）子孔、宋子之子也、士子孔、（子良父）圭媯之子也、（宋子圭媯皆鄭穆公妾、）圭媯之班、亞宋子、而相親也、（亞次也）士子孔亦相親也、（何記：士、石經宋本皆作二、）僖之四年、子然卒、（鄭僖四年、魯襄六年、）簡之元年、士子孔卒、（魯襄八年、）司徒孔（即子孔）實相子革子良

伊侃旦殖綽恥夙沙衛殿師、是大有志氣人
夜縋納師、是大有作用人、袷甲面縛、坐晋鼓下
終以臨衛、李陵其私淑此意乎

之室、司徒孔與二父相親、故相助其子、三室如一、言同心故及於難、故二子并及難子革
子良出奔楚、子革即鄭丹為右尹、鄭子人使子展當國、子西聽政、立
子產為卿、簡公猶幼、故大夫當國、
黃鄰林曰子孔所圖謀者在當國、其致禍處亦在當國、唯欲
當國、故殺子駟、而並殺國耳、豈知十一年之死、灰復燃、其子
弟依然聽政、為卿也、死而有知、應悔空作惡人、
見三按子孔之罪、自應赤族、二氏之罪、當從末減、況子革賢
者、尤宜棄瑕錄舊、棄為楚用、殊屬可惜、子展此舉未免遷怒
濫刑、

齊慶封圍高唐弗克、夙沙衛以叛、故圍之、冬十一月、齊侯圍之、見衛在城
上號之、乃下、衛下與齊侯語、疏云號、名也、衛已下城、不即執取者、或有所隔礙、不得取之、漢末曹操與馬超對語、

徐晃與關某對語、僻敵交言、不能相取也。○號胡報反問守備焉、以無備告、揖之、乃登、齊侯以衛告誠、揖而禮之、欲生之也、衛志于戰死、故不順齊侯之揖、而還登城、聞師將傅、食高唐人、殖綽

工僂皆齊大夫會夜縋納師、按衛聞齊侯將傅城、故飽食高唐人、會暮夜、二子乘其無備、賺登城上、乃從城上懸繩納師。○傳音附食宜嗣反醢衛於軍、

黃薌林曰、奄人誤國、漢唐以後、踵相接矣、使能以殖綽之法行之、庶有瘳乎、

見三按、靈之廢嫡、戎子偒之、皆夙沙衛成之也、號之揖之、莊尚無必殺之心、乃下乃登、衛並無求生之意、殖綽啣塞道之恨、縋師入城、醢之於軍、今而後不為齊之辱矣、

城西郭、懼齊也、前年與晉伐齊、又鑄其器為鐘、故懼

見三按、平陰之役、齊雖蹂躪、尚未受盟、且魯鑄其兵器為鐘、

尤干齊怒、故懼而城西郛、臧武仲謂齊莊似鼠、魯毋乃類是、

齊及晉平盟於大隧、地闕故穆叔會范宣子於柯、齊晉平、魯懼齊故為柯會以自

固、穆叔見叔向、賦載馳之四章、四章曰、控于大邦、誰因誰極、控引也、取其欲引大國以自救助、

叔向曰、肸敢不承命、叔向度齊未肯以盟服、故許救魯、湛甘泉曰、觀此傳、知柯之會、劉專以國托晉大夫、

叔向專以救許魯大夫、政在大夫可見、穆叔歸、曰、齊猶未也、不可以不懼、林鮮齋猶未服

于晉、不可以不知所懼、乃城武城、今故城在山東費縣西南

見三揆作林鐘銘魯功、何其矜夸、會范宣、見叔向、何其惶恐、

城西郛、城武城、又何其張皇、皆由季孫宿謀國不臧、自貽伊

戚、虎頭蛇尾、千載如見、

衛石共子石買卒、悼子買之子石惡不哀、孔成子衛大夫曰、是謂蹷其本、

蹷猶拔也蹷求月反。必不有其宗、為二十八年石惡出奔傳

見三按衛定公甍太子不哀定姜知其必禍國石共子卒悼子不哀孔成子斷其不有宗蓋孝者生人之本喪者人事之終故曰唯送死可以當大事

經(戊申)二十年春王正月辛亥仲孫速會莒人盟于向(杜解 向莒邑)○夏六月庚申公會晉侯齊侯宋公衛侯鄭伯曹伯莒子邾子滕子薛伯杞伯小邾子盟于澶淵(衛地又近戚田 按今直隸開州)秋公至自會○仲孫速帥師伐邾○蔡殺其大夫公子燮(莊公子)蔡公子履出奔楚(燮母弟也)○陳侯之弟黃出奔楚(稱弟明無罪也)○叔老如齊○冬十月丙辰朔日有食之○季孫宿如宋

傳二十年春及莒平孟莊子會莒人盟于向督揚之盟故也(杜解 莒數伐魯前年諸侯盟督揚以和解之故二國自復共盟結其好)(劉傳 向莒邑宣四年取之者)(本例 莒魯之怨自屬鄫始魯無

姜白巖曰光以篡立內不自安求成於晉說者謂晉不伐喪齊莊誠服者吾不敢信也士匄當大會諸侯暴光之惡正杼之罪別立賢君庶幾不伐喪者甚必討賊者其義而比績桓文矣乃彼以服禮為名此以得成為利遂使崔杼得列于壇坫之側而無敢討夫齊襄無道猶能轘高渠彌而晉則禪助焚爭助崔杼苟偃士匄之所以罪不容誅也

歲不受兵速為此盟和好者迄十五年

見三按此去獻子之卒纔半年耳莊子之孝見稱於夫子乃以衰衣從事乎是時三家分魯而世其官雖欲不與國事有不得者故此之盟向及後之伐邾皆莊子主其事

夏盟于澶淵齊成故也齊與晉平

見三按齊靈崛強莊又甚焉平陰之役十二國圍之而不服至此忽來受盟豈真感於士匄之不伐喪哉莊為崔杼所立殺子牙尸戎子弒靈公皆杼主之也奸人搆禍惟恐霸主來討國人不服故求成於晉以為聲援杼之陰謀究非莊之素志也迨假羽毛而齊與晉貳通棠姜而杼亦與莊離窮兵黷武杼不强諫亦故從其欲以為行弒之地蓋其視君如奕棋

黄東發曰：澶淵方與邾同盟矣，不宜更伐之也。莊子父喪踰月，而盟莒伐邾，急于擅魯爾。賀養敬曰：非也，莊子欲保世元宗，苟不事事，則叔季收之矣。

姜白巖曰：此兩國事，而釁并起於楚。傳云不與民同欲，言國人皆畏楚之威，燮獨不然，是以死也。傳蓋惡楚之暴，傷晉霸之衰，從義者之不得遂其志，而禍其身，故稱國以殺，不與國人殺之也。二慶欲專陳，即以與蔡同謀罪黄，楚即以是爲討，楚氛如此，蔡人所以寧違先君而殺燮也。皆由晉人之弃陳蔡，故二國反正無門，此合傳之意也。

也，固已久矣，甚矣晉之失刑也。

邾人驟至，以諸侯之事弗能報也。驟數也，謂十五年十七年伐魯。劉氏曰，晉人執邾子又取邾田，何謂未報。秋，孟莊子伐邾以報之。既盟而又伐之，非。見三。按魯受邾莒禍極矣，晉人雖爲魯執其君，不悛也。但莒既盟向，邾亦喪田，澶淵之會，口血未乾，毋爲禍始可矣，伐之毋乃已曲乎。兵禍自作，君子以爲魯病矣。

蔡公子燮欲以蔡之晉，背楚。蔡人殺之。公子履，其母弟也，故出奔楚。與兄同謀故。陳慶虎、慶寅二慶，陳卿。畏公子黄之偪，恐黄偪奪其政。愬諸楚曰：與蔡司馬同謀。即公子燮。同欲之晉。楚人以爲討。討責陳。公子黄出奔楚。奔楚自理。初，蔡文侯欲事晉，曰：先君文侯父莊侯甲午也。與于踐土之盟，在僖二十八年。晉不可棄，且兄弟也。畏楚，不能行而卒。宣十七年文侯卒。楚人使蔡無

常、（徵發無準）公子燮求從先君以利蔡、不能而死、（林解與蔡人不相能也）書曰
蔡殺其大夫公子燮、言不與民同欲也、（按以眾告）違陳侯之弟黃出
奔楚、言非其罪也、（稱弟罪陳侯及二慶）公子黃將出奔、呼于國曰、慶氏無
道、求專陳國、暴蔑其君而去其親、五年不滅、是無天也、（為二十三年陳
殺二慶傳）
見三按春秋時晉楚所爭者、鄭為首、陳蔡次之、鄭之從晉十
之七、陳蔡之從楚十之九、蓋鄭居天下之中、而陳蔡則楚之
門户也、蔡文侯志欲從晉、畏偪於楚、賫恨以終、公子燮欲繼
先君之志、其意雖善、其事甚難、為國所殺、兼累其弟、亦可哀
也、慶虎慶寅、前以危言偪君之歸、此復以讒言愬君之弟、專
擅不法、役人之殺、不旋踵矣、

姜白巖曰、邾莒既平、齊難亦息、得從容聘高燕樂賦詩鑄鐘銘功、是亦不能脆、

齊子初聘于齊、禮也、齊魯有怨、朝聘禮絕、今始復通、故曰初、繼好息民、故曰禮、

見三按、齊魯絕交久矣、自澶淵盟而齊與晉平、即與魯和、數年攖釁一朝通好、故曰初、魯為齊下、既成先施、故曰禮、

冬、季武子如宋、報向戌之聘也、向戌聘在十五年、褚師段共公子子石逆之以受享、逆以入國受享禮、賦常棣之七章以卒、武子賦七章以卒盡八章、言二國好合、宜其室家、相親如兄弟、宋人重賄之、歸復命、公享之、賦魚麗之卒章、詩小雅卒章曰、物其有矣、唯其時矣、喻聘宋得其時、公賦南山有臺、詩小雅、喻武子奉使、能為國光輝、武子去所曰、臣不堪也、去所辟席、

見三按、季宿歌詩、亦擅風雅、後世如曹操蔡京均以文章見長、心術不端、多文適以佐其奸、亦奚足貴哉、

衛甯惠子疾、名悼子甯喜曰、吾得罪於君、悔而無及也、名藏在諸

周大章曰、孫甯出君、孫為首、甯為從、出君以後、心甚不安、不比林父怙惡不悛也、將死命子之言、乃其良心勃發、說悔而莫及、真字字鞭心刺骨、人孰無良、想到名污青史、遺臭萬年、豈不汗下五斗、所以望其子之蓋愆也、猶有鬼神、非畏冥譴、乃是以不來食要之、以必納君之意、伏枕哀鳴、悲楚萬狀、千載下如見其形、如聞其聲

姜白巖曰、此亂命也、剽為孫甯所立、君衛已七年、數列于諸侯、甯殖以復衎命其子、則將置剽于何地、是無補於已之逐君、而又增其子之弒君也、

侯之策曰孫林父甯殖出其君、林鮮逐衛獻公在十四年君入則掩之、掩惡名若能掩之、則吾子也、若不能、猶有鬼神、吾有餒而已、不來食矣、悼子許諾、惠子遂卒、為二十六年衛侯歸傳、劉傳然則甯喜將柰何、曰效死勿聽

黃鄉林曰、從來作惡人、行惡事、到盡頭時、未有不翻然悔者、甯惠子臨終之言、字字哀鳴、一是憂國家有史官、一是憂死後有鬼神、兩種苦惱、無處躲閃、直有舌僵淚枯、不堪回首之景、唯已以逐君播惡、復命子以入君掩惡、置劉何地、置喜何地、且置九世之卿族於何地乎、嗚呼慎矣、

見三揆崔杼弒其君光、而殺太史之直書、桓溫枋頭失利、而懼孫盛之直筆、自古亂臣賊子、作惡生前、未嘗不思播惡身後、甯殖疾革、遺命其子、非其言之善、正其鳴之哀也、彼謂不

能流芳百世、亦當遺臭萬年、皆奸雄欺人之語、非其本心也、

春秋左傳精義卷二十八

閩中鄭林黃一桂輯　男心垣見三補輯

襄公五

經［己酉］二十有一年春王正月［按公羊是年十一月庚子孔子生、穀梁作十月，杜氏從史記作二十二年，詳見孔子卒下］。公如晉。邾庶其以漆閭丘來奔［【杜解】以邑出為叛，適魯而言來奔，內外之辭。【林解】於是公猶在晉。漆、閭丘二邑，皆今山東鄒縣境］。夏公至自晉。秋晉欒盈出奔楚。九月庚戌朔日有食之。冬十月庚辰朔日有食之［按此年與二十四年皆比月日食，先儒據歷家姜岌、僧一行皆言無比月頻食之理。黃黎州據西歷言日食之後越五月、越六月皆能再食，是一年兩食者有之，更無比月而食。衛樸自謂推春秋日食合者三十五，欺人也。又徂徠石氏謂漢時亦有頻食者，高帝三年、文帝前三年十月晦、十一月晦是也。說當並存］。曹伯來朝。公會晉侯、齊侯、宋公

姜白岩曰：庶其之納，言賞盜而歸于洒濯其心。蓋二邑之來，欲為已有，是利心也。時公在晉，而季受之，以公之姑姊妻之，則其無君之心尚可言哉。人臣無貳心，故能專一，無肆欲，合軌度。今則不知公室，是貳心也；專制自為，是敗度也。盜思奪之矣。字字刺其無君之心。然不曰事君而曰侍人，似只于弭盜推進一層，使之默喻，亦立言之妙也。

衛侯、鄭伯、曹伯、莒子、邾子于商任。闕地

傳　二十一年春，公如晉，拜師及取邾田也。〔杜解〕謝十八年伐齊之師、瀰水之田。〔經筌〕悼公之伯，公如晉四；平立六年，公如晉一。蓋事晉之禮出于之禮出于大夫，而不以公朝為重也。公之一朝，不如大夫之聘也。邾庶其邾大夫以漆、閭丘來奔。〔日抄〕受三叛皆非君命：公如晉而庶其以漆、閭丘來；昭公如晉而牟夷以婁防茲來；昭公在乾侯而黑肱以濫來。然則實為賊淵者，惟季氏。季武子以公姑姊妻之，不計公年，得有未嫁姑姊。蓋寡者二人。疏云：襄公，成公之子。成公即位二年，已令太子公衡質楚，則衡年十五六矣。成公即位之初，已三十有餘年，計至於今七十許歲，其姊雖存，安可以妻庶其耶？或曰列女傳梁有節姑妹，謂父之妹。此云姑姊，亦父之姊一人耳。然皆非也。公，襄公也。襄至此二十五歲。此宗女中輩行尊于公，為姑；輩行同于公而差長，為姊。蓋寡者二人，杜解是也。皆有賜於其從者。於是魯多盜。季孫謂臧武仲曰：「子盍詰盜？」武仲曰：「不可詰也，紇又不能。」季孫曰：「我有四封，而詰其盜，何故不可？子為司寇，將盜是務去，若之何不能？」武仲曰：「子召外盜而大禮

馬。何以止吾盜。吾謂國中子為正卿。而來外盜。使紇去之。將何以能。
庶其竊邑於邾。以來。子以姬氏妻之。而與之邑。使食閭邱漆其從者
皆有賜焉。若大盜。禮焉以君之姑姊。與其大邑。其次皁牧輿馬。給其賤役。從皁至牧。凡八等之人疏云謂皁輿隸僚僕臺圉牧也。
其小者衣裳劍帶。是賞盜也。
賞而去之。其或難焉。紇也聞之。在上位者。洒濯其心。壹以待人。
軌度其信。可明徵也。而後可以治人。徵驗也。按軌度法度也。言人臣當洗滌其邪心。待人
專一不貳。又必以法度行其忠誠。無一毫踰分。則此心隨處可驗。而人自服。○洒西禮反
夫上之所為。民之
歸也。上所不為。而民或為之。是以加刑罰焉。而莫敢不懲。若上
之所為。而民亦為之。乃其所也。又可禁乎。夏書曰。念茲在茲。逸書也。茲此也。謂行此事。當念使施之于此。疏云尚書大禹謨。
可釋茲在茲。釋除也。謂欲有所治除于人。亦當顧己得無亦有之。
名言茲在茲。名此事。言此事。當令可施于此。
皆允出茲在茲。允。信也。信出于此。則善亦

在此惟帝念功言帝念功則功成也將謂由已壹也信由已壹而後功可念
也按忠誠之德由于已之不貳而後守執奉法而功可圖也廢其非卿也以地來雖賤必
書重地也重地故書其人其人書則惡名彰以懲不義經筌是教人為盜耳自後莒牟夷邾黑肱接踵而至補注郝
莒大夫列于諸侯之會無以名見者此皆以接我書葉氏駁之非
黃鄭林曰盜不可賞姑姊不同分位豈可並嫁一夫且公之
姑姊尤不得擅以妻人武仲徒知賞盜不足以止盜而不知
滅禮犯義不足以為國是猶未探其本也特洒濯其心一以
待人數語與聖賢身教之旨有合季宿聞之當亦汗下五斗
見三按臧孫達納諫郜鼎季孫行父黜逐莒僕守正不阿固
臧氏家法亦季氏家法至武子蔑上無君盜竊國柄而又納
叛人以自益是武子為大盜而其家寔為盜藪武子詰其名

魏世儼曰居亂世履危朝避榮祿如刀鋸堅忍深苦至于如此可謂識時務而善全其身者後世蓬蒿諸人得此意而愈忍者也

姜炳璋曰令尹之官昔日越欏唯恐不得者馮加人一等矣然此時楚康少年銳于猎夏無如晉席悼公餘烈無隙可乘國多寵而王弱其托辭也

外盜盡先去內盜直刺其心上之所為數語尤覺咄咄逼人惜乎立悼一事失于媚季也

齊侯使慶佐（崔杼黨）為大夫復討公子牙之黨執公子買于句瀆之丘公子鉏來奔叔孫還奔燕（三子齊公族）

見三按羣公子盡去公之勢孤而崔慶之黨成矣古今翦除骨肉者未有不貽伊慼（自春）齊莊公可鑒也

夏楚子庚卒楚子使薳子馮為令尹訪於申叔豫（叔時孫）叔豫曰國多寵而王弱國不可為也遂以疾辭方暑闕地下冰而牀焉重繭衣（繭綿衣）裘鮮食而寢楚子使醫視之復曰瘠則甚矣而血氣未動（言無疾）乃使子南（公子追舒）為令尹（為二十二年殺追舒傳）

黃鄭林曰多寵則多忌王弱則信讒漢唐宋明之末造皆坐

姜白巖曰：傳見欒氏積惡，有可亡之道，而范匄專殺，有可誅之罪，無如王綱不振，任其肆行也。有罪之黶，原不足以庇子孫，即輸力之書，害趙宗，譖三郤，並弒其君，世稔其惡，豈足以保族而長世？天不過取償于盈，而假手權

此病，蓬子前聽申叔豫之言，而辭令尹，後納申叔豫之諫，而辭八人，故子南以寵敗，而尚蓬子獨全，賢哉蓬子！亦申叔豫始終之耳。

見三按：後世賢人，有托于盲而避禍者，有托于瘖以避徵者，或處亂朝，或當易代，托疾辭官，亦各行其志矣。蓬子終任之而始辭之，則以申叔豫之言故也。病者妝得極像，醫者看得極真，多寵王弱，楚王之真病，被叔豫說破；重繭衣裘，蓬子之假病，亦被醫者看破。皆古之良醫也。

欒桓子（欒黶）娶於范宣子，生懷子（盈）也。范鞅以其亡也，怨欒氏。（十四年，欒黶還，逐范鞅，使奔秦。按先著范鞅怨欒鞅怨欒氏一語，則鞅為之徵，知非無故。）故與欒盈為公族大夫而不相能。桓子卒，欒祁（桓子妻，范宣子女，盈之母，范氏堯後，祁姓）與其老州賓（林鮮欒氏）

臣以誅之、然范匄之逐、不過出乎平日之私怨、非真能明正國法也、故其專政之罪、却早于淫祁口中逼出、則曰死桓主而專政、再則曰與吾同官而專之、三則曰死吾父而專于國、一字叠書、愈提愈醒、在祁第借以行其說、豈知斧鉞之誅、即在是哉、殺十人囚三人、上大書宣子、祁大夫不乘馹見晉侯、但見宣子、傳文甚明、至叔向之母以下、是寫叔虎之足以滅其族、即知嬖叔虎者之足以傾其宗、找足盈奔一層、末結出王回尤而效之一尤字、正坐定范匄、而葉掠歸取數語、又見亡者自亡、專者自專、赫赫宗周、不過如邊邑小吏、送往迎來而已、衰世之氣象如此、

家臣通、幾亡室矣、言亂甚懷子患之、祁懼其討也、愬諸宣子曰、盈將為亂、以范氏為死桓主、欒黶而專政矣、林解謂盈以范氏欺黶已死、而專晉國之政曰、吾父逐鞅也、不怒、而以寵報之、謂宣子不為黶責怒鞅、而反與鞅寵位、又與吾同官而專之、同為公族大夫、而鞅專其權勢、吾父死而益富、死吾父而專於國、有死而已、吾蔑從之矣、言宣子專政、盈欲以死作難其謀如是、懼害於主、吾不敢不言、范鞅為之徵、證其有此懷子好施、士多歸之、宣子畏其多士也、信之、懷子為下卿、下軍佐宣子使城著、晉邑、直豫反而遂逐之、在外易逐秋、欒盈出奔楚、按楚晉讎也、欲因楚力以亂晉宣子殺箕遺、黃淵、嘉父、司空靖、邴豫、董叔、邴師、申書、羊舌虎、叔向弟叔羆、十子皆晉大夫、欒盈之黨也、囚伯華、叔向、籍偃、籍偃上軍司馬人謂叔向曰、子離於罪、其為不知乎、譏其受囚而不能去叔向曰、與其死亡若何、言雖囚何若于死亡、詩曰、優哉游哉、聊以卒歲、

知也、詩小雅、言君子優游于衰世、所以辟害、卒其壽、是亦知也、樂王鮒晉大夫樂桓子○鮒音附見叔

向曰、吾為子請、叔向弗應、出不拜、其人皆咎叔向、叔向曰、必祁

大夫、祁奚也、食邑于祁、因以為氏。室老聞之、曰、樂王鮒言於君無不行、求赦

吾子、吾子不許、祁大夫所不能也、而曰必由之、何也、叔向曰、樂

王鮒從君者也、何能行、祁大夫外舉不棄讎、內舉不失親、其獨

遺我乎、詩曰、有覺德行、四國順之、詩大雅、言德行直則天下順之夫子覺者也、言叔

覺較然正直晉侯問叔向之罪於樂王鮒、對曰、不棄其親、其有焉、

向篤親親、叔虎同謀、必與於是、祁奚老矣、老去公族大夫、聞之、乘馹而見宣子曰、

詩曰、惠我無疆、子孫保之、詩周頌也、言文武有惠訓之德加于百姓、故子孫保賴之、書曰、聖

有謨勳、明徵定保、逸書、謨謀也、勳功也、言聖哲有謀功者、當明信定安之、疏云、夏書胤征文。○謨莫胡反

夫謀而鮮過、惠訓不倦者、叔向有焉、社稷之固也、猶將十世宥

之、以勸能者、今壹不免其身、（壹以弟故）以棄社稷、不亦惑乎、鯀殛而禹興、伊尹放太甲而相之、卒無怨色、管蔡為戮、周公右王、若之何其以虎也棄社稷、子為善、誰敢不勉、多殺何為、宣子說、與之乘以言諸公而免之、（共載入見公）不見叔向而歸、（言為國非私叔向）叔向亦不告免焉而朝、（不告謝之明不為己）初、叔向之母妒叔虎之母美而不使、（不使見叔向父）其子皆諫其母、其母曰、深山大澤、實生龍蛇、（言非常之地多生非常之物）彼美、余懼其生龍蛇以禍女、女敝族也、（衰壞族也）國多大寵、（六卿專權）不仁人閒之、不亦難乎、余何愛焉、使往視寢、生叔虎、美而有勇力、欒懷子嬖之、故羊舌氏之族及於難、欒盈過於周、周西鄙掠之、（劫掠財物。掠音亮）辭於行人、（王行人也）曰、天子陪臣盈、（諸侯之臣稱于天子曰陪臣）得罪於王之守臣、（范宣子為王所命、故曰守臣）將逃罪、罪重於郊甸、（謂為郊甸所侵

掠也郭外曰郊郊外曰甸無所伏竄敢布陳也其死昔陪臣書能輸力于王室
王施惠焉輸力謂輔相晉國以翼戴天子其子黶不能保任其父之勞大君謂天
王若不棄書之力亡臣猶有所逃若棄書之力而思黶之罪臣
戮餘也將歸死於尉氏討姦之官不敢還矣敢布四體言無所隱唯大君
命焉王曰尤而效之其又甚焉尤晉逐盈而掠之是效尤自使司徒禁掠欒
氏者歸所取焉使候出諸轘轅候送迎賓客之官也轘轅關名按今河南鞏縣西南有轘轅山
黃鄭林曰初之愬子變起無端匄之逐盈事出不意過周被
掠慘淡倉皇口口埋怨乃父亦謂遷延之役得罪外祖耳孰
知釁由父開禍自母出淫心一熾紊主僕之分絕母子之情
始幾亡室終至滅門不解將就木之年猶如此眷戀艾豭天
生妖婦以報欒黶之汰即以償趙姬之獄深山大澤必有龍

蛇始知古今之美人皆古今之尤物也錄賢母之訓垂戒深
矣
見三按君子之交如水小人之交如醴君子淡以成小人甘
以壞此古今交道之大畧其閒在公私而已如士匄之于欒
氏累世知交申以之婚姻則親而兼友其交情固結自非泛
泛祁何人盈為祁之何人至親莫如母子祁何以不顧其子
婦人以夫為家祁何以不恤其家此理至明不待辨而自知
其詐乃以莫須有之言遽行誅逐親情何在友誼何存則以
懷私之念為之也若祁奚告老大夫也其于叔向非有忘年
之交也向未嘗有求于奚奚未嘗有私于向一則不見而歸
一則不告免而朝浩浩落落無所猜疑亦無所感激則以秉

公之念爲之也。若樂王鮒與叔向素非深交，前之來見何其殷勤，後之獻讒何其陰毒。千古小人變詐百出，其能爲我請者即其能爲我害。不見不告，施之于君子，固見其高；不答不拜，施之于小人，不嫌其傲乎？是以處世之方，固貴擇正人交正士，而于小人尤當不惡而嚴，慎勿自命過高，致以身賈清流之禍也。

冬，曹武公來朝。始見也。即位三年始來見公

見三接，諸侯即位必朝於王，周制也。春秋魯朝齊晉，小侯朝魯，而於王朝闕然。傳於曹武公之來朝曰始見，憪曹即以罪魯也。

會于商任，錮欒氏也。禁錮欒盈，使諸侯不得受齊侯、衛侯不敬。叔向曰：二君

周大章罪同。楚不錮亡臣，而晉錮欒盈。以楚共明斷，于反不敢擅專。晉君昏

弱，范匄得以恣肆也。二君不敬，想此會非其所欲，有傲岸不屑之意。然敬以守身，一刻不敢怠。禮失政，其何以堪。故叔向訊之。

姜炳璋曰：晉文之世，權在諸侯，以諸侯而名天子，則溫之會也。晉平之世，權在大夫，以大夫而役諸侯，則商任之會也。士匄惡欒盈，聯九國之諸侯以極之于其所往。故齊、衛二君黨盈而謀匄。晉國大亂，然則亂晉者匄也。叔向但知責齊、衛，而匄之罪不敢言。

者必不免。會朝，禮之經也。禮，政之輿也。政，身之守也。怠禮失政，失政不立，是以亂也。（為二十五年齊弒光、二十六年衛弒剽傳。）

見三按：欒盈以無罪見逐，范氏挾私怨而合諸侯以錮之，晉平一任其所為，政權盡歸范氏，伯業其衰矣。失政不立，叔向其殆借二侯為平諷與。

知起、中行喜、州綽、邢蒯（四子，晉大夫）出奔齊，皆欒氏之黨也。樂王鮒謂范宣子曰：盍反州綽、邢蒯，勇士也。宣子曰：彼欒氏之勇也，余何獲焉。（言不為己用）王鮒曰：子為彼欒氏，乃亦子之勇也。（言子待之如欒氏，亦為子用也。）

見三按：從來興朝將佐，多出亡國俘囚，得其死力，而攻必克，戰必勝，功蓋一時，名垂萬世，唯在用之者能推心相待矣。樂

王鮒小人，不意有此見識。若士匄者，投鼠忌器，棄才為列國用，其識且出王鮒下，又安能執國政、主中夏之盟哉？晉霸之衰，有由然矣。

齊莊公朝，指殖綽、郭最曰：是寡人之雄也。（林）鮮雄猶勇也 州綽曰：君以為雄，誰敢不雄？然臣不敏，平陰之役，先二子鳴。十八年晉伐齊及平陰，州綽獲殖綽、郭最，故自比于鷄鬭勝而先鳴 莊公為勇爵。（附）法爵酒器，設之以觴勇士，因名勇爵 殖綽、郭最欲與焉。自以為勇 州綽曰：東閭之役，在十八年 臣左驂迫，還于門中，識其枚數。按疏云：枚，馬檛也。數，板數也。謂以枚數門板之數也 其可以與於此乎？公曰：子為晉君也。對曰：臣為隸新。言但為僕隸尚新耳 然二子者，譬於禽獸，臣食其肉而寢處其皮矣。言嘗射得之

舍射鉤而相夷吾，齊桓能之。王鮒言于匄不知人矣，然州綽

用于晉無能免欒氏之難用于齊無能捄捬楹之危好勇而不知義亦何益於人國哉

見三按齊莊公晉欒盈爲後世畜養勇士之祖一則滅族一則亡身緣其所養者皆亡命之徒不能禦患適以賈禍食其肉而寢其皮固一世之雄也特不鮮捬楹時胡不先崔杼而鳴也耶

經　庚戌二十有二年春王正月公至自會○夏四月○秋七月辛酉叔老卒子叔齊子○冬公會晉侯齊侯宋公衛侯鄭伯曹伯莒子邾子薛伯杞伯小邾子于沙隨公至自會○楚殺其大夫公子追舒

傳　二十二年春臧武仲如晉杜解公將還魯之守卿遣武仲爲公謝不敏補注非公命故不書

雨過御叔、魯御邑大夫御叔在其邑、將飲酒、曰焉用聖人、武仲多知、時人謂之
聖、我將飲酒而已、雨行何以聖為、穆叔聞之、曰、不可使也、而傲
使人、言御叔不任使四方國之蠹也、令倍其賦、古者家有國邑、故以重賦為罰、傳言穆叔能用教疏
云、諸侯之臣、采邑亦當三分之一歸于公、重賦為罰、三分而二入于公也
黄薌林曰、雨行何聖、不過善戲謔耳、倍賦罰之甚矣、蓋從來
不肯任事之人、好議論任事之人、甚而持其長短、此鞅掌之
臣、灰心任事、不如笑傲江湖之為得也、穆叔之言、垂戒深矣、
焉用聖人、我將飲酒、見酒中自有聖之清、竟是劉阮一派口
吻、使晉人得穆叔之法治之、何至清談誤國、
見三按武仲是一時智士、御叔亦是一時名士、見武仲虛員
時名、僕僕風塵、毫無實用、故為玩褻以示鄙夷、即以見已清

高、蓋後世放誕一流人物也不知行者有借庇之恩居者有閉門之拒、行者方在雨中、居者已入酒國、莫非王事、而膜視若此、其蹇傲無禮甚矣、此等舉動、在下則為風俗之憂、居官則為政事之害、穆叔下一蠹字、可謂深識病根、加倍其賦、尤為對症之藥、

夏晋人徵朝於鄭、（名鄭使朝）鄭人使少正（鄭卿官也、疏云、周官無此名、）公孫僑（子産）對曰、在晋先君悼公九年、我寡君於是即位、（魯襄八年）即位八月、（即位年之八月）而我先大夫子駟、從寡君以朝於執事、（謙不敢斥晋侯）執事不禮於寡君、寡君懼、因是行也、我二年六月朝於楚、（因朝晋不見禮、生朝楚心、）晋是以有戲之役、（在九年）楚人猶競、而申禮於敝邑、（林鮮是年冬楚伐鄭而曰申禮、蓋餙詞、）敝邑欲從執事、而懼為大尤、曰、晋其謂我不共有禮、是

姜白巖曰、士匄貪鄙性成、雨中行已死、欒氏又逐、自以為大權獨攬、惟我所為矣、此名為徵朝、實為徵幣、即假羽毛於齊之故智也、子産以為小人可以剛勝、而貪夫不難禮奪、彼是徵幣、姑就徵朝上立論、入手晋楚夾寫、以見悼公服鄭之難、又見鄭人從楚之易、前車之鑒、瞭然、蕭魚歸晋之後、三朝晋君、不朝之歲、命使相繼、在鄭可謂有禮、而今以不朝見徵、非不知其意旨、特以鄭當罷敝之餘、災患荐

至實有不堪悉索以應大國之求者。假使無所徵求。不須幣帛。而安定之。則鄭君何妨朝夕在庭。若意別有在。而以徵朝為口實。則谿壑難盈。區區之鄭。不堪任命矣。此時楚方有志中原。特無釁之可乘耳。而迫鄭使叛。何難舍無禮而望澤於有禮者哉。恐歲時貢賦。將為仇讎有也。通篇並不提起貨賄等字。語語抗其徵朝。却語語亦其顯貨。明目張膽中。仍自隱躍。使之自會。子産辭命此見一班。

以不敢攜貳於楚。我四年三月。先大夫子蟜。又從寡君以觀釁於楚。實朝言觀釁。飾詞也。言欲往觀楚知可去否。晉於是乎有蕭魚之役。在十二年。謂我敝邑。邇在晉國。譬諸草木。吾臭味也。晉鄭同姓故。而何敢差池。不齊一。楚亦不競。寡君盡其土實。土地所有。重之以宗器。宗廟禮樂之器。鐘磬之屬。以受齊盟。齊同也。遂帥羣臣隨於執事。以會歲終。朝正。貳於楚者子侯石孟。石臭。歸而討之。麻解。蓋飾詞也。其實鄭使石臭告絕。于是楚人執之。溴梁之明年。溴梁在十六年。子蟜老矣。公孫夏從寡君以朝於君。見於嘗酎。酒之新熟重者為酎。嘗新飲酒為嘗酎。疏云。月令孟夏天子飲酎用禮樂。鄭注。酎醇也。重釀之酒也。春酒至此始成。嘗酎謂夏祭。○直又反。與執燔焉。助祭。疏云。燔祭肉也。間二年。聞君將靖東夏。謂二十年澶淵盟。四月又朝以聽事期。先澶淵二月往朝。以聽事會期。不朝之間。無歲不聘。無役不從。以大國政令之無常。國家罷病。不虞荐至。荐仍也。按國家指鄭。不虞謂憂患也。○罷音皮。無日不

姜白巖曰、欒盈奔楚、楚不代晉納盈、如陳侯之弟黃者、以晉之

惕、豈敢忘職、大國若安定之、其朝夕在庭、何辱命焉、言自將往、不須來召、若不恤其患、而以為口實、口實但有其言而已、其無乃不堪任命、而翦為仇讎、翦削也、言見剝削不堪命則成仇讎、敝邑是懼、其敢忘君命、委諸執事、執事實重圖之、傳言子產有詞、所以免大國之討、(補注)此與女叔齊論魯事、皆以見伯政無節、諸侯不勝其勞、晉之不競以此、

黃鄭林曰、子產於事晉文字、純用剛克、而以義理出之、故不見唐突、此篇其嚆矢也、

見三按、此子產第一篇文字、意似十分憤激、言却一片和平、唯其理勝、所以辭達、至重幣一書、純是謨誥遺音、較此又高一格矣、士匄老饕、能不心折、

秋、欒盈自楚適齊、晏平仲言於齊侯曰、商任之會、受命於晉、受錮

強諸侯猶睦也然楚不敢納而齊欲納之亦不知量矣

周大章曰滿而不盈所以長守富也然猶云守富此則直以能貧為善策有齒焚身病在于賄石崇輩知此則無西市之嘆矣姜白巖曰是時世卿黷貨巨室富強不保其家遂滅其族而宋之子罕不貪為寶鄭之子張貴而能貧皆空谷之足音寔

欒氏之命今納欒氏將安用之小所以事大信也失信不立君其圖之弗聽退告陳文子曰君人執信臣人執共忠信篤敬上下同之天之道也君自棄也弗能久矣為二十五年齊弒其君光傳

見三按商任之會齊侯不敬便有不滿晉君臣之意故欒盈聞其風而來齊莊憫其寬而納究之晉之錮盈固為私怨齊之納盈亦非義舉失信不立晏子之言即叔向失政不立之言皆所以深誅其心也

九月鄭公孫黑肱子張有疾歸邑于公召室老宗人立段子石黑肱子而使黜官無多受職薄祭祭以特羊殷以少牢四時祀以一羊三年盛祭以羊豕殷盛也

疏云少牢饋食禮者諸侯之大夫時祭之禮也祭用少牢子張薄祭故用特羊禮記大夫有善于君祫及五世故子張有殷祭

足以供祀盡歸其餘邑曰吾聞之生於亂世貴而能貧民無求

保家之主真也、傳錄其文、與旬
假羽毛、宿分公室、觀起有馬、林
父專祿、處處關照、

馬、可以後亡、敬共事君、與二三子、生在敬戒、不在富也、已已伯
張卒、君子曰善戒、詩曰慎爾侯度、用戒不虞、鄭子張其有焉。大詩
雅侯維也、義取
慎法度戒未然、
黄薌林曰、僖閔時列國賢大夫、猶能立功立言、至襄昭時則
競以保家為上策矣、世變日興、世途日險、一或不慎、大則滅
族、小亦亡身、晉之欒郤、齊之欒高、宋之華向、或夷為皂隸、或
出為逋逃、比比然也、子張其殆有感而言歟
見三按子張歸邑、是謹慎持家之道、晏嬰辭邑、是明哲保身
之法、而歸邑較辭邑尤難、辭特不貪其所未有、歸則併已之所
已有者而亦辭之、生於亂世、貴而能貧、民無求焉、可以後亡
蓋即晏子足欲不足欲之意也、而生在敬戒不在富、更為千

姜皐巖曰欒盈在齊沙隨之會十國意在齊莊也盈出奔耳而大書錮欒氏則欒樂欒魴及欒氏之族從盈者皆在所錮中而盈黨益固范匄殊謬已極傳特書之為戒

姜皐巖曰此似兩人合傳其實全為本事相形也蓋子南有一觀起子馮有八觀起叔豫能全子馮之能全所寵八人而康欲全子南之賢子而不得三泣臣與三困我相對泣之者求其生乃速之死困之者懼其死乃致之生何相反若此則以康之

古名言搢紳家當敬書諸座右以為居家格言

冬會于沙隨復錮欒氏也晉知欒盈在齊故復錮也欒盈猶在齊晏子曰禍將作矣齊將伐晉不可以不懼為明年齊伐晉傳圖說兩合諸侯使無所容于天地之間安得不作亂然抱火救薪遂使滅族盈之罪也見三按晉以權臣逐盈之故期年兩合諸侯以錮之失伯主之義矣是以齊莊不服明雖為會而陰實保之明年遂敢于伐晉也

楚觀起有寵於令尹子南未益祿而有馬數十乘言子南偏寵觀起令富楚人患之王將討焉子南之子棄疾為王御士御王車者王每見之必泣棄疾曰君三泣臣矣敢問誰之罪也王曰令尹之不能爾所知也國將討焉爾其居乎問能止事我否對曰父戮子居君焉用

殺子南處心積慮之既久也，其曰令尹不能，不能何事，竟未明言，而棄疾亦若心知其隱情，而不求其故。蓋康五年不出師，而自謂死不從禮，子庚一出無功，益怒，故屢趣出師，而子南不可耳。其所謂不能者，即子庚所謂懷安也。然子馮繼為令尹，三年中未嘗將兵，且諫伐舒鳩，其見正與子南同，何以不殺子馮？不知子馮辭八人而清約自守，蓋信其無他也。子南寵觀起，不益祿而有馬數十乘，非攬權納賄，何以得之？子南之富盛，必有什百于觀起者，然且不能慷慨赴功，則疑其有異志，而如椒之強而叛也；否則如辛與壬夫之貪而失諸侯也。故子南、子馮皆康之所謂不能，子馮無所忌而安之，于子南則有所忌而殺之也。特此意不使顯言于棄疾。

之，洩命重刑，洩漏君命，罪之重。臣亦不為。王遂殺子南於朝，轘觀起於四竟。轘，車裂以狥。【詳說】使晉能施此刑于范匄父子，諸不軌之人庶幾知儆。子南之臣謂棄疾，請徙子【林解】子南謂尸於朝。欲犯命取殯。曰：君臣有禮，唯二三子。不欲犯命移尸。【林解】言唯二三家。臣少忍之。三日，棄疾請尸，王許之。既葬，其徒曰：行乎？曰：吾與殺吾父，行將焉入？曰：然則臣王乎？曰：棄父事讎，吾弗忍也。遂縊而死。傳譏康王與子謀父，失君臣之義。【補注】程氏曰：使子南無罪，棄疾當告于其父而逃之；如其有罪而君殺之，不可日棄父事讎也。舜殺鯀而禹臣之，古有是事。復使薳子馮為令尹，公子齮五綺反。為司馬，屈建為莫敖。有寵於薳子者八人，皆無祿而多馬。按子馮牀冰鮮食以逃令尹，及為令尹，乃有寵臣八人，可知怙侈之習，中材以上不免。他日朝，與申叔豫言，弗應而退。從之，入於人中。申叔辟薳子，不欲與語。又從之，遂歸。退朝，見之，薳子就申叔家見之。曰：子三困我於朝，吾懼不敢不見。吾過，子姑告我。何疾我也？

專就不能立言蓋疑忌固結於中有非語言規諷之所能移者棄疾所為束手無策也

對曰、吾不免是懼、何敢告子、（言恐與子并罪。故不敢與子語）曰、何故、對曰、昔觀起有寵於子南、子南得罪、觀起車裂、何故不懼、自御而歸、不能當道、（遂子惶懼意不在御）至謂八人者曰、吾見申叔夫子、所謂生死而肉骨也、（已死復生、白骨更肉）知我者如夫子（謂申叔也、如夫子謂以義匡已）則可、不然請止、（止不相知）辭八人者、而後王安之、（陳傳言楚亟殺大夫人多自危）

黃鄭林曰、楚子南之子棄疾、李懷光之子璀、皆處人倫之至變者也、然懷光之叛逆、其罪大、璀即委曲周全、究難逃天下之義、子南之寵賂、其罪小、棄疾茍從容補救、尚可全天性之恩、璀先諫父而後告君、子力已竭、棄疾既讎君而復賊父、人道奚存、是璀猶忠孝兩全、棄疾則忠孝俱傷也、其亦忍人而已矣、

見三按子南祇一觀起子馮有八觀起觀起有馬數十乘八
人無祿而多馬其怙侈同也乃叔豫能全其友棄疾不能保
其父固康王處置之未善亦棄疾匡救之無術也夫子南之
在楚非有得臣喪師之罪也非有越椒攻王之罪也非有子
辛侵欲小國之罪也楚國之典賢者受上賞不賢者摽顯戮
王如欲殺之則竟殺之矣何以每顧而泣且責其不能其泣
也欲求其生之也責其不能者明示以罪尚可原以待棄疾
之匡救也為棄疾者自當號泣以求或請王子之小懲以期
大戒或請王責其後效以贖前愆王之待棄疾也厚必能為
棄疾籌出百全歸則對父痛哭流涕告以權勢之不可專觀起
之不可寵幸而言從父作桑榆之補君無芥蔕之嫌固不失

姜白巖曰：子展力抑强家而立賢棄否，尤是經國要著。

其為忠臣，否則親不可回，法無可追，以死先之，亦不失為孝子。乃始則視父如塗人，繼則指君為仇人，彼但知違命之非孝，而不知坐視之尤非孝；彼但知洩命之非忠，而不知疾視之更非忠。不學無術，忠孝俱傷，其亦天下之至愚而已。若子馮者，前知納叔豫之諫，稱疾以辭，後不鑒子南之誅，效尤更甚。不有良友當頭一棒，恐噬臍將無及矣。故為人子者不可不讀春秋，為人臣者尤不可不讀春秋。

十二月，鄭游眅（公孫蠆子○呼板反）將如晉，未出竟，遭逆妻者，奪之，以館於邑（舍止其邑，不復行）。丁巳，其夫攻子明（即眅），殺之，以其妻行。子展廢良（眅子）而立大叔（眅弟），曰：國卿，君之貳也，民之主也，不可以苟。請舍子明之類（子明有罪，而良又不賢故）。求亡妻者，使復其所，使游氏勿怨（鄭國不討專殺）。

之人、所以抑強扶弱、臨時之宜曰、無昭惡也、補正無昭子明之惡

見三按禮義名分所以立國子明國卿塗遇逆妻者而奪之滅禮犯義此獸行也子展不能告之鄭君以正其罪過矣然禮薗路馬有誅為其近君也子明有罪君之貳也亡妻者告之子朝可矣乃擅攻子明而殺之是賊民也殺卿者不誅而使復其所是賞奸也名分將安在乎子展賢大夫何以若此憒憒蓋鄭國小而強族多陵弱暴寡幾成風氣觀子南之聘徐吾氏子皙且強使委禽世族如此何況小民若責其擅殺而不使復其所則強族愈横小民將無所控告此固權宜作用寔為子產先聲而究不可為法

經 辛亥 二十有三年春王二月癸酉朔日有食之○三月己巳杞

伯匄卒。（弟文公立）○夏，邾畀我來奔。（【杜解】畀我是庶其之黨，同有竊邑叛君之罪，來奔故書。）○葬杞孝公。○陳殺其大夫慶虎及慶寅。（罪其專國叛君。言及，史異辭，無義例。）陳侯之弟黄自楚歸于陳。（諸侯納之曰歸。黄至楚，自理得直，故為楚所納。）○晉欒盈復入于晉，（以惡入曰復入）入于曲沃。（兵敗奔曲沃，據曲沃衆還與君爭，非欲出附他國，故不言叛。）○秋，齊侯伐衛，遂伐晉。（兩事故言遂。齊始伐盟主。）按　八月，叔孫豹帥師救晉，次于雍榆。（晉地。豹救晉，待命于雍榆，故書次。按今直隸濬縣西南有雍榆城。）○己卯，仲孫速卒。（孟莊子也。）○冬十月乙亥，臧孫紇出奔邾。（按季氏以杞門斬關告諸侯。）晉人殺欒盈。○齊侯襲莒。（輕行掩其不備曰襲。因伐晉還襲莒，不言遂者，間有事。【林解】春秋書襲者，此特筆也。）

傳二十三年春，杞孝公卒，晉悼夫人喪之。（【杜解】晉平公母，杞孝公姊妹。○喪，如字。）平公不徹樂，非禮也。禮為鄰國闕。（禮，諸侯絕期，故以鄰國責之。【補正】杞孝公，晉平公之舅，尊同不降，當服緦麻三月。言鄰國國之喪，且猶徹樂，況於母之弟乎。）

見三按毋為之喪、而平不徹樂、則渭陽之誼可知矣。非禮也
三字斷盡禮為鄰國關況毋舅乎、觀此知後日城杞治杞田、
的是悼夫人為之、與晉平無與
陳侯如楚。朝也公子黃愬二慶虎寅於楚、楚人召之、二十年二慶譖黃、黃奔楚
自理、今陳侯往楚、乃信黃、為召二慶使慶二慶之族往殺之、二慶畏誅、不敢自往故慶氏以陳叛、
因陳侯在楚而叛之、不書叛、不以告夏屈建楚莫敖從陳侯圍陳、陳人城、治城以距君板
隊而殺人、役人相命、各殺其長、慶氏之人恣其板隊、故役人怨而作亂遂殺慶
虎慶寅、楚人納公子黃、通說黃挾楚勢以制兄、天倫滅矣君子謂慶氏不義、不
可肆也、肆放也故書曰惟命不于常、周書康誥、言有義則存、無義則亡
見三按陳侯如楚、為公子黃也、公子黃愬於楚、挾陳侯以為
證也、楚之圍陳、利陳耳、非公義也、二慶之拒守、畏楚耳、非叛

姜白巖曰：欒盈非有書之弒壓之後，徒失貴臣之心，遂有城著之。遂使終老蠻荊，君子惜之。而資齊入國，欲覆宗邦，不書叛者，原其初心也。書復入者，正其本罪也。蓋欒氏世有厚施，盈又好養勇士，人食其利，而愛之不忘，故以胥午觴閭言而衆嘆且泣，樂為效死。假令當夜入絳，魏舒應之于內，齊師援之于外，一般死黨，乘其無備，士匄父子將駢首市曹，又安能奉公以如固宮乎？乃以白晝聲張，鮒得為謀，匄得為備，鞅得以取魏氏，超乘撫劍，劫之以威，執手賂邑，啗之以利，魏氏離而欒氏勢孤，所恃者一力士督戎耳。丹

君也。二慶之誅由(于)民叛，楚不得而誅也。黃由楚而歸，非君命也。故二慶不義也，而黃亦不得為義。傳之釋經備矣。

晉將嫁女於吳。[按：同姓為昏，盟主蹈之，何怪魯昭。]齊侯使析歸父媵之，[按：媵之謂送媵。非即以歸父為媵也，否則公子結媵陳人之婦，亦將以結為媵乎？或引男子為媵之證者，誤。]以藩載欒盈及其士，[藩，車之有障蔽者，使若媵妾在其中。]納諸曲沃。[欒盈邑也。補注：傳氏曰：曲沃，晉祖廟所在，蓋諸卿分掌公邑，而此屬欒氏。]欒盈夜見胥午[守曲沃大夫]而告之。對曰：不可。天之所廢，誰能興之？子必不免。吾非愛死也，知不集也。盈曰：雖然，因子而死，吾無悔矣。我實不天，子無咎焉。[附注：言雖事不集而死，乃我自不為天所祐，非子之咎也。杜解非。]許諾。伏之，而觴曲沃人。[晉午匿盈而飲其衆]樂作，午言曰：今也得欒孺子[欒盈]何如？對曰：得主而為之死，猶不死也。皆歎，有泣者。爵行，又言。皆曰：得主何貳之有！盈出，徧拜之。四月，欒盈帥曲沃之

書可焚、督戎授首、欒氏乘門、句以死戰、魏子寔以大義勵衆、欒樂射之不中、槐本覆車、隱然天欲廢欒、誰能興之、寫去句一路以勢利驅人、而勢利不能驅者、又若有天幸焉、非盡鮒句群小謀之具臧也、蓋欒書荀偃寔弒厲公、偃則隊首出目、天已顯示其戮、唯書考終、幾謂天不可憑、乃不于其身、于其子孫、雖以無罪見逐之欒盈卒蹈叛逆、死無噍類、天道昭昭、豈不信哉、

甲、因魏獻子、魏舒以晝入絳、晉國都初欒盈佐魏莊子魏絳子父獻於下軍、獻子私焉、故因之、私相親愛趙氏以原屏之難怨欒氏、成八年、莊姬譖之、欒郤為徵韓趙方睦、韓起讓趙武、故和睦中行氏以伐秦之役怨欒氏、十四年、晉伐秦欒黶違荀偃命、曰余馬首欲東、而固與范氏和親、范宣子佐中行偃于中軍、知悼子知罃之子荀盈少、而聽於中行氏、少年十七、疏云十四年傳言盈生六年、而武子卒、是其少也、知悼子荀首之孫、中行吳荀林父之曾孫、首林父之弟、首為知氏、林父為中行氏、是同祖也、悼子是荀吳二從叔父、故相聽從計、悼子年十六、言十七、傳寫誤、程鄭嬖於公、鄭亦荀氏宗、疏云鄭雖非卿、亦強族、言嬖于公、見其不助欒氏、按公不助欒氏亦可見、唯魏氏及七輿大夫與之、七輿官名、疏云僖十年傳、杜云、侯伯七命、副車七乘、謂副車每車大夫主之、欒王鮒侍坐於范宣子、或告曰、欒氏至矣、宣子懼、桓子欒王鮒曰、奉君以走固宮、必無害也、且欒氏多怨、子為政、欒氏自外、子在位、其利多矣、既有利權、又執民柄、賞罰為民柄將何懼焉、欒氏所得、

其唯魏氏乎、而可强取也、夫克亂在權、子無懈矣、林解無懈于用權呂說王

鮒晉之嬖臣、安晉之謀、出于嬖倖、晉侯能不輕士大夫耶、公有姻喪、夫人杞喪有王鮒使宣子墨

縗冒絰、晉自殺戰還、遂常墨縗、疏云、夫人為其兄弟當大功喪服、大功布衰裳、牡麻絰、冒絰者、以絰冒其首也、王鮒使

宣子詐為悼夫人也、按大功九月、杜凡謂既葬服除者非也、杞伯卒于二月、葬于四月、祇一月耳、安得除服、補注杜之悖謬可

據此傳以證二婦人輦以如公、恐欒氏有內應距之、故為婦人服而入、奉公以如固宮、

宮之有臺觀備守者、范鞅逆魏舒、用王鮒計欲强取之則成列既乘、將逆欒氏矣、趨

進曰、欒氏帥賊以入、鞅之父與二三子諸大夫在君所矣、使鞅逆

吾子、鞅請驂乘持帶、驂乘必持帶、備隋隊、遂超乘、跳上獻子車右撫劍、劫之左援

帶命驅之出、僕請、請所至鞅曰之公、宣子逆諸階、逆獻子執其手賂

之以曲沃、恐不與已同心初斐豹隸也、著於丹書、蓋犯罪沒為官奴、以丹書其罪、欒氏

之力臣曰督戎、國人懼之、斐豹謂宣子曰、苟焚丹書、我殺督戎、

宣子喜曰、而殺之、所不請於君焚丹書者、有如日、乃出豹而閉之、閉著門外督戎從之、踰隱而待之、隱短墻也督戎踰入、豹自後擊而殺之、范氏之徒在臺後、公臺之後欒氏乘公門、乘、登也宣子謂鞅曰、矢及君屋、死之、按此承欒氏乘公門向來言、矢已及君屋也、汝當以死自勵鞅用劍以帥卒、用劍短兵、接敵、欲致死、欒氏退、攝車從之、附注說文、攝、引持也、言鞅引車逐之遇欒樂、欒盈之族曰、樂免之、死將訟女於天、按遇欒樂、鞅遇之也、蓋欒注矢欲射鞅、呼天、樂曰、女當免我、如射我而死、當訟女于天、或云免是勉字之訛、非是樂射之、不中、又注、屬矢于弦也則乘槐本而覆、欒樂車擽槐而覆、[附注]廣雅云、擽、擊也、此注文擽當轢、說文、車所踐也。○芳服反或以戟鉤之、斷肘而死、欒魴傷、欒盈奔曲沃、晉人圍之、魴欒氏族

黃鄉林曰、天之所廢、誰能興之、此一篇之主、即欒氏致滅之由也、以欒盈之能得士心、又得胥午為之地主、魏舒為之內

應使其不以晝入則迅雷不及掩耳欒王鮒無所用其謀斐豹無所施其勇士鞅亦無所致其力范氏一門無噍類矣而顧計不出此則天滅之也不如是不足以殲欒盈之族不足以償欒書之奸天道甚可畏哉　欒盈以析歸父之媵而載藩宣子以悼夫人之服而冒絰赧赧然無丈夫氣矣然盈猶楚楚英年或可假充小媵妾匄則皤皤華髩不免唐哭老夫人鬚眉喪盡無怪乎老奸如司馬懿甘受巾幗而不辭也

見三按范匄信淫女之譖而以鞅為徵其誣易明乃遂逐盈而殺其黨又再會以錮之極于其所往以致有入絳之亂皆匄之罪也使非樂王鮒之計岌岌殆矣欒氏之滅族雖慘而其致禍有由欒書害二趙殺三郤弒厲公罪惡極矣殺人之

十七

姜白巖曰、齊莊伐衛、易軍名、改軍制、傾國師興、新奇奪目、眞踴躍用兵也。下接將遂伐晉、則伐衛其名、伐晉其實、而不知已之臣有異志矣。其伐晉取朝歌也、忽分二隊、曰入白登、白張曰成、曰封、躊躇滿志、而不知已之大夫遺之禽矣。弑莊於七月興師、盈已兵敗入曲沃、否則盈擾其內、齊攻其外、禍未有艾也。而晏崔二子之諫、不及助盈者、其事甚閎、不便攻發其陰謀、故報平陰。

父者人亦殺其父、殺人之子者人亦殺其子、天生欒祁以報趙姬、天生士鞅以償程滑、故盈不多養士、則不至于亡家、亦不至于入絳、即不至于滅族、曲沃之圍、天滅之也、書滅之也、于范匄又奚尤哉、于欒盈又奚尤哉

秋、齊侯伐衛、先驅（前鋒軍）、穀榮御王孫揮、召揚為右、申驅（次前軍）、成秩御莒恒、申鮮虞之傅摯（申鮮虞之子）為右、曹開御戎、晏父戎為右、（公御右也）貳廣（公副車）、上之登御邢公、盧蒲癸為右、啓（左翼曰啓○罷音皮）、牢成御襄罷師、狼蘧疏為右、胠（右翼曰胠○胠起居反跳徒彫反）、商子車御侯朝、桓跳為右、大殿（後軍）、商子游御夏之御寇、崔如為右、燭庸之越駟乘、（四人共乘殿車也、傳具載此、言莊公廢舊臣、任武力）自衛將遂伐晉、晏平仲曰、君恃勇力以伐盟主、若不濟、國之福也、不德而有功、憂必及君、崔杼諫曰、

之役，亦其所以為名，而應欒氏者其實也。士匄父子惟不使曲沃與齊接應，則殺盈嬰矣。傳點趙勝僅帥東陽之師，可知傾國俱圍曲沃，遂使齊侯如入無人之境，攻取適與平陰相當，而匄不顧也。私讎為重，君國為輕，匄之罪真難揹數。

不可。臣聞之，小國間大國之敗而毀焉，【林解】間晉有欒盈之禍。必受其咎。君其圖之。弗聽。陳文子【附注】史記世家：須無，完曾孫。杜云孫，傳寫脫之。見崔武子，崔杼。曰：將如君何？武子曰：吾言於君，君弗聽也。以為盟主，而利其難，羣臣若急，君於何有？言有急，不能顧君，欲弒之以說晉。子姑止之。文子退，告其人曰：崔子將死乎！謂君甚而又過之，弒君之惡，過于背盟主。不得其死。過君以義，猶自抑也，況以惡乎？【林解】所行之義有過于君，人臣猶自損抑，況欲以惡過其君乎。齊侯遂伐晉，陳氏曰：齊始叛晉。取朝歌，今直隸淇縣。為二隊，分兵為二部。入孟門，晉隘道。登大行，山名。張武軍謂築壘壁。疏云：謂張設築作之具。于熒庭。晉地。按：今山西翼城縣東南有熒庭。城，戍郫邵，取晉邑而守之。【補注】今濟原縣西有邵原關，唐置邵原縣。郫邵當是二地，文六年殺公子樂子郫。○郫，婢支反。封少水，封晉尸於少水，以為京觀。【補正】水經注：今沁水也。按少水晉地，可知是役頗有殺傷。以報平陰之役，乃還。役在十八年。趙勝旃之子帥東陽之師以追之，獲晏氂。齊大夫東

（陽晉之山東、按疏云、齊魯晉皆有東陽、名同實異、此為晉山東之邑。○力之反）八月、叔孫豹帥師救晉、
次于雍榆、禮也。（救盟主故曰禮）

黃鄰林曰、齊莊以藩載欒盈、及其死士、納諸曲沃、幾成大亂、巳即以勁兵踵其後、名為伐衛、長驅直逼晉都、成裡應外合之勢、使微欒王鮒之謀、范鞅之勇、先退欒氏、晉幾不國矣、入春秋來、未有諸侯伐盟主至于此極者也、齊自晉文創霸世服于晉、至頃始貳、成十一年鞌之戰、會于袁婁、事晉二十年、至靈復貳、襄十八年平陰被伐、又二年盟于澶淵、復事晉、今纔四年耳、乃敢猖獗如此、則晉伯之衰、不復能宗諸侯矣、

見三按是時晉方合圍曲沃、無暇他顧、齊莊乘其無備、分隊直（搗）入孟門、登太行、張武軍、戍郫邵、封少水、較秦穆濟津之役

姜白巖曰悼子碌碌絶少表見未必勝于公鉏季孫欲立特以試武仲耳武仲一爲私累纔項人竟爲小智所悞使與之齒與衆庶子叙齒也斯時公鉏衆賓無不失色是季孫極得意事而季孫失色者蓋廢長立少于理不順申豐逃死而不從季孫再訪而不得以爲極萬難事而臧氏不動聲色咄嗟立辦此人向有重名又大義侃侃發

尤覺軍容之盛可謂極一時之得志矣豈知螳螂捕蟬黄雀即隨其後觀崔杼私議一段而異日弑君以説機早伏于此趙勝從東陽以追穆叔次雍榆以救晏氂被獲師即全退足見齊莊輕寃無能而范匄之急私怨不恤國難其罪爲莫逭也

季武子無適子公彌（公鉏）長而愛悼子（紇也）欲立之訪于申豐（季氏屬大夫）曰彌與紇吾皆愛之欲擇才焉而立之申豐趨退歸盡室將行他日又訪焉對曰其然（猶爾）必將具敝車而行乃止（止不立紇）訪于臧紇臧紇曰飲我酒吾爲子立之（冒説豐守正不從武子廢長之心稍止再訪武仲使能陳善閑邪決不敢行）季氏飲大夫酒臧紇爲客（爲上賓）既獻（已獻酒）臧孫命北面重席新樽絜之（酒樽既新復潔滌之）召悼子降逆之大夫皆起（臧孫下迎悼子）

我陰私，且得志棄季氏直腐胤耳，故喜懼交集，不覺神銷氣沮也。即此已伏逐臧孫之恨。公鉏被廢，慍而不出，其處心積慮，必有圖報復于家庭者。使出其立羯之私智，與悼子為仇，同室操戈，未有定也。乃自子馬畫策，以孝敬自勵，遂使季武之心，且憐且悔，而不覺見喜之深，于是致其富又致其貴，父子相親，而臧孫氏之命乃懸于公鉏之手。然公鉏雖讎臧氏，而必遲之始發者，非畏季孫，畏孟莊也。蓋莊惡其人，未嘗不用其才，而季孫亦知孟莊之才足以制之，故終莊之世，疑忌不甚，讒閒不生，臧氏得安然無恙。莊死而臧氏之亡無日，故曰疢之美其毒滋多，是明知季孫必不見容，而痛哭于知己之厚

及旅，而召公鉏，獻酬禮畢，通行為旅。使與之齒，使從庶子之禮，列在悼子之下。季孫失色。呂說武仲立少，蓋欲依託季氏，而仲出奔緣此，可知天下事惟守其正道。季氏以公鉏為馬正，家司馬。慍而不出。閔子馬閔馬父。見之，曰：子無然。禍福無門，唯人所召。為人子者，患不孝，不患無所。位處。敬共父命，何常之有。言廢置在父，無常位也。若能孝敬，富倍季氏可也。父寵之，則可富。疏云：悼子既為適子，將承季氏之後，故謂悼子為季氏下。姦回不軌，禍倍下民可也。言為孟孫亦然。禍甚于貧賤。公鉏然之，敬共朝夕，恪居官次。舍也。季孫喜，使飲己酒，而以具往，盡舍旃。具燕饗之具。故公鉏氏富，又出為公左宰。出季氏家臣，仕于公。孟孫惡臧孫，不相善。季孫愛之。孟氏之御騶豐點好羯也，孟莊子之庶子孺子秩之弟孝伯也。愛其成己志。曰：從余言，必為孟孫。為孟孫後。再三云，羯從之。孟莊子疾，豐點謂公鉏：苟立羯，請讎臧氏。使孟孫與公鉏共憎臧孫。公鉏謂季孫曰：孺子秩，固其所也。固自當立。

我以生也。迨至公鉏假手孟氏同仇，三字獄成，二勳幾絕，紇之奔，公鉏致之，要皆季氏主之也。夫季氏之專，始于行父。自襄仲殺嫡立庶，而政歸焉。自成公之世，僑如欲去行父，為所逐。至季孫宿，并逐臧氏，而公室益不可為已。神注昭公之孫矣。豐點傚臧孫之故智，成立羯之陰謀，而豎牛殺丙立僉，尤而起。陪臣之橫，三桓之微，亦兆于此。作不順而施不恕，豈獨臧紇之罪哉。特出之于臧紇，則亦愚人而已矣。

若羯立，則季氏信有力於臧氏矣。臧氏因季孫之欲而為定之，猶為有力。今若專立孟氏之少，則季氏有力過于臧氏。弗應。己卯，孟孫卒。公鉏奉羯立于戶側。喪主。疏云：室戶之東西面立也。季孫至，入，哭而出，曰：「秩焉在？」公鉏曰：「羯在此矣。」季孫曰：「孺子長。」公鉏曰：「何長之有？唯其才也。季孫廢鉏立紇，云欲擇才，故以此答之。且夫子之命也。」遂誣孟孫。遂立羯。秩奔邾。臧孫入，哭甚哀，多涕。出，其御曰：「孟孫之惡子也，而哀如是。季孫若死，其若之何？」臧孫曰：「季孫之愛我，疾疢也。常志相順從，身之害。○疢，恥忍反。孟孫之惡我，藥石也。常志相違戾，猶藥石之療疾。美疢不如惡石。夫石猶生我，愈已疾也。疢之美，其毒滋多。孟孫死，吾亡無日矣。」孟氏閉門，告于季孫曰：「臧氏將為亂，不使我葬。」欲為公鉏讎臧氏。季孫不信。臧孫聞之，戒。為備也。冬十月，孟氏將辟，藉除於臧氏。辟，穿藏也。於臧氏借人除葬道。○辟，婢亦反。臧孫使正夫助之，正夫，隧正。疏云：隧正屬司徒。臧

為司寇而借于臧氏者蓋兼主掌之除於東門甲從已而視之畏孟氏故從甲士視作者孟氏

又告季孫季孫怒命攻臧氏見其甲故有乙亥臧紇斬鹿門之關以

出奔邾魯南城東門疏云邾在魯東南出此門便初臧宣叔娶于鑄國名今山東肥城縣有鑄鄉

生賈及為而死繼室以其姪女子謂兄弟之子為姪穆姜之姨子也姪穆姜姨

母之子與穆姜為姨昆弟疏云釋親云妻之姊妹同出為姨同出俱已嫁也據父言之謂之姨據子言之謂之從母但子效父

語亦呼為姨故從母昆弟為姨昆弟生紇長於公宮姜氏愛之故立之立為宣叔嗣臧

賈臧為出在鑄還舅氏也臧武仲自邾使告臧賈且致大蔡大龜疏云食貨

志元龜為蔡家語臧氏有守龜其名曰蔡焉曰紇不佞失守宗祧遠祖廟為祧近祖廟為宗【林解】

敢告不弔不為天所弔恤紇之罪不及不祀言應有後子以大蔡納請其可

請為先人立後賈曰是家之禍也非子之過也賈聞命矣再拜受龜使

為以納請賈使為己請遂自為也為自為請臧孫如防臧孫邑使來告曰紇

非能害也、知不足也、言使甲從已、但慮事淺耳、非敢私請、為其先人請也、苟守先祀、

無廢二勳、文仲宣叔、敢不辟邑、據邑請後、故孔子以為要君、乃立臧為、臧紇致防

而奔齊、其人曰、其盟我乎、謂陳其罪惡、盟諸大夫以為戒、臧孫曰、無辭、廢長立少、季孫

所忌、故謂無辭以罪已、將盟臧氏、季孫召外史掌惡臣、謂奔亡者、疏云、周禮外史掌書外合

掌四方之志、魯亦立此官、蓋而問盟首焉、盟首載書之章首、對曰、盟東門氏也、林解在宣

公十八年、曰、毋或如東門遂不聽公命、殺適立庶、文公命立子惡、公子遂殺之、立宣公、

盟叔孫氏也、林解在成公十六年、曰、毋或如叔孫僑如、欲廢國常、蕩覆公

室、謂譖公與季孟於晉、季孫曰、臧孫之罪、皆不及此、孟椒曰、盍以其犯門

斬關、季孫用之、乃盟臧氏曰、無或如臧孫紇干國之紀、犯門斬

關、于亦犯也、臧孫聞之曰、國有人焉、誰居、其孟椒乎、孟獻子之孫子服惠伯、居猶與

也、〔陳傳〕傳言臧氏衰、三家益專。○居音基

黄鄭林曰、魯臧孫紇漢楊修皆古今大智慧人、臧紇為季廢鉏立悼、楊修贊操廢丕立植、其迹似逆、其心則忠、蓋以公鉏之惡、酷似季宿、曹丕之奸、當笑過阿瞞、使季果立鉏、未必不早兆逐君之禍、魏苟立植、斷不至有禪漢之為、故紇與修之所為、雖不可為訓、要其維世苦衷、則可共諒也、乃以聰明太過尤悔交乘、一為季孫所賣、罪著鹿門、而二勲之祀幾絶、一為曹操所忌、釁開鷄肋、而四世之澤莫延、聖人曰智之難也、有武仲之智、而不容於魯、為武仲惜、即為魯傷、而楊修可例觀矣、見三按廢長立少、動成禍端、智如武仲、豈其識反出申豐下、蓋魯自東門遂殺嫡立庶、群相效尤、紇以臧氏庶子、因寵得立、而兄不以為僭、魯人不以為非、彼方謂立愛立賢、唯人所

擇嫡庶少長皆可不拘也故因季氏之訪而即為之謀絜樽重席不動聲色一先後閒而少長易位臧孫得意之地正公鉏失意之時抱慍不出其情憤其謀深矣閔子馬賢者持論侃侃善處人父子之閒使鉏克佩其言則知禍福之無門即悟廢興之有命于臧亦可無仇焉然而天道好還人情思復廢鉏立悼臧紇特試之以媚季孫廢秩立羯公鉏即竊之以攻臧氏豐點獻謀仲羯嗣立孟孫死而石已無靈疢將滋毒紇至此亦知作法之自斃固已噬臍無及矣除道東門本非為亂而從甲則疑于為亂納蔡求後本非要君而如防則涉于要君持論有餘見道不足聰明自作尤悔交乘既犯斬關之罪尤干據邑之誅倘遇御叔將據座罵之矣智士云乎哉

姜白巖曰：書晉人，討賊也。三代之刑，無及族與黨，有之自晉士匄始。

姜白巖曰：據孟子華周杞梁之妻善哭其夫，則周亦戰死也。以強大之齊，攻弱小之莒，何至身傷將殲，無功而還？傳于末特書杞殖之婦，以見王孫揮、莒恒傳執手等，一班如虎如貔之健兒，不如知禮守義一女子也。

聖人云乎哉。

晉人克欒盈於曲沃，盡殺欒氏之族黨，欒魴出奔宋。書曰晉人殺欒盈，不言大夫，言自外也。（自外犯君而入，非復晉大夫。陳傳：傳釋去位，不得書大夫。）

見三按：欒氏之族滅矣，欒書之鬼餒矣，當日甘棠安在。

齊侯還自晉，不入。（不入國）遂襲莒，門於且于，（莒邑。按今山東莒州境。○且，子餘反。）傷股而退。（齊侯傷。劉傳：襲人而勝之，雖得天下，仁者不為也。）明日，將復戰，期於壽舒。（莒地，屬莒州）杞殖、華還（二子，齊大夫）載甲夜入且于之隧，（狹路）宿于莒郊。明日，先遇莒子于蒲侯氏。（近莒之邑）莒子重賂之，使無死，曰：請有盟。（欲以盟要二子，無致死戰）華周（即還）對曰：貪貨棄命，亦君所惡也。昏而受命，日未中而棄之，何以事君？莒子親鼓之，從而伐之，獲杞梁。（即殖）莒人行成。（勝大國，益懼，故行成）齊侯歸，遇杞梁之妻於郊，（梁戰死，妻行迎喪）使弔之。辭曰：殖

周大章曰。神龍在天。變化不測。可得而臨之者。有欲故也。若

之有罪。何辱命焉。言若有罪不足弔若免於罪。猶有先人之敝廬在。下妾不得與郊弔。下猶賤也。疏云。檀弓云。君遇柩于路。必使人弔之。是男子從柩在野。得受弔。婦人雖從柩。亦不得野受弔齊侯弔平諸其室。傳善婦人有禮

黃鄭林曰。梁寧戰死。妻寧違君。夫婦死生。皆能以義自持。齊未為無人也。可與崔杼、棠姜兩兩相對。

見三挫齊。既還自伐晉。貪心未已。又伏而襲莒。的是亂之行踪。以齊之強。攻莒之弱。而傷者傷。獲者獲。可見齊師本無能為。向非曲沃之圍。重兵滅欒。莊其為秦符堅乎。華周杞梁一生一死。傳詳周之言。而梁從畧。者生且如此。死者可知。蓋留為其妻生色也。此史家詳畧之法。

齊侯將為臧紇田。與之田邑臧孫聞之。見齊侯。與之言伐晉。齊侯自道伐晉

果不得而食之，則亦不得而臨之矣。齊侯之田，人所冀幸而不能得者，臧孫獨避之而若浼。蓋自為季孫廢長立愛懲創而來，知望恩倖澤寔為喪身亡家之地。前番知不足者，此則知有餘矣。故能卒脫齊侯之難。

姜白巖曰：齊莊乘晉亂得志而還，因士匄無暇禦敵也。武仲之論齊君，可謂明矣。不順不恕，因其審事之明，而想其出奔之故，蓋重惜之。此一斷遙結出奔篇。

之功。對曰：多則多矣，林解戰功曰多，下多字，多少也。言伐晉之戰功，則不為少矣。抑君似鼠。夫鼠晝伏夜動，不穴于寢廟，畏人故也。按：寢廟有人守之，故鼠不敢穴。以喻晉國安靜固守，則君不敢伐。今君聞晉之亂而後作焉，作，起兵也。寧將事之，非鼠何如？乃弗與田。臧孫知齊侯將敗，不欲受其邑，故以比鼠，欲使怒而止。仲尼曰：知之難也。有臧武仲之知，而不容于魯國，抑有由也。作不順而施不恕也。夏書曰：念茲在茲。念此事在此身，言行事當常念如在己身也。順事恕施也。按：仲以廢立為他人之事，不順不恕為之，而已乃受禍。正與夏書相反。

黃薌林曰：闉桃之役，必欲生致臧紇，則齊之重紇久矣。一受其田，言聽計從，異日必與州綽輩騈首崔氏之庭，觸其怒自免，可謂巧于避禍。使其早知圖此，何至不容于魯。

見三按：似鼠是齊莊本相，聞晉之亂而後作，是似鼠人行為。

當面嘲笑、甚于怒罵、雖屬避禍之深、究非立言之孫、齊莊好

强、竟能容忍不報、其殆以聖人名重歟、

姜白巖曰、三代之得天下以功而德未嘗不盛春秋之

春秋左傳精義卷二十九

閩中　鄭林黃一桂　輯　男　心垣見三　補輯

襄公六

經壬子二十有四年春叔孫豹如晉（杜解：賀克欒氏）仲孫羯帥師侵齊。夏楚子伐吳。秋七月甲子朔日有食之既。齊崔杼帥師伐莒。大水。八月癸巳朔日有食之。公會晉侯宋公衛侯鄭伯曹伯莒子邾子滕子薛伯杞伯小邾子于夷儀。冬楚子蔡侯陳侯許男伐鄭。公至自會。陳鍼宜咎出奔楚（陳鍼子八世孫慶氏之黨）。叔孫豹如京師。大饑（杜解：大饑者一）

傳二十四年春、穆叔如晉、范宣子逆之、問焉、曰、古人有言曰、死

世亂世也自桓文以至晉悼尊周室攘夷狄小補之功或有可稱而德已微矣下迨晉平士匄專政不知周室並不知有晉侯自此而南北主盟自此而黃池爭長德與功而無足言所見諸史書者惟有應對之文詞命之善猶有先王之遺澤焉傳特書此篇見自此以前霸者猶以功見而德不可問自此以後名卿或以言著而功無足錄亦世道升降之一大機也 士匄專盟主之權自謂殊功故歷稱宗家歸到范氏穆叔以世祿掃開見先世尚有微功子孫全無實事一旦失勢變卻可鑒也至若魯之立言獨舉文仲蓋文仲功德俱不

而不朽何謂也穆叔未對宣子曰昔匄之祖自虞以上為陶唐氏杜解陶唐堯所治地大原晉陽縣也終虞之世以為號故曰自虞以上疏云張晏云堯為唐侯國於中山唐縣自唐侯升為天子乃治於晉陽唐非晉陽縣內之地名也杜解非在夏為御龍氏謂劉累也事見昭二十九年在商為豕韋氏疏豕韋國君為彭姓其後世失道商滅豕韋以劉累之後代之昭二十九年傳稱孔甲嘉劉累賜氏曰御龍以更豕韋之後而此云在商為豕韋杜於彼註云劉累代豕韋累尋遷魯縣豕韋復國至商而滅累之後世復承其國為豕韋氏按今直隸滑縣東南在周為唐杜氏唐杜二國名殷末豕韋國於唐周成王滅唐遷之於杜為杜伯其子隰叔奔晉四世及士會食邑於范為范氏附達劉炫引賈逵云武王封堯後為杜唐二國非滅唐乃封杜也居大夏為成王所滅者唐也初居魯縣奔晉為范氏者杜也元凱自迷其遠祖合而為一誤矣晉主夏盟為范氏其是之謂乎晉為諸夏盟主范氏復為之佐言已世為興家穆叔曰以豹所聞此之謂世祿非不朽也魯有先大夫曰臧文仲既沒其言立謂不廢絕其是之謂乎豹聞之大上有立德黃帝堯舜其次有立功禹稷其次有立言史佚

足稱而言有可法者便見赫赫晉卿比一魯國能言之大夫而不足也

周任臧文仲雖久不廢此之謂不朽若夫保姓受氏以守宗祊廟門世不絕祀無國無之祿之大者不可謂不朽傳善穆叔之知言

黃鄭林曰士匄聽淫女之讒激欒氏之變不知自悔反以為功德莫京不朽一問隱然有與國同休意夫范氏在晉至會始顯歷相五君神人無怨九京可作猶難不朽匄執國政政以賄成諸侯攜貳女淫子讒家法殆盡再世至吉射即為欒氏之續保世且不能況敢言不朽哉

見三按明魏忠賢亂政翦除賢士大夫殆盡一時媚權閹者皆建生祠誇功德比諸孔子之誅少正卯可知千古惡人未嘗無自命千秋想也士匄代荀偃為政毫無建樹唯日以除欒氏為事欒難克平晉權獨攬佞臣如樂王鮒輩自必頌德

歌功銘之太廟，載諸家乘，以示不朽。彼侈然自恣，謂自陶唐以來，莫之能亡，而不知塗山之會，執玉帛者萬國，今不盡存也。彼欒氏之禍，天蓋以范氏為郤氏，而趙氏之禍機已伏，從來圈豚檻豕，不知祖宗積累之難，恣行無忌，不至于覆亡不止。鍾鳴鼎食，轉瞬抱餒而之嘆，何處更有遙遙華冑也。

范宣子為政，諸侯之幣重，鄭人病之。二月，鄭伯如晉，子產寓寄也書於子西，以告宣子，曰：子為晉國，四鄰諸侯不聞令德，而聞重幣，僑也惑之。僑聞君子長國家者，非無賄之患，而無令名之難。夫諸侯之賄聚於公室，則諸侯貳；離也若吾子賴之，恃用之則晉國貳。諸侯貳則晉國壞，晉國貳則子之家壞，何沒沒也？沈滅之言將焉用賄？夫令名，德之輿也；德須令名以遠聞德，國家之基也。有基無壞，無亦

姜白巖曰：士匄小丈夫也，得志而驕，亦賤丈夫也，嗜賄無厭，諸侯幣重，而曰范宣子為政，則全不關晉侯也。子產致書，怵以國貳則家壞，不特家壞而且身焚，藥石之言，安得不令貪夫奪氣。

是務乎。有德則樂，樂則能久。詩云：樂旨君子，邦家之基。有令德也夫。詩小雅。言君子樂美其道，為邦家之基，所以濟令德。上帝臨女，無貳爾心。有令名也夫。詩大雅。言武王為天所臨，不敢懷貳心，所以濟令名。恕忠以明德，則令名載而行之，是以遠至邇安。（附解）忠恕存心而自明其德，則令名如輿載德而行。毋寧使人謂子子實生我。毋寧寧也。按此謂字即令名也。而謂子浚我以生乎。浚取也。（附注）取之深也。此謂字即惡名也。○浚思俊反。象有齒以焚其身，賄也。焚斃也。疏云象不燒死。（附注）宣子駁之，按燒則齒燬矣，杜解精。宣子說，乃輕幣。是行也，鄭伯朝晉，為重幣故，且請伐陳也。鄭伯稽首。宣子辭。子西相，曰：以陳國之介恃大國而陵虐於敝邑。介因也。大國楚也。寡君是以請罪焉。請得罪於陳也。敢不稽首。為明年鄭入陳傳。

黃鄉林曰：范匄小人也，知重幣，安知令德。不知令德，安有令名。無令德令名，安能不朽。上篇穆叔之對，是奪其所恃而使

姜白巖曰：急於伐吳，自緩于争鄭。晉悼通吳以敝楚，不爲無功。

之自愧。此篇子產之書，是發其所欲，而使之自危，皆良朋忠告之言也。士匄老饕，其知之否？

見三按：子產寓書宣子，與叔向遺書子產同。子產君子，故叔向規以道義；范匄小人，故子產怵以利害。書爲鄭說法，卻不從鄭說，曰諸侯貳則晉國壞，晉國壞則子之家壞，利無獨享，害有相因。人雖至貪，未有不愛其家者，末復以焚身儆之，愈淺愈深，可箴可銘，黷貨者請各勒一通。

孟孝伯侵齊，晉故也。前年齊伐晉，魯爲晉報侵。

見三按：畏晉則救晉，畏齊則次雍榆。齊師既退，晉難既平，又侵齊以示忠于晉，觀望顧畏，且前且卻，直周旋人情而已，夫何爲也。

姜白巖曰、急於伐吳、自緩於爭鄭、晉悼通吳以敝楚、不為無功、

姜白巖曰、誇楚使、如楚辭乞楚師、送楚使、倉皇勞擾、此從懼字生來、然又便道伐莒、以報身傷將臧之恨、

夏楚子為舟師（水軍）以伐吳、不為軍政、（不設賞罰之差）無功而還、（為下吳召舒鳩）

（起本）

見三按不為軍政、師即無功、古人之行兵不苟如此、後世則賞罰不公、有人情無軍政、宜其敗績時聞也、

齊侯既伐晉而懼、將欲見楚子、楚子使薳啓彊如齊聘、且請期、（請期）會齊社、蒐軍實、使客觀之、（祭社因閱數軍器以示薳啓彊）陳文子曰、齊將有寇、吾聞之、兵不戢、必取其族、（戢藏也類也取其族還自害也）秋齊侯聞將有晉師、（夷儀之師）使陳無宇從薳啓彊如楚、辭、且乞師、（辭有晉師未得相見）崔杼帥師送之、遂伐莒、侵介根、（莒邑齊既與莒平因兵出侵之言無信也按今山東膠州西南有介根城）

見三按因伐晉而懼晉、因懼晉而交楚、始則欲見、繼則辭會、終且乞師、百忙之中、忽便道伐莒、臧武仲謂其似鼠、此則竟

姜白巖曰齊莊爲世子一意媚晉及執牙簒立晉人不討且定其位以素爲已用而可藉其力也豈知即背之乎晉會十二國聲言伐齊而在會諸侯無爲晉踴躍者以水不克爲辭是不成伐矣傳盖發明經不書伐之義也

姜白巖曰楚久失鄭因深與齊結諸侯伐齊無宇請師楚之伐鄭志在救齊也然此時諸侯本未嘗伐齊何待救乎故但書伐鄭而救齊削之也何以不書救鄭曰亦未嘗救鄭也諸侯不能伐齊安能拒楚盖楚人門于東門師已臨其城下忽次于棘澤則鄭有以却

成瘈狗矣安得不取殺身之禍

會于夷儀將以伐齊水不克晉合諸侯以報前年見伐見三按齊莊叛盟保姘幾禍晉國又間晉難而伐之夷儀之會自不可少但晉以亡臣之故再勤諸侯齊激而爲變盈之納未可以叛盟爲譏也諸侯既不堪命必有繼齊而起者夷儀之會諸侯雖合其心不直晉矣水不克托辭也

冬楚子伐鄭以救齊[補傳]不言國傳畧之四門于東門次于棘澤以齊無守乞師故也按棘澤今在河南新鄭縣東南諸侯還救鄭夷儀諸侯晉侯使張骼輔躒皆晉大夫○骼庚百反躒力狄反致楚師致師挑戰求御於鄭欲得鄭人自御知其地利故也鄭人卜宛射犬鄭公孫吉子大叔戒之曰大國之人不可與也言不可與等也欲使卑下之對曰無有衆寡其上一也言在已上者有常分無大小國之異疏云言彼是卿我當下之大夫我不

四

之而後諸侯至也、楚子有將歸之心、晉人無伐楚之志、二子致師、所以速之歸也、時鄭國子展為政、子產輔之、射犬敢以私憤敗乃公事、而子產肯以國事付之輕躁之人、觀子太叔戒固以慎重者命之也、不知二子超羣軼倫之勇、射犬知之而求御于鄭、以為之導、彼即於御見作用、不告而馳、而後入壘皆下、收禽挾囚之能顯、又不待而出、而後超乘抽弓之勇著、使二子一往來、楚師驚歎、欲絕而師歸矣、蓋以不可陵侮者示本國有人、而以得盡長才者使荊蠻奪氣、皆射犬之作用也、迨既免之後、語若怨之、却是出險放心笑而置之、不失鼓琴故態、而射犬若為不知也、夫豈羊斟之御華元可同年而語哉

（下之）大叔曰、不然、部婁（小阜○部蒲口反、婁路口反）無松柏、（大木喻小國、異於大國）二子
（張骼輔躒）在幄、（帳也○於角反）坐射犬于外、既食而後食之、（林解不為之禮）二子使御
廣車（兵車）而行、已皆乘乘車、（安車）將及楚師、而後從之乘、（林解二子同射犬乘）
（兵）皆踞轉而鼓琴、（轉衣裝、疏云衣裝衣囊也、按二子踞坐近不衣囊以鼓琴示閒暇也○張戀反）
（車）告而馳之、（射犬恨故近敵不告而馳）皆取冑於櫜而冑、入壘皆下、搏人以投、
收禽挾囚、（禽獲也、林解冑兜鍪也、二子取冑櫜中加首、而入楚壘、二子皆下車、手搏楚人以投其車、收其所獲挾其）
（因虜以示勇、）弗待而出、（射犬又不待二子）皆超乘、抽弓而射、（林解二子皆超乘登車射楚人）
既免、復踞轉而鼓琴、曰、公孫同乘、兄弟也、（言同乘義如兄弟）胡再不謀、
（謂不告而馳不待而出）對曰、曩者志入而已、今則怯也、（按志入者、言志在入陳、故不暇告也）
（今則怯、言迫于欲歸不能待也、）皆笑曰、公孫之亟也、（亟急也、言其性急不能受屈、陳氏曰、言晉師之懈）
楚子自棘澤還、使薳啓彊帥師送陳無宇、（傳言齊楚固相結也）五

姜白巖曰子馮持論為穀於菟孫叔敖所不及

黄鄭林曰、兩國交兵致師最難其人、怯既不能躁又不可、晋侯特使張骼輔躒必其神勇素著求御于鄭雖取其知地利、亦謂其易駕馭耳太叔之戒早識機關射犬之對自占身分、弗告而馳入壘挾囚不待而出超乘抽弓射犬之算計皆在二子顛倒之中、不然其不為華元之羊斟也幾希、

見三按張骼輔躒始既不忙終亦不怒其蘊籍之致殊有儒將風流射犬氣概無前眼空晋楚前則不告而馳後則弗待而出非以報二子之傲正以顯二子之勇、晋鄭有此奇人僅以之致師、未免辜負豪杰曩者志入而已今則怯也言之餘概、直將諸侯之師、一齊抹倒、

吳人為楚舟師之役故、在此年夏召舒鳩人、楚屬國名欲與共伐楚、舒鳩人叛

姜白巖曰、王城毀、盟主不城、而齊城之、尊王之義也、經何以

楚、楚子師于荒浦、舒地舒鳩使沈尹壽與師祁犂皆楚大夫讓之、舒鳩子敬逆二子而告無之、(林解)告無叛楚之事且請受盟、二子復命、王欲伐之、薳子令尹子馮曰不可、彼告不叛、且請受盟、而又伐之、伐無罪也、姑歸息民以待其卒、終也卒而不貳、吾又何求、若猶叛我、無辭有庸、乃還、彼無辭、我有功、為明年楚滅舒鳩傳

見三按叛而討之、服而舍之、楚莊所以能霸諸侯也、子馮之言、堂堂正正、視晉之伐齊取賂者相去遠矣、

陳人復討慶氏之黨、鍼宜咎出奔楚、

見三按一慶氏之亂、株連不已、國小而偪、不知修德、徒事嚴刑、安得不亡、春秋書之、所以誌黨禍之漸、

齊人城郟、王城也、於是穀雒鬭、毀王宮、齊叛晉、欲求媚于天子、故為王城之、(補注)傳此後言齊人城郟者三、由不得

不書、或曰齊欲媚王以免晉討、故不書、此不然也、春秋之趨王事者豈皆無所爲而爲哉、聖人樂與人善、必不逆其從來之心、蓋役不及諸侯、故魯史畧之、而齊與晉離、不樂其事、故諸侯諱言齊功、豹之如京師、亦以聘爲名、不明言賀城也、

其詳、屢舉之、故穆叔如周聘、且賀城、王嘉其有禮也、賜之大路、天子所賜車之總名、爲昭四年叔孫以所賜路葬張本、許氏曰、自宣九年蔑如京師、後五十餘年、始有豹如京師、自是不復聘王矣、見三按是時穀洛鬭王宮毀、齊莊仗義城之、雖因懼晉而媚王、猶知尊王、以制晉、晉爲盟主、不率屬勤王、唯徵師報怨、無怪諸侯以水不克爲辭也、穆子如周、本以賀城、而言聘者、齊魯有舋、不欲張大其功也、魯自仲叔蔑如京以後、五十餘年聘問不通、一使到周、王即有大路之賜、王之待魯何其優、魯之事王又何其慢耶

晉侯嬖程鄭、使佐下軍、代欒盈也、鄭行人公孫揮子羽如晉聘、程鄭問焉、曰、敢問降階何由、問自下之道、子羽不能對、歸以語然明、鬷蔑、然明曰、是將死矣、不然將亡、貴而知懼、懼而思降、乃得其階、猶道也、下

人而已。又何問焉。言易知。且夫既登而求降階者。知人也。不在程

鄭。疏云非程鄭所及。程其有亡釁乎。不然。其有惑疾。將死而憂也。言鄭本爲小人。

明年程鄭卒張本。疏云。趙文子將死。其語偷。程鄭將死。其言善。俱是失常。

黃鄉林曰。降階何由。程鄭之問。本出無心。然明卻悟出至理。

古人留心世故。遇事不苟。故見理精而知人明。

見三按子羽行人之賢者。豈不知降階之道。其不能對者以

程鄭不足與言也。其歸以語然明者。所以試然明也。追然明

言之。至理昭然。而子羽服。而子產於是乎始知

經　癸丑二十有五年春。齊崔杼帥師伐我北鄙。○夏五月乙亥。齊

崔杼弒其君光。○莊公弒。弟景公杵臼立。○公會晉侯宋公衛侯鄭伯曹伯

莒子邾子滕子薛伯杞伯小邾子于夷儀。○六月壬子。鄭公孫

舍之師師入陳〇秋八月己巳諸侯同盟于重丘（杜解）夷儀之諸侯也按史官之例前日後凡夷儀既列諸侯故此不重列也重邱齊地今山東聊城縣境〇重直龍反公至自會〇衛

侯入于夷儀本邢地衛滅邢而為衛邑晉愍衛衎失國使衛分之一邑書入者自外而入之辭非國逆之例楚

屈建帥師滅舒鳩傳在衛侯入夷儀上經在下從告〇冬鄭公孫夏帥師伐陳

陳猶未服〇十有二月吳子遏伐楚門于巢卒遏諸樊也為巢牛臣所殺不書滅者楚人

不獲其尸吳以卒告疏云諸侯不生名此吳子名在伐楚上者猶鄭伯髡頑如會丙戌卒于鄵也

傳二十五年春齊崔杼帥師伐我北鄙以報孝伯之師也（杜解）前年魯使孟孝伯為晉伐齊

公患之使告於晉孟公綽魯大夫昌若反〇曰崔子將有

大志志在弒君不在病我必速歸何患焉其來也不寇不為寇害使民不

嚴欲得民心異於他日齊師徒歸徒空也

見三按前既伐莒此又伐魯在君則以為示強于鄰在臣則

七

為君厚怨而已矣、為君厚怨者、為已弑君求免討之地也、君方得意、臣已藏奸、當局憂憂、而旁觀者固昭昭也、公綽不欲、不欲則清、清則明、齊莊多慾、多慾則昏、昏則闇。

齊棠公之妻、東郭偃之姊也、（棠公、齊棠邑大夫、疏云、楚僭號稱王、縣尹稱公、齊不僭號、亦邑長稱公者、蓋其家臣僕呼之、傳即因而言之、）東郭偃臣崔武子、棠公死、偃御武子以弔焉、見棠姜而美之、（美其色也、）使偃取之、（為已取、）偃曰、男女辨姓、今君出自丁、（齊丁公、崔杼之祖、疏云、諡法遠義不克曰丁、）臣出自桓、不可、（齊桓公、東郭偃之祖、同姜姓、故不可昏、）武子筮之、遇困䷮（坎下兌上困、）之大過䷛、（巽下兌上大過、困六三變為大過、）史皆曰吉、（孔疏、史、筮人也、史有多人、皆言吉、以阿崔子、）示陳文子、文子曰、夫從風、（坎為中男、故曰夫、變而為巽、故曰從風、）風隕妻、不可娶也、（風能隕落物者、變而隕落、故曰隕妻、不可娶、按困之六三變大過之九三、是為棟橈之凶、男女相為室家、風隕棟折、則家室壞而身將壓、何利之有、）且其繇曰、困

來元成曰、從來尊莫並于君、惡莫大于弑君、此庸夫販豎所入耳而色動、固不待賢豪長者知名當世之士為之決計者也、故夫篡逆叛亂之事、出自篡逆叛亂之人為之、則亦已矣、所稱賢豪長者知名當世之士、亦以為習見習聞、而無駭怪于其閒、天下事其可問哉、若夫仗節死義、立効討賊、又不出自賢豪長者知名當世之士之手、而近倖便嬖馳驅奔走之役、或赴難如飴、或功成反手、則天下事尚忍言哉、齊崔杼之弑莊公也、晏子立

困于石，據于蒺藜，入于其宮，不見其妻，凶。（困六三爻辭。按：一爻獨發，故為占主。）困于石，往不濟也。據于蒺藜，所恃傷也。入于其宮，不見其妻，凶，無所歸也。（易曰：非所困而困，名必辱；非所據而據，身必危。既辱且危，死期將至，妻其可得見耶。按：坎為險，為水，而連四五之剛，水中極剛險者惟石，嶮嵓當關，欲濟無由，故曰往不濟。荀九家易：坎為叢棘，為蒺藜，倚懸木為繫援，反為所刺，故曰所恃傷。二四互離，離為中女，坎為中男，似有夫婦之道，而坎變為巽，無由互離，有入宮不見其妻之象。棟橈宮毀，已無家矣，安所歸乎。）崔子曰：嫠也何害，先夫當之矣。（寡婦曰嫠，言棠公已當此凶。○嫠，力之反。）遂取之。莊公通焉，驟如崔氏。（秝解驟，數也。）以崔子之冠賜人。侍者曰：不可。公曰：不為崔子，其無冠乎。（言雖不為崔子，猶自應有冠。）崔子因是，（因是怒公。）又以其間伐晉也。（間晉之難而伐之。）曰：晉必將報。欲弑公以說於晉，而不獲間。公鞭侍人賈舉而又近之，乃為崔子間公。（伺公間隙。）夏五月，莒為且于之役，（在二十三年。）故莒子朝于齊。甲戌，饗諸北郭。崔子稱疾不視事。（欲使

于崔氏之門外，其人曰：死乎。曰：獨吾君也乎哉，吾死也。曰：行乎。曰：吾罪也乎哉，吾亡也。曰：歸乎。曰：君死安歸。故君為社稷死則死之，為社稷亡則亡之。若為己死而為己亡，非其親暱，誰敢任之。且人有君而弑之，吾焉得死之，而焉得亡之，將庸何歸。異哉斯言，乃出于賢豪長者知名當世之晏子耶。尊莫並于君，惡莫大于弑君。抑何不與太史同死，僅以枕股之哭，掩其責也。抑何不與盧王同奔，僅以抑天而嘆，文其辭乎。人臣無將，與聞乎故，律以趙盾不越境不討賊之律，晏子其無辭矣。夫以賢豪長者知名當世之卿大夫，而泄泄若此，彼近侍使嬖、馳驅奔走之役，當無怪其望風屈膝，棄舊迎新，耳而事之。有不盡然者。莊公被弑，賈舉、州

綽郈師公孫敖封具鐸父襄伊
僂堙皆死、不過齊之勇力之
臣耳、佗父祭于高唐、至復命
不脫弁而死、不過齊之祝耳、
申蒯與其宰皆死、不過齊之
侍漁者耳、則是赴難如飴、反
出自近倖便嬖馳驅奔走之
役、此一異也、至于離閭崔氏、俾
有家禍、盡族而殲之者、盧蒲
嫳之力為多、殺慶舍于廟、而遂
慶封使他奔者、盧蒲癸、王何之力
為多、則是功成反掌、又出自
近倖便嬖馳驅奔走之役、此又
一異也、嗟乎士大夫高座而着衣
冠、抵掌而談仁義、伈伈覬覬望
重名高、追迅風摧條、嚴霜隕
籜、誰復慷慨而為九京之從、憤
發而傳六尺之檄者、不將令瑣
瑣庸流笑人寂寂耶、獨是齊
莊與崔杼謀執庶弟于句瀆
尸庶母于朝、不旋踵而為崔杼
所弒、崔杼與慶封謀弒其君、不

公來、乙亥、公問崔子、問疾遂從姜氏、姜入於室、與崔子自側戶出、公
拊楹而歌、歌以命姜侍人賈舉止眾從者、而入閉門、為崔子閉公也、重言侍人者別
下賈舉甲興、公登臺而請、免弗許、請盟、弗許、請自刃于廟、弗許、求還
廟自殺也皆曰、君之臣杼疾病、不能聽命、不能親聽公命近于公宮、言崔子宮近公
宮、或淫者詐稱公陪臣干掫有淫者、不知二命、干掫行夜、言行夜得淫人、受崔子命討之、不知
他命、疏云、說文、掫、夜戒守有所擊、從手取、夜扞寇盜、手有所擊、故以干掫為行夜官名也、○干讀曰扞、掫側柳反公踰
牆、又射之、中股、反隊、遂弒之、賈舉、州綽、邴師、公孫敖、封具、鐸父、
襄伊、僂堙皆死、八子皆齊勇力之臣、為公所嬖者、公其死於崔子之宮、○僂力侯反與祝佗父祭
於高唐、有齊別廟至、復命、不說弁而死於崔氏、爵弁、祭服、說他活反。申蒯侍
漁者、監取魚之官退、謂其宰曰、爾以帑免、帑宰之妻子我將死、其宰曰、免、
是反子之義也、與之皆死、反死君之義崔氏殺鬷蔑、平陰大夫于平公外嬖

旋踵而為盧蒲嫳所滅，且殺慶舍。慶舍者，即慶舍之女逐慶封者，又即慶封易內飲酒之嬖人也。縱斧自戕，回戈反擊，讀傳者至此而撫掌稱快，人心雖不可知，天道則甚可畏哉。

姜白巖曰：此傳崔杼弒君事，春秋責備賢者，傳于晏子有予有奪，分兩大段。前段以晏子之言為斷，予其處變之宜；後段以辭虞之言為斷，正其與盟之謬。蓋伐晉之役，杼欲弒莊，說晉久矣，而未得其間，因以姜為餌，故公從姜氏拊楹而歌，姜已與崔氏從側戶出矣。然莊悍然宣淫于強臣之家，恃有私暱之人耳，豈知侍人賈舉即閉門，歌聲未已，矢已當躬，先射又射，飲刃而死，於是死于崔氏之門者八人焉，自外至崔氏死者三人焉，為崔氏殺者又八人焉，彼以為殉君之義而

九

陰。言莊公所養非國士，故其死難皆嬖寵之人。晏子立於崔氏之門外，聞難而來。其人曰：死乎。曰：獨吾君也乎哉，吾死也。言己與衆臣無異。曰：行乎。曰：吾罪也乎哉，吾亡也。自謂無罪。曰：歸乎。曰：君死安歸。君民者，豈以陵民，社稷是主。臣君者，豈為其口實，社稷是養。言君不徒居民上，臣不徒求祿，皆為社稷。故君為社稷死則死之，為社稷亡則亡之。謂以公義死亡。若為己死而為己亡，非其私暱，誰敢任之。私暱所親愛也，非所親愛，無為當其禍。且人有君而弒之，吾焉得死之，而焉得亡之。將庸何歸。補注申釋上文君死安歸，杜誤。門啟而入，枕尸股而哭。以公尸枕己股。興，三踊而出。人謂崔子必殺之。崔子曰：民之望也，舍之得民。盧蒲癸奔晉，王何奔莒。二子莊公黨，為二十八年殺慶舍張本。叔孫宣伯魯叔孫僑如之在齊也，成十六年奔齊。叔孫還齊公子納其女納宣伯女於靈公，嬖，生景公。丁丑，崔杼立而相之，慶封為左相，盟國人於大

其寔皆平日逢君之惡者。晏子提出社稷爲重，君爲社稷死，臣安得獨生，不爲社稷死，臣何必共死。以視紛紛絶脰、死相枕藉，及奔晋奔莒，皆得以私暱兩字盡之，而晏子實高出諸人一等，此傳之力表晏子也。顧莊公溺昏之主，不得與之同死；崔杼亂賊之臣，豈得與之同盟。晏子即不能討賊殉難，與太史兄弟同遊地下，而不立其朝，遠颺他國，不失爲潔身之義。何以太宮之盟，竟與崔慶同歃，而以忠於君利社稷六字兜頭一蓋，雖則隱鋤其後日不臣之心，然視其君今日之弑，不幾如秦越人乎。且賢者舉動，國人觀法，杼曰民之望也，舍之得民，是杼固欲藉晏子以靖國人。晏子受盟，國人安有不附。嗟乎，鮮虞猶爲舊君之服，而晏子竟立新君之朝，盧蒲癸、王何猶爲舊

宮、太廟公曰、所不與崔慶者、晏子仰天歎曰、嬰所不唯忠於君利社稷者是與、有如上帝、乃歃。盟書云、所不與崔慶者、有如上帝。讀書未終、晏子抄荅易其辭、因自歃、辛巳、公與大夫及莒子盟。莒子朝齊、遇崔杼作亂、未去、故復與景公盟。大史書曰、崔杼弑其君、崔子殺之、其弟嗣書而死者二人、嗣、續也。并前有三人死。其弟又書、乃舍之、南史氏聞大史盡死、執簡以往、聞既書矣、乃還、言齊有直史、崔杼之罪所以聞。[林]解、南史氏、齊史之在外者。按呂云、殺太史、其弟嗣書、則難三人死、而其弟復書、南史執簡亦往、更大難矣。大抵君子守正、小人雖有凶焰、不能奪。傳于趙盾之弑、書董狐之直、於崔杼之弑、書太史之死、以見凡弑君不揜其名、而書國書人者、皆由國無良史、受制賊臣、不以實告諸侯也。凡弑君三十六、皆以此兩條爲準。閭邱嬰以帷縛其妻而載之、與申鮮虞乘而出。〇二子莊公近臣。縛、直轉反。鮮虞推而下之、下嬰妻也。曰、君昏不能匡、危不能救、死不能死、而知匿其暱、匿、藏也。暱、親也。其誰納之、行及弇中、狹道。〇弇、於檢反。將舍、嬰曰、崔慶其追我、鮮虞

君報讎、而猶晏子曾無復仇之舉、故于鮮虞說大義、而晏子之依同自不待言、

曰、一與一、誰能懼我、林解言道狹、一人與一人戰、衆無所用、遂舍、枕轡而寢、恐失馬也、食馬而食、駕而行、出弇中、謂嬰曰、速驅之、崔慶之衆、不可當也、遂來奔、道廣衆得用、故不可當、崔氏側莊公于北郭、側、瘞埋之、不殯于廟、丁亥、葬諸士孫之里、士孫人姓、因名里、三日便葬、不待五月、四翣、喪車之飾、諸侯六翣、云、喪大記、君黼翣二、黻翣二、畫翣二、鄭氏云、漢禮翣以木為筐、廣三尺四寸、方兩角高、衣以白布、畫者畫雲氣、其餘各如其象、柄長五尺、車行使人持之而從、既窆樹于壙中、方言云、自關而東謂扇為翣、則翣是扇之類也、禮器云、天子八、諸侯六、大夫四、鄭云、八翣者加龍翣二、○翣所甲反、不蹕、蹕止行人、○音必、下車、送葬之車、七乘、不以兵甲、齊舊依上公禮九乘、又有兵甲、今皆降損、補注傳見莊公所以不書葬、

黃鄭林曰、君臣之義、亘古為昭、為社稷死則死之、為社稷亡則亡之、由晏子之言、可以戒萬世之為君、君昏不能匡危、不能救、死不能死、由申鮮虞之言、可以戒萬世之為臣、然必君

如莊公，臣如晏子，乃可藉口於晏子之言，否則不能討賊，又不能越境，且與賊共事，恬不知恥，幾何不流為長樂老也。吾願為人臣者以申鮮虞之言為法。

見三按：一棠姜耳，在棠公家，崔杼見之，欲娶便娶；在崔杼家，莊公見之，欲通便通，絕無難色。何妖淫若此！夫崔杼正卿，勢傾一國，非夏徵舒乳臭可比。莊公何敢宣淫其家，毫無顧忌。蓋當其微逆時，藏君於家，夫妻設為圈套，其淫亂已非一日，始則借妻邀寵，繼則挾妻弒君。莊公恃諸勇士為羽翼，乘間無自，自賈舉之計行，而君弒臣死，如摧腐鼠。方且引慶封為同心，盟國人于太宮。晏子雖枕股而哭，仰天而嘆，亦無如之何。不有太史氏執簡直書弒君之罪，不幾漏網於千載哉！

晉侯濟自泮（泮闕）會于夷儀伐齊以報朝歌之役（在二十三年不書伐齊齊人逆服兵不加按會時不知莊公之弒）齊人以莊公說（補注齊人以莊公代晉言晉讎已死今新君復從晉也○）使隰鉏（朋之曾孫）請成慶封如師（封獨使於晉不通諸侯故不書）男女以班（按此男女以班下篇男女別而纍哀元年男女以辨皆分別囚繫以示服罪也）賂晉侯以宗器（祭祀之器）樂器（鐘磬之屬）自六正（三軍之六卿）五吏（文職）三十帥（武職皆軍卿之屬官）三軍之大夫百官之正長（羣有司）師旅（小將帥）及處守者（守國者）皆有賂晉侯許之（杜謂齊有喪故晉無譏劉氏曰使晉討齊殺其賊汚其宮未可謂之代喪也通說以弒君說而釋之知有一己之私憾而忘天下之大惡）

使叔向告於諸侯（告齊服）公使子服惠伯對曰君舍有罪以靖小國君之惠也寡君聞命矣

見三　按崔杼弒君人人得而誅之況霸主乎晉苟聲大義於天下執崔杼而戮之名正言順桓文讓烈矣乃不為討逆問

罪之師而為復仇報怨之舉，取賂而還，為天下笑。縱逆則長亂，彰賂則貽奸，復怨則懷私，一舉而數惡備焉。

晉侯使魏舒、宛沒逆衛侯，（衛獻公以十四年奔齊。）將使衛與之夷儀。崔子止其帑以求五鹿。（崔杼欲得衛之五鹿，故留衛侯妻子以質之。）

見三按：衛獻內為孫甯所逐，外為偃句所阻，流離失所，幾如喪家之狗。趙孟初政，憫其失國，逆而納之可也。使衛與之夷儀，是教之爭也。異日甯喜弑剽，皆由此啟之。崔杼止帑以求五鹿，的是權奸辣手，欺衛亦欺晉矣。

初，陳侯會楚子伐鄭，（在前年。）當陳隧者，井堙木刊。（隧，徑也。堙，塞也。刊，除也。○堙音因。刊，古干反。）鄭人怨之。六月，鄭子展、子產帥車七百乘伐陳，宵突陳城，（突，穿也。）遂入之。陳侯扶其大子偃師奔墓，（欲逃塚間。）遇司馬桓子，曰：「載

姜白巖曰：晉侯以一卿一大夫逆獻于齊而致之衛，脅以必從也。于是范匄既卒，趙武為政，欲結諸侯之心，為盟宋之地，憫獻之流離，請衛之一邑如寓公然，原非教之爭國也。而崔杼遂以復國之說與獻謀，陰與相結，覬其求五鹿。逆知獻之必得國矣。

姜白巖曰：陳侯為楚虐鄭，鄭人思得一報，一旦入其國都，不知若何過分。而子展命師無入宮，恪修外臣之禮，安定其民而去。夫伐陳抗楚者，春秋之大義；秋毫無犯者，王者之行師。在當時

所僅見者也。然入人之國，聖人不予，故不以賢者恕，而直書其事。若再伐陳而但求其成，則誠仁義之師矣，聖人之所予也。

余（陳之司馬）曰將巡城。（不欲載公，以巡城辭）遇賈獲，（陳大夫）載其母妻，下之而授公車。公曰：舍而母。辭曰：不祥。（雖急猶不欲，男女無別）與其妻扶其母以奔墓，亦免。（宰臏臣而押君，女而濆男，雖顛沛其敢違之。凌氏曰：如猝遇鄭師，公幸脱矣，其何以脱母，不若附載其母而已。與妻隨車以奔）子展命師無入公宮，與子產親御諸門。（欲服之而已，故禁侵掠）陳侯使司馬桓子賂以宗器。陳侯免，（喪服〇音問）擁社。（抱社主示服）使其衆男女別而纍，以待於朝。（纍自囚係以待命）子展執縶而見，（見陳侯）再拜稽首，承飲而進獻。（承飲奉觴，示不失臣敬）子美入，（子産）數俘而出。（數其所獲人數，不將以歸。按數俘者，恐軍士妄殺也，不以歸則釋之也）祝祓社，司徒致民，司馬致節，司空致地，乃還。（祓除也。疏云：陳國既亂，致使官司廢缺，民人分散，符節失亡，故令陳之司徒招致民人，司馬集致符節，司空檢致土地，使各依其舊。詳說：此入之有禮者也）

黃鄭林曰：春秋時入國多矣，未聞如此之有禮者。本為報仇

姜白巖曰：此與文十七年晉人受賄定宋同。然彼書伐宋，此不書伐齊者，彼猶能聲其罪，此則並聲罪亦無聞焉。夷儀再會，將報朝歌之役，及聞崔杼弒君，深以為幸，觀趙武之告穆

雪恥而來，卻止數俘致地而去，居然兵不血刃，肆不易市，氣象此皆子產之力也。於獻捷見其文，於伐陳見其武，乃知古今名臣未有不材嫺文武者，誰謂諸葛公短於將畧哉。

見三按：陳挾楚以敵鄭，鄭入楚弗救，大國不可恃也。子展執縶，仍修外臣禮，子產數俘而出，致民勿有，致地勿取，致節勿擾，庶幾仁義之師。是役也，子展、子產同事，皆卿也，而經獨書公孫舍之者，令歸於一也。令一則專閫外之事，三軍之命係焉。故子展以獨斷服陳，而荀林父以傍撓敗邲。

秋七月己巳，同盟于重丘，齊成故也。伐齊而稱同盟以明齊亦同盟

見三按：齊莊伐晉，私憤也；崔杼弒君，公義也。晉勤諸侯，不以討賊為名，而以報怨為事，已屬不順，乃受其賂，悅其言，與之

盟而還列國不知有君安知有霸主晉一失于商任再失于沙隨三失于重邱而六卿之禍成矣尚能主諸侯乎

趙文子為政（趙武代范匄）令薄諸侯之幣而重其禮（以重禮待諸侯）穆叔見之謂穆叔曰自今以往兵其少弭（弭止也○亡氏反）矣齊崔慶新得政將求善於諸侯武也知楚令尹（令尹屈建疏云下文始言屈建為令尹者因伐舒鳩追叙之其實薳子馮卒在此盟前故服杜皆以令尹為屈建也）若敬行其禮道之以文辭以靖諸侯兵可以弭（為二十七年晉楚盟于宋傳）

黃鄉林曰薄幣是趙文子第一善政弭兵是趙文子第一失策但其力主休息與中外相安較之士匄政以賄成自有厚薄之分故晉弱楚强由於此范滅趙興亦基於此

見三按晉自偃匄當國賄賂公行弊不在兵繁而在幣重趙叔方將乘崔慶得政之機為弭兵之地是重邱同盟亦為盟宋設而受賂定齊者其餘事也何嘗聲齊之罪耶傳之釋經精矣

姜白巖曰士匄專政五年政以賄成雖子產有樂石之言不能盡已也趙武為政盡革其貪而重禮于諸侯新政改觀諸侯並睦復桓文之勳不難也乃不為攘楚而立意善楚借弭兵之名遂媮安之計而諸侯益以不靖傳深惡之故於此先發其端

（姜白巖曰、此楚人常用兵法、以掩人不備也、楚與吳争、舒鳩受禍、晉覇衰而楚復馮陵、）

武繼之、薄諸侯之幣、而重其禮、可謂善政一新、從此勵精內治、併力外攘、楚不敢争、而兵自可弭、乃不以服楚為弭兵、而以和楚為弭兵、隳悼文之業、潰夷夏之防、皆武為之、非盡宋向戌之咎也、

楚薳子馮卒、屈建（子木）為令尹、屈蕩為莫敖、（代屈建、宣十二年邲之役、楚有屈蕩為左廣之右、世本屈蕩屈建之祖父、今此屈蕩與之同姓名、）舒鳩人卒叛（前年不叛）楚、令尹子木伐之、及離城、（舒鳩城）吳人救之、子木遽以右師先、（先至舒鳩）子彊、息桓、子捷、子駢、子盂、師左師以退、（五人不及子木、與吳相遇而退、）吳人居其間七日、（居楚兩軍之間）子彊曰、久將墊隘、隘乃禽也、不如速戰、（墊隘、慮水雨流、民將困病、按傳三用墊隘、俱以病言、蓋云慮水雨大至、墊者濕疾、隘者羸疾也、◎墊丁念反）請以其私卒誘之、簡師陳以待我、（簡閱精兵、駐後為陳、）我克則進、奔則亦視之、（視其形勢而救助之）乃可以

免不然必為吳禽從之五人以其私卒先擊吳師吳師奔登山以望見楚師不繼復逐之傅諸其軍吳還逐五子至其本軍○傅音附簡師會之吳師大敗遂圍舒鳩舒鳩潰八月楚滅舒鳩五子既敗吳師遂前及子木其圍滅舒鳩

見三按始也右先左退吳以居其間而為難繼也私卒簡師又以傅其軍而成禽無他楚能變而吳不能變也不能變則成印板兵法矣

衛獻公入于夷儀為下自夷儀與甯喜言張本

見三按衛侯之入晉使魏舒宛沒迎之也于是衛有二侯矣衛獻播遷在外以為有罪告之天子改立衛君可也是諸侯危社稷則變置之義也以為罪不至失國治亂臣之罪復其

姜白巖曰晉平不能誅林父廢剽立獻以幹父之蠱乃納之邑此婦人之仁徒釀亂耳而獻之入經書衛侯何也不與賊臣之出君也盖獻固衛之君也豈林父之所敢出而剽之所敢簒哉此聖人之特筆而萬世君臣之分定鄭突入櫟何以名曰不正也

位可也是治亂持危之義也乃先則與亂臣立剽無會不與今又入獻于夷儀衛之民將安從焉晉之不足主夏盟久矣經不言納不與晉之納于夷儀也言入者以衛固獻之國夷儀其所得入者也不名者獻固衛侯剽不足以擬之也

姜宸曰趙武為政無心伐楚早握弭兵之計鄭伐楚與國之陳恐挑兵釁無以成和議也故士莊伯三層致詰子產絕不言功但詳言陳挾楚虐鄭之罪伯主不能討又不及命鄭自討則此日之井堙木刊陳為之寔晉致之曰不競曰恥皆動其羞愧而使之奮發也說到入陳但云陳知其罪授手于我絕不帶絲毫張皇及侵小之間晉人已自踰短垣戎服之問文公已為之布命三段處處提出先王天子王命見晉之世霸以

鄭子產獻捷于晉獻入陳之功而不獻其俘疏云前但數俘而出據定王告輩朔惟伐戎狄獻捷王命伐諸侯則告事而已不獻其功子產盡事大之禮從春秋之制戎服將事晉人問陳之罪對曰昔虞閼父為周陶正以服事我先王閼父舜之後當周之興閼父為武王陶正○閼於葛反我先王賴其利器用也與其神明之後也舜聖故謂之神明庸用也以元女大姬武王長女配胡公閼父之子滿而封諸陳以備三恪周得天下封夏殷二王後又封舜後謂之恪并二王後為三國其禮轉降示敬而已故曰三恪疏云樂記武王封黃帝後于薊封堯後于祝舜後于陳鄭氏以為三恪今按二代王者之後各自用其禮樂不但示敬而已則三恪當從鄭氏則我周之

其能尊王攘楚耳。今鄭輔霸主，不愧先王之命，弗以為功，而反以為罪，豈復有繼霸之志乎。理嚴辭婉，此夫子所以賞其順也。

自出、至於今是賴、（言陳周之甥、至今賴周德、）桓公之亂、蔡人欲立其出、（陳桓公鮑卒、于是陳亂、事在魯桓五年、蔡出、桓公之子厲公也、）我先君莊公奉五父而立之、（五父佗、桓公弟、殺太子免而代之、鄭莊公因就定其位、〔輯註〕鄭莊黨篡逆、安得以為功、）蔡人殺之、（人欲立其出故、）我又與蔡人奉戴（猶奉事）厲公、至於莊宣、（史記皆厲公弟、）皆我之自立、夏氏之亂、成公播蕩、又我之自入、君所知也、（播蕩流移失所、宣十一年、陳夏徵舒弒靈公、靈之子成公奔晉、自晉因鄭而入也、〔補正〕謂辰陵之盟、）今陳忘周之大德、蔑我大惠、棄我姻親、介恃楚眾、以馮陵我敝邑、不可億逞、（億度也、逞盡也、〔釆解〕其欲逞志於鄭者、不可億度、）我是以有往年之告、（謂鄭伯稽首告晉請伐陳、）未獲成命、（未得伐陳命、）則有我東門之役、（前年陳從楚伐鄭東門、）當陳隧者、井堙木刊、敝邑大懼不競、而恥大姬、（上辱太姬之靈、）天誘其衷、啟敝邑心、（啟開也、開道其心、故得勝、）陳知其罪、授手於我、用敢獻功、晉人曰、何故侵小、對曰、先王之命、惟罪所在、各致

其辟、誅也、按王氏謂征伐自諸侯為非禮、則桓文已然、不足為鄭責也 且昔天子之地一圻、方千里○列國一同方百里 音祈 自是以衰、差降、林解謂次國七十里、小國五十里、○初危反 今大國多數圻矣、若無侵小、何以至焉、晉人曰、何故戎服、對曰、我先君武莊為平桓卿士、城濮之役、文公布命曰、各復舊職、晉文公命 我文公戎服輔王、以授楚捷、不敢廢王命故也、城濮在僖二十八年、按子產言以輔王者事晉有其過禮、無不及也 士莊伯士弱不能請詰復於趙文子、文子曰、其辭順、犯順不祥、乃受之、冬十月、子展相鄭伯如晉、拜陳之功、謝晉受其功、子西復伐陳、陳及鄭平、前雖入陳服之而已、故更伐以結成 仲尼曰、志古書有之、言以足志、文以足言、足猶成也 不言誰知其志、言之無文、行而不遠、雖得行猶不能及遠、晉為伯、鄭入陳、非文辭不為功、慎辭哉、樞機之發、榮辱之主、按傳申言鄭辭令之美、

黄莭林曰葦之戰晋獻齊捷于周被王詰責子産賢大夫豈其不知此理而冒昧獻捷特陳自逃歸以後介恃楚衆憑陵中國實為晋伯之梗陳可介楚鄭亦恃晋陳伐鄭不以罪陳鄭伐陳豈能罪鄭告不獲命不告必見責故特地獻捷以掐其詰使之詞窮而止一篇大文章出諸戎服將事可以知子産之全才矣

見三接趙武為政倡議弭兵楚且可和何有于從楚之陳鄭人入陳獻捷適違其志士莊伯層層詰問所以責其不順也子産層層辨答所以致其順也其慎辭以尊王為主一則曰服事我先生再則曰先王之命見周室雖衰王靈未替助楚如陳得罪于天下即得罪于天王陳不可怨而楚益可不和

姜白巖曰：傳大書趙文子為政，未聞內治，其所圖謀，將率諸侯以事楚，晉安得不弱？子木和為令尹，井牧兵賦，無不就理，此急於內治者也，楚安得不強？傳於南北主盟、楚強晉弱之先，二子初政，一能一否，並識其概。

末段又將城濮之役先公式服輔王結束，見晉之尊王，必先攘楚；鄭之輔覇，自當討陳。王命不廢，舊職是承，不特尊王，抑且法祖，皆以明陳之當伐，即以闡晉之和楚也。其理直，其氣壯，晉人亦無辭以詰，聊自解嘲曰其辭順。

楚蔿掩子馮之子為司馬。子木使庀治也賦，數甲兵。閱數之甲午，蔿掩書土田，書土地之所宜度山林，度量山林之材，以供國用鳩藪澤，鳩，聚也。聚成藪澤，使民不得焚燎壞之，欲以備田獵之處辨京陵，辨，別也。絕高曰京，大阜曰陵，別之以為冢墓之地表淳鹵，墝埆薄之地，表輕其賦稅。賈逵曰：淳，鹽也。說文：鹵，西方鹽地。○音魯數疆潦，疆界有流潦者，計數減其租入。孫毓註：砂礫之田也規偃豬，下濕之地，規度其受水多少。○偃，於建反。豬，陟魚反町原防，廣平曰原。防，隄也。隄防間地，不得方正如井田，別為小頃町。疏云：說文：田踐處曰町。急就篇頃町界畝，是町亦頃類，故連言之牧隰皋，水崖下濕，為芻牧之地井衍沃，平美之地，則如周禮制以為井田。六尺為步，步百為畝，畝百為夫，九夫為井量入脩賦，量九土之所入，而治理其所

彭家屏曰：牛臣之謀，果非孟浪。後世常論荊軻為匹夫之勇，無益于國，惜其事未成耳。使始皇死，秦疆亦可少安。扶蘇雖仁，非吞并之資，始皇崩而天下土崩矣，則軻之

賦稅。疏云：九土之內，偃豬、京陵，無物可入，而言九土之所入者，總言之。○量音良賦車籍馬，籍疏其毛色歲齒以備軍用。賦車兵、士甲徒卒、步卒甲楯之數。○使器杖有常數。楯食準反既成，以授子木，禮也。得治國之禮。傳言楚之所以興。

見三按：古者兵出于賦，欲足兵先治賦，故兵無不強。後世則先聚兵後議餉，故兵多飢疲，不敗則亂。蓋古人之兵有制，後世之兵無本也。傳于盟宋前敘此一段，見子木量土修賦，力求富強，明以弭兵愚晉，偷如趙武方且聽向戌之奸謀，不知內治，徒慕虛名，故晉之弭兵，兵弭而亡；楚之弭兵，兵弭而強。

十二月，吳子諸樊伐楚，以報舟師之役。在二十四年。門于巢。攻巢門。巢牛臣曰：吳王勇而輕，若啓之，將親門。啓，開門也。我獲射之，必殪。死也。是君也死，疆封疆也其少安。從之。吳子門焉，牛臣隱于短牆以射之，

所爲非匹夫之事，若責其計踈，則無辭。

周大章曰：政以愛民爲本。誅不仁，正所以愛民。千古治要大端。不

卒。（詳說）自壽夢以來，知尊中國，與楚爲敵，今以代楚之故，門于巢卒，其以攘夷而死也。見三按從來恃勇之人，未有不輕，輕未有不亡者。吳孫策卒爲許貢家奴所中，唐太宗不有尉遲敬德，亦幾爲單雄德所擒，皆勇而輕之過也。劉曜冉閔，一戰被擒，不足言矣。牛臣之言，可爲龜鑒。

楚子以滅舒鳩賞子木。辭曰：先大夫蒍子之功也。以與蒍掩。往年楚子將代舒鳩，蒍子馮請退師，以須其叛，楚子從之，卒獲舒鳩，故子木辭賞，以與其子。見三按子囊以城郢之言遺子庚，是古大臣公忠體國之道，子木以舒鳩之賞讓子馮，是古大臣受祿不誣之意，較之晉卿爭州田，真有霄壤之別，此楚所以强，晉所以弱也。

晉程鄭卒，子産始知然明。前年然明謂程鄭將死，今如其言，故知之。問爲政焉。對曰：

外此二語子產論政雖似別一話頭而究之政如農功豐植嘉禾即視民如子意芟夷惡草即誅不仁意但要思而行之耳日夜思之務在可行朝夕行之要無越思一提喻意于前一我喻意于後錯綜入妙

姜白巖曰然明之對析之為仁知合之則惟受民故害民者必誅太叔問政所以行此兩言者其道安在在於思而已畔分限也然明側注在去惡子產恐不善會之便以搏擊為良故言知以全仁事事有分限不得稍過一分流于慘刻也夫子稱其惠人道不越此方知政莫如猛必非子產之言

視民如子見不仁者誅之如鷹鸇之逐鳥雀也子產喜以語子大叔且曰他日吾見蔑（然明名）之面而已今吾見其心矣子大叔問政於子產子產曰政如農功日夜思之思其始而成其終朝夕而行之行無越思（附註：言不越於所思）如農之有畔（言有次）其過鮮矣

黃薌林曰子產為政全在猛以濟寬唯能嚴鷹鸇之逐故能視民如子特不善學之遂開後世酷吏之風故于子太叔之問政而告之以思思其始而成其終則不傷惠不傷殘古之遺愛所以稱也太叔知此何至有萑苻之政駟（四）乞知此何至有竹刑之用

見三按善哉然明語子產以政也異曰子產稱為遺愛得力于然明視民如子一語褚衣冠鑄刑書得力于然明鷹鸇之

姜白巖曰甯氏世為卿武子有大功于國至甯殖出君名在諸侯甯氏之罪人也殖以復衎命喜亂命也喜臣于剽未嘗臣衎臣于剽則始終事剽可矣即有父命或使剽全衎可矣安得弑剽而迎衎乎夫但曰許之其事成否尚未可知而太叔儀斷其族滅者蓋許之而剽怨則喜死剽不知而剽死則衎必疑疑則喜亦死是濟與

逐一語後世循吏以子產為第一而不知其集思廣益固自不恥下問來也若子產之告太叔也曰政如農功日夜思之思其始而成其終朝夕行之行無越思如農之有畔其過鮮矣是其一生經濟處即其一生學問處允矣君子於此傳得其大端矣

衛獻公自夷儀使與甯喜言求復國也甯喜許之大叔文子太叔儀聞之曰烏乎詩所謂我躬不說皇恤我後者甯子可謂不恤其後矣皇暇也詩小雅將可乎哉殆必不可君子之行思其終也思使終可成思其復也思其復行可書曰慎始而敬終終以不困孔疏尚書蔡仲之命詩曰夙夜匪解以事一人喻君今甯子視君不如弈棋弈棋圍棋也其何以免乎弈者舉棋不定不勝其耦而況置君而弗定乎必不免矣九世

不濟皆死也夫殺其身蓋父愆君子為之若躬蹈弒逆身死宗滅而父之名在諸侯者仍不能沒其不可也必矣太叔引書言其終必有患引詩言其貳心當誅固不得以從親之命末滅其弒君之惡此傳先經始事也

之卿族一舉而滅之可哀也哉【補注】甯氏出自衛武公及喜九世也傳記太叔儀之言及後伯玉去國見甯氏廢立賢臣皆不與

黃鄭林曰此即後傳政由甯氏祭由寡人之言也其事甚秘太叔儀何以得聞蓋甯子嘗以子鮮之言告蘧伯玉右宰穀當亦必告太叔諫之不從退為此言大息不盡直有拊膺頓足之神蓋深為甯武子惜也

見三按孫甯逐君名在諸侯律以春秋之義林父其首惡殖之罪猶可從末減也殖知悔過自當戒子以盡忠喜欲蓋愆唯有事君以成孝乃不為幹蠱之謀而為踵惡之舉故夫殖之命喜獻（與）之命喜皆亂命也獻之亂命靡有初鮮克有終殖之亂命顧其前不恤其後祖父世篤忠貞不避艱險子孫世

濟克逆，自取滅亡，九世之卿族一舉而鬼其餒，而旁觀太息

當局殊夢夢也，不仁者可與言哉

11.
襄公下

姜白巖曰、秦晉相仇久矣、至此為成、而深惜其不結、先經總叙、非傳寫誤也

春秋左傳精義卷三十

閬中 鄭林 黄一桂 輯　男 心垣見三 補輯

襄公七

傳會于夷儀之歲、齊人城郟、杜解在二十四年、不直言會夷儀者、别二十五年夷儀會其五月、秦晉為成、晉韓起如秦涖盟、秦伯車秦伯之弟鍼如晉涖盟、成而不結、不結固也、傳為後年脩成起本、當繼前年之末、而特跳此者、傳寫失之、疏云、魏晉儀注、寫章表别起行頭者、謂之跳出、故杜以跳言之、陳氏曰、言秦楚固交、秦晉盟而不合、是以宋之役、諸夏始判、遂成南北之勢、故特出之

見三按、楚不可和、而秦不可不成、成秦則兵力合而霸業强。和楚則兵力弛而霸圖替、然晉之為成其志偷、秦之為成其

周大章曰、為公而爭、人臣常事、范富韓歐、上前議論、各持己見、毫不阿比、而卒未嘗失色、以其心競而不力爭也、撫劍拂衣、子朱固屬

志大發戈息甲、以牧以耕、從此燕坐西陲、安受中國之燼、至戰國而富強甲于天下、實由於此

經　甲寅二十有六年春王二月辛卯、衛甯喜弒其君剽。公剽弒獻復歸衛

衛孫林父入于戚以叛　按書叛始此　甲午、衛侯衎復歸于衛　杜解復其位曰復歸

夏、晉侯使荀吳來聘　荀吳、偃子。○公會晉人、鄭良霄、宋人、曹人于澶淵　卿會公侯皆應貶、方責宋向戌後期、故書良霄以駁之、若皆稱人、則嫌向戌直以會公貶之、按此史例也。○澶、市延反

秋、宋公殺其世子痤　稱君以殺、惡其父子相殘。○才何反　○晉人執衛甯喜○八月壬午、許男甯卒于楚　子悼公買立　○冬、楚子、蔡侯、陳侯伐鄭○葬許靈公

傳二十六年春、秦伯之弟鍼如晉脩成　杜解脩會夷儀歲之成　叔向命召行人子員　秦命欲使答　行人子朱、曰朱也當御、進也、言次當行　三云、叔向不

無禮、叔向亦傷雅道、聞堂喧嘩、曰無人主乎、公猶加歎賞、殊憒憒也、師曠公室懼卑之言、見微知著、叔向聞之、得毋內愧否、

姜白巖曰、子朱為叔向所黜、公義也、何至撫劍而起、蓋晉之官常廢也矣夫、昏闇如唐僖宗、猶謂大臣相詬、無以儀刑四方、而況拔劍相逐乎、平公怡然以為所爭者大、殆僖宗之不如矣、趙武何默默也、以視楚之子木、政令截然、已總其成、百僚帖服、楚安得不強、晉安得不弱、

應、子朱怒曰、班爵同、（同為大夫）何以黜朱於朝、撫劍從之、（從叔向也）叔向曰、秦晉不和久矣、今日之事幸而集、（集成）晉國賴之、不集、三軍暴骨、子員道二國之言無私、子常易之、姦以事君者吾所能御也、（林解）御止而不畏拂衣從之、人救之、（呂說）叔向自謂卿族、下視行人、以氣陵之耳、平公曰、晉其庶乎、（庶幾於治）吾臣之所爭者大、（林解）言為公忿、非私怒也、師曠曰、公室懼卑、臣不心競（謂二子不心競為忠）而力爭、不務德而爭善、（爭謂所行為善）私欲已侈、能無卑乎、（私欲侈則公義廢、（補注）見晉室卑、故急于結秦好、）

黃鄰林曰、秦晉兵爭七十年不息、今來修成、最關緊要、叔向之責子朱是也、特拂衣從之則躁矣、叔向賢大夫、何至有此舉動、祇緣平公懦弱、政柄下移、叔向思振朝綱、忿為已甚、不思一撫劍一拂衣、國體何在、而晉侯猶謂所爭者大、以秦鍼

之賢、獨不慮為所笑乎、師曠之言、斷盡晉霸殘局、曷勝太息
見三按、盛世之臣、未有不心競者、故禹皋之和、東各盡贊襄
之道、衰世之臣、未有不力爭者、即楊左之烈節、亦難免意氣
之矜、不心競而力爭、師曠之言、專為叔向發也、若晉庭諸臣
唯知爭朴、又安知爭善、私欲已侈、慨乎言之
衛獻公使子鮮為復、使為己求反國、辭不能、辭不敬姒獻公及子鮮之母強命之、對
曰、君無信、臣懼不免、敬姒曰、雖然、以吾故也、許諾、初、獻公使與
甯喜言、言復國、甯喜曰、必子鮮在、不然必敗、子鮮賢、國人信之、必欲使在其間、故
公使子鮮、子鮮不獲命於敬姒、以不得止命、補注、傳見子鮮為復、非己意、以公命與
甯喜言曰、苟反、政由甯氏、祭則寡人、甯喜告蘧伯玉、伯玉曰、瑗
不得聞君之出、敢聞其入、十四年、孫氏欲逐獻公、瑗走從近關出、遂行、從近關出、

周大章曰、政由甯氏、獻公原以弭甯喜、甯喜惟不信、故特子鮮、子鮮亦不能信、故懼不免也、甯喜以父命而弑君、子鮮以母命而責友、敬姒以長子而負幼子、獻公責弟、責臣、而並至于責母、人無信致五倫俱喪、達道之行、全在于誠、聖賢豈欺我哉

姜白巖曰、衍書名、與衛侯鄭復歸于衛、曹伯襄復歸于曹同、更代之際、聖人謹之、獻有志于復國、借大國之力而誅剽及喜

可也。否則由夷儀乘閽誅剽可也。君甯喜則父子臣剽久矣，欲其迎己，勢必弒剽。弒君大逆也，行一不義，仁者不為，況使之弒君。敬姒之命鱄，亂命也，猶之殖以復獻命其子也。一父一母並為儺階而獻，與鱄之非義，不待言矣。

或謂伯玉禍作而去，禍止而反，似于義有歉。愚按孔子稱伯玉邦有道則仕，邦無道則卷而懷之。伯玉當獻、剽、靈之世，皆非有道。其云有道者，無事之時；無道者，篡弒之時也。伯玉未嘗為卿，蓋初為大夫，林父以逐君訪之，從近關行，及反于衛，隱居不仕。甯喜再訪，復從近關行。至靈之世，復仕為大夫耳。夫子逐君，孔子不仕，陽虎作亂，聖人在魯，何必長往不反哉。故曰伯玉出處合乎聖人也。

告右宰穀。衛大夫 右宰穀曰：不可。獲罪於兩君，前出獻公，今弒剽。天下誰畜之。畜猶容也 悼子甯喜曰：吾受命於先人，不可以貳。受命在二十年 穀曰：我請使焉而觀之。觀知可還否 遂見公于夷儀。反曰：君淹恤在外十二年矣，淹，久也。林解：恤，憂也。而無憂色，亦無寬言，猶夫人也。言其為人猶如故 若不已，死無日矣。悼子曰：子鮮在。右宰穀曰：子鮮在，何益。多而能亡，於我何為。言子鮮為義多，不過出亡。悼子曰：雖然，弗可以已。孫文子在戚，孫嘉聘於齊，孫襄居守。二子，孫文子之子。二月庚寅，甯喜、右宰穀伐孫氏，不克，伯國傷。伯國，孫襄。父兄皆不在，故乘弱攻之。甯子出舍于郊。欲奔 伯國死。

孫氏夜哭、國人召甯子、甯子復攻孫氏、克之、辛卯、殺子叔及大

子角、言子叔剽無謚故、疏云、此剽是穆公之孫、黑背之子、于獻公為從父昆弟、陳氏曰、弒君雖殺太子不書、以弒君為重、葉

石林曰、為衎則可以殺剽、為喜不可殺剽、故以弒書之、書曰、甯喜弒其君剽、言罪之在甯

氏也、嫌受父命、納舊君、故發之、孫林父以戚如晉、以邑屬晉、書曰入于戚以叛、罪

孫氏也、臣之祿君實有之、義則進、否則奉身而退、專祿以周旋、

戮也、甲午、衛侯入、書曰復歸、國納之也、本晉納之夷儀、今從夷儀入國、嫌若晉所納、故

發國納之例、言國之所納、而復其位、大夫逆於竟者、執其手而與之言、道逆者自

車揖之、逆於門者、頷之而已、言衎驕心易生、徐錯云、頷點頭以應、○頷戶感反、公至、使

讓大叔文子曰、寡人淹恤在外、二三子諸大夫皆使寡人朝夕聞

衛國之言、吾子獨不在寡人、補正、在如乃心罔不在王室之在、附注、以文子不通內外之言也、

古人有言曰、非所怨勿怨、寡人怨矣、所怨在親親、對曰、臣知罪矣、臣

不佞、不能負羈絏以從扞牧圉、臣之罪一也、有出者、謂行有居者、謂剸臣不能貳、通外內之言以事君、臣之罪二也、有二罪敢忘其死、乃行、從近關出、公使止之、傳言衛侯不能安和大臣

黃卿林曰、為舊君賊新君、古今斷無此臣理、況父逐舊君而立新君、已復賊新君而納舊君、獲罪於兩君、天下其誰畜之、右宰穀之言、真是見道語、亦是閱世語、至其斷衛君、論子鮮猶尤獨具卓識、乃自知之而自蹈之、卒與甯喜駢首衛庭、利令智昏、小人末路、大抵如斯、乃知子鮮木門之托、亦是懼禍及身、並非以不仕謝甯喜于地下也、

見三按甯喜之復獻公、從父命也、而鬼其餒而、子鮮之為要言、從毋命也、而駟不及舌、然鱄猶不失為忠君、喜則並無以

斡父夫剽者孫甯所私立獻者孫甯所同逐殖逐之喜復之父難逃叛賊之名殖立之喜弑之子又犯弑君之惡得罪於兩君天下其誰畜之雖至愚亦知其不可彼甯喜者豈真遵遺言而為愚孝哉蓋剽在則政歸于孫兩雄不能以相下獻歸則政繇于喜大權乃可以獨攬故自子鮮之言入而剽弑矣剽弑而獻復矣獻復而喜專矣喜專而公患矣免餘定謀權奸授首九世之卿族一舉而滅之吾不為甯氏之父子哀而為甯氏之祖宗惜也至若蘧伯玉君子也衛獻出入均不與聞于全身免禍則可矣其于臣人之義何居意者時不在位得以進退綽綽自如乎嗟乎剽獻之際難言矣賢如子鮮唯托木門以終身叛如林父方據私邑以沒世得一不二之

姜白巖曰、殖綽一戰而殺晉戍、可以寒趙武之膽、而愬于晉、皆趙武主之、而孫氏得終老于戚、晉臣為德于孫氏深矣。州綽、殖綽齊之勇士、一為齊莊死、一為衛獻死、各殉所事之主。

臣如太叔儀即可贊大事矣。蘧伯玉不在其位不與其難。未始非明哲保身之一道也。讀史者勿輕議焉。

衛人侵戚東鄙。以林父叛故孫氏愬於晉、晉戍茅氏。戚東鄙。殖綽齊人今來在衛伐茅氏、殺晉戍三百人。孫蒯追之、弗敢擊。文子曰、厲之不如。厲惡鬼也。按言女豈惡鬼不如乎。督其力戰。遂從衛師、敗之圉。蒯感父言、更還逐殖綽。圉、衛地、今直隸開州東有圉城。雍鉏孫氏臣獲殖綽、復愬于晉。

見三按孫林父之叛君則據戚、出公輒之據拒父則圍戚、人有逆心、地亦有逆脉耶。孫林父之在戚、晉戍之、齊殖綽伐之、蒯瞶在戚、晉納之、齊國夏圍之、齊晉固互有得失矣。

鄭伯賞入陳之功。入陳在前年。三月甲寅朔、享子展、杜解子展為元帥、故特表之。賜之先路三命之服。先路次路。補注晉命士會傳言請于王、此不言請于王、則鄭伯自賜之可知、禮樂自

姜白巖曰、子產果斷、不畏強禦、却以禮讓儆胥子、聖人言為國必以禮讓、子產庶幾焉。

諸侯出久矣。杜説非。先八邑，以路及命服為邑，先八邑，三十二井。疏云：周禮四井為邑。賜子產次路再命之服，先六邑。杜解二十四井也。子產辭邑，曰：自上以下，隆殺以兩，禮也。臣之位在四。上卿子展，次卿子西，十一年良霄見經，十九年乃立子產為卿，故位在四。且子展之功也。臣不敢及賞禮，請辭邑。公固予之，乃受三邑。位次當受二邑，以公固予之，故受三邑。公孫揮曰：子產其將知政矣。知國政。讓不失禮。林解：遜讓而不失其班次之禮。

黃鄭林曰：一賞也，向戌弭兵而請，子產提陳而辭，人之度量相越何如？公孫揮以其讓不失禮，稱為知政，可謂識政之本矣。

見三按：入陳之役，子產之功不在子展下，而獻捷陳辭，能令晉人語塞，尤其絕大勳猷。乃子展受邑而子產辭邑，唯能處

姜白巖曰：晋爲盟主，召天下諸侯將討弒君之賊，豈非桓文以來所僅見乎？然其討賊乃爲孫氏故，孫氏逐君之賊，而爲其討弒君之賊，蓋甯交晋大夫，盟會多在其私邑，傳著爲孫一語，而前後篇皆貫。

俞甯世曰：上手、下手，手分輕重，夫子、此子，口别低昂，遂出履歷，情更顯然，淨丑登場，不消塗面，試問今日問官串過幾百回，方得這般神肖。

周大章曰：兩人皆戍城麇被獲者

已以禮，故能範人以禮，異日治鄭之經綸已基於此，循吏之傳首稱子產，太史公寔具絶識。

晋人爲孫氏故，召諸侯，將以討衛也。夏，中行穆子來聘，召公也。召公爲澶淵會

見三按：晋以盟主而成亂臣之叛邑，實犯天下之大惡；衛以小邦而殺大國之戍人，足伸天下之大義。趙武執政，不知自反，反以此召諸侯，從此中夏解體，不待宋之盟而始知其失霸也。

楚子、秦人侵吳，及雩婁，按今江南霍邱縣西南雩婁故城是。聞吳有備而還，遂侵鄭。五月，至于城麇。鄭皇頡鄭大夫戍之，守城麇之邑。出，與楚師戰，敗。穿封戌囚皇頡，公子圍共王子，靈王也。與之爭之，正於伯州犂。正，曲直也。伯州

也而楚秦局面遂分伯州犂
勢利極熟人做作指點情景品
晝故皇頡可以默喻子產義理
極透人揣摩辨析是非立剖故
堇父可以必得君子小人都善揣
縱而正不正判若天壤合而觀之可
以得知人知言之學矣
姜白巖曰晉悼三駕服鄭至
此有六年秦楚併力爭鄭此
正霸業興衰之機泄泄之晉不
知也而晉遂失霸傳蓋為宋
之盟張本

犂曰請問於囚乃立囚伯州犂曰所爭君子也其何不知言王子圍
及穿封戌皆其非細人易別識也上其手曰夫子為王子圍寡君之貴介大也弟也
下其手曰此子為穿封戌方城外之縣尹也誰獲子上下手以道囚意
囚曰頡遇王子弱焉弱敗也言為王子所得釈解皇頡已解其意陳說見圍令秦行于國戌怒抽
戈逐王子圍弗及楚人以皇頡歸印堇父鄭大夫與皇頡戍城麇
楚人囚之以獻于秦鄭人取貨於印氏以請之子大叔為令正
主作辭令之正以為請子產曰不獲謂太叔辭以貨請堇父必不得受楚之功而取貨
於鄭不可謂國秦不其然受楚獻功大名也以貨免之小利故謂秦不爾若曰拜君之
勤鄭國微君之惠楚師其猶在敝邑之城下其可辭如此堇父可得按勤鄭
國者言秦之有恩于鄭挽楚師以去不以見伐為仇而反以即去為德弗從遂行秦人不予更幣
從子產而後獲之

周大章曰為臣執君始于晉文初伯已開君弱臣强之漸六卿擅權三家分晉寔萌于此林父自獻公立時即送妻子戚其善晉大夫交結盤固已非一日逐獻立剽晉悼欲誅被師曠荀偃沮止大義未伸今甯喜弒剽納獻雖云有罪要亦復舊君

黃鄉林曰伯話賣國賣君為千古佞人之祖讀此傳而知其淵源蓋有自也犖尚如此何責於話今之贓吏高下其手皆奉此為衣鉢也試問有此老面目否

見三按媚權要一上下手間枉善賣勢曲阿諂人何所不至究之子圍立州犖見殺穿封戌反得封上手之諂何如抽戈之直子產謂貨賄不可得因必更辭而後可蓋處人當處以禮所以反映州犖也

六月公會晉趙武宋向戌鄭良霄曹人于澶淵以討衛疆戚田正戚之封疆取衛西鄙懿氏六十以與孫氏戚城西北五十里有懿城因姓以名城取田六十井也戚城今在直隸開州北趙武不書尊公也罪武會公侯向戌不書後也後會期鄭先宋不失所也如期至按數語明史官之例於是衛侯會之晉將執之不得與會故不

耳、晋不問其文〔出〕何必問其入、乃
孫氏以戚入晋、晋遣戍被殺、尚
不自咎、受孫氏之愬而爲此會、
以討衛、遂爲臣而執君、何以爲
盟主、二君來請、姑不唐突、託之
平仲私語、正義出以婉詞、二子
賦詩委蛇、令人意消、讀之津津
有餘味、
姜白巖曰、晋人之處衛事、前已
大謬、至此惟有並誅孫甯以
定衎而已、復因林父而執君、家
氏謂有晋臣羽翼諸侯之大
夫、使交相爲亂、以爲彼剖分宗
國之地是也、澶淵之會、諸侯
嘖有煩言、晋平亦自知其不
義、而委於魯君主之趙武以
公之親至、且爲晋任過也、故德
公之甚、其告諸侯以卿不會公
侯自抑、以良霄之至先宋以悅
鄭、而宋則正其後期之慢、春秋
以衆諸侯告命、未有鄙倍如此
者、聖人存其文所以著其罪也、

書。晋人執甯喜、北宮遺。北宮括之子。討其弑君伐孫氏也。使女齊司馬侯以先歸。歸晋而後告諸侯、故經書在秋。（劉傳）非伯討也。晋人曰、爾曷爲納君而伐孫氏云爾。（詳說）喜可執。坐林父之訴而執之、則悖也。衛侯如晋。晋人執而囚之於士弱氏。士弱、晋主獄大夫。秋七月、齊侯、鄭伯爲衛侯故如晋。欲其請之。晋侯兼享之。晋侯賦嘉樂。詩大雅。國景子相齊侯。景子、國弱。賦蓼蕭。詩小雅。言太平澤及遠、若露之在蕭、以喻晋君恩澤及諸侯。子展相鄭伯。賦緇衣。詩鄭風。叔向命晋侯拜二君曰：寡君敢拜齊君之安我先君之宗祧也、敢拜鄭君之不貳也。蓼蕭、緇衣二詩、所趣各不同、故拜二君辭異。國子使晏平仲私於叔向。私與叔向語。曰：晋君宣其明德於諸侯、恤其患而補其闕、正其違而治其煩、所以爲盟主也。今爲臣執君、若之何。謂晋爲林父執衛侯。叔向告趙文子、文子以告晋侯。（補注）上言取衛田益孫氏、下記取衛姬。見趙武、叔向皆從君子昏。晋侯言衛侯之罪、使叔向告二君。言自以殺晋戍三百

七

然齊人何以不會宋人何以後至并執衛君何以獨書甯喜蓋為臣討君古今之奇變觀齊鄭二君皆為衛侯請國子平仲復直言於叔向而齊人不會之故可知也矣齊人之不會宋後至之故可知矣夫執諸侯而歸於京師猶知有天子也乃衛侯至晉而執之而囚於晉國之士師以快孫氏之心其驕縱敗倫莫此為甚是豈可為訓哉故夫子削之也晉臣以殺戍挫威者愚晉侯陰以黨護賊臣者踣公室傳叙叔向之論子罕以見晉平之無以長世也嗟乎晉平內有四姬矣而衛侯之歸必待衛姬之入則又晉臣之蠱惑其君使之潰倫荒縱而不齒於諸侯也

人為罪不以林父故國子賦轡之柔矣逸詩見周書義取寬政以安諸侯若柔轡之禦剛馬疏云漢書藝文志無周書篇目其書今在或云是孔子刪書之餘按其文非尚書之類故引詩云馬之剛矣轡之柔矣馬亦不剛轡亦不柔志氣麃麃取與不疑此詩無所見故謂彼文是也子展賦將仲子兮詩鄭風義取衆言可畏衛侯雖別有罪而衆人猶謂晉為臣執君晉侯乃許歸衛侯叔向曰鄭七穆罕氏其後亡者也子展儉而壹子展鄭子罕之子居身儉而用心一鄭穆公十一子子然二子孔三族已亡子羽不為卿故唯言七穆疏云鄭七穆謂子展公孫舍之罕氏也子西公孫夏駟氏也子產公孫僑國氏也伯有良霄良氏也子太叔游吉游氏也子石公孫段豐氏也伯石印段印氏也穆公十一子謂子良公子去疾也子罕公子喜也子駟公子騑也子國公子發也子孔公子嘉也子游公子偃也子豐也子印也子羽也子然也士子孔也世譜族譜子羽穆公子其後為羽氏羽師頡其孫也非行人子羽

黄鄉林曰春秋多君臣之獄而莫衛為甚前則元咺愬晉而成公執後則孫林父愬晉而獻公執前猶歸之京師後則竟

囚之本國矣、前為十穀而釋、猶知市恩於魯、後為一姬而釋、並不推情於齊鄭矣、世變之興、愈出愈奇、可勝慨哉

見三按此深慨晉伯之衰也、衛獻不納荀偃、既悞于前、迫其復入、自當並誅孫甯、明定其位、名正言順、平之烈、武之功、當萬代瞻仰矣、乃合五國之公卿為孫氏彊戚田、執其卿、又執其君、以一叛臣之故、分析其土地、而顛倒其君臣、齊鄭之君委曲以求之、衛侯得釋則已、而教猱升木、如列國之强臣何、此六卿分晉之始、田氏篡齊之基、而魯三家之勢泰山而四維之矣、王伯并衰、大亂將作、非細故也、罕氏後亡、而趙氏竟不滅族、賛子展相鄭伯之儉、壹正以反形趙武相平公之驕恣也、傳之寄慨深矣、

魏禧曰、使視之、所以考其寔、問左師
夫人所以詗于公、宋公亦自謂精察、
太子之罪不誣矣、豈知步步精察、正
步步打入局中、李泌謂懷愍之手
書璞之表、甲尚不可憑也、每事精
察者、不可不長此一格。
魏禮曰、戌依違貪賊、寔開王導、楊
素、趙普一派人物、烹伊戾而不誅戌、昏
而失刑矣、豈以其有諸侯名畏之耶、
名士巧鄙、自古已然、
周大章曰、太子之死、死于伊戾之陷害、
成于向戌之合謀、主之者寔夫人耳、夫
人欲佐為太子、內外交結朋黨、搆陷
宋公不聞伊戾請從、而憂其惡女、
騁而告亂、不聞他人、而聞左師與夫
人、得固聞一語、因太子如縛雞豚聽
其縊死、遂爾立佐、夫人之謀、寔公之心
也、春秋大書曰宋公殺其太子痤、所以
著君父不明之罪、而孤臣孽子、受
屈無窮也、唯佐也能免我、似佐為
賢、而不知唯佐也能殺我、蓋佐于太
子、平日既無一事調停、臨時又無

初宋芮司徒（宋大夫）生女子、赤而毛、棄諸堤下、共姬（宋伯姬）之妾取以入、名之曰棄、長而美、平公（共姬子）入夕、（林解、入宮夕見其母也）共姬與之食、公見棄也、而視之尤、（尤甚也）姬納諸御、嬖、生佐、（元公）惡而婉、（貌惡而心順）大子痤美而狠、（貌美而心狠戾）合左師、（向戌）畏而惡之、寺人惠牆（氏）伊戾為大子內師、（孔疏、為內人之長）而無寵、秋楚客聘於晉、過宋、（上已有秋、復發傳者、中間有初、不言秋、則嫌楚客過在他年、）大子知之、（孔疏、謂與楚客舊相知）請野享之、公使往、伊戾請從之、公曰、夫（謂太子）不惡女乎、對曰、小人之事君子也、惡之不敢遠、好之不敢近、敬以待命、敢有貳心乎、縱有共其外、莫共其內、（伊戾為太子內師、不行恐內侍廢闕）臣請往也、（按忠愛之言、忽出于小人之口、已覺可疑、且公知其惡女、於戾之譖不能辨、由惑于夫人已久、）遣之、至則欿用牲、加書徵之、（詐作盟處、為太子反徵驗也。○欿口感反）而騁（馳也）告公曰、大子將為亂、既與楚客盟矣、公曰、為

一語分剖，死後並無一言嘆息，貽而與
之語，則其交通有素，故過期遂
之死也。陰賊險狠，十倍尋常，其所
謂婉直柔奸耳。
姜白巖曰：向戌後此合晉楚之成，春
秋之罪人也。傳深惡之，故於襄廿七
年華臣之奔，見其鼠首兩端，心術不
正。然過門必驟，獨自掩飾，不敢顯
然自居小人，至此則情狀畢露，章
誣太子，欲立其子也。美而狠，狠戾也，
謂與衆不順。下急接左師畏而惡
之，知狠字亦左師之徒誣之。畏者
畏其不能容，惡者惡其為己害。
大抵痤是英斷一流人，觀下文云惟佐
能免我，及過期自縊，可見夫人、左師
皆惡之，而太子危矣。人臣義無外交，
太子享客，非禮也，况於野享？迨伊
戾獻誣，問諸夫人與左師，皆曰固
聞之，可知左師先與夫人定謀，而伊
戾不過奉意以行耳。罪豈在伊戾
下？然宮中府中不相關會，夫人之意
何以聞於向戌？此中情節尚未明

我子，又何求。對曰：欲速。（言欲速得公位。按較驪姬云女何遲乎為君，更簡辣。）公使視之，則信有焉。（有盟徵也。）問諸夫人（佐母棄）與左師，則皆曰：固聞之。公囚大子。大子曰：唯佐也能免我。（以其婉也。）召而使請，曰：日中不來，吾知死矣。左師聞之，聒而與之語。（聒，讙也。欲使佐失期。呂說：佐何以使太子不疑？是佐平日孝友浹于兄弟，佐固可取。然當急報太子，如救焚拯溺，何以左師強聒而過期？想此時亦為利動也。按日中不來，吾知死矣，何以即入向戌之耳？蓋左右無非向戌、伊戾之黨，後世用此術以傾太子者多矣。○聒，古活反。）過期，乃縊而死。佐為大子。公徐聞其無罪也，乃亨伊戾。（○亨，普彭反。）左師見夫人之步馬者，（習馬。）問之，對曰：君夫人氏也。（疏云：氏猶家也。言夫人家之馬也。）左師曰：誰為君夫人。余胡弗知？圉人歸以告夫人，夫人使饋之錦與馬，先之以玉，（以玉為錦馬之先。）曰：君之妾棄使某獻。左師改命曰：君夫人。而後再拜稽首受。（左師令使者改命也。傳言宋公闇，左師諛，太子所以無罪。總愚亨伊戾，惜乎其不及向戌也。）

著故敘左師見步馬一段以見左師夫人早有使命往來餽遺相報不覺彎弓下石異口而同聲也

黃鄴林曰自古權臣當國必內通宮幃嬖妾易儲必外結權貴女子小人交相盤固君未有不昏國未有不亂者乃知太子欲廢不廢趙王欲立不立漢高的是英主其謂羽翼已成難以動搖特以誑戚夫人之詞非真情也

見三按禍患之生未有無隙小人得乘之為亂者宋有太子痤矣公又納棄生佐棄寵則痤疏佐婉則痤很而太子此痤座危矣痤又不檢自恃英明左師老奸也而為所畏惡伊戾小人也為內師而無寵則其交相媒孽於宋公之前者必無所不至而太子此座益危矣楚客過宋於太子何與於伊戾又何與一請享一請從此時太子自開釁端伊戾直斬關而入盟書有徵左師為証平之闇同於晉獻棄之狡並於驪姬戌

之奸過于里克，佐即有壽子之賢，亦無救于痤之死，況過期不來，安知不與左師聯為一氣而坐視其荼毒乎？所可異者，子罕無一言耳。子罕負舉朝之望，左師賞書尚可削奪，太子盟書何妨片言立辨，縱有伊戾，不過闒宂閹官，何能為之？有顧嘿嘿然不為壼閫上書之三老也。嗚乎！子罕不能辭其責矣。

鄭伯歸自晉。請衛侯歸。使子西如晉聘，辭曰：寡君來煩執事，懼不免於戾。言自懼失敬大國而得罪。使夏於子西名謝不敏。君子曰：善事大國。將求於人必先下之。言鄭所以能自安。按傳氏謂鄭之事晉過於恭，國將弗勝也，非也。傳蓋言諸侯之睦，以著宋盟之非。見三按朝而復聘，鄭之事晉可謂恭矣。鄭且如此，列國可知。傳者記此，以著晉悼服鄭之功，而深嘆趙武盟宋之失策也。

周大章曰：春秋時為楚敵者莫如晉，為晉害楚者皆楚材，數人在楚不見出色，一到晉庭，便做出驚天動地，令楚不可支持。蓋淫刑以逞，逃死者必致毒于我，況屬有材之輩，可知天下未嘗無材，不用則碌碌終身，用則功垂天壤，名著旂常，自古及今，不知埋沒多少英雄，而藉寇兵資糧，盜者之更為失策也。讀聲子此論，幾欲擊破唾壺。

姜白巖曰：傳於世變之大，必有一篇大文章豫設於前，而於無文字處見其本旨。明年宋之盟，楚涖牛耳，晉之伯業已荒，傳大書是篇，特提繞角、彭城、鄢陵之役，言晉世敗楚師，尊王攘夷，以為盟主。至平公之世，一蕩殆盡，又敘楚奔命于吳，至今為患，則今日特勢，晉拒其東，吳敝其南，南風差為不競，何至聽向戌之卯謀，為苟安之末策。晉

初，楚伍參與蔡大師子朝友，其子伍舉（子胥祖父椒舉也）與聲子（子朝之子）相善也。伍舉娶於王子牟，王子牟為申公而亡（獲罪出奔），楚人曰：伍舉實送之。伍舉奔鄭，將遂奔晉。聲子將如晉，遇之於鄭郊，班荊相與食，而言復故。（班，布也。朋友世親，布荊坐地，共議歸楚事）聲子曰：子行也，吾必復子。及宋向戌將平晉楚（平在明年），聲子通使於晉（為平事），還如楚，令尹子木與之語，問晉故焉（故，事）。且曰：晉大夫與楚孰賢？對曰：晉卿不如楚，其大夫則賢，皆卿材也。如杞梓（皆木名）皮革，自楚往也。雖楚有材，晉實用之。（言楚亡臣多在晉）子木曰：夫獨無族姻乎？（謂晉）對曰：雖有，而用楚材實多。歸生（聲子名）聞之：善為國者，賞不僭而刑不濫。賞僭則懼及淫人，刑濫則懼及善人。若不幸而過，寧僭無濫。與其失善，寧其利淫。無善人，則國從之（從之亡也）。詩曰：人之云亡，邦國

卿不如楚、傳蓋有餘慨焉。

十一

殄瘁、無善人之謂也、詩大雅殄盡也故夏書曰、與其殺不辜、寧失不經、不經不用常法疏云此大禹謨懼失善也、商頌有之曰、不僭不濫、不敢怠皇、命于下國、封建厥福、詩言殷湯賞不僭差刑不濫溢不敢怠解自寬暇故能為下國所命為天子此湯所以獲天福也、古之治民者、勸賞而畏刑、樂行賞而憚用刑恤民不倦、賞以春夏、刑以秋冬、順天時是以將賞為之加膳、加膳則飫賜、飫饜也酒食賜下無不饜足所謂加膳○飫於據反此以知其勸賞也、將刑為之不舉、不舉則徹樂、不舉盛饌此以知其畏刑也、夙興夜寐、朝夕臨政、此以知其恤民也、三者禮之大節也、有禮無敗、今楚多淫刑、其大夫逃死於四方、而為之謀主、以害楚國、不可救療、所謂不能也、療治也所謂楚人不能用其材也子儀之亂、析公奔晉、在文十四年晉人寘諸戎車之殿、以為謀主、殿後軍繞角之役、晉將遁矣、析公曰、楚師輕窕、易震蕩也、

若多鼓鈞聲以夜軍之。鈞同其聲楚師必遁。晉人從之。楚師宵潰。晉遂侵蔡襲沈。獲其君。敗申息之師於桑隧。獲申麗而還。成六年晉欒書救鄭。與楚師遇于繞角。楚師還。晉侵沈獲沈子。八年復侵楚。敗申息獲申麗。鄭於是不敢南面。楚失華夏。則析公之為也。雍子之父兄譖雍子。君與大夫不善是也。按不以雍子為善雍子奔晉。晉人與之鄐。晉邑。許六反。以為謀主。彭城之役。晉楚遇於靡角之谷。在成十八年晉將遁矣。雍子發命於軍曰。歸老幼。反孤疾。二人役。歸一人。簡兵蒐乘。簡擇蒐閱秣馬蓐食。師陳焚次。次舍也。焚舍示必死。明日將戰。行歸者而逸楚囚。欲使楚知之楚師宵潰。晉降彭城而歸諸宋。以魚石歸。在元年楚失東夷。子辛死之。則雍子之為也。楚東小國及陳見楚不能救彭城皆叛。五年楚人討陳叛故。殺令尹子辛。子反與子靈巫臣爭夏姬。而雍害其事。子反亦雍害巫臣不使得取夏姬。雍于勇反子靈奔晉。晉人與之邢。

晋邑以為謀主扞禦北狄通吳於晋教吳叛楚教之乘車射御驅侵使其子狐庸為吳行人焉吳於是伐巢取駕克棘入州來駕棘皆楚邑按棘今在河南永城縣南楚罷於奔命至今為患則子靈之為也事見成七年若敖之亂伯賁之子賁皇奔晋晋人與之苗若敖亂在宣四年苗晋邑今河南濟源縣西有苗亭○賁扶云反以為謀主鄢陵之役在成十六年楚晨壓晋軍而陳晋將遁矣苗賁皇曰楚師之良在其中軍王族而已言楚之精卒唯在中軍若塞井夷竈成陳以當之塞井夷竈以為陳欒范易行以誘之欒書時將中軍范燮佐之附注疏云賈鄭皆讀易為變易之易今按國語說此事云若易中下楚必歆之韋註中軍與下軍易卒伍也中軍之卒良故易之按下誘字則比杜為勝○行戶郎反中行二郤必克二穆郤錡時將上軍中行偃佐之郤至佐新軍令此三人分良以攻二穆之兵楚子重子辛皆出穆王故曰二穆吾乃四萃四面集攻於其王族必大敗之晋人從之楚師大敗王夷師熸夷傷也吳楚之間謂火滅

曰爕、子潛反。子反死之、鄭叛吳興、楚失諸侯、則苗賁皇之為也、子木曰是皆然矣、聲子曰今又有甚於此、椒舉娶於申公子牟、子牟得戾而亡、君大夫謂椒舉、女實遣之、懼而奔鄭、引領南望曰、庶幾赦余、亦弗圖也、言楚亦不以為意今在晉矣、晉人將與之縣、以比叔向、附注言今其祿秩如叔向也彼若謀害楚國、豈不為患、子木懼、言諸王、益其祿爵而復之、聲子使椒鳴伍舉子逆之、傳言聲子有辭、伍舉所以得反、子孫復仕于楚。

黃鄉林曰伍氏世有能人、嬖人如參、且知兵事、況以舉之材、逞其私知、報其深仇、禍更有不可知者、不待昭王即位、無歲不有吳師也、安得以異日伍員之禍、而追咎於聲子、

見三按楚之强於天下者、以嚴刑峻法、其不得志者亦以嚴刑峻法、歷觀析公諸臣奔晉、往往為效死力、殘敗楚師、並無

姜白巖曰、楚有求諸侯之心、晉無恤諸侯之志、子產窺破晉室不競我禦敵而晉救不至、非鄭之利、寧使之逞欲而歸、然楚師之來、鄭卒不受盟者、則子產善守其國、而晉悼三駕之勳不替也、釁暴勇嗇禍而貪名、以小人目之、仁人之言、可為蓍蔡、

宗國之念蓋原其出奔之由本非重罪而楚又窮之不已故人無還返之期自不得不為効力耳聲子指陳已往利害鑿鑿可信雖子木明知為伍舉作説客亦不得不從蓋理勢到極的確自不怕人識破本謀耳雖然楚能復伍舉于晉不能復其孫伍員于吳柏舉之敗天寔為之此非聲子所能逆料也嗚乎舉不復員不奔吳不入楚不亡聲子而在不悔此一復哉

許靈公如楚請伐鄭、十六年晉伐許他國皆大夫獨鄭伯自行故許恚欲報之曰師不興孤不歸矣、八月卒於楚、楚子曰、不伐鄭何以求諸侯、冬十月楚子伐鄭、為許鄭人將禦之、子產曰、晉楚將平、諸侯將和、和在明年楚王是故昧於一來、昧猶貪冒不如使逞快也而歸、乃易成也、夫小人之性、釁

史遷入子產於循吏傳，不誣也。

姜白巖曰：晉平於衛，其罪五：執君一也，以歸不告天子二也，獎賊臣三也，色荒四也，瀆姓五也。

於勇，嗇於禍，以足其性，而求名焉者，非國家之利也。若何從之。舋動也。嗇，貪也。言鄭之欲與楚戰者，皆舋勇貪名之人，非能為國計慮久利，不可從也。子展說，不禦寇。十二月乙酉，入南里，南里，鄭邑，今在河南新城縣南。墮其城。墮，許規反。涉於樂氏，津名，今在新城縣境。門於師之梁。鄭城門。縣門發，獲九人焉。涉於氾而歸，於氾城下涉汝水南歸。按：林以為獲楚門者九人是也。楚攻城門，意在入鄭，縣門機發，獲楚門者九人，於是楚知鄭有備，涉汝水而歸。或云當是楚獲鄭人，斯時楚獲鄭人多矣，九人何足以言逞耶。○氾音凡。而後葬許靈公。卒靈公之志而後葬之。

見三按：許男以鄭之故，捐命於楚，楚子以許之故，稱兵於鄭，此來非以仇鄭，特以悅許。子產能審己量力，揆勢度情，不禦寇以逞楚志，不挑舋以生國患，其知幾也夫。

衛人歸衛姬於晉，乃釋衛侯。君子是以知平公之失政也。傳言晉之衰。按：前此許歸，猶未歸也，至此乃釋之。

姜白巖曰：如此類是霸者尊王室事。自齊桓官受方物以來，晉伯踵之，定其職貢，代輸之周，雖至晉平之昏懦，趙氏之偷惰，猶使韓起獻時事，不可謂非衰周幸事也。韓氏昌阜於晉，傳意直注春秋之末。

姜白巖曰：無用師三字，此後晉主政者，皆以此為主腦。

見三按：齊鄭之君，不如一姬之力，誰秉國鈞，致其君荒淫至此，醫和所以斷為良臣將死，天命不祐也。

晉韓宣子聘于周。王使請事。問何事來聘。對曰：晉士起宣子名。禮：諸侯大夫入天子國，稱士。將歸時事於宰旅，無他事矣。時事，四時貢職。宰旅，冢宰之下士。言獻職貢於宰旅，不敢斥尊。王聞之曰：韓氏其昌阜於晉乎！辭不失舊。阜，大也。傳言周衰，諸侯莫能如禮，唯韓起不失舊。

見三按：當時能修供職者亦少矣，此王有何事之訝，然曰辭不失舊，是朝貢舊典載在王府，王蓋微詞以諷失舊者。

齊人城郲之歲，在二十四年。其夏，齊烏餘齊大夫。以廩邱疏云：衛邑，齊取之以賜烏餘。按今在山東范縣東南縣之新安村為羊角城。奔晉，襲衛羊角，近廩邱。取之，遂襲我高魚。城在廩邱東北，今山東鄆城縣西高魚鄉是其地。有大雨，自其竇入。雨，故水竇開。介於其

庫、入高魚庫而介甲、測義介因也。其以登其城、克而取之、補注不書非晉命、以盜畧。又取邑於宋、於是范宣子卒、諸侯弗能治也、及趙文子為政、乃卒治之、文子言於晉侯曰、晉為盟主、諸侯或相侵也、則討而使歸其地、今烏餘之邑、皆討類也、言於此類宜見討而貪之、是無以為盟主也、請歸之、公曰諾、孰可使也、對曰胥梁帶晉大夫能無用師、言有權謀晉侯使往、

見三按烏餘大盜竊地而來、又侵三國之邑、恃有晉亦恃有范宣子也、趙武歸邑、為當國第一善政、若林父以戚入于晉、是亦烏餘之類也、乃反為之伐衛、伐茅、執其君、何哉、蓋是時政在大夫、以臣逐君、幾視為當然、抑君助臣、相習為常事、英明如晉悼、且不能討、何況趙武、若烏餘則竊四國之邑、恃晉

為盟主，以多搆難于諸侯，不討則恐諸侯之貳也，故取其邑而歸諸侯，諸侯是以睦於晉。

經乙卯二十有七年春，齊侯使慶封來聘。杜解：景公即位，通嗣君也。○夏，叔孫豹會晉趙武、楚屈建、蔡公孫歸生、衛石惡、陳孔奐、鄭良霄、許人、曹人于宋。按傳會者十四國，齊、秦不交相見，邾、滕為私屬，皆不與盟，宋為主人，地于宋，則與盟可知，故經唯序九國大夫。陳于晉會常在衛上，孔奐非上卿，故在石惡下。○奐，呼亂反。衛殺其大夫甯喜。書在宋會下，從赴。衛侯之弟鱄出奔晉。○秋七月辛巳，豹及諸侯之大夫盟于宋。夏會之大夫也。○冬十有二月乙亥朔，日有食之。

傳二十七年春，胥梁帶使諸喪邑者，杜解謂齊、魯、宋也。具車徒以受地，必周。密也，必密來，以受地為名。勿使烏餘具車徒以受封。烏餘以地來，故詐許封之。烏餘以其眾出，出受封。使諸侯偽效烏餘之封者，效，致也，使齊、魯、宋偽若致邑封烏餘者。

姜白巖曰：烏餘叛君歸晉，以拓地之說媚士匄，遂殃及三國。三國非不能治，以晉既受之，弗敢治也。趙武討之，真伯者之政矣。然以晉國之大，治一廩邱大夫，召之立至，一王師之寡耳，否則明聲其罪，遣一旅立誅賊臣。

反地三國，不亦可乎，乃詐許封之三國若致之，而遂執之，以詞嚴義正之舉，為陰譎掩取之計，何以服烏餘之心哉。蓋晉平懦弱，以逸豫為安，趙武偷惰，以無事為福，所以為宋之盟，而伯業棄。傳曰諸侯睦于晉，以見趙武之特勢，正可為而宋盟為失策也。

姜白嵒廣曰：齊魯三十年不通好，此時來聘，而以此等人充使，齊景新政已見一斑。

而遂執之，盡獲之，皆獲其徒衆皆取其邑而歸諸侯，諸侯是以睦於晉。

見三按此為趙武第一善政，做來却不冠冕，以晉國之大，宣盟主之義，遍告四國失地之君，會晉師以討烏餘，易易耳。烏餘恃晉，故四國不敢問，聲罪以討之，皆其仇也，烏餘雖狡，逃將焉歸，執而戮之，歸地諸侯，義聲既振，天下悅服，是一用兵而息兵多矣，惜乎出於偽執，掩耳盜鈴，為四國笑，此文子所以終偷，而晉卒不競也。

齊慶封來聘，其車美。孟孫謂叔孫曰：慶季封字之車，不亦美乎。叔孫曰：豹聞之，服美不稱，必以惡終，美車何為。叔孫與慶封食，不敬，為賦相鼠，亦不知也。詩鄘風，不知此詩為己，言其闇甚，為明年慶封來奔傳。

周大章曰：周公攝政，二叔流言，不專者且然。古大臣不以寵利居成功，所以善終善始也。鐵券朝來，霜刃夕至，無信者比比而是，何況猶夫人之衛衎乎。俞寧世謂前篇罪衛君之虐，此篇罪甯喜之專，不知閑手便提公患之，假手免餘，佯為不知，仍是以君無信為主。篇中詳叙子鮮忿怒與終身不仕之故，則曰君失其信大矣。然末段免餘辭邑辭卿，分明借鑒甯子，而知公之不足恃也。

姜白巖曰：篇首一專字，喜所以見殺，非關弒君也。一患字，獻所以殺喜，非

見三按鄭伯有、齊慶封，皆荒于酒者也。垂隴之享，伯有賦鶉奔以刺趙孟，雖取義失宜，猶見風骨。至相鼠不知，則竟是一竅不通。濁物美車何為，觀其外之致飾，即知其内之無文矣。世之胸無點墨而沉迷麴蘖、美飾車裘者，盍鑒于慶封。

衛甯喜專，公患之。公孫免餘衛大夫請殺之。公曰：微甯子不及此，反國也吾與之言矣。言政由甯氏事未可知，恐伐之未必勝也祇適成惡名，止也。對曰：臣殺之，君勿與知。乃與公孫無地、公孫臣衛大夫謀，使攻甯氏，弗克，皆死。無地及臣皆死公曰：臣也無罪，父子死余矣。獻公出時，公孫臣之父為孫氏所殺。夏，免餘復攻甯氏，殺甯喜及右宰穀，尸諸朝。按宰穀識燭幾先，甯喜不從，故及此，而身與其難，方知伯玉近關以行之是。石惡將會宋之盟，受命而出，衣其尸，枕之股而哭之，欲斂以亡，懼不免，且曰：受命矣。乃行。行會於宋，為明年石

討賊也。公曰微甯子不及此。吾與之言矣。是衛獻罪案。子鮮曰鱄寔使之。是子鮮罪案。蓋喜未嘗弒君。而鱄啗之弒，陷喜於弒逆，致喜於殞命。此負心事。欲愬諸天下後世而無由者。然鱄至此方知不可立於人之朝。豈知與賊臣立朝者之早處於不義乎。傳形容其懊恨之深，正以明其初言之謬。後一段免餘之辭邑，正與專祿者相反。若太叔儀不與謀立剽，亦不與謀歸獻，彼此無貳，可以輔君贊大政。此正與鱄相反。

傳

惡奔。子鮮曰、逐我者出、謂孫林父納我者死、謂甯喜賞罰無章、何以沮勸。疏云、沮止也。止人為惡、勸人為善。君失其信、而國無刑、不亦難乎。且鱄實使之。使甯喜納君。○鱄音專遂出奔晉。公使止之、不可。及河、又使止之、止使者而盟於河、誓不還託於木門、晉邑不鄉衛國而坐。怨之深也木門大夫勸之仕、不可、曰、仕而廢其事、罪也。從之、謂治其事昭吾所以出也。將誰愬乎。事治則明己出，欲仕無所自愬吾不可以立於人之朝矣。終身不仕。公喪之如稅服終身。孔疏、喪之者、公為之服喪服也。禮記、過而追服、寔名為稅、以聞喪之日為服喪之始。按諸侯絕期、無兄弟之服。今獻公痛慇子鮮、如士大夫之稅服也。杜云、獻公尋覺、故言終身。○稅如字公與免餘邑六十、辭曰、唯卿備百邑、臣六十矣。下有上祿、亂也。此一乘之邑、非四井之邑。論語稱千室、又稱十室、明通稱云。臣勿敢聞、且甯子唯多邑、故死、臣懼死之速及也。公固與之、受其半、以為少師、公使為卿、辭曰、大叔儀不貳、能

贊大事、贊佐也君其命之、乃使文子儀太叔為卿、

黃鄭林曰、孫甯逐君、皆衛之亂臣也、以王法治之、則逐衎弒

剽、皆無所逃罪、以獻治之、則孫于已為終叛、喜於已為反正、

今倚晉以抗我者、無如之何、而恃功以專政者、則藉口殺之、

鱄所謂賞罰無章也、逐我者出、納我者死、涕泪千古矣、獻負鱄

鱄不負信、托于木門、不鄉衛國、而坐、何傷心之深也、稱弟以

出、而獻病矣、

見三按甯喜之殺、殺于專也、實殺于政、由甯氏之一言、夫君

者行政也、臣者輔政也、君而委政于臣、是謂不君、臣而擅政

于君、是謂不臣、不君不臣、非臣弒君、即君殺臣、其能一日相

安乎、古今之為人臣者、功德莫盛于伊周、而權位之尊、亦莫

與並、乃取仁遷義之時、政猶太甲之政、而不曰政繇伊尹也、復子明辟之先、政猶成王之政、而不曰政繇周公也、咸有一德作而告歸、陳戒洛誥召誥作而茲予明農、君之倚之如泰山、臣之退也如急流、斯兩全而無害耳、勇畧震主者危而功蓋天下者死、甯喜既攻逐孫氏、殺一君而復一君、竊鐵之疑、雖不專且以為專矣、皮冠不釋、孫甯不能忍於其君、政由甯氏、衛衎獨能忍於其臣乎、免餘之請、獻之意、要亦喜之自取也、獨是子鮮者春秋所稱佳公子也、始也聞君之亂命、不能以微言規諷於前、繼也見喜之專權、不能以正色規勸於後、徒以盟河不返、木門示絕、信果則有之、蹈道則未也、免餘辭邑、大節昭然、叔儀為卿、大事可贊、較之子鮮超然遠矣、季札

姜白巖曰、此篇若將末段劃開、則傳義全晦、蓋以誣道敝諸侯、是通篇斷結、起處欲以為名、是通篇脉絡、微特向戌以為名也、即趙武亦以為名、飾其畏楚之寔、而以弭兵為名、且任其懷惡欺陵、而又美其名曰守信、後世史官亦以武為真能守信、而其寔是皆誣道也、夫寢兵息民者、聖人之心、敦信務德者、王者之事、趙武向戌能去楚淫名、率其與國以事天子、雖桓文不能及、乃僭王如故、竊周鼎滅諸姬無虛日、桓文以來盟其罪而不能、武戌兩人忽攔入冠裳之會、讓以先歃、列國諸侯未聞朝王、而僕僕於楚廷、是率天下而王楚也、且事晉者賦於楚、事楚者賦於晉、賦入晉者猶共職

聞鍾而嘆、孫林父却琴瑟以終身、卭成臨觴而思、右宰穀托妻孥於没世、彼二人又何人哉

宋向戌善於趙文子、又善於令尹子木、欲弭諸侯之兵以為名、欲獲息民之名、匡傳向戌助伊戾、邪也、受賂稱夫人、貪也、貪邪自亂、而欲己人之亂、妄人也、稱詿見向戌惟欲竊虛名、弭兵非遠畧、如晉、告趙孟、趙孟謀於諸大夫、韓宣子曰、兵民之殘也、財用之蠹、小國之大菑也、將或弭之、雖曰不可、必將許之、雖知兵不得久弭、今不可不許、弗許、楚將許之、以召諸侯、則我失為盟主矣、晉人許之、如楚、楚亦許之、如齊、齊人難之、陳文子曰、晉楚許之、我焉得已、且人曰弭兵、而我弗許、則固攜吾民矣、將焉用之、齊人許之、告於秦、秦亦許之、皆告於小國、為會於宋、五月甲辰、晉趙武至於宋、丙午、鄭良霄至、六月丁未朔、宋人享趙文子、叔向為介、司馬置折

於天王。賦入楚者，儼然自為天子。頓使魯衛曹許諸國，忽增倍賦，而取給於殘喘之民，是不以兵殺之，而以賦殺之也。況申之會，執徐伐吳，滅賴滅陳蔡，以蔡太子為犧，兵何嘗弭哉，亦名而已矣。當是時，諸侯大勢，從楚者什之三，從晉者什之七。悼公三駕，鄢後二十年間，楚再伐鄭，無功，乃不折一矢而中原皆入於楚，是趙武寔欲得其虛名，楚則舉顯名厚寔兼收之，而諸侯無一不受其寔禍也。弭兵之罪，可勝言哉。無他，晉卿封殖私家，利於無事，故此盟皆主以大夫，而君如寄生。傳亟敘子木使馹謁諸王一語，以見不如諸夏之亡也。又於盟宋後，忽言范武子事，蓋光輔五君以為盟主，至平公而霸業墮地，以執政無武子其人。有叔向，便謂楚無以當之，可見楚材非甚卓越，而惜趙武之不足有為也。末復以左師請賞，子罕削投，為

俎，禮也。折俎，體解節折，升之於俎，合卿享宴之禮，故曰禮也。周禮司馬掌會同之事。疏云：會同薦羞之事。○折，之設反。仲尼使舉是禮也，以為多文辭。宋向戌自美弭兵之意，敬逆趙武。趙武、叔向因享宴之會，展賓主之辭，故仲尼以為多文辭。按服虔云：孔子舉而用之，後世謂之孔氏聘辭。不知孔子何取乎是役而用之。沈氏曰：舉，謂記錄之也。蓋夫子嘗學殷禮，而相傳宋享趙孟之禮最盛，因使弟子錄之，以備參考。文，儀文也；辭，辭說也。以為虛文飾說，多而尊周勤王之意泯，不足法也。服氏誤。戊申，叔孫豹、齊慶封、陳須無、陳文子衛石惡至。甲寅，晉荀盈從趙武至。趙武命盈追己，故言從。趙武後，武遣盈如楚。丙辰，邾悼公至。小國，故君自來。壬戌，楚公子黑肱先至，成言於晉。時令尹子木止陳，遣黑肱就晉大夫成盟載之言，而相然可。丁卯，宋向戌如陳，從子木成言於楚。就於陳成楚之要言。戊辰，滕成公至。亦小國，君自來。子木謂向戌，請晉楚之從交相見也。使諸侯從晉楚者更相朝見。庚午，向戌復於趙孟。趙孟曰：晉楚齊秦，匹也，晉之不能於齊，猶楚之不能於秦也。不能服而使之。楚君若能使秦君辱於敝邑，寡

通篇正義小國之存存於伯者兵力之強謂兵可弭宜以誣道蔽諸侯耳凡曰信曰德文辭之多皆誣也中原分崩小國就滅皆由於此時有桓文向戌可斬矣將上文言外之意歸併誣道二字斥向戌而趙武可知矣

君敢不固請於齊。（請齊使朝楚）壬申，左師復言於子木，子木使馹（傳也）謁（告也）諸王。（按必謁諸王想見楚子乾綱獨攬子木事主恪恭）王曰：釋齊秦，他國請相見也。（經所以不書齊秦）秋七月戊寅，左師至。（從陳還）是夜也，趙孟及子皙（公子黑肱）盟，以齊言。（素要齊其辭至盟時不得復訟爭）庚辰，子木至自陳。陳孔奐、蔡公孫歸生至。（二國大夫與子木俱至。疏云：諸大夫七月始集於宋，經書此會在夏者，事雖在秋，行還乃告，追以叔孫豹發時書之。）曹許之大夫皆至，以藩為軍。（孔疏：不築壘塹，以藩籬為軍，示不相忌）晉楚各處其偏。（晉處北，楚處南）伯夙（荀盈）謂趙孟曰：楚氛（氣也○芾云反）甚惡，懼難。（言楚有襲晉之氣）趙孟曰：吾左還，入於宋，若我何。（營在宋北，東頭為上，故晉營在東，有急可左迴入宋東門）辛巳，將盟於宋西門之外，楚人衷甲。（甲在衣中，欲因會擊晉）伯州犁曰：合諸侯之師，以為不信，無乃不可乎。夫諸侯望信於楚，是以來服。若不信，是棄其所以服諸侯也。固請釋甲。子木曰：晉楚無信

久矣、事利而已、苟得志焉、焉用有信、大宰（伯州犁）退告人曰令尹將死矣、不及三年、求逞志而棄信、志將逞乎、志以發言、言以出信、信以立志、參以定之、（志言信三者具、而後身安存、）信亡何以及三、（為明年子木死起本）趙孟患楚衷甲、以告叔向、叔向曰何害也、匹夫一為不信、猶不可、單（盡也。音丹）斃其死、（斃踣也、疏云、前覆曰踣、謂倒地死也、言無得生者、）若合諸侯之卿、以為不信、必不捷矣、食言者不病、（按謂不得病死）非子之患也、（楚食言當死、晉不食言故無患、）夫以信召人、而以僭（【林解】不信也）濟之、（濟成也）必莫之與也、安能害我、且吾因宋以守、病則夫能致死、（愚按守字句絕、病字略讀、【補正】夫猶彼也、）（謂宋也、【附注】謂為楚所攻而病、則宋與受其禍、必能致死助我也、）與宋致死、雖倍楚可也、（宋為地主、致死助我、力可倍楚、）則子何懼焉、又不及是、（愚按況必不至是、下言即使至是、亦非所患、）曰弭兵以召諸侯、而稱（舉也）兵以害我、吾庸多矣、非所患也、（晉獨取信、故其功多）

按叔向再三飾說窺破楚必不敢盟因以安趙武之心季武子使謂叔孫以公命曰視邾滕。兩事晉楚則貢賦重故欲比小國武子恐叔孫不從其言故假公命以敦之既而齊人請邾宋人請滕。皆不與盟。私屬二國故叔孫曰邾滕人之私也。我列國也。何故視之、宋衛吾匹也。乃盟。服虔云叔孫不為人私其於尊國之義得之故不書其族言違命也。按是時季氏專魯以叔孫違魯君之命使史不書其族孔子作春秋以為上既云叔孫豹此但言豹可矣所謂一事再見卒名之也故因其文晉楚爭先。爭先歃血晉人曰晉固為諸侯盟主未有先晉者也。楚人曰子言晉楚匹也。若晉常先是楚弱也。且晉楚狎更也主諸侯之盟也久矣。豈專在晉。叔向謂趙孟曰。諸侯歸晉之德只、語辭非歸其尸主也盟也。子務德無爭先、且諸侯盟。小國固必有尸盟者、楚為晉細、不亦可乎。欲推使楚主盟秝解諸侯為盟小國必有司盟主辨具者楚欲尸盟自同於小國任晉之細事不亦可從其請乎疏云盟法大國制其言小國尸其事此盟爭先歃不爭主備叔向欲趙

孟下楚故假此以勸之耳乃先楚人書先晉晉有信也按楚爭先後爭盟之先後非爭會也書先
趙武以此會本趙武為主有信者守向戌之約而先至於宋非以此正中外之防也盟先屈建而括以豹及諸侯大夫盟乃正
中外之防也壬午宋公兼享晉楚之大夫趙孟為客一坐所尊按補注云兼享晉楚
大夫不以屈建為客則當時人情可見然楚臣爭其大不爭其小子木與之言弗能對使叔向
侍言焉子木亦不能對也乙酉宋公及諸侯之大夫盟於蒙門
之外前盟諸大夫不敢敵公禮也今宋公以近在其國故謙而重盟重盟故不書蒙門宋城門陳傳傳言宋公不書見以
國地者其君必與子木問於趙孟曰范武子之德何如士會賢聞於諸侯故問之對
曰夫子之家事治言於晉國無隱情其祝史陳信於鬼神無愧
辭子木歸以語王王曰尚上也矣哉能歆神人歆享也使神享其祭人懷其德宜
其光輔五君謂文襄靈成景服虔云文公為戎右襄靈為大夫成公為卿景公為太傅也以為盟主
也子木又語王曰宜晉之伯也有叔向以佐其卿楚無以當之

不可與爭。晉荀盈遂如楚涖盟。（重結晉楚之好）鄭伯享趙孟於垂隴。（自宋還過鄭）子展、伯有、子西、子產、子大叔、二子石（印段、公孫段）從。趙孟曰：七子從君，以寵武也。請皆賦以卒君貺，武亦以觀七子之志。（詩以言志）子展賦草蟲。（詩召南。以趙孟為君子）趙孟曰：善哉，民之主也。（在上不忘降，故可以主民）抑武也不足以當之。（辭君子）伯有賦鶉之賁賁。（詩鄘風。衛人刺其君淫亂）趙孟曰：牀笫（簀也。側里反）之言不踰閾，（門限）況在野乎？非使人（趙孟自謂）之所得聞也。子西賦黍苗之四章。（詩小雅。四章曰：肅肅謝功，召伯營之。比趙孟於召伯）趙孟曰：寡君在，武何能焉。（推善於其君）子產賦隰桑。（詩小雅）趙孟曰：武請受其卒章。（卒章曰：心乎愛矣，遐不謂矣。中心藏之，何日忘之。趙武欲子產之見規誨）子大叔賦野有蔓草。（詩鄭風）趙孟曰：吾子之惠也。（太叔喜於相遇，故趙孟受其惠）印段賦蟋蟀。（詩唐風）趙孟曰：善哉，保家之主也。吾有望矣。（能戒懼不荒，所以保家）公孫段賦桑扈。（詩小

雅趙孟曰匪交匪敖福將焉往(此桑扈詩卒章趙孟因以取義)若保是言也欲
辭福祿得乎卒享文子告叔向曰伯有將為戮矣詩以言志志
誣其上而公怨之以為賓榮(言誣則鄭伯未有其實按誣公為無良公必怨之反歌之為賓寵榮則喪心之甚)
其能久乎幸而後亡(言必先亡)叔向曰然已侈所謂不及五
稔者夫子之謂矣(稔年也為三十年鄭殺良霄傳釋文稔熟也穀一熟為一年○稔而甚反)文子曰
其餘皆數世之主也子展其後亡者也在上不忘降(謂賦草蟲曰我心則降)
印氏其次也樂而不荒(謂賦蟋蟀曰好樂無荒)樂以安民不淫以使之
後亡不亦可乎宋左師請賞曰請免死之邑(欲宋君稱功加厚賞故謙言免死之邑也)
公與之邑六十以示子罕(統箋向戌執其賞書以示樂喜)子罕曰凡諸侯小
國晉楚所以兵威之畏而後上下慈和慈和而後能安靖其國
家以事大國所以存也無威則驕驕則亂生亂生必滅所以亡

也、天生五材、金木水火土也民並用之、廢一不可、誰能去兵、兵之設久
矣、所以威不軌而昭文德也、聖人以興、謂湯武亂人以廢、謂桀紂廢
興存亡、昏明之術、皆兵之由也、而子求去之、不亦誣乎、以誣道
蔽諸侯、罪莫大焉、孔疏謂以誣人之道蔽掩之也、縱無大討、而又求賞、無厭之
甚也、削而投之、削賞左師之書、陳傳言宋之盟、識者不與、傳左師辭邑、向氏欲攻司
城、子罕左師曰、我將亡、夫子存我、德莫大焉、又可攻乎、君子曰、彼
已之子、邦之司直、詩鄭風、司主也、樂喜之謂乎、樂喜子罕也、善其不阿向戌、何以恤
我、我其收之、逸詩恤憂也、收取也、按詩周頌作假以溢我、向戌之謂乎、善向戌能知其過、
黃鄉林曰、趙武之和楚、與魏絳之和戎、同一休息之意、但魏
絳之和戎、弭邊釁以圖中原、即諸葛公之和吳也、趙孟之和
楚、棄中原以資外夷、即秦檜之和金也、桓文百戰而爭之、趙孟

一盟而棄之趙武固桓文之罪人向戌寔趙孟之罪魁見三按王道衰而霸圖興霸圖興而華夷辨夫子所以大桓文之功也霸圖衰而楚氛熾然或得或失相為抗衡華夷之防猶在也至宋之盟則猾夏之蠻夷與尸盟之伯主儼然並行於中國世道一大變矣此固向戌之首禍要其大勢之所趨有必至於此者夫晉楚之爭諸侯至魯襄之世蓋所謂無歲不戰無月不征者也三分四軍楚雖道敝晉亦力殫玉帛二竟鄭既靡所止居諸侯亦苦無休息自弭兵之說倡莫不踴躍思赴晉以齊秦難楚楚人即有釋齊秦之言楚以東甲懼晉晉人即有寧守信之語人心如此宜其中外一家相安無事矣獨是晉所弭者楚之兵耳楚所弭者晉之兵耳諸侯

所弭者晉楚之兵耳、而楚所憂者在吳而不在晉也、晉所憂者在强臣而不在楚也、諸侯所憂者在大小之相陵、而不在晉楚也、在楚則顧其前而不顧其後、於是君荒臣貪而子胥啣恨入郢矣、在晉則顧其外而不顧其內、於是君弱臣强而六卿漸次分晉矣、在諸侯則顧其小而不顧其大、於是弱肉强食、而中夏馴致滅亡矣、弭於已然之兵、而不能弭於未然之兵、弭於人所加我之兵、而不能弭於己所自興之兵、追原禍始、不特向戌宜服上刑、即趙孟亦難從末減也、彼昏不知、方且獻賦歌詩、洋洋得意、為名請賞、詡詡矜功、不有宋子罕削書疾呼、誰知其誣道蔽諸侯哉、嗚呼、此春秋將為戰國之兆也、

姜白巖曰：崔杼老奸，圖之不易。慶封即以崔圖崔，以助崔者滅崔，絕不費手，不解崔慶同黨，即曰崔薄慶厚，亦不殘害如此。讀至結語，方知爲當國故也。傳於弑君之賊，必定其罪案，究其結局，爲千古人心稱快。盧蒲嫳曰彼君之讎也，已明定其罪；崔杼曰止余猶可，已自伏其辜。周綱解紐，王法不行，故刑賞歸之於天。崔氏亡，天若顯報，使後世亂臣賊子皆懼而不敢肆，而封曰崔慶一也，則崔之禍不且爲慶之券哉。

齊崔杼生成及彊而寡，偏喪曰寡。娶東郭姜，生明。東郭姜以孤入，曰棠無咎，棠公之子。與東郭偃相崔氏。偃，姜之弟。崔成有疾而廢之，而立明。成請老於崔，欲居崔邑以終老。按崔，今山東章邱縣西北。崔子許之。偃與無咎弗予，曰：崔，宗邑也，宗廟所在。必在宗主。謂崔明。成與彊怒，將殺之。告慶封曰：夫子謂崔杼。之身，亦子所知也，唯無咎與偃是從，父兄莫得進矣。大恐害夫子，敢以告。慶封曰：子姑退，吾圖之。告盧蒲嫳。慶封屬大夫。封以成彊之言告嫳。○嫳，普結反。盧蒲嫳曰：彼，謂杼。君謂齊莊公。之讎也。天或者將棄彼矣。彼實家亂，子何病焉。崔之薄，慶之厚也。他日又告。成彊復告。慶封曰：苟利夫子，必去之。難，吾助女。九月庚辰，崔成、崔彊殺東郭偃、棠無咎於崔氏之朝。崔子怒而出，其衆皆逃，求人使駕，不得。使圉人養馬者。駕，寺人奄士。御而出。且曰：崔氏有福，止余猶可。恐滅

家禍不止其身遂見慶封、慶封曰、崔慶一也、言如一家是何敢然、請為子討之、使盧蒲嫳帥甲以攻崔氏、崔氏堞其宮而守之、堞短垣、疏云謂新築女墻而守之、弗克、使國人助之、遂滅崔氏、殺成與彊、而盡俘其家、其妻東郭縊、嫳復命於崔子、且御而歸之、嫳為崔子御至則無歸矣、乃縊、姜終入於其宮不見其妻凶崔明夜辟諸大墓、開先人之家以藏之〇辟婢亦反辛巳、崔明來奔、慶封當國、當國秉政、呂説小人以勢利相合、一旦勢均力敵、必相屠戮而後已、杼封之凶焰、孰敢當之、乃皆以家禍而死、如安慶緒之於祿山、史朝義之於思明、皆是也、

黃鄰林曰、崔杼當國、慶封垂涎久矣、因其家難、從而斃之、以崔攻崔、如屠羊豕、其毒則發於盧蒲嫳崔薄慶厚之一言、究之天道禍淫、人心惡逆、崔既滅族、慶亦覆宗、即髮短心長者亦同歸於盡焉、千古亂賊斷未有得保身家者、觀於崔慶可

姜白巖曰、荀盈涖盟於前、而薳罷始至、見晉未盟之急、而楚緩也。王荊石曰、春秋惟楚英賢最多、而為令尹執政者皆其公族、少有僨事、旋即誅死、所以強大也。而威柄畧無下移、因其君之強明亦

以戒矣

見三按崔慶一家、勢傾齊國、天之滅之、特假手於慶以滅崔、而其禍則由棠姜一人、貪色瀆宗、欺孀負友、以此媚君、以此弑主、以此廢適、以此亡家。至親莫如父子、而亂其家者即其子之成彊、至密莫如朋友、而滅其族者即其友之慶封。蓋淫亂之人、天奪之魄、生一棠姜、使之顛倒、父子朋友皆成仇讐、俘者俘、殺者殺、縊者縊、奔者奔、積惡之巨、如一舉而滅之、讀此傳令人拍案稱快、浮一大白

楚薳罷（令尹子蕩）如晉涖盟、（報荀盈也）晉侯享之、將出、賦既醉、（詩大雅、美晉侯比之太平君子。按晉侯宜提出美天子之詩、乃從而受之乎、）叔向曰、薳氏之有後於楚國也宜哉、承君命不忘敏、子蕩將知政矣、敏以事君、必能養民、政其焉

其傳國用人之獨善也。

姜白巖曰、不忘舊君而楚即錄用子木之政高出趙武百倍。

往。言政必歸之

見三按趙孟不能專對、遂罷獨善承君罷敏而武偷故楚强

而晉弱諸夏不如夷狄言之曷勝太息

崔氏之亂、在二十五年申鮮虞來奔、僕賃於野以喪莊公、為齊莊公服喪。賃

女鳩反冬楚人召之、遂如楚為右尹、傳言楚能用賢

見三按善哉申鮮虞其屈原澤畔之吟歟其梁鴻廡下之舂

歟、齊不能復而楚用之此齊所以終篡於陳氏楚所以卒列

於七雄也

十一月乙亥朔、日有食之、辰在申、司歷過也、再失閏矣。謂斗建指申、周

十一月、今之九月、斗當建戌而在申、故知再失閏、文十一年三

月甲子、至今年七十一歲、應有二十六閏、今長歷推得二十四

閏、通計少再閏。釋例魯之司歷、漸失其閏、至此始覺其謬、遂頓

置兩閏、以應天正、前閏建酉、後閏建戌。補注劉氏謂司歷能正

文朔而不能置閏非人情今按傳言司歷過哀十三年又記仲尼曰司歷過也皆指王朝歷官言與桓十七年傳曰官失之也意同其曰天子有日官諸侯有日御日官居卿以底日日御不失日以授百官於朝則所謂司歷與官非魯人明矣杜以為魯之司歷承劉歆之誤而非傳意也竊謂周室雖衰無不頒歷之理若諸侯得自為歷則齊晋大國當先為之而所差若此則當時所書會盟卒葬日月魯史當以何國為正使魯史所書差錯日月不同韓宣子見魯春秋何以曰周禮盡在魯矣此必無之事也

見三按上古無歲差之法置閏每在歲終所謂歸餘於終也即二年一閏五年再閏節候尚不能無訛況再失閏乎日月所會為辰十一月在戌而今在申司歷安得辭咎斷只二語明白了當勝讀歷象全書

春秋左傳精義卷三十一

閩中　薌林黃一桂　輯　男　心垣見三　補輯

襄公八

經丙辰二十有八年春無氷（杜解）前年知其再失閏，頓置兩閏以應天正，故此年正月建子，得以無氷為災而書。○夏衛石惡出奔晉。○邾子來朝。○秋八月大雩。○仲孫羯如晉告將朝楚。羯居謁反。○。○冬齊慶封來奔。○十有一月公如楚陳傳列國之君，旅見於楚，始於此。舉魯以見其餘也。○十有二月甲寅天王崩靈王也。○太子晉母弟貴立，是為景王。○乙未楚子昭卒通說甲寅至乙未，相去四十二日，則閏月明矣。而不書閏月，明喪不數閏也。○康王卒，子郟敖麇立。

姜白巖曰、孔疏謂正月無氷、必是時於建申之後連閏兩月、而後十二月仍在亥、正月仍在子、故春無氷以見災異、義自不刊、劉氏啖氏恣意辨駁、而未能指出經義、不足據也、連閏兩月者、以酉月為閏十二月、戌月為十二月、亥月為閏十二月、而二十八年之春、仍為子月也、孟春無氷不為災、惟歷子丑寅月而無氷、知天道之常燠、而為災異也、

傳二十八年春、無氷、梓慎杜解大夫魯曰、今茲宋鄭其饑乎、歲在星紀而淫於亥枵、歲歲星也、星紀在丑、斗牛之次、元枵在子、虛危之次、十八年晉董叔曰、天道多在西北、是歲歲星在亥、至此年十一歲、故在星紀、明年乃當在元枵、今已在元枵、淫行失次、疏云、按歷書稱木星精曰歲星、火精曰熒惑、土精曰鎮星、金精曰太白、水精曰辰星、此五者皆右行於天、二十八宿則著天不動、故謂二十八宿為經、五星為緯、若織之經緯然也、天有十二次、地有十二辰、丑子亥北方之辰也、次之與辰上下相值、故云星紀在丑、元枵在子、釋天云、星紀斗牽牛也、元枵虛也、孫炎曰、星紀、日月五星之所終始、故謂之星紀、虛在正北、北方色元、故曰元枵、歲星十二年一周天、十八年在亥、至此年十一年耳、行未及周、當在丑、今以淫行、故已在子也。○許驕反、以有時菑、陰不堪陽、時菑無氷也、盛陰用事而溫無氷、是陰不勝陽、地氣發洩、蛇乘龍、蛇、元武之宿、虛危之星、龍、歲星、歲星木也、木為青龍、失次出虛危下、為蛇所乘、疏云、二十八宿分在四方、方有七宿、共成一象、東方為青龍之象、西方為白虎之象、皆南首北尾、南方為朱鳥之象、北方為元武之象、皆西首東尾、龜蛇二蟲共為元武、故蛇是元武之宿虛危之星也、歲星木精、木位東方、東方之宿為青龍、故歲星亦以龍為名、龍行疾而失次、出虛危宿下、龍在下而蛇在上、是為蛇所乘也、歲星天之貴神、福德之星、被乘勢屈、不能祐其本國之

象。故知宋鄭饑也。龍宋鄭之星也。歲星本位在東方。東方房心為宋。角亢為鄭。故以龍為宋鄭之星。宋鄭必饑。玄枵虛中也。元枵三宿。虛星在其中。按三宿女虛危。枵耗名也。土虛而民耗。不饑何為。歲為宋鄭之星。今失常淫入虛耗之次。時復無冰。地氣發洩。故曰土虛民耗。

見三按此災異也。周之春為子丑寅三月。氣方沍寒。正鑿冰之時。不寒而燠。故無冰。時襄公昏弱。三家專政。明年季氏取卞。而襄幾不得入。君威不振。適應無冰之兆。梓慎不言。特就星紀而占宋鄭之饑。其殆有所諱而云然乎。

夏齊侯陳侯蔡侯北燕伯杞伯胡子沈子白狄朝于晉。宋之盟故也。陳侯蔡侯胡子沈子。楚屬也。宋盟曰晉楚之從交相見。故朝晉。疏云。譜云北燕姞姓。召公奭之後。按北燕今京城大興縣。胡國今江南潁州。齊侯將行。慶封曰。我不與盟。何為於晉。以宋盟釋齊秦。陳文子曰。先事後賄。當先從其政事而後薦賄。禮也。小事大。未獲事焉。從之如

姜白巖曰。溫盟則晉先往楚。交相見則楚之與國先朝於晉。楚蓋先施而急欲得宋鄭魯衛諸國也。夫楚之與國朝晉者。不過近楚之陳蔡以及三小國遠夷之國耳。而鄭宋魯衛諸國皆旅見楚庭。晉之失策未有甚於此也。

志禮也。（孔疏）若未獲大國所命之事，但如其志之所欲，從之如其志。雖不與盟，敢叛晉乎。重

卯之盟，在二十五年。未可忘也。子其勸行。

見三按：宋之盟曰晉楚之從交相見，今朝晉者不過陳蔡胡沈諸小國，朝楚者則魯衛宋鄭諸大邦，晉之於楚可謂以大拳博小拳矣。篇中提出陳文子之言，見重卯以前，晉國獨主齊盟，齊且事晉，何況他國，所以深慨晉之失策也。

衛人討甯氏之黨，故石惡出奔晉。衛人立其從子圃，以守石氏之祀，禮也。石惡之先石碏有大功於衛國，惡之罪不及不祀，故曰禮。

見三按：石碏、甯俞，其忠一也。石氏得以守祀，甯氏不聞立後，衛之議功議故亦薄矣，何以勸善。

邾悼公來朝，時事也。（注）傳言來朝非宋盟，宋盟唯施於朝晉楚。（補）春秋大國事天子，惟聘而不朝，故韓起

聘周。稱歸時事於宰旅。知言聘之非也。小國事大國。乃朝而不聘。故子產相鄭伯朝晉。言會時事。則無異於事天子矣。左氏不能辨。按非不能辨也。乃直叙當時之制以明其失耳。

見三按宋之盟邾亦在會不朝晉楚而朝於魯蓋地小國貧供億難周藉魯以達於晉楚也時事四時貢獻之事春秋時大國修貢獻於天子故韓起聘周稱歸時事於宰旅小國修貢獻於大國故子產相鄭伯朝晉言會時事邾近於魯而小於魯故以魯為大國而修貢賦焉故曰時事日後申之會邾獨不至伍舉曰邾畏魯殆以此夫。

秋八月大雩旱也。

蔡侯歸自晉入於鄭。鄭伯享之不敬。子產曰。蔡侯其不免乎。不免禍。日其過此也。往日至晉時。君使子展迋勞於東門之外而傲。迋往也。迋

周大章曰：鄭反覆多變之國也，向服于楚，自三駕後，心歸晉，楚不能

音旺吾曰猶將更之，今還受享而惰，乃其心也。林解：不敬出其中心。君小國事大國，而惰傲以為己心，將得死乎？若不免，必由其子。其為君也，淫而不父。通大子班之妻。僑聞之，如是者，恒有子禍。為三十年蔡世子班弒其君傳。

見三按：新臺、召狄、壽郎與戎、唐之安祿山、五代之朱溫，皆見弒於其子。未有亂倫不至滅亡者，而其大禍則在於不敬。蓋敬則心常收，不敬則心常放，淫亦放之一節也。蔡侯之不終，其精神意氣之間先有以傳之矣。

孟孝伯如晉，告將為宋之盟故，如楚也。魯晉屬，故告晉而行。

見三按：朝楚必告晉而後行，可見諸侯本不從楚，皆惠〔趙〕武敺之也。提出宋之盟，如聞太息之聲。

蔡侯之如晉也，鄭伯使游吉如楚，及漢，楚人還之，曰：宋之盟，君

與爭者十八年，鄭伯屢次朝晉，未嘗一至楚庭。宋盟後請晉楚之從交相見，猶不親往，而使游吉，則鄭之於楚可知矣。以逼近荊蠻之鄭，且不肯南面，何况其他？若非趙武之偷，楚何由而狎主齊盟，衣裳諸國又何至跋涉山林，駢肩累跡於蓽路藍縷之庭乎？太叔鼓舌力爭，不能得而斷楚子將死，子産舍不為壇，告子孫無昭禍，其痛心疾首何如？讀書至此，為之浩歎。

姜白巖曰：太叔之言雖工，無以服楚。綫以為不如魯之奔命，而傳詳叙之，蓋有深意焉。楚自鄢陵後，鄭叛，吳强，勢亦少替。宋盟之時，竟有交相見之約，晉之自棄已甚，且越千里而往朝，名為安小國，而適以斂之也。以鄭之密邇於楚，猶云棄而封守，蒙犯霜露，况宋、魯、曹、衛之遠隔者乎？宋盟既成，列國皆往，雩太叔以小國大夫猶面折其非，况趙武輔堂堂之盟主，而兵力有餘者乎？

實親辱，（君謂鄭伯。按宋之盟，鄭伯不在，而云親辱，以良霄實與盟也。）今吾子來，寡君謂吾子姑還，吾將使馹奔問諸晉而以告。（問鄭君來朝否。）子大叔曰：宋之盟，君命將利小國，而亦使安定其社稷，鎮撫其民人，以禮承天之休，此君之憲（法也）令，而小國之望也。寡君是故使吉奉其皮幣，以歲之不易，聘於下執事。（言歲有饑荒之難，故鄭伯不得自朝楚。）今執事有命曰：女何與政令之有？（按：謂女大夫，何與朝聘之政令。）必使而君棄而封守，跋涉山川，蒙犯霜露，以逞君心。小國將君是望，敢不唯命是聽？無乃非盟載之言，以闕君德，而執事有不利焉，小國是懼。不然，其何勞之敢憚？子大叔歸，復命，告子展曰：楚子將死矣。不脩其政德，而貪昧於諸侯，以逞其願，欲久得乎？周易有之，在復䷗（震下坤上復）之頤䷚，（震下艮上頤。復上六變得頤。）曰：迷復凶。（復上六爻辭也。復，反也。極陰反陽之卦，上處極位，迷而復

傳蓋深慨晉無子太叔其人，而惟楚之命是從，以貽害於小國也。

反（失道已遠，而無應，故凶。）遠其楚子之謂乎。欲復其願。（謂欲得鄭朝以復其願。）而棄其本（不脩德）。復歸無所，是謂迷復。（失道已遠，又無所歸。）能無凶乎。君其往也，送葬而歸，以快楚心。（言楚子必死，往當送其葬。）君楚不幾十年，未能恤諸侯也。（幾，近也。疏云：以易有十年不克征之語，故期之以十年。）吾乃休（息也）吾民矣。（言楚不能復為害。）禪竈（鄭大夫）曰：今茲周王及楚子皆將死。歲棄其次，而旅於明年之次，以害鳥帑，周楚惡之。（旅，客處也。歲星所在，其國有福。歲星棄星紀之次，客在元枵。失次於北，禍衝在南。南為朱鳥，鳥尾曰帑。鶉火、鶉尾，周楚之分。故周王楚子受其咎。俱論歲星過次。梓慎則曰宋鄭饑，禪竈則曰周楚王死。傳故備舉以示卜占。疏云：帑者，細弱之名，妻子為人之後，鳥尾亦鳥之後，故俱以帑為言。）

黃薌林曰：太叔知楚子之死以理，禪竈知楚子之死以數。其寔數即理也。蠻夷之主主盟中夏，人情不順，即天道不容，故始則子木將死，繼則楚子將死，終則趙孟亦將死，而倡和議

四

姜白巖曰：悼公、武子服鄭極難，而趙武棄鄭極易，子産所為悼恨於宋之盟而無如何者。前此鄭曾適楚幾番作壇，未云昭禍，獨于此詳說五惡，舒其憤懣，又明已則苟舍，而深望子孫之輔盟主無至楚廷，蓋深

者竟（史）及其國焉。誰謂天可欺哉。見三按：東甲襲盟，楚氛正熾，歲星棄次，楚君將斃，天厭蠻夷，不欲其尸中夏之盟，故其君臣相繼而亡。始知天生五材，誰能去兵，子罕真善知天，而若趙孟、向戌皆逆天而行者也。棄而封守，跋涉山川，蒙犯風露，鄭且如此，而宋、魯、曹、衛之邦，其道儆更何如也。人情不順，天道可知。太叔徵諸人事，裨竈證諸天道，見天人非不屬晉，無奈晉之偷安，自絕於天人，數世之霸業，一盟而失之，為可慨也夫。

九月，鄭游吉如晉，告將朝於楚以從宋之盟。子産相鄭伯以如楚，舍不為壇。至敵國郊，除地封土為壇，以受郊勞。外僕掌次舍者。言曰：昔先大夫相先君適四國，未嘗不為壇。自是至今，亦皆循之。（孔疏）聘禮賓至於近郊，君使卿用束

不滿于弭兵而拊膺於晉霸之衰者何極歟。

帛勞、無設壇之法、（按為壇當時之制。）今子草舍、無乃不可乎。子產曰、大適小則為壇、小適大苟舍而已、焉用壇。僑聞之、大適小有五美、宥其罪戾、赦其過失、救其菑患、賞其德刑、教其不及、小國不困、懷服如歸、是故作壇以昭其功、宣告後人、無怠於德、小適大有五惡、說其罪戾、（自解說也。）請其不足、行其政事、（奉行大國之政。）共其職貢、從其時命、（從朝會之命。）不然、則重其幣帛、以賀其福而弔其凶、皆小國之禍也、焉用作壇以昭其禍、所以告子孫、無昭禍焉可也、

見三按、子產不為壇、便不甘役服蠻夷、隱然有卧薪嘗胆之意、故國雖小而不亡、堂堂晉國、竟以中夏之諸侯臣事於楚、何以昭告子孫、寫子產正以刺趙武也、

齊慶封好田而耆酒、與慶舍（慶封子。）政、（慶封為政、以付舍。）當國不自則、以其內實、

姜白巖曰、崔杼、弒君、慶封與謀、慶亦弒君之賊也、杼秉政、而避賊出奔者、

反得賊名、慶既傾崔、居然當國、總
無人有討賊之志、乃天殲淫人、忽反
二嬖而討賊有人矣、吏鶩饋洎、
雅尾怒而討賊有輔矣、傳獨于
盧蒲癸王何大書卜攻慶氏、以見
為故君復仇者、獨有二嬖人而已、
夫慶封虎也、慶舍虎子也、盧蒲
嫳則虎之翼也、子雅子尾之怒非
敢遽捋虎鬚也、向使慶氏父子、
先發制人、或多方防備、癸何即欲
俾及慶舍、欒高陳鮑之徒其能
介慶氏之甲乎、乃盧蒲嫳寢處
之言出、而慶封田矣、慶封田而慶舍
孤矣、慶舍孤而禍作矣、盧蒲姜譆
之而不聽、慶嗣諫之而不悛、昔慶之
攻崔也、以助崔者攻崔、而崔不悟、今
之攻慶也、以慶女謀慶氏、即以慶甲
捕慶氏、復以慶戈斷慶氏、而慶亦
不知、迨至告難歸來、倉皇出走、父
子濟惡、莫攖其鋒、而二嬖畧施小術、
一鼓而擒、蓋淫人積惡、天奪之魄、使
皆昏然如夢中、已授首於二嬖、將

寶物妻妾也、遷於盧蒲嫳氏、易內而飲酒、數日、移而居嫳家、(統箋)數日不已、國遷朝焉、(孔疏)國之卿大夫、皆遷就嫳家朝見封、使諸亡人得賊者以告而反之、(孔疏)莊公之黨、崔氏名之為賊者、當時避難出奔、慶封召令還國、故言使諸逃亡之人、得賊名而出者、以告而悉反之、按以告者、以告於齊也、故反盧蒲癸、癸臣子之、慶舍有寵、妻之、慶舍以其女妻癸、慶舍之士謂盧蒲癸曰、男女辨姓、子不辟宗、何也、辨別也、別姓而後可相取、慶氏盧蒲氏皆姜姓、曰、宗不余辟、言舍欲妻已、余獨焉辟之、賦詩斷章、余取所求焉、惡識宗、言已苟欲有求於慶氏、不能復顧禮、譬如賦詩者、取其一章而已、○斷音短、癸言王何而反之、二人皆嬖、二子皆莊公黨、二十五年崔氏弒莊公、癸何出奔、今還求寵於慶氏、欲為莊公報讎、使執寢戈、親近兵杖、而先後之、公膳日雙雞、(孔疏)公家供卿大夫之常膳、饔人竊更之以鶩、御者知之、則去其肉、而以其洎饋、御進食者、饔人御者、欲使諸大夫怨慶氏、減其膳、蓋盧蒲癸王何之謀、疏云、鶩鴨也、野曰鳬、家曰鶩、洎肉汁也、去肉而空以汁饋、○鶩音木、去居呂反、洎其器反、子雅子尾皆惠公孫、怒、

負錢于楚圍、而百車之木遂終爲陳氏所得矣悲夫

慶封告盧蒲嫳、（以二子怒告嫳）盧蒲嫳曰、譬之如禽獸、吾寢處之矣、（言能殺而席其皮）使析歸父告晏平仲、（欲與子雅子尾謀）平仲曰、嬰之衆不足用也、知無能謀也、言弗敢出、（不敢洩謀）有盟可也、子家（析歸父）曰、子之言云、又焉用盟、（〔補注〕傳見諸侯失政、姦邪擅命、如伯玉在衛、平仲在齊、臨難獲免、皆其德孚於人）告北郭子車、（齊大夫）子車曰、人各有以事君、非佐（子車名）之所能也、陳文子謂桓子（文子之子無宇）曰、禍將作矣、吾其何得、對曰、得慶氏之木百車於莊、文子曰、可慎守也已、（封時有此木、積於六軌之道、疏云、釋宮云、六達謂之莊、〔左觿〕此三言者、陳氏父子爲隱語以相諭也、蓋木作室之良材、莊者國中之要路、言將代之政云爾、〔呂說〕陳氏篡齊大志已萌於此）盧蒲癸王何卜攻慶氏、示子之兆、（龜兆）曰、或卜攻讎、敢獻其兆、子之曰、克見血、冬十月、慶封田於萊、陳無宇從、丙辰、文子使召之、請曰、無宇之母疾病、請歸、慶季（慶封）卜之、示之兆、曰死、奉龜而泣、（無宇泣）

乃使歸。慶嗣（封之族）聞之，曰：禍將作矣。謂子家（慶封字。按其字與析歸父同）：速歸。禍作必於嘗（秋祭），歸猶可及也。子家弗聽，亦無悛志。子息（慶嗣）曰：亡矣。幸而獲在吳越。陳無宇濟水而戕舟發梁（戕，殘壞也。不欲慶封得救難）。盧蒲姜（癸妻，舍女）謂癸曰：有事而不告我，必不捷矣。癸告之（告欲殺慶舍）。姜曰：夫子（謂舍）愎，莫之止，將不出。我請止之。癸曰：諾。十一月乙亥，嘗於大公之廟，慶舍涖事（臨祭事）。盧蒲姜告之，且止之。弗聽，曰：誰敢者？遂如公（至公所）。麻嬰為尸，慶奊（結○戶反）為上獻（上獻，先獻者。疏云：祭禮主人先獻，時公親在而奊為上獻，舍使為之，不可以禮責也）。盧蒲癸、王何執寢戈。慶氏以其甲環公宮（廟在宮內）。陳氏、鮑氏之圉人為優（優，俳）。慶氏之馬善驚（孔疏：數驚也）。士皆釋甲束馬（束，絆之也）而飲酒，且觀優，至於魚里（里名。優在魚里，就觀之）。欒（子雅）、高（子尾）、陳（須無）、鮑（鮑國）之徒介慶氏之甲（箋：四族因慶氏之士釋甲，故取而介之）。子尾

抽桷擊扉三、（桷椽也、扉門闔也、以桷擊扉為期㝵）盧蒲癸自後刺子之、王何以戈擊之、解其左肩、猶援廟桷動於甍、（屋棟、林解舍雖傷重猶能援太廟之椽、動於屋棟。○刺七亦反、甍亡耕反）以俎壺（林解皆祭器）投殺人而後死、（言其多力）遂殺慶繩、（慶㚖）麻嬰、公懼、鮑國曰、羣臣為君故也、（言欲尊公室、非為亂）陳須無以公歸、稅服而如內宮。（言公懼於外難。○稅吐活反）慶封歸、遇告亂者、丁亥、伐西門、弗克、還伐北門、克之、入伐內宮、（陳鮑在公所、故）弗克、反陳於嶽、（里名）請戰、弗許、遂來奔、獻車于季武子、美澤可以鑑、（光鑑形也）展莊叔見之、（魯大夫）曰、車甚澤、人必瘁、宜其亡也、（測義前傳載慶封車美一節與此無異、見二三大夫所識笑者僅僅車服飲食之細、而於弒逆大故、曾不齒也、）叔孫穆子食慶封、慶封氾祭、（禮食有祭、示有所先也、氾祭、遠散所祭、不共、疏云、禮法食必先祭、祭古之先食、以示有所先也、公食大夫禮云、賓升席坐、取韭菹以徧擩於醢、上豆之間祭、又言祭鉶羹於上鉶之間、祭飲酒於上豆之間、是祭食之禮、各有其處也。○氾芳劍反）穆子不說、使工（樂師）為之

誦茅鴟、（逸詩刺不敬）亦不知、既而齊人來讓、（讓魯受慶封、魯首納齊之亡人）輯傳奔吳、
吳句餘（吳子夷末）予之朱方、（吳邑、按今江南丹徒縣、疏云、明年五月闔弑餘祭、此是餘祭、尚非夷末、杜以此年之末、封始來奔、齊讓而後奔吳、傳蓋終言之耳。句古侯反）聚其族焉而居之、富於其舊、子服惠伯謂叔孫曰、天殆富淫人、慶封又富矣、穆子曰、善人富謂之賞、淫人富謂之殃、天其殃之也、其將聚而殲旃、（盡也、旃之也、為昭四年殺慶）封傳

黃鄒林曰、崔慶之亂、天翻地覆、陳氏父子、不發一言、不籌一策、家庭私議、獨思得慶氏之木百車于莊、便有代之執政意、其奉龜而泣、即司馬懿假瘋見客、衣鉢傳於百忙中敘此、而則見鷸蚌相持、漁人得利、為深慨崔慶之不類、為陳氏作生活也、豈待子雅之卒、而始知姜其危哉、

見三按莊公之弒崔慶同謀故太宮之盟曰所不與崔慶者則崔罪即慶罪也崔既滅族慶亦安能獨留當慶封之嬖盧蒲嫳也自謂公黨亡崔氏滅此外無足與為難者於是好田嗜酒易內遷家盡以國家付之子舍豈知莊公之黨一日尚在慶氏之家一日難保天奪之魄使亡人得賊以告而反之自是盧蒲癸為舍壻盡得慶氏之私情何與癸密得朝夕於慶氏卧榻之側各執干戈肘腋之間命懸其手盧癸何謀合而慶氏之滅在反掌矣因而以減膳激欒高之怒以密謀通陳鮑之情魚里觀優慶徒卸甲嘗祭未徹鼓譟而興此時慶氏如在醉夢間而刺者刺擊者擊殺者殺積惡之徒如摧腐鼠雖朱方之殲封誅稍後天厚其毒正使之無噍類云爾若

盧蒲姜者，不爲雍糾之妻，反與癸謀其父，豈非天討難逃，骨肉皆讐哉。

癸巳，天王崩，未來赴，亦未書。（林解：經書十二月甲寅。）禮也。（嫌時已聞喪，當書，故發例。）崔氏之亂，喪羣公子。故鉏在魯，叔孫還在燕，賈在句瀆之丘。（按：二十一年齊侯復討公子牙之黨，三子斥逐，雖出於莊公，然皆杼爲之，故統曰崔氏之亂。陸氏駁之，非是。）及慶氏亡，皆召之，具其器用而反（還也）其邑焉。與晏子邶殿（齊別都。多荐反），〇其鄙六十，（以邶殿邊鄙六十邑與晏嬰。）弗受。子尾曰：富，人之所欲也，何獨弗欲？對曰：慶氏之邑足欲，故亡。（林解：邑多則厭足其欲，驕侈橫生。）吾邑不足欲也，益之以邶殿，乃足欲。足欲，亡無日矣。在外不得宰吾一邑。（林解：若奔亡在外，雖我之一邑亦不可得而宰制。）不受邶殿，非惡富也，恐失富也。且夫富如布帛之有幅焉，爲之制度，使無遷也（移也）。夫民生厚而用利，於是乎正德

姜白巖曰：春秋莊僖之世，桓文繼興，一時名臣俱以尊周攘楚爲心，厥功赫焉。文宣以降，晋主齊盟，尊王之誼漸微，而攘楚之烈猶盛。至襄之季，晋霸已衰，管仲先軫之敎陳，智武魏莊之議論，杳不可聞。一時賢人動見掣肘，惟有守身保家之善策，以自免於亂賊之禍而已。此又世變也。

以幅之、使無黜[猶放]嫚、[疏云言用正德為邊幅、使有度也。○嫚同慢]謂之幅利、利過則為敗、吾不敢貪多、所謂幅也、與北郭佐邑六十、受之、與子雅邑、辭多受少、與子尾邑、受而稍致之、[致還公]公以為忠、故有寵、釋[放也]盧蒲嫳於北竟、求崔杼之尸、將戮之、不得、叔孫穆子曰、必得之、武王有亂[治也]臣十人、崔杼其有乎、不十人不足以葬、[葬必須十人、崔氏不能令十人同心、故必得。按穆子甚言十人不能同心耳、非以武王比杼也、陸氏譏其擬人不倫、拘矣]既、崔氏之臣曰、與我其拱璧、[崔氏大璧]吾獻其柩、於是得之、十二月乙亥朔、齊人遷莊公殯于大寢、[更殯之于路寢也]以其棺尸崔杼于市、[崔子弒莊公、葬又不如禮、故以莊公棺著崔子尸邊、以章其罪]國人猶知之、皆曰崔子也、[輯傳始求崔杼之尸不得、嫌以他尸代之、故云國人猶識其狀、]

黄鄰林曰、崔慶既滅、欒高繼亡、齊之公族不旋踵而殆盡者

九

皆足欲惧之也在廷諸臣或受多或受少或受而稍致均不免
欲心用事獨陳氏父子不言功不及賞便見其深謀遠慮圖
度者大厚施得民已於此窺見一斑晏子不受邶殿獨杼危
言規齊臣即以防陳氏也
見三按晏子不死君難大節似不足觀特其留身觀變自有
一番作用齊之兩大逆不旋踵而滅者未始非晏子潛謀默
奪之功也不受邶殿尤為見利不苟名言正理可箴可銘管
晏齊名良有以也諸臣皆賞而癸何無聞齊之刑賞未免失
宜景公初政如此故終其身不振求尸不得崔杼幾全首領
而天不藏奸卒以拱璧之與戮尸于市覺曹阿瞞七十二疑
塚要未為得計也

周大章曰、宋之盟、大非伯有意、享垂隴時、賦鶉奔以刺趙武、茲之不敬、蓋不滿公之如楚也、鄭伯不欲親往、故遣游吉、不得已而始朝宋、公中道而反、獨魯公徑行、中閒兩提飢寒之不恤、見惠伯向戌持論一般、而彼反此行、穆叔固難免迂拘之失、榮成伯亦不免阿比之私。

姜白巖曰、五國諸侯將朝於楚、子服惠伯云、飢寒之不恤、向戌亦云然、可知諸侯之奔命、居送行齎、民不聊生、傳所為深惡向戌也、故每事必提宋之盟、敬字一篇之綱、諸國不能自強、而以媚楚為忠、趨命為敬、祇見其取辱也、向戌猶以息民為名、而速之歸、何穆子榮成伯輩見不及此。

為宋之盟故、公及宋公陳侯鄭伯許男如楚、公過鄭、鄭伯不在、已在楚伯有迋勞于黃崖、黃崖水名。崖作涯不敬、穆叔曰、伯有無戾於鄭、鄭必有大咎、伯有不受戮、必還為鄭國害敬民之主也、而棄之、何以承守、言無以承先祖守其家鄭人不討、必受其辜、濟澤之阿、言土薄行潦之蘋藻、言菜賤寘諸宗室、薦宗廟季蘭尸之、敬也、言取蘋藻之菜於阿澤之中、使服蘭之女而為之主、神猶享之、以其敬也、敬可棄乎、為三十年鄭殺良霄傳及漢、楚康王卒、公欲反、叔仲昭伯曰、我楚國之為、豈為一人行也、子服惠伯曰、君子有遠慮、小人從邇、饑寒之不恤、誰遑其後、遑暇也不如姑歸也、叔孫穆子曰、叔仲子專之矣、言足專在子服子始學者也、言未識遠榮成伯榮駕鵞曰、遠圖者忠也、公遂行、從昭伯謀、鄭氏曰、自周公以來始如楚宋向戌曰、我一人之為、非為楚也、饑寒之不恤、誰能恤楚、姑歸而息民、待其立

君而爲之備宋公遂反（輯傳）叔仲昭伯若知大義當贊公以奔王喪

黃鄰林曰此傳爲魯朝楚之始亦諸侯旅見於楚之始一則曰饑寒之不恤再則曰饑寒之不恤魯宋且於此而陳鄭許之疲於奔命更可知矣宋反魯行議論紛起去固受辱反亦懷憂蓋痛恨於宋盟之失策也

見三按是役也宋向戌爲之也篇首提出宋之盟所以誅首禍也向者僕僕於晉猶曰尊伯主今則直爲夷狄役而中國無伯矣行潦之蘋藻季女猶能尸之中夏之侯伯霸主不能庇之致令奔走蠻夷飢寒不恤君子有遠慮小人從邇傳於趙武有深慨焉向戌首倡和議此獨闡喪而還一人之爲非爲楚則其心原爲求貫討豈爲天下計耶魯不記晉景之喪

姜白巖曰：書王人來告喪、而前書楚屈建之卒、後書公親襚於楚、蓋天子之喪、不聞諸侯之哭臨、而楚之臣、大國喪之、楚之君、魯親襚之、是可閔也。

止公送葬、冒昧前往、卒有親襚之辱、倔强不如鄭人、審幾不如宋人、叔孫豹老成、未免貽笑於始學者

楚屈建卒、趙文子喪之如同盟、禮也。宋盟有衷甲之隙、不以此廢好、故曰禮。

見三按：大夫而喪其同盟、儼然以諸侯自居、故知宋之盟匪特潰夷夏之防、直紊君臣之義

王人來告喪、問崩日、以甲寅告、故書之、以徵過也。徵、審也。此緩告非有事宜、直臣子怠慢、故於此發例。

見三按：經于是年十一月書公如楚、明年正月書公在楚、則禮闕于天王可知、天子之崩不如楚子之卒也、宋向戌之肉、為不足食矣

經丁巳二十有九年春王正月、公在楚。君解公在外、闕朝正之禮、甚矣、而惟書此一年者、魯

公如楚既非常比，公又踰年，故發此一事以明常，何記傷天下之無霸也。夏五月，公至自楚。○庚午，

衛侯衎卒。○子襄公惡立。○閽弒吳子餘祭。閽守門者，下賤非士，故不言盜。按弟夷末立。○側界

反。○仲孫羯會晉荀盈、齊高止、宋華定、衛世叔儀、鄭公孫段、曹

人、莒人、滕人、薛人、小邾人城杞。公孫段伯石也。三十年伯有死，乃命為卿，今蓋以攝卿行。○

晉侯使士鞅來聘。○杞子來盟。○吳子使札來聘。吳子餘祭既遣札聘上國

而後死，札以六月到魯，未聞喪也。不稱公子，其禮未同于上國。疏云：札去之後，吳始告喪，告以三月被弒，故書在聘上耳。貫服

皆以夷末新立使來通聘，則無論先君未葬，嗣君不得使命，豈新有國喪而自請觀樂，反又譏人聽樂者乎。按金仁山必謂札已

聞喪，毛氏謂餘祭已立四年，非嗣君，皆非也。○秋九月，葬衛獻公。○齊高止出奔北

燕。止高厚之子。北燕姬姓。○冬，仲孫羯如晉。

姜白巖曰：春王正月之下，書公在楚，知為魯之大變也。不朝正於廟而朝正于僭王之楚，故與昭公之失國同。傳述在楚之辱，以發明經義，且以見穆

傳景王元年二十九年春王正月，公在楚，釋不朝正于廟也。（杜解）釋，解也。告廟在楚，解公所以不朝正。（繁露）臣子思君無一日無君之意。

楚人使公親襚。襚，諸侯有遣使賵襚之禮，今楚欲

叔之先祓而禭，不如向戌之中道而反也。桃茢祓殯，掩耳盜鈴，然秉禮望國，廉恥猶存。

姜白巖曰：魯皆與三國皆親送葬，是以天子之禮事楚也。書四國之君送葬及諸侯大夫至墓，以次敘見何等聲欬，而下讀葬靈王傳，炎涼迥别，使人浩歎。

依遣使之比。○音遂 說文云衣死人衣 公患之。穆叔曰：祓殯而禭，則布幣也。先使巫祓除殯之凶邪，而行禭禮，與朝而布幣無異 乃使巫以桃茢先祓殯。鄭氏曰：桃，鬼所惡；茢，萑苕，可掃不祥。茢是帚，桃其棒也。○茢音例 楚人弗禁，既而悔之。禮，君臨臣喪，乃祓殯，故楚悔之。

見三按：春王正月，公乃在楚，哉舍尊親之大而蠻夷是畏，即不親禭，已辱國矣。叔孫謀國不滅，自取其辱，桃茢祓殯亦何

補哉

二月癸卯，齊人葬莊公於北郭。兵死不入兆域，故葬北郭。

見三按：淫人尚富，於朱方恐齊莊之目未瞑於北郭。

夏四月，葬楚康王。公及陳侯、鄭伯、許男送葬，至於西門之外，諸侯之大夫皆至于墓。楚郟敖康王子熊麇也即位，王子圍康王弟為令尹。鄭行人子羽曰：是謂不宜，必代之昌。松柏之下，其草不殖。言楚君弱

姜白巖曰，此為致公傳，公在楚七月，幸而得還，復遇季孫取卞，微榮成伯挽之，先昭出奔矣，然成伯之賦式微，以黎侯寓衛，歸而興黎，非徒與其復國，而漫然無事也，當是時公翻然振厲，則如叔孫穆子公治輩，皆足相助為理，又何患宿之無忌乎，乃歸之後，耽逸樂，作楚宮，聊為晚景之娛，頓忘及膚之偪，夫公治為季之屬大夫，忿其無君，誓之終身，至死猶恨入肺腑，公為人君，受侮不少，而處之泰然，傳敘公治之忠憤，正深咎公之無志也。

令尹强，物不兩盛，為昭元年圍弑郟敖起本。見三。按晉昭侯封桓叔，師服知其必替，楚康王立郟敖，而使圍為令尹，子羽知其必昌，枝强則幹弱，即松柏亦難保其不雕凋，況其下之草乎，為人君者不可不知也。

公還，及方城，季武子取卞，取卞邑以自益。按國語宿取卞，公欲出楚師以伐魯，榮駕鵝止之，且曰不如予之，宿之事君也，不敢不悛，乃止。可知卞猶為公邑，而宿取之也。使公治季氏屬大夫。問，問公起居。璽書，追而與之，璽印也，疏云，周禮掌節，貨賄用璽節，鄭氏云，今之印章也，周時印已名璽，但上下通用，自秦以來，天子之印獨稱璽。曰，聞守卞者將叛，臣師徒以討之，既得之矣，敢告。此璽書之詞。公治致使而退，致季氏使命。及舍而後聞取卞，發書乃聞之。公曰，欲之而言叛，祇見疏也。言季氏欲得卞而欺我言叛，益疏我，疏云，祇作多，古人多祇同音。公謂公治曰，吾可以入乎，以季氏疏已，故不敢入。對曰，君實有國，誰敢違君，公與公治

冕服、以卿服元冕賞之固辭、強之而後受、公欲無入、榮成伯賦式微、乃歸、詩邶風陳傳見襄公幾出、季氏久無君、五月、公至自楚、公治致其邑於季氏、本從季氏得邑、故還之、而終不入焉、不入季孫家曰、欺其君、何必使余、季孫見之、則言季氏如他日、不見、則終不言季氏、林解季武子若就其家見之、則言季政事如他日、否則終不肯復言季政事、及疾、聚其臣大夫家臣曰、我死必無以冕服斂、非德賞也、言公畏季氏而賞其使、非以我有德且無使季氏葬我、林解不義季氏欺君、故生不入其家死不受其葬、

黃鄴林曰、公之如楚、穆叔同行、故季氏得以恣睢、取卞、若使穆叔在國、當無此事、故知穆叔不死、則中軍斷不至毀、而昭公亦不出奔、豎牛之禍、實季氏使之也、天不祚魯、季存而叔亡、奈之何哉、

姜白巖曰、首揭葬靈王三字、天下之事、惟此鄭重、臣子之情、惟此哀激。而鄭君不行、行以大夫、不以上卿、且以大夫之弱者。而魯即大夫之弱者亦不行、也傳蓋發明春秋不書葬之故、而罪在君父、無辭可加、因借鄭事以明之。史公謂左氏為魯君子、信哉。

見。三按季氏無君久矣。前此公在晉、而專納叛人、以公之姑姊妻之。今茲公在楚、又伐其君地以為己有。跋扈不臣、於斯為極。公不敢入、而賜冕服、臣勸之歸、而賦式微、乾侯之孫、其所由來漸矣。公冶為季氏所欺、生不入季氏家、死不受季氏葬、大義昭然。異哉季氏乃有此臣也。左氏特將公冶詳寫、以見尚有人、公自不振、甘受季氏之欺陵、為可慨也夫。

魯

葬靈王、不書、魯不會。鄭上卿有事、子展使印段往。伯有曰、弱不可。年少官卑。子展曰、與其莫往、弱不猶愈乎。詩云、王事靡盬、不遑啓處。詩小雅。盬、不堅固也。啓、跪也。東西南北、誰敢寧處。謂上卿。堅事晉楚、以蕃王室也。言我固事晉楚、乃所以蕃屏王室。王事無曠、何常之有。遂使印段如周。傳言周衰卑於晉楚。

黄鄭林曰伯有是後世阮籍一流人如鷄奔之詩陰刺趙孟黄崖之勞不敬魯公皆其玩世不恭處而靈王之葬以印段往會為不可深明大義直有衆人皆醉而我獨醒之意弱猶愈於莫往子展亦逼於大義之難逃而不免强詞以對也甯室之飲雖屬非宜羊肆之誅究不當罪宜其死猶為厲也見三按楚王之葬四國之君親送天王之葬僅鄭以大夫行且以大夫之弱者行子展之醒不及伯有之醉猶知大義也與其莫往弱不猶愈見諸侯之不如鄭者尚多世道至此安得不為戰國

吳人伐越獲俘焉以為閽使守舟葉石林曰古者墨者守門劓者守闕宮者守內刖者守囿髠者守積吳則越俘守舟非任官之道吳子餘祭觀舟閽以刀弑之言以刀明近刑人通說書

魏世儼曰置戎首于卧榻之側未有不速禍者推赤心以待人如光武之按行銅馬營郭令公之單騎退虜豈易易者故來歙費禕禍皆

不旋踵也。吳子俘人以守舟，驕忽無足戒。

姜白巖曰：過卒於巢，餘祭死於閽，傳俱用一二語了之，以見其輕生蹈禍，千乘之尊，不足為一人之敵也。

魏禧曰：罕、樂貸粟，與陳氏厚施自別。陳氏無故為之，立意為之，志在專國政也。罕、樂有故為之，偶一為之，志在體國恤民而已。此公私之異也。

張侮菴曰：梓慎占宋鄭之饑，天道也。子罕、子皮貸粟出餼而國不病，人事也。前此晉饑，魏絳亦請輸積，可見賑貸是救饑第一急著，不必秦輸晉粟，魯告齊糴也。後世歲凶民病，豈非郡縣蒞茲土者及桑梓士大夫之責歟？

姜白巖曰：子皮歸美於親，子罕歸美於君，皆賢大夫也。春秋自宋之

之為人主狎眠閽寺之戒。見三按吳越接壤，世為仇敵，非吳滅越，即越滅吳，故其俘囚亦存必報之心，殺一君如腐鼠，彼句踐之臣妾，特襲其故智而出之以堅忍耳。餘祭亡身，夫差亡國，皆驕忽之念中之也。可不鑒哉！

鄭子展卒，子皮即位。即罕虎，代父為上卿。於是鄭饑而未及麥，民病。子皮以子展之命餼國人粟，戶一鍾，在喪，故以父命也。六斛四斗曰鍾。是以得鄭國之民，故罕氏常掌國政，以為上卿。宋司城子罕聞之，曰：「鄰於善，民之望也。」孔疏：鄰，近也。按：近於善人，為民所仰望。宋亦饑，請於平公，出公粟以貸，使大夫皆貸。司城氏貸而不書，林解：子罕貸而不書策，施而不以為德也。為大夫之無者貸。林解：子罕為宋大夫之無粟者貸。宋無饑人。叔向聞之，曰：「鄭之罕、宋

盟後晉日以弱楚益以强諸侯皆頹然無志所有諸國亡猶吏史冊有光焉嗟乎天下非無人也有人而不得盡其才天下之所以歸于淪胥也

周大章曰周宗天王也周宗之闕指王室衰微而言即後所云嫠婦不恤

之樂其後亡者也二者其皆得國乎得掌國政民之歸也施而不德樂氏加焉其以宋升降乎升降隨宋盛衰

黃鄭林曰此即魏絳請施舍之法也晉悼行之國無滯積亦無飢民卒成三駕之功曾幾何時而六卿專政各自封殖以肥其家魏絳之良法蕩矣無存叔向有餘慨焉故聞子皮子罕之風嘖嘖稱善贊二子即以刺晉卿也

見三按子皮是大度人故國喜施仁子罕是小心人尤懼市德子皮倡之子罕效之同一救民之苦心而歸美於君較之歸美於親更覺至公無私視陳氏之厚施竊國者奚啻霄壤之分

晉平公杞出也故治杞治理其地脩其城六月知悼子合諸侯之大夫

其緯、而憂宗周之隕、為將及是也、天王且不之恤、則諸姬之棄可知、是時周靈王崩、唯鄭使印假往、他國無聞、晉曠王事而亟城杞、故有此論、提出大頭腦語、有斤兩、

姜白巖曰、晉平自盟宋後、安於燕樂、忽大合十國之師、為母家治城、傳直叙起、見其出於私心、非天下之公義也、蓋城之蔽國、猶屏之蔽室、闕者城之空陷處也、周室之闕、莫大於荊楚僭王、諸侯篡弒、今杞未有他故而城之、其餘天經地義、概置不論、吾恐諸姬是棄、則禍亂相尋、婚姻終不能保、是將晉平西年所為、該之以數言、與見從前未下斷語者、盡結于此

以城杞、孟孝伯會之、鄭子大叔與伯石往、太叔不書、不親事、子大叔見大叔文子、衛太叔儀、與之語、文子曰、甚乎其城杞也、子大叔曰、若之何哉、晉國不恤周宗諸姬也之闕、而夏肆餘也、謂杞是屏、城也、疏云、杞是夏後、滅而復存、猶木之枿生也、其棄諸姬、亦可知也已、諸姬是棄、其誰歸之、吉也聞之、棄同即異、是謂離德、詩曰、協比其鄰、昏姻孔云、詩小雅、言王者和協近親、則昏姻甚歸附也、晉不鄰矣、其誰云之、云猶旋、旋歸之、

黃鄭林曰、春秋之世、為杞動者二、齊桓以淮夷之故、率諸侯以恤杞、事雖專而心則公、故特書諸侯城緣陵、所以隱其專也、晉平以母家之故、煩諸侯以治杞、心既私而事亦悖、故特序十一國之大夫城杞、所以著其悖也

見三按平王戌申、詩人譏之、魯僖封須句、春秋病之、謂其但

周大章曰、專侈非保家之道、而專之為禍尤烈、鄭子孔衛甯喜其前車也、彼自多其智、自恃其才、而欲多上人者、其亦鑒于此而知所懲乎、

知有毋也、晉棄諸姬、城所自出、諸姬既棄、兼併將興、杞亦何能獨全、晉伯殘局、被子太叔數語斷盡、前此宋之會、夷狄擅中國矣、今茲杞之城、諸侯為僕隸矣、諸侯之大夫書名、非予之也、若曰此皆諸侯之列卿、而為妾婦役也、司馬侯知齊宋二卿之不免、而不知晉伯業之將衰、是何其明於料人、闇於謀己耶、

齊高子容（高止）與宋司徒（華定）見知伯、（荀盈）女齊（司馬侯）相禮、（侍威儀也）賓出、司馬侯言於知伯曰、二子皆將不免、子容專、（自是也）司徒侈、皆亡家之主也、知伯曰、何如、（林解言二子禍禍之遲速何如）對曰、專則速及、（速及禍也）侈將以其力斃、（力盡而自斃）專則人實斃之、將及矣、（為此秋高止出奔燕、昭二十年華定出奔陳傳）

姜白巖曰、魯卿大夫實繁有徒、何至不能具耦、蓋射耦子弟之職、單者為之、斯時季氏作三軍、分公室、祿去于公、多不願仕于公家也

見三按商任之會、晉以陪臣而重煩天下之諸侯城杞之役、晉以毋家而重煩列國之大夫故齊衛二君之不敬高華二卿之專侈、皆其大不滿霸主之心、所激而成但敬者身之基專侈者敬之反、不敬則矜肆而重至於專侈不能儆人反以失己、叔向叔齊先後議之、而其言皆驗敬顧可忽乎哉

范獻子來聘、拜城杞也、謝魯為杞城公享之、展莊叔執幣、公將以酬賓射者三耦、二人為耦、疏云、周禮射人云、諸侯之射以四耦此三耦者、當是畿內畿外之異公臣不足取於家臣、家臣展瑕展玉父為一耦、公臣公巫召伯仲顏莊叔為一耦、鄫鼓父黨叔為一耦、言公室卑微、公臣不能備於三耦○黨音掌

見三按朝聘諸侯之常、所以申盟締好相與為存者也如士鞅之來、為城杞而來也聘之義亦索然矣是時魯公室四分

魏世儼曰：不治杞田，則無以饜夫人之忿；盡歸杞田，又恐失魯，失魯則諸侯解體。女叔齊所以為得宜也。舉晉先君所滅國，而不及近事，不觸忌諱，足徵立言之妙。

君擁虛器，落落晨星，三耦不備。同姓之國魯為宗，同盟之國晉為主，不恤周室，晉其衰矣，不足公臣，魯其替乎，連類書之，曷勝諸姬式微之嘆。

晉侯使司馬女叔侯來治杞田。（補注：魯伐杞時所取賂田，諱不登於策，故復歸於杞亦不書，事與汶陽田異。）弗盡歸也。晉悼夫人（平公母，杞女也。）慍曰：齊也取貨。（謂叔侯取貨於魯，故不盡歸杞田。）先君若有知也，不尚取之。（不尚叔侯之取貨。按：不尚猶言不聽。）公告叔侯。叔侯曰：虞、虢、焦、滑、霍、揚、韓、魏，皆姬姓也，（八國皆晉所滅。）晉是以大。若非侵小，將何所取？武、獻以下，兼國多矣。（武公、獻公，晉始盛之君。）誰得治之？杞，夏餘也，而即東夷。（按：杞親暱東夷之國。）魯，周公之後也，而睦於晉，以杞封魯猶可，而何有焉？（何有盡歸之。）魯之於晉也，職貢不乏，玩好時至，公卿大夫相繼於朝，史不絕書，（書魯朝聘。）府無虛月。（無月不受魯貢。）如是可矣，

何必瘠魯以肥杞、且先君而有知也、毋寧夫人、而焉用老臣、按正與夫人慍言相應、毋寧寧也、承上瘠魯來、謂先君有知、必明大義、與其瘠魯肥杞、毋寧不聽夫人、而不用老臣去治之也、治且不必、何況盡歸、君毋不敢明斥其非、故隱約其辭也、

黃鄭林曰、晉平自宋之盟引蠻夷以主盟中夏藩籬盡撤所賴諸姬和睦尚可支持殘局乃以母家之故重煩十有一國之大夫城之且使人來治杞田是不能禦侮反至鬩墻覇圖之替、在揖顧間、宜子太叔司馬叔侯之嘖有煩言也考杞桓公之求昏於晉也魯與有力焉不報其德反以為仇悼夫人亦寡恩哉、

見三按女叔嘵嘵幾惹老婦唾面而悼夫人竟息其慍辭達故也平公受制母氏不發一言其庸碌可以想見

姜白巖曰：杞之朝魯者六，自是無來朝之事。不書治杞田，亦不書歸田於杞，魯史畧之也。

周大章曰：吳通上國雖已有年，而季子此來，實爲創始。周禮在魯，豈得漠然無心？而中國人才，堪素心者正不乏人，故觀樂論人，皆具特眼。不易知者樂也，一見聞而能晰其優劣，並能道其源流；不易知者人也，一接見而能辨其賢否，並能定其禍福；而世代之升降，國運之興替，皆若燭照數計，是何等心思，何等眼界。

姜白巖曰：傳於興衰交關處必有一篇大文，前書穆叔告范宣子，見覇功

杞文公來盟。魯歸其田，故來盟。書曰子，賤之也。（歸義）杞伯來朝，何言來盟？蓋有所恃，不復講朝禮也，仍以子男之禮見，故魯史賤之。見三。按杞當來朝，何言來盟？朝則修好，何賴於盟？來盟者，爲有所恃而要結，不復講朝禮也。亦倨傲之甚矣。故書曰杞子，不列之於諸侯，非絀其爵也。

吳公子札來聘。見叔孫穆子，說之，謂穆子曰：子其不得死乎。不得以壽終。好善而不能擇人。（孔疏）昔有當塗貴，郈國公蘇威嘗問曰：知人是善，然後好之，何以言其不能擇人？貴曰：好善，仁；擇人，鑒。雖有仁心，鑒不周物，故好而不能擇也。吾聞君子務在擇人。吾子爲魯宗卿，而任其大政，不慎舉，何以堪之？禍必及子。爲昭四年豎牛作亂起本。（呂說）纔見一人，便說許多話，如生平心腹之友，同心之言，其臭如蘭，如此。請觀於周樂。魯以周公故，有天子禮樂。使工爲之歌周南、召南。此皆各依其本國歌所常用聲曲。疏云每詩歌一二篇示意耳，未必盡歌之也。曰：

自此而衰。名卿大夫。唯有立言垂世。然春秋伯功之錄。非得已也。又錄此篇。以見德必如堯舜。功必如禹湯文武。而後可稱。若瑣瑣霸功。當時赫奕。久之日就陵夷。齊則政歸陳氏。晉則萃於三族。即有晏平仲叔向等。特立其間。唯以免難為圖。卒無救於霸業之衰。所謂十世希不失也。自檜無譏。即匪風思王之意也。能夏則大。即書終秦誓之意也。此春秋之大旨歸宿處。

美哉。美其聲始基之矣。周南召南。王化之基。猶未也。猶有商紂。未盡善也。然勤而不怨矣。未能安樂。然其音不怨怒。為之歌邶鄘衛。武王伐紂。分其地為三監。三監叛。周公滅之。更封康叔。并三監之地。故三國盡被康叔之化。疏云。自紂城而北謂之邶。紂城而南謂之鄘。按邶城今河南衛輝府東北。鄘城新鄉縣西。曰美哉。淵乎。憂而不困者也。淵深也。亡國之音哀以思。其民困。衛康叔武公德化深遠。雖遭宣公淫亂。懿公滅亡。民猶秉義。不至於困。吾聞衛康叔武公之德如是。是其衛風乎。康叔周公弟。武公康叔九世孫。皆衛之令德君也。聽聲以為別。故有疑言。為之歌王。黍離也。幽王遇西戎之禍。平王東遷。王政不行於天下。風俗下與諸侯同。故不為雅。曰美哉。思而不懼。其周之東乎。宗周隕滅。故憂思。猶有先王之遺風。故不懼。為之歌鄭。詩第七。曰美哉。其細已甚。民弗堪也。是其先亡乎。美其有政治之音。譏其煩碎。知不能久。為之歌齊。詩第八。曰美哉。泱泱乎。宏大之聲。大風也哉。表東海者。其大公乎。太公封齊。為東海之表式。國未可量也。服氏曰。言其國之興衰世數長短。未可定也。為之歌豳。詩第十五。豳周之舊國。今陝西邠州三水縣境。曰美哉。

蕩（坦蕩也）乎、樂而不淫、（言有節）其周公之東乎、（周公遭管蔡之變、東征三年、為成王陳后稷先公不敢荒淫、以成王業、故言其周公之東乎、）為之歌秦、（詩第十一、後仲尼刪定、故不同、疏云、十五國風、其名皆與詩同、唯次第異耳、則仲尼以前篇目先具、其所刪削、蓋亦無多、記傳引詩亡逸甚少、史記古詩三千餘篇、孔子去其重、取三百五篇、蓋馬遷之謬耳、）曰此之謂夏聲、夫能夏則大、大之至也、其周之舊乎、（秦本在西戎汧隴之西、秦仲始有車馬禮樂、去戎狄之音、而有諸夏之聲、故謂之夏聲、及襄公佐周平王東遷、而受其故地、故曰周之舊、）為之歌魏、（詩第九、魏姬姓國、閔元年晉獻公滅之、）曰美哉渢渢乎、（中庸之聲。○渢扶弓、敷劍二反、）大而婉、（約也）儉而易行、以德輔此、則明主也、（險當為儉字之誤也、大而約則儉節易行、惜其國小無明君也、）為之歌唐、（詩第十、唐晉詩、）曰思深哉、其有陶唐氏之遺民乎、不然、何憂之遠也、（晉本唐國、故有堯之遺風、憂深思遠、情發於聲、）非令德之後、誰能若是、為之歌陳、（詩第十二）曰國無主、其能久乎、（淫聲放蕩、無所畏忌、故曰國無主、）自鄶以下無譏焉、（鄶第十三、曹第十四、言季子聞此二國歌、不復譏論之、以其微也、今河南密縣東北

有鄶城〇鄶古外反為之歌小雅，小雅小正，亦樂歌之常。曰：美哉！思而不貳，思文武之德，無貳叛之心。怨而不言，有哀音。其周德之衰乎？孔疏：謂幽厲之時也。猶有先王之遺民焉。孔疏服虔以為此歎變小雅也。華陽范氏曰：二雅篇數多，當時樂工或間歌其一二，季子就其所聞而評之。為之歌大雅，陳文王之德以正天下。曰：廣哉！熙熙乎！和樂聲。曲而有直體，論其聲。其文王之德乎！雅頌所以詠盛德形容，故但歌其美者，不皆歌變雅。為之歌頌，以其成功告於神明。曰：至矣哉！言道備。直而不倨，倨傲。曲而不屈，屈撓。邇而不偪，謙退。遠而不攜，攜貳。遷而不淫，淫蕩。復而不厭，常日新。哀而不愁，知命。樂而不荒，節之以禮。用而不匱，德宏大。廣而不宣，不自顯。施而不費，因民所利而利之。取而不貪，義然後取。處而不底，守之以道〇音抵。行而不流，制之以義。五聲和，宫商角徵羽。八風平，八方之氣。節有度，八音克諧。守有序，無相奪倫。盛德之所同也。補正：商周同此盛德，不必同樂。及見舞象箾南籥者，象箾，舞所執。南籥，以籥舞也。皆文王之樂。疏云：詩序維清奏象舞，即此象箾之舞。按

疏南籥文舞象箾當是武舞非文王曰文維清以象文德武王曰武大武以昭武功箾籥皆舞器謂以維清之箾二南之籥為文王舞耳南湖其始象要其終也象箾非武舞矣箾與簫通下文舞樂曰韶箾尚書作簫韶司馬貞云箾即簫也字體變耳記又曰象管象維清之詩也謂以管舞維清之詩也象文王之德故曰象維清之名為象猶於皇武王之名武於鑠王師之名勺耳象簫象管雖簫管不同其義一也則為文舞明矣自鄭箋有用兵刺伐之說而唐顧野王作玉篇謬云以干擊人曰箾陸德明音朔與下箾韶之箾音義皆別矣不知明堂位祭統皆云升歌清廟下管象朱干玉戚以舞大武蓋清廟用歌象用管而大武用干戚未聞用箾也樂記始奏以文謂清廟維清也維清象也可知象箾為文舞豈干擊人之謂乎詩左手執籥知籥為舞器程大昌曰南籥者二南之籥所謂以雅以南以籥不僭者也○按箾音簫下同曰美哉美其容猶有憾張氏元汴曰蓋將格君之非而致君於堯舜俾商作無窮文王之所憾即伊尹之所恥也孫明復駁左謬甚見舞大武者武王樂曰美哉周之盛也其若此乎見舞韶濩者殷湯樂疏云以其防護下民故稱濩韶紹也言能紹繼大禹也曰聖人之弘也而猶有慙德聖人之難也慙於始伐見舞大夏者禹之樂疏云夏大也鄭云言能大堯舜之德曰美哉勤而不德非

禹其誰能脩之、盡力溝洫、勤也、(補正不矜不伐、是勤而不德也、見舞韶箾者、舜樂、疏云、韶箾即簫韶也、尚書簫韶九成。曰、德至矣哉、大矣、如天之無不幬覆也也、如地之無不載也、雖甚盛德、其蔑以加於此矣、觀止矣、若有他樂、吾不敢請已、丞解魯用四代之樂、季札素知其篇數、故請止也、其出聘也、通嗣君也、吳子餘祭嗣立故遂聘于齊、說晏平仲、謂之曰、子速納邑與政、納歸之公無邑無政、乃免於難、齊國之政、將有所歸、未獲所歸、難未歇盡也也、故晏子因陳桓子以納政與邑、是以免於欒子雅高子尾之難、在昭八年聘于鄭、見子產、如舊相識、與之縞帶、子產獻紵衣焉、大帶也、吳地貴縞、鄭地貴紵、故各獻已所貴、示損已而不為彼貨利、縞古老反、紵直呂反。謂子產曰、鄭之執政侈、謂伯有難將至矣、政必及子、子為政、慎之以禮、不然、鄭國將敗、適衛、說蘧瑗蘧伯玉史狗史朝之子文子史鰌史魚、音秋。公子荊、公叔發公叔文子公子朝、曰、衛多

君子未有患也。自衛如晉。將宿於戚。孫文子之邑聞鐘聲焉。曰異哉。

吾聞之也。辯猶爭也而不德。必加於戮。夫子獲罪於君以在此。孫文子以戚叛懼猶不足。而又何樂。夫子之在此也。猶燕之巢於幕上。言至危君又在殯。而可以樂乎。獻公卒未葬遂去之。不止宿文子聞之。終身不聽琴瑟。聞義能改。呂說其變化轉移之速。逐君之前與札處。未必不改移歸於善。使未適晉。說趙文子韓宣子魏獻子。曰晉國其萃於三族乎。言晉國之政。將集於三家說叔向。將行。謂叔向曰。吾子勉之。君侈而多良。孔疏謂多以惡人為良而善之。大夫皆富。政將在家。富必厚施。故政在家。吾子好直。必思自免於難。

黃鄰林曰。季札違父兄之亂命。讓國不受。直有太伯遺風。至其吊古評今。儼然月旦。固開江南風氣第一人也。孔子稱為知禮。于其卒也。特為書銘。其契之也深矣。

見三按季札觀二雅十五國之風及歷代之舞按形呼名應聲而得洞其已往悉所未來翩翩佳公子實開三吳風氣第一人且所至之處必知其國之治亂必交其國之君子與人言必中其得失而慎其利害洵春秋之有心人也乃于吳事獨置之不問豈習于吳而不知吳之風歟抑明于料人而闇于料已歟蓋季子深有得于老氏之學知雄守雌知白守黑以退守存其身以謙抑行其志者也觀其告叔孫穆子曰吾子為魯宗卿而任其大政不慎舉禍必及子告晏平仲曰速納邑與政乃免于難告子產曰鄭之執政侈難將至矣告叔向曰吾子好直必思自免于難迹其所言求福之心少而畏禍之意多彼見吳俗强悍禍變相尋入春秋以來凡七君惟

姜白巖曰此必請於君放之而云二公孫放其大夫罪主使也經不書放不與其放也高止不能如平仲之遠害智不足稱未言得罪之故而二子之妬能特為陳氏驅除耳

壽夢夷昧考終而諸樊餘祭王僚闔廬率皆不得其死夫差泰侈國亦將亡故於延陵之閒澄其熱心而縱其冷眼至哀之十年楚子期伐陳而季子救之不進而力爭姑退而修德仍是讓國之初心也計其年已期頤矣豈非深有得于老氏之學者乎胡氏乃謂讓國生亂皆札為之故因其來聘而示貶焉是說也吾不敢信

秋九月齊公孫蠆子尾公孫竈子雅放其大夫高止於北燕放者宥之以遠

乙未出書曰出奔罪高止也實放書奔所以示罪高止好以事自為功且專故難及之（林解）好掠人之善自為已功且專權故禍難及於其身（釋例）奔者迫窘而去逃死四鄰不必禮出也放者受罪黜免宥之以遠也

見三按傳言放而經言出奔不與大夫之專放也齊侯之不

姜白巖曰。此可悟臧武仲要君之獄。高豎說得拙。故其迹彰。武仲說得巧。故其迹晦。

能有其臣。高止之不能守其位。子尾子雅之恣行于國。皆在其中矣。

冬孟孝伯如晉。報范叔。士鞅也。此年夏來聘

見三按王臣來而魯不一聘晉。卿來而魯即往報。事周直晉之不如矣。猶秉周禮。果如是乎。

爲高氏之難故。高豎高止子以盧叛。十月庚寅。閭邱嬰帥師圍盧。高豎曰。苟使高氏有後。請致邑。還邑於君齊人立敬仲高傒之曾孫酀。孔疏此即後所云高偃是也。○音偃。良敬仲也。良猶賢也十一月乙卯。高豎致盧而出奔晉。晉人城緜而寘旃。晉人善其致邑

見三按國高二守。與齊國共休戚者也。無故擅逐世臣亡而陳氏興矣。據盧請後。舊勳雖賴以不廢。而國體已傷。欒竈公

族之賢、謀國瞶瞶、乃至於此。齊之所以卒為陳氏也、夫鄭伯有使公孫黑子皙如楚、辭曰、楚鄭方惡、而使余往、是殺余也、伯有曰、世行也、言女世為行人子皙曰、可則往、難則已、何世之有、伯有將強使之、子皙怒、將伐伯有氏、大夫和之、十二月己巳、鄭大夫盟于伯有氏、裨諶鄭大夫曰、是盟也、其與幾何、言不能久詩曰、君子屢盟、亂是用長、今是長亂之道也、禍未歇也、必三年而後能紓、紓解也然明曰、政將焉往、裨諶曰、善之代不善、天命也、其焉辟子產、言政必歸子產舉不踰等、則位班也、子產位班次應知政擇善而舉、則世隆也、世所高也天又除之、奪伯有魄、喪其精神、為子產驅除子西即世、將焉辟之、天禍鄭久矣、其必使子產息之、乃猶可以戾、戾定也不然、將亡矣、

黃薌林曰、前則駟孔爭而鄭亂、後則駟良爭而鄭又亂、治亂

國用重典、裨諶曰、必使子産息之、誠知非猛不濟也、
見三按駟良之爭、天所以顯子産也、子産出而鄭亂始平、即
天禍可息、裨諶謀野則獲、不但知人、亦且知天、較之裨竈、喜
言天道者自別、

春秋左傳精義卷三十二

閩中　鄉林黃一桂　輯　男　心垣見三　補輯

襄公九

經戊午三十年春王正月楚子使薳罷來聘。罷音皮。夏四月蔡世子般弑其君固。子靈公般立。般音班。五月甲午宋災。程解天火曰災。宋伯姬卒。天王殺其弟佞夫。稱弟以惡王殘骨肉。王子瑕奔晉。秋七月叔弓如宋葬宋共姬。從夫謚也。叔弓，叔老之子。鄉共葬事禮過厚。三月而葬，速。發微：內女不葬，葬者皆非常也。劉傳：葬內女未有言謚者。曰共姬，賢也。婦人以貞為行，伯姬之婦道盡矣。鄭良霄出奔許。耆酒荒淫。自許入于鄭。不言復入，獨還無兵。鄭人殺良霄。冬十月葬蔡景公。程氏或問：蔡，楚屬也。

> 周大章曰、起說得見與否、後說惡至無日、切膚之痛、傷心慘目、紙上

魯方事楚、故會其葬。○晋人齊人宋人衛人鄭人曹人莒人邾人滕人薛人杞人小邾人會于澶淵宋災故

傳三十年春王正月、楚子使薳罷來聘、(芳解、札不氏為貶、則罷氏為褒乎、以是知其不可通也。)通嗣君也。(杜解、郟敖即位。)穆叔問王子(王子圍)之為政何如、對曰、吾儕小人食而聽事、猶懼不給命、而不免於戾、焉與知政。固問焉不告。穆叔告大夫曰、楚令尹將有大事、子蕩(薳罷)將與焉、助之匿其情矣。(子圍素貴、郟敖微弱、諸侯皆知其將為亂、故穆叔問之。)

見三按、圍將為亂、如司馬昭之心、路人皆知、穆叔特以探薳罷耳、固問不答、黨惡之情早已和盤托出、助之匿情是一面照妖鏡。

子産相鄭伯以如晋、叔向問鄭國之政焉、對曰、吾得見與否在

如聞嘆息之聲、

姜白巖曰、晉至趙武為政、奄奄無生氣、其故在有賢不能用、即用亦無以盡其才、老人以七十之年、且無子、受城杞之役、想見司牧俱不稱職、以老人之賢、辱在泥塗、想見沉淪草野尚多、有伯瑕史趙師曠叔向女

此歲也、駟子晳良伯有方爭、未知所成、若有所成、吾得見乃可知也、叔向曰、不既和矣乎、（林解）前年大夫已與兩家為和盟于伯有氏對曰、伯有侈而愎很也子晳好在人上、莫能相下也、雖其和也、猶相積惡也、惡至無日矣、為此年秋良霄出奔傳

見三按、蘧罷似諱國惡、而人知其助逆、子產似輸國情、而心實以憂時、蓋蘧罷之詞遁、遁則欲蓋彌彰、子產之情真、真則有餘不盡心、有公私、故言有誠偽、即人分賢否、觀此可悟知人之法、

二

二月癸未、晉悼夫人食輿人之城杞者、輿衆也、城杞在往年、絳縣人或年長矣、無子、而往與于食、有與疑年、使之年、使言其年、按觀下臣小人之對、則疑年者即董事之計吏也、相與疑其年、而因使之自言也、曰臣小人也、不知紀年、臣生之歲正

齊、則賢才猶盛、季武子有晉未可媮之言、則諸侯猶睦、當得為之勢、用有為之人、文襄之業不難紹述、而無如其不能也、自謝不才、使是趙武斷案。

月甲子朔、四百有四十五甲子矣、其季於今三之一也。所稱正月、謂夏正月也、三分六甲之一、得甲子甲戌、盡癸未、(補正)劉待制曰、季猶末也、今今日也、謂已得四百四十四全甲子、其末一甲子六十日、而今日乃癸未、纔得二十日也、故曰三之一。吏走問諸朝、皆不知、故問之。師曠曰、魯叔仲惠伯會郤成子于承筐之歲也、在文十一年。是歲也、狄伐魯、叔孫莊叔於是乎敗狄于鹹、獲長狄僑如、及虺也、豹也、而皆以名其子、七十三年矣、叔孫僑如、叔孫豹、皆取長狄名。(林解)自乙己至今年戊午、七十四年、而言七十三年、以甲子計之也。史趙晉大史曰、亥有二首六身、亥字二畫在上、併三人為身、如算之六、下二如身、是其日數也、下亥上二畫、豎置身旁、(林解)畫為㤥字、是老人始生至今之日數、蓋以二首為二萬、六身為六千六百六十日也、史歷亭曰、即今之市井用馬子字也、聞之周道存云。士文伯士弱之子曰、然則二萬六千六百有六旬也。趙孟問其縣大夫、則其屬也、屬趙武、疏云、絳非趙武私邑、蓋凡公邑、國卿分掌之、而絳屬武也。召之而謝過焉、曰武不才、任君之大事、以晉國之

多虞、不能由(用也)吾子、使吾子辱在泥塗久矣、武之罪也、敢謝不才、遂仕之、使助為政、辭以老、與之田、使為君復陶、(主衣服之官)以為絳縣師、(縣師掌地域、辨其夫家人民、疏云、周禮縣師、上士二人、)而廢其輿尉、(以役孤老故、服虔云、輿尉軍尉、主發眾使民、)於是魯使者在晉、歸以語諸大夫、季武子曰、晉未可媮也、(媮薄也、)有趙孟以為大夫、有伯瑕(士文伯)以為佐、有史趙師曠而咨度焉、有叔向女齊以師保其君、其朝多君子、其庸可媮乎、勉事之而後可、(傳言晉所以強、不失諸侯、且明歷也、)

黃鄉林曰、趙文子舉管庫之士七十餘家、生不交利、死不屬其子、當時嘖嘖稱賢大夫、老人為其屬、何至屈而不知、此必不求聞達、隱於泥塗以終老、不言年而言歷、亦是六月披羊裘之類、趙孟殷勤謝過、一片虛心至誠、直使千載抱負人、讀

之心死涕出。

見三按年不知紀，而偏能知歷。老人賢而無告，特為隱語以難趙武，史走問朝，亦見古人留心咨諏。遇事不苟，師曠言年而紀其事，史趙言日而析其字，士文伯言旬而總核其數，原原本本，各顯其所長，可見古之士大夫未有不博學通古今者。趙孟謝過，且令鄭國加敬，亦足加人一等，獨是泥塗之中老者多矣，大都皆受輿尉辱耳。悠悠斯世，皆輿尉也，安得盡廢之，而令天下之困泥塗者，有以揚眉而吐氣哉

夏四月己亥，鄭伯及其大夫盟。四駟良爭故君子是以知鄭難之不已也。鄭伯微弱，不能制其臣下。君臣詛盟，故曰亂未已。

見三按始則臣相盟，今則君與臣盟。盟誓日滋，禍亂益亟，不

姜白巖曰、此以佞夫弗知作主、見佞夫無可殺之罪、前段言儋括欲專政為亂、愆期發之、而王不信也、及王崩嗣王即位、五大夫以儋括欲立佞夫、遂為王除之、而王聽之、是王自殺之也、首惡使逸、無罪見殺、不特骨肉傷殘、抑且是非顛倒、所以終至黜嫡立庶而致亂也、

有子產、其誰紓之、

蔡景侯為大子般娶於楚、通焉、大子弒景侯、(終子產言有子禍也、)

見三按老賊萬段朱三之淫報也、不意春秋時先有此風、

初王儋季卒、(周靈王弟、)其子括將見王而嘆、(括除服見靈王、入朝而嘆、)單公子愆期為靈王御士、過諸廷、(愆期行過王廷、)聞其嘆而言曰、烏乎、必有此夫、(欲有此朝廷之權、)入以告王、且曰必殺之、不慼而願大、視躁而足高、心在他矣、不殺必害、王曰童子(林解、指愆期、)何知、及靈王崩、儋括欲立王子佞夫、(靈王子、景王弟、)佞夫弗知、戊子、儋括圍蒍、逐成愆、(蒍邑、成愆大夫、)奔平時、(周邑、音止、)。五月癸己、尹言多、劉毅、單蔑、甘過、鞏成、(五子周大夫、)殺佞夫、括瑕廖(林解、皆括黨、)奔晉、(括廖不書、賤也、)書曰天王殺其弟佞夫、罪在王也、(佞夫不知故、經書在宋災下、從赴、)(陳傅釋、五大夫實殺佞夫而書王、)

黃薌林曰：張九齡以安祿山有反骨，欲殺之而不果，卒有漁陽之變；單懲期以僭括有他心，請殺之而不可，卒有圍蔫之禍。二人皆善於相人也，而懲期問聲察貌，尤具卓識，非談風鑑者可及。

見三接刑賞者，天子之大柄，唯天子得殺人。當時亂臣賊子接踵于世，王法不能加焉。二百四十二年中，僅一書殺，而又在無罪之母弟，何以示天下？且僭括首惡也，子瑕助逆也，均聽之奔晉，王不能取諸晉，晉不聞歸諸王，尤為失刑，周之衰也，何可問哉！

或叫（呼也）於宋太廟，曰：譆譆（熱也。許其反），出出。（戒伯姬。○周禮鄭注引此作詘詘，鳥鳴于亳社。）（社，殷社。）如曰譆譆。（皆火妖也。）甲午，宋大災，宋伯姬卒，待姆也。（姆，女師。㊀列

魏禧曰：伯姬，賢者之過，似宋代道學。左氏「女而不婦」四字，簡而括，正而通，蓋其守義而死，死雖過烈，不害其為義。王伯厚稱為女中伯夷，信然。

劉原父曰、使伯姬避火而重生、不足以害其貞也。然不以可全其生、而違天下之常義、此安於性分者能之。

姜白巖曰、或呼於太廟、而鳥鳴亳社、如太廟真若有物憑之、亦若神靈為伯姬愛護。而宋平曾無人護其母而出之、罪何可言。女而不婦、非貶伯姬、乃責宋平也。

女傳伯姬之宮庭失火、左右曰、夫人少避火。伯姬曰、婦人之義、保傅不俱、夜不下堂。保母至矣、左右又曰、夫人少避火。曰、傅母未至也。越義求生、不如守義而死。遂逮於火而死。按保傅即所謂姆也。○姆音茂

君子謂宋共姬女而不婦、女待人、待人而行。婦義事也。義從宜也。伯姬時年六十左右、疏云成九年伯姬歸宋、至此四十年矣。困學紀聞、伯姬、先儒謂婦人之伯夷、陸澮以為非可法可傳之道、宜其黨叔文而不羨。

黃鄭林曰、臨難毋苟免、古今之通義。男女之大防也。共姬以將就木之年、當火災之際、寧守義而死、不肯越義求生、待姆而行、與仲氏子之結纓而死、同一臨變不渝。女而不婦、傷姬也、惜姬也、即以深責宋平之不能盡子道也。

見三按、前此宋災、司城子罕先事豫防、論者謂其知天道。今茲嘻嘻出出、兆已先見、舉朝君臣漠不關心、坐致君母之灰燼、平固不子、向戌等亦不臣矣。伯姬可以待、可以無待、死似

姜白巖曰、宋之盟後、陳鄭脩好、故陳使至鄭、而子產亦如陳涖盟、極言亡徵、一氣直注、介於大國、楚之縣陳可決也

姜白巖曰、魯以卿會葬、顧氏云、共姬為嫡出、故會葬不與凡女同也

傷烈然、死生之際易亂、一有變通之道、便有隱忍之心、伯姬一死不再計、可謂信道篤而守死固矣、考姬為穆姜所出、毋淫女烈、芝草無根、醴泉無源、信哉

六月、鄭子產如陳涖盟、歸復命、告大夫曰、陳亡國也、不可與也、不可與結好聚禾粟、繕城郭、恃此二者、而不撫其民、其君弱植、公子侈、太子卑、大夫敖、政多門、政不由一人以介於大國、能無亡乎、不過十年矣、為昭八年楚滅陳傳見三按蔡侯被弒、陳國將亡、中夏無伯、小國淪胥、兆已先見、匪風下泉之感深矣、

秋七月、叔弓如宋、葬共姬也、傳伯姬之遇災、故使卿共葬、薛氏曰、古者夫人無謚、從夫之謚、東遷後、其制隳矣、共姬執禮而死、宋人不敢加非禮之謚、

姜白巖曰、經罪良霄、傳兼罪黑、伯有東國之鈞酩酊窟室、強大難堪、況鄭子、子皮取亂侮亡、與公孫揮裨竈之言相合、遂之宜也、然黑以使楚之怨、不請於公而攻之、觀昭二年子產謂其專伐伯有、可見則黑之罪不在伯有下、乃罕駟豐同母、駟豐二氏皆有作亂之才、持正僅一子皮、亦不能正子皙專伐之罪、傳特叙出、以見去伯有易、去子皙難、伯有禍國、攻伯有者、未嘗非禍國也、兩人均罪、而獨罪伯有、苟非子產、孰篤親親之誼哉、宜子皮之心折也、伯有出奔、本非賊也、自許入於鄭、志在亂鄭、則賊而已、駟帶率國人殺之、則討賊矣、子產何以不與善之穆俱穆公後、伯有與三族原其始實為同父、而子孫以母為親疎、是知母而不知父、禽道也、子產極之葬之哭

見三按宋共姬之葬、魯卿往會、雖為適出、亦重其賢、憫其貞、故禮之異於九女、

鄭伯有耆酒、為窟室、地室而夜飲酒、擊鐘焉、朝至未已、朝者曰、公焉在、家臣、故謂伯有為公其人曰、吾公在壑谷、窟室皆自朝布路而罷、布路分散既而朝、伯有朝鄭君則又將使子皙如楚、歸而飲酒、庚子、子皙以駟氏之甲、伐而焚之、伯有奔雍梁、鄭也醒而後知之、遂奔許、大夫聚謀、子皮曰、仲虺湯左相之志云、亂者取之、亡者侮之、推亡固存、國之利也、罕駟豐同生、罕子皮、駟子皙、豐公孫段也、三家本同母兄弟、伯有汰侈、故不免、三家同出、而伯有孤特、又汰侈、所以亡、按駟黑亦侈汰、而免者、以三家同生故、人謂子產就直助彊、時謂子皙直、三家彊、子產曰、豈為我徒、黨也、言不以駟良為黨、國之禍難、誰知所敝、或主彊直、難乃不生、言能彊能直、則可弭難、今三家未能、伯有方爭、姑成吾所、欲以無所附著為所、

之。又子皮之所崇也。感其禮於死者之誼，而曉然於其憂國之忠。他日授之以政，實昉於此。末段追叙旁觀指之爲莠。莠者敗苗者也，亂臣者敗國者也。莠則必鋤，亂臣必討。故歎其不及降婁。然伯有爲莠，黑豈嘉禾，敢於指伯有，而不敢指晳者，以三族之黨盛耳。蓋三族甚强。覧非子皮授政，無以行子産之志也。又見雖子産爲政，不能止子晳之驕也。

辛丑，子産斂伯有氏之死者而殯之，不及謀而遂行，（不與國謀）於印段從之。（義子産）子皮止之。衆曰：人不我順，何止焉？子皮曰：夫子禮於死者，況生者乎？遂自止之。壬寅，子産入。癸卯，子石（印段）入，皆受盟於子晳氏。乙巳，鄭伯及其大夫盟于大宮，（祖廟）盟國人於師之梁（鄭城門）之外。伯有聞鄭人之盟己也，怒；聞子皮之甲不與攻己也，喜，曰：子皮與我矣。癸丑晨，自墓門（鄭城門）之瀆（音豆）入，因馬師頡，（子羽孫，林解即羽頡，爲馬師之官。）介于襄庫，以伐舊北門。駟帶（子西之子，子晳之宗主）帥國人以伐之。皆召子産，（駟氏、伯有俱召）子産曰：兄弟而及此，吾從天所與。（兄弟恩等，無所偏助。）故伯有死于羊肆，（市列）子産襚之，枕之股而哭之，斂而殯諸伯有之臣在市側者，既而葬諸斗城。（鄭地名。按今河南陳留縣有斗城。）子駟氏欲攻子産，子皮怒之，曰：禮，國之幹也。殺有禮，禍莫大

馬、乃止。斂葬伯有爲有禮於是游吉如晉還、聞難不入、懼禍并及復命于介。八月甲子奔晉。駟帶追之、及酸棗、與子上駟帶盟、用兩珪質於河。沈珪於河爲信也、按今河南延津縣北有古酸棗城使公孫肸入盟大夫。己巳復歸。游吉歸也書曰鄭人殺良霄、不稱大夫、言自外入也。既出位絕非復鄭大夫於子蟜公孫蠆之卒也、在十九年將葬、公孫揮與裨竈晨會事焉。會葬事過伯有氏、其門上生莠。子羽公孫揮曰、其莠猶在乎。以莠喻伯有伯有侈、知其不能久存於是歲在降婁、奎婁也。降戶江反降婁中而旦。周七月今五月降婁中而天明裨竈指之曰、猶可以終歲、指降婁也歲星十二年而一終歲不及此次也已。不及降婁及其亡也、歲在娵訾之口。孔疏、娵訾之口、營室東壁也、營室東壁北方宿名、十二次、子爲元枵、亥爲娵訾、二十八年傳稱歲在星紀、而淫于元枵、二十八年已在元枵、今三十年始在娵訾、三年始移一次、是歲星在元枵二年也。○娵子須反、訾子斯反其明年乃及降婁。僕展鄭大夫伯有黨從伯有、與之皆死。羽頡出

奔晉、為任大夫、任晉縣、按今直隸任縣東南有古任城、雞澤之會、在三年鄭樂成奔楚、遂適晉、羽頡因之、與之比、而事趙文子、言伐鄭之說焉、以宋之盟故不可、宋盟約弭兵故子皮以公孫鉏子罕之子為馬師、代羽頡黃薌林曰、駟良之爭、黑實首禍、霄猶未滅、春秋舍黑專政之罪、而深罪良霄者、沈湎于酒、汰侈亡身、既亡不自省、又入伐君、而大亂其國、雖駟氏殺之、書曰鄭人、明國討也、子產以禮弭亂、而無依附、不及謀而遂行、明明不直駟氏、印段從之、開東漢諸君子之風、子皮止之、開西漢蕭相國之風、而授政之由、已於殯葬伯有氏觀其深矣、唐李夷簡之論、徐晦曰、君不負楊臨賀、肯負君乎、子皮其深知此道也、

見三按大禹絕儀狄、武王作酒誥、聖人所以戒酒禍也、纂嚴、

伯有沉湎無度、鍾鳴於窟、莠生於門、糟邱之內、早為死所、不待駟氏攜戈、始有羊肆之禍也。駟良之爭、曲尤在駟、子産不助而托之於天、亦深知駟之橫難與顯言、故始置其目前以俟天討耳、迨伯有既死、襚之哭之殯之葬之、始終盡禮、不畏强禦、足令子皮心折、其怒止駟氏、即為他日授政之地、天生子産以靖鄭國、天生子皮以護子産、兩賢固相需為用也、於此傳見其畧矣。

姜白巖曰、圍為令尹、其分令尹之權而掌一國兵政者、司馬也、司馬見殺、兵權盡歸於己、蒍掩乃心公室、不肯附圍、故傳大書以表其忠、而申無宇以善人著其實、

楚公子圍殺大司馬蒍掩、二十五年為大司馬而取其室、申無宇芈尹曰、王子必不免、善人國之主也、王子相楚國、將善是封殖、而虐之、是禍國也、且司馬令尹之偏、佐也而王之四體也、股肱也絕民之主、去身之偏、艾王之體、以禍其國、無不祥大焉、何以得免、為昭十三年楚弒靈

姜白巖曰。胡傳連上葬蔡景公之文。弑君天下之大變。則會其葬而不討。宋災小事也。則合十二國之大夫而歸其財。可謂知務乎。義極正矣。左氏以為此事觀之。其義自見。既舍其大而務其小。乃小者亦至失信。尤足惡也。

王傳○艾魚廢反

見三按從來奸臣舉事先攬大權。尤必先誅善類。殺大司馬則全兵在握而國柄盡移。殺蔿掩則老臣亡而朝士皆附。焚焚郟敖特几上之肉耳。申無宇決其不祥而不能知其異志。猶非見幾之哲。

爲宋災故。本義見非爲謀蔡而會也。諸侯之大夫會以謀歸宋財。冬十月。叔孫豹會晉趙武、齊公孫蠆、宋向戌、衛北宫佗子括之、鄭罕虎子皮及小邾之大夫會于澶淵。既而無歸於宋。故不書其人。葉傳勤十二國諸侯而無一如其言。金仁山曰。城杞會澶淵二事。謂非恤小救患之舉則不可。蔡即楚人。晉人以為討。懼有爭蔡之嫌。存弭兵之小信而志撥亂之大義也。君子曰。信其不可不慎乎。澶淵之會。卿不書。不信也。夫諸侯之上卿會而不信。寵名皆弃。不信之不可也如是。寵謂

族也詩大雅曰文王陟降在帝左右信之謂也又曰淑慎爾止無載爾偽逸詩不信之謂也書曰某人某人會于澶淵宋災故尤之也按尤諸大夫不信不書魯大夫諱之也按或疑宋為魯姻何以豹會而無歸不知魯重共姬其賻贈之禮相恤之事必有遠倍於常數者故以為無庸再致也

見三按蔡有弒君之變宜伸伯討合十三國之大夫事未急於此者今澶淵之會乃為宋災故也雖曰恤難已屬無名況歸而不歸尤為失信春秋特書其故列國之大夫皆削而稱人蓋以夷狄待之也

鄭子皮授子產政伯有死子皮知政以子產賢故讓之辭曰國小而偪逼近大國族大寵多不可為也為猶治也子皮曰虎帥以聽誰敢犯子子善相之國無小言在政治小能事大國乃寬為大所恤故也子產為政有事有事欲使之伯

王或庵曰七穆皆强伯有死而良氏亡所存者罕氏國氏駟氏豐氏游氏印氏子產本族既無豪强而罕游印三族歸之所不服者豐氏駟氏伯石豐卷皆豐氏也之處置得宜而豐氏服矣于是難制者唯駟氏族

而駟氏一族難制者，唯子晳一人，子晳鋤，而鄭之内難平矣。然子晳非豐卷可比，鋤之正不易易，子產更有無數機權妙用在也。然規模亦定于此矣。

姜白巖曰：此統叙子產為政，而處處歸美子皮，明於知人，忠於為國。古來為子產者不乏矣，如子皮者几人哉。鄭三强家最横，子產為政，即欲夙契一清，非屈則折，而子產得行其志者，賴有子皮也。故著眼在虎率以聽，誰敢犯子八字。下文都鄙有章六句，即於此伏根，而忽以豐卷事拓開。卷以小憤便徵甲作亂，幾為伯有之續，可知子產之賂伯石，正其善處伯石，又以見鄭之族大寵多，非子皮力主之，未易措手也。末述輿人之誦，讀者以為美子產，而不知正深美子皮。

石。公孫段賂與之邑。子大叔曰、國皆其國也、奚獨賂焉。言鄭大夫共憂鄭國事，何為獨賂之。子產曰。無欲實難。言人不能無欲。皆得其欲。以從其事。而要其成。非我有成。其在人乎。按成，成功也。言成功則在我，受其利。何愛于邑、邑將焉往、言猶在國。子大叔曰。若四國何。恐為四鄰所笑。子產曰、非相違也、而相從也。言賂以邑，欲為和順。四國何尤焉。鄭書有之、鄭國史書。曰、安定國家、必大焉先。先和大族，而後國家安。姑先安大。以待其所歸。要其成也。既、伯石懼而歸邑。卒終也與之。伯有既死、使大史命伯石為卿。辭。大史退。則請命焉。請太史更命已復命之。又辭。如是三。乃受策入拜。子產是以惡其為人也。惡其虛飾。使次已位。畏其作亂，故寵之。按此事在賂邑之前，傳追叙之。子產使都鄙有章。國都及邊鄙，車服尊尊卑各有分部。上下有服。公卿大夫，服不相踰。田有封疆也洫溝也廬舍也井有伍。九夫為井，五家相保。使大人之忠儉者。謂卿大夫。從而與之。泰侈者。因而斃

之、因其有罪而斃之。豐卷將祭、請田焉、獵也。弗許、曰、唯君用鮮、野獸。衆給而已。衆臣祭以芻豢為足。子張豐卷。怒、退而徵役。召兵欲攻子產。子產奔晉、子皮止之、而逐豐卷。豐卷奔晉。子產請其田里、請於公不沒入。三年而復之、反其田里及其入焉。田里所收入。【說】子產惡伯石、復處之高位、逐豐卷、三年反其田里、以定反側之情、與楚載書、皆是一意。蓋族大寵多、外面調護他、然後紀綱可立。從政一年、輿人誦之曰、取我衣冠而褚之、褚、畜也。奢侈者畏法、故畜藏。【附注】褚、衣之橐。莊子褚小不可以懷大。又傳成三年、鄭賈人將寘之褚中以出、是也。褚、張呂反。取我田疇而伍之。並畔為疇。孰殺子產、吾其與之。及三年、又誦之曰、我有子弟、子產誨之。我有田疇、子產殖之。生也。子產而死、誰其嗣之。嗣、續也。傳言鄭之所以興。

黃鄴林曰、子文授政子玉、子皮授政子產、均為春秋佳話、但子文是畏禍、子皮是讓能。子文之舉子玉、卒以敗國、子皮之

讓子產遂以與鄭而其始終調護全無芥蒂之嫌尤其公忠體國處觀虎帥以聽二語則知子產之經綸皆子皮之運量也大人之忠儉者從而與泰侈者因而斃即商鞅行法自貴近始之意都鄙有章上下有服田有封洫廬井有伍即王荆舒行新法之意商鞅殺身荆舒誤國子產用之而鄭以大治者忠厚與刻薄其天姿不同明通與堅僻與其學力又不同也後世如孔明得後一半處多王導純用前一半便已各成功名矣子產其可及哉

見三按子產治鄭經綸與諸葛忠武治蜀如出一轍諸葛公未出草廬早知三分天下其大旨總在拒魏和吳隆中一對坐而言者即起而行所謂先定規模而後從事也子產治鄭

事大國、服强宗、是其一生經濟、而姑先安大尤、是下手要領。蓋是時大宗梗化、駟豐尤甚、結豐氏之心、即以熄駟氏之燄。故自伯石賂、豐卷復、而大族服、然後子晳誅、而大族畏也。其使民都鄙有章、上下有服、田有封洫、廬井有伍、始歌孰殺、繼誦誰嗣、蓋本之以仁、裁之以義、用猛濟寬、即諸葛公法立知恩之意也。子產行其是而不恤于人言、武侯知之明而不惑于衆議、先賢後賢、直是道同、非徒神似、然非司馬德操無以知諸葛之才、非子皮無以行子產之志、而子皮始終調護、尤為人所不及。子產曰夫子知我、嗟夫知我如子皮、豈易言哉。

經　己未三十有一年春王正月。夏六月辛巳公薨于楚宮（杜解　公不居先君之路寢、而安所樂、失其所也。）秋九月癸巳子野卒（不書葬、未成君）。己亥仲孫羯

周大章曰趙孟將死政在韓子樹善偹魯當早自為計蓋深知晉國將卑欲內修以免禍患即古人未雨綢繆之意也不自語季孫而先語孝伯者意孝伯與季孫情意較密言無不從且身持國柄所當共任其責韓起君子雖可樹善而懦不能圖諸侯亦難托國鄭雖叢爾有子產能自樹立晉卒無如之何若不樹焉使早備魯語意趨重備魯者修德以自強之謂也誤解此句遂將穆叔一腔熱血付之流水並左氏文意亦首尾橫決矣

卒。冬十月滕子來會葬諸侯會葬非禮癸酉葬我君襄公。十有一月莒人弒其君密州。犁比公弒子展與立明年齊納著邱公去疾展與奔吳

傳三十一年春王正月穆叔至自會杜解澶淵會還見孟孝伯語之曰趙孟將死矣其語偷苟且不似民主且年未盈五十而諄諄焉如八九十者弗能久矣成二年戰于鞌趙朔已死于是趙文子始生至襄三十年會澶淵蓋年四十七八故言未盈五十若趙孟死為政者其韓子乎吾子盍與季孫言之可以樹善君子也按樹善猶云結好或疑韓起何以謂之君子晉君曰此長厚有餘之稱而非守正不阿之謂也將失政矣若不樹焉使早備魯按備猶庇佑也既而政在大夫韓子懦弱大夫多貪求欲無厭齊楚未足與也魯其懼哉補注傳見晉衰而魯懼孝伯曰人生幾何誰能無偷朝不及夕將安用樹穆叔出而告人曰孟孫將死矣吾語諸趙孟之偷也而又甚焉言朝不及夕偷之甚也

又與季孫語晉故，如與孟孫言。季孫不從，及趙文子卒，在昭元年。晉公室卑，政在侈家，韓宣子為政，不能圖諸侯，魯不堪晉求，讒慝弘多，是以有平丘之會。會在昭十三年，晉人執季孫意如，傳言晉衰之故，咎在執政。

黃薌林曰：趙武之偷，在於慕休息之虛名，而不知尊攘之大計，但其存心仁厚，力革范宣奬政，當時諸侯亦深蒙其澤，至韓起為政，則賄賂充斥，讒慝並興，其所為無非剝諸侯而斬霸業，昔之諄諄而偷者，後則奄奄將殆矣。叔孫借晉事寄慨，實為全魯下針砭，而相忍成風，偷又甚焉，其奈之何哉。

見三按：偷之一字，寫出趙孟全神，即斷盡晉霸殘局。于齊取賂，崔杼之亂賊不誅，為戚疆田，林父之叛臣是庇，宋之盟讓楚歃血，而曰吾以弭兵，虢之會聽楚加牲，而曰吾以守信，夏

肆是城、治魯田而姬將盡弃蔡般不討恤宋難而財亦無歸、
君則感以喪志疾不可為臣則利令智昏耄之將至繼以韓
起為政讒慝滋多齊以投壺懷貳鄭以伯男爭承衛以蒭蕘
懼淫而晉伯于是終即六卿之勢于是成矣讀此傳其有履
霜堅冰之懼歟
齊子尾害閭邱嬰、欲殺之、林解薑以嬰害使師師以代陽州、魯已、欲以計殺之地
我問師故、魯以師往問齊何故伐我夏五月、子尾殺閭邱嬰、以說字○如于我
師、言伐魯者嬰所為也、伐陽州不書、不成伐、工僂灑渻竈孔虺賈寅出奔莒、四子嬰之黨○
渻所領反出羣公子、為昭十年欒高之難、復羣公子起本、
見三按閭邱嬰潔身去亂大節昭然其人必不阿權貴者子
尾專國、不殺之則嫌其掣肘殺之又苦於無名、故使之帥師、

姜白巖曰、欲害之而故使之、後世小人遂傳為殺君子奇策、齊景即位六年、何以太阿授人而不自主也、陳氏之大有由來矣、

姜白巖曰、公不以朝楚送葬為恥、而轉效其宮、夫楚宮之畫棟雕梁、狗馬畫璧、豈魯所能堪、傳特叙竊璧事、而此中光景可見也

即殺之以說此小人之尤也陰險之人天所不容及子而亡宜哉

公作楚宮、適楚好其宮、歸而作之、穆叔曰、大誓云、民之所欲、天必從之、今尚書太誓亦無此文、諸儒疑之、疏云、諸儒謂漢魏馬融鄭元王肅等漢初尚書二十八篇、太常孔臧以為放二十八宿、都不知尚書有百篇、及東晉元帝時、豫章內史梅賾始獻孔安國所註古文尚書、其內有太誓文。君欲楚也夫、故作其宮、若不復適楚、必死是宮也、六月辛巳、公薨于楚宮、叔仲帶竊其拱璧、公大璧以與御人、納諸其懷、而從取之、由是得罪、謂魯人薄之、故子孫不得志於魯。

黃鄭林曰、如楚歸而作楚宮、卒死是宮、會吳而效夷言、卒死於夷、魯襄衛輒一也、叔向曰、所樂必終焉、信哉、周景王之死於樂、唐莊宗之焚於樂器、皆是也、至閒樂不思蜀、劉禪之昏

趙木訥曰：季氏之專，尤非慶父仲遂之比，弒野而立昭公，以毀言於朝，而世不察耳。不然，丈與般惡，用丈同，則義不應異也。
姜白巖曰：公薨於楚宮，則公柩當即還於殯宮，孝子朝夕不離苫茨，豈有殯宮在公宮，而喪次轉在季氏之理？十二公惟莊公薨，立子般，次於黨氏；襄公薨，立子野，次于季氏耳。公宮嚴密之地，無從行弒，惟以計賺之出居於外，然後惟我所為。故子般次於黨氏，而慶父之志行；子野次於季氏，而宿之志行。又不比仲遂明請於齊，公然弒惡也。蓋子野有賢行，不利於季氏，宿托故延於其室，自六月以至秋九月，即以毀卒告，其實陰弒之也。事甚闇記

愚更不足言。

見三按：鄭以朝楚，故子產恥不為壇。魯以千乘之國，親檖送葬，辱于楚庭，恥孰甚焉！歸而作楚宮，是不惟不恥，而又樂之矣。本心斷喪，不死奚待？

立胡女敬歸之子子野，胡歸姓之國，敬歸襄公妾。次于季氏。秋九月癸己，卒，毀也。過哀毀瘠，以致滅性。

黄鄭林曰：子野因毀而死，於禮雖過，於情則至。春秋時一人而已。以是人而為君，何至有乾侯之事？天不祚魯，遽奪其年，魯之衰也宜哉。

見三按：子野之卒，與子般、子惡同，而次於季氏，尤是奸謀破綻處，並非燭影斧聲為千古之疑案也。

載不敢詳，而史官書於策，當曰子野卒於季氏；否則曰卒於喪次。而夫子削去，但書卒而不地，以著其實而已。左氏得魯人之傳聞，因先著次於季氏四字，與子般之次於黨氏者同，而後日秋九月癸巳卒，若不知其卒之故者。然於是〔曰〕毀也，上書季氏，則所謂毀者自出於季氏之口，而卒之故可思也。

周大章曰：穆叔決襄公，襄公竟決；孝伯死，決昭公，昭公不終。見微知著，可稱神驗。而諡曰故不從議，立君不聽老成之言，竟如充耳，季氏尚有人心乎？

姜白巖曰：子野之立，公遺命立之也。季之所憂在賢明，不在昏懦，在慼有嘉容，魯之憂，季之利矣。則知宿早有立裯之心，子野豈真不勝喪而卒哉？

已亥，孟孝伯卒。（終穆叔言）

立敬歸之娣齊（諡）歸之子公子裯，（昭公名。直由反）○穆叔不欲，曰："大子死，有母弟則立之，無則立長，（立庶子則以年）年鈞擇賢，義鈞則卜，古之道也。（先人事後卜筮也。義鈞謂賢等）非適嗣，何必娣之子？（言子野非適嗣）且是人也，居喪而不哀，在慼而有嘉容，是謂不度。不度之人，鮮不為患。若果立之，必為季氏憂。"武子不聽，卒立之。比及葬，三易衰，衰衽如故衰。（言其嬉戲無度）於是昭公十九年矣，猶有童心，君子是以知其不能終也。（為昭二十五年公孫于齊傳）

見三按：野賢而卒，昭昏而立，非魯祚之不幸，皆季氏之陰謀也。穆叔知其謀而不能阻其事，豎牛之禍成矣。

冬十月，滕成公來會葬，惰（不敬）而多涕。子服惠伯曰："滕君將死矣。

姜白巖曰：晉人恃南北息兵，君臣廢弛，遂至無役不奉，楚令子產笑其無恥久矣，然且托為魯喪，留賓不見，于是盡壞館垣，待其詰責，分剖所以壞垣之故，又因其醜顏自居盟主，即從盟主二字推出文公之霸、今日之衰。文公之霸，在宮室卑庳上，包無數憂勤在內；今日之衰，在銅鞮之宮數里上，包無數荒淫在內。蓋尊攘之勳，寘之腦後，惟區區一館之待賓，甚是不堪，而猶自以為盟主，豈不羞天下士哉！趙武自認不德，似已而粘住館垣，投向稱其有辭，是已而以築館為諸侯賴之，可智人所見總不出館垣，全不喻子產獻規之意。前後三段互相照應，末乃點出如楚以適晉告，以見子產之意，欲其

怠于其位，而哀已甚，兆于死所矣。有死兆能無從乎。為昭三年滕子卒傳見三

按：魯昭居喪而不憂，滕成會喪而多涕，反其常也。反常者不祥，故滕成旋卒，而魯昭卒孫於乾侯。

癸酉，葬襄公。

公薨之月，子產相鄭伯以如晉。晉侯以我喪故，未之見也。按平公三年之喪，而溴梁晏舞，乃以魯喪之故而辭不見賓，是緦小功之察也。子產使盡壞其館之垣，而納車馬焉。士文伯讓之曰：「敝邑以政刑之不脩，寇盜充斥，充滿斥甚言其多。無若諸侯之屬辱在寡君者何，是以令吏人完客所館，高其閈閎，門也。○閈戶旦反，閎獲耕反。厚其墻垣，以無憂客使。無令客使憂寇盜。今吾子壞之，雖從者能戒，其若異客何。以敝邑之為盟主，繕完葺牆，葺覆也。何記：李浩刊誤：繕完當作繕宇。以待賓客，若皆毀之，其何以共命？寡君使匄

發憤感楚而晉臣皆憂憂也

請命、請問毀垣之命、疏云、士文伯字伯瑕、是范氏之族、不應與范宣子同名、按魯有仲嬰齊、是莊公之孫、又有公孫嬰齊、[illegible]之孫、仲於嬰齊為從祖、同時同名、鄭印段乃公孫段從[illegible]二子石、然則伯瑕與宣子何病同乎。無時、是以不敢寧居、悉索敝賦以來會時事、朝會[illegible]不閒、而未得見、又不獲聞命、未知見時、不敢輸幣、亦不敢暴露、其輸之、則君之府實也、非薦陳猶獻見也之、不敢輸也、其暴露之、則恐燥濕之不時、而朽蠹以重敝邑之罪、僑子產名聞文公之為盟主也、宮室卑庳、音婢。無觀臺榭、以崇大諸侯之館、館如公寢、庫廄繕脩、司空以時平易治也道路、圬人塗者。圬音烏以時塓塗也。莫歷反。館宮室、諸侯賓至、甸設庭燎、設火于庭、疏云、郊特牲、定燎之百、由齊桓公始也、鄭云、僭天子也、庭燎之差、公五十、侯伯子男皆三十、僕人巡宮、行夜車馬有所、有所處賓從有代、代客役巾車主車官脂轄、隸人牧圉、各

黃一桂曰張九齡以安祿山有反骨欲殺之而不果李有淮渴之变单忿炯以倍括有從忍之[illegible]杀之而不可李有國者之福二人皆善於相人之而從炯以[illegible]人發親左[illegible]穿[illegible]非談風從女子又

發憤感楚、而晉臣皆憂憂也

請命、請問毀垣之命、疏云、士文伯字伯瑕、是范氏之族、不應與范宣子同名、按魯有仲嬰齊、是莊公之孫、又有公孫嬰齊、是文公之孫、仲於嬰齊為從祖、同時同名、鄭印段乃公孫段從父昆弟之子、且同時、謂之二子石、然則伯瑕與宣子何病同乎、對曰、以敝邑褊小、介閒也于大國、誅求無時、是以不敢寧居、悉索敝賦、以來會時事、隨時來朝會逢執事之不閒、而未得見、又不獲聞命、未知見時、不敢輸幣、亦不敢暴露、其輸之、則君之府實也、非薦陳猶獻見也之、不敢輸也、其暴露之、則恐燥濕之不時、而朽蠹以重敝邑之罪、僑子產名聞文公之為盟主也、宮室卑庳、音婢○無觀臺榭、以崇大諸侯之館、館如公寢、庫廄繕脩、司空以時平易治也道路、圬人塗者○圬音烏○以時塓塗也○莫歷反○館宮室、諸侯賓至、甸設庭燎、設火于庭、疏云、郊特牲、定燎之百、由齊桓公始也、鄭云、僭天子也、庭燎之差、公五十、侯伯子男皆三十、僕人巡宮、行夜車馬有所、有所處賓從有代、代客役巾車主車官脂轄、隸人牧圉、各

瞻其事、（瞻視客所當得）百官之屬、各展（陳也）其物、（謂羣官各陳其物以待賓）公不留賓、而亦無廢事、（賓得速去、則事不廢）憂樂同之、事則巡（巡行也）之、（林解賓之憂樂、晉則同其好惡、事之得失、晉則巡其當否、）教其不知、而恤其不足、賓至如歸、無寧菑患、（言見遇如一、此、寧當復有菑患耶、無寧寧也、）不畏寇盜、而亦不患燥濕、今銅鞮、（晉離宮）之宮數里、而諸侯舍於隸人、（如隸人舍）門不容車、而不可踰越、（門庭之內迫迮、又有牆垣之限、）盜賊公行、而天癘不戒、（癘猶災也、言水潦無時）賓見無時、命不可知、若又勿壞、是無所藏幣以重罪也、敢請執事、將何所命之、（問晉命已所止之宜）雖君之有魯喪、亦敝邑之憂也、（言鄭與魯亦有同姓之憂、）若獲薦（進也）幣、脩垣而行、（行去也）君之惠也、敢憚勤勞、文伯復命、（反命于晉君）趙文子曰、信、（信如子產言）我實不德、而以隸人之垣以贏（受也）諸侯、是吾罪也、使士文伯謝不敏焉、晉侯見鄭伯、有加禮、（加敬）厚其宴好而歸之、乃

築諸侯之館、叔向曰、辭之不可以已也如是夫、子產有辭、諸侯賴之、若之何其釋辭也、詩曰、辭之輯矣、民之協矣、辭之繹矣、民之莫矣、詩大雅其知之矣、謂詩人知辭之有益鄭子皮使印段如楚、以適晉告、禮也、得事大國之禮

黃鄉林曰、湨梁之盟、悼喪未滿、尚且宴諸侯之大夫、矧屬魯喪、何至留賓不見、此必以朝楚之故、故為刁難、以示不滿、趙文子所謂不德也、子產如楚不為壇、如晉則毀其垣者、蓋楚氛惡難以理喻、故不為壇以自貶、晉霸衰可以義脅、故毀其垣以自全、剛柔並用、蓋即濟猛濟寬之意也、宜叔向佩服不諠歟

見三按鄭自子產徵朝一對晉人無辭幣重一書士匄心折、

六

伐陳獻捷，戎服將事，趙武謂其辭順，區區弱鄭，忽然重于九鼎，故今日毀垣納幣，舉從所未有之事，子產行之無復顧忌，蓋深疾其弭兵讓楚，短垣自踰，而又藉口魯喪，留賓弗見，晉鄭與魯同為兄弟之國，死者尚知愍恤，生者獨不加禮，君臣宴處一堂，自恃盟主，不恤諸侯，因其無禮而以禮折之，晉人所以斂手屈服也。然亦逆知趙文子虛懷受善，言無不入，既以此裨益諸侯，又可追復文公舊制，若遇楚圍剛愎自用，豈肯犯難以攖其鋒乎。

莒犂比公莒子密州之號。○比音毗生去疾及展輿，既立展輿，立以為世子又廢之。犂比公虐，國人患之。十一月，展輿因國人以攻莒子，弒之，乃立。展輿立為君去疾奔齊，齊出也。毋齊女也展輿，吳出也。為明年奔吳傳書曰：莒

姜白巖曰：傳載密州事，與文十八年厥其同，趙氏匡云：因國人之攻莒子，弒之，而章，以字為之字之誤，胡傳主之，是也。

人弑其君買朱鉏、密州之字言罪之在也、按言者告辭也、罪之在者、告辭言罪之在君、故史書弑與弑人也、諸儒集矢於左不必矣、

見三按展輿弑父而經書莒人、非莒人、今展輿不能成弑、與弑者莒人、因莒人以成弑者展輿、故不得舍莒人而專罪展輿、非未減展輿也、父殺身立、不聞討賊、同罪顯然、胡傳從趙匡改左氏之文、曰展輿因國人之攻莒子、弑之、乃立、展輿既廢、

如不與弑、彼安得立乎、

吳子使屈狐庸巫臣之子、成七年適吳為行人、聘于晉、通路也、通吳晉之路趙文子問焉、曰、延州來季子其果立乎、延州來、季札邑、疏云、延陵、州來、邑名、並食二邑、故連言之巢隕諸樊、在二十五年閽戕戴吳、餘祭在二十九年天似啓之、何如、對曰、不立、是二王之命也、非啓季子也、若天所啓、其在今嗣君乎、謂夷末

甚德而度、德不失民、民歸德 度不失事、事審情 民親而事有序、其天所啓也、有吳國者、必此君之子孫實終之、季子守節者也、雖有國不立、言其三兄雖欲傳國與之、終不肯立

黄薌林曰、觀狐庸之言、則夷昧將背前約、而私立其子、君臣之間、已有成議、夷昧固爲宋太宗、狐庸即是宋趙普、季子守節者、雖有國不立、其如光之虎視眈眈何哉

見三按通吳敝楚者晉也、自盟宋弭兵、晉楚相見、即吳晉不通、狐庸之來、其殆舊約之是踐乎、趙武置兩國之事于不問、而以季子爲詢、是何異於隔靴搔癢也、嗚呼趙武偷矣

十二月、北宮文子佗相衛襄公獻公子以如楚、宋之盟故也、晉楚之從交相見也、過鄭、印段迋勞于棐林、如聘禮而以勞辭、用聘禮而用郊勞之辭。迋音

姜白巖曰、禮字爲一部春秋主腦、天澤之分、中外之防、治亂之故、皆於禮辨之、文子稱鄭有禮、而未嘗明指其人其事、傳以子産擇能而使一句提起、則諸子之能皆

子產之能、而子產轉不以能見、又重敘一段、乃問且使使謀、乃授、遂一歸到子產、蓋休休有容、因材器使、無不如其分量、而適其性情、故不忌不爭、從容表見、各盡所長、是舉文子未言者、悉爲敘明、而有禮之全體皆見、

旺

文子入聘、報印段子羽爲行人、馮簡子與子大叔逆客、逆子文事畢而出、言于衛侯曰、鄭有禮、其數世之福也、其無大國之討乎、詩云、誰能執熱、逝不以濯、詩大雅濯以水濯手禮之于政、如熱之有濯也、濯以救熱、按禮以救其亂政、如濯以救熱何患之有、此以上文子辭子產之從政也、擇能而使之、馮簡子能斷大事、子大叔美秀而文、其貌美、其才秀公孫揮能知四國之爲、知諸侯所欲爲而辨於其大夫之族姓班位貴賤能否、而又善爲辭令、裨諶能謀、謀於野則獲、得所謀也謀於邑則否、此才性之蔽、林解寬閒則得、喧嚣則不得也、葉氏駁之非是鄭國將有諸侯之事、子產乃問四國之爲於子羽、且使多爲辭令、與裨諶乘以適野、使謀可否、而告馮簡子、使斷之、事成、乃授子大叔使行之、以應對賓客、是以鮮有敗事、北宮文子所謂有禮也、傳跡子產行事、以明北宮文子之言。

黃勤林曰此與論語為命章相表裏其大要在擇能而使唯能使故有禮諸葛公謂楊文武兼資為博雅同一妙論見三按此篇曲盡用才之妙諸葛公所謂集衆思廣忠益者子産已先行之矣而有禮二字尤是治國根柢蓋有禮則行已恭事上敬忠儉者與泰侈者黜而賢才始得見其長休休有容仍是秩秩有辨聖人以禮讓為國即此意也篇首提出宋之盟見弱小如鄭尚能執禮以安得人為重晉為盟主弃禮不守有人不用竟溺於弭兵之説讓尸盟於荆楚褻天澤而潰華夷以致曹衛宋鄭諸君臣皇皇道左誰為為之也天生子産限于弱小徒貽數世之福莫救諸夏之衰五霸既亡七雄將出美鄭即以傷晉也

鄭人游于鄉校（鄉之學校）以論執政（論其得失）然明謂子產曰毀鄉校如何（患人於中謗議國政（匡）傳鄉校之不可毀然明豈不知之如何者特試之之言）子產曰何爲夫人朝夕退而游焉（（林）（解）早見曰朝暮見曰夕）以議執政之善否其所善者吾則行之其所惡者吾則改之是吾師也若之何毀之我聞忠善以損怨（為忠善則怨謗息）不聞作威以防怨（欲毀鄉校即作威）豈不遽止然猶防川大決所犯傷人必多吾不克救也（（附）（注）召穆公諫厲王曰防民之口甚於防川川壅而潰傷人必多漢賈讓云治土而防其川猶止兒啼而塞其口豈不遽止然其死可立而待遽速也）不如小決使道（通也）不如吾聞而藥之也（以為已藥石（呂）（說）我聞數語雖三代名臣所言不過如此子產地位儘高）然明曰蔑也今而後知吾子之信可事也小人實不才若果行此其鄭國實賴之豈唯二三臣仲尼聞是語也曰以是觀之人謂子產不仁吾不信也（仲尼以二十二年生於是十歲長而後聞之）

姜白巖曰子產聖人所深褒故傳之推崇不遺餘力子皮授政約舉治鄭之大綱壞晉館垣舉其交鄰之權術上篇言其能用羣林下篇著其取信僚友而此篇直揭其根柢處仲由喜聞過與舜禹一例盖聞過而改是去私第一關雖詣有大小純雜而其於仁不悖則一也分兩層寫上層見不當毀下層言毀之害反正歸到藥字師以規過藥以攻疾藥石之言即吾師也且大決則欲救不能小決使通正如藥石之投猶可救吾之生而不如字將子產誠心樂善曲曲傳出使是仁人志私虛受氣象然明賢猶未直揭心體夫子許其仁乃見子產真本領

黃鄭林曰：國家因革損益，豈能盡善。實心任事，尤必虛心納言。集思廣益，武侯所以為蜀漢名臣也；人言不恤，半山所以誤趙宋天下也。鄭政積弱，子產糾之以猛，人多不便，始歌孰殺，繼歌誰嗣，均有一段至理。鄉校之論，大約如後世太學生之類，然明深恐浮言亂政，故為請毀以試子產，而子產絕無一點芥蒂，曰吾師，曰吾聞而藥，盖即懸鞀設鐸之意，真宰相也。全無物我之見，唯以治道為心，如春風駘宕，萬物豐阜，足見子產識量，足見子產學問。

見三按：東漢太學生以臧否相尚，好議朝政，卒罹黨錮之禍，而漢祚以移。南宋太學生陳東上書，乞復李綱而罷黃潛善、汪伯彥，為潛善所譖，與歐陽澈駢首市曹，而宋亦不振。盖在

上無公道、斯在下有清議。清議者所以維持名教也。然明請
毀、或為士習峻其防。子産之言、實為後人立之準。善則行而
惡則改、較諸善旌謗木之典、尤為虛懷。善下王荆舒若知此
理、何至不恤人言以誤國。
子皮欲使尹何為邑。為邑大夫。按邑是子皮食邑。觀下吾家聽子可見。子産曰、少。尹何年少
未知可否。子皮曰、願。謹善也吾愛之、不吾叛也。使夫往而學焉、夫
亦愈知治矣。夫謂尹何子産曰、不可。人之愛人、求利之也。今吾子愛
人則以政、以政與之猶未能操刀而使割也、其傷實多。多自傷子之愛
人、傷之而已、其誰敢求愛於子。子於鄭國、棟也。棟折榱崩、僑將
厭焉、敢不盡言。子有美錦、不使人學製焉。製裁也大官大邑、身之所
庇也、而使學者製焉、其為美錦不亦多乎。言官邑之重、多於美錦僑聞學

周大章曰、邑若為國之邑、子産為政、子
皮必不當撓其權。唯係私邑、無關緊
要、因愛尹何、故使為之、不知以年少不
學之子而使之為邑、既傷其人、又害其
邑、兩失之道也。故前有操刀之譬、後有
製錦之比。大官大邑、猶不可輕擲於
庸碌之手、況天下乎。雖然、人孰無學。
習法全以吏為師、是亦學也。以是人
而在高位、是播其惡於衆。孔子曰、君
子學道則愛人、故人不可不學、尤當
問所學何事。
彭家屏曰、唐開元初、姚崇與盧懷慎
並入相。姚崇謁告十餘日、政事委積、懷
慎不能決。崇既出、須臾裁決立就。懷慎自

以才不及崇、每事推之、論者不多崇之能、而多懷慎之能讓能也、以為秦誓所謂寔能容之不過是也、子皮知子産之賢、而讓以執政、用其善言、而自知不足、真所謂無他技而能有人之技者矣、讀此篇、見良朋忠告之誠、大臣虛受之量、情文並至、形迹均忘、千載下令人健羨、

而後入政、未聞以政學者也、若果行此、必有所害、譬如田獵、射御貫習也則能獲禽、若未嘗登車射御、則敗績厭覆是懼、何暇思獲、子皮曰、善哉、虎不敏、吾聞君子務知大者遠者、小人務知小者近者、我小人也、衣服附在吾身、我知而慎之、大官大邑所以庇身也、我遠而慢之、慢易也微子之言、吾不知也、他日按前日也我曰、子為鄭國、我為吾家、以庇焉、其可也、今而後知不足、自知謀慮不足謀其家自今請雖吾家、聽子而行、子産曰、人心之不同、如其面焉、吾豈敢謂子面如吾面乎、抑心所謂危、亦以告也、子皮以為忠、故委政焉、子産是以能為鄭國、言子産之治、乃子皮之力、呂説子皮始終愛護子産、其至誠懇切、尤在使尹何為政前面許多事迹、卻不似這一段見心見意、

黃薌林曰、大臣以人事君、如鮑叔之於管仲、蕭何之於韓信

一經品題立致將相可為千古佳話然求其物我渾忘始終保護者唯子皮一人秦誓所稱休休有容其庶幾焉三代以下如子產者尚不乏人如子皮者則概未之見彭家屏乃以盧懷慎方之予謂姚崇之經濟不及子產懷慎之識量亦不及子皮且姚崇之相業不賴懷慎而成子產之相業必待子皮而顯數十年强族奉公小民向化四鄰無閒罪之師一國享太平之福皆子產輔相之功實皆子皮扶持之力也豈若伴食宰相僅坐鎮雅俗已哉

見三按觀子皮之使尹何為邑是一個極無能人惟能用一子產遂成千古大抵相臣在知人尤在容人已有才而能容人之才則偏才皆供其陶鑄子產之使裨諶諸人是也已無

姜白巖曰、此時衛襄初立、文子因問納規、其主意在君臣上下父子兄弟內外大小皆有威儀句、蓋前此衛剿相殘、孫甯弒逆、皆由威儀之褻、遂釀成國家之禍、故君子一段纏綿懇惻、以新君嗣立、不堪再誤、而欲其正己率物、庶臣下不至生心也、

才而能容人之才、則大才亦受其牢籠、子皮之使子產為政是也、子產不易幾、子皮尤不可及、不意弱小之邦、同時竟得兩名相、

子皮之使尹何為邑、即子路之使子羔為費宰也、子路重費而使子羔為費、許未為子羔計、故夫子以為賊子、皮愛尹何而使為邑、為尹何計、未為為邑計、故子產以為傷

衛侯在楚、北宮文子見令尹圍之威儀、言於衛侯曰、令尹似君矣、將有他志、言語瞻視行步不常雖獲其志、不能終也、詩云、靡不有初、鮮克有終、終之實難、令尹其將不免、公曰、子何以知之、對曰、詩云、敬慎威儀、維民之則、令尹無威儀、民無則焉、民所不則、以在民上、不可以終、公曰、善哉、何謂威儀、對曰、有威而可畏謂之威、有儀而可象謂之儀、君有君之威儀、其臣畏而愛之、則而象之、故

能有其國家、令聞長世、臣有臣之威儀、其下畏而愛之、故能守其官職、保族宜家、順是以下、皆如是、是以上下能相固也、衛詩曰、威儀棣棣、不可選也、詩邶風棣棣富而閑也選數也言君臣上下父子兄弟內外大小皆有威儀也、周詩曰、朋友攸攝、攝以威儀、詩大雅攸所也攝佐也、言朋友之道、必相教訓以威儀也、周書數文王之德、曰、大國畏其力、小國懷其德、逸書按武成作大邦畏其力小邦懷其德言畏而愛之也、詩云、不識不知、順帝之則、大雅言則而象之也、紂囚文王七年、諸侯皆從之囚、紂於是乎懼而歸之、可謂愛之、文王伐崇、再駕而降為臣、文王聞崇德亂而伐之三旬不降退脩教而復伐之因壘而降蠻夷帥服、可謂畏之、文王之功、天下誦而歌舞之、可謂則之、文王之行、至今為法、可謂象之、有威儀也、故君子在位可畏、施舍可愛、進退可度、周旋可則、容

止可觀、作事可法、德行可象、聲氣可樂、動作有文、言語有章、以臨其下、謂之有威儀也。樂音洛

黃鄭林曰此與過鄭傳皆當時之急務、即晏子所謂唯禮可以已之也、前因子產之擇能而贊其有禮、此因令尹之似君、而嘆其無威儀、有禮則數世之福、無威儀則不可以終、論亂臣賊子作此一篇理學文字、可與賓筵抑戒二詩相表裏、

見三按人有禮則安、無禮則危、禮者身之基、國家之本、而威儀固禮之昭著者也、衛之無禮久矣、居喪不戚、君失其儀、并帑為奸、臣肆其威、而且亡德相傳、父以踵惡告其子、美言相市、兄以亂命強其弟、君臣父子兄弟之間、知有權勢、知有富貴、不知天經地義為何物、聖人所謂夷狄之有君、不如諸夏

之亡也夫欲已亂必先明禮欲明禮必先立其威儀君君臣臣父父子子兄兄弟弟上下有章内外有别大小有序所謂威也所謂儀也有威則可畏而何至孫氏之逐有儀則可象而何患甯氏之專故始以令尹之無則儆其君終以文王之順則免其主因事納忠如規如諷而畏力懷德蠻夷率服尤是言外砭針文以百里之邦小懷大畏德施蠻夷堂堂中國乃竟感於弭兵之浮言朝於荆楚亟宜攝以威儀一雪此耻傳於衛侯之如楚前論有禮此説威儀蓋深慨霸功之替唯禮足以挽之也惜晋君臣不知此意耳

12.

昭公一

列國時事

昭公之世又齊晉吳楚迭為强弱之秋也晉平末年無所事事逆姜於齊送女於楚石言不戒虒祁是娛樂極悲來始患參汾之祟終來娶女之妖爰及昭公合八國之大夫又合十二國之諸侯其能有為也賢於平公然而厥憖之役救蔡不及平邱之會專欲示威齊以投壺懷貳鄭以伯男爭承衛以蒍羌懼淫韓起為政讒慝宏多諸侯携貳雖邾南盛兵議者已料其救偷之不暇矣幸頃公嗣世王室亂生黃父示期子朝奔楚籍談致戍伯音成周盟主之風猶有存者楚靈乘晉偷安放焉坐大會虢則讀舊書會申則用齊桓滅陳滅蔡求鼎求田投龜而呼志貪天下負鉞皆桀名描

諸侯雖磨厲以須或悟祈招之諷而當璧猶在卒縊芊尹之家恃侈而慎亡也忽然熊居初政復封陳蔡簡兵息民綽有可觀而邇讒棄忠天倫之際實多慚德遷陰城郟不在諸侯長岸雖父屢敗奚惜昭王嗣立即誅無極而大封定從吳釁速挑從此多事齊自西略久荒大風莫振羽毛始貳重卯旋成而納燕亦心存繼絕伐徐尤志切攘夷宜令衣裳九合之風再振於臨淄奈何燕姬既歸甲鼎復入鄟陵雖主郪杞之盟而會城莫誠高張之後於周既昧勤王於魯徒聞受貨欒高敗績陳恒肇興論德禮有一晏子不能用尚足繩武桓公哉吳通上國楚困巫臣前者壽夢敗組甲之師諸樊克皐舟之隘夷昧即位頻年勝楚長岸

之戰以長鬣復餘皇雞父之捷以罪人犯三國洎乎寗室
甲興闔廬自有伍胥見用誤施多方而楚病亟於奔命矣
然而用師於越實始星紀得歲受𠧪史墨先見禍福倚伏
又安能遽測乎綜而論之魯昭十一年以前楚靈強而晋
平弱十一年以後晋昭弱而齊景強二十二年以訖三十
二年晋頃憂在王室齊楚所不能也吳專罷楚亦足助晋
惜其得之於楚而失之於越耳　子產為春秋下半部第
一流人物歷事簡定二朝於晋則當悼平昭頃於楚則當
共康郟靈治內治外皆以禮為主而輔之以權立政如邱
賦刑書持正如禜龍禳火定亂如子孔子皙當機如爭承
毀垣用兵如數俘登陴剛果如卻環駟乞詞令如徵朝獻

捷博洽如黃熊臺駘風雅如羔裘隰桑應變如立後毀廟
理學如不毀鄉校知人如擇能而使寬猛並用蓋不獨治
民為然即事大之法亦不外此此真救時之良相也　公
棄其民實陳氏篡齊之兆政在家門即三家分晉之由晏
子叔向各訴時艱又為戰國之提頭也 叅馮李驊

春秋左傳精義卷三十三

閩中　薌林黃一桂　輯　男　心垣見三　補輯

昭公一（孔疏）魯世家名裯，襄公之子，母齊歸。以周景王四年即位。謚法，威儀共明曰昭。

經 庚申 元年春王正月公即位。○叔孫豹會晉趙武、楚公子圍、齊國弱、宋向戌、衛齊惡、陳公子招、蔡公孫歸生、鄭罕虎、許人、曹人于虢。（杜解）招，寔陳侯母弟。不稱弟，義與莊二十五年公子友同。衛在陳蔡上，先至於會。○三月取鄆。書取，言易也。○夏秦伯之弟鍼出奔晉。稱弟，罪秦伯。鍼，其廉反。○六月丁巳邾子華卒。○莊公穿立。○晉荀吳帥師敗狄于大鹵。太原。疏云：穀梁，中國曰太原，夷狄曰大鹵。○音鹵。○秋莒去疾自齊入于莒。國逆而立之曰入。莒展輿出奔吳。（紀愚以國

氏紀其寔也猶林父叛君慶封奔吳皆繫之國。叔弓帥師疆鄆田春取鄆今正其封疆。葬邾悼公。冬十有一月己酉楚子麇卒楚以瘧疾赴故不書弒楚靈王圍弒郟敖自立改名虔。楚公子比出奔晉

傳元年春楚公子圍聘於鄭且娶於公孫段氏伍舉〔杜解〕椒舉為介副也將入館鄭人惡之知楚懷詐使行人子羽與之言乃館於外舍城外既聘將以衆逆以兵入逆婦子產患之使子羽辭曰以敝邑褊小不足以容衆者請墠聽命欲於城外除地為墠行昏禮。墠音善令尹命太宰伯州犂對曰君辱貺寡大夫圍謂圍將使豐氏公孫段撫有而室圍布几筵告於莊共之廟而來莊王圍之祖共王圍之父。疏云君尊不主臣昏故圍自告若野賜之是委君貺於草莽也是寡大夫不列於諸卿也言不得從卿禮不寍唯是又使圍蒙其先君蒙欺也告先君而來不得成禮於女氏之廟故以為欺先君將不得

為寡君老、大臣稱老懼辱命而黜退其蔑以復矣。唯大夫圖之。子羽曰、小國無罪、恃實其罪。恃大國而無備則是罪將恃大國之安靖己、而無乃包藏禍心以圖之。小國失恃、而懲諸侯、使莫不憾者、距違君命、而有所壅塞不行是懼。言己失所恃則諸侯懲恨以距君命壅塞不行所懼唯此不然、敝邑館人之屬也。守舍人其敢愛豐氏之祧。附注魏了翁曰祧即廟耳伍舉知其有備也、請垂櫜而入。示無弓許之。正月乙未、入逆而出。遂會於虢。鄭地尋宋之盟也。在襄二十七年祁午祁奚子謂趙文子曰、宋之盟、楚人得志於晉。謂先歃今令尹之不信、諸侯之所聞也。子弗戒、懼又如宋。恐楚復得志子木之信稱於諸侯、猶詐晉而駕焉、駕猶陵也詐謂衷甲況不信之尤者乎。楚重得志於晉、晉之恥也。子相晉國、以為盟主、於今七年矣。再合諸侯、會夷儀會澶淵三合諸侯、會于宋會澶淵及今會虢也服齊狄、寧東夏、

齊侯白秋朝晉平秦亂、秦晉為成城淳于、城杞之淳于、杞遷都師徒不頓、國家不罷、民

無謗讟、讟誹也。○音獨諸侯無怨、天無大災、子之力也。有令名矣、而

終之以恥、午也是懼、吾子其不可以不戒。文子曰、武受賜矣。午受言

然宋之盟、子木有禍人之心、武有仁人之心、是楚所以駕

於晉也。今武猶是心也、楚又行僭、不信非所害也。武將信以為本、

循而行之、譬如農夫、是穮是蔉、穮耘也。壅苗為蔉。疏云此言穮蔉、即詩之耘耔。○穮音標、蔉音袞

雖有饑饉、必有豐年。且吾聞之、能信不為人下、吾未能也。自恐未能信也。

詩曰、不僭不賊、鮮不為則、信也。詩大雅。賊害人也。能為人則者、不

為人下矣。吾不能是難、楚不為患。楚令尹圍請用牲、讀舊書、加

於牲上而已。舊書、宋之盟書。楚恐晉先歃、故欲從舊書加於牲上、不歃血。經所以不書盟。晉人許之。

三月甲辰、盟。歸義趙武俛首聽楚人之恣行、不但得罪周室、且得罪其先君文襄矣。乃諱諱於信以自文、吾誰

二

歟。楚公子圍設服離衛。（設君服二人執戈陳於前以自衛。離陳也。附注：離猶離坐離立之離，謂兩相麗也。穆子惟知識執戈，不言衣服，則君服即二執戈是。蓋謂衣大夫侍君之服耳。）叔孫穆子曰：楚公子美矣君哉。（美服似君）鄭子皮曰：二執戈者前矣。（禮國君行有二執戈者在前）蔡子家（公孫歸生）曰：蒲宮有前，不亦可乎。（按圍在會既編蒲為王宮，則以二執戈前衛，不足怪矣。）楚伯州犂曰：此行也，辭而假之寡君。（聞諸大夫譏之，故言假以飾令尹過。）鄭行人揮曰：假不反矣。（言將為君）遂伯州犂曰：子姑憂子皙之欲背誕也。（鄭子皙殺伯有，背命放誕，將為國難，言子且心憂此，無為憂令尹不反。）子羽（行人揮）曰：當璧猶在，假而不反，子其無憂乎。（棄疾有當璧之命，圍雖取國，猶將有憂也。）齊國子（國弱）曰：吾代二子愍矣。（二子謂王子圍及伯州犂。圍此冬便簒位，不能自終。州犂亦尋為圍所殺，故言可愍。）陳公子招曰：不憂何成，二子樂矣。（按不知憂患，雖簒必不能終。譏二子樂禍。）衛齊子（齊惡）曰：苟或知之，雖憂何害。（言先知為備，雖有憂難，無所損害。）宋合左師曰：大國令，小國共，吾知其共而

己。晉樂王鮒曰、小旻之卒章善矣、吾從之。（詩小雅、其卒章、畏小人如暴虎馮河、故不敢議議公子圍。）退會、子羽謂子皮曰、叔孫絞而婉、（絞切也、譏其弒君、反謂之美、故曰婉。）宋左師簡而禮、（無所臧否、故曰簡。共事大國、故曰禮。）樂王鮒字而敏、（字愛也。不犯凶人、所以自愛敬。）子與子家持之。（言無所取與。）皆保世之主也。齊衛陳大夫、其不免乎。國子代人憂、子招樂憂、齊子雖憂弗害。夫弗及而憂、與可憂而樂、與憂而弗害、皆取憂之道也。憂必及之。大誓曰、民之所欲、天必從之。（逸書。按今大誓有此文。）三大夫兆憂、憂能無至乎。（開憂兆也。）言以知物、其是之謂矣。（物類也。察言以知禍福之類。八年咸陳也招殺太子、國弱齊惡、當身各無患。）

黃薌林曰、一子圍之僭、己為中外之患、況輔之以伍舉伯州犁、詭計百端、如虎生翼、稍有疎防、鄭將覆亡之不暇、鄭亡而會虢之諸大夫、皆納欵而降、縛一趙孟如摧腐鼠、天下事益

不可支矣、乃以子羽一再拒之。而楚亦無如之何、可見楚未嘗不可折服。其所以重得志於晉、皆武縱之也。鄭有子羽、而子產能使之。晉有祁午、而趙孟不能用之。引夷狄而入分諸侯。毀垣之踰。並非開門之盜揖、猶曰非所害也。讀書加牲、設服離衛。趙孟直視如天上將軍、喋然不敢發一辭、仁人之心顧如是乎。末以子羽之論斷作結、刺三大夫、即以刺趙孟也。

見三按楚人之詐、至虔而極、趙孟之偷、至虢而甚、弱小如鄭、豐之娶尚能戢其禍心。强大如晉、虢之盟竟復任其肆志加牲讀舊書、昔猶爭盟、今則聽命矣。昔尚衷甲、今竟執戈矣。設服離衛、楚公子美矣君哉、晉趙孟不儼然臣乎、七國大夫疾楚之氛、憤圍之僭、或微言、或冷語、無非激晉怒而切同仇、無

義庵曰：福鄭宴趙孟圖，人人聲音笑貌俱繪出，寫生妙手。此一宴也，雍容和樂，猶見三代遺風。過此，趙孟卒而晉日衰，韓宣聘鄭，而後無復有循典禮、修宴好者矣。陵夷至於戰國，三代遺風掃地，而後世遂不可復見。嗚呼，吾不復豈趙孟一時之嘆哉，千古同慨矣。周大章曰：韓起聘鄭，子產獨著丰采。趙孟兩次過鄭，落落寞寞矣。視若等閒，前此垂隴之享，猶遂賦詩，此則叔孫無一言，即趙孟私請亦漫無酬答。蓋盟宋會虢，所不滿，不便雌黃，亦不止旨贊頌也。子

奈趙武畏楚如虎，低首無言，甘為人下，是霸風之替，誤於宋而業已棄天，誤於虢而直將掃地，中夏之恥，夫固盟主之憂也。不以為憂而反以為樂，三子取憂，憂必及之。趙孟忘憂，憂將至矣。南陽之烝，得死牖下，寔為天幸，敢曰有令名乎。

季武子伐莒取鄆。（會通：書伐莒，是以討賊於魯也。不書伐而書取，則收奪而已。按前已伐台入莒鄆，猶未得乘。公在會，故取以自封。蓋利則歸己，禍歸叔孫。）莒人告於會。（會。按此時莒人弒君，未與于會，而敢於愬者，逆知楚欲亦威有以中其隱也。取鄆在三月，趙孟入於鄭在四月，則莒人告於會，正圍未歸國時。告於會者，告於楚也。或疑其事，故辨之。）楚告於晉曰：尋盟未退，（尋弭兵之盟。）而魯伐莒，瀆（慢也。）齊盟，請戮其使。（時叔孫豹在會，欲戮之。按不敢擅戮，故請之晉。）樂桓子（樂王鮒。）相趙文子，（相，佐也。）欲求貨於叔孫而為之請，使請帶焉。（難指求貨，以帶為辭。）故弗與。梁其踁（叔孫家臣。踁，戶定反。）曰：貨以藩身，子何愛焉？叔孫曰：諸侯之會，衛社稷也。我以貨免，

魯必受師，言不戮其使，必代其國。是禍之也。何衛之為。人之有牆，以蔽惡也。喻己為國衛，如牆為人蔽。牆之隙壞，誰之咎也。咎在牆。林解：有隙可窺，壞可踰，是不能蔽惡，何貴有乎牆。衛而惡之，吾又甚焉。罪甚牆。雖怨季孫，魯國何罪。叔出季處，有自來矣，吾又誰怨。季孫守國，叔孫出使，所從來久，今遇此戮，無所怨也。然鮒也賄，弗與不已。召使者，裂裳帛而與之，曰：帶其褊矣。附注：褊，狹小也。言此帶其狹小矣，亦偽若不解其意。趙孟聞之曰：臨患不忘國，忠也。謂言魯國何罪。思難不越官，信也。謂言叔出季處。圖國忘死，貞也。謂不以貨免。謀主三者，義也。忠信貞。有是四者，又何戮乎。并義而四。乃請諸楚曰：魯雖有罪，其執事不避難，畏威而敬命矣。謂不敢辟戮。子若免之，以勸左右，何也。若子之羣吏處不辟污，附注：污，穢辱之事。出不逃難，不苟免。其何患之有。患之所生，污而不治，難而不守，所由來也。能是二者，又何患焉。不靖其能，其誰從之。

處趙孟一主一賓，加穆叔半賓半主。穆叔在會，矯矯著名節，鄭人特為加禮。又被趙孟庇狗不受楚戮，故於趙孟曲致綢繆，其推崇趙孟無非欲其以大庇小，安兄弟以息危亡。趙孟春風和氣藹然，過為謙抑，總是一味情偷神情。左氏傳神寫生，吳道子不是過也。

姜白巖曰：前篇以鄭人手，非子產謀國之臧，鄭將為楚滅矣。此篇以季武人手，非叔孫臨難不苟，魯卿將為楚戮矣。而致此者，皆由於趙武。晉能自強，宿何敢安取莒，何敢安辱楚，亦何敢專戮。且莒弒君，變之大者也；季取邑，罪之小者也。論王法，則宜先莒而後魯；論晉討，則宜舍叔而罪季。乃大憝漏網，小罪受誅，戎首安居，無辜被戮，而晉人恬不知恥，為之請於楚。引三代會王而以盟主屬楚，一請再請，太阿授人，令尹自以為王，晉實縱之也。他日參亡，號名諸侯，將天下皆為荊蠻，受殃者正不獨魯鄭。皆如趙武方且飲酒賦詩，滿眼皆感恩之人，擧念皆得意之事，絕不知

亦臧

強楚弱晉大罪案天王使劉定公忽觀河洛嘆禹功令趙武不知所謂然後揖出弁冕端委以治隱然有天子從晉仲吾其左衽之意以見中原將淪於楚盟宋會虢直是神怒民叛兆居餘氣朝不謀夕又安能主周室而大庇斯民也末以魯事作結責而欲戮叔孫季孫即以刺趙武蓋伐莒取鄆叔孫之禍季孫利心階之盟宋虢會中原之禍皆趙武偷心啟之自是楚滅賴滅頓滅陳蔡放手為之晉絕不問弭兵之害何窮哉

安靖賢能、則衆附從、魯叔孫豹可能、謂矣、請免之、以靖能者、子會而赦有罪、不伐魯、又賞其賢、赦叔孫、諸侯其誰不欣焉望楚而歸之、視遠如邇、疆場之邑、一彼一此、何常之有、言今衰世疆場無定主、王伯之令也、言三王五伯有令德時、引其封疆、引正也、正封界、而樹之官、樹立也、立官以守國、舉之表旗、附注旌表也、表旗猶表識、蓋以別封疆、而著之制令、為諸侯作制度法令、使不得相侵犯、過則有刑、猶不可壹、於是乎虞有三苗、饕餮放三危者、夏有觀扈、觀國名、書序曰、啟與有扈戰於甘之野、按觀今濮州觀城縣西為古觀國城、扈今陝西鄠縣境、商有姺邳、二國商諸侯、姺西典反、邳皮悲反、周有徐奄、按二國嬴姓、服虔云、魯公所伐者徐戎也、杜云、徐即淮夷、非也、費誓淮夷徐戎並興、奄今山東曲阜舊城、自無令王、諸侯逐進、猶競也、狎主齊盟、其又可壹乎、強弱無常、故更主盟、恤大舍小、足以為盟主、大謂篡弒滅亡之禍、又焉用之、焉用治小事、封疆之削、何國蔑有、主齊盟者、誰能辯治也焉、吳濮有釁、過也、吳在東、濮在南、楚之執事、豈其

顧盟，莒之疆事，楚勿與知，諸侯無煩，不亦可乎。莒魯爭鄆，為日
久矣，苟無大害于其社稷，可無亢也。（亢禦）去煩宥善，莫不競勸。子
其圖之。固請諸楚，楚人許之，乃免叔孫。令尹享趙孟，賦大明
之首章。（詩大雅首章言文王明明照於下，故能赫赫盛於上。令尹特稱以自光大。）趙孟賦小宛之二
章。（詩小雅二章取其各敬爾儀，天命不又。言天命一去不可復還，以戒令尹。）事畢，趙孟謂叔向曰：令
尹自以為王矣，何如？（問將能成否）對曰：王弱，令尹疆，其可哉。（言可成）雖
可，不終。趙孟曰：何故？對曰：彊以克弱而安之，彊不義也。（安於勝君，是彊
而不義。）不義而強，其斃必速。詩曰：赫赫宗周，褒姒滅之，彊不義也。
（詩小雅。疏云：滅詩作威。）令尹為王，必求諸侯。晉少懦矣，（懦弱也）諸侯將往。若獲
諸侯，其虐滋（益也）甚，民弗堪也，將何以終？夫以彊取，（取不以道）不義而
克，必以為道。（不以義為道）道以淫虐，弗可久已矣。（為十三年楚弒靈王傳）夏四

月、趙孟叔孫豹曹大夫入於鄭、會罷過鄭鄭伯兼享之、子皮戒趙孟、
戒告享期也禮終、趙孟賦瓠葉、禮畢而賦詩、詩小雅、義取古人不以微薄廢禮。瓠户故反子
皮遂戒穆叔、且告之、告以趙孟賦瓠葉穆叔曰、趙孟欲一獻、子其從之、
子皮曰、敢乎、穆叔曰、夫人趙孟之所欲也、又何不敢、及享、具五獻
之籩豆於幕下、朝聘之制、大國之卿五獻趙孟辭、乎私于子產私語曰、武請于
冢宰矣、冢宰子皮、謂賦瓠葉請乃用一獻、趙孟為客、禮終乃宴、卿會公侯享宴皆折
俎、不體薦、穆叔賦鵲巢、詩名南、按享禮鄭伯為主人、宴則諸大夫自宴、鵲巢以言趙孟任勞、而小國得安之、
指免已于楚、趙孟曰、武不堪也、又賦采蘩、亦詩名南、按武不堪者、不敢以免叔孫之功自多也、曰、小國為蘩、
趙孟本讓退、又承王鮒求帶貽笑諸侯、故前賦瓠葉、後賦采蘩、皆義取薄物、而不以貨賄為禮也、
大國省穡愛也而用之、其何實非命、穆叔言小國微薄猶蘩菜、大國能省愛用之而不棄、則何
敢不從命、子皮賦野有死麕之卒章、詩名南、卒章、補注、尨喻楚、諸侯惡楚圍、欲趙孟安徐馴擾之、弗

使其陵暴諸侯趙孟賦常棣詩小雅取凡今之人莫如兄弟言欲親兄弟之國且曰吾兄弟比

以安尨也可使無吠按趙孟承賦死麕已答賦常棣忽將兩詩迸寫且曰兩字是極樂時會悟情景然貌

之會圖再先武申之會圖更成婚夫何賤夫尨穆叔子皮及曹大夫興拜三大夫皆兄弟國興起也

舉兕爵曰小國賴子知免於戾矣飲酒樂趙孟出曰吾不復此

矣按武謂不復見此樂只極形已之樂猶云對酒當歌人生幾何耳不知已為不年之讖天王周景王使劉

定公劉夏勞趙孟於潁館於雒汭劉子曰美哉禹功見河雒而思禹功明

德遠矣微禹吾其魚乎吾與子弁冕端委以治民臨諸侯禹之

力也弁冕冠也端委禮衣言今得共服冠冕有國家者皆由禹之力疏云服虔云禮衣端正無殺故曰端文德之衣尚褒

長故曰委子盍亦遠績禹功而大庇民乎勸趙孟使纂禹功對曰老夫罪戾

是懼焉能恤遠吾儕偷食朝不謀夕何其長也言欲苟免目前不能念長久疏

云儕等也言吾等尊卑卑賤苟且飲食之人也劉子歸以語王曰諺所謂老將知而耄

及之者、八十日耄、耄亂也、其趙孟之謂乎、為晉正卿以主諸侯、而儕於隷人、朝不謀夕、言其自比於賤人、而無恤民之心、棄神人矣、民為神主、不恤民、故神人皆去、神怒民叛、何以能久、趙孟不復年矣、言將死、不復見明年、神怒不歆其祀、民叛不即其事、祀事不從、又何以年、為此冬趙孟卒起本、叔孫歸、虢會歸曾夭御季孫以勞之、旦及日中不出、恨季孫伐莒、使己幾被戮、曾夭謂曾阜回叔孫家臣、曰、旦及日中、吾知罪矣、魯以相忍為國也、忍其外不忍其内、焉用之、阜曰、數月於外、一旦于是、庸何傷、統箋言己勞役數月在外、今季孫俟我一旦、何足為害、賈而欲贏、而惡囂乎、言譬如商賈求贏求利者、不得惡諠囂之聲、疏云言己伐莒求利、不得惡日中不出、阜謂叔孫曰、可以出矣、叔孫指楹、楹柱也、曰、雖惡是其可去乎、以喻魯有季孫、猶屋有柱、乃出見之、

黄薌林曰、人臣不辱國、不辱身、不畏強禦、只是能輕七尺軀

耳。叔孫豹不肯以貨免，其身死輕鴻毛，國重泰山，裂裳而與，欺弄貪人，知勇備矣。宜趙孟為之心折也歟。使晉有此人，以正理折蠻荊，何至宋虢之盟，一誤再誤，寫穆叔正以反刺趙孟也。

見三按此篇補足上文，以魯事起，以魯事結，中間以鄭伯燕享天王下勞作波瀾，皆深慨晉伯之衰也。弭兵之舉，季孫不欲，故前此以君命示叔孫曰視邾滕，此會恐晉楚爭先，必有敗盟之事，乘此伐莒取鄆，以為己邑，設盟好如初，楚人問罪，不過戮使以謝莒人，利歸己而害歸人，此季宿傾陷叔孫之狡謀也。莒告會，圍戮使，早在宿之意中，鮒求貨，豹弗與，寔出武之意外，於是重其言而為之卑辭固請，雖魯使幸免不戮，

而楚愈强、晉愈弱、中夏自是其無霸矣昔也赫赫宗周褒姒滅之、今則堂堂中國趙孟棄之、開門揖盜猶曰尨也可使無吠欺人乎、抑自欺乎、鄭伯燕享名為燕好、寔以屢賦叔孫初賦鵲巢非譽武也晉之、霸而楚争之、何異鵲有巢而鳩居之、斷章托諷、而趙武不知也、繼賦采蘩非敬武也、蘩為薄物尚可羞於王公晉為大國、何至讓于荆蠻、微詞示譏、而趙武不悟也、嗟夫以弁冕端委撫臨之天下、而陵夷至此、不知攘楚安能尊王、不能尊王、安能纘聖、天王下勞、劉子忽思禹功、豈真以萬世永賴之業、望之朝不謀夕之人哉、微禹吾其魚、天下將沉為澤國、微管仲吾其被髪左衽、天下將淪於蠻疆、河雒一嘆、蓋即匪風下泉之思、勉趙孟復霸業以大庇斯民、

凌稚隆曰：子南先聘，而子晳强之，直在子南也。子晳橐甲，而子南逐之，直亦不在子晳也。惡得謂之直鈞耶？學子產當國，而惟犯所與，國政安在？犯之兄，而惟女所擇，家政安在？異日者，子晳驕恣逆謀作亂，斯實啟之。

穆文熙曰：子晳之惡甚于子南，兵兄之罪起于奪妻。子產乃逐子南而不逐子晳者，蓋以子晳罪重，不止于逐，又不容並逐，故欲俟其再發而大為討論也。

姜自巖曰：讀此傳者，幾疑子南為冤

彼偷且耄，自居小人，神怒民叛，生氣殆盡，其奈之何哉！夫國有大臣，一國所視為盛衰，即天下所視為強弱。叔出而季處，魯所以亂也；圍偽而武偷，中國所以弱也。晉之圖霸而弭兵，是猶賈之欲贏而惡囂，無怪大賈如子圍，視奇貨為可居，以愚晉者愚天下也。嗚呼，晉霸衰矣。

鄭徐吾犯（鄭大夫）之妹美，公孫楚（子南，穆公孫）聘之矣，公孫黑又使強委禽焉（禽，雁也。納采用雁）。犯懼，告子產。子產曰：「是國無政，非子之患也。唯所欲與。」犯請於二子，請使女擇焉，皆許之。子晳（公孫黑）盛飾入，布幣而出（布陳贄幣）。子南戎服入，左右射，超乘而出。女自房觀之，曰：「子晳信美矣，抑子南夫也（附注：女以子南先聘己，故言夫也）。夫夫婦婦，所謂順也。」適子南氏。子晳怒，既而橐甲以見子南，欲殺之而取其妻。子

獄、而抑知非也。聘與强委禽、皆為其色之美、知二子志趣均非正路、犯吉子産、何妨批理直斷。而駟氏最强、子皙尤横、此時楚圍兇暴、趙武懦弱、且子皙之罪、許誕、早為伯州犁所窺破、一有內變外患乘之、其何以禦、故國無辟、非子之患、明其為國之患也。唯所欲與、亦莫二子稍有人心、或自愧阻耳。子皙盛飾而入、子南趣乘而出、不得謂子皙無恥、而子南尚有面目。直鈞之斷、何待後此用戈哉。及至用戈、非子南傷皙、則子皙殺南、總之身為大夫、全然不知君國、自相仇殺、皆法所必誅也。子産先施其易、後圖其難、事就受傷、節數其罪逐之、逐子南者誅亂之道、置子皙者防難之心。太叔揭出國難、灼其見其至公無私、又引周公為証、隱然以管叔喻子皙、而以蔡叔喻子南、一放一殺、國有常刑、遲速之間、何足為疑。未將吉獲戾一語、亦以杜諸游之口。子産智字皮、而外非子太叔、其誰歸。

南知之、執戈逐之、及衝（交道）、擊之以戈、子皙傷而歸、告大夫曰、我好見之、不知其有異志也、故傷、大夫皆謀之、子産曰、直鈞、幼賤有罪、罪在楚也。（先聘子南、直也。子南用戈、子皙直也。子産力未能討、故鈞其事、歸罪於楚。）乃執子南而數之、曰、國之大節有五、女皆奸之、畏君之威、聽其政、尊其貴、事其長、養其親、五者所以為國也、今君在國、女用兵焉、不畏威也、奸國之紀（謂傷人）、不聽政也、子皙上大夫、女嬖大夫、而弗下之、不尊貴也、幼而不忌（畏也）、不事長也、兵其從兄、不養親也、君曰、余不女忍殺、宥女以遠、勉速行乎、無重而罪、五月庚辰、鄭放游楚於吳。（呂說子南之聘在前、應直子南、以子皙之族强、未必不再有伯有之亂也。（補注）不書、非卿。）將行子南、子産咨於太叔。（游楚之兄游子。按子産恐諸游生變也。而駟氏强於諸侯。傳蓋明子産不罪子皙之故。）太叔曰、吉不能亢（蔽也）身、焉能亢宗、彼國政也、非私難也、子圖鄭國、利則

行之又何疑焉周公殺管叔而蔡放也音薩。蔡叔夫豈不愛王室
故也、吉若獲戾子將行之、何有于諸游、為二年鄭殺公孫黑傳
黃薌林曰、此女子自擇夫之始、子產寔開其端、子南夫也即
鍾建負我之意、不貶子晳、是其慧心、而夫夫婦婦一語、尤為
闔範之宗、子產聞之、當亦心折、
見三按一女不二聘、此古今之通義也、子南既聘、而子晳復
强委禽、此在常人且不可、況在兄弟之間、唯所欲與、出自徐
吾之言、或由於避禍、出自子產之口、未免為亂常、且女既適
子南氏矣、橐甲以見、罪等無將、受傷而歸、咎由自取、子產何
難一言而判、尚待諸大夫之謀哉、不知欲殺而娶、黑之隱衷
衷戈擊而傷、楚之寔迹、諸大夫之謀、大抵駟氏游氏之各存

周大章曰后子如二君于景不過富耳固非有叔段完聚之謀其母說懼選而遣之使去亦非有武姜將啓之計聞命即行衛州吁齊無知之禍更不可慮亦何至不能相容玩本文一則曰懼選再則曰懼選恐秦伯之于后子虎視眈眈有欲得甘心之意其所謂罪者非失教之謂而貪

左右袒矣使其有意科罪子晳不唯駟氏未服即國人亦未以為平允唯鈞曲直而論幼賤則分明定而法律明其放子南者薄示懲譴令之謹避放之正所以全之也其置子晳者姑稽典刑待其惡稔置之正所以殺之也子太叔之咨亦恐游氏不明此理或生他變迨太叔以管蔡對則此日放楚叔固默喻之明年之殺黑叔早逆睹之矣此等深心作用豈俗吏所能窺測

秦后子秦桓公子景公母弟鍼也有寵於桓如二君于景其權寵如兩君其母曰弗去懼選選數也恐景公數其罪而加戮癸卯鍼適晉其車千乘書曰秦伯之弟鍼出奔晉罪秦伯也罪失教后子享晉侯為晉侯設享禮造舟於河造舟為梁通秦晉之道疏云李巡曰比其船而渡也十里舍車為八反之倫自雍及絳雍絳相去千里用車八百

欲之謂故后子享晉侯酬幣至千乘
反非以示奢正以散財唯既懼選而奔
奔即當棄其貲而去不能割捨仍肆
豪華安得無罪家氏謂書秦伯
之弟罪秦伯亦罪鍼論最平允
姜白巖曰仁人之於弟也親之欲其貴
愛之欲其富然有節焉非可以寵祿
過而如二君也秦之人深有鑑于中原強家
如晉六卿魯三家足以制其君父故雖
在至親而富盛耦國即不能相容是
以無尾大不掉之患篇中以趙武相形其
義可見而經罪秦伯者何也蓋千乘二
君者后子之過而釀成其過則秦伯
之罪也鍼非叔段母非武姜為之教誨
自當翻然改悟何至懼選逃死傷母之心
乎幸其知過而奔否則將置其弟於
何所是自棄其弟也杜云譏失教釋
經之義精矣

乘歸取酬幣偹九獻之儀始禮自齊其一故續送其八酬酒幣終事八反按享禮一日而畢而雍絳相阻千里歸取酬幣雖追風逐日不能及也故先儒疑之不知十里舍車者舍其一反百十乘之車非止八乘也造舟於河者水岸隔處造舟為梁以通車馬若千里浮梁則秦始皇隋煬帝未嘗有此歸還也非歸秦也酬幣八次還取其車非一車所載皆是酬幣亦非八百乘皆所載皆輸之晉也十年傳子產云百兩必千人蓋鍼率車二百乘則將車者二千人隨之入晉而後以後八百乘分為八隊連比而來非必一日盡行也每隊行止必在千里之內恐遠則車馬散軼無以管束也自雍起程前後按站至絳至享之日則八百乘蟬聯百里間初獻畢即以前二千人分班還取後車而以其百乘進謂之一反及反晉也如是者八一日而畢而將八百乘之八千人俱可歸秦而不必入晉都矣司馬侯問焉曰子之車盡於此而已乎對曰此之謂多矣若能少此吾何以得見言己坐車多故出奔女叔齊司馬侯以告公且曰秦公子必歸臣聞君子能知其過必有令圖令圖天所贊也后子見趙孟趙孟曰吾子其曷歸問何時當歸對曰鍼懼選於寡君是以在此將待嗣君趙孟曰秦君何如

對曰：「無道。」趙孟曰：「亡乎？」對曰：「何為？一世無道，國未艾也，艾，絕也。魚廢反。國與於天地，有與立焉。言欲輔佐之者多。（補正）言其先世必有大功德於民，故與天地並立，未易傾也。不數世淫，弗能斃也。」趙孟曰：「天乎？」對曰：「有焉。」趙孟曰：「其幾何？」對曰：「鍼聞之，國無道而年穀和熟，天贊之也。贊，佐助也。鮮不五稔。」鮮，少也。少尚當並歷五年，多則不啻。趙孟視蔭，曰：「朝夕不相及，誰能待五？」蔭，日景也。趙孟意衰，以日景自喻，故言朝夕不相及，誰能待五。蔭，於金反。后子出而告人曰：「趙孟將死矣。主民，翫歲而愒日，翫愒，皆貪也。愒，苦蓋反。其與幾何？」按：與，如「歲不我與」之與，言不能久留於世也。

黃薌林曰：趙孟一生大病在一偷字。再合諸侯，三合大夫，其所為無非苟安，即無非翫歲而愒日。穆子斷其將死於前，劉子、秦鍼斷其將死於後，辭氣之間，占人休咎，覺管公明相與何晏、鄧颺諸人但得其粗耳。

姜白巖曰：子產每事剛方，此獨以柔道行之，非畏子晳，畏駟氏也；亦非畏駟氏，不忍盡誅駟氏也。誅子晳而駟氏全，國亦以靖。此中大有操縱輕舉者，無此權宜，春食奸者并不得藉為口寔。也至其防制之方，已極密周到，否則作亂何待異日。

見三按鍼本公子，富厝千乘，權侔二君，至是未選者，虞之自必有道。弗去惧選，毋尤先幾。造舟舍車，酬幣八反，雖屬豪侈，亦見其布置得宜，絕不駭人耳目。其對司馬侯曰：若能少此，吾何以得見。正晏子所云慶氏之邑足欲，故亡之意。貴公子亦賢公子也。秦鍼知過而改圖，趙孟翫歲而愒日，兩兩相形，曷勝秦晉盛衰之感。

鄭為游楚（子南）亂故，六月丁巳，鄭伯及其大夫盟於公孫段氏。罕虎、公孫僑、公孫段、印段、游吉、駟帶私盟於閨門（鄭城門）之外，實薰隧。（隧外道名。寔之者，為明年子產數子晳罪稱薰隧盟起本。）公孫黑強與于盟，使大史書其名，且曰七子。（自欲同于六卿，故曰七子。）子產弗討。（子晳強，討之恐亂國。）

見三按游楚既放矣，君大夫何以盟？六卿何以又私盟？皆為

義庵曰：崇卒古無此法，魏舒特為創始，為五陳。至誘之陣法，並未陣而薄之，戰法也。舍車而徒，因地制宜，兩伍專參皆兩卒，而偏仍以車，蓋以偏為誘欲致之。專、參之間而夾攻之，此陣法也。先敘謀，後敘戰，中間忽借嬖人之首作三軍之氣，變變奇奇，指揮由我，無非敵阨之士，乃于崇卒二字十分鄭重。千古以兵法為文章者，唯孫子；以文章兼兵法者，唯左氏。讀此傳可得其概矣。

姜白巖曰：襄四年無終子嘉使如晉，請和諸戎，遂成三駕之烈。至此，趙武甘為楚役，而荀吳、魏舒各樹戰功，為己封殖。故大鹵之役，雖亦攘夷狄之一端，然知晉之無意于楚也。又以見晉非無攘楚之人，而甘受屈于楚也。

子晢而設也。而黑強與盟，且書七子，強橫甚矣。子產弗討，畏其強乎？抑欲盈其惡乎？蓋肆其毒以激駟氏之怒，所以孤其勢也。

晉中行穆子敗無終（山戎）及羣狄於大原（即大鹵也），崇（聚也）卒也。將戰，魏舒曰：彼徒我車，所遇又阨（地險不便車。○阨音隘），以什共車必克。（按此一句專言步卒。一車步卒七十二人，今以什為數，則所零二人無所屬，故以五乘為準，則所零又成十數。蓋得三十六什，下五乘為三伍，指甲士言之。是伍帥百二十人，三伍帥三百六十人也。謂以十人為什之法，當車戰之用也。）困諸阨又克。（按誘而用狄于阨，則又克。）請皆卒（去車為步卒），自我始。乃毀車以為行。（魏舒先自毀其屬車為步陳。補注）蓋古未有此法。（胡傳：後世車戰法亡，寔啟於此。）五乘為三伍。（乘車者車三人，五乘十五人。今改去車，更以五人為伍，分為三伍。）荀吳之嬖人不肯即卒，斬以狥。（魏舒輒斬之，荀吳不恨，所以能立功。）為五陳以相離，兩於前，伍於後，專為右角，參為左角，偏為前拒，（皆臨

時處置之名、秝解道阨、難于用衆。制此五陳、不相聯屬、易于進退也。○九甫反以誘之、翟人笑之。笑其失常未陳而薄之、大敗之。傳言荀吳能用善謀。

黃𨛫林曰、荀吳敗狄為毀車用卒之始。然隱三年羣合諸侯、敗鄭徒兵。襄元年晉敗鄭徒兵於洧上。昭二十年子太叔以徒兵攻萑苻之盜。是鄭久用徒兵、非自晉始也。荀吳特明更定其制耳。

見三按晉中行大鹵之役、為步戰始。楚長岸之師、為水戰始。至趙靈武王喜騎射、則又易駕車為騎馬之始。漢唐以後、人情日趨於險、亦兵法日尚乎奇、則古制蕩然矣。

莒展輿立而奪羣公子秩。公子召去疾于齊。秋、齊公子鉏納去疾。去疾奔齊、在襄三十一年。展輿奔吳。吳外孫叔弓帥師疆鄆田、因莒亂也。此春

取鄆今正其疆界權衡以亂為利也寀鈔猶盜賊乘人危迫而竊取其物於是莒務婁瞀胡及公子滅明以大厖與常儀靡奔齊三子展輿黨大厖常儀靡二邑名○瞀音茂君子曰莒展之不立棄人也夫奪羣公子秩是棄人人可棄乎詩曰無競維人善矣詩周頌言惟得人則國家彊寀鈔展輿立為君而不能討賊以是為與弒焉爾

見三按展輿與弒竊立失國猶屬倖免傳不罪其弒君而譏其棄人人莒人也即弒君之賊也棄賊不討奪秩釀禍卒至失國譏其棄人正以著其弒君也去疾志在得國不能討賊故不書世子以其不能討（賊即不可為）子也展輿係以莒者明其為莒之賊也魯乘亂疆田是為不義此時不但天子不能問即晉楚之强宋虢之盟亦不顧畏之矣安于不義習以為常經書之傳釋之而是非自在言外

姜白巖曰：傳僑子產、秦和之正論，所以深罪晉平、趙孟也。晉之霸業，自文、襄至悼，雖有盛有衰，然猶為中夏主盟；而率諸侯朝楚者，則自平始。輔霸之臣，自趙盾、范視如君躬，主諸侯，大夫盍張，而宋之盟，趙武直以列國大夫為政，而君不與，時晉號令皆助臣辱君之事，其于君父一任其耽樂，是從而不之顧也。故晉之霸業至平而盡，輔霸之勳至武而絕。傳深痛之，敘子產之言，以為淫色不避宗，幾無人道，而武不能匡救，意已在言下。和即及子產未盡之詞，而顯然指陳，同一意也。或謂君淫而臣不能禦，左氏之責趙孟過甚，且君疾何以波及于臣？不知周官內宰以陰教宮九嬪、世婦之屬，統于大冢宰，冢宰人、饔人、醫師、食醫，皆屬焉，是人君宮中一飲食服御，無非宰臣為政，危而不持，焉用彼相？君至于淫以生疾，將不圖恤社稷，而坐視其蠱惑，然無改，生理不已，盡乎？醫和之議直

晉侯有疾，鄭伯使公孫僑如晉聘，且問疾。叔向問焉，曰：寡君之疾病，卜人曰：實沈、臺駘（他才反）為祟（息遂反）。史莫之知，敢問此何神也？子產曰：昔高辛氏（帝嚳）有二子，伯曰閼（於葛反）伯，季曰實沈，居於曠林（地闕），不相能也，日尋（用也）干戈，以相征討。后帝（帝堯）不臧（善也），遷閼伯於商邱，主辰（主祀辰星。辰，大火。商邱，宋地。按今河南商邱縣）。商人是因，故辰為商星（商人，湯先相土，封商邱，因閼伯故國，祀辰星）。遷實沈於大夏（按今山西太原府），主參，唐人是因，以服事夏商（唐人，若劉累之等。累遷魯縣，此在大夏。參音森）。其季世曰唐叔虞（孔疏：此叔虞即唐人之末君，下帝命邑姜之子，將以唐國與之，取唐君之名以為名耳）。當武王邑姜（武王后）方震太叔（成王之弟叔虞。懷胎為震），夢帝謂己：余命而子曰虞（帝，天。取唐君之名），將與之唐，屬諸參，而蕃育其子孫（孔疏：邑姜方娠而夢，史記武王夢）。及生，有文在其手曰虞，遂以命之。及成王滅唐，而封太叔焉，故參為晉星（陸氏

晋大人與子產相為表裡、趙孟晏靡無志哉、以將死藉言之、其實借題發揮、原非實境、不然、診視者甚惡苑在十年以後、則言已不驗而懸揣者乃奇中如是哉

日、史記、叔虞封唐侯、子變父、改為晉侯、由是觀之、則實沈參神也、昔金天氏帝少皞有裔遠也子曰昧、為元冥師、水官之長生允格臺駘、臺駘能業其官、昧篡之業宣汾洮、宣、通也、汾洮、二水名。洮、他刀反障大澤、障陂之以處太原、晉陽也、臺駘之所居帝顓頊用嘉之、封諸汾川、沈姒蓐黃、實守其祀、四國、臺駘之後今晉主汾而滅之矣、滅四國由是觀之、則臺駘汾神也、抑此二者不及君身、山川之神、則水旱癘疫之災、於是乎禜之、有水旱之災、則禜祭山川之神、若臺駘者、周禮四曰禜祭、為禜攢用幣、以祈福祥、疏云、日月山川之神、其祭非有常處、臨時營其地、立攢表、而用幣告之、以祈福祥也、攢、聚也、聚草木為祭處耳。禜音詠日月星辰之神、則雪霜風雨之不時、於是乎禜之、若君身則亦出入飲食哀樂之事也、山川星辰之神又何為焉、言實沈臺駘不為君疾僑聞之、君子有四時、朝以聽政、聽國政晝以訪問、問可否夕以修令、驗所施夜以安身、於是乎節宣其氣、宣散也勿使有所

壅閉湫底，以露其體。（湫，集也；底，滯也；露，羸也。壹之則血氣集滯而體羸露。疏云：湫底，言氣聚集而停滯，則骨羸露也。湫，子小反。）○玆心不爽，而昏亂百度。（百度，百事之節。〔輯傳〕形强則神强，形弱則神弱，神常隨形而盛衰也。既露其體則神弱，致使此心不明而亂百度之節。）今無乃壹之。（同四時也。按四時壹於宴安，而不知節也。）則生疾矣。僑又聞之，內官（嬪御）不及同姓，其生不殖。（長）美先盡矣，則先相生疾。（同姓之相與，先美矣，美極盡則盡，盡則生疾。）君子是以惡之。故志曰：買妾不知其姓，則卜之。違此二者，古之所慎也。（壹四時，取同姓，二者古人所慎。）男女辨姓，（別也。）禮之大司也。今君內寔有四姬焉，（同姓姬四人。）其無乃是也乎？若由此（是）二者，弗可為（治也）也已。四姬有省（減也）猶可，無則必生疾矣。叔向曰：善哉！肸未之聞也。此皆然矣。叔向出，行人揮送之。叔向問鄭故焉，且問子晳。對曰：其與幾何？（言將敗不久。）無禮而好陵人，怙富而卑其上，弗能久矣。（為明年鄭殺公孫黑傳。）晉侯聞子產之言，

曰博物君子也、重賄之、晉侯求醫於秦、秦伯使醫和視之、曰疾不可為也、是謂近女室、疾如蠱、（蠱惑疾）非鬼非食、惑以喪志、（惑女色而失志）良臣將死、天命不祐、（良臣不匡救君過、故將死、而不為天祐）公曰、女不可近乎、對曰、節之、先王之樂、所以節百事也、（孔疏、女之為節、不可得説、故以樂譬之、）故有五節、（五聲之節）遲速本末以相及、中聲以降、五降之後、不容彈矣、（按樂有正有淫、故樂勝則流、節之者、以中聲節之也、宮聲遲、遲者緩、羽聲速、速者急、宮為本、羽為末、聲有遲速、故從本至末、遞以相及、惟於中聲為節度也、傅氏云、五聲以黃鐘為宮、然還相為宮、其餘十一律皆可為宮、宮必為君、而不可下於臣、商必為臣、而不可上於君、角民、徵事、羽物、皆以次降殺、其有臣過君、事過民、物過事者、則不用正聲、而以半聲應之、是為五降、五降得其節、則八音克諧而可彈、自五降後、非復正聲、君子勿聽、）於是有煩手淫聲、慆堙心耳、乃忘和平、君子勿聽也、（五降而不息、則雜聲並奏、所謂鄭衛之聲、疏云、息謂前聲罷退、以待後聲、非作樂息也、（統箋）慆堙謂慢人之心、塞人之耳。慆他刀反、堙音因）物亦如之、（言百事皆如樂、不可失節、）至於煩、乃舍也

已。無以生疾。煩不舍，則生疾。君子之近琴瑟，以儀制也，非以慆心也。為心之節儀，使動不過度。天有六氣，降生五味，謂金味辛，木味酸，水味鹹，火味苦，土味甘，皆由陰陽風雨而生。發為五色，辛色白，酸色青，鹹色黑，苦色赤，甘色黃，發見也。徵為五聲，白聲商，青聲角，黑聲羽，赤聲徵，黃聲宮。徵，驗也。淫生六疾。淫，過也。滋味聲色，所以養人，然過則生害。六氣曰陰陽風雨晦明也，分為四時，序為五節，六氣之化，分而序之，則成四時，得五行之節。疏云：六氣並行，但氣有溫暑涼寒，分為四時，以為五行之節，計一歲，每行得七十二日有餘。土無定方，故每季之末，有十八日也。過則為菑。陰淫寒疾，寒過則為冷。陽淫熱疾，熱過則喘渴。風淫末疾，末，四肢也。風為緩急。雨淫腹疾，雨濕之氣為洩注。晦淫惑疾，晦，夜也。為宴寢過節，則心惑亂。明淫心疾，明，晝也。思慮煩多，心勞生疾。女陽物而晦時，淫則生內熱惑蠱之疾。女常隨男，故言陽物。家道常在夜，故言晦時。疏云：以女陽物，故內熱；以晦時，故惑蠱也。（補正）女陰也，陰中有陽，其物屬火，故為陽。今君不節不時，能無及此乎？出告趙孟。趙孟曰：誰當良臣？對曰：主是謂矣。主相晉國，於

今八年晉國無亂諸侯無闕可謂良矣和聞之國之大臣榮其寵祿任其大節有菑禍必興而無改焉改行以救菑必受其咎今君至於淫以生疾將不能圖恤社稷禍孰大焉主不能禦吾是以云也云主將死言說國之大臣在養其君德保其君體三代之時大臣皆如是雖工技亦知之至漢唐則無知者趙孟曰何謂蠱對曰淫溺惑亂之所生也溺沉沒於嗜慾於文皿蟲為蠱文字也皿器也器受蟲害者為蠱在周易女惑男風落山謂之蠱䷑巽下艮上蠱巽為長女為風艮為少男為山少男而說長女非匹故惑山木得風而落皆同物也物猶類也趙孟曰良醫也厚其禮而歸之贈賄之禮

黄鄉林曰子產論疾而歸於四時醫和視疾而歸於六氣此意直與洪範五行五事相發明因君之病而歸咎於大臣尤能括周官太宰一卌大旨晉侯曰博物何賾賾也趙孟曰良

醫又何夢夢也

見三按晉侯何疾淫耳淫則違四時而壅閉之疾起淫則乖六氣而蠱惑之疾生子產所謂壹與盡（秦醫和論疾故由君身）即秦和所謂不節不時也子產論卜故駁蓄禍而歸到君身而推及蓄禍子產專責君所以究病源秦和兼責臣所以窮病勢子產不言醫而所言雖良醫不過是秦和不矜博而所言雖博物者無以加子產不但博於神道尤博於人道秦和不但良於醫疾且良於醫國名相名醫一以貫之也晉侯只賛博物却不理會君身一番正論趙孟只賛良醫却不理會君臣一番正論諱疾忌醫忠言逆耳偷如趙孟疾不可為淫如晉侯疾且滋甚自是聘少姜請繼室而韓宣反為之使齊納幣可見舉國昏昏

周大章曰：圍弒君，比因出奔，經分傳合，以事事故始終以圍弒為主。不唯城邑固欲先除二子，即出聘亦為逞弒地，使圍不備耳。州犁、伍舉皆黨于圍者也，乃舉則引為腹心，州犁則出之于外而殺之，吾謂會後因人識剌，而忠以自異耶？荀文若事事為操，而于九錫不欲操受，以致見殺，州犁其殆類此歟？伍舉身為逆竟，而子若孫卒不免禍，天網恢恢，不其然乎？二子除而王之左右無人，薳啟疆乃得納叔敖，順矣。前以聘鄭起，後以鄭聘結，以子產之言作斷，蓋深嘆中夏之無晉也。

姜白巖曰：經書楚子麇卒，以疾卒赴諸侯，猶鄭伯髡頑、齊侯陽生之書卒也。左傳明著其弒，復以使赴于鄭數語釋經不書弒君之故。時晉卑，趙孟亦行尸耳。

君荒於上，臣諂於下，兩人之言直褎如充耳也，諸人不足責，叔向既知是皆然矣，胡依然猶未之前聞，則其病入膏肓，尚可治哉。

楚公子圍使公孫黑肱王子圍之弟子晳。伯州犁城犨、櫟、郟。三邑本鄭地。按犨今在河南魯山縣，郟今郟縣。鄭人懼。子產曰：不害。令尹將行大事，謂將弒君。而先除二子也。謂黑肱、伯州犁。禍不及鄭，何患焉？冬，楚公子圍將聘於鄭，伍舉為介。未出竟，聞王有疾而還。伍舉遂聘。十一月己酉，公子圍至，入問王疾，縊而弒之。縊，絞也。孫卿曰：以冠纓絞之。疏云：荀卿避漢宣帝諱，故荀轉為孫。遂殺其二子幕及平夏。皆郟敖子。右尹子干王子比。出奔晉。宮廄尹子晳出奔鄭。因築城而去。殺大宰伯州犁於郟。歸義城麇之役，上下其手者伯州犁也。即位之年殺之，可知惡人未嘗無是非之心，小人獻諂取容，事成之後，殺其軀而已。或謂州犁有異志，如荀文若之死，非也。楚王

安望其能正楚圍之罪傳之主義蓋傷天下無人討賊也或曰不以弒赴諸侯何以知之不翫虢之會三邑之城明眼窺破久矣况比奔晉黑肱奔鄭未有不輸其情者君薨不謚死不成禮葬不歸于先君之兆皆弒跡之顯然者夫陳恒厚施而不與猶半黨之況圍之暴乎趙孟方斤斤以比與鍼同食而叔向以為不畏彊禦嗚呼胕其褊哉末以鄭臣私議作結見鄭為小國雖有賢大夫無如篡弒之圍何也

於郟謂之郟敖楚子麇使赴于鄭伍舉問應為後之辭焉問赴者對曰寡大夫圍伍舉更之曰共王之子圍為長伍舉更赴辭使從禮此告終稱嗣不以篡弒赴諸侯左襄伍舉黨逆而子若孫卒不免禍子干奔晉從車五乘叔向使與秦公子同食皆百人之餼百人一卒也其祿足百人趙文子曰秦公子富謂秦鍼富強秩祿不宜與子干同叔向曰底祿以德底致也德鈞以年年同以尊公子以國不聞以富且夫以千乘去其國強禦已甚詩大雅曰不侮鰥寡不畏彊禦夌也秦楚匹也使后子與子干齒以年齒為高下而坐辭曰鍼懼選楚公子不獲是以皆來亦唯命不獲不得自安言俱奔事有優劣惟主人命所處讓詞且臣與羈齒無乃不可乎后子先來仕欲自同於晉臣為主人子干後來奔以為羈旅之客史佚有言曰非羈何忌敬也欲讓以自別楚靈王圍易名熊虔即位薳罷為令尹薳啟彊為大宰鄭游吉如楚葬郟敖且聘立君歸謂

子產曰具行器矣行器會偹楚王汰侈而自說其事必合諸侯吾往無日矣子產曰不數年未能也為四年會申傳

黃鄉林曰子圍弒君子比子皙出奔楚國內亂正中國可為之機晉于此時申明大義一雪宋虢之恥微特同盟中國裹糧而從即荒裔之勾吳亦聞風而弭其後矣無如君昏臣偷徒沾沾焉以比與鍼之是齒秦楚匹也晉其昏矣乎

見三按郟敖之死左氏以為公子圍弒之考之經直書楚子麇卒說者謂夫子為中國諱耳于義無當大抵楚圍盟虢之時緝蒲為宮設服離衛是有弒君之迹者也王卒之後即殺其二子幕及平夏楚王於郟謂之郟敖是有弒君之寔者也申之會大合諸侯而慶封曰無或如共王之庶子圍弒其君

姜白巖曰：檀弓載趙文子退然如不勝衣，所舉晉國管庫之士七十家，生不交利，死不屬其子，以為賢大夫也。傳所載，惟輕幣禮使差強人意，其大于名義者，莫如為孫林父執君及盟宋二事。執君無可辨矣，而盟宋猶有以弭兵為其功者，不知貪弭兵之名而甘是貽亡國之禍，蓋其罪有九焉：失累世之伯業，一也；諸侯增倍賦，二也；驅天下去楚，三也；說已見前。名為弭兵而諸侯篡弒吞噬皆置不詰，反使楚得執言罪楚人篡弒不敢問，遂至無令不從，五

兄之子纍而代之，以盟諸侯。是言也，播於中國之諸侯，而以為口實。是尤弒君之衆著者也。蓋圍將適鄭，未出竟，聞王有疾而還，因問疾縊而弒之，以疾赴于諸侯。孔子作經，悉因舊史，故祇書卒，而公子比之出奔，即連書於其後，令人自會之言外。

十二月，晉既烝。冬祭。趙孟適南陽，將會孟子餘。趙衰，趙武之曾祖，其廟在晉之南陽溫縣，往會祭之。甲辰朔，烝于溫。趙氏烝祭。甲辰，十二月朔。晉既烝，趙孟乃烝其家廟，則晉烝當在甲辰之前。傳言十二月，誤。庚戌，卒。十二月七日。終劉定公、秦后子之言。補正 亦終穆叔之言。鄭伯如晉弔，及雍乃復。弔趙氏。蓋趙氏辭之而還。傳言大夫強，諸侯畏而弔之。

見三按：弭兵貽禍，伯業遂止。趙孟固晉國之罪人，即中夏之蟊賊也。得保首領，亦云幸矣。鄭伯往弔，想見其權傾一時。小

也。君荒于志意淫樂，更無外懼，六也。六卿皆安於無事，便其私家，而公室益卑，七也。武備全弛，戎馬不駕，葦車四千乘，幾無一卒可用，八也。公乘無人，簡車蒐乘，君臣皆不與，分晉之禍遂至不可救藥，九也。故曰盟宋弭兵所以亡晉也。賢大夫顧如是哉。

侯畏威。三卿分晉，已肇於此。

姜白巖曰：晉自趙武弭兵，偷惰自安，大夫各樹私門，以弱公室，而分晉之局成。是時尊周攘楚，直等迂談，非有絕大本領，不能舉積習一振刷之。韓起繼相以上卿執政，而修好鄰邦，為從來未有，似有志親諸侯矣。

春秋左傳精義卷三十四

閩中　薌林黃一桂　輯　男　心垣見三　補輯

昭公二

經　辛酉　二年春，晉侯使韓起來聘。夏，叔弓如晉。（杜解）叔老子。○秋，鄭殺其大夫公孫黑。薰隧盟，子產不討，遂以為卿，故書之。○冬，公如晉，至河乃復。弔少姜也。晉人辭之，故還。季孫宿如晉。致襚服也。公寔以秋行，冬還，乃書。

傳　二年春，晉侯使韓宣子來聘，（杜解）公即位，故且告為政而來見，禮也。代趙武為政，雖盟主而修好同盟，故曰禮。（補注）不使他人而身來，亦欲親結魯好，或疑傳妄，過矣。觀書於太史氏，（孔疏）氏猶家也。藏書之處，若今秘閣也。見易象與魯春秋，曰：周禮盡在魯矣。吾

然會申而楚主夏盟，滅陳蔡而
晉不能救，邑荒峻宇，皆無一言起
之，懦矣。蔑於武之偷，觀其荅周
德而意不及尊周，賦角弓而力未
能維魯，賦於齊卜子旗及彊之不
臣，而不知齊為田陳氏，於衛賦
木瓜，而不能比績齊桓，在治世
可稱文學之臣，在亂世難語救
時之相。

乃今知周公之德，與周之所以王也。易象春秋，文王周公之制。當此時，儒道廢，諸國多闕。唯魯備，故宣子適魯而說之。按太卜掌三易，此周禮也。魯占周易，故用文辭，式推演卦意，其用以二易者，亦釋以周易之文，無不合者。故韓宣以三易獨備於魯，若列國用周易，兼用雜占，如蠱之雄，復之飛矢，與周易迥異，蓋別有一種占書，非復周公之舊也。公享之，季武子賦緜之卒章。詩大雅卒章，義取文王有四臣，故能緜緜興盛，以晉侯比文王。以韓子比四輔。韓子賦角弓。詩小雅，取兄弟昏姻無胥遠矣。季武子拜曰：敢拜子之彌縫敝邑，寡君有望矣。彌縫猶補合也，謂以兄弟之義。武子賦節之卒章。詩小雅卒章言晉德可以畜萬邦。既享，宴於季氏，有嘉樹焉，宣子譽之，武子曰：宿敢不封殖此樹，以無忘角弓。遂賦甘棠。詩召南。封，厚也。殖，長也。武子欲封殖嘉樹如甘棠，以宣子比召公。宣子曰：起不堪也，無以及召公。宣子遂如齊納幣。為平公聘少姜。見子雅，子雅召子旗，子雅子。使見宣子，宣子曰：非保家之主也，不臣。志氣亢。見子尾，子尾見彊，子尾子。宣子謂之如子旗。亦不臣。大夫多

周大章冒慼以喪志，疾不可為。秦
和之言猶在身也，曾幾何時，又於
齊逆少姜。少姜死，復請繼室，此
君殆欲速老於溫柔鄉耶。不然，何

笑之，唯晏子信之，曰：夫子君子也。君子有信，其有以知之矣。為十
年齊欒施高彊來奔張本
自齊聘於衛，衛侯享之。北宮文子賦淇澳。詩衛風美武公
也，言宣子有武公之德
宣子賦木瓜。亦衛風，義取于欲厚報以為好
見三按：此與季札歷聘篇相似，見易象與春秋，彷彿觀樂；評
論旗彊與說穆叔平仲諸人一般。總之有識見人觀書論人，
目徹千古，自與尋常不同。但札守節公子也，起執政大臣也。
守節以潔身為尚，雖無救於吳之亂，不失為賢人；執政以治
國為要，苟無補於晉之衰，適見其為庸相。左氏詳敘此篇，譏
之也，非予之也。

夏四月，韓須韓起子如齊逆女。逆少姜齊陳無宇送女，致少姜。少姜
有寵於晉侯，晉侯謂之少齊。為立別號，所以寵異之謂陳無宇非卿，欲使齊以

沉湎至此、起納幣、須迎女、後來起復迎女、良臣固如是乎、使遇秦和、當頭文着幾棒矣、晉以韓須迎齊以陳無宇送、可謂畏大國、而猶見執、毋怪乎楚圍效尤、欲辱韓起羊舌肸也

適夫人禮送少姜執諸中都、晉邑。按今山西平遙縣西北有中都古城少姜謂為之請曰送從逆班、列也。疏云、逆是使上卿、送卑於逆者一等、故云送者從逆者之班次、言當卑於逆者也。畏大國也、猶有所易、是以亂作。韓須公族大夫、陳無宇上大夫。按畏大國之故、易其常制、不敢下逆者一等、而反上逆者一等、逼共是以禍作耳、

見三按趙武誤國之罪、莫大於縱君之淫、而盟宋苟安尤其次者也韓起繼之為政所當力挽偷風先格君心次振國勢、杜私家之利、培公室之基、廢不愧為救時之良相乃為政未幾而為君納幣又使其子逆女、繼且親自迎女、唯恐君溺不深、復益以少女、是趙孟特縱君之惡韓起直逢君之惡、乃如之人、尚望其復霸業、相盟主乎時四姬漸老愛亦見弛一見少姜、窈窕亭立而後宮粉黛均無顏色稱少齊、執無宇所以

姜皇嚴曰。魯之臣稱美晉廷者。前有穆叔，後有叔弓。然弓非穆叔比也。穆叔不拜三夏文王，提出天子及兩君大義，凜然。叔弓不過謙抑而已。蓋穆叔秉節不移，叔弓阿附季氏，立品不同也。

明寵異示尊貴也。而平之淫、起之奸，均於言外可見。

叔弓聘於晉，報宣子也。（此春韓宣子來聘）晉侯使郊勞。（聘禮，賓至近郊，君使卿勞之。）辭曰：寡君使弓來繼舊好，固曰：女無敢為賓。徹（達也）命于執事，敝邑弘矣。敢辱郊使。請辭。（辭郊勞）致館。辭曰：寡君命下臣來繼舊好，好合使成，臣之祿也。（得通君命，則于己為榮祿。）敢辱大館。叔向曰：子叔子知禮哉。吾聞之曰：忠信，禮之器也；卑讓，禮之宗也。（宗猶主也。）辭不忘國，忠信也。（謂稱舊好。）先國後己，卑讓也。（始稱敝邑之宏，先國也。次稱臣之祿，後己也。）詩（大雅）曰：敬慎威儀，以近有德。夫子近德矣。

見三按：叔弓辭郊勞、辭致館，較之穆叔不拜三夏文王，相去遠甚。穆叔博洽，僅能令晉人心折，至叔弓則叔向極為延譽，本係卑讓，卻並以忠信許之者，以口口寡君善則歸君也。是

賀景瞻曰、黑雖欲作亂、傷疾未能、何懼弗及、若駟氏及諸大夫之公惡、又惡用懼、曰黑之作乱、應死而駟氏與諸大夫非殺黑之人也、若使一死于衆人之手、不但國法未伸、國体大傷、而亂亦不可長、此其所以懼也、然子產賢大夫也、但知子晳不請之鄭伯、為專、伐伯有、而不知鄭伯之殺子晳、不告諸天王、為專殺大夫、故春秋大夫之殺、無論有罪無罪、皆以國殺為義、不得以其相時討乱之功、為屈法原情之筆也

周大章曰、國有賊臣、必明正典刑、肆諸市朝、方為義討、子產乘荒子晳欲稔其惡而誅之、至將作亂、欲去游氏而代其位、則罪不容逭矣、駟氏與諸大夫欲殺之、則勢更不容緩矣、子產乘遽而至、使吏數之、若惧弗及

時强臣擅國、不知有君久矣、有能尊其君者、皆君子所深許、美叔弓即所以刺晉魯之無君也、

秋、鄭公孫黑將作亂、欲去游氏而代其位、（游氏太叔之族、黑為游楚所傷、故欲害其族、）傷疾作而不果、（前年游楚所擊創）駟氏（黑之族）與諸大夫欲殺之、子產在鄙、聞之、懼弗及、乘遽（傳驛）而至、使吏數之、（責其罪）曰、伯有之亂、（在襄三十年）以大國之事而未爾討也、（務共大國之命、不暇治女罪、）爾有亂心無厭、國不女堪、專伐伯有、而罪一也、昆弟爭室、而罪二也、薰隧之盟、女矯君位、（謂使大史書七子）而罪三也、有死罪三、何以堪之、不速死、大刑將至、再拜稽首辭曰、死在朝夕、無助天為虐、子產曰、人誰不死、凶人不終、命也、作凶事為凶人、不助天其助凶人乎、請以印（子晳子、）為褚師、（市官）子產曰、印也若才、君將任之、不才、將朝夕從女、

及者、惧諸人殺之、而國法不得伸、非惧他人不殺、而己力有弗逮也。若謂虐子晳傷疾或瘥、困獸猶鬭、諸大夫夜長夢多、緩則生變、則是子產毫無擒縱、竟成一殺死虎者矣。唐肅宗殺李輔國、代宗殺魚朝恩、皆委其權于盜、豈可謂之天討乎。于此見子產之義、正不與後世之姑息者等。

女罪之不恤、而又何請焉、不速死、司寇將至、七月壬寅縊、尸諸周氏之衢、加木焉、書其罪於木以加尸上

黃鄰林曰、子晳凶人之尤者也、待凶人、挫凶燄、不可無術、緩則滋蔓、激又生變、子產先離其黨、後暴其罪、不疾不徐、殺子晳如一豚犬、可為後世處凶人之法、

見三按、子晳之惡、子產能寬之數年之前、獨不能容之一日之間、乘遽而至、使吏數之、迅雷不及掩耳、所以正國法消反側也、大抵攻賊黨、除賊臣、時未至則不可及、急時既至則不容緩、如漢竇武之于十常侍、則失之太急、而反為所噬、唐五王之于武三思、則失之太寬、而卒為所傷、唯王沂公之除丁謂、徐文貞之除嚴嵩、俟釁乘時、定機俄頃、積惡巨奸、令其自

賀仲軾曰：晉以非伉儷，不敢煩諸侯，故公還而宿往，左氏解經最得其實。是公穀皆言公不得入，季氏得入，是季孫譖公，罪在季孫。胡傳乃以不當再返為急識，求晉必受，是使魯昭遂非文過，以得弔人之寵妾為榮也。夫千乘之君受侮於強臣，自當振己之威靈，以制其死命，奈何必欲入晉，與臣爭市大國之顏色也。君子論是非，不論利害，魯昭往之為非，晉人辭之為是，譖之有無，不足言也。汪氏克寬謂昭服喪已畢，不朝周而如晉，妄說入而取辱，譏之允當。

投羅網，皆可為萬世師法。故靜如處女，動若脫兔，千古行軍之要，亦千古除暴之方。

晉少姜卒，公如晉，及河，晉侯使士文伯來辭，曰：非伉儷也，請君無辱。晉侯溺於所幸，為少姜行夫人之服，故諸侯弔，不敢以公私煩諸侯，故止之。按即伉儷，豈可以辱諸侯，晉失詞矣。還。季孫宿遂致服焉。致少姜之襚服。公以未秋行，始冬還，乃書之，故經在冬。疑問此與十三年公如晉至河乃復，公子慭如晉同，未必宿專擅自行也。

見三。按少姜之喪，鄭印段弔，游吉送葬，梁丙猶以為甚，況公以國君而奔其喪，辭之乃復，適見足恭取辱，不知此皆季孫宿為之也。季自行父、莒邱見執以來，知雖猛虎離穴，禍必及身，故凡晉國有事，必公親行，而相以孟孫已氏，則安坐在家，自作威福。此番弔喪，有鑒于陳無宇之轍，故以公往。及晉辭公還，知

周大章曰：嬖寵之喪，而魯公往弔，以執辭無宇而懼也。晉既以非伉儷辭，則無宇之宜釋明矣。不當求而求，謂之貪；不當刑而刑，謂之頗。曲說非對說也。已則不共，而以不共責人，少姜所以斥其亂。叔向持論侃侃，皆發明少姜之意。末綴少姜有辭，莫動其哀思而釋之也，戛然而止，哭亢之甚。

晉之無事也，即親往以說晉。左氏下一遂字，肺肝如見。叔向言陳無宇于晉侯曰：彼（無宇）何罪？君使公族逆之，齊使上大夫送之，猶曰不共，君求以貪。國則不共（逆卑於送，是晉國不共），而執其使，君刑已頗（不平），何以為盟主？且少姜有辭（謂請無宇之辭）。冬十月，陳無宇歸。（晉侯赦之）

見三按：少姜有寵，不數月而卒。晉以非伉儷辭諸侯，而其心愈悲矣。叔向請無宇以求貪刑頗為言，不若少姜有辭一語之為得也。

十一月，鄭印段如晉弔。（弔少姜）

見三按：左氏于公如晉後，即書鄭印段如晉弔，比類觀之，而是非自見。

經（壬戌）三年春王正月丁未，滕子原卒。（悼公寧立）夏，叔弓如滕。五月

葬滕成公。（杜解：卿共小國之葬，禮過厚。葬襄公，滕子來會，故魯厚報之。）秋，小邾子來朝。

八月，大雩。冬，大雨雹。（記從。蒲學反）北燕伯欵出奔齊。（書名從告）

傳 三年春王正月，鄭游吉如晉送少姜之葬，梁丙與張趯見之。（杜解：二子晉大夫。趯，他歷反）梁丙曰：甚矣哉，子之為此來也。（卿共妾葬過禮甚。按：甚言過於勞苦也。為此來，為少姜而來也。）子太叔曰：將得已乎？（言不得止）昔文襄之霸也，（晉文公、襄公）其務不煩諸侯，令諸侯三歲而聘，五歲而朝，有事而會，不協而盟。（孔疏：據十三年傳，諸侯于天子十二年有八聘、四朝、再會、一盟。今以霸主，不可自同天子，又舊制太煩，故設此制以簡之。有事而會，不協而盟，不復有年限期之期也。）君薨，大夫弔，卿共葬事；夫人，士弔，大夫送葬。（先王之制，諸侯之喪，士弔，大夫送葬。時俗過制，故文襄雖節之，猶過于古。）足以昭禮命事謀闕而已。（朝聘以昭禮，盟會以謀闕。）無加命矣。（命有常）今嬖寵之喪，不敢擇位，而數

姜白巖曰：晉平方務隳壞襄，以嬖妾妾之喪，致子太叔充使來弔。梁丙當有不安于心，閔惜其跋涉之意。此猝然面會，只說得一臭道，固不足滿，只輕薄，亦不足本國弊政，不便明言也。太叔有感其言，不覺盡露情告訴：不惟來弔，又將來賀。示以恤使臣之勞，當去君心之惑，因進之以法文襄，而小國受賜矣。張趯既善其言，又謂晉運將衰，子將無事，言外有私門盤結，無能為力意，包括無限悲愴，故太叔以君子許之。

於守適，不敢以其位卑，而令禮數如守適夫人。然則時適夫人之喪，弔送之禮，已過文襄之制。按疏云：守適者，夫守外職，妻守內職，言守內職之適夫人也。唯懼獲戾，豈敢憚煩。按煩勞也，應甚哉句。少姜有寵而死，齊必繼室。復薦女。今茲吾又將來賀，不唯此行也。按應為此行句。張趯曰：善哉，吾得聞此數也。按聞此朝會弔葬之禮數。然自今子其無事矣。譬如火心星焉，火中寒暑乃退。心以季夏昏中而暑退，季冬旦中而寒退。此其極也，能無退乎？晉將失諸侯，諸侯求煩不獲。言將不能復煩諸侯。二大夫退。子大叔告人曰：張趯有知，其猶在君子之後乎。補正言庶幾可以為君子也。按猶在猶字，從當時晉君臣生來，憫時憂國者，君子也。趯之知其猶在君子之類乎。夫子言從大夫之後，正謂與大夫一類，若責其不諱國惡，則下篇叔向、晏子皆明言矣。補正是。

黃鄉林曰：晉霸至悼而極盛，至平而寖衰，火中寒暑者乃退。斷盡晉霸殘局，亦括盡二十二史治亂循環全局。張趯有知

其猶在君子之後、蓋深晉卿之不如也

見三按城杞以私親而勞諸侯之大夫、故太叔儀以爲甚、送
塟以嬖寵而煩諸侯之大夫、故梁丙亦以爲甚、然城杞雖涉
於私、猶不失恤小之意義、至少姜特一嬖妾耳、既死而弔喪
送塟者不絶于道、無怪阿太師者以大諫之賤名、附貴妾而
達、則鈞聽也、子太叔與子産均以禮折晉、而太叔語尤亢直、
不恤宗周、而戛肆是屏、不敢擇位、而數乎守適、皆言人之所
不敢言、絶無顧忌、蓋是時晉伯既衰、人人解體、一二賢人君
子、如叔向張趯輩、留心國是、亦徒作局外之咨嗟、但叔向與
晏子言、涕隨聲出、張趯未免有談笑而道之意、太叔告人、正
譏其出言太快、無惓惓之忠也、而傷晉之意、亦於言外可見、

姜息嚴。是此爲三卿分晉陳氏篡齊一大目。前段是請昏，絕妙好詞。中段是憫時憂國，十分嗚咽，幾于哀樂不類，而不知前半是中段之由也。齊景不能自强，既以少姜傳晉之歡，復請繼室固晉之好，以先君適作交鄰幣，除却涕出女吳，使倆更無奇策，可知其平日國事民生，毫不經意，而苗蘊然無氣，一至于此。讀晏子存女之詞，令人顏汗。晉平善子產醫和之言，而不能用，舊疾未瘳，死期將至。其全副精神，都注女寵，是以富而溢尤，至民無所依，而强家因得自爲封殖，以肆其分晉之謀。蓋晉用六卿，齊用子尾陳氏，而以請昏求昏等事使兩賢人往還，雖辭禮斐然，而含涕爲歡，强顏從事，彼此相視苦衷，早已默喻也。叔向有問，晏子盡情傾吐，以公之棄民，陳氏得民，互爲烏却，不歸罪陳氏，蓋民之歸陳，由公斂之不然，何愛如父母。

齊侯使晏嬰請繼室於晉（繼少姜）……曰：寡人願事君，朝夕不倦，將奉質幣以無失時，則國家多難，是以不獲（不得自來）。不腆先君之適（謂少姜），以備內官，焜燿寡人之望（焜燿照明，己之意望），則又無祿，早世隕命，寡人失望。君若不忘先君之好，惠顧齊國，辱收寡人，徼（要也）福於太公、丁公（齊先君），照臨敝邑，鎮撫其社稷，則猶有先君之適（適夫人之女）及遺（餘也）姑姊妹若而人（言如常人，不敢譽）。君若不棄敝邑，而辱使董（正也）振（整也）擇之，以備嬪嬙（婦官），寡人之望也。韓宣子使叔向對曰：寡君之願也。寡君不能獨任其社稷之事，未有伉儷，在縗絰之中（夫人之服），是以未敢請。君有辱命，惠莫大焉。若惠顧敝邑，撫有晉國，賜之內主，豈唯寡君，舉羣臣實受其貺，其自唐叔

見三梅。春秋小國所以不至滅亡者，恃有伯主之會盟也。自宋號兩盟，霸局已替，會盟廢而兼併興，弱小將日無可告控。傳曰同盟，故書名，蓋不勝下泉之感矣。從

姜白巖曰：此爲三卿分晉陳氏簒齊一大關目。前段是請昏成昏絕妙好詞，中段是憫時憂國十分嗚咽，幾于哀樂不類，而不知前半是中段之由也。齊景不能自強，既以少姜傳晉之歡，復請繼室，固晉之好，以先君適作交鄰幣，除卻涕出女吳使倆，更無奇策。可平日國事民生毫不經意，而蓄蘊然無氣，至于此。讀晏子存女之詞，令人顏汗。晉平善子產醫和之言，而不能用，舊疾未瘳，死期將至，其全副精神都注女寵，是以富而溢，尤至民無所依，而強家因得自爲封殖，以肆其分晉之謀。蓋晉用六卿，齊用子尾陳氏，而以請昏成昏等事使兩賢人往還，雖辭禮斐然，而含涕爲歡，強顏從事，彼此相視苦衷，早已默諭也。叔向有問，晏子盡情傾吐，以公之棄民，陳氏得民，直爲卻不歸罪陳氏，蓋民之歸陳由公驅之，不然何愛如父母。

丁未，滕子原卒。同盟，故書名。同盟于襄之世，亦應從同盟之禮，故傳發之。

齊侯使晏嬰請繼室於晉，復以女繼少姜。曰：寡君使嬰曰：寡人願事君，朝夕不倦，將奉質幣以無失時，則國家多難，是以不獲。不得不自來。不腆先君之適，謂少姜。以備內官，焜燿寡人之望，統箋照明己之意望。則又無祿，早世隕命，寡人失望。君若不忘先君之好，惠顧齊國，辱收寡人，徼要也。福於太公、丁公，齊先君。照臨敝邑，鎮撫其社稷，則猶有先君之適適夫人之女。及遺餘也。姑姊妹若而人。言如常人不敢譽。君若不棄敝邑，而辱使董正也。振整也。擇之，以備嬪嬙，婦官。寡人之望也。韓宣子使叔向對曰：寡君之願也。寡君不能獨任其社稷之事，未有伉儷。在縗絰之中，夫人之服。是以未敢請。君有辱命，惠莫大焉。若惠顧敝邑，撫有晉國，賜之內主，豈唯寡君，舉羣臣實受其貺。其自唐叔

而歸，如流水哉。有嫣靈爽，陰踞于齊。而入公子公立，見其不祀，老臣至此，真無淚可揮矣。叔向先寫公室之卑，由于公之失德，色荒，故宮室侈，役繁，故民罷敝。覺夫廷之上，成昏受禮，便是飢婦餓夫怨聲滿耳。寫到八姓舊臣降為皁隸，知政日私門，更無牽制，欲移晉，不過一舉手之易。公所謂樂，吾所謂憂。直與晏子之言同聲一哭也。已憂不祀，公亦從之。並將晏子箕伯直柄虞遂伯戲一段意思，包裹在裡，則唐叔以下不其餒而嘉禮云乎哉。然晏子身相齊國，叔向日侍君左右，何以目擊乎其危，不能諫止？末段因從晏子屨賤踊貴四字，追叙更宅納規，而公之繁刑轉移于俄頃，使二君任用二子，言聽計從，則仁人之言，其利甚溥，何至數傳而後國為他人所有？無如景公之積情日甚，其從晏子未嘗無一二事，而所而歸陳氏，如故也。平之蠱惑日甚，其用叔向，雖稍有補救，而公室之卑如盬。君子如祉，亂庶遄已。引詩作贊美。

晉祖以下，實寵嘉之。既成昏，許成昏晏子受禮，受賓享之禮叔向從之宴，相與語。叔向曰：「齊其何如？」問興衰晏子曰：「此季世也，吾弗知齊其為陳氏矣。不知其他，唯知齊將為陳氏。公棄其民，而歸於陳氏。棄民不恤齊舊四量，豆、區、釜、鍾。四升為豆，各自其四，以登於釜。四豆為區，區斗六升。四區為釜，釜六斗四升。登，成也。區，烏侯反。釜十則鍾。六斛四斗。按四斗此公量。陳氏三量皆登一焉，鍾乃大矣。登，加也。加一，謂加舊量之一也。以五升為豆，五豆為區，五區為釜，則區二斗，釜八斗，鍾八斛。此私量也。傅氏曰：三量皆十分而加一，非本四而加五也。（疑叅）謂每量加一，則四升四合為豆，以次至鍾，為七石零四升，比公量之鍾，加六斗四升矣。若如五升為豆之說，各加舊量之一，則八石為鍾，比公量之鍾，加一石六斗，不應是若是之大也。傅說得之。以家量貸，而以公量收之。貸厚而收薄山木如市，弗加於山；魚鹽蜃蛤，弗加於海。秝解山木往賣於市，價等在山；海之雜利往賣于市，價等在海，不加貴也。民參其力，二入於公，而衣食其一。言公重賦斂公聚朽蠹，而三老凍餒。三老謂上壽、中壽、下壽，皆八十

深惜齊晉二君不能用君子以已亂，而國同底于滅亡，可哀也夫。

已上不見養遇。國之諸市，屨賤踊貴。踊，刖足者。屨，言刖多。民人痛疾，而或燠休之，燠休，痛念之聲，謂陳氏也。疏云：服虔云：若今時小兒痛，父母以口就之曰燠休。○燠於喻反，休虛喻反。其愛之如父母，而歸之如流水，欲無獲民，將焉辟之？箕伯、直柄、虞遂、伯戲，四人皆陳氏之先。其相胡公大姬，已在齊矣。陳氏將有國，其先祖鬼神已與胡公共在齊。叔向曰：然。雖吾公室，今亦季世也。戎馬不駕，卿無軍行，言晉衰弱，不能征討救諸侯。公乘無人，卒列無長。百人為卒。言人皆非其人，非其長。庶民罷敝，而宮室滋侈。益也。道殣相望，餓死為殣。而女富溢尤。秝解，嬖寵女家，富貴過甚。民聞公命，如逃寇讎。欒、郤、胥、原、狐、續、慶、伯，降在皁隸，八姓，晉舊臣之族也。皁隸，賤官。疏云：五姓皆卿。續簡伯、慶鄭、伯宗，先皆大夫也。政在家門，大夫專政。民無所依，君日不悛，悛，改也。以樂慆憂。慆，藏也。公室之卑，其何日之有？言至今也。讒鼎之銘讒鼎名。疏云：服虔云：疾讒之鼎，明堂位云崇鼎是也。一云地名，禹鑄九鼎于甘讒之地，故曰讒鼎。曰：昧旦早起也。丕大也。顯，後世猶怠。

言夙興以務大顯，後世猶解怠，況日不悛，其能久乎。晏子曰，子將若何。問以何以免此難。叔向曰，晉之公族盡矣。肸聞之，公室將卑，其宗族枝葉先落，則公從之。肸之宗十一族，同祖為宗。疏云，世族譜云，羊舌氏晉公族，但不知出何公。族譜又云，武曰姓李名果。有人盜羊而遺其頭，不敢不受而埋之。後事發，辭連李氏。李氏掘示羊頭，以明己不食，惟識其舌存，得免。杜亦不從。唯記異聞耳。唯羊舌氏在而已。肸又無子，無賢子公室無度，無法度幸而得死，言得以壽終為幸豈其獲祀。言必不得祀。言說叔向晏子志同道合之人，剖破藩籬，不可間隔。初，景公欲更晏子之宅，按此追叙曰，子之宅近市，湫隘囂塵，不可以居，湫下，隘小，囂聲，塵土，請更諸爽塏者。爽明，塏燥，疏云，晏子春秋，將更于豫章之圃是。○塏苦代反辭曰，君之先臣容焉，臣不足以嗣之，於臣侈矣。且小人近市，朝夕得所求，小人之利也。敢煩里旅。旅衆也，不敢勞衆為己宅。公笑曰，子近市，識貴賤乎。對曰，既利之，敢不識乎。公曰，何貴何賤。於是景公繁於刑。

繁多也有鬻踊者、故對曰、踊貴屨賤、既已告於君、故與叔向語而稱之、景公為是省於刑、按因晏子有屨賤踊貴語、故追叙此事、君子曰、仁人之言、其利溥哉、晏子一言、而齊侯省刑、詩曰、君子如祉、亂庶遄已、詩小雅、如行篇、祉福也、遄疾也、言君子行福、則庶幾亂疾止也、其是之謂乎、及晏子如晉、公更其宅、[illegible]入正傳、帶叙更宅辭宅事、反則成矣、既拜、拜謝新宅、乃毁之、而為里室、皆如其舊、本壞里室、以太晏子之宅、故復之、則使宅人反之、還其故室、左翼反之、藏有反之之言在內、故下以且諺曰、接、蓋後半截語也、按宅入謂隣人、反之、反其舊室也、且諺曰、非宅是卜、唯隣是卜、卜良鄰二三子、謂鄰人先卜鄰矣、違卜不祥、君子不犯非禮、去儉即奢為非禮小人不犯不祥、古之制也、吾敢違諸乎、卒復其舊宅、公弗許、因陳桓子以請、乃許之、傳言齊晉之衰、賢臣懷憂、且言陳氏之興、

黄鄉林曰、齊景請繼室、女下男也、晉平濫女、富男溺女也、公

棄其民、寔陳氏篡齊之本政在亘家門三卿分晉之由、晏子叔向各訴時艱此嘆彼嗟直有相對嗚咽之勢嗟夫為人君者不能保守宗社振厥墜祀不自悲而其臣悲之為人臣者不能以覆亡之禍陳于君前私相痛悼無復救挽之策桃園之詩、所為作也至若後漢祚將衰茅容與徐稺語稼穡之事、則答、及國家之事、則不答、謂容曰為我謝郭林宗、大木將顛、非一繩可維、何為栖栖不遑寧處夫不言之不能言之又不可、君子處亂世真語默兩難哉叔向不以無子為憂、晏子不欲高其室、皆逆知國家將亡、無可奈何、老臣之血淚流千載如見矣、

見三按此春秋戰國關鍵也五霸功烈桓為盛、文次之、百餘

周大章曰：以偶有一禮之伯石，無端而與之州田；以人所共欲之州田，無端而與之伯石，全是韓宣虛假圈套。誠以州田不敢自取，又不與人，終必起爭，以君命與伯石，不惟趙氏不敢譚義遂禍，即范匄亦斂手而退，他日復取，如探囊取物，所謂寄之外府也。與州田時，必示意於伯石，故伯石死不致諸晉國，而私致諸宣子也。前半暗藏宣子，至末點出，如犀之燃，肺腑畢見。姜白巖曰：韓起貪鄙，其人猶在范匄、趙武之下，此傳深誅其隱一州田

年主盟中夏，小國不至滅亡者，齊晉之力也。今則公棄其民，而齊將歸於陳氏，政在家門，而晉將分於三家，五霸亡而七雄出，機已伏於此矣。兩國情形，其君不知，而其臣知之。知之而不能力為之挽，徒於局外作魯女之憂，此春秋之所以降為戰國也。

夏四月，鄭伯如晉，公孫段相，甚敬而卑，禮無違者。晉侯嘉焉，授之以策，（錫命之書）曰：子豐（段之父）有勞於晉國，余聞而弗忘。（按疏云：子豐有勞，事無所見，蓋韓宣欲為己代，故特為之辭耳。）賜女州田，以胙乃舊勳。伯石再拜稽首，授策以出。（補注：傳見晉侯策命外大夫，賜田以出，僭天子之禮。）君子曰：禮，其人之急也乎！伯石之汰也，（驕也）一為禮于晉，猶荷其祿，況以禮終始乎？詩曰：人而無禮，胡不遄死？其是之謂乎！（補解：反證伯石有禮可取。）初，州縣，欒豹之邑也。

忽爭忽與，以與息爭。欲取姑與，與無非韓起奸謀。晉侯嘉段之言，即韓起代請之辭也。何以代請？自欲取之也。君子贊段而用相鼠反照，暗刺起、范匄。不以正議而妄自與，正惡起之自與也。文子不違義以徼禍，正惡起之違義也。讀至末二句覆按，過正無語，不罪韓起也。

欒豹盈族及欒氏亡，秝解在襄二十三年范宣子、趙文子、韓宣子皆欲之。文子曰：「溫，吾縣也。」州本屬溫，溫趙氏邑。二宣子曰：「自郤稱以別，三傳矣。郤稱，晉大夫。始受州。自是州與溫別，至今傳三家。晉之別縣不惟州，誰獲治之？」言縣邑既別甚多，無有得追而治取之。文子病之，乃舍之。二子曰：「吾不可以正議而自與也。」皆舍之。及文子為政，趙獲文子之子曰：「可以取州矣。」文子曰：「退！使獲退二子二宣子之言，義也。違義，禍也。余不能治余縣，又焉用州？其以徼禍也？君子曰：『弗知寔實難。』患不知禍所起。知而弗從，禍莫大焉。有言州必死。」豐氏故主韓氏，故猶舊也。豐氏至晉，舊以韓氏為主人。按此，則起欲得州，豐氏早己心照。伯石之獲州也，韓宣子為之請之，為其復取之之故。後若還晉，因自欲取之。為七年豐氏歸州張本。

黃薌林曰：欒氏晉臣也，州田晉地也。欒氏亡，州田自應歸之公。范、趙、韓三子之欲，皆非也。然趙孟始欲終辭，斬釘截鐵，雖

屬避禍尚知畏義韓起戀戀州田垂涎已久一旦為政不取之不甘徑取之又不可適值公孫段如晉作此鬼蜮較此之趙孟天懸地絕言則必死寫趙孟辭州之誠正以形韓起取州之詐也

見三按鄭卿之當賞者莫如子產獻捷陳詞趙孟謂其辭順毀垣納幣叔向謂其辭輯至寔沈臺駘之對引古証今平公亦稱為博物君子何皆未聞厚貺獨于矯飾之伯石無端復賜以州田蓋韓起為之請也韓起何以請蓋為其復取之故也豐氏故主韓氏情意周密州田在豐猶在韓也今日可與之豐氏即異日可歸之韓氏特先後間耳以取為與以詐濟貪人而無恥胡不遄死非賛伯石也以深責韓起也

上

周大章曰子尾欲邀晉寵撓晉偷天韓宣恐失齊觀盜鈴掩耳其惡視更鷙尤甚其罪與昌易兩相同娶夫何等事而兩君直如童騃聽奸臣玩賢弄而不問齊晉廷上具目青天鬼魅公行也漢唐和番用妃

五月，叔弓如滕，送葬，遇滕成公，子服椒為介，及郊，遇懿伯之忌，敬子不入。懿伯，椒之叔父。敬子，叔弓也。惠伯曰：公事有公利，無私忌，椒請先入。乃先授館，敬子從之。惠伯，子服椒也。傳言叔弓之有禮。

見三按：叔弓如晉以知禮稱，此番如滕送葬，遇忌不入，亦信禮之過而不知變通者。蓋人臣國而忘家，公而忘私，在常如此，處變亦如此。惠伯之言，變事而以常禮處之，正深明於禮者也。敬子從之，可與權矣。故此傳仍以叔弓為主，以不入與從之者，皆叔弓也。

晉韓起如齊逆女。為平公逆。公孫蠆勅邁反。為少姜之有寵也，以其子更公女而嫁公子。更嫁公女。人謂宣子：子尾欺晉，晉胡受之？宣子曰：我欲得齊而遠其寵，寵將來乎？寵謂子尾。秝解我欲得齊人之心，子尾有寵於齊，而我反遠之。

嫁用大臣女，間或有之，然皆人君所命。子尾將以
從未有公行無忌如此者，晏子、叔向齊歸我乎
不知又增幾許欷歔矣。
姜白巖曰：此以上卿逆，以上卿送，知逆夫
人也，其為繼室，乃繼夫人，非繼少姜
也。觀晏子請繼室，韓宣子使叔向對，
知晉平之逆夫人，起成之也。茲子尾以己
女易公女以罔晉，龍知齊之請繼室，子
尾成之也。蕞爾齊景，起嫉晉平，玩
兩君于股掌之上，子龍罪小，無君罪
大。

黃薌林曰：趙武雖偷，尚不失為信；韓起純用詐欺，並無一點誠寔，奉君命逆夫人，而僅得假夫人以歸，是可忍也，孰不可忍也。使非晉勢尚強，諸卿並立，彼且將易君而不辭矣。故趙武猶為偽君子，韓起則直是濫小人。

見三按：高德儒之以鳥為鸞也，猶屬祥瑞之虛文；齊饔人之以鶩更鷄也，亦祇口腹之細事。若兩國連姻，大臣逆女，易公子而嫁公子，子尾即屬趙高，亦不應如斯跋扈。齊景並非二世，夫何至若此愚騃？考女吳出涕，景嘗恥為人役，齊晉匹也，奚甘以女事人，不憚至再？且無女字，甫歸而晏嬰復請，尤為貽笑鄰封。蓋是時景公陰有代晉之志，欲代晉必先敗晉，必欲

敗晉必先惑平子尾方寵於公其女殊色絕倫臣君密謀知平可以美人計中也特先之以晏子之請既成婚矣用其子充公女以嫁於晉如後世用大臣女充公主和番之類故人特謂其欺晉不謂其欺齊起則以君為市將計就計平則見色而迷將錯就錯並不問其送女之何人也其後犂鉏用女樂沮孔子即斯術也齊真善用美人計哉

秋七月鄭罕虎如晉賀夫人且告曰楚人日徵敝邑不以朝立王之故楚靈王新立敝邑之往則畏執事其謂寡君而汝也固有外心其不往則宋之盟云云交相見進退罪也寡君使虎布陳也之宣子使叔向對曰君若辱有寡君在楚何害修宋盟也君苟知思盟寡君乃知免於戾矣君若不有寡君雖朝夕辱於敝邑寡君猜疑也

姜自蔵身子皮以上卿如晉賀夫人之氏太叔弔楚而加重晉之失諸侯可立從也因帶叙請朝楚事叔向作四轉折以在楚猶在晉一語輕住極大度却極卑恭正無可奈何之語也張趯于太叔有針芥之投少失望自是愛慕之誠太叔即借前日無事之言復之而晉將失諸侯意在言外傳以此作結正與子皮與如晉相應皆所以傷晉也

姜白巖曰：自黎來受王命為小邾子，世守其國，不以僻陋自卑，畫是滕邾

焉。君實有心，何辱命焉。（言若有事晉心至楚可不須告）君其往也，苟有寡君在楚猶在晉也。張趯使謂太叔曰：自子之歸也，（歸在此年春）小人糞除先人之敝廬，曰子其將來。今子皮寔（實）來，小人失望。太叔曰：吉賤不獲來，（賤非上卿）畏大國，尊夫人也。且孟（張趯）曰而將無事，吉庶幾焉。（庶幾如趯言）

見三按娶夫人而僅得假夫人以歸，齊固貽笑，晉尤含羞。罕虎之來賀，夫人其借端，告朝楚其寔情也。內作色荒，外棄諸侯，微宋之盟，胡至于此。在楚猶在晉，叔向說得極通融。却說得極衰颯。蓋亦深悔前車之莫挽矣。末以子太叔作結，曰不獲來，冷語也。曰將無事，微詞也。晉其替矣乎。

小邾穆公來朝，季武子欲卑之。（不欲以諸侯禮待之）穆叔曰：不可。曹滕二

三國往往為人執辱亦或乘間侵掠而小邾至春秋之季獨未聞有此其于魯朝莊公僖公襄公者各一至此不忘舊好而季孫忽欲卑之蓋來朝朝公也卑其一睦而群好以離是特季不特間公于晉國而使之辱亦且惡公于小國而使之孤夫然後魯之之逐之唯我所為也穆叔洞燭其奸以天怒降災怵之季子不敢肆于是十七年復來朝矣

邾寔不忘我好敬以逆之猶懼其貳又卑一睦謂小邾焉逆羣好也其如舊而加敬焉志曰能敬無災又曰敬逆來者天所福也季孫從之

見三按韓宣來聘季何其恭小邾來朝季何其傲能媚人者即能傲人此千古奸雄之常態也而宿之用意尤毒媚韓宣子者結黨於强臣也卑小邾者惡公於鄰國也媚一韓宣而凡為韓宣者皆附則己之黨强卑一小邾而凡為小邾者皆離則公之勢弱內奪其民人外佈其羽翼而復間公之與國昭至此直成孤注耳如舊加敬片言扼要理正自不能奪武子所以勉從其請然自是而豎牛之禍成矣

八月大雩旱也

齊侯田於莒、齊東竟盧蒲嫳慶封之黨見、泣且請曰、余髮如此種種、短也余奚能為、自言衰老、不能復為害、公曰諾、吾告二子、子雅子尾歸而告之、子尾欲復之、子雅不可、曰彼其髮短而心甚長、其或寢處我矣、秝解襄二十八年、嫳謂雅尾、譬如禽獸、吾寢處之、故反其說九月、子雅放盧蒲嫳於北燕、恐其復作亂

黃薌林曰、小人當事勢窮極時、往往流出一副急淚、令人主憐而收之、微子雅言、景與子尾皆為嫳一泣所動矣、以彼之奸與陳氏合、其亡齊必速、子雅眼明手快、可為千古鋤奸良法、漢唐宋諸君子若知此意、何至為小人所賣、

見三桉小人之奸、至泣愈深、小人之惡、至老愈辣、張讓叩頭、死灰更烈、秦檜復相、毒焰益張、呂惠卿惟一蹶不復起、所以

周大章曰、古今奸人、其奸多在笑與泣字、林甫之笑、元載之笑、以笑藏奸也、叔魚之泣、盧蒲嫳之泣、以泣售奸也、得志則笑矣、失志則泣、怒者常情、笑者不可測、則泣者亦不可測、髮短心長一語、道破越老越奸、當國者遇此種人、當以子雅為法、

姜皇巖曰、毛氏作春秋條貫、於崔慶之誅、歸功於盧蒲嫳、愚謂嫳為慶封私人、讎杼者其心、讎封者非其心也、為封誅杼、而王何得以殄封、嫳易視之倫、不為天奪其魄也、投畀何疑、

彭士望曰、此輩人果寬一步、不得元祐初君子每主調停、而其後小人之禍益烈、

姜白巖曰：春秋君為臣逐，皆書奔，為文為人君失道之徵，如鄭突、衛衎皆是也。此聖人手定之文，不從舊史者，罪之罪其君，非為賊臣寬也。春秋發徵，臣之叛逆不待言也。

馮天閑曰：嘆子雅却緊接子旗，可見家有肖子，則雖死猶生。嘆子雅却

流毒未甚，其若再柄用，其禍豈減於章、蔡，是以君子當嚴鷹鸇之逐，毋學婦寺之仁。

燕簡公多嬖寵，欲去諸大夫而立其寵人。冬，燕大夫比（相親比）以殺公之外嬖。公懼，奔齊。書曰：北燕伯款出奔齊，罪之也。

見三按：寵嬖倖，疏大臣，未有不及於禍者，北燕伯是其一也。

十月，鄭伯如楚，子產相。楚子享之，賦吉日。（詩小雅，宣王田獵之詩。楚王欲與鄭伯共田，故賦之。）既享，子產乃具田備，王以田江南之夢。（楚之雲夢，跨江南北。）

見三按：子產事晉多用剛，事楚多用柔，亦是量時度勢、寬猛相濟之法。至聞吉日之賦，而具田備，謂之機警有才，謂此人人優為之，不足為子產異也。

齊公孫竈（子雅）卒。司馬竈（齊大夫）見晏子曰：又喪子雅矣。晏子曰：惜

重傷姜族、可見國有宗臣、則雖弱不亡、崔慶驕橫、晏子不憂、而獨憂陳氏者、以其厚施于民、時懷移國之恐也、姜弱嬀昌、老臣憂國、直覺聲淚俱下、

姜白巖曰、當時齊國之士、勤公室之憂者、晏子一人而已、曰惜也、惜子雅也、曰殆哉、殆子旗也、曰危哉、危姜氏也、子雅之識、高于子尾十倍、觀盧蒲嫳可見、故陳氏有所忌而不敢恣、子雅沒、而子尾無能為矣、況欒高乎、欒高不免、而姜族遂弱、文不滿四十字、滿紙皆悽楚哀惋之音、讀之令人雪涕、

二惠競爽、猶可、子雅子尾皆齊惠公之孫、競、彊也、爽、明也、又弱一个焉、姜其殆危哉、嬀陳氏也、子旗不免、以其不臣殆哉、姜族弱矣、而嬀將始昌、

見三按此與臧文仲傷蓼六傳同一哀音促節彼為天下憂此為一國憂也、世祿之家、鮮克由禮、競爽無人、家之索即國之哀、當局嬉嬉、旁觀惻惻、哀哉、

春秋左傳精義

春秋左傳精義卷三十五

閩中　薌林黃一桂　輯

男　心垣見三　補輯

昭公三

〔經〕癸亥四年春王正月大雨雹（杜解雹當雪而雹、故以為災而書之。蒲學反）。夏楚子蔡侯陳侯鄭伯許男徐子滕子頓子胡子沈子小邾子宋世子佐淮夷會於申（楚靈王始會諸侯）。楚人執徐子（稱人以執、以不道於其民告）。秋七月楚子蔡侯陳侯許男頓子胡子沈子淮夷伐吳（因申會以伐吳。不言諸侯者、頓鄭徐滕小邾宋不在故也）。執齊慶封殺之（為齊討慶封、故稱齊。權衡楚子亦弒其君。孔子曰、懷惡而討、雖死不服）。遂滅賴。九月取鄫（莒邑。發微莒滅鄫為附庸、今魯取之）。冬十有二月乙卯

叔孫豹卒

傳四年春王正月許男如楚楚子止之杜解欲與俱田遂止鄭伯復田江南前年楚子已與鄭伯田江南許男與焉使椒舉如晉求諸侯二君待之椒舉致命曰寡君使舉曰日君有惠賜盟於宋在襄二十七年曰晉楚之從交相見也以歲之不易言有難寡人願結驩於二三君使舉請閒君若苟無四方之虞度也閒音閑則願假寵以請於諸侯欲借君之威寵以致諸侯晉侯欲勿許司馬侯曰不可楚王方侈天或者欲逞其心以厚其毒而降之罰未可知也其使能終亦未可知也晉楚唯天所相助也不可與爭君其許之而修德以待其歸若歸於德吾猶將事之況諸侯乎若適淫虐楚將棄之吾又誰與爭公曰晉有三不殆危也其何敵之有國險而多馬林解表裏山河冀北産馬齊楚

姜白巖曰為楚靈會申原起以子產晉君少安數語為主晉自宋之盟兩國弭兵楚方銳意諸侯而晉已及時般樂韓起為政才復出趙武下營植私家無心公室安得禁楚之不大合諸侯然猶使椒舉如晉求之求者得不得未可知之辭也其告子產且曰將許我乎恐晉人之未必許也司馬不規以抗楚而勸趙楚命折以三殆且聽命于天知公無振肅之畧六卿非輔肅之人以植文為法以衛刑為戒未復以文王討紂為較言今日直如文王事紂以待後日之興而已無限憤懣俱由于君侈德而輔政無人所致既許諸侯復許送女平公絕少廉恥六卿總無人心宋述子產之對歸罪于君闇臣貪而禍寔始于宋之盟復點出魯衛曹滕諸國不忍忘晉方知十三國諸侯皆怵於楚威而晉之不修德有以敺之也求無不可統承上文來求諸侯乎皆

而更求其可，勢必至求鼎于周。子產所為折其逆心也。

多難。多篡弒之難 有是三者，何鄉而不濟。對曰：恃險與馬，而虞鄰國之難，是三殆也。四嶽、東嶽岱，西嶽華，南嶽衡，北嶽恒。三塗、孔疏：山名。按今在河南嵩縣。陽城、山名，今河南登封縣。大室、即中嶽嵩山，今在登封。荊山、今在湖廣南漳縣西南。中南，今在陝西長安縣南。九州之險也，是不一姓。雖是天下至險，無德則滅亡。冀之北土，燕代馬之所生，無興國焉。恃險與馬，不可以為固也，從古以然。是以先王務修德音以亨通也神人，不聞其務險與馬也。鄰國之難，不可與虞也。或多難以固其國，啟其疆土；或無難以喪其國，失其守宇。於國則四垂為宇。若何虞難。齊有仲孫公孫無知之難，而獲桓公，事在莊九年。至今賴之。晉有里丕之難，而獲文公，是以為盟主。里克、丕鄭事在僖九年。衛邢無難，敵亦喪之。狄滅衛，衛滅邢。故人之難，不可虞也。恃此三者，而不修政德，亡於不暇，又何能濟。君其許之。紂作淫虐，文王惠和，殷是以

隕周是以興夫豈爭諸侯乃許楚使使叔向對曰寡君有社稷之事是以不獲春秋時見言不得自往謙辭諸侯君實有之何辱命焉補注傳見晉人中寔畏難而文以不爭故以諸侯授楚椒舉遂請昏蓋楚子遣舉時兼使求昏晉侯許之楚子問於子產林解時子產從鄭簡公在楚曰晉其許我諸侯乎對曰許君晉君少安附注猶云少情不在諸侯其大夫多求貪也莫匡其君在宋之盟又曰如一晉楚同也若不許君將焉用之焉用宋盟王曰諸侯其來乎對曰必來從宋之盟承君之歡不畏大國晉也何故不來不來者其魯衛曹邾乎曹畏宋邾畏魯魯衛偪於齊而親於晉唯是不來其餘君之所及也誰敢不至言楚威力所能及集註晉方溺於寵嬖故楚得偃然爭諸侯而諸侯亦不得已從楚然非其與國即小國耳魯齊衛衛曹薛邾杞不會也宋鄭滕小邾雖會而終不與也王曰然則吾所求者無不可乎對曰求逞於人不可逞快也求人以快意人必違之與

人同欲盡濟、為下會申傳
黃鄉林曰、楚虔投龜而詬天且可尤、何況於人、求逞於人四字、是其一生病根、即其全身侈態、子產正言以折之、直如半天霹靂、令其無可躲避

見三按侈字是楚虔一生定評、偷字是晉平一生寔錄、虔之侈晉縱之也、平之偷韓起諸臣致之也、以弭兵為名、作肥己之計、君淫於色、臣殖於財、政在私門、民逃君命、置諸姬而不恤、任荆楚之橫行、狡比楚虔、夜郎自大、徵朝不已、繼以徵會、徵會不已、繼以求昏、楚臣尚殷殷待命、晉臣已唯唯向風、修德音以享神人、司馬侯之言誠善矣、以紂視虔、以文王待晉、其無乃傎乎、迨晉侯一許、而虔遂得逞其欲、居然以齊桓自

姜白巖曰、鮑敞問董仲舒曰、雹何物也、答曰、陰氣脅陽也、冬春之間大雨雹者、再其季孫專祿、平子逐君之兆端乎、劉氏謂申豐黨季氏、不敢盡言其罪、故歸之藏冰、與張禹谷永何異、誠然、傳錄是篇、以彼云聖人在上無雹、雖有不為災、義極正大、首以下歷叙藏冰出冰之政、冰不時則民有夭札之虞、故王者冰政不修、則有雨雹之應、蓋雹亦冰屬、今之雨雹、定是闕冰政、因引七月之詩証之、以七月一詩、勤于民事、藏冰民事之終也、冰政修、民事咸理、

命、向戌子産、紛紛献禮、辭宋佐、執徐子伐吳滅賴、大肆淫虐而莫之禁、不有乾谿之辱、晉將納欵輸誠之不暇、豈能禁其求鼎於周哉、觀楚虔之侈、即知秦政并六國之由、觀晉侯之偷、即俱為俱酒朝三家之漸、履霜堅冰、作易者有憂患、作傳者其亦有憂患乎

大雨雹、季武子問於申豐(魯大夫)曰、雹可禦(止也)乎、對曰、聖人在上無雹、雖有不為災、古者日在北陸而藏冰(陸道也、謂夏十二月、日在虛危、冰堅而藏之、)西陸朝覿而出之、(謂夏三月、日在昴畢、蟄蟲出而用冰、春分之中、奎星朝見東方、(附注)既云夏三月、又云春分之中、不可曉、疏雖強解、義終難通、按傳氏以日在昴畢二句解西陸、奎星句解朝覿、亦似未妥、鄭云、西陸朝覿、謂四月立夏昴朝見、即周禮夏頒冰、蓋昴在西陸、言西道之昴星朝見、則頒冰也、鄭説是、)其藏冰也、深山窮谷固陰沍寒、於是乎取之、(沍閉也、必取積陰之冰、所以道達其氣、使不為災、)其出之也朝

所謂聖人在上無雹者此也。是時周禮廢墜，傳以其言有典則，意主勤民，故不以人廢。

之祿位，賓食喪祭，於是乎用之。言不獨共公其藏之也，黑牡黑牲也秬黍。黑黍也以享司寒。元冥北方之神，故物皆用黑，有事於冰，故祭其神。其出之也，桃弧棘矢以除其災。桃弓棘箭所以禳除凶邪，將御至尊故。其出入也時。食肉之祿，冰皆與焉。食肉之祿，謂在朝廷治其職事就官食者。大夫命婦喪浴用冰。祭寒而藏之，享司寒。獻羔而啟之。謂二月春分獻羔祭韭，始開冰室。公始用之。公先用，優尊。火出而畢賦。火星昏見東方，謂三月四月中。測義畢賦，謂盡頒當受冰者。自命夫命婦至於老疾，無不受冰。老致仕在家者。山人取之，虞官。縣人傳之，縣人遂屬。疏云周禮五縣為遂，是縣為遂屬。按傳者，督役遞運之冰室也。輿人納之，隸人藏之。輿隸皆賤官。按上面用冰之人，無不詳敘，而藏冰出冰之官尚未之及，故補出虞、縣、輿、隸四官。藏之即以出之，明說藏冰，即暗寫出冰也。此左氏常用之法。夫冰以風壯，冰因風寒而堅。而以風出。順春風而散。其藏之也周，密也。其用之也徧。及老疾。則冬無愆陽，愆，過也。謂冬溫。夏無伏陰，謂夏寒。春無淒風，淒，寒也。秋無苦

雨、霖雨為人所患苦雷出不震、震霆也無菑霜雹、癘疾不降、癘惡氣也民不夭札、短折為夭、夭死為札、今藏川池之冰、棄而不用、既不藏深山窮谷之冰、又火出不畢賦、有餘則弃之、風不越而殺、雷不發而震、越散也、言陰陽失序、雷風為害、雹之為菑、誰能禦之、七月之卒章、詩豳風卒章藏冰之道也、

黃鄉林曰、古人燮理陰陽之大、嘗於一事寓之春秋時去古未遠、即奸黨如申豐、亦能徵引典故原原本本此亦不賢者識其小之意、讀者不以人廢言可也、

見三按藏冰亦燮理陰陽之一節出入以時、藏周用徧、則雹災可免、此亦就事論事、是時季氏專政、大權旁落、為陰長陽消之兆、雹陰物也、非時為災、正陰脅陽之應、皇之不極、厥罰常陰、申豐曷不為季氏言之、竟作一篇雹志何也、故僖公二

四

楚靈申之會、為春秋以來第一奇變。僭王之臣、弒君之賊、免于討足矣、列于會盟矣、忽焉為盟主、驅天下諸侯而朝事之、一也。椒舉黨惡、歷陳六王二公、竟忘靈為何許人、二也。楚人主盟、徧效韓於伐楚之齊桓、三也。向戌、火子產、君子與之同事、且交稱焉、四也。蠻方下士、欲規子產、向戌行禮之過、五也。獻禮有六、未見有六、想見自靈未偶全然不省、而南冠臨其上者、應如劉盆子羞媿

十九年大雨雹、胡氏引正蒙云、是時僖卽位日久、季氏世卿、公子遂專權、政在大夫、萌於此矣。西漢蕭望之雨雹對云、春秋魯昭三年、大雨雹、時季氏專權、卒逐昭公。向使魯公察於天變、宜無此害、則是雹為非常之災。後世猶知、豈當時反不知之。蓋申豐黨附季氏、不敢直言其故、與孔光之斥天變以阿王莽、惡正相同。

夏、諸侯如楚。魯衛曹邾不會。曹邾辭以難、公辭以時祭、衛侯辭以疾。如子產言、補注、傳見東諸侯初無從楚之志 鄭伯先待於申。自楚先至會地 六月丙午、楚子合諸侯於申。椒舉言於楚子曰、臣聞諸侯無歸、禮以為歸。今君始得諸侯、其慎禮矣。霸之濟否、在此會也。夏啟禹子有鈞臺之享、啟享諸侯、按今河南禹州有鈞臺遺址。商湯有景亳之命、今河南偃師縣南 周武有

欲泣、字丈化及戰慄不能言矣。末世大禮不識、奸謀有餘、弭兵名諸侯、而忽辭宋太子、忽縛徐君、在會昌諸侯、一似自來供其刀俎也。傳特寫出春秋絕無之事、讀者至此、情慝已極、因錄賊臣之莊語、以晏其君之大惡、前以三代王罷為虔、極力推尊、忽以桀紂幽王肆力推卻、器盈則覆、物極必反、不過十年、將其棄之、不待慶封一詈、而早知組之繫其頸矣。

孟津（按即盟津）之誓（將伐紂也）、成有岐陽之蒐（成王歸自奄、大蒐於岐山之陽、今陝西武功縣西北。）康有酆宮之朝（朝諸侯、今陝西鄠縣東。）穆有塗山之會（穆王會諸侯於塗山、今江南懷遠縣東南。）齊桓有召陵之師（在僖四年）、晉文有踐土之盟（在僖二十八年）。君其何用、宋向戌、鄭公孫僑在、諸侯之良也、君其選焉（選擇所用）。王曰、吾用齊桓（用召陵之禮）。王使問禮於左師與子產、左師曰、小國習之、大國用之、敢不薦聞（言所聞、謙示所未習）。獻公合諸侯之禮六（其禮六儀也、宋爵公、故獻公禮）。子產曰、小國共職、敢不薦守、獻伯子男會公之禮六（鄭伯爵、故獻伯子男會公之禮、其禮同、所從言之異）。君子謂合左師善守先代、子產善相小國。王使椒舉侍於後、以規過（規正二子之過）。卒事不規、王問其故、對曰、禮吾未見者有六焉、又何以規（左師子產所獻六禮、楚皆未嘗行）。宋太子佐後至、王田於武城、久而弗見、椒舉請辭焉（請王辭謝之）。王使往曰、屬有宗祧之事

於武城、（言為宗廟田獵）寡君將墮幣焉、敢謝後見。（經并書宋太子佐、知此言在會前。）（補注）傳氏曰、楚武城必有先君之廟、故田獵以祭、祭幣畢瘞之、故云墮幣也、恨其後至、託為此辭。・墮許規反 徐子吳出也、以為貳焉、故執諸申。（言楚子以疑罪執諸侯）楚子示諸侯侈、椒舉曰、夫六王（啟湯武成康穆也）二公（齊桓晉文）之事、皆所以示諸侯禮也、諸侯所由用命也。夏桀為仍之會、有緡叛之、（仍緡皆國名）商紂為黎（東夷國）之蒐、東夷叛之、周幽為大室（中嶽）之盟、戎狄叛之、皆所以示諸侯汰也、諸侯所由棄命也。今君以汰、無乃不濟乎。王弗聽。子產見左師曰、吾不患楚矣、汰而愎諫、（愎狠也）不過十年。左師曰、然、不十年侈、其惡不遠、遠惡而後棄、（惡及遠方則人弃之）善亦如之、德遠而後興。（為十三年楚弒其君傳）

黃鄉林曰、諸侯無歸、禮以為歸、禮者霸之基、即侈之藥也。陳

六

姜氏曰：齊國漏網，忽罹大戮，快哉豪舉。幾忘乎己之為賊也。蓋以疾卒赴諸侯，自謂人不知之，而慶封將從前曖昧事大聲疾呼，纖悉畢見，使之亦同罪鉞，而從伐之諸侯無不大快，殺戮所謂軍人衆然，皆笑是也。可知討賊

六王二公而使之用，舉子產向戌而使之選，皆所以抑其侈心，無為諸侯笑。彼昏不知，故態復萌，欲規人者反為人所規，則其示侈之處，皆其播惡之處也。乾谿之禍，不十年矣。見三按楚圍以弑君之賊，號名諸侯，大會於申，其臣舉六王二公之事，其君用齊桓召陵之禮，侈汰極矣。猶韋圍第用齊桓禮耳，使之其侈於六王，諸侯其何以處之。傳倫寫楚勢之盛，正極形楚圍之侈，忽而六王二公，忽而桀紂周幽，沐猴而冠，本色盡露，固不待慶封之呼，而後播惡於衆也。

秋七月，楚子以諸侯伐吳。集註：伐吳，中國諸侯皆去，帷屬楚者從之，人心之向背可知也。宋太子、鄭伯先歸。經所以更敘諸侯也。時晉之屬歸國，皆歸國，獨言二國者，鄭伯久於楚，宋太子不得時見，故慰遣之。宋華費遂、鄭大夫從。從伐吳，咎見慰。以使屈申子屈蕩圍朱方。吳邑，齊慶封所封也。

人有同心殺慶之日晉舉義旗則天下響應何至肆行無忌至此哉然而申無宇以為楚禍在此矣亂臣賊子未有不人禍天刑隨之者也

陳傳為明年殺屈申起本。八月甲申克之執齊慶封而盡滅其族將戮慶封椒舉曰臣聞無瑕者可以戮人慶封惟逆命謂性不恭順是以在此其肯從於戮乎言不肯默而從戮播揚也於諸侯焉用之王弗聽負之斧鉞以徇於諸侯使言曰無或如齊慶封弑其君弱其孤以盟其大夫慶封曰無或如楚共王之庶子圍弑其君兄之子麇而代之以盟諸侯孔疏此楚靈私盟不告魯。○麇九倫反王使速殺之遂以諸侯滅賴賴頵子面縛銜璧士袒輿櫬從之造於中軍王所將王問諸椒舉對曰成王克許許僖公如是王親釋其縛受其璧焚其櫬王從之從舉言按此賊臣之言不足信予於僖四年有辨遷賴於鄢楚邑楚子欲遷許於賴使鬭韋龜子文元孫與公子棄疾城之而還為許城也申無宇曰楚禍之首將在此矣名諸侯而來伐國而克城竟莫校謂築城於外竟諸侯無與爭王

七

心不違，民其居乎。言將有事不得安也民之不處，其誰堪之。不堪王命，乃禍亂也。

黄鄉林曰：晉人通吴困楚，而楚遂不敢北圖，恐吴之躡其後也。今晉楚同好，楚遂為主，大會諸侯，以伐吴，並牽淮夷、徐、頓、胡、沈諸國，以斷吴通中國之路，既為楚報仇，復為中國討賊，可稱揚揚得意，孰知天不藏奸，一片侈心，竟被一醉漢當面掃盡，覺陳琳討操、駱賓王討武二檄，無此淋漓痛快。

見三按：慶封漏網之賊，齊人不能討，而楚圍戮之，楚圍滔天之惡，舉世不敢問，而慶封詬之，天欲假楚圍以除慶封，故即借慶封以討楚圍也。舉軍之衆，較之太史之書，尤為當場出醜，而侈心未已，方且滅賴遷許，以遂其欲，銜璧者雖矜面縛

姜白巖曰、魯嘗屬鄫、鄫為莒滅、其後不堪莒之虐、叛莒歸魯、魯若因其念舊之誠、為繼絕之舉、擇賢而立之、則大義著於諸侯矣、乃披乘亂而來、此乘亂而受之、幸從前欲用師徒而不敢者、今乃不用師徒得之也、聖人以此為不義而取之也、觀女叔齊以此事為利人之難、罪昭公、可知季氏享其利而公受其名。

周大章曰、苟利社稷、死生以之、即王半山始終行新法之意也、禮儀不愆、何恤人言、即拗相公人言不足畏之意也、人臣事君以道、不聞以利、治民以德、不聞以刑、鑄刑書、酷也、作丘賦、貪也、子產固左氏所最心服者、獨不滿此二事、詳載渾罕、叔向之言、垂戒深矣。

姜白巖曰、鄭國豪強兼并、風俗頹靡、

當壁者已在眼前、乾谿之禍、不旋踵矣。六王云乎哉、二公云乎哉。

九月、取鄫。言易也。莒亂、著丘公（去疾。著直居反。）立而不撫鄫、鄫叛而來、故曰取。凡克邑不用師徒曰取。（不書奔者、潰散而來、將帥微也。重發例者、以通叛而自來。）

見三。按鄫為先代之後、王朝之爵、非莒所得滅、即非魯所得取也。魯苟能請於天王、告於盟主、復其國、立其君、豈非興滅繼絕之道。乃乘亂竊取、以亂易亂、其去莒也幾何。

鄭子產作丘賦。（丘十六井、當出馬一匹、牛三頭。今子產別賦其田、如魯之田賦。田賦在哀十一年。疏云、彼注云、丘賦之法、因其田財、通出馬一匹、牛三頭。今欲別其田及家財各為一賦、故言田賦。然則此與彼同、賦斂家資、使出牛馬。又別賦其田、使之出粟、若今輸租、更出馬一匹、牛三頭、是一丘出兩丘之稅。〔呂說〕他國是到闕乏之時為之、子產不肯教國有困乏之患、所以多取、其弊至此。）國人謗（毀也。）之曰、其父死於路、（子國為尉氏所殺。）已為蠆尾。

子產削除内患，田疇子弟，四境樂業。此時國用應不待加賦，而不知其宋之盟有以致之，並晉楚弟事一强國，今則兼事兩强國。況晉則六卿黷貨，楚更谿壑難盈，不得不再向我黎庶再議加派。國人之謗，渾罕之告，想見民不堪命，怨讟沸騰。一鄭如此，而諸姬可知，無怪春秋諸姬之存以晉霸存之，晉平不振，六卿分門，晉霸盡而晉危，鄭衛蔡曹滕諸國皆將盡矣。末段統計同姓全局，以寓無霸之慨。

子產重賦毒害百姓。○蠆敕邁反以令於國。國將若之何。子寬鄭大夫以告子產。曰：何害。苟利社稷，死生以用也之。且吾聞為善者不改其度，法也故能有濟也。民不可逞，度不可改。詩曰：禮義不愆，何恤於人言。逸詩吾不遷移也矣。渾罕子寬曰：國氏其先亡乎。林解國氏子產以父字為氏也。○渾平聲君子作法於涼，薄也其敝猶貪。作法於貪，敝將若之何。言不可久行。按四語當與三代箴銘並讀姬在列者，在列國者蔡及曹滕，其先亡乎。偪而無禮。蔡偪楚，曹滕偪宋。鄭先衛亡，偪而無法。偪晉楚政不率法，而制於心，民各有心，何上之有。子產權時救急，渾罕譏之正道。（呂說）子寬能推原數百年存亡興衰之迹，其識甚遠。

黃薌林曰：國家取民有制，君子立法從寬。子產賢大夫，豈其不知此理，奚至加賦以病民？祗以鄭偪晉楚之間，悉索敝賦，日不暇給，不得已而權時宜救急，而民已重困矣。禮義不愆，如

姜白巖曰，尹射疾至夏汭，為斷後計。慮其深入也。即城近楚三邑，恐其旁掠也。賴以水暫止，將帥並出，工役繁興，一時倉皇情景，皆從秋間得意來。

子産尚不免來謗讟之口，王半山不足言矣。

見三按子産作丘賦，似乎重斂，故渾罕譏之於前；鑄刑書，似乎繁刑，故叔向責之於後。而子産曰吾以救世，又曰苟利社稷，相臣苦衷，千載如見。不任德，不任怨，子産而外，唯孔明治蜀可與媲美，非商鞅、王安石等所得藉口。

冬，吳伐楚，入棘、櫟、麻，皆楚東鄙邑。按今河南新蔡縣北即古櫟城，江南碭山縣有安陽城，即古麻城。以報朱方之役。役在此年秋。楚沈尹射奔命於夏汭，吳兵在東北，楚盛兵在東南，以絶其後。夏汭，漢水曲入江，今夏口也。按今湖廣江夏縣。箴尹宜咎本陳大夫，襄二十四年奔楚。城鍾離，薳啟彊城巢，然丹鄭穆公孫，襄十九年奔楚。城州來。東國水，不可以城。彭生楚大夫。罷賴之師。罷闘韋龜城賴之師。

見三按朱方之役，吳師不出，非畏其强，恣其驕也。迨其銳盡

周大章曰天者理而已矣理不可違違則天不可勝生孟丙仲壬夢天壓己弗勝見父子之至性天之所在不得逆天以害之也殺不忍殺逐不忍逐此正弗勝天處一聽豎牛之言而天理滅矣夢雖奇幻未嘗不以正理曉告之也不能推尋至理但求得所夢之人欲與天爭勝所以致禍叔孫之死在殺孟逐仲而根本尤在妖夢是踐信任豎牛忽然為豎忽然為政父子且被隔絶何況其他杜洩忠悃亦束手無策惡醆治天國如是耶庚宗一宿禍至於此叔孫所謂自貽伊戚耶姜自嚴曰此及下舍中軍公如晉三篇皆為昭公出奔張本也公何以出奔以舍中軍而公室卑也穆子一日不死則中軍一日不死舍穆子死何以死以豎牛之亂季

而偏師報諸臣奔命不遑入者入未入者城不可以城者入罷可見楚虔本無伎倆使有荀罃魏絳之徒輔佐盟主晉距其前吳躡其後楚將覆亡之不暇又安能大合諸侯哉

初穆子去叔孫氏及庚宗成十六年辟僑如之難奔齊庚宗魯地按今山東泗水縣有庚宗亭遇婦人使私為食而宿焉問其行告之故哭而送之婦人聞而哭之適齊娶於國氏齊正卿姜姓生孟丙仲壬夢天壓己弗勝穆子夢也顧而見人黑而上僂僂傴○力主反深目而豭喙口象猪○許穢反號之曰牛助余乃勝之旦而皆名其徒從者無之且曰志之按此婦來歷不明竟爾苟合穆子忘身衛國大節炳然而一事不謹妖夢乘之至殺子殺身君子持身可不慎哉及宣伯僑如奔齊饋之穆子饋宣伯宣伯曰魯以先子之故將存吾宗必名女名女何如對曰願之久矣蓋忿言魯人名之不告而歸按時僑如奔衛故不遣使告之既立按成十六年豹奔齊至襄

孫授意殺之也。穆子死而中軍舍矣。嗣後季氏富于周公。而昭而哀皆不終于魯。習此春秋列國所無之事。誠魯君存亡一大關鍵也。

二年。歸。為叔孫後。始見經傳。叙於成十六年者。統叙後事於是年也。則穆子在齊四年。其生孟丙仲壬。夫復何疑。先儒攻此傳。故辨之。所宿庚宗之婦人。獻以雉。獻穆子問其姓。問有子否對曰。余子長矣。能奉雉而從我矣。襄二年。豎牛五六歲名而見之。則所夢也。未問其名。號之曰牛。曰唯。皆召其徒。使視之。遂使為豎。小臣有寵。長使為政。為家政公孫明齊大夫子明也知叔孫於齊。與叔孫相親知歸未逆國姜。孟仲母子明取之。故怒其子。孟丙仲壬長而後使逆之。按逆者逆其子也。若國姜為明取去時明尚在安得遂歸田於丘蕕。地名遂遇疾焉。豎牛欲亂其室而有之。强與孟盟。不可。欲使從己。孟不可肯。叔孫為孟鐘。曰。爾未際。接也饗大夫以落之。以豭猪血饗鐘曰落。疏云。大夫將立適子。須接見同寮。同寮孟孟丙未與大夫交接。故為之作鐘。因落鐘令與相見。既具。享禮具使豎牛請日。請饗日入弗謁。白也林解弗告於叔孫。出命之日。詐命日及賓至。聞鐘聲。宋解叔孫不知享賓。聞鐘聲而怪之牛曰。孟有北婦人國姜也之客。謂公孫明(林解

盖豎牛投穆子所忌、謂孟丙享公孫明以落鐘、怒將往、牛止之、賓出、使拘而殺諸外、殺孟丙、按此穆子自命殺之、觀下文但名仲可見、牛又強與仲盟、不可、仲與公御萊書、萊書公御士名、觀於公、私遊觀於公宮、公與之環、賜玉環、使牛入示之、示叔孫、入不示、出命佩之、牛謂叔孫、見仲而何、孔疏大夫立子為適、必見之於君、牛問何故以仲見君也、叔孫曰、何為、怪牛言、曰、不見、既自見矣、孔疏若不將見、則既自見君矣、言不待父命、公與之環而佩之矣、遂逐之、奔齊、按此牛假穆子命逐之、疾急、命召仲、牛許而不名、杜洩叔孫氏宰、見、告之飢渴、授之戈、牛不食叔孫、叔孫怒、欲使杜洩殺之、對曰、求之而至、又何去焉、按授之戈、此時叔孫已無能為、杜洩之對言子求豎牛而至、又何去焉、見大權歸牛、已無如牛何也、豎牛曰、夫子疾病、不欲見人、使寘置也、饋于个東西廂、而退、牛弗進、則置虛命徹、寫器令空、示若叔孫已去食、命去之、十二月癸丑、叔孫不食、己卯卒、三日絕糧、牛立昭子豹之庶子叔孫婼、而相之、公使杜洩葬叔孫、豎牛

賂叔仲昭子（叔仲帶）與南遺，（季氏家臣）使惡杜洩於季孫，而去之。（憎洩不與己同志）杜洩將以路葬，且盡卿禮。（路，王所賜叔孫車。）南遺謂季孫曰：叔孫未乘路，葬焉用之？且冢卿（謂季孫）無路，介卿以葬，不亦左乎？（介，次也。左，不便。）季孫曰：然。使杜洩舍路。（舍，置也。）不可。曰：夫子（叔孫）受命於朝，而聘於王，（在襄二十四年）王思舊勳而賜之路，（感其有禮，以念其先人）復命而致之君，（豹不敢自乘）君不敢逆王命，而復賜之，使三官書之。吾子為司徒，實書名，（謂季孫也。書名，定位號。）夫子為司馬，與工正書服，（謂叔孫也。服，車服之器，工正所書。）孟孫為司空，以書勳。（功也。〔補注〕周禮司勳屬夏官，今司空書勳者，春秋之時，不盡與禮同，傳見魯三卿官猶舊制。）今死而弗以，是棄君命也；書在公府而弗以，是廢三官也。若命服，生弗敢服，死又弗以，（不）將焉用之？乃使以葬。（按：前此不敢討牛，而此番蓋叔孫獨侃侃者，以有公命故也。須看「公使」二字。）季孫謀去中軍。豎牛曰：夫子固欲去

之、誣叔孫以媚季孫

黃薌林曰庚宗婦踪迹甚奇異、無端留宿、無端來尋其為有夫之婦也何至私於叔孫其為無夫之婦也似應從叔孫而終、其子果為叔孫之子也又不應使之為豎、已私人妻妻即改適已嬖人子子即被讒以此致亂以此殞身淫念一萌禍端叢集穆叔賢者夢夢若此可不戒哉

見三按叔孫穆子之死季氏殺之也昭公立而有童心季氏窺伺已非一日特畏叔孫不敢發耳而中軍不舍尤為叔孫沮遏不行故欲逐昭公必先毀中軍欲毀中軍必先去叔孫前此伐莒取郠乘豹在會陷入大罪假手大國而殺之幸叔孫賢行素孚卒免於戮季之蓄毒日深不覺技癢之無從也

矣適有豎牛之寵陰授其意容主其謀間其父子絕其飲食而叔孫死矣叔孫死而中軍毀矣乘路喪朝猶是帶遺帮間而舍中軍則牛獨自誣叔雖杜洩精忠耿耿能痛哭而不能力爭畏季孫也春秋於昭四年十一月書叔孫豹卒五年正月即書舍中軍見中軍之舍不舍視乎豹之卒不卒所以志魯禍即所以誅季惡也獨惜以叔孫之賢不幸有庚宗婦人之遇遺孽豎牛幾于覆絕宗以致絕食而死同於崔轂之探豈天道之禍淫抑亦天心之不祚魯也豭喙入夢即鸜鵒來巢叔孫有靈其亦抱恨於九京否耶

經

甲子 五年春王正月舍中軍 程解襄十一年始立中軍 ○楚殺其大夫屈申○公如晉○夏莒牟夷以牟婁及防茲來奔 按防邑今山東安邱縣西南茲縣邑

姜白巖曰：前此三分公室，今舍中軍而為二軍，則中分魯國，季孫獨有其半，孟叔共有其半，季又擇善肥饒以盛者自予，而以磽瘠彫敝者予二家，并二家所有亦為季孫奪，於是二家亦無歸公而盡取之也。此昭公剝床及膚之災，不可一息苟安者。況前此三軍之作，盟諸僖閎，詛諸五父之衢，穆子多方箝制，使不得逞，公寧豈不聞之，乃出于一示人之口耳，穆子欲之也，其可信乎？稱兵國中，殺仲壬，取邑三十，賞南遺，刑政大亂，揔未見一人請命于公，公竟未嘗一與其事，是自處于弁髦也。夫誅豎牛、南遺輩，一士師之力耳。觀昭子即位之始，即逐豎牛，不假餘力，而叔無帶輩不敢沮，季孫不敢爭，況公以人君而

諸城縣西北有茲亭。秋七月，公至自晉。戊辰，叔弓帥師敗莒師於蚡泉。魯地。蚡，扶粉反。秦伯卒。子哀公立。冬，楚子、蔡侯、陳侯、許男、頓子、沈子、徐人、越人伐吳。林解：越始見經。

傳五年春王正月，舍中軍，卑公室也。杜解：罷中軍，季孫稱左師，孟氏稱右師，叔孫氏則自以叔孫為軍名。疏云：襄十一年初作三軍，十二分其國民，三家得七，公得五，國民不盡屬公，公室已是卑矣。今舍中軍，四分公室，三家自取其稅，減已稅以貢於公，國民不復屬公，公室彌卑矣。季氏曰舍中軍，從事先公，皆善辭也。微國史無由知舍中軍為季氏事，魯從祀先公為陽虎事季氏也。毀中軍於施氏，成諸臧氏。季孫不欲親其議，赦二家會諸大夫毀置之，計又取其令名。初作三軍，三分公室而各有其一。三家各有一軍，家屬。季氏盡征之，無所入於公。叔孫氏臣其子弟，以父兄歸公。孟氏取其半焉。復以子弟之半歸公。及其舍之也，四分公室，季氏擇二，簡擇取二分。二子各一，皆盡征之而貢於公。國人盡屬三家，三家隨時獻公而已。以書使杜洩告於殯，告叔孫之

治一二小臣哉、仲尼之贊昭子深為公惜也、獨是山川土田附庸錫之天子世守勿墜、何至昭公為季孫所踞而不之恤、穆子表表人物、何至為豎牛顛倒而不之知、蓋天也、因叙莊叔筮詞、隱然與後童謠遥相映照、乃知綴啄之入夢、即鸜鵒之來巢也、

（殯柩）曰、子固欲毀中軍、既毀之矣、故告、杜洩曰、夫子唯不欲毀也、故盟諸僖閎、詛諸五父之衢、（皆在襄十一年）受其書而投之、（投擲也）帥士而哭之、（痛叔孫之見誣）叔仲子謂季孫曰、帶受命於子叔孫曰、葬鮮者自西門、（不以壽終為鮮、西門非魯朝正門、疏云、餓死名之為鮮、帶以此言告季孫、則季孫知豎牛餓殺叔孫矣、而不討者、利其禍而已得專也、）季孫命杜洩、（命使從西門）杜洩曰、卿喪自朝、魯禮也、（從生存朝覲之正路）吾子為國政、未改禮而又遷之、（遷易也、按言知典禮不可改、而又遷易其法）羣臣懼死、不敢自（從也）也、既葬而行、（善杜洩能避禍）仲至自齊、（聞喪而來）季孫欲立之、南遺曰、叔孫氏厚則季氏薄、彼實家亂、子勿與知、不亦可乎、（按數語深中季氏之隱）南遺使國人助豎牛以攻諸大庫之庭、（攻仲壬也）（魯城南有大庭氏之虛、於其上作庫）司宮射之、中目而死、豎牛取東鄙三十邑以與南遺、（取叔孫氏邑、（左）翼帶遺皆許賂、而獨取邑以予遺、以舍路葬鮮說皆不行、遺特以助攻酬之）昭子即位、

十三

朝其家衆曰豎牛禍叔孫氏使亂大從孔疏服虔云使亂大順之道殺適立庶
又披析也其邑謂以邑與南遺將以赦罪昭子不知豎牛餓殺其父故但言其見罪罪莫大焉
必速殺之豎牛懼奔齊孟仲之子殺諸塞關之外齊魯界上關投其
首於寧風齊地之棘上仲尼曰叔孫昭子之不勞不可能也不以立己為政者不
為功勞據其所言善之時魯人不以餓死語昭子按趙氏疑非孔子之言謬甚
賞私勞不罰私怨詩云有覺德行四國順之詩大雅覺直也言德行直則四方順
從之初穆子之生也莊叔穆子父得臣以周易筮之遇明夷䷣離下坤上
明夷之謙䷎艮下坤上謙明夷初九變為謙以示卜楚邱卜人姓名曰是將行出奔而
歸為子祀奉祭祀以讒人入其名曰牛卒以餒死按先儒括大意復逐節解之
明夷日也離為日夷傷也日明傷日之數十甲至癸故有十時亦當十位自
王已下其二為公其三為卿日中當王食時當公平旦為卿雞鳴為士夜半為皁人定為輿黃昏

為隸、日入為僚、晡時為僕、日昳為臺、隅中日出、闕不在第、尊王公、曠其位、王伯厚曰、日中午也、食時辰也、平旦寅也、雞鳴丑也、夜半子也、人定亥也、黃昏戌也、日入酉也、晡時申也、日昳未也、隅中為巳、日出為卯、闕不在第、日上其中、日中盛明、故以當王、食日為二、公位、旦日為三、卿位、明夷之謙、明而未融、其當旦乎、融朗也、離在坤下、日在地中之象、又變為謙、謙道卑退、故曰明而未融、日明未融、故曰其當旦乎、故曰為子祀、莊叔卿也、卜豹為卿、故知為子祀、日之謙當鳥、故曰明夷于飛、明而未融、故曰垂其翼、按日之謙、謂離初九變為謙也、初爻變、以初為主、故備詳文義、離為雉、鳥屬、當鳥猶云為鳥也、【羅氏易管見】人以足行、鳥以翼行、故取足象、亦取翼象、明夷于飛者、避明夷之難、而如鳥飛去也、時當平旦、明而未融、則其飛不遠、故有垂翼之象、垂翼猶云斂翼、象日之動、故曰君子于行、按明夷初九、得位有應、君子象也、在明傷之世、居謙下之位、故將避難而行、當三在旦、故曰三日不食、旦位在三、又非食時、故曰三日不食、按食時當公、平旦隅三位、故有三日不食之象、離火也、艮山也、離為火、火焚山、山敗、於人為言、敗言為讒、故曰有攸往、主人有言、言必讒也、按離為火、火變為艮、是火

焚其山，則山敗。說卦云：成言于艮。是艮於人為成言，敗山者離火也。敗言者讒言也。主人自有成言，而讒言敗之，故所行皆誤也。純離為牛。易離上離下，畜牝牛吉，故言純離為牛。世亂讒勝，勝將適離，故曰其名曰（為）牛。按世亂謂明夷之世也。讒勝，讒言入而成言敗也。蓋火焚其山，山亦為火，是艮亦將適離，而為純離矣。純離為牛，必有人名牛者，敗主人之成言，以禍其主人也。讒不足飛不翔。讒道沖退，故飛不遠翔。垂不峻翼不廣。峻，高也。翼垂下，故不能廣遠。故曰其為子後乎。不遠翔，故知不遠去。疏云必歸為子後。吾子亞卿也，抑少不終。左翼少不足之意。抑少不足，嗣為亞卿，而不得全終耳。

黃薌林曰：此篇本係舍中軍者，而復將豎豹事連書不輟者，以豹死而季孫乃得肆行無忌也。生忤其忠，死反誣之，生既害終之不以壽終，死又绌之不以禮瘞。一般奸黨，衆口鑠金，幾使社稷良臣，不得列入人數，皆季孫一人主之也。杜洩累次力爭，卒由正路及瘞，後即見幾遠行，不負生不負死，並不

負身，可以對叔孫無遺憾矣。昭子為牛所立，卒殺豎牛，不獨不以私恩廢公，且直揭其罪曰：殺適立庶。何卓卓然有是父有是子也。明夷一卦，數本前定，天壓一夢，造化尅人，蓋天方厭魯，絕世名卿，亦在冥冥顛倒之中。左氏述此，以明叔孫善人，禍非自取耳。

見三按：余初讀是傳，竊嘆以叔孫之賢，淫一婦人，遺孽釀禍，卒亡其身，何報之慘也。及覆讀再三，乃知此事皆季誣之也。蓋叔孫遭難出奔，遇婦人而留宿，告之故而哭送，此亦漂母哀王孫之意，非有野合之事也。且僑如之淫，前車可鑒，鑒其禍而復蹈其轍，鄉黨自好者不為，而謂叔孫賢者為之乎？至復位而所宿之婦人獻以雉，亦逆旅主人投贈之常情，未必

其續舊好也曰其姓曰余子其非叔孫姦生之子也明甚始
使為豎繼使為政雖有感於夢兆之奇但以千金一飯之誼
推之叔孫正不愧為韓信不幸邱獲遇疾不欲見人叔孫何
疾憂君國而疾也叔孫何以不欲見人蓋不忍聞季氏奸國
之事也狡彼豎牛遂得勾通季氏大肆其毒間孟丙殺孟丙
間仲壬逐仲壬也父子之情睽而內外之勢隔至杜洩見而
授以戈晚矣夫牛雖兇惡特一家臣耳非若隋楊素之勢傾
內外也柳述元巖尚能為勅書而名太子杜洩精忠胡不敢
奉主命而名仲壬非畏豎牛畏季孫也叔之亂實季之利牛
之禍即季氏之謀奸黨比周老臣餓死己遂揚言於衆曰此
叔孫之淫報也嗟夫中軍之毀盟辭可証尚可誣之何況不

可知之淫、大路之賜、王命可憑、尚可紲之、何況一無足重輕之婦人、生與其齟齬、死復肆其謠啄、寃哉叔孫、竟抱惡名以没也、然而明夷之占、天寔定之、天生季氏、以禍魯侯、天奪叔孫、以禍魯國、乾侯之逐、其子婼亦因季氏而死矣、猶得曰此叔孫之淫報乎

楚子以屈申為貳於吳、乃殺之、（權衡君弑不能討、國亂不能去、北面而事仇讎、足以殺其身而已、）以屈生（屈建子）為莫敖、使與令尹子蕩如晉逆女、過鄭、鄭伯勞子蕩於氾、勞屈生於菟氏、（氾菟氏皆鄭地、）晉侯送女於邢丘、子產相鄭伯、會晉侯於邢丘、（傳言楚強、諸侯畏敬其使、疏云、凡公女嫁於敵國、公子則下卿送之、於天子、則諸卿皆行、公不自送、禮父母送女不下堂、今晉侯親送女至邢丘、是畏楚也、）

見三按屈申楚臣、何以貳於吳、玩一為字分明故加之罪、作

周大章曰習儀以亟而不知非禮禮所以守其國行其政令無失其民三句說得大經大法于條煌煌是時昭公大權旁落將有失國之憂故叔侯及之揔之三家專魯與六卿擅晉田氏竊齊同一病症皆由于君不知禮所致叔齊此論與晏子唯禮可以已亂同具卓識說魯即是說晉聞者褎如充耳其亦積重難返哉

姜白巖曰昭公舉世守之人民土地讓之三家而不之省方習儀是急講求于俯仰磬折燕子巢於高廈不知火之將及已是其亟亟講求而置他務於未遑者乃破家亡國之繁文而送之入于乾侯者也　叔孫之言似也然公之出雖不用子家羈耳其餘三事皆季孫為之公焉得而禁之哉如叔侯欲晉君

此莫須有之獄嚴刑峻法、臣下畏慄故大權不旁落晉侯懦弱不能駕馭羣臣至以一女之故親送於邢丘愛女乎抑媚楚乎、連類以觀強弱判然

公如晉即位而往見、自郊勞至於贈賄、往有郊勞去有贈賄無失禮、揖讓之禮晉侯謂女叔齊曰魯侯不亦善於禮乎、對曰魯侯焉知禮、公曰何為、自郊勞至於贈賄、禮無違者何故不知、對曰是儀也、不可謂禮、禮所以守其國、行其政令無失其民者也、今政令在家、在大夫不能取也、有子家羈、莊公玄孫懿伯弗能用也、奸大國之盟、陵虐小國、謂伐莒取鄆利人之難、謂往年莒亂而取鄆不知其私、不自知有私難公室四分、民食於他、按謂三家也民食於三家而不知公思莫在公、不圖其終、無為公謀終死者為國君難將及身、不恤其所、在恤民與憂國禮之本末、將於此乎在、而屑屑焉習

薄公使公不重於晉，此全爲季孫謀，小人之意也。如謂晉侯亦失政，故以公爲諷，則猶君子之心也。然明年季孫如晉拜莒田，請徵幣達而後卒事，晉人以爲知禮，叔齊何不曰是儀也，非禮也。取鄆取鄫，不奉君命，是無君也。四分公室，是弱國也。乃敢于斥昭公而不（敢）斥季孫者，蓋以平公昭公之類也，六卿季孫之類也，忤平可無害也，害六卿則其禍立至也。

周大章曰：此盟宋以來一篇大結案也。晉主夏盟，天下莫強，君臣偷安，屈于荆楚。諸侯麋至，求婚荐女，君親送，上卿大夫親致，恭不近禮，徒自取辱。旁觀且爲惕息，當局惜不知恥。若非遠啓疆一番辯論，韓起、叔肸幾乎遊魂不返矣。遠啓疆極力鋪張晉國聲勢，楚之畏晉，不啻如虎，而無端屈抑晉姿，事人幾有小朝廷之辱，是誠何心歟！叔向强詞以對太叔，適足見笑而已。

儀。以亟言善於禮，不亦遠乎。君子謂叔齊於是乎知禮。時晉侯亦失政，叔齊以此諷諫。

見三按：禮者，天理之當然，人事所從出。著之儀文，特其末也。昭公父薨不慼，母薨不哀，天理亡，人事絕，人而無禮，胡不遄死，其昭之謂矣。叔齊但言其失政失民，而于本根之地概未之及，君子猶謂其不知禮。

晉韓宣子如楚送女，叔向爲介。鄭子皮、子太叔勞諸索氏。地名 大叔謂叔向曰：楚王汰侈已甚，子其戒之。叔向曰：汰侈已甚，身之災也，焉能及人。若奉吾幣帛，慎吾威儀，守之以信，行之以禮，敬始而思終，終無不復，事皆可復行 從順也 而不失儀，敬而不失威，道之以訓辭，奉之以舊法，考之以先王，度之以二國。度晉楚之勢而行之 雖汰

侈若我何。及楚。楚子朝其大夫曰。晉吾仇敵也。苟得志焉。無恤其他。今其來者上卿上大夫也。若吾以韓起為閽。（刖足守門）使以羊舌肸為司宮。（加宮刑）足以辱晉。吾亦得志矣。可乎。大夫莫對。薳啟彊曰。可。苟有其備。何故不可。恥匹夫不可以無備。況恥國乎。是以聖王務行禮。不求恥人。朝聘有圭。（林解朝聘皆以圭為信。上公圭九寸。聘圭八寸。侯伯圭七寸。聘圭六寸。子男琮璧五寸。聘璧四寸。）享頫有璋。（頫見也。既朝聘而享見也。臣為君使。執璋。林解執璋以行禮也。○頫他弔反）小有述職。（諸侯適天子曰述職）大有巡功。（天子巡狩曰巡功）設机而不倚。爵盈而不飲。（言務行禮）宴有好貨。（宴飲以貨為好。衣服車馬在客所無）飧有陪鼎。（熟食為飧。陪加也。加鼎所以厚殷勤）入有郊勞。（賓至逆勞於郊）出有贈賄。（去則贈以貨賄）禮之至也。國家之敗。失之道也。則禍亂興。（失朝聘好之道）寡城濮之役。（在僖二十八年）晉無楚備。以敗於邲。（在宣十一年。言兵禍始於城濮）邲之役。楚無晉備。以敗於鄢。

（在成十六年）自鄢以來晉不失備而加之以禮重之以睦（〔測義〕和好也）是以楚弗能報而求親焉既獲姻親又欲恥之以召寇讎備之若何（言何以為備）誰其重此（按誰敢重此恥乎）若有其人恥之可也（謂有賢人以敵晉則可恥之）若其未有君亦圖之晉之事君臣曰可矣求諸侯而麇（羣也○邱隕反）至求昏而薦（進也）女君親送之上卿及上大夫致之猶欲恥之君其亦有備矣不然奈何韓起之下趙成（趙武子）中行吳（荀偃子）魏舒范鞅知盈（五卿位在韓起之下皆三軍將佐）羊舌肸之下祁午張趯籍談女齊梁丙張骼輔躒苗賁皇皆諸侯之選也（言非凡人）韓襄為公族大夫（襄無忌子）韓須（起之門子）受命而使矣（年雖幼已任出使）箕襄邢帶（二人韓氏族）叔禽叔椒子羽（皆起庶子）皆大家也韓賦七邑皆成縣（賦百乘也）羊舌四族皆彊家也（銅鞮伯華叔向叔魚叔虎兄弟四人疏云家語孔子曰銅鞮伯華不死天下其定矣其人字伯

華、食邑銅鞮、叔虎於時已死、其族猶在、故云四族、晉人若喪韓起楊肸、孔疏、叔向食采於楊、五卿八大夫、五卿趙武以下、八大夫祁午以下、輔韓須楊石、叔向子食我也、因其十家九縣、韓氏七、羊舌氏四、而言十家、舉大數也、羊舌四家共二縣、故但言彊家、長轂九百、長轂戎車也、縣百乘、其餘四十縣、遺守四千、計遺守國者尚有四千乘、奮其武怒、以報其大恥、伯華謀之、中行伯中行吳魏舒帥之、其蔑不濟矣、君將以親易怨、失婚姻之親、寔實無禮以速寇、而未有其備、使羣臣往遺之禽、以逞君心、何不可之有、王曰、不穀之過也、大夫無辱、謝薳啟彊厚為韓子禮、王欲敖叔向以其所不知、而不能、言叔向之多知亦厚其禮、韓起反、鄭伯勞諸圉、鄭地辭不敢見、禮也、奉使君命未反故

黃鄉林曰、楚靈王兇惡無比、郤能容薳啟彊子華之諫、蓋二子之言、中乎理、未嘗攖其逆鱗而相悅、以解法莫善於此也

姜自巖曰子產治鄭之功宜本由子皮民之主也替得確當晏子求一子皮不可得故不能有為於齊或云以諷桓子不知桓子方欲蠶齊何能用善

夫以無禮如楚靈知過自反且如此況賢主乎而謂不可引君堯舜之域者直有愧啟彊子華哉

見三按晉以仇敵為婚媾君親送卿大夫親致可謂盡敬盡禮而楚虔忽欲刖其卿宮其大夫殊無人理然其辱則晉自取之也謀臣將士車甲土田甲於天下何至俯首事人甘為仇役薳啟彊極力鋪張正其極力鄙笑求諸侯曰麇至明以禽獸視諸侯求昏女曰薦女明以貢獻視晉晉楚匹也弭兵示弱弊遂至此無怪金之刋宋以詔諭江南為名也主和議者可以鑒矣

鄭罕虎如齊娶於子尾氏（自為逆也）晏子驟見之陳桓子問其故對曰能用善人民之主也（謂授子產政）

賀景瞻曰：季孫卞之取，幾使襄公不敢歸。鄆之取，幾陷叔孫于大戮。至昭公之立，疆莒田，取鄫，又納其叛邑。公幾被止，范獻為公解免，非為公也，為宿受邑地也，早與宿心契矣。公方至，而叔弓又敗莒師，奉季之命而不忌公，皆恃晉臣之庇也。

見三按《大學》平天下，而歸本於一个臣之有容，以其能用賢也。晏平仲知敬子皮而不能用，大聖人尼谿見沮，為千古罪人。雖得越石父千百輩，何益哉？吾恐子皮見之，定當麾之門外。

夏，莒牟夷以牟婁及防茲來奔。牟夷非卿而書，尊地也。尊，重也。重地，故書，以名其人，終為不義。莒人愬於晉。愬魯受牟夷。晉侯欲止公。（宋鈔）昭於晉凡七，見止者一，及河不至者五，惟此年善於往來，徵范獻言，又不免辱矣。范獻子曰：不可。人朝而執之，誘也。討不以師，而誘以成之，惰也。為盟主而犯此二者，無乃不可乎？請歸之。閒，暇也。而以師討焉。乃歸公。（蘇氏古史）魯君在外，納叛，罪在季孫也。季孫專國秉政，見猜於君，而思假手於晉以斃之，此陽以牟夷為寶，而陰以君為市也。秋七月，公至自晉。莒人來討，討受牟夷。不設備。戊辰，叔弓敗諸蚡泉，莒未陳也。嫌君臣異，故重發例。

姜白巖曰、楚三路之師甚盛、蓋述啟彊處處為吳敗、則以不備之故、虔刻期至吳、則盛怒亟疾、則徼敗濟師、而犒師之使適至、執以釁鼓、徼獨逢彼之怒、亦恐偵其師之虛實、是也、問卜來吉乎、使從卜上生發觀怒為僞語、是逆探其情、楚之忌、抉出其致敗之由、而使之失驚、殺則吉、不殺則不吉、知楚必殺、故卜以吉告也、既據理斷、又引事証之、城濮吉兆、將應卻在鄢陵、照前師之敗、繼此可以取勝、何必遷怒使臣、然卻不露圭角、偏說此行吳庸有報楚之志、蹶由如殺則必如鄢之報城濮也、楚虔至此氣餒矣、篇中純用

見三按季宿之納叛人也、非重地也、思賣公於晉也、范鞅之勸歸公也、非為昭也、思索賂於季也、獨怪晉侯夢夢於昭則欲止之、於宿則加遷焉、任聽賊臣互相固結、故魯弱於季氏而晉分於三家、其所由來也漸矣。

冬十月、楚子以諸侯及東夷伐吳、以報棘、櫟、麻之役。役在四年 薳射以繁揚之師會於夏汭。會楚子 越大夫常壽過帥師會楚子於瑣、楚地、按今江南霍邱縣東、傳越常壽過始見。聞吳師出、薳啟彊帥師從之、從吳師也 遽不設備、吳人敗諸鵲岸。鵲尾渚、今江南繁昌縣西南大江中有鵲洲。楚子以馹至於羅汭、馹、傳也。羅水名。吳子使其弟蹶由犒師、犒、勞。○蹶居衛反 楚人執之、將以釁鼓、王使問焉、曰、女卜來吉乎。對曰、吉。寡君聞君將治兵於敝邑、卜之以守龜、曰余亟使人犒師、請行以觀王怒之疾徐、而為之

反射法、若仰面弓命、涉泗橫流、其于釁鼓、豈顧問哉

備、尚克知之。言吴今龜如此、按克能也、龜兆告吉、曰克可知也。采解其事、必可預知、君若驢焉、好逆使臣、茲敝邑休、解也怠而忘其死、亡無日矣、今君奮焉震電馮、盛也怒、虐執使臣、將以釁鼓、則吴知所備矣、敝邑雖羸、若早修完、完器備其可以息師、息楚之師難易有備、可謂吉矣、且吴社稷是卜、豈為一人、使臣獲釁軍鼓、而敝邑知備、以禦不虞、其為吉孰大焉、國之守龜、其何事不卜、言常卜一臧一否、其誰能常之、城濮之兆、其報在邲、城濮戰楚卜吉、其效乃在邲、今此行也、其庸有報志、言吴有報楚意乃弗殺、楚師濟於羅汭、沈尹赤會楚子、次於萊山、薳射帥繁揚之師、先入南懷、楚師從之、及汝清、南懷汝清皆楚界吴不可入、有備楚子遂觀示兵也兵於坻箕之山、按今在江南巢縣南坻直夷反是行也、吴早設備、楚無功而還、以蹶由歸、楚子懼吴、使沈尹射待命於巢、薳啟彊

待命於雩婁、禮也、善有備

黄薌林曰、吴楚匹也、何至犒師、蹶由犒師敢來、吴子敢使其弟來、早料楚決不敢殺、欲觀王怒之徐疾而為之備、自是寔情、通篇以備字為主、前云遽不設備、楚遂大敗、後云吴早設備、楚遂無功、失之于遽、雖吉亦凶、防之於早、雖凶亦吉、兵凶戰危、有備無患、左氏善談兵、此尤得其要領、勿徒以叙戰叙陳賞之、

見三按虔問卜、即以卜對、虔問吉、即以吉對、以不殺為凶、以殺為吉、不殺則不備、殺則有備、惟其理明、是以辭達、虔雖好殺、自應回心、此可與呂甥飴甥對秦伯篇參看、秦伯英主、可以情動、楚虔暴主、可以勢奪、言各有當、正自異曲同工、

二十

秦后子復歸於秦元年奔晉景公卒故也終五稔之言

見三按決趙孟趙孟死決秦伯秦伯死或速或遲刻期不爽

忽來忽去捺縱自如鍼雖貴介亦人杰哉

八閩文庫

八閩文庫

文獻集成

217

福建文獻集成

續編 經部 一七

吴格 主編

海峽出版發行集團
THE STRAITS PUBLISHING & DISTRIBUTING GROUP
福建人民出版社

本册目次

春秋左傳精義五十卷（卷三六至卷五〇）

［清］長樂黄一桂輯　［清］長樂黄見三補輯

福建師範大學圖書館藏稿本

13

昭公二

姜白巖曰：上禮也，畏晉也；杞為晉昏，下禮也，畏楚也，秦與楚好。

春秋左傳精義卷三十六

閩中　薌林黄一桂　輯　男　心垣見三　補輯

昭公四

經（乙丑）六年春王正月，杞伯益姑卒。（弟平公鬱釐立）。葬秦景公。夏季孫宿如晉。葬杞文公。宋華合比出奔衛。秋九月大雩。楚薳罷帥師伐吳。冬叔弓如楚。齊侯伐北燕

傳六年春王正月，杞文公卒，弔如同盟，禮也。（杜解：魯怨杞因晉取其田，而今不廢喪紀，故禮之。）大夫如秦葬景公，禮也。（合先王士弔大夫送葬之禮。）

見三按：杞為同盟，自應遣弔。秦非通好，何以送葬？蓋自晉霸

姜白巖曰、子產以刑示人、未嘗改作、何以謂多制、愚謂子產有意救世、相其時勢所趨而逆挽之、子產行之有可無偏弊、後人恪守其書而或過嚴、則韓非商鞅出其間、矯之以寬、則黃老莊列又出其間、皆為國家之禍、夫子曰惠人、知其心矣、記曰能食之而不能教、知其弊矣、士文伯又言天道羞人君政治、上與天通、今水星未出而作火以鑄刑鼎、火感必以火應、故知火星見而鄭火也、傳引此以見子產雖云救世、宜足干天和、叔向雖云人事、實通天道、使子產從叔向之言、則鄭可以不災、傳所以深為子產惜也

衰而秦亦漸與中國往來矣、春秋將為戰國之兆也

三月、(按伏鄭災在六月)鄭人鑄刑書、(鑄刑書於鼎、以為國之常法)叔向使詒子產書曰、始吾有虞於子、(虞、度也、言準度子產以為己法)今則已矣、昔先王議事以制、不為刑辟、懼民之有爭心也、(臨事制刑、不豫設法、法豫設則民知爭端、(言說)賦不可使之無定刑、不可使之有定)猶不可以禁禦、是故閑(防也)之以義、糾(舉也)之以政、行之以禮、守之以信、奉(養也)之以仁、制為祿位以勸其從、(勸從教)嚴斷刑罰、以威其淫、(放也)懼其未也、故誨之以忠、聳(懼也)之以行、教之以務、(時所急)使之以和、(說以使民)臨之以敬、涖之以彊、(施之於事為涖)斷之以剛、(義斷恩)猶求聖哲之上、明察之官、忠信之長、慈惠之師、民於是乎可任使也、而不生禍亂、民知有辟、則不忌於上、(權移於法、故民不畏上)並有爭心、以徵於書、而徼幸以成之、(孔疏、為法立文、不能網羅諸罪、民之所犯、不必正與法同、因生爭心)

緣徼幸以成其巧偽、將有寔罪而獲免者、弗可為矣。為治也夏有亂政而作禹刑、商有亂政而作湯刑。夏商之亂著禹湯之法周有亂政而作九刑。按九刑書名云九未詳三辟之興、皆叔世也。言刑書不起於始盛之世今吾子相鄭國、作封洫、在襄三十年立謗政、作卯賦在四年制參辟、鑄刑書、制參辟、謂用三代之末法、疏云子產采三代所聞見斷獄善者以為書也。將以靖民、不亦難乎。詩曰、儀式刑文王之德、日靖四方。詩頌言文王以德為儀式故能日有安靖四方之功刑法也又曰、儀刑文王、萬邦作孚。詩大雅如是何辟之有。言詩唯以德與信不以刑也民知爭端矣、將棄禮而徵於書。以刑書為徵錐刀之末、喻小事將盡爭之。亂獄滋豐、賄賂並行。終子之世、鄭其敗乎。肸聞之、國將亡、必多制、數改法其此之謂乎。孔疏李悝作法、蕭何造律、以今觀之、不可一日無律也。古者分地建國、皆知國為我土、衆皆我民、不生殘賊之意、故臨事議罪、不須預以告民。秦漢以來、天下為一、長吏以時遷代、且疆域濶遠、戶口滋多、故漢世酷吏專任刑誅、若信其殺伐、任其縱舍、必將喜怒變常變

憎改意、不得不作法以齊之、而斷之以律、天下以治、觀兵民設教、遭時制宜也、復書曰、若吾子之言、復報也、疏云若如也、誠如吾子之言也、僑不才、不能及子孫、吾以救世也、既不承命、敢忘大惠、以見箴戒為惠士文伯曰、火見、鄭其火乎、火心星、周五月昏見、火未出而作火、以鑄刑器、鼎也藏爭辟焉、按謂藏其爭心之法于鼎也、猶云寓法於鼎耳火如象之不火何為、疏云象類也、謂以類相感也、

黃薌林曰、君子之治人國也、度其輕重、相其緩急、而為之制、鄭自尉止盜殺三卿、繼而駟氏爭政、甚而黑楚爭室、國紀何存、刑書之鑄、誠不得已、吾以救世、子產自是寔情、不為刑辟叔向寔為正論、子產為一時制治、特過其流、叔向為萬世立言、深探其本、故非子產不足以靖鄭國、非叔向不足以規子產、蜀漢孔明教後主讀申韓、亦是因病下藥、後人議其非王

姜自嚴曰、為受莒之叛邑、公朝晉而欲執之、蓋季氏歸過於公也、季孫至晉、不特不討、而拜受莒田、韓宣范獻極口延譽、加籩好貨、厚禮而歸、蓋深

道、即叔向規子產意、

見三按上世人心醕茂、守禮教而免刑罰、後世人心澆漓、懔刑罰乃知禮教、蕭何作律、萬世永遵、雖屬刀吏之所為、未嘗不與禹謨伊訓並傳也、鄭俗罷敝、亂法犯義、皆由悍族而起、如子明之奪妻、子皙之强委禽、子南之戈傷其兄、徧作於縉紳、患流為風俗、子產心憫焉、故於子皙既誅而後、酌其重輕、立為條例、鑄之於鼎、俾民有所遵而不敢犯、吏有所準而不敢踰、蓋即蕭何制律之意也、叔向論其經、子產通其變、良友貽書相臣救世、是並行不悖云

晉季孫宿如晉、拜莒田也、謝前年受牟夷邑不見討晉侯享之、有加籩、籩豆之數多于常禮、武子退、使行人告曰、小國之事大國也、苟免於討、不敢求

與季孫相結。而晉君喜怒惟權臣是主。復何所忌憚哉。

貺。賜也。得貺不過三獻。周禮大夫三獻。今豆有加。下臣弗堪。無乃戾也。以懼不堪為罪。韓宣子曰。寡君以為驩也。以加禮致驩心。對曰。寡君猶未敢。孔疏魯侯爵禮當七獻而言寡君猶未敢當讓耳。況下臣君之隷也。敢聞加貺。固請徹加而後卒事。晉人以為知禮。重其好貨。宴好之貨

黃薌林曰。飾虛文假小心。與魯昭之習儀以亟者可謂是君是臣。特不識女叔侯亦以為知禮否。

見三按季孫擅國政。凌小國。蔑盟主。前則取鄆以陷叔孫。後則納叛以陷公。既以强力敗莒。復以敗盟欺晉。可謂肆無忌憚。平苟赫然震怒。聲其罪而戮之。豈不名正言順。乃於君則欲執之。於臣則加禮焉。一般奸黨賄賂公行。晉君一任其顛倒。乃知乾侯之禍。皆晉釀之也。

姜白巖曰、合比欲殺寺人、告太子耳、柳何以得聞、讀至華亥與柳比、知亥告之也、柳之謀、何以處、遂行亥爲之徵也、傳一用明寫、一用暗寫、閽人與朝士合謀而剪除異己、驅斥正人、漢唐以來皆此局也、

宋寺人柳有寵、平公有寵於太子佐惡之、華合比曰、我殺之、欲以求媚太子柳聞之、乃坎用牲埋書、掘地為坎用牲埋盟書詐為盟處而告公曰、合比將納亡人之族、亡人華臣也、襄十七年奔衛既盟於北郭矣、公使視之、有焉、遂逐華合比、合比奔衛、於是華亥合比族欲代右師、欲得華合比處乃與寺人柳比、從為之徵、曰聞之久矣、聞合比欲納華臣公使代之、代合比為右師見於左師、向戌左師曰、女夫謂華亥也必亡、女喪而宗室、於人何有、人亦於女何有、言人亦不能愛女詩曰、宗子維城、毋俾城壞、毋獨斯畏、詩大雅、言宗子之固若城、俾使也、疏云、城壞則女獨矣、必有畏懼女其畏哉、為二十年華亥出奔傳

見三按、寺人伊戾用此術覆太子痤矣、寺人柳復以此逐華合比、平公已知前事而仍信之、閽一至此乎、蓋閽者必多疑、多疑必輕信、故最易欺、左師責華亥、持論甚正、但合比華氏

四

姜白巖曰，棄疾只一過鄭，三卿皆賀其將為王。從前大國使臣有傲其君大夫者矣，有入田樵樹采蓺者矣，甚而有抽屋強匄者矣，恣意陵虐小國，還是真如盜如賊，皆所謂辟也。而總有師徒不擾，雞犬不驚者，安得不同聲嘉歎。末述叔向之言，以見楚虔之辟，而得見是人備中依依。棄疾本小人，而飾為君子，其留心於壓紐之徵者非朝夕也。

宗子也，固不可使壞。太子痤，宋公宗子也，獨可陷乎？華亥與柳比而陷合比，視左師與伊戾比而陷太子痤，孰為輕重？不斥其比姦，而指其亡宗，亦有媿於心耳。

六月丙戌，鄭災。（終士文伯之言。）

見三按：救世如子產，刑書之鑄，猶干天和，而名火災，刑可不慎哉！傳特誌之，以驗士文伯之言，後為後世酷吏者戒。

楚公子棄疾如晉，報韓子也。（報前年送女。）過鄭，鄭罕虎、公孫僑、游吉從鄭伯以勞諸柤。（鄭地。）辭不敢見。（不敢當國君之勞。）固請見之，見如見王。（見鄭伯如見楚王，言棄疾共而有禮。）以其乘馬八匹私面。（私見鄭伯。）見子皮如上卿，（如見楚卿。）以馬六匹。見子產以馬四匹。見子太叔以馬二匹。（降殺以兩。）禁芻牧採樵。不入田，（不犯田種。）不樵樹，不採蓺，（不伐樹為樵，不采所種菜蕈。）不抽屋，不

强匄、不就人强乞 誓曰、有犯命者、君子廢、廢黜不得居位 小人降、退給劇也 舍下
不為暴主不恩賓、恩惠也 往來如是、鄭三卿皆知其將為王也、韓
宣子之適楚也、楚人弗逆、公子棄疾及晉竟、晉侯將亦弗逆、叔
向曰、楚辟邪也 我衷、正也 若何效辟、詩曰、爾之教矣、民胥效矣、詩小雅言
上下教效 從我而已、焉用效人之辟、書曰、聖作哲、逸書則法也 無寧以善
人為則、而則人之辟乎、匹夫為善、民猶則之、況國君乎、晉侯說、
乃逆之、補注言楚卑晉、晉畏楚
黄薌林曰、棄疾共而有禮、與靈之汏侈正相反、一成一敗、宛
然在人耳目間、然亦弋情干譽、偽示謙恭、後世王莽之流也、
竊位以後、奪子婦、逐太子、信奸讒、殺良善、卒有鞭屍之辱、亦
何足取、晉平不知自强、宋虢之會、讓楚主盟、送女成昏、恬不

五

姜白巖曰：薳洩伐徐，吳救之，命罷拒吳之救，使洩一意攻徐，乃逗留乾谿不進。

為恥，徒較量於逆不逆以為報復，不亦鄙乎？叔向一味以讓楚為心，卑之無甚高論，但其責善之言不失為厚，節取焉可也。

見三按：以德報怨，不如以直報怨。直與德無異情，同此周旋，報之以有意，則德適以害直；報之以無心，而直亦可見德。聖人立言，所以萬世無傚也。楚辟我衷，若何效辟，即是直，可為（即是）以直報怨；以睚眦必報之鑒，後世若陸遜之於淳于式、婁師德之於狄仁傑、王旦之於寇準、劉基之於李善長、夏原吉之於呂震，皆可為師法者。

秋，九月，大雩，旱也。

徐儀楚（徐大夫）聘於楚，楚子執之，逃歸。懼其叛也，使薳洩（楚大夫）伐

吳人偵得、潛師攻之、遂敗罷師於房鍾、其師者罷之師也、與洩何與而歸罪於洩、冤獄也、故經書薳罷伐吳、以正之、以見罪之在罷也、可亭謂傳不足據、誤矣、

徐、吳人救之、令尹子蕩帥師伐吳、師於豫章、按當在江北淮水南而次於乾谿、按今江南亳州吳人敗其師於房鍾、吳地、按當在今壽州蒙城縣界獲宮廄尹棄疾、鬭韋龜之父子蕩歸罪於薳洩而殺之、冬、叔弓如楚聘、且弔敗也、（補注）不書、畧夷狄也、冬、魯使叔弓弔敗、則杜云不告、非寔見三按史記季札使北過徐還而掛劍徐公之墓、可見吳通上國道必由徐、申之會執徐子、此復執其大夫、皆以其通吳之路、故憾之特甚、而吳救之亦不遺餘力、

姜自巖曰、北燕伯為其臣所逐、齊景欲聲罪致討也、請于晉、晉未嘗與一旅助、乃毅然伐之、欲納其君、豈非義舉、然君好賄、左右諂諛、猶之晉也、

十一月、齊侯如晉、請伐北燕也、告盟主士匄相士鞅逆諸河、禮也、士匄、晉大夫、相為介、得敬逆來者之禮、疏云、士匄士文伯（孟）概、文伯字伯瑕、與范宣子同族同名、晉侯許之、（補注）傳見晉衰、諸侯復散、十二月、齊侯遂伐北燕、將納簡公、北燕伯三年出奔齊晏子曰、不入、燕有君矣、民不貳、吾君賄、左右諂諛、作大事不以信、未嘗

可也、為明年暨齊平傳

見三按告師盟主、何等光明、仗義納君何等正大、正在興師、

而晏子即斷其不入者君賄臣訣信之不立、豈復能行大事、

汲黯謂漢武帝内多欲而外施仁意與此同、皆大臣格心之

論也

經丙寅七年春王正月暨齊平（杜解暨與也、燕與齊平、前年冬齊伐燕、閒無異事、故不重言燕。）

三月公如楚。叔孫婼如齊涖盟（公將遠適楚、故叔孫如齊尋舊好。婼敕略反。）夏

四月甲辰朔日有食之。秋八月戊辰衛侯惡卒。（子靈公元立。）

九月公至自楚。冬十有一月癸未季孫宿卒。十有二月癸

亥葬衛襄公

傳七年春、王正月、暨齊平、齊求之也、（杜解齊伐燕、燕人賂之、反從求平。如晏子言、疏云、下

姜白巖曰、燕及齊平、而傳云齊求之、所以醜齊也、胡傳以下有叔孫舍如齊

六

涖盟事，謂魯與齊平。考僖三年，公子友如齊涖盟；文七年，公孫敖如莒涖盟，何嘗先書平乎？或又曰：外平而書，必有關天下之故。燕與齊平，何關天下事？不知北燕伯為臣所逐，齊能誅賊臣以定歟，則君臣之義明，而蔡般必當就戮，魯意如不敢出君，齊亦何憂於陳氏哉？天下大故，孰急於此？乃以定君討賊來，以受姬受玉去，是以他日欲納昭公，猶早有以覷之矣。

文久次而不行，即是求之狀，燕知其意而行成耳。（補注）諸家從穀梁作魯暨齊平，劉氏析左氏齊求魯成為一節，癸己以下為齊燕行成之事，以合其說，蓋不察後文有燕齊平之語。

癸已，齊侯次於虢。燕境。按今直隸滄州境。燕人行成，曰：敝邑知罪，敢不聽命？先君之敝器，瑶甕玉櫝之屬。請以謝罪。公孫皙齊大夫曰：受服而退，俟釁而動，可也。二月戊午，盟於濡上。按濡水名，在今直隸安州任邱之間。燕人歸燕姬，嫁女與齊侯。賂以瑶玉也甕、玉櫝、櫝也斝耳，玉爵。斝，古雅反。不克而還。林解不克納簡公而歸。陳傳釋經書暨歸罪齊，無討燕之寔，且為十二年納款起本。

見三　按胡氏謂我所欲曰及，不得已曰暨。暨齊平，穀梁以為魯暨齊平，與及鄭平、與齊平句法相似，故下有叔孫婼如齊涖盟之文，似當以魯與齊平為說。左氏承上年齊侯伐燕，而以暨屬之燕，未免屈經就傳。家氏從許惠卿之說，以齊求之

姜白巖曰：自古無道之主，其性與殊然，却有容人所不能容。楚靈其一，當會虢時，設服離衛，孰糾其謬？況在本國之僭妄，無宇直斷其旌，未嘗不畏之。及即位而翊戴無貳心，又未嘗不感之。其後執亡臣於王宮，指斥不怒。讀者以為逢其歡飲之時，而不知上文一段已有以奪其氣而締其交也。後世臺臣無此諫草，靈自認為盜戲言作結。自古從諫英主亦無此風致。

也。正解齊魯之平，而以癸已以下終齊燕之事，又未免强傳從經，均於書理不合。竊意解春秋者可從穀梁，讀左傳者不妨以左解左，不必强為牽合，反失經傳之義。

楚子之為令尹也，為王旌以田。析羽為旌，王旌游至於軫。疏云：禮緯云：天子旗九仞，曳地；諸侯七仞，齊軫；大夫五仞，齊較；士三仞，齊首。芋尹無宇斷之曰：一國兩君，其誰堪之？及即位，為章華之宮，納亡人以實之。孔疏：芋，草名。哀十七年陳有芋尹，蓋皆以草名官，不知其故。○芋，于付反；斷，音短。無宇之閽入焉。有罪亡入章華宮。無宇執之，有司弗與，王有司也。曰：執人於王宮，其罪大矣。執而謁諸王。執無宇也。王將飲酒，遇其歡也。無宇辭曰：天子經略，經營天下，略有四海，故曰經略。諸侯正封，封疆有定分。古之制也。封略之內，何非君土？食土之毛，草也。誰非君臣？故詩曰：普天之下，莫非王土；率土之濱，莫非王臣。詩小雅。天有十日，甲至癸。人有十

等。王至臺下所以事上，上所以共神也。故王臣公，公臣大夫，大夫臣士，士臣皂，皂臣輿，輿臣隸，隸臣僚，僚臣僕，僕臣臺。牛有圉，馬有牧，養馬曰圉，養牛曰牧。以待百事。今有司曰：女胡執人於王宮？將焉執之？周文王之法曰：有亡荒閱，荒，大也。閱，蒐也。〔朱解〕有逃亡者，當大蒐其衆以執之。所以得天下也。吾先君文王，楚文王。作僕區刑書名。服虔云：僕，隱也。區，匿也。為隱匿亡人之法也。○區，烏侯反。之法，曰：盜所隱器，隱盜所得器。與盜同罪。所以封汝也。行善法，故能啟疆，北至汝水。若從有司，是無所執逃臣也。按：盜匿王公宮，則無執盜之地。逃而舍之，是無陪臺也。按：陪臺至賤者，若皆效尤而逃，則無以執役。王事無乃闕乎？昔武王數紂之罪以告諸侯曰：紂為天下逋逃主，萃淵藪。林解：亡人歸紂，如魚集於淵，獸集于藪也。故夫致死焉。人欲致死討紂。君王始求諸侯而則紂，無乃不可乎？若以二文之法取之，盜有所在矣。言王亦為盜。按：匿盜即為盜，是二文之法。若有取是言，則

當面即盜、盜有所在矣。周云、盜在王宮。則下文王自認為盜。接不去。杜注精。王曰、取而臣以往。去盜也。

有寵。（王自謂為蓋靈王張本。）未可得也。遂赦之。（赦無宇、陳傳傳載椒舉遷啟疆芋尹之辭、見楚所以強、呂說、此與桓文忘射鉤斬袪暗合。若是他全然無道、如何過得十四年。）

黃薌林曰、申無宇蓋猶有鬻拳兵諫之遺風者。執人王宮、比之紂而指以為盜、強橫極矣。而楚虔卒為之靡顏者、理勝也。韓魏公曰、善諫者無訕也、無顯也、主於理勝而已。義理之不存、而強辭恐喝、謂可以氣奪也、有是理乎。

見三按楚靈王赦申無宇、秦始皇納茅焦、皆是古今奇事。茅焦純用強辭恐喝、如稱假父、稱二弟、均乖倫理、不可為訓。無宇骨骾有素、前斷王旌、明君臣之分。後執人王宮、明君臣之義、一國兩君、與人有十等之言、理固並行不悖也。蓋論尊無

命寧世曰謂臣能得魯侯一能字中預有此等絶妙文章故致一國君臣如探囊取物不知此段文章皆從叔弓如楚生來唯叔弓不名而往故知魯侯名之必來一通篇統用款法叔弓如楚全是懼楚兵威故曰蜀盟以兵威脅之必朝晉伯日衰楚氣日惡良可嘆也荊舒周公所膺者襄公欲往楚假夢周公祖以行今又假夢襄公祖畏楚而行只作解夢梓慎謂公不行以周公不欲其往蓋託以諷諫也惠伯既阻襄公出豆頗公行兩人私論有多少不滿意姜自嚴曰此時晉平失霸季孫無

二上則一國不容有兩君而論人有十等則又各自為君臣而不得以一君蓋然使人不得明君臣之義議論明通至稱之為紂指以為盜雖暴主亦為霽顏況其上者乎彼唯諾成成風而謂不能引君當道其殆無宇之罪人歟

楚子成章華之臺願與諸侯落之宮室始成祭之為落疏云大祭中霤之神以安之也宰薳啟彊曰臣能得魯侯薳啟彊來召公辭曰昔先君成公命我大夫嬰齊曰吾不忘先君之好將使衡父衡父公衡照臨楚國鎮撫其社稷以輯寍爾民嬰齊受命於蜀蜀盟在成二年奉承以來弗敢失隕而致諸宗祧言成公此語以告宗廟曰我先君共王孫氏鑛曰口字無謂恐有悮引領北望日月以冀冀朝魯傳序相授於今四王共康郟敖及靈王嘉惠未至惟襄公之辱臨我喪襄公二十八年如楚臨康王喪孤與其二三臣悼心失

君、楚何求不得，魯何事不從，固無待賊臣之鼓舌也。傳敘其言以見彼以得魯侯為能，則猶有不敢輕視望國之意焉。前此取鄆之懟，叔孫幾於受戮。今受莒之叛人，敗莒之師，明與楚忤，且不會於申，而昏於吳，吳為楚之讎國，此則來徵朝，勢甚惴惴，祖道有夢，衆議楚如，而季孫不一言，早委君於楚矣。僖子賢大夫也，何至不能相禮答郊勞？蓋從仕之初耳。季嘗如晉，以知禮受加籩，遂乃已不輔行，而委之于未經更事之僖子，明使之辱其君，且貽害僖子，而季則安坐俟之也。

圖、在哀喪故社稷之不皇、暇也。言有大喪多不暇。況能懷思君德、今君若步玉趾、足也辱見寡君、寵靈楚國、以信蜀之役、致君之嘉惠、是寡君既受貺矣、何蜀之敢望。言但欲使君來，不敢望如蜀，復有質子。其先君鬼神、實嘉賴之、豈唯寡君、君若不來、使臣請問行期、問魯見伐之期寡君將承質幣而見於蜀、以請先君之貺、請問也。林艇問成公所賜，何不踐言。公將往、夢襄公祖、祭道神梓慎曰、君不果行、襄公之適楚也、夢周公祖而行、今襄公實祖、君其不行、子服惠伯曰、行、先君未嘗適楚、故周公祖以道之、襄公適楚矣、而祖以道君、不行何之、三月、公如楚、陳傳傳言公從楚之不得已也。鄭伯勞於師之梁、鄭城門孟僖子仲孫貜為介、不能相儀、及楚、不能答郊勞、為下僖子病不能相禮張本。

黃薌林曰、魯雖弱、天下望國也、故蠻夷之欲得之也、倍於鄭

姜白巖曰，日食之災，魯衛當之，晉侯己是心安，故問及小雅日食，作談經

衛，不提宋之盟，特提蜀之盟，蓋以魯人不會於申，而蜀盟則成公親會也。不提叔弓如楚，特提襄公歸〔臨〕喪，蓋以大夫聘問諸侯之常，而如楚歸〔臨〕喪，則襄公親致也。魯之君臣畏楚如虎，一辭莫對，〔昔〕一誤於襄者，今復再誤於昭，周公其衰矣。

見三按：魯以周公之後，何至下朝於蠻荊，祇以蜀之盟謀國不臧，自招外侮，又繼以襄公之行，遂為蠻夷口寔，蓋啟彊四提蜀盟，明示以朝楚則繼襄公之好，不朝楚則必復有蜀之師，戎狄豺狼，不可近也，其是之謂乎。末以襄公示夢作結，亦以此行襄公寔祖之，雖懲荊如周公，其奈此庸庸之子孫何哉，傳之寄慨深矣。

夏四月甲辰朔，日有食之。晉侯問於士文伯曰：誰將當日食？對

之悞。士文伯以三者相告，直是頂門一針，而痿痺無甚痛癢，知其不足有為也。

曰：魯衛惡之。受其凶惡衛大魯小。公曰：何故？對曰：去衛地，豕韋也如魯地。降婁也。日食於豕韋之末，及降婁之始乃息，故禍在衛大，在魯小。周四月，今二月，故日在降婁。疏云：周禮保章氏以星土辨九州之地（鄭注）寅析木燕也，卯大火宋也，辰壽星鄭也，己鶉尾楚也，午鶉火周也，未鶉首秦也，申寔沈晉也，酉大梁趙也，戌降婁魯也，亥娵訾衛也，子元枵齊也，丑星紀吳越也。娵訾之次，一名豕韋。於是有災，魯寔受之。災發於衛而魯受其餘禍其大咎其衛君乎？魯將上卿。八月衛侯卒，十一月季孫宿卒公曰：詩所謂彼日而食，于何不臧者，何也？感日食而問詩對曰：不善政之謂也。國無政，不用善，則自取謫譴也于日月之災，故政不可不慎也。務三而已：一曰擇人，擇賢人二曰因民，因民所利而利之三曰從時。順四時之所務

見三按：日食天變也。晉主夏盟，因日食而問，或有恐懼修省之意，故士文伯即天變以儆之。去魯地，如衛地，是論數；國無政，不用善，是論理。前云魯衛惡之，後云自取謫於日月之交。

姜白巖曰、公方在楚、而晉治杞田、將聚於季孫也、是晉人無邑、季不請公命、不待孟歸、而擅予以成、季氏無公亦無孟孫、謝息為孟氏守、受桃與二山、是上下交征利、而不知義、此大夫專政之極、而陪臣將執國命之時也、公朝楚而不告於晉、因復治杞田、經不書、為宿所諱、不使書、故史無文也、

則晉亦恐未能免此、意在言外、

晉人來治杞田、前女叔侯不盡歸、今公適楚、晉人恨、故復來治杞田、季孫將以成與之、成孟氏邑、本杞田、按杜見僖子季孫與成不為無因、謝息為孟孫守、不可、曰、人有言曰、雖有挈缾汲也之知、守不假器、禮也、喻小智為人守器、猶知不以假人、夫子從君、而守臣喪邑、雖吾子亦有猜焉、言季孫亦將疑我不忠、季孫曰、君之在楚、於晉罪也、言晉罪君之至楚、又不聽晉、魯罪重矣、晉師必至、吾無以待之、不如與之、間晉而取諸杞、伺晉間隙、可復伐杞取之、吾與子桃、魯國卞縣東南有桃虛、成反、誰敢有之、是得二成也、魯無憂而孟孫益邑、子何病焉、辭以無山、與之萊柞、二山。柞子洛反、乃遷於桃、謝息遷也、晉人為杞取成、陳傅傳言

季氏傳不待公命、

黃鄉林曰、季宿在魯、不特欺君、並欺孟叔、前則伐莒取鄆、傾

十一

陷叔孫、今又與晉以成、剥削孟氏、蓋欲剪除二氏以篡魯國、二氏不敢與較者、畏其强也。然田氏代齊、三卿分晉、而季卒不能有魯者、以二氏之不附也。蓋周公之遺澤長矣

見三按杞田不盡歸、季孫侵占必多、此番來治、獨以成塞明以公之如楚、孟孫寔從、與成則相安無事、不與則郤罪於孟孫、此季氏傾陷同列之狡謀也。追謝息正言以對、彼即就其言折之、始嚇以害、繼陷以私、脅之以不得不與之勢、以桃易成、又益萊柞、舉國家之土地、一任其取携、亂臣賊子至季孫宿而恣睢極矣、乾侯之禍、豈得專咎意如哉

楚子享公於新臺、韓華臺也。使長鬣鬚也。力輒反。者相、欲先夸魯侯。好以大屈、弓名。宴好之賜。既而悔之、薳啓彊聞之、見公、公語之、拜賀、公曰、何賀、對

曰、齊與晉越欲此久矣、寡君無適與也、而傳諸君、君其備禦三鄰、言齊晉越將伐魯而取之、慎守寶矣、敢不賀乎、公懼、乃反之、傳言楚靈不信、所以不終見三按申之會、魯君未往、不無介介於懷、此次享公好以大屈、明示屈服之意、既與忽悔、君悔臣賀、弄成圈套、真沐猴而冠者之所為也、成賜鄭以金、悔而與盟、靈與晉以引悔而故賀、盟猶寔情、賀全假意、楚人多詐、愈出愈奇、

鄭子產聘於晉、晉侯有疾、韓宣子逆客、私焉、私語曰、寡君寢疾、於今三月矣、並走羣望、晉所望祀山川皆走往祈禱有加而無瘳、今夢黃熊入於寢門、其何厲鬼也、對曰、以君之明、子為大政、其何厲之有、昔堯殛鯀於羽山、按今山東沂州東南百里、其西為羽淵、其神化為黃熊、以入於羽淵、實為夏郊、三代祀之、鯀禹父、夏家郊祭之、歷殷周代、又通在羣神之數、并見祀、晉為盟

主。其或者未之祀也乎。言周衰晉為盟主得佐天子祀羣神。韓子祀夏郊。祀鯀。晉侯有間。差也賜子產莒之二方鼎。莒所貢子產為豐施鄭公孫段之子歸州田於韓宣子。三年晉以州田賜段曰日君以夫公孫段為能任其事。而賜之州田。今無祿早世。不獲久享君德。其子弗敢有。不敢以聞於君。私致諸子。此年正月公孫段卒宣子辭。子產曰古人有言曰。其父析薪。其子弗克負荷。擔也施將懼不能任其先人之祿。其況能任大國之賜。縱吾子為政而可。後之人若屬有疆埸之言。敝邑獲戾。恐後代宣子者將以鄭取晉邑罪鄭而豐氏受其大討。吾子取州。是免敝邑於戾。而建置豐氏也。敢以為請。傳言子產貞而不諒宣子受之。以告晉侯。晉侯以與宣子。宣子為初言謂與趙文子爭州田病有之。以易原縣於樂大心。宋大夫原晉邑以賜樂大心。

黄鄉林曰、從來鬼不侵於有道妖不犯乎守常蓋發憤之氣近陽陽氣盛則邪不能侵故晉文公之時不聞鬼禍昏耗之氣近陰陰氣滋則神亦莫佑故晉平之世時見妖憑前則寔沉臺駘作祟後則黃熊入夢雖事之杳冥不可知然霸業之衰亦於此可見、

見三按子產聘晉本為還州田論黃熊特其餘波耳韓宣逆客意在取州田問黃熊特其借端耳寔沉臺駘災不及君況屬黃熊三代命祀祭不越望況鯀為夏郊衛侯杞相寗子不可況僑為博物之君子蓋彼此見面心心相印隨問隨答原非正論韓子有因而祀晉侯病亦適差不免貽後人口實州田之歸不獨安豐氏且息晉爭私致諸子繳賍歸主以田易

十三

全謝山曰：子產言有子孔之後，皆以鬼神立說，而亦未甚當。伯有乃子良之孫，其先有大功，則立後固宜。子孔名純門之師，乃是國賊，何可復？若但以取精用宏為說，則崔、慶、欒、郤、孫、甯諸亂臣，孰非取精用宏者，何以不能為厲也？子嘗謂漢人讖緯巫鬼之說，實皆始於春秋之世，當時雖子產不免也。（或謂子產原有存亡繼絕之意，故因而立之。按管叔霍叔未聞立後，蔡仲之立，率德改行故也。子產殊屬私意。）此以無義二字作主，若死於義，則心理不滅，其神昭明。以淫昏之伯有，死而為厲，故子產之圖說在此，而趙景之致疑亦在此。鬼有所歸，乃不為厲，程子嘆其最得鬼神情狀。祭法有厲祭，而後世郡國郡邑皆立厲壇，為無主者之祀，職是故也。適晉，景子問之，想此事喧傳道路。

原掩耳盜鈴，由後溯前，覺趙孟尚愛聲名，韓起全無氣節，故寔況臺駘，子產能道其詳，黃熊之夢，子產祇言其畧，亦以此等貪人止知州田，不足與之深言也。嗚呼，晉伯其益衰矣。

鄭人相驚以伯有，曰：伯有至矣。則皆走，不知所往。（襄三十年閒，鄭殺伯有，言其鬼至。）鑄刑書之歲三月，（在前年。）或夢伯有介（甲也。）而行，曰：壬子，余將殺帶也。（駟帶助子晳殺伯有。壬子，六年五月三日。）明年壬寅，（此年正月二十八日。）余又將殺段也。（劉炫曰：公孫段，駟氏黨。）及壬子，駟帶卒，國人益懼。齊燕平之月，（此年正月。）壬寅，公孫段卒，國人愈懼。其明月，子產立公孫洩及良止以撫之，乃止。（洩，子孔之子，襄十九年鄭殺子孔。良止，伯有子也。立以為大夫，使有宗廟。）子太叔問其故，子產曰：鬼有所歸，乃不為厲，吾為之歸也。大叔曰：公孫洩何為？（子孔不為厲，問何為復立洩。）子產曰：說也。為身無義而圖說，（伯有無義，以妖鬼故立之，恐惑民，故並立洩。）

遠播鄭封，十分驚怪，而子產說來，却極平定。匹夫匹婦一諡，乃見取精用宏。懸空論鬼，俱鑿鑿可憑。

（使若自以大義存誅絕之後者，以解說民心。說如字）從政有民反之，以取媚也。（民不可使知之，故治政或當反道以求媚于民。）不媚不信，（說而後信之）不信民不從也。及子產適晉，趙景子（晉中軍佐趙成）問焉，曰：伯有猶能為鬼乎？子產曰：能。人生始化曰魄。（形也）既生魄，陽曰魂。（陽，神氣也。疏云：附形之靈為魄，謂初生之時，耳目心思，手足運動，啼呼為聲也。附氣之神為魂，謂精神性識，漸有所知也。）用物精多，則魂魄強。（物，權勢。（林解）居移氣，故魂強；養移體，故魄強。）是以有精爽，（明也）至於神明。匹夫匹婦強死，（不病也）其魂魄猶能馮依於人，以為淫厲，況良霄，我先君穆公之冑，子良之孫，子耳之子，敝邑之卿，從政三世矣。（林解）去疾、輒、良霄三世執鄭政。鄭雖無腆，（厚也）抑諺曰：蕞（小貌。在最反）爾國，而三世執其政柄，其用物也弘矣，其取精也多矣。（林解）其用權勢則甚宏大，其致精爽則甚衆多。其族又大，所馮厚矣。（良霄魂魄所馮者貴重。）而強死，能為鬼，不亦宜乎。（傳言子產之博敏）

黄薌林曰伯有之滅原非子產之心因鄭人之夢特為立後並立子孔氏若此舉不為伯有而民之惑於是乎釋民之心亦於是乎定蓋存亡繼絶國之大義托之於此此即可使由不可使知意（後人謂子產尚立王道良然）仲尼先簿正祭器同此作用伐原徙木陋矣見三按子孔謀逆罪應滅族伯有嗜酒罪止及身況子良為賢公子前則讓國於兄後則保庇六族其子子耳又以無辜被殺兩世忠良自當與國同休乃六族奕葉世卿而良氏遽遭覆滅揆諸天理人情均有未順伯有之夢或天憫良氏之忠設夢示儆或人思良氏之澤托夢為憑俱未可知但繼滅存亡聖王之政篤親念故子產之心故因國人之懼為之立後怪怪奇奇之事處以平平正正之心觀其並立子孔之後

姜白巖曰、子產為政九年、强族猶至相殺、可見治鄭之難。韓宣志在睦鄭、而干命殺人者、使之從政、此小人愛人以姑息、壞法乱常之舉也。子產以免免為惠、而不請誅朔者、亦親親之故也。

則睦族者其本心、感夢特其借端耳。能為鬼、自是寔理。有所歸不為厲、自是寔用。非通幽明之故、識性命之原者、烏能為此言、

子皮之族飲酒無度、相尚以奢、相困以酒。故馬師氏與子皮氏有惡。馬師氏、公孫鉏之子罕朔也。襄三十年、為師頡出奔、公孫鉏代之為馬師、與子皮同一族。齊師還自燕之月、在此年二月。罕朔殺罕魋。子皮弟。疏云、公孫鉏、子展之弟。展生子皮、鉏生罕朔。朔是子罕之孫、與魋為從父昆弟。罕朔奔晉。韓宣子問其位於子產。問朔可使在何位。子產曰、君之羇臣、得（尚）容以逃死、何位之敢擇。卿違、從大夫之位、謂以禮去者、降位一等。罪人以其罪降、罪重則降多。古之制也。朔於敝邑亞大夫也、其官馬師也。大夫位、馬師職。獲戾而逃、唯執政所寘之。得免其死、為惠大矣、又敢求位。宣子為子產之敏也、使從嬖大夫。為子產故、使降一等、不以罪降。（林解）嬖大夫、下大夫也。朔

本亞大夫，今從下大夫，是但降一等。

見三按罕朔以飲酒無度，不率子皮之教而與之相惡，至殺其弟以出，是壞法亂紀人也。較之伯有罪尤加重，子產不窮之於所往，承韓宣問反為之求免，免親親重而執法輕，足見上篇為伯有立後并非弄鬼也。左氏叙事瞻前顧後，可謂天衣無縫。

秋八月，衛襄公卒。晉大夫言於范宣獻子曰：衛事晉為睦，晉不禮焉，庇其賊人孫林父而取其地，戚也。故諸侯貳。詩曰：鶺鴒在原，兄弟急難。詩小雅。鶺鴒，鶺鴒渠也。飛則鳴，行則搖，喻兄弟相救於急難，不可自舍。又曰：死喪之威，兄弟孔懷。兄弟之不睦，於是乎不弔。不相弔恤。況遠人，誰敢歸之？今又不禮於衛之嗣，新君也。衛必叛我，是絕諸侯也。獻子以告韓宣子，宣子

姜白巖曰：晉悼霸功方熾，聽林父之逐君立剽，則荀偃之謀也。及平公蹱謬，置衎於夷儀，則士匄之謀也。迨剽弒衎復，乃執其君以戚田予林父，則趙武之謀也。澶淵討衛之歲至此已十有三年，韓起為政，林父既卒，是非漸明，而後知林父之為賊，知諸臣之庇賊，夫庇賊者亦賊也。是時晉室日卑，諸侯離德，晉大夫援諸獻所由，其最失策莫知衛事，乃弔使往，戚田歸，藹然脊令之風。告喪於周，周天王追命，彷彿西周之典。嗚

呼、非晉人加禮、則王使不行、晉執政皆周之賊、豈獨偃匄武哉、

說、使獻子如衛弔、且反戚田、傳言戚田所由還衛衛齊惡告喪於周、且請命、王使成簡公王卿士如衛弔、且追命如今之哀策襄公曰、叔父謂襄公陟恪、在我先王之左右、以佐事上帝、陟登也、恪敬也、余敢忘高圉亞圉、

孔疏、史記周本紀、高圉、公劉玄孫之孫、高圉生亞圉、太王亶父之祖也、陳傳言周衰、諸侯多不待命而自立、按二圉遠祖、其族姓猶不敢忘、況衛為文王之後乎、杜解迂、

黃鄰林曰、衛襄納北宮文子威儀之言、敬慎自持、不愧為衛之令主、其沒也、晉弔、王亦弔、晉反田、王追命、榮於衎、剽多矣、事本兩截、而傳合為一者、以見王之舉動、不能自主、而必視乎晉、晉之舉動、不能自主、而必視乎臣、其衰一也、大夫不言、則士鞅不弔、戚田不歸、衛不敢告喪、王亦不遣弔與追命、此左氏連叙微意、可於筆墨外觀之、

見三按晉人聽宋向戌而諸侯朝楚受孫林父而衛人傷心此兩事大失人望觀晉大夫之言則是非之心未嘗不明無如執政之臣周旋人情不顧國事從來壞天下者皆一二秉軸大臣也千古一揆可為扼腕晉人苟無獻子之弔戚田之歸衛之叛不在晉之八年矣晉大夫之言淒然可念國有此人而不得用無怪霸之衰也

九月公至自楚孟僖子病不能相禮不能相儀答郊勞以此為己病乃講習也學之苟能禮者從之及其將死也二十四年孟僖子卒傳終言之名其大夫僖子屬大夫曰禮人之幹也無禮無以立吾聞將有達者曰孔邱僖子卒時孔子年三十五疏云當言三十四而云五誤聖人殷湯之後也而滅於宋孔子六代祖孔父嘉為宋督所殺其子奔魯其祖弗父何以有宋而授厲公弗父何孔父嘉之高祖宋閔公之子厲公之兄

韓文曰魯之善相禮者多矣不如不善相禮者能識一聖人足以千古能遣子從良師游使己增令聞矣為人君而建太子可不妙選宮僚哉

俞寧世曰成王顧命之言曾子易簀之語孟僖子學禮之訓先主戒禪之書見古今學至死不衰而今人博科第為傳經分田宅為貽後何嘗知此議論弗父何之讓德正考父之謙德既隱不彰歷世栽培乃誕至聖不獨成湯

僖子之蔭也。積善餘慶。匪伊朝夕。士大夫其勉之。

姜白巖曰。此與僖子歸自楚之後深病不能相禮。統叙至學禮工夫。至其將死。講學已成。其曰禮人之幹。無禮無以立。一言括禮之要。而體用無不包。舉因命二子學禮於聖人。推及聖人先世。皆深於禮者之言也。夫平仲善禮。不知仲尼。僖子學禮。能請孔子。三家多以富厚遺子孫。而僖子獨以師事為式穀。豈非卓然君子可則效者哉。此節及偪陽傳。皆默明師事之義。蓋仲尼以前君師之道合。仲尼以後。君師之道分。師道著而後春秋之君道明。萬世之君道立。

何適嗣當立。以讓厲公。及正考父。弗父何之曾孫。孔父嘉之父。佐戴武宣。三人皆宋君。三命上卿也。茲益共。言位高益共。故其鼎銘云。考父廟之鼎。一命而僂。再命而傴。三命而俯。俯共於傴。傴共於僂。僂，力主反。傴，紆羽反。○循牆而走。言不敢安行。亦莫余敢侮。其共如是。人亦不敢侮之。饘於是。鬻於是。以糊余口。於是鼎中為饘鬻。饘鬻餬屬。言至儉。其共也如是。臧孫紇有言曰。聖人有明德者。若不當世。其後必有達人。按聖人之後有明德。而不當大位。謂弗父何。今其將在孔邱乎。我若獲沒。得以壽終。必屬說與何忌於夫子。使事之。說。南宮敬叔。何忌。孟懿子。皆僖子之子。而學禮焉。以定其位。知禮則位安。故孟懿子與南宮敬叔師事仲尼。仲尼曰。能補過者。君子也。詩曰。君子是則是傚。詩小雅。孟僖子可則效已矣。

黃薌林曰。春秋時真知聖人者。一為儀封人。一為孟僖子。封人知天。僖子知人。二三子何患於喪乎。天將以夫子為木鐸。

見教澤無窮而後世之祀聖人並從祀七十子由此其基矣
聖人有明德者若不當世其後必有達人淵源有自而後世
之祀聖人因追祀五王視此為準矣絕大見識竟出諸不能
相禮之人覺太史公推尊孔子為世家猶是襲其餘慧
見三按此以著孔孟家學之淵源也蓋孔子大聖雖生於魯
寔出於宋孟子亞聖雖生於鄒寔鍾諸魯魯三家唯孟氏最
多哲嗣文伯惠叔二難孋美獻子莊子兩世象賢而獻子猶
以有禮稱僖子家學有自何至不能相禮緣僖子所相者昭
公昭公習儀以亟所修者郊勞贈賄之文非禮之本僖子自
維不能相君以禮有忝於先大夫故以為病因病而講學因
講學而識大聖人且使其子奉之為師實為春秋第一具眼

夫聖門以禮傳家弗父何得禮之讓即其授厲公而讓之全
量見正考父得禮之共即一鼎銘而共之全體見明德之後
有達人非論其勢寔信其理也顧自防叔奔魯一綫僅傳幾
有式微之嘆孔子少孤長貧且賤為委吏為乘田躬親細務
之勞甚至太廟之問或人且有鄹人子之譏而僖子獨能信
為聖人且因聖人而追溯其先世之積累遺子從游以定其
位子敬叔卒能聯姻聖門為尚德之君子最後亞聖直接洙
泗之傳皆僖子之貽謀式穀有以啟之也是真能補過者矣
是真可則效者矣傳為孔氏明世德即為孟氏明世德以見
孔孟一脉先世已然至孟子而私淑諸人躬膺道統豈偶然
哉

姜白巖曰：弒立於王都之內，天王不討，何有於列國。

張悔菴曰：凡占天象者，皆當活看，不可執已往禍福，為後日之吉凶。若泥常占而不知變，則人人可以言天，不必京房、管輅之流而後知之矣。六物句天道也，民心三句人道也，不言地道者，以地道已驗，無庸復贅也。言天畧，言人詳，尤得以人占天之法。

姜白巖曰：士文伯占驗之術，引其君以當道，欲公信其言，而求弭災之方也。同始異終，專就人事言，同一事之始，而或賢或否，各異其終，賢者憂勞以消變，否者安佚以召災，未可預定，其大旨皆在前篇。此特約言之，燕燕居息四字，盡晉平一生，而六卿亦復如是，其憔悴憂國者，操無尺寸之柄，就異終上分出兩種人。

單獻子（周卿士單靖公之子，頃公之孫。）棄親用羈，（客也。）冬十月辛酉，襄頃之族（襄公，頃公之父，獻公弟。）殺獻公而立成公。

見三按：前有單獻子，後有鞏莊公，皆以棄親用羈見殺，悖逆之氣生於世族，萃於王都，安得不兆子朝之亂。

十一月，季武子卒，晉侯謂伯瑕（士文伯）曰：吾所問日食從矣，可常乎？（衛侯、武子皆卒故。）對曰：不可。六物不同，（時各異。）民心不壹，（政殊。）教事序不類，（有變易。）官職不則，（治官居職非一法。）同始異終，胡可常也？詩曰：或燕燕居息，或憔悴事國。（詩小雅。言不同。）其異終也如是。公曰：何謂六物？對曰：歲時日月星辰是謂也。（孔疏：歲，取歲星行一次也。時，謂四時。日，謂甲至癸也。月，十二月也。星，二十八宿。）辰，（謂日月所會。一歲十二會，從子至亥也。）公曰：多語寡人辰而莫同，何謂辰？（孔疏：東南隅有辰，大火謂之辰，又北方有辰星。）（林解：其義莫同，何者謂之辰，詳以告我。）對曰：日月之會是謂辰，一歲

而戒法昭然士文伯兩進說言其人罪非諸術士所及

姜白巖曰此為立靈公傳已包舉靈公生事自古無道之君任用小人未有不屏斥君子惟衛靈公任小人而各取其長疏君子而亦從其諫如孔圉小人也用孔圉而王孫賈祝鮀諸有才之小人進史苟君子也用士苟而遂伯玉公子荊史鰌諸有德之賢人進此其所以能公養聖人無道而不亡也蓋康叔見夢之時一圉一苟若交手相付不良於足筮襲於夢亦康叔陰為主持非人力也

日月十二會、所會謂之辰、故以配日、謂以子丑配甲乙、疏云、言辰無常所、分在十二、以十幹配之、明分非一所也、見三按不用善則自取謫文伯言之詳矣晉侯不知修省專言占驗且以可常為問不知占驗雖有定理修省自有常經氣數在天轉移由人宋景一言而熒惑退舍君相不可言命正以此也同始異終言簡意賅非術士所能窺見

衛襄公夫人姜氏無子、宣姜嬖人婤姶、婤音周姶烏荅反生孟縶。張立反孔成子衛卿孔達之孫烝鉏也夢康叔謂己立元、孟縶弟夢時元未生余使羈烝鉏子之孫圉與史苟史朝子相之、史朝亦夢康叔謂己余將命而子苟與孔烝鉏之曾孫圉相元、史朝見成子告之夢、夢協、合也晉韓宣子為政聘於諸侯之歲、在二年婤姶生子名之曰元、孟縶之足不良、弱行、跛也孔成子以周易筮之曰元尚享衛國主其社稷、今著遇辭

屯、☳☵震下坎上屯又曰、余尚立縶、尚克嘉之、嘉善也遇屯☳☵之比、

☷☵坤下坎上比、屯初九爻變、以示史朝、史朝曰、元亨又何疑焉、周易曰、屯元亨、成

子曰、非長之謂乎、言屯之元亨、謂年長非謂名元、對曰、康叔名之、可謂長矣、善之

長也、孟非人也、將不列於宗、不可謂長、跛非全人、不可列為宗主、且其繇辭卦辭

曰、利建侯、嗣吉何建、建非嗣也、嗣子有常位、故無所卜、又無所建、今以位不定、卜嗣得吉、則當

從吉而建之也、二卦皆云、謂再得屯卦、皆有建侯之文、子其建之、康叔命之、二卦告

之、筮襲於夢、武王所用也、弗從何為、太誓、朕夢協朕卜、襲於休祥、戎商必克、此武王辭

弱足者居、跛則偏弱、居其家不能行、(補正)屯初九爻辭、磐桓利居貞、魏明帝之徵管寧曰、磐桓利居、自昔以居字為

句也、侯主社稷、臨祭祀、奉民人、事鬼神、從會朝、又焉得居、各以所

利、不亦可乎、孟跛利居、元吉利建、故孔成子立靈公、十二月癸亥、葬衛襄

公、

黃薌林曰春秋諸侯以夢紀異者一為鄭穆一為衛靈燕姞之夢真夢也忽天忽祖恍惚不清境以幻而愈真孔史之夢假夢也曰立曰相確鑿可信語似真而轉幻讀者當詳辨之勿為古人所欺

見三按衛靈主威不立盜殺其兄家政不修妻逐其子婁豬之譏固與雄狐之刺同為言之醜也康叔有靈當必不歆其祀乃於未生之前入夢示奇特佑淫亂之人以禍其國豈季世不容有賢君神亦在造化顛倒之中乎且衛多君子輔佐之人不屬之伯玉史魚諸人而特屬之仲叔圉尤為荒唐不經蓋是時襄公已老夫人無子庶子縶又不良於足人心惶惶不無宗社將斬之虞孔史大臣權辭安衆因婤姞之有

孕、托之於夢、以神其事。閨苟之相、故爲奇異以爲異日邀寵之地、非必寔有是夢也。如靈果應夢而生、則天定之神佑之。孔史亦自信不疑。何爲筮之又筮、作此再三之瀆乎。大抵亂世之多鬼神、魯襄之如楚也。且夢周公、祖以行周公可誣。何況康叔兄弟之國、夢夢如是。宜大聖人有甚矣吾衰之嘆也歟。

春秋左傳精義卷三十七

閩中　鄰林黃一桂　輯　男　心垣見三　補輯

昭公五

經丁卯八年春陳侯之弟招殺陳世子偃師。夏四月辛丑陳侯溺卒。哀公卒，是年楚滅陳，十三年楚平復封陳，惠公吳立。叔弓如晉。楚人執陳行人于徵師殺之。稱行人，明非行人罪。陳公子留出奔鄭。留為招所立，未成君而出奔。秋蒐於紅。革車千乘，不言大者，經文闕也。紅，魯地。陳人殺其大夫公子過與招共殺偃師。大雩。不旱而秋雩，過也。冬十月壬午楚師滅陳。不稱將帥，不以告。執陳公子招放之於越。殺陳孔奐。發徵、招殺世子之賊也。孔奐，無罪之人也。葬

姜白巖曰：聖人語常而不語怪。左氏語怪矣，然蛇鬭於鄭，曰妖由人興；石言於晉，曰由怨作。語怪而不失其常，聖人之徒歟。

陳哀公嬖人哀克葬之。魯往會，故書。按楚以復僻葬哀告諸侯，諸侯安得不會葬。書法不與齊襄葬紀伯姬同者，以伯姬寔葬自襄，而哀公葬於哀克也。

傳八年春，石言於晉魏榆。魏榆，晉地。按今山西榆次縣西北。晉侯問於師曠曰：石何故言？對曰：石不能言，或馮焉。謂有精神馮依石而言。不然，民聽濫也。濫，失也。抑臣又聞之曰：作事不時，怨讟動於民，則有非言之物而言。今公室崇侈，民力凋盡，怨讟徒木反。並作，莫保其性。命也。石言，不亦宜乎？於是晉侯方築虒祁地名，今在山西曲沃縣西。○虒音斯。之宮。叔向曰：子野師曠字。之言，君子哉！君子之言，信而有徵，故怨遠於其身。小人之言，僭而無徵，故怨咎及之。詩曰：哀哉不能言，匪舌是出，唯躬是瘁。哿矣能言，巧言如流，俾躬處休，其是之謂乎。詩小雅。哿，嘉也。當叔向時詩義如此，故與今說詩者少異。疏云：言小人之不能言者，非不從舌出，適以取怨於人而自病；君子之言，因事諫正，巧言如流水之

圓轉，故人無怨，而躬處休也。是宮也成，諸侯必叛，君必有咎，夫子知之矣。為十年晉侯彪卒傳

黃鄉林曰、石言之變，原因築虒祁而生，師曠言其故，叔向言其應，皆救晉之針砭也。叔向既知宮不可作，何以但贊子野，而自己不諫，蓋自被囚獲免以後，叔向之胆怯矣，幸而得死，豈其後亡真忠臣痛心刺骨之言也。

見三按生公說法，頑石點頭，特異端附會之言，以神其術，非實有是事也。頭如可點，則言亦何足異，明因土木繁興，怨讟並作，一二狡黠之徒，揑為妖言，期可息役，如城鄫登邱而呼之類，師曠不斥其非，反言其故，借怪獻規，深得古人因事納忠之法。叔向于虒祁之宮不聞諫止，却于師曠之論極力贊

姜白巖曰殺太子者招也假之權者哀公無異公自殺之而經之義則罪在招蓋哀公意是無廢殺太子之心也不然招殺之何為憤恚自經乎其屬留於招以招秉國政當善遇之耳意留素有寵太子或恚留不能善保其弟也徵師赴於楚告喪也及公子勝之愬始得招之情而遷怒行人則楚靈之暴或謂徵師為招之黨未見其必然也徵師既殺楚討必至留不安于位而颺雖無拒奸之節猶有遠害之明前不與謀後不戀棧書公子如未為君者且不許招之得立君也

揚見石言之可駭不如人言之可信語語贊師曠正其語語箴晉侯彼昏不知褎如充耳雖有生公其如頑石何哉

陳哀公元妃（嫡夫人）鄭姬生悼太子偃師二妃生公子留下妃生公子勝二妃嬖留有寵屬諸司徒招與公子過（皆哀公弟）哀公有廢疾三月甲申公子招公子過殺悼太子偃師而立公子留夏四月辛亥哀公縊（憂恚自殺經書辛丑從赴。恚一睡反）干徵師（陳大夫）赴於楚且告有立君公子勝愬之於楚（以招過殺偃師告愬也）楚人執而殺之（殺干徵師）公子留奔鄭書曰陳侯之弟招殺陳世子偃師罪在招也（陳（傳）嬀同衛鱄陳黃故別釋之）楚人執陳行人干徵師殺之罪不在行人也（疑為招赴楚當同罪故重發之）

見三按陳侯本無殺太子之心唯屬留於招意向一偏遂啟

奸臣之釁，子殺身，監國亦隨滅，溺愛之為禍烈矣。秦始皇、隋文帝皆以此亡天下者。扶蘇之死，不得專咎趙高；楊勇之死廢，豈得獨罪楊素？故知為君父者不可不慎其微也。

姜白巖曰：賀者在堂，弔者將在門。晉臣如師曠、史趙皆知之，晉君未嘗無命。

叔弓如晉，賀虒祁也。賀宮成。游吉相鄭伯以如晉，亦賀虒祁也。史趙見子大叔曰：甚哉其相蒙也。欺也。可弔也，而又賀之。子大叔曰：若何弔也？其非唯我賀，將天下實賀。言諸侯畏晉，非獨鄭。

三按：阿房之宮，覆壓數百餘里，秪供楚人一炬之用。晉築虒祁，亦適為三家敺民耳。史趙，本國大夫，誼關休戚，故以為當弔。太叔，外國大夫，心存忌諱，故以為當賀。究之弔即弔其可賀，危辭也；賀正賀其可弔，微辭也。

姜白巖曰：桓莊之狩，必言公；經昭定之蒐，不言公，蓋三家擢武也。傳體精義，其寓大

秋，大蒐數軍實，簡車馬。于紅，自根牟魯東界。至於商衛，革車千乘。商，宋地，魯西竟。

蒐之盛，只十一字，具見自東徂西，旁握相屬，車突馬馳，獵獵有聲，然極熱鬧，却極衰颯。仔細一想，彷彿見大蒐時一邱賦車卒，皆非公有。十一字，字字傳大息之聲。

接宋衛也。言千乘，明大蒐，且見魯衆之大數也。（輯傳）
三家假蒐禮以數軍實，陰擇其材勇之士以強私黨。

見三按華車千乘，國非小弱也，而公不能有，盡歸三家，蒐車耀武，乾侯之禍烈矣。

七月甲戌，齊子尾卒。子旗欒施欲治其室。欲并治子尾之家政。丁丑，殺梁嬰。子尾家宰。八月庚戌，逐子成、子工、子車。三子，齊大夫，子尾之屬。子成，頃公子固也；子工，成之弟鑄也；子車，頃公之孫捷也。皆來奔。不書，非卿。而立子良氏子良，子尾子高彊。之宰。子旗為子良立宰。其臣曰：孺子子良長矣，而相吾室，欲兼并也我也。授甲將攻之。陳桓子善於子尾，亦授甲將助之。或告子旗，子旗不信，則數人告。將往，又數人告於道，遂如陳氏。孔疏：將往子良之家，又數人告，不敢向子良之家，遂如陳氏。桓子將出矣，聞之而還，聞子旗至。游服而逆之，去戎備，著常游戲之服。請命。問桓子所至。對曰：聞彊氏授甲將攻子，子聞諸？曰：弗聞。子盍亦授甲，無宇

（桓子名）請從、子旗曰、子胡然、彼孺子也、吾誨之猶懼其不濟、吾又
寵秩之、（謂為之立宰）其若先人何、子盍謂之、（使無攻我）周書（康誥）曰、惠不惠、
茂不茂、（言當施惠於不惠者、勸勉於不勉者、茂、勉也）康叔所以服宏大也、（服行也）桓子
稽顙曰、頃靈福子、（頃公靈公欒氏所事之君）吾猶有望、（望子旗惠及己）遂和之如初、
（和欒高二家）
黃鄰林曰、子旗啟釁在殺梁嬰、其已亂在如陳氏示之以誠、
使之去甲、一切奸謀均無所施、郭令公單騎見酋虜、即得此
法、而繫鈴解鈴、尤開後人多少急智、看來子旗亦頗有作用、
惜嗜酒無度、失之粗疏、卒為奸雄所中、此姜之所以危也、
見三、按此慶封以崔攻崔之故智也、二惠競爽、大非陳氏之
利、故乘子尾初歿、暗唆子良使之鷸蚌相持、而彼坐享漁人

四

姜白巖曰：招豈特殺太子哉？陳侯聞太子之死，憂恚自縊，律以趙盾、許止，則招寔弒其君。經書哀公卒，哉者陳以疾卒赴諸侯，魯史不得而知也。楚棄疾奉孫吳圍陳，聲言為偃師復讎，假討賊之義也，即不滅陳，亦懷惡而討，況從而滅之乎？名為討賊而不殺招者，非獨歸罪於過也。家則堂曰：意招自知罪

之利、奸險極矣。子良正言以規之，復好言以慰之，惡來善受，一天氷雪盡化陽春。忽而授甲，忽而游服，忽而請命，忽而稽顙。一付花臉，前後異態，左公真傳神之妙手也。

陳公子招歸罪於公子過而殺之。（言招所以不死而得放）

見三按過附招為惡者也。招反借過以卸罪，成濟助司馬昭弒君，効死唯恐不力，卒之富貴歸人，亡滅歸身，千古一轍，足為小人忍作不義者戒。

九月，楚公子棄疾帥師奉孫吳（悼太子偃師之子惠公）圍陳，宋戴惡（宋大夫）會之。冬十一月壬午，滅陳。輿嬖袁克殺馬毀玉以葬。（孔疏）服云：馬玉乃陳侯所乘佩，故克不欲為楚得之。（補正）輿嬖，嬖大夫也。掌君之車乘，如晉七輿大夫之類。楚人將殺之，按傳叙楚人欲殺袁克，已發明殺負之故，不必再言孔負。請寘之。（宋解）置馬玉不用。既，謂既葬也。又請私，私盡君臣

重。闘門納圍。圍德之。故免其死也。孔
奐見於宋之會。亦陳之卿。蓋有欲
主。而拂圍之意也。觀其欲殺袁克。則
知殺奐之故矣。招書公子奐。不書晉
從楚告辭。史之舊文也。於是托為楚
陳侯之仁。以告諸侯。又飾為不忘舊
惡之義。以陳封戌。然戌之直辭以對。
終已屈膝為臣。不如克之加絰而逃。
不肯稽顙亂賊。傳彼此相形。得失
自見。而晉平為中夏之盟主。袁然
不動於心也。以陳滅問史趙。對以猶
將復興。使當乘時救患。續虞帝
之祀。又告以繼守在齊。使當乾綱自
握。深尾大之憂。乃晉臣絕少諍言。晉
平全無儆省。此楚之所以橫行無忌。
而晉日以卑也。凡寫楚事。必以晉夾寫
以楚之惡。晉為之也。

思私於幄。（朱解）盡私禮于帳幕中加絰。（朱解）為君服於顙而逃。不欲為楚臣使穿封
戌楚大夫為陳公。滅陳為縣，使戌為縣公。曰城麇之役不諂。城麇役在襄二十六年，戌與靈王爭皇頡侍飲酒於王。王曰城麇之役女知寡人之及此。女其辟寡
人乎。及此謂為王對曰。若知君之及此。臣必致死禮以息楚。（林解）我必為卿教盡臣禮致死，殺君以寧楚。晉侯問於史趙曰。陳其遂亡乎。對曰未也。公曰
何故。對曰。陳顓頊之族也。陳祖舜，舜出顓頊。歲在鶉火。是以卒滅。陳將
如之。顓頊氏以歲在鶉火而滅。火盛而水滅。疏云。歲星天之貴神。所在必昌。鶉火得歲而火益盛。火盛而水滅。顓頊水德故以此年終陳其族也。故知滅亦如之。今在析木之津。箕斗之間有天漢，故謂之析木之津。劉炫曰。天河也。
猶將復由。用也。魏氏曰。由如盤庚若顛木之由蘖。蓋木之旁生條也。且陳氏得政於齊而後
陳卒亡。物莫能兩盛自幕舜之先至於瞽瞍無違命。無違天命廢絕者舜重之
以明德。寘德於遂。舜後蓋殷之興存舜之後。而封遂。言舜德乃至於遂。遂世守之。及胡公

不淫。故周賜之姓，使祀虞帝。胡公滿，遂之後也。事周武王，賜姓曰嬀，封諸陳，紹舜後。臣聞

盛德必百世祀。虞之世數未也。繼守將在齊，其兆既存矣。言陳氏興盛於齊，形兆已見。

黃薌林曰：唐太宗、宋太祖每喜說龍潛時事。靈王則非其人也。祇以明驕喜耳。但城麇之戲，亦殊有風氣，趣與石勒、獻卿老拳語相彷彿。封戌以諷為直，迥非後人所及。

見三按：楚虔借討罪之名為滅小之計，其譎直與莊王討夏徵舒等。但莊猶復封之，此則直滅之。楚氛之惡較前尤甚矣。叙袁克見亡國尚有忠臣，叙穿封戌見暴主亦能容直臣。末以史趙論陳作結，見强梁能滅人之國，而不能亾人之國。彼晉平者，昏懦苟安，外不能制强楚，內不能制權臣，方以陳亡

姜白巖曰、四國大夫即會楚之大夫也、朝楚子耳、書會、諱之也、書曰楚後會、以楚而往以會而終也

姜白巖曰、城父陳地、楚滅陳、分陳為二、以陳封穿封戌、以城父遷許、然戌之封在前、以陳寡弱、故遷城父人於陳、而城父濮西之地近陳、故以益陳、則陳強、及許又請遷於楚、時城父地墟、遂遷許城父、許人不足以寔之、故又遷方城以外之人寔城父、而取州來淮北近夷之田以益之、而許亦固、此為遷許於夷、傳故前後皆叙遷

為問、詎知田氏代齊、有嬀賴以不滅、三卿分晉、唐叔卒以覆宗、不亦可哀也夫、

經（戊辰）九年春、叔弓會楚子於陳、（杜解以事往、非行會禮。）許遷於夷、（許畏鄭欲遷、故以自遷為文。）夏四月、陳災、（天火曰災。）秋、仲孫貜如齊。冬、築郎囿

傳九年春、叔弓、宋華亥、鄭游吉、衛趙黶會楚子於陳、

見三、按楚禍及於陳、楚氛遂偪於魯衛鄭宋、平為盟主、夢夢不知、不待星出婺女而始知其將死也、

二月庚申、楚公子棄疾遷許於夷、實城父、（此時改城父為夷、故傳寔之、按今江南亳州東南有城父故城。）取州來淮北之田以益之、（益許田。疏云、許國盡遷於夷、夷田少、故取以益之。）

伍舉授許男田、然丹遷城父人于陳、以夷濮西田益之、（以夷田在濮水西者、與城父人。）遷方城外人於許、（成十五年遷許於葉、因謂之許、今許遷於夷、故以方城外人寔其處、傳言

許事，然卅二句乃追叙之，非一時彼此互易也。至滅蔡之後又遷許於荆。

靈王使民不安。

見三按秦始皇旣并天下，廢封建爲郡縣，築長城，築阿房宮，驅天下之民執役驪山。陳涉一呼，亂者四應，怨其虐也。楚靈簒位自立，乘晉霸之偷，大會於申，而中國景從，滅賴滅陳，而晉人不問，恣横極矣，於是許遷於夷，益以淮北之田，遷城父人於陳，益以濮西田，蓋以固吾圉，立子孫萬世之業也。詎知割土移民，流離失所，王心貪矣，民心怨矣，故轉瞬即有乾谿之禍。

周甘人甘大夫襄與晉閻嘉晉閻縣大夫爭閻田，晉梁丙、張趯率陰戎陸渾之戎伐潁，周邑。按伯主伐周，自晉平始。陸渾今河南嵩縣北有陸渾故城。王使詹桓伯周大夫辭於晉辭責讓之曰：我自夏以后稷、魏、駘、芮、岐、畢，吾西土也。在夏世以后稷功，受此五

姜台巖曰：晉所以爲霸王者，以其能尊周攘夷也。爭周之田，伐周之邑，豈率戎以伐周，安在其爲尊攘乎？只叙事二語，而晉罪已不可勝誅。桓伯不屑屑就事言，而直純以大義責之，語語帶分，滿腔之氣，直是威於斧

國。為西土之長。按駘在今陝西武功縣南。及武王克商，蒲姑齊地。按今山東博興縣東南有薄姑故城。蒲一作薄商奄魯地吾東土也。巴、濮、楚、鄧，吾南土也。肅慎按今盛京燕、亳，吾北土也。吾何邇封之有。孔疏言我之封疆何近之有。文、武、成、康之建母弟，以蕃屏周，亦其廢隊是為。為後世廢隊兄弟之國，當救濟之。豈如弁髦而因以敝之。按髦，髮之垂者，子事父母之飾，親歿不髦。弁亦冠也。言溥天莫非周土，而分土以建兄弟，亦欲匡扶其廢隊耳。豈如弁髦既久而因以敝壞之耶。蓋弁髦可以久而敝，周室則不可以其廢隊而因以剥削之也。先王居檮杌于四裔，以禦螭魅。言檮杌畧舉四凶之一，下言四裔，則三苗在其中。故允姓陰戎之祖，與三苗俱放三危者。之姦，居于瓜州。按今甘肅肅州。伯父惠公歸自秦，而誘以來，僖十五年晉惠公自秦歸。二十二年秦晉遷陸渾之戎於伊川。使偪我諸姬，入我郊甸，則戎焉取之。邑外為郊。郊外為甸。言戎取州郊甸之地。戎有中國，誰之咎也。咎在晉。后稷封殖天下，今戎制之，附注言戎得制禦之不亦難乎。伯父圖之。我在伯父，猶衣服之有冠

鉞。叔向將罪案二自認。雖會負戾不臣之韓起，亦俯首聽從。然猶不能明白請罪於王，而借姻喪以行，何嘗有人臣禮哉。觀敘事二語，以為晉平罪不容誅。及讀至宣子說三字，方知閻田之爭，韓使之爭也。戎之率，頓之[illegible]韓起教之伐也。吾不知易象春秋所言何物，而喟然興嘆之後，其行敗壞乃至於斯。

冕木水之有本原，民人之有謀主（宗族之師長）也。伯父若裂冠毀冕，拔本塞原，專弃謀主，雖戎狄其何有余一人（伯父猶然，戎狄無所可責。晉率陰戎伐周邑，故云。○吕說：王言如此峻，非周之强能然，亦是晉無禮之甚，深犯周王之怒。）叔向謂宣子曰：文之伯也，豈能改物（言文公未能改正朔、易服色。），翼戴天子而加之以共（翼，佐也。）。自文以來，世有衰德，而暴滅宗周，以宣示其侈，諸侯之貳，不亦宜乎？且王辭直，子其圖之。（○吕說：天子諸侯非校曲直之地。習俗移人，賢者不免。按：測義云：叔向當及其未伐而止之，非也。其謀甚閟，不與叔向謀也。）宣子說。王有姻喪（外親之喪），使趙成如周弔，且致閻田與襚（送死衣），反頹俘。王亦使賓滑（周大夫）執甘大夫襄以說於晉，晉人禮而歸之。（○陳傅言周衰甚，因見晉之無政。）

黃薌林曰：争田伐邑，明係韓起為主，梁丙、張趯特奉其令耳。不責其伐君，但數其率戎，蓋避重就輕，使之可轉，宜晉人喜

姜白巖曰外災告乃書陳滅矣則誰告蓋楚子既歸袁克葬陳侯據子所聞而書陳災據子所見而書之也或謂聖人無存陳之意不知聖筆書此便有段欲歔扼腕之心傳大書鄭裨竈告子產之辭以為五年陳將復興若天心

之以為其辭直云韓起不足責張趯梁丙素明大義乃率戎伐頹親主其事恐太叔見之當斥為小人之尤見三按周自賜晉南陽以後與晉為緊隣地土毗連動啟爭端故前則郤至與周爭鄇田後則閻嘉與周爭閻田始第爭田繼至伐周恣睢無王盟主且然又何責楚虔之欲求鼎於周也此與請隧傳同一義正詞嚴請隧是蔑王章故示以王章而使之自怵伐周是弃謀主故奉以謀主而使之自慚鍔鋒廉悍嚴於斧鉞猶見共主赫濯之靈

夏四月陳災鄭裨竈曰五年陳將復封封五十二年而遂亡子產問其故對曰陳水屬也顓頊之後故為水屬火水妃也火畏水故為之妃疏云木畏金以乙為庚妃也金畏火以辛為丙妃也火畏水以丁為壬妃也水畏土以癸為戊妃也土畏木以己為甲妃也杜用此說服云火

不忍亡陳，正發明聖人存陳之意也。

離也。水，坎也。離為中女，坎為中男。故火為水妃。○妃音配。而楚所相也。相，治也。楚之先祝融為高辛氏火正，主治火事。今火出而火陳，火，心星也。火出於周為五月，而以四月出者，以長曆推，前年誤置閏。逐楚而建陳也。水得妃而興，陳興則楚衰。疏云逐楚，逐去楚人之在陳者，若穿封戌也。妃以五成，故曰五年。妃，合也。五行各相妃合，得五而成，故五歲而陳復封，為十三年陳侯吳歸於陳。傳按部氏曰：天一生水，至地六乃成，越五數矣。故曰妃以五成。亭林則曰：五行志說顓頊以水王，陳其後也。今茲歲在星紀，後五年在大梁。昂也，金為水宗，得其宗而昌。歲五及鶉火，而後陳卒亡，楚克有之，天之道也，故曰五十二年。是歲歲在星紀，五歲及大梁而陳復封，自大梁四歲而及鶉火，後四周四十八歲，凡五及鶉火，五十二年。天數以五為紀，故五及鶉火。火盛水衰。按陸氏云：蔡亦復封，不聞祥異如陳，非也。左氏得於記載，其無傳者則不識也。

見三按春秋前書滅陳，傷陳也，聖人恤小之心也。後書陳災，存陳也，聖人繼絕之心也。傳體經意，故於其滅也，史趙推天道而歸之聖德；其災也，裨竈因天變而驗諸天道，以聖德論

呂東萊曰膳宰飲食之官甚賤一舉爵平公愧悔之心隱然而生本欲廢知氏緣此遂止看此一事猶見得三代工執藝事以諫氣象後世諫有定官言路始狹不似三代之時人人皆可以諫也

之則陳有必興以天道論之則陳將復興仰觀俯察獨抒偉論皆所以發明經意也

晉荀盈如齊逆女自為逆還六月卒於戲陽殯於絳未葬晉侯飲酒樂膳宰屠蒯趨入按檀弓作杜蕢一作杜蒯請佐公使尊公之使人執尊酌酒請為之佐許之公許之而遂酌以飲工樂師師曠也曰女為君耳將司聽也樂所以聰耳辰在子卯謂之疾日疾惡也紂以甲子喪桀以乙卯亡故國君以為忌日君徹宴樂學人舍業補正言不習樂為疾故也君之卿佐是謂股肱股肱或虧何痛如之女弗聞而樂是不聽也不聞是義而作樂又飲外嬖嬖叔外都大夫之嬖者按檀弓作李調曰女為君目將司明也職在外故主視服以旌禮表也禮以行事政令事有其物類也物有其容貌也今君之容非其物也有卿佐之喪而作樂歡會故曰非其物而女不見是不明也亦自飲也曰味以行氣氣以寔

志。孔疏：調和飲食之氣以養人，所以行人氣也。氣得和順，所以充人志也。志以定言，在心為志，發口為言。言以出令。臣寔司味，二御失官，而君弗命，臣之罪也。工與嬖叔侍御君者，失官不聽明。疏云：二御失官，而君不出令以罪之，必是食味失宜，是臣之罪。公說，徹酒。初，公欲廢知氏而立其外嬖，為是悛而止。秋八月，使荀躒荀盈之子知文子也。○力狄反。佐下軍，代父也。以說焉。說，自解說。

黃薌林曰：屠蒯一膳夫耳，非有記動記言之責，乃能因事進規，引君於當道。古者瞽誦矇箴，工執藝事以諫，春秋時此風未泯，至後世諫官有專責，而言路轉塞矣。

見三按：知氏專政由來已久，平公必有不悅於心者。盈死而飲酒樂，蓋幸之也。屠蒯一番議論，安知非為知氏游說？但其滑稽而出以道學，理自正大，令人動聽，可為後世諷諫之祖。

姜白巖曰：以不能相禮故學禮，至是魯人知其違於禮，欲修殷聘於齊，以繼二十年舊好。僖子應選，夫子所謂補過之君子也。

姜白巖曰：書時者，儁民之事，雖時亦書。築公築之，亦季主之也。莊三十一年築臺於郎，至此又為囿。臺下有囿也。以公命築囿，欲其速成，使之眾怨於公。昭子有心公室者也，云焉用勦民者，若不知季氏之心事者然。然而終未必從者，勦民之名在魯，是公則敺民以歸己也。

孟僖子如齊殷聘，禮也。自叔老聘齊，至今二十年，禮意久曠，今修盛聘，以無忘舊好，故曰禮。

見三按：聘大禮也，殷聘猶禮之大者。僖子不能相禮，何以如齊殷聘？獨能成禮而還，乃知前之不能相禮者，蓋不能矯君之失，而深以為病，非真不知禮也。

冬，築郎囿，書時也。季平子欲其速成也。叔孫昭子曰：詩曰：經始勿亟，庶民子來。詩大雅。焉用速成？其以勦勦，初交反。民也？無囿猶可，無民其可乎？

見三按：從來權奸往往以聲色狗馬臺榭宮室娛其君，毆其民於己，然後唯我所欲為。郎囿之築，意如之奸也。嗚呼！民屬私門，君守空國，巍然一囿，四顧蕭然，豈有高高下下之娛？將有松耶柏耶之嘆，比比蒲之蒐，未幾而鸜鵒之巢踵至也。

經己巳十年春王正月。夏齊欒施來奔。[杜解]嗜酒好內，以取敗亡。秋七月季孫意如、叔弓、仲孫貜帥師伐莒。[陳傳]四分公室，叔弓為季孫貳也，故序於仲孫貜之上，而叔婼居守。戊子，晉侯彪卒。子昭公夷立。九月，叔孫婼如晉，葬晉平公。三月而葬，速。十有二月甲子，宋公成卒。子元公佐立。

傳十年春王正月，有星出於婺女。客星也，不書，非常。婺，武付反。鄭裨竈言於子產曰：七月戊子，晉侯將死。今茲歲歲星也在顓頊之虛，謂元枵。姜氏齊姓、任氏薛姓實守其地。齊薛二國守元枵之地。居其維首，而有妖星焉，告邑姜也。客星居元枵之維首，邑姜，齊太公女，晉唐叔之母。星占婺女為既嫁之女，織女為處女。邑姜，齊之既嫁女，妖星在婺女，齊得歲，故知禍歸邑姜。疏云：維者綱也。元枵次有三宿，女為其初，女是次之綱維也。居其維首，妖星居之也。告邑姜，言其子孫當死也。邑姜，晉之妣也。天以七紀。二十八宿，四七。戊子逢公以登，星斯於是乎出。逢公，殷諸侯居齊地者。逢公將死，妖星出婺女，時非歲星所在，故齊自當禍，而以戊子日卒。[補正]逢公亦

周大章曰：崔慶不滅，欒高不興，欒高不亡，陳氏不大。姜弱嬀昌，晏子早于子雅之死，深致嘆焉。既告叔向，又告景公，明目張膽，痛切言之，豈肯中高為之助？陳氏以捉影捕風之言稱兵君側，意在剪滅二族，而利其所有。晏

姜姓，見國語。吾是以譏之。為晉侯彪卒傳

見三按同一客星，同一齊地，而前後降禍不同。且周與晉同出邑姜，何以與周無與，姜與任共守元枵，何以於薛無災？天道微妙，變動不同，固非常理所可測也。晉平少安，不在諸侯。舉數世之霸業，甘讓之荆楚，尸居餘氣，猶且沉溺女色，四姬不足，益以少姜。少姜既死，復請繼室，疾不可為，醫和早於十年前決之矣。婺女星出而晉侯將死，裨竈殆亦因其好色，而決之於星歟？子產不言，蓋終以天道為遠也。

齊惠欒高氏皆耆酒，欒高二族皆出惠公信內多怨，說婦人言，故多怨彊於陳鮑氏，而惡之。惡陳鮑夏，有告陳桓子曰：子旗、子良將攻陳鮑。亦告鮑氏。桓子授甲而如鮑氏，遭子良醉而騁，欲及子良醉，故騁告鮑文子。遂見文

子不欲彼分室而教之思義，非欲彼以讓取譽，亦謂義不後君，而不奪，非不厭之禍息，此正裁抑權臣苦心。桓子雖盡致諸公，而猶請老於莒，與以旁邑弗受，必得高唐而願始足，分明蘊利之心未忘，若任其分室而莫之禁，則陳氏已坐而自大矣。陳氏之大，穆孟姬請高唐為之，非晏子之罪也。

姜白巖曰：此為陳氏篡齊張本，以陳氏為主，前敘欒高出奔，後敘無宇新政，陳氏所以興也。欒高強於陳鮑，無宇欲剪除久矣，前此二族有隙，欲傾之而不能，其心何嘗一日忘二族哉。欒高不所知戒，耆酒則自防者疎，多怨則助之者寡，信內則賢才不與為謀，皆可乘之機也。無宇既寵於公，又睦於鮑，遂憑空撰出將攻陳鮑之言，使人告陳，亦告鮑，驀地風波，皆無宇為之。使視二子，鮑使之也。欒高既入虎門，公拒之，知公之助陳鮑也。果共姓強臣，稱兵國中，剪滅無罪之公族，此正齊國

子。鮑國則亦授甲矣。使視二子，子旗子良則皆將飲酒。桓子曰：彼雖不信，彼傳言者聞我授甲，則必逐我。按欒高聞我授甲必將逐我。及其飲酒也，先伐諸。陳鮑方睦，遂伐欒高氏。子良曰：先得公，陳鮑焉往。欲以公自輔助。遂伐虎門。欲入公不聽，故伐公門。疏云：虎門，寢門畫虎。晏平仲端委朝服立於虎門之外。四族欒高陳鮑召之，無所往。其徒曰：助陳鮑乎？曰：何善焉？言無善義可助。助欒高乎？曰：庸愈乎？附注：言欒高庸勝於陳鮑乎。然則歸乎？曰：君伐，焉歸？公召之而後入。公卜使王黑齊大夫以靈姑鈃公旗名，扶眉反率，吉，請斷三尺焉。不敢與君同。補正：斷其旒也。而用之。五月庚辰，戰於稷，祀后稷之處。按六國時齊有稷下館，今山東臨淄縣境。欒高敗，又敗諸莊。六軌之道。國人追之，又敗諸鹿門。齊城門。欒施高彊來奔。高彊不書，非卿。陳鮑分其室。晏子謂桓子必致諸公。讓，德之主也。讓之謂懿德。凡有血氣，皆有爭心，故利不可強，不可

存亡所係、平仲既入虎門、何不以强納欒高、去陳氏、危言開諭、而竟不取、然者、蓋齊景不能有為、欒高本非令器、宮中左右、無非陳氏私人、言之未必聽、而禍已隨之、故不為也。迨公旗指、國人蟻附、而欒高逐矣。後平仲又為無宇畫策、或曰晏子以讓免禍、故以正告之、或曰陳氏之大、不可謂非平仲之力、或曰晏子欲張公室、故教之分室於公子、皆以為不然、無宇老奸、厚施二字、是其世傳衣鉢、無故而逐欒高、國人必以為利其所有、故一番新政、盡反欒高所為、公族歸心、人人悅服、而我已坐享其寔、又何待平仲之諄囑如彼、不欲致公、晏子豈能强之、無宇何以先與鮑分室、蓋鮑受而桓致於公、使公怨鮑、而德桓、為他日逐鮑之地也、與莒之旁邑、因其居於莒、故以旁邑廣之、不受者、志在高唐耳、而穆孟姬代為之請、智其謀、直通宮掖、媚其母夫人、而無宇之賢、欒高之過、稔熟於公

思義為愈、義利之本也、蘊蓄也利生孽、妖害也姑使無蘊乎、可以滋長、桓子盡致諸公、而請老於莒、齊邑桓子名子山、子山子商子周、襄三十一年子尾所逐羣公子、私具幄幕器用、從者之衣屨、私具不告公而反棘焉、棘子山故邑、按今臨淄縣西北有棘里亭子商亦如之、而反其邑、子周亦如之、而與之夫于、子周本無邑、故更與之、按今山東長山縣南、反子城子公公孫捷、三子、八年子旗所逐、而皆益其祿、凡公子公孫之無祿者、私分之邑、桓子以己邑分之國之貧約孤寡者、私與之粟、曰、按桓子自言詩云陳錫載周、能施也、詩大雅、言文王能布陳大利、以賜天下、行之周徧桓公是以霸、齊桓公亦能施其以致霸、按以桓公自喻、其志可誅。公與桓子莒之旁邑、辭、讓不受穆孟姬景公母為之請高唐、陳氏始大、言陳氏所以興

黃薌林曰、齊之公族、崔慶欒高、慶滅崔、欒高滅慶、而欒高又為陳氏滅、崔慶之滅、為國伸法、欒高之滅、直為陳氏樹威、晏

耳、故欒高欲入虎門而不能、晏子欲直言正諫而不敢、此又通篇之關鍵也、

子明知又弱一個焉、姜其危哉、竟坐視其滅而不置一詞、且為陳氏盡畫久長之策、豈所云陳氏祖宗已在齊冥數已定無庸人力耶、

見三按從來權奸相爭、必藉君威、挾君則勝、失君則敗、曹孟德之勝袁本初、朱全忠之勝李克用、正在于此、而無用之主、往往供奸臣之大用、視為奇貨可居、子良得先、公陳鮑焉往之言可謂深得要領、乃既至虎門而不能入、知公庭左右、無非陳氏私人、即公亦深惡欒高矣、晏子中立而不敢發一言、其勢焰可以想見、欒高既奔高唐、遂請乃知陳氏竊國固在厚施得民、尤恃有與援、而君不忌穆孟為請、其他可推陳氏其李義甫林父之鼻祖耳乎、

秋七月，平子伐莒，取郠，莒邑。取郠不書，公見討於平丘，魯諱之。○古杏反。獻俘，始用人於豪亳社。以人祭殷社。補注：不書，史諱國惡。臧武仲在齊，聞之，曰：周公其不饗魯祭乎。周公饗義，魯無義。詩小雅。曰：德音孔昭，視民不佻。佻，偷也。佻之謂甚矣，而壹用之，將誰福哉。壹，同也。同人於畜牲。

見三按：用人於社，示威也，所以脅民之從己，為逐君之地也。是時武仲出奔已數十年矣，故國之事感觸於心，猶作不平之鳴，況居其國而不發一言，意如不足責矣，叔孫昭子其何以解免耶。

戊子，晉平公卒。如禪竈之言。鄭伯如晉，及河，晉人辭之。游吉遂如晉。禮，諸侯不相弔，故辭。九月，叔孫婼、齊國弱、宋華定、衛北宮喜、鄭罕虎、許人、曹人、莒人、邾人、滕人、薛人、杞人、小邾人如晉，葬平公也。經不書諸侯大

姜白巖曰：經書三大夫帥師，傳明聖人罪意如之意，故獨言平子。然則取郠，季取之也；用人，季用之也。喪心滅理至此，而賢如孟僖子、叔孫昭子，絕無一言，豈意如之惡甚於宿，皆有鑒於臧孫見逐之故而避其鋒。嗟乎！武仲在魯，其必有以沮之矣。此傳之微意也。

姜白巖曰：晉平卒，而諸侯使送葬者十有三國，故晉當平、昭之世，諸侯益睦，文、襄以來無此也。然而五國弑君，卑不能討；十二會盟，其最失策者，無如宋之盟，楚虔大合諸侯，恣意殘滅，晉惴惴屏息，方且存女於賊虔。

馳盡矣。故於其卒也，傳書送葬之盛，以見時當全盛，勢有可為。叔向多才，不難輔翼。魯有昭子，鄭有子產，皆諸侯之良也。奈何甘為楚役者哉。昭公初立，於蠱壞之時，膺幹蠱之任，晏安猶昔，恐弃德曠宗，而非其國矣。故末書昭子言人子當慎，豈獨魯諸大夫韋弦之佩哉，特為晉昭危之也。

（夫者，非盟會。）鄭子皮將以幣行。（見新君之贄）子產曰：喪焉用幣？用幣必百兩。（載幣用車百乘）百兩必千人，千人至將不行。（用也）不行必盡用之。（不得見新君，將自費用盡）幾千人而國不亡？（言千人之費不可數）子皮固請以行。既葬，諸侯之大夫欲因見新君。叔孫昭子曰：非禮也。弗聽。叔向辭之曰：大夫之事畢矣。（送葬禮畢）而又命孤，孤斬焉在衰絰之中。（附注：三年之喪如斬，謂哀痛之深如斬絕）其以嘉服見，則喪禮未畢；其以喪服見，是重受弔也。大夫將若之何？皆無辭以見。子皮盡用其幣。歸，謂子羽曰：非知之實難，將在行之。（不患不知，患不能行）夫子知之矣，我則不知。（按：我不足以知此）書曰：欲敗度，縱敗禮。（逸書。疏云：尚書太甲篇）我之謂矣。夫子知度與禮矣，我實縱欲而不能自克也。昭子至自晉，大夫皆將見，高彊（子良）見而退。昭子語諸大夫曰：為人子不可不慎也哉！昔慶封亡，子尾多受

邑、而稍致諸君、君以為忠、而甚寵之、將死、疾于公宮、（在公宮被疾）輦而歸、君親推之、（推其車而送之）其子不能任、是以在此、忠為令德、其子弗能任、罪猶及之、難不慎也、（補正言不可不慎）喪夫人、（謂子尾）之力、弃德曠宗、以及其身、不亦害乎、（曠空也、補正使其宗廟曠而不視祀）詩曰、不自我先、不自我後、其是之謂乎、（詩小雅、言禍亂不在他、正當己身、以喻高彊身自取此禍）

黃藥林曰、晉平襲三駕之威、不能謹慎自持、以承先業、湨梁一盟、而政逮大夫、宋虢兩會、而權歸荆楚、猶且沉溺女色、惑以喪志、唯不慎、故縱欲、惟縱欲、故不能自克、文襄之烈、至悼而極盛、至平而遂衰、昭子于其昭葬也、特借高彊以諸語大夫、一則曰其子不能任、再則曰其子弗能任、蓋晉之失霸、與彊之曠宗、其罪均也、

見三按晉平失霸、諸侯觖望、此際新君初立、列國之大夫想望顏色以覘向背、而不知其禮之不可也、子產昭子叔向三人見識相同、中國有此英賢、不用之攘楚、竟使蠻夷放恣、尸主齊盟、不自我先、不自我後、蓋深為晉平責、並為諸夏傷也、

冬十有二月、宋晉平公卒、初元公平公太子佐惡寺人柳、欲殺之、及喪、柳熾炭於位、以溫地將至則去之、使公坐其處比葬又有寵、言元公好惡無常

見三按寺人柳小人之尤、佐欲殺之、知所惡矣、乃以熾炭之故復得有寵、何其前明而後闇也、宋高宗曾榜秦檜之罪于朝、未幾而檜又大用、卒以誤國、千古小人詐偽不測、能顛倒人主之性情、能變易人主之喜怒、如柳類者何可勝數、大學能愛人能惡人、必推仁人、良有以也、

張侮菴曰：楚克蔡而圍之，萇弘曰：殆也。叔向曰：盈其凶惡而降之罰。子產曰：天方棄蔡以壅楚，盈而罰之。三賢之言如出一口，足以見稔惡之殺身，天道之不僭。但是言出於萇弘、子產則可，出諸叔向則不可。蓋周爲宗主，鄭小國，楚氛肆

經 庚午 十有一年春王二月，叔弓如宋，葬宋平公。○夏四月丁巳，楚子虔誘蔡侯般殺之於申。（補正）楚子圍改名虔。楚公子棄疾帥師圍蔡。○五月甲申，夫人歸氏薨。（杜解）昭公母胡女歸姓。大蒐於比蒲。比音毗。○仲孫貜會邾子盟於祲祥。地闕。祲子鴆反。○秋，季孫意如會晉韓起、齊國弱、宋華亥、衛北宮佗、鄭罕虎、曹人、杞人于厥慭。地闕。慭魚靳反。○九月己亥，葬我小君齊歸。齊謚。○冬十有一月丁酉，楚師滅蔡，執蔡世子有以歸，用之。用之殺以祭山。

傳 十一年春王二月，叔弓如宋，葬平公也。（杜解）嫌以聘事行，故傳具之。

景王問於萇弘，周大夫。萇直良反。曰：今茲諸侯何實吉？何實凶？對曰：蔡凶。此蔡侯般靈侯弒其君之歲也。歲在豕韋。襄三十年蔡世子般弒其君，歲在豕韋，至今十三歲，歲復在豕韋。弗過此矣。言蔡凶不過此年。楚將有之，然壅也。蔡近楚，故知楚將有

毒力不能禦，不得已委之於天。若晉挾大國之威，挾盟主之勢，諸侯有急望走在晉楚虔是。今虐天人共憤，建旌向前，取而誅之，如撥壇振槁耳。叔向承韓宣之問，不告以救患分災，竟以厚惡降罰為言，言雖有理，殊不足耻。

姜曰：嚴曰：經於諸侯相殺，有俱不名者，如昭十八年楚子誘戎蠻子殺之是也；有以爵書者，其以强凌弱之罪；有俱名者，如今年楚子虔誘蔡侯般殺之於申是也。虔與般皆弒君之賊也，賊本宜討，而討之者亦賊，是以般殺般也，故書名以兩聲其罪，此聖人之特筆也。以景王走而韓宣終何也，王問萇弘之時，楚未嘗誘般也，般之弒景公已十二年，如王靈稍振，必能聲般之罪，命諸侯以討賊，乃以萇叔之忠，勢無如何，而甘讓之楚，傳敘此憫周也。弃疾圍蔡之時，蔡世子孤單自守，晉為盟主，叔向告以天將斃楚，亦以順天行討，事半功倍，而

之。楚無德而享大利，所以壅積其德（惡）。歲及大梁，蔡復楚凶，天之道也。楚靈王弒立之歲，歲在大梁，到昭十三年，歲復在大梁，美惡周必復，故知楚凶。按史記稱萇叔明鬼神，言方怪，以此見殺，周與傳戾，不足信，而陸氏猶譏其淺之乎知天道，非也。言天人感應，其威赫奕，欲王修德以凝命也。意者太子壽未卒，而子朝已寵歟。楚子在申，名蔡靈侯。靈侯將往，蔡大夫曰：王貪而無信，唯蔡於感。蔡近楚之大國。故楚常（服）根其不順。○戶暗反今幣重而言甘，誘我也，不如無往。蔡侯不可。三月丙申，楚子伏甲而饗蔡侯於申，醉而執之。夏四月丁巳，殺之。刑其士七十人。言楚子無道公子棄疾帥師圍蔡。（呂說）靈王滅陳、蔡，逆人心之甚。靈王喪身，亦起於滅二國。（日抄）蠻夷行無道已甚，春秋所以各斥其名，此理曉然，不待言凡例也。韓宣子問於叔向曰：楚其克乎。按忽以晉臣問答接上傳，有深意。對曰：克哉。蔡侯獲罪於其君，謂弒父而立而不能其民，不能施德天將假手於楚以斃之。借楚手以討蔡何故不克？然肸聞之，不信以幸，不可再也。楚王奉孫吳以討於陳，

韓起不能傳叙此惡晉也。嗟乎君相不言命，匹夫匹婦力竭計窮，則矯首而呼福善禍淫之天。若握賞天之權，居繼天之位，而天命天討不能有為，猶跛足而待夫天，皆天所不能假助者也，故寫楚事揔以晉爽寫，有深意焉。

曰：將定而國。陳入聽命，而遂縣之。事在八年。今又誘蔡而殺其君，以圍其國，雖幸而克，必受其咎，弗能久矣。桀克有緡以喪其國，紂克東夷以隕其身。紂為黎之蒐，東夷叛之，故伐而克之。疏云：桀為仍之會，有緡叛之，桀奔南巢，故云喪國；紂首縣白旗，故云隕身。楚小位下，而亟暴於二王，能無咎乎？天之假助不善，非祚之也，厚其凶惡而降之罰也。且譬之於天，其有五材，而將用之，力盡而敝之，是以無拯，不可沒振。金木水火土五者為物用，久則必有敝盡，盡則棄捐，故言無拯。拯猶救助也。不可沒振，猶沒不可復振。

黃鄭林曰：難知者天之數，不易者天之理。理至而天不能違，即數莫能外。是故作善降祥，作不善降殃，乃理之自然，非天有所較量於其間也。蔡般以子殺父，楚虔以臣弒君，皆天理所不容，即皆王法所必討。晉不能奉天之討，方且援天以自

丈于蔡則曰天將假手於楚以斃之。于楚則曰天厚其惡而降之罰。天豈若是諄諄然命之乎。楚虔之侈而逆天。晉平之偷而弃天。其獲罪於天同。誰倡齊盟。淩夷至此。天有五材而將用之。蓋遥遥與司城子罕之言相應也。

見三按蔡般弑君。天討宜加。周不能討而諉之於天。晉不能討而歸之於天。天討不明。蠻夷得而誘之矣。蔡固逆天。楚亦違天。故本滅蔡也。傳意却在楚之自滅。本蔡侯無道以自滅也。傳意却以滅蔡為厚楚之毒而速于自滅。惡壅必潰。惡周必復。蓋思王思覇之後。不能不搔首而問天也。此春秋之筆削所以稱天歟。

五月，齊歸薨。大蒐於比蒲，非禮也。

姜氏嚴曰：惡三家也。斯時車馬卒乘皆為三家有，此大蒐乃三家耀武也。齊歸

於是月卒，視君之大喪漠不相關，何怪後之朋比逐君乎。然皆公致之也。公無戚容，已不顧其親矣。

齊歸傳謂敬歸之娣，襄公之妾，昭之母也。自昭之哀何以無卒敬歸之文，蓋昭公爲意如所逐，而敬歸之卒爲意如所制，不成喪，故不赴諸侯，亦不書於史。

周大章曰：薳氏之簉，何以別居在外，分明正室不能相容。僖子爲無後計，故以泉丘女之奔，如夢叶吉，天啟之也。其尤奇者，隣女相從，即有有子無弃之盟，竟成字南宮敬叔之讖，直咄咄怪事。

姜白巖曰：穆子庚宗之宿，有夫之婦也，斯謂之淫，宜有淫禍。此女有夢，泉丘人請于僖子，凡不以禮聘，皆謂之奔，育二子而師事聖人，南容更爲高弟，孟氏之廟有光焉。

見三按：定姒之喪，不殯不虞，猶賴匠慶之言得以成禮。今則國有大喪，大蒐耀武，不知有國母，安知有君。連類書之，曷勝冰堅之感。

孟僖子會邾莊公，盟於祲祥，修好禮也。蒐非存亡之由，故臨喪不宜爲之。盟會以安社稷，故喪盟謂之禮。泉邱魯邑，按今在山東寧陽泗水間。人有女夢以其帷幕孟氏之廟，遂奔僖子，其僚從之。隣女爲僚友者，隨而奔僖子。盟於清邱之社，曰：有子無相弃也。二女自共盟。僖子使助薳氏之簉。簉，倅也。薳氏之女爲僖子副妾，別居在外，故僖子納泉邱人女，令副助之。○薳，爲彼反；簉，初又反。反自祲祥，宿於薳氏，生懿子及南宮敬叔於泉邱人。其僚無子，使字敬叔。字，養也。似雙生。

見三按：泉邱一夢，篤生賢者，善人有後，天緣適合，非人力所能爲，亦非正室所能妬也。薳氏別居，豫爲泉邱女作巢穴，祲

姜白巖曰荀吳之呼如夢初覺厥慭之會者八國齊宋大國在焉斯時蔡世子有方嬰城固守效死弗去不忍忘親事雖以亡日之生也相持八閱月日待諸侯之救而此時荀吳善戰魏舒善謀刻期進師敗楚救蔡豈非霸者之舉無如韓起之覺而又夢也請蔡於楚益為楚輕楚弗從坐視枕戈復讎之孝子縛為山川賣祀之犧牲噫韓起之罪烈矣子產曰不能救蔡也早知韓起矣

祥之會修好而來又若專為生子而來忠於國者即慶于家觀於僖子可以勉矣

楚師在蔡（向之師 四月）晉荀吳謂韓宣子曰不能救陳又不能救蔡物以無親（補正物只作人字解）晉之不能亦可知也已為盟主而不恤亡國將焉用之秋會於厥慭謀救蔡也（不書救蔡不果救）鄭子皮將行子產曰行不遠不能救蔡也蔡小而不順楚大而弗德天將弃蔡以壅楚盈而罰之（盈楚惡）蔡必亡矣且喪君而能守者鮮矣三年王其有咎乎善惡周必復王惡周矣（元年楚子弑君而立歲在大梁後二年十三歲歲星周復於大梁）晉人使狐父（晉大夫）請蔡於楚弗許（歸義自弭兵議興中國戎車久不駕故人不知兵以中國之大八國之衆不能辦楚一隅良有由也）

見三按楚馳一介之使以求諸侯晉人奉命恐後晉合諸侯

姜自嚴曰：天王聞晉將有救蔡之師，於是使單子來會，蓋錫以王命，使以大義討賊救患也。單子守氣既失，視下言徐，韓起暮氣不揚，縮首股慄，傳又書叔向之言，以見蔡人危急之秋，晉人方從容臧否人物，君子知其無救蔡之志也，以發明經不書救。

之師，以請一蔡，楚竟拒之，晉亦無如之何，至是宋向戌之罪益不可勝誅矣。蓋自弭兵之議興，人習偷安，戎車不駕，以中國之大，八國之衆，而不能辦楚之一隅，良有由也。從來以中國而困夷狄者，大率如斯，可戒也哉。

單子（單成公）會韓宣子於戚，視下言徐。（林解：其視過下，惴惴然；其言太徐，奄奄然。）叔向曰：單子其將死乎！朝有著定，（孔疏：著定，謂佇立定處。○著，張慮反。）會有表，（野會設表以為位。疏云：禮，諸侯建旗以為表也。）衣有禬，（領禬。古外反。）帶有結。（結帶。）會朝之言，必聞於表著之位，所以昭事序也；視不過結禬之中，所以道容貌也。言以命之，容貌以明之，失則有闕。今單子為王官伯，而命事於會，視不登帶，言不過步，貌不道容，而言不昭矣。不道不共，不昭不從，（貌匝曰共，言順曰從。）無守氣矣。（為此年冬單子卒起本。林解：無守氣，神氣不守其體也。）

姜白巖曰襄公卒而昭公有嘉容今之不慼亦嘉容之謂也叔向至有三年之喪而無一日之慼使百世下入子讀之無不痛傷何況弔者

黃薌林曰人之所賴以生者氣為之也盈與歎均非佳兆宜單子視下言徐由於氣不養故氣不壯一聞救蔡之事踽踽不安氣安能守叔向斷之以理可與動乎四體之說相發明見三按荀吳尚有英氣韓起純是暮氣單子竟成死氣子產叔向則氣靜神恬談言奇中似有道學氣合上篇觀之可以觀人可以觀氣

九月葬齊歸公不慼晉士之送葬者歸以語史趙史趙曰必為魯郊言昭公必出在郊野不能有國侍者曰何故曰歸姓也不思親祖不歸也姓生也言不思親則不為祖考所歸佑按歸齊歸也歸姓謂齊歸所生之子也凌氏乃謂母不姓歸將無咎乎以此駁左誤矣叔向曰魯公室其卑乎君有大喪國不廢蒐謂蒐比蒲有三年之喪而無一日之慼國不恤喪不忌君也忌畏也按也罪三家君無慼容不顧

親也。（罪公）國不忌君，君不顧親，能無卑乎？殆其失國。（為二十五年公孫於齊傳。）

見三。按：昭公失國，兆已先見。史趙論其理，叔向論其勢。不思親，專就公不戚作斷，即叔向不顧親意；不忌君，又并大蒐以斷之。蓋君之失國，固由己之不道，亦必國有强臣悍族蔑視其國君，為之大喪不恤，何況其他？乾侯之禍，若操左劵。前言必為魯郊，後言君失其國，回憶叔孫豹之言，真如符節之合。

冬十一月，楚子滅蔡，用隱太子於岡山。（蔡靈公太子，蔡侯盧之父。）申無宇曰：不祥。五牲（牛羊豕犬雞）不相為用，況用諸侯乎？王必悔之。（悔為暴虐）

見三。按：圍蔡者楚也，救蔡者晉及七國也，以其身為犧者蔡世子有也。楚氛之惡至此益加，晉霸之衰至此益甚。五牲不相為用，況諸侯乎？斥楚靈，即以傷中國也。

姜白巖曰：四月楚弃疾圍蔡，以偏師圍之也。至冬十一月，傳書曰楚子滅蔡，是虔以全軍繼至，百道俱攻，而蔡不支。無宇云用諸侯，則有已立為君。經稱世子，傳舉其謚，明其為父復讎，得死孝之正也。若有者可以風世之為人子矣。用人以祭，始見於宋襄，則齊桓既没之後也；再見於意如；三見於楚虔，則晉楚將息之時也。

姜白巖曰：叔向之料單成子、魯昭公，何其神也。其於蔡之當救、楚之易伐，非不瞭然，而嘿不一言，知無補也。蓋肸自叔虎之難，幾為范匄所殺，幸而得免，遂以遜言避禍。且素有賢名，為列國之望，執政往往借其言以聚心，其實是皆非本意。或以容悅譏叔向，豈知叔向者哉。

孫執升曰：貞觀之制，天下之兵八百餘府，而在關中者五百，舉天下之大，僅當關中之半，故內足制外。自停上下魚書，而六軍宿衛皆市人，于是外兵盛強，而藩鎮遂為唐室禍。末大之戒，誠千古格言。

魏禧曰：多名言，只說大概利害，不實就棄疾說，最得之。昔西伯戡黎，祖伊告紂，但言國事危殆，一語不及西伯，真忠臣告暴君全賢臣之至道。

十二月，單成公卒。終叔向之言

見三按叔向料事料人，不愧子產，而于晉事獨嘿然不言，一以見叔向之懦而不能強諫，一以見六卿之強而不能容諫。幸而得死，豈其獲祀，肸之心傷矣，肸之遇亦可悲矣。

楚子城陳、蔡、不羹。按今在河南襄城縣東南者，西不羹；在舞陽縣北者，東不羹也。○羹音郎 使棄疾為蔡公。王問於申無宇曰：「棄疾在蔡何如？」對曰：「擇子莫如父，擇臣莫如君。鄭莊公城櫟而寘子元焉，使昭公不立。按補正：子元，鄭厲公字。莊公寘厲於櫟，因之以殺櫟大夫檀伯，遂居櫟，卒使昭公不安位而見殺。齊桓公城穀而寘管仲焉，至於今賴之。城穀在莊三十二年。臣聞五大不在邊，五細不在庭。言五官之長，專盛過節，則不可居邊；細弱不勝任，亦不可居朝廷。親不在外，羈不在內。今棄疾在外，鄭丹在內。襄十九年丹奔楚君其少戒。」王曰：「國有大城何如？」對曰：「鄭京、櫟實

殺曼伯、(檀伯也、屬公得櫟又并京、)宋蕭亳寔殺子游、(在莊十二年)齊渠丘寔殺無知、(在莊九年、渠丘齊大夫雍廩邑、)衛蒲戚實出獻公、(蒲甯殖邑、戚孫林父邑、出獻公在襄十四年、)若由是觀之、則害于國、末大必折、(折其本)尾大不掉、君所知也、(為十二年陳蔡作亂傳、疏云、木大必折、以樹木喻、尾大不掉、以畜獸喻。掉徒弔反)

黃瓛林曰、楚靈弒郟敖、逐子干子晳、豈不忌棄疾、蓋楚靈暴虐、棄疾必貌為謙恭謹慎、使之不疑、無罪既不便加戮、又不敢處之內境地、使為蔡公、予以大城、既可消肘腋之禍、復可壯一國之威、如何兩問、皆是自鳴得意、而不知親之不可在外、正患其尾大不掉也、明太祖以永樂英鷙有為、特封之北燕、以除其偪、其後卒兆靖難之師、禍變之來、英主且不能豫防、況其在楚虔乎、乾谿之禍、不旋踵矣、

見三按無宇不勸靈以修德徒以親不在外末大必折為慮

愚矣秦始皇分天下為郡縣無救於亡蕭齊削奪藩宗藩亡

不旋踵楚虔不道天厚其毒而降之凶其速亡豈在棄疾封

蔡哉但其持論不阿猶是斵旌本色

春秋左傳精義卷三十八

閬中　鄉林黃一桂　輯　男　心垣見三　補輯

昭公六

經（辛未）十有二年春齊高偃帥師納北燕伯於陽（杜解）三年燕伯出奔齊。高偃高傒元孫。齊大夫。陽即唐。燕別邑。不言於燕。未得國都。按陽今直隸唐縣東。（林解）齊景公有志復霸。○三月壬申鄭伯嘉卒。（子定公寧立）○夏宋公使華定來聘（定華椒孫）○公如晉至河乃復。○五月葬鄭簡公（三月而葬速。（日抄）公背楚歸晉。子產相之。弭兵之後。兩事晉楚。國不被兵。春秋之賢諸侯也。）○楚殺其大夫成熊（傳在葬鄭簡公上。經從赴。）○秋七月。○冬十月公子慭出奔齊。○楚子伐徐（不書圍。以乾谿師告。）○晉伐鮮虞（蘇解）伐鮮虞而不救

姜白巖曰：此燕伯款三年奔晉，六年齊納之，受賂不克也。至此又六年，再納之，僅置於唐，竟不知所終，可知復國之難。然在景公已為僅見之舉。公羊乃謂伯于陽是公子陽生之誤，豈似齊景欲納其子而不得者，誣甚矣。

姜白巖曰：子產治鄭，一以大公，雖相契如太叔，猶不敢以私干。然毀廟取葬道，仁人不為，故不忍二字，從除徒說出。要子產遂命不毀，若司墓之室，不比游氏之廟，而亦不遽毀者，不忍害民，皆子產之仁也。蓋不必毀廟，道自可行，子太叔不欲

陳蔡。力非不足也，棄諸侯也。

傳十二年春，齊高偃納北燕伯款於唐，因其衆也。【杜解】言因唐衆欲納之，故得先入唐。

見三按衛獻之入於夷儀也，晉侯納之也。北燕伯之入於陽也，齊侯納之也。然衛不言納，燕不言入，何也？亂臣賊子，天下之惡一也。晉力足以及衛，而庇賊不討，故春秋不與其納，而以獻自入為辭，見晉人之無同仇。齊力不足以及燕，而為賊所拒，故春秋不書其入，而以納予齊，見燕人之不悔禍。

三月，鄭簡公卒。【日抄】子產知禮，而速葬何也？將為葬除。除葬道。及游氏子太叔之族之廟，將毀焉。子太叔使其除徒執用毀廟具以立，而無庸毀，曰：子產過女，而問何故不毀，乃曰不忍廟也，諾，將毀矣。教毀廟者之辭既如是，

以私害公。如子產命毀即毀之也。傳摘請毀司墓之室、以見子太叔之公心。初不以权術愚子產。亦不是不忍毀己之廟、却忍毀人之室也。

子產乃使辟之、司墓之室、有當道者、簡公別營葬地、不在鄭寔先公舊墓、故道有臨時迁直也。司墓之室、鄭之掌公墓大夫徒屬之家。毀之則朝而堋、下棺。朝如字。堋北鄧反。禮家作窆、彼驗反、義同。弗毀則日中而堋。子太叔請毀之、曰、無若諸侯之賓何。不欲久留賓。子產曰、諸侯之賓能來會吾喪、豈憚日中。無損於賓、而民不害、何故不為。遂弗毀、日中而葬。君子謂子產於是乎知禮。禮無毀人以自成也。

黃鄰林曰、古之葬者、天子諸侯大夫皆定以月數。無所謂擇日擇時之說也。蓋葬者藏也、欲人之不得見。其定以月數者、所以昭誠敬之心、其不擇時者、所以杜趨避之門。先王之制禮、本於天理。順理則吉、逆理則凶、非順逆之外、別有吉凶也。後世陰陽堪輿家創為吉凶以惑人、或選年月、或擇日時、或

墓田、竟以先人之骸骨、定後代之吉凶甚有數十年停柩不
葬、尸骸暴露遺棄道傍逆理蔑親、欲以求福、其可得乎唐呂
才葬經序據此傳為古不擇時之証其論確矣、
見三按不忍之心一也死者之廟不忍毀而生者之室獨忍
毀乎太叔不欲已廟之毀而請毀人之室無論公私與否其
於不忍之心則充之未至也觀子産無損於賓數語純是仁
心為質非太叔權術所可及贊子産而不滿太叔之意自在
言外

夏宋華定來聘通嗣君也宋元公新即位享之為賦蓼蕭弗知又不荅
賦詩小雅義取燕笑語兮樂與華定燕語也又曰既見君子為龍為光欲以寵光賓也又曰令德壽凱言賓有令德可以壽樂也又曰萬福攸同言欲與賓同福祿也昭子曰必亡宴語之不懷思也寵光之不宣

姜白巖曰、時南蒯慭、與公謀逐季氏、慭與公如晉、將以季孫之惡告於嗣君、因晉之力去之也、季孫早已知之、先愬於晉、晉臣以為公之愬行、則君权振矣、大非六卿之利、於是以取郠舊事拒公、僅以慭往、無能為矣、下南蒯篇詳敘卿之諷、可知事已聲張、而季氏備之豫也、公欲朝晉而見拒、以季孫取郠辱其君也、晉欲享鄭而見辭、以子產知礼尊其君也、然桓九年曹世子之燕獻而歎、則知諸侯之不得侍父疾也、此年子產請免喪而後聽、則知諸侯之不得守親喪也。

揚也令德之不知、同福之不受、將何以在、為二十年華定出奔傳

見三按魯原不當賦蓼蕭、觀為賦二字、蓋特命樂工以示意

所以嘗試之也、否則昭子先自處於不通、又何以責人、因其

弗知、卽借詩評斷、見文義甚明、與茅鴟相鼠一類、絶不鮮所

云云為何也、定其齊慶封流亞乎、

齊侯、衛侯、鄭伯如晉、朝嗣君也、晉昭公新立公如晉、非欲朝嗣君至河乃

復、取郠之役、在十年莒人愬於晉、晉有平公之喪、未之治也、故辭

公、公子慭魯大夫遂如晉、如晉不書、還不復命而奔、故史不書於策晉侯享諸侯、子產

相鄭伯、辭於享、請免喪而後聽命、簡公未葬晉人許之、禮也、善晉不奪孝子

之情、晉侯以齊侯宴、中行穆子荀吳相、投壺、晉侯先、穆子曰、有酒如

淮、水名有肉如坻、山名。直疑反寡君中此、為諸侯師、中之、齊侯舉矢曰

有酒如澠，水出齊國 有肉如陵，大阜也 寡人中此，與君代興，更也 亦中之，
伯瑕士文伯 謂穆子曰，子失辭，吾固師諸侯矣，壺何為焉，其以中
儁也，言投壺中不足為儁異。 齊君弱吾君，歸弗來矣，欲與晉君代興，是弱之。 穆子曰，吾
軍帥彊禦，卒乘競勸，今猶古也，齊將何事，言晉德不衰於古，齊不事晉，將無所事。
公孫傁齊大夫。素口反 趨進曰，日旰。古旦反 君勤，可以出矣，以齊侯出。
傳言晉之衰

黃鄉林曰，軍帥彊禦卒乘競勸，不以之救蔡，而以之拒魯，不以之伐楚，而以之傲齊，拒魯非禮，傲齊亦非禮，唯許鄭伯之請免喪聽命，為得禮之正。

見三按投壺而曰為諸侯師，實有傲齊之心，舉矢而曰與君代興，便有輕晉之意，不能自強，徒誇得儁，樽俎之間，兵戎伏

姜白巖曰：意在滅肥，道經鮮虞，恐肥聞之有備也，故偽會齊師而假道。昔陽肥之塞邑也，昔陽入，遂一鼓滅之，為鬼為蜮則不可測。即荀吳之滅肥，可以知前之圍鼓矣。

馬異日盟沙叛晉，河内伐晉，皆於此宴為之兆矣。

楚子謂成虎若敖之餘也，遂殺之。成虎令尹子玉之孫，與闞氏同出於若敖。宣四年闞椒作乱，今楚子信譖而討若敖之餘。疏云虎，成熊字。或譖成虎於楚子，成虎知之而不能行。書曰楚殺其大夫成虎，懷寵也。

見三按若敖之亂已六十餘年，時成虎當未生，否亦方乳臭耳。追治至此，名為討逆，實屬信讒。傳曰懷寵，明虎之無罪而虔之妄殺亦可見矣。

六月，葬鄭簡公。傳終子產辭喜

晉荀吳偽會齊師者，假道於鮮虞，遂入昔陽。鮮虞白狄別種，今直隸新樂縣西南有鮮虞亭。昔陽今藁城縣西南與新樂接壤。秋八月壬午，滅肥，以肥子緜臯歸。肥，白狄也。緜臯其君名。穪注肥、彭皆白狄微種。種不不書者，併後伐鮮虞。按肥今藁城縣西南

姜白巖曰：景王之世，毛得殺毛伯過，而王不問也。至此甘原之族又以下攻上，且被殺如此之多，而王又不問也。於是朝官不明大義，各樹其黨，子朝之亂遂蔓延不可制。陳止齋曰：傳載甘原之禍，所以趣周亂也。

四

見三按：荀吳假道之計不亞於荀息，有此將才，不以之伐楚，而以之滅肥，蓋是時政在家門，六卿皆滅邑自私，故伐楚則怯，而滅肥則勇也。

周原伯絞（周大夫原公）虐其輿（衆也）臣，使曹（羣也）逃。冬十月壬申朔，原輿人逐絞而立公子跪尋（絞弟），絞奔郊（周地）。甘簡公（周卿士）無子，立其弟過。過將去成景之族（成公景公皆過之先君），賂劉獻公（周卿士劉定公）。（子欲使殺過）丙申，殺甘悼公（即過），而立成公之孫鰌（平公。按從平定公從劉氏勤王或德獻之立己。○鰍音秋）。丁酉，殺獻太子之傅庚皮之子過（劉獻公太子之傅），殺瑕辛於市，及宮嬖綽、王孫沒、劉州鳩、陰忌、老陽子（六人周大夫，及庚過皆甘悼公之黨）。（傳言周衰，原甘二族所以遂微。）

見三按：甘原擅殺，罪不容誅，王置不問，失刑極矣，安得不生

姜白巖曰：季孫專魯，幾移社稷。慭能起問罪之師，告於公而奉命行之，是討賊，豈等於無名而作亂者哉。謀洩，畀季，其出奔非得已也，固早知公之必隨從矣。書之襃慭也，亦危公也。而傳獨罪南蒯者，何哉？蒯父南遺荼毒叔孫，小父帶與之濟惡，皆漏綱。今終乃蒯以不礼之故，要慭小以圖季，名雖正而其心則非也。公不辨南蒯為何如，而誤入慭者言，欲與慭至晉，藉晉人除，豈知此日晉卿早與季孫相為一氣。於是公歸，慭往謀不得達，蒯以勢孤而叛，慭因費叛而奔。所留者一小年，季氏知公之與謀，且知公欲以晉謀，則其厚結晉臣以謀公者，何所不至乎。傳又於南蒯之將叛，詳載一歎一占一歌，非為蒯惜也，以見事必無成而禍己禍人也；以見假公濟私而無関大義也；以見其謀已洩而季早倫之也；以見費必叛蒯而不能為用也。然猶亦南蒯，則惡季孫之義不明，故前後述叔孫正論侃侃，不附賊臣，以見討季孫者未始非大義之激發，而惜為南蒯之所誤也。

子朝之亂。

季平子立而不禮於南蒯。南遺之子，季氏費邑宰。南蒯謂子仲，公子慭。吾出季氏而歸其室於公，季氏家財。子更代也。其位，我以費為公臣。子仲許之。南蒯語叔仲穆子，叔仲帶之子小。且告之故。語以欲出季氏，以不見礼故。季悼子平子父。之卒也，叔孫昭子以再命為卿。傳言叔孫之見命在平子為卿之前。疏云：悼子未為卿，其卒當在武子之前。平子以孫繼祖，武子卒後即平子立也。及平子伐莒克之，再受三命。平子以功加三命，昭子不伐莒，亦以例加為三命。叔仲子欲構二家，欲構相憎。使謂平子曰：三命踰父兄，非禮也。言昭子受三命，自踰其先人。平子曰：然。故使昭子。使昭子自貶黜。昭子曰：叔孫氏有家禍，殺嫡立庶，故婼也及此。禍在四年。若因禍以斃之，則聞命矣。言因亂討己，不敢辭。若不廢君命，則固有著矣。著位次。昭子朝而命吏曰：婼將與季氏訟，書辭無頗。偏也。季孫懼而歸罪於叔

仲子故叔仲小南蒯，公子慭。子仲謀季氏。慭告公，而遂從公如晉。南蒯懼不克，以費叛如齊。〔陳傳〕凡家臣叛，但書圖，不書叛。後倣此。子仲還，及衛，聞亂，逃介而先。介，副使也。〔林解〕子仲逃其副而先歸。及郊，聞費叛，遂奔齊。〔孔疏〕及郊，已入魯境。〔羅衛〕此解經所以書出。季氏之仇，而魯忠臣矣。南蒯之將叛也，其鄉人或知之，過之而歎，鄉人過蒯而歎。且言曰：恤恤乎，憂患。湫乎，愁隘。攸乎，懸危之貌。深思而淺謀，邇身而遠志，家臣而君圖，家臣而圖人君之事，故言思深而謀淺，身近而志遠。有人矣哉。言今有此人，微以感之。南蒯枚筮之，〔孔疏〕不告以所筮之事，空下一筭而使筮。遇坤䷁坤上坤下坤之比䷇。坤下坎上比，坤六五爻變。曰：黃裳元吉。坤六五爻辭。以為大吉也。示子服惠伯曰：即欲有事，何如？惠伯曰：吾嘗學此矣，忠信之事則可，不然必敗。按惠伯陰知其事，故逆折之。外彊內溫，忠也；和以率貞，信也。〔補正〕惠伯釋其義，言蒯無以當之。人臣剛以禦外，順以事主，斯謂之忠。秉堅貞之節，而和以率之，斯謂之信。故曰黃裳元

吉。黃中之色也。裳下之飾也。元善之長也。中不忠不得其色。(言非黃)下不共不得其飾。(不為裳)事不善不得其極。(失中德)外內倡和為忠。(不相違也)率事以信為共。(率猶行也)供養三德(補正：忠信共也)為善。非此三者弗當。(非忠信善不當此卦)且夫易不可以占險。將何事也。且可飾乎。(孔疏：言黃裳元吉之易，可以占忠信之事，不可占危險之事。按：今將行何事，可冒險為之乎。且黃裳原為下飾，變為險則裳壞，不可飾也。)中美能黃。上美為元。下美則裳。參成可筮。(按：必三美盡備，而從吉可如筮也。)猶有闕(謂不參成)也。筮雖吉。未也。將適費。飲鄉人酒。(蒯自其家還費)鄉人或歌之曰：我有圃生之杞乎。(言蒯在費欲為亂，杞生園圃，非宜也。)如從我者子乎。(孔疏：若能從我之言，不為亂，是為男子。)去我者鄙乎。(鄙賊之行)倍其鄰者恥乎。(鄰猶親也)已乎已乎。(孔疏：決絕之辭)非吾黨之士乎。平子欲使昭子逐叔仲小。(欲以自小解說)小聞之不敢朝。昭子命吏謂小待政於朝曰：吾不為怨府。(言不能為季氏

逆小生怨禍之眾為明年叔弓圍費傳陳傳傳言魯三家本不同心

黃薌林曰昭子大賢也季孫意如大奸也而皆出世卿之家可見人不以類拘也昭子前則朝衆而討豎牛此則朝衆而訟季氏正氣浩浩直可褫權奸之魄使有朝士輔之去季孫如摧腐鼠惜乎謀季氏者僅出於憖小諸人也

見三按從來舉大事者必以大義未有逞小忿而能濟者也南蒯欲去季氏祇為不禮之故且其胸中茫無成算既語子仲又告穆子機事不密豈能有成坤比之筮孟椒忠告圃杞之歌鄉人興歎窮而以費叛適以見其無能為耳叔孫婼正論侃侃兩次命吏季氏即不敢動可見意如本無能為惜昭公愚闇不能自振矣

姜白巖曰：通篇以醉飽二字為主。醉飽者，盡情不留餘地之喻，亦罪大惡極之喻也。從起句追出次於乾谿，加以懼吴三字。軍聲赫奕，五將皆行，使吴落膽不敢動，方可遂其脅周取鼎、脅鄭取田、畏服諸侯之心。又恐吴師之不測也，復以王卒接應，斯為萬全。時雨雪嚴寒，軍士裂膚墮指，假意自拊循，猶能挾纊，而執鞭顧指，誰不痛心？至冠至履，色色艷侈，全不識斯民疾苦，皆為醉飽二字寫照。與子革三問，正是醉飽之極，三答皆挑動之，使自知其醉飽也。剢圭既出，引詩喝破，惘然不答一言，寢食俱廢，覺從前篡弑、滅国、戕人皆醉飽也。今日全軍凍餒，供我妄求，亦醉飽也。特恐人怨所歸，蕭墻禍起，無路可生耳。斯時下罪己之詔，迅速班師，雖不能保棄疾之不入，猶不至有訾梁之潰。奈何數日不能自克乎？傳引仲尼之言，謂人當及時遷善，無如楚靈之將死無及也。

楚子狩冬獵。於州來，次於潁尾。潁水之尾，在下蔡西。按今江南潁上縣之潁口。使蕩侯、潘子、司馬督、囂尹午、陵尹喜帥師圍徐以懼吴。五子，楚大夫。徐，吴與國，故圍之以偪吴。〔輯傳〕將有事北方，恐吴撓其後也。楚子次於乾谿，以為之援。雨雪，王皮冠，秦復陶，秦所遺羽衣也。翠被，以翠羽飾被。〔附注〕被，帔也，古字通。〔說文〕方言以帛為帔，下裳也。豹舄，以豹皮為履。執鞭以出，執鞭以教令。僕析父從。楚大夫。右尹子革夕，鄭丹。夕，莫見。王見之，去冠被，舍鞭，敬大臣。與之語曰：「昔我先王熊繹，楚始封君。與呂伋、齊太公之子丁公。伋音急。王孫牟、衛康叔子康伯。燮父、晉唐叔之子。禽父，周公子伯禽。並事康王，成王子。四國皆有分，齊、晉、魯、衛。珍寶之器。我獨無有。今吾使人於周，求鼎以為分，王其與我乎？」對曰：「與君王哉！昔我先王熊繹辟在荊山，篳路藍縷，〔林解〕路車也，以柴為車；衣服藍縷。篳音必，藍力甘反，縷力主反。以處草莽，跋涉山林以事天子，唯是桃弧、棘矢以共禦王事。桃弧棘矢以禦不祥，言楚在山林，少所出有。齊王

舅也。成王母齊太公女晉及魯衛、王母弟也。楚是以無分、而彼皆有。今周與四國服事君王。將唯命是從、豈其愛鼎。王曰：昔我皇祖伯父昆吾舊許是宅。陸終氏生六子長昆吾少季連楚之祖故謂昆吾為伯父昆吾長居許地故曰舊許是宅。今鄭人貪賴其田、而不我與。我若求之、其與我乎。對曰：與君王哉。周不愛鼎、鄭敢愛田。王曰：昔諸侯遠我而畏晉。今我大城陳蔡不羹、賦皆千乘、子與有勞焉。諸侯其畏我乎。對曰：畏君王哉。是四國陳蔡皆不羹者專足畏也。又加之以楚、敢不畏君王哉。工尹路請曰：君王命剝圭以為鏚柲、鏚斧也柲柄也破圭玉以飾斧柄鏚音戚柲音秘敢請命。請制度之命王入視之。析父謂子革：吾子楚國之望也。今與王言如響、國其若之何。識其順王心如響應聲子革曰：摩厲以須、王出、吾刃將斬矣。以己喻鋒刃欲自摩厲以斬王之淫慝。王出、復語。左史倚相趨過。楚史名王曰：是

良史也、子善視之、是能讀三墳五典八索九丘、皆古書名、疏云、孔安国尚書序云、伏羲神農黃帝之書、謂之三墳、言大道也。少昊顓頊高辛唐虞之書、謂之五典、言常道也。八卦之說、謂之八索、求其義也。九州之志、謂之九丘、丘聚也。土地所生、風氣所宜、皆聚此書也。周禮鄭注、以墳典為三皇五帝之書。賈逵以為三墳三王之書、五典五帝之典、八索八王之法、九丘九州亡國之戒。張平子以三墳為三禮、五典五帝之常道、八索八議之刑、九丘九刑也、馬融說三墳天地人之氣、五典五行也、八索八卦、九丘九州之數也。諸家各以意言、故杜但云古書。對曰、臣嘗問焉、昔穆王周穆王欲肆其心、肆極也周行天下、將皆必有車轍馬跡焉、祭公謀父周卿士作祈招之詩、以止王心、祈父周司馬、世掌甲兵之職、招其名、祭公方諫遊行、故指司馬官而言、此詩逸。○招常搖反王是以獲没不見篡弑於祇宮。祇音支。臣問其詩而不知也、若問遠焉、其焉能知之、王曰、子能乎、對曰、能、其詩曰、祈招之愔愔、愔愔安和貌。○一心反式昭德音、式用也、昭明也思我王度、式如玉、式如金、金玉取其堅重形民之力、而無醉飽之心、言国之用民、當隨其力任、如金冶之器、隨器而

制形故言形民之力去其醉過飽過盈之心蘇氏曰必至於醉飽則民不堪命按形家語作刑謂傷民之力也則醉飽為知足之喻與此文義不合方服杜註之精王揖而入饋不食寢不寐數日深感子革之言不能自克勝也以及於難仲尼曰古也有志克己復禮仁也信善哉楚靈王若能如是豈其辱於乾谿杜解明年楚果叛弒王

黃鄰林曰析招之詩未見聳畏而楚虔即能饋不食寢不寐可見人性皆善即山楨未嘗無天良發見之時惜不能擴充夜氣以致牿亡矣或疑克己復禮之言比擬不倫恐係左氏之附會不知克己復禮是徹上徹下語對上知言則克復為入聖之階對下愚言則克復為寡過之法聖狂之分祇界幾希亦於克復間辨之聖言豈欺人哉

見三按東坡在和州借詩託諷為李定舒亶所劾致成大獄

苟非太后英明，軾雖百喙莫辯矣。子革引祈招以諷主，亦古人納忠之道。唯摩厲以須，吾刃將斬，是誠何言，敢加乎君父之間。使遇小人媒孽其短，革其戮哉。

晉伐鮮虞，因肥之役也。肥役在此年

見三按晉於鮮虞諸國，伐之不遺餘力，獨於楚不敢加一矢。所謂不能三年之喪，而緦小功之是察也。

經壬申十有三年春，叔弓帥師圍費。（集傳）凡家臣以邑叛，不書叛人之名，家臣微賤，名不登史策也。但書大夫圍之，則邑叛可知。○夏四月，楚公子比自晉歸於楚，弒其君虔於乾谿。（杜解）靈王死在五月，又不在乾谿，楚人生失靈王，故本其始禍以赴之。楚公子棄疾殺公子比。比雖為君，而未列於諸侯，故不稱爵。（會通）棄疾若討賊，則不當不書人；楚若寘君比，則不當不書其君。書公子，則異於州吁、無知；不書人，異於石碏、雍廩；不書其君，則楚人視比異於商人、蔡般。此春秋之變文。○平王棄疾立。○秋公

孫執策曰：從來招攜之策，無如先結民心。民心既散，叛臣自無與守。回紇欲掠西京，廣平王稽首曰：今始得西京，若遽俘掠，則東京之人為賊固守而不可復。區夫教季子懷來費人，所以散南氏之黨而使之無與同惡也。祁奚得起而遂之矣。姜白巖曰：或謂治區夫為意如謀則得矣，如公室何？不知南蒯之欲張公室為不礼於季氏，特以是為名耳，以傾險之小人托君子之名義，祇見其一敗塗地，徒苦其民而已。慭與小為公族大夫，猶有公室之心，故經之立義於慭書出奔，明所係甚重。傳於叔孫之不逐小見守正不渝，至南蒯之叛之奔，皆不見經，以為其人其事無關輕重也。傳大書區夫之

會劉子、晉侯、齊侯、宋公、衛侯、鄭伯、曹伯、莒子、邾子、滕子、薛伯、杞伯、小邾子於平丘。（按今河南陳留縣北有平丘故城。）八月甲戌，同盟於平丘。公不與盟。（魯不堪晉求，讒慝宏多，公不與盟。【方解】季孫威重過於君，史書季孫之執，不得不書公不與盟。）晉人執季孫意如以歸。公至自會。蔡侯廬歸於蔡。陳侯吳歸於陳。冬十月，葬蔡靈公。公如晉，至河乃復。（晉人辭公。）吳滅州來。（楚邑）

傳十三年春，叔弓圍費，弗克，敗焉。（杜解）為費人所敗，不書，諱之。【呂說】費，季氏腹心之地，南蒯以費叛，腹心內潰，季氏討之，三四年不服，間隙孰過於此。昭公與清忠遠識者圖，舉兵伐之，季氏必敗。及季既服費，始謀討之，晚矣。平子怒，令見費人執之以為因俘。治區夫（魯大夫）曰：非也。若見費人，寒者衣之，饑者食之，為之令主，而共其乏困，費來如歸，南氏亡矣。民將叛之，誰與居邑？若憚之以威，懼之以怒，民疾而叛，為之聚也。若諸侯皆然，費人無歸，不親南氏，將焉入矣？平子從

之功，豈非以息亂而遂南氏哉。

姜白巖曰：讀傳者以經蔽弒於此，遂於棄疾有恕辭，非然也。歷細之，徵早已自負，虔之惡多，棄疾成之，其待之兇而思受其釁也久矣。息舟作亂，遂氏、許圍、蔡洧、蔓成然、常壽過為一路，而[illegible]為主，曰故事蔡公以曾受章龜之屬，則潛與相通明矣。亂賊猖獗，築城而居，蔡公不發一矢以已相照也。觀從、朝吳又是一路，而觀從為

之、費人叛南氏、（費叛南氏在明年傳。善區夫之謀，終言其效。）

黃鄉林曰：范文正守延州時，撫柔諸羌，即用此法，使朝議不講和，三年之內，元昊不戰自降矣。區夫之言，開後人多少神智，獨惜其為賊臣謀耳。

見三按：尹鐸弗繭晉陽之絲，而趙氏不亡；馮煖嘗焚孟嘗之券，而薛人終戴；後世用私人市私恩，皆治區夫類也。至雞鳴狗盜之流出，則況而愈下，其事更不足言矣。

楚子之為令尹也，殺大司馬薳掩而取其室，（在襄三十年）及即位，奪薳居田；（居，掩之族，言薳氏所以怨。）遷許而質許圍。（遷許在九年。圍，許大夫。）蔡洧有寵於王，王之滅蔡也，其父死焉，（滅蔡在十一年。洧仕楚，其父在國，故死。）王使與於守而行。（使洧守國）申之會，越大夫戮焉，（孔疏：王肅云：申之會以常壽過有罪，不得列會，故不書越也。戮者，陳

主其曰今不封蔡蔡不封矣正謂五子作亂與蔡晉通可以乘機樹功為封蔡地詐為棄疾之命以召二子二子至郊消息已通於棄疾朝吳之言蔡公授意也不然賊入蔡城且入蔡公之室門不閑室不守而安坐而食見賊而逃無一設施也哉然而不先發難者蓋偽為君子不欲身受惡名且恐民心未歸而事或無成也迫衆曰與之於是出手作事兩路合而直入楚都矣公子比序長自立時其乾谿之師其父毋患子俱在郢都觀從傳新王之命立時解散而靈投身無所觀從者比之親臣為比謀者也其才遠出棄疾之上逆探棄疾有異志故假其命以召比逆料棄疾必殺比故乘其不倫以除棄疾比不能從觀從去卒死於棄疾之手遂其比於靈王潰師之地以明比寔弒君而因以告於諸侯夫兵莫憯於志而莫邪為下春秋當歸罪於棄疾而仍以比書者何哉蓋比自立為君也虔不死於棘圍而實死於訾梁之潰觀從為比之腹心而乾谿寔從令王之新令則靈之弒比為首惡矣

其罪惡以狥諸軍將殺而不果至今在楚王奪鬬韋龜令尹子文元孫中犫邑名又奪成然韋龜子邑而使為郊尹治郊竟大夫蔓成然故事蔡公故猶舊也韋龜以棄疾有當璧之命故使成然事之故薳氏之族及薳居許圍蔡洧蔓成然皆王所不禮也因羣喪職之族啓越大夫常壽過申會所戮者作亂圍固城克息舟楚邑城之堅固者城而居之孔疏以圍時有所毀故更城而居之觀起之死也其子從在蔡事朝吳故蔡大夫聲子之子曰今不封蔡蔡不封矣我請試之觀從以父死怨楚故欲試作亂以蔡公之命召子干子晳皆靈王弟元年子干奔晉子晳奔鄭及郊而告之情告以蔡公不知謀强彊與之盟孔疏二子聞非蔡公之命欲還故觀從强與之盟入襲蔡蔡公將食見之而逃不知其故驚起辟之觀從使子干食坎用牲加書而速行使子干居蔡公之牀食蔡公之食並偽與蔡公盟之徵驗以示衆己觀從也。音紀徇於蔡曰蔡公召二子將納之與之盟而遣之矣將師而從之詐言蔡公將以師助二子蔡人

然比首惡而棄疾則其從也，其殺比也，以計賊告諸侯。聖人於弒虔之下，即書公子棄疾殺公子比，以明志在奪虔之國。比不弒虔，彼必弒虔；比既弒虔，彼必殺比。而棄疾之逆惡，自無可逃。或曰：比之自立，為棄疾所賣耳，何以受首惡之名？曰：傳恐學者之有是疑矣，述叔向之告韓宣子曰：取國有五難，則靈在而比欲取其國也。又曰：犯五難以弒舊君，則靈在而比欲弒其身也。靈之弒，比與棄疾其志同也。志同當書其重，苟舍比而罪棄疾，則亂臣賊子自立為君，皆將委罪於造謀翊戴之人，豈萬世之公論哉。

聚，將執之。執觀從。辭曰：失賊成軍，而殺余何益？乃釋之。按賊指子干、子晳。已去則失賊。蔡公已從成軍，將助之。殺己不解罪。朝吴曰：二三子若能死亡，則如違之，以待所濟。言若能為靈王死亡，則可違蔡公之命，以待成敗何如。若求安定，則如與之，以濟所欲。言與蔡公，則可得安定。且違上，何適而可？言不可違上也。與，謂蔡公。衆曰：與之。乃奉蔡公，召二子子干、子晳。而盟於鄧，依陳蔡人以國。按依倚陳蔡之衆以立國。楚公子比子干、公子黑肱子晳、公子棄疾蔡公、蔓成然、蔡朝吴帥陳蔡不羹許葉之師，因四族之徒薳氏、許圍、蔡洧、蔓成然。以入楚。及郊，陳蔡欲為名，故請為武軍。欲築壘壁以示後人，為復讎之名。蔡公知之，曰：欲速。秣解欲速入楚。且役病矣，請藩而已。藩，籬也。孔疏：蔡公恥本國有報仇之名。乃藩為軍。蔡公使須務牟與史猈皆楚大夫，蔡公之黨。先入，因正僕人太子之近官。殺太子祿及公子罷敵，公子比為王，公子黑肱為令尹，次於魚陂。按今湖廣景陵縣西北。公子

棄疾為司馬、先除王宮、按近比居之使觀從從師於乾谿而遂告之、從乾谿之師告使叛靈王且曰先歸復所從者劓、截鼻魚器反。師及訾梁而潰靈王還至訾梁而衆散。訾子斯反王聞羣公子之死也自投於車下曰人之愛其子也、亦如余乎、侍者曰甚焉小人老而無子、知擠隊也子細反。於溝壑矣王曰余殺人子多矣能無及此乎右尹子革曰請待於郊、以聽國人、聽國人之所與王曰衆怒不可犯也曰若入於大都而乞師於諸侯、王曰皆叛矣曰若亡於諸侯以聽大國之圖君也、王曰大福不再祇取辱焉然丹乃歸於楚、子革棄王歸王沿夏將欲入鄢、夏漢別名順流為沿順漢水南至鄢芋尹無宇之子申亥曰吾父再奸王命、謂斷王旌執人於章華宮王弗誅惠孰大焉君不可忍惠不可棄吾其從王乃求王遇諸棘闈以歸、闈門也孔晁云棘楚邑夏五月癸亥王縊於芋尹申亥

氏。癸亥五月二十六日。皆在乙卯丙辰後。傳終言之。按經書四月。從告。申亥以其二女殉而葬之。

觀從謂子干曰。不殺棄疾。雖得國。猶受禍也。子干曰。余不忍也。子玉觀從曰。人將忍子。吾不忍俟也。乃行。國每夜駭曰。王入矣。相恐以靈王也。乙卯夜。棄疾使周偏也走而呼曰。王至矣。乙卯十八日國人大驚。使蔓成然走告子干子晳曰。王至矣。國人殺君司馬棄疾將來矣。言司馬見殺以恐子干君若早自圖也。可以無辱。衆怒如水火焉。不可為謀。又有呼而走至者曰。衆至矣。二子皆自殺。不書殺君。位未定也。丙辰。棄疾即位。名曰熊居。葬子干於訾。實訾敖。不成君無號謚者。楚皆謂之敖。疏云。郟敖。訾敖。並以地名冠敖。又世家楚先君有若敖。宵敖。皆在位多年。亦稱為敖。不知敖是何義。殺囚。衣之王服。而流諸漢。乃取而葬之。以靖國人。使子旗蔓成然為令尹。楚師還自徐。前年圍徐之師。疏云。上云師及訾梁。是乾谿援師。此謂蕩侯等五子伐徐之師。吳人敗諸豫章。地名獲其

五帥平王封陳蔡復遷邑。復九年所遷邑陳蔡已滅故言封。【林解】致羣賂。始舉事時所貨賂

施舍寬民宥罪舉職。修廢官召觀從。王曰惟爾所欲。觀從教子干殺棄疾

令召用之。明在君為君之義。對曰臣之先佐開卜。乃使為卜尹。佐卜人開龜兆使枝

如子躬聘於鄭且致犨櫟之田。犨櫟本鄭邑楚中取之平王新立故還以賂鄭事畢弗

致。知鄭自悅服不復須賂故鄭人請曰聞諸道路將命寡君以犨櫟敢請命。

對曰臣未聞命既復。王問犨櫟降服如今解冠也而對謝違命曰臣過

失命未之致也。王執其手曰子毋勤。姑歸不穀有罪其告子也。

王善其有權有事則復使之他年芉尹申亥以王柩告乃改葬之。初靈王卜

曰余尚庶幾得天下不吉。投龜詬本作詢呼豆反天而呼曰是區區小天下

者而不余畀。余必自取之。民患王之無厭也。故從亂如歸。初共

王無冢大也適有寵子五人無適立焉。按適專主也言無專立乃大有事於

羣望(附注)祭名山大川在其封內者而祈曰請神擇於五人者使主社稷乃徧以璧見於羣望曰當璧而拜者神所立也誰敢違之既乃與巴姬共王妾密埋璧於太室祖廟之庭而使五人齊而長入拜從長幼以次拜康王跨之過其上也靈王肘加焉子干子晳皆遠之平王弱抱而入再拜皆厭紐微見璧紐以為審識(左鑑)此適然之變而以邪心成之者也不可為典繼缺焉而後可以議及繼正也及權也長幼亦然長正而幼權肘中九反鬭韋龜屬成然焉知其將立故託其子且曰棄禮違命楚其危哉棄立長之禮違當璧之命終致靈王之亂子干歸韓宣子問於叔向曰子干其濟乎對曰難宣子曰同惡相求如市賈焉何難宣子謂棄疾親恃子干共同好惡故言如市賈同利以相求對曰無與同好誰與同惡言棄疾本不與子干同好則亦不得同惡取國有五難有寵而無人一也寵須賢人而固有人而無主二也雖有賢人當須內主為應有主而無謀策謀三也有謀而無民民衆四也有

民而無德、五也。〔四者既備、當以德成。〕子干在晉十三年矣。晉楚之從、不聞達者、可謂無人。〔晉楚之士從子干遊、皆非達人。〕族盡親叛、可謂無主。〔無親族在族楚。〕無釁而動、可謂無謀。〔召子干時、楚未有大釁。〕為羈終世、可謂無民。〔終身羈客在晉、是無民。〕亡無愛徵、可謂無德。〔楚人無愛念之者。〕王虐而不忌、〔靈王暴虐、無所畏忌、將自亡。〕楚君子干涉五難以弑舊君、誰能濟之。〔言楚借君子干以弑靈王、終無能成。（纂疏）叔向云然、蓋亦以比為首惡矣。〕有楚國者、其棄疾乎。君陳蔡、城外屬焉。〔城、方城也。時穿封戍既死、棄疾并領陳事。〕苛慝不作、盜賊伏隱、私欲不違、〔不以私欲違民事。〕民無怨心。先神〔謂羣望〕命之、國民信之。羋姓有亂、必季實立、楚之常也。獲神一也、〔當璧拜〕有民二也、令德三也、〔無苛慝〕寵貴四也、〔貴妃子〕居常五也。〔棄疾子〕有五利以去五難、誰能害之。子干之官則右尹也、數其貴寵、則庶子也、以神所命則又遠之、其貴亡矣、〔位不尊。亡音無。〕其寵棄

矣、父既没故民無懷焉、非令德國無與焉。無内主將何以立。宣子曰、齊桓晉文不亦是乎。皆庶賤對曰、齊桓衛姬齊僖公妾之子也、有寵於僖、有鮑叔牙賓須無隰朋以為輔佐、有莒衛以為外主、齊桓出奔莒衛有舅氏之助、有國高以為内主。國氏高氏齊上卿從善如流、言其疾也下善齊肅、嚴敬也不藏賄、清也不從欲、儉也施舍猶言布恩德不倦、求善不厭、是以有國、不亦宜乎。我先君文公、狐季姬之子也、有寵於獻、好學而不貳、言篤志生十七年、有士五人、狐偃、趙衰、顛頡、魏武子、司空季氏子、五士從出有先大夫子餘、子犯以為腹心、有魏犨、魏武子賈佗以為股肱、稱五人而曰四士、賈佗又不在本數、盖叔向所賢、有齊宋秦楚以為外主、有欒郤狐先以為内主、謂欒枝、郤縠、狐突、先軫也亡十九年、守志彌篤、惠懷棄民、惠公懷公不恤民也民從而與之、獻無異親、民無異望、獻公之子九人、惟文公在天方相晉、將何以代文、此二君

十四

者異於子干共有寵子國有奥主謂棄疾也疏云室西南隅為奥奥是内之義奥主國内之主也無施於民無援於外去晋而不送歸楚而不逆何以冀國言傳子干所以蒙弑君之名棄疾所以得國

黄鄉林曰共王無適子有寵子五人立庶以長禮也子昭居長而最賢告於廟而立之誰曰不宜乃謀及婦人埋璧太廟率五子拜之以當璧為兆此時五子胸中皆有得大位之想繼而當璧者棄疾所立者仍子昭既違(廢)立長之禮而卜於神又違當璧之命而立其長不惟食言而且背神馴至圍弑郟敖比弑靈棄疾又殺子干子晳篡奪頻仍歴數十年始息皆由共王自為之也然則共王之欲自謚為靈厲也亦奚不可見三按棄疾權重而有謀觀從欲起事不舉之為君乃遠及

子干木偶之人何其闇也至棄疾起事時何不明白自圖况借名子干而後除之蓋凡舉大事而即身當尊稱以犯大難之名此淺人舉動其事必無成故觀起既名子干不妨即以子干試之倘羣情無異入楚不難則轉圖子干亦易易耳而觀起猶且夢夢欲使子干殺棄疾不從然後發憤而行豈不愚甚如范增明知沛公當王而輔殘暴之項羽屢勸羽殺之與觀從無異然增憤而死猶自知恥觀從則儼然受卜尹之職矣通篇以棄疾為主無四族之謀則亂不起而成然實棄疾之私人無觀起之謀則亂不成而朝吳實棄疾之上客故觀起一告而六師潰靈王縊成然一告而子干死子晳斃始如處女終如脱兎不動聲色而群雄一網打盡豈真壓紐之

姜白巖曰穆子挑釁齊人不服季孫取鄆晉令不行平邱之會（盟）齊也討魯也攝因與師純以威劫然六卿皆委靡偷之言也蓋叙張惶幕叙淫蕩華見晉無執政之子產而皆求貨之叔鮒齊人之貳職此之故而季孫之執亦此之故也夫季孫國賊也正其四分公室納叛取鄆之罪遂之殺之其於齊人之服何待煩言乃求賂不得疾魯如讎惠伯信蠻夷而

先成碩德信於晉君重於列國故援之意而借其口以出原非叔向之本意

兆神所命者弗能違哉想其如晉過鄭一段謙恭是何等精神其平心昔探心机警刻刻不怠已將君國人心看得通透至臨事時觸處洞然一絲不紊此雖小人之尤其用智幾於行所無事矣彼韓起者不能乘蠻荊之內亂耀兵江漢一雪宋虢之雪恥乃沾沾以子干之濟為問且高比之齊桓晉文不誠羞中國而為桓文之罪人哉

晉成虒祁（在八年）諸侯朝而歸者皆有貳心（賤其奢也）為取鄆故（取鄆在十年）叔向曰諸侯不可以不示威（知晉德薄欲以威服之）乃並徵會告於吳秋晉侯會吳子於良（下邳有良城縣）水道不可吳子辭乃還（辭不會）七月丙寅治兵於邾南甲車四千乘（三十萬人）羊舌鮒（叔向弟）攝（兼官）司馬遂合諸侯於平邱（呂說城濮之戰不過七百乘鞌之戰不過八百乘及蓮啓

十五

姜白巖曰、穆子挑釁、齊人不服、季孫取郵、晉令不行、平邱之會盟齊也、討魯也、稿因興師、純以威劫、然六卿皆委靡無志、而諉其事於叔向、故叔向之言、皆六卿之言也、蓋敘張幄幕、敘淫芻蕘、見晉無執政之子產、而皆求貨之叔鮒、齊人之貳、職此之故、而季孫之執、亦此之故也、夫季孫國賊也、正其四分公室、納叛取郵之罪、逐之殺之、其於齊人之服、何待煩言、乃求賂不得、疾魯如讎、惠伯信蠻夷而

兆神所命者弗能違哉、想其如晉過鄭一段謙恭、是何等精神、其平心昔揆心机警、刻刻不怠、已將君國人心看得通透、至臨事時觸處洞然、一絲不紊、此雖小人之尤、其用智幾於行所無事矣、彼韓起者、不能乘蠻荊之內亂、耀兵江漢、一雪宋虢之雪恥、乃沾沾以子干之濟為問、且高比之齊桓晉文、不誠羞中國而為桓文之罪人哉、

晉成虒祁、在八年、諸侯朝而歸者、皆有貳心、賤其奢也、為取郵故、取郵在十年、晉將以諸侯來討、叔向曰、諸侯不可以不示威、知晉德薄、欲以威服之、乃並徵會、告於吳、秋、晉侯會吳子於良、下邳有良城縣、水道不可、吳子辭、乃還、辭不會、七月丙寅、治兵於邾南、甲車四千乘、三十萬人、羊舌鮒叔向弟、攝司馬、兼官、遂合諸侯於平邱、呂說、城濮之戰、不過七百乘、鞍之戰、不過八百乘、及蓬啓

絕兄弟。其論甚正。叔向無以難之。故澈逼魯君直揭季孫之罪。又恐唐突六卿。僅以南蒯子仲之所憂者一點。凡抑私門張公室等語。叔向箝口不敢言。苟非革車四千乘之衆。多方恫喝。齊人安能受盟。魯人安能受執哉。然子產視之蔑如也。且以晉合諸侯。祗有此會。而身當此日。不定其貢賦。更待何時。故因叔向提出明王之制。以服齊人。即以周制折之。自日中以至於昏。想見十三國諸侯皆於壇上注目屏息。任小國上卿舌戰不休。而六卿皆靡。子產將晉人病根盡情看透。故毫無畏忌。然則執政止堪食粟。六卿絕少公忠。而擅掌國事。獨有一空拳之叔向。正通篇結穴處也。張幕於除。其事甚細。乃形容諸國驕集地不能容。其勢遠過桓文。倘能奮發有為。功與相埒。末引仲尼以國基美子產。以見晉卿無如子產者。以禮輔其君。故柔茹剛吐。而無以綏諸侯也。亦以見魯臣無如子產者。以禮折强。而君臣拘以辱其國也。深惡痛斥。俱在文字之外。

殭。亦不過曰。晉長轂九百。是晉當時出兵。大率千餘乘。蓋其威時兵常在國。故力常有餘。到此伯業既衰。欲以威靈驚讋諸國。四千乘掃國內之衆而出也。子產子太叔相鄭伯以會。子產以幄幕九張行。幄幕軍旅之帳。疏云。四合象宮室曰幄。幕大大而幄小。幄在幕下張之。九張。九幄九幕也。子太叔以四十。既而悔之。每舍損焉。及會亦如之。亦九張也。傳言子產之適宜。太叔之從善。次於衛地。叔鮒求貨於衛淫芻蕘者。（林解）縱芻蕘之人。欲使衛患之而致貨。衛人使屠伯衛大夫饋叔向羹與一篋錦。曰。諸侯事晉。未敢攜貳。況衛在君之宇下。喻近也而敢有異志。芻蕘者異於他日。敢請之。請止之叔向受羹反錦。受羹示不逆其意。且非貨。曰。晉有羊舌鮒者。瀆貨無厭。亦將及矣。為此役也。事也子若以君命賜之。其已。（林解）若以衛君之命以錦賜之。其可禁止。客從之。未退而禁之。禁芻蕘者晉人將尋盟。齊人不可。有二心故晉侯使叔向告劉獻公。王卿士劉子曰。抑齊人不盟。若之何。對曰。盟以底信。致也君苟有

信諸侯不貳何患焉告之以文辭董之以武師雖齊不許君庸
多矣（董督也庸功也討之有辭故功多）天子之老請帥王賦元戎十乘以先啓
行（天子大夫稱老元戎戎車在前者啓開也行道也）遲速唯君（欲佐晉討齊）叔向告於齊曰
諸侯求盟已在此矣今君弗利寡君以為請對曰諸侯討貳則
有尋盟若皆用命何盟之尋（托用命以拒晉）叔向曰國家之敗有事
而無業事則不經（業貢賦之業）有業而無禮經則不序（須禮而有次序）
有禮而無威序則不共（禮須威嚴而後共）有威而不昭共則不明（威須昭告
神明而後信義著）不明棄共百事不終所由傾覆也（信義不明則棄威不威棄禮無禮無
經無經無業故百事不成）是故明王之制使諸侯歲聘以志業（孔疏志識也歲歲使貢於
天子合諸國各記其職貢之業）間朝以講禮（三年而一朝正班爵之義率長幼之序）再朝而會以
示威（六年而一會以訓上下之則制財用之節）再會而盟以顯昭明（十二年而一盟所以昭信義也）

凡八聘四朝再會王一巡守盟於方嶽之下（補注）叔向言朝聘之節與周禮不合東遷典籍散失士大夫亦無所折衷志業於好聘也講禮於等朝也示威於衆會也昭明於神盟也自古以來未之或失也存亡之道恒由是興晉禮主盟依先王先公禮主諸侯盟懼有不治奉承齊犧齊盟之犧牲而布諸君求終事也終竟也君曰余必廢之何齊之有唯君圖之寡君聞命矣齊人懼對曰小國言之大國制之敢不聽從既聞命矣敬共以往遲速唯君叔向曰諸侯有間矣間隙也不可以不示衆八月辛未治兵習戰建而不旆建立旌旗不曳其旆旆存也壬申復旆之諸侯畏之軍將戰則旆故曳旆以恐之邾人莒人愬於晉曰魯朝夕伐我幾亡矣自昭公即位邾魯同好疏云元年十年再伐莒耳是不朝夕伐莒也我之不共魯故之以按晉受讒言公無罪不共晉貢以魯故也按八字最中晉人之忌晉侯不見公使叔向來辭曰諸侯將以甲戌盟寡君知不得事君矣請

十七

君無勤。（托謙辭以絕魯）子服惠伯對曰：君信蠻夷之（謂邾莒）之訴，以絕兄弟之國，棄周公之後，亦唯君。寡君聞命矣。叔向曰：寡君有甲車四千乘在，雖以無道行之，必可畏也。況其率道，其何敵之有。牛雖瘠，僨於豚上，其畏不死。（林解：僨，仆也。豚，小猪。以瘠牛仆於小豚之上，牛不畏豚之不死，亦猶晉不畏魯之不亡。）南蒯、子仲之憂，其庸可棄乎。（棄，猶忘。按：憂公室室弱而私門強也。）若奉晉之衆，用諸侯之師，因邾、莒、杞、鄫之怒，（四國近魯，數以小事相忿。鄫已滅，其民猶存，故兼以恐魯。）以討魯罪，間其二憂，（因南蒯、子仲二憂為間隙。）何求而弗克。魯人懼，聽命。（不敢與之盟。）甲戌，同盟於平丘，齊服也。（經所以稱同紀。愚晉無本而專恃末，然魯昭之世，中國無楚患者，平丘之盟之力也。）令諸侯日中造於除。（除地為壇，盟會處。壇本作墠。）癸酉，退朝。（先盟朝晉）子產命外僕速張於除，（張帷幕）子太叔止之，使待明日。及夕，子產聞其未張也，使速往，乃無所張矣。（地已滿也。傳言子產每事敏於太叔。）及盟，子

產爭承、爭貢賦之次、疏云、言所出貢賦之次、當承何國之下也、曰昔天子班貢輕重以列、位也列尊貢重周之制也、公侯地廣、故所貢者多卑而貢重者甸服也、謂天子畿內共職貢者鄭伯男也、而使從公侯之貢、言鄭伯在甸服外、爵列伯子男、不應出公侯之貢王肅曰、鄭伯爵而連男言之、猶言公侯、足句辭也、懼弗給也、敢以為請、諸侯靖息也兵好以為事、行理之命、行理、使人通聘問者、無月不至、貢之無藝、法制小國有闕、所以得罪也、諸侯脩盟、存小國也、貢獻無極、亡可待也、存亡之制、將在今矣、自日中以爭至於昏、晉人許之、既盟、子太叔咎之曰、諸侯若討、其可瀆易也乎、子產曰、晉政多門、政不出一家貳不一偷苟且之不暇、何暇討、國不競亦陵、何國之為、不競爭則為人所侵陵、不成為國公不與盟、信邾莒之訴、欲討魯故、晉人執季孫意如、以幕蒙之、蒙裹也使狄人守之、司鐸射魯大夫懷錦、奉壺飲冰、以蒲伏、馬守者御之、乃與之錦而

入。蒲伏竊往、冰、箭箙。附注此云冰、即是冰耳。補正此夏六月、晉人以幕蒙季孫、不堪其熱、故飲之冰、不當以為箭箙耳、蒲伏又作匍匐、手足並行也。晉人以平子歸。子服湫從。湫、子服惠伯、從至晉。疏云、湫又作椒、即子服椒也。子產歸未至、聞子皮卒、哭、且曰、吾已。猶決竟無為為善矣。唯夫子知我。言子皮知己之善仲尼謂子產於是行也、足以為國基矣。詩曰、樂只君子、邦家之基。詩小雅、言樂只君子、為治、為乃國家之基本。子產君子之求樂者也。且曰、合諸侯、藝貢事、禮也。嫌爭競不順、故以禮明之。疏云、限藝貢賦、使之有常。

黃鄰林曰、平丘之會、伯主親之、王臣臨之、晉楚之交相見、孰有過於斯者、乃陳蔡許竟無一人與會、晉亦不問、唐胡徐沈公然置之度外、是何我之所有、楚皆有之、楚之所有、我不能有、雖欲與楚共諸侯而不可得矣、甲兵四千乘、不以之討楚、而以之威諸侯、信蠻夷之國、絕兄弟之好、齊人攜貳、鄭人爭

承、不會者益無忌憚、在會者亦將生心、則此會乃晉伯消長之大機、雖叔向強詞恐嚇、亦何益哉、

見三按叔向子産一時瑜亮、平邱之會、叔向示威、無補晉之衰、子産爭承、足以振鄭之弱、似叔向之才、不及子産遠甚、不知子産有子皮之知己、始終調護、故足以立國基、晉有叔向屈於下大夫、政出多門、貳偷不暇、試觀如此盟會、而將佐林立、寂無一言、獨一叔向呶呶讙讙、語多脅制、既失招懷之道、又非匡救之理、無聊之極、出此下策、其用心亦良苦矣、無為為善、兩行血淚、為子産哭、即為叔向傷也、末以仲尼美子産作結、見輔政如子産、足以為國基、亦知人如子産皮、乃有以為國基、傳之命意深矣、

姜白巖曰：晉師悉起，荀吳獨以上軍侵鮮虞，大獲而歸，歸其私室。

姜白巖曰：興滅繼絕者，王者之政，聖人之心也。楚平即位而首復陳蔡，聖人予之，故畧其專封之罪，而以自歸為文。

鮮虞人聞晉師之悉起也，（五年傳曰：遺守四千，令甲車四千乘，故為悉起。）而不警邊，且不脩備，（言夷狄無謀。）晉荀吳自著雍以上軍侵鮮虞及中人，（按：今直隸唐縣。）驅衝競，（驅衝車與狄爭逐。）大獲而歸。（為十五年晉伐鮮虞起。）

見三　按：荀吳將才也。平邱之會，不發一言，乃乘鮮虞之無備，潛師往侵。時政在家門，六卿多掠地以自強，而吳尤甚，故其族最盛而其亡亦最速。

楚之滅蔡也，靈王遷許、胡、沈、道、房、申於荊焉。平王即位，既封陳、蔡，而皆復之，禮也。（滅蔡在十一年。許、胡、沈，小國也。道、房、申，皆故諸侯，楚滅以為邑。荊，荊山也。傳言平王得安民之禮。按：房國，今河南遂平縣西。）隱太子之子盧歸於蔡，禮也。（隱太子，太子有也。盧，蔡平侯。）悼太子之子吳歸於陳，禮也。（悼太子，偃師也。吳，陳惠公。）

見三　按：此楚平之所歸也，而經不書自楚歸者，蓋陳蔡天子

十九

之建國也楚安得滅之陳侯歸陳蔡侯歸蔡歸其所應歸楚平不得而尸其功也

冬十月葬蔡靈公禮也疑問盧一歸國遂舉葬事故特志

公如晉荀吳謂韓宣子曰諸侯相朝講舊好也執其卿而朝其君有不好焉不如辭之乃使士景伯士文伯之子彌牟也辭公於河

見三按諸侯相朝禮之大者也兩卿私議不白於君徑行辭之則知意如之執皆諸卿主之以為要路之地而晉侯國不知也故惠伯不欲私歸韓起深以為患而叔向亦辭不能其理歟也一般賊臣朋比為奸至於此極晉安得不亡

吳滅州來令尹子旗請伐吳王弗許曰吾未撫民人未事鬼神未脩守備未定國家而用民力敗不可悔州來在吳猶在楚也

姜白巖曰晉固將歸季孫矣然公請於晉侯則權歸晉侯而公亦見重非晉卿所樂而季亦不願也故非公之朝然後彼可市德季亦懷患而兩國之君皆不重

姜白巖曰州來近楚小國楚之附庸也七年吳入州來至是滅之乘楚之亂也平力不能敵故云然

子姑待之。（傳言平王所以能有國按其後吳以州來封季札。）

按見三以楚虔之強橫尚不能挫吳之鋒況平即位未久而遽爾加兵於吳是招敵也四未字可謂知難而退平王初政綽有可觀其言亦可法

季孫猶在晉。子服惠伯私於中行穆子（私與之語）曰：魯事晉何以不如夷之小國。魯，兄弟也。土地猶大，所命能具（按此八字深中晉人所欲）。若為夷棄之，使事齊、楚，其何瘳（差也。勅留反）於晉。親親與大，賞共罰否，所以為盟主也。子其圖之。諺曰：臣一主二（言一臣必有二主，道不合得去事他國）。吾豈無大國（言非獨晉可事）。穆子告韓宣子，且曰：楚滅陳、蔡，不能救，而為夷執親，將焉用之。乃歸季孫。惠伯曰：寡君未知其罪，合諸侯而執其老（尊卿稱親）。若猶有罪，死命可也。若曰無罪而惠免之，諸侯不

聞是逃命也何免之為請從君惠於會欲得盟會見遣不欲私去宣子患之謂叔向曰子能歸季孫乎對曰不能鮒叔魚也能乃使叔魚叔魚見季孫曰昔鮒也得罪於晉君自歸於魯君蓋襄二十一年坐叔虎與欒氏黨并得罪微武子季平子祖父之賜不至於今雖獲歸骨於晉猶子則肉之敢歸不盡情歸子而不歸鮒也聞諸吏將為子除館於西河其若之何且泣泣以信其言平子懼先歸惠伯待禮待見遣之禮

黃鄦林曰貪與詐相連貪人未有不詐者泣亦可假其他可知叔向不能亦緣少此一副急淚耳

見三按意如之罪不可勝數晉荀伸盟主之權數其罪而誅之惠伯何敢置喙無如六卿樹黨與季久聯為一氣其執也所以索賂其釋也所以市恩荀吳代請消息已通故惠伯敢

為刁難而叔向不能理遣非畏惠伯畏六卿也荐鮒送行以
奸制奸阿兄雖賢竟讓難弟出一頭地

14,

昭公三

姜白巖曰：春秋刑賞諸侯，詎因尊晉云本國命卿之族，而傳云然。蓋史官奉季孫命以媚晉也。夫子以為上書季孫意如。此但云意如可矣，因舊史之文而不增者。

春秋左傳精義卷三十九

閩中　鄭林黄一桂　輯　　男　心垣見三　補輯

昭公七

經　癸酉　十有四年春，意如至自晉。三月，曹伯滕卒。子平公頃立。夏四月。秋，葬曹武公。八月，莒子去疾卒。按著丘公卒，子郊公立。是年奔齊，著丘公之弟共公庚與立。（胡傳）時意如專政，而莒常訴其疆鄆取鄆之罪於晉，而見執矣。故怨莒不會葬。冬，莒殺其公子意恢。（杜解）以禍亂告，不必繫於為卿，故雖公子亦書。

傳　十四年春，意如至自晉，尊晉罪己也。（杜解）以舍族為尊晉罪己。尊晉罪己，禮也。禮修己而不責人。（陳傳）大夫不書至，降於君也。必執也而後至，亦危之也。

與宋之盟，豹不書族，義同。

葉白巖曰：南蒯以私意叛季，原無離魯之心，祁癸知其事必無成也，乘費人將叛，請朝衆而盟，斯時二子早與衆約，逐蒯矣。而蒯方欲以二子之盟收衆心也，於是對衆宣言，羣情互亂，而南蒯奔，其智豈出治區夫下，故傳皆不沒其功。齊景謂蒯為叛，尚出於戲言，韓晳以張公室為罪，則悖矣。季叛公室，危及君父，而為家臣者有能弱私室，絜大權還公，不以為功而反以為罪，是為家臣但當剝削公室而後可也。吾于是知陳氏之黨衆矣。韓晳之言，遂折景公欲強公室之心也。

見三按晉實不道，何尊之為？魯本無尤，何已之罪？然則舍族何也？罪意如也。不能守信執義，而信羊舌鮒之言，脱身逃歸，為匹夫之行，辱國莫大焉，故書曰意如至自魯，賤之也。

南蒯之將叛也，盟費人。司徒老祁、慮癸（二人南蒯家臣，服曰：司徒姓，老祁字，慮癸亦姓字）偽癈疾，使請於南蒯曰：「臣願受盟而疾興，若以君靈不死，請待間（差也）而盟。」許之。二子因民之欲叛也，請朝衆而盟（欲因合衆以作亂）。遂劫南蒯曰：「羣臣不忘其君（謂季氏），畏子以及今，三年聽命矣。子若弗圖，費人不忍其君，將不能畏子矣（不能復畏子）。子何所不逞欲？請送子（送使出奔）。」請期五日（南蒯請期，冀有變）。遂奔齊，侍飲酒於景公。公曰：「叛夫（戲之）。」對曰：「臣欲張（強也）公室也。」子韓晳曰（齊大夫）：「家臣而欲張公室，罪莫大焉（言越職）。」司徒老祁、慮癸來歸費（歸魯），齊侯使鮑文子

姜白巖曰：楚平初政，大有作為，不比晉之無志也。凡晉楚之事，非史寫，則聯叙彼此相

致之。南蒯雖叛，費人不從，未專屬齊，二子逐蒯而復其舊，故經不書歸費，齊使文子致邑，欲以假好，非事定也。

黄鄭林曰：南蒯欲張公室，特借其名，並非實有其志。司徒老祁慮癸略施小計，而三年聽命一旦刼盟，此雖蒯見蒯之疏，亦以見季之威。事敗奔齊，景公以為叛，韓皙以為罪，天下滔滔皆魯也，於南蒯又何責焉。

見三按：守費能至三年，必蒯鄉人為之左右者。然久困而外援絶，勢必生變，況又有區治夫招撫之謀，費人其誰不解體乎。司徒老祁慮癸托疾時，必與費氏未出者有密約，故能不動聲色，而叛臣受刼。南蒯夢夢，不知真蠢才也。乃如之人，尚能張公室乎。

夏，楚子使然丹子革簡上國之兵於宗丘。在國都之西，西方居上流，故謂之上國。宗丘，楚

形強弱之故顯然，故曰屬辭比事，春秋教也。

姜白巖曰：不知有親，不可以君國，如衛獻公、魯昭公、莒郊公是也。公子意恢忠於郊公者也，國人皆不順，而意恢獨身持君之危，意恢死，郊公不可逐也，故先殺意恢，微國之大夫不書，而意恢獲書，義在此乎。

地。按今荊州府歸州境。且撫其民，分與也貧振救也窮，長孤幼，養老疾，收介特，單身民，收聚，不使流散。救災患，宥孤寡，寬其賦稅赦罪戾，詰責問姦慝，舉淹滯，有才德而未叙者禮新羈旅叙舊，祿勳功也合親，九族任良物官。物，事也。疏云：擇良任之，量事官之。使屈罷簡東國之兵於召陵，兵在國都之東者亦如之。如然丹好於邊疆，結好四鄰息民五年而後用師，禮也。

見三按楚平非真能撫民者，特懲靈王之無厭，暫為息民計耳。內多欲而外施仁，多欲者其真性，施仁者其虛文，故無極之讒得入，而卒至入郢之禍。

秋八月，莒著丘公卒，郊公著丘公子不慼，國人弗順，欲立著丘公之弟庚輿。莒共公蒲餘侯莒大夫玆夫惡公子意恢，莒羣公子而善於庚輿；郊公惡公子鐸，亦羣公子而善於意恢。公子鐸因蒲餘侯而與之謀曰

姜白巖曰上篇方叙平王舉賢息民偃兵屠者新政王此則殘酷不仁已露本來面目而猶以無忘舊勳為塗飾也傳書之為恃功者戒又為淫刑者戒

爾殺意恢我出君而納庚輿許之（為下冬殺意恢傳）

見三按莒子去疾之卒郊公不戚亦流離而奔於齊夫人歸氏之葬昭公不戚終流離而客死於齊夫木之無根者必漂流而無歸人有父歸母而忘之是亦無根之人矣往而不返其所自取哉

楚令尹子旗有德於王（有佐立之德）不知度與養氏（子旗之黨養由基之後）比而求無厭王患之九月甲午楚子殺鬭成然而滅養氏之族使鬭辛（子旗之子鄖公辛）居鄖以無忘舊勳（呂說富辰之言曰報者倦矣施者未厭此天下之至言也然則報者當無倦施者當知足也○鄖音云）

見三按臣罔以寵利居成功伊尹之明訓即人臣之格言古今來功臣鮮有保全者半皆自恃有德而求無厭致之也子

善曰：嚴曰：齊景於燕之出君，取賂而不討；於莒之出君，納不正以取賂田；後此伐徐，則又取賂。蓋無往而不以賂也。猶告諸侯曰與晉代興，吾誰欺。

善曰：嚴曰：晉平、昭之世，六卿尸位，而公忠自効，憂及公家，惟叔向一人。即叔魚一事，想見義直全體，大有古人遺風。陸貞山於叔向之三言，攻之甚力，不知兄弟參商，古人不幸，不能

房辟穀，鄴侯歸山，鳥盡弓藏，身成然被殺，猶用其子。平王不失為厚，然保全故舊，豈遂無術，而必以殺從事乎？楚用刑亦太刻矣。

冬十二月，蒲餘侯茲夫殺莒公子意恢。郊公奔齊。公子鐸逆庚輿於齊，齊隰黨、公子鉏送之，有賂田。莒賂齊以田

見三按：郊公，著丘公之子，應立者也；庚輿，著丘公之弟，不應立者也。意恢心在郊公，蒲餘侯茲夫等則心在庚輿。意恢殺而郊公孤矣。奔齊自愬，猶望大國之能納己也。受莒之賂，助不當立，無怪梁丘據之錦行，而魯昭卒死於乾侯也。

晉邢侯申公巫臣子與雍子亦故楚人爭鄐許六反。田，久而無成。士景伯晉理官如楚，叔魚攝理。代景伯韓宣子命斷舊獄，罪在雍子。雍子納其女

化微為仁，祇堪隨時調護。平丘之會，直斥其貪，返鉏而飯之，安衛人，全叔鮒也。季孫之歸，韓宣不肯受過，假手叔鮒，用其長也。使以貪誅，告之君而戮之，如貞山之說，則奮其邪謀，幾何不至如叔虎之禍其宗？且六卿孰非叔鮒，叔向又何以治哉？至於鬻獄相殺，非叔向殺之也。陳尸於朝，不正刑書，何以為國？故大義滅親，石碏行於父子之間，而君子謂其純臣；殺親猶義，叔向行於兄弟之間，而仲尼稱其遺直。覺前後同符，殺親蓋縈自後人視之則然，叔向原無此意，而或以攻傳謬也。

於叔魚。叔魚蔽（斷也）罪邢侯。邢侯怒，殺叔魚與雍子於朝。（按：疏云：襄二十六年傳稱巫臣奔晉，晉人與之邢；雍子奔晉，晉人與之鄐，則鄐是雍子之田，而邢侯爭之。似直在雍子，何以納女於叔魚？晉語云：邢與鄐比，爭疆界，蓋雍子治鄐田，而越界至邢也。）宣子問其罪於叔向。叔向曰：三人同罪，施生戮死可也。（施，行罪也。）雍子自知其罪，而賂以買直；鮒也鬻獄；邢侯專殺，其罪一也。己惡而掠美為昏，（掠，取也。）貪以敗官為墨，（昏，亂也。不潔之稱。）殺人不忌為賊。（忌，畏也。）夏書曰：昏、墨、賊，殺，（逸書。三者皆死刑。）皋陶之刑也。請從之。乃施邢侯，而尸雍子與叔魚於市。仲尼曰：叔向，古之遺直也。（言叔向之直，有古人遺風。疏云：晉語：邢侯聞之，而逃；遂施邢侯氏。施，行也，行罪於邢侯，廢其族也。）治國制刑，不隱於親。三數叔魚之惡，不為末減。（末，薄也。減，輕也。）曰義也夫，可謂直矣。平丘之會，數其賄也，（謂言貨賄無厭。）以寬衛國，晉不為暴。歸魯季孫，稱其詐也，（謂言鮒能。）以寬魯國，晉不為虐。邢侯之獄，言其貪也，以

正刑書晉不為頗、三言而除三惡、暴虐頗也加三利、三惡除則三利加殺親

益榮、榮名益己猶義也夫、按義也夫、猶義也夫、乃自作呼應、天下有直而不合義者、叔向兼之

黃鄒林曰鄐為雍子之邑則田似為雍子之田何以士景伯不能決何以叔魚歸罪雍子蓋邢與鄐比隣雍子越畔侵佔邢田為己田、幾成久假不歸、邢侯欲復其舊、而雍子恃強負固、獄久無成、士景伯不能斷、或懾於勢、或狗乎情、均未可知、叔魚攝理、即能判斷、可見貪官未嘗無才、唯明知其曲直而賂以買直、邢侯憤無所洩、致有專殺之舉、則其鬻獄之罪、較諸枉斷者情節尤重、叔向施生戮死四字、最為平允、直覺老吏斷獄、山可移而案不可易、末引夏書昏墨賊殺、尤為天造地設、獨是叔魚之才、不遜叔向、一則受賂鬻獄、不顧其身、而人

以為戒一則治國制威不隱於親而人稱以為榮君子樂得為君子小人徒自苦為小人世之居官者請三復斯篇

按叔向之於叔魚不教之於生前反暴之於死後似非親親之道而傳顧稱為遺直者蓋叔向骨鯁有素久為寅僚所欽服刑書之鑄異地友朋尚貽書相戒況在同氣之間豈其漫不教訓視為越人之肥瘠必叔魚之為人剛愎暴佷辨足以飾非智足以拒諫既理諭之不能復勢禁之不可祇可聽其自斃作旁觀之太息蓋其心彌傷而其情彌切矣春秋時如石碏之父子叔向之兄弟皆處人倫之至變者碏殺州吁而君子稱為純臣叔向戮叔魚而聖人稱其遺直唯其見義明也漢霍光晉王導視二子有慚色矣

五

姜白巖曰：方其祭也，叔弓猝焉，猝有疾而死，豈直雉鼎之變已哉。曰去樂，則諸樂并去，不獨籥也。此爲禮之變，故書於策，以示法焉。

經（甲戌）十有五年春王正月，吴子夷末卒。按：諸樊、餘祭、夷昧兄弟相及，欲授其弟札。夷昧卒，札逃去，乃立夷昧之子僚。後諸樊之子光弑之。二月癸酉，有事於武宫，籥入，叔弓卒，去樂卒事。〔杜解〕武宫，魯武公廟。成六年復立之。按：相沿不毁，非禮也。疏云：祭必有樂，樂有文舞、武舞。文執羽籥，武執干鉞。其入廟也，必先文而後武，當籥始入，叔弓暴卒，遂盡去其樂，而終祭事。緣先祖之心，以大臣之卒，必聞樂不樂，而孝子之心，不忍徹已設之饌故也。○夏，蔡朝吴出奔鄭。○六月丁已朔，日有食之。○秋，晉荀吴帥師伐鮮虞。○冬，公如晉。

傳十五年春，將禘於武宫，戒百官。〔杜解〕齋戒。疏云：散齋七日，致齋三日也。梓慎曰：禘之日其有咎乎。吾見赤黑之祲，非祭祥也，喪氛也。祲，妖氛也。蓋見於宗廟，故以爲非祭祥也。氛，惡氣也。其在涖事乎。涖，臨也。二月癸酉，禘，叔弓涖事，籥入而卒，去樂卒事，禮也。大臣卒，故爲之去樂。

見三按：武宫之立，原屬非禮。祭之日，涖事大臣無端暴卒，變

王樵曰．朝吴有功兩國．見信兩君．而身兩事焉．此無極所以來位下之言．在其上者所以生及難之慮．楚王所以信遠飛之譖也．無極固巧於讒．亦朝吴自處有未善、張子房雖仇已報．不賴漢寵．翩翩務物外．得其道矣．

穆文熙曰．無極初讒朝吴．特以試平王耳．乃遂惑於遠飛之言．所以次及大臣太子．而不知忌讒之來也有漸哉．

姜白巖曰．無極之語妙也．使之有功大當讒之心．用一辱字．以中吴之隱．其語在上位者．又使之以有寵偪侵己之慮．用一難字．以中其上之阢．平之得國．發軔於蔡．蔡必速飛．則又中楚平之阢．然其病皆由於有欲．苟無欲．讒人得而中之哉．

彭士望曰．奸人只是揣摩人情到極處．余覺入其彀中．楚平之信無極．自此始矣．平不特心以為忠．且服其智畧．

故非小魯之君臣、知懼否耶．梓慎望氣而知吉凶．可謂善於占驗、乾侯之禍、當早知之．其殆有所忌諱而不敢言歟．

楚費無極害朝吴之在蔡也、朝吴蔡大夫、有功於楚平王、故無極恐其有寵、疾害之．欲去之、乃謂之曰、王唯信子、故處子於蔡、子亦長矣、而在下位、辱、必求之、吾助子請．請求上位又謂其上之人．蔡人在上位者曰、王唯信吴、故處諸蔡．二三子莫之如也．而在其上、不亦難乎．弗圖、必及於難．夏、蔡人逐朝吴．朝吴出奔鄭．王怒曰．余唯信吴、故寘諸蔡．且微吴、吾不及此．女何故去之．無極對曰．臣豈不欲吴、非不欲善吴然而前知其為人之異也．言其權謀多吴在蔡．蔡必速飛．去吴、所以翦其翼也．以鳥喻也．言吴在蔡．必能使蔡速强而背楚．【呂說】無極之乱楚．其病根在譖朝吴．吴與平王為同体人、王曰．微吴不及此、其怒當矣．於此時使正無極之罪．必無後害．被他巧言．反以為忠．自此全無忌憚矣．

彭家屏曰：讒言之入，人主不明也。而當時則自以為明君，賢其所私，臣中其所忌，而主臣之交且以為魚水之合也。無極之動平王，與平王之為無極所動，正以是歟。

姜白巖曰：歷考中行穆子，終勝韓宣、范獻一流。楚師之圍蔡也，則曰己為盟主，而

見三按：楚平乘亂取國，惟恐其人圖其後，故子旗有德而不知度，即遭顯誅，故人如此，新進可知，況平以蔡起家，因朝吳成事，尤其所素忌也。無極深窺其心，畧施小計，而蔡人逐朝吳，奔追平王怒詰，則以蔡必速飛一語，刺入心坎，讒安得不行。無極，讒人之尤者也，名曰無極，可謂名稱其實。

六月乙丑，王太子壽卒。周景王子〔陳傳見〕，王太子卒不書。

秋八月戊寅，王穆后崩。太子壽之母也〔陳傳見〕，王后崩不書〔私考〕，婦先夫卒，不得有謚，景王未崩，妻稱

穆后，非禮也。

見三按：子壽卒，穆后崩，此王室亂之本也，特筆書以此，以誌禍始。

晉荀吳帥師伐鮮虞，圍鼓。白狄之別。按鼓國今直隸晉州治。鼓人或請以城叛，

不恤亡國，晉之執意如也，曰楚滅陳、蔡，不能救，而為夷執親，見地雖高，持論甚正，至其用兵，䠀舒，戮其嬖僕，而不怒，數建奇功，使當文悼之世，何遽出先軫、荀罃下，無如今日之晉，死灰不可復燃，徒逞技於鮮虞之代而已，鮮虞者其統名也，為肥為鼓，其國不一，鼓人有請以城叛者，使鼓人殺叛人，尤不易得，當此功利橫決，能假托仁義，豈非空谷之足音哉，及鼓人請降，而復令修城再守，此不可以愚五尺，天下豈有降旂已蹔，猶能非守乎，又豈有衆志已離，猶可激之再戰乎，明示以恩，使其歸我益速也，然克鼓而返，不戮一人，猶見不嗜殺之意，黄氏以為小人之尤，過矣。彭家屏曰：荀吳前之伐鼓也，知其必克也，故偽為仁義以張之，後之伐鼓也，知鼓人叛晉必死守也，故詐為販糴以襲之，時異事殊，而一人之身，前後易態，事之矯揉造作，不本於中心之誠，鮮有不露者也。

穆子弗許，左右曰，師徒不勤，而可以獲城，何故不為，穆子曰，吾聞諸叔向曰，好惡不愆，過也 民知所適，歸也 事無不濟，而或以吾城叛，吾所甚惡也，人以城來，吾獨何好焉，賞所甚惡，若所好何，無以復加所好 若其弗賞，是失信也，何以庇民，力能則進，否則退，量力而行，吾不可以欲城而邇姦，所喪滋多，使鼓人殺叛人，而繕守備，圍鼓三月，鼓人或請降，使其民見，曰，猶有食色，姑修而城，軍吏曰，獲城而弗取，勤民而頓兵，何以事君，穆子曰，吾以事君也，獲一邑而教民怠，將焉用邑，邑以賈怠，不如完舊，猶保守 賈怠無卒，終也 棄舊不祥，鼓人能事其君，我亦能事吾君，率義不爽，差也 好惡不愆，城可獲而民知義所，知義所在也。荀吳必其能獲，故因以示義。疏云，十七年荀吳詐祭於雒以滅陸渾，二十二年負甲偽糴以入昔陽，而此時獨得降而不納者，度其力能必獲，故因以示義也。 有死命而無

貳心（林解盡忠以死君命無貳懷二心者）不亦可乎鼓人告食竭力盡而後取之

克鼓而返不戮一人以鼓子鳶鞮（鼓君名。鳶悅全反鞮丁兮反）歸

黄鄉林曰荀吳將略不在先軫荀罃之下使擢諸上位（任）以伐楚必能復伯業而雪宋虢之羞無如晉君懦弱六卿各自為謀徒逞志於鼓之伐大才小用惜哉

見三按請叛弗許是其正理必使其食盡力竭而取之義於何有大都是伐原故智奉為成法後卒偽糴襲鼓前之假義安在哉不如武侯之於孟獲七擒七縱使南人不復反而後已庶幾王者之師

冬公如晉平邱之會故也（平邱會公不與盟季孫見執今既得免故往謝之）

十二月晉荀躒（文伯。力狄反）如周葬穆后籍談為介既葬除喪以文

徐健菴曰景王既葬除喪自是失禮而杜預反以為先王之正禮遂借此以牽附其

短喪之說。不知叔向所謂雖貴遂服者。謂雖天子之貴。當遂三年之服。預乃注天子除喪當在卒哭。今王既葬而除。故譏其不遂。是何敢侮聖亂經至此乎。若叔向以后服爲三年之喪。止因太子之喪而類言之。妻之喪與父在爲母同。十三月而練。十五月而禫。猶三年也。乃後世有據此以爲三年者。其失正與杜預等爾。

姜白巖曰。太子之卒。固本既搖。二母弟皆步。中宮復殞。景王不知哀戚。而既葬除喪。設笑宴賓。則其所寵者。則有人也。賓孟輩早竊之矣。葬后不書於經。魯不會也。荀躒之往。亦衰世之有禮者。然晉爲盟主。且受四方重器。而於天王闕然。王感魯壺。閒及乃從指平時。原非爲此番送葬。而責其無彝器。但不當言於此時耳。

伯荀躒宴。樽以魯壺。魯所獻壺樽王曰。伯氏。諸侯皆有以鎮撫王室。晉獨無有何也。感魯壺而言也。鎮撫王室，謂貢獻之物。文伯揖籍談。文伯無辭，揖籍談使對。對曰。諸侯之封也。皆受明器於王室。謂明德之分器。以鎮撫其社稷。故能薦彝器於王。薦，獻也。彝，常也。謂可常寶之器。若魯壺之屬。晉居深山。戎狄之與鄰。而遠於王室。王靈不及。拜戎不暇。孔疏言數為戎所侵，拜謝戎師，不有閒暇。其何以獻器。王曰。叔氏而忘諸乎。叔，籍談字。叔父唐叔。成王之母弟也。其反無分乎。密須姞姓國。按今陝西靈臺縣西。之鼓與其大路。文所以大蒐也。文王伐之，得其路鼓以蒐。闕鞏之甲。武所以克商也。闕鞏國所出鎧。唐叔受之以處參虛。實沈之次。晉之分野。參，所金反。匡有戎狄。其後襄之二路。周襄王所賜晉文公大路、戎路。鏚鉞秬鬯。鏚，斧也。鉞，金鉞。秬，黑黍。鬯，香酒。疏云：周禮有鬯人之官。鄭注：鬯，釀秬為酒，芬香條暢於上下也。賜鏚鉞者，使之專殺戮。賜秬鬯者，使之祭先祖。彤弓虎賁。文公受之。以有南陽之田。事在僖二十八年。

撫征東夏，非分而何？夫有勲而不廢，加重賞。有績而載，書功於策。奉之以土田，有南陽。撫之以彝器，弓鉞之屬。旌之以車服，襄之二路。明之以文章，旌旗。子孫不忘，所謂福也。福祚之不登，叔父焉在？言福祚不在叔父，當在誰邪。且昔而高祖孫伯黶司晉之典籍，以為大政，故曰籍氏。孫伯黶，晉正卿，籍談九世祖。疏云：九世祖稱高祖者，言是高遠之祖也。鄭子以少皞為高祖，意同。○黶，以斬反。及辛有之二子董之晉，於是乎有董史。辛有，周人也。其二子適晉為太史，籍黶與之共董督晉典，因為董氏。董狐，其後。女，司典之後也，何故忘之？籍談不能對。賓出，王曰：「籍父其無後乎！數典而忘其祖。」忘祖業。疏云：定十四年，晉人敗范中行氏之師於潞，獲籍秦。秦即談之子，是無後也。籍談歸，以告叔向。叔向曰：「王其不終乎！吾聞之：所樂必卒焉。今王樂憂，若卒以憂，不可謂終。孔疏：王在憂而樂，是為樂憂，必以憂卒。若以憂而死，不可謂終其天年也。王一歲而有三年之喪二焉，孔疏：禮為長子服，傳曰：何以三年也？正體於上，又乃將所傳重

也。喪妻雖期年，而傳曰父必三年然後娶，達子之志也，則夫之於妻，亦有三年之義。【補正】王雖無再娶之理，而其餘哀則同。

於是乎以喪賓宴，又求彝器，樂憂甚矣，且非禮也。彝器之來，嘉功之由，非由喪也。【孔疏】諸侯自有善功，乃作常器以獻其功，獻非由喪也。言王不可責喪賓獻器也。三年之喪，雖貴遂服，禮也。王雖弗遂，宴樂以早，亦非禮也。【孔疏】遂，申也，竟也。言三年之喪，雖貴為天子，當申遂其服，使終日月，乃既葬而除，大速，非禮也。王雖不能遂竟其服，不宜宴樂，而宴樂以早，亦非禮也。禮，王之大經也。一動而失二禮，無大經矣。失二禮，謂既不遂服，又設宴樂。言以考典，考，成也。典以志經，忘經而多言，舉典將焉用之？為二十二年王室亂。傳疏云：言王忘己大經，而多為言語，舉先王之典，將焉用之。

黃鄉林曰：我周東遷，晉鄭焉依。入春秋來，晉尤宣力，無事為王捍牧圉，有事為王執干戈，討不庭。其為彝器莫大於是。不此世之對，而自等於戎狄，忘其為母弟，併忘其為盟主，且不知

有王靈、不恃忘祖、而且喪心、籍談如此、文伯可知、晉其替矣

乎

見三按景王之考典故與定王之辨肴蒸同一詳贍、而舉典忘經、究與數典忘祖同識者不知禮之大經也隋煬帝能詩使為秀才、亦是詞壇健將唯不知治國遂亡天下景王何以異是至士會聞王言而歸求典故叔向聞王言而大肆譏評則晉卿之不如古、又奚啻什伯哉

經乙亥十有六年春齊侯伐徐（杜解）齊景有志於代興也、楚子誘戎蠻子殺之（孔疏）戎是種號、蠻是國名、子爵也、按今河南汝州西南有蠻城。夏公至自晉。秋八月己亥晉侯夷卒子頃公去疾立。九月大雩。季孫意如如晉。冬十月葬晉昭公（杜解）三月而葬速。豐氏曰、三月而葬、自葬襄葬悼、子孫習以為常。是降從大夫之制。陵遲至俱酒廢為廢家人。

姜白巖曰：晉臣之辱公至矣。意如惟恐其歸之不速，公則羈之不使去，何也？以季之至地猶大，而公則無以供晉求也。又必季之委罪於公，故己得釋，而公復見執也。

姜白巖曰：前篇言王既樂憂，晉亦忘祖，所望強大之齊，或者繼九合之勳，扶周室也。豈時勢不可為哉？即如徐為楚之與國，在所必救，是齊而不能救也，因為誘蠻之舉以飾不救徐之故。齊師一出，三國受成，楚不能抗。若能以有道行之，則楚豈至橫行而無如齊何？猶夫晉也。天下無霸，豈獨諸侯受其害，宗周將隨之。借祠詩詞點出正大夫。

兆在此。

傳　十六年春王正月，公在晉，晉人止公。不書，諱之也。〔杜解〕猶以取鄆故也。公為晉人所執止，故諱不書。按史記謂留公送送葬。公歸自夏，至八月晉侯卒，則非送葬也。杜說是。

見三按：平丘之會，晉人無禮實甚，而卿身逃之，君親謝之，何瀆之瀆若斯！此必意如委責於公而使之朝，復卸罪於公之而使之執。昭公愚闇，內不能制季氏，外不能事大國，雖撫有一國，與匹夫等耳，安得不兆乾侯之禍。

齊侯伐徐。〔孔疏〕虛舉經文者，為下徐人行成起本。楚子聞蠻氏之亂也，與蠻子之無質也，質，信也。使然丹誘戎蠻子嘉殺之，〔陳說〕見戎蠻子嘉不名。遂取蠻氏。既而復立其子焉，禮也。按：立其子，託言繼絕之禮，不敢取之也。二月丙申，齊師至於蒲隧。徐地。按：今江南江縣北。徐人行成。徐子及郯人、莒人會齊侯，盟於

蓋傳体經義，而深咎晉卿之離居而異心也。此惜當時之無霸也。自盟宋以後，襄昭二公諸篇，皆歸宿於此數行。

蒲隧，賂以甲父之鼎。（徐人得甲父鼎以賂齊。甲父古國名，按山東金鄉縣西北。林解：郯莒畏齊討己，故從徐子受齊盟。）叔孫昭子曰：諸侯之無伯，害哉！（為小國害）齊君之無道也，興師而伐遠方，會之有成而還，莫之亢也。（無亢禦）無伯也夫！詩（小雅）曰：宗周既滅，靡所止戾（戾定也），正大夫離居，莫知我肆（勞也。言執政大夫離居，異心無有念民勞者。）其是之謂乎！（傳言晉之衰）

黃鄉林曰：齊侯志存代興，已非一日。平邱之會，見晉政多門，不在諸侯，故於伐徐小試其端，即異日叛晉之先聲也。昭子於吳之伐郯，傷無援於齊之伐徐，嘆無伯，眼光直注到春秋末年，引詩而以正大夫離居為言，尤覺寄慨遙深。

見三按：齊徐楚之與國也，亦吳通中國之路也。晉既失霸，齊欲代興，患不在晉而在吳楚，故乘楚之有事，伐徐以斷楚之

吕東萊曰：不與玉環，其說有二：一則宣子在晉居六卿之長，以宣子求之，鄭尚不與，則下於宣子者必不敢求矣，此子產所以痛塞其端；一則宣子在六卿之中尚畏義知禮，可以告語，而必不為鄭之禍。

賀景瞻曰：宣子買諸商人，子產又拒之，謂之句奪，則甚矣。子產固已辭觸韓子之怒，而思所以應之，為制晉張本，韓子識其意而夷然不動，是可法也。

魏傳曰：子產後舉，誠以為過當，然亦知韓子可與盡言，故不妨執礼以張国勢，而杜後來吞，則子產直一不識時務之迂儒耳，何以為国。雖然韓子再請，而曰唯商所與，国弗與，何也。

周大章曰：一笑即行，殊是一求便要順從，富子、太叔輩謂是看得宣子咸大，子產直視之如無，礼折之也。一請再請，始終弗與，宣子旋亦服罪，而勸好有加，愛人以德，不以姑息，人自服之。子產事大国，全在以礼，礼既在

髒，即以扼吳之吭，成師而出，受賂而還，齊之貪不亞晉之偷，徒以促天下之無伯耳，叔孫所為長太息歟。

三月，晉韓起聘於鄭，鄭伯享之。子產戒曰：苟有位於朝，無有不共恪。孔張（子孔孫）後至，立於客間，執政（掌位列者）禦之（止也），適客後，又禦之，適縣間。（縣，樂肆。疏云：按禮主人升自阼階，賓升自西階，賓入廟門，孔張乃始來，當從大夫立於東夾之南西面位也。張乃立於客間，賓入未升階，立於西方，張入客行間也。張既立在西方，被禦適客後，又益西也，又被禦適縣間，蓋又復益西，入於鐘磬樂肆之間也。）客從而笑之。事畢，富子（鄭大夫）諫曰：夫大國之人，不可不慎也，幾為之笑而不陵我？（〔補正〕言幾見有為之笑而不陵我者乎。）我皆有禮，夫猶鄙我（鄙賤也），國而無禮，何以求榮？孔張失位，吾子之恥也。子產怒曰：發命之不衷（當也），出令之不信，刑之頗類（〔孔疏〕服虔讀類為纇，云不平也），獄之放（縱也）紛（亂也），會朝之不敬（〔孔疏〕出外會朝大國不敬），使命之不聽（下不從上命），

我小失不足為恥。而無藝之求不必狥。迨至六子賦詩。春和冰釋。玉馬私覿。見宣子能受善言。而子產抗大国本領。更自出人頭地。

姜白巖曰。晉之所以失肩者。以晉之執政知對頭不知公義也。子產笑其無恥久矣。一旦聘鄭。自以為當代名流。而孔張失位。遂貽客笑。客即韓起也。不知一大夫失位。恥不在執政。一執政失位。則其恥在君国。試問一環之微。何與国家大事。乃不得於鄭伯。自求於商人。堂堂盟主。恬不為恥。而子產以為求玉與玉皆執政之失位也。晉卿黷貨。谿壑難盈。我有非分之與。彼必為無礼之求。一共一否。為罪滋大。是抗韓起主腦一拒再拒。始終不移。末段六卿賦詩。不出鄭志。太叔忽寓規諷。暗為求玉激射。而宣子惟恐失鄭婉辞慰藉。以彼諸子只須贊頌。嗚呼。霸業掃地。其賦我將者。亦取保守天命。原無志於靖四方也。子產因詩有靖字。提出靖乱以見蔡弒君。楚滅蔡。戎蠻聽其請殺二国。聽其擅封。皆乱也。伯業不修。四方不靖。其失位也大矣。吾亦惜之也。

取陵於大國。罷民而無功。罪及而弗知。僑之恥也。孔張君之昆孫。子孔之後也。（子孔，鄭襄公兄。孔張之祖父。）執政之嗣也。（子孔嘗執鄭國之政。）為嗣大夫。承命以使。周於諸侯。國人所尊。諸侯所知。立於朝而祀於家。（卿得自立廟於朝家。）有祿於國。（受祿邑。）有賦於軍。（軍出，卿賦百乘。）喪祭有職。（有所主。）受脤、（謂君祭以肉賜大夫。）歸脤。（謂大夫祭歸肉於公。皆社之戎祭也。）其祭在廟。（謂助君祭。）已有著位。在位數世。世守其業。而忘其所。僑焉得恥之。辟邪之人而皆及執政。是先王無刑罰也。（言為過謬者自應用刑罰。）子寧以他規我。（正也。）宣子有環。其一在鄭商。（玉環同工共朴，自共為雙。林解。一在鄭商，故宣子欲得而雙之。）宣子謁（請也。）諸鄭伯。子產弗與。曰。非官府之守器也。寡君不知。子太叔子羽謂子產曰。韓子亦無幾求。（言所求少。）晉國亦未可以貳。晉國韓子不可偷也。（薄也。）若屬有讒人交鬭其間。鬼神而助之。以興其凶怒。悔

十一

豈如魯季孫甘衆之賊，謀以召公，而仍不免乎叩之執哉。

之何及，吾子何愛於一環，其所以取憎於大國也，盍求而與之，子產曰，吾非偷晉而有二心，將終事之，是以弗與，忠信故也，【林解】所以盡忠於宣子，而守與晉之信也。僑聞君子非無賄之難，立而無令名之患，僑聞為國非不能事大字小之難，無禮以定其位之患，夫大國之人，令於小國，而皆獲其求，將何以給之，一共一否，為罪滋大，大國之求，無禮以斥之，何饜之有，吾且為鄙邑，則失位矣，若不復成國。韓子奉命以使，而求玉焉，貪淫甚矣，獨非罪乎，出一玉以起二罪，吾又失位，韓子成貪，將焉用之，且吾以玉賈罪，不亦銳乎，細小。韓子買諸賈人，既成賈，音嫁。矣，商人曰，必告君大夫，韓子請諸子產曰，日起請夫環，執政弗義，弗敢復，重求也。也，今買諸商人，商人曰，必以聞，敢以為請，子產對曰，昔我先君桓公與商人皆出

十三

自周，（鄭本在周畿內，桓公東遷，并與商人俱。）庸次比耦，（庸，用也。用次更相從耦耕。○比，毗志反。）以艾殺此地，斬之蓬蒿藜藿，而共處之。世有盟誓，以相信也。曰：爾無我叛，我無強賈，（無強市其物。○艾，魚廢反。藿，徒弔反。）毋或匄奪。爾有利市寶賄，我勿與知。恃此質誓，故能相保，以至於今。今吾子以好來辱，而謂敝邑強奪商人，是教敝邑背盟誓也，毋乃不可乎！吾子得玉而失諸侯，必不為也。若大國令，而共無藝，（法也。）鄭鄙邑也，亦弗為也。（不欲為鄙邑之事。）僑若獻玉，不知所成，敢私布（陳也。）之。韓子辭玉曰：起不敏，敢求玉以徼二罪。（秝艇以要失諸侯，鄙鄭国之二罪。）敢辭之。（傳言子產知禮，宣子能解過。）夏四月，鄭六卿餞（送行飲酒。）宣子於郊。宣子曰：二三君子請皆賦，起亦以知鄭志。（詩言志也。）子齹（子皮子嬰齊。○齹，才何反。）賦野有蔓草。（詩鄭風。取其邂逅相遇，適我願兮。）宣子曰：孺子善哉！吾有望矣。（君子相願己所望也。）子產賦鄭之羔裘。

言鄭，別於唐羔裘也。宣子曰：起不堪也。不堪國之司直。子大叔賦褰裳。言宣子思己，將有褰裳之志；如不我思，亦豈無他人。宣子曰：起在此，敢勤子至於他人乎。言己今崇好在此，不復令子適他人。子太叔拜。謝宣子之有鄭。宣子曰：善哉，子之言是。是褰裳。不有是事，其能終乎。【補正】傳氏曰：人情相與玩習，恒不善其終，惟有是警戒，當能終於好。子游賦駟帶子，駟偃。風雨。取其既見君子，云胡不夷。子旗公孫段之子豐施。賦有女同車。取其洵美且都，愛樂宣子之志。子柳印段子，印癸。賦蘀兮。取其倡予和女，言宣子倡，己將和從之。○蘀，他洛反。宣子喜曰：鄭其庶乎。庶幾於興盛。二三君子以君命貺起，賦不出鄭志。六詩皆鄭風，故曰不出鄭志。皆昵燕好也。昵，親也。賦不出其國，以示昵親好。○昵，女乙反。二三君子數世之主也，無〔可〕以無懼矣。宣子皆獻好〔馬〕焉，而賦我將。詩頌，取其日靖四方，我其夙夜畏天之威。言志在靖亂，畏懼天威。子產拜，使五卿皆拜，曰：吾子靖亂，敢不拜德。宣子私覲於子產以玉與馬，曰：子命產〔起〕舍夫玉，是賜我玉而免吾死

也。敢不藉手以拜。以玉馬藉手拜謝子産。

黄薌林曰：子太叔等看得韓起重，故玉環輕；子産看得韓起輕，故玉環重。一請再請，堅辭不許，非愛玉也。晉君失位，大夫多貪，不從宣子先折之，彼叔魚、士鞅輩貪竇曷由塞乎？然非子産不能成宣子之賢，非宣子不能成子産之直。不然，其不為魯之十一罕也幾希。

見三按：韓起為政，無一善狀，惟聘魯觀書、聘鄭賦詩尚為風雅，而以一環之故戀戀不舍，幾同懷璧之匹夫。子産正言以折，止直使貪人咋舌，拜賜而退。後世惟富鄭公出使契丹爭減歲幣，敵不敢犯，堪以媲美。七子賦詩，不書出鄭志，可稱千古佳話。王謝子弟有此風流，無此蘊藉。

周大章曰：不云將卑，而云將遂卑，見卑而不可復振也。今晉之禍早已覷破，據由習寔為常。履霜堅冰，由來有漸。昭伯言此，隱然有吾在乎意。意如不信，惡其言之切直耳。

公至自晉。（晉聽公歸）子服昭伯（惠伯子，子服回也，隨公從晉還）語季平子曰：晉之公室其將遂卑矣。君幼弱，六卿強而奢傲，將因是以習，習實為常，能無卑乎？平子曰：爾幼，惡識國？（昭伯尚少，平子不信其言）

見三按：魯以相忍為國，晉以習實為常，魯政猶晉政也。晉尚如此，魯更可知。昭伯言外，並有傷魯之意。

秋八月，晉昭公卒。（為下平子如晉葬起）

九月，大雩，旱也。鄭大旱，使屠擊、祝款、豎柎（三子鄭大夫。柎音附）有事（祭也）於桑山。斬其木，不雨。子產曰：有事於山，蓺（養護令繁殖。音藝）山林也，而斬其木，其罪大矣。奪之官邑。

見三按：斬木似合古禮，而實帶霸氣；奪邑似近虐政，而實本王道。可見火災不禳，龍鬭不禜，直是見理之明，非執拗者可

全謝山曰：斬木寔是古礼，即變置社稷之意也。子產以為非者，必在我非尸位，則在神為溺職，如湯之易稷是也。須知古人如此，自有斟酌。雲漢之詩曰：靡神不舉。正與八蜡不通之說並行不悖，未有毅然以絕明祀自任者。

周大章曰：魯旱大雩一語揭過，而詳鄭斬木奪官事，以見鄭有令政而魯不能也。毋焚山林，斧斤時入，平時尚有厲禁，而況大旱有事乎？本欲藝山林而反斬其木，是不為培護而為戕賊也。於木不可，於民又焉可，可以疎然

懼矣。

姜白巖曰：意如於子服回，當刮目相待。然而逆君之意甚決，連篇寫鄭寫魯，相間而行，子產有謀，故足以服彊，意如無識，故至於辱國。

此

冬十月，季平子如晉葬昭公，平子曰：子服回之言猶信。自往見之，乃信回言。子服氏有子哉。有賢子也。

見三按：爾幼惡識國正，怪其小時了了也，茲則自己眼裡看不過去，而魂魄驚悸，視此人直如芒刺在背矣。子服氏有子，正深慎吾魯之有人也。

經　丙子十有七年春，小邾子來朝。夏六月甲戌朔，日有食之。秋，郯子來朝。八月，晉荀吳帥師滅陸渾之戎。陳傳見自此凡滅不復稱人矣。不書大夫者吳也、吳無大夫也。冬，有星孛於大辰。杜解：妖變非常，故書。疏云：字慧星，狀似掃箒，光芒孛孛然也。○孛音佩。○楚人及吳戰於長岸。楚地。按今江南當塗縣西南有西梁山，與東梁山夾江相對如門，亦曰天門山。

姜白巖曰：小邾子賦詩，鄭子知官，兩君輝映上国，誰謂僻遠無人物也。

姜白巖曰：昭子泛舉救日之禮，原非專指正陽之月也。而正月之朔災尤重，伐鼓用幣，更不可缺。唯正月慝未作數語，蓋古礼相傳之辭，而意如誤以正月為歲首之月，故太史作之。又以凡月朔日食，皆當奏鼓用幣，以破其餘月則否之謬，無非申明昭子之意也。夫莊文二公鼓用牲於社，猶以為非礼，今乃寂然置之，始則不知，猶可說也，聞

傳十七年春，小邾穆公來朝，公與之燕。季平子賦采叔，（杜解：詩小雅，取其君子來朝，何錫與之，以穆公喻君子。）穆公賦菁菁者莪。（亦詩小雅，取其既見君子，樂且有儀，以答采叔。）昭子曰：不有以國，其能久矣？（嘉其能答賦，言其賢，故能久有國。）

見三按：前此小邾來朝，季宿嘗欲卑之，此忽美之以君子。盖前之卑之者，所以惡稱君於鄰國；此之美之者，所以樹私於鄰國。菁莪答賦，風雅宜入，昭子反語作贊，隱然有夷狄有君不如諸夏之亡意。

夏六月甲戌朔，日有食之。祝史請所用幣。（禮，正陽之月日食，當用幣於社，故請之。）昭子曰：日有食之，天子不舉，（不舉盛饌。）伐鼓於社，（責羣陰。）諸侯用幣於社，（請上公。）伐鼓於朝，（退自責。）禮也。平子禦（禁也。）之，曰：止也。唯正月朔，慝未作，日有食之，於是乎有伐鼓用幣，禮也。其餘則否。太史曰：在

十五

太史之言而絕不聞，心視君父之災如路人矣。傳鄙御為意，如適君伏脉，使後之人主知亂臣賊子由來有漸，不可不謹於辰霄也。

此月也。正月，謂建巳正陽之月也。於周為六月，於夏為四月。慝，陰氣也。四月純陽用事，陰氣未動而侵陽，災重，故有伐鼓用幣之禮。平子以為六月非正月，故太史荅言在於此月也。疏云：平子蓋以正月為歲首之月。日過分而未至。過春分而未夏至。三辰日月星有災。日月相侵，又犯是宿，故以三辰皆為災。於是乎百官降物，素服。君不舉，辟移時，辟正寢，過日食時。樂奏鼓，伐鼓。祝用幣，用幣於社。史用辭。用辭以自責。故夏書曰：辰不集於房。逸書也。集，安也。房，舍也。日月不安其舍則食。附注書孔傳：集，合也。疏云：日月之會是謂辰。日月當會聚共舍，令不合於舍，則月之體掩日而食。此亂征文。瞽奏鼓，瞽，樂師。嗇夫馳，庶人走。車馬曰馳，步曰走。為救日食備也。疏云：嗇夫主幣之官，蓋司空之屬。此月朔之謂也。當夏四月，是謂孟夏。言此六月當夏之四月。按引夏書是推進一層，言先王之禮，凡月朔日食皆當奏鼓用幣，不獨純陽之月為然，況純陽而陰剝之，其災尤重，安得不救？孔疏誤。△平子弗從。昭子退曰：夫子將有異志，不君君矣。安君之災，故曰有異志。疏云：日食，陰侵陽，臣侵君，救日食所以助君抑臣也。

見三按日為太陽，君象也。陰侵陽，故日食。救日食所以助君

呂東萊曰：觀孔子問官，見得聖人博學而詳說處。看孔子斷自堯典，見聖人反說約處。

俞寧世曰：一羽族中分屬百官，俱有確義。然則世間枚舉一物，皆足包括古今，牢籠天地。以此格物，以此窮理，觸處會悟，豈僅以博雜勝人。

周大章曰：問少皞而必兼黃帝、炎帝、共工、太皞、顓頊言之，問鳥名官而必兼雲龍水火民事言之，可知郯子胸中淹博。上下千古，舉典不忘其祖。官以治民，民以治事。不惟五鳩鳩民，五雉夷民，九扈扈民，即五官分職，亦無非欽若昊天，敬授人時之意。推而廣之，雲龍水火，皆此意也。秪一命官，而仰觀俯察，近取遠取，絕大道理無所不備。以此知上古之聖人繼天

析臣也。昭子言之，太史爭之，而平子不從，則其無君之心顯然可見。不君君，豈特一事？因日食而斷其異志，老臣憂國情見乎詞矣。

秋，郯子來朝，公與之宴。昭子問焉，曰：少皞氏鳥名官，何故也？少皞金天氏，黃帝之子，己姓之祖也。疏云：少皞氏身號，金天氏代號也。下炎帝、太皞等同。郯子曰：吾祖也，我知之。黃帝軒轅氏，姬姓之祖也。黃帝受命有雲瑞，故以雲紀事，百官師長皆以雲為名號，縉雲氏蓋其一官也。昔者黃帝氏以雲紀，故為雲師而雲名。炎帝氏以火紀，故為火師而火名。炎帝神農氏，姜姓之祖也。亦有火瑞，以火紀事，名百官。共工氏以水紀，故為水師而水名。共工以諸侯霸有九州者，在神農前、太皞後，亦受水瑞，以水名官。太皞氏以龍紀，故為龍師而龍名。大皞伏羲氏，風姓之祖也。有龍瑞，故以龍命官。我高祖少皞摯之立也，鳳鳥適至，故紀於鳥，為鳥師而鳥名。鳳鳥氏，歷正也。鳳鳥知天時，故以名歷正之官。疏云：此

立極，開物成務，冒天下之道，如此其至也。後人坐井觀天，不知三墳五典、八索九邱為何書，奚足與知古今之大哉。

姜白巖曰：郯為小國，達旨於魯。宣十六年郯伯姬來歸，傳曰出也。有罪而出，未嘗朝魯，以明其故。蓋能守周正家，而不畏強禦者也。成七年，一被吳兵，與之成。八年，晉率三國伐之，不能少加於郯。至襄七年始朝於魯，其即魯壻，或為魯甥，皆未可知也。至此復朝於魯，其答叔孫問官，風流談博，雖絕代名卿不是過，且足以感動聖人，余偉矣哉。

等皆以後代之官所掌之事託言之。言爾時鳥名，如今之此官也。玄鳥氏司分者也、元鳥，燕也、以春分來，秋分去。伯趙氏司至者也。伯趙，伯勞也、以夏至鳴，冬至止。青鳥氏司啓者也。青鳥，鶬鴳也。以立春鳴，立夏止。丹鳥氏司閉者也。丹鳥，鷩雉也、以立秋來，立冬去、入大水為蜃。上四鳥皆歷正之屬官。○鷩，必減反。祝鳩氏司徒也。祝鳩，鵻鳩也。鵻鳩孝，故為司徒，主教民。鴡鳩氏司馬也。鴡鳩，王鴡也。鷙而有別，故為司馬，主法制。鳲鳩氏司空也。鳲鳩，鴶鵴也。鳲鳩平均、故為司空，平水土。爽鳩氏司寇也。爽鳩，鷹也。鷙，故為司寇，主盜賊、鶻鳩氏司事也。鶻鳩，鶻鵰也、春來冬去，故為司事。五鳩，鳩民者也。鳩，聚也。治民生聚，故以鳩為名。五雉為五工正、五雉，雉有五種、西方曰鷷雉、東方曰鶅雉、南方曰翟雉、北方曰鵗雉、伊洛之南曰翬雉。疏云、賈逵曰：鷷雉，攻木之工。鶅雉，摶埴之工、翟雉，攻金之工。鵗雉，攻皮之工。翬雉，設五色之工、○鷷音存，鶅側其反，鵗又作希。利器用、正度量、夷民者也。夷，平也。九扈為九農正。扈有九種也。春扈鳻鶞，夏扈竊元、秋扈竊藍，冬扈竊黃、棘扈竊丹。行扈唶唶，宵扈嘖嘖。桑扈竊脂，老扈鴳鴳。以九扈為九農之號、各隨其宜，以教民事。疏云：賈逵曰：春扈分循，相五土之宜。趣民耕種、夏扈竊元。趣民耘苗。秋扈竊藍，趣民收

欽、冬扈竊黃，趣民蓋藏、棘扈竊丹，為果驅鳥、行扈唶唶，晝為民驅鳥。宵扈嘖嘖，夜為農驅獸、桑扈竊脂，為蠶驅雀、老扈鷃鷃，趣民收麥。令不得晏起。○扈音戶，鳲扶云反，鶞勑倫反，唶側百反。扈民無淫者也。扈止也，止民使不淫放。自

顓頊以來、不能紀遠。乃紀於近、為民師而命以民事。則不能故也。顓頊氏代少皞者，按上世民醇事簡，可以因端紀事。其後世變事繁，即事正名，使之因名任職，更為切近，蓋勢不能以遠於其事者命官也。杜云顓頊德不能致遠瑞。誤。德莫盛於堯舜，何不紀以雲龍等物耶。仲尼聞之。見於郯子而學之。於是仲尼年二十八。既而告人曰。吾聞之天子失官。學在四夷猶信。失官，官不脩其職也。傳言聖人無常師。

黃薌林曰。因鳥紀而並溯雲龍水火，想見疏佗循蜚，無不淹貫。上古之世、不致盡屬荒遠無稽者、賴有此耳。後世如竇儀、能知乾德年號，即許為讀書人，吾不知當時宰相所讀果何書耶、

姜由處曰，秦穆、晉惠不鑒驪山之禍，而遷戎於伊川，逼近王都。自楚莊代陸渾，遂服於楚。荀吳播取其國，非為王室也，蓋於楚耳，亦非為貳楚也，貪其地耳。且始則敢以祭雒三塗者欺王，又不獻功於王，皆罪之不勝誅者，而王乃鰓緦馬拾其餘瀋，進夫。

見三按官失在夷，足見五經之外，尚有大文，六合之表，不無奇士，聖人無常師，於此可證。然删書始自唐虞，而荒逷不録，此所以立萬世宜民之道，而非談雲鳥者所可及也。

晉侯使屠蒯（晉侯之膳宰，以忠諫見進。）如周，請有事於雒（雒水）與三塗（山名，在陸渾南。）萇弘謂劉子曰：客容猛，非祭也，其伐戎乎。陸渾氏甚睦於楚，必是故也。君其備之。乃警戎備（警戒以備戎也，欲因晉以合勢。）九月丁卯，晉荀吳帥師涉自棘津（河津名，按今在河南胙城縣北。）使祭史先用牲於雒。陸渾人弗知，師從之。庚午，遂滅陸渾，數之以其貳於楚也。陸渾子奔楚，其衆奔甘鹿（周地，按今河南宜陽縣有鹿蹄山，甘水所出。）周大獲。（先警戒備，故獲。呂說：同一荀吳，何故數年前伐鼓，守信義如此之賢，而伐陸渾，詐謀如此其盛。蓋圍鼓外圍鼓外援已絕，彼自不能逃，陸渾則恐强楚為助，欲假名而不得。）

宣子夢文公攜荀吳而授之陸渾，故使穆子帥師獻俘於文

宮、欲以應夢、且告成事也。（補正）

見三按韓起之夢明是偽托欺人、以見師出有名。其托之文公者、以文為霸主、或能佑其成功、其托之荀吳者、以吳有將才、必能捀其勝算。此韓起之奸以濟貪也。孰知弄假成真、後來竟攜晋國而授之矣。重耳有靈、能無心惻。

冬有星孛於大辰、西及漢。夏之八月、辰星見在天漢西。今孛星出辰西、光芒東及天漢。（補正）八月心星在西方、孛從其西過心東及漢、申須魯大夫曰、慧（彗）所以除舊布新也。（孔疏）彗、掃篲也、所以掃去塵。彗星象之。故所以除舊布新。天事恒象。天道恒以象類告示人。今除於火、（朱解）今大火之星向伏、而彗以除之、是除舊也。火出必布焉。明年大火星出必布散為災。是布新也。諸侯其有火災乎。梓慎曰、往年吾見之、是其徵也。徵、始有形象而微也、火出而見。前年火出時今茲火出而章、必火入而伏。隨火没也。其居火也久矣、歷二年其與不

毛西河曰。大辰房心尾也。蒼龍之宿。心在中、最明。為時候主。疏古以候四時故稱大辰。孛有除舊布新之象。今除舊當心。心為火宿。而除在火伏之時。則明年火出而災布。故申須梓慎裨竈、皆以為明年宋衛陳鄭同日火災之兆。以四国為房心尾三宿次舍地。若漢天文志云、東宮蒼龍房心。心為明堂。為天主。其前星太子。後一星庶子也。而董仲舒劉向、皆謂天王明堂。孛加其中為後五年王室大乱、嫡庶争国之象。又許氏謂宋国亦乱。衛乱。君奔。陳敗。鄭獲。唯鄭有政。無後災。至後漢緯家、且謂彗孛與熒惑同為火体。熒惑守心、

在周為景王崩，在漢為高帝興、成帝晏駕。說俱有據，特占驗貴速，漢儒所說驗俱在五年之後，自不若火伏而除、火出而布，現前曆曆可徵也。

周大章曰：星孛之變，申須三人皆決火災。胡氏則云：心為明堂，天子之象，前星太子，後星庶子，孛星加心，象天子適庶分爭也。許氏亦云：大辰宋分，故王室亂，亦宋亦亂。三國災氣皆溢也。衛亂君危，陳敗卿獲，惟鄭有令政而無後災。申須諸人言其近且小者，胡氏言其遠且大者，而如嚮斯應。蓋謫見於天，災原非一端，當各隨所占以為恐懼修省。聖人屢書不一書，其垂戒深遠矣。

然乎。言必然也。（補正）卯氏曰：其興語辭，猶曰其諸。火出，於夏為三月，謂昏見。於商為四月，於周為五月。夏數得天。得天正。若火作，其四國當之，在宋、衛、陳、鄭乎。宋，大辰之虛也。大火，宋分野。陳，太皞之虛也。太皞居陳，本火所自出。鄭，祝融之虛也。祝融高辛氏之火正，居鄭。皆火房舍也也。星孛及漢，漢，水祥也。天漢，水也。衛，顓頊之虛也，故為帝丘。衛，今濮陽縣，昔帝顓頊居之，其城內有顓頊冢。其星為大水。衛星營室，水也。水，火之牡也。牡，雄也。其以丙子若壬午作乎。水火所以合也。丙午火，壬子水，水火合而相薄，水少而火多，故水不勝火。疏云：水火合而相薄，是夫妻合而相親，或水從火，或火從水。但彗在大辰為多，及漢為少，水少而火多，火行其意，水必助之，故此丙子壬午之日，當有火災。其以壬午。尚未知今彗星當復隨火星俱伏否，故言若。不過其見之月。火見周之五月。鄭裨竈言於子產曰：宋、衛、陳、鄭將同日火。若我用瓘斝玉瓚，鄭必不火。欲以禳火。（附注）說文：瓘，玉也。以瓘玉為斝。按斝瓚皆爵也。瓘古亂反，斝古雅反。子產弗與。以天災流行，非禳所

十六

姜白巖曰：此大江水戰之始。長岸，楚地。蓋吴以舟師溯江伐楚，至長岸也。楚人横行，晉人反為之役，中原列國，無從遏死，而吴獨奮伐之，雖未必有尊周攘

能息故也。為明年宋衛陳鄭災傳。

黄薌林曰：同一占驗也，申須但論時日而不及地，裨竈專論地而不及時日，梓慎則知其時、知其地，並知其日，雖言各有見理，言實相承，皆春秋之善言天者。申須、梓慎是旁觀人，故言天災而不言人事。裨竈是當局人，故欲藉人事以弭天災。子産弗與，便有一番作用，而三子均在範圍之内。

見三。按申須三人占驗相同，術士之學也。子産弗與，聖賢之學也。天道不僣，修省補救，賴有人事以維持之，不尚以禜禱為事，高見卓識，獨有千古。

吴伐楚。陽匄穆王曾孫子瑕為令尹，卜戰，不吉。司馬子魚公子魴曰：我得上流，何故不吉？順江而下，易用勝敵。且楚故，司馬令龜，我請改卜。令曰：魴

夷之志，然制之使不得逞，功亦偉矣。吳主兵，楚為禦敵，乃書楚人及吳戰者，魯史承楚告命，往往詳楚而畧吳也。不書敗，勝負敵也。

也。以其屬死之，楚師繼之，尚大克之，吉。得吉兆。魴音房。戰於長岸，子魚先死，楚師繼之，大敗吳師，獲其乘舟餘皇。舟名。使隨人與後至者守之，環周也。而塹之，及泉，盈其隧炭，陳以待命。隧，出入道。疏云：守舟者雖環而塹之，猶不免有出入之路，故滿路置火以防吳人。按長岸兩山夾江相對，故謂天門山。郡國志云即春秋楚獲吳乘舟餘皇處也。餘皇在江，楚人扼江而守，恐吳從兩岸陸路來，故周兩山而塹之。及泉者，塹之深也。置火以燭其出入之路，恐其乘夜潛入也。陳以待，謂嚴陳以待戰也。吳公子光諸樊子闔廬。請於其衆曰：喪先王之乘舟，豈唯光之罪，衆亦有焉。請藉取之以救死。藉衆之力以取舟。衆許之。使長鬣多髭鬚。者三人，與吳人異形狀，詐為楚人。潛伏於舟側，按是泅水至舟。曰：我呼餘皇，則對。師吳師。夜從之，三呼，皆迭對。迭，更也。楚人從而殺之，楚師亂，按楚人疑楚師中多伏吳卒，故師驚而亂。吳人大敗之，取餘皇以歸。傳言吳光有謀。

黃鄉林曰：吳與楚共守長江，水戰則楚常勝而吳常敗者，楚

十九

得上流也子魚改卜死戰徼倖取勝地利之力非關人謀吳光初臨行陳即能出奇設伏轉敗為勝此入出頭楚君臣其旰食乎

見三按假吳人為楚人雜乎楚人中以亂楚人韓信破楚趙幟楚歌皆此法也岳少保夜令百人黑衣混金營中攪之使自攻擊亦此意也吳光真知兵哉

春秋左傳精義卷四十

閩中 鄭林黃一桂 輯 男 心垣見三 補輯

昭公八

經丁丑十有八年春王三月曹伯須卒。子悼公午立夏五月壬午宋衛陳鄭災〔杜解來告故書。天火曰災。〕。六月邾人入鄅鄅國，琅邪開陽縣。按今山東沂州北有開陽城。。秋葬曹平公。冬許遷於白羽自葉遷也。畏鄭而樂遷故以自自遷為文。。音矩。

傳十八年春王二月乙卯，周毛得過之族殺毛伯過周大夫而代之。代居其位萇弘曰：毛得必亡。是昆吾稔之日也。侈故之以。昆吾夏伯也，稔熟也。侈惡積熟，以乙卯日與桀同誅。疏云：昆吾祝融之後，嘗為夏伯，以惡熟誅者，乃其後世子孫耳。而毛得以濟侈

姜白巖曰：四國同日而災，是春秋絕大異變。火始昏見一句領起，火見風作，發而火大作。若天助火焰，風勢火勢，分外可畏。觀梓慎而竈之言必不誣也。是天道昭昭，如捲左券。而子產忽提出遠字，又云豈或不信，則偶然之合，鑿鑿可據者，亦茫茫難必也。而言卒不驗。後世術士妄窺天道，遂動逆謀。豈知術如禆竈，而不能盡知，況其下者。天道遠，人道邇，六字，試著蔡也。

於王都不亡何待。為二十六年毛伯奔楚傳。

見三按唐時藩鎮為其下所殺，輒自立為後，然猶在外藩也。至近在王都而擅殺自立，王置不問，周之衰也。曷勝太息。

三月，曹平公卒。

夏五月，火心星始昏見。丙子，風。梓慎曰：是謂融風，火之始也。東北曰融。風，木也。木，火母。故曰火之始。七日其火作乎。從丙子至壬午七日。壬午，水火合之日，故知當火作。戊寅，風甚。壬午，大甚。宋、衛、陳、鄭皆火。按大甚承風甚來，謂風大甚也。俞氏改大作火，不知四國之火，非魯火也。梓慎但知風耳，連寫風勢，逼出四國皆火，從後記事之辭。若未說火，先說火甚，語無倫次。而梓慎大庭一望可則。梓慎登大庭氏之庫以望之。大庭氏，古國名，在魯城內。魯於其處作庫，高顯，故登以望氣，參近占以審前年之言。疏云：梓慎所望望天氣耳，不必望見火也。曰：宋、衛、陳、鄭也。數日皆來告火。言經所以書。禆竈曰：不用吾言，鄭又皆將火。前年禆竈欲用瓘斝禳火，子產不聽。今復請用之。鄭

人請用之。（信竈言。）子產不可。子太叔曰：寶以保民也，若有火，國幾亡。可以救亡，子何愛焉？子產曰：天道遠，人道邇，非所及也，何以知之？竈焉知天道？是亦多言矣，豈不或信？（多言者或時有中。）遂不與，亦不復火。（傳言天道難明，雖裨竈猶不足以盡知之。）鄭之未災也，里析（鄭大夫）告子產曰：將有大祥，（變異之氣。疏云：五行傳青祥白祥之類，皆以惡徵為祥。）民震動，國幾亡，吾身泯焉，弗良及也。（言將先災死。疏云：良，語辭。）國遷其可乎？子產曰：雖可，吾不足以定遷矣。（子產知天災不可逃，非遷所免，故託以知不足。）及火，里析死矣，未葬，子產使輿三十人遷其柩。（以其嘗與己言故。）火作，子產辭晉公子公孫於東門。（晉人新來未入，故辭不使前也。疏云：晉適鄭當入當入西門，鄭城西臨洧水，無門，東入為便也。）使司寇出新客，（新來聘者。）禁舊客勿出於宮。（為其知国情，不欲令出。）使子寬、子上（皆鄭大夫）巡羣屏攝，（祭祀之位。）至於大宮。（鄭祖廟。巡行宗廟，不得使火及之。疏云：子寬，游吉之子。世族譜與游速渾罕為一人，子上別一

人。（非駟帶也。）使公孫登（開卜大夫）徙大龜。使祝史徙主祏於周廟。告於先君。（祏廟主石函。周廟厲王廟也。有火災，故合羣主於祖廟，易救護。）使府人庫人各儆其事。（儆備火也。）商成公（鄭大夫）儆司宮（巷伯寺人之官）出舊宮人寘諸火所不及。（舊宮人先公宮女）司馬司寇列居火道。（備非常也。）行火所焮。（炙也。疏云：欲令人救之也。）城下之人伍列登城。（為部伍登城備姦也。）明日。使野司寇各保其徵。（孔疏：野司寇，縣士也。火之明日。四方乃聞災，故戒使各保其所徵役之人，皆令俱備，以待上命。）郊人助祝史除於國北。（為祭處，於國北者，就大陰禳火。）禳火於玄冥（水神）回祿。（火神。疏云：祭水神，欲令水抑火；祭火神，欲令火自止。禳其餘災，慮更火也。）祈於四鄘。（城也。城積土，陰氣所聚，故祈祭之，以禳火之餘災。）書焚室而寬其徵（征賦稅）與之材。三日哭。國不市。（示憂戚，不會市。）使行人告於諸侯。宋衛皆如是。陳不救火。許不弔災。君子是以知陳許之先亡也。（不義所以亡。疏云：哀十七年楚滅陳，定六年鄭滅許。）

黃薌林曰天道遠人道邇明乎天人之理乃不為術士所惑至於既火之後寬政給林火作之時授兵登陴真大臣作用見三按一火災也魯梓慎申須知之鄭裨竈里析又知之豈博物如子產反不知之而玉瓚瓘斝顧一再不用者特以修省自有常經禱祈祇屬末節幸而獲驗適開趨避之端使不其不驗反啟人民之惑即里析之請遷亦是腐迂之談不識時務唯出之以靜鎮治賓客治宗廟治宮府城內一時發令絕不倉皇方知子產胸有成竹非執拗者所可比也此與宋災傳同為禦變之方子罕是謹慎人知有天道而濟以人事子產是精明人盡乎人事以合天道並行不悖皆可為後世師法

趙木訥曰。春秋小国。真蜂蠆也。邾子見削於魯亦甚矣。今少安其巢。則毒螫心生。

姜白巖曰。鄅子行覵種稻。想見勤民之意。邾人掩取之。蓋當時無覇。而小国如肆毒於此。

姜白巖曰。王室之亂。子朝一人耳。何至同姓宗支世家大族。互相煽惑。而與世子抗。蓋是非不明。故黨邪醜正。而入於悖逆也。當時大人言行所見。別有一種機巧隱僻

六月。鄅人藉稻。[鄅妘姓國也。疏云。周之六月。夏之四月。種稻之時。其君自出觀行之。藉猶蹈藉。踐履之義。按服虔謂耕種於藉田。亦通。舊說引此為周不改月之證。則謬矣。]邾人襲鄅。鄅人將閉門。邾人羊羅攝其首焉。[斬得閉門者頭。疏云。拝訓為持。]遂入之。盡俘以歸。鄅子曰。余無歸矣。從帑於邾。邾莊公反鄅夫人。而舍其女。[為明年宋伐邾起]

黃薌林曰。邾亦陵人以為利。小國殆無地可以自存。弭兵之為害烈矣。經書邾人入鄅。盜詞也。深惡之也。子產曰。小國忘備則危。由此觀之。鄅亦有罪焉

見三按。覇之未興。紀侯大去。覇之將息。鄅子無歸。此下泉所以繼匪風而作也。向戌弭兵。而其女卒為邾俘。報亦巧哉

秋。葬曹平公。往者見周原伯魯焉。[周大夫]與之語。不說。[音悅]學。歸以語閔子馬。閔子馬曰。周其亂乎。夫必多有是說。而後及其大

習氣、而名義不顧、如賓起所云、人犧寔難、己犧何害之類、形為長告天聽弗疑、豈非不學之弊、積漸而至此哉、閔子馬豫憂於五年之前、此好學之君子、亦知幾之君子也、

人、國亂俗壞、言者適多、漸以及在位者、大人患失而惑、患有學而失者以惑其意、又曰可以無學、無學不害、不害而不學、則苟而可、皆懷苟且於是乎下陵上替、能無亂乎、夫學殖也、不學將落、原氏其亡乎、殖、生長也、言學之進德、如農之殖苗、日新月益、〔呂說〕他人見原伯不學說學、則以為常、獨魯大夫見之、則以為異、而歸以告其國之賢者、子馬因一人占得一國之風俗、猶祭瓶水之凍、而知天下之寒也、〔陳傳〕再為王室亂起本、

黃鄭林曰、原伯魯特不說學耳、而國之亂、家之亡、即隨之、況秦之焚書坑儒、其禍為更烈乎、二世而亡、宜哉、

見三按閔子馬即閔馬父、大賢損之父也、前則勸公鉏以盡孝、後則料子朝之必敗、皆成名言、而學殖二語、尤得正學之宗、其子損得游聖門、居德行之科、淵源蓋有自矣、

姜白巖曰、此補四國同災傳所未及、因祓禳、帶敘大蒐不忍毀廟事、因晉讓、追敘

七月、鄭子產為火故、大為社、為治也、疏云、祭社有常、而云大為社者、非常祭之月、而為火特祭也、

授兵登陴事，皆表子產也。周禮有祓除祓禳之文，遇災偏及羣神，礼之常也。如裨竈言，僥倖於難必之天道，即幸而得中，徒此一言鼓動，將人心惶惑，難為治矣，故不用瓘斝，所以杜術者推測之私，必大為社所以盡除凶偏祭之礼。禳變之後，當講武事，未有為先君葬除，不忍毀人宗廟，而簡兵大蒐，反從而毀之也。故太叔不必別用心討，只如七年前所為，子產自然不忍，傳叙太叔兩番處置並同，以見子產仁心，不虞火之作也。晉客屏外授兵登陴，疑晉亦是拒晉，故邊吏來讓。然此時晉眉已衰，所忌者鄭貳於楚耳。子產說明當備之故，直揭所忌，使放心高枕，無虞失政，饒舌何為。

祓禳於四方，振除火災，禮也。（振，棄也。疏云：祓禳皆除凶之祭。）乃簡兵大蒐，將為蒐除。（治兵於廟，城內迫，故除廣之。）子太叔之廟在道南，其寢在道北，其庭小，（庭，蒐場也。疏云：寢，子太叔居宅也。按，蒐庭在太子太叔寢廟之間，其地不便於蒐，當毀廟。周氏謂寢為廟後之寢，非也。無廟在道南，而廟後之寢乃在道北之理，蓋廟不可毀，住宅可毀，故下云毀於道北。）過期三日，（補正）太叔不忍毀廟，故過期三日，須子產之後命。）使除徒陳於道南廟北，（林鮮）使衆向家廟而立。）曰：子產過女，而命速除，乃毀於而鄉。（而，女也。毀女所鄉。）子產朝，（朝君。）過而怒之，（怒不毀。）除者南毀，子產及衝，使從者止之，曰：毀於北方。（言子產仁，不忍毀人廟。按，或疑蒐有常所，何至如葬之除道？故亭林疑即前鄭簡公為葬除事重出，非也。大災後治兵以備不虞，不使傾國遠出，即國中除地為蒐場，而子太叔之廟仍當其衝也。）火之作也，子產授兵登陴。子太叔曰：晉無乃討乎。（辭晉公子公孫而授兵，似若叛晉。）子產曰：吾聞之，小國忘守則危，況有災乎？國之不可小，有備故也。既，晉之邊吏讓鄭曰：鄭國有災，晉君大

五

夫不敢寧居、卜筮走望、不愛牲玉、鄭之有災、寡君之憂也、今執事撊然（勁忿貌。撊遐板反。）授兵登陴、將以誰罪、邊人恐懼、不敢不告、子産對曰、若吾子之言、敝邑之災、君之憂也、敝邑失政、天降之災、又懼讒慝之間謀之、以啟貪人、薦（重也）為敝邑不利、以重君之憂、幸而不亡、猶可説也、不幸而亡、君雖憂之、亦無及也、鄭有他竟、望走在晉、（言鄭雖與他國為竟、每瞻望晉歸赴之、）既事晉矣、其敢有二心、（傳言子産有備、）

黄鄴林曰、於不毁游氏之廟見其仁、於郤晉人之讓見其智、仁智兼全、可以處常、即可以處變、古之寄百里托六尺臨大節而不可奪者、由此其選也、君子人歟、非子産其誰與歸、見三按瓘斝玉瓚、固請不與、而祈禳一再行之、似屬前後兩歧、不知前之不禳者、不以天道忘人事也、即聖人遠鬼神之

姜白巖曰：許畏鄭屢遷，成十五年遷於葉，靈王遷許於夷，越三年又遷許於荊，平使復国，自荊復遷於葉，是年遷於白羽，定四年遷於容城，而卒為鄭滅，剪荊築室哉。無寧居無如許矣，勝之為是慮者，以齊人伐徐，晉人滅陸渾，而楚皆不能救也。楚臣謀國計無不周，豈如晉御專務封殖，視君父若弁髦哉。

旨也。後之為社者，不以人事廢天道也，即聖人神道設教之義也。賢者之所為，固不可測，太叔且不足以知之，裨竈術士更不足言矣。

楚左尹王子勝言於楚子曰：許於鄭，仇敵也，而居楚地，以不禮於鄭。十五年，平王復遷邑，許自夷還居葉，恃楚而不事鄭。晉、鄭方睦，鄭若伐許，而晉助之，楚喪地矣。君盍遷許？許不專於楚，自以舊国不專心事楚。鄭方有令政。（補正）言以也不專心事楚之許，而不禮於方有令政之鄭，鄭得晉助，其伐之不難矣，所以必遷許也。許曰：余舊國矣也。鄭曰：余俘邑也。鄭滅許而復存之。（附注）十二年傳，楚靈王云：伯父昆吾舊許是宅，今鄭人貪賴其田。襄十一年傳：東侵舊許。（杜註）許之舊國，鄭新邑，蓋許遷而鄭得之，故今許人謂鄭曰：爾之地乃余舊国也。鄭人謂許曰：爾之國乃余俘邑也。言其兩不相下耳。葉在楚國方城外之蔽也。為方城外之蔽障。土不可易，輕也國不可小，謂鄭許不可俘，讎不可啟，君其圖之。楚子說。冬，楚子使王

姜白巖曰。春秋之世。王者不作。但使霸政不衰。而楚人僅以自完。則天下可以無事。莊之長陵。靈之申。穀於菟之滅國。孫叔敖之敗晉。皆春秋之罪人也。楚平敢持其世。不敢蠶食自肥。而小國以此自慶。豈非幸事哉。置太子而通北方。其雄心未已也。此無極之讒所由入。而遂貽入郢之禍。

子勝遷許於析、實白羽、於傳時白羽改為析

見三按鄭有令政楚且畏之矣、故小國貴乎自強、而自強之道在於得人、

經戊寅十有九年春宋公伐邾【杜解】為鄶。夏五月戊辰許世子止弒其君買。悼公弒止奔晉。止之弟斯立。己卯地震。秋齊高發帥師伐莒。冬葬許悼公【輯傳】凡君弒賊自當國不肯禮葬其君不赴於列無由會葬也。間有書者。其人隱其罪逆。自同繼位之常。如蔡般是也。或出奔他國而他人繼。葬之如禮。列國往會。如許止既奔而斯繼之是也。

傳十九年春楚工尹赤遷陰於下陰【杜解】陰縣按今湖廣光化縣西。令尹子瑕城郟。叔孫昭子曰楚不在諸侯矣其僅自完也以持其世而已。遷陰城郟皆欲以自完。【陳傳】傳言楚之衰。

見三按遷許遷陰而復城郟、楚亦僅固吾圉、無爭諸侯之志、

姜白巖曰、平立國之初、飾為君子、及得志而驕、遂一墮而為獸行。先著欲譖於王、而勸為建授室、其發夫甚遠、其立意甚深、幾不解其何以譖及勸王取之、而父子之恩遂離、方知衛宣新臺之要、必有傾仄之人為之稱道宣姜也、惜史不傳、

此中國之福、亦晉之利也無如晉之偷、更甚於楚楚猶知固其圉、晉竟自撤其籬楚特不在諸侯晉且棄其諸姬此楚之衰、而晉之衰益見

楚子之在蔡也、蓋為大夫時往聘蔡、疏云楚子為蔡公時在十一年、十三年即位、此時生子不過七年、何得云建可室、故疑為大夫時聘蔡也、郥陽蔡邑、按當在河南新蔡境。即古閒反封人之女奔之、按郥封人獻女於棄疾也、生大子建及即位使伍奢伍舉之子伍員之父為之師、費無極為少師無寵焉欲譖諸王曰建可室妻也矣王為之聘於秦無極與逆、勸王取之正月楚夫人嬴氏至自秦、王自取之故稱夫人至為下拜夫人起陳傳為二十年太子建奔傳、

見三按唐天寶間武惠妃薨六宮無當意者、有言壽王妃楊氏美、帝見而悅之遂納為貴妃卒兆漁陽之變楚平乘亂取

姜白巖曰：前年書邾人入鄅，此書宋公伐邾子，宋元得聲罪致討之正也。或曰此本向戌私意，聖人但與其一事之義耳，雖取邑怨之，安問其意之所從來乎。

金仁山曰：古今亂賊弑君，有以藥物弑之者，霍顯、王莽、梁冀之徒是也。又有無弑逆之

國，四境又安，中夏無事，志荒意滿，遂生淫泆。時鄖陽女已老，必留情國色，聞秦女美，欲娶之，恐以年大非耦辭，故為建聘之，而即自取之。此皆無極與平謀之有素，不然無極位非正卿，何以與逆哉？以淫生建，即以淫逐建，旋以淫亡國，淫禍不爽，可畏也哉！

鄅夫人，宋向戌之女也，故向寧（向戌子）請師。（請於宋公伐邾）二月，宋公伐邾，圍蟲。（邾邑，按當在山東濟寧州東境）三月，取之。（不書圍取，不以告）乃盡歸鄅俘。

見三按：邾襲人之國，宋公伐之，雖為向戌，其名實正，取邾邑而反鄅俘，可以為宋公矣。晉人不問，竟以義舉讓宋，自是宋亦生心。

夏，許悼公瘧。五月戊辰，飲太子止之藥，卒。（止獨進藥，不由醫）太子奔晉。

書曰弑其君〔補注〕不書弇，非故弑，異於慶父、宋萬。〔集傳〕異於商臣、蔡般者，過與故不同耳。君子曰盡
心力以事君，舍藥物可也。藥物有毒，當由醫，非凡人所知。
黃鄭林曰：禮，君有疾飲藥，臣先嘗之；親有疾飲藥，子先嘗之。所
以示萬世臣子之道，即所以立萬世臣子之防也。止不嘗藥，
是忽君父之尊，而不慎蟇弑之萌、堅冰之漸，故加以大惡而
不辭，而罪不止此。夫許悼公之瘧，非死症也，世子止之藥，則
死藥也。一劑乍投，五臟莫救，與飲酖何異？故不嘗藥，徒坐視
耳。不由醫而擅用其藥，則手酖矣。手酖父，焉得不謂之弑？書
曰弑君，聖經非故加人罪也。

見三按：瘧非必死之疾，許止所進，當如今人截瘧之藥，其性
狠厲，故老人一服而輒死。許止不由醫而輕用其藥，不先嘗

迹，而以奇藥誤其君者，山人柳泌之徒是
也。故律謂藥不依本方致殺人者，與故
殺同。而天子升遐，侍醫視疾無狀，論死，蓋謹
亂賊之防也。止雖無弑父之心，而進藥而卒，
夫子立此法以示萬世之防。
善白齒厭曰：許悼公特瘧耳，非不治之疾也。云
飲太子止之藥，藥不由醫，太子自裹藥也。
云太子奔晉，則無弑父自立之心也。然無弑
父之心，而由太子之藥而死，則是以藥殺之也。
蓋藥物生死所關，其難其慎，非甚信驗，寧
舍之不用。乃進藥誤殺其親，是以其親爲嘗
試而致其死，安得不謂弑哉？穀梁云：止不立
乎其位，以與其弟虺，哭泣，歠飦粥，嗌不容粒，
未踰年而死。公羊亦書葬，君子之赦止也。夫欲
赦於後，何如不書於前？蓋故殺，弑也；即過殺，
亦弑也。即其不自立之心，則無故殺之心可
知，何待書葬以赦之哉？

而誤進於君故以庸醫殺人之律且當加等故楚商臣蔡般之弒君故殺也許止之弒君過失殺也過失殺父母律有明條雖欲不正其弒君之罪不可得矣盡心力正對不嘗藥說非謂藥物真可舍正見不嘗藥者之不盡心力云

邾人郳人徐人會宋公乙亥同盟於蟲（終宋公伐邾事）

姜白巖曰四國同盟無晉晉非霸主矣經不書不忍絕晉也

見三按昭十八年齊人徐子鄭人莒人盟於蒲隧此則宋公邾人郳人徐人盟於蟲中夏無霸參盟之事復起春秋將降為戰國矣

楚子為舟師以伐濮（南夷也）費無極言於楚子曰晉之伯（音霸）也邇於諸夏而楚辟陋故弗能與爭若大城城父而置太子焉以通北方王收南方是得天下也王說從之故太子建居於城父

姜白巖曰結出拜夫人見太子之廢已罔故方城之叛易惑然則城父者太子之阱也公然遣使如秦拜夫人秦亦安然受拜秦楚皆無人理矣

鍾惺曰：苦心奇想，千古女俠，後世如龐娥輩，非不手刃仇者，然所敵一人耳，何若以老婦與國為仇，而其事卒濟乎。

魏禧曰：此婦足配伍子胥，然志托紀鄣，而莒子即奔紀鄣，是亦天也。人之報仇，固自有數，所謂人定勝天也歟。

魏世傚曰：齊師攻紀鄣，莒子必城守，而婦人縋城不覺，何哉？意守城用編戶，而此婦豫布親黨之人於一處，故縋焉而不覺耳。此固見莒婦之智，亦以徵莒备之疏，若孔至掖殺國子，及此等事，守城者不可不鑒。

張梅莽曰：婦人不忘報仇奇矣，老而能報尤奇。報仇不可無志，尤不可無具。莒夫人不忘夫仇，志也；紡焉以度，具也。志與具備，未有不終

令尹子瑕聘於秦，拜夫人也。（為明年譖太子張本。改以為夫人遣謝秦。）

見三按此即二五耦之故智，而蒲屈太子建也。晉獻英主，故二五動之以啟土；楚平昏主，故無極動之以得天下，讒人近骨肉離所由來矣。

秋，齊高發帥師伐莒。（莒不事齊故。）莒子奔紀鄣。（莒邑，按今山東莒州。）使孫書（陳無宇子，子占）伐之。初，莒有婦人，莒子殺其夫，已為嫠婦。（寡婦為嫠。嫠，力之反。）及老，託於紀鄣，紡焉以度而去之。（因紡纑連所紡以度城而藏之，以待外攻者，欲以報讎。疏云：去，藏也。）及師至，則投諸外。（投繩城外，隨之而出。）或獻諸子占，子占使師夜縋而登。（緣繩登城。縋，直偽反。）登者六十人，縋絕，師鼓譟，城上之人亦譟，莒共公懼，啟西門而出。七月丙子，齊師入紀。（傳言怨不在大，歸義莒以一婦人竟能引寇。匠夫匠婦皆能勝予，於此徵焉。）

乘其間者。

周大章曰、仇之報與不報、視乎志之專與不專。已為莒婦、椅舟之節著矣。老托紀鄣、時懷杖戈之志。精誠上通乎天、卒以紡度報仇。匹夫有志、感風雷而泣鬼神、不信然歟。

彭家屏曰、莒寡婦以纑度城、與若木以綵度江、用智特奇、用心特深、俱千古異事。

姜白巖曰、齊景爭霸、動無名之師於小國、其入紀鄣、適逢莒婦復仇之會、非孫書之智力能克之也。

姜白巖曰、父兄立駟乞、由乞之謀、故子產憎之。乃絲不告君相、而告晉大夫、胥子產是責、鄭君也。篇中責絲不當往告、語極含蓄。責晉不當來問、語極犀利。不從大國、非禮之干、所以善事大國。

黃薌林曰、莒以一婦人竟能引寇、怨不在大、敵不在衆、古人所以有匹夫匹婦勝子之懼也。見三按、莒婦紡纑度城以待攻者、而夫仇卒報、精誠所結、天從其願、與戎州己氏髡髮殺衛莊、東海莒母甘破產殺長吏、可稱女中三傑。

是歲也、鄭駟偃卒。子游駟偃娶於晉大夫、生絲、弱、幼小其父兄立子瑕。子瑕、子游叔父駟乞。疏云、按世本、子游、子瑕並公孫夏之子。子產憎其為人也、憎子瑕且以為不順。舍子立叔、不順禮也。弗許、亦弗止。許之為違禮、止之為違衆、故中立。駟氏聳。聳、懼也、與竦同。他日、絲以告其舅。冬、晉人使以幣如鄭、問駟乞之立故。駟氏懼、駟乞欲逃、子產弗遣。請龜以卜、亦弗予。大夫謀對、子產不待而對客曰、鄭國不天、不獲天福寡君之二三臣札瘥夭昏、大死曰札、小疫曰瘥、短折

曰天夭名曰昏。今又喪我先大夫偃，其子幼弱，其一二父兄懼隊宗主，〔孔疏〕大夫繼世為一宗之主，恐隊失也。私族於謀，而立長親。立親之長者。〔附注〕私族於謀，蓋於言私謀於族，倒句成文耳。寡君與其二三老曰：抑天實剥亂是，吾何知焉？言天自欲亂駟氏，非國所知。諺曰：無過亂門。民有兵亂，猶憚過之，而況敢知天之所亂。今大夫將問其故，抑寡君實不敢知，其誰實知之？平丘之會，在十三年。君尋舊盟曰：無或失職。若寡君之二三臣，其即世者，晉大夫而專制其位，是晉之縣鄙也，何國之為？辭客幣而報其使，遣人報晉使。晉人舍之。

黃鄉林曰：立絲順，立駟亂也。然此家事，晉與何與焉？使非子產抗言，不能折服之。唐時藩鎮自立留後，天子且不能主，今晉大夫欲以渭陽壓之乎？

姜白巖曰：棄疾初政，燦然可觀。至此頃成兩載，人蓋用蔓成然而新政舉，用費無極而秕政行也。用人可不慎歟。

見三按：立嗣重事也，舍子立叔，於義不順，子產弗止，仍是畏駟氏之強，留以觀變，及晉人來問，不得不强詞奪理以遂其非，氣雖壯而於義終乖。子產後來作事，亦多不滿人意處。

楚人城州來，沈尹戌（莊王曾孫葉公諸梁父。○音恤）曰：楚人必敗。（十三年吳滅州來，今就城之而取之。）昔吳滅州來，（在十三年）子旗請伐之。王曰：吾未撫吾民。今亦如之，而城州來以挑吳，能無敗乎？侍者曰：王施舍不倦，息民五年，可謂撫之矣。戌曰：吾聞撫民者，節用於內，而樹德於外，民樂其性（孔疏：性，生也）而無寇讎。今宮室無量，民人日駭，勞罷死轉（遷徙也），忘寢與食，非撫之也。（呂說：平王有息民之名，無息民之實。宮室無量，民人日駭，勞役甚於用兵也。陳傅為定四年楚敗張本。）

見三按：禮義，國之藩籬也。平王娶子婦，逐子建，禮義亡，藩籬

周大章曰。此仍是不用璀斝玉瓚識見視臧文仲之作虛器祀爰居者何如、王文正寇萊公若果知此。則天書妖妄不足以惑之矣。以博物稱君子稱子產。猶是皮相。

姜白巖曰、只將對面一照。而龍自為龍。我自為我。又絕不相涉。文極奇創。理極平。讀此益知其答晉祀夏郊之非本意。

撤矣。沈尹戌於城州來、而決其必敗、猶是為尊者諱

鄭大水、龍鬬於時門鄭城門之外洧淵。國人請為禜焉。子產弗許。

曰我鬬、龍不我覿也。覿見也。禜為命反。龍鬬、我獨何覿焉、禳之、則彼其

室也。淵龍之室。吾無求於龍。龍亦無求於我。乃止也、傳言子產之知

見三按兩不相覿、兩無所求、滑稽之言、純是至理、孟浪之談、

足解衆惑、西門豹之投巫、實得此意、

令尹子瑕言蹶由吳王弟於楚子。五年靈王執以歸、按蹶由拘楚十五年。曰、彼何罪、

諺所謂室於怒、市於色者、楚之謂也、言靈王怒吳子而執其弟、猶人怒於室家、而作色於

市人。舍前之忿可也、乃歸蹶由、言楚子用善言。陳傳言楚寔不能競於吳。乃反所執、

見三按是時吳強楚弱、欲舍前忿以結好於吳、如晉釋鍾儀

求成之類、故令尹一言而蹶由歸、

經己卯二十年春王正月。夏曹公孫會自鄸出奔宋。〔杜解〕鄸，曹邑。按今山東曹州北。〔方解〕奔未有言所自者，此言所自何？蓋至是而大夫有邑與民者，皆自擅而不屬於公，故能專其邑。未有不叛其国者，能使其衆，未有不脅其君者。會待放於私邑者，君無赦命而出奔。不惟非宋辰華向之比，與臧孫紇據邑以要君者，亦不可以同年而語矣。○鄸，莫公反。秋盜殺衛侯之兄縶。冬十月宋華亥、向寧、華定出奔陳。十有一月辛卯蔡侯盧卒。太子朱立。

傳二十年春王二月己丑日南至。〔杜解〕是歲朔旦冬至之歲也。當言正月己丑朔日南至。時史失閏，閏更在二月後，故經因史而書正月，傳更具於二月，記南至日以正歷也。按所謂錯經以合異也。梓慎望氛氣也。時魯侯不行登臺之禮，使梓慎望氛。附注或慎自望之。曰：今茲宋有亂，國幾亡，三年而後弭。蔡有大喪。為宋華向出奔、蔡侯卒傳。叔孫昭子曰：然則戴、桓也。戴族華氏，桓族向氏。汰侈無禮已甚，亂所在也。傳言妖由人興。

見三按梓慎論天有似裨竈，昭子料人不亞子產。梓慎特渾

姜白巖曰：梓慎言天道，昭子歸之人事。侈汰已甚，無妖亦當敗也。

魏世傚曰晉將亂而殺申生楚將覆而逐子
建獻公平王之罪也而申生之死里克寔殺之子
建之逐伍奢寔速之蓋晉獻昏懦楚平忍很
昏懦者固非巽言婉語所可悟忍很者又非
盛氣力爭所能回子婦可娶不知人倫安有
天性其娶秦嬴即殺子建之漸也而奢猶
復直言以觸其忌是欲止火而添薪助之
焰矣向使伍奢能用里克微言以規楚平
里克能如伍奢猛烈之氣以折晉獻必兩有所
濟而惜乎其反是故曰里克伍奢申生子建
之罪人也里克之心私而怯伍奢之心忠而猛忠
猛者國不失為賢臣而材之或偏足以殺身
而僨事其子員亦以強諫見殺於吳猶是
故也嗚呼其亦可悲也夫
姜白巖曰凡信讒者必有其證晉獻之殺太
子證之祭肉以為寘毒也宋平之殺太子痤之
坎牲及合左師以為將作亂也若能居於建絕
無證擬惟憑無極之口戕乃從來昏愚所
不至者蓋納建之妻負慚於建必殺而後已
奢云一過多矣正中所忌而奮揚不特不刺其

言其地昭子能實知指其人天道遠人道邇觀於斯益信

費無極言於楚子曰建與伍奢將以方城之外叛自以為猶宋鄭也齊晉又交輔之將以害楚其事集矣王信之問伍奢伍奢對曰君一過多矣（納建妻）何信於讒（〔輯傳〕奢當盡言明建之無他切言以激之亦未盡善）王執伍奢（怨奢切言）使城父司馬奮揚殺大子未至而使遣之（知太子冤故遣令去）三月太子建奔宋王名奮揚奮揚使城父人執己（服云城父大夫也）以至王曰言出於余口入於爾耳誰告建也對曰臣告之君王命臣曰事建如事余臣不佞不能苟貳奉初以還（奉初命以周旋）不忍後命故遣之既而悔之亦無及已王曰而敢來何也對曰使而失命名而不來是再奸也（奸犯也）逃無所入王曰歸從政如他日（善其言舍使還〔呂說〕不可謂平王開明蓋中無所主易為人所移易也）無極曰奢之子材若在吳

納婦，並不刺其信讒，不特不爲太子訟冤，並不爲己卸罪，曰不忍後命，以動其父之情，曰悔亦無及，以平其今日之怒，剛正中寓巽順，正與奢語相反。尚以死自任，以仁智委員，他日復仇全局已定。奢不哀其來者，憂其逆者，仍是一副憂國之忠也。

必憂楚國，盡以免其父，召之，彼仁必來，不然將爲患。王使召之，曰：「來，吾免而父。」棠君尚（奢長子，爲棠邑大夫）謂其弟員（尚弟子胥。○員音云）曰：「爾適吳，我將歸死。吾知不逮，（自以知不及員）我能死，爾能報。聞免父之命，不可以莫之奔也；親戚爲戮，不可以莫之報也。奔死免父，孝也；度功而行，仁也；（仁者貴成功）擇任而往，智也；（員任報仇）知死不辟，勇也。（尚爲勇）父不可棄，（俱去爲棄父）名不可廢，（俱死爲廢名）爾其勉之，相從爲愈。」（〔孔疏〕比於相從俱死爲愈也。病差爲之愈）伍尚歸。奢聞員不來，曰：「楚君大夫其旰食乎！」（將有吳憂，不得早食）楚人皆殺之。員如吳，言伐楚之利於州于。（吳子僚）公子光（吳闔廬）曰：「是宗爲戮，而欲反其讎，不可從也。」員曰：「彼將有他志。（光欲弑僚，不利員用事，故破其議，而員亦知之）余姑爲之求士，而鄙以待之。」（計未得用，故進勇士以求入於光，退居邊鄙）乃見鱄設諸焉，（勇士。○鱄音專）而耕於鄙。（爲二十七年吳弑僚傳）

黄鄉林曰無極奸計全在勸王娶秦女一事使之父子無面相見不殺不止伍奢忠勇與奮揚同奮揚能全太子又保其身伍奢既殺其身又殺其子蓋奮揚之言正而婉伍奢之言正而亢也聲子復椒子原為楚多淫刑使大夫逃死四方以害楚國乃甫復椒舉即戮其子孫卒致覆楚之禍不君不父以淫行逞淫刑其蹈亂亡也宜哉

見三按平王歷艱難得國人情真偽宜熟悉於心乃即位以來寵無極剪朝吳娶子婦伍奢何罪父子為戮太子何罪使人殺之骨肉股肱岌岌不保即其所為有甚於虔者虔之患在外暴平之患尤在內亂宜柏舉有鞭屍之辱哉奮揚走太子已卒免於殺吾愛其忠勇伍員未報仇先弒一王僚吾怖

姜白巖曰，華向二氏世專宋政，其無君久。元公，宋君之有志者也，跡其親將伐邾，而盡歸邾俘，後復力疾討季孫而旅，卒豈肯受制於賊臣者。於是欲除華向，而華向先發，觀其執羣公子求免不得，天經地義絕矣。此叙宋亂之發端，下篇乃詳其事。

其傾危

宋元公無信多私，而惡華向。華定、華亥與向寧謀曰，亡愈於死，先諸。恐公殺己，欲先作亂。華亥偽有疾，以誘羣公子。公子問之，則執之。夏六月丙申，殺公子寅、公子御戎、公子朱、公子固、公孫援、公孫丁，拘向勝、向行於其廩。八子皆公黨。公如華氏請焉，弗許，遂劫之。劫公。癸卯，取太子欒景公與母弟辰、公子地以為質。辰、地皆元公弟，疏云，據世族譜皆元公子。公亦取華亥之子無慼、向寧之子羅、華定之子啓，與華氏盟，以為質。為此冬華向出奔傳。

見三按，謀先二字，是權奸喪心語，亦是權奸傳心法。曹孟德之弒伏皇后，司馬師之廢曹芳，皆以此為衣鉢。偽疾以誘羣公子，遂劫公以質太子，李傕、田令孜之徒，已先見於春秋，強

臣如此更何論全人之索取親王為質也鄙夫末路無所不

至。祇此患得患失之心讀此傳可以鑑矣

衛公孟縶（靈公兄）狎齊豹（齊惡之子為衛司寇。狎輕也。）奪之司寇與鄄（豹邑）有役

則反之。無則取之。（縶足不良。故有役則以官邑還豹。使行。陳傳見齊豹既奪司寇。故書豹盜。）公孟惡

北宮喜（貞子）褚師圃。欲去之。公子朝通於襄夫人宣姜（靈公嫡母）懼而

欲以作亂。故齊豹北宮喜褚師圃公子朝作亂。初齊豹見宗魯

於公孟（薦達也）為驂乘焉。（為公孟驂乘）將作亂。而謂之曰。公孟之不善

子所知也。勿與乘。吾將殺之。對曰。吾由子事公孟。子假吾名焉。

故不吾遠也。（言子借我以善名。故公孟親近我。）雖其不善。吾亦知之。抑以利故。

不能去。是吾過也。今聞難而逃。是僭子也。（使子言不信也）子行事乎。吾

將死之。以周事子。（周。猶終竟也。疏云。終不泄殺公孟之言。是終事子也。）而歸死於公孟。其

姜白巖曰。經之義罪衛侯之不保其兄縶。而為盜殺也。盜何以殺縶。宗魯不洩其謀。故盜得而殺之也。而致此者在北宮喜。喜衛之上卿執政者。喜能消亂未萌。盜可不作。縶可不死。乃喜以公孟欲去已。與盜同謀。則盜之耿於殺縶出君者。喜為之也。故傳於齊豹後即敘北宮喜。名宗魯十八年知豹之謀不發其奸姦。雖為公孟死。猶為豹黨。而況喜為執政。寔與之作亂乎。南楚以死衛。公雖不死而其志顯。宗魯以死衛公孟。雖死而其罪昭。故從公行者皆為公臣。與豹謀者皆為賊黨。吾不知死焉之奔北宮安在而不擾手也。夫豹之牢召喜同謀故也。而喜之牢寔是不與謀。斯時必以大義責喜。且忌我者死吏無分我之權。而奪之位。於是遂責豹滅之是喜一反正而誅盜易如反掌。方知前此之亂喜寔主之。自非夫彭水之盟。靈公安得入衛哉。公孫青為外臣。猶扞掫執鐸。喜為執政

十三

而袖手旁觀，責之有禮，反賊喜之不臣。齊氏既滅，大賞功臣，與譽子石，獨不思兄與海皆不保其身，而種種得意，恬不為怪，衛靈公之無道，此其大者也。北宮黨賊而受討賊之賞，生而受謚，亦受墓田，竟與從亡之析朱鉏相埒，嗚呼，此人而曰貞，尚有臣道耶。苑無忌辭賞，正與北宮受賞相反，所謂貪君賜而干先王者，傳蓋為北宮刺也。夫子曰齊豹之盜，而孟縶之賊，為宗魯定案，而食姦受亂，無一語非北宮氏之爰書也。傳於宗魯一邊用明斷，至北宮一邊自不待言。

可也。按伏下仲尼一斷，使宗魯能發其謀，誅豹靖乱，而歸死於豹等，死耳，重於泰山矣。

丙辰，衛侯在平壽。衛下邑。公孟有事於蓋獲之門外，有事，祭也。蓋獲，衛郭門。齊子氏帷於門外，[illegible][illegible]齊豹之家帷，設於蓋獲門外。而伏甲焉。使祝鼃寘戈於車薪以當門。鼃，烏媧反。要其前也。使一乘從公孟以出，亦如前車置戈，於薪尋其後。使華齊御公孟，宗魯驂乘。及閎中，閎，曲門中。疏云：華齊是公孟臣，自為公孟御，非齊氏所當使。學者見上下文有使字，以此妄加耳。齊氏用戈擊公孟，宗魯以背蔽之，斷肱，以中公孟之肩，皆殺之。公聞亂，乘驅自閱入門入，慶比御公，公南楚驂乘，使華寅乘貳車。公副車。疏云：乘驅者，乘車而疾驅也。閱門，衛城門，蓋偏側之門，其路遠齊氏。及公宮，鴻駵音留。魋駟乘於公，鴻駵魋復就公乘，一車四人。公載寶以出，褚師子申遇公於馬路之衢，遂從。從公出。過齊氏，使華寅肉袒，執蓋以當其闕。空也。執蓋蔽公，以蓋當侍從空闕之處。統箋：使不見公。傳氏曰：肉袒示必死。杜謬。齊氏射公中南楚之肩，公遂出。

寅閉郪門、（不欲令追者出）踰而從公、（踰出郪）公如死鳥、（衛也）析朱鉏（成子黑背孫）

宵從竇出、徒行從公、（陳傳言衛無政、幾以盜喪國、紀愚經所謂盜、謂齊豹也、豹具官於衛、何以盜名、以其為盜賊之事、賊之也、是以蔡公孫翩亦書盜、行同於豹也、夫齊豹之罪、有甚於宗魯、聖人之刑、必急於大惡、豈肯舍首惡以記其卑鄙小人乎、左氏曰春秋書齊豹為盜、懲不義也、盜為齊豹何疑）齊侯使公孫青（頃公之孫）聘於衛、

既出聞衛亂、使請所聘、公曰、猶在竟內、則衛君也、（按此齊侯之言）乃將事焉、（將事行聘事）遂從諸死鳥、請將事、辭曰、亡人不佞、失守社稷、越在草莽、吾子無所辱君命、賓曰、寡君命下臣於朝曰、阿下執事、（阿比也、命已使比衛臣下、）臣不敢貳、（違也）主人曰、君若惠顧先君之好、照臨敝邑、鎮撫其社稷、則有宗祧在、（言受聘當在宗廟也）乃止、（不行聘事）衛侯固請見之、（欲與青相見）不獲命、以其良馬見、（以為相見之礼）為未致使故也、（未致使故不敢以客礼見、疏云、客礼見者、若已致君命、則享有庭實、復有私覿私面之禮、今為未致使、故但以良馬見也、）衛侯以為

乘馬、喜其敬己、故貴其物。賓將掫、行夜、側九反。主人辭曰、亡人之憂、不可以及吾子、草莽之中、不足以辱從者、敢辭。賓曰、寡君之下臣、君之牧圉也、若不獲扞外役、是不有寡君也、臣懼不免於戾、請以除死、親執鐸、終夕與於燎。設火燎以備守。齊氏之宰渠子召北宮子、北宮喜也。北宮氏之宰不與聞謀、殺渠子、遂伐齊氏滅之。丁巳晦、公入、與北宮喜盟於彭水之上。喜本與齊氏同謀、故公先與喜盟。疏云、丙辰丁巳乃是頻日、其事既多、不應二日之中并為此事。今杜不云日誤者、以誤在可知。〔呂說〕齊氏之家臣召北宮、北宮之宰不與其謀、乃殺渠子、滅齊氏、而公入、當時北宮子為家臣所制、俯首聽命、便見政不在大夫、全在陪臣。〔補注〕誅盜不告、義同尉止。秋七月戊午朔、遂盟國人。皆齊氏黨。〔補注〕八月辛亥、公子朝、褚師圃、子玉霄、子高魴出奔晉。公子朝不書奔、衛人以殺宣姜故、諱不以告。尋反國、二十二年會救宋。閏月戊辰、殺宣姜。與公子朝通謀故。衛侯賜北宮喜謚曰貞子、滅齊氏故。疏云、謚法、外內用情曰貞。賜析朱鉏謚、

十五

曰成子。宵從公故而以齊氏之墓予之。皆未死而賜謚及墓田。衛侯告寧於齊。

且言子石。公孫青言其有禮齊侯將飲酒。徧賜大夫曰二三子之教也。

喜青敬衛侯苑何忌齊大夫辭。曰與於青之賞。必及於其罰。言青若有罪。亦當并

受其罰。在康誥曰。父子兄弟。罪不相及。尚書康誥況在羣臣。臣敢貪君

賜。以干先王。言受賜則犯康誥之義。〔歸義〕何忌之識加人數等。按何忌言專賞青可矣。不必徧賜大夫。琴張

孔子弟子字子開名牢。聞宗魯死。將往弔之。仲尼曰。齊豹之盜。而孟縶之

賊。女何弔焉。言齊豹所以為盜。孟縶所以見賊。皆由宗魯。君子不食姦。知公孟不善而受其祿。是

食姦也。不受亂。許豹行事。是受亂也。不為利疚於回。疚病。回邪也。以利故不能去。是病身於邪。不

以回待人。知難不告。是以邪待人。不蓋不義。以周事豹。是蓋不義。不犯非禮。以二心事縶是

非禮。

黃鄰林曰魯事孟縶。縶固魯之主也。齊豹見宗魯於孟縶不

過一荐主耳人有欲弑我所事之主聞而不止是徇賊也知而不告是庇賊也且促之以行事是助賊也雖斷股同死何益哉

見三按盜雖數人北宮喜其盜齊豹其盜魁宗魯其盜媒也無喜則諸人皆無能爲而亂不生無宗魯則豹之亂不成當齊豹告宗魯時一言止之便可無此慝事喜亦不敢啟邪心否則以君爲重告而除之可也而依違兩可不止齊豹不救公孟是促齊豹爲盜者宗魯也使公孟見殺者宗魯也祝鼃之寘公孟中肩死鳥之如南楚中背衛國大亂其去孫甯之逐君也特一間耳公孫青以外國聘臣猶能恪恭將事況食其祿而不以難告於孟爲不忠即於衛爲大逆信不近義

姜白巖曰：自古無君臣交質而能全其始終者。公與夫人數詣華氏，蓋飾為祇懼之容，令公子歸，然後誅華向耳。而二氏窺破，不肯歸公子，於是公發憤討賊，獨與費遂謀者，知其猶識君臣大義也。一舉而敗之，華向皆奔，費遂助之也。子城適晉，華登奔吳，便伏二國之師。觀下篇知此時齊戍先至，蓋宋已乞師於齊，華費遂之謀也。向甯欲殺太子，華亥止之，是追叙公殺質攻華向之時，華向冀歸三公子以免討，乃公僅留

信之賊夫亦義之賊矣。北宮喜黨豹作亂，幾致覆宗，幸其宰不與聞，故能討賊，既全衛君，又救其主，一言反正，力等回天，可知宗魯之與聞而不諫，其為罪不可勝誅也。末以仲尼之言作結，見非禮之禮，非義之義，尚不免陰賊乎名教，若北宮喜者始黨賊而終受討賊之賞，其爰書又當何如耶？嗚呼！喜固可以為貞矣，此靈之所以為靈也歟。

宋華向之亂，公子城平公子、公孫忌樂喜孫、樂舍、司馬彊、向宜、向鄭、宜鄭皆向戌子、楚建楚平王之亡太子、郳申小邾穆公子出奔鄭。八子宋大夫，皆公黨，辟亂出。其徒八子之徒衆與華氏戰於鬼閻按今河南西華縣東北，敗子城。子城適晉。子城為華氏所敗，別走至晉，為明年子城以晉師至起本。華亥與其妻必盥而食所質公子者而後食。公與夫人每日必適華氏，食公子而後歸。華亥患之，欲

華牼、故華向奔陳、而亥又從吳乞師也、

歸公子、向寧曰、唯不信、故質其子、若又歸之、死無日矣、公請於華費遂、大司馬華氏族將攻華氏、對曰、臣不敢愛死、無乃求去憂而滋長乎、恐殺太子益憂益長、臣是以懼、敢不聽命、公曰、子死亡有命、余不忍其詢、恥也、疏云、欲喪子以伐之、○許侯反冬十月、公殺華向之質而攻之、戊辰、華向奔陳、華登費遂子華向黨奔吳、向寧欲殺大子、華亥曰、干君而出、又殺其子、其誰納我、且歸之有庸、可以為功善使少司寇牼華亥庶兄以歸、以三公子歸公也曰、子之齒長矣、不能事人、按亥言牼年長、不能出奔事人、以三公子為質必免、質信也、送公子歸、可以自明不叛之信、公子自既入、華牼將自門行、從公門出公遽見之、執其手曰、余知而無罪也、入復而所、而女也、所所居官、

黃鄰林曰、猶之出奔也、與其殺公子劫君父、殺已之子而後去、何如於見惡之時、見幾而作、猶為無惡之大夫乎、華向在

姜白巖曰祝固史嚚齊之媚人據款小必有不便於己者欲因事誅之也晏子對庸主說莊語須聳快方能動聽凡成民致神道理並不提起首段述范會事引出有德之君一段意歸到神人無怨點一怨字便伏詛字之根然景公欲誅自己之

宋為望族六官之長多出其門其勢幾與晉權臣等齊晉權臣濟之以奸偽故變遲而禍大華向出之以跋扈故變速而禍小

見三按華氏之橫不亞孫甯元公之弱幾同衛衎大亂五年不至失國者其氣壯也死亡有命不忍其詬有此達識有此英鋒自能手定權奸若華費遂者身握兵權坐視公子之質而不展一籌老奸巨猾依違兩可其與賊臣聯為一氣固已久矣多僚之譖非無因也

齊侯疥遂痁痁瘧疾疏云後魏李繪聘梁梁人袁狎說此事云疥當作痎是小瘧痁是大瘧。夫康反痎音皆期而不瘳諸侯之賓問疾者多在齊多在梁邱據與裔款二子齊嬖大夫言於公曰吾事鬼神豐於先君有加矣今君疾病為諸侯憂是祝

祝史、而晏子却說范會之祝史、故惘然不知其意也。中段法戒兩扇、盡情發揮、於當戒處、點出不恤後人四字、隱然有後此齊為陳氏一篇在內、然俱懸空說、並未說到公身上。公此時已覺刺耳、若何一問、便有放鬆祝史意。末段就今日之齊、切直言之、在在剝削斯民。祝者三、詛者千億、直是怨聲載道。使人不詛、惟有修德、則凡去一切害民之小人、除一切毒民之虐政、停一切勞民之工役、屏一切奪民之嬖寵、皆在修德、所以格神人而利後嗣也。景公悅其言、恤政遂行、可謂能改過矣。從此任用晏子、齊其庶幾。乃讒佞依然用事、寵嬖依然擄奪、土木依然繁興、淫樂依然在御、此死之日所以無得而稱、而齊亂也。

史之罪也、諸侯不知、其謂我不敬、君盍誅於祝固史嚚以辭賓。欲殺嚚固、以辭謝來問疾之賓。公說、告晏子。晏子曰、日宋之盟、日、往日也。宋盟在襄二十七年。屈建問范會之德於趙武、趙武曰、夫子之家事治、言於晉國、竭情無私、其祝史祭祀、陳信不愧、其家事無猜、其祝史不祈、家無猜疑之事、故祝史無求於鬼神。建以語康王、楚王。康王曰、神人無怨、宜夫子之光輔五君、以為諸侯主也、五君、文、襄、靈、成、景。按景公欲爭霸、隱以此為歆動。公曰、據與款謂寡人能事鬼神、故欲誅於祝史、子稱是語、何故、對曰、若有德之君、外內不廢、無廢事。上下無怨、動無違事、其祝史薦信、無愧心矣、君有功德、祝史陳說之、無所愧。是以鬼神用饗、國受其福、祝史與焉、與受國福。其所以蕃祉老壽者、祉音恥。為信君使也、其言忠信於鬼神、其適遇淫君、外內頗邪、上下怨疾、動作辟違、從欲厭私、使私情厭足。高臺深池、撞

十八

鍾舞女、斬刈民力、輸掠其聚、掠奪取也。疏云：輸，墮也。故為墮以毀奪其所聚之物。○撞直江反成其違、不恤後人、暴虐淫從、肆行非度、無所還忌、還猶顧也不思謗讟、不憚鬼神、神怒民痛、無悛於心、其祝史薦信、是言罪也、以實白神是為言君之罪其蓋失數美、是矯誣也、蓋掩也進退無辭、則虛以求媚、作虛辭以求媚於神是以鬼神不饗其國以禍之、祝史與焉、所以夭昏孤疾者、為暴君使也、其言僭嫚於鬼神、公曰、然則若之何、對曰、不可為也、言非誅祝史所能治山林之木、衡鹿守之、澤之萑蒲、舟鮫守之、藪之薪蒸、虞候守之、海之鹽蜃、祈望守之、衡鹿舟鮫虞候祈望皆官名也、言公專守山澤之利不與民共、釋文麤曰薪、細曰蒸。疏云：皆齊自立此名，故與周礼不同。○萑音丸縣鄙之人、入從其政、偪介之關、暴征其私、介隔也、迫近国都之關、言邊鄙既入服政役、又為近關所征稅、枉暴奪其私物承嗣大夫、彊易其賄、承嗣大夫世位者布常無藝、法制也、言布政無法制徵斂無度、宮

室日更、淫樂不違、去也 内寵之妾、肆奪於市、肆放也 外寵之臣、僭令於鄙。詐為教令於邊鄙 私欲養求、不給則應、養長也、所求不給、則應之以罪 民人苦病、夫婦皆詛、祝。之又反 有益也、詛亦有損、聊攝以東、聊攝齊西界、按今山東聊城縣東北有攝城、 姑尤以西、姑尤齊東界、按姑水、今山東黄縣大姑河、尤水、今小姑河、 其為人也多矣、雖其善祝、豈能勝億兆人之詛、萬萬曰億、萬億曰兆、 君若欲誅於祝史、脩德而後可、公說、使有司寬政、毀關、去禁、薄斂、已責、除逋責。一本作債、

黄鄰林曰、齊侯唯不能修德、故為鬼神所惑、禳彗星、誅祝史、蓋同一私心也、晏子之對、語似詼諧、卻是諷諫、對昏庸之君泛言脩德、不足聳聽、將禍福說透、然後一言斷定、曰修德而後可、轉移之功、毫不費力、真善畜君哉、

十九

見三按齊侯之疾、與祝史何涉、固嚚當必有嫌於欵據者借

事除之此說一行而齊廷之正士將無噍類矣晏子不即言公不當誅祝史倒先贊范會無愧祝史與魏絳論和戎而及后羿同一立言之妙彼則引君道當道此則格君非心唯法與巽兼故能令聽者悅且從景公亦屢次納諫卒不能大有振作以致敗亡不改不繹亦末如之何也已

十二月齊侯田於沛。（澤名。）吉疾愈行獵。按承上寬政毀關諸善政來，包孟子今王田獵欣欣相告情景。招虞人（掌山澤之官）以弓不進。公使執之辭曰昔我先君之田也旃以招大夫弓以招士皮冠以招虞人臣不見皮冠故不敢進乃舍之。仲尼曰守道不如守官。（君招當往道之常也，非物不進官之制也。）君子韙（是也。○于鬼反）之。

見三按君召當往道之常經非招不往官之定分齊臣知此

則崔慶欒高不至於族滅、而陳氏不至於厚施得民矣、故聖人借虞人發之、

呂東萊曰、景公非不知尊信晏子、然諂諛如梁邱據不能去、強大如陳氏授之权、以是知為國者、未能絕去小人之根本、雖有一二事從賢者之言、無益也、

齊侯至自田、晏子侍於遄臺、子猶（梁丘據）馳而造焉、公曰、唯據與我和夫、（按景公痼疾霍然、初獵而歸、據致殷勤、甚得公意、故以此言告晏子也、）晏子對曰、據亦同也、焉得為和、公曰、和與同異乎、對曰、異、和如羹焉、水火醯醢鹽梅、以烹魚肉、燀（炊也。章善反）之以薪、宰夫和之、齊之以味、濟（益也）其不及、以洩（減也）其過、君子食之、以平其心、君臣亦然、（亦如羹）君所謂可、而有否焉、臣獻其否、以成其可、君所謂否、而有可焉、臣獻其可、以去其否、是以政平而不干、民無爭心、故詩（商頌）曰、亦有和羹、既戒既平、鬷嘏無言、時靡有爭、（鬷總、嘏大也、言總大政、能使上下皆如和羹。鬷子工反、嘏古雅反）先王之濟（成也）五味、和五聲也、以平其心、成其政也、聲亦如味、

一氣。（須氣以動）二體。（舞者有文武）三類。（風雅頌）四物。（雜用四方之物以成器。疏云、八音之器、）五

聲。（宮商角徵羽）六律。（黃鐘太簇姑洗蕤賓夷則無射也。陽聲為律。陰聲為呂、此十二月氣。）七音。（周武王代紂。自

午及子。凡七日。王因此以數合之、以聲昭之、故以七同其數。以律和其聲。疏云。宮商角徵羽。而加變宮變徵。為七音也。）八

風。（八方之風）九歌。（九功之德皆可歌也。六府三事、謂之九功。（釋文）六府金木水火土穀。三事正德利用厚生也。）以

相成也。（言此九者合、然後相成為和樂。）清濁小大短長疾徐、哀樂剛柔、遲速高

下。出入周（密也）疏。以相濟也。君子聽之、以平其心。心平德和、故詩

曰德音不瑕。（詩豳風。義取心平則德音無瑕闕。）今據不然。君所謂可。據亦曰可。

君所謂否。據亦曰否。若以水濟水、誰能食之。若琴瑟之專壹。誰

能聽之、同之不可也如是、飲酒樂、公曰、古而無死、其樂若何。晏

子對曰。古而無死。則古之樂也。君何得焉。昔爽鳩氏（少皞氏之司寇）始

居此地。季萴（虞夏諸侯代爽鳩氏者。○仕側反）因之。有逢伯陵（殷諸侯姜姓）因之。蒲

姑氏（殷周之間代逢公者）因之、而後太公因之、古若無死、爽鳩氏之樂、非
君所願也、（齊侯甘於所樂、志於不死、晏子稱古以節其情願、）

黄薌林曰上篇祝史之諫純用諷法此篇和同之辨純用譬
法、五味五聲本地風光就其易明者曉之而和與同之異自
見而據之非和自明公如有惕於心當思所以屏斥小人舉
用君子、而忽云古而無死、仍是老不能用對牛山下涕使倆、
晏嬰即荐夫子豈能舉國以從哉謂景公欲用孔子而嬰沮
之妄也、

見三按襄昭人才、唯子産晏子為最子産論寛猛深探治道
之原、不善學之猶恐開酷烈之風晏子論和同、盡善無弊却與
聖人不同不和之言相發明、其大旨在可否二字・可否附和

姜白巖曰春秋上半部得一管仲春秋下半部得一子產鄭是救時之相管仲之功濶大澤在天下然其過多子產之才精實功在一國然其過少管仲死而齊亂以賢才而不用而小人得志也子產死而鄭猶治以猶用子太叔也

姜白巖曰子產經濟皆從學問做出於集衆長北宮以為礼於論鄉校仲尼以為仁其於製美錦子皮以為忠本末兼賅體用咸備者也其臨沒告子太叔之言唯有德者能以寬服民其次莫如猛必非子產之言蓋居上以寬為本而嚴以濟之然其嚴如分而止萬不可失之猛猛者過於嚴而酷烈之謂也蓋主於寬者先有生人之心求其生而不得而後殺之則殺之者少矣若主於猛則先有殺人之心因其不可殺而後生

固失之諛可否乖異亦失之矯皆非和也故必獻否成可獻可去否乃能平政化爭是之謂和晏子以諫著而此篇尤極純正孟子羞稱管晏於雪宮章却不沒其畜君之功有以哉

鄭子產有疾謂子太叔曰我死子必為政唯有德者能以寬服民其次莫如猛夫火烈民望而畏之故鮮死焉水懦弱民狎（狎輕也）而翫之則多死焉故寬難（難以治（補注）為政用猛非君子之道或因太叔所偏而救之）疾數月而卒太叔為政不忍猛而寬鄭國多盜取人於萑苻之澤（萑苻澤名於澤中劫人按周禮所謂圃田澤跨河南中牟洧川猗氏界。苻音蒲）太叔悔之曰吾早從夫子不及此興徒兵以攻萑苻之盜盡殺之盜少止仲尼曰善哉政寬則民慢慢則糾之以猛（糾猶攝也）猛則民殘殘則施之以寬寬以濟猛政是以和（按趙東山謂非聖人之言善為政者寬不至慢猛不至殘待其有弊然後濟之則交相病

之則不可殺者鮮矣故不寬則大本已失更無所謂次也申韓之徒不得次於循吏也明矣史記載子產治鄭門不夜關道不拾遺何至繁刑峻罰致子太叔襲之而不忍即不忍何至盡反子產所為而致萑苻盜興太叔治盜自當殲厥渠魁刑其首從何至於盡殺而盜猶不甚止此皆必無之事竊疑子產之猛無過刑也定九年更用竹書猶以舊律寬大群議易之豈疾革顧不以不善令耶此必鄧析輩假托之辭左邱採鄭志入傳讀春秋者不可不辨

久矣予謂武侯治蜀承劉璋闇弱而用嚴也漢高入關除秦苛法而用寬也皆以救弊言之非云自救其弊趙說非也詩曰民亦勞止汔可小康惠此中國以綏四方施之以寬也詩大雅汔其也康綏皆安也毋從詭隨詭人隨人無正心不可從以謹無良謹敕慎也式遏寇虐憯不畏明式用也遏止也憯曾也言為寇虐曾不畏明法者亦當用猛政糾治之糾之以猛也柔遠能邇（附注）朱傳能順也以定我王平之以和也又曰不競不絿不剛不柔詩殷頌言湯政得中和競強也朱傳絿緩也布政優優和也百祿是遒聚也和之至也

及子產卒仲尼聞之出涕曰古之遺愛也子產見愛有古人之遺風

黄鄭林曰春溫秋肅而歲功成仁育義正而王道盡無所謂寬亦無所謂猛和之至也一濟字正調劑得中之妙子產養民惠使民義意主於寬而行之以猛雖與（於）王道未盡卻與申韓不同子曰惠人又曰遺愛表其實也此番用猛之言為太

叔發也太叔尚寬濟之以猛正是對症下藥

見三按子產為循吏第一人法主於猛心主乎寬與孔明治

蜀法立知恩同一救世若衷正聖人所謂濟也子太叔之不

忍是其仁處其悔也是其勇處仁且勇故能善守子產之法

而行之無弊至竹刑用而裨政生未始非誤用子產用猛之

言而出以殘酷也子產固不可及矣太叔亦安可厚非哉

姜白巖曰：聲音之道，與心相感，與治相通。從世聞音而知人之賢否，國之休咎哉

春秋左傳精義卷四十一

閩中　鄭林黄一桂　輯

男　心垣見三　補輯

昭公九

經庚辰二十有一年春王三月葬蔡平公。夏晉侯使士鞅來聘〔杜解〕晉頃公即位通嗣君。宋華亥向寧華定自陳入於宋南里以叛自外至，故曰入。披其邑，故曰叛。南里，宋城內里名。秋七月壬午朔日有食之。八月乙亥叔輒卒叔弓之子伯張。冬蔡侯朱出奔楚。平侯弟悼公東國立。公如晉至河乃復

〔傳〕二十一年春天王將鑄無射。〔杜解〕周景王也。無射，鐘名。於疏云。其聲於律應無射之管，以律名

之勝敗、敵之去來、若多矣。獨是鑄鐘未成、鳩何以知之。據周語、景王將鑄無射、單穆公諫不聽、問於伶鳩、又諫不聽、卒鑄大鐘。此則其既諫而退後之言也。槬、鐘形橫大也、即鐘之橫大、而知其聲之橫大、王心弗堪也。鳩未聞聲、而預卜其心、此又在聞聲知心之上。

名鍾。景王鑄於王城。敬王移之洛陽、秦滅周徙長安。及劉裕滅姚泓又移江東。後入東魏。至隋開皇九年。平陳還於西京、置太常寺、十五年敕毀之。○音亦泠樂官。力丁反。州鳩名也曰、王其以心疾死乎。夫樂天子之職也。職所主也夫音樂之輿也。樂因音而行而鍾音之器也。音由器以發天子省風以作樂。省風俗作樂以移之器以鍾之。鍾聚也、以器聚音輿以行之。樂須音而行小者不窕、細不滿。他彫反大者不槬、橫大不入。○戶化反則和於物。物和則嘉成。穌解、小大適均、則能和物。物既平和、則嘉樂告成故和聲入於耳而藏於心。心億安也則樂。窕則不咸。不充滿人心槬則不容。心不堪容心是以感、感實生心疾。今鐘槬矣。按聲必橫大王心弗堪、其能久乎。為明年天王崩傳

見三按景王辨彝器、似乎知禮、而叔向決其不終。鑄無射。似乎知樂、而州鳩料不其久。蓋仁者禮樂之本、景王子卒而不哀、后甍而不感、儲位未定、孽庶擅寵、不仁之人、失其本心、其

周大章曰：穆子一生為季宿所忌，屢次傾陷，卒以正免。今意如又忌昭子，事事作悪，欲悪之於晉，享以七牢，卻比之鮑國，以怨范鞅，二十三年之執，釁皆此聘啟之。

姜白巖曰：晉頃即位五年，而從士鞅通嗣君，且怨責年禮以視昭公，初立，韓宣來聘，

如禮樂何哉。

三月，葬蔡平公。蔡太子朱失位，位在卑。（不在適子位，以長幼齒）大夫送葬者歸，見昭子。昭子問蔡故，以告。昭子歎曰：「蔡其亡乎！若不亡，是君也必不終。詩（大雅）曰：『不解於位，民之攸塈。』（息也）今蔡侯始即位，而適卑，身將從之。」（為蔡侯朱出奔傳）

見三按：即位而適卑，身將從之，為蔡太子歎，即為昭公傷也。他日與宋公對相對而泣，則知其憂國憂君，真有念釋不忘者矣。

夏，晉士鞅來聘，叔孫為政。（叔孫昭子以三命為國政）季孫欲惡諸晉，（憎叔孫在己上位，欲使得罪於晉）使有司以齊鮑國歸費（在十四年）之禮為士鞅。（附注：劉炫曰：聘國禮，卿之饔餼五牢，明年禮不必依命數，絕国礼當五牢加二牢耳耳。）士鞅怒曰：「鮑國之位下其國

慨然於易象春秋。風斯下也。許氏曰。禮好不結。財求無度。則聘義亡矣。蓋自此聘不復志也。

小。而使鞅從其牢禮。是卑敝邑也。將復諸寡君。〔孔注〕七年於禮厚矣。鞅必不怒。時魯人報云絕國之禮。鞅遂怒其輕己。魯人怒。加四牢焉。為十一年。言魯不能以禮事大國。且為哀七年吳徵百牢起。

黃鄭林曰。宴饗聘臣。自有定制。矧魯秉周禮。尤有舊章可考。只為絕國歸費。喜之不勝。加牢逾禮。不免為人口實。然事隔多年。士鞅亦烏從知之。乃特命有司。不曰七年。而曰絕國歸費之禮。分明比之絕國。以激其怒。旋加四牢以結其歡。於叔孫究無所損。而國體已傷。異日吳徵百牢。亦從此起。小人傾陷同列。不顧大局。往往如此。曷勝太息。

見三按。鄭有子產。能卻韓宣之請。而使之辭玉。魯之意如。竟激士鞅之怒。而使之責牢。謀國大臣。不視社稷之利。借國事

姜白巖曰：前此華向奔陳，亂已結局，而多僚譖兄發難。費遂曲從君命，前既逐登，後將逐貙，臣道無虧也。貙欲安其父，寧亡以避，子道無虧也。亂何從生？乃張匄一怒，而貙為陪臣所劫，與之誅僚，據司馬所就之辛以叛，使臣道、子道一旦墮地，而華氏兄弟相殺之日，竟為華向入宋之機。自華向、貙、匄合，而華氏遂不可戢。春秋書叛人入於戚，下言衛；入朝歌，不言晉；入蕭，不言宋，皆據其私邑以逃死，而非欲覆其國也。若南里，則宋國城內之里名，今以南里叛，是宋之臣與宋君中分國都而争此宋也，其惡不得於據邑以叛者哉。

以行其私，不知遇風波為同舟之鬭，未有不爭溺者也。

宋華費遂生華貙、華多僚、華登。貙為少司馬，多僚為御士，公御士。與貙相惡，貙敕俱反。乃譖諸公曰：「貙將納亡人。」華亥等。亟言之。公曰：「司馬以吾故，費遂為大司馬。亡其良子。謂登。死亡有命，吾不可以再亡之。」對曰：「君若愛司馬，則如亡。言若愛大司馬，則當亡走失國。死如可逃，何遠之有？」言亡可逃死，勿慮其遠，以恐動公。公懼，使侍人召司馬之侍人宜僚，飲之酒，而使告司馬。告使逐貙。司馬歎曰：「必多僚也。吾有讒子而弗能殺，吾又不死，抑君有命，可若何？」乃與公謀逐華貙，將使田孟諸而遣之。公飲之酒，厚酬之，酬酒幣。賜及從者。司馬亦如之。亦如公賜。張匄華貙臣。尤之，怪賜之厚。曰：「必有故。」使子皮華貙。承宜僚以劍而訊之。訊，問也。宜僚盡以告。告欲因田以遣之。張匄欲殺多僚。子皮曰：「司馬老矣，登之謂甚，

言登亡傷司馬心已甚。吾又重之。不如亡也。五月丙申。子皮將見司馬而
行。則遇多僚御司馬而朝。張匄不勝其怒。遂與子皮。臼任。鄭翩。任翩亦貙家臣殺多僚。劫司馬以叛。而名亡人。壬寅。華向入。樂大心。豐
愆。華牼。禦諸橫。地名華氏居盧門。宋東城南門以南里叛。六月庚午。宋
城舊鄘。故城也及桑林城門名之門。而守之。

黃鄰林曰。費遂有愛君之心。而無滅親之義。當斷不斷。容隱養奸。致變生不測。以身入亡人之黨。宋國大亂。五年始息。皆費遂釀之也。原情定罪。不應寬費遂於華亥向寧之下。

見三按華費遂身為司馬。手握兵權。與國同休戚者也。聞多僚之言。何不密察其事。如其言實。即當執貙而殺之。或其言虛亦當告於君。召多僚除之。乃游移不斷。變起陪臣。僚殺貙

汪環谷曰。梓慎不能因公之問。告以遇災而懼之意。乃曰不為災。使公怠於脩政。至於失國。蓋黨於季氏。而姑為諂諛以悅君也。

奔身亦被擬諸亡人得因之以亂宋觀後此之召亡人則多僚之譏未必無因也費遂能辭其責哉西漢霍光輔佐之功與伊周等乃寵利居心不能制其妻子謀為不軌身死族赤、與此畧同故知大義滅親為人臣者不可不知、為人父者尤不可不知、

秋。七月壬午朔。日有食之。公問於梓慎曰。是何物也（事也）。禍福何為。對曰。二至（冬至夏至）。二分（春分秋分）。日有食之。不為災。日月之行也。分同道也。至相過也。（二分日夜等。故言同道。二至長短極。故相過。疏云。相過謂絕相懸殊。按劉氏炫謂詩十月之交。朔日辛卯。日有食之。亦孔之醜。周之十月。夏之八月。秋分之月也。七年四月甲辰朔日食。而云魯衛惡之。春分之月也。安在二分不為災。）其他月則為災。陽不克也。故常為水。（陰侵陽。是陽不勝陰。疏云。莊二十三年六月日食。秋大水。此二十四年五月日食。梓慎曰。將水。昭子曰。旱也。其年八月大雩。旱也。則亦不是常為水也。）於是

姜白巖曰。晉荀吳帥諸侯之師救宋。經不書救。爲其不成救也。故前半篇寫廚烏二子之有功、見晉救之無力。後半篇寫公子城之出力、見諸侯之無功。宋華向兩家、適於六卿。復招尤悍爲爪牙。兩家叛於內。強吳攻其外。則宋社墟矣。而宋之所以不亡者、吳師未來、而齊先爲之戍也。當是時、惟一朔不坐燕不與之、廚人濮與齊戍之烏枝鳴、爲公紓患。乘其未定、輒敗吳師、而吳爲氣奪。華登復帥吳餘衆、又敗宋師、而忠義之氣、國人同之、故揚徽而從、用劍而從、於萬死中求一生。迨裹首一呼、偽得華登、而吳師再躓。不然、晉雖救之、不且無及哉。此宋國存亡一大關鍵也。踰月公子城始以晉師至、知晉救之不速矣。然吳師既靡、合齊宋

叔輒哭日食。（意在於憂災）昭子曰。子叔將死。非所哭也。八月叔輒卒。見三按梓慎之言、諛詞也、畏季氏也、即漢張禹之不言天變也、叔輒之哭、至性也、憂季氏也、即漢王嘉之不食而死也。昭子特言叔輒而不言梓慎、其亦有忌諱之心乎、

冬十月、華登以吳師救華氏。（登前年奔吳）齊烏枝鳴（齊大夫）戍宋。廚人濮（宋廚邑大夫）曰。軍志有之、先人有奪人之心、後人有待其衰。盍及其勞且未定也、伐諸。若入而固、則華氏衆矣、悔無及也。從之。丙寅、齊師宋師敗吳師於鴻口。（按今在河南商邱虞城二縣界）獲其二帥、公子苦雃、偃州員。（二帥吳大夫。雃古含反）華登帥其餘（吳餘師）以敗宋師。公欲出。（出奔）廚人濮曰。吾小人、可藉死。（可借使死難）而不能送亡。（補注送亡句絕）君請待之。（請君待復戰決勝負）乃徇曰。揚徽者公徒也。（徽幟也。疏云令其各自揚徽。欲知其助公多少。如漢

諸侯之師，何難刻期勦賊，華亥雖欲搏膺而呼，不可得也，乃彼此觀望，而奮不顧身者，獨公子城，華豹張匄，克黨皆死於城手，大敗華氏，而諸侯遂圍南里，犯又率十五乘犯圍而出，遂登如楚乞師，而食而哭而復入，一似無人之境，又想見諸侯防禦不力，雖圍如未圍也，然則諸侯之救宋亦名耳，安得謂之救哉，傳詳敘於篇，以釋經不書救之義。

書絳侯為劉氏衆從之，公自揚門見之，見國人皆揚徽。睢陽正東門名揚門。下而者左袒之意。巡之，曰：國亡君死，二三子之恥也，豈專孤之罪也。齊烏枝鳴曰：用少莫如齊致死，齊致死莫如去備，備，長兵也。彼多兵矣，請皆用劍，從之，華氏北，敗走。復即之，廚人濮以裳裹首，而荷以走，曰：得華登矣，遂敗華氏於新里，華氏所取邑。翟僂新居於新里，既戰，說甲於公而歸，居華氏地而助公戰。○僂，力主反。華姓居於公里，亦如之，姓，華氏族，故助華氏。亦如僂新。說甲歸，傳言古之為軍不呰小怨。（呂說）當時彼此皆無猜嫌，春秋已後全無此風俗。按此亦見宋人不知順逆，各忠所事，國所以亂也。

十一月癸未，公子城以晉師至。城以前年奔晉，今還救宋。曹翰胡曹大夫。○翰音寒。會晉荀吳中行穆子。齊苑何忌齊大夫。衛公子朝前年出奔晉，今還衛。救宋。丙戌，與華氏戰於赭丘。宋地。按今河南陳州西北境。○赭音者。鄭翩願為鸛，華氏黨。其御願為鵝。鸛、鵝皆陳名。子祿御公子城，莊堇為右。干犫御呂封

人華豹。（華氏黨。疏云：呂邑封人官名豹。）張匄為右。相遇。城還。華豹曰城也。城怒而反之。（怒其呼己，反還戰。）將注。豹則關矣。（注，傅矢。關，引弓。關，鳥還反。）曰平公（城之父）之靈尚輔相余。豹射出其間。（出子城、子祿之間。）將注。則又關矣。曰不狎鄙。（狎，更也。疏云：狎，更遞也。城謂豹女頻射我，不使我得更遞，是為鄙也。）抽矢。（豹止不射。）城射之殪。（豹死。）張匄抽殳而下。（殳長丈二，在車邊。）射之折股。扶伏而擊之。折軫。（折城車軫。折，之設反。扶伏，或作匍匐。）又射之死。（匄死。）干犨請一矢。（求死。）城曰余言女於君。（欲活之。）對曰不死伍乘。軍之大刑也。（同乘共伍，當皆死。）干刑而從子。君焉用之。子速諸。乃射之殪。（犨又死。呂說：干犨、華豹、張匄同為一車，已死其二，而犨方且請一矢以死，可見三代伍乘之制。五人為伍，七十二人為乘。推而一軍，莫不皆相為死，則臨敵之際，鳥得有魚潰鳥散之患。）大敗華氏。圍諸南里。華亥搏膺而呼。見華貙曰吾為欒氏矣。（晉欒盈還入作亂而死。事在襄二十三年。）貙曰子無我迋。（恐也。求往反。）不幸而後亡。使華登如楚乞師。華貙

以車十五乘、徒七十人、犯師而出、犯公師出送華登食於睢上、哭而送之、乃復入、入南里楚薳越帥師將逆華氏、太宰犯諫曰、諸侯唯宋事其君、孔疏諸侯之內唯宋之臣民善事其君、言以前未嘗有叛逆、今又爭國、釋君而臣是助、無乃不可乎、王曰、而告我也後、既許之矣、為明年華向出奔楚傳、

黃鄉林曰、春秋時君臣搆難多矣、然未有如宋華向之甚者、集五國之師、鏖戰數載、國都蹂躪、生民塗炭、不有公子城宋其亡矣、然三卿分晉、田氏代齊、而宋之禍隨發隨滅、則以大權未去故也、華元向戌皆以弭兵誤天下、其子孫不旋踵而亡、天道好還、吁可畏哉、

見三按烏鳴枝之去僞、所以激軍士之心也、韓信背水之陣似之、厨人濮之裹首、所以挫敵人之氣也、朱序陣後之呼似

姜白巖曰小人而為君子之事未有能終者也熊居反靈虐政而復蔡君子事也而出君立君無所不為

之而揚徽識公徒則又周絳侯為劉氏者左袒所自袒左氏一書無美不具開後人多少神智

蔡侯朱出奔楚（宋鈔明知其鼎鑊而按踵而投可閔哉）費無極取貨於東國（隱太子之子平侯廬之弟朱叔父也）而謂蔡人曰朱不用命於楚君王將立東國若不先從王欲楚必圍蔡蔡人懼出朱而立東國朱愬於楚楚子將討蔡無極曰平侯與楚有盟故封（盟於鄧依陳蔡人以國）其子（謂朱）有二心故廢之靈王殺隱太子其子與君同惡德君必甚又使立之不亦可乎且廢置在君蔡無他矣（言權在楚則蔡無他心）

見三按楚平藉蔡得國感之深亦疑之甚無極覷破底細故敢於取貨易一君如反掌於蔡似計安全於楚似効忠悃極貪詐人偏說極光明話蓋不如是不足以售其詐即不足以

姜白巖曰：公數輕於如晉，晉卿承意如之屬而拒之也。

濟其貪也，讒人罔極，交亂四國，其是之謂歟。

公如晉，及河，鼓叛晉。鼓叛晉屬鮮虞。晉將伐鮮虞，故辭公。將有軍事，無暇於待賓，且懼洪軍謀。陳傳傳言晉失諸侯。

見三按辭者厭矣，如者未倦，公之無能，意如輕之，晉卿亦輕之矣。乾侯之禍，其所由來者漸也。

經 辛巳 二十有二年春，齊侯伐莒。宋華亥、向寧、華定自宋南里出奔楚。杜解言自南里別從國去。陳傳書奔言伏賊也。書奔猶可也，書歸甚矣，書歸者趙鞅也。○大蒐於昌間。按三家耀武也。○夏四月乙丑，天王崩。王子猛立，是為悼王，是冬卒。悼王弟敬王匄立。

六月，叔鞅如京師，葬景王。叔鞅，叔弓子，魯使如京師止此。三月而葬，亂故速。會通

王室亂。按如云京師亂，通乎國人，亂在下也；曰王室亂，起於家庭，亂在上也。劉子、單子以王猛居於皇。辟子朝難，出居皇。王猛書名，未即位。劉氏曰：稱王繫猛者，王者在喪之常稱。李氏曰：遂稱王，成猛之為王也。按皇即

姜白巖曰、於是莒三被齊師矣、小國無以堪此、遂動權臣出君之謀、

湟水、今在河南府境、秋、劉子、單子以王猛入於王城、（郟鄏、晋助猛、故得還王都、）冬十月、王子猛卒、（未即位、故不言崩、疑問猛居於皇、敬居翟泉、一也、猛立未踰年而卒、一年無二君也、敬立在踰年之後、曠年不可無王也、）〇十有二月癸酉朔、日有食之、

傳　二十二年春王二月甲子、齊北部啓（杜解、齊大夫、北部佐之後、）帥師伐莒、莒子將戰、苑羊牧之（莒大夫）諫曰、齊帥賤、其求不多、不如下之、大國不可怒也、（歸義、此亦守小國之至言也、）弗聽、敗齊師於壽餘、（莒地、按今山東安卯縣境、）齊侯伐莒、（怒敗）莒子行成、司馬竈（齊大夫）如莒涖盟、莒子如齊涖盟、盟於稷門（齊城門也）之外、莒於是乎大惡其君、（為明年莒子來奔傳）

見三按、大國不可怒、閱歷有得之言、匪特大國、凡小姓與大姓爭、未有不敗、小官與大官抗、未有不傷者、小不忍則亂大謀、古今犯此者、指不勝數、莒子可以鑒矣、

姜白巖曰、此三叛奔楚傳、前四篇皆結局於此。前篇華亥搏膺一呼、已是束手待縛、忽又轉出如楚乞師。以楚之強、合楚攻宋、宋何能支、幸而吳當敗北、楚素與仇、既無合兵之理、而楚師方出、又得太宰一番讜論、故不助攻而但請出之也。其云固請於宋、可見宋君有殺賊之志、國人有必死之心。賊皆可盡、無如列國之卿、無非華向、不欲明正典刑、以孫寧勢且偎息於戍而畏楚也。故討賊義旗草草結局。夫書八賊出奔、由晉之無能也。宋元與閩宋公剔建大卿而存宋之廟、濮撥宋之公子、竟俱不在列、何以作忠義之氣。識昭向戍計殺太子、且俱以和議毒天下、謂可長守富貴也、轉盼間子孫以叛逆棄天道、可畏哉。

楚薳越使告於宋曰、寡君聞君有不令之臣、為君憂、無寧（寧也）以為宗羞、（言華氏為宋宗廟之羞恥。）寡君請受而戮之。對曰、孤不佞、不能媚於父兄、（華向公族也、故稱父兄。）以為君憂、拜命之辱。抑君臣日戰、君曰余必臣是助、亦唯命。人有言曰、唯亂門之無過。君若惠保敝邑、無亢不衷、（按、亢、蔽也。馮氏曰、言無蔽不中正之人。）以獎亂人、孤之望也。唯君圖之。楚人患之。（患宋以義拒之。）諸侯之戍謀曰、若華氏知困而致死、楚恥無功而疾戰、非吾利也。不如出之、以為楚功、其亦無能為也已。（言華氏不能復為宋患。）救宋而除其害、又何求。乃固請出之、宋人從之。己巳、宋華亥、向寧、華定、華貙、華登、皇奄傷、省臧、士平出奔楚。（華貙已下五子不書、非卿。陳編、時叛臣困守、王急必行賄於諸國大夫、故垂減而縱之。）宋公使公孫忌為大司馬、（代華費遂。）邊卬（平公曾孫。）為大司徒、（代華定。）樂祁（子罕孫樂祁犁。）為司城、仲幾（仲江孫。）為左師、

代向寧慎之言三年而後弭。

樂大心為右師，代華亥樂輓，子罕孫，音晚。為大司寇，以靖國人。終梓

黃鄭林曰：吳救不勝，楚救不至，華向之族已成釜中魚，而楚顧之，為請諸侯之戍，反聽其出者，蓋獎亂本楚志，而惡居其名，故聞宋言而患。除害亦宋志，而難出諸口，故因諸侯之請而從。草草結局，亂臣亦何憚而不為哉！故桓魋之禍復起。見三按：釋君助臣，總是大夫為政，人人各懷無上之心，故同惡相濟，不特遂越之為獎亂之徒，即諸侯之戍亦非討賊之師。蓋自魚石五臣不討，列國久成為風氣，天下滔滔皆華向類也。於宋元又奚責哉！

王子朝景王長庶子賓起子朝之傅有寵於景王，王與賓孟即起說之，欲立

周大章曰：景王雖有立子朝之意，卒遲回不決，不肯廢王猛者，以其為太子壽母弟也。

賓起。惡當斷不斷，反受其亂，故借雄雞以悚動王。北山之田，欲殺單劉。雖已定計，而王忽暴崩，子朝之不立，天也。嬖子奪嫡，徒啟亂源。叔向早於以宴賓窺之矣。姜白巖曰：此篇為王室亂之發端。大書子朝賓起有寵於景王，亂本也。定亂者為劉子單子，特筆提起，預著兩惡字兩願字，以見劉文未立之先，已具公忠之志。又見劉獻夫心王室，其子奉其明訓，後日不避難險，扶顛持危，單之功似多於劉，而深明邪正之分，遵王之治命，而不從亂命，則劉寔先發之。傳先將二子本領托出，是忠臣義士立腳處。王必欲殺劉單而後立子朝，以其難啟，非義也。王崩，劉單知子朝必亂，故先誅心腹之賓起，見王後始攻起，則已奉新王之命，非無名之舉動矣。劉單始事，已見正正堂堂。

之。王語賓孟，欲立子朝為太子。說如字。劉獻公劉蟄之庶子伯蚠，劉狄。音焚。事單穆公。單旗。惡賓孟之為人也，願殺之。又惡王子朝之言，以為亂，願去之。子朝有欲立之言，故劉蚠惡之。按子朝之言足以變亂是非，觀後奔楚告諸侯之詞可見。賓孟適郊，見雄雞自斷其尾。問之侍者，曰：自憚其犧也。畏其為犧牲，奉宗廟，故自殘毀。遽歸告王，且曰：雞其憚為人用乎。人異於是。犧者實用人，人犧實難，己犧何害。王弗應。十五年太子壽卒，王立子猛，後復欲立子朝，而未定。賓孟感雞，盛稱子朝，王心許之，故不應。按賓孟言人異於犧，犧畏人用，人欲為犧者，寔求用於人也。人犧人字指子朝之黨，己字指吾王。承上文言，人欲用犧，寔非易事，喻眾人立朝之難也。己欲用犧，何害之有，喻王立子朝之易也。犧以享宗廟，猶太子以承匕鬯，故為備位之喻。蓋為隱語以悟王。

夏四月，王田北山，洛北芒也。使公卿皆從，將殺單子、劉子。王知單劉不欲立子朝，欲因田獵先殺之。疏云：二十六年傳閔子馬云子朝干景之命，則景有立猛之命矣。若猛未被立，王命朝為嗣，莫敢不從，何須將殺單劉以立朝。王有心疾。乙丑，崩于榮錡氏。四月十九日。戊辰，劉子摯

九

卒、二十二日無子、單子立劉蚠。蚠事單子故五月庚辰見王。見王猛、稱正不待葬而見遂攻賓起殺之。王子猛於廟。疏云。猛是次正當立。蓋是太子壽之母弟。或是穆后姪娣之子。以母貴也。黨子朝故盟羣王子於單氏。王子猛次正、故單劉立之。懼諸王子或黨子朝。故盟之、〔葉傳〕劉單見王猛殺賓起。而盟羣王子、則猛固即喪次之位、而見羣臣矣。故故後謚曰悼王。使猛而踰年、豈不以天王名之。

黄鄉林曰雄雞斷尾、分明指點賓起使之改圖、無貽後悔特物當如此、人竟不知、則熱中誤之也、乃知老萊妻犧牛之喻的是高人婦、

見三按子朝奔楚後、猶能作文辭以責晉、其材固非子頹叔帶所能及、賓起觀雞之斷尾、而能為隱語以動王、亦非黑肩五大夫輩所可比、倘王非暴崩、則趙高矯詔之謀、在所不免、王猛其危矣、天不祐逆、王崩起殺、單劉始得仗義以立東王

姜白巖曰荀吳前日圍鼓藹然仁義之言今日襲鼓絕不相似矣然始滅而反之叛而後滅之猶覺高人一等

周大章曰爲首使提子朝作亂罪案已定而黨惡者之不容逭亦可知矣於此曰王於彼曰子朝一順一逆展卷犁然皆左氏書法

靖亂之功不亞共和焉

晉之取鼓也（在十五年）既獻而反鼓子焉（獻於廟）又叛於鮮虞（叛晉屬鮮虞）六月荀吳略（行也）東陽（晉之山東邑）使師偽糴者負甲以息於昔陽（故肥子所都）之門外遂襲鼓滅之以鼓子鳶鞮歸使涉佗（晉大夫）守之（守鼓之地）

見三按荀吳前番服鼓不啻仁義之師而鼓人轉瞬即叛者窺其偽也以偽服者旋以偽叛卒以偽襲末世兵機直是鬼蜮莫測觀於丞相天威南人不復反知孔明之七擒孟獲的是攻心之法

丁巳葬景王王子朝因舊官百工（百官）之喪職秩者與靈景之族（靈王景王之子孫）以作亂帥郊要餞之甲（三邑周地）以逐劉子（逐伯蚠）壬戌劉

姜西巖曰。此篇作亂者子朝。討亂者劉單、與劉單合謀者樊齊。而勤王不勇。致王室之大亂、晉為之也。天子崩葬。必有主喪。王猛立而王葬。諸侯之會葬者在焉。天子之位定矣。既葬之後。然後子朝帥群失職之人以作亂。前殺一賓起。今歸之者百賓起。劉單並奔。而單子先逆悼王。竟為賊得。其不殺之以絕人望者。樊齊身預其事也。齊失心悼王、而躬入賊黨。故欲殺單旗之謀。皆與聞之。其曰非言也。必不克。力沮之而不聽也。大盟者。王與子朝及諸黨皆盟。子朝委罪摯荒。殺之以堅單旗之信。於是樊齊洩其謀。使之出亡。又令伏於要路。而王子還等八人授首。悼王歸而子朝奔矣、明年傳大書單子劉子樊齊以如劉。表其功也。無如鞏甘大敗。朝黨復熾。單子告急。天子出居晉。晉欲勤王。而全軍未發。君及上卿不行。但使籍談荀躒納王。不平其難。劉單猶以晉師可恃。併力用命。而晉師坐視王師之大敗。陸渾尚知前驅。亦以晉不之救而敗。安在其為勤王乎。故本晉納王。而經歸功於劉單也。斯時從亂蜂起。羣情惶惑。非劉單出其死力。繫九鼎於一綫。則大事已去。以者猶為也。為所當為。則

子奔揚。（周邑）單子逆悼王（子猛）於莊宮。以歸。王子還（子朝黨）夜取王。以如莊宮。（不欲使單子得王猛故取之）癸亥單子出。（失王故出奔）王子還與召莊公（召伯奐子朝黨也）謀。曰不殺單旗。（單子）不捷。與之重盟。必來。背盟而克者多矣。從之。（從還謀也）樊頃子（樊齊單劉黨）曰。非言也。必不克。遂奉王以追單子。（王子還奉王子）及領（周地）大盟而復。（欲重盟令單子劉子復歸）殺摯荒以說。（委罪於荒）劉子如劉。（歸其采邑）單子亡。乙丑奔於平時。（周地。知王子還欲背盟故亡走。止市二音）羣王子追之。單子殺還、姑、發、弱、鬷、延、定、稠、（八子靈景之族因戰而殺之）子朝奔京。（其黨死故）丙寅伐之。（單子伐京）京人奔山。劉子入於王城。（子朝奔京故得入）辛未鞏簡公敗績於京。乙亥甘平公亦敗焉。（甘鞏二公周卿士。皆為子朝所敗）叔鞅至自京師。（葬景王還）言王室之亂也。（經所以書）閔馬父（魯大夫）曰。子朝必不克。其所與者。天所廢也。（天所廢。謂羣喪職秩者。測義欲卜子朝不克。當於事之不順觀之。如

為功為所不當為則為罪、此直書著所以深加二子之忠而重錄其功也

但以喪秩不足與、將亂臣賊子有貴强之援、其蔑弗克乎、單子欲告急於晉、秋七月戊寅、以王如平時、遂如圜車、次於皇、出次以示急、劉子如劉、單子使王子處守於王城、守王城距子朝、盟百工於平宮、平王廟、辛卯、鄩肸伐皇、子朝黨、大敗、獲鄩肸、壬辰、焚諸王城之市、焚鄩肸、八月辛酉、司徒醜以王師敗績於前城、悼王司徒、百工叛、子朝所得邑、己巳、伐單氏之宮、敗焉、司徒醜敗故、庚午、反伐之、百工伐單氏、為單氏所敗、辛未、伐東圍、單氏反伐於百工、按東圍今河南洛陽縣東南、百工所在、冬十月丁巳、晉籍談荀躒帥九州之戎、陸渾戎、十七年滅屬晉、州鄉屬也、五州為鄉、及焦瑕溫原之師、焦瑕溫原、晉四邑、以納王於王城、庚申、單子劉蚠以王師敗績於郊、為子朝之黨所敗、前城人敗陸渾於社、子朝眾、十一月乙酉、王子猛卒、周地、雖未即位、周人謚曰悼王、（補注）經傳時月不同、由左氏所據史籍譌舛、悉仍其舊、以示傳疑法、不成喪也、釋所以不稱王崩、己丑、敬王即位、王子猛母弟王子匄、

館於子旅氏。周大夫十二月庚戌，晉籍談、荀躒、賈辛、司馬督司馬烏

帥師軍於陰，籍談所軍於侯氏，荀躒所軍於谿泉，賈辛所軍次於社。司馬督所次王

師軍於氾，於解，次於任人。王師分在三邑，按解今洛陽縣。○解音蟹，任音壬閏月，晉箕

遺、樂徵、右行詭濟師，取前城，三子晉大夫濟師渡伊洛軍其東南。王師軍於

京楚，子朝所在辛丑，伐京，毀其西南。

黃鄉林曰：王子還取王，復謀殺單旗，此朱溫、侯景之智也，不

料春秋時已有此梟獍。

見三按：王室之亂屢矣。齊桓定王世子，而叔帶紬；晉文殺王

子帶，而襄王復。景王之時，無賢方伯，故子朝得以肆惡，劉、單

孤弱，皇靈不振，衆言淆亂，天子播越，人心未知適從，誅夷生

於骨肉，干戈動於堂奥。經不言京師而曰王室，京師亂，亂在

外也。王室亂，亂在内也。閔子馬曰：子朝干景之命，則景已有立嗣之心矣，是以君子必嚴於繼立之際也。

經（壬午）二十有三年春王正月，叔孫婼如晉。（【杜解】謝取邾師。婼，敕畧反。）癸丑，叔鞅卒。晉人執我行人叔孫婼。（稱行人，譏晉執使人。）晉人圍郊。（討子朝也。郊，周邑。圍郊在叔鞅卒前，經書從赴。）夏六月，蔡侯東國卒於楚。（【目抄】東國賂無極而得立，今卒於楚，或從於楚而卒也。）秋七月，莒子庚輿來奔。戊辰，吳敗頓、胡、沈、蔡、陳、許之師於雞父。（不書楚，楚不戰也。雞父，楚地。按今江南壽州西南。）胡子髠、沈子逞滅，（國雖存，君死曰滅。）獲陳夏齧。（大夫死生通曰獲。夏齧，徵舒元孫。五結反。）天王居於狄泉。（敬王辟子朝也。狄泉，今洛陽城內太倉西南池水也。時在城外，疏云：定元年城成周，乃繞之入城內。【陳傳】敬王居狄泉，在王城之東，謂之東王；子朝在王城，謂之西王。書曰天王居於狄泉，黜子朝也。）尹氏立王子朝。（尹氏，周世卿也。書尹氏立子朝，明非周人所欲立。【葉傳】是已王矣，猶曰王子朝，不正其立，不與其稱王也。）八月乙未，地震。

姜白巖曰：圍郊曰二師，便見晉人不能前驅敵愾。告閒者使少休息也。此最劉單失策處。以晉之勉強赴難，即以大義驅之，猶恐退縮。郊鄩一潰，使之少息，無怪其得以為辭而振振歸去也。

周大章曰：魯取邾師，曲固在魯。然過魯而下假道，邾豈得無過。晉納邾愬，執我行人，不使魯人得輸其情，偏袒甚矣。旣違周制，而欲使叔孫與邾大夫坐，且失盟主之義。叔孫抗直不屈，又得士伯侃侃正論，代為轉移，聽其辭而愬諸宣子，魯屈始伸。追乎邾人

冬，公如晉，至河，有疾，乃復。

傳　敬王元年　二十三年春王正月壬寅朔，二師（杜解：晉師、王師也）圍郊。（王師不書，不以告）癸卯，郊、鄩（二邑皆子朝所得。音尋）潰。丁未，晉師在平陰，（按今在河南府孟津東一里）王師在澤邑。（賈云即瞿泉）王使告閒，（子朝敗故）庚戌，還。（晉師還（呂說）當時當王必以為無假晉師，晉師還而子朝之勢復熾，若因郊鄩潰遂取子朝，不至如後日之難。（陳編）勤王不力，縱賊不誅。見三按天子蒙塵，諸侯安得坐視。晉為盟主，不能督率諸侯為勤王之舉，僅遣偏裨，觀望不前，徒有供億之煩，而無犄角之用，故一小捷而遂告閒，而子朝之勢復盛。

邾人城翼，（邾邑）還，將自離姑。（邾邑。疏云：邾人從翼邑還，邾先經魯之武城，然後至離姑，而後至邾。公）孫鉏（邾大夫）曰："魯將御我。"欲自武城還，循山而南。（至武城而還，依山南行，不欲過武城）徐鉏、丘弱、茅地（三子邾大夫）曰："道下，（謂此山道下濕）遇雨，將不出，是不歸

并執出徵館。箕後乃歸。得禮而歸之也。士景伯身為理官。極知邾魯曲直。得此一番剖斷。而宣子意移。直不黍明允之司。最妙是聽辭代愬。大有回天之力。

姜白巖曰。韓宣雖云貪鄙。然賦質謙和。即受邾愬。何至欲以叔孫與邾人。使之自治。士伯力為排解。卒致叔孫過邾館而從如吏。蓋士鞅來聘。季孫已先下之石。而求貨不得。叔孫又大拂其心。且求貨於魯。必求貨於邾。而魯使不出。邾貨已行。喜賂惡禎。此韓范仇叔孫之深也。夫邾不假道於魯。猶以宋華元殺楚申舟事。則魯殺邾使。不得專罪魯。但全軍覆之。則季孫之忍也。然於行人無與。傳只解經行人二字之義。而晉虐使臣。季禍昭子。皆見中段。出色寫叔孫。以乃不果坐。乃弗與。乃館諸箕為眉目。叔孫志在必死。為士伯數服。故竭力周旋。然於其與邾人則怠之。適邾館則姑從之。無非稍淺釁尤之忍。為保全叔孫之地。末舉其殺犬葺牆二小事。見臨難從容。真令韓起士鞅歡慕不置。乃知季孫之惡叔孫於晉者。適以顯叔孫於晉欺。

也。遂自離姑。遂過武城。武城人塞其前。以兵塞其前道。斷其後之木而弗殊。邾師過之。乃推而蹷之。圖義殊絕也。蹷仆也。推弗絕之木仆地。以塞後路也。○蹷音厥。遂取邾師。獲鉏弱地。取邾師不書。非公命。按季孫使之也。邾人愬於晉。晉人來討。叔孫婼如晉。按前惡叔孫於晉。而令使如晉。禍之也。晉人執之。書曰晉人執我行人叔孫婼。言使人也。〔補注〕傳自壬寅朔至庚戌還。是記晉人圍郊本末。自邾人城翼至晉人來討。是原叔孫如晉之由。非謂邾人城翼以後所記之事。皆在庚戌後也。也如劉氏駁傳。必如近代所脩日歷而後可。晉人使與邾大夫坐。坐訟曲直。叔孫曰。列國之卿當小國之君。固周制也。在禮卿得會伯子男。故曰當小國之君。邾又夷也。邾雜有東夷之風。寡君之命介子服回魯大夫為叔孫之介副在。請使當之。不敢廢周制故也。乃不果坐。韓宣子使邾人聚其眾。將以叔孫與之。與邾使執之。叔孫聞之。去眾與兵而朝。示欲以士身死。彌牟士景伯謂韓宣子曰。子弗良圖。而以叔孫與其讎。叔孫必死

之魯亡叔孫必亡邾邾君亡國將焉歸時邾君在晉若亡國無所歸將益晉憂子

雖悔之何及所謂盟主討違命也若皆相執焉用盟主聽邾衆取叔孫

是為諸侯皆得輒相執乃弗與使各居一館分別叔孫子服回士伯聽其辭而愬

諸宣子乃皆執之按此四語緊接乃不果坐來叔孫以子服回與邾大夫對訊晉人從之因令回別居一館

疏云恐叔孫教示之是也其辭子服之辭也子服以邾不假道侃侃不撓士伯直愬宣子而宣子怒并子服皆執之貫梁道劉

用熙乃謂使邾魯大夫各居一館夫邾魯自不同館何待晉人之使又謂並執邾魯大夫說皆謬士伯御叔孫

從者四人過邾館欲使邾人見叔孫之屈辱以如吏按如吏下叔孫於獄此三句當緊接乃弗與來

對薄後宣子以為魯曲邾直使邾人聚衆將以叔孫與之從士伯言乃弗與御止也時叔孫待命於朝因命士伯止叔孫不使

歸館自朝而如吏也從者但四人叔孫已自去其衆也雖不與邾人猶過邾館使邾人見之以辱之也疏以御為引導猶近之或

謂問官為罪人御車無是理矣先歸邾子按一訊之後邾已無事想邾大夫亦歸矣士伯曰以芻蕘

之難從者之病將館子於都別都謂箕也叔孫旦而立期焉立待命也從旦

至旦為期、乃館諸箕、舍子服昭伯於他邑、按此叔二子出獄事、亦士伯之力也、舄羑之難、猶云薪水末便耳、病勞苦也、舍亦館也、雖出獄猶拘禁之、各為一所、使不得聚謀也、故杜以為囚、范獻子求貨於叔孫、使請冠焉、以求冠為辭、取其冠法而與之兩冠、曰盡矣、既送作冠模法、又進二冠以與之、偽若不解其意、為叔孫故、申豐以貨如晉、欲行貨以免叔孫、叔孫曰、見我、吾告女所行貨、見而不出、留申豐不使得出、不欲以貨免、按此二事、是叔孫初被執時乃追敘語、觀下文吏人居於箕句、則知二事俱在館箕以前也、吏人之與叔孫居於箕者、請其吠狗、弗與、按拘之二年、待貨也、故雖吠狗不與、以絕韓范邪心、及將歸、殺而與之食之、不示不愛、叔孫所館者、雖一日必葺其牆屋、葺補治也、去之如始至、不以當去而有所毀壞、（呂說）古之大臣有世職者、必有家學、豹曰叔出季處、有自來矣、使見叔孫世掌此職、平日父子兄弟專講論此事、故能曲折皆當、卒免於難、

黃薌林曰、舋起邑人、禍連君國、邾師之取武城、人發之、實季

孫使之也、叔孫婼在患難之中、不肯苟出屈於吏、又不肯苟以賄免、真節氣之臣、使乎使乎、

見三按叔孫婼之執、韓起主之、士鞅搆之、而實季孫致之也、季宿不聽穆叔之言、不早結韓子、以致動多齟齬、平邱之會、意如見執、慘遭荼毒、乃震於叔孫三命之榮、及士鞅來聘、又故觸其怒、以陷叔孫、即微邾愬、亦不免、遷怒於婼矣、塞道取邾師魯固難免、蹊田奪牛之罪、過魯不假道、邾亦難保無盜鈴掩耳之謀、晋胡不察、虐執使臣、名托字小之仁、實為索賂之計、叔孫婼臨難不屈、求貨弗與、請狗弗與、鞅能生死人、吏能摧辱人、臨以剛大之氣、自能化凶為吉、受禮而歸、豹不肯賄樂王鮒、終免魯國之難、婼不肯賄范獻子、竟受晋人之禮、

姜白巖曰：尹氏素執周政，國則黨於朝者，子朝起事，不敢蠢動，恐晉之議其後也。及晉師無功，遂悍然無忌，而召伯、南宮、尹辛皆為羽翼，是首惡在尹氏，而致之者晉人也。春秋書立君者二：隱公四年書衛人立晉，不告於王，慨天下之無王也；今書尹氏立王子朝，晉不之問，慨天下之無霸也。

風節凜然，魯國賴之，是父是子，可謂大臣矣。

夏四月乙酉，單子取訾，劉子取牆人、直人。三邑屬子朝者。按今東西訾皆在河南鞏縣。自墻村在新安縣東北。六月壬午，王子朝入於尹。自京入尹氏之邑。癸未，尹圉尹文公誘劉佗蚤族，敬王黨。殺之。丙戌，單子從阪道，劉子從尹道，伐尹。按今山西汾州有尹吉墓，即古尹城。單子先至而敗，劉子還。單子敗故。己丑，召伯奐召莊公。南宮極二子周卿士，子朝黨。以成周人戍尹。庚寅，單子、劉子、樊齊按樊頃子，自此不見傳，豈即死於王事歟。以王如劉。辟子朝，出居劉子邑。甲午，王子朝入於王城，次於左巷。近東城。秋七月戊申，鄩羅周大夫鄩肸子。納諸莊宮。尹辛尹氏族。敗劉師於唐。周地。按在河南洛陽縣，今東有唐聚。丙辰，又敗諸鄩。甲子，尹辛取西闈。周地。丙寅，攻蒯，蒯潰。於是敬王居狄泉，尹氏立子朝。蒯，按洛陽縣西南。

見三。按晉師不還，則尹氏不敢立子朝；子朝不立，則天王不

周大章曰以劍試人恬不為怪而乃畏人之殳耶烏存止於逐君不欲以弒成名自是實語非徒以是寵絡烏存也

至居狄泉王室大亂五載始寧景王醜之尹氏成之晉人縱之也律以春秋之法尹氏難逃助逆之刑晉人亦以難免養奸之罪

莒子庚輿虐而好劍苟鑄劍必試諸人國人患之又將叛齊（補正）上年與齊盟烏存莒大夫帥國人以逐之庚輿將出聞烏存執殳長丈二而無及而立於道左懼將止死苑羊牧之莒大夫曰君過之烏存以力聞可矣何必以弒君成名遂來奔齊人納郊公著丘公之子十四年奔齊見三按庚輿內結公子鐸外賂齊景乘亂篡國即使以道守之猶懼不終況以無道守行之乎鑄劍試人又將叛齊窮兵好殺民何以堪好頭頸誰當砍暴主末路大抵如斯得免於殳猶其幸耳

孫執升曰：數語耳，兵家彼此離合之勢瞭若指掌。此先正謂兵書莫奇於左氏也。七國同役而不同心，觀夫九節度之師潰於城下，千古同慨。

周大章曰：吳光善謀亦善戰，曲折寫來，件件若操勝券，然亦遭時遘會，適有天幸。設令尹不死，楚師不熸，政令畫一，七國同提，未必不同心。兵凶戰危，禍福得喪在於呼吸之間。善戰者全在相機而行，知彼知己，乃能謀出萬全也。

姜白巖曰：七國同役而不同心，此來畏楚也，非願為之役也。元帥卒，楚師熸，夫復何畏？而六國甘為楚死者，何哉？傳大書遠越帥師，蓋越驅之赴死也。又著奔命二字，奔走遠越擊吳之命也。越乘令尹之卒，欲自以為功，驅胡沈二國之幼君，及陳大夫之壯而頑者，以為前鋒衝敵，復以頓與蔡許為接應而已，則按兵不動，勝可奉帥直前以邀功，敗可收卒急走以無損，此子玉城濮之故智也。吳人犯其前而君將皆殲，蹂其後而三國同奔，越遂麾師遠遁，是六國皆死亡，而楚師獨全矣。何嘗敗楚哉？經不書楚敗，憫六國也，惡楚

吳人伐州來，楚薳越帥師，令尹以疾從戎，故薳越攝其事。及諸侯之師奔命救州來。吳人禦諸鍾離。子瑕即令尹卒，楚師熸。吳楚之間謂火滅為熸，軍之重主喪亡，故其軍人無復氣勢。○子潛反吳公子光曰：諸侯從於楚者衆，而皆小國也，畏楚而不獲已，是以來。吾聞之曰：作事威克勝也，軍事尚威其愛，雖小必濟。胡沈之君幼而狂，無常陳大夫齧壯而頑，頓與許蔡疾楚政，楚令尹死，其師熸。帥賤薳越非王卿多寵，政令不壹。軍多寵人，政令不壹於越七國同役而不同心，帥賤而不能整，無大威命，楚可敗也。若分師先以犯胡沈與陳，必先奔。三國敗，諸侯之師乃搖心矣。諸侯乖亂，楚必大奔。請先者去備薄威，示之不整以誘之後者敦陳整旅。敦，厚也吳子從之。戊辰晦，戰於雞父。七月二十九日，違兵忌晦戰，擊楚所不意吳子以罪人三千先犯胡沈與陳。因徒不習戰，以示不整三國爭之。吳為三軍以繫於後，

也傳之釋經精矣。

中軍從王。（吳從王）光帥右。掩餘（吳王壽夢子）帥左。吳之罪人。或奔或止。三國亂之。吳師擊之。三國敗。獲胡沈之君。及陳大夫。舍胡沈之囚。使奔許與蔡頓曰。吾君死矣。師譟而從之。三國（許蔡頓）奔。楚師大奔。書曰。胡子髡沈子逞滅。獲陳夏齧。君臣之辭也。（國君社稷之主。與宗廟共其存亡者。故稱滅。大夫輕。故曰獲。獲得也。）不言戰。楚未陳也。（按經所以不書楚戰）

黃鄴林曰。一日而喪六國之師。亡二國之君。非小變也。使天下有王。何以至此。即天下有霸。亦不至此。此春秋將降為戰國之兆也。匪風下泉。詩與春秋其同深浩歎也夫。

見三按僖閔之世。攘楚者桓文。昭定之世。入楚者吳光。光亦春秋一人材也。此與長岸傳皆所以著光之善謀。蓋為入郢結胎也

周大章曰：論理則敬王為正，論勢則子朝方張，人心洶洶，迄無定主。而南宮極震，背正即邪者，不為天所佑，則天心可知矣。但叔鞅云子朝必不克，萇弘云東王必大克，雖俱決之於天，而不知天所廢、天所棄不在子朝之黨，而在子朝也。單、劉雖無定難之才，而以立正為心，忠於王室，可不謂之深明天道乎。

姜白巖曰：當子朝猖獗之會，徒黨日盛，而南宮忽以震死，亦足褫從逆者之膽。萇叔深幸其天氣棄，且以為先君可濟，見劉氏父子世篤忠貞，可補前傳所未及。朝入王城，已定京師，而識者知東王必克，以大義足以繫人心，此明年乾祭之詢，介衆如一口也。

周大章曰：恨楚子娶秦女，廢其子，遂啟吳人而歸於吳，忘君事仇，憤恚已極。此等妖婦，千古罕有，如此來，如此去，熊居固宜有此淫報也。

八月丁酉，南宮極震。（經書乙未地動，魯地也。丁酉南宮極震，周地亦震也。為屋所壓而死。《補注》明是以震死，不必為屋壓。）萇弘謂劉文公（劉蚠）曰：「君其勉之，先君（蚠父獻公）之力可濟也。（獻公亦欲立子猛，未及而卒。）周之亡也，其三川震。（謂幽王時也。三川，涇、渭、洛水也。地動，川岸崩。按杜與《周語》伯陽文合。或以沸騰釋震，非也。）今西王之大臣亦震，天棄之矣。（子朝在王城，故謂西王。）東王必大克。」（敬王居狄泉，在王城之東，故曰東王。）

見三按：萇弘稱子朝曰西王，則當時東西二王分峙，其國天命未有攸歸，即人心亦無定向。乃南宮忽震，而助逆者死，其所與者天所廢，閔子馬之言信不誣也。雖甘氏又往，奚益哉。

楚太子建之母在郹，（郹陽也。秦平王娶秦女，廢太子建，故母歸其家。按在河南新蔡境。◦古闕反。）召吳人而啟之。冬十月甲申，吳太子諸樊入郹，（《附注》：杜云諸樊，吳王僚之太子。孔、陸皆云諸樊乃僚伯父，不應太子與之同名，恐傳寫誤，且僚子尚幼，此必諸樊之太子光也。按傳誤倒言耳。）取楚夫人與

姜白巖曰、按汪氏謂是時婼拘囚於晉、未有赦命、昭公是行本以請婼、而中懼晉之不見納、故托疾而反、然則公中無定見而進退維谷甚矣

其寶器以歸。楚司馬薳越追之、不及。將死、衆曰、請遂伐吳以徼之。徼、要其勝負。薳越曰、再敗君師、死且有罪、此年秋敗於雞父、設往復敗、為再敗。亡君夫人、不可以莫之死也。乃縊於薳澨。楚地、按在今湖廣京山縣。

見三按楚平子且可逐、媳亦可娶、遑恤乎私奔之妻、唯此一婦擯歸鄖陽、年已將就木矣、湘江棄婦、復為吳苑新人、豈雖皮未皺、尚有老風情耶、婦怨無終、淫報不爽、異日入郢之禍、鞭屍之慘、或亦由此婦夜泣搆讒、洩此狠毒、非盡闔伍子胥一人之報仇也。

公為叔孫故、如晉、及河、有疾而復。此年春、晉為邾人執叔孫、故公如晉謝之、

見三按昭公前之如晉、為季孫也、及河而還、晉辭之也、此之如晉、為叔孫也、托疾而還、季感之也、季與婼有釁、欲借晉以

隱叔孫，恐公如晉，代求計，必賄公之左右，造作謠言，脅以利害。而昭遂為所奪，游移寡斷，操縱由人，奚以立國？此所以有乾侯之辱歟。

楚囊瓦〔子囊之孫子常〕為令尹，〔代陽匄〕城郢。〔楚用子囊遺言，已築郢城矣，今畏吳，復增修以自固。〕沈尹戌曰：子常必亡郢。苟不能衛，城無益也。古者天子守在四夷，〔德及遠〕天子卑，守在諸侯。〔政卑損〕諸侯守在四鄰，〔鄰國為之守〕諸侯卑，守在四境。〔裁自完〕慎其四境，結其四援，〔結四隣之國為援助〕民狎其野，三務成功，〔春夏秋三時之務〕民無內憂，而又無外懼，國焉用城？今吳是懼，而城於郢，守已小矣。卑之不獲，能無亡乎？〔不獲守四竟，按諸侯政卑，然後守在四竟，令但守其城，則求卑不得，惟亡而已。〕昔梁伯溝其公宮而民潰，〔在僖十八年〕民棄其上，不亡何待？夫正其疆場，修其土田，險其走集，〔邊竟之壘辟〕親其民人，明

周大章曰：國以一人興，亦以一人敗，故置相吞不慎，中國相司馬，遣人戒邊吏，不得生事，閒隙，其德威足以服之也。楚以囊瓦為令，而亡郢之禍成矣。蓋政以賄成，不在乎郢之城不城也。司馬憂危，念切，難以顯言，特借城郢立論耳。

姜白巖曰：孔疏，楚自文王都郢，城郢未周，子囊欲城之，故君子謂之忠。今郢既周矣，瓦畏吳侵偪，恐猶入國都，故戌謂之必亡。東萊云：子囊為預備之計，保邦於未危也；囊瓦畏避退守，郢以外不暇及也。兩說皆是，然於司馬立言之意，均未指出。子常初為令尹，一政未歟，首謀城郢，是將與吳決戰，不至入其國都而不已也。故教之以正封疆，修土田諸事，在衛民寔際用功，而不必勤民於遠，末以念祖述之乳之祖子囊也。子囊於晉悼時，先其守備，

不與晉敵，故民無内憂外懼之患。今晉已修好，弭兵息民，而挑釁強吴，雖父之敗，不鑒前車而蹈其故轍乎。况楚國地已數圻，大非若敖蚡冒武文之舊，猶不知止，早為末後一著以待其敗，安得而不敗亡也。此語人之辞，使瓦聞之，或翻然易慮，而平聞之，或亦有儆心，此戊之意也。

其伍候、使民有部伍，相為候望。信其鄰國、慎其官守、守其交禮、交接之禮。不僭不貪、不懦不耆。懦弱也。耆強也。疏云：不耆，不往侵鄰國也。不懦，不使人侵己也。○巨支反。完其守備、以待不虞、又何畏矣。詩曰：無念爾祖、聿修厥德。詩大雅。無念，念也。聿，述也。義取念祖考則述治其德以顯之。無亦監乎若敖蚡冒、至於武文、四君皆楚先君之賢者。土不過同、方百里為一同。言未滿一圻。慎其四竟、猶不城郢、今土數圻、方千里為圻。而郢是城、不亦難乎。言守若是難，以為安也。為定四年吴入楚傳。

黄鄰林曰：同一城郢也，何以於子囊則嘉之，於囊瓦則譏之，蓋子囊之城郢，有備無患，即周宣王之城朔方也；囊瓦之城郢，僅守吾圉，即周平王之戍申許也。沈尹戌論事有識，燭患未然，使用其言，猶堪救敗，彼昏不知，置若罔聞，卒兆入郢之禍，吁可歎也。

見三按城郢者子常所以城郢者平王沈尹特借子常以儆平王耳夫善為國者不盡民力歲不過役三十日平王不謀國本城瑕城郟城州來汲汲乎唯以自完為計今又城郢此猶冦在門庭築籬自衛有是理乎況重以征役罷民也嗚呼古未有征役罷民不亡其國者長城築隴上之嘆興高麗征浪死之歌作秦強隋富其亡忽焉有國家者尚其以此篇為戒

姜白巖曰、甘平公勤王、為子朝所敗、其子忘親事讎、劉子云甘氏又往、為王危之也。萇叔以務德對、大哉言也。古今得天下不外此語、其器識為

春秋左傳精義卷四十二

閬中　鄉林黃一桂　輯　男　心垣見三　補輯

昭公十

經二十有四年（癸未）春王二月丙戌、仲孫貜卒。（杜解）貜孟僖子也。（貜俱縛反）○婼至自晉（喜得赦歸、故書至）。○夏五月乙未朔、日有食之。○秋八月大雩。○丁酉、杞伯郁釐卒。（旧抄）杞平公自城杞以來、倚晉以安。○子悼公成立。○冬、吳滅巢（楚邑）。○葬杞平公。

傳二十四年春王正月辛丑、召簡公（杜解）召莊公子盈、南宮嚚（南宮極子）以甘桓公（甘平公子）見王子朝、（補注）見子朝之亂、皆世臣實為之。劉子謂萇弘曰、甘氏

當時第一流，豈徒忠有足倚哉。

姜白巖曰：此亦士伯言於韓范而後釋之，自始至終，多方排解，而始不

又往，吴對曰：何害？同德度義。[度，謀也。言唯同心同德，則能謀義。子朝不能，於我無害。]大誓曰：紂有億兆夷人，亦有離德。[按尚書注，夷人謂平人，不能同德，終敗亡。]余有亂臣十人，同心同德。[武王言我有治臣十人，雖少，同心也。今大誓無此語。按古文泰誓文，杜預時偽泰誓無此二語。]此周所以興也。君其務德，無患無人。戊午，王子朝入於鄔。[言子朝稍強]

黃鄉林曰：韓信登壇之對，鄧禹河北之說，薛收之勸太宗進取洛陽，雖詳略不同，要皆以德為卜。君其務德，無患無人，萇宏誠探本之論哉。

見三按甘氏又往，見當時助逆者多，效忠者少，皆晉人坐視不救為之也。萇宏勉之以同心同德，而單劉之忠可嘉，而晉人之罪益著。

晉士彌牟逆叔孫於箕。[將禮而歸之]叔孫使梁其踁○[叔孫家臣。踁，户定反]待於

之曉。不是寫婼負心。正見君子陰行其德。不比小人唯恐人不知也。梁其踁始則從豹。繼又從婼。而與其難。固叔孫氏之親臣。受命待門。亦當時之義士。

門內曰、余左顧而欬、乃殺之、疑士伯來殺己、故謀殺之、○欬、若代反右顧而笑、乃止。按呂云叔孫前日直前不屈之氣盡消索、非也、叔孫自拚一死、先殺彌年、緩己之死、再與晉人講論、然後死、叔孫得明白、叔孫見士伯、士伯曰、寡君以為盟主之故、是以久子、久執子以謝邾不腆敝邑之禮、將致諸從者、使彌牟逆吾子、叔孫受禮而歸、二月婼至自晉、尊晉也、按舍婼族以尊晉、史官之例也、傳士凱曰、叔孫父子守正不阿、為國之望、然豹遇趙孟、則以賢聞而免、戮婼遇韓范、則危困而幾殆、又可以見晉政之汚隆矣、

黃鄭林曰、昭子抗節晉庭、始終不屈、大有顏魯公風烈、魯公死而昭子得生、則以士伯為之調護也、暗中維持、前不受虧、後乃受禮、此等古誼、令人可感可泣、

見三按意如逃歸、昭子禮歸、意如之歸、叔鮒脅之、昭子之歸、士伯送之、兩人之優劣為何如哉、梁其踁兩隨患難、始終不

姜白巖曰：此敬王子朝與亡大關鍵。前此荀躒納王，至此猶問介衆者，蓋子朝工於辭說，鼓動衆聽，其黨日盛，而晉頃亦為之動。及景伯親至王城，而衆口一辭，云不納其使，則從前使臣至晉，變亂是非可知。按周禮小司寇掌外朝之政，以致萬民而詢焉。其三曰詢立君。三公、州長、羣臣、百姓以敘進問。問於介衆，其亦得古意歟。

周大章曰：前之日食，猶云戹在王室也。明年昭公出孫，則此日食專為魯矣。乃二子占驗，但云水旱，而無一語及之者，豈諱而不言歟。按季氏跋扈，公不能制，積憤已久，於是乎有寖謀其陽不克，莫將積聚之象乎。水流而

懈。可以對叔孫父子無愧色矣。

三月庚戌，晉侯使士景伯涖（臨也）問周故。（就問子朝敬王，知誰曲直）士伯立於乾祭，（王城北門。○乾音干，祭側界反）而問於介衆。（介，大也）晉人乃辭王子朝，不納其使。（衆言子朝曲故）

見。三按子朝當辭，何待問介衆而始明。固知晉前此之勤王，尚狐疑未決。士景伯前告韓起，是叔孫知已。此辭子朝，是王室功臣。晉有此士師，而不與立於朝，竊位之譏，又豈獨一臧文仲哉。

夏五月乙未朔，日有食之。梓慎曰：將水。（陰勝陽，故曰將水）昭子曰：旱也。日過分而陽猶不克，克必甚，能無旱乎。（過春分，陽氣盛時而不勝陰，陰陽將猥出，故為旱）陽不克，莫將積聚也。（按克，勝也。陽不勝陰，莫然不動，將鬱積而發為旱也。莫字另讀）

見三按魯梓慎鄭裨竈皆善言天者也、然鄭不復火、竈屈於子產、魯之大旱、慎屈於昭子、可見術士特拘於墟、不如賢人能見其大、

六月壬申、王子朝之師攻瑕及杏、皆潰、瑕杏敬王邑鄭伯如晉、子大叔相見范獻子、獻子曰、若王室何、對曰、老夫其國家不能恤、敢及王室、抑人亦有言曰、嫠不恤其緯、嫠寡婦也、織者常苦緯少、寡婦所宜憂、而憂宗周之隕、爲將及焉、恐禍及己今王室實蠢蠢焉、動擾貌吾小國懼矣、然大國之憂也、吾儕何知焉、吾子其早圖之、詩曰、缾之罄矣、惟罍之恥、詩小雅、罍大器、缾小器、常稟於罍者、而所受罄盡、則罍爲無餘、故恥之、疏云、瓶喻周、罍喻晉、王室之不寧、晉之恥也、獻子懼、而與宣子韓起圖之、乃徵會於諸侯、期以明年、爲明年會黃父傳

不返者也、昭公出、遂不復國、殆若水然、二臣知之、不敢質言、而故托水旱以示意耶、不然梓慎固明於天道者、當旱反言水、豈此占候獨遜於昭子、而其言不驗耶、

姜白巖曰、王室之亂三年、子朝定京都、遣將攻掠城邑、而東王日微、吉景伯介衆之詢、邪正判然、自當立舉義旗、而坐視君父之危、晉人可誅也、太叔至晉、范獻問及、當有不安於心者、太叔命意、謂此時鄭人服晉既久、今又朝晉、以晉能庇己也、王室蠢動、絕不加恤、鄭或有難、安望庇予、寧事齊楚、毋使禍之及焉、蓋意在王室、却不從王室上落想、名義不足以動之、唯有利害足以悚之也、譬如人肢體麻木不受鍼砭、惟於稍知痛癢處、急下一鍼、於是應手知懼、懼者懼其失諸侯也、明年爲黃父之會、仁人之言、其利溥哉、

黃鄭林曰、鄭伯如晉、明為王室而來、唯勢處弱小、不敢首發其端、得獻子一問、而子太叔和盤托出、直覺義無可逃、徵會諸侯、猶必期以明年、得毋憂宗周之隕、不及恤緯嫠婦乎、太叔學識、稍遜子産一籌、而剛方之氣、忠直之言、實相彷彿、黃父之會、鄭激之也、韓宣范獻、能無愧煞、

見三按王室之亂、介衆之問、晉侯知之稔矣、其所以遲遲不出師者、則士鞅為之梗也、范鞅小人、唯利是圖、異日能納受意如之貨、而不納魯公、此日何難受子朝之賂、而不納天王、若王室何、亦是勉强應酬之語、非真能恤宗周之隕也、太叔不與之言大義、第與之論大勢、蓋小人不計是非、未嘗不計利害、不憂王室、未嘗不懼失諸侯、一則曰大國之憂、再則曰

晋之恥，一步逼進一步，使之無可推諉，此亦繫鈴解鈴之法也，故士鞅懼而圖明年即有黃父之會。

秋八月大雩，旱也。終如叔孫之言

冬十月癸酉，王子朝用成周之寶珪於河，禱河求福 甲戌，津人得諸河上。珪自出水 陰不佞敬王大夫以溫人南侵，晋以溫人助敬王南侵子朝。拘得玉者，取其玉，將賣之，則爲石。王定而獻之，不佞獻王 與之東訾。喜得玉故與之邑。

黃鄭林曰，珪化為石，寶玉猶待為真主用，人可以輕言仕哉。

見三按，天之所佑者順也，人之所助者信也，介衆之詢，子朝理曲，不得於人，因思求福於天，孰知人所弗與，天所弗與也，珪化為石，河伯不佑，大為敬王生色，自是子朝之勢，其遂替矣，上言人心，此與南宮極震節，皆言天道。

楚子為舟師以畧吳疆。(畧行也。行吳界將侵之。)沈尹戌曰。此行也楚必亡邑。不撫民而勞之。吳不動而速召之。吳踵楚(踵躡跡楚)而疆場無備。邑能無亡乎。越大夫胥犴(音岸。)勞王於豫章之汭。(水曲)越公子倉歸(遺也)王乘舟。倉及壽夢(越大夫)帥師從王。王及圉陽(楚地)而還。(【孔疏】倉與壽夢還越也)吳人踵楚。而邊人不備。遂滅巢及鍾離而還。(鍾離不書。告敗畧。)(【歸義】吳子遏死於巢門者、則吳之世讎也。然吳人無復讎之志。遏之卒、去此三十餘年矣。)沈尹戌曰。亡郢之始、於此在矣。王壹動而亡二姓之帥、(巢守、鍾離大夫)幾如是而不及郢。詩曰誰生厲階。至今為梗。(詩大雅。厲惡。階道。梗病也。)其王之謂乎。(為定四年吳入郢傳、)

黃鄭林曰。此越寖强之始。亦會楚伐吳之始。伐吳者楚。而亡郢者即吳。敝楚者吳。而沼吳者即越。誰生厲階。至今為梗。蓋痛恨於申公巫臣之謀。而子重子反之流毒長也。

見三、按前斷其亡邑、後并斷其亡郢、蓋四境不守、則國都亦危、既勞民、又速寇、且不設備、是以國為兒戲也、讀此益知前此之嘆子常意中原有平王在也、

經甲申二十有五年春叔孫婼如宋。夏叔詣會晉趙鞅宋樂大心衛北宮喜鄭游吉曹人邾人滕人薛人小邾人于黃父。有鸜鵒來巢。(杜解)此鳥穴居、不在魯界、故曰來巢、非常故書。○鸜其俱反、鵒音欲。○秋七月上辛大雩季辛又雩。季辛、下旬之辛也、言又、重上事。○九月己亥公孫于齊次于陽州齊魯竟上邑、未敢直前、故次于竟、(集注)不得入齊待命竟上。齊侯唁公于野井。(會通)書唁者三、罪齊晉志大義、而崇微禮也、按今山東濟河縣東濟河北岸。○冬十月戊辰叔孫婼卒。十有一月己亥宋公佐卒于曲棘。宋地、按河南杞縣境、○子景公頭曼立。○十有二月齊侯取鄆。以居公也、○音運

姜白巖曰：叔孫既聘而享，車轄之賦，已成昏也，明日宴飲，嘉禮也，相與對泣，樂祁謂其可樂而哀，而所以哀之故則未之及，傳於是追叙公若言聪公欲去季氏，此在成昏宴飲之前，夫乃知昭子之甘為季役者，蓋斯時公與意如之隙已成，濟國有心，助君無術，因以此行謀之宋元，元公有感於樂祁之言，愛莫能助，主賓相語，而不知其涕泗之橫流也。厥後婼卒而宋元以納公自任，非不負前言於地下哉。

傳二十五年春，叔孫婼聘于宋，桐門右師（樂大心居桐門）見之，語卑宋大夫，而賤司城氏。（樂氏之大宗也，卑賤謂其才德薄）昭子告其人曰：右師其亡乎。君子貴其身，而後能及人，是以有禮。（唯禮可以貴身，故尚禮）今夫子卑其大夫，而賤其宗，是賤其身也，（賤人亦賤己）能有禮乎。無禮必亡。（為定十年樂大心出奔傳）宋公享昭子，賦新宮。（逸詩）昭子賦車轄。（詩小雅，周人思得賢女以配君子。昭子將為季孫迎宋公女，故賦之）明日宴，飲酒，樂，宋公使昭子右坐，（坐宋公右以相近，言改禮坐。疏云：燕禮云司宮筵賓於戶西，東上，小臣設公席於阼階上，西鄉，是禮坐。公西向，賓南向也，今使昭子右坐，今在宋公之北，同西向以相近，是改禮坐也）語相泣也。樂祁佐，（助禮）宴退而告人曰：今茲君與叔孫，其皆死乎。吾聞之，哀樂（可樂而哀）而樂哀，（可哀而樂）皆喪心也。心之精爽，是謂魂魄。（精血也，爽明也。心之精血屬陰為魄，心之神明屬陽為魂）魂魄去之，何以能久。（為此冬叔孫、宋公卒傳）季公若之姊為小邾夫人，（平子庶姑，與公若同母，故曰公若姊）

生宋元夫人（平子外妣）之生子以妻季平子。昭子如宋聘，且逆之。（平子人臣而因卿逆，季氏强横。）公若從，（從昭子）謂曹氏：（宋元夫人〔林〕〔解〕曹小邾姓）勿與，魯將逐之。（〔呂說〕凡出師鄰國、與夫除權臣之謀，不可三人共。昭公欲逐季氏，其謀未發，先使異國聞之，其不審不密可知，平子之為備必久。）曹氏告公，公告樂祁。樂祁曰：與之。如是，魯君必出，政在季氏三世矣，（文子、武子、平子）魯君喪政四公矣。（宣、成、襄、昭）無民而能逞其志者，未之有也。國君是以鎮撫其民。詩曰：人之云亡，心之憂矣。（詩大雅，言無人則憂患至。）魯君失民矣，焉得逞其志？靖以待命猶可，動必憂。（為下公孫傳）

黄鄭林曰：昭子於右師，判斷明白，一毫不爽，而當身則昧之，豈其前明而後闇哉。蓋是時季氏之惡已稔，昭公之釁已開，權臣逐主，早在意計中，既不能明正其罪，又不欲親見其禍，故與宋公語而泣。公亦感其意而泣。忠臣愛國之心，英主睦

鄰之誼、不覺涕之奚從者、樂祁謂其哀樂、而決其不能久、此與施伯之識曹太子言、雖幸中、均非知心之論、

見三按此傳蓋表昭子心迹、亦為意如逐君伏脉也、昭子在三卿中最有氣節、亦最為賢良、朝衆而言、手平家難、去兵而往、義動晋卿、使魯公早以國政授之、必能駕馭意如、而不至乾侯之禍、無如昭公昏愚、羣小是比、有子家羈尚不能用、何況叔孫、以致季氏專權、愈覺肆無忌憚、以侯國之卿、而聯姻于上公之女、且使同列為之迎女、卑叔孫即以卑昭公也、圖謀不軌、在眉睫間、司馬昭之心、路人共知之矣、夫以叔孫之卓識、能料右師之亡、豈不知季氏之篡、而顧不為之防、徒喁喁為兒女子之泣、豈得已哉、政在季氏三世矣、公之喪政

姜白巖曰。天王播越四年。朝不謀夕。而諸侯翫日愒月。躬不就赴。委之大夫。雖輸粟具戍。蔑禮甚矣。况如宋之勉強受事乎。故經不書謀王室。但言十國大夫之會。壹若不知何事而會者。子太叔以天經地義大聲疾呼。使之曲直赴禮以成人。而說者謂干戈擾攘。遑言禮教。不知此正與原伯魯不悅學參看。不學則上陵下替而無禮。上不知禮。下不知學。故助亂者衆。王室所由亂也。前鄭伯如晉。以利害怵之。始爲此會。茲復於天性本原上痛切指

四公矣。以三耦不倫之公徒。而欲發難於季氏。敗亡可以逆睹。故前與宋公相泣。後使祝宗祈死。蓋其忠君愛國之心。早辨此致命遂志之日矣。若宋公者。雖納樂祁之議。不絕季昏。終感昭子之誠。甘爲昭死。固春秋之賢君也。齊晉二君。對之有愧色矣。

夏會于黃父。謀王室也。王室有子朝亂。謀定之。趙簡子趙鞅令諸侯之大夫。輸王粟具戍人。曰明年將納王。納王於王城。（補注）又曰明年。傳見不唯怠且觀望。子大叔見趙簡子。簡子問揖讓周旋之禮焉。對曰。是儀也。非禮也。簡子曰。敢問何謂禮。對曰。吉也聞諸先大夫子產曰。夫禮天之經也。經者道之常。地之義也。義者利之宜。民之行也。行者人所履行。天地之經。而民實則之。則天之明。日月星辰天之明也。因地之性。高下剛柔地之性也。生其六氣。謂陰

陳有禮則生、無禮則否、振其沉魄、使知君父之尊親非由外鑠、禮明則亂自定。故齊將為陳氏、晏子告景公亦以為唯禮可以已之。此春秋大旨歸宿於此、豈徒為權臣佩服已哉。

陽風雨晦明。用其五行、金木水火土氣為五味、酸鹹辛苦甘發為五色、青黃赤白黑、發見也。章為五聲、宮商角徵羽淫則昏亂、民失其性。滋味聲色過則傷性。疏云、老子云、五味令人口爽、五色令人目盲、五音令人耳聾、言其過耽、則有此病。是故為禮以奉之、制禮以奉其性為六畜、馬牛羊鷄犬豕○許六反五牲、麋鹿麐狼兔三犧、祭天地宗廟三者謂之犧。以奉五味、為九文、謂山龍華蟲藻火粉米黼黻也、華若草華、藻水草、火畫火、粉米若白米、黼若斧、黻若兩己相戾。傳曰火龍黼黻、昭其文也。按杜分華蟲為二、華為草、華蟲為雉也、故為九章、鄭氏以華蟲為雉也、加以宗彝、謂即虎蜼、宗廟之常器也。虎取毛淺而有威、蜼取毛深而有知、衣五章、裳四章、凡九也。六采、畫繢之事、雜用天地四方之色、青與白、赤與黑、玄與黃、皆相次、謂之六色五章、以奉五色、青與赤謂之文、赤與白謂之章、白與黑謂之黼、黑與青謂之黻、五色備謂之繡、集此五章、以奉成五色之用。為九歌八風七音六律、以奉五聲、解見二十年為君臣上下、以則地義、君臣有尊卑、法地有高下。為夫婦外內、以經二物。夫治外、婦治內、各治其物。為父子兄弟姑姊甥舅昏媾姻亞、以象天明。妻父曰昏、重昏曰媾、婿父曰姻、兩婚相謂

曰亞、附注言其親疏倫序、比象於天文之行列、爲政事庸力行務、以從四時、在君爲政、在臣爲事、民功曰庸、治功曰力、行其德教、務其時要、禮之本也、爲刑罰威獄、使民畏忌、以類其震曜殺戮、雷震電曜、天之威也、聖人作刑戮以象類之、爲溫慈惠和、以效天之生殖長育、民有好惡喜怒哀樂、生於六氣、此六者、皆稟陰陽風雨晦明之氣、是故審則宜類、以制六志、爲禮以制好惡喜怒哀樂六志、使不過節、哀有哭泣、樂有歌舞、喜有施舍、怒有戰鬬、喜生於好、怒生於惡、是故審行信令、禍福賞罰、(統)箋信以行賞、令以行罰、皆在審而行之、以制死生、生好物也、死惡物也、好物樂也、惡物哀也、哀樂不失、乃能協於天地之性、是以長久、(林解)哀樂不失其正、乃能則天因地、和叶於陽生陰殺之性、簡子曰、甚哉禮之大也、對曰、禮上下之紀、天地之經緯也、經緯錯居、以相成者、民之所以生也、是以先王尚之、故人之能自曲直以赴禮者、謂之成人、大不亦宜乎、曲直以彌其性、疏云、性曲者以禮直

之性直者，以禮曲之。簡子曰：鞅也請終身守此言也。宋樂大心曰：我不輸粟，我於周為客。二王後為賓客。若之何使客？晉士伯曰：自踐土以來，在僖二十八年。宋何役之不會，而何盟之不同？曰同恤王室，子焉得辟之？子奉君命，以會大事，而宋背盟，無乃不可乎？右師樂大心不敢對，受牒而退。士伯告簡子曰：宋右師必亡。奉君命以使，而欲背盟以干盟主，無不祥大焉。言不善無大此者，為定十年宋樂大心出奔傳。

黃薌林曰：時子產歿已多年矣，而太叔論禮，猶引其言為證，可見子產治鄭，克與禮教，並非專尚刑威也。揖讓周旋，以儀為禮，春秋時已然，無怪漢世之以善容為禮官也。乃知魯兩生不滿叔孫通，的是知禮之人。

見三　按王室之亂，於今四年，晉為盟主，不聞急難，黃父之會，

張元德曰：天下將治，則天地之氣自北而南；天下將亂，則天地之氣自南而北。鸜鴒不踰濟而至魯，豈非自南而北之驗哉。當此之先，楚雖為列國患

君不親臨，特十國之大夫耳。前期明年，此又期明年，遷延以待，視若吳越，以致樂大心不肯輸粟，列國間幾不知天經地義為何物。太叔老臣，感不絕於心。上年相君如晉，首明大義，而晉於是乎始知勤王。此復因簡子之問，溯禮之大原，而凡為夫婦、為父子、為兄弟、為姑姊甥舅昏媾姻婭，莫非在範圍之中，況其為君臣之大義哉。娓娓數百言，獨明天地之經，即使人共恤天王之難。我周之東遷，晉鄭是依，入春秋以來，亦惟晉鄭與周相終始也。太叔與子產相知有素，其得聞緒論最詳，原原本本，寔開大小戴之端倪，傳之足以翼經者此也。

有鸜鴒來巢，書所無也。〔補注〕釋經之義備矣，以師己（魯大夫。○己音紀）曰下，乃好事者所增益之。

異哉！吾聞文武之世，童謠有之，曰：鸜之鴒之，〔孔疏〕此鳥以兩字為名，但謠辭必韻

而齊晉猶足以抑之。自此之後，晉伯不競。吳越皆迭主夏盟，諸侯欲社事之。馴至大亂。知鸜鵒來巢，不特昭公出奔之兆也。鸜鵒，鳥穴居，不巢於樹，宜穴而巢，權臣自下居上之徵也。公卒為季氏所逐。

周大章曰：鳥耳，何関禍福如此。觀於童謠，亦似數有前定者。夫妖由人興。人無釁焉，妖不自作。避人野鳥來巢國中，豈非以魯政不綱，公室將空，禽鳥得氣之先，有以徵之與。然桑生於庭，雉雊於鼎，皆可轉禍為福。昭公知此，信用子家，修德以弭之，往歌來哭，何足為讖乎。

故分言之。公出辱之。言鸜鵒來則公出辱也。鸜鵒之羽。（林解）羽飛貌。公在外野，往饋遺也之馬。鸜鵒跦跦。跳行貌。張于反。○公在乾侯，徵褰袴也與襦。內衣。鸜鵒之巢，遠哉遙遙。禂父喪勞，宋父以驕。禂父昭公，死外故喪勞。宋父定公，代立故以驕。鸜鵒鸜鵒，往歌來哭。昭公生出歌，死還哭。童謠有是，今鸜鵒來巢，其將及乎。將及禍也

黃鄰林曰：相傳熒惑星不見，下至民間化為童子，言未來之事，輒奇中，故童謠者皆熒惑星所為也。左氏所採，如龍尾之謠、號公其奔、鸜鵒之謠、禂父喪勞，歷歷不爽，或出於當時之附會，或出於史官之潤色，亦未可知。善讀者會其意，勿泥其詞可也。

見三按：邵雍聞杜鵑而知天下之將亂，師已見鸜鵒而知魯

姜白巖曰：豐氏謂孔子時年已三十五矣，譏公不能用孔子以消旱災，然季家霸在側而有讒不納，安能用聖人也。

呂大臨曰：季平援晉脅公，祀越名分，討亦宜之，何有於遂，第以弱魯制強季，前既告之子家駒，後則淺之季公若，機事不密，取禍有由，而況公若偪之，臧郈和之，公為公果成之，以不可知之事，謀之無能為之人，羣小借公怒以洩私怨，此又勢之必敗者也。公能入季門，無能登季臺，即見季備之有素，而乃三請服

君之將奔，氣機所感，禽鳥得其先，非論其數，實信諸理也。唯童謠作于文武之世，應於春秋之末，一字不差，竟成奇讖，此皆季氏揑造謠言，以明數有前定，思掩其逐君之惡，觀此益悟成季之占詞，亦出於季氏子孫之附會，左氏誤將採入傳，讀者幸勿為古人所欺。

秋，書再雩，旱甚也。（折衷：書之明其旱甚又雩也，公羊謂聚衆逐季氏，遠矣。）見三接昭子之言驗矣，不識梓慎尚談天否。

初，季公鳥（公亥之兄，平子庶叔父。）娶妻於齊鮑文子，生申。公鳥死，季公亥即公若與公思展（季氏族。）與公鳥之臣申夜姑相也治其室。及季姒（公鳥妻，鮑文子女。）與饔人檀通（食官。），而懼，乃使其妾抶已，以示秦遄（魯大夫。）之妻（公鳥妹。）秦姬也，曰：「公若欲使余，余不可而抶余。」又訴於公甫（平子弟。）曰

罪。情狀可憐。後且執郈侯之孟氏。遂公侯之叔孫司馬。則坐公不容之罪以見。則卻責叔孟兩家以自蔽。又季之橫而狡者也。或以叔孫如闞明授意司馬避其跡。竊意昭子之賢。當不出此。唯外欲衛君。內復護季。以故家臣助季。絶不歸討。以名動季。轉為季賣。守婦人之仁。成匹夫之節。此無能為叔解者也。昭公臨事鮮謀。畏難寡斷。其孫於齊。雖不聽子家之言。至此。然亦諸臣畏季惡季。中外隔絶之故。於反壞隤。見其民皆忘君。於盟從者。見其自不量力。

周大章曰。殺郈孫。伐公徒。雖是孟氏。而所以啟之者。叔孫氏之司馬鬷戾也。昭子欲納君。鬷戾之罪。烏得不問。其自闞歸。猶欲曲全意如。豈真以欲改事君。其言尚可信耶。平子既有異志。即當告天王。告盟帥。法叔孫之甲。討季納君。事果不濟。以死報君可也。寧喜尚足以制林父。昭子豈終無如季何。而無故輕生。出此下策。劉意林以

展與夜姑將要余。要劫我以非禮秦姬以告公之。亦平公之子弟公之與公甫告平子。平子拘展於卞。而執夜姑。將殺之。公若泣而哀之。曰殺是是殺余也。將為之請。平子使豎勿內。日中不得請。有司逆命。執夜姑之有司受殺生之命。欲迎公之使速殺之。故公若怨平子。【世學】意如信公若有盜嫂之心。與展與夜姑同辱季姒故弗納。蓋淫婦讒搆。與趙朔妻欒盈母相類。而意如專橫無君甚矣。季郈之雞鬭。季平子。郈昭伯。二家相近。故鷄鬭。○郈音后季氏介其鷄。鄭衆云。介甲也。高誘呂氏春秋註。作小鎧著鷄頭。郈氏為之金距。平子怒。怒其不下已益宮於郈氏。侵郈氏室以自益且讓責也之。故郈昭伯亦怨平子。臧昭伯臧為子之從弟會。為讒於臧氏。而逃於季氏。臧氏執旃。平子怒。拘臧氏老。【林解】事見此年冬十二月將禘於襄公。萬者二人。其衆萬於季氏。禘祭也。萬舞也。於禮公當三十六人。疏云。季氏私祭家廟。與禘同日。樂人少。季先使自足也。按舞襄廟者二人。而季氏八佾舞于庭。反有六十四人。臧孫曰。此之謂不能庸先

忠。許之。家氏亦謂媢為公免，余尚不能無遺議云。

姜白巖曰：此傳以子家為樞紐。三怨交雜，臧郈輩謀奉君命討賊，臣名正言順，而子家直以讒人抹煞之。蓋意如有可誅之罪，而諸臣非討賊之人，且政在季氏，而二家不與，事必無成。此正昭公存亡之機也。懷諫不從，出奔已得其八九。忍挿叔孫昭子如闞，大是可疑。若明知亂作，授意鬷戾，而已避之，則昭子不為。若云不忍目睹，則何弗身與救正？愚謂昭子斯時必以不可告公與子家，將合公以其不足與謀也。故自居長府而使之如闞，與後此子家止鄆戰而公使子家如晉意同。此又昭公存亡之機也。公伐季氏，使郈孫迎孟氏。時孟氏未有專屬，不敢顯然伐君也。登高望見叔孫之旌，方知鬷戾助季，遂殺郈孫，併力伐公。是昭公之孫，不可謂非叔孫氏之罪也。昭子歸自闞，使畧出其逐豎牛拒晉卿手段，縛誅鬷戾殺之，因以討季，固自優為。然而早知其不能也。其曰「子以逐君成名，子孫不忘」，夫

君之廟者。不能用禮也。（附注）周衰禮廢，諸侯典祀，蓋有獨豐于昵者，如閔二年禘于莊公。趙匡云：不及于祖也。今此禘于襄公亦然。杜皆謂別立廟，則武宮煬宮之立，經皆書之，此立二宮，何緣不書。大夫遂怨平子。公若獻弓于公爲，昭公子務人。且與之出射於外，而謀去季氏。公爲告公果、公賁。皆公為弟。○賁音奔。公果、公賁使侍人僚柤告公。公寢，將以戈擊之，乃走。公曰：執之。亦無命也。獨言執之，無赦命。懼而不出，數月不見。公不怒。又使言，公執戈以懼之，乃走。又使言，公曰：非小人之所及也。謂僚柤為小人。公果自言。公以告臧孫，臧孫以難。言難逐。告郈孫，郈孫以可。勸。告子家懿伯。子家羈，莊公之元孫。懿伯曰：讒人以君徼幸，事若不克，君受其名。受惡名。不可為也。舍民數世，以求克事，不可必也。且政在焉，其難圖也。公退之。退使去。辭曰：臣與聞命矣，言若洩，臣不獲死。乃館於公。恐受洩命之罪，故留公宮以自明。（附注）此是逐季氏發源處，舉如此大事，卻自出于下面嬖倖，與左

逐君之賊九世之族將廢夫誰為其子孫而祀之則其志欲存季孫非欲討季孫也蓋無季氏是無季孫語淪入三家之髓欲全吾君又欲保季以全吾宗忘君不義背族不祥勢不得以兼盡故末事而滂泗横流至於萬難措置為季孫所賣而名義至重臣罪當誅不得不出于匹夫之輕其生矣故謂為昭子為詐忠謬也可以愧何忌之忘君而謂其明於國爾忘家之大義則遠不如子家羈啗以立後而飄然不顧也

（右二三大夫挾私怨而謀安能成事）叔孫昭子如闞（魯邑）公居於長府（官府名）九月戊戌伐季氏殺公之於門遂入之平子登臺而請曰君不察臣之罪使有司討臣以干戈臣請待於沂上以察罪弗許（魯城南自有沂水平子欲出城待罪也）請因於費弗許請以五乘亡弗許子家子曰君其許之政自之出久矣隱民多取食焉（隱約窮困）爲之徒者衆矣日入慝作弗可知也（慝姦惡也日冥奸人將起叛君助季氏不可知）衆怒不可蓄也（季氏衆）蓄而弗治將蘊（積也）蘊蓄民將生心生心同求將合（【附注】謂同惡相求）君必悔之弗聽郈孫曰必殺之（【呂說】當時欲逐季氏言出於口傳待數月其備如何不素何故公遂入季門季猶未覺此見季氏機謀之深欲歸咎於公見有殺他之迹陽為不敢拒君之狀為後日文過之地覿公能入其門而不能登其臺足見季之備於內素矣公君臣以為唾手可取唯子家羈識其奸）公使郈孫逆孟懿子（仲孫何忌）叔孫氏之司馬鬷戾言於其衆曰若之何莫對（衆疑所助）又曰我家

臣也。不敢知國。凡有季氏與無。於我孰利。皆曰。無季氏是無叔孫氏也。鬷戾曰然則救諸。帥徒以往。陷西北隅以入。陷公圍也。陳傳言叔季於是始合。公徒釋甲。執冰而踞。言無戰心也。冰櫝九蓋。或云櫝九是箭箙。其蓋可以取飲。○音據遂逐之。逐公徒孟氏使登西北隅以望季氏。見叔孫氏之旌。以告。孟氏執郈昭伯。殺之於南門之西。遂伐公徒。子家子曰。諸臣僞劫君者。而負罪以出。君止。使若非君本意者。君自可止不出。意如平子名之事君也。不敢不改。公曰。余不忍也。與臧孫如墓謀。辭先君。且謀所奔。遂行。已亥。公孫於齊。次于陽州。齊侯將唁公于平陰。公先至于野井。齊侯曰。是寡人之罪也。使有司待於平陰。爲近故也。【補正】近謂近魯。平陰近魯。野井近齊。邵氏曰。齊侯言爲近魯之故。使有司先待平陰。將自往迎之。而魯侯已至於野井。此寡人之罪也。書曰公孫于齊。次于陽州。齊侯唁公于野井。禮也。將求於人則先下之。

禮之善物也、[物事也、謂狂至野井、]先齊侯曰、自莒疆以西請致千社、[二十五家為社、千社二萬五千家、欲以給公、]以待君命、[待君伐季氏之命]寡人將帥敝賦以從執事、唯命是聽、君之憂、寡人之憂也、公喜、子家子曰、天祿不再、(孔疏)[謂得齊千社、復得魯國]天若胙君、不過周公、以魯足矣、[按以周公所封之魯胙君足矣]失魯而以千社爲臣、誰與之立、[孔疏既失魯國而以千社為臣、且於齊從君者皆將棄君去矣]齊君無信、不如早之晉、弗從、臧昭伯率從者將盟、載書曰、戮力壹心、好惡同之、信[明也]罪之有無、繾綣[不離散]從公、無通外內、[按以從公不通外內者為無罪、否則有罪、]以公命示子家子、子家子曰、如此吾不可以盟、羈也不佞、不能與二三子同心、而以為皆有罪、或欲通外內、且欲去君、[按言吾或欲通外內之言、彼此解說、且欲諸臣出奔、令公自歸魯、而諸臣以為皆有罪、是好亡惡定矣、三句是倒裝語、]二三子好亡而惡定、焉可同也、陷君於難、罪孰大焉、通外

内而去君、君將速入、弗通何爲、而何守焉、（附注）而何必守此盟誓之言也乃不與盟、昭子自闞歸、見平子、平子稽顙曰、子若我何、昭子曰、人誰不死、子以逐君成名、子孫不忘、不亦傷乎、將若子何、平子曰、苟使意如得改事君、所謂生死而肉骨也、昭子從公於齊、與公言、子家子命適公館者執之、恐從者知叔孫謀公與昭子言於幄内、曰、將安衆而納公、（輯傳）安衆安助季伐公之衆也、即此可知叔孫不如闞亦不能伐季氏也、公徒將殺昭子伏諸道、伏兵、疏云、昭子謀歸安衆而後納公、則獨公得入、從公伐季氏者不得入、故欲殺昭子也、左師展告公、公使昭子自鑄歸、辟伏兵平子有異志、不欲納公冬十月辛酉昭子齊於其寢、使祝宗祈死、戊辰卒、恥爲平子所欺、因祈而自殺、（補注）昭子欲兼存叔季、相爲脣齒而已、使能以己邑爲公邑、己徒爲公徒、外請齊晉之衛以討季氏、季不爲僇乎、使齊晉果援季氏、亦不過能亡而已、惜其蔽于患失而徒死也左師展將以公乘馬而歸、公徒執之、展魯大夫、欲與公俱輕歸、

三

疏云劉炫云欲共公單騎而歸此騎馬之漸古者馬以駕車不單騎也曲禮前有車騎此漢世書耳〔補注〕公羊傳齊侯唁公于野井言以鞍為几與此言乘馬相合則當時固已有單騎者

黃鄉林曰昭公之逐季氏不特無其力并無其意特迫於郈臧諸大夫之私怨而搆成此舉以為孤注所以義如昭子至於祈死忠如子家唯有搥心泣血而已其曰讒人以君為徼倖真洞見本末矣有國者其亦鑒於乾侯之轍哉

見三按昭公失國之由童心二字盡之矣居喪不慼送葬不哀四分公室而不知憂五如晉不入而不知恥昏愚無識性情反常有識者早料其不終矣况季氏無道僭於公室自成襄之世側目重足咸莫敢問至昭公一旦而去之不朝大衆不聲大義再雩聚衆長府授甲其謀出於倉卒非有遠慮即公

亦原無去之之心、皆一二讒人從而啟之、子家賢臣也、諫之不從、叔孫婼忠臣也、使之如闞、彼意如者請囚請亡、豈真屈服於大義之無可逃哉、貌為恭順以掩不臣之心、即以激二家之怒、迨至鬷戾一呼、孟孫助逆、公徒釋甲羣小各自為謀、如兒童之羣鬬、一鬨而來、一鬨而散、踉蹌出奔、乾侯寄寓、意如外結鞅擿之奸、內離成鄆之衆、於乾侯則賈馬歸衣於適歷則跣行伏對、哀色巽辭直視公如騃童弄之啼笑、公復奮誓河、罔知悔悟、是臣愈姦而君愈庸、臣愈黠而君愈疏、勢既孤立、謗又叢歸、歸國將奚望哉、考三國時魏主曹髦忿司馬昭之僭、拔劍升贊率殿中宿衛蒼頭官僮鼓噪而去、王經諫之不聽、遂被弑於南闕下、夫季孫意如之心、即司馬昭之

姜白巖曰。尹氏兵力甚强。所過必克。而東訾獨能拒守。猶見大義在人

周大章曰。宋元身被華向之亂。深痛於心。欲為魯誅賊臣。以伸大義。固天資果毅。亦經歷使然。不然晉悼欲誅孫甯。尚為首偃所制。何况其他。而將行夢死。尚不顧忌。豈非當時人君之僅事哉。

姜白巖曰。宋元不顧昏姻之好。為納公如晉。高出齊晉遠矣。故卒于宋地。而魯

心也。魯昭一曹髦也。子家羈一王經也。叔孫婼一陳泰也。而畯戾無忌則固賈充成濟之流也。其所以不至於弒者。則以魯為弱國。尚有所顧忌而不敢矣。合古今事觀之。不可以知世變哉。

壬申尹文公（子朝黨）涉於鞏。（於鞏縣洛水也）涉焚東訾。（敬王邑）弗克。

見三按敬王時當在東訾。故尹氏圍之甚力。誅戮之慘。繼以焚屠。直有岌岌危懼之勢。晉人坐視不救。罪宜滔天。

十一月宋元公將為公故如晉。（請納公）夢大子欒即位於廟。已與平公（元公父）服而相之。旦召六卿。公曰寡人不佞。不能事父兄。（謂華向）以為二三子憂。寡人之罪也。若以群子之靈。獲保首領以歿。唯是楄柎（棺中笭牀也○楄蒲田反柎步口反）所以藉幹者（幹骸骨也）。請無及先君。（欲自

史書之，蓋予之也。傳識其命葬無及先公一言。宋自文公以來，始用人殉厚葬，過於王禮。元公欲自貶損，盛德事也。仲幾不能將順其美，可勝浩歎。傳不敘於葬宋元公之下，而大書於此，以見元公明知此行不歸，而志在納公，爲不顧。於昭公一泣，可謂生死不相負矣。

（貶損）仲幾對曰、君若以社稷之故、私降昵宴、羣臣弗敢知、（昵，近也。降昵宴，謂損親近聲樂飲食之事。）若夫宋國之法、死生之度、先君有命矣、羣臣以死守之、弗敢失隊、臣之失職、常刑不赦、臣不忍其死、君命祗辱、（言君命必不行。祗，適也。）宋公遂行、己亥、卒於曲棘、（為明年梁邱據語起本）

黃薌林曰、見夢而行、絕無顧忌、有此義氣、故能手定權奸、晉之君臣、應愧死矣、不感其義、反以此死為口實、真小人之無忌憚也、

見三按、意如逐君、齊晉之君、幾若罔聞、獨宋元以納公自任、明知死期將至、奮力不回、豈真感於昭子之一泣哉、蓋齊晉甘受權臣之制、故其志頹、宋有鑒亂臣之禍、故其志決、此齊所以旋篡於田氏、晉所以卒分為三家、而宋雖小國、猶得延

姜白巖曰、齊侯不代魯正季孫之罪、而但圍鄆、又不踐干社之約、而取鄆於魯以居公、皆子家子所謂無信也。蓋其遠嫌也、意在拒其入齊之都也。其取鄆也、意在不復魯之國也。齊侯本無急義救患之心矣。

姜白巖曰、僭而言者、豈獨臧氏之子乎。傳寫臧會、全神盡注意。如宋元信而出、臧會僭而吉、末世天道、幾不可知。然元公之信、昭著千古、會之僭、小人所不為也。

至百餘年之久也、

十二月庚辰、齊侯圍鄆。欲取以居公。不書圍、鄆人自服、不成圍。

見三按齊景既能以師圍鄆、胡不以師討季、則知前此之唁特屬虛文、而後此之納、亦第行故事、較之宋元、奚啻天淵之別、

初、臧昭伯如晉、臧會竊其寶龜僂句、龜所出地名。○僂、力主反。句、居具反。以卜為信與僭。僭吉。僭不信也。臧氏老將如晉問、問昭伯起居。會請往。代家老行。昭伯問家故、故事也。盡對。及內子、昭伯妻。與母弟叔孫、則不對。若有他故。再三問不對。歸及郊、會逆、問又如初。又不對。至、次於外而察之、皆無之。執而戮之、逸、奔郈。按山東東平州東有郈城。郈魴假、○郈邑大夫。魴音房。使為賈正焉、掌貨物使有常價、若市吏。計於季氏。送計簿於季氏。臧氏使五人以戈楯伏諸桐汝

之閭、會出、逐之、反奔、執諸季氏中門之外、平子怒曰、何故以兵入吾門、拘臧氏老、季臧有惡、相怨惡及昭伯從公、平子立臧會、立以為臧氏後會曰、僂句不余欺也、按傳言季孫為臧氏立後、以收人心、

黃鄰林曰、臧文仲居蔡、可謂備致誠敬、而僂句不余欺、竟佑此僭亂之子孫、誰謂蔡有靈哉、

見三按意如逐君、天王不討、盟主不誅、君至客死、臣竟令終、天道無知、僭者固獲吉矣、何況臧氏之子哉、僂句不余欺、真理之不可解者、豈上世之神、好是聰明、末世之神、亦近淫昏乎、君子於此、亦惟義是務而已、

楚子使薳射城州屈、復茄人焉、還復茄人於州屈。屈居勿反、茄音加。城丘皇、遷訾人焉、移訾人於丘皇使熊相禖郭巢、季然郭卷、使二大夫為巢卷築郭也、卷邑名。禖音

梅卷音權子大叔聞之曰、楚王將死矣、使民不安其土、民必憂、憂將

及王、弗能久矣、為明年楚子居卒傳

見三按築城築郭、復人遷人、似亦思患豫防之道、而子太叔

遠料其將死者、不能禦吳、衹思偪吳、暮氣乘而畏心生、計之

拙神之昏也、此與沈尹戍城郢、均具特識、可為萬世金鑑、

經乙酉二十有六年春王正月葬宋元公杜解三月而葬速○三月公至

自齊居于鄆。夏公圍成孟氏邑、不書齊師、帥賤衆少、重在公、秋公會齊侯莒子

邾子杞伯盟于鄟陵地闕、陳傳參盟也、晉不復主盟。鄟音專公至自會居于鄆。

九月庚申楚子居卒。子昭王軫立。冬十月天王入于成周傳言王入在子

朝奔後、經在前者、子朝來告晚、按已踰年稱天王、其居其入、不言使之者、天王至尊、史官立言之體也、尹氏召伯

毛伯以王子朝奔楚陳傳召伯召伯奐也、詳說一以字、在劉單為褒、在尹召為誅、

姜白巖曰、齊侯取鄆、以居公也。及元年鄆潰、而鄆遂非魯有。定七年齊人歸鄆陽關、陽虎居之以為政。虎敗奔齊、而鄆又入於齊矣。至十二年三田之歸、而始為魯有焉。

姜白巖曰、逆賢侯之治命、踵先君之侈、安其所為禮、乃宋人之禮、而非君子之所謂禮也。

姜白巖曰、言魯地也四字、直注到三十年經書公在乾侯。

傳二十六年春王正月、庚申、齊侯取鄆。補注經併上圖書取、

見三按以臣逐君、天下之大變也。季氏雖得民而名在犯順、亦孰能諱之。以齊之强、及魯人之未定、仗大義以討逆、何憂不濟、乃區區為此、使季氏得以完守自保、撫其民而用之、亦何當焉。

葬宋元公、如先君、禮也。

見三按用人殉葬、始自文公、後遂沿為定例。宋之失禮、皆由華元之不臣也。元公思矯其失、仲幾不能順成其美、其不臣與華元等。禮也二字、譏之也、非予之也。

三月、公至自齊、處于鄆、言魯地也。

見三按至自齊、猶魯君也。居處於鄆、鄆豈魯之都哉。宗廟社

稷。隔絕而不見。是誰之罪也。居者自居而已。

夏。齊侯將納公。命無受魯貨。申豐從女賈。（杜解：豐賈二人皆季氏家臣。）以幣錦二兩。（二丈為一端，二端為一兩，所謂匹也。二兩，二匹。）縛一如瑱。（充耳。縛，卷也。急卷使如充耳，易懷藏。○縛，直轉反；瑱，它殿反。）適齊師。謂子猶（梁邱據）之人高齮。（子猶家臣。）能貨子猶。為高氏後。粟五千庾。（言若能為我行貨於子猶，當為請使得為高氏後，又當致粟五千庾。庾十六斗，凡八千斛。匡傳）申豐學問贍敏，然知守正於季氏，而不知效忠于昭公，失輕重之義矣。

高齮以錦示子猶。子猶欲之。齮曰。魯人買之百兩一布。以道之不通。先入幣財。（言魯人買此甚多，布陳之以百兩為數。林解：財猶材也。許賂子猶百兩，以此二兩為先幣。）子猶受之。言於齊侯曰。羣臣不盡力於魯君者。非不能事君也。（欲行其說，故先示欲盡力納魯君。）然據有異焉。（異猶怪也。）宋元公為魯君如晉。卒于曲棘。叔孫昭子求納其君。無疾而死。不知天之棄魯耶。抑魯君有罪於鬼神。故及此也。君若

姜白巖曰：此為公圍成傳。經不書會齊侯，以齊侯原未嘗至魯也；不書公以齊師，以徒有齊師之名，如未嘗有師也。成為孟氏邑，即公之成也。公親至成，而季孫悍然拒戰，猶曰事君如在國乎？季孫首惡也，鬷戾在師可知，叔孫亦至，孟叔二氏，賊黨也；申豐、女賈，賊鷹犬也。而齊軍之討賊者，無一非賊之羽翼。蓋自錦幣賂行，而納公之意頓隳，使公子鉏帥師，則擬已授意于鉏，鉏已徧喻諸大夫。參在師中，獨有公耳。斯時師師伐魯，未嘗先欲圍成也，公孫朝之計，鉏非不知也。以公在行間，聊盡人事，未嘗不射。彼射中楯，此射中馬，未嘗不殪，殪止一人。魯更誤以子車為鬷戾，反助子車，子車告以我為齊人，不勞出力，盡褰帷再叱，不遺一矢。陳武失子，竟用古戰。林雍、顏鳴俱為季孫出力，雍讓善而不戰，受傷而奔，猶能生反；鳴冒險以報德，三呼而出，如入無人哉。苑子一耳一足獻俘，昭公蓋受

命於公手鉏只如此也斯時齊師魯師心
目中各有一季孫彼我暗會遂爾結局
而昭公從壁上觀猶以為真來伐季真
欲納我也是可悲矣

待於曲棘使羣臣從魯君以卜焉。卜知可伐否若可師有濟也君而
繼之茲無敵矣若其無成君無辱焉齊侯從之使公子鉏齊大夫
帥師從公。冒說齊君下令於國非不信然病根却在梁邱據魯三家臣雖在千里之外亦能逆知齊侯病根所在而
投之毫髮不差。成大夫公孫朝謂平子曰有都以衛國也請我受師許
之。以成邑禦齊師請納質。恐見疑弗許曰信女足矣告於齊師曰孟氏魯
之敝壞也室也用成已甚弗能忍也請息肩於齊公孫朝詐齊師言欲降使來取
成。齊師圍成成人伐齊師之飲馬於淄水名者曰將以厭衆以厭衆心
不欲使知已降也。厭於冉反魯成備而後告曰不勝衆告齊言衆不欲降已不能勝師及
齊師戰於炊鼻季氏師距公炊鼻魯地。齊子淵捷從洩聲子魯大夫射之中
楯瓦。瓦楯脊繇朐汰輈七入者三寸。入楯瓦也朐車軛輈車轅繇過也汰矢激七矢鏃也疏云
矢激謂矢激其上而過也。○朐其俱反一作軥聲子射其馬斬鞅殪。死也改駕人魯人以爲

皷戾（叔孫司馬）也、而助之、子車（即淵提）曰、齊人也、將擊子車、子車射之殪、其御曰、又之（又欲使射餘人）子車曰、衆可懼也、而不可怒也、子囊帶從野洩（齊大夫）（即聲子）叱之。（叱昌實反）洩曰、軍無私怒、報乃私也、將亢子。（欲以公戰禦之、不欲私報其叱）又叱之、（子囊復叱之）亦叱之、（野洩亦叱也、言無戰心、但相叱）（齊）冉豎（季氏臣）射陳武子中手、失弓而罵、（武子罵）以告平子曰、有君子白皙鬒鬚眉、甚口、（孔疏、鬒稠髮也、言鬚眉皆稠多、甚口、大口也。鬒之忍反）平子曰、必子彊（武子字）也、無乃亢諸、對曰、謂之君子、何敢亢之、（偽言不敢違季氏）林雍羞爲顏鳴右、下、（皆魯人、羞爲右、故下車戰）苑何忌（齊大夫）取其耳、（不欲殺雍、但截其耳以辱之）顏鳴去之、（其右見獲、懼而去之）苑子之御曰、視下顧、（復欲使苑子擊其足）苑子刜（說文擊也。音弗）林雍、斷其足、鑋（一足行。遣政反）。而乘於他車以歸、顏鳴三入齊師呼曰、林雍乘、（言魯人皆致力于季氏）

黃鄭林曰齊侯惑子猶貪魯昭騃意如狡仗義納公以師臨之而不足以貨敗之而有餘自是而昭竟以寓公老矣而齊亦終為陳氏篡矣可慨也夫

見三按齊侯開口便說無受魯貨則季氏行貨早在齊侯逆睹之中而申豐之幣得入梁邱據之言得行足見貨力通神不特兩國之臣聲勢相倚即齊侯亦消息相通至陳氏與季交結原非一日武子此來聊以塞責失弓而罵情見於辭平子聞之恐其亢諸其相愛如手足可知今日之陳氏納昭公不入異日之三家討陳恒不可同一理也若公子鉏之帥師圍成公孫朝舍成受師不戰又戰欲戰不戰分明設此圈套以塗飾耳目惜童心之主猶夢夢不知也

姜白巖曰、先用師守伊闕口、絶子朝來路也。嗚呼、王室大亂五年、非劉單二公、晉

四月、單子如晉告急。五月戊午、劉人（劉盆之屬）敗王城之師（子朝之徒）於尸氏。（地名。按今河南偃師縣西南、殷西亳也。春秋時之尸氏。）戊辰、王城人、劉人戰於施谷。（周地）劉師敗績。

見三按、黄父既會、諸侯輸粟遲之、又以師猶不發、故子朝之勢愈亢。不有單子告急、晉之君臣猶在壁上觀戰也。

秋、盟于郥陵、謀納公也。（齊侯謀。王荊石曰、景公假納公之大義、為糾合之謀。）

見三按、子猶受賂、納昭無成、齊之不能有為、固可知矣。此會特借名以收東方之諸侯、非真納公也。邾莒杞皆積怨之國、今而仰其鼻息、昭亦何顏。齊無同仇之志、竟墮其術中、無怪其客死也。

七月己巳、劉子以王出。（師敗懼而出。疏云、自劉而出。）庚午、次於渠。（周地。按今河南洛陽

師雖出、將索之於枯魚之肆矣、

彭家屏曰、同一讓周也、子臧季札之詞婉、而子西之詞厲、何也、彼以節自高、故意超而言遜、此恐以己爲市、故情急而詞嚴、蓋不如是不足以絕其意也、

縣、王城人焚劉、（燒劉子邑）丙子王宿於褚氏、（按今洛陽縣東）丁丑王次於萑谷、庚辰王入於胥靡、辛已王次於滑、（萑谷胥靡滑皆周地、胥靡滑本鄭邑、按今偃師縣東）晉知躒趙鞅帥師納王、使女寬

（南有胥靡城、滑即在其南、陳傳備敬王播遷之苦。萑音丸）

（晉大夫）守闕塞、（守之、備子朝、按今洛陽縣南闕塞山、即伊闕口、）

見三按單子告急、晉師將出、子朝自知大勢已孤、奮其死力、志在擒王、敬王幾於無地自容、闕塞一守、絕其去路、故召伯反顏而逐子朝、

九月楚平王卒、令尹子常欲立子西、（平王之長庶）曰、大子壬（昭王）弱、其母非適也、王子建實聘之、子西長而好善、立長則順、建善則治、王順國治、可不務乎、子西怒、曰、是亂國而惡君王也、（言王子建聘之、是章君王之惡）國有外援、（秦也）不可瀆也、（瀆慢也）王有適嗣、不可亂也、敗親速

亂嗣不祥。我受其名。受惡名 賂吾以天下。吾滋

僻。不立壬。秦將來討。是速僻也。 不從也。滋也 蓋楚國何爲。必殺令尹。令尹懼。乃立昭王。

黃鄭林曰。子西峻詞以拒子常。頗有大節。亦具特識。異日之改紀楚國。其材力實基於此。亦翩翩濁世之佳公子也。

見三按子朝以庶孽奸位。大亂五載。亦托於年長應立耳。子西生長荆蠻。乃能深明大義。守正不阿。連類書之。夷狄之有君。不如諸夏之亡也。益信。

冬十月丙申。王起師於滑。起發也 辛丑在郊。子朝邑 遂次於尸。十一月辛酉。晉師克鞏。知躒、趙鞅之師 召伯盈逐王子朝。伯盈本黨子朝。晉師克鞏。知子朝不成。更逐之而逆敬王。 王子朝及召氏之族。按召氏之族。有從盈反正者。有從與行者。故經但書召伯。 毛伯得、尹氏固 重見尹固名者。爲後還見殺。 南宮嚚奉周之典籍以奔楚。陰忌

姜白巖曰。晉師克鞏。召伯即反正逐朝。王入成周。轉危爲安。不藉諸侯之力。晉之功也。成周而還。其事已畢。而復録子朝告諸侯之辭者。正表劉單及晉人之功。以發明經義也。彼先叙成康。庸建母弟。意已注到晉人。而提昔日之兄弟。以見今日之兄弟不然也。因託爲秦人降妖。以惑衆志。而深斥單旗劉狄之倡亂。傳之

意正見劉單首明大義為王室紓患
籲冉敘晉為不道是攝是贊使不
穀播越荊蠻傳正見前此觀望晉人之罪
今日勤王晉人之力也末又歸罪單劉貺
私立少極其痛心傳正見悼王雖少而實
嫡二公所輔者正崎嶇萬難卒成其志可
藉手以告先王也即憤恨之淺深以别事功
之大小傳有借人詆詈為己褒稱者類
是也結段點出于景之命遠晉之大以明
正其罪則彼之娓娓先王者正其干犯先王
也彼時時遣使以揺晉聽者卒見棄於
晉也序之曰無禮而子朝之案定矣

子黨 朝奔莒（周邑）以叛、召伯逆王於尸、及劉子單子盟。（召伯新還故盟。按盈逆王）不書。傳言非其本意、屈于力耳。遂軍圍澤、（周地。按今洛陽縣東境。）次於隄上。（周地。隄音低。）癸酉王入於成周。（今洛陽。）甲戌盟於襄宮。（襄王之廟）晉師使成公般（晉大夫）戍周而還。十二月癸未王入於莊宮。（在王城。【纂疏】三十二年城成周。蓋敬王入王城而弗居、遂定都成周也。）王子朝使告於諸侯曰、（【補注】傳見子朝奔在王入前、書在王入後、王入乃告諸侯。）昔武王克殷、成王靖四方、康王息民、並建母弟、以蕃屏周、亦曰吾無專享文武之功、（不敢專、故建母弟。）且爲後人之迷敗傾覆、而溺入於難、則振救之。至於夷王、（厲王父）王愆於厥身、（愆、惡疾也。）諸侯莫不並走其望、以祈王身。至於厲王、王心戾虐、萬民弗忍、（【附注】劉炫曰、不能忍王之虐也。）居王於彘。（厲王之末、周人流王于彘。）諸侯釋位、以閒王政。（閒、猶與也。去其位、與治王之政事。【疏】云、周本紀、彘之亂、太子在召公之宮、國人圍之、召公以其子代太子、太子得脫、周召二相行政、號曰共和元年。是其釋位與治

王政也、又顧氏謂漢書古今人表、汲冡紀年、皆作共伯和、攝行天子事、按人表錯謬、汲冡僞書、呂覽妄記、趙氏及補正主之非是、宣王有志、而後效官。效授也、疏云、周本紀、共和十四年、厲王死於彘、二相共立太子靖為王、乃致其官政於王、致與之義、效、至於幽王、宣王子天不弔周、王昏不若、用愆厥位、若順也、愆失也、攜王幽王少子伯服奸○音干下同命、諸侯替之、而建王嗣、宜白用遷郟鄏。幽王后申姜生太子宜白、王幸褒姒、生伯服、欲立之、而殺太子、太子奔申、申伯與鄫及西戎伐周、戰于戲、幽王死、諸侯廢伯服而立宜白、是為平王、東遷郟鄏、劉氏炫曰、如國語史記之文、既虜褒姒、必廢其子、未立為王、而得稱攜王者、或幽王死後、其黨立之為王也、諸侯廢之、則是兄弟之能用力於王室也、至於惠王、天不靖、周生頽禍心、施於叔帶、惠襄辟難、越去王都、則有晉鄭咸黜不端、黜去也、晉文殺叔帶、鄭厲殺子頽、為王室去不端直之人、以綏定王家、則是兄弟之能率先王之命也、在定王襄王孫六年、魯宣八年秦人降妖、曰周其有頿王、○頿子斯反亦克能脩其職、諸侯服享、二世靈景共職、王室其有間

三

王位。謂子朝也。今子朝以爲王猶。諸侯不圖。而受其亂災。謂楚也。今子朝以爲晉。疏云。此妖語若神馮之。故云降妖也。受其亂災以上。皆是妖語。至於靈王以下。皆子朝演說。至於靈王。定王孫生而有頿。王甚神聖。無惡於諸侯。靈王景王。靈王子克終其世。今王室亂。單旗穆公劉狄。劉蚠剝亂天下。壹專也行不若。謂先王何常之有。言先王無常法唯余心所命。其誰敢討之。帥羣不弔之人。傳氏曰。好行禍亂。不相弔恤之人。以行亂于王室。侵欲無厭。規求無度。貫瀆鬼神。貫習也。瀆易也。慢棄刑法。倍奸齊盟。傲狠威儀。矯誣先王。謂景王晉爲不道。是攝是贊。攝持也。贊佐也。思肆其罔極。肆放也茲不穀。子朝自謂震盪播越。竄在荊蠻。未有攸底。至也若我一二兄弟甥舅。獎順天法。無助狡猾。以從先王之命。毋速天罰。赦圖不穀。赦其憂而圖其難則所願也。敢盡布其腹心及先王之經。而諸侯實深圖之。昔先王之命曰。王后無適。則擇立

長年鈞以德德鈞以卜此所謂先王之經王不立愛公卿無私孔疏公卿不得私附王之庶子而妾立之古之制也穆后及大子壽早夭即世在十五年單劉贊私立少以閒先王閒錯先王之制疏云襄三十一年穆叔曰子野非適嗣何必娣之子然則適嗣而死當立娣之子也此子朝之母必賤於猛母故朝不言母之貴賤亦唯伯仲叔季諸侯圖之閔馬父聞子朝之辭曰文辭以行禮也子朝干景之命遠晉之大以専其志無禮甚矣文辭何為傳終王室亂

黄薌林曰王室之亂五載始定不有單劉則敬王莫立不有晉師則單劉亦無能為故通篇責單劉外深責晉蓋欲閒晉於諸侯以為報復之地假令楚虔不死挾其奇貨以求鼎於周其禍正不知奚極閔馬父前以違天責之此復以干命斥之洋洋數百言皆成廢紙文辭果何為哉

姜白巖曰。上言天道。下詳人事。上言脩德。下言上禮。總以君心為主。而天意民心。皆準諸

見三按子朝奔楚、猶奉周之典籍以出。其人必熟典故能文章。而非子頽叔帶諸人所可比也。穆后早卒。太子壽繼亡。子猛敬王皆壽同母弟。年少。子朝未定儲位。朝以庶長有寵。其形迹亦介於可立不可立之間。故將王后無適則擇立長之義。橫於胸中。實起甘為之死。尹氏甘氏毛氏亦為之助。東西五載。龍戰不休。晉為盟主。必待詢介衆而始明。不有單劉。王室未可知也。迨黃父大會。帥師勤王。踉蹌出奔。猶且強辭奪理。布告諸侯。以亂天下萬世之耳目。可謂無忌憚之尤者。閔馬父以干命無禮斥之。而罪案始定。清議足以扶名教者。此也。

齊有彗星。出齊之分野。不書。魯不見。疏云。彗即孛也。齊侯使禳之。祭以禳除之。晏子曰。無

此。彗者掃除穢惡，天著象以警人君者也。公早聞晏子之言，有儆於心，慮齊國歸於有德，固已怵然於己德之無以凝命矣。晏子乘此將平日所欲言而難於顯言者，盡情發攄，明白指出陳氏。公以厚斂毆之，陳氏以厚施取之，日後世火情見繼嗣可危。曰國爲其國，見彗手可得，而公欲於萬死中求一生路，則告之曰禮。禮者脩德宜民之實也。大夫不得厚施，只說得一面，必薄斂厚民，使咸得其所，而後强家無從市德。晏子之語未畢，而公謝曰不能。孝子之於父母也，疾不可救，而藥不能已。晏子於公亦然。公之病固在厚斂，亦在嬖子嗣立，致生邪心，故從大倫上立論。君令臣共十事，疊作兩層，諄復不置。禮之條目，孔子所謂君君臣臣父父子子。修德格天之大原也。結出禀於天地以爲民。民心歸則天心享。陳氏者，齊之彗也。上禮以修德，則彗將滅矣，何患焉。○晉鄭國鄭山客以晏子爲鄉愿，謂其居之似忠信，行之似廉潔者，斯人也乎。以爲不然。其實平仲蓋君子而未仁者也。迹其生平，和同之辨，諷辯踊

盖也。祇取誣欺也焉。天道不謟，疑也他刀反。○不貳其命，若之何禳之。且天之有彗也，以除穢也。君無穢德，又何禳焉。若德之穢，禳之何損。按減也詩大雅曰：惟此文王，小心翼翼。共也昭事上帝，聿懷多福。厥德不回，違也以受方國。言文王德不違天人，故四方之國歸往之。君無違德，方國將至。何患於彗。詩逸詩曰：我無所監，夏后及商。用亂之故，民卒流亡。言追監夏商之亡，皆以亂故。若德回亂，民將流亡，祝史之爲，無能補也。公說，乃止。齊侯與晏子坐於路寢。公歎曰：美哉室，其誰有此乎。晏子曰：敢問何謂也。公曰：我以爲在德。對曰：如君之言，其陳氏乎。陳氏雖無大德，而有施於民。豆區釜鍾之數，其取之公也薄，謂以公量收。○區烏侯反其施之民也厚。謂以私量貸公厚斂焉，陳氏厚施焉，民歸之矣。詩小雅曰：雖無德與女，式歌且舞。式用也陳氏之施，民歌舞之矣。後世

貴，違詛（諫）誅祝史，勉君修德，不憚指斥陳氏，得不謂之君子乎。而盟崔慶於太宮，周旋於欒高陳鮑之間，即謂比於尖可矣。然其不失為君子者，忠君愛國之心，繩愆糾謬之義，救時濟變之才，皆無愧於仁人。有時而從俗，則避害之心勝，而全身之慮周也。避害以全其身而不當於理，則私意也。仁人無私，故曰君子而未仁。

若少惰，陳氏而不亡，則國其國也已。公曰：善哉，是可若何。對曰：唯禮可以已之。在禮，家施不及國，孔疏：國人是國君所有，大夫不得妄施，樹己私惠。民不遷，農不移，工賈不變，守常業。士不濫，不失職。官不滔，慢也。大夫不收公利。林解：大夫不得作福以取人心。公曰：善哉，我不能矣。吾今而後知禮之可以為國也。對曰：禮之可以為國也久矣，與天地並。有天地則禮義興。君令臣共，父慈子孝，兄愛弟敬，夫和妻柔，姑慈婦聽，禮也。君令而不違，臣共而不貳，父慈而教，子孝而箴，諫也。兄愛而友，弟敬而順，夫和而義，妻柔而正，姑慈而從，不自專。婦聽而婉，順也。禮之善物也。公曰：善哉，寡人今而後聞此禮之上也。對曰：先王所稟於天地，以為其民也，是以先王上之。稟受也。呂說：人君不受忠言，猶可望有轉移道理，聽而不用，人君之大患也。孔子大聖人，不能移景公之心，況晏子乎。

黃薌林曰、祥桑弗禍修德之君、熒惑不災善言之主、古今天變、唯德足以弭之、天道不諂、是真知天真知道者、不貳其命、尤為善談天、蓋在天為道、賦於物為命、不貳者天之體、不諂者天之用、凡轉禍可為福、逢凶可化吉、皆小人為庸主寬解、於是或禜或禳、或禱或祈、紛紛回惑、甚且指妖為祥、如野鳥為鸞、十月梨花之類、舉朝稱賀、恬不為怪、其皆為晏子之罪人歟、

見三按陳氏將有齊、路人共知司馬昭之心、或者君不知耳、美室之嘆、晏子以為陳氏有、亦既知之耳、但曰可若何、又曰我不能、則彗之見於天象者尚可除、蔘彗之存於君心者不可為矣、夫陳氏之勢、自桓以來、盤根九世、徵之人而比户為

歌舞、稽之鬼而胡公已在齊、是得國者、取果於成熟之時、失國者落葉於秋颸之後、此時猶曰唯禮可以已之、何異塞孟津者捧塊土、救車薪者持勺水、不知禮之為國也、與天地並、禁於未然之先、禮足以制治、禁於已然之後、亦足以弭亂、君令臣共、父慈子孝、兄愛弟敬、夫和妻柔、姑慈婦聽、蓋即聖人君君臣臣父父子子之意也、悅而不懌、從而不改、聖人且無如之何、晏子其奈之何哉、

15.
昭公四
定公全

春秋左傳精義卷四十三

閬中　鄭林黃一桂　輯

男　心垣見三　補輯

昭公十一

經（丙戌）二十有七年春，公如齊。（杜解：自鄆行。）公至自齊，居于鄆。夏四月，吳弒其君僚。（諸樊之子，光弒僚自立，是為闔盧。）楚殺其大夫郤宛。秋，晉士鞅、宋樂祁犂、衛北宮喜、曹人、邾人、滕人會于扈。冬十月，曹伯午卒。（弟聲公野立。）邾快來奔。（快，邾命卿也。經筌：魯蓋畏邾討，特陰誘其臣而弱之，故來奔者四，竊邑來者二，魯實利之。詳說：書之非誅叛人，實誅季氏也。）公如齊。（自鄆行。）公至自齊，居于鄆。

傳二十七年春，公如齊。公至自齊，處于鄆，言在外也。（杜解：在外邑，故書地。）

王鳳洲曰：季札蓋智人也，夷末沒而猶讓，彼見吳之俗狠戾好戰，而僚以貪愎驟勇之性，光以狡悍忍詬之資，未嘗一日忘王位也。札欲以禮息鬭而不能，以義割恩而不忍，故熟計而舍之，非得已也。

張悔庵曰：專諸為子胥所進，必樂為子胥死，抽劍刺僚以奉吳光，使用子胥以行覆楚之計，而報父兄之怨，專諸此舉為員也，非為光也。

周大章曰：楚虔、吳僚皆窮兵罷民，致死亡者。楚虔在外，國內空虛，棄疾因而起事，成功猶易。吳僚在國，防禦甚嚴，鱄設諸以劍戕之，應手而斃，卒無有與光抗者，以掩餘輩將兵遠出，心腹爪牙皆去左右，國內空虛，猶之楚虔也。此會不懷好意，僚早之知，知之而仍赴之，總由好大喜功，謂天下無如我何，故冒險難，卒

見三按鄆魯之邑也，非公之都也。處于鄆而必稱公，尊公也。

即以傷公也。

吳子欲因楚喪而伐之，前年楚平王卒。使公子掩餘、公子燭庸皆王僚母弟。帥師圍潛，楚邑，按今江南霍山縣東北。使延州來季子聘於上國，季子本封延陵，後復封州來，故曰延州來。遂聘於晉，以觀諸侯。觀強弱。楚莠尹然、工尹麇帥師救潛，二尹楚官。然、麇其名。左司馬沈尹戌帥都君子孔疏：都邑之士，以君子為號。與王馬之屬王之養馬官屬，校人也。以濟師。濟，益也。疏云：事急乃徵使之。與吳師遇於窮。窮，水。按在江南霍邱縣西。令尹子常以舟師及沙汭而還。沙，水名。按沙汭，楚東地，今懷遠縣東北。左尹郤宛、工尹壽帥師至於潛，吳師不能退。林解：遇窮之師當吳之前，至潛之師要吳之後，楚師彊，故吳不得退去。吳公子光曰：此時也，弗可失也。欲因其師徒在外，國不堪役，以弒王。告鱄設諸曰：上國有言曰：不索何獲。我王嗣也，吾欲求之。光，吳

蹈危機。前段序次宛然楚虔乾谿情景、
後幅描寫、則直同慶舍廟中形狀、
姜白巖曰、王僚伐喪圍邑、大不仁也、闔廬雄
心、早爲夫差黃池發蹤、吳既精銳盡待楚、
亦傾國而禦、是吳之不得退在此、而光得
乘其閒、亦在此、僚就光享、備之甚嚴義、
者執鈹以夾承、在彼者赤體無寸鐵、極寫
兵衛、爲魚中抽劍刺王分外作勢、然國之
人未嘗不以爲可哀也、所賴季子來歸、
義旗討賊、而兵權不屬、相與委蛇、此時
僚二母弟手握强兵、何難藉以靖亂、乃
聞亂出走、師徒潰散、即卻宛乘勝直
至吳都、可以正弒君之罪、而不忍伐喪、不
遺一矢、傳作三段寫來、見僚之所以徒
死、而光之所以定吳也、不書光弒、從告也、

王諸樊子也、故曰我王嗣、疏云、吳世家吳子壽夢子四人、長諸樊、次餘祭、次餘末、次季札、札賢、壽夢欲立之、札不可、乃立諸樊、卒、立弟餘祭、卒立弟餘末、欲致國季札、札不可、餘末卒、札逃去、吳人立餘末之子僚、公子光諸樊之子也、殺僚而代立、世本言餘末生光、誤、不足憑、光言王嗣、是世嫡之長孫也、事若克、季子雖至、謂聘還不吾廢也、鱄設諸曰、王可弒也、母老子弱、是無若我何、欲以老弱托光、補注言此事無人如我何、光曰、我爾身也、言我身猶爾身夏四月、光伏甲於堀室、掘地爲室、堀苦忽反○而享王、王使甲坐於道、及其門、坐道邊至光門門階戶席、皆王親也、夾之以鈹、孔疏說文鈹劍也○普皮反羞進食也者獻體、解衣改服於門外、執羞者坐行膝行而入、執鈹者夾承之、承執羞者及體以相授也、鈹及進羞者體、以所食授王光僞足疾、入於堀室、恐難作、王黨殺己、素辟之鱄設諸寘劍於魚中以進、孔疏吳世家、鱄諸置匕首於炙魚之中以進、抽劍刺王、鈹交於胸、補注交鱄諸胷、不爲動遂弒王、補正鱄諸亦死闔廬光也以其子爲卿、以鱄諸子爲卿、呂說當時設備如此其嚴、然終不免於禍、是明知其

謀而明陷於禍矣、當時親如掩餘燭庸、使之圍潛、賢如季札、使之出聘、此光所以成篡弒也、季子至曰、苟先君無廢祀、民人無廢主、社稷有奉、國家無傾、乃吾君也、吾誰敢怨、哀死事生、以待天命、非我生亂、立者從之、先人之道也、吳自諸樊以下、兄弟相傳而不立嫡、是亂由先人起也、季子自知力不能討光、故云爾、復命哭墓、復使命於僚墓、復位而待、復本位待光命、吳公子掩餘奔徐、公子燭庸奔鍾吾、小國、按宿遷縣西北、楚師聞吳亂而還、言聞吳亂而郤宛不取賂而還、

黃鄰林曰、鱄諸、刺客之尤者、其冒險與荊軻同、其行刺視荊軻尤難、寘劍於魚炙、鈹於胸、必殺僚而後死、荊軻對之有愧色矣、獨怪子胥初到吳地、即能物色此英雄、真巨眼也、

見三按、吳承至德之後、自太伯至夷昧、傳世二十三、歷年凡八百、父子兄弟相安無事、終吳之世、唯公子光弒僚而已、諸

樊守三讓之風、傳位其弟、允稱義舉。夷眛背父兄之約、私位其子、實釀禍端。僚越光立、札不能止。光弒僚立、札又安能廢。律以宋代金匱之盟、諸樊太祖也、夷眛太宗也、札即廷美、光則德昭也。德昭之死、莫不深咎太宗。王僚之弒、豈能歸罪季子。後儒罪札與諸樊、而不罪夷眛父子、殊失春秋之旨。

郤宛直而和、國人說之。（以直事君、以和接類。）鄢將師爲右領、（官名）與費無極比而惡之。（惡郤宛）令尹子常賄而信讒、無極譖郤宛焉、謂子常曰、子惡（郤宛）欲飲子酒。又謂子惡、令尹欲飲酒於子氏。子惡曰、我賤人也、不足以辱令尹。令尹將必來辱、爲惠已甚、吾無以酬之、（酬報）若何。無極曰、令尹好甲兵、子出之、吾擇焉。（擇取以進子常）取五甲五兵、曰、寘諸門、令尹至、必觀之、而從以酬之。（曰無極辭。司馬法、弓矢圍、殳矛守、戈戟助。）

周大章曰、楚昭雖幼、猶然圭也、而囊瓦橫行若此、焚炙忠良、如屠羊豕、失道極矣、雖欲不亡、其可得乎。

姜白巖曰、他篇殺大夫、則罪在君、而此則罪其用事之大臣也。前書太子壬弱、此書令尹子常賄而信讒、已提清此案。無極兩兩構禍、其作用總律各極其。春秋大夫大抵彼伐吾喪、此乘其亂、而楚獨得兩入爲闔喪而還、有伐陳之子囊聞亂而還、有伐吳之郤宛、誠荊楚之錚錚者也。乃以此爲罪、迫之自殺、冤矣。復燔其室、并滅其族、且赤其黨之族、從來屠

伯嚭不至此，宛雖信讒，何一怒之深也。晉陳之族呼罪斥鄢費而曰令尹盡信，明明以首惡歸之，病之者恐國人之圖己也。將上面國人說之、國人弗爇等語，隱爲收束，而已伏下篇誅無極之根。

（凡五兵，長以衛短，短以救長。）及饗日，帷諸門左。（張帷陳甲兵其中。）無極謂令尹曰：吾幾禍子。子惡將爲子不利，甲在門矣。子必無往。且此役也，（此春救潛之役。）吳可以得志，子惡取賂焉而還，又誤羣帥，使退其師，曰：乘亂不祥。吳乘我喪，我乘其亂，不亦可乎。令尹使視郤氏，則有甲焉。不往，召鄢將師而告之。（告子惡門有甲兵將害己。）將師退，遂令攻郤氏，且爇之。（燒也。）子惡聞之，遂自殺也。國人弗爇，令曰：不爇郤氏，與之同罪。或取一編菅焉，或取一秉秆焉。（編菅，苫也。秉，把也。秆，稾也。疏云：或取一片苫，或取一把稾，言民不肯燒之。○菅，古顏反。秆，古但反。）國人投之，遂弗爇也。（孔疏：投菅秆於地，弗舉火。）令尹炮之，（補正：令尹乃舉火然之。）盡滅郤氏之族黨，殺陽令終（陽匄子）與其弟完及佗，與晉陳（楚大夫）及其子弟。（皆郤氏之黨。呂說：宛有高見，當無極誘時，望望焉若將浼之，不合有親附意。集注：宛亦有以取之，避嫌不審也。）晉陳之族呼於國曰：鄢氏、費氏自以爲王，專禍

楚國、弱寡王室、蒙王與令尹以自利也、蒙欺也令尹盡信之矣、國
將如何、令尹病之、爲下殺無極張本
黄鄉林曰、直而和、是郤宛取悦處、亦是致禍處、其所謂直、大
抵率直徑遂、故輕於徇人、而不擇是非、所謂和、大抵和光同
塵、故易於隨人、而漫無可否、否則無極奸人、舉國皆知、何至
任其玩弄如嬰兒、身死族赤、啞口難分、雖無極之善讒、亦郤
宛之自取也、後世魏其武安事與此相同、讀古者皆當引以
爲鑒、

見三按薰猶不同器、邪正不並立、古今與小人共事、斷未有
不敗者也、趙汝愚宋室偉人、祇與韓侂胄山（定之）策立寧宗、朱
子勸酬以厚賞、不聽、遂爲侂胄所中、貶死吉陽軍、况無極之

周大章曰：梁邱據受貨，士鞅亦取貨，貨既入，則語語為季氏，不為昭公矣。但據引前事作話柄，出語猶虛活，此則為季氏鋪張贊揚，一番出脫，一番竟似曲全，公直全在季氏，如其說，則是昭公可不必納，而季氏可勸進矣。小人而無忌憚，此其極乎。

姜白巖曰：宋元為納公卒於曲棘，其子景公初立，承父之志，衛靈欲以其太子及大夫之子質於諸侯以求納公，可謂大義激發。樂祁、北宮喜及曹、滕、邾之大夫皆國請於晉，使正季孫之罪，則君臣之義明，而賊臣之膽落，豈獨魯之利哉？夫何前之齊以子猶取錦而止，今之晉以范鞅求貨

讒子常之賄宛，豈不知而教之飲令尹酒，則從教之酬令尹甲，則從，因其賄也。思投其欲，而不知其讒也；已中其謀，好為周旋，自貽屠戮，吾不知其所謂直而和者，果何謂耶？雖讒人罔極，轉瞬自斃，而三不辜之族已赤，可不戒哉。

秋，會于扈，令戍周，〔集注〕伯圖不競，令戍周，則以一善存之。且謀納公也。〔按〕戍周晉志也，納公非晉志也。宋、衛皆利納公，固請之。范獻子取貨於季孫，謂司城子梁宋樂祁與北宮貞子衛北宮喜曰：「季孫未知其罪，而君伐之，請囚請亡，於是乎不獲。君又弗克，而自出也。夫豈無備而能出君乎？季氏之復，猶安也天救之也，休息也公徒之怒，而啓叔孫氏之心，不然，豈其伐人而說，甲執冰以游，叔孫氏懼禍之濫，而自同於季氏，按叔孫義聲著于晉，故季氏以同己誣之，而鞅述之。天之道也。魯君守齊，三年而無成，季氏

而還、嗚呼齊篡弑於陳氏晉移於六卿而
宋衛雖微猶守先祀然則齊晉之君卒
為魯昭之續者、自取之也

甚得其民、淮夷魯東夷與之、有十年之備、有齊楚之援、公雖在齊言齊不致力、有天之贊、有民之助、有堅守之心、有列國之權、而弗敢宣也、宣用也事君如在國、補注即後文賈馬歸從者衣履之類、此季孫之姦也、杜氏以書公行告公至當之、謬矣故鞅以為難、二子皆圖國者也、而欲納魯君、鞅之願也、請從二子以圍魯、無成死之、二子懼、皆辭、乃辭小國、補注見小國皆欲納公而以難復、以難納白晉君

黄鄭林曰、戌周納昭、均關盟主急務、乃一士鞅撓之、以義始者、卒以賄終、於魯如此、於周可知、異日黄父之會、苟非子太叔大聲疾呼、敬王亦不免為魯昭之續矣、可嘆也夫、

見三按晉之有范鞅、猶魯之有意如也、同惡相濟、互為聲援、已非一朝、無論取貨季孫、而昭不納、即不取貨、而昭亦未必

姜白巖曰：邑會而散，納公之謀寢矣。賊臣知晉卿可恃，遂顯然帥師聲其君之罪而伐之，猶曰事君如在國乎。方望溪謂此條錯簡，當在二十九年鄆潰之下。蓋鄆人敗而潰也。即或未然，亦鄆人因此敗畏季氏之甚，陽虎復使人恐誘之以致潰耳。則公之無依此伐之力也。嗟乎，何忌受業聖門而所為如此，豈止鳴鼓之攻哉。家語、大戴記叙弟子無何忌名，史記載學禮於孔子與左同，至列傳叙弟子自顏回以下七十七人，雖公伯寮之讒賊亦與，而獨軼何忌，蓋穢惡其人，如陽虎而

納、會邑之謀，特激於宋衛之請耳。語語抬高季氏，語語抹煞昭公，而以二子皆圖公者，隱動以狐死兔悲、物傷其類，而宋衛二卿為所恐喝，亦恧然而返。千古亂臣賊子，至意如而愈很愈工，至范鞅而愈黠愈橫。士會家法，蕩滅無存。九原有作，能不痛恨此敗類子孫也。

孟懿子、陽虎（季氏家臣）伐鄆，（孔疏：欲奪公鄆，使公不得居也。）鄆人將戰。子家子曰：天命不慆久矣，（慆，疑也。言棄君不疑。）使君亡者，必此眾也。（言君據鄆眾以與魯戰必敗亡。）天既禍之，而自福也，不亦難乎。猶有鬼神，此必敗也。（孔疏：況無鬼神乎。）嗚呼！為無望也夫。其死於此乎。公使子家子如晉，公徒敗於且知。（近鄆地）

黃鄭林曰：讒人如無極，奸臣如何忌，可謂名副其實。僖子賢

黜之也、

姜白巖曰、字字刺入前篇子常一病字、而鄢費遂以族殉、然則天報讒人即以讒人之施於人者施之、詩曰豈不爾受、既其女遷、斯之謂歟、然五族之亦皆子常之播惡也、

大夫、胡以是名其子、殆深知此子之不類、名以命之、使其顧
而思義、而不料其悖逆如斯、僖子有靈、能無心惻、
見三按何忌奉父命學禮于夫子也、夫子於問孝告之以無
違、期其不背於禮也、禮莫大於君臣、乃當意如逐君時、叔孫
昭子猶使祝宗祈死、而懿子坐視不救、追昭公居長府、則助
伐公、及昭公居鄆、則又與陽虎師師伐鄆、吾不知其所學者
果何禮耶、於君為亂臣、於父為賊子、於師為逆徒、聖門有此、
毋怪程門邢恕悖棄師說、甘為奸臣作鷹犬也、
楚郤宛之難、國言未已、進胙者（國中祭祀也）莫不謗令尹、（謗詛也）沈尹
戌言於子常曰、夫左尹（郤宛）與中廄尹（陽令終）莫知其罪、而子殺之、
以興謗讟、至於今不已、戌也惑之、仁者殺人以掩謗、猶弗為也、

今吾子殺人以興謗、而弗圖、不亦異乎。夫無極楚之讒人也、民莫不知、去朝吳、在十五年出蔡侯朱、在二十一年喪大子建、殺連尹奢、在二十年屏王之耳目使不聰明、不然平王之溫惠共儉有過成莊、無不及焉、所以不獲諸侯、邇無極也。近也今又殺三不辜、郤氏陽氏晉陳氏以興大謗、幾及子矣、子而不圖、將焉用之、夫鄢將師矯子之命、以滅三族、國之良也、而不愆位、在位無愆過吳新有君、光新立也疆埸日駭、楚國若有大事、子其危哉、知者除讒以自安也、今子愛讒以自危也、甚矣其惑也。子常曰、是瓦之罪、敢不良圖。九月己未、子常殺費無極與鄢將師、盡滅其族、以說於國、謗言乃止。

黄鄉林曰、楚平初政、幾於晉悼、只用一無極、遂至亡國、沈尹數言、可謂推見至隱。

姜白巖曰：所以使宰獻者，為請安。蓋其賓公，燕大夫之禮也。齊侯何以請安？以夫人欲見公，當居主席，故公不在坐也。齊景之宴嫘無禮，故內寵多而繼嗣無定。子家以君出，禮也。

見三按：無極奇讒，郤宛奇冤，古今罕聞。國言未已，想見三代直道猶在人心。故沈尹一言，而二慝伏辜。不曰清議而曰國言，即孟子國人皆曰賢、曰不可、曰可殺之意。此風至宋太學生猶得以議國是，論言君相之過，及前明則庶人不敢議矣。

冬，公如齊，齊侯請饗之。設饗禮。（補注）諸侯為賓，有享食燕三禮。享者，享太牢以飲賓。子家子曰：「朝夕立於其朝，又何饗焉，其飲酒也。」乃飲酒，使宰獻，而請安。比公於大夫也。禮，君不敵臣，宴大夫，使宰為主，獻爵也。請安，齊侯請自安，不在坐也。子仲之子曰重，為齊侯夫人，曰：「請使重見。」子仲，魯公子慭也。十二年謀逐季氏，不能而奔齊。今行飲酒禮，而欲使重見，從宴嫘也。子家子乃以君出。辟齊夫人。

見三按：齊侯請享，原為夫人特設，故使宰獻而請安，明以昭公愚騃，視如嬰兒之可玩弄。不有子家羈以君出，不知若何

媟褻矣、魯昭劉禪亡國昏君、古今一律、良可嘆也、

十二月晉籍秦（籍談子）致諸侯之戍於周、魯人辭以難（經不書故成周）

見三按意如不有於君、何有於王、逐君自恣、戍周而以難辭、

蓋自范鞅之貨行、賊臣固有所恃而不恐矣、

經

（丁亥）二十有八年春王三月葬曹悼公（杜解 六月而葬緩）○公如晉次于乾侯（晉竟內邑、按今直隸成安縣東南）○夏四月丙戌鄭伯寧卒（子獻公蠆立）○六月葬鄭定公（三月而葬速）○秋七月癸巳滕子寧卒（子頃公結立）○冬葬滕悼公

傳二十八年春、公如晉、將如乾侯、（杜解 齊侯卑公、故適晉、）子家子曰、有求於人、而即其安、人孰矜之、其造於竟、（欲使次於竟、以待命）弗聽、使請逆於晉、晉人曰、天禍魯國、君淹恤在外、君亦不使一个（单使）辱在寡人、

周大章曰。勝臧通室，法所當討者也。劳人討罪。兩家族滅，固由荀躒受賄，亦由大卿志在併吞私室，剪除公族，以遂其分國之謀。故殺繼以滅，滅繼以分晉室。二族僅存羊舌，毋多厤鮮，深可憂，無後而不知絕族之更可憂也。生龍蛇而羊舌氏

而即安於甥舅，其亦使逆君，言自使齊逆君使公復於竟而後逆之。逆著乾侯也。言公不能用子家，所以見辱。

見三按魯昭為賊臣意如所譖，五如晉而不得入，一般賊黨，助臣抑君，久已知有季而不知有昭矣。季之敢於逐君，恃有晉也。昭之即安於齊，亦知晉之不能為力也。因齊不禮，始覥顏求晉，是時士鞅方受季貨，既以大言欺宋衛，自必以浮言惑其君，不逆不納，早在子家意中，所冀造境盡禮，或可動其哀憐，惜昭不之聽耳。

晉祁勝與鄔臧二子祁盈家臣通室，易妻祁盈祁午子將執之，訪於司馬叔游，司馬叔侯子叔游曰，鄭書古書名有之，惡直醜正，實蕃有徒，言害正直者實多徒衆。無道立矣，子懼不免。言世亂讒勝詩曰，民之多辟，無自立辟。詩大

危生豺狼而羊舌氏滅此要深識灼見刻刻為羊舌憂宗祧非為姑邑之計也
姜宸英曰僨句趙武為政由己裁斷而請於君人不得與也至韓起而賂出多門荀躒士鞅輩皆得受賂不由政府而直達其說於晉侯風益下矣傳歷叙衆篇隱與襄三十一年穆叔之言相應

雅、疏云刺厲王、辟邪也、辟法也、無道之世、法不可為。○上同僻下音璧姑已若何。盈曰、祁氏私有討、國何有焉。言討家臣、無與國事。遂執之。祁勝賂荀躒、荀躒為之言於晉侯、晉侯執祁盈、以其專戮、祁盈之臣曰、鈞同也將皆死、慭使吾君聞勝與臧之死也以為快、慭發語之音乃殺之、夏六月、晉殺祁盈、及楊叔向邑食我、叔向子伯石食我祁盈之黨也、而助亂、故殺之、遂滅祁氏羊舌氏、初叔向欲娶於申公巫臣氏、夏姬女也其母欲娶其黨、叔向曰、吾母多而庶鮮、吾懲舅氏矣、言父多妾媵而庶子鮮少何記言姪其種之不宜子也古者妾媵皆其娣其母曰、子靈巫臣之妻、夏姬殺三夫、陳御叔楚襄老及巫臣也、時巫臣已死、一君、陳靈公一子、夏徵舒而亡一國陳也兩卿矣、孔寧儀行父可無懲乎、吾聞之、甚美必有甚惡、是鄭穆少妃、姚子之子、子貉鄭靈公夷、○七白反之妹也、子貉早死在宣四年無後、而天鍾美於是、是夏姬也、鍾聚也將必以是大有敗

也。昔有仍氏（古諸侯）生女，黰黑（美髮為黰。黰，之忍反）而甚美，光可以鑑（髮膚光色可以照人），名曰玄妻（以髮黑故）。樂正后夔（舜典樂之君長）取之，生伯封，實有豕心，貪惏無饜，忿纇（戾也）無期，謂之封豕（大豕也）。有窮后羿滅之（篡夏后者），夔是以不祀。且三代之亡、共子之廢，皆是物也（夏以妹喜，殷以妲己，周以褒姒。三代所由亡也。共子，晉申生，以驪姬廢）。女何以為哉？夫有尤物（尤，異也），足以移人。苟非德義，則必有禍。叔向懼，不敢取。平公彊使取之，生伯石。（測義）向誠不欲取，而以母氏之訓為君誦之，則平公亦不彊使。伯石始生，子容之母（叔向嫂，伯華妻）走謁諸姑，（叔向母）曰：長叔姒生男。（孔疏：釋親：長婦謂稚婦為娣婦，娣婦謂長婦為姒婦，自以身之長稚相謂也。長叔謂叔向，其妻年長於子容之母，故稱長叔姒。）姑視之，及堂，聞其聲而還，曰：是豺狼之聲也。狼子野心，非是莫喪羊舌氏矣。遂弗視。

黃鄭林曰：羊舌氏不覆於叔虎，卒滅於食我，彼猶生龍蛇，此

呂東萊曰、叔向前對晏子云、欒郤胥原狐續慶伯降為皁隸、扶公室者翦除殆盡、到得祁氏羊舌氏之滅、所存者六卿而已、自然祿去公室、故以節觀

則直生豺狼也、且叔虎之難、猶有祁奚保全善類、此則並祁氏之後、而鋤滅無遺、蓋是時六卿志在吞併、以為弱公之計、即使祁奚叔向尚在、猶懼不免、況其為敗類之子孫哉、

見三按母多庶鮮、婦人不曠最為悞事、而如叔向母者前不使叔虎之母、後不欲娶子靈之女、美必有惡、尤物移人、至言危論、足為千古龜鑑、狼子野心、一聞聲即知族滅、此等卓識、直與令尹子文並傳、安得以妬加之、獨怪叔向賢者、素明大義、竟昧治容、及母命難違、則又借君命以脅其母、娶來尤物、生此豺狼、而羊舌之族、不祀忽諸、良可嘆也、

秋

晉韓宣子卒、魏獻子舒魏爲政、分祁氏之田、以爲七縣、按鄔今山西介休縣東北、祁今祁縣東南、平陵今文水縣東北、梗陽今清源縣境、塗水今榆次縣西南、馬首今壽陽縣東南、盂今盂縣、俱屬山

之時、分付得當、自是可喜、以大體論之、則六卿分公室自此始、姜白巖曰、自趙盾以卿之適子爲公族大夫、而勢家益强、自魏舒以餘子受縣、而韓趙魏益富、盡祁氏羊舌氏之滅、功由荀躒、故三家外唯徐吾得與、乃知三家及知之黨固結於此、而范鞅荀寅之心已離於此、

分羊舌氏之田、以爲三縣、按銅鞮今沁州西南、平陽今臨汾縣西南、楊氏今洪洞縣南、俱屬山西、司馬彌牟爲鄔大夫、賈辛爲祁大夫、司馬烏爲平陵大夫、魏戊魏舒庶子爲梗陽大夫、知徐吾知盈孫爲塗水大夫、韓固韓起孫爲馬首大夫、孟丙爲孟大夫、按孟丙一作孟丙、(補正)漢書地理志云、孟晉大夫孟丙邑、以其爲孟大夫、而謂之孟丙也、樂霄爲銅鞮大夫、趙朝勝曾孫爲平陽大夫、僚安爲楊氏大夫、謂賈辛司馬烏爲有力於王室、二十二年辛烏帥師納敬王。疏云、烏即司馬督、故舉之、謂知徐吾趙朝韓固魏戊、餘子之不失職、能守業者也、卿之庶子爲餘子、其四人者、司馬彌牟、孟丙、樂霄、僚安、皆受縣而後見於魏子、以賢舉也、言采衆而舉、不以私也、魏子謂成鱄、晉大夫○音專吾與戊也縣、人其以我爲黨乎、對曰、何也、戊之爲人也、遠疏遠不忘君、近不偪同、不偪同位居利思義、不苟得在約思純、無濫心有守心而無淫行、雖與之縣、不亦可乎、

昔武王克商、光（大也）有天下、其兄弟之國者十有五人、姬姓之國者四十人、皆舉親也、夫舉無他、唯善所在、親疏一也、詩（大雅）曰、唯此文王、（孔疏、鄭本毛詩作維此王季）帝度其心、莫其德音、其德克明、克明克類、克長克君、王此大國、克順克比、比于文王、其德靡悔、既受帝祉、施于孫子、心能制義曰度、（孔疏言揆度也）善德正應和曰莫、（莫然清靜）照臨四方曰明、勤施無私曰類、（施而無私、物得其所、無失類也）教誨不倦曰長、賞慶刑威曰君、慈和徧服曰順、擇善而從之曰比、（比方善事、使相從也）經緯天地曰文、九德不愆、作事無悔、故襲（受也）天祿、子孫賴之、主之舉也、近文德矣、所及其遠哉、（舉魏戊等、勤施無私也、其四人者、擇善而從、故曰近文德、所及遠也、凌約言曰、魏子舉戊、誠不以黨、至擬之文武克商之業、豈其倫哉、而舒也偃然受之、不以爲僭、蓋不待南面之涖、而知志之荒矣）

賈辛將適其縣、見於魏子、魏子曰、辛來、昔叔向適鄭、鬷蔑惡、（貌醜）

欲觀叔向，從使之收器者，（從，隨也。隨使人應斂俎豆者。）而往，立於堂下，一言而善。叔向將飲酒，聞之，曰：必鬷明也。（素聞其賢，故聞其言而知之。）下執其手以上，曰：昔賈大夫惡，（賈國之大夫，惡亦醜也。）娶妻而美，三年不言不笑，御以如皋，（為妻御之皋澤。）射雉獲之，其妻始笑而言。賈大夫曰：才之不可以已，我不能射，女遂不言不笑夫。今子少不颺，（顏貌不揚顯。）子若無言，吾幾失子矣。言之不可以已也，如是。遂如故知。今女有力於王室，吾是以舉女。（因賈辛有功而後舉之，言人不可無能。）行乎，敬之哉，毋墮（損也）乃力。仲尼聞魏子之舉也，以為義，曰：近不失親，（謂舉魏戊。）遠不失舉，（以賢舉。）可謂義矣。又聞其命賈辛也，以為忠。（先賞王室之功，故為忠。）詩（大雅）曰：永言配命，自求多福。忠也。魏子之舉也義，其命也忠，其長有後於晉國乎。

黃鄉林曰、然明叔（深）向巨眼、一言之間、遂訂知交、可稱千古佳話、如皋射雉、克諧言笑、賈大夫英雄、未始非其妻激成之也、張敞畫眉不足言矣。

見三按晉自韓起執政、專務封殖、其所爲無非剝公室而肥私家、然猶知愛惜聲名也、至魏舒則專擅自恣、絕無顧忌、南面可干、何況爵賞、女樂欲受、何況貨財、二氏之田、不歸諸公室、而擅自瓜分、所舉十人、非平昔之私交、即世家之餘子、雖舉不失職、而弱公強私、分晉之基、已肇於此、成鱄之問、賈辛之呼、猶且沾沾自暴、襲忠義之虛名、是固晉國之亂臣、魏絳之賊子、其長有後、慨之也、非予之也、

冬、梗陽人有獄、魏戊不能斷、以獄上、上子魏其大宗賂以女樂、訟者

周大章曰、將者未然之詞也、獻子雖有朵頤之意、而無染指之形、一動之以屬厭、

不與見嘿然而喻。孫執升謂其諫也若不知其事。其辭也若不知其諫。最善言狀。余尤酷愛以小人之腹一語。吐納風流。爲晉魏人所不及也

姜白巖曰。晏樂爲晉悼兢兢之。其魏莊子欲辭之不得者也。獻子初入政府。餘子受縣。家益富强。得志而驕。故尚以不賄聞。而梗陽宗人揣摹所欲。惟淫聲女色足以動其心。其欲受之。原非貪利。實係驕淫也。魏戊不敢直指其過。而止言賂不當受。猶是爲親者諱二子輕輕下屬厭二字。蓋知足而無敢多求之謂。亦謹飭而不敢恣睢之謂也規貪鋤驕。兩意俱到。可謂喻之於道矣。使魏子能守二子之言。何至南面委章事而田。既死而范鞅猶旌其罪也乃如之人。尚可與言强公室抑私門。恢乃父未竟之緒歟。

之大宗。（呂）說行賂不是好事。然是大宗。尚見患難相恤之風。先王五宗之法。尚消磨未盡。魏子將受之。魏戊謂閻沒女寬（皆魏子屬大夫）曰。主以不賄聞於諸侯。若受梗陽人。賄莫甚焉。吾子必諫。皆許諾。退朝待於庭。（魏子朝君退。待於魏子之庭）饋入。召之。（召二大夫食）比置。三歎。既食。使坐。（更命之令坐）魏子曰。吾聞諸伯叔諺曰。唯食忘憂。吾子置食之間。三歎。何也。同辭而對曰。或賜二小人酒。不夕食。（統箋）（不晚食。饑甚。）因飲醉而饋之始至。恐其不足。是以歎。中置自咎曰。豈將軍食之而有不足。是以再歎。（魏子中軍帥。故謂之將軍。疏云。晉使卿爲軍將謂之將。中軍將上軍。故呼爲將軍。六國以來。遂以爲官名。）及饋之畢。願以小人之腹爲君子之心。屬厭而已。（言小人之腹飽。猶知厭足。君子之心亦宜然。附注。屬。適也。厭。飽也。言適可飽足則止。○屬。之玉反。厭。於鹽反。）獻子辭梗陽人。（傳言魏氏所以興也。）

黃薌林曰。此與潁考叔之舍肉。皆善於納諫者也。考叔動之

以至性。使人聞言而悟。二子諷之以俗情。使人不言而喻。詩人比興之義。化爲主文譎諫之道。戰國策士皆由此脱胎。若東方朔之滑稽不足言矣。

見三按梗陽有獄。亦細事耳。何至戊不能斷。必其財勢動人。從之則招物議。不從又恐觸忌大宗。故上之獻子。冀以重望臨之也。女樂之賂。分明投其所好。而使之必受。不有賢子托詞隱諷。貪賄鬻獄。范鞅將顯暴其惡于朝。不待死後之去櫬也。一獄如此。大端可知。忠義云乎哉。

經 戊子 二十有九年春公至自乾侯居于鄆（杜解）以乾侯至。不得見晉侯故。齊侯使高張來唁公唁公至晉不見受、高張高偃子。（宋義）兩唁悉書、著齊侯之罪。○公如晉次于乾侯復不見受、往乾侯。○夏四月庚子叔詣卒（穀梁）季孫意如曰叔倪無病而死、此皆無公也。

是天命也、非我罪也、范甯註、叔倪欲納公、無病而死、此皆天命、使魯無君爾、〇秋七月〇冬十月鄆潰、民逃其上曰潰、潰散叛公、（目抄）齊取鄆居公、鄆畏齊不敢叛、既舍齊而之晉、故鄆亦叛之、（輯傳）公必留人守鄆、季氏導之叛公、使不得復來、按鄆田遂爲齊有、疑亦季氏以此賂齊也、

傳二十九年春、公至自乾侯、處于鄆、齊侯使高張來唁公、稱主君、（杜解）比公於大夫、子家子曰、齊卑君矣、君祇辱焉、言往事齊適取辱、公如乾侯、爲齊所卑、故復適晉、冀見恤、按公方在乾侯、至十月而鄆潰、

見三按此蓋梁邱據使之也、前之請享、激之去齊、此之來唁、絕之至齊、是時齊晉賊臣、勾通一氣、知晉不見納、故卑以辱之、使之無地自容、自是而鄆叛矣、

三月己卯、京師殺召伯盈、尹氏固及原伯魯之子、皆子朝黨也、稱伯魯子、終不說學、（陳傳）天子殺大夫不書、尹固之復也、二十六年、尹固與子朝俱奔楚、而道還、有婦人遇之

周大章曰、翻手作雲覆手雨、尋常景不可、況敗責君父乎、不過三歲、天道然也、此婦義憤生氣、凛凛、若輩聞之真、其亦面亦知愧否耶、

周郊尤之曰，處則勸人爲禍，行則數日而反，是夫也，其過三歲乎。夏五月庚寅，王子趙車（子朝之餘也）入於鄻（周邑。列勉反。）以叛，（見王殺伯盈等故叛）陰不佞敗之。

見三按：尹氏奉朝而出，復棄朝而歸，必與召伯盈趙車輩勾通一氣，積有成謀，以為内應之地，乘間殺之，並殲其黨，故趙車勢孤，而子朝之禍不至復燃。周郊婦人指斥尹氏，義正詞嚴，可稱千古奇女，惜其姓氏不傳。

平子每歲賈（買也）馬，具從者之衣屨，而歸之于乾侯。公執歸馬者賣之，（賣其馬）乃不歸馬。衛侯來獻其乘馬，曰啓服，（馬名）塹而死。（墮塹死也）公將爲之櫝。（爲作棺）子家子曰：從者病矣，請以食之。（林解：請以作棺之費飲食從者。）乃以幃裹之。（禮曰：敝幃不棄，爲埋馬也。）公賜公衍羔裘，使獻龍輔（玉名）於齊

姜白巖曰：鄆猶未潰，而左謂每歲歸馬於乾侯，不亦謬乎。不知昭公居鄆四年，至二十八年三月始如晉，不得入，次於乾侯。二九年春自乾侯居於鄆，齊使高張來唁，為所侮，復如晉，次於乾侯，貫馬衣屨在鄆無闕，在乾侯連年致之者，正意如之奸，以賓范鞅事君如在國之言，使晉聞之也。公執其使，亦揣知其僞

耳。經曰公在乾侯、存公也、傳曰以公衍爲太子、存太子也、書法之嚴如此、而三家之逆惡、定公之不正、乃炳於日星矣。

侯。遂入羔裘。齊侯喜。與之陽穀。齊邑公衍公爲之生也。其母偕出。出之產舍公衍先生。公爲之母曰。相與偕出。請相與偕告。留公衍母、使待己共三日。公爲生。其母先以告。公爲爲兄。公私喜於陽穀。而思於白公魯。曰。務人也。公爲也爲此禍也。始與公若謀逐季氏。且後生而爲兄。其誣也久矣。乃黜之。而以公衍爲太子。

黃薌林曰。先生後生。子且不辨長幼。至陽穀私喜。而始正名分。童心之主。真日在醉夢中也。然乾侯而來。壞隤而去。所謂太子者果安在哉。

見三按伐季之謀。倡自公爲。意其人必尚氣節。勵廉恥。不受權臣之欺凌者。事雖無成。志自可取。迨後淸之役。見保者而泣。與汪錡偕殉。正氣凜然。直與蜀漢北地王諶並昭千古。夢

俞寧世曰。讀郯子論官。知萬物皆備人之理。讀史墨論龍。見知人能盡萬物之性。

魏禧曰。能求嗜欲而飲食之。董父所以豢龍。特其饑飽。達其怒心。梁鴦所以馴虎。夫龍神物。虎猛獸。而有嗜欲則可制。於此得養壯士之道焉。又知人苟欲為高而不受制於人者。無他。但在去嗜欲耳。顏斶之論審矣。

周大章曰。上古人與天近。故官宿其業。其物乃至。雖變化不測。如龍且得而豢御之。中古以後。人與天遠。泯棄者多。物乃抵伏。故龍不生得。以水官棄也。水官棄則五官失職。可知因龍見而遠徵博引。原原本本。發出如許奧理。孫執升以為張華博物志、王嘉拾遺記。遜此典奧。是也。晉國名臣首推叔向。以墨較之。殆有過無不及乎。

姜白巖曰。豢龍之說。非左氏本文。陸氏疑之是也。夏自少康中興八傳至孔甲。史記

夢昭公。對務人有愧色矣。

秋龍見於絳郊。晉國魏獻子問於蔡墨。（晉太史）曰。吾聞之蟲莫知於龍。以其不生得也。謂之知信乎。對曰。人實不知。非龍實知。（附注）（言人自不智。無畜龍之術。非龍之有智也。）古者畜龍。故國有豢龍氏。有御龍氏。（豢御養也）獻子曰。是二氏者。吾亦聞之。而不知其故。是何謂也。對曰。昔有飂叔安。（飂古國也。按今河南唐縣南。叔安其君名。○飂力謬反）有裔子曰董父。（裔遠也。元孫之後謂裔。）實甚好龍。能求其耆欲。以飲食之。龍多歸之。乃擾（擾順也）畜龍。以服事帝舜。帝賜之姓曰董。氏曰豢龍。（豢龍官名。官有世功。則以官氏）封諸鬷川。鬷夷氏其後也。（鬷水上夷。皆董姓。）故帝舜氏世有畜龍。及有夏孔甲。（少康之後九世君）擾於有帝。（其德能順於天）帝賜之乘龍。河漢各二。（合為四）各有雌雄。孔甲不能食。而未獲豢龍氏。有陶唐（堯所治地）氏既衰。其後有劉累。

稱其德衰淫亂，諸侯畔之，則失德甚於太康。三傳至桀而亡，乃謂其德順天，天賜以四龍，是以暴為仁也。孔疏五靈配五行，引漢儒緯書，殊不足信。孔子之贊易也，潛龍則謂龍德而隱，見龍則謂龍德正中，飛龍則謂雲行雨施，龍固與天為體矣，夫安得而豢之。其得豢之者，必非聖人之所謂龍。周本紀云：夏后氏衰，有二龍止於庭，藏其漦，歷殷至周，厲王啓櫝，童妾受之，遂生褒姒。此似龍者非龍也，故爾雅不言龍。周官無豢龍氏，而謂其水官不脩，是殷周之聖王不如夏季之孔甲，尤不足信也。漢儒據此官以漢為堯後，因於奮歸晉篇增其處者為劉氏一語，信斯言也，史公當引豢龍於夏紀矣，其於高祖宜早附於神堯之後，何以姓氏里居之外，不置一辭耶？則劉歆輩之附會無疑也。鄭語云：彭姓豕韋，則商滅之，而范匄自稱其祖在夏為御龍氏，在商為豕韋氏，已與史墨相左，杜氏雖委曲通之，總為臆說，故知史墨之言非左氏之

學擾龍於豢龍氏，以事孔甲，能飲食之。夏后孔甲嘉之，賜氏曰御龍，以更豕韋之後。更，代也。以劉累代彭姓之豕韋。累尋遷魯縣，豕韋復國，至商而滅。累之後世復承其國，為豕韋氏，在襄二十四年。龍一雌死，潛醢以食夏后。潛，藏也。藏以為醢，明龍不智。夏后饗之，既而使求之。求致龍也。懼而遷於魯縣。不能致龍，故懼遷魯縣，自貶退也。按魯縣，今河南魯山縣西北。范氏其後也。晉范氏也。陸氏屬辭：畜龍之說甚怪，或云古今不相及，安知無是事，雖然此漢儒所據以明劉氏為堯後者也，或非盡本書語矣。獻子曰：今何故無之？對曰：夫物，物有其官，官脩其方，法也。朝夕思之。一日失職，則死及之。有罪。失官不食。不食祿。官宿其業，宿猶安也。其物乃至。設水官修則龍至。若泯棄之，物乃坻伏，泯，滅也。坻，止也。坻音旨。鬱湮不育。鬱，滯也。湮，塞也。育，生也。故有五行之官，是謂五官，實列受氏姓，封為上公，爵上公。祀為貴神。社稷五祀，是尊是奉。五官之君長能修其業者，死皆配食於五行之神，為王者所尊奉。木正曰句芒，正，官長也。取木生句曲而有芒角也。其祀重。

本文也、

火正曰祝融、明貌、其祀犁、金正曰蓐收、秋物摧蓐而可收也、其祀該、水正曰玄冥、水陰而幽冥、其祀修及熙、土正曰后土、土爲羣物主、故稱后也、其祀句龍、在家則祀中霤、在野則爲社、疏云、家宮室之內、賈逵云、句芒祀於戶、祝融祀於竈、蓐收祀於門、玄冥祀於井、后土祀於中霤、龍水物也、水官棄矣、故龍不生得、棄廢也、疏云、先儒皆以五靈配五方、龍屬木、鳳屬火、麟屬土、白虎屬金、神龜屬水、五行相生、王者修其母則致其子、水官修則龍至、木官修則鳳至、火官修則麟至、土官修則白虎至、金官修則神龜至、今水官廢、龍不生、得母不修、故子不至也、不然周易有之、言若不爾、周易無緣有龍、在乾三三乾下乾上之姤三三巽下乾上、乾初九變、姤、曰潛龍勿用、乾初九文辭、其同人三三離下乾上同人、乾九二變、曰見龍在田、乾九二文辭、其大有三三乾下離上大有、乾九五變、曰飛龍在天、乾九五爻辭、其夬三三乾下兌上夬、乾上九變。○古快反、曰亢龍有悔、乾上九爻辭、其坤三三坤上坤下坤、乾六爻皆變、曰見羣龍無首吉、乾用九爻辭、坤之剝三三三三坤下艮上剝、坤上六變、曰龍戰于野、坤上六爻辭、若不朝夕見、誰能物之、物謂上六卦之所稱龍各

（不同也。今說易者，皆以龍喻陽氣，如史墨之言，則爲皆是真龍。）獻子曰：社稷五祀，誰氏之五官也？（問五官之長皆是誰。）對曰：少皞氏有四叔，（少皞金天氏。）曰重、曰該、曰修、曰熙，實能金木及水。（能治其官。）使重爲句芒，（木正。）該爲蓐收，（金正。）修及熙爲玄冥，（二子相代爲水正。）世不失職，遂濟窮桑，（少皞之號，地在魯北。）也。此其三祀也。（四子能治其官，使不失職，濟成少皞之功，死皆爲民所祀。）顓頊氏有子曰犂，爲祝融，（犂爲火正。）共工氏有子曰句龍，爲后土。（共工在太皞後、神農前，以水名官者，其子句龍能平水土，故死而見祀。）此其二祀也。后土爲社，（方答社稷，故明言爲社。）稷，田正也。（掌播殖也。）有烈山氏之子曰柱，爲稷。（〔附注〕賈、鄭皆以烈山炎帝之號，即神農，杜誤。）自夏以上祀之，（祀柱。）周棄亦爲稷，（棄，周之始祖，能播百穀。湯既勝夏，廢柱而以棄代之。）自商以來祀之。（傳言蔡墨之博物。）

黃鄭林曰：石言於晉國，爲妖孽；龍見於絳，似屬禎祥，總之皆亡晉之兆也。歲云秋矣，羣陰用事，孤陽無主，不當見而見，

姜白巖曰：晉執政至范匄，霸業已衰，其所著刑書大抵峻法威衆，不比子産之刑書斟酌時宜也。又匄最貪，以重幣剝諸侯，酷以濟貪。至趙文子一洗秕政，輕諸侯之幣，刑書之毀當在此時。范鞅、荀寅，求貨者也，欲復宣子之厚幣，須法宣子之嚴刑，所謂亂獄滋豐，賄賂並行也。頃既孤立，舒復無能，范鞅主之，趙鞅、荀寅行之，而刑鼎以成。夫子以爲刑鼎不可鑄，而宣子之刑書尤不可鑄於鼎，分作兩層寫。史墨決范中行必亡，法范氏之奸，增范氏之惡，即以禍范氏也。

便是大君失柄之象，史墨不言理而言物，亦以獻子權臣陰萌異志，故爲此奇論，以止其欲心耳。

見三桉世間不測者莫如龍，一有嗜欲，即爲人豢，至於一日失職，則死及之，生於勤，死於逸，事莫不然。史墨殆借擾龍說（爲權臣）法，欒魏舒若知此理，何至棄命而田，去柏椰以示貶。

冬，晉趙鞅（趙武孫）、荀寅（荀吳子）帥師城汝濱，（晉所取陸渾地。按：今河南嵩縣，汝水在縣南。）遂賦晉國一鼓鐵，以鑄刑鼎，（服云：鼓，量名。（附注）王肅家語註：三十斤爲鈞，鈞四爲石，石四爲鼓。蓋用四百八十觔鐵。）著范宣子所爲刑書焉。仲尼曰：晉其亡乎，失其度矣。夫晉國將守唐叔之所受法度，以經緯其民，卿大夫以序（位序也）守之，民是以能尊其貴，貴是以能守其業，貴賤不愆，所謂度也。文公是以作執秩之官，爲被廬之法，（僖二十七年，文公蒐以爲被廬，修唐叔之法。）

盟主、今棄是度也、而爲刑鼎、民在鼎矣、何以尊貴、棄禮徵書、故不尊貴、疏云民知罪之輕重在於鼎矣、貴者斷獄、不敢加增、犯罪者取驗于書、更不忌上、貴何業之守、民不奉上、則上失業、貴賤無序、何以爲國、(呂說)春秋之末、周室法度尚在、文公作執秩之官、爲被廬之法、雖求切近、要速效、亦未能全變、到這裏方始敢變、使叔向在、見他國鑄刑書、且詒書責之、晉有所畏、必不敢鑄刑鼎、且夫宣子之刑、夷之蒐也、晉國之亂制也、范宣子所用刑、乃夷蒐之法也、在文六年、一蒐而三易中軍帥、賈季箕鄭之徒遂作亂、故曰亂制、若之何以爲法、蔡史墨即蔡墨曰、范氏中行氏其亡乎、中行寅爲下卿、而干上令、擅作刑器、以爲國法、是法姦也、又加范氏焉、易之亡也、按范氏刑書已毀、其惡已沒矣、今復行之、是加范氏之惡、而中行與范氏、當更代而亡、其及趙氏、趙孟與焉、然不得已、若德可以免、鑄刑鼎本非趙鞅意、不得已而從之、若能脩德、可以免禍、爲定十三年荀寅士吉射入朝歌以叛、

黄鄰林曰、庭堅不祀、國僑先亡、刑官無後、即有德者猶不免

姜白巖曰：杜註以非公爲責公之妄，徵過爲明公之過，臣子逐君而反歸罪於君，則悖也。蓋鄆魯邑，公居鄆，猶居魯也，即公次乾侯，亦歸鄆也，不得謂之非魯也。

禍，況棄度而用亂制乎。夫子斷其國亡，是就刑書説；史墨斷其家亡，是就作刑書用刑書之人説。貴賤無序，禍害相因，理之自然，一毫不爽，足爲後世酷吏者戒。

見三按：刑書之鑄，出自子産，叔向且貽書相責，況棄祖宗之舊法，用奸臣之亂制，刑愈繁而度愈失，貴賤混淆，斯天澤倒置。晉侯俱酒之廢爲家人，夫子早已見其深矣。

經　己丑三十年春王正月，公在乾侯。杜解：釋不朝正于廟。○夏六月庚辰，晉侯去疾卒。子定公午立。○秋八月，葬晉頃公。三月而葬，速。○冬十有二月，吳滅徐，徐子章禹奔楚。

傳　三十年春王正月，公在乾侯，不先書鄆與乾侯，非公，且徵杜解明過也。

七

君也至鄆潰而久於乾侯、疑於非魯君矣、故書公在、存公也、

姜白巖曰、不書如晉、徵者也、季孫方媢晉而使徵者共葬、何也、盟主之喪、列國皆至、保無談及魯事、諸卿或大義相責、而吾大夫遽改逆志、皆非季孫之利、望溪所謂身不能親、恐諸卿之反己也、故使才吏當豐者將事、不特保其無他、并可排解諸國、然而不畏無禮於晉者、蓋有鞅躒受其賂也。晉世主盟、無事不僭天子、故喪葬列國小侯執紼、此時魏舒欲諸侯一來、以誇新政、而鄭省而又省、所以哆然有辭也、太叔逆知其意、以禮折之、且舒以前此納王為晉功、賜賞貫幸侈張其事、太叔提出靈王之喪、直刺其

見三按吳澄曰、居猶吾土也、在非吾土矣、非吾土而何為于茲也、春秋固曰吾之公今在乾侯也、則意如雖能竊其國而專之、而君臣大分、百世不能改也、若昭者内不能有魯鄆、外不能聯齊晉、進退失據、而乾侯遂為死所、可哀也夫、

夏六月晉頃公卒、秋八月葬、鄭游吉弔且送葬、魏獻子使士景伯詰之、曰、悼公之喪子西弔子蟜送葬、在襄十五年今吾子無貳何故、弔葬共使對曰、諸侯所以歸晉君、禮也、禮也者小事大大字小之謂、事大在共其時命、隨時共所求字小在恤其所無、以敝邑居大國之間、共其職貢與其備御不虞附注謂軍旅喪葬之事出人意外之患、豈忘共命、先王之制、諸侯之喪、士弔、大夫送葬、唯嘉好聘享三軍之事、於是乎使卿、晉之喪事、敝邑之閒、先君有所助執紼矣、紼輓索也禮送

心以為向日天王告喪何當得徼晉君而今日相率朝楚未卜孰為明堂宋盟之後晉已甘服荆蠻吉在此辛矣嘵嘵何為使舒等不能致喙

葬必執紼若其不間雖士大夫有所不獲數矣（附注）言不得備數大國之惠亦慶其加慶善也謂其君自行善而不討其乏明底致也其情取備而已以爲禮也靈王之喪在襄二十九年我先君簡公在楚我先大夫印段實往敝邑之少卿也（注）少年少也（附）言位卑王吏不討恤所無也今大夫曰女盍從舊舊有豐有省不知所從從其豐則寡君幼弱是以不共從其省則吉在此矣唯大夫圖之晉人不能詰傳言太叔之敏

黃鄭林曰是時意如逐君惟恐晉討頃公之喪斷無不往吊不送葬之理或親往或孟叔往皆不可知春秋削而不書不予賊臣之專擅並不予晉人受無君之使也

見三按吊悼有貳吊頃無貳明是輕晉然悼頃之時晉國盛衰何等殊絕魏舒為政既不能留二氏之田以强公室又不

能討意如之罪以納魯昭、任聽士鞅荀躒輩、朋比為奸、賄賂公行、六卿不知有晉君、小國又安知有霸主乎、太叔熟悉禮文、前對趙鞅、明天地之經、此對魏舒、明大小之分、皆深探先王之制、以維世教之衰、空谷中足音也、東里詞令多勁直、此更以婉曲動人、可以分道揚鑣、

吳子使徐人執掩餘、使鍾吾人執燭庸、（二十七年奔故）二公子奔楚、楚子大封而定其徙、（大封與土田定其所徙之居）使監馬尹大心逆吳公子、使居養、（二子奔楚楚使逆之於竟也養即所封之邑按今河南沈邱縣東有養城）莠尹然左司馬沈尹戌城之、（城養）取於城父與胡田、（故胡子地）以與之、將以害吳也、子西諫曰、吳光新得國、而親其民、視民如子、辛苦同之、將用之也、若好吳邊疆、使柔服焉、（謂不與吳構怨）猶懼其至、吾又彊（坊本作疆非）其讎、以重

怒之，無乃不可乎。（雖謂二公子）吳，周之胄裔也，而棄在海濱，不與姬通。今而始大，比於諸華，光又甚文，將自同於先王。（謂太王、王季亦自西戎始比諸華）不知天將以爲虐乎，使翦喪吳國，而封大異姓乎，其抑亦將卒以祚吳乎。其終不遠矣。（言其事行，可知不久）我盍姑億（安也）吾鬼神，而寧吾族姓，以待其歸。（善惡之歸）將焉用自播揚（猶勞動也）焉。王弗聽。吳子怒。冬十二月，吳子執鍾吾子，遂伐徐，防山以水之。（防壅山水以灌徐）己卯，滅徐。徐子章禹斷其髮，（斷髮自刑，示懼）攜其夫人，以逆吳子。吳子唁而送之，使其邇臣從之，遂奔楚。楚沈尹戌帥師救徐，弗及，遂城夷，（城父也）使徐子處之。吳子問於伍員曰：初而言伐楚，（在二十年）余知其可也，而恐其使余往也，又惡人之有余之功也。今余將自有之矣。伐楚何如？對曰：楚執政衆而乖，莫適任患。若爲三師以肆

焉。猶勞也一師至彼必皆出。彼出則歸。彼歸則出。楚必道敝。罷敝於道亟肆以罷之。數也多方以誤之。既罷而後以三軍繼之。必大克之。闔廬從之。楚於是乎始病。爲定四年吳入楚傳

黃鄭林曰。取餘皇於長岸。敗七國于鷄父。皆光謀也。光本善謀。又翼之以子胥。楚其危矣。亟肆以罷。多方以誤。開後人多少神智。歐陽公西邊事宜狀云。我以五路之兵。更番出入。使其一國無時暫停。唐太宗云。多方以誤。兵書千章萬句。不出此一言。皆奉左氏爲衣鉢也。子胥誠人杰哉。

見三按吳之全局。被子西數言料定。楚之殘局。亦被子胥數言斷盡。英雄所見。大抵相同也。亟肆以罷。多方以誤。誠爲千古良策。然使楚納子西之言。慎其四境。防其守備。以待不虞。

吳亦道敝而止、豈能為楚害哉、惜楚子不之聽耳、吳荆州牧陸抗與晉都督羊祜兩軍對峙、各守分界、相戒無犯、祜亦無如之何、陸抗一日不死、東吳一日不滅、國之興亡、視乎一人、豈不信哉、

經（庚寅）三十有一年春王正月公在乾侯。季孫意如會晉荀躒于適歷（杜解晉地、陳傳非諸侯之事、何以書、以晉之釋君而助臣也、）。夏四月丁己薛伯穀卒。（子襄公定立）晉侯使荀躒唁公于乾侯。秋葬薛獻公。冬黑肱以濫來奔（黑肱邾大夫、不書邾史闕文、按濫今山東滕縣東南、）。十有二月辛亥朔日有食之

傳三十一年春王正月、公在乾侯、言不能外内也、（按不能有外援内助而不以為魯之公矣、仍書公在、亦存公也、）

見三按季氏逐公，歲書公在乾侯，存公也，明非季氏所能逐也。武后廢帝，歲書帝在房州，存帝也，明非武后所能廢也。綱目書法一本麟經，實開萬古之聾蒙。

晉侯將以師納公。范獻子曰：若召季孫而不來，則信不臣矣。然後伐之，若何？晉人召季孫，獻子使私焉，曰：子必來，我受其無咎。補正受猶任也。季孫意如會晉荀躒于適歷。荀躒曰：寡君使躒謂吾子：何故出君？有君不事，周有常刑，子其圖之。季孫練冠麻衣跣行，林解示憂戚。伏而對曰：事君，臣之所不得也，敢逃刑命？言願事君，君不肯還，不敢辟罪。君若以臣爲有罪，請囚於費，以待君之察也，亦唯君。若以先臣之故，不絶季氏，而賜之死。雖賜以死，不絶其後。若弗殺弗亡，君之惠也，死且不朽。若得從君而歸，則固臣之願也，敢有異心？君皆謂魯侯也。

姜白巖曰：晉定初立，毅然有強公室、誅賊臣之心。魏舒爲政，苟能將順其美，合諸侯以誅逆賊，否則帥晉師討之，立昭公而還，即乃父與知武圍彭城討魚石之烈也。鞅躒何敢參未議而梗其成，乃更然無事而定公之志，竟爲鞅躒所移，是舒亦鞅躒之徒，絳之不肖子也。並齊晉不難納公而難於誅季，季誅則亂臣賊子之黨孤而心膽震矣。自古亂臣賊子至意如而愈工愈狠，既不立君，公行至必告於廟，鄰國弔葬，必以君命遣使，且歲歸馬及衣屨，恤及從者，墟昭逐季不以爲讎，爲之立後，遇齊晉之使，則卑辭謝罪。此從來亂賊所未有者，故黨於季者以爲事君如在國也。卒之昭公客死，毒矣哉。

四月。季孫從知伯〈荀躒〉如乾侯。子家子曰。君與之歸。一慙之不忍。而終身慙乎。公曰諾。衆曰在一言矣。君必逐之。〈言晉既憂君、君一言使晉、必逐之。〉荀躒以晉侯之命唁公。且曰寡君使躒。以君命討於意如。意如不敢逃死。君其入也。公曰。君惠顧先君之好。施及亡人。將使歸糞除宗祧以事君。則不能見夫人。〈謂季孫〉己所能見夫人者有如河。〈言若見季孫已當受禍、明如河以自誓。〉荀躒掩耳而走。〈怪公所言、示不忍聽。〉曰寡君其罪之恐。敢與知魯國之難。〈言恐獲不納君之罪、今納而不入、何政復知耶。〉臣請復於寡君。退而謂季孫。君怒未怠。子姑歸祭。〈歸攝君事、補注見晉卿黨於季氏、昭公所以不得歸國。〉子家子曰。君以一乘入於魯師。季孫必與君歸。公欲從之。衆從者脅公。不得歸。〈傳言君弱不得自任、按魯師二字、知季孫以師從、賊臣之計周矣。〉

黃鄉林曰。意如之敢於逐君。恃齊晉奸臣之庇也。奸臣之敢

於庇季、以齊晉二君之弱也、堂堂義舉、一會再會、討罪之師、反為受貨之地、賄賂公行、名義不講、宇宙竟不知君臣為何若、未幾齊篡於田氏、晉分於三家、較之乾侯禍尤加烈、夫非貪夫敗類為之厲階哉、

見三按鞅既受貨、躒亦分肥、一般奸黨、安排圈套、玩昭公如嬰兒、令其啼笑不能、欲歸無路、真奸雄無忌憚之尤者、子家羈滿腔忠悃、出此下策、使昭納其言、將計就計、意如雖狡亦逼於大義之無如何、一慭不忍、卒死乾侯、讀此段想見郈正告劉禪以哭、苦於無淚可淌、古今亡國之君昏愚一轍、真是可憐、

薛伯穀卒、同盟故書、入春秋來、薛始書名、故發傳、經在荀躒唁公上、傳在下者、欲魯相次、（私考）薛世服屬

姜白巖曰。此即彼出我歸。彼歸我出。之道敝楚者也。始用子胥之謀。讀此思伍奢君臣旰食之言。倍見字字精神。

於宋。魯以宋屬待之、而禮畧。故喪不赴。此赴喪弔葬一如列國者。蓋魯田在漷水者。與薛相關有疆事焉。故為三家所私厚也。

見三按薛在春秋國最微。亦最弱。世為宋役。乃以同盟之故。猶得名赴諸侯。霸主之力也。至盟會息而兼并興。焚焚弱小。無所控告。奚仲遺封。亦將折入於齊。傳曰同盟故書。蓋不勝下泉之感矣。

秋。吴人侵楚。伐夷。侵潛六。皆楚邑。按夷今在亳州、故潛城、六城今在壽州、俱屬江南。楚沈尹戌帥師救潛。吴師還。楚師遷潛於南岡而還。吴師圍弦。左司馬戌沈尹戌右師馬稽帥師救弦。及豫章。吴師還。始用子胥之謀也。謀在前年

見三按吴侵楚救。吴還楚還。吴圍楚救。吴又還。忽出忽入。忽東忽西。幾於風聲鶴唳。草木皆兵。千古兵法之善。莫過於此。

周大章曰：叙黑肱而及庶其、牟夷，此相類也；因並及齊豹，此不類也。一名一不名，懲肆去貪，書法何等嚴正！故為人君者，不可不讀春秋。

姜白巖曰：專就黑肱書名立論，并為三叛人總結，通篇以賤而書名為主，又以齊豹之求名不得，陪出三叛之欲蓋名章，皆所以懲不義也。春秋之稱，傳已於成十四年詳言，非聖人誰為能脩之，至此重言之者，欲上之人昭明春秋也。上之人指當時之君相，蓋春秋為國史，非學者所得見，經聖人之筆，則羣奉為經。左氏為史官，既與聖人共事，而聖人既卒，因作傳，又欲其宣布國中，使人人見聞，為萬世法。左氏之志在表章春秋也，深切矣。啟後公穀兩家得於口授，皆左氏有以發之也。

冬，邾黑肱以濫來奔。賤而書名，重地故也。（黑肱非命卿，故曰賤。許氏曰：邾快、黑肱相繼來奔，季孫當國，以類至也。）君子曰：名之不可不慎也如是。（是黑肱也。）夫有所有名而不如其已。（有所，謂有地也。言雖有名，不如無名。已，止也。）以地叛，雖賤必書地，以名其人，終為不義，弗可滅已。是故君子動則思禮，行則思義，不為利回，不為義疚。（疚，病也。見義則為之。）或求名而不得，或欲蓋而名章，懲不義也。（〔補正〕王應麟曰：求名不得，如向戌欲以弭兵為名，而宋之盟，其名不列；欲蓋名章，如趙盾偽出奔，崔杼殺太史，將以蓋弒君之惡，而其惡益著。推此類言之，可見謹嚴之法，求名非獨齊豹，名章亦不止三叛也。）齊豹為衛司寇，守嗣大夫，（守先人嗣，言其尊。按齊豹乃齊惡之子。公孟雖奪其司寇與邑，有役乃反之，則仍為大夫。）作而不義，其書為盜。（求名而不得也。二十年豹殺衛侯兄，欲求不畏強禦之名。）邾庶其（在襄二十一年）、莒牟夷（在五年）、邾黑肱以土地出，求食而已，不求其名，賤而必書。（春秋叛者多，唯取三人，來適魯者。三人皆小國大夫，故曰賤。）此二物者，所以懲肆而去貪也。（物，事。）

也。肆，放也。齊豹書盜，懲肆也。三叛人名，去貪也。若艱難其身。身為艱難。以險危大人。在位者。而有名章徹。按言書名而不書盜。攻難之士。將奔走之。攻猶作也。奔走猶赴趨也。按言不足徹作難之人。（歸義）謂危險大人。以求不畏強禦之名也。當日衛摯驕橫。齊豹殺之。茍非聖人原其心誅之。彼且自謂以一身除一國之害。雖死猶榮。傳所謂有名彰徹者是也。聖人斷案一定。凡假公義以洩私憤者懼矣。若竊邑叛君以徼大利而無名。謂不書其人名。貪冒之民。將寘力焉。盡力為之。不顧於見書。是以春秋書齊豹曰盜。三叛人名。以懲不義。數惡無禮。無禮惡逆。其善志也。皆數而不忘記事之善者也。○數，所主反。故曰春秋之稱。（林解）權衡也。○尺證反。微而顯。文微而義著。婉而辨。辭婉而旨別。上之人謂在位者。能使昭明。（附注）上之人能使春秋昭明。善人勸焉。淫人懼焉。是以君子貴之。

黃薌林曰。善人勸。淫人懼。此作史之大凡也。微而顯。婉而辨。則非春秋不足以當之。左氏親造膝於聖人。故能知其體要。

非公穀兩家可及。

見三按賀仲軾云，此邾黑肱也，而不言邾，通三叛之事論之。庶其、弇夷，魯公雖在晉，不在國，然魯有君也，以君為主，故稱國。黑肱之來，昭公失國在外，魯無君也，黑肱特奔意如耳。不言邾者，不使意如得受邾之叛人也。若曰此直亂臣同惡相聚耳。邾快來奔，亦在昭失國之後，而稱國者，公猶在鄆，魯猶有君也。釋經獨有見解，足闢諸儒聚訟之非。

十二月辛亥朔，日有食之。是夜也，趙簡子夢童子羸而轉以歌。轉，宛轉也。羸，力果反。旦占諸史墨，曰：吾夢如是，今而日食，何也？簡子夢適與日食會，謂咎在己，故問之。對曰：六年及此月也，吳其入郢乎，終亦弗克。史墨知夢非日食之應，故釋日食之咎，而不釋其夢。入郢必以庚辰。庚日有變，日在辰尾，故曰以庚辰。定四年十一月庚

辰，吳入郢。日月在辰尾。龍尾也。周十二月今之十月，日月合朔於辰尾而食。〔補正〕傅氏曰：辰尾居東，吳在楚東，故知必吳入郢也。庚午之日，日始有謫，火勝金，故弗克。謫，變氣也。庚午十月十九日，去辛亥朔四十一日。雖食在辛亥，更以始變爲占也。午，南方，楚之位也。午，火；庚，金也。日以庚午有變，故災在楚。楚之仇敵唯吳，故知入郢必吳。火勝金者，金爲火妃，食在辛亥，亥，水也，水數六，故六年也。

見三按魏舒問龍見，冀其瑞之應已也；趙鞅問日食，懼其禍之謫已也。權臣誕妄，想入非非，史墨前言龍見之常，此言日食之應，皆陰折其亂萌也。

經　辛卯　三十有二年春王正月，公在乾侯，取闞。按杜云：公遣人誘闞取之。趙氏云：魯羣公墓所存，取之以展孝思。不知失鄆已久，安得有一旅之助而取之？豐氏謂晉定以闞予公，則應書晉人取闞，皆未可據也。李行簡謂魯人以闞予公，而公取之，是也。三家同逆，孰哀其窮？但齊、晉既絕，因而之吳之楚，恐生他變，以闞與之，使食稅而不居其地。書公在乾侯取闞，則非兵力也；猶書取，非季氏所得與也。○口暫反。○夏，吳伐越。○秋七月

○冬，仲孫何忌會晉韓不信、齊高張、宋仲幾、衛世叔申、鄭國參、曹人、莒人、薛人、杞人、小邾人城成周。杜解：世叔申，世叔儀孫也。國參，子產之子。疏云：明年始城，此未城而已。書者，本以城事召集，因集而書耳。謝氏曰：書城成周，善之也。○十有二月己未，公薨于乾侯。十五日。

傳三十二年春王正月，公在乾侯，言不能外內，又不能用其人也。杜解：謂子家羈言公不能用其人，故於今猶在乾侯。

見三按：不能外內，傷公也。不能用其人，責公也。而季氏不臣之罪，自在言外。

夏，吳伐越，始用師於越也。自此之前，雖疆事小爭，未嘗用大兵。史墨曰：不及四十年，越其有吳乎。存亡之數，不過三紀。歲星三周三十六歲，故曰不及四十年。哀二十二年越滅吳，至此三十八歲。越得歲而吳伐之，必受其凶。此年歲在星紀，星紀，吳越之分也。歲星所在，其國有福，吳先用

兵。故反受其殃。補正吳越雖同星紀。而所入宿度不同。故歲獨在越。

黃鄰林曰：吳越同一星紀也。乃歲在越。而所入宿度又有不同。且以昭八年丁卯楚滅陳。歲在析木之津推之。至此十二年為辛卯。又宜在析木。若由史墨之言。則是歲在星紀。豈如襄二十八年歲在星紀。而淫於玄枵。今茲歲在析木。而旅在星紀乎。天文微渺如此。後之人奈何輕談天哉。

見三按：是時吳君臣勵精養銳。日以僘楚為事。而越居其後。實爲楚助。用兵於越。亦以孤楚之黨耳。乃入郢未成。而沼吳已兆。得歲而伐。卒受其凶。天道之可信如此。秦苻堅謀大舉入晉。左僕射權翼以福德在吳諫。不聽。卒有淝水之敗。而秦旋亡。事與此同。窮兵者皆當引以爲鑒。

秋八月，王使富辛與石張如晉，請城成周。子朝之亂，其餘黨多在王城，敬王畏之，徙都成周。成周狹小，故請城之。天子曰：天降禍於周，俾我兄弟謂子朝。並有亂心，以為伯父謂晉侯。憂。我一二親昵甥舅，不皇啓處，於今十年，謂二十三年二師圍郊。勤戍五年。謂二十八年晉籍秦致諸侯之戍至于今。余一人無日忘之，念諸侯勞。閔閔焉憂貌。如農夫之望歲，懼以待時。王憂亂，常閔閔冀望安定，如農夫之憂飢冀望來歲之將熟。伯父若肆展放也。大惠，復二文文侯仇、文公重耳。之業，弛周室之憂，弛猶解也。徼文武之福，以固盟主，宣昭令名，則余一人有大願矣。昔成王合諸侯城成周，以為東都，崇文德焉。作成周，遷殷民以為京師之東都，所以崇文王之德。今我欲徼福假靈於成王，脩成周之城，俾戍人無勤，諸侯用寧，蝥賊遠屏，晉之力也。按：一舉而三善備。其委諸伯父，使伯父實重圖之，俾我一人無徵召也。怨於百姓，而伯父有榮施，先王庸之。庸，功。

姜白巖曰：平王東遷，都王城，則王城乃京師也。敬王避子朝餘黨，欲遷成周，時都猶未定，不得言京師。既城而定都於此，乃謂之京師。故定元年執宋仲幾於京師，即成周也。敬王為成周始遷之君，而劉單為之佐，居危思安，比之農夫望歲，想見君臣憂勞王室，俱有怵惕維厲之心焉。晉人私議，則曰天子實云；其告於王，曰天子有命，敢不奉承以奔告於諸侯，則周室聲靈，人心猶繫，而彌年令役，事事加詳，尤見非徒辭命之恪恭也。東周何不可為哉？此夫子惓惓於行周道，而大書勤王之績也。

也。先王之以爲大功。靈。范獻子謂魏獻子曰。與其戍周。不如城之。天子實云。云欲罷戍而城。雖有後事。晉勿與知可也。從王命以紓諸侯。晉國無憂。是之不務。而又焉從事。魏獻子曰。善。使伯音韓不信對曰。天子有命。敢不奉承以奔告於諸侯。遲速衰序。衰差也。序次也。於是焉在。在周。所命。冬十一月晉魏舒韓不信如京師。合諸侯之大夫於狄泉。尋盟。且令城成周。尋平邱盟。魏子南面。居君位。衛彪傒衛大夫曰。魏子必有大咎。干位以令大事。非其任也。詩曰。敬天之怒。不敢戲豫。敬天之渝。不敢馳驅。詩大雅。戒王者言當敬畏天之譴怒。不可遊戲逸豫。馳驅自恣。渝變也。況敢干位以作大事乎。（補注）傳見狄泉之盟。所以不書。魏舒所以不序。己丑士彌牟營成周。計丈數。計所當城之丈數也。揣高卑。度高曰揣。度厚薄。仞溝洫。度深曰仞。仞而慎反。物土方。議遠邇。物相也。相取土之方面遠近之宜。愚按相土之方面。知南近某國。西近某國。非如他處作邑。以定方位也。量

事期、（知事幾時畢）計徒庸、（知用幾人功）慮材用、（知費幾財用）書餱糧（知用幾糧食）以令役於諸侯、屬役賦丈、（孔疏：命諸國各出若干役，築若干丈。）書以授帥、（帥諸侯之大夫）而效諸劉子、（效致也）韓簡子臨之、以爲成命。（以臨履其事命諸侯）

黃鄰林曰、魏舒爲政、惟城成周最爲義舉、然以仗義始、以干位終、奸雄露腳、無周並無晉矣、較之韓起觀書太史氏、又奚啻天淵、

見三按求諸侯、莫如勤王、狐偃定霸之略、所以大有為也、與其戍周、不如城之、范鞅從王之命、出於不得已也、同一尊王、而優劣於此分、盛衰亦由此判、若士彌牟者、前則詢衆而定王室、今則率衆而築王城、屬役賦丈、井井有條、晉之執政盡如斯人、何至霸業之衰、

姜白巖曰：此公薨傳，受賜反賜，寫得字字哀慘，從亡者思公復國，與魯政而旅舍款歡，相與訣別，君既客死，臣盡流離。傳曰言失其所也五字，聲淚與俱。以反振起史墨一段文字，衛獻公之出，師曠告晉悼公，謂其罪在君，猶曰為君言之也。昭公之出，史墨對趙鞅，亦謂其罪在君，且云社稷無常奉，君臣無常位。此語湯武之放伐則可，而以語魯事，且以告鞅，其教猱升木乎。嗚呼，春秋之始，列國不知有天子；春秋之終，列國并不知有諸侯。有霸而周室之尊恃乎強國之令，無霸而諸侯之命懸於賊臣之手。傳之所為浩歎也。末段提出桓公文姜凶逆之人，而季乃昌，後文宣失政，權在於季，馴至昭公四世，無民名與器，早已假人，何怪有今日乎。此雖言魯事，而若晉若齊，胥結穴於此矣。

十二月，公疾，徧賜大夫，（從公者）大夫不受。賜子家子雙琥、（玉器。疏云刻玉為虎形。）一環、一璧、輕服，（細好之服）受之。大夫皆受其賜。己未，公薨。子家子反賜於府人，曰：吾不敢逆君命也。大夫皆反其賜。書曰：公薨于乾侯，言失其所也。（不薨路寢為失所）趙簡子問於史墨曰：季氏出其君，而民服焉，諸侯與之，君死於外，而莫之或罪也？（按簡子一問，有無君之心，乃幸之，非惜之也。周氏謂有怪不討賊意，不知孰矣。）對曰：物生有兩，有三，有五，有陪貳。故天有三辰，（謂有三）地有五行，（謂有五）體有左右，（謂有兩）各有妃耦，（謂陪貳。妃音配）王有公，諸侯有卿，皆有貳也。天生季氏，以貳魯侯，為日久矣。（胡氏曰：天生季以貳君，豈生季以逐君耶。）民之服焉，不亦宜乎。魯君世從其失，季氏世修其勤，民忘君矣。雖死於外，其誰矜之。社稷無常奉，君臣無常位，自古以然。（補注：黨逆附篡之辭，不可為訓。）故詩曰：高岸為谷，深谷為陵。

詩小雅。三后（虞夏商）之姓，於今爲庶，主所知也。在易卦雷乘乾曰大壯，☳☰（乾下震上大壯。震在乾上，故曰雷乘乾。）天之道也。（乾爲天子，震爲諸侯，而在乾上，君臣易位，猶臣大強壯，若天上有雷。）昔成季友，桓之季也，文姜之愛子也。始震（秝解妊娠也）而卜。卜人謁之，曰生有嘉聞。（嘉名聞於世）其名曰友，爲公室輔。及生，如卜人之言，有文在其手曰友，遂以名之。既而有大功於魯，（立僖公）受費以爲上卿。至於文子、武子，世增其業，不廢舊績。魯文公薨，而東門遂殺適立庶，魯君於是乎失國。（失國權）政在季氏，於此君也四公矣。民不知君，何以得國？是以爲君慎器與名，不可以假人。（器，車服；名，爵號。王氏左逸：史墨小人哉！六卿固弁髦晉君，而墨又從史之。三晉瓜分，墨其爲削乎。）

黄鄭林曰：簡子之問，非哀昭公也，疾士鞅、荀躒也。蓋昭之出奔，固由於季氏，而昭之不納，實由於荀范。荀范與意如爲黨，

簡子則與荀范相仇、扈之會、遍歷之召、賄賂公行、簡子自必深悉其情、而妬且忌於心者、諸侯與之、莫之或恤、正指二子而言也、史墨小臣、心存忌諱、故將此層撇起、特論魯君失民、與季氏得民之由、其言雖有乖名教、自係當日實情、而慎名與器不可假人、尤爲探本之論、可作千秋金鑑、

見三按魯昭與衛獻無道相等、失國亦相同、而得入與不得入異者、林父雖專、執政未久、寗殖同惡、旋有悔心、戒其子以掩過、晉國奸臣如荀偃等、雖暗相勾結、猶未敢顯然助逆、又得太叔儀毋弟鱄內外調護、共成推輓之功、故其入國也較易、若季氏世執國政、先世友又有大功於國、國人附之、內則孟叔二家互相盤結、外則齊晉諸臣力爲袒護、雖有子家羈

忠心耿耿，苦於孤掌之難鳴，昭又始終不聽其言，安所賴以入國乎。總之名器不慎，積漸使然，履霜堅冰，然甚可畏。史墨此論，不特慨魯，並爲齊晉之失民慨，蓋一部春秋之結局也。

列國時事

定公之世晉霸之局終矣會王人及十七國之師以伐楚討其留蔡昭則德在小侯誅其納子朝則功在王室以此申大義於天壤功宜不在桓文下乃荀寅以求貨弗得而辭蔡侯坐使柏舉之捷轉為吳有此大錯也且羽旄旆而鄭叛手腕拔而衛叛高張後而齊叛仲幾執樂祁止而宋亦叛於是外不能主諸侯內亦無以正其大夫揚楯爭而趙范忤邯鄲討而趙荀鬭晉陽畔而朝歌效尤韓魏請而三家勢張矣齊景當有為之時藉有為之勢其盟鹹也可以得鄭其盟沙也可以得衛其盟洮也可以得宋因之以歸田者睦魯以會牽者助晉移禚杏之遺養國士廣軒蓋之賞鼓

三軍偕闔没而成周先籍秦而送王雖失子朝於東隅猶
可收僭翩於桑榆而一匡之烈不難再無何際代興之會
昧復覇之經脾上梁間且以救范中行而襲春秋之降為
戰國也景公與有責矣闔廬託義興師内因胥嚭之怨外
因唐蔡之讐用孫武白喜之師長驅入郢五戰皆捷昭王
出走較召陵城濮之役功尤加烈使能招集其人民鎮撫
其社稷獻捷成周固王室之功臣亦中國之厚幸也乃傾
國之兵而復虐之坐令秦得乘其驕楚得鳩其衆五敗而
歸國為越入螳螂捕蟬而黄雀随之亦可哀哉秦自雩婁
之後至申包胥乞師感於義一出餘則絶不見經具見歲
戈息甲以牧以耕戰國時富强實由於此非盡闕商鞅開

阡陌之力也要之春秋之霸烈皆聚前六公後此無復可
覲雖成公之世鞌戰則景勝齊鄢陵則厲勝楚一以憤一
以悼俱無大義足以服人襄公之世晉悼功成三駕而所
爭只一鄭晉平名為七合而所爭祇一齊昭公之世楚靈
有申之會而示侈不終晉昭有平邱之盟而示威罔濟自
此以後成周之城魏舒以南面奸義柏舉之師夫槩以爭
宮喪績撥諸德禮信義之風遠不逮焉世稱五霸不足六
亦未易屈指在也　伐楚始終於召陵齊桓因侵蔡而次
陘吳光因質蔡而入郢亦天然關合　鄭入許而齊鄭合
天下無王也鄭滅許而齊鄭又合天下無霸也亦是一部
關鍵處 奉姜實 馮李驊

春秋左傳精義卷四十四

閩中　鄭林黄一桂　輯　　男　心垣見三　補輯

定公一

（孔疏）魯世家，名宋，襄公之子，昭公之弟。史傳不言其母。以敬王十一年即位。謚法：安民大慮曰定。

經　壬辰　元年春王三月，晋人執宋仲幾于京師。（杜解）公之始年而不書正月，公即位在六月故。疏云：六月即位，而入年即稱元年者，史官定策，不可半年從前，半年從後。漢魏以來，雖于秋冬改元，史于春夏即以元年冠之，是猶因于古也。晋執人於天子之側，而不以歸京師，故但書其執，不書所歸。按大夫專執於是始。（本義）不書正月，以定公未立爾，無他義也。（質疑）月之從時，首月無事，則書春王二月；二月無事，則書春王三月。隱莊之篇可考也。定元年春王連下三月，晋人執宋仲幾，句。穀梁以定不得正始，則桓莊僖繼弑，均書正月，獨得正始乎。○夏六月癸亥，公之喪至自乾侯。告于廟，故書至。戊辰，公即位。定公不得以正月即位，失其時，故詳而日之。○

姜白巖曰，前城成周，予諸侯之功，然但據初令，而其事未詳也。此篇為執仲幾傳，而補敘前篇所未及，宋不受功，仲幾自有可執之罪，然大夫執大夫於京師，而不請于天子，則肆甚也。周衰極矣，正賴搘拄之人，而罪萇叔之違天，是隳忠義之氣，長亂賊之風。柳子厚、趙東山皆非之，而不知傳蓋述之以發明此舉萇叔之冤也。前篇從使富辛石張如晉說起，未嘗提出主議何人，篇末點出發諸劉子，以見主其事者劉子也。此點萇叔支天，以見與其謀者萇叔也。又與齊高張並敘者何也，晉伯將息，惟齊是望，城功尚不及赴，安有繼伯之志，夫有志支周者，轉得其咎，勢有可為者，竟遂其志，遂使女寬之邪說，幸中，豈非天哉，此

秋七月癸巳，葬我君昭公。高氏曰，甍半載餘，始以喪歸，歸及踰月而遽塟，魯臣子無愚於先君如此。

○九月，大雩。過也。○立煬宮。煬公伯禽子也，其廟已毀，季氏禱之而立其宮，書以譏之。疏云，謚法好內息政曰煬。煬羊讓反。

○冬十月，隕霜殺菽。周十月，今八月，隕霜殺菽，非常之災。穀梁 未可以殺而殺，舉重，可殺而不殺，舉輕，其曰菽，舉重也。

傳　元年春王正月辛巳，晉魏舒合諸侯之大夫於狄泉，將以城成周。魏子涖政。杜解 涖，臨也，代天子大夫為政。衛彪傒衛大夫曰，將建天子立天子之居，而易位以令，非義也。按前篇干位，杜云干君位，晉侯不在，舒輒南面也。元年申命城築，天子使畿內大夫原壽過主此役，則主號令者，當是原壽過，而舒以已涖政，居過於諸侯大夫，是改易上下之位，補正合為一事，誤。大事奸義，必有大咎。晉不失諸侯，魏子其不免乎。是行也，魏獻子屬役於韓簡子韓起孫不信及原壽過周大夫，而田於大陸，焚焉。禹貢大陸在鉅鹿北，嬔絕遠，疑此田在汲郡吳澤荒蕪之地，火田并見燒也。爾雅 廣平曰陸。按吳澤陂，今河南脩武縣北。還卒於

傳之意也。一部左傳，處處以天為樞紐，春秋亂世之天道也。隱四年鄭伯曰，天而既厭周德矣，已提全部之綱。自此授楚與晉，盛易夢卜，盛衰休咎，一舉歸諸天，及晉功息，周室微，曰天之所壞，不可支也，故聖人不得已而作春秋，是全篇結穴。晉自文公被廬之蒐，每一執政卒，則必大蒐簡師，主將副貳秩然分明，雖緜上之蒐，荀吳猶讓中軍於荀偃，皆其君主之，而軍無專屬，權不下移也。自荀偃卒，范匄為政，而大蒐簡師無聞焉。蓋各將其軍，位則以次而更，軍則成不易，而君柄潰矣。然一執政卒，傳必書一卿為政，則舉國聽於政府，雖君如弁髦，政令猶出於一也。自魏舒卒，范鞅子代之，傳但云晉之從政者新，嗣後並不書為政之人矣。卿各不相下，事權分屬，而瓜裂之勢成，君子所以深責晉平也。

寗。近吳澤。今修武縣治西。范獻子去其柏椁，以其未復命而田也。范獻子代魏子為政。去其柏椁，示貶之。按范鞅暴其惡，非知有天子也，欲翦除同列耳。孟懿子會城成周，補注：前年冬會而令役，新年乃赴功，無再書之法。庚寅，栽。栽，設板築。○才代反。宋仲幾不受功，曰：滕、薛、郳，吾役也。欲使三國代宋受功役也。薛宰曰：宋為無道，絕我小國於周，以我適楚，故我常從宋。晉文公為踐土之盟，在僖二十八年。曰：凡我同盟，各復舊職。若從踐土，若從宋，亦唯命。仲幾曰：踐土固然。固曰從舊，舊為宋役。薛宰曰：薛之皇祖奚仲居薛，以為夏車正。皇，大也。奚仲為夏掌車服大夫。奚仲遷於邳，下邳。仲虺居薛，奚仲之後。以為湯左相。若復舊職，將承王官，何故以役諸侯？仲幾曰：三代各異物，薛焉得有舊？言居周世，不得以夏殷為舊。為宋役，亦其職也。按宋不知尊王之義，而委功於薛，罪也。士彌牟曰：晉之從政者新，言范獻子新為政，未習故事。子姑受功，歸，吾視諸故府。求故事。仲幾曰

縱子忘之、山川鬼神、其忘諸乎、（山川鬼神盟所告）士伯怒、謂韓簡子曰、薛徵於人、（典籍故事、人所知也、）宋徵於鬼、（取證於鬼神）宋罪大矣、且已無辭、而抑我以神、誣我也、啟寵納侮、其此之謂矣、（開寵過分、則納受侵侮、疏云、商書說命、無啟寵納侮、）必以仲幾為戮、乃執仲幾以歸、三月、歸諸京師、（知以歸不可、故復歸之京師、）城三旬而畢、乃歸諸侯之戍、

輯傳（周衰、諸侯之大夫、猶相帥以從王事、圍變之正也、晉人執仲幾、猶以王事討有罪、亦變之正也、）齊高張後、不從諸侯、（後期不及諸侯之役）晉女叔寬（女寬）曰、周萇弘齊高張皆將不免、萇叔違天、高子違人、（天既厭周德、萇宏欲遷都以延其祚、故曰違天、諸侯相帥以崇天子、而高子後期、故曰違人、）天之所壞、不可支也、衆之所為、不可奸也、（為哀三年周人殺萇宏、六年高張來奔起、）

黃鄉林曰、京師承喪亂之後、君父在危困之中、晉為盟主、不率諸侯勤王城周大事、僅以大夫涖其役、以致魏舒奸義易

位以令、屬役而田。晉敢蔑視王人、宋亦輕視霸主、仲幾不受命、皆魏舒啟之也。薛宰處弱小之邦、尚能援古據今、爭承壇坫、而士鞅從政、不能出一言折仲幾、較之魏舒、尤覺不如。晉其替矣乎。

見三按二氏之田、四家瓜分、與范中行氏無與、士鞅啣之久矣、去椁示貶、非以伸國法、乃以執私仇也。宋前不輸粟、後不受功、總因晉不恤王室、勉為此舉以圖塞責。而魏舒干犯既有以啟其端、士鞅空疏、復無以孚人望、故肆其無稽、如此桀悍、徵人徵鬼、宋薛定案、士伯有此卓識、胡不面折仲幾、必與韓簡子私言之、其亦深恨于從政者胸無典故乎。

夏叔孫成子（婼之子）逆公之喪於乾侯、季孫曰、子家子亟言於我、

俞寧世曰。文境異樣悲涼。逆時想見旅櫬蕭條。葬時想見荒塚寂寞。孤忠雨泣。僕隸星分。及乱臣賊子。死君逐僻。志足意滿。無所顧忌。景狀俱寫得淋漓盡致。馮天開曰。子家一生心迹。却借他自己口中總結。季氏一生罪狀。却借宋驚鵝兩番總結。以叙為斷。讀者快意。作者匠心。姜白巖曰。子家之復昭公。非意如之願也。而云亟言於我。未嘗不中吾志。非由中之言也。所以明公自不肯歸。以卸已罪耳。又欲子家為已用。而啗之以立後。夫立後之事。臧孫納蔡以求。而孟叔二氏。背公義而不顧者。恐無後也。羈以為君父之讎。不共戴天。先人雖餒。必不向乱臣賊子求食。而飄然竟去。豈非國爾忘家者哉。蓋抱石皓寡俞之忠。而貫志以逡是可悼也。其立君也。提出卿士大夫守龜。見綸不容昧。天道不可誣。必天人交予而立之。天人交棄而廢之。季能違人。其敢違天。以羈不敢知。遁過點出寇字。意如寇其君。並寇其太子。諸臣袖手而觀。皆可誅也。以羈將逃也四字。扶豎天經地義。一片孤忠。

未嘗不中吾志也。吾欲與之從政。子必止之。且聽命焉。衆事皆諮問子家子。（補注）子家亟言於季孫、蓋欲季孫改過。逆公歸耳。（呂說）非子家忠誠、何以得季氏之信。子家子不見叔孫。易幾而哭。幾哭會也、不欲見叔孫、故朝夕哭不同會、（補注）不見叔孫、絕季孫也、○幾音祈。叔孫請見子家子。子家子辭曰。羈未得見而從君以出。出時成子未為卿。君不命而甍。羈不敢見。言未受昭公之命。詭辭以距叔孫。叔孫使告之曰。公衍、公為實使羣臣不得事君。二子始謀逐季氏。疏云逐季、公衍不與謀。季欲俱廢之。故言此。若公子宋昭公弟定公主社稷。則羣臣之願也。凡從君出而可以入者。將惟子是聽。子家氏未有後。季孫願與子從政。此皆季孫之願也。使不敢以告。叔孫成子名。對曰。若立君。則有卿士大夫與守龜在。羈弗敢知。若從君者。則貌而出者入可也。貌出謂以義從公、與季氏無實怨。（平傳）貌者禮也、謂禮當從公。寇而出者行可也。與季氏為寇讎者自可去。若羈也則君昭公知其出也。而未

自盡為故君之臣子而已、從公者皆自壞隤而反、使是子家同亡、或謂不見子家結局者非也、季孫拒君於生前、且絶君於死後、榮成伯兩聲其罪、至夫子而魯、始合諸先君、定公者不聞也、魯君臣其忍矣、而謂子家子肯與賊臣比肩事義哉、

知其入也、羈將逃也、補注晉語欒共子辭曲沃武公曰、且君知成之之從也、未知其待於曲沃也、語意正相似、喪及壞隤、公子宋先入、從公者皆自壞隤反、出奔六月癸亥、公之喪至自乾侯、戊辰、公即位、諸侯薨五日而殯、殯則嗣子即位、癸亥昭公喪至、五日殯於宮、定公乃即位、季孫使役如闞公氏、將溝焉、闞、魯羣公墓所在也、季孫惡昭公、欲溝絶其兆域、不使與先君同、疏云、公氏、公之墓宅、猶言將溝公氏、榮駕鵝魯大夫榮成伯○駕音加曰、生不能事、死又離之、以自旌也、旌、章也、縱子忍之、後必或恥之、乃止、季孫問於榮駕鵝曰、吾欲為君謚、使子孫知之、為惡謚、對曰、生弗能事、死又惡之、以自信也、將焉用之、乃止、林解信、明也、以自明其不臣之迹、秋七月癸巳、葬昭公於墓道南、孔子之為司寇也、溝而合諸墓、明臣無貶君之義、林解自昭公墓外為溝、使與先君墓合、

黃薌林曰、子家羈慮禍之密、謀事之忠、衛主之勤、奉身之潔、

春秋罕有其匹、但考其生平、有保身之哲、而無弭亂之才、有愛主之誠、而無鋤奸之力、其所言其大抵規勸昭公、而不敢明斥季氏、觀貌出冦出數言、激烈之中、仍帶和平之氣、不如榮駕鵝兩聲其罪、一則曰生不能事、再則曰生弗能事、褫奸雄之胆、慰亾主之靈、凜凜兩言、嚴於斧鉞、子家氏似遜一籌、見三按定公之立、逃不得一篡字、故先儒謂之不正其始、蓋昭雖出奔、國猶昭之國也、則位猶昭之位也、昭卒而立君舍昭之子、其誰屬焉、昭公在魯、先立公為為太子、及居鄆、廢公為而立公衍、雖以其後生而誣為兄、實懼季氏之仇公為而不得立、不如先為之地、昭命之衍立焉、既非公為所能僭、夫豈季氏所能廢、又豈子宋所能奪、然而喪及壞隤、公子宋獨

先入者、蓋自乾侯之耗聞、老臣定策、天子門生、早已打通一氣、陰結用事之臣、陽附弟及之誼、而公子衍遂廢矣、而定公竟立矣。在位三月、他事未舉、先立煬宮、左氏曰昭公出故季子禱於煬公、至是立其宮、以魯事觀之、則亦定公立之耳、定公者昭公之弟、煬公者考公之弟、魯人一生一及、而以弟繼兄自煬公始、方昭公蒙塵之日、正定公冀倖之時、告之宗祖、通之鬼神、則必曰煬公其似我、我庶幾其似煬公也、興廢有權、則媚於季氏、紹承有自、則禱於煬公、定公之篡觀於立煬宮而益信矣、正名定分、季固難免、史彌遠廢君之罪、定亦難逃宋太宗竊位之名、

昭公出、故季平子禱於煬公、（孔疏）蓋就祧而禱之、九月立煬宮、昭公死於外、自以為

姜白岩曰、前通歷傳平子毀容徒跣、欲從公歸、而公拒之甚峻、及讀此數語、真得意

如八年事君請君歸君諸般心事揭出

獲福（歸義）立武宮猶有尊先君之意焉煬宮詛君也罪不容誅

見三按詛其孫而禱於其祖天下斷無此愚人冥間亦斷無此淫鬼故煬公之宮必為定公所立無疑蓋定以弟繼昭猶煬之以弟繼考立煬之宮所以掩已之篡也左氏歸罪於意如猶是為尊者諱

周鞏簡公周卿士棄其子弟而好用遠人異旅也為明年鞏氏賊簡公張本

見三按棄親用羈必其子弟之不肖可知但中養不中才養不才父兄之責不加教訓遽棄不用宜其禍起蕭墻

經癸巳二年春王正月○夏五月壬辰雉門及兩觀災（杜）解雉門公宮之南門兩觀闕也天火曰災疏云明堂位庫門天子皋門雉門天子應門魯之雉門公宮南之中門也周禮太宰正月之吉縣治象之法於象魏象魏闕也闕在門兩旁中央闕然為道其上懸法象魏魏然高大謂之象魏使入觀之謂之觀也○觀去聲○

姜白岩曰。天下無胥。亂賊公行。子弟一不得志。輒戕其父兄。畿內如此。天王之失刑也。

秋楚人伐吳。冬十月新作雉門及兩觀【孔疏】公羊稱子家駒云、設兩觀、諸侯僭天子。禮器、天子諸侯臺門、卿特牲、臺門大夫之僭禮也。唯言大夫異於諸侯、不言諸侯異于天子、兩觀為僭禮無其文。按新作、更新踰舊也、

傳二年夏四月辛酉、鞏氏之羣子弟賊簡公。【杜解】傳言棄親用踈、所以敗也、

見三按、鞏簡公畿內之卿也、羣子弟一家之人也、王法不明、近而畿內、親而一家、戕其父兄、如無事然、此大亂之萌也、春秋安得不變為戰國。

桐小國。按今江南桐城縣北。叛楚、吳子使舒鳩楚屬國氏誘楚人曰、以師臨我、教舒鳩誘楚、使以師臨吳。我伐桐、為我使之無忌、吳伐桐也、偽若畏楚師之臨已、而為代其叛國以取媚者也。欲使楚不忌吳、所謂多方以誤之。秋楚囊瓦伐吳師於豫章、從舒鳩言吳人見舟於豫章、偽將為楚伐桐而潛師於巢、實欲擊楚以冬十月吳軍楚師於豫章、

敗之。（楚不忌故）遂圍巢克之。獲楚公子繁。（守巢大夫）

黃鄉林曰。此即多方以誤之也。韓信明修棧道。暗渡陳倉。寔師此意。伍子胥誠知兵也。

見三按。桐舒皆楚屬國也。一叛楚。一誘楚。皆為吳用。而楚勢日孤。繼此唐蔡亦叛。藩籬盡撤。人無守心。楚地數千里。持戟數十萬。吳人以一旅之師。長驅直進。如入無人之境。沈尹戌謂子常必亡郢。然則子胥非能覆楚。子常覆之也。

邾莊公與夷射姑（邾大夫射音亦）○飲酒。私出。（出辟酒）閽乞肉焉。奪之杖以敲之。（奪閽杖以敲閽頭也。為明年邾子卒傳。○敲口交反）

見三按。小人不可辱。辱則思報。蜀漢張桓侯。優禮士大夫。而多鞭撻士卒。卒為范疆陳達所刺。此閽無故乞肉。便是有挾

姜白巖曰、閽一微者、畧施小智、君死臣執、貽禍無窮、傳特敘此、為人君謹小慎微之戒、

而求、不與其肉、反敲其頭、亦自貽之戚矣、

經甲午三年春王正月公如晉至河乃復鄭氏曰、定公首如晉、以已之篡立、懼伯國之見討、季孫從史而行、晉以其不請自立、且無賄賂之納也、故拒之、自皋鼬納賂而位定矣、〔經箋〕自此定不復如晉、懲此之辱也、知恥於昭公遠矣、○二月辛卯邾子穿卒○子隱公益立○夏四月○秋葬邾莊公〔杜解〕六月乃葬緩○冬仲孫何忌及邾子盟于拔地闕、按何忌不顧邾子之喪、而強之盟、大無禮也、

傳三年春二月辛卯、邾子在門臺、〔杜解〕門上有臺臨廷、閽以缾水沃廷、邾子望見之、怒、閽曰、夷射姑旋焉、小便命執之、見其不潔、執射姑弗得、滋怒、自投於牀、廢於鑪炭、隋也爛、遂卒、先葬以車五乘、殉五人、欲藏中之潔、故先內車及殉、別為便房、蓋其遺命、莊公卞躁疾也急而好潔、故及是、

見三按、為人君者、不崇敦大之體、而卞急、已非御下之道、又

周大章曰。以佩兩馬而留二國之君三年不歸。黷貨無厭。至此極矣。囊瓦不足責。獨怪楚昭身為人主。而見此唐蔡之君。曰稽顙于其庭。曾不推求其故。何昏也。君昏臣貪。不亡何待。

姜白巖曰。書蔡侯沉玉之詞。將歷世祖父深讎積怨。一時歸送。直是不共戴天。已與子胥暗合。為召陵及入郢兩大篇

信讒不察。適足以殺其軀而已矣。廢炭自賊。何足矜焉。

秋九月鮮虞人敗晉師於平中。晉也獲晉觀虎。恃其勇也。為五年士鞅圍鮮虞張本

見三拔鮮虞即中山也。有此一敗。召陵之會。遂為荀寅藉口。固晉霸之不競。亦中夏之氣數使然也。

冬盟于郯。即拔也。○音談脩邾好也。公即位故脩好。拔邾為魯欲脩好。故新喪出會。罪不在邾也。

見三拔邾不居喪。魯不弔喪。越境為此不急之盟。胥失之矣。

蔡昭侯為兩佩佩玉也與兩裘以如楚。獻一佩一裘於昭王。昭王服之以享蔡侯。蔡侯亦服其一。子常欲之。弗與。三年止之。唐成公唐惠侯之後如楚。有兩肅爽馬。駿馬名。○爽音霜子常欲之。弗與。亦三年止之。測義二君以弱小處强暴之下。修其玩好。誇示貪夫。三年之止。豈非自取。唐人或相與謀。請代

蓄勢。

先從者。許之。飲先從者酒。醉之。竊馬而獻之子常。按為唐侯謀者。偽請代先從者之勞。先從者即先從唐侯入楚者。唐侯不知其偽。許之。遂以酒醉之。竊馬以獻。子常歸唐侯。自拘於司敗。竊馬者自拘。曰君以弄馬之故。隱君身。隱憂約也。棄國家。羣臣請相相助也夫人夫人謂養馬者以償馬。必如之。【補解】養馬以償君。必有駿馬如肅爽者。唐侯曰寡人之過也。二三子無辱。皆賞之。蔡人聞之。固請而獻佩於子常。子常朝見蔡侯之徒。命有司曰。蔡君之久也。官不共也。言楚所以禮遣蔡侯之物不共備故。明日禮不畢遣蔡侯之禮將死。蔡侯歸。及漢。執玉而沈曰余所有濟漢而南者。有若大川。自誓言若復渡漢。當受禍明如大川。蔡侯如晉。以其子元與其大夫之子為質焉。而請伐楚。為明年會召陵張本

黃鄉林曰。物之尤者。往往賈禍。田文以一狐裘獻秦王。不免於愛姬之欲得。況囊瓦之貪乎。竊馬而獻。胆識過人。蔡侯濟

漢沉玉、何如捐佩早旋哉、

見三按唐蔡以弱小之國、奔走強大、即兢兢然守之以樸、猶恐不免誅求、況侈其玩好、以示貪夫、三年之止、直自取矣、君以弄馬之故、隱君身、棄國家、名言至論、可箴可銘、蔡侯沉璧濟漢、仇深不共、蜂蠆夂螫、毒等虎狼、楚其危哉、

經乙未四年春王二月癸巳陳侯吳卒○子懷公柳立○三月公會劉子晉侯宋公蔡侯衛侯陳子鄭伯許男曹伯莒子邾子頓子胡子滕子薛伯杞伯小邾子齊國夏于召陵侵楚【杜解】于召陵先行會禮、入楚竟、故書侵、按晉楚兵交止此、○夏四月庚辰蔡公孫姓帥師滅沈以沈子嘉歸殺之【毛傳】歸歸於會也、殺晉殺之也○姓音生○五月公及諸侯盟于皋鼬【纂疏】此言諸侯則劉子不與盟矣、復書公及、著公汲汲於會後、求爲此盟也、按皋鼬今在河南臨潁縣界○由又反○杞伯成卒于會

按悼公卒，子隱公乞立，是年七月隱公弟遇弑君自立，即僖公也。〇六月，葬陳惠公。〇許遷于容城〔蘇氏〕古史：自白羽以來，宮宇未緝，卿大夫舍於隸人，而百姓暴露于外。若又遷之，是轉徙無窮期也。彼仇讎者謀而乘之，其殆哉。後二年，鄭滅之。〔疑問〕許至是四遷矣。〇秋七月，公至自會。〇劉卷卒即劉蚠也。劉子奉命出盟召陵，死則天王為告同盟，故不具爵。按先儒以卷為王室一人，是也。然謂書之猶孔子卒，則劉單同功，亦有告有不告耳，非尊之故書之也。〇卷音權。〇葬杞悼公。〇楚人圍蔡按滅沈故。〇晉士鞅、衛孔圉帥師伐鮮虞孔圉，孔羈孫。士鞅即范鞅。黃氏曰：不恤蔡圍，而伐中山，晉業之卑，無可望矣。〇葬劉文公。〇冬十有一月庚午，蔡侯以吳子及楚人戰于柏舉，楚師敗績師能左右之曰以，皆陳曰戰，大崩曰敗績。吳為蔡討楚，從蔡計謀，故書蔡侯以吳子，言能左右之也。昭三十一年傳曰：六年十二月庚辰，吳其入郢。今以十一月者，并數閏。按柏舉，楚地，在今湖廣麻城縣境。名勝志：其地有柏子山、舉水。楚囊瓦出奔鄭。庚辰，吳入郢弗地曰入。吳不稱子，史畧文。〔林解〕郢，楚都。

傳四年春三月，劉文公〔杜解〕王官伯也。合諸侯于召陵，謀伐楚也。〔陳傳〕傳明

周大音曰平卯之會晉有甲車四千乘欲示威示眾於齊魯今因蔡侯之請奉王命以伐荊楚乎此不用吾眾惡乎用吾眾乃大合十八國諸侯掀天揭地而來竟以斂貨弗得捲旗息鼓而退視勞眾勤民直同兒戲晉之不競于此為極不待假羽旄旆以會而始失諸侯也獨惜蔡侯於楚則遇囊瓦於晉又遇荀寅皋鼬將長又遇一祝鮀處處寃對一腔憤懣無由得申安得不激而導吳

姜白岩曰此晉人之舉而傳特書劉文公合諸侯何也晉受蔡愬而猶豫未決文公奉天子命激厲晉人檄召諸侯欲乘楚為吳敝政亂臣貪之會以撻之大振王靈併除子朝而十八國諸侯率師趨命即又服于楚之陳蔡鄭許頓胡楊所不能盡致者皆在焉卓哉是舉二百四十二年周家大臣未有其匹然主其謀者萇宏王室之定宏有功焉傳揷私於萇宏一筆又揷吾子欲復文武之略見斯舉宏實左右之也無如晉卿方為分晉之謀且有鑒於厲公之勝楚而圖三

此會劉文公實為之非出霸國之意晉荀寅求貨於蔡侯弗得言於范獻子曰國家方危諸侯方貳將以襲敵不亦難乎水潦方降疾瘧方起中山鮮虞不服棄盟取怨無損於楚而失中山不如辭蔡侯吾自方城以來楚未可以得志晉敗楚侵方城在襄十六年祇取勤焉乃辭蔡侯晉人假羽旄於鄭鄭人與之析羽為旌王者遊車之所建鄭私有之因謂之羽旌借觀之疏云羽旌有五色鳥羽又有旄牛尾繫此羽旄於干首別有絳為旒縿縣之于竿也明日或旆以會或賤者也繼旐曰旆疏云繼旐曰旆釋天文郭璞曰帛續旐末為燕尾者則旐為旂身旆為旂尾晉令賤人建此羽旌施其旒旆於下執之從會示其卑鄭晉於是乎失諸侯傳言晉無禮所以遂弱【世紀】范鞅請冠而魯使執趙鞅受楊楯而宋卿執邯鄲爭貢而三卿亂取賂季孫求貨蔡侯且索魯之十年上下交征利而國危矣春秋所以謹義利之辨將會衛子行敬子衛大夫言於靈公曰會同難難得宜嘖其有煩言莫之治也【附注】管子嘖室之議房元齡曰言語諍嘖荀子嘖馬而不類楊倞注嘖爭言也此則云嘖然有煩亂忿爭之言耳○嘖仕責反其使

御也、故以貨阻蔡、以羽旄辱鄭、追晉師先歸、諸侯皆散。傳首句歸功文公、以明聖經首書劉子、不同凡會、不書伐楚、本未嘗伐也、猶書侵楚、已入楚地、不沒劉子及諸侯之本謀也。傳詳錄佞人之言、見祝鮀非禮之禮、正與荀寅之告范獻者相符。貪夫利口、得志於壇坫之閒、事之所以無成也。自此會後、劉文賫志以沒、晉伯已熄、吳越主盟、世變一大關鍵。萇宏猶將興周、而天無益、不出晉大夫所料也。蓋晉卿營私則勇、公義則怯、此為文襄以來伯主結局、即為定哀春秋無伯關端、傳豈為佞臣長聲價、為權臣嘉服善哉。

祝佗（大祝子魚）從。公曰善、乃使子魚、子魚辭曰、臣展四體、以率舊職、猶懼不給、而煩刑書、若又共二、（共二職）徼大罪也、且夫祝社稷之常隸也、（賤臣）社稷不動、祝不出竟、官之制也、（社稷動謂國遷）君以軍行、祓社釁鼓、（師出先有事祓禱于社、謂之宜社、於是殺牲以血塗鼓鼙為釁鼓）祝奉以從、（奉社主也、疏云、禮軍行以祖主社主從、有功賞于祖主前、奔北戮于社主前）於是乎出竟、若嘉好之事、（謂朝會）君行師從、（二千五百人）卿行旅從、（五百人）臣無事焉、公曰行也、及皋鼬、（將盟）將長蔡於衛、（欲令蔡先衛歃）衛侯使祝佗私於萇弘曰、聞諸道路、不知信否、若聞蔡將先衛、信乎、萇弘曰信、蔡叔康叔之兄也、（蔡叔周公兄、康叔周公弟。疏云、管蔡世家、大姒生伯邑考、次武王發、次管叔鮮、次周公旦、次蔡叔度、次曹叔振鐸、次郕叔武、次霍叔處、次康叔封、次冄季載、蔡叔周公弟也、今曰兄者、以僖二十四年傳、富辰言文之昭十六國、蔡在魯上、明以長幼為次、賈逵等皆言蔡叔周公兄、故杜從之、馬遷謬）先衛不亦可乎、子魚曰、以先王觀之、則尚德也、昔

武王克商，成王定之，選建明德，以藩屏周。故周公相王室以尹正也天下。於周為睦。親厚也以威德見親厚分魯公伯禽以大路大旂、此大路金路錫同姓諸侯車也。交龍為旂。周禮同姓以封夏后氏之璜、美玉名。周禮半璧曰璜。封父古諸侯。漢置封丘縣。按今屬河南。其縣治有封父亭。之繁弱。大弓名○繁扶元反殷民六族，條氏、徐氏、蕭氏、索氏、長勺氏、尾勺氏，使帥其宗氏，輯其分族，將其類醜，眾也以法則周公，用即命於周。即就也。使六族就周受周公之法制。是使之職事於魯。共魯公之職事以昭周公之明德。分之土田陪增也敦、厚也祝、宗、卜、史、大祝宗人大卜大史凡四官。備物、謂國君威儀之物典策、[孔疏]謂史官書策之典官司、百官也彝器。常用器因商奄國名之民、與四國流言武進散在魯，皆令即屬魯懷柔之。命以伯禽，而封於少皞之虛。[孔疏]劉炫云，伯禽亦命書篇名，猶穆王命君牙，即以君牙為篇也。少皞虛，曲阜也。在魯城內。按今曲阜故城有少皞陵。分康叔以大路、少帛、雜帛也綪茷、旃旌、綪茷大赤，取染草名也。通帛為旃，析羽為旌。疏云：綪

同僑、是染赤之草、茷即旆、綪旆即今之紅旗、茷是旗尾、旗是旗身。○綪茷音倩旆大呂、名鐘殷民七族、陶氏、施氏、繁氏、錡氏、樊氏、饑氏、終葵氏。封畛土略自武父以南及圃田之北竟、畛、塗所經也。略、界也。武父、衛北界。圃田、鄭藪名。○繁步何反。錡魚綺反。取於有閻之土、衛所受朝宿邑、蓋近京畿。以共王職。取於相土按商之先君之東都、以會王之東蒐、為湯沐邑、王東巡守、以助祭泰山。聃季周公弟司空授土、陶叔司徒授民、命以康誥、周書而封於殷虛。朝歌也。按今河南淇縣北有殷墟橋。皆啟以商政、疆以周索。皆魯衛也。啟、開也。居殷故地、因其風俗、開用其政。疆理土地以周法。索、法也。分唐叔以大路、密須國名之鼓、闕鞏、甲名。○鞏九勇反。沽洗、鐘名。○息典反。懷姓唐之餘民九宗、一姓為九族職官五正。五官之長命以唐誥、誥命篇名也而封於夏虛、大夏、今大原晉陽也。啟以夏政、亦因夏風俗、開用其政。疆以戎索。大原近戎而寒、不與中國同。故自以戎法。三者皆叔也、而有令德、故昭之以分物。不然、文武成康之伯猶多、而不獲是分也、唯不

尚年也。管蔡啟商惎（毒也。○音忌），間王室。（周公攝政，管叔、蔡叔開導紂子祿父，以毒亂王室。）王於是乎殺管叔而蔡蔡叔，（蔡，放也。○上蔡素達反，下如字。）以車七乘、徒七十人。（與蔡叔車徒而放之。）其子蔡仲改行帥德，周公舉之，以為已卿士，（為周公臣。）見諸王而命之以蔡，（命為蔡侯。）其命書云：王曰胡，（蔡仲名。）無若爾考之違王命也。若之何其使蔡先衛也？武王之母弟八人，周公為太宰，康叔為司寇，聃季為司空，五叔無官，豈尚年哉？（五叔：管叔鮮、蔡叔度、郕叔武、霍叔處、毛叔聃。附注：逸周書及史記皆云毛叔名鄭，此作聃，誤也。聃季是毛叔弟。）曹，文之昭也，（文王子，與周公異母。）晉，武之穆也，（武王子。）曹為伯甸，非尚年也。（以伯爵居甸服，言小。）今將尚之，是反先王也。晉文公為踐土之盟，衛成公不在，夷叔其母弟也，猶先蔡，（踐土、召陵二會，經書蔡在衛上，霸主以國大小之序也，子魚所言，盟歃之次。）其載書云：王若曰：晉重、（文公）魯申、（僖公）衛武、（叔武）蔡甲午、（莊侯）鄭捷、（文公）齊潘、（昭公）宋王臣、（成公）

○王式作壬莒期。兹平公也。齊序鄭下，周之宗盟，異姓為後。疏云：盟之先同姓者，惟謂王官之宰臨盟時耳。踐土則王子虎盟諸侯於王庭，此盟則劉子在焉，其餘雜盟，則以國之大小為次。藏在周府，可覆視也。吾子欲復文武之畧，道也。而不正其德，將如之何？萇弘說，告劉子，與范獻子謀之，乃長衛侯於盟。反自召陵，鄭子大叔未至而卒。晉趙簡子為之臨，甚哀，曰：黃父之會，在昭二十五年。夫子語我九言，曰：無始亂，無怙富，無恃寵，無違同，無敖禮，無驕能，以能驕人。無復怒，復，重也。無謀非德，非所謀也。無犯非義。

黃薌林曰：莊僖之人才，德不足稱，而功尚可錄。成襄之人才，功不足道，而言尚可觀。至定哀以來，則威權自恣，功與言俱無，皋鼬之盟，至以佞口之祝鮀，爭長於壇坫，強詞奪理，刺刺不休，即求一立言如子太叔，亦不可得矣。末以子太叔九言

言作結罪荀范即以斥祝鮀也、世變之極、曷勝浩嘆、

見三按自入春秋以來、合諸侯無此之盛者、此極盛之會、亦永歆之期也、王臣在會、列侯景從、又得蔡人為之嚮導、整旅而問佩裘之罪、易於責包茅、討子朝之孽、順於詰南征、必可得志、而功烈過齊桓矣、奈何竟以貨敗哉、楚有一囊瓦而失蔡、晉有兩囊瓦而失蔡並失諸侯、頓十有八國之師徒、為此無益之盟、始欲長蔡、怯於賄也、繼而先衛、畏其強也、同一召陵、同一攘楚、昔也齊為此地之盟、足以威臨楚顔、今也晉為此地之會、不能禮折衛鮀、自是而霸圖空、自是而私盟起、冠裳之萃止、永不可〔再睹〕得睹矣、傷哉、

沈人不會於召陵、晉人使蔡伐之、夏、蔡滅沈、歸義蔡決意報楚、故盡死力滅之、

俞寧世曰：左傳敘數大戰，獨此戰不同。他戰或以力勝，或以謀勝，此戰全是報仇雪恥之師。楚急而吳怒，故長驅直入，莫之或遏。至於國已破，吳宮已處，吳王已奔，吳人之怒已平，原非有意滅楚，所以不旋踵而復。其中隱隱有一伍子胥調撥，妙不明說出來。而楚國多少忠臣，智僅得挽回，乃見怨毒之於人甚也。「德怨」二字通篇關紐。姜宸英曰：蔡侯于楚不共戴天之讎，誓言死必報，其志豈不偉哉！故吳入郢而經予蔡侯，以著國君復讎之大義。傳分三截讀：史皇以乘廣死以上，為柏舉敗囊瓦奔傳；句卑以其首免以上，為入郢傳；楚子涉雎至末，楚所以不至於滅也。從楚師圍蔡敘起，晉不能卹蔡，而轉使蔡滅楚與國之沈，及蔡被圍，而晉復不救，則播遷死亡之禍，應屬之蔡。傳忽插伍員一段，宰嚭佐之，見兩人與蔡侯，皆世之讎，彼此印合，而蔡侯伐楚之請，遂若適中其隱，而從令恐後，故蔡侯不發一謀，而吳之謀，即蔡侯之謀也；蔡侯不出一力，而吳之師，即蔡侯之師也。凡吳人大敗之，又敗之，五戰及

秋，楚為沈故圍蔡。伍員為吳行人以謀楚。楚之殺郤宛也，（在昭二十七年。○員音云）伯氏之族出，（郤宛黨）伯州犂之孫嚭為吳太宰以謀楚。楚自昭王即位，無歲不有吳師。蔡侯因之，以其子乾與其大夫之子為質於吳。冬，蔡侯、吳子、唐侯伐楚。（唐侯不書，兵屬于吳、蔡。○嚭，普鄙反）舍舟於淮汭，（吳乘舟從淮來，過蔡而舍之）自豫章與楚夾漢。（豫章，漢東江北地名）左司馬戌謂子常曰：「子沿漢而與之上下，（沿，緣也。緣漢上下，遮使勿渡）我悉方城外以毀其舟，（以方城外人毀吳所舍舟）還塞大隧、直轅、冥阨，（三者，漢東之隘道。按三關之塞，今在河南信陽州。○阨，於懈反）子濟漢而伐之，我自後擊之，必大敗之。」既謀而行。武城黑（楚武城大夫）謂子常曰：「吳用木也，我用革也，（用，器）不可久也，不如速戰。」史皇（楚大夫）謂子常：「楚人惡子而好司馬。（沈尹戌）若司馬毀吳舟於淮，塞城口（三隘道之總名）而入，是獨克吳也。子必速戰，不然不免。」

郢，勢如破竹，楚子之國破家亡，其臣或奔，或傷，或死，或欲縊，或要言，或哭庭牆，旨雖忠佞不同，自蔡侯視之，皆極快心之事也。庶幾可慰乃祖乃父之靈，而寬如於漢川沈玉一誓言，是以君子予其志也。

乃濟漢而陳，自小别至於大别。禹貢漢水至大别南入江，然則此二别在江夏界。按小别山今在湖廣漢川縣北，大别山今在漢陽縣東北。三戰，子常知不可，欲奔。知吳不可勝史皇曰：安求其事，求知政事難而逃之，將何所入？子必死之，初罪必盡說。言致死以克吳，可以免貪賄致寇之罪。十一月庚午，二師陳於柏舉。經所以書戰二師吳楚師闔廬之弟夫槩王晨請於闔廬曰：楚瓦子常名不仁，其臣莫有死志。先伐之，其卒必奔，而後大師繼之，必克。弗許。夫槩王曰：所謂臣義而行，不待命者，其此之謂也。今日我死，楚可入也。以其屬五千先擊子常之卒，子常之卒奔，楚師亂，吳師大敗之。子常奔鄭。史皇以其乘廣死。以死戰。按史皇一言喪邦，然一死猶義。吳從楚師，及清發。水名。按湖廣安陸縣城西有石門山，溳水經其下，即清發。將擊之，夫槩王曰：困獸猶鬭，況人乎？若知不免而致死，必敗我。若使先濟者知免，後者慕之，蔑有鬭心

矣。半濟而後可擊也。從之。又敗之。楚人為食。吳人及之。奔食而從之。【林解】吳人食其食而從之。敗諸雍澨。按水名。今在京山縣西南。五戰及郢。【孔疏】五戰謂濟漢而陳。自小別至於大別。三戰也。柏舉清發已五矣。傳例皆陳曰戰。奔食而從之。則食者走不暇為陳。故不數也。己卯。楚子取其妹季芈畀我以出。涉睢。是楚王西走。按今當陽縣北有沮水。相傳昭王西涉處。疏云。芈楚姓。季芈畀我皆平王女。服曰。季芈許嫁而字畀我。季芈弟也。按季即其字。非以畀我為字也。陸氏誤。○芈面爾反。睢七餘反。鍼尹固與王同舟。王使執燧象以奔吳師。燒火燧繫象尾。使赴吳師驚却之。疏云。執而奔向吳師。乃放之。○鍼之林反。庚辰。吳入郢。以班處宮。以尊卑班次。處楚王宮室。子山吳王子處令尹之宮。夫槩王欲攻之。懼而去之。夫槩王入之。入令尹宮也。言吳無禮。所以不能遂克。左司馬戌及息而還。息汝南新息也。聞楚敗故還。敗吳師於雍澨。傷。司馬先敗吳師。而身被創。初司馬臣闔廬。故恥為禽焉。司馬嘗在吳為闔廬臣。是以今恥於見禽。謂其臣曰。誰能免吾首。吳句卑曰。臣賤可乎。司馬曰。我實

失子可哉。失子賢不知三戰皆傷。曰吾不可用也已。句卑布裳。剄而

裹之。司馬已死。剄取其首。○剄古頂反藏其身。而以其首免。之傳言司馬忠壯楚子涉

雎濟江。入於雲中。入雲夢澤中。所謂江南之夢王寢。盜攻之。以戈擊王。王孫

由于。以背受之。中肩。王奔鄖。鍾建楚大夫負季芊以從。由于徐蘇

而從。以背受戈。故當時悶絕鄖公辛之弟懷。將弒王。曰平王殺吾父。我殺

其子。不亦可乎。辛蔓成然之子鬬辛也。昭十四年楚平王殺成然辛曰君討臣。誰敢讎

之。君命天也。若死天命。將誰讎。詩大雅曰柔亦不茹。剛亦不吐。不

侮矜○古頑反寡。不畏彊禦。唯仁者能之。違彊陵弱。非勇也。乘人之

約。非仁也。滅宗廢祀。非孝也。弒君罪應滅宗動無令名。非知也。必犯是。

余將殺女。鬬辛與其弟巢。以王奔隨。吳人從之。謂隨人曰。周之

子孫在漢川者。楚實盡之。天誘其衷。致罰於楚。而君又竄之。匿也

周室何罪。補注　傳見吳子與夷狄相敗不同、雖齊桓召陵之役、其辭令未嘗及此、君若顧報周室、施及寡人、以獎成也天衷、君之惠也、漢陽之田、君實有之、楚子在公宮之北、隨公宮也吳人在其南、子期昭王兄公子結似王、逃王而已為王、曰、以我與之、王必免、隨人卜與之、不吉、乃辭吳曰、以隨之辟同僻小、而密邇於楚、楚實存之、世有盟誓、至於今未改、若難而棄之、何以事君、執事之患、不唯一人、楚王若鳩安集也楚竟、敢不聽命、補注　隨人知吳不能定楚吳人乃退、鑪金初宦於子期氏、實與隨人要言、要言無以楚王與吳、并欲脫子期王使見、王喜其意、欲引見之、以比王臣、且欲使盟隨人、辭曰、不敢以約為利、附注　不敢乘君父困約之時以為利、王割子期之心、以與隨人盟、當心前割取血以盟、示其至心初伍員與申包胥友、楚大夫其亡也、謂申包胥曰、我必復楚國、復報也申包胥曰、勉之、子能復之、我必能興之、及昭王在隨、申包

胥如秦乞師曰吳為封豕長蛇以荐食上國（荐數也）虐始於楚寡

君失守社稷越在草莽使下臣告急曰夷德無厭若鄰於君疆

埸之患也（吳有楚則與秦鄰）逮吳之未定君其取分焉（與吳分其地）若楚之

遂亡君之土也若以君靈撫之世以事君（撫存恤也【歸義】包胥逆鑾之功臣王室之

罪首）秦伯使辭焉曰寡人聞命矣子姑就館將圖而告對曰寡君

越在草莽未獲所伏（【附注】隱也讔言未獲所竄隱之處）下臣何敢即安立依於

庭牆而哭日夜不絕聲勺飲不入口七日秦哀公為之賦無衣

（詩秦風取其王于興師修我戈矛與子同仇與子偕作與子偕行）九頓首而坐（無衣三章章三頓首）秦師

乃出（為明年包胥以秦師至張本）

黃薌林曰蔡小國也一奮之間遂能以吳殘楚走其上卿破

其國都數百年之強楚一旦而入之可嘉也吳姬姓之子孫

也。雪漢陽諸姬之恥。誅蠻夷猾夏之罪。撫輯其人民。疆理其土地。請於天王。為存亡繼絕之義。求諸亡國之子孫。而復之以分其土。將桓文讓烈矣。顧乃舍大爭小。班處楚宮。擄掠奸淫。無所不至。坐令秦得乘其虛。楚得收其燼。五勝而入者。卒至五敗而歸。暴風不終日。驟雨不終朝。其吳之謂歟。　伍奢以讒死。法不宜誅。子胥志在復讎。五戰及郢。左不言子胥。而共見子胥之才。吳人乃退。亦不明言子胥。而即見子胥之量。恥雪怒平。原非決意滅楚。或有以鞭平之屍。淫昭之母。為子胥誣者。夫近宮尚不殺昭。寧復辱及其先。涉睢尚能取妹。豈轉自棄其母。此亦不辨自明者也。史豈以楚氛橫熾。衆怒已深。特附會其詞。以快天下之心歟。總之以剛戾忍評子胥。不

如傳孝仁知勇之為得耳。

見三按此深嘉蔡侯之報讎也。荆楚荐食上國。蔡實首受其禍。自莊十年荆敗蔡師於莘。以蔡侯獻舞歸。為中國患楚之始。亦楚人虐蔡之始。浸假而圍其國。浸假而入其都。浸假而殺其君。浸假而用其太子。逼處仇讎。無所控告。數世之沉冤。蓋不僅三年之屈辱矣。貽侯激於一怒。沉璧濟漢。始愬於晉。繼質於吳。吳之子胥伯嚭。正共懷父兄之恨。與貽侯同心一力者也。五戰及郢。楚社幾墟。舉桓文所不能致者。蔡以一怒致之。仇報而耻雪。有光前烈。諸侯咸於蔡輸粟焉。後十餘年楚報柏舉。而蔡人男女以辨疆於江汝。楚亦莫如之何。其志殊可嘉也。蔡之先世。克庸祗德。蓋前人之愆。蔡之末世用吳

破楚、報前人之仇、經書蔡人以吳子及楚人戰於柏舉、楚師敗績、壯哉蔡人、可以不朽矣、

春秋左傳精義卷四十五

閩中　鄰林黃一桂　輯　男　心垣見三　補輯

定公二

經丙申五年春王三月辛亥朔日有食之。夏歸粟于蔡杜解蔡為楚所圍，飢乏，故魯歸之粟。○於越入吳於發聲也。劉傳於越，其自稱者也，越者，中國人稱之。會通經文入吳敗吳，皆越人來告，故書於越，吳伐越，則吳來告，故止書越。○六月丙申季孫意如卒。秋七月壬子叔孫不敢卒。○冬晉士鞅帥師圍鮮虞按中原方雲擾，而晉臣只務私利。

傳五年春王人殺子朝於楚。杜解因楚亂也。終閔馬父之言。

見三按子朝在楚，終為後患，乘亂殺之，永絕禍根，蓋萇宏之

趙木訥曰、十八國諸侯不能救蔡、而吳楚蔡圍既解、魯南逼於吳、以徐為障。昭三十年吳已滅徐、蔡若有言於吳、吳兵出直指魯郊、安得不賑蔡以悅於吳也。吉望溪曰、歸粟必壤地相接、水道可通。魯歸蔡粟以淮也、告糴於齊以濟也、秦輸晉粟以河也、若齊晉宋衛則但能歸蔡財、安能輸粟哉。

姜白巖曰、想見傾國師行、越乘其虛、知吳人救患之摯、而越人助楚撓吳、為可惡也。

姜白巖曰、經卒意如、猶之卒仲遂也。若曰、斯人也而得保首領以沒乎、傷魯之失刑也。然陽虎之亂、駸駸萌動矣。佩璵璠以殮、儼然國君、意如罪案又補前傳所未及。

謀也。稱王人、明國討也。

夏、歸粟于蔡。以周亟、急也。矜無資。〔歸義〕春秋魯史也、凡有事不言主名、皆魯事也。

見三接。歸粟于蔡、公穀皆以為諸侯、左氏不明言、獨春秋歸義以為魯事。蓋春秋魯史也、凡有事不言主名、皆魯事也。春秋不沒人之善、若是諸侯歸粟、決未有不言其國者。

越入吳。吳在楚也。

見三接。入郢之師、可謂壯矣、而入吳之師即在此時、螳螂眈眈於前、而不知黃雀之眈其後、禍機之伏可畏哉。

六月、季平子行東野。季氏邑。還未至、丙申、卒於房。〔補正〕疑即防字、古卩作㔾、脫其下而為防字、漢仙人唐公防碑可證也。陽虎將以璵璠。美玉、君所佩。○音餘煩。斂、仲梁懷季氏家臣。弗與、曰、改步改玉。昭公之出、季孫行君事、佩璵璠、祭宗廟。今定公立、復臣位、改君步、則亦當去璵璠。疏

（云。玉藻云。君與尸行接武。大夫繼武。士中武。鄭注。尊者尚徐。接武蹈半迹。繼武迹相及。中武迹間容迹。是步不同也。又云。公侯

佩山元玉。大夫佩水蒼玉。是玉不同也。）陽虎欲逐之。告公山不狃。（季氏臣。費宰子洩也。）不狃

曰、彼為君也。子何怨焉。（為君不欲使僭。疏云。家臣謂季氏為君。）既葬桓子。（意如子季孫斯）

行東野。及費。子洩為費宰。逆勞於郊。桓子敬之。勞仲梁懷。仲梁

懷弗敬。（懷時從桓子行。輕慢子洩。）子洩怒。謂陽虎。子行之乎。（行逐懷也。為下陽虎因桓子起。）

黃鄉林曰。貨欲以璵璠斂。非尊意如。蓋為己僭踰地步也。其

心以大夫可諸侯斂。陪臣亦可執國命。盜竊寶玉大弓已伏

於此。仲梁懷不與。卓有風節。貨將作亂。一囚桓子。遂披其族

翦其黨。殺者殺。逐者逐。奔者奔。而季群一空。天生元兇以報

意如、信哉、子孫微矣。

見三桓。意如臣逐其君。強鄰如齊。伯主如晉。俱不能討。又擅

姜白巖曰楚之惡稔矣靈之凶暴平之貪行鄢費之讒賊囊瓦之貪殘楚民如懼湯火闔閭興問罪之師一舉滅之除其凶而施以仁政猶解倒懸也楚之民即其民楚之地即其地秦師吾乘有郤之走耳包胥何能為乃入郢之後虐之使叛夫槩等尤貪暴不仁軍士剽掠四出無復隊伍是以秦人得乘其驕楚人得鳩其衆而吳無一卒可用也無他闔閭為弑君之賊子胥不過借以復讎而桓文之業豈所望哉武曰殺惠聖人所予也楚亡而秦救之亢足美也何以不書曰楚周之封豕長蛇也虎入於阱而出之使嗟夫伊誰之咎是以畧之也　秦自雲異之後未嘗出關至包胥乞師感于義而以後絕不見經蓋其君臣深鑒於二陵暴

立定公而唯我掌握焉巖巖乎泰山之勢莫可誰何矣豈期定立甫六年而天奪之魄無疾遽隕君以客死已亦道卒耽耽陽虎已起而隨其後經書意如之卒傳叙陽虎之奸所以快之也

申包胥以秦師至秦子蒲子虎帥車五百乘以救楚五百乘三萬七千五百人子蒲曰吾未知吳道猶法術使楚人先與吳人戰而自稷會之大敗夫槩王於沂稷沂皆楚地按稷今河南桐柏縣境吳人獲薳射楚大夫於柏舉其子帥奔徒楚散卒以從子西敗吳師於軍祥楚地按湖廣隨州西南秋七月子期子蒲滅唐從吳伐楚故按趁勢滅唐楚人稔惡如初子西何嘗自反九月夫槩王歸自立也自立為吳王號夫槩以與王戰而敗奔楚為堂谿氏傳終言之按夫槩奔楚為堂谿氏以不窮追昭王故也按河南遂平縣西有堂谿城吳師敗楚師於雍澨秦師又敗吳

胥之慘。而結楚敵晉之危。凡開邊喜功之臣。屏斥不用。寢兵息民。以耕以牧。至戰國而強。遂甲于天下。人以為商鞅開阡陌為秦人富強之始。吾以為此日之養精蓄銳。乃其富強之本歟。

師。吳師居麇。地名。按湖廣巴陵縣東有麇城。子期將焚之。子西曰。父兄親暴骨焉。不能收。又焚之。不可。前年楚人與吳戰。多死麇中。言不可并焚。子期曰。國亡矣。死者若有知也。可以歆舊祀。言焚吳復楚。則祭祀不廢。豈憚焚之。焚之而又戰。吳師敗。又戰於公壻之谿。楚地名吳師大敗。吳子乃歸。囚闉輿罷。闉音因。楚大夫。罷音皮。闉輿罷請先。遂逃歸。請先至吳而逃歸。言吳唯得楚一大夫。復失之。葉公諸梁沈尹戌之子子高也。之弟后臧。從其母於吳。不待而歸。吳入楚。獲后臧之母。楚定。臧棄母而歸。葉公終不正視。不義之。

黃鄉林曰。申包胥哭立秦庭。至性所發。直可感天地而泣鬼神。況秦君乎。逃賞不受。尤為高風。千古忠臣大臣兼而有之。後世唯張子房可與媲美。

見三按申包胥南霽雲皆千古奇男子。而包胥尤為佳話。楚

宫之處，更甚睢陽之被圍；秦伯之辭，幾等進蘭之坐視。而哭立七日，卒能以秦師至而復故都，覺南霽雲留矢浮屠，不免遺恨千載也。

乙亥，陽虎囚季桓子及公父文伯，季桓子從父昆弟。陽虎欲為亂，恐二子不從，故囚之。而逐仲梁懷。冬十月丁亥，殺公何藐，季氏族。○亡角反。己丑，盟桓子於稷門之内，魯南城門。庚寅，大詛，逐公父歜即文伯。○昌欲反。及秦遄，平子姑壻。皆奔齊。傳言季氏之亂。呂說：平子所以能逐君，皆是家臣强悍勇知之人為爪牙，可知陽虎者實宣力焉，而不知其利在前，其毒在後。

黄鄉林曰：意如逐君，得以考終牖下，幾疑天道無知，孰知法成自斃，難發於其臣，報即見於其子，天理昭彰，抑何速也。

見三按：陽虎專斂意如，何其尊敬；幽囚桓子，何其欺淩。人情

韓文曰：有昭公之見逐，即有桓子之見囚；魯不臣周而生一平子，季不臣魯而生陽虎，豈曰非天。

周大章曰：仲梁懷在季諸臣中尚能匡君以義，不與逆亂者比，而衆濁己清，己犯人忌，其嫉惡又失之太嚴，卒致見逐。獨怪不狃既知其為君，勸虎勿逐，旋以其慢己嗾虎使行，何反覆無常也。陽虎以陪隸竟爾囚主，逐者逐，殺者殺，忽盟忽詛，舉國莫之敢攖，何物么麽乃敢猖獗如此。許氏所云天子微，諸侯僭；諸侯微，大夫夌；大夫微，陪臣脅，其理勢然乎。

姜白岩曰：不狃但告以逐仲梁懷，未嘗教其并桓子囚之也。且意如之卒，將以璵璠尊之，哭然其子見囚，越十二日忽殺忽盟忽詛忽逐，隨意所施，三家比蒲之甲猶在

否。而拱手聽命。噤不敢出聲。斯何爲哉。蓋意如施於昭公者。虎默識之。故諸傳以詳明見奇。此獨以含糊入妙。使後世賊臣視之。不寒而慄。

周大章曰。心之靈。莫不有知。唯理有未窮。故知有所蔽。子西既勸王不忠舊怨。以救藍尹。何獨于鬬懷而昧之。朦混條路。忠愛所至。不避嫌疑。則於由于亦可取其長而棄其短。而沾沾責備。以致反唇。總皆不學無術。時明時昧。兩事皆以子西語作關鍵。見彼雖能政紀國政。而知識淺陋。究不能大有所爲。以故謀阻聖人。貪自蹈于白公之禍也。

姜白岩曰。鬬辛料吴之言。深中吴人病根。傳大書於楚子入郢之後。以見楚人歸國。亦由吴亂爲可乘。非盡秦人足以制吴之強也。入郢提起。以下賞功棄怨夾叙。藍尹亹是棄怨。九子是賞功。

大抵輕死者而媚生者。陽虎獨媚死者而輕生者。蓋季氏逐君。必親愛家臣之有材畧者。爲之羽翼。孰知爲季氏患者。即此爲羽翼有材畧之家臣。故媚平子於既死。懷其惠也。囚桓子於初立。乘其弱也。

楚子入於郢。吴師已歸初。鬬辛聞吴人之爭宮也。曰。吾聞之。不讓則不和。不和不可以遠征。吴爭於楚。必有亂。有亂則必歸。焉能定楚。王之奔隨也。將涉於成臼。江夏竟陵縣有臼水。按今在湖廣漢川縣。藍尹亹楚大夫涉其帑。不與王舟。及寧。安定也王欲殺之。子西曰。子常唯思舊怨。以敗。君何效焉。王曰。善。使復其所。吾以志前惡。過也王賞鬬辛王孫由于。王孫圉。鍾建。鬬巢。申包胥。王孫賈。宋木。鬬懷。九子皆從王有大功者。子西曰。請舍懷也。以初謀弑王也王曰。大德滅小怨。道也。（附注）以兄之德。滅弟

闔懷是論功棄怨、而申包胥超然、諸
功臣之表、迹賞不顧、子胥知此、安有屬
鏤之賜乎、末段述由于事、正以形包胥
之高、子西脾洩之事、急難中以鎮人心、不
虞由于之為口實也、或謂子西之過、悲
國破君出、身為大臣、苟利社稷、遑顧
其他、子西之忠於斯益見、然昭王固高
出於衛成之殺叔武、鄭成之殺公孫申矣、

之怨、【歸義】楚昭不以殺己之怨滅存國之功、何人不為之致死、申包胥曰、吾為君也、非為身也、君既定矣、又何求、且吾尤子旗、其又為諸、子旗蔓成然也、以有德於平王、求欲無厭、平王殺之、在昭十四年、遂逃賞、王將嫁季芈、季芈辭曰、所以為女子、遠丈夫也、鍾建負我矣、以妻鍾建、以為樂尹、司樂大夫、王之在隨也、子西為王輿服、以保路、國於脾洩、失王恐國人潰散、故偽為王車服、立國脾洩、以保安道路人、疏云、于時子西蓋假稱王、按脾洩楚邑近郢都、今荊州府境、聞王所在、而後從王、王使由于城麇、於麇築城、復命、子西問高厚焉、弗知、子西曰、不能、如辭、言自知不能、當辭勿行、疏云、敢為不敢、如為不如、古人之語然也、城不知高厚小大、何知、對曰、固辭不能、子使余也、人各有能有不能、王遇盜於雲中、余受其戈、其所猶在、袒○音但而視之背曰、此余所能也、脾洩之事、余亦弗能也、傳言昭王所以復國、有賢臣也、

黃鄰林曰。從來家國之敗。敗於人心者無可挽回。敗於人事者尚可救正。楚雖喪敗。而忠義之氣固結人心。如由于之斷肩。無異嵇侍中之身蔽晉帝也。子西之保路。無殊陳曲逆之計誘匈奴也。至若申胥逃賞。則張子房辟穀之風也。季芊遠嫌。則王凝妻斷臂之節也。天未絕楚。忠臣烈女萃處一方。經患難而不渝其素。人心不死。即元氣不虧。故能易危為安。而成中興之治。若子西之改紀。猶其後者也。

見三按。此吳楚治亂所關也。吳因勝而驕。驕則爭。爭則亂。楚因敗而懼。懼則慎。慎則治。君盡君道。而舊怨宜忘。臣盡臣道。而成功不居。而因材器使。不苛人所不能。尤其改紀之大端者。視吳之不讓不和者。顯判天淵。此楚卒興而吳卒亡也。

五

晉士鞅圍鮮虞。報觀虎之役也。三年鮮虞獲晉觀虎見三按吴方入郢。楚幾不國。晉不於此時修文悼之業。雪宋虢之羞。乃沾沾從事於鮮虞。始則伐之。繼復圍之。祇為強臣驅除而已矣。

經丁酉六年春王正月癸亥鄭游速帥師滅許以許男斯歸【杜解】游速太叔子。○斯執、元公成立。○二月公侵鄭公至自侵鄭【目抄】魯無君將者八十年。魯君無兵、三家之專也。魯君之再有兵。陪臣又強。而三家不得專也。○夏季孫斯仲孫何忌如晉○秋晉人執宋行人樂祁犂稱行人言非其罪。○冬城中城公為晉侵鄭、故懼而城之。【彙傳】公宮之城也。【纂疏】陽虎托於懼齊鄭。而城中城。挾公以自固耳。○季孫斯仲孫忌帥師圍鄆何忌不言何。闕文。鄆貳于齊。故圍之。程氏曰。此叛季氏而歸齊也。【歸義】是昭孫齊所居。而孟孫為季氏伐之者。以不忠教鄆久矣。

傳六年春鄭滅許。因楚敗也。按鄭久豔許。而許庇于楚。至此乘楚亂滅之。然哀元年書楚子陳侯

周大章曰：季孟在魯，不啻虎狼，虎驅之直如犬豕，進云則進，止云則止，抑何不振之甚也。虎意欲借衛以除三子，公叔洞見其情，而告君以親親之誼，委委款款，令人可歌可泣。但衛既欲納昭公，季為國賊，雖死其子尚在，孟氏黨惡，借此討之，未為不可，而乃歸咎于虎以止追師，豈虎果可作憑於季，季獨可肆惡于魯耶？公叔此論，毋亦為季游說歟。

姜白岩曰：三家出入俱制于陽虎，苟非公叔

隨侯許男圍蔡，則似又楚存之也。〔會通〕此鄭叛霸之始也。自隱十一年鄭入許，而齊鄭之黨合，天下無王；自定六年鄭滅許，而齊鄭之黨又合，天下遂無霸。一

見三按召陵之盟，鄭許均在，背盟滅許，欺楚實欺晉也。楚有釁，晉不能乘；鄭滅國，晉不能問，天下自是其無霸矣。許以弱小介於強隣，不外偪於楚，則內滅於鄭，汲汲遷徙，卒無安存之地。下泉寤嘆，豈直一曹也哉。

二月，公侵鄭，取匡。〔杜解〕鄭地。為晉討鄭之伐胥靡。周地也。周儋翩因鄭人以作亂，鄭為之伐胥靡，故晉使魯討之。取匡不書，歸之晉。注：杜氏知匡歸晉者，以非鄭國不能有其地也。〔補〕往不假道於衛。及還，陽虎使季孟自南門入，出自東門。陽虎將逐三桓，欲使得罪於鄰國。舍於豚澤。衛侯怒，使彌子瑕衛嬖大夫追之。公叔文子公孫發老矣，輦而如公，曰：尤人而效之，非禮也。昭公之難，君將以文之舒鼎、衛文公之

文子。念及周公康叔。季孟其危乎。鄭党僭竊。再亂王室。魯爲晉討鄭。勤王之師也。傳宜張皇。而但寫三桓之衰。不詳勤王之美。蓋此舉陽虎爲之也。不與陪臣之專執國命。假公濟私。故經書侵。傳體其義而畧之。

鼎成之昭兆。寶龜定之鞶鑑。鞶帶而以鏡為飾也。今西方羌胡猶然。古之遺服。苟可以納之。擇用一焉。公子與二三臣之子。諸侯苟憂之。將以爲之質。爲質求納昭公魯此羣臣之所聞也。今將以小忿蒙覆也舊德。無乃不可乎。大姒文王之妃之子。唯周公康叔為相睦也。而效小人以棄之。不亦誣乎。天將多陽虎之罪以斃之。君姑待之若何。乃止。止不伐魯師

黃薌林曰。魯昭公出奔。宋衛皆利納公。宋元公不顧夢兆之凶。伏義而行。卒於曲棘。傳備書之。至衛靈如何謀納。未詳其事。此就文子口中補出。篤論款款動人。讀此何至譚尚相爭。視骨肉如仇人。

見三按虎圖三桓。不遺餘力。獨怪季孟之驍雄。而於衛既墮其術。於晉復聽命焉。垂頭帖耳。如虎之制於羆。豈積惡已甚。

姜白岩曰、孟懿子作隱語反語以示范鞅、若極譽陽虎、而胸中有多少受制之意、范鞅三家之黨也、孟氏何不以陽虎之害明告、除之、范鞅既知魯患陽虎、何不為魯執之、而皆不然、虎黨趙氏、六卿互為牽制、即范獻亦不能為三家謀也、故虎卒奔趙氏、

天不復誘其衷乎、不然何負嵎之虎、一旦在檻也、

夏季桓子如晉、獻鄭俘也、獻此春取匡之俘陽虎彊使孟懿子、往報夫人之幣、虎欲困辱三桓、并求媚於晉、故强使正卿、報晉夫人之聘、疏云、諸侯聘鄰國、其於夫人、皆一使兼之、晉之夫人、嘗有聘魯者矣、陽虎使桓子報晉君、懿子報夫人、晉人兼享之、賤魯故不復兩設禮孟孫立於房外、謂范獻子曰、陽虎若不能居魯、而息肩於晉、所不以為中軍司馬者、有如先君、稱先君以徼其言若欲使晉必厚待之、獻子曰、寡君有官、將使其人、擇得其人鞅何知焉、獻子謂簡子曰、魯人患陽虎矣、孟孫知其釁、以為必適晉、故彊為之請、以取入焉、欲令晉人聞陽虎當逃走、故强設請託之辭、因此言以入晉、令晉素知之、

見三按、季氏逐君、勢傾一國、孟孫助惡、亦屬跋扈非常、乃一陽虎制之、而二奸均聽其使令焉、夫上凌者必下替、一時二

姜白巖曰、是吳極盛、楚極衰、而兩國轉關之機已伏、楚轉關處全在懼字、定楚國只改紀二字、功與包胥相埒、然其殘滅好殺、素性則然、

姜白君曰、鄭自子產卒、子太叔為政、如晉以王室為言、明年遂謀納王、太叔卒、鄭無人焉、乃黨儋翩而伐周六邑、賢者之係於人國如是、戍周城胥靡、猶見衰晉

卿並行、內制於權臣、而不敢不從、外賊於晉人、而媚詞取入、逐君之威安在哉、

四月己丑、吳大子終纍（闔閭子、夫差兄。○力追反）敗楚舟師、（水戰）獲潘子臣、小惟子（二子楚舟師之帥）及大夫七人、楚國大惕、懼亡、子期又以陵師（陸軍）敗於繁揚、令尹子西喜曰、乃今可為矣、（言知懼而後可治）於是乎遷郢於鄀、（林解 改鄀為郢、故曰遷郢於鄀、）而改紀其政、（林解 改其政而新之、紀其政而理之、）以定楚國、

傳言楚賴子西以安、

見三按士燮以大勝而憂、子西以大敗而喜、憂非過慮、喜非矯情、憂患安樂、生死關頭、即興亡樞紐、深心人特具遠識耳、

周儋翩（子朝餘黨）率王子朝之徒、因鄭人將以作亂於周、鄭於是乎伐馮、滑、胥靡、負黍、狐人、闕外、（鄭伐周六邑、在魯伐鄭取匡前、於此見者、為戍周起也、按負黍今登

勤王之功。

呂東萊曰：陳寅之謀，自精密，可以觀天下勢。桓文以前，諸侯多自相為謀，政自諸侯出故也。自雞澤、溴梁之會，大夫專會，全不見諸侯言語，政自大夫出故也。及春秋末後一節，陪臣如陽虎、仲梁懷、公山弗狃、北宮氏之宰、陳寅，家臣事跡言語多見於傳，政自陪臣出故也。姜白岩曰：前日晉之六卿，併為一局，使其君拱手聽命，不得有為，諸侯之難不益也。今日晉之六卿，各樹其黨，志在併吞同列，故彼之所睦，為此之所讎，諸侯之好惟恐其不離也。李行簡曰：此三卿內叛之始。

封縣有負黍聚、狐人今臨潁縣、闕外今洛陽縣南、俱屬河南。六月，晉閻沒戍周，且城胥靡。為下天王出居姑猶起。

見三擬春秋之初，霸者未興，鄭先叛王。春秋之末，霸者將息，鄭復伐王。鄭固王室之蟊賊，實天下之渠魁也。閻沒戍周，單劉始能撥亂反正。依晉之休，猶有存者。

秋八月，宋樂祁言於景公曰：諸侯唯我事晉，今使不往，晉其憾矣。樂祁告其宰陳寅。以與公言告之陳寅曰：必使子往。他日，公謂樂祁曰：唯寡人說子之言，子必往。陳寅曰：子立後而行，吾室亦不亡，寅知晉政多門，往必有難，故使樂祁立後而行唯君亦以我為知難而行也。見溷樂祁子也○侯溫反而行。見于君立以為後趙簡子逆，而飲之酒於緜上，獻楊楯按以楊木為干楯食允反○六十於簡子。陳寅曰：昔吾主范氏，今子主趙氏，又有

亦宋叛伯之始。

彭家屏曰：使臣耳，昔主范氏，今主趙氏，形迹之間，誠有所不便矣。然樂祁初意未必遽主簡子，因簡子逆而飲之酒，授分杯箸之頃，遂有楊楯之獻，而卒主於其家，以是賈禍。聖人所以致戒乎偶爾因依者歟。

納焉，以楊楯賈禍，弗可為也已。知范氏必怨，將得禍。然子死晉國，子孫必得志於宋。以其為國死。范獻子言於晉侯曰：以君命越疆而使，未致使而私飲酒，不敬二君，不可不討也。乃執樂祁。獻子怒祁比趙氏。

黃鄉林曰：陳寅見事洞微，真明智人。樂祁先事不與之謀，既事不知自省，楊楯賈禍，祁實自取，負陳寅多矣。

見三按：是時趙范搆釁，各樹黨與以為己援。緜上之酒，無故歎留，其意可知。不主趙氏，必觸趙氏之怒；一主趙氏，又招范氏之怨。兩卿相角，使臣何罪，竟遭荼毒。然其禍亦祁自取之也。知難而行，言猶在耳，乃因杯酒之歡，遂至棄舊迎新。楊楯兵器，不獻之晉君，而獻之私室，使鞅以此為言，祁其戮矣，止云乎哉。

姜白岩曰、是特民皆三家之民、虎役之為公城中城、卒皆三家之卒、虎使二卿以師圍鄆、而恐三家及國人之叛已、又挾公以盟三家及國人、皆所以脅三家也。

陽虎又盟公、及三桓於周社、盟國人於亳社、詛於五父之衢、傳言三桓微、陪臣專政、為八年陽虎作亂起、

見三桉盟僖閎、詛五父、季氏所以脅叔孫而分公室也、今陽虎乃師其意、脅國人以叛三桓、出爾反爾、三桓不足惜矣、獨怪定為一國之君、而竟聽命於陪臣、俯首同盟、其將以立於萬民之上哉、

冬十二月、天王處於姑猶、周地辟儋翩之亂也、為明年單劉逆王起、

見三桉儋翩之亂、特癬疥之疾耳、而天王猶至出奔、假令子朝尚在、不知若何騷動矣、乃知王人之殺的是從薪曲突之功、

經 戊戌七年、春、王正月。夏四月。秋、齊侯鄭伯盟于鹹、衛地（杜解）（林解）

于是諸侯無主盟矣故石門志諸侯之合于鹹志諸侯之散按諸侯始復特盟齊人執衛行人北宮結以侵衛齊侯衛侯盟于沙結叛晉也按今直隸元城縣東○大雩過也○齊國夏帥師伐我西鄙夏國佐孫○九月大雩過也冬十月

傳七年春二月周儋翩入於儀栗【杜解】周邑以叛【補注】史例王人叛不書

見三按儋翩蓋子朝之餘黨也自子朝殺而外援絕閻沒戌而內應孤雖有尹氏助惡扼於單劉亦莫能為故叛入儀栗而王室得收反正之功

齊人歸鄆陽關皆魯邑中貳於齊齊今歸之為昭公取地非侵地批故不書【補注】陽虎居之以為政

見三按鄆昭昔所居也昭居之而季孟敢於伐虎居之而三家不敢問公之弱不及一陪臣之強可哀也哉

姜白岩曰、劉單有子、尹氏繼惡、賢不肖相去如此、

姜白岩曰、齊景即位四十五年矣、歷晉平昭頃定之世、有大機會三、比自坐失之、子朝之亂、五年、率師勤王、桓文之勳也、當視不救、而必待頹情之晉、一也、季孫逐昭、有志討罪、而聽據之受賂、終於無成、二也、王室再亂、鄭衛皆叛晉從齊、率以討賊、易如反掌、乃天王出居、不恤其難、三也、失此三會、而耄年爭霸、再盟而得二國、何益哉、自此後、次五氏、次垂葭、次渠蒢、至哀元年而伐晉矣、

夏四月、單武公（穆公子）、劉桓公（文公子）、敗尹氏於窮谷、（尹氏復黨儋翩共為亂也。）

見三接、尹氏前黨子朝、猶云各為其主、此助儋翩、直是自絕於天、尹固既誅、窮谷復敗、天棄之也、單劉繼起、世篤忠貞、可以對先人于地下矣。

秋、齊侯鄭伯盟于鹹、徵（名也）會於衛、（陳傅：叛晉）鄭衛侯欲叛晉、（屬齊鄭也）諸大夫不可、使北宮結如齊、而私於齊侯曰、執結以侵我、（欲以齊師懼諸大夫）齊侯從之、乃盟于瑣、（即沙也、為明年涉佗捘衛侯手起、陳傅：衛叛晉、）

見三接、齊鄭特相盟、而衛亦離心矣、執結求盟、為此掩耳盜鈴、以脅大夫、晉自是不復主諸侯、非諸侯棄晉、晉自棄也、世變至此、欲求一伯者之董率、而又不可得矣、此春秋之所傷也、

周大章曰。陽虎欲去三桓。既惡之于衛。復辱之於晉。尚未遂志。今此宵軍。若陷齊伏。則兩人駢肩授首于齊也。日蒲圃之享。可無事也。乃一處父。已足以制虎。又翼之以苫夷。季孟之不死天也。彼見必死。此見殺虎焉得不懼。

姜白岩曰。三家敢于仇君父。人人得而誅之。然在宣心為國者。幸而事成。固為社稷之福。即計阻謀敗。不至甚決裂也。若小人之雄。志在作亂。以清君側為名。而為自專之謀。假令其志得行。貽害魯國。豈止如三家哉。故經目之為盜。而傳屢揭其心。

姜白岩曰。晉國之衰。猶能使籍秦送王。霸者之有功於周室也。如此劉單再定王室。可謂世臣之忠。象賢之美。王室禍亂。魯不與。則舊史無其文也。

齊國夏伐我。齊叛晉故。陽虎御季桓子。公斂處父孟氏家臣、成宰公斂陽。御孟懿子。將宵軍齊師。齊師聞之。墮伏而待之。墮毀其軍以誘敵而設伏兵。處父曰。虎不圖禍。而汝也必死。苫夷季氏家臣。○苫始占反。曰。虎陷二子季孟於難。不待有司。余必殺女。虎懼乃還。不敗。傳言陪臣强能自相制。季孟不敢有心。

見三按陽虎並無材畧。純是强盜行徑。不解季孟二子何以畏之如虎。前既絕之於衛。此復欲陷之於齊。俯首聽從唯其操縱。使得處父以為之助。則季孟亡而魯必大亂。恐不止如意如之逐君也。天生陽虎以禍季孟。天生處父以制陽虎。然自是而三桓之子孫微矣。

冬十一月戊午。單子劉子逆王於慶氏。守姑蕕大夫。晉籍秦送王。己巳王入於王城。館於公族黨氏。周大夫。○黨音掌。而後朝於莊宮。莊王廟。

見三按周之東遷、晉鄭焉依、乃鄭竟助逆、晉猶勤王、籍秦護送、而單劉始得功成反正、庶可免忘祖之譏矣。

經己亥八年春王正月公侵齊〔杜解〕報前年伐我西鄙公至自侵齊二月公侵齊未得志故三月公至自侵齊○曹伯露卒〔集注〕此曹靖公也自昭二十七年曹悼公卒、其弟聲公野立、五年弟通弑聲公代立、是為隱公、四年而弟露又弑隱公代立、是為靖公、幸保首領、餘皆不書、靖公子陽立、為宋所滅○夏齊國夏帥師伐我西鄙○公會晉師于瓦將來救魯、公逆會之瓦衛地、按今直隸滑縣東南有瓦岡集公至自瓦○秋七月戊辰陳侯柳卒○子閔公越立○晉士鞅帥師侵鄭遂侵衛○葬曹靖公○九月葬陳懷公三月而葬速○季孫斯仲孫何忌帥師侵衛○冬衛侯鄭伯盟于曲濮結叛晉、曲濮衛地、按山東濮州境○音卜○從祀先公從順也、先公閔公僖公也、將正二公之位次、所順非一、親盡故通言先公〔世紀〕文之躋僖、以父先祖、定公反之、書曰從祀先公、善之也、盜竊寶玉大弓盜謂陽虎

周大章曰：顏高死能射人，可稱絕技，然非六鈞傳觀，奪人弱弓，亦不至此，可咎訖虧。原是一驕，與顏息中眉志目相類，但較一再猶勝千百，從來無能人偏會矜飾，驕詐百出，寥寥數語，其牛渚燃犀之照乎？傳不明言陽虎，而隱有指麾一軍之陽虎在。

也

傳八年，春，王正月，公侵齊，門於陽州。（杜解）攻其門。士皆坐列，言無鬬志。曰：顏高（魯人）之弓六鈞。（三十斤為鈞，六鈞百八十斤，古稱重，故以為異強。）皆取而傳觀之。陽州人出，顏高奪人弱弓。（按：高弓為人傳觀，故倉卒間奪人之弓以射。）籍丘子鉏（齊人）擊之，與一人俱斃。（仆也）偃，且射子鉏，中頰，殪。（子鉏死。疏云：偃是却倒，顏高被擊而仆，乃轉而仰，且射子鉏，猶死，言其善射。）顏息（魯人）射人中眉，退曰：我無勇，吾志其目也。（林解）志射其目，乃誤中眉，蓋謙以自矜。師退，冉猛（魯人）偽傷足而先。（欲先歸）其兄會乃呼曰：猛也殿。（會見師退而猛不在列，乃大呼詐言猛在後為殿。傳言魯無軍政。）

黃薌林曰：兩顏之勇，較諸兩冉之怯，自勝萬分，但軍政不肅，勇既生驕，怯亦挾詐，坐列者、傳觀者、中頰者、中眉者、偽傷足者、呼殿者，師無成命，直同河上逍遙。陽州一役，至今在目。

姜白巖曰儋翩入於儀栗以叛王師即伐儀栗穀城者儀栗之旁邑二邑舉而儋翩遯矣不言勝者越一日又伐簡城伐盂則此之勝可知也不言殺翩翩已逸也以定王室所以告二公之成功而延周百餘年之祚劉單二公父子之力也　子朝之亂蔓延五年而後定儋翩之亂不假諸侯之力越一年而削平得力全在王入殺子朝於是知長叔之功為甚大向使子朝不死儋翩復逆之與楚鄭合謀王室之為害何可勝言

姜炳璋（白巖）曰趙鞅之言楊楯六十之言也士鞅之言不得楊楯之言也然趙之言情私而義則正士鞅於未歸欲質其子既歸則

見三按自宣公季年以後八十年凡伐不稱公至定公六年書公侵鄭八年陽州之役書公侵齊廩丘之役又書公侵齊者則陪臣之專以三桓為口實故諸卿不復帥師而恒以公將非公室能張也說本姜氏全考

二月己丑單子伐穀城（按今河南洛陽縣西北）劉子伐儀栗（討儋翩之黨）辛卯單子伐簡城（按周邑）劉子伐盂（周邑按河內縣西北）以定王室（傳終王室之亂）

見三按西周之末共和行政而宣王藉以中興東周之季劉單勤王而敬王賴以復辟前誅子朝後定儋翩周室復得綿延百餘年單劉之力也可以媲美共和無愧色矣

趙鞅言於晉侯曰諸侯唯宋事晉好逆其使猶懼不至今又執之是絕諸侯也將歸樂祁士鞅曰三年止之無故而歸之宋必

止其尸。求成如此之難。則何如弗之執乎。此人執政。猶蚊負山。而不自知其不勝任也。

叛晉。執樂祁在六年獻子范鞅私謂子梁樂祁曰。寡君懼不得事宋君。是以止子。子姑使溷樂祁子代子。子梁以告陳寅。陳寅曰。宋將叛晉。是棄溷也。不如待之。留待勿以子自代樂祁歸卒於大行。晉東南山士鞅曰。宋必叛。不如止其尸以求成焉。乃止諸州。晉地。為明年宋公使樂大心如晉張本。陳傳宋叛晉。

見三按鹹之盟。齊鄭私合。沙之盟。衛亦繼叛。其事晉者唯宋而已。乃虐其聘臣。三年止之。止其身。又止其屍。是激人之叛也。小人肆意修一已之私憾。而不顧國家之大局。為之君者。反聽其奸言而莫之察。可恨也。

姜白巖曰。昔越陽州之役。敘于此者。言廩邱之役。與陽州之役同一兒戲也。陽州暗藏陽虎。此則明提陽虎。二役皆虎為之。

公侵齊。攻廩邱之郛。郭也主人焚衝。戰車或濡馬褐馬衣以救之。遂毀之。郛主人出。林解人出戰廩邱師奔。附注賈逵云。主人出戰。魯師奔走而卻退也。蓋暫退耳。不謂戰敗而

奔與陽虎之言，自不相妨。陽虎偽不見冉猛者，曰：猛在此必敗。按杜云猛必復敗，非也。虎最詐，陽州之役，猛偽殿，虎佯認為真，言猛如在此，必敗敵，以此厲猛。猛逐之，逐廩邱人顧而無繼，偽顛。虎曰：盡客氣也。言皆客氣，非勇，見其顛因譏之。按苫越苫夷生子，將待事而名之。陽州之役獲焉，名之曰陽州。欲自比僑如

見三按一春之間，兩書公侵齊，豈真能奮發有為哉。蓋三家之師，令公帥之，公固為大夫役矣，亦陽虎使之，公且為陪臣役矣。師無成命，士無鬭心，廩邱一出，全軍卻退，僅一偽殿之冉猛，勉强支持，較之陽州，一着不及一着，客氣二字，為冉猛寫照，即為全軍點睛也。

夏，齊國夏、高張伐我西鄙。報上二役晉士鞅、趙鞅、荀寅救我，救不書，齊師已去，未入竟。公會晉師于瓦，范獻子執羔，趙簡子趙鞅中行文子荀寅皆執

姜白岩曰：晉師救魯，不知其若何兵為魯紓患，而忽贄以執羔執雁，太平無事之談，見其緩不及事，不成救也。釋經不書救之義。

姜白巖曰：晉以求貨失蔡，又以羽旄失鄭，又執行人失宋，今以捘捥辱衛。趙氏意在分晉，唯恐人之不叛也。衛欲叛晉，先激之，皆君，又要之以質子，又進之以行工商，使國人受憂害者，無不痛心，而國人者然不怒，蓋積威所劫也。直至朝國人以五伐我相詰，國人始無異言。傳極寫叛晉之難，所以深著晉人之罪。

鴈。魯於是始尚羔。禮卿執羔，大夫執鴈。【質疑】大國三卿皆命於天子，皆執羔。而晉霸重中軍，一人執羔，諸卿降而執鴈，魯於是效之，志變古之始也。周禮在魯，豈羔鴈之沒沒乎。見三捘救患之師，反為冠裳之會，執羔執鴈，無益於國，轉多一番應酬。魯不攷古，祇知效顰，安在其為秉禮之國。

晉師將盟衛侯於鄟澤。自瓦還，就衛地盟。○鄟音專。趙簡子曰：羣臣誰敢盟衛君者。前年衛叛晉屬齊，簡子意欲摧辱之。涉佗、成何皆晉大夫。曰：我能盟之。衛人請執牛耳。按禮，凡諸侯盟，必使小國執牛耳，而大國涖之，蓋司割耳取血之事，是卑者之職。今衛侯以為君與晉大夫歃，當使晉大夫執之。成何曰：衛吾溫原也，焉得視諸侯。言衛小，可比晉縣，不得從諸侯禮。將歃，涉佗捘衛侯之手，及捥。捘，擠也。血至捥。【補注】言及捥者，以大夫辱國君，詳其事也。○捘，子對反；捥，烏喚反。衛侯怒。王孫賈衛大夫。趨進曰：盟以信禮也。信猶明也。有如衛君，其敢不唯禮是事，而受此盟也。言晉無禮，不欲受其盟。衛侯欲叛晉，而

患諸大夫、王孫賈使次於郊、大夫問故、（問不入故）公以晉詬（恥也）語之、且曰、寡人辱社稷、其改卜嗣、寡人從焉、（使改卜他公子以嗣先君、我從大夫所立）大夫曰、是衛之禍、豈君之過也、公曰、又有患焉、謂寡人必以而子、與大夫之子為質、（為質於晉）大夫曰、苟有益也、公子則往、羣臣之子、敢不皆負羈紲以從、將行、王孫賈曰、苟衛國有難、工商未嘗不為患、使皆行而後可、（欲以激怒國人）公以告大夫、乃皆將行之、行有日、（有期日）公朝國人使賈問焉、曰、若衛叛晉、晉五伐我、病何如矣、皆曰、五伐我猶可以能戰、賈曰、然則如叛之、病而後質焉、何遲之有、乃叛晉、晉人請改盟、弗許、

黃鄉林曰、呂甥朝國人以君命賞、衛人朝國人以五伐詢、國家當危難時、激發人心、收拾士氣、莫善於此、王孫賈小人、乃

姜曰叢曰。晉欲假王師討貳。而以報伊闕為名。不書成子。不與其假也。然至此晉公室卑。六卿各圖其私。不肯盡力於國事。凡公討皆少有侵略而遂還耳。季子本以書侵為義。不足以服人。非也。

有此操縱妙用。孔子善其治軍旅、亦以其有善權變矣。見三按西漢初諸呂欲危劉氏、周大尉勃入北軍令曰為劉氏者左袒。為呂氏者右袒。三軍皆左袒。後世侈為美談。然當時亦幸民心尚思漢耳。設軍士不應。或皆右袒、或參半焉。將如之何。大臣當國。決大疑、定大計、當斷以義、感以誠。權術非所尚也。王孫賈不能以義絕晉、以誠動人。始則使君次郊。繼而使君朝衆。欺其大夫。並欺其國人。其與勝廣以過期當斬激成卒也。相去奚幾。謀雖偉成。君子無取焉。

秋。晉士鞅會成桓公周卿士侵鄭。圍蟲牢。報伊闕也。六年鄭伐周闕外。晉為周報之。陳傳自晉厲以來。王人會伐矣。遂侵衛。討叛

見三按晉於此時改絃易轍、痛自悔罪。以晉之強、謝過於諸

侯，猶可及也。顧乃使涉佗成何辱衛侯，以不堪，而又侵焉。鄭與衛皆傷心矣。是猶垂死之人，有速其斃而已，其晉之謂歟。

九月，師侵衛，晉故也。（魯為晉討衛）

見三接諸姬中，唯魯衛最親，亦最睦，百餘年鮮有加兵者。季孟二子不篤親親之誼，師侵其境，蓋陽虎為之，陽以媚晉為名，實陰絕二子於衛也。

季寤（季桓子之弟）、公鉏極（公彌曾孫，桓子族子）、公山不狃（費宰）皆不得志於季氏，叔孫輒（叔孫氏之庶子）無寵於叔孫氏，叔仲志（叔孫帶之孫）不得志於魯。（為國人所薄）故五人因陽虎。陽虎欲去三桓，以季寤更季氏，（代桓子）以叔孫輒更叔孫氏，（代武叔）己更孟氏。（陽虎自代懿子）冬十月，順祀先公而祈焉。（將作大事，欲以順祀取媚）辛卯，禘於僖公。［孔疏］（禘者審定昭穆之祭，今為順祀而禘於僖公，是并取先公

姜白巖曰：此分兩段釋經，禘於僖公以上，為從祀先公傳，壬辰起至末，為盜竊寶玉大弓傳。盜者陽虎也，虎欲去三桓，名為魯除害，寔欲代孟氏之位耳。於是從盜者合謀而興。蓋中軍之舍，陽州之孫，國人之側目於季孫久矣，盜思奪之，固其所也。然欲殺季而順祀先公何也？躋僖一事，魯之臣民素知其謬，正二公之位，以快人心，使魯人知己之舉動，皆為君臣大義起見，而因以誅季孫，默告先公，以祈神之佑也。至季

氏兵柄操于陽虎久矣。季寤、公鉏及貴
宰不狃合為一黨。則殺季孫何藉都車
之旁。惟孟氏當以兵取。故壬辰殺季氏。癸
巳攻孟。不虞孟之處父早燭其機也。要
著在備亂之卒。以壬辰為期。先癸巳一日。
恐蒲圃之會有變。而豫為孟氏備。兩路
伏卒。一路選圉人聚于門外。門外者孟氏之
門外也。以築室為名。一路處父自率成人
自上東門入。此皆以備孟氏。非叙季孫也。將如
蒲圃。桓子俛首登車。鈹盾夾之。前後無
非虎黨。而已命於林楚。不知楚意云何。及
楚以情告。而後以適孟氏請。道經孟氏。怒
馬奔孟氏之門。而季氏生矣。及陽虎敗。
取重器以出。欲追者僅一公斂陽。又欲為孟
殺季。可見季之惡貫已盈。不特盜欲奪
之。即誅盜者未嘗不欲殺之也。聖人作春秋。
以為家臣叛主。天下之大變。然以之討亂賊。不
足為變也。為魯討亂賊。天下之大功。而盜之
所為。不足為功也。所可惜者。夏后氏之璜。寶
玉也。封父之繁弱。大弓也。為成王分魯公器。
亘為盜竊之耳。故叛魯出奔皆不書。而特
書盜竊寶玉大弓。此聖人書竊之義也。

之主。盡入僖廟。而以昭穆祭之。是為用禘禮也。就僖廟為禘者。
退僖升閔。使先公之神徧知之。禮尊可以及卑。後世之主宜上
徙太廟而食。今上世之主下從僖廟。亦非正禮。昭二十五年禘于襄公亦然。【補注】傳見譏。不在禘。不書禘。壬辰將享
季氏於蒲圃而殺之。戒都車曰。癸巳至。都邑之兵車也。陽虎欲以壬辰夜殺季孫。明日
癸巳以都車攻二家。成宰公斂處父告孟孫曰。季氏戒都車何故。孟孫曰。
吾弗聞。處父曰。然則亂也。必及於子。先備諸。與孟孫以壬辰為
期。處父期以兵救孟氏。壬辰先癸巳一日。陽虎前驅。林楚御桓子。虞人以鈹盾夾
之。陽越殿。越陽虎從弟。將如蒲圃。桓子咋謂林楚【瀾義】咋音乍。嚙也。有恨意。【附注】語聲
也。註訓暫非也。曰。而先。皆季氏之良也。爾以是繼之。欲使林楚免已於難以繼其先人之
良。對曰。臣聞命後。猶晚也。陽虎為政。魯國服焉。違之徵召也死。死無
益於主。桓子曰。何後之有。而能以我適孟氏乎。對曰。不敢愛死。
懼不免主。桓子曰。往也。言必往。孟氏選圉人之壯者三百人。以為

公期孟氏支子築室於門外。實欲以備難，不欲使人知，故偽築室于門外，因得聚衆。林楚怒馬及衢而騁。馳也陽越射之，不中。築者闔門。季孫既得入，乃閉門。有自門間射陽越殺之。陽虎刼公與武叔，叔孫不敢之子州仇以伐孟氏。公斂處父帥成人自上東門入，魯東城之北門與陽氏戰於南門之內，弗勝。又戰於棘下。城內地名陽氏敗。陽虎說○他活反甲如公宮，取寶玉大弓以出，舍於五父之衢，寢而為食。其徒曰：追其將至。虎曰：魯人聞余出，喜於徵死，何暇追余。徵，召也。按謂喜於召死而得脫也。從者曰：嘻，懼聲速駕。公斂陽在，公斂陽請追之，孟孫弗許。畏陽虎陽欲殺桓子。欲因亂討季氏，以強孟氏。孟孫懼而歸之。不敢殺子言季寤辨舍爵於季氏之廟而出。辨猶周徧也。徧告廟飲酒，示無懼。○辨音遍。陽虎入於讙陽關以叛。叛不書，畧家臣。

黃薌林曰：天生季氏，以貳魯侯，天生陽虎，以禍季氏，要因便

囚。要釋便釋。如驅犬羊。操縱唯命。顧不即殺而必待蒲圃謀
之者。意在並誅孟孫也。蓋三家之中。季氏最强。孟孫最狡。前
此伐公徒伐鄆。陽虎皆親與同事。其人陰狠詭戾。不顧義理
之安。而敢作敢為。不誅孟孫。則三桓不能去。即魯事未可定。
故與弗狃等熟謀以季寤更季氏。以叔孫輒更叔孫氏。已更
孟氏。蓋甚忌夫孟氏。必欲殺而甘心也。都車之戒。機事不密。
孟氏得以先期而備。季斯得以半路而逃。天不助奸。陽越被
殺。弗狃悮期。逞其殺機。遂劫公與武叔以伐孟氏。兩戰大敗。
猶敢入宮取寶寢衢作食。舍爵而行。入關以叛。來去自如。如
入無人之境。假令奸計得行。勢必弑魯君篡魯國。如侯景朱
温之所為。豈特更孟氏而已哉。故夫陽虎之敗。非三桓之幸。

乃魯國之大辜也。

見三按春秋於陽虎之亂，書曰竊盜寶玉大弓。充類至義所以治天下之羣盜，而非徒為虎一人誅也。天下有道，禮樂征伐自天子出，無所謂盜，亦無所容盜。自大道隱而大盜生，五伯相繼盜天子之征伐，魯周公之後，而且先盜天子之禮樂。吉禘用郊，忘其所自，而觀大輅，見者寒心，盜矣。尤而效之，又生盜焉。於是大夫曰：佾之八，雍之徹，彼可取而代也。於是陪臣曰：夏后氏之璜，封父之繁弱，此胡為乎來哉。國之大事，在祀與戎。躋僖逆祀，不告於王，而擅自順祀，是欲專禮樂也。連年侵鄭侵齊，皆虎主兵。今欲殺季。刼公與武叔以伐孟氏，是欲專征伐也。蓋天子之禮樂征伐，不可自諸侯出，自諸侯出。

七

必至於自大夫出。自大夫出，必至於陪臣執國命。陽虎之盜，亦效羣盜而起，竊寶玉大弓，特其迹耳。然何以不斥名陽虎，而概之曰盜也？概陽虎而盜之，是概侯犯、南蒯、公山弗狃諸人而俱盜之也。不特此也，陽虎之上有季氏，季氏之上有魯公，遞相僭則遞相竊，遞相竊即遞相盜。乍竊之寶玉大弓，有得之之日；遞竊之禮樂征伐，何日而還之？故主哉春秋書陽虎以盜，豈直治陽虎一人已哉？所以治諸家臣之罪也，所以治家臣之上之大夫之罪，治大夫之上之諸侯之罪也。

鄭駟歂（駟乞子子然。○市專反）嗣子大叔為政。（為明年殺鄧析張本）

見三按：太叔之殁已四年矣，此忽特書駟乞嗣政，蓋為明年用竹刑提綱，且以見鄭從此多事也。

善白巖曰：子太叔卒於四年之春，其子速繼之，而滅許、叛晉、黨翩、代周，種種謬戾至此，則政及於駟歂。云嗣太叔者，言欲繼其父之善政，而更其子之秕政也。然亦以此為名耳。

春秋左傳精義卷四十六

閩中　薌林黃一桂　輯　男　心垣見三　補輯

定公三

經庚子九年春王正月。夏四月戊申鄭伯蠆卒日抄嘗黨儋翩以伐周邑、罪人也。子聲公勝立。得寶玉大弓杜解弓玉國之分器、得之足以為榮、失之足以為辱、故重而書之。會通是年孔子年五十、定公以孔子為中都宰。六月葬鄭獻公三月而葬速。秋齊侯衛侯次于五氏測義伐晉、經書次、或以為諱伐盟主、則襄二十三年齊遂伐晉、何以不諱、或以為春秋重絕晉、則文元年衛人伐晉、何以不重絕晉、蓋齊衛雖有玩晉之心、而晉力尚強不敢訟言伐之、不以伐告也、按杜云、諱者二國自諱之也、五氏晉地、今直隸邯鄲縣西有五氏城。秦伯卒。孫惠公立。冬葬秦哀公

姜白巖曰：樂祁被執客死，宋臣俱有懼心。大心所由僞疾辭使也。而作樂擊鐘，忘族人之喪，并忘辭疾之事矣。然向巢出逆，而子明安處。朱可亭云：父喪不逆，尚有人心耶。曾子問：君薨於外，則子從柩入，君大夫士一節也。不待衰經，有子而知，溷之忘親矣。傳言末世士大夫鮮克由禮，人子道、竝宗族誼乖，於宋臣見之。

傳九年春，宋公使樂大心盟於晉，且逆樂祁之尸，辭，僞有疾，乃使向巢（杜解：向戌曾孫）如晉盟，且逆子梁之尸。子明（樂祁之子溷）謂桐門右師出（右師樂大心，子明族父也。右師往子明舍，子明逐使出門去。周云：劉用熙謂右師與子明同居，故逐之。疑參云：桐門，宋北門，特表出之，明非同居者。劉說非是），曰：吾猶衰經，而子擊鐘，何也（怨其不逆父喪，因責其無同族之恩）。右師曰：喪不在此故也。既而告人曰：已（子明也）衰經而生子，余何故舍鐘。子明聞之，怒，言於公曰：右師將不利戴氏（樂氏，戴公族），不肯適晉，將作亂也。不然無疾。乃逐桐門右師（逐之在明年，終叔孫昭子之言）。

按：一語刺心，遂成深仇，可以為鑒。而宋景之憒憒可知。

黃鄰林曰：右師既僞有疾，何以作樂擊鐘。明因子明衰經生子，故為此舉以示規諷之意。存心未免不厚。子明不恤父喪，安知族誼。一語刺心，桐門以逐，甚矣其不仁也。

陸貞山曰、今世有鄧析書、曰無厚、轉辭者二篇、大抵商鞅韓非語也、其云竹書、將非此類乎、子然殺之、何謂不忠、子然之不忠、在用竹刑爾、　刑書子產所鑄、叔向但於大本上相規、至其書之中正、兇無可置議也、鄭此特秕政紛紛、子產之典型顛覆殆盡、國人不服、思嚴刑威之、故以刑書為未盡善、而用析之竹書也、析私制刑章、文有邪行、皆屬可殺、未有人邪而書則正者、傳以邪字坐實鄧析、詳言既用其書、便不當殺

見三按、樂祁奉使而卒、為之子者亟宜匍匐奔喪、即使晉怒不測、亦當積誠以感、利害禍福、皆非所計也、乃晏坐在家、良經生子、人道絕矣、何以責人、右師前則僞疾、後則擊鐘、於君不忠、於親不仁、而復發人陰私以觸其怒、禍由自取、於人奚尤、傳者叙此、以見末世之君臣父子兄弟全無人理、蓋深傷之也、

鄭駟歂殺鄧析、鄭大夫而用其竹刑、欲改鄭所鑄舊制、不受君命、而私造刑法、書之于竹簡、故云竹刑、君子謂子然於是不忠、苟有可以加於國家者、棄其邪可也、加猶益也、棄不責其邪惡也、疏云、鄧析不為私作刑書而殺、蓋別有當死之罪、駟歂不矜免之耳、靜女之三章、取彤管焉、詩邶風也、彤管赤管筆、女史記事規誨之所執、竿旄何以告之、取其忠也、詩鄘風也、取其中心願告人以善道也、言此二詩皆以一善見采、而鄧析不以一善存身、故用其道不樂其

其人、言外使見其人可殺、其書必不可用。

人。詩云：蔽芾甘棠，勿翦勿伐，召伯所茇。詩召南也。茇，草舍也。思其人猶愛其樹，況用其道而不恤其人乎。子然無以勸能矣。

黃薌林曰：鄧析之惡，仲尼以例少正卯，子然殺之宜也。乃殺其人而復用其書，想如曹操兵書之類，殺之以滅口，即竊之以為名。故左氏不譏其不仁，而謂其不忠。

見三按：鄭作刑書，文伯知其將火；晉鑄刑鼎，仲尼決其必亡。刑之為禍烈矣。鄧析位非君相，私造刑章，以變國法，準諸辨言亂政之律，自應戮其身，焚其書，以為擅制者戒。子然此舉，別有深心。大抵析之竹刑，皆峻法之書，而其人又係違法之人，故用其書以立威，即殺其人以行法，此商鞅法行自近之意也。左氏責其不忠，如見肺肝。

姜白巖曰：經以盜書，傳於前篇未嘗明釋之。至此乃述鮑文子之告齊侯者，始知虎所謂張公室乃詐謀也。欲殺季孫以利魯為名，乃欲傾覆之者。在魯則魯疾，在齊則齊疾。其言為盜，言其事為盜行。得者盜棄之而我得之也，非能追盜奪之，亦非能誅盜。有之見魯無人耳。末叙其逃而獲，獲而又逃，皆盜中之猾賊。適趙而知趙亂天下，未有盜入其門與之相暱而不共引之為盜者。皆釋經書盜之義。

夏，陽虎歸寶玉、大弓。（無益近用，而祇為名，故歸之。）書曰得，器用也。凡獲器用曰得，（器用物之成器可為人用者。）得用焉曰獲。（用器物以有獲，若麟為田獲，俘為戰獲。）六月，伐陽關。（討陽虎也。）陽虎使焚萊門。（陽關邑門。）師驚，犯之而出，奔齊，請師以伐魯，曰：「三加必取之。」（三加兵於魯。）齊侯將許之。（左鐫）（齊因虎以討季氏，正其君臣之分，復其上下之禮。張吾紀綱，以信威於四國。孰敢不聽？此桓文之業也。）鮑文子（鮑國。）諫曰：「臣嘗為隸於施氏矣，（魯大夫。成十七年齊人召而立之，至今七十四歲，於是文子蓋九十餘矣。）魯未可取也。上下猶和，衆庶猶睦，能事大國，（晉也。）而無天菑，若之何取之？陽虎欲勤齊師也。齊師罷，大臣必多死亡，己於是乎奮其詐謀。夫陽虎有寵於季氏，而將殺季孫，以不利魯國，而求容焉。（求自容。）親富不親仁，君焉用之？君富於季氏，而大於魯國，茲陽虎所欲傾覆也。魯免其疾，而君又收之，無乃害乎？」齊侯執陽虎，將東之。陽虎願東，

陽虎欲西奔晉，如齊必反。已，故詐以東為願。乃囚諸西鄙，盡借邑人之車，鍥刻也，苦結反。其軸，[林解]使易毀折。麻約而歸之，欲絕追者。載蔥靈，輜車名。疏云：此車前後有蔽，兩旁開蔥，蔥中豎木，謂之靈。蔥，初江反。寢於其中而逃。追而得之，囚於齊。又以蔥靈逃，奔宋，遂奔晉，適趙氏。仲尼曰：趙氏其世有亂乎。受亂人故。[呂說]宿德重臣，詐謀入不得。奔晉入得，齊有人，晉無人故也。按史記，公山不狃以費叛，召孔子，當在虎奔之後，未幾孔子用魯。

黃薌林曰：陽虎一出，即因季桓子，逐殺詛盟，毫無顧忌。揆厥所由，則季氏教之也。意如出君八年，專制魯國，一時為羽翼為爪牙者，自以虎為最。季既可以逐昭，虎亦可以囚季。尤而效之，其何說之有。曹操欺凌漢室，殺貴人，弒伏后，君若寄生。其後子孫受制於司馬，一如操之所為。從古奸臣作福作威，未有不教猱升木者。陽虎之亂，旋即撲除，其猶季氏之幸也。

姜白巖曰：斯時晉卿專國，君若寄生，齊景奮然伐之，拔東郭書於下僚，使之主兵，已親將焉。齊世臣如高國陳鮑，皆畏晉不敢為，而公以討晉亂臣自任，豈非盛舉哉。衛靈為趙鞅所辱，視亂臣為仇讎，不可謂無志矣。斯二君者，充此心以用賢治國，繼桓文可也。乃齊景於衛之助伐，則報以三邑；於彌之先登，則予以上賞；於死事之敝無存，則禮以三襚三推，欲以招徠與國。

夫。

見三按：陽虎無甚伎倆，祇會傾人家國，事敗奔齊，猶請師以伐魯，殘暴如此，非盜而何。三加必取，人知其讎魯，而不知其儆齊；亂人一言而禍兩國，文子一言而全兩國，國有人焉，則亂人自無所容，顧不殺而姑囚之者，蓋知其與晉有舊，陰縱之適晉，以肆其亂晉之毒，即以快其伐晉之心也。計亦狡矣。

秋，齊侯伐晉夷儀，為衛討也。敝無存齊人之父將室之，為取婦。辭，以與其弟，曰：此役也不死，反必娶於高國。高氏、國氏，齊貴族也。無存欲必有功，還取卿相之女。先登，求自門出，死於霤下。既入城，夷儀人不服，故鬬死於門屋霤下也。東郭書讓登，登城非人所樂，故讓眾使後，而已先登。犂彌從之，曰：子讓而左，我讓而右，使登者絕而後下。【林解】謂書讓眾而立於城之左，已讓眾而立於城之右，使登城者盡終，而後下入城。蓋彌恐書先下，故又

四

激厲將士、其卒至于無成者、末有餘而本不足也

諭以讓之、按絕盡也。書左。彌先下。書從彌言左行、彌遂自先下、亦讓也、書與王猛齊人息。戰訖共止猛曰、我先登、書斂甲曰、曩者之難、今又難焉。斂甲起欲擊猛、【林解】言昔者有登城之難、今又有王猛之難、猛笑曰、吾從子如驂之靳。【孔疏】靳是當胸之皮、驂馬之首當服馬之胸。【補正】猛言如驂馬之隨服馬、則書先而猛畧後、所謂先、謂先於衆、非先於書也。何難之有、杜云、傳言齊師和、所以能克。按下文克城而驕、則齊師已入夷儀矣。晉車千乘在中牟。救夷儀也。滎陽有中牟縣、迴（過）遠、疑非也。索隱曰、此中牟當在河北、非鄭之中牟也、按今河南湯陰縣西有中牟城、晉師千乘以救夷儀、何至邑為齊入。次於中牟、逗遛不進、想見晉卿之情。衛侯將如五氏。齊侯在五氏、將往助之、卜過之、龜焦。衛至五氏、道過中牟、畏晉、故卜。龜焦兆不成、不可以行事也。衛侯曰可也。衛車當其半、寡人當其半、敵矣。【林解】衛侯怒晉甚、不復顧卜。欲以身當五百乘。乃過中牟。中牟人欲伐之。衛褚師圃亡在中牟、曰衛雖小、其君在焉、未可勝也。【呂說】衛君慨然發憤立志得堅。雖晉甲兵之多、亦不能當。人不可不立志。按君在最着眼、言君受按（捘）手之辱、舍死向前也。齊師克城謂夷儀而驕。其帥東郭

書又賤。遇必敗之。不如從齊。乃伐齊師敗之。獲齊車五百乘。事見哀十五年。按齊既得夷儀，又與衛伐五氏，為晉所敗。齊敗，知衛師亦退。齊侯致禚媚杏於衛。三邑皆齊西界，以答謝衛意。按媚當在河南禹城縣，杏當在博平縣。○禚，諸若反。齊侯賞犂彌。犂彌辭曰：有先登者。臣從之。晳幘而衣貍製。晳，白也。幘，齒上下相值。製，裘也。按說文引此傳作晳齻，是也。今本作幘，傳寫誤耳。言齒長而白，上下相當也。【補正】謂巾髮之幘以帛為之，非也。蔡邕獨斷：幘，古者卑賤執事不冠者之服。書為元帥，當韋弁服，上下均服，無不冠而幘者。漢輿服志謂古有冠無幘，幘始於漢。從杜為是。疏云：月令孟冬始裘，今與哀二十七年未寒而裘，在軍臨時所須，不可以常節約之。○幘、齻並音策，又音責。公使視東郭書。曰：乃夫子也。吾貺子。【孔疏】戎事上下同服，書雖為元帥，軍衆之內，齊侯容或不辨，故使視之。賞其先登之功，不責其後敗之罪。公賞東郭書。辭曰：彼賓旅也。【附注】犂彌與東郭書讓登，猶不相識，蓋是異國之人新為齊臣者，故書謂之賓旅，猶后子目子干為羈也。乃賞犂彌。【歸義】此二人讓登爭先，而論功處後，士君子愧死。齊師之在夷儀也。齊侯謂夷儀人曰：得敝無存者，以五家免。給其五家，令常不共役事。乃得

其尸、公三襚之、襚衣也、比殯三加襚、深禮厚之、疏云、初以士服、次大夫服、次卿服也、與之犀軒卿車

與直蓋、高蓋而先歸之、坐引者以師哭之、停喪車以盡哀也君方為位而哭故挽柩者不敢立坐膝坐〔闕義〕親推之三、齊侯自推喪車輪三轉、

黃鄉林曰、偪陽之役、主諸勇士併力攻之而不克、夷儀之役、三匹夫談笑登之而有餘、可見晉師本弱、並非齊人之強也、晉有車千乘、咫尺中牟、坐視夷儀之失而不救、故衛侯敢當其半、苟非褚師圃獻計、之恐中牟且不能保、又安望轉敗為勝乎、齊衛二君、狃於匹夫之勇、以快其叛晉之心、雖曰奮勇、其實無能、春秋書次不書伐、蓋譏其不成伐也、

見三按沙之會、齊衛私盟、昔祇叛晉、今則伐晉矣、夷儀之圍、勇士讓登、中牟之過、強侯當敵、雄心所逞、幾若仇深不共晉

有車千乘、不敢當衛車之半、僅能乘齊師之驕、六卿安在、未聞勵三軍以紓國難、其參贊機謀者、乃出於亡人之諸師圃、蓋是時晉卿志在吞并、敢私鬬不敢公戰、四境之蹂躪、置若罔聞、春秋書次不書伐者、師出無名、輕舉妄動、適以促天下之無伯、傷之也、亦醜之也、

經辛丑十年春王三月及齊平【杜解】平前八年再侵齊之怨、夏公會齊侯于夾谷平故公至自夾谷○晉趙鞅帥師圍衛○齊人來歸鄆讙龜陰田三邑皆汶陽田、泰山博縣北有龜山、陰田在北也、會夾谷、孔子相、齊人服義而歸魯田、【贊疑】齊歸三邑、杜注皆汶陽、明王廣迂云、汶陽與鄆讙龜陰異地、譏杜合一為非、極是、但以汶陽為齊地、并譏左氏、則失考矣、按僖元年賜季氏汶陽之田、鞍之戰齊人歸侵地、經書取汶陽田、八年春晉韓穿來言汶陽之田歸於齊、季文子曰、敝邑之舊也、則汶陽本魯田為齊得者、故茲無還、欲其反我、而齊人來歸、郈用陽虎竊以奔齊者、原非反我汶陽也、安得謂左以三邑為汶陽乎、○叔孫州仇

仲孫何忌帥師圍郈。○叔孫氏邑音后秋，叔孫州仇、仲孫何忌帥師圍郈。宋樂大心出奔曹。傳在前年春宋公子地出奔陳。○冬，齊侯、衛侯、鄭游速會于安甫。地闕。〔詳說〕三國復為此會，無所憚於晉矣。○叔孫州仇如齊。○宋公之弟辰暨仲佗、石彄出奔陳。暨與也。〔承義〕宋卿大夫數日間五人逃去，君誰與處。○彄苦侯反

傳十年春，及齊平。〔陳傳〕魯叛晉自齊五氏之役，諸侯始伐盟主。及齊平，則魯從之矣。

夏，公會齊侯于祝其，實夾谷。〔杜解〕即祝其也。〔補正〕在今萊蕪縣。舊說齊靈公滅萊，萊民播流此谷，邑落荒蕪，故曰萊蕪。會於此地，故得有萊人。服註在東海祝其縣，今淮安府之贛榆，遠非也。孔丘相。相會儀也。〔方解〕魯特晉而結怨於齊數世矣。雖新與齊平，知其必以惡來，故使公試其危，而三桓不敢相也。〔何記〕此篇孔子皆稱名，君在會故。犁彌言于齊侯曰：「孔丘知禮而無勇，若使萊人以兵劫魯侯，必得志焉。」齊侯從之。孔丘以公退，曰：「士兵之。」以兵擊二人兩君合好，而

姜白岩曰：夾谷之會，先儒謂傳欲尊孔子，故張皇其事。聖人存神過化，齊侯自然心服，初無藉於兵力也。愚謂孔子用魯，左氏聞見最真，不比所見異辭、所聞異辭之尚待考證也。齊構釁自定七年始。蓋齊景背晉爭霸，鄭衛已服，魯獨附晉。八年公兩侵齊，齊報伐；九年又侵齊，與國齊魯之怨未有深于此時也。孔子用魯，乃與齊平，積嫌未化，犁彌方以勇力聞諸侯，故三家不敢行，而以孔子相。猶齊師伐魯，季不敢行，而冉求帥師也。或曰汲黯在朝，淮南寢謀；司馬輔政，遼人戒其邊吏。

曾謂聖人相魯。乃不逮是。夫道大莫容。用齊而譏。在楚而謗。隋費叛。圍成成拒。教化未行。難必人心。倏變。彼齊人者。以爲孔子從容行禮。必無兵備。即用魯曹沫劫齊桓故智。豈知君行師從。儐之已早乎。或曰。燭之武能解鄭圍。展喜能却齊寇。何至以兵刃爲威。不知秦晉齊顯然舉兵。故武與喜可以從容開譬。好會之間。變生倉猝。成敗不能一瞬。故先奉公以退。命士兵之阻遏萊人。使不敢前。然後以大義開諭。極言其不可。使之辭救過。此正聖人知勇兼至。運用因心。事出萬全之至也。或又曰。三百乘從。是猶滕視魯也。使齊歸田。魯爲齊役矣。竊謂文迭霸。魯何役不從。平時則納其貢賦。出師則從以車乘。是時齊多侵魯田。陽虎又以鄆讙龜陰奔齊。魯地日削。夫子使之反侵地。地之所出。足當三百乘之賦。即以是爲貢賦之額。孔疏言之矣。蓋極重難反之勢。而必申明王制。納貢天子。非以結好。適以樹讎。聖人因以物之權衡。爲獵較之從俗。但使王道行。周室尊。則其

裔遠也。○以制反夷之俘。以兵亂之。非齊君所以命諸侯也。裔不謀夏。夷不亂華。俘不干盟。兵不偪好。於神爲不祥。盟將告神。犯之爲不善。於德爲愆義。於人爲失禮。君必不然。齊侯聞之。遽辟之。去萊兵也。○辟，婢亦反將盟。齊人加於載書曰。齊師出竟。而不以甲車三百乘從我者。有如此盟。如此盟詛之禍孔丘使茲無還魯大夫。○音旋揖對曰。而不反我汶陽之田。吾以共命者。亦如之。須齊歸汶陽田、乃當共齊命、於是孔子以公退。賤者終其事。要盟不絜。故略不書。齊侯將享公。孔丘謂梁丘據曰。齊魯之故。舊典吾子何不聞焉。事既成矣。會事成而又享之。是勤執事也。且犧象不出門。嘉樂不野合。犧象酒器。犧尊象尊也。嘉樂鐘磬也。疏云。鄭衆周禮註。犧尊飾以翡翠。象尊以象鳳凰。阮諶三禮圖。犧尊畫牛。象尊畫象。當尊腹上畫牛象之形。○犧許宜息河二反饗而既具。是棄禮也。若其不具。用秕稗也。秕穀不成者。稗草之似穀者。言享不具禮。穢薄若秕稗。○秕音鄙。稗皮賣反用秕稗君辱。

風自息不亢不卑因時制宜非聖人其孰能之是以齊人服義有三邑之歸也辭享一節與梁邱據言者蓋齊以據相禮故夫子語之聖人無不可與言之人也

棄禮名惡子盍圖之夫享所以昭德也不昭不如其已也乃不果享、孔子知齊侯懷詐故以禮距之齊人來歸鄆讙龜陰之田陽虎九年以此奔齊經文倒者次魯事

黃鄉林曰聖人之知禮即聖人之大勇也自反而縮千萬人吾往禮所在斯勇所在一曰失禮萊兵退再曰棄禮野享撤犂彌匹夫能無咋舌

見三按夷儀之役犂彌讓登自恃其勇故以無勇輕聖人聖人以禮臨之而赳赳武夫卒恧然而自阻譬如大造陽春所被萬物向化無一違者覺藺相如澠池之會張子房鴻門之宴直是無聊之計何足形諸齒頰辭享用梁邱據尤見因物以付小人得至聖一夾語增多少光輝已傾身為之周旋若

姜白巖曰：此罪趙鞅之失衛也。報夷儀者，報齊為衛伐夷儀也。晉凡役皆侵，而此獨圍，正以趙氏私忿，故盡力以求逞也。傳於圍衛下插涉佗辱門一段，衛之人無敢與敵，宛然鄟澤之盟捘捥自豪氣象，以迎合趙氏之意，豈知甫反役而即殺之也。傳以一遄字形容涉佗，言殺佗之時，去捘捥時立門時一瞬耳。夫大國討貳，至殺巳大夫以求成，而終不可得，前日失衛甚易，今日求衛甚難，使當文襄之世，豈有是哉。

宋代道學先生，必引孟子拒右師家法，不肯交一言矣。異時女樂之歸，犂彌獻計，而子猶無聞焉，其觀感深也。

晉趙鞅圍衛，報夷儀也。前年齊為衛伐晉夷儀，故伐衛以為報。初，衛侯伐邯鄲午晉邯鄲大夫。按今直隸邯鄲縣西南有邯鄲故城，俗名趙王城。○邯鄲音寒丹。於寒氏，即五氏也。前年衛人助齊伐五氏。城其西北而守之，孔疏：築城于其西北之地而守之。宵熸。午衆宵散。及晉圍衛，午以徒七十人門於衛西門，殺人於門中，曰：「請報寒氏之役。」衛開門與午鬭。涉佗曰：「夫子則勇矣，然我往，必不敢啟門。」亦以徒七十人，旦門焉，步左右，皆至而立，如植。孔疏：佗以徒七十人，旦往門焉，佗先至，步行門之左右，然後其徒皆至，而立如植木，不動以示整。日中不啟門，乃退。反役，晉人討衛之叛，故曰：「由涉佗、成何。」按衛侯手故。於是執涉佗以求成於衛，衛人不許，晉人遂殺涉佗，成何奔燕。呂說：自古奸人責人以自脫，都如此。君子曰：「此之謂棄禮，必不

鈞。言必見殺不得與人等。詩曰人而無禮。胡不遄死。涉佗亦遄矣哉。詩鄘風遄
速也。呂說二子以匹夫而辱國君。倚趙簡如山岳。一旦事勢之變。終不免戮。

黃鄉林曰。涉佗固有罪矣。使殺之於捘手之時。則衛可不畔。而師亦無勞。及釁隙既開。而始殺以求成。不惟無以平衛人之怒。且以損本國之威。宋代函韓侂冑之首以與金和。事與此同。有國家者均當引以為鑒。

見三按范激宋叛。趙激衛叛。宋辱其臣。衛辱其君。故衛之讐晉尤甚於宋。晉前則留死者以求成於宋。此則殺生者以求成於衛。前則范鞅主之。是怙過不悛。此則趙鞅主之。是卸過自解。謀國大臣。如此悖謬。安得而不亡。

初叔孫成子欲立武叔。公若藐。○叔孫氏之族 亡角反 固諫曰不可。成子

姜白巖曰：此為二子兩圍郈。傳侯犯以不忍殺公若而叛，叔孫臯孟氏圍之，又以齊師圍之，郈終未克也。蓋是年方與齊平，齊以萊兵劫公，屈于禮而止，且以三邑歸魯，彼豈能盡去其積習哉？以郈之密邇于齊，假使犯以郈入齊，得齊為助，其為魯患大矣。卅份曰：是社稷之患，信然也。不得已，委其事於駟赤，赤步步賺犯，使犯自請自止自奔。赤之意似處處為犯，而犯之自害處處由赤，傾險之人得志，而傳備載之者，見郈非可猝使之叛犯，而齊人之甚欲得郈也。曰齊使至，曰齊有司觀郈，則齊已受之矣。復點出齊人欲以郈偪魯，則齊人之心跡顯然。末云齊人乃致郈，致者致其空名也。然則卅份以私憤殺人，釀成事變，幾誤社稷。兩書圍郈，見其罪之深矣。

立之而卒。公南叔孫家臣，武叔之黨。使賊射之，不能殺。公南為馬正，使公若為郈宰。武叔既定，使郈馬正侯犯殺公若，弗能。其圉人武叔之圉。曰：吾以劍過朝，公若必曰：誰之劍也？吾稱子以告，必觀之。吾偽固而授之末，則可殺也。偽為固陋不知禮者，以劍鋒末授之。疏云：少儀以器授人，刀卻刃授穎。穎，鐶也。禮授刀劍當以鋒刃自鄉而授其鐶。使如之。公若曰：爾欲吳王我乎？見劍向己，逆呵之。鱄諸殺吳王，亦用劍刺之。遂殺公若。侯犯以郈叛。犯以不能副武叔之命，故叛。而以圍告廟，故書圍。武叔懿子圍郈，弗克。秋，二子及齊師復圍郈，弗克。叔孫謂郈工師掌工匠之官。駟赤曰：郈非唯叔孫氏之憂，社稷之患也，將若之何？對曰：臣之業在揚水卒章之四言矣。詩唐風卒章四言曰：我聞有命。叔孫稽首。謝其受己命。駟赤謂侯犯曰：居齊魯之際，而無事，必不可矣。無所服事。子盍求事於齊以臨民？不然，將叛。侯犯從之。齊使至，駟赤與郈人

為之宣言於郈中。（詐為齊使言也）曰。侯犯將以郈易於齊。齊人將遷郈民。（謂易其民人）衆兇懼。（不欲遷）駟赤謂侯犯曰。衆言異矣。（不與始同）子不如易於齊與其死也。猶是郈也。而得紓焉。何必此。（按與其死也是倒裝語。言與其見殺於郈人。不如易郈人於齊。只要郈在便足紓患。何必此郈人也。）齊人欲以此偪魯。必倍與子地。（言非徒得民。又將得齊地。）且盍多舍甲於子之門。以備不虞。侯犯曰。諾。乃多舍甲焉。侯犯請易於齊。齊有司觀郈將至。駟赤使周走呼曰。齊師至矣。郈人大駭。介侯犯之門甲。以圍侯犯。駟赤將射之。（偽為侯犯射郈人）侯犯止之。曰。謀免我。侯犯請行。許之。（郈人許之）駟赤先如宿。（故宿國）侯犯殿。每出一門。郈人閉之。（閉其後門）及郭門。止之曰。子以叔孫氏之甲出。有司若誅之。（誅責也）羣臣懼死。（按言若以叔孫之甲出。懼典守之臣以失甲受死。故使赤毋速行。必數甲與郈人而後可奔。）駟赤曰。叔孫氏之甲有物。吾未敢以

出。物識也。○識申志反犯謂駟赤曰。子上而與之數。○數甲以相付色主反駟赤止

而納魯人。【林解】納魯圍郈之師侯犯奔齊。齊人乃致郈。致其名簿也。為下武叔如齊傳。【纂疏】訟詭欺誑。誑偽不誠。下執此以數其上。上執此以危其下。雖幸勝之。其何以保國家乎。

黃鄉林曰。三家咸逼君父。而兩卿不能制一陪臣。非得駟赤設計以賺。則郈必入齊。而齊釁又開矣。故出甲墮郈的是當日治魯急務。

見三按州仇之立。公若固諫。必非克家之子。不知自反。挾嫌修怨。至以賤隸殺公族於朝。魯君不言。舉朝不問。專橫可知。侯犯前不狥叔孫之命。後竟為壞駟所愚。足見其心本無他叛。非得已。而州仇之擅殺釀禍。罪實不可勝誅。

昭定之間。季孫名意如。叔孫名州仇。孟叔名何忌。三子無君罔上之心。

周大章曰：嬖寵之患，出于家，亦害于國。地嬖富獵，分室幾與其半，惑已甚矣。乃公嬖魋，而取他人之馬朱其尾鬣以與之，不更狂且妄乎？以嬖豎而使其母弟公族俱奔，請弗聽，意中止有一魋，視諸人尚有餘怨，何物孽豎而鍾愛迷惑如斯，毋怪其驕以生亂，有督、參弒之禍也。

已見之於命名之際，蓋先示之以不可制也。子之能任（仕），父教之忠，其謂之何。

宋公子地（景公弟，辰之兄。）嬖蘧富獵，十一分其室，而以其五與之。（與富獵也。）公子地有白馬四，公嬖向魋，（司馬桓魋。）魋欲之，公取而朱其尾鬣以與之。（與魋也。○鬣，力輒反。）地怒，使其徒扶魋而奪之。魋懼，將走，公閉門而泣之，目盡腫。母弟辰曰：子分室以與獵也，而獨卑魋，亦有頗焉。子為君禮，（辟君也。）不過出竟，君必止子。公子地出奔陳，公弗止。辰為之請，弗聽。辰曰：是我迋（欺也。○迋，求往反。）吾兄也。吾以國人出，君誰與處？冬，母弟辰暨仲佗（仲幾子。）石彄（褚師段子。）出奔陳。（皆宋卿、衆人所望，故言國人。同抄宋）

公以一向魋，而失二弟、二大夫。

黄鄉林曰：取馬與魋，景固不君；分室與獵，地亦不臣。公子辰

姜白岩曰：武叔人品極卑，而使齊大見出色。是時夫子用魯，諸弟子皆在，豈受命於言語之科，故得此嚴正之論與。蓋聖人過化存神，即武叔亦在轉移中。

責之宜矣。顧辰既知其頗，即當勸其盡禮，以全骨肉，乃始則迋兄以出，繼則要君以請，終則率屬以行，末世君臣兄弟，機械至此，安得不流為戰國。

見三按向魋得罪至聖，兇暴無比，蓋盜跖之流也。此等惡人，不解宋君有何眷戀，而鍾情如此，閉門而泣，目為盡腫，直有卿憐我我憐卿之態，尤而效之，無怪張昌宗之抱武后而大哭也。

武叔聘於齊。謝致郈也。經書辰奔在聘後者，從告。齊侯享之，曰：子叔孫，若使郈在君之他竟，寡人何知焉？屬與敝邑際，故敢助君憂之。以致郈德叔孫。對曰：非寡君之望也。所以事君，封疆社稷是以。猶為也。敢以家隸勤君之執事。夫不令之臣，天下之所惡也，君豈以為寡君賜。言義在討。

惡非所以賜寡君。

見三按武叔毀聖、坐井觀天、出言安有倫次。而齊廷數語、義正詞嚴儼然、端木子口吻、豈如展喜之受命於展禽乎、抑或聞不知量之言、深自折節、而得其餘緒乎、較之何忌似勝一籌、

經壬寅十有一年春、宋公之弟辰及仲佗石彄公子地自陳入于蕭以叛杜解蕭宋邑。疏云、前宋萬之亂、以蕭邑封叔為附庸。○宣十二年楚滅之、復為宋邑。故辰等今入之以叛。夏四月。○秋、宋樂大心自曹入于蕭入蕭從叛人、叛可知。故不書叛。按此樂大心為戴族、與前蕭叔大心名偶同。○冬、及鄭平平六年侵鄭取匡之怨。叔還如鄭涖盟孔疏世本叔弓生定伯閱、閱生西巷敬叔、叔生成子還。還為叔弓曾孫。杜云、叔詣曾孫、誤。○還音旋

傳十一年春、宋公母弟辰暨仲佗石彄公子地入于蕭以叛、秋

姜白巖曰、此合前出奔傳為一篇、地奪君之賜、是為無君、奔而待止、是為要君、率

先而奔。寔禍之始。釋經地奔不與三子並書也。佗彊世卿。人望所屬。辰以為吾授之則國人不服。君誰與處。蓋脅君以去三子。固而止。已并止地也。然國人聽之。君亦聽之。而三子奔矣。蓋辰主其謀。彊之與同。此釋經書暨也。暨者與也。我為主也。出奔之後相率去殺。居蕭四年。向魋相濟。則非辰之所能彊矣。釋經書及也。及者以此及彼。兩相欲也。大心之返由於子明。叛臣在蕭而從之。則亦叛矣。曰入逆辭也。然非首惡。亦未與謀。憤懣故激遂入其中。與顯然獨叛者自別。釋經不書叛也。辰地之叛。起於待止。猶自附于親。親公不討蕭猶未絕其屬籍。非鄭共叔段之比。釋經猶書弟也。而總之曰寵向魋故也。以發明諸人之奔之叛。皆景公驅之。大為宋患。公自貽患也。

姜自巖曰。魯與齊平。復與鄭平。於是齊魯鄭衛。皆非晉之與國矣。叛晉非聖人所欲。而今日之晉。乃大夫叛諸侯之晉也。直曰棄晉可耳。諸侯已怨。釋爭以自治其國。聖人之志也。

樂大心從之。（林解）樂大心九年被逐。今從辰地以叛。大為宋患。寵向魋故也。（杜解）惡宋公寵不義以致國患。

見三揆公子辰數人。或為介弟。或為大臣。固與國同休戚者也。君雖惑於嬖寵。臣當竭其藎忠。乃始則結黨出奔。以脅其君。繼則據邑入叛。以禍其國。罪不勝誅矣。若宋君者。沉溺向魋。甘棄其弟與大臣而不顧。使相結以叛。患生於國。不仁者真別有肺腸也。

冬。及鄭平。始叛晉也。魯自僖公以來。世服於晉。至今而叛。故曰始。（詳說）平齊之後。魯不復與鄭國爭。此孔子用魯。勸之以盡睦鄰之道也。

見三揆書輸平。以志諸侯之合。書及鄭平。以志諸侯之散。此春秋之所以始終也。

周大章曰：已寔不殿，而冒居于殿者，冉猛也；已寔能殿，而自謂不能殿者，之盈已。雖當殿，而不欲自居于殿者，滑羅也。冉猛狡詐之反，謙沖滑羅誠寔，羅雖不及之反，其賢于冉猛遠矣。

經癸卯十有二年春，薛伯定卒。○子比立。夏，葬薛襄公。○叔孫州仇帥師墮郈。杜解墮，毀也。患其險固，故毀壞其城。○墮，許規反。○衛公孟彄帥師伐曹。彄，孟縶子。○季孫斯、仲孫何忌帥師墮費。○音秘。○秋，大雩。書過。○冬十月癸亥，公會齊侯盟于黃。晉結叛。○十有一月丙寅朔，日有食之。○公至自黃。○十有二月，公圍成。公至自圍成。國內而書至者，成彊若列國，興動大衆，故故出入皆告廟。方解魯論記齊歸女樂，而經無其文，蓋君大夫自知非義，而史不敢籍耳。

傳十二年夏，衛公孟彄伐曹，克郊。杜解曹邑。還，滑羅衛大夫殿，未出，不退於列。未出曹竟，羅不退在行列之後。其御曰："殿而在列，其為無勇乎？"羅曰："與其素厲，素，空也。厲，猛也。寧為無勇。"附注滑羅以為曹國少弱，無追兵，故言與其殿而空設嚴猛，寧為無勇耳。不欲虛當為殿之名也。

見三按之反不居其功，滑羅不居其名，皆一時之儒將也。而

羣書考索云田氏六卿不去齊晉必亡三家不臣魯不可治孔子之政無出於此者秦漢以下學者能知之莫能為之孔子為政三月墮名都出藏甲以禮律之而三家不疑其害已此必有不言而信不怒而威者矣孔子之聖見于行事如此

張悔菴曰棘下之戰免季桓子於死者處父也不肯墮成者又處父也不狃侯犯雖為魯國患然撓亂三家鯁其牙距雖幸而勝之三家亦憊矣求若處父之輸力私家以保障者也聖人在上如侯犯不狃等尚可驅而用之若處父者王舜賈充之儔也必誅無疑矣

姜白巖曰後儒以圍成不克遂云墮三都由於子路之勇而無謀又云為三家除患何益于魯又云仲尼不自為使子路發其議恐三家不從傷聖人威重皆謬也蓋治魯莫急于治三家孔子用魯由季

與其素厲，寧為無勇。閱世知語，亦見道語。其御以無勇激滑羅，亦是有氣節人，勝於冉會之偽呼遠矣。

仲由子路為季氏宰，將墮三都。費郈成也。强盛，將為國害，故仲由欲毀之。於是叔孫氏墮郈。季氏將墮費，公山不狃、費宰叔孫輒輒不得志於叔孫氏帥費人以襲魯。公與三子入於季氏之宮，登武子之臺。費人攻之，弗克。入及公側。至臺下仲尼命申句須、樂頎二子魯大夫。句音劬，頎音祈下伐之。仲尼時為司寇費人北。國人追之，敗諸姑蔑。二子不狃輒奔齊。遂墮費。呂說昭公時，三家與公室相讎，到此能與三子入宮登臺，見季氏與國同體，聖人感化之功如此。將墮成，公斂處父謂孟孫：墮成，齊人必至於北門。成在魯北竟且成，孟氏之保障也。無成，是無孟氏也。按傳見即此兩言，成不可不墮。子偽不知，我將不墮。冬十二月，公圍成，弗克。按何忌便是叛君，宋辰單顯然稱叛者，何忌陰使家人叛者。

桓子。桓子身受陽虎之危。執之囚之。欲驅而殺之。患難之後。悔悟漸生。始知平日之厚自封殖。適以自戕殺。然任用聖人。是三家起死回生之日。即魯國起衰振靡之退也。聖人時中之妙。當此時勢。即從隳都入手。三都隳。大都不得耦國。陪臣失其依據。而權還之大夫。大夫亦失其依據。而權還之諸侯。開誠布公。潛移默化。前此罔上營私之蠹。皆可為急公從義之良。而周道興矣。說者又謂三都難隳者費。予謂最難者莫如成。郈宰侯犯既弃郈無人焉。故叔孫師至而隳。若費自不狃。呼費人從之襲魯。費之當隳。季孫深知之。故亦隳。自費隳。而費遂不為魯患。若成居魯北境。以障強齊。絕無稱兵作亂之事。又得公斂陽之黠以為之宰。故隳郈則一鄉師。隳費則二鄉並將。至成而公親行。所以彈壓孟孫。使之必隳。何意孟孫納處父之言。遂生異志。棄君命。叛師教。先儒謂僖子之朱均。敬叔之管蔡。不誣。然挾全魯之衆。以制一成。子路及申句須樂頎輩。當在行間。何難克敵。顧舍之而還者。

黃鄉林曰。以子路之賢。能隳費郈。而不能隳成。非其智勇有不逮。蓋天為之也。天不興周。又安能變魯。小人奸命。亦天意所在。追至文馬東來。彼婦出走。聖人且無如天何。於子路又何尤焉。

見三按叔孫毀聖而首隳郈。孟孫師聖而不隳成。能行於其所難。而不能行於其所易。豈非天哉。否則公斂處父何竟以一語破機關也。自是伯寮愬。季孫疑。女樂受。孔子行。皆處父啟其端也。市朝之肆。不當寬處父於伯寮之後。

經　甲辰十有三年春。齊侯衛侯次于垂葭。杜解二君將使師伐晉。次垂葭以為之援。○夏築蛇淵囿。書不時也。集注此正與受女樂事相類。定公君臣自以為齊人已服。疆都已隳。可以及時行樂。此決非孔子為政時。按蛇淵囿。今山東肥城縣南。○大蒐于比蒲。夏蒐非時。○比音毗。○衛公孟彄

蓋以懿子曾及門牆，詎終頑梗，故畧舉爲後圖，以俟其自化，而惜乎是年孔子已去魯也。

姜白巖曰：意茲一言之合，忽令乘軒，衞侯共載，忽而中止，杜注一輕字足盡齊侯矣。齊景於晉，平薦女求婚，惟恐其失好也，自留吳投壺而啟釁，寖然昭之世，猶未敢叛晉，自召陵之役，晉人求貨，大功讓之吳，於是驍然知晉人之將内叛，而决意伐晉，當是時晉亂極矣，使其臣將順其美，正賊臣之罪，未始非伯者之師，而齊臣猶范鞅也，自古未有政本不立，而能立功於外者。

帥師伐曹。秋，晉趙鞅入于晉陽以叛。書叛惡可知。冬，晉荀寅、士吉射入于朝歌以叛。吉射，士鞅子。射，食亦反。朝，如字。晉趙鞅歸于晉。韓魏請而復之，趙氏曰三晉之形成於此。薛弒其君比。比弒惠公夷立，又名寅。

傳十三年春，齊侯、衞侯次于垂葭，實郥氏。【杜解】垂葭改名郥氏。按今山東濟寧州。使師伐晉，將濟河，諸大夫皆曰不可。邴意茲齊大夫。邴音丙。曰：可。銳師伐河內，按今河南衞輝府治。傳必數日而後及絳，傳車告晉。數，所主反。絳不三月不能出河，則我既濟水矣。乃伐河內。齊侯皆斂諸大夫之軒，唯邴意茲乘軒。以其言當。齊侯欲與衞侯乘，共載。與之宴，而駕乘廣，載甲焉。【孔疏】先駕乘廣于門外，豫于廣車之上載甲。使告曰：晉師至矣。【孔疏】飲未終。齊侯曰：比君之駕也，寡人請攝。【林解】比猶待也，言待衞君必駕，恐緩不及事，請以己車攝代衞車。乃介而與之乘，驅之。【孔疏】齊侯乃著甲，與衞侯共乘，驅之而行。或告曰：無晉師。乃止。傳言齊侯

輕所以不能成功按使告或告皆齊謀也或曰諸大夫紿之誤

黃鄉林曰齊景急於伐晉喜得衛靈為援故為報怨以示武威與之共乘以示親暱雄心所逞幾若剪滅此而朝食孰知使者一告而虎頭蛇尾遂至倉皇失措然後知向之駕乘載甲皆其畏晉之心早留此條後路也三國志謂死諸葛驚走生仲達觀此傳益信

見三按齊侯偉晉之哀與衛相結兩次伐晉為衛修怨即為已伸威其畏晉之心固惴惴不寧也濟河不可諸大夫豈真不能料敵特不欲其輕率以邀功耳乃衆人以諫君受罰意茲獨以逢君受賞斂軒乘軒故為揚抑以逞雄心使告或告得毋故為播弄以資笑柄乎幸其不出而濟師聞其師至而

姜白岩曰或云鞅避難晉陽子以叛書誅其心也悲趙鞅入于晉陽以叛尊史以晉君書聖人仍其舊文而已若在諸侯之策歸晉改名忘父一則以示煎洗自新一則若為兩人以盡其逆節孰謂當時不以鞅為叛哉傳歷寫鞅叛君之實是衛人以晉家賊晉已寘邯鄲鞅欲移之晉陽是皇父之罔也前此祁盈殺有罪之祁勝晉猶殺盈況鞅殺無罪之大夫始禍宜自鞅也斯時二子之討趙氏蓋已請命於晉侯何以見其請命也下文荀躒曰三臣始禍而獨逐鞅刑已不均誰逐之謂刑之請于晉侯可知矣奉君命以討專殺指邯為叛何分先後使鞅真無罪則蹀黨於鞅必為之雪其寃肯云三臣始禍耶又何待人據晉陽公然拒命而後為叛耶故傳不言二子圍之而直曰晉人圍之討賊之義也至天會謀思得范中行之位告之晉君并逐二子是舍晉陽而討討晉陽者也二子悍然伐君哉

驚恐，乘軒安在，何竟嘿然不出一言。吾知諸大夫當掩口而笑曰：抑君似鼠。

晉趙鞅謂邯鄲午曰：歸我衛貢五百家，吾舍諸晉陽。午許諾。年十趙鞅圍衛，衛人懼，貢五百家。鞅置之邯鄲，今欲徙置晉陽。晉陽，趙鞅邑。歸告其父兄，父兄皆曰：不可。衛是以為邯鄲，言衛以五百家在邯鄲，常為是故與邯鄲親。而寘諸晉陽，絕衛之道也。不如侵齊而謀之。侵齊則齊當來報，欲因懼齊而徙，則衛與邯鄲好不絕。乃如之，而歸之於晉陽。欲如是謀，後歸衛貢。而趙孟怒，召午，而囚諸晉陽。趙鞅不察其謀，謂午不用命，故囚之。使其從者說劍而入，涉賓不可。午家臣。不肯說劍入，欲謀叛。乃使告邯鄲人曰：吾私有討於午也，二三子唯所欲立。午，趙鞅同族，別封邯鄲，故使邯鄲人更立午宗親。遂殺午。趙良，趙夙之弟也。良生盾，盾生朔，朔生武，武生成，成生鞅，其家為趙氏。夙生穿，穿生旃，旃生勝，勝生午，其家為耿氏。午與鞅五從兄弟也，別封邯鄲，世不絕祀。按邯鄲非鞅之封邑，而午為晉之大夫，鞅不得而私

敗入公邑以叛至是范中行始以叛書其釁入寔鞅倡之耳晉侯方聽荀范以逐鞅又聽韓魏以歸之操縱一制于叛臣國非其國矣而趙鞅於是有討賊之名晉陽即晉也書歸於晉如敵國然叛也叛則非晉臣書晉趙鞅以其歸也晉於是以國授賊臣而腹心之疾不可為

討也遂殺之（無君命也）趙稷（午子）涉賓以邯鄲叛夏六月上軍司馬籍秦圍邯鄲邯鄲午荀寅之甥也荀寅范吉射之姻也（壻父曰姻荀寅子娶吉射女）而相與睦故不與圍邯鄲將作亂（攻趙鞅）董安于（趙氏臣）聞之（搜將作亂是安于所聞之辭）告趙孟曰先備諸趙孟曰晉國有命始禍者死為後可也安于曰與其害于民寧我獨死（懼見攻必傷害民）請以我說（晉國若討可殺我以自解說）趙孟不可秋七月范氏中行氏伐趙氏之宮趙鞅奔晉陽晉人圍之范皋夷（范氏側室子）無寵於范吉射而欲為亂於范氏梁嬰父嬖於知文子（荀躒）文子欲以為卿韓簡子（韓起孫不信）與中行文子（荀寅）相惡魏襄子（魏舒孫曼多）亦與范昭子（士吉射）相惡故五子（范皋夷梁嬰父知文子韓簡子魏襄子）謀將逐荀寅而以梁嬰父代之逐范吉射而以范皋夷代之荀躒言於晉侯曰君命大臣始禍者死載書

在河。為盟書沈之河。今三臣始禍。而獨逐鞅。刑已不鈞矣。請皆逐之。按荀躒嗜賂。其并請逐二子。為歸鞅地也。冬十一月。荀躒韓不信魏曼多奉公以伐范氏中行氏。弗克。二子將伐公。齊高彊齊子尾之子。昭十年奔魯。遂適晉。曰三折肱知為良醫。唯伐君為不可。民弗與也。我以伐君在此矣。三家知韓魏未睦。可盡克也。克之君將誰與。若先伐君。是使睦也。弗聽。遂伐公。國人助公。二子敗。從而伐之。丁未。荀寅士吉射奔朝歌。韓魏以趙氏為請。按韓魏之（歸義）晉事至此。而知韓猶能假君命以逐荀范。國人助公。則威權尚可急收也。請。荀躒無異議。早受鞅賂也。豈知鞅歸而思逐知哉。十二月辛未。趙鞅入于絳。盟於公宮。傳錄晉亂。（胡傳）官之失德。寵賂章也。晉卿始禍。緣衛貢也。欒祁見執。獻楊楯也。蔡侯從吳。荀寅貨也。昭公弗納。范鞅賂也。而晉自此不復主盟矣。故為國以義不以利。

黃鄉林曰。涉賓之叛。各為其主中行范以親戚私誼故。而與

午深相結、殊屬多事、午之殺、皆范中行氏激成之也、韓魏以趙氏為請、入於絳、謀於宮、三卿分晉已伏於此、高彊折肱數語、可謂老馬知道、董安於殺身安趙、於晉為蟊賊、在趙不失為忠臣、

見三按晉之六卿、知荀范三家最橫、趙次之、韓魏又次之、始則併力弱公、權雖分而勢猶合、後則各謀植黨、貌雖合而勢已分、於是荀范為一黨、韓趙魏為一黨、知則駕於二黨之上、而其權最尊、至荀范滅、而知氏之勢孤、知氏滅而三家之分晉成矣、夫晉國有命始禍者死、始禍由於無君、不忌其君而專殺、即是始禍、與荀范之專伐無君、其罪一也、而況邑為國邑、非已所得而據、入晉陽與入朝歌等耳、乃趙氏得歸、而荀

周大章曰：宮闈之際，人所難言。靈公溺愛南子，燕褻瀆亂，無所不至。衛之老成無一起而匡救之者，知言不見省，不旋踵而禍至也。戍即能正其身，陳善閉邪，尚須多方以為之轉移，而乃恃富而驕，欲為人之所不能為，為人之所不敢為乎？戍將為亂，貪人得此乃有題目也。眈眈逐逐久矣，垂涎此一臠。

范被逐者，趙鞅不納安於之言，懼為戎首，荀范竟違高疆之諫，敢於犯君，此罪惡之輕重所分。且趙有內助，得請而歸，其勢順；荀范外援，請兵以助，其勢逆。故二氏滅而趙氏興耳。獨怪晉襄霸烈之遺，土地甲兵冠於天下，曾幾何時，而大權旁落，君若寄生，殺者殺，叛者叛，伐者伐，歸者歸，操縱一制於權臣，而莫之自主，俱酒之廢為家人，所必至矣。讀斯傳，安禁掩卷而三太息哉！

初，衛公叔文子朝而請享靈公。欲令公臨其家。退見史鰌，史魚。音秋。而告之。史鰌曰：「子必禍矣。子富而君貪，罪其及子乎！」文子曰：「然。吾不先告子，是吾罪也。君既許我矣，其若之何？」史鰌曰：「無害。子臣，可以免。言能執臣禮。富而能臣，必免於難。上下同之。言尊卑皆然。戍也

姜白巖曰：以文子之賢，富猶足以禍其子，況其他乎？以戍之驕，自足以亡身，況加以富乎？雖然，戍以將去夫人之黨見逐，猶有文子之風焉。

驕，其亡乎。富而不驕者鮮，吾唯子之見。驕而不亡者，未之有也。戍必與焉。與禍難。【測義】史魚之為文子謀，勸之歸邑于公，散積子衆，即戍不亡矣。及文子卒，衛侯始惡於公叔戍，以其富也。公叔戍又將去夫人之黨。夫人，靈公夫人南子。黨，宋朝之徒。夫人愬之曰：「戍將為亂。」為明年戍來奔傳。【歸義】宮闈之中，不與外事，戍將為亂，何自得之。

黃鄉林曰：戍之必亡，史鰌言之矣。文子臨卒，何不盡散其家財。嗚呼，生於亂世，貴而能貧，可以後亡，有味哉！黑肱之言也。見三捘奴輩利吾財，此石崇臨刑之言也。既知其利，胡不早散？古今守錢虜，大抵皆石崇之續矣。文子賢大夫，何至不知此理，負僚友之言，貽子孫之禍。義然後取，其然，豈其然乎？

經乙巳十有四年春，衛公叔戍來奔衛，趙陽出奔宋。【杜解】陽，趙黶孫。〇二月辛巳，楚公子結、陳公孫佗人帥師滅頓，以頓子牂歸。牂，子郎反。

亦黨公叔戍。【本義】一國而三大夫出奔，其國可知。○五月，於越敗吳于檇李。吳子光卒。按：於越，越國也。帝少康之少子，封于會稽。今浙江紹興府。檇李，今嘉興府有古檇李城。闔廬卒，子夫差立。○檇音醉。公會齊侯、衛侯于牽。魏郡有牽城。按：故牽城在直隸內黃縣西南濬縣之北。【林解】齊魯為會止此。公至自會。○秋，齊侯、宋公會于洮。曹地。○天王使石尚來歸脤。石尚，天子之士。脤，祭社之肉，盛以脤器，以賜同姓諸侯，親兄弟之國，與之共福。【發微】魯未嘗助祭，歸脤非禮也。【林解】周魯之交止此。○市軫反。○衛世子蒯聵出奔宋。衛公孟彄出奔鄭。○宋公之弟辰自蕭來奔。○大蒐于比蒲。【張注】蒐而邾子來會，則公親蒐矣。而不書公，以軍政不屬公，而專于三家也。邾子來會公。會公于比蒲，來而不用朝禮，故曰會。○城莒父及霄。【經筌】公叛晉助范氏，故懼而城二邑。此年無冬，史闕文。一時城二邑，民勞甚矣。按：二邑今山東莒州。

傳十四年春，衛侯逐公叔戍與其黨，故趙陽奔宋，戍來奔。【杜解】終史魚之言。【詳說】衛靈不君，南子不婦，公叔戍恃富而驕，素無國中之譽，乃欲以正君自任，事不克而速禍，宜也。春秋書三大夫之

觀禧曰：董安于性緩，嘗佩弦以自急。然安于在趙，歷官盡其職，而多戰功，又殺然以殉衛趙氏，真剛烈丈夫也。求所謂弛緩于事者，一不可見。於此知古人自識所短，能與簡以繩又化其氣質如是。

周大章曰：知伯志吞晉國，范中行既出，獨忌趙氏，去安于所以翦其羽翼也。不殺安于數語，正知伯心坎上語。趙氏力不能敵，含涌從甚，知伯豈必待襄子乎。

奔。所以著衛亂之所從始。

見三。按：衛靈公因晉人捘手之辱，歸謀叛晉，激怒國人，則抱冰握火，卧薪嘗膽，在斯時矣。不數年間，聽夫人之譖，而逐公叔戍，並及趙戍。北宮結又因夫人之故，而逐太子蒯聵，並及公孟彄，且公先惡公叔戍之富，而後夫人之譖行焉。公先為夫人召宋朝，而後太子之禍作焉。內亂如此，安能外禦其侮。雖祝鮀吵口於臯鼬，王孫賈裂眥於郭澤，亦奚益哉。

梁嬰父惡董安于，謂知文子曰：不殺安于，使終為政於趙氏，趙氏必得晉國。按傳見晉卿早謀分晉。盍以其先發難也，討於趙氏。文子使告於趙孟曰：范中行氏雖信為亂，安于則發之，是安于與謀亂也。晉國有命，始禍者死。二子既伏其罪矣，敢以告。告使討安于。趙孟

患之、安于曰、我死而晉國寧、趙氏定、將焉用生、人誰不死、吾死莫矣、乃縊而死、孔疏：安于請先備、趙孟不從、安于其無罪矣、但安于之謀、國人聞之、嬰父忌其知謀、假此罪之、鞅數而得還、不敢違命、故安于自縊死、趙孟尸諸市而告於知氏曰、主命戮罪人安于、既伏其罪矣、敢以告、知伯荀躒從趙孟盟、而後趙氏定、祀安于於廟、趙氏廟

黃鄉林曰、知之有梁嬰父、猶趙之有董安于也、知既忌趙、梁亦忌董、不殺安于、固虞趙氏之昌、孰知一殺安于、反貽知氏之禍、嬰父真亂階也、

見三按、趙氏多義士、讀史記而知程嬰杵臼血烈烈而死、以存趙也、讀左氏而知董安于烈烈而死、以安趙也、門下之客皆如此、趙氏安得不昌、程杵既百世祀之、則安于之廟食於

姜白巖曰。召陵之會。未聞一矢加楚。而頓與胡相繼就滅。

高氏曰。衛靈沈耳於閨。奔其世臣。又及其所與。是以國聽之也。

姜白巖曰。春秋之季。戰陳詭計。愈出愈奇。吳越橫行。當之者雖君不免。以視韓厥之攝官承之。郤至之免胄趨風。猶古道矣。

趙氏也。宜哉。

頓子牂欲事晉背楚。而絕陳好。二月楚滅頓。

見三按時晉伯已衰。而頓子猶欲事晉而背楚。可見當時之思霸切於思王。有賢諸侯起。撫而柔之。視桓文事半功倍矣。而匡合無人。卒就滅亡。哀哉。

夏衛北宮結來奔。公叔戍之故也。

見三按戍既逐矣。陽與結復出奔。得罪夫人。禍不旋踵。一時朝臣皆有惴惴不寧之懼。故知蒯聵之謀殺母。其處心積慮。已非一日。特激於野人之歌而發耳。

吳伐越。報五年越入吳。越子句踐越王允常子禦之。陳于檇李。按吳地。蓋吳師未入越境。而句踐禦之也。季彭山謂實越伐吳。非也。句踐患吳之整也。使死士再禽焉。不動。使敢

（死之士，往輒為吳所禽，欲使吳師亂取之，而吳不動。正傳氏曰：禽如鷙鳥之發，急持以衡其陣，陣堅不可動。）使罪人三行，屬劍於頸，（以劍注頸。行音杭，下同。）而辭曰：二君有治，（治軍旅）臣奸旗鼓，（犯軍令）不敏於君之行前，不敢逃刑，敢歸死。遂自剄也。師屬之目，越子因而伐之，大敗之。靈姑浮（越大夫）以戈擊闔廬，闔廬傷將指，取其一屨。（其足大指見斬，遂失屨，姑浮取之。）還，卒於陘，去檇李七里。（釋經所以不書滅）

夫差（闔閭嗣子）使人立於庭，苟出入，必謂己曰：夫差，而忘越王之殺而父乎？則對曰：唯，不敢忘。（【呂說】復讎之志，豈有間斷，今必待人提起，他意思當時已有間斷處，所以終至志滿，為越所滅。）三年乃報越。（後三年，哀元年。）

黃薌林曰：夫差報父仇，不失為孝；赦越罪，不失為慈。而與越平者，卒為越沼。衡論古今大勢，吳似項，越似漢，勾踐之心毒於夫差，漢高之心險於項羽。其成敗異勢者，則識量為之也。

姜白巖曰范中行伐趙氏不克而伐公宮連齊衛結戎蠻以傾其故國此晉之賊也不曰趙鞅圍朝歌而曰晉人討賊之義也齊魯宋衛方謀救之何哉士鮒奔周便中趙鞅所忌此爲殺萇弘根

見三按闔廬似李克用夫差似李存勗入郢之捷不在破黃巢之下檇李之敗同於中朱溫之計而三年立庭卒能報越與三矢告廟者同一英雄乃一溺於女色一惑於伶官亡也忽諸貽笑千古憂勤興國逸豫亡身此古今之大戒也有國家者請三復此言

晉人圍朝歌公會齊侯衛侯於脾上梁之間即牽謀救范中行氏齊魯叛晉故助范中行也季氏之黨昭公因之不復者故季氏德之世學范中行皆析成鮒小王桃甲皆晉大夫范中行之黨率狄師以襲晉戰於絳中不克而還士鮒奔周小王桃甲入於朝歌秋齊侯宋公會于洮范氏故也謀救范氏

見三按范中行氏晉之叛臣也齊陳氏之釁景公和之矣魯季氏之禍定公見之矣而一會再會崇奬亂逆蔑棄綱常是

周大章曰：夫婦，人倫之首，閨門萬化之原，于此不正，則三綱九法因以淪斁。宣公納伋妻，而父子相殘，狄遂入衛，宗社為墟。南子以一淫婦人，而靈公溺之，縱其內亂，為召宋朝，點籌洗兜作之師矣，豈非千古大笑柄乎？宋朝留衛不出，野乃有盍歸之謠。婁豬既定，生長衛宮者，非衛種。此語更復何忍？噫！走役遂逐蒯聵，以兆稱兵拒父之禍，大亂不止，可不為之寒心歟。

姜白巖曰：三劉謂蒯聵弒母之說東字誣之甚，是近情。諸儒多從之，而汪環谷云：蒯聵于人倫天理澌滅殆盡，恥南子之淫行，欲殺固有足事。竊以為冉有、子貢，聖門高弟也，如蒯聵之殺母，與申生之弒父同誣，本無罪而被逐，其子拒之不許反國，雖五尺之童，亦當切齒，而賢人顧遲疑不決，必質之聖人，始定乎，而子路且為

以飲鴆為養生之藥石也。春秋變為戰國，齊景不得辭其責矣。

衛侯為夫人南子（宋女）召宋朝（宋公子，舊通于南子，在宋呼之）。會于洮。太子蒯聵（靈公太子）獻盂（邑名）於齊，過宋野（既會獻之，故自衛行而過宋野）。野人歌之曰：既定爾婁豬（求子豬以喻南子），盍歸吾艾豭（喻宋朝。艾，老也。豭，牡豕。○音加）。大子羞之，謂戲陽速（太子家臣）曰：從我而朝少君。少君見我，我顧，乃殺之。速曰：諾。乃朝夫人。夫人見大子，大子三顧，速不進。夫人見其色，啼而走（見太子色變，知其欲殺已），曰：蒯聵將殺余。公執其手以登臺。大子奔宋，盡逐其黨。故公孟彄出奔鄭，自鄭奔齊。大子告人曰：戲陽速禍余。戲陽速告人曰：大子則禍余。大子無道，使余殺其母。余不許，將戕於余。若殺夫人，將以余說。余是故許而弗為，以紓余死。諺曰：民保於

輒死也。誠以得罪情真，嫡孫當立，不能無疑。以聵夫子不為衛君，豈為蒯聵乎。觀蒯所為，非復人理，羞憤所激，逞其匹夫之勇，禍即及己，不過出奔，此其志復奔宋者。觀野人之歌，意者南子之行，宋亦醜之乎。且春秋獲罪大夫往往奔於讎國，如夫槩王奔楚者甚多，無足異也。聵本世子，書世子，紀其實也，且以為靈致之也。

姜白岩曰：合四家之衆以伐范中行，安得不克。范氏不用高彊之謀，而彊身與其難，可惜也。籍秦嘗為趙氏圍邯鄲，今從范中行，可知當時已與成謀矣。此足補前傳所未及。

信。吾以信義也。使義可信，不必信言。

黄鄰林曰：若殺夫人將以余說，此見到之言也。為人所作何事，敢望生乎？此悔極之言也。民保於信，吾以信義，則千古至言。小人謀脅同列，須以此法闢之。既保身亦全義也。

見三揆南子有可殺之罪，蒯聵非可殺母之人，蒯聵有可拒之理，衛輒非可拒父之人。後儒紛紛聚訟，請以此四語質之。

冬十二月，晉人敗范中行氏之師於潞，獲籍秦、高彊。二子黨范氏者。終景王信，籍父無後。又敗鄭師及范氏之師於百泉。鄭助范氏，故并敗。百泉，衛地，按今河南輝縣西北。

見三揆范中行氏之叛，助者有宋齊魯鄭衛，而五國之師卒不敢犯四氏之衆。晉固天下莫強也。無如諸臣志在吞併，修

私怨不明公義、坐令晉分為三、而春秋遂流為戰國、可嘆也夫、

經 丙午 十有五年春王正月、邾子來朝。鼷鼠食郊牛、牛死、改卜牛【杜解】不言所食處、舉死重也、【集註】魯不當郊、牛死廢牛可也、改卜牛、是違天也。○二月辛丑、楚子滅胡、以胡子豹歸。夏五月辛亥、郊 書過。【戴義】魯之僭郊自僖公始、蓋僖公之前、春秋未嘗書郊、此其證也、然魯先公猶畏天、故因災而不郊者有之、若定之終、哀之始、雖天災亦不知畏矣。○壬申、公薨于高寢 宮名、不於路寢、失其所。○鄭罕達帥師伐宋。○齊侯衛侯次于渠蒢 不果救、故書次。○直居反 ○邾子來奔喪 諸侯奔喪、非禮。掇諸侯始奔喪。○秋七月壬申、姒氏卒 定公夫人。○八月庚辰朔、日有食之。○九月、滕子來會葬 諸侯會葬、非禮也、按晉平公卒、鄭伯如晉、及河、晉人辭之、不敢以天子自處、而魯安然受邾滕二君之來、其罪大矣。○丁巳、葬我君定公、雨、不克葬、戊午、日下昃、乃克葬。○辛巳、葬定姒。○冬

周大章曰：禮字是斷案，心字是主宰。禮之是否，皆從心出。驕也替也，是心之亡。高仰俯卑，是禮之失。死生存亡，決于禮；禮是決于心。故亂疾先後，斷驗如神，並非術數之學。

城漆（郲庶其邑）

傳：十五年春，邾隱公（杜解：子益）來朝，子貢觀焉。邾子執玉（朝者之贄）高，其容仰；公受玉卑，其容俯。子貢曰：「以禮觀之，二君者皆有死亡焉。夫禮，死生存亡之體也。將左右周旋，進退俯仰，於是乎取之；朝祀喪戎，於是乎觀之。今正月相朝，而皆不度（不合法度），心已亡矣。嘉事（朝禮）不體，何以能久？高仰，驕也；卑俯，替也。驕近亂，替近疾。君為主，其先亡乎。」（為此年公薨、哀七年以邾子益歸傳）

見三按：執玉高卑，特偶然之失耳，而驕替由此分，即亂疾由此判。先後之間，絲毫不爽，觀人之法微矣。至以禮為死生存亡之體，精言奧理，尤非漢代禮家所能窺及。

姜白巖曰：楚之深仇者吴也，而吴强，楚不敢伐，以吴子入楚者蔡也，蔡猶易守

吴之入楚也（在四年），胡子盡俘（取也）楚邑之近胡者。楚既定，胡子豹

國亦未可伐。惟唐最弱。與吳入郢。即滅之。而頓。而胡。嘗與召陵之會者。故前年滅頓。今年滅胡。而吳則終楚之世不敢問。何嘗有報仇雪恥之心哉。利人土地而已。忍哉子西。身受亡國之慘。而施之於他人也。鄙哉子西。知有利而不知有義也。聖人所以置於無足輕重之數歟。

賀仲軾曰。定公乘亂竊位十有五年。制于强臣。困于陪隸。季氏既卒而不能收其權。聖人既用而不能終其位。至于寶玉大弓為盜所竊。并守府而不能矣。藝禍辱國。前此十公所未有也。徒汲汲于會衛。齊助荀范。蒐比蒲。所謂愚者也。

趙木訥曰。欲救宋則失久好之鄭。欲勿救則失新附之宋。故出兵以觀望於二國之間。

又不事楚。曰存亡有命。事楚何為。多取費焉。二月。楚滅胡。傳言小不事大所以亡。

見三按。中國無主。夷狄恣其蚕食。先王建國。至是幾盡矣。胡與頓皆會召陵。而以近楚獨滅。莫之或恤。無霸也夫。

夏五月壬申。公薨。仲尼曰。賜不幸言而中。是使賜多言者也。以微知著。知之難者。子貢言語之士。今言而中。仲尼懼其易言。故抑之。

見三按。言中如子貢。聖人猶議其不幸。況以術數占禍福乎。漢之京房。晉之郭璞。皆以多言而中亡其身者。聖人益借端木氏為此筆下針砭也。

鄭罕達子齹之子敗宋師於老邱。宋公子地奔鄭。鄭人為之伐宋。欲取地以處之。事見哀十二年。老邱宋地。按今河南陳留縣北。齊侯衛侯次于蘧挐。謀救宋也。○挐女居反。

見三按天下之惡一也、鄭人納叛敗盟、爭地以處叛人、將以病宋、實以自病、自是兵連禍結、無益於國、徒負不義於天下、罕達之謀國、爲已左矣、

秋七月壬申、姒氏卒、不稱夫人、不赴、且不祔也、赴同祔姑、夫人之禮、二者皆闕、故不曰夫人、補注定公未葬而夫人卒、喪禮不成、故不赴諸侯、

姜白巖曰、雨甚水至、不奇、即止、明日乃葬、傳所謂禮也、穀梁云、喪不以制、言國君之喪、宜無不備、雨不克葬、譏其無備也、然即有備而泥滯將事、寧緩焉爾、

葬定公、雨不克襄事、禮也、襄成也、雨而成事、若汲汲於欲葬、

見三按敬嬴之葬也、雨不克葬、定公之葬也、不克襄事、傳皆以禮稱之、於此見先王之制禮、至正而實至便、後世惑於擇日擇時之説、皆名教之罪人也、

姜白巖曰、魯夫人、即妾母亦別爲之謚、非禮也、然君主之權在上也、定姒、哀公之適母、無謚、從夫之謚、禮也、然其時方治定公喪、於姒不成喪、事皆苟簡、即以公之謚爲謚、

葬定姒、不稱小君、不成喪也、公未葬而夫人薨、煩於喪禮、不赴不祔、故不稱小君、臣子怠慢也、反哭於寢、故書葬、補注二傳謂定姒爲哀公妾母、非也、定姒從夫謚、而定哀二公無定夫人喪、此爲適母明矣、按唯從夫之謚、故

不必異議，權在下也。考曾子問所載，父母並有喪，先輕後重，其禮甚詳。姒距公卒六十日，何至赴同祔姑，既未有聞，而卒葬不書夫人小君，蓋其受制于季孫，欲盡人子之禮而不能也。君臣之際，已基於此。

姜白巖曰：漆，邾庶其之邑。今城之，謀伐邾也。

不嫡與襄公妾母同謚，如亦妾母，不當復謚定矣。

見三按：魯有兩定姒，一為襄公之生母，一為哀公之嫡母，二君皆以五齡即位，受制權臣，不得盡人子之禮，蔑視夫人，即是輕視魯君也。然前此敬姒之薨，爭之者猶有匠慶，此則滿朝寂然，並無一言，則私家益强，而公室愈弱矣。

冬，城漆，書不時告也。實以秋城，冬乃告廟，魯知其不時，故緩告，從而書之，以示譏。

見三按：邾之於魯，生則來朝，死則奔喪，一年之中，兩至魯庭，事大之禮，可謂至矣。乃城其叛臣之邑以絕之，何以服人？自是邾魯兵爭數年不息，皆魯貽之咎也。

16.

哀公全

列國時事

哀公之世中夏衰而吳越爭霸十三年以前吳驟强至會黃池而極十三年以後越驟强至盟平陽而終吳之强也伐陳而修舊怨會鄫而徵百牢城邗溝而江淮通徵魯師而尤陵捷周室之爭晉讓先歃幾同宋盟然而肉食有墨盛極必衰國狗之瘈貽笑宗邦甬東之辱直其自取於烏喙固無尤也越之强也檇李敗闔廬於前黃池襲夫差於後句卒既擾潛軍斯涉侵楚以誤吳聘魯以圖胥邾益有執父之訴衛輒亦將伯之呼駘上之封動他日之念適郢之得籍三桓之去皆於句踐有厚望焉而彌牟之賂得行有山之施終孫齬猶用事君子知其無能為矣其時晉有朝歌之

畔齊反為輸粟之助齊有舒州之變晉不問沐浴之請般師之執晉為齊弱犂邱之戰齊為晉禽廩邱亡師晉以魯勝齊留舒杖戈齊又以鄭勝晉互相報復互相軒輊而田齊之勢張矣而三晉之局成矣秦自無衣好義申胥同仇從此燕坐西陲安受中國之燼楚則免胄除亂武城卜吉從此滅陳盟越終稱合縱之雄鄭以滅許自豪宋以亡曹自負中夏無主干戈日尋雖欲不為戰國不可得也春秋之始匯風心怛於無王春秋之終下泉寤歎於無霸掩卷低徊亦何以易斯言也哉　會戎於潛春秋之始會吳黃池春秋之終亦是一部關合處春馮 李驊

春秋左傳精義卷四十七

閬中　鄉林黄一桂　輯　男　心垣見三　補輯

哀公一（陸曰：名蔣，定公之子，蓋夫人定姒所生，以敬王二十六年即位。謚法，恭仁短折曰哀。）

經丁未元年春王正月，公即位。○楚子陳侯隨侯許男圍蔡。（杜解：隨世服於楚，不通中國，吳之入楚，昭王奔隨，隨人免之，卒復楚國，楚人德之，使列於諸侯，故得見經。定六年，鄭滅許，此復見者，蓋楚封之。）○鼷鼠食郊牛，改卜牛。夏四月辛巳，郊。（書過也。不言所食，所食非一處。（纂疏）定公之喪未及小祥，而僭行天子之郊禮，不孝於親；郊之祭，喪者不敢哭，凶服不敢入國門，今在喪而載事，不敬於天。一舉而犯三不韙焉。）○秋，齊侯衛侯伐晉。（纂疏）著霸統之絕而受兵也。○冬，仲孫何忌帥師伐邾。

按方云：定公之時，叔季困於家臣，不服陵弱暴寡。至此內難平，而無故伐邾矣。

姜白巖曰：胡傳謂楚人復讎，非也。子西之圍蔡，利蔡耳。利蔡何以不滅蔡？秦墻之血淚未乾，封豕之薦食再欒，至其何以御吳？故欲茹而仍吐之。蔡君死守不屈，不等於志覩而事似者也。

周大章曰：樹德莫如滋二語開端，篇中所論，皆去疾務盡，未嘗一語勸君樹德也。句踐能以小事大，夫差豈不能以大恤小？使果修德行仁，寬洪惻怛而無計較

傳元年春，楚子圍蔡，報柏舉也。柏舉在定四年。里而栽，栽設板築為圍壘，周匝去蔡城一里。○才代反。廣丈，高倍。壘厚一丈，高二丈。夫屯晝夜九日，夫猶兵也。附注：劉炫曰：夫役屯聚，晝夜不止，九日而築壘成。如子西之素。子西本計為壘，當用九日而成。蔡人男女以辨，辨，別也。男女各別係累而出降。使疆于江汝之間而還。楚欲使蔡徙國在江水之北，汝水之南，求田以自安也。蔡權聽命，故楚師還。按男女以辨，是在江海之邑當賊衝者，非蔡舉國而降也。蔡侯自是固守不屈，故入請遷於吳。蔡於是乎請遷於吳。楚既還，蔡人更叛楚就吳，為明年蔡遷州來傳。

見三按蔡侯以囊瓦之故，絕楚即華，惜中國無能恤之者，使之屢受楚兵，至於男女以辨，疆於江汝之間，而卒不易其志，力小不足自奮，可哀也已。

吳王夫差敗越於夫椒，報檇李也。檇李在定十四年。夫椒，太湖中椒山。按今在江南吳縣西南。○檇音醉。遂入越。越子以甲楯五千保於會稽。上會稽山也。按今浙江會稽縣東南。

大小強弱之私、則天下皆在包容之內。何區區一越、而必殄滅之乎。況員所忌者、在勾踐之能親務施、與生聚教訓。越能之、吳豈不能之。人謂子胥死而吳為墟。不知子胥即不死、而吳未必不為墟也。

姜白巖曰：望溪以子胥之諫、當從父仇上立言、不應泛用過澆。不知傳先敘因太宰嚭以求成、吳子將許之二語、則斯時復仇之說、早為宰嚭掃去矣。夫差予智自雄、侈心莫遏、以為覇功不難立成、而報仇雪恥、皆老生常談也。觀將許二字、越之成已什得八九。子胥之諫、先破其恃強易敵之心、故不就道理言、專以利害論、以過與少康對勘。安知越之不大、以勾踐與吳對勘、可知越之必興。況與我同壤、有利必爭、世世之患、一時剪絕、求伯之道、莫先於此。說到周衰日可俟、隱射夫差不德、必為越沼、無一語不是對症之藥、又點出仇讎寇讎、加一世字、隱與殺父一呼激動、而不從者、以嚭先入之言、百子胥不能奪也。退從之語、亦欲夫差聞而感悟、豈自神其先見哉。吳入

會（檇食允反。會古外反）使大夫種因吳太宰嚭以行成、吳子將許之、伍員曰：不可。臣聞之、樹德莫如滋、去疾莫如盡。昔有過澆（寒浞子、封於過。澆五弔反。浞仕捉反）殺斟灌以伐斟鄩（二斟、夏同姓諸侯。襄四年傳曰：澆用師滅斟灌。斟諸林反。鄩音尋）、滅夏后相（啟孫。后相失國、依於二斟、復為澆所滅）、后緡（相妻）方娠（懷身也。音震）。逃出自竇、歸於有仍（后緡、有仍氏女）、生少康焉、為仍牧正（牧官之長）。惎（毒也。音忌）澆、能戒（備也）之。澆使椒（澆臣）求之、逃奔有虞（虞、舜後諸侯。按今河南虞城縣南有故虞城）、為之庖正（掌膳饈之官）、以除其害（賴此以得除己害）。虞思（有虞君）於是妻之以二姚（虞思自以二女妻少康。姚、虞姓）、而邑諸綸（虞邑。按虞城縣東南有故綸城）。有田一成、有眾一旅（方十里為成、五百人為旅）。能布其德、而兆（兆、始）其謀、以收夏眾、撫其官職（襄四年傳曰：靡自有鬲氏、收二國之燼、以滅浞而立少康）。使女艾（少康臣）諜（候也）澆、使季杼（少康子后杼也。直呂反）誘豷（澆弟。許器反）。遂滅過（澆國）、戈（豷國）、復禹之績、祀夏配天、不失舊物（附注：謂能

郢而定楚，周室之大功也，不能不過一救蔡復
而已矣。吳入越而殺句踐，天下之大孝也，不能業
不過一勝越而已矣。

故今吳不如過，而越大於少康，或將豐之，不亦難乎。言與越成，是使越豐大，必為吳難。句踐能親而務施，施不失人，所加惠賜，皆得其人。親不棄勞，推愛之誠，則親不遺小勞。與我同壤，而世為仇讎。於是乎克而弗取，將又存之。違天而長寇讎，後雖悔之，不可食已。食，消也。附注已語辭。姬之衰也，日可俟也。介在蠻夷，而長寇讎，以是求伯，必不行矣。弗聽。退而告人曰：越十年生聚，而十年教訓，生民聚財，富而後教之。二十年之外，吳其為沼乎。謂吳宮室廢壞，當為汙地。為二十二年越入吳起本。三月，越及吳平。吳入越，不書，吳不告慶，越不告敗也。嫌夷狄不與華同，故復發傳。

黃鄭林曰：吳之於越，不共戴天之仇，滅其國，執句踐而戮之，不失為古今奇男子。乃三年抱憾，一旦灰心，蓋自伯嚭之賄行，西施、鄭旦已進於宮，姑蘇之樂，遑恤檇李之傷，子胥能報

父仇、而不能報君仇、固諫不從、退而告人、亦欲吳王聞之、或有悔心矣、彼驕而昏、毫無省悟、奈之何哉、

見三按修德與去惡、有異功無異理也、修德則惡自去、去惡則德益修、修德不一端、恭儉其首務也、去惡不一事、驕盈其首戒也、故夫吳之滅、吳自滅也、非越滅之也、吳之滅、滅於吳之不德也、非越之能為惡也、伯嚭之讒、西施之惑、妃嬙嬪御之奉、陂池臺榭之娛、皆害德之物也、皆叢惡之區也、即使滅越之國、執其君、虜其臣、變置其宗社、招集其民人、而暴骨如莽、視民如讎草野之匹夫、疆埸之細卒、皆越也、其遂能免乎甬東之辱哉、世嘗恨項羽不聽范增之計、鴻門之宴、不殺漢高、卒受其禍、予謂項王即納范增、殺漢高、就咸陽之宮、即天

子之位、而暴虐如故、猜疑如故、去一漢高、將人人皆漢高、不必烏江之地、而始為死所也、范增徒知勸項羽之殺漢高、而不勸其行仁、伍員第知勸夫差之殺句踐、而不勸其修德、皆策士傾人之習、非古大臣謀國之忠也、增發疽死、員屬劍亡、有以哉、

姜白巖曰、齊景助范中行以叛君、助鄭以拒父、故身死未幾、而陽生篡國、陳乞弒君、

夏四月、齊侯衛侯救邯鄲、圍五鹿、晋邑、趙稷以邯鄲叛、范中行氏之黨也、

見三桉齊景父綱不立、嬖開孽庶、衛靈夫綱不正、禍釀艷妻、玆復助范中行以叛君、三綱斁、天理亡矣、孔子於齊景之問政、告以君君臣臣父父子子、於衛靈之問陳、告以俎豆之事、皆所以救其失也、惜二君不之悟耳、

吳之入楚也、在定四年使召陳懷公、懷公朝國人而問焉、曰欲與楚

姜白巖曰、逢滑之言似矣、然吳修德而楚不敢救也、六年又伐陳、昭欲救之道卒、

陳乃平於吳。嗣後楚惠連年伐陳，終滅於沈諸梁之手。叛楚國滅，事楚亦滅，狼其可畏哉。傳蓋深惜吳之不能依義恤民以定楚，致小国之受其搏噬也。

者右，欲與吳者左。陳人從田，無田從黨，都邑之人無邑田者，隨黨而立，不知所與，故直從所居。田在西者居右，在東者居左。逢滑當公不左不右而進，曰：「臣聞國之興也以福，其亡也以禍。今吳未有福，楚未有禍，楚未可棄，吳未可從。而晉，盟主也，若以晉辭吳，若何？」公曰：「國勝君亡，楚為吳所勝。非禍而何？」對曰：「國之有是多矣，何必不復？小國猶復，況大國乎？臣聞國之興也，視民如傷，是其福也。其亡也，以民為土芥，芥，草也。是其禍也。楚雖無德，亦不艾殺其民；吳日敝於兵，暴骨如莽，草之生於廣野，莽莽然，故曰草莽。艾，魚廢反。暴，步卜反。而未見德焉。天其或者正訓楚也，使懼而改過。禍之適吳，其何日之有？」言至今。陳侯從之。及夫差克越，乃修先君之怨。秋八

八月，吳侵陳，修舊怨也。傳言吳不修德而修怨，所以亡。

見三按：軍事尚左，欲與楚者右，欲與吳者左，語雖平列，已有

姜白巖曰：齊景惑於權臣，故以之納魯昭則懦，以之助叛臣則强。

姜白巖曰：此亦從民上剖决興衰，與前逢滑之言相合，視民如傷，而用之日新，

與吳之意，漢周勃為劉氏者左袒，為呂氏者右袒，即襲此故智也。逢滑持一德以定禍福，而吳楚之大局，瞭如指掌，覺亟肆以罷，多方以誤，子胥之敝楚，未始非以詒吳，逢滑亦異人哉。

齊侯、衛侯會於乾侯，救范氏也。師及齊師、衛孔圉（孔烝鉏曾孫）、鮮虞人伐晉，取棘蒲。（魯師不書，非公命也。）

見三。按伐夷儀不書，書次五氏；伐河内不書，書次垂葭。諸侯之無伯，春秋固不忍書也。至是而霸圖熄，春秋蓋將終焉。是故春秋之初，諸侯無王，齊、鄭、宋、魯、衛也；春秋之季，諸侯無伯，亦齊、鄭、宋、魯、衛也。

吳師在陳，楚大夫皆懼，曰：闔廬惟能用其民，以敗我於柏舉。今

千古用兵之相戒也

聞其嗣又甚焉、將若之何、子西曰、二三子恤不相睦、無患吳矣、昔闔廬食不二味、居不重席、室不崇壇、（平地作室、不起壇也。）器不彤（丹也）鏤、（刻也）宮室不觀、（臺榭）舟車不飾、衣服財用、擇不取費、（選取堅厚、不尚細靡。）在國天有菑癘、（疾疫也）親巡其孤寡、而共其乏困、在軍、熟食者分、而後敢食、（必須軍士皆分熟食、不敢先食、分猶徧也。）其所嘗者、卒乘與焉、（所嘗甘珍、非所嘗食。）勤恤其民、而與之勞逸、是以民不罷勞、死知不曠、（知身死不見曠棄）吾先大夫子常易之、所以敗我也、（易猶反也）今聞夫差、次有臺榭陂池焉、（積土為高曰臺、有木曰榭、（附注）所次止之處、有游觀之樂）宿有妃嬙嬪御焉、（妃嬙貴者、嬪御賤者、皆內官。）一日之行、所欲必成、玩好必從、珍異是聚、觀樂是務、視民如讎、而用之日新、夫先自敗也已、安能敗我、（為二十二年越滅吳起本）

黃鄭林曰、此時屬鏤尚未賜也、荒淫無道、虐用其民、子西知

五

之子胥豈不知之胡不聞出一言以相規乎嗚呼吳之亡也不亡於赦越而亡於縱欲不亡於甬東自殺亡於亡罷民姑蘇高高下下之日也

見三按柏舉之後楚日修省吳日驕盈縱慾之下繼以窮兵此自敗之道也秦始皇隋煬帝自恃富強荒淫無度虐用其民卒亡天下況吳特一隅之國乎子西之言可為萬世金鑑

冬十一月晋趙鞅伐朝歌討范中行氏

見三按趙鞅與范中行皆叛君之賊也今竟奉命討賊一得入一不得入也後世如曹操之討袁紹朱温之討李克用皆賴君得君為主梟雄伎倆古今一轍

經戊申二年春王二月季孫斯叔孫州仇仲孫何忌帥師伐邾取

漷東田及沂西田〔莊解〕邾人以賂取之。易也。漷火虢反，又音郭。癸巳，叔孫州仇、仲孫何忌及邾子盟於句繹。邾地。取邑盟以要之。〔劉傳〕曷為三人伐而二人盟？季孫臨之，仲叔成之。季之次。自謂猶君也。按句繹當在今山東鄒縣境。○句古侯反。○夏四月丙子，衛侯元卒。○孫出公輒立。○滕子來朝。○晉趙鞅帥師納衛世子蒯聵於戚。○秋八月甲戌，晉趙鞅帥師及鄭罕達帥師戰於鐵，鄭師敗績。鐵在戚城南。罕達，子皮孫。○冬十月，葬衛靈公。七月而葬，緩。○十有一月，蔡遷於州來。畏楚而請遷，故以自遷為文。蔡殺其大夫公子駟。

傳二年春，伐邾，將伐絞。〔莊解〕邾邑。邾人愛其土，故賂以漷、沂之田而受盟。

見三按：三卿並帥，憑陵小國，既取其田，復要以盟，強暴不義，莫此為甚。蓋皆季氏斯為之也。魯秉周禮，亦夷狄之不如矣。

姜白巖曰：邾降魯，魯屢伐之，邾愬於晉，晉以為討，猶有所忌也。晉霸息而魯無忌矣。雖其君來會、來朝、來奔，而三卿伐之，取其賂田，復脅之盟。二卿盟而季孫否者，土地歸之於己，盟誓委之二家，其專之罪愈可概見。

賀仲軾曰、蒯聵不安於衛、衛人亦不安蒯聵、聵自無得國之理、晉能覇修君主之義、則以殺南子責蒯聵、以拒蒯聵責輒、而兩棄之、執詞正義、奉公子郢而立之、則義聲滿路、衛之社稷定矣、計不出此、而強納蒯聵於戚、夫蒯聵宜立、則當納諸其國、衛人拒命、奉詞伐之可也、蒯聵不宜立、則并不當置之於戚、不審是非、不究始終、而姑為是納也、於義何居、且衛既不難拒蒯聵、亦未得即安於戚也、徒使其父子相残可乎、故衛之惡趙鞅為之也、

姜白巖曰、鄭昭入國、經稱世子以國為怨之國、而非笑之所得據也、趙鞅納蒯聵、亦稱衛世子、以国為蒯聵之國、而非輒之所得拒也、或曰、聵無父之人也、恐非鄭昭之比、曰聖人不云正名乎、靈曰、余無子、蒯聵不得為靈之子、輒安得為靈之孫、然而輒之立、則曰嫡孫之故也、輒之為嫡孫、以其為世子之子也、安得謂蒯聵之非世子哉、聵為世子、則国為世子之国、而嫡孫其拜也、輒安得而有之而拒之哉、故夫子於衛事、必

初衛侯遊於郊、子南（靈公子郢）僕、（御也）公曰、余無子、將立女、（蒯聵奔、無太子、）不對、他日又謂之、對曰、郢不足以辱社稷、君其改圖、君夫人在堂、三揖在下、（三揖卿大夫士、疏云、周礼司士、孤卿特揖、大夫以其等旅揖、士旁三揖、服虔云、士揖庶姓、時揖異姓、天揖同姓、）君命祇辱、夏衛靈公卒、夫人曰、命公子郢為太子、君命也、對曰、郢異於他子、（言用意不同）且君沒於吾手、（〔林解、靈公沒時、我在其左右、）若有之、郢必聞之、（言當以臨沒為正）且亡人之子輒在、（蒯聵之子出公、靈公適孫、）乃立輒、（陳氏曰、見立輒非靈公意、）六月乙酉、晉趙鞅納衛太子於戚、宵迷、陽虎曰、右河而南、必至焉、（是時河北流過元城界、戚在河外、晉軍已渡河、故欲出河右而南、）使太子絻、（始發喪之服、疏云、礼不至喪所不括髮、故以絻代之、此用麻布。○音問）八人衰絰、偽自衛逆者、（按詐為衛人逆、）告於門、哭而入、遂居之、

黃鄰林曰、子郢讓國、後人多議之、其實失在靈公、不在郢也、

以正名為先。然則蒯聵之爭國是歟。曰觀之晉恭世子矣。無罪被讒。不亡而縊。君子猶以為甚其父之惡。況假出奔他國。晉獻甫卒。稱兵入晉。逐奚齊卓子而奪其國。尚可以為人子乎。而況有罪之蒯聵乎。或曰郢屢言亡人明欲輒之讓其父也。則又不然。輒之讓可行於既有國之日。而不得行於未有國之先。輒讓其父。彼欲弑之。夫人其從之乎。國之三揖。無異議乎。輒如不立。則公子起公子黜無非君也。或又以立郢而爭可已。則亦非也。聵不有其子。何有於弟。郢立猶輒立也。郢以為莫親於其子。其子富且貴。聵之所欲也。日而消其貪暴之心。而并欲奪其子。郢亦不及料也。鞅之納非為聵也。衛從齊命。屢救范氏。大不利於鞅。聵立則衛為鞅之衛。故聵奔宋。而鞅自宋要而納之也。然則夫子於鞅之不義。聵之不仁。皆未嘗深求。而獨蔽罪於輒。何也。曰立萬世之常道也。聵之罪。天王罪之。靈公罪之。即國人罪之。無不可也。會曰無父之人。不可以有國。而輒不得以無父罪之。而不父之也。書曰納衛世子蒯聵於戚。猶言

蒯聵得罪出奔、子郢以次當立。靈如果真立郢、自當告諸太廟、相以大臣、名正言順、蒯聵父子自無所容其窺伺。郊遊私語胡為乎。子郢之言曰、君夫人在堂、三揖在下、明以立儲大事當與衆耳衆目共之也。俄而靈公且卒、未有定論、夫人奉其遺言、晚矣。夫以蒯聵敢於殺母、輒敢於拒父、不知有母、安知有弟、不知有父、安知有叔。郢若草草即位、彼二人寧肯甘心者乎、亦猶季札處僚光之間、惟有一意固辭、庶不遭其毒手耳、子郢可輕議哉。

見三按此夫子不為衛君之注脚也。衛靈公謂公子郢曰、余無子、將立女。是靈之意初未嘗在輒也。及卒、夫人曰、君命立公子郢為太子、是君與夫人皆未嘗意在立輒也。夫輒即親

納衛君之父於戚耳。

受靈命亦當以父子名分辭王父輒即受靈遺命而君國當晉人納蹟之時亦當避位以讓父況無靈公之命乎春秋於納蒯聵書世子見靈之有子也於圍戚不書衛見輒之不當拒父也即聖人正名之意天下有必不可為之事鶩權之兵諫自附於忠蒯聵之殺母自附於義輒之禰祖自附於孝卒無逃於千古之惡故曰非禮之禮非義之義大人弗為

秋八月齊人輸范氏粟鄭子姚罕達子般駟宏送之士吉射逆之趙鞅禦之遇於戚陽虎曰吾車少（吕說）三家分散鞅車不足制鄭以兵車之旆與罕駟兵車先陳旆先驅車也以先驅車益其兵車以示衆罕駟自後隨而從之彼見吾貌必有懼心晉人先陳鄭人隨之不知其虛寔見車多必懼（附注）杜解未暢襄十八年晉師伐齊使乘車者左寔右偽今以兵車之旆亦此意設旆於車盛為軍容與罕駟兵車在前者相對結陳罕駟自後望之不知虛寔故懼其多也

姜白巖曰范氏居朝歌齊輸之粟鄭以兵送助臣叛君罪無待言而鞅思遮而奪之大戰於遇神色倉皇禱神一民歷呼三祖抵死自辯而此時陽虎安然不動色也於是鞅用虎策旆車先陣鄭人一望悚懼太子乘抑相助竟獲千車之粟夫以陽虎主謀出奇恫嚇猶且鞅踣車羅見獲可見晉材寔下既戰之後事定功成彼此誇詡而發縱指使之陽虎依然不發一言以見晉之卿御衛之太子皆瑣瑣細人其不為藍玉之虎夆旟之尨冷齒也幾何矣

於是乎會之、會合戰必大敗之、從之卜戰、龜焦、兆不成樂丁曰、晉大夫

詩曰、爰始爰謀、爰契我龜、詩大雅謀協、以故兆詢可也、詢咨詢也、故兆始納

衛太子卜得吉兆、今既謀同、可不須更卜、簡子誓曰、范氏中行氏、反易天明、不事君也

斬艾百姓、欲擅晉國而滅其君、寡君恃鄭而保焉、今鄭為不道、

棄君助臣、二三子順天明、從君命、經德義、除詬恥、在此行也、克

敵者、上大夫受縣、下大夫受郡、周書作雒篇、千里百縣、縣有四郡。○艾、魚廢反、士田十

萬、十萬畝也、庶人工商遂、得遂進仕人臣隸圉免、去廝役志父無罪、君實圖

之、志父、趙簡子之改名也、言己事濟、君當圖其賞、疏云、趙鞅入晉陽以叛、後得歸、改名志父、以鞅人臣、國不為諱、以鞅名告、故仍書趙鞅、若其有罪、絞縊以戮、絞所以縊人物桐棺三寸、不設屬辟、棺之重數、王棺

四重、君再重、大夫一重、按陸云、棺用難朽之木、桐木易朽、孔子制於中都、棺四寸、槨五寸、云桐棺三寸、示罰也、屬次大棺也、辟

杝棺也、杝音移、木名、一云椑棺、椑音闢、檀弓天子之棺四重、合水牛兕牛之革以為棺被、為一重、椑為二重、屬為三重、大棺為

四重上公革棺不被謂無水牛革以兕革與辟為一重屬為再重大棺為三重諸侯無革棺屬與辟為一重大棺為再重大夫無椑惟屬與大棺為一重士一棺不重今云不設屬辟為罰亦僭禮也。屬音燭辟音覽素車樸馬以載柩無

入於兆葬域疏云周礼冢人云凡死於兵者不入兆域下卿之罰也為衆設賞自設罰所以能克敵甲

戍將戰郵無卹王良御簡子衛太子為右登鐵上鐵卯名望見鄭師

衆太子懼自投於車下子良授太子綏而乘之曰婦人也言其怯

簡子巡列曰畢萬晉獻公卿匹夫也七戰皆獲有功有馬百乘死於牖

下言得壽終羣子勉之死不在寇言有命繁羽御趙羅宋勇為右三子晉大

夫羅無勇麇束縛也。卯隕反之吏詰之御對曰痁瘧疾。詩占反作而伏衛

太子禱曰曾孫蒯聵敢昭告皇祖文王周文王皇大也烈祖康叔文祖

襄公蒯聵襄公之孫愚按太子提出三祖隱見統緒歸己然人有疾痛未嘗不呼父母也而聵但言祖者以父靈不佑也

國語又增昭考靈公不知此時未葬無謚不可信鄭勝鄭聲公名亂從釋君助臣為從於亂（附注）與昭五年使亂

(大從義同)晉午(定公名)在難、不能治亂、使鞅(簡子)討之、蒯聵不敢自佚、備持矛馬。(戎右持矛)敢告無絕筋、無折骨、無面傷。(〔孔疏〕言士衆無令傷損)以集(成也)大事、無作三祖羞、大命不敢簡。(〔孔疏〕言己命不敢私請)佩玉不敢愛、鄭人擊簡子中肩、斃(踣也)於車中、獲其蠭旗。(旗名。蠭芳恭反)太子救之以戈、鄭師北。獲溫大夫趙羅。(羅無勇、故鄭師雖北、猶獲羅。按鄭人擊簡子之上、暗藏陽虎兵車先陳事。鄭師之北與大敗、俱跟此來、前既云從之、故此不明叙。)太子復仇之、鄭師大敗、獲齊粟千車。趙孟(簡子)喜曰、可矣。(喜太子前怯令更勇)傅傁(傁簡子屬)曰、雖克鄭、猶有知在、憂未艾也。(言知氏將為亂、後竟有晉陽之患。按指知氏指荀躒也。躒方為鞅仇、二氏而鞅並仇躒矣。)初周人與范氏田、公孫尨(范氏臣)稅焉。(為范氏收周人所與田之稅。)趙氏得而獻之。(得尨以獻)吏(簡子)請殺之。趙孟曰、為其主也、何罪。止而與之田。(還其所稅)及鐵之戰、以徒五百人宵攻鄭師、取蠭旗於子姚之幕下、獻曰、請報主

德。追鄭師。姚般、公孫林殿而射。前列多死。晋前列 趙孟曰。國無小。言雖小國猶有善射者。 既戰。簡子曰。吾伏弢嘔血。弢弓衣。嘔吐也。 鼓音不衰。今日我上也。我功為上 太子曰。吾救主於車。退敵於下。我右之上也。郵良曰。我兩靷將絕。吾能止之。止使不絕 我御之上也。駕而乘材。兩靷皆絕。材橫木。明細小也。傳言簡子不讓。下自伐。按材即軏、鉤衡以駕馬者。簡子、太子之功。上已敘明。郵良之善無以見。故傳尺此二語。言馬方駕而乘材以行。兩靷皆絕。以明前之不絕。皆良善御致之也。

黃鄉林曰。陽貨魯之盜也。蒯聵衛之盜也。范氏晋之盜也。趙鞅其盜藪也。齊鄭其盜影也。以盜助盜。以盜攻盜。三綱俱墜。無君臣父子上下。只有盜賊公行。未戰則倉皇失措。既戰則各自誇功。盜亦有道。當必啞然笑矣。

見三。按趙鞅叛君。蒯聵叛父。陽虎叛主。一般賊臣。有何伎倆

姜白巖曰：蔡之遷，避楚也，吳欲其道已，不為楚滅耳，故經以自遷為文，而不責吳。哭而遷墓，是說蔡侯。然其時臣民流離播越，男號女啼，景況凡宮室墟墓，悉為屏棄，此仁人君子所盡傷心者也。凡前後遷國皆作如是觀。

猝然遇敵，倉皇失措，幾至一籌莫展。幸陽虎本其盜謀，出奇恐嚇，而軍中始有生氣。既誓師，又巡列，又致禱，方能轉敗為勝。然非有蒯聵之救，則主帥必斃於車中；非得公孫尨之取，則蠭旗莫致於幕下。當日之成功，實屬天幸，豈曰人為？不知退抑，猶沾沾然自詡其能，晉陽之禍，不旋踵矣。傳於遇戚之下，特提陽虎，見此戰獲勝，皆陽虎之力，前則出謀，後不言功，所以刺趙鞅之庸劣，直盜之不如也。

吳洩庸如蔡納聘，而稍納師，師畢入，衆知之。元年蔡請遷於吳，中悔，故因聘襲之。蔡侯告大夫，殺公子駟以說，殺駟以說吳，言不時遷，駟之為。哭而遷墓。將遷，與先君辭，故哭。冬，蔡遷於州來。鄭氏曰：楚、蔡先君之讎也，而駟主於從楚，其戕也宜。然昭公不能如少康之中興，而戕其陪貳，故失人心，盜發而莫之扞也。

見三按蔡自沈玉誓楚以後寧流寓他國斷不肯廿濟漢而南怨毒之於人甚矣中國無伯無有能恤之者經書蔡遷蓋傷之也昭侯有志之君惜其臣無種蠡之徒遷徙靡定卒以殺身哀哉、

經己酉三年春齊國夏衛石曼姑帥師圍戚許氏翰曰、晉以君臣稱兵、而齊為臣代君衛以父子爭國、而而齊助子圍父、君子是以知齊之將乱也、。丙夏四月甲午地震。五月辛卯桓宮僖宮災汪解天火曰災。季孫斯叔孫州仇帥師城啟陽魯黨范氏、故懼晉、比城年四城、按今山東沂州北有開陽故城、。宋樂髡帥師伐曹。秋七月丙子季孫斯卒。蔡人放其大夫公孫獵於吳公子駟之黨。冬十月癸卯秦伯卒。惠公卒子悼公立。叔孫州仇仲孫何忌帥師圍邾

傳三年春、齊衛圍戚、求援於中山、汪解鮮虞

余寧世曰：此與宋鄭兩火政不同。彼是預知有災，此則人火延及。故彼叙得整暇，此叙得忙迫。彼處救火皆由相臣，故連路貫串；此則諸大夫各出意見，故節節生奇。彼乃一国皆災，故救得散漫；此則火在宮廟之間，故先其重者大者。彼因天象而推到列國，故決災在前；此因人事而推及二宮，故決災在後。二条看乃得其奥。

見三按君臣無獄，君臣皆獄，父子將獄，大哉王言，為元咺定案，而衛父子之爭國，亦可由斯言定矣。納戚者忘蒯聵之殺母，圍戚者忘輒之拒父，假令戚守不固，蒯聵就馘俘之日，輒且何以待其父乎？禍慘於猾夏，罪甚於弑君，春秋之所深惡也。齊景國夏之罪不減於輒，故斥名序於石曼姑之上，正名之志不伸，夫子亦莫如之何矣。戚不書衛，不使父之所居為子臣也。

夏五月辛卯，司鐸宮名火，火踰公宮，桓僖災。桓公僖公廟。疏云：司鐸初被人火，火越宮而至廟，故以災言之。救火者皆曰顧府。言常人愛財。南宮敬叔孔子弟子南宮閱至，命周人，同周書典籍之官出御書，進於君者俟於宮，使待命於宮曰：庀具也女，而不在，死。子服景伯子服何至，命宰人冢宰屬出禮書以待命，命不共，有常

姜白巖曰、魯秉周禮、士大夫莫不浸淫於禮教、惟平居無事、浹於人欲、全不見得天理、至倉皇急遽時、轉覺本心發動、燭理至明、如救火一事、從學聖人之教、叔固首出御書、不至與籍灰燼、而子服景伯先出禮書、事事周詳、文伯駕乘、桓子御公、輕財重人、而急舊章、富父復道還公宮、一時倉猝眾口紛呶、而輕重得宜、處置盡善、嚴以御眾、併力齊舉、絕無有顧及私家者、即此見禮教之邦、信義之未泯也。先儒於桓宮僖宮其說不一、竊意魯親廟四、惠公居昭、隱公居穆、桓公居昭、莊公居穆、閔公卒則閔居昭也、已升桓而祧惠、至僖公卒、序當居穆、文二年繼逆祀、遂以僖居昭、而閔居穆焉、此桓僖之各居一昭之始也、自此政在三家、以桓公為三家自出、而三家之立由於僖、於二宮加厚焉、故桓僖二昭廟不祧、名為桓宮僖宮、而後來昭列親廟之主、皆祔祭此二宮、遞祧遞遷、而桓僖之主不動、非禮甚矣、祖孫同宮、既失之瀆、親盡不祧、又失於褻、此夫子以為災必桓僖二宮也、陸貞山謂武宮煬宮亦親盡、何以不災、意者桓本弒君、僖為逆祀、又且祖孫同宮、

刑、待求之命校人掌馬乘馬、使四駟相從為駕之易巾車掌車脂轄、百官官備、府庫慎守、官人肅給、國有火災、恐有變難、故慎為備濟濡帷幕、鬱攸從之、鬱攸火氣也、濡物於水出用為濟、林解從火氣而為之備蒙葺公屋、以濡物冒覆公屋自太廟始、外內以悛、悛次也先尊後卑以次救之。〇七全反助所不給、有不用命則有常刑、無赦、公父文伯至、命校人駕乘車、公車季桓子至、御公立於象魏門闕之外、命救火者、傷人則止、財可為也、命藏象魏、周禮正月縣教令之法於象魏、使萬民觀之、故謂其書為象魏疏云、象魏是縣書之處、見其處而念及其書也、曰舊章不可忘也、富父槐終生之後至、曰無備而官辦者、猶拾瀋也、瀋汁也、言不備而責辦、不可得。〇瀋尺審反於是乎去表之槁、表火道、風所向者、去其槁積道還公宮、開除道周匝公宮、使火無相連孔子在陳、聞火、曰其桓僖乎、言桓僖親盡而廟不毀、宜為天所災、服虔云、季氏出桓、又為僖公所立、故不毀其廟也。〔纂疏晉悼公朝於武宮、頌公獻俘於文宮、親盡不毀之廟、無國無之、故特書桓僖災以示戒。

更為非禮乎杜氏所謂不毀者即不祧之謂非謂二宫不毀別建二廟以處後來二昭也桓僖之廟同在昭列故延及之此又二王各居昭廟之證也

黄鄭林曰孔子在陳聞火曰其桓僖乎論者謂二廟當祧不祧故火及之而不止此夫桓公手及其兄於十二公中為最逆僖公躋於閔公之上於祀典為最逆以理而言則火宜及其廟矣三家者出於桓而立於僖故兩廟巋然獨存今三桓之子孫將微桓僖之靈爽已盡就數而論則火亦宜先及其廟矣

見三按蕭何入秦收天下之圖籍而不知收六經故咸陽一炬真經俱亡偽書並出此何之所以為刀筆吏也魯之火災南宮敬叔命周人出御書子服景伯命宰人出禮書季桓子命藏舊章於象魏可知周禮在魯不止易象春秋其不灰燼者深得諸人之力

姜白巖曰：傳謂周助范氏，絕無其迹。萇宏素明大義，其肯相劉以助范哉？特以定十四年士鮒奔周，又周與范氏田，遂以為周助范耳。嗚呼！宏躬事劉文，從敬王崎嶇，歷二十餘載，卒之城成周，乘機殺子朝，而王室定。後儋翩再亂，又與劉桓再定王室。二百四十年，周室絕少此臣也。乃事定功成，身已耄及，忽死於叛臣之手。幸而殺宏以說，不然則晉陽之甲將直入成周，通天之罪尚何言哉。

周大章曰：季氏，魯之大盜也，屢世竊國。康子烏得不盜家？況自立紀以後，季孫家政已亂。斯死而南孺子之子何由得立？正常一告即奔，知肥之必殺也。則或殺之矣，或則誰？康子也。魯不討肥，猶召正常，豈以正常殺之乎？其將誰欺。

姜白巖曰：此著康子奪嫡事。關鍵在康子即位一語。桓子初未嘗立肥也，當待南氏之生。即位未晚，而父死據位，則殺孤布置已定。此時正常固所深喻，故告而奔，召之不反。

劉氏（周卿士）、范氏（晉大夫）世為婚姻，萇宏事劉文公（為之屬大夫），故周與范氏。趙鞅以為討（責周與范氏）。六月，癸卯，周人殺萇宏（終進天之禍）。

見三按：范中行氏之叛，助者五國，鞅皆無如之何，特歸罪萇宏而殺之，是怒於室而色於市也。揆其致殺之由，則范氏之婚姻，且其婚姻之屬大夫，尤為無辜妄殺，左氏下一討字，而鞅無王之罪不可勝誅。

秋，季孫有疾，命正常（桓子之寵臣）曰：無死（欲附以後事，故勑令勿從己死）。南孺子（桓子之妻）之子，男也，則以告而立之（言若生男，告公而立之）；女也，則肥也可。季孫卒，康子即位。既葬，康子在朝（在公朝也），南氏生男，正常載以如朝，告曰：夫子有遺言，命其圉臣曰：南氏生男，則以告於君與大夫而立之。今生矣，男也，敢告。遂奔衛。（測義：正常知康子之力能奪嫡，而憂南氏子之不全也。）

康子請退、辟位也公使共劉魯大夫視之、則或殺之矣。乃討之。討殺者

召正常。正常不反。畏康子也。傳倫言季氏家事。

黃䓊林曰：正常受桓子付託之重、能告於朝而立之，上也；保孤無恙，次也；與孤俱斃，其下也。乃載以如朝，即奉身而奔，召之不還，保身則可矣，其如孤何？嗚呼，挈瓶之智，守不假器，況其受遺命而輔遺孤乎？忍哉正常，負孤多矣，負桓子多矣。

見三按：此正常之失也。季孫世執國柄，必非乍離胞胎之塊肉可以嗣位。桓子卒，康子應立，南孺子生男，自當力為保護，俟其長而議立焉可也，奈何呱呱方泣，即欲以告而立之乎？夫桓子之遺言，肥知之矣；肥如果賢也，斷不肯背父自立。既已立矣，則不知有父，又安知有嫡？載以如朝，是速無辜之嬰孩

姜白巖曰：皋夷無寵於范氏，與鞅合謀，而以范吉射之位許之，既而范氏奔，鞅援而有之，遂殺皋夷。

於死地也。且正常一告而即適衛，亦明知嬰孩之必不得立，必不免於殺，己避其難，而以嬰孩攖其禍，康子殺之，實正常殺之也。對程嬰杵臼有愧色矣。

冬十月，晉趙鞅圍朝歌，師于其南，范中行所在。荀寅伐其郛，伐其北郭圍。使其徒自北門入，已犯師而出，荀寅使在外救己之徒擊趙氏圍之北門，因外內攻得出。癸丑，奔邯鄲。十一月，趙鞅殺士皋夷，惡范氏也。惡范氏而殺其族，言遷怒。

見三按：朝歌、邯鄲相為犄角，此擊彼助，斷難得手，驅之一處，庶可一舉而殲，此趙鞅之奸險也。皋夷思吉射與鞅相結，而反為鞅殺，世之背親事讎者，可以鑒矣。

經庚戌四年春王二月庚戌，盜殺蔡侯申。【杜解】賤者，故稱盜。疏云：宣十七年蔡侯申卒，是昭侯高祖，而元孫乃與同名，二申必有一悞。【發】徵責蔡之臣子不能扞難也。○子成侯朔立。蔡公孫辰出奔

賀景瞻曰：書殺蔡侯與戕鄫子同，皆非本國之人也，非楚之刺客，即吳之奸人。姜白巖曰：蔡求遷於吳，昭侯意也。公子駟阻之，故殺駟以說。今距遷州來止一年，必無又遷之理。其如吳，或拜遷，或往朝，諸大夫何恐以又遷為文，即恐其又遷，弒之當與

吳（弒君賊之黨）。葬秦惠公。宋人執小邾子。夏，蔡殺其大夫公孫姓、公孫霍（姓，音生。）。晉人執戎蠻子赤歸於楚（晉恥為楚執諸侯，故稱人以告。若蠻子不道於其民也。赤本屬楚，故言歸。〔公羊〕：其言歸於楚何？京師楚也。）。城西郛（魯西鄙，備晉也。）。六月辛丑，亳社災（天火也。亳社，殷社。諸侯有之，所以戒亡國。〔方解〕馮荆南曰：記稱亡國之社屋之，不受天陽。據公、穀二傳，恐非先王之意也。程子謂亡國之社，自王都至國都皆有之，亦無所據。魯有亳社，以國寔殷墟耳。兗、豫壤接，左稱因商奄之民以封魯，則其地舊屬殷畿可知矣。又諸君子立於社宮，謀亡曹，則凡社皆有宮，不獨亳社也。）。秋八月甲寅，滕子結卒。（隱公虞毋立。）冬十有二月，葬蔡昭公（以亂故，是以緩。）。葬滕頃公。

傳四年春，蔡昭侯將如吳，諸大夫恐其又遷也，承（〔杜解〕音懲。蓋楚言。〔疏〕云：懲創往年之遷，恐其更復遷徙。承、懲音相近，蓋是楚人之言，聲轉而字異耳。）。公孫翩逐而射之，入於家人、（〔孔疏〕凡人之家）而卒（〔陳傅〕傳見翩書盜）。以兩矢門之，衆莫敢進（翩以矢自守其門。）文

翩合謀，何以如墻而進，反共殺翩？皆必不然之事也。經不書弒，蓋蔡之公族仕於楚者。楚以蔡貳於吳，使翩至蔡，適蔡侯出国門，翩請見，遂射殺之，如郑人之戕鄭礼至之戕邢是也。既殺昭，乃揚言於衆曰諸大夫恐其又遷也，承使我殺之耳，蓋卸罪於諸大夫也。承，楚聲也。傳點一承字，知翩久仕於楚，習其方言，而弒昭之為楚人瞭然矣。公孫辰者，或翩主於其家，或與相善，恐禍及而奔，然不奔楚，知不與殺申之謀也。公孫姓即前此奉晉命滅楚與国之沈者，久為楚所惡，霍姓之黨也。蔡既討翩，閱月，意者楚人來討，過令殺二子以除其所惡歟？誅盜不書，畏楚不敢告也。蔡連年放殺大夫，至於五人，皆公族也。衆叛親離，誰與為国。

之鍇。蔡大夫，音楷。俊至，曰如牆而進，多而殺二人。併行如墻俱進。鍇執弓而先，翩射之，中肘。鍇遂殺之。（補注）以盜赴，故殺翩不告。故逐公孫辰，而殺公孫姓、公孫盱。即霍

見三按：蔡侯之殺，楚殺之也。蔡以子常拘辱之故，導吳伐楚，入其都，污其宮，辱其先人，楚之啣憾恨深矣，特與蔡為讐。又恐與吳結怨，且未遷則在楚宇下，機可徐圖；既遷則在吳宇下，勢難遽及。故乘其播遷未定，與其左右之奸人謀，俟隙殺之，以泯其迹，如唐朝盜殺李輔國之類。而矢守門，羣情洶洶，莫知為誰。迨文之鍇定亂，而盜始有主名，影黨如辰、姓、盱，或奔或殺，一網打盡。故不書翩而書盜，不書弒而書殺，明其為楚之刺客也。

孫執升曰：爲楚人極其狡猾，爲晉人極其罷軟。蓋是時楚能抗晉，而晉不能篤楚，亦勢使然矣。但諸蠻何罪，誘而致之，執而畀之，中夏盟主，惟楚是狥。此春秋之始，天下苦于無王；春秋之季，天下苦于無伯也。

周大章曰：執者，不宜執也；歸者，不宜歸也。執而歸者，尊辭也。聞執蠻侯以歸京師矣，不聞執以與蠻夷也。晉主夏盟，全在攘楚。盟宋會虢，於是乎失伯，然猶與楚相雄長也。戎蠻叛楚，服屬諸夏，今爲楚所圖，潰而奔晉，與得所庇依耳。晉不能庇，聽其他適可也，而乃被楚恐喝，誘而執之，以歸於楚。是楚以役小國者役晉，晉以事共主者事楚也。不競至此，豈非中國之大辱？春秋安得不深惡之乎。

夏，楚人既克夷虎，（蠻夷叛楚者。）乃謀北方。左司馬眅、申公壽餘、葉公諸梁致蔡於負函，（三子楚大夫。此蔡之故地人民，楚因以為邑。致之者，會其衆也。自函，楚地。按今河南信陽州。眅，普版反。）致方城之外於繒關，（楚地。）曰：「吳將泝江入郢，（逆流曰泝。泝音素。）將奔命焉。」為一昔之期，襲梁及霍。（偽辭當備吳，夜結期，明日便襲梁霍，使不知之。梁霍皆峕蠻子之邑。）單浮餘（楚大夫）圍蠻氏，蠻氏潰。蠻子赤奔晉陰地。（河南山北，自上雒以東至陸渾。）司馬（司馬眅）起豐析與狄戎，（豐析皆楚邑。按豐今河南淅川縣西南，析今淅川縣及內鄉縣之西北境。）以臨上雒。左師軍於菟和，（山在上雒東。按今陝西商州東。菟音徒。）右師軍於倉野，（在上雒縣。按今商州東南。（補正）發二邑之兵，與戎狄之衆，以臨上雒，而分軍為二，以脅晉人。）使謂陰地之命大夫士蔑（（補正）晉大夫守陰地者）曰：「晉楚有盟，好惡同之。若將不廢寡君之願也，不然，將通於少習以聽命。」（少習，商縣武關也。將大開武關道以伐晉。）士蔑請諸趙孟，趙孟曰：「晉國未寧，安能惡於楚？必速與之。」（未寧時有范中行之

頼難、士蔑乃致九州之戎、九州戎在晉陰地陸渾者。將裂田以與蠻子而城之、以詐蠻子。且將為之卜、卜城。蠻子聽卜、遂執之與其五大夫、以畀楚師於三戶、按今淅川縣西南有三戶城。司馬致邑立宗焉、以誘其遺民、楚復詐為蠻子作邑、立其宗主。而盡俘以歸。

黃鄉林曰、隨小國也、吳強國也、柏舉之敗、楚昭奔隨、吳人以兵臨之、隨猶能庇楚、不以楚子與吳、世霸如晉與楚匹敵、何至戎蠻子赤避楚來歸、一經楚人虛詞恐喝、竟誘執而歸之楚哉、堂堂晉國、其不為隨人所竊笑者幾希、

見三按趙鞅以萇宏討周、以戎蠻歸楚、視周直不如楚、何其悖也、晉楚匹也、如此示弱、覺燕太子丹函於期之首與督亢之圖於秦、猶為強項漢矣、晉之失霸、皆趙氏為之始、則趙趙

五

吳白巖曰。諸侯多救范氏。雖諸侯之罪。然亦由鞅本叛臣。自叛歸國。名義不足以服人心也。

武齊盟宋號而霸業衰。繼則趙鞅誘執戎蠻。而霸圖絕。傳提晉楚有盟四字所以誅始禍。且以見趙氏之世為晉賊也。

秋七月。齊陳乞僖子弦施弦多衛甯跪救范氏。庚午圍五鹿。晉邑九月趙鞅圍邯鄲。冬十一月邯鄲降。荀寅奔鮮虞。趙稷奔臨。晉邑。按今直隸臨城縣東。十二月弦施逆之。遂墮臨。國夏伐晉取邢。任。欒。鄗。逆時。陰人。盂。壺口。八邑晉地。按欒今直隸欒城縣及趙州北境。鄗今柏鄉縣北。逆時今完縣東南。壺口今山西黎城縣東北。俗名吾兒峪。○鄗呼洛反。會鮮虞。納荀寅於柏人。晉邑也。弦施與鮮虞會也。按今直隸唐山縣西有柏人故城。陳傳見諸侯多救范。荀且為伐鮮虞起。

見三按趙鞅與范中行氏勢不兩立。非趙滅范中行。即范中行滅趙。故雖齊衛節節圖邑取邑以救二氏。而鞅均置不問唯緊追二子。蓋二子除則齊衛之師自退。此亦范句殲欒氏

韓友一曰王生舉一雠而為其主得一死事之人狀柳朔於君臣父子朋友之際亦可謂不欺其志矣王生惡而知美柳朔無德不報古之人古之人

張西銘曰晋定孤立於上臣交争於下專殺專伐其罪均也晋陽近晋地險兵强據之足以要君朝歌遠晋僅能自保鞅之黨盛矣以擅兵逐鞅之罪歸於寅與吉射而鞅借晋陽之甲反名為除君側之悪故得儼然而出怡然而入也鞅未叛以前執晋政

以退齊師之故智也

經辛亥五年春城毗(杜解)晋也備○夏齊侯伐宋(纂疏)景公忿伐宋豈以宋人伐曹執小邾子恃强凌弱故託是討之以圖伯歟○晋趙鞅帥師伐衛(朱鈔)鄭衛黨齊争伯范中行復則晋服齊而齊伯矣鞅仇范中行納蒯聵聵居衛則衛德晋而范中行無所恃矣○秋九月癸酉齊侯杵臼卒○子茶立○冬叔還如齊(集注)使卿弔且會葬也○還音旋○閏月葬齊景公按陳氏云喪不記閏閏月葬非礼也誠陽生何足罪為後世立法耳

傳五年春晋圍柏人荀寅士吉射奔齊初范氏之臣王生悪張柳朔言諸昭子(杜解)范吉射使為柏人為柏人宰昭子曰夫非而讎乎對曰私讎不及公公家之事好不廢過悪不去善義之經也臣敢違之及范氏出出柏人奔齊張柳朔謂其子爾從主勉之我將止死王生授我矣授我死節吾不可以僭之遂死於柏人為吉射距晋戰死(澗義)王生之舉仇柳朔

者六家既歸以從執晉政者四家漸併而為三。春秋始慮晉卿之多。今又慮晉卿之少也。愛憎自鞅。晉定何知。視荀范之以貪亂政。又如變矣。士鞅荀寅劫鈞者也。趙鞅劫國者也。

之死義。皆不負其心。

見三按王生不以私仇而廢舉賢之大義，方諸祁奚何多讓馬。張柳朔自矢忠義，而又勉其子以忠義，可與狐突相焜耀。柳朔其不負知己也矣。王生其可謂知人哉。

夏，趙鞅伐衛，范氏之故也。遂圍中牟。衛助范氏故也。

見三按晉之失衛，皆趙鞅為之也。始失之於用成何而辱其君臣，繼失之於納蒯聵而開其父子。苟能正名定分，仗義立君，服衛在指顧間耳。失此不為，與無父之子角力而不能勝，徒負不義之名而已。然鞅之本心，實為范氏之故，故傳特揭其私。

周大章曰。美哉室，其誰有此。是景明知大盗之晚其旁也。後世積惰，猶恐固為其國，而乃

齊燕姬景公夫人生子，不成未冠也而死。諸子按婦官之號鬻姒景公之妾之子

以二三無能人擁一黃口孺子於上而謂可安枕無憂乎。諸子盡逐。臨芝無人。軍國大計盡歸權奸。師黨何之。令人泪下五斗矣。而猶勸諸大夫亦姑謀樂耶。諸臣且甚憂以生疾。而公竟樂以忘憂。出言何無賴也。死而有知。聽萊人之歌。當亦秪徊歎息矣。

荼。（安孺子。音徒）嬖。諸大夫恐其為太子也。言於公曰君之齒長矣。未有太子若之何。公曰二三子閒於憂虞則有疾疢。亦姑謀樂。何憂於無君。（景公意欲立荼而未發故以此言塞大夫請。○閒音閑）公疾。使國惠子（國夏）高昭子（高張）立荼。寘羣公子於萊。（齊東鄙邑）秋齊景公卒。冬十月。公子嘉公子駒。公子黔奔衛。公子鉏。公子陽生來奔。（皆景公子在萊者）萊人歌之曰景公死乎不與埋。三軍之事乎不與謀。師乎師乎何黨之乎。（師衆也。黨所也。之往也。稱謚蓋葬後而為此歌。哀羣公子失所）

黃鄉林曰萊人之歌半嘲半笑似惜似憐三軍不與干駟何為。即是民無德而稱之證

見三按齊景納燕則心存繼絕伐徐則志在攘夷叛晉則情深代覇。宜其大風再振與桓比烈矣乃在位五十有八年而

周大章曰晉程鄭以嬖而位下軍不安於心問降階何由然明猶決其死亡況不守其位而覬覦卿之車服乎只一嬖字便是必死之根不必問其富且侈者何若也

儲位未定廢長愛孽勸庭臣以謀樂為孺子而折齒身肉未寒而篡弒相仍卒貽田氏之禍人無遠慮必有近憂若景公者可謂有百年長存之遠慮而忘一日捐賓客之近憂也

鄭駟秦富而侈嬖大夫也而常陳卿之車服於其庭鄭人惡而殺之子思（子產子國參）曰詩曰不解於位民之攸塈（詩大雅攸所也塈息也）不守其位而能久者鮮矣商頌曰不僭不濫不敢怠皇命以多福（僭差也濫溢也皇服也言駟秦違商頌故受禍）

見三按小人而乘君子之器盜且思奪況一嬖大夫而常陳卿之車服於其庭非陰謀不軌即妄覦非分貪人也亦淺人也不死何為

經（壬子）六年春城郫瑕（【杜解】備晉也【纂疏】郫瑕如魯濟之類魯有負瑕故稱郫以別之按城郫瑕逼郫也今

在濟寧州南。書城止此。晉趙鞅帥師伐鮮虞。吳伐陳。夏齊國夏及高張來奔【輯傳】齊景廢長立少，屬諸高國，既愚且懦，亡逆之，如振槁葉，而弒君立君，皆在其手，可謂輕其國本，托國非人之戒。叔還會吳於柤【本義】柤之會，知魯之將有吳患矣。【方解】以號舉者，史抑之，魯史每進楚而抑吳。莊加反。秋七月庚寅楚子軫卒。昭公卒，子惠王章立。齊陽生入於齊為陳乞所逆，故書入。齊陳乞弒其君荼弒荼者朱毛與陽生也，而書陳乞，所以明乞立陽生，而荼見弒，則禍由乞始也。楚比弒立，陳乞流涕，子家悼者，皆疑於免罪，故春秋明而書之，以為弒主。悼公陽生立。冬仲孫何忌帥師伐邾。宋向巢帥師伐曹【目抄】先以樂髡伐之，未服，故今又伐之。

傳六年春晉伐鮮虞，治范氏之亂也。【左解】四年鮮虞納荀寅於柏人。【經詮】晉五伐鮮虞，而卒不得，則鮮虞非弱國也。

見三。按范匄當國，日以治欒氏為事；趙鞅歸國，亦日以治范氏為事，可謂報施不爽。然匄於欒盈，猶挾君命以臨之，鞅則

周大章曰：崔慶滅，欒高亡，陳氏始大，然猶忌
有國高耳。二族出奔，則一國在其掌握，以媯
易姜，可操券得矣。但二族百年勳舊，一旦無
故除之，豈屬易事。惟景屬荼二子為諸大夫
所忌，從此挑釁，合衆勢以相傾，又不明出作對，
而僞事以悅之，兩邊播弄，嫌隙已成，一出而乘
其後，勢如迅雷之不及掩耳。而二子尚夢夢
不知也。嗚呼，李林甫、盧杞之徒，何時蔑有，與
之同朝共事者，可不惕然知懼哉。

威權自恣，圍朝歌，圍邯鄲，圍柏人，伐衛，伐鮮虞，皆以己意行
之，不假晉侯之力，同一奸臣，以鞅視句，亦今不如古矣。
吳伐陳，復修舊怨也。元年未得志故也。楚子曰：吾先君與陳有盟，不可
以不救。乃救陳，師於城父。陳盟在昭十三年。
見三按。吳修舊怨，楚念舊盟，一伐一救，吳楚仁暴所分，即吳
楚興亡所判。
齊陳乞僞事高國者，高張國夏受命立荼，陳乞欲害之，故先僞事焉。每朝，必驂乘焉，所
從，必言諸大夫言其罪過曰：彼皆偃蹇驕傲，將棄子之命。皆曰：高國得
君寵也，必偪我，盍去諸？固將謀子，子早圖之。圖之莫如盡滅之，需
疑也事之下也。及朝，則曰：彼秝艇諸大夫虎狼也，見我在子之側，殺我
無日矣。請就之位。欲與諸大夫謀高國，故求就之。又謂諸大夫曰：二子者禍矣，

恃得君而欲謀二三子曰國之多難貴寵之由盡去之而後君定既成謀矣盡及其未作也先諸作而後悔亦無及也大夫從之夏六月戊辰陳乞鮑牧（鮑圉孫）及諸大夫以甲入於公宮昭子聞之與惠子乘如公戰於莊敗（高國敗也莊六軌之道）國人追之國夏奔莒遂及高張晏圉（晏嬰子）弦施來奔（圉施不書非卿）

黃薌林曰陳乞之去高國與費無極之譖郤宛均為後世奸雄之祖唐李林甫盧杞尤得其真傳

見三按子荼非應立之主高國非托孤之臣兼以陳乞之奸詐窺伺其間荼之頭早懸於乞之手矣但荼雖弱齊之君也國高雖庸齊之世臣也欲弑荼必先去高國欲去高國必先

欲連合諸大夫

連合諸大夫必先譖高國夫忌高國之得君而偃蹇不用命

周大章曰、知大道者、何務民義而不諂瀆鬼神也、知難而不避、立後而不私、務民義也、非所禜勿禜、非所祭勿祭、不諂瀆鬼神也、即救陳一節已可見其知大道、而必追敘二事者、以見平日之知道有素、非偶然一事合宜也、立後則必及令尹司馬、禳禍則勿移令尹司馬、卜戰不吉勿避、卜禜雖吉勿從、真見道之明、

姜白巖曰、柏舉以來、子西但知滅國、而不知報吳、其去夫差立庭之呼遠矣、楚昭以救患之師為後讎之舉、誓死不回、可謂大義炳然、及

固諸大夫實情也、自恃其得君、而忌諸大夫之偃蹇、亦高國隱情也、兩下挾嫌、悉由一人弄鬼、高國怒而諸大夫恐、諸大夫合而高國孤、於是高國奔矣、子荼弑矣、陳氏代齊之勢成矣、三國魏司馬懿賺曹爽事與此同、但彼之詐在假瘋、此之詐在偽事、假瘋是予以不疑、偽事是投以所喜、皆奸人之尤者、魏禪於晉、姜篡於田、豈一朝一夕之故哉、

秋、七月、楚子在城父、將救陳、卜戰不吉、卜退不吉、王曰、然則死也、再敗楚師、不如死、棄盟逃讎、亦不如死、（附注劉炫曰、再敗謂今戰更敗也、棄盟逃讎方說、退還、杜非、）死一也、其死讎乎、命公子申為王、不可、則命公子結、亦不可、則命公子啟、（申子西、結子期、啟子閭、皆昭公兄、）五辭而後許、將戰、王有疾、庚寅、昭王攻大冥、（陳地、吳師所在、按今河南項城縣境、）卒於城父、子閭退曰、君

自知將死，以時方多難，國賴長君，舍子立弟，至五命必從後已。楚君筭有其臣者，若其不忍移疾股肱，而慨然於三代命祀，不禜不祀，真絕大識見，絕大學問。春秋賢君，當以昭為第一人也。使有賢宰臣以輔之，何至僭王，如故猾夏依然。故孔子於楚昭稱之，於子西則彼之，蓋深惜其有君而無臣也。

王舍其子而讓羣臣，敢忘君乎。從君之命，順也（從命許立）。立君之子，亦順也。二順不可失也。與子西、子期謀，潛師（密也）閉塗（不通外使也。附注：司馬貞曰：閉塗，即礼記所云蔽塗者，謂匿其喪也。徐廣曰：塗作壁，謂單壘也。），逆越女（昭王妾）之子章（惠王），立之，而後還。是歲也，有雲如衆赤鳥，夾日以飛三日。楚子使問諸周太史。周太史曰：其當王身乎（日為人君，妖氣守之，故以為當王身。雲在楚上，唯楚見之，故禍不及他國）。若禜（禳祭。音詠。）之，可移於令尹、司馬。王曰：除腹心之疾而寘諸股肱，何益？不穀不有大過，天其夭諸？有罪受罰，又焉移之？遂弗禜。初，昭王有疾，卜曰：河為祟。王弗祭。大夫請祭諸郊。王曰：三代命祀，祭不越望（諸侯望祀竟內山川星辰）。江、漢、雎、漳（四水在楚界），楚之望也。禍福之至，不是過也。不穀雖不德，河非所獲罪也。遂弗祭。孔子曰：楚昭王知大道矣。其不失國也，宜哉。夏書曰：惟彼陶唐，帥彼

天常、逸書、言堯循天之常道、疏云、此在尚書五子之歌、書無帥彼天常一句、下亦微異、有此冀方、今失其行、亂其紀綱、乃滅而亡、滅亡、謂夏桀也、唐虞及夏同都冀州、不易地而亡、由於不知大道、故又曰允出茲在茲、又逸書、言信由己則福亦在己、按今書大禹謨、由己率常可矣、

黃鄉林曰、宋景言善熒惑退舍、楚昭罪己赤雲不災、至曰祭不過望、尤具絕等卓議、齊桓晉文不無愧色、即子產夏郊之對、亦未為知道、

見三按古今人主、多始勤終怠、唯楚昭王則後勝於前、蓋其姿本英武、而為羣小所移、故事多顛倒、復辟之後、懲創深而義理明、任用賢臣、力除秕政、真有暗而復明之象、後世如明之英宗、彷彿似之、然英宗誤殺于謙、楚昭不疑子西子期、尤覺識量不凡、至不禜雲異、不祭河祟、置死生禍福於度外、並

可以愧後之談天書請封禪者、

八月、齊邴意茲來奔、（高国黨）

見三按河内之役、邴意茲以逢君受賞、亡與諸大夫忌之久矣、此番立孺子、逐羣子、意茲必與有成謀、尤亡所心忌者、故高國奔而意茲亦出、

陳僖子使召公子陽生、（召在七月、令在八月下、記事之次、詳說荼弒在陽生既入之後、然其謀寔定於未入之前、）陽生駕而見南部且于、（齊公子鉏在魯南部、且于餘反）曰、嘗獻馬於季孫、不入於上乘、故又獻此、請與子乘之、（畏在家人聞其言、故欲二人共載、以試馬為辭、）出萊門、（魯郭門也）而告之故、闞止（陽生家臣子我）知之、先待諸外、（欲俱去）公子曰、事未可知、反與壬（陽生子簡公）也處、戒之、（戒使無泄言）遂行、逮夜至於齊、國人知之、（故以昏至、不欲令人知也、國人知而不言、言陳氏得衆）僖子使子士之母

姜白巖曰、亡忌高國而逐之、若晏則或有父風、弦則常與共事、皆不可干以私、即邴意茲垂葭之役、罷以來軒、恐故居恩重、不忘孺子、傳特著此句、見諸人寬逐幾空、所存鮑牧雖醒亦醉、發蒙振落耳、

鄭氏曰、繫陽生於齊、所以明國君與子之法、陽生不稱公子、所以明人子事親之道、使人君知此、則豈有廢長立少以亂其國如齊景公者乎、使人子而知此、則豈有弒君篡位以陷於逆如陽生者乎、此春秋之所以為教也、

孫氏曰、陽生入齊、而陳乞弒君、則是陽生與聞乎弒、君不以陽生首惡者、陽生之入、陳乞召之、荼之弒、陳乞為之、加陽生以弒君之罪、則陳乞廢立之迹不明、書陽生之入、而陳乞弒君、則陳乞之惡著、而陽生與有罪也、

周大章曰、荼已立矣、陽生已奔矣、陽生曷為而入、陳乞召之也、召之而立、則安所置荼、不

得不弒也。欲弒矣、而陳乞但置之於賴、而不即加弒者、欲使陽生自為弒之、己得逃弒君之名也。不知陽生不立、則荼不弒、立陽生正弒荼、逃之無可逃也。春秋書乞弒君、非僅推源禍始、寔以誅心也。不對而泣、非為荼泣也、乃自為泣也。蓋乞立陽生、冀得君耳。陽生君異於器數語、大有見疑之意。恐不相容、故泣也。此一泣也。乞有悔心矣。十年之弒、未必不由此也。大奸巨猾、不善處之、徒恃口舌以為聾服之具、適以召亂而起禍。人謂此泣偽為、不忍弒荼、而不知此泣又潛以弒陽生也。

姜白巖曰、公子比自立、命觀從至乾谿而散楚衆、靈之弒、比主之也、故弒君書比。陽生立於乞、乞能用陽生、陽生不能用乞、乞不令弒、安能弒之、是乞主之也。故弒君書乞。繼靈者觀從、觀從即欲殺棄疾、靈之弒、非棄疾所能代也。乞欲弒荼、乃立陽生、乞之弒荼、并不為陽生、陽生為乞用耳、荼之弒、非陽生所得代也。

僖子養之、子隱於僖子家內與饋者皆入。陳僖子又令陽生隨饋食之人、入處公宮。冬十月丁卯立之、將盟、盟諸大夫鮑子醉而往。其臣差車主車之官。差所宜反鮑點鮑牧臣曰、此誰之命也。陳子曰、受命於鮑子。遂誣鮑子曰、子之命也。見其醉故誣之鮑子曰、女忘君之為孺子荼也牛、而折其齒乎、而背之也。景公嘗啣繩為牛、使荼牽之、荼頓地、故折其齒悼公陽生稽首曰、吾子奉義而行者也。若我何不必亡一大夫。言己可為君、必不怨鮑子若我不可、不必亡一公子。公子自謂也、恐鮑子殺己、故要之義則進、否則退、敢不惟子是從。廢興無以亂、則所願也。鮑子曰、誰非君之子。乃受盟。言陽生亦君之子、固可立。賀氏云、此時齊君廢置死生拔在鮑子掌握、執而戮之、身名兩安使胡姬景公妾以安孺子安號也如賴齊邑去鬻姒、荼之母殺王甲、拘江說、囚王豹於句竇之丘。三子景公嬖臣、荼之黨也。○說音悅、句音鉤公使朱毛齊大夫告於陳子曰、微子則不及此、然君異於器、不

可以二。器二不匱。君二多難。敢布諸大夫。僖子不對而泣曰。君
舉（皆也）不信羣臣乎。以齊國之困。困又有憂。（內有飢荒之困。又有兵革之憂。）少君
不可以訪。是以求長君。庶亦能容羣臣乎。不然。夫孺子何罪。（按能容羣臣者。謂凡事能自決斷而不疑。不擬羣臣之不服也。正是催他下手。）毛復命。公悔之。（悔失言。）毛曰。
君大訪於陳子。而圖其小可也。（大謂國政。小謂殺荼。）使毛遷孺子於駘。（齊邑。）
不至。殺諸野幕之下。葬諸殳冒淳。（殳冒淳地名。駘人不從。故毛駐於野。張帳而殺之。寔以冬殺。經書秋者。史書秋。記始事。遂連其死。通以冬告魯。○駘他才反。）
黃鄉林曰。陽生之告陳乞。似有英氣。而實竦到絕頂。陳乞之
對陽生。似有忠心。而實奸到絕頂。竦者易知。奸者難測。故陽
生卒弒於陳乞。
見三按桓景覇。顯齊名。其實景不如桓。並不如靈莊。明知荼

不足為君，而姑立之以釀禍，明知陳氏將有國，而故縱之以養奸，孔子於其問政告以君君臣臣父父子子，所以進藥石而起膏肓，使景能用其言，世臣豈有奔亡，愛子豈有屠戮，君臣父子安，而奸雄亦何所乘其隙，貽謀不臧，賊恩廢禮，亂賊並作，國受其禍，有國家者所當引以為戒也。

黄東發曰。鄭罕達侵宋七年矣。齊次渠蒢。不伐不救。宋知齊之不我救。為厚於鄭也。故不敢伐。齊景既沒。宋安圖霸。故既伐曹。又侵鄭。報罕達之師。且示諸侯也。

春秋左傳精義卷四十八

閬中　鄭林黄一桂　輯　男　心垣見三　補輯

哀公二

經（癸丑）七年春宋皇瑗帥師侵鄭。（瑗于眷反）。晉魏曼多帥師侵衛。夏公會吴於鄫。（才陵反）。秋公伐邾八月己酉入邾以邾子益來（【杜解】他國言歸于魯言來。外內之辭。【歸義】邾於魯執禮甚恭。三家伐之。明示不有公室。公當痛心疾首。而反自伐之何也。）。宋人圍曹。冬鄭駟弘帥師救曹

傳七年春宋師侵鄭。鄭叛晉故也。（【杜解】定八年鄭始叛。【會通】宋之叛晉久矣。豈復為晉討鄭乎。左氏非。）

姜白巖曰：莫大於非父，而不敢聲其罪。此云非父，恐彼即云叛君。

姜白巖曰：文襄以來，貢賦有常，侑賄有典，無非分之求也。自范匄重幣而晉霸衰，至士鞅聘魯齊十一牢之奉，晉霸自此息矣。吳通中國入郢而霸，諸侯趨之，於宋於魯並責百牢。蓋中國無霸而太阿歸諸荒裔，其虐百倍。此小國將滅而七國縱橫之漸，以視文襄之世又一變也。

見三按：是時宋、鄭均已叛晉，安肯為晉討鄭？蓋仍是爭隙地之釁也。

晉師侵衛，衛不服也。（五年晉伐衛，至今未服。）

見三按：晉之侵衛，仍是趙鞅為政，本欲納蒯，而衛不受，曰不服受徵詞也。

夏，公會吳於鄫。（吳欲霸中國（百抄）邾，吳之與也。魯將伐邾而會之（集注）魯先往會之。）吳來徵百牢。子服景伯對曰：先王未之有也。吳人曰：宋百牢我，（是時吳過宋得百牢。）魯不可以後宋。且魯牢晉大夫（范鞅）過十，（在昭二十一年。）吳王百牢，不亦可乎？景伯曰：晉范鞅貪而棄禮，以大國懼敝邑，故敝邑十一牢之。君若以禮命於諸侯，則有數矣。（有常數。疏云：周禮大行人上公九牢，侯伯七牢，子男五牢。）若亦棄禮，則有淫（過也）者矣。周之王也，制禮上物不過十二，（天子之牢。疏云：

周禮掌客王合諸侯而饗禮則具十有二牢以兼饗公侯伯子男也【附注】上物如冕與旂俱十二旒玉輅繁纓十二就之類而牢亦在其中。以為天之大數也。天有十二次故制禮象之。今棄周禮而曰必百牢。亦唯執事。吳人弗聽。景伯曰。吳將亡矣。棄天而背本。違周為背本不與。必棄疾於我。放棄凶疾來伐擊我。乃與之。太宰嚭吳大夫召季康子。康子使子貢辭。太宰嚭曰。國君道長。蓋言君長大於道路而大夫不出門。此何禮也。按國君道長寓書春秋小侯之國大夫不出門寓書強臣讓病居夷之惡。對曰。豈以為禮。畏大國也。畏大國不敢虛國盡行大國不以禮命於諸侯。苟不以禮。豈可量也。【疏箋】禍未可測寡君既共命焉。其老豈敢棄其國。大伯周太王長子端委以治周禮。【孔疏】謂治其本國岐周之禮，非周公所制禮也。仲雍太伯弟嗣之。斷髮文身。臝以為飾。豈禮也哉。有由然也。太伯仲雍讓其弟季歷，俱適荊蠻，遂有民衆。大伯卒，無子，仲雍嗣位。不能行禮致化，故效吳俗。言其權時制宜，以辟災害，非以為禮也。端委，禮衣。疏云：應劭云：越人常在水中，故斷其髮，文其身，以象龍

子故不見蛟龍之傷害。王肅云：端委，委貌之冠，玄端之衣也。按子貢亦用吳人，曾有是說，引以折之，事之有無，不暇計也。反

自鄶以吳為無能為也。棄禮，知其不能霸也。

黃鄭林曰：夫差有桓文之時，而不能行桓文之事。是時晉霸已衰，楚氛亦替，吳一出泗上，無與抗者。倘能繼壽夢之烈，用夏變夷，一姓再興，未可知也。與諸侯會，徒爭牢數多寡，似此貪鄙，何以聞於諸侯？驕將亡吳矣，宜其爾也。

見三按禮字是斷案，貪字是棄禮之由，便是無能為之處。唯貪而棄禮，故徵百牢而為非分之求，召季康子而作無厭之請。不知禮者天也，棄禮斯棄天，棄天即將亡，安能有為？景伯、子貢語本相承。景伯借范鞅以斥其無禮，是對面文字；子貢即仲雍以折其無禮，是正面文字。景伯語猶含委婉，子貢話

周大章曰：舉國皆不伐邾，何以康子斷然行之？蓋鄫衍之會，宰嚭召季康子，欲危辱之。康子懷此恨，所以夏盟而秋棄也。開首特揭季康子欲伐邾，知發難在季，不干諸人事也。富大夫以謀之，不過欲其贊成耳。乃景伯侃侃，諸大夫唯唯，孟孫悻悻，季孫不發一語，獨斷違衆，致來吳寇，為城下之盟，真謂之不臧也。姜白巖曰：邾與魯皆吳與國，夏盟於鄫衍，秋即伐邾，景伯所以為危也。諸大夫迎合季孫，謂可以併邾。孟孫力破之，季孫不樂而伐邾之意已決，其入邾也，無所不為。吾不知季孫何恨於邾而忍毒之深也。乃知三年叔孫、仲孫之伐邾，六年之城邾瑕以逼邾，冬仲孫之圍邾，皆季孫意也。此獨以公行，蓋公為季役，而以惡名歸公也。大國之討，則將委罪於公而已，不與焉。此其志也。然則季孫在師乎？入邾無季孫，以師委公也。諸大夫媚季，惟恐不至，斯時異議者，唯子服、孟孫兩人，餘皆季孫也。故季氏居守，而晝宵掠宵掠處其宮，執其君，陰屬諸大夫盡情為之。舊註謂大夫皆諫者，謬也。通篇不言公，若

顯露鋒鋩。二人皆聖門弟子，言各有當，正自異曲同工。

季康子欲伐邾，陳氏曰：伐邾雖書公，寔季氏意。乃饗大夫以謀之。子服景伯曰：小所以事大，信也；大所以保小，仁也。背大國，不信；大國，吳也。伐小國，不仁。民保於城，城保於德。失二德者，信與仁也。危，將焉保？孟孫曰：二三子以為何如？怪諸大夫不言，故指問之。惡賢而逆之？孟孫賢景伯，欲使大夫不逆其言。惡猶安也。對曰：禹合諸侯於塗山，執玉帛者萬國。諸大夫對也。諸侯執玉，附庸執帛。塗山在壽春東北。今其存者無數十焉。唯大不字小，小不事大也。言諸侯相伐，古來吃然。○數，所主反。知必危，何故不言？知伐邾必危，自當言；今不言者，不危故也。大夫以答孟孫所怪，且阿附季孫。魯德如邾，而以衆加之，可乎？孟孫忿答大夫：今魯德無以勝邾，但欲恃衆，可乎？言不可。按孟孫以為即不危，於理不可，況危之甚乎？杜註自明。不樂而出。季孟意異，侫直不同，故罷饗。秋，伐邾，及范門，邾郭門也。猶聞鐘聲。邾不禦寇。大夫諫，不聽。茅成子邾大夫茅夷鴻。請告於

三

曰非公也。季孫爲之也。以發明經不諱公之意。末段茅夷鴻請救。不出景伯所料。季孫豈不自危。而以公為試也。

吳。不許。曰魯擊柝聞於邾。（言以近）吳二千里。不三月不至。何及於我。且國內豈不足。（言足以拒魯）成子以茅叛。（按茅夷鴻能請救於吳。豈有叛君之事。蓋知事不可為。保守已邑。不能禦魯耳。以為叛者。魯人之辭也。按茅今在山東金鄉縣西北。）師遂入邾。處其公宮。衆師晝掠。（虜掠取財物也）邾衆保於繹。（邾山也。按在鄒縣東南。）師宵掠。以邾子益（隱公）來。（晝夜掠。傳言康子無法。）獻於亳社。（以其亡國與殷同）囚諸負瑕。（魯邑。按在滋陽縣西。）負瑕故有繹。（前者魯得邾之繹民。使在負瑕。故使相就以辱之。）邾茅夷鴻以束帛乘韋自請救於吳。曰魯弱晉而遠吳。馮（馮依）恃其衆。而背君之盟。辟（辟陋）君之執事。以陵我小國。邾非敢自愛也。懼君威之不立。君威之不立。小國之憂也。若夏盟乎鄫衍。（即鄫）秋而背之。成求而不違。（言魯成其所求無違逆也。）四方諸侯。其何以事君。且魯賦八百乘。君之貳也。（貳敵也。魯以八百乘之賦貢於吳。言其國大。）邾賦六百乘。君之私也。（為私屬）以私奉貳。唯君

圖之、吳子從之、為明年吳伐我傳

黃鄭林曰、季康子定議伐邾、蓋欲滅邾以自益也、入其都、處其宮、執其君、晝掠宵掠、幾無一完土、邾魯兵力相埒、何至如此、夷傷、蓋是時邾益無道、上下離心、觀師及范門、猶聞鐘聲、其疏防無備可知、茅夷鴻束帛乘韋告急吳庭、而魯師乃退、直合弦高申包胥為一人、

見三按、春秋之初、魯邾之交甚密、春秋之末、魯邾之仇甚深、交之密也、天下始無王、政在諸侯也、仇之深也、天下並無伯、政在大夫也、政在諸侯、小國猶能執玉帛以修好、政在大夫、則大夫方蔑視其本國之君、況鄰國弱小之君乎、嘗考定之末年、邾之事魯尤恭、秋會公於比蒲、春復來朝、夏又來奔君

之喪、未及亟年、三勤魯境、邾之事魯、何所開罪、乃哀之元年、伐邾者一卿、二年圍邾者三卿、盟邾者二卿、三年圍邾者又二卿、六年而伐邾者又一卿、至七年而公自將以伐邾矣、誰為之、則季肥為之也、然其致此亦有由焉、襄公二十一年邾庶其以漆閭丘來奔、二十三年邾畀我來奔、昭公二十七年邾快來奔、三十一年邾黑肱以濫來奔、邾之為邾幾為竭澤之漁、魯之為魯、竟作逋逃之藪、合流趨下、同惡相求、邾之臣既輸真情以引賊、魯之臣自奮長臂而爭先、屠國擒君、晝夜肆掠、傷心慘目、有如是者、強幼小之君、墮隣封之君好、驅無辜之赤子、爭他人之土地、此強臣所為上負君下負百姓者也、他日邾改為鄒、猶有與魯閧之事、蓋邾魯之怨、至戰國

周大章曰：君好弋，臣即以弋進說之，大說之，從之言無不投，所謂亂世之君，各賢其臣也，豈真有鬼神使之然耶。

姜白巖曰：曹亡為春秋之終，而其亡若有數存焉，以見七雄特起，先王先公之澤自此而斬，蓋傷之也。始言鄭能救曹，結言晉人不救，予小國之救亡，正以責大國之坐視，晉伯息而小國益無所依。

不息，夫非季孫肥之不仁不信，有以致之哉。

宋人圍曹，鄭桓子思（桓謚）曰：宋人有曹，鄭之患也，不可以不救。冬，鄭師救曹，侵宋。初，曹人或夢衆君子立於社宮（社也）而謀亡曹，曹叔振鐸（曹始祖）請待公孫彊，許之。旦而求之曹，無之。戒其子曰：我死，爾聞公孫彊為政，必去之。及曹伯陽即位，好田弋，曹鄙人公孫彊好弋，獲白鴈，獻之，且言田弋之說，說之。因訪政事，大說之，有寵，使為司城以聽政。（補注：曹亦有司城，據孟子陳亦有司城。）夢者之子乃行。彊言霸說於曹伯，曹伯從之，乃背晉而奸宋。宋人伐之，晉人不救。築五邑於其郊，曰黍邱（按：今河南夏邑縣西南）、揖邱（按：今山東曹縣界）、大城（今在曹州界）、鍾、邘（為明年入曹傳也，今俱在定陶縣界）。

黃鄉林曰：定哀之時，諸侯用兵非助叛臣，即不義之侵伐也。

惟鄭以救曹聞、猶有諸侯卹患之義焉、此舉倡自子思東里

有子矣。

見三按曹伯好田已足亡國、天生公孫彊、以實或者之夢矣、

嗚呼或者之夢、能庇其子、曹振鐸之賢、莫救其後、哀哉、

經甲寅八年春王正月宋公入曹以曹伯陽歸。吳伐我（通說）魯之為國始末三變、奚之戰、齊人侵魯疆、疆吏來告、公曰、姑盡所備馬、事至而戰、此知邊鄙尚有備也、其後疆埸之備弛、敵得以乘之、而書伐我西鄙北鄙、然止為邊患、而不能直造於國也、今受吳齊之師、直言伐我、以見其直造於國都耳、○夏齊人取讙及闡（杜解）不書伐、兵未加、而魯與之邑、按今山東寧陽縣本魯闡邑地、歸邾子益於邾。秋七月。冬十有二月癸亥杞伯過卒。○子閔公維立、過音戈○齊人歸讙及闡不言來、命歸之、無官使也、

傳八年春宋公伐曹將還、褚師子肥（杜解）宋大夫殿、曹人詬詈辱之、不

行。殿兵止也。師待之。（林解）曹師見殿兵不行，遂待之。公聞之，怒，命反之，遂滅曹，執曹伯及司城彊以歸，殺之。終曹人之夢。（呂說）彊與曹伯論霸，正用武時，不為無備，何故忽然滅得。當時以小國單弱之衆，外則用兵諸侯，內興土功，民心離，元氣耗也。

黃鄉林曰：林堯叟云：檜亡，東周之始；曹亡，春秋之終。夫子刪詩，繫曹檜於國風之後。檜之卒章曰思周道也，傷天下之無王也；曹之卒章曰思治也，傷天下之無伯也。蓋伯雖異於王，然有會盟，即無兼并，而小國尚賴圖存。至伯衰而會盟息，兼併興矣。聖人所以重絕晉者，此也。

見三按：曹之瀕危者屢矣。曹共公見執於晉，以侯獳之言而復，則晉文之始伯也；曹宣公見執於京師，以子臧之言而復，則晉厲之繼伯也；至曹伯陽見執於宋，永無歸國之期，則以

晉霸之息也、夫子書此、傷天下之無伯、豈必更讀曹風之卒章哉、

吳為邾故、將伐魯、問於叔孫輒、問可伐否、輒故魯人、疏云、定十二年與不狃襲魯、兵敗奔齊、後自齊奔吳、叔孫輒對曰、魯有名而無情、有大國名、無情實、伐之必得志焉、退而告公山不狃、亦故魯人、公山不狃曰、非禮也、君子違、奔亡、不適讎國、未臣而有伐之、奔命焉、死之可也、未臣所適之國、若有伐本國者、則可還奔命死其難、疏云、言奔命則有命乃奔之、若命不及、亦不當還、所託也則隱、〈補正〉言已託於他國而臣事之、雖不奔命、猶為之隱諱、且夫人之行也、不以所惡廢鄉、不以其私怨惡廢棄其鄉黨之好、今子以小惡、而欲覆宗國、不亦難乎、輒魯公族、故謂之宗國、若使子率、子必辭、王將使我、子張病之、輒也、〈孔疏〉率謂在軍前引道、率領先行、王問於子洩、不狃、對曰、魯雖無與立、緩時若無能自立、必有與斃、急則人人知懼、皆將同死戰、諸侯將救之、未可以

周大章曰、魯伐邾而邾無備、吳伐魯而魯亦無備、若非子洩故道險於前、微虎欲宵攻王舍於後、其敗衂當亦與因負瑕等耳、既召吳寇、而一籌莫展、季孫之不能亦可知也、景伯始不欲背盟、繼不欲行成、頑盡嘉謀、隱然為國長城、不聽其言、而猶色藏禍心、欲使為質於吳、何哉、姜白巖曰、首叙吳為邾故、則此師由於季孫、利則季孫嘗之、禍則通國同之、而胆戰股慄、無能發一謀、傳深惡季孫、因出色寫一不狃、前半是明寫、後半是暗寫、其云必有與斃者、寔語也、云齊晉楚將救之、虛声恐之也、一路布置、不忍以小惡覆宗國、可謂君子之用心矣、傳中寫子羽父子、寫公賓庚三人、寫微虎、有若隱然以不狃為主、王犯與子羽之父交好、必非常人、而國人恐為內應、然犯卒未嘗以不義招子羽、而子羽慫力排狩吳人、審之克東陽進師、想見小邑禦全吳之衆百

道俱攻，堅不可拔。微清之役，冉有以武城人三百為徒卒，亦取其義而勇矣。然而武城不致久用者，不狃陰主之也。或曰戰於夷，是追叙東陽之兵耳，三甲寔未出一甲也。夫清之役，齊師伐魯，三家尚不能禦諸竟，况吳師之強倍於齊，而能出師乎？故大義激發，僅一微虎簡徒兵，僅三百人，聖門高弟不用，人而有若且雜於步卒之間，其伎倆已見，乃吳人行成之速者何也？蓋不狃陰主其間，實攻之計止而不行，吳王聞之，不狃使之聞也，因悟與懿之言不爽，寔是者驗，虛者亦以為寔，恐三国之救，故行成而歸，皆不狃之力也。先儒謂即此知不狃有心公室，夫子欲應其召，豈無意哉。吳輕而遠，已奪其魄，少待即歸，何至城下之盟，而季孫不從，絕無謀畧，亦可知矣。嗟呼，事平之後，不狃有功不見召還，澹臺有若及諸国士不見録用，叔子析鉏等不見旌褒，故肥之罪甚於斯。

得志焉。晉與齊楚輔之，是四讎也。（與魯而四。）夫魯，齊晉之脣，脣亡齒寒，君所知也。不救何為？三月，吳伐我，子洩率，故道險，從武城。（故由武城險道，欲使魯成備。〔測義〕不狃念其故國，抑亦賢矣，然不貳心於吳乎？亡臣之自處，當如鄭子蘭待命於東可也。〔呂説〕不狃有全魯之善，而不免為叛人，知小節之不足恃。）初，武城人或有因於吳竟田焉，（僑田吳界。）拘鄫人之漚菅者，曰：何故使吾水滋。（鄫人亦僑田吳。滋，濁也。漚，烏豆反。菅，古顏反。）及吳師至，拘者道之，以伐武城，克之。（鄫人教吳必可克。按十字作一句讀。道，言也。疏云：拘者謂吳人，云若伐武城，必可克之。）王犯嘗為之宰，澹臺子羽之父好焉，國人懼。（王犯，吳大夫，故嘗奔魯，為武城宰。子羽，武城人，孔子弟子也。其父與王犯相善，國人懼其為內應。按子羽有賢行，多勇力，為武城人推重，以犯招羽則武城克，二語皆拘者之言。）懿子謂景伯：若之何？對曰：吳師來，斯與之戰，何患焉？且召之而至，又何求焉？（言犯盟伐邾，所以召吳。）吳師克東陽而進，舍於五梧，明日舍於蠶室。（三邑魯地。按今山東費縣西南有關陽鎮，即東陽也。費縣西有五梧城、蠶

室應亦在費縣西北。公賓庚、公甲叔子與戰於夷，獲叔子與析朱鉏。公賓庚、公甲叔子并析朱鉏為三人，皆同車，傳互言之。獻於王。王曰：此同車，必使能，國未可望也。同車能俱死，是國能使人，故不可望得。明日，舍於庚宗，遂次於泗上。微虎魯大夫。欲宵攻王舍，私屬徒七百人，三踊於幕庭，於帳前設格，令士試踊之。卒三百人，有若與焉。卒，終也。終得三百人任行，有若孔子弟子，與在三百人中。及稷門之內。三百人行至稷門內。或謂季孫曰：不足以害吳，而多殺國士，不如已也。乃止之。吳子聞之，一夕三遷。畏微虎也。按：墨門有若亦與知三百人皆國士也，想見魯國人材之盛。季孫止之，傳非表其愛惜國士也，進止一取決於季，以見三百人皆季孫平日抑之，無由自見。吳人行成，未與魯成。將盟。景伯曰：楚人圍宋，易子而食，析骸而爨，在宣十五年。猶無城下之盟。我未及虧，而有城下之盟，是棄國也。吳輕而遠，不能久，將歸矣，請少待之。弗從。景伯負載，造於萊門。以言不見從，故負載書，將欲出盟。乃請釋子

服何於吳、吳人許之、以王子姑曹當之、而後止。釋舍也。魯人不以盟為了。欲因留景伯為質於吳、既得吳之許、復求吳王之子以交質、吳王不欲留王子、故遂兩弛吳人盟而還。不書盟、恥吳夷、

黃鄰林曰、聖人戰則必克、未得見諸施行、諸弟子得其緒餘、皆可備干城之選、仲氏子不必論矣、如清之役、冉有帥七百甲之士、而樊遲當其右、御三刻踰溝、武城之役、有若與三百人之數、而子羽居於圍城、三遷懼敵、以匡坐之禮樂為對壘之韜鈐、以洙泗之絃歌、當和門之甲介、胄斯亦古今之盛事、而師中之大觀乎、使魯任以專閫、倚為長城、何以至有城下之辱、

見三按公山弗狃與陽虎、同為魯之叛臣、陽虎奔齊而請伐魯、不狃在吳而謀全魯、兩人優劣、奚啻霄壤、而責倫叔孫輒、

姜白巖曰、公歟、謂齊為邾故伐魯、與傳異、陽生何人、與夷鴻之告而興邾魯之師耶、當以傳為寔、

深明大義、尤覺言可為經、則知狃之叛季、非叛魯也、孔子不見陽貨、而於公山之召則欲往、殆深諒其心歟、

齊悼公之來也、在五年季康子以其妹妻之、即位而逆之、季魴侯康子叔父。魴音房通焉、女言其情、弗敢與也、齊侯怒、夏五月、齊鮑牧帥師伐我、取讙及闡、

見三按肥既奪嫡、妹復私人、季氏兄妹可謂二難、嬺美、

或譖胡姬景公妾於齊侯曰、安孺子之黨也、六月齊侯殺胡姬、傳言齊侯無道、所以不終、

見三按或者誰、或必陳乞之黨也、時乞與悼之釁已開、故為是譖、陷君不義、以為行弑之地、

齊侯使如吳請師、將以伐我、乃歸邾子、齊未得季姬、故請師也、吳前為邾討魯、懼二國、

姜白晨曰：自高國晏弦之逐，而齊之強族，惟鮑氏、陳乞所必欲去者，況伐魯有功。

同心，故歸邾子。邾子又無道，吳子使太宰子餘（太宰嚭）討之，囚諸樓臺，栫（擁也。在薦反）之以棘，使諸大夫奉太子革（邾太子桓公）以為政。（為十年邾子來奔傳。）

見三按：齊侯請師，名為衛邾，實以季姬故，假公濟私。魯囚邾子數月，至是始歸，不仁甚矣。邾雖無道，固一方小諸侯，非吳所能廢置也。不請天王，不歸京師，囚其君，立其子，專擅自恣，此昭定以前所未有也。春秋將降為戰國矣。

秋，及齊平。九月，臧賓如（臧會子）如齊涖盟，齊閭邱明（嬰子）來涖盟，（盟不書，諱畧之）且逆季姬（鮎侯所通者）以歸嬖。

見三按：前以留淫婦故，而齊魯搆釁，茲以歸淫婦故，而齊魯始平。淫者自淫，嬖者自嬖，直薰猶之不分矣，安能撫有齊國。

鮑牧又謂羣公子曰：使女有馬千乘乎？（有馬千乘，使為君也。鮑牧本不欲立陽生，故諷

非陳乞利也。凡廢立必有密謀。又必注意一人。對羣公子語之。明是醉後狂言。公子之愬。乞使之也。

九

動羣公子。公子愬之。公謂鮑子。或譖子。子姑居於潞齊邑以察之。馮氏曰。言待我察之。若有之。則分室以行。若無之。則反子之所。出門。使以三分之一行。半道使以二乘。及潞。麇之以入。遂殺之。麇，亦束縛。麇，卯隕反。

黃鄉林曰：高國已逐，舉朝皆陳乞之黨。其稍足以制陳乞者，僅以一鮑子耳。又因小嫌，誰而殺之。在牧之狂言，不免自作之孽，而悼之竦手，寔為自削其根，己身被弒，而子亦被戕，國為陳氏篡所。謚之為悼，夫誰之悼哉。

見三按：悼公之立，鮑牧獨有異議，雖是醉後狂言，悼與陳乞忌之久矣。茲復因其醉，使羣公子套而出之，即誘而殺之。非悼之竦，不能如此很心；非乞之奸，不能行此毒計。夢夢鮑牧，尚醉倒不知也。嗚呼，齊其亡矣。

姜白巖曰、師氏云、鄭圍雍丘、宋皇瑗因圍鄭師、雍丘應乎內、瑗圍乎外、腹背受敵、

冬十二月、齊人歸讙及闡、季姬嬖故也、

見三按忽伐忽平、忽取忽歸、祇為一淫婦耳、紀綱不肅、政刑無章、據事直書、而其失自見、

經（乙卯）九年春王二月葬杞僖公（汪解三月而葬速）。宋皇瑗帥師取鄭師於雍丘（書取、覆而敗之、疏云謂威力兼備、若網羅之所掩、一軍皆見禽制、按雍丘今河南杞縣治。雍於勇反）。夏楚人伐陳。秋宋公伐鄭。冬十月

傳九年春、齊侯使公孟綽辭師於吳、（汪解齊與魯平、故辭吳師。）吳子曰、昔歲寡人聞命、今又革之、不知所從、將進受命於君、（為十年吳伐齊傳）

見三按齊既辭師、吳亦樂得息兵、乃無故生釁以敝其民、是自敗也、乃知吳壽夢屢次徵會不至、的是英雄之見、

鄭武子賸（罕達。以證反）之嬖許瑕（武子之屬）求邑、無以與之、請外取、許之、

而為宋所取。使有能者無死。謂不殺也。此瑗軍令。全師不殺者僅二人。春秋殆將為戰國矣。

蹶請取於他國故圍宋雍邱。宋皇瑗圍鄭師。許瑕師每日遷舍。作壘塹成、輒徙舍合其圍。壘合。鄭師哭。子姚武子賸救之。大敗。二月甲戌。宋取鄭師於雍邱。使有能者無死。惜其能以郟張與鄭羅歸。鄭之有能者見三按罕達以嬖寵故取隣之邑。幾不知有人間羞恥事。鄧通銅山不足奇矣。宋取鄭師。僅以郟張與鄭羅歸。則全軍之盡殺可知。白起長平之戰。坑趙卒四十萬。亦遷流所必至也。

夏楚人伐陳。陳即吳故也。

見三按即楚吳伐。即吳楚伐。此時之陳。幾等昔日之鄭。逢滑安在。胡不以禍福斷之。

宋公伐鄭。報雍邱。卓氏曰。皇瑗盡俘許瑕之師。視滅鄭不啻入曹之易矣。連年侵伐。不能得志於鄭。而喪師於嵒。與雍邱之役相當。兵驕者敗。宋之謂也。

姜白巖曰。吳人此舉。江淮相通。為千古運河之始。

姜白巖曰。鐵之戰。晉鄭絕好矣。或謂此後當復有修睦之事。故鞅欲救鄭。信然、也。宋景滅曹。又盡殲鄭師。復伐鄭不已。則救鄭豈非義舉。乎。然齊嘗助范氏。鞅之仇也。史墨。鞅之私人也。鞅欲伐齊而不欲救鄭。故以救鄭卜。使其黨言伐齊之利。以鼓臣民之心。

見三按既取其師。復伐其國。兵驕甚矣。故轉瞬即有邑之敗。

秋吳城邗溝通江淮。於邗江築城穿溝。東北通射陽湖。西北至末口入淮。通糧道也。今廣陵邗江是。按廣陵今揚州府。○邗音寒。

見三按築邗穿溝。通於江淮。害者一時。利者萬世。非夫差之虐用其民不能為此。後此如秦始皇之築長城。隋煬帝之開河。皆作是觀。

晉趙鞅卜救鄭。遇水適火。水火之兆。疏云。服虔云。兆南行適火。卜法橫者為土。立者為木。邪向經者為金。背經者為火。因兆而細曲者為水。占諸史趙史墨史龜。皆晉史。史龜曰。是謂沈陽。火陽得水故沈。可以興兵。兵陰類也。故可興兵。利以伐姜。齊姓。不利子商。謂宋。伐齊則可。敵宋不吉。史墨曰。盈水名也。子水位也。趙鞅姓盈。宋姓子。水盈坎乃行。子姓又得北方水位。疏云。秦本紀。秦伯翳之後為嬴姓。趙世家云。趙氏之先。與秦同祖。其伯翳後世為盈泄。蜚廉有子二人。一曰惡

十二

來。其後為秦。一曰季勝。其後為趙。今卜趙鞅伐宋。故以盈子二姓為占。名位敵。不可干也。二水俱盛。故言不可干。炎帝為火師。神農有火瑞。以火名官。姜姓其後也。水勝火。伐姜則可。

史趙曰。是謂如川之滿。不可游也。既盈而得水位。故為如川之滿。不可馮游。鄭方有罪。不可救也。鄭以嬖寵伐人。故以為有罪。救鄭則不吉。不知其他。救鄭則當伐宋。故不吉也。

陽虎以周易筮之。遇泰䷊乾下坤上泰之需䷄。乾下坎上需。泰六五變。曰宋方吉。不可與也。不可與戰。泰六五曰。帝乙歸妹。以祉元吉。帝乙紂父。陰而得中。有似王者嫁妹。得元如其願。受福祿而大吉。微子啓。帝乙之元子也。宋鄭。甥舅也。宋鄭為婚姻甥舅之國。宋為微子之後。今卜得帝乙卦。故以為宋吉。祉祿也。若帝乙之元子歸妹而有吉祿。我安得吉焉。乃止。吉在彼。則我伐之為不吉。

黃薌林曰。史龜史墨史趙皆晉之良史也。龜墨均言伐宋之不吉而不及救鄭。史趙專言救鄭之不吉而不及伐宋。詞若

不同理實無異準以三人占之例固可深信不疑即揆諸筮短龜長之義亦可無容再計陽虎之筮胡為乎蓋救鄭之謀出之於虎故必使虎決之龜筮並違於是始止此以見趙鞅倚虎為左右手與兕謀不如與盜謀也孔子於陽虎之奔趙氏斷其世有亂蓋晉陽之禍早在燭照中矣

見三按宋鄭皆多事之國也然就天下而論則叛伯始於鄭就二國而論則搆兵亦始於鄭鄭方有罪不可救理之所在數自莫違三史斷卦各抒所見而大旨則同雄心未已筮以繼之始無異言而明年之伐齊勃勃欲試矣趙鞅真奴才也

冬

吴子使來儆師伐齊前年齊與吴謀伐魯齊既與魯成而止故吴恨之反與魯謀伐齊

見三按前因齊之請師而與齊謀魯此因齊之辭師而即與

周大章曰：吳師僅伐南鄙，未為腹心之害，何竟弒君以赴於軍？蓋君異於嚚一

魯謀齊，喜怒無常，唯意所適，直視用兵為兒戲，焉得不已。

經 丙辰十年春王二月，邾子益來奔。（孔疏）當是自吳逃來適魯，太子革為政。（集注）先為魯所俘，而又來奔，不知恥甚矣。○公會吳伐齊。三月戊戌，齊侯陽生卒。壬子簡公立。○夏，宋人伐鄭。○晉趙鞅帥師侵齊。○五月，公至自伐齊。○葬齊悼公。○衛公孟彄自齊歸於衛。（杜解）書歸之，齊納之。（會通）彄，蒯聵之黨，今歸於衛，必從輒而棄蒯聵，故十五年蒯聵入國，彄復奔齊。○薛伯夷卒。按立君無考。○秋，葬薛惠公。○冬，楚公子結帥師伐陳，吳救陳。季子不書，陳人來告不以名。（朱鈔）以救為名，聖人即樂得而予之。

傳 十年春，邾隱公來奔，齊甥也，故遂奔齊。（杜解）終子貢之言見三。按覆邾者魯也，執益者魯也，奔魯者即益，益之為益，蓋禮義所不載矣。

公會吳子、邾子、郯子伐齊南鄙，師於鄎。齊地。（歸義）方與齊伐魯，忽與魯伐齊，舉動無常。

語。陳乞忌之深矣。陽生雖以卒闞。而寘死於弒首惡非陳乞而何。

齊人弒悼公。赴於師。以說吳。按明是乞弒。而齊之記載。無有主名。傳亦因之。傳之甚慎也。吳子三日哭於軍門之外。徐承吳大夫帥舟師將自海入齊。齊人敗之。按雖以說吳。而料吳必入。邀於路敗之。非乞不能有此權謀。吳師乃還。見三按吳方與齊伐魯。隨興與魯伐齊。顛狂四出。反覆無常。譬之瘈狗。遇人則噬。無能為也。一面伐。一面哭。一面帥舟師。將由海入齊。卒至於師敗而還。如此舉動。非以求伯實以速亡而已。

夏。趙鞅帥師伐齊。經書侵。以侵告。大夫請卜之。趙孟曰。吾卜於此起兵謂往歲書伐宋不吉。利以伐姜。故今興兵。事不再令。再令瀆也卜不襲。重也吉。行也。於是乎取犂及轅。犂一名隰。按今山東臨邑縣西。轅今禹城縣西北有瑗城。毀高唐之郭。侵及賴而還。

姜白巖曰。不務德而爭諸侯。民何罪焉。桓文尚有愧色。況其他乎。既退以成其名。復勉之以務德。是以善養人氣象。季子豈徒以讓周見者哉。陳弱極矣。而楚必欲併之。書救陳。善吳也。不書季子告許畧也。

見三按。齊屢伐晉。又助范中行氏。趙鞅欲報久矣。苦於無隙可乘。茲值悼公新喪。吳師方擾。知齊無鬭志。故敢毅然自信不煩再卜。或取或毀或侵。一路威風。如入無人之境。其英鋭處正其極惟怯處。藏武所謂似鼠者也。

秋。吳子使來復儆師。伐齊未得志。故為明年吳伐齊傳。

見三按。一儆師。再儆師。必得志於齊而後已。吳之民真暴骨如莽也。

冬。楚子期伐陳。陳即吳故。吳延州來季子救陳。謂子期曰。二君吳楚不務德而力爭諸侯。民何罪焉。我請退。以為子名。務德而安民。乃還。季子吳王壽夢少子也。壽夢以襄十二年卒。至今七十七歲。壽夢卒。季子已能讓國。年當十五六。至今蓋九十餘。疏云。孫毓以為札之子。與孫猶荀氏世稱知伯如伯然。務德安民。大賢之事。亦當是札。

姜白巖曰。清之役。叔孟不從。其故以筆充賦重為魯政。而政又季氏專之。平日既多方遏抑。臨事輒委之折衝。叔孟所由解体也。孟以孺子領師。且五日後始從右師敗績。而冉有于事計畫室見其謀畧于徼二氏見其忠勇。于知樊遲用武城人見其調

見三按季子斯時年已九十餘矣。逆知吳國將亡。終身延陵。不與朝事。獨留端委之遺風。務德安民。為吳楚下針砭。即為列國進藥石。當狡詐相尚之世。忽得仁精義熟之言。真威鳳祥麟也。季子不可及矣。

經丁巳十有一年春。齊國書帥師伐我。夏。陳轅頗出奔鄭。杜解貪也。五月。公會吳伐齊。甲戌。齊國書帥師及吳戰於艾陵。齊師敗績。獲齊國書。公與伐而不與戰。艾陵齊地。杜解齊魯交兵止此。秋七月辛酉。滕子虞母卒。按立君無考。冬十有一月。葬滕隱公。衛世叔齊出奔宋。淫也

傳十一年春。齊為鄎故。杜解鄎在前年國書高無丕帥師伐我及清。齊地按今山東長清縣。季孫謂其宰冉求。魯人孔子弟子曰。齊師在清。必魯故也。若之何。求曰。一子守。二子從公禦諸竟。季孫曰不能。自度力不能使二子禦諸

度子入齊師。見其拔衆。當先勝負之機。由是判焉。聖門若顏高挽弓。仲由墮費。恒多勇弟子。而此則踰溝者樊遲。用矛者冉有。孔子曰義。義即勇所由生也。二子用於魯。故各建奇功。有若濟台不用於魯。故一則禦吳使別入。一則懼吳使速還而已。非謂賢才有優劣也。

竟。求曰。居封疆（竟內近郊之地）之間。季孫告二子。（叔孫孟孫）二子不可。求曰。若不可。則君無出。一子帥師。（按一子猶云得一人帥師即可。以戰、不必君與三卿親將也。）背城而戰。不屬者非魯人也。（屬臣屬也、言不戰為不臣。）魯之羣室衆於齊之兵車。（羣室都邑居家）一室敵車。優矣。（【采解】一都之衆敵齊之兵車有餘用。）子何患焉。二子之不欲戰也。宜。政在季氏。（言二子恨季氏專政、故不盡力。）當子之身。齊人伐魯而不能戰。子之恥也。大不列於諸侯矣。季孫使從於朝。（使冉求隨己之公朝。）俟於黨氏之溝。（朝中地名）武叔呼而問戰焉。（問冉求）對曰。君子有遠慮。小人何知。懿子強問之。對曰。小人慮材而言。量力而共者也。（言子所問非已材力所及。故不能言。）武叔曰。是謂我不成丈夫也。（知冉求非已不欲戰、故不對。）退而蒐乘。（蒐閱。【呂說】齊師至城下。尚未肯向前。三家之勢如此衰。此却是轉移時節。哀公卒至於亡。正以有君子而不用也。按冉有請禦諸竟。又請居封疆之間。三家不可。而聽其直薄都城也。此發明經直書伐我之義。）孟孺子洩（孟懿

子之子武伯彘帥右師。顏羽御。邴洩為右。（二子孟氏臣）冉求帥左師。管周父

御。樊遲（魯人孔子弟子樊須）為右。季孫曰。須也弱。有子（冉求也）曰。就用命焉。

（雖年少能用命）季氏之甲七千。冉有以武城人三百為己徒卒。（步卒精兵）老

幼守宮。次於雩門之外。（南城門也）五日右師從之。（五日乃從言不欲戰）公叔務

人（公為昭公子）見保者而泣。（保守城者）曰事充（繇役煩）政重（賦稅重）上不能謀。

士不能死。何以治民。吾既言之矣。敢不勉乎。（既言人不能死已不敢不死）師

及齊師戰於郊。齊師自稷出。（郊地名）師不踰溝。樊遲曰。非不能也。

不信子也。請三刻而踰之。（與衆三刻約信）如之。衆從之。（如樊遲言乃踰溝）師入

齊軍。（冉求之師）右師奔。齊人從之。（逐右師）陳瓘陳莊（皆齊大夫）涉泗。孟之側

（孟氏族也字反）後入。以為殿。抽矢策其馬。曰。馬不進也。（不欲伐善）林不狃

（魯士）之伍曰。走乎。（五人為伍恥而欲走）不狃曰。誰不如。（我不如誰而欲走）曰。然則止

乎。不狃曰：惡賢。言止戰惡足為賢。皆戰無戰志。徐步而死。徐行而死，言魯非無壯士，但季孫不能使。

師獲甲首八十。冉求所得。齊人不能師。不能其師整。宵諜曰：齊人遁。諜間也。

冉有請從之三。季孫弗許。孟孺子語人曰：我不如顏羽，而賢於

邴洩。二子與孟孺子同車。子羽銳敏。銳精也，敏疾也。言欲戰。我不欲戰而能默。心雖

不欲。口不言奔。洩曰：驅之。言驅馬欲奔。公為與其嬖僮汪錡乘，皆死，皆殯。皆俱

也。孔子曰：能執干戈以衛社稷，可無殤也。時人疑童子當殤。疏云：禮年十九至十六

為長殤，十五至十二為中殤，十一至八為下殤，不滿八歲為無服之殤。長殤、中殤服降成人一等，下殤降二等。冉有用

矛于齊師，故能入其軍。孔子曰：義也。言能以義勇。不書戰，不皆陳也。不書敗，勝負不殊。（呂

說）所以能退齊師，而魯之社稷當未即泯滅者，皆孔子之徒之力也。按此兩引孔子之言，孔子歸魯在是年之冬，蓋聞其事而

論之。

黃鄉林曰：一盤敗局，卻被務人看破，卒能死敵，不愧賢公子

哉、求之獲甲、須之踰溝、側之殿軍、均屬一時之選、即林不狃屬於不欲戰之右師、使之奔、曰誰不如、使之止、曰惡賢、滿懷憤懣、誰人識得、至於從容就死、也亦大夫也、最可嗤者、季孫之懦怯、尤可恥者、孺子之厚顏、讀傳至此、使人破涕為笑、也

見三按君子有遠慮、小人何知、此三卿之大畧也、被冉子二語罵盡、上不能謀、下不能死、此魯事之殘局也、被務人二語斷盡、惟無遠慮故不能謀、惟不能謀故不能死、語若相反、而實相承、冉子恥無遠慮、故以矛入齊師、而為御之樊遲亦奮勇一時、務人恥不能謀、故以身殉齊師、而偕乘之僮錡亦附名千古、向使季孟同心、舉賢自代、以冉有將左師、樊須佐之、

鍾惺曰、懼先行三字、說得可畏、即杜子美詩所謂受諫無今日也、千古亡國喪家之人、不得先聞其過、皆為此三字、姜白巖曰、蕞爾陳介居吳楚、其君臣即朝夕修省、勤政恤民、猶懼不免、傳載此一則、以為陳亡之徵、

以務人將右師、孟之反佐之、奮其武怒、濟以智謀、即徐步之不狃、偕死之汪錡、亦皆干城之選、何至死者死、奔者奔、軍國之大事、竟敗於一孺子之手哉、孔子贊冉求曰義、贊務人曰能執干戈以衛社稷、贊二人、即所以刺魯庭諸臣也、他日感懷時事、稱孟之反為不伐、其猶此意也夫、

夏陳轅頗出奔鄭、初轅頗為司徒、賦封田以嫁公女、（封內之田、悉賦稅之、）有餘、以為已大器、（鍾鼎之屬）國人逐之、故出、（張注、轅頗之奔、可為人臣托公以營私者之戒）（按此時出奔者、非傾於同列、即逐於國人、其無君大抵相同、）道渴、其族轅咺進稻醴粱糗（乾飯也。起九反）腶脯焉、喜曰、何其給也、對曰、器成而具、（具此醴糗）曰、何不吾諫、對曰、懼先行、（恐言不從、先見逐）

見三按轅頗以一小國之卿、而假公營私、至於此極、其敗亡

周大章曰。春秋數大戰。互有勝負。而敗衂之甚
未有如齊敗艾陵者。元帥被擒。諸將受戮。
革車甲首。俘獲甚多。齊之元氣盡矣。吳之
精銳。恐亦不能無傷焉。吳憑陵上國。日瘦於
兵。不足責也。獨國書為齊世臣。坐視陳乞之
弑逆。而不能討。橫挑魯禍。授首於吳卒之兵
敗國危。陳氏因之以行篡竊。春秋書獲。其亦
責之甚深歟。
姜白巖曰。傳深惡陳乞也。八年吳嘗伐魯。攻
武城。不克。徼虎欲宵攻。而吳子一夕三遷。弱魯
猶然。況強大之齊耶。前此伐齊。舟師為齊所
敗。何至師未至城下。而三軍皆死。氣即知強弱
不敵。如秦師濟河焚舟。而晉師不出可也。乃乞
以死事子弟。以得志自予。是何心哉。蓋齊之強
族。屏逐一空。而陽生已弑。簡公初立。篡齊
得國。其勢不遠。疆場死難殉節之臣。必在翦

自可立待。器成而具說得沉痛。父老鄗從謹謂明皇曰。草野之臣。知有今日久矣。古今一轍。殊甚浩歎。何不吾諫。至此恍然。如大夢之初醒也。亦何及哉。

為郊戰故。公會吳子伐齊。（欲以報也）五月克博。（齊邑。按今故城在山東泰安州東南。）壬申至於嬴。（齊邑，屬泰山）中軍從王。（吳中軍）胥門巢將上軍。王子姑曹將下軍。展如將右軍。（三將吳大夫）齊國書將中軍。高無丕將上軍。宗樓將下軍。陳僖子謂其弟書。（子占）爾死我必得志。（欲獲死事之功。按陸氏曰。賢哉書也。生逆亂之族。能捐軀死國。其晉欒鍼之儔乎。愚按。謂陳乞自私。是私心。陳書自是公義。各不相掩。）宗子陽（宗婁也）與閭丘明相厲也。（相勸厲致死）桑掩胥御國子。（國書）公孫夏曰。二子必死。（亦勸勉之）將戰。公孫夏命其徒歌虞殯。（送葬歌曲。示必死。）陳子行（陳逆）命其徒具含玉。（亦示必死。按陳逆逃歸。不過虛作必死之狀。）公孫揮命其徒曰。人尋約。吳髮短。

特立有為之士皆預兵政，留之不利於陳氏。東郭書先登受賞，尤所深忌，故乘吳師之來，乞以精鋭守城，以羸卒抗敵，名雖三軍，實不堪用，驅至艾陵，舉忠義之臣而悉空之，乃惟我所為，乞所謂得志，其以此乎。中軍主將寂無一言，而陳乞又自願殉國，同事中又有請長纓繫吳人之頭者，故諸將皆不敢諫，揮淚出師，其家人知必白衣冠送之也。傳步步寫來，正與乞得志二字相照，而齊人何辜，三軍並殲，復陷其弟，乃以博乞之一快，乞可勝誅哉。經書國書主此兵也，傳罪陳乞，正其本也，傳之所以翼經也。末敘州仇一段，與起處相應，深罪魯也。

約，繩也。八尺為尋。吳髮短，欲以繩貫其首。陳部書曰：三戰必死，於此三矣。三戰，夷儀、五氏與今。使問弦多，齊人，六年奔魯。問，遺也。以琴曰：吾不復見子矣。言將死戰。按，賢哉東郭書，屢獲戰功，以死殉国。陳書曰：此行也，吾聞鼓而已，不聞金矣。鼓以進軍，金以退軍，言將死也。傳言吳師強，齊人皆自知將敗。甲戌，戰於艾陵，展如敗高子，齊上軍敗。國子敗胥門巢。吳上軍亦敗。王卒助之，大敗齊師，獲國書、公孫夏、閭邱明、陳書、東郭書，革車八百乘，甲首三千，以獻於公。公以兵從，故以勞公。纂：言齊知敗而猶戰，是自棄其師也。公兩會吳伐齊，吳遂志北方，皆魯導之。將戰，吳子呼叔孫，州仇。曰：而事何也？問何職。對曰：從司馬。從吳司馬所命。王賜之甲、劍、鈹，普悲反。曰：奉爾君事，敬無廢命。叔孫未能對。衛賜進，賜，子貢，孔子弟子。疏云：子貢，衛人，故稱衛賜。曰：州仇奉甲從君而拜。拜受之。公使太史固歸國子之元，歸於齊也。元，首也。吳以獻魯。寘之新篋，褽，薦也，音尉。之以玄纁，加組帶焉。寘書於其上，曰：天若不識

不衷何以使下國言天識不善故殺國子按歸咎於天猶云昊天不惠使我下國殺之天若不三字畧讀其義自明凌氏曰作虛歇語恥藉吳之功恐重齊之怨

黃鄉林曰以魯之弱得勇士三百人吳子尚為之三還取盟而還況齊與吳力相敵勢相埒東郭書輩皆志必存必死何至如此大敗讀爾死我必得志則知艾陵諸將皆陳乞驅之以必死之地也吳魯適為田氏作劊子手耳

見三按此吳齊亡國之大關鍵也齊自艾陵之敗忠臣義士盡喪疆埸故陳氏得以伐姜吳自艾陵之勝健將精兵半罷道路故於越得以沼吳吳之勝越豢之也齊之敗陳乞使之也明知吳不可敵盡驅一國之卿大夫致死行間一時在事諸臣或相謂或相厲或歌虞殯或具含玉或以不復見相訣

鍾惺曰、敵強而近、與我同欲、敵雖未至、先有折而入於敵之勢矣、漢中行說曰匈奴所以強者、以衣食異、無仰於漢也、不知夷狄與中國同欲、弱則為中國所制、強則因以窺中國、五胡之於晉、金元之於宋、所欲同故也、況吳與越寔逼處、此有欲則爭、爭則相併、所必至也、此子胥之所以懼歟、

孫執升曰、吳無艾陵之勝、其兵力不盡、猶可為國、不殺子胥、則長城猶在、越不能沼、艾陵之勝、天益其疾也、屬鏤之賜、自壞其長城也、

周大章曰、本是諫伐齊、略言齊而詳言越

或以不聞金自誓、滿城聚哭、幾如白衣冠送客之悲、豈真人皆嚮義、視死如歸哉、主幼國危、權臣擅命、不死則國有常刑、終喪奸雄之手、死則身無遺恨、不見簒弒之為、春秋二百四十年、書戰者多矣、未有若艾陵之慘者、自是而齊遂簒於田矣、自是而吳亦滅於越矣、哀哉、

吳將伐齊、越子率其衆以朝焉、王及列士、皆有饋賂、呂說句踐卑身率衆以朝、驕吳之志、使之無後顧、一意從事中原、吳人皆喜、唯子胥懼、曰是豢吳也夫、豢養也、若人養犧牲、非愛之、將殺之、諫曰越在我心腹之疾也、壤地同而有欲於我、欲得吳、夫其柔服求濟其欲也、不如早從事焉、擊之、得志於齊猶獲石田、不可耕、也、無所用之、越不為沼、吳其泯矣、按泯滅也、猶言越不亡、則吳其滅矣、使醫除疾、而曰必遺類焉者、未之有也、盤庚之誥商書曰其有顛

者以吳腹心之疾在越，不在齊，欲移兵伐之也。而究之越不為沼，猶癬疥也。腹心之疾，甚逢滑、子西所論乎。視民如仇，而用之日新，暴骨如莽，而未見德焉，即沼一越，豈能更無難乎。不然，秦滅六國，何以二世而亡。子胥在吳，專圖報復，教以黷武，身殲而國旋亡，至死不悟，可嘆也夫。

越不共，（從橫不承命者）則劓（割也。魚器反）殄（絕也）無遺育，（長也）無俾易種（轉生種類）於茲邑，是商所以興也。今君易之，將以求大，不亦難乎。弗聽。使於齊，屬其子於鮑氏，（補正：子胥為吳王使於齊也。古者兵交，使在其間。）為王孫氏。（補正：傳終言之。亦猶夫槩王奔楚為堂谿氏。解謂吹姓辟吳禍，非。）反役，（艾陵役也）王聞之，使賜之屬鏤（劍名。○鏤，力具、力傒二反）以死。將死，曰：樹吾墓檟，檟可材也。吳其亡乎。三年，其始弱矣。盈必毀，天之道也。（越人朝之，伐齊勝之，盈之極也。為十三年越伐吳起。黃省曾曰：胥始盡謀於闔閭者，為報楚也；思先君報讐之恩，而忠於其子，一報楚酬親之心已爾。）

黃鄴林曰：柏舉鞭屍，父仇已雪；屬鏤賜死，臣節已盡。屬子鮑氏，豈未能割兒女之情乎。

見三按：是時子胥可以去矣，然去則不成其為子胥。胥以復父仇之故，殺一生王，鞭一死王，破人之國，污人之宮，楚仇雪

姜白巖曰：一路寫來，皆孔圉無行，而傳以為猶能隆聖重聖人，故先點仲尼止之，後又復叙夫子止之之言。胡簋之事，隱刺其褆躬無礼；彼會意言外，躬親止駕，不敢攻疾，則猶知改過為足多也。夫子所以節取之，且以見止之之後，種種非為，皆夫子不在衛而顛倒

矣。吳愚猶未報也。今吳將亡，而復先去，以為民望，不得為楚吳忠臣，安能為楚孝子？故去而忠孝兩虧，不如死而忠孝兩盡。子胥遇良苦哉！

秋，季孫命脩守備，曰：「小勝大，禍也。齊至無日矣。」（善有備）

見三按：齊與魯本無深讎，特以清之役，故會吳伐之。齊固以螳當車，魯尤引虎入室，至是而始知為禍，晚矣。宋朝會亢伐金，金滅，亢熾，其後卒為所併。謀國大臣，規目前之小利，不顧日後之大害，皆季孫肥類也。於肥亦何責焉。

冬，衛太叔疾（即齊也）出奔宋。初，疾娶於宋子朝（宋人，仕衛為大夫），其娣（所娶女之娣）嬖。子朝出（出奔），孔文子使疾出其妻而妻之。疾使侍人誘其初妻之娣，寘於犂（衛邑），而為之一宮，如二妻。文子怒，欲攻之，仲尼

彌甚也

止之。遂奪其妻。或淫於外州。衛邑外州人奪之軒以獻。軒車也。以獻於軍恥是二者。故出。衛人立遺。疾之弟使室孔姞。孔文子之女疾之妻疾臣向魋。為宋向魋臣納美珠焉。與之城鉏。宋邑宋公求珠。魋不與。由是得罪。及桓氏出。出在十四年城鉏人攻太叔疾。衛莊公復之。聽使還使處巢。死焉。殯於鄖。葬於少禘。終言疾之失所也。巢鄖少禘皆衛地。按今河南睢州有巢亭初晉悼公子慭亡在衛。使其女僕而田。僕御田獵太叔懿子太叔儀之孫止而飲之酒。遂聘之。生悼子。太叔疾悼子即位。故夏戊為大夫。悼子之甥悼子亡。衛人翦夏戊。削其爵邑孔文子之將攻太叔也。訪於仲尼。仲尼曰。胡簋之事。則嘗學之矣。胡簋禮器名。夏曰胡。周曰簋。疏云明堂位。夏之四璉。殷之六瑚。周之八簋。今皆夏曰瑚。或則有擬。或從而悞。甲兵之事。未之聞也。退。命駕而行。曰。鳥則擇木。木豈能擇鳥。以鳥自喻。按東萊疑此篇與論語對衛靈公之說同。蓋聖人惡用兵。故所告無異。文子遽止

之曰圉文子名豈敢度也謀其私訪衛國之難也將止仲尼止魯人以幣召之乃歸於是自衛反魯樂正雅頌各得其所疏云孔子世家季康子使公華公賓公林以幣迎孔子孔子歸是也

黄鄭林曰衛靈公為艷妻之故而召宋朝仲叔圉為愛女之故而逐太叔疾皆人理之不可解者孔子於靈公之問陳告以俎豆之事於圉之攻太叔疾告以胡簋之事非徒戢其黷武之心亦以正其瀆倫之失是君是臣褻如充耳孔子去而衛亂矣而圉亦亡其家矣

見三按使疾出初妻妻以己女又奪己女嫁疾之弟孔圉作事何其悖也宜乎妻伯姬有渾良夫之通子孔悝至於亡家覆宗也聖人節取其文特善善從長之意而後世文苑諸傳

周大章曰：既云丘不識，三發不對，則田賦之不當，以可知，必曰子為國老，待子而行，豈欲以加賦之舉出之孔子之口乎。阿附病民，賢者不為，而況大聖人。以丘亦足，即有若盍徹之意。夫季氏之貪冒無厭，雖以田賦，將又不足，冉有豈不知之。而乃聽其壞周公之典法，為之一再請，魯論所識聚斂附益，其不以此徵。

姜白巖曰：經曰用田賦，謂既用邱甲，又用田賦也。魯自宣公稅畝，什取其二，此時既稅私畝，萬無可加，以邱甲每乘增一甲二十五人，而未嘗增及馬牛車乘，故以兵賦為名。意者不以邱限，但計田之高下肥磽，以定其多寡之則，或一邱或二邱出馬一匹、牛三頭，而抽其私田之入以為供。畧同漢家收田賦泉以補車馬之制。王氏謂托以軍用，計田以出貨財，故夫子以為貪冒無厭也。

觀此均不必深求。

季孫欲以田賦，邱賦之法，因其田財通出馬一匹、牛三頭。今欲別其田及家財各為一賦，故言田賦。【纂例】以田多少出單賦也。【輯傳】稅畝，私田始有征也；田賦，私田又加征之。使冉有訪諸仲尼。仲尼曰：「丘不識也。」三發，三問。卒終也。曰：「子為國老，待子而行，若之何子之不言也？」仲尼不對，不公答。而私於冉有曰：「君子之行也，行政事。度於禮，施取其厚，事舉其中，斂從其薄。如是則以邱亦足矣。邱十六井，出戎馬一匹、牛三頭，是賦之常法。若不度於禮，而貪冒無厭，則雖以田賦，將又不足。且子季孫若欲行而法，則周公之典在；若欲苟而行，又何訪焉？」弗聽。為明年用田賦傳。

黃薌林曰：施取其厚，事舉其中，斂從其薄，一部周禮，被聖人三言括盡。周孔之心，固沆瀣一氣也。既不對矣，而猶私於冉

有、蓋聖人夢寐周公之志、無時或釋。彼雖未必聽吾言。我究必盡其道。如旅太山而冉有不能救，猶稱林放以厲之、非即此意也歟。

見三按此孔子自衛反魯之年也。知吾道不行、與諸弟子修詩書訂禮樂、以傳道於來世。國有大事、詢諸遺老則正言相告。或與吾徒私議、皆所以行周公之志。哀用田賦、季獨使冉有來訪、實欲藉聖言為重。明年用田賦、剥民之財、以肥其家、即其聚歛附益也。不用周公之典、即其富於周公也。求非吾徒、責其未事不能閑、既事既不能救。斥冉有所以深罪季氏也。

經　戊午十有二年春用田賦（程解直書之以示改法重賦）。夏五月甲辰孟子卒。公會吳於橐皋（按今江南巢縣西北有柘皋鎮）。秋公會衛侯宋皇瑗於

姜由巖曰首句加昭夫人三字名分凜然
不書吳姓為先君諱也死不赴不反哭似罪
哀公未言孔子與弔事乃知皆季孫為之也

鄍發陽也按今江南如皋縣東立發墻古陽發也。○宋向巢帥師伐鄭。冬十有二月螽周十二月今十月是歲應置閏而失不置雖書十二月實今之九月司歷誤一月九月之初尚溫故得有螽

傳十二年春王正月用田賦。終前年事

見三按既訪仍用違聖人之言變周公之法季氏之罪不可勝誅矣冉有亦不得辭其責焉所以來小子鳴鼓之攻也

夏五月昭夫人孟子卒昭公娶於吳故不書姓諱娶同姓故謂之孟子若宋女死不赴故不稱夫人不稱夫人故不言薨不反哭故不言葬小君反哭者夫人禮也以同姓故不成其夫人喪孔子與弔適季氏季氏不絻放絰而拜孔子始老故與弔也絻喪冠也孔子以小君禮往弔季孫不服喪故去絰從主節制。絻音問

黃鄴林曰同姓為婚魯之大謬經書孟子卒為昭公諱也傳書昭夫人孟子卒存夫人也孟子雖同姓固昭之夫人即魯之

小君也。死不赴。不反哭。季氏不絻。蓋猶是逐君之餘毒也。孔子經而往。禮也。放經而拜。權也。

見三按齊景公之女於吳也。受制於吳也。魯昭公之娶於吳也。有求於吳也。齊景之女吳涕泣以送之。則昭公之娶吳自必談笑以迎之。然昭逐八年。吳不聞一唁恤之。使孟子之卒。適值吳爭雄上國之時。而季氏並不以夫人之禮待之。吳亦不以為討。徒壞周公之禮。貽萬世之訕。若昭公者。真不可道也。

公會吳於橐皋。吳子使太宰嚭請尋盟。尋鄫盟 公不欲。使子貢對曰。盟所以周固也信也。故心以制之。制其義 玉帛以奉之。奉贄明神 言以結之。結其信 明神以要之。要以禍福 寡君以為苟有盟焉。弗可改也已。

張悔庵曰：哀公以來，詰子貢辭令極多，此太史公附會所由來也。然左氏所載，是叔肸子產一般口吻，太史所記，全是蘇張之舌矣。

若猶可改，日盟何益？今吾子曰必尋盟，若可尋也，亦可寒也。（尋，重也。寒，歇也。）乃不尋盟。

見三按：盟可尋亦可寒，罵盡從來屢盟者。雖以夫差驕、伯嚭佞，亦唯唯而退，真一言重於九鼎。（鼎，日折。）

吳徵會於衛。初，衛人殺吳行人且姚，而懼，謀於行人子羽。（子羽，衛大夫。）子羽曰：吳方無道，無乃辱吾君，不如止也。子木（衛大夫。）曰：吳方無道，國無道，必棄疾於人。吳雖無道，猶足以患衛。（為衛患也。）往也！長木之斃，無不摽也；（摽，擊也。摽，敷蕭反。）國狗之瘈，無不噬也。（瘈，狂也。噬，齧也。疏云：國狗猶家狗。瘈，吉世反。）而況大國乎？秋，衛侯會吳於鄖，公及衛侯、宋皇瑗盟，（盟不書，畏吳竊盟。）而卒辭吳盟。吳人藩衛侯之舍。（藩，籬。）子服景伯謂子貢曰：夫諸侯之會，事既畢矣，侯伯致禮，（以禮賓也。）地主（所會主人也。）歸餼，（生物。）以

相辭也、各以禮相辭讓今吳不行禮於衛、而藩其君舍以難之、難若困也子
盍見太宰乃請束錦以行、以賂吳語及衛故、若本不為衛請者太宰嚭曰、
寡君願事衛君、衛君之來也緩、寡君懼、故將止之、止執子貢曰衛
君之來、必謀於其衆、其衆或欲或否、是以緩來、其欲來者、子之
黨也、其不欲來者、子之讎也、若執衛君、是墮毀也黨而崇讎也、夫
墮子者得其志矣、且合諸侯而執衛君、誰敢不懼、墮黨崇讎而
懼諸侯、或者難以霸乎、太宰嚭說、乃舍衛侯、衛侯歸、效夷言、子
之公孫彌年尚幼、曰、君必不免、其死於夷乎、執焉而又說其言、從之
固矣、出公輒後卒死於越

黃𦸗林曰、尋盟徵會、狂餕吠四出、幾如國狗之瘈、無不噬也、
端木氏獨以委欵出之、一從尋字駁詰、妙在極其認真、一從

緩字分解、妙在不着緊要、太宰嚭雖巧言如流、亦無所置其喙、惟其理足、是以辭達、儒林之雋、非辯士之雄可比、

見三按吳之徵會、本為殺行人修怨而來、往固辱君、不往必遷怒於國、而下躊躇、來之所以緩也、使吳深明大義、請於天王告於四國、治其拒父之罪、別立賢君、名正言順、即百端木氏亦莫能置辭、乃舍其大端、而修其小怨、藩舍留難、形同國狗、君子是以知其無能為也、

冬十二月螽、季孫問諸仲尼、仲尼曰、丘聞之、火伏而後蟄者畢、（火心星也、火伏在今十月、）今火猶西流、司歷過也、（猶西流言未盡沒、知是九月、歷官失一閏、）

見三按周之十二月、即夏之十月也、當冬而螽、雖屬司歷之過、究為天變、此與昭四年大雨雹傳、皆季氏附會之言、前則

使其黨言之、以欺當時、此則竟托於大聖人之言、以欺後世、

此理不明、毋怪張禹、谷永諸儒、接踵於天下也、

宋鄭之間有隙地、閒田 馬曰彌作、頃丘、玉暢、嵒、戈、錫、凡六邑。嵒五咸反。錫音羊 子產與宋人為成、曰勿有是、俱棄之 及宋平元之族、自蕭奔鄭、在定十五年 鄭人為之城嵒、戈、錫、以處平元之族 九月宋向巢伐鄭取錫、殺元公之孫、遂圍嵒、十二月鄭罕達救嵒、丙申圍宋師、

見三按宋鄭隙地、子產逆知後來必啟爭端、故與宋人為成、相約弗有、仁人之心、直有虞芮相讓之風、乃鄭人首違子產之戒、以處宋之叛人、背盟助逆、卒釀兩國之爭、子產有靈能無心惆、

閩中　薌林黃一桂　輯　男　心垣見三　補輯

哀公三

經　己未　十有三年春，鄭罕達帥師取宋師於嵒。杜解：書取，覆而敗之。○夏，許男成卒。參疏：元公也。國滅後，楚立之。按：公羊疏以自復國為罪惡深，吾正惜其藉楚力耳。若能自復，則許叔也，何罪焉。○公會晉侯及吳子于黃池。陳留封邱縣南有黃亭，近濟水。夫差欲霸中國，自去其僭號而稱子，以告今諸侯，故史承而書之。按：黃池，今河南封邱縣西南。○楚公子申帥師伐陳。集註：楚乘吳之出會而伐陳。按：杼西亦臧武仲之所謂亂也。○於越入吳。其發：微越乘無備。○秋，公至自會。○晉魏曼多帥師侵衛。按：霸國侵伐至此。○葬許元公。○九月，螽。書災。○冬

姜白巖曰：六邑，宋鄭接壤之地，二國所必爭也。鄭背子產之訓，且以處宋叛臣，以致宋鄭交爭，卒虛其地。嗚呼，民何辜歟？宋景以寵向魋之故，致辰地等之亂，今復弃師潛逃，全軍並殲，公不加罪，復為司馬，不致於叛君不已也。

姜白巖曰：傳云晉人先歃，左氏據晉人之辭也；吳語云吳公先歃，外傳據吳人之辭也。經無明文，如以為當從國語，夫差既通江淮，遂帥舟師自淮入泗，自泗入沂，又闕溝於商魯之間，北屬之沂，西屬之濟，連絡水道以達

十有一月，有星孛於東方。（平旦眾星皆沒，而孛乃見，故不言所在之次。孛，步內反。）盜殺陳夏區夫。（稱盜，非大夫。區，烏侯反。）十有二月，螽。（前年季孫雖聞仲尼之言，而不正曆，失閏至此年，故復十二月螽，寔十一月。按魯不造曆，說已見前。）

傳：十二年春，宋向魋救其師。（杜解：救前年圍嵒師。）鄭子賸使狗曰：得桓魋者有賞。魋也逃歸。遂取宋師於嵒，獲成讙、郜延。（皆宋大夫。）以六邑為虛。（空虛之，各不有。）

見三按：桓魋嬖寵，祇可供人君玩弄之私，以之自為將，是自弃其師也。聞儆逃歸，全軍覆沒，不聞加罪，失刑甚矣，焉得不叛。

夏，公會單平公、（周卿士。不書，尊之，不與會。）晉定公、吳夫差于黃池。六月丙子，越子伐吳，為二隧。（道也。補正：即古隊字。）疇無餘、謳陽（二子，越大夫。）自南方先及郊。吳太子友、王子地、王孫彌庸、壽於姚自泓上觀之。（觀越師。泓，水名。）彌

於封邱之濟水。黃池，封邱西南境也。是役通國並行，國語載吳人服兵擐甲，建旗提鼓，三軍皆譁，其聲動天地，晉師大駭，吳公先歃，晉侯亞之，皆寔錄也。夫以委靡欲盡之晉，貪懦無恥之鞅，覩此聲勢，早已魄戰，乃云建鼓整列，欲與司馬寅伐吳師，死行陣，未必然也。況此時鞅不知越已入吳，並不知吳王有墨，而能慷慨立論如是哉。此必鞅以會告諸侯，飾為己功，左氏因晉乘之舊文耳。經但書會，則由中以及外，自然之序也。書及吳子，兩伯之詞也。不書盟，以吳先歃，而晉為盟主聽命，醜是盟也。

彌庸見姑蔑（越地，按今浙江龍游縣也）之旗，曰：吾父之旗也。（彌庸父為越所獲，故姑蔑人得其旗。）不可以見讎而弗殺也。大子曰：戰而不克，將亡國，請待之。彌庸不可，屬（會也）徒五千，王子地助之。乙酉戰，彌庸獲疇無餘，地獲謳陽。越子至，王子地守。丙戌復戰，大敗吳師，獲大子友、王孫彌庸、壽於姚（地守，故不獲）。丁亥入吳。（呂說：吳精卒在外，與越師抗者，皆孱弱之人，初間何以勝越？此正示以不能先與他一敗，所以驕吳人，到得越全師至，其兵已困，所以不能敵。然越既入吳，何故不滅之？吳王在外，精銳尚多，若收合餘燼以戰，郤自未可必。）吳人告敗於王。王惡其聞也（惡諸侯聞之），自剄七人於幕下（以絕口。剄，古頂反）。秋七月辛丑，盟，吳晉爭先（爭歃血先後）。吳人曰：於周室，我為長（吳為大伯後，故為長）。晉人曰：於姬姓，我為伯（為侯伯）。趙鞅呼司馬寅（晉大夫）曰：日旰矣（旰，晚也。旰，古旦反）。大事（盟也）未成，二臣之罪也（二臣，鞅與寅）。建鼓整列，二臣死之，長幼必可知也。對曰：請姑視之。反，曰：肉食

者無墨。韋昭曰黑氣也。今吳王有墨。國勝乎。國為敵所勝大子死乎。且夷德

輕。不忍久。請少待之。按寅言少待一二日彼不及待自然先晉乃先晉人。孔疏晉人先歃吳

人將以公見晉侯。子服景伯對使者曰。王合諸侯。則伯帥侯牧

以見於王。伯王官伯侯牧方伯疏云如康王之誥太保帥西方諸侯畢公帥東方諸侯以見於王也獨言帥侯牧舉尊言而伯合諸侯。則侯帥子男以見於伯。伯諸侯長疏云曲禮五官之長曰伯周禮八命

作牧九命作伯是也牧帥諸國之君見于伯獨云子男舉小為言自王以下。朝聘玉帛不同。故

敝邑之職貢於吳。有豐於晉。無不及焉。以為伯也。今諸侯會。而

君將以寡君見晉君。則晉成為伯矣。敝邑將改職貢。魯賦於吳

入百乘。若為子男。則將半邾以屬於吳。半邾三百乘而如邾以事晉。

如邾六百乘且執事以伯名諸侯。而以侯終之。何利之有焉。吳人乃

止。既而悔之。謂景伯欺之將囚景伯。景伯曰。何景伯名也立後於魯矣。

將以二乘與六人從，遲速唯命。遂囚以還。及戶牖，按今河南蘭陽縣東北謂太宰曰：魯將以十月上辛有事於上帝先王，季辛而畢，何世有職焉，有職於祭祀自襄魯襄公以來，未之改也。若不會，祝宗將曰：吳實然。言魯祝宗將告神云，景伯不會，坐吳所囚，吳人信鬼，故以是恐之。且謂魯不共，而執其賤者七人，何損焉。大宰嚭言於王曰：無損於魯，而祇為名，適為惡名不如歸之。乃歸景伯。澗義：吳人好兼并，故給之以事晉；吳人信巫鬼，故恐之以祝宗；吳人陵強大，故鄙之以執賤。於是吳人卒不見公於晉，而景伯亦遂稅囚以歸，辭之不可已也如此。吳申叔儀吳大夫乞糧於公孫有山氏。魯大夫，舊相識。曰：佩玉繠兮，余無所繫之。繠然服飾備也，己獨無以繫佩，言吳王不恤下。繠，而捶反。旨酒一盛兮，余與褐之父睨之。一盛，一器也。睨，視也。褐，寒賤之人。言但得視不得飲。盛音成。對曰：粱則無矣，麤則有之。若登首山以呼曰：庚癸乎，則諾。軍中不得出糧，故為私隱。庚，西方主穀；癸，北方主水。傳言吳子不與士共饑渴，所以亡。王欲伐宋。

殺其丈夫而囚其婦人、以宋不會黃池故言吳子悖惑、大宰嚭曰、可勝也、而弗能居也、乃歸、冬吳及越平、終任員之言

黃薌林曰、自晉楚為成、晉勢浸失、至黃池之會、吳亦稱雄以列國會王、降為伯、而王迹息、夏變為夷、而霸圖銷、春秋以終、戰國以始、經于吳書及、抑吳不使晉屈於吳、所以存中國之體也、

見三按楚常猾夏、越實黨楚、唯吳助晉以制楚、猶知尊王之義、使于入郢之後、休兵息民、相時而動、為近取遠交之計、則越滅而楚國可定、吳霸可成、以之尊周、固同姓也、春秋進霸、亟許齊晉、寧獨外吳、不虞夫差驟勝而驕、以破越藐楚、以敗楚驕齊、以勝齊陵晉、子胥之忠不用、伯嚭之佞是從、黃池之

冠深矣，尚思長晉國破矣，尚思伐宋子弟虜矣，尚思執魯卿亡糧於人矣，尚索人八百乘之賦，唯盈而蕩，故昏而迷，吳其為沼，識者早決於二十年前矣。入郢之役，經所特書，而入吳隨之；黃池之會，經所特書，而入吳又隨之。中國胥而為吳，不知吳已胥而為越也。螳螂捕蟬，黃雀乘於其後，可哀也哉。

經　庚申十有四年春，西狩獲麟。（杜解：麟者仁獸，聖王之嘉瑞也。時無明王，出而遇獲，仲尼傷周道之不興，感嘉瑞之無應，故因魯春秋而修中興之教，絕筆於獲麟之一句，所感而作，故以為終也。冬獵曰狩，蓋虞人修常職，故不書狩者。大野在魯西，故言西狩。得用曰獲。）

小邾射以句繹來奔。（射，小邾大夫。句繹，地名。春秋止於獲麟，故射不在三叛人之數。自此以下至十六年，皆魯史記之文，弟子欲存孔子卒，故并錄以續孔子所修之經。按續經疑左氏為之，門人不見魯史，安能續經。○射音亦。）

○夏四月，齊陳恒執其君寘于舒州。○庚戌，叔還卒。○五

唐錫周曰：麟經絕筆于此，作傳者亦大有如慕如癡、悲哀不已光景，後人取此文與公羊獲麟篇參看，細心熟誦數十遍，方不虛作者之意。昌黎獨摘文中以為不祥四字作一篇獲麟解，亦是細心熟誦數十遍者。

姜白巖曰：只麟也二字，包得公羊孰為來哉、吾道窮矣兩層。聖王之世，麟遊於郊藪，而今為虞人所戕，則知王者之不可作，而周道不復興也。傳點出

月庚申朔日有食之。陳宗豎出奔楚。豎上主反。宋向魋入于曹以叛。曹宋邑。莒子狂卒。狂其廷反。六月宋向魋自曹出奔衛，宋向巢來奔。齊人弒其君壬于舒州。簡公弒弟平公驁立。秋晉趙鞅帥師伐衛。八月辛丑仲孫何忌卒。冬陳宗豎自楚復入於陳，陳人殺之。陳轅買出奔楚。有星孛。不言所在史失之。饑。

傳 十四年春，西狩於大野，按今山東嘉祥縣西有獲麟堆。叔孫氏之車子鉏商獲麟，杜解：車子微者，鉏商名。以為不祥，以賜虞人。時所未嘗見，故怪之。虞人掌山澤之官。仲尼觀之，曰：麟也。然後取之。言魯史所以得書獲麟。

黃薌林曰：聖人中之麟也，麟出非其時而為人所獲，猶聖出非其時而舉世莫宗，其窮一也。麟也二字有多少悲慟在

不祥二字以明聖經絕筆之故夫鳳鳥不至河不出圖聖人猶悼歎之况兩年來書星孛於東方書三螽天出妖星地生異孽陰陽錯亂人民飢饉而祥麟非時而出遂至見傷且以怪物棄嗚呼東周之望絕矣兩楹之夢兆矣不覺悲惘交併而絕筆焉蓋二百四十二年全經之結局也杜預謂感麟而作因以為終范甯謂修母致子文成致麟鄭樵謂絕筆獲麟聖人無意歐陽謂魯史記終于獲麟皆未嘗細讀耳

魏禧曰有子路之不可所以有小邾之請要也與柳下惠讓鼎事同二人之守信執義敵國信之而魯之君相猶不信焉此魯之所以為魯與

姜白巖曰提出義字從倒季孫來見諷冉有由弗能三字甚決斷想見行行之概

見三按聖人之生麟吐玉書其事雖正史所不載特以生民未有之聖人自必有此聖瑞常也非異也今則出而見傷且以為不祥則是舉世混濁不知祥麟為何物又安知至聖為何人世變愈大吾道愈窮周公之夢永無復見東周之治必不可償反袂而泣者行將曳杖而歌不待感奠兩楹而始知天下之不予宗也喪予祝予慟同淵路有以哉

小邾射以句繹來奔曰使季路要我吾無盟矣子路信誠故欲得與相要誓而不須盟孔子弟子既續書魯策以繫於經邾明亦隨而傳之終於哀公以卒前事其異事則皆略而不傳故此經無傳者多使子路子路辭季康子使冉有謂之曰千乘之國不信其盟而信子之言子何辱焉對曰魯有事於小邾不敢問故死其城下可也彼不臣而濟成也其言是義之也由弗能按言死其

姜白巖曰：此言陳恒執君，而通篇只寫得殺闞止，執君要旨足。盖陳氏厚施於國，代齊之勢已成，在其上者簡公一人，公所親厚闞止一人，故不以執公為難而

城下，吾能之；以不臣為義，吾弗能也。

黃薌林曰：竊邑來奔，王法所必誅，即春秋所必討也。詎季路賢者而肯與之要乎？康子悞矣，冉子奉命而來，尤悞。

見三按：能死難，處死尤難。當死而死，死為合義；不當死而死，死便傷義。不敢問故，死其城下，能守死而不能善道，此子路所以不得其死也。然非樹立有素，斷難變故不渝。仲子見義必為，富貴不淫，貧賤不移，威武不屈，寔有壁立千仞之概。觀由弗能三字，何等正大，何等剛方。曾子稱其托孤寄命，臨大節而不可奪，盖君子人也。未可輕此訾言。

齊簡公悼公陽生子壬之在魯也，闞止子我有寵焉。事在六年及即位，使為政。陳成子陳常憚之，驟顧諸朝。心不安，故數顧之。諸御鞅齊大夫言於公

曰：陳、闞不可並也，君其擇焉。（擇用一人）弗聽。（呂說：以事勢論，闞止驟使為政，尚能分陳氏之權，與魯昭公欲逐季氏不同。觀御鞅之言，則擇用之權在齊侯，若得深識遠慮之士，豈無可圖之理。）子我夕，（附注：以暮見也）陳逆（子行，陳氏宗）殺人，逢之，（子我逢之）遂執以入。（執逆至朝）陳氏方睦，（欲謀齊國，故宗族和）使疾，而遺之潘（米汁可沐頭。○音翻）沐，備酒肉焉，（使詐病，因內潘沐，并得內酒肉）饗守囚者，醉而殺之，而逃。子我盟諸陳於陳宗。（失陳逆，懼其反為患，故盟之）初，陳豹（亦陳氏族）欲為子我臣，使公孫言己，（言己介達之）已有喪而止，既而言之，（既終喪也）曰：有陳豹者，長而上僂，（肩背僂）望視，（目望陽）事君子必得志，（得君子意）欲為子臣，吾憚其為人也，（恐多詐）故緩以告。（呂說：公孫以為他日豹敗，我曾說過，罪不在我，此其人深可誅。）子我曰：何害？是其在我也。使為臣。他日與之言政，說，遂有寵，謂之曰：我盡逐陳氏而立女，若何？對曰：我遠於陳氏矣，（言己疏遠）且其違者（不從）不過數

以殺闞為主。驟顧諸朝，氣缺直取子我。而投鼠忌器，遲遲其行。公與闞夢夢也。陳逆殺人，恃恒為庇。豹事子我，亦恒使之。公宮嚴密，出入自如，內外之人無非其黨，如太史子餘，亦其一也。初子我在幄，諸陳為客，乃諸陳入而閉門，子我反為客，而陳氏為主。於是入公為陳氏勢，子我為賊黨所殺，而遷於寢者，只用一夫之力，執之寘之，而死生惟命矣。傳於亂臣賊子，追摹其造謀行事助功罪狀分明，末以東郭賈事作結，見子我之臣猶知至死見魯衛之士，將賊黨及列國諸侯盡情訴斥，而天經地義，昭然簡冊之間，其亦聖人沐浴而請之之意也夫。

人。何盡逐焉。遂告陳氏。子行曰。彼得君。弗先。必禍子。子行舍於公宮。(子行逃而隱于陳氏。今又隱於公宮。)夏五月壬申。成子兄弟四乘如公。(成子之兄弟昭子莊、簡子齒、宣子夷、穆子安、廩邱子意茲、芒子盈、惠子得。凡八人。二人共一乘。)子我在幄。(帳也。)出逆之。(聽政之處。)遂入閉門。(成子入。反閉門不納於子我。)侍人。禦之。(子我侍人。)子行殺侍人。(素在內。故得殺之。)公與婦人飲酒於檀臺。成子遷諸寢。(徙公使居正寢。)公執戈將擊之。(疑其欲作亂。)大史子餘曰。非不利也。將除害也。(言將為公除害。)成子出舍於庫。(以公怒故。)聞公猶怒。將出。曰。何所無君。子行抽劍。曰。需事之賊也。(言需疑則害事。)誰非陳宗。(言陳氏宗族衆多。)所不殺子者。有如陳宗。乃止。(言子若欲出。我必殺子。明如陳宗。疏云。陳宗。陳之先人。)子我歸。屬徒攻闈與大門。(闈。宮中小門。大門。公門也。)皆不勝。乃出。陳氏追之。失道於弇中。(狹路。弇音淹。)適豐邱。(豐邱。陳氏邑。)豐邱人執之以告。殺諸郭關。(齊關名。)成

子將殺大陸子方、子我臣陳逆請以免之、以公命取車於道、子方取道中行人車及耏、衆知而東之、知其矯命、奪車遂使東。○耏音而出雍門、齊城門陳豹與之車、弗受、曰逆為余請、豹與余車、余有私焉、事子我而有私於其讎、何以見魯衛之士、傳言陳氏務施東郭賈即子方奔衛、庚辰陳恒執公於舒州、公曰吾早從鞅之言不及此、悔不誅陳氏

黃藏林曰、闞止淺、陳恒深、闞止疏、陳恒黠、止自難與恒並、諸御鞅所言確有先見、是故君子與君子不得並者、張浚趙鼎是也、君子與小人不得並者、趙汝愚韓侂胄是也、小人與小人不得並者、陳恒闞止是也、為人君者不可不知此理、

見三按陳氏自桓子以來、久專國柄、且厚施於國、深得民

權臣如崔慶，强臣如欒高，世臣如高國，皆為所剪除。止以新進、騶偖寵貴，即兢兢自守，猶懼不免，乃時寵而驕，既侈肆、又粗疏，一陳恒已制之有餘，况又翼之以陳逆，加之以陳豹，止在陳氏掌握中矣。古今奸雄如王莽、司馬懿輩，陰謀得國，大抵皆奉陳氏為衣鉢，止以董賢、曹爽之徒與之相抗，機事不密，適以速亂，小則及身，大則禍國，有國家者，不可不慎之於早也。

史記載宰我與田常作亂，夷其三族，孔子恥之。此語最為不經。時田氏擅齊，舉朝皆其羽翼，宰我黨於田氏，何至反為所殺？如死於簡公之難，則為齊之忠臣，孔子又何引以為恥？考孟子所引賢於堯舜一語，明是孔子殁後，與子貢有若退摹聖德之言，則宰我之殁，

姜白巖曰：魋為司馬，巢為左師，巢同氏於魋者也。當其受命討賊，豈亡不反，疑若免於戾矣，而傳筆筆歸罪向巢，盖擊鐘侑食，酷類桓魋，而以君名臣，多為辭說，則平日之驕蹇可見。始則待盟後行，繼則縱賊使逸，要質不能，遂入於曹，復邀曹人子弟使不叛，魋不叛，魋曰是叛君也，亦賊而已矣。使魋之不得伏法於宋者，巢為之也。出奔不反，明知終不免於誅耳。惟司馬牛學於孔子，當子頎騁告，子車與謀，而牛無一言，非超然事外者乎？傳叙其辭邑，叙其經歷之所，叙其出處之節，叙其卒，并叙其葬之地，葬之之人，直作一篇墓誌，向氏得此一人，微子之澤，亦聖門之光也。

在孔子後無疑。後人以闞止字子我，因訛傳訛，附會其說，污衊聖門，不可不辨。

宋桓魋之寵害於公，（恃寵驕盈）公使夫人（景公母）驟請享焉，而將討之。（數請享飲，欲因請討之）未及，魋先謀公，請以鞌易薄。（鞌，魋邑；薄，公邑。欲因易邑為公享宴）而作亂。公曰：不可。薄，宗邑也。（宗廟所在）乃益鞌七邑，而請享公焉，（偽喜於受賜）以日中為期，家備盡往。（甲兵之備）公知之，告皇野（司馬子仲）曰：余長魋也，（少長育之）今將禍余，請即救。司馬子仲曰：有臣不順，神之所惡也，而況人乎？敢不承命。不得左師，（魋兄向巢）不可。請以君命名之。左師每食擊鐘，聞鐘聲，公曰：夫子將食。既食，又奏。（奏樂）公曰：可矣。以乘車往，曰：迹人來告（主迹禽獸者。疏云：周禮地官迹人，掌邦田之政。鄭云：迹之言跡，知禽獸之處也）曰：逢澤（按今河南祥符縣南）有介麋焉。公曰：雖魋未來，得

左師吾與之田若何。（皇野稱公命）君憚告子。（難以遊戲煩大臣）野曰嘗私焉。（嘗試也）君欲速故以乘車逆子與之乘至公告之故拜不能起司馬曰君與之言。（使公與要誓）公曰所難子者上有天下有先君。（言雖誅魋要不負言使禍難及子）對曰魋之不共宋之禍也敢不唯命是聽司馬請瑞焉。（瑞符節以發兵、疏云周禮典瑞牙璋以起軍旅以治兵守、鄭衆云琢以為牙牙齒兵象故以發兵。呂說兵掌於司馬必請瑞而後敢發以此知周之制度兵雖散於鄉遂鄉大夫須得君之符節）以命其徒攻桓氏。（向魋）其父兄故臣曰不可其新臣曰從吾君之命。（呂說父兄故臣世仕桓氏不知有君新臣是新仕漸染未貫畧知君臣之義）遂攻之子頎（魋弟）騁而告桓司馬。（即魋也）司馬欲入。（入攻君）子車（亦魋弟）止之曰不能事君而又伐國民不與也祇取死焉。向魋遂入于曹以叛。（哀八年宋滅曹以為邑）

六月使左師巢伐之欲質大夫以入焉。（巢不能克魋恐公怒欲得國內大夫為質）

國還。入不能，亦入於曹，取質。不能得大夫，故入曹劫曹人子弟而質之，欲以自固。魋曰：不
可。既不能事君，又得罪於民，將若之何？乃舍之。舍曹子弟。民遂叛
之。向魋奔衛。（呂說）奸雄之人，最能擇利害。前在國秉政，事成則享大利，所以負惡名不恤。今退保一邑，不能
與一國抗，徒歛怨於民，所以去。向巢來奔，宋公使止之，曰：寡人與子有言矣，
不可以絕向氏之祀。辭曰：臣之罪大，盡滅桓氏可也。若以先
臣之故，而使有後，君之惠也。若臣，則不可以入矣。司馬牛魋弟
致其邑與珪守邑符信焉，而適齊。向魋出於衛地，公文氏衛大夫攻
之，求夏后氏之璜焉，與之他玉而奔齊。陳成子使為次卿。司
馬牛又致其邑焉，而適吳。亦不與魋同。吳人惡之而反。趙簡子名
之，陳成子亦名之。卒於魯郭門之外，阬氏葬諸丘輿。阬氏，魯人也。錄
其卒葬所在，悉賢者失所。（呂說）人激昂為義，第一次尚易，至再至三，屢經挫抑而不悔。牛在孔門，所以能如此。按丘輿今

山東費縣西興城是也。阮若庚反

黃薌林曰魋以朱鬣之寵啟謀逆之心如果與巢無涉何難克魋自明即不勝仍可入國何必劫曹人以自固且曰臣不可以復入蓋亦知公論之難容國法之難宥矣王敦據石頭城王導從容相位當時猶有諒之者彼則覥面求容故其迹隱此則甘心從賊故其迹彰

見三接向魋異常兇惡並無材略其敢於作亂者恃有巢也魋之奸逆巢豈不知不告於君明是同謀公欲往名不敢造次若非子仲誘之使來其聽命與否尚未可知受命伐魋又欲質大夫及曹質以自固非叛黨而何子野從容獻計以向攻向既孤賊臣之黨又安諸向之心聲色不動

姜白巖曰：獲麟而後，左氏續經也。上云陳恒執其君寘於舒州，左氏之特筆也。恒豈肯以弒君來告，必曰君無道，國人弒之。史官當依例書之曰齊人弒其君壬於舒州也。或曰記者何所畏而不書陳恒耶。曰上特書陳恒執君，則此弒君非恒而誰。蓋明示人以書人書國爲史官之例，非聖人之義法也。程子謂魯之衆加齊之半，疑非夫子之言。竊謂哀公以强弱計，怯於討賊，故即所以克齊者告之，非以力不以義也。至所云上告天子，下告方伯，可謂深知夫子之心。蓋爲倫大變，上告天王，驅檄大國，不特陳恒落膽，並聞鼎之荊楚，分晉之三卿，惴惴寒心。或以此時天王安能討賊

去大族如摧腐鼠，真善謀國者。司馬牛潔身去亂，飄泊無依，寧死阮氏之手，不赴趙鞅、陳恒之名，其情可憐，其志殊可嘉矣。

甲午，齊陳恒弒其君壬（簡公）于舒州。孔丘三日齊，而請伐齊三。公曰：魯爲齊弱久矣，子之伐之，將若之何。對曰：陳恒弒其君，民之不與者半。以魯之衆，加齊之半，可克也。公曰：子告季孫。孔子辭。（不告）退而告人曰：吾以從大夫之後也，故不敢不告。（嘗爲大夫而去，故言後。紀聞：請討陳恒之年，春秋終焉。夫子之請討也，將以見之行事。請討不從，然後託之空言。）

黃薌林曰：弒君之賊，神人共憤，請伐齊而至於三，則公之不能討、季之不欲討，均可想見。退而告人，無限太息。從大夫之後，不敢不告，蓋即空文垂教之意，爲萬世立臣極也。

晉人已又失霸疑程説之非不知天王雖弱而出師討賊自當請命尊王之義也至晉雖失霸不可不以討賊聞之同讎之義也皆聖人之心也

姜白巖曰公孫宿之不受爲民也武伯之怒爲馬也而追成使叛孟氏至武伯獻子之家法盡矣

見三按孔子作春秋書弑君者三十六所以誅二百四十年之亂賊也然皆托之空言未嘗見之行事獨于陳恒弑君齋戒請討至再至三蓋是時政在大夫君弱臣强列國皆將有篡竊之禍討一陳恒而吾魯之爲陳恒者懼天下之凡爲陳恒者亦有以懲齊不至篡晉不至分東周不至於亡其所關係匪淺鮮也請討不行筆削空文亦奚補哉故春秋雖絶筆於獲麟寔絶筆於陳恒也

初孟孺子洩（孟懿子之子武伯）將圉（畜養也）馬於成（孟氏邑）成宰公孫宿不受曰孟孫爲成之病不圉馬焉（病謂民貧困）孺子怒襲成從者不得入乃反成有司使孺子鞭之（恨恚故鞭成有司之使人）秋八月辛丑孟懿子卒成人奔喪弗内袒免哭於衢聽共弗許（請聽命共使）◎袒免

姜白巖曰：儀禮義疏云：據注疏，賓未至朝而死，不必以柩造朝。貞子及良而卒，未入國門，原無造朝之禮。吳人辭之，直辭其入國，而芋尹蓋之對亦祇欲其入國而殯於館與。按此說極精。吳命無以尸造門，則不許其入國門明甚。芋尹云奉尸將命，謂奉尸於殯館而介代之傳命，猶之尸傳命也。若棄尸於國門

但音問懼不歸。不敢歸成。為明年成叛傳見。三按：公孫宿不受圍馬，守宰之職也。奔喪弗納，聽其不許叛而入齊，又城輸以迫之，適堅其事齊耳。武伯真豚犬也。

經辛酉十有五年春王正月，成叛。夏五月，齊高無丕出奔北燕。鄭伯伐宋。秋八月，大雩。晉趙鞅帥師伐衛。冬，晉侯伐鄭。及齊平。杜解：魯與齊平。衛公孟彄出奔齊。

傳十五年春，成叛於齊。武伯伐成，不克，遂城輸。杜解：以偪成。

夏，楚子西、子期伐吳，及桐汭。按：桐，水名。陳侯使公孫貞子弔焉，弔為楚所伐。及良而卒，吳地。將以尸入。聘禮：若賓死，未將命，則既殮於棺，造於朝，介將命。疏云：賓已至朝，主人將欲行禮，賓請問之後，賓死，柩造朝，以尸將事。今公孫貞子卒於境內，依禮唯可以尸入殯賓館，不得以尸將事

十二

之外。是有介之傳命，而尸之意不得伸。杜氏以禮無明文，故引以柩造朝之禮為記，非正解傳文也。

也。

吳子使太宰嚭勞，且辭曰：以水潦之不時，無乃廩然傾動貌隕大夫之尸，以重寡君之憂。寡君敢辭。上介芊尹蓋按：聘禮注，卿為使，大夫為上介，士為眾介。蓋乃大夫，為貞子之上介也。對曰：寡君聞楚為不道，薦伐吳國，薦，重也。滅諸厥民人。寡君使蓋備使，備猶副也。弔君之下吏。無祿，使人逢天之慼，大命隕隊，絕世猶言棄世于良。廢日共積，廢行道之日，以共具殯斂所積聚之用。積，子次反。一日遷次，一日便遷次，不敢留君命。今君命逆使人曰：無以尸造於門，按：國門。是我寡君之命委於草莽也。且臣聞之曰：事死如生，禮也。於是乎有朝聘而終以尸將事之禮，按：聘禮云：賓死未將命者，謂既入國門，請俟閒之後而死也。云既斂於棺，造於朝，所謂以尸行事也。行事，謂終聘事，不獨傳命。又有朝聘而遭喪之禮。按：云聘遭喪，謂遭所聘之喪。云入境則遂，謂關人告則入。若未告則反也。若不以尸將命，是遭喪而還也，無乃不可乎。按：謂今賓道卒，若不以尸入國，代傳君命，

姜自巖曰子路仕衛故過而為魯言之兩不奇知見汝雖弑君成敗尚難預卜保無討賊之師起於鄰封何必敢惡於魯不提出成而發其歸成已在衛中矣子貢乘其如事衛君之言使從衛說入言齊於衛甚厚而與以三邑何乃

猶之（賓遭喪而自國門反也大不可矣）以禮防民猶或踰之今大夫曰死而棄之是棄禮也其何以為諸侯主（謂主盟也）先民有言曰無穢虐士（虐士者死）備使奉尸將命（按言奉尸於殯館而代之傳命）苟我寡君之命達於君所雖隕於深淵則天命也非君與涉人（朱解舟人）之過也（按自陳至吳遠隔江河故云然）吳人內之（傳言芋尹蓋知禮）

見三按入殯賓館則可造朝將命則不可吳人內之蓋許其尸造館而以介傳命也春秋時猶為近古至後世便為怪斷行不得矣

事

秋齊陳瓘（陳恒之兄子玉）如楚過衛仲由（子路）見之曰天或者以陳氏為斧斤既斲喪公室而他人有之不可知也其使終饗之（受也）亦不可知也若善魯以待時不亦可乎何必惡焉（仲由事孔子故為魯）

十二

乘魯之難、而取其二邑乎。齊能待魯如衛、則必以所取之邑歸之矣。子路是明說受成、子貢是暗映受成、恒為弒君之賊、而又受人之叛邑、故病之而卒歸成。

言。子玉曰然、吾受命矣。子使告我弟。弟成子也冬及齊平。子服景伯如齊、子贛為介、見公孫成。成宰公孫宿也。○贛與貢同曰人皆臣人、而有背人之心、況齊人雖為子役、其有不貳乎。言子叛魯、齊人亦將叛子。子周公之孫也、多饗大利、猶思不義、利不可得而喪宗國。謂以邑入齊、使魯有危亡之禍、將焉用之。成曰善哉、吾不早聞命。傳言仲尼之徒、皆忠於魯國。陳成子館客、使景伯子贛就館曰寡君使恒告曰、寡人願事君如事衛君、言衛與齊同好、而魯未肯景伯揖子贛而進之、對曰寡君之願也。昔晉人伐衛、在定八年齊為衛故、伐晉冠氏、喪車五百。在定九年因與衛地、自濟以西、禚媚杏以南、書社五百。二十五家為一社、籍書而致之吳人加敝邑以亂、在八年齊因其病、取讙及闡。亦在八年寡君是以寒心。若得視衛君之事君也、則固所願也。成子病之、乃歸成。病其言也公

孫宿以其兵甲入于嬴。（齊邑）

黃薌林曰、仲子之言嚴而厲、是行行氣象、子貢之言婉而達、是侃侃氣象、一在局外提醒、一在局中劫制、皆以戰權奸而全宗國、言出成歸、捷于影響、誰謂賢者無益於國哉、見三按時成子將簒齊、欲結好于魯、故子貢一言歸成、恐後、而尤得力於季路曰善魯以待時、一以危言折奸臣之胆、一以微言移奸臣之心、無非為歸成計、妙在不明說出、令其自思、此為立言之善。

衛孔圉（孔文子）取大子蒯聵之姊、（伯姬）生悝。（苦回反）孔氏之豎渾良夫、長而美、孔文子卒、通於內。（通伯姬）大子在戚、孔姬使之焉。（使良夫諸太子所）大子與之言曰、苟使我入獲國、服冕（大夫服）乘軒、（大夫車）

周大章曰、蒯聵在戚十四年矣、輒以兵拒之、屢次圖入不獲、今以一豎之力使倖入國、蹤跡詭異、宛然陳乞納陽生故智、真白晝鬼魅也、伯姬杖戈以先、名為太子、實是全為渾良夫地、俾之服冕乘軒、作夫人翁、併逐悝以圖

久違怏樂太子逐輒伯姬逼子人倫悖逆天地為之晦盲子路獨能不避其難直是暗室神燈

姜白巖曰蒯聵得罪君父不可君衛在戚十五年因淫蕩之伯姬奸豎謀入國而輒以子拒父姬以母劫子世道至此倫天理澌滅盡矣惜子羔子路皆仕其國子路竟為悝死或曰夫子不肯臣輒子路在衛何不喻止之不知當時世卿專政聖門高弟不過邑長家臣原不得為仕且一命之士苟存利物於世必有濟聖門惟閔子不仕權門仲弓即為季氏宰矣仕季氏庸愈於臣輒乎夫子以為弒父與君斷然不從在我有確乎不可奪之節則循分稱職因事救正聊為祿養於義未為不可也迨變生倉卒為之宰者被髮纓冠救之義當然也故結纓易簀並稱安得以子路之死為有歉於曾子乎子曰柴也其來知其不及顏事贖得潔身去亂之清

三死（死罪三）無與與之盟為請于伯姬（良夫為太子請）閏月良夫與大子入舍於孔氏之外圃（圃園）昏二人（大子與良夫）蒙衣（為婦人服）而乘侍人羅御如孔氏孔氏之老欒寧問之稱姻妾以告（自稱婚姻家妾）遂入適伯姬氏既食孔伯姬杖戈而先大子與五人介與豭從之（介被甲輿豭豚欲以盟）迫孔悝於廁強盟之（孔氏專政故劫孔悝欲令逐輒）遂劫以登臺欒寧將飲酒炙未熟聞亂使告季子（子路為孔氏邑宰○炙章夜反）召獲（衛大夫）駕乘車（言不欲戰）行爵食炙（按獲為君駕車且奉飲食於君而後隨之奔也）奉衛侯輒來奔季子將入遇子羔（衛大夫高柴孔子弟子）將出（將出奔）曰門已閉矣季子曰吾姑至焉（且欲至門）子羔曰弗及不踐其難（言政不及己可不須踐其難）季子曰食焉不辟其難（謂食孔氏祿）子羔遂出子路入及門公孫敢（衛大夫）門焉（守門）曰無入為也（言輒已出無為復入）季子曰是公

叟曰、由也死矣、知其不偷生、呈義以身殉所事也、夫子不以子路之死為非、孰得從而訾言之乎、結處爲蒯聵忌尅性成、以明無父之人必不可以君國、徒為亂首、以致賢人不得其死、為可恨也、

孫也、求利焉而逃其難、由不然、利其祿必救其患、有使者出、乃入、因門開而入曰、大子焉用孔悝、雖殺之、必或繼之、言己必繼孔悝為難攻太子、且曰、太子無勇、若燔臺半、必舍孔叔、大子聞之、懼、下石乞盂黶敵子路、二子蒯聵黨、敵當也、以戈擊之、斷纓、子路曰、君子死冠不免、不使冠在地結纓而死、孔子聞衛亂、曰、柴也其來、由也死矣、孔悝立莊公、蒯聵也莊公害故政、輒之臣欲盡去之、先謂司徒瞞成曰、寡人離病於外久矣、子請亦嘗之、歸告褚師比、褚師聲子欲與之伐公、不果、為明年瞞成奔起

黃鄭林曰、夫子正名之對、子路既以為迂、所以有結纓之痛、勇於就死、闇於斯義、大學誠意、必先致知、有以哉、

見三按季路子羔同學聖門、同仕亂國、去就不同、各行其

十四

義柴以潔身去亂為義故弗及不踐其難由以殺身殉主為義故食焉不避其難不踰不隧固與不免之風有異用無異理夫子曰柴也其來諒之也亦望之也由也死矣信之也亦惜之也

經 壬戌十有六年春王正月己卯衛世子蒯聵自戚入於衛。衛侯輒來奔（杜解書此春皆從告）。二月衛子還成出奔宋（即瞞成還音旋）。

。夏四月己丑孔丘卒（仲尼既告老去位猶書卒者魯之君臣宗其聖德殊而異之魯襄二十二年生至今七十三也四月十八日乙丑無己丑己丑五月十二日日月必有誤按陸德明謂弟子欲記聖師之卒以續夫子之經非也弟子不能見國史無由續之亦左氏續之耳詳說哀公十七年以後邱明既卒其子孫續成傳也）

傳十六年春瞞成褚師比出奔宋（杜解欲伐莊公不果而奔）衛侯使鄢武子（衛大夫肹也）告于周曰蒯聵得罪於君父君母逋竄於晉晉以

姜白巖曰言得罪於君父足矣而必兼云君母隱示禍從母起也

俞寧世曰、以威儀決定之先亡、以文辭決哀之不没、得聞夫子之文章、信矣夫、周大章曰、孔子人中之麟也、獲麟絕筆、哀麟死而吾道終窮矣、至人中之麟喪、雖有明王、又將誰宗哉、續經者終此、猶夫子絕筆於獲麟也、姜白巖曰、春秋篤生聖人、此正東周復興之會、何至於賊亂日甚、以聖人

王室之故、不棄兄弟、寘諸河上、戚也、天誘其衷、獲嗣守封焉、使下臣肸、敢告執事、王使單平公對曰、肸以嘉命來告余一人、往謂叔父、余嘉乃成世、復爾祿次、繼父之世、還居君之祿次、敬之哉、方天之休、言天方受爾以休、弗敬弗休、悔其可追、傳終蒯聵之事、見三按蒯聵請命、何等矜張、天王錫命、何等危厲、盖無父之人、不宜君國、不特衛國非之、王朝亦非之矣、弗敬弗休、悔其何追、儆其既往、惕以將來、錫之即絕之也、

夏四月己丑、孔丘卒、公誄之曰、旻天不弔、不憖遺一老、俾屏余一人以在位、仁覆閔下、故稱旻天、俾使也、屏蔽也、附注弔恤也、憖心不欲而强之之辭。○憖力執反、煢煢余在疚、嗚呼哀哉、尼父無自律、疚病、律法、言喪尼父、無以自為法。朱子曰、誄者哀死而述其行之辭也、按尼父猶稱管仲為仲父、尊之之辭。○煢求營反、子贛曰、君其不没於魯

之不用也、然聖人一息尚存、其仔肩天
下之任不少懈、而文武成康之治猶未
可云忽焉沒也、至孔子卒、斯已矣、傳
點出生不能用四字、以見春秋所由作、
而哀公之煢煢在疚也、公羊孔子生
於襄公二十一年十一月庚子、穀梁謂
生於是年冬十月庚子、至哀公十六
年卒、為七十四歲、與孔氏年譜合、

乎夫子之言曰、禮失則昏、名失則愆、失志為昏、失所為愆、林解

昏亂者必失其志、愆過者必失其所、生不能用、死而誄之、非禮也、稱一人、非名也、天子稱一人、非諸侯之名、君兩失之、

黃薌林曰、哀公誄詞雖屬失體、而其悲切之聲、千載下猶有餘痛、一老不遺、三家愈橫、為聖哀並為己哀、不沒於魯、蓋其情已見於辭矣、

見三按魯之哀公、猶宋之理宗也、哀公不能用聖、卻能尊聖、理宗不能用賢、卻能敬賢、故哀公之尊孔氏為尼父、理宗之以周張程朱從祀孔庭、均有特識、衰世之朝能知崇儒重道、亦賢君也、　公穀皆書孔子生、左傳獨書孔子卒、聖人一身世運升降係焉、非特卿卒則書之例、齊太史美

周大章曰：與不仁人爭明，無不勝。非明于天道，不能自信若此。奇在讓他先射。三射不害己，一射殪之，天道可信，其若此耶。許公為口中雖言子伯，意中定斥莊公，讀之千載有生氣。

孔子曰：素王惜之之辭也。以為聖人自謂則誤矣。魯哀公誄孔子曰：尼父，尊之之辭也。以為聖人之謚則訛矣。

六月，衛侯飲孔悝酒於平陽，（按今直隸滑縣東南有平陽城。）重酬之，大夫皆有納焉。（納財賄也。）醉而送之，夜半而遣之。（夜遣者，慙負孔悝，不欲令人見。）載伯姬於平陽而行。（載其母俱去。）及西門，（平陽門。）使貳車反祏于西圃。（使副車還取廟主。西圃，孔氏廟所在。祏，藏主石函。（說文）祏，宗廟主。（左翼）主藏於石函，故曰祏。按大夫廟祀，以為無主者，鄭康成、許慎也。以為有主者，徐邈、清河王懌也。夫主以依神，廟以藏主，有廟則有主。豈有士大夫許其立廟而不許其立主乎。若儀禮士大夫之祭，言尸不言主，則儀禮初未嘗有侯王之祭禮也，何從見其有主，而斷士大夫之無主乎。至鄭氏束帛依神、結茅為蕝之說，寔為誕妄。孔氏反以孔悝有主為僭，皆謬也。近儒汪堯峰、萬充宗、徐健菴皆有辨。）子伯季子初為孔氏臣，新登於公，（升為大夫。）請追之。遇載祏者，殺而乘其車。（子伯殺載祏者。）許公為反祏，（孔悝怪載祏者久不來，使公為反逆之。）遇之，曰：與不仁人爭

張悔菴曰：葉公之於白勝也，始事能慮之，既事能定之，事定矣，又能讓之，其楚之全人乎。楚之衰，猶有人焉，栢舉之難而有包胥，白公之禍而有葉公。

明無不勝。不仁人為子伯季子也。明無不勝，言必勝。必使先射，射三發，皆遠許為。許為射之，殪。傳言子伯不仁，所以死也。或以其車從，從為公得祏於橐中。孔悝出奔宋。

見三按：孔悝之逐，早在伯姬意中，並己亦被載，寔出意外。要其孽由自作，與人固無尤也。蒯聵不仁，不有於母，不有於子，何有於姊。又何有於姊之夫。姬始慕良夫之色，以主通奴，繼惑良夫之言，以母劫子，輿豭之盟，特為良夫計，豈為其子計，亦豈為蒯聵計耶。與不仁人爭，明無不勝，與不仁人謀，明無不敗，姬與太子皆不仁之人也。平陽之載，猶其幸耳。

楚大子建之遇讒也，自城父奔宋。在昭十九年 又避華氏之亂於鄭。在昭二十年 鄭人甚善之。又適晉，與晉人謀襲鄭，乃求復焉。鄭

兩人者皆以身平楚，功成不居，又略相似，何其異也。齊晉無人，遂一壞而不可支矣。

魏禧曰：葉公忠誠仁讓，定大難，建大功，而聲色不動。威德勳業，與郭汾陽千古無二。

周大章曰：勝既殺二子而刦惠王矣。君父之難，急於湯火，方城之外，皆促其入。而子高猶徘徊觀望而不前者，豈誠他有所顧慮乎？蓋賊既在內為主，君又為其所刦，不謀萬全而輕率以進，不惟賊不能誅，且有投鼠忌器之慮。聞其殺管脩，已大失人心；而惠王猶在，則賊之無能為可知矣。苗傅之亂，張劉勤王之師逡巡不進者，蓋欲為高宗計安全耳。最妙是圉公陽穴公宮負王以如昭夫人之宮，王脫賊手，則葉公直可長驅而入，無所觸礙，故一攻而賊臣授首。左氏敘亂於白公不肯弒王後，緊接葉公之入；於公陽穴宮負王後，緊接葉公之至，深得當日定亂大略。

人復之如初。晉人使諜於子木，（即建）請行而期焉。（請行襲鄭之期）子木暴虐于其私邑，邑人訴之。鄭人省之，得晉諜焉，遂殺子木。其子曰勝，在吳。子西欲召之，葉公（子高沈諸梁）曰：「吾聞勝也詐而亂，無乃害乎？」子西曰：「吾聞勝也信而勇，不為不利，舍諸邊竟，使衛藩焉。」（使為藩屏之衛）葉公曰：「周仁之謂信，（周親也）率義之為勇。（率行也）吾聞勝也好復言，（言之所許必欲復行之，不顧道理）而求死士，殆有私乎？（私謀復仇）復言非信也，期死非勇也。（期必也）子必悔之。」弗從，召之使處吳境，為白公。（白楚邑也）請伐鄭，子西曰：「楚未節也。（言楚國新復，政令猶未得節制）不然，吾不忘也。」他日又請，許之。未起師，晉人伐鄭，楚救之，與之盟。勝怒曰：「鄭人在此，讎不遠矣。」（比子西與鄭人）勝自厲劍，子期之子平見之，曰：「王孫何自厲也？」曰：「勝以直聞，不告女，庸為直乎？

將以殺爾父。平以告子西。子西曰：勝如卵，余翼而長之。以鳥為喻楚國第，用士之次第我死，令尹司馬非勝而誰。勝聞之，曰：令尹之狂也。得死乃非我。言我必殺之，若得死，我乃不復成人。子西不悛。勝謂石乞勝之徒曰：王與二卿士，子西子期皆五百人當之，則可矣。乞曰：不可得也。五百人不可得曰：市南有熊宜僚者，若得之，可以當五百人矣。乃從白公而見之，與之言，說；告之故，辭。告欲作亂，宜僚辭距之。承之以劍，不動。拔劍指其喉勝曰：不為利諂，不為威惕，不洩人言以求媚者，去之。吳人伐慎，按今江南潁上縣西北有慎城白公敗之。請以戰備獻，與吳戰之所得鎧杖兵器，皆偹而獻之，欲因以為亂許之。遂作亂。秋七月，殺子西子期於朝，而劫惠王。子西以袂掩面而死。慙於葉公子期曰：昔者吾以力事君，不可以弗終。抉豫章大木以殺人而後死。以效其多力石乞曰：

姜白巖曰：勝之父仇與子胥不同。員父無罪，勝父有罪，不得言報。史遷附於子胥傳後，正以得失相形也。子西不從葉公，不特以孺子可制，祇緣把令尹司馬看作如天之福，己之於勝，看作如天之恩，斷無以殺相報，豈知勝拒定一讎字，讎則何有於令尹司馬，而區區之恩何足以解父死之讎乎？以袂掩面死，有餘愧矣。葉公靖亂，遲遲其行，老成持重，正與子西輕率僨事相反。大難既平，身兼二事，幾以為定亂之功宜享令尹司馬之利，而還之子西子期之子，超然自老於葉，東坡謂其仁知兩全，不誣也。夫乃知令尹司馬不可以餌兇人，又豈足以拘賢士哉？篇中出色寫葉公正節，節節為子西反照也。

焚庫弒王、不然不濟、白公曰不可、弒王不祥、焚庫無聚、將何以守矣、乞曰有楚國而治其民、以敬事神、可以得祥、且有聚矣、何患弗從。言說石乞謀不過五百人、尚不能辨、子西以堂堂楚國、敵他甚易、止緣他把做等閒看了。葉公在蔡、蔡遷州來、楚并其地。方城之外、皆曰可以入矣、子高曰吾聞之、以險徼幸者、附注行險徼幸。其求無饜、偏重必離。所求無饜則不安、譬如物偏重則離。敗、欲須其斃而討之。聞其殺齊管修楚賢大夫、齊管仲之後。也、而後入、聞其殺賢、知其可討後、白公欲以子閭平王子啟、五辭王者。為王、子閭不可、遂劫以兵、子閭曰、王孫若安靖楚國、匡正王室、而後庇焉、啟之願也、敢不聽從、若將專利以傾王室、不顧楚國、有死不能、不能從遂殺之、而以王如高府、楚別府石乞尹門、為門尹圉公陽楚大夫穴宮負王以如昭夫人王母、越女之宮、葉公亦至、及北門、或遇之、曰君胡不冑國

人望君如望慈父母焉、盜賊之矢若傷君、是絕民望也、若之何不胄、乃胄而進、又遇一人曰、君胡胄、國人望君如望歲焉、(歲年穀也)日月以幾、(冀君來)若見君面、是得艾也、(艾安也)民知不死、其亦夫有奮心、猶將旌君以徇于國、(旌表也)而又掩面以絕民望、不亦甚乎、乃免胄而進、(言葉公得民心)遇箴尹固帥其屬將與白公、(欲與白公併)子高曰、微二子(子西子期)楚不國矣、(栢舉之敗二子功多)棄德從賊、其可保乎、乃從葉公、使與國人以攻白公、白公奔山而縊、其徒微之、(微匿也)生拘石乞、而問白公之死焉、對曰、余知其死所、而長者(白公)使余勿言、曰、不言將烹、乞曰、此事克則為卿、不克則烹、固其所也、何害、乃烹石乞、王孫燕(勝弟)奔頯黃氏、(吳地。按今寧國府境。○頯求龜反)沈諸梁兼二事、(令尹司馬)國寧、(安也)乃使寧為令尹、(子西之子)

（子國也）使寬為司馬、（子期之子）而老於葉、（傳終言之）

黃𤈦林曰、葉公免冑討白公、郭令公免冑見回紇、皆忠誠有素、足以動人、退老於葉、尤有張留侯辟穀之風、子西在地下、應有愧色、宜其掩面而死也、

見三按子西改紀楚政、一時稱賢大夫、何至於勝皂白不分、致釀大亂、緣太子被讒、出奔而死、手足之情有餘痛焉、其子勝在吳、或為吳用、慮有伍子胥謀楚之事、名其來歸、卵而翼之、為國家用、既可延太子之嗣、亦可蓋亡父之愆、此則子西之真心、不堪為葉公子高告也、不料狼子野心、以恩為仇、窺其變詐百出、非真欲修怨於鄭、隱以國為其父之國、已宜為王令尹司馬、非所顧也、葉公徘徊方城外、

周大章曰。莊公害故政。欲盡去之。太叔遺。伯姬之壻。亦故政也。伯姬母子俱已被遣。遺豈能獨存。二人之讒。其承公旨乎。抑窺公意乎。

不敢遽入。一恐操之過急。或至傷王。一恐國人思念太子。或為勝用。故必有闔公陽之負。齊管修之殺。而後免胄而進。手定大難。功成俄頃。方之申包胥何多讓焉。熊宜僚不為利諂。不為威愓。不洩人言以求媚。是真勇士。是大豪傑。荆軻聶政不足言也。石乞寗熹不言亦一俠士。惜事非其人耳。

衛侯占夢嬖人（以能占夢見愛）求酒於太叔僖子（太叔遺）不得。與卜人比。而告公曰。君有大臣在西南隅。弗去懼害（托占卜夢而言）乃逐太叔遺。遺奔晉。

見三按求酒不得。亦細事耳。為此讒害大臣。一告百諾。瞶真瞶也。古今術士挾術害人。往往如此。人君遠佞人。此尤

當先。

衛侯謂渾良夫曰、吾繼先君、而不得其器、若之何。（國之寶器、輒皆將去）良夫代執火者而言（將密謀、屏左右）曰、疾與亡君皆君之子也、名之而擇材焉可也。（名輒）若不材、器可得也。（輒若不材、可廢其身、因得其器）豎告太子、（太子疾）太子使五人輿豭從己、劫公而强盟之、（盟求必立己）且請殺良夫、公曰、其盟免三死。（盟在十五年）曰請三之後有罪殺之、公曰諾哉。

見三按良夫既代執火者而言、則左右必寂無一人、何以名輒之言豎得聞之、明是父子串通、下此毒計、蒯聵前以輿豭要盟孔悝、今太子復以輿豭要盟其父、醜哉衛也、艾豭之風、其猶未艾歟。

周大章曰：渾良夫胸中橫一三死無與一語，自謂常恃無恐，而又居然應令名之求，不覺志得意滿，驕縱起來。小人而冒為君子，雖赦其百罪，亦難免也，況三罪乎？自然死不旋踵矣。

春秋左傳精義卷五十

閬中　薌林黃一桂　輯　男　心垣見三　補輯

哀公四

傳癸亥十七年春，衛侯為虎幄于藉圃。杜解：於藉田之圃新造幄幕，皆以虎獸為飾。成，求令名者而與之始食焉。太子請使良夫。以良夫應為令名良夫乘衷甸兩牡，衷甸一轅，卿車。疏云：衷，中也。甸，乘也。兵車一轅，而兩馬夾之，其外有二驂馬，是四馬也，為上乘。兩馬為中乘。大事駕四，小事駕二。按衛侯許良夫服冕、乘軒，則衛侯入，良夫已大夫矣。衷甸兩牡，亦大夫車耳，故不在三罪之內。紫衣狐裘，紫衣，君服。疏云：玉藻：元冠紫緌，自魯桓公始也。管子：齊桓公好服紫衣，當時人君服紫，則臣不得僭。至，袒裘，不釋劍而食。食而熱，故偏袒，亦不敬。疏云：在於君所，唯有露裼衣，無露裘之時。近君則

解劍、不釋劍
亦不敬也、
大子使牽以退、數之以三罪而殺之、三罪紫衣袒裘帶劍、
云三者、皆
偪僭於君、
黃鄭林曰、渾良夫孔氏之豎也、莊公入國、既負孔悝、又負
伯姬、狐死免悲、良夫必有欲納古君之意、為莊公識破、得
器一問、套出真情、故殺之不稍顧惜、雖莊公之負心、其亦
良夫自取之歟、
見三按渾良夫一豎子耳、始則以奴通主、繼復以奴逼主、
準以漢高斬丁公之例、早應明正典刑、蒯聵碍於免三死
之盟、不便變臉、父子串謀、做成圈套、夢夢良夫猶且揚揚
得意、自居令名、三罪並發、牽而殺之、如屠羊豕、古今負心
人、往往蹈此、直令人拍案稱快、

姜自巖曰、此一敗、越之沼吳、什得八九矣、然猶未也、吳自巫臣教戰法、諸樊以至闔廬、以耕以牧、國多致死之士、將皆勇悍之材、故所向無敵、夫差斲喪元氣、久而彌甚、而勾踐卧薪嘗胆、養成兵力、至四十年、方敢伐吳、觀三師於吳、在吳城下、又四年方能入其國、於以見本根之固、不可猝拔也、然則亦吳自沼耳、勾踐何能為耶、

周大章曰、趙鞅告衛之辭、委婉入情、付之不理、豈以鐵上之戰、救之以戈為足以報大德乎、如此薄倖、晉人來討、而齊反救之、蓋是時權臣各樹其黨、亦各為其私也、陳瓘鴟張燄盛、氣凌人、鞅不與校、斂兵以退、可謂善藏其用也已、

三月、越子伐吳、吳子禦之笠澤、按今江南吳縣西南太湖是也、夾水而陳、越子為左右句卒、句卒鉤伍相著、別為左右屯、使夜或左或右、鼓譟而進、吳師分以禦之、越子以三軍潛涉、當吳中軍而鼓之、吳師大亂、遂敗之、左右句卒為聲勢以分吳軍、而三軍精卒并力擊其中軍、故得勝也、

見三按此亦多方以誤也、子胥用之以敝楚者、勾踐即用之以破吳、兵法何常、唯在人之善學而已、

晉趙鞅使告於衛曰、君之在晉也、志父為主、請君若太子來、以免志父、不然、寡君其曰志父之為也、恐晉君謂志父教使不來、衛侯辭以難、太子又使椓之、椓、訴父、欲速得其處。○椓、中角反、夏六月、趙鞅圍衛、齊國觀、國書之子、陳瓘救衛、得晉人之致師者、子玉使服而見之、釋囚服、服其本服、曰、國子實執齊柄、而命瓘曰、無辟晉師、豈敢廢命、欲必

姜白巖曰此篇為楚人猾夏之結局吳入郢諸侯皆叛陳獨不携哀元年吳侵陳楚不能救六年吳又伐陳昭王道卒又不能救而陳遂服于吳今之侵楚或吳命之也為葉公者遵聖人近悅遠來之訓而念其久服於楚世叢難之不貳也威以畏之禮以懷之可矣何以弔吳而子西處萌剪滅之志一侵楚而子國遂有滅陳之功葉公方妄言天亡又云父志蓋楚之虧陳久

敵晉子又何辱言不須來致師自將往戰簡子曰我卜伐衛未卜與齊戰乃還畏子玉

見三按蒯聵入國內賴良夫之謀外藉趙鞅之力雖屬私情亦當圖報乃疾之於父前則刼之使殺良夫今又椓之使叛趙鞅涼德寡恩較輙為甚戾氣萃於一門是父是子難兄難弟人倫至此康叔武公之德蕩矣無存不亡何待

楚白公之亂陳人恃其聚積聚而侵楚楚既寧將取陳麥楚子問帥於大師子穀與葉公諸梁子穀曰右領差車與左史老皆相令尹司馬以伐陳其可使也言此二人皆嘗輔相子西子期伐陳今復可使子高曰率賤民慢之懼不用命焉右領左史皆楚賤官。率所類反下同子穀曰觀丁父鄀音若俘也武王以為軍率楚武王是以克州蓼服隨

矣。晉霸已衰，楚氛復惡，吳為越敗，遂不能救。傳借子穀之言，明楚自熊貲以來，諸夏小國無不受禍，卒皆殺其君，納其妻女，殄滅其先祀，約舉九國，而終于滅陳。此王法所必誅，霸者所必討，而深惜叔季之無桓文也。葉公以滅國鬬士為忠，以證父攘羊為直，知小諒而忘大義，此問孔子於子路，而子路不屑置一詞也。

唐、大啟羣蠻、彭仲爽，申俘也。文王以為令尹，實縣申息，（楚文王滅申息以為縣。）朝陳蔡，封畛於汝。（開封畛北至汝水。）唯其任也，何賤之有。子高曰：天命不謟。（謟，疑也。本又作慆。）令尹有憾於陳，（十五年子西伐吳，陳使貞子弔吳，以此為恨。）天若亡之，其必令尹之子是與，君盍舍焉。（舍右領與左史。）臣懼右領與左史有二俘之賤，而無其令德也。王卜之，武城尹（子西子公孫朝。）吉。使帥師取陳麥，陳人禦之，敗，遂圍陳。秋七月己卯，楚公孫朝帥師滅陳。（終鄭裨竈言。五及鶉火，陳卒亡。）王與葉公枚卜子良（惠王弟。）以為令尹。（枚卜，不斥言所卜以令龜。）沈尹朱曰：吉，過於其志。（望也。）葉公曰：王子而相國，過將何為。（過相將為王也。）他日改卜子國（寧也。）而使為令尹。

黄㽦林曰：春秋之末，齊晉皆大權先去，而後篡奪隨之。獨楚卜帥請承，權自己出，臣下不敢干焉。楚之世守宗祧者

姜自嚴昌鞅欲衛爲己助也故納蒯聵及
即位而無事不負心何暇計及于鞅先
寫一夢一卜蒯聵早已醜戰而晉師入
郭正其結局之時答問子忽思叔向使
出君則幸免矣即譜父名兵之疾亦幸
免矣及般師避位莊公復辟於是修好
隣封自守其國安然君衛可也乃逐
石圃而難作公與太子踰垣而走此時
或如昭王之入隨可以再造即如昭公之
入陽州亦脫阽危何以昔暴於戎州今

此也入戰國而列于七雄不亦宜乎
見三按出師命將最難其選賤則德不足以服人貴則權
或至於震主淮陰登壇三軍皆驚非漢高加以隆禮雖多
多益善亦恐閫令不行秦王典領三軍手定天下卒致禁
門喋血太子不得其死雖建成之不自量亦權勢之積漸使
然也子高前後論將均有特識可為後世金鑑

衛侯夢於北宮見人登昆吾之觀衛有觀在於昆吾氏之虛按即古帝邱今直隸開州
西南被髮北面而譟曰登此昆吾之虛緜緜生之瓜緜緜瓜初生也良夫
言已有以謂小成大之功瓜之初生得使衛侯得國若今為渾良夫叫天無辜本盟當免三死而并
數一時之事為三罪殺之故自謂無辜公親筮之胥彌赦衛筮史占之曰不害與
之邑寘之而逃奔宋言衛侯無道卜人不敢以寔對懼難而逃也衛侯貞卜正卜夢之

入於戎州也。至州人見攻，太子竟死，戎州之危，方不可解。髮之怨，適與之值。蓋不孝不慈，鬼讁人怨，一時並至。與見被髮而呼，為有聲有勢。結言齊人伐衛，正與晉相應。晉為莊仇，固為始禍之人，而齊與莊匡師在既死之後。亂賊結局，總無可生之路，誠千古之炯鑒也。

吉凶。其繇曰：如魚竀尾，（竀，赤也。魚勞則尾赤。繇，直又反。竀，勑呈反。）衡流而方羊。裔焉大國，滅之將亡。（橫流方羊，不能自安。言衛侯將若此魚。疏云：方羊，勞苦之狀。劉炫以裔焉大國為句。裔，遠也。按：言其遠於大國，將見滅而亡。）闔門塞竇，乃自後踰。（此皆繇辭。）冬十月，晉侯伐衛，（春伐未得志，故。）入其郛，將入城。簡子曰：止。叔向有言曰：怙亂滅國者無後。（不欲乘人之衰。）衛人出莊公而與晉平。晉立襄公之孫般師而還。十一月，衛侯自鄄入，般師出。（辟蒯聵也。般音班。鄄音絹。）初，公登城以望，見戎州。（戎邑。按：今山東曹縣。）問之，以告。公曰：我姬姓也，何戎之有焉？（言姬姓國，故有戎邑。）翦之。（翦，壞其邑聚。）公使匠久。（久不休息。）公欲逐石圃，（衛卿，石惡從子。）未及而難作。辛已，石圃因匠氏攻公。公閉門而請，弗許。踰於北方而隊，折股。（終如卜言，乃自後踰。）戎州人攻之。太子疾、公子青（疾弟。）踰從公。戎州人殺之。公入于戎州己氏。（戎人姓。己音紀。）初，公

自城上見己氏之妻髮美、使髡之、以為呂姜髢。莊公夫也。髢，髲也。○大計反

既入焉、而使(衍)之璧、曰、活我、吾與女璧。己氏曰、殺女、璧其焉往。

遂殺之、而取其璧。衛人復公孫般師而立之。按發難由於石圃、春秋當書石圃弒君。

十二月、齊人伐衛、衛人請平、立公子起。靈公子執般師以歸、舍諸潞。

黃薌林曰、莒子以一㛮婦而喪其城、衛侯以一髡婦而隕其命、怨不在大、亦不在多。古人所以有匹夫匹婦勝予之懼也。

見三按、己氏殺蒯聵而取其璧、江陵人誅武陵王而取其金、仇人相遇、身且不保、況炫其金玉以求免乎。殺女璧其焉往、是憤語、亦是蹇情。

姜白巖曰：非天子不稽首，復古道，尊周室，不可謂之無志。乃受齊侯之稽首而以拜答之，必無此理，無怪貽顧盟之辱也。

公會齊侯簡公弟平公敖。盟于蒙，蒙按：今山東蒙陰縣。孟武伯相，齊侯稽首，公拜，齊人怒，武伯曰：非天子，寡君無所稽首。武伯問於高柴曰：諸侯盟，誰執牛耳？執牛耳，尸盟者。季羔高柴。曰：鄫衍之役，吳公子姑曹，鄫衍在七年。發陽之役，衛石魋。石魋，石曼姑之子。發陽，鄖也，在十二年。武伯曰：然則彘武伯名。也。鄫衍則大國執，發陽則小國執，據時執者無常，故武伯自以為可執。

三按：孟懿子受業聖門，不知尊師，安能教子？故前則孺子帥師而貽我國之羞，後則武伯相禮而致大國之怒，固孟氏之敗類者，有玷獻子多矣。然「非天子，寡君無所稽首」，非得聞周禮者，不能為此言。

宋皇瑗右師。之子麇，有友曰田丙，而奪其兄酁般邑以與之。酁般慍而行，告桓司馬之臣子儀克。克在下邑，不與魋亂，故在。○酁，仕咸反。子儀

姜白巖曰。寧為令尹。帥師其職。而楚人猶以卜帥請於君。請承復裁

克適宋。告夫人曰。麇將納桓氏。公問諸子仲。皇野初子仲將以杞姒子仲妻之子非我為子。為子適麇曰。必立伯也。非我兄是良材。子仲怒弗從。故對曰。右師則老矣。不識麇也。言右師老不能為亂。麇則不可知。公執之。執麇皇瑗奔晉。召之。召令還

見三按皇麇奪兄鄭般賦。父子儀為友肆讒。子仲因子洩忿此等亂民。有王者作。皆不待教而誅者。宋公悮殺無辜。既知其情。一置不問。此中隱隱有一夫人在。政刑無章。何以立國。宜其有大尹之亂。

傳甲子十八年春。宋殺皇瑗。公聞其情。復皇氏之族。使皇緩杜解瑗從子為右師。言宋景公無常也

巴人伐楚。圍鄾。楚邑。按今湖廣襄陽縣東北有鄾城。古鄾子國。初屬鄧。後屬楚。○音鄾 初右司

決於君。想見大權獨攬。不以太阿假人。故魯哀三卿。齊簡公於田氏。而楚則世守宗祧。其所由來者漸矣。

馬子國之卜也。觀瞻（楚開卜大夫觀從之後）曰如志。（子國未為令尹時卜為右司馬得吉兆、如其志。）故命之。（命以為右司馬）及巴師至。將卜帥。王曰寧（子國）如志。何卜焉。使帥師而行。請承。（承佐）王曰、寢尹工尹。勤先君者也。（柏舉之役。寢尹吳由于以背受戈。正尹固執燧象奔吳師。皆為先君勤勞。）三月楚公孫寧吳由于薳固。敗巴師於鄾。故封子國於析。君子曰惠王知志。（知用其意）夏書曰官占唯能蔽志。昆命於元龜。（逸書也。官占卜筮之官。蔽斷也。昆後也。言當先斷意後用龜也。疏云夏書大禹謨篇。）其是之謂乎。志曰聖人不煩卜筮。惠王其有焉。（不疑故不卜也）

黃薌林曰。此楚事之結局也。春秋之初。伯者未興而楚務己惡。春秋之末。伯者既熄。而楚患復熾。傳於滅陳卜帥曰。過于其志。於伐巴卜帥曰。如志。蓋其君臣宵旰蓄謀。志在

周大章曰：是時越未滅吴。而碁骨如莽。日事於兵。事事效吴。此所以亡吴

滅國志在猾夏。二百四十年如一日也。晉平無志。甘為宋
虢之盟。卒之霸風掃地。不可復振。可慨也夫。
見三按卜以決疑。不疑何卜。此千古論卜之準。亦定志之
方。昭王不以卜而祭河。惠王不以卜而擇帥。唯其知道。斯
能知志。是父是子。世濟其美。楚之强盛。有由來矣。
夏衛石圃逐其君起。起奔齊。（齊所立故）衛侯輒自齊復歸。逐石圃。
而復石魋與太叔遺。（皆蒯聵所逐）
見三按此太叔儀所謂視君不如奕棋也。昔特一寗喜。今
則滿朝皆寗喜矣。一局盤殘棋。刼奪紛紛。豈特舉棋不定
已哉。
傳丑十九年春。越人侵楚。以誤吴也。（杜解：誤吴使不為備）夏。楚公子慶

未久而卒為楚滅、此固其幾之先見者矣、孟子云由今之道、無變今之俗、雖與天下、不能一朝居也、秦隋暴亡、無不由此、後世人君、迷而不悟、亦獨何耶、

公孫寬追越師、至冥、越地不及、乃還。秋、楚沈諸梁伐東夷、報越

三夷男女及楚師盟于敖、從越之夷三種、敖東夷地、

見三按越本黨楚以敝吳、今復伐楚以誤吳、使之不備、肆意驕淫、然後一鼓而滅之、多方以誤、吳子胥不幾作法自斃哉、

冬、叔青叔還子如京師、敬王崩故也、言敬王能終其世、終萇宏言、東王必大克、按子仁立、是為元王、

見三按是時東周僅一綫耳、敬王之喪、魯猶往弔、則以周禮之維繫長也、

傳丙寅二十年春、齊人來徵會、夏會於廩丘、為鄭故、謀伐晉、(杜解)十五年晉伐鄭

鄭人辭諸侯、秋、師還、終叔向言、晉公室卑。○是年晉定公卒、子出公鑿立

姜白巖曰、伍員既卒、夫差久無逆耳之言、得一慶忌、豈非朝陽鳴鳳、不忠者莫過於宰嚭、殺之、嚭殺之也、

見三按春秋之末、晉所以失諸侯者、公室弱也、晉雖弱、而諸侯猶不敢輕伐晉者、私家强也、齊之徵會、亦陳氏主之、修怨於趙、非真為鄭故也、故鄭人辭而師還、

吳公子慶忌驟諫吳子曰、不改必亡、弗聽、吳子弗聽、出居於艾、吳邑、今江西寧州西、遂適楚、聞越將伐吳、冬請歸平越、遂歸、欲除不忠者以說於越、吳人殺之、附注慶忌雖智不足、其志亦可哀也、杜譏其不量力過矣、

見三按慶忌欲除不忠者、即後世所謂清君側之奸臣也、李克用行之、猶為朱温所傷、况以慶忌之粗疏、其能敵伯嚭之奸佞乎、有至性而無作畧、死得可憐、然西湖之上、慶忌塔巍然高峙、與子胥門並昭千古、其亦忠而橫殺之報歟、

周大章曰：勾踐將生，憂寘寡人，寡人死之不得，一語深痛，不堪卒讀。既知如此，何以慶忌忠悃之言，尚褎如充耳，豈勢已至此，不能挽回耶？好頭顱不智當誰砍去，千古昏主同此覆轍。

彭家屏曰：越卧薪嘗膽，吳極慾窮奢；越推賢任能，吳戮忠從佞；越視民如子，吳視民如讎；越養銳待時，吳黷武自困。吳之亡，徵决矣。然吳棲勾踐於會稽而許越成，越棲夫差於姑胥而不許越成，卒絕人宗祀，覆人社稷，勾踐之殘忍極矣。宜其共事之臣不保其終，而子孫亦為楚所滅也。

十一月，越圍吳。趙孟（襄子無恤）降於喪食。（時有父簡子之喪林解飲食又降於居喪。）楚隆（襄子家臣）曰：三年之喪，親暱之極也。主又降之，無乃有故乎？趙孟曰：黃池之役，先主（簡子）與吳王有質。（黃池在十三年。質，盟信也。○如字）曰：好惡同之。今越圍吳，嗣子（襄子自謂）不廢舊業而敵之，（欲救吳敵越）非晉之所能及也，吾是以為降。楚隆曰：若使吳王知之，若何？趙孟曰：可乎？隆曰：請嘗之。（嘗，試也）乃往，先造於越軍，曰：吳犯間上國多矣，聞君親討焉，諸夏之人，莫不欣喜，唯恐君之志不從，請入視之。許之。告於吳王曰：寡君之老無恤使陪臣隆敢展謝其不共。（展，陳也）黃池之役，君之先臣志父得承齊盟，曰：好惡同之。今君在難，無恤不敢憚勞，非晉國之所能及也，使陪臣敢展布之。王拜稽首曰：寡人不佞，不能事越，以為大夫憂，拜

命之辱與之一簞珠。簞小笥使問趙孟問遺也曰句踐將生憂寡人。寡人死之不得矣。王曰溺人必笑。吾將有問也。以自喻所問不急猶溺人不知所為而反笑。按人當將溺時必張口作笑狀非謂溺死而猶有笑容也。史黯何以得為君子。晉史黯云不及四十年吳當亡吳王感問此也。林解黯即晉太史蔡墨。對曰黯也進不見惡時行則行退無謗言、時止則止王曰宜哉。林解宜其為君子也

黃藊林曰夫差享得極樂。亦看得極破。求死不得。極可憐中。忽以史墨為問。仍是極從容處。到底崛強。不低作首求人之態。覺項羽別妃揮淚。不免兒女情長。英雄氣短。見三按黃池之會。吳晉有質襄子獨引以為己責。降於喪次。儼然有秦穆素服郊次之風。隆使弔問。力雖不逮。意自可嘉。趙氏之興宜哉。

周大章曰：祭之盟，祇一孟孫刺刺不休，此會何嘿無一言也。齊人責稽首，而公先至陽穀，先倨後恭，不應若是。除館之請，慰我乎，嘲我也，口角尖冷，較歌辭更覺難堪。敢勤僕人，小心之極，曾足羞澀，不敢出聲光景。魯秉周禮，今乃以儒書為世詬病也，皆孟孫安有尊大啟之也。孫乎孫乎，真孟氏之豚犬乎。姜白巖曰：晉三卿、魯三家，凡與國之有禮於其君者，百計撓之；而齊陳氏則不然，歷弑三君，却於小節處博尊君之名，故齊至平公已懨懨無氣，而責魯稽首，幾於用兵，若必不肯使之無禮於其君者，厚施以結於民，小忠以事其主，真亂賊之尤也。　春秋之終，不特尊周之事人不肯為，即尊周之言人亦

傳丁卯二十一年夏五月，越人始來。杜解：越既勝吳，欲霸中國，始遣使適魯。見三按：始則楚來，繼則吳來，終則越來，夷狄日強，中夏日弱，春秋將為戰國矣。

秋八月，公及齊侯、邾子盟於顧。齊人責稽首。責十七年齊侯為公稽首，不見答。顧，齊地，按今山東范縣東南有顧城。因歌之曰：魯人之皋，數年不覺，使我高蹈。皋，緩也。高蹈猶遠行也。言魯人皋緩數年，不知答齊稽首，故使我高蹈來為此會。○覺，古孝反。唯其儒書，以為二國憂。二國，齊邾也。言魯據周禮，不肯答稽首，令齊邾遠至。是行也，按此追敘。公先至於陽穀。先期至也。齊閭丘息閭丘明後。曰：君辱舉玉趾，以在寡君之軍，羣臣將傳遽以告寡君。按：息謂君至齊太早，將傳遽告齊君。比其復也，君無乃勤。為僕人「測義」魯君從者。之未次，舍也。請除館於舟道。齊地。按：言君來甚遠，比君復歸，無乃過勞，常除館以待君歸也。辭曰：敢勤僕人。不敢勤齊僕為魯除館。

不樂聞也、此一變而戰國矣、

韓友一曰、夫差立庭之呼、不失為孝、越王之赦、不失為義、不能事君、不失為烈、然得而不殺、非帝王之器、勝而易盈、乃匹夫之事、故卒有甬東之辱、

周大章曰、人人意中事、至結案回想、前此雄心壯志、如火烈烈、時直是一塲

見三按困學紀聞云、春秋之季已輕儒矣、至戰國淳于髡有賢者無益之問、末流極於李斯、遂至焚書坑儒為天下禍、皆此歌作之俑也、然西漢崛興、叔孫通定禮、必詢諸魯兩生、則儒之為澤長矣、

傳戊辰二十二年夏四月、邾隱公自齊奔越、曰吳為無道、執父立子、越人歸之、大子革奔越、邾隱公八年為吳所囚、十年奔齊、

見三按吳執越歸、仍是忌吳、並非憐隱、以為霸者舉動則誤矣、

冬十一月丁卯、越滅吳、請使吳王居甬東、越地、按今浙江定海縣東有翁山、一名翁州、即甬東、辭曰、孤老矣、焉能事君、吳語、夫差將死、使人告於子胥曰、使死者無知則已、若其有知、吾何面目以見員也、乃縊、越人以歸、以其尸歸、終史墨子胥之言也、

春夢、鳥啼月落、水冷風寒、虎邱山畔、應有人聲聲喚奈何也。
姜白巖曰、越伐吳、未敢遽滅吳也、使黃池會後、夫差翻然改悔、顯忠誅佞、與民更始、則七八年間、猶足自固。慶忌驟諫、輒繼鴟夷、姑蘇耽樂、依然荒縱、猶以為天亡之、非由己之無道、何之死不悟哉。

姜白巖曰、人臣義無私交、季氏不奉君命、遣使送葬、冉有致辭、亦絕不言請之寡君、私門之盛、幾忘公室、故杜註以為終昭公二十五年政在季氏之言。

黃薌林曰、此吳事之結局也。以泰伯之裔、助晉制楚、使能善用其民、滅楚越而定之、主盟中夏、亦王室之輔也。乃內荒於土木、外耀其干戈、暴骨如莽、視民如仇、壽夢百計謀之而不足者、夫差乃以數年驕侈敗之、甬東自縊、不祀忽諸。暴風不終朝、暴雨不終日、其是之謂歟。

見三按、項羽自刎、夫差自縊、崛強氣概、至死不衰。然楚軍之圍、猶有虞姬先殉、姑蘇之縊、不聞西子同歸。死而有知、得毋恨美人之傾國歟。

傳 己巳 三十三年、春、宋景曹卒。杜解 景曹、宋元公夫人、小邾女、季桓子外祖母。疏云、宋景曹者、宋景公之母、姓曹氏也。季康子使冉有弔、且送葬、曰、敝邑有社稷之事、使肥康子與有職競焉、競遽也是以不得助執紼、使求冉有從輿衆也

呂東萊曰、知伯初為政、小試之勇、使能摧堂堂之大國、殊不知此一戰、正是他覆亡根本、

周大章曰、瑤善用兵、晉三家皆畏之、前于視師、驚其勇、後于將戰、寫其決隱、有一將當関萬衆靡氣概、故知智伯不忘三家、必不至分晉、

人、曰以肥之得備彌（遠也）甥也、（康子父之舅氏、故稱彌甥、疏云、彌者增益之義）有不腆先人之產馬、使求薦（進也）諸夫人之宰、其可以稱旌繁乎、（稱舉也、繁馬飾、繁纓也、終樂祁之言、政在季氏、（補正）稱副也、馬以駕車、車有旌旃、仍以繁纓飾馬、皆國君之服、讜言可以稱此否、○繁步干反）

見三接於（用矛）茅見冉子之武略、於弔宋見冉子之文辭藝可從政、於此益信、惜大才小用、僅以季氏宰終耳、

夏六月、晉荀瑤（荀躒之孫知伯襄子）伐齊、高無丕帥師御之、知伯視齊師、馬駭、遂驅之、曰、齊人知余旗、其謂余畏而反也、及壘而反、將戰、長武子（晉大夫）請卜、知伯曰、君告於天子、而卜之以守龜於宗祧、吉矣、吾又何卜焉、且齊人取我英邱、君命瑤、非敢耀武也、治英邱也、（治齊取英邱）以辭伐罪足矣、何必卜、（呂說、自是輕敵寡謀、然猶

姜白巖曰：此為越謂中國諸侯趙越之始，而公欲以越伐魯，亦托始於此。

姜白巖曰：杜解終臧氏有後於魯，故以文仲宣叔提起。今臧石能有功於晉，以繼先德，受大國之饋，太史展謝，庶幾不愧名家子弟也。沛摘萊章

近理，語有次序，一勝之後，言語畧無倫理矣。

壬辰，戰於犂邱，（隰也。按今山東臨邑縣有犂邱亭。）齊師敗績，知伯親禽顏庚。（齊大夫顏涿聚）

見三按：趙鞅避齊，其怯處；正其智處。荀瑤勝齊，其勇處，即其愎處。荀趙興亡，於此已判。

秋八月，叔青如越，始使越也。越諸鞅來聘，報叔青也。

見三按：魯在春秋，為望國，亦為弱國。有霸則事齊事晉，無霸則事楚事吳，甚至事越。蓋周公之後，亦同姓之宗，列國必得之為重。魯亦隨波逐流，以固吾國。二百四十年之大局如此。

傳（庚午）二十四年夏四月，晉侯將伐齊，使來乞師，曰：昔臧文仲以楚師伐齊，取穀，（杜解在僖二十六年）宣叔以晉師伐齊，取汶陽。（在成二年）

一段見晉君卑政暴數起無名之師。晉業已銷國將為人有。欲如臧氏繼承上勲不可得也。知氏之强數克敵有功動稱天子寡君。皆為三卿所忌此文為三家滅知之由。

寡君欲徼福於周公。願乞靈於臧氏。以臧氏世勝齊故欲乞其威靈。臧石臧賓如子帥師會之。取廩邱。軍吏令繕。將進。晉軍吏也。繕治戰備。萊章齊大夫曰。君卑政暴。往歲克敵。禽顏庚今又勝都。取廩邱天奉多矣。又焉能進。是躗言也。躗過也。疏云。謬言也。躗户快反役將班矣。晉師乃還。餼臧石牛。生曰餼太史晉太史謝之曰。以寡君之在行。在軍行牢禮不度。不知禮度敢展謝之。終臧氏有後於魯

見三按三家不出。僅使臧石會師。魯之於晉亦祇勉强從事。而遽餼以太牢。寘賓覺喜出望外。故魯人以為榮。

邾子又無道。越人執之以歸。終子贛之言而立公子何。太子華弟何亦無道。

見三按因父立子理本不順。故邾益得以一愬歸國。茲則

親見其無道，故復執之以歸。故不立芊而立何，反吳所為也。藂爾邾而無道之君，至於此如是之多，豈盍之詒謀不善乎。抑季世不宜有賢君乎，此其所以同歸於盡也。

公子荆（哀公庶子）之母嬖，將以為夫人，使宗人（禮官）釁夏獻其禮。對曰：無之。公怒曰：女為宗師，立夫人，國之大禮也，何故無之。對曰：周公及武公（名敖）娶於薛，孝（孝公稱）惠（惠公弗皇）娶於商（宋也。疏云宋定公名宋，為諱而稱商）。自桓以下娶於齊（桓公始娶文姜），此禮也則有。若以妾為夫人，則固無其禮也。公卒立之，而以荆為太子。國人始惡之（惡公）。

黃薌林曰：仲子妾也，以為夫人；成風妾也，尊為夫人。不得謂魯無其禮。釁夏守定周禮，而於祖宗之變禮者均置不論，洵為特識。後世如乞書圖搜簿籍，故匿而不與者，其皆

呂東萊曰：仲子是妾，以為夫人矣；成風是妾，尊為夫人矣。當時宗人初不曾諫。夏父弗忌為宗伯，且躋臣於君也。孔子自衛反魯，一振禮樂，雖賤有司亦能如此。

姜自巖曰：使宗人獻禮，而曰無之，已有下一段意，待其詰責，然後追述祖宗以來舊典，使不可喻。覺漢唐妃妾為后諸諫章，無此簡快也。此終言魯秉周禮，不乏直言之士。

十二

閒為釁夏之風乎。

見三按：以妾為妻，王禁必嚴，即周禮不載，守此則治，違此則亂。桓公篡兄，而其後三家分擅國柄，卒以弱魯，由於仲子為夫人也。殷鑒不遠，豈可復蹈故轍？釁夏侃侃正言不阿，一字定為千古禮官成法。漢唐宋知此，何致易后之紛紛哉。

閏月，公如越，得太子適郢，越王太子。得相親說。將妻公，而多與之地。公孫有山使告於季孫，季孫懼，使因太宰嚭故吳臣。而納賂焉，乃止。季孫恐公因越討己，故懼。

見三按：哀公之於越，蓋欲托國於越也。季孫之賂越，蓋所以將間公於越也。滅吳之後，嚭猶用事，勾踐之志荒矣。故

姜白巖曰：出公乘石圃逐君，遂得反衛，在位七年，無諸侯之事，可安枕而理矣。乃性情酷類乃父，傳敘致亂之由，零星細事，亦無甚大惡，而一時發難，卒至出奔。蓋贖與輒皆無父之人，不堪君國，故父子皆不得其終。六人三匠無限張皇，而歸併於拳彌一人，談笑出之。蓋拳彌在六人之中，偏置身六人之外，其最毒在止鄄子士。蓋烏合之衆易於撲滅，得一健兒禦敵，各鳥獸散，故先止子士之禦。因誘公之出，商確所出之地，步步相引，使讀者且笑且憐。至載寶而歸，輒方悟為盜所賣。前此皆倚盜為腹心也。結段為如越請師張本，而專利而妄四字，尤為衛君寫照。

再傳為楚所滅。

傳辛未二十五年夏五月庚辰，衛侯出奔宋。【杜解】衛侯輒也。衛侯為靈臺於藉圃，與諸大夫飲酒焉。褚師聲子韤而登席。古者見君解韤。韤，足衣也。○韤亡伐反。公怒。辭曰：臣有疾，異於人。足有創疾。若見之，君將㱉之。㱉，嘔吐。○㱉許角反。是以不敢。不敢解韤。公愈怒。大夫辭之，不可。共辭謝公，公不可解。褚師出。公戟其手，曰：必斷而足。扼從手屈肘如戟形。按，戟其手，謂屈肘而指作戟形以詈之。聞之，褚師與司寇亥乘，曰：今日幸而後亡。恐死，以得亡為幸。公之入也，奪南氏邑，南氏，子南之子公孫彌牟。而奪司寇亥政。公使侍人納公文懿子公文要。之車於池。公有忿，使人投其車於池水中。初，衛人翦夏丁氏，在十一年。以其帑賜彭封彌子。彌子瑕。彌子飲公酒，納夏戊之女，嬖，以為夫人。其弟期，夏戊之子。太叔疾之從孫甥也。姊妹之孫為從孫甥，與孫同列。少畜

於公、以為司徒、夫人寵衰、期得罪、公使三匠久、公使優狡俳優
也盟拳彌、衛大夫、使俳優盟之、欲恥辱也而甚近信之、故褚師比褻登席者公孫
彌牟衰邑者公文要失車者司寇亥奪政者司徒期、秝解得罪者因三匠
久役者與拳彌優狡盟者以作亂、皆執利兵、無者執斤、斤工匠所執使拳
彌入於公宮、信近之、故得入、而自太子疾之宮、譟以攻公、鄄子士衛大
夫請禦之、彌援其手曰、子則勇矣、將若君何、言不可救不見先君
乎、君何所不逞欲、先君蒯聵也、不速奔、故為戎州所殺、欲令早去、且君嘗在外矣、豈
必不反、當今不可、衆怒難犯、休而易間也、乃出、將適蒲、近晉邑、按
今直隸長垣縣有故蒲城彌曰、晉無信、不可、將適鄄、齊晉界上邑、彌詐不知謀、故公信之、彌
曰、齊晉將爭我、不可、將適泠、近魯邑彌曰、魯不足與、請適城鉏、
近宋邑、按今直隸滑縣東有鉏城、以鉤越、越有君、宋南近越、轉相鉤牽乃適城鉏、彌曰、

衛盜不可知也、請速、自我始、乃載寶以歸、（欺衛君、言君以寶自隨、將致衛盜、請速行、已為先發、而因載寶歸衛也、）

公為支離（陳名）之卒、因祝史揮（衛祝史）以侵衛、衛人病之、懿子知之、（知揮為內間）見子之、（公孫彌牟文子也）請逐揮、文子曰無罪、懿子曰彼好專利而妄、（不法）夫見君之入也、將先道焉、（若見君有入、勢必道助之、）若逐之、必出於南門而適君所、夫越新得諸侯、必將請師焉、（按懿子料揮如此）揮在朝、使吏遣諸其室、（難而逐之、先逐其家、）揮出、信弗內、（再宿為信）五日、乃館諸外里、（外里公所在）遂有寵、使如越請師、（請師伐衛求入）

黃薌林曰、莊公之禍由匠人、出公之禍亦因匠人、想見土木繁興、無時休息、匠怨如此、民困可知、宜其亡也、

見三按、七人作亂、而入公之宮、止公之禦、勸公之宋、賺公

周大章曰：君臣各盡其道，祇此禮與忠耳。哀公不能以禮御下，且懷猜忌，徒以語言相譏刺，何無具也。彘也強悍，肥也狡偽，飲食之際，戈矛伏焉。總由公在越時，三家因語納賂，各懷嫌隙耳。惡不始此，而云公與大夫始有惡，蓋前此但有其機，此則發而不可禁止，而哀公孫邾如越之禍，於是乎成矣。

之寶者，獨拳彌一人，以其近且信也。近則出入自如，作慝而人不覺；信則揣摩有素，使詐而公不疑。顛顛倒倒，任其玩弄如嬰孩。其最毒者，尤在與公同出，既勸之鈎越，以為異日行賂之地，復將其寶賺歸，使之素手空空，無所納賂。真小人之尤者，如鬼如蜮，尚不足以狀其形相矣。

六月，公至自越。前年行，今還。季康子、孟武伯逆于五梧。魯南鄙也。郭重僕，為公僕。見二子曰：「惡言多矣，君請盡之。」二子不臣之言甚多，欲使公盡極以觀之。按：見二子，遙見二子來也。公宴於五梧，武伯為祝。祝上壽酒。惡郭重曰：「何肥也？」呰毁其貌。季孫曰：「請飲彘也。」飲罰之。「以魯國之密邇仇讎，臣是以不獲從君，克免於大行，又謂重也肥。」言重隨君遠行，劬勞不宜稱肥。公曰：「是食言多矣，能無肥乎？」以激三桓之數食言。飲酒不樂，公與大夫始有惡。為二

周大章曰衛輒為斂衆怨而出其毒斂
心痛啟前非庶幾可以復反將欲入國
而先致毒于民使之歸心賊黨去謀
可畏所恃者越人越人賂即轉可恃
以無恐乎申開守陴自不敢入喬裝
作勢至此一無可用滿腔盛怒無所發洩
惟于寡妻弱子上出氣無聊之極亦不
情之甚矣
姜白巖曰越師三國之師納輒勢如
破竹無患亂賊之不誅而衛之不定
也公文要請少待必毒於民忘復而虐
早窺見之矣當大勝時恣意殺掠搵

十七年公孫郲起

見三按哀公出言尖利非若昭公昏愚君臣之間嫌隙有素郭重不能勸君盡禮復教之盡惡言以激其怒是君臣之惡成於重之一言孫郲之禍亦肇於重之一言也小人不知大體每以小怨激成大隙卒至家國俱敗悲夫

傳壬申二十六年夏五月叔孫舒（叔解武叔子文子）帥師會越皋如后庸（皆越大夫）宋樂茷（司城子潞）納衛侯（輒也）文子欲納之懿子曰君愎（狠也）而虐少待之必毒於民乃睦於子矣衛師侵外州大獲（越納輒之）師出禦之大敗（衛師敗）掘褚師定子（褚師比之父）之墓焚之於平莊（陵名）之上文子使王孫齊（衛大夫王孫賈之子昭子）私於皋如曰子將大滅衛乎抑納君而已乎皋如曰寡君之命無他納衛君而已

墓焚屍，使衆怒同讎。言人人切齒。尚將奉以為君乎。私於皋如，予以重賂，大開重門。若迎其來，而寔懾之使不敢進。蓋皋如之師，自門而反，不能與俱入。芭於是君自不入，在皋如可以復命，而迎之不入，在衛人可告無罪。公乃因期而虐己夫人，因夫人而殺己之子。愈奇愈謬。客死於越，寔自取之，何待越言之讖乎。

文子致衆而問焉，曰：君以蠻夷伐國，國幾亡矣。請納之。衆曰：勿納。曰：彌牟亡而有益，請自北門出。欲以觀衆心。衆曰：勿出。重賂越人，申開守陴而納公。申，重也。開重門而嚴設守備，欲以恐公，使不敢入。公不敢入。師還，立悼公。蒯聵庶弟公子黚。南氏相之，以城鉏與越人。孔疏：衛侯先居城鉏。以兵侵衛，衛人申開守陴不敢入，衛人即以城鉏與越，按城鉏近越，越人所欲得者，與之，則公自不敢居城鉏矣。公曰：期則為此。司徒期也。令苟有怨於夫人者報之。夫人，期姊也。怒期而不得加戮，故勑宮女令苦困期姊。司徒期聘於越。為悼公聘。公攻而奪之幣。期告王。越王。王命取之。期以衆取之。公怒，殺期之孫甥之為太子者。忿期而及其姊。為夫人者，遂復及夫人之子。遂卒於越。終言之也。終效夷言，死於夷。

黃薌林曰：彌牟致衆而詢，請納請出，以激國人之怒，即王孫賈叛晉之計也。想輙稱兵拒父時，亦必假王父之遺言，

姜白巖曰：此序樂茷定亂之功也。上是大尹立啓，下是六卿立得，然叙事先云得與啓，則得長當立矣。六卿共政，而司城為主，傳以欲去大尹另提，蓋

宣蒯聵之素惡，以惑國人，故舉國為之死守，至此則真情敗露，國人亦反顔以拒矣。不孝之人，得此不忠之報，足令讀者稱快。

見三按：春秋之末，政以賄成，齊晉納昭，皆以賂敗。彌牟特竊其緒餘耳。然意如猶貌為恭順，以欺人耳目；彌牟則當面弄鬼，故為請納請出，以激衆怒，一面賂越，使之自歸，一面申開守陴，使之欲入而不敢入。蓋皋如之師自門而反，出公之駕亦望門而止矣。亂臣賊子，愈出愈奇，愈變愈很。世道至此，不生七雄得乎？

宋景公無子，取公孫周（元公孫子高）之子得（昭公）與啓（得弟），畜諸公宮，未有立焉。於是皇緩為右師，皇非我為大司馬，皇懷（非我從昆弟）

早以鋤奸自任、而大君得君、且有亂才、故右師以為祛縱之、豈意君忽暴薨、秘喪不發、公然立少司城乘國疑之際、宣言於國、歷數大尹罪狀、使人人知亂臣賊子法在必討、而後義旗一舉、通國響應、此司城最得力處

為司徒、靈不緩（子靈圍龜之後）為左師、樂茷（樂溷之子）為司城、樂朱鉏（樂輓之子）為大司寇、六卿三族（皇靈樂）降聽政、（降和同也）因大尹以達。（大尹近官有寵者、六卿因之以自通達於君、）大尹常不告、（不告君也）而以其欲稱君命以令。國人惡之。司城欲去大尹、左師曰。縱之使盈其罪。重而無基。能無敝乎、（言勢重而無德以為基必敗也。）冬十月公游於空澤、（宋邑、按今河南虞城縣東）辛巳卒於連中、（館名。（名勝志在空澤後、遺址高二丈。））大尹興空澤之士千甲（甲士千人）奉公自空桐入、如沃宮、（奉公尸也、空桐地名、按今虞城縣有空桐亭、沃宮宋都內宮名、）使名六子。曰。聞下有師。（林解言下國有師）君請六子畫。（畫計策）六子至以甲劫之。曰君有疾病。請二三子盟。乃盟於少寢之庭。曰無為公室不利。大尹立啟。奉喪殯於大宮。三日。而後國人知之。司城茷使宣言於國曰。大尹惑蠱其君。而專其利。今君無疾而

死。死又匿之。是無他矣。大尹之罪也。言大尹所弑 得夢啟。北首而寢於盧門之外。盧門宋東門。北首死象。在門外失國也。 己為烏而集於其上。咮張味反 加於南門。尾加於桐門。北門 曰余夢美。必立。大尹謀曰。我不在盟。少寢盟但以君命盟六卿。大尹不盟。 無乃逐我。復盟之乎。使祝為載書。六子在唐盂。地名 將盟之。祝襄。祝名 以載書告皇非我。皇非我因子潞。樂茷 門尹得。樂得 左師謀曰。民與我。逐之乎。林解言宋國之民與我親睦何不逐大尹 皆歸授甲。使徇于國曰。大尹惑蠱其君。以陵虐公室。與我者救君者也。眾曰與之。大尹徇曰。戴氏即樂氏 皇氏將不利公室。與我者無憂不富。眾曰無別。惡其號令與君無別 戴氏皇氏欲伐公。公謂啟 樂得曰。不可。彼以陵公有罪。我伐公。則甚焉。使國人施于大尹。施罪於大尹 大尹奉啟以奔楚。乃立得。司城為上卿。盟

十七

曰三卿族共政。無相害也。

黃薌林曰。此宋事之結局也。春秋之末。齊困於陳氏。晉困於四卿。魯困於三桓。宋則六卿共政。公室猶尊。雖有大尹之難。旋就誅夷。不比齊晉之知有臣。而君如寄生也。見三按此呂秦之前轍也。宋景之暴不及大尹。始皇之奸實等趙高。連中之卒。幾同沙邱。得一扶蘇也。啟一胡亥也。六卿諸人則一蒙恬也。君甍其手。秘不發喪。興千甲之士。劫六卿以盟。廢長立幼。專擅自恣。蓋欲不利社稷。如趙高之專朝政。以亡秦耳。向使司城不能宣言討賊。則六卿駢首就戮。得亦被除。其不為亡秦也幾希。宋景儲式不定。既啟奸臣窺伺之心。上下不通。又授奸臣矯誣之柄。游於空

澤，無疾而死。死又匿之，較之沙邱，更有令人不可知者。宋景始皇前後一轍。秦亡而宋猶不亂者，則以司城之有權畧矣。有國家者其鑒諸。

衛出公自城鉏使以弓問子贛，且曰：吾其入乎？子贛稽首授弓對曰：臣不識也。私於使者曰：昔成公孫于陳，（僖二十八年，衛成公奔楚，遂適陳。）甯武子孫莊子為宛濮之盟，而君入。（盟在僖二十八年）獻公孫於齊，（在襄十四年）子鮮子展為夷儀之盟，而君入。（在位二十六年）今君再在孫矣。（謂十五年孫魯，今又孫宋。）內不聞獻之親，外不聞成之卿，則賜不識所由入也。詩曰：無競惟人，四方其順之。（詩周頌，言無强為得人也。）若得其人，四方以為主，（為四方主）而國於何有。

黃薌林曰：此衛事之結局也。蒯聵殺母，出公拒父，天性儺

仇。禍尋三十載。卒之父作戎州之鬼。子為越國之羈。不知怨慕。猶以入國為問。天下無無父之人。又安有無父之國哉。乃知夫子正名之對。非迂談也。

見三按弓為聘士之物。問以弓。蓋欲其相資為理。而謀入國之方也。豈知不為衛君。早得聖言為定。則無父之人。不宜有國。久在端木氏洞鑒之中。況掘墓焚屍。重失衆民心。衛國之民。皆其讐敵。又安有復國之期乎。子貢論事有識。而此對使之言。尤覺含蓄有味。非當世辯士可及。

傳 癸酉 二十七年春。越子使后庸來聘。且言邾田。封於駘上。杜解 欲使魯還邾田封竟至駘上。○駘他來反 二月盟於平陽。按今山東新泰縣西平陽也 三子皆從。季康子叔孫文子孟武伯皆從后庸盟。按從公盟后庸也。康子病之。恥從蠻夷盟 言及子贛。

思子贛曰：「若在此，吾不及此夫。」不及與越盟。武伯曰：「然，何不召？」曰：「固將名之。」文子曰：「他日請念。」言季孫不能用子貢，臨難而思之。

黃藊林曰：此聖門之結局也。以生民未有之聖人，而魯不能用，獲麟絕筆，吾道終窮，尼父之誄，悔之晚矣。其弟子如冉有之用矛，樊遲之踰溝，有若之踊庭，子路之墮費郈，皆三代之英也。使竟其才，皆足以撥亂而反正，而子貢得聞性道，如用於魯，必能行聖人之道，而成聖人之志。乃知之而不用，其人用之而莫盡其長，固將名之，終成虛語。此三代之盛治所以不可復覩，而世運遂流為戰國歟。

見三按：季康子違桓子之遺言，名孔子而不能用，以致一老不遺，吾魯終弱。孔子歿後，子貢最為高弟，苟能擢之高

位任其執政，本其王佐之才，著為匡時之畧，猶可行聖道於東周，非徒排難解紛已也。乃急則念之，緩則忘之，簡賢棄能，僅以固將名之畢乃事也。後之視今，猶今之視昔，他日請念，直令千古英賢一齊下泪。

夏四月己亥，季康子卒。公弔焉，降禮。（禮不備也。言公之多妄。（補正）過自貶屈也。）

見三按：降禮二字，寫盡君弱臣強氣象，有山氏之禍亟矣。

杜註言公之多妄，補正謂公過自貶屈，均未得當日實情。

晉荀瑤帥師伐鄭，次于桐邱。鄭駟弘（駟歂子）請救於齊。齊師將興，陳成子屬孤子，三日朝。（屬會死事者之子，使朝三日，以禮之。）設乘車兩馬，繫五邑焉。（乘車兩馬，大夫服，又加以五邑。）名顏涿聚之子晉，曰：隰之役，而父死焉。（隰役在二十三年。）以國之多難，未女恤也。今君命女以是邑也，服

孫執升曰：齊師奮而晉師怠，故以知伯之譎，文子之狡，而皆不足以動成子。蓋是時陳氏之羽翮已成，而知氏方與三家相圖，志不在分邑也。不然，以瑤之貪而愎，何乃怯齊哉。

車而朝、毋廢前勞、乃救鄭、及留舒、按齊邑、今山東東阿縣西南有留舒城違去也

轂七里、轂人不知、言其整也及濮、水名雨不涉、子思國參曰、大國在敝

邑之宇下、是以告急、今師不行、恐無及也、成子衣製雨衣杖戈、

立於阪上、馬不出者、助之鞭之、知伯聞之、乃還、畏其得衆心曰、我

卜伐鄭、不卜敵齊、使謂成子曰、大夫陳子、陳之自出、陳之不

祀、鄭之罪也、十七年楚獨滅陳、非鄭之罪、蓋知伯誣陳子、故陳子怒、謂其多陵人、故寡君使瑤

察陳衷焉、衷善也、寀辭謂晉君使己察陳之善、以討鄭罪、謂大夫其恤陳乎、若利本

之顛、瑤何有焉、言陳滅於己無傷成子怒曰、多陵人者、皆不在、知伯

其能久乎、按陵人、謂矯辭欺人、是侮人也、中行文子荀寅、此時奔在齊告成子曰、有

自晉師告寅者、將為輕車千乘、以厭齊師之門、則可盡也、成

子曰、寡君命恒曰、無及寡、無畏衆、雖過千乘、敢辟之乎、將以

子之命告寡君。成子疑其有為晉之心也。○厭於甲反文子曰。吾乃今知所以亡。自恨已無知君子之謀也。始衷終皆舉之。而後入焉。謀一事則當慮此三變。然後入而行之。所謂君子三思。今我三不知而入之。不亦難乎。悔其言不可知復

黃鄰林曰。此齊事之結局也。假仁假義。管仲用之以霸齊者。陳氏竊之以篡齊者。厚施數世。民早歸心。恒復以剛決之才。濟其詭譎之智。出師則屬孤恤死以收人心。遇雨則杖戈鞭馬。以一衆志。而又貌為謙恭。一則曰君命。再則曰寡君命。大奸佞人。偏說出大忠良話。視知伯之多陵人。為韓趙魏作獺鸇者。奚啻天淵之判。夫夫陳子陳之自出盖隱與懿氏之卜相應也。

見三按陳氏厚施得國。是假仁假義。其用兵亦然。屬孤邺

周大章曰。春秋魯史也。孔子取而筆削之。假一國之史。書萬百王之大法。始乎隱。迄於哀。二百四十年之間。賞罰昭焉。勸懲備焉。春秋雖以獲麟絕筆。而左氏則以如越終。以公自是而終也。人君立國。必備書始終。隱不書即位。則隱無始。哀不書卒葬。則哀無終。隱無始。攝也。以桓公故也。哀無終。孫也。以三桓故也。為君數十年。為強臣所追逐。客死於外。不記其卒於何年。葬於何地。讀史者有餘痛焉。嗚呼。春秋之末。三綱淪亡。法斁。父子之亂。至衛極矣。君臣則自宋而外。唯齊晉魯為甚。齊篡於陳。晉分於韓趙魏。魯亦弱於三家。獲麟以來。大書特書。至此猶托以終篇。左氏其有深

死。本為國家常典。何至於救鄭時。始有此曠舉。其為邀好可知。至雨不能涉。衣製杖戈鞭馬以出。古來亦斷無此軍法。不過要結人心。以為制勝之具。然敵人猶且望而避之。此以知斯民之易於見德。而仁者無敵。非虛語也。

公患三桓之侈也。欲以諸侯去之。欲求諸侯師以逐三桓。三桓亦患公之妄也。故君臣多間。隙也。公游於陵阪。遇孟武伯於孟氏之衢。曰。請有問於子。余及死乎。問可得壽死否。對曰。臣無由知之。三問。卒辭不對。公欲以越伐魯。而去三桓。秋八月甲戌。公如公孫有陘氏。即有山氏。因孫於邾。乃遂如越。國人施公孫有山氏。以公從其家出故也。終子贛之言。君不沒於魯。疏云。魯世家。哀公奔越。國人迎哀公。復歸卒於有山氏。子寧立。是為悼公。據傳。哀公不得復歸焉

還安爾。

黃薌林曰：此魯事之結局也。左氏依經立義，始於隱，訖於哀，先之以仲子之生，歸志三桓所從出也；終之以有山之施，志三桓之究極也。厥後三卿篡晉，田氏篡齊，而三桓不敢篡魯者，朝秉周禮，野多君子，清議猶存，足以秉士庶之心而戢權奸之欲，故君可逐而不可篡，國可弱而不可亡，則周公之流澤長矣。

見三按：此昭公所不得之季氏者，而哀公乃欲用之三家乎？昭公自為之，哀公欲藉人為之，適以名亂而已。故夫昭公之伐季氏，一魏曹髦之討司馬昭也；哀公之以越伐魯，一漢獻帝之名外兵也。庸手作法貽禍，古今一轍，有國家者皆當引以為鑒。

意乎。姜白巖曰：自僖公即位，三桓皆非立，權歸季孫，而卒制其君，馴致逐昭公而莫之問。至此，則三桓惡貫滿盈之日，將胥而就滅之時也。適郢妻公之謀，公孫有山氏嘗私告於季孫，季孫周德之，不欲討也，而國人乃施有山逆寧立之想，見魯秉周禮，人心猶古，若季孫不敢篡奪也，亦見國人不從季氏，今能討有山者，安知後之不能討季氏也？迨三晉分而三桓無聞，其或魯君與國人誅之乎？傳於韓趙魏滅知之上特著是篇，以為三桓之結局，方知季氏亡則魯不亡，術士之言，亦盡驗哉。三桓逐君，國人施罪公孫有山氏，蓋三桓施之，以為解免之地；司馬昭誅成濟，亦猶是也。古今助惡之徒，斷難獲免，徒貽臭萬年而已，可嘆也夫。

馮天閑曰：悼四年事，却附於哀公之末，因趙而並及韓魏。春秋書其事則齊桓、晉文，今齊事已于陳恒略見一班，而晉事尚無歸結，故特叙此，以為三家分晉張本。而温公通鑑便接此叙去。春秋之所以終，戰國之所以始也。作者之旨深矣。

姜白巖曰：傳於晉猶極其張皇，雖先詐力而後仁義，然尊周室而庇小國，故猶有取爾也。至晉侯失霸，政歸六卿，自定十三年荀寅、士吉射奔朝歌，而范中行氏絶籍於晉矣。自哀二年鐵之戰，趙氏之臣傳傁曰猶有知在，則趙氏欲傾知久矣。此篇為晉事結局，以趙襄子為主，云能忍恥，無害趙宗，真是知伯針砭。大書魁壘死義，見知氏未嘗無人，惜貪而愎者不之用也。趙知相惎，卒為趙所喪。前此喪范中行，趙氏為主，而賴韓魏之力。今喪知氏，亦以趙氏為主，而賴韓魏之功。三家鼎立，共分晉地，三晉分而七國之勢成矣。為春秋之終，即伏戰國之始。鄭為晉楚必爭，而三晉并爭，鄭不支矣，故卒為韓滅。鄭，春秋之樞紐也，附

悼之四年，晉荀瑤帥師圍鄭。杜解：悼公，哀公之子寧也。未至，鄭駟弘曰：知伯愎而好勝，早下之則可行也。乃先保守也南里以待之。南里在城外。知伯入南里，門于桔柣之門。鄭人俘酅魁壘，晉士。○柣，大結反。酅，户圭反。賂之以知政，欲使為鄭。閉其口而死。將門，將攻鄭門。知伯謂趙孟入之。〔呂說〕知伯與趙襄子並列為卿，乃役以一辭之事，全不近理。對曰：主在此。謂知伯也。言主在此，何不自入。知伯曰：惡而無勇，何以為子？惡貌醜也。簡子廢嫡子伯魯而立襄子，故知伯言其醜且無勇，何以立為子。〔呂說〕醜言詆之。對曰：以能忍恥，庶無害趙宗乎！知伯不悛，趙襄子由是惎知伯，惎，毒也。遂喪之。知伯貪而愎，故韓魏反而喪之。史記：晉懿公之四年，魯悼公之十四年，知伯帥韓魏圍趙襄子於晉陽，韓魏反與趙氏謀，殺知伯於晉陽之下，在春秋後二十七年。〔補正〕終陳成子之言，自是晉益微，至靖公三年，韓魏趙三分其地，靖公遷為家人。

晉則晉強，故晉以爭鄭始，而傳以圍鄭終。

黃薌林曰，此晉事之結局也。忍恥二字，是趙襄得力之處，而是知伯對症之藥。趙襄唯能忍恥，故事事讓知伯，而卒滅知伯；知伯唯不能忍恥，故事事欺襄子，而反為襄子所滅。此傳為趙知興亡張本，即為三家分晉伏脈。司馬君通鑑托始於命三晉為諸侯，蓋繼左氏而作也。

見三按春秋之患在楚，戰國之患在秦，秦之為禍較烈於楚，而能遏其鋒使不能逞者，晉也。敗殽以後，秦穆增修厥德，僅霸西戎，終春秋之世，未嘗出兵以窺山東者，晉為之蔽耳。三晉分而勢單力弱，不能制秦，秦乃得遠交近取，肆其蠶食之謀，吞二周，滅六國，廢封建，壞井田，焚書坑儒，二帝三王之道蕩矣無存。是三晉之分，固周秦興亡所係，亦

古今治亂所分也。向使知氏不滅，則韓趙魏猶有所牽制，而不至三分晉國。而其端則肇於圍鄭，知趙搆釁，遂至韓魏合謀，知氏滅而三家興，春秋終而戰國出，覆讀終篇，作傳者其有餘痛歟。

八閩文庫

八閩文庫

文獻集成

218

福建文獻集成

吴格 主編

續編 經部 一八

海峽出版發行集團
THE STRAITS PUBLISHING & DISTRIBUTING GROUP
福建人民出版社

本册目次

大學參證二卷中庸參證二卷中庸心悟一卷

［清］侯官沈輝宗撰

中國國家圖書館藏清光緒四年刻本

大學參證二卷中庸參證二卷中庸心悟一卷，清沈輝宗撰。輝宗（一八二一—一八九三），字篤初，侯官人。母爲林則徐六妹林蕙芳，次兄爲晚清名臣沈葆楨。出嗣四叔沈廷本。輝宗以咸豐九年（一八五九）己未科舉人，大挑二等同知銜，歷長汀、龍溪縣學教諭，福州船政學堂教師。生平見武林沈氏遷閩本支家譜。

此清光緒四年（一八七八）刻本，三種合刊。内封均題「光緒戊寅鐫」、「致遠堂藏板」，書籤係沈葆楨所題。大學、中庸參證每半葉十行，行二十字，白口，左右雙邊，版心上題書名，各卷端題「福州沈輝宗篤初學」。中庸心悟每半葉九行，行二十字，小字單雙行同，白口，左右雙邊，版心上題「中庸」。

考是書旨趣，或爲指示諸生而作，分章定節，條理清朗，自具體系。大学、中庸參證，皆爲總考、條考各一卷。大學總考又别爲大學原始、大學原本、大學名義、大學總旨、大學中庸相表裏、讀大學綱領數章。中庸總考别爲中庸原始、中庸科段、中庸名義、中庸總旨、讀中庸綱領數章。條考皆摘句爲解。二書體例，先引前人之説，其後低一格下按語，或申或駁，要皆有見。凡所引述，自鄭注孔疏外，並及宋迄清數十家之多，而不拘守舊解，多出新意。如朱子於大學，嘗據「三綱八條目」分别經傳，移易其文，又謂闕佚「格物致知」一節，因取小程子説補撰，此向爲學者所聚訟。而沈氏謂「大學所以疑其闕誤者，由於不識首章是致知之文，錯實始於注疏也。自孔疏以首章爲總冒，斷以誠意爲始，宋儒因以錯簡疑之，遂删去首章結語，名之爲聖經；又以脩身以上爲明明德之事，因而改讀『新民』，定爲三綱領；以『致知在格物』聯屬於上文，因而合稱『格致』，判爲八條目。於是格致無文，勢不容以不補；誠意章義不可通，勢不容以不改」。故於經文次第一準古本，而別爲致知、誠意、正心脩身、脩身齊家、齊家治國、治國平天下數章。中庸心悟，據先儒所分，更定序次，别中庸爲首、一、二、三、末五支，支各若干段，凡十三段皆逐句詳解，而各支之首、每段之末，又申説大意及分段緣由，體例甚善。

沈氏兄弟久在福州從事船政，此本蓋即當地所刊。此雖清末刻本，而未能廣爲傳播，行世頗稀見，僅見孫殿起販書偶記、續修四庫全書總目提要著録。（樊長遠）

大學（中庸心悟）參證

葆楨題箋

光緒戊寅鐫

大學參證

致遠堂藏板

大學參證上

總考　　福州沈輝宗篤初學

大學原始

孔氏穎達禮記正義。引鄭目錄曰。此於別錄屬通論。

程子經說曰。大學孔氏之遺書。

朱子文集。癸未垂拱奏劄曰。大學之道。累聖相傳以有天下。至於孔子。不得其位。而筆之於書。以示後世之爲天下國家者。其門人弟子。又相與傳述而推明之。

許氏謙讀四書叢說曰。明明德親民止至善。及下八條目。是先王立學教人之法。其餘皆孔子發明之言。觀三在字及古之二字可見。

呂氏大臨禮記解曰。禮記所載。皆孔子門人所傳授書。

翟氏灝四書考異云。大學久亡作者姓名。程子定爲孔氏遺書。言孔氏。不必定屬孔子自作。如六經皆經孔子贊刪修定以授弟子。則皆孔氏遺書也。此最確當不易之正論。

朱子或問曰。問子謂正經蓋夫子之言。而曾子述之。其傳則曾子之意。而門人記之。何以知其然也。曰正

經辭約而理備。言近而旨遠。非聖人不能及也。然以
他無左驗。且意其或出於古先民之言也。故疑之而
不敢質。至於傳文。或引曾子之言。而又多與中庸孟
子者合。則知成於曾氏門人之手。而子思以授孟子。
無疑也。

李氏蓘太史文集曰。曾子著太學。初謂朱說有本然
觀與林擇之書云。大學正經辭約而理備云云。亦以
意言爾。傳中引曾子曰。知曾氏門人成之也。則晦翁
亦未有所本矣。

陳氏耀文經典稽疑曰。大學或問云。傳文或引曾子

之言。而又多與中庸孟子者合。則知其成於曾氏門人之手無疑。夫無所師受。無他左驗。而獴其相似者。輒謂某之所作。所謂自信之篤。能自得師者歟。曾子立事本孝等十篇。曾子問一篇。大小戴記卽明載之矣。大學果出曾子也。何爲不言耶。

樊氏艮樞四書辨證曰。朱子遽稱大學爲曾子書。似與程子之說不合。觀誠意章別引曾子之言。決非曾子之書可知也。

林氏希元四書存疑曰。十目所視十手所指。其嚴乎。是曾子平日之言。非爲誠意而設也。

按大學是先王立學教人之法。孔子以其道授弟子。未嘗筆之於書也。孔子沒後。人懼其道之失傳。乃述所授著於篇。其書一意承貫。只一人所作。無經傳之分。篇中兩引子曰。一引曾子曰。可見非孔曾自作。中庸亦然。中庸凡加子曰二字。皆引孔子平日之言。以發明中庸之義也。先儒疑大學亦是子思所作。果爾則程子謂孔氏之遺書。朱子謂成於曾氏門人之手。其說可以兩圓矣。

朱氏彝尊經義考曰。大學不題作者姓氏。或云七十子之徒共撰所聞。或云是子思作。至朱子百世之後毅然論定爲曾子之書。且析爲經傳。當日復齋陸氏。東礀湯氏。咸謂朱子中庸大學其傳不遠。而朱德莊亦不信朱子章句。於是董文清而後。改本紛綸出矣。按踵程朱之後改大學者。至五十餘本。後人以此追咎於程朱。然其羽翼之功。正不可沒也。蓋程朱因看得古注有未合。故改之。後人又看得程朱所改有未合。復改至數十改。經此數十改之後。顛來倒去。總無是處。乃知原文是天造地設。眞萬古不易之文也。輝宗讀大學中庸。每從傳注之可疑者。得間而入。此以見學問之道無窮。必由麤而得精。

因非而悟是藉非萃數十輩之名儒經千百年之辨難。何由得聖學之眞乎。故凡古今注之得者固吾道之干城。卽其失者未始非聖門之羽翼也。況學庸專本。雖不始於宋。而表章之功。於宋爲烈。實自程朱倡之。執中之心。學推本於唐虞相傳之旨。實自程朱發之。卽此二端。有功於聖門已非淺鮮。此所以列諸從祀而無慚歟。

江氏永羣經補義云。大學成於曾子之門人。疑亦是子思所作。曾子門人之高者無過子思。次則樂正子春公明儀。大學中庸相表裏。要非子思不能作。

葛氏寅亮四書湖南講曰。大學中庸皆出禮記。大學不著姓氏。據漢志謂戴記爲孔子祖孫家語。則亦明指子思矣。

史氏繩祖學齋佔畢纂曰。子思於大學末章。乃合仁義而言之。曰未有上好仁而下不好義者也。又明義利之辨。曰爲國者不以利爲利。以義爲利也。孟子學於子思。故於七篇首特提仁義。實繼大學此章之指。

大學原本　附章節

禮記正義曰。此大學之篇。論學成之事。能治其國。章明其德於天下。卻本明德所由先。從誠意爲始。

按大學所以疑其闕誤者。由於不識首章是致知之文。錯實始於注疏也。自孔疏以首章爲總冒。斷以誠意爲始。宋儒因以錯簡疑之。遂刪去首章結語。名之爲聖經。又以脩身以上爲明明德之事。因而改讀新民。定爲三綱領。以致知在格物聯屬於上文。因而合稱格致。判爲八條目。於是格致無文。勢不容以不補。誠意章義不可通。勢不容以不改。蓋以誠意爲明明德中事。不應將新民止至善一併拉入也。是所謂一著錯滿盤差者。若知首章爲致知之文。則必不分格致爲兩事。知明明德始於致知終於平天下。則必不改親民爲新民。必不以止至善兼屬明新。明明德親民止至善均得其解。則誠意一章。自怡然理順矣。奚容移易其一字乎。

毛氏奇齡大學證文曰。鄭注孔疏不分章節。但以大學之道起。至止於信爲一截。子曰聽訟起。至末爲一截。此亦不得已而爲署注之地。蓋分注非分節也。與兩截分章不同。　四書考異云。此自是一篇書。鄭注依文解之。或數句一注。或一句一注。無分章亦無分節。孔疏分作兩截。而於上截所謂誠其意者云。自此以下至此謂知本。廣明誠意之事。於下截此謂知本云。從上所謂誠其意至此。皆是誠意之事。兩截仍是通說。是其中分以作兩截。誠不得已爲署注之地。未嘗有一毫分章分節之意見矣。然諦譯疏文。自瞎分六大經。首一經爲四科段。誠意一經九科段。平天下一經八科段。餘三經不爲科段。明葛氏寅亮作大學詁。以經爲首章。誠意爲第二章。脩身爲第三章。齊家爲第四章。治國爲第五章。平天下爲第六章。蓋亦本自孔氏。惟以詩云瞻彼淇澳至此謂知本。截出爲第末章。出自葛氏杜撰。

按阮氏元校勘記。載惠棟校宋本禮記正義子曰聽訟節起至篇末爲第六十七卷孔疏自所謂誠其意者至此謂知本皆是誠意之事疏中旣有明文豈有以章末畸零兩節截爲下卷者竊意分卷未必始於注疏殆古者簡冊繁重不得不分而大學一篇實一氣承貫非可截此謂知本止分爲上下卷者故特以畸零兩節接編於下卷示不可割斷之意歟中庸截在下位起爲下卷意亦猶是耳

黎氏立武大學本旨自序曰大學一書學者皆以先儒更定錯簡爲據本旨之述則依本文次序講彝厥旨將以備考訂也四書考異云黎氏字以常湻祐四年進士說者謂章句旣行能復取

大學原本而尊信之者惟姚江
王文成一人。不知先有黎氏。
羅氏洪先等王文成年譜曰。正德十三年七月刻古本大學。先生在龍場時。疑朱子大學章句非聖門本旨。手錄古本。伏讀精思。始信聖人之學本簡易明白。其書止爲一篇。原無經傳之分。

王文成全書答羅整庵書曰。大學古本乃孔門相傳舊本耳。朱子疑其有所脫誤。而改正補緝之。在某則謂其本無脫誤。悉從其舊而已矣。且舊本之傳數千載矣。讀其文辭。既明白而可通。論其工夫。又易簡而可入。亦何所按據而斷其此段之必在於彼。彼段之必在於此與此之如何而闕彼之如何而誤而遂改正補綴之乎。

沈氏曙大學古本說義曰。大學雜戴記中至有宋諸儒始表而出之。是書初行。其中文義未甚明晰。遂以誠意一傳。裂而爲五。復增補致知之傳。自是爲宋儒之大學。非復孔氏之大學矣。賴陽明先生奮臂大呼。天下始翕然知有古本大學。

吳肅公大學述曰。自朱子章句行。而鄭注孔疏並廢。戴記中遂削原文。所幸存者。舊十三經注疏耳。號稱古本。棄置弗道。於是大學永爲朱子之書。而孔門之大學蔑矣。

柴氏紹炳文鈔曰。宋代儒者多以意删訂經文。二程子改大學。朱子作孝經刊誤。將舊文併省。分屬經傳。而删其句字。夫仲尼不敢改魯史。而程朱改大學孝經。此等事姑聽先儒自爲之。勿可效也。

李安溪榕村語錄曰。大學一書。二程朱子皆有改訂。若見之果確。一子定論。便足千古。何明道訂之。伊川訂之。朱子又訂之耶。

朱子或問曰。傳者釋本末。而不論夫終始。何耶。曰此章之下。有闕文焉。安知其非本有而並失之耶。

按朱子既作補傳。似不當復以闕文爲辭。張惕庵翼註論文以定靜安慮得爲止至善之條目。甚嗚得意。果爾不特終始當有傳。止至善條目亦不容無傳。今概以闕文言之。恐有補不勝補者矣。

李安溪大學古本說序曰。朱子所補致知格物一傳耳。然而誠意致知正心。誠意其闕自若也。其誠意傳文。釋體迥然與前後諸章別。來學之疑有由然已。

又舊序曰大學自二程子各有更定。朱子因之訂爲今本。然五百年來不獨持異議者不允。自金華諸子。元葉丞相。明方學士。以至蔡虛齋林次崖數公。皆恪守朱學。而羣疑朋興。遞有竄動。所不能泯然於學者之心。補傳其最也。間考鄭氏注本。尋逐經意。竊疑舊貫之仍。文從理得。況知本誠身二義。尤爲作大學者樞要所存。宜直其所見。待方來之朱子而折衷焉。

朱子語類。大學鄙說。脈處不少。大抵本領不是。只管妄作。自誤誤人。深爲可懼。又云。大學解而今自謂穩矣。只恐數年後又見不穩。中庸中和等說。近細思之。病敗不少。理固未易窮。然惛憒如此。殊可懼。

按朱子之爲是言。實有不自滿之意。非徒作謙辭也。孔子云。蓋有不知而作之者。我無是也。子思云。

百世以俟聖人而不惑孟子云聖人復起不易吾言矣古聖賢立言垂教紹列聖之心傳非一人之私語於此處固不過作謙辭至於傳注代聖賢闡發微言開示後學但求不錯亦不容錯此更無所用其謙也程子中庸說惟自意不滿故火其書黃直卿云朱子四書注直改至死以求合不得故也朱子亦自言大學中庸屢改終未能到得無可改處蓋朱子於大學過信程子新民格致之說於中庸性訓卽理教訓禮樂刑政之屬源頭已錯故屢經脩改終不愜意觀其答潘端叔應仁仲黃直卿

蔡季通詹帥胡季隨諸書皆作愷歎語可見朱子本心實有自病其未足者大學於易簀前三日猶改誠意章而卒設使天假之年覓得病源必有幡然更定之一日矣然朱子章句於堯舜授受之道孔門傳心之法獨得其宗旨是固漢唐諸儒所未及者程子既拔大學中庸於禮經中而未有成書朱子爲表章詁不得不序而傳之而序末皆云俟後君子固以補葺增訂屬望於後人也乃有明持固陋之見作大全一書屏棄衆說使歸於朱學一門於是明儒有別見創解皆祕之篋中不敢刊播

名之曰私抄。反以失朱子虛公闡論之意矣。迨我
朝除專門之習。諸儒臣乃得以刊訛辨正。各伸其論說。
載入
皇清經解者。未可以更僕數。想朱子復生。正當喜其助
我耳。

致知章

李安溪大學古本說分六章。大學之道至此謂知之
至也。爲右第一章。注云。此章蓋總論大意。而歸重於
格物之指。

按安溪雖分六章。亦以首章爲總冒。謂格致含在

首章不知此卽致知之文也此章凡八節大學之道至慮而后能得二節爲一段是教學者以知止先提明明德三項然後點出知止是先敘後按之法物有本末至先致其知二節爲一段是教學者以知所先後先按知所先後然後列出六條目是先按後敘之法致知者欲其知本欲其知之至也欲其知之至故先教以知止欲其知本故先教以知所先後此兩知字是未入門時先知箇準頭故揭之於致知之前然後出致知題目是爲知本知之至之緣起也明明德親民止至善是大學之標

準。不是大學之綱領。今因敎致知。正合揭出標準。而使之知止。故知止一節。定靜安慮得。俱是就知上說。舊注錯向行上說。實說不去。是爲致知之文之明證也。明明德於天下六段。原是大學總目。今因敎致知。恰好列出條目。使知所先後。但列條目於致知章中。法應用倒敘。故從明明德於天下倒遞到先致其知。若是總冒。則合順點。不合倒敘矣。是又致知之文之明證也。致知在格物。原另爲一節。乃申釋致知而示以所以致之之法。致知之格物。亦猶誠意之毋自欺。以致知題目卽在本文。故不用所謂字。物格至天下平爲一節。明示以知至。知之至乃可以言行也。自天子至末之有也爲一節。明示以知本。其本亂則末不可治也。知本卽在知至之中。皆從格物而來。故末節總結之曰。此謂知本。此謂知之至也。各條目章末皆有此謂結語。通篇文例如此。結末二語。明是致致知。故知爲致知之文也。

大學古本說。古之欲明節注云。承上知所先後而言大學之條目也。

按物有本末節。古今本皆合上二節爲一段。惟安溪此說爲得之但其餘說尚未盡合耳此節是爲下節作冒故以兩有字按起物有本末者謂天下國家之本在身也事有終始者謂明明德於天下始於致知也物字事字本末字終始字按之下文皆確有分配若明德新民不得謂之物能得卽照朱注謂意誠以下之事亦不得謂之終也知所先後只重在所先六先字分明在下節上兩節並無先字故知爲起下之詞非結上也

禮記正義古之欲明明德至先致其知疏曰前章言大學之道在明德親民止善覆說止善之事畢故此

經明明德之理。　致知在格物至天下平。疏曰。此經明初以致知積漸而大。至於明德。前經從盛以本初。此經從初以至盛。上下相結也。

按鄭本古之欲明至先致其知爲一節。致知在格物爲一節。此確不可易者也。惟古之欲明節。當合物有本末節。與大學之道二節作對。物格節與自天子節作對。正義以致知在格物至天下平作一科段。與古之欲明節作對。以爲上下相結。失之矣。然疏中明言初以致知積漸而大。至於明德。則直以致知爲始事。未嘗於致知之上。復添格物一條目也今以致知在格物合上爲一節與物格節作對又失之甚焉者致知在格物明明是在字與上文六先字文法迥別上文六先字只爲趕出先致其知一先字非於各條目中截然分次第也物格節只重知至二字言大學之全功皆操之於知至故爲知至要終於天下平非復述上文也若以爲學次第言則上節六先字已盡之矣又必絮絮焉疊用七而后字複述一遍聖經有此冗贅文字乎李氏翺文集復性書引大學曰致知在格物物知至故意誠意誠故心正心正故身脩身脩而家齊家齊而

國理。國理而天下平。

按合觀禮記本及李文公所引。可見致知在格物斷不屬於上文。宋以前無合稱格致者。程朱始並之而爲兩條目。後來改大學者至五十餘本。說格物者至七十二家。而獨於格物爲致知之道。無一論及之者。李安溪旣遵古本。而此句仍從今本連上讀。鄧王陽明毛西河皆力求異於朱子。而於改讀新民。合稱格致。亦不免承沿其誤。總因三綱領八條目之說。童焉誦習。白首不忘。先入者爲之主耳。○古人讀書。第識其大意。不若後人記誦之專。

故所引書多與原文小異李文公引大學雖有參差而實不失乎經意蓋此章以致知爲主故從致知在格物引起旣從致知在格物引起脫去物格句自無礙以此節原重在知至二字也意誠心正煞有工夫故用故字承接身脩而下都是效驗故用而字層遞卽其點竄之處足徵其經旨了澈矣

四書湖南講曰大學有鄭康成本賈逵本俱不分經傳程朱始分首章爲經各章爲傳考鄭本與今本除相同外有此謂知本此謂知之至也在首章末之有也之後文理極爲相屬似不宜更

按知本承上脩身爲本。知之至承上物格知至。文理顯然相屬。豈程朱見不及此。但首章既定爲聖經。則此二語實無著。自不得不刪。且意以知本知之至截然兩事。不當合而言之。故一以爲衍一以爲闕耳。不知知本卽在知至之中。皆從格物而來。物格知至之後。卽以知脩齊治平之先後。知至卽所以知本。知以脩身爲本。卽知以明親至善爲止。知本亦所以知至。故合而言之。爲通章總結也。

誠意章

禮記正義。所謂誠其意者至必愼其獨也。疏曰。自此

以下至此謂知本廣明誠意之事　此謂知本䟽曰此從上所謂誠其意至此章大畏民志以上皆是誠意之事意爲行身之本能自知其身是知其本

按誠意一章凡十三節只首四節說誠意而誠中形外心廣體胖等語已說到心正身脩矣至淇澳以下則直說到齊治平申釋明明德親民止至善之道以明以脩身爲本非說誠意也所以列此於誠意章中者以德之所由明民之所由親至善之所由止總係之於誠意故以誠意統大學之全功也孔疏未能發明此義但云皆是誠意之事讀者

焉能釋然乎。此後人所以不從注疏也。

劉氏宗周大學古記曰。大學自是一篇文字。王文成古本。自誠意下合瞻彼數節。至此謂知本通爲一章云釋誠意而格致在其中。故王氏古本序。首言大學之要。誠意而已矣。

榕村語錄曰。王姚江謂大學只是誠意。誠意之至。便是至善。中庸只是誠身。誠身之至。便是至誠。雖曾思復生。必有契合。惜其他言說未能盡合此旨。

按王文成亦誤認首章爲總旨。以爲格致無文。欲強納於誠意章中。謂釋誠意而格致在其中。未免傳會蓋文成既不知首章爲致知之文又不知誠意之時即所以求正心所以求正心者即所以脩身所以脩身者即所以齊治平不知納脩齊治平於誠意章中反納格致於誠意章中謂大學工夫只是明明德明明德只是箇誠意誠意底工夫只是格物致知若以誠意爲主去用格物致知工夫即工夫始有下落等語置格致於誠意之後既倒置經文而於正心脩身等項竟似可以删却矣此所以欲復古本而益啓後學之疑也

陸象山語錄曰所謂誠其意者一段是總脩齊治平

之要。故反覆言之

按大學一篇。以好惡二字爲主腦。齊家治國平天下。只是好惡得正。故曰以脩身爲本。脩身是總名。其工夫只是致知誠意正心三項。致知主知而力行工夫。則專在於誠意。誠意到極至時。便是正心。心正則身自脩。非誠意之後。又有一層正心工夫。正心之後。又有一層脩身工夫也。身脩則家自齊國自治。天下自平。非脩身之後。又有所以齊家治國平天下者也。故正心章但言身不正不言其如何正。脩身章但言身不脩。不言其如何脩。以所以正所以脩之者。具在於誠意也。齊治平三章。句句都是說脩身。句句都是說好惡好惡之所以得正。只是誠意一事。故誠意一章。總脩齊治平之要也。大學古本說所謂誠其意者至此謂知本。爲右第二章。注云。此章前無誠意在致其知之文。後無正心在誠其意之釋。章首又特揭誠意。而於前後無所牽引。蓋以誠意爲一篇之要也。　富潤屋節注云。心常寬平。而體常舒泰。是其德之潤身也。蓋至此則已造乎心正身脩之域。而明德明矣。　淇澳節注云。申上節誠中形外之意。而見明德新民止善之統於誠者如此也學者格物致知之事誠意之端也自脩者謹獨之事誠意之實也恂慄威儀者心正身脩之事誠意之驗也至於民不能忘則齊治均平之機誠意之應也　又第四章注云正心脩身統於誠意無可疑者若自齊家以下一家之觀型國與天下之興起非誠不動德之不脩而觀感之無自固不可謂意誠事之不當則是猶有蔽於私而撓於欲者亦未可謂之誠其意也朱子所謂節節有工夫者意蓋如此後學不察以謂家國天下別有措置區畫而不統於誠意則非矣

按誠意之時。卽所以明明德親民止至善。脩身在此。齊家治國平天下亦在此。故脩齊治平。皆可統之於誠意。不必區分。若致知誠意正心。三者各有工夫。有先後。不可不區分。而淇澳節合言之者。以致知爲意所由誠。正心爲誠之極致。總完得一誠字。故歸併之於誠意也。至家國天下。亦非絕無所措置區畫。但所以措置區畫之者。壹本於君身之好惡。其機固操之於誠意耳。故安溪於措置區畫上。一別字。甚有意思。當玩之。爲國家者。措置區畫之道。卽所謂絜矩之道也。絜矩之道。正將禮樂刑政。扯攏入君身好惡之中。以明以脩身爲本。若不本於脩身。專向禮樂刑政而求之。是之謂別有措置區畫也。若徑云無所措置區畫。則疑於清淨無爲。非所以爲天下國家矣。此聖賢立言。所以必歸無弊也。

李氏日華大學遵古編序曰。周彥雲遵古本石經。著大學義。以篇末詠淇澳詩。知文武心法。乃在武公。因定爲子思居衞之作。

按石經本僞造。不足信。且以篇末詠淇澳詩。遂定爲子思居衞之作。殊涉影響。而所云文武心法。乃在武公。却億中乎經旨。故錄之。蓋執中之心法。肇開自堯。歷傳以至於文武。而以思誠紹統者。厥惟武公。故由武公上溯前王。由前王上溯文王。由文溯湯。由湯溯堯。歷敘淵源所自出也。所以首引武公者。以武公爲思誠之聖。恰好爲誠意作榜樣。至於盛德不忘。則與至誠無異。故由武公而追溯生安之聖也。若照石經置此節於篇末。與三引書爲隔斷。則堯湯文倒置其世次。何以爲解乎。

禮記鄭本康誥曰克明德至皆自明也爲一節。湯之盤銘曰至無所不用其極爲一節。

按淇澳節申釋止至善。前王節申釋親民。此二節皆釋明明德。上節作開。下節作合。上節言明明德於天下。只是自明已德。下節言自明已德自能及於天下也。

禮記鄭本。此謂知本另爲一節。注云。本謂誠其意也。孔疏。意爲行本。既精誠其意。是曉知其本。故云此謂知本也。

按誠意便是脩身。故直以誠意爲知本。宋儒因看得誠意與脩身是兩件事。以爲誠意章不當著此謂知本句。故改之。故張惕庵翼註論文駁鄭注云。

經文壹是皆以脩身爲本。此復以誠意爲本。員二本矣。據惕庵看得誠意是誠意。脩身是脩身。不知惕庵之脩身。又是如何脩法。誠意章明言德潤身。心廣體胖。淇澳節明言自脩。注亦以爲省察克治之功。誠意非卽脩身。而何惕庵又云。何不曰以誠意爲本。乃曰脩身爲本。蓋不特不知誠意便是脩身。並不知脩身中尚有致知正心兩項矣。

朱子章句分三節。

正心脩身章

脩身齊家章

朱子章句分三節。

按此二章鄭本皆總爲一節。李安溪古本說從之。非也。當以朱子章句爲正

齊家治國章

大學古本說第五章注云。凡言治國者。不必皆君之事。士大夫之服官莅衆皆是也。故事君事長使衆皆以治國言之。又曰保赤子者心誠求之。推之於民亦舉斯心加之而已。世未有學養子而后嫁者。則亦豈必學養民而后治乎。

按故君子不出家以下當截爲一節。合下康誥節

爲一段。以爲君言。不出家而成教於國。謂未仕之時。已通治國之理。非言不出户庭。便能行其教化也。下節引康誥節。申明不出家而成教之義。講家多以康誥節單頂慈。以使衆說安溪中間數語。亦不免蹈此病。今節刪之。

爲一段。以爲臣言。一家仁二節爲一段。以爲君言。

禮記鄭本故治國在齊其家合上是故君子有諸已爲一節。

按故治國在齊其家。當合堯舜帥天下統爲一節。

季彭山有大學改本。刪故治國在齊其家七字。意以章末有此謂治國在齊其家句。此處不當先下此結語。故删之。不知章末是通章結語。此是本節結語。玩故字文法顯然。蓋此章原釋齊家治國治國卽是平天下。故以帥天下言之。身不脩不可以教其家。故曰所藏乎身不恕。因上文言帥天下言所藏乎身。故兜轉治國在齊其家。以剔醒本章題目也。此本節結語必不可少者。若删去此七字。則本節語與章旨不符矣。乃知聖經中斷無閒字句。非後人所能增減其一字也。

治國平天下章

朱子文集答黄直卿曰大學向所寫者自謂已是定本近因與諸人講論覺得絜矩一章尚有未細密處文字元來直是難看彼才得一說終身不移者若非上智卽是下愚也

按朱子以此爲絜矩一章所謂未細密者似是指絜矩說故下文所注處處都要黏定絜矩然以愚觀之還是病在太細密蓋絜矩之道只至第二節止以下說好惡得失本末義利仍是教以致知誠意爲明明德入手工夫與絜矩二字並無關涉也

朱子章句是故君子先愼乎德注云德卽所謂明德

按是故君子先愼乎德節所以結明明德之義以下自德者本也至亦無如之何矣凡十四節皆申明此一節之意此一段與脩身齊家章引諺語以結止至善之義齊家治國章三引詩以結親民之義同一文例也

禮記鄭本孟獻子節此謂國二句合孟獻子爲一節章末此謂國二句另爲一節

按孟獻子節此謂國二句是因孟獻子之言以明義利之辨故合爲一節章末此謂國二句以義利之得失對勘之爲通章總結故另爲一節非頂長

國家節。深明以利爲利之害。亦非申明孟獻子節。

復作丁寧語也。

大學名義

禮記正義引鄭目錄曰。名曰大學者。以其記博學可以爲政也。

按大學始於致知。故云博學。終於平天下。故云爲政。然致知在於知本。知之至實由博返約之功。爲政以脩身爲本。實以簡御繁之道。此所以累聖相傳而不能或外焉者也。

司馬温公大學廣義曰。離經斷句。解疑釋詁。此學之小者也。正心脩身齊家治國。以至盛德著明於天下。此學之大者也。故曰大學。

朱子經筵講義曰。大學者大人之學也。古之爲教者。有小子之學。有大人之學。小子之學。灑掃應對進退之節。詩書禮樂射御書數之文是也。大人之學。窮理脩身齊家治國平天下之道是也。此篇所記皆大人之學。故以大學名之。

胡氏文炳四書通曰。朱子以爲因小學之成功著大學之明法。小學大學乃以年之大小言。

毛氏奇齡四書賸言曰。大學學之大者。小學學之小者。漢書大戴禮皆云小學習小藝。大學習大藝。賈誼新書引容經云小學蹍小節。業小道。大學蹍大節。業大道。總是一義。容經卽儀禮。古以容字代儀字。所謂容禮容臺禮者。此必儀禮逸文也。

朱子章句。大舊音泰。今讀如字。

按大學大字。諸家咸從舊音讀泰。愚謂大學對小學言。當依章句讀如字。朱子謂大學小學以年之大小言。高拱問辨錄駁之非也。尙書周傳云。王子公卿大夫元士之適子。十五入小學。見小節焉。踐小義焉。二十入大學。見大節焉。踐大義焉。書傳略說云餘子十三入小學見小節焉踐小義焉十八入大學見大節焉踐大義焉鄭注大節大義謂博習盡誠也愚按博習卽大學之致知盡誠卽大學之誠正然則學之大小因年之大小而分未始不可但以大人之學對小子之學而言似以成人爲大人無是稱耳若謂大人二字卽孟子之所謂大人則小子之學何非學爲大人地乎故毛西河云此人字須添不得也朱序又云八歲入小學十五入大學與書傳亦不合四書賸言云漢志所載八歲入小學乃天子世子之禮其學在師氏虎門之

左而尚書大傳謂十五入小學者。公卿大夫元士適子在年幼時。不便入天子世子之學。所以十年出就外傳。且學於家塾。直至十五。方令入師氏所掌虎門小學。又方氏觀旭論語偶記云。古無十五入大學之文。論語十五而志於學。是未及十八入大學之期。先有志及之耳。集注古者十五而入大學。望經爲注。蓋未深考。四書賸言又云周禮八歲入小學。保氏教以六書。所學止書數耳。愚謂灑埽應對進退之節。八歲未必學得。學無論大小。總不外詩書禮樂之文。孝弟忠信之事。今以意揣之。所云八歲入小學。及十年出就外傳。當是學其文字。如離經斷句是也。十三十五入小學。當是學其儀容。如少儀弟子職是也。至十八二十入大學。則學其義理。如致知誠正是也。朱子云大學小學。不可分兩段事。亶是。

大學總旨

朱子癸未垂拱奏劄曰。大學之道。堯舜相授所謂惟精惟一。允執厥中者此也。

王氏柏書疑曰。堯典第一章。是放勳之序。大學一篇。其原出於此。明德新民止善皆在其中。

黎氏立武大學發微曰大學一書在止善所謂一以貫之者此也

按歷來列聖傳心只一中字大學之止至善即本於大禹謨允執厥中一語其明明德親民則本之堯典克明俊德以親九族平章百姓協和萬邦等語王氏但謂其原出於堯典第二章猶有未盡之旨親九族明是親字平章協和亦是親字意王氏既根據堯典讀親爲新亦不合

盧氏孝孫大學通義曰孔門相傳之心法在乎慎獨大學之書所以作也

按大學致知工夫只知得一箇中字力行工夫只是愼獨二字愼獨卽所以求中也中字爲堯舜授受淵源愼獨二字則孔門傳授心法也大學爲民父母只是與民同好惡好惡之正否專係發意之時愼其所獨知者而脩省之使復其未發之中則意誠矣省之之久使此未發之中不省亦存則心正矣由是發之於身無忿懥四者之偏斯施之於人自無親愛五者之辟以此建中於民家如何不齊國如何不治天下如何不平乎中庸由愼獨以至於戒愼不睹恐懼不聞致中和而天地位萬物

育。亦猶是耳

大學中庸相表裏

鄭氏曉古言曰。魏正始中。詔諸儒虞松等考正五經。刻之於石。而大學中庸傳焉。松表引賈逵之言曰。孔伋窮居於宋。懼先聖之學不明。而帝王之道墜。故作大學以經之。中庸以緯之。

鄒氏德溥大學宗釋曰。大學旨趣實與中庸無二。孔伋經緯之言。信不虛也。

大學古記曰。漢儒賈逵云。子思懼聖道之不明。乃作大學以經之。中庸以緯之。今紬繹二書。中庸原是大學注疏似出一人之手。故程子謂孔氏遺書，而朱子謂曾子之意而門人記之。曾門高弟非子思而何。按子思經緯之說，由明嘉靖間豐氏坊僞造石經而起。石經之僞，前人辨之甚詳。然子思經緯之說實能抉二書之奧旨而得其會通。所云松表引賈逵之言，或有根據。想豐氏能僞造石經，未必能僞造賈逵語。縱使僞造其言，亦不妨節取也。蓋大學爲行道而作，王意在以脩身爲本；中庸爲傳道而作，王意在裁其過不及。二書實相爲表裏，意其當出於一手。今繹其大旨，有若合符節者。大學之明德至善卽中庸之中字中庸中字有二義一爲未發之中中之體也一爲中節之和中之用也合中和二字始是中庸之中字明德卽未發之中所謂天下之大本是也至善卽中節之和所謂天下之達道是也大學之親民卽中庸之庸字庸庸德也指子臣弟友而言大學之仁敬孝慈信所謂親民也仁敬孝慈信蘊諸心則謂之明德措諸事則謂之至善其實一也故中庸之庸便是中大學之親民便是明明德便是止至善也中庸一篇卽大學致知工夫中庸說性道說過不及只求得一箇中

字。大學之格物。只求得至善二字。至善卽中也。其

力行工夫。則皆在於愼其獨三字。中庸之愼獨。卽

大學之誠意。戒愼不睹恐懼不聞。卽大學之正心。

戒愼不睹恐懼不聞。是至誠無息工夫。愼獨是其

次致曲工夫。聖人之戒懼已包得愼獨。學者須由

愼獨以進於戒懼也。蓋聖人生知安行。不用致知

誠意。合下便能正心。當不睹不聞之時。無不戒愼

恐懼。以葆其未發之中。不待睹聞。始思脩省。故其

發也。自然皆中節。是之謂自誠明。學者未發之中

不能常存無失。故必先致其知。以得至善之所在。

然後於其意之乍發，乃知其過不及之處而脩之。以求復其未發之中。由誠意做到正心，則亦與至誠無二矣。是之謂自明誠。中庸性教平列，故先戒懼，次慎獨。大學專言教，故先誠意，後正心。故大學中庸力行工夫皆在於慎其獨三字也。此所謂經緯之說也。

讀大學綱領　王氏步青纂　見大學匯參

朱子曰：大學是爲學綱目，先通大學，立定綱領，其他經皆雜說在裏許，通得大學了，去看他經，方見得此是格物致知事，此是誠意正心脩身事，此是齊家治國平天下事。○大學是一箇腔子。而今却要去填敎實着。如他說格物。自家須是去格物。填敎實着。他說誠意。自家須是去誠意。亦填敎實着。若只讀得空殼子。無益也。○可將大學用數月工夫看去。此書前後相因。互相發明。讀之可見。不比他書。他書非一時所言。非一人所記。惟此書首尾具備。易以推尋也。

按朱子所云通得大學了。去看他經。方見得此是格物致知事。此是誠意正心脩身事。此是齊家治國平天下事。總而言之。只是致知事。照此行將去。只是誠意事。下條敎人填敎實着。亦只是格物誠意兩件可見除了此兩件更無下手處也。致知章是教人致知。誠意章是教人誠意。以下四章俱就好惡上說。亦只是教人致知誠意。朱子所謂前後相因互相發明者。蓋如此。朱子謂大學是爲學綱目。誠不易之至論。蓋大學全旨只在明明德三句。三句約言之。只是以脩身爲本五字。一部大學只是此五字。一部四書亦只是此五字。推而至於十三經二十一史。亦跳不出此五字。此所以爲聖經也

大學參證下

條考　　　　福州沈輝宗篤初學

在明明德

大學古本說云。明德卽性也。以其得之於天。而昭明不昧。故謂之明德。

按明明德合成已成物而言。成已成物皆性之德。故自致知以至平天下。皆謂之明明德。非專屬脩身以上事也。此明字猶中庸率性之率字。非去蔽之謂。性之德本是明的。由成已而成物。但循吾性所本明者而措之。故曰大人者不失其赤子之心也。下文三引書爲明明德確證。如堯湯文何氣拘物蔽之有。明明德兼自誠明自明誠說。自誠明者自盡其性以至於與天地參。自明誠者自致曲以至於能化。乃爲明明德之全功。故無論自誠明自明誠。明字總不可作去蔽解也。大學爲立教而設。致知誠意。原爲學利以下說法。而明明德三字。必兼生安復執。其義乃備。合成己成物。其量乃全也。

在親民

衞氏湜禮記集說。霅川倪氏曰。伊川讀親爲新。以下文作新民爲證。然先儒皆不敢改也。蓋於民言親。自有義。親近也。愛也。書曰。民可近。親近之義也。孟子曰。親親而仁民。親愛之義也。聖人爲民父母。視民如子。推愛子之心以愛民。不止近之而已。中庸曰。子庶民。此篇引康誥曰。如保赤子。又曰。此之謂民之父母。皆親民之義。

徐氏愛陽明傳習錄曰。作新民之新。是爲自新之民。與在新民之新不同。作字却與新字相對。然非新字義。下面於新字皆無發明。如云君子賢其賢而親其親。小人樂其樂而利其利。如保赤子。民之父母之類。皆是親字意。親民猶孟子親親仁民之謂。親之卽仁之也。堯典克明俊德。便是明明德。以親

 二

九族至平章協和。便是親民。便是明明德於天下。

按民者對己之通稱。五倫皆在其中。非專指百姓之謂。親民兼親親仁民而言。後文孝弟慈。所以親一家之民也。事君事長使衆老老長長恤孤。所以親國天下之民也。事君事長使衆老老長長恤孤。卽孝弟慈之所推。孝弟慈卽脩身之事。故致知之格物。誠意之毋自欺。卽所以親民。非齊家治國平天下。始行親民之事也。若改親爲新。以脩己治人平列並重。與脩身爲本意背矣。凡四書中說成物。皆側重在成己一邊。中庸知所以脩身。則知所以治人能盡其性則能盡人之性皆串遞而下爲自然連及之辭無以脩己治人平分爲兩事者論語脩己以敬註亦云夫子之言至矣盡矣而子路少之故再以其充積之盛自然及物者告之無他道也程子意以後文有五新字當爲釋新民故謂親當作新不知後文五新字都是說明明德非說新民也日新又新是自明其明德作新民受新命亦是自明其明德蓋自盡其性以至於參贊化育乃爲明明德之全功也其實作新民受新命卽在日新又新之中究亦非有兩事矣程子所改之新民

新字是虛字。康誥之作新民。新字是實字。五新字無一字是新民之新也。

在止於至善

朱子章句。止者必至於是而不遷之意。至善則事理當然之極也。

按朱注必至不遷二義。解止字極確。必至者不敢不及也。不遷者不敢過也。卽所謂中也。至善訓事理當然之極。此極字當讀如建極之極。若作至極解則錯。至善對偏辟說。後文有所忿懥四句。之其所親愛而辟五句。卽至善反面注腳。人君以自止於至善立爲民極。與之同歸於至善。故曰無所不用其極。又曰邦畿千里。惟民所止。言爲凡民所同止也。又曰可以人而不如鳥乎。言爲盡人所當止也。若必其有以盡夫天理之極。而無一毫人欲之私。則惟聖人之能事。豈可概之於凡民哉。○明明德猶言盡性。所謂能盡其性。則能盡人之性是也。以其盡其性以盡人之性。合參贊化育而言。故不曰盡性。而曰明明德也。親民猶言明倫。孟子云學則三代共之。皆所以明人倫是也。以其由親親而仁民。統家國天下而言。故不曰明倫。而曰親民也。

止至善猶言立極。書皇建其有極。漢儒訓極爲大中。卽至善之謂。極字中字至善字。皆一義也。以其以致知爲人德。對知止知至而言。故不曰立極。而曰止至善也。其實三者乃一以貫之。故下文統承以知止二字。舉一以該三也。○或問以親民爲明倫。君父何得謂之民。曰。民字之義不一。有總言人者。民之秉彝是也。有對己而稱者。民莫不穀是也。先民有言。注謂古之人。君則君而稱民也。厥初生民。序以爲尊祖。則祖而稱民也。非必在下之黎庶爲民也。卽程子改爲新民。作治人說。如瞽瞍之底豫。大甲之復辟。君父何必不在新民之內乎。

知止節

大學古本說云。知止者。未能至之而知所嚮望歸宿之謂也。慮。卽下文格物致知之事。

按安溪此解甚當矣。但訓安字。仍照朱注謂所處而安。訓得字。仍照朱注謂意誠以下之事。若照朱注就行上說所處而安處事精詳。反在得止之前。說不去矣。此節俱是就知上說。知止只是知其趨向。定靜安慮皆知之由淺而深者。至慮而能得。乃實得至善之所在而知之至也。

物有本末

孟子。天下之本在國。國之本在家。家之本在身。疏引大學曰。欲明明德於天下。必先治其國。欲治其國。必先齊其家。欲齊其家。必先脩其身。

事有終始

大學古本說云。事。卽物中之事也。

按安溪謂事卽物中之事自不錯。但以物爲格物之物。則所謂物中之事者。亦汎而無所專指。於本末終始四字。究無著落。惟知物字爲指身家國天下說。則所謂物中之事。以及本末終始。皆燦若列眉矣。

知所先後

四書存疑云。物有本末。先自治而後治人也。事有終始。先致知而後力行也。

按先自治而後治人者。不是脩齊治平挨次而進。但認定脩身爲本。若舍己而芸人。則謂之倒行逆施耳。其實卽此脩身。卽此便是齊家治國平天下。末卽寓於本之中。非脩了身然後再齊家。齊了家然後再治國平天下也。先致知而後力行者。不是要知箇透徹無遺。纔下脩爲。但認明至善所在。定了趨向行將去。不至走錯路耳。其實知之而後行。亦行之而愈知。知行原是並進。非致了知然後方誠意。誠了意然後方正心脩身也。

毛氏奇齡四書改錯云。致知誠意正大學知行二字一大要領。致知與誠意雖先後相承而誠意下手。實與致知不相涉。故正心以後皆著先後。而惟此則既無所謂誠意必先致知。又無所謂正心必先誠意。其於先後二字一併抹却。

按後文申釋之處。雖將先後二字一併抹却。而此處知所先後。實專爲致知誠意而言。蓋先後者先本而後末先知而後行也所謂物有本末者歸本於脩身實所以歸本於誠意也事有終始者即所以推始於致知也其後文申釋致知不黏誠意者以致知與誠意同爲大學之領要自誠意以下皆統之於致知故不曰誠意必先致知也申釋誠意不黏正心者以力行工夫只是誠意一事自正心以下皆統之於誠意故不曰正心必先誠意也至正心以後則無所謂先後故後文概以在字易先字惟治國有異於齊家特留一先字然總歸於脩身爲本故章末仍以在字結之毛西河謂致知誠

意不著先後正心以後皆著先後。說互錯矣

明明德於天下

禮記正義。言欲章明己之明德使徧於天下。先須能治其國。

按明明德於天下。歷來皆是訓章明己德。明明德三字貫通。節治國是明明德於國。齊家是明明德於家。致知誠意正心脩身是明明德於身。由知至做到天下平。乃完得明明德分量。故曰明明德於天下。齊家治國平天下。只是自明其明德。故曰皆自明也。自程子以齊治平屬之新民。故朱注云。使天下之人皆有以明其明德。蓋就新民而言。不得不云爾。然而與皆自明也句顯相矛盾矣。明德雖天下人所同具。但使之興仁興讓則可。若明之一字。非正己而物正者。曷克以當之。若曰使天下之人。皆誠其意而正其心。雖堯舜能之乎。惟至善則爲凡民所同止。初無賢愚之別。蓋理義不能周知。而遵循則無二致。故曰民可使由之。不可使知之。惟其不可使知。故必待文王而後興。此所以有豪傑凡民之別也。乃至善爲凡民所當止則曰必其有以盡夫天理之極而無一毫人欲之私者。明德爲凡民所不能明。則曰使天下之人皆有以明之。說互錯矣。

誠意正心

四書改錯云。未發爲心。發之爲意。　大學古本說云。朱子謂意之既誠。尚有正心之功。學者每疑惑於其說。愚謂誠意之外。別無正心之事。殆亦約之精之之云爾。

按誠意正心。卽中庸之愼獨戒懼。人皆知之。然說愼獨戒懼者。但以動察靜存爲別。而此中先後之判。安勉之分。未有詳明其義也。正者不偏不倚之之謂心性之本然原是不偏不倚正心者一如其心性之本然也誠之云者矯其所不正使復其本然之正也誠字猶誠之者之誠是勉行工夫正卽誠之至者是安行工夫意誠是誠之始復心正則誠之無間也意主乍發而言誠意是從乍發時要其如此故曰愼其獨心主未發而言正心是當未發時便是如此故曰戒愼乎其所不睹恐懼乎其所不聞蓋喜怒哀樂未發之時渾然一中無所偏倚能於此常存不失便是至誠無息工夫學者不能於未發之時常存不失故必從乍發之時愼其

所獨知者而脩省之。省其乍發之意。卽所以求復其未發之心。蓋於誠意中求正心。非誠意後又另正心也。於乍發之意省到極熟之處。則未發之心。亦還到極至之處。故正心工夫。卽在於誠意而誠意功候。必驗之於正心也。

致知在格物

惠氏棟九經古義云。大學致知在格物。文選注。格量度之也。量度事物。致知之道也。

按格物爲致知之道。惟此一說。幾爲廣陵散矣。

康熙字典。格窮究也。窮而得之亦曰格。大學致知在格物。又物格而后知至。

按格窮究也。解格物之格字。所謂能慮是也。窮而得之亦曰格。解物格之格字。所謂能得是也。

朱子或問。程子曰。致知之要。當知至善之所在。如父止於慈子止於孝之類。若不務此。而徒欲汎然以觀萬物之理。則吾恐其如大軍之遊騎。出太遠而無所歸也。

按程子致知之說十四條。唯此條確當不易。此物字卽有物有則之物。所謂有父子卽有慈孝是也。此正敎以致知之法。蓋恐其所爲知者。或涉於空虛。或失於繁瑣。故示以在格物也。由來格物之說。紛如聚訟。只因至善二字不明耳。解得至善二字之義。則格物之說。亦迎刃而解矣。若陸象山王靜。王陽明致良知之說。固恐涉於空虛。程子推而至於一草一木。朱子推而至於一塵一息。亦恐失之繁瑣。論語學詩章。大意只在事父事君二句。玩遠邇二字可見。至於鳥獸草木。明是緒餘。夫子亦第言多識其名。無所謂格也。若漢魏諸儒。專尚瑣屑考據。以爲博雅。謂之博物可也。謂之格物不可也。

壹是

四書改錯云壹是專壹在是如孟子志壹動氣穀梁傳壹明天子之禁與毛詩壹發五豝壹一通字不同若一切則便宜苟且之謂如漢志以意穿鑿各取一切後漢王霸傳以徼一切之勝皆苟且從事如以刀切物不顧長短或曰平帝紀一切論秩如貢張敞傳願一切受署亦似作大凡解然其本注皆言權補吏職草率行事則仍是苟且之意並無異解

按朱注壹是訓一切作大凡解與皆字意亦複當從鄭注訓專壹爲是

以脩身爲本

禮記正義誠意正心齊家治國細別雖異其大略皆是脩身也

按身以好惡之發於外者而言脩者謂發而皆中節也其所以脩之之功只是致知誠意正心三項脩身者統致知誠正而言也以脩身爲本者非以齊治平爲末也謂齊治平卽在脩身中也吾之有身息息與家國天下相關若不爲家國天下吾何以脩吾身故脩身卽所以齊治平一而二二而一者也惟專向家國天下上求所以措置區畫之則謂之末耳故致知誠意正心齊家治國平天下合

而言之只是脩身二字也。○齊治平雖分三章。都是就好惡上說。以明以脩身爲本。而脩身爲本實專爲治國而言。齊家只是帶說。觀誠意章但言民不能忘。作新民略却齊家一層。脩身齊家章但就好惡之施於人者統說。不專屬之齊家。可見不重在齊家。所以說齊家者。以化民之道必自家而國耳。故曰其所厚者薄而其所薄者厚。未之有也。其實一家之中。不外孝弟慈。脩身在此。齊家卽在此。脩齊之名雖異。而實則同。若治國則有法令制度。與齊家自是有別。正恐學者於此處專向法制中求之故示以治國在齊其家言在齊其家卽是言在脩其身所以諄諄說脩身爲本者正爲此耳至平天下無所異於治國所謂明明德於天下第極言其分量所至非治國之後又有所以平天下者亦非能治其國者必皆能王天下也故終篇只說治國不復說平天下也

自欺自謙

禮記鄭注謙讀爲慊慊之言厭也四書考異云厭謂厭足與朱子訓足正同　大學古本說云人性皆善故其心之所主未有不好善而惡惡者物欲奪之然

後參雜於念慮之間。牽制於事爲之際。自掩其本心之明。故曰自欺。如惡惡臭。如好好色。蓋以快其本心之明。故曰自慊。

按惡惡臭好好色。是鼻性目性之本然。好善惡惡。是心性之本然。誠者反其本之謂也。自慊者謂好惡到十足。如惡臭惡到十分。便惡之十分。好色好到十分。便好之十分。斷無只惡之九分好之九分。蓋如其鼻性目性之本然者。無所虧欠也。此之謂自慊。若好善惡惡之心。爲物欲所牽制。便不能好惡到十足。有此一二分不好不惡的念頭。便不能盡如其心性之本然。此之謂自欺。若能如惡惡臭。
如好好色。則復其本心全體之明而意誠矣。

然則何益矣

禮記正義。言小人爲惡。外人視之。昭然明察矣。如見肺肝。雖暫時揜藏。言何益矣。

按如見其肺肝絕句。然字略讀。連下則何益矣爲句。蓋然字指上揜著說。正義雖暫時揜藏。卽所以解此然字。塾本以然字連上肺肝爲句。非也。

此謂誠於中

禮記正義。言此小人既懷誠實惡事於中。心必形見於外。不可揜藏。

按此節是論獨。言獨之中有誠。不可以欺人。申明獨之所以必愼也。正義甚明。講家多不從之。謂是說自欺。說不誠。經文揜著。明明說欺人。何曾說自欺。此謂誠於中。明明說誠。何曾說不誠。古注雖疏略。必無顯背經文而自爲說者。

菉竹

宋氏翔鳳四書釋地辨證云。毛傳。菉王芻也。竹。萹竹也。本釋草菉王芻竹萹蓄爲訓。二者皆草名。故末章綠竹如簀。言王芻萹草如簀之蔓地。以言竹箭。誼不可通。

切磋琢磨

四書改錯云爾雅骨曰切。象曰磋。玉曰琢。石曰磨。四者各有分屬。亦且分治不連用。何得曰旣切復磋旣琢復磨。若磋。則毛亨詩傳治象曰磋。顧野王玉篇磋者治象牙之名。各字書並稱治象從無曰治角者。考工記以治角爲糲角。

恂慄

康熙字典恂集韻。韻會正韻。須倫切。並音荀。增韻。嚴謹貌。五音集韻。聳尹切。音筍。嚴慄也。爾雅釋詁。慄懼也。

按恂字平仄二音皆可讀。恂慄卽戒懼之意。鄭注恂讀如嚴峻之峻。言其容貌嚴慄非也。

前王

烈文詩傳。前王。武王也。

賢親樂利

禮記鄭注。聖人既有賢親之德。其政又有樂利於民。

君子小人各有以思之。

按君子小人二字當讀。任賢親者。謂君子爲所賢。爲所親。非言君子賢人親人也。

盤銘

四書改錯云內則注盤承盥水者國語注盤承盥器也廣韻原注亦釋作頮面之器若沐則濯髮浴則洒身幾乎褻矣四書集注補云人無日日沐浴者內則記子事父母不過五日請浴三日具沐已非日日況請非限數也　江氏永羣經補義云大戴禮武王有盥盤其銘曰與其溺於人也寧溺於淵溺於淵猶可游也溺於人不可救也湯之盤銘疑亦盥盤若沐浴之盤不可日日用也且浴器而銘於其上褻矣浴器名杅見玉藻又名浴盆見汲冢周書

茍日新

孫氏志祖讀書叢脞錄云。說文茍字云。自急敕也。已力切。字从𦍌。羊省與艸部苟字音義迴別。儀禮燕禮聘禮之賓爲茍敬。俱當作急敕解。讀同急。傳寫或誤从艸。鄭注遂以假且小敬解之。失之矣。大學盤銘之茍日新。亦然。此說予得之謝東墅少宰。足以補盧學士儀禮詳校所未及。段氏玉裁說文解字注。茍。自急敕也。急與茍雙聲。敕與茍疊韻。急者褊也。敕者誡也。此字不見經典。惟釋詁寁駿肅亟遄速也。釋文云。亟字又作茍。同居力反。經典亦作棘。同是其證。可謂一

字千金矣而通志堂刻乃改爲急字蓋誤仍爲从艸之苟也急不得反居力與亟棘音大殊幸抱經堂刻正之或欲易禮經之苟敬爲茍則又繆

按說文敬肅也亦屬茍部爾雅亟亦訓肅茍敬猶言肅敬或取其連文以相足卽作亟敬義亦可通何繆之有若鄭注作从艸之苟以假且小敬解之未免傅會旣敬矣何假且爲然則儀禮之茍敬與盤銘之茍日新正足以相明而段云不見經典者蓋誤認爲从艸之苟歷沿已久耳

緡蠻

詩傳緜蠻小鳥貌

按緡蠻詩意本以爲微賤之喻。此引詩意亦以沓小無知之物。尚知其所止。迫下可以人而不如鳥乎。是詩意與經文。皆有取微小之義也。

邱隅

禮記鄭注。鳥擇岑蔚安閒而止處之。正義。岑謂巖險。蔚謂草木薈蔚。

按鄭注言此邱隅巖險薈蔚。故鳥以爲安閒而止處之。非以岑蔚爲邱隅解也。邱隅者土山之陬也。

穆穆

爾雅釋詁穆穆美也。疏語言容止之美盛。又釋訓穆穆敬也。注容儀敬謹也。禮曲禮天子穆穆。疏威儀多貌。廣韻穆和也。

按穆穆訓詁不一。大抵總言其德容之盛。朱注訓深遠。未知何所本。或取於穆不已之意。於穆之穆當讀。默孔疏訓美。朱注訓深遠。皆未當。

與國人交

張氏甄陶四書翼註論文。與國人交。朱注無明文。蔡虛齋云。上之使下。下之事上。有交道焉。易曰。上下交而其志同。論語云。敬事而信。卽此信字指發號施令也。艾干子云。與國人交。作朋友之交。指友邦冡君。凡西伯所屬之諸侯。陸稼書云。內而師傅。外而友邦。何屺瞻云。卽朋友之交。按正文明是與國人交四字。今從艾須截去人字。從陸從何。須截去國字。蔡說於易經爲有據。又與正文相合。當從之。蓋爲人君止於仁。所包甚廣。自百官族姓。以及西伯所屬之小諸侯。俱在內。是艾陸之說。已包在爲人君句矣。此只是就人君治民之事。又抽出尤切要者言之。幽岐舊國。君民相信已深。頳尾之魚。勞而不怨。菁莪之樂。喻於不言。皆止信之實事也。

按艾陸何之說皆是獨蔡虛齋之說不是蔡虛齋專指君民說正翼注所云已包在爲人君句矣此信字爲五敘之一自是朋友有信之信豈指發號施令者卽論語敬事而信亦不專指發號施令也人君治民之事至發號施令最是末務何必以此爲切要而特抽出言之至賴尾菁莪正止仁實事何得强移作止信蓋文王所交自不止於友邦冢君及所屬之小諸侯凡百官族姓中有賢者文王皆與之友易所云上下交而其志同正謂此耳但文王所友者皆所屬之臣民六州歸化之後友邦

家君亦文王所統屬。不得竟稱爲朋友。亦不得泛稱爲人。故曰與國人交也。國人二字。雖包在爲人君句內。而旣與之友。則君臣之外。又是一倫。正當於爲人君句內。特抽出尤切要者言之也。故曰艾陸何之說。皆是。獨蔡虛齋之說不是也。

身有所忿懥

大學古本說云。身有之身。仍當依舊本。蓋忿懥之類。以心之發乎身者言也。

按忿懥四項。皆好惡之發於身者。下章脩身亦以好惡而言。可證也。程子意以忿懥四者出於心。又因則不得其正句無心字。故謂身當作心。不知則不得其正跟上在正其心心字來。故不用心字。若添四心字。則不成文理矣。若謂忿懥四者出於心。故身當作心。下章親愛五者亦出於心。何以云在脩其身乎。

忿懥恐懼好樂憂患

全氏祖望經史問答云。是章乃誠意後觀心之功。而諸儒言之皆淺。謂有所忿懥。則必有不當怒而怒者。有所恐懼。則必有不必畏而畏者。薛敬軒亦云然。夫不遷怒亦是難事。然進而上之。則雖所當怒而疾之已甚雖所當畏而過有戒心便是不得其正必須補此一層於義始完吳季子之說更粗其謂好樂不得其正如好貨好色樂驕樂樂佚遊憂患不得其正如憂貧患得患失此豈是誠意後節目蓋本屬可好可樂之事而嗜之過專則溺本屬當憂當懼之事而慮之太深則困如此方是官街上錯了路也

按官街上錯了路在有所二字有所者猶言有一些也不在忿懥四項上討分際忿懥四項乃喜怒哀樂之發不中節者故曰不得其正若當怒而疾之已甚便是怒所不當怒當畏而過有戒心便是

畏所不必畏果屬可好可樂何妨其嗜之專果屬當憂當懼何妨其慮之切聖經一語無微弗至豈待後人幹補其義始完還是薛吳之說爲正全庶常求精反粗矣○問誠意後何以有是四者之失曰誠意工夫只是臨時强制動而後思敬言而後思信間有不敬不信之處流露於不自知者故曰有所云云也惟省之之久使此未發之中不省亦存斯心得其正發之於身自無是四者之失矣

人之其所親愛而辟焉

朱子文集答張敬夫曰人之其所親愛而辟焉依古

注讀作譬字。恐於下文意思不屬。此只合讀作僻字。蓋言常人於其好惡之私。常有所偏而失其正。故無以察乎好惡之公。如此讀之。文理極順。又與上章文勢正相似。且此篇惟有此五辟字。卒章有辟則爲天下僇。辟字亦讀僻。足以相明。又語錄云。敖惰非美事。如何譬得。故今只讀僻字。

按辟字。朱子以前未有讀僻者。然當從朱子爲正。

蓋辟字與至善反對。下文及諺語正是辟字確注也。但所云敖惰非美事。則敖惰二字看錯。敖惰所以待卑賤者。如氣指頤使之類。孔子取瑟而歌。孟子隱几而卧皆敖惰確證。非不美之名也。若曰敖惰非美事。如何譬得。倘可援內自省之說以爲解設有難者曰敖惰非美事。如何復加之以辟。將何以答之。

人莫知其子之惡二句

禮記正義。言人之愛子。其意至甚。子雖有惡。不自覺知。猶好而不知其惡也。農夫種田。恒欲其盛。苗雖碩大。猶嫌其惡。以貪心過甚。故不知其苗之碩。

按莫知其苗之碩。固由於貪心過甚。但此是惡而不知其美注腳。須就惡苗之不碩說。若作貪心過甚恐混於好一邊。

不出家而成教於國

大學古本說云。不出家而成教於國者。言不出家而得其理也。孝經曰。君子之事親孝。故忠可移於君。事兄弟。故順可移於長。居家理。故治可移於官。正此意也。

按此君子指爲臣言。不出家謂未仕者。孝弟慈事君事長使衆。皆就君子身上說。所以明家國有相通之理。非謂家齊於上而教成於下也。至於立道綏動。必在得邦家之日。不得邦家。雖聖人亦不能矣。

無諸己而后非諸人

閻氏若璩四書釋地。呂成公曰。大學之意在於無諸己。而不在於非諸人也。欲學者將非人之時常思無諸己之戒。不欲學者持無己之論。用爲非人之資也。故先曰無諸己。次曰非諸人。其意主於攻己過而不主於攻人過。明矣。吾恐說經者以文害辭。故力辨之。以告吾黨之士云。

所藏乎身不恕

王氏步青大學匯參雙峯饒氏曰。恕有首有尾。藏乎身者其首及人其尾也治國平天下章皆說恕此章言有諸己無諸己是要人於脩己上下工夫其重在首下章言所惡於上毋以使下等是要人於及人上下工夫其重在尾兩章互相發明

按恕字有兩義一是推己己所不欲勿施於人是也一是反己行有不得則反求諸己是也下章之恕是推己此章之恕是反己

故治國在齊其家

朱子語類問此章言治國乃言帥天下以仁又似說平天下言有諸己又似說脩身何也曰聖賢之文簡

暢。身是齊治平之本。治國平天下自是相關。豈可截然不相入。

按觀於此言。可以悟故治國在齊其家句。一結兜轉本題。爲行文之妙用矣。

老老長長恤孤

大學古本說云。老老長長恤孤。以其施於國者言也。治國者養者老則民知孝。尚齒讓則民知弟。收孤弱則民歸厚。

按老老長長恤孤。正孟子所謂以及人之老以及人之幼者。朱注既引孟子之文。偏截去下五字。謂

是老吾老然則恤孤何不云所謂幼吾幼乎知恤孤不可以爲幼吾幼則亦知老老之非老吾老矣

絜矩

禮記鄭注絜猶結也挈也矩法也

按挈謂提挈猶提綱挈領之意結謂約結猶約束整齊之意易說卦齊也者言萬物之絜齊也是也考字書絜字無訓度者矩字本義爲正方之則若借用之字只作法字解與方字無涉下節上下前後左右皆以人而言與方字尤無涉○絜矩之道爲治國而言故曰平天下在治其國以下通章都

是說治國若有天下者。治國卽是平天下。無所更謂平天下也。朱注直云此平天下之要道也。似欠細密。

前後左右

禮記正義。前謂在己之前。後謂在己之後。左右謂與己平敵。

民具爾瞻

鄭氏詩箋。此言尹氏女居三公之位。天下之民俱視女之所爲。皆憂心如火灼爛之矣。

按民具爾瞻。乃不敢言而敢怒之意。謂人人屬目。

欲得而甘心之也如此方合天下僇三字

有德此有人

中庸爲政在人鄭注在於得賢人也朱注人謂賢臣

按中庸爲政在人承上其人存則其政舉當指人君此有人人字正當指賢臣下數節方有根下文人之有技人之彥聖能愛人能惡人皆是此人字

若得衆則得國可以有土該之不必分兩層至財用二字則無甚別不過因文分敘耳故下文直接財字

爭民施奪

四書釋地新鄭高氏曰此謂爭民之財而先施其奪於民也民豈不以奪報我乎故下文即曰貨悖而入者亦悖而出張爾公曰如此看方於下兩是故有理會

以能保我子孫二句

書正義曰我國家得安保我後子孫非直子孫安其下衆人皆庶幾亦有利益哉孫字絶句　蔡氏清四書蒙引曰以能保我子孫爲句黎民帶下讀大抵春秋之君多知有子孫不知有黎民穆公猶知有黎民者然語自輕於子孫也

按以黎民連上讀。則下句爲贅設。兩亦字亦無著。

命也過也

禮記鄭注命讀爲慢。謂輕慢於舉人也。正義過者言

是愆過之人也。

按慢慢賢也。過過聽也。謂縱容小人。此是引起下

拂人之性。言人主不慎其好惡。其始不過失之怠

緩縱容。卒乃至於好惡拂人。辟而爲天下僇也。

是故君子有大道節

大學古本說云。忠信則賢人附。驕泰則士心離而讒

諂面諛之人至矣。

按有大道三字。兩節平列。不當作異解。此君子指賢臣。兩之字指君子說。纔有著落。安溪兩節雖不平列。其意亦主用人說。

生之者衆食之者寡

朱子章句。呂氏曰。國無游民。則生之者衆矣。朝無倖位。則食之者寡矣。

按生之者衆。不特無游民。亦要無曠土。食之者寡。不特冗員坐食。閒民亦坐食。此四項須兼上下說。始完備。

孟獻子節

左傳文公二年正義引大學曰食祿之家不與民爭利四書考異云史記公儀休爲相使食祿者不得與下民爭利受大者不得取小義與此段同故左傳正義致備引誤讀者不必便因之疑今大學文有遺逸

按此節引孟獻子之言原爲爭民施奪之證左傳正義殆總滙大學之意而括以兩言且此二語亦非史記原文不必因史記而誤引也

彼爲善之

黄氏震日抄曰彼指用小人者言之善之謂利爲有益善其說而行之也文意似自全

此謂國不以利爲利以義爲利也。

大學古本說云。上文每段皆以國言之。而此復結以治國。所以發明平天下在治其國之指也。

按如安溪言當云此謂平天下在治其國矣。而終篇只說治國不及平天下者。以治國平天下名雖異而實則同也。而是時列國紛爭。東周不復諸侯以富强相尚。士大夫以功利爲心。大學卒章切中時弊以立言者。原冀於學校中挽頹風而端士習。使後之爲諸侯者。能以仁義治其國。爲士大夫者。能以仁義輔其君。不必有天下無不可明明德於天下也。故終篇結以治國。不及平天下。示不專爲有天下者言也。

光緒戊寅鐫

中庸参證

致遠堂藏板

中庸參證上

總考

福州沈輝宗篤初學

中庸原始

孔氏穎達禮記正義引鄭目錄曰中庸者孔子之孫子思伋作之以昭明聖祖之德此於別錄屬通論

程子伊川經說曰中庸之書是孔門傳授心法成於子思傳於孟子

朱子文集曰子思學於曾子而得其所傳於孔子者既而懼其傳之久遠而或失其眞也於是推本所傳之意質以所聞之言更相反覆作爲此書

楊龜山中庸義自序曰孔子殁羣弟子離散分處諸侯之國各以其所聞授弟子獨曾子之後子思孟子之傳得其宗子思之學中庸是也孟子之書其源蓋出於此

史記孔子世家曰伋字子思年六十二嘗困于宋子思作中庸　翟氏灝四書考異云史記六十二乃統述一生之年非指作中庸年也作中庸上别加子思二字義例甚明

孔叢子居衞篇子思年十六適宋宋大夫樂朔與之言學焉朔曰尚書虞夏數四篇善也下此以訖於秦

費效堯舜之言爾殊不如也子思答曰事變有極正自當耳假令周公堯舜不更時異處其書同矣樂朔曰凡書之作欲以喻民也簡易爲上而乃故作難知之辭不亦繁乎子思曰書之意兼復深奥訓詁成義古人所以爲典雅也昔魯委巷亦有似君之言者伋答之曰道爲知者傳苟非其人道不傳矣今君何以似之也樂朔不悅而退曰孺子辱我其徒曰魯雖以宋爲舊然世有讐焉請攻之遂圍子思宋君聞之不待駕而救子思子思既免曰文王困于牖里作周易祖君困於陳蔡作春秋吾困於宋可無作乎於是撰

中庸之書四十九篇

文公儀篇穆公謂子思曰子之書記夫子之言或者以謂子之辭子思曰臣所記臣祖之言或親聞之者或有聞之於人者雖非正其辭然猶不失其意焉

呂氏祖謙麗澤論說曰未冠既非著書之時而中庸之書亦不有四十九篇也此蓋戰國流傳之妄

按孔叢子本僞書不可信中庸之作正欲以常理喻民未嘗爲難知之辭與此正相反深奥典雅斷非子思之言且中庸默足以容之謂何謂子思以一言獲禍幾不保其身乎

劉氏子翬屏山集聖傳論曰：子思之學，見於中庸一篇，發明後進，其心甚切，彰微析妙，惟恐人不解了。

中庸科段

顧氏元起中庸外傳曰：鄭注分爲三十三節，中有不宜截而截者，見有子曰字即截之，古人之質樸如此。

四書考異云：右截爲孔氏署疏所分，鄭氏則數句一注，通篇凡三百二十八處，顧氏誤孔爲鄭。又言其見子曰即截之，實未盡然，惟篇末聲色之於以化民數句則爲一截，似其不審義理，因有子曰截之。然即孔疏細繹，知其所截科段，但猶大學篇中分位注

之例未嘗有意於分章也

按中庸分卷亦猶大學分卷之意說已見大學參證中其分段署疏之處似出於孔其分節容注之處則出於鄭篇末數節皆截詩詞爲節似不確當以朱子章句爲正

景氏星學庸集說啓蒙曰此書五大節首章總說二章至十一章說中庸十二章至二十章說費隱大小二十一章至三十二章說天道人道卒又總說

張氏甄陶四書翼註論文云中庸分三支首支是明行並進次章至素隱章二支是體用一原費隱至問政章三支乃安

勉合一　誠明至三重章

按中庸孔氏分三十三截朱子亦分三十三章數目不殊章節各別然皆未確此外先儒分科段易序次者共有十餘家亦無一當惟啓蒙及冀注論文以首尾爲起結中分三大支爲得其大要然有未盡合者今因而更定之起結爲二小支中爲三大支三大支各有總冒君子中庸三節爲第一支之總冒下分三小扇素隱三節當從安溪截屬第二支爲第二支之總冒下分兩大扇體用一原當改爲過不及交脩自誠明三節爲第三支之總冒

下亦分兩大扇祖述堯舜起當從翼注截屬第末支爲總結此確不可易者也

第首爻

李安溪中庸章段天命之謂性至萬物育焉爲右第一章注云此章爲一篇體要自第二章至末皆所以發明推廣此章之旨也

按此支凡五節首節爲中庸根源二三節爲中庸工夫四節爲中庸名義五節爲中庸功效中庸一篇之大旨盡於此矣朱子亦引楊氏之言以此爲一篇體要但云其下十章子思引夫子之言以終

此章之義則未合當以安溪之說爲正也

第一支

中庸章段仲尼曰君子中庸至民鮮能久矣爲右第二章注云此兩引夫子之言中庸者蓋標名篇之指以起作書之意

按君子中庸節是引夫子之言中庸者以著名篇之意中庸其至節是合下節過不及言明行並進爲第一支之總冒

中庸章段子曰道其不行矣夫注云引聖言以起下之大知子曰人皆曰予知節注云引聖言以起下之

大賢子曰天下國家節注云引聖言以起下之大勇。按此爲第一支三小扇。蓋示以知仁勇爲入德之門也知仁勇即性也。道出於率性。故以此爲入德。四書辨疑曰。道其不行矣夫經文惟此一句中間又無所言之事似難獨爲一章。王天下有三重焉其寡過矣乎此兩句本是上章結語摘屬此章中庸章數差互者甚多。他日必有能辨之者。四書考異云辨疑乃元時舊刻不著撰人或者謂元集賢大學士中書右丞陳文靖公天祥所撰朱氏彝尊經義考曰管氏分中庸爲三十五章。以人莫不飲食也一節合子曰道其不行矣夫爲一章按管志道所分三十五章皆無當唯此確不可易。

此直是一節文字。不特不可分章並不可分節也。

四書翼注論文人皆曰予知章云此章只是輕遞過文。猶云道其不明矣夫。迫起下章。必如顏子之能守而後道可明也。天下國家章云此章義例只與道其不行人皆曰予知二章一樣。迫起下章。必如君子之强。而後中庸可能耳。注中知仁勇三字只渾之爲妙。否則知仁勇之外。又有一知仁勇轉生轇轕。

第二支

李安溪榕村語錄。問中庸章段。索隱何故截屬下段。

曰費隱章正破索隱言他隱不是隱是費而隱遠人章是破行怪子臣弟友何怪之有

按索隱三節言過不及交脩爲第三支之總旨自應截屬下段但費隱章與知與能遠人章所求未能俱是兼知行說與索隱過知行怪過行對照總破隱怪非分屬也

四書翼注論文費隱至問政章此是中庸第二支蓋子思作中庸全欲挽回素隱行怪半塗而廢二種人使之依乎中庸也

按翼注蓋子思作中庸數語原注在仲尼祖述章

今移汪於此恰合。蓋費隱至達孝章爲一段。對隱怪說。哀公問政章爲一段。對遵廢說。是爲第二支兩大扇文字也。

禮記鄭本。忠恕違道不遠至亦勿施於人爲一節。君子之道四至先施之未能也爲一節。

按忠恕句是總。當另爲一節。施諸己二句爲一節。是說恕君子之道四至先施之未能也爲一節。是說忠。先推己而後能盡己。故先恕而後忠也。

禮記鄭本。詩曰嘉樂君子合故大德者必受命爲一節。四書翼汪論文。詩曰嘉樂一節。詩贊成王大德必受命。不是又指舜受命爲天子。言惟天眷德。有德者天必祐之。有虞既然。於周爲盛。此之謂故大德者必受命。

按故天之生物節。已由舜推開泛論。嘉樂節自不當復黏舜說。嘉樂之詩乃周詩。以之贊舜既不類。且語見複疊。此是起下之詞。爲文武周公作按也。李安溪中庸四記哀公問政章云。此章以夫子之言繼舜文武周之後。亦所以明脩道之教。達德卽天命之性也。達道卽率性之道也。學利困勉與生安者同歸。卽脩道之教也。

子曰好學起。此以下乃更端之

語。皆所以申明以德行道之要。脩身立政之詳。而歸之於雖愚必明。雖柔必强。以見知之成功之一也。此三近者。亦學知利行以下所同然。以力行知恥。及章末己百己千之義繹之。則屬意於困勉者爲多焉。

按哀公問政上半段對學利說。下半段對困勉說。皆言脩道之事也。此與費隱一段整對。費隱一段造端乎夫婦。反求諸其身。行遠自邇。登高自卑。皆對賢知之過說。故兼率性脩道而言之。此段知天知人。明善誠身。及其知之成功一也。雖愚必明。雖柔必强。皆對愚不肖之不及說。故專言脩道之事也。

第三支

四書翼注論文誠明至三重章。此是中庸第三支。人之體道。有生安學利困勉之不同。其實知之成功則一。恐人之求道自信不過。因又將天道人道並提。側重自明誠一邊。專爲尊德性而道問學者鞭策也。

中庸四記。唯天下至誠至純亦不已爲一大段。申自誠明之義。大哉聖人之道至此天地之所以爲大也爲一大段。申自明誠之義。

按唯天下至誠二節。是分項首節性教二項。言安

勉合一。爲第三支之總冒。其下自至誠之道起至
純亦不已止。申自誠明之事。大哉聖人之道起至
有譽於天下止。申自明誠之事。是爲第三支兩大
扇文字。仲尼祖述起。當截屬於末支也。
毛氏奇齡四書改錯云。中庸舊本章節與章句不同。
誠者成已成物。正盡已性盡物性。故曰性之德。豈可
與至誠無息分作兩截。況大文明有故字。天下無章
首可以故字作發語者。
按章句以誠者自成也三節爲說人道。說天道。便
一直說天道。豈有天道說半截。換了說人道。後又

再說天道者蓋朱子誤會君子誠之爲貴謂如誠之者之誠耳此誠字是實字當略頓之爲貴三字連讀此從至誠之道至純亦不已爲一段都是說天道次段有三重節先儒皆以爲上章結語愚謂三重指禮度文自不當另爲一章然上焉者一節亦指禮度文說動言行三句亦暗對禮度文說禮度文直承上禮儀威儀而來此從大哉聖人之道至有譽於天下亦爲一段都是說人道也

第末支

四書翼注論文仲尼祖述章云中庸分三支道理已

說透此章是另起奉仲尼示之標準述祖德以立人極也。

按自此至篇末爲總結之第末支分作兩段前段述祖德以立極後段示以下學上達之功與至誠同歸於一也。

禮記鄭本辟如天地至所以爲大也爲一節正義云此明孔子之德與天地日月相似。

按兩辟如貫萬物並育二句故鄭本合爲一節錯行代明並育並行都是說天地故末以天地總束之正義以日月與天地平列非也。

中庸參證上

朱子章句唯天下至聖章注云承上章而言小德之川流唯天下至誠章注云承上章而言大德之敦化

按小德以外著言故曰凡有血氣者莫不尊親大德以内蘊言故曰其孰能知之歸重在孰能知句以起下文衣錦尚絅不求人知之意

朱子章句衣錦尚絅章注云前章言聖人之德極其盛矣此復自下學立心之始言之又推之以至其極也或問卒章之說曰承上三章既言聖人之德而極其盛矣子思懼夫學者求之於高遠元妙之域輕自大而反失之也故反於其至近者而言之以示入

德之方。欲學者先知用心於內。不求人知。然後可以謹獨誠身。而馴致乎其極也。

按詩曰衣錦一段。卽總大學致知誠正脩齊治平之道而約言之。爲下學入德之門也。王意只在不求人知四字。使之旣慎獨下手。做到戒懼與至誠爲一方。罷自慎獨以至於戒懼。純在內心用事。不待外面張措。而治人自在其中。至於天下平。只是篤恭而已。故曰上天之載。無聲無臭至矣。蓋道本於率性。由成己而成物。凡措之於道者。但一還其天命之本然。故以天命始。以天載終也。

中庸名義

程子遺書曰不偏之謂中不易之謂庸中者天下之正道庸者天下之定理

朱子章句中者不偏不倚無過不及之名庸平常也

又曰中庸之中實兼中和之義　朱子或問於未發之大本則取不偏不倚之名於已發而時中則取無過不及之義

按中庸之中兼中和二義確當不易章句又引游氏變和言庸之說則反多轇轕矣

衞氏湜禮記集說新定顧氏曰理有自然之則非過

非不及。聖人所以名之曰中。理無所變。更歷萬世如一日。聖人所以名之曰庸。易言太極。書言皇極。中之謂也。易言貞者事之幹。又言常久而不已。庸之謂也。

倪氏思中庸集義曰。堯舜授受。皆曰允執其中。而未有言庸者。孔子始以中對庸言之。其在易之文言曰。龍德而正中者也。繼之曰。庸言之信。庸行之謹。然猶分言之也。至論語始曰。中庸之爲德也。其至矣乎。是中之與庸始合爲一。子思之名中庸。蓋本諸孔子也。

李安溪中庸章段序云。中庸之旨。朱子推本於唐虞相傳者至矣。又考之湯誥曰。唯皇上帝。降衷于下民。

若有恒性衷者中也恒者常也中而有常蓋上帝所降之命而民順之以爲性者也周詩曰天生蒸民有物有則民之秉彝好是懿德則亦中也彝亦常也此詩言性命之理與堯湯同歸者也惟受天地之中以生以有常而不變故其發見於事物流行於日用者莫不肖其本然之故因性之中也故道亦中而無高遠難行之事也因性之常也故道亦常而無新異可喜之迹也聖人之敎所以建人極而萬世不能易者豈不本於是哉

中庸總旨

四書考異云。書湯誥。惟皇上帝。降衷于下民。卽天命爲性也。若有恆性。卽率性爲道也。克綏厥猷惟后。卽脩道爲敎也。千古言性。惟成湯權輿。而孔氏系出自湯。聖門家學淵源。莫此爲要。子思懼其漸久而晦。故特於一書之首。切指以正其名。後之言性者。一準斯傳。而不性其所性。自不患於繆戾矣。

按大學全旨在明明德三句。中庸全旨在天命之謂性三句。通篇皆是發明此三句。王氏以大學明明德三句本於堯典。翟氏以中庸天命三句本於湯誥。皆能尋覔眞源。立千古不刊之說。惟王氏不知止至善本於允執厥中語翟氏以脩道之教作教人說則未盡合耳當云惟皇上帝降衷于下民卽天命爲性若有恒性克綏厥猷惟后卽率性爲道各守爾典以承天休卽脩道爲教則得之矣○奉若天命欽崇天道率性也無從匪彝無卽慆淫脩道也顧諟明命簡在帝心慄慄危懼若將隕于深淵戒愼不睹恐懼不聞也檢身不及改過不吝愼厥終惟其始愼其獨也懋昭大德建中于民致中和也天命弗僭兆民允殖天地位萬物育也

薛氏侃傳習錄曰子思括大學一篇之意爲中庸首

章。
鄒氏浩中庸解義曰。聖人之道。備在六經。千門萬戶。何從而入。大略在中庸一篇。其要在謹獨而已。
按中庸致知工夫。只無過不及二義。雙承到底。力行工夫。只戒懼慎獨二義。雙承到底。戒懼是安行工夫。慎獨是勉行工夫。學者由勉而幾安。故其要在於慎獨也。由慎獨而戒懼。皆行之在心。外無形聲。故曰不顯。曰不已。自其內而言之。則謂之不已。自其外而觀之。則謂之不顯。實則一義也。惟其不顯。所以弗過知弗過行。惟其不已。所以無不及知無不及行致中和工夫全在於此故位育之功極於蟠天際地却只無聲無臭蓋所以致此者只是慎獨只是戒懼也子思所以諄諄示此者因春秋士大夫專尚事功流至戰國游說盛行尤喜談經濟縱横捭闔之士矜奇鬬異惟利是圖以仁義爲迂談置倫常於不顧子思憂之故述堯舜授受之旨孔門傳心之法著之於篇示學者脩己以治人但反求之於心性之間近取之於倫常之地舉凡誥誡命令制度文章皆所弗尚自内省不疚以至於不動而敬不言而信純在隱微中用功及其至

也。不賞而勸不怒而威。極之篤恭而天下平。只不露一毫聲色。凡以救學者務外之失。使返之於內脩也。大學以脩身爲本。亦是此意。今之說大學者謂明明德之後。又要新民。且至於用人理財。莫不有一番措置。說中庸者。開章脩道之謂教。便說到禮樂刑政。中間九經三重。皆化民之末務。乃反客以爲主。至篇末不大聲以色。顯相抵牾。則變其說以爲說微道妙。是與學庸本旨的的相反也。揆之子思當日作大學中庸一片苦心。不大相剌謬乎哉。

中庸參證上

讀中庸綱領 王氏步青纂

見中庸匯參

朱子曰讀書之序須是且著力去看大學又著力去看論語又著力去看孟子看得三書了這中庸半截都了不可掉了易底卻先去攻那難底中庸多說無形影如鬼神如天地參等類說得高說下學處少說上達處多若且理會文義則可矣○中庸之書難看中間說鬼神都無理會學者須是見得箇道理了方可看此書將來印證又曰中庸初學者未當理會○中庸自首章以下多對說將來直是整齊某舊讀中庸以爲子思做又時復有箇子曰字讀得熟後方見

三

得是子思參夫子之說著爲此書其次第甚密古人著述便是不可及此只將他人言語鬬湊成篇本末次第終始總合如此縝密○近看中庸於章句文義間窺見聖賢述作傳授之意極有條理如繩貫棊局之不可亂○問中庸編集得何如曰便是難說緣前輩諸公說得多了其間儘有差舛處又不欲盡駁難他底所以難下手不比大學都未曾有人說又曰游楊呂侯諸先生解中庸只說他所見一面道理不將聖人言語折衷所以多失○黃勉齋曰中庸始言戒懼愼獨次言知仁勇終之以誠此數字括盡千古聖

人教人之指又曰童而習之今猶有白首紛如之歎吁豈易言哉

按中庸並非深奧前輩諸公多苦其難讀者以訓詁差訛故讀之莫得其要也朱子性訓即理教訓禮樂刑政之屬誠訓眞實旡妄說皆本之程子程子大抵又本之前輩諸公舛誤相沿故雖極意研窮多不得解至於戒懼愼獨以靜存動察爲別原不錯而此中先後莫判安勉無分故亦茫無頭緒

中庸一書大旨只在首章首章之中以前三節爲最要三節之中以首一節爲最要首節之中又以

率性之謂道一句爲最要言聖人之道只是率性學者以聖人之道自脩其身也要學他率性便了通篇皆是發明此義也蓋人所受於天地者原有一天然之中是之謂性惟聖人能循此中而措之於事自然無過不及是之謂道惟性本於天命所以聖凡同具人人皆可以爲聖賢惟道本於率性故以性體道者不可須臾離若遠人爲道則失之過由道復性者當反之於隱微若遵道而行則失之不及學者所以過不及者只是不會學聖人率性惟賢者能以聖人率性之道自脩其過不及之

差是之謂教也第二節戒慎不睹恐懼不聞是示以聖人所以率性工夫第三節慎其獨是教以學者所以脩道工夫卽學率性入手工夫也聖人率性是極自然的學者不能自然但一心一意去慎獨將慎獨做熟了便也能戒懼能戒懼便也能率性矣以下一過一不及一性一教一對一對說將去如經生作八股一般縶是整齊縶是好看故中庸一書只將首章說得透以下勢如破竹矣朱子云先著力去看大學再著力去看論孟這中庸半截都了愚謂大學中庸相表裏大學了則中庸亦

了。觀於大學由誠意而正心。卽可悟中庸由愼獨而戒懼。張惕庵嘗以中庸先說正心次說誠意爲疑。愚謂此正可由疑而生悟也。至於論孟。可將來做印證。見得聖賢言語。不約而符。四書中斷無兩歧之旨。惟說誠字。則中庸最爲精詳。他經未有似此者。誠者非他。卽天命之性是也。至誠者。但一完其天命之性。不假外求。不緣後起。循其自然。還其本然。無時不然而已矣。一部中庸無一語不是說誠字。如鬼神。如天地參等類。都是爲誠字寫照。朱子以誠訓實。故嫌他無形影。殊不知誠字正在無形影中見。當其愼獨戒懼。卽如天地之無聲無臭。鬼神之弗見弗聞一般。所謂小莫能破是也。至於天地位萬物育。卽如天地之生物不測。鬼神之體物不遺一般。所謂大莫能載是也。鬼神一段。承上順父母宜室家起下言孝之應。故因祭祀一節以示誠之不可揜。此尙是借喻之體。至天地一段。維天之命。於穆不已。直將天地來做個現身說法。見得燾幬之性。卽天之所以爲天。惟聖人能完得此天命之性。故與天地參也。天地此誠。聖人亦此誠。上達此誠。下學亦此誠。說上達處。都是與下學作榜樣。上達非難。下學非易。下學也要到上達境界。
始完得此誠字。上達只是庸。不是高。若看得高妙。
便不是中庸矣。歷來說中庸者。非上下隔斷。即前
後齟齬。中間說到沒理會處。卒不免傅會模糊。此
程子所以自火其書。朱子有初學難看之說。黃氏
有白首紛如之歎。今只將首章綱目提醒。訓詁審
正。一部中庸便可爽爽朗朗說將去。無一語不聯
貫。無一字不分明矣。○愚嘗謂他經以訓詁而明。
中庸一書轉以訓詁而晦。何也。中庸開章三句。已
自爲訓詁。明明白白。學者但認定性是天命之謂。

道是率性之謂教是脩道之謂一部中庸思過半矣後儒不察又欲别尋訓詁以致轉生無數葛藤至後四節即所以申釋首一節後四支即所以申釋首一支申之又申釋之又釋劉子翬所謂彰微析妙惟恐人不解了是也大學以所謂起此謂結亦作經者自行解經以經兼傳惟大學中庸二者而已矣他如大學致知在格物所謂誠其意者毋自欺也此之謂自慊皆自明也道學也自脩也此之謂絜矩之道此之謂民之父母中庸謂之中謂之和中也者和也者仁者人也誠者誠之者謂之

性謂之敎。知天也。知人也。言其上下察也。純亦不已。如此之類。皆自爲訓詁。又何事別求訓詁哉。毛西河云。卽以中庸解中庸。斯言深得讀中庸之旨矣。

中庸參語上　三

中庸參證下

條考　　　　福州沈輝宗篤初學

天命之謂性

禮記鄭注孝經説曰性者生之質命人所稟受度也

四書改錯云命作與授解不作令解

按命謂賦畀也天命只作天生解極爲直截不必説到陰陽五行以滋轇轕天命之謂性者明其爲生初所固有盡人所同具也○古無合稱仁義禮知信者後爻言性只知仁勇三達德而不及義禮以義禮由仁而生其藴之於性者統該於仁之内

也至著之於外乃合知仁勇禮義爲五德如後文聰明睿知五項是也鄭氏釋天命之性以仁義禮知信分配五行說蓋本之董子理亦可通但與經文不合耳

率性之謂道

四書改錯云性卽是德道是德之見於外者中庸苟不至德至道不凝焉是也則卽以中庸解中庸而顯然矣

按性道二字以内外存發而别也具於心者謂之性措於事者謂之道率性之謂道者明其由内而

發外也。若求之於外，非失之遠，人爲道則失之遵道而行也。

脩道之謂教

中庸四記云：脩道爲教，以後章脩道以仁，自明誠謂之教觀之，則正指脩治其道與脩身脩德之義同，與章句及古注說皆頗異。

按脩道者，以道自脩，非脩此道也。教者由教而入，非教人也。但此教字與自明誠謂之教又有別，彼就人品說，此爲問學之名也。脩道二字承上天命率性來，言由率性之道而脩之，以復其天命之性是之謂教也。

道也者二句

朱子章句道者日用事物當行之理皆性之德而具於心所以不可須臾離也。若其可離則豈率性之謂哉

按道不可離。猶道不遠人之意。言道自不可離。人非戒人不可離道也。也者二字是指點之詞。所以明其出於率性也。卽恐學者錯認作戒人不可離道。故申明之曰可離非道也。惟道體於性。所以不可須臾離。若性息斯道離矣。是故君子戒愼乎其

所不睹恐懼乎其所不聞也○戒懼之君子率性以體道所謂性之也故曰道也者不可須臾離也慎獨之君子脩道以復性所謂反之也故曰莫見乎隱莫顯乎微

戒慎乎其所不睹二句

朱子語類不睹不聞不是合眼掩耳只是喜怒哀樂未發時

按不睹不聞是睹聞之根言未發時如是發時自無不如是非由睹聞作勘進一層語朱注雖不見聞亦不敢忽反不如語類之確

莫見乎隱二句

蔡氏淸四書蒙引云注隱暗處也指心曲中言微細事也指一念之動言處字事字不可泥

按隱卽未發之心微卽乍發之意若有其處有其事雖暗雖細不止爲己所獨知矣

愼其獨

朱子或問既曰君子戒愼乎其所不睹恐懼乎其所不聞矣又曰君子愼其獨也何也曰此因論率性之道以明由敎而入者其始當如此蓋兩事也且此書卒章潛雖伏矣不愧屋漏亦兩言之正與此相首尾

按或問此條極爲明了章句何以又不照此說不可解。

大本達道

中庸章段云中乃性之存而道所從出故曰大本和乃率性之用而人所共由故曰達道

致中和節

胡氏文炳四書通云中和雖有體用動靜之殊然深觀其所從來則天地萬物之所以位育有不得而析者故曰必其體立而後用有以行也

按中和分體用動靜致中和不可分體用動靜也

致中和卽建中立極之意所謂盡人性盡物性是也曰中和者因上文而合言之耳非有所分別若者爲致中若者爲致和也戒懼愼獨乃安勉之分途愼獨者亦要做到戒懼始能致中和也位育卽參贊也朱注既云其效驗至於如此矣未有效驗之中復分出體用動靜者也

小人之中庸也

陸氏德明禮記釋文曰王肅本作小人之反中庸也程伊川入關語錄曰小人更有甚中庸脫一反字朱子或問曰疑王肅所傳之本爲得其正未必肅之所

增程子從之亦不爲無據。臧氏琳經義雜記云：君子中庸，小人反中庸。注云：反中庸者，所行非中庸，然亦自以爲中庸也。然則小人反中庸者，謂小人之中庸與君子相反耳。下先明君子之中庸，又明小人之中庸。言小人以非中庸爲中庸也。此兩句是接遞之辭。王肅妄增反字，可謂不諳文法之至。

按中庸二字，夷惠且不得稱，豈容小人假託？既曰小人反中庸矣，又言小人之中庸，不自亂其文例乎？此明脫一反字，無可疑者。王肅本卽使爲肅之所增，亦以上文爲據，非同臆造。鄭注依誤文强解畢竟礙理也。蓋詩禮二經。肅多私竄以難鄭。故臧氏每發其覆。然並其可從者而疑之。則未免執於意見耳。

中庸其至矣乎

石氏中庸集解。中庸無過不及。只是恰好。　四書翼注論文云。至字若說得至精至妙。則人本難能。何用慨歎。是言中庸之德。至當不可移易。至善不可增減。人人皆宜奉爲應事接物之準。

按此至字。卽大學之所謂至善也。過不及皆失中。皆未至。故惟中庸之德爲至。

道之不行也節

朱子章句。知者知之過。既以道爲不足行。不肖者不及知。又不知所以行。此道之所以常不行也。賢者行之過。既以道爲不足知。不肖者不及行。又不求所以知。此道之所以常不明也。

按此節明行交互。正見二者相須。不容偏廢之意。四書辨疑謂明行二字。當相易讀之。固失之膠執。而朱注於知愚之下。補出不足行不求行。賢不肖之下。補出不足知不求知。似亦多此添補。蓋道必知之而後行。唯知愚過不及於知。此道之所以不行也。道必行之而後明。唯賢不肖過不及於行。此道之所以不明也。

人莫不飲食節

禮記鄭注。罕知其味。愚者所以不及也。朱子章句。由不明。故不行。

按鄭注以此節承愚者不及知說。則予知節承不肖者不及行說。天下國家節承知者過知賢者過行說。可以隅反矣。朱注由不明故不行。若不合上二句。何由見得由不明乎。

執其兩端

朱子章句。兩端。如小大厚薄之類。　朱子中庸輯略。
呂氏曰。兩端過與不及也。執其兩端。猶持權衡而稱
物。輕重皆得其平。楊氏曰。執其兩端。於以權輕重而
取中也。

按執兩與執一反對。凡理必有兩端。如用寬用猛
之類。寬猛皆合理。皆在所當執。若一於寬。一於猛。
是之謂執一也。惟執其兩端。時乎寬則用寬。時乎
猛則用猛。而中於是乎出焉。若當寬而過於寬。或
不及於寬。當猛而過於猛。或不及於猛。是之謂過
不及。是執兩而不能用中者也。故曰執中無權。猶

執一也呂氏徑以兩端爲過不及蓋本於鄭注似不如朱注之確

回之爲人也

爾雅釋名人仁也仁生物也　朱氏彬經傳攷證云孝弟爲仁之本仁卽人也論語人仁多不分井有仁焉其從之也觀過斯知仁矣仁皆讀若人無求生以害仁唐石經仁作人後漢書吳祐傳掾以親故受污穢之名所謂觀過斯知人矣仁亦作人

按據此則回之爲人也人當讀仁始合知仁勇之旨惟井有仁焉仁當讀如字言仁者不避艱險設

告之曰。井之中有仁。亦從而爲之歟。故夫子答以何爲其然也。君子當仁。可奮身而往。不可陷之於危地也。若明知危地而陷之。是罔也。若從井救人之說。朱注旣云。此理甚明。人所易曉。而謂宰我竟不曉之。聖門高弟。乃如是之愚乎。無求生以害仁。唐石經仁作人。仍當讀仁。

天下國家可均也

全氏祖望經史問答。問天下國家可均。謝石林觀察之說甚佳。然則朱子竟以平治詁之。得無過歟。答曰。均字亦只得詁爲平治。要之平治自有分際。管仲之

分四鄉須軍令是用强國子產之正封洫定廬井是
用弱國俱說不到時雍於變地位

按均卽周官所云以土均之法酌齊天下之政是
也只是須法令定制度如管晏之類故不曰可平
可治而曰可均若訓爲平治則疑於大學之齊治
平未有不能中庸而能齊家治國平天下者也

國有道不變塞焉

禮記正義國有道守直不變德行充實　朱子章句
塞未達也國有道不變未達之所守

按塞字說文有三字中間廿字說文作𡫳今字展𡫳

部𡨄寒窒也。段氏玉裁注云。此與土部塞音同義異。與心部𡫳音同義近。凡塡塞字皆當作𡨄。自塞行而𡨄𡫳皆廢矣。心部𡫳寒實也。段氏玉裁注云。詩。其心塞淵。毛傳。塞瘞也。秉心塞淵。王猷允塞。鄭箋。塞充實也。今文尚書文塞晏晏。鄭注考靈曜云。道德純備謂之塞。道德純備。充實之意也。諸塞字皆當作𡫳。土部𡒄塞隔也。段氏玉裁注云。廣韻曰。邊塞也。明堂位曰。四塞世告至。注云。四塞謂夷服鎭服藩服。在四方爲蔽塞者。按鄭注所謂天子守在四夷也。戰國策齊有長城巨防。足以爲塞。呂氏春秋天下有九塞所謂守在四竟也大徐作先代切蓋因俗通用此字故以此切别於穌則切也古音本無不同輝宗按孔疏守直不變德行充實蓋本塞訓實之義但不變塞三字作兩截說似未妥朱注塞未達也蓋本寔訓窒之義然未達之下畢竟要添之所守三字文義方足據段注土部之塞有訓守之義仍讀穌則切然則塞之云者當是閉塞不通時所守之志行也國有道不變塞焉者卽孟子達不離道是也合說文三塞字而兼參之可以盡塞之義矣

素隱行怪

朱子或問曰素隱之說呂氏從鄭注以素爲傃固有未安舊說有謂無德而隱爲素隱者於義略通又以遯世不見知之語反之亦似有據但素字之義與後章素其位之素不應頓異則有若可疑者獨漢書藝文志劉歆論神仙家引此而以素爲索顏氏又釋之以爲求索隱暗則二字之義既明而下文行怪二字語勢亦相類其說近是蓋當時傳本猶未誤至鄭氏時乃失之耳

按索隱過知行怪過行此是鐵板注腳朱子以漢

書爲據。且是確據。乃後之好異者。援鄭注之說並下費而隱。皆作隱居解。不知其說到下節。如何說得下。解經不顧上下文書理。何解經爲。

君子遵道而行

朱子語類。問遵道而行。半塗而廢。曰。只爲他知得不曾親切。故守得不曾安穩。所以半塗而廢。所謂吾弗能已者。只是見到了。自住不得耳。　四書翼注論文云。君子二字。只作尋常人字面。遵字亦不過遵循。非眞知篤嗜。

按遵道而行章句訓能擇乎善。反不如語類之確

遵道而行是不及知半塗而廢是不及行與索隱

過知行怪過行整對遵道而行即人莫不飮食鮮

能知味之意孟子所謂行之而不著入聲習矣而不

察是也此正責其不求知非以爲能擇乎善也其

所以半塗而廢者病即由於遵道而行蓋道本於

率性必由知天知人爲入手知之眞斯行之力若

循道而行只是道之末迹安得不半塗而廢乎故

哀公問政一段言政不足恃九經必本於脩身故

曰脩身以道脩道以仁仁即性也大哉聖人之道

一段言禮度文不足貴三重必本於寡過故曰苟

不至德至道不凝焉德亦性也此皆示學者卽性以求道不可遵道而行也君子二字爲學者之通稱非贊美之辭下節亦然至唯聖者能之始是贊美也

君子依乎中庸二句

中庸匯參云二句對上節看則兩截照注平分若就本義看則依乎中庸乃其所以不悔之由不見知不悔正依乎中庸之至兩節自劃開不得。

按此二句總頂上兩節朱注以首句分頂首節次句分頂次節非也

君子之道費而隱

榕村語錄云。言他隱不是隱。是費而隱。中庸匯參。困勉錄云。講家謂子思因索隱之徒。求道於虛無寂滅。故特指之曰。君子之道非徒隱也。乃費而隱也。按此於語氣恰合。但以爲對針索隱。卻非。蒙引云。上章隱字是隱僻之隱。此章隱字是隱微之隱。字同義不同。豈可牽合爲一。集解。卽費卽隱。離了費更說不得隱。此而字非折轉語。乃合併語也。

按此隱字與上章之隱固不同。然正是相對針語。但費而隱三字。是總對隱怪說。榕村及困勉錄皆以爲專破索隱則未合耳言索隱者一味求索於隱暗君子之道非徒隱也乃費而隱也行怪者專欲顯著於見聞君子之道非不費也然費而隱也惟其費而隱所以不隱惟其費而隱所以不怪也此與表記隱而顯後文不見而章都是一意隱是不顯顯是不隱互言之所以夾寫一庸字後文至誠無息一段是就於乎不顯中見其功用之大故曰不見而章此是就上下昭著中見其無所顯異故曰費而隱都是從外人眼中看出君子之道極其平常耳費處即隱處皆自其外而觀故以而字

合言之。集解體會而字最爲得解。歷來講家皆照
朱注以費隱分體用。性是體。道便是用。明言君子
之道。專主外著說。不得又分出體用也。

聖人所不知不能

中庸匯參。羅整庵曰。侯氏以問禮問官爲孔子不知。
然既問是仍知了。又以孔子不得位爲不能。似孔子
非無意得位。特阻於力。不能尤未當。天高地下。罔測
所窮。古往今來。莫窺其始。是聖人有所不知也。有教
無類。下愚不移。博施濟衆。堯舜猶病。是聖人有所不
能也。應作如此看。

按聖人所不知不能謂不可知不可能者也。問禮

問官乃學問之事。知所當知者。何得舉爲不知。注

腳。所謂聖人生知者。只知得一箇中字。聖人於事

物上。都要從學問中來。非可以不學而知也

天地之大也二句

禮記鄭注。天地至大。無不覆幬。人尚有所恨焉。況於

聖人。能盡備之乎。

按天地二句。是找足聖人所不知不能。天地聖人

不得平列。鄭注甚明。夫婦所與知與能。聖人所不

知不能。言道在淺近。無取乎難知難能。故以天地

二句找足之。皆以證明費而隱之意。非言天地聖人不能盡道也。張惕菴云將天地也算入不能盡道之例。此不可爲典要之詞

故君子語大二句

禮孔子閒居。是故正明目而視之。不可得而見也。傾耳而聽之。不可得而聞也。志氣塞乎天地。此之謂五至。子夏曰五至既得而聞之矣。敢問何謂三無。孔子曰無聲之樂。無體之禮。無服之喪。此之謂三無。鄭注人耳不能聞。目不能見。行之在胷心也。孔疏三無謂行之在心。外無形聲。故稱無也。

按一部中庸唯語大二句最爲深奥由來莫得其解唯禮五至三無可爲此確注五至卽中庸之天地位萬物育也三無卽中庸之戒慎不睹恐懼不聞也所以致五至者由於行三無也志氣塞乎天地所謂大莫能載也費也目不得見耳不得聞所謂小莫能破也隱也蓋君子在心性上内脩無所暴著於外故極位育之能而不見作爲之迹也所謂費而隱者其象如此

鳶飛戾天節

禮記鄭注言聖人之德至於天則鳶飛戾天至於地

則魚躍于淵。是其著明於天地也。孔疏。言聖人之德。上至於天。則鳶飛戾天。是翶翔得所。聖人之德下至於地。則魚躍于淵。是游泳得所。言聖人之德上下明察。

按鳶飛魚躍。亦猶白鳥鶴鶴於物魚躍之意。作詩者隨所見以摹寫太平景象。子思引之言文王德化之盛。上下昭著如此。以證道之費也。下節言察乎天地。只是造端乎夫婦。以證道之費而隱也。但照注疏。極爲平易語。乃說化機。說道體。談元道妙。不免涉入老莊矣。是求深反晦之病也。○此與曾點言志先儒皆說入曠達一路去故朱子卽以夫子與點明程子活潑潑之說聞孫萊山學使歲試漳郡兩邑題一爲暮春者至詠而歸一爲樊遲請學稼二節題解云兩題同一解皆諷夫子以歸隱此眞確解足破千古之夢夢曩以樊遲二節題爲兒輩午課椿兒問曾點樊遲同勸隱何以一與一斥曰點言得體遲言不得體也因走筆以示之附錄於此昔吾黨諷夫子以歸隱者有二其一爲曾點其一爲樊遲點以童冠爲言不爲行道得吾與則爲傳道得吾徒深合夫用行舍藏之旨宜爲夫

子之所與也。遲以稼圃爲請。不爲君子之勞心而爲小人之勞力。未審夫學稼耕餒之分。宜爲夫子之所斥也。

造端乎夫婦

朱子語類。造端乎夫婦。言至微至近處。及其至也。言極盡其量。　或問。造端是示人用功之始。及其至是示人用功之極。猶自戒懼愼獨而天地位萬物育也。

按造端乎夫婦。是就不顯之中。指示箇發見之處。極其平常耳。後文斯昭昭四項。正與此相發明。言君子位育之道。不外此夫婦之知能。非謂用功之始由夫婦做到位育也。其工夫源頭。在於戒慎恐懼。人之所不見也。其可得而見者。不過造端乎夫婦。及其至也。則察乎天地。故曰費而隱也。

故君子以人治人

朱子章句。故君子之治人也。卽以其人之道。還治其人之身。四書改錯云。君子忠恕。祗以自治。並不治人。而治人在其中。若以柯伐柯。終是兩柯。以人治人。終是兩人

按朱子以上下人爲一人。而主治人說。毛西河主自治說。而以上下人爲兩人。從朱說則與下文忠

恕不合。從毛說。則與上文猶以爲遠不合。取兩說兼參之。則得矣。此人字卽道不遠人之人字。只是一人。治自治也。以人治人。卽下文忠恕之事。所謂反求諸其身者。忠恕祗以自治。無言治他人者。止猶在止於至善之止。非言止而不治也。以人治人。只是一人執柯伐柯。畢竟兩柯。故曰猶以爲遠。若以君子治他人。則無異於執柯以伐柯矣。

君子胡不慥慥爾

王氏引之經義述聞云。古書造與蹙通。廣雅曰。蹙。急也。迫也。慥慥者。黽勉不敢緩之意。猶言汲汲耳。言君子何事不汲汲然自勉乎。廣韻。慥言行急也。正指此篇言行慥慥而言。中庸四記云聖人又呼以自警也。

按朱注。豈不慥慥乎。贊美之也。攷韻會。胡何也。無作豈字解。廣韻。爾詞之必然也。無作乎字解。君子爲學者之通稱。君子居之何陋之有。聖人亦自稱爲君子。胡不慥慥爾。是自勉之辭。非贊美之辭。此與遵道而行注。皆因泥看君子二字。故錯會耳。

素其位而行

博雅。素本也。中庸匯參。徐思曠云。素位而行。重行字不重素字。

按行謂行中庸之道也。下節卽申明素位而行之意。言本其所居之位。無不可行中庸之道。故曰無入而不自得。非以逍遥自在爲自得也。

射有似乎君子節

中庸匯參云。子思自以君子之反求諸身結通章大旨。而適於夫子之論射得之。章意與節意須識得賓王歷然。

按費隱四節。歸重在造端乎夫婦句。道不遠人十一節。歸重在反求諸其身句。皆申明率性之謂道。

與隱怪作對針也。

父母其順矣乎

中庸章段云。夫子又推其意。以爲所以順父母者在是。此道所以行遠自邇登高自卑也。

按順字當作人子順親說。始合行遠自邇登高自卑之意。若以室家和順爲卑邇。父母安樂爲高遠。於理不順矣。

鬼神

顧氏炎武日知錄云。王道之大。始於閨門。先王事父孝故事天明。事母孝故事地察。脩之爲經。布之爲政。

本於天殽於地列於鬼神達於喪祭射御冠昏朝聘而天下國家可得而正也若舜若文武周公所謂庸德之行而人倫之至者也故曰君子之道造端乎夫婦及其至也察乎天地　人之有父母也雞鳴就寢左右就養無方何其近也及其既亡而其容與聲不可得而接於是或求之陰或求之陽然後僾然必有見乎其位然後乃憑工祝之詞而致賚於孝孫生而爲父母歿而爲鬼神子曰爲之宗廟以鬼享之此之謂也論語菲飲食而致孝乎鬼神　洋洋乎如在其上如在其左右由順父母而推之也

按程張之意以鬼神爲渺茫之事中庸乃平常之理兩不相涉故釋以二氣之良能不知郊焉而天神格廟焉而人鬼享此乃天地間絶大倫常古帝王絶大事業故曰明乎郊社之禮禘嘗之義治國其如示諸掌乎是爲中庸第一件事功也若二氣之良能能使天下之人齊明承祭洋洋如在乎中庸誠字始見於此此章說鬼神正以形容一誠字蓋鬼神卽誠之所爲故得卽而形容之也宋儒泥誠作實以爲鬼神涉於虛無不如二氣之良能尚得指其實耳故朱注云陰陽合散無非實者陰陽

合散。謂無非誠者則可謂無非實者則不可。蓋當其合也爲息爲盈則實當其散也。爲消爲虚則不實矣。卽此便見誠字與實字有天淵之别也

體物而不可遺

四書翼注論文云。視之而不見三句。只是一句。言鬼神無形而能形天下之形。無聲而能聲天下之聲。故以祭祀觀之。郊而天神格廟而人鬼享。能使天下之人心目間洋洋乎如見有至尊饗祭者臨之在上。從而與饗者在其左右。此體物不遺之驗也

按體猶憑依之意。如郊社坎壇廟祧壇墠爲鬼神

之所憑依也他如裳衣筵几以形其形琴瑟鐘鼓以聲其聲皆體物之明驗也

誠

康熙字典誠唐韻氏征切集韻韻會正韻時征切說文信也廣韻敬也增韻純也無僞也眞實也

按誠字唐韻集韻韻會正韻皆有音而無訓以無可代之字也說文訓信廣韻訓敬第取其義之相近非中庸之所謂誠也至增韻爲宋後字書多因朱注而增大之者中庸一書以誠字爲主腦庸便是中中便是性性便是誠一篇洋洋灑灑以至於

說天地說鬼神皆所以發明此誠字因誠之一字難說唯天地鬼神乃得而形容之故費如許筆墨也至一篇之中求其所謂眞實無僞者則並無此義而章句凡有誠字必以實字代之至誠無息節注云既無虛假自無間斷無論至誠是名號無息是工夫不合如此倒說但至誠只是無虛假則言必信行必果硜硜然之小人亦可名之爲至誠矣與誠字本義奚啻天淵哉

德爲聖人

中庸匯參俞長城云德爲聖人卽下文必得其名

按德爲聖人五句皆孝之應許白雲謂皆孝之目非也下節位祿名壽分應上五句壽字指饗保作壽世解若指年歲說如顔子之短命於必字說不去矣。

嘉樂憲憲

康熙字典嘉古牙切音加又胡駕切音暇美也或作假。憲許建切音獻懸法示人曰憲又呼典切音顯。正字通憲有顯示之義

按嘉通假加暇二音皆可讀憲有顯示之義故通顯一音如字詩大雅無然憲憲箋女無憲憲然爲

之制法度達其意以成其惡蓋反用之爲刺譏正

用之則顯示人以法式也

故大德者必受命

四書翼注論文云註中受命爲天子句李安溪馮文

子何屺瞻皆不從此說

按受命爲天子於必字亦說不去位祿名壽則可

必天子豈可必者哉

壹戎衣

朱子章句壹戎衣武成文言一著戎衣以伐紂也

按鄭注衣讀如殷聲之誤也齊人言殷聲如衣壹

戎殷者壹用兵伐殷也。經學家多從之。愚謂武成文明是一戎衣，謂一著戎衣而天下大定。按之文理極順，何必破字讀之？且戎字上必添一用字，殷字上必添一伐字，殊矯强也。大抵好古夸博，爲經學家之通病。論語惟孝友于兄弟，顯爲君陳原文，朱子以孝乎爲句。書云不句，原不錯。書云孝乎者，猶言書不云孝乎，古人語急，故省去不字耳。乃凡有經學家莫不據包注，孝乎惟孝，美大孝之詞，衆口一辭，繁徵博引，以駁朱注，殊不知後來引用之文，皆因包注而沿誤者，何足爲確據？解經但按文理之順否孝乎惟孝文理顯乖異則何如君陳原文之足爲確據乎。

武王末受命節

中庸章段云達乎諸侯大夫士庶之禮專指上祀言之也。禮記鄭注承葬祭説期三年之喪者明子事父以孝不用其尊卑變。

按下半段自辟如登高以下十八節皆以孝字爲主聯言舜文武周如許功業皆孝之所推及以明道在於卑邇也武王末受命節只重成文武之德一句德卽孝也成文武之孝卽公之自成其孝也

所以成文武之孝者。在於追王三年喪兩事。斯禮也承上上祀句。貫下父爲大夫八句。作一截讀。章句以追王上祀葬祭喪服作四項平列。非也。上祀是賓。追王是主。期之喪是賓。三年喪是主。玩斯禮也及無貴賤句。文法自明。若作四項平列。則斯禮也句無著落。無貴賤句亦爲多餘矣。

達孝

王氏方麓紹聞編云。人人可以自盡。故曰達孝。武周推一己之孝以爲天下法。是孝不獨在武周而可通於天下也。

按朱汪意以武周之孝。非常人所得行。故以爲天下之人通謂之孝。引孟子達尊爲證。孟子之言達尊。亦謂天下之人所共尊。非天下之人通謂之尊也。達孝卽達道。爲天下之人所共由。故謂之達。子思正恐人疑武周之孝不可通行。故引夫子之言。以明其爲達孝也。

夫孝者節

朱子章句。上章言武王纘大王王季文王之緒。以有天下。而周公成文武之德。以追崇其先祖。此繼志述事之大者也。下文又以其所制祭祀之禮。通於上下

者言之。中庸匯參云本節緊承達孝正見武周之孝所以達處謂不黏武周說者非是

按繼志述事自當指纘緒成德說但不當復黏有天下及追崇其先祖言所謂孝者在於善繼人之志善述人之事武王之纘緒周公之成德皆以繼述爲孝非以其有天下及追崇其先祖爲孝也故達之天下人人皆得以行之者也下三節言推繼述之心制爲祭祀之禮達乎諸侯大夫及士庶人使皆得以行之所以爲達孝也

春秋二節

王氏若林困學錄云。本文之意。上節舉祭祀之大略。下節則推言其義以見其禮意之盡善。只大凡說並無時祭祫祭禘祭之分。亦並無太廟羣廟之別。章句有事於太廟。則子姓兄弟羣昭羣穆咸在而不失其倫。是據祭統成語。特舉太廟以爲例。不是說在太廟與祭者便有昭穆。餘廟便無也。講章拘泥聚訟紛紛。總坐不得古人立言之意。　中庸匯參云。此二節大旨。只在就祭祀之禮見得武周當日錫類不匱。所以爲孝之至。此爲古人立言之意。不在縷析銖分。

按此二節講章皆黏武周身上說。釋以天子諸侯廟祭之禮非也。此言武周以孝治天下。制此祭祀之禮。使人人皆得爲繼述。所以爲孝之至也。春秋節。卽下文踐其位三句。宗廟之禮節。卽下文敬其所尊二句。數其字。卽上節兩人字。皆泛指先人脩陳設薦。凡祭皆然。所以述事也。序昭穆序爵序事旅酬燕毛。凡廟皆然。所以繼志也。祖廟自天子至於官師。祭法顯有明文。庶人無廟。祭於寢。其脩陳設薦之禮。昭穆貴賤尊卑長幼之分。繁簡雖別。秩敘則同。曰祖廟宗廟者。舉重而言耳。

宗器

四書改錯云。宗器指宗廟祭器。如尊罍琖斝齏盛豆籩之類。若赤刀大訓天球河圖是大寶器。不是宗器。大寶器惟大饗大喪斯用之。如顧命陳赤刀禘祫陳玉鎮類。春秋時祭焉得有此。

按朱注以其所制祭祀之禮通于上下者言之。祖廟注自天子至於官師。若宗器爲先世所藏之重器。豈能通於上下。至於官師乎。

裳衣

朱子章句。裳衣先祖之遺衣服。祭則設之以授尸也。

按裳衣有兩項。一以衣尸。一則設之座上以爲魂

衣不止授尸也儀禮云尸服卒者之上服上服乃上等禮服用以授尸餘服不授但陳於座而祭之故謂之設此參用毛西河說

時食

中庸輯略呂氏云時食者四時之食如籩豆之薦四時之和氣是也楊氏云若四之日獻羔祭韭之類江氏永羣經補義云春行羔豚膳膏香生人之食非祭物也

按王制大夫士宗廟之祭有田則祭無田則薦庶人春薦韭夏薦麥秋薦黍冬薦稻韭以卵麥以魚

黍以豚。稻以雁。然則脩其祖廟者。舉重以該輕。薦其時食者。舉輕以例重。總明通于上下之意。

序爵

禮記鄭注。爵。公卿大夫士也。

按爵亦是同姓。任荆溪援墓人職云。葬必以昭穆。有爵者居前之例。於序昭穆中。另俾有爵者居前。似近理。

序事

四書改錯云。周官小宗伯職有掌祭祀之序事語。所以序省牲眡滌諸事。而文王世子云。宗人授事以官。

尊賢也此正中庸所以辨賢之解若宗祝有司則但
執官役非助祭之人祇問職掌安辨賢否

旅酬

禮記鄭注旅酬下爲上者謂若特牲饋食之禮賓弟
子兄弟之子各舉觶於其長也逮賤者宗廟之中以
有事爲榮也

按據儀禮此係無算爵旅酬者該無算爵而言也
特牲饋食士之祭禮旅酬一節想亦通行之禮耳
講家每泥於武周以天子諸侯旅酬無所考爲憾
總緣不解達字之義鄭注加一若字意亦泥武周

說耳。

踐其位

禮記鄭注其者其先祖也。

按位卽孟子五等六等之位。庶人雖無位。祭於寢。

亦其位也。

社

康熙字典。社爲地祭。但祭有二。祭法大社卽郊特牲所云。受霜露風雨。以達天地之氣者。曰方丘。亦曰太折。夏至日地示之祭。於此行焉。此北郊之社。與郊對舉者也。又王社載芟詩序所謂春藉田而祈社稷。艮

耜詩序所謂秋報社稷者於此行焉祭土穀之神而以勾龍后稷配此庫門内右之社不與郊並稱者也

禘嘗

錢氏大昕潛研堂集云宗廟之禮莫重乎禘嘗禘嘗皆時祭也四時皆祭而春秋爲大故祭統謂之大嘗禘禮家恆以禘嘗與郊社並言禘嘗之義大矣郊社禘嘗之祭歲常行之故禮家以是爲大而三年五年之禘祫不及焉爲其不常舉也祭義郊特牲皆稱春禘秋嘗而王制祭統則云春礿而夏禘周官大宗伯詩小雅又有祠禴而無禘漢儒彌縫其義以春禘爲

夏殷之禮。又或破禘爲禴。以予攷之。禘者大祭之名
不必拘於一時。時祭以禘嘗爲大。而禘有樂而嘗無
樂。則禘又大於嘗。古者於禘也。發爵賜服。饗孤子。於
春祠行之。故曰春禘。亦或於夏禘行之。夏之始可以
承春故也。一歲之中。惟禘嘗爲大。其它二祭。則禮差
省矣。易曰。東鄰殺牛。不如西鄰之禴祭。又曰。孚乃利
用禴。先儒以禴爲祭之薄者。蓋禴而不行禘禮者也。
中庸稱武王周公之達孝。先言春秋脩其祖廟。後言
禘嘗之義。則春禘秋嘗。固周制矣。而以爲夏殷之祭。
其不然乎。說中庸者。或以禘爲三年大祭。證以祭義

祭統郊特牲諸篇之文知其爲時祭無疑 康熙字典禘祫之說千古聚訟鄭康成據禮緯三年一祫五年一禘謂祫大禘小王肅張融孔晁輩謂祫小禘大確分禘祫爲兩祭通考禮經禘祫實一事而禘卽時祭中之一也夫祫从示从合是凡合祭皆爲祫禘从示从帝蓋帝祭之稱其制始帝舜夏商周因之其義取審諦昭穆上追祖所自出下及毀廟未毀廟之主天子四時之祭春礿夏禘秋嘗冬烝祭統王制每並舉之而要莫大於禘故春秋獨書大事公羊亦以禘之祫爲特大而著之曰大祫也先儒以春秋公羊於

此俱不言禘遂謂別有祫祭獨杜預以左傳無祫祭之文因以禘釋大事孔穎達疏曰祫卽禘也取其序昭穆謂之禘取其合羣祖謂之祫誠不易之解矣趙匡又泥以祖配之之文謂不及羣祖夫始祖下皆曰祖以祖配之獨不包諸祖乎且爾雅釋祭云禘大祭也若止禘祖所自出非大合昭穆得爲大祭乎元儒黃楚望曰始祖率有廟無廟之主以共享於所自出所以使子孫皆得見其祖又以世次久遠見始祖之功德爲尤盛也斯深得制禘之旨矣　又禮王制天子犆礿祫禘祫嘗祫烝按凡合祭曰祫禘嘗烝皆合

祭。故皆言祫。據此則知天子別無祫祭。凡諸經傳所言祫。皆指禘嘗烝之祭也。但烝嘗二祭。止太祖及羣廟。而禘則上追太祖所自出。下及毀廟之主。其祫較烝嘗爲大。故春秋於文二年八月之禘。書爲大事。而公羊釋之爲大祫也。

按禘。朱子釋以大祭。而諸家皆以與嘗對文。斷其爲時祭無疑。愚謂大祭既名禘。何得時祭又名禘以混之。蓋大禘時禘。實只一禘也。攷周官及小雅。皆言禴祠烝嘗。公羊傳亦言春曰祠。夏曰禴。秋曰嘗。冬曰烝。此四時之祭。古之定制也。禘者乃於春祠之時行祫祭之禮。故改祠名禘。據祭義祭不欲數。公羊亟則瀆之言。知禘即行於春祠中。非時祭之外。又有一大祭名禘也。祭法所云月祭。當是告朔之禮。王制正祭則歲必四次。然則春祭不祫者謂之祠。其祫者則謂之禘。禘嘗之禮。舉其大者而言也。惟祭義郊特牲皆言春禘秋嘗。而王制祭統則言春礿夏禘。明堂位亦言季夏六月以禘禮祀周公。禘祭見於春秋者。閔二年五月吉禘于莊公。周五月夏三月也。而僖八年七月禘于太廟。文二年八月大事于太廟。律以夏正。皆禘於夏矣。或者慎重其事。於春夏二時擇宜而用。記禮者因而錯綜歟。然無定據矣。若三年五年有大祫時祫之別意者三年惟禘祭一祫。則謂之時祫。卽時禘也。五年禘嘗烝皆祫。則謂之大祫。卽大嘗禘也。故王制有犆礿祫禘祫嘗祫烝。此專爲祫祭而言。非謂每歲皆如是也。諸侯亦有祫祭。故云諸侯礿犆。禘一犆一祫。嘗祫。烝祫。但諸侯所祫。止太祖及羣廟而禘則禘其祖之所自出。而以其祖配之。諸侯不敢祖天子。故禮不王不禘也。而王制諸侯言禘者。以禘爲夏祭之名耳。若王者之禘則必祫。無所謂犆也。諸侯之禘一犆一祫者謂五年再殷祭一祫一不祫也蓋諸侯三年時祫之禮則於春祭或夏祭行之五年大祫之禮則於秋冬二祭行之春夏則不祫以其不敢同於天子三時皆祫故曰禘一犆一祫也然則鄭康成所謂祫大禘小者當是三年一時祫五年一大祫故云祫大禘小王肅輩所謂祫小禘大者以諸侯之祫止太祖及羣廟王者之禘則上追太祖所自出而以其祖配之故云祫小禘大義各有取耳歷來禮家言禘嘗言祠嘗未有言禴嘗者可見禴是夏祭之名而禘則行祫祭於春祠

之中或偶移之於夏故與嘗對文以嘗五年亦祫也

示諸掌

朱子章句示與視同視諸掌言易見也

按鄭注示讀如寘諸河干之寘似可不必論語及仲尼燕居皆作示可見原文是示字示諸掌文義自順無庸破字讀寘並不必通字作視也

其人存則其政舉

中庸輯略呂氏曰所謂文武之政者以此道施之於爲政而已有文武之心然後能行文武之政無文武

之心則徒法不能以自行　中庸匯參云章句人字雖兼君臣說而本文但言文武所重自在於君故下文爲政在人取人以身特與清出主從

按人存政舉二句言政不足恃所藉在人苟無其人雖有其政不行也政即道也此以明道出於率性苟不明聖人之德性徒遵道而行無益也故下文歸重於脩道以仁

蒲盧

朱子章句蒲盧沈括以爲蒲葦是也以人立政猶以地種樹其成速矣而蒲葦又易生之物其成尤速也

按蒲盧猶言地之毛甚言其無足重輕非取其速也政非人無所附猶蒲盧非地無所附總是言政不足恃以起下故爲政在人鄭注蒲盧訓蜾蠃與章旨無干與節旨地道敏樹尤不合

故爲政在人二句

中庸匯參云上文人道包舉君臣此承上而言劃清主從跌重君身爲下面脩身重重起案

按首節其人二字明明謂文武二三節人字皆承上文而來專指人君說非包舉君臣也爲政在人取人以身言爲政在於有爲政之人取此爲政之

人在於脩身也若以人指賢臣與上文文理不屬矣家語作爲政在於得人亦言在於得其人不必主用人說豈子思恐疑於用人删去於得二字歟

脩道以仁

朱子語類問仁亦是道如何卻說脩道以仁曰道是統說仁是切要底又曰道者義理公共之名仁則直指人心親切之妙

按仁卽性也脩道以仁者言道出於率性脩道者當卽性以求道也語類後二語與此頗暗合然未揭破此旨

仁者人也

朱子章句人指人身而言具此生理自然便有惻怛慈愛之意深體味之可見

按人也謂人之性也孟子仁也者人也合而言之道也卽本於率性爲道之說下文知人卽所以知此人也鄭注人讀如相人偶之人失經意矣

知人知天

中庸四記云仁義禮之說既詳而智未之及故復推而至於知人知天者智之事也思事親而必知人者仁者人也茍不知人所以生之理則仁孝不備何以

事親乎。思知人而必知天者。苟不知天之所以生人之理。則性所自來者不明。何以知人乎。此可見盡其性者。必先於知其性。而智實仁義禮之原也。○人與天爲對，不與親爲對。以後章知天知人證之可見。況此章後有天道人道。此言知人知天者。卽後天道人道之根也。

按仁義禮蘊之於心則謂之性。措之於事物則謂之道。故曰率性之謂道。知天知人卽所以知性。故必由智而入。乃知卽性以求道也。

三達德

中庸四記云上言仁義禮以及於智則四德備矣而此三之者按孟子多言仁義禮智論語多言智仁勇此章兼言之則知四德三德互有詳略然其歸一而已矣蓋義禮在仁之後者也智在仁之先者也專言仁則仁統四德對智而言則惟禮義統於仁而智不統於仁也以禮義統於仁以智對仁又以勇爲智仁之所以成始而成終者此繼四言三之意也

按義禮由仁而生措之於道者也其蘊之於性者唯知仁勇三達德義禮則統該之於仁也故知仁勇兼內外而言義禮多就外著說孟子四端是就

其發見之處。指示人心所同然。以明人性無不善。故言仁義禮智而不及勇。中庸三達德。是就其性藴之中。推本達道所由行以明道出於率性。故言智仁勇而不及義禮。言各有當。非互有詳略也。

所以行之者一也

中庸匯參云。節首明說所以行之者三。末卻先點清三者而云所以行之者一。所行自仍指五達道而言。非於三者之外別有一也。

按所以行之者一。言達德雖有三。所以行此達道者一也。舊說一者誠也。如果一是誠字。當云天下之達道五達德三所以行之者一。未當云所以行之者誠也。豈有不明白說出使人憑空摸索哉。達德卽性也。性卽誠也。旣以三達德行五達道。又另有一誠以行此三達德。不頭上安頭乎。下節兩一字。卽所以申明此一字。此一字可改作誠字。下節兩一字亦可改作誠字乎。末句所以行之者。卽頂節首所以行之者句來。本節同此所以行之者。上下節同此一字。豈有作兩樣解說者。

子曰

朱子章句。按孔子家語成功一也之下。有公曰子之言美矣至矣寡人實固不足以成之也故其下復以子曰起答辭今無此問辭而猶有子曰二字蓋子思刪其繁文以著於篇而所删有未盡者今當爲衍文也

按家語雖不可信中庸顯有子曰二字明爲更端之辭蓋公之問政意固在於政必聞夫子之言不悟而復請故夫子復對以三近使先知所以脩身然後告以九經以如其所請復終之以明善誠身使知總歸於脩身爲本也先儒謂家語文之繁於中庸者大抵王肅所演飾今按三近以下爲困勉

說法與寡人實固一言正相針對意者肅或有所本不必皆肅之臆造歟今但就中庸而論三近而下實爲更端之辭正當加子曰二字以別之不當爲衍文也

三近

中庸匯參云三近是入手時事故章句以爲勇之次蒙引存疑乃謂又是困勉下一等人殊少位置按三近明列出知仁勇不當單屬之勇之次上文三知三行是三箇人此三近是一箇人卽上文之困知勉行者非三知三行之外又别爲三近一等

也。

脩身也尊賢也親親也

中庸章段云。雖爲政而不離乎脩身。故脩身爲之首。前言親親尊賢者。所以脩其身也。故先親次賢自身之切者而推之也。此言尊賢親親者。所以施諸政也。故先賢次親自政之切者而推之也。

按九經皆主治天下國家說。卽所謂文武之政也。此脩身尊賢親親爲九經之目。與上文皆有別。此脩身指在外之言動威儀。故曰齊明盛服。非禮不動。所以脩身也。非上文知所以脩身之謂。知所以脩身者謂脩身以道脩道以仁也此親親指諸父昆弟故次於尊賢非上文親親爲大之謂親親爲大以事親爲主由父母而推之乃至於九族故下云思脩身不可以不事親蓋事親即所以脩身也此尊賢與尊賢爲大亦略别尊賢爲大主義説兼敬長在內亦脩身中事以其對王公而言故曰尊賢爲大此尊賢專主貴德説蓋九經中之脩身尊賢親親皆以施於政者言也

來百工也

經義述聞云來讀勞來之來謂勸勉之也來字本作

勑。說文勑勞勑也。孟子勞之來之。謂勸勉之也。月令爲天子勞農勸民。鄭注曰。重力來之。漢書王莽傳。力來農事。顏師古注曰。力來勸勉之也。來音郎代反。是相勸勉謂之來。故下文曰。日省月試。既稟稱事。所以勸百工也。釋文來字無音。正義以爲招來百工。皆失之。

按正義君若賞賚招來之。則百工自至。賞賚招來。亦勸勉之意。但讀來爲如字耳。然二音皆可通。姑錄之以備一說。

不惑不眩

中庸章段云。聽不擇則易惑。任不專則易眩。

按不惑謂不惑於邪。朱注謂不疑於理。恐與不迷於事無別。尊賢是信任專。惟去讒遠色賤貨。使不得以閒之。所以不惑。敬大臣是統攝重。惟官盛任使。得小臣相助爲理。所以不眩也。朱注敬大臣則信任專。而小臣不得以閒之。與官盛任使意背矣。且小臣位卑職小。但供大臣之使令。亦烏從閒大臣哉。

齊明盛服三段

中庸章段云。上言脩身之要在智仁勇。而此以威儀

動作言者亦就爲政而臨涖者言之也害賢莫甚於

讒其次色其次貨故三者除而後能貴德矣好惡猶

苦樂也同其好惡謂吉凶休戚無不共之也

按同其好惡卽與民同好惡之意但親親更關切

耳我能親親則親亦親其親故曰所以勸親親也

忠信重祿

禮記鄭注有忠信者重其祿也

按親親無官故可重祿士以官授祿自有定制且

僚屬衆多豈能槪厚蓋公卿位尊祿厚無可上下

士祿原輕苟有忠信者則加厚其祿所謂體其勞

逸以勸之也。若待之誠而養之厚。何獨於士爲然

此參用毛西河說。

送往迎來

四書改錯云。符節委積俱有送迎。夏官懷方氏掌來遠方之民。達節以送迎之。治委積以續食往來。地官委人掌委積以給往來之用。是節與委積往來送迎俱有之。

朝聘以時

四書改錯云。王制比年一小聘。三年一大聘。此是諸侯聘諸侯禮。五年一朝。是夏殷朝禮。尚書周官六年

五服一朝。又六年王乃時巡諸侯各朝於方岳。此是
眞周禮而周官經析言之大略十二年中。王一巡狩。
諸侯兩朝。凡巡狩之明年。侯服一七年朝。甸服二八
年朝。男服三九年朝。采服四十年朝。衞服五十一年
朝。要服六十二年朝。是六年中六服各一朝。而尙書
言五服者。以要與荒鎭番四服在五服外也。於是天
子巡狩方岳。諸侯又朝於方岳。此常朝也。乃又有不
期而會。如王國有大事。諸侯齊至。謂之時見。王如十
二年不巡狩。則諸侯共朝於京師。謂之殷同。此閒朝
也。然且五服殊方。各以時至。東方以春至。則曰朝。南

方以夏至則曰宗。西方以秋至則曰覲。北方以冬至則曰遇。其見於諸禮者不同如此。若聘則天子於十二年中。每間歲下問於諸侯。以一三五七九十一年爲度。謂之六問。而六服則皆以應朝之次年。遣卿入聘。繼此則間年又聘。共六聘。凡十二年中。侯服以一七年朝。則有二四六八十十二年六聘。甸服以二八年朝。則有三五七九十一年六聘。皆除巡年外。以次而周。所謂陽年朝則陰年聘。陰年朝則陽年聘。朝聘不重複。此大聘也。然且天子有歸脤賀慶致禬諸小聘。而諸侯於天子。則遇王國有事。卽遣大夫。不時入聘謂之時聘亦謂之小聘周制可見者約略如此若左傳鄭子太叔叔向所云歲聘間聘諸說皆晉霸所定諸侯朝晉聘晉之禮而正義强合周制且鄭氏周官注一往錯誤卽朝聘一大禮漢唐至今茫然矣

厚往而薄來

四書改錯云周禮朝聘有往來十二年天子一適諸侯諸侯兩朝天子天子六問諸侯諸侯六聘天子卽往來也故往禮有徧存徧頫致福贊喜補灾致禬類如天王賜胙宰咺歸賵周定王告晉之慶卽是厚往若來則諸侯朝時有侯服犧牲甸服絲枲男服彝器

采服織纊衞服龜貝類在九貢之外，聘有琮璧幣帛，庭實，皮馬，在春秋入貢獻功外，皆來禮也，但厚薄則惟其意耳，若燕賜，如宰夫掌客牢，禮膳，獻賓，賜餐牽類，是饗勞待來之禮，豈往禮乎。

所以行之者一也

中庸匯參，輯語下節豫字，正豫此一，蓋爲下明善誠身張本。

按一謂一事也，言所以行此九經者，在知所以脩身一事也，下文明善誠身，即所以申明此一字，達道節所以行之者一，對三達德説，此所以行之者一。對九經說。皆以數目字對勘。作總一解。

凡事節

中庸四記云。上旣並列九經。而將申明其必本於脩身之意。故發事豫之義。而以在下位者反明之也。

在下位節

中庸四記云。達道者。上下之所同也。故此以在下位者。獲上治民順親信友之本於誠身。明在上位者。治天下國家之本於脩身也。蓋因其義皆反說。故託於在下位者言之。對君之辭也。誠身者。卽親親之仁。明善者。卽知天知人之智。故下文遂以天道人道言之。

按安溪以明善誠身分屬智仁。似未當。明善卽自明誠之明字。誠身卽自明誠之誠字。自明誠之明字兼知行說。明字是工夫。誠字是功效。非以明屬知誠屬行也。若以明屬知。誠屬行。自誠明者豈先行而後知乎。自誠明之誠字。亦兼知行說。故曰不勉而中不思而得。不勉不思所謂誠也。中與得。所謂明也。誠字是工夫。明字是功效。至誠工夫在於無息。故不勉不思也。擇善固執卽明善之事。卽自明誠之明字。故統之曰誠之者。不得以擇善屬明善。固執屬誠身。亦不得以擇善屬知。固執屬行。下文有弗學有弗行。知行之中俱要擇。弗能弗措弗篤弗措。知行之中俱要執也。以明誠擇執分知行。歷來沿誤已久。故亟辨之。

雖愚必明雖柔必强

朱子章句。明者擇善之功。强者固執之效。

按明强是作用。不是功效。言果能百倍其功。雖愚者必明於擇。雖柔者必强於執也。蓋必明强而後能擇執。非擇執而後能明强也。

致曲

朱子章句。惟聖人能舉其性之全體而盡之。其次則

必自其善端發見之偏而悉推致之以各造其極也

或問此章所謂致曲即孟子所謂擴充其四端是也

按朱注善端發見自是曲字確解但之偏二字似可省曲隱曲也詩秦風亂我心曲箋云心曲心之委曲也委曲猶委細即隱微之意曲雖不訓端而善端發見固自隱曲中來也禮器禮之以少爲貴者以其内心也是以君子慎其獨也然則慎獨不便是致曲而所以致曲者在於慎獨也猶之戒懼不便是盡性而所以盡性者在於戒懼也下文自成自道是盡性中節目至無息便是戒懼始說

出所以盡性工夫來尊德性而道問學是致曲中
節目至寡過便是慎獨始說出所以致曲工夫來

故至誠如神

中庸輯略呂氏曰至誠與天地同流興亡之兆禍福之來感於吾心動於吾氣如有萌焉無不前知況乎誠心之至求乎蓍龜而蓍龜告察乎四體而四體應此至誠所以達乎神明而無間故曰至誠如神

按故字如字皆當玩正言至誠無以異於人也言至誠所以前知者以禎祥妖孽蓍龜四體而知之惟誠則明禍福將至有以察乎幾先故至誠如神

耳豈如讖緯術數之學以推測爲前知者哉

誠者物之終始二句

四書改錯云誠者物之終始若不誠則無物矣一反一正何等明快乃謂上句汎言人物下句專屬人此是何說　先生歸草堂說此書客問物之終朱氏謂理盡則物終與不誠無物一意而先生謂物終亦是誠何也曰此非予言也經明云誠者物之終始而朱氏獨曰終是不誠則經但當曰誠者物之始而於終字宜删郤矣易繫辭原始反終知生知死則生是誠死亦是誠物生有時物死有候若不誠則無候矣生

物旋死，死物旋生；若不誠，不旋生矣。易曰：萬物之所以成終而成始也。始是成，終亦成也。若無誠，則終是敗矣。

按：不誠無物，言有是誠乃有是物。若不誠，則無物矣。所以明凡物莫不有誠，非言誠盡而物亦盡也。

合外內之道也

中庸四記云：仁智皆不離乎誠，而爲性之德，則成物之道，卽成己之道，故曰合外內之道也。

按：外內指人己說，不指仁智說。蓋人已有外內之殊，而我之仁智能合之，故曰合外內之道也。仁知明言性之德皆兼體用存發說朱注以此分外內非也。

徵則悠遠三句

禮記鄭注此言至誠之德著於四方。語類至誠無息一段。鄭氏說是。諸家多將做進德次第說只一箇至誠已該了。豈復更有許多節次。不須說入裏面來。困學錄一悠遠便博厚。博厚便高明。更無次第。故悠遠兩字。說在博厚高明前亦得。說在博厚高明後亦得。說悠遠亦得。說悠久亦得。

按三則字一氣直下。悠遠博厚高明。乃合下並見

之象非有存發次第之別不息則久此久字以內藴言悠久成物此久字以外著言徵則悠遠因避上句久字故用悠遠耳非悠久與悠遠有異義也

如此者節

四書翼注論文云此節只是現成指點誠字之妙言人若不誠則事事造作不勝煩擾若至誠自無息矣天地無心而成化聖人有心而無爲

按此節繳轉中庸本旨言至誠功用之大至於如此者只是戒愼不睹恐懼不聞故不見而章不動而變無爲而成也

博也厚也節

中庸匯參李安溪云不貳者性之本體博厚高明悠久性之發用六箇也字與至誠之博厚高明悠久相遙應

今夫天節

朱子章句及其無窮猶十二章及其至也之意

按此節節申明不見而章三句昭昭一撮一卷一勺言其發見之處不過如是喻君子位育之道不外夫婦之知能無所顯異於外也下節始推到內蘊朱注由其不貳不息以致盛大而能生物非此

節本旨

於穆

康熙字典前漢東方朔傳於是吳王穆然註張晏曰穆音默師古曰穆然靜思貌

按於穆與不顯對文穆亦當讀默取肅靜之意謂無聲無臭也考字書穆無訓深遠者維天之命亦未可言深遠也

於乎不顯

中庸匯參云蒙引豈不顯要說入德之純內去不要說在顯於外上中庸引言自不拘元意條辨申之曰

上文至誠許多功用都是說那顯底總一至誠無息做出來方是說那深微底於乎不顯文王之德之純正將上文許多功用都收入本體中也　語類問不顯惟德詩中例言豈不顯也今借引此詩眞作不顯說只是形容前面戒謹不睹恐懼不聞否曰是也

按於乎不顯與末章不顯惟德皆是實實說不顯中庸引之以借繪一庸字蒙引及條辨意以此不顯亦當眞作不顯說但朱注訓豈不顯也不得不如此迴護耳其實前後同此不顯不當爲異解也即詩中例言豈不顯也原係傳箋錯解子孫贊美

其祖宗意實說顯特藏去豈字使疑於不美之名得毋嫌乎不顯惟德猶言至德無稱卽蕩蕩無能名之意此乃絕大贊辭故詩中多以此稱頌先王也◯不顯以外觀言不已以內蘊言上節斯昭昭四項是說不顯此節申明至誠無息之意只重不已二字因上節末點出不顯故於此引詩而連及之然惟不已於中所以不顯於外實則一義也

純亦不已

鄭氏詩箋純亦不已也

按此記者自爲訓詁也蓋純字有訓美者有訓大

者故申釋之以明其爲純一之純也鄭氏詩箋卽

引中庸之文以爲注也

大哉聖人之道

中庸匯參云此章言人道意在脩德凝道之君子故

開口先唱明聖道之大爲後文君子脩德凝道張本

按此段與哀公問政一段文意正相似問政一段

言爲政在人重抑政字亦脩道在乎以仁此段言

待人後行重抑禮度文亦凝道本於至德皆申明

不可遵道而行之意歷來講家於此段書理不明

者因於道德二字未曾分曉也德卽性也道者率

性而出之者也。德內而道外也。德體而道用也。德本而道末也。言聖人之道由發育峻極而著爲禮儀威儀，乃本之於至德。苟不明聖人之至德，徒襲其儀文，只是道之末迹也。故此節先將聖人之道一揚，爲下文繳轉至德，使知卽性以求道，非呆贊聖道之大也。

故君子尊德性節

禮記正義：此一經明君子欲行聖人之道，當須勤學。中庸章段云：尊德性，所以存誠也；道問學，所以求明也。四書改錯云：此節最躊駮，從來莫解章句以存

心致知四字鑿鑿分配毋論廣大高明與存心不甚合天下豈有道中庸與崇禮而可言致知者

按尊德性道問學皆兼知行說德性卽天命之性爲天下之大本故尊之也問學卽脩道之敎爲天下之達道故道之也尊德性知三達德也知斯三者兼行說道問學行五達道也所以行之者兼知說廣大高明謂發育峻極故與禮謂禮儀威儀盡精微敦厚謂尊德性道中庸知新謂道問學盡精微知新屬知謂知天知人道中庸敦厚屬行謂親親尊賢其實一也

行同倫

禮記鄭注。禮。謂人所服行也。

按據此則行同倫行當讀如字。舊本讀去聲。與禮字無著。

有宋存焉

閻氏若璩四書釋地云。向謂聖人之言。述於賢人口中。少有改易。便不如聖人之確。如論語杞宋並不足徵。中庸易其文曰。有宋存焉。觀中庸其至矣乎。及明乎郊社之禮。分明是子思增損檃括論語之文。此則改論語而失其意。故不確。知我罪我。一聽世之君子。余則信孔子過篤者耳。一時聞者駭而安焉。越後二十餘年歲寒夜永忽憶孔子世家末言子思嘗困於宋作中庸不覺豁然以悟起坐歎曰中庸既作於宋易其文殆爲宋諱乎禮居是邑不非其大夫況宋實爲其宗國則書中辭宜遜且爾時杞既亡而宋獨存易之亦與事實合也因有感黃楚望之經學以積思自悟爲主以自然的當不可移易爲則其言曰聖經興廢上關天運輒自以謂天開其愚神啟其秘者此誠願與天下士交勉之哉

按中庸此條與論語語意迴別不止少有改易子思述夫子之言見於他處者字句參差則有之未

有改其文並改其意。如此條之懸殊者。論語只說夏殷並不提及周禮。兩吾能言之。是何等自任語文獻不足二句。非慨二國之無徵。是明已言之可信。蓋前王之大經大法。雖非今之所用。固不容聽其泯滅無傳也。中庸三代並列。只重吾從周一句。蓋三代之禮。孔子皆能言之。而遵王之制。則從周而已。子思引之。明聖人生乎今之世。亦不敢反古之道也。中庸於杞宋有低昂者。爲從周而云然也。蓋孔子是殷人。冠章甫。奠兩楹。時乎可用。亦用之。於不從之中。又有區別。故夏曰吾說。殷曰吾學。杞亡於獲麟後二十三年。若曰易之與事實合在子思則合矣。如子曰二字何有宋者猶言有夏有殷也。有宋獨曰存焉者謂不足徵之中猶有存焉耳。然存者存之而不用也。言𣏌國僅存。非今之所用。雖與周禮同學究與夏禮同不敢從也。此與論語分明是夫子兩時之語。何得以上半截髣髴相似。遂疑子思之改易乎。篤信孔子而忘其厚誣子思何哉。二十餘年之積疑自謂豁然以悟。實則未嘗悟也。讀書之難如是。豈聖學廢興上關天運果有如黃楚望之言歟。○宋氏翔鳳四書釋地辨證引春秋繁露絀夏親周而故宋之說以駁閻氏爲宋諱之文謂中庸一篇明春秋之義春秋旣絀夏杞不得爲二王後貶稱子故云杞不足徵下存周宋爲二王後故曰有宋存焉吾從周云愚按杞宋於周同爲二王後稱客而朝杞本侯爵春秋貶稱伯又貶稱子者爲周天子所降也夫子何能絀夏而貶杞之爵且夫子何故絀夏乎乃以爲春秋應天作新王之事變周之制當正黑統誣聖蔑法莫此爲甚孟子春秋天子之事也謂奉行周天子之事非謂孔子爲天子之事擅自黜陟如胡氏所云託

二百四十年南面之權也閻氏四書釋地於此節駁胡氏說甚詳其言確不可易然則以春秋當新王乃閻氏所力爲排斥者此千古綱常一大關係歷來承訛已久閻氏獨能伸其確論以正千百年之失學者當何如佩服者而宋氏反據閻氏所排斥者以駁閻氏之說不大謬乎

其寡過矣乎

四書改錯云夫以聖人治世謂致曲所及變化有之未有民物信從而講蘧伯玉寡過之學者

按寡過所以自治未聞治人而使之寡過者此寡

過即脩身替字。不曰脩身而曰寡過者。以合於慎獨之義也。此句係王天下有三重之下。王有成效說。故用矣字。言王天下而議禮制度考文者。必其已能寡過者也。

故君子之道

中庸章段云。此君子即尊德性而道問學者。

按一。路說禮度文。都是陪客。此君子之道。正轉到正意。章句以此君子指王天下者而言。則惟王天下者乃得與於道矣。且議禮制度考文之道。果能百世以俟聖人而不惑。則上焉者之禮。何至於雖善無徵乎。

動而世爲天下道三句

中庸章段云容貌威儀動無非禮處物治事行無非度聲音辭令言無非文蓋不待有議禮制度考文之權而百王之禮樂在是矣

在彼無惡節

中庸匯參云無惡無射美其已然庶幾二句勉其將來蛩饒氏以爲猶遠也。

按無惡謂無惡於志即慎其獨也夙夜謂夙夜基命宥密即戒慎不睹恐懼不聞也如此二字緊頂

詩詞卽指無惡夙夜也。無惡夙夜是工夫。無射終譽是效驗也。

道並行而不相悖

易說卦。立天之道。曰陰與陽。立地之道。曰柔與剛。立人之道。曰仁與義。

按陰陽剛柔仁義。若相反而實相成。故曰並行而不相悖。若四時日月。明言錯行代明。不可云並行也。

唯天下至聖節

中庸四記云。聰明睿知者知也。文理密察者亦知也。

知有兩者知終始乎四德也。

按安溪意以小德是目大德便是綱。此章小德主分著而言。不當復有一綱四目之說。且經文五項平列自當還他五平。不得以生知之質總領之。故以首尾兩項皆作知德說。此安溪之特見也。但知祇四德之一。孟子始終條理。一爲智之事。一爲聖之事。安溪謂知終始乎四德。不無傅會其說。蓋安溪能正一綱之失。而不能正四目之失也。玩哀公問政章。由親親之仁生出尊賢之義。由仁義生出等殺之禮。故以內蘊言。則義禮統該於仁。惟知仁勇三德以外著言則知仁勇外又加義禮二德此小德主外著說故平列知仁勇禮義爲五德發強剛毅分明是勇不得謂之義義主別文理密察分明是義不得謂之知也

文理密察

經義述聞云注及正義皆不釋密字引之案考工記廬人傳人則密鄭注曰密審也正也爾雅抑抑密也郭注曰威儀審諦密有審正之義故與察連文

按釋名義宜也裁制事物使各宜也說文已之威儀也文理密察四字有辨別等差審諦威儀之義

故曰足以有别正爲義字確注也。

見而民莫不敬三句

中庸章段云莫不敬信說和之應也。

經綸天下之大經三句

中庸輯略游氏曰天下之大經五品之民彝也。凡爲天下之常道皆可名爲經而民彝爲大經。陳氏曰中者天下之大本中乃未發之中。集解天地之化育只是一誠。雙峯饒氏曰大經是道大本是性天地化育是命存疑經綸立本知化窮理盡性以至於命也。

夫焉有所倚

中庸章段云。夫焉有所倚。中之至也。

肫肫其仁三句

中庸章段云。肫肫淵淵浩浩。皆未發氣象。

按大德卽未發之中。故止知仁勇三德。

其孰能知之

中庸匯參玉淵張氏曰。上章云。凡有血氣者莫不尊親。此云苟不固聰明聖知達天德者。其孰能知之。上章言小德。條理分明。人所易見。此章言大德。無聲無臭。非聖人不能知也。

按大德所以莫能知者。以其戒愼不睹。恐懼不聞。

故人莫得而見聞。唯聖人身歷其境。乃足以知之也。若說到幽深奥渺不可得而知。則與中庸意背矣。

温而理

禮記鄭注温讀如燖温之温。謂故學之熟矣。後時習之謂之温。

按此本温故注。竊謂温而理。温字亦當作如是解。若作温潤解。則與淡簡意不合。

奏假無言

禮記鄭注。假大也。言奏大樂於宗廟之中。人皆肅敬。

金聲玉色無有言者以時太平和合無所爭也　商頌鬷假無言箋云假升也至於設薦進俎又總升堂而齊一皆服其職勸其事寂然無言語者　朱子章句奏進也假格同言進而感格於神明之際極其誠敬無有言説而人自化之也　詩傳湯孫奏假注云鬷假與格同言奏樂以格於祖考也鬷假無言注云鬷中庸作奏正與上篇義同蓋古聲奏族相近族聲轉平而爲一耳　四書考異云釋文曰奏如字詩作鬷音子公反菷音義曰鬷子東反總也假毛古雅反大也鄭音格左傳昭公二十五年引詩鬷嘏無言

按齊魯韓詩與毛詩不同故引詩文多參差然解者當求其會通不應彼此頓異鄭氏箋詩既讀假爲格訓升堂注中庸又讀假如字訓大樂未免兩歧朱子雖皆讀假爲格而奏字一訓進一訓奏樂義亦小異詩本文既作鬷假無言若中庸奏訓進訓奏樂與鬷訓總義不可通卽謂奏族聲相近似不應以仄轉平且左傳引此亦作鬷嘏無言則鬷未必爲奏之轉音假嘏雖音義並同而假可通格嘏未有通格者玩中庸下文不賞而勸不怒而威與左傳下文以平其心成其政也皆取政治平成

之意假當讀如字與嘏通郊特牲嘏長也大也說文嘏大遠也奏假者謂奏成大遠之功小雅以奏膚公是也如此則與無言靡有爭極爲融貫而奏爲奏成鬷爲總成義亦並通矣

鈇鉞

禮王制諸侯賜鈇鉞然後殺

按鈇鉞皆斧也鉞大而鈇小爲刑人之具若說文莝斫刀亦名爲鈇乃斬芻之具與威民無涉

上天之載

禮記鄭注載讀曰栽謂生物也上天之造生萬物人

無聞其聲音亦無知其臭氣者正義曰詩文以載爲事此讀爲栽者言其生物故讀載爲栽也

按載訓始造亦訓始載訓事造亦訓爲鄭既云造生萬物則載有通造之義似不必破字讀栽

無聲無臭

朱子語類中庸末章恐是說只要收斂近裏　困學錄此從下學立心之始推而至於聖神功化之極致正見中庸之道初非難事但能謹獨戒懼切實爲已便可上達天德蓋正據其無聲無臭地位指示箇從入之方欲學者脚踏實地從下學做工夫耳

按無聲承上奏假無言謂不賞而勸不怒而威也無臭承上不顯惟德謂篤恭而天下平也所以然者以其由愼獨而戒懼皆行之在心外無形聲故無爲而治與造化同功也

光緒戊寅鐫

中庸心悟

致遠堂藏板

中庸

中庸與大學同。亦一篇爲一章。先儒分五節。起結二小支。中爲三大支。今因先儒所分更定之。以爲序次。天命之謂性至萬物育焉爲第首支。爲總冒。仲尼曰君子中庸至强哉矯。爲第一支。爲明行並進。舊說至唯聖者能之止爲第一支今改之。子曰素隱行怪至雖柔必强。爲第二支。爲過不及交脩。舊說作體用一原今改之。自誠明謂之性至而蚤有譽於天下者也。爲第三支。爲安勉合一。舊說至其孰能知之止爲第三支今改之。仲尼祖述堯舜至篇末。爲第末支。爲總結五支之中。首尾相貫。鱗次相接。實只一章。皆發明中庸二字之義。故以中庸名篇也。朱子曰。中者不偏不倚無過不及之名。庸平常也。又曰。中庸之中。實兼中和之義。愚按不偏不倚者中之體。喜怒哀樂之未發謂之中是也。無過不及者中之用。發而皆中節謂之和是也。平常者人人所同具。天下之大本是也。人人所共由。天下之達道是也。堯舜授受。但曰執中。而曰庸何也。賢知之過者。以倫常日用卑近而無奇。欲窮高而

極遠。愚不肖之不及者。以聖人不可學而至。甘自
棄而不爲。故示之以庸。使知聖人所以爲聖人者。
不過率性以爲道。自盡其倫常日用之事。而非有
奇材異能。學者但盡其倫常日用之事。脩道以復
性。亦可以馴至於聖人。而非爲不可幾及。惟其庸
也。所以中也。此中庸之大旨也。

第首支

中庸一書。分性教二門。性是賓。教是主。所以說性
者。明聖人之性。無異於凡人。聖人只是盡其性。所

以說教者明學者由教以復性。亦可以爲聖人。蓋
天命之性。原有一中。爲聖凡所同具。聖人能循此
中而措之於道。所以爲聖人。學者由聖人之道而
脩之。以復其中。亦卽與聖人無異。此中庸之所爲
作也。此支一段凡五節。首節爲中庸立案。以率性
與脩道爲性教所由分。以教在於脩道。道由於率
性。性本於天命。爲性教所由合。二三節分頂率性
與脩道。一爲自誠明工夫。一爲自明誠工夫。此性
教所由分也。四五節總頂天命之性。率性之道。以

合於脩道之教。此性教所由合也。全篇大旨統揭之於此。是爲總冒之第首支。

天命之謂性率性之謂道脩道之謂教 鄭注。天命。謂天所命生人者也。是謂性。率。循也。循性行之。是謂道。

此揭性道教所由名。爲中庸立教張本也。天命謂生而然也。率性者循其性之自然而措之於事也。脩自脩也。脩道者脩身以道也。言人受天地之中而生。自然同具此天良。是乃所謂性也。聖人能盡其性。率而措之於事。自無過不及之差。是乃所謂道也。學者未能盡性。由聖人之道。自脩其過不及之差。以復其本然之性。是乃所謂教也。孩提知愛少長知敬。人之所不慮而知不學而能者也。故曰天命之謂性。循其知愛以事親。措而行之謂之仁。循其知敬以從兄。措而行之謂之義。故曰率性之謂道。以事親爲仁之實。則復其知愛之性。以從兄爲義之實。則復其知敬之性。故曰脩道之謂教。率性者自誠明謂之性是也。脩道者自明誠謂之教是也。自誠明自明誠。就人品上說。故曰謂之性謂之教。此釋性道教所由名。故曰之謂性之謂道之謂教。此性字是秉彝之德。教字是問學之名。與後文性教二字就人品上說者不同。此性道二字。爲性教公共物件。所以爲性教之別者。在率字與脩字。中庸爲立教而設。性教雖平列。主意重在教邊。此節專爲教字溯源言。教在於脩道。道由於率性。性本於天命。惟其本於天命。故凡人之性無異於聖人。但聖人能盡其性。故能率之以爲道。凡人不能盡其性。故必由聖人之道而脩之。以求復其性。

性無異道亦無異故學者脩道以復性亦率與聖人無異此教之所由立也

道也者不可須臾離也可離非道也是故君子戒慎乎其所不睹恐懼乎其所不聞朱注離去聲

此承率性之謂道示以所以率之之功也道也者率性而出之非由外鑠我也故不可須臾離若使可離則非我之固有必非所以爲道也如孝弟是道人當接親長時有此孝弟未接之前既接之後無須臾不有此孝弟可見孝弟出於天性非見親

長而始然。是不可須臾離也。若使見親長時有此孝弟。不見親長時便無此孝弟。則其所爲孝弟者不由於率性。必非眞孝眞弟。故曰可離非道也。君子謂率性者也。不睹不聞。謂未與物接之時喜怒哀樂之未發是也。蓋喜怒哀樂未發之時渾然一中。無所偏倚。能於此常存不失。則率出來便是道也。戒愼恐懼。朝乾夕惕也。此卽至誠無息工夫。言道卽性而具。無待於外求。故率性之君子朝乾夕惕。以葆此未發之中。無一時之或息。則率出來便

是道故曰率性之謂道也○戒懼雖爲自誠明工夫而脩道者由慎獨亦要做到戒懼故統稱君子不專屬之自誠明也

莫見乎隱莫顯乎微故君子慎其獨也朱注見音現獨者人所不知而己所獨知之地也

此承脩道之謂教示以所以脩之之法也隱謂心微謂意心王未發而言故謂之隱意王乍發而言故謂之微凡人之善惡存之於心者如是卽起之於意者如是由是發之於身者亦如是措之於家

國天下者亦無不如是。誠於中必形於外。故曰莫見乎隱莫顯乎微。君子。謂脩道者也。獨者。喜怒哀樂之乍發。人之所不見也。慎。內省也。此卽其次致曲工夫。言人之善惡根之於心。萌之於意。本心存。斯意之所發善。而所行亦善。本心亡而欲心生。斯意之所發惡。而所行亦惡。故脩道之君子。不能於未發之心常存不失。則必於乍發之意慎其所獨知者。而脩省之。以求復其未發之心。此由教而入者也。故曰脩道之謂教也。○慎獨卽大學之誠意。

戒懼卽大學之正心。說已見大學。不贅。觀於後文。言自誠明。則曰盡其性。曰無息。曰不已。皆戒愼恐懼也。而不及愼獨之事。言自明誠。則曰致曲。曰寡過。是爲愼其獨也。曰在彼無惡。繼之以庶幾夙夜。曰內省不疚。繼之以不動而敬。不言而信。則由愼獨而進於戒懼矣。可見戒懼之君子。不待於愼獨。而愼獨之君子。必進於戒懼也。

喜怒哀樂之未發謂之中。發而皆中節謂之和。中也者。天下之大本也。和也者。天下之達道也。朱注。樂音洛。中節之中去聲。

此分釋中庸名義。明性教同出於一源也。喜怒哀樂之未發。卽性也。發而皆中節。卽道也。未發而中者。天命故也。發而和者。率性故也。中者和之體。和者中之用。合中和二字。始是中庸之中字。此所以名之爲中也。中爲天命之性。故爲天下之大本。和爲率性之道。故爲天下之達道。大本者人人所同具。達道者人人所共由。故教可入。此所以名之爲庸也。

致中和天地位焉萬物育焉鄭注致行之至也位猶正也育生也長也

此總揭中庸功效明性敎同歸於一轍也致中和者致此中和於事物也位者範圍而不過育者曲成而不遺也戒懼之君子則能盡其性矣由是以盡人物之性是其致中和也能盡人物之性則可以贊天地之化育而與天地參故天地位萬物育也愼獨之君子則曲能有誠矣由是而形著明動是其致中和也至於動則變變則化則與至誠無二故亦天地位萬物育也蓋率性與脩道同本於

天命之性。卽同具此位育之能。性敎雖殊。及其成功則一也。

右一段。朱子云。子思述所傳之意以立言。楊氏所謂一篇之體要是也。

第一支

此支凡四段。首段述聖訓以名篇。言不中庸則反中庸。所以不能中庸者。只是知行過不及。後三段因揭其過不及之弊。而示以知仁勇爲入德之門。是爲明行並進之第一支。

仲尼曰。君子中庸。小人反中庸。君子之中庸也。君子而時中。小人之中庸也。小人而無忌憚也。朱注。王肅本作小人之反中庸也。程子亦以爲然。今從之。

此述聖訓爲中庸出題。明中庸之敎。傳自仲尼也。稱仲尼者。爲萬世師表也。朱子或問引儀禮饋食禮詞云。皇祖伯某。爲孫字祖之證。古人諱名不諱字也。中猶經也。時猶權也。時者所以爲中之用也。無忌憚。謂不知天命而不畏也。言君子小人之分。中庸反中庸而已矣。君子所以中庸者。以執中而爲君子然執中無權猶執一也而又能以時用中故措之而無不宜也小人所以反中庸者以失中而爲小人然知所顧畏猶可以弗畔於道也而又無所忌憚故終於沈錮而不返也邪正惟有兩途不爲君子上達則爲小人下達而已矣

子曰中庸其至矣乎民鮮能久矣鄭注鮮罕也朱注鮮上聲下同

至至善也謂無過不及也言中庸之爲德無過不及而已矣爲凡民之所當能非難能也而久鮮能之故歎之也

子曰道之不行也我知之矣知者過之愚者不及也道之不明也我知之矣賢者過之不肖者不及也宋注

知者之知去聲

此抉其所以鮮能之故也言中庸之道知之而後行亦行之而後明知者過之以爲不足知愚者不及以爲不可知惟其不求知此道之所以不行也賢者過之以爲不足行不肖者不及以爲不可行惟其不求行此道之所以不明也

右一段言中庸之道明行並進爲下三段總

冒也。

人莫不飲食也。鮮能知味也。子曰。道其不行矣夫。鄭注。罕知其味。謂愚者所以不及也。朱注。夫音扶。由不明故不行。

此行之而不及知。終身由之而不知其道者衆也。此道之所以不行也。上二句蓋成語。夫子引而伸之。謂道之不行。職是故也。

子曰。舜其大知也與。舜好問而好察邇言。隱惡而揚善。執其兩端。用其中於民。其斯以爲舜乎。鄭注。邇近也。朱注。知去聲。與平聲。好去聲。兩端。如小大厚薄之類。於善之中。又執其兩端。而量度以取中。然後用之。

執。允執也。兩端。謂理之對待者。執其兩端。則不至於執一也。言道之不行。由於不明。求其明足以行者。必如舜之知能擇也。舜好問。不敢不及知也。而好察邇言。不敢過知也。隱惡而揚善。以開其樂告之路。合衆知以爲知。而知乃大也。此所以能執兩用中。而道以行也。此由知而中庸者也。舜之爲舜。其斯而已矣。

右一段。言中庸之道。當明足以行。不可不及知也。

子曰人皆曰予知驅而納諸罟擭陷阱之中而莫之知辟也人皆曰予知擇乎中庸而不能期月守也孔疏罟網也擭謂柞椤也陷阱謂坑也穿地爲坎豎鋒刃於中以陷獸也朱注予知之知去聲辟與避同期月帀一月也言知禍而不知辟以况能擇而不能守皆不得爲知也

此知之而不及行知及之仁不能守之雖得之必失之此道之所以不明也

子曰回之爲人也擇乎中庸得一善則拳拳服膺而弗失之矣鄭注拳拳奉持之貌朱注回孔子弟子顏淵名服猶著也膺胷也奉持而著之心胷之間言能守也

人卽仁也。古或通用。言道之不明。由於不行。求其行。足以明者。必如回之仁能守也。回得一善。則拳拳服膺。不敢過行也。而弗失之矣。不敢不及行也。由一善而集爲千百善。而仁乃宏也。此所以能擇乎中庸。而道以明也。此由仁而中庸者也。回之爲仁。如是而已矣。

右一段。言中庸之道。當行足以明。不可不及行也。

子曰。天下國家可均也。爵祿可辭也。白刃可蹈也。中庸不可能也。

此知之過行之過能爲人所難能而不能止於至善者也。此道之所以不明不行也。

子路問强。子曰。南方之强與。北方之强與。抑而强與。鄭注。抑辭也。而之言女也。朱注。與平聲。子路孔子弟子。仲由也。

寛柔以敎。不報無道。南方之强也。君子居之。鄭注。南方以舒緩爲强。不報無道。謂犯而不校也。

君子謂文士也。

衽金革。死而不厭。北方之强也。而强者居之。鄭注。衽猶席也。

北方以剛猛爲强。朱注。金。戈兵之屬。革。甲冑之屬。

强者謂武夫也。

故君子和而不流强哉矯中立而不倚强哉矯國有道不變塞焉强哉矯國無道至死不變强哉矯鄭注此抑女之强也。國有道。不變以趨時。國無道。不變以辟害。矯强貌。朱注。塞。未達也。

言道患不及知不及行又無取乎過知過行求其强所當强而無過不及者必如夫子告子路之問强也。南方以含忍爲强北方以果敢爲强皆一偏之强也。惟君子和而不流不敢不及强也中立而

不倚。不敢過强也。中和交相濟以爲强。而勇乃合

義也。此所以歷常變而不渝其節。而道以明以行

也。此由勇而中庸者也。君子之强。如是而已矣。

右一段。言中庸之道當强其所當强。不可過

知過行也。或問過知過行而示之以勇何也。

曰。過猶不及也。惟其不及知不及行。所以過

知過行。故示以强所當强也。○舜生知安行

者也。故由知而入。顏淵學知利行者也。故由

仁而入。子路困知勉行者也。故由勇而入。然

知仁勇三者缺一不可。其所從入不同。而所以擇守而强之者。實相須而爲用。故舜之知在於能執。回之仁在於能擇。子路之勇在强其所當强。故歷舉之爲明行並進之法。

第三支

此支凡三段。首段承上過不及。舉此兩等人以示戒。使以中庸爲歸。後兩段一對隱怪說。一對遵廢說。蓋子思作中庸。原欲挽回此兩等人。以救其過不及之失也。是爲過不及交脩之第三支。

子曰。素隱行怪。後世有述焉。吾弗爲之矣。宋注。素。按漢書當作索。蓋字之誤也。索隱行怪。言深求隱僻之理。而過爲詭異之行也。

索隱。知之過也。如讖緯術數之類。行怪。行之過也。如老莊之類。故後世有述焉。吾弗爲之。弗過知是以弗過行也。

君子遵道而行。半塗而廢。吾弗能已矣。鄭注。廢。猶罷。止也。

君子謂凡爲士者也。遵。猶循也。遵道而行。有所不及知也。半塗而廢。因而不及行也。蓋聖人之道。循性而行。其著爲儀文者。不過其末迹。故學者行聖人之道。當向心性中反求之。知之眞斯行之力。若循道而行。則至於半塗而廢也。吾弗能已。無不及知。自無不及行也。蓋知天知人。好而樂之。有欲罷不能之候矣。

君子依乎中庸。遯世不見知而不悔。唯聖者能之。

君子。亦謂凡爲士者也。弗爲隱怪。故中庸弗能已。故依乎中庸。弗爲隱怪。故遯世不見知。弗能已。故遯世不見知而不悔也。唯聖者能之。非謂他人不可能也。言此唯聖人之能事。君子能是。是亦聖人

而已矣。此與其次致曲節同意。故既曰君子。又曰
唯聖者能之。與唯天下至誠爲能化。同一例也。
右一段。言中庸之道。過不及交脩。爲下兩段
總冒也。
君子之道費而隱。朱注。費符未反。○胡氏四書通云。說文。費散財用也。芳未切。今以爲符未恐誤
此一段。凡三十三節。皆對賢智之過說。言聖人之
道。不外庸行之常。學者但行庸行之常。自能位天
地育萬物。無取乎過知過行也。此下四節。言率性

之事言聖人率性以爲道不過造端乎夫婦也費散著也隱不顯也費而隱卽平常之意言君子中庸之道散著於兩間而無所顯異共見共聞之中而視之若無覩聞之若無聞也

夫婦之愚可以與知焉及其至也雖聖人亦有所不知焉夫婦之不肖可以能行焉及其至也雖聖人亦有所不能焉天地之大也人猶有所憾故君子語大天下莫能載焉語小天下莫能破焉鄭注憾恨也天載人尚有所恨焉況於聖人能盡備之乎朱注與去聲人所憾於天地如覆載生成之偏及寒暑災祥之

不得其
正者。

此申釋費而隱。與索隱行怪者針對也。言索隱行
怪者。欲知人所難知。能人所難能。君子中庸之道。
夫婦之愚可以與知。夫婦之不肖可以能行。非有
所難知難能也。及其至也。雖聖人亦有所不知。雖
聖人亦有所不能。無取乎知所難知能所難能也。
天地之大也。人猶有所憾。於所不可知不可能者。
天地亦無如人何。而況聖人能盡知之盡能之乎。
蓋天地無心而成化。聖人無爲而成能。皆一率其

性之自然而無所矜奇炫異也。故君子之道。與天地同語其大則如天如淵。天下莫能載焉。費也。語其小則無聲無臭。天下莫能破焉。隱也。聖人所知能者。愚不肖亦可以與知與能。天命故也。聖人所不知不能者。不鑿鑿以求知求能。率性故也。夫婦所與知者。其良知也。所與能者。其良能也。即聖人之所知所能也。聖人所不知者。不可知者也。所不能者。不可能者也。雖天地亦有所不知不能也。凡此皆費而隱之明驗也。大莫能載。極言其散著。謂

天地位萬物育也小莫能破極言其不顯謂戒慎
不睹恐懼不聞也此亦對隱怪說言君子之道費
而至於大莫能載隱而至於小莫能破倘何隱怪
之足云也○或問蘊於內者謂之德措於外者謂
之道不顯惟德當主內蘊而言今以不顯詮隱字
以無聲無臭詮小莫能破恐於道字不合曰道字
專主外著說德則內外之通稱以其自內而形外
故外著者亦謂之德如盛德庸德是也不顯惟德
卽所謂庸德以其見於外者平平而無奇故謂之

庸德謂之不顯不顯惟德而曰百辟其刑之又曰
篤恭而天下平明指外著說非以爲幽深元遠也
堯蕩蕩乎無能名舜恭己正南面皆不顯之謂皆
自其外觀之也無聲無臭聲臭二字正據其外見
而言非內蘊之稱也◯或問謂之小者以其有是
物也若無聲無臭則無物矣何以謂之小曰莫能
破云者正言其無也惟小而至於無故毛猶不足
以倫之也然而無聲無臭之中四時行焉百物生
焉所以大莫能載者卽在於其中則無而非無也

無而不得徑謂之無。故謂之小莫能破也。大莫能載。小莫能破。此二語合寫一誠字。須合看。所以位育者。只是戒懼。若有聲色者存。則不過驪虞小補耳。所貴於戒懼者。正以其能位育。若以虛無爲事。則流於淸淨無爲耳。故語大而不可語小者非誠。語小而不可語大者非誠。唯其誠之至。故大莫能載。小莫能破也。○或問此二語合寫一誠字。不明說出誠字何也。曰此段是說君子之道。道爲誠之外著。非誠之本體。故不說出誠字。如無息。如不貳。

如肫肫其仁三句。皆主內蘊而言。爲誠之本體。故屬之誠。如費而隱。如闇然而日章。如淡而不厭。三句皆主發見而言。爲誠之外著。故不屬之誠。而屬之道也。

詩云。鳶飛戾天。魚躍于淵。言其上下察也。鄭注。察。猶著也。言聖人之德。至於天。則鳶飛戾天。至於地。則魚躍于淵。是其著明於天地也。孔疏。詩大雅旱麓之篇。美文王之詩。鳶飛戾天。是翺翔得所。魚躍于淵。是游泳得所。

此引旱麓之詩。以證道之費也。戾天于淵。言各得其所也。詩言文王德化之盛。至於鳶魚。無不自得如此。况作人乎。子思引之。以明文王不顯之德。仰觀俯察。隨在皆有以形之。則著見之甚也。

君子之道。造端乎夫婦。及其至也。察乎天地。鄭注。夫婦謂匹夫匹婦之所知所行。孔疏。言君子行道初始。造立端緒。起於匹夫匹婦之所知所行。及其至極之時。明察於上下天地也。

此繹詩以證道之費而隱也。造端乎夫婦。謂文王德化始於關雎也。夫婦居室之間。甚不顯也。君子之道。察乎天地。如此而求其造端。不過夫婦居室之間而及其至耳。豈有所奇異哉。此道所爲費而隱也造端乎夫婦是此道察乎天地亦只是此道非由小而大也造端卽語小之意及至卽語大之意言語其造端第在乎夫婦與知而與能語其及至則察乎天地上蟠而下際此所以大莫能載小莫能破也

子曰道不遠人人之爲道而遠人不可以爲道朱注道者率性而已固衆人之所能知能行者也故常不遠於人若爲道者厭其卑近以爲不足爲而反務爲高遠難行之事則非所以爲道矣

此下十一節言脩道之事言學者脩道以復性當

反求諸其身也。道者率性之謂。故不遠人。人之爲道而遠人。謂索隱行怪也。言道由人而生。即人之所以爲人。今以人爲道。而先欲遠人。豈可以爲道乎。

詩云。伐柯伐柯。其則不遠。執柯以伐柯。睨而視之。猶以爲遠。故君子以人治人。改而止。鄭注。則。法也。孔疏。此豳風伐柯之篇美周公之詩。柯。斧柄也。朱注。睨。邪視也。言人執柯伐木以爲柯者。彼柯長短之法。在此柯耳。然猶有彼此之别。故伐者視之。猶以爲遠也。若以人治人。則所以爲人之道。各在當人之身。初無彼此之别。

上人謂人道。下人謂人身。治。自治也。言以爲人之道自治其爲人之身非治他人也改謂改其遠人也止謂止於不遠人也言執柯以伐柯猶有彼此之别若爲人之道卽在本人之身彼遠人爲道者不可以爲道卽不可以爲人故君子但以爲人之道自治其爲人之身改其不可爲人者而止於爲人而已無待於他求也蓋上節言道不遠人猶恐學者以爲近之之辭故復引伐柯之詩以明所謂不遠人者乃卽身而具並無彼此之别也

忠恕違道不遠 鄭注違猶去也朱注盡己之心爲忠推己及人爲恕

此以人治人之法也。反己自盡爲忠。推己及人爲恕。皆勉强而行之者也。道者率性而已。本無所勉强。忠恕者所以脩道也。由勉强而臻於自然。故曰違道不遠。此即愼獨之功也。

施諸己而不願。亦勿施於人。朱注。以己之心度人之心。未嘗不同。則道之不遠於人者可見。故己之所不欲。則勿以施之於人。亦不遠人以爲道之事。此恕之事也。人所施於己而不願者。己以施於人亦不願。道不遠人之一證也。即吾所不願於人者。推之以度人。此以人治人之一法也。

君子之道四，丘未能一焉。所求乎子，以事父，未能也。所求乎臣，以事君，未能也。所求乎弟，以事兄，未能也。所求乎朋友，先施之，未能也。朱注：子臣弟友四字絕句。求，猶責也。道不遠人，凡己之所以責人者，皆道之所當然也。故反之以自責而自脩焉。

此忠之事也。己之所求乎人者，皆己之所當自盡。

亦道不遠人之一證也。即己之所求乎人者反之以自求，又以人治人之一法也。所求未能，雖是聖人謙辭。聖人實有不自足之心。蓋聖人亦不外忠恕二字。故曰夫子之道忠恕而已矣。但聖人行得

自然耳勿施於人而曰終身可行無加諸人而曰

非爾所及性反之間只在無與勿二字分別耳

庸德之行庸言之謹有所不足不敢不勉有餘不敢盡言顧行行顧言君子胡不慥慥爾禮記釋音行皆下孟反

此言君子所以弗爲隱怪也慥慥言行急也猶汲汲之意言君子不敢遠人以爲道則德皆庸德也言皆庸言也庸德之行且患其不足而不敢不勉而遑於他及乎庸言之謹且患其有餘而不敢盡而敢於過求乎言顧行則不爲放誕之言行顧言

則不爲怪異之行君子於庸德庸言何所不汲汲然自勉而暇爲隱怪乎哉

君子素其位而行不願乎其外鄭注不願乎其外謂思不出其位也

素本也行謂行中庸之道也素其位而行依乎中庸也不願乎其外遯世不見知而不悔也

素富貴行乎富貴素貧賤行乎貧賤素夷狄行乎夷狄素患難行乎患難君子無入而不自得焉鄭注自得謂所鄉不失其道朱注難去聲此言素其位而行也

自得謂自得其位之所當行非從容自得之謂言

本居富貴。則行中庸之道於富貴。本居貧賤。則行中庸之道於貧賤。雖之夷狄處患難。亦無不可行。此所以無往而不依乎中庸也。

在上位。不陵下。在下位。不援上。正己而不求於人。則無怨。上不怨天。下不尤人。朱注。援平聲。此言不願乎其外也。

陵。侵蹴也。援。攀引也。皆出乎其位者也。此二句撮舉以見例。正意在正己而不求於人。陵下援上。則有求於人。凡出乎其位者。皆爲願外也。君子所性分定。自足於己。而無求於人。此所以不怨不尤。遯世不見知而不悔也。

故君子居易以俟命。小人行險以徼幸。朱注。易去聲。易。平地也。徼。求也。幸。謂所不當得而得者。

道不遠人。故居易。行險。遠人以爲道也。徼幸。求知於人。而徼福於天也。此求之有道。得之有命。求在外者也。君子所以不願乎外也。

子曰。射有似乎君子。失諸正鵠。反求諸其身。鄭注。畫布曰正。棲皮曰鵠。朱注。正音征。

以人治人。故反求諸其身。所謂不願勿施。所求未能。是也。此求則得之。舍則失之。求在我者也。君子所以素位而行也。

君子之道。辟如行遠。必自邇。辟如登高。必自卑。朱注。辟譬同。

此下十八節。言位育之功。不外乎庸德也。此承上造端乎夫婦。反求諸其身。以起下文也。高遠。喻天下國家。卑邇。喻身也。道無所謂遠邇高卑。爲窮高極遠者罕譬而曲喻。故曰辟如。

詩曰。妻子好合。如鼓瑟琴。兄弟既翕。和樂且耽。宜爾室家。樂爾妻帑。子曰。父母其順矣乎。鄭注。琴瑟。聲相應和也。翕。合也。耽。亦樂也。古者謂子孫曰帑。孔疏。此小雅常棣之篇。美文王之詩。朱注。好去聲。樂音洛。

此引大子繹詩之言以明行遠自邇登高自卑之意。順。謂人子順之也。矣者已辭。言父母順在先也。夫子讀常棣之詩而歎之曰。詩言室家之和樂如此。人未有不順於父母而能和妻子宜兄弟者也。詩不言父母。吾知父母其順矣乎。順乎親有道。反諸身不誠。不順乎親矣。故子思引之以明身脩而后家齊也。脩身之道。莫大乎孝。順親即所以脩身。

此節卽爲下文言孝張本。

子曰。鬼神之爲德。其盛矣乎。視之而弗見。聽之而弗聞。體物而不可遺。

此卽鬼神之爲德。明中庸之爲德也。鬼。人鬼也。神。天神也。體物。謂郊社宗廟之中。爲神靈之所體也。如禮運言玄酒在室。醴醆在户。粢醍在堂。澄酒在下。陳其犧牲。備其鼎俎。列其琴瑟管磬鐘鼓。脩其祝嘏。以降上神。與其先祖。是也。言鬼神無形與聲。體諸物以爲形聲者。使人如見如聞。而不可遺也。承上文而言位育之效。隨感而應如此者，以誠之不可揜也。觀於鬼神可知矣。鬼神惟其誠至，故其德盛。君子中庸之道，誠於中，形於外，亦猶是也。

使天下之人齊明盛服以承祭祀，洋洋乎如在其上，如在其左右。詩曰：神之格思，不可度思，矧可射思。鄭注：明猶潔也。洋洋，人想思其傍僾之貌。格，來也。矧，況也。射，厭也。思，皆聲之助。言神之來，其形象不可億度而知，事之盡敬而已，況可厭倦乎。孔疏：此大雅抑之篇，刺厲王之詩。詩人刺時人祭祀懈倦。朱注：齊，側皆反。度，待洛反。射，音亦。齊之為言齊也，所以齊不齊而致其齊也。洋洋，流動充滿之意。能使人畏敬奉承，而發見昭著如此，乃其體物而不可遺之驗也。

此申明體物而不可遺也。鬼神惟其誠至。故物無不爲之動。君子之誠能動物。凡有血氣者莫不尊親。亦猶是也。

夫微之顯。誠之不可揜。如此夫。朱注。夫音扶。

中庸之爲德。與鬼神之爲德無二理也。故咏歎之。以明取辟之意。微處卽顯處之字直注無轉灣。非自微而之顯也。此二句串說言人患不誠耳。誠則微之顯。不可揜也。何必遠人爲道以求顯哉。孝字兼生事死祭說。此段說鬼神、亦爲下文達孝張本子曰。舜其大孝也與。德爲聖人。尊爲天子。富有四海之内。宗廟饗之。子孫保之。朱注。與平聲。子孫。謂虞思陳胡公之屬。

君子中庸之道。莫近乎孝。而位育之功。亦莫大乎孝。舜之所以爲聖人而尊富饗保者。大孝而已矣。德爲聖人五句。皆孝之應。非以尊富饗保爲孝也。孔安國注尚書。神宗據帝系。謂舜之七廟。黄帝爲始祖。顓頊窮蟬爲二祧。敬康句萌蟜牛瞽瞍爲四親。

故大德。必得其位。必得其祿。必得其名。必得其壽。

大德。卽大孝也。尊爲天子。得其位也。富有四海。得其祿也。德爲聖人。得其名也。宗廟饗之。子孫保之。得其壽也。性命於天。位祿名壽亦命於天。有是德卽有是福。皆我之所固有也。故曰其位其祿其名其壽。蓋有大德者。不必皆爲聖人而尊富饗保。故易以位祿名壽。若曰爲聖人而尊富饗保不可必。位祿名壽則可必也。

故天之生物。必因其材而篤焉。故栽者培之。傾者覆之。

鄭注。篤。厚也。言善者天厚其福。惡者天厚其毒。栽。猶殖也。培。益也。覆。敗也。

此因舜以示勸戒也。言善則降祥。不善則降殃。天之道也。爲舜則栽者培之。不爲舜則傾者覆之。而已矣。成敗只有兩途。人可不知所擇哉。

詩曰。嘉樂君子。憲憲令德。宜民宜人。受祿于天。保佑命之。自天申之。故大德者必受命。鄭注。佑助也。孔疏此大雅嘉樂之篇美成王之詩。嘉善也。詩本文憲憲爲顯顯。與此不同者。齊魯韓詩與毛詩不同故也。宜民謂宜養萬民。宜人。謂宜官人。禮記釋音。嘉戶嫁反。詩本作假。音同。皇音加。憲音顯。一音如字。

此承上起下。爲文武周公作按也。受命謂得其位祿名壽也。言栽者培之。不特舜之往事可證也。如

嘉樂之詩所云。凡大德者必受命。稽諸周家。亦有歷歷不爽者也

子曰。無憂者其惟文王乎。以王季爲父。以武王爲子。父作之。子述之。鄭注。堯舜之父子。則有凶頑。禹湯之父子。則寡令聞。父子相成。唯有文王。朱注。此言文王之事。書言王季其勤王家。蓋其所作。亦積功累仁之事也

文王所以爲聖人而無憂者無忝於作述之間而已矣。父作子述在子思引述口氣當作串說意側重在孝字言上承父作之業以下開子述之基文之大德在是既得王季以爲父復得武王以爲子。

文之受命卽在是也。文之無憂。與舜之遭際。正相懸殊。而大德無異。受命亦同。可見中庸之道。素位而行。無入而不自得也。

武王纘大王王季文王之緒。壹戎衣而有天下。身不失天下之顯名。尊爲天子。富有四海之內。宗廟饗之。子孫保之。鄭注。纘。繼也。緒。業也。朱注。大音泰。下同。此言武王之事。大王。王季之父也。書言大王肇基王迹。詩云。至于大王。實始翦商。戎衣。甲胄之屬。壹戎衣。武成文。言一著戎衣以伐紂也。

武王所以爲聖人而尊富饗保者。纘大王王季文王之緒而已矣。武王不以伐紂而有玷於其名。故曰身不失天下之顯名。

武王末受命。周公成文武之德。追王大王王季。上祀先公以天子之禮。斯禮也。達乎諸侯大夫及士庶人。父爲大夫。子爲士。葬以大夫。祭以士。父爲士。子爲大夫。葬以士。祭以大夫。期之喪。達乎大夫。三年之喪。達乎天子。父母之喪。無貴賤一也。鄭注。末。猶老也。追王大王王季者。以王迹起焉。先公。組紺以上至后稷也。斯禮達於諸侯大夫士庶人者。謂葬之從死者之爵。祭之用生者之祿也。言大夫葬以大夫。士葬以士。則追王者改葬之矣。說期三年之喪者。明子事父以孝。不用其尊卑變。朱注。追王之王去聲。此言周公之事。

周公所以爲聖人而行制作者。成文武之德而已矣。追王爲一事。三年喪爲一事。皆明周公之孝也。斯禮也。承上上祀句。貫下父爲大夫八句。所以明追王爲創禮也。言武王末年受命。未及行制作之事。周公體文武之孝思。而制爲追王之禮。大王王季肇基王迹。而不及爲天子。必行追王。乃得有天子之爵而稱王。至先公則上祀以天子之禮。而不得稱王。蓋葬用死者之爵。祭用生者之祿。斯禮也。達乎諸侯大夫及士庶人。乃天下之通禮。故諸侯而下但行上祀之禮而不得追尊其祖考此追王之禮乃公之出於孝思而制此創禮也又體文武之孝思而定爲三年之喪期之喪達乎大夫諸侯則可絕三年之喪則達乎天子蓋人子無貴賤皆有三年之愛於其父母父母之喪乃天下之通喪故自庶人達乎天子畫爲一律天下之民乃知雖天子之貴必有親而人皆知孝也追王爲古之所無三年喪則行之已久此舉三年喪爲言者以公之出於孝思而立爲定制也此皆文武所有志而

未逮於事者。故周公相成王繼志述事而成之也。

子曰。武王周公。其達孝矣乎。朱注。達。通也。

言武周之孝。非惟天子諸侯始得行之。乃達之於天下。人人皆得而行之者也。蓋上文所言。皆天子諸侯之事。恐學者以爲不可取法。故引夫子之言以明其爲達孝也。

夫孝者。善繼人之志。善述人之事者也。

此申明達孝之義以起下文也。夫所謂孝者。在於善繼人之志。善述人之事。非必以尊富饗保制禮

作樂爲孝也武王之纘緒周公之成德所以達之天下人人皆得以行之者也

春秋脩其祖廟陳其宗器設其裳衣薦其時食鄭注脩謂埽糞也宗器祭器也裳衣先祖之遺衣服也時食四時祭也朱注祖廟天子七諸侯五大夫三適士二官師一

此合下節言武周推繼述之心制爲祭祀之禮使人人皆得爲繼述也此言述事也武周所制春秋時祭之禮脩陳設薦一如其生前所謂思其居處思其樂嗜是也是天下之人皆可以述人之事也

庶人無廟祭於寢其脩陳設薦則一也曰祖廟者舉重而言耳

宗廟之禮所以序昭穆也序爵所以辨貴賤也序事所以辨賢也旅酬下爲上所以逮賤也燕毛所以序齒也

鄭注序猶次也爵謂公卿大夫士也事謂薦羞也以辨賢者以其事別所能也若司徒奉牛宗伯共雞牲矣文王世子曰宗廟之中以爵爲位崇德也宗人授事以官尊賢也旅酬下爲上者謂若特牲饋食之禮賓弟子兄弟之子各舉觶於其長也逮賤者宗廟之中以有事爲榮也燕謂既祭而燕也燕以髮色爲坐祭時尊尊也至燕親親也齒亦年也孔疏宗廟之禮所以序昭穆也者若昭與昭齒穆與穆齒是也朱注爲去聲

此言繼志也。武周所制宗廟之禮，使先人之所尊所親咸在於廟中。所以序昭穆，辨貴賤，辨賢逮賤序齒者，悉體先志以行之，是天下之人皆可以繼人之志也。

踐其位，行其禮，奏其樂，敬其所尊，愛其所親，事死如事生，事亡如事存，孝之至也。鄭注：其者，其先祖也。朱注：踐，猶履也。此結上文兩節，皆繼志述事之意也。

此申明繼志述事通於上下，所以爲達孝也。位謂五等六等之位，先人之所踐也。按生前之爵位名器。而不敢僭易。故曰事死如事生。述事也。先人之所尊所親。一如先人之敬愛。以敬愛之。不使其有殁已之感。故曰事亡如事存。繼志也。此貴賤之所同。錯諸天下。無所不行。故孝之至也。蓋纘三王之緒。成文武之德。此繼述爲武周所獨。而事死如事生。事亡如事存。此繼述爲天下所同也。

郊社之禮。所以事上帝也。宗廟之禮。所以祀乎其先也。明乎郊社之禮。禘嘗之義。治國其如示諸掌乎。朱注郊祭天。社祭地。不言后土者。省文也。禘。天子宗廟之大祭。追祭太祖之所自出於太廟。而以太祖配之也。

嘗。秋祭也。禮必有義。對舉之。互文也。示諸掌。言易見也。

此言孝達於天下。故可以孝治天下。故位育之功不外乎庸行也。郊。南郊。祀天於圜丘。冬至日行之。社。北郊。祀地於方丘。夏至日行之。宗廟之祭。春曰祠。夏曰禴。秋曰嘗。冬曰烝。禘。春祠之祫祭者也。三年禘祭一祫。五年禘嘗烝皆祫。故謂之大嘗禘。每歲四時皆祭。曰禘嘗者。舉其大也。唯仁人爲能饗帝。唯孝子爲能饗親。郊社之禮。禘嘗之義。仁孝之所著也。明乎此。則可以通四海而動萬民。故治國

如示諸掌此誠之所以不可揜君子所以行遠必自邇登高必自卑也又何事於索隱行怪遠人以爲道哉

右一段言中庸之道不可過知過行所以裁賢知之過使俯而就之也

哀公問政子曰文武之政布在方策其人存則其政舉其人亡則其政息鄭注方版也策簡也息猶滅也朱注哀公魯君名蔣

此一段凡十八節皆對愚不肖之不及說言聖人之道本於率性學者即性以求道亦可以馴至於

聖人不可不及知不及行也此下七節言學利之事蓋哀公問政夫子對以政不足恃當以脩身爲本而脩身當以道脩道當以仁故教以知天知人之法使勉於達德達道之中子思引之以明脩道者當反之於天命之性不可遵道而行半塗而廢也如能明行並進至於知之成功則亦與至誠無二矣政謂法令制度也其人謂文武也言文武之政具在必待其人而後行無其人雖有其政不行也政不足恃也

中庸　言

人道敏政。地道敏樹。夫政也者。蒲盧也。鄭注。樹。謂殖草木也。朱注。夫音扶。蒲盧。沈括以爲蒲葦是也。以人立政。猶以地種樹。

敏猶達也。言人其本也。政其末也。政生於人。猶樹生於地。夫政如蒲盧耳。政去人則息。蒲盧去地則萎也。

故爲政在人。取人以身。脩身以道。脩道以仁。

此言爲政以脩身爲本。因示以所以脩之之法。恰好與遵道而行半塗而廢者針對也。人。即上文之人字。言爲政在於有爲政之人。取此爲政之人。在於脩身也。道。卽率性之道。仁。卽天命之性。脩身以道。謂親親尊賢也。脩道以仁。謂知人知天也。教在於脩道。故脩身以道。道由於率性。故脩道以仁也。言聖人之道。本於天命之性。學者以聖人之道自脩其身。亦要向天性中反求之。不可遵道而行。以至於半塗而廢也。

仁者人也。親親爲大。義者宜也。尊賢爲大。親親之殺。尊賢之等。禮所生也。朱注。殺去聲。人。指人身而言。具此生理。自然便有惻怛慈愛之意。深體味之可見。宜者。分別事理。各有所宜也。禮。則節文斯二者而已。

此申明道由仁而生也。仁始於孩提知愛。與有生俱來。故仁者人也。義始於少長知敬。於愛之中而有差別。故義者宜也。仁主愛。故親親爲大。義主敬在士庶則主於敬長。在王公則主於尊賢。故尊賢爲大。親親尊賢之中。又有親疏厚薄之等殺。則禮由此所生也。孟子云。禮之實。節文斯二者是也。仁義禮蘊之於心。則謂之性。措之於親親尊賢。則謂之道。故曰率性之謂道。由親親之仁。生出尊賢之義。由仁義生出等殺之禮。義禮卽該於仁之內。故統之曰脩道以仁也。

在下位不獲乎上民不可得而治矣鄭注此句其屬在下著脫誤重在此故君子不可以不脩身。思脩身。不可以不事親。思事親。不可以不知人。思知人。不可以不知天。

此言力行必先致知。不可遵道而行有所不及知。故仁義禮之中。必濟之以智。孟子云。智之實知斯二者是也。知人知人之性也。孟子所謂盡其心者知其性也。知天。知天之命也。孟子所謂知其性則知天也。為政在人。取人以身。故君子不可以不脩身。脩身以道。脩道以仁。故思脩身不可以不事親。仁者人之性也。道不遠人。故思事親不可以不知人。性者天之命也。性本於天。故思知人不可以不知天。知天知人。卽所以知性。蓋道由性而生。脩道者當卽性以求道。不可徒事乎儀文。故力行必先致知也。

天下之達道五。所以行之者三。曰君臣也。父子也。夫婦也。昆弟也。朋友之交也。五者天下之達道也。知仁勇。三者天下之達德也。所以行之者一也。鄭注。達道常行。百王所不變也。朱注。知去聲。達道者。天下古今所共由之路。卽書所謂五典。孟子所謂父子有親。君臣有義。夫婦有別。長幼有序。朋友有信。是也。知。所以知此也。仁。所以體此也。勇。所以强此也。謂之達德者。天下古今所同得之理也。

此言致知又當力行。不可半塗而廢。有所不及行。故仁義禮知之中。又當濟之以勇。義禮由仁而生。已該於仁之內。故合之知勇而爲三達德也。所以行之者一。言達德雖有三。所以行此達道者一也。蓋知以知此。仁以體此。勇以强此。三者相須而爲用。皆所以行此達道者也。達德卽性也。所貴乎知性者。所以爲行達道之用。非空言明心見性而已。故致知又當力行也。

或生而知之。或學而知之。或困而知之。及其知之一也。或安而行之。或利而行之。或勉强而行之。及其成功一也。朱注。强去聲。知之者之所知。行之者之所行。謂達道也。生知安行者知也。學知利行者仁也。困知勉行者勇也。呂氏曰。所入之塗雖異。而所至之域則同。此所以爲中庸。

此申明所以行之者一也。言達德雖有三。而人之資質不齊。有由知而入者。生知安行是也。有由仁而入者學知利行是也有由勇而入者困知勉行是也由知仁而入者知仁至而勇亦盡由勇而入者勇至而知仁自生其所從入不同而及其知之成功之時所以知此達道行此達道者無不同也故曰所以行之者一也

子曰好學近乎知力行近乎仁知恥近乎勇朱注好近乎知之知並去聲

此下十一節言困勉之事家語所載有公曰子之言美矣至矣寡人實固不足以成之也故復以子

曰起答辭。蓋公聞夫子之言。不悟而復請意固在於政也。故夫子復對以三近。使先知所以脩身。然後備陳文武之政。以動其興慕之心。終之以困勉之法。使知愚柔不足患。以對其實固之言也。子思引之。以明不及知者當困而知之。不及行者當勉而行之。不可遵道而行半塗而廢也。果能百倍其功。雖愚必明。雖柔必强。亦卒與至誠無二矣。好學卽困知。故近乎知。力行卽勉行。故近乎仁。所以困勉者。由於知恥。知恥是奮發有爲之勇。不是健行無息之勇。故近乎勇。

知斯三者。則知所以脩身。知所以脩身。則知所以治人。知所以治人。則知所以治天下國家矣。

治人治天下國家。猶論語所云安人安百姓。充其量而言之也。公之問政。意固在於治天下國家也。而所以治天下國家者。實不外乎脩身。所以脩身者。總不離乎知仁勇。今雖於知仁勇有所不足。能以三近為入德之門。則亦知所以脩身。知所以脩身。則知所以治人。卽知所以治天下國家矣。故下文進以九經。

凡爲天下國家有九經。曰。脩身也。尊賢也。親親也。敬大臣也。體羣臣也。子庶民也。來百工也。柔遠人也。懷諸侯也。朱注。經。常也。此列九經之目也。呂氏曰。視羣臣猶吾四體。視百姓猶吾子。此視臣視民之別也。

此卽文武之政也。周禮大宰以經邦國。注。經法也。王謂之禮經。常秉以治天下者也。此脩身爲九經之目。指在外之言動威儀。非上文知所以脩身之謂也。親親指諸父昆弟而言。故次於尊賢。與上文親親爲大有別。親親爲大。統事親在內。此事親不在其內。此之事親在知所以脩身之內也。蓋名之爲九經。皆王所以治天下國家者。故事親不在其內。事親卽所以脩身。乃九經之本也。

脩身則道立。尊賢則不惑。親親則諸父昆弟不怨。敬大臣則不眩。體羣臣則士之報禮重。子庶民則百姓勸。來百工則財用足。柔遠人則四方歸之。懷諸侯則天下畏之。朱注。此言九經之效也。

道立。謂其儀不忒。可爲民表也。不惑。謂不惑於邪。

不眩謂不眩於事也。

齊明盛服非禮不動所以脩身也去讒遠色賤貨而貴德所以勸賢也尊其位重其祿同其好惡所以勸親親也官盛任使所以勸大臣也忠信重祿所以勸士也時使薄斂所以勸百姓也日省月試既稟稱事所以勸百工也送往迎來嘉善而矜不能所以柔遠人也繼絶世舉廢國治亂持危朝聘以時厚往而薄來所以懷諸侯也

鄭注尊重其祿位所以貴之不必授以官守天官不可私也官盛任使大臣皆有屬官所任使不親小事也忠信重祿有忠信者重其祿也時使使之以時日省月試考校其

成功也。既讀爲餼，餼稟，稍食也。稟人職曰，乘其事，考其弓弩，以上下其食。孔疏，治亂持危者，諸侯國內有亂則治討之，危弱則扶持之。朱注，齊側皆反，去上聲，遠好惡斂並去聲，既許氣反，稱去聲，朝音潮。此言九經之事也。

齊明盛服，正其衣冠也。非禮不動，尊其瞻視也。讒色貨，皆足以害德，故去之遠之賤之，而德乃貴也。同其好惡，休戚與共也。嘉善是量能授事，矜不能是格外存卹，不使其流離失所也。繼絕如武王使仲雍孫周章繼泰伯後，而別封周章之弟於虞，以奉仲雍之祀。成王誅武庚，又封微子於宋，使繼殷

祀是也舉廢如箕子封箕至周國廢而封之朝鮮蔡叔以畔國除其子胡改行復封之是也

凡爲天下國家有九經所以行之者一也

此言九經之本也所以行之者一以知所以脩身爲本也言經雖有九所以行之者只在於一事也蓋公之意在於政不得不如其意以告之其實總歸於脩身爲本也

凡事豫則立不豫則廢言前定則不跲事前定則不困行前定則不疚道前定則不窮鄭注跲躓也疚病也朱注行去聲

此爲下節作引也。豫卽前定也。言凡事當辨之於早也。道卽下文所謂有道。以言行與事引起之。

在下位不獲乎上，民不可得而治矣。獲乎上有道，不信乎朋友，不獲乎上矣。信乎朋友有道，不順乎親，不信乎朋友矣。順乎親有道，反諸身不誠，不順乎親矣。誠身有道，不明乎善，不誠乎身矣。鄭注：獲，得也。謂臣不得於君，則不得居位治民。

此申明所以行之者一也。雖以在下位推言之，以知所以脩身爲本則一也。言下位者，李安溪云：不敢斥君。君子於其所尊，不敢質言，敬之至也。愚謂亦因下文所陳是困勉之法，有愚柔等字，故不敢斥君也。前言思脩身不可以不事親，此言反諸身不誠不順乎親，蓋事親卽所以脩身，脩身卽所以事親，其實一也。明善，知所以脩身也，兼知行說，明善誠身，卽所謂自明誠也。

誠者，天之道也；誠之者，人之道也。誠者，不勉而中，不思而得，從容中道，聖人也；誠之者，擇善而固執之者也。朱注中並去聲。從，七容反。

此承上誠字。分出天道人道以示誠者誠之者。總歸乎一誠所以殊塗而同歸也。誠者。率性者也。性命於天。天不已誠者亦不已。故曰天之道也。知乎此則知天矣。誠之者。脩道者也。道不遠人。以人治人。故曰人之道也。知乎此則知人矣。誠之者。卽上文所謂誠身也。擇善而固執之。所以明善也。擇善。擇乎中庸也。固執。允執其中也。皆兼知行說。行之中亦要擇。知之中亦要執也。

博學之。審問之。愼思之。明辨之。篤行之。

此示以知行並進爲擇善固執之法學問思辨屬知篤行屬行學問思辨行所以擇善博審愼明篤所以固執也學無不及知自無不及行故致知之功多於力行也

有弗學學之弗能弗措也有弗問問之弗知弗措也有弗思思之弗得弗措也有弗辨辨之弗明弗措也有弗行行之弗篤弗措也人一能之己百之人十能之己千之果能此道矣雖愚必明雖柔必强

此示以困勉之法也有弗學有弗行擇善也弗能

弗措弗篤弗措固執也人一已百人十已千困而知勉而行也明謂明於擇善強謂強於固執言愚柔之質每患不及知不及行果能百倍其功不及知者困而知之不及行者勉而行之雖愚者必明於擇雖柔者必強於執自有弗能已之妙又何至於遵道而行半塗而廢哉

右一段言中庸之道不可不及知不及行所以勉愚不肖之不及使仰而跂之也○此合上段明大舜文武周公孔子所傳之一致皆

不外庸德之常。而庸德莫大乎孝。所以位天地育萬物者。皆孝之所推及。無敢乎過知過行也。而孝本於天性。不可徒事乎儀文。故思事親不可以不知人知天。明善誠身。乃可以順親。及不可不不及知不及行也。

第三支

此支凡三段。首段承上天道人道。分出性教二門。申明率性與脩道。皆能致中和而位育。後兩段。一言自誠明之事。一言自明誠之事。應上無過不及。

各極其位育之量。而歸本於戒懼愼獨之功。是爲

安勉合一之第三支。

自誠明。謂之性。自明誠。謂之教。誠則明矣。明則誠矣。

鄭汪。自。由也。

誠者。如其天命之本然。而無所虧欠也。明者。合於

率性之當然。而無所差謬也。自誠明者。率性以爲

道。循性而行。故謂之性。自明誠者。脩道以復性。由

教而入。故謂之教。天命之性。爲人所同具。聖人率

性以爲道。自合於人心所同然。故誠則明矣。聖人

之道第出於率性學者脩道以復性一如夫天命之本然故明則誠矣

唯天下至誠爲能盡其性能盡其性則能盡人之性能盡人之性則能盡物之性能盡物之性則可以贊天地之化育可以贊天地之化育則可以與天地參矣鄭注贊助也育生也朱注與天地參謂與天地並立爲三也此自誠而明者之事也

此言自誠明也至誠戒愼乎其所不睹恐懼乎其所不聞故爲能盡其性率性則可以爲道故能盡其性則能盡人物之性盡人性者推欲惡以同民

盡物性者。體好生以及物也。致中和而天地位萬物育。故可以贊天地之化育而與天地參。贊天地之化育者。裁成天地之道。輔相天地之宜也。與天地參者。立天之道曰陰與陽。立地之道曰柔與剛。立人之道曰仁與義也。

其次致曲。曲能有誠。誠則形。形則著。著則明。明則動。動則變。變則化。唯天下至誠爲能化。朱注。其次。通大賢以下。凡誠有未至者而言也。致。推致也。惟聖人能舉其性之全體而盡之。其次則必自其善端發見之偏。而悉推致之以各造其極也。積而至於能化。則其至誠之妙。亦不異於聖人矣。

此言自明誠也。致擴而充之也。曲。猶孟子所云四端。若火之始然。泉之始達。是也。其次愼其獨。故致曲。脩道則可以復性。故曲能有誠。形。謂形於四體著。謂著於云爲。明。明明德於天下也。動。風動也。變丕變也。化。化成也。亦致中和而天地位萬物育也唯天下至誠爲能化。謂致曲而至於能化。與至誠無二也。

右一段言中庸之道。安勉合一。爲下兩段總冒也。

至誠之道。可以前知。國家將興。必有禎祥。國家將亡。必有妖孽。見乎蓍龜。動乎四體。禍福將至。善。必先知之。不善。必先知之。故至誠如神。孔疏。國本有今異曰禎。本無今有曰祥。何肖云。國本有雀。今有赤雀來。是禎也。國本無鳳。今有鳳來。是祥也。說文云。衣服歌謠草木之怪爲妖。禽獸蝗蟲之怪爲孽。朱注。見音現。禎祥者福之兆。妖孽者禍之萌。蓍所以筮。龜所以卜。四體。謂動作威儀之間。如執玉高卑。其容俯仰之類。凡此皆理之先見者也。然唯誠之至極。乃能有以察其幾焉。神謂鬼神。

此一段凡十四節。申言自誠明之事。誠者天之道也。天不顯。誠者亦不顯。是以弗過知弗過行也。天不已。誠者亦不已。是以無不及知無不及行也。此下四節贊誠之妙。此節言誠則明。弗過知自無不及知也。人之震至誠以爲神者。良由至誠之道可以前知也。至誠之所以前知者。非以靈異而知之。亦非以推測而知之。誠則明也。蓋國家之將興將亡。必有機兆之先萌。且見乎蓍龜。動乎四體。常人蔽於物欲。而不及察耳。至誠寂然不動。感而遂通。於禍福之將至。善不善必先知之。有以斷天下之疑。而定其吉凶。故至誠如神耳。豈有所奇異於人哉。

誠者。自成也。而道。自道也。朱注。道也之道音導。

此下三節言誠則明。弗過行自無不及行也。此節作開也。誠卽天命之性。道卽率性之道。言至誠所以盡人物之性者。非於人物之間有所作爲也。自盡其性而已矣。蓋誠者不過所以自成。而道者不過自行其所當行也。

誠者。物之終始。不誠無物。是故君子誠略讀之爲貴。鄭注。言貴至誠。

此節作轉也。易曰。大哉乾元。萬物資始。乃統天。注統天者貫乎天德之始終也故曰誠者物之終始又曰乾道變化各正性命保合太和乃利貞注乾道變化萬物受之以各爲性命乃得以自全故曰不誠無物又曰大明終始六位時成又曰聖人首出萬國咸寧注聖人大明乾道之終始時乘六陽爲萬物作覩故曰君子誠之爲貴言我以誠自成而天下之物亦莫不有是誠誠者乃物之所同受於天以相爲終始而不能或外焉者也若不誠則無物矣是故君子以誠自成而天下之大本畢立

乎其中。此誠之所以爲貴也。

誠者。非自成己而已也。所以成物也。成己仁也。成物知也。性之德也。合外內之道也。故時措之宜也。朱注。知去聲。

此節作合也。言由是觀之。誠者非自成己而已也。所以成物也。何也。成己仁也。成物知也。己與物雖有外內之殊。仁與知皆性之德。我自盡其仁知之性。則成物卽在成己中矣。是合外內之道也。故君子盡其性以盡人物之性。第因其時而措之而無不宜。初不見有作爲之迹也。又何事遠人以爲道哉。

故至誠無息。

此下五節申明至誠盡其性以至於與天地參。以極其位育之量也。言誠則明如是。故至誠戒慎乎其所不睹。恐懼乎其所不聞。無息而已矣。此所以爲能盡其性也。此至誠之德蘊。以誠於中者言之。

不息則久。久則徵。朱注。久常於中也。徵驗於外也。

不息則久於中。久於中則徵於外矣。此下皆以驗於外者言之。

徵則悠遠。悠遠則博厚。博厚則高明。

悠遠。勇之著也。博厚。仁之著也。高明。知之著也。總言其德象如此。非有所先後也。

博厚所以載物也。高明所以覆物也。悠久所以成物也。朱注。悠久。卽悠遠。

博厚則安土敦乎仁。故所以載物。高明則知周萬物而道濟天下。故所以覆物。悠久則久於其道而天下化成。故所以成物。此所以能盡人物之性也。

博厚配地高明配天悠久無疆。

博厚則無不持載矣。故配地高明則無不覆幬矣。故配天。悠久則錯行而代明矣。故無疆。此所以贊天地之化育。而與天地參也。

如此者。不見而章。不動而變。無爲而成。朱注。見音現。不見而章。以配地而言也。不動而變。以配天而言也。無爲而成。以無疆而言也。

此纖轉中庸本旨。明位育之功如是其大。乃出於率性也。如此者是指點之詞。蓋因至誠功用之大至於如此。恐學者誤求之於高遠。故爲之親切指點也。言博厚配地。至誠之仁如此。其章也，而其仁則遷善不知爲。而無所著見也。高明配天。至誠之知如此。其變也，而其知則行其所無事。而無所更動也。悠久無疆。至誠之勇如此。其成也。而其勇則默運於自强。而無所作爲也。蓋至誠所以致此者。但一率其性之自然。而無所矜奇炫異。堯蕩蕩乎無能名。舜恭己正南面。胥是道耳。

天地之道。可一言而盡也。其爲物不貳。則其生物不測。

此下四節復由與天地參繳轉盡其性以歸本於戒慎恐懼之功也此合下節以天地之道與至誠之參贊相發明也天地之道可一言而盡不外一誠耳至誠無息不息則久久則徵天地之道亦只是不貳不貳故生物不測也此言至誠與天地同體故與天地參也○可一言而盡也禮記鄭本一作壹

天地之道博也厚也高也明也悠也久也

至誠博厚高明悠久天地之道亦只是博也厚也

高也。明也。悠也。久也。而已矣。此言至誠與天地同用。故贊天地之化育也。

今夫天。斯昭昭之多。及其無窮也。日月星辰繫焉。萬物覆焉。今夫地。一撮土之多。及其廣厚。載華嶽而不重。振河海而不洩。萬物載焉。今夫山。一卷石之多。及其廣大。草木生之。禽獸居之。寶藏興焉。今夫水。一勺之多。及其不測。黿鼉蛟龍魚鼈生焉。貨財殖焉。鄭注。振。猶收也。卷。猶區也。朱注。夫音扶。華藏並去聲。卷平聲。昭昭。猶耿耿。小明也。此指其一處而言之。及其無窮。猶十二章及其至也之意。

此以天地山水之覆載生殖。與至誠盡人物之性相發明也。今夫云者。譬詞也。昭昭一撮一卷一勺。言其不顯也。此四句喻造端乎夫婦。覆載生殖喻察乎天地也。言斯昭昭之多。此天也。至於無所不覆。亦此天。一撮土之多。此地也。至於無所不載。亦此地。一卷石之多。一勺之多。此山與水也。至於無所不生。無所不殖。亦此山與水。其所以爲無窮。爲廣厚。爲廣大。爲不測者。皆不外如此昭昭一撮一卷一勺耳。非於昭昭一撮一卷一勺之外。別有顯異之處也。君子之道，造端乎夫婦。及其至也，察乎天地。亦猶是也。其所以察乎天地者，皆不外此夫婦之知能耳。非於夫婦知能之外，別有顯異之處也。此言至誠之見於外者，與天地同其不顯。故曰不見而章，不動而變，無爲而成。故能盡其性，則能盡人物之性也。○禮記鄭本蛟作鮫

詩云：維天之命，於穆不已。蓋曰天之所以爲天也。於乎不顯，文王之德之純。蓋曰文王之所以爲文也。純讀亦不已。朱注：於，音烏。詩周頌維天之命篇。於，歎辭。

此以天命之於穆不已與至誠盡其性相發明也。穆讀默。於穆卽不顯。謂無聲無臭也。純亦不已。亦記者釋詩之詞。明文王與天合德也。不顯以外觀言。不已以內蘊言。實則一義。皆謂戒愼不睹恐懼不聞也。言至誠位育之效。至於如此。乃本於戒愼恐懼之功。如維天之命之詩。可取而證也。詩云維天之命。於穆不已。蓋曰無聲無臭之中。運行不息。此天之所以爲天也。於乎不顯。文王之德之純。蓋曰。不睹不聞之中。純一不貳。此文王之所以爲文也。純者。亦不已之謂也。此言至誠之久於中者。與天地同其不已。故曰至誠無息。故唯天下至誠爲能盡其性也。蓋天命之性。卽天之所以爲天。君子以戒愼不睹恐懼不聞者。率性而行。故與天合德也。彼隱怪遵廢者。流可以知所返矣。○維天之命

禮記鄭本維作惟

右一段。言自誠明之事。中明弗爲隱怪弗能已因極其位育之量。而歸本於戒愼恐懼之功。

大哉聖人之道。洋洋乎發育萬物。峻極于天。優優大哉。禮儀三百。威儀三千。孔疏。禮儀三百。周官有三百六十官。言三百者。舉其成數耳。威儀三千者。卽儀禮行事之威儀。儀禮雖十七篇。其中事有三千。朱注。優優。充足有餘之意。禮儀。經禮也。威儀。曲禮也。

此一段凡十六節。中言自明誠之事。誠之者人之道也。道不遠人。脩道者當卽性以求道。唯無不及知不及行。乃不至於過知過行也。此下三節溯道之源。言道本於率性。聖人之功業文章。皆根於至德。非可以無本襲取之也。此節作開也。言大哉至誠所散著於兩間者是爲聖人之道也洋洋乎其道之廣大則發育萬物也其道之高明則峻極于天也蓋巍巍乎其有成功也由是以優優有餘者著之爲禮儀有三百之多析之爲威儀有三千之盛又煥乎其有文章也甚矣聖人之道之大也

待其人而後行鄭注言爲政在人政由禮也

此節作轉也聖人之道必待聖人而後行易所謂既有典常苟非其人道不虛行是也此與哀公問政節其人存則其政舉同意○而後行禮記鄭本

而作然

故曰苟不至德至道不凝焉朱注凝聚也成也

此節作合也聖人之道必待聖人而後行者以聖人之至道本至德所散著故必有聖人之至德乃有以爲至道所凝聚也德其本也道其末也學者欲行聖人之至道苟不自明而誠以求聖人之至德徒取聖人之功業文章而貌襲之飾其末而遺其本是所謂遵道而行必至於遠人爲道也

故君子尊德性而道問學致廣大而盡精微極高明

而道中庸。温故而知新。敦厚以崇禮。鄭注。道。猶由也。温。讀如燖温之温。謂故學之熟矣。後時習之謂之温。朱注。尊者。恭敬奉持之意。

此示以脩道之法也。言脩道者當以性爲宗。以教爲率也。德性卽天命之性。性爲道之所自來。故尊之也。問學卽脩道之教。教爲道之所從入。故道之也。尊德性所以誠身也。道問學所以明善也。皆兼知行說。不明乎善。不誠乎身。故用而字折轉也。廣大高明。謂發育峻極。故與禮謂禮儀威儀。此四項言聖人之道。是賓盡精微。敦厚。謂尊德性道中庸知新。謂道問學。此四項言所以脩道。是主。上三句先賓後主。故用而字折轉。末句先主後賓。故用以字串遞。致廣大二句。不敢過知過行也。温故二句。不敢不及知不及行也。言至道必本於至德。故脩道之君子。必尊德性以誠身。而道問學以明善。欲致發育之廣大。但盡德性之精微。欲極峻極之高明。但道問學之中庸。温舊章所故學者。而日知其新。勿徒襲禮儀威儀之末迹。敦天性所親厚者。以崇尚禮意。勿徒奉三百三千之虛文。如是則自明而誠乃有以爲至道所凝也。

是故君子居上不驕。爲下不倍。國有道其言足以興。國無道其默足以容。詩曰。既明且哲。以保其身。其此之謂與。

孔疏。興。謂發謀出慮。詩。大雅烝民之篇。美宣王之詩。言宣王任用仲山甫能顯明其事任且又哲知。保安全其己身。

朱注。倍與背同。與平聲。

此束上起下也。言君子尊德性道問學如是。不敢遵道而行。自不至於遠人爲道。是以上有道揆。不以驕慢自用。下有法守。不以倍戾取尤。國有道則舉而措之。非以空言從事。故言足以興。國無道則卷而懷之。不以立異招謗。故默足以容。所謂明哲保身者此也。

子曰。愚而好自用。賤而好自專。生乎今之世。反古之道。如此者。烖及其身者也。朱注。好去聲。烖古灾字。反復也。

此言不以至德爲至道之凝。徒襲聖人之末迹。有所不及知不及行。則至於過知過行也。愚無德也。賤無位也。生乎今之世。不乘其時也。自用自專。謂非天子而議禮制度考文。如商鞅變法。王安石新法之類。反古之道。謂復古之禮度文。如燕噲欲學

禪讓王莽欲復井田之類如此者居上則驕爲下

則倍言不足以興默不足以容不保其身者也

非天子不議禮不制度不考文鄭注禮謂人所服行

與也文書名也

天子有德而有位者也言愚不得自用賤不得自

專也

今天下車同軌書同文行同倫孔疏車同軌覆上不制度書同文覆上不

考文行同倫覆上不議禮朱

注軌轍迹之度倫次序之體

軌舉度之一也行如字謂行禮也倫秩敘也言生

乎今之世不得反古之道也。

雖有其位。苟無其德。不敢作禮樂焉。雖有其德。苟無其位。亦不敢作禮樂焉。鄭注。言作禮樂者。必聖人在天子之位。

言有位而愚者。亦不敢自用有德而賤者。亦不敢自專也。

子曰。吾說夏禮。杞不足徵也。吾學殷禮。有宋存焉。吾學周禮。今用之。吾從周。朱注。杞。夏之後。宋。殷之後。徵。證也。

孔子曰某殷人也故殷禮亦曰學。有宋。猶言有夏有殷。存。謂存之而不用也。言無徵者。既不可行矣。

郎間有足徵者惟裔國自存其禮非今之所用吾雖學之而不敢從也蓋三代之禮孔子皆能言之而遵王之制則從周而已此言聖人生乎今之世亦不敢反古之道也

王天下有三重焉其寡過矣乎。朱注王去聲呂氏曰三重謂議禮制度考文。

此轉到中庸正意言位育之功不在於禮度文而在於脩道也寡過謂脩身也古人脩身以寡過爲準慎其獨乃所以寡過也尒者已辭謂寡過在先

也言王天下有三重之事必其先能寡過者也若不本寡過以脩身徒以禮度文治天下而民弗從也

上焉者雖善無徵無徵不信不信民弗從下焉者雖善不尊不尊不信不信民弗從朱注上焉者謂時王以前如夏商之禮雖善而皆不可考下焉者謂聖人在下如孔子雖善於禮而不在尊位也

此承上文以逗下文也言古者禮度文雖善不足以治今賤者禮度文雖善不足以服衆也上言以禮度文治天下有位有時者亦必有德此言有德

而無位無時者。禮度文亦不可行。此禮度文所以弗貴也。

故君子之道。本諸身。徵諸庶民。考諸三王而不謬。建諸天地而不悖。質諸鬼神而無疑。百世以俟聖人而不惑。

此下三節申明其次致曲以至於能化以極其位育之量也。言有徵且尊。可以爲民信從者。其惟君子中庸之道乎。禮度文時王所得與民變革者也。君子中庸之道不可得與民變革者也。故君子之道。本諸寡過以脩身。身脩而后家齊國治天下平。則徵諸庶民也。周因於殷。殷因於夏。考諸三王而不謬。不患其無徵也。協天之經。順地之義。建諸天地而不悖。不患其不尊也。郊焉則格。廟焉則享。質諸鬼神而無疑。而況於民有不信者乎。或見而知之。或聞而知之。百世以俟聖人而不惑。而況於民有弗從者乎。此所以致曲以至於能化也。

質諸鬼神而無疑。知天也。百世以俟聖人而不惑。知人也。

舉鬼神以該天地舉百世以該三王也知天知性命於天也知性命於天則先天後天而天弗違天且弗違况於鬼神乎故質諸鬼神而無疑也知人知道不遠人也知道不遠人則先聖後聖人同此理聖人復起能易吾言乎故百世以俟聖人而不惑也此所以曲能有誠也

是故君子動而世爲天下道行而世爲天下法言而世爲天下則遠之則有望近之則不厭

言君子自明誠之後以至德著爲至道動而世爲

天下道。不必議禮也。行而世爲天下法。不必制度也。言而世爲天下道。不必考文也。蓋有三重之權者。亦必有中庸之德。乃可以化成天下。有中庸之德者。不必有三重之事。亦可以化成天下也。曰世者。不患其無徵也。曰天下者。不患其不尊也。故遠之則慕風而有望。近之則親炙而不厭。不患其不信不從也。學記云。夫然後足以化民成俗。近者悅服。而遠者懷之。是也。此所以形著明動而至於變化也。

詩曰。在彼無惡。在此無射。庶幾夙夜。以永終譽。君子未有不如此。而蚤有譽於天下者也。鄭注。射。厭也。永。長也。朱注。惡去聲。射音妒。詩。周頌振鷺之篇。

此繳轉致曲。以歸本於愼獨之功也。彼。彼其人。此詩人自此也。詩本意在彼。謂微子在彼國。在此。謂來朝在此。今引之者。斷章取義也。無惡。謂無惡於志。卽愼其獨也。庶幾近辭也。夙夜。謂朝乾夕惕。詩云。夙夜基命宥密。卽戒愼不睹。恐懼不聞也。言君子之化成如此。乃由愼獨之功。以進於戒懼。如振鷺之詩。可取而證也。詩若曰。惟其在彼致曲以無惡於志。故在此形著而無射於人。由是庶幾於朝乾夕惕。爲無息之聖人。乃得以明動變化。以克永此終譽也。君子未有不由愼獨以進於戒懼如此而暴有譽於天下者也。彼隱怪遯廢者流。欲以求譽於天下。豈可得哉。

右一段言自明誠之事。申明無不及知不及行。乃不至於過知過行。因極其位育之量。而歸本於愼獨之功。

第末支

此支凡二段。承上性教二門。首述祖德以立極。次示以下學上達之功。與至誠同歸於一也。是爲總結之第末支。

仲尼祖述堯舜。憲章文武。上律天時。下襲水土。

此述仲尼之中庸。爲萬世師表也。以聖訓起以聖德結。道統傳自堯舜。故祖述堯舜。法制備於文武。故憲章文武。律天時者。自强而不息。恆久而不已也。襲水土者。周流而無滯。厚重而不遷也。祖述憲

章弗過知弗過行也上律下襲無不及知無不及行也言仲尼所以爲仲尼者法帝王已然之迹順天地自然之運一中庸而已矣

辟如天地之無不持載無不覆幬辟如四時之錯行如日月之代明萬物並育而不相害道並行而不相悖小德川流大德敦化此天地之所以爲大也朱注辟音譬錯猶迭也悖猶背也

此以天地喻仲尼爲下文作按也四時日月亦是說天地須側串天地不得平列無不持載無不覆

幬天地之總宰錯行代明天地之分司也兩辟如
貫中間二句末三句總束道謂陰陽剛柔之道故
曰並行而不相悖並育不害喻聖人胞與兼容並
行不悖喻聖人仁義兼盡也小德如兩儀四象大
德如太極川流者生生不窮之象敦化者絪緼化
醕之原也所以錯行代明並育不害者小德之川
流所以持載覆幬並行不悖者大德之敦化解見
下文此天地之所以爲大聖人亦一天地而已矣

唯天下至聖爲能聰明睿知足以有臨也寬裕溫柔

足以有容也。發强剛毅。足以有執也。齊莊中正。足以有敬也。文理密察。足以有別也。朱注。知去聲。齊側皆反。別彼列反。

此言仲尼之小德川流也。以其見於外者而言。故謂之至聖。聰明睿知。知之著也。寬裕温柔。仁之著也。發强剛毅。勇之著也。齊莊中正。禮之著也。文理密察。義之著也。此如四時之錯行。如日月之代明也。

溥博淵泉。而時出之。溥博如天。淵泉如淵。見而民莫不敬。言而民莫不信。行而民莫不說。朱註。見音現。說音悅。

此繪其川流之象也溥博言其量之大非以察察爲知煦煦爲仁行行爲勇戔戔爲禮孑孑爲義也淵泉言其量之深五者根心而生不可勝用也而時出之者以時措之而各得其宜也溥博如天如天之無所不包淵泉如淵如淵之無所不容此所以萬物並育而不相害也見言行時出也莫不敬莫不信莫不說發而皆中節和之至也

是以聲名洋溢乎中國施及蠻貊舟車所至人力所通天之所覆地之所載日月所照霜露所隊凡有血

氣者莫不尊親故曰配天朱注施去聲隊音墜舟車所至以下蓋極言之

此言仲尼位育之效也此皆其驗於外者故屬之小德人力所通如鑿溝斬木繩行棧度之類天不滿西北地不滿東南日月所照天所不滿也霜露所隊地所不滿也配天謂配天受饗而無終也言仲尼一中庸而已矣而位育之效乃至於此也我夫子配饗萬世子思當時雖不及見而大德者必受命固有可以前知者也不特子思有以知之夫子賢於堯舜自生民以來未有夫子之盛及門諸

弟子皆有以知之矣。

唯天下至誠。爲能經綸天下之大經。立天下之大本。知天地之化育。夫焉有所倚。鄭注。安有所倚。言無所偏倚也。朱注。夫音扶。焉於虔反。

此言仲尼之大德敦化也。以其誠於中者而言。故謂之至誠。經綸。猶綱維也。天造草昧。聖人首出而爲之綱維。故曰雲雷屯。君子以經綸。天下之大經。卽天下之達道也。經綸天下之大經。聖人人倫之至也。立天下之大本。皇建其有極也。知天地之化

育。倘消息盈虛天行也。此如天地之無不持載無不覆幬也。夫焉有所倚覆載無偏中之至也

肫肫其仁淵淵其淵浩浩其天。朱注肫肫懇至貌以經綸而言。淵淵靜深貌。以立本而言。浩浩廣大貌。以知化而言。

此探其敦化之原也。肫肫仁之體也。淵淵知之體也。浩浩勇之體也。不言義禮者。義禮由仁而生。其體已該於仁之內。故小德有五大德惟三也。肫肫其仁者。一元之運。天理渾然。故經綸天下之大經。淵淵其淵者。衆理之源。萬物皆備。故立天下之大

本浩浩其天者浩然之氣與時偕行故知天地之化育此所以道並行而不相悖也上文以見於外者而言故曰如天如淵此以誠於中者而言故曰其仁其淵其天

苟不固聰明聖知達天德者其孰能知之朱注聖知之知去聲

此言仲尼天命之誠也以其藴於內者不可得而知故屬之大德固固有也固聰明聖知生知而安行者也達天德下學而上達者也言仲尼之敦化如此乃其無息之誠所致戒愼乎其所不睹恐懼

乎其所不聞。人莫得而知之也。蓋當其成功之時。
聖德昭著。萬衆欽仰。故凡有血氣者。莫不尊親。而
當其盡性之處。默運於中。與天合撰。人莫得而見
聞。唯盡天性達天德者。身歷其境。乃足以知之也。

右一段。言仲尼位育之效。與天地同。乃本於
戒愼恐懼之功。不外一中庸也。

詩曰。衣錦尚絅。惡其文之著也。故君子之道。闇然而
日章。小人之道。的然而日亡。君子之道。淡而不厭。簡
而文。溫而理。知遠之近。知風之自。知微之顯。可與入

德矣。鄭汪淡。其味似薄也。自謂所從來也。朱注。衣惡
並去聲。詩國風衛碩人鄭之丰皆作衣錦褧衣
褧絅同。禪衣
也。尚加也。

此示以下學之功也。承上文而言至誠之德劼毖於不睹不聞之地。不予人以可知。故下學入德之始。亦不可求人知。但從心性上返脩。不可舍內而務外。向倫常中實踐。不可厭故而喜新。故曰衣錦尚絅。惡其文之著也。君子務本。本立而文以行。故闇然而日章。小人求顯於外。以無本襲取之故。的然而日亡。淡而不厭。言平淡之中。而其味無窮也。

簡而文言質樸之中。而有文章也。溫。猶習也。溫而
理。言習熟之中。而脈理精密也。淡簡溫無過也。不
厭而文且理焉。無不及也。所謂中庸其至矣乎是
也。知乎此則知之至矣。遠之近。察乎天地造端乎
夫婦也。風之自。天下國家之本在身也。微之顯。誠
於中形於外也。是所謂本也。知乎此則知本矣。此
卽大學致知之功。下學以此爲入德之門。自明之
始也。
詩云。潛雖伏矣。亦孔之昭。故君子內省不疚。無惡於

志。君子之所不可及者。其惟人之所不見乎。鄭注。孔。甚也。昭。明也。疚。病也。朱注。惡去聲。詩小雅正月之篇。承上文言莫見乎隱莫顯乎微也。無惡於志。猶言無愧於心。此君子謹獨之事也

此卽愼其獨也。潛雖伏矣。亦孔之昭。所謂莫見乎隱莫顯乎微也。人之爲不善。人皆惡之。其心未嘗不自惡之。性之所同然故也。故曰無惡於志。人之所不見者。己之所獨知也。脩齊治平工夫。只爭此一著。過此以往。人之所得而見者。非己之所得而知矣。故曰君子之所不可及者。其惟人之所不見

乎。此卽大學誠意之功。下學至此可謂明矣。○君子之所不可及者禮記鄭本無之字

詩云。相在爾室。尚不愧于屋漏。故君子不動而敬。不言而信。鄭注。相。視也。室西北隅謂之屋漏。屋漏非有人也。朱注。相去聲。詩大雅抑之篇。承上文又言君子之戒謹恐懼。無時不然。不待言動而後敬信。則其爲己之功益加密矣。故下文引詩並言其效。

此卽戒愼不睹恐懼不聞也相在爾室尚不愧于屋漏。謂不顯亦臨。無射亦保。此道所以不可須臾離也。不動而敬。不言而信。謂敬信存於平日而無時不然。不待言動之時。始思敬信也。此由愼獨以

進於戒懼。卽大學正心之功。下學至此。可以返於誠矣。

詩曰。奏假無言。時靡有爭。故君子不賞而勸。不怒而民威於鈇鉞。鄭注。假大也。孔疏。此商頌烈祖之篇。美成湯之詩。詩本文云鬷假無言。此云奏假者。與詩文異也。禮記釋音。奏如字。詩作鬷。子公反。假古雅反。

此不言而信之著也。假嘏同。大遠也。奏假無言。時靡有爭。言心平德和。奏成大遠之功。不用誥誡而民自化之。無有爭訟也。

詩曰。不顯惟德。百辟其刑之。是故君子篤恭而天下平。鄭注。辟。君也。百君盡刑之。諸侯法之也。孔疏。此周頌烈文之篇。美文王之德也。

此不動而敬之著也。不顯惟德。以其修於心性之中。而著爲庸常之行。故不顯也。篤恭而天下平。所謂恭己正南面。無爲而治也。此即大學齊治平之功。下學至此。則至於能化。與至誠無二矣。

詩云。予懷明德。不大聲以色。子曰。聲色之於以化民末也。詩曰。德輶如毛。毛猶有倫。上天之載。無聲無臭。至矣。鄭注。予。我也。懷。歸也。輶。輕也。倫猶比也。載。謂生物也。上天之造生萬物。人無聞其聲音。亦無知其臭氣者。朱注。詩大雅皇矣之篇。引之以明上文所謂不顯之德者。正以其不大聲與色也。又引孔子之言以爲聲色乃化民之末務。今但言不大之而已。則猶有聲色者存。不若烝民之詩。所言德輶如毛。則庶平可以形容矣。而又自以爲謂之毛。則猶有可比者。不若文王之詩。所言上天之載無聲無臭。然後乃爲不顯之至耳。

此言下學上達之後。極位育之能。而不見作爲之迹。一如夫天命之誠也。聲、謂誥誡命令。色、謂制度文章。皆化民之末務也。載猶造也。謂造生萬物也。無聲喻奏假無言。無臭喻不顯惟德。至、謂誠之至也。言君子由愼獨以進於戒懼。常在隱微中用功。無所作爲於外。準此以化民。皆一誠所默運。凡誥誠命令。制度文章。皆所弗尙。故所謂不大聲以色。以至德輶如毛。猶未足以形容之。必如文王之詩所云。上天之載。無聲無臭。是乃誠之至矣。蓋維天之命。於穆不已。此天之所以爲天。君子之道本於天命之性。默運於中。無爲而治。亦猶是也。子思恐學者爲務外之學。而以末務治民。故先教以內脩之法。不予人以見聞。及其至也。極位育之能。亦第行其所無事。所以爲著己近裏之學。使反之於天命之誠也。

右一段。言下學之功。由愼獨以進於戒懼。位育之效。亦與天地同。蓋率性與脩道。同本於天命之性。故同歸於天命之誠。所以爲中庸也。

八閩文庫

文獻集成

219

福建文獻集成

吴格 主编

續編 經部 一九

海峽出版發行集團
THE STRAITS PUBLISHING & DISTRIBUTING GROUP
福建人民出版社

本册目次

重廣陳用之真本入經論語全解義十卷

[宋] 閩清陳祥道撰

南京圖書館藏清抄本

重廣陳用之真本入經論語全解義十卷，宋陳祥道撰。祥道（一〇四二—一〇九三），字用之，一字祐之，閩清人。治平四年（一〇六七）進士，官至秘書省正字。撰有周禮纂圖二十卷、儀禮注解三十二卷、禮記講義二十四卷、禮例詳解十卷、禮書一百五十卷、莊子注等，今傳者惟此與禮書。生平附見宋史卷四三二陳暘傳。

宋爲經學變古之期，肇其端者，若劉敞、王安石。困學紀聞經説云：「自漢儒至於慶曆間，談經者守訓故而不鑿。七經小傳出而稍尚新奇矣，至三經義行，視漢儒之學若土梗。」安石以相權行新政、推新義，場屋既以之取士，天下莫不從風而靡。祥道爲安石弟子，安石注論語，其子王雱爲口義，祥道爲全解，今存者僅此書，乃集論語荆公新學之大成。此書摒棄漢唐注疏重章句訓詁之傳統，博綜群書，通經明義，惟理是從。若論語之名，前人所釋皆歸於實録問答之辭，而祥道開篇即以「理」攝之，序曰：「言理以答學者之問而已，夫是之謂論語。」又如「林放問禮之本」章，祥道釋「奢儉易戚」曰：「儉戚出于天之性，奢易出于性之欲。天之性質而不文，性之欲薄而不厚，二者皆非中道。」已可見其後理學「天理人欲」之端倪。其解雖雜據莊老，「殊非解經之體」（四庫全書總目卷三五），訓詁又有荆公望字生義之病，如「子曰質勝文則野」章「彬，從林，質也；從彡，文也」云云，然以經解經，以禮解經，連類引申，多可啓人深思。要之，此書破注疏沉悶之氣，闢論語宋學之塗，義理多有可觀

之處，且紹聖後行於場屋（郡齋讀書志卷四），影響不可謂不遠。

此本題名「重廣陳用之真本入經論語全解義」，四庫提要云「未詳其義」，善本書室藏書志以爲「真本入經」乃科舉行用之義。今按所謂「重廣」、「真本」者，乃書坊夸飾之語，未必屬實。此書無宋元刻本流傳，黑水城出土西夏文譯刻本，乃今傳最早之本，現藏俄羅斯科學院東方學研究所聖彼得堡分所。明抄本存世三部：一爲謝氏小草齋抄本，今藏臺灣「央圖」；二爲吴騫舊藏，今藏上海圖書館；三則國立北平圖書館甲庫善本舊藏，今寄存臺北「故宫博物院」。其中惟小草齋抄本題名略異，「陳用之」下多「學士」二字。今通行之本多出於明抄本。

此清抄本，首鈐「翰林院印」滿漢文方印，當係進呈四庫館之書。檢四庫採進書目，進論語全解者有吴玉墀、汪啓淑兩家。西安市文物保護考古所藏此書清抄本一部，書衣鈐「乾隆二十八年十一月浙江巡撫三寶進呈吴玉墀家藏」印，則此本當是汪氏進呈者。又四庫提要於此書下注「浙江汪啓淑家藏本」，此本多粘墨筆校改籤條，其校改文字四庫本多已從之，故爲四庫底本明矣。此本後爲袁芳瑛所得，鈐「古潭州袁臥雪廬收藏」白文方印。繼入藏丁氏八千卷樓，鈐「東門菜儂」、「丁氏八千卷樓藏書記」諸印，善本書室藏書志卷四著録，今據以影印。（韓　超）

經

論語全解四冊全

重廣陳用之真本大經論語全解義十卷　舊抄本　一

右漳州李氏樓藏　浙抄

左宣德郎充秘閣校勘太常博士賜緋魚袋臣陳祥道

前有祥道自序，次舉門人章粹校勘。晁氏讀書志云：王太甫論語注與子雱所作

口義並行，陳用之作解經聖說，皆行於場屋，為當時所重云云。[illegible]是本有標目真本

入經義之[illegible]，豈所謂真本耶？祥道長於三禮之學，所作禮書世稱精博，故

詮釋論語亦於禮制尤為明晰。此舊抄本曾進四庫館，採錄明

發還，有

翰林院印

大學博士陳用之入經論語全解序

門人章梓校勘

言理則謂之論言義則謂之議莊子曰六合之外聖人存而勿論六合之内聖人論而不議春秋經世先王之志也聖人議而勿辨盖夫論則及理耳所虧者道議則及義耳所虧者理聖人豈不欲廢去應問体道以自冥哉道无問无應不發一言不與萬物同患哉特畸人耳非聖人之所尚然則孔子雖欲忘言豈可得哉不得已而言理以答學者

一

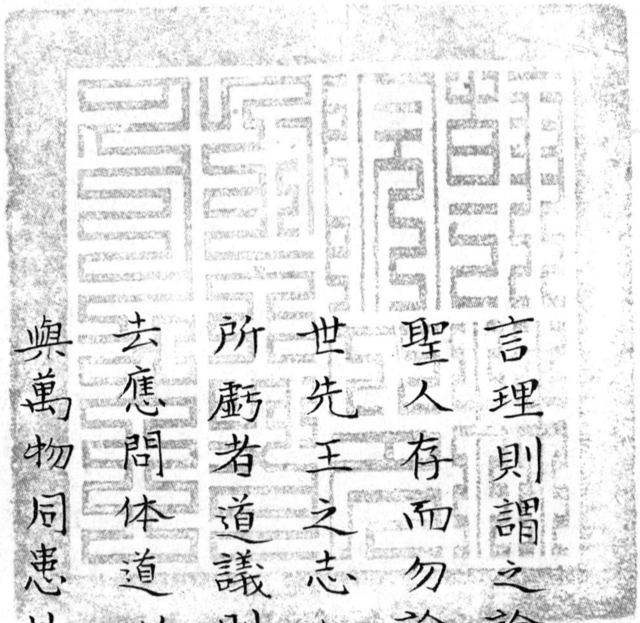

之問而已夫是之謂論語然而王者之迹熄聖人雖言理以答學者之問猶未可以已也故其言義則存乎春秋言理則存乎論語而春秋之作是是以勸善非非以懲惡善惡之判猶在衡權之上輕重或差乎奪勿明其賞不足以為榮其罰不足以為辱矣不得不議若夫論語之言則答學者之問而已何事乎此嘗謂希微者道易簡者理君子以理明道以義明理言至于義去道遠矣孔子之世師道既明異端未起由辯議无間而作故聖人之

答問言理而足矣乎居之時弟子在側各言其志
聖人察其所安得其才性之病處仁孝之言隨分
而應不必屢告而詳說之大抵君子之教人欲其
思得之孔子之于弟子不憤則不啟不悱則不發
有所罕言有所不語其歸則曰忠恕仁義而已一
隅之舉兩端之叩近而遠約而詳思得之則會其
所固有者矣夫弟子之列有聞一而知二者有聞一
而知十者問詩而知禮問伯夷而知夫子小以成
小大以成大我告之約彼得之詳以至于是歟不

二

足之冉求不悅之季路聞理而不得叛卒為賢者
則後世之學士大夫豈宜置諸口耳之間哉論語
之後子思之中庸孟子之七篇尤得其詳然而孟
子之世許子之言盈天下孟子思欲拒詖說放淫
辭不得已而有辨焉難疑問答不直則道不見故
其為言尤詳于論語雖然聖人之言或論或辨非
立异也時焉而已矣

欽定論語全解卷

宋陳祥道撰

重廣陳用之真本入經論語全解義卷第一

左宣德郎克館閣校勘太常博士賜緋魚袋陳

祥道

學而第一

子曰學而時習之不亦說乎有朋自遠方來不亦樂乎人不知而不慍不亦君子乎

學所以窮理教所以通物學而時習之則于理有所見故悅有朋自遠方來則于物有所通故樂于理有所見于物有所通宜為人知而不知

一

才不見是應改不見知

宜慍而不慍然後謂之君子悅樂智之事也不
慍仁之事也子夏出見紛華而悅入聞夫子之
道而樂則悅者有所得于外樂者有所適于内
朋友之講習易以為悅得天下英才而教育之
孟子以為樂是講習久此意也然人之情莫不
喜其所同惡其所异崇其所達醜其所窮則其
喜惡崇醜在物而不在我庸能安于命哉此孔
子所以謂不知命無以為君子人不知而不慍
然後為君子易曰不見是知而无悶子曰不見是知

而不悔孟子曰人不知亦囂囂故孔子在陳弦
歌不衰孟子去齊未嘗不豫凡以此也傳曰蘭
不為莫服而不芳舟不為莫乘而不浮君子不
為莫知而慍彼子路之慍見子貢之色作豈知
是哉

有子曰其為人也孝弟而好犯上者鮮矣不好犯
上而好作亂者未之有也
犯上者常始于不順作亂者常始于犯上孝弟
則順矣故好犯上者鮮不好犯上則順之至故

二

好作亂者未之有也有子曰不犯上而曰不好犯上者不犯上在迹不好犯上在心心之所不好則迹之所不爲可知詩序以無犯非礼不及無思犯礼之深則不犯上不及不好犯上之爲至也

君子務本本立而道生孝弟也者其爲仁之本與

孝弟出於性而道又出于孝弟人莫不有孝弟之良心而道常不存者以其務末不務本也言

按文法應作

應改務末不務本

應改孝弟仁之本

夲立而道生又言孝弟仁之本蓋仁者人也合而言之道也礼記言中者天下之大夲繼之以和者天下之達道詩序言葛覃后妃之夲繼之以化天下以婦道其所謂夲者雖殊其本立而道生則一也孟子以事親為仁之實有子則以孝弟為仁之夲者孟子執一以為異有子合異以為同故也古之立言者類多如此孟子言堯舜之道孝弟而已礼記則言孝近王弟近霸孔子言人而不仁如礼樂何礼記則義近礼

三

仁近楽

子曰巧言令色鮮矣仁

訥者無巧言木者無令色木與訥務本者也故

近仁巧言令色務末者也故鮮矣仁礼称辞

欲巧詩美令儀巧令者何也子曰有其本而輔

以末則庶乎其可若事其末而忘其本則不

可

曾子曰吾日三省吾身為人謀而不忠乎與朋友

交而不信乎傳不習乎

學問進改問學

謀貴忠言貴信傳貴習謀交傳者施諸人忠信習者存諸已先忠信而後習與易言忠信進德繼之以脩辭立其誠礼言尊德信性而繼之以道問學全意李文子三思則思其所未然者也曾子之三省則省其所已然者也傳曰君子三省乎身則智明而行无過此之謂歟孟子曰事孰為大事親為大守孰為大守身為大曾子三省其身可謂善守身矣

子曰道千乘之国敬事而信節用而愛人使民

以時
敬則无所苟信則无所誕節用則不傷財愛人
則不害民使民以時則不奪其力盖不能敬事
則不能立信不能節用則无以愛人故言敬事
而繼之以信言節用而繼之以愛人成王誥康
叔以汝亦罔不克敬典乃由裕民則敬事而信
所謂敬典也節用而愛人使民以時所謂裕
民也示之以敬則民不慢示之以信則民不疑
示之以愛則民不離然後從而使之且使之也

不克下應添敬字

賤字下應添者字

又以時人孰以為屬己哉言人又言民者人有
十等民則特其賤者而已愛則兼乎貴賤故言
令使之則特其賤者故言民詩曰宜民宜人傳曰
和其民人與此全意周官縣師質人朝士所謂
人民則异于是矣千乘之国百里之国也礼記
曰封周公于曲阜地方七百里革車千乘者革
車千乘自百里言之地方七百里兼附庸言
之

子曰弟子入則孝出則弟謹而信汎愛衆而親仁

五

行有餘力則以學文

入則孝于父兄出則弟于長上庸行之謹庸言之信汎愛衆而有容親仁而有擇凡此尊德性者也尊德性而後可以道問學故曰行有餘力則以學文蓋乃調然後可以求中馬服然後可以求良士信慤然後可以求智能若夫不知出此而以學文爲先此古人所以譏其聖讀庸行鳳鳴鷙翰也礼曰忠信之人可以學礼

子夏曰賢々易色事父母能竭其力事君能致
其身與朋友交言而有信雖曰未學吾必謂之學
矣

彼善而我善之謂之善々彼賢而我賢之謂之
賢々易色智也事父母能竭其力孝也事君能
致其身忠也與朋友交言而有信々也有是四
者則其質美矣故雖曰未學吾必謂之學矣由
是觀之朽木糞土之質雖博學多聞君子謂之
未學可也

六

于學慮改于物

子曰君子不重則不威學則不固主忠信毋無有友不如己者過則勿憚改

言重則有法行重則有德貌重則有威蓋重足以畏人而不詘于人足以役物而不役于物不詘于人故有威不役于學物故學固昔顏氏子視聽言動无非礼則重矣得一善則拳拳服膺而不失之則固矣莊子云中无主則不正外无正則不行主忠信則有主於內毋無友不如己則有正于外也重以固其學友以輔其德

可謂善學矣然過而憚改則不足以成君子之道故終之以過則勿憚改也易之要終於補過之无咎孔子之憂終于不善不能改與此意同

曾子曰慎終追遠民德歸厚矣

孝經曰擗踊哭泣哀以送之卜其宅兆而安厝之慎終者也為之宗廟以鬼享之春秋祭祀以時思之追遠者也于終慎之則生可知于遠追之則近可知此民德所以歸厚矣詩序有云

七

民德歸學一者一者民之行學者民之性則民
性即民德歸學一者以行齊行也民德歸學者
以性化性也慎終追遠民德歸學豈非以性化
性哉
子禽問于子貢曰夫子至于是邦也必聞其政求
之與抑與之與子貢曰夫子溫良恭儉讓以得之
夫子之求之也其諸異乎人之求諸之與
禮曰溫良者仁之本又曰恭儉以求役仁信讓恭遜
以求役禮則溫良恭儉讓者仁與禮而已仁者

恭遜以求役禮按禮
記應改信讓以求役禮

季康子下應添問字

愛人愛人則人常愛之有礼者敬人敬人則
人常敬之也夫子之至于是邦必聞其政也
然夫子之道其体无方其用无体豈特溫良
恭儉讓而已哉蓋釋其所有而發人之所以
来者如斯而已若夫哀公季康子問之于魯景
公問之于齊葉公問之于楚凡此皆未嘗求
之而彼自以其政来問則夫子之所求止諸己
而已

子曰父在觀其志父沒觀其行三年無改于父之
八

道可謂孝矣
父在觀其志將以承之也父沒觀其行將以行
之也三年无過改乎此而改之可也莊子不改
父之臣與父之政孔子以為難能謂其過三年
而不改故也記曰孝子之身終終身也者非終父
毋之身終其身也是故父毋之所愛々之父毋
之所敬々之至于犬馬盡然況於人乎此孝子
所以改父之道不忍為也然父之道為可行也
雖終身无改可也以為不可行也三年无改可

按禮記孝子之身終

乎曰古之人君有三年之喪皆以其国聽于冢宰雖父之道為不可行吾猶不與改也彼魯隱公于其可改而不改以至成先公之邪志桓襄公于其不可改而改之以至忘先君之舉皆不足以語。此

有子曰礼之用和為貴先王之道斯為美小大由之有所不行知和而和不以礼節之亦不可行也

敬者礼之体和者礼之用一之于敬則離故用

九

和為貴一之于和則流故小大由之有所不行
知和而和非小大由之者也然不以礼節之亦
不可行也礼曰夫敬以和何事不行傳曰敬與
和相反而相成

有子曰信近于義言可復也恭近于礼遠恥辱
也

言必信則遠義行太果則遠礼君子无遠義之
信然後言可復无遠礼之恭然後遠恥辱晉文
公伐原退舍則言可復尾生之信非可復也孔

應改尾生之信

子敬所不敬則遠恥辱陳質之恭非遠恥辱也
恥由中出辱自外至論語有言恥而不及辱此
兼言之者以其恭近禮而待己寺人之道備故
也

因不失其親亦可宗也

不曰人而人因之其德崇德崇則人之所宗也
莫之因而因人者其德卑德卑非人之所宗也
雖然因以人而不失其所親則所聞者正言所見
者正行亦可宗也易比之初六捀有孚者比之

十

疏應改疏

所謂因不失其親也終未有他吉所謂亦可宗
也

子曰君子食無求飽居無求安敏于事而慎于言
就有道而正焉可謂好學也已

食无求飽居无求安不以小体害大体敏于事
而慎于言不以所言勝所為此資諸己者也就
有道而正焉資諸人者也古之有道者所飽在
德不在食所安在仁不在居進其戎菽有稻粱
之味疏其蓬屋若廣廈之廟終身自適不知榮辱

之在我也在彼也君子以飽食居安為戒此學者所宜知也易曰君子將有為也將有行也行則所行者也事則所為者也言君子敏于事又言君子欲敏于行則敏于行成德之君子也敏于事務學之君子也傳曰行成而先事成而後

子貢曰貧而無諂富而無驕何如子曰可也未若貧而樂富而好礼者也子貢曰詩云如切如磋如琢如磨其斯之謂與子曰賜也始可與言詩已矣

十一

告諸往而知來者

諂失之卑驕失之亢二者非本于自然而常出于或使故貧而諂不若无諂富而驕不若无驕然无諂則能守而已未若樂无驕則能恭而已未若好禮此所以有其質者不可不成之以學也治骨與角謂之切磋治玉與石謂之琢磨切磋則以彼利器修此而成器故譬之道學琢磨則以謂見不善改此而成善故譬之自修道學所謂見賢思齊者也自修所謂見不賢而內自

省者也自切磋至于琢磨然後器可用自道學至
於自修然後道可成故先切磋後琢磨先道學
後自脩也礼曰玉不琢不成器人不學不知道
荀卿曰如切如磋如琢如磨謂學問也蓋別而
言之切磋非自脩琢磨非道學合而言之皆學
問而已也以富而无驕未若好礼以好礼然后
不驕何也无驕者質也好礼者文也美質者待
文而後成故无驕未若好礼非美質者待文而
后治故好礼而後不驕

十二

子曰不患人之不己知患不知人也

人之于己知不爲益不知不爲損故不患不知以在外故也己之于人知則爲智不知則爲不智故患不知人以在我故也子曰不患无位患所以立亦此意歟

爲政第二

子曰爲政以德譬如北辰居其所而衆星共之

天運无窮三光迭耀其中正而不移者北辰而

已故天之樞則北辰爲政者取譬爲北者道之
復于無〻者無爲者也辰者居中而正乎四
時者也无爲而正乎四時則无爲而无不爲矣
爲政以德〻若此也蓋政以德然後善以正朕
后行書曰德惟善政〻以德然後善也孔子曰
子帥以正孰敢不正以正而後行也孔子之時
爲政者不然故辭繇以明之家語曰德者政之
始

如字疑誤待查

據家語入官篇改 纂修盧遂

子曰詩三百一言以蔽之曰思無邪

十三

无邪者天之道思无邪者人之道詩言性情而
束之于法度其言雖多一言可以蔽之者思
无邪而已觀變風變雅作于王道陵夷之後
猶止乎礼義則詩之思无邪者于此可見矣孟
子曰博學而詳說之將以反說約也楊子曰
多聞守之以約詩三百一言以蔽之者說約故
也然說約者犹事乎善言為詩者不說則忘言
矣蓋言者君子所以教人忘言者君子所以自
處

格應改遯

格字下應添心字

子曰道之以政齊之以刑民免而無恥道之以德齊之以礼有恥且格

道之以政則非以德道之以德非无政也齊之以刑則非有礼齊之以礼非无刑也民免而无恥礼所謂民有格遯心也有恥且格礼所謂民有格心也民可使覿德不可使覿刑覿德則純覿刑則亂則道之以政以至于民免而无恥者覿刑則亂也道之以德以至于有恥且格者覿德則純也書云帝德罔愆繼之以不犯于有

西

司此道之以德而有恥且格者也傳曰法出而奸生令下而詐起此道之以政民免而无恥者也

子曰吾十有五而志于學三十而立四十而不惑五十而知天命六十而耳順七十而從心所欲不踰矩

志學至立為學日益而窮理者也不惑至耳順為道日損而盡性者也然心不踰矩損之又損而至于命者也孔子曰興于詩立于禮成于

樂又曰可與共學未可與適道可與適道未可
與立可與立未可與權則十五志于學興于詩
而可與共學者也三十而立〻于礼而可與立
者也成于樂而可與權者也惟七十從心然後
能之耳然耳順則用耳而已非所謂視听不用
耳目從心則有心而已非所謂廢心而用形〻孔
子之言不及是者姑以與人同也孔子嘗曰吾
六十有九未聞入道則七十從心者聞大道故
也莊子曰莊猖狂妄行自蹈乎大方則不踰者

十五

也蹈大方故也

孟懿子問孝子曰無違樊遅御子告之曰孟孫問孝于我〻對曰無違樊遅曰何謂也子曰生事之以礼死葬之以礼祭之以礼

孟武伯問孝子曰父母唯其疾之憂

子游問孝子曰今之孝者是謂能養至于犬馬皆能有養不敬何以别乎

子夏問孝子曰色難有事弟子服其勞有酒食先生饌曾是以為孝乎

四子問孝夫子告懿子以无違教之以不失礼
也告武伯以父母惟其疾之憂教之以不辱親
也告子游以不敬何別教之以敬親也告子夏
以色難教之以愛親也其問不同而告之則不全
凡各救其失而已諡法曰温柔賢善曰懿剛強
直理曰武温柔賢善則于礼有所不立故教之
以不失礼剛強直理則于行有所不慎故教之
以不辱親子游之性近于偷懦則或失于不敬
故教之以敬子夏之性近于悦外則或失于不

十六

爱故教之以爱不失礼則易而不辱親難不辱
親則易而敬親難敬親則易而愛親難故于色
然後言難也礼曰養可能也敬為難敬可能也
安為難亦此意歟
子曰吾與回言終日不違如愚退而省其私亦足
以發回也不愚
道无間〻无應故无始以无窮謂之不知為深
黃帝以无為謂之不知為真此孔子以顏回之
如愚為不愚皆所以貴其不知之知不言之言

也回于孔子則如愚于其私則不愚者道相近者可以意會而道相遠者必以言傳也老子曰我若愚人兮又曰盛德容貌若愚顏子其近之矣

子曰視其所以觀其所由察其所安人焉廋哉人焉廋哉

所以其所行爲者也所由其所趨向者也所安其所安止者也見之之謂視達視之謂觀詳視之謂察其所由難知于所以而非視所能盡故

十七

安應改惡

九得應改九德

觀所知難知于所由而非觀所能安故察顔淵用之則行舍之則藏其所以也顔无伐善无施勞其所由也三月不違陋巷不改其所安也古之觀人者其精或致于九得其粗或止于九驗或觀之眸子或得之眉睫其所觀雖殊要不過是三者而已

子曰温故而知新可以爲師矣

温故則月无忘其所能知新則日知其所亡如此則學不厭矣學不厭然後誨不倦故曰可以爲

圜應以範

師蓋師者、人之模範而學者之賢不肖係焉故記問之學不足為、而小知之師不足貴惟溫故而知新者然後可也、記曰既知教之所由興又知教之所由廢然後可以為人師又曰能博喻然後能為師非夫溫故而知新者孰與此哉、然溫故而知新可以為師與溫故知新敦厚崇禮者有間矣

子曰君子不器

大道不器故君子亦不器君子之道能柔能剛

十八

楊應改揚

能圓能方流之斯為川塞之斯為淵升則雲行潛則雨施豈滯于一隅適于一用而為人之所器者若夫子貢之瑚璉管仲之器小則于君子有所不足此聖人所以不欲碌碌如玉落落如石顏子之言孔子瞻前忽後則孔子之道固不器矣子貢辟之以宮墻豈為知孔子者哉揚子曰君子不械

子貢問君子子曰先行其言而後從之

至言去言至為去為則凡言者風波也為者蹇

先言應改先行

周應改周 下同

喪也又況言浮於行者哉此孔子所以告子貢以先行而後言也記曰君子約言小人先言

子曰君子周而不比小人比而不周

忠信者善周溴故周阿黨者多缺露故比君子忠信而已故周而不比小人阿黨而已故比而不周大凡言君子道全小人道缺者此也書言自周有終詩云行歸于周〻爰咨諏皆君子之道也詩曰洽比其隣皆小人之道也然周亦有

十九

周應改比

小人之周比亦有君子之比左傳曰是爲比周
原思曰比周而友小人之周也易之顯比周官
比閭君子之周比也

子曰學而不思則罔思而不學則殆

思由中出學自外入學而不思則內无自得
之明故不信而罔思而不學則外无多識之
益故不安而殆子曰博學之慎思之荀子曰
誦數以貫之思索以通之揚雄曰學以聚之
思以精之是思以學而後得學以思而後精二

者謂其可偏廢乎哉蓋罔者不信之器相治
失誤而詩有羅罝之喻此不思所以謂之罔
也
子曰攻乎異端斯害也已
天下之物有本有末本出於一端立于兩出于
一則為同立于兩則為異故凡非先王之教
者皆曰異端也子夏曰雖小道必有可觀者焉
致遠恐泥以有可觀故有攻之者以其致遠恐
泥故斯害也已董仲舒曰諸不在六科之藝云

端出應改本出

六科之藝應改六藝之科

二十

証應改誑

孔子之[於]術者皆絶其道勿使進此之謂知本者
也
子曰由誨女知之乎知之為知之不知為不知是
知也
由於德則鮮知于正名則不知于人未能事而
欲事鬼于生未能知而欲知死則其以不知為
知蓋不少矣孔子所以誨之也知之為知之不
知為不知外不自以誑內不自以欺則以不知
為知者非誑且欺乎老子之言至于知不知孔

子之言于知之為知之老子所言者道孔子
所言者教也 知止
子張學干祿子曰多聞闕疑慎言其餘則寡尤多
見闕殆慎行其餘則寡悔言寡尤行寡悔祿在其
中矣
言出于所聞行出于所見言以宣道故極高明
行以行己故道中庸言極高明則寡口過故於
人則寡尤行道中庸則寡怨悪故于己則寡悔
如此則有得祿之理故曰祿在其中詩人以優
主

也字應刪

為祿與此意全盖君子求己小人求人脩天爵也以要人爵求諸人者也子張學干祿則學求諸人孔子語之以言行求諸己而已孔子於回則賢之于閑則悅之于顆則與之皆以其有志于學而无志于仕也子張之學干祿豈孔子之所許哉于寫多言求于祿多言干盖求寫則有通于上下祿者僅于于工而已合而言之皆干者也

哀公問曰何為則民服孔子對曰舉直錯諸枉則民

服舉枉錯諸直則民不服

自道言之賢者非在所尚自事言之賢者不得不舉老子曰不尚賢使民不爭莊子曰舉賢則民相軋自道言之也莊子曰行事尚賢貴賤履位仁賢不肖襲情自事言之也孔子之答哀公則事而已故曰舉直錯諸枉則民服蓋民情好直而醜枉舉枉錯諸直則拂民之欲而民莫不怨舉直錯諸枉則適民之願而民莫不服詩云樂彼之園爰有樹檀其下維穀以言上賢而下

二十二

子應改父

不肖則人莫不服而樂為此舉直錯枉民服之意也孔子謂樊遲曰舉直錯諸枉能使枉者直不特民服而已告哀公不及此者即其所問而答之也

季康子問使民敬忠以勸如之何子曰臨之以莊則敬孝慈則忠舉善而教不能則勸

敬則不苟忠則不欺勸則不戒敬忠由中出勸自外入故康子之問先敬忠而後勸孝子道也慈君道也孝以率之則民勸而化慈以懷

之則民感而化故忠舉善而列之以爵祿教
不能而引之以道藝故勸禮曰孝以事君慈
以使衆此孝慈所以使民致忠之道也書曰
庶民有猷有為有守汝則念之不協于極不羅
于咎皇則受之而繼之以是彝是訓此舉善而
教不能所以致勸之道也臨之以莊禮也孝
慈仁也舉善而教不能則勸有是三者則民
不待使而化康子不知出此而欲使之化爲豈
知務哉

二十三

或謂孔子曰子奚不為政子曰書云孝乎惟孝友
于兄弟施于有政是亦為政奚其為〻政
或人知為政而不知所以為政是知有用之
用而不知无用之用故夫子告以惟孝友于
兄弟是亦為政也孝之施于政也愛敬而已
愛敬盡于事親而德教刑于四海則孝之施
于政也豈不難哉盖愛敬立則雖有為政而
與孝同愛敬不立則雖為政而與不為政同
楊子曰身立則敬立此之謂也然廣土衆民

雖非君子之所樂而亦其所欲中天下而立定四海之民雖非君子之所性而亦其所樂孔子之不為政豈得已哉以其難為或人言故告以及此

子曰人而無信不知其可也大車無輗小車無軏其何以行之哉

信之在人猶輗軏之在車人而无信雖仁義禮智而不可行車而无輗軏雖輪轅輻輳而不可運此太元所以言車无輗軏以貫信也行以立言

為体立以行為用民无信不立者体也人无信其何以行之哉用也易曰乾坤成立列而易立乎其中矣又曰天地設位而易立行乎其中矣体用之辨也

立應改列下應添而字

立應改行

子張問十世可知也子曰殷因于夏礼所損益可知也周因于殷礼所損益可知也其或継周者雖百世可知也

道之生也以三而成其爻也以三而復故在天有阴有阳有阴阳之中在人有文有質有文質

多至十世三字應刪

由十世至于百世 本至字改作由三字

之中天之消息盈虛雖不同不過三者之相代

而已人之因革損益雖不一不過三者之相救

而已此所以由周至于十世至由十世至于百世

可知也今夫一人之身布指足以知寸布手足

以知尺舒肘足以知尋天下之變若此而已則

百世之因革損益其雖知哉或問秦以繼周不

待夏禮而治楊子對以繼周者如欲太平舍之

而用它道亦无由至矣此之謂也董仲舒以忠

質文為三代之道是離忠質以為二而不知忠

三五

費應改廢妖應改天

者乃所以為質也

子曰非其鬼而祭之諂也

祀不貴淫神不享諂周官太宰八則祭祀以馭其神太祝命官則淫祀之禁尚矣世衰法弛淫祀滋盛其人至于五時其小及于爰居以至正祀費則妖自傷命者不為不多凡此皆謂之罪也漢永谷訊无福之祀魏文帝禁非礼之祭可謂知礼矣

見義不為無勇也

衛係侯之誤春秋中
從無衛伯之稱查道鑫

多不義二字應刪
而字下應添見字

不見義而不為君子恕之以不知見義不為君子責之以无勇曾子曰自反而不縮雖褐寬博吾不揣焉自反而縮雖千萬人吾往矣是見不義而義不可以必為而見義不可不為也春秋之峕叔段有不弟之惡鄭伯可制而不制黎侯有狄人之患衛傾可救而不救田常有弒君之罪魯侯可討而不討凡此見義不為无勇也

二十六

重廣陳用之真本入經論語全解義卷第二

左宣德郎充館閣校勘太常博士賜緋魚袋陳

祥道

八佾第三

孔子謂季氏八佾舞於庭是可忍也孰不可

忍也

三家者以雍徹子曰相維辟公天子穆穆奚取于

三家之堂

天下无道諸侯僭天子大夫僭諸侯陪臣僭大

一

夫大夫不僭諸侯而僭天子陪臣不僭大夫而
而僭諸侯大夫之僭天子季氏之八佾是也陪
臣之僭諸侯陽貨之執国命是也樂之八音所
以擬八風也佾舞所以節八音而行八風也以
其節八音而行八風故自八以下此天子所以
八佾也季氏之舞八佾則是樂于是大坏而民
將无所措手足焉故曰是可忍也孰不可忍也
夫八者数也佾者名也亂樂之所废在名與数
而大夫且僭之是忍其所不可忍則非仁也以

師應改帥

相、維辟公天子穆〻之辞施于三家臣之堂則又非智也八佾季氏之所獨雍徹三家之所同故于八佾言季氏于雍徹言三家歌者貴敬于上舞則動容于下故于雍徹言堂于八佾言庭礼記明堂位祭統皆言干戚舞大武八佾舞大夏公羊則曰干戚舞大夏八佾舞大武誤矣周礼樂師凡国之小事師學士而歌徹盖歌雍也雍歌于禘又用以徹與鹿鳴歌于燕群臣又用于鄉飲酒全意

二

子曰人而不仁如礼何人而不仁如樂何

周官掌礼樂以春官以明礼樂以仁而立也孟子言仁之實而言礼樂以仁為本也蓋礼者仁之文樂者仁之敷有仁之實然后能興礼樂苟非其人礼樂豈虛行哉故顏子不違仁而孔子告以復礼與韶樂季氏之不仁罪其八佾與旅泰山也記曰惟君子為能知樂孔子曰仁者制礼

林放問礼之本子曰大哉問礼與其奢也寧儉喪

與其易也寧戚

儉戚出于天之性奢易出于性之欲天之性質而不文性之欲薄而不厚二者皆非中道故聖人為禮以節之使之歸縮于中然後无過不及矣周道之衰趨末者衆林放問禮之本孔子告以禮與其奢也寧儉喪與其易也寧戚正末以本而使之正矯枉以直而使之中也孔子于禮樂則欲從先進于為邦則欲乘殷輅服周冕亦此意歟林放問禮之本與堯之為君孔子皆曰

三

大哉盖礼之本礼之大者則天為君之大者故
也

子曰夷狄之有君不如諸夏之亡也

礼義存則雖无君而與有君仝礼義亡則雖有
君而與无君等賈誼曰法立而不犯令行而不
逆細民向善大臣至順故臥赤子于天下之上
而安植遺腹朝委裘而天下不乱此所謂夷狄
之有君不如諸夏之亡也

季氏旅于泰山子謂冉有曰女弗能救與對曰不

能子曰嗚呼曾謂泰山不如林放乎
節莫差于僭々莫大于祭故父不祭于支庶之
宅君不祭于臣僕之家太山之神可祭于季氏
乎此于明以瀆祀于幽以瀆神非肉有不能救
神豈能說耶夫子故曰曾謂泰山不如林放
乎

子曰君子無所争必也射乎揖讓而升下而飲其
争也君子
君子无所不遜於仁則不遜君子无所争于

四

揖不勝者原本作取勝不勝者今改李馥

射則爭君子之射有德以謟之有禮以節之有罰以戒之定其位則有物課其功則有筭勝者袒決張弓而勝揖不勝者不勝者脫拾弛弓而飲于勝者則求勝者非求服人而害之也將以養之也上求中者非求中而怨之也將以辭養也養之則德辭養則禮君子之事如此投壺之禮當飲者跪曰賜灌勝者跪曰敬養與此全意

子夏問曰巧笑倩兮美目盼兮素以為絢兮何謂

也子曰繪事後素曰禮後乎子曰起予者商也始
可與言詩已矣
倩盼質也有倩盼然後可文之以禮素質也有
素質然後可文之以繪詩人近取諸身以明義
孔子遠取諸物以明詩此所以始可與言詩也
始可與言詩則前此未可與言也蓋朽木不可
雕糞土之牆不可杇故音者宮立而五音行矣
味者甘立而五味和矣色者白立而五色成矣
安有無其質而有文哉昔人有反裘而負芻者

五

將以愛其毛而已然不知橐檕而毛无所傳是知其文而不知其質者也有以南山之竹不揉自直斬而用之達于犀角然不知括而羽之鏃而厲之然後為能深入是知其質而不知其文者也知夫文質兼尚而不失先後之施者其惟忠信學禮之人而已然子貢因禮以明詩子夏因詩而悟禮孔子皆曰始可與言于賜不言起予于商言之者起予之言生于不足故也孔子以回為非助我而以商為起予則其賢可知

證應改徵

矣

子曰夏禮吾能言之杞不足徵也殷禮吾能言之

宋不足徵也文獻不足故也足則吾能徵之

矣

先王之于二代歆其人足證故脩其禮物孔子

之時不脩賢德以傳之孔子所以傷之也中庸

于杞言不足證徵于宋言有宋存焉蓋亦彼善于

此而已觀春秋瓦屋之會尊宋公于齊侯之上

杞之來朝則卑之以子爵則禮物之存不存可

六

知矣

子曰禘自既灌而往者吾不欲觀之矣

或問禘之說子曰不知也知其說者之于天下也

其如示諸斯乎指其掌

祭如在祭神如神在子曰吾不與祭如不祭

禘之爲祭其文煩而難行其義多而難知難

行也故自灌而往者多失于不敬難知也故

知其說者之于天下不如指掌此孔子所以于

禘既灌不欲觀之于禘之說則曰不知也夫

不如應改不與

郊社之禮禘嘗之義其粗雖寓於形名度數其精則在于性命道德明其義者君也能其事者臣也不明其義君人不全不能其事為臣不全然則魯之君臣其不能全也可知矣所謂祭如在祭神如神在吾不與祭如不祭々如在事死如事生也祭神如神在事亡如事存也吾不與祭如不祭此所以禘自既灌不欲觀之也孔子于祭則受福祭如在祭神如神在故也

七

下应改夏

王孫賈問曰與其媚于奥寧媚于竈何謂也子曰不然獲罪于天無所禱也

易曰匪其彭无咎則不媚奥而媚灶者非孔子之與為也其見所不見敬所不敬姑以遠害而已在昔漢馮野王之于石顯蕭望之〻于霍光汲黯之于田蚡犹且不媚而况不為三子者乎彼商鞅附景監朱博附丁傅谷永附王鳳其趋炎附勢凡若是者不可勝数則其所存者可知矣春秋傳獲器用曰得〻人曰獲則得者獲之

易獲者得之難

子曰周監于二代郁〻乎文哉吾從周

天寒積而成暑非一日制作積小而備大非一代也周礼率為之制曲為之防上有格于皇天下有極于狸虫則文之郁〻可知矣孔子所以欲從之也中庸亦曰吾學周礼今用之吾從周然弊不可以不救變不可以不通故有從先進之說則吾從周者為後世言也從先進者為當世言也孔子筮得賁卦其色愀然與從先進仝

八

意

子入太廟每事問或曰孰謂鄹人之子知礼乎

入太廟每事問子聞之曰是礼也

傳曰周公称太庙魯公称世室群公称宮則太

庙其周公之庙與每事問此所謂在宗庙便

〻言唯謹尔者也而或者因以孔子為不知

礼夫又安知孔子所謂知礼者何以易此哉傳

曰礼之数可陳也其義難知也孔子之于礼

非不知也然而于每事問者蓋所謂信言

愼也

子曰射不主皮為力不同科古之道也

水有科以容其夲斗有科以受其所酌凡物自為科彼此异焉蓋射之中在巧其至在力然一于力則所觀在力不在德矣故曰射不主皮為力不同科古之道也周官以主皮在和與容之後射義以志正体直在持弓矢之先見射不尚力可知矣周道之衰射者皆爭于主皮若魯莊班之不出正養由基之穿楊葉叔段之善射者蓋

九

餼文應改餼羊

亦多矣故孔子以不主皮為古之道以救其
弊
子貢欲去告朔之餼羊子曰賜也爾愛其羊我愛
其礼
礼不在玉帛然非玉帛无以存其文樂不在鍾
鼓然非鍾鼓无以存其敬告朔不在餼羊肰非
餼羊无以見其礼故愛羊非所以存其礼而愛
礼不可以不存羊故曰尔愛其羊我愛其礼孔
子吉月必朝服而朝孟子告齊王以勿毀明堂

亦此意也春秋文公六年閏月不告朔猶朝于廟十六年公不視朔蓋告朔告于廟祀朔視其事則玉藻所謂聽朔是也玉藻以天子玄端聽朔于南門之外諸侯皮弁聽朔于太廟蓋南門路門之外即治朝而曰南門之外者因閏月闔門言之也天子告朔于太廟聽朔于南門之外諸侯告朔聽朔一于太廟而已告朔必祭而祭必特牲祭則祭法所謂月祭是也特牲餼羊是也春秋言朝于廟禮記曰聽朔于太廟則兼于

十

祖矣

子曰事君盡礼人以為諂也

希意導言謂之諂莫之顧而進之謂之佞孔子事君尽礼而人以為諂疾固而人以為佞入太庙每事問而人以為不知礼擊磬于衛而人以為有心豈非所謂聖賢逆曳方正倒植者哉夫諂則過簡則不及孔子行礼于君人以為諂孟子行礼于朝人以為簡則方是之時无道者不可行礼有道者不得行礼此所以進退出入无

所逃于過與不及之責也然觀世俗之說以竞

舜為不慈以周公為不仁智以章子為不孝其

不見是也非特孔子已

定公問君使臣〻事君如之何孔子對曰君使臣

以礼臣使君以忠

君之于臣不敢慢故使之以礼臣之于君不敢

欺故事之以忠㒵〻若華遣之以礼楽所謂礼

也四牡不遑將毋所謂忠也尚書曰狎侮君子

罔以尽其人心狎侮小人罔以尽其力孟子曰君

十

其心應改人心

事之

之視臣如手足則臣事視君如腹心君之視臣
如犬馬則臣事視君如國人昔豫氏曰范中行
以衆人畜我我故以衆人視之智伯以國士
遇我我故以國士報之賈誼曰遇之有禮故
群臣自喜嬰以廉恥故人矜節行君臣之道
施報而已故先言君使臣以禮後言臣事君
以忠

子曰關雎樂而不淫哀而不傷
后妃之求賢也既得則致其樂未得則致其哀

哀改不傷性義也

關雎友之以琴瑟樂之以鍾鼓樂而不淫也求之以寤寐。思之以反側哀而不傷也樂者樂也不淫色亂也哀者仁也不傷性仁義也樂而節之以禮仁而成之以義此所以為后妃之德也詩先哀思而後樂論語與詩序先樂而後哀思先哀思者事之序先樂者得后妃之心作詩者叙其事說詩者逆其心其理然也關雎樂而不淫幽勤而不怨季札以二南為勤而不怨以幽為樂而不淫何也關雎樂而不淫后妃之德

十三

而已勤而不怨則二南之事也豳勤而不怨
則豳民之事而已樂而不淫則豳国之風
也

哀公問社于宰我宰我對曰夏后氏以松殷人以
栢周人以栗曰使民戰栗子聞之曰成事不說遂
事不諫既往不咎

民之所祈以遂其生者社之神也所治以致其
利者壄之性也觀壄之所宜不則糞土所宜戠
疆所定株木所出〻于族類所従易見為難乱

壄應改野

株應改林

其應改之

教民稼穡人事不廢乎神土性不病乎物觀其
名社與墅而符之是耳。故夏后代以松殷人以
栢周人以栗其意如此非若詩之栢舟喬松私
之贊栗所以杞其意也而宰我對哀公以戰栗
辭之宰我之對失其之遠矣成事不說遂事不諫
此孔子罪宰我之言也既往不咎此孔子恕宰
我之言也成事不說言成哀公之事而不為之
說遂事不諫言遂哀公之事而不為之諫使之
闕疑而有問為是勿成之也使之悟非而有改

十三

爲是非遂之也且宰我之言社犹仲憲之言明
器也曾子則非仲憲孔子不咎宰我何也仲憲
言于曾子非既往者也宰我言于哀公則既往
者也后以言繼体者也氏以言人歸之也夏之
所以有天下得之于君商周之所以有天下得
之于人得之于君而嗣帝之位則戕于天道故
曰后得之于人而天下歸仁故曰人詩皇〻后帝
書工天神后是天道之繼体者謂之后礼記孟
子皆曰仁者人也是人道之全者謂之人孫氏

異應改興

商周從微而異稱人合與春秋稱名未駿

商周稱人非微之也與春秋稱人異應改異字

以明其嗣于上不稱氏以明其興于下此夏商
周之別也春秋或書氏或書人以其凡繼世者
皆氏凡微者皆人其稱氏與夏后同其稱人與
商周同
子曰管仲之器小哉或曰管仲儉乎曰管氏
有三歸官事不攝焉得儉曰然則管仲知
禮乎曰邦君樹塞門管氏亦樹塞門邦君
為兩君之好有反坫管氏亦有反坫管氏而
知禮孰不知禮

十四

敝应改蔽

管仲于内則三歸于外則具官盈礼也非所謂儉塞門以自蔽反坫以礼賓僭礼也非所謂知礼此所以為小器也盖形而上者謂之道形而下者謂之器老子言大方无隅而繼之以大器晚成則方者道德之所在器者功業之所寓也大人之功業則大賢人之功業則小為而已仲尼託迹于諸侯以規矩準繩自用此自治以治人正己而物正者也故謂之大器范氏曰器博者无近用道長者其功遠是也管仲不自治而

治人不自正而正物烏得為大器哉孟子曰功烈如彼其卑是也魯之施伯以管仲為天下之大器也管仲之器對魯臣而言則大對大人而言則小也禮記家語以大夫具官為僭豈讀論語而誤為之說乎子曰中庸之為德民鮮能久矣禮記則以為不能期月守子曰人而无恒不可以作巫醫禮記則以為龜筮猶不能知也其誤亦若此歟

子語魯太師樂曰樂其可知也始作翕如也從之

圭

純

始也皦如也繹如也以成

凡樂之作始于一而成于三至于繹如也謂之

一成反翕如也謂之一変凡樂之用始于一而

止于九以致鬼神以和邦国以諧万民以安賓

客以悅遠人以作動物不能翕如也以作繹如

也以成則夫遠近幽深其孰能感之哉學者不

至于從則不足以語道作樂不至于從則不足

以語樂繹如也以成不至于從作樂而至于從

者也所欲不踰矩不至于從學道而至于從者

也樂之作也其患在于不相通協值不相通值不相協應而翕如也相協而不悖相值而不失樂之從也其患在于襍而不純混而不明而純皦如也則不亂傾不美哉及夫世衰樂坏工師之徒或去而不存于朝或存而不知乎樂摯適齊干適楚去而不存于朝者也孔子之所語者存而不知乎樂者也始言翕如而終言繹如者若此六樂之粗而已若天奏之以人合之以天其卒无尾其始无首則始作翕如不足言也奏

十六

从改作皦十駿

之以陰陽之和燭之以日月之明鬼神守其幽星辰行其紀則從之純如繹皦如不足言也奏之以无忌之敢調之以自然之命動于无方居于窈冥則繹如不足言也孔子之語太師不及是者以車馬不可以載騶鍾鼓不可以樂鶋故也

儀封人請見曰君子之至于斯也吾未嘗不得見也從者見之出曰二三子何患于喪乎天下之無道也久矣天將以夫子為木鐸

世无以興乎道〻无以興乎世故道之衰也斯足患今也世雖无以興乎道而夫子之道足以興乎世故、其衰也不足患木鐸金口而木舌金口則義木鐸(舌)則仁天將以夫子為木鐸使之徇仁義之教于天下而已蓋五百年必有王者興其間必有名世者由文王至孔子五百餘歲以其(數)則合矣考其旹則可矣此封人所以言二三子无患于喪也彼不知孔子而謂知其不可為而為之者其可以語此哉然封人之知孔子者

十七

鐸字應舌字今改　纂修盧遂

其字下應添數字

外也黨人之知孔子者内也外也故可以為木鐸内也故无所成名

子謂韶盡美矣又盡善也謂武盡美矣未盡善也天下无异道有异時聖人无异心有异迹故禮以堯舜授受湯武征伐為時春秋傳以揖遜征誅其義一也然則韶盡美而武獨未盡善豈非美者在心與道未盡善者在時與迹歟蓋充美之為美可欲之謂善武王之于紂欲遂其為臣而不得逃其為君而不能則其順民心行天罰

遂誤逐纂修盧

弁名改年

者豈所欲哉觀賓雜貫以教淫及商爲非武者則武之非欲從此可知矣然樂者道之聲則有美與善道之至則无美與善故莊子有曰天下皆知美之爲美斯惡矣皆知善之爲美斯不善矣

子曰居上不寬爲禮不敬臨喪不哀吾何以觀之哉

里仁第四

子曰里仁爲美擇不處仁爲得知

十八

仁人之于里猶玉之于山珠之于淵玉在山則木潤珠生淵則崖不枯則里之有仁猶當知以為美里之有仁以為美則自擇而不知處仁者為得為智乎此孟子所以言術不可不慎継之以莫之禦而不仁是不智也是〻非〻之謂智非是〻非之謂愚不知仁之美而不能利仁其何以安哉不曰為仁而曰處仁者以仁者人之安宅也天下之廣居故也然則孔子言里仁為美以外況内也孟子言矢人以小況大

也

子曰不仁者不可以久處約不可以長處樂

仁者不免詘于富貴故處樂如處約不隕獲于貧賤故處約如處樂不仁者非不可以處約不可以久處、約非不可以處樂不可以長處樂孔子曰君子而不仁者有矣夫未有小人而仁者也則不仁雖不足為君子亦未至于小人礼曰小人窮斯濫富斯驕則窮斯濫非特不可以久處約也富斯驕非特不可以長處樂也光君子言

十九

天道長地久言長生久視是長者必久〻不必長也蓋處樂人之所易故言長處約人之所難故言久〻易曰何可長何可久亦以長甚于久也

仁者安仁知者利仁

仁者盡性而靜故安仁知者窮理而動故利仁然窮理而不已則至于盡性利仁而不已則至于安仁此中庸所以言或安而行之或利而行之或勉強而行之及其成功一也坤卦始于利

貞終于安貞利仁與利貞仝意莫非安仁也有
聖人之安仁有君子之安仁堯之安仁聖人之
安仁也仲山甫之安仁君子之安仁也孔子曰
生而知之者上也學而知之者次也困而學
之又其次也蓋上者安仁次者利仁又其次
者強仁於此不及強仁者其言主于仁知故
也

子曰惟仁者能好人能惡人

道无喜怒而喜怒者道之過德无好惡而好惡
二十

者德之失々德而後仁則仁者不離好惡而能好惡者也蓋仁者誠足以盡性明足以盡理不牽于憎愛之私不惑于是非之似故所好非作好而天下之所同是所惡非作惡而天下之所同非此所謂无欲而好仁无畏而惡不仁也黄帝之伐蚩尤任力牧舜之命九官去四凶不過如此彼愛之欲其生惡之欲其死以至好人所惡々人所好不仁可知也

子曰苟志于仁矣無惡也

爲死應改而死

苟志于仁則未足乎仁无惡則可以爲善苟志于仁者其善可知也蓋可欲之謂善可惡之謂惡所謂无惡者以其雖有過失不在所可惡也衛宣公之二子相爭爲而死不足以爲孝而詩以爲不瑕秦之三臣殉葬于君不足以爲忠而詩以爲良人以其苟志于仁、无惡也故曰雖歸于惡志善則有

二十

子曰富與貴是人之所欲也不以其道得之不處也貧與賤是人之所惡也不以其道得之不

去也
富與貴人之所欲不以君子之道得之則不處
以其有義也貧與賤人之所惡不以小人之道
得之則不去以其有命也君子有可以得富貴
之道以非得富貴之道而得之君子不以為榮
小人有可以得貧賤之道以非得貧賤之道而
得之君子不以為辱故非其義祿之以天下而
伊尹不顧非其功位之以三旌而屠羊不受簞
瓢陋巷不足以病顏回桑樞甕牖不足以病原

志應改去

思凡此富貴不能淫貧賤不能移者也彼以隋
珠而彈雀舍璽龜而觀朵頤者豈足以知此
哉
君子去仁惡乎成名
莊子曰不義則不生不仁則不成不成者寔不
成乎内名不成乎外也蓋名之非寔君子之所
恥沒世不稱君子之所疾此所以處仁而不志去
也成名則君子、之事无所成名則是小人之
事

主

君子無終食之間違仁造次必於是顛沛必于
是
人之情于行事之迹終食造次或忽于為仁後
顛前沛或不暇于為仁君子則不然无終食之
間違仁造次必于是顛沛必于是以其有終身
之由而无須臾之離也孔子之語顏回以非礼
勿視非礼勿听非禮勿言非礼勿動為仁則造
次顛沛必是者言視聽動无非礼故也然則終
食不違食之有祭是也顛沛必于是林回弃辟

非是应改非禮

負赤子而趨是也

子曰我未見好仁者惡不仁者好仁者無以尚之惡不仁者其爲仁矣不使不仁者加乎其身有能一日用其力於仁矣乎我未見力不足者蓋有之矣我未之見也

見善如不及好仁者也見不善如探湯惡不仁者也好人者不求尚人而人無以尚之惡不仁者不使加我以横逆而已時人未能如此子故曰我之未見所以傷之也又曰有能一日用其

有應改五

知人應改知仁同下

力所以勉之也孟子、曰有五穀種之美者也苟為
不熟不如荑稗然則一日為仁其能熟乎善誘
之而已

子曰人之過也各于其黨觀過斯知仁矣

君子之黨顕黨也小人之黨凶黨也君子之過
過于厚小人之過〻于薄過于厚則易辞過于
薄則難辞觀過各于其黨則不以君子之責過
小人不以小人之過待君子然後仁不仁可知
也然必觀過然後知仁人者與人同功其仁未可

知與人同過然後其仁可知也言知仁不言知不仁者君子樂道人之善惡言人之惡患不知不仁故也其言毀譽而終之以如有所譽言君子小人而終之以溫而厲詩之瞻彼洛矣言賞善罰惡而終之以福祿其立言之意似與此仝

子曰朝聞道夕死可矣

不原始不足以知生之說不反終不足以知死之說學者期于知生死之說而已故曰朝聞道

二十四

夕死可矣。蓋道非獨以善吾生亦將以善吾死君子得道于己則知古今為一時生死為一貫又安往而不適哉古之有言德人无累知命不憂又曰學不羨久生者此也孔子之門人若子貢之願有所息子路之問死皆不知生者也不知生則不可以知死豈所問者哉老子曰听之不聞名曰希莊子曰道不可聞聞而非也此言聞道者以其非彼聞也自聞而已矣莊子嘗曰道不可致德不可致又曰致道忘有心足者至

安字以文義推之當作小

飭應改飾

康子應改康王

各有所當也

子曰士志於道而恥惡衣惡食者未足與議也

衣之所餙者外也食之所養者安也君子所餙在內不在外所養在大不在小食飲簞瓢不足以憂㾁回鶉衣緼袍不足以恥由夏食无求飽孔子之謂好學服美于人康子期之以思終夫豈溺于口腹之末而易吾之志哉盖君子仁義飽于內不願人之膏粱令聞廣譽施諸身不願

微惡改嬍

人之文繡以惡衣食為恥者，豈足與議此哉蓋命學而德薄衣食雖美不足以自矜德厚而命薄衣食雖惡不足以自媿也周官以本俗安萬民而曰微（嬍）宮室同衣服蓋周官所言者民而此所論者士也

子曰君子之于天下也無適也無莫也義之與比

人之交也以勢則易絶以利則易散以故則或失其為故以親則或失其為親故君子之于人

進應改退

原以探其所為于卜筮以占其所為于元永貞是則比之非則違之无可也无不可也唯義所在而已易比之初六以陰比陽而有不自失之吉六三以陰比陰而有匪人之傷商好與勝己者處孔子期之以日進賜好與不勝己者處孔子期之以日進退以其所比義與不義故也傳曰善雖不吾與吾將強而納不善雖不吾惡吾將強而去

二十六

子曰君子懷德小人懷土君子懷刑小人懷

惠

有德以善侣有刑以逐恶君子樂得其道故懷之土則。利我者也惠則施我者也小人樂得其欲故懷之治莫尚于德而刑次之利莫大于土而惠次之故先懷德後懷刑先懷土後懷惠

子曰放于利而行多怨

利者外物也求在我所以寡欲也求在怨外所以多怨也所謂多怨者不怨己多怨乎人〻亦怨

怨應改外

興生字多應刪

生應改興

乎已
子曰能以礼讓為國乎何有不能以礼讓為國如
礼何
遜以礼為本礼以遜為用孝経曰先之以敬勝
而民不争道之以礼讓而民和睦此礼遜為国
之先務也礼曰礼之正国犹繩墨規矩又曰為
国不以礼犹无耜而耕春秋以礼為幹荀卿以
為国之命以礼之所生興衆之所治礼之所廢
家之所乱故也方周之生興賤者犹遜路李女犹

二十七

也乎應改已乎

校𠩄改技

循礼及其衰也貴者則鞠躇而益姜則犯礼由是觀之爲国以礼遜其可也乎傳曰世之治也君子尚能而遜其下小人農力以事其上是以上下有礼而讒慝黜遠由不争也謂之懿德及其亂也君子称其功以加小人小人伐其技以馮君子是以上下无礼亂虐並生由争善也謂之昏德孔子之言唯其救昏德之弊而已矣

子曰不患無位患所以立不患莫己知求爲可知

也

求之有道得之有命求在外者也求則得之舍則失之求在我者也在外者不可必在我者可必此所以不患无位患所以立也夫敢无遠而不聞行无隱而不形有車者必見其軾有衣者必見其敝則有可知之道而人有不知者乎此所以不患莫知已求為可知也莊子曰行脩于内者无位而不作[怍]不患无位之謂也孟子曰人知之亦囂囂人不知亦囂囂不患莫已

二十八

知也彼未得而患得既得而患失與内不足而急于人知蓋反是矣然无位則莫己知也莫己用則不必莫己知莫己知者必莫己用故先言不患无位而繼之以不患莫己知也莊子有言曰德成之謂士所以立者德成之謂歟

子曰參乎吾道一以貫之曾子曰唯子出門人問曰何謂也曾子曰夫子之道忠恕而已矣

盡己之謂忠盡物之謂恕忠所以進德而德不

不遠宜改不遠

遠非道遠宜改遠為

偏扂改徧

止于忠恕所以求仁而仁不止于恕則忠恕者
以之為道則遠道不遠以之遠爲非道則非遠道
不遠遠語之以聖人之妙則未也孔子之道无不
該也无不偏徧也仁者見之謂之仁智者見之謂
之知曾子謂夫子之道忠恕而已其所見者然
也由此推之則子貢言夫子温良恭儉讓之若
是矣

子曰君子喻于義小人喻于利

君子㳂其入体而樂得其道其見聞服習无非

二十九

欲得应改樂得

義也故曰喻于義小人従其小体而欲樂得其欲其見聞服習无非利也故曰喻于利楊子曰衆人曰富貴夫子曰義此之謂也喻于義者利存于中喻于利者害在于中此君子所以兩得而小人所以兩失也雖然先王之道以義為利能使小人為君子故詩曰肅肅兔罝施于中林卅倍曰衰則以利勝義使君子為小人故詩曰如賈三倍君子是識

子曰見賢思齊焉見不賢而内自省也

免應改勉宜从原[illegible]

思所以求諸身省所以察諸己見賢思齊則能勉免其所不能見不賢而內自省則能免其所不善孔子曰三人行必有我師焉擇其善者而從之其不善者而改之禮曰之其所畏敬而辟焉之其所哀矜而辟焉荀卿曰見善脩然必以自存見不善愀然必以自省皆此意也孟子曰舜爲法於天下可傳於後世我猶未免爲鄉人是則可憂此見賢思齊者也子貢紂之不善不如是之甚是以君子惡居下流是見不賢內自省

三十

遂居改隨

者也

子曰事父母幾諫見志不從又敬不從勞而不怨

幾諫无犯也又敬不違勿逆也勞而不怨勿怠也記曰從命不忿微諫不倦勞而不怨可謂孝矣與此全義蓋諫者義也幾諫者臣也臣之于君猶貴于諷諫。則子之于親其可以不幾諫乎然幾諫不從則至于孰諫孰諫不從則至于號泣而遂隨之幾諫者人子之心孰諫者人子之所不得

于應改子

者字多應刪

已此孔子所以特言幾諫也舜之怨君子所以為人孝小弁之怨君子以為親親蓋孝子非怨也非不怨也不失其為孝而已孔子則曰勞而不怨者以勞而怨非若舜與小弁之怨所可比故也

子曰父母在不遠遊遊必有方

傳曰孝子曾參不一宿于外此所謂不遠遊也禮曰所遊者必有常親老出不易方此所謂遊必有方也然肇車牛遠賈用孝但遊必有方雖

三十一

遠无害也

子曰三年無改于父之道可謂孝矣

所謂道者非謂无道也犹可遵行也盖父時事雖可遵行而時有當改者今父喪尚在三年之内于時雖當改而于心有不忍改亦孝也

子曰父母之年不可不知也一則以喜一則以懼

人子之于親也生而事之〻日喜與懼半死

而祭之亡日哀與樂半李謹曰願爲人兄而
不願爲人弟爲人兄者事親之日長爲人弟
者事親之日短孝子之心大抵然也此孝子之
所以愛日也

子曰古者言之不出恥躬之不逮也

子曰以約失之者鮮矣

聖人縱口之所言撫意之所行則无事于約賢
者必思而後言必擇而後動不可以不約故多
聞闕疑慎言其餘則寡尤多見闕殆慎行其餘

三十一

則寡悔此所謂以約失之者鮮矣礼曰君子約
言孟子曰孟施舍不如曾子之守約孔子曰言
不務多必審其所謂行不務多必審其所為周
廟銘曰无多言多言多敗无多事多事多患皆
約之謂也言寡尤行寡悔又言失之者鮮蓋寡
者必无之辞鮮者未必无也

子曰君子欲訥于言而敏于行

雍也仁而不佞此所謂訥于言而敏于行者若
石奮石建周仁張叔則訥之而已班固之言過

矣

子曰德不孤必有隣

古之人有言曰嚴士无伍又曰善則有隣則无德者孤有德者不孤也易曰敬義立而德不孤蓋敬以禮人義以宜人禮人者人必禮之宜人者人必宜之此德所以不孤也比卦言有孚盈缶終來有他吉中孚言鳴鶴在陰其子和之荀卿曰木蔭則鳥息醯酸則蚋聚此德不孤必有隣之謂也古之有德其工足以格

三十三

古之德昀古人

皇天而皇天輔之其迭足以通神明而神明享之而況於人乎此舜所以三徙成都大王之去邠民歸之如市也雖然此特德而已若夫道則不可得而親亦不可得而踈則使人无保矣

数失已數宜致辱

子游曰事君数斯辱矣朋友数斯疏矣

疏失人數失己故事君不欲数〻則謟朋友不欲數〻則瀆疑于謟者將以致忠而招辱疑于瀆者將以致親而適踈此孔子所以言以道事

君不可則止忠告善道无自辱焉礼曰事君量而後入則不數可知矣

三十四

重廣陳用之真本入經論語全解義卷第三

左宣德郎充館閣校勘太常博士賜緋魚袋陳

祥道

公冶長第五

子謂公冶長可妻也雖在縲絏之中非其罪也以其子妻之子謂南容邦有道則廢邦無道免於刑戮以其兄之子妻之

公冶長能為不可罪之行而不能必免于縲絏南容有保身之明而能必免于刑戮其賢固有

一

閒矣孔子以己子妻長以兄子妻容処己子可薄處兄子不可不厚也孔子于疾病不禱周公于君子之疾則金縢孝子于己則含斂緼絮于親則致滋美其意亦若是也傳曰君子為己不重為人不輕為人且不輕況于君親乎聖人之妻人不必求其才德之倫要其修身慎行不累其妻孥可也故于公冶長言雖在縲絏之中于南容言邦无邦免于刑戮家語曰公冶長能忍恥」南容世清不廢世濁不汚

君子之疾子字应删

子謂子賤君子哉若人魯無君子者斯焉取斯

蓬生蔴中不扶自直白沙在涅不染自黑此不齊在魯所以取君子之名也故曰魯无君子斯焉取斯不齊于君子有以父事者有以兄事者有以友事者此其所以取君子之名也家語言不齊之事其學益明骨肉益親朋友益篤孔子嘿然謂之君子者此也孔子曰君子吾不得而見又言魯有君子與孟子所謂春秋无義戰彼善于此全意

二

六璉后改六瑚

子貢問曰賜也何如子曰女器也曰何器也曰瑚
璉也
礼曰夏后氏四璉商六璉瑚朝廷之器也君子不
器而子貢謂之瑚璉則不免于器也不免于器
而犹為器之珍者方之君子則不足比近衆人
則有餘然則不為人之所器者而後能器人為
人之所器而器人則非人之所宜故子貢方人
孔子非之
或曰雍也仁而不佞子曰焉用佞禦人以口給屢

為雍應改謂雍

憎于人不知其仁焉用佞

訥則近仁巧言則鮮仁給則奪仁故顏子之如愚冉雍之不佞孔子以為仁宰予之言語公西華之可與賓客言孔子不以為仁蓋仁者愛人愛人者常愛于人禦人以口給屢憎于人則不仁可知矣孔子謂為雍可使南面為人君止于仁故也

三

子曰道不行乘桴浮于海從我者其由與子路聞之喜子曰由也好勇過我無所取材

敬應改則

桃應改鼗

孔子于天下環車接淅席不暇煖于南子陽貨則見于佛肸公山則欲往嘗謂苟有用我者三年有成如有用我者吾其為東周乎則其沒々于行道不為不至矣然所歷者七十二君一君无所任用以至伐木于宋削迹于衛圍于陳蔡欲避世也不可得矣于是有欲居夷浮海之說子路不知乎此而欲勇於必行故曰好勇過我无所取材以其能勇而不能怯非所以為成材也鼓方叔入于河播鼗武入于漢少師陽。擊磬

襄入于海范蠡之泛湖管寧之浮海亦乘桴之意也

孟武伯問子路仁乎子曰不知也又問子曰由也千乘之國可使治其賦也不知其仁也求也何如子曰求也千室之邑百乘之家可使為之宰也不知其仁也赤也何如子曰赤也束帶立于朝可使與賓客言也不知其仁也

四

顏淵冉雍得聖人之具体者也具体則為聖人而足以名仁故孔子與之仁求由與赤得聖人

之一体者也一体則非成人而不足以名仁故
孔子曰不知其仁有曰未知焉得仁者聖人知
其為仁也不欲以不仁名之故曰不知其仁未
知其為仁也持聞其忠清而已故曰未知焉得
仁由于千乘国可使治其賦也則大夫而已求
于千室之邑百乘之家可使為之宰則陪臣而
已然則千乘之國由也為之可使有勇方六
七十如五六十求也為之可使足民則皆諸
侯之事與此不全者三子所言者志也孔子所

論者材也

子謂子貢曰女與回也孰愈對曰賜也何敢望回

回也聞一以知十賜也聞一以知二子曰弗如也

吾與女弗如也

聖人后天地而生知天地之始先天地而成知

天地之終故能以微知明以一知萬豈特聞一

知十哉蓋道之所在有方有隅有上有下聞一

知十者知方而已此顏回所以下于聖賢聞一

知二則不過告往知來而已此賜所以下于回

五

雖詩應

君子以回為明君子此句錯寫應刪

也賜雖下于回雖與詩所謂人知其一莫知其它
莊周所謂識其一不識其二者异矣孔子嘗以
賜為士君子以回為明君子蓋士則上達故可
以知二君子以回為明君子明則殆于幾庶故可
以知十也聖人之與人常與其自知而不與其
自是子貢不蔽于自是而知其勿如故夫子與
之
宰予晝寢子曰朽木不可彫也糞土之墻不可杇
也於予與何誅子曰始吾于人也聽其言而信其

嘗應改常

行今吾于人也聽其言而觀其行於予與改
是
良工能彫木而不能雕既朽之木朽者能朽牆而不能朽糞土之墻聖人能教人而不能变不美之質蓋質幹在于自然華藻在于人事所有不可耀所无不可强凡在因之而已此宰予之寢孔子所以不誅也蓋宰予足于言而不足于行故嘗〔常〕欲矩〔短〕三年之喪與田嘗〔常〕之作亂矩喪則不仁與亂則不智則其質之不美可知矣質之

六

不美雖不舍晝夜以學先王之道孔子猶且不與則晝寢之過何所責哉春秋責備賢者而畧于不賢亦此意也孔子嘗曰吾以言取人失之宰我以貌取人失之子羽故于宰予則改之此所謂于予與改是也且君子于人也不逆詐不億不信故始吾于人聽其言而信其行及宰予之不信然後以決之疑烏疑之所生因彼而已孔子之門人若求之自晝賜之頽息其不能自勉非特宰予而已孔子于賜求則教之于宰予則

何誅者以其質不同故也傳曰毛之不存皮將安傳

子曰吾未見剛者或對曰申棖子曰棖也慾焉得剛

剛夲乎性慾出乎情慾不能无求不能无求則不能无撓也故曰棖也慾焉得剛君子之于慾也寡之使不勝窒之使不行其固不為物傾其完不為物虧此老子所謂自勝者强揚子所謂勝私之克者也又奚適不剛哉湯之奏勇其未

七

欲应改然

乃自于不適聲色文王之赫怒其未乃自于无
然欲歆羨子路之不求所以全能勇之名孟子之
不動心所以能全至剛之氣此皆以直養而无
害者也蓋慾之不行則難矣而未仁剛之于仁
則近矣而未至欲不行然後能剛能剛然後近
仁則欲仁不可不剛欲剛不可以有慾也然陽
處父并殖于晋不可謂之无慾而人以為剛趙
文子生不交利可謂之无慾而人不以為剛者
文子之剛也内處父之剛也外君子所貴剛于

内而已

子曰我不欲人之加諸我也吾亦欲無加諸人子曰賜也非尔所及也

孔子曰不使不仁者加乎其身所謂我不欲人之加諸我又曰己所不欲勿施于人所謂吾亦欲无加諸人也君子以仁存心以礼存心仁者愛人有礼者敬人愛而且敬則我无加諸人矣然横逆有旹而至亦所不免也盖我无加諸人則易人无加諸我則難子貢不能遏人之過其

八

至应改致

于是之易者犹或未能况其難者乎故曰非爾
所及也
子貢曰夫子之文章可得而聞也夫子之言性與
天道不可得而聞也
夫子之道出而至致廣大則為文章入而極高明
則為性與天道子貢得其言故于文章可得而
聞未得其所以言故于性與天道不可得而聞
蓋性在我者也未嘗不在天天道在天者也未
嘗不在我礼曰天命之謂性是在我者未嘗不

不字下應添在字

忘應改亡

告子應改子貢

天也［在有］孟子曰聖人之于天道是在天者未嘗不在我也顏子殆庶幾者也故于言无所不悅子貢非殆庶几者也故于其言不可得聞老子曰上士聞道勤而行之顏子是也中士聞道若存若忘［亡］子貢是也孟子之言性善自其離于道言之孔子之言性自其渾于道言之故孟子之言雖告子有所聞孔子之言雖告子［子貢］有所不得聞

子路有聞未之能行惟恐有聞

九

不得行应改不得聞

君子有三患未之聞患不得行聞既聞之患不得學既學之患不得行子路勇于必行其患又過于此故有聞未行惟恐有聞而行之不逮也孔子于其无宿諾則美之于其兼人則抑之美之所以長其善抑之所以救其失

子貢問曰孔文子何以謂之文也子曰敏而好學不恥下問是以謂之文也

敬文之恭也忠文之实也信文之孚也義文之制也智文之輿也勇文之帥也教文之施也孝

文之本也惠文之愻也讓文之才也文之所施
不一故古之爲謚者多謂之文孔子謂敏而好文
學所以聚之也不恥下問所以辨之也好學則
資諸己下問則資諸人此所以謂之文也然此
可以爲文而已其于文王周公之文固有
間矣
子謂子産有君子之道四焉其行己也恭其事上
也敬其養民也惠其使民也義
子産遜不失礼所謂行己也恭事君无二心苟
十

所以應改所謂

利社稷死生以之所謂事上也敬濟人以乘輿
殖民以田疇所謂養民也惠擇能使之所以謂使
民也義行己恭然後移之于君則敬養民惠然
後使民則義得其序也君子之道固多矣子
産有是四者而已四者之中尤長于惠故又命
之以惠人
子曰晏平仲善與人交久而敬之
交患于不久久患于不敬晏平仲久而敬之此
所以為賢大夫觀平仲之與越石父交延而賓

之久敬可知矣此曾子所以言晏子可謂知礼詩之故舊不遺周官之敬故皆久而敬之之謂也彼耳餘之亾終蕭朱之隙末其于平仲之交不亦遠乎此林回喻之以甘醴桓譚譬之以闤闠朱穆所以有此周之論刘峻所以有五交之嘆也

十一

子曰臧文仲居蔡山節棁藻何如其知也

冀多良馬天下命良馬者因謂之驥瀘水之黑天下命黑者因謂之盧蔡之出龜天下命龜者

闤闠應改闤闠

驥多應改冀

謂之瀘應改盧

時人應改夫子

皆謂之蔡漆雕憑曰臧氏有守龜曰蔡文仲三年為一兆臧氏之居蔡始于文仲故也記曰諸侯以龜為寶家不寶龜山節藻棁文仲之居蔡有僭于天子之廟飾非所謂知而時人（夫子）非之曰何如其知也管仲山節藻棁君子以為濫與此同也古之作服者繪山于衣所以象仁之静繡藻于裳所以象德之絜侯伯之章猶不及山大夫之章猶不及藻又況可施于文仲之節棁乎孔子于文仲言不知于武仲言知則文仲之于

武仲固有間矣顏淵閔二者孰賢子曰武仲賢

哉

子張問曰令尹子文三仕為令尹無喜色三已之無慍色舊令尹之政必以告新令尹何如子曰忠矣曰仁矣乎曰未知焉得仁崔子弒齊君有陳文子馬十乘棄而違之至于他邦則曰猶吾大夫崔子也違之之一邦則又曰猶吾大夫崔子也違之何如子曰清矣曰仁矣乎曰未知焉得仁

十二

千居改十

進退在君不在己故三仕三已无喜愠之色此忠于君者也待人以誠不以欺故舊政必告此忠于人者也不傾千乘之富不恤大夫之位无崔子之亂則就之有崔子之亂則違之此清其身者也忠足以盡己未足以成己清足以避亂未足以救亂故皆曰未知焉得仁比干之忠伯夷之清孔子皆以為仁何耶比干之忠所以戒萬世之為君伯夷之清所以戒萬世之為臣其所忠清與二子同其所以忠清與二子异令尹

紀文子启役紀太子

子文之无喜愠盖出于或使公孫敖之无喜愠則出于自然出于自然犹孟子之言不動心也出于以或使犹告子之不動心也傳曰卿違從大夫之位又曰凡諸侯之大夫違告于諸侯蓋大夫去其位曰違

季文子三思而後行子聞之曰再斯可矣

文子于国則忠于家則儉其逐紀太子以不忠孝事（責）韓穿以非信義内无衣帛之妾外无食粟之馬金王非所藏寶器非所重魯君以為社稷

圭

責應改質下應添再字

之臣而存亡之所係則其所舉固務過矣然猶三思而後行故孔子言再斯可矣古之人其謹身有至于三省其慎言有至于三復則三思而後行不為過矣蓋有文子之責斯可矣无文子之質非三思則不可孔子于三思則抑之于率尔而對則責之曰人而為之教也文子嘗曰倫豫不虞三思可知矣

子曰甯武子邦有道則知邦無道則愚其知可及也其愚不可及也

匪應改不

多一道字　纂修盧遂

君子之仕也邦有道其言足以興邦无道其默足以容故坤之六三居下卦之上則曰智光大六四居二、陰之間則曰括囊卷阿之什則曰來游來歌抑之章則曰靡哲匪（不）愚武子邦有道則知无道則愚蓋得諸此而過之者也南容邦有道則廢邦无道免于刑戮而已史魚邦有道如矢邦无道亦如矢而已伯玉邦有道則仕道无道則卷懷而已子游曰（吾）為友張也為難能也曾子曰孟莊子不改父之臣與父之政為難能

十四

也然則不可及者其難能之謂與顔子之如愚甯武子之愚有以異乎曰如愚可也不可及不可也不可、及非中道也此顔甯之愚所以不同

子在陳曰歸與歸與吾黨之小子狂簡斐然成章不知所以裁之

狂者能為而不能已其成章也失之過簡者能畧而不能詳其成章也失之不及孔子在陳欲與中道者不可得故思魯之狂簡者裁之使歸

于中也詩言有匪君子記言且其匪色則斐者文之散也東南為文西南為章則章者文之成也此言狂簡孟子言狂狷者簡言其所學狷言以其所守所守在行故以狷言之所學在言行故以簡言之

子曰伯夷叔齊不念舊惡怨是用希

求在外者不可必故放于利而行所以多怨求諸己者可必故求仁得仁怨是用希蓋仁人不藏怒不宿怨則所謂舊惡者在彼而已我何加

十五六

怨无应改怨是

此其應改與其

損焉斯所以不念也怨是用希則不能无怨又曰何怨者以怨出于不怨雖曰无怨可也回不思舊怨雍不録舊罪孔子皆與之亦求仁得仁之謂與

子曰孰謂微生高直或乞醯焉乞諸其鄰而與之

君子之于天下外不可失人以存己内不可失己以為人與其失己以為人孰若不為人以存己高之乞醯為人可也為己則非直也強无以

為有非安命者也今夫君子之于言知則為知不知為不知内不以自誣外不以自欺言尚如此況于行乎此高之所以不足取也洪範之三德乎康正直臯陶之九德直而溫詩曰邦之司直易曰直其正也孔子曰人之生也直三代直道而行孟子曰不直則道不見道之所貴直而已矣

子曰巧言令色足恭左丘明恥之丘亦恥之匿怨而友其人左丘明恥之丘亦恥之

十七八

也同應改同也

巧言令色足恭非務本者也不足于仁匿怨而
友其人非質直者也不足于義故左丘明恥
之丘亦恥之聖人之于人有所异亦有其所
同其得地而君之則與伯夷伊尹同用舍行
藏則與顔回同則其所恥與左丘明也同也同宜
矣

顔淵季路侍子曰盍各言爾志子路曰願車馬衣
輕裘與朋友共敝之而無憾顔淵曰願無伐善無
施勞子路曰願聞子之志子曰老者安之朋友信

之少者懷之
重財輕義人之常情子路頗爽肥馬衣輕裘與
朋友共敝之而无憾義者之志也謙則不伐善
受則不施勞顏回頗无伐善无施勞仁者之志
也老幼安懷于己者恕也朋友信于己者忠也
孔子言老者安之朋友信之少者懷之聖人之
志也賢人之志則入而成己聖人之志則出而
成物以輕裘肥馬敝而无憾所以成己之義代
善施勞之不為所以成己之仁老幼之所安懷
十九

盍字當刪

朋友之所信然後成物之道盡充子路之義然後至于顏子之仁充顏子之仁然後至于孔子之聖蓋物足以累己非學者之道也言盍侍則先顏子言志則先子路豈子路之對亦率尔乎

子曰已矣乎吾未見能見其過而內自訟者也

陰陽有眚而愆日月有眚而食川谷有時而竭天地之大猶且不免于過況于人乎要在改

屠改徒　標孳
纂修處還

過而已改過始于見過不見其過而不知自訟者君子所不責見其過而不自訟者君子必責之蓋見其過而不自訟非好學為已者也孔子之教將无所施焉故曰已矣乎昔申屠嘉有曰自狀其過以不當亡者衆不狀其過以不當存者寡則自訟者知自訟自訟者斯不自狀矣

子曰十室之邑必有忠信如丘者焉不如丘之好學也

二十

十步之內必有茂艸十室之邑必有忠信忠信則德性能尊〻德性而道學問則廣大可致高明可極其亦何所不至哉時人之德性如孔子者蓋有之矣然不如孔子之好學此所以愚至益愚聖益聖也孔子嘗曰知之者不如好之者好之者不如樂之者孔子固樂矣而言好學何也蓋好之者不必樂〻之者必不不好孔子于道則樂于斈則好故以曰樂以忘憂又言好古敏以求之也顏淵之好學而不改其樂殆庶幾于

愚至愈改愚益

故以愈改故曰

此

雍也第六

子曰雍也可使南面仲弓問子桑伯子〻曰可也簡仲弓曰居敬而行簡以臨其民不亦可乎居簡而行簡無乃太簡乎子曰雍之言然

孔子于冉求則曰百乘之家可使為之宰于子路則〻曰十乘之国可使治其賦于仲弓則可使南面是冉求可以仕大夫而亦可以仕諸侯子路可以仕諸侯而亦可以為諸侯仲弓可以為

二十一

好要居後執要

諸侯矣語之以王者之佐則未知也唯顔子可以當之仲弓問伯子孔子答之以其人可也然失之簡仲弓曰居敬而行簡以臨其民不亦可乎居簡而行簡无乃太簡乎蓋人主好執要則百事詳叢脞則百事隳則簡者先王之所尚也然内之所居者敬外之所行者簡則在下者有所從内之所居者簡外之所行者亦簡則在下者无所從子桑所為无乃太簡而孔子以雍之言為然則其行可使南面矣在易之坤言君子敬以

直内繼之以不習无不利敬以直内居敬也不
習无不利行簡也春秋時有公孫子桑意伯子
即其人與
哀公問弟子孰為好學孔子對曰有顏回者好學
不遷怒不貳過不幸短命死矣今也則亡未聞好
學者也
思屬土怒屬水〻可以勝土故怒可以勝思不
迁怒則犯而不校者也不貳過則知不善未嘗復
復行者也盖能懲忿然後能不遷怒能窒慾然

二三

頮應改類

孰應改敦

後能不貳過不遷怒不貳過則能修性矣故孔
子謂之好學然不遷怒則所怒以類而已未至
于出怒不怒不貳過則无祇悔而已未至于敦
復无悔此所以止于殆庶幾也列子之論死生
則曰由生而亡不幸也楊子之論壽則曰人以
其仁顏子之短命雖曰不幸然以其仁則无害
其為壽也蓋不遷怒不貳過盡性也不改其樂
知命也顏子未至五十而知天命蓋知命必
以五十者非若謂五十而犹不知天命則不可

也
子華使于齊冉子為其母請粟子曰與之釜請益
曰與之庾冉子與之粟五秉子曰赤之適齊也
乘肥馬衣輕裘吾聞之也君子周急不繼富原
思為之宰與之粟九百辭子曰毋以與爾鄰里鄉
黨乎
可以與可以无與无與可也與傷惠可以取可
以无取无取可也取傷廉子華之富非可多予與
也多予與則為傷惠原思之宰非可无取也取之

二十三

則非傷廉以孔子所以不許冉有之請而止原思之辭也昔人有歸四布君子不以爲廉有以賻布頒兄弟之貧者君子以爲善則不歸四布義也頒兄弟仁也孔子止思之辭是亦仁義而已矣

子謂仲弓曰犂牛之子騂且角雖欲勿用山川其舍諸

卿大夫之子不脩禮義則歸之庶人庶人之子非不賤也能修禮義則可進爲大夫然愚知貴

耑應改獨

按周官改
纂修盧遂

賎其可以類言哉故孔子謂仲弓曰犂牛之子
騂且角人可以祀天小可以祀庙孔子耑獨以山
川為言者蓋諸侯之礼得祭山川之在境内者
而仲弓之才可使南面故以山川言之周官陽
祀用騂牲毛之陽陰祀用[黝]黝牲毛之陰▼祀阳
祀各以其色牲毛之然山川之祀不特以騂以
騂舉其盛者而已
子曰回也其心三月不違仁其餘其則日月至焉而
已矣

二西

仁在天則為尊爵在人則為安宅其為器重而
舉者莫能勝其為道遠而行者莫能至以顏子
之不違仁猶不過三月而已則夫人之為仁不
亦難乎孔子之于回蓋其所試者然也其後告
之以克己復禮而請事斯語則其不違也蓋將
終身焉不特三月而已其餘則日月至焉者所
謂不能期月守也由求之徒孔子皆曰不知其
仁以此而已

季康子問仲由可使從政也與子曰由也果于從

政乎何有曰賜也可使從政也與曰賜也達于從
政乎何有曰求也可使從政也與曰求也藝于從
政乎何有
能勇而不能怯果也聞一知二達也可以足民
藝也果哉于義達與藝哉于智為政使人器之
而已故雖才之不備而有可施于政者皆所不
不棄也然達而不果不足以有行果而不藝不
足以有能三者雖不同然皆可以從政猶樝梨
橘柚其味相反而皆可于口康子誠能兼用之

主五

利應改列

則魯国不亦庶幾乎然此具臣而已語以大臣之事則未也三者之序藝不及果〻不及達此先果後達者即康子所問而告之也大才者言之実言者才之文善于言語者必善于政事善于政事者未必善于言語則其政事可知矣是亦不在政事之利列无害其可使從政也

季氏使閔子騫為費宰閔子騫曰善為我辭焉如有復我者則吾必在汶上矣

邦有道危言危行邦无道危行言遜故也善雖不吾與吾將強而為不善雖不吾惡吾將強而去如有復我者則吾必在汶上矣強而去可也家語有子騫為費宰問政之事則子騫為費宰矣蓋子騫不願為費宰者志也終為費宰者不得已也

伯牛有疾子問之自牖執其手曰亡之命矣夫斯人也而有斯疾也斯人也而有斯疾也

二十六

由生而生者當[常]也由生而死者不幸也由死而

當意改常

顏子下應添曰字

生者幸也顏淵之死孔子曰不幸短命死矣伯牛有疾孔子曰亡之命矣夫斯人也而有斯疾也皆以其由生而亡者也揚子曰命不可避者也顏氏之子冉氏之孫以其无避也此所謂順受其正也禮曰始反而亡焉失之矣則死與亡固不同孔子于顏子曰死于冉牛曰亡者以死對亡則异通言之則一也死矣者已然之辭亡之者未然之辭

子曰賢哉回也一簞食一瓢飲在陋巷人不堪其

憂回也不改其樂賢哉回也

天下之所重君子之所輕天下之所憂君子之所樂故衣朱懷金不能重顏子之輕簞瓢陋巷不能憂顏子之樂此所以明明在上百官牛羊舜也闇闇在下畎畝簞瓢亦舜也然則回之樂人樂也子之樂以忘憂天樂也人樂者能樂而樂也天樂者又无能樂也始終言賢哉回也與太伯篇禹无閒然章易其惟聖人乎皆兩稱之同意

應改能樂而樂也

二十七

冉求曰非不說子之道力不足也子曰力不足者

中道而廢今女畫

志有餘而力不足中道廢者也力有餘而志不

足自畫者也中道而廢者君子之所惜自畫者以

君子之所惡求之畫而自以為力不足則其不

智甚矣楊子曰百川學海而至于海江陵學山

而不至于山則動而不已者无所不至墮情而自畫

者无所能至也書曰為山九仞功虧一簣孟子

言掘井九軔而不及泉猶為棄井皆自畫之謂

淤不字　標楊子法言　纂修盧遂

隨在改情

術启改裂

也

子謂子夏曰女為君子儒無為小人儒

古之儒者一而已矣周官儒以道得民則凡以非道得民者皆非儒也後世澆漓而道術將為天下術裂于是有君子之儒有小人之儒君子之儒唯務本小人之儒在趋末子貢夏之為己止于文學其為人止于洒掃應對進退此趋末者也故孔子戒之曰女為君子儒無為小人儒荀卿言有俗儒有雅儒有大儒楊子又言有真儒真

二十七八

儒以性言大儒以業言雅儒似君子俗儒似小
人
子游爲武城宰子曰女得人焉耳乎曰有澹
臺滅明者行不由徑非公事未嘗至于偃之室
也
以天下與人易爲天下得人難則賢者百福之
宗神明之主而爲政者其可以不得之乎子賤
之治单父其于賢也有以父事者有以兄事者
有以友事者而孔子嘆美之則子游爲宰而問

之以得人固其所也滅明行不由徑无邪也非
公不至无私也羔羊之正直如是而已𡿨家語
所以言滅明公正无私也荀卿曰出于其門入
于公門帰于其家无有私事滅明之謂也傳
曰滅明有君子之容而不勝其貌者責賢者備
故也

子曰孟之反不伐奔而殿將入門策其馬曰非敢
後也馬不進也

書于矜言能于伐言功能在内者也功在外者

二十九

楚字當刪

也自伐則喪厥功自矜則喪其能伐譽則賊也矜譽則殘也故老子于自伐言无功自矜言不長而已春秋之時師敗而兵惟恐其不全在師而有功者惟恐其不彰之爻于齊楚之戰也殿軍而不奔策馬而不進人之所難也故夫子取之

子曰不有祝鮀之佞而有宋朝之美難乎免于今之世矣

佞則不美〻則不佞矣天下有道悦美而悪佞

天下无道悅佞而悪美故曰不有鮀佞與朝美難免今世矣春秋所謂宋公子朝非孔子所謂宋朝者也夫子于治宗庙則取之于佞則非之非之者直拒之所以立本取之者節取之所以趋時

三十

子曰誰能出不由戶何莫由斯道也

人之啟處雖不全所出者戶而已萬物散殊雖不一所由者道而已家衆人无異于萬物則由之而不知君子異于衆人則由而知之蓋戶者出

入之所自者也此言由道故云誰能出不由戶楊子言學道故云惡由入曰孔氏孔氏者戶也

子曰質勝文則野文勝質則史文質彬彬然後君子

野非君子之所在故曠于禮而不知文史則官書之所繫故專于文而不知本二者皆非中道而已偕之好質者則曰質而已何以文為好文者則以文滅質以傳溺心此孔子所以言質勝

質字下应添也字

文則野文勝質則史文質彬彬然後君子也孔
子曰義以為質禮以行之彬彬之謂也彬従林
質也从彡文也楊子曰華无実則史実无華則野
華寔副則礼又曰事勝辭則史辭勝事則賦事
辞称則經然君子之彬彬豈特施于礼楽閒哉
野非君子所尚而孔子欲従先進者姑以救獘
云耳

子曰人之生也直罔之生也幸而免

君子以由生而生為常以由生而亡為不幸小

圭

罔之由原改生

人以由死而死為常由死而生為幸人之生也直由生而生也罔之生也幸而免由死而生也蓋直本有生之道雖不幸而死君子以為猶生罔原有死之道雖幸而免君子以為猶死是以回牛之死不足謂之夭盜跖之永不足謂之壽

子曰知之者不如好之者好之者不如樂之者

知之者為學日益而窮理者也興于詩者能之好之者為道日損而盡性者也立于禮者能之

樂之者損之又損而將以至于命者也成于樂
者能之表記之言仁強仁不若利仁利仁不若
安仁中庸之言明善不若誠善誠善不若至誠
亦若此而已莫非知也有生而知之有學而知
之有困而知之聖人則生而知之賢人則學而
知之下于賢人則困而知之莫非好也有好之
淺者有好之深者就有道而正焉日知其所亡
月无忘其所能此其淺者也顏子之好學孔子
之好古此其深者也莫非樂也有人樂有天樂

三十三

顏子不改其樂人樂也孔子樂以忘憂天樂也

子曰中人以上可以語上也中人以下不可以語上也

天下有均善之性无均美之才故中人以上可以語、上中人以下不可以語上老子曰上士聞道勤而行之可以語上者也中士聞道若有若亡可以語上下者也下士聞道大笑之不可以語上者也中人以上譬則大也其性趨上中人

以下譬則水也其性趨下于其趨上也而語之以下則不仁于其趨下也而語之以上則不智故孔子之于門人不以語回者告由不以語由者告求凡皆因其材而已此所謂不淩節而施之者也人之生雖參差不齊其大致不過此三品而已

樊遲問知子曰務民之義敬鬼神而遠之可謂知矣問仁曰仁者先難而後獲可謂仁矣

務民之利而害在其中爲務民之利非特其利

三十三

不可以必得也失義而得害然則務民之義孔
子以為知不亦宜乎有己之義有民之義仕則
不稼佃則不漁詩云采葑采菲无以下體觴酒
豆肉則辭而受惡衽席之上辭而坐下朝廷之
位辭而就賤同爵則尚齒同齒則尚長若此之
類所謂己之義也耕者讓畔行者讓路壯者代〃
老少者事長窮之相周患難相救詩云雨我公
田遂及我私若此之類所謂民之義也上之所
好下必有甚焉者樊遲好利務為鬼神之事者也

也聖人欲其務己之義則教之曰上好義則民
莫敢不服知己之務然後可以率民則教之曰
務民之義以義為務則不失矣敬鬼神而遠之
者敬則致生之遠則致死之也凡此所謂知也
其為器重舉之莫能勝其為道遠行之莫能至
言之則訒為之則難凡此所謂仁也問知一也
一告之以務民之義敬鬼神而遠之又告之以
知人問仁一也一告之以先難而後獲又告之
以愛人與夫居處恭執事敬與人忠何也義敬

三十四

與獲在己者也知人愛人在彼者也務其在己
者然後能其在彼事之序也智之敬則敬鬼神
而遠仁之敬則居處執事恭敬而已无所不敬
也其與忠不特愛之而已問仁則先難而後獲
問崇德則先事後得者對事而言故曰得對難
而言故曰獲而得兼于事者也故于崇德言先
事仁愛人者也故于仁言先難
子曰知者樂水仁者樂山知者動仁者静知者樂
仁者壽

應物而利之者水也附而肯為者山也知者樂
水故動仁者樂山故靜是動則利仁者也靜則
安仁者也動則見理故樂靜則得性故壽然動
者非不靜也靜者非不壽也壽者非不壽動也然
知者之壽不若仁者之盛仁者壽則樂不足以
言之也哀公問曰知者壽而孔子對之以人有
三死飲食不節劳逸過度疾共殺之居下位而
上証其君嗜慾无厭刑共殺之以少犯衆以弱
侮強兵共殺之知士仁人動靜以義喜怒以時

三五

无害其性欲得壽焉何不可乎是知者亦非不壽也樂水樂山言其情動靜言其用樂壽言其功蓋惟有情斯有用有用斯有功辭之序也」

子曰齊一变至于魯〻一变至于道

春秋之時成霸功者莫如齊秉周礼者莫如魯由齊之尚功而变之則至于魯由魯之好礼而变之則至于王道齊辭則名南也魯辭則周南也道辭則雅也由魯变而至于道則无齊魯之

异政由周変而至于雅則无周名之殊紀之百
川至海知有海而不知有百川四旹成歲知有
歲而不知有四時也文王能変周台以至于雅
孔子未能変齊魯以至于道孔子欲変齊魯以
帰于道孟子欲逃楊墨以帰于儒則孔子之時
异于文王之旹孟子之時又有异于孔子之時
矣

子曰觚不觚〻哉觚哉 三十六
有觚之寔然後有觚之名有觚之名而无觚之

寔則觚不觚矣尚得謂之觚哉詩有南箕北斗之喻楊子雲有象龍之論凡皆訊其有名无寔者也孔子之旨实不称名者多矣故其嘆如此

宰我問曰仁者雖告之曰井有仁焉其從之也子曰何為其然也君子可逝也不可陷也可欺也不可罔也

君子以誠待物而不逆詐故可欺以明燭理而无所蔽故不可罔蓋欺者以偽為真罔者以无

囂應改嚚

為有以偽為真則有可信之端以无為有則直罔于人而已故象之偽喜舜不疑其偽校人之烹魚子産不疑其不舍是以有可信之端也放齊以朱為啟明兜以為嚚訟共工以驩兜為有功兜以為静言庸違是直罔于人者也宰我問井有人焉其從之也孔子曰何為其然也君子可逝也不可陷也可欺也不可罔也可逝也不可陷也故井无人可欺也不可罔也故知井无人孟子曰君子可欺以其方難罔以非其

三十七

道
子曰君子博學于文約之以礼亦可以弗畔矣
夫
博學于文則无不該約之以礼則有所执无不
該則所知者詳有所执則所趋者中斯亦可以
勿畔矣畔者有見乎四旁之地弗畔則趋中可
知矣約之以礼可以弗畔則成于楽者斯不
畔矣然所謂一貫也顔淵曰博我以文約我以
礼回于道亦可云弗畔矣故称其殆庶幾楊子

天之應改之天

夫字多應刪

稱其未達一間耳

子見南子〻路不說夫子矢之曰予所否者天厭

之天厭之

易以大有過惡揚善為命以否之内小人外君

子為匪人然則君子小人進退消長皆天命

也君子之于天命知之故能畏之畏之故能

順之君子見所不見順天命也順天者存而

逆天之天之所厭故于子路不悅而矢夫以予所

否者天厭之天厭之然則孔子之于公山弗

三十八

擾子路不悅而告之以人事于此告之以天命者蓋見南子者在天不在己也之公山弗擾者在己不在天也夫子之見南子與暌之初六同意

子曰中庸之為德也其至矣乎民鮮久矣

莫非德也有高明之至德有中庸之至德莊子至德之世高明之至德也周礼之至德為道本中庸之至德也礼曰中者天下之大本莊子曰庸者用也用者通也則中者至德之

体庸者至德之用也君子以高明者人之所難勉中庸者人之所易行故不以其所難勉者强之使行而以其所易行者同之于民將人〻能之矣所謂民鮮久矣由上失其道非一日也

子貢曰如有博施于民而能濟衆何如可謂仁乎子曰何事于仁必也聖乎堯舜其犹病諸夫仁者己欲立而立人己欲達而達人能近取譬可謂仁之方也已

三十九

易字下應添言字

非神而化之使民宜之不足以博施濟衆非以百姓之心為心不足以安百姓博施濟衆修己以安百姓者天下之至難堯舜者天下之至聖以天下之至聖猶病天下之至難則下于堯舜者其可易言哉書曰安民則惠惟帝其難之老子曰多異必多難是以聖人猶難之皆然意也素問曰神用无方謂之聖惟无方故所施者博而所濟者衆若仁則有方矣又曰己欲立而立人己欲達而達人能近取譬可謂仁之方也已蓋

立則不廢達則不窮自立自達而忘乎人則入
乎楊而非所謂兼愛立人達人而忘乎己則入
乎墨而非所謂自愛故欲立欲達者仁之自愛
也立人達人者仁之兼愛也傳曰獨貴獨富君
子恥之此之謂也彼危人而自安害人而自富
者豈知此哉

四

經

欽定

論語全解卷四　宋陳祥道撰

述而第七　以下四庫本写

子曰述而不[illegible]

重廣陳用之真本入經論語全解義卷第四

左宣德郎充館閣校勘太常博士賜緋魚袋陳
祥道

述而第七

子曰述而不作信而好古竊比于我老彭

道德之原出于天而其説始于古老子之言道
德躬因之而已故曰述而不作信而好古老子
之言有言古之善爲士者有言古之爲道德者
有言古之所謂曲則全者有言執古之道以御

一

則宜改其

今者則述而不作信而好古可知矣信則有之也好則不時知之而已故孔子以爲聖人之于人將自明之則自尊而卑之所以信其言于後世孔子之竊比于我老彭尊之所以信其言也孔子祖述堯舜憲章文武述而不作之謂也好古敏以求之信而好古之謂也蓋聖人達則而在上則帝王天子之德而有所作窮而在下則元聖素王之道而不敢作不敢作則信而好古而已有所作則不特自信而又人信不特好古而

則宜改而

又稽而行之也然孔子之作春秋其事則述其書則作故其言曰其事則齊桓晉文其文則史其義則丘竊取之矣與夫不知而作者多矣諸子之學有不知无位而作之者有不知无德而作之者又有不知先王之法既已駮隘而或苟作之者皆在所弃焉孟子曰孔子作春秋而亂臣賊子惧蓋唐虞成周未有惧之者丗聖人所以有作也彭之言行于傳无道豈古之彭祖者乎

二

子曰默而識之學而不厭誨人不倦何有于我哉

默而識之德也學而不厭知也誨人不倦仁也時之人道聽而塗說皆德之弃非所謂默而識之也或晝、爲或頹息爲非所謂學而不倦厭也或先傳而後倦非所謂倦誨人不倦也故特自成而已蓋學在已故言厭、學在人故言倦叔向曰求善不厭施舍不倦楊子曰事不厭教不倦合而言之則厭與倦皆在己而已故曰我學不厭而

教不倦

子曰德之不脩學之不講聞義不能徙不善不能
改是吾憂也
德在内者也不脩則不充學在外者也不講則
不明聞義不能徙則善不備不善不能改則行
不完皆孔子所憂者也然樂而不憂所以處己
憂而不樂所以與人同樂以忘憂處己者也樂
天知命憂之不與人同者也德之脩然後能講
學〻之講然後能徙義德之脩學之講未能无

三

不善改之而已孔子言君子不重則不威學則不固主忠信而終之以過則勿憚改與其全意

子之燕居申々如也夭々如也

人之情務慎于行礼之際其不失礼也易優游于无事之際其不失礼也難子之燕居申々如也夭々如也非大盛德之至孰與此哉申々言肆而不曲夭々言不以老壯自居于子之燕居縱言肆犹至于礼而不屈也居不容不以老壯

目居也肆而不屈則直不以老壯目居則和所
謂居不容燕居告溫〻知天〻之謂也禮記有
言仲尼燕居有言孔子閒居蓋退朝曰燕居燕
曰閒

子曰甚矣吾衰也久矣吾不復夢見周公

形接為事神遇為夢事見于有為夢出于有思
孔子之盛時嘗欲有大勲勞于天下而思周公
之所為故夢見之及其衰也知時命不我與而
不復思周公所為故不復夢見之高宗之夢傳

四

說文王之夢臧丈人其出于有思亦如此莊周曰古之真人不夢何也真人以性言聖人以德言性則入而冥道故无夢德則出而經世故有夢

子曰志于道據于德依于仁游于藝

楊子之言道德仁則合异以為仝故曰道德仁人得之以人之天也老子之言道德仁則散同以為异故曰失道而後德失德而後仁其寔一也盖道則无体故志之而已德則有体故可拠

梧園礼段
纂修畵識

據德所以立己依仁所以行己礼体此者也義宜此者也智知此者也信誠此者也言道德仁則義智信舉矣道德仁君子之務本藝則君子之餘事周官司徒教萬民以六德六行然後繼之以六藝師氏教國子以三德三行然後保民教之以六藝則藝豈君子所先哉特游之而已以儀曰士依于德游于藝何謂依于仁曰德之所愛者仁也其所以制者義也愛則近于厚制則近于薄君子処其厚故依于仁不依于義此

五

所以在此无惡在彼无射也今夫己之子與兄之子均在所愛也孔子則以其子妻公治長以兄之子妻南容此依于仁而施于親〻者也己之與人均在所責也孔子則躬自厚而薄責于人此依乎仁而施乎人者也君臣之分道合則從不合則去孔子于魯不欲苟去必欲以微罪行孟子于齊不欲速行必至三宿然後出晝此依乎仁而施乎君者也然則君子之于仁奚所處而不依哉此所以造次必于是顛沛必于是

也然此言依于仁礼記言依于德仁即是德故
也此言志于道孟子言志于仁者仁即是道故
也

子曰自行束脩以上吾未嘗無誨焉

孟子曰君子所以教之者有如時雨化之者有
成德者有達財者有答問者有私淑艾者則行
束修淑艾者也自私淑以上未嘗无誨則四者
可知矣君子之于人常患其所不學而不倦其
所教其于敎也常恕其所不足而不嚴其科故

六

潔己以進者孔子未嘗不與以是心至者孔子未嘗不受則行束脩以上豈或遺之哉然孔子不見孺悲孟子不見滕更非不教也不屑之教也束脩與礼記穀梁所謂束脩之問者意似同

子曰不憤不啓不悱不發舉一隅不以三隅反則不復也

憤在氣悱在心氣不憤不能誠心問故不啓心不悱不能誠心辨故不發啓之發之則舉一隅

不以三隅反則不復此又患其不思也蓋啟所以開之發所以以示之不以三隅反則不復欲其思而自得也蓋君子之于人能道之以善而不能使之自得猶夫匠之于人能與之規矩而不能使之巧故性與天道子貢所不得聞鬼神與死子路所不得聞豈非不以三隅反則不復哉礼記曰開而不達則思孟子中道而立能者從之此之謂也然此言學者之道而已鄙夫問于我叩兩端而竭焉

七

唱曲禮作相宜改正

子食于有喪者之側未嘗飽也子于是日哭則不歌

天之道陰陽不同時則當喪而飽者逆道也人之理哀樂不同日則哭日而歌者逆理也行弔之日不飲酒食肉況食之飽乎鄰有喪舂不唱相里有殯巷不歌況哭之日歌乎礼曰哭日不歌弔于人是日不樂又曰飢而廢事非礼也飽而忘哀非礼也孔子所以未嘗飽與不歌者執礼故也古之人哀樂歌哭同日者惟祭而已故礼

据周禮改
繫修盧遂

記曰祭之日哀與樂半周禮女巫曰邦之大烖
歌哭而請
子顏謂淵曰用之則行舍之則藏惟我與爾有是
夫子路曰子行三軍則誰與子曰暴虎馮河死
而無悔者吾不與也必也臨事而懼好謀而成者
也
學不至于不惑不可以語去就之義行不至于
不惑不可以言廢興之命故用之則行舍之則
藏惟孔子能之蓋君子藏器于身待時而動用
八

闇闇在下　下誤上宜改正

舍不累于一身其流止不失其為淵其所謂明明在上亦山雌也闇闇在上下亦山雌也夫豈以盛行之通窮居之塞而為之加損榮醜哉此所以為孔顏也子路以孔子稱顏回故問之曰子行三軍則誰與孔子荅之以暴虎馮河死而无悔者所以戒其勇也必也臨事而懼好謀而成者所以教其怯也子路聞乘桴浮于海則喜非所謂臨事而懼有父兄在聞斯行之非所謂好謀而成此所以无所取材也兵法曰勇之為將

乃万分之一又曰謀者遠害而就利則行三軍
者其可惧哉盖施舍量敵而後進慮勝而後會
臨事而惧者也方叔元老克壮其猶好謀而成
者也
子曰富而可求也雖執鞭之士吾亦為之如不可
求従吾所好
富在天所好在己在天者不可以求在己者可
以自楽故曰富而可求雖執鞭之士吾亦為之
如不可求従吾所好執鞭之士其位則卑其職
九

粮字誤宜照周禮改狼

則賊周官條粮氏之類也孔子之欲富豈如是
之甚哉以為在天者不可以求凡以與民同
患而已然言富而不及貴者以其為利所在故
也
子之所慎齋戰疾
齋必有明布齋必变食慎齋也曰不教民戰是
謂弃之必也臨事而懼好謀而成者慎戰也康
子饋藥曰丘未達不敢嘗慎疾也慎齋故祭則

慎戰二字下宜添故戰二字

受福慎戰則克慎疾則命受其正慎齋所以仁

鬼神慎戰所以仁民慎疾所以仁己此先齋戰而後疾禮記言祭戰而不及疾者仁己之事雖聖人所慎亦非其所先也聖人之所慎非止此三者而已特舉其重故也

子在齊聞韶三月不知肉味曰不圖為樂之至於斯也

十

有盡美然後知天下之謂美者斯不美矣有盡善然後知天下之謂善者斯不善矣韶之為樂盡善孔子聞之故將忘天下之為美善者又況

君字下誤衍子字宜删去
沈□璉

肉味哉魏矦聽古樂惟欲卧齊宣王不好先王之樂此真樂鶡以鍾鼓載鵕以車馬也豈知孔子樂韶之意哉司馬迁曰聞韶三月學之然孔子之樂韶器尚矣其在齊則感其仁敬而已非學也

冉有曰夫子為衛君乎子貢曰諾吾將問之入曰伯夷叔齊何人也曰古之賢人也曰怨乎曰求仁而得仁又何怨出曰夫子不為也

聖人之行有浮乎言而言未嘗不顧于行故觀

其所言足以知其所爲此子貢所以問夷齊之事而知其所以不爲衛君也蓋兄弟之讓則仁父子之爭則不仁孔子善夷齊之仁而惡衛君之不仁此所以知其不爲也子貢疑孔子之爲衛君孟子則謂智足以知聖人子貢之知出類拔萃而已至于不爲衛君則不知也孔子以夷齊爲賢人孟子以夷齊爲聖人者以伯夷爲聖即能化而言也以夷齊爲賢以明已之集大成者亦聖賢而已此孔子不居聖之意

十一

亦賢而已賢誤聖

也

子曰飯䟽食飲水曲肱而枕之樂亦在其中矣不

義而富且貴于我如浮雲

貧與賤人之所惡不以其道得之不去也故飯

䟽飲水曲肱而枕樂亦在其中富與貴人之所

欲不以其道得之不處也故不義富貴于我如

浮雲

子曰加我數年五十以學易可以無大過矣

神无方也非精義則不可入易无体也非知命

不可以學聖人入而為天之所為故无過出而為人之所為則不能无過孔子五十而學易則為天之所為故可以无大過矣可以无大過則于過之小者有所不免蓋七十而從心然後无過矣易曰以敦復无悔是也聖人之于易必以五十而後學然必云五十者制行以人不以己也

子所雅言詩書執禮皆雅言也

不言詩書則无以教人不言禮則无以明分

土

故子所雅言者詩書也執而不敢議者禮也言詩書而不及樂與春秋易者蓋德不全者不可道之以樂志不定者不可發之以春秋不知命者不可申之以易也子罕言利與命與仁亦猶是也孔子之于言有所雅言有所不言有所罕言其趣雖不全亦各適其理而已

葉公問孔子于子路子路不對子曰女奚不曰其爲人也發憤忘食樂以忘憂不知老之將至也云

爾

子曰我非生而知之者好古敏以求之者也

葉公問孔子于子路子路不對非不知對不足

對也蓋曰以孔子之道對葉公是語蛙以海樂

鷄以韶適之以惑也孔子曰女奚不曰發憤忘

食樂以忘憂不知老之將至蓋曰奚不俯其言

而對之以此也孔子之于道非學也非不學也

以為非學則吾非生而知之好古敏以求之

以為非不學則我非多學而識之予一以貫

十三

易宜改異

之非學也所以學人易非不學也所以學人
同
子不語怪力亂神
直言曰言論難曰語怪力亂神非不言也不語
于人而已不語怪力則所語者常與德也不語
亂神則所語者治與人也怪之爲害不若力之
之爲害不若亂怪力亂人之所爲故先之神則
非人之所爲故後之楊子曰神又茫茫聖人曼
云則不語神之謂也李寬曰力不由理爲怪力

神不由正為亂神誤矣

子曰三人行必有我師焉擇其善者而從之其不善者而改之

善者吾師也不善者亦吾師也師其不善所以自脩此所以三人行必有我師也若夫師其善而不師其不善則内无以自省外无以自觀其欲至于君子難矣然則不善之師其可忽哉老子以逆梁為教文釋氏以邪盗之類為人師亦此意也

十四

子曰天生德于予桓魋其如予何

孔子于桓魋之暴則曰天生德于予于匡則曰天之未喪斯文蓋德所以足乎己而君子之所獨文所以化于人而天下之所同故于桓魋則危疑而已故稱在己者而歸之于命于匡有死之道故稱在人者而歸之于時以明桓魋不能害天之命匡人不能易天之時也紂曰我生不有命在天王莽曰天生德于予漢兵其如予何奚德哉

子曰二三子以我爲隱乎吾無隱乎爾吾無行而不與二三子者是丘也

孔子之誨人其不倦仁也其无隱忠也不倦與先傳後倦者异矣无隱與教人不盡其才者异矣惟其開而不達引而不發不以三隅反則不復再三瀆則不告此弟子所以疑其隱也

子以四教文行忠信

忠信所以成終始也學由中出故以文爲餘事

教自外入故以文爲先務乾九三先之以忠信進德所以成始孔子之四教後之以忠信所以成終

子曰聖人吾不得而見之矣得見君子者斯可矣子曰善人吾不得而見之矣得見有恒者斯可矣亡而爲有虚而爲盈約而爲泰難乎有恒矣

有常者能常而已非可欲者也故不足于善人善人能爲可欲而已非充實者也故不足于君

充實上宜增君子二字

子衿應改子衿 褰裳應改褰裳 沈孫璉

瑟張應改琴張 沈孫璉

子[君子]充寔而已非大而化之者也故不足于聖人有常可與共學者也善人可與適道者也君子可與立者也聖人可與權者也聖人不可得則思君子善人不可得則思有常詩之子衿先子衿而繼之以子佩素冠先素冠而繼之以素韠褰裳先他人而繼之以他士凡皆思其次者而已亦此意也孔子曰不得中行而與之必也狂狷乎孟子以瑟[琴]張曾晳牧皮為狂以不屑不潔之士為狷則狂可以為善狷者有恒

十六

而已若夫亡而為有虛而為盈約而為泰難乎有恒矣然易所謂不恒其德也蓋虛非亡也特未盈而已約非虛也特約之而已亡而為有甚于虛而為盈虛而為盈甚于約而為泰其序如此

子釣而不綱弋不射宿

釣與弋君子與人仝不綱不射宿君子與人异君子于物愛之弗仁其愛之也不綱不射宿其弗仁也不免于釣弋孔子窮而在下其不忍如

此使達而在上則其仁可知也春秋皆有干戈相尋屠城滅國舉无噍類況有釣而不綱者乎有以乘人之阨掩人不備而襲之況有弋射不宿者乎

子曰蓋有不知而作之者我無是也多聞擇其善者而從之多見而識之知之次也

君子之于學也遠則聞而知之近則見而知之多聞患于不能擇能擇則知所從多見患于不能識能識則知所辨此特知之而已吾道

十七

一以貫之則知之上也孔子曰生而知之者
上也學而知之者次也則知之次者學者之
事也曾子〻貢皆聞一貫于孔子曾子能唯
而不能辨子貢知所而不知問則知之上者
聖人之事也然此未離乎知而已乃若離一以
至于无始去知以至于无知則又聖人之妙
也

互鄉難與言童子見門人惑子曰與其進也不
與其退也唯何甚人潔己以進與其潔也不保其

往也

聖人不能以病人而常待之以恕故潔己以進者在所與不以智逆物而常繼之以義故于往在所不保與其潔故子路交服而至則教之不保其往故宰予與辭于後則听之門人不知而惑于童子之見孔子示之以唯何甚則不與其潔者甚于所擇也保其往者甚于所逆也孔子不爲己甚故韓愈曰言辭之不則礼貌之不答雖孔子不得行于互鄉也孟子之設科来者不

十八

拒虔則不得亦此意與與其絜所謂污者斯不
與矣不保其注則親于其身為不善者斯拒之
矣
子曰仁遠乎哉我欲仁斯仁至矣
陳司敗問昭公知礼乎孔子曰知礼孔子退揖
巫馬期而進之曰吾聞君子不黨君子亦黨乎
君取于吴為同姓謂之吴孟子君而知礼孰不
知礼巫馬期以告子曰丘也幸茍有過人必知
之

周公之過以親也孔子之過以君也過于學者也過于厚以人知之爲幸過于薄以人不知爲幸故曰古之君子過也如日月之食人皆見之更也人皆仰之今之君子豈徒順之又從而爲之辭

子與人歌而善必使反之然後和之

樂者人情之所不免君子樂得其道小人樂得其欲孔子于韶則忘味于歌之善則和樂得其道也

十九

子曰文莫吾猶人也躬行君子則吾未之有
淂

行者君子之務本文者君子之餘事與其行
不足而文有餘不若行有餘而文不足今吾
于文也不特猶人而已然躬行君子未之有
淂則是行不足而文有餘也蓋時之人與其
文不究其寔而不知其非故孔子自謂如此
以救其弊

子曰若聖與仁則吾豈敢抑為之不厭誨人不

倦則可謂云爾已矣公西華曰正唯弟子不能學

也

聖者天道之至仁者人道之至語仁之未成名雖管仲子產亦可謂之仁人語仁之成名雖孔子孔子有所不敢孔子之所不敢非不敢也不居之而已孔子以為不厭誨不倦為非聖賜亦或以為既聖或以為不能學者不厭不倦聖人之所為而學者之所難也不曰學之不厭而曰為之不厭者蓋曰仁聖之成名我不敢居特

為仁聖之事而已為仁聖之事故學不足以言
之
子疾病子路請禱子曰有諸子路對曰有之誄曰
禱爾于上下神祇子曰丘之禱久矣
疾與病合則一別則异周官疾醫言疾病獸
醫則言病以人易知雖疾可見獸不易察病
而後知是疾輕于病子疾病疾而後至于病
君子于神祇未疾則禱、衆人于神祇未疾則
不禱既疾則禱未疾而禱〻之、以正直既疾

而禱〻之以祭享孟子曰夭壽不貳脩身以
俟之所以立命也禱之以祭享是貳之也孔
子之疾不禱无妄之疾勿藥可也春秋之時楚
昭王之疾不禱于河齊侯之疾欲誅祝史賢否
可知矣

子曰奢則不孫儉則固與其不孫也寧固
奢則僭故失之不孫儉則約故失之固不遜則
其害大固則其害小老子于奢則去之于儉
則寶之管仲之奢孔子以為不知礼晏子之

主

儉曾子以為知礼此與其奢也寧儉與其不孫也寧固然二者皆非中道以曹風之奢魏晉之儉皆詩人所刺也孔子言寧儉寧固與思狂狷同意

子曰君子坦蕩〻小人長戚〻

子温而厲威而不猛恭而安

作德心逸日休故坦蕩〻作偽心労日拙故長戚〻君子居易以俟命入行不加窮居不損故有終身之樂而无一日之憂小人行險以徼幸

未得則患得既得則患失固有終身之憂而无一旦之樂此坦蕩ㄟ長戚ㄟ所以不同也子溫而厲威而不猛恭而安是亦君子之所謂坦蕩蕩也蓋溫而不厲過于柔威而猛過于剛恭而不安過于巽子曰即之溫听其言厲溫而厲也禮曰溫而愛威而不猛也子曰與人恭而有禮恭而安也溫而厲則處仁以義威而不猛則成義以仁恭而安則行巽以禮仁而後義ㄟ而後禮事辭之序也

二十二

泰伯第八

子曰泰伯其可謂至德也已矣三以天下讓民無得而稱焉

不累于學利故三以天下讓不累于名高故民无得而稱此所以為至德太伯之讓則國也三以天下讓者以文王之聖有得天下之道故也詩曰帝作邦作對自太伯王季又曰文王肇禋惟周之禎禎則文王有、得天下之道也固矣後世伯夷之遜孤竹季札之遜、吳國魯隱之遜桓公

宗穆之遜與東燕噲之遜子之常元成之遜弟
勝東海王強之遜弟陽鄧彪之遜弟荆丁鴻之
遜弟盛劉愷之遜弟憲凡是者多矣若伯夷季
札則狥義者也餘則矯異以取一時之名而已
豈君子之所與哉然擬于突忽之兄弟蒯輙之
父子其有間矣

子曰恭而無禮則勞慎而無禮則葸勇而無禮則
亂直而無禮則絞

君子篤于親則民興于仁故舊不遺則民不偷

三三

好勇不好學其蔽也亂好直不好學其蔽也絞則所謂无禮者不學之蔽恭慎勇直出于德性而德性本于道學有是德性而无禮以節之故恭則不安而勞慎則過思而葸勇則至於悖亂直則至于絞迫脅肩諂笑病于夏畦恭而无禮則勞也其父攘羊而子證之直而無禮則絞也葸猶荀卿所謂諰諰然也絞猶詩傳所謂絹絞也禮曰恭而不中禮謂之給勇而不中禮謂之逆則无禮不特不中禮而已蓋恭慎

則不及必跂而進于禮勇直則過必抑而就于禮禮以仁學爲質而已故繼之以君子篤于親則民興于仁故舊不遺則民不偷禮曰親者毋失其爲親故者毋失其爲故詩曰親親以睦故舊不遺周官八政統馭萬民一曰親親二曰敬故馭以親親則民莫遺其親馭以敬故則民莫慢其故莫遺其親則興于仁也莫慢其故則不偷矣後世不知親親而角弓之怨興不知敬故而谷風之刺作欲民免于无禮其可得乎

乎
曾子有疾召門弟子曰啟予足啟予手詩云戰〻
兢〻如臨深淵如履薄水而今而後吾知免夫小
子
曾子有疾孟敬子問之曾子言曰鳥之將死其鳴
也哀人之將死其言也善〻
父母全而生之子全而歸之孔子以不敢毀傷
為孝樂正子以傷足為憂然曾子所以戰〻
兢〻如臨深淵如履薄氷蓋賢者之保身

猶之乎諸侯之保國也故曾子取此詩以明己之孝〻經取此詩以為諸侯之孝也先啟足而後啟手者便于侍疾者故也禮曰曾元曾申坐于足

君子所貴乎道者三動容貌斯遠暴慢矣正顏色斯近信矣出辭氣斯遠鄙倍矣籩豆之事則有司存

道无乎不在物无乎非道故默而成之于性命之理道也揮而散之于容貌詞氣亦道也蓋恭

二五

顔色誤顔容宜改正

敬達之于容貌則无暴慢之容貌矣誠信達之于顔色則无詐諂之顔色矣忠順達之于辭氣則无鄙倍之辭氣矣顔色言近信則容貌近禮辭氣近和可知于容貌言遠暴慢于辭氣言遠鄙倍則顔容（色）遠延（誕）讓可知禮曰禮義之始在于正容体齊顔色順辭令又曰君子不失足于人不失色于人不失口于人與此同意人道本也事末也末在人本在仁君子則事道有司則事事故曰籩豆之事則有司存此所以告孟敬子

也

曾子曰以能問于不能以多問于寡有若無寔若虛犯而不校昔者吾友嘗從事于斯矣

能言其才多言其學以能問于不能以多問于寡其資人者也有諸己而若无充寔而若虛其處己者也以能問于不能以多問于寡則學愈博有若无寔若虛則德愈充犯而不校則恕矣以能問于不能至実若虛不伐善者能之犯而不校不遷怒者能之則曾子所謂吾友者顏子

二六

而已孔子曰以直報怨顔子犯而不校者蓋犯
非必怨也
曾子曰可以託六尺之孤可以寄百里之命臨大
節而不可奪也君子人與君子人也
託言其所恃寄言其所付六尺之孤其責重故
言託百里之命其責輕故言寄老莊皆曰貴以
身為天下乃可託天下愛以身為天下乃可寄
天下則貴者不尊其身而其德尊愛者不危其
身而其德殺于德尊者言託于德殺者言寄是

託于寄為重寄于託為輕通而言之則一也故
寓[illegible]公于喪服傳曰寄公于君孟子則曰托于諸
侯可以託六尺之孤仁也可以寄百里之命義
也臨大節而不可奪忠也苟非君子孰能與
此

曾子曰士不可以不弘毅任重而道遠仁以為己
任不亦重乎死而後已不亦遠乎

士不可以不尚志不可以不弘毅弘則張大而
有容毅則致果而有濟孟子曰其為氣也至大

二十七

至剛蓋人生莫不有剛大之氣患乎不能尚志以帥之尚志以帥之則弘可以致至大毅可以致至剛故能任重而道遠記曰仁之為器重其為道遠舉者莫能至此所以不可不弘毅也詩曰惟仲山甫不侮矜寡不畏強禦德輶如毛惟仲山甫舉之則不伐（侮）矜寡弘也不畏強禦毅也惟仲山甫舉之任重也記曰斃而已矣荀卿曰生乎由是道死乎由是道遠之謂也坤言厚德載物乾言自強不息則任重者地道遠者天道

中于言言字疑誤待查

樂亦至亦誤之宜改

充弘毅至此則大人之事備孟子于士尚志則兼仁義言之此則言仁不及義者仁者義之本故也

子曰興于詩立于禮成于樂

學始于言故興于詩中于言衍故立于禮終于德故成于樂禮樂者成人之事詩者養蒙之具孔子之于小子則曰何莫學夫詩于成人則曰文之以禮樂此禮也所謂志之所至詩亦至焉詩之所至禮亦至焉禮之所至樂亦至焉者也然興

二八

于詩非不學禮也特不可謂之立〻于禮非不
知樂也特不可謂之成禮曰十有三年學樂誦
詩舞勺成童舞象學射御二十而冠始學禮學
記之教人亦先之以安弦夔之教冑子亦先之
以樂于此言成于樂則樂者學之所終始也雖
其禮樂皆得謂之有德然後為脩之至矣荀子
曰學始于誦詩終于讀禮是可以與立也以為
學止乎此則未也

子曰民可使由之不可使知之

聖人制行以人不以己議道以己不以人以人
不以己故禮方而卑所以廣業而其仁顯以己
不以仁故智圓而神所以崇德而其用藏顯故
民可使由之藏故不可使知之易曰百姓日用
而不知孟子曰終身由之而不知其道者衆矣
是也惟其不知故不可使知之不可使知之而
必其知則是以己之所能者病人以人之所不
能者愧人是雖至于折骨絶筋亦无益矣此所
以有餘不敢盡也若夫老子所謂古之善爲道

二十九

者非以明民莊子曰聖人者天下之利器不可以示人則進于此矣

子曰好勇疾貧亂也人而不仁疾之已甚亂也

子路好勇矣然衣敝緼袍而不疾貧故不爲亂商丘開疾貧矣然力弱而不好勇亦不爲亂好勇而不疾貧則未必爲亂貧而不好勇則不能爲亂故曰好勇疾貧亂也夫鳥窮則搏獸窮則攫馬窮則逸人窮則詐故于不仁者尅核太至

則不肖之心應之故曰人而不仁疾之已甚亂也蓋不仁者非不疾之疾之不可已甚孔子之不為已甚老子之言去甚者此也疾不仁者義也不至于已甚者智也兵法曰寇窮勿追亦此意也

子曰如有周公之才之美使驕且吝其餘不足觀也已

才之美者莫過于周公行之醜者莫甚于驕吝有周公之才之美使驕且吝猶不足觀又況才

三十

美下此者乎蓋君子以礼存心故不驕以仁存
心故不吝小人以驕滅敬而忘礼以吝滅愛而
忘仁忘礼與仁非所謂有德者也其何以觀之我
荀卿曰弓調然後求勁馬服然後求良士信愨
然後求智能士不信愨而多智能辟之豺狼不
可以身近之亦此意也

子曰三年學不至于穀不易得也

朱以不失穀為善人以不失性為仁善為仁之
体仁為善之用孟子以五穀辟仁則穀者仁之

寔也君子之學一年則論學取友七年小成九年大成若夫仁以為己任死而後已三年學其可以至穀哉此所以樂其自從不息也莊周曰美成在久荀卿曰真積力久則入此之謂也孔子曰有能一日有其力于仁者蓋謂誘之而己

子曰篤信好學守死善道危邦不入亂邦不居天下有道則見無道則隱

篤信則于道不疑好學則于道不蔽守死善道

三十

不信之間宜添必字

則則于道不交學至于此然后知廢興之有命去就之有義故曰危邦不入亂邦不居天下有道則見无道則隱故君子体龍之潛亦以為德体鳳之顯隱以為行邦有道則以道殉身而行邦无道則以身殉道而隱此所謂當治世而不避其任遭亂世而不為苟存然有是言也而言之不必信有是行也而行之不必果故孔子于公山佛肸之召則欲往于衛君之亂則欲入環轍天下卒老于行而未嘗隱苟非体常盡變

孰能與此哉

邦有道貧且賤焉恥也邦無道富且貴焉恥也

于可仕之時而无可仕之道貧且賤焉恥也于可退之時而无必退之志富且貴焉恥也孔子曰邦有道穀恥也孟子曰立乎人之本朝而道不行恥也與邦无道富且貴焉恥也同一意

子曰不在其位不謀其政

三三

不出其位位訊政冝政

大夫不在其政而謀其政則謂之犯分居官不在其政而謀其政則謂之侵官此易所以言思不出其位而孔子所以言各司其局此不在其位不謀其政也若夫在天則春夏秋冬不相易皆在地則東南西北不相易方在人則耳目口鼻不相易用至于朝廷不歷位而相與言不踰階而相揖大至于天地之理小至于言語之儀其定分也犹且不可犯又況不在其位而謀其政我韓之典冠者加昭侯以衣非不愛君也

冐字應改冒字　纂修盧遂

不免越職之誅晉之將中軍者將載屬公以車非不愛君也不免侵冐之責故庖人雖廢戰而尸祝者不可以代御者雖非良而參乘者不可以呼此孔子嘗為乘田則曰牛羊茁壯長而已嘗為委吏則曰會計當而已曾子不與越寇之事孟子不以為罪陽處父易中軍之班春秋以為罪其以此歟然則于田常之亂孔子不在其位而請討季氏之旅孔子不在其位而欲救之者蓋田常之亂尽人可討季氏之旅唯吉冉

三三

有而已

子曰師摯之始關雎之亂洋洋乎盈耳哉

治汙謂之汙治弊謂之弊治荒謂之荒治亂謂之亂關雎嘗亂矣師摯之始其亂而正之故師摯之始關雎之亂洋洋乎盈耳哉書曰聖謨洋洋祀曰鬼神洋洋乎盈在其上耳哉史曰洋洋乎美德役辟衆則洋洋盛美之辭師摯之始關雎之亂而孔子美之及其適齊而嘆之則其賢可知矣

子曰狂而不直侗而不愿悾々而不信吾不知之
矣
狂則進取而无節者也侗則游移而无守者也
悾則虚中而无寔者也无節而直无守而愿无
寔而信嘆未善也犹出于誠未善而无誠則非
君子所與也孔子所以深非而曰吾不知之矣
人之生也悾侗顓蒙則悾而後侗々而後狂于
此則先狂而後侗與悾者盖狂者進取善也狂
未以為善也以其未善而犹不直則其反常

三西

度甚矣子張色取仁而行違其狂而不直者

與

子曰學如不及猶恐失之

學如不及猶恐失之者用殆于學其能有得乎

此文武所以没々仲尼所以皇々也孔子之門

人猶有冉有之自畫子貢之願息宰予之晝

寢時之殆于學者多矣故孔子言此以警

之

子曰巍々乎舜禹之有天下也而不與焉

巍巍言成功之高大也有天下而不與焉者如堯之无為而治者也无為而成者君子之道故孟子曰君哉舜也孟氏先堯後舜此先舜禹而後堯何也先堯後舜者堯舜先後之序也先舜禹而後堯者以舜禹之有天下本于堯故也

子曰大哉堯之為君也巍巍乎唯天為大唯堯則之蕩蕩乎民無能名焉巍巍乎其有成功也煥乎其有文章

三十五

天任理人任情任理則大而公任情則小而私堯之為君子不私其天下則大而公為故曰唯天為大唯堯則之易曰大哉乾元傳曰无為々之謂天蓋大而公然後能无為則无不為矣堯之則天至于蕩々乎民无能名无為也巍々乎其有成功煥乎其有文章无不為也民无能名故謂之帝其有功成故謂之放勲其有文章故舜謂之重華然堯之則天之大非美而未大也則天者天之合也舜似堯為美而未大堯目以

為人之不合者蓋不虐无告不廢困窮嘉懦弱
而哀婦人此特堯之緒餘故也易曰天垂象見
吉凶聖人則之詩曰不識不知順帝之則前乎
堯者則其象而已後乎堯者順其則而已故曰
惟天為大唯堯則之
舜有臣五人而天下治武王曰予有亂臣十人子
曰才難不其然乎唐虞之際于斯為盛有婦人焉
九人而已
以天下予人易為天下得人難堯舜之時野无

三十六

遺賢而舜之治天下者五人而已文之時濟濟
多士武之亂臣十人而已故孔子嘆其才難也
考之孟子五臣則禹稷契皋陶伯益是也考之
書則亂臣十人同心同德是也書稱虢叔五人
之外周公太公召公畢公而已馬融以榮公與焉
非也子元臣母之義則所謂婦人者邑姜而
已馬融以為文母非也長宏曰十人同德周
　以與
三分天下有其二以服事殷周之德其可謂至德

也已矣
文王有君民之大德有事君之小心人有君民之
大德有故三分天下有其二有事君之小心故犹
服事殷如此則不以利累名不以私累実其德
不可以有加矣此所以為至德也不謂文王之
至德而曰周之至德者以明周之世世脩德若
文王也易曰周之盛德而此曰至德自其衰
世言之則曰盛德自其以服事殷言之則曰至
德

三十七

子曰禹吾無間然矣菲飲食而致孝乎鬼神惡衣服
而致美乎黻冕卑宮室而盡力乎溝洫禹吾無間
然矣
孚飲食美衣服崇宮室人之情也菲而致孝乎
鬼神惡而致美乎黻冕卑而盡力乎溝洫所以
仁鬼神仁民也仁者盡人道而已人道成則无
間矣易乾元言大哉亨言大亨利言大利坤元
言至哉柔言至柔靜言至靜乾以德而帝天道
也故稱大哉文王以業而王地道也故稱至德

帝道成于堯舜王道成于文武曰帝王之道而无間者禹而已故言禹終之

三十八

重廣陳用之真本入經論語全解義卷第五

左宣德郎充館閣校勘太常博士賜緋魚袋陳

祥道

子罕第九

子罕言利與命與仁

仁人道也命天道也利則和合天人之際者也

仁命人所難知利人所難為智足以及此无事

于言智不足以及此死足以與言所以罕言也

天之所利年飢不足博施濟衆堯舜猶病況于

一

人乎故鮮言之以利人所難爲故也孔子于利罕言孟子于利不言蓋罕言者利之本不言者利之末

達巷黨人曰大哉孔子博學而無所成名子聞之謂門弟子曰吾何執〻御乎執射乎吾執御矣

顏閔之徒或以德行稱或以政事稱或以文學稱或以言語稱皆其所以成名也孔子无所不學而人莫名其所以學无所不知而人莫名其所

藝字應改術字
正本未改
纂修盧遂

以知則无所成名也聖人之于天下方其人之知我也則承之以讓若曰吾少也賤故多能鄙事若聖與仁則吾豈敢君子道者三我无能焉我于辞命則不能也方其人之不知我則高其言曰天生德于予文不在茲乎下學而上達知我者其天乎此孔子所以執御而不執射者以達巷黨人之知我故也孟子于公孫丑之言既聖則曰惡是何言乎距揚墨則曰予欲承三聖其抑揚高下亦若是而已射與（御）藝皆藝也

二

古者男子之生桑弧蓬矢六以射天地四方不能者則辭以負薪之憂周官六藝先射而後御詩之叔于田先善射而後良御則射者古之所尤重也孔子于射不敢執而曰執御者謙之至也

子曰麻冕禮也今也純儉吾從衆拜下禮也今拜乎上泰也雖違衆吾從下

先王制禮之設為泰不為儉為泰不為泰用可以儉雖禮有所不行〻在乎泰雖從有所不從

故衆儉則從儉衆泰則從禮從禮者理也義者禮之權理者禮之經知禮之經則考之先王而不謬知禮之權則推于當世而可行三代之所以因革損益者亦不過如此而已矣

子絕四毋意毋必毋固毋我

聖人之于天下无適也无莫也以誠而已毋意也言不必信行不必果惟義而已毋必也可以止則止可以仕則仕趨時而已毋固也視人如我

三

信亡多宜删去

視我如人非特克己而已毋我也莊子曰于羊
于棄意聖人不必至人无己此之謂也雖然毋意
也有所謂意易曰立象以盡意是也毋必也有
所謂必名之必可言是也毋固也有所謂固君
子固窮是也毋我也有所謂我以我為隱乎是
也五行之言性惟火為能毋我而火于五臟主
神此毋我者聖人之妙用故于後言之毋者禁
止之辭也孔子之于四者非无也特止而不為
爾

子畏于匡曰文王既沒文不在茲乎天之將喪斯文也後死者不得與于斯文也天之未喪斯文也匡人其如予何

聖人之勇能无懼如畏于三軍孟施舍之勇能无懼而畏于三軍聖人于內能无懼于外不能无畏聖人无懼而畏如孟施舍同其所以无懼與孟施舍異若孟子不動心與告子同其所以不動心與告子异老子曰人之所畏不敢不畏孟子曰五百年必有王者興其間

四

必有名世者由文王至于孔子以其數則過矣
以其時考之則可矣故曰文王既沒文不在茲
乎

太宰問于子貢曰夫子聖者與何其多能也子
貢曰固天縱之將聖又多能也子聞之曰太宰
知我乎吾少也賤故多能鄙事君子多乎哉不
多也牢曰子云吾不試故藝

道德者本也藝能者末也有其本而輔之以
末則不害為君子若事其末而忘其本則

不免為眾人周公之多才多藝與孔子之多
能則多能於聖人之所不以廢而非其所先也
聖人之于天下能圓能方能短能長流之斯
為川塞之斯為淵升則雲潛則淵仁者見之謂
仁智者見之謂智大宰見之謂多能不亦宜
乎
子曰吾有知乎哉無知也有鄙夫問于我空空如
也我叩其兩端而竭焉
聖人之于人患其不能學不倦其所教患其

五

不能問不隱其所答互鄉童子之進則與之
而不拒鄙夫之問則叩兩端而竭焉盖智及
之而誠不至聖人答之以略智不及而誠至焉
聖人告之以詳故于舉一隅不以三隅反者
不竭兩端于竭兩端者不舉一隅此称物平
施也

子曰鳳鳥不至河不出圖吾已矣夫

子見齊衰者冕衣裳者與瞽者見之雖少必作過
之必趨

君子以仁存心故見齊衰者則不忍以禮存心
故見衣裳者則不慢以誠存心故見瞽者則不
欺見之雖少必作于長者敬之可知矣過之必
趨于與處者敬之可知矣見之過之而未必狎
見齊衰雖褻必以貌見冕與瞽雖狎必變夫子
居鄉之容也

六

顏淵喟然嘆曰仰之彌高鑽之彌堅瞻之在前忽
為在後夫子循循然善誘人博我以文約我以禮
欲罷不能既竭吾才如有所立卓爾雖欲從之末

由也已

仰之彌高故不可階而升鑽之彌堅故不得其門而入瞻之在前故隨之不見其後忽焉在後故迎之不見其前仰之彌高鑽之彌堅聖也瞻之在前忽焉在後神也神與聖〻人之所獨文與禮天下之所全聖人以所獨者處己以所同者誘人博我以文使之窮理約我以禮使之盡性此所謂步亦步趨亦趨既竭吾才如有所立卓爾雖欲從之末由也已此所謂夫子奔逸絶

瞠誤若宜改

塵而(若)瞠乎其後楊子曰顔子淂其行未淂其所以行者也

子疾病子路使門人爲臣病間曰久矣哉由之行詐也無臣而爲有臣吾誰欺〻天乎且予與其死于臣之手也無寧死于二三子之手乎且予縦不淂大葬予死于道路乎

子疾病子路使門人爲臣而孔子以爲欺天夫子之死門人欲葬以三代之禮而君子不以爲非禮門人欲厚葬之者義也孔子不敢

七

身奚之亂也夫詐則不誠欺則不忠不誠則无以行己不忠則无以事天故于己言詐於天言忠

子貢曰有美玉于斯韞匵而藏諸求善賈而沽諸子曰沽之哉沽之哉我待賈者也

君子未嘗不欲仕惡不由道美玉未嘗不欲沽惡不待價沽之所以行其義待價所以珍其道行其義則不失人珍其道則不失己易君子藏器于身待時而動楊[揚]子曰珍其貨而後市與此

同意

子欲居九夷或曰陋如之何子曰君子居之何陋之有

子曰吾自衛反魯然後樂正雅頌各得其所

孔子于亂不敢議執之而已于樂不敢作正之而已季札時邶不居末而次齊秦不次唐而次邶鄘不次齊而次秦陳不次陳秦而次唐周風如此雅頌可知孔子所以敘正之左傳哀公十一八

年孔子在衞魯人召之乃歸其自衞反魯之時
歟
子曰出則事公卿入則事父兄喪事不敢不勉不
爲酒困何有于我哉
子在川上曰逝者如斯夫不舍晝夜
天下之物无日而不殫无時而不移雖天地
不能遁其變舟壑不能固其藏造化密移疇
覺之哉此孔子所以有川上之嘆也此即
物觀之而已即理以觀之則流者未嘗流

逝者未嘗逝

子曰吾未見好德如好色者也

子曰譬如為山未成一簣止吾止也譬如平地雖覆一簣進吾往也

為譬則學也地譬則性也因性以為學亦猶因地以為山々幾成而敗則功雖多而志不足故曰吾止也為山也未成而進則功不多而志有餘故曰吾往也書曰為山九仞功虧一簣春秋傳曰君子惡々也疾始而善々也

九

掘井（地）启作掘井
纂修盧

樂終為善有始而為（鮮）終豈君子所樂哉此孔子所以愳冉求之畫而與童子之進也孟子曰掘地（井）九軔而不及泉犹為弃井又曰仁亦在熟之而已苟為不熟不如荑稗荀卿曰由埕而進吾與也由丘而止吾已矣自發一矢不足以為善射千里之行一步不至不足與（以）為善焉與此同意

子曰語之而不惰者其回也與

上士聞道勤而行之中士聞道若存若亡回

語之而不惰勤而行之者也餘則語之而惰若存若亡者也蓋于孔子之言无所不悅故能不惰彼予之晝寢求之目晝賜之頻息其能无所不悅哉夫子所以獨稱回也于語則不惰于言則不違惟不惰所以能潛心惟不違所以能具体記有曰得一善則拳拳服膺而勿失之不惰之說也莊子曰回坐忘矣蓋不違之說也

十

子謂顔淵曰惜乎吾見其進也未見其止

也
如有所立其進也欲罷不能未見其止也使回
不死而充其庶几之資則其為聖也何有記
曰向道而行中道而廢忘身之老也不知年
数之不足也俛焉日有孳孳斃而（後）已矣回之謂
歟

待称宜改詩稱

子曰苗而不秀者有矣夫秀而不寔（實）者有矣夫
待（詩）称種之黄茂而至于寔發寔秀苗而秀者也
寔發寔秀至于寔穎寔栗秀而寔者也古之

人以學譬寔以善譬穀則苗者可欲之善與之〻旹也秀者有諸己之信立之〻時也実者充寔之美成之〻時也曾子曰夫方其始也眴〻乎何其孺子也其壯也莊〻乎何其士也其成也由〻乎何其君子也眴〻者苗也莊〻者秀也由〻者寔也孔子之旹學者多止而不知君子也苗而不秀者有矣夫秀而不寔者有矣夫

十一

子曰後生可畏焉知來者之不如今也四十五十

而無聞焉斯亦不足畏也已

子曰年四十而見惡焉其終也已曾子曰年三十四十之間而无藝則无藝矣五十而不以善聞則不聞矣

子曰法語之言能無從乎改之爲貴巽與之言能無悅乎繹之爲貴說而不繹從而不改吾末如之何也已矣

人之性莫不秉彝而好德人之情莫不好順而惡逆以之秉彝而好德故法語之言不能

无從然物或害之患不能改故改之為美以其好順而惡逆故巽與之言不能不悅然不以道患不能繹故繹之為貴昔惠王于孟子之言公曰仁義而已是法語之言不能无從而不改幽王于聽言則對誦言如醉是巽與之言不能无悅也然而不繹此惠王所以終于不仁幽王所以終于不道也孔子所謂訓恪人言法語之言也伊尹所謂有言遜于女志巽與之言也

十二

子曰主忠信毋友不如己者過則勿憚改重出而
逸其半
子曰三軍可奪帥也匹夫不可奪志也
三軍之所恃者帥也匹夫之可守者志也以匹
夫視三軍不若三軍之衆以帥視志不若志之
固故曰三軍可奪匹夫不可奪蓋見善明然後
用心剛用心剛則心之所之者其鋭不可挫其
固不可攻此所以可親而不可刼可近而不可
迫可殺而不可辱也夫以死生之大猶不淂與

爰又況窮通之小者乎故首陽之飢不能降伯
夷之志齊之鄉相不能動孟子之心此儒行所
謂身可危而志不可奪孟子曰志氣之帥也氣
之帥本諸天三軍之帥本諸人本諸人者易奪
本諸天者難奪此士所以貴尚其志也禮曰言
有物而行有格也是以生則不可奪志死則不
可奪名

子曰衣敝緼袍與衣狐貉者立而不恥者其由也
與不忮不求何用不臧子路終身誦之子曰是道

十三

也何足以臧

勇或失于忮貧而失于貪求勇而不忮貧而不
貪唯子路能之盖懲忿則不忮窒慾則不求不
忮者可以為仁而仁不止于不忮不求者可以
為義而義不止于不求不忮不求子路終身誦
之孔子抑之曰是道也何足以臧以言是善可
以為善而非成乎善者也孟子曰人能充无欲
害人之心而仁不可勝用人能充无穿窬之心
而義不可勝用是仁義之道始于不忮不求而

貫誤寔宜改

已

子曰歲寒然後知松栢之後彫也

歲不寒不足以知松栢事不難不足以見君子

莊子曰受命于道惟松栢獨也又曰天寒既至

霜露既降然後知松栢之茂也禮曰若松栢

之有心寔貫四時而不改柯易葉此所以譬君子

之操也老子曰六親不和有孝慈国家昏乱

有忠臣傳曰疾風知勁草乱世識忠臣與此同

意

十四

躍誤懼宜改

子曰知者不惑仁者不憂勇者不懼

知者自知不為物蔽故不惑仁者自得不為物役故不憂勇者自強不為物暴故不懼知者不惑亦有時而惑易曰或懼躍在淵是也仁者不憂亦有時而憂莊子曰仁人多憂是也勇者不懼亦有時而懼孔子曰臨事而懼是也此與中庸言知仁勇者學之序也憲問篇言仁智勇者道之序也禮運言知仁勇者用人之序也經傳所言皆先智而後勇書曰天乃錫王勇

智氿曰以賢勇者與事立功蓋以勇爲主故
也

子曰可與共學未可與適道可與適道未可與立
可與立未可與權

唐棣之華偏其反而豈不爾思室是遠而子曰未
之思也夫何遠之有

子游子夏得其學故可與共學未得其所以學
故未可與適道宰我子貢得其言故可與適道
未得其所以言故未可與立顔回閔子得其行

五

揚宜改楊

似不能言下擬照本應增者字　沈孫璉

故可與立未得其所以行故未可與權可與權者聖人而已揚子曰聖人固多變也唐棣則喻权之用室則喻權之道權者反而後合故曰唐棣之華偏其反而不知返者視迩以為遠故曰豈不爾思室是遠而孔子曰未之思也夫何遠之有以言權者性之所固有求諸己而已

鄉黨第十

孔子于鄉黨恂〻如也似不能言者其在宗廟朝廷

於燕居則申々謹恂々宜改

便々言唯謹爾

道與之才聖人達之以為藝道與之貌聖人達之以為儀前言執射執御聖人之藝也以言鄉黨之禮聖人之像也然聖人之行禮不以居家者施之鄉不以居鄉者施之朝故于燕居則恂申々于鄉黨則恂々于朝庙則便々凡皆异之以称物同之以平施而已恂々德性之謂也便々辨治之謂也鄉黨貴德信則遜而无所辨故似不能言朝庙貴辨而不可不敬故曰便々唯謹

十六

周禮司徒教民以孝友睦婣而繼之以任恤此
鄉黨貴德信者也禮記言朝極辨此朝廷貴辨
治者也子入太庙每事問周禮禁慢朝錯々族
談者孟子謂朝廷不歷位而相與言禮曰在朝
言朝此便々言唯謹尔也禮言庶子在宗庙之
中如在外朝之位此言夫子在宗庙朝廷皆便
々言唯謹尔者也是宗庙朝廷之禮一也以孔
子觀之色勃如足躩如入君之門則鞠躬如不
容執君之圭則鞠躬如不勝與上大夫言則誾

〻與下大夫言則侃〻動容周旋无不中礼則
礼之為用可知矣詩云攝以威儀威儀孔皆此
之謂敬

朝與下大夫言侃〻如也與上大夫言誾〻如也
君在踧踖如也與〻如也

侃〻和也誾〻敬也踧踖則恭而安與〻則有
相與之意下交不瀆故與下大夫言侃〻如上
交不諂故、與上大夫言誾〻如恭而失相與之
意則不親有相、與之意而不恭則不敬君在踧

十七

踖如也尊之也與々如也親之也閔子侍側誾誾
々如也冉有子貢侃々如也閔子以孔子交乎
上者侍孔子冉有子貢以孔子交乎下者侍孔
子此三子之賢所以不同也詩曰執爨踖々我
黍與々則踖々者安而不遷與々者相與之謂
也
君召使擯色勃如也足躩如也揖所與立左右手
衣前後襜如也趨進翼如也賓退必復命曰賓不
顧矣

朝聘之禮主有擯賓有介公則擯五人侯伯四人子男三人公則七介侯伯五介子男三介擯有紹擯有上擯介有衆介如此然後命有所傳情有所達而不相瀆也君召使擯色勃如也其容不特莊而已足躩如也其容不特重而已揖所與立左右手衣前後襜如也其容不特恭而已孟子稱齊王勃然變乎色易以矍〻為之不安則勃如色之變也躩如足之不安也夫擯進則揖遜退則不傾揖遜者難進也

十八

謝在作訝擇閔改

纂修盧遂

不傾者易退也聘禮公食大夫禮公既拜送然後言賓不顧背賓者復命之辭周官掌訝詔其位入復及退如之退亦入復所謂賓退必復命也

入公門鞠躬如也如不容立不中門行不履閾過位色勃如也足躩如也其言似不足者攝齊升堂鞠躬如也屛氣似不息者出降一等逞顔色怡怡如也沒階趨進翼如也復其位踧踖如也

陣亘屬陣

執圭鞠躬如也如不勝上如揖下如授勃如戰色

足蹜蹜如有循

立中門則嬪于自尊行履閾則嬪于自高過位

過君之位也勃如戰如色如戰陣陳之色也足蹜蹜

如有循旁緣而有循也禮曰士大夫出入君門

由闑右不履閾立不中門行不履閾之謂也又

曰執圭器執輕如不克執玉器操幣圭璧行不

舉足如不勝之謂也玉藻曰執龜玉舉前曳踵

蹜蹜如也儀禮曰執玉者惟周舒武舉前曳踵

十九

足蹜〻如有循之謂也入公門如升堂如執圭
故皆曰鞠躬如也過位如使擯故皆曰色勃
如也足躩如也復其位如君在故皆曰踧踖
如也沒階趨〻如君召使擯故皆曰趨進翼
如也非夫動容周旋盛德中禮之至者誰能
至此」

享禮有容色私覿愉〻如也
享致其禮私覿致其情致其禮則尚敬致其情
則尚和故愉〻如也禮記言賓私覿私面致饔

是公子是冝改楚

餼還圭璋周禮司儀言私面私獻春秋傳曰楚

公子弃疾見鄭伯以其良馬私面則私覿固有

獻矣蓋言享則知私覿之為獻言私覿則知享

之為公互相備也然使而私覿則禮也覿而私

覿則非禮也故禮記曰朝覲大夫之私覿非禮

也

君子不以紺緅飾紅紫不以為褻服當暑袗絺綌

必表而出之

色未及緇為緅色過于緇為紺考工記鍾氏五

二十

入為緅是未及緇也列子曰以涅染紺而緇于涅是紺過于緇也火克金為紅南方之間色其象則陽侵陰水克火為紫北方之間色其象則陰侵陽君子不以紺為其近齊服也不以緅為其近練服也不以紅紫為褻服為其非正色也不以為飾則不以為衣可知不以為褻服則不以為正服可知當暑袗絺綌不入公門必表而出之詩所謂蒙彼縐絺是也曲禮玉藻皆言袗絺綌不入公門此中人之禮也孔子袗絺綌必

表而出非特不入公門而已

緇衣羔裘素衣麑裘黄衣狐裘

礼記曰麑裘素衣以裼之羔裘緇衣以裼之狐裘黄衣以裼之則緇衣羔裘素衣麑裘黄衣狐裘者称其色以裼之也羔之色黑其性則群而有礼麑之色白其性則弱而善愛狐之色黄其性則黄而多正緇所以象道素所以象義黄狂坤而象万物朝廷者道與礼之所自出故于緇衣羔裘為朝服喪則仁義之尽故以素衣麑裘為

二十

喪服蜡所以息老物故以黄衣狐裘為蜡服此
皆色之純者也然有所不必純則純者所以相
称其不純者所以相成故記曰狐白裘錦裼之
狐青裘元裼之
褻裘長短右袂必有寢衣長一身有半
天不足西北故人之右目不如左明地不滿東
南故人之手足右強右強則有利于用故右短
袂以便作事正裘所以行有禮故不長褻裘取
温故長

狐貉之厚以居

先王之制衣服有以成德者有以稱德者成德者外成乎內稱德者外稱乎內孔子曰衰麻苴杖者志不存乎樂非耳勿聞服使然也黼黻衮冕者容不褻慢非性矜莊服使然也介胄執戈者无退懦之氣非体絕猛服故也此以外成乎內也莊子曰冠圜冠者知天時履句屨者知地形緩佩玦者事至而斷此以外稱乎內也狐之性善疑而戒貉之性善明而靜居則戒于外而

主

故去喪喪字誤應改而

靜于内故裘必以狐貉取溫而已故必學詩曰一之日于貉取彼狐貍為公子裘豳民以貉為裘以狐貍為公子裘是狐裘美于貉矣故先狐後貉

去喪無所不佩

佩所以致飾喪則去飾矣故去喪而不佩去喪无所不佩禮曰君子无故玉不去身凡帶必有佩玉惟喪否是也昔石駘仲卒卜所以為後者石祁子不沐浴佩玉而兆若祁子可謂知禮

矣然是禮也非必終喪然也禮曰禫而纖無所
不佩
非帷裳必殺之羔裘玄冠不以弔
詩曰漸車帷裳則帷裳者用禮巾車所謂華蓋
是也羔裘朝服也玄冠祭服也季桓子死魯大
夫朝服而弔孔子曰始死羔裘玄冠者易之而
已蓋始死主人未變服則羔裘玄冠可也及小
斂則主人變服羔裘玄冠以弔非禮也子游裼
裘而弔曾子始飲而後是之然則曾子之知禮

其知子游之後乎朝服言裘不言冠祭朝言冠不言裘互相備也

吉月必朝服而朝

周禮言正月之吉詩言二月初吉朔月謂之吉者明生之幾故也魯自文公始廢告朔之禮孔子吉月猶必朝服而朝所以存禮也周官設辭羨以起度孔子不去餼羊以存告朔孟子不毀明堂以存王政皆救世之苦心也孔子吉月之朝知者以為存禮不知者以為

詢也

齊必有明衣布齊必変食

齊所以致精明之德于内而防其邪物于外故不御於内不聽樂不弔不賓不飲酒不膳葷喪者凶者則不見苟慮苟動則不聞然後可交于神明此所以必有明衣與変食也謂之明衣以其致精明德也布以其有齊素之心也変食與周礼王齊日三舉同意然此第祭祀之齊非心齊也心齊則致虚而已何物之能

卅四

累者哉士喪禮亦有明衣蓋君子齊終之意
也
居必遷坐一
久立傷骨久行傷筋久臥傷氣久坐傷肉久
視傷血居必迁坐非久坐也
食不厭精膾不厭細食饐而餲魚餒而肉敗不
食色惡不食臭惡不食失飪不食不時不食割
不正不食不得其醬不食肉雖多不使勝食氣
惟酒無量不及亂沽酒市脯不食不撤薑食不

木豈能擇乎據左傳添
纂修盧遂

色之惡也惡字應作变
牛犹 犹應作腐不應刪
纂修盧遂

犹字多宜刪去

多食祭于公不宿肉祭肉不出三日出三日不食之矣

飲食所以存生亦所以害生所以養形亦所以累形為其有以累形故不恥惡衣惡食為其有以害生故食不厭精夫肉曰敗魚曰餒敗則外腐餒則中潰青色惡色之變也臭惡氣之変也然臭惡不特氣之变而已若牛腐羊膻犬臊鳥狸豕腥馬蠓之類皆是也禮曰天不生地不養君子不以為禮鬼神勿嚮也又曰五穀不時果實

三五

一旦二字係宜字誤
据漢書改
纂修盧遂

未熟不粥于市卯信臣曰不時之物有傷于人不宜以奉供養漢之鄧后亦禁不時之物此之謂不時不食也亂曰骨有貴賤貴者取貴骨賤者取賤骨此所以割不正不食也蓋不時不食不可食也割不正不食不安食也神農氏曰醬除埶不煩姜去腥通神不得其醬不食亂所謂魚膾芥醬麋腥醢醬之類是也不撤薑食亂所謂飲食必有艸木之滋是也夫天産養精所以作陰德地産養形所以作陽德不以作陰德

醢誤醻据孔記改
纂修盧遂

者勝陽德故曰肉雖多不勝食氣唯酒無量如
酌孔取是也不及乱不為酒困是也不多食節
飲食是也
食不語寢不言雖疏食菜羹瓜祭必齊如也
席不正不坐鄉人飲酒杖者出斯出矣
直言曰言論難曰語食不語者必不言寢不言
者不必不語君子不以菲廢礼故雖蔬食菜羹
瓜祭必齊如也席之所向非所向所止非所止
非所止非礼也故席不正不坐疾行先長謂之

二十六

不弟徐行後長謂之弟故鄉人飲酒杖者出斯出矣

鄉人儺朝服而立于阼階

問人于他邦再拜而送之

孝莫大于寧親寧親莫大于寧神鄉人儺則神有所不寧故朝服立于阼階所以寧之也此與方相氏月令皆曰儺郊特牲則曰禓禓者則謂之儺以狂夫為之狂則陽過之疾者也以陽勝陰則謂之禓去其為難者則謂之儺其寔一也

郊特牲則曰禓禓者即謂之儺數句有誤宜改正

季令改季冬

方相氏以時儺者占夢季冬令始儺則所謂時儺者季冬而已蓋冬者萬物歸根之時先王因其歸根之時而為之毆贈之禮故占夢季冬贈吉夢去惡夢男巫冬堂贈則儺于是時也宜矣月令仲春秋皆有儺非周制也

康子饋藥拜而受之曰丘未達不敢嘗

廐焚子退朝曰傷人乎不問馬

饋藥而不敢嘗慎疾故也廐焚不問馬重人故也傳曰国廐焚子退朝而之火所鄉人有為火

二十七

來者盖問人曰仁也拜之者禮也昔魯桓僖廟災救火者皆曰顧府南宫敬叔至命周人出御書子服景伯至命宰人出禮書公父文伯至命校人駕乘車季桓子至命救化者傷人則止財可為也命藏象魏富父槐至去表之稾其所命不全要急于重人而已而書次傳命駕車輿顧府者其異乎夫子之問人不問馬也盖亦遠矣

君賜食必正席先嘗之君賜腥必熟而薦之君賜

生必畜之侍食于君〻祭先飯疾君視之東首加
朝服拖紳
君賜食必正席先嘗之敬君惠也君賜腥必熟
而荐之崇君惠也君賜生必畜之仁君惠也礼
曰侍食于君子先飯而後已又曰侍食于先生
異爵者後祭先飯夫于先生君子其敬尚如此
況侍于君側乎此礼所以言君客之則先飯辦
嘗羞飲而俟也然若有将命者則俟君之食
然後食矣礼曰君有疾飲藥臣先嘗之親有

二十八

君之祭仁也而禮存焉 仁誤之

疾飲藥子先嘗之〻嘗食之意也古者于爨則祭先炊于田則祭田祖于樂則祭樂祖于開龜則祭先卜于養老則祭先老于學則祭先聖先師于馬則祭馬祖先牧于射則祭候于駕則祭車以至師田有禡飲食有祭皆所以不忘本也君之祭仁也而禮存焉臣之先飯禮也而仁存焉

君命召不俟駕行矣

父命呼唯而不諾手執業則投之食在口則吐

之走而勿趨為人臣者資于事父以事君而敬
同此所以不俟駕也詩云顛之倒之自公召之
礼曰在官不俟屨在外不俟車荀卿曰諸侯召
不俟駕而走礼也然當其為臣則可召當其為
師則不可召可召而而不適往則非礼不可召而
往為則非義孔子不俟駕孟子辞以疾者以
此

入太廟每事問重出

朋友死無所歸曰于我殯

二十九

子夏問曰客至无所舍夫子曰于我乎館客至死无所殯夫子曰于我乎殯礼歟仁歟子曰仁者制礼盖礼非仁不立仁非礼不行生于我乎館礼也而仁存爲死于我乎殯仁也而礼亦存焉

朋友之饋雖車馬非祭肉不拜

車馬雖重爲礼輕祭肉雖輕爲礼重故朋友之賜雖車馬非祭肉不拜若夫于君賜車馬乘以拜賜衣服〻以拜酒肉之賜不再拜則无所不

拜矣

寢不尸居不容見齊衰者雖狎必變見冕者與瞽者雖褻必以貌凶服者式之式負版者

素相親近者為狎齊衰者雖與之狎近變其色所以哀有喪也數相見向者為褻冕與瞽者雖與之褻見必盡其禮所以致其敬也凶服者不但齊衰而已孔子過泰山側有婦人哭而哀式而听之式凶服也周官之法生齒以上書于版則版民數也孔子式負版者重

三十

民数也觀司寇之登民数以王之尊犹拜而受之以冢宰之貴犹式之而已孔子之式不亦宜乎

有盛饌必变色而作迅雷風烈必变

食至起則不必变色有盛饌則变色而作孔子曰主人不以礼客不敢尽礼主人既尽礼客亦不敢不尽礼者也礼曰有疾風迅雷甚雨則必变雖夜亦必興服衣冠而坐詩曰敬天之怒无敢戲豫敬天之渝无敢馳驅皆恐惧脩省之意

也

升車必正立執綏車中不内顧不疾言不親

指

升車執綏不親指手不失儀也不内顧首不

失儀也不疾言口不失儀也周官道右所謂

車儀者此也然礼記言不廣欬不妄指顧不

過轂此言不内顧不疾言不親指者不廣

欬不必不疾言不疾言不持不廣欬而已不

妄指不必不親指不親指不持不妄指而已

圭

傾不過轂不必不内傾不内顧不特顧不過
轂而已論語言孔子為人臣之禮故其禮特
過于嚴記言為人君之事故其禮不妨于稍
寬
色斯舉矣翔而後集曰山梁雌雉時哉時哉子路
共之三嗅而作
衛靈公望鴈色不在焉而戎孔子遂行此所謂
色斯舉矣孔子曰鳥能擇木木豈能擇鳥此之謂
翔而後集也色斯舉矣易退也翔而後集難進

也色斯舉矣翔而後集者臣之道也故以雌雉
繼鳥雌雉之爲物其別有倫礼也其交有時義
也君子出處以時去就以道亦若是焉而已孔
子嘆雌雉于山梁亦此意也他日子路共之三
嗅而作其能識去就之宜也共與周礼共舉之
共全

三十三

經

欽定
○論語全解卷
宋○陳祥道○撰○○
先進第十一
子曰

凡原文中有小字者均照[illegible]改為大寫字從正楷為[illegible]

重廣陳用之真本入經論語全解卷第六

左宣德郎充館閣校勘太常博士賜緋魚袋陳

祥道

先進第十一

子曰先進于禮樂野人也後進于禮樂君子也如

用之則吾從先進

時有先後禮樂有文質先進于禮樂惟其寔而

文不足故曰野人後進于禮樂惟其文而已故

曰君子惟其文則非彬彬者也故欲從先進以

一

救之以其矯枉以直救時以正孔子筮得賁卦
其色愀然與此仝意論語之言文質有曰從周
從先進有曰彬〻彬〻者道之中從周從先進
者時之中洪範三德其施于燮强弗康亦若是
而已
子曰從我于陳蔡者皆不及門也德行顏淵閔子
騫冉伯牛仲弓言語宰我子貢政事冉有季路文
學子游子夏
子曰回也非助我者也于吾言無所不說

刪後其所注疑誤
存查
纂修盧遂

門者道之微室者道之妙自門以徂堂入室之理也由微以至妙入道之序也孔子之門淵騫之徒從之也久造之也深其上有至于在寢其下有至于升堂故列之四科於陳蔡者則後其所從皆不及門孔子所以憫之也夫德則成之以行言則成之以語政則成之以事文則成之以學德行所以行道言語所以明道政事則治人而已文學則道學而已由仲弓而上則具体而微者也由仲弓而下則得其一体者也其具体

二

而後求牛　求字誤當作而後伯牛仲弓

而微則同其所以具体而微則異故先顏閔而後求伯牛仲弓其得一体則同而其所以得一体則異故先言語而後政事文學矣曰或以德進或以事舉或以言揚其序與此不同者學道以言語為優取人以政事為先也子張之才與于四友曾子之孝幾于德行而四科不稱之者蓋論四科之時二子之才未成故也夫以二子之才未成猶不列于四科彼許商以四科論士王莽以四科取士不亦偽哉

子曰孝哉閔子騫人不閒於其父母昆弟之言

孝于德為本于行為大閔子騫盡孝之道能和睦而无怨者也故人不閒于其父母兄弟之言曾參之孝特可語之以和睦无怨而已故或告其殺人而母疑之也亢倉子曰閔子善事父母交遊稱其信鄉黨稱其仁宗族稱其弟德行之人溢于天下所以人不閒於其父母兄弟之言也

三

南容三復白圭孔子以其兄之子妻之

傳曰一言而非駟馬勿追一言而急駟馬勿及故在天有卷舌之星在周廟有金人之銘是言者禜辱之主禍福之机不可不慎也南容誦詩至白圭而三復可謂能慎矣此所以邦无道免于刑戮

季康子問弟子孰為好學孔子對曰有顏回者好學不幸短命死矣今也則亡

君子之于天下异之以稱物同之以平施與工

大夫言至于誾〻與下大夫言則侃〻而已對君與大夫可以同之哉故對哀公則詳對康子則略

顏淵死顏路請子之車以為之椁子曰才不才亦各言其子也鯉也死有棺而無椁吾不徒行以為之椁以吾從大夫之後不可徒行也

顏淵死子曰噫天喪予天喪予

顏淵死子哭之慟從者曰子慟矣曰有慟乎非夫人之為慟而誰為

四

顔淵死門人欲厚葬之子曰不可門人厚葬之子
曰回也視予猶父也予不得視猶子也非我也夫
二三子也
君子之于人不以義掩恩不以恩掩義以義掩
恩君子之所不忍以恩掩義君子之所不敢顔
淵死而子哭之慟者恩也顔路請車以為椁而
不與之義也孟子曰不得不可以為悦无財不
可以為悦得之為有財古之人皆用之然則顔
淵之貧非所謂有財其賤也非所謂得之世孔

可葬以人所不可行之禮

子所以不與之車而以門人學葬爲不可也回之死門人學葬之孔子以爲不可孔子之死門人以三代之禮葬之君子不以爲非者蓋有孔子之德然後可執葬以人所不可行之禮若无其德如孔子而亦可以爲師者門人學葬之則過矣孔子曰才不才亦各言其子則與墨翟愛无差等异曰天喪予則與哀公天祝予天祝予同鯉之死固先于顔淵史記以顔淵之死先于鯉妄矣

五

季路問事鬼神子曰未能事人焉能事鬼敢問死
曰未知生焉知死
善教者不陵節善學者不躐等子路問事鬼與
知死躐等也孔子不告之不陵節也盖尽事人
之道則知事鬼尽知生之理則可以知死〻生
之説鬼神之情狀非夫原始要終極物知変孰
與此哉然子貢問死者之所知而不告宰予問
鬼神之名而告之其不告與此同其告與此异
者盖所告者事鬼之事不告者事鬼之道也易

以知死生先于鬼神子路之問則先事鬼而後
及知死者蓋問事鬼而不可得然後及于其次
者
閔子侍側誾々如也子路行々如也冉有子貢侃
々如也子樂若由也不得其死然
老子曰柔弱者生之徒剛强者死之徒周廟之
銘曰强梁者不得其死好勝者必遇其敵故子
路之行々孔子曰若由也不得其死然顏淵曰
力猛于德而得其死者鮮矣然則子路之與盈
六

成括有以异乎曰括不聞道而小有才有必死
之道由聞道而不能法有不得其死之道有必
死之道不免為小人有不得其死之道无害為
君子
魯人為長府閔子騫曰仍舊貫如之何〻必改作
子曰夫人不言〻必有中
利不百者不变法功不十者不易器魯人為
長府于利則不百于功則不十特傷財勞民
而已閔子所以言仍舊貫如之何〻必改作

也言必有中與孔子之言皆中時病者同一
意
子曰由之瑟奚為于丘之門〻人不敬子路子曰
由也升堂矣未入于室也
孔子之意欲子路之進于道也則抑之欲門人
之知子路也則又譽之抑之者仁也譽之者義
也
子貢問師與商也孰賢子曰師也過商也不及曰
然則師愈與子曰過猶不及
七

子曰師也辟子游曰吾友張也為難能也過也子謂子夏曰无為小人儒子游曰子夏之門人小子當洒掃應對進退則可矣抑末也本之則无如之何不及也由世俗言之則過優于不及由礼義以觀之則過猶不及而已是故賢者過之不肖者不及而道之不明一也智者過之愚者不及而道之不行一也墨翟之兼愛楊朱之為我其于害道一也單豹之養內張毅之養外其于傷生一也或之失多或失之寡皆學者之

見誤祭宜改

獘或徐而甘或疾而苦皆輪人之患華无実〻无華皆不足以為亂事勝辭〻勝事皆不足以為經然則過與不及豈相遠哉礼記言子夏除喪而祭見子之瑟彈之而不成聲子張除喪而見予之瑟彈之而成聲夫子夏善哀于己三年之内子張忘哀于才三年之際則是商也過師也不及與此不全何也孔子家語毛氏詩傳言子夏援琴衎〻而樂損援琴切〻而哀盖家語可信而記可疑

八

季氏富于周公而求也為之聚歛而附益之子曰

非吾徒也小子鳴鼓而攻之可也

喻于義者君子之事喻于利者小人之事冉有學君子之道而為小人之事故曰非吾徒也小子鳴鼓而攻之可也夫隱惡而揚善者孔子之心鳴鼓而攻之者孔子之所不得已也易夬揚于王庭周官戮而罰之皆鳴鼓而攻之〻意也礼曰百乘之家不畜聚歛之臣與其有聚歛之臣寧有盜臣蓋聚歛之臣倚法以削而其害大

盗臣取非其有而其害小其害大者孟子以為民賊其害小者周官以為邦盗而已由此觀之則冉求之見恶于孔子宜矣然對季康子之問從政則取之此則攻之何也君子之于人不以所短廢所長亦不以所長蔽所短其取之者仁也其攻之者義也孔子不以管仲不知禮為不仁亦不以管仲之仁為知禮春秋不以僖公之有頌而隱其非不以春秋之有貶而沒其美亦猶是也

九

柴也愚參也魯師也辟由也喭

子曰回也其庶乎屢空賜不受命而貨殖焉億則屢中

愚則不智魯則不中喭則不怯子路使子羔為費宰孔子以為賊夫人之子及為成宰犯人之禾而不庚此柴之愚也以子游裼裘而弔為礼以孔子死欲速朽喪欲速貧之言為是此參之魯也子貢仕于魯廢著鬻財于齊魯之間此貨殖者也邾子執玉高其容仰隱公執玉卑其容

不知為知人上知字誤以文義觀之宜改足字

其容俯子貢視之以為皆死為此億則屢中者也貨殖不受命不足為知天屢中不知為知人惟回之屢空為庶以其安命故也蓋柴師參由蔽于性求賜累于物惟回則不然此所以為庶也

子張問善人之道子曰不踐迹亦不入于室

子曰論篤是與君子者乎色莊者乎

所存者在心所行者在迹心過于迹則于君子為有餘迹過于心則于善人為不足蓋善人之

十

道未能有諸己者也未能有諸己則必以心踐
迹然後能入于室子張禹行舜趨未考其行而
不掩迹為不踐迹者也故答之以不踐迹亦不
入于室然又曰論篤是與君子者乎色莊者乎
謂躬行君子則善矣色莊則不足于善論不篤
者以色莊為善人論篤者則與君子而已子張
能莊而不能誠故告之如此易曰元者善之長
君子体仁足以長人是善者仁之体仁者善之
用子張未足于善人則其難與並為仁也固

矣

子路問聞斯行諸子曰有父兄在如之何其聞斯行之冉有問聞斯行諸子曰聞斯行之公西華曰由也問聞斯行諸子曰有父兄在求也問聞斯行諸子曰聞斯行之赤也惑敢問子曰求也退故進之由也兼人故退之

善医者之于人補其不足損其有餘善教者之于人長其善救其失此所以于求也退故進之由也兼人故退之也為人子者无私喜无私怒

十一

出必告反必面不有其身不私財不私其食饗不擅于税入有父兄在聞斯行諸其亦可乎曰告于父兄禮也聞斯行諸義也昔舜之娶君子以爲猶告則聞斯行諸君子有嘗爲之矣易曰過其祖是也蓋由之有聞未之能行惟恐有聞故教之以禮而抑其過求悦夫子之道以力不足而自畫故教之以義而勉其不及若夫道无二子之蔽則行禮以義守義以禮惟其當而已

子畏于匡顔淵後子曰吾以女為死矣曰子在回何敢死

弟之于師猶臣之于君臣之于君〻在與在君亡與亡故回曰子在回何敢死傳曰死者非難處死者難若回可謂知處死矣衛君之難孔子于柴知其來于由知其死及匡之難孔子于回則疑之何也君子之善死象也或不免焉命也象固可知而不可必命則難諶而不可知孔子之于匡畏所不可不畏于顔淵也疑所不可不

十三

疑

季子然問仲由冉求可謂大臣與子曰吾以子為異之問曾由與求之問所謂大臣者以道事君不可則止今由與求也可謂具臣矣曰然則從之者與子曰弒父與君亦不從也

大臣事君以道具臣事君以才事君以道故能致君于堯舜之隆措世于禮樂之盛及其不可則止而已事君以才則智足以効一官能足以効一職及其不可則從之而已仲由足于果不

足于藝冉求足于藝不足于果李氏旅于泰山
而不能救代顓臾而不能諫而又不能致之而
去是備位者也故曰具臣然弑父與君而從之
則孟子所謂亂臣者也由求于大臣則不能
于姦臣則不為故曰弑父與君亦不從也齊
魯二生漢台之而不至且曰禮樂必百年而
後興是待天下以不仁也楊子謂之大臣過
矣

子路使子羔為費宰子曰賊夫人之子子路曰有

十三

民人焉有社稷焉何必讀書然後為學子曰是故惡夫佞者

聞學而後從政未聞以政學者也故先人民社稷而學之則事至而辨後人民社稷而學之則莅事煩矣孔子喜開點之不願仕而惡子路以子羔為費宰則學其可忽哉夫有才而不聞道猶足以殺身則不學而仕者不能無害故曰賊夫人之子〻產論尹何為室亦猶是也

子路曾晳冉有公西華侍坐子曰以吾一日長乎爾毋吾以也居則曰不吾知也如或知爾則何以哉子路率爾而對曰千乘之國攝乎大國之間加之以師旅因之以飢饉由也為之比及三年可使有勇且知方也夫子哂之求爾何如對曰方六七十如五六十求也為之比及三年可使足民如其禮樂以俟君子赤爾何如對曰非曰能之願學焉宗廟之事如會同端章甫願為小相焉點爾何如鼓瑟希鏗爾舍瑟而

十四

作對曰異夫三子者之撰子曰何傷乎亦各言其志也曰莫春者春服既成冠者五六人童子六七人浴乎沂風乎舞雩詠而歸夫子喟然嘆曰吾與點也三子者出曾皙後曾皙曰夫三子者之言何如子曰亦各言其志也已矣曰夫子何哂由也曰為國以禮其言不讓是故哂之唯求則非邦也與安見方六七十如五六十而非邦也者唯赤則非邦也與宗廟會同非諸侯而何赤也為之小孰能為之大

加以師旅因以飢饉則困于力而救死不暇矣困于力則不能勇救死不暇則不知為善由也于不知為善者則方之比及三年則能拯已困之民置之安強之地故不能勇者斯有勇不知為善者斯知方此果之效也足民者治之始禮樂者治之終求雖不足于禮樂而使足民此藝之效也由能勇而不知遜求亦知遜而不知道若點可謂知道矣故有志于學无志于仕而孔子與之也孔子无君則皇皇出疆必載質未嘗

十五

不急于仕也點无志于仕孔子與之可耶君子之于道有餘不可以不應不足不可以不求子有餘而急于應點不足而急于求此所以為孔子曾點也

顏淵第十二

顏淵問仁子曰克己復礼為仁一日克己復礼天下歸仁焉為仁由己而由人乎哉顏淵曰請問其目子曰非礼勿視非礼勿聽非礼勿言非礼勿動顏淵曰回雖不敏請事斯語

矣
己物之欲也勝己之私謂之克禮性所有也克
己而趨焉謂之復蓋不遠之復令于脩身故復
禮本于克己克己則能仁復禮則能克一日克
己復禮天下歸仁焉則不在人矣為仁由己則
不在外矣為仁由己故不可以不克己非禮勿
視勿聽勿言勿動故不可以不復禮孔子曰人
而不仁如禮何禮曰道德仁義非禮不成是禮
以仁而後復仁以禮而後成顏淵嘗曰約我以

十六

礼蓋所以成其心也然克己未至于无我復礼未至于中礼此此回所以止于殆庶也今夫水性无人火性无我无人未離乎有我而于五藏為精々則為賢人无我則不特无人而已故于五藏為神々則為聖人回之克己孔子之无我如此而已

仲弓問仁子曰出門如見大賓使民如承大祭己所不欲勿施于人在邦無怨在家無怨仲弓曰雍雖不敏請事斯語矣

春官之師宜改春官之大司樂

司馬牛問仁子曰仁者其言也訒曰其言也訒斯謂之仁矣乎子曰為之難言之得無訒乎

周礼大祭中祭小祭見于天官之酒正春官之〔大司樂〕師大賓之礼大客之儀見于秋官之行人則凡祭與客其礼殺大祭大賓其礼隆出門如見大賓使民如承大祭欽也己所不欲勿施于人恕也欽則于人无所慢恕則于人无所拂故在邦无怨在家无怨在家」无怨易在邦无怨難故先

十七

下敬字宜改恕

邦而後家也春秋傳曰出門如賓承事如祭仁之則也孟子曰強恕而行求仁莫近焉仲弓問仁故孔子答之如此仲弓嘗言居敬行簡而其行則不録舊罪使臣如借居敬行簡使臣如借則可教之以敬不録舊罪則可教之以敬[恕]聖人之于人豈能推其所有強其所无哉亦因其性而道之也故司馬牛未可與言仁則告之以仁為之難而已樊遲子張可與言仁而未可與言為仁故或告之以先難或告之以愛人或告之

以居處恭執事敬與人忠或告之以恭寬信敏惠而已惟顏子然後能盡仁故告之以克己復禮克復仁之事也仲弓可與言仁未可以盡仁故告之以敬恕而已訒與難一也言之難則曰訒為之難則曰難牛多言而躁言訒云者救之失歟

十八

司馬牛問君子子曰君子不憂不懼曰不憂不懼斯謂之君子矣乎子曰内省不疚夫何憂何懼

君子之脩身也言行无尤悔俯仰不愧怍以守
則爲仁以行則爲勇仁故不憂勇故不懼古詩
有之德義之不愆何恤人之言内省不疚而不
憂者也曾子曰自反而縮雖千萬人吾往矣内
省不疚而不懼者也不憂不懼孔子猶以爲不
能牛不足與言仁而告之以此何也牛以魋之
爲亂而憂懼爲故孔子觧之而已非牛可以與
言此也憂在内懼在外傳曰民无内憂又无外
懼

師慧誤師惠宜改

司馬牛憂曰人皆有兄弟我獨亡子夏曰商聞之矣死生有命富貴在天君子敬而無失與人恭而有礼四海之内皆兄弟也君子何患乎無兄弟也

鄭師惠慧謂朝无人非无人也无賢人也晋叔向謂卒列无長非无長也无善長也司馬牛憂无兄弟非无兄弟也无令兄弟也命者天之令天者命之所自出孟子曰莫之為而為者天莫之致而致者命是天以遠而在彼者為言

十九

命以近而在此者為言也死生非力之所能移故言有命富貴非人之所能為故言在天然合而論之則一而已書曰我生不有命在天是在命者可以言天也列子命謂力曰尔何賤賢而貴愚貧善而富惡是在天者可以言命也言與人恭則敬以處己者也言有禮則无失德者也處己敬而有德則人宗之與人恭而有禮則人親之如此則四海之內孰非兄弟也曾子謂弟子曰執仁立志先言而後行千里之外皆兄弟

也苟是之不為則雖汝親庸親汝乎此與仝意覩桓魋之亂司馬牛致邑而適齊及桓魋奔齊司馬牛致邑而適吳趙簡子召之于晉陳成子亦召之于齊而莫之屑就及卒于魯而已則司馬牛之賢可知矣故孔子曰君子何患乎无兄弟

子張問明子曰浸潤之譖膚受之愬不行焉可謂明也已矣浸潤之譖膚受之愬不行焉可謂遠也已矣

二十

譖而言之謂之譖首而告之謂之愬浸潤之譖若水之于物則漸而不暴膚受之愬若垢之于膚則淺而不迫皆其難知者也能知其所難知而止之使不行則其智明出人遠矣蓋明則察言而已遠則明之過于人君子之于譖愬有度以度之有數以數之故詩曰他人有心予忖度之往來行言心焉數之如此則賢者不以忠信見疑小人不以誕謾見信豈非明而且遠哉傳曰流丸止于甌臾流言止于智

往來行言 往誤行

者

子貢問政子曰足食足兵民信之矣子貢曰必不得已而去于斯三者何先曰去兵子貢曰必不得已而去于斯二者何先曰去食自古皆有死民無信不立

兵之于德為末于器為凶故古者制字之意戈欲偃弓欲弛武欲止則兵豈先王之所尚哉此所以寧有信而去兵也食之所養者小体也信之所養者大体也故无信而生不若有信而死

三十

此其所以寧去食而信斷不可少也然非兵則无以有其食非食則无以存其信三者固不可偏廢惟其輕重緩急之不同故孔子之言有如

此

棘子成曰君子質而已矣何以文爲子貢曰惜乎夫子之説君子也駟不及舌文猶質也質猶文也虎豹之鞟猶犬羊之鞟

毛謂之皮革謂之鞟虎豹犬羊所以别者以皮之不同也君子野人所以别者以文質之不

同也今也去毛以為鞟則虎豹犹犬羊而已
去文以從質則君子犹野人而已此棘子成
之失于偏見也故子貢責之以駟不及舌鄧
析曰一言而非駟馬勿追一言而急駟馬勿
及

哀公問於有若曰年飢用不足如之何有若
對曰盍徹乎曰二吾猶不足如之何其徹也
對曰百姓足君孰與不足百姓不足君孰與
足

主

括左傳攷

纂修盧遂

什一天下之中正也多乎什一則大桀小桀少乎什一則大貉小貉魯自宣公初稅畝多乎什一而二爲」哀公又欲用田賦故有若因其憂不足而告以盍徹所以救其弊也方哀公之欲用田賦也故孔子嘗曰君子度于此而禮以其薄則丘亦足矣不度于此而貪日用无窮則雖以田賦將又不足則有若所謂百姓足君孰與不足百姓不足君孰與足固孔子之意何則古之善爲國者藏于民不藏于公與之爲取而不以

徙誤作徒下同
纂修靈源

取之為取以謂君則父民則子也未有子富而父貧未有民足而君不足揚雄所謂洪羊擅利其如子何子張學干祿孔子告之以言行或問不為政孔子荅之以孝友衛公待之以為政孔子欲先正名梁王問利国孟子說以仁義蓋君子之言悪苟簡以徇利卑高濶以正本也有若之于哀公問不足而告之以盍徹其意亦若此而已

二三

子張問崇德辨惑子曰主忠信徒徙義崇德也愛之

嘐嘐誤翏翏

欲其生惡之欲其死既欲其生又欲其死是惑也
誠不以富亦祇以異

德由中出惑自外來由中出者不可不高故崇
之自外來者不可不明故辨之易曰忠信所以
進德敬義立而德不孤此主忠信徙義崇德者
也礼曰身有所忿懥則不得其正有所好樂則
不得其正此愛之欲其生惡之欲其死是惑也
子張持嘐嘐之志而其行不掩則不足于忠信
抱堂堂之容難與為仁則不足于徙義愛之過

辟則欲其生惡之過辟則欲其死則誠不以富于己適足以异于人也故曰誠不以富亦祇以异樊遲問崇德辨惑則全而孔子告之不同者蓋好利者務得而多怨務得則不能先事多怨則不能无怨以先事後得為崇德以一朝之忿為怨此所以告樊遲也告子張曰是崇德也是辨惑也告樊遲曰非崇德與非辨惑與蓋樊遲之賢不及子張子張常以孔子之言為是故告之以是樊遲疑孔子之言為非故告之以非與

觀樊遲之問及于脩慝子張常問善人之道是子張可進于善樊遲未離乎慝也孔子曰言人之惡非所以美己言人之枉非所以正己故君子攻其惡无攻人之惡樊遲問脩慝孔子告之以此者欲其不舍己之田而芸人之田者也昔衛有遽伯玉人者直己而不直人蓋如此也已

齊景公問政于孔子孔子對曰君君臣臣父父子子公曰善哉信如君不君臣不臣父不父子不子

雖有粟吾得而食諸

景公之時慶封滅崔氏田鮑高欒謀慶氏而田氏又私其德於民此臣不臣也景公以少子荼為太子而逐群公子于萊邑而群公子皆亡于外是子不子也臣之不臣以君之不君子之不子以父之不父故孔子答以君則臣々父則子子也漢三老茂曰父不父則子不子臣不臣由于君不君其言先父子者為戾園而發也洪範言作福作威而繼之以惟辟玉食以言人君能

二五

据漢書改　纂修盧遂

作威福然後不失其玉食不能作威福則君
不君矣其得康食乎故曰雖有粟吾得而食
諸
子曰片言可以折獄者其由也與子路無宿諾
子曰聽訟吾猶人也必也使無訟乎
信彖不著雖多言不可以折獄信彖著雖一言
可以折獄易曰君子折獄書曰惟良折獄子路
片言可以折獄者以其有君子之良心為人所
信故也礼曰與其有諾責寧有已怨老子曰輕

諾必寡信子路无宿諾宿則于人无諾于己无寡信此所以果于折獄也小邾輕千乘之盟而信子路之一言則子路信義之著可知矣夫先之以德禮輔之以政刑使有恥且格而无情者不得盡其辭此所以无訟也子路能折獄于己訟之後而不能化人于未訟之先語之以无訟則未也孔子聽訟則與人同使人无訟則與人异故曰聽訟吾犹人也必也使无訟乎易曰君子作事謀始書曰帝德罔愆而繼之以兹用不

二十六

用南用字當作周字

楊改揚

犯于有司礼曰礼之教化也微而継之以使人遠罪不自知使无訟之謂也苟婚姻之礼廢而淫辟之罪多鄉飲酒之礼廢而争鬬之獄煩喪祭之礼廢而臣下之恩薄聘覲之礼廢而君臣之位失然後從而聽断之不亦晚乎故子路之折獄不及孔子之使无訟也召公之聽獄又不若周南之无犯也在昔揚子有曰必也

律不犯

子張問政子曰居之無倦行之以忠

倦則不能敏 倦字多宜删去

居之无倦則于己无逸行之以忠則于人不欺子張問仁告之以敏則有功問崇德告之以主忠信徙義問行告之以言忠信盖倦則不能倦敏而徙義不忠則不能崇德而有行子張之行不免于此故于其問政而告之以居之无倦行之以忠也傳称子張問入官孔子告之以怠惰者時之所以後非忠信則无以取親于百姓與此同也盖无倦然後能使民无倦忠然後能使民作忠孔子于子張兼无倦與忠而教之于子

三七

路則教之以无倦而已以子路之蔽不至于不
忠也
子曰博學于文約之以礼亦可以弗畔矣乎重
出
子曰君子成人之美不成人之惡小人反是
互鄉童子潔己以進孔子與之而不拒成人之
美也冉求聚斂孔子欲鳴鼓而攻之不成人之
惡也小人幸災樂禍故成人之惡〻直忌正故
不成人之美孟子之五教有成德者皆成人之美

也
季康子問政于孔子孔子對曰政者正也子帥以
正孰敢不正
季康子患盜問于孔子孔子對曰苟子之不欲雖
賞之不竊
教之化民深于命民之効上捷于令故鄭伯好
勇国人暴虎秦穆貴信士多從死陳姬好巫而
民淫祀晋侯好儉而民畜聚太王躬仁而民貴
恕吴王好劍客而民多瘡瘢楚王好細腰而朝
六

多餓死則季康子之欲而暑民盜理勢之必然
也老子曰不必以靜天將自正又曰我无欲而
民自樸故孔子于為政者患不能以正導之耳
莊子曰盜竊之仁行雖貴而可乎季康子之謂
也
季康子問政于孔子曰如殺無道以就有道何如
孔子對曰子為政焉用殺子欲善而民善矣君子
之德風小人之德艸〻上之風必偃
德教洽而民氣樂法令極而民風衰先王任德

不任力好生不好殺不淂已則刑期无刑而已夫豈後德礼而先政刑哉故曰子為政焉用殺子欲善而民善矣夫上之化下无可見之迹而偕日迁故喻以風民性含仁而衆棄不能自立故喻以艸〻惟風之偃民惟上之從康子不能正德以善之特欲殺之而已不亦過哉書曰四方風動又曰爾惟風下民惟艸傳曰我德如風民應如艸

子張問士何如斯可謂之達矣子曰何哉爾所

元

謂達者子張對曰在邦必聞在家必聞子曰是
聞也非達也夫達也者質直而好義察言而觀
色慮以下人在邦必達在家必達夫聞也者色
取仁而行違居之不疑在邦必聞在家必聞
樊遲從遊于舞雩之下曰敢問崇德修慝辨惑子
曰善哉問先事後得非崇德與攻其惡無攻人
之惡非修慝與一朝之忿忘其身以及其親非惑
與

達者志在不窮聞者為名而已達則必聞〻則

多一者字宜刪
正本不落纂修盧遜

不必達也質者直德也好義〻也察觀智也慮下禮也德義所以處己故志不窮于内禮所以處人故行不窮于外此所以在家必達在邦必達也取仁行違居之不疑此取偽爲以尚人而己與質直好義察言觀色慮以下人者反矣此所以在家必聞在邦必聞詩言帝謂文王不大聲以色文王大之不失其色非色取仁也以德而已此則在邦必聞在家必聞者也蓋達與受小国是達受大国是達同聞與聲聞過情同在

三十

家言其止在家在邦言其止在邦子張色莊者

乎則色取仁矣雖與並爲仁則行違矣其志曰

古之人古之人則居之不疑矣孔子因其失而

救之也

樊遲問仁子曰愛人問知子曰知人樊遲未達子

曰舉直錯諸枉能使枉者直樊遲退見子夏曰鄉

也吾見于夫子而問知子曰舉直錯諸枉能使枉

者直子夏曰富哉言乎舜有天下選于衆舉皋陶

不仁者遠矣湯有天下選于衆舉伊尹不仁者遠

矣

目其為仁智言之則智易而仁難目其愛人知人言之則愛人易知人難故遲于愛人則達于知人則未達書曰簡厥脩亦簡其或不脩進厥良以率其或不良易曰君子惟有解吉有孚于小人傳曰禹稱善人不善人遠此所謂舉直錯枉使枉者直也舜湯之所舉多矣特言皐陶伊尹者皐陶之賢其德足以怀民其謨足以知人其為士也能制百姓于刑之中伊尹之賢其才

三土

足以任重其道足以格天其割正有夏能受簡賢附勢之徒如此則仁賢復位奸邪悉退豈非不仁者遠哉堯舜之仁不徧愛人急親賢也如此而已

子貢問友子曰忠告而善道之不可則止毋自辱焉

忠告屬言善道屬行仁也不可則止義也芮伯之于厲王曰既之陰女反予來赫又繼之以涼曰不可覆背善詈不為不得矣而芮伯為之者

救時之責故也

曾子曰君子以文會友以友輔仁

文出于理仁出于性以文會友然後能窮理以友輔仁然後能盡性禮曰相觀而善以文會之所以能相觀以仁輔之所以善也孔子曰工欲善其事必先利其器事所以譬仁器所以譬友事以利器然後善仁以益友然後成君子于友可不慎哉子曰損者三友益者三友益友所以輔仁損友則害仁而已

三十一

重廣陳用之真本入経語論全觧義卷第七

左宣德郎充館閣校勘太常博士賜緋魚袋陳

祥道

子路第十三

子路問政子曰先之勞之請益曰無倦

先之帥以正也勞之勞以思也无有先之而有

以從之則民不從有以從之而无以勞之則民

怨讟易曰說以先民々忘其勞孔子曰君子信

而後勞其民未信則以為厲己禮曰勿驗勿信

一

勿信民勿従是先之然后可以役之也豳風以東征勞士小雅以杕杜勤歸是役之必有以勞之也先之與孝經先之以博愛先之以敬遜全勞之與孟子勞之來之全先勞之而益之以无倦則民亦應之以无倦矣揚子曰不倦以終之為學而不倦則其德日新為政而不倦則其政日新故子張問政孔子亦告之以无倦今夫天地之于物出乎震齊乎巽相見乎離致役乎坤先之而後役之也說乎兑戰乎乾勞乎坎役之

然後勞之也大元曰仰天而天不倦俯地而地
不怠ゝ倦而能乎其事者古今未覩然則先勞
而繼以无倦天地之道也天地尚然而況于人
乎

仲弓為季氏宰問政子曰先有司赦小過舉賢才
曰焉知賢才而舉之曰舉爾所知爾所不知人其
舍諸

有司分職然後事治事治然後可以治人之
罪而赦小過赦小過則故為者刑矣故為者

二

刑然後舉其賢才此所謂遏惡揚善者賢言其德才言其能傳曰一賢統衆才則有餘衆才度一賢則不足賢者必有才才者不必賢也子游為武城宰孔子問之以得人蓋為宰之政必先之以有司為政之大莫尚于舉賢才

子路曰衛君待子而為政子將奚先子曰必也正名乎子路曰有是哉子之迂也奚其正子曰野哉由也君子于其所不知闕蓋如也名不正則言不

順言不順則事不成事不成則礼楽不興則刑罰不中刑罰不中則民無所措手足故君子名之必可言也言之必可行也君子于其言無所苟而已矣

衛以父子爭国而君臣上下之名不正孔子欲以正名為先而子路以之為迂故曰野哉由也野者質而已矣家語所謂文不勝質是也子路于見南子則不悦于在陳則慍于公山台則曰何必公山氏之之也于佛肸台則曰親于其身

三

為不善君者子不入則子路之不知孔子者不持
是也夫名之必可言名不正則言不順言不順
則行之必不可行而事不成洪範謂言曰從〻
作乂礼曰功成作樂治定制礼蓋從則言順作
乂則事成功成治定事成之謂故曰事不成則
礼樂不興礼樂不興則讓遜和穆之風衰爭慢
詐偽之借成雖善聽者猶不能无枉故曰礼樂
不興則刑罰不中易豫之作樂則曰刑罰清傳
曰礼刑相為表裏是刑罰之中否係礼樂而已

在昔荀卿有曰礼樂廢而邪音起危辱之本也

樊遲請學稼子曰吾不如老農請學為圃曰吾不如老圃樊遲出子曰小人哉樊須也上好礼則民莫敢不敬上好義則民莫敢不服上好信則民莫敢不用情夫如是則四方之民襁負其子而至矣焉用稼

君子能為小人之所不能而不能徧能小人之所能蓋君子之所能者勞心也小人之所能者

四

陳相誤陳良宜改

劳力也劳心者治人劳力者治于人治人者食于人治于人者食人樊遲不知君子之道而請學小人之事夫礼以敬之則民莫敢不敬義以閑之則民莫敢不服信以結之則民莫敢不用情敬而後服々而後用情則將襁負其子而至以為己後雖不學稼其憂无食乎盖精于物者以物々精于道者兼物々樊遲之學稼陳良相之學許行其能兼物々哉宜孔子孟子之所不許也好礼然後好義好義然後好信與礼記脩礼

然後好義好義然後倅信同意此學之序也孔
子曰義以為質禮以行之信以成之行之序也
采薇之詩始言禮中言信卒言義則待詩矣之
道也
子曰誦詩三百授之以政不達使于四方不能專
對雖多亦奚以為
詩之為書其事則王道之迹其詞則法度之言
誦之將以其事施之政其辭施之使而已若夫
不明其事而授之以政不達使于四方不能專
五

姐改揚

對則與不學詩同故曰雖多亦奚以為亂曰誦
詩三百不足一獻以言誦詩三百則易而一獻
之亂則難于其易者猶不明其義斯亦不足貴
也已

曰其身正不令而行其身不正雖令不從
以身教者從故其身正不令而行以言教者訟
故其身不正雖令不從書曰尔身克正罔敢不
正孟子曰大人正己而物正楊子曰身立則政
立亂曰其所令反其所好而民不從王喜曰動

動以行不若以言二句
與本文意相反宜屬動
以言不若以行 待查

以行不若以訴似與此同意馬廖曰元帝罷
服官而不用成帝御浣衣莊帝去樂府然
而侈費不息至于衰亂者百姓從行不從
言也

子曰魯衛之政兄弟也

楊希曰有人于此年兄弟也言兄弟也才兄弟
也貌兄弟也壽夭貴賤父子也名譽愛憎父子
也父子以況其相遠兄弟以況其相類也魯者
伯禽之所封而借則一于周衛者康叔之所治

六

据檀弓改

纂修盧遂

而偕則一于商其俗雖不同而其政均善孔子所以追美之也曾子曰布幕衛也縿幕魯也孔子有曰衛之祔也離之魯之祔也合之善夫観其礼法之存于後世者犹足為君子之所取則當時之政可知矣傳曰政犹魯衛德化均也

子謂衛公子荆善居室始有曰苟合矣少有曰苟完矣富有曰苟美矣

瘠地之民多有心沃地之民多不才故匹庶之

家多循私世祿之家多侈怙其勢然也荊爲公子其用稱家之有无以同乎人而其心未始有累爲故始有曰苟合少有曰苟完富有曰苟美豈所謂怙侈者哉此季札所以謂之君子也君子无所苟亦有所苟无所苟則乎言行不妄有所苟則于利不累荊之居室如此以此夫无而爲有虛而爲盈約而爲泰者异矣莊子曰滿苟得

七

子適衛冉有僕子曰庶矣哉冉有曰既庶矣又

何加焉曰富之曰既富矣又何加焉曰敎之
不庶无以畜民數不富无以美民情不敎无以
理民性周官大司徒掌人民之數小司徒掌夫
家之數縣師掌野〻辨夫家人民之數司寇掌
刑〻登入叱之民數生齒以上則書于司民成
名以上則書于媒氏凶荒則有荒政之條疾病
則有疾醫之治凡此所以庶之也大司徒十有
二等以辨民宜十有二壤以敎民稼小司徒井
其田而任以耕事牧其野而任以畜事里宰于

落法字　族師誤旅師

器之不足者助以合耦之令遂師于力之不足者救以移用之法慮其功之有餘也為之疆野・以任之患其耕之有惰也為之時器以任之而有成功則鄙師掌令以行賞勸之而不勉則載師斂布以致罰于荒政則散利以薄征于旅師則平頒其興積凡此所以富之也大司徒亦以教象之法小司徒師以教法之象州長歲屬民而讀法者三黨正歲屬民而讀法者族師歲屬民而讀法者西糾之以司諫犹王之有師氏救

八

敬訛飲

纂修盧遂

之以司救犹王之有保氏曰敬敏以上莫不書之以教其不自脩自能者以上莫不與之以勸凡此所以教之也公劉之什言既庶既繁次之以既順乃宣又次之以于時言言于時語語與孟子言省刑罰次之以深耕易耨又次之以壯者脩其孝弟是以庶富而教之也易言理財正辭書言既富方穀詩言飲之食之教之誨之傳言我有田疇子産殖之我有子弟子産教之意同礼云子産能食不能教非不能教特不若能

食而已

子曰苟有用我者期月而已可也三年有成

子曰善人為邦百年亦可以勝殘去殺誠哉是言也

子曰如有王者必世而後仁

子曰苟正其身矣于從政乎何有不能正其身如正人何

為政之道德隆者其効速德殺者其効遲孔子曰如有用我者期月而已可也三年有成如有

九

幾政二字宜作致　綦修盧浙

必世誤必百

王者必世而後仁善人為邦百年亦可以勝残
去殺則期月可以為之兆而未必有成三年有
成矣而未必仁故曰必百世而後仁易之重明以
麗乎正乃化成天下又曰聖人久于其道而天
下化成詩言周王壽考遐不作人又言仁如騶
虞則王道成皆必世而後仁之謂也勝残則在
下无賊篡之民去殺則在上有措刑之治漢之
興至于文景唐之興至于開元然後幾致政措刑
皆百年勝残去殺之効也然勝残去殺則无暴

民而已語之以仁則未也王者之仁成于必世不必百年善人之无暴民必待百年則其德之隆殺効之遲速可知矣若夫繼大治承大亂者則又异乎此故禹立三年百姓以仁遂繼大治也故事半古之人功必倍之承大亂也然文王百年德犹未洽于天下者以其善政仁人犹有故也其家語有言昔孔子為中都宰一年四方之諸侯則為此即所謂期月而已可也

十

冉子退朝子曰何晏也對曰有政子曰其事也如
有政雖不吾以吾其與聞之
礼曰政行則事治又曰不可以私不將公事孟
子曰發于其政宮〔害〕于其事蓋行于上者謂之政
通于下者謂之事孔子至于是邦未嘗不以譽
命而與聞其政故曰其事也如有政吾其與聞
之
定公問一言而可以興邦有諸孔子對曰言不可
以若是其幾也人之言曰為君難為臣不易如知

違誤為　正本同　纂修盧遂

為君二字落難字

為君之難也不幾乎一言而興邦乎曰一言而喪邦有諸孔子對曰言不可以若是其幾也人之言曰予無樂乎為君唯其言而莫予違也如其善而莫之違也不亦善乎如不善而莫之為違也不幾乎一言而喪邦乎

邦之興喪在事不在言故言不可以若是幾之而已書曰后克艱厥后臣克艱厥臣而繼之以政乃乂知為君之難言可几于興邦也易曰言善則千里應之言不善則千里違之而繼之以亂

十

之所生則言語以為階是不善莫違之一言可哉于喪邦也若邵彤对光武以入関之非而史以為一言可以興邦李勣導高宗之立武后而史以為一言可以喪邦豈特為君難與莫予違而已哉孔子之言止于是者對定公故也孫敖以一言復郢市晏子以一言省齊刑申叔旹以一言復陳国其利雖未至于興邦是亦重言者歟

葉公問政子曰近者說遠者來

據家語辯正篇改
纂修盧遂

子貢言夫子之得邦家則曰綏之斯來動之斯和荀卿言大儒之効則曰近者謳歌而樂之遠者竭蹶而趨之葉公問政亦可告以此乎孔子嘗曰荊之廣地而都狹民有離心莫安其居故政在悅近而來遠詩曰亂離瘼矣奚其適歸由此觀之孔子僅欲葉公定其亂離之民而已學記曰近者悅服遠者懷之大學之道也自我論之蓋孔子所言者政也學記所言者教也

十二

子夏為莒父宰問政子曰無欲速無見小利欲速
則不達見小利則大事不成
為政之要在于循理而圖大循理則无欲速圖
大則无見小利易曰浚恒凶欲速不達之謂也
礼曰小謀敗大作見小利大事不成之謂也孟
子言為學之道以欲速喻揠苗以見小利喻飬
其一指兵法言用兵之道軍以舒為吉軍无小
聽戰无小利由此觀之君子之所為凡皆不可
欲速見小利豈特為政已哉孔子所言姑以救

子夏之失也

葉公語孔子曰吾黨有直躬者其父攘羊而子證之孔子曰吾黨之直者異于是父為子隱子為父隱直在其中矣

天下之所為直者有禮義之直有非禮義之直父為子隱子為父隱雖曲而直存焉禮義之直也其父攘羊而子證之雖直而曲存焉非禮義之直也先王之法父子之罪不相及則恕之以其親隣比之罪相及則責之以其友恕之以其

十三

親為其可以相隱故也責之以其友為其不可以相隱故也儀曰不私其父不成其為子春秋為親者諱今律人功以上相隱則不坐皆此意也

樊遲問仁子曰居處恭執事敬與人忠雖之夷狄不可棄也

居處易以慢必欲其恭执事易以苟必欲其敬欲與人以慮雖戚必踈欲與人以寔雖踈必蜜然則與人其可以不忠乎恭也敬也忠

也雖之夷狄犹且不可棄則君子于此固不
可斯須去身矣故曰言忠信行篤敬雖蠻貊
之邦行矣言不忠信行不篤敬雖州里行乎
哉

子貢問曰何如斯可謂之士矣子曰行己有恥
使于四方不辱君命可謂士矣曰敢問其次曰
宗族稱孝焉鄉黨稱弟焉曰敢問其次曰言
必信行必果硜硜然小人哉抑亦可以為次矣
曰今之從政者何如子曰噫斗筲之人何足算

十四

也、

言必信行必果則謹身而已非有稱于宗族鄉黨也、宗族稱孝鄉黨稱弟則稱于近者而已非遠而有光、華也、行己有恥使于四方不辱君命則遠而光華矣、蓋行己有恥則有所不為使于四方不辱君命則能、專對有所不為義也善于專對智也宗族稱孝非禮、記所謂州閭鄉黨稱孝也鄉黨稱弟非禮記所謂僚、友稱其弟者也硁硁則常而不能變斗筲則小而不能容孔子

楊改揚

以言必信行必果為小人孟子以言不必信行不必果為大人此楊子所為事非礼義為小人事于小為人者也蓋莫非小人也有君子之小人有衆人之小人言必信行必果君子之小人也怀土懷惠比而不周驕而不泰衆人之小人也莫非君子也有聖人之君子有賢人之君子有未成德之君子有在位之君子易曰君子上交不諂下交不瀆君子之道鮮矣孟子言君子无上下之交聖人之君子也得見君子斯可矣

十五

賢人之君子也君子不仁君子有勇无義爲亂
未成德之君子也君子之德風在位之君子、
也、
子曰不得中行而與之必也、狂狷乎狂者進取狷
者有、所不爲也、
狂者近智狷者近義近智而非所以智則過
近義而非、所以義則不及狂譬則陽狷譬則
陰中行譬則沖、氣也孟子言中道倴也孔子
言中道用也孟子言狂、簡言也孔子言狂簡

體用不同故也 落用字

行也易之中文或言中道或言中行亦体用不同故也

子曰南人有言曰人而無恒不可以作巫醫善夫不恒其德或承之羞子曰不占而已矣

荀卿曰趣舍无定謂之无常巫医賤技然人所委聽猶不可以无常况不為巫医者乎恒之九三剛而不中剛之過者也與而應弃與之過者也一過于剛一過于與不恒其德者也初與二在下而羞承之或承之羞者也易曰極数知

十六

未之謂占革九五之未占孚可知矣恒九三之不占羞可知矣記曰人而无常不可以為卜筮龜筮猶不能知也而况于人乎蓋不知論語而誤為之說也

子曰君子和而不同小人同而不和

五味相和然後可食五聲相和然后可聽則和者有异而无乖同者有協而无异君子之與人也任道故和而不同小人之與人也任情故同而不和柳下惠油然與之偕而不自失焉和而

不同也梁卯據君可則可君否則否同而不和也然君子不同有所謂同小人之同有所謂不同易曰君子以同而异君子之同也詩曰滃滃訿訿小人之不同也君子同不同皆是善小人同不同皆是不善

子貢問曰鄉人皆好之何如子曰未可也鄉人皆惡之何如子曰未可也不如鄉人之善者好之其不善者惡之

居之似忠信行之似廉潔非之无舉也刺之无

十七

刺也而衆皆悅之是鄉愿者人之所好也故曰鄉人皆好之未可也怠者不能脩忌者畏人脩故事成而謗興德高而毀來是獨行者人之所惡也故曰鄉人皆惡之未可也方周之衰京人以叔段為仁沃人以桓叔為君子齊人以陳仲子為廉以匡章為不孝然則鄉人之好惡可不察之哉故鄉人之善者好之其不善者惡之則所好无非善所惡无非不善矣孔子曰衆好之必察焉衆惡之必察焉孟子曰國人皆曰賢然

後察之國人皆曰可殺然後察之書曰出入自爾師虞庶言同則繹皆此意也蓋謀貴于衆斷貴于獨不同鄉人則失于自用同鄉人而不察之則失于隨人內不失于自用外不失于隨人惟仁者能之故曰惟仁者能好人能惡人

子曰君子易事而難說也說之不以道不說也及其使人也器之小人難事而易說也說之雖不以道說也及其使人也求備焉

十八

與人不求備 備誤能

君子處己也正責人也輕正故難悅輕故易事小人處己也不正責人也私不正故易悅私故難事泰九二之包荒用馮河易事也兑九二之孚難悅也與人不求能而不邇聲色湯之易事難悅也不顯於臨而無畔援歆羨文王之易事難悅也易事仁也難悅義也小人反是

子曰君子泰而不驕小人驕而不泰

君子坦蕩蕩而謙以自牧故泰而不驕小人長

据莊子改　纂修盧遂

戚戚而賤物貴我故驕而不泰莊子曰宇泰定者發乎天光易曰履而泰然後安則宇泰定者德也履而泰者行也禮曰小人富斯驕荀子曰小人能則倨傲以驕溢人則富斯驕者累於利也能斯驕者累乎名也君子安乎能行而不知有名利故能泰而不為驕小人累乎名利而不知有德行故為驕而不能泰君子不驕有所謂驕荀子所謂志意脩則驕富貴是也小人不泰有所謂泰禮所謂驕泰以失之是也然驕

十九

本误木　仁误人　纂修盧遂

富貴非君子之成名時也至君子之成名則无驕矣

子曰剛毅木訥近仁

剛則无慾无慾則靜仁者靜故剛近之毅則果敢果敢則勇仁者必勇故毅近之木者无令色則不以色取仁訥者无巧言則不以給奪仁凡此不以末害本也仁者務本而已故木訥近之剛毅木訥近仁之質美故也强恕而行求仁莫近焉行美故也

子路問曰何如斯可謂之士矣子曰切切偲偲怡怡如也可謂士矣朋友切切偲偲兄弟怡怡

切々責也偲々強也詩曰伐木丁々鳥鳴嚶々切々偲々之謂也兄弟既翕和樂且耽怡々之謂也蓋閨門之内恩掩義閨門之外義掩恩孔子言朋友切々偲々兄弟怡々孟子言責善朋友之道父子之間不責善是皆不以恩廢義不以義賊恩子路之為人喭而行々其于朋友兄

平

弟不必能然故孔子言之棠棣之詩于急難則
良朋不如兄弟于喪亂既平則兄弟不如友生
此先朋友而後兄弟者亦兄弟不如友生之意
也
子曰善人教民七年亦可以即戎矣
子曰以不教民戰是謂棄之
有不能教之君无不可用之民善人教民七年
可以即戎則君子教民雖不七年可以即戎矣
孟子曰師文王者大国五年小国七年可以為

政于天下蓋善人之教民猶小国之施政小国
之政必七年然後及于天下善人之教民必七
年然後可以即戎其勢然也觀晉侯之教民定
襄王以示之義伐原以示之信入蒐以示之礼
然後用之以戰則先王之教民豈特司馬坐作
進退疾徐疏數之節而已哉彼不知務者入則
不能教民以礼義小則不能教民以戰陣及其
有事則驅市人以就死地而已此孟子所以言
不教而戰謂之殃民也司馬法曰教惟豫孫武
主

曰教道不明曰亂吳起曰兵之法教戒為先鄧
析曰慮不先定不可以應巫兵不閑習不可以
當敵春秋書師次于郎甲午治兵師次而後治
兵宜聖人譏之也

憲問第十四

憲問恥子曰邦有穀道恥也邦無道穀恥也
克伐怨欲不行為可以為仁矣子曰可以為難矣
仁則吾不知也
勝人之謂克自𧵍之謂伐怨生于所求欲生于

所好四者出于情而害于性衆人縱之而不能止之學者止之而不能去之去之可以為仁止之則可以為豙而已召南言夫人无妬忌之行周南言后妃无妬忌之心蓋无其行者不能无其心无其心者必无其行克伐怨欲不行特无其行而已其能无是心哉惟仁者則无是心矣宗襄公不鼓不成列孟之反不伐伯氏之无怨孟公綽之不欲孔子未嘗以仁名之以其于此不行而已若顏子之无伐伯夷之无怨此所謂

主

制宜作志　蔡修盧遂

无是心者也孔子曰君子言必忠信而心不忘仁義在心而已无伐者此也蓋克則加諸人伐則自伐而已克甚于伐〻甚于怨〻甚于欲此其序也

子曰士而懷居不足以為士矣

士之所尚在乎志〻之所尚在乎道士而懷居則非謀于道者也故不足以為士蓋物生于陵者安于陵生于水者安于水衆人不异乎物則懷土而已士則异于衆人其可懷居哉孔子曰

君子居无求安傳曰晏安耽毒不可懷也古之君子所以安土樂天不累于物視九夷如中国不以為陋視陋巷如廣廈不以為憂不過充是志而已

子曰邦有道危言危行邦無道危行言遜

天下有道其言足以興故危言天下无道其默足以容故言遜爲戒舜以无若丹朱周公戒成王以无若商王受周昌比漢高以桀紂劉毅比晉武以桓靈所謂危言也孔子諾陽貨以將仕

浅治誤浅治宜改

閔子告象使以善辭所謂言遜也蓋行所以行己言所以應物行己者君子所以立道故施于治亂則同應物者所以趨時故施于治亂則异彼浅治（治）論祖（相）服之戲于陳李雲蹤貂璫之封于漢王嘉之言董賢王章之言王鳳李固之言梁冀其言非不忠然卒見誅者以其不知言遜故也

子曰有德者必有言有言者不必有德仁者必有勇勇者不必有仁

德至靜也其發則為言仁至柔也其動則為勇顏子善言德行有德者必有言也子貢能言不能訥有言者不必有德也比干殺身以求仁仁々者必有勇也子勇路能勇不能怯勇者必不有仁也蓋君子自得則為德應物則為仁愛人則為仁惡人之害則為勇艮之六五有德者也則有言矣謙之六五有仁者也利用侵伐則有勇矣咸之上六騰口說同人九三之數剛此所謂有言者不必有德勇者不必有仁也

南宮适問于孔子曰羿善射奡盪舟俱不得其死然禹稷躬稼而有天下夫子不答南宮适出子曰君子哉若人尚德哉若人

善射盪舟力也躬稼德也南宮适賤羿奡而貴禹稷尚德也自其成德而言之則曰君子哉若人自其所言而言之則曰尚德哉若人禹與稷均曰躬稼稷與禹均曰有天下者禹暨稷奏庶艱食則禹稷之躬稼可也文武之功起于后稷則稷謂之有天下可也言禹稷躬稼與孟子言

禹稷三過其門不入同言稷有天下與太伯以天下遜全天微莫微于一身人莫人于天下羿奡之力不足保其身況天下乎禹稷之德足以有天下況一身乎适言而當故夫子不答屬王好稼稷苟伯刺之樊遲請學稼夫子非之何耶好稼學稼為利也躬稼為德也傳曰后稷封殖于天下

子曰君子而不仁者有矣夫未有小人而仁者也

二五

有成德之君子有未成德之君子成德之君子則于仁義无不盡未成德之君子則于仁義有不能所謂君子不仁者有矣夫君子有勇而无義為亂世未成德之君子也蓋仁者人之所亢難顏子之于仁則三月不違而已其餘可知矣故子路公西赤之徒孔子皆曰仁則吾不知也

子曰愛之能勿勞乎忠焉能勿誨乎

勞之所以作其才誨之所以達其善愛之而不

忍勞之忠爲而不忍誨之適所以賊之也礼曰細人之愛人也以姑息此愛而不忍勞之也孟子曰教人以善謂之忠此忠而能誨之也蓋愛之者仁也勞之者義也忠爲者義也誨之者仁也君子處仁以義然後仁行義以仁然後義

子曰為命裨諶艸創之世叔討論之行人子羽脩飾之東里子產潤色之

為命裨諶草創以始之游吉討論以辯之公孫

三六

問誤謂　纂修盧遂

據左傳鄭子孔爲政也書改正　纂修盧遂

揮脩飾以治之周僑潤色以文之蓋爲命專于一則不能无失資于衆智然後盡善鄭之爲命必更四人然後成此春秋傳所以謂其鮮有敗事也列子曰鄭之東里多才其子產之謂乎

或問子產子曰惠人也問子西曰彼哉彼哉鄭之子西俯仰于子展子產之間其與穀子孔之專則因子展而已其與伐陳則因子產而已其才不足道也楚之令尹子西理百姓實倉廩

死於白公之亂死謗使

飯误飲 纂修盧遂

百姓得所楚王賢之其才可知也不狥白公仇
鄭之謀而終死于白公之亂其正可知也或問
子西孔子彼而弃之者非楚之子西意鄭之子
西乎老子曰去彼取此彼者在所去此者在所
取
問管仲曰人也奪伯氏駢邑三百飲疏食沒齒無
怨言
子曰貧而無怨難富而無驕易
人也犹言之人也奪伯氏駢邑三百沒齒无怨

二七

言至公也桓公以仲為聖人施伯以仲為賢人荀卿以仲為野人其言各有當與此謂人也异矣駢邑三百言奪之多飯疏食言貧之甚沒齒言廢之久蓋奪之雖多而貧不甚貧雖甚而廢不久其无怨則易若伯氏則无怨難矣故繼之以富而无驕易江熙曰顏子无怨不可及也子貢不驕猶可能也此之謂欤孔子前言子產則繼之以晏平仲此則繼之以管仲者荀子曰晏子功用之臣也不如子產子產惠人也不如夷

吾

子曰孟公綽為趙魏老則優不可以為滕薛大

夫

君子不器无施而不可不于君子則器矣有能

有不能故裨諶謀野則獲于居屋則否黃霸治

郡則長于相国則不及兵甲之事文種不如范

蠡鎮撫国家范蠡不如文種向折廷諍陳平不

如王陵全社稷安劉氏王陵不如陳平房元齡

善于謀而不能斷杜如晦長于斷而不能謀孟

六八

鄰字誤疑屬郉字

不名鄉老是也 落也字

公綽為趙魏老則優不可以為滕薛大夫其才有能有不能也老者成德之称王朝有天子之老五官之長天子之老是也鄰國有鄉老國君不名鄉老是也鄉大夫則有家老所謂趙魏老是也

子路問成人子曰若臧武仲之知公綽之不欲卞莊子之勇冉求之藝文之以禮樂亦可以為成人矣曰今之成人者何必然見利思義見危授命久要不忘平生之言亦可以為成人矣

本德本字多宜删

子問公叔文子于公明賈曰信乎夫子不言不笑不取乎公明賈對曰以告者過也夫子時然後言人不厭其言樂然後笑人不厭其笑義然後取人不厭其取子曰其然豈其然乎

智以知之不欲以守之勇以行之據于德所以立本游于藝所以存末本末具而又文之以礼樂則于人道幾盡矣故曰可以為成人子謂顏淵曰既能成人而又加之以仁義礼樂成人之行也傳曰仁能曲直以赴礼者謂之成人荀

二十九

受改授

授命授字誤以文義推之宜改惜字
見要見字宜改久字

鄉曰能定所慮之謂成人與此同意周官大司徒之教民終之以五禮六樂孟子言事親從兄亦終之以禮樂是學至于禮樂然後可以為成人也求言為邦曰如其禮樂以俟君子孔子于回之問為邦然後告之以禮樂蓋惟回可語以成人故也夫見利則忘義見危則授[惜]命見[久]要則忘信世俗之情也今也見利思義則可以為義見危授命則可以為忠久要不忘平生之言則可以為信故曰亦可以為成人矣言今之成人

則文之以礼樂者古之成人也古之成人者由前君子之事也今之成人者由後亦不失為善人者也武仲之智未足以為成人而御叔以之為聖人不亦妄哉易簡而天下之理得而成位乎其中則其為成人不特文之以礼樂而已也

子曰臧武仲以防求為後于魯雖曰不要君吾不信也

孔子論仲則以防求為要論成人則以仲為智

三十

如此則若无要君之事而不免于要君何也礼曰道之不行賢者過之子曰仲之智綽之不欲文之以礼樂可以為成人使仲賢而不至于過智而濟之以不欲是能无要君之心矣礼曰事君三違而不出境則利禄也人雖曰不要君吾不信也

子曰晉文公譎而不正齊桓公正而不譎

齊桓公為會而封异姓晉文公為會而滅同姓桓責諸公以不貢天子文會河陽以名天子桓

譚榮宜改譚戎

福土二疑誤待查

正誤譎　纂修盧遂

据荀子改　纂修盧遂

伐譚榮(戎)而不有文滅曹而分其地桓仇管仲而用文親舅犯而疑桓寓内政以復古文作三軍以福(偪上)土桓釋曹沫之刼而遇以信文念衛侯之怨而加以酖此其正譎之不同也晉文之譎非无正也齊桓之譎(正)非无譎也觀其出定襄王以示民義伐原以示民信大蒐以示民礼于君之命有三辟之恭于国之利有三罪之當此晉文之正也然譎不勝正故謂之譎而不正前事則兄弟争國内行則般樂奢汰外事則詐術襲莒

三十一

以搆于國

執陳轅濤塗以致戮于諸侯親豎刁易牙開方
以搆于国此齊桓之譎者也然正能勝譎故曰
正而不譎若夫以王道觀之則桓公之正犹之
譎也昔孟氏子曰春秋无義戰愚曰五伯无王
道
子路曰桓公殺公子糾名忽死之管仲不死曰未
仁乎子曰桓公九合諸侯不以兵車管仲之力也
如其仁如其仁
子貢曰管仲非仁者與桓公殺公子糾不能死又

相之子曰管仲相桓公霸諸侯一匡天下民到于今受其賜微管仲吾其被髮左衽矣豈若匹夫匹婦之為諒也自經于溝瀆而莫之知也

自仁之成名而言之雖君子有所不仁自所愛而言之雖管仲有所施蓋仁之所施有殺身以成仁有不死以成仁殺身而不足以成仁者名忽也不死而足以成仁者管仲也孔子曰子糾未成君名忽未成臣管仲不死而立功名未可

仁誤人　纂修盧遂

成字宜作死字　纂修盧遂

二十一

据史记改　纂修盧遂

裳误棠　纂修盧遂

非也名忽雖死過于取仁未足多也魯仲連亦
曰見小節者不能成榮名惡小恥者不能立大
功管仲不恥身在縲絏之中而耻天下之不治
不恥不死公子糾而耻威之不信于諸侯夫以
管仲之功仲連能知之而子路疑之者自王道
而論之宜子路之為疑也桓公衣裳之會十有
一而九盛此所謂九合諸侯不以兵車也首止
之會定王世子謂王世子正則天下正此所謂
一正天下也其伐山戎攘狄人以王伐楚與厲

而使夷狄不能剗其脉以蹈中国之腹所謂微
管仲吾其被髮左衽矣傳以兵車之會三乘車
之會六為九合不以兵車兼兵車言之則誤矣
雖然管仲相桓公正天下脩内政寓軍令諸侯
盟會于九合而不以兵車功用可稱也及其志
滿意得而塞門反坫僭邦君之禮故聖人小
之也
公叔文子之臣大夫僎與文子同升諸公子聞之
曰可以為文矣

三十三

聽衛國之政

衛靈公以文子聽衛國隣交之政修其班制以與四
鄰交衛国之社稷不辱不亦文乎孔子以公
対文子之臣大夫僎與文子同升諸公可以
為文矣盖靈公以通隣国而交之者為文孔子
以推人而下之者為文通隣国而交之礼之文
也推人而下之仁之文也其所主雖殊其為文
一也
子言衛靈公之無道也康子曰夫如是奚而不喪孔
子曰仲対圉治賓客祝鮀治宗廟王孫賈治軍旅

夫如是奚其喪

国以賢興以謟衰君以忠安以佞危三仁在商而商不亡多賢在楚而楚不伐百里奚去虞而虞亡在秦而秦伯由余去戎而戎亡在秦而秦强故共公任小人而魯人知其无依衛多君子而伯主知其无患此孝經所謂諸侯有諍臣雖无道不失其国詩所謂人之云亡邦国殄瘁也靈公雖无道然治賓客則有仲叔圉治宗廟則有祝鮀治軍旅則有王孫賈故孔子曰奚其喪

三十四

孔子對魯公曰靈公于私家則乱於朝廷行事則賢常伯騫曰靈公仝濫而顯史與奉御而進所搏幣功而扶翼其慢若此之甚也見賢人若此之肅也蓋以此欲為治之道奈遠然後能迩故治賓客為先宗庙次之三軍之運德之末也故軍旅為後

子曰其言之不怍則為之也難

言忠信則不怍行傾言則能為之為之道也難則言之不怍期是矣言之不怍則行成亦

貴于不作矣楊子曰言不慙行不耻書曰行之
惟艱
陳成子弑簡公孔子沐浴而朝告于哀公曰陳
恒弑其君請討之公曰告夫三子孔子曰以吾
從大夫之後不敢不告也君曰告夫三子者之
三子告不可孔子曰以吾從大夫之後不敢不告
也
臣弑君子弑父凡在官者殺无赦陳恒弑簡公
孔子請討之葢曰請之者吾之職也行不行君

三十五

之事也吾之職不可不盡君之事吾何與焉故曰不敢不告然則魯弱齊强攻之不亦難乎孔子曰陳恒弑君而民不與者以魯之衆加齊之半可克也此言之三子告不可春秋傳以為不告誤矣

子路問事君子曰勿欺也而犯之

孟子曰非堯舜之道不敢陳勿欺也礼曰事君有犯而无隱犯之也勿欺忠也犯之義也由于孔子而欲為臣一事則欺而不忠于顓臾之伐

而不救則順而不犯故其間事君而告之如此

孝經曰進思盡忠退思補過盡忠則勿欺補過

則有犯

子曰君子上達小人下達

子曰古之學者為己今之學者為人

形而上者道也形而下者事也君子事道故上

達小人事〻故下達孔子曰中人以上可以語

上中人以下不可以語上子曰古之學者為己

今之學者為人荀子曰君子之學以美身小人

三十六

之學以禽犢揚子曰大人之學爲道小人之學爲利則爲道以美其身者爲己者也爲利以爲禽犢者爲人者也范曄曰爲己者因心以會道爲人者憑譽以顯物蓋爲己者未嘗不爲人爲人者必不能爲己楊朱弟知爲己而已墨翟弟知爲人而已若孔子則爲己而不忘人爲人而不忘己者也故曰我學不厭而教不倦彼學以爲人教以爲己者豈知此哉宜原憲所以不忍爲也

蘧伯玉使人于孔子孔子與之坐而問焉曰夫子何為對曰夫子欲寡其過而未能也使者出子曰使乎使乎

孔子以蘧伯玉沒：於人以善自終莊子以蘧伯玉行年六十化公対文子欲莽[葬]于瑕邱而伯玉請行孫文子欲報衛君而伯玉辭之以不知季札遣衛而稱其君子史鰌厖諫而稱其賢則伯玉欲寡其過也信矣曰使乎善其言之信也詩之皇華以周爰咨諏為使之美莊子

三十七

矣宜改美

以相靡以信忠信之言為使之事則使者以忠信為主也公明賈之溢美公叔文子以不言不笑不取宗師給魯以鄭師未及國則异乎此矣

子曰不在其位不謀其政重出

子曰君子思不出其位

事君處其位而不履其事則乱不在其位而謀其政則冒乱者非所謂知務也冒者非所謂知分也

子曰君子恥其言而過其行

子曰君子道者三我無能焉仁者不憂知者不惑勇者不懼子貢曰夫子自道也

君子之于天下與言不足而行有餘孰若行有餘而言不足故不恥行過言而常恥言過行此仲尼之徒善為説辭不若善言德行者之為優也

子貢方人子曰賜也賢乎哉夫我則不暇

不器于人者然後能器人器于人者不可以器

三十八

人子貢器于人而已其方人也不亦過乎孔子
曰賜也賢乎哉以賢者過之也子貢對衛將軍
文子則謂顔淵之相冉雍有志之君子仲由才
任治戎冉求好學博藝至于公西赤顓孫師曾
叅卜偃滅明高祟南容之徒莫不在其所議而
孔子笑之盖譏其方人之過也故子以為不暇
左氏之品藻班固之変表不免後世之譏者以
其不能器人也子曰不逆詐不億不信抑亦先
覺者是賢乎詐在行不信在言逆者迎而知之

億者度而知之君子之於人遇之以誠而不察之以智照之以天而不照之以人此楊子所以言不姦〻不詐〻也不姦〻故不億不信不詐〻故不逆詐是乃先覺之所以為賢也若夫任前職之明上太察之智則剌抉之至忠信有㫖而見疑是乃昧者所以為不肖也舜之于衆不以偽喜而不喜周公之于管蔡不以不賢而不封凡此不逆不億也子貢之屡中郤雍相盗失是矣

三十九

微生畝謂孔子曰卬何為是栖栖者與無乃為佞乎孔子曰非敢為佞也疾固也

能仕者必貴乎能已能已者必貴乎能仕々而不能已々而不能仕守一而不知変者也固者之所為君子疾諸孔子三月无君則皇々如也則其栖々然動静无操持者非為佞也疾固以事道而已孰謂微生畝足以知孔子

子曰驥不稱其力稱其德也

楊改揚

君子絶德小人絶力故驥所以喻君子而不于
驥者所以喻小人楊子曰齊馬以驥又曰騄驥
之馬亦驥之乘或以譬仲尼或以譬顏回以驥
有德也适賤羿奡尚禹稷孔子所以美之者以
此
或曰以德報怨何如子曰何以報德以直報怨以
德報德
復讐者人之所不能免先王之所不能禁特為
之法以制之而已周官調人凡報人而義者令

罒

令讐當作令勿讐　看字宜作宥字　纂修盧遂

（勿）讐則殺人而不豢在法之所不看（宥）以可殺者必避之也朝士凡報仇讎者書于士殺之无罪則應避而不避其書于士而殺之可也然則先王復讐之法不行凡有罪辜乃罔常獲小民方興相為敵讐由是殺人之父也人亦殺其父殺人之兄也人亦殺其兄干戈相革莫之或息豈特復其不讎避者而已哉于是有問孔子曰以德報怨何如孔子曰以直報怨以德報德蓋以直報怨則民有所懲以德報德則民有所勸以直

報怨義也以德報德仁也老子曰以德報怨礼曰以德報怨寬身之仁也以怨報德刑戮之民也盖以德報怨者德也則詩所謂報德刑戮之民也以怨報德者事也則詩所謂反以我為讐（仇）者也昔豎牛之于対孫昭子盧蒲葵之于慶舍寒浞之于后羿公勝之于巢公皆以怨報德者也

四十一

子曰莫我知也夫子貢曰何為其莫知子也子曰不怨天不尤人下學而上達知我者其天乎

達字直改邇字

孔子言莫已知也繼之以不怨天不尤人蓋曰莫我知者豈天與人使之然哉命也天道遠而難知故曰怨人道邇而可指其掌故曰尤下學而上達則始于窮理終于至命始于仁義終于天道如此則與天同矣故曰知我者其天乎荀子曰自知者不怨人知命者不怨天怨人者窮怨天者无志失之已反之人豈不迂哉孔子不怨不尤與反之人者异下學上達與失之已者异

公伯寮愬子路于季孫子服景伯以告曰夫子固有惑志于公伯寮吾力猶能肆諸市朝子曰道之將行也與命也道之將廢也與命也公伯寮其如命何

不知命者以興廢在人而有所辯子服景伯是也知命者以興廢在天而无所校孔子是也蓋道待命而後行命待道而後立以道處命則死生无所恤以命處道則廢與无所累君子之于道命雖死生不得与之况廢興乎哉

四十二

孔子于伯寮言命孟子于臧倉言天其致一
也
子曰賢者辟世其次辟地其次辟色其次辟言
子曰作者七人矣
子路宿于石門晨門曰奚自子路曰自孔氏曰是
知其不可而爲之者與
子擊磬于衛有荷蕢而過孔氏之門者曰有心哉
擊磬乎既而曰鄙哉硜硜乎莫己知也斯已而已
矣深則厲淺則揭子曰果哉末之難矣

伯夷居海嘗寧浮海辟世也危邦不入乱邦不居辟地也色斯舉矣礼貌衰則去之辟色也殷音之詭人則去之辟言也作者七人則伯夷叔齊虞仲夷逸朱張柳下恵少連是也之七士者皆成德之逸民故或辟世辟地辟言而去就進退之理備矣至于孔子則集七人之大成可以仕則仕可以止則止故曰我則异于是无可无不可揚子曰聖人不遁乎世不離乎群莊周曰古之所謂隠牛馬以伏其身而勿見也非閉其

蜀子蒙序篇據修盧遂

四十三

言而不出也非藏其智而不發也當時命行乎
天下則反一无迹不當時命窮乎天下則深根
寧極而待此所謂无可无不可者也古之所謂
大隱如是而已彼晨門譏其不可爲而爲荷蕢
譏其莫知而不止豈知此哉然聖人之有爲常
出于无爲其有心常出于无心荷蕢之聞磬知
其有心而不得其无心則其所知也淺矣季
咸之于列子知其氣机而不知其未始出吾宗
亦若此也晨門司晨昏之啓門者也周官以

昏閉言之則曰閽人論語以晨啓言之則曰晨
門
子張曰書云高宗諒陰三年不言何謂也子曰何
必高宗古之人皆然君薨百官總己以聽于冢宰
三年
斬衰之喪唯而不對齊衰之喪對而不言高宗
三年不言蓋礼然也子張以人君不能三年則
以今疑古故問曰何謂也孔子以古陋今故曰
何必高宗古之人皆然詩之素冠刺不能三年縢

能字多宜删

之父兄百官皆不欲三年則孔子之䏻時可知矣

子曰上好礼則民易使也

兩貴不能相事兩賤不能相使上好礼則不敢輕于使民〻好礼則知分未有不易使者矣盖礼以敬民則使民如承大祭民好礼以敬上則孰疾視其長上為哉故曰上有所好下必有甚焉者矣

子路問君子〻曰脩己以敬曰如斯而已乎曰脩

己以安人曰如斯而已乎曰修己以安百姓修己以安百姓堯舜其猶病諸

書稱堯之德始于欽明中于平章卒于于変欽明者修己以敬也平章者安人也于变者安百姓也老子言修之身而其終至于天下修礼言毋不敬而其効至于安民與此同意修己以敬自爱也脩己以安百姓愽爱也夫正者未必安而安者必以正孟子以正己而物正為大人之事則修己以安百姓者聖人之事也堯舜於此

四十五十

可以不脩而猶病之者以其不免有竄殛之刑
故也書曰安民則惠惟帝其難之此之謂欤孝
經言得人之歡心又言得百姓之歡心是人不
及百姓之衆也
原壤夷俟子曰幼而不遜弟長而無述焉老而不
死是爲賊以杖叩其脛
无述則无所取賊則有所害莊子曰人而无以
先人是人之謂陳人曾子曰少稱不弟焉恥也
壯稱无德焉辱也老称无礼焉罪也荀子曰少

而不學長无能也此無述之謂也以杖扣脛責之而已所謂故者无失其爲故也

闕黨童子將命或問之曰益者與子曰吾見〻〻于位也見其与先生並行也非求益者也欲速成者也

居位則不遜並行則不弟將命非童子之事而夫子使之者以其欲速者也故因命而教之耳孟子好貨好色好勇好樂而教之与此同意

重廣陳用之學士真本入經論語全解義卷第七

四十六

經

重廣陳用之真本入經論語全解義卷第八

左宣德郎充館閣校勘太常博士賜緋魚袋陳

祥道

衛靈公第十五

衛靈公問陳于孔子孔子對曰俎豆之事則嘗聞之矣軍旅之事未之學也

天根問為天下于无名人无名人曰汝鄙人也何問之不豫也靈公問陳于孔子亦若是而已

此孔子對以俎豆之事則嘗聞之軍旅之事未

之學也古者文事必有武備武備必有文事故
射御之事寓于礼干戚之事寓于樂則君子之
學礼樂也軍旅之事未嘗不在其中矣孔子于
夾谷之會則以兵加莱人而齊人恐于費人之
乱則命將士伐之而費人北嘗曰我戰則克而
冉有亦曰聖人文武並用則孔子于軍旅之事
曷嘗未學之蓋有所不言尔孔子于孔文子
亦曰簠簋之事則嘗學之甲兵之事未之聞
也其所對與靈公同其所以責之之意與靈公

明日遂行句宜在首節末之學也下
今餘于次節在陳絕糧上未知合否
纂修盧遂

巽

明日遂行在陳絕糧從者病莫能興子路愠見
曰君子亦有窮乎子曰君子固窮小人窮斯濫
矣

子曰賜也女以予為多學而識之者與對曰然非
與曰非也予一以貫之

子曰由知德者鮮矣

君子无常產而有常心則固于窮小人无常產
因无常心故窮斯濫君子窮則樂小人窮斯濫
二

多學而識則博于文而不知約故所知者事以一貫之則通于一而萬事畢故所知者德知德則自得而已故窮亦樂通亦樂知事則徇外而已故醜窮而色作子貢在陳則色作子路則愠見于此昔言由知德者鮮則愠見與色作矣孔子于子貢曾子皆言以一貫之所以語之也子貢不知德則多學而已曰予一以貫之者曾子之學可以語道曰吾道一以貫之所以誘之也曾子唯而不辨子貢聞而不問于聖人之体不

能其也
子曰無爲而治者其舜也與夫何爲哉恭己正南
面而已矣
継治世而不用衆不能无爲用衆而不継治世
以不能无爲舜之无爲以其襲堯于其上而用
衆于其下故也孔子曰舜有臣五人而天下治
楊子曰襲堯之爵行堯之道无爲矣或言有臣
或言襲堯蓋皆有爲言之也然則舜之所以无
爲非夫二者之倫則未之暇矣禮曰君子南鄉
三

天道拱于北而與物辨降于南而與物交南面而聽者道取諸此也先王制禮冕則元表而方裏服則元衣而纁裳位則背北而南向其象一也

子張問行子曰言忠信行篤敬雖蠻貊之邦行矣言不忠信行不篤敬雖州里行乎哉立則見其參于前也在輿則見其倚于衡也夫然後行子張書諸紳

欲寔莫如忠欲當莫如信致敬盡力莫如敦篤

言忠信則言滿天下无口過行篤敬則行滿天下无怨惡故曰雖蠻貊之邦行矣言不忠信行不篤敬則反此故曰雖州里行乎哉昔河梁丈人以忠信入水而不溺商丘開以至信入火而不爇詩以欽恭明神宜无恫怨夫以水火鬼神猶可以忠信篤敬親之而況于人乎此所以近之于州里遠之于蠻貊莫適而不行也蓋子張持嘐嘐之志而其行不掩飾堂堂之容而難並與為仁則于忠信篤敬有所不盡故孔子告之

四

僮安于之佩弦 多一之字宜删

如此立則見其參于前在輿則見其倚于衡與見堯于牆同意子張書諸紳與季路抱五慎之誠趙孟佩九言之箴西門豹之佩常僮董安于之之佩弦同意觀古人之佩玉有瑜瑕不掩之忠孚尹旁達之信垂之墜之禮則子張以忠信篤敬之言書之于紳宜矣周官州里之名別而言之在鄉則有州在遂則有里合而言之凡所居者皆謂之里所聚者皆謂之州論語之言里則與鄉大夫司常所謂里同言州則與鄉師鄉大

夫司常所謂州弁

子曰直哉史魚邦有道如矢邦無道如矢君子哉蘧伯玉邦有道則仕邦無道則可卷而懷之

史魚能直而已故邦有道如矢邦无道如矢伯玉則能曲直以趨時故邦有道則仕邦无道則可卷而懷之傳曰正直為正正曲為直參和為仁史魚可謂正曲者也伯玉可謂參和者也觀史魚之死猶以屍諫則其直可知矣然書九德

五

之直則濟之以溫詩頌之直則齊之以不倨仲山甫直而柔衛武公直而和如此然後无異之行而全中和之德史魚之直則異于是故孔子謂之直而不謂之君子也季札於史魚伯玉皆稱君子者以其有君子之行謂之君子可也孔子以志士同仁人而稱仁孟子以内踐同文王而稱知楊子以夔點同顏淵而稱賢與此同意君子之于人其言之也與其失真寧過其寔故季札以之為君子則可荀卿以之為姦人則

不可

子曰可與言而不與之言失人不可與言而與之言失言知者不失人亦不失言

知人則不失人知言則不失言孔子于程子則不失人于孺子則不失言孟子于章子則不失人于王驩則不失言然此中道也鄙夫問我則不必中道矣

子曰志士仁人所欲無求生以害仁有殺身以成仁

生我所欲有甚于生者舍生而取義此无求生

六

當添所欲二字

殺訛殺　纂修盧遂

以害仁也死我所惡所惡有甚于死者患有所不辟此殺身以成仁也无求生以害仁伯夷是也殺身成仁比干是也非特仁人為然志士亦能之故孟子曰志士不忘在溝壑子張曰見危致命志士則利仁仁人則安仁或安而行之或利而行之其成功一也列子稱伯曰仁義使我愛身而後名仲曰仁義使我身名並全然則為仁之道豈待殺身而已哉孔子言之姑以救弊云

子貢問為仁子曰工欲善其事必先利其器居是邦也事其大夫之賢者友其士之仁者

工之于事待器然後善君子之于仁待器而后成大夫之賢者則教我者也故事之士之仁者則輔我者也故友之孟子言仁賢則由仁而後賢春秋傳言仁賢則以佐賢而已是賢有必仁仁者不必賢大夫以智帥人者也故言賢士則以才者也故言仁于賢者事之所以尊之也于仁者友之所以親之也周公誥康叔于大史內

七

史言友于服休服采言事庶子賤于五賢則事之于十一人則友之惠公于子思則事之于顏般則友之皆此意也對而言之則事賢而友仁通而言之賢可言友仁可言事詩曰友賢不弃易曰休復下仁是也子貢好與不如己者處故告之

顏淵問爲邦子曰行夏之時乘殷之輅服周之冕樂則韶舞放鄭聲遠佞人鄭聲淫佞人殆

商周推天地之氣而爲正故文夏據人所見者

為正故質春秋傳言大輅越席昭其儉也孔子言麻冕禮也今也純儉則乘殷之輅大輅也服周之冕麻冕也禮貴質儉故以夏時商輅周冕樂貴美善故以韶舞蓋禮莫盛于三王樂莫盛于五帝故言禮則夏商周樂則韶舞禮記于五帝稱不相襲禮于三王稱不相沿樂遠之則于（放遠之則）舜命九官終于夔之典樂龍之納言蓋有典樂則鄭聲放有納言則佞人遠為治至于鄭聲放佞人遠則治之至也孔子之門人惟回之賢可八

以為王者之佐故其問為邦而告之以此孔子
嘗曰詩云媚茲一人應侯順德以其可以為王
者之佐故也蓋言之入人不如教之深故于鄭
教言淫于佞人言殆而已堯舜于巧言令色壬
人猶病其難則其戒顏淵宜矣于淵猶然況餘
人乎夫鄭聲之害不及佞人佞人之害不及利
口故孔子于鄭聲言淫于佞人言殆于利口則
言覆邦家也孟子于佞人言亂義于利口言亂
信是利口之所亂者過于佞人不多言而明

近憂也也誤之

矣

子曰人無慮遠必有近憂

先事而慮之遠慮也事至而憂之近憂也人无遠慮必有近憂則有遠慮必無近憂矣春秋傳曰君子有遠慮小人從迩蓋聖人无思則无慮小人從迩則不能遠慮矣善于遠慮則長慮顧後者也不善于遠慮則私憂過計者也易曰君子思患而預防之荀卿曰先事慮患善于遠慮者也墨翟憂天下之不足杞子憂天地之壞不

九

善于遠慮者也孔子曰豦身而常佚者志不廣居下而无憂者思不遠然則君子之有終身之憂是以有遠慮也惟其有終身之憂故无近憂孔子告冉有曰遠人不服不能來也吾恐季孫之憂在蕭牆之内也此謂人无遠慮則必有近憂

子曰已矣乎吾未見好德如好色者也

詩言已爲哉接輿言已而已而孔子言已矣乎皆決辭也孔子于鳳鳥不至河不出圖吾未見

傷其无時也條後傷

能見其過而内自訟吾未見好德如好色皆言已矣乎則鳳鳥不至河不出圖傷其无時也未見自訟與好德傷其无人也好德出于性好色本于情以性勝情為君子以情易性為小人

子曰臧文仲其竊位者與知柳下惠之賢而不與立也

文子曰知人之謂智愛賢之謂仁文仲知柳下之賢而不與立非不智也不仁而已不仁者抑

十

立言難丠之謬

人以自高弃人以自利此偷天工以私己者也
故謂之竊位曾子曰无益而受厚禄者竊也夫
管仲非不賢于鮑叔子産非不賢于子皮孔子
以鮑叔子皮為賢以管仲子産為不賢者以鮑
皮能進管産而仲僑不能進賢也公孫弘不舉
董仲舒汲黯不以為忠虞丘不舉孫叔敖樊姬
不以為賢凡此皆竊位者也古者荐賢受上賞
蔽賢蒙顯戮然竊位而不蒙戮也幸矣荀子曰
蔽公者謂之昧隐良者謂之妬ㄴ昧之臣国之

孽也

子曰躬自厚而薄責于人則遠怨矣

君子為己不重而責己重以周為人不輕而待人輕以約重以周故自厚輕以約故薄責君子之交盡己之歡而不盡人之歡竭己之忠而不竭人之忠鄉飲酒之謂賓主人酬卒爵觶而賓不舉亦是意也湯之檢身若不及與人不求備孔子于聖仁不敢居于管仲則稱仁蓋以此歟然此非中道也有己然后求人无己然後非人此為

十一

中道

子曰不曰如之何如之何者吾末如之何也已矣

老子曰爲之于未有治之于未亂書曰制治于未亂保邦于未危詩曰迨天之未陰雨徹彼桑土綢繆牖户易曰其亡其亡係于苞桑禮曰言前定則不跲荀卿曰先事慮謂之建先患慮謂之豫楊子曰用智于未奔此皆思患豫防而不曰如之何吾末如之何也已矣此之謂魚去沙

楊

而思于木轂碎破而大其輻渴而鑿井鬬而鑄錐則將噬臍无及矣古之善用兵者以虞待不虞善醫者不治已病治未病況君子之于事乎

子曰羣居終日言不及義好行小慧難矣哉

言不及義則利而已非所謂正言好行小慧則鑿而已非所謂正行楊子曰頻〻之黨賊夫粮食

子曰君子義以為質禮以行之孫以出之信以成

土

之君子哉
義以為質則礼以行之孫以出之信以成之者
文也義以礼行之則中以孫出之則和有中有
和而又以信終始之此所以為君子也傳曰礼
以行義荀卿曰行義以礼然後大太元曰成之
者信此礼以行之信以成之之謂也然礼與義
常相為体用方其以礼為体則義為用故易
言敬以直内義以方外礼有之礼者義之本
也

子曰君子病無能焉不病人之不己知也

子曰君子疾沒世而名不稱焉

子曰君子求諸己小人求諸人

君子病己之无能而不病人之不己知則雖愚必明雖柔必强疾沒世而名不稱則名不浮行行必浮名病為重疾為輕病己之无能則務本者也是以言病沒世而名不稱抑末而已故言疾

子曰君子矜而不争群而不黨

十三

宜膚惜

矜惜其行則與人異與人異則疑于有爭矜而不爭禮也群居則與人同與人同則疑于有黨群而不黨義也子曰君子和而不同和則矜而不爭不同則群而不黨矜故不失己不爭故不失人群故不失人不黨故不失己廢己而思所以廢人則禮廢人而所思以廢己則義君子之道也今夫水之于物不爭老子以為幾道焉羊于群不黨詩人以為有德君子之不爭不黨本于道德故也不爭也有所謂爭鬪義爭為不義

壹讹壹　纂修盧遂

争攺射與揖讓争勝君子之争也不黨也有所
謂黨于交則有顯黨于居則有鄉黨君子之黨
也

子曰君子不以言舉人不以人廢言

言有誠偽人有賢不肖言善而人不肖舉之則
不智人不肖而言善廢之則不仁宰予之言孔
子不取啬夫之辨釋之排之不以言舉人也陽
貨之言孟子不弃愚者之言智者擇為不以人
廢言也君子不以所長信所短不以所短掩所

齿

長

子貢問曰有一言而可以終身行之者乎子曰其恕乎己所不欲勿施于人

孔子曰一言有益于仁莫如恕君子之于仁造次必于是顛沛必于是而恕則近仁故可終身行之也桓王以食菜之田與鄭鄭白圭以鄰周爲壑豈知此哉春秋傳曰恕而行之德之則也禮之經也蓋則與經立本者也立本則與趨時者异矣故可終身行

之

子曰吾之于人也誰毀誰譽如有所譽者其有所試矣斯民也三代之所以直道而行也

譽起于所好毀起于所惡能好人則所譽无溢美能惡人則所毀无怨惡君子之于人豈容心于好惡毀譽哉凡因彼而已故曰如有所譽必有所試有所試則名實當故民不至枉道以求譽故曰斯民也三代之所以直道而行也譽則有所勸毀則有所沮有所勸則仁有所沮則義

圭

在上宜改在下在下宜改在上

聖人在上見于言故有毀譽聖人在下見于行故有賞罰其致一也孟子言不虞之譽求全之毀揚子言妄譽仁之賊妄毀義之賊皆非直道故也

子曰吾猶及史之闕文也有馬者借人乘之今亡已夫

史喻馬闕喻借人于文不能知則俟知者知之可也于馬不能乘則借能者乘之可也孔子之時子張子游之徒猶不能闕其所不知況餘人

乎此孔子所以謂吾猶及史之闕文今也則亡

孔子曰聽遠音者聞其聲不聞其舒望遠者察

其貌不察其形立乎定哀以指隱桓隱桓之日

遠矣夏五傳疑也蓋君子之所慎而不苟也如

此

子曰巧言乱德小不忍則乱大謀

巧言似忠信故乱德小不忍則優柔不斷故乱

大謀巧言必察之以智小不忍必齊之以義蓋

持狐疑之慮也者无過人之畧怀隱忍之心者无

十六

必成之功蝮之螫手則斬手螫足則斬足非惡
手足而樂去之也以為愛其一肢則害于四体
也鄭伯之于叔段齊桓之于豎刁易牙葉公之
于公白勝唐之于全忠祿山之徒皆養虎自遺患
者也

子曰衆惡之必察焉衆好之必察焉

衆惡之中有君子衆好之中有小人如之何而
勿察

子曰人能弘道非道弘人

物之所貴

人有志于道故能弘道〻无情于人故非弘人我欲仁斯仁至矣人能弘道也小以成小大以成大非道弘人也易曰苟非其人道不虛行神而明之存乎其人礼曰曲礼三百威儀三千待其人而後行又曰制度在礼文為在礼行之其在人乎

子曰過而不改是謂過矣

過而能改則自无過矣故物之所貴悔而後致吉

十七

子曰吾嘗終日不食終夜不寢以思無益不如學

也

思而不學則殆思而无益不如學也老子曰為

學日益

子曰君子謀道不謀食耕也餒在其中矣學也祿

在其中矣君子憂道不憂貧

耕者志于利而害在其中學者志于道而利在

其中君子所以謀道不謀食憂道不憂貧也詩

權輿則謀食北門則憂貧何耶權輿之謀食也

貧字下以上文例之宜有也寔二字

寔非謀食也責其礼之不至也北門之憂貧也寔非
憂貧也傷其志之不得也與徒餔啜羞貧賤者
異

子曰知及之仁不能守之雖得之必失之知及之
仁能守之不莊以涖之則民不敬知及之仁能守
之莊以涖之動之不以礼未善也

知與仁德也君子以之處己莊與礼行也君子
以之接人知所以尽性知窮理而不知尽性則
所學不固故曰雖得之必失之莊者仁知之容

十八

礼者仁知之文以莅涖事則民敬以礼而動然
後善故曰動之不以礼未善也仲弓知及之故
孔子告之以承大祭見大賓顔子仁能守莊能
涖未能動之以礼者也故孔子告之以復礼動
以礼聖人之事孟子曰動容周旋中礼盛德之
至也
子曰君子不可小知而可大受也小人不可大受
而可小知也
大知小知存乎爲大受小受存乎器君子之器

楊攺揚　下同

識則大故老農老圃在所不知而受天下不以為泰此不可小知而可大受也小人之器識則小故衆君子之器致遠而童觀則无咎此不可大受而可小知也揚子曰師之所知貴大知也小知之師亦賤矣子皮曰君子務知大者遠者小人務知小者近者所謂大知小知詩曰受大國是達揚子曰痺虚无因不能大受所謂大受小受

十九

子曰民之于仁也甚于水火水火吾見蹈而死者

矣未見蹈仁而死者也

水火所以養已仁所以成已養已者其利小成

已者其利大此仁所以甚于水火也蹈水火而

死匹夫匹婦之諒蹈仁而死則為志士仁人矣

孔子之世為匹夫匹婦者恆多為志士仁人者

恆少故曰水火吾見蹈而死者未見蹈仁而死

者也

子曰當仁不讓于師

聞斯行之之說斯

君子之于父兄无所不告聞斯行之斯則不必告

也于師无所不遜當仁則不必遜也崔駰曰當其有事則褰裳濡足挂冠不顧人命則非仁也當其无事則躡步整襟規矩其步濾遜不倦則非忠也是以險則救俗平則守礼由此觀之无事則師有事則當仁不遜與言不稱師謂之畔行不稱師謂之倍者異矣

子曰君子貞而不諒

君子求諸己不求諸人小人求諸人不求諸己求諸己故内正不求諸人故不諒乎外泰之九

干

三艱貞无咎以言在己為有義在人為有命苟内不能自正而外以求信于人則是不恤己之学而恤人之不已乎豈為知命哉故曰不知命無以為君子荀卿曰君子能為可信不能使人必信己蓋能為可信故貞不能使人必使[信]己故不諒

子曰事君敬其事而後其食

君子之于仕為道不為食人君之授祿食功不食志詩稱不素餐易稱不素飽坊記稱先事而

莊子有
是孔子

後祿儒行稱先勞而後祿皆敬事後食者也古者男子生必先有志于事然後敢用穀況事君乎

子曰有教無類

教在己類在人在己者不可以有倦在人者不可以有擇此所謂有教无類也蓋人受天地之中以生而其性未嘗不善不幸而處于不善之類君子其可求類而教之哉一應之以无我而已故難言者莊子之所與痀僂（僂）者孟子所不拒

二十

書言不協于極不罹于咎皇則受之詩言不顕
亦臨无射亦保皆无類故也然孔子于孺悲則
不見孟子于勝更則不答非不教之也不屑教
也

滕更誤勝

子曰道不同不相為謀
道之同雖異曲而相合道之异雖同皆而不相
謀故賢人所以誡世聖人未嘗過而問焉君子
所以誡周賢人未嘗過而問焉何則市井不
可與語先生之言方内不可與語方外之道

也孔子之于陽貨瞷之而拜孟子之于王驩未
嘗與言齊王好竽而鼓瑟者不用漢武尚武而
好文者不遇此傳所謂薰蕕不仝器而蔽堯桀
不同國而治也太史公貟柄方鑿之說若是而
已

員柄訛貟柄　纂修盧遂

子曰辭達而已矣

意者辭之主辭者意之需君子之辭達其意而
已夫豈多騁旁枝為哉故曰辭達而已矣儀禮
曰辭多則史少則不達彼鄒衍之談天公孫龍

主

君誤居

之詭辭其言雖多皆辨者之周而已豈知所謂辭達者哉王通曰吾師也辭達而已蓋倣此者矣

師冕見及階子曰階也及席子曰席也皆坐子告之曰某在斯某在斯師冕出子張問曰與師言之道與子曰然固相師之道也

老者在所養長者在所恤貴者在所敬古之人待瞽者如老者長者貴者所以盡禮也禮曰八十拜君命一坐再至瞽亦如之又曰八十者一

德字下失一字待查

子不従政九十者其家不従政瞽亦如之是侍瞽者如老者也論語曰見齊衰者冕衣裳者與瞽者見之雖少必作過之必趨又曰見齊衰者雖狎必変見冕者與瞽者雖褻必以貌是侍瞽者如長者貴者也然則于其所不知者其可以不告乎故及階及席則曰階也席也皆坐則曰某在斯礼曰未有燭而有後至者則以在者告導瞽亦然

季氏第十六

三

季氏將伐顓臾冉有季路見于孔子曰季氏將
有事于顓臾孔子曰求無乃爾是過與夫顓臾
昔者先王以為東蒙主且在邦域之中矣是社
稷之臣也何以伐為冉有曰夫子欲之吾二臣
者皆不欲也孔子曰求周任有言曰陳力就列
不能者止危而不持顛而不扶則將焉用彼相
矣

袁絲曰周勃忠臣也非社稷之臣楊子曰若張
子之智陳平之无悞絳侯勃之果霍將軍之勇

閑

終之以禮樂則可謂社稷之臣社稷之臣其難也如此而顓臾之附庸可以為之乎蓋社稷之臣有存乎人者有存乎地者存乎人者才也存乎地者勢也顓臾之為社稷臣者非称其才勢而已也

且爾言過矣虎兕出于柙龜玉毀于櫝中是誰之過與

君子以義事君故能閑其惡以仁處人故能保其善季氏之惡以譬則虎兕顓臾之善以譬則

扶詖持

纂修盧遂

龜玉季氏將伐顓臾而不能閑之是虎兕出于押也顓臾在邦域之中而不能保之是龜玉毀于櫝中也故曰求无乃尔是過與顛甚于扶危難于持危而持之然後安顛而扶之然後與故先言危而不持後言顛而不扶孟子曰君不鄉道不志于仁而為之強戰是輔桀也求由均是輔桀孔子特責求者以求嘗聚斂勢必欲廣土地也

冉有曰今夫顓臾固而近于費今不取後世必

為子孫憂孔子曰求君子疾夫舍曰欲之而必為之辭丘也聞有国有家者不患寡而患不均不患貧而患不安蓋均無貧和無寡安無傾夫如是故遠人不服則脩文德以来之既来之則安之今由與求也相夫子遠人不服而不能来也邦分崩離析而不能守也而謀動干戈于邦内吾恐季孫之憂不在顓臾而在蕭墻之内也

政之不均而患民寡民之不安而患国貧非知

圭

本也書言罔曰民寡惟慎厥事詩言尹氏秉国之鈞不宜空我師是在患所政之不均而不在民寡也孟子言地利不如人和又言貨財不聚非国害上无礼下无學賊民興喪无日矣是故患在民之不安而不在国貧也然均則得民財故无貧和則得民心故无寡安則其本固故无傾周官政典以均方政職以聚百物此均无貧也孟子言得道者多助此和无寡也書曰民惟邦本〻固邦寧此安无傾也蓋均故和〻故安

太王施文德以治四国
當作文王施文德以治四国

貧則无以聚人安能无寡寡則无與守邦安能
无傾然不患貧而患不安者為国家以安之為
終始也不安而欲均之不亦難乎由均至于安
則在内者无患矣然遠人犹不服則修文德以
来之此舜敷文德以格有苗太王施文德以治
四国者也冉求之相季氏不如此而謀動干戈
以伐顓臾是患寡而不患不均患貧而不患不
安也冉求曰顓臾必為子孫憂孔子謂吾恐季
孫之憂不在顓臾而在蕭墻之内其後陽貨果
兵

囙桓子非其驗歟夫蕭之言肅也朝欲肅故其墻謂之蕭墻軍欲和故其門謂之和門古人之爲門墻者豈特爲蔽居處之具哉凡皆有所寓也

孔子曰天下有道則礼楽征伐自天子出天下無道則礼楽征伐自諸侯出自諸侯出盖十世希不失矣自大夫出五世希不失矣陪臣執国命三世希不失矣

先王之盛時五礼六楽掌之于宗伯九代之法

掌之于司馬諸侯賜功矢然後征賜鈇鉞然後
殺賜圭瓚然後為鬯命之教然後為學此所謂
非天子不議礼不制度不考文者也如此在上
者无失政在下者无覬覦周衰之時天子失政
始于東迁諸侯始于漁（溴）梁之會不過十五（世）五世
三世也以逆理弥甚者則国势弥蹙故也書曰
臣无有作福作威臣之有作福作威其害于而
家凶于而国易有之曰過旬災也意其此之謂
乎

二七

天下有道則政不在大夫天下有道則庶人不議

天下有道政出于君大夫議之而无所遂庶人聽之而无所議以權有所在分有所限也聖人王天下先之以道德而民知脩爲而議有所不及次之以仁義則民知親愛而議有所不能五爻而舉刑名九爻而言賞罰則下知敬畏而議有所不敢雖然聖人犹爲之慮也造言乱衆者有刑析言破律者有殺如此則横議息矣後世

失道而民入則腹誹出則巷議于是乎有弭謗之禁燔書之令豈非犹夫壅川之流而致其潰哉

孔子曰禄之去公室五世矣政逮於大夫四世矣故夫三桓之子孫微矣

政者威福之所在禄則福而已禄去公室則政未必逮大夫政逮大夫禄去公室可知矣故四世而三桓之子孫微矣此所謂五世希不失者也

二十八

孔子曰益者三友損者三友友直友諒友多聞益矣友便辟友善柔友便佞損矣

直者所以正己之惡諒者所以輔己之信多聞者所以博己之知便者便人之所欲辟者避人之所惡此反乎直者也善柔則能從人而已便佞則能悅人而已損友以此為最故益友先直次諒而後多聞損友先便辟次善柔而後便佞蓋直者能忠諒者能信為學之道先忠信以尊德性然後博學以道問學則取友之術亦若是

而已

孔子曰益者三樂損者三樂〻節礼樂〻道人之善樂多賢友益矣樂驕樂〻佚遊樂宴樂損矣

礼得其節則中樂得其節則和礼節則行正樂節則心和在已者脩矣在已者脩然後継之以樂人之善樂多賢友益者三樂則先節礼樂損者三樂則先樂驕樂驕非所以節礼樂非所以節樂也

二十九

孔子曰侍于君子有三愆言未及之而言謂之躁言及之而不言謂之隱未見顏色而言謂之瞽

躁瞽則失言隱則失人荀卿曰未可與言而言謂之傲可與言而不言謂之隱不觀氣色而言謂之瞽君子不傲不隱不瞽謹慎其身與此仝意孟子曰未可與言而言以言餂之可與言而不言以不言餂之以言餂非特躁而已以不言餂非特隱而已故孔子以為愆孟子以為穿窬

之盜蓋非可言之時而不言故无躁瞽之愆于可言之旹而言故无隱之愆此易所謂言有序公明賈所謂時然後言也言有序故悔亡時然後言故人不厭其言非无愆者歟禮曰長者不及毋儳言

孔子曰君子有三戒少之時血氣未定戒之在色及其壯也血氣方剛戒之在鬬及其老也血氣既衰戒之在得

血為榮而行于脉中氣為衛而行于脉外行于

三十

楊改揚

脉中阴也行于脉外阳也雖莫大于阴阳為阴阳所雖而无以勝之則窮人欲而天理滅豈善養生哉此君子所以有三戒也然湯之不迩聲色則无事于戒色顔渊不迁怒犯而不校則无事于戒鬬孔子七十而從心所欲不踰距則无事于戒得三戒蓋以中心為制而已黄帝書曰血氣衰則内虚内虚則貪心生楊雄亦曰老則戒之在得莊周曰人之取畏者衽席飲食之間而不知為之戒者過也由是觀之得之所戒常

在于老而色之所戒非特少之時而已蓋少時
猶宜戒也
孔子曰君子有三畏〻天命畏大人畏聖人之
言小人不知天命而不畏也狎大人侮聖人之
言
天命〻我者也大人臨我者也聖言教我者也
畏天命畏天也畏大人畏人也畏聖言則天人
之道存焉高宗寅畏自度畏天命也孔子見所
不見畏大人也臧帝拜六經畏聖言也帝乙之
三十

慢神齊人之不敬王伊尹曰侮聖言皆小人之
事也春秋之旹弑君弑大夫者无国无之則不
特狎大人而已秦燔詩書則不特侮聖言而已
古人有言曰慎以畏為本故士无畏則簡仁義
農无畏則惰稼穡工无畏則坏規矩商无畏則
貨不殖子无畏則忘孝父无畏則廢慈臣无畏
則勳不立君无畏則亂不治是以太上畏道其
次畏天其次畏物其次畏人其次畏身憂于身
不拘于人畏于己不制于彼君子之畏小人之

无畏豈特三者而已哉孔子之言舉其大者言

也

孔子曰生而知之者上也學而知之者次也困而

學之又其次也困而不學民斯為下矣

生而知之仁者安仁也學而知之知者利仁也

困而學之畏罪者強仁也困而不學則困蒙吝

矣

孔子曰君子有九思視思明聽思聰色思温貌

思恭言思忠事思敬疑思問忿思難見得思

三三

義
思于五行主土百物非土不生百事非思不成
君子于視能思則有視遠之明于聽能思則有
聽德之聰此其內達者也于色能思則即之也
温于貌能思則恭而有礼此其外見者也如此
則在我者脩矣然後忠以接物而不欺敬以臨
事而不慢有疑則又問以辨之則可為成德矣
然忿而不思難見得而不思義則害于德故終
之戒為洪範五事先貌言而後視聽此先視聽

而後貌言者洪範言用事之序此言修德之序也

孔子曰見善如不及見不善如探湯吾見其人矣吾聞其語矣隱居以求其志行義以達其道吾聞其語矣未見其人也

齊景公有馬千駟死之日民無德而稱焉伯夷叔齊餓于首陽之下民到于今稱之其斯之謂與

見善如不及見不善如探湯好學者能之故曰吾見其人隱居求志行義達道非聖人不能故

三三

曰未見其人夷齊餓于首陽之下隱居以求終身之仁行義以激百世之清故曰民到于今稱之

陳亢問于伯魚曰子亦有異聞乎對曰未也嘗獨立鯉趍而過庭曰學詩乎對曰未也不學詩無以言鯉退而學詩他日又獨立鯉趍而過庭曰學禮乎對曰未也不學禮無以立鯉退而學禮聞斯二者陳亢退而喜曰問一得三聞詩聞禮又聞君子之遠其子也

故特教之詩禮而已
詩禮樂

志之所至詩亦至焉故不學詩无以言詩之所至礼亦至焉故不學礼无以立鯉之才不足以語樂故特教之以礼詩樂而已教之者仁也遠之者義也古者父子之間不責善命士以上則異宮以為責善則離同宮則褻此君子所以遠子也荀卿曰君子于子愛之而勿面使之而勿貌道之以道而勿強其是之謂乎孔子于鯉教之以无以言又教之以正墻面而立教之以无以言者告之以詳教之以正墻面而立者告之以

三四

約詳說而繼以約者善教之道也
邦君之妻君稱之曰夫人夫人自稱曰小童邦人
稱之曰君夫人稱諸異邦曰寡小君異邦人稱之
亦曰君夫人
國君理陽道而出命正人于其外故曰君夫人
理陰德而出論正人于其內故亦曰君易其君
之訣詩我以為君詩序曰人君之德配稱女君
春秋書曰小君夫人寡小君皆以其出命正人
故也易之家人于父母皆謂之嚴君則夫人謂

上下文俱云出命而此又云出論未知誤否　纂修盧遂

衰周 衰誤哀

之君宜矣盖君于异邦曰寡君故夫人曰寡小君衰周之時自陽侯之後大饗廢夫人之礼于此犹云者盖夫人之礼于大饗則廢于聘問不廢也夫名不正則言不順言不順則事不成時之嫡庶不明而名之不正者多矣故夫子因而正之

二五

重廣陳用之學士真本入經論語全解義卷九

左宣德郎充館閣校勘太常博士賜緋魚袋陳

道

陽貨第十七

陽貨欲見孔子孔子不見歸孔子豚孔子時其亡也而往拜之遇諸塗謂孔子曰來予與爾言曰懷其寶而迷其邦可謂仁乎曰不可好從事而亟失時可謂知乎曰不可日月逝矣歲不我與曰諾吾將仕矣

其饋也以禮孔子受之禮也其來也瞯亡孔子

三十六

稱其施而往報之亦禮也孔子於衛不主顏讎彌子
由瑕於齊不主侍人瘠環則於魯豈主陽貨哉故
諾以仕而終不仕諾以仕者言遜也終不仕者
危行也

子曰性相近也習相遠也

天命之謂性人為之謂習性則善惡混故相近
習則善惡判故相遠今夫水之為性不雜則清
莫動則平通之為川瀆則有以利物外之為霜
雪則有以害物木之為性其直則喬以折其曲

此處有闕文待查

則樛以屈構之以為棟宇則為庇人之器刻之以為矛戟則為殺人之器人之性習豈異是哉書曰習與性成又曰若生子罔不在厥初生自貽哲命荀卿曰于越夷貉之子生而同聲長而異俗敎使之然也

子曰唯上知與下愚不移

上智生而知之者也不移而為愚下愚困而不學者也不移而為智班固曰堯舜禹稷卨欲與之為善則行鯀驩兜欲與之為惡則誅可與為善不可與為惡是謂上智桀紂龍逄比干欲與

三七

之為善則誅崇侯欲與之為惡則行可與為惡
不可與為善是謂下愚賈誼曰上主可引之
而下下主可引之而下不可引之而上與此同
意然書曰惟聖罔念作狂惟狂克念作聖者罔
念克念者習之始不移者習之成
子之武城聞弦歌之聲夫子莞爾而笑曰割雞焉
用用牛刀子游對曰昔者偃也聞諸夫子曰君子
學道則愛人小人學道則易使也子曰二三子偃之言是
也前言戲之耳

作槩者三字宜删　纂修盧遂

實字多宜删去

君子學道則能仁能仁故愛人小人學道則知禮知禮故易使子游為武城宰而以道教民可謂知本矣觀其責子夏之趍末則其學道而為政務本可知矣

蓋君子之於天下無所施而非道夫豈以衆寡小大而加損之哉然則割雞牛刀之說特戲之也詩曰善戲謔兮不為虐兮惟和也故善戲謔兮惟中也故不為虐

三十八

公山弗擾以費畔召子欲往子路不説曰末之也已何必公山

氏之之也子曰夫召我者而豈徒哉如有用我者吾其

為——東周乎

道者君子所以處已義者君子所以趍時方其守道也雖諸侯之善辭命者有所不從其行義也雖公山佛肸之召則欲往蓋彼叛而召我者豈欲得我而與為不義哉殆亦有悔過遷善之心焉耳夫苟有悔過遷善之心而可與之為東周者其可以棄而不欲往乎故欲往者以義行道而終不往者以道處義以義行道則不失人

自改白

以道處義則不失已此所以為孔子也夫堅譬

則德白白譬則行德固於内而不可虧故曰磨而

不磷行純於外而不可變故曰涅而不緇磨而

不磷涅而不緇 與易所謂常雜而不厭同意磷

與考工記所謂雖敝而不甐之甐同意

子張問仁於孔子孔子曰能行五者於天下為仁

矣請問之曰恭寬信敏惠恭則不侮寬則得衆信則人

任焉敏則有功惠則足以使人

佛肸召子欲往子路曰昔者由也聞諸夫子曰親於其身為不善者君

三十九

而非為政之所先故也於為政曰信則民任焉　此處有闕文今依文義擬添

子手不入也肸以中牟畔子之往也如之何子曰然有是言也不曰堅乎磨而不磷不曰白乎涅而不緇吾豈匏瓜也哉焉能繫而不食

孔子言為仁則曰恭寬信敏惠而不及公言為政則曰寬信敏公而不及恭惠蓋公者王道之端而非子張之所及恭惠者仁體之末而非為政曰信則民任焉於為仁曰信則人任焉夫恭者為仁之始使人者為仁之效故始之以恭終之以使人孔子論子産之道始之以其行己也恭終之以其使民也義與此同意

空格宜屬巳字

子曰由也女聞六言六蔽矣乎對曰未也居吾語女好仁不好學其蔽也愚好知不好學其蔽也蕩好信不好學其蔽也賊好直不好學其蔽也絞好勇不好學其蔽也亂好剛不好學其蔽也狂

仁智信德性也直勇剛德行也好仁不好學則施而不能反故愚若墨翟是也好智不好學則動而不能靜故蕩若儀秦是也好信不好學則復言以害仁故賊若尾生是也好直不好學則訐而不能容故絞若證父者是也好勇不好學

四十

則暴而不怯故亂若賁育是也好剛不好學則强而不知節故狂若陽處父是也子路嘗曰南山有竹不扶自直何學之有其使子羔為費宰則曰何必讀書然後為學由是觀之子路之不好學可知矣故孔子告之如此仁智信五德之序也直剛勇三德之序也剛德之偏故在勇下然言五德不及禮義言三德不及柔者禮義之於仁智信勇則履之宜之而已柔非所以告子路也

出怨不怨殊不於語要九様

小校 吳由嘉

此當作成

子曰小子何莫學夫詩詩可以興可以觀可以群可以怨邇之事父遠之事君多識於鳥獸草木之名

詩可以興可以觀窮理也可以群可以怨盡性也學至於盡性則邇可以事父遠可以事君若多識鳥獸草木之名則學詩之所成終始也蓋學詩則知言故可以興知言則有節於內故可以觀有節於內則知所避就故可以群知所避就則出怨不怨可以怨則人道盡矣故以之事父則孝以之事君則敬此所以成孝敬厚人倫

四一

者也

子謂伯魚曰女

正墻面而立也與

乾坤易之門周南召南詩之始學易始於乾坤

學詩始於周召故曰人而不爲周南召南其猶

正墻面而立也與書云不學牆面又不特不學

詩已

子曰禮云

禮主於中而不在物樂主於和而不在聲故孟

守國行政

閒改間

子以節文仁義為禮之實樂仁義為樂之實禮記以中正無邪為禮之質莊敬恭順為禮之制論倫無患為樂之情欣喜歡愛為樂之官如叔齊以守國行政無失其民為禮魏絳以殿萬邦来遠人為樂然則聲之與文豈與其閒間哉

子曰色厲而内荏

四三

直今之愚也詐而已

矣

人之身陰陽節通則平偏倚則疾性之疾猶身之疾故凡性之失其平者皆謂之疾易言我仇有疾損其疾詩言庶人之愚亦職惟疾孔子言民有三疾孟子言寡人有疾是也古之狂也肆意以進取而已今之狂則蕩而無所守古之矜也廉隅以自持而已今之矜則忿戾而有所爭

日誤回

古之愚也質直無為而已今之愚則詐而有所
欺孔子之門若曾晳琴張其志嘐嘐然可謂狂
矣子貢正衣冠齊顏色嗛然而終回日不言可謂
矜矣子羔則可謂愚矣然狂不至於蕩矜不至
於忿戾愚不至於詐故皆可以游聖人之門而
聖人所以未嘗不與之也

子曰巧言令色
　之覆邦家者

紫亂正色鄭亂正聲利口亂正言故孔子惡之

四十三

傳曰紫色鼃聲餘分閏位聖王之所驅除云爾

子曰予欲無言

天何言哉

天地有大美而不言四時有明法而不議萬物有成理而不說聖人原天地之美達萬物之理故至人無為大聖不作觀於天地之謂也其斯以為孔子

孺悲欲見孔子

使之聞之

君子之所以教者五而不屑之教不與焉蓋五者之教〻之教也不屑之教不教之教也孔子之於孺悲如是非教之教也不教之教而已然則君子之教者不為多術乎

宰我問三年之喪

四十四

回改日
三年之喪稱情以出之所以爲
其痛極也　稱改稱
亡改出　空格添其字

有三年之愛於其父母乎
創鉅者其日久痛甚者其愈遲三年之喪稱情
以出之所以爲其痛極也由是而殺焉故有期
月有九月有五月有三月是喪因隆以有殺非
因殺而有隆也禮記荀卿皆曰加隆焉使倍之
故再期其說誤矣
子曰飽食終日
之猶賢乎已

亦非 非字多宜删

下或以爲三字多宜删

人之性勞則易以善佚則易以淫故曰飽食終
日無所用心難矣哉不有博奕者乎爲之猶賢
乎已蓋博弈非所以待君子亦非以爲特賢乎
無所用心而已或以爲待君子或以爲者誤矣

子路曰君子尚勇

無義爲盗

勇非義不立義非勇不行則勇以義爲主義以
勇爲輔此義所以爲上也君子有勇而無義爲
亂若好勇不好學其蔽也亂是也小人有勇而

四十五

無義爲盜若荆軻聶專諸是也子路能勇不能

怯孔子於其喜浮海則曰無所取材於其聞斯

行諸則曰有父兄在於其行三軍則曰暴虎憑

河吾不與也於其問强則曰寬柔以教不報無

道則其問勇而對之以義宜矣孔子謂子路曰

君子以心導耳目立義以爲勇小人以耳目導

心不遜以爲勇蓋以此也言義以爲質又言義

以爲上者義爲質則禮文義爲上則爲勇下

子貢曰君子

則爲勇下爲字多宜删

宜删

子貢曰君子

子貢曰君子五字誤複　纂修盧遂

於字下遺死字　如改好

博辯廣大而危其身者

節目誤節日

許以為直者

傳曰聰明深察而近於〔死〕者如〔好〕議人者也博辯廣大而危其身〔者〕發人之惡者也孟子曰言人之不善當如後患何此所以惡稱人之惡者也孟子曰不得而非其上非也揚子賊義近鄉訕此所以惡居下流而訕上者也孔子曰勇而無禮則亂

四十六

惡徼以為智 多遜字勇字[illegible]宜刪

惡不遜二句未各落有字

州吁勇而無禮衛風刺之此所以惡勇而無禮
者也蓋稱人之惡則不仁居下流而訕上勇而
無禮則不義果敢而窒則不知四者以稱人之
惡為先以子貢不能匿人之過故也子貢曰賜
惡徼遜以為勇智者惡不遜以為勇者惡訐以為
直者蓋察伺者似智不遜者似勇訐者似直三者
似是而非故子貢惡之孔子曰唯仁者能好人
能惡人子貢不足於仁而有所惡者苟有所惡
而已語之以能惡則未也

子曰唯女子與小人

怨

女子小人不知禮義者也不知禮故近之則不

孫不知義故遠之則怨

子曰年四十而

年弥高德弥卲君子之所善也年四十而見惡

焉其終也已則年弥高德弥消可知矣四十者

强仕之年也當強仕之際宜其為人所敬畏而

不見惡焉為人見惡而不見畏孔子亟言而深

四十七

亟宜段亟

空格字待查

之誤子　纂修盧遂

翼者也者誤如

忤之為其終此而已焉故也

微子第十八

微子去之

仁焉

微子去所以存商之祀箕子奴所以貽天下之法比干死所以示人臣之節去則明夷于飛垂其翼者也利而不正死則過涉滅頂者也正而不利奴則內難而能正其志者也利而且正三者之所趍雖殊然去者仁之清奴者仁之和死

昭正本添入任字纂修盧謀

正以下文楷之嘗改止

者仁之任皆其自靖以趍於仁而已此所以均
謂之仁蓋微子去然後箕子奴箕子奴然後比
干死事辞之序也武王克商然後釋箕子之囚
則箕子未嘗去商而史以箕子避紂於朝鮮誤
矣

柳下惠為士

必去父母之邦

三黜而不去者蓋柳下惠以止為事者也孟子
曰不羞污君不辞小官進不隱賢則柳下惠不

罕八

孔子曰曰字多宜刪去

以退為事也又曰遺佚而不怨阨窮而不憫則
柳下惠不以進為事也以其在於進退之間援
而止之而止豈非所謂以止為事者哉柳下惠、
繼伯夷者也、伯夷繼伊尹者也、繼柳下惠然後者孔子、
言孔子孔子之去就
齊景公待孔子曰
不能用也孔子行
孔子曰於齊景公有際可之仕至於景公曰若
季氏則吾不能以季孟之間待之然後行去他

去齊去魯　魯後齊

國之道也

齊人歸女樂季桓子受之三日不朝孔子行

孔子於季桓子有行可之仕及齊人歸女樂而

桓子受之三日不朝然後行去父母國之道也

楚狂接輿歌而　　與之言

柳下惠則不屑去者也楚狂接輿長沮桀溺荷

蓧丈人則不屑就者也孔子去齊去齊(魯)則非不

屑去以為斯人之徒則非不屑就接輿知孔子

有鳳之德不知孔子所謂隱者不屑乎(易)世也桀

四十九

落滔字

此二行依正文接寫在前不必複寫竟接接輿欲云云寫可也

溺知天下之滔滔而不知滔者可以與易也鳳
有道則見無道則隱見非其時為德之衰所謂
非伏其身而弗見非閉其言而弗出也樂則行
之憂則違之而已
往者不可諫來者猶可追已而已而今之從政
者殆而孔子下欲與之言趨而辟之不得與之
言接輿欲孔子止而以謂當今之世欲從其政
則其身必危楊子曰接輿之歌鳳也欲去而恐
罹害也蓋接輿遊方之外者也故其行雖與孔

子異而孔子亦未嘗不欲與之言也

長沮桀溺耦

也曰是知津矣

盖非其周流也

問於桀溺桀溺曰子為

輟

而不

乎

長沮桀溺所謂固矣孔子疾固者也惟天下無
道則孔子與易之以謂滔滔者天下皆是也誤
子路行以告

　　立不與易也

遯於山林是與鳥獸同群也子之言曰吾亦人
耳若非與人為徒則誰與耳乎彼非我以天下皆無
道誰以易之蓋不知惟其無道故吾思有以易
之若其有道也吾不與易也

若字下添非字下耳字宜改乎字

子路從而後遇

不行已知之矣

道雖不行不可無仕不仕者無義而已夫長幼之節不及君臣之義一身之潔不若大倫之不亂荷蓧知長幼之節而不知君臣之義知潔其

五十一

身而不知大倫豈所謂知務者哉盖仕而行其
義則在已而不仕於無義則在時在時在已不則

不宜攺則

亦隱而已非逸民也至于伯夷叔齊虞仲夷逸
朱張柳下惠少連然後可以謂之逸民也
逸民伯夷叔

中慮其斯而已矣
伯夷叔齊則清而不和故內不降其志外不辱
其身柳下惠少連則和而不清故內則降其志

時宜改特　行中倫三字多

空格補入隱字　纂修盧。

外則辱其身然志雖降而言不失其倫身雖辱而行不役其處蓋不降其志不辱其身不嬈於言不中倫行不中處降志辱身則嬈其不能如此故特時曰言中倫行中倫行中處而已

謂虞仲夷

虞仲夷逸隱居則身中清放言則廢中權中清則污俗不能染中權則反經以合道蓋倫有經權有常變以中權為放言倫非放言矣

我則異於

五十二

伯夷叔齊虞仲夷逸不可者也柳下惠少連可
者也孔子集七人之大成可以仕則仕可以止
則止可以久則久可以速則速於其義之所去
則無可於其義之所在則無不可故曰我則異
於是不言朱張者荀卿以子弓與孔子同於行
蓋子弓則子張是也

太師摯適

弓訛方　纂修區遜

海

古者有官守者不得其職則去然記此者以明樂工之賤亦知去就之義若夫君子知進退之義則不盡於此矣雖然猶異於長沮桀溺之徒專以隱為事也

周公謂魯公

隨李騶

施者易也荀卿曰亢虛之相施易是也君子不以人之親易已之親易已之親則於親無去就

五十三

之義於親無去就之義則事君有之矣君子不使大臣怨乎不以則臣其可以使君怨其不爲用乎故舊無大故不棄則君無大故而可以去之乎君無求備於一人則臣可以求備於君乎手凡此欲自盡其恕以循理進退故也紀周公之言所以成微子之義工師之賤有去就之義故前此而言之公以士則事人而已未必能盡去就之義故後此言之則周公所以謂魯公者不過不施其親至于無求備於一人而已荀卿

則以為周公曰吾執贄而見者十人(還)贄而見者三十人皃(貌)執之士百有餘人欲言請畢事者千有餘人後世因為飯而吐哺沐而握髮之說殆不然矣成周之時士之所以為士者有德行道藝以自重非若六國縱横之士汲汲於伸身以干澤也周公之所以為周公者有道法以御世非若孟嘗春申之僕僕於禮士以干譽也國語曰文王詢于八虞而說之者以為八士

五十五

重廣陳用之學士真本入經論語全解義卷第九

重廣陳用之學士真本入經論語全解義卷第十

左宣德郎充館閣校勘太常博士賜緋魚袋陳祥道

子張第十九

子張曰士見危致命見得思義祭思敬喪思哀其可已矣

孔子論成人則曰見利思義見危授命子張論士則曰見危致命見得思義者授命則授君之命而不廢致命則致君之命則以死制而已此成

以死制而已以後墨一

五十六

人所以與士異也得則在已利則不必在已見得思義則非見得而忘其形者也見利思義則非見利而忘其真者也成人於不以必在已者則能思之士則能思其在已者而已或先見利思義而後見危授命或先見危致命而後見得思義蓋成人 以成已者為先士以事君者為先

子張曰執德

德有體故可執道無體故信之而已弘則張而大之也篤則行而至之也執德弘信道篤有之

則為盈亡之則為虛此能為有為亡者也執德
不弘信道不篤有之不為盈亡之不為損其能
為有為亡哉傳曰彼有人焉能有為有者也詩
曰人之云亡邦國殄瘁能為亡者也若周亞夫
之得劇孟世祖之得吳漢隱若一敵國是亦能
為有者也蕭何之亡漢高以為失左右手是亦
能為亡者也然此特可以為有為亡而已與夫
執德弘信道篤者有間矣然於德言弘而有所
謂篤易曰篤實輝光日新其德是也於道言篤

五十七

而有所謂弘孔子曰人能弘道是也凡言道德
先道而后德出道之序也先德而后道入道之
序也
子夏之門人
如之何其拒人也
其交也以道其接也以禮雖互童原壤孔子所
不拒此所謂可者與之其交也不以道其接也

不以禮雖滕更儲子孟子所不答此所謂不可
者拒之也可者與之則不失人不可者拒之則
不失已不失人之仁也不失已義也子貢所云者
盡之矣子張則以賢不賢異之非知所謂道與
禮也

子夏曰雖小道
不為也

莊子曰百家衆技皆有所長時有所用雖然不
該不徧一曲之士也盖有所長有所用則可觀

五十八

子夏誤子貢

不失人仁也人誤之

偏改徧 下同

不該不徧則致遠恐泥此所以謂之小道也君子爲其大者而小者從之小人爲其小者則大者斯害已

子貢曰日　　好學也已

日知其所亡知新也猶之智及之者也月無忘其所能溫故也猶之仁能守之者也孔子以溫故而知新可以爲師子夏以日知其所亡月無忘其所能爲「好學者溫故然後知新則其所以

矣

照正本女下一字改作工字　纂修盧遂

三餘之也　也字疑勤字之誤宜改正

已知者多而其所未知者少故可以為師知新然後温故則其所已知者少而其所未知者多故可謂好學而已古之人其勤有至於愛日其極有至於競辰故學者有三餘之勤而女工有一月四十五日之說則夫日不知其所亡月無忘其所能者安在其為好學者哉詩曰我日斯邁而月斯征則其愛日也至矣

子夏曰博學而

博學以知之而不能篤志以有之所知者必失

切問以辯之而不能近思以精之則所辯者必惑博學切問則質諸外問所以窮理篤志近思則資諸内將以盡性此仁行所以在其中也易曰學以聚之問以辯之而終之以仁以行之中庸曰博學之而終之以篤行之蓋學而至於行則可以得仁學而至於思則有得仁之道而已故曰仁在其中

子夏曰百工

審曲面勢以飭五材以辨民器謂之百工百工

則質諸外問字多宜刪

空格字待查

事々者也然不居肆不足以成其事君子事道者也然不務學不足以致其道時之人知事々而不知事道知事々者必居肆而不知事道者必務學子夏所以告之子夏以工之居肆譬務學孔子以工之事雖成而未必善務學而不敢交則其致道也孰正之哉子夏之言姑以明學之大致而已莊子曰道不可致今此言學以致其道蓋不可致則在道而所以自致之則在人莊子亦曰致道者忘心

卒

改過下似仍脱改過二字 多情吴的壽

子夏曰小人

君子作德其過也以人知之爲幸故不文小人作僞其過也以人不知爲幸故必文周公之於管蔡其過如日月之食人皆見之不文也內求之於顯吏舍曰欲之而必爲之辞必文也古之制字者以口文過爲吝盖吝則不改過則不吝吝則小人不吝則君子司馬遷曰君子之過謝以質小人之過謝以文

子夏曰君子

動容貌斯遠暴慢故望之儼然正顏色斯近信

故即之也溫出辭氣斯遠鄙倍故聽其言也厲

蓋望之儼然則疑於不厲及聽其言則厲儼然

而溫〻變而厲此所以謂之變孔子〻威而不猛

望之儼然者也溫而厲即之也溫聽其言也厲

者也小人則貌輕而不嚴色厲而不溫言倿而

不厲

子夏曰君子信

六十一

衆允允後允

志不信志後忘

已也

信著於民然後勞之而不辭信著於君然後諫之而不疑說以先民民忘其勞信而後勞其民者也量而後入不入而后量信而後諫者也易晉之六三曰衆允悔亡志上行也革之九四改命之吉信志也蓋衆不允不可以有民志不信不可以改命信若晉之六三革之九四然後可以無屬已謗已之悔矣魏永之於龍門下車而廣公室此未信而勞民者也杜根之於登后未

空格字待查

楊改揚

值其說而見誅此未信而諫者也孔子謂顔回
曰德厚信矼未達人氣名聞不争未達人心而
彊以仁義繩墨之言暴人之前是以惡有其美
也楊子曰未信而分疑幾矣哉則未信者其可
以諫乎

子夏曰大德

大德中德也小德庸德也中則以大常爲躰故
不踰閑庸則以小變爲用故出入可也孟子曰
動容周旋中禮盛德之至此大德不踰閑者也

六十二

人字多宜刊　纂修盧遂

易曰行過乎恭喪過乎哀用過乎儉小德出入可也禮曰小德川流大德敦化也盖敦化則立本而有常川流則應物而有變與此同也

子游曰子夏之門

其唯聖人乎

子夏之門人其事則止於洒掃其言則止於應對其容則止於進退教之以漸也子游譏之責

照正本賴改頓
下句落一頓字　纂修盧遂
賴字疑有誤待查

致其本本誤末

之以賴〔頓〕也君子之教人漸而不〔頓〕就當先傳孰可後倦譬之草木其始種之與移而植之不可以同區其小大不同故也列子曰學視者先見輿薪學聽者先聞撞鐘夫見輿薪未足為善視然非輿薪之見不足以致其明聞撞鐘未足為善聽然非撞鐘之聞不足以致其聽洒掃應對進退未足為善學然非洒掃應對進退不足以致其本此學記所謂先其易者後其節目也然則君子之道焉可誣也若夫有始以致其末〔本〕有卒

六十三

以致其末者惟聖人而已。子夏以有始有卒為聖人則、以致其本者為難能此。其所以為子夏歟

子夏曰仕而

仕而優則曰有餘故學ㄴ而優則道有餘故仕敢仕

君子學以為已仕以為人為已不忘乎為人故不以學廢仕為人不忘乎為已故不以仕廢學

非念終始典于學者孰與此哉然則不學而仕則是未能操刀而製ㄴ錦者也仕而不學則是得

學而仕則仁 多不字

如此誤此如

含口當作食口 新當作[illegible]

彡樓吳[illegible]

人爵而棄天爵者也學而不仕則是潔其身而乱大倫者也學而不仕則仁仕而學則智惟君子為能盡之

子游曰喪致

喪致乎哀則不忘親致哀而止則不滅性不忘親仁也不滅性禮也孝子之事此如而已曾子七日水漿不食口而弁人之為孺子泣不亦過哉禮曰毀不危身又曰而難為繼又曰毀而死君子謂之無子

六[illegible]

子游曰吾友張也爲難能也

是難

能也

堂〻乎張也能莊敬故也難與並爲仁矣不能

同故也父在觀其志父在（没）觀其行三年無改於

父之道可謂孝矣孟莊子不改父之臣與父之

政則非中道是難能也其爲孝亦在去取之域

笑

孟氏使陽膚

末惡皆歸

子貢三章改移注後

焉

先王之於民有九兩以繫之本俗以聯之大比

以比之荒政以聚之故欤則民附於上而不離於聚安

下而不散及其有罪然後治之以刑不足恤也

衰周之時上失其道民散久矣故孔子謂陽膚

六十五

治訛侯　纂修盧遜

敢任宜故仕之讀

曰如得其情則哀矜而勿喜以罪在上不盡在
民也盡三軍大敗不可斬也獄犴不治不可刑
也商人群飲周公戒康叔以勿殺曾有父子訟
孔子為司寇而舍焉以此
子貢曰紂之不善　歸焉
子貢曰君子
更也人皆仰之
君子之過ㄜ於厚如日月之食而皆見故以人
知之為幸小人之過ㄜ於薄雖必文而難辭故
必以人不知為之幸

衛公孫朝問於

亦何常師之有

聖人之道無所不在仁者見之之謂仁智者見之之謂智賢者識其大者不賢者識其小者咸其自取者然也孔子於老聃萇弘師襄郯子之徒有一善之可宗一言之可法者皆從而師之則亦何常師之有書曰德無常師主善為師孔子曰三人行必有我師之謂也蓋賢者識其大

者不賢者識其小者資諸已者也孔子之無常
師資諸人者也資諸已材也資諸人亦取材者也
叔孫武叔語大夫於朝曰

如之何其可及也
夫之不可階而升也

下士不笑不足以為道武叔不毀不足以為仲尼宮牆言其深日月言其明天言其高方武叔之不可賢仲尼則譬之以宮牆以言其深而不可知也及武叔之毀曰仲尼則譬之以日月以言其明而不可知也陳子禽之仰仲尼則譬之天以言其高而不可及也其言各有所當爾楊子

六十六

曰仲尼聖人也或劣諸子貢辭而精之廓如也然宮牆則不離乎器天與日月則不離乎象孔子之道不特乎此子貢之言亦其粗者而已矣夫子之得邦家者所謂立之斯立道之斯行綏之斯來動之斯和其生也榮其死也哀如之何其可及也立之者政也道之者教也有政以立之有教以道之然後綏之以德莫不來動之以樂莫不和生則天下之歌故榮死則天下哭之故哀堯之治天下其效至於黎民於變時雍其

死至於百姓如喪考妣不過如此蓋其有爲也
立然後道ヒ然後綏ヒ然後動其有爲之之效也
勑立然後行ヒ然後來ヒ然後和治至於和則
樂矣所謂成於樂者此也孔子嘗曰如有用我
者三年有成又曰如有用我者吾其爲東周乎
蓋用此道而已

其有爲之之效也

堯曰第二十

堯曰咨爾舜天之

亦以命禹

六十八

天事数事字疑误纂修盧遂

数在天曆在人非数無以作曆非曆無以紀数天之曆数則天地之数五十有五者也是数也變化待之以成鬼神待之以行萬物所听之命則命於此而已萬物所由之道則道於此而已然則帝王之興豈特人事哉故曰天之曆数在尔躬然以命廢義則蔽於天以義廢命則蔽於人天事数在尔躬以其有命宜民宜人受禄于天然則不能允執厥中至於四海困窮則於内不足以備百福而於外不足以宜民人天禄其

有不終乎蓋允執厥中所以教之也四海困窮
所以戒之也書言天之曆數繼之以人心道心
然後至於允執厥中又繼之以言謀君民之事
然後至於四海困窮天祿永終此則畧之者爻
說約故也
曰予小子履敢
在朕躬
人君之於天猶子之於父臣之於君故以悬言
六十九

空格写字

罪在朕躬後有罪〻

之謂之天子以義言之謂之帝臣有罪不敢赦所謂不敢不政也帝臣不蔽所謂罪大而不可掩也朕躬有罪無以萬方萬方有罪罪在朕躬所謂以得為在人以失為在巳也春秋傳曰禹湯罪已其興也勃然桀紂罪人其亡也忽焉聖人所以執左契而不責於人盖以此歟書之多方曰非我有周秉德不康寧乃惟尔自速辜此又罪人不罪已者盖教告已備而有不用降尔命者乃其自速之也

周有大賚善人

則有功公則說

書曰大賚于四海而萬姓說服詩註詩曰賚予也言所以欽予善人也蓋方用兵之時使智勇使貪使愚而小人皆在所用及其開國承家則不善之小人不以祿富之矣故曰周有大賚善人是富漢高祖之用人下至於彭盧韓英酈繒屠狗輕滑之徒莫不裂土而封之終以貫亂是知開

詩曰詩字宜改註字

七十

八柄該八柄

國承家而不知小人勿用也光武之興監前事之遠雖寇鄧之高勳舜賈之鴻烈分土不過大縣數四所加特進朝請而已是知小人勿用而不知開國承家也知開國承家與小人勿用惟武王盡之矣周親自紂言之也仁人自周言之也紂之無道微子去之周之有道微子歸之是紂雖有周之親不如周有仁人也周官八柄廢以馭其罪誅以馭其過易言赦過宥罪則罪重於過矣於商言萬方有罪匕在朕躬於周言百姓

可欲之謂善盡人之道之謂仁

學化宜改與仁

有過在予一人則周之責已尤重也何無欲也
之謂善盡人之道之謂仁則善人於仁爲不足仁
人於善爲有餘言善人又言仁人則賚而富之
者不必皆仁人周親不特不如善人而已於湯
言伐桀之事而不言善人與仁人以周見之也
於周言善人言仁人而不言伐紂之事以湯見
之也由是觀之湯之建中周之用皇極非不允
執厥中而不言之者以舜禹見之也夫君人者
其自任則以執中與罪已其所以輔之者又有

七十一

此行落未字增正

善人與仁人則治之本立矣然不知謹權量審法度修廢官則四方之政必行不知興滅國繼絕世舉逸民則天下之心未必歸故又繼之以謹權量審法度修廢官興滅國繼絕世舉逸民也蓋制而用之存乎法推而行之存乎人權量者法度之所出法度者百官之所守謹權量審法度則法有所明而四方無異制修廢官則法有所行而四方無廢事權衡度量其度量衡所以同天下齊風俗又曰同律度量衡權所以齊

權衡度量其度量衡數字中疑有誤　纂修盧遜

故字宜改政字

多其繼二字宜刪

誤則然

遠近立民信故舜則同律度量衡禹則關石和
鈞周官内宰出其度量司市掌其度量言(合)方氏
於度量則一之行人於度量則同之故量之鈞(銘)
曰嘉量既成以正曲(四)國則然權量之於故(政)其可
以不謹乎夫國不可滅而滅者天下莫不望其
興世不可絕而絕者天下莫不望其繼其繼逸
民不可遺而遺者天下莫不望其舉今也因天
下之舉(望)興之而不廢繼之而不絕舉之而不遺
此天下之民所以歸心也衷周之時若齊之四

七十二

量陳氏三量則權量之不謹可知矣詩之蕩刺無綱紀文章則法度之不審可知矣大東刺南箕比斗長庚啟明皆有名而無實則官之廢者可知矣春秋譏滅國五十二則滅國之不興可知詩之裳華刺絕功臣之世則絕世之不繼可知隰桑刺君子在野則逸民之不舉可知故孔子言帝王之政而尤詳於此也盖行政設官有方故以四方言之施德立賢無方故以天下言之夫天下固有常重為天下者固有常德民食

喪祭者常重也寬信敏公者常德也書曰重民五教惟食喪祭盖非民無以守邦非食無以養人非喪無以送終非祭無以追遠故先王重之也書曰御衆以寬又曰克寬克仁彰信兆民春秋傳曰上德以寬服人此所謂寬則得衆也禮曰上人疑則百姓惑盖疑而不信、則百姓惑而不任、者信而不疑則百姓任而不惑、此所謂信則民任也家語曰天道敏生地道敏樹人道敏政易曰有攸往夙吉春秋傳曰敏以行之事雖大

七十三

刖誤則

必濟此所謂敏則有功也書曰有以公滅私民其允懷傳曰出言而天下服公之謂也季氏公以行而刖者說管仲奪伯氏駢邑三百而無怨言公則說之謂也以季氏管仲之公而致人之說猶然況不為季氏管仲者乎寬敏信公四者政之所以成終始也由堯至周揖讓征誅雖或不同其為政之道不過以此而已故論語以詳記之

子張問於孔子曰何如斯可以從政矣

與人也出納之吝謂之有司

惠而不費所謂有孚惠心者也勞而不怨所謂

佚道使民者也衆寡在人小大在事惠而不費

仁也成仁在乎愛々則雖欲而不貪勞而不怨

義也成義在乎敬々則雖泰而不驕蓋仁義之

七十四

威誤暴

家語荀卿二句疑誤待查

施在民而成仁義在已故言惠而不費勞而不怨則繼之以欲而不貪泰而不驕威而不猛也欲而不貪泰而不驕德行也威而不猛威儀也德行本也威儀末也無本不立無末不成故言欲而不貪泰而不驕而終之以威而不暴也家語荀卿曰皆慢令謹誅賊也敛無時暴也不教而責成虐也言暴虐與此不同者蓋對季康子而其指異也春秋傳曰山林川澤之實器用之資皁隷之事官司之守非君所及也曾子曰籩

豆之事則有司存然則人君而為有司之事則上與下同德矣故曰猶之與人也出納之吝謂之有司矣非聖不可以為君非賢不可以為臣乾則君道也坤則臣道也易以坤為吝嗇而制字者以賢從取（欧）則出納之吝在人臣則為善在人君則為惡猶之屯膏在小人者則吉在大人者則凶也聖人之法言其事足以盡其實故言之謂詩曰是謂伐德易曰陰陽不測之謂神是也其事不足以盡其實則言謂之而已詩曰謂之

七五

空格填屏字

尹吉易曰利用出入民咸用之謂之神是也論語是謂弃之又言謂之㝉謂之暴謂之有司其意亦若是也夫言尊則有甲言屏則有存五美不時[特]可存而已故言尊四惡不時[特]甲之而已故言屏此即事之証也若夫即道觀之則善之與惡相去何若

子曰不知命無以為君子也

言無以知人也

知言將以窮理知禮將以盡性知命將以至命

故不知詖淫邪遁之辭則無以知其人之蔽陷
離窮不知慙枝寡多游屈之辭則無以知其人
之叛疑吉躁誣善失守故曰不知言無以知人恭
而無禮則勞勇而無禮則亂慎而無禮則葸故曰
不知禮無以立君子畏天命居易以俟之小人
不知天命行險以徼幸故曰不知命無以為君子
學而先時習之說繼以朋來之樂而終於知言
之君子此先知命繼以知禮而終於知言則習
而知言者學之所成終始者也明夫學之所以

七十六

丁可以無言故論語終也

重廣陳用之學士真本入經論語全解義卷第十

圖書在版編目（CIP）數據

福建文獻集成續編. 經部. 第二輯：9冊/吴格主編. --福州：福建人民出版社，2024.12. --（八閩文庫）. --ISBN 978-7-211-09685-5

Ⅰ. K295.7

中國國家版本館CIP數據核字第202516CC45號

福建文獻集成續編・經部（第二輯）

主　　編：吴　格
責任編輯：宋一明
裝幀設計：張志偉
美術編輯：陳培亮
出版發行：福建人民出版社
電　　話：0591-87533169（發行部）
網　　址：http://www.fjpph.com
電子郵箱：fjpph7221@126.com
地　　址：福建省福州市東水路76號
郵政編碼：350001
經　　銷：福建新華發行（集團）有限責任公司
印刷裝訂：雅昌文化（集團）有限公司
地　　址：深圳市南山區深雲路19號
開　　本：787毫米×1092毫米　1/16
印　　張：321.25
版　　次：2024年12月第1版第1次印刷
書　　號：ISBN 978-7-211-09685-5
定　　價：4500.00元（全9冊）